编　写　组

主　编：孟贵芳

副主编：王晓光　武晓芳

撰稿人：马甫平　李泽军　张广善　刘国亮　安建峰

晋城历史文化研究

商贾晋城

JINCHENG
LISHI WENHUA YANJIU

《晋城历史文化研究》编写组　编著

人民出版社

序　言

晋城，这座镶嵌在太行山南麓的千年古城，是山西东南部的文化重镇，也是连接中原与西北的咽喉要冲。她以山川为骨，以历史为魂，在漫长的文明演进中，既见证了金戈铁马的烽烟，也孕育了精耕细作的农耕文明；既锻造了巧夺天工的匠作精神，也涵养了崇文重教的理学传统；既催生了纵横四海的商贾智慧，更沉淀出多元交融的人文气象。为庆祝晋城建市 40 周年，充分展示晋城悠久历史和优秀文化，市政协组织地方专家学者，以《文脉晋城》《神农晋城》《工匠晋城》《商贾晋城》《兵家晋城》五册书为题，编写了一套《晋城历史文化研究》丛书，试图通过这套丛书梳理这座城市的文明基因和地域密码，这不仅是对地方历史的致敬，更是为中华文化的多样性提供一份鲜活注脚。

《文脉晋城》：理学渊薮，泽州学风

晋城古称泽州，北宋以降，这里成为程朱理学的重要发祥地。程颢任晋城令时，兴办乡学、整顿礼俗，以“民胞物与”之心教化一方，终使“泽州学者如牛毛”（《泽州府志》）。这片土地上的文脉，既有书院朗朗书声的浸润，也有民间耕读传家的坚守。金元时期，郝经、李俊民等大儒辈出；明清两代，陈廷敬家族“德积一门九进士”，更将儒家文化的根脉深植于太行深处。《文脉晋城》追溯的正是这种“士尚气节、民重诗书”的精神传统——它不仅是科举功名的辉煌，更是晋城人对天道人伦的朴素践行，

对家国情怀的无声传承。

《神农晋城》：农耕肇始，炎帝遗风

高平羊头山下，炎帝陵庙巍然矗立，诉说着华夏农耕文明的源头。晋城作为炎帝活动核心区，留存着密集的祭祀遗址、传说与民俗。炎帝在此“斫木为耜，揉木为耒”，教民播种五谷，开创医药之先（《淮南子·修务训》）。至今，当地仍保留着“鞭春牛”“祭谷神”等古俗，民间药膳、农耕工具中亦可见上古智慧的孑遗。《神农晋城》不仅是一部地方史考，更试图揭示：为何这片土地能成为中华农业文明的“试验田”？答案或许藏在这独特的山川格局——太行屏障与两河（沁河、丹河）沃土的结合，既提供了避乱之所，又孕育出最早的农耕实践，最终塑造了晋城人“厚土重农、敬畏自然”的集体性格。

《工匠晋城》：铁火流光，技艺千秋

“九州针都”大阳古镇的钢针，“平遥的漆器，泽州的铁”的民谚，无不彰显晋城工匠的赫赫声名。春秋战国时，这里已是冶铁中心；明清时期，阳城犁镜、泽州铁壶行销欧亚。煤炭与铁矿的丰富资源，催生了“一斗铁砂半斗金”的产业传奇，更锤炼出“百炼精钢”的匠人精神：从战国箭镞的精密铸造，到明清古堡的砖石工艺，无不体现“工必为之纯，器必求其利”的执着。《工匠晋城》记录的不仅是技术史，更是一种文化哲学——煤铁之乡的百姓，始终相信“器以载道”，他们将生命的韧性锻入铁器，将秩序的追求砌进城墙，最终让物质创造升华为文明符号。

《商贾晋城》：行商万里，义利兼济

泽州商人虽不及晋中票号声名显赫，却以“行商如行军”的魄力独树一帜。明清时期，他们依托煤铁、丝绸、硫磺等特产，南涉闽粤，北走塞

外，甚至远赴俄蒙。其商业网络既是物资流通的血脉，也是文化传播的纽带：关帝庙遍布商路，既是对“忠义仁勇”的信仰，亦是对契约精神的恪守；而程朱理学“格物致知”的思想，更赋予泽商“以义制利”的伦理底色。《商贾晋城》试图还原这一群体如何将地域资源转化为商业资本，又如何以文化认同凝聚商帮力量——他们的故事，恰是明清中国商品经济与精神传统共生共荣的缩影。

《兵家晋城》：锁钥三晋，雄镇太行

“河东屏翰”“中原咽喉”的军事地位，使晋城自古为兵家必争。长平之战，白起坑赵卒四十万于高平；巴公原之战不仅巩固了后周的政权还为赵匡胤北宋王朝的建立奠定了基础；北宋抗辽，孟良寨、焦赞城遗迹犹存。这片土地上，战争与和平的交替催生了独特的防御文化：砥洎城的“蜂窝型城墙”、皇城相府的“防御型碉楼”，既是冷兵器时代的智慧结晶，也隐喻着晋城人“居安思危”的生存哲学。《兵家晋城》透过烽火记忆，揭示的正是地理如何塑造命运——当山河成为屏障，战乱反哺坚韧，最终凝练出“崇文尚武、守正出新”的地域品格。

《晋城历史文化研究》丛书的五册，恰如五色丝线，共同编织出这座城市的文明图谱：神农的耒耜、程朱的典籍、工匠的铁锤、商队的驼铃、将士的弓刀，在历史时空中交响共鸣。而贯穿始终的，是晋城人对天地的敬畏、对技艺的追求、对文化的坚守。这套丛书不仅为地方立传，更试图回答一个根本命题：在新全球化浪潮中，我们如何从地域文化的多样性中汲取智慧？晋城的启示或许在于——唯有深植传统的土壤，方能绽放时代的新枝。

《晋城历史文化研究》丛书的出版，是庆祝晋城建市 40 周年的重要文化工程，愿读者借此书穿越时空，触摸晋城的山河脉动，为晋城高质量发展注入文化动力。

晋城

目录

前　言

马克思在《资本论》中讲道：“从商品到货币的过程是惊险的一跃。”实施这“惊险的一跃”的，正是各色各样的商人，他们在经济活动中承担着重要的不可或缺的角色。离开商人的商品交易，经济活动就无法进行，社会的需求就无法满足。

晋商五百年辉煌，是山西人的骄傲。晋城商人作为晋商的一分子，在晋商的辉煌历史中承担了一个什么样的角色，发挥了哪些作用？与其他地区的商人相比，有什么特点？有哪些贡献和成就？这是一个值得研究的重要课题。从这个角度来了解晋城、观察晋城，可以看到一个与我们通常所知不太一样的晋城。

晋城古称泽州，晋城商人又称泽商。泽商的特点之一，就是以经营实业为主。这是与以经营票号闻名的晋中商人最大的不同。晋城商人依托丰富的煤铁资源，经营食盐、铁器、丝绸、陶瓷等产品，走南闯北，成就事业。北宋时期，即精心打造了“泽州饧”“泽州油衣”“泽州澄泥砚”等一系列带有自身地理标志的名牌产品。明清及民国时期，“潞绸”“泽绸”“泽州铁器”“大阳钢针”“阳城犁镜”“乔氏琉璃”“晋城皮金”等在全国叫响叫亮。

晋城商人是合伙制或称股份制的开创者之一。他们抱团取暖、合作共赢。明人王士性撰《广志绎》记载，平阳、泽、潞商人，“其合伙而商者，名曰伙计。一人出本，众伙共而商之，虽不誓而无私藏”。这是目前发现的晋商实行合伙制的最早记载。

晋城商人是践行开中制的先驱者之一。明初，盐业开中制发源于山西，依靠资源禀赋率先富起来的晋城商人得以捷足先登。《长芦盐法志》载："明初，分商之纲领者五：曰浙直之纲，曰宣大之纲，曰泽潞之纲，曰平阳之纲，曰蒲州之纲。商纲之名始此。"五纲之中，泽潞独占一纲。加之"以铁易盐"政策的实施，对于煤铁之乡的晋城更是锦上添花。晋城商人以自己的勤俭节约和吃苦耐劳，"勤掣中，均贸迁"，由此获得巨额财富，从而有"平阳、泽潞豪商大贾甲天下，非数十万不称富"之盛况。

明清以来，晋城商人靠诚信经营创出了一批分布于全国各地的著名商号。盐业有"泰来号""常茂号"；铁业有"泰山义""顺意成"；丝绸业有"德源庄"；酿造业有"侯大升""赵永升"；医药业有"全兴号""仁寿堂"；染料业有"大兴号"；运输业有"祁公兴"；皮金业则有"三义公""天长久"；京广百货业有"光华兴""德庆隆"等。名商荟萃，不一而足。

晋城商人之富，名不虚传。明代泽州渠头李氏富甲泽潞，清代王泰来家族富闻海内。许多大家巨族都是以经商发家，改变命运，成就事业的。无论是泽州大阳的孟氏家族、高平孝义的祁墳家族，还是阳城皇城的清代北方第一文化巨族陈廷敬家族，都是这样。

晋城商人不仅以富闻名，而且乐善好施，义行天下。全国各地、天南海北，不仅留下晋城商人的足迹，也留下了晋城商人的无数善行义举。这些善举不仅刻于碑文、载于史册、历代相传，回响在太行古道不息的驼铃声里、杭州西湖水的轻吟细唱里、河北平原四季飘香的稻浪里、江苏扬州司徒古庙悠扬的钟声里，更是铭刻在人们的心田里。

走出太行的晋城商人，因地缘、亲缘关系，自然而然相互走到一起，组成人们所说的商帮，或称泽州商帮，或曰泽潞商帮。北京的针行会馆、泽郡会馆，河南洛阳的泽潞会馆，还有数不清的山西会馆、山陕会馆，就是他们沟通交流和进行商业活动的平台和媒介。

晋城商人儒雅风流。诚实守信，是其经商原则和立身之本。明代阳城商人王重新总结经商经验，撰写《货殖则训》；清代凤台县无名商人辑纂《经商秘籍》。藏书刻书，使经典得以流传；喜好园林，留下处处大院、名园；热衷声乐，推动了上党戏曲的繁荣。

历代晋城有着无数的商人，每一个商人都有自己独特的经历和故事，他们的故事共同构成的泽商文化，为晋城悠久的历史和厚重的文化增添了一抹别样的色彩，是晋城文化中最为精彩的篇章之一。同时，也积淀和熔炼出独具自身特色的泽商精神。这就是：走出大山、勇闯敢试的创业精神；以诚为本、以信立业的契约精神；慕义急公、为国分忧的家国情怀；乐善不倦、义行天下的博爱胸襟。

泽商精神也是晋商精神，作为一种宝贵的精神财富，永远值得后人赓续、传承，发扬光大。

晋城

第一章

宋世繁华：开启创富时代

《周易·系辞》记载炎帝创立集市："日中为市，致天下之民，聚天下之货，交易而退，各得其所。"这是我国历史文献中有关市场和商品交易的最早记载，标志着原始的物物交换时代的开启。高平炎帝岭正是炎帝一族活动的标志性区域。商品交换发展到一定阶段就出现了货币。学术界一般认为，贝币是中国最古老的实物货币。出土发现早在夏晚期贝币已得到使用，商周时期则更为普遍了。在丹河流域的高都新石器文化遗址和秦庄龙山文化晚期至夏代遗址中就有天然贝币的出土。春秋战国时期，晋城地区已制造出高都布等布币，货币作为一般等价物已经在商品交易中发挥作用。但是，在漫长的农耕社会里，商品经济的发展十分缓慢，直至宋代，经济社会的发展出现了巨大的飞跃，政策的宽松，促进了商业的繁荣，大大推动了社会文明进程。此时，晋城地区的工商业发展步入了一个高峰时期，许多商品源源不断销往全国各地，尤其在东京汴梁城占有一席之地，并成为全国知名商品和品牌。汴京的市民吃着晋城名吃泽州饧，穿着晋城名牌泽州油衣；文人们用着泽州墨和泽州澄泥砚；瓦子勾栏里品味着晋城人说唱的诸宫调；晋城生产的煤和铁，源源不断地输送到京城；泽州铁钱便利了全国各地的商民。北宋京城市民生活中充满了泽州元素。

一、晋城商人创出知名小吃“泽州饧”

“泽州饧，泽州饧，甜香可口的泽州饧！”每年一到冬季，在东京开封城的大街小巷里，到处充满晋城小商人沿街叫卖的声音。他们挑着卖饧的担子，走街串巷，不避风雨，为生活在东京城的各色人等奉上泽州特色的地方小吃“泽州饧”。

1983 年 6 月，山西省考古研究所晋东南工作站，在沁水县郑庄乡孔壁村，征集到雕刻方砖 15 块。砖面上阴刻浮雕画像，背面有绳纹和线形纹。专家认为系宋墓砖雕。其中一方为货郎图。图中一男子头戴乌幞头，身着短袍，腰间束带，肩挑货担，领着一条大狗。这就是当时走街串巷小商人的典型形象，同样也是挑着担子卖饧的晋城商人形象。

生意最好的地段是开封城东华门外皇城与内城之间的马行街，这里是东京最繁华最热闹的街市之一。在这里不仅有挑担卖“泽州饧”的小贩，还有开设的“泽州饧”铺店。每天早市五更时分生意就开张了，车马络绎，人声嘈杂。夜市更为热闹，灯光照天，以小吃为主。除了泽州饧，这里卖的各种名吃有 30 多种。每天深夜食客们都不肯散去，直到三更时分夜市才散。

在汴梁城卖食品的都是做小本生意的，不显名姓。他们卖的“泽州饧”，也仅仅是一种小食品。但他们并不知道，自己在无意之中，却创造了一个晋城历史上第一个闻名全国的食品类知名产品，或者称之为著名地理标志产品。产品的名称之前，冠有“泽州”二字，不仅标明了产地，而且彰显了信誉，使得“泽州”之名，响彻开封，进而全国知名。以至于在多部宋代笔记小说中都提到这种叫“泽州饧”的食物。比如，南宋孟元老著的《东京梦华录》，作为一部记载汴京（今河南开封）的城市面貌、岁时物产、风土习俗的笔记小说，其中多处写到“泽州饧”。其中《十二月》

一则中就有“十二月，街市尽卖撒佛花、韭黄、生菜、兰芽、勃荷、胡桃、泽州饧”的记载。《马行街铺席》一则中有：“冬月，虽大风雪阴雨，亦有夜市。䴏子、姜豉、抹脏、红丝水晶脍、煎肝脏、蛤蜊、螃蟹、胡桃、泽州饧、奇豆、鹅梨、石榴、查子、榅桲、糍糕、团子、盐豉汤之类。”这里提到的十七种食物中，只有“泽州饧”冠以地名，有明确的地理标志。

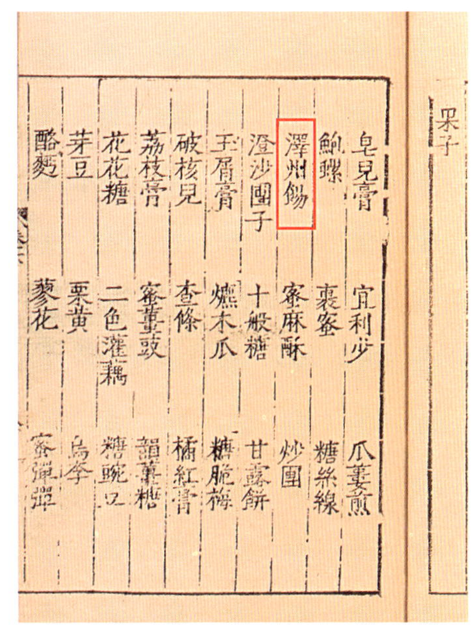
果子
皂兒膏　宜利少　瓜蔞煎
鮑螺　裹蜜　糖絲線
澤州餳　蜜麻酥　炒團
澄沙團子　十般糖　甘露餅
玉屑膏　爊木瓜　糖脆梅
破核兒　查條　橘紅膏
荔枝膏　蜜薑豉　韶薑糖
花花糖　二色灌藕　糖豌豆
芽豆　栗黃　烏李
酪麪　蓼花　蜜彈彈

南宋周密撰《武林旧事》记载的“泽州饧”

南宋周密所撰《武林旧事》，是一部记述南宋都城临安城市风貌的著作，在《卷六》“果子”篇中，记录了 40 多种“糖蜜煎”食物。其中“泽州饧”是唯一冠以地名的食品。宋代的“果子”，不是指水果，而是“点心”“小吃”之类。作者追求“词贵乎纪实”，书中所录多是作者目睹耳闻，或来自故书杂记，是十分可靠的史实资料。从北宋都城开封至南宋都城临安，泽州商人紧紧瞄准京城这一重要的消费市场，转战南北，在宋朝 300 多年的时间里，一直延续着泽州商业的奇迹。

南宋西湖老人撰《西湖老人繁胜录》同样记述南宋临安之事，其中将“蜜煎”类食物与“糖煎”类食物分别开列，仅“糖煎”类食物就列有 39 种，其中同样有“泽州饧”。

“泽州饧”在历史上如此的出名，以至于后世研究商业者每每要写上一笔。王文治、王锐、王双等编著的《中国历代商业文选》对“泽州饧”所加的注释称：“泽州出产的饴糖。泽州，治晋城（今属山西）。饧，古

‘糖’字，特指用麦芽或谷类熬成的饴糖。”这一注释，较为清晰地说明了泽州饧的产地、属性和成份。

“饧”作为一种用麦芽或谷芽熬成的饴糖，生产历史久远。安阳师范学院刘朴兵副教授在《中国古代的麦芽糖》一文中写道：麦芽糖的生产可能始于殷商时期，初名“饴”。春秋以后，麦芽糖的生产比较普遍了，在不同地区麦芽糖有不同的名称。汉代时函谷关以西的关中地区称“饴”，而函谷关以东的中原地区称“饧”。泽州处于中原地区，自然称麦芽糖为“饧”。北魏农学家贾思勰所著《齐民要术》，详细介绍麦芽糖生产技术。到了唐宋时期生产技术已十分成熟，可以实现大批量的规模化生产。泽州饧在两宋都城东京和临安的市场上，市民可以随便买，而不是专供皇家食用，可见其产量是相当可观的。泽州商人都是自己加工生产，自己销售。有的甚至采取前店后厂的模式。但其生产和销售是有季节性的。东汉政论家崔寔《四民月令》云：“十月，先冰冻，作凉饧，煮暴饴。”说明秋季天凉之后才开始加工饧、饴。从《东京梦华录》记述的销售时期上看，一个是“冬月”，一个是“十二月”，均是天气较冷的季节。

“泽州饧”的形状、色泽、大小等，宋代人没有记述，我们均不得而知。汪曾祺在《宋朝人的吃喝》一文中写道：“宋朝人饮酒和后来有些不同的，是总要有些鲜果干果，如柑、梨、蔗、柿，炒栗子、新银杏，以及莴苣、姜油多之类的菜蔬和玛瑙饧、泽州饧之类的糖稀。”他认为泽州饧是一种胶体的糖稀。张凌怡等著的《河南曲艺史》载：“汴京的街市上还出售有‘泽州饧’的糖果。”其认为泽州饧是一种固体的糖果。在古代，饴有时又特指流质的黏稠如胶的麦芽糖，而饧又常常特指凝结成块的麦芽糖。宋代的泽州饧，可能是类似于现今人们祭灶用的糖板或糖瓜之类。

明清时，泽州城边的椿树头村、阳城县的水村都是著名的制饧专业村，几乎家家会制，户户有糖灶。产品远销河南、山东、安徽、陕西等地。时至今日，晋城多地仍然生产有类似的糖板、糖瓜，多用于祭灶。

泽州饧成为宋代东京名吃，标志着晋城在宋代已经有较多的剩余农产品可以进行深加工和交换，农业生产和农产品加工业已经有了相当高的水平。同时也标志着晋城商人在经营上有自己独到之处。

二、备受北宋宰相章淳称道的“泽州油衣”

在东京汴梁的街市上所卖的，除了品类繁多的各色美食小吃之外，还有各地的百货类商品，而泽州所产的油衣，又是其中品质优良、广受欢迎的服装类产品。泽州距开封城仅有200多公里，交通极其便利，在开封经营的泽州商人为数众多。泽州油衣就是这些商人带到东京去卖的产品之一。

开封城皇城的东南角，是店铺买卖最为繁华热闹的地方，实力较为雄厚的晋城商人在这一带设立店铺买卖晋城生产的丝织品和服装。喜欢赶集的商人，则每月五次定期到汴京城最大的商业中心相国寺进行交易。汴城大街小巷的街市、州桥夜市、瓦子中的市场，都是晋城商人足迹所到之地，他们靠着自己的日夜辛苦奔波，把晋城的纺织品及服装卖遍汴京城各个角落，并打响了“泽州油衣”这个著名服装品牌。

宋哲宗绍圣（1094—1098）年间，有一个叫王毅的人，被朝廷任命为泽州知州，因他是北宋初年名臣王旦的孙子，幻想着应该有更好的职位，心里不太满意。当他将赴泽州上任时，前去与当时的宰相章淳告别。章淳是北宋中后期政治家、改革家，才智出众，学问广博精深。他为了安慰王毅，就向其介绍说：“泽州油衣甚佳。”又称：“出饧极妙。”王毅素以能言善辩、幽默风趣而出名，他听了章淳的介绍，就调侃说：“启禀相公，等我到了泽州以后，就每天坐在地上，披着泽州的油衣，吃泽州的饧。”这一番话，说得宰相章淳也不由开口一笑。这一故事被宋人王明清记载在其所著《玉照新志》一书中。

晋城生产的泽州饧和泽州油衣，能为宋朝的宰相所知并称道，可见在京城和全国都具有极高的知名度。能被宰相称赞“极妙”“甚佳”，可见其品质之无与伦比。

所谓“油衣”，是雨衣的一种。我国最早的雨衣，为草制品，名“蓑”，又称“蓑衣”。早在周代，人们已使用蓑衣。比蓑衣更进一步的雨衣，就是油衣，也叫油帔。它是用丝绢一类纺织品涂上油以后做成的。主要是利用了“油不沾水”原理。油衣，至少在东汉就已出现，东汉末期崔寔《四民月令》就有：五月“以竿挂油衣，勿襞藏（折叠）”的记载。说明在东汉就已经利用涂油织物的防水特性，开始制作防雨用具。史书上还有隋炀帝在观猎时遇雨，“左右进油衣”的记载。到了唐代，油衣的生产和使用已非常广泛，并产生了油衣作坊。唐代的油衣已有繁多的花色品种。中唐诗人李贺《花游曲》诗中的“红油覆画衣”，就是指红色的油衣。另一首《江楼曲》中“黄粉油衫”就是颜色为黄粉色的油衣。

宋代，管理宫廷内部事务的内侍省专门有一个造作所，是“掌造禁中及皇属婚娶名物”的，共有 81 作，其中就有“油衣作”。这是专门为皇家制作油衣的。军队使用的油衣，也有专门的作坊来制作。宋初有南北作坊，后来改为东西作坊，“掌造兵器戎具、旗帜、油衣、藤漆、什器之物”（《宋会要・方域》）。

晋城能够生产制作高质量的油衣，并成为宋代名产，与泽州处于油衣制作原料的主要产地，当时晋城地区纺织业相对发达有着极大的关系。

制作油衣主要需要两种原料：丝绢和油品。油品的种类很多，在植物油中，大麻油、荏油、桐油都是干性油，很容易氧化变为固体，所以涂在物体上，就会在被涂物体的表面生成一层坚固的膜。古代就是利用这一特性来制作雨衣。《齐民要术》中有用麻油、荏油涂帛作油布、油衣的记述。唐・孙思邈《千金食治》也说荏油可作油衣。《梦溪笔谈》谓大麻油、荏油“皆堪作雨衣”。唐末五代人韩鄂在所撰《四时纂要》中详细记载了制作油衣的方法：“制油衣，取好紧薄绢，捣练如法后制造，以生丝线夹缝，缝上油，每度干后，以皂角水净洗，又再上。如此水试，不漏即止。即油衣常软，兼明白，且薄而光透。”

制作泽州油衣使用的油料最有可能的是大麻油。元代泽州人郝经在《罪言书》中就提到，泽州“地宜麻”。日本经济史学者斯波义信在《宋代商业史研究》一书中，对宋代油脂的生产情况进行了整理列表比对。共列出了 24 种油料。其中，只有大麻油和荏子油标出的用途是用于雨衣防水。桐油，在用途中仅标出“灯油”一种。可见在宋代，桐油并未广泛用于油衣的制作。列表中，大麻油的主要产地为河东。而在唐宋时期，河东之地，指的就是山西。这是与实际情况相符的。荏，即紫苏，其产地主要在南方。唐·陈藏器《本草拾遗》：“江东以荏子为油，北土以大麻为油，此二油俱堪油物。”

泽州大麻不仅提供了制作油衣的油料，同时也提供了制作油衣的衣料。用大麻作材料制作雨衣，至少在北齐已出现。《北齐书·文苑传》中有“首戴萌蒲，身衣縕袯”之语，这里的縕袯，就是指麻织物制成的雨衣。但这种雨衣多为平民百姓所穿，官宦之家用的雨衣，则多用细绢来制作。“泽州油衣甚佳”这句话从宰相的口中说出，当指的不是平头百姓、渔人农夫所穿的麻织的普通雨衣，而应是用细绢制作的达官显贵们穿用的高等雨衣。

“绢”是古代丝织品的统称。中国是世界丝绸的故乡，早在 5000 多年前的新石器时代，我国先民已开始栽桑养蚕和生产丝织品。黄河中下游地区则是丝绸生产开发最早的地区。古代山西南部是我国重要蚕桑区之一。至今还有许多以桑为名的村庄。晋城地区在商周时期，就出现了“桑林”的地名。《竹节纪年》载：“商汤二十四年大旱，王祷雨于桑林。”《穆天子传》载：“天子四日休于濩泽，……以观桑者，乃饮于桑林。”隋唐时期，桑蚕

晋城唐代墓葬出土青铜六足蚕

业已成为泽州百姓的主要产业之一。“长平、上党，人多重农桑”（《隋书·地理志》）。唐代，实行劝课农桑的政策，泽州蚕桑丝织业有了进一步的发展。晋城市区一座唐代墓葬曾出土青铜六足蚕，长 4.7 厘米，形态逼真，表明唐代泽州对蚕桑丝织业发展的高度重视，和人们对蚕丝业的喜爱。

早在隋唐时期，泽潞地区的纺织业就已有长足的发展。唐代诗人李贺《染丝上春机》：“玉罂汲水桐花井，蒨丝沉水如云影。美人懒态燕脂愁，春梭抛掷鸣高楼。彩线结茸背复叠，白袷玉郎寄桃叶。为君挑鸾作腰绶，愿君处处宜春酒。”这就是当时泽潞地区丝织业生产情况的真实写照。

到了宋代，泽、潞一带丝绸生产尤其发达。《宋史·河东路》称：“勤农织之事业”。宋神宗熙宁五年（1072），日本僧人成寻来到中国参拜五台山，经开封、郑州，过泽州、太原，到五台山。返回时所经各州县主官多有馈赠。所赠多为食物、果品以及酒类，比如在太原，送糖饼、餕餡、心饼各 50 枚；在潞州，主管赠送酒三瓶和种种珍果。而在高平和泽州却不一样，所赠主要为当地的毛丝品和丝织品。高平的地方官“送羊叠十枚”；泽州的地方官“送羊叠十枚、紫绢羊叠七枚。”晋城地方官赠送日本僧人纺织品，说明晋城在当时的纺织业已是较为发达，生产出数量可观的纺织品，作为馈赠的礼品，质量应是上乘的。这些晋城所产的纺织品，被成寻带回日本，成为中日文化交流的媒介和见证。羊毛制品的生产一直持续到民国时期。《中国实业志》载，高平开设的“德盛昌”“聚盛昌”，就是以生产羊毛毡、羊毛毡帽等羊毛制品的字号。《山西经济开发史》载，高平等县羊毛制品，“除供本县及省内各县消费外，还远销于东三省、河北、河南、陕西、绥远等地”。

高平开化寺内，绘于宋哲宗绍圣三年（1096）的巨幅佛教故事壁画为稀世之作。虽然所讲均为佛教故事，但其中有许多反映世俗生活的画面，如《观耕》《观织》《观渔》《观屠》等很有生活气息，对研究宋代社会生产、生活等，提供了极有价值的形象资料，是宋代宗教壁画中对当时民众生活的直接映射和真实反映。其中的《观织》图中，瓦房里大型的竖式织机几乎占据了房间内的所有空间，一位织妇坐在织机前的凳子上，身子略向前倾，头向前仰观察着织机的运行，一手穿梭，一手操纵着机

高平开化寺壁画《观织》图

杼，双脚操纵着脚下的踏杆。墙壁上一盏油灯，表明往往要纺织到深夜。绘画反映的是当时全国最为先进的纺织业的情形，也是晋城地区当时纺织业的反映。

但有了制油衣的丝织品和“大麻油”，并不能保证就能生产出上佳的油衣。宋代泽州能够生产出品质上佳的油衣，不仅靠着有高品质的充足的原料，其服装生产的技术也应是一流的。同时，正是泽州与北宋的政治、经济、文化中心开封之间有着密切的经济来往和商业联系，使泽州油衣得以有一个巨大的销售市场。在激烈的市场竞争中，泽州商人勇于创新，诚信经营，才使得泽州油衣成为古代服装名品，闻名全国。河南大学宋史研究所所长程民生在《宋代地域经济》一书中，对泽州油衣予以了极高的评价，称赞是“服装业的一朵奇花”。

泽州油衣的生产一直延续到20世纪六七十年代，高都镇泊村等地还有规模较大的油衣作坊。用塑料制作的雨衣、雨披大规模生产使用以后，油衣才完全退出了历史舞台。

三、苏黄米欧盛赞的泽州澄泥砚

宋代是中华文明史上经济文化高度发达的一个朝代，宋代泽州也同样拥有昌盛的经济与文化。笔、墨、纸、砚，文房四宝之中，宋代泽州就有澄泥砚与泽州墨两宝闻名于世。

澄泥砚的创制和使用在我国有着悠久的历史。据古代文献记载，虢州（今河南灵宝）、绛州（今山西新绛）等地在唐代即已生产澄泥砚，其中虢州所产者称第一，次为绛州所产。1989年，晋城一建设工地发现了一座唐武周时期墓葬，出土物中有一方“王”字铭澄泥簸箕砚。砚体小巧精致，通高2.5厘米，长7厘米。色泽温润，线条流畅。砚体前端下部有二乳钉足，砚身箕背内侧刻有一“王”字。现藏晋城市博物馆。该砚的出土表明在唐代晋城地区或已有澄泥砚的生产，至少是已有喜用澄泥砚的风尚。

晋城唐代墓葬出土“王”字铭澄泥簸箕砚

到了宋代，泽州生产的澄泥砚异军突起，后来居上。出现了既实用又雅观，造型、色泽各异的高品质澄泥砚。

2008 年，山西省考古研究所对汾阳东龙观宋金壁画墓进行发掘，出土了一方泽州澄泥砚。据《发掘简报》，此方砚台为宋式抄手砚，长 17.3 厘米，宽 10.2—11.7 厘米，厚 2.3—2.5 厘米，黑色，素面，砚正面四周有一条较细凹线。砚背面抄手处有一个长方形戳记，上为“泽州路家”，下为“澄泥砚记”，中间竖排为“丹粉罗土”。这是当时发现的宋金时期署名“泽州”作坊的澄泥砚，为泽州“路”姓工匠所造，现藏于汾阳市博物馆。这方泽州澄泥砚的出土，为泽州澄泥砚提供了实物证据，而且表明此时泽州工匠和商人已经有了极强的商品宣传意识。

2009 年秋季，北京一家拍卖公司拍卖有一方宋代泽州澄泥砚。该砚同样为抄手砚式，砚长 20 厘米，色泽青灰，质地细腻，砚池呈倭角弧边，古朴大方。砚底同样有“泽州路家丹粉罗土澄泥砚记”款。

当时一批制砚高手的出现，更是将泽州澄泥砚推上巅峰，得到了文人墨客、朝廷高官的喜爱和赞誉。高平吕道人和泽州刘羲叟就是当时最为著名的两大制砚高手。

关于吕道人制砚，宋人何薳著《春渚纪闻》记述：“高平吕老造墨常山，遇异人传烧金诀，煅出视之，瓦砾也。有教之为研者，研成，坚润宣墨，光溢如漆。”

吕道人制作的澄泥砚，人称“吕砚”“吕陶”。除具有“理细如泥，色紫可爱，发墨不渗”等所有澄泥砚的共性外，其质地坚细耐磨，易发墨，不损毫，被赞为坚实如玉、扣之金声、刀之不入，名著当时，十分难得。因此，泽州吕砚成为有宋一代文人墨客追逐收藏的对象，人们以能得到一方吕砚为荣。苏东坡在一个极其偶然的机会，得到一方吕砚。《东坡文集》记载：“元丰五年（1082）三月七日，偶至沙湖黄氏家，见一枚，黄氏初不贵，乃取而有之。”并称赞吕砚：“坚致可以试金。”著名书法家米芾亦对吕砚称赞有加：“有缝不透”“磨墨不乏”。高似孙《砚笺》载：“王孜藏石砚，识者曰吕公造，旁篆二方圈，玉色金声，奇物。”

吕砚也成为亲朋好友间相互馈赠的珍贵礼物。黄庭坚的舅舅李常，字公择，对黄庭坚有养育教诲之恩。北宋元祐元年（1086），李常得到一方珍贵的吕道人砚，转送给了外甥黄庭坚。黄庭坚欣喜若狂，随即赋和了一首《奉和公择舅氏送吕道人研长韵》，感到意犹未尽，再次提笔，抒发胸臆，写下了《再和公择舅氏杂言》，在表示对舅氏感激之情的同时，对吕砚极尽溢美之词：“湔拂垢面生寒光，汉隶书吕规其阳。吕翁之治与天通，不但澄泥烧铅黄。初疑蛮溪水中骨，不见鸜鹆目突兀。但见受墨无声松花发，颇似龙尾琢紫烟。不见罗縠纹粼粼，但见含墨不泄如寒渊。”从上面的杂言诗中，我们可以感受到黄庭坚心潮的起伏，思绪的飞扬，也感受到这方吕砚在诗人心中的特殊分量。

宋代著名诗人陈与义，字去非，号简斋，因收到钱東之教授所赠吕砚而作诗《钱東之教授惠泽州吕道人砚为赋长句》。诗云：“吕公已去泫余泣，通谱未许弘农陶。暮年得君真耐久，摩挲玉质云生手。”

宋代名臣、诗人许景衡（1072—1128），因乡友许诺赠予吕砚，而写诗赞吕砚为天斧神工，可以与凤咮砚、龙尾砚相媲美："其质坚而刚，其肤腻而理。澄泓秋水净，渗淡暮山紫。要当奴凤咮，何止友龙尾。神工付黄壤，人间能有几？"

也有人因痛失泽州吕砚而倍感惋惜。宋·袁文《翁牖闲评·卷八》载："余少时，见家中一瓦砚，头有一品字，多将其背试金。后因扰攘，遂失所在。及观苏东坡集，方知泽州金（吕字之误）道人澄泥砚与家中瓦砚正同。盖是时好物易得，故不甚爱惜，使今日尚在，岂不为吾家之宝，其忍弃之耶？"

泽州吕砚被如此多的名人所收藏并记录，可见当时所生产者并不算少。而众多名人的纷纷赞美，使泽州澄泥砚在市场上日见紧俏。尤其是吕道人死后，由于其造砚之法不传，所造之砚传世极为稀少，甚为宝贵。"好奇之士有以十万钱购一研而不可得者。"

由于吕砚鼎鼎有名，当时的人及后人均有仿制，但由于其制法不传，后人仿效，往往无法凑其功。《春渚纪闻》载，有河南汤阴人，盗用吕道人名义，做假冒的吕砚，拿至京师，但人们一看就知道是假的，所以一方砚，卖不到一百钱。

吕砚究竟是什么样子？苏东坡说："泽州吕道人沉泥砚，多为投壶样。"投壶是古代士大夫宴饮时做的一种投掷游戏。所用之壶即为投壶。壶的样子，简单地说是"小口，鼓腹，两侧贯耳"。宋代投壶，一般壶口口径三寸，耳径一寸，高一尺。

吕砚是如何制作的？据《春渚纪闻》所述，吕砚的制作应类似于古瓦砚。但由于其技艺不传，具体制作方法已无人可知。但《春渚纪闻》记下了吕砚制作的一道特殊工艺，这就是"以历青火油之，坚响，渗入三分许"。这一处理工艺，借鉴了铜雀台瓦的制作原理。"相州魏武故都所筑铜雀台，其瓦初用铅丹杂胡桃油捣治，火之，取其不渗雨，过即干耳。"（《春渚纪闻》卷九）使其"有缝不透""磨墨不乏"。

泽州吕砚的款识也是独特的。这一点古人的记述基本是一致的。《春渚纪闻》：“每研首必有一白书‘吕’字为志”。米芾称：“以别色泥于其首，纯作‘吕’字”。苏东坡曰：“其首有吕字，非刻非画。”三个都说有“吕”字，在砚首。

我们只能从有关吕砚记述的只言片语中，了解吕砚面目的冰山一角。其具体是什么样的原料配方，什么样的烧制工艺，什么样的生产流程，吕道人为我们留下了一个个的谜团。

多年之后，清代的乾隆皇帝，仍然是泽州吕砚爱好者。他把两方宋代澄泥砚视为吕道人所作。一方为宋澄泥直方砚，乾隆帝题铭：“正紫色而坚凝，如端石出于旧坑，叩以铿锵为金玉声，虽无吕字，可定其为泽州吕老之所手成迩……”另一方为宋澄泥蟠夔石渠砚，乾隆帝题诗：“吕叟应曾煅制来，夔为蟠以玉为胎。石渠天禄人争羡，谁果不孤视草台。”

因为对吕砚的极其喜爱，在不可得的情况下，乾隆皇帝还专门组织江浙一带的制砚高手，进行仿制。在仿制的一方澄泥虎伏砚上，乾隆帝书写了如下砚铭：“吕老所造兹不可得，金闾巧煅如伏虎式，球琳其质，青绿其色。置之旧侧，几难别白。列於文房，友乎子墨。几暇怡情，挥毫是北。每绎旅獒，不无惭德。”认为虽然在做旧上有些逊色，但仿制得还不错，几乎可以乱真。

泽州另一制砚名家乃是刘羲叟。刘羲叟作为北宋天文学家，造砚是他的业余爱好。所作不多，但却是上佳之品。欧阳修在《砚谱》中写道：“《文房四谱》有造瓦砚法，人罕知其妙。向时有著作佐郎刘羲叟者，尝如其法造之，绝佳。砚作未多，士大夫家未甚有，而羲叟物故。独余尝得其二，一以赠刘原父，一余置中书阁中，尤以为宝也。”

泽州澄泥砚，写下了泽州古代文明史上辉煌灿烂的一页。而澄泥砚从工匠之巧手制成，到成为文人墨客手中之宝，这中间又经过几多泽州无名商人的辛苦劳作，他们的故事人们往往不得而知。

四、北宋宫殿建筑用墨：泽州墨

山西东南部包括今长治和晋城在内的地区古称上党，其制墨业历史悠久。南朝著名文学家江淹在《扇上彩画赋》中就说："粉则南阳铅泽，墨则上党松心。"松心是指松烟墨。唐代著名诗人李白在《酬张司马赠墨》一诗中说："上党碧松烟，夷陵丹砂末。兰麝凝珍墨，精光乃堪掇。黄头奴子双鸦鬟，锦囊养之怀袖间。今日赠余兰亭去，兴来洒笔会稽山。"诗中所咏的上党松烟墨主要为潞州所产。宋·晁说之《晁氏墨经》："古用松烟、石墨二种。石墨自晋、魏以后无闻。松烟之制尚矣，汉贵扶风隃麋，终南山之松，晋贵九江庐山之松，唐则易州、潞州之松，上党松心尤先见贵。"

在潞墨兴盛的数百年中，泽州制墨技术亦日益精进。唐代泽州陵川县已产优质墨品。雍正《山西通志·物产》载："松心墨：《拾遗四谱》：上党松心为墨，曰隃麋，极佳。段成式《送温飞卿书》：隃麋松节，绝已多时。予髫时犹靓陵川宗侯所制龙墨，色味俱长。"段成式为晚唐著名志怪小说家，温飞卿即唐代著名诗人温庭筠。段成式在给温庭筠的信中说，自己小时候曾经见到过陵川县令所制的被称之为"龙墨"的墨品，品质极佳"色味俱长"。表明在晚唐时期，晋城地区制墨技术已经相当成熟，可以造出上佳的墨品。

到了宋代，泽州之墨与泽州吕砚一样同为文房之宝。宋代李攸所著《宋朝事实》载，宋真宗大建玉清昭应宫，所用各种材料来自全国各地。其中的颜料来源为："圣库之银朱，桂州之丹砂，河南之赭土，衢州之朱土，梓州之石青、石绿，磁、相之黛，秦、阶之雌黄，广州之藤黄，孟、泽之槐花，虢州之铅丹，信州之黄土，河南之胡粉，卫州之白垩，郓州之螺粉，兖、泽之墨，宣、歙之漆，贾谷之望石，莱、芜、兴之铁。"从中

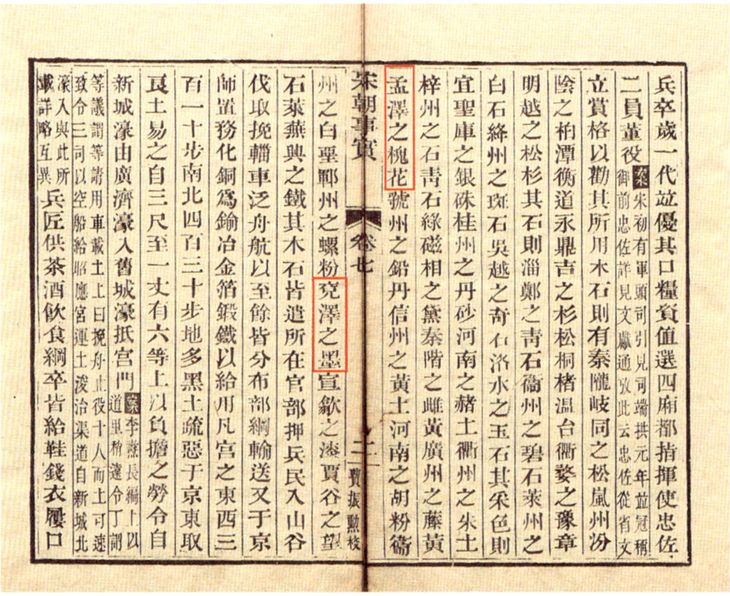

宋代李攸所著《宋朝事实》记载有泽州槐花与泽州墨

可知，宋真宗建玉清昭应宫所用之墨仅两种：一为山东兖州之墨，一为山西泽州之墨。可见在北宋初期的宋真宗年间，泽州墨已经很有名气，在全国制墨行业占据重要的地位。

宋人何薳著《春渚纪闻》记述："高平吕老造墨常山……"可见制造著名的泽州吕砚的吕道人，同时也是十分精通制墨技术的。制墨主要采伐松树为原料。潞州因数百年间取古松烧烟，致使松林被砍伐殆尽。宋代科学家沈括《梦溪笔谈》云："今齐、鲁间松林尽矣，渐至太行、京西、江南，松山大半童矣。"《墨经》亦云："自昔东山之松，色泽肥腻，性质沉重，品惟上上，然今不复有。今其所有者，才十余岁之松。"

潞州因松树资源枯竭而致潞州墨的生产衰退，而泽州则因丰富的松树资源使泽州墨崛起。清康熙年间陈梦雷等辑，雍正年间蒋廷锡等重辑《古今图书汇编》中的《泽州部汇考》云：阳城县东 35 里可乐山，"松石之胜，他山无比"。又云，沁水县东 90 里榼山，"万柏参天，千松翳日"。阳城县西南90里的云濛山，县西40里的卧虎山，县北30里的崦山，县东南2里的小崦山皆多松柏。沁水县北三里的碧峰山及西90里的历山，前后“翠柏苍松，蓊郁森秀”。晋城城东南35里有硖石山，山上多松；城北15里碧落山也多松林，还有城南90里松林山，城西35里松岭山，既以松林命名，应当说到处多松树。泽州松树由于树龄古老，枝条中油脂含量高，极适于烧烟制墨。既有技术，又有原材料，泽州墨的崛起，自然水到渠成。同时，制墨技术，又向邻近泽州的河南部分地区扩展。宋代苏易简撰《文房四谱》云：“今太行、济源、王屋亦多好墨。”

五、煤矿开到太行山下

晋城煤炭的开采利用历史非常悠久，在旧石器时代晚期的沁水县下川文化遗址中，就发现了一种石炭，距今约16000年。北魏时期，晋城就有了煤炭开采，但直到隋唐时期，当地煤炭才开始用于人民生活及冶炼，尤其是北宋时期煤炭已普遍用于取暖、烧饭，并大量用于冶铁、铸币、造兵器、陶瓷等行业，煤炭的开采及其运销活动成为晋城百姓经济生活的重要组成部分，众多百姓“仰石炭以生”。但是我们在史料中很难找到宋代晋城煤炭商人的影子。直到2004年7月，河南省焦作市文物工作队在该市解放区一座宋墓内发掘出土了一通宋代泽州高平人的墓志，墓志展示的内容使我们对宋代晋城商人在煤炭经营方面的情况有了深入的认识。

该墓志刻于北宋哲宗元祐五年（1090），墓主人李从生为北宋神宗年间泽州高平县举义乡丁壁村（今高平市河西镇丁壁村）人，生有一子二女。约在哲宗元祐初年，其子李吉从泽州带领全家迁徙至河南怀州（今沁阳市）定居，并在焦作一带开办煤矿，经营矿产，至元祐三年（1088）开始出煤，“巍巍乎万户山前，浩浩乎乌金出世”。雇佣“工匠数百人”，“夜以继日”

进行生产，以煤为生的人达到“千余口”。李吉因此获得丰厚的利润，但究竟赚了多少钱，他自己也“莫知其数”。

李吉到河南焦作开办煤矿，应当不是突然冒出的想法，而是事先有预谋有规划的。墓志中言，李吉的父亲李从生，“尝存恻隐之心，施于无告之民，闾里之间到于今，而莫不称之。”说明，李从生在世时，李家已经非常富有，而积累财富的手段，极有可能就是在晋城某地开有煤矿。有了先前开矿探矿的经验，后来在发现焦作有大型矿藏后，才迁到焦作的。

郑州大学历史学院陈朝云、赵俊杰所撰《北宋李从生墓志探微》一文认为，怀州因其独特的区位优势和高质量的煤炭资源成为北宋东京城最重要的燃料供应地。也就是说，李吉所开采的煤炭主要供给北宋都城开封官民所用。

这一分析是有道理的。宋熙宁五年（1072）十二月，当日本僧人成寻参拜五台山返回至郑州附近的奉宁驿时，曾“以百二十文买柴沐浴”。说明当时河南民间自用煤炭的并不多，也就是说李吉的煤炭在焦作本地并无太大销路，只有销往开封这一巨大的市场，才能实现利润的回报。

北宋时期，经济快速发展和社会的开放包容，使东京汴梁很快成为一个拥有百万人口的大城市，而燃料供应随之成为一个大问题。唐代及之前，全国燃料基本都是以木柴为主的。唐代诗人白居易笔下的《卖炭翁》即为很好的说明。“卖炭翁，伐薪烧炭南山中。”表明所卖炭，为伐薪烧得的木炭。“一车炭，千余斤，宫使驱将惜不得。半匹红纱一丈绫，系向牛头充炭直。”买者为“宫使”，即皇宫里的宦官。也就是说，这些木炭被买回去，是供皇宫里使用的。唐代皇宫里都烧的是木炭，民间当然绝少用煤炭的。

学者许惠民所撰《北宋时期开封的燃料问题——宋代能源问题研究之二》一文认为，北宋熙宁年间（1068—1077）是开封燃料使用结构转换的一个分界。此前，开封燃料以木柴类为主，熙宁以后，开封燃料以煤为主。而到北宋末年，“昔汴都数百万家，尽仰石炭，无一家燃薪者”（《鸡肋编》卷中）。导致这种转变的主要原因，是传统燃料供给出现危机，而开封附近鹤壁、焦作等地煤矿的大规模开采则在一定程度上缓解了燃料危机。

许惠民先生的分析认为，宋代怀州尤其在焦作，似乎也应有与开封煤炭消费相适应的大型采煤手工业才对。李从生墓志的发现，完全证实了这一猜测。同时许先生的分析，也为晋城人李吉在焦作所采煤炭供给东京城，提供了重要的理论依据。

然而，由于怀州、孟州所产煤炭有限，使得山西泽州成为东京城煤炭的主要供给地。晋城地区因其煤层浅，开采方便，煤质好，无烟耐烧，成为北宋东京城最重要的燃料供应地。当时形成了怀州、泽州两大煤炭供给中心。宋大中祥符八年（1015），北宋河东路转运使陈尧佐在《请平治太行山道札子》中称：“臣伏见太行山路，窄狭险峻，异于他处。公私纲运，常有摧轮折辐之患。”纲运是指官方组织的成批运送大宗货物。当时在太行古道上运输的大宗货物主要有食盐、煤炭、铁和铁器。清雍正《泽州府志·物产》亦载：“其输市中州者，惟铁与煤，日不绝于途。”陈尧佐还曾经“以地寒民贫，仰石炭以生，奏除其税”（《宋史·陈尧佐传》）。这与当时的朝廷税收政策有着极大关系。北宋王朝为解决燃料问题，从多个方面采取了免税、减税措施。在《宋史·食货志》等文献中多有记载。而且，为了扭转燃料不足的局面，北宋政府逐步放开经济政策以鼓励煤炭生产。宋仁宗天圣四年（1026），“陕西西路转运使杜詹言，欲乞指挥磁、相等州所出石炭，今后除官中支卖外，许令民间任便收买贩易。从之”。

与开封城日益增长的煤炭供给与消费相伴随的，是商家、燃料集散地和专卖市场的不断增多。起初东京的炭场仅有两三个，到重和二年（1119），最多时官办的石炭场就达到 24 个。其中汴河南北两岸各分布着十个炭场，称为河南第一至第十石炭场，河北第一至第十石炭场。此外还有京西软炭场、抽买石炭场、丰济石炭场、京城新置炭场。李吉所生产的煤炭，多数是运往这些炭场，由官方垄断高价售卖。也有一部分售卖于民间开办的炭号店铺。

泽州的煤炭和李吉在焦作的煤矿应当供给了这些炭场相当大的部分，而泽州本土煤炭商人，则多将煤炭运到太行山下，再由河南人运销开封城。

六、铁货：输中州者不绝于途

在春秋战国时期，泽州就已经开始进行铁业生产。高平秦城战国到汉遗址出土的铸铁器——铁范、犁铧等，表明先秦及秦汉时期人们已经掌握了先进的表面热处理技术。汉朝时，泽州的采煤、冶铁已颇具规模，生产出可“陆断牛马，水截鸿雁”的阳阿剑。北齐时设立七大冶炼局，其中在泽州就设有两局，分别在阳城县固隆乡白涧村和沁水县嘉峰镇武安村。隋代，朝廷同样在泽州设立有铸铁局。

尤其是在宋代，随着采煤技术的改进和煤炭产量的提高，煤炭的使用给矿冶业带来了巨大变革，这一时期是晋城铁业的快速发展期，“其输市中州者，惟煤与铁日不绝于途”。

宋代位于阳城县东冶镇的泽州大广冶是当时的一个重要产铁区，在我国冶炼史上，尤其是在晋城冶炼史上占有重要地位。《宋会要辑稿·食货》载：“泽州大广冶，旧置。”大广冶所在的东冶村，也称为大广冶村。阳城县东冶镇东冶村汤王庙内，现存金代进士吉天祐于金大定二十三年（1183）撰写的《汤王庙记》碑中记载：“邑之东南三十里，大广冶村也。”“村有鼓铸之利，材木之饶，土地宽旷，故居民恒足于衣食。”文中所谓“鼓铸”，意思就是鼓风扇火，冶炼金属，铸造钱币或器物。碑文不仅记载了村名叫

“大广冶”，而且告诉我们这里在历史上曾长期进行冶炼生产，村民以冶铸为业，丰衣足食。

东冶村附近有地名“大广坪”，在东冶镇东南部，古河、蔡节、三联、郎庄四村交界处，是一块面积约2000亩，较为开阔的坪地。在1988年出版的《晋城市地图》上，标作“大矿坪”。在阳城方言中，“矿”也读作guǎng（广）。常用词：“挖矿”“拉矿”中的“矿”，都读作guǎng（广）。“大矿坪”确实名不虚传，是一个蕴藏着大量铁矿的地方。据有关部门勘探，这里是一座中型铁矿矿床。坪周围的山体，多处有历史上挖矿遗留下的痕迹。毋庸置疑，北宋时期，大广坪即是大广冶采矿之所。我们甚至可以想象当时众多的工人在大广坪采矿的情景。

爲糜粥食餓者吏人悉獻米至振數萬人徙廬州以
父疾請韓提點開封府界事後爲兩浙轉運副使錢
塘江籌石爲隄隄再歲輒壞堯佐請下薪實土乃堅
久丁謂不以爲是徙京西轉運使後卒如堯佐議徙
河東路以地寒民貧仰石炭以生奏除其稅又減澤
州大廣冶鐵課數十萬徙河北毋老祈就養召糾察
在京刑獄爲御試編排官坐置等誤降官監鄂州茶
場天禧中河決起知滑州造木龍以殺水怒又築長
提人呼爲陳公堤初營永定陵復徙京西轉運使入
爲三司戶部副使徙度支同修真宗實錄不試中書

《宋史·陈尧佐传》

宋朝廷专门在大广冶派有掌管冶铸的官吏。据北宋著名文学家、史学家宋祁撰写的《范阳张公神道碑铭》，宋代有个名叫张蕴的官员，曾被任命为大广冶监。“以三班借职，召监大广冶。大中祥符四年（1011）夏六月卒于官。”大广冶下辖东冶、西冶二冶。大广冶的生产规模有多大，我们无法确切得知。《宋史·陈尧佐传》记载：“徙河东路，以地寒民贫，仰石炭以生，奏除其税。又减泽州大广冶铁课数十万。”从中可见这一官办冶铁基地的规模非常之大。

大广冶经营者为官商，其经营活动受朝廷指令约束。大广冶生产的铁，在不同时期，或运至京城制造兵器，或用于铸造铁钱，这与同属河东路的大通监情况是相似的。大通监置于宋太宗太平兴国四年（979），故治在今山西交城县西北八十里西冶村，所产之铁供应京师作坊制作兵器。由于铁坯运到京师后，“复加烹炼，十裁得四、五”。为了减省运输费用和人力，太平兴国八年（983），宋太宗令“宣谕本冶，今制成刀剑之朴，乃以上供”。北宋朝廷在开封城设有军器监，军器监负责管理有南北作坊、御前军器所等掌造兵器的机构。后来，南北作坊，又改作东西作坊，但职掌不变。另外还设有广备攻城作、斩马刀局、军器局等临时机构。泽州大广冶的铁，就在这里被制造成为各种兵器。

但随着朝廷对军用和铸铁钱所需铁的数量的减少，情况出现变化。宋真宗咸平四年（1001）七月，朝廷下诏：“泽州大广铁冶，许商旅于泽、潞、威胜军入纳钱银、匹帛、粮草折博，及于在京榷货务入中博买。”这是朝廷对大广冶经营活动的一条重要指令。“泽”即泽州，“潞”即潞州，“威胜军”为北宋太平兴国二年（977）设置，治所在铜鞮县（今山西沁县），辖境相当今山西省武乡、沁县、沁源等县地，其后于金天会六年（1128）升置为沁州。“榷货务”为宋代设立的管理贸易和税收的机构。其意思大概就是商人要购买泽州大广铁冶的铁及铁制品，既可向泽州、潞州等特定州军入纳钱物购买，也可向京师榷货务预付货款。这一政策对于大广冶官商和民间铁商，都带来极大的方便。

同时，北宋政权对民间冶铸在多数时期都是采取了相对宽容的政策，并鼓励民间生产以满足军事和社会需求，因此宋代晋城民间冶铸业也相对发达。铁商则是铁冶生产和销售活动的组织者和实施者，是这支队伍中的灵魂，发挥着不可替代的重要作用。

宋金时期，活跃在晋城的焦氏家族，是晋城地区铁商的一个典型代表。该家族中有一个叫焦稀（1112—1182）的人，字挺之，即为一著名铁商。焦氏本为高平县人，北宋时期，他的曾祖父焦仪、祖父焦准，都从事铁冶贸易。他的父亲焦通，字明远，为人敦厚质朴，承继家族先业。但由于宋金战乱，地方不安宁，又迁居晋城。焦稀长大后仍经营祖父的事业，由于长于经营，善于谋划，又勤劳节俭，不长的时间里，就聚集了大量财富，“财雄州里间”，成为当地社会名流。

焦稀生意的成功，与他个人的品质有很大关系。一是“义”。取予之际，必本诸义。他在贸易途中曾发现他人遗失的袋子，打开后发现是黄灿灿的金子。跟随他的众人提出将金子分了，焦稀则不同意，欲还给失主。时间不长即有人来寻失物，焦稀将财物全部归还失主。二是“信”。与人交必信。焦稀曾开有旅馆，招来本县人刘某负责经理。但时间一长，刘某经理不善，欠下许多债务无法偿还，就想带着一家老小逃离晋城。焦稀知道后，劝他不要离开，放宽还债时间，即使不还也不再追讨。刘氏得以免去背井离乡之苦。因此，大家都愿意和焦稀做生意，他的生意也越来越兴旺。三是“俭”。虽然富有，但焦稀从不穿绫绸，只穿普通的绢布服装；虽养有马，除非出远门才骑乘。焦稀同情照顾贫苦之人，租房者因种种原因不能交房租者，皆准其免交。

焦稀喜欢读书，平生所藏书达数几千卷。并寻求良师教诲子弟中的秀异者。焦稀的 7 个儿子：焦云、焦霓、焦霆、焦震、焦霪、焦霖、焦霁，继承焦稀的事业，从事冶铸商贸。焦稀的两个女儿，都嫁入了官宦之家。也就是说，这是一个五世经商的大家族，主要从事冶铸业生产及销售。从宋代中期即开始从事冶铸及贸易，直到金代中期，时间跨度达百余年。焦稀去世后，乡贡进士王俞为其撰写墓志铭，朝廷任命负责管理晋城铁场的都监魏安贞为其书写墓志并篆盖。

如今在高平、沁水、泽州大阳等地都留有宋金时期的冶铁遗址。高平神农镇李家庄冶铁遗址，南北长 1279 米，东西宽 190 米，面积约 23.2 万平方米。遗址主体分布在一条名为“炉窑沟”的沟壑内，坩埚碎片、炉渣堆积成山。调查人员在文化层内发现有宋代及元、明、清各代瓷片，并在堆积层附近发展汉代绳纹陶片。沁水县中村镇冶内冶铁遗址，东西长约

1000 米，南北宽约 1000 米，分布面积约为 10 万平方米，铁渣堆积厚度达 10 余米，考察组在遗址内发现宋金砖块和明清瓷片。

沁水县中村镇冶内冶铁遗址

宋代生产的铁器极为丰富。从出土铁器看，除了用于农业生产的铁镢头、铁犁铧等铁器外，用于宗教活动的有铁钟、铁香炉、铁鼎等。用于民俗丧葬类的有铁牛、铁猪、铁羊、镇墓兽等。而用于家庭生活类的则有铁釜、铁锅、蒸笼、铁碗、执壶、提梁茶壶、铁枕、铁火炉、铁火盆等，涉及社会生活的各个方面。

从开矿到冶铁，再到铁器加工销售的每一个环节，都离不开商人的活动，但因我国传统社会轻视商业和商人，所以留下的文字记载少之又少。

元成宗大德年间（1297—1307），元朝政府在高平县设置有益国铁冶。明万历《泽州志》记载："益国铁冶，县西王降村，元大德间置，今废。"

七、泽州铁钱制造

钱币的生产制造对经济发展的影响至关重要。早在春秋战国时期，晋城地区铸币业已相当发达。其代表性铸币为“高都布”。目前发现的有，春秋时期的“高”字空首布、“高”字空首耸肩尖足布、锐角“垂”字布，战国时期的“垂”字锐角布、平肩弧足空首“高都”布。这标志着春秋战国时期，晋城商品经济已发展到相当水平。

晋城各地还先后出土有战国时期的“平周尖足布”“安阳方足布”“承邑方足布”等，秦汉时期的“秦半两”“汉五铢”，十六国时期的“汉兴钱”，唐代的“开元通宝”“会昌通宝”等，有的数量还相当的大。这些古钱币的出土，说明晋城地区当时商品流通已经十分发达。

北宋时期，晋城还是制造铁钱的重要基地之一。既铸有大铁钱，又铸有小铁钱，在中国货币史上占有重要的一页。北宋泽州铸铁钱是由河东转运使张奎提议的。张奎在任陕西都转运使时，即提请铸大铜钱与小钱兼行，大钱一当小钱十。转任河东转运使后，又提请铸大铁钱于晋（今临汾市）、泽（今晋城市）二州。他的提议得到朝廷认可。据《续资治通鉴长编》，宋仁宗庆历二年（1042），“铸大铁钱于晋、泽二州，亦以一当十，以助关中军费”。自此，泽州开始铸大铁钱，不久又铸小钱。泽州铸铁钱之地就在大广冶，即今阳城县东冶村。

宋庆历四年（1044），欧阳修巡视河东，对河东铸造铁钱的情况进行了全面考察。分析列举了庆历三年晋、泽二州铸造铁钱的具体情况：晋州大钱，其利约一十五倍有余；泽州大钱，其利二十三倍有余。晋州小钱，其利一倍有余；泽州小钱，其利两倍。从欧阳修所列举的情况可以看出，当时泽州铸铁钱的技术十分先进，与晋州相比其所用成本少而获利更大。

但是由于获利空间巨大，也引起民间一些不法之徒进行私自盗铸，而且盗铸之风日盛。“利厚于黄白术，虽有死刑，不能禁止。”欧阳修在河东时，就已听说河东提刑司抓到私铸者五伙，离开河东后，听说又抓到私铸者二伙。因此，欧阳修向朝廷上《乞罢铁钱札子》，提议罢铸河东铁钱。提出的 5 条理由中就有 3 条与私铸有关。

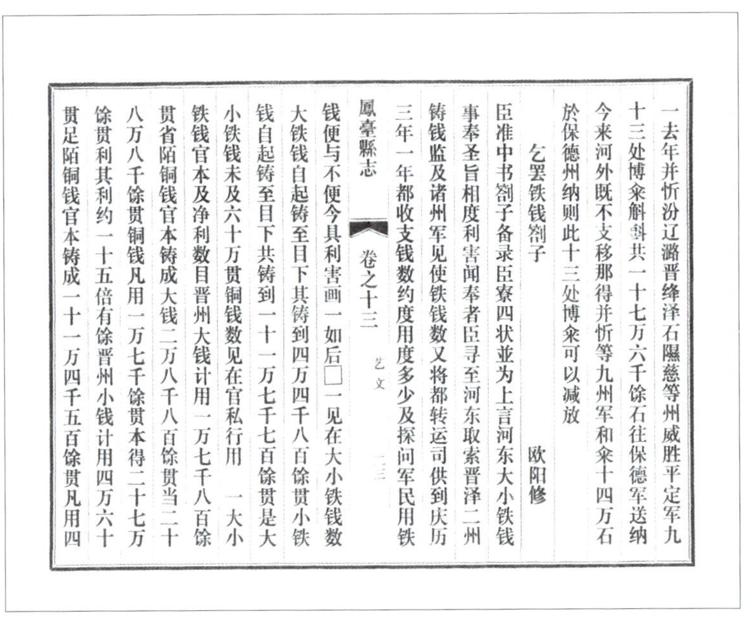

一去年并忻汾辽潞晋绛泽石隰慈等州威胜平定军九十三处博籴斛㪷共一十七万六千馀石往保德军送纳今来河外既不支移那得并忻等九州军和籴十四万石於保德州纳则此十三处博籴可以减放

乞罢铁钱劄子　　欧阳修

臣准中书劄子备录臣寮四状並为上言河东大小铁钱事奉圣旨相度利害闻奏者臣寻至河东取索晋泽二州铸钱监及诸州军见使铁钱数又将都转运司供到庆历三年一年都收支钱数约度用度多少及探问军民用铁钱便与不便今具利害画一如后□一见在大小铁钱数大铁钱自起铸至目下其铸到四万四千八百馀贯小铁钱自起铸至目下共铸到一十一万七千七百馀贯是大小铁钱未及六十万贯铜钱数见在官私行用　一大小铁钱官本及净利数目晋州大钱计用一万七千八百馀贯省陌铜钱官本铸成大钱二万八千八百馀贯当二十八万八千馀贯铜钱凡用一万七千馀贯本得二十七万馀贯利其利约一十五倍有馀晋州小钱计用四万六十贯足陌铜钱官本铸成一十一万四千五百馀贯凡用四

鳳臺縣志　卷之十三　艺文　一三

《凤台县志》载欧阳修《乞罢铁钱札子》

欧阳修的建议应是被北宋朝廷采纳了的，因为就在时隔不久，庆历五年（1045），河东都转运使张奎又奏：“晋、泽、石三州及威胜军日铸小铁钱，独留用河东。”但是，这次铸钱负面影响仍然很大。“铁钱既行，而盗铸者获利十之六，钱轻货重，言者皆以为不便。”与此同时，时任泽州知州的李昭遘也上奏要求罢铸铁钱。他的理由是“阳城旧铸铁钱，民冒山险，而输矿炭，苦其役”。同时也提出：“河东铁钱真伪淆杂，不可不革。”（《宋史·李昭遘传》）“河东民烧石炭，家有橐冶之具，盗铸者莫可诘。而契丹亦能铸铁钱，以易并边铜钱而去，所害尤大。”（《续资治通鉴长编》）由于盗铸猖獗，导致钱轻货重，最终朝廷只得于庆历八年(1048）七月，诏令河东晋、泽、石州罢铸铁钱。

高平市博物馆藏宋“大观通宝”

此后晋城铁钱之铸屡兴屡罢。如宋哲宗绍圣元年（1094）闰五月，置陕西、河东、河北、京西监，铸当二夹锡铁钱。绍圣二年二月先罢河东、河北、京东铸夹锡铁钱，又诏陕西、河东复铸夹锡钱。当年四月，又罢陕西、河东铸夹锡钱。绍圣三年，命河东铸当三铁钱。宋徽宗崇宁四年（1105），设陕、河东、河北、京西铁钱监，铸当二夹锡铁钱。大观三年（1109）整顿钱监，惟河东三路听存旧监，以铸铜铁钱。相关文献只记载河东，而未记具体所在州，但泽州作为主要铸铁钱州应当包含在内。近年来，在高平等地陆续出土大量“崇宁通宝”“崇宁重宝”“大观通宝”等铁钱，表明宋徽宗执政时期仍在泽州铸铁钱。

泽州铁钱的铸造，虽然出现民间盗铸等负面影响，但总体而言是有益的，利大于弊。满足了当地市场流通对钱币的需求，极大地方便了市场交易，促进了晋城地方经济的发展。

八、活跃在东京瓦舍勾栏的泽州孔三传演艺团队

演艺人员是一种特殊商人群体，他们所从事的不是普通的有形的商品，而是经营自身的表演技艺。北宋熙宁、元丰、元祐至崇宁、大观年间，晋城就有一支善于表演、勇于创新的演出团队活跃在东京汴梁。

瓦子，是北宋东京城民间固定的集中的娱乐场所。东京开封城分外城、内城和皇城。内城皇城正门宣德门外东南角附近的桑家瓦子、中瓦

子、里瓦子，密布着50座勾栏。保康门附近有东瓦子。开封外城，东城有朱家桥瓦子、宋门外瓦子，北城袄庙斜街有州北瓦子，西城阊阖门外有州西瓦子，南城朱雀门外西边有新门瓦子。这些都是孔三传和他的团队经常流动表演的地方。此外，每年春季，皇家园林金明池向公众开放，园林的中心有供皇帝休息的殿宇，艺人亦可在其中表演。不仅市民，而且皇帝也可以观赏，孔三传或者也曾在此演出，亦未可知。

京瓦伎藝
崇觀以來在京瓦肆伎藝張廷叟孟子書主張小唱
李師師徐婆惜封宜奴孫三四等誠其角者又王念
奴張七七王京奴左小四安娘毛團等教坊減罷并
溫習張翠蓋張成弟子薛子大薛子小俏枝兒楊總
惜周壽奴稱心等般雜劇枝頭傀儡任小三每日五
更頭回小雜劇差晚看不及矣懸絲傀儡張金線李
夢華錄　卷五　二
外寧藥發傀儡張臻妙溫奴哥真個強沒勃臍小掉
刀筋骨上索雜手伎渾身眼李宗正張哥毬杖踢弄
孫寬孫十五曾無黨高恕李孝詳講史李慥楊中立
張十一徐明趙世亨賈九小說王顏喜蓋中寶劉名
廣散樂張真奴舞旋楊望京小兒相撲雜劇掉刀蠻
牌董十五趙七曹保義朱婆兒沒困駝風僧哥俎六
姐影戲丁儀瘦吉等弄喬影戲劉百禽弄虫蟻孔三
傳耍秀才諸宮調毛詳霍伯醜商謎吳八兒合生張
山人說諢話劉喬河北子帛遂吳牛兒達眼五重明

南宋孟元老《东京梦华录》所载孔三传事迹

晋城这支演艺团队的核心人物就是孔三传。孔三传是孟元老在《东京梦华录》中例举的69个著名瓦子艺人之一。最出名的表演作品为《耍秀才诸宫调》。

对于孔三传其人，人们一般认为，孔三传本名不传，“三传”可能是他的艺名。“三传”之名的来历，有三种说法。第一种认为：其“多知古事，善书算、阴阳”，以此三项特长，人们称他“孔三传”。第二种认为：孔氏说唱内容，皆以演山西故事之佚名撰《刘知远》、董朗撰《西厢记》及王伯成撰《天宝遗事》三部诸宫调而驰名，故号“三传”。第三种以山西师范大学博士生导师车文明教授为代表，他认为，“三传”为唐、宋科举考试科目之一。宋代的乡贡进士、乡贡三传等类似于明清时期的秀才，还未取得做官资格。孔三传很可能就是乡贡“三传”科中举者。车文明教授的说法被大多数人所接受。

孔三传有着深厚的文化根底，思想前卫，思维活跃，他不满足于当时曲调十分简单的说唱演出形式，吸收当时的大曲、转踏和一些民间流传的乐曲加以发展，将采用同一宫调的若干曲牌联成套曲，再用不同宫调的若干套曲构成长篇。每段曲词可长可短，比较灵活，亦可用一二百套曲子连续演唱，便于说唱长篇故事，状物写景、刻画人物都能绘声绘色，加以语言通俗生动，悬念迭出，颇能吸引听众，在艺术上超越了以往的各种说唱艺术形式。由于是将若干宫调合而为一，故称之诸宫调，成为宋代主要的说唱形式。诸宫调因此被誉为戏曲的源头、元杂剧的先驱。国学大师王国维在《宋元戏曲史》一书中说：“合曲之体例，始于鼓吹见之。若求之于通常乐曲中，则合诸曲以成全体者，实自诸宫调始。诸宫调者，小说之支流，而被之以乐曲者也。”

孔三传所在的晋城演出团队，以“诸宫调”为主要内容的戏曲革命，使人耳目一新，从而轰动了当时的汴京城，当时许多的著述记载孔三传其人其事。南宋孟元老《东京梦华录》载：“崇、观以来，在京瓦肆伎艺：……孔三传，耍秀才诸宫调。……不以风雨寒暑。诸棚看人，日日如是。”宋代吴自牧《梦粱录》载：“说唱诸宫调，昨汴京有孔三传，编成传奇灵怪，八曲说唱。今杭城有女流熊保保及后辈女童，皆效此说唱。”南宋耐得翁

《都城纪胜》载："诸宫调，本京师孔三传编撰传奇、灵怪、八曲、说唱。"南宋王灼《碧鸡漫志》亦载，熙宁、元丰、元祐间，"泽州孔三传者，首创诸宫调古传，士大夫皆能诵之"。

今人凡论及艺术史、文学史、戏曲戏剧史、音乐史等，必谈及孔三传。中国戏曲界公认孔三传为"北曲之祖""古代戏曲音乐大师""中国戏曲音乐之鼻祖"。《中国大百科全书》载："孔三传是中国戏曲史和曲艺史上有重要地位的艺术家。"《中国优伶文化史述》称他为"北曲之祖"，并云："即使用最神奇的画笔，也难以据此描绘他扑朔迷离的全貌。""他制曲放歌、名动京师瓦舍的英姿风采，又分明跃然纸上。"艺术史家郑振铎先生在其《宋金元诸宫调考》一文中称赞孔三传为"一位雅俗共赏的伟大的作家"。

宋代泽州出现孔三传这样伟大的戏曲大师和他的演出团队不是偶然的，是当时晋城经济社会文化发展的必然产物。

宋代，泽潞地区戏曲演出已十分普及，当时已有众多的神庙"舞亭""舞楼"，作为酬神的演出场所。现存阳城博物馆，勒石于宋开宝三年（970）的泽州阳城县长安乡长兴村（今町店镇上黄岩村）《敕存汤王行庙之记》碑文中即有"南楼化废，龟头舞亭"，这是泽潞地区目前所知最早的戏剧演出场所"舞亭"的记载。壶关县树掌镇神郊村真泽宫，勒石于宋大中祥符五年（1012）的《再修壶关县二圣本庙记》中的"弦歌之地"即为敬神献戏的场所。现存沁县石刻博物馆，勒石于宋元丰三年（1080）的《沁县城关关帝庙威胜军新建关侯庙记》碑阴记有修盖"舞楼一座"，为上党地区最早的舞楼记载之一。现存平顺县北社乡东河村，勒石于宋建中靖国元年（1101）的《潞州潞城县三池东圣母仙乡之碑》云："再修北殿，创起舞楼。"碑阴记有修舞楼老人、修舞楼维那姓名。长子县丹朱镇南鲍村汤王庙，勒石于宋大观三年（1109）的《大宋故汤王之庙碑》，碑中亦出现"舞楼""舞宇"字样。高平市河西镇河西村三嵕庙，勒石于宋政和元年（1111）的《新建献楼碑》中的"献楼"，亦为敬献供品和乐舞表演之场所。长子县色头镇璩村，勒石于宋宣和四年（1122）的《紫云山新建灵贶庙记》碑文云："百戏妓乐，所费不赀，官司莫之禁，习以为常。"这些关于"舞亭""舞楼""献楼"的记载，是上党地区戏场史和演艺史的最重要、最直接的资料，表明在宋代泽潞地区的戏剧演出已十分普遍和广泛。

此外，《宋会要辑稿》记载，宋仁宗天圣五年（1027）八月七日，河东路提点刑狱朱正辞报告说："河阳、怀、泽州已来，乡村百姓百十人为群，持幡花螺钹鼓乐，执木枪棹刀，歌舞叫啸，谓之迎圣水以祈雨泽，敛取钱物，诳惑居民。"这里虽讲的是迎神赛社之事，但也可以看到当时民间祭祀音乐歌舞已十分普遍。

孔三传等艺人就是从神戏演出队伍中分化出来的专门从事商业演出的演艺人员。

高平开化寺壁画中的一幅《乐舞图》展示了宋代音乐歌舞表演的豪华场景。12 位乐伎列坐两旁，使用琵琶、箜篌、笙笛以及一些不知名的乐器吹拉弹奏；几位舞伎则于舞池中央翩翩起舞，展示了宋代高超的表演艺术。孔三传的演出团队出入于瓦舍勾栏，虽然没有《乐舞图》中展示的豪华大气，但却在众多民间演出队伍中脱颖而出。

高平开化寺壁画中的《乐舞图》

孔三传团队的演出，已不同于短期的庙会演出，而是长期的经常性的商业演出。他不像宗教场所和宫廷里演出受到种种约束，开封城瓦子里诸般杂剧、说书、商谜、杂技、说诨话、影戏等各种艺术表演荟萃，竞争激烈，成为激发灵感的创新之地，中国戏曲重要源头的诸宫调就这样在瓦舍勾栏里诞生了。

九、宋代晋城商税及商贾搜遗

宋代商业相对较为发达，资料记载也相对丰富。《宋会要辑稿》记载了当时全国各地税收机构及其具体税收数量，其中包括晋城的税收情况。

北宋时期，晋城地区的商税征收设有泽州城、高平、沁水、阳城县四处机构，每年税额为17794贯。熙宁十年（1077）实际完成税收17770贯273文。《宋会要辑稿》载："泽州旧在城及高平、沁水、阳城县四务，岁一万七千七百九十四贯。熙宁十年，在城：一万一千一百五十九贯五百八十二文；高平县：三千三贯五百一十六文；阳城县：一千五十六贯二百五十文；沁水县：一千八百八十二贯七百六十一文；端氏县：六百六十八贯一百六十四文。"一贯为一千文。

盐课和酒税又是单独征收的。北宋在晋城地区设有泽州城、阳城县、沁水县、端氏县、高平县、琅车镇（今泽州县晋庙铺镇拦车村）、周村等七处盐课征收机构，盐课总额计8938贯796文。《宋会要辑稿》记载，泽州盐课："泽州在城：二千七百九十七贯一百一十五文；阳城县：八百九十七贯五百一十四文；沁水县：六百八十七贯五百一十五文；端氏县：九百一十六贯七百八十六文；高平县：二千三百九十一贯七百八十六文；陵川县：六百六十九贯九百四十六文；琅车镇：二百三十贯九十一文；周村：三百四十八贯四十三文。"

北宋在晋城地区设有泽州城、高平、沁水、陵川、阳城县五处酒类税收机构，每年税额25174贯。勒石于北宋大观四年（1110）的《泽

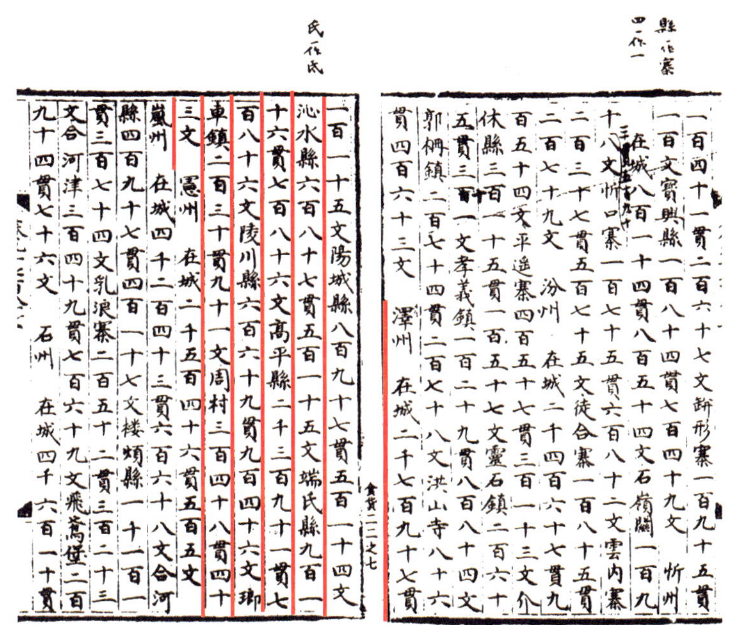

縣一作寨　四一作一

一百四十一貫二百六十七文斷形寨一百九十五貫一百文寶興縣一百八十四貫七百四十九文　忻州　在城八百一十四貫八百五十四文石嶺關一百九十八文忻口寨一百七十五貫六百八十二文雲内寨二百三十七貫五百七十五文徒合寨一百八十五貫二百七十九文　汾州　在城二千四百六十七貫九百五十四文平遥寨四百五十七貫三百一十三文介休縣三百一十五貫一百五十七文靈石鎮二百六十五貫三百一十文孝義鎮一百二十九貫八百八十四文郭柵鎮二百七十四貫二百七十八文洪山寺八十六貫四百六十三文　澤州　在城二千七百九十七貫

氏一作氏

一百一十五文陽城縣八百九十七貫五百一十四文沁水縣六百八十七貫五百一十五文端氏縣九百一十六貫七百八十六文高平縣二千三百九十一貫七百八十六文陵川縣六百六十九貫九百四十六文鄉東鎮二百三十貫九十一文周村三百四十八貫四十三文　憲州　在城二千五百四十六貫五百五文　嵐州　在城四千二百四十三貫六百六十八文合河縣四百九十七貫四百一十七文樓煩縣一十一百一貫三百七十四文乳浪寨二百五十二貫三百二十三文合河津三百四十九貫七百六十九文飛鳶堡二百九十四貫七十六文　石州　在城四千六百一十貫

食貨二二之七

《宋会要辑稿》记载的泽州盐课

州舍利山开化寺修功德记》，即记有“三班奉职监酒税雷”。《宋会要辑稿·酒曲杂录》载：“泽州旧在城及高平、沁水、陵川、阳城县五务，岁二万五千一百七十四贯。熙宁十年，祖额二万九千四百九十五贯一百九十八文，买扑五千一百五十六贯三百九十三文。”文中的“买扑”，是宋元时期的一种包税制度。“祖额”，是指一定时期内相对固定的税收额度。

从这些税收情况的记载，可以大体反映出宋代晋城商业的一个总体的轮廓性的面貌。

但是从事商业贸易活动的商人正史记载很少。除了前面提到的经营煤炭的高平李吉，从事冶铸生产经营的泽州焦氏家族和从事演艺的孔三传等，这里略作补充。

高平三甲镇北庄，宋代有个叫郭恩的人，原为太原人，因经商落户高平，成为高平人。郭氏家族保存的家谱资料《历朝科第世家记》记载：“始祖郭恩，字德光，赋性惇笃，积财喜施，宋时迁居高平，占籍长受里。”明南京工部右侍郎郭鋆墓志载：“郭氏本太原人，其远祖恩，贾于高平因家焉，遂为高平人。”郭恩的后人中亦多从商者，郭恩之子郭祥：“慷慨尚义，乡里重之。”明清时期，郭氏贾于外者不绝于途，经营盐务、药材、丝绸、铁货、杂货，生意遍布晋、鲁、豫、皖。在强有力的经济支持下，明清郭氏人才辈出，明代涌现出郭定、郭鋆、郭鋆等进士6人，明清举人13人，岁贡、例贡40余人，盛极一时。

陵川县人武珪，字君璋，陵川罐泉村（今玉泉村）人，生于宋崇宁二年（1103），卒于金大定九年（1169）十月。据其墓志所载，武氏家族“世为洪族之家，久享熏天之富”。武珪经营生意，“创业为心，乘时射利”，“钱惟日积”。武珪又多善行，“见其贫者，则贷而与之；贫不振者，则惠而散之”。他的儿子武璧，继承其事业，“每赞奇谋，佐成家道”。武珪喜好饮酒，但并不影响正事。“公性惟嗜饮，未尝旷日，然亦朝不废事，暮不废夕。”武珪的墓葬就是著名的陵川玉泉金代壁画墓。其墓内丰富的壁画中，最突出的就是生活气息浓厚的《备茶图》《备酒图》等。玉泉村历史上制酒业、制醋业的发达，或者与宋金时期武氏家族有关，亦未可知。

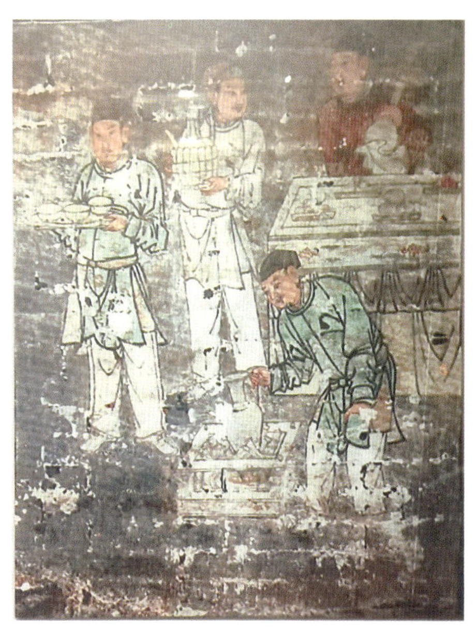

陵川玉泉金墓壁画中的《备酒图》

陵川县商人杨皋，生于宋政和二年（1112），卒于金大定十年（1170）三月。祖居陵川县万章村，后徙居杨家庄。据其墓铭，杨氏家族在陵川“广置田宅，家累千金，世为豪右”。杨皋少小时就失去父母，自己独立生活。善于经商，讲诚信，“尤重然诺，凡所许人，无不与者，可谓言而有信矣”。因此，生意做得很好，赚得巨额财富。当他的祖父去世，与叔父及从弟分家析产时，他将上等好地都让给叔父一家，“其沃壤者推与之，其埆埆者自取之”。其他的财产则一概不取，人称其有“推让之风”。杨皋仁而好施，“每遇饥荒，辄分财输积，赈贷贫穷，多所济活”。他又“多蓄药物，誓广济救，善言一发，卒蒙其福”。杨皋的儿子辈各操一业。5个儿子中，长子杨辅，继承父业，从事经商活动，“有父风，治家克干，产业数倍于前”。次子杨椿，干练有才，从事农耕。五子杨源，从事科举，以文章显名。

陵川县著名的郝经家族，在宋金时期即士、农、工、商各业分工明确，家族中专门有负责经商者。郝经在《先伯大父墓铭》中记载，其伯父郝源，总理家事。对其族中子弟，根据其特长，分派不同的任务，“畀汝田若干顷亩，汝率田夫而治之；桑若干本，汝率诸妇而治之；钱若干缗，汝率商人而治之；书若干帙，汝从某师友某人而治之”。数年之后，即“赀食丰余，而学业日进”。由此也可见当时的大家巨族，都将经商理财放在家庭经营的重要地位。

到了元代，晋城商人的队伍已经人数甚众。比如，泽州黄头村移风寺元至治二年（1322）《创建三灵侯庙记》就记载：“水东管里社曰黄头，聚落百家，务本之余，多从商贾，优游丰备。”

晋城

第二章

明代开中：豪商巨贾云起

明代，盐业开中制首先从山西开始实施，泽州商人得开中制红利，以盐铁快速崛起。明沈思孝《晋录》云："平阳、泽、潞豪商大贾甲天下，非数十万不称富。"明万历《泽州志》载："逐末者多富商大贾，或滞财役贫，冶铸煮盐，家累巨万而不置立锥之地。"与此同时，晋城冶铸业、陶瓷业、丝织业等得到极大发展，晋城商人将本地所产的铁锅、钢针、陶瓷、丝绸等产品贩卖到全国各地。泽州商帮成为活跃在中国大地上的一支重要的区域性商人集团。

一、输粟鬻盐淮扬的晋城巨商

明朝廷为防范北元游牧政权南犯，曾先后设立九边重镇。《明史·地理志》载：“其边陲要地称重镇者凡九：曰辽东，曰蓟州，曰宣府，曰大同，曰榆林，曰宁夏，曰甘肃，曰太原，曰固原。”为了解决庞大的边防军需，保证边关官兵对粮食、布匹、马匹、铁器等物资的供给，明朝廷实行了以“纳粮中盐”为主要内容的“开中制”，这是一种鼓励商人运输粮食等物资到边塞，换取盐引，取得贩卖食盐资格的制度。商人输纳边关所需的粮食、马匹等实物，取得一种叫“盐引”的凭证，然后到指定盐场支盐，指定的区域销售，从中获得垄断利益。该制度的实施为保障明代边关物资供给发挥了重大作用，同时也使商人获得了垄断利润。

由于九边重镇之中，山西即有大同、太原两镇，而且开中法首先在山西实施，所以晋商捷足先登，成为这一政策的最初受益者。又由于参与开中者，必须有雄厚的资本，“小贾不能入中，惟大贾能之”，所以有盐池资源优势的平阳商人，和有煤铁资本积累的泽州商人，紧紧抓住这一历史性机遇，脱颖而出，作为参与开中的重要力量，凭借政策红利发展壮大，从而有“平阳、泽潞豪商大贾甲天下，非数十万不称富”之说。

明洪武三年（1370），朝廷议定，商人于大同仓入米一石，太原仓入米一石三斗，给淮盐一小引。这是明朝实施开中的最早记录，也是山西境内大同、太原开中的最早记录。这一政策从明洪武三年九月即开始实施，募商纳米中盐。明成祖朱棣即位后，曾一度暂停，但不数年后，又全面恢复中盐政策。在明朝廷政策激励下，晋城商人纷纷加入中盐队伍，挟资赴边，输粟鬻盐淮扬，他们“勤掣中，均贸迁”，以此获得巨额财富，累资巨万者比比皆是。或为倾县之富，或者富甲一郡，成为远近闻名的大商贾。

淮扬，就是扬州，为江淮之中心。最早叫邗，隋代叫江都，唐时叫广陵，亦称维扬、惟扬，宋以后称淮扬。明清时期，天下财赋莫盛于东南，财赋以盐利为最，而天下盐利以两淮为最，有“乃两淮寔居天下诸司之半”之称。两淮盐运使署驻扬州城。两淮盐场分布于今江苏省东部沿海一带，产区包括今江苏长江以北淮南、淮北各盐场。其盐行于南直隶应天（今江苏南京）等府州，江西、湖广（今湖南、湖北）二布政司，河南南阳等府州。

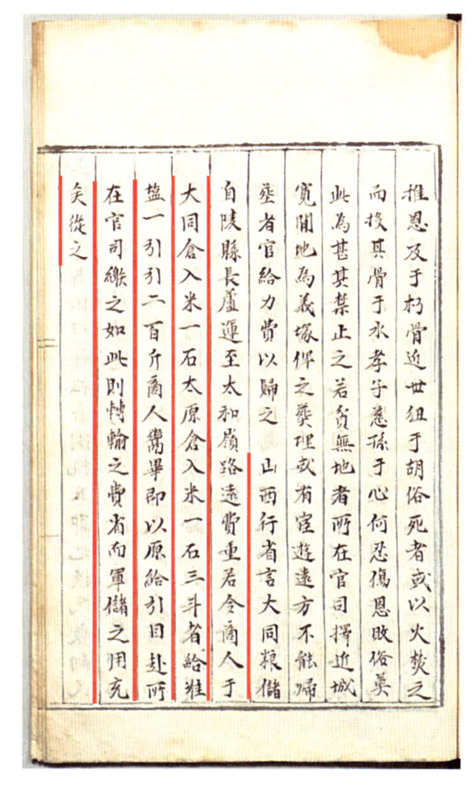
推恩及于朽骨近世狃于胡俗死者或以火焚之
而投其骨于水孝子慈孫于心何忍傷恩敗俗莫
此為甚其禁止之若貧無地者所在官司擇近城
寬閒地為義塚俾之葬埋或有宦遊遠方不能歸
葬者官給力費以歸之 山西行者言大同糧儲
自陵縣長蘆運至太和嶺路遠費重若令商人于
大同倉入米一石太原倉入米一石三斗者給淮
鹽一引引二百斤商人鬻畢即以原給引目赴所
在官司繳之如此則轉輸之費省而軍儲之用充
矣從之

《明实录》关于山西盐业开中的记载

明代初中期，在开中制政策推动下，山西平阳、大同和泽潞商人为主的晋商，与陕西三原、泾阳县等地商人为主的陕商，成为垄断淮扬盐场贸易的两大盐业集团。清康熙年间，山西、陕西盐商联合修建的山陕会馆，是扬州最早的商人会馆。

泽州巴公商人李辅就是明代在淮扬营盐的商人之一。李辅（？—1535）出生于泽州巨族巴公李氏，明代成化年间，他的父亲李仲保，头脑灵活，善于经营，除拥有许多土地外，兼做生意，成为一方巨富。但李仲保不幸英年早逝，李辅早早就承担起家庭责任。刚满 20 岁，他就做出一个重大的决定，响应朝廷号召，参与到赴边关运送粮食，换取盐引的队伍中来。李辅换取的就是远在淮扬地区的盐引，李家本来就十分富有，李辅又善于经营，每次都向边关输送大量的粮食，获得的利益十分丰厚。李辅的长子李性孝（1515—1577），从小聪慧好学。李辅去世后，李性孝原本像多数富家子弟一样入太学读书，已在吏部候选。他却急流勇退，继承父业。两淮盐商之中许多人生活放纵奢侈，荒淫无度，但李性孝却见识器度远超常人，十分注重修身，勤俭持家。食无兼味，衣不奢美，屏斥声色，清心寡欲。在生意上，与人往来，公平有信，从不爽约。与之交游的人，都对他又爱又敬。无论是在两淮，还是家乡，人们莫不推重他的为人，称之为君子。

明代泽州城西苗家庄人苗志达，也是当时著名的淮扬盐商。苗志达（1474—1542），字腾远。身材魁梧，长一部极美的髭髯，号为美髯翁。广猎书史，有江湖远大之志。他急朝廷所急，为解决边关粮食马匹等资源不足问题，加入输送粮食接济三边的队伍。换取盐引后在两淮经营盐业。由于他输送的粮食多，换取的盐引多，既缴纳了大量盐课，又便利了百姓食盐，引起官方重视，被举为两淮纲商。苗志达往来于两淮，经营盐业四十余年，积资钜万，远近知名，被人称为大商贾。除了在家乡娶妻侯氏外，后来所娶侧室张氏、孙氏、董氏，皆为两淮地方之人。

明成化嘉靖间泽州渠头人李谪，字有台，经营盐业于江苏淮安一带，“泛海饶财，积货雄淮南北”。李谪的继子李藁，继承其事业，常年经商于淮扬，“挟赀钜万”。该家族有一个叫李常（1559—1638）的人，别号小湖，生而精敏，有心计。身材魁梧，性情豁达，有湖海之志。成年后足踏“齐鲁之间”，挥鞭“东海之畔”。运用超人的智慧，“鼓策鱼盐”。每次回家，李常都带回上千两的银子，他的父亲李天叙感到十分惊奇。李常尚义乐善，出资赈济动辄千金。李常次子李建中，字完真，资财巨万，人称“泽潞首富”。

阳城县润城镇下佛村人刘源（1579—1631），字洪波，号惟澄，自他的祖父起即善于经商，经营河南陈州（今周口市）的沈丘、西华两县之盐。

这两县与陈州所辖另两县项城、商水，都运销淮北之盐，属于两淮盐区。刘家因此得以家资巨万，富甲左右。刘源作为富豪子弟，倜傥不羁，以古豪侠自许，如同李白笔下的“五陵少年”，嗜武略，精骑射。与人缔交，则肝胆相照，千金一诺。为人慷慨，好行其德。凡友人遇到婚丧嫁娶之事无钱办理者，常常捐厚资相助。每次到河南算账，只算一下赢利多少，其他一概不问，河南人称为“山西之五当家”。凡是有贫困不能偿还债务的，即一笔抹去，有的甚至达到数百两银子。刘源本人娶阳城白巷里进士、陕西按察使副使杨植之女。刘源的儿子刘天祺，娶沁水湘峪孙氏家族孙立相之女。孙氏为沁水县巨族，孙立相兄弟 4 人，长兄孙居相官至户部尚书，二哥孙可相官至御史，三哥孙鼎相官至户部侍郎、湖南巡抚。刘源的孙子刘振纪，娶沁水进士张鋡之女。张氏同样为沁水巨族。刘源死后，两淮盐运司运副丁瓒为其撰写了墓志铭。

也有一些人是被动的，被时代大潮所裹挟，走上盐业经营之路的，但却因此改变命运，实现了人生价值。阳城县郭谷里商人张子仁就是一个典型的例子。张子仁（1499—1565），字体静，幼年丧父，家业仅供糊口。靠着诚信不欺，宽厚待人，勤俭备至，经商发达起来。他曾说：“男儿于天下事，直宜勇猛担当，利害惟命。”明嘉靖二十九年（1550），阳城县府接到上司来文，要求各里甲买马入边。一时之间议论纷纷，大家都说这一次必定让人身家破败。互相推托，无人承领。人们欺负张子仁懦弱，逼他承担下这个任务。张子仁亦不推托，忍辱负重，巧妙周旋，不仅完成了官方下派的买马入边的任务，而且靠经营盐业，赚了大钱。他说，如果自己当时退缩不应，不但赚不了钱，不知还要花费多大的代价。张子仁死后，河南布政使司左参政张升为其撰墓志铭，河南布政使司右参政兼按察司佥事王淑陵书丹，大理寺左评事杨植篆额，这三个人都是进士出身，显示了作为富商的张子仁在当地非同凡响的社会影响力。

二、长芦盐场“泽潞商纲”的泽州豪商

在另一重要盐业产地天津长芦，泽州商人同样占有重要的地位。《长芦盐法志》载：“明初，分商之纲领者五：曰浙直之纲，曰宣大之纲，曰泽潞之纲，曰平阳之纲，曰蒲州之纲。商纲之名始此。”五纲之中，泽潞单独占据一纲。

《新修长芦盐法志》记载的“泽潞之纲”

长芦盐场位于渤海沿岸，为我国古代三大盐场之一，也是海盐产量最大的盐场。明代在河北沧县长芦镇设立都转运盐使司，故称长芦盐场，在这里聚集了众多的泽州商人。

明代在长芦经营盐业者，最著名的莫过于阳城县郭峪村人王重新。王重新（1593—1656），字焕宇，号碧山，出身于商人家庭。他的父亲王海，就曾在天津长芦经营盐业。但在王重新7岁时，父亲不幸去世。14岁时，王重新继承父亲的事业，经营盐业于长芦、天津间。不数年就在商界站稳了脚跟，成为远近闻名的富商巨贾，资产不可计数。王重新还帮助内弟、堂兄做买卖，吸收他们的资本，为其谋取利润，使之日渐丰裕。王重新有个堂兄叫王应乾，临终时留有一个幼子王维时。王重新像抚养亲生儿子一样抚养这个遗孤，并拿出丰厚的资金，让其学习做生意，几乎损及自己的资

本。经其日夜教诲，堂侄的生意越做越好，其家产几乎可以与王重新并驾齐驱。

王重新手下所用之人成百上千，对这些手下人，他既严格管理，又体恤周到。家中事无大小，必为周详计划。一个叫王鸿征的人病逝后留下一子，王重新像对待自己的子孙一样呵护，还为其盖了新居。还有窦学易、裴启元二人家里的房子，也是王重新帮助修建的。一个叫王明俊的少年，父亲早亡，担心不能守住家产，前来投靠王重新。王重新代理经营其资产，并引导其走上从商之路。手下员工在内心里对王重新都非常尊重敬仰，无不实心为其出力卖命，无论是经商之事还是其他事务，都处理得有条不紊。战乱时王重新曾被一支乱军捉住，他的一个叫杨好宾的仆人跑来，要求代主人受戮，乱军首领被该仆人的忠义所感动，立即释放了主仆二人。王重新对商业经营，别有心得，总结撰写了《货殖则训》一书，可惜该书失传，后人未能睹其面目。但从其经商的经历，不难体味其从商的原则和理念。王重新去世后，清代刑部尚书白胤谦和清代大学士陈廷敬分别为其撰写了墓志铭。

高平县唐安人牛廷（1510—1586），字君宁，号南山，少有大志。他说："大丈夫岂必用经术显哉？积学致贵、积资致富等耳，吾将为四方之游矣。"于是，赶着骡马，外出贸易，前往河北的沧州、河间、邢台，河南北部的卫辉府，追逐商业利润。牛廷富有心计，审时度势，或弃或取，从中获利。他认为，当某种物品当时价格很低，与其本身的价值有较大差距时，应当囤积，过一段时间再行销售，当有厚报；某种物品刚刚开始涨价，除非急用钱，不急于在市上出售。他的经商策略大略如此。积累了日益丰厚的资金后，牛廷又入盐运司经营食盐。食盐事关军国大计，豪商巨贾骈集于此，一般的商人很难出头。牛廷虽然资金不如其他的商人多，但他靠着自己卓越特立的信义，在盐商中立定脚跟，声名远扬。在经营活动中，他"勤挈中，均贸迁"。每年的获利均倍于其他商人。"不二十年，累赀数万”。他所经营即为天津长芦盐，盐业经营地域遍及北京、天津、河北、山东等地。在自己致富的同时，不忘兄弟子侄。可读书的延师读书，不读书的则借给资金，令其自我发展，及至后来都富裕起来。其子牛应存，字子中，别号襟川，也是经商的好手。牛廷死后，手下的掌柜们认为应存不懂生意，看他不起，视自己奇货可居。不承想，牛应存策马来到青、齐、燕、卫，每到一地，即召集父亲原先手下的经营者，让大家愿意留下的给以重任，不愿留下的发给优厚的报酬，指挥若定，决策有方，使得各自欢喜，人人感激。通过精心经营，不到五年，资金翻倍。

高平县人武思明，字士臣，号两山。他的父亲武瀚，善积储，家累数千金，已很是富有。武思明幼年即跟随父亲和祖父，“游商于宋卫之间”，即今河南商丘、鹤壁等地，获利常数倍于人。父亲对他的经商才能十分惊奇和敬服，因此拿出一千两银子，让他到山东经营盐业谋利。他“勤掣中，审赢缩”，每年都获利不菲。“不十年，遂累赀逾万”。“身至倾县之富”。

泽州人袁国祯（1532—1605），号凤泉。年轻时，因家无生计，终日彷徨。最终下决心，投奔在外经商的岳父，来到山东利津县汀河盐场经营盐业，生意逐渐兴盛起来。后来又至安徽凤阳、宿州开店，仍做盐行，同时兼营借贷业务，成为一方富户。他的五个儿子贸易于陕西一带，生意做得顺风顺水，五年后归家，带回满箱的财货。

高平唐安人冯春（1534—1599），字应元，别号环溪。富于心计，因科举不中，而祖父年老，父亲又忙于政务，无暇家政。家庭经济状况日下。冯春于是放弃读书，打理生意。开钱庄，设商号，经营粮食、布匹等，买贱卖贵。还派人经营盐铁于河北河间、沧州等地。数年之间，获利颇丰。经商之余，拓展宅第，修筑园池，家政治理得井井有条，使其父亲冯颢得以安心从政为官。其子冯养志，考中进士，官吏部文选员外郎。

泽州巴公四义人原桥（1543—1619），字克济，号左溪。年轻时跟随

封文林郎直隸河間府任丘縣知縣環溪馮
公暨元配蘇孺人繼配楊孺人合葬墓誌銘
環溪馮公以萬曆二十七年十二月三十日卒[illegible]
二年其子文選君將營葬事遣使持舉人陳君[illegible]
狀走京邸乞予銘諸幽不予公婣也稔知公[illegible]
辭公諱春字應元環溪其別號云馮氏在高平[illegible]
安東里爲著族自詩德者始德生深深[illegible]
俗倜儻好義以子貴贈奉政大夫南京戶部[illegible]
司郎中配李氏贈宜人大司空一泉郭公誌之[illegible]
生顗由嘉靖丙午舉人歷官山東按察司僉事[illegible]
倣開原兵備長才遠馭所至並有聲績大恭孔[illegible]
蘇公誌之配陳氏封宜人生二子公其長也公[illegible]
歲聰敏讀書解大義下筆驍驁不拘拘軌於華[illegible]
累試有司輒不售當是時贈郎中公老矣僉憲公
業舉於鄉百爾家政日夥日鉅公不忍令老者[illegible]

[illegible]据僉憲公下帷手一編左枝右撐荒未竟之
業已慨然嘆曰丈夫何所不見才乃勞親以僥異
日不可必之功名哉遂棄書綜米鹽粟帛之事公
饒貲計權子母徵貴賤仍遣[illegible]鹽鐵於瀛滄之間
不數歲貲富裕僉憲公雅好客賤相錯於門公灑
掃供張日雖適其意後僉憲公令武邑公即從之
武邑守涿鹿公即從之涿鹿武邑豪官李某善持
令短長恣爲姦利僉憲公不勝憤數欲糺按其罪
公從容諫曰虛舟可觸不乎柰何以官與[illegible]

张养蒙撰冯春墓志铭

父亲和兄长，贸易于河南南阳的唐河、邓州一带。原桥精于谋划，计算丝毫不差，无论多狡猾的商人都对其刮目相看，未敢因其年幼而轻视。时间不长，原桥又不满足于每日辛苦赚取的微薄利润，他说："管子以煮海富甲诸侯，今之射利多获者无如盐策，择利取其大，何必屑屑刀锥计哉？"于是携带所有的资金，来到山东济南，进入盐业这个行当，凭借自己娴熟的经商之道，经营 20 余年，积累了数额巨大的资金。年老后，将商业上的事情全部交代给儿子与掌柜，自己回归家乡田园，与乡人结社吟咏。在家乡周济族党，赈济饥荒，修葺祠宇，兴建桥梁。

除了经营两淮和长芦之盐，泽州商人还经营山西运城池盐、四川井盐等。

泽州城西苗匠村人李友弟（？—1639），号明轩，就是在运城经营食盐的。运城盐池是我国古代著名的内陆盐湖之一，它地处运城盆地南部，中条山北麓，主要由安邑盐池和解州盐池两部分组成，故史书常称之为"两池"；又因其位于黄河以东，也常称之为"河东盐池"。运城在建城之前名为潞村，因此所产之盐又名“潞盐”；又因盐运使曾驻解州，也叫“解盐”；还因盐呈颗粒状，人们也称“颗盐”。李友弟多年在这里经营盐业，拥有解州“商籍”，非常富有。他常将银钱和谷物借贷给别人，只取很少的利息，“不较锱铢”。各处开凿矿山，“咸借公资助之”。其子李昆奇，继承其父事业，仍在解州经营盐策。“占课筑场，旅居运城。”

三、“以铁易盐”造就泽州铁商新机遇

明代晋城冶铁业获得了空前发展。从汉代开始，各个朝代基本都实行盐铁专卖，亦称“盐铁官营”制度，这是一种统治者为增加财政收入而实行的对盐和铁的垄断经营制度，但却一定程度上限制了民间工商业的发展。明初在全国设置了 13 个官营铁冶所，其中山西有五处，分别是平阳府的富国冶、丰国冶，太原府的大通冶，潞州的润国冶和泽州的益国冶。但是由于官营铁冶所管理不善，加上政府制造兵器及御用铁器时多时少，所以官营铁冶所置罢无常。至洪武二十八年（1395），则“诏罢各处铁冶，令民得自采炼，而岁输课程，每三十分取其二”。明朝政府罢除了官冶所，鼓励民间冶铁，使各地的冶铁业以前所未有的速度迅猛发展起来。

晋城地下资源丰富，素以“煤铁之乡”著称，丰富的自然资源为晋城的经济发展提供了得天独厚的条件，煤炭的利用和冶炼业的历史都非常悠久。在相对宽松的铁冶政策下，晋城冶铁业空前发展，其生产的规模、产量、技术，都超过了以往任何朝代，成为当时中国冶铁生产最为发达的地区之一。明天顺五年（1461），陕西总兵官保定侯梁珤奏疏称：“臣闻山西阳城县铁冶甚多，每年课铁不下五六十万斤”。（《明英宗实录》卷三二九）按明代铁课为三十取二的税率计算，则其年产铁量为七百五十万至九百万斤，这个数字相当于明初全省产铁量的七至八倍。这仅是阳城一县的产

量，整个晋城的产量则更为可观。

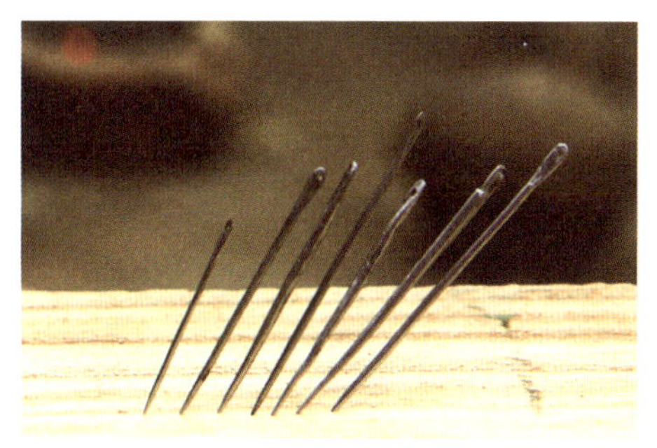
大阳钢针

晋城生产的大量生熟铁在民间则主要用于加工各种民用生产和生活用品。铁制品种类繁多，从生活用的缝衣针、铁锅，到农业生产用的犁铧、犁镜、镰刀、锄头，建筑用的铁钉，再到寺庙用的铸钟、铸像等等应有尽有，铁器品种多达3000多种，形成了规模庞大、品种齐全、质量上乘的泽州铁器。市场覆盖河南、河北、山东、湖北、湖南、陕西、甘肃等省。尤其是大阳镇的手工制针占领了大半个中国市场，并且还销到中亚等地，成为“本省唯一值得注意的输出品”。

泽州本州及所属高平、阳城都是山西产铁重点州县，陵川、沁水产铁亦较可观。在冶炼业集中的区域，形成了泽州的大阳镇、南村镇，阳城县的润城镇、白巷里，高平县的王降、李家庄，沁水的中村镇等一批冶铁重镇。一批从事冶铸生产和铁器营销的经营者，获得了巨额的财富。

明代九边重镇制造兵器需要数额巨大的生熟铁，过去都从民间征收，甚至毁坏农具来完成任务，使百姓深恶痛绝。明成化九年（1473），朝廷“定河东纳铁中盐法”，允许以铁易盐，作为铁冶集中产区的晋城，因此而获益，进一步刺激了铁业生产和交易的积极性。“纳铁中盐”政策实施之前，阳城商人即私下里运铁到曲沃县以铁易盐，并形成一定规模。此时，相对富足的晋城商人更是在政策支持下，利用其地缘优势、冶铸优势，将大量的生熟铁运往边镇，供朝廷制造兵器，而晋城商人则获得盐引，从中赚取巨额的利润。

阳城县下庄铁商李思孝（1488—？），字云楼，自号“双塔主人”。兄弟三人，排行第二。元末明初，李家就开始做铁的生意。李思孝继承祖业，继续经销铁货。在河南的周口、开封，安徽的亳州、泗城、颍州、寿州和山东曹州等地均有经销铁货的货庄，家累巨万，成为远近闻名的富户。

泽州大箕的王仲名（1498—1577），号隐山，利用泽州的煤铁资源和技术，进行铁的冶炼，并铸造锅鼎等铁器。将这些铁器运销到北京、天津、河北、开封、鹤壁等地，甚至湖南、湖北、湘江两岸。他在江淮一带，结识了许多盐商大贾，以铁易盐，十余年间积累了巨额的财富。

泽州县大箕镇申匠村，因元初泽州镇抚申甫在此择地居住而建村，名为申家庄，约在明末时改为申匠村。该村处太行山麓南端，坐落在晋普山东北山脚下，是贯通山西、河南两省的通衢重镇。明代中期，村中李氏因商崛起。李氏原本居住于地理位置相对偏僻的大箕百峰里，后来看到豪族望门多迁徙落户于富家里申家庄，于是也迁到了这里落户。富家里之所以名为富家里，就因为这里煤炭资源丰富，埋藏浅，冶铸业发达。明正德年间，李氏家族出了个特别有才能的人，叫李景冬（1517—1591），字时隆，别号后松。李景冬年轻时，不仅长得仪容魁伟，一表人才，而且十分聪明，机智过人。太行山上的泽州冶铸业发达，生产和生活用的各种铁器，尽用尽有。而太行山下的河南怀庆府，田地腴美，俗称小江南，但却不生产铁器。他看准商机，穿梭于太行古道，将泽州的各种铁制品送下山，贸易于邻省河南，从而很快地获得了大量财富。然后又在泽州买下许多的土地，租给附近的农民耕种，每年又入仓数不尽的粮食。李景冬宅心仁厚，多行善举，被地方推荐，朝廷赐予寿官的荣衔。李景冬的儿子李朝相（1562—1588），字汝弼，号双峰。年幼时即聪明能干，长大后体貌魁梧，父亲李景冬让他外出经商，他就带着泽州的铁器跑到山东等地，开辟新的销售市场，每有所获。可惜的是，年仅27岁就辞世而去。其子李维新不负众望，继承父业，仍做铁冶生意，使李家更加富有，因急公好义，为国分忧，被授予礼部儒官之职。李维新的八个女儿中，两个嫁入隰川王府，一个嫁给知县的儿子，一个嫁入二圣头村名门巨族张家，嫁给进士张光缙、张光前最小的弟弟张光复。张光缙，明万历三十二年进士，官至陕西右布政使。张光前，万历三十八年进士，官至吏部郎中、大理寺少卿。

王自芳（1606—1695），字秀宇，明末清初泽州大箕秋木洼人。是泽州著名商号泰来号创始人王自振之长兄。其天赋本性淳厚谨慎，聪明过人。多年做冶铁生意，总结出“上赭者下必矿”的采矿规律。注重产品质量，价格公道合理，大家都乐意和他做生意。晚年退而教书育人。无论做什么都是人们效仿的榜样。“贾而贾效，儒而儒效。”

阳城县润城镇人张念祖（1604—1655），字孝思，号绳武。其父张自力，远游商贩，行贾中州。张念祖为人纯朴，谨慎持重，幼年时即很少嬉戏，屹然有成人之志。14岁即担起家事，在农事之余，经营冶铁业，由是致富。张念祖虽富甲一方，生活却十分节俭。他又承继父业，贸易于黎阳（今河南省驻马店市）等地。因其德才，被推选为县吏。顺治五年（1648）冬，大同总兵姜瓖起义，自称大将军，举起抗清大旗，史称“戊子之变”，山西全省震惊。张念祖所居润城砦三面阻水，而前面为阳城通往泽潞之要道。为保砦安民，他率领本乡父老昼夜筹划，坚守数月，终保砦垣无恙。张念祖有子四。长子张瑃（1624—1665），字伯珩，崇祯癸未科进士，历官至工部右侍郎、兵部右侍郎兼都察院右副都御史、福建督粮道。孙子张茂生，官户部浙江清吏司主事。

沁水县西曲里窦庄人张鸿基（1548—1624），号沁溪，貌若朴实忠厚，内里富于心计。少年时，父亲张永宽在湖南、湖北一带经商，十余年不返。家里日子过得甚为窘迫，母亲以纺织养活家人。当父亲回来时，带回许多银子，从中取出100两交给张鸿基。于是其出外经商河南开封、商丘一带。五六年间，资本翻数倍，几达500多两。因苦于乡里徭役重，于是出钱捐了个小官。但当官并非自己所长和所好，仅当了一年多就弃官再商，重新贸易于太康县之秋岗集，“遴选纪纲之侣、矫健之仆，各授以略，俾之东走齐鲁，西走秦晋，南走吴楚粤，以贩鬻盐、铁、棉布、丝枲之类。所至必获，获必倍。盖二十余年，而赀累巨万矣”。

四、匠商一体的金火匠世家

在明代，晋城还出现了一批工商结合的金火匠世家。阳城白巷里上庄即有孔氏、王氏金火匠世家，润城有栗氏金火匠世家。其中以润城栗氏留下的作品最多。

润城栗氏家族，从什么时候开始经营铁器铸造业，没有确切的资料，有文字记载的润城栗氏最早的金火匠人，是被称为金火大鉴的栗景诚，约生活于元末明初，被尊为栗氏金火匠人的始祖。至今传承约 600 年时间。他们不仅制造小型日用铁货，而且铸造出如铁牛、铁狮、铁人、铁钟、铁塔等大型铸件；不仅在当地铸造，而且将生意做到河南、陕西等地。

在晋城本地留有铭文者有：明隆庆五年（1571）八月，栗氏金火匠为泽州大阳镇铸天柱塔铁盔宝刹。明万历二十三年（1595），金火匠栗大凰同儿子栗继宠，栗大蛟同儿子栗继科，为阳城县润城镇屯城村铸大铁钟。明万历四十三年（1615），金火匠栗大凰同儿子栗继宠、侄子栗继科，为阳城县润城镇望川村铸铁钟，等等。

在外地所铸者有：明嘉靖三十八年（1559）三月至嘉靖四十三年（1564）三月间，栗氏金火匠栗从慧、栗从高和徒弟李成、杨正等，先后为山西解州关帝庙铸造铁人、铁旗、铁狮、焚炉一组四对，共 8 件铁器。明万历二十五年（1597），金火匠栗大仑携子栗继耕为河南洛阳关林仪门前铸造铁狮，等等。

明代移居山西省襄陵县（今襄汾县境内）辛店镇（今辛建村）一支栗氏族人，仍承继金火匠技艺，在国内多地开拓冶铸生意。陕西咸阳高达

33 米的千佛铁塔，为我国现存古铁塔中最高的一座。该塔就是这支栗氏金火匠所参与制造，铁塔第三层门框上的铭文清晰地记载：“山西泽州阳城县小城镇金火大鉴栗景诚，奉工部勘合，十二代玄孙寄藉平阳府襄陵县河东辛店镇栗朝春、栗郎春同造”。造塔时间为大明万历三十六年（1608）。另一处铭文：“山西平阳府襄陵县河东辛店镇金火匠栗汝桧、栗汝柏；男栗郎春、栗朝春、栗迎春、介宝敖造”。山西博物馆纯阳宫所藏真武大帝铜铸坐像，亦为襄陵辛店镇金火匠栗如松和其子栗过春、栗接春于万历二十四年（1596）造。另有湖北武当山馆藏真武铜像，为襄陵县金火匠栗复共于明万历四十八年（1620）五月造。

德国人柏石曼于 1908 年拍摄的咸阳铁塔

栗氏金火匠的作品有的还流传至海外。荷兰藏家保存有两尊铁人像，是明万历年间栗氏金火匠人栗志春的作品。

晚清民国时期，栗氏仍以铸铁钟为业。14 岁时就开始学铸钟的石明伦，其师傅就是栗家铸钟的传人栗天诚。

五、形象各异的晋城商人群像

每一个富商都不仅是一个单独存在的个体，他的后面还有若干参与出资或以人力入股的合伙人，以及众多的伙计，他们共同结合在一起形成一个利益相关的商业共同体。他们在开中制政策的激励下，迅速发展壮大，并由经营盐业，进而扩大到铁器、丝绸、药材、茶叶等各类商品，形成以地域为特征的泽州商帮，在促进晋城经济发展上，发挥了重要的龙头带动作用。

走上经商之路，有各种各样的原因。有的是因上代经商继承父业。比如泽州大阳人王溪远（1500—1580），天性纯朴，年少时喜欢诗书，后来跟随父亲贸易于江苏、山东一带。登险涉远，不畏艰辛，有胆有识，长于计算。客居山东郯城四十余年，浸浸家累万金。泽州世泰坊人赵价（1505—1566），字文藩，号珏山。出生于泽州豪门大族“南关赵家”。赵家是当地有名的富户，经营有许多的土地，兼做商业。赵价继承先业，精心经营，比先前更加富有，“泉货惟丰，故称富室者”。高平马村人荆中（1518—1575），字以正，号峻岗，从其曾祖父荆圯，到祖父荆仿、父亲荆贵，直至荆中，四世均在安徽亳州经商。泽州史村人成鸣雷（1545—1612），号双楼，其先人因商积资累万，泽州西乡中无可与之匹敌者。鸣雷生而巧慧，成年后带着资金来到山东青岛、济南一带，买低卖高，数年间累资以万计。

有的则因家贫无法读书，或读书无成而从商。比如，沁水县东曲村人霍三元（1553—1629），字联甫，别号环山，即因读书无成，外出经商，往来于开封、商丘等地，发家之后，仍不改简朴勤俭本色。宗族乡党或婚或丧或餐饮不给者，时常赈济之。县令曾三次登门，荐举其为乡饮大宾，坚辞不赴。

有的虽家庭富有，但不愿在家吃闲饭。如泽州人王顺（1577—1641），字助之，号玄洲。资性颖异，家虽富有，不愿赋闲在家，于是外出经商，携资游江淮间。

有的则不屑于微薄的官俸而从商。比如泽州人徐椿（1522—1599），字寿夫，别号两淮。因苦于差役繁重，曾经做过卫所的小官，将簿牒文书处理得井井有条，深得上官之心。因不屑于微薄的官俸，携带家中所有资产，在河南汝州、颍州等地贸易，二十余年，累资逾万。

晋城当时每一个县都有众多从商者。比如，在泽州本州，张希鲁，从小即外出经商，经营多年，成为一方巨富。他的二哥家庭困难，无法维持生活，虽然分家已经很多年了，他仍常常给以资助，屡以千金相赠。万历初期，输粟千石赈荒，朝廷下诏修建牌坊，旌表其事迹。泽州东关平川厢人部德实（1487—1550），字延玺，号乐水。幼年时期即聪慧过人，老成持重，不爱游戏。长大后，贾寓四方，以勤俭自励。凡贸易计算，悉中机宜。他常见义勇为，有古人之风。建桥建祠惠及地方。山西巡按命各地举善示劝，泽州推举三人，部德实排在第一。人赞其“多财而义，不愧卿士”。泽州岗头村人张环（1506—1569），字鸣重，号南山，成年后，贩游河南、河北等地。他热心乡村公益，被乡里推重，朝廷赐予寿官之荣誉职衔，以示嘉奖。泽州渠头村人吴邦宁（1506—1570），字本固，号西园，其先原为高平县裴泉里人，自始祖吴继先迁居晋城东北的渠头村。邦宁天资聪慧，性敏捷。幼年读四书五经、诸子百家，有远方之志。但其父吴泽因经商卒于陕西。吴邦宁不得不放弃学业，继承父业。邦宁轻财重义，多义行善举，知州王公高其谊，授以寿官，延为乡饮宾。其子吴自省，嘉靖三十年（1551）甲子科举人，官陕西韩城知县。苏时旺（1554—1610），字绍荣，号小岗。年仅 20 岁即跟随父亲走南闯北，买贱卖贵，从中取利。“南走吴楚，北行云中，经营齐鲁，”终有赢积。苏时旺好善乐施，明万历三十七年（1609），泽州大灾，他捐粟赈贫，多赖全活。明嘉靖万历间，泽州大阳镇人颜温，曾在州学读书，是一位儒商。颜温极为重视生财之道，他拿出资金，命人贸易于江淮之间，赚钱后置下许多田产，仓箱盈足，田产饶裕，颇称殷实。

高平县：范宣（1437—1502），字迁弼。先经商于山西大同一带，后贸易于山东，所到之处，重义然诺，笃守信用，数年而成大贾。米山镇商人涉须（1488—1553），字朝辅，别号静山。17 岁时，就立有大志，欲振兴家业。经商于江淮、福建、四川、开封等地，由于他善于审时度势，分别重轻，筹划运作。而且与人相交，讲信义，公平正直，从不欺诈，所以获利往往倍于常人。经营 30 余年，获利数千两银子。牛庄商人常仓（1504—1568），字从库，自号南园。从小敦厚质朴，长大后与兄长经商于河南周口淮阳一带。时间长了，和他一起做生意的都对他特别信任，亦不忍欺骗他。他的资产逐渐积累日多。他不仅自己做生意，还教人经商致富。选择有心计者数人，每人送给 100 两银子，督促其做买卖，结果每个人都赚了很多的财物。他的两个侄子，就凭借他馈遗的资金，不断积累，以至万金。

阳城县：郭峪村商人张廷广（1497—1564），字允平，号南平。继承父辈的生意，不仅巩固业务，而且不断拓展，每日每月都有进益，资产数倍于前。但他从不放贷取利，认为是不仁不义的行为。与张廷广相反，阳城县化源里商人白所蕴（1563—1634），却因放贷取利而致富。白所蕴，字廷征，别号见庵。年轻之时家境一般，辛勤耕作，仅够度日之需。听人说放债取息，每月可得二至三分利，于是开始做放贷业务，而家资稍为丰裕。他不断总结经验，到 50 岁时，致累千金，买下许多的田产。

陵川县：商人路达，字汝荐，号成斋，明嘉靖、隆庆间人。15 岁时，他的父亲路鼎因疾卧病，路达即承担起家庭重担，当时家里仅有 20 余两银子，他利用心计，苦心经营，致累千金。

沁水县：坪上村商人刘贯（1497—1576），字尚礼，号西山。14 岁时，即继承父辈商业，服贾于河南商丘睢县之平冈集，按照不同时期货物价格高低的不同，赚取差价。由于其贸易公平，大家都愿与其做生意，资产日益充盈，甲于里门。同族中有叫刘用信（1563—1623）的，字诚甫，号任宇，是工部尚书刘东星的族侄，也是一个商人。刘用信的父亲刘东吴早逝，刘用信由母亲常氏抚育成人。他生而颖异，年幼时跟随兄长读书，稍长听从母亲的安排，开始从事商业活动，因族人多经商于河南睢县，于是也带着资金来到这里，后又转移到江淮一带。在经营活动中，“赢羡则缩取之，以均其施；数奇则宽之，以务究其用”。当地人都十分敬服，官员和学者都乐于与之交游。不料因江淮大水，无法经营，只得空手而归。刘东星对刘用信的聪明才干和为人十分欣赏，于是将自己在河南的生意全部托付于他，任凭其全权负责，调度经营。刘用信不负厚望，趋利避害，百不失一。张永锡（1534—1616），号双椿。少时身体矫健，颇有力气，使气任侠，与一群少年踢球、赌博，日日游戏，不问生产。成年后一改故态，开始专心做生意。富有心计，又有胆略。贾游四十余年，足迹遍及陕西、河北、江苏、安徽等地，生意越做越大，财富不断积累，终成大贾。

明代后期，在泽州的皇室宗亲也纷纷放下架子，经商获利。隰川王府镇国中尉朱俊菄（1523—1573），号竹亭，为明太祖朱元璋六世孙。因府中俸禄不足日常花用，宗族坐困无策，大家都没有什么好办法，而俊菄却从小聪慧过人，读书有得，精于经商营利，在他的努力下，隰川王府积蓄的资财大倍于前，生活充裕。宣宁王府镇国中尉朱俊詸（1534—1590），每年有四百石粮食俸禄，衣食无忧，但是看到穷苦人嗷嗷待哺，俯仰无告，即在泽州城中设立店铺，进行交易。将所获利，用于周济自己所认识的穷苦之人。隰川王府镇国中尉朱俊彝（1540—1586），号南川，为明太祖朱元璋六世孙。生于世爵之家，却无骄奢之态。志趣远大，勤俭持家，拿出资金，经商谋利，累资巨万。周济穷困，捐资修庙，受到山西巡抚旌奖。

宗室的女婿，即仪宾中也有多人加入经商队伍。宣宁王府仪宾司秉义（1536—1582），字质甫，别号宜山，明泽州平川厢人。许多仪宾整日里斗鸡走狗，荒唐度日。而司秉义却与众不同，他节俭用事，将闲散资金集中起来，营运求息，20年时间，终成一方巨富。宣宁王府仪宾卢承宗（1540—1592），字君续，号近泉，明阳城县郭峪人。先是在泽州城经商，后又赴河南开封，人弃我取，人取我予，经营近四十年，生意蒸蒸日上。宣宁王府仪宾田緋（1494—1534），字希庆，号碧泉，明代高平县人。经商于江苏淮州（今淮安市淮阴区），年仅41岁，即逝于经商地。隰川王府仪宾韩巍，沁水县人，贸易于河南太康之杨家集。明嘉靖三十二年（1553），师尚绍发动农民起义，攻陷归德，将赴太康，道经杨家集，民众逃避不及，财产多为掠夺。韩巍独据一楼，以弓箭石头，与之抗衡。相持三天，起义军纵火烧楼，韩巍坠楼被擒，宁死不屈，被割舌剖腹而死。当时太康县无官镇守，韩巍坚守杨家集为太康县城守卫赢得了宝贵的时间，官员至县布置守卫，使起义军无法攻克县城，太康县城得以保全。当地官民为了纪念韩巍，专门为其立庙，岁时祭祀。

六、明初大移民，泽商遍天下

元朝末年时，天下大乱，各地义军横起，朱元璋平定天下后，河南、山东、河北等地十室九空，再加上元末蝗虫和黄河泛滥，中原一带人口急剧下降，田多荒芜，居民鲜少。而山西由于没有经过大的战乱，人口相对较多而土地较少。尤其是晋城山多田少，人口稠密。明山西布政使李维祯在《泽州志序》中言：“州介万山中，枉得泽名，田故无多，虽丰年，人日（按：日应为月。）食不足二鬴。”《周礼·地官·廪人》：“凡万民之食食者，人四鬴上也，人三鬴中也，人二鬴下也。”可见当时晋城的粮食生产不能满足民众生活的需要。

洪武二十一年（1388）八月，户部郎中刘九皋向明太祖朱元璋提出了“窄乡迁宽乡”的建议。朱元璋采纳其建议，决定实施移民政策，从而掀起了一场大规模的移民潮。首当其冲的就是人口稠密的泽潞地区。当年即“迁山西泽、潞二州，民之无田者，往彰德、真定、临清、归德、太康诸处闲旷之地，令自便置屯耕种，免其赋役三年，仍户给钞二十锭，以备农具。”这次移民迁出地仅泽、潞二州，迁往的地方包括彰德（今河南安阳市）、真定（今河北正定县）、临清（今山东临清市）、归德（今河南商丘市）、太康（今河南太康县）等地。

《山西移民史》记载：“洪武时期山西人口迁移活动大致以洪武二十一年（1388）为界，分为前后两个时期。前期主要是出于消弭内患需要的军事性移民，而后期移民则主要是以缩小人口分布不平衡为目的的垦荒性移民。”也就是说，洪武二十一年这次移民活动，是明代第一次全国性规模较大的非军事性移民。

洪武二十二年（1389）移民范围已不限于泽、潞二州。《明实录》载：“山西贫民徙居大名、广平、东昌三府者，凡给田二万六千七十二顷。”明洪武三十五年（1402）九月，“命户部遣官核实山西太原、平阳二府，泽、潞、辽、沁、汾五州，丁多田少及无田之家，分其丁口，以实北平各府州县，仍户给钞，使置牛具、种子，五年后征其税”。

朱棣执政后，又连续数年进行迁民。永乐元年（1403）三月十八日，迁泽、潞民于河南裕州。《明实录》记载：“河南裕州言：本州岛地广民稀，山西泽、潞等州县地狭民稠，乞于彼无田之家，分丁来耕。上命户部如所言行之。”永乐二年（1404），“徙山西太原、平阳、泽、潞、辽、沁、汾民一万户实北京”。永乐五年（1407），“命户部从山西之平阳、泽、潞，山东之登、莱府等府州五千户，隶上林苑监，牧养栽种。户给路费钞一百锭、口粮六斗”。从这些记载可以看到，明代泽州移民次数多，数量大，

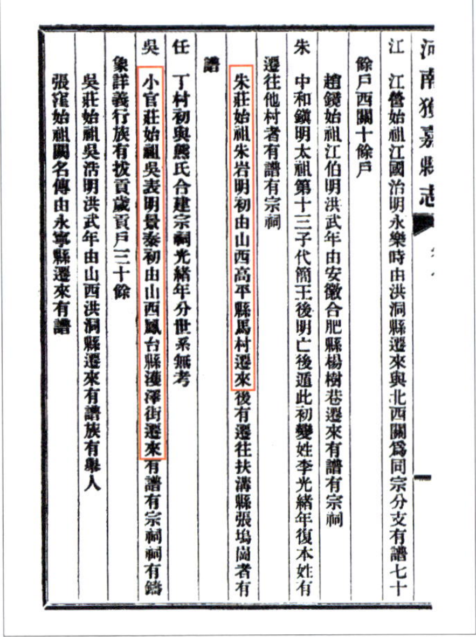

河南獲嘉縣志

江 江詹始祖江國治明永樂時由洪洞縣遷來與北西關爲同宗分支有譜七十餘戶西關十餘戶

趙鏌始祖江伯明洪武年由安徽合肥縣楊樹巷遷來有譜有宗祠

朱 中和鎮明太祖第十三子代簡王後明亡後遁此初變姓李光緒年復本姓有遷往他村者有譜有宗祠

朱莊始祖朱岩明初由山西高平縣馬村遷來後有遷往扶溝縣張塢崗者有譜

任 丁村初與熊氏合建宗祠光緒年分世系無考

吳 小官莊始祖吳表明景泰初由山西鳳台縣濩澤街遷來有譜有宗祠祠有鐫象詳義行族有拔貢歲貢戶三十餘

吳莊始祖吳浩明洪武年由山西洪洞縣遷來有譜族有舉人

張霍始祖闕名傳由永寧縣遷來有譜

民国河南《获嘉县志》所载泽州移民

影响十分深远。

各地方志、碑刻、家谱中也有许多关于泽州移民的记载。康熙《魏县志》载：“明洪武三年（1370），县为漳水冲没，迁今五姓店，原旧土民九里，因土旷人稀，永乐间迁山西襄垣、高平、黎城三县，沁、泽两州五处人民实之，人各给地一百亩，征税粮五石三斗五升，编户三十六里，后增为五十里。”

民国河南《获嘉县志》载：“朱庄始祖朱岩，明初由山西高平县马村迁来，后有迁往扶沟县张坞岗者，有谱。”“小官庄始祖吴表，明景泰初由山西凤台县濩泽街迁来……”“李善道小营始祖李友，原籍山西陵川县南朵村，明洪武时迁修武北寨村……”“（姚氏）郭庄始祖，失名，明初由山西阳城县枣树沟迁获嘉城内……”“赵氏，永兴屯始祖赵本，明洪武十四年，由山西凤台县水磨头村迁来……”这样的例子还有很多。

顾炎武在《天下郡国利病书》中亦云：“我国家洪武初，承金、元之后，户口凋耗，闾里数空，诸州县频徙山西泽、潞民填实之。予过魏县，长老云：魏县非土著者什八。及浚、滑、内黄、东明之间，隶屯田者什三，可概见矣。”

河南省卫辉市郭全屯有一块著名的迁民碑，据其记载：“卫辉府汲县：山西泽州建兴乡大阳都为迁民事，系汲县西城南社双兰屯居住。里长郭全，下人户一百一十户。”碑立于洪武二十四年（1391），碑文中的汲县，即今卫辉市。郭全屯原名双兰屯，因泽州大阳人迁此后，里长是郭全，故更名为郭全屯。

墓志中所记泽州移民也很多。如刘统勋撰《黄岗令敬修畅君墓志铭》：“先世籍山西阳城县，明初奉诏东迁河南卫郡之新乡。”宋逢盛撰《皇清候选县二尹方麓姚公墓志铭》：“公姓姚氏，讳绅，别号思庵，又号适庵，方麓其字也。先世晋之沁水人。明永乐靖难后，迁晋民于豫，公之始祖占籍于西华之姚家桥，遂家焉。”这两方墓志，即记载的是泽州阳城县和沁水县人在明代迁居河南之事。

著名的太极拳之乡河南温县陈家沟，也因泽州迁民而来。河南《陈氏家谱》记载：“始祖陈公讳卜，于洪武五年于原籍山西省泽州府东土河村携眷避迁洪洞。先是明元逐鹿取我中原时期，明太祖屡战怀庆不下，定鼎后曾血洗怀庆，人烟几乎绝灭，继迁晋民填补。故我始祖在避迁中，又由洪洞被迫迁至沁阳东南三十里之野，结庐居也。始祖为人忠厚，兼精拳艺，颇受时人所推崇，而以其名命其居处曰陈卜庄，住二年又全家迁居温县城东十里之常阳村。后因人丁繁衍，村名易为陈家沟。”

在北京大兴区，还形成一些专门的移民村，称之为“七十二连营”。《北京百科全书大兴卷》载：“七十二连营范围涉及今采育、青云店、长子营3个镇，由明初移民建村的共有60余村，其中以营为名的村落有44个，以移民原籍州县命名的村落有22个，如霍州营、解州营、赵县营、沁水营、孝义营等。”该书《七十二连营一览表》列出的移民村中，属于晋城地区即有沁水营和高平营。沁水营现仍保留原名，而高平营已改名铜佛寺村。《沁水营村志》载：“经考证，有山西沁水县迁移的移民共16姓18户，目前已知的姓氏有郑、刘、张、韩、赵、豆、吕、冯、任、崔、李、涉、郭、康等14姓16户，移民到凤河北岸建村，为不忘祖居故里，特以原籍沁水县命名。”

据相关统计，洪武二十四年（1391），泽州共有66846户、474931人，每户平均7.1人。到了永乐十年（1412），总户数降为65941户、总人口为383710人，每户平均5.82人。与洪武二十四年相比，减少905户、91221人，每户平均人口减少1.26人。也就是说，考虑到人口自然增长的因素，在此期间，泽州移民数量当在10万人以上。泽州移民数量仅次于潞州、平阳，而远高于太原、大同等地。

总之，明代屡次迁民，朝廷都把泽、潞作为重点区域之一，从而对当地农村经济发展和社会文化都产生了重大影响。其一，大量人口的外移，使泽州“地狭民稠”的问题在一定程度上得到缓解，留居本土的农民，人均土地数量相对稍为宽裕，使农业和农村经济的发展维持了稳定。迁徙他省之民，不仅拥有了一定数量的土地，而且在政府的资助下，获得了耕作的农具、种子等生产要素，实现了“岁丰足民”。其二，朝廷强制的人口外迁，客观上迫使安土重迁的泽州人，走出太行深山，遍布黄河两岸、大江南北。思想观念由封闭走向开放，信息交流更为充分，促进了泽州与各地的经济贸易往来。经济交流、商业活动的空间更为广阔。遍布各地的山陕会馆、泽潞会馆等，也与此有着不可分割的关系。泽州商人经商的区域更为广泛。

大移民又使得安土重迁的观念，受到极大冲击和改变。到明代初期，尤其是中后期，行走四方的泽州商人，异地定居者比比皆是。

明代初期，泽州渠头村人李仲才，因在河南济源经商，感到济源之五龙口镇河头村，其地可耕，其里可居，其人可处，于是迁居该地，买产治第，成为河头李氏之祖。

明景泰、天顺年间，泽州拦车镇董氏家族一个叫董完的人，靠商业经营富甲一方。董完与其子董真，常年贸易于河北大名府一带。明成化初年，拦车镇董氏家族中有一个驻军在河北张家口的军官，以征集财物供军用为由，虚张声势，恐吓族人，尤其是对家境富有的董完、董真父子，百般勒索。董完哪里能容得别人欺凌，他说：“大丈夫岂必死守故土！”于是父子二人离开家乡，落户河北大名府开州（今河南濮阳县）吕丘店，在当地生产制造泽州名产“首帕”，董真之孙董汉儒读书仕进，官至兵部尚书、太子太保。演绎了一段泽州移民的历史传奇。

明成化年间，大阳孟氏家族有一个叫孟会的人，不满足于在家碌碌无为，与人相随外出，商游四方。看准时机低买高卖，谋取利润。有了一定积累之后，又开始经营长途贩运，为河南开封盐商运销食盐。孟会每日地往来于食盐产地沧州与销地开封之间，运输食盐获得了巨额利润。孟会的次子孟钺，长期跟着父亲孟会经商。父亲死后，孟钺顺理成章接过了父亲生意。有一天，孟钺突然做了个奇怪的梦，梦中父亲对他说：“我在开封曾经做过一些善事。皇天上帝告诉我说，你济人利物，无害社会。你一定要迁移到东方之地去，这样将会昌大你的后人。”孟钺将梦中父亲的嘱托牢牢记在心间。他在食盐运销过程中，对每日路过歇脚的河北省交河县泊头镇这个地方，产生了良好的印象。于是，选择泊头镇定居下来，以完成父亲孟会的梦托。孟钺一家的生意越做越大，成为交河县旺族大贾。

阳城县润城上庄《王氏家谱》记载，本支后裔因商外迁定居地，即有河南夏邑县韩家道口、怀庆府柏乡镇、山东郯城县马头镇等。

七、跨越明清三百年的商业世家：沁水窦庄窦氏家族

沁水县嘉峰镇窦庄村背靠卧牛山，前临沁河水，土地肥美，人物风流。明清之际，经济繁荣，人文鼎盛，有“金郭壁、银窦庄”“天下庄，数窦庄”之美誉。窦氏是这里最早的居民，宋治平二年（1065）宋哲宗的妃子肃穆夫人的父亲窦璘去世后即敕葬于此，窦庄村窦氏家族均以宋代窦璘为始祖。从宋代相沿至元明清，窦氏家族繁衍日众，为生存而到全国各

地经商，从而流寓四方，成为一个典型的商业世家。明宣德年间，窦氏一支因商迁居河南项城县，开基定居，为项城窦氏；明弘治年间，窦氏一支因商迁至江苏省邳州，繁衍生息，而为邳州窦氏；明嘉靖年间，窦氏一支因经商寓居河南柘城县，而为柘城窦氏。留居沁水县窦庄本土的窦氏家族又分为东支、西支，各有家谱。

据《窦氏家谱》（西支），一世窦坚以耕种为业。二世、三世因家谱损坏，所记从业情况失考。四世窦爵，是该支记载最早的经商者。

《窦氏家谱》西支人物画像

窦爵（1482—1543），字时荣，为人慷慨而有心计，刚满二十岁就到河南杞县之栗冈镇经商，因掌握了经商的规律和诀窍，遂成巨商。他在经商之地杞县和家乡沁水多行善举。嘉靖十九年（1540），河南发生大饥荒，窦爵捐出小麦五百余石周济饥民，他说："凡人治财，匪特裕已，亦以利民。"杞县朱县令听说了他的义举，特予以旌表。窦爵治装北归，杞县的友人多写诗歌为其饯行。举人林子梓为之写序曰："公有无相易，持心最平。忠厚一节，始终不踰。可谓金玉君子矣。"又云："公轻财重义，正直不回。唐俗之勤俭，韩风之刚劲，诚不可诬矣！"窦爵死后，崇祀杞县忠义祠。

自窦爵之后，窦氏经商者代有其人。窦爵有七子，窦绅、窦缙、窦绶、窦绣、窦絅、窦纲、窦统，是为五世，其中窦绣，继承其父窦爵的事业，仍然经商于杞县栗冈镇。

六世子孙有窦纲之子窦养秋、窦养豫 2 人经商。七世子孙经商者有窦如琰、窦如舜、窦如招等。八世子孙经商者有窦煇、窦超、窦贞等。九世子孙经商者更多达 14 人。分别为：窦述、窦起蛟、窦迪、窦运、窦从周、窦从吉、窦巡、窦迁、窦遼、窦造、窦乔、窦方檖、窦方穀、窦方苞。十世子孙经商者 15 人。分别是：窦公望、窦斯谟、窦斯近、窦万良、窦斯昭、窦斯可、窦成方、窦于锜、窦斯信、窦斯百、窦斯恒、窦于钊、窦于铨、窦斯仁、窦斯今。

十一世子孙经商者 15 人。分别是：窦既庶、窦既霑、窦既盈、窦既泽、窦既好、窦既生、窦既昌、窦既裕、窦既宽、窦既润、窦既锦、窦既敬、窦既升、窦既敏、窦既鲁。其中，窦既好商寓河南信阳州之明江驿，窦既生继配河南周口吴氏。

十二世子孙经商者 19 人。分别是：窦式敷、窦式宗、窦式舆、窦式曾、窦式简、窦式皋、窦式箴、窦式冉、窦式端、窦式尹、窦式训、窦式极、窦式颜、窦式诏、窦式夏、窦式朝、窦式翰、窦式孟、窦式□。其中，窦式舆娶河南武阳县刘氏为副妻。

从四世窦爵开始到十二世，共是九世，明确记载“业贾”者，合计 73 人之多。其中还不包括许多记载为“庠生”“监生”者可能是从商的。

另外，“业贾”之外还有“业医”“业艺”者，一定意义上讲，也属于商人之一种。

从医者共有 8 人。六世子孙有窦绶的 2 个儿子窦养相和窦养仕均从医。窦养相，精岐黄术，明神宗朝御赐医状元，历官上林院监丞。窦养仕（1540—1620），号龙泉，受医学于兄长，明神宗朝任太医院院使。这两个人创下了窦氏业医者的高峰。十世子孙有窦元方、窦斯盛二人业医。十一世子孙也有窦既蓄、窦既舒二人业医。其中窦既蓄，为窦元方次子。十二世子孙又有窦式烈、窦式诰二人业医。其中窦式诰，为窦既舒次子。

业艺者共有 5 人。十世子孙从艺者为窦于鑑、窦于錞兄弟二人。十一世子孙从艺者为窦既湑、窦既怡兄弟二人。十二世子孙从艺者为窦既湑之子窦式则。

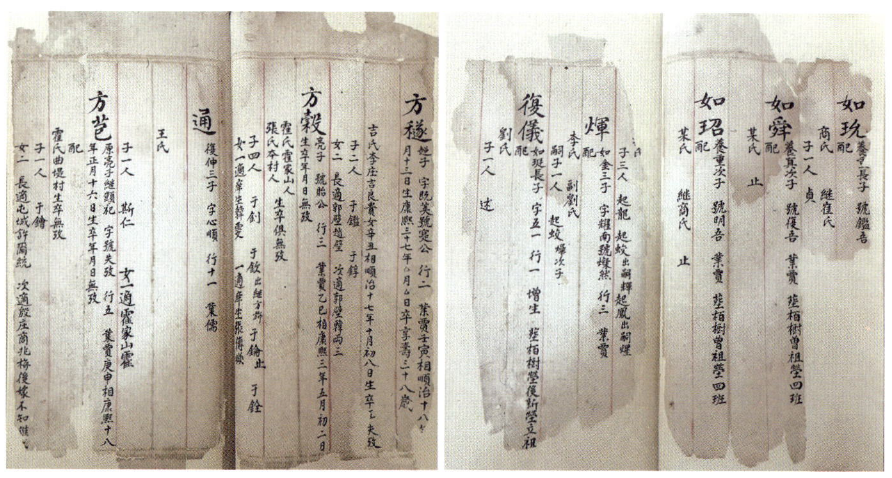

《窦氏家谱》西支记载的众多经商者

另外，七世窦如法，迁居山东郓城；九世窦超，久客大梁。十二世窦式学，改名璞彰，寓居河南信阳州明江驿（今河南省信阳市明港镇）。还有窦式玉、窦式堂、窦式春等也寓居河南信阳州明江驿。

窦氏东支经商者较西支相对要少。但在家谱中明确记载的有，十世祖窦应升（1612—1682），字腾寰，号榼巅，幼饶心计。既壮，贸易长子、高平间，远迩悦服，积赀千余金。

《窦氏家谱》中对拥有“庠生”“监生”等身份的人没有写明其从业情况，如果加上这部分人中的经商者，从明成化年间，到清乾隆年间，300 多年时间里，窦庄窦氏从商者或达上百人之多，是名副其实的商业世家。

窦氏家族虽然是一个商业世家，但仍然把读书作为第一位的追求。窦氏（西支）家训中称：“吾家世起清素，无厚产，无丰资。商贾逐末，不得已而为之，独诗书当为世泽也。”窦氏子弟努力读书求得明理、仕进。窦氏子弟还拜祖籍沁水县窦庄的著名教育家、理学家，河南进士窦克勤为师，先后有窦世英、窦世俊、窦思温、窦寅亮、窦乃武等人远赴河南柘城县就学于窦克勤所办朱阳书院，可见其好学上进之精神。窦氏家族先后有 11 人考中举人。

八、商业视野下的阳城乔氏琉璃珐华

早在宋朝时期，陕西西安龙桥一带乔姓陶瓷匠人中的一支，迁居到高平桥沟村，后又迁到阳城窑畔沟，因为这儿山上有陶瓷原料坩土，乔氏遂在此建窑烧造琉璃，阳城的琉璃和陶瓷遂之兴起。据传，乔家祖先有三兄弟，老大善油漆彩画，老二擅烧琉璃，老三喜烧粗瓷。山西省陶瓷专家水既生先生在阳城考察旧窑址时，经化验窑畔沟遗存的瓷片，认定窑畔沟是宋代旧窑址。1968 年，当地出土的绿釉陶枕，正面线刻卷草花，被确认为宋金时期的乔氏遗物。

金、元以来，山西是琉璃工艺制品的主要产地。从已发现的金或元代款琉璃器物和碑刻记载可知，金代晋城本地琉璃制作高手元庆社琉璃匠李道真，在金泰和七年(1207）制作出晋城玉皇庙琉璃狮子和脊饰二十八宿；元至大元年（1308）汾阳县琉璃待诏任瑭成制作有三彩龙蓬纹香炉；元延祐三年（1316)，介休县张元村琉璃待诏张琳为平遥县东泉百福寺制作有琉璃宝顶；元延祐六年（1319)，洪洞县公孙村琉璃匠乔君禄参与水神庙明应王殿琉璃制作。元代建造大都（今北京）宫殿时用的琉璃，就是由山西赵姓琉璃匠师烧造的。阳城乔氏是在学习汲取各地制作经验基础上，在与各路琉璃生产商竞争的过程中脱颖而出的。

自元代起，乔氏琉璃工匠以传统技艺中的精妙手法独辟蹊径，在兴盛的琉璃生产过程中不断积累经验，在传承创新中确立起完整的琉璃和珐华生产装饰工艺，创烧了绚丽的琉璃和珐华器。

明代是阳城乔氏琉璃和珐华技艺成熟和成就辉煌的重要时期，而此时山西琉璃行业的竞争更加激烈。山西琉璃匠师的技艺非凡，已享誉千里。太原、介休等地琉璃匠，参与修建北京和沈阳的宫殿。洪洞朱氏琉璃匠，明初受朝廷之命，修建山东曲阜孔庙。明弘治年间，介休县有琉璃匠乔志芳、乔文素；平遥县有张氏琉璃匠张士端、张惠，侯氏琉璃匠侯伯意、侯恭、侯敬、侯让、侯伯泉、侯旻、侯通、侯奈、侯坚、侯伯林、侯庆、侯相；明成化年间，临汾市蒲县有琉璃匠乔智；隆庆年间，太原府文水县有张氏琉璃匠张士金、张士端、张士泽、张士川，等等。

而外地琉璃匠也纷纷进入晋城琉璃市场。明成化二年（1466）河南修武县琉璃匠李琮、李琏和陈景承制晋城玉皇庙山门、二门、前殿、钟鼓楼、献亭等处琉璃。明弘治十二年(1499）三月，潞州琉璃匠刘祥、刘禄，承建沁水县东郎壁村圣天寺大殿的琉璃饰件。

为了在琉璃行业竞争中立足，阳城乔氏采取了多种措施。

一是积极进行技术创新。至明代，乔氏琉璃和珐华器的艺术、审美、造型和工艺技术水平达到前所未有的高度。乔氏珐华突破了琉璃单调的黄、绿色，呈现出蓝、白、黄、绿、紫等丰富的色彩，釉质更加透明亮艳，玻璃质感更强，色彩的明度、纯度、色相变化更加丰富多彩。

二是严格技术保密，确保有序传承。乔氏琉璃生产技术概不外传，只在家族内部传承，使得能够保持自身优势和悠久的历史。在整个明代，乔氏家族人才辈出，传承有序。从明代遗存琉璃题记可见，明正统年间有乔伯能、乔璨；成化、弘治年间有乔赟、乔斌尚、乔斌远、乔凤、乔林、乔彬；正德、嘉靖年间有乔宗信、乔宗记、乔宗印、乔宗受、乔世英；隆庆年间有乔世富、乔宗继、乔世桂、李大川；万历年间有乔世虎、乔世贵、乔世宝、乔世兰、乔世香、乔永先、乔永丰、乔承江、乔永官、乔永宽、乔长正、乔长远、乔长大、乔良才、乔永宁、乔永杰、乔永实；天启、崇祯年间有乔长兴、乔长顺、乔喜善、乔喜福等。

明末清初，受长期战乱的影响，使阳城乔氏琉璃生意受到极大影响，趋于衰落。社会稳定之后，清政府减免了部分赋税，还废弃了“匠籍”制度，阳城乔氏琉璃又开始恢复并逐渐发展起来。在清代涌现出乔常图、乔骘、乔彦云、乔祥、乔凌雯、乔凌霆、乔贞、乔乐善、乔昌泰、乔和泰、乔毓秀、乔崇古、乔义之、乔理之、乔信之等大批琉璃工匠。

三是巩固和开拓市场。阳城乔氏的琉璃烧造技艺精湛，产品备受人们青睐。据相关题记和碑刻记载，有明一代，阳城乔氏在阳城县先后参与建设的有：阳城县汤王庙、阳城县润城镇王村成汤庙、阳城县东岳庙、阳城县东关关帝庙、阳城县北留镇海会寺塔、阳城县尹家沟村三教殿、阳陵寿圣寺塔。清代又参与建设阳城县河北镇下交汤帝庙、刘村琉璃影壁，等等。

其中，最著名的当属海会寺塔和阳陵寿圣寺塔。据传海会寺初创于隋代，唐初已有僧人。乾宁元年（894）唐昭宗李晔赐额“龙泉禅院”，唐天祐十九年（922），建舍利塔。明嘉靖、隆庆年间，由阳城商人李思孝捐资修建如来塔，即琉璃宝塔。琉璃宝塔为八角十三级，高 50 余米，塔身主体用砖石叠砌，塔檐皆为砖雕仿木结构，琉璃施檐。塔身各面又设许多佛龛，局部施用琉璃装饰。塔身第十层处支出平座，上置 8 根擎檐柱，柱间尽施琉璃围栏，成为高塔上一层悬空楼阁。乔氏匠人烧制的佛祖出生、修行等佛教故事琉璃浮雕，以及十三层外圈平台上的擎檐柱、栏杆、栏板、栏额等琉璃构件，流光溢彩，富丽堂皇，海会双塔也被专家誉为“上党名塔之冠”。

阳陵寿圣寺琉璃佛塔，建于明万历三十六年（1608），由乔氏家族的乔永丰及其子乔长远、乔长正建造。塔为八角，共十级，高 27.8 米，造型古雅秀丽。塔刹及各层斗檐全为琉璃，每层棱角上隐出琉璃倚柱，塔壁

阳陵寿圣寺琉璃佛塔

外镶嵌佛教故事琉璃浮雕像，总计浮雕 177 块，各种雕像 480 余躯。这些琉璃构件，不仅形态传神、精美生动、妙趣横生、撼人心魄，而且色泽纯正、工艺精湛，巧夺天工。曾有该县生员李少白者题诗《赠东岗乔契友》七律一首：“琉璃宝塔创阳陵，天赐乔公来赞成。白手涂形由性慧，红炉点色似天生。神谋不爽魁三晋，巧制无双冠析城。巨业落成垂千古，君名高与碧云邻。”对阳城乔氏琉璃匠师作品给予高度赞美。

在泽州本州（今泽州县和晋城城区），阳城乔氏先后造有市区西街玉皇庙琉璃脊，东沟镇段都村汤帝庙琉璃脊，巴公西四义普觉寺琉璃脊，周村镇苇町村琉璃阁，陟椒三教堂影壁；为泽州城内小西关弥勒院制造琉璃狮子一对，该狮现藏故宫博物院；参与西上庄掌村玉皇庙、大东沟镇辛壁汤帝庙建设。在高平参与建设米山铁佛寺。在沁水县，参与建设府君庙。可以说，晋城地区的琉璃市场基本为阳城乔氏所垄断。

除晋城琉璃市场外，阳城乔氏还积极开拓周边市场，加强技术合作，在与外地琉璃商合作过程中抢占市场。明正统十三年（1448），介休市师屯村重修广济寺，阳城乔家的乔伯能和侄儿乔璨，与师屯村本村琉璃匠侯景中、侯士谦、王士虎等人合作，共同烧制了广济寺殿顶上的脊、吻、刹、兽、龙凤、狮、麟、仙人和武士等，他们在坯胎之上施以黑色釉彩，釉色明亮，形成与其他釉色的琉璃制品截然不同的风韵，成为琉璃行业商业合作的一个成功范例。

临汾大云寺琉璃塔也是有明确题记的阳城乔氏琉璃产品。刻有“泽州阳城县青阳里琉璃匠乔蛰，同里乔彦云、乔祥。”“大清康熙五十七年（1718）岁次戊戌伍月仲造宝塔琉璃佛像，永镇山门，吉祥如意。”原塔创建于唐贞观六年（632），清康熙三十四年（1695）毁于临汾大地震，康熙五十四年（1715）重新大修。金顶琉璃塔矗立在铁佛寺内后院中心，为方形六级楼阁式琉璃砖塔，通高39.8米。金顶琉璃塔各层塔檐、回廊构件及遍布塔身的各种佛像皆为琉璃制品，黄、绿、蓝、橙，色彩缤纷，金碧辉煌，造型优美，工艺超群。二层以上镶有58幅浮雕琉璃图案，内容均为佛教神祇和佛传故事，在四周衬以仙山琼阁、树木花卉、狮象龙鹤等图案，将琉璃塔装饰得五光十色，秀丽精致，是琉璃艺术的经典之作。

53. Pagode von Pingyangfu 228 Prov. Schansi. 46 m hoch. Zu 49.-52.
•B.

德国人柏石曼于20世纪初所绘临汾大云寺琉璃塔

阳城乔氏产品还曾销售至河南、安徽等地。北京故宫和十三陵殿堂的顶冠上，都有乔氏匠人的琉璃制品。河南省孟州市城西城隍庙，庙外照壁四周用阳城县所制琉璃砌成，有“阳城县东关乔吉荣乾隆二十三年造”题字。当地山西会馆照壁，亦系用阳城琉璃砌成，花纹精细，为同时期建筑物。河南沁阳市晋魏夫人祠，祠后飞来石上明代建有三层梳妆阁，阁脊系用阳城三色琉璃所制，极其华美。

阳城乔氏琉璃和珐华器还被世界各地的爱好者和博物馆所收藏。美国大都会艺术博物馆收藏有明成化十七年（1481）乔赟、乔彬父子制作的琉璃《道教像》、乔赟制作的明三彩《佛陀涅槃与侍从群像》。美国普林斯顿大学美术馆藏有明弘治十三年（1500）乔彬制作的一件三彩釉陶观音像。美国费城艺术博物馆藏有明代阳城乔氏制作的一件三彩釉陶观音像。英国大英博物馆珍藏的明万历元年（1573）乔氏匠人乔永先制作的《观音塑像珐华建筑构件》。此外，美国旧金山亚洲艺术馆、英国牛津大学阿什莫尔博物馆法国吉美博物馆、加拿大皇家安大略博物馆都藏有阳城乔氏琉璃或珐华器。

乔赟制作明三彩《佛陀涅槃与侍从群像》

第三章

康乾之世：造就泽商传奇

清代晋城商人延续了明代以来的辉煌，清初康雍时期实行宽商、苏商政策，涌现出以富闻海内的王泰来家族为代表的盐商群体；乾隆年间，泽州商人还承担起与准噶尔商人进行互市贸易的职责，促进了互利互惠、民族和睦。高平侯庄商人在安徽的侯大升老店和江苏的赵永升老店，创造了辉煌数百年的奇迹。泽州东沟徐氏独辟蹊径，开场立市奠定百年基业；阳城安阳潘氏挺进颜料市场，成为称雄中原的朱砂王。晋城铁器大行其道。大阳钢针出口中亚各国，在京津建起针行会馆、针市大街；南村锅鼎供应大半个中国，质量受到来自欧洲行家的赞许。丝织业在明代潞绸驰名全国的基础上，又创出泽绸名品，受到西北新疆地区少数民族喜爱，乾隆皇帝不时赏赐给王公贵族和各国王国及使臣。泽潞商帮抱团闯市场，创建洛阳潞泽会馆；全国各地建立的众多山西（陕）会馆也都留下晋城商人的烙印。

一、富闻海内的王泰来家族

2008年11月8日，在北京诚轩拍卖有限公司举办的秋季拍卖会上，一枚带有“王泰来”戳记的单槽银锭刚亮相，立即在收藏界引起轰动。这枚银锭重量为64.6克，验槽深峻，铭文大气，色泽温润，甚是抢眼。所镌铭文“王泰来”，即为明清泽州王泰来商业家族的字号。尔后，在晋商学者中掀起了一股研究和探宝热潮。此后十多年，每年都有“王泰来”银锭出现在拍卖市场。截至2021年底，中国嘉德、北京诚轩、上海崇源、日本环球等拍卖会上陆续出现的“王泰来”银锭多达37枚。无独有偶，台湾历史博物馆也藏有两枚“王泰来”银锭。有的银锭特别錾刻有“王泰来课”字样，表明是泰来家族经营活动中上缴的税银。大批“王泰来”银锭的暴出，是泰来家族经济实力和商界地位的有力见证。

泽州王泰来家族到底有多富？清代著作家萧奭在其史料笔记《永宪录》中记载：“查其家产现银一千七百万有奇”“富甲山右”。山右就是指现在的山西。这一年是乾隆十三年（1748），户部银库存银仅有2746万两。王泰来一家的财富，约相当于户部银库存银的五分之三。所以，泰来家族在当时即有“富闻海内”之称。

王泰来家族是如何致富的？王泰来家族原出太原王氏，明代中期迁居今晋城市泽州县大箕镇楸木洼村。楸木洼，位于泽州名山晋普山东麓，因盛产一种古老的树木“楸树”而得名。泰来家族在此兴建庄园，扩展到相邻的南沟村，名为“秋木山庄”。这里曾是个山清水秀、雅致灵动的人居福地，泽州古八景之一的“松林积雪”即在此地。

泰来家族第一代掌门人王自振，是泰来家族盐业经营事业的开创者，他人如其名，胸怀大志。他的父亲王国宾曾经是一名挖煤工人，他的兄长王自芳曾经营冶铸。但他不愿走父兄挖煤炼铁的老路，总想走出大山，另创一片天地。明代后期，刚满20岁的王自振，即跟随在长芦经营盐业多年的舅父成某，来到天津长芦盐场当学徒。王自振留心学习盐业营销的知识，摸爬滚打，逐步拥有了驰骋商场的技能和本钱。

明末乱世，陕西农民军往复奔袭晋豫两省、黄河两岸，富户财产被掠，市民死伤无算。盐商为了活命，纷纷逃亡，以致国定盐课无法完成。明廷下令按丁派盐，“两丁一引”，将盐课负担转嫁到普通贫民头上，百姓苦不堪言。

此时，王自振勇敢地站了出来，他十分清楚此时运盐是有生命危险的，但还是亲赴河南怀庆府，即今天的焦作市，击鼓请愿，请求重新将食盐归商人运销。他居然成功了。以王自振为首的商人，重新获得了怀庆府盐业经销权，官府的盐课有了着落，百姓解除了强加于他们头上的负担。正是靠着这种超人的勇气和胆略，靠着精准的研判，使泰来家族在商战风浪中屡屡获胜。

盐商运卖食盐需要有盐引。盐引由户部印造，设局发卖，盐引上注明的商人姓名即为引名。精明的王自振将自己的盐引名登记为“王克大”，表明其怀抱做强做大王氏产业的强烈愿望。同时，他又用“王泰来”作为商号名，希望王家从此否极泰来，财源滚滚。

王自振的长子王璇，是王家第二代经营者。王璇长得一表人才，异常聪明。入国子监读书，名字在吏部备案，取得了做官的资格。但却急流勇退，放弃仕途，专心家族事业。清代文渊阁大学士陈廷敬在王璇墓志铭中这样描述：“公以贡入国学，名在吏部为选人，当需次县令，而遽引还退居，萧然自远。”他能够不恋官场，放弃功名，心无旁骛，专心经营，这是许多人做不到的。这也正是王璇能够在盐业经营上取得成功的重要原因，更是王家持续发力、长期立足盐业行业的秘诀所在。王璇继承父业，往返组织从天津长芦盐场将食盐装船，通过南运河，运至河北省的大名县和河南省的内黄县，然后再分船或装车运至河南各县盐厂销售，使王家触

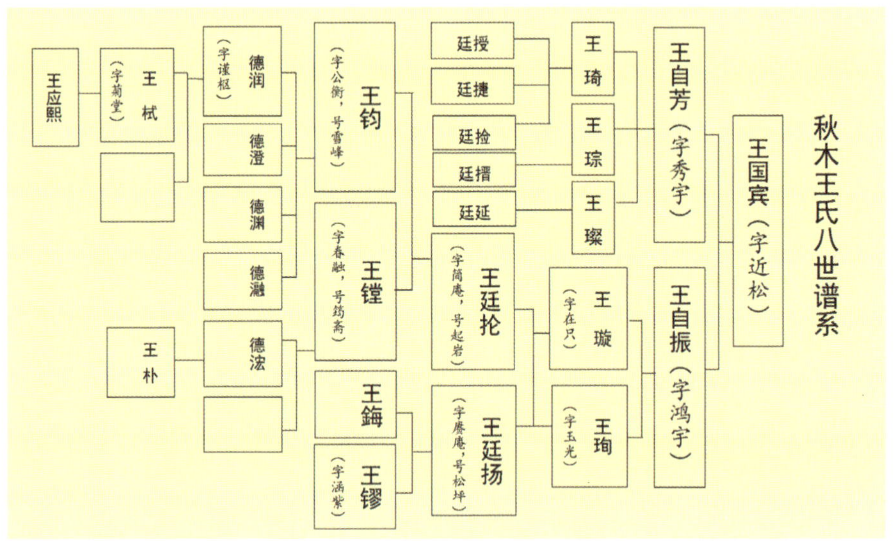

秋木王氏八世谱系

角广泛伸向中原大地，财富迅速积聚。

王璇有二子。长子王廷抡，次子王廷扬。王廷扬为王家第三代掌门人。雍正初年，长芦盐运使陈时夏，曾提供给雍正皇帝一份《长芦办课商人优劣单》，将长芦盐商分三个等次，进行了优劣排队。第一等：殷实良商按期办课，王克大等 11 人；次等：查日昌等 6 人；再次等：凌元标等 6 人。并注明“王克大”即王廷扬之引名。

“按期办课”是判断商人是否遵纪守法、诚信经营的重要标志。王廷扬之引名“王克大”排在“殷实良商，按期办课”第一位，说明此时的王家在长芦盐商中富有程度数一数二。也说明，王家在按期交纳税金方面做得最好。

当时的长芦盐政莽鹄立，曾经给雍正皇帝上了一道奏折，称：“王廷扬系长芦殷实良商。”雍正皇帝朱批：“不但良商，此人大有意思的人。”雍正皇帝如此评价王廷扬，可见对其有着深刻的良好的印象。雍正皇帝还赐诗在朝为官的王廷扬：“晨摇玉佩趋金殿，夕奉天书拜琐闱。”借用唐代

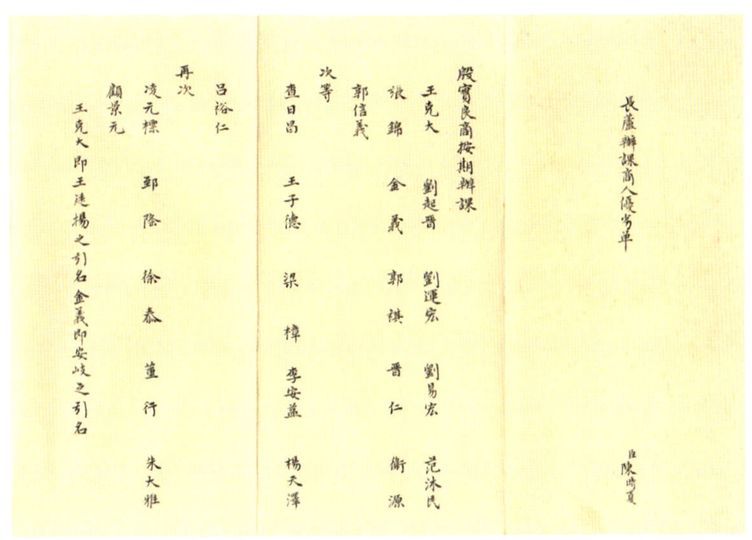

長蘆辦課商人優劣單

臣陳時夏

殷實良商按期辦課

王克大 劉起晋 劉運宏 劉易宏 范沐民

張錦 金義 郭祺 晋仁 衛源

郭信義

次等

查日昌 王于德 梁樟 李安益 楊天澤

吕裕仁

再次

凌元標 鄭隆 徐泰 董行 朱大雅

顧景元

王克大即王廷揚之引名 金義即安岐之引名

《长芦办课商人优劣单》

诗人王维的诗句，表达对王廷扬勤于政事的肯定和勉励。

康熙、雍正年间，盐商经营环境相对较为宽松。尤其是雍正对于盐政十分重视。雍正元年（1723）正月初一日，即发谕旨，要求盐道：“宜将陋例积习，尽情禁革，必思何以甦商，何以裕课，上供军国，下利闾阎。”又面谕长芦巡盐御史莽鹄立：“只操真诚，坚心办理。凡有利弊，务必彻底清查。”针对滞销情况采取融通代销等措施，尤其是经莽鹄立奏准，“长芦见行盐斤，每引又加盐 50 斤，以 300 斤为一包，免其加课”。这一措施力度是如此之大，使长芦盐商大得其益。王泰来家族，也是这一时期的受益者之一。

王廷扬依靠当时良好的政策环境，凭借其在长芦盐商中的良好信誉，吸引社会资本，实现了盐业经营的快速扩张。清康熙、雍正年间的文华殿大学士白潢，就曾以 2 万两银子交王廷扬营运求息。王廷扬借此将王家的盐业经营事业推向了巅峰。雍正年间，王家的盐业引地，包括河北南部和河南北部的安阳、汤阴、临漳、林县、郑州、密县、开封等 10 多处。据

《清代河南碑刻资料》，郑州市城隍庙内康熙三十年《重修城隍庙大殿拜厦二门记》，捐资名单中有“信商王泰来”，又有“王廷扬”之名。

王泰来家族先后经营有“泰来号”与“常茂号”。在《长芦盐法志》中，“泰来号”“常茂号”都被称之为大店。

王廷抡有二子，长子王钧，次子王镗。王镗为王家第四代经营者，曾两度承办皇家内务府“永庆号”引地。永庆号引地包括祥符（开封）等21个州县。能够经营皇家内务府引地者，都是经过精心挑选实力雄厚的商家。

富裕起来的泰来家族，其子弟都受到良好的教育，并相继步入仕途。王璇的弟弟王珣，考中武进士。王廷抡官至福建汀州知府、总理山东盐法道；王廷扬官至工部左侍郎。王钧官至工、刑、户三部侍郎；王镗官至陕西延榆绥道；王廷扬之子王镠，雍正己酉科钦赐举人，官至光禄少卿。王家人在官场，勤于政事，勇于建功，屡屡受朝廷记功晋级，王廷抡、王廷扬、王钧三人，相继被授予一品光禄大夫。朝廷还封赠三人的曾祖父、祖父、父亲同样的官职。因此，王家有“累代一品”之称，极尽荣华富贵。

富贵后的王家，为清康熙和雍正时期泽州三大家族之一。另外的两家分别是一代名相、文渊阁大学士陈廷敬家族和在河北沧州经营盐业的大箕卫氏家族。三大家族之间相互联姻，陈廷敬之子陈豫朋迎娶了泰来家族王璇之女。陈豫朋之女、一代才女陈静渊，又嫁于大箕卫家。

乾隆年间，营商环境趋于恶化。盐课暴增，盐商苦累，捐输频频，成为负担，王家逐步走了下坡路。再加上水灾频繁，每次均遭受巨大的损失。乾隆二十二年（1757）夏，河南水灾，将王镗在长芦装运河南的盐包，连同厂地庐舍全行冲没。王镗呈报内务府：“今夏河南水灾，将镗长芦装运安阳、林县二处盐觔六千八百余包，值银一万八千余两，连厂地庐舍全行冲没。此项赀本既为天津秋季交课装运所需，而镗之所交内府利银，亦恃此为生息。今遽遭漂没，计穷力竭，转瞬必致装课两废，帑利难交，一有迟延，罪戾益重。”为此，王镗请求：“将镗二处盐窝，计盐引、房屋、骡马等项共值银三十余万两，请交长芦盐政衙门，或作价抵完内府生息银五万两，并天津未完一切公项银八万余两，或赏借内府闲款银十五万两，按照二分行息，俾得别觅营运生息。一切盐课、帑利均可藉此交纳，复免罪戾。”这次水灾是十分致命的，以至于王镗要卖掉盐窝抵债。

乾隆二十六年（1761），王镗之外甥朱立基代王镗承办的内务府永庆号在河南的厂店再度被水淹没。朱立基称：“至二十六年，河南厂店被水冲没盐一万三千余包，天津坨盐淹消三万八千余包，共亏本银四万一千余两。又二十六、七两年盐瓢、绳席、水脚昂贵，亏折银五万七千余两。”已经没落的王家，受此重灾，成为致命的一击。

就在此时，王镗突然病逝。王镗死后理应将家产盐窝变抵，归还一切欠项。但乾隆皇帝却格外加恩，保留其经营权，让其子王德浤继续经营。王德浤不善经营，最终盐业引地被选商代理经营，委托经营期限为三十六年。至嘉庆六年（1801），三十六年期限已满。但受托商人却借口亏本而拒交。王镗之孙王朴，赴京告御状，在嘉庆皇帝的过问下，重新夺回王家引地。

泰来家族明末以铁冶起步，清初以盐业致富，盐茶同营，渐成巨擘。鼎盛于康雍，衰落于乾隆，延续至嘉庆年间。其200多年的兴衰史，不啻为晋商发展史上一个精彩而生动的画面和兴衰荣辱的缩影。

二、王镗与准噶尔商人的互市贸易

准噶尔部厄鲁特蒙古族是中国西北新疆境内的一个古老民族，准噶尔部与中原内地的贸易往来由来已久。清康熙年间准噶尔部突然崛起，成为一度称雄中亚的准噶尔汗国。准噶尔部与清廷的矛盾也逐步爆发。康熙二十九年（1690）开始的准噶尔之役，使准噶尔部人民和内地人民频繁的贸易往来一度中断。清准之间的战争持续了数十年时间，直到雍正十二年（1734），噶尔丹策零遣使与朝廷议和，雍正结束了对西北的用兵以后，进入了相对的和平时期。随之出现了贸易关系恢复和不断发展的良好形势。

与准噶尔商人的互市贸易是一种特殊的民族贸易。作为准噶尔部来说，这是物资交换的客观需要，由于准噶尔以畜牧业为主，其中农产品和手工业产品大部分通过贸易从内地获得。而作为清廷来说，物资交换的需求并不强烈，但却有对边疆少数民族实施怀柔政策，达到防范、控制准噶尔汗国的目的。但由于清廷采取官办贸易的形式，使得货物积压难销，贸易难以为继，到乾隆八年（1743），陕西积压货物价值11502两，甘肃积压货物97736两，两省合计积压货物109238两。甘、陕两省的主管绞尽脑汁，想让直隶、河南、山东、山西四省也相应承担责任进行分销，全部碰了软钉子。最后，迫不得已奏请招商承办。

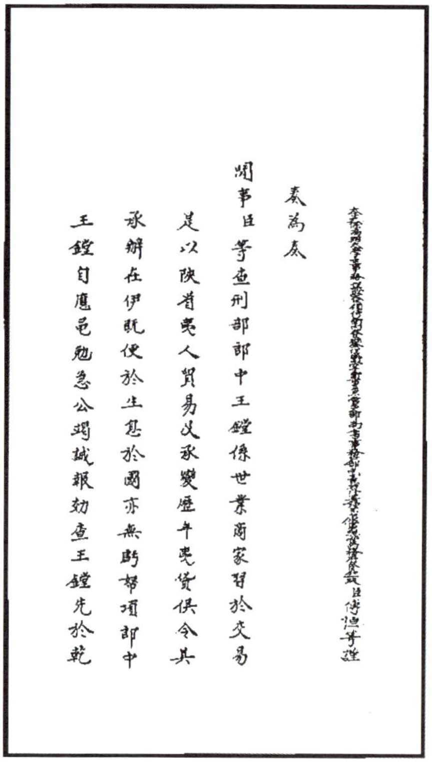

户部奏折：刑部郎中王镗，系世业商家，习于交易。

于是，王泰来家族第四代掌门人王镗，被众人推举出来，成为第一个也是唯一一个通过招商办理与准噶尔商人进行互市贸易的商人。《明清档案》所载户部奏折称：“刑部郎中王镗，系世业商家，习于交易，是以陕省夷人贸易及承变历年夷货俱令其承办，在伊既便于生息，于国亦无亏帑项。”

王镗不负众望，勇敢地承担起互市贸易的任务，为国分忧。但是，官方还附加有其他的条件，其中最重要的就是要求将从前所积压之货物，全部交由王镗带往各处售卖。对这些久已卖不出去的陈年积货，以“国帑攸关，亦不便过减，致有亏缺”为由，仅以降价 8.9%的微弱降幅把历年“无人领变”“归本尚难”的货物全部甩给了王镗。

从乾隆九年(1744）到乾隆十三年(1748)，五年中共交易 4 次。其中：三次互市交易在甘肃酒泉进行，一次熬茶贸易在得卜特尔（今青海省海西蒙古族藏族自治州格尔木市乌图美仁乡附近）交易。

王镗主要通过合伙商人进行贸易。其合伙商先后有李永祚和张有澜。王镗派合伙商人，从京城到陕西西安，沿着西北古丝绸之路，历经千辛万苦到达酒泉，在这里与准噶尔商人进行互市贸易。

据相关统计，从乾隆九年到乾隆十三年，王镗与准噶尔商人的贸易额逐年大幅增长。乾隆九年贸易额为银 41000 多两，乾隆十一年（1746）增至 95900 多两，翻了一番多。乾隆十二年(1747）贸易额达到 162000 多两，是乾隆九年的近四倍。四年交易总额达 374000 多两。

贸易中主要采取了以货易货的方式。在互市贸易中，准噶尔商人带来的商品主要有马、牛、羊、骆驼等牲畜和貂皮、鼠皮、狐皮、猞猁狲皮、豹皮、狼皮、羊羔皮、扫雪皮等各种毛皮，以及葡萄、硇砂、羚羊角等；王镗伙商带去的商品品种更为繁多。据相关统计，乾隆九年内地输出商品种类达 73 种，乾隆十三年（1748）商品种类达 58 种。其中，服饰类则有二色金大蟒袍、金蛟边大蟒袍、五丝蟒袍、金双喜袍、朝衣、白哈达、花哈达等；绸缎类则有金百蝶缎、金寿字缎、大满妆缎、西金心闪缎、贡素缎、内造摹本缎、汉府云龙缎、汉府花宽缎、汉府花缎、汉府素缎、白汉府缎、八丝素缎、汉府闪缎、京双袍缎、西小花线缎、花线缎、彭缎、双丝泽绸、单丝泽绸、潞绸、大花绸、濮绸、西湖绉、西绫、荆花绢、荆素绢、大花绢、五色绢、府纱等；布匹、花线类则有斜文梭布、文裕梭布、白布、古羢、木红线、花红线、大小金线等；食品调味类则有辅茶、松萝茶、冰糖、胶枣、闽姜、胡椒、姜皮、荜拨、姜黄、红枣等；杂货类则有大小铜碗、宫碗、汤碗、木碗、盘碟、茶钟、大小皮箱皮匣、铁锅、针等。还有大黄等药材，用于佛像金身的佛金。可以说是五花八门，应有尽有。其中以绸缎、布匹、茶叶、大黄为大宗，占到交易额的90%左右。

王镗承办的互市贸易，促进了内地与蒙古、新疆等地的物资交流，改善了边疆地区少数民族落后的生产生活状态，缓和了民族矛盾，支持了清政府对准噶尔“和戎”政策的实施。

但是由于互市贸易路途遥远，成本过高，加之官府的保守和苛刻，王镗从甘陕地方政府接手的价值近十万两，多年积压的陈年旧货没能变现，无法归还所借帑银，最终被乾隆皇帝处以高达两倍的罚金。这一不公平的罚金，对泰来家族是一个沉重的打击。乾隆十四年（1749），乾隆皇帝降旨：“至此后办理夷货之处，不必令王镗承领。”

王镗承办互市贸易这几年，在政府层面来说，不再有货物积压，不再有变价的困难。户部和甘、陕两省官员不再为积压货物而头痛，对清廷来说是有百利而无一害的。如果清廷能够算大账，将招商之前的积压货物作为不良资产进行剥离，或者对王镗给予免责的话，就会在历史上留下一段成功改革的佳话。但历史没有如果。正是由于清廷死死抱着不亏国帑的教条，对商人过分的苛刻，导致这次招商改革最终以失败告终。

王镗退出之后，陕甘总督尹继善深知此中利害，建议仍然实行招商承办。他的建议虽然得到批准，但是由于没有实质性的优惠政策或让利措施，再没有商人前来认领此差，谁也不愿再做这样的亏本生意。因招不到商人进行贸易，与准噶尔商人的互市贸易重新回到官办的老路上去。

三、百年老店“侯大升”与“赵永升”

高平石末乡侯庄村是个善于创造奇迹的地方。明清之际侯庄人创立了两个百年老店，分别是安徽颍州之“侯大升”酱醋老店与江苏掘港镇之“赵永升”槽坊。这两家老字号均创设于明代，经营至新中国成立后的公私合营，是名副其实的百年老店。

高平侯庄侯家经营的生意字号很多，其中以安徽颍州府（今阜阳市）侯大升老店为代表。侯大升老店创设于明代。《安徽特产风味指南》一书记载：“侯大升酱园是创办于明代万历年间的一爿老店。店主侯家，祖籍山西高平县，移居颍州，即在今阜阳东关的桂花街开设侯大升酱菜铺，距今已四百余年。”刊登于《颍州晚报》（2015 年 9 月 14 日）周世中撰《老北关的侯大升酱园》则称，“侯大升酱园，系山西省高平县侯姓，于明中期正德年间来阜开设，最早在东关外桂花街营业”。究竟创于明万历年间，还是正德年间，现在已无法考证，但均说明其历史的久远。

侯大升老店开张之初仅为一店一院，门前是大街店门，后院居住家人和伙计兼做仓库。明崇祯八年（1635）正月，陕西农民军两万余人，攻陷颍州城，桂花街燃起了大火，直烧了三天三夜，侯大升店铺全部化为灰烬。

侯家人不甘就此结束生意，再次筹集资金，重振旗鼓，迁到东顺河街营业，而且扩大了店面。前门正对颍州北关东顺河大街，后厂临紧靠泉河码头，泉河在三里湾注入颍河，尔后又汇入淮河，水上运输进销货物十分便利。

侯大升老店主要经营陈醋和酱菜。江南镇江的米醋以江米为原料，山西的陈醋以高粱为原料，酸而不甜，而侯大升陈醋取各家之长，精心配料，提取精华，独创一家之风味，色深味纯，先酸后甜，香味浓郁，久贮而不变质。而且原料真，下料足，工艺精，把关严，质量得到充分保证，因而受到广泛欢迎。侯大升酱菜则有两种名产：顺昌包瓜菜和酱椿芽。顺昌包瓜菜，取颍州古称顺昌为名。这种菜用白皮苦瓜挖洞，装进什锦菜，酱制而成，菜香味浓，令人食欲大增。

侯大升店规十分严格，招学徒要求不准偷窃、赌博、嫖娼等，股东子弟有愿意进店者，可以考虑，但进店后没有任何特殊待遇，和其他学徒一样对待。如有违犯店规者，照章办事，开除出店，不留任何情面。要求员工对顾客必须秤足壶满，童叟无欺。同行业有时在秤上做手脚，侯大升不但不压斤两，相反还会多给。例如批发酱油、醋、酒，以壶量的，每壶 5 斤，每量十壶加一壶。

久而久之，侯大升酱醋远近闻名。沿颍河上至界首、周口、漯河，下至淮南、正阳关、寿县，各集镇店铺都经销侯大升的陈醋，闻名遐迩，经久不衰。至清代嘉庆年间，已拥有 100 余间店房。

创立于道光二十九年（1849）的侯庄《侯氏家谱》中记载有侯氏多代经商者或经商致富而捐取官职者。

第四世，侯邦先（1698—1741），字元勋，善贸易；侯邦彬（1713—1778），字正卿，幼读书，童试未售，而后贸易。

第五世，侯安国，字良臣，号巩庵，性善读书，后贸易；侯彭年，字陆三，性和平，善训蒙，邑庠生；侯有年，字秀春，捐职从九品。

第六世，侯遵庭，字念堂，号肃斋，岁贡，精《左传》；侯建丰，字法文，好读书，精医术，虑事周详；侯敦伦，捐职正九品；侯敦本，字滋荣，读书既久，而后贸易。

第七世，侯树范，字淑度，屡试不售，而后贸易；侯懿范，字丰斋，性敏捷，通医术，后兼贸易；侯允惠，捐监生，乡饮介宾；侯允升，字鸿渐，三应童试，而后贸易；侯孝范，善写字，精于算盘；侯允德，字克明，乡饮耆宾；侯励行，丙午恩贡，精通左传。

第八世，侯文焕，乡饮耆宾；侯保身，（学名应选），附生，诗盖五属，精通左传；侯文华，族长，监生。

第九世，侯锡瑞，捐职正七品；侯锡珽，捐职正七品。

第十世，侯治安，命途多舛，严君早世，夺志未遂，胸怀未伸，改弦易辙，弃儒就商。

侯氏家族各户在侯大升总店内均有股份。清末时期共计 69 股资金股，最多 10 股，最少 3 股。整个家族既无富豪大户，又无贫困之家。侯大升还给掌柜入干股。三七分红，大掌柜和二掌柜各占一分五，侯大升股东占七分。每三年一账期。在不到账期的时候，各股东是不能随便借钱使用的，店员则按月支取薪水。这样，无形中提高了掌柜的工作积极性。

清光绪二十六年（1900），侯大升老店再次因大火化为废墟。侯氏族长以为已无法恢复生产，意欲收拾残局不再经营。掌柜侯锡珽（1855—1927）认为，侯大升老店的食醋在安徽一带享有盛誉，质量好，信誉高，产品市场广阔。老店房舍烧了，场地、技术、市场仍在。于是决定复兴侯大升老店。经过三年时间的恢复，仅食醋一项，侯大升就拥有十多个品种，同时，还生产黑酱、酱油、豆瓣酱及大头菜、萝卜干、酱鹿角、十样景、黄瓜、蒜薹、酱苤蓝、甜酱瓜、香臭豆腐乳等 30 多种酱菜。

到民国初年，老店不仅得以恢复，而且较前有了较大的发展。其中房屋建筑达 100 余间，场地扩展到 15000 多平方米，生产用缸大小 1500 余口，职工达 60 多人，年产各种食醋 30 多万斤，各种酱菜 20 多万斤。同时扩大经营范围，合股开设批发棉布、棉花为主的升昌行，投资创办了义盛祥杂货店，侯大升老店重新进入鼎盛时期。侯锡珽本人因此成为颍州商界名人，一度主持颍州山西商会事宜。

抗日战争时期，侯大升老店遭灾，渐衰败下去。解放以后，侯大升酱园老树发新芽，酱醋作坊的规模比以前鼎盛时期还大。1956 年公私合营时，侯大升老店依然为颍州七大商号之一。合营后的老店改为安徽阜阳酿造厂。

江苏南通市如东县掘港镇的赵永升酒槽坊，为高平侯庄赵氏家族在明万历年间创建。在掘港镇流传着这么一句话：“先有赵永升，后有掘港亭。”永升商号是掘港镇开业早、历史长、实力最强的老字号，是掘港镇有史以来影响最大的商家。

侯庄赵氏的先祖原居山西闻喜县，后迁洪洞，元顺帝时为避战乱，迁居高平石末镇，以打铁为生。明代万历年间，赵家有个名叫赵清之的，字永升，在安徽北部颍州一带做生意，与同在此地经商的高平侯庄侯氏相交厚，于是赵清之迁居高平侯庄，为侯庄赵氏一世祖。

当赵清之听说侯家在江苏如东掘港开设的“侯隆生”槽坊生意要转让时，当即决定自己接下来。掘港镇古代兼有渔盐之利，市镇工商业得到发展，至明末清初已颇具规模，成为如东第一大镇，有“小扬州”之称。赵清之看中江苏如东掘港作为沿海地区的发展潜力，接过侯家的槽坊，将原来的“侯隆生”槽坊，更名为“赵永升”，槽坊旧址在西街，为永升老店，以经营酿造业为主。

俗话说：“要想富，卖酒醋。”赵家靠着槽坊生意，积累了大量资金，将生意拓展到苏北的淮安、泰州、扬州、南通，苏南的苏州等地，后又发展到安徽、浙江。在老家泽州也开设了多处字号。

掘港镇早年建有山西会馆，在碧霞山西侧的西林禅院，据说就是赵家所建。如皋县城的山西会馆亦有赵家出资，其房契长期保存在永升老店，每年还获得一定的房租收入。

康熙年间，赵清之的孙子、赵氏第三世赵文熙接办了淮北、六安、寿州、马头等六州县盐务，在赵文熙和其子赵涵的精心经营下，赵家一跃而为闻名大江南北的巨贾。

赵氏第五世赵兰袭和其子赵大淮，利用盐业资本积累，继续向其他行业延伸。高峰时期，生意横跨浙江、江苏、安徽、河南、山西等省，工商字号多达 108 家。在山西，有高平县米山镇当铺，石末镇当铺、银楼，侯庄本村的杂货店、油漆作坊；陵川县附城镇的槽坊、面店、染坊；泽州鲁村的当铺、烟坊，高都镇的当铺；长治县荫城镇的烟坊等。在河南，设有多处面粉厂、山货行。在江苏，设有海安铁业杂货店，皋县杂货店，启东县酱菜厂、丝绸厂、皮革厂，扬州丝绸厂，苏州丝绸行，徐州杂货店等。在浙江，有温州南货行、丝绸店等。“生意兴隆远通豫皖苏浙，财源茂盛直达黄淮江瓯。”这副对联形象地说明了赵家生意的兴旺。但无论生意做到多大，赵家始终将赵永升老店的管理放在第一位，派出最能干的掌柜精心经营。

赵永升的管理十分严格。在掘港镇流传着赵永升少爷穿新鞋挨训的故事。清朝时，一天，赵永升的少爷出门有事，不小心踩了狗屎，有人怂恿少爷到附近的鞋帽店拿一双新鞋，店主一看是赵永升的少爷，立刻拿出店里最好的鞋子，赵家少爷穿上新鞋后就把旧鞋丢了，钱从柜上支取。老东家知道后，严厉训斥了少爷，从月钱中扣除鞋款退还柜上，并停发其半年月钱。

在严格管理之下，永升老店有 6 个手工作坊，坊坊干得都十分出色。当时有顺口溜云：“永升六坊，各有名堂。师傅十个，各有特长。产品不凡，畅销市场……”

经过乾隆、嘉庆、道光三朝的辉煌，到了第七代赵维哲时，由于家中多变故，被迫废止盐务，从此盛极而衰。鸦片战争后，国外廉价商品大量涌入，赵家商号受到严重冲击，纷纷停业关门。到清末民初，赵家生意急剧衰落，只剩下掘港永升号老店等几处生意。永升号老店，也面临着被出卖的危险。

此时赵氏家族第十代赵伯周、赵仲周执掌家事，他们坚守“卖生意不卖永升”的家传祖训，聘请精明强干的姬海如（1880—1950）任掌柜。审时度势，创办新店“永升仁记”，人称“东永升”。永升老店取名“永升义记”，人称“西永升”。

此后十几年中，东、西两永升，生意发达，事业兴旺，鼎盛时期，职工达 200 余人，占地面积 2500 多平方米，有 8 个院落，200 多间房屋，流动金达 30 余万元。正常库存白酒就有 1000 坛，计 50 万斤之多。赵永升成为“掘港历史上最大的一家商号”，而且“颇能左右掘港商业形势”（《掘港镇志》）。当时有赵（赵永升酒店）、钱（润记米记）、孙（锦元油饼行）、李（德昌祥京货店）四大商之称。民间有顺口溜：“骡驮的钥匙，马驮的锁，家私有得半条街。”说明赵家当时家资之雄厚。

1956 年公私合营，东永升与如东县酒厂合营，更名为如东县协丰酒厂，西永升与如东县酱厂合营，更名为如东县酱园厂。辉煌四百年的赵永升老店从此退出了历史舞台。

现在的石末乡侯庄村，仍保留有赵氏家族在鼎盛时期所建的赵家大

高平侯庄老南院

院，人称老南院。老南院创修于清康熙时期，主体建筑建于嘉庆年间，占地面积 1.4 万平方米，建筑面积 6000 平方米，有账房院、牡丹院、绣楼院、厅房院、书房院、粉坊院、油坊院、张罗院、铜匠院等 18 个院落，大小楼房 300 余间。整个建筑造型优美、错落有致；木、石、砖三雕，工艺精细，栩栩如生。

此外，明末，泽州本州人在河南上蔡县创办“福源久”酒店，取当地卧龙潭泉水酿制高粱大曲，浸入杜仲、当归、牛膝、木瓜、沉香、紫菀、丁香等 18 种名贵中药材，配以红曲、冰糖等原料，制成“龙泉红酒”。其色泽红润晶莹，透明清澈，醇香绵长，风味独特，被称为酒中状元。又因其色泽红润自然，犹如状元身穿红袍，故誉为“状元红”。清康熙年间探花程元章在《梅花十首》诗中以“对酒香怜浸琥珀，不画风情不尽诗”来赞誉状元红酒。“福源久”酒店一直延续到 1949 年停业，但其状元红酒却被继承下来。1987 年中国艺术研究院在上蔡拍摄了电视连续剧《状元红传奇》。

四、大东沟徐氏：开场立市另辟蹊径

泽州县大东沟镇东沟村，位于泽州县西部，距晋城市区约 15 公里，古称徐庄镇。这里地处长河中游，自古物产丰富，商贾云集，人称“四十里长河一码头”。当地依靠丰富的煤铁资源，造就了较为发达的煤炭和冶炼业，而且长期以来以产铁丝闻名，是泽州西部手工业和农副产品交易中心。生活在这里的徐氏家族却既不挖煤，也不炼铁，而是另辟蹊径建立市场，活跃经济，走出一条独特的经商之路。

据传东沟徐氏原为泽州城边南寨人，明代迁居东沟峪南村，再由峪南迁居东沟。始迁祖徐恒，在此置买土地，创修一寨，名曰徐家寨。此后因

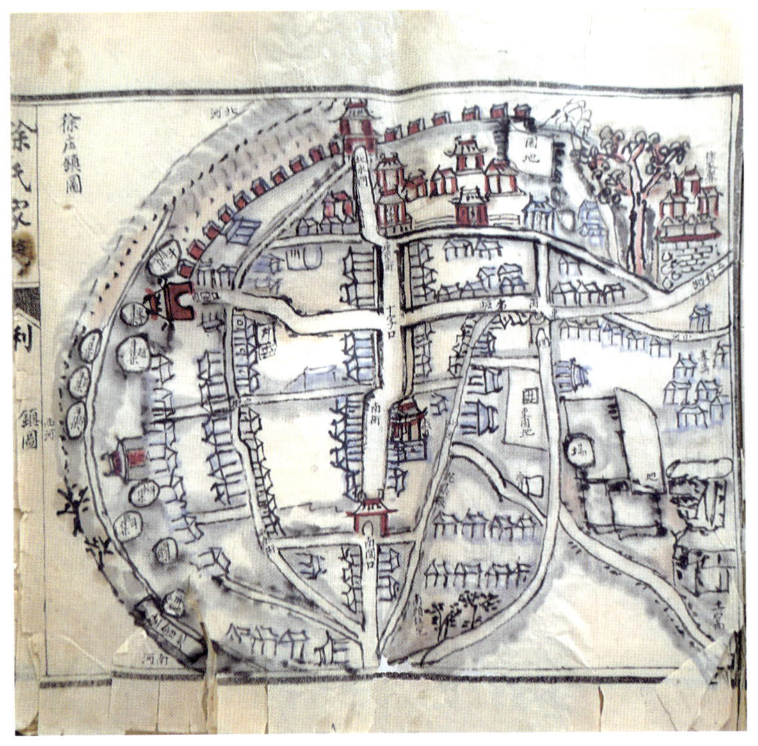

大东沟《徐氏家谱》中的徐庄镇图

子孙繁衍居住不下，明万历年间，一世祖徐斐于寨之东面，创建房屋，立村名曰东沟村。

康熙年间，徐斐的孙辈，三世徐敦仁，聪明能干，是个秀才。他见当地处于长河码头，人来货往，交通便利，建立市场一定会有利可图，又见先人留下的土地甚多，都租种在外，就提出将一部分土地收回，在徐家寨之西面修造市房，建一处交易市场。他的意见得到第四世族人徐恂、徐征、徐健、徐使、徐杨、徐恒等的一致赞同。于是，共用平地 15 亩 7 分，开辟了一处粮食交易市场。从本镇西岭头村，请来斗行生意人前来助集，在此坐庄交易。生意果然十分兴隆。徐家人为感谢西岭头斗行，每年还要到西岭头村庙宇祀神，保佑其生意兴隆。

接着，徐氏族人又修建了关帝庙，并在庙前修建市房多间。每年农历六月二十四，徐姓合族入庙敬献关圣。又因集市在长河岸边，为防水患，在关帝庙内建西角殿三间，祀金龙四大王，以求神的呵护。由此形成一处集镇，名曰徐庄镇。

族人还在本镇南头坡买下土地三亩，作为公用。与商户协议，作为外来商人死后寄埋的义地。东沟村每年农历七月三十起寒林神会，设放莲灯，以祭孤魂。

当地冶铸业发达，手工艺人众多，尤其加工制造铁丝的车户众多，为了方便交易和管理，徐姓族人又在关帝庙内设立了铁丝交易市场。徐家还置办了砝码，以便商客公平交易。粮食交易与铁丝交易两处市场成为徐家在土地之外的新的经济支柱。

为了规范市场交易，第五世的徐大濩、徐匡世、徐辅世、徐大章、徐绍远等人，共同协商制定了集市交易制度，整顿市场，使之更有条理，更有秩序。第七世徐协伯、徐为梁、徐为椝、徐为霖等完善规章，对市场进一步规范。

在几代人的不懈努力下，前后 100 多年时间里，市场生意十分兴隆，热闹非凡。市场交易之人越来越多，大家感到原有关帝庙场地已显不足，于是族人又重新购到庙后平地二亩，作为合族公产，准备进行扩建。乾隆三十四年（1769），举族同心，再加上斗行、铁丝行以及镇人同心协力，同舟共济，关帝庙规模比以前扩大了许多。

铁丝又称条丝，加工条丝者称为车户。铁丝由条铁加工而成，而炼铁在当时使用的是方炉。所以这一行业又称为方炉条车行。该行业的保护神为太上老君。乾隆末年，为方炉条车行业的发展着想，徐氏族人又有了建老君庙的想法。他们希望通过此举，一方面使经营方炉条车之人，有了祀神报功之所；另一方面，使其不用担忧物品保管不善被人偷窃，也不用担心天阴下雨，使铁丝生锈变质。风雨有庇，便于交易。同时也寄希望于大家对徐氏集主感恩怀德。一举而三得。

于是，第七世徐业煌、徐秉铎、徐维城、徐敬等置买地基，又于关帝庙旁另建老君庙，构建东房三楹、厦棚一所。但因费用较多，迟迟不能竣工。

清嘉庆二年（1797），方炉条车行的冯正长、王乾、吴永善、吴永清、吴永耀、冯永瑜、冯文礼、王有礼等 8 人，提出大家共同捐资修建，得到正为资金困扰的徐氏族人的同意。由第八世的徐致和和第九世的徐杰董理工程，经一年时间大功告成。

但就在此时，却出现了意想不到的矛盾纠纷。老君庙建成后，方炉条车行欲立碑，但没有刊刻徐氏家族买地创修字样，从而引起争执。徐氏族人认为，从前置买地亩，既有契据，立碑自应刊刻自家捐银创修字样，经商的众人是外来客人，并不是徐庄镇土著，不能反客为主。双方矛盾冲突加剧，官司一直打到县衙，生意大受影响。加之周边贾泉、马村、辛壁等村条行的竞争，东沟铁丝行业衰退，市场逐渐萧条，许多族人被迫另觅生路。

徐氏第十世出了一个叫徐可贞的人，挽回了东沟市场萧条的局面。徐可贞（1837—1910），字雅操，号吉甫，年幼时入私塾读书仅数年，就因家庭困难，放弃学业。十四岁时，徐可贞靠给人帮佣，积攒下数十串钱。拿着这些钱开始自己做生意。东沟镇曾经兴盛发达的条业，使他在少年时代就心向往之。为了重新振兴制条业，徐可贞自己创设了“义顺条店”。为了吸引顾客，他将每把铁条的重量增加，但卖价不变，让利于人，从而吸引了顾客纷纷而来，十余年间而财雄一方。东沟条业也由此再次兴盛起来。

清光绪十三年（1887）夏，晋城地方不平静。县令儒芳素来了解徐可贞，知其才识卓异，特地委任其为保甲长。光绪二十七年（1901），义和团杀死教徒，民教相仇，县令王泽生又委任其为保卫团团总。徐可贞竭力维持一乡平安，附近百余村庄得以免于惨剧，其功绩被评为全县第一。

清宣统二年（1910）六月，徐可贞病逝，享年74岁。晋城县原任知事朱鸿文题词："咸同之交，良冶滞鬻。范蠡善谋，业敦志笃。任寄于城，梓桑造福。保障一方，群情悦服。能立能权，芳流兰谷。世希高风，式此清穆。"称赞其如同商圣范蠡一般善于谋划，造福桑梓，保障一方。当地举人郭焕芝为其题写挽联："财充万镒，寿过七旬，连生令子，亲见曾孙，如此而终何所憾；心慕十洲，神驰三岛，摆脱尘寰，超登仙境，于今虽逝已非凡。"

徐可贞虽死，但他重新振兴了东沟的铁丝生产和销售，相关各方在东沟老君庙成立了方炉条车商会，建起"方炉条车会馆"。

徐家大院一角

如今东沟徐氏曾经用于祈雨、立市和用作商业会馆的白龙王庙、关帝庙、老君庙，以及徐氏族人聚居的徐家大院尚存，见证着当年的辉煌。

五、朱砂王：阳城安阳潘氏

清道光年间，泽州府发生了一起特别的诉案，阳城县人、兵部主事潘功宗状告阳城县知县张振先抗债不还，勒索捐输经费及捐修庙宇银两贮库不发，涉嫌营私。此案惊动了山西巡抚梁萼涵。梁萼涵亲自查办，将阳城县知县张振先革职，并上奏道光皇帝。此案的原告潘功宗即为阳城县南安阳之巨商潘氏家族一员。

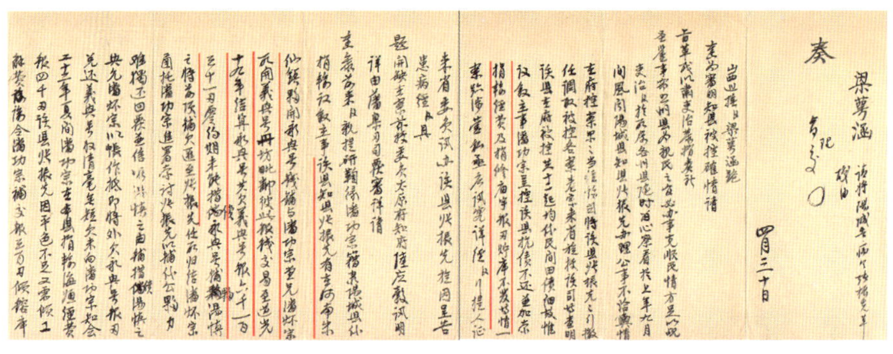

山西巡抚梁萼涵奏潘功宗状告阳城县知县张振先抗债不还案奏折

此案件材料中透露出如下信息：其一，潘功宗的堂兄潘炑宗在河南朱仙镇开有义兴号丹坊，阳城县知县张振先也在当地与人合伙开有永兴号钱铺，两家商号彼此毗邻，互相有银钱交易，至道光十九年（1839）结算，永兴号共欠义兴号银 6131 两。其二，道光二十二年（1842），潘功宗急公好义，踊跃捐输海疆经费银 4000 两。海疆经费是鸦片战争期间为组织抗英，清廷动员绅民进行的捐输。其三，道光二十三年（1843）五月间，阳城县武庙年久坍塌，知县张振先谕令潘功宗捐银 2000 两。

从这些信息中可以看到，潘家当时实力相当雄厚，富甲一方。但这只是安阳潘氏曾经辉煌的冰山一角。

《安阳潘氏宗谱》记载，明洪武七年（1374），潘氏先人自高平迁居阳城县安阳里，先后支分派衍于北安阳、洪上、南安阳、上孔寨、白桑等村。明万历末年，潘元圃于洪上村迁居南安阳，为南安阳潘氏一世。潘元圃与七个儿子成周、东周、岐周、从周、思周、新周、全周，亦农亦商，家业渐大。

三世潘美孝（1670—1748），字乐吾，为潘成周长子，弱冠即参与家族商业经营，在康熙年间创建了大兴宝号。大兴号主营朱砂，又名丹砂，这是一种用途十分广泛的特殊商品。其一，可以入药。《神农本草》曰：朱砂“养精神，安魂魄，益气明目”。故为医家必用之物。同时也是古代炼丹的主要原料。其二，朱红色乃正色，历朝历代皇帝批阅奏章皆用朱砂制作的朱墨，故称为朱批。乃朝廷必用之贵品。其三，朱红作为矿物颜料，色彩亮丽，不易褪色，是纺织、陶瓷、建筑、绘画、印刷等行业广为使用的颜料之一，其市场空间极其广阔。

早在秦代就有以经营朱砂致富者。这是一个名字叫清的四川寡妇，其先人在涪陵地区挖得丹矿，积聚了数不清的财富。寡妇清继承先人事业，并凭借雄厚的财力得以自卫，人不敢犯。秦始皇对巴寡妇清十分敬重，为表彰其事迹，志门修筑了一座旌表台，名叫怀清台。此事还被司马迁记入《史记·货殖列传》。

这个故事激励着一代又一代潘氏族人经营好自家的朱砂事业。潘美孝的长子潘学恩，弱冠即弃学从商，成为父亲经商的好帮手，后接替其父成为大兴宝号的第二代大东家。次子潘学礼则将大兴宝号拓展到河南开封朱仙镇。

朱仙镇在明清时期，因贾鲁河的开通而走向鼎盛，成为“南船北车”

的转运处和货物集散地，交通十分便利，与广东佛山镇、江西景德镇、湖北汉口镇并称全国“四大名镇”。这里又特产木版年画，而制作木版年画的主要颜料之一丹红，即为丹砂制作，所以朱仙镇成为潘家重要的销售市场之一。

五世“日”字辈的潘日升、潘日爱（1769—?）、潘日华（1773—1818）、潘日会、潘日聚等均从商。潘学礼的长子潘日增，天资聪颖，勤奋好学，后弃儒从商，成为朱仙镇大兴宝号日字辈的大东家。

六世“为”字辈将潘家商业事业进一步向周边城市拓展。潘为拨，号轶伦，潘日升长子。好学上进，已获监生资格，却弃儒从商，坐镇朱仙镇。

潘为典（1797—1843），字慎五，潘日聚五子。先在朱仙镇本号经商，后往湖北武汉三镇之汉口镇，开设大兴宝号汉口分号。汉口镇在汉水、长江交汇处，水上交通极为方便，古被誉为“九省通衢”“楚中第一繁盛处”。这里是各色货物的集散地，也是朱砂的集散地。雍正十年（1732），皇宫药房需采办朱砂，雍正皇帝即指示：“汉口地方颇有朱砂”，并让内务府寄信湖广总督采办。一次即采办上千斤，品种有箭头砂、和尚头砂、劈砂、豆瓣砂、粿粒砂、石榴子砂等六样。所以潘家开辟汉口市场是独具慧眼的。

潘为杰（1768—1832），字汉三，潘日增继子。他勤奋好学，长于运筹。前往河北磁州开拓市场，往来于开封与磁州间。嘉庆二十五年（1820），潘为杰与弟潘为镒，响应阳城县知县王塬倡议，捐银800两，重修阳城县仰山书院。王塬亲撰《重修仰山书院碑记》以志其善举。泽州知府张士楹为其赠“天宠优渥”牌匾以示褒奖。

潘为镒（1781—1845），字衡玉，潘日会次子。他静默好学，端庄沉稳，弃儒从商，管理潘氏家族在阳城的冶铁、砂锅、庄园等产业。嘉庆年间与其兄潘为杰领修潘家十三院。道光年间，主持修建了潘氏宗祠，并亲撰家训、族规。潘为镒为人友善，倡善举，赈济贫困，道光年间发生大灾荒，潘为镒率族公议，开仓赈饥，对外来饥民支锅施粥，保其性命，往来行人交口称赞。

清乾隆晚期至嘉庆、道光年间，为潘家商业事业鼎盛时期。潘家的朱砂事业拓展到河南、河北、北京、江苏、浙江、湖北、湖南等省市。潘家商号，除大兴宝号外，还先后有中和祥、义兴号、信义全、祥泰义、全顺德、心善德、福兴长、省潘记等。《阳城县乡土志》称其“资产百万”。《阳城县志》载：“清嘉庆年间，境内首富安阳潘家，经营朱红致富，与平阳亢氏、太谷渠氏齐名。”

七世“宗”字辈，在商业发展的同时，一方面积极建设家园，一方面行善乐助，参与社会事业。

潘为拔长子潘绍宗（1764—1820），字绳武。尚未成年，即弃儒习商，继承父志，在朱仙镇行商达10余年。其弟潘谈宗（1783—1838），号仲斋，从小即随兄经商。

潘蔚宗（1788—1845），字茂先，早年丧父，经母教导，读文识字。中秀才后，仍志在经商。其母吉氏将“陶朱事业，端木生涯”八字绣于襦衣前襟，并嘱其要“君子爱财，取之有道。居敬守诚，义利相生。执中秉和，扶危济众。儒达天下，商行四海。”潘蔚宗对手下要求严格。在朱仙镇偶然发现掌柜王小顺不遵国法，私自贩卖鸦片，十分痛心，就让他主动到官府自首。在他主持生意的20余年间，将潘氏商业发展到鼎盛时期，除了商业外还经营土地3000多亩，发展为六大庄园。潘蔚宗富不忘本，多次募捐银两，为国为民分忧解难。

潘功宗（1804—1871），字德先，潘为镒之子，过继于潘为杰。他从小喜文习武，熟读四书五经，精通珠算记账。长大后往来于朱仙镇、汉口镇、磁州等地的潘家商号之间，成为潘氏家族内外兼营、管理有方的行家里手。道光二十六年（1846），泽州大旱，并发瘟疫，民饥无食，潘功宗与里甲诸社商议，由潘氏出粟，里人修堰以防河患，以工代赈，既解救穷苦无食的民众于水火，又修筑河堰，防河患于未然。

潘景宗（1838—1910），字慕先，贡生。为人慷慨，多行善举。咸丰十年（1860），英法联军入侵北京，火烧圆明园，国人义愤，景宗与族人商议，慨然捐银十数万，以御列强。同治年间捐资修建阳城县濩泽试院。清光绪三年（1877）大旱，民饥无食，景宗以族长身份，愿担破家之责任，下令开仓，慷慨施舍，赈灾救民万余口。阳城知县叶廷桢有感于潘景宗之功德，亲书“仁者寿”牌匾，并题词曰：“例授朝议大夫慕先潘老先生，以仁存心，长乐怡静，故年花甲而精神尤矍铄焉！虽非国之至宝，而爱国兴学之心无时忽懈。闻咸同间捐银十数万，光绪时救人万余口。《论语》云‘仁者寿’，宜为公颂焉。若再勤加颐养，从兹寿至耄耋，不卜可预期也，是为祝。”以示褒奖。

这一时期，潘氏族人因长期在外经商，有多人入籍经商地。潘为杰长子潘光宗，随父从商，入籍河北磁州。潘为典之子潘词宗，入籍汉口镇。潘蔚宗之子潘长龄、潘性龄等入籍朱仙镇。而在此前的乾隆年

阳城知县叶廷桢赠“仁者寿”匾额

间，潘从周之子潘美铣即已迁往凤台县（今泽州县）周村镇石淙头村，成为经营丝绸业的一代巨商。

鸦片战争后，潘家商业举步维艰，日益衰落。其原因是多方面的。既有自然灾害的原因，清道光二十三年(1843）秋，黄河决口，水淹开封城，朱仙镇大兴宝号总号毁于一旦；也有社会动荡的因素，咸丰前期，太平天国起义战火蔓延至武汉，潘家在湖北汉口的商号以及在汉阳镇、武昌城的数十处商铺的货物、金钱被洗劫一空；还有潘家后人多入官场，无暇顾及生意的原因。“为”字辈的潘为镒，即因捐输议叙候选同知，为潘家第一个侧身官场的人。“宗”字辈通过捐输进入官场者则更多。潘蔚宗捐授东河同知，积劳成疾，卒于任上。潘功宗于道光年间，捐输海疆经费，议叙兵部武选清吏司主事。咸丰五年（1855），又因捐输军饷有功，议叙江西南安府同知。潘景宗，捐授知府衔。潘蔚宗之子潘多寿议叙八品，潘椿寿授按察使司知事。大家都向往做官，生意无人问津，兴盛百年的潘氏朱砂生意，由此盛极而衰。

如今，历经200余年沧桑，仍显豪华气派的潘家庄园里，气势恢宏的潘家十三院、江南风情的潘家花园，精致的木雕，众多的牌匾，仍在无言地述说着安阳潘氏昔日的繁华。

六、孟善福“仁寿八宝眼药”驰名大江南北

孟善福，清泽州府凤台县人，乾隆末年因家乡受灾，流落到安徽泗州，先在泗州城西教书谋生，因谙熟中草药药理、性味及其功能，后来弃教从医，在西关魏桥开设药铺，行医兼售中草药。清嘉庆二十年(1815)，孟善福在中城大街西首赁屋三间，开设“仁寿堂”药店，兼制膏、丹、丸、散。当时，泗州眼疾流行，为了帮群众治好眼疾，孟善福与药店

聘请的客座医师、同乡施文章，共同研究探索前人药学著作，以炉甘石、月石、梅片、海螵蛸、玄明粉制成眼药，名叫“五味清凉散”，对医疗暴发赤肿、风火眵烂、飞丝流泪等眼疾有特效，风行淮北。道光年间，“仁寿堂”又将珍珠、熊胆、朱砂配入药方，定名“仁寿八宝眼药”。因对拨云退翳有特效，又名“八宝拨云散”。由此，“仁寿八宝眼药”驰名大江南北，药店生意兴旺，资产倍增。清宣统二年（1910），在南京玄武湖南洋劝业会上，仁寿八宝眼药被评为一等品，荣获金质奖章。1912 年，在北平（现北京）国货展览会上又获金奖。随着业务的扩展，在上海、镇江、南京、徐州、蚌埠等地分别设立了仁寿八宝眼药代销点。

民国初期，八宝眼药年产五六万支，每支销价大号大洋 1 元、小号大洋 5 角，代销点每年进货均在 300—500 大洋。仁寿堂因此更为兴盛，购置土地 200 余亩，投资 1000 元，开设“光华兴”五金商店。1933 年，孟善福之孙孟宪成、孟宪良分家，各自分开经营。店名均为“仁寿堂”。泗州百姓按两个仁寿堂的坐落方位，称为东仁寿、西仁寿。抗日战争时期，孟善福长孙孟宪成以“醒狮牌”作为八宝眼药商标，含有唤起东方睡狮觉醒之意。因受日伪政权敲诈，仁寿堂元气大伤，逐渐衰落。到新中国成立前后，东仁寿资产仅 400 元，西仁寿资产一万余元。1956 年，西仁寿、东仁寿和邓恒和堂三家药店公私合营，组成新的“孟仁寿药店”。多年之后，孟善福和他的“仁寿八宝眼药”的故事，仍然被人津津乐道。入载《泗县志》《安徽省志・医药志》。

七、铁锅、钢针及其他

清同治七年（1868），德国地理和地质学家李希霍芬来到中国进行考察。他用将近 4 年的时间，走遍了大半个中国，并首次提出了影响深远的中国“古丝绸之路”的概念。1870年春夏之交，李希霍芬跋山涉水来到位于太行山上的晋城，重点考察了大阳和南村这两个铁冶重镇。当看到这里发达的生铁冶炼和铁器制造业时，这位科学家震惊了。他在报告和著作中写道：“在欧洲的进口货尚未侵入以前，足有几亿的人是从凤台县取得铁的供应的。”据李希霍芬估算，凤台、高平每天铁的产量约200吨，年产量72000吨；阳城县每天铁的产量约50吨，年产量18000吨。

李希霍芬首先考察了南村的冶铸业，尤其对这里铁锅的质量之高给予了高度评价。他看到这里主要是制造直径2—4英尺，深6—12英寸的大铁锅。他说：“这种锅在中国是家家户户不能缺少的，并且由于铁非常之薄而耐久，极获欧洲行家们的赞许。”

李希霍芬特别留意了晋城铁器的贸易情况，他注意到，成千成万的人和牲畜年复一年地在泽州到河南清化的太行古道上，把凤台这个重要煤铁区的产品运送到清化（镇）。河南清化为泽州铁货的主要集散地之一。晋城本地则以南村镇为主要集散地。清嘉庆年间，南村镇有魁盛店、茂盛店、和合店、上兴店、槐茂店、裕兴店、通盛店、恒大店、辅盛店等十家铁货行，它们收购凤台、阳城、高平乃至长治荫城、长子的一部分铁货，然后经清化镇中转，运销全国各地。此外长治荫城、陕西潼关为另两大集散地。而河南清化镇走货量最大。

由于历史的原因，泽、潞之铁，统称为“潞铁”。这一点李希霍芬也曾作记述：“这里（泽州府）产的铁在交易中还按以前的叫法叫作潞铁，但实际上真正的产地是泽州。”（《李希霍芬中国旅行日记》）铁锅作为家庭必需品之一，晋城地区的凤台县、阳城县均是重要的铸造地。而泽、潞之锅又统称为“潞锅”。

潞锅在历史上十分有名。明清时期泽潞之“潞锅”与广东佛山之“广锅”形成长期的竞争关系。明永乐三年（1405）开始，朝廷曾设立辽东马市进行交易。蒙古、女真等民族用马匹交换内地的粮食、丝绸、铁锅、犁铧等物资。潞锅与广锅相比锅厚而价廉，更受少数民族喜爱。但因明廷担心边外民族用铁锅等铁器制造兵器，曾一度禁止潞锅入市。明隆庆年间，经山西名臣、宣大总督王崇古据理力争，明隆庆六年（1572），潞锅再次进入马市。《明代辽东档案汇编》即记有明万历元年（1573），潞锅在辽东马市交易的情况：孙和尚潞州锅三垛、郭世朋潞锅一垛、张二锅三垛、于守仁潞锅一大车、唐相铁锅一垛等等。潞锅成为辽东马市的主要互市商品，也是官方抚赏进行贸易的少数民族的重要物品。嘉靖年间即有赏官锅一口、官中锅五口等记载。万历六年（1578）七月、八月间抚赏给女真族的铁锅就有 1189 口。

犁铧的交易与铁锅的交易往往相伴而行。明嘉靖年间即有抚赏官铧四件的记载。万历年间交易次数众多，每次交易少则三五件、十件八件，多则上千件，常见则有三五百件。

到了清代，泽州所产锅大多先进入河南清化这一集散地，再经批发商卖向全国各地，因此泽州锅被称为“清化锅”。清代东北的铁锅市场，以“清化锅”为名的泽州铁锅与广锅的市场争夺仍很激烈。在广大农村，基于对厚锅的嗜好，泽州锅占有绝大多数市场份额；而在城市基于薄锅更节省能源，广锅则占据上风。而到清晚期，则山西北部的平定铁锅也加入了

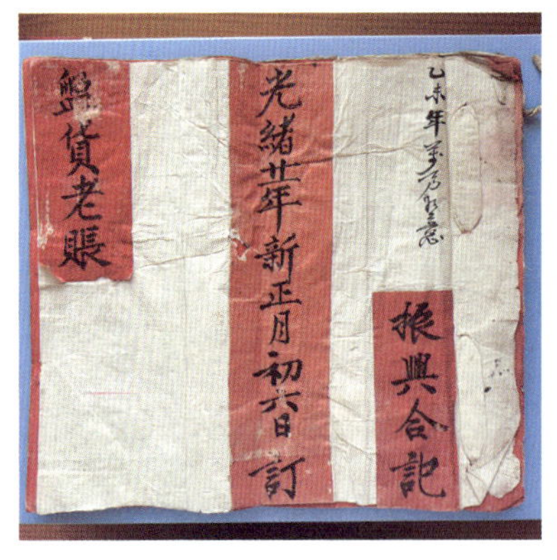

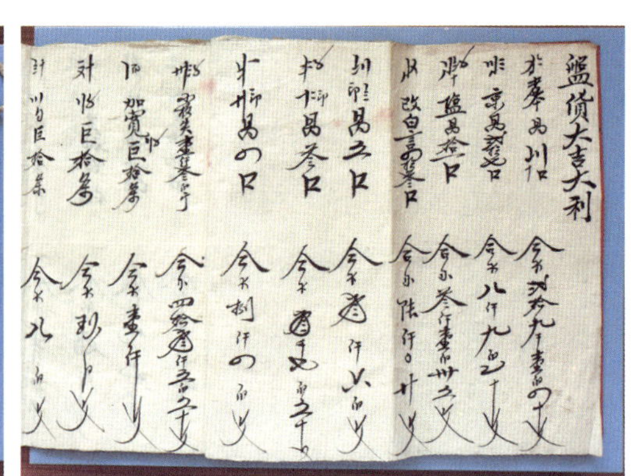

清光绪二十一年振兴合记盘货老账封面及内页

市场竞争。平定锅与泽州锅又统称为山西锅。河北获鹿县（现石家庄市鹿泉区）是晋城铁货在东部的又一集散地。晋城在这里销售的铁锅，其锅样、口径、深浅、薄厚都是以获鹿当地的样式制作，所以称作“获锅”或“获鹿锅”。1931年前，每年销量约在百万斤。在西北地区晋城铁锅仍居绝对优势。比如青海的铁锅清代和民国时期多由阳城和凤台（晋城县）购进。

在大阳镇，李希霍芬仔细观察了大阳的冶铁生产，尤其是对这里生产的钢针产生了极大的兴趣。他在所著《中国》等著作中说：“在大阳这个地方的无数人家里，也是经营各种小的铁工业部门，特别是铁丝和针。”“大阳的针供应中国的每一个家庭，并且远销中亚一带。”他还强调指出，大阳的钢针“是本省唯一值得注意的输出品”。

从李希霍芬的记述和评论中，我们可以深刻地感受到大阳手工制针在当时的生产规模之大，销售市场之广，地位之重，影响之大。李希霍芬来到中国时，大阳钢针已经受到欧洲针的极大冲击。但当时大阳钢针的产量仍然很大，并且在顽强地与欧洲针进行抗争。

大阳针业的兴起，传说与大阳裴氏有关。裴氏家族为明清时期大阳巨族。其中有名叫裴骞者，字子孝，号吾山，明正德十六年（1521）进士。嘉靖十一年（1532）四月，任山东按察司副使。传说裴骞任山东提刑按察司副使期间，他的一个本家弟弟裴某，从家乡大阳跑到山东来找事做。一天，裴某在济南街头看到有人制作钢针，便产生了极大兴趣。山东济南制针的历史悠久，北宋时期制针业就很发达，有一家“刘家功夫针铺”，还专门制作了铜版广告，以白兔捣药图作为店铺的标记。裴某为了学习制针技艺，主动来到一家针铺给人家当学徒。在掌握了一整套制针技术后，他回到家乡，开始做起针来。但是，由于各种原因，裴某的制针生意并不顺利，最终在穷困潦倒中去世，但制针的技术却留传下来。大阳人不断改进技术，终于打开了销路，制针的百姓越来越多，很快遍及全镇及周边地区。

关于大阳制针业的起源，日本制针工业家青木泷次郎在所著《缝针的话》一书中提供了另一种说法。他说："距今五百五十年前的明代初期，一位名叫金某的人，在大阳从事制针业的事实，被记载在风吹雨打的断碑上。"据此，大阳最先制针之人为金氏，而非裴氏。金氏同为大阳旺族，为西大阳金、王、霍、段四大家族之首。现在西大阳老街仍保留有金家大院。《缝针的话》出版于 1928 年，以此推算，大阳开始制针的时间，当在明洪武十年（1377）左右，距今已有 645 年左右的历史，比传说中的裴氏制针的时间还要早约 180 年。

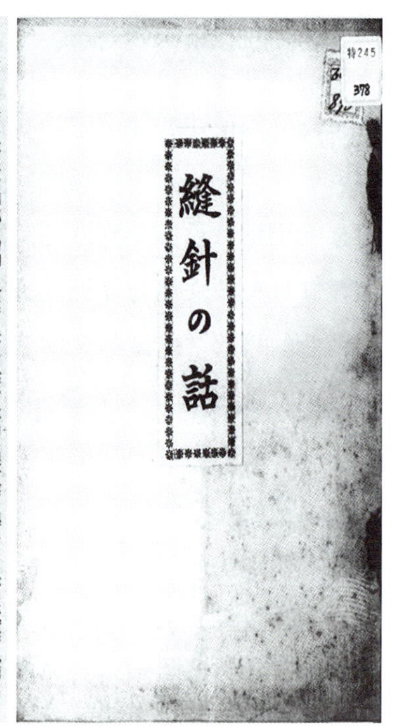

縫針の話

今より五百五十年前明代の初期に金某ご云ふ人が、太陽に製針業を起したご云ふ事實が風雨に曝された斷碑に記されてある。この當時太陽ごその隣市の周轉ごは共に製針業者の群居した二大製針地であつて、買泉產の鐵線を原料ごして製造し、當時年產額が三百萬兩に及んだご云ふ。そして北京には鍼行會館ご云ふ縫針の一大取引所が設けられ、天津の北門外には鍼市大街ご云ふ針問屋の町が出來た位であつたが、淸の道光二十二年、今より八十年前に五口條約が締結されてから、英獨の優秀なる縫針が盛に輸入されて、遂に、太陽、周轉も年ご共に衰微して今日はこの二大製針地は全く衰亡したのである。偶歐洲大戰中歐洲諸國よりの輸入が途絕した結果、支那にても、天津、上海、濟南、常州等に小規模の製針工場の設けられたが、戰後には閉鎖し、今日では山西省晉城縣に半官半民で經營してゐる大德造鍼廠があるのみである、英國で製針業の起つたのは、三百八十年前ご云ふ說もあるが、英國第一の製針地ごして知られてゐる、レデイツチは二百年前の創業ご云はれるだけあつて、幾十ご云ふ大規模の製針工場がある。獨逸では五百五十年前に、ニユルンベルヒに縫針製造組合があり、その第一の製針地である、アーヘンは第十八世紀の頃から盛に針を製造して歐洲諸國に輸出して居た。今日では獨逸が世界第一の製針國であつて、アーヘン、アイゼルローンが製針地ごして知られ、製針工場ごして世界的に有名なものは、獨逸の、レオランメルツ、英國の、ミルワード、墺國の、ガルス等である。

青木泷次郎著《缝针的话》

明清时期的大阳，家家做针，户户卖针，有如改革开放初期的浙江义乌镇前店后厂的发展方式。

勒石于清顺治十年（1653）的《西大阳针翁庙创建碑记》记载："乡

中业此者，旧仅三、二家而止，今则列肆者屈指不能尽，至工一艺而资以养生者，比屋皆是。故项来辛巳之际杀人枕藉，而吾乡存活为多，此业赖耳。迩以兵火之余，南路经商悉废，其北向者，推此货为首务。时丁其缺，价且大踊，咸获数倍息。”不仅大阳本地家家户户做针，与大阳西面相邻的今属下村镇所辖的上村、中村、下村、南庄、河东、张庄、湾里（万里）等村也都做针。西大阳的西针行，当时经营制针的字号，就达 100 余家。东大阳的东针行，加上相邻的高平县马村镇的针行，达到二三百家之多。

大阳的制针技术甚至传到了 100 公里以外漳河之滨的长治市郊区一个名叫阎家庄的村庄，在这里也很快形成一定规模，以至于后来连村名都改作了针漳村。

大阳手工制针的生产规模究竟有多大？青木泷次郎在《缝针的话》中记载，大阳钢针“据说当时年销售额达三百万两”。青木泷次郎是一位学者型日本制针工业家，其所制钢针出口到我国的天津、上海、汉口等地，以及朝鲜、印度、东南亚，是制针行业的专业人士，他写的书可信度较高，我们从中可以看到当年大阳钢针销售的盛况。李希霍芬在其《日记》中讲到大阳钢针的价格为每 100 枚 20 芬尼，折合成清代货币约为每 100 枚 66 文。这是钢针的批发价，而这种小商品的批零差价可以达到数倍乃至十倍。以此计算，大阳每年制造和销售针的数量约在 10 亿枚左右。假如每人每天生产 500 枚，每年生产 250 天，则需要 8000 个工人，才能生产这样多的针。从中可见当时钢针生产的规模有多么的庞大。

大阳制针的原料——铁丝，或称条丝，最初来自于广东，称为南条。后来则普遍使用本地产铁丝。除大阳本地所产外，相邻的大东沟镇的贾泉、东沟、马村等均产铁丝。原料的供应十分充足，质量很好。

与大阳钢针的生产相配套的，是一张覆盖全国的庞大的销售网络。1929 年山西《矿业周报》记载：“海禁未开以前，山西铁业，以晋城为巨擘，如铁丝及针，南销楚粤，北及满蒙，西尽关陇，东及黄海。可谓盛极一时。”大阳民间《卖针歌》唱道：“小小钢针做的精，卖遍天下四大京。东京卖到汴梁地，西京卖遍长安城。南京卖到应天府，北京卖遍顺天城。”大阳作为“九州针都”确实名不虚传。

乾隆九年（1744），泽州巨商王泰来家族的王镗承办的与准噶尔商人在甘肃酒泉进行的互市贸易中，就带有大阳生产的钢针。交易数量为1430枚，每百枚价1钱。总计售价1两4钱3分。虽然交易的数量并不大，但却是大阳钢针进入西北市场，并进入中亚一带的一个有力证据。

支撑大阳钢针销遍全国的，则有遍布各地的会馆、商号、针行、针铺，以及走街串巷的卖针人。

《缝针的话》还记载：大阳的针，“在北京设立了针行会馆，为针的一大交易所；天津的北门外是针市大街，为针批发商的聚集之地”。晋商在全国各地建有很多的会馆，是晋商辉煌的历史见证，大阳在北京的针行会馆是其中并不引人注目的一个，但却又是最为独特的一个。

另据碑刻资料记载，在北京城有许多泽州人设立的针铺。如王洙、王麻子针铺，李谱、李鱼针铺。各地商人自己也建立针铺，清代高平县就有怀兴针铺、恒发针铺等。

各行各业都有自己行业的祖师崇拜。比如冶炼业，以太上老君为祖师，建筑业以鲁班为祖师，丝织业以嫘祖为祖师。制针业也有自己的祖师。东西两大阳为祭祀本行业的祖师，各自建起针翁庙，分别称为东针翁庙和西针翁庙。与大阳古镇相邻的高平市马村镇东周村，仙师庙内亦建有针翁殿。

北京西城区上斜街也有一座针祖庙。据乾隆四十四年（1779）《续修针祖刘仙翁庙碑记》所载，该庙为泽州大阳人所修。牵头之人为大阳古镇著名的武状元张大经之子，时任直隶提督古北口城守营都司的张无咎。碑文撰写者为出身商人家庭、时任刑部员外郎的泽州人刘柏龄。由此可知，大阳人不仅把钢针卖到京城，还在京城修有针祖庙，而这座针祖庙就是大阳人在京城的针行会馆。

第一次鸦片战争后，英国政府迫使清政府于道光二十二年（1842）签订了中国历史上第一个丧权辱国的不平等条约《南京条约》。清政府除赔款割地外，还开放了广州、福州、厦门、宁波、上海五处为通商口岸，准许英商在华自由贸易。从此，英国、德国机制钢针大量倾销中国市场，大阳手工制针面对效率更高、质量更优的机制针，无法与之抗衡。在洋针的冲击下，大阳传统制针在繁荣兴盛了数百年后，逐步走向衰落。

八、潞绸、泽绸及其贸易

说到潞绸，因有一个“潞”字，许多人就认为是潞州府（今长治市）所产，其实不完全正确。潞绸的产地不仅有潞州，还有泽州的高平县。

“潞绸”最早见于文字的，是元末明初戏曲家贾仲明所撰杂剧《李素兰风月玉壶春》。剧中人物称：“自家是山西平阳府人氏。……我装三十车羊绒潞绸，来这嘉兴府做些买卖。”说明潞绸在明初已经兴起，并有不同的品种。

成化《山西通志》记载，明代在泽、潞二州俱建有织造局。嘉靖年间，潞绸的生产已经十分发达。嘉靖四十四年（1565），权相严嵩倒台后的《抄家物资清单》中，就有大红妆花过肩云蟒潞绸 1 匹、大红妆花斗牛补潞绸 4 匹、大红妆花过肩仙鹤潞绸 8 匹、大红妆花仙鹤潞绸 8 匹、大红织金过肩锦鸡潞绸 4 匹、大红织金麒麟补潞绸 1 匹、大红织金云鹭补潞绸 1 匹、青妆花凤补潞绸 1 匹、青织金妆花仙鹤潞绸 13 匹的记载。

明代潞绸上贡天子，下衣百姓，并远销海外。乾隆《潞安府志》卷九《田赋》载：“明季，长治、高平、潞州卫三处共有轴机一万三千余张，十

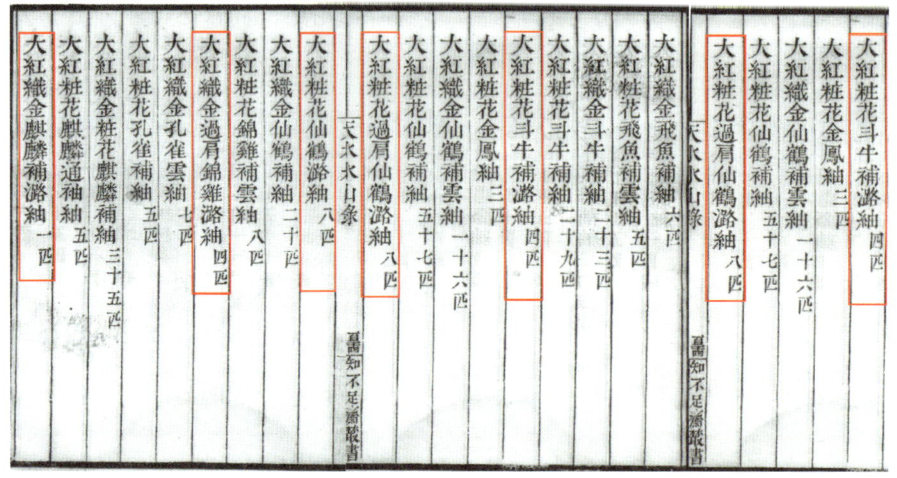
大紅粧花斗牛補潞紬四疋
大紅粧花金鳳紬三疋
大紅織金仙鶴補雲紬一十六疋
大紅粧花仙鶴補紬五十七疋
大紅粧花過肩仙鶴潞紬八疋
天水冰山錄　知不足齋叢書
大紅織金飛魚補紬六疋
大紅粧花飛魚補雲紬五疋
大紅織金斗牛補紬二十三疋
大紅粧花斗牛補紬二十九疋
大紅粧花斗牛補潞紬四疋
大紅粧花金鳳紬三疋
大紅織金仙鶴補雲紬一十六疋
大紅粧花仙鶴補紬五十七疋
大紅粧花過肩仙鶴潞紬八疋
天水冰山錄　知不足齋叢書
大紅粧花仙鶴潞紬八疋
大紅織金仙鶴補紬二十疋
大紅粧花錦雞補雲紬八疋
大紅織金過肩錦雞潞紬四疋
大紅織金孔雀雲紬七疋
大紅粧花孔雀補紬五疋
大紅織金粧花麒麟補紬三十五疋
大紅粧花麒麟通袖紬五疋
大紅織金麒麟補潞紬一疋

权相严嵩倒台后《抄家物资清单》中记载的各色潞绸

年一派造，绸四千九百七十四，分为三运，九年解完。长治分造六分二厘，高平分造三分八厘，造完各差官解部交纳。”从中可见，明代上解潞绸任务中，长治占不足三分之二，高平占三分之一强。

高平丝绸生产主要集中在米山镇、寺庄镇和高平城周围等地。明万历十八年（1590），高平市城东秦庄村重修玉皇庙仙姑土地神像，除捐银钱者之外，有 15 家捐绸者。万历四十六年（1618），米山镇重修定林寺，捐绸者达 18 家。寺庄镇伯方村专门修有机神庙，米山镇的南朱庄村、秦庄村专门修有机神殿，南城街道办事处上韩庄村则专门组织有机神社。

潞绸规格分大绸、小绸两种，大绸每匹长 68 尺，宽 2 尺 4 寸，重 61 两；小绸长六托（每托约为双臂展开的长度，约合 5 尺），宽 1 尺 7 寸。潞绸花色十分丰富，有天青、石青、沙蓝、月白、酱色、油绿、秋色、真紫、艾子色等十余种。

顺治《潞安府志》曾谈到明代潞绸兴盛时期的生产和贸易情况：“绸，在昔殷盛时，其登机鸣杼者，奚啻数千家，彼时物力全盛，海内殷富，贡篚、互市外，舟车辐辏者转输于省直，流衍于外夷，号利薮。”这样短短一段话里，讲出了潞绸的四个流向，这些途径均在文献史料中得到证实。

一是潞绸销售于各省。明代潞绸民间贸易十分活跃。嘉靖《宣府镇志》卷三〇《风俗考》就有“南京罗缎铺、苏杭罗缎铺、潞州绸铺、泽州帕铺，各行交易，贾争居之”的记载。明万历年间福建人蔡献臣，在其《清白堂稿》卷一八记载福建同安县风俗：“往时市肆绸缎沙罗绝少，今则苏缎、潞绸、杭货、福机行世，无所不有者。”表明潞绸在当时已销到福建。明人余瑞紫著《张献忠陷庐州记》载：“走至花园中，即八大王张献忠驻处，但见八贼头戴水色小抓毡帽……，身着酱色潞绸箭衣。”说明当时农民起义军的首领也穿上了潞绸。明代文学作品中写到潞绸的更是屡见不鲜。有人统计《金瓶梅》中就有 17 处写到潞绸。西门庆是做丝绸布匹生意的，家里的妻妾多穿着潞绸，比如，第三十七回，西门庆为王六儿之女爱姐“买了两匹红绿潞绸”。第三十九回，吴道官送与西门庆哥儿的礼物中有“一双青潞绸衲脸小履鞋”。第四十二回，王六儿“身上穿紫潞绸袄儿”，等等。西周生《醒世姻缘传》9 处提及潞绸。凌蒙初《二刻拍案惊奇》、冯梦龙编《醒世恒言》都写及潞绸。可见在明代潞绸已经是十分普及的受人喜欢的丝织品。

二是潞绸成为与边疆少数民族地区边贸互市的主要商品。潞绸因其较为厚实，为北方蒙古族等人民所喜用。明隆庆五年（1571），明朝政府与蒙古族达成协议，在宣府、大同两地定期举行市易，潞绸是市易中重要商品之一。明万历皇帝还将潞绸赏赐予蒙古贵族。

三是潞绸还被贩卖于国外。明人郭子奇在《宛在堂文集》卷三二记载：崇祯七年（1634），官方查出，有商人王成前往朝鲜进行边贸互市，所带丝绸中有“玄色潞绸五匹”，属官方违禁颜色。说明在此之前，潞绸已经作为商品贩卖到朝鲜。

四是潞绸被上贡于朝廷。泽州丝绸作为贡品，万历之前为“绫、绢”。万历《泽州志·方贡》记载，州为“绫、绢”，高平、阳城、陵川、沁水各县均有“绢”，并无“绸”。山西巡抚吕坤在《去伪斋集》卷一中言：“山西岁派，只有绫绢各五百匹，润月共加八十六匹耳，并无所谓山西潞绸者。”两者可以互相印证。

但就在明万历年间，明廷增派泽潞造办潞绸。《山西通志》载：“明万历中，诏潞安进绸二千四百匹，未几，复命增五千匹。”吕坤《停止砂锅潞绸疏》记载更详：“万历三年坐派山西黄绸二千八百四十匹、十年坐派黄绸四千七百三十匹、十五年坐派黄绸二千四百三十匹、十八年坐派黄绸五千匹。”但是由于每匹价银仅给四两九钱伍分，远不敷生产成本。一次次不断加码的征派任务，不仅没有使当地丝绸业更加兴盛，反而导致百姓负担加重，机户大量流亡。而皇室一方面拼命搜刮，一方面大量铺张浪费。明定陵出土的万历孝靖皇后棺内就有一匹完整的“红色竹梅纹潞绸”。而直到清代，皇宫里仍藏有明万历年间生产的“木红地桃寿纹潞绸”“木红地折枝玉兰花纹潞绸”等多种潞绸。

万历中期，山西发生了特大旱灾，泽潞地区尤甚，当地蚕丝严重减产，不得不从外省购进。明万历年间人郭子章说：“今天下蚕事疏阔矣。东南之机，三吴越闽最伙，取给于湖茧；西北之机潞最工，取给于阆茧。”说明当时制造潞绸的蚕丝大多来自四川阆中。

明末清初，受战乱影响，潞泽地区机户大减。顺治《潞安府志》记载：“乃兵火凶荒，机户零落殆尽，明末尚有二千余张，至国朝止存三百有奇。”

清朝政局稳定后，仍要求继续织造潞绸上贡，但将明代的临时坐派改为岁贡。

顺治初年，岁贡潞绸三千匹。顺治六年（1649），发生姜瓖之乱，机张烧毁，工匠遭杀掳。顺治八年（1651）贡绸降为 1479 匹。顺治十五年（1658）再降到 300 匹，所贡均为大潞绸。其中，长治县 186 匹，高平县 114 匹。康熙六年（1667），减去大潞绸 100 匹，改织小潞绸 400 匹。每年长治县大绸 124 匹，小绸 248 匹；高平县大绸 76 匹，小绸 152 匹。康熙十四年（1675），议准大小潞绸各减去 100 匹。每年长治县织解大潞绸 62 匹，小潞绸 186 匹；高平县织解大潞绸 38 匹，小潞绸 114 匹。乾隆、嘉庆时期多有调整，上贡数量总体呈下降趋势。

长治县至顺治年间仅存织机二三百张（乾隆《长治县志》卷七），到光绪年间，已多年不产潞绸。高平县在同治年间，其织机也仅存六百有余。虽然就上贡潞绸数量而言，长治仍高于高平，但长治不得不依靠高平完成织解任务。而高平织机也越来越少。清光绪八年（1882），山西巡抚张之洞不得不请求停止潞绸进贡。他说："潞绸并不出于潞安，潞民但能养蚕不习机杼，向在泽州织办，或雇泽匠到潞织办，或寄丝至豫省织办，大祲以后桑植不蕃，机匠寥落，如泽州机户前约千有余家，五年前三十余家，今存米山镇刘氏一家。"（张之洞《张文襄公全集》）

尽管潞绸的生产在清代日渐衰落，但其在全国的名气仍然很大，以至

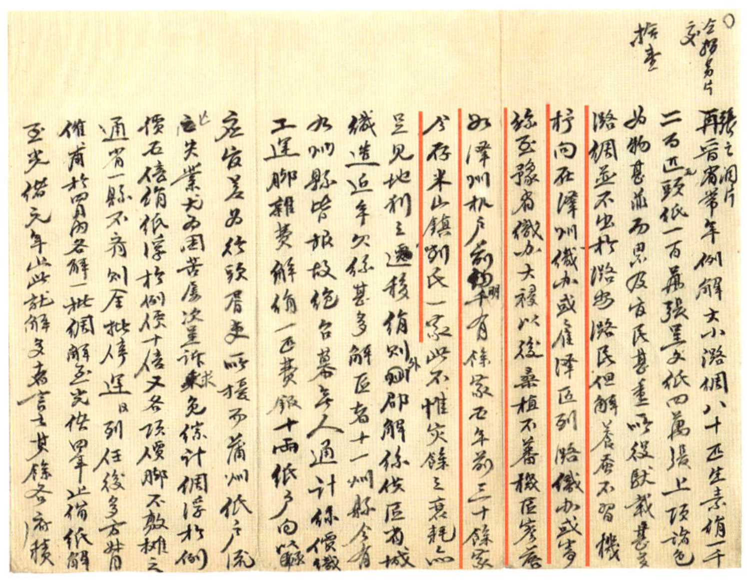

清光绪八年山西巡抚张之洞请求停止潞绸进贡片

清院本《清明上河图》专门绘上了“潞绸店”。

上贡皇家的潞绸多用于皇室消费。故宫博物院就收藏有清康熙皇帝曾经穿用的“黄潞绸里黑狐皮褂”“月白潞绸里灰鼠肷坎肩”。清代后妃日常供给物品中都少不了潞绸。每年皇太后与皇后各四匹，皇贵妃与贵妃均为三匹，妃、嫔、贵人各两匹，常在、答应均为一匹。

乾隆十年（1745），和硕公主下嫁，陪嫁物中即有小潞绸 80 匹，又添 20 匹。乾隆五十二年（1787），十公主下嫁，陪嫁物中同样有小潞绸 80 匹。咸丰五年（1855），慈禧怀得龙种，为接生准备了 18 床潞绸被。另据《钦定总管内务府现行则例》广储司卷，皇子生长子弥月，公主生子女洗三、弥月，俱有例定给用物品，其中潞绸是最常见的。

此外，潞绸还用于赏赐外国国王。嘉庆五年（1800），缅甸国王遣使进贡，嘉庆皇帝赐予缅甸国王锦绸缎、闪缎、蟒缎、官绸和大潞绸。

除了潞绸，晋城所产泽绸，清代亦颇有盛名。泽绸，晋城各县均产。清嘉庆《重修一统志·泽州府·土产》：“绸：郡境皆出，世称为泽绸。”但主要产于凤台县和高平县，分为双丝泽绸和单丝泽绸两种。清雍正《山西通志·物产·泽州府》卷四七：“绸，有双线、单线两种。凤台、高平胥产。”

清初，泽绸作为商品已在市场广泛交易，受到各地官民喜爱。清政府对泽绸的交易，同其他商品一样规定了税率。康熙时期税率为每匹 1 钱 2 分，雍正时期降为每匹 5 分 4 厘。

清代在内地与古丝绸之路必经之地新疆的频繁商业往来中，泽绸占有十分重要的地位。因其色泽光洁艳丽，品种繁多，织工精细，博得了新疆地区各族人民的喜爱。其品种主要有大红、宝蓝、元青、天青、石青、驼色、酱色、库灰、墨色、棕色等 10 多种。

乾隆九年（1744），泽州府凤台县商人王镗承办与准噶尔商人的互市贸易时，就将泽绸和潞绸一并带去交易。用 1 匹双丝泽绸可换 1 匹蒙古马，另加 1 只绵山羊。

乾隆三十年（1765），陕甘总督因南疆重要商贸中心喀什噶尔贸易的需要，特请准从山西采办潞缎、泽绸，由驿传递送到甘肃。从此，泽绸与江南绸缎、山东茧绸等一起成为官方对新疆哈萨克族等少数民族贸易的指定产品。乾隆皇帝曾谕令贸易丝绸“务使质地重厚，颜色鲜明，勿得轻松粗糙，不堪适用，致滋挑驳”。（《清实录·乾隆朝实录》）新疆贸易泽绸为双丝泽绸，由凤台、高平两县织办。其规格为每匹长 2 丈 1 尺，宽 2 尺，重 18 两。

随之，贸易的范围，由喀什噶尔扩大到伊犁、塔尔巴哈台、叶尔羌暨所属和阗地区。乾隆三十八年（1773），单为伊犁织办泽绸 200 匹，用于贸易和官兵购买。乾隆四十八年（1783），新疆贸易泽绸 200 匹内，供给塔尔巴哈台 70 匹、叶尔羌暨所属和阗 30 匹、喀什噶尔 100 匹。

乾隆四十四年（1779），另外增加泽绸 200 匹用于购买哈萨克牲畜，使得这一年的泽绸交易量达到 500 匹。

嘉庆时期，泽州与新疆的丝绸贸易由乾隆时期的伊犁等四处，又增辟了乌什、喀喇沙尔、阿克苏 3 处，贸易城市达到 7 个。嘉庆七年（1802），

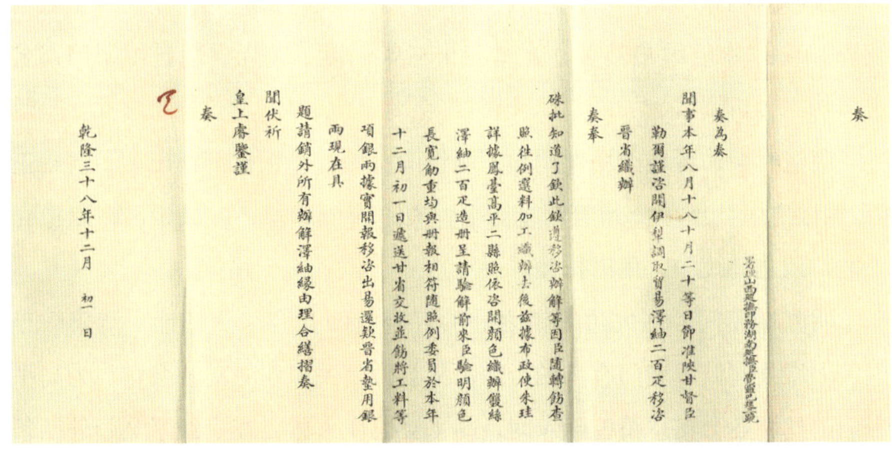
奏
署理山西巡撫印務湖南巡撫臣覺羅巴延三跪
奏為奏
聞事本年八月十八十月二十等日節准陝甘督臣
勒爾謹咨開伊犁調取貿易澤紬二百疋移咨
晉省織辦
奏奉
硃批知道了欽此欽遵移咨辦解等因臣隨轉飭查
照往例選料加工織辦去後茲據布政使朱珪
詳據鳳臺高平二縣照依咨開顏色織辦雙絲
澤紬二百疋造冊呈請驗解前來臣驗明顏色
長寬觔重均與冊報相符隨照例委員於本年
十二月初一日遞送甘省交收並飭將工料等
項銀兩據實開報移咨出易還款晉省墊用銀
兩現在具
題請銷外所有辦解澤紬緣由理合繕摺奏
聞伏祈
皇上睿鑒謹
奏
乾隆三十八年十二月　初一　日

署理山西巡抚觉罗巴延三奏晋省解办伊犁贸易泽绸二百疋事

贸易新疆的泽绸达480匹，另加泽绸200匹用于购买哈萨克牲畜，这一年的泽绸交易量达到680匹。

对新疆的官办泽绸贸易每次交易的数量虽不是很多，但从乾隆中期一直持续到咸丰初年，前后持续有近百年时间。

同时，清政府还将泽绸作为赏赐外国国王、使臣，国内王公大臣和少数民族上层人物之用。乾隆五十三年（1788），赏赐缅甸国长泽绸10匹，贡使每人泽绸2匹。（《清宫热河档案6》）乾隆五十五年（1790），赏赐安南国贡使泽绸8匹，随从每人3匹。（《乾隆朝上谕档》）乾隆四十八年（1783），山西巡抚农起进献泽缎100件、潞缎100件，供乾隆帝驻跸热河沿途赏王公大臣官员等用。（《总管内务府奏销档案》）乾隆五十九年（1794），山西奉命备办泽绸30匹，以奖赏新疆土尔扈特等处台吉官员。道光年间，还多将泽绸赏赐给宫廷唱戏的演职人员。

清末，泽绸还多作为山西特产陈列展示。光绪三十三年（1907），由盛京将军奏设的奉天华产商品陈列所，入选山西泽绸陈列于内。清宣统二年（1910），国内举办的第一次世界博览会——南洋劝业博览会的山西馆内，泽绸与汾酒作为工业品一同陈列。

除了潞绸和泽绸，清末阳城县所产之绸，又称析绸。清光绪《阳城县续志》载："本邑缫户甚多，光绪三十三年创设工艺局，现自织绸绉，名之曰析绉、析绸。"

明清时期，晋城人用丝绸加工制作的首帕、包头也都很出名。清雍正《山西通志·物产·泽州府》卷四七："帕：府境产丝，织成素帛，以橡壳皂之，谓之乌绫帕，用以抹额。"

明嘉靖年间，在九边重镇之一的宣府镇即开有泽州帕铺。清康熙年间，阳城县润城镇专门有乌帕行。高平县城南关曾建有乌绫会馆，为高平专门的丝绸业会馆。清乾隆年间，高平县冯庄人张二在京城崇文门外四条胡同开设永泰号铺面，做卖包头生意。在同一条胡同的还有高平县南旺庄人杨二与卞家沟人李三共同开设的洪泰号，也是做卖包头生意。（《清代文字狱档辑》）直到民国时期，高平人仍在京城开有多家包头铺。比如，苏春林在崇外大街开有亿合公包头庄，王维翰在巾帽胡同开有万义包头庄，何耀东在木厂胡同开有兴发盛包头庄，等等。在全国各地经营丝绸和丝制品的晋城商人和商号就更多。

恒盛布廠	南羊市口關帝廟街	閻俊峰	河北武清
三記布廠	東曉市黃莊	田慎齋	河北三河
經綸布廠	薛家灣	齊述芳	河北高陽
德泉布廠	上堂子胡同	李寅年	同
華盛布廠	崇外上四條	王錫九	河北肅寧
永順昌絲線店	崇外上四條	鄒連和	河北玉田
義豐布廠	安定門內	王德財	河北高陽
億合公包頭莊	崇外大街	蘇春林	山西高平
萬義包頭莊	巾帽胡同	王維翰	同
興發盛包頭莊	木廠胡同	何耀東	同
三鑫恒襪廠	東曉市	劉岐山	河北高陽
裕昌布廠	崇外石虎胡同	宿廣泉	河北昌平
同豐布廠	南河槽拐棒胡同	郭績成	河北寶坻
萬勝亨洋貨店	前外興隆街	張招財	河北新城
[illegible]	崇外上四條	甄獻如	河北東光

1939 年《北京市工商业指南》所载高平在京包头庄

丝绸与铁货成为晋城本地向外输出的两大类商品。

九、泽潞商帮与潞泽会馆

商人在外经商，举目无亲，孤独寂寞之感十分强烈，见到同乡之人，格外亲切。所谓：“老乡见老乡，两眼泪汪汪。”同在一地经商的同乡往往互相之间彼此往来，形成更加紧密的联系。而有的商家在招收店员时只收本地人。比如，高平侯庄商人在安徽颍州所设的侯大升店即规定，店内掌柜必须是山西籍侯庄村或侯庄周围熟悉了解的人，外地人不用。同籍贯的人群，在外地往往联合起来抱团取暖。明清之际，兴起建商业会馆之风气，商人们以会馆为依托，“敦亲睦之谊，叙桑梓之乐”，“虽异地宛如同乡”。尤其是晋商行踪遍及全国各地，山西会馆或山陕会馆遍地开花。

泽州商人在本地和外地也建有多处会馆。其中建立最早的会馆当为北京的针行会馆。针行会馆又称针祖刘仙翁庙，位于北京市西城区上斜街，始建年代不详，康熙五十一年（1712）重修，乾隆四十四年（1779）再次重修。前面已经谈到，这里不再重复。

泽州与潞州同在山西东南部，历史上合称泽潞。其地域相连，习俗相近，产业类同，两地商人常聚集一处或合伙做生意，人称泽潞商帮。而太行山下的河南是泽潞商人聚集最多的地方。在全国水陆交通的重要枢纽古都洛阳建有两座会馆，一为山陕会馆，一为潞泽会馆。潞泽会馆居东北，山陕会馆位西南，又分别被称为"东会馆"和"西会馆"。

潞泽会馆位于洛阳市瀍河区新街南端，为泽潞商人所建。创始于清乾隆九年（1744），竣工于乾隆二十一年（1756），历时 13 年。既是供奉关公的关帝庙，又是联络乡谊、处理商事的所在。会馆占地面积为 15750 平方米，建筑面积 5010 平方米。建筑平面布局呈中轴对称。沿中轴线自南向北依次为戏楼、大殿和后殿。两侧建有钟鼓楼、东西耳房、左右各 21 间厢坊和东西配殿，前后共两进院落。整体建筑规模宏大，布局严整，气

洛阳潞泽会馆

度恢宏，是豫西地区规模最大的古建筑群。会馆众多的木雕、石刻，技艺精湛，呼之欲出。

会馆建设的发起者为泽潞商人祁永兴、侯公盛、魏永泰、刘万盛、杨万成、张万顺、赵复兴、邹翰盛、崔万珍等。乾隆二十四年（1759）所立《建修关帝庙潞泽众商布施碑记》和乾隆三十二年（1767）所立《山西潞泽众商布施关帝庙香火地亩碑记》所载，捐资的泽、潞在洛阳商户多达220家，其中绸布商48家，布商38家，杂货商14家，铁货商5家，广货商12家，扪布坊46家，油坊57家，共捐银36243两。

发起者中的祁永兴、张万顺、赵复兴、崔万珍均为泽州府人。乾隆《洛阳县志》载，雍正七年（1729）这四位泽州府商人曾捐资修建洛阳城东十五里的二龙桥。

潞泽会馆乾隆二十一年（1756）所立《关帝庙新建碑文》，撰文者邹承颖为高平县人。邹承颖，字敦复，乾隆十九年（1754）甲戌科进士，授蒲州府儒学教授。

清乾隆二十四年（1759）所立《建修关帝庙潞泽众商布施碑记》载：“绸布商：祁永兴捐银叁千两外施地拾亩，萧立盛捐银贰千零叁拾捌两，侯公盛捐银壹千柒佰伍拾叁两，祁斯沧捐银壹千陆佰两，崔永升捐银壹千伍佰伍拾两，永兴伙计张东风等捐银壹千两，杜鸿盛捐银壹千贰佰壹拾捌两，魏永泰捐银壹千零柒拾伍两，邹翰盛捐银玖佰柒拾贰两，魏万升捐银捌佰玖拾两，刘万盛捐银捌佰柒拾贰两，邢丰盛捐银捌佰叁拾叁两，孙文盛捐银柒佰伍拾叁两，张万顺捐银柒佰肆拾陆两，成信成捐银柒佰贰拾贰两，杨万成捐银陆佰伍拾两，刘仙盛捐银陆佰壹拾叁两……”

从捐资数量可以看出，潞泽绸布商捐资都在数千数百两白银，可见泽潞商人实力之雄厚，也可看出泽潞丝绸在当时广受市场欢迎。捐资名单中有一个名叫祁斯沧的，是高平米山镇孝义村人。祁斯沧之曾孙祁𡎴，考中进士，官至刑部尚书、两广总督。祁斯沧此次捐银达1600两，是祁家商业经营有方的体现，成为高平丝绸商人的典型代表。

因年代久远，这里的大多数捐资商人，已无法分清谁是潞州商人，谁是泽州商人，但他们共有一个标签，那就是“泽潞商人”。

除了北京针行会馆和洛阳潞泽会馆这样专门的泽州商人或泽潞商人的会馆，全国各地许多晋商建立的山西或山陕会馆也有留下泽州商人活动的轨迹。

比如，创立于清康熙六年（1667）的北京山西会馆，雍正十三年（1735）重修时，时任工部右侍郎管理水利钱粮兼营田观察使副使、泽州府凤台县人王钧撰写了《重修三晋会馆记》。王钧为泽州巨商王泰来家族成员。

创立于清康熙三十二年（1693）的河南周口山陕会馆，地处河南东部，沙河、颍河、贾鲁河在此交汇，古为漕运重地。明清时期，舟车辐辏，商贾云集。道光二年（1822）《山陕会馆春秋阁院创修牌坊两廊看楼客庭工作等房铺砌甬路院落碑记》和《布施抽积银钱碑记》均由沁水县人张诗铭撰文，阳城县人陈惠兰书写。

周口山陕会馆光绪三年（1877）《厘金碑记》左右两侧分别刻有阳城润城人韩俊臣和王锦堂的诗作。另一块同为光绪三年的《山陕会馆碑记》，碑侧刻有阳城润城人韩之伟题诗。

周口山陕会馆光绪二十四年（1898）《山陕会馆捐厘部署继美盟心碑文》由阳城人韩之伟撰文。韩之伟和高平商人张九思均有题诗刻于碑侧。

前文曾提及阳城安阳潘氏经营朱红于河南开封朱仙镇，在这里经商的晋城商人还有很多。朱仙镇山西会馆乾隆十六年（1751）《重修大殿山门乐楼碑记》，即由平阳府绛县人李怀杨和泽州府阳城县人朱如林合作完成。乾隆三十三年（1768）《重修碑记》记载有山西众多商号，其中记有高平县商号六家，分别为：普盛号捐银 40 两，布德重记捐银 18 两，布德如记捐银 15 两，和兴号捐银 15 两，如阳号捐银 12 两，永裕号捐银 10 两。

六家共捐银 110 两。另有一块无题额的碑刻记有：凤台焦振兴捐钱 3000 文，凤台李三杰捐钱 2000 文，阳城田梗捐钱 3000 文。可见高平、凤台、阳城均有在此经商者。

河南省舞阳县北舞渡是周口与赊旗两大商镇之间的水陆过载码头，是清代河南著名商镇之一。康熙六十年（1721），山陕商人在此建立了山陕会馆。同治六年（1867）九月，会馆重修，凤台县商人宋五治不仅捐钱五千文，而且为重修碑记书丹。

湖北武汉三镇之一的汉口，顺治初年就建立了关帝庙，康熙二十二年（1683）正式创立为山陕会馆。同治九年至光绪二十一年重修时，捐资的驻汉山陕商人有 23 帮。泽州商人亦参与其间，光绪九年（1883）十月，凤台县在汉口的商号祁公兴捐银 119 两 1 钱，并为会馆内的春秋楼献匾一块，上题“德参天地”四字，颂扬关公的功德。祁公兴为泽州著名商号。咸丰元年（1851）十月间，祁公兴商号的商人，路过河南南阳县，不幸被强盗盯上，一次就被劫去白银 1300 余两。祁家一次出门即带有 1000 多两银子，说明其生意做得确实是很大的。祁公兴的生意还做到湖北省谷城县千年古镇“石花街”，在当地至少有四院二十六间房产。

更值得一提的是，安徽亳州山陕会馆，于乾隆三十一年（1766）重修时，凤台县商人董继先捐资 1000 余两，独力重建大殿，一时成为美谈。

随着商业的发展，晋城本地也设立有许多的会馆。这些会馆中有的是专业性的，比如泽州城南关乾隆五十七年（1792）由河南河内县（今沁阳市）商人与晋城商人共同创建有面行会馆、晋城城区周元巷泽州府梨园会馆、高平县城南的乌绫会馆、凤台县东沟镇的方炉条车会馆。也有的是综合性的，如凤台县高都镇，高平县寺庄镇（原名义庄镇），陵川县附城镇、礼义镇的会馆。而境内凤台县周村、大阳、高都，高平县建宁、永录、周纂、康营、大周、良户，阳城县润城、郭峪、上伏等地众多的金龙四大王庙或阁，也多由商人捐资修建，求保商人水路平安。

陵川附城会馆旧址

清末民初境内各县纷纷建立商会组织。据《中华民国三年第三次农商统计表》，阳城县商务会，设立于清宣统元年（1909）二月，会长吴登云，会员 91 人；凤台县商务会，设立于清宣统二年（1910）二月，会长裴绵龄，会员 179 人；高平县商务会，设立于宣统三年（1911）四月，会长庞钧，会员 128 人；陵川县商务会，设立于民国元年（1912）六月，会长都桓，会员 132 人；沁水县商务会，设立于民国二年（1913）三月，会长张凤冈，会员 5 人。

此后，一些商业较为集中或商人较多的村镇也相继建立了商会组织。如在 1940 年前，晋城县已成立有高都镇商会、水北镇商会、蔡河村商会、鲁村商会、周村镇商会、大阳镇商会等。

晋城

第四章

民国时期：乡绅各显神通

民国时期曾带来一股时代的新风，接受新思想新观念，引进新机器新技术，有识之士纷纷走上实业救国的道路。高平祁鲁斋、刘知章兴办大德针厂；沁水贾景德叔侄开设蛋厂、盐局、当铺，并多地入股；晋城回民马骏开筑煤矿、筹建铁路；晋城皮金俏销全国，蛋制品出口欧美。传统工商业逐步开始向现代转型。然而，日寇的入侵，铁蹄的蹂躏，使晋城工商业或毁于战火，或关门歇业，晋城经济受到毁灭性的打击。

一、祁鲁斋、刘知章兴办大德针厂开启晋城现代工业

民国初年，国内掀起了一股大办实业的热潮，中国的资本主义工商业得到了一次较大的发展。孙中山提出：“机器可以灌输文明，可以强国，我中国如不速起研究机器，我四万万同胞俱不能生存。”（《孙中山全集》）留学日本的高平人祁鲁斋、刘知章受孙中山思想影响，目睹祖国遭受世界列强侵侮的沉痛事实，两位热血青年都产生了实业救国的理想和抱负。

祁鲁斋（1877—1935），学名继曾，高平县北张寨人，出身于商人家庭，他的父亲曾经商于江苏砀山。祁鲁斋少即聪敏，中秀才后，入大学深造，毕业后曾被委任知县，辞而不就。刘知章（1870—1940），字理斋，高平北诗村人。清末拔贡，曾任沁县知县。光绪三十年（1904），祁鲁斋与刘知章同往日本留学。祁鲁斋入东京宏文学院习文，刘知章在东京铁路学堂习工。

回国后，祁鲁斋先后任江北师范提调、晋城濩泽中学学监。刘知章则协助著名铁路专家詹天佑测量设计了我国第一条自建铁路北京至张家口段。

祁鲁斋身在学校，但一心想着实业报国，振兴桑梓，遂于1919年再次赴日考察机器工业，尤其是制针工业。回国后，与刘知章商议决定筹办制针工厂。

晋城曾有制针的辉煌历史，大阳手工制针曾经兴盛数百年。但在鸦片战争后，随着国门被打开，大阳钢针在洋针的冲击下逐渐走向衰落。据统计，1867年到1894年的27年间，洋针的进口量从2亿枚增长到24亿枚，翻了十倍还多。到民国初期，中国的民用及工业用针几乎完全依赖进口。

进口钢针最初多来自德国和比利时。欧战以后，日货逐渐取而代之，独占中国市场。1916 年，中国进口钢针总价值为 30 万两白银，日货即占 25 万两；1917 年，进口钢针总价值为 100 万两，日货即占 90 万两；1918 年，进口钢针总价值为 250 万两，日货即占 230 万两。三年之间，日货增加近 10 倍。面对洋针基本占领中国市场的局面，祁鲁斋与刘知章决定建立现代制针工业，振兴国产钢针。

当时，中国的机械制针业尚处于试办阶段。宣统二年（1910），张之洞于汉阳创设湖北针钉厂，购办外国机器，以制造缝衣针及洋钉，但仅制出洋钉，尚未制针，就由于经营管理不善，归于失败。1918 年，中华铁器股份有限公司承租该厂机器，制造铁钉、铁线、钢针，但产量极其有限。此外，仅有上海刚刚创办有华丰针厂。可以说，祁鲁斋和刘知章选择了一条正确的道路。

他们的意见得到时任山西阎锡山政府秘书长、沁水县人贾景德的支持，通过发动泽潞同乡共同集资，1920 年，“山西晋城大德针厂”正式设立。贾景德任董事长，刘知章任副董事长，祁鲁斋任厂长，后将厂长改为经理。日常事务由祁鲁斋全权负责。当时共集股 15000 元，厂址选在晋城西关五龙河西连庄附近。他们首先建造厂房一所，到日本购到制针机器 1 部，计 32 架，聘请日本人中岛信夫任针厂技师，中岛还带来 7 名日本工程技术人员，帮助安装机器。又在天津购回制针原料，铁线 700 余圈，每圈 1000 尺。

1921 年 6 月开始试造。一开始由于技术不精，所生产的针，每遇天气阴雨之时，即易生锈。后经研究改进，品质与洋针无异，每天能出针 10 万枚。但因只有一部机器，遇有机器螺丝损坏，立时就要停止生产。

1922 年 2 月，刘知章特地赴太原拜见山西省长阎锡山，将所制之针若干包当面呈验，得到阎锡山表扬。刘知章随即向阎锡山反映了创建厂房及购买机器资金不足的困难，恳请援助再购机器一部，使生产得以完备。

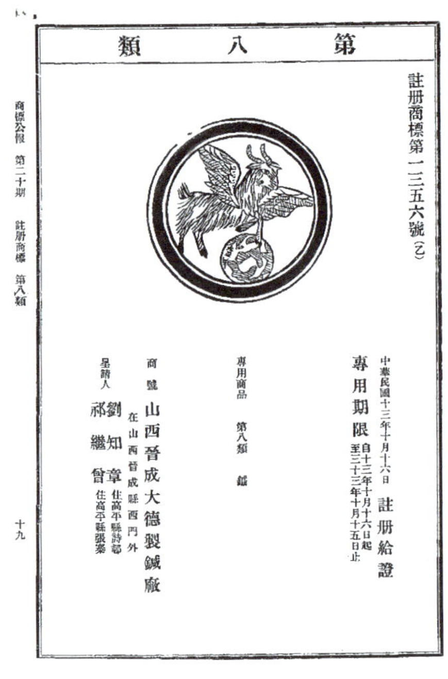

第八類

註册商標第一三五六號（乙）

中華民國十三年十月十六日 註册給證

專用期限 自十三年十月十六日起至三十三年十月十五日止

專用商品 第八類 鍼

商號 山西晉成大德製鍼廠 在山西晉成縣西門外

呈請人 劉知章 住高平縣詩鄔
祁繼曾 住高平縣張家

商標公報 第二十期 註册商標 第八類 十九

大德针厂注册商标

阎锡山一口应承，并勉励刘知章，务须细心研究，力求完善。

在省政府支持下，针厂申请贷款 15000 元，添购机器，扩大营业。每日能出针 18 万个，所需铁线已能本厂自己制造。每年生产针的数量由 1000 万—2000 万枚，增加到 4000 万枚，每枝成本制钱 4 文，售价 5 文，行销本省及直豫两省。公司产品商标用“飞羊牌”和“地球牌”两种，经民国政府农商部注册。“飞羊牌”，意即飞越大洋，为国人争光。“地球牌”亦表明面向世界市场的眼界和决心。

1924 年，经国民政府农商部批准，大德针厂所制针予以部分免税。农商部批示：大德针厂所制之针，“确用机器制造，每年出品计达四千万本以上，诚足与舶来品抗衡，自可准其按照机制洋货现行办法完纳正税一道，概免重征，以资提倡”。

同年，大德针厂改组为股份公司。股东由 28 家扩大到上百家，大股东有贾景德、裴宝棠、樊次枫、赵伯周等。

晋城大德制针公司还在《益世报（天津版）》《山西日报》《晋民快览》等报刊刊登广告进行宣传。

1923 年 7 月 1 日，大德针厂在《益世报（天津版）》刊登广告。最上方印“山西晋城县大德制针厂”，中上部正中印有“飞羊”商标，商标两旁突出“完全国货”“物美价廉”八个字。下方正方为：“本厂创自民国八年，建筑工厂，采办各国制针机器，精制各种钢针，以化学作用锻炼精钢，光亮夺目，锋锐异常，售出成品，远近驰名。兹定本年七月正式开幕，特别廉价，售货三月，以答惠顾之雅意。先期定购，格外克己。请从速批订，幸勿失此良机也。”此后，该广告在《益世报（天津版）》连续刊发。

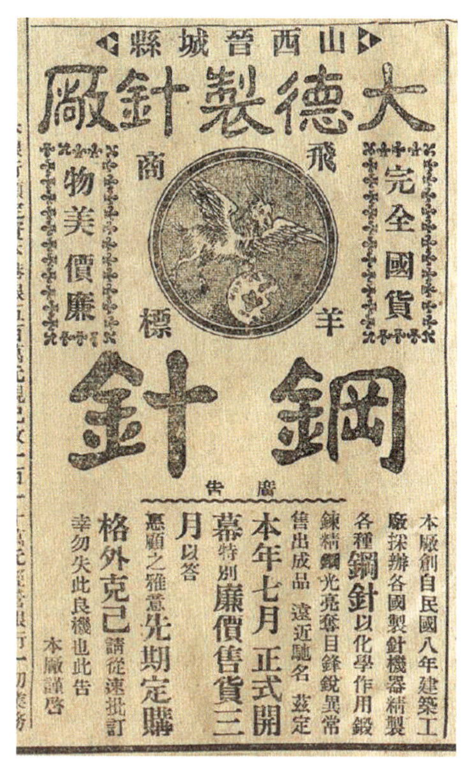

大德针厂广告《益世报（天津版）》1923年7月1日

1925年《晋民快览》刊登的“山西晋城大德制针公司广告”中称：“本公司创制‘飞羊’牌各种钢针，出品精良，远近驰名。上年奉准免税发运尤为便利。自沪汉排斥劣货，提倡本国制品以来，定购者愈形踊跃，大有供不应求之势。兹复大加扩充，添购机器，广聘名师，以化学作用精研药类，使针色光亮，经久不变，尤为特色。本省、河南、陕西、归绥各省会暨繁盛城镇皆有经售处，以便批购。大宗预订，格外克己。赐顾者幸勿失此良机也。”

广告中还专门将“国货钢针”四字做成标题，强调其国货属性。

1926年，大德针厂又增建房屋7间，烟筒1个，并添置磨尖机、压型机各1架，锅炉1座，蒸汽引擎1部，马力12匹。房屋达到60幢，资本达到40000元。其中固定资本32000元、流动资本8000元，职员7名，工人40名，其中女工10名。

随着规模的扩大，制针成本又有所降低。当时生产的针，每包25枚，售价分为大洋 3 分 5 厘和 3 分两种。比洋针的 6 分售价，低了一倍，比从前售价更低，社会上都乐于购买使用，销路一年好于一年。制针所用原料为铁条，向天津及上海购买，每年用量约在 2 万斤左右。

大德制针公司在省城太原柳巷街设总发行。在天津、新乡、开封设立庄客站（即购销站），负责和各地联系业务。除本省销售外，主要销往绥远、察哈尔、河南、河北、山东等省，占据了我国北方广阔的市场。交易先由厂方交货，然后由客商分期付款。产品的运输，凡通车地方，则用汽车，不能通车的地方则用骡驮，每帮驮骡 12 头，每头驮两大木桶。运销所需运费，由厂方支付。

兴旺时期，一般日产钢针 28 万枚，有时达 30 万枚，年产量达 1 亿多枚。产品分为大号与小号两大类。大号针又分为双大号、单大号、金刚腿，小号针又分为 1、2、3、4、5、6 六个型号。从原材料到制成各种型号的成品，工序有切条、杆条、生尖、光尖、磨腰、压型、穿孔、穿针、磨管、烧蘸、研磨、磨光、挑针、修尖、比针、磨二细、磨二光、磨明光、磨细光等数十道工序。除了包装为手工外，其余大部分为机器生产。产品包装，除纸包装外，还分别装入小铁皮桶、大铁皮桶和大木桶，便于长途运输。小铁桶装 500 包 5000 枚，每 50 小桶装一大铁桶，两铁桶合装为一大木桶，计 50 万枚。亦有装箱者，每箱装 20 万枚。

17-23-01-04-14-002

民国实业部晋城大德针厂档案

1930 年，刘知章辞去公司职

务。此后，由于中原大战爆发，产品销路受阻，公司效益连续下滑，但每年销量仍维持在4000万枚左右。1935年，祁鲁斋猝死，贾景德撰挽联云：

对友忠，取志廉，狷介出性格，斗禄微官，深愧未能报知己；

能发明，善创造，家贫四壁立，养孤恤寡，敢期永不负生平！

祁鲁斋死后，大德公司的经营日渐下滑。1938年，日军入侵晋城，大德针厂被日军炸毁，成为一片废墟。

祁鲁斋等人所兴办的大德针厂，虽然仅仅存在了短短的20年，但却开晋城现代工业之先，成为晋城现代工业一面不朽的旗帜。

二、民国晋城地区首富：沁水贾景德家族

民国时期，沁水县端氏镇贾景德家族为晋城地区五县之首富。端氏贾氏为沁水县一个商贾世家，在清乾嘉之间即因经营盐业而崛起。当时有一个名叫贾殿卿（1757—1826）的，字廷彦，号省庵，为贾景德的高祖，在六朝古都南京经营盐业，成为豪商大贾。贾景德撰《清貤赠朝议大夫贾廷彦墓表》云："我高祖王父廷彦府君，以世营盐业居金陵，称大贾。"但在清嘉庆之后，由于口岸滞销，摊款奇重，国家盐税难以完成，盐商经营困难。贾家的生意无法经营下去，于是迁居安徽怀远之岱山铺，在当地置买田产，改营他业。随后又迁河南睢州营业，此后日益衰落。直至清末民国时期再次崛起。

贾景德的父亲贾作人（1855—1897），字寿林，号朴山，光绪五年（1879）中举人，光绪十五年（1889）中进士。贾景德四叔贾书农（1863—1929），名西山，又名贾耕，字书农，以字行。光绪十七年（1891）举人，光绪二十七年（1901）任山西潞安府上党书院山长，即院长。光绪二十八年（1902），山西大学堂成立，贾书农受聘为讲师，后任辽宁西丰县知县。

宣统三年（1911），任北洋政府总统府典礼官。1914年，主持山西文献征存局工作。1918年，当选为段祺瑞“安福国会”参议院议员。

贾景德（1880—1960），字煜如，号韬园。光绪三十年（1904）进士，先后任山东招远县知县、郯城知县。1912年中华民国成立后，历任山西都督府秘书、山西北路观察使兼晋北执法处处长，山西省行政公署政务厅厅长、正太铁路局局长、太原绥靖公署秘书长、国民政府铨叙部部长、考试院副院长。1949年随国民党政府到台湾，历任行政院副院长、考试院院长、总统府资政、中央评议委员等。著有《韬园诗集》《韬园文集》等。

贾景德与其四叔贾书农从政之余同诸多文人、商贾交往密切，带头兴办实业，先后举办、参股、入股众多行业，包括制针厂、打蛋厂、盐业、当铺业、百货业等。

1920年，高平人祁鲁斋、刘知章在晋城县兴办大德制针厂，贾景德为大股东，并亲自出任董事长。贾景德及其家族以贾韬园堂、贾四瞻堂、贾积成堂等名义持有该公司众多股票。贾景德还持有山西商民为收回山西省矿山开采权而于1907年成立的保晋矿务有限公司的优先股；入股由山西银行经理徐一清等集资创办的山西晋华纺织股份有限公司。

1922年，贾书农、贾景德叔侄与长治人裴宝棠合伙开办了“同益厚”蛋厂。当时，第一次世界大战导致欧洲食品紧缺，天津口岸出口蛋粉的价格每百斤涨至1000元左右，但是在山西晋东南一带，城市里每个鸡蛋仅卖制钱2文，农村每个鸡蛋仅制钱1文也不易售出。在长治师范任教员的裴宝棠得到这个信息，认为开设蛋厂是个一本万利之举，便向贾书农提出合伙开办蛋厂的建议。贾书农任上党书院山长时，与裴宝棠有师生之谊，贾景德与裴宝棠又系山西大学堂的同学。于是，贾家叔侄慨然应允，投资2万大洋，托裴宝棠全权代理。裴宝棠辞去教职，在长治城内南街建起“同益厚”蛋厂，成为长治地区第一家蛋厂。生产的蛋粉运至天津，获利百倍。1934年，贾书农、贾景德与裴宝棠又在端氏共同设立长治同益厚蛋厂的分厂端氏“同济厚”蛋厂。贾景德集股13400元，修建厂房、炕房、机房、账房、宿舍等设施。管理人员皆从长治聘任，8名技术人员均来自天津，员工200多名都从本地招收。贾景德还以“沁水县贾积成堂”名义入股阳泉同聚厚蛋厂。

沁水盐业在民国初年原由本县张书云、张风岗集资与政府合营，商号名“资合公”。1916年，前清举人、稷山县人罗可植加入，改名为“东余合”，总号设在沁水县城西关，另设端氏、张马、郑庄三个分号。该盐号为牟取暴利，掺硝灌水，出售短斤缺两，群众十分愤恨。1931年，沁水数十名学生出于义愤，对东余合盐号进行斗争，本县绅士亦向县政府控告其非法行为，东余合被迫关门歇业。乘此机会，贾景德命亲信、阳城县人樊振声，字次枫，出面向河东盐运申请，包揽了阳城、沁水两地盐务，于1932年组成“积成厚盐号”，资金35000元，其中贾景德20000元，樊次枫3000元，河东盐运使署缉私营营长、沁水北街人卫致和3000元，太原国民师范教员阳城人扬生智1000元，盐号驻河东盐运使发盐掌柜石景星1000元。积成厚盐号组成后，总号设在城关北街，同时在城关、端氏、郑庄、张马设四个分店。总经理为沁水县梁庄南坡人李鸿鑫，字品三。在翼城县设有转运站，脚户多为沁水人，运输工具主要是毛驴。积成厚盐号每年向河东盐运公署包销食盐计110余万斤，纯利万元以上。除此之外，贾景德和贾氏家族还先后以贾景德本人的字号和贾氏家族的堂号“贾四瞻堂”“沁水积成堂”等入股长治县葆元长盐号、长子县宝裕成盐号、高平县同裕泰盐号，这些盐号的总经理均为裴宝棠。

1935年，贾景德在沁水县城北街、端氏东街开设“济成”“聚成”两处当铺，两号资金共计为20000元。贾景德呈请山西省政府批准发行济成钞10000元，有1角、2角、5角的流通券，充作当铺资金，在本县流通，成为沁水历史上私营发行最早的钞票。1938年2月，日寇飞机轰炸沁水城，这两处当铺价值2万余元的库存衣物，全被日寇汉奸地痞洗劫一空。此外，贾景德和国民党长治驻军师长秦绍观合股经营有长治县同裕当号，地址在长治市区南街路东，资本约在万元以上，为当时长治城内最大的当铺。

贾景德还在端氏开设有“裕成永”商店，经营布匹绸缎、日用百货，并附设药房。贾景德曾言，他母亲临终时谆谆告诫，要广积阴德，遗泽子孙，让其开设药店，广济众生。特聘其表弟赵传琴为坐柜医生。1938 年春，日寇飞机轰炸端氏，该店随即关闭。

贾家在沁水县还有众多的田产，遍及端氏镇及高庄、杏林、马寨等十多个村庄，每年收租米千余石。

三、马骏开筑煤矿、筹建铁路

1914 年，国民政府颁布了《矿业条例》，规定矿业准许民办。山西全省官僚、绅商兴起了投资开办煤炭的高潮。尤其在煤铁之乡的晋城，迎来了全省各地的淘金者。

在高平县，有五台人、山西洗心社讲长赵在兹试探西周村煤矿；宁武人、山西大学工科学长王宪试探西牛庄村煤矿；寿阳人、山西省议会议长崔廷献试探王庄煤矿；长子人、山西统计处处长高洪试探苏庄村煤矿；临汾人、山西省议会议员王攀柱试探后土庙煤矿，等等。

在晋城县，有五台人、山西育才馆馆长赵次陇试探晋城县岗头村煤矿；新绛人、山西中医改进研究会理事长杨阶三试探小阎庄煤矿；榆次人、山西省商联会会长宋启秀试探龙化煤矿；盂县人、晋城保晋公司煤矿经理潘万钟请探小张村煤矿；灵石县人、山西育才馆教习耿裕绅请探佛头村煤矿，等等。

晋城当地的绅商们也不甘落后，时任平顺县知县的李生裕，联合众

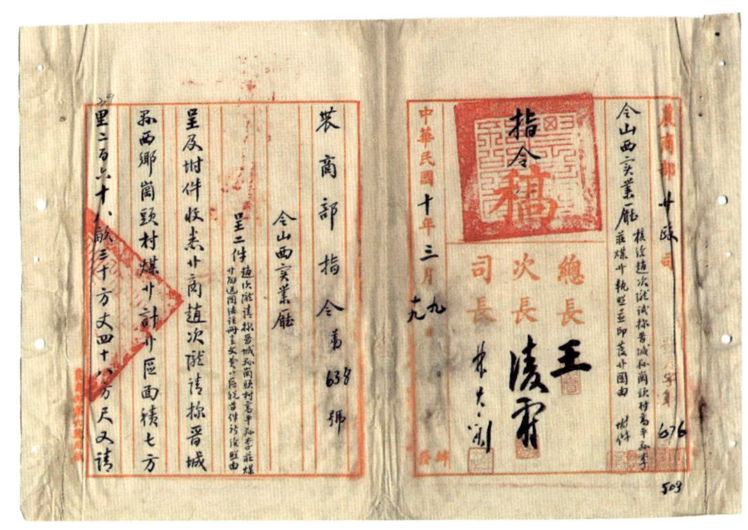

民国农商部核准赵次陇在晋城岗头村等地采矿指令

议院议员石璜、潞泽镇守使参赞王家驹、山西农业专科学校校长连天祥集资5000元在南村开办煤矿；周村镇人郭象升开办大阳新中窑；晋城城内刘汉民家族先在川底和村、高都三沟两处打井开矿，随后又相继在苗庄、岗头、部匠、北岩、冯匠、南畔等地开矿；程沟村人姚继虞请开晋城西元庆瓜沟煤矿；晋城西部村人张孝慈请开董尧头煤矿，等等。

截至1938年初，仅晋城一县就开有大小煤窑210余座，其中有一定规模的煤窑达13家。

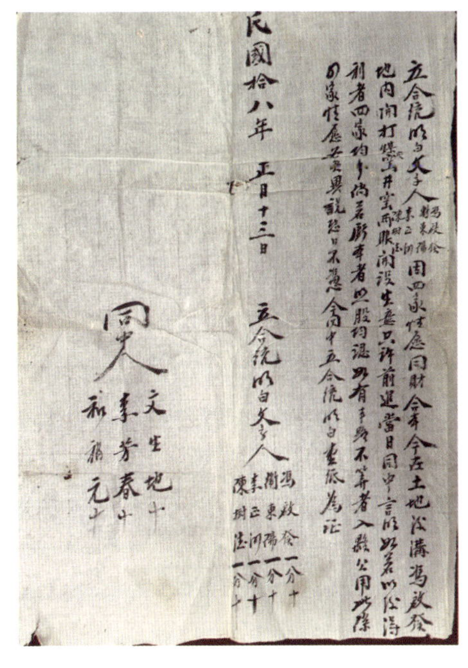

民国时期周村镇上掌村打煤窑合同

在这场开采煤矿的热潮中，晋城人马骏为其中佼佼者。

马骏（1882—1945），字君图，号知非斋主人，回族，祖籍宁夏固原县。清嘉庆年间，马骏曾祖马天宝来到山西泽州府贸易，后定居于晋城东关。马骏自幼聪颖，19 岁中秀才。1902 年考入山西大学堂西斋，1906 年毕业，清廷赐予举人身份。1907 年，留学于英国牛津大学，留学期间，加入中国同盟会。1911 年学成回国后，经陈其美推荐，被南京临时政府关外大都督蓝天蔚聘为顾问，后任外交司司长。1912 年，马骏受山西督军阎锡山邀请回晋，先后任山西驻京代表、河东观察使、第一届国会参议员、河东道尹、山西政务厅厅长、河东盐运使、山西教育厅厅长、山西实业厅厅长、山西省政府委员、山西省禁毒委员会委员长、山西省文献委员会委员长等职。每任一处，马骏都大力兴利除弊，推进改革，秉公理政，上下悦服。同盟会故人、山西芮城人景耀月作诗称赞：“马侯中原杰”。

清光绪二十七年（1901），山西巡抚胡聘之将盂、平、潞、泽矿权拱手出卖予英商福公司，激起山西各界人士、海外留学生以及开明官吏的极大愤慨。血气方刚的马骏，联合山西大学西斋同学，首先起来反对，宣传讲演，唤起民众。山西地方不能解决，就到北京呼吁，掀起一场轰轰烈烈的山西保矿运动，费尽周折，终将矿权收归公有。由此声名远播，三晋人士无不知有其人，而洋商对其恨之入骨。

保矿运动中提出泽州、潞州自己建立公司开发矿产的建议。由此，马骏产生了设立公司开办煤矿的想法。1919 年 1 月，马骏在晋城县创办同记煤矿公司。1921 年 6 月注册，经中华民国农商部批准，取得大箕镇附近梨树沟煤窑采矿权。矿区面积 165 公顷 4 公亩余。资本总额 5 万元，经理杨维翰，副经理张良田。采用人工开采办法，工人 45 人。年产能 8000 吨，实际出产 4000 吨，就地销售。

同记公司随后又取得犁川镇档树沟煤矿等探矿权，连同梨树沟煤窑，矿区面积合计达到 290 余公顷。1935 年 5 月间，马骏专门请来中国著名

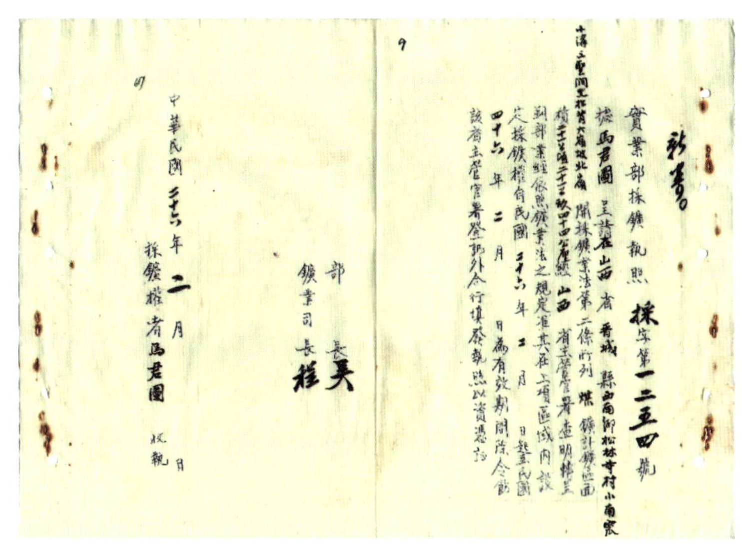

實業部採鑛執照 採字第一二五四號

據馬君圖呈請在山西省晉城縣西南鄉松林寺村小南窊……

中華民國二十六年二月 日

部長吳

鑛業司長程

採鑛權者馬君圖

民国实业部颁发马骏采矿执照稿样

矿学工程师及地质专家王正黼，亲往矿区勘测。据其报告，同记煤矿矿区之煤炭储量丰富，当在 3 亿吨以上。

其后，同矿公司又于 1936 年在大箕镇开凿新井，井田位于晋城县西南的松林寺附近，包括小南窊、小沟、三圣涧、黑松背、大岭坡、北岭等地段，计矿区面积 21 公顷 21 公亩余。与原梨树沟煤窑相邻，煤为优质无烟煤，耐烧，火力极强。

同矿公司煤田边缘含有大量的铁矿石，为了充分利用这些资源，公司又在大箕附设了炼铁厂，用土法炼制铁条铁板，年销量 400 余万斤。

由于交通限制，同矿公司所产煤炭主要在本地销售。少量炭块，沿太行山崎岖山道南下，运到豫北，受到民众偏爱。英国福公司在河南焦作开矿，为了霸占中原市场，极力限制晋煤出境，使同记外销受到限制。

为了改变晋豫间交通险阻状况，解决晋煤外运问题，马骏与同记公司决定筹资修筑铁路。公司在其《建筑晋柏铁路计划书》中指出：“本矿之矿量及其品质已如前述，惜乎设备不周，运输困难。以致大好富源，废弃于地。查本煤现在之运输状况，从矿区至道清路柏山站，计六十余公里，山路崎岖，皆赖人挑或骡驮。每吨需费八九元，尤须羁延时日，成本既如此重大，运输又如此困难，虽能保持本煤之销路，但终难推展，是非建筑铁路，不足以利运输。”

早在1926年，民国著名学者、中国第一位地质学博士、知名地质学家翁文灏就在《路矿关系论》一文中指出：“山西汾河流域之烟煤及潞泽一带之无烟煤，储量丰富全国殆无其匹。惟泽清铁路（自泽州至清化镇）不修，则潞泽之煤决不能越太行山而南下。”一针见血地指出了晋城修建铁路的重要性。

1931年10月间，晋城同记煤矿公司将拟建筑煤业专用轻便铁路之申请报呈山西实业厅和民国实业部、铁道部。11月19日《矿业周报》第169期以《晋城同记煤矿修筑轻便铁路至道清路柏山站》为题报道载：晋城同记煤矿拟建筑由晋城县晋普山梨树沟至道清路柏山站之轻便铁路，以利煤运，资本现洋一百万元，现已筹得半数，由实业部转咨铁道部立案。

正在人们热情期待该铁路建设之时，铁道部却提出了异议：“查个人或公司敷筑专用铁路，只能专供该个人或公司之事业之用，不得供一般旅客及他人货物运输之用，若需运输旅客或他人货物，则不能作为专用铁路，须遵民业铁路规定办理。此次该公司请建运煤轻便铁路，如于运输该公司自产煤外，兼运他人之煤，应请饬照民业铁路法办理。”

马骏等人认为，公司此次所拟筑之路线，长140余里，跨越太行大山。过去沿途旅客货物往来，皆需翻越山顶而过，向有蜀道难之叹。路成之后，若一概拒绝运输，为情理所不许。而按照《民业铁路法》的要求来修筑铁路，不仅一切计划设计都要按照民业铁路的要求来做，尤其是资金方面的投入要增加数倍。但是，马骏与公司同人还是坚定不移地做下去。一方面开始线路的测量规划，一方面着手资金的筹集。

马骏委托沁县人、工程师王希曾负责进行勘测。1931年，进行了初步勘测。1932 年 5 月，又进行第二次测勘，月底即完成了《晋博轻便铁路测勘报告书》。

王希曾在《报告书》中，首先对铁路名称进行了确定："此路昔呼为泽清铁路。因北起山西泽州府，南讫河南清化镇，以故简称曰'泽清'。民国改革，泽州府取消，凤台改为晋城。此路应名曰'晋清铁路'。此次兴修，起于晋城大箕镇，终于道清铁路柏山站，似应称曰'大柏铁路'。但大箕柏山，平素人皆不知，且范围太小，不能因起讫遂定此邃暗之名也。清化镇现改为博爱县。北起晋城，南讫博爱，理应称为晋博铁路。既不若'泽清'之钻古，又不踏'大柏'之邃暗。"因此，将该铁路定名为晋博铁路。

铁路干线自晋城县南关与西关之间起，至河南道清铁路之柏山站，计长 63.5 公里，连同梨树沟矿山支线 16.1 公里，共 79.6 公里。

资金的筹集工作也在紧张进行，为了保证集股和招工工作，还专门编写了歌谣进行宣传："泽州出产天下无，集股修路家家富。每股银元百二十，十个工人顶一股。不怕丹河深，不怕太行高，只要工人够一万，三年管保成平道。"

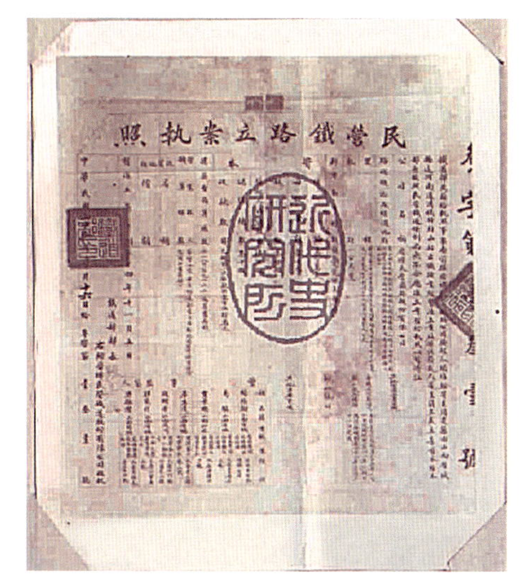

民營鐵路立案執照

晋博民营铁路营业执照

同记公司将晋城的炭块两吨，托运到上海，分赠永安、先施、新兴三公司试用。结果，大家都说同记煤炭真是"呱呱叫"。其煤质经上海化验室英国化学专家窦尔登化验，认为是世界最好的无烟煤。1935 年 7 月，上海信托公司常务董事郭秉文（后任实业部国际贸易局长），大中银行总经理李思浩等加入，成为新股东，公司增加资本为64万元，同记煤矿公司改名同记矿路有限公司。并推举郭秉文担任常务董事，李思浩为董事。铁路建筑计划正式开始实施。

1935年11月，铁道部批复暂准立案，并发给暂准立案执照。实业部也批准填给暂准立案执照。

因修筑铁路资金缺口很大，公司计划借款国币500万元，或30万英镑。偿还办法，投资人可在两项办法中任择其一。一是将已领得之全部矿产，及将来筑成之铁路，作为担保品。一是由山西省银行负责代为清偿本息。

同时，马骏联络本地官绅再次筹资入股。1936年11月，重新登记设立晋博民业铁路股份有限公司，公司资本总额300万元，分为3000股，每股1000元。马骏、贾景德、杨维翰、李生达、段树华各认股500股，被选为公司董事。郭象升、樊振声二人各认股250股，被选为公司监察。常务董事为马骏、贾景德、杨维翰。同年10月，晋博民业铁路经铁道部批准填给正式立案执照。12月，实业部批准正式立案，发给执照。

第二年开春立即开始线路复测工作。6月中旬分别达成借款协议、路矿设备赊购协议、国内国外煤炭销售协议。但因不久卢沟桥事变发生，日本帝国主义发动全面侵华战争，遂使晋博铁路胎死腹中。

除煤炭开采之外，马骏家族还参与多种投资活动。比如，经销皮货、药材，入股晋城大德针厂、鸿记蛋厂。

马骏的儿子辈也先后进行投资活动。马骏长子马松年（1901—1946），字少图，1926年毕业于英国谢菲尔德大学冶金矿冶专业。回国后，在晋城下东关城墙脚下开办了晋城第一家炼钢厂。他首创中西结合的坩埚冶炼法，其所建冶炼炉全部用条砖砌成，共用1500余块大洋。经马松年申请，1930年1月16日，民国政府工商部以专字第21号，核发“坩埚炼钢”专利执照，专利范围为“改良炉式应用无烟煤炼钢部分”。专利保护期限为 5 年。这是晋城地区历史上第一个工业专利。后因投资失败，炼钢厂停办。马骏三子马熙年（1907—1954），字绩甫，早年毕业于山西工业专门学校化学工程科。20 世纪 30 年代，马熙年在晋城开办乾兴汽车运输公司，主要承揽晋城长治之间客运业务。

七七事变后，马骏毅然投身抗日，成立山西省回民抗日协会，组建回民抗日救国义勇队，与敌周旋，奇袭作战，使敌寇屡受重创。1943 年，马骏于深夜被日军俘获。他严词拒绝敌人的劝降，被幽禁达两年之久。1945 年 7 月 2 日，马骏以身殉国。民国政府发令褒扬：“一门忠烈，洵堪矜式。”

工商部第三批核發專利執照清單

呈請人	品名	專利範圍	專利年限	給照日期	執照號數
李國樑	提蚊膠	關於提蚊膠製造方法上所用[illegible]糖甘油醇酒醋酸食鹽之配合部分	二年	十八年十月一日	專字第十四號
董景安	鑫光燈	關於該燈兩引電啣接線式之製法及塗用化學藥品兩部分	十年	十八年十月廿二日	專字第十六號
王宛卿	袁球式小口提花機	關於提花機之中口式開口裝置及花枕帽水平運動兩部分	五年	十八年十二月廿五日	專字第十八號
李敬三	氣算盤	利用氣袋穩定算珠方法	三年	十八年十二月廿五日	專字字十九號
馬松年	坩堝煉鋼	改良爐式應用無烟炒煉鋼部分	五年	十九年一月十六日	專字第二十一號
同成橡皮工廠	橡皮鞋底	利用破舊橡皮製造鞋底方法上所用橡皮原料硫黃氧化鉛[illegible]化[illegible]等之成分配合部分	五年	十九年一月二十日	專字第二十二號
丁鵬翥	羽絨機	羽絨機進毛門之提絨梳齒及加長孔篩添設螺桿推板兩點	五年	十九年一月廿九日	專字第二十四號

民国工商部核准马松年坩埚炼钢专利

四、张茂斋、马兴朝兴办蛋厂产品畅销海外

我国是养鸡大国，广大农民多以养鸡售蛋补助家庭日常支出。清末民初，鸡蛋及其制品逐渐成为重要出口物资之一。

最初，鲜蛋主要运往日本，转销欧美。中国传统加工之皮蛋、咸蛋，则对香港及英美各国均有出口。光绪二十九年（1903），海关统计出口货值数已有 120 余万两白银。1913 年，增至 200 余万两。

因鲜蛋不易保质，欧美人民发明了湿蛋、冻蛋、蛋粉等蛋制品。最初由英国人在安徽芜湖办厂，其后德国人复在汉口设厂制造。国人因之急起直追，纷纷开设蛋厂。宣统年间，浙江宁波人阮文中在平汉线之彰德、许昌、驻马店等地，创设蛋厂5处，厂名元丰。民国元年，上海人汪新斋在清江、徐州、济宁等地各设蛋厂一处，厂名宏裕昌。民国二年，河南新郑人张殿臣，于新乡及周家口创设裕丰蛋厂，等等。从此，打蛋业成为中国一种新兴工业。光绪二十九年（1903），蛋白蛋黄粉出口值仅35万余两，至1913年已几近300万两。

在美国和欧洲德、法、比等国，蛋白粉被视为小儿最好的营养品，凡是有病不能饮牛乳时，都以蛋白粉代替。战时行军及旅客远行，随身携带，以备不时之需。蛋黄粉则作为制作点心的原料。在工业方面用途尤为广泛，蛋白粉除去其中所含脂肪，便为纯蛋白，或以之充作染色媒介，或用以制作假象牙。1914年，欧战发生后，鲜蛋出口减少，而蛋粉出口却急遽增加，1917年，蛋粉出口总值突破1000万两，达到1200万两。全国生产厂家达到100余家。

当时山西的阎锡山鉴于蛋业颇有前途，通令山西全省农民注意养鸡事业。以至全国鸡蛋产量之多，首推山西。

河南新乡人、做钱庄生意的张茂斋，看到新乡蛋厂成立以后，生意一天好于一天，蛋品出口价格高昂，有钱可赚。就产生了开办蛋厂的想法。但新乡蛋价高涨，不好再做，就想到来蛋源充足而价格低廉的山西晋城办厂。

1916年，张茂斋租用晋城南关驿后街东顺粮栈房屋106间，开设“永源蛋厂”，为晋城第一家蛋厂。总资本约4万元，内有掌拒1人，伙友20余人。男、女工各30余人。所购鸡蛋不仅来自晋城县，还来自高平、陵川、沁水、阳城、长子、长治、沁县等地。

蛋品制造方法较为简单。先将收买之新鲜鸡蛋放置凉处，由女工将蛋打开，分别蛋青、蛋黄，安放洋铁筒内，分别搅匀，各置洋铁盘内，交由炕房焙干。将焙之时，加入安母尼亚水及酒精。焙干后蛋青成片，色如琥珀，蛋黄则研成粉末。然后分别装入箱内。该货运至上海，售与外国洋行。亦有天津洋行，遣派华人伙商执持天津海关运单护照来晋城购买的。

1919 年，晋城遭受严重旱荒。在祈雨活动中，有人借机煽动群众，说天不下雨，是因蛋厂臭气冲天，设有火笼（火龙），冲犯了天神，妨碍下雨。在此鼓动之下，祈雨的群众一起冲进永源蛋厂，捣毁了部分生产设备以及门窗。

受此打击，张茂斋并未一蹶不振，他重新募集资金，新建厂房，扩大生产，并改厂名为“德源蛋厂”。德源蛋厂对内加强管理，制订奖励制度，调动管理层和工人的生产积极性。对外多地设立收购站，提高收购数量，大大促进了生产发展。

德源蛋厂在晋城大发其财，引起了黄华街一位回族青年的极大兴趣，此人就是马兴朝。

马兴朝（？—1936），又名马廷臣，小名马四兔，回族。他的父亲马德升做皮毛生意发家，创办了晋城鸿记银号，为当时晋城五大银号之一。马德升的 5 个儿子中，以第四个儿子马兴朝最有胆略和才干。

马兴朝天资聪明，志向远大，抱着工业救国理想，立志振兴民族工业。在同为回族人的马骏的支持下，1921 年，马兴朝在晋城黄华街与南寨街交会处路西，真武庙南，兴办了鸿记蛋厂，这是晋城本地人兴办的第一家蛋厂。

鸿记蛋厂的资金来源，由马兴朝自己出资 5000 元，另外采取集股的方式。每股定为 50 元，共集 120 股，计洋 6000 元。合计资本 11000 元。因为资金有限，一切厂房建筑因陋就简。开始生产时，仅有五六部打黄车，五间土炕房，全部手工操作。旺季时打蛋女工多达 50 余名。工资每天男工 240 文、女工 150 文，按季度支付。所产蛋品，每箱 100 市斤，用铁轮车送至焦作火车站装车发往天津港口。

生产的不断发展，刺激和推动马兴朝不断扩大生产。1926 年，接连在大同、沁县等处开办了鸿记联号。但就在马兴朝不断筹建新厂，扩大生产时，却遇到一次重大危机。委托新乡同和裕商行出口的产品被告知：“大部分不合乎出口标准，法人决定厉行退货。”这批货物共 80 余箱，价值 28800 元。致使资金损失过大，难以周转，鸿记蛋厂几乎倒闭。

但马兴朝并没有就此倒下，而是决定另行集股，再次生产。1928 年，马兴朝通过马骏的关系，向当时全省的富人募股。500 元为一整股，50 元为一零股，总共募集股金 15 万元，设立股份有限公司。

股东主要以晋城县当地富商为主，马兴朝除以鸿记钱庄入 20 整股，计 10000 元外，又以马廷丞之名，入九整股六零股，计 4800 元。而马骏家族中，马骏以马君图之名入两整股 1000 元，其 3 个儿子马松年、马鹤年、马熙年，分别入四整股2000元。又以晋城清真职业中学校入14整股，

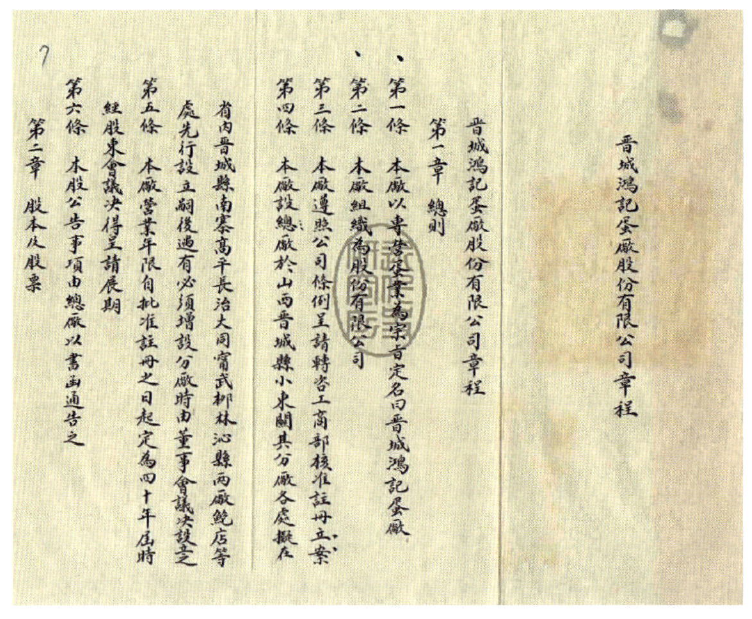
晋城鴻記蛋廠股份有限公司章程

晋城鴻記蛋廠股份有限公司章程

第一章 總則

第一條 本廠以専營蛋業為宗旨定名曰晋城鴻記蛋廠

第二條 本廠組織為股份有限公司

第三條 本廠遵照公司條例呈請轉咨工商部核准註冊立案

第四條 本廠設總廠於山西晋城縣小東關其分廠各處擬在省內晋城縣南寨高平長治大同甯武柳林沁縣西廠鎮店等處先行設立嗣後遇有必須增設分廠時由董事會議決設之

第五條 本廠營業年限自批准註冊之日起定為四十年屆時經股東會議決得呈請展期

第六條 本股公告事項由總廠以書面通告之

第二章 股本及股票

晋城鸿记蛋厂章程局部

计 7000 元。马骏的叔伯兄弟马骐、马骅也分别入股二整股，各 1000 元。马骏家族合计入股 16000 元，占到总股本的十分之一强。所以人们说马兴朝的背后是马骏在支持，此言不虚。

本省还有宁武、神池、大同、临汾、安邑、平鲁、闻喜、定襄、忻县、阳曲、长治、长子、高平、祁县、霍县、朔县、翼城、平定、浑源、河津、万泉、灵石、繁峙、猗氏等县绅商入股。此外，浙江、安徽、河南、山东等省也有入股者。总厂设于晋城县小东关，分厂设于晋城县南寨、高平、长治、大同、宁武、柳林、沁县、长子鲍店。

公司董事五人，分别是宁武县人王监先；宁武县南庚明堂，代表常子成；晋城县骏发堂，代表马寿轩；晋城人韩生万；晋城清真职业中学校，代表马松年；马兴朝为总办。

公司监察 2 人，均为神池县人。分别是炳寿堂的谷炳寿，和敦厚堂的刘宝华。

请示文件经山西省省长阎锡山签发，山西省政府向民国工商部呈文请

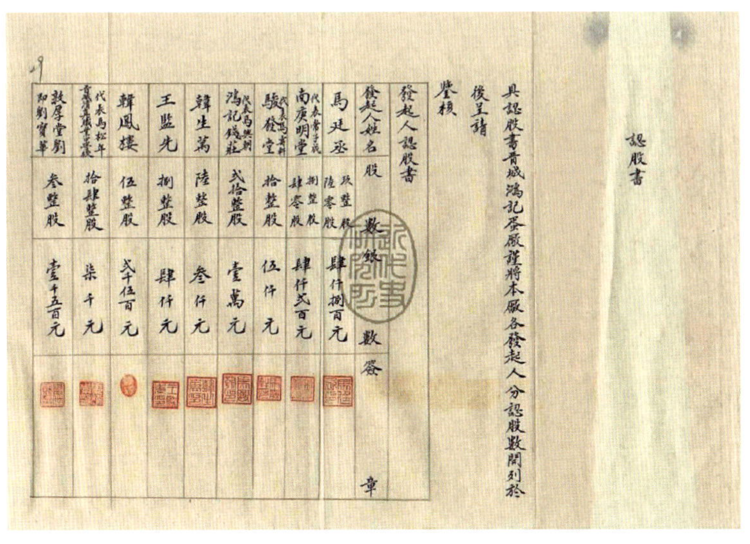

認股書

具認股書晉城鴻記蛋廠謹將本廠各發起人分認股數開列於
後呈請
鑒核

發起人認股書

發起人姓名	股數	數額	簽章
馬廷丞	玖整股 陸零股	肆仟捌百元	
代表常子成 南庚明堂	捌整股 肆零股	肆仟貳百元	
代表馬壽軒 駿發堂	拾整股	伍仟元	
代表馬興朝 鴻記錢莊	貳拾整股	壹萬元	
韓生萬	陸整股	叁仟元	
王監先	捌整股	肆仟元	
韓鳳樓	伍整股	貳千伍百元	
代表馬松年 晉城清真職業中學校	拾肆整股	柒千元	
敦厚堂劉 和劉寶華	叁整股	壹千五百元	

鸿记蛋厂认股书局部

示设立。

凭着雄厚的资金，马兴朝在各地的鸿记蛋厂纷纷开办起来。1929 年《实业杂志》第 146 号刊登的《山西打蛋厂最新调查》一文表明，山西全省打蛋厂已有 30 余处，其中鸿记已建起晋城、鲍店、沁县、柳林、宁武、大同等分厂。

当时最先进的蛋粉生产技术有两种。一种为美国式飞粉干燥法，一种为德国式真空干燥法。尤其是德国式真空干燥法，15 分钟就能将打破的鸡蛋干燥，然后在机器中磨成粉，技术极其先进。但各地小厂投资规模较小，均未能采用。后来，安徽亳县一家蛋厂首创飞黄设备。这种机器原是西欧国家用来喷牛奶粉的，后来由天津工人刘福贵根据机器原理，改装成飞黄喷雾机，比人工土炕蛋黄生产效率提高百倍以上，而且质量又好。投入生产后，该厂的生产迅速发展，而且在国际贸易市场上亦受到热烈欢迎。马兴朝得知此情况，喜出望外，想法设法联系到天津刘福贵手下飞黄工人杨春生，与之签订了技术合同。首先在晋城南关南寨街扩建蛋厂，安装飞黄设备，从此晋城的蛋业生产走向了一个使用机器的新阶段。不仅如此，鸿记经营的大同、离石、宁武等处也相继改为机器生产。据不完全统计，那时山西蛋粉生产量每日已不下十吨，而百分之八十均是鸿记所有，由此大批成品运往天津。据王毓霖编《经济统计摘要》，1934 年，晋城鸿记的年产值为 10 万元，大同鸿记的年产值为 17 万元。马兴朝此时又结识了法国派遣之海关化验师米大夫，加之晋城的地理条件和农民的养殖经验，蛋品化验结果与各地相比争得上风，产品受到各国好评。至此，鸿记蛋厂在外销方面不再受人节制。由于实力雄厚，经营有方，蛋厂生意兴隆，财源广进。

鸿记蛋厂的快速扩张，极大地压缩了德源蛋厂的生存空间，生产日渐衰退，经常不断的停工待料，职工思想情绪不安，骨干不断转入鸿记。1935 年，为了挽救危机，德源蛋厂重新改组为“万兴蛋厂”。同时，联合

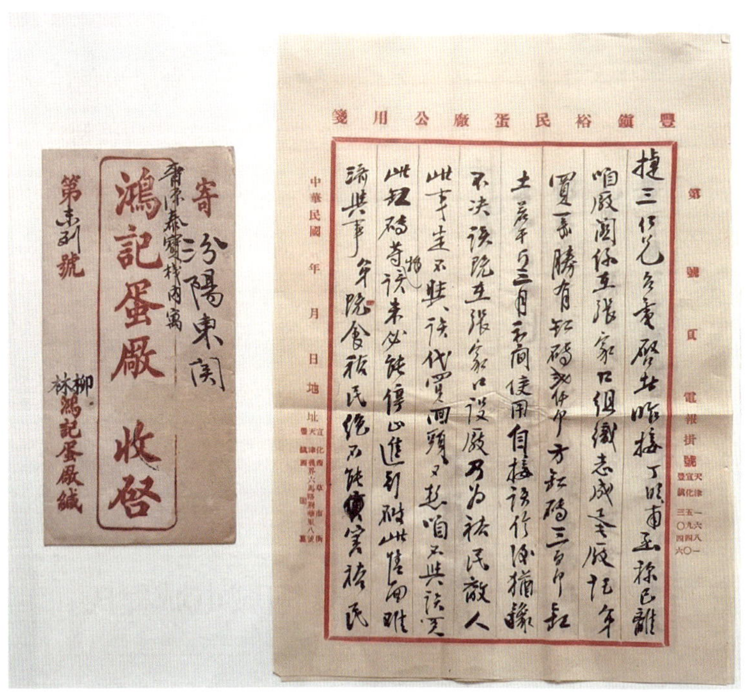

鸿记蛋厂信函

李生达家族，在晋城西巷街兴建起“裕晋蛋厂”，同样地安装了飞黄设备。此外，晋城商会会长马宝泉还创办有“光华兴蛋厂”。从此晋城出现了4个蛋厂相互竞争的局面。竞争的焦点在于争夺蛋源。为了保持平等竞争，几方签订了同行业协定，互不侵犯收购工作。后又改为统一收购鲜蛋，按厂大小分派的办法。因鸿记规模大，占有很大的优势。

1935年，晋城生产的蛋青，还在由铁道部在青岛举办的旨在宣传国货、促进铁道沿线实业发展的第四届铁路沿线出产货品展览会（简称“铁展会”）上展出。

1936年6月21日，马兴朝身染沉疴，病故于天津。家属遵其遗训，将坐落在黄华街、西巷东口南街房计楼上下14间和城北西后河村土地11亩捐施晋城清真寺；又将坐落于黄华街路东栅栏外路东街房上下24间街房租金的两成归清真寺，其余租金捐归清真女寺。

1937 年 7 月 7 日，卢沟桥事变后，各家蛋厂都做了事前准备。张茂斋的裕晋和万兴蛋厂，将所有产品全部运往河南新乡。马兴朝之子马立志原计划将山西所属蛋厂之产品，全部集中到大同鸿记蛋厂，然后再设法运往天津，寄存于法租界。但货物大部运至宁武后，晋北各县已然失守，大同和宁武两处被敌烧毁产品将近 2000 箱，合计百余吨，10 余名工人被杀害。接着太原失守，晋城失守，所有各地之厂房设备皆被摧残。

从此，民国时期一度辉煌、竞争激烈的晋城蛋业生产，全部摧毁在日寇的炮火之下。

五、河南“正阳八大家”之阳城屯城程氏

阳城县屯城村，是坐落在沁河之滨的一个历史悠久的村落。因战国时期长平之战中秦国大将白起屯兵于此而得名。历史上这里藏龙卧虎，人才辈出，曾先后出过 4 位进士、3 位举人。元代郑鼎、郑制宜父子征战南北，双双位至国公；明代张慎言累官南京吏部尚书。民国时期，这里也涌现出一个有名的商业家族。屯城村程瀛洲经商河南，成为河南“正阳八大家”之一。

据润城镇屯城程氏家乘记载，程氏先祖为宋代大儒程颢老夫子。程颢曾在晋城任县令，他建立乡校，普及教育，至今让人津津乐道。后来，程颢有子孙流寓此地，繁衍生息，从而形成屯城程氏家族。

程瀛洲（1890—1948），字仙峰。他的父亲程德馨，敏慧能干，乐于助人，是村里颇有影响的人物，老年时在屯城街上开有一间小铺，村人都称他是“铺子老汉”。程德馨育有三男二女，程瀛洲为长子。

光绪三十二年（1906），山西发生灾荒，人们把树皮草根吃光，村外

立起一片片新坟。程家由于家庭人口逐渐增多，达到 20 多口人，家境日益窘迫。为了维持全家的生活，作为长子的程瀛洲被迫出外谋生。

光绪三十三年(1907)，年仅 17 岁的程瀛洲离开家乡，外出寻找活路。他曾流落于河南省的确山县、罗山县、遂平县、信阳县等地，为别人帮工糊口，受尽各种艰难困苦，甚至接触到当地青帮组织，学会了几句青帮的行话。

最后，程瀛洲来到河南正阳县。正阳地处淮汝之滨，有汝河河运之便利，商业繁荣，史称“膏粱丰腴之地”。程瀛洲来到这里，决定不再流浪，在此定居下来，并在这里奋斗一生，开创了属于自己的一番事业。

正阳城东南有一座山陕会馆，建于清末，为山陕商人聚会议事之地。会馆高大雄伟，周围砌有砖墙。大门上方有长方形青石匾额上刻“山陕会馆”四个大字。程瀛洲是这里的常客，在这里他结交了许多山西在此做生意的朋友。在正阳做杂货生意的大都是山西人，他们有一定经济实力，自购自销，其店员、学徒也是清一色的山西人。著名的商号有李宣之开的协盛长，聂子明开的祥泰永，张廷相开的晋中恒等。在朋友们的帮助下，程瀛洲先在街边摆了一个小摊，独立开始了自己的生意。

程瀛洲的长子程秉文，字郁堂。16 岁时，到阳城北留荣泰昌油坊当

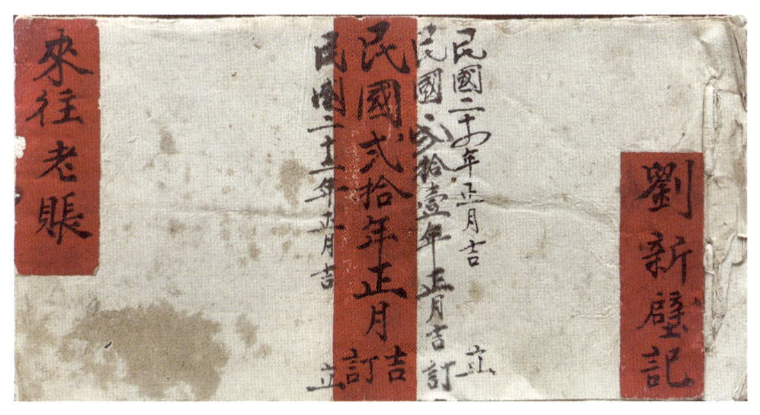

民国年间晋城商人刘新壁所记往来账

学徒。17 岁随父到河南正阳县，在义厚长商店学徒。

1928 年 7 月间，程瀛洲开设“聚庆隆”商店，程秉文随父一起经营生意。这年腊月，匪徒破城，货物遭匪徒多次抢劫。有一次程瀛洲被匪徒绑架，放在火架上烤熏。在这紧要关头，他急中生智，说了一句青帮的行话，这些人听了以为是同帮之人，并且还是长辈，于是立即将他放下，并且好生款待。

1929 年，在朋友们的帮助下，程家重新摆设布摊。冬季设立门面，取字号为“德庆隆”，经营布匹及京货。有了自己的门面，历经艰苦努力，苦心经营，生意初具规模。尤其是儿子程秉文对生意日益精通，练得一手好技术。一把尺子在他手里像玩魔术似的，让人看得眼花缭乱；一手算盘，打得行云流水，从不出错。其间，程瀛洲几次回家，全由儿子程秉文一人独撑，并购置了一批田产。其后由于山西灾荒，家里人陆续到了正

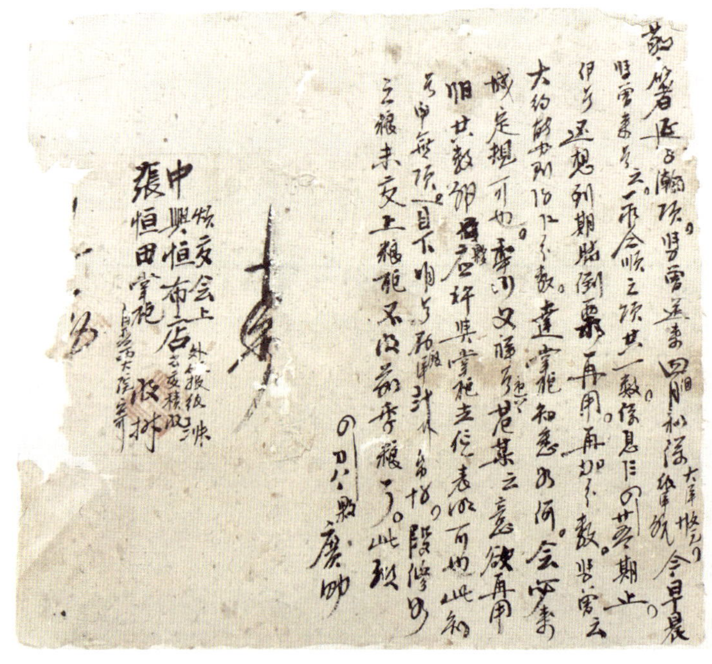

民国时期晋城中兴恒布店商业信函

阳。在人口增多、年景歉收的情况下，程秉文上跑郑州，下奔汉口，将生意做得红红火火。

正阳商业主要由行店业、什货业、医药业、京广货业四大行业组成。当时卖京广货的有德庆隆、荣茂祥、义和祥、泰昌祥、义隆、王恒茂、李义章、马天太、胡步青、吴寿堂、江圣如、陈振武等 40 多家。程家的德庆隆为其中的佼佼者。

当地人曾对解放前正阳县的商家进行排队，资金多、雇员多、生财有道、致富有方的，主要有胡步青、阎俊卿、熊国瑞、熊润斋、舒敬安、李玉山、刘旭堂、程瀛洲，号称八大家。人们给他们编了个顺口溜："二青（卿）家、二熊家，舒李刘程家。"

程瀛洲还当过一任正阳县商会会长。据民国年间曾在正阳城关王恒茂京广货店当店员，后来独资经营泰昌祥京广货店的牛春泰回忆：正阳商务会建于清末民初，至 1948 年止。历任会长有袁瀛洲、郭连益、卢桂芝、戴修亮、高振斌、潘文亭、阮子平、阮福生、舒敬安、陈登洲、程瀛洲、史子诚。

1943 年 5 月，正阳沦陷，程瀛洲一家的生意被日伪打劫一空，程家人被迫逃往乡下，靠摆布摊维持生活。

程瀛洲一生省吃俭用，临终前的几天，家人给他做的饭里边放了鸡蛋，他都说不该，并再三叮嘱："节约要从囤尖省起，到了囤底再省就误了，咱家人口大，吃馍不要尽是白面，要掺些高粱面。"1948 年，程瀛洲去世，给后人留下的是一生不懈的奋斗精神。

六、晋城皮金的巅峰时刻

晋城皮金生产的历史较为久远。据《晋城县志》记载，康熙四年

(1665)，有山东捶金匠人 5 人、陕西割切金匠 20 余人合伙在晋城开办了第一座皮金铺“义和永”。康熙六十年（1721），陕西三家商贾筹集资金，在晋城开设了三义功皮金铺。乾隆年间，又新开设光隆魁等 3 家皮金铺。嘉庆年间，又增加太吉祥等 4 家皮金铺。同治年间又有 12 家皮金铺相继开业。

民国时期，晋城黄华街集中了三义公、天长存、天长久、三义德、三怡成、三盛成、桐茂公、协兴永、协义成、万盛永、泰盛德、聚永春、贤永来等 27 家皮金商号，每年可销各种皮金和正金近 5000 万张。全国各地所用的皮金大都来自晋城。南到广州，北到呼市，西至陕西，东至沿海，几乎遍及大半个中国。因此黄华街又有“皮金街”之称。

所谓皮金，就是把金或银锤成金箔或银箔，再割切成各种规格的长方块，贴在特制的皮上，就成了皮金。生产皮金的作坊叫金铺。制作羊皮金主要有六道工序，即铸条、开叶、捶金、割切、贴金、压金。皮金主要用于刺绣、服饰点缀和制作真金丝线。皮金的品种很多，按大小，可分为大皮金与小皮金；按颜色，分为黄皮金、白皮金；按皮料，分为绵羊皮金、山羊皮金；按金银含量，分为净条金、大黄金、双黄金、银双料金等。

金箔如果不贴在皮革的表面，而是直接用于装饰，称为正金。这种金又轻又薄，有“飞金”之称。金箔的用途十分广泛，涉及佛教、古典园林、高级建筑、医药保健以及文化事业等各个领域。

民国时期，最具代表性的皮金商号为三义公、天长久等。

三义公为清末民国时期晋城皮金生产规模最大、声誉最好的皮金商。民间有“三义公的皮金、泰山义的剪”之说。

三义公为陕西三原人王树仁、华州人董某及山西祁县人王士奇三人集资兴办，他们买下因经营不善，行将倒闭的三义功皮金铺，改名三义公继续营业。王树仁之子王老四精明强干，精通制作皮金技术，选料配料都严格要求。每一道工序都专门安排有经验的老工人把关，仔细检查，规格尺寸一分一厘都不能含糊，树立了很好的产品形象。王老四还专门至广东开拓市场，在竞争中挤跨了原本独占广州市场的晋城泰顺兴皮金铺，从而占领了广州市场。光绪年间，每年仅在广州市场上销售大黄金至少可获利7000两白银。

王老四又让其次子王二哥，另开设三义成皮金铺，专做皮金中的斗金，行销于成都一带，平时有工人五六十人，每年做斗金40多万张，净利6000元以上。

王老四之长孙王惠民主持商号事务时，先派闻喜人某某到四川设立永义公商号，又派晋城人郝立庠接替，最终独占了成都一带市场。王惠民为酬谢郝立庠，专门在三义成股份内给郝增加股本500元，并改三义成为三义德。1937年6月，成都协盛号商人写给天昌久老板何怀珍的信中，有这样一段话："三义德打听尊处已未发货，伊即把持，独霸称雄，价亦陆续提高。据伊意以为，谅无第二人与伊并肩，定能高坐独享矣。"（乔欣编著《天长久商业信函集》）从中也可见当时三义德独占成都市场的情形。三义德扩大经营，每年另做双黄金15万张左右，行销上海、苏州一带。全年净利在3000元以上。三义公和三义德还兼做飞金。

清末民初，三义公和各分号总资产达18万两白银，平时至少要有3万两银子用于周转。民国时每年纯利约2万元。

三义公在经营管理上有自己的一套办法。帮账、管账、经理都有股份，每两年结一次账，分一次红。由于家底雄厚，多年来不管生意好坏，每账都能分红，而且每期差别都不太大。（刘仁慈《晋城的金铺业》）

王惠民虽然有雄心壮志，在管理上也有一手，但无奈王家子弟大都染上鸦片毒瘾，开支浩大；再加上用人不当，后来派遣成都的负责人不务正业、任意挥霍，使得三义公一蹶不振。1940年，日军侵占晋城县城后，三义公被迫迁到乡下，并就此衰落。

天长久皮金铺创办于清同治年间，由天长存的老板、陕西华州人何国璧与三义公的老板王老四合股开设。民国初年有工人 40 余人，每年做各种皮金 20 多万张。后因与三义公在市场竞争中产生矛盾，三义公的王老四退出天长久。1929 年，天长久改名为天昌久。

天长久在管理上实行所有权与经营权分离。东家对号内事务一般不加干预，经营权掌握在掌柜手中。股份中专门设置人股以进行激励。每年结一次账，每两年分一次红。比如，光绪三十一年（1905）结账，前两年共得余利银 1630 两 4 钱 3 分。以本股和人股共分 5 分 1 厘，即 5.1 股。平均每 1 分可分得红利 319 两 6 钱 9 分。其中，天长存本股占 2 分 5 厘，分得红利 799 两 2 钱 2 分；三义公本股占 1 分，分得红利 319 两 6 钱 9 分；曹日恺人股 5 厘，分得红利 159 两 8 钱 4 分；王森人股 2 厘，分得红利 63 两 9 钱 4 分；段希贤人股 9 厘，分得红利 287 两 7 钱 2 分。曹日恺、王森、段希贤三人是商号的大小掌柜，他们在不同时期对天长久的发展均作出了贡献。

天长久在销售方面，主要采取寻找合作伙伴，代理销售的办法。据乔欣先生主编的《天长久商业信函集》载：天长久的产品销售区域主要有广东、福建、上海、江苏、湖北、四川、北京、内蒙古、安徽、陕西、河南、山西等地，涉及数十个城市。在各地拥有众多的代销商：上海：罗兴泰、罗鸿泰；福州：新太记；扬州：恒兴祥、罗兴泰；镇江：合兴盛、老忠兴、义兴升、义隆祥、恒懋巽；苏州：罗兴泰、裕记；常州：裕兴泰、义兴升、益泰元；汉口：万祥发、协余鼎、义和号、林恒兴；广州：百义通；成都：义庆生、协盛丰；徐州：恒昌和；北平：远信号；郑州：百义通；济源：三兴太；新野：义丰廷；谷城：义盛永；绥远：德顺源；包头：协德利；许昌：协兴玉；华州：忠义成；宿州：恒隆协；樊城：三泰和；禹州：豫益永；温县：玉兴永；太谷：锦生蔚；汝州：松盛长；亳县：泰顺号；南京六合：豫昌号；耀州：忠义成；南阳：恒康祥等。这些合作商号，或为山西老乡所设，或为当地信誉度高的商号。比如，樊城的三泰和，为晋城人王谢诗

（字希之）所设铁业字号。上海的罗兴泰、罗鸿泰，为山西绛州罗氏兄弟所设，为我国著名的钻石商行。太谷的锦生蔚是太谷县著名富商曹氏所开的绸缎庄。新太记为福州著名的百货商行。

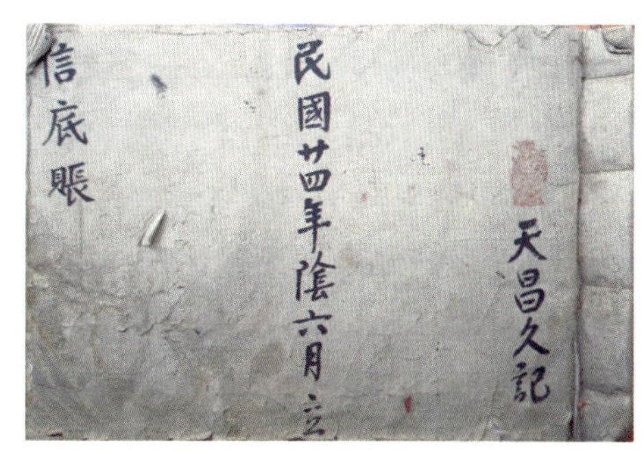

天昌久信底册

皮金业的兴盛还带动了相关皮革业的发展。在皮金盛行之时，因熟羊皮为制皮金之必需原料，销售颇旺。晋城主要的硝皮坊有 2 家：德泰魁和德顺祥，均在南关西巷。前者设立于清光绪三十年（1904），后者设立于 1926 年。工人均为九人，全年皮产量分别为 1500 张和 1200 张。

日军占领晋城后，皮金商号有的停业，有的迁往乡下生产，整个行业陷入奄奄一息状态。当时仍有协义成、泰盛德、协盛魁、德盛永、振顺魁、聚永春、贤永来、信记等字号在秘密生产。1943 年，在大饥荒和日军血腥统治的双重压力下，金铺全部停业，大量捶金和皮金工人流落他乡。

七、西方传教士在晋城的商业活动

清末民国时期，外国来华传教士纷纷举办实业以自养和支持其宗教活动。在晋城最有代表性的当为“剑桥七杰”之一的司米德牧师、苏格兰女传教士劳森夫人和“小妇人”艾伟德。

司米德（Stanley Smith，1861—1931），中文名为司安民、司安仁，出生于英国一位医生家庭，毕业于剑桥大学三一学院，曾任剑桥大学划艇队队长。他与何斯德（D.E.Hoste，1861—1946）等毕业于剑桥大学或与之有关的 7 人，加入英国牧师戴德生创办的超宗派跨国家的基督教差会组织——中华内地会，并于 1885 年来华从事传教活动，在英美产生极大的影响，被誉为“剑桥七杰”。

司米德来华后，即在山西传教，先是在洪洞县，后至潞安府（即今山西长治市）。司米德首创基督徒商店，在天津开设总店，组织货源，在长治、洪洞一带开设分店，销售货物，其字号叫“光道成”。经销西药、“法士古”洋油等，商品达几十种，在长治开办有照相馆。

1896 年左右，司米德来到泽州。1900 年，义和团运动爆发后，司米德与中华内地会产生分歧，从此离开该组织。光绪二十九年（1903），司米德夫妇在泽州创立了神召会。在泽州府凤台县小东关购骆驼店地方地基 40 余亩，新造房屋 200 余间，开设戒烟局，开办蒙养小学堂等。1906 年，在晋城小东关设立泽州总堂。通过经商筹集活动经费，先后开办有泽州府光道成百货商店、光道成照相馆和光道成煤油庄等。光道成照相馆成为在晋城开设的第一家照相馆。

每禮拜出報一回 以五十回爲一年

通問報

THE CHINESE CHRISTIAN INTELLIGENCER.

耶穌教家庭新聞

A CHURCH AND FAMILY NEWSPAPER.

Published Weekly in Shanghai, by the Presbyterian Missions in China.

Registered at the Imperial Post Office for transmission in China.

全年報價洋一元 二角連郵費在內

本館開設上海　（第三百四十二回）　北京路十八號

○山西澤州府奮興會紀要

▲光緒廿九年．英國司米德牧師．來我澤郡小東關．購駱駝店地方地基四十餘畝．辛苦經營．新造房屋二百餘間．開設戒煙局．及蒙養小學堂．施藥診病處．種種善舉．不可枚舉．五六載以來．蒙　上帝恩召．已收男女教友廿多名．學友三十餘．至於教會不興之故．實因我等教友．貪戀世俗．陷於罪孽．致使　主的真光．不能發顯．幸於去歲十一月初旬．我學友教友．至河南懷慶府古牧師處．聚奮興會．蒙　上帝鴻恩．沛降聖靈．剖開我等罪人之心．顯出種種惡狀．痛哭前非．各認己罪．會畢．返回澤郡．聚集男女．同心懇告．聖靈如初感動．似火焚燒．各人不能自禁．痛哭承認己罪．每天如此．有竊人銀錢物件．親自賠還者．有爲仇家賠情和好者．當認罪之時．中有初來戒煙者．大受感化．起認竊人物件．與毆打父親等重罪．當即回家與父賠情認罪．去掉偶像．歸服上主．自此聖靈真光發顯．人皆驚異．稱讚　主道．於正月初五初六初七初八等日．聚復興會．約有五六十人．以尼希米書．當恪守主日爲題．聖靈仍然感動我等罪人．憂愁轉爲歡喜．樂意許願．將身心獻給主作潔淨的活祭．有人因未守主日．將表捐上．作悔罪憑據．有每月捐工或四天或兩天．亦有捐錢的．並有婦女們把所有的妝飾．獻於上主的．是日共捐錢十六七串．專爲傳道濟人所用．若非聖靈的能力．焉能如此．

山西成秀奇誌

《通问报》1909 年第 342 回对司米德的报道

司米德规定，交易要货真价实，明码交易，童叟无欺。他说：“我不求给我交利润，除你们维持生活外，略有积余可奉献给教会使用，但一定要讲信用，讲道德，不能有欺骗行为使基督的名受损。”晋城县水西村人马宝泉，青少年时期就在司米德开办的光道成照相馆学照相，后来成为光道成照相馆和煤油庄的负责人。

依靠商业经营的资金支持，司米德将神召会先后发展到高平、陵川、沁水、阳城四县，在此四县均修建了教堂，还在晋城县开设了两所教会初级小学。

1924年春，晋城崇实和濩泽中学学生游行示威，抗议司米德在内地经商，违背了外国人在中国传教不能兼营商业之条约，迫使其将自己在晋城的商务，作价1万元，转让给了马宝泉。马宝泉接手后，将光道成商务，改组为光华兴。在大东关开设了光华兴总店，南大街开设了光华兴第一分店，大十字路东开设了光华兴第二分店，成为当时晋城城内最大的商号。此外，马宝泉还开设有华记银号、华轮汽车公司、光华兴蛋厂等。马宝泉也因此成为晋城县商会会长。1938年2月，日军占领晋城县城，光华兴商店财物被抢劫一空。

苏格兰女传教士劳森夫人（Jennie Lawson，1857—1933），名叫詹妮，她与丈夫劳森先生约于1887年来到中国。两人最初在山西平遥传教，1896年转到潞安府的余吾镇（今长治市屯留区），劳森先生离世后，劳森夫人约在1932年初辗转来到阳城县，此时她已是75岁高龄，她希望找一个年轻人协助并接续她的工作，并写信给英国的友人。此时在英国，一个名叫艾伟德的年轻女孩正日夜盼望着到中国，实现自己的梦想。

艾伟德，1902年2月24日出生于英国伦敦北部埃德蒙顿地区的一个普通家庭，其父亲是一名邮差，母亲是家庭主妇。14岁时，艾伟德从学校辍学，在伦敦一家百货公司上班，18岁时则主要从事女仆的工作。她在一本杂志上读到关于中国的文章，文中讲到中国数以百万计的人从未听说过基督，让她感到震撼，觉得自己应该做些什么，于是与劳森夫人一拍即合。

1932年10月15日，艾伟德离开英国伦敦，踏上前往中国的旅程，口袋里只有两英镑九便士。历经曲折，于11月22日来到阳城县，在一所破旧的房子里见到了劳森夫人。

由于艾伟德文化程度较低，来中国之前没能通过教会组织的选聘传教士的考试，没能成为正式的传教士，因此没有教会组织为她提供生活费用。所以，摆在劳森夫人和艾伟德面前的首要问题，就是想办法解决艾伟德的生活资金来源。

事实上，劳森夫人一直筹划将租来的房子改造成客栈，但因其年事已高，又缺人手，一直未能付诸实施。艾伟德的到来使得这项计划可以实施，而且也必须实施。这所房子里面因为曾经“闹过鬼”，没人敢住，荒废了很久，因而租金非常便宜。院子里有20余间房子，利用其开客栈，既可以通过给骡夫们提供食宿赚些钱，又可以向这些人传播“上帝的福音”。

劳森夫人找来工人，先是把房顶修好，清理掉院子里的杂物。艾伟德与劳森夫人雇来的中国厨师老杨一起，把每个房间打扫干净，然后安上新的门窗，糊上窗纸。还请人修好了二楼阳台上的栏杆。劳森夫人给客栈取了店名“八福客栈”。

起初，没有什么客人愿意光顾这两位西洋女人开的客栈。在这偏僻山区，人们与西方人几乎没有什么接触，对她们既十分好奇，又敬而远之。但劳森夫人和艾伟德没有气馁，她们首先进行了一些分工，努力去招揽生意。

劳森夫人年纪大了，行动不便，负责给客人们讲《圣经》故事，作为吸引客人的一项新颖节目。厨子老杨负责为旅客提供可口的小米粥、面条等饭食，并给牲畜预备草料。艾伟德则负责到街上把经过的骡队想办法吸引到客栈的院子里。（赵中亚《弘道遗爱：来华英国女传教士艾伟德传》）

艾伟德来到街上，一见到客人，就用老杨教给她的几句简单中国话热情招呼：“好，好，好。来，来，来。”“没有臭虫，没有跳蚤。”“大家快来听故事！”但没有多少人理她。因为大家不仅对外国人心怀顾忌，而且早就听说这房子里闹过鬼。

艾伟德又把牲畜喜欢吃的草料从院子里一直撒到客栈外的街上，但骡子并没有就此跟进来。她想直接上去拉骡子缰绳，但又害怕被牲畜踢到或者咬到。通过激烈的思想斗争，艾伟德终于冲上去，拉住一个骡队里头骡的缰绳，用力把它拽进客栈的院子里，后面的骡队也就跟着全部进到了客栈里。有了这第一次，艾伟德越来越胆大，越来越有经验。

除了到街上去拉客，艾伟德还要喂好骡子，帮助客商刮掉牲畜身上的泥巴，使骡夫们可以安心地坐在房间里听劳森夫人讲《圣经》里的故事。劳森太太讲故事的时候，艾伟德也认真听，并尝试着以并不流利的中国话为骡夫们讲故事。

通过这些赶骡人的口口相传，大家都知道这家外国女人的客栈又干净，食物又好，有人帮助清洁骡子，晚上还可以免费听故事。客栈远近驰名，生意变得越来越好。

1933 年 11 月，劳森夫人偶然失足从二楼阳台跌下摔伤，虽经艾伟德用马车送到潞安府的鸿恩医院进行治疗，还是因为伤势过重而去世了。剩下艾伟德一人，感到十分孤单。八福客栈的运营也成了问题。

就在此时，阳城县县长张书榜找上门来，委任艾伟德为全县放足监督。因为她作为一名英国女人，没有人情和传统的羁绊，是更合适的放足监督人选。工作期间，县里为她每天提供一斗小米，还有一些零钱，并提供了一匹骡子和两名警察。由此，艾伟德走遍阳城每个村庄，亲自查看每个妇女的脚，宣传裹脚的危害，劝说放足，大大促进了阳城妇女放足工作。

与此同时，艾伟德开始收养孤儿难童。从收养第一个女孩“九便士”开始，到 1935 年黄河水灾之后，她已经收容了 40 个孩子。1936 年，艾伟德还申请加入了中国国籍。1938 年，日军的铁蹄践踏到晋东南，战火波及阳城。在战乱中，艾伟德又收养了至少 60 名战争中失去家人的儿童。

1940 年 3 月，鉴于孤儿们以及其个人安全受到严重威胁，艾伟德决定带领 100 余名孤儿逃离阳城。经过 27 天的长途跋涉，风餐露宿，忍饥挨饿，最终将孩子们一个不落地交给位于陕西扶风县隶属于宋美龄名下的孤儿院。

1949 年 3 月，艾伟德回到英国。她的事迹逐渐被英国媒体所关注。10 月，英国广播公司制作的关于艾伟德事迹的广播纪录片播出，在英国各地产生了广泛影响。1957 年初，记述艾伟德生平的传记《小妇人》（*The Small Woman*）出版。1958 年，由《小妇人》改编的电影开拍，而在电影中“八福客栈”，变成了“六福客栈”。该电影被称为“有史以来最伟大的电影”。

1970 年 1 月，艾伟德在台北去世，享年 67 岁。

尽管人们更热衷于谈论艾伟德救助儿童的故事，但艾伟德与劳森夫人在阳城创办客栈的经历，同样应当载入民国晋城商业史册。

晋城

第五章

古道悠悠：诉说商旅艰辛

晋城，地处太行要冲，控扼晋豫咽喉。太行八陉之中在此即有太行、白陉两陉。太行陉为万里茶道所必经，是南方货物北上，和北方货物南下之最短路线。太行绝顶的白陉古道也曾留下商贾驮队的蹄印深深、驼铃声声。明清时期的清化大道，既是盐路、粮路，又是丝绸、瓷器之路。境内遍布的煤铁之路，辐射到全国各大商埠。太行深处的条条商道，既方便行旅，惠贾通商，通向财富之路，又曲折崎岖，行进艰难，留下了无数行路难的哀叹。

一、“万里茶道”太行陉

人们津津乐道的历史上横跨欧亚大陆的重要国际商道——万里茶道，南北贯穿晋城市境。今晋城市泽州县与河南省焦作市沁阳市交界的太行陉则为万里茶道上的重要节点之一。

始于17世纪的万里茶道，起于福建武夷山，经江西、湖南、湖北、河南、山西、河北、内蒙古向北延伸，穿越戈壁草原，抵达蒙俄边境的通商口岸恰克图，继而通往欧洲和中亚各国，全长达1.3万公里，曾经繁荣了两个半世纪。太行陉古道由此也成为一条名副其实的茶业之路。

太行陉，为太行八陉之一，重要性居太行八陉之首。太行陉，又是沟通南北交通的驿道，是晋豫两省之间古代的“国道”。

战争时期，太行陉是兵家必争之地。严耕望先生在《唐代交通图考》中指出，太行陉“乃晋豫交通之巨险，亦为自古南北交通要道，南北用兵，必争取此山道之控制权。其重要性盖居太行八陉之首。诚以南瞰大河，凌逼洛京，故为兵家所必争也”。

和平时期，太行陉又是南北经济大动脉，是万里茶道的重要组成部分，对经济社会发展发挥着持续的影响力。

作为开辟“茶叶之路”主力军之一的祁县茶商留下的晋商重要办茶文献《行商遗要》，其办茶路程中即记载有经过太行陉的相关信息。其中有歌谣记录了从山西祁县到河南赊店的路线：“洪、土、沁、褫、鲍；长、乔、泽、拦、邗；温、荣、郑、新、石；襄、旧、裕、赊、旗。”其中的“长”即高平县长平驿；“乔”即高平县乔村驿；“泽”就是泽州城；“拦”就是晋庙铺镇的拦车村，村有“星轺驿”，又称“拦车驿”。

《行商遗要》还详细记录了所行各站之间的路程：

> 祁［县］三十里至子洪［祁县古县镇辖村］，四十里来远［祁县

辖村］打尖，三十五里至土门［武乡县辖村］宿。四十五里西阳［沁县牛寺乡辖村］打尖，六十里至沁州［沁县］宿。六十里至褫亭［襄垣县辖古驿站］宿。四十里交川沟［屯留县］打尖，五十里至鲍店［长子县］宿。五十里普头［长子县大堡头］打尖，五十里至长平驿［高平］宿。六十里至乔村驿［高平］宿。六十里至泽州府宿。祁［县］至泽［州］计陆路五百八十里。由泽［州］过太行山六十里至拦车宿。四十五里至邗郜宿……（史若民、牛白琳编著《平、祁、太经济社会史料与研究》）

文中记述的经过晋城的地名共有长平驿、乔村驿、泽州府、拦车四处。泽州府是太行驿所在，拦车村是星轺驿所在。

这里不妨与晋城驿路情况作一对比。明洪武二十七年（1394）九月成书的《寰宇通衢》，曾记录有明初由国都南京到山西的驿路，其中从怀庆府万善驿，到山西太原的路程为："六十里至星轺驿，六十里至太行驿，六十里至乔村驿，六十里至长平驿，六十里至漳泽驿，七十里至余吾驿，六十里至褫亭驿，六十里至沁阳驿，七十里至权店驿，五十里至南关驿，五十里至盘陀驿，七十里至同戈驿，八十里至临汾驿。"这里的临汾驿不在今临汾市，而在太原府阳曲县。

可以看出，祁县茶商在晋城所走的路线，完全是行进在太行陉这条古驿道上。不仅路线一致，而且里程完全一致。

但这条驿路的记载过于粗略，经过的村庄不详。清康熙《钦定方舆路程考略》（抄本）"山西省城至河南河内县界陆路路程"，记载了更为详细的路径，今整理如下：

从山西省城阳曲县起，经太原县、徐沟县（今清徐县）、太谷县、祁县、武乡县、沁州（今沁县）、襄垣县、屯留县、长子县，从长子县张店铺入泽州高平界。

张店铺五里至鸦儿沟铺，三里至赵庄村，三里至掘山村，二里至长平驿，十里至寺庄镇，十里至铺上村，五里至河口村，一里至茶亭，四里至高平县，三里至浚水桥，七里至玉井村，五里至横涧桥，五里至南城铺，五里至许河口，五里至乔村驿，五里至界牌入泽州界。

从界牌岭三里至三家店，二里至板桥口，五里至李村，五里至巴公镇，五里至凤谷堆岭，五里至新桥，三里至朝天宫，二里至王太铺，五里至孙村口，五里至七岭店，七里至三里桥，二里至望火台，一里至永济桥，一里至泽州太行驿，五里至滑家河，五里至茶园村，十里至小箕村，五里至北坡头，五里至河底镇，五里至黑虎岭，五里至天井关，五里至圪槽村，五里至晋庙铺，十里至拦车镇星轺驿，三里至三岔口，七里至草底铺，十里至油房头，十里至横望镇，二十里至宛子城。由此入河南省怀庆府河内县（今焦作沁阳市）界。

这一记载，完整地记下了驿路所经驿铺和村庄，使人们对这条驿道有

碗子城

了更加清晰和明确的认识。

再来看一下民国《分省地志·河南》一书的记载，该书以从南到北的方向，列出河南清化镇至山西晋城县之太行山道，所经道路和里程："自清化起十里至许良镇，十五里至新店口，二十里至山王庄，三十里至张老湾，四十里至常平，五十里至碗城村，六十里至大口，七十里至山涧村，八十里至拦车镇，八十五里至晋庙铺，九十五里至天井关，一百一十五里至河底，一百二十里至道口，一百三十五里至茶元店，一百四十五里至晋城。"

相互对比之下，可以看出，横望镇就是大口，这条经太行陉由河南河内县（今沁阳市）常平乡进入晋城的通道，为大口道，也称常平道。另外还有一条通道，为小口道，也称窑（爻）头道，由河南怀庆府河内县（今沁阳市）窑头村经小口、黑石岭进入，两条道路在草底铺会合，到达拦车镇。

处于这条经济大动脉两侧村庄的百姓，则可以通过不同的方式分享其带来的源源不断的红利，比如提供住宿、餐饮、运输服务等等。

出于日程安排和安全考虑，长途贩运茶货的商人一般都行走通衢大道，住宿在驿铺所在地固定的店家。比如前面提到的茶商，固定在晋城所经过的长平驿、乔村驿、泽州府、拦车四处住宿。这些地方的商业相对发达，沿路兴建起大量的骡店、客栈。拦车村以前家家户户都办客栈。清乾隆朝体仁阁大学士刘墉，曾道经泽州，写有《泽州道中作》一诗："暮色苍然野气温，天西余赭似朝暾。荒村过客将求火，小店招商未掩门。入肆鸡豚丰岁有，在堂蟋蟀古风存。太行西下吾能说，元气微茫带水浑。"就反映了住宿太行陉客店的情况。

太行陉沿途有骡队、马帮或者挑担的村民帮助运茶。《行商遗要》记录了一路上雇用骡脚的情况，比如其中的"邘部发泽［州］过山，骡脚例底"即反映出当时从河南的河内县（今沁阳市）西万镇邘郜村发泽州府的脚价：

西箱二钱三，东箱一钱五，盒茶四分七，花茶每件元银一钱，九扣，邗〔郃〕平纹银。

一斤天尖一钱一。金尖九分。红茶大箱一钱九。如客行李过山，照西老茶价，每担规二天过山解元银四钱五，如一天过山，每头骡加银一钱，系五钱五，九扣，［泽］州平纹银。（史若民、牛白琳《平、祁、太经济社会史料与研究》）

《行商遗要》还记录有“泽州发祁县例底”：

西大箱二只作担，每担解毛银四两。东大箱二只作担，每担解毛银三两。小箱四只作担，每担解毛银四两。盒茶七串作担，每担解毛银三两。花茶四件作担，每担解钱三千七［百文］。一斤天尖茶每件作四十八斤，一百七十斤作一担，解钱三千七［百文］。红茶大箱三只作担，每担解钱四千［文］。茶梗以加五称过吊，每百斤解钱二千四［百文］。惟老茶解毛银，祁［县］店与客按每百两脚银以九百六十五扣钱付伊。店付驼夫每两脚［费］毛银，以九扣付钱。

这一文献资料真实记载了记算脚价的办法和到店后的结算方式。

崎岖的太行山羊肠小道，山路弯弯，坡陡石滑。只能人挑驮运，不能行车。驴骡驮货行走都十分困难；挑夫负茶而行，更是异常艰辛。茶庄买茶的商人大都骑骡子行走，茶商的负责人则乘“骡驮轿”，又称“骡轿”，就是两个骡子架驮着一个轿子。清代凤台县进士王士桓《骡轿行》一诗曾描述了这种轿子：“两骡力胜十余夫，佣骡为我载竹舆。竹舆宛如小竹庐，狭同号舍仅容躯。”

晋城虽紧紧依傍万里茶道，但本地经营茶叶的商户极少。据 1920 年《山西省第一次经济统计》记载，民国时期，晋城县、高平县、阳城县各有一户专营的茶商，陵川县和沁水县没有茶商统计在内。但这并不说明晋城人不喝茶，没有茶文化。事实上，晋城历史上受茶文化的影响深远，留下许多的茶文化遗迹。比如在晋庙铺镇小口村一处古道旁即建有茶池，遗留的石刻上“茶池”二字仍十分醒目。

茶元村与茶结缘的历史在千年以上。宋代之前，村名即叫茶碾。茶碾是一种碾茶的工具，唐宋时期饮茶之时，必须先将茶饼用茶碾碾碎，再煮茶饮用。宋初，这里曾发生碾子谷之战。清代泽州知府朱樟《茶碾村憩普照寺》一诗中写道：“欲问古战场，守将此禽缚。”明代，这里已是万里茶道上的重要集镇，称茶元镇。到了清代，茶元村还称为茶店镇或茶元店。康熙年间已经有规模较大的茶店开张，茶元村关帝庙一块碑刻记载“大清康熙叁拾肆年”，“茶店镇创修茶房三间”。民国时期，一条南北大道从村中穿过，长达一华里，与一条横贯东西的街巷，形成“十”字形的街道。一所颇具规模的骡马大店，院落中两个房间的门户上方分别雕刻着“客房”“账房”行书大字。可以想象当年人来人往、熙熙攘攘的情形。

小口村茶池及石刻

茶元村骡马大店的客房和账房

历代石刻乃至壁画多有茶文化内容。高平开化寺金泰和三年（1203）题记：“烹茶导话，颇快

高平开化寺石柱题记

尘襟。”陵川玉泉金代壁画墓中即有《备茶图》。元至元十九年（1282），高平《资圣寺创兴田土记》载：“一日方丈侍者待余茶毕，将前事谓为刻石”。明隆庆六年（1572），沁水县《柳氏祠堂仪式记》载：“美饭、时果、蔬菜、茶酒、香纸，惟务精洁。”“吉日备茶酒席筵，合族同聚三日。”明万历四十六年（1618），高平《重修定林寺记》捐助者名单中有：“闫自选，茶一包”。清康熙十一年（1672）《建三王庙碑记》载：“匠作茶饭”。从这些碑刻记载和壁画内容，可见从金元至明清时期，茶文化已融入社会生活的各个方面。

明清时期，修建茶亭、茶寮、茶棚，施茶济渴成为一种十分普遍的善行。高平县北四里驿道上有地名“茶亭”，应是早年施茶或卖茶留下的遗迹。明崇祯四年（1631），阳城县北留海会寺《新修白衣大悲五印心陀罗尼经咒堂兼施茶普济叙》碑刻，记寺僧施茶普济事。清顺治十三年（1656）珏山《广结万人缘》碑，记陵川县人高应斗、高三乐创建茶厦济渴行善事。清顺治十八年（1661）陵川黄国璨县令撰《重修庙学记》：“敬一亭、茶亭皆创焉。”清康熙八年（1669）《郭承乾施茶善行碑记》更是记载了王美等人捐资掘井、建茶屋施茶20余年，并购买田地以为施茶之事。清康熙四十五年（1706）《青莲寺重修西廊地藏殿碑》载：“僧俗宽寅、郭之凤等煎茶四十余年。”沁水县《文昌帝君谕训碣》载：“舍药材以拯疾苦，施茶水以解渴烦。”

晋城人将饮茶视为一件高雅之事并写入诗文之中。金代状元李俊民诗："四面山围故故青，茶烟榻畔坐忘身。"金代泽州诗人赵忱《琵琶泓》诗："茗花泛春雪，洒面摇溪风。"明代泽州人周盘《春游乾明寺》诗："坐对禅床啜清茗，一声钟磬度窗西。"清代阳城布衣诗人王炳照亦有"银瓶旋汲清泉水，玉鼎新烹六洞茶"的诗句。清风台县举人刘引之亦有诗："到寺便逢旧识僧，烹茶偶汲新涨泉。"清初沁水进士张道湜，就曾拉二三友朋，携酒罍、茶铛，登榼山绝顶。泽州大箕松林寺的僧人还以雪水烹茶。王国光之曾孙王祚启在自撰墓志铭中即言："既苦酒，复事茶，每龙雀、团舌，余三百片而止。久焉，婢亦解煎，一吸数碗。"

民国时期，晋城顺兴永茶庄开设晋城南门大街。高平裕泰公茶庄开设高平城内南街，其特制铁皮茶盒一面印有："各山贡茗：西湖龙井　祁门乌龙　洞庭碧螺　福建武彝　重窨珠兰　黄白贡菊　双熏茉莉　玫瑰玳玳"。可见经营茶的品类繁多。另一面印："茶为人生无上饮料，有裨于卫生者至深。其气之馨芳沁人心脾，其味之浓厚助人消化。涤烦解渴之功、古人赞美之词载诸典籍。近据泰西饮料家考证，矧茶叶一宗，断以我中华为最。"讲古论今，旁征博引，广告宣传十分到位。

晋城顺兴永特制铁皮茶盒

这条商道运输之物品以茶叶为其代表，但并不限于茶叶，其他商品种类也很多。如北上者有粮食、布匹、丝绸、竹器、瓷器等，南下者则有煤炭、铁器、食盐、毛皮等。

清代民国时期，山西布商采

办布匹，主要集中在湖北、河南、河北、重庆、山东等省市，尤其湖北是采办布匹的重点地区。晋商史料《咸丰年湖北各处办布规程》中，列举了该省旧口镇、石牌镇、沙市镇、汉口镇、樊城镇等15个重要集镇。而太行陉则是山西布商从湖北办布回晋的主要道路。在该《办布规程》中特别指出："无论发东西两路，总由樊城新打洪行店过载分路。如发东路者，由赊发禹郡，或发洛邑，发郭家嘴，郭至泽府转平。若是发西路者，由新野县，或发禹洛，或发曲沃转平。新野发脚，因时而为，夏季无驼，甚是难发；春冬有驼之时，较比东路发脚甚速，难如此佳。而西路发脚洛路布内，难保无虞，时常损坏、短少。若由东行，设路遇载行店妥实。其两路脚价大势等耳。"（山西省晋商文化基金会编《办布规程》）

这段话的意思就是，从湖北樊城发布匹回山西平遥，有东西两条道路。东路走赊店—禹州—洛阳—郭家嘴—泽州—平遥；西路走新野县—禹州—洛阳—曲沃—平遥。从东路上太行时走的太行陉，从西路上太行时走的轵关陉。两条道路的脚价大致相当，但东路更为安全。所以商家多选择取道太行陉。

天井关

从其他办布商人的记载中也可看到取道太行陉的记录。比如，《清代榆次锦泰蔚办布规程》记载："从太谷至赊店路程：子洪一站，风吹岭二站，沁州三站，师亭四站，鲍店五站，长平驿六站，乔村驿七站，泽州府八站，拦车九站，长平十站，孟县十一站……"该《办布规程》还记载有沿途所住客栈："由太谷走河南，赴隆昌各处店栈：泽州府恒义店、黄河北孟县振一店、黄河南郭咀德盛店、湖北老河口公和店……"文字中提到的恒义店，就是泽州一家百年老店，清嘉庆之前已经设立，光绪年间仍然存续。这是泽州府一家信誉卓越、服务良好的客栈。

在这条繁忙的古驿道上，形成了拦车、天井关、南河底、茶元、七岭店、王台、巴公、寺庄、长平等相对繁荣的市镇和村落。

天井关与南河底村之间，至今留有一条由大大小小高低不平的青石块铺砌而成的茶马古道。由于驼队常年行走，坚硬的青石上，留下了一个个深浅不一的坑洼蹄印。南来北往的客商来到河底，为使人畜获得充分的体力和精力，到此都要住店歇脚。因此，这里市场繁华热闹，居民颇多。长达二华里的街道两旁都开的是店铺。村民中至今还流传着这样一句话："住不完的河底店，驮不完的清华货。"从南河底北行，路途状况逐渐改

南河底魁星楼

明嘉靖二十年长平驿石刻

善。民国《分省地志·河南》载："往来负物，以骡为多，驴次之。又有轿窝，负以二骡，可坐二人。路多狭仄，不通车辙。惟自河底以北至晋城，则有新制之二轮小车。轮径不足二尺，驾以一牛而行，亦有牛驴并用者；虽颇简陋，运输较驮负为便，故有车之道，运价较廉。"

泽州城北的七岭店，也是客商经常停留的站口。《清代榆次锦泰蔚办布规程》记载："从太谷赴老河口路程：盘它一站，牛侍二站，师亭三站，鲍店四站，长平驿五站，七岭店六站，拦车七站，邗台八站，泗水九站……"七岭店一街两行当年开满了客栈、旅店等商号，现在仍保留有"永兴驼店"的大门和门额。

《同治十年余庆堂各处办布底稿》还记录了货行各地的脚钱情况。比如在禹州办布："孟发邗郚，每担脚元银二钱六分至三钱不等，外扣孟县粮平纹银，以上俱系四卷作一担。邗郚发泽州，二卷作一担，每担脚元银一钱七分至二钱不等。""泽州发平，四卷作一担，每担脚钱三千三至三千八文。"

石固镇办布，"邗郚发泽，过山，以贰大卷一担，四小卷一担，每担脚元银二钱一分；泽发平，贰大卷贰小卷作一担，每担脚钱三千八至四千。"

河南鹿邑县五台庙办布，"孟发邗郚每担脚元银三钱""邗郚发泽，以二包作一担，脚元银二钱""泽发平，四包作一担，脚价钱三千八至四千。"

从中可以看到，只有上太行一段，以两卷或两包布匹作一担，而在其他的路途，都是四卷或四包布匹作为一担，从这一方面也反映出太行陉古道行路的艰难。

二、万里茶道支线之白陉古道

从河南辉县入陵川县的白陉，是太行八陉中的第三陉。白陉古道在古代即为重要的军事要塞。明清以来，白陉古道成为沟通晋豫之间经贸往来的重要通道，是万里茶路经过晋城的一条支线。

乾隆四十四年（1779）《陵川县志·关隘》记载了这条陉道的具体走向："东南由县五十里至洪水村，又十里至仙人桥，又十里至碳底（要隘），又十里至僧官楼，又十里至东沟口，又十里至地八洞湾，又十里至孤石，又十里至乾河（要地），共一百二十里，与河南辉县平田村交界。皆山道小径。平田口在平田村西北里许，离县一百二十里，达辉县薄壁镇。"其中的"洪水村"即今马圪当乡横水村，"十里"，又称"十里河"，建有桥，古称"仙人桥"，民国时期曾经重修，立匾"行巅第一桥"。相传横水村村民张弥，穿越白陉古道到河南做生意，回家时遇到大雨，石桥被洪水冲毁，张弥被洪水冲走漂没。其妻玉莲得知消息，悲痛欲绝，发愿重修石桥。她将孩子托付给公婆，毅然离家外出赚钱。三年后回到家，将积攒的钱全部拿来凿石修桥。后人感念玉莲的功德，将此桥称为"念夫桥"。这一悲壮的故事，诉说了太行山人的艰辛与坚强不屈。

"白陉"古道，河南辉县人称之为"马帮道"。《辉县市志·交通》载："鸭口、薄壁口、石门口通往山西陵川，高庄经侯兆川通往林县及陵川，均为盘道或梯径，崎岖狭窄，坡陡弯多，仅供人行畜驮，时称马帮道。"

辉县薄壁镇是白陉古道的起点，也是明清时期晋豫两省货物的集散地。据《薄壁镇志》记载：该镇最兴盛时，石板街一带有 72 家饭铺，48

家筐箩坊；民国时期商业各行30余种，商号100余家；山西驼队日有千头，来往上下，牲畜载重走路，将石板磨得光滑如镜，石板留下的蹄印随处可见。（贺惠陆、宁卫玲《白陉考辨》）

清康熙《钦定方舆路程考略》记载了两条从泽州东北至陵川县接河南卫辉府辉县的道路，此道即为其中之一条："又自陵川县五里至岳家庄，过菊巘山，五里至石门村，十里至上郊村，五里至九仙村，十里至八渎镇，十里至四义村，五里至洪水村，十里至十里河，五里至七里山，五里至小磢底，十里至大磢底，十里至孤石河，十里至湾则村，五里至乾河村，五里至下平田村，亦接辉县界。"这一记载可与《陵川县志》的记载互相对照，可起到互补作用。其中的"七里山"，即今天所说的"七里辿"，又称"七里磢"，是一段悬崖绝壁上的羊肠古道。"小磢底"即今双底村，"大磢底"为今大双村。从七里山到小磢底这一段有今天所说的"七十二拐"。在两山之间的岈豁，凿出的"之"字形步道，在悬崖峭壁间折返72次，长达3华里的路面全部使用石块铺砌。光绪《陵川县志·山川》记载："磢有七十二折，两山夹涧直下，蹇足往复回曲而达者。"陵川县令程德炯曾有诗《七里磢》，诗云："东山朝出云，散作西山影。两山砑然开，涧路曲而迥。七十二折间，折折烟云冥。云迷半山腰，足压后人顶。侧步路若回，俯视人如蜢。三里复七里，穷幽风日冷。既登天宇旷，览尽中州景。回视黄围山，插天一峰整。所喜俗善良，耕凿安万井。""湾则村"就是今天的"武家湾"，这里是一处典型的峡谷地段，现已开辟成为一处著名的旅游景区。

作为一条晋豫间商贸往来的重要通道，陈廷敬撰《创修孙公峪新路碑记》曾称其"乃上党以南与中州山左，商旅往来必由于此"。清乾隆间陵川县令陈封舜曾记下当时商贸繁忙的景况："怀在其南，卫在其东，彰在其东北，居人往来，商贩辐辏。""尤冲要者，自邑之八渎岭，至辉之箔壁镇，或通获嘉、修武，或达淇卫、汴梁，或历彰德以通山左。凡潞、泽两郡自西北而来者，熙熙攘攘，莫不由之。”

现存双底村山神庙乾隆三十五年（1770）《重修山神庙碑》记载的参与捐资的商号即有益源号、吉昌号、玉盛坊、升太号、公议馆、通兴号、通义号、全盛义、兴隆号、和合店、顺义号、同泰店、恒昌号、义盛号、桂兴号、悦来坊、同义坊、义合坊、永兴坊、诚盛店、生生店、天成号、和合义、恒太号、增成号、三义店、永盛秀、贾公盛店、罗义店、顺兴店、合盛馆、兴全店、协盛铺、福兴铁货店、聚升坊、源太坊、大有号、孝兴馆、万顺店、恒聚坊、萱义油店、永茂坊、九如号、合义坊、全盛馆等92家之多。这些商号，有的是陵川、辉县两地的商号，有的是经商往来于这条商道上进行贸易的商家。碑刻的记载也为这条商道曾经的繁荣提供了佐证。

这条古道虽也称之为茶马古道，但其商品并不限于茶叶，而是以茶为代表性商品，各类货物荟萃一途。“南来烟酒糖布茶，北来牛羊骆驼马。”这句民谚即反映白陉古道来往商品种类的繁多。而高平、陵川出产的铁货、煤炭、药材等也是从这里运到河南辉县，再分运河南、山东各地。1999年《陵川县志》即记载：“1949年前，煤炭运销主要靠人挑、驴驮，运往河南林县、辉县、修武等周边无煤地区。”

晋中地区的祁县、太谷、平遥的商人，也常将从南方贩回的茶叶、布匹，经由此道上太行，返回晋中。尤其是咸丰初年，官府在泽州拦车镇设立厘卡后，许多的商人不走太行陉而改道白陉，使这条古道更加繁忙。清代《布商规程》中的《嘉庆四年朝仪撰绸缎梭布行必需》记载了平遥绸布商人从苏州至平遥的路程，所记路程之一：“苏至六合县水路五伯四十里，六合至盱眙旱路壹伯八十里，盱眙至周家口水路壹千壹伯叁拾里，周家口至朱仙镇水路贰伯八十里，朱仙镇至杨桥旱路九十里，杨桥至薄壁镇旱路壹伯八十里，薄壁镇至潞安府旱路贰伯四十里，潞安府至平邑三伯九十里。”从晋豫两省交界的河南新乡薄壁镇至山西潞安府，即须经过白陉古

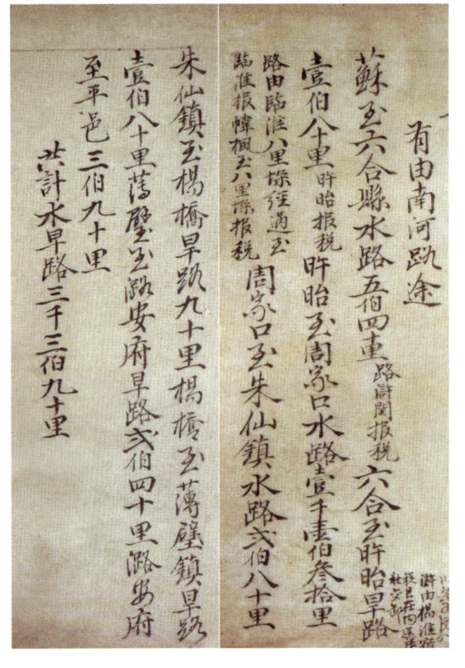

一 有由南河路途
蘇至六合縣水路五佰四里 路過關報稅 六合至盱眙旱路
壹佰八十里 盱眙報稅 盱眙至周家口水路壹千壹佰叁拾里
路由臨淮八里橋經過至 臨淮報[illegible]楓至八里橋報稅 周家口至朱仙鎮水路弍佰八十里
朱仙鎮至楊橋旱路九十里 楊橋至薄壁鎮旱路
壹佰八十里 薄壁至懷安府旱路弍佰四十里 懷安府
至平邑三佰九十里
共計水旱路三千三佰九十里

《布商规程》之《嘉庆四年朝仪撰绸缎梭布行必需》

道。这是由商人亲自记载的晋中布商贩布路程，是长途贩运的商人行走于白陉古道的重要史料。

山西的铁货也从这条古道运至河南。据有关资料，抗战前，“山西的铁货均在长治荫城集中，那里四十家行店，给外来客人收买铁货。设有关东、广东、河南、陕西各地的客人会馆，平日平均下山的有一千余头牲口，每头驮一百二十斤至二百斤重。驮至薄壁以后，用大车运往新乡，分散至关东、天津、北平、曹州及运河流域。农具大都在本地销售，春天货最快的时候，每日可走六十大车货，每车平均一千二百斤。”1944 年，陵川商人郎满青就曾以 2 万元资本，在薄壁开设有“瑞兴恒”铁货行。

这条商道是如此的重要，但因其居于太行群山之中，山大沟深，交通阻塞，“所恃一线羊肠，惊心怵目”，“行路之人，罔不寒心”。历代民间和官府曾经无数次地进行维修改造。明朝嘉靖年间，即有辉县和陵川各数位义士共同出资白银 100 余两，“将磢之巍峨曲折者，斩木以通顺之；将进之窄狭巉岩者，凿石而宽广之。以迄仙人桥之高下险阻修葺荡平焉，而行客无忧矣。”清乾隆年间，当地人还在七十二拐之巅，修建了茶亭，以便于往来行旅饮茶解渴。

陵川历史上有多位县令亲自带头捐资或组织进行修筑。立有碑记的即有孙必振、陈封舜两位县令。陈廷敬撰《创修孙公峪新路碑记》即记载了孙必振修路之事："以康熙八年四月僝工于山，至再岁七月，顿成康庄。始于陵之冶头，至辉之平罗。断者续之，高者下之，阻塞者凿通之，蜿蜒百余里，凡土石佣力之资，费金三百余两。""昔也望岩而思阻，今且舆马奔驰，山无畏涂矣。"

陈封舜撰《补修东南路碑记》载："适有好义如徐本端、张臣等议修险阻，持簿捐金，诚善与人同。民之秉彝，当思乐助，使山峻者凿之，水滋者填之，陡绝者纡徐之，盘蹬者坦平之，大磙小磙，俱成康庄。""数百里之内利有攸往，货殖通矣，食物平矣，居者乐业，行者如归"。

白陉古道到达陵川县城后，再往西行，道路变得相对平缓，经过本县之礼义镇、高平县米山镇，至高平县城，接南北驿道，与太行陉并线。

三、限定线路和日程的运盐通道

晋城各县自古以来即食用运城池盐，又称"河东盐"。

食盐运销有固定的线路、规定的日程。据《敕修河东盐法志·运程》："若不定以程限，则脚户任意绕道、越境、逗遛，随处盗卖，有亏商本，良由行无定程，交无定限。"所以官方专门核定运输各县的路线，运行的日程，刊刻行程路单，给付车户船户，牛车每日按 30 里计算，骡驴每日按 50 里计算，不可绕道，不能逗留延误。盐运到县，地方官将验收盐票和行程路单，如果愆期或盗卖，将以法治罪。

《敕修河东盐法志·运程》规定了所至各县的运输线路和日程。其中沁水县的运输线路和日程为：

沁水县：计程三百七十里，限六日到。自运城，三十里至陶村，三十里至水头，二十里至小郭店，二十里至闻喜县，三十里至东镇，三十里至隘口，二十里至侯马驿，三十里至曲沃县，三十里至樊店，二十里至翼

城县转脚，二十里至北撤，二十里至龙华，四十里至王寨，三十里至沁水县。

沁水縣 計程三百七十里限六日到

自運城三十里至陶村三十里至水頭二十里至小郭店二十里至聞喜縣三十里至東鎮三十里至隘口二十里至侯馬驛三十里至曲沃縣三十里至樊店二十里至翼城縣轉脚二十里至北撤二十里至龍華四十里至王寨三十里至沁水縣

《敕修河东盐法志·运程》沁水县

这一记载过于简略，下面试着探讨更为详细的线路。龙华又作隆化铺，为翼城县六大集市之一。据乾隆《翼城县志》，从龙华铺十里至神马铺，十里至东乌岭铺，接沁水县境。从东乌岭到沁水，盐路中只记有王寨一地，王寨是古集市，但到康熙年间已废。康熙《沁水县志·铺舍》：“以西十里有苏庄铺，又十里有孔峪铺，又十里有固镇铺，又十里有东乌岭铺，接翼城界。”王寨就没在其中。又据雍正《山西通志·疆域》对沁水县交通的记述中有：“西北经梅峪沟、青龙村、王寨镇，四十里至东坞岭。”另据康熙《沁水县志·村镇》：“城北：梅沟庄，离城五里；苏庄村，离城十里；太平村，离城十二里；青龙村，离城二十里；孔峪村，离城二十八里；弯则村，离城三十里；王寨镇离城三十五里；固镇村，离城四十里；东乌岭，离城四十五里，翼城县交界。”

结合这几方面的记录，可以确定，从翼城到沁水仍沿着铺递之路行走。沿线经过的村庄和铺递为：东乌岭—固镇—王寨—弯则—孔峪—青龙—太平—苏庄—梅沟，然后到达沁水城。

在这段路程中，东乌岭为沁水与翼城交通之控扼，该段道途最为难行。明南京右副都御史杨宗气《宿东乌岭》诗云：“立马东乌风日寒，遥遥倦客倍辛艰。冰霜满地衣裘薄，石磴连天道路难。”从中可以体会到行走东乌岭道路的万分艰辛。

《山西旧志二种》附录的民国年间东亚同文会编《山西省志》也记录了这段道路的情况：“（东坞岭）山高坡陡，步行颇感困难。行至四万三千步时，到达山顶。下山路是朝东直下的陡坡，均以石砌成，雨天亦可行走如常。自固镇沿沁河支流梅河河床缓缓而下，进入沁水县境内。本段路程须翻越东、西坞岭，山高路险，不通大车，货物均靠马驮。”文中同样记述了东坞岭道路之险峻。

阳城县食盐运输线路和日程为：计程500里，限9日到。自运城至沁水县转脚，路程俱同。自沁水县，20里至富店，30里至刘村，50里至小城，30里至阳城县。

更详细的走向，这里再作一些分析。东亚同文会编《山西省志》载：“出沁水县城后，沿梅河河床东行八千二百步，走出河床，折向东南，行至九千四百步时达到富店镇。过了富店镇，便是夫妻岭。到达岭上时，共行走一万二千二百步。由此下到岭下的辛家河，计步器指在一万四千五百步处。夫妻岭上下坡度约二三十度，路宽约三米，以天然石块铺成。自辛家河沿芦河河床继续下行，两岸峭壁起直立，怪石嶙峋，中间仅通一马。”可见这条运盐道路是要经过夫妻岭的。雍正《山西通志·疆域》亦载：“沁水县东路二：郭庄铺、傅齐岭铺接阳城县大谷沟铺。”所言傅齐岭，即夫妻岭。进入阳城境内，必须翻越夫妻岭，舍此别无他途，这是该条道路中十分难行的路段。康熙《沁水县志·地理志》载：“夫妻岭，在县东十五里。相传有夫妇挽车至此，力穷而毙，故名。岭上高峰兀出，是为尖山。”这个故事事实上流传很早。明代诗人张昌《过夫妻岭》诗中就写道：“夫妻推车上长坂，行色仓皇日将晚。巉岩石磴不可跻，夫妻相让争相挽。力穷气绝死道间，英魂不散留空山。化为两鸟常相偶，双飞双宿鸣关关。君不见纷纷薄俗不古若，夫妇情乖自相虐。何如此岭名不磨，万载千秋激劝多。”

但过夫妻岭后，并没有走通常的铺递之路，而是走的从刘村至小城，再至阳城县。所谓的小城，就是今润城镇。阳城县西部的铺路走向，明成化《山西通志》载："阳城县十铺，总铺在西门外，西路六：李丘铺、阳邑铺、柳泉铺、大谷沟铺接沁水县傅齐岭铺。"雍正《山西通志·疆域》载："（阳城县）西经水磨头、李邱村铺十里，王曲村、阳邑铺胥五里，越银匠山至友泉铺十里，又越画山至芹池铺十里，又经泉秀铺十里，吕家河、大峪沟铺胥五里，又十里至沁水界夫妻岭，此阳城孔道也。"这是阳城县西部至沁水县的铺路，因需要翻越银匠山、画山，道途险恶，无法行车，所以运盐线路放弃了这条孔道。所选择的经润城的这条道路相比阳城西部铺路要平坦易行得多。《阳城县交通志》（1990 年版）载："（阳城）境内沿芦苇河经下孔、蒿峪、町店，至刘村，较平坦，为明清时期的繁华商路。"《阳城县志》（1994 年版）亦载："境内以润城、刘善、孔寨、蒿峪至刘村的道路，为明清时期的繁华商路。"明确记载了刘村至润城所经村庄，也证实了这条盐道的走向。

但此线路中的刘村附近有虎尾坡一段险路。据刘村镇《修虎尾坡道路碑记》："（虎尾）坡近刘镇之东南，崖悬壁峭，鸟道危微，阪折峦回，羊肠宛转。往来行人不特肩挑负载者颠蹶堪怜，惟隆冬之际寒冰凝结，贫家子弟策蹇任重，冒雪冲风，其艰难万状更有不忍言者。"清同治十一年（1872），经曲沃盐商张鸿瑞、介休盐商文庆桂提议，县令倡捐，百姓募化，终使"崎岖之路坦平于一旦"。

这条道路所经均为沁河流域经济发达的村镇。孔寨为明清造纸重镇，明清设有两孔铺。泽州知府朱樟《下孔行》一诗云："垂杨阴里鸟声欢，山袅榛菅径曲盘。雨刷上流春水浊，石围高岸黍田宽。碧阑干外梨花重，白粉墙低茧纸干。行尽太行三月路，木绵裘软客衣单。"并加注释："村以造纸为业。"据下孔村明万历三十七年（1609）《重修成汤庙碑记》："本镇下孔里，后倚竹山，前临芦水。驿道通长安，递送卿相多逢路中；尧都往来经商……”“车马喧遝，接踵摩肩，往往不由县城，而不能不由孔寨。”该村至今留有“行沁通衢”石匾，意为太行山与沁水之间的通衢要道。蒿峪村与刘善村均为冶铸重镇。

凤台县的运输线路和日程为：计程590里，限10日到。自运城至阳城县转脚，路程俱同。从阳城90里到凤台县。

这条盐路，没有记载从阳城到凤台的具体线路。但从相关资料中还是可以寻到相关脉络的。雍正《山西通志·疆域》载：“（阳城）东至凤台县界周村镇四十里，凤台县治八十里（县志九十里）。”这与盐路里程的记述是一致的。又记：“东经后则腰、下孔铺胥五里，沁渡铺十里，越沁水，经北留铺二十里至凤台界周村铺，胥坡道。”所走道路即为铺路。

从北留到凤台县，《泽州府志·铺递》记载了详细的铺递之路：“（凤台县）岗头铺，城西五里；西峰铺，城西十五里；石窑铺，城西二十五里；上町铺，城西三十五里；河村铺，城西四十五里，接阳城北留铺，十五里。”北留海会寺《新修白衣大悲五印心陀罗尼经咒堂兼施茶普济叙》载：“且此一地也，虽僻处一隅，东北通泽潞、晋阳，西通晋宁暨全陕，南通两河暨诸省，熙熙攘攘，来来往往，曾无一息之停。”可见此条道路的繁忙情形。

为此，可以确定从阳城到凤台县的盐路：阳城县—下孔铺（两孔铺）—沁渡铺—北留铺—周村铺—河村铺—上町铺—石窑铺—西峰铺—岗头铺—泽州城（凤台县）。上町村现已无此村名，在周村镇下町村南有“铺上”自然村，《晋城县地名志》载：“该村解放前是晋城通往阳城必经之地，古为驿铺”，此村或即为上町铺所在。关于“西峰铺”，《凤台县续志·里村》记有“西峰里”，辖核桃洼、南畔、掌村、吕管沟、下小峰等五庄。在吕管沟附近有村名“铺岭”，《晋城县地名志》载：“该地过去是晋城通往阳城的必经之路，初名二十里铺。”应为“西峰铺”所在。

另外，清康熙《钦定方舆路程考略》载有泽州至阳城路：“泽州，过沁阳桥，岗头村，五里至部庄铺，五里至核桃窊，五里至寨子岭，五里至石窑，五里至枣窊铺，十里至马村铺，五里至常庄村，五里至周村镇，三里至界牌岭，入阳城县界。界牌岭五里至北留堡，五里至北留铺，五里至沁渡堡，五里至沁渡铺，一里至祖师阁，一里至沁河渡口，五里至下孔寨，三里至下孔铺，七里至东坡头，三里至阳城县”。记载更为详尽，可作为这条盐路的重要参考和补充。

高平县的运输线路和日程为：计程 680 里，限 11 日到。自运城 590 里至风台县转脚，路程俱同，90 里至高平县。

陵川县的运输线路和日程为：计程 700 里，限 12 日到。自运城 590 里至风台县转脚，路程俱同。自风台县 20 里至王台铺，20 里至高都，20 里至附城，50 里至陵川县。

另据《增修河东盐法志·运商门》记载，清嘉庆二十四年（1819），经盐商申请，高平县和陵川县的运盐路程发生了变更，更改后的路线路程更短、更为合理。

高平县改为，自运城 370 里至沁水县，40 里至郑庄，40 里至端氏，40 里至玉齐，20 里至老马岭，30 里至高平县。计程 540 里，限 11 日到。比原先的里程缩短了 140 里。

陵川县改为，自运城 510 里至高平县老马岭，20 里至康营，30 里至米山，40 里至礼义，40 里至陵川县。共计 640 里，限 12 日到。比原先的里程缩短了 60 里。

这一运盐路程直至清末未有再变。

在变更后的高平与陵川盐道上，以老马岭最为凶险。这里处于沁水县与高平县的界山，因为岭高崖陡，东西皆为峡谷大壑，地势险要，马都会感到疲惫，因此被称为老马岭。雍正《山西通志·疆域》载：“（沁水县）东由石佛铺、李壁村至郑庄，越沁河、端氏镇，一百三十五里至高平界老马岭。”《泽州府志·关隘》载：“老马岭，（沁水）县东一百五十里空仓岭北，商旅通衢，山岩穹僻，上设防兵。”

除了晋城地区自身的食盐运输外，明清时期河东盐还通过泽州运销河南怀庆府。《长芦盐法志》载：“怀庆府属河内、济源、修武、武陟、孟县、温县六处旧食河东之盐。”直到康熙二十四年（1685），河南巡抚王日藻请以怀庆改食长芦盐。（《河东盐法备览》卷六《行销》）

而运转河东盐至怀庆府各县，必经古泽州。从凤台县下河南则必经过太行陉古道。清代怀庆府河内县（今河南省沁阳市）人，顺治四年（1647）进士、官至刑部郎中的萧家芝在《与彭郡伯书》中言：“怀郡，盐法虽旧隶河东，但前此池有余盐，盐有余商，商众盐多，民不为累。近因雨潦，池盐顿减，就运城置买，其价固已腾踊。又历西乌岭、东乌岭、十八盘、天井关、碗子城诸处，千山峻险，万壑崎岖……”文中所言及的运盐道路即经过晋城的道路。

西乌岭位于翼城县境内，与沁水县境内的东乌岭合称为乌岭。十八盘在晋城有多处，这里已不知其所指，或指碗子城附近的羊肠坂。羊肠坂位于太行山南部的晋豫交界之处，这里沟壑纵横，山大涧深，道路狭窄，蜿蜒盘曲，是最难行的一段。三国时期魏武帝曹操行军至此曾发出“北上太行山，艰哉何巍巍。羊肠坂诘屈，车轮为之摧”的感叹。明初诗人徐贲曾作《羊肠坂》诗：“盘盘羊肠坂，路如羊肠曲。盘曲不足论，峻陡苦踯躅。上无树可援，下有石乱蹙。一步一嗟吁，何以措手足。途人互相顾，屡见车折轴。少时徒耳闻，今日亲在目。不经太行险，那知安居福。”明代诗人、万历间进士文翔凤《盐车行》诗云：“盐井解州大利权，阻修只恨太行山。谁牵代北拳毛锦，滥厕蹇蹄共皂闲。盐车飞轨薄其领，羊肠缚却追风影。伯乐下车攀哭之，骥亦喷鸣为引颈。满身悉辨五花云，拂拭漉汗赤鬣整。试捷先周地一回，绕日三匝汉关开。庸人止解观牝牡，愿君搥碎千金台。”

泽州大箕王泰来家族的王自振就曾经营怀庆府食盐。《泽州府志》载：

古羊肠坂

“（王自振）壮走邺郡，经营盐筴。会怀庆寇攘，民多流亡，责课闾左，至两丁办一引，公私不支，自振力请归商，民苏，而商亦裕矣。”

除了官盐之外，晋城南部的陵川、凤台，因邻近长芦盐的销区，也常有私盐渗入。《泽州府志》记载，晋庙铺镇孟良寨外，曾经立有《盐院禁约》石刻：“泽州、河内县交界，迤北迤南俱食河东官盐，不许买食长芦越境私盐，违者拿究。万历二十七年五月日立石。”这一记载，既表明了河南怀庆府曾食用河东盐，同时也说明曾经有私贩将长芦盐从此渗入。

另外，在陵川县靠河南一带私盐渗入则更为严重。《泽州府志》载：“泽州府与豫省修武、辉县近境，长芦海晒，透漏最便。陵川县比邻于辉县、获嘉，山东奸民专取芦盐回卖。”乾隆五年《陵川县志·盐法》记载：“陵川县比邻于辉县、获嘉，山东奸民专取芦盐回卖，知县雷正莅任，即严禁隘口。如大碳等处，遴派盐捕，四路踊缉。私枭敛迹，年清年额，并不致透漏他处。”

清末，在陵川县专门设有缉私委员，督勇巡缉私盐。又在陵川县的甘河口、夺火口、古郊口三处设置了缉私关隘。分别把守三条私盐渗入通道。

甘河，古作乾河。甘河口是在与河南辉县平田村交界所设的关隘。通行之古道即为太行八陉之白陉，这条道路的重要性自不必多言。夺火口，又名永和隘，古名石会关，在今陵川县夺火镇，河南修武县多条进入山西的山僻小道在此汇聚，是古代陵川最为重要的关隘之一。古郊，古作窟郊，在这条与河南辉县相通的山间小道上，原有王莽岭、王莽台等，现在成为陵川县重要的旅游景区。

清乾隆四十四年（1779）《陵川县志·关隘》记载的陵川县与河南省接壤的关隘达十条之多，而以此三处最为紧要，私盐渗入最为严重，所以专门在此设立食盐缉私关隘。

四、遍布境内辐射周边的煤铁之路

作为“煤铁之乡”的晋城，境内到处出产优质无烟煤，铁和铁器的生产也遍布全境。因此，境内和出境道路上煤炭及铁货成为最主要的运输商品。

明清时期，河南怀庆府清化镇（今博爱县城）是晋城地区煤炭和铁货向南输出的主要集散地。明代王世贞撰于隆庆四年（1570）的《适晋纪行》载：“余以庚午六月起于家，过大江，北道齐鲁，历汴抵卫，出修武，发宁郭驿，三十里抵清化镇，山西之冶器集焉。”说明在有明一代，清化镇已经成为晋城铁器的集散地。

晋城到清化的煤铁之路主要有三条。除纵贯南北的太行驿道之外，另两条道路分别为清化一大道和清化二大道，都是因通往清化镇的物流大道而得名。这些道路上，从南向北输送的主要的是茶叶、布匹、竹器、粮食等，而从北向南从晋城输出的则是以煤铁为大宗，兼有陶瓷、皮金、药材、丝绸等物品。

纵贯南北的太行驿道，河南济源人称之为“北方车马大道”。《济源公路志》载：“北方车马大道：自洛阳北行，过河阳桥，至怀州治河内 140 里；又北行 140 里，穿越天井关至泽州治晋城；北行 190 里至潞州治上党；北行 450 里至北都太原府晋阳。”一定程度上反映了这条道路的商贸特性。

太行驿道沿线的高平县和凤台县均为煤铁大县。煤炭储藏丰富，开采容易，又是质量无比良好的无烟煤，火力强，价格低。民国《中国实业志·山西省志》记载，晋城县有一定规模的煤窑达 13 家，未列名小窑有 200 余家。高平县有一定规模的煤窑 4 家，未列名小窑 65 家。生产的煤炭除当地居民购买作为燃料使用和冶炼铸造业使用外，还有相当一部分煤炭运销境外。泽州犁川镇附近，清末民初即开有 10 多座煤窑。除供应本地需要外，越过太行山，销往河南境内。晋城乡绅马骏在大箕镇创办的同记煤矿，所产煤炭即主要运往河南清化，再装火车运往道口或平汉销售。据民国东亚同文会《山西省志》：“泽州煤往年畅销河南、山东各地，年销售额约八十余万元”。

煤炭的运输主要靠畜力，在道路平坦的地方，用骡车拉运。骡车的结构极为简陋，车上载有可装煤百斤的大筐两只，用骡子牵引。在道路崎岖险峻的地区，则用驴骡驮运，每名马夫可赶三四头牲口。在拦车镇附近还设有煤栈。清末民初东亚同文会的日本学生称，考察行经太行山路时，在拦车镇附近，亲眼看到很多骡、驴驮着大块无烟块煤逶迤南下。

由于人们源源不断地将晋城的煤炭运往河南，以致太行大道成为一条著名的“运煤大道”。德国地理地质学家李希霍芬在《中国旅行日记》里曾写道：“太行山产的煤以及泽州产的煤和铁几乎都在清化进行交易。我

运煤的驴车

们出西门，沿着去往怀庆府的大道前进，在 15 分钟之内遇到了 62 辆装载铸铁、生铁、无烟煤和陶器的推车。”“夜里我就睡在清化以东运煤大道旁的一家小客栈里，整晚都有运煤的推车来来往往。”但到了民国初期，由于英国福公司在河南清化镇的迅速发展，产煤数量激增，使泽州煤在河南的销路受阻，销量逐年减少。

凤台县是全省最著名的锅鼎生产区，在清道光年间全县有铸锅炉 400 余座，光绪年间因灾减半，民国十年以前尚有 200 余座。凤台县炼铁业以大阳镇、来村镇（今巴公镇来村村）为集中产区，而其锅鼎铸造业则以南村、南马匠村为中心。高平县曾经是山西规模最大的铁产地。《中国实业志·山西省》记载的高平县重要铁厂即有谷口村的祥瑞公、上野川的锦华兴、陈庄的万成合、掘山村的茂森山、龙泉村的三合公、西山村的四泰成、石嘴头村的祥兴和、柏山村的仁义全 8 家。

至迟在清代中期，在凤台县的南村镇已经形成了区域性铁货集散地。

晋城县南村之熟铁厂（自丁格兰《中国铁矿志》）

李希霍芬曾言："南村地方各种铁工业的厂子，数以百计。"这里聚集了十家铁行，他们收购各地所产铁货，然后经河南清化镇中转，运销全国各地。《晋城铁业调查》（1948）记载："在销路方面，晋城南村是各种铁货的汇集地，除吸收本地铁货外，并有阳城、荫城、长子一部，都由此向外推销。"其铁制品的销售，东到青岛，西至甘陕两省，南达湖南、湖北、两广，北至口外。

李希霍芬从河南怀庆府上太行时，特别留意了晋城铁器的贸易情况。他在《中国》一书中写道："有一次我在二十分钟之内数过迎面遇到的有102个驮了东西的骡子和108个挑夫。这里的一头骡子（平均）要驮二百斤，一个挑夫要挑七十五斤，因此合算起来就是十七又四分之一公吨的分量。我估计一整天里所遇到的运输量不下150吨。主要是各式各样的铁货，如铁丝、铁钉、平锅、蒸锅、犁头、种种杂件、铁箍等等，以及无烟煤。成千成万的人和牲畜年复一年地在这条路上走动着，把风台这个重要煤铁区的产品运送到清化（镇）。”

日本东亚同文会编《山西省志》对“泽州铁的外运销售”也有较为详细的记载：“自南村至清化镇，是一百一十华里的山路，崎岖不平，连独轮小车也不能通过，货物运输完全依靠人担马驮。每名苦力运量为八十斤，马为二百斤至二百二三十斤。夏季天气炎热，运量减少，人以六十斤为限度，马以一百斤为限度。自南村至清化镇往返需要三天，据估计，每天的运输量为一万六千二百斤，合每月五十万斤。”该志还记载了泽州的铁经清化镇出口日本的情况：“将泽州铁运输出省时，以清化镇经邯郸至天津和清化镇经德州至济南两条路线最为有利。”

因受光绪三年（1877）大灾的影响，晋城冶铸业遭受重大打击，这条煤铁之路上运输量相应减少了许多。日本东亚同文会编写的《山西省志》记载：“每天都有很多身负三百斤以上重载的马、骡、驴等往来穿行这条大道之上，平均每日一百七八十头，最多可达二百二三十头。”与李希霍芬所见之规模已是不可同日而语。

清化一大道与清化二大道都是穿越凤台县西部及南部，连接怀庆府和平阳府的重要道路。

《晋城市交通志》载：“自泽州县周村起，经岸村、南上坡、望头、南岭上、冶底、上犁川，东岭口、新房洼、天水岭、天井关、沙石堡、石槽、晋庙铺、水奎，拦车、岔道口、草底铺、山尖、油坊、化布施、大口、口南湾，从碗子城出境，入河南清化镇（博爱县）常平，古称清化一大道。”“自周村起，经范堨、班堨、下河、吉村、李寨、坂河、牛花岭、西沟、下犁川、孟窑、坟上、西凰头、花口、东庄、蓄粮掌、衙道、碾槽洼、前洪水、后洪水、泊盘，从207国道南出境处东侧之池根村出境，入河南省博爱县紫林村（应为沁阳市紫陵村），古称清化二大道。”

这两条道路均起自凤台县周村，向西连接从周村至阳城的铺递道路，向东南则分途而行。清化一大道至天井关，与南北驿道合为一途，直达河南清化镇，在这条道路上的冶铁重镇冶底村生产的优质炭块，民国时期通过清化镇，销往汉口。而二大道则从凤台县西南的山河镇出境，再从河南省沁阳市紫陵村，至清化镇。

清化二大道在泽州南部至河南沁阳段又称仙神口古道。仙神口又称仙人口。《凤台县续志》所载仙人口关隘图中标注：“（仙人）口为入境小道，在县西南八十里。守口，山岭可以下礌，又可掘路断行。南三十里为河内县二仙庙，北鸦（衙）道村接凤台壤，仙人口又呼仙神口。”

牛永利《万里茶道沁阳段：太行山仙神口古道的考察与研究》一文认为，仙神口古道是晋煤外运的通道之一。清代，二仙庙前设置有煤场。牛永利考证引用了若干碑刻资料。其中之一为清咸丰四年（1854）济源市东逯寨村关帝庙《修路序》：“……又请凤邑闫公正西等妥议成规，以九窰为界，九窰以北凤邑修之，九窰以南逯寨修之……复请煤行帖张，以每年所获用钱为异日补修之资。”由碑文可知，二仙庙附近还曾设立有“煤行”。碑文中还记载有捐资商号山西潞府商号天福堂、中和堂以及凤台县南村商号万生堂。另一块碑为清光绪十九年（1893）《河内县堂断碑》：“仙神口，旧有驮煤、驮炭牲口，数百余年并未有支差帮柜之说……”牛永利先生的考证，有力地证明了清化二大道也是一条运煤之路。煤炭从这条古道下山也是主要依靠牲口驮运和乡民人工担挑，将

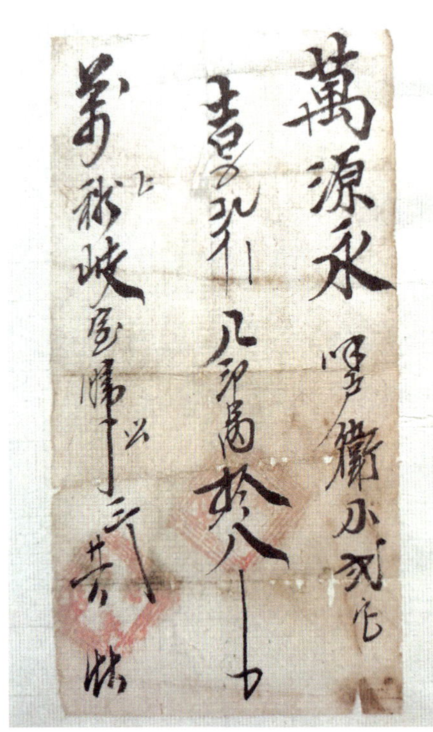
萬源永

万源永商号送货脚单

煤炭卸到仙神庙煤场，然后转卖到山下。

明清时期，阳城的冶铁业集中在沁河、芦苇河两岸的润城、三庄、刘善、蒿峪、孔寨、尹家沟及郭峪、安阳、东冶等地，产品有生铁、锅货、蒸笼、犁镜、铁壶、铁鏊等。这些铁货大部从两条清化大道运抵清化，分销各地。其犁镜因多被运往河南怀庆府销售，故又名怀庆犁镜。

而不常被人提及，又客观存在的，是起于泽州府，在犁川镇与清化一大道相交，然后又与清化二大道合途的一条商道。清康熙《钦定方舆路程考略》记载了这条道路，称为“泽州南接河南怀庆府济源县道路”。其路程为：“泽州二里至河西庄，三里至流杯泉，五里至牛匠村，十里至申匠村，十里至大箕村，五里至犁川镇，二十五里至西黄头村，二十里至土河村，接怀庆府济源县界。”这条道路不妨称之为清化三大道。因为该道路直接贯穿了流杯泉、牛匠村、申匠村、大箕、犁川等煤铁产区，所以也是一条不折不扣的煤铁之路。

除了清化大道，阳城县还有多条山僻小道通河南济源。清康熙《钦定方舆路程考略》所载“自泽州西至阳城县接河南怀庆府济源县界陆路路程”：“三里至岳庄村，七里至劳泉村，三里至苙堰村，五里至慢上村，五里至小岭村，三里至古家河，八里至江则河，十五里至龙野底，十里至长峪村，五里至孤山，八里至白云口，五里至皂君垛，三里至韩王头村，怀庆府济源县界。”并注云：“韩王头村，即荆子隘也。”白云口即白云隘。清同治《阳城县志》：“荆子隘：县东百十里，白云隘旁入之径，马迹不通，樵牧负贩捷径。”又记有白云隘西侧名为“天尺岭”的隘口：“白云隘西径，虽逼仄，负贩络绎不绝。”

这条道路又有战国“韩魏之要衢”之称，在阳城县境内，有多条支路。其中一条，《阳城县乡土志》记载：“过南河之间，登南峰之上，五里曰梁桥，在上、下岳庄之侧；十里曰张庄，在上、下白桑之中；又五里为台头村，神泉山峙其北；二十五里为东冶镇，桑林河流于其南；二十里曰江河，十五里曰窑头，又十五里为孤山口，再十五里曰白云隘，为晋豫往来之口，乃出入险要之区。南路共百一十里。”这是该志书记载的唯一一条通往河南济源的道路。

该道路在河南济源也称北方大道，或北方车马大道。“或自洛阳北行，从白坡渡黄河，经河清（今济源留庄附近）、济源，过轵关，越王屋山口；经濩泽（今阳城县）、上党、晋阳，以至关内道（今宁夏、内蒙古及其以北），是洛阳入晋的捷径。”（《沁源公路志》）阳城本地产的铁锅、砂锅、陶瓷从此路驮运或担挑到豫北济源，换回粮食、布匹。

从这些记载中，可见该条道路在晋豫两地经济往来中的重要性。但因翻山越岭、过河涉水，蜿蜒曲折，只能人挑肩担，异常艰辛难行。尤其是这条道路上时常有匪徒拦路抢劫的事发生。民国八年（1919）匪患猖獗，阳城县樊村驮骡队驮着大洋往济源运送，行至关爷庙时，即被土匪拦劫，幸得到江河村拳师赵喜重等挺身相救，始得脱险。

《晋城市交通志》还记载了另一条从阳城通往河南济源的道路：“自阳城县城南行，经坪头、芹庄、尹庄、土孟、河北口、下交、元岭、圪桃窊、九甲窊、西交、核桃铺、秋川、杨柏、莲花隘，然后从老君堂入河南省济源县。”并称之为“经济交流之要径”。清同治《阳城县志》记载：“（莲花隘）入济负贩捷径，险劣马迹不通。”这条道路因穿行于万山之中，路况较之前一条道路更为糟糕。清乾隆三十七年（1772）《创修南大路碑记》载：“芹庄吴神坡乃邑南诸乡孔道，往来城市者恒必由是假途焉。奈山径崎岖，徒行逼仄，而担负人等不有颠蹶之虞，则有趼足之苦。”给往来行旅造成很大不便。

明隆庆间徽州商人黄汴所撰《一统路程图记》，是我国现存最早的商旅交通指南，其中所述“扬州府至山西平阳府路”在晋城境内基本与清化一大道重合。其中记载清化镇至平阳府路程为：“清化镇，三十里王庄，上太行山。三十五里红花口，十五里浪车，八十里周村，八十里刘村，五十里沁水县，三十里黄寨，九十里翼城县，下太行山。五十里黄帝庙，四十里赵墟，五十里至平阳府。”其中的“浪车”即今拦车村。通过这条道路，凤台、沁水、阳城的铁货以翼城为中转，远销陕西、甘肃等地。

处在这条通道上的沁水县，与临汾地区的翼城县相邻，两地商贸往来尤其密切。民国《翼城县志》记载的从翼城通往沁水县的道路共有三条。

一是东北大路。即通过北撖、隆化、西坞岭，至东坞岭，接沁水县界。这条道路被称为“驮载盐铁之大路”。我们在前面的“盐运之路”部分曾谈到这一条道路。除了运盐之外，它又是一条煤铁、陶瓷之路。沁水县原杏岭乡（今属龙港镇）的可桃河、桃辿等村煤矿资源丰富，所开煤矿，在东乌岭设有煤场，以此为集散地，向浮山、翼城推销。而阳城的煤、铁、陶瓷也从此道运往翼城。清末民初，日本东亚同文书院的学生曾到此实地调查，据其观察，翼城与沁水间，沿途交通并不频繁，但有不少驮煤的毛驴。沁水、阳城两地之间山路陡峭，崎岖难行，不通大车。阳城生产的瓷器、陶器多用骡马驮运。骡马一日的运费为一串五百文左右。《中国实业志・山西省》亦载，阳城陶瓷生产集中在后则腰村，民国时期计有28家，其产品有缸、盆、碗、瓶、壶、罐、象、马、狮、香炉、耍货等。“销河东道一带，用骡马驮运。”

二是东中大路。由城东河下起点，经过辛庄、屋山、木坂、石窑漠、上下石门、尧都、东西白驹、翟家桥、南头、杨家河、山头坳等村，至关门岭，接沁水县界。这条道路被称为“驮载煤炭之要路”，也被称为“烟火要道”。关门岭所在的原杏岭乡附近一带为沁水西部的重要产煤区。这里的硖沟、可桃河、桃辿、郝家等村均产煤炭，而且埋藏较浅，极易开采。《沁水县地名志》记载，郝家村属尧都村自然庄，“因明清时挖煤、炼铁业发达，曾有九股集资，故名‘九和’”。

三是东南大路。分二条岔道，都接至沁水县中村镇张马村，接沁水

界。这条道路被称为“驮运煤铁、木料之要路”。中村镇所辖冶内、柳沟、石井沟、中村、南河、松峪、下峪等村冶炼的历史都十分悠久。其中，石井沟在乾隆初年即有公顺号、永盛号、三合号、协盛号冶铸商号。“柳沟山铁”为沁水知名的铁货品牌。而与中村镇相邻的杏峪、土沃两乡也都炉号繁多、冶铸业兴盛。松峪、峪里等地所产煤炭，除供给当地炉号和群众使用外，还销往翼城县，也有少数销售绛县。但因通往绛县山间小路更加崎岖难行，只能使用骡马等高脚牲口，每头毛驴至多能驮 150 斤，往返需要 3 天时间。

长治县荫城镇为山西南部重要的铁货集散地，在清乾嘉年间，出品畅销全国。每年交易量达 1000 余万两白银。(《中国实业志·山西省》)。晋城地区生产的铁货中也有很大一部分运往荫城，再从此销往各地，凤台、高平、陵川商人均在此开有铁货炉和铁货铺。

陵川县人李富永在荫城经营的永记铁庄

从高平县通往荫城的道路主要有两条，一条走高平建宁镇方向。《晋城市交通志》载：“自高平市区起，向东北经店上、南李、响水坡、勾要、浩庄、石村、黑土坡、郭庄，在建宁村北入长治县西火乡，古称高平北官道。”自西火镇再往北即到相邻的荫城镇。另一条道路则走换马村方向，《晋城市交通志》载：“自高平市区起，朝东北方向经店上、北李、长寿、三甲、口则，在国道 207 线入境处之换马村至长治市长治县，古称高平东官道。”进入长治县界后，经长治县八义镇，到达荫城镇。高平建宁、陈区、三甲等地生产的铁钉、铁锅、生熟铁等即通过这两条道路源源不断地运往荫城。

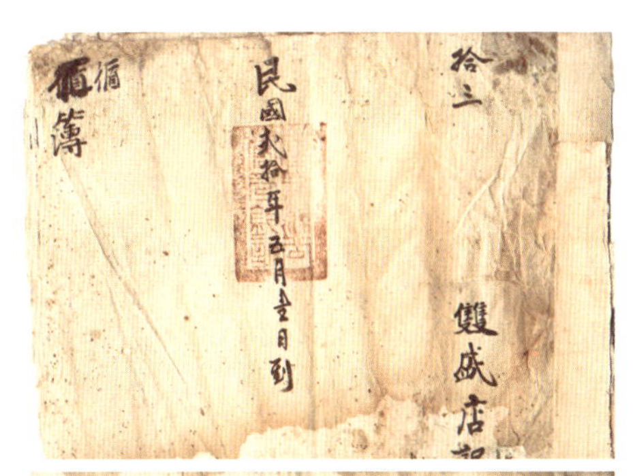

民国二十年高平双盛店《循簿》

凤台县的铁货运往高平后，也是由这两条道路运至荫城。民国二十年（1931）高平双盛店的一份《循簿》，即有晋城县郭春旺等五人担铁货到荫城，返回时在此住店的记录。

从陵川到荫城，交通较为便利。《晋城市交通志》载：“自陵川县城起，向西北经三道河、石井、西脚、牛皮掌，在池下村北入长治县西火镇之观火岭，陵川县内 20 公里，至长治市区 60 公里。古为陵川与上党地区之捷径。”陵川县的平城、礼义、秦家庄、杨村等地在清代和民国时期冶炼业也十分发达，方炉、货炉、条炉、钉炉生产的产品大都送往荫城。

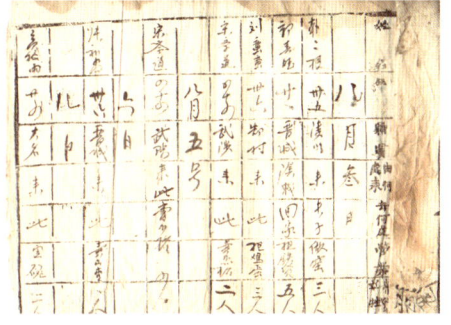

五、拦车厘卡的功与过

清咸丰初年，太平天国起义爆发，短时期内攻下了 600 余座城市。清政府为“筹款”“筹饷”镇压起义，于咸丰三年（1853）开始实行厘金制度。按照规定，行商货物如药料（土产鸦片）、毡皮、花布、绸缎、烟、酒、茶、油、盐、碱、铁、牲畜等各大宗货物，到关卡时，都要抽收一次。实行一种“值百抽一”的商业税，百分之一为一厘，故称厘金。

山西省从咸丰九年（1859）开始实施厘金制度，除在省城太原设立筹饷局外，共设总卡七处，其中泽州府凤台县的拦车镇即为其中一处。光绪《山西通志》载：“太行八陉，起自河内。泽，其首冲也，曰天井关，在凤台县南四十五里。关踞山之绝顶，古即名为太行陉也。今有驿，有巡司，有厘卡，并在关南之拦车镇。”

拦车村居太行之巅，为晋豫交通门户。向来客货云集，商店林立，市面繁盛。道路两侧的老百姓，大多凭借转运货物为生。在此设立厘卡，正是因其为晋豫商贸之要冲。

山西晋中的茶商、布商在其经商规程中，均提及在拦车厘卡交纳厘金的情况。比如，平遥布商在《同治十年余庆堂各处办布底稿》中记载：在河南府洛阳县李村镇办布，“泽发平（遥），路过拦车山，四大小卷，各作

拦车镇

一担，每担厘金钱四百文。”在河南许昌石固镇办布，“路过拦车山，厘金大卷抽钱一百，色布一卷钱一百四拾文”。

祁县茶商在《行商遗要》中记录有“拦车报厘金例底”：“西箱二只壹钱贰，东箱三只壹钱贰。盒茶每十串作担，报厘金银壹钱贰。黑茶每担长银贰分四。花套茶每四件作担，每担报厘金银壹钱贰。黑茶每担长银贰分四。红茶大箱三只叁钱贰，小箱四只壹钱贰。”等等。

光绪二十七年（1901），清政府与列强 11 国签订了中国近代史上失权最严重的不平等条约《辛丑条约》，对各国赔款 4.5 亿两白银，价息合计超过 9.8 亿两白银。山西省因每年派担赔款数十万两，为筹赔款，专门设立煤厘局等。煤厘局专为征收煤炭厘金而设，全省设煤厘局 8 处，其中，在凤台县设立有凤高煤厘局。其煤厘的征收办法，据民国时期制定的《山西征收煤厘章程》，煤厘应向窑户征收，每百斤抽制钱 7 文。如果是向运户征收，凡一煤车，牛每套抽制钱 21 文；骡马每套抽制钱 35 文；驴每套抽制钱 14 文。骆驼每驮抽制钱 21 文，骡马每驮抽制钱 16 文，牛驴每驮抽制钱 8 文，人力车每车抽制钱 8 文。肩挑者概予免税。

据相关资料统计，清末拦车厘卡每年征收的百货厘金达 29538.67 两，仅次于设于平定州的槐苇厘卡和设于忻州的忻口厘卡，居于全省第三位。凤高煤厘局年征煤厘 17842 千文零 5 文，在全省 8 个煤厘局中仅次于设在大同县的大怀广煤厘局和设在阳曲县的太原煤厘局。

厘卡的设置和厘金的收取，本为权宜之计，不得已而为之，在一定程度上弥补了清政府财政资金之不足，支持了对太平天国革命的镇压，但结束对太平天国革命镇压之后，厘金的征收并没有停止，而是长期延续下来。并且征厘商品的种类不断增加，税率一再提高。中华民国建立后，仍保留了清代遗留下来的厘卡，继续征厘。长达数十年之久的征厘，商人的负担日益加重，商业的发展受到严重制约。

拦车镇自从厘卡设立之后，商旅将此视为畏途，地方发展大受影响。

随着时间的推移，因商人却步，厘卡收入减少。为了增加收入，厘局横征暴敛，不择手段，不守章程，任意勒索。“甚至被单衣包有厘，负戴提携有厘，空骡空驴亦有厘。”有时明知所携带并非货物，却故意开箱检验，致使行李、盘费暴露于外，暴徒尾随抢掠，这样的事情多次发生，商民受害，苦不堪言。暴力强征的事件也时有发生。宣统三年（1911），即在犁川镇发生了厘局差役聚众殴打骡夫至死的事件。

为了防范商贩绕开拦车卡，从周边其他小路过境，偷漏税金，厘局又在凤台县的九里口、柳树口，陵川县的夺火口等处，全部设立了分卡。于是由拦车一卡，一下子多出十多处分卡。比如，陵川县横水村民国期间就曾设有分卡。一本晋城地区的《办理杂货规程》手抄本记载，民国七年（1918）九月十七起，陵川县横水村新加厘金：“各种粗茶，每一包作五拾斤，每百斤税洋四角贰分；各样磁器，每百斤作八拾斤，每百斤税洋一元贰角；各样细茶，每一包作五拾斤，每百斤税洋贰元零四分；红糖每一包作六拾斤，每百斤税洋四角贰分；白糖每一包作六拾斤，每百斤税洋六角贰分……”

设立分卡，原为防范偷漏，但却成为一些人安置私人，侵蚀盘剥之所。“拦车厘局报省不过数万，而索取来往商民者，辄加数倍。其中委员分一份，书役分一份。而地痞、营兵，举所谓小柜钱、私下费者又得群为染指。”

厘务委员作为厘卡的主要负责人，本应该认真整顿厘务，按章办理，但却成为侵公分肥的“美差”“肥差”。清光绪二十八年（1902），拦车镇委员、候补知县胡镕，因违章写票，舞弊营私，被查处革职，永不叙用。光绪三十三年（1907），办理拦车厘卡议叙知县朱励志，因办事操切，约束不严，被时任护理山西巡抚、布政使宝棻查办追责。

民国初年，山西省议员、晋城人李生裕，对拦车厘卡的弊病十分清楚，在他提交的议案中指出：“自厘卡设而商旅畏阻，地方已大受影响”。

“有如许星罗棋布之厘卡在，商业自难以自由发展矣。”“此数十之虎狼，分布要隘，横吞强噬。致地方商客相戒裹足，人民相与切齿。”李生裕认为，方今民国维新，百务改良。应申明定章，撤去分卡。专就拦车办理厘务，以苏民困而裕货源。他提议，迅将九里等口后设各分卡，一律裁撤。并明白宣布此后一切应征货物，按照原定章程完纳，不准胥役勒索，则商旅称便，愿出其途。

山西省议会讨论认为，李生裕所提议案均属实有之事，此外各路厘卡，类似情形，尤恐难免。应请行知财政司分派妥员逐细调查，迅将一切弊习痛加革除。在省议会的督办下，山西阎锡山政府对拦车等厘卡的乱象，进行了严肃整治。

1931 年 1 月 1 日，国民政府顺应民意，取消了厘金制度，拦车厘局也随之撤销，民商称快。

第六章

市镇百态：尽显富庶繁华

晋城，居晋豫之要冲，得丹沁之滋养，坐拥煤铁之富，多获丝麻之利。得天独厚，造就一方富庶；地灵人勤，成就几许繁华。市镇百态不可尽述，今仅撷取几朵以观。

一、商贾荟萃泽州城

今晋城市区老城，即古代之泽州城。自唐代迁泽州治和晋城县治于此，直至今日，1000多年来，一直是晋城地区的政治、经济、文化中心，为山西省重要商埠之一，被誉为“煤铁宝库”“黄金世界”。

唐宋以来，这里商贾荟萃，商贸繁荣，商号作坊众多，市民聚集日众。明代，泽州城已形成了十坊九厢的城市格局。其中城内十坊分别为：福星坊、中和坊、安远坊、怀仁坊、淳化坊、镇宁坊、武胜坊、宁国坊、进士坊、世泰坊。城关九厢分别是：东关的平川厢，西关的景德厢，南关的白云厢、黄华厢、明道厢、迎恩厢、上原厢、遗爱厢、受域厢。南关成为这座城市最为繁华、最有活力的商业区域。

清代泽州城商业繁荣更胜于前。南关黄华厢古有晏公庙，祀黄河水神，故又称水庙。创建时间不详，康熙三十九年（1700）曾经重修。泽州在外商人和外地来晋城经商之人均视宴公为保护神。光绪六年（1880）《本庙增修记》云：“宴公，河神也，庙之主神，因以名其庙。”“顾泽凤南关去黄数百里，高黄数百仞，而作庙于兹者，何与？盖商贾之所聚处，南道吴、楚，北趋汾、潞诸州。黄，巨津也，孔道也。物产之丰阜，舟航络绎而不绝，风帆所过，谈笑而不惊。不可谓非神之所福佑。庙祀而馨香之，亦固其所然。”每年农历的九月十六日为晏公庙会。乾隆八年（1743）《大王圣会董理碑记》云：“晏公庙古有大王会，每年九月各省商贾云集。”凤台县每年还要专门为晏公庙唱三天官戏。南来北往的商人都在此上香，祈祷平安。乾隆四十三年（1778）黄华厢《水庙重修碑记》载：“吾泽南关黄华厢旧有晏公庙，往来商贾有祷辄应。”这一年重修晏公庙，捐资商号有德顺号、合兴号、顺义号、复顺号、长太号、万和号、和茂号、万顺号、天成号、大成号、永顺店、大顺号、祥盛号、松茂号、全兴号、协盛号、振兴号、复兴号、鸿兴店、同人号、通义号、议合号、增盛典、义和驼店、王成缎店、茹茶铺等70余家，另有捐资商人70余人。因碑刻磨损严重，还有许多商号和商人未能统计在内。

清咸丰十年（1860），宴公庙再修。捐资名单中即记录有南关粮行、面行、杂货行、钱行、药料行、当行、油行、布行、金行等9大行会；福庆典、源长典、益丰典、德仁典、庆成典、阜源典、通裕典、阜丰典、义恒典、庆升典等10家典当商；裕兴东号、和怡昌、新盛号、聚义长、意诚合、广义统、庆源丰、永聚同、永长义、通顺合、英盛店、复兴店、聚兴店、德泰店、同仁堂、复盛隆、泰顺裕、德盛余、德和程、万源利、永盛东、复泰和、升庆永、隆兴正、瑞兴瑢、兴盛和，新盛文、义盛永、兴盛晁，惠典号、顺兴和、恒泰兴、顺兴元、源兴隆、和合兴、通顺义等144家商家商号，以及侯朝源、毛瑞润、毛新顺、杜承煦、杜文楷、葛怀民、崔锦章等49个商人。

清光绪六年（1880），晏公庙增修扩建，残缺不全的碑刻上，记录有捐资商号：英盛店、瑞隆作、永和公、人来店、恒义店、大德兴、阜丰典、丰顺典、复新店、复兴号、协兴玉、祥聚瑞、泰顺奎、金泰山、金泰礼、公和成、福泉号、承泰号、义盛永、泰和合、义元合、瑞兴公、复泰合、大顺店、忠兴号、人和店等近百家。（晏公庙《本庙增修记》）

晏公庙与金龙四大王庙性质相同，都是由商人修建，用于祭祀水神、保护商人行商平安的，一定程度上也可视为商人的会馆。

清代在南关面行商人又建有面行会馆。嘉庆十二年（1807）《泽州府南关面行会馆捐资碑记》载：“泽郡为往来辐辏之区，南河南，北太原，商贾集于此，而南关为尤甚。以故面、店二行，更为泽郡会集之商，昔因生意茂盛，旧尝修会馆一区。”面行是泽州城重要商行之一，经营者以河南商人为主，创建会馆的发起人主要为河南怀庆府河内县(今沁阳市）人，所以该会馆又称“怀覃会馆”。

晋城怀覃会馆

面行会馆创建于清乾隆年间。会馆大殿花梁题记："旹大清乾隆五十七年岁次壬子七月廿八日卯时上梁，面行创建大殿三楹……"总理人：万盛号王大法、增茂号程统业、万和号王之端；监工：全泰号王德温，东成兴王天昌，□□□王立禄，南竞成周百朋、王万顺，太和号李琯，成兴号王锡社，恒泰号王锡彤，如盛号张满笏。这些商号和商人都是经营面粉的。

清嘉庆七年（1802），南关面行会馆还制定了《南关面行条规》。

嘉庆十二年（1807），再次修缮面行会馆，捐资商号有双泰号、义丰号、聚升号、东信号、同兴号、万聚兴、义和号、天顺号、兴盛号、同盛号、贺义号、天顺号等38家。

到了清末，面行衰落，油行崛起。面行会馆率由油行照料。清光绪三十四年（1908）《补修会馆碑记》载："凡会馆中诸神圣诞、春秋祭祀，尽归油行照应。"因会馆建筑年久失修，油行筹集资金，每百斤油抽钱二十文，积少成多，用资补修。于光绪三十二年（1906）八月，至光绪三十四年（1908）六月，进行了补修。由此也可看出当地油坊业的兴盛。

民国初建，撤销泽州府，凤台县改为晋城县。全县工商业呈蓬勃发展之势。据民国《山西省第一次经济统计》，民国八年（1919），晋城县共有商户 1571 家，商人 5568 人。这些商户和商人一半以上集中在晋城县城。民国二十六年（1937）前，晋城县城关共有市民及商人 6 万人以上，大小商号 580 余户，占到全县商店数的一半以上，计有盐店 2 户、当铺 4 家、颜料庄 3 家、煤油庄 3 家、布行 70 家、药铺 15 家、杂货行 45 家、绸缎庄 30 余家、估衣铺 2 家、洋碎行 11 家、铜铁碎货行 60 家，客货行店有大兴店、仁和店、隆顺栈等大小 10 家，大饭馆 4 家、粮行 8 家，摆斗的有 42 家，蒸馍铺 18 家、小饭铺 34 家、香油坊 9 家、豆油坊 15 家、肉案 8 家，回教推车卖羊肉的 8 家、棉花行 3 家、真银楼 10 家、白钢银楼 15 家、染坊 7 家、镶牙馆 3 家、修钟表铺 4 家，皮金行有协义合、万顺永、三义德等 10 家，鞋铺 10 家。另有铁货铺 10 家、顶针厂 30 家、皮行 4 户、皮坊 8 家、热铁碎货炉 150 户、棉纸铺 4 家、麻行 8 家、糟坊 4 家、剃头铺 10 家、澡堂 5 家、琉璃坊 10 余家、毛巾工厂 15 个、织袜厂 4 个、织带子 10 余户、织毛口袋 10 余户、竹货铺 2 家、丝行 6 家，汽车公司有乾记、华记两家，其一般的小商号与小摊贩未统计在内。城内大街小巷，到处挂着“货真价实”“童叟无欺”“公平买卖”“便国利民”的金字招牌。

晋邑城内永来泰商号月饼印版

晋城的度量衡制造在全省独具特色，复杂多样。既有小到3斤、5斤的盘称，又有大到100斤、150斤的刀称，也有10斤、50斤的钩称。还有直尺、斗、升等量器。制作各类衡器的有南关的王鸿元，南街的陈金堂，南门里的郑德印，小东关的同兴斗店、同兴长店，南大街的同兴西、复兴斗店等七家。

染坊业有城内的福兴泉、栈记、义兴成、全顺永；南寨的三盛隆；南关的泉茂永、德盛祥、复盛永；黄华街的悦来涌；小东关的升记。主要是使用青、红、蓝、灰各种颜料，制作蓝布、青布、灰布、红布等。

丝线业，南瓮城有兴顺合，黄华街有和义顺，南门外有和义隆。用棉纱生产毛巾的商号，城内大街有复顺祥，黄华厢有聚兴源，南寨有永义昌，人和巷有义顺昌。

生产蜡烛的商号，城内有松盛宜、义泰永；黄华街有协盛永、义泰美、恒泰昌；卷棚底有天泰成。制造爆竹的商号，黄华厢有文兴成、长盛远；司家巷有天源林，观巷有天聚兴，西大街有福泰成，西关有玉生泰，赵家峪有高立成。生产和销售礼帽、便帽的商号，南大街有大德通、万顺魁；黄华街有仁记。

经营西药的有华美药房、博爱医院、寿仙堂，卖中药的有庆生堂、保和堂等。经营钟表、眼镜的有永升馆、公合馆，卖化妆品的有振兴隆、文化德。经营茶叶的有顺兴永、华昌永。卖糖的有永太祥、义昌号。经营酒类的有泰盛荣和裕丰厚。卖肉的有福兴公、永太顺，卖水果干果的有日兴号、同泰合。卖醋的有福顺和、长兴合。经营海味的有义顺昌。

物以类聚，货卖堆山。各类商号在泽州城还形成了专业化布局的特点。比如，在全省商家数量最多的银楼首饰业，主要聚集于城内南大街，主要商号有永顺楼、协和楼、聚玉楼、恒顺楼、复生楼、三义楼、九花楼、云兴楼等。其他的街道也有银楼，但为数较少。比如黄华街有天顺楼、义泰楼，西门里有兴泰楼，南寨街有复盛楼等。银楼制作的金银首饰名目繁多，有戒指、手镯、耳环、簪子、项圈等。汇聚于南大街的还有铜器业和制鞋业。铜器业主要商号有裕泰山、泰盛和、鸿庆和、祥瑞泰、张发禄、秦禄孩等。铜器产品包括铜面盆、铜壶、铜茶盘、水烟筒、铜勺、铜烛台等。制鞋业的主要商号有义兴永、茂盛裕、义盛德、同心德、荣盛魁、茂盛全、三顺德等。

在全省独树一帜的晋城玻璃业，则集中于黄华街和南寨。其中黄华街的商号有丰盛涌、天德昌、泰顺和、公和成、吉顺成、义和永等；南寨则有三义祥、三亿德、银盛祥、云兴德。

黄华街还汇聚了皮金业、打绳业、烟坊业的众多商号。皮金业的主要商号有三义公、天长存、天长久、三义成、三义德、三盛成、桐茂公、协兴永、协义成、万盛永、泰盛德、聚永春、贤永来等。烟坊业商号有王合成、三合永、天成永等。打绳业主要商号有永盛裕、中和余、大德元、三兴余、中义东、福和德、恒盛号。其他街巷的打绳商号还有：小东关的全兴公、南门外的协义恒、南门里的玉兴余。

油漆业商号以东门街最为集中，有复顺成、天顺斋、全顺斋、义顺兴等。此外，南大街有复茂斋、顺兴斋；七府阁底有裕祺斋；黄华厢有明德斋。

硝皮业集中于西巷，主要商号有德泰魁、德顺祥等。主要是将生羊皮、生牛皮等硝成熟皮，用于制作服装。

锅鼎制造则集中于小东关和

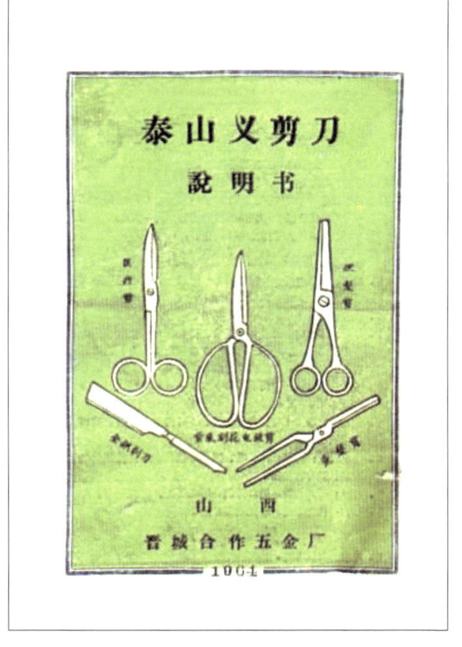

泰山义剪刀说明书

南门外。小东关有德生义、天盛义、泰兴义、福顺义；南门外有泰山义、复泰义、泰生义；此外南寨还有全山义商号。

晋城的酱菜业颇负盛名，商家主要集中于黄华街、驿后街和南大街。黄华街有永泰祥、同泰合、永丰厚、天盛祥。驿后街有德顺镒、中太和。南大街有兴泰号、祥顺号等。生产的大头菜，除供给本县及邻县外，还远销河南各地。

经营磨坊的商家众多，主要集中有城内和南关。城内有复泰恒、玉德成、东顺成、福兴昌、同心义、协兴永、福顺和、积义昌、吉泰山、自成公、泰顺山、中兴德、隆泰祥、俊兴泰、义盛源、顺兴成、泰和成、自成栈、德盛昌；南关有永昌号、永盛昌、德顺兴、天顺公、厚记、德盛合、德顺长、聚兴源、德盛永、张同顺、永顺恒、天成永、天成合、和顺成、祯盛德、万顺永、晋义德、晋泰兴、六合成、双兴同、发盛永。

油坊业商号主要有黄华厢的同义永、德盛成；南关的茂盛祥、同盛公；城内的义顺元、仁茂祥；东关赵家峪村的顺兴祥。晋城的油坊以生产豆油为主，除销本县外，主要销往河南。打蛋厂则有南关驿后街的永源（先后更名德源、德兴）蛋厂、黄华街与南寨街交会处的鸿记蛋厂和南关的万兴蛋厂等。

印刷文具业则有文华堂、翰墨林、宝文阁、明友局、三益成等商号。照相的有光明照相馆。

金融业有南大街的裕信银行、晋城县政府开办的晋城县银号，还有私立银号4家，分别为城内小十字路西的鸿记银号，南大街东天皇庙巷的华记银号、永宏银号、万兴银号。钱庄有晋孚号、晋昌号、永合顺、恒兴西、公兴恒、兴隆成、恒兴号5家。典当业则有南关明遗厢的源茂、下元巷的源泰、营坊巷的恒裕、安远坊的同庆、驿后街的升恒。

在这众多的商号中，有一些是人人皆知的著名商号。比如，生产铁货的泰山义商号，设立于清乾隆二十四年（一说清嘉庆二十年），其生产的剪刀最为有名。1915年曾在上海展出时获奖，被誉为“刀刃锋利，经久耐用”。南瓮城生产丝绸制品的兴顺合，设立于清光绪三十一年（1905），每年生产乌绫100匹、汗巾1600块、手帕50匹、腿带5200副。经营洋广货兼照相的光华兴商号，为晋城县商会会长马宝泉经营，其营业额一度占晋城市区的70%。市区内最大的饭庄为和盛园，为著名实业家刘汉民所办。此外，华德利广货庄、晋昌恒绸缎庄、集全顺绸缎庄、天立永布店、晋德兴布店、鸿记蛋厂、欧亚药房都是本城著名商号。

外地人在泽州城经商者众多。其中，太谷、祁县商人主营行货栈、棉布业；河南、河北商人经营京广杂货行，有药材、油坊、花布行、洋碎货、颜料庄；陕西和太谷商人经营当店为主。太谷商人在晋城开设有大来店、仁和店、集全顺绸缎庄等。

二、机声最炽是高平

高平，春秋为泫氏，其城在王报村；战国称长平。汉代置泫氏县。北魏永安二年（529），置高平县，县城未详所在。宋开宝六年（973），高平县城移至今址，距今已有1000多年历史。从宋代开始，高平城作为一县政治、经济、文化中心，开启了人口增长、经济繁荣的历程。

明代，高平城形成六坊六厢的城市格局。在城六坊分别为招贤坊、儒林坊、双桂坊、治平坊、孝行坊、节义坊；在关六厢分别为东厢、西厢、南厢东、南厢西、南厢南、南厢北。明代高平县丝绸业十分发达，最多时有织机5000余台。其中相当一部分在城关。明万历年间，招贤坊邢氏家族、治平坊袁氏家族、节义坊李氏家族、西厢张氏家族等都从事潞绸的生产经营。明万历二十三年（1595），高平城东北秦庄村重修仙姑土地神像，这些家族或捐银钱或捐丝绸，祈盼蚕姑保佑桑蚕茧丝年年丰收。高平城内众多的机户日夜不停地织绢织绸，织机有节奏的响声，汇聚成一曲优美的旋律，回响在高平县城，尤其是到了夜深人静时分，织机的声响显得更为突出，常伴随着人们进入梦乡。

到了清代，因顺治六年（1649）的姜瓖之乱，机轴毁坏，工匠逃亡，高平丝绸织造业受到沉重打击，但随后又恢复了部分生产能力。除岁贡潞绸之外，还不定时贡内务府绸、王府绸，还有伊犁绸。此外还代凤台织绢12匹、阳城41匹、陵川41匹、沁水29匹。（同治《高平县志》）

南关是高平商业最为集中的地方，也是丝绸织造和交易中心。高平商会会馆和乌绫会馆都建在这里。商会会馆位于南门外部家巷与安平巷十字街的东南方。乌绫会馆位于裤裆西街，是高平丝绸行业的专门会馆。

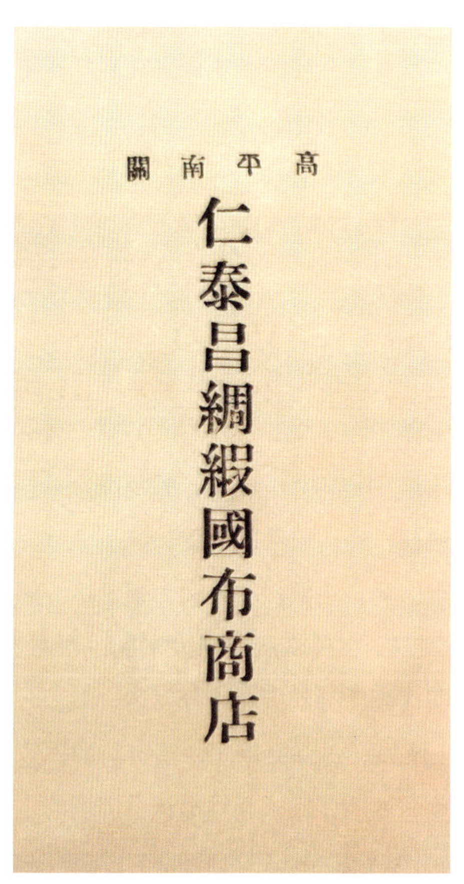

高平南关仁泰昌绸缎国布商店名片

民国初年，高平丝绸业再次复兴。织户主要分布在城关、河西、米山、野川等地。所产乌绫、绉纱、卞绸、花绫，驰名全省。天津《大公报》曾有《高平县机房发达》报道称：“高平县蚕丝发达久已驰名，近年所产出之蚕丝，皆供本地机房制造之原料，机房尤以城南、米山、河西、庞村一带为最多，每村不下八九十户，所造出之绫、缎、汴绸、手帕、丝绸等物品，大半销售于陕豫各地，该处居民多赖以小康云。”

1925年出版的《鲁豫晋三省志》专门介绍高平县之物产：“境内养蚕之家，既十居八九，故纺织业亦随之而盛。计境内织丝者不下千余家。如乌绫、绉纱、汴丝及泽丝，岁出颇多。”当时山西省主要生丝产地，每年生丝最高销售额为：高平县十万两，闻喜县三万五千两，洪洞县三万两，晋城县五万两，夏县七万两，新绛县三千两，沁水县三万两，曲沃县七万两，潞安府三千两。高平县远远超出其他各县。即便如此，高平织造丝绸所用的丝料，由本县仅能供给30%，其余70%，仰给于临近各县，而生产的丝绸除本地使用外，远销于北平、天津、河北、内蒙古、陕西、甘肃等地。

民国时期高平生产和经营丝绸的商行和商号主要有：南关杨姓开的杨四丝行、振兴西丝行、集大成丝行、祥庆恒丝行、振兴西乌绫铺；邢姓开的义顺昌丝行；史家开的史家丝行。还有同顺元丝行、大德恒丝行、祥泰恒丝行、祥庆和丝行、万顺义丝行、乾龙义丝行、公益丝行，以及苏保山开的义合公乌绫（包头）铺等。这些丝行多开在南关的裤裆街，大多经营有织机，自产自销丝绸。南关杨敬庭家族曾在南关观音堂前开设乌绫行一处，其后人又设置染房、机房，自做自售，颇获厚利。又开设当铺、布店生意。1926年，把布店改为乌绫手帕行。在解县创设大兴西商号，专门推销乌绫手帕，1929年，又与人合伙创设集大成丝绸行。集大成丝绸行，不但经销丝绸，还拥有十几台织机，是全县拥有织机最多的一家。除织素绸外，也织提花绸。抗日战争之前，还曾与义合公、万顺义三家合股，开办三义永染房，日染丝绸100匹。（廖沁平主编《高平晋商史料》）此时的高平城，又处处恢复了昔日那“沙沙、沙沙”的织绸的机声。

除了丝绸业，高平县城其他的工商业也较为发达。清道光二十五年（1845），米山镇米西村补修瘟神庙，高平县城关捐资的商行、商号就有：银钱行、面行、南当行、估衣行、铁货行、东当行、谦益典、义盛典、大生典、日新永、成盛典、德兴典、公益当行、镕粮炉、普裕典、昌盛典、

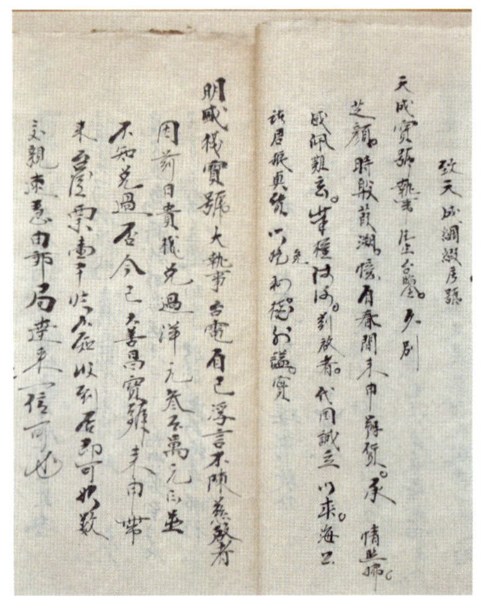
商业信函底稿

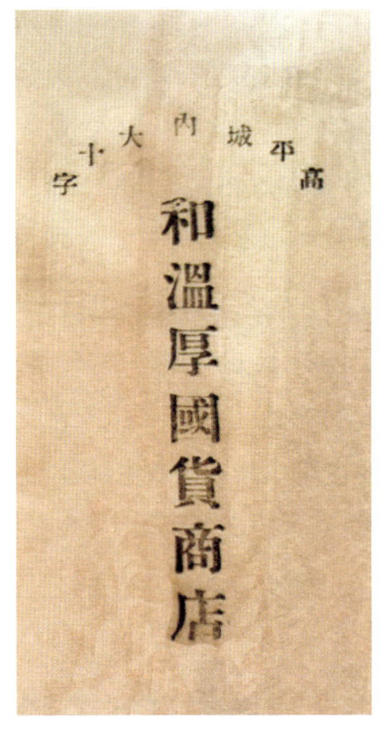

高平城内大十字和温厚国货商店名片

义顺典、永盛世、中正□、降顺永、中和义、复顺亨、瑞兴行、万隆亿、西泰永、复盛行、永裕行、公和店、东泰行、三盛号、合盛号、裕隆号、三益庆、玉成号、卫生堂、恒昌号、公议店、复盛隆、三泰公、祥顺店、成顺号、会昌美、花盛福、广成号、万育堂、天顺楼、永盛号、同兴行、永通炉、敬兴店、公兴店、义和号、元顺馆、涌升字、万和号、锦盛号、发盛公等57家。

民国初期，高平县城商业繁盛。据民国《山西省第一次经济统计》，民国八年（1919），高平县共有商户1564家，商人4123人。几可与晋城县比肩。这些商家也半数以上在高平县城。1930年，中原大战致使经济遭受严重破坏。1992年《高平县志》记载，到1933年，高平全县商号减少到225家，从业人员1544人。

民国时期，高平城关从事粮食加工的商号，城内有恒益成、广裕成、泉顺诚、永合公、义荣昌；南关有义泉永；西关有积益和。自宰自销的肉铺有茂盛和、成盛馆等 11 家。酱园有荣盛成酱园、德泰山酱园。

皮坊汇集于南关，主要商号有元兴皮坊、公盛皮坊、泰顺皮坊等。毡坊，在城内有德盛昌、福和昌、永益恒、聚盛昌、五福昌；西门巷有公胜毡房；南关有义胜公、杨文海等。银楼，城内有同盛、锦福、大昌永；南关有金盛。

经营京杂碎货的店铺有福泰恒、益和恒、源泰恒、吉泰恒、义泰永、源泰龙、吉泰昌、晋兴昌、义顺成等。药店则有广和庆、元顺和、天和堂、德庆祥、保和永。钱铺有义丰永、恒泰瑞、积余堂、晋盛恒、德泰恒、德生恒、恒意久、瑞泰恒、英盛德、万顺源、义升明、恒泰义、成德永、金生永、大兴成等 10 多家。当铺有德兴典、庆兴典、元吉典、信义当、大兴当、公益当等。(《高平晋商史料》)

城南、城北还有数十家客栈、酒店和大小饭铺。

1938 年，日军侵占高平，这些商号或毁于战火，或关门歇业。曾经繁华富足、热闹非凡的高平城，在日军铁蹄的蹂躏下，变得商业凋敝，萧条冷落。

三、九州针都大阳镇

大阳镇，古称“阳阿”。历史上曾在此设置阳阿侯国与阳阿县。南北朝时期，阳阿县又曾为建兴郡郡治所在地。明清时期，大阳钢针曾经誉满九州，畅销中亚，因此有“九州针都”之称。我们在前面已经有较为详细的介绍，在此不再赘述。马克思曾经说过，从商品到货币的过程是“惊险的一跃”。大阳的钢针正是跨过了这“惊险的一跃”，造就了大阳古镇数百年的繁荣。

大阳制针业的兴盛，是其历史悠久的冶铁业的延伸与拓展。大阳有着丰富优质的煤铁资源。境内最高峰香山，面积约 7 平方千米，蕴藏着丰富的煤、铁资源，是泽州重要煤铁产地之一。民国时期山西文化名人、泽州县周村镇的郭象升家族即在大阳开有新中窑。民国年间建于香山山麓的大阳煤矿，现在是上市公司山西兰花科技创业股份有限公司的骨干矿井之一。新中国成立之初，在此建设的大阳铁厂，为当时全县最大的炼铁企业。

泽州铁矿蕴藏较多，分布亦广，而以大阳及其附近所藏质量最佳、产量最高。我国上古三大奇书之一的《山海经》即记载，虎尾山之阴有铁矿。虎尾山就在大阳镇境内。民国时期编著的《鲁豫晋三省志》记载：晋城西南东北各乡均有铁矿，而以北乡大阳附近为尤佳，土法开采亦于此特盛。民国《山西省志》亦言：“凤台县境内的著名铁矿产地为大阳镇，其他还有孙（宋）王山、东坎山等。”《中国铁矿志》在论及晋城之铁矿时说：“矿层之疏密各处不同，最佳者为大阳之南及东，该处于古时曾经开采。”所有这些资料都对大阳的铁矿予以高度评价。丰富的高品质的煤铁资源奠定了大阳在冶铁和铁器生产中的重要地位，使之成为清代泽州“居全府首位的铁器产地”，是我国现代炼铁业诞生之前，首屈一指的冶铁和铁器生产重镇。

清乾隆元年（1736）春暖花开之际，泽州知府朱樟巡行来到大阳镇，大阳冶铸业生产繁忙的景象吸引了这位知府大人的目光，他在《大阳镇》一诗中写道：“旧是阳阿路，山存铸剑炉。柳荫人学锻，花外鸟提壶。画壁留归雁，春泉绕座隅。居人虽逐末，问俗尚欢娱。”朱樟的诗，展示了当时大阳一派繁忙的铁业生产的景象，勾勒出一幅生动的当地百姓生活富足、欢乐愉快的生产生活画卷。

东亚同文会编《山西省志》载，1917 年，西大阳一地就有双森岐、吉星山、裕泰昌、金泰山、永泰山 6 家炼铁商号，共有炼铁炉 65 座。其中仅吉星山一家就有铁炉 20 座。《中国实业志·山西省》记载的炼铁商号，除了上面提到的吉星山之外，还有泰盛岐、协泰山、聚兴岐、协泰岐、龙盛岐、同兴岐、永盛岐、德盛山等。

大阳冶铁、制针业的快速发展，带动了商贸的繁荣、城镇的发展和人文的蔚兴，使明清时期的大阳盛极一时。形似灵龟、绵延数里的古镇，遍布瓦檐勾连的深宅大院；古色古香的长街古巷，填满了旗招醒目的商铺作坊；壮观的古阁高塔，恢宏的寺观寨堡，幽雅的书院文庙，使古镇有了灵魂，充满文化的气息。美国探矿师肖克利称，“大阳看起来很像欧洲，特别是意大利的一个镇子”。我国知名作家浩然称大阳老街是一条“只有读古典小说才能想象出来的街道”。

大阳经济繁盛，商贾云集，聚集了众多人口，形成“户分五里，人聚万家”的格局，向有“三晋第一镇”之称。现存古建筑超过 35 万平方米，是山西省现存最大的明清古民居群，被专家誉为“中国古城镇的活化石”。民谚曰：“东西两大阳，南北四寨上，沿河十八庄，七十二条巷，九市八圪垱，老街五里长。”这是大阳市镇布局的概要写照，反映出古镇昔日之繁华。

大阳镇钱市巷

5 里长的老街，店铺林立，古风四溢，72 条巷南北贯穿，从西城门一直延伸到东城门。其中的“九市”分别是：米市、菜市、棉花市；枣市、席市、木头市；烧火做饭的煤市，兑换银钱的钱市，还有一个劳务市场简称为“人市”。可以看出，从明代到清代，大阳古镇服务生活、生产的各种市场逐步演进和细化，最终形成了相对完备的市场体系。

即便经明末清初之祸乱，大阳靠着其发达的工商业，在较短时间内很快恢复了元气。清山西按察司佥事、顺治九年（1652）进士郭棻，曾巡行至泽州大阳，写下《大阳镇》一诗：“沁水东流历万山，山形平处启通关。人经兵火三千户，地倚岩崖上下弯。楼阁暮烟连远树，桑麻秋色接重关，行来百里经雄镇，顾我愁人亦解颜。”

大阳关帝庙是大阳商人祭祀和议事的地方，庙中镌刻于道光三十年（1850）十二月的《创修照壁重修万楼捐金字号名录》，所刻捐金字号共有60家，分别为：泉生钱店、致余号、荣庆衣店、纯盛染房、洪泰益、嵩林银楼、都顺余、聚顺麻铺、永裕公、合顺钱店、中正公、隆兴泰、永茂号、同正兴、福盛公、公盛麻铺、复盛永、新泰荣、乾兴布店、云盛布店、裕顺号、长泰隆、永泰增、义原堂、福顺板店、瑞锦大记、玉堂号、

道光三十年《创修照壁重修万楼捐金字号名录》

元兴山、宁寿堂、顺兴成、隆和瑞、玉盛公、明德永堂、协力兴、大兴布店、新泰东、公成麻铺、万隆公、永成公、晋胜板店、新顺永、裕泰成、永泰兴、海兴布店、义生麻铺、悦来布店、李盛染房、雨化堂、东成公、西福泰、凤翔板店、兴泰公、三益永、全兴布店、大余衣店、福昌达、大成公、荣泰衣店、天赐号。这些商号中，有布店、染房、麻铺、衣店、板店、盐店、钱店、当铺，打造金银首饰有银楼，看病开方抓药有宁寿堂。这些商家与前面我们所说的米市、菜市、枣市等九市一起，为大阳镇居民提供了从生老病死到婚丧嫁娶，应有尽有的全方位服务。

除了关帝庙，大阳还建有金龙四大王行宫，亦为大阳商人所建，是祭祀和聚会议事的场所。中国民间信仰中，金龙四大王是商人的保护神，官民舟船往来，都靠他在阴间保护。明万历四年（1576）《建金龙四大王行宫西行廊记》云：“职膺江河，威灵赫奕，福佑商人。”因此凡是在南方经商，涉江过海的都要祭祀金龙四大王。

大阳金龙四大王行宫，始建于明万历三年之前，碑文和捐资名单中，即记载有许多大阳在南方经商的商人，比如李氏家族的李菁、部氏家族的部希颜等，都是长期在南方经商，认为自己久涉江河，能够一路平安，是受到了金龙四大王的庇护。清代道光十八年（1838），捐资修建大阳大王庙者，多达 72 人，可见当时大阳贸易于南方之人数众多。

大阳义泰恒商号印信

清代大阳众多商号中，最有名的莫过于西大阳村的君泰号。

该商号始创于清乾隆年间，主人为祖籍高平县的靳炳海、靳炳山兄弟。两兄弟出身学徒，多心计，善经营，抓住商机，创办了太盛岐炉场，雇用骆驼队常年运销铁货和食盐。除在本地开设商铺外，还在浙江的山阴县、河北的河间府设有分号，经营京广百货、两湖粮油、晋陕土特产，商业极盛时，雇员达到200余人。从君泰号商宅可以看出当年的辉煌。

位于南街巷东的玉丰号，亦为大阳的著名商号之一，主人姓李，商号不知创始于何时。该商号以经销铁货、钢针和京货为主，生意在口外和京城。碑刻中有清道光年间该商号捐款记载，民间传说玉丰号在京城里生意做得大，拥有巨资，曾受过慈禧太后的召见。其住宅为三进院落，解放初期，太岳军区曾一度在此设立兵工厂厂部。

大阳许多大家族都曾从事商业经营。比如，西大阳的金、王、霍、段四大家族，东大阳的裴、孟、关、张、常、庞六大家族，他们大多经营工商业，家大业大，宅多院广，以至于许多的街巷，以他们的族姓命名。著名的有裴家巷、张家巷、关家巷等等。关家巷内的大阳关氏家族，靠经商发家，到明万历年间已经富甲一乡。明末，陕西农民军自陕西一路向东而来，为保一乡平安，官居光禄寺署正的关天钦选择大阳东南方的一块高地，修筑寨堡，取名“清宁寨”，为大阳四寨之一。当时，“清宁寨”被陕西农民军包围攻击了几昼夜，但关家出资不断地加固寨堡，强化防御，最终保全了躲在堡内的数千人的性命。清康熙乾隆年间，是关氏家族又一个商业辉煌的时期。商业经营最有代表性的人物为关卫周、关卫盘兄弟二人。他们与泽州巨商王泰来家族第四代掌门人王镗，合伙承办内务府永庆号21州县盐业引地。关卫周负责河南陈州总店事务，关卫盘在天津应酬外务。除盐业经营外，关氏兄弟还出本银2000余两在河南浚县合伙开设仁和号当铺；出本金1500两白银，在河北东光县泊头镇合伙开办京货铺，并捎带做粮食生意。兄弟二人仅在大阳的房屋就有80余间。

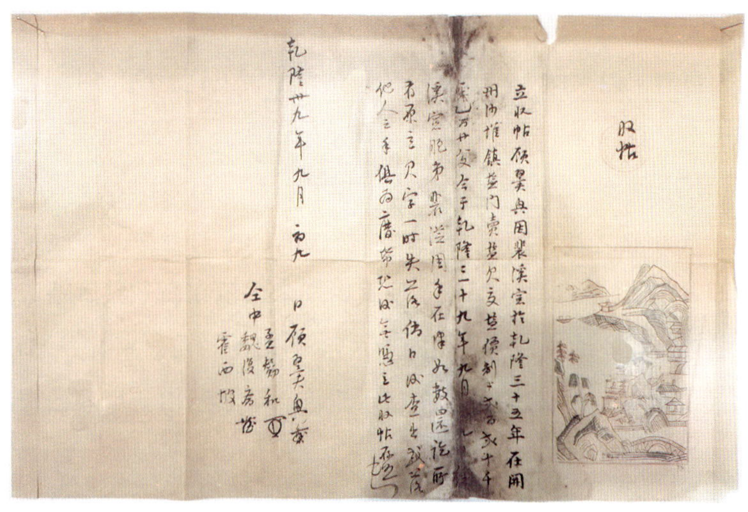

大阳商人银钱往来之收帖

大阳工商业的发达，支撑和推动了文化的繁荣、科举的兴盛，形成尊师重教、耕读传家的良好民风。这里，文风兴盛、文事活跃、文星璀璨，被誉为科举发达的“仕宦之乡”、八音荟萃的“歌舞之乡”、古色古香的“古建之乡”和乡土气息浓郁的“民间文化艺术之乡”。据《古镇大阳史话》一书统计，从唐宋至明清，大阳先后出武状元 1 人、进士 28 人、举人 76 人。尤其明代科举之风甚盛，共出进士 16 人、举人 40 人。大阳是明代山西考中进士最多的村镇，甚至超过山西近四分之三的县份。

四、盖州古治米山镇

米山镇位于高平县城东 10 里，是高平最古老的集镇之一。镇有山，曰米山，相传以战国时期赵将廉颇积米于此而得名。米山，又称大粮山，“粮山积雪”为高平古八景之一。大粮山腰有定林寺，创建于唐代之前。唐高祖武德元年（618），曾在米山置盖州，辖高平、丹川、陵川、盖城四县，天宝间废。

米山自唐宋以来即为高平县经济重镇，商贸发达，明清时期尤盛。明弘治间进士，官至南京礼、吏、兵部尚书的山西襄垣人刘龙撰写的《米山镇新修垣墙记》载："高平县之东南十里许，有镇曰米山，民居稠密，犹一邑然。当泽潞之冲，商贾辏聚，百货咸集，往来懋易，不远数百里境内之地此其最者。"这段话揭示了明代中期米山镇在高平县所辖市镇中数一不二的独特商业地位。明万历四十六年（1618）《重修定林寺记》碑载："晋之名邑，惟高平为称首。邑东南十里许，镇名米山。市肆盈溢，人物繁盛。"

明代，米山即为山西丝绸生产与交易重镇之一。顾炎武《肇域志》记载："绫，太原、平阳、潞安三府及汾、泽二州俱出。绸，出潞安府，泽州间有之。帕，出平阳府，潞安府、泽州俱有，惟蒲州府及高平米山出者尤佳。"表明米山所生产的丝绸首帕是当时闻名全国的名牌产品。

明万历四十六年（1618）重修定林寺，施财物者共计约 100 人。其中捐绸及乌绫者 18 人。捐绸最多者为张廷宜、张廷弼，共施绸 1 匹，程万里施绸半匹。此外还有捐 1 丈 2 尺者、1 丈者。少的也有捐 1 尺、2 尺者。另有一人施乌绫四方。这里的乌绫是一种专门织造的素绢首帕，用橡壳染之，称之为乌绫帕，为泽州特产丝绸制品之一。如此多的捐绸者，充分反映出米山镇当时丝绸生产和交易的盛况。此外，在捐助名单中，还有捐酒者 6 人，其中焦应魁捐酒 70 瓶、宋维增、范进中、杨守强、李从吉、张庭库各捐酒 30 瓶，反映了当时米山酒业生产和贸易也很发达。另有宋自明施钉 100 斤，侯应怀施钉 10 斤；诰封郎中牛师光施砖 1400 块，李一栋、倪光耀、刘自安、王问臣、庞国安各施砖 500 块，倪明德施砖 100 块，表明米山制钉和建材业的兴盛。另有捐食盐、捐茶者，应为盐商和茶商。

明末清初的战乱使米山丝绸生产受到严重影响，但其丝绸生产交易中心的地位并未动摇。顺治《高平县志·里甲》载：“（米山）俱织帕，市多丝绸，与上党相埒。”也就是说，此时米山的丝绸生产交易的规模已经与长治不相上下。米山镇周边的上冯庄、下冯庄、南朱庄、三王村、西沟村等地丝织业均较发达。三王村建有机神庙，南朱庄建有机神殿。乾隆二十九年（1764），南朱庄补修机神殿，捐资的机户就达29家。这些村庄生产的丝绸，就集中在米山进行交易。同治《高平县志·物产》又载：“米山诸镇职蚕者多。”意味着米山从上游的栽桑养蚕，到丝绸生产，首帕加工，再到市场销售，形成了一条完整的产业链。

与丝绸相关，清代米山镇又有刺绣工艺兴起，开有多家刺绣铺。制作有戏装、荷包等多种产品，色泽鲜艳，工艺精细。产品销到河南、河北、西安、太原等地。因此米山有“小苏州”之称。

除了丝绸之外，米山还开有众多的商业字号。清康熙年间，高平侯庄赵家老南院巨商赵文熙即在米山镇开有当铺。嘉庆四年（1799）米山镇《重修白衣庵碑记》中记录有王公盛、全泰号、赵复盛、长兴隆、良兴东店、路义和、贾通兴、兴顺典、石万仓、多兴号等多家工商字号。（《高平晋商史料》）

市集日和庙会日是米山镇商品交易的重要时间节点。逢农历二、五、八日为集日，每年于三月和九月举行两次庙会，尤其是以九月的庙会更为盛大。同治《高平县志·市集》载：“（高平县）以九月米山镇为极盛，羊马自千余里至焉。”可见其庙会影响范围之广。

米山镇外出经商者数量相当可观。明弘治嘉靖间，商人涉须（1488—1553）“商游江淮、闽、蜀、大梁”，“营三十余年，致数千金。”明嘉靖年间，张子仙等人贸易于河南信阳州罗山县。明末，有叫赵碧者自平阳府迁居米山，经商发家，为一方巨富。其后赵家在河南、湖北、安徽、山东、江浙等地都开有生意。清康熙年间，商人李昌文贸易于数千里之外的琼州（今海口市）一带。嘉庆年间王氏家族的王镗经商于河南卫辉府辉县。道光年间，有贾如兰、贾一元父子，经商于河南赊旗镇，道光五年（1825）补修定林寺，施银 250 两。嘉庆道光年间，米西村贾家经商于河南方城。此外，还有经营于河南清化、开封、裕州等地者。总的以经商河南各地者为多。

众兴号商业印信

民国时期，米山镇形成了 3 里长街、72 条小巷的市镇规模。其中有鸡市、牛市、板市、箩头圪洞、绸缎圪洞等名目，表明历史上曾形成分工较为明确的小商品交易市场。东西大街店铺林立，鼎盛时生意字号多达百余家。主要有：贾家的福兴永杂货铺、高平城阎家开的和义恒染房、侯庄人开的东当铺、张先生药房、松孩商店、郭家药房、郭家刺绣铺，以及骡马店、盐店、西当铺、肉铺、银楼、铜匠铺、板店、布店、酒馆、饭店等。（《高平商贾史料》）

瑞福祥是米山镇数一数二的大布店。1938 年 6 月，八路军 385 旅 687 团曾住在瑞福祥号，征召青年报名参军。

民国二十六年（1937），米东村做生意的王家办理婚事，友商赠送的红绸婚屏上落款的商业字号就有协兴永、乾保成、三盛成、天长永、震盛恒、庆丰厚、元兴店、源盛隆、福盛长、同发华、公益当、桐茂公、路阳春、新兴德、通顺元、福善和、天成永、义泰同、泰和长、庆升恒、茂盛和、福泰恒、祥泰履、宝丰恒、天昌号、义盛美、郭松森、守业堂、德山长、裕兴号等 30 家。

繁荣的商贸经济有力地支持了当地文化教育的发展。元延祐七年（1320），建立米山文馆。元泰定二年（1325），创建米山宣圣庙。明代涌现出以翰林院掌院学士刘虞夔为代表的文人群体。

五、铁冶重镇润城镇

润城镇，古称少城，又名小城，位于阳城县东北10公里处的沁河东岸，是明清时期晋城地区重要的铁货生产和集散地，又称“铁冶镇”。

明代河南参政、阳城人张升在《重修（润城）东岳庙记》中言：“余阳之东二十里许，有润城，邑之巨镇也。居民稠密，百货攸萃，四方之人往来贸易，鳞次而集，日夕无暇，名著宇内。”显示了明代润城商贸的发达。

润城镇是阳城县纳税重镇。郭峪村汤帝庙所存《阳城县额设商税银碑》记载：“按阳城阖县额设商税银贰百叁拾两。顺治拾贰年四镇分认：在城分税银陆拾两，润城分税银壹百壹拾两，白巷分税银贰拾两，章训都郭谷镇分税银肆拾两……”据此，顺治年间，阳城全县额设商税银230两，其中仅润城一地税银就达110两，几乎占到全县的一半，远远超过城关，可见润城镇在阳城县极其重要的经济地位。

明代，润城镇已形成布局纷杂的市镇格局，共设有12坊，分别为：三圣坊、铸佛坊、神佑坊、街市坊、神佐坊、镇溪坊、文林坊、通沁坊、临沁坊、佛岩坊、玉泉坊、玄阁坊等。“临沁坊”“通沁坊”显示其靠近沁河、交通便利的优势。“铸佛坊”“街市坊”则是冶铸业及商贸业十分发达的标志。砥洎城铸佛坊尚留有大片明代坩埚作坊遗址被埋于地下，其中一处坩埚作坊遗址已被挖掘出来，并采取了保护措施，成为珍贵的历史遗存。砥洎城的城墙亦多用废弃坩埚砌成，人称“铜墙铁壁”。明代润城镇还出现了一批掌握了先进冶铸技术的工匠、世代相传的冶铸世家，最为著名的要数栗氏金火匠家族。该家族最早的金火匠是被称为金火大鉴的栗景诚，约生活于元末明初，至今已传承达600年左右的时间。

砥洎城铸佛坊明代坩埚作坊遗址

润城镇周边的刘善、上庄、中庄、下庄等村都是冶铸业发达的村庄，以铸造锅、笼、壶、鏊等生活用具闻名。上庄、中庄、下庄明清时期属白巷里。明正德七年（1512），河北霸州刘六、刘七为首的农民军一度来到阳城县白巷里等地，当地百姓用大铁锅封锁街巷，登上屋顶用瓦击退农民军。可见这一带村庄冶铸业之盛。

清代润城仍延续了明代冶铸业的繁荣。乾隆年间重修润城东坪玄武庙，输金字号中，即有聚盛锅店、新盛锅店、西兴锅店、东兴锅店、晋字锅店、西聚锅店等6家。润城铁商，分为东路商和西路商。东路商将铁货卖至河南、直隶、山东等地，西路商将铁货卖到陕西、甘肃等地。民国时

刘善村用坩埚修造的民居

期，润城较有名的铸造商号有双兴炉、合义和、粟天盛、复顺祥、复盛元等。

润城冶铁业不仅发达，而且拥有自己的品牌。阳城民歌《夸夸阳城特产多》："润城的茶壶刘善的鏊，安阳的铁锅蒿峪蒸笼。后则腰特产炖肉罐，泽城的沙锅最受欢迎……"这一首民歌中，润城的茶壶排在阳城特产的首位。

冶铸业之外，润城集市贸易亦十分兴盛。清康熙三十四年（1695）《重修无量殿碑记》载："县东二十里曰润城镇……居民繁衍，日中为市，五方杂集，称雄镇焉。镇东南曰临沁坊，为秦豫之孔道，商贾之要津。"康熙四十二年（1703）《补修东岳庙施财碑记》所列捐资商号有魁山号、茂盛号、三和店、义和号等21家。与润城相邻的贝坡村，现存一块勒石于雍正二年（1724）的石碑，记载了当时润城集市的情景："清化粮食往西边搬运，太行山昼夜人行不断，小城河集市大兴，每日有两三千牲口赶来贩卖，扫集儿童三四百人……"润城市场繁盛的情景如在眼前，历历如绘。乾隆十七年（1752）《重修元武庙碑记》捐资商号有大兴号、丰盛号、复生店、复兴号等，多达202家。乾隆三十九年（1774）《创建东岳庙后宫碑记》捐资商号有彩兴号、大业号、德俊号、合盛号、宏远号、济世堂等162家。碑刻上如此多商号的出现，既有润城处于交通要道的原因，也是当地商业发达的证明。

直到民国初年，润城镇商业贸易仍相当繁荣。镇上有张小东、王小柿、张枚旺、韩启元4家磨坊，长兴源、义聚源等3家油坊，协记、织德青等5家布店，永祥顺、双盛2家染坊，同顺合、保和兴2家烟坊；有铸铁作坊5家，药铺4家，盐店、当铺、钱庄各1家，金店银楼3家，铜匠作坊1家，大小饭铺30多家，客店、车马店5家、摊贩50家，总计大小商号店铺100余家，各类从业人员近千人。

明清时期润城在外经商者人数众多，涉及地域广泛。包括河南省的怀庆府、浚县、淇县、武陟、太康、濮阳、辉县、息县；安徽省的颍州、六安、涡阳；山东的曹州；江苏的安东；浙江的安吉等地。以及本省的长治、翼城、绛县、沁水、高平等县。据《阳城润城张氏家谱》，该家族在外经商者很多。康熙三十年（1691）张维宁贸易河南巩县，落户焦家湾苏村里；其子张琏一支定居河南洛阳县。又有张作会一支寄籍山东，张作起一支寄

润城村铁砫础

籍河南辉县，等等。

商贾云集、经济繁盛，奠定了润城镇坚实的经济基础，推动了教育文化的繁荣，造成了明清时期的科举辉煌，涌现出了张氏、延氏、刘氏、郭氏、杨氏、王氏等文化大族。据不完全统计，明清时期，润城镇走出了数学家张敦仁等 5 位进士、16 位举人，贡生秀才人数众多。

六、酒香千里平城镇

平城镇位于陵川县北 7.5 公里，明、清时期手工业发达，商业繁荣，为陵川县四大镇之一。有所谓“百张炉”“十作酿”“千家店”“脚踏太行山，行商游三江”之说。

据乾隆五年《陵川县志》记载，陵川县杂税从雍正六年（1728）开始征收。畜税银一项共计 112 两，其中县城和附城镇各 32 两、平城镇和礼义镇各 24 两。铺户、麻行、花行、屠行、染行、布行、果菜行、故衣行等商税共计 203 两 5 钱。其中县城 80 两、附城镇 45 两、平城镇 62 两、礼义镇 16 两 5 钱。两项税收相加，平城镇税银数仅次于县城，而高于附城镇和礼义镇。表明在清代平城镇商业在陵川县各镇中是最为繁盛的。

平城镇有着丰富的煤铁资源，这是平城冶铁业发达的基础条件。清代乾隆间湖南诗人张九钺在《煤窑行》一诗中即云：“平城铁炉多富贾，日击大鼓烹肥羜。”可见平城发达的冶铁业造就了众多的豪商大贾。

清代和民国时期，平城周边的草坡、和村、司家岭、后河、北路河、窑河、南路河、侍郎岗、南坡等村，都经营着众多的方炉、货炉、炒炉、条炉。据相关统计，平城最盛时期经营着 100 余张方炉、8 张货炉、10 多张炒炉、6 张条炉，年产生铁 200 多吨。当时，平城周边炉场林立，每到夜晚，火光映天，有“二十里不夜天”“四十五里火龙阵”之说。至今，在平城镇的北路河村、寺背村、司家岭村、义汉村等地仍留下冶炼炉渣和坩埚残片堆积而成的一座座巨大的渣山。

平城镇北路河村冶铁遗址

除了冶铁业之外，平城的酿酒业最为有名。陵川县酿造的历史较长。古时大都分布在平城、沙河、平川、大义井、附城、南马、玉泉一带。其中，平城酿酒历史最久，产量也最多。

1926年前后，是陵川酿酒业最兴盛的时期，全县共有漕坊17家，工人110余名，年产量约55万公斤。仅平城就有三合泉、恒盛泉、付义和、协兴源、回龙泉等9家漕坊。其余分别为南马、附城各2家，沙河、平川、大义井、玉泉各有1家。

《中国实业志·山西省》记载了陵川县9家酒坊的生产经营情况，其中平城有6家，分别为：三合泉酒坊设立于清光绪年间，独资经营，资本

4500元，工人28人，年产量33000斤。恒盛泉酒坊，设立于清光绪三十年，合资经营，资本4000元，工人26人，年产量28000斤。恒盛源酒坊设立于民国四年，合资经营，资本4200元，工人24人，年产量28000斤。协兴源，设立于光绪三十二年，独资经营，资本5600元，工人35人，年产量36000斤；同和裕酒坊，设立于民国七年，合资经营，资本3500元，工人23人，年产量33000斤；辅益和酒坊设立于民国八年，合资经营，资本4200元，工人24人，年产量34000斤。

陵川所产白酒也称为“潞酒”，是著名的山西“潞酒”的重要组成部分，就像“潞绸”为长治、高平两地所织一样。据《光绪朝实录》卷三七八记载，光绪二十一年（1895），河南巡抚刘树堂曾奏：“晋省铁斤、潞酒，入豫销行最旺。”平城所产潞酒也是在此之前后兴盛的。

造酒多以每年的1、4、7、8、12月为旺季，此时，外地贩酒客商络绎不绝前来，各处漕坊都要加班生产，平城的空气中每时每刻都弥漫着淡淡的酒香。平城酒除少量销售于当地市场外，大部分销往豫北各县。

造酒的原料为粮食，为了提高经济效益，增加经营利润，漕坊又兼营粮行。后院造酒，前门卖粮。平城9家槽坊即开办有8家粮行。

此外，民国时期平城镇其他的工商业也相当繁盛。开办磨坊加工粮食的有万兴盛、三聚成、复盛隆等商号；生产陵川特产小麻油的油坊有集玉成、协和、和兴公、同兴玉；还有盐店2座、当铺2座、麻行4家，绸缎庄5家，京货铺2家，花布店2家，铁货铺4家。除摊点外，座商就有180多家。（《平城镇志》）

抗日战争爆发后，平城镇因受战火摧残，无论是冶铁业、酿酒业还是其他商业大都关门歇业，曾经热闹非常的市镇变得萧条冷落。不见昔日通红的炉火，不闻昔日扑鼻的酒香。

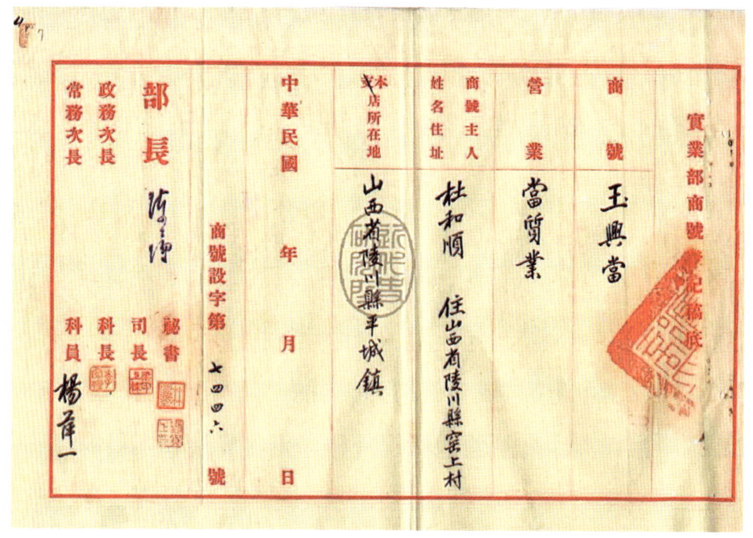
實業部商號登記稿底

商號 玉興當

營業 當質業

商號主人姓名住址 杜和順 住山西省陵川縣窑上村

本支店所在地 山西省陵川縣平城鎮

中華民國 年 月 日

商號設字第七四四六號

部長

政務次長

常務次長

秘書

司長

科長

科員

民国时期陵川县平城镇商号玉兴当在实业部登记稿底

七、沁河故邑有端氏

端氏有古端氏与今端氏之分别。古端氏位于今沁水县郑庄镇西城村，春秋时期曾名“端氏聚”。春秋末期，三家分晋，封晋君于端氏。汉代，曾在此置端氏侯国和端氏县。隋朝开皇三年（583），端氏县治由西城村移至今端氏镇。唐武德八年（625）曾移泽州治于端氏，元至元三年（1266）并端氏入沁水县，从此端氏成为乡镇。也就是说，现在的端氏镇历史上曾长期作为县治，甚至曾经作为州治所在地，对端氏商贸经济的影响至巨。

端氏镇位于沁水县东 45 公里，东有巍山，西依榼山，北靠笔山，沁河绕村而过，居沁水、长子、高平、阳城四县之中心，交通相对便捷，是沟通晋南、豫北的重要商埠，有“沁河水旱码头”之称，历来是沁水县境内的商贸重镇，沁水东部商业中心，其商业较沁水县城和其他各镇都较发达。

据康熙《沁水县志·市集》载："县境僻在万山中，百货不通。市井所鬻，惟土产粟、布。端氏颇可言集，其他则空名耳。"自隋、唐时期起，端氏就形成了商号林立、车水马龙的商品集散市场。

明末清初的战乱对端氏经济造成严重破坏，百姓流离失所。康熙年间，陈廷敬之子陈豫朋曾写有《端氏城》一诗："山行百余里，竟日少人烟。白石湍沙路，青油老竹箯。鼓钟沉峻岭，雉兔走荒田。曲叠溪流迅，荒城背远川。"从中可以感受到端氏镇当时荒凉萧条的情境。

清代社会稳定之后，端氏经济逐步恢复。清嘉庆道光间端氏人贾联锦，曾在本镇开设公一店，沁水县知县、贵州贵筑县进士孙谦豫，因道途往来常住该店，与贾联锦结为布衣之交。并将公一店定为官店，凡牲畜住公一店者，免其支差。

民国时期，端氏镇汇聚了众多外来客商，街面上百余户商铺多为河南、河北等地商人经营，主要经营农具、土产、布匹、绸缎、银首饰，另有饭铺、药铺、馍铺、肉铺、镶牙铺、剃头铺、掌鞋铺、磨坊、染坊、粉坊、豆腐坊。较有名气的有：制作首饰兼营丝行的复兴楼、源顺祥布店、福成永商店，河南济源县、武涉县、孟县商人合资开设的资源和布店，河南沁阳县人开设的同兴和烟坊，河南商丘县人开设的聚汇源烟坊，河南洛阳县人开设的育合昌油坊，河南虞城县人开设的源茂公油坊，河北武安县人开设的武沁合染坊，河南内黄县人开设的三沁源药坊，本省长治人开设有复兴昌麻铺等数十家。

沁水全县及周围地区的土特产、粮食均以端氏镇为贸易中心。端氏粮食市场日销米、麦、豆、芝麻可达百余石。端氏镇的蚕丝、牛皮、羔皮、粟、豆、芝麻、玉米、荞麦之类的杂粮，虎、豹、狐、獾、黄鼠狼、山鸡、野兔等兽皮，不断地向外输出。蚕丝销往高平、平遥、曲沃、夏县、渭南、内蒙古等地。

1930年，端氏人贾景德与本县城关人、河东盐务缉私第一营营长卫致和，阳城人、太原“绥靖”公署总务处副处长樊茨枫等集资合伙，开设积成厚盐号，在端氏设立分号。此后，贾景德先后在端氏开设源茂公油坊、同心和烟坊、裕成永商店、聚成当当铺。1935 年，贾景德又与长治商人裴宝棠合资在端氏开办了同济厚蛋厂。

端氏历史上造纸、缫丝等手工业亦有一定发展。

早在明清时期，端氏一带就有手工捞纸作坊，用桑皮、绳头、麦秸等原料生产绵纸、土纸。1941 年，士敏县政府在端氏小河西创办红盛造纸厂，职工 30 多人。1944 年春，纸厂迁至端氏河北自然村庙内，职工 80 多人，年产纸 3120 捆，年产值折合小米 1.4 万斤。1943 年，太岳新华日报社在端氏镇建立新华造纸厂，厂址设在贾家院。初期有职工 30 人。用桑皮、棉絮作原料，生产四开绵纸。1949 年末，职工近 400 人，日产绵纸百捆，计 10 万张，产品新增了麻纸。1949 年 7 月，新华日报社迁太原，纸厂停产。

端氏植桑、养蚕、缫丝的历史悠久，据说在唐代即有许多缫丝、织绢的手工作坊。端氏青、端氏格鲁为以端氏地名命名的优质农家桑树品种。20 世纪 40 年代，端氏镇安装有 4 部丝织机，生产的产品有罗底、手帕、绸缎等。1956 年，由政府组织办起丝织社，有工人 42 人，花织机 3 台、丝织机 4 台。每张机每日可织手绢一打，或织罗底一匹（24 尺），并产有轻绸、平缎等，产品销往陕西、太原、临汾、运城等地。1958 年端氏丝织社与沁水丝织社合并，把设备全运到沁水，建立沁水丝织厂。1958 年，晋东南地区在端氏小河西村兴建了比较现代化的缫丝厂。

凭借相对发达的商贸经济支持，端氏镇先后建起汤王庙、关帝庙、文庙、城隍庙、黑虎庙、南佛堂、铁佛寺等众多公共建筑，并与周边村庄一起在巍山建起普安寺，在榼山建起大云寺。同时支持了端氏文化教育的发展，从金代至清末，端氏镇共出了 4 位进士、9 位举人、15 位贡生。

第七章

商优则仕：成就望族名门

孔子云：“富之”，“教之”。意思是要让老百姓先富裕起来，然后再施之以德化教育。这是站在国家治理层面上所讲的。作为一个家庭、一个家族也是同样的道理。中国古代社会里穷人家的子弟很难有条件读书学习，更不要说科举入仕了。只有依靠工商业经营致富有方的家庭，才能创造良好的学习条件。而古代商人社会地位较低，他们有着提高社会地位、改换门庭的迫切愿望，所以古代科举入仕者多出身于富裕家庭，这些家族和家庭人丁兴旺，子孙后代通过科举入仕，由富而贵，成为一方望族名门。

一、经营盐业煤炭的泽州城西赵氏家族

泽州城西赵氏是明清时期颇有影响的商贾和文化家族。该家族原本为宋太宗赵光义次子昭成太子赵元僖之后，居住泽州南部山区的山河镇土河村。约在明初因经商迁居泽州城西西关一带，成为泽州名门巨族之一。

赵家是依靠明代盐业开中制政策，走上盐业经营道路的。最先开始经营盐业的，是明永乐年间一个名叫赵毅，字毅然的人。从此，赵家数代从商，赵毅之子赵燧、孙赵雄、曾孙赵锡、玄孙赵维邦，都从盐业经营中获得丰厚收入，并且仗义疏财，行善乡里。

泽州是著名的煤铁之乡，煤炭资源极其丰富，浅层煤极易开采。赵家又利用盐业积累的资金，在泽州城西开采煤炭，成为赵家经济收入的另一个重要来源。

古语云："仓廪实则知礼节，衣食足则知荣辱。"在良好的经济条件支持下，赵家人开始重视子女的文化教育，谋求更高的社会地位。

赵维邦的五个儿子九思、九经、九畴、九韶、九江都入塾学习。其中长子赵九思（1538—1588），字一诚，初号小河，晚号心海。最为聪慧明敏，成绩最好，崭露头角。赵维邦去世前曾经说，长子赵九思将来必然在人前显贵，要他努力报国，不要苟且偷生。赵九思学习更加用功，将生意全部委托于叔父辈，自己则闭门读书。在州城西七里有一股溪流，春夏之交，夹岸花药掩映，故称锦溪。溪上有寺，泉水穿寺而过，花随水流，故名落花寺。"锦溪落花"为泽州古八景之一。赵九思一度隐居于幽静美丽的落花寺中，发愤读书，学业日进，隆庆四年（1570）中举，隆庆五年成进士。先任陕西咸宁令，他实行均徭减赋政策，使民众负担多所裁省。他说："我不忍心将民脂民膏全部入于官府啊！"赵九思对刑狱诉讼，能够晰理明断。他说："我宁可不合常法，不能枉杀无辜。"一次，一个平民误折

了官宦之家地里的树枝，这一家就派仆人告平民盗窃。赵九思说："不就是折了一根树枝吗？何盗之有！"命衙役将该仆人乱棍打出去。赵九思在任期间不慕浮名，一意与民休息，被民众颂为"活佛"。其后历任户部主事、郎中，先后监督仓场、督理京城盐法。仓场积弊日久，舞弊侵仓问题突出，赵九思首先开除了刁滑的吏员，规范管理制度，使得长期以来的弊政一时之间得以肃清。万历十一年（1583）十月，赵九思升陕西按察司副使，分巡延绥道。当时延绥地方多年旱灾，四野荒芜，市场萧索。赵九思下车伊始，即下令让民众开垦荒田，发给耕牛和种子，使经济逐步得以恢复。但却因正直无私，得罪边疆大吏而落职。万历十六年（1588），补四川按察司佥事，行至河南新郑县，从春秋时期著名政治家、思想家、郑国相国子产墓侧经过时，突然仙逝。人们认为他是子产转世再生，他的形貌与子产祠中的子产像非常相似。

赵九思三个儿子中两人考中举人。次子赵求益，号淇园，万历二十二年（1594）甲午科举人，好行善举，曾将自家开办的炭窑所产炭四万余斤施予穷苦百姓。三子赵弘益，号毅台，万历二十五年（1597）丁酉科举人。但二人均未入官场。

赵求益四个儿子中一人中进士，一人中举人。长子赵嗣美，字济甫，号瞻淇，清顺治三年（1646）进士，历任刑部湖广司主事、山东司员外郎、陕西司郎中。清顺治七年（1650），升任福建按察司佥事，分巡建南兵备。当时，建宁初经战火焚毁，人心未定，又远在天边，官员们以为畏途，朋友们都为他担心。他却说："大丈夫建功立业，何必选择地方的优劣呢？"一同在京为官的阳城县人、清初大儒白胤谦作诗《送赵瞻淇备兵建宁》："武夷九曲神仙宅，云气四环通六峰。雨雪南天无瘴毒，文章宋代有儒宗。朝廷简命元怀远，节钺巡行但课农。决眦长云盼归鸟，山河万里属尧封。"为其壮行。

来到建宁，只见到处是残壁败垣，兵如虎狼，官恣鱼肉。百姓逃亡，所剩无几。赵嗣美立即着手严加整治官吏，约束兵丁，多方招徕流民，采取种种善政，一月之间，使民众复业。他自己却积劳成疾，卒于任上。

赵嗣美还被家乡泽州人民祀为乡贤，原因是他为家乡人民办了三件好事。其一，泽州城中原本有东关、西关、南关三处集市，三关市民赖以存活，后因明末兵乱，独留南关一集。赵嗣美与两关父老一起请命于泽州知州，使东西两关市集得以恢复。其二，泽州官府接待宴请来往官员之事，向来由官府中的小吏杂役包揽，这些人借机敛财，负担都转嫁到当地百姓头上，民众苦不堪言。赵嗣美请官方设法置办器具，胥役只负责打扫卫生等服务，每年节省银子 2000 余两。其三，泽州官府对百姓按丁征收盐课，但百姓却无盐可食。赵嗣美提议由官方组织，筹集本金赴运城运盐销卖，用所得赢利交课银，既解决了百姓吃盐的问题，又极大地减轻了百姓负担。

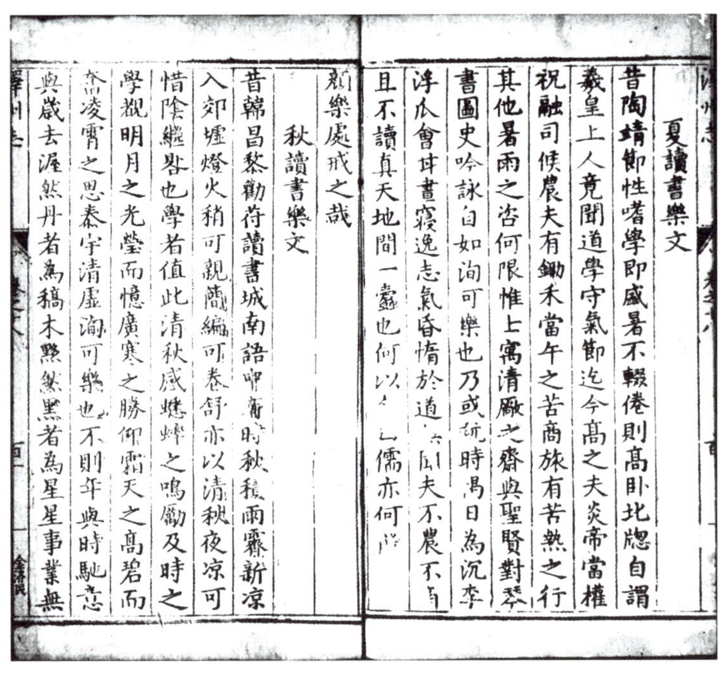
夏讀書樂文

昔陶靖節性嗜學即盛暑不輟倦則高卧北牕自謂羲皇上人竟聞道學守氣節迄今高之夫炎帝當權祝融司候農夫有鋤禾當午之苦商旅有苦熱之行其他暑雨之咨何限惟上寓清廠之齋與聖賢對琴書圖史吟詠自如詢可樂也乃或玩時愒日為沉李浮瓜會計晝寢逸志氣昏惰於道[illegible]夫不農不[illegible]且不讀真天地間一蠹也何以[illegible]儒亦何[illegible]

[illegible]樂處戒之哉

秋讀書樂文

昔韓昌黎勸符讀書城南語[illegible]時秋積雨霽新涼入郊墟燈火稍可親簡編可卷舒亦以清秋夜涼可惜陰繼晷也學者值此清秋感蟋蟀之鳴勵及時之學覩明月之光瑩而憶廣寒之勝仰霜天之高碧而奮凌霄之思泰宇清虛洵可樂也不則年與時馳意與歲去渥然丹者為槁木黟然黑者為星星事業無

赵九思《四时读书乐》

赵求益次子赵嗣彦，字二瞻。顺治三年（1646）丙戌科举人。康熙九年（1670），任武邑知县。

赵氏家族先是商业世家，后来却以诗书传家，明清两代共出进士 2 人、举人 3 人。赵九思曾写《四时读书乐》一文，将读书视作高于其他任何事情的最乐之事。他的子辈及孙辈均视读书为乐事，大都能文善诗、多才多艺。

赵九思之子赵求益，工诗。所咏《新秋招文龙会丈对局》《秋海棠》《园居夏咏》《贷粟解嘲》等诗收入《晋风选》。

赵求益长子赵嗣美，琴棋书画无所不精。著有《西游草》《庚辰纪游》《燕市草》《云司留稿》《赴闽纪行》。其诗《宿大石谿》《舟行》《丁亥孟秋循例提牢和壁间韵》《孟冬再至提封时恤刑命下喜而赋之》收入《晋风选》及《三晋诗选》。赵嗣美还将家人所作诗整理结集为《柰园集》。赵嗣美尤以画闻名，《风台县志》称其“有文名，工画山水。随笔挥洒，皆胸中邱壑，有自然之趣”。《图绘实鉴续纂》称其“善山水，笔墨淋漓，士夫逸致”。

赵嗣美《泽洋人家》手卷

现有《泽泮人家》手卷存世。

赵求益二子赵嗣彦，亦能诗，《拟秋兴》《旅中伎饮》《经筵》《雁字》《过黄梁》《叹蜗牛》《十六夜月对之有感》《张仁度庐墓诗以慰之》等诗作分别被收入《晋风选》《三晋诗选》。清初山西编辑家、洪洞人范彪西选其文入《晋国垂棘》。赵嗣彦书法亦佳，乡里碑刻多出其手，现存有《郡城西街玉皇庙创起堆金会置买庙田题名碑记》《苗匠村重修社庙创建舞楼碑记》等。

赵求益三子赵嗣昌，字庆余，其诗《瞻淇弟因人有负心者感愤有作次韵和之》被收入《三晋诗选》。赵嗣昌之子赵永泰，字炎甫，诗作《游碧落寺闻钟》被收入《三晋诗选》。

二、诚信立业的泽州大阳孟氏家族

小庙巷是大阳古镇 72 条巷中的 1 条，但它又不同于其他的巷子。当地流传着这样的一句民谚："先有小庙巷，后有大阳村。"可见它的不同寻常。小庙巷因此被称为阳阿之源。巷内有一座小庙，叫玄帝庙，供奉道教中赫赫有名的真武大帝。这或许就是小庙巷名字之由来。

明末清初，巷子里矗立着三座牌坊，一座叫"侍郎坊"，一座叫"天官坊"，一座叫"忠义坊"，这三座高耸的牌坊，昭示着居住在这里的孟氏家族的辉煌和荣耀，显示出这个家族的非同寻常。

"侍郎坊"所旌表者，乃进士出身、官至吏部左侍郎的孟家子弟孟春。孟春，字时元，号迟斋，明弘治九年（1496）丙辰科进士，其"天性刚方，才猷超迈"。先在刑部任职，人赞以"清廉谨慎"。出任浙江严州府知府，有"廉官第一"的美称。擢升太仆寺少卿，力拒权阉刘瑾等人的非法勒贿。任都察院右佥都御史、巡抚宣府（今河北宣化），他恩威并施，以善治称，深得军民信赖。当时锦衣卫官员钱宁、江彬等人势力嚣张，派人索要钱银数万缗，孟春严词拒绝。权宦张永行路经宣府，群僚匍匐于道迎之，孟春则立而不跪，仅拱手而已。由于孟春的正直无私，与江彬、张永行等权奸正邪不容，终被排挤落职。正德十六年（1521），孟春升任应天府府尹。同年，升都察院右副都御史、巡抚顺天府等，声望与治绩均十分显赫。嘉靖二年（1523）春，天大旱，他上奏朝廷，请求允许申辩鸣冤，并要求处决贪官污吏及宁王朱宸濠之乱的逆党，顺人心振朝纲。同时，下令设义仓，以渡灾年。嘉靖皇帝赐羊酒嘉奖之。同年，升户部右侍郎。嘉靖三年（1524），孟春被擢升为吏部左侍郎。明世宗朱厚熜赐以“行不自欺”四字，以旌其忠。他不仅是明代名宦、治世能臣，而且以刚方清廉著称，是明代泽州乡贤中最为杰出的一位。

“天官坊”所旌表者，乃孟春之子，进士出身、官至吏部行人司行人的孟阳。因吏部古称“天官”，所以人们称旌表孟阳的牌坊为“天官坊”。孟阳，字子乾，号素溪，明正德九年（1514）进士，授行人。生活在宦官肆虐的年代，他不惧权贵，忠君爱国。因为他拒不拜谒当权者，长期得不到升迁。正德十四年（1519）农历三月，明武宗正德皇帝朱厚照受宠臣江彬的唆使，下诏南巡，实际是出游作乐，遭到百官的集体反对。孟阳对同僚言：“此举关系到社稷安危，一命之士皆为此担忧，更不用说言官必须当效死尽忠。”他与同官呼延瓒、李绍贤等在朝堂直斥权奸误国，误导皇上出行。孟阳等人的行为惹恼了正德皇帝，随即被逮捕下狱，廷杖而亡，年仅 34 岁。与他同时杖毙于午门者 19 人。孟阳屈死后，他的老师、太仆寺卿孙绪，痛心不已，作诗云：“鹏翼九天孤众望，龙逢千古话同归。”称孟阳如展翅的大鹏，直上九天，不负众望，又与夏之忠臣关龙逢一样，因忠贞直谏而死，必将永垂千古。三年后，明世宗朱厚熜嗣位，年号嘉靖，孟阳得以平反昭雪，下旨泽州大阳镇建起了“旌忠祠”，立起了小庙巷的第三座牌坊“忠义坊”，以旌表孟阳尽忠报国，忠肝义胆。

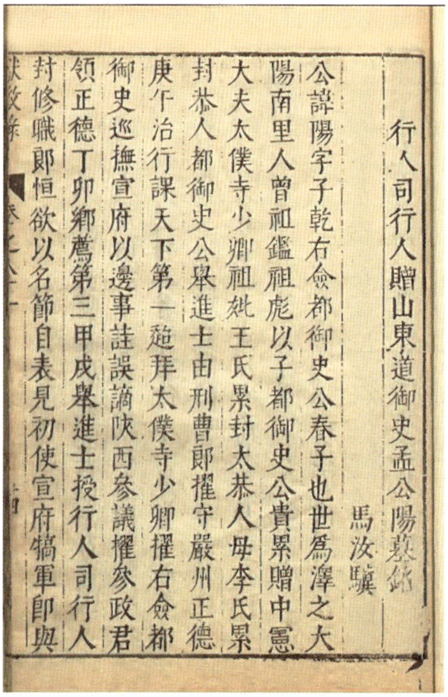

行人司行人贈山東道御史孟公陽墓銘

馬汝驥

公諱陽字子乾右僉都御史公春子也世爲澤之大陽南里人曾祖鑑祖彪以子都御史公貴累贈中憲大夫太僕寺少卿祖妣王氏累封太恭人母李氏累封恭人都御史公舉進士由刑曹郎擢守嚴州正德庚午治行課天下第一廸拜太僕寺少卿擢右僉都御史巡撫宣府以邊事詿誤謫陝西參議擢參政君領正德丁卯鄉薦第三甲戌舉進士授行人司行人封修職郎恒欲以名節自表見初使宣府犒軍郎與

马汝骥撰孟阳墓铭

如今，这三座牌坊虽已不存，但是孟春、孟阳的故事仍在大阳古镇，在泽州流传不息。

除了孟春、孟阳父子，孟家还出了三位优秀人才。孟春之子孟阶，号历山，嘉靖十年（1531）辛卯科举人，嘉靖二十七年（1548），任承天府同知。孟阳之子孟颜，字学颜、汝学，号怀溪，嘉靖十七年（1538）进士，历任常熟知县、户部主事、陕西按察司佥事分守关西道、四川布政司左参议。孟阳之子、孟颜之弟孟思，字学思，嘉靖二十五年（1546）丙午科举人。

大阳孟氏家族连续三代出了三位进士、两位举人，令人称羡，但孟氏家族却是靠经商致富发家的。

孟春的父亲名叫孟彪（1431—1481），字文振。孟彪的曾祖父孟诚、祖父孟泰、父亲孟鉴，都早早地离开人世。曾祖母宋氏 25 岁守寡、祖母王氏 23 岁守寡、母亲牛氏 28 岁守寡。3 位夫人都性格坚毅，靠纺织养家糊口，将子女养育成人，人称孟氏三节妇。明朝正德年间内阁首辅李东阳撰有《孟氏三节妇传》，予以表彰。

孟彪从小聪明好学，期望能够在社会立足，但苦于没有资历和地位，其才能不能够显露出来。而且母亲日渐老去，他必须担负起赚钱养家的责任，于是外出经商于河南开封、商丘等地。虽然身为商人，孟彪常常随身带着经史一类的书籍，一有空就拿出来阅读，从中得到许多的教益，尤其是将“忠”“信”二字牢牢记在心间。

孟彪经商从来不在小事上斤斤计较，尤其讲信用，重道义。他的父亲孟鉴在世时，因经商需要一笔本钱，曾向邻近的甘润村某商人借了一笔银子。由于孟鉴不久就去世了，这笔钱没有能够及时还上。时间一长，甘润村商人丢失了借据，也忘记了这件事情。孟彪当时年纪虽小，但却一直将借银之事记在心上。当从开封经商赚到“第一桶金”回到泽州，孟彪第一时间即先到甘润村上门还钱。老人非常惊讶，孟彪说：“先人所借，现在应当还上，不可相负。”老人才收下银子。

明成化十年（1474），河南怀庆府河内县发生大灾，孟彪前往卖米。当时，商人们为了获取厚利，把米价抬得很高，而孟彪却减半价出售。有人笑他迂腐，有人说他有病。孟彪说：“我未尝不想赚钱，但乘人之灾，以取重利，吾不忍也！”

孟彪的生意越做越大，家业日渐兴盛。儿子孟春很小的时候，就被送去读书，后辈子孙都得到很好的教育。孟彪曾教诲孟春：“我儿是能担当大事的人，光大我孟家门庭者，就靠你了，儿当勉之。人生在世岂可仅为谋取功名利禄？必须尽忠孝大节，树立功勋事业，这样才不负所学。”

孟氏子孙的血脉中流淌着孟氏三节妇的血脉，传承着孟氏忠贞、诚信的品质。

三、煤铁发家的阳城中道庄陈氏家族

有清代北方“第一文化巨族”之称的阳城中道庄陈氏家族，事实上也是以工商兴家之后，才逐步在强有力的经济后盾支持下实现文化科举兴盛的。

据《午亭陈氏族谱》，阳城县皇城陈氏始祖陈仲名（1358—1421），原居泽州西陈庄，明洪武二十一年（1388），在明初移民大潮中迁民至河南彰德府临漳县。建文初，二世祖陈靠（1376—?），为避兵祸，沿路乞讨回到泽州，落籍天户里沟南村，以牧羊、垦荒为生。明宣德四年（1429），三世祖陈岩（1406—1461）、陈林（1414—1489）兄弟，从泽州天户里迁居阳城县郭峪村，开始艰难的创业生涯。

陈岩先在郭峪王氏的铸铁坊做徒工，后做掌炉，随后与子侄在中道庄北沟开办陈氏世昌冶铸坊；陈林先在郭峪王氏的煤窑做工，几年后做了窑头，后在庄北七柿滩自己开办煤窑。自此开启了陈氏煤炭、冶铸发家之路，奠定了陈氏家族发展壮大的百年基业。

四世：陈岩长子陈瓊（1425—1482），接替父亲掌管世昌冶铸坊，经营30余年，家业渐兴。次子陈瑛（1429—1491）在卫辉府经营东盛商行，以诚信赢得良好声誉。陈林次子陈武（1439—1500）则负责经营农牧业。可以看出，此时兄弟之间有了明确的分工，各管一业。

五世：陈瓊之子陈珮（1452—1512）执掌家族事务。陈瑛之子陈璠（1454—1513）终其一生在卫辉府经商，并娶新乡女子为妾。次子陈珦（1486—1551），在堂兄陈珮逝后，执掌家族事务，管理世昌冶铸业，新开松坡山东大阳洼煤窑，“实业大兴”。陈武长子陈环（1468—1529），则负责全家上百亩耕地、千余头牲畜的管理；次子陈班（1486—?）至河南中州商馆学徒，并在豫娶妾生子。

六世：陈珙长子陈侨（1512—1568），执掌家族事务，又在松坡山建东凹义沟、阳沟两个煤窑；陈珙次子陈修（1518—1578）与陈珦之子陈信（1521—1573）共同掌理世昌冶铸。此时家业更加兴旺。陈修即为清代大学士陈廷敬的高祖。

七世，陈修之侄陈三知（1507—1572）协助陈修管理冶铸业，在上佛村南置地设场冶铸，鸿大家业。陈修次子陈三乐（1551—1613），即陈廷敬之曾祖父，总领谋划；三子陈三接（1555—1626）负责冶铸业，侄子陈三台（1550）、陈三宅（1544—1618）掌管煤窑，筹巨资共建东阳煤窑，该窑易于开采，陈氏财富迅速增长。陈修四子陈三益（1561—1618），从事商贸，颇有心计，常年奔走河南、河北、山东、京津间，晚年带着1000两黄金，在卫辉府客店被人暗算。族中其他子弟，陈三品（1512—1578），赴中州营商，奔走于汉口、南阳间，纳副室南阳王氏，晚年卒于汉口。陈三贤（1510—1546）卫辉府经商。陈三阳（1527—1557）、陈三枢（1556—1603）均先后从商。陈三谟（1534—1604）先经商于卫辉府、怀庆府，后与弟陈三策（1544—1614）在泽州西街开设丝绸布匹店、盐杂批发行，设有市房18间，其后人也都以经商为主。

陈家从迁居郭峪以来，五世同居，未曾分家，工商事业如日中天。经商范围扩大到晋、豫、燕、鲁、鄂，经营产品包括煤炭、铁货、丝绸、布匹、食盐和日用杂货等。此时陈氏家族公同经营的工商业包括有：北沟铸铁坊，东凹阳沟、义沟二处煤窑，以及广泉商号。至明万历六年（1578），

中道庄

陈家迁居中道庄已有150年整。因支系庞大，人口日繁，散居各庄，管理难度很大，于是决定分门立户。但仅分房屋、田产、祠堂，工商业则由各门分别持有股份，共同管理。

分家之后，分为六支，分别为怀德堂、崇德堂、守德堂、树德堂、世德堂、敬德堂。各堂均有一个“德”字，以示陈氏世世代代、子子孙孙不忘祖先之德。陈廷敬这一支即为中道庄世德堂。

陈廷敬的祖父陈经济（1576—1626），作为陈三乐的长子，负责总理家政。陈廷敬的叔祖陈经正（1580—1668）负责经营煤窑和冶铸坊，明末兵乱，被迫停业。清朝建立后，世道和平，各项产业又恢复如初。陈经正娶河南怀庆府芦氏，其二子都落居怀庆府。

陈氏家族的人作风务实，讲究实际，不图虚名。族中八世有个叫陈文锦（1560—1627）的人，晚年花钱捐了个恩贡，为族人所不齿，成为大家的笑柄。

陈氏家族在经济发展蒸蒸日上的同时，逐渐重视对子弟的文化教育。陈林长子陈秀，是陈家第一个通过读书走上仕途的人，考中陕西西乡典史，后署城固县令。他让陈家之人看到了人生的另一种出路、另一种命运。陈秀在《教子诗》中说：“百岁光阴易掷梭，痴儿莫得等闲过。起家绍业由勤俭，处事交人贵缓和。酒饮三杯须用止，书攻万卷未为多。我今欲著灯窗力，鬓点秋霜奈老何？”这首诗可以视作陈氏家训之一，告诫后人，要珍惜光阴、勤俭持家、勤奋读书。

陈珏长子陈儒（1492—1537），进一步设立“中道学堂”，潜心育人，奠定了陈氏家族科举发达之基础。

陈珏次子陈天祐（1516—1569），成为陈家第一个考中进士的人。陈天祐，号容山，嘉靖十三年（1534）举人，嘉靖二十三年（1544）进士，历任户部主事、陕西西安府知府、陕西按察司副使。著有《容山诗集》。

此后，陈家在科举道路上，一发而不可收，共出了9位进士、6位翰林、10位举人、41位贡生。清文华殿大学士、吏部尚书田从典曾为陈家题联："德积一门九进士，恩荣三世六词林。"9位进士中，除了第一个进士陈天祐外，其他8位进士分别为：

陈昌言（1598—1655），字禹前，号泉山，又号道庄，是陈廷敬的伯父。明崇祯庚午（1630）举人，崇祯甲戌（1634）科进士。历任乐亭知县，浙江道监察御史巡按山东。入清后，以原官视学江南。著有《东溟草》《燕邸草》《道中草》《东巡草》《南校草》《山居集》《斗筑居集》等。

陈廷敬（1638—1712），字子端，号说岩，晚号午亭、午亭山人，顺治十四年（1657）举人，顺治十五年进士，选内翰林庶吉士。历任秘书院检讨、翰林院侍讲学士、内阁学士兼礼部侍郎、翰林院掌院学士、礼部侍郎、吏部侍郎、都察院左都御史、工部尚书、户部尚书、吏部尚书、刑部尚书、文渊阁大学士兼吏部尚书。多次主持编撰国家典籍，任《明史》《一统志》《政治典训》《御制佩文韵府》《康熙字典》等总裁官。著有《参野诗选》《尊闻堂集》《午亭文编》50卷、《午亭集》30卷、《午亭山人第二集》《北镇集》等。康熙皇帝评价其："宽大老成，几近完人。"

陈元（1632—1662），字长公，号澹庵，又号端坪，陈昌言之子。顺治八年（1651）举人，顺治十六年（1659）进士，选翰林院清书庶吉士。著《澹庵诗集》2卷。

陈豫朋（1672—1751），字尧凯，号濂村，又号萤熠斋居士，陈廷敬次子。康熙二十九年（1690）举人，康熙三十三年（1694）进士，选翰林院庶吉士。历任四川叙州府筠连知县、陕西西安府耀州知州、陕西巩昌府抚民同知、礼部郎中、福建盐驿道、刑部郎中、广东道监察御史等。著有《甲子京华集》1卷、《六友斋诗赋》2卷、《濂村诗集》68卷。陈豫朋任四川叙州府筠连知县时，看到当地百姓只种水稻，而从来不种小麦和大豆，他就自己开辟了一块荒地试种并获得成功，于是百姓争相种植，获利无穷，以致当地有"陈公麦、陈公豆"之谣。陈豫朋还让随从在叙州府表演打铁花技艺，一时传为盛事，成为将打铁花带入叙州府的第一人。

陈壮履（1680—1748），字礼叔，一字幼安，号南垞，陈廷敬三子，康熙三十五年（1696）举人，康熙三十六年进士，改翰林院清书庶吉士。历任翰林院编修、翰林院侍讲学士、侍读学士。历充《渊鉴类函》《御选宋金元明四朝诗》校勘官、《御制佩文韵府》《御定佩文斋咏物诗选》编辑官、《康熙字典》《御定历代纪事年表》纂修官。著有《南垞集》《潜斋诗集》《慕园诗草》。陈壮履很有经济头脑，在做官的同时，还曾一度经营盐业。

陈观颙（1679—1723），字安次，号蓉村、柑亭，陈廷统之子，陈廷敬之侄。康熙三十五年（1696）举人，康熙四十五年进士。任直隶浚县知县。著有《恤纬集》。

陈随贞（1675—1732），字孚嘉，号克亭，又号寄亭，陈廷弼之子，陈廷敬之侄。康熙三十五年举人，康熙四十八年（1709）进士，选翰林院清书庶吉士。著有《立诚堂集》《寄亭诗草》。

陈师俭（1699—1732），字汝贤，号鹤皋，陈廷敬孙，陈豫朋长子，雍正元年（1723）举人，雍正五年（1727）进士，选翰林院庶吉士，授广西泗城府理苗同知。著有《鹤皋诗集》。

10 位举人分别是：陈所知，陈天祐曾孙，万历十三年（1585）举人；陈廷翰，陈廷敬弟，康熙二十三年（1684）举人；陈贲懿，陈廷愫子，康熙五十年（1711）举人；陈寿岳，陈谦吉次子，康熙五十年举人；陈洵，陈廷敬旁系孙，康熙五十九年（1720）举人；陈式玉，陈随贞子，雍正四年（1726）举人；陈寿华，陈谦吉四子，雍正七年（1729）举人；陈传始，陈壮履长子，雍正十年（1732）举人；陈名俭，陈豫朋次子，乾隆九年（1745）举人；陈崇俭，陈豫朋三子，乾隆九年举人。

明清两代，陈氏家族出了 30 余位诗人，其中还有三位女诗人。一位是陈豫朋之女陈静渊（1692—1747），著有《悟因楼存草》。第二位是陈师俭之妻陈卫氏（1702—1773），著有《西窗晚课稿》。第三位名叫陈凝田（乾

象征阳城皇城陈氏荣耀的“一门衍泽、五世承恩”牌坊

隆嘉庆间人），字宛玉，著有《吟香楼诗集》。清代著名女学者、金陵女史王贞仪曾为其写序。

陈家当之无愧成为清代北方“第一文化巨族”。陈家数代人苦心经营，修建居住的陈氏家园，即后人称之为“皇城相府”的庄园，成为中国北方著名的旅游胜地。

陈氏家族亦多与泽州富商巨贾联姻。陈廷敬次子陈豫朋娶泽州大箕秋木山庄巨商王璇之女为妻。陈豫朋之女陈静渊又嫁入泽州大箕著名盐商卫其杰之孙卫封沛。陈壮履次子陈传妫（1714—1757）娶平阳著名两淮盐商亢氏家族亢在时之女。陈廷愫之孙陈堜、陈坦、陈筠都娶的是泽州大箕村富商卫正心之女孙。这样的例子不胜枚举。

陈氏在科举繁花落后，回归平凡，后人中又有许多重新从事商贸者。比如，陈谦吉之玄孙陈尔鉴（1745—1809）业商于河南开封。陈豫朋之孙陈法登（1751—1826），乾隆中期创建了龙湖镖局。陈壮履之孙陈述曾（1746—1811）在归德府（今河南省商丘市）经商终身，玄孙陈得泉（1788—1828）营商山东滕州，玄孙陈得孝（1802—?）经商河南归德府，留寓河南。

四、贸易河南的沁水窦庄张氏家族

据沁水窦庄《张氏合族世谱》，元至正（1341—1367）末期，张氏远祖张庆从阳城县匠礼里迁居沁水县之窦庄。明初分为三支，其户籍分别为民籍、军籍、匠籍。民籍之祖为张聪，军籍之祖为张和，匠籍之祖为张禄。

著名的张五典一支即为民籍，以张聪为一世祖。张聪，字子敏，明永乐十五年（1417）举人，但并未出去做官。四世、五世虽出过个别贡士、秀才，但并不显山露水。

六世出了个叫张官的，即张五典之父。张官（1536—1606），字懋德，别号华峰，亦作华封。四岁丧父，仅有瘠田数亩，家里萧然四壁，深受富户欺凌。20岁入县学，刻苦自励，考中秀才。但为生计所迫，不得不另找出路。

张官的同族兄弟20人中，大多数都从事商业经营。其中张宣、张宿、张宇、张寀、张继禄等甚至迁居到了河南开封府仪封县，说明他们的父辈，甚至祖辈已经在河南经商。七世张五金、张五玉、张五瑞迁居河南归德府鹿邑县，张五柱迁居北京大名府东明县。八世张锦迁居河南归德府鹿邑县。亲友中亦多生意人。

张官的邻居张永锡（1534—1616），比张官大两岁，两人是同龄好友，出入相随。张永锡成人后即外出经商，在外40余年，往来贩易，北到陕西、京津，南到江淮各地，足迹几半天下，日积月累，由小贾，而中贾，最后成为大贾，家累千金。

受族中兄弟和邻友的影响，张官最终走上了经商道路。他往来贸易于数百里之外的河南商丘等地，脚上的老茧磨出一层又加一层。即使是严冬积雪之时，仍奔波商途，不敢休息。经过多年的奋发图强，终于富甲一方。

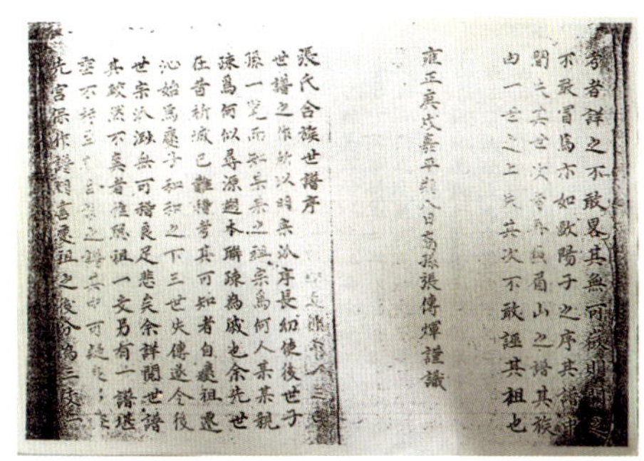

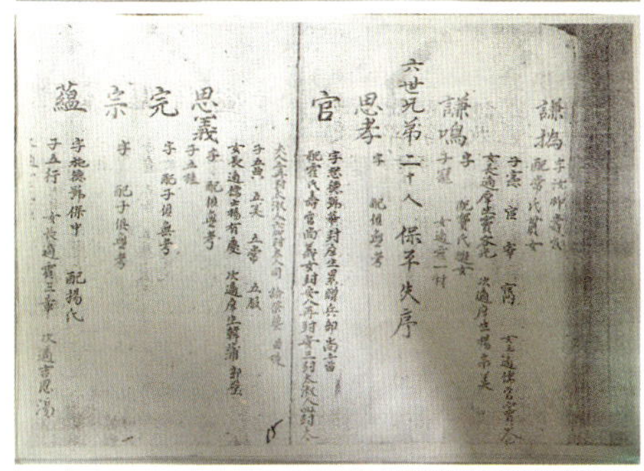

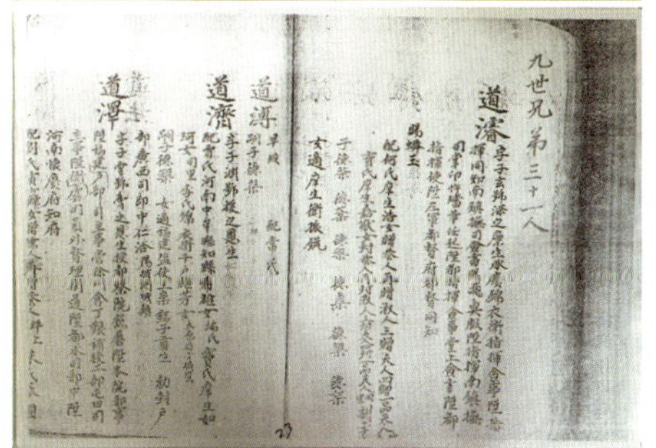

沁水窦庄张氏族谱

张官一生淡泊俭约，食无兼味，衣不华饰，却乐义好施，常救人之急。在市上买东西，从来不与人争价格高低，他说："贫民赖此为生，微末小利，何必计较？"明万历十六、十七年间，饥荒和瘟疫交作，道路上到处是饥饿求食之人，张官煮粥施药，救活者甚多，还将多年来借给穷乡亲粮食的借据付之一炬。有一个在张家租赁房屋者，三年没有交房租，一天晚上悄悄地逃走了。张官追到郊外才追上，其人伏地请罪，张官说："我不是为房租而来。如果出门而身上无钱，值此凶岁，将不免饿死，填于沟壑。"不仅没有责备他，反而给了盘费，打发其上路。村里有一个曾经借张官钱的人死了，张官前往凭吊，从袖中拿出借据，在其灵柩之前全部焚毁，说："不要让他的后人担忧。"

张官极其重视子孙教育，每天督促子弟读书，从不间断。他常说：

沁水窦庄张氏老宅

沁水窦庄张氏书房院

“我所经见的太多了，每每看到官宦之家，一家一家地败落。没有什么特别的原因，总是由于后代子孙好逸恶劳，不思进取，骄奢淫逸，招来祸患。你们这些小辈不可不引以为鉴啊！”

由于一代一代对教育的重视，张氏家族各类人才层出不穷。明清两代共出张五典、张铨、张鍧、张道湜、张传煐、张心至6名进士，张聪、张铪、张鋡、张道濂、张德棠、张德臬、张德集、张诗铭、张诗颂9位举人，还有张心达1个副榜，成为“沁水科举家族之首。”（孔伟伟《明清泽州科举研究》）陈廷敬曾称誉说：“然张氏由明以来，为士林华族，实冠冀南，他族鲜可比焉。”张官因子孙显贵，累封户部郎中，赠山东右布政使，加赠兵部尚书。

张五典（1555—1626），字和衷，号海虹，张官之子。明万历二十年（1592）进士，历官行人司行人、户部主事、户部员外郎、山东布政司参议、河南按察司副使、山东布政司参政、太仆寺卿、南京大理寺卿，加赠兵部尚书，卒赠太子太保。著有《大司马张海虹先生文集》，简称《海虹集》。张五典在山东任职期间，对古书记载“泰山高者四十里”的说法产生怀疑。为测出泰山实际高度及里程，张五典精心制定测量方案。用横竖两根长竿，作为测量工具；再在纸上画出方格，填注每次测量结果，类似于我们后来的坐标法。张五典派员进行实地测量，从山下至绝顶，共测得 4300 多个测点的数值，最后得出结果：泰山实际里程“一十四里八十余步”，高度“三百六十八丈三尺四寸”。这与用现代科学方法测出的泰山里程和高度较为接近。张五典成为第一个测量泰山高度的人，得到了“有史以来泰山高度的第一个精确数值”。被誉为“我国测绘史上一个重大成就”，是一项“划时代的贡献”。（张江华《明末测量泰山高程及所用方法》）张五典还善于发现和选拔人才，对著名科学家徐光启的赏识为人所称道，明万历二十五年（1597），张五典出任丁酉科顺天乡试分考官，从落卷中物色出徐光启的考卷，荐送主考官，徐光启遂被“拔置第一”。徐光启后来不仅官至文渊阁大学士，而且成为一位著名的科学家，所著《农政全书》被称为“名副其实的农业百科全书”。

张铨（1577—1621），字宇衡，号见平，张五典子，明万历二十五年（1597）举人，万历三十二年（1604）进士，授保定推官，迁浙江道御史，出巡陕西茶马，又巡按江西，后出巡辽东，城陷死难，赠大理寺卿，加赠兵部尚书，谥“忠烈”。明天启四年（1624），在京山西官员在宣武门外上斜街修建了山西三忠祠。祠内奉祀沁水张铨、襄陵高邦佐、大同何廷槐三位同在辽阳一战中战死的山西忠烈。泽州人也在泽州城修建了祭祀张铨的“昭忠祠”。张铨著有《春来集》《胜游草》《张忠烈公存集》等。

张鋡，字缄三，号见闇，张五典第四子。崇祯九年（1636）举人，崇祯十六年（1643）进士，任顺天府教授。入清任兵部主事。著有《壁余草》等。

张道湜，字子础，号涣之，张五典孙。顺治三年（1646）举人，顺治六年（1649）进士，选内翰林院庶吉士。授内翰林院编修、任湖广布政司右参议、陕西布政司参议，山东按察司副使、天津兵备道。著有《诗草录存》《挥暑清谈》《史鉴节录》等。

张传焌（1701—1743），字义昭，号菊磵，张道湜孙，雍正十年（1732）举人，雍正十一年进士，历任吏部主事、御史、吏部郎中、江南按察司佥事、署任江南按察使、署任江苏布政使，卒于官廨。

张心至（1735—?），字思安，号慕川，乾隆二十五年（1760）举人，乾隆三十四年（1769）进士，历任四川庆符知县、刑部四川司主事。中进士前曾任沁水碧峰书院首任山长。

另有张道濬其人，虽非科举出身，但却在泽州历史上影响至深。张道濬（1594—1645），字深之，为张铨之子，袭父荫，官都指挥佥事，仕至锦衣卫都督同知。明天启四年（1624），因边关军器缺乏，造办艰难，兵部尚书、大学士孙承宗请示天启皇帝，责成张道濬，利用泽州煤铁之便利，造办兵器。据明孙承宗《枢辅销算疏》：“共造过大佛郎机二千零三十三位，追锋一十六位，子炮一万零二百四十五位，百子炮一百八十二位，三眼鎗一万零二百一十四杆，腰刀七千五百一十一口，灭虏炮二位。”所造兵器不仅质量精良，而且比兵部所造节省金钱数万两。明末陕西农民军攻沁水，张道濬与母亲窦夫人凭借坚固的窦庄城堡和佛郎机炮等先进武器成功击退了农民军数次围攻，保护了窦庄村的安全，随后张道濬成为沁水一带抗御农民军的强有力的领导者。沁水城陷后，张道濬带头捐资1000多两银子，重筑县城，使众多百姓得以逐渐回归家园。著有《丹坪内外集》《从戎始末》《兵燹琐记》《奏草焚余》《张司隶初集》，他重新校订刻印的《张深之先生正北西厢秘本》，是现存《西厢记》重要版本之一。

窦庄张氏家族热衷于史志研究和编纂，并作出巨大贡献。张铨编撰《国史纪闻》，张道濬撰《续国史纪闻》，史料涉及明代社会的方方面面，为明代政治思想史、军事史及各项专题研究都提供了史料依据，具有很高的史料价值。张鋡撰有《晋南名贤录》《史臆》。

张五典、张道濬、张心至先后四次纂修《沁水县志》。张鈖编纂的《榼山寺志》，记载了沁水大云寺寺院兴建历史、历代僧人事迹、匾额诗文以及寺院的自然文化景观，为山西最早的山水寺院志之一。张传辉编纂的《窦庄小志》，为清早期为数极少的村志之一。窦庄张氏不愧沁水科举文化家族之首。张氏家族故居仍保存至今，其中有一座张五典建于明代的藏书楼“万卷楼”。张道濬撰《万卷楼藏书记》云：“予家世呫哔，先宫保及忠烈俱嗜书，宦游四方，罗致颇广，庋之万卷楼中，胪次充栋，愿后之人毋作故纸视之。”

五、经营丝绸的高平孝义祁氏家族

山西有南北两大著名的祁氏家族。寿阳祁寯藻家族曰“北祁”，高平孝义祁埙家族曰“南祁”。南祁在明季时由山西洪洞迁居高平孝义，经过明清两代的发展，特别是清朝以来，经历了由富到贵的上升时期，家族人才辈出，地位显赫，成为高平地区的大姓望族，官宦世家。直到民国时期仍不失其名望与德行。民国山西名儒郭象升曾将南北两祁进行比较，认为其各有千秋：“北祁以情节著，南祁以干济称。”

按高平孝义《祁氏家谱》，明季，祁氏先祖有名公得者，从洪洞迁来，寓居孝义村，遂为高平孝义祁氏始迁祖。二世即分为东西两房。长支祁自省为东房，次支祁自会为西房。清道光年间曾任两广总督的祁埙即出自东房。三世祁时秀，字茂华。四世祁必大，字念华，“生于明末，当两朝变革际，家称饶裕，克保无患。”祁家在此时已相当富裕。五世祁显昌（1643—1721），字明和。“其经营家计，上承先业于勿替，下垂厚产于益增。而又知足不辱，不以货财为宝，家无农业，而雅重读书。”此时，祁家已全部放弃农业生产经营，全身心地经营商业。祁显昌有五子，分别是祁琏、祁珮、祁琢、祁琛、祁瑾，为六世。祁琢（1677—1756），字成玉，有三子，祁斯浩、祁斯沧、祁斯清。

七世祁斯沧，字汉东，为祁埙曾祖父。“事商理家，经营于大河南北间，摒挡家事。”此时，祁家的生意已经做得很大。河南洛阳市潞泽会馆乾隆二十四年（1759）《建修关帝庙泽潞众商布施碑记》中记载：“绸布商：祁永兴捐银叁千两、外施地拾亩。萧立盛捐银贰千零叁拾捌两，侯公盛捐银壹千柒佰伍拾叁两，祁斯沧捐银壹千陆佰两，崔永昇捐银壹千伍佰伍拾两……”这一记载明白无误地告诉我们，祁斯沧是在黄河两岸经营绸布的大商人。绸布包括丝绸和土布。当时的上党地区是很少生产土布的，而丝绸则是泽、潞地区的特产。祁斯沧所经营当为上党地区盛产的丝绸。

明代时，山西潞、泽地区所产潞绸闻名天下，成为全国最为著名的丝绸产品之一。清代时凤台县（今晋城市城区和泽州县）和高平县所生产的泽绸，分为单丝绛绸和双丝泽绸，以其织工精细、光洁艳丽、品种繁多、质地紧密等特点，受到人们的喜爱。

高平是潞绸和泽绸的主要产地。清代，高平人在外地开办丝绸行的有很多。祁氏家族的祁斯沧，就是抓住这一商机，经营潞绸、泽绸发家致富的。而泽潞商人一次捐银达上千两乃至数千两，可见当时丝绸商人是相当富有的。

祁氏第八世，则进一步介入食盐专卖行业。祁斯沧之子祁杲（1725—1771），字旭阳，号淦亭，是祁家经营盐业的第一人。据《旭阳公墓表》：“公家居时，会盐商积欠滋弊，有司籍公名趣应河东盐务。公筹画精密，殆无遗策。”祁杲是朝廷通过招商方式进入盐业经营领域的，而且他善于筹谋，精于计算，从来没有失误过。祁杲使用的商名为祁天兴。这是从他自己的名字中演化出来的。“杲”是个会意字，日在木上，表示天已大亮。本义为明亮。《管子·内业》：“杲乎如登于天。”所以取一个“天”字，再配合古代商号常用的“兴”字，寄希望于祁氏商业更加蒸蒸日上。

而祁杲之子祁汝棻，则继承了盐业经营这一事业，使之发扬光大。祁汝棻（1747—1819），字晖吉，号龍山，有胆有识。其诗《剑客行》云：“槐安薄腥羶，世事等刍狗。寻常酒肆中，肝胆大如斗。开颜一笑卷白波，为君起舞拔剑歌。有时十步血濡缕，需教天下无偏颇。岂有邀名意，矜言镆鎁利。功成不受赏，将相如儿戏。瞥眼长天一鸟飞，此身磊落竟何归。君不见持笺记室毙犬奴，笑杀终年局促毛锥儒。”充分展示了其一身胆肝，豪侠之气。作为山西河东盐商，《河东盐法志备览》记载了其经营情况：商名祁天兴，的名祁汝棻，承办销盐引地为潞城、洪洞、安邑、灵石四县。其中：潞城县正引 3574 引，代销 18 引，余引 2890 引；洪洞县正引 1320 引；安邑县正引 430 引；灵石县正引 1486 引，代销 72 引。盐业经营使祁氏家产更为丰厚。

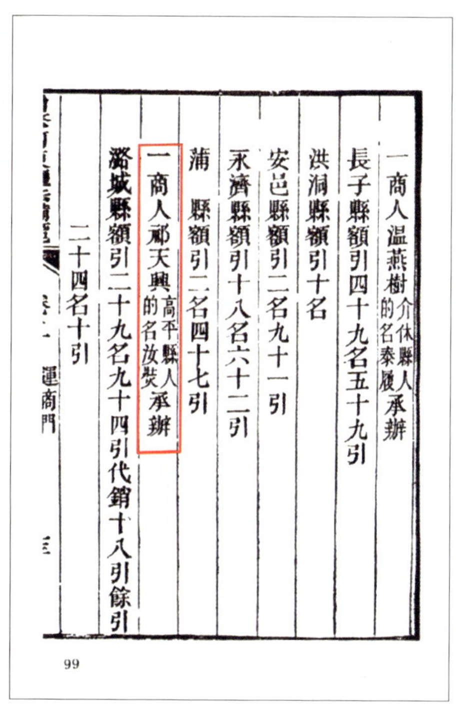
一商人温燕樹介休縣人承辦的名秦履
長子縣額引四十九名五十九引
洪洞縣額引十名
安邑縣額引二名九十一引
永濟縣額引十八名六十二引
蒲　縣額引二名四十七引
一商人祁天興高平縣人承辦的名汝棻
潞城縣額引二十九名九十四引代銷十八引餘引
二十四名十引
運商門
三
99

《增修河东盐法备览》记载的商人祁汝棻

靠经商发家致富的祁家，为后代子弟读书仕进打下了良好的经济基础。

五世祁显昌，即“雅重读书”，重视对子孙的教育。其子祁珮，字玉之，国学生；祁瑾，字蔺怀，附贡生，长于诗歌，有《龍右诗句》《鸡肋集》，乾隆十八年（1753）以输军饷议叙州判。其孙祁斯浩，附贡生，乾隆十三年（1748），考职布政司理问，不赴选；祁斯沧，国学生；祁斯清，武庠生，候选都司。

而真正为祁氏奠定文化基础的则是第八世祁杲。祁杲，附贡生，从小异常聪明，童年幼儿时期即得其叔父祁瑾诗传。乾隆二十八年（1763）考职员外郎，选授工部营缮司。他唯一爱好的就是读书。家中藏书数十万卷，著《潜修草》。祁杲，洞悉人情，在工部时，山西阳高县城毁坏，督抚题请修城，且言民情乐输。祁杲却说，“某目睹非乐输而云乐输者多矣”，“民情乐输，未必出于公心，或当细察，未可遽行”。工部尚书董邦达称赞其敢于直言，“即此一节，可见其有担当”。该修城之役于是停下来。董尚书从此对他益加爱重，每事常咨询他的意见。

祁氏经过第五代到第八代100多年的积累，到了第九世，终于出了祁氏家族历史上第一个举人，这就是祁杲之子祁汝奘。祁汝奘特别喜欢读书，“性嗜学，老而愈笃，周览四部，漏下三鼓，手不释卷”。他曾对人说：“人一日不读书，便如腹馁，举动无精力云。”嘉庆五年（1800），祁汝奘考中举人，这一年他已54岁。先后任通政司知事、都察院经历。

祁汝奘对后代的教育抓得更紧。“有丈夫子四，督课甚严。自塾书归，恒口授诗书文义，间论古今人品高下，至宵分娓娓不倦。”到第十世时，祁氏家族一下子出了两个进士，人称“一门两进士”。

祁汝奘长子祁墡（1773—?），字甸兹，号松轩，一号静斋，嘉庆二十二年（1817）丁丑科进士，授翰林院庶吉士，散馆后，先后任广东新宁县知县、广西全州知州。在任奉己以俭，莅事以勤。尝作楹联：“俭以养廉廉非为俭，勤能补拙拙更宜勤。”一时争相传诵。祁墡暇日口授子侄辈诗书文义，讲论古今人品得失。善书法，老而不倦。尤精史学，手辑《纲鉴要略》一部。后又辑编一部有关忠孝节义的书，名曰《益智录》。他尝说：“我有一编书，书中何所语？不语佛与仙，道德高千古。书是道德书，语是道德语。道德本吾心，不殊今与古。”

祁汝奘次子祁𡎴(1777—1844)，字竹轩，又字寄庵。嘉庆元年(1796)进士，历任刑部主事、刑部员外郎、河南粮盐道、浙江按察使、贵州布政使、刑部右侍郎、广西巡抚、加太子太保、广东巡抚、刑部尚书、两广总

祁_故居

督，卒谥“恭恪”，祀广东名宦。

虽然祁_权力很大，禄俸很高，但因其廉洁奉公，对祁家财富的积累并没有帮助，反而多耗用家财。正如郭象升所分析的那样：“然而恭恪生平盥手奉公，绝不藉膏膴以自肥。诸子弟车马衣裘、声色书画之奉，非以粤装也。盖高平祁氏之富，实在恭恪未贵以前。恭恪廉介之操，亦由生计素裕弼成之。因高位而耗其家则有之矣。家之厚初不藉位之高也。”

祁汝奘另二子，祁墺，副贡；祁埰，由廪贡生保举孝廉方正，历任代州繁峙县教谕、湖北利川知县，奖同知衔。

这一时期是高平祁氏家族极盛之时，成为名副其实的名门望族。

祁墡、祁_之后，祁家仍多通过科举或捐纳进入官场者。祁墡长子祁之键（1790—1849），字芪关，号篠泉，候选府学教谕，赋性诚笃，里居设塾课读，终身好学不倦。

祁墡三子祁之锯（1813），字梓储、号叔慎，又号晓斋，一号梅坨，咸丰五年（1855）举人，同治十年（1871）辛未科大挑二等。

祁堜长子祁之钤（1795—？），字次山。嘉庆二十四年（1819）举人。先后任江苏句容县、高淳县、睢宁县、安东县知县，署邳州知州，宜兴县知县，淮安府军捕通判。

祁墳有五子，除三子祁之镡早殇外，其余四子皆读书有为。长子祁之釪（1795—1845），字谐声，又字子约，号玉崖，道光十一年（1831）恩科举人，任福建沙县知县。祁之釪善诗。清郭柏苍撰《乌石山志》收录其诗《陪小洲侍御李生春阑游光禄吟台》。次子祁之铨（1801—1878），字仲衡，号麓云。历任户部员外郎、户部郎中、河南汝宁府知府。四子祁之镠（1809—？），字叔和，号雯楼。捐纳直隶州知州。先后任四川茂州直隶州知州，署四川潼川府知府，山东武定府知府。其性古傲，不谐于俗，居官守正不阿。喜读书，工绘事，篆隶行草无所不精。五子祁之鏁（1817—1870），字季闻，又字子键，号壶庄。道光二十三年（1843）举人。历官广西平乐府富川县知县、云南楚雄府姚州知州、直隶滦州知州。居官坦白鲠直，同治二年（1863），以“诖误去职”，久居京师。祁之鏁研古通今，力学不倦，在祁墳诸子中“最以才称”。所著诗文词宏博古茂，于金石篆籀分隶研究最深。与湖南道州何绍基、浙江会稽赵伪叔（赵之谦）、山西平定张石舟等书画大家过从甚密，尤喜画梅。

祁墳孙辈中，祁之鏁之子祁恩元和祁恩成，先后任布库大使。祁恩元（1845—1921），字寿泉，号易圜，任湖南藩库大使。宣统元年，祁恩元受日升昌掌柜之邀，定居平遥。在城东仁义街砖圈巷购置宅院，计有房屋 100 余间。人称“祁公馆”。1994 年 12 月，祁公馆旧址被平遥县人民政府公布为“平遥古城一级保护院落”。祁恩元之子祁曾福（1894—1960），又名祁福曾，字儆哉。曾在平遥县投资入股多家公司。据《平遥县志》（中华书局 1999 年版）：“民国十二年（1923），在城内东大街建立电灯公司，经理祁儆哉。”又据台湾“中研院”近代史所档案，民国十八年（1929），平遥金井电灯股份有限公司设立，总股本 380 股，每股 100 元。祁曾福以祁敬信堂入股 8 股，计 800 元。民国十九年（1930），平遥县晋生面粉股份有限公司设立，公司总股份 1000 股，每股 100 元。分优先股和普通股。祁曾福为 30 位发起人之一。他以抱缺轩之堂号，祁曾福之名，入优先股十股，计 1000 元，股票编号为 391 至 400 号。入普通股二股，计 200 元，股票编号为 730 号和 731 号；又以祁儆哉之名，入普通股十股，计 1000 元，股票编号为 651 至 660 号。祁曾福当选为公司三位监察人之一。

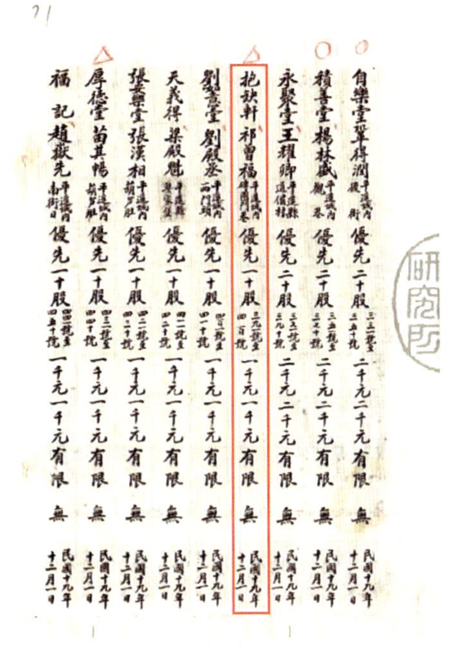
自樂堂翟得潤　優先二十股　二千元二千元有限　無　民國十九年十二月一日
積善堂楊林葳　優先二十股　二千元二千元有限　無　民國十九年十二月一日
永聚堂王耀卿　優先二十股　二千元二千元有限　無　民國十九年十二月一日
抱缺軒祁曾福　優先一十股　一千元一千元有限　無　民國十九年十二月一日
劉[illegible]堂劉殿鎣　優先一十股　一千元一千元有限　無　民國十九年十二月一日
天義得梁殿魁　優先一十股　一千元一千元有限　無　民國十九年十二月一日
張安樂堂張漢相　優先一十股　一千元一千元有限　無　民國十九年十二月一日
厚德堂苗其暢　優先一十股　一千元一千元有限　無　民國十九年十二月一日
福記趙嶽先　優先一十股　一千元一千元有限　無　民國十九年十二月一日

祁曾福在平遥晋生面粉股份公司入优先股

祁恩成（1848—1907），字丹崖。清同治十一年（1872）以布库大使用。光绪十六年（1890）冬，选授河南布政使司库大使。任河南布库大使十余年，成为河南全省的财政通。祁恩成长子祁绍曾，字衣言，候补天津盐大使。三子祁耀曾（1873—1946），字心陶。光绪二十三年（1897）拔贡生，先后任陕西藩署文案、褒城县知县。1916 年任山西蒲县知事，在任三载，兴实业，开矿山，办学堂，造福一方。1936 年，以“祁务本堂”之户名，出资入股新绛大益成纺织股份有限公司。全民族抗战爆发，太原沦陷，举家返回高平孝义老家。1940 年日寇占领高平，多次威胁利诱，拒不出任伪职，表现出坚定的民族气节。祁耀曾宦游秦晋两地，结交甚广，与山西才子郭象升、国学名家常赞春、书法名家赵铁山等交往很深。

“祁氏故宅”位于高平市孝义村东。包括有祁家藏书的“在山楼”，祁乐所居“敛华轩”，祁汝荚读书的“带经山房”，祁之鏼居住生活的“补园”“荃提室”等，尤其是祁𡎺故居“宫保尚书第”，当年十分繁华。高墙大院，亭堂楼阁，鱼池花木，书香古玩，令人陶醉。鱼池院、书房院、梧桐院、藤萝院、院院相连，各俱特色，还有花园、观花长亭等。因祁𡎺以后，子孙读书做官，散居外地，留居孝义村中的祁氏也渐次衰落。

祁𡎺曾孙祁耀曾整理刊印有《高平祁氏先世遗迹及见录》，为后人研究祁氏家族的兴衰史提供了弥足珍贵的史料。

六、商于洛阳的钟家庄钟氏家族

泽州城南钟家庄钟氏家族，为明代泽州巨族，经商发家，科举入仕，由富而贵。钟家庄村（今为社区）即因钟姓居此而得名。

据泽州大阳进士、山东布政司参议孟霦撰《明故孺人钟母李氏墓志铭》，明代中期的弘治正德年间，钟氏家族有名钟慧斋（？—1528）者，贸易于河南洛阳一带，时间长达20多年。明嘉靖七年钟慧斋卒，泽州知州王朝雍为其撰写墓志铭。其夫人李氏出于泽州堰头巨族，经营盐业，家累数十万金。李氏的父亲李讷，弘治五年（1492）壬子科举人，授河南泌阳县知县，升四川叙州府通判。

钟慧斋的侄子钟锡，字三谷。青少年时期锐意学业，但家境困难。钟慧斋之妻即出资佐其费用，终于学业有成，钟锡考中正德九年（1514）甲戌科进士，初授山东邹平县令，明敏善断，用法平允，奸黠之徒销声匿迹。钟锡组织农民开拓荒田，振兴学校，一时间邹平县4人进士及第，时称奇迹。调任武进县令后，钟锡听闻以往收缴粮银，胥吏们往往侵吞百奸，他即亲自检验田亩，杜绝了漏洞。朝廷派织造使者至武进，钟锡待之以礼，但拒不行贿，使者尊敬他品德高尚，称为“先生”。后钟锡转任刑部主事、凤翔府同知，又擢为陕西省按察司佥事。扶风、宝鸡等县深山之中有大盗为害。钟锡组织剿捕，逮其魁首，解散匪徒。有一个叫杨百户的杀了继母又栽赃其弟。其弟被父责罚，无力明冤，饮鸩自杀。钟锡经详勘现场，调查核实，一次审讯，就使凶犯认罪，依法处治。总兵赵某仗势欺人，为非作歹。钟锡向朝廷奏闻，审理过程中，有权贵为赵某说情。钟锡据理力争，终于将赵某削职，发配充军。权贵怀恨在心，对他恶意中伤，钟锡被迫回籍听调。后补为四川佥事，修葺诸葛亮祠，并购置祀田若干，免除其子孙徭役。所到之处，官民折服。不久，钟锡升任陕西兵备道主官。山东历城进士、四川按察司副使刘天民（1486—1541）曾写诗《送钟三谷兵备鄜州》：“鄜州城头白日迟，鄜州城下万降旗。终军已请长缨至，范老须教夏昊知。青草阳坡归战马，紫云深寨受残夷。吹嘘尚望交游力，文武全材帝正思。”称赞钟锡为文武全才。钟锡为人刚直，言辞锋利，敢与权贵抗争，因此也多遭中伤诬告，遂被罢职而归。著有《三谷集》。

人民之殃也天其夭諸夫錄止於五人慎之也抑以耳目之所睹記而事易見人易感也况前乎此者業載諸祠後乎此者未蓋棺焉非故略也附錄高鑑、易春乃登習有關焉特錄劉源清大忠義也特錄夏倘朴、劉翀貴士行也夫忠義昭士行興然後吏習不媮抑勸之大者乎

鍾氏家譜序

鍾子告于唐子曰室而弗搆墮厥基冶而弗裘失厥制皆君子之恥也先是曾祖真鍾氏之居澤州者而爲譜其例以世別名以序別齒以子系父孫系子凡生若卒、與冠婚、與殯葬、與家有善、鄉有行、官有政罔不具錄昭可考也自曾祖而上得四世焉自曾祖而下以及於予父得三世焉總七世而已今自予父而下以及於予暨子若孫又纍纍然數世矣皆未之及也世遠則湮支繁則散予是以懼而將續之抑有疑焉譜著從祖實異姓也自外人爲予鍾之宜子至考本姓則不傳矣乃予欲於續譜之外而別附以譜以明其徵也亦可乎唐子曰異姓無爲人後之義禰絕者小宗繼同姓則然也何也姓也者受之於王而傳之於祖相因相固相聯相保百世不可易也祖非鍾姓而子孫強而附焉則宋可以爲姬魯可以爲子乎固非也然其本姓若之何而不傳也則可感矣雖然孔子少孤不知叔梁紇之葬於防也問于郰曼父之母然後知之安知一鄉不有郰曼父之母乎姑令多方以訊之訊之不得然後別爲附譜以著其不得已之情以宣其不敢忘之義以明其不可淆之分斯爲仁人君子之道也夫豈惟譜哉廟必異其祊也祭必異其班也庶幾可也鍾子又問曰善惡著則勸懲昭良史之法也今善則書惡則不書毋乃猶有闕乎予

漁石集　卷二　五五

《钟氏家谱序》

钟锡的弟弟钟鉴，字方塘，嘉靖四十四年（1565）乙丑科进士，任巢县县令，以廉能出名。大水为患，钟鉴申请减轻赋税，以解民困。他审编

的《巢县均徭法》，得到臬台表扬，出榜示为诸县样板。后历任献县令、洛阳令、河南知府、陕西巡按副使等职。钟鉴打击豪强，伸张正义，曾棍杖咸宁侯仇鸾仆人仇荣等。他还组织农民开荒达 3 万余顷。杨襄毅公杨博将其事上奏朝廷，升钟鉴为陕西参政。关、陇地区大旱，钟鉴发粮赈济，救活人命无数。著有《礼经主意》。

钟慧斋有二子：长钟锷，次钟钧。钟锷，字敛斋，从小读书，成绩很好。钟锡为陕西佥事时，即随其游学，广交关中文士，学业大进，嘉靖四年（1525）中乡举。其后屡次参加会试失利，于是在白水之滨修庐结室，专心学业，20 年不入州城。钟锷与弟同居，因家庭日用支出甚繁，为免坐吃山空，将家中资财托人经商取利。夫人李氏（1505—1560），亦为塸头李氏，生于商业世家，是钟锷母亲李氏的亲侄女，她的父亲李藁，在淮扬经营盐业，富甲诸郡。钟锷妻子李氏对经商自有一种亲切感。拿出自己的嫁妆作为资本金，经商获取的利润日渐增加，日累月积至数万两白银。

钟家庄纪念亭

钟锷的弟弟钟钧，成年后成为隰川王府仪宾，配武威县君。钟锷生有一子四女，均婚嫁名门显贵。子名钟潜灵，娶泽州进士孟雷之女。

钟氏家族后人仍保持经商的传统。其中一支因商迁居河南林县。据《林州合涧钟氏族谱》记载：其一世祖钟正兴，为晋城南门外钟家庄人士，因商入籍林州合涧。在合涧创立了晋林泰商号，经营盐业、铁器、医药、面粉等。

七、营盐致富的泽州城内秦氏家族

清代中叶，泽州城内大十字北街有秦氏家族，因商而富，读书入仕，成为清代泽州城内一大家族。

秦氏家族明初从平遥迁来泽州。清窦光鼐撰《赠朝议大夫直隶正定府知府山东司员外郎怡园秦君墓志铭》载：“先世祖行师，唐时以武功封清水郡公，家于并州，避梁晋之乱，迁汾州之平遥。明初又迁高都，遂为泽州府凤台县人。”

秦峤为泽州秦氏发家之人。秦峤（1693—1774），字方洲，一字怡园。少年时学习优异，是泽州有名的秀才，聪明机敏，富有治事的才能与谋略，被泽州王泰来家族之第三代掌门人王廷扬聘用为泰来号的经理，在长芦经理盐业，为王廷扬最为得力的助手。秦峤奔走于官商两界，出谋划策，苦心经营，为王家商业的强大作出贡献的同时，自己也赚得了巨额财富。秦峤先后买下河南新郑、淇县两处盐业引地。据《长芦盐法志》，新郑县引地，引额为纲引二千引，分认京引九十二引，共二千九十二引。引课为每引五钱二分四丝二忽，共一千八十七两九钱二分八厘。淇县引地，引额为纲引六百引，分认京引二十八引，共六百二十八引。引课为每引五钱二分四丝二忽，共三百二十六两五钱八分六厘。所运均为天津坨盐。

秦峤凭借自己多年的营盐经验，获得了丰厚的回报，为秦氏家族的崛起奠定了坚实的经济基础。秦峤又在长芦加入商籍，为其子孙参加科举和步入仕途提供了捷径。

雍正七年（1729），秦峤参与捐资筑堤，改水造田。天津一些租种公田的佃户拖欠债务累累，达万金之多，在秦峤极力请求下得以豁免。文华殿大学士蒋廷锡很赏识秦峤的才干，推荐他做了户部山东司员外郎。秦峤之祖父秦奇遇、父亲秦世勋，均被赠予朝议大夫。

秦峤在户部，积极肯干，部中堂官对其十分信任，多倚赖之。雍正十年（1732）九月，秦峤因事被革职丢官，发往河北霸州效力营田水利，成为陈时夏中丞的得力助手。在此期间，秦峤自己捐资，先后建设了四项重点水利工程：一是疏浚了新安县（今河北省保定市安新县）被淤塞的大小沟渠 7000 多丈；二是修筑大城县（今河北省廊坊市属县）王家口至张昆口横堤 1500 余丈；三是修筑霸州赵家房等村营田围埝；四是在海河支流子牙河建闸引流、疏渠引灌。秦峤参与营治的这些水利工程，种植的水稻后来都获得了丰收，数十里皆成为稻乡。

在家乡，秦峤建宗祠，设私塾，以教族人之贫不能学者，置义田 120 亩。岁逢饥荒，他罄其所有助赈，又尝捐资修治泽州南部道路数十里，乐善好施，终生不倦，以义行称。

秦峤教子有方，其 4 个儿子中有 3 子或例捐或科举进入仕途，孙辈亦不乏英才。

长子秦由余，官云南试用通判。

次子秦学溥，字匡西，号耐圃，乾隆十七年（1752）壬申恩科举人，历任直隶大名县知县、肥乡县知县、易县直隶州知州、正定府知府、顺德知府、江南苏松粮储道，所任皆有政声。清朝著名学者、乾隆二十八年（1763）举人、直隶大名府魏县人崔述有诗《送秦公耐圃赴保定同知》：“我时弱冠喜文翰，闭户耻作阳桥鱼。伯乐一顾倾冀北，罗之门下真吾徒。文侯昔馆段干木，遗趾今在东南隅。诛茅作室俾我宅，伯夷所筑聊可娱。”称赞秦学溥重视人才，慧眼识珠。

三子秦百里，字复堂，又字宛来，乾隆十六年（1751）进士，由庶吉士授翰林院编修。人们所谓的“三世翰林”，就是因秦百里官居翰林，朝廷又封赠其祖、其父同官而来。秦百里历任贵州己卯科乡试正主考、提督河南学政，安徽颍州府知府。一生循谨自持，精勤于事，才学得到刘统勋、孙嘉淦、窦光鼎等名士的认可。乾隆间进士、河南道监察御史、刑部

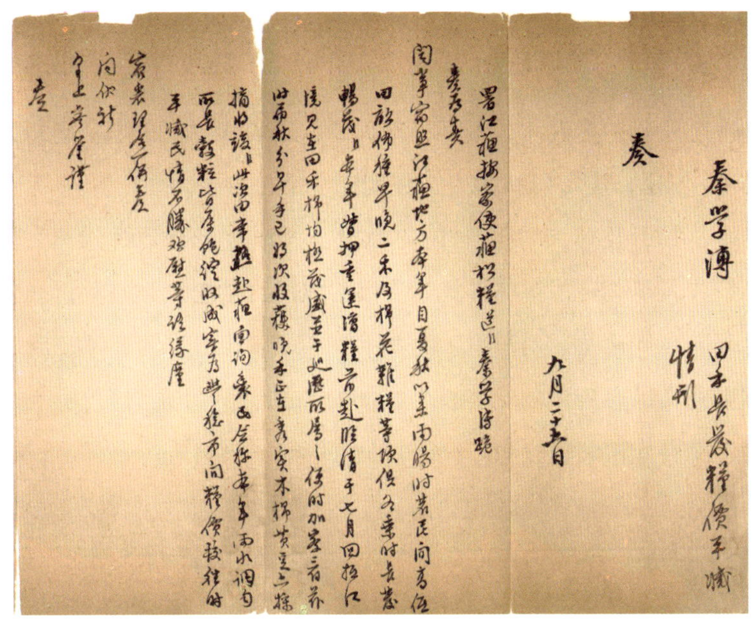

秦学溥奏折

侍郎阮葵生曾作诗《题秦复堂编修使黔集》："云开铜鼓绣旗张，天上文昌指夜郎。不遣遗珠滋竹泪，独抒老眼灿藜光。西清翰藻辉银节，南诏风烟入绮囊。此日珊瑚登铁网，黔山金箭满门墙。""鸿文十载重词林，万里从添白雪吟。荆豫山川归小录，郎钱风调有遗音。即看字里缠绵意，不负闱中惨淡心。我亦爨余邀拂拭，枯桐终愧紫琼琴。"称赞秦百里选拔人才眼光独到，无有沧海遗珠之憾。

秦百里任河南学政时，有一年，黄河发大水，洪水漫溢两岸，村民庐舍多被漂荡而去。无论男女，或栖于树杪，或聚处土丘，断绝饮食，号泣之声不绝于耳。秦百里道经尉氏县，见此情形慨然曰："士与民一也。吾以学臣为国家取士，即当为国家爱民，敢以职非所司，听斯民之陷溺也耶。"于是让随从人员紧急购备船筏，乘着月夜将灾民送到安全的地带。入城后又捐资赈救灾民，"全活者数千百人"。他的事迹上奏朝廷，皇帝下旨给予温存抚慰。当地百姓为其立碑纪念。秦峤与其子秦百里，在《山西通志》《泽州府志》《凤台县志》中均有传记。

秦峤之孙辈亦多人才。秦朴，辛卯举人，直隶试用知县；秦椿，湖北试用县丞；秦樠，庚寅恩科举人，任四库全书馆誊录。

秦峤与其子及孙，均善诗文。《凤台县志》收录有秦峤诗《大阳读北齐碑》一首。秦学溥著有《雅集堂诗稿》，《凤台县志》载有其诗《郭庄》。秦百里著有《和声集》，任河南提学时为《太康县志》撰有序，为新郑县撰有《重修文昌庙碑记》，另有《沅州道中二首》《卧龙岗》《庚辰视学中州重谒忠武祠恭和御制原韵》《汤阴谒忠武庙》等诗作。

晋城

第八章

商有商道：总以诚信为本

受中华优秀传统文化的影响，晋城商人莫不以诚信为本。他们将诚信作为立身处世之根本，以诚待人，以信立业，不仅自己诚实守信，还教人诚信，创造了商业奇迹，留下了诚信佳话。晋城商人与所有的晋商一样，信仰关公，各处的商业会馆均供奉关帝，以关公作为“忠”和“义”的化身，崇拜敬仰并作为榜样。契约是诚信的载体，是诚信的文字表现，也是对诚信的保护。从一份份晋城商人的契约中，我们读出了诚信，读出了诚实、互信、互惠、公平的契约精神。晋城商人还采用各种方式，预防伪诈欺骗，坚守商业信用。

一、诚信立业的泽州商人

诚信是中华民族的传统美德，是一个人立身处世之本，也是经商立业之基。孔子曾讲："人而无信，不知其可也。"孟子亦言："诚者，天之道也，人之道也。"《易经》云："人之所助者，信也。"《论语》亦云："言必信，行必果。"受儒家思想文化的熏陶，古代晋城人将诚信作为立身处世的根本原则，晋城商人把"诚信为本""重义轻利"视为经商的重要原则，在经营活动中表现为诚实经营、信守承诺，"以诚待人""以信接物""以义为利""以人为本"。强调宁舍利取义而不见利忘义，历代商人和商号大多买卖公道、童叟无欺，获得长久而良好的商业信誉。相关的实例比比皆是。

明代沁水县坪上村人刘得保（1476—1552），字善固。从小家境贫寒，缺衣少食，辛勤耕耘，仅得温饱。于是毅然离开家乡，行贾远方，与堂兄刘善复一起，行盐铁江淮间，由于刘得保经营诚信不欺，谋划有方，获得的利润极其丰厚。每当分红时，任凭堂兄分配，让其百金亦不吝惜。他还乐于借贷给贫困人家，过期不还者，不怨亦不过问。他曾对人言："人当蹇时，为生实难，此吾之所历也。"刘得保曾见有人牵着一头小牛来屠市卖，刘得保心有所动，问价后买下，后繁殖生息，获利十倍。刘得保的儿子刘宾（1514—1595），小的时候从师攻举子业，屡试不第，于是断了科举的念想。看到族兄刘贯每次从河南商丘平冈集经商回来，都带回许多的钱财，于是也决定从商。但他没有继承父亲刘得保的盐铁生意，而是赴江淮进行丝绸贸易。虽然经营的商品变了，但诚信经营的理念没有变。他生平讲信义，重然诺，在商业经营中树立了很高的威望。一次交易中，因计算失误，多收了对方银两，发现之后，立即将对方叫回，悉数奉还多收的银两。

刘宾之子刘东星（1538—1601），字子明，号晋川，隆庆二年进士，授翰林院庶吉士，历任刑部主事、员外郎、浙江提学副使、湖广右布政史、右佥都御史、左副都御史、吏部右侍郎、工部尚书等职。在治理黄河、开河围湖、修筑桥梁等重大工程中，建立功勋，成为一代名臣，因积劳成疾逝于治河任所。享年 63 岁，谥“庄靖”，赠太子少保。

明代高平人赵积（1484—1557），字希仁，别号静庵。年幼时即胆量过人。一天，赵积侍候父亲夜寝，盗贼突然操刀闯入，他一面以身庇护父亲，一面用手指示盗贼偷窃金银的所在。盗贼被激怒，将其父杀死，赵积亦被砍成重伤。赵积长大后，先后经商于河南南阳、江苏淮州、安徽亳州等地。为人讲诚信，忠实厚道，胸怀坦荡，从不欺骗别人。富有远见，极有心计。善于根据市场物价的变化规律，进行买卖交易，时间一长，积累起大量财富。高平风俗喜奢华，但他以简朴自约，生性不饮酒，不喜轻裘肥马。但凡有人请求援助，即予慷慨救济布施。例授山西潞安沈王府典膳，延为乡饮大宾。

常代仓（1504—1568），字从库，自号南园。明代高平县回山西里牛庄人氏。兄弟三人，兄代良，弟代敖。代仓年幼时，性情淳朴仁厚，在私塾学习，脑子不是很聪明。年纪稍大即放弃读书，跟随长兄代良外出，经商于河南周口和安徽亳州一带。不论做什么生意，他总是一是一,二是二，想到什么就说什么，从来不知道掩饰。做生意久了，人们都相信他，也不忍相欺于他，通过一点一滴积累，日渐富裕起来。他乐善好施，族人亲属中许多人靠他生活。常代仓还教人经商致富。选择他熟悉的有心计者数人，每人捐给一百两银子，督促他们外出经商，各人都有丰厚的盈利和积蓄。兄长代良中年而逝，遗下二子，代仓为其延师教育，读书未成，又令其做生意。两个侄子靠他赠予的资金，运营生息，不断积累，“且至逾万”。

明代泽州史村人成鸣雷（1545—1612），号双楼。其父多年经商，成为泽州西部地区首富。成鸣雷生而灵巧聪慧，成人后父亲让他带着资金来到山东的青岛、济南一带进行贸易，他以诚待人，信誉良好。短短几年时间，就赚得无数的财富。父亲死后，成鸣雷回到家乡农商兼营。时遇灾年，左右乡邻迫于饥寒，纷纷拿出自己家里值钱的东西前来换取粮食、布匹，成鸣雷门庭若市，但他均平价交易，并不借机抬价，受到人们赞颂。他见乡中先师殿颓毁，即带头捐资重建，众人纷纷响应。

明末清初泽州大阳人王心美（1632—1697），号言大。他的祖上亦曾是富贵一族。祖父王国士，字丹衷，号秋水，明万历三十七年举人，任河北霸州知州。其父王建极生三子，心美居二。王心美聪明颖慧，读书能见大义，尤其善于绘画，出手不凡。但因少年丧父，家道中落，遂放弃学业，外出经商于京津一带。他重信义，不欺客，买卖从不缺斤短两，人们都不敢轻看他，乐于与其做生意。他的长兄王生大，亦在山东钜鹿经商。而弟弟王世美，字敦大，在乡则守门持家，闲时则学剑习射，竟

下村镇史村东岳庙

中了武举人。兄弟三人一直未分家，经商所入，不分你我。阳城县令张某游历大阳，闻王家之名，曾到家拜访，见其兄弟和睦，有“太和气象”，为其题匾：“孝友可风”。发财致富后，王心美捐官候选州同知，敕授儒林郎。

清乾隆年间阳城县润城镇下伏村人许明修，带着一个银元宝来到河南商丘经商，后转到安徽泗州，开设了德隆商号。凭着“诚信”二字，他的生意越做越大，店铺发展得越来越多。许明修头脑灵活，洞察力强，善于捕捉商机。利用泗州这个水旱码头，把泗州盛产的粮食收购起来，用货船运到扬州、南京等地，再贩回锦货（小百货）、绸缎等。经营有锦货铺、绸缎庄、杂货店、粮店、酱菜铺、漕坊、当铺等。许明修恪守商规，诚信经营，赢得顾客满门。在泗州修建的许家大宅，豪华大方、美观别致，为当时泗州城第一宅。

陵川县积善村郭氏家族在清嘉庆道光年间，在湖北经营生意，主持生

积善村壁画《郭家布坊》

意的郭勃庵，无论对内对外，忠诚老实，对大小事情考虑周到，顾全大局，毫不自私，生意打理得井井有条。人称“郭百万”。郭勃庵年老归家后，因生意付托非人，经营不善，几将前功尽弃。后改用后辈郭芝芬任掌柜。郭芝芬既能以诚实经营取信客户，又能体恤兄弟、伙友，经过十数年苦心经营，使郭家生意再次得以振兴。

晋城商人不仅自己坚守诚信原则，而且教导别人忠信做人，诚信营商。明代泽州人郜英（1454—1520），字世杰，号莒山。他的父亲郜能，因经商有方，发家致富，又多行善举，经地方举荐，朝廷赐以寿官之职。郜英天资颖慧，在孩童时期，已经表现出不同凡俗的气概。又跟着父亲各地经商，识见过人。长大后，经营四方，不避寒暑。在做生意时，他总是以诚信为本，以义取利，“三十年间，家致饶裕”。泽州北部的莒山乡居民众多，郜英有备而储有粮食，遇灾荒年则出以济众。知州赵公知郜英之贤，特荐为乡饮宾，以敦风化。其后几任知州都对其待之以礼，推重有加。某地曾有一个商人，甚为狡猾，唯利是图。客商与其一接触，短时间内就会憎恶其人而马上离去，以至于生意一天不如一天。郜英与其相识后，不忍看着他就此衰败，于是指出他自身的问题所在，教导他忠信为人、诚实经商的道理，并借给他一笔资金。这个人改过自新，发愤图强，与以前判若两人。几年之后，家道复振。

二、泽州义贾筑路偿债

明代人文地理学家、浙江人王士性（1547—1598），游迹几遍全国，悉心考证地方风物，广事搜访，并详细记载。在其史料笔记《广志绎》一书，即较详细地记录了平阳、泽、潞商人的经商特点和诚信品行。他在书中这样写道：

平阳、泽、潞豪商大贾甲天下，非数十万不称富。其居室之法善也，其人以行止相高。其合伙而商者，名曰伙计。一人出本，众伙共而商之，虽不誓而无私藏。祖父或以子母息匄贷于人而道亡，贷者业舍之数十年矣，子孙生而有知，更焦劳强作以还其贷。则他大有居积者，争欲得斯人以为伙计，谓其不忘死肯背生也。

晉中俗儉樸〔七〕，古稱有唐、虞、夏之風。百金之家，夏無布帽；千金之家，冬無長衣；萬金之家，食無兼味。飯以棗，故其齒多黄；食用羊，故其體多肉。其朔風高厲，故其色多黧黑而少紅顔白皙之徒；其水泉深厚，故其力多堅勁而少溼鬱微腫之疾。地有洞，故其虜至可避；商有伴，故其居積能饒。惟五六月畝暑炎爍之時，日則捉扇而摇，夜乃燒炕而睡，此不可以理詰也。

山西地高燥〔八〕，人家蓋藏多以土窖，穀粟入窖，經年如新，蓋土厚水深，不若江南過夕即浥爛。惟隔歲開窖，避其窖頭氣一時刻，卒然遇之，多殺人。其窖地非但藏粟，亦以避虜，虜人遇窖不敢入，惟積草熏之，然多其岐竇，即熏煙，有他竅出，不爲害。第家家穿地道，又穿之每每長里餘，嘗與他家穿處相遇。江南洞在地上，皆天生；塞北洞在地下，皆人造。

平陽、澤、潞豪商大賈甲天下，非數十萬不稱富。其居室之法善也，其人以行止相高。其合夥而商者，名曰夥計。一人出本，衆夥共而商之，雖不誓而無私藏。祖父或以子母息匄貸於人而道亡，貸者業捨之數十年矣，子孫生而有知，更焦勞强作以還其貸。則他大有居積者，争欲得斯人以爲夥計，謂其不忘死肯背生也。則斯人輸小息於前而獲大利於後，故有本無本者咸得以爲生。且富者蓄藏不於家，而盡散之於夥計。估人産者，但數其大小夥計若干，則數十百萬産可屈指矣。蓋是富者不能遽貧，貧者可以立富，其居室善而行止勝也。

蒲、解皆平陽名郡，論州治則解不及蒲，論屬邑則蒲不及解。

廣志繹卷之三　二八一

王士性《广志绎》对平阳、泽、潞商人的评价

这段话分三个层次讲述平阳府、泽州、潞安府商人的诚信。先是概括地说，这里的商人很多，豪商巨贾富甲天下，他们有一套治家理财的好方法。但他们互相夸耀的不是自己多么富有，而是自己做人的品行。接下来进一步说明，做生意的方法是一个人出本钱，大家合伙经商。但在合伙生意中即使不立誓约，也没有暗地里捞取个人好处的。用事实说明这里商人的诚信。第三层则又举例说，有的人祖父辈向别人借贷得到经商的资金，可是却未等还贷中途亡故了，贷款给他的人也已经放弃这笔钱多年了，子孙知道这件事后，会更加倍努力工作以偿还这笔贷款。那么其他资产大的商人，就会争着想得到这个人来做伙计，说他既然不忘记死去的人，怎么又肯辜负活着的人。

从王士性这段笔记中可知，在明代，泽州商人品行之高、诚信不欺，已经是十分出名的了。明清时期类似的例子可以举出许多。

清代乾隆年间，湖南湘潭人张九钺在其《陶园文集》中有《晋义贾

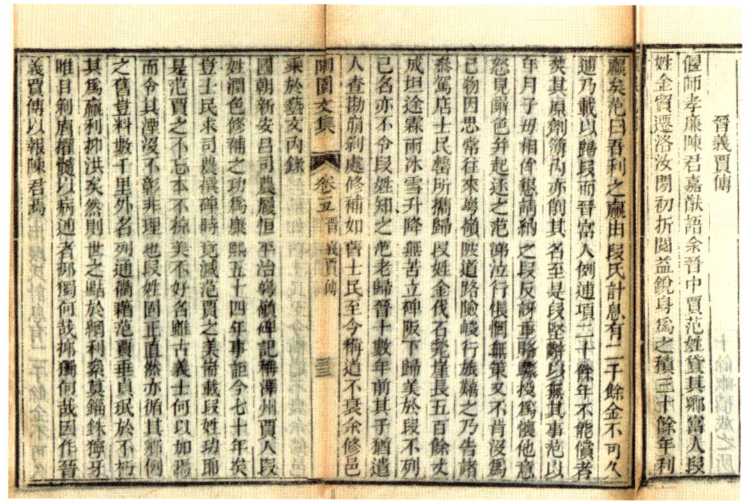

晉義賈傳

偃師孝廉陳君嘉猷語余晉中賈范姓貸其鄉富人段
姓金貿遷洛汝閒初折閱蓋餓身焉之積三十餘年利
羸矣范曰吾利之羸由段氏計息有二千餘金不可久
逋乃載以歸段而晉富人例逋項二十餘年不能償者
焚其原劵簿內亦削其名至是段堅辭身無其事范以
年月子母相伴懇請納之段反謂事將毋欺為他意
怒見辭色并起逐之范啼泣行悵惘無策又不肯沒為
己物因思常往來崤嶺陝道路險峻行旅艱之乃告諸
蒸駕店士民醵所攜歸段姓金伐石甃崖長五百餘丈
成坦途霖雨冰雪升降無苦立碑阪下歸美於段不列
己名亦不令段姓知之范老歸晉十數年前其子猶遣
人查勘崩剝處修補如舊士民至今稱道不衰余修邑

閑園文集　卷五　晉義賈傳　三

乘於藝文內錄
國朝新安呂司農履恒平治崤嶺碑記稱澤州賈人段
姓潤色修補之功為康熙五十四年事距今七十年矣
豈士民求司農撰碑時竟滅范賈之美當載段姓功耶
是范賈之不忘本不掠美不好名雖古義士何以加焉
而令其湮沒不彰非理也段姓固正直然亦循其鄉例
之舊豈料數千里外名列通衢藉范賈垂貞珉於不朽
其為羸利抑洪矣然則世之點於網利築莫錙銖奪牙
睢目剜肉權楗以病適者抑獨何哉抑獨何哉因作晉
義賈傳以報陳君焉

张九钺撰《晋义贾传》

传》一文，既讲的是泽州商人的义行，也是泽州商人诚信守诺的故事，以具体的人物故事佐证了王士性的说法。

康熙年间泽州有两位商人在河南洛阳经商，一位姓段，一位姓范。范姓商人因缺乏资本，就向同乡的段姓商人借了一大笔钱，但因生意亏本，一直没有还上。30年之后，终于把生意做大了。到这时当年所借银子，连本带利应有2000多两。范某想，这么长时间，这银子也该还了，账不能再拖欠了。但当他驮着银子来给段某还账时，段某却不承认曾向其出借过银子，拒不收银。

据说山西商人有个不成文的规矩，债务达20年以上不能偿还的，就焚毁借据，将这笔账一笔勾销。所以多年前，段某就已按照行规，焚毁借据，不仅从账本上勾销，而且从心里将其抹去。范某一再解释，自己某年某月某日向段借银，如何曲折经营，最终赢利，不能忘本。但段某概不承认，反而说范姓商人不怀好意，将其赶走。

范氏无奈而返，心中十分郁闷，想不出办法，但又不愿自己留下这些银子。他想到自己经常往来的河南登封少林寺南边一个叫崿岭坂的地方，道路异常艰险难行，急需大修，于是将全部银两用于修筑这条道路，以另外一种办法来回报段氏。

崿岭坂，在今河南巩义市的西南。其北设轘辕关，为洛阳八关之一，是洛阳东南门户，通往许、陈的捷径要冲。道路险隘，有弯道十二，回环盘旋，将去复还，故称轘辕关。其南为崿岭口，亦设有关口，为宋代登封县知县马仲甫所凿，当地人称崿岭口，也叫新轘辕关。所以，崿岭坂为商贾必经之路，地理位置极其重要。

崿岭坂附近有个商人开了一家卖人参的小店，范氏就和参店的主人商量，用自己带回来的银子，修整道路。雇用当地三百余人，用三个多月的时间，修成三米多宽，共三里多长的大道，使人们无论雨雪天气均可畅行无阻。这一年是康熙五十四年（1715）。

范某专门请了当时十分有名的文化人、河南进士吕履恒撰写碑记，并将修路的功劳记在段氏的名下。碑记上记载了段氏修路的功德，写明段氏的名字叫段润色，但只字片语未提及范氏。为什么会这样呢？《晋义贾传》曾作这样的分析："岂士民求司农撰碑时，竟灭范贾之美，专载段姓功耶？是范贾之不忘本，不掠美，不好名，虽古义士何以加焉。"认为是范氏有意彰显段氏之功德，而隐去了自己的姓名。

这个故事中彰显出两个泽州商人的诚信。段氏正直无私，遵循山西商人的传统约定，一笔勾销多年的旧账，不因送上门的银子而破坏规矩；范氏为了还上欠了多年的旧账，在对方拒收的情况下，仍想方设法，以对方的名义修筑道路，使其垂名于不朽。可以说两个人都是诚信的典范。

故事发生在清康熙年间，距今已有300余年的历史。段商和范商是泽州哪乡哪村之人已无法确切考证。尤其是范姓商人连名字都没有留下，令人感到十分遗憾。但他们诚实守信的品质和对义行善举的追求精神却永远流淌在泽州商人的血脉之中。

三、百年老店长盛不衰的秘诀

古人云：欺骗只得一时，诚信才能行远。晋城历史上的百年老店，或者经营较好的商号，无一不是持以之恒诚信经营的结果。

高平侯庄老南院赵家，把北宋仁宗皇帝的《安乐铭》作为祖训。宋仁宗赵祯被称为“有宋第一仁主”，在位41年，他的《安乐铭》历史上非常有名，全文如下：“存心要重纲常，行事要从忠孝。居必择邻，交必择友。治家以勤俭为先，待众以谦和为首。妓馆莫游，赌场莫走。远不义之财，戒过量之酒。嫉妒勿起于心，谗言勿宣于口。官粮须当早完，祖业务当谨守。常思以往之非，当念未来之咎。能依此言，安乐永久。”赵家将此书于家中，悬于堂上，作为子孙修身治家、为人处世的准则，世代相传。要求家中男女长幼，人人熟背如流，终生遵循。

侯庄老北院的门额上题写着“惟善为宝”四字。赵家商号有条老规矩：店店讲信誉，号号求质量，买卖公平，童叟无欺，取信于人，使八方顾客近者悦、远者来。经常训导店员“生意不在仁义在”，把诚信经营的理念贯穿于商号经营的方方面面。

赵家商号从不弄虚作假，不欺诈坑人，更不哄抬市价。赵家在江苏掘港镇的赵永升老店，酒上市价总比别人家的低。当时每担酒市价14元，永升号虽然标价一样，但实际成交却比标价低。西永升备了满满两间屋的锡壶，东永升也有上千把，壶分一、二、三、五斤装不等，壶上有编号，有标签。顾客赶集未带酒器，永升不但赊销，还借给酒壶，且不收押金。次日店里再派伙计到四乡挨户收取酒钱和酒壶。这样使顾客感到很满意，买酒者也愈来愈多。掘港老店还代四乡农人存贮稻谷，整存稻谷，零取米。这样做，既方便了顾客，又节约了资金。为了对顾客负责，赵家商号严把质量关，尤其是饮食方面，更是一丝不苟。赵家自家作坊生产的面粉、白酒、酱菜、陈醋等都是由专人负责，环环把关。商店经销的商品，也是由经销人全权负责，不允许出现质量事故。

而赵氏家族能够代代相袭，一直保持兴旺 400 年，其“诚信为本，以义取利”的经商之道，正是赵家商号长盛不衰的主要原因。

高平侯庄人在安徽省阜阳创办的侯大升老店，同样以货真价实、童叟无欺而闻名。道光二十年（1840）《侯氏家谱序》称：“始祖处秦庄，迁居侯庄，而后世世相承，或务农，或读书，或读书久而后服贾，或应试不售而后贸易，各守本分，各务本业，一族之中，无一恃刁撒泼者，皆赖祖宗忠厚之遗泽，非一朝一夕之故也。”

侯大升老店的掌柜侯锡斑，时常告诫店员“金钱如粪土，脸面值千金”。强调宁可少赚钱、甚至不赚钱，也不能做玷污祖宗声誉和老店招牌的勾当。在生产过程中，严格要求下料要足，原料要真，工艺要精，把关要严，真正做到货真价实，童叟无欺。有人说：“老店的醋在颍州无人可比，其主要原因是小河的水好。”而在老店干过多年的一位老人则否定了这一说法，他说：“醋好是真，水好是假。河水流长，并非老店独有。”“关键在于下料足，原料真，工艺精，把关严。”

历史上，陵川县玉泉村人苏鸿昌在河南周口镇创办的鸿昌醋坊在安徽、河南一带享有盛誉。据《周口晚报》刊发的《“鸿昌号”醋坊》一文，鸿昌陈醋距今已有 300 余年历史。醋坊的生意一直都很兴隆，在周口数百家山陕企业中很有名气。鸿昌号醋坊历来都积极参与山陕会馆的各种活动，为振兴山陕事业慷慨解囊。周口关帝庙大清道光十八年《重修关帝庙记》碑文中，还留有“鸿昌号捐银二十两”的记载。

《周口文史资料》（第 5 辑）收有周鸿魁撰写的《鸿昌号与鸿昌陈醋》一文，较为详细地记载了鸿昌陈醋的生产经营情况。清末民初，周口的制醋业有周三合醋坊、周三阳醋坊、蒋子扬醋坊、苏家醋坊等若干家，而以苏家醋坊为佼佼者，制作的陈醋有口皆碑。鸿昌醋坊生产的陈醋，远销六安、霍山等地，在皖西一带鸿昌陈醋为馈赠亲友的上等礼品，据说当地群众常用鸿昌陈醋开胸健胃，治疗感冒。鸿昌陈醋在豫东销路亦广，特别是在淮阳一带销量最大。

1943年，皖北界首商业繁荣，鸿昌号专门派遣技师在界首开设鸿昌源醋坊，销量甚巨。抗战胜利，交通恢复，漯河逐渐繁荣，鸿昌号及时在漯河自由路开设鸿昌太醋坊，很快打开销路，名扬豫西，供不应求。

据介绍，鸿昌陈醋之所以久盛不衰，主要有三个原因：一是选料考究；二是传统工艺酿制；三是保证质量。鸿昌陈醋选取小米、黍子米或江米为主要原料，用大麦、豌豆制曲，酿造而成。熬时配兑食盐、酱色、小茴香、花椒、肉桂、良姜、丁香等佐料，熬成后放院内曝晒，蒸发水分历时一个月。早上将其起到屋内缸里，用木盖封严，贮藏待陈，不到规定时间，即使脱销也决不上市出售。成品开缸后，醋香扑鼻，味道甜酸，浓郁醇厚，具有增强食欲、开胃、顺气、降压、解酒等多种功能。鸿昌醋坊这三个制胜法宝，归根结底还是“诚信”二字。

1956年公私合营后，鸿昌号醋坊并入周口市酿造厂，并把制醋技术贡献给了酿造厂。

晋城城区北石店中河东村刘氏家族保存的一份分家册上，写有这样一段话：“且夫人生在世，先明孝弟忠信为立身之本，礼义廉耻乃守身之要。至于家庭之中，上和下穆，敬老恤幼，克勤克俭，有始有终，方能久安长治，家业兴旺也。”这是刘家家族和睦和商业兴衰的经验总结。

四、入载地方志的诚信故事

诚信高于一切，名誉胜于财富。晋城历史上发生了许许多多经商人士一诺千金之事。

明末清初高平马村人王文宇，贸易于河北保定之完县，时间一长，与一个名叫葛东岗的人交上了朋友。两人无话不谈，彼此信任。葛东冈临终时，他的儿子还小，不能自立。于是私下里将八百两银子交给王文宇，托付其照顾后人。葛东冈死后，王文宇辅导其儿子做生意，帮助其成家立业，并将所留下的银子全部归还给其子。留下一段佳话。完县的孔县令专门将此事立碑予以表彰，事迹入载《泽州府志・孝义》。

清嘉庆、同治间，泽州城内迎恩厢人王经纶，字亮工，少时家贫，16岁即开始经商养活父母，积累了丰富的经验和丰厚的资金。他的母亲得了噎食症，不能吃饭，经纶千方百计求药医治。年余母殁，痛不欲生。四个姐姐的家庭都较贫困，王经纶周济抚恤，无微不至。有经商的朋友魏某累计负债2000多两银子，死时将家计托付于经纶。经纶为之营运，除还了债，还有剩余的钱财，全部给了魏某的儿子。王经纶还为朋友郭某代还债务2000两银子。同治年间，官府为王经纶立牌坊赐匾额，以示表彰。其事迹入载《凤台县续志・孝义》。

在凤台县地方碑刻中，也记有王经纶活动的一些情况。凤台县南关南寨有一座玉皇庙，建自乾隆五年（1740），到嘉庆年间，正殿塌毁，而且殿宇窄隘，不足以举行祭祀活动。王经纶与陈得富等10人，首倡改建。先起了一个摇会，积钱若干，买下扩大庙宇的地基一块，又置买土地若干亩，以为香火之资。余下的资金不足，王经纶又邀同村人远近募化，共捐得360余两。嘉庆二十五年（1820）七月二十日开工，不仅重建了玉皇大帝正殿、高禖西殿，改修南禅房为观音大士殿，妆塑了各殿金像，而且又创修外院南北禅房6间，并山门、左右耳房4间，庙外照壁等，花费资金远远超出预算。王经纶又与人起摇会一个，将所收会钱先将资金缺口补足。这次工程王经纶除摇会出资外，个人捐钱35000文，大钟一座，还代2人捐资，其中一人钱22500文，一人银73两。从中可见王经纶其人确

王经纶字亮工迎恩厢人少家贫十六岁即能服贾养父
鳳臺縣續志 卷之三 孝义 十一
母母病噎艰食经纶百方求医药出入背负移暖就凉
年馀母殁痛不欲生音哑形枯杖而后起女兄四人家
皆贫所以周恤之者备至友魏某累债二千馀金亡时
托家计於经纶经纶为之营运偿债而以其馀赀遗魏
子又为友郭某代完债二千金同治间旌表入孝义祠
史溥四义村人由拔贡生官工部郎仕至福甯府知府性
情豪迈好义乐施园亭举觞坐客常满所蓄梨园为一
郡冠惜后代无人家业中落行谊政绩碑铭莫稽传闻
其在京时以算法围棋知名凡土木兴作量其高广按

《凤台县续志·孝义》王经纶传

有积极的人生态度和极强的活动能力。

清代高平县有个名叫郜纶音的商人，他的父亲当年曾经因家境困难，向别人借贷许多的银子、粮食，留下一大堆借契。郜纶音成家立业后，谨记祖上留下“忍、让、饶”的祖训，生意越做越好，越做越大。母亲说，你现在有钱了，应该把你父当年欠下的债还了。他遵从母命，依照借契上的名字，一家一家还债致谢。其事迹入载《高平县志》。

晋城商人还有很多拾金不昧的故事，彰显了诚信本色。

明代泽州大阳孟氏一支因经商迁居河北交河县，成为当地旺族大贾。其后人有一个叫孟尚质的，字汝壼，号崇野。为人公正，刚直不阿。一次外出做生意，在一家叫三家店的小店歇脚，有商人陈三也在此打尖。第二天，陈某走后，尚质发现陈某装着 30 两银子的袋子遗落在店里。尚质想，陈三发现丢了银子一定很着急，会很快回来寻找。于是就守在店里，直到陈三回来，将银子还给本人。

四月二十八是泊头镇药王庙会的日子，孟尚质与兄长孟尚礼一起去上香。此时河水涨发，许多上香的人乘舟前来。一只渡船因载人过多失去平衡，在河中突然侧翻，船上的人全部掉落水中。在岸上观景的孟尚质一眼看见，心中着急，想下去救人，又水性不好。又想溺水者众多，不是一己之力可救。他急中生智，立即招呼两岸看热闹的人：“快下水救人，救得一人赠一两银子。”于是众人纷纷下水，数十人被救上岸来。

孟尚质还常以自己的言行感化他人。有一个邻人有偷窃的毛病，尚质不仅给他讲做人的道理，还拿出资本让他做正经生意，这人惭愧地离去，后来终身不再偷盗。当地洪家洼、贺家庄等处地势低洼，多雨季节常使庄稼受害。尚质出资动员百姓拿起农具，清理了黄家沟多年的淤泥杂草，疏通了洳河，使得田地不再因水涝而荒废，连年获得好的收成。遇到荒年，他则施粥救济使穷困之人得以果腹。由于尚质多行善举，他去世后被当地百姓祀为乡贤。

孟尚质之子孟兆祥(1574—1644)，字允吉，号肖彤。天启二年(1622)进士，官至吏部考功司郎中，作为吏部要员，他拒绝请托，清操自励，人称“包公再世”。兆祥之子孟章明（1604—1644)，字显之，号絅宜，崇祯十六年（1643）进士。人们都说，孟家父子双双进士，这都是前世积了大德的缘故。崇祯十七年（1644）三月，李自成率领的农民军攻陷北京城，孟氏父子双双殉国。

从他们祖孙三代的身上充分体现出忠贞正直、诚信无私的品质。其事迹入载泽州凤台、河北交河两地方志。

清雍正年间，高平人张洪声在江苏一带做生意。一次，他从姑苏回家时，在一家客店里，同住的客人走时遗落了一袋银子。张洪声对同行的人说:“这是客人遗失的银子，我要在这里帮他看着，等他回来交给他。”有人和他说，快拿上走吧，没人知道是你拿了银子。张洪声正色道:“这是什么话？我看这个人也不是个有钱人，咱不能害人而利己呀!”时间不长，那个丢了银子的客人仓皇跑回，张洪声迎上去说:“我就知道你一定会回来的。”问清确实是其丢失的银子后，即将袋子归还。其人拜谢，请教里籍姓名。洪声笑道：我哪里期望你报答呢！也不告知，扬长而去。事载《高平县志》。

五、诚信经商与关帝信仰

在晋城地区的各个乡镇村庄，到处都建有关帝庙、关帝殿或关帝阁，对关帝的崇拜与信仰可以说无处不在。

关帝即关羽，是三国时期著名的历史人物。千百年来，人们因他的“忠勇仁义”，将其作为道德的楷模。中国人历来受儒家“仁、义、礼、智、信”思想的影响，讲究忠义和信用。而关羽的一生最讲忠信义气，始终不忘誓言和肝胆相照的结义兄弟，尽管曹操对他优待有加，但他“身在曹营心在汉”，最后千里走单骑回到结义兄长刘备的身边。关羽的“忠”与“义”千百年来为全国人民所推崇。

历代帝王为树立忠君的典范，争相为其加爵封号。蜀汉后主追谥其为壮缪侯。宋徽宗封忠惠公、武安王。宋高宗封为齐天护国大将军，特加义勇武安英济王。明太祖洪武元年定祀典，复旧称汉前将军寿亭侯。明宪宗封为崇宁义勇武安王。明神宗加封协天护国忠义大帝、三界伏魔大帝神威远镇天尊关圣帝君。清代尤其强调“忠义”二字。清世祖顺治九年敕封为忠义神武关圣大帝。乾隆皇帝还专门下旨：“夫以神之义烈忠诚，海内咸知敬祀，而正史犹存旧谥，隐寓讥评，非所以传信万世也。今当《四库全书》不可相沿陋习，所有志内关帝之谥，应改为忠义。”

乾隆之后，历经各代皇帝加封，光绪时关羽的封号长达二十六字之多，名为“忠义神武灵祐仁勇威显护国保民精诚绥靖翊赞宣德关圣帝君”。

同时，民间百姓仰慕关羽之英雄气概，敬佩其忠节大义。桃园结义、古城聚义、华容道义释曹公……关羽的一生处处充满了“义”。

在官方与民间的共同推动下，各地纷纷自发兴建关帝庙，其忠义精神彪炳千秋。泽州巴公镇西部村明万历二十年（1592）《创建关公庙碑记》载：“（关公）杀气冲天，英雄贯斗，忠烈并日月，崇勇冠三军，名扬天下。”因“慕于公之义”而创建。清初廉吏、高平人毕振姬为陵川县撰写的《重修关侯碑记》载：“关壮缪侯，以河东布衣，当炎汉之末运，忠孝节义，炳炳史册。迄今千有余年，即深山穷谷，无不俎豆而祠祀之，非致诚无息，而能若是乎！”文中的“致诚无息”是指极端真诚，没有丝毫停息的意思。阳城县凤城镇东关关帝庙，勒石于清康熙二十年（1681），翰林院侍读王维珍撰《重修阳城汉寿亭侯庙碑记》：“功业在史册，忠义在人心。”清康熙年间陵川知县平鄗鼎撰《重修武曲关帝庙碑记》：“使阖邑士民，于读书力田之余，瞻帝像而知敬肃，仰神威而兴忠义。”

同时，民间传说中有关羽擅长记账的传说，认为关羽曾发明《日清簿》，涵盖原、收、出、存四项，为后世广泛沿用，故有“理财神”之称。而且关羽讲信用、重义气，不为金银财宝所动，故人们把关公尊为招财进宝的“武财神”。关羽又是公平与正义的化身。在商品交换中，人们总希望能够坚守诚信、公平交易，商人互相间要以诚信为本。关羽是山西解州

泽州县府城关帝庙三义殿

人，山西商人就把关公奉为自己信奉的神灵，晋商在各地建立的山西会馆无不将关帝奉祀其中。

晋城商人同样将关羽作为忠义的化身、诚信的榜样，并将关帝作为庇护神。晋城市内的怀覃会馆，泽州高都会馆、东沟方炉条丝会馆，高平的乌绫会馆、寺庄会馆，陵川的附城会馆、礼义会馆，全都既是供奉关公之地，又是处理商事之所。洛阳潞泽会馆正殿悬挂的包金匾额上，用笔力遒劲的大字书写着“峻德参天”“人伦师表”。关帝崇拜显彰了晋城商人的道德追求。以义为先、诚信为本的经营理念，深深扎根于晋城商人的潜意识之中，成为他们闯荡市场的一张无往不胜的通行证。

六、无时无处不在的契约

诚信是商业文化的道德基础。人无信则不立，市无信则不兴，商无信则无誉。但仅有这个道德基础还远远不够。人们常说“诚信守诺”，这个“诺”，在商业活动中就是约定，写在纸上，就是契约。通过契约的订立和执行，来保证交易的规范，充分体现了人们的信用意识。契约的本质是诚信和对诚信的维护。

契约普遍存在于社会生活的各个方面。在晋城民间，除了经常见到的房契、地契之外，还有卖契、典契、借约、当约、兑约、换约、推约、让约、租约、分产文书、合同、收帖、找帖、委托书、遗嘱、过继书、赡养书等。凡有交易，即有契约，小到一棵树、一盘磨、一个茅坑的交易，都会立下文书。

做生意尤其如此，但凡做生意，就要订立契约。契约又称“合同”“合约”，是指当事人在交易过程中所签订的具有法律效力的文书。清代佚名晋商所著《交易须知》一书序文中这样写道：“一买一卖，名为交易。交

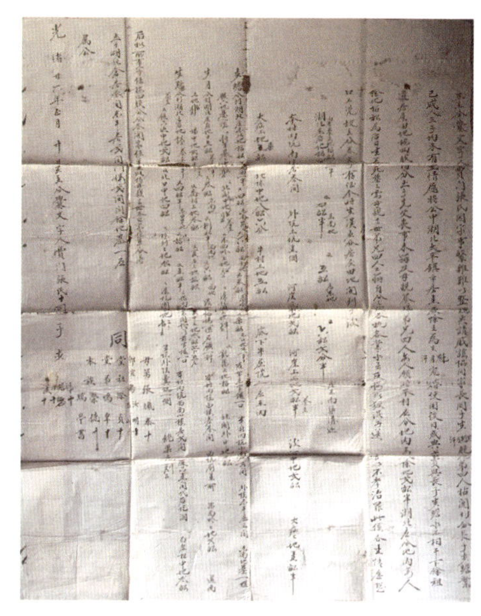

高平商人贾氏分家单

易者，懋迁有无也。……凡做生意，俱要立合同、账目，为永远之据；至于出入借贷，必须立发帖、借约；远处兑使银两，必有会票；出外兑发货物，陆路必立车脚之契，水路务立船契；买卖米粟，必立批帖为妥；以及银色杂粮之类，与夫水陆二路各处斗斛平头，俱要打听明白。若夫往来书札，虽非商贾之急务，亦不可不知其大略。”所以一个商人或商号的生命周期中通常要立许多的契约或合同。

晋城人做生意大多以合伙制的形式。这种合伙制在明代已十分普遍。明人王士性《广志绎》一书，即记载有平阳、泽、潞商人经商的做法：“其合伙而商者，名曰伙计。一人出本，众伙共而商之，虽不誓而无私藏。”并赞“其居室之法善也”。

下面是一份在清咸丰年间商家于泽州府凤台县高都镇合伙做银楼生意的合同：

长春楼合同

立领本合同文字人郭通顺，今领到本族培德堂赀本大钱伍佰千文，作金股壹分整；诚一堂赀本大钱伍佰千文作金股壹分整；聚德堂资本大钱贰伯伍拾千文作金股伍厘整。郭通顺领本执事，作人股壹分整；赵金松协办铺事，作人股柒厘整；焦三锁协办铺事，作人股陆厘整。今在凤邑高都镇开设长春楼，号中规条一照堆金老会为则，而今而后，东伙同心协力，休戚相关，二年结算，获利按股均分，赔本按股均摊，永以为好，勿负初心，故立合同四纸，各执壹张为凭。

咸丰三年新正月吉日（盖“高都镇长春银楼”图章）立

同中人：郭通灵、郭茂林、郭诚廉、赵元琮

这是一份较为标准或规范的商号创立合同，是晋商最为核心的经营制度“东伙”制的集中反映，即资本和人力的结合。“东”就是股东、东家。股东所出资金，谓之“金股”或“银股”“钱股”。“伙”即合伙人，是参与经营的执事和协办，设立“人股”，又称“身股”。因所出资金数目不同，人力资本不同，所占股份也各不相同。结算期限，利益分配都写得清楚明白。晋商这种“东伙”共创的合伙制经营方式，在合同里有着清楚的表述，赋予东伙之间明确的权利、义务与责任。建立了股东、合伙人相互之间诚信合作的良好基础。

晋城是煤铁之乡，煤炭开采为当地主导产业之一，许多地方开有煤窑。下面是《沁水商贾史料》一书中收录的一纸民国期间沁水县商人租山开煤窑的契约：

立租山场文字人李文举、李耀德等，今租到裴元起名下豹凹沟山场壹座，开打煤窑，风正二眼，窝铺、场道、出水、堆秽、用木伐砍，不许阻滞出入道路通行，百步已（以）里不许外人开打煤窑。同中言明：每年净出山价钱壹拾陆仟文正，每年两季抽取，所有道路在内，每年外项花费亦再不管，所有山场只许共同议论作走，不许争夺。同中说明永无反悔，空口不凭，立租山字为证。存用。

山主人：裴元起（画押）

民国拾年拾二月初九日

立租山文字人：李文举（画押） 李耀德（画押）

同中人：任天有（画押） 李耀华（画押） 李万林（画押）

从这份契约中可以看到，民国之前土地、山场均为私人所有。开煤窑需租用私人的山场。合同中山场主人、租山人、中人全部都画押，表示认同合同内容。

开煤窑不仅要有出煤井，还要有配风井，以便通风，防止瓦斯浓度过高发生事故，下面就是民国时期晋城县一份租用配风合同：

> 立租配风文券人李树明（画押），兹因心同意合，情愿将四圪塔西头地内租到刘小东名下配风一眼，所有租课之事，每年出租煤壹百笼整。窑行租行，窑止租止。至于配风场上，许人行车道出入通行。此系不拘年限永远长行，倘或搁窑不行者，后许配风主收止，文约作为故纸。恐口不凭，立有租窑齐缝配风一样二纸。各执一张，存为后证。
>
> 民国二十七年六月初六日立
>
> 计开窑东四分：刘小东、刘计长壹分；刘继云壹分；刘裕永壹分；刘天福、侯二狗壹分。

这份租约与沁水县的租约不同的是，将开煤窑的股东和各自所占股份一并列出。

历史上冶炼业十分发达的晋城，当然也留下有许多炼铁开炉的合同。下面就是民国时期在晋城县大阳镇兴办炼铁炉的1份合同。

> 立义和合同文券人崔吉庆堂等，今在晋城县东大阳镇开设方炉生意壹处，公起字号聚星歧，又批设炒炉壹处，字号聚星东。各出资本不一，今特载明。崔吉庆堂

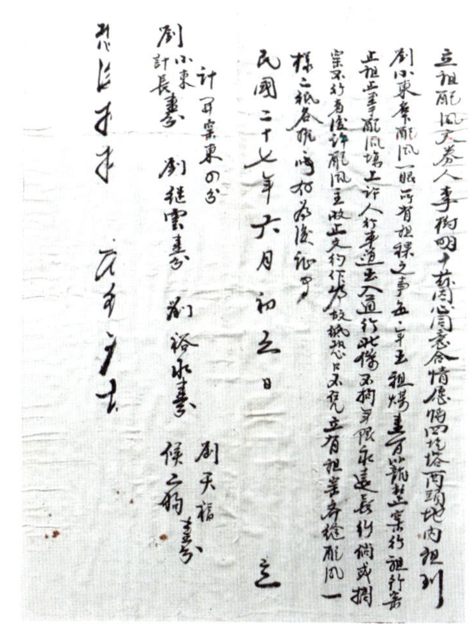

晋城县租用配风合同

登立本金钱贰千伍百串文整，张世德堂登立本金钱贰千串文整，刘克己堂登立本金钱壹千串文整，赵步云登立本金钱壹千串文整，贺得荣登立本金钱伍百串文整，苗兴瑞登立本金钱伍百串文整。其六家共登本金钱柒千伍百串文整。言明贰年壹账，第逢七月贰拾贰日为算账之期，除去伙友应支火食辛金、一切杂费等，得□利者，按本六股、人四股，按股均分；倘有赔累者，按本股内摊，与人股无涉。言明顶人股一份每年应得应支钱壹百伍拾串文整。此系同心协力，学管鲍之法外，效陶朱之遗风，□□□□□□矣。恐口无凭，立此骑缝合同陆张，各执壹纸为据。

中华民国拾肆年正月拾贰日，立义和合同文券人崔吉庆堂等。

众股东：崔吉庆堂、张世德堂、刘克己堂、赵步云、贺得荣、苗兴瑞仝押

这份合同所立商号为“聚星歧”，既做方炉，又搞炒炉生意。股份中既设有本股，又设有人股。并且规定，“倘有赔累者，按本股内摊，与人股无涉”。可以说给经营人员吃了定心丸。

商号经营中，可能需要异地使用资金，这时就需要用到钱帖。钱帖，即私钞，又称民间票帖，是一种信用纸币，又被称为“票”“帖”“条”“券”等。既是取款凭帖，又是存款凭证。钱帖的发行是建立在信用基础上的，由经营相对稳定且信誉度高的民间钱庄、银号、当铺等非官方金融机构发行，能在一定的地区和范围内流通。这里是一份出自阳城县的手写的异地取钱凭条。

封面：和聚山宝号收拆（内肆千）

内文：

凭条付去人取钱肆千文整。无错。

济邑白涧　和聚山宝号　照换伊现钱存。

咸丰丙辰十二月十六日　□□条

这份钱帖，取款凭帖上，“凭”字的上文，盖有一枚“财神章”；“取钱”两字之间盖刻有“换祟”二字的印章一枚，数字“肆千”两字上，盖一枚商号章。“咸丰”二字为印章，最后“条”字的上方盖一枚长方形商号章。钱帖上的济邑白涧，即河南济源克井镇的白涧村，这里与阳城县东冶镇接壤，古代商贸往来频繁。

据清道光时期山西巡抚申启贤奏折：“晋省行用钱票，有凭帖、兑帖、上帖名目。凭帖系本铺所出之票，兑帖系此铺兑与彼铺，上帖有当铺上给钱铺者，有钱铺上给钱铺者。此三项均系票到付钱，与现钱无异，应听照常行使，无庸禁止。”那么，此和聚山宝号钱帖当属于奏折中所说的凭帖。

俗语云：“亲兄弟，明算账。”下面这张高平县东周村的《元泰山义和合同》，就是一母同胞的四兄弟，经营元泰山商号所立的契约。

元泰山义和合同

尝闻桃园结义传美千秋，管鲍知心流芳百世。古人异姓相契，一室同居，尚能成就大业，名标史册，况兄弟一乳同胞，手足相连，不能创兴事业乎？咱元泰山自民国六年开办，原无资本，全借人钱，于今六载尚有亏损。去岁正月结算，账簿内欠外多，除地八亩抵还外债。然生意赔赚，古之长流不为罕稀，今尔兄弟诸人，果能心同意合，相亲相爱，尔无我诈，我不尔疑。勉力前进，劳苦莫辞，皇天自然默佑，祖宗亦将保护，何难财发万镒，利增百倍。兹虽各添资本，渐图鸿业，断不可稍存私见，有不二心耳。古人云：勺水渐积，能成沧海。拳石频移，可作泰山。非一朝一夕之故，岂单手孤掌能鸣。然既有当初，必有今日。亲友于是说合调处，处此以后，各发天良，各守职事，各尽心力，各出情愿，决不返悔。恐口勿凭，立此义和合同，一样四张。各执一幅，永远保存云尔。利益均分，患难相共。谨将本金若干，执事经理，一并开列于左：

赵泽宗：原本金钱伍百串元；赵泽民：原本金钱伍百串元；赵泽普：原本金钱伍百串元；赵泽钉：原本金钱伍百串元。

总理执事人：赵泽宗（画押）

训谕诸子父培元堂亲笔书

经理内外人：赵泽普（画押） 总管内外人：赵泽民（画押）

维持说合人：常盛（画押）秦起洲（画押）段恩信（画押）

中华民国十二年七月十二日吉立义和合同大吉大利

在合伙生意中，有的约定股份可以增减变动，可以转让，当这些情况发生时，就需要重新签订合同。下面这份清代凤台县契约就是炭窑股份转让合同。

立卖窑文约人王雨亭，因道光二十九年在河底村毛掌沟□地内，租行炭窑两眼，字号“义太公”，共窑一十八分，有房屋、窑棚、家倨（俱）、账簿、地亩一切在内，十□分之中，内有自己窑一分五厘，央中说合，情愿将窑出卖死与统泰新名下为死业，任意跟行，同中受过死价纹银三□两整，即日银业两明，各无异说。所有前后一切赔赠俱与卖主无干。日后查出合同明白作□故纸。如有户族人等争端者，有卖主一面承当，与买主无干。恐口无凭，立死业一纸，存证。

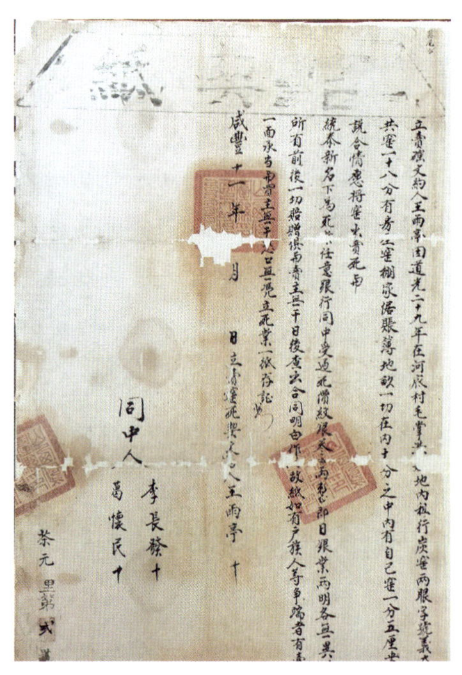

清凤台县炭窑股份转让合同

咸丰十一年月日（盖山西凤台县印）

立卖窑死契文约人王雨亭

（画押）

同中人：李长发（画押）葛怀民（画押）

茶元里第贰号

这份契约虽然说的是卖炭窑，但因该炭窑不是一家所有，而是分作18股，由不同的人持有。立卖契人仅是持有其中的一部分股份，所以严格说来属于炭窑股份转让合同。

与前述其他契约不同的是，这是1份官契，也称红契。立契后经过凤台县验证并纳税，加盖了凤台县官印，具有更强的约束力。

当生意经营不善，急需资金周转时，商人或商号会将部分固定资产暂时典押出去，以获得资金，改善经营。下面就是泽州县辛壁村张家保存的一纸清咸丰年间一位炼铁方炉炉主所立的典契：

立典契文字人朱鹤年，今将自己原买到辛壁村井谷衕方炉四座随代炉盘四座，账房三间，代厦壹座，场内外地基一切在内，四至不

泽州县辛壁村张家大院

开，同人说合出典与会兴合名下为典业，即日受过典价大钱贰拾仟文整。不俱年限，钱到回赎。恐口无凭，立典契壹纸为据。

咸丰玖年四月十三日　立典契人朱鹤年（画押）同侄朱□□（画押）

后批，内有破炉壹座，日后补修使钱若干，批与典契。

同中人：李毓玢（画押）刘晴坡（画押）

代笔人赵京选（画押）

商号在经营过程中如果出现生意长期赔累，无法维持下去，就要分开经营，或者终止经营，结束生意。此时也需要通过股东协商，形成一致意见，并订立契约。高平野川镇杜寨村，清代有著名商人王世治，经商于河南开封，置有多间铺面，在开封开有老店、东店、西店。生意字号有“福德全记”“祥发钱店”“复盛粮店”“三盛公”等。经营项目有布匹、杂货、钱庄、粮店等，是清代高平县著名的世商大户，人称“王百万”。其后人仍然长期在一起合伙生意，没有分开。但到了道光年间，因经营困难，不得不各自分开。下面是录自《高平商贾史料》的一份杜寨村王氏兄弟议和分手契约。

立合同兄弟议和分手文字人：王模、王榆、王枢，有祖遗在汴生意，连高邑城中复盛粮店，近因连年生意赔累，难以维持，恐日后更难调理，悔之晚矣。自出情愿，央同各号执事伙友，将字号生意分派三分，生意中无论有余不足，各无异说，焚香拈阄。至拈之后，各守各业，日后生意财发万金，与另分之号毫无干涉。倘有争竞者，同公议论。执此送官究处。立此分手合同三张，各执一纸，恐口无凭，立此存证。

计开分到生意字号于左：福德全记、高邑复盛粮店（随代门面市房壹处）。

大清道光十四年二月初一日，立合同兄弟议和分手文字人王模

（画押）王榆（画押）王枢（画押）。

后批有未分祥发钱店，三人分同料理，财发万金，按分均分，有馀同享，不足均摊，各无异说。

同说合各店执事人：王廷（画押）高琪（画押）王立全（画押）李春茂（画押）李檀（画押）陈毓瑶（画押）李广文（画押）赵学洙（画押）史堪（画押）崔如山（画押）王天锡（画押）

同族侄王以德书

此合同共计3份，兄弟三人各执1份。这一张是其中一人所执。所以上面写有“计开分到生意字号于左：福德全记、高邑复盛粮店（随代门面市房壹处）”。其他兄弟分到的生意各不相同。

综上所述，从生意设立到生意分手，其中每一个阶段遇到新的情况、新的变化都要订立契约。这是诚信的表现，也是诚信的保证。没有这些契约的维系，生意中就会出现许多的争议和矛盾。所以大家对契约的订立都十分重视。除了对内容反复斟酌之外，都需要签字画押或盖章，以视认可，以作信用。为了避免出现有人更改合同的情况，通常一式若干张，各执一张。并且要在骑缝处写上文字，或盖上印章，以便防伪。这一点，在晋商读物《交易须知》中也有明确的规定：“如有合同数纸，俱要骑缝一处，用大笔写合用一样几纸，日后以对字为凭，

高平杜寨村独特的墙体

从第一张上相挨而起，写出号头。”由此可见，这种骑缝加密处理方式是晋商处理商务的习惯做法或称规定动作，是一种重要的防伪手段。

七、天长久印信与大阳针行麒麟防伪帖

在商业领域也存在着许多的欺诈行为，对商业诚信造成严重威胁。人们对作假欺骗的行为深恶痛绝。诚信经营的商人们，为了防止自家产品被假冒，利益或信用被损害，纷纷采取各种防伪措施。其中印信尤其是防伪印信的使用，既是诚信的见证，又是防伪的手段。

印信，又称信印、章、图章、图书、图记、钤印、戳记、戳子、手戳等。它是商号之宝，诚信之证。具有宣传商品、防伪防盗的作用。印信使用的历史十分悠久，但直到明清时期，尤其是在清代，随着商业活动迅速

三益号印信

发展，印信开始大面积使用，成为经济活动中不可或缺的重要信誉凭据。

比如，在大阳镇镇史馆保存有一张清代乾隆年间的借据，上面就盖有商号的印信。这张借据上的文字是：

> 立借字人翼兴号，今借到裴溪窗名下纹银贰伯玖拾肆两，议明月利按贰分出息，不许短少。出此为证。
>
> 经手人：顾怡亭、霍西坡
>
> 乾隆三十四年三月初六日，立文字人翼兴号

在这张借据的银钱数目上和文尾的字号上，分别盖有刻有“翼兴开州总店之章”字样的印信。这枚印信是目前发现的现存最早的泽商商号印信。翼兴号的主人，名叫顾翼兴。裴溪窗为大阳裴氏家族之人。二人同在开州做盐业生意。证人中的霍西坡也是大阳人。

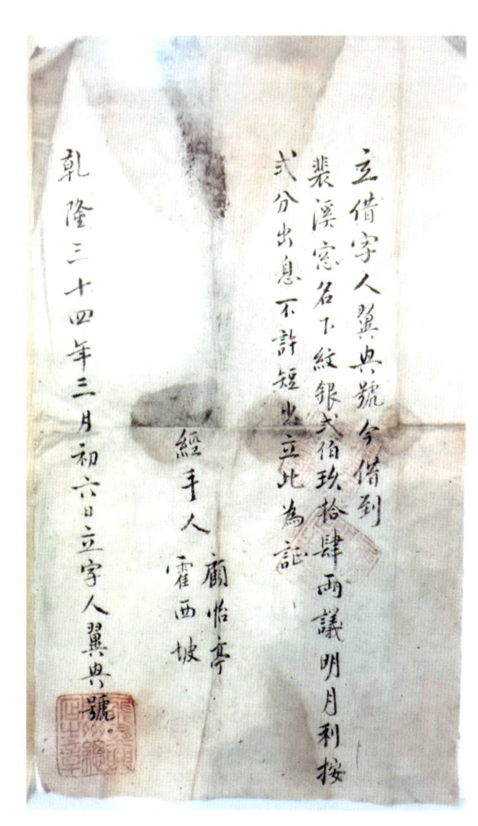
立借字人翼興號今借到
裴溪窗名下紋銀弍伯玖拾肆兩議明月利按
弍分出息不許短少立此為證
經手人 顧怡亭 霍西坡
乾隆三十四年三月初六日立字人翼興號

大阳翼兴号借帖

除了我们常见的普通商业印信之外，一些商号想方设法，极尽变化，尽其所能制作较为特别的印信，让人难以仿制，使之具有极强的防伪功能。

在泽州县高都镇善获村就曾发现了这样一枚古代商业印信。这枚印信用天然牛角制作。印面宽 4.9 厘米，高 3.6 厘米，厚 4 厘米。印面正中刻有唐太宗李世民的《百字箴言》，印面左右两边刻“杨允升”和“号纯记”，表明商人的姓名为“杨允升”，字号为

“纯记”。但所刻《百字箴言》与原文又有几个字不完全一样。原文为：“耕夫碌碌，多无隔夜之粮；织女波波，少有御寒之衣。日食三餐，当思农夫之苦；身穿一缕，每念织女之劳。寸丝千命，匙饭百鞭。无功受禄，寝食不安。交有德之朋，绝无益之友。取本分之财，戒无名之酒。常怀克己之心，闭却是非之口。若能依朕斯言，富贵功名可久。”

而印信所刻将“碌碌”错为“役役”；“织女”改为了“蚕妇”；御寒之衣的“衣”加上了“亻”旁，日食三餐的“餐”写为“飧”，匙饭百鞭的“饭”改成了“粥”字。错误多达七字。对此，相关专家解释说，这种错误是在篆刻时专门刻成错别字，错之所在亦是防伪标识之所在。将印面上的文字稍作改动，令人不易察觉，只有该商号内部人可以辨认真伪，真可谓是费尽心机。

紧接《百字箴言》的后面还有这样一段文字：“此票本店对号取发，倘有假票误收不认。预白。”文后又仿制一圆一方两枚图标。分别刻篆字“允”“升”二字。这样一来，该印信又具有提示章的作用。一方面提醒交易对方防止“假票”，一方面说明自己如发现“假票”，将会拒收。

善获村杨允升纯记印信

这枚印章刻制细腻精美，无论其大小、质地、内容都不同于一般，既兼防伪和提示的功能，又彰显了商家的文化品位与涵养，是泽州商业史上不可多得的实物资料。

有的商家则刻制多枚成套的印章，印面图案精美绝伦，分别用在商用文书不同的位置，不仅进一步增强了防伪功能，而且大大提升了印面整体的艺术效果。

高平一位藏家收藏有一套“恒泰荣”商号的印信，共有4枚，均为牛角材质。第一枚，印面略呈长方形，刻一鼎形图案，双立耳，方腹，四柱足，腹部刻篆体“恒泰荣”三字，上部饰回字纹。第二枚，呈双环圆形，内部环刻“恒泰荣记”四字楷书，外环刻花卉纹样。第三枚，呈长方形，内芯竖刻“恒泰荣记”四个楷书字，四周环刻花卉吉祥纹样。第四枚，长椭圆形，竖刻“恒泰荣”三个篆字，不做任何装饰，十分简洁。该商号或为高平一老字号。高平马村镇康营村龙王庙内，同治八年（1869）《重修龙王庙碑序》捐款姓氏内，即有恒泰荣捐银4两的记载。

有的印信不仅有防止假冒作伪的作用，还兼有广告宣传的功用。乔欣先生主编的《天长久商业信函集》一书，载有晋城黄花街著名的皮金字号天长久制作的印信。这是一枚长方形的印信，长20.7厘米，宽12.9厘米，厚1.9厘米。印信上方的两角分别截去呈梯形。天头上刻着两行字，分别为“泽郡”和“天长久记”。从“泽郡”二字，可知该印信为清代所刻制，表明商家所在之地为泽州，所刻字体较小；“天长久记”四字较大，使人一目了然。下面的正文竖排，全文如下：

> 本号开设泽州府南关黄华街路西，西麻市店北首，门面坐西朝东便是。自造羊皮真金。广庄、苏庄、汉庄皮金，贴佛、飞金、赤金俱全，早晚不误。本号做货，不惜工本，以图久远，各省驰名。近有无耻之徒，私将低货假冒本号招牌字号，欺骗客商。认明本号印票图书为记。凡□士商赐顾者，须认本店图章为记，庶不至误。

这段文字表明，天长久十分注重产品质量和信誉，在全国各省驰名，有人曾以伪劣产品进行假冒，为了抵制假冒，特别刻制了此方印信。天长久在发货时，在包装箱上盖此图章，以示真货，以便顾客识别防伪。这枚印信既起到了防伪的作用，又很好地宣传了自己的产品，做了一个极好的广告。

又有人收藏了一张清代大阳一家针铺当年制作的印有“麒麟”图案的防伪针帖，也应视作防伪印信。上面的文字如下：

> 山西泽州府凤台县大阳东镇牛家巷路东冯正元自造南条高针发行，近因无耻之徒假充本铺字号，希图小利，欺哄四方君子，今每一包针内有访帖一张，以图永远主顾。凡有贵客赐顾者，须认票“麒麟”为记。

从针帖文字可知，这是东大阳一家冯姓人家所办针铺，针铺主人冯正元，为防止假冒而采取的防伪措施。并以中国古代神话中的瑞兽“麒麟”为图记。这张罕见的“麒麟”图案防伪针帖，极好地见证了大阳制针业的辉煌而又曲折的发展历史。大阳制针业的兴盛，也导致十分激烈的商业竞争。一些质量信誉良好的针商，面临被冒牌侵权的极大风险，于是纷纷采取措施，进行自我保护。所谓访帖，就是将所刻制好的印信或印版，用颜料印在纸张上而成。这张访帖与“天长久”的印信一样，起到了防伪和宣传的双重效果。

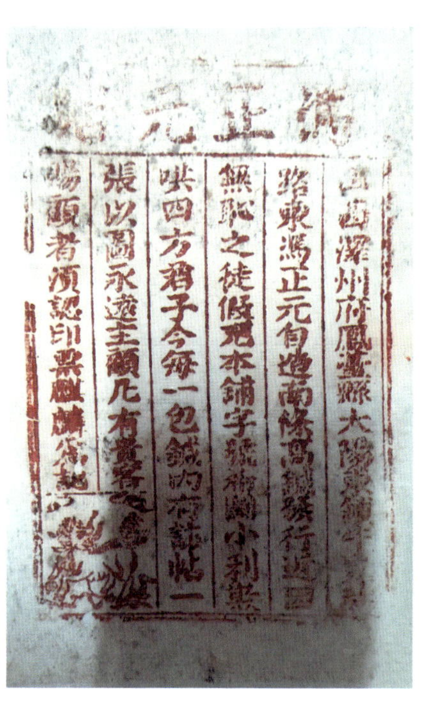
馮正元
山西澤州府鳳臺縣大陽
路東馮正元自造南條高鍼發行近因
無恥之徒假充本鋪字號希圖小利欺
哄四方君子今每一包鍼內有訪帖一
張以圖永遠主顧凡有貴客
賜顧者須認印票麒麟爲記

大阳冯正元“麒麟”防伪针帖

第九章

尚义急公：富则兼善天下

晋城素有“尚义”“乐善”之风气。康熙《泽州志》载：泽州“忠义素称”“好学气豪”。《凤台县志》载：“泽州风土完厚，人质直而尚义。”《古今图书集成》载：高平县：“淳而好义，俭而好礼”；阳城县：“士多廉耻之风，矜名节，惜行检。”陵川县：“质朴，乐于趋善。”沁水县：“廉俭尚义。”晋城商人作为相对富有的群体，更是时时处处尚义急公。他们慈心悲悯，济危助困，赈灾施粥，救人无数；他们热心公益，修庙建寺只因信仰，修桥铺路行旅歌讴；他们身在商海，心怀天下，为国分忧，不惜破家。正如明代高平商人牛廷所说：“所谓富人，是既能积聚财富，又能施予的人，不然就是守财奴。”

一、王和复修滍阳炎帝庙　李藁重建扬州司徒庙

金大定年间（1161—1189），高平县人王和，离开家乡，来到河南鲁山县滍阳镇（今平顶山市新华区滍阳镇）经商。因爱这里山水明秀，土地肥沃，就在此安家落户。

滍阳在商代曾为应侯国，唐代置滍阳县，后改为镇，历史文化深厚。王和因见镇北宋村地方，有一处仅留有残墙断壁的古遗址，就向人打听。原来，这里曾建有一座神农炎帝庙，始建年代不详，北宋末年毁于兵火。王和听说后，感叹此地崇拜炎帝的风俗，竟然与故乡高平相同，就发愿重修炎帝庙，他慷慨捐资，并亲自组织修建，邻里也积极相助，用一年时间全部建成。正殿五间，建筑在花岗石台基之上，四面有游廊石栏，殿内塑炎帝像，神采肃穆，金碧辉煌。内壁画炎帝神话壁画。又建有神农阁，阁内梁架斗拱装饰雕刻精美。又有洗药池，为纪念炎帝采洗草药而筑，池水

宋村新修炎帝廟記　金　王道衡撰

寶豐縣志　卷之十五　藝文志　六

禮之有祭祀所以報本反始也豺祭獸獺祭魚出於天理之自
然聖人因人之情而爲之節文爲耳古之君子使之必報之迎
猫爲其食田鼠也迎虎爲其食田豕也在物尚爾況於古之聖
君其忍忘之乎祭法曰有功於民則祀之又曰法施於民則祀
之非此族也不在祀典由此言之祭祀之禮豈可苟焉而已哉
在昔太古鴻荒未有火化斯民飲血茹毛若禽獸然逆乎神農
氏作斲耒耜之利以教天下之播種爲日中之市以通天下之
貨財而又慮其疵癘而無料理也親嘗百草之滋味一日而中
七十毒醫術由是而興焉其仁民愛物福及後世也可謂深且
至矣血食萬代不亦宜乎卓哉王和者澤州之高平人也大定
間商賈於斯愛其山水之明秀土壤之肥沃因而家焉鎮北有
頹垣廢址詰諸故老曰此昔日之神農廟也喟然嘆曰吾鄉崇
祖炎帝不意是邦亦能爾也遂發誠懇慨然以興葺爲己任衆
悅而從之曰王政速王者又從而輔翼之於是庀徒揆日鳩工
聚材入山行木必躬親之薙斬板幹甃砌礎陶瓴甓塗垣墉經
營弗亟而編戶子來歲星甫週一起而新之靈像既妥孔肅其
儀丹雘載塗金碧以輝凡四方之人齋明備服以承祭祀者肅
敬之心油然而生矣則神之格思洋洋乎如在其上如在其左
右不其偉歟迨貞祐之三年羽衣王守道者來住持之朝夕灑
掃極於精潔有請於朝勅賜通仙觀號又足以成就王和遂之

寶豐縣志　卷之十五　藝文志　七

清道光《宝丰县志》载《宋村新修炎帝庙碑记》

清澈，四季不断。此后每年的清明节和农历七月七都举行盛大祭祀活动。

新中国成立后，因修建白龟山水库，炎帝庙被库水淹没，但王和的义举至今仍为人们所传颂。清道光《宝丰县志》录载的《宋村新修炎帝庙碑记》，即记载王和修庙善行。今人所编《滍阳春秋》《滍阳旧事》等均记载有王和义举。

时至明代，因盐业开中制政策的实施，大批泽州商人来到江苏扬州经营盐业。泽州巴公镇渠头村的李氏家族即为其中之一，经过多年积累，成为“富甲泽潞”“资雄两淮”的巨商。明成化嘉靖间，渠头李氏有名叫李谪，字有台的人，长年经营盐业于江苏淮安一带，“泛海饶财，积货雄淮南北”。曾有人向其借债而不能偿还，李谪焚其借券，不责其偿还。李谪还与明朝成化二十年（1484）进士，官至刑部尚书、兵部尚书的金献民为至交。

李谪的养子李藁，继承父业，经商淮扬，富甲诸郡，在当地多善行义举。

明正德十年（1515），金献民因公事路过扬州。李藁请其饮宴于扬州平山堂。平山堂是扬州重要的文化景观，由北宋文学家欧阳修始建于北宋庆历八年（1048），曾被赞誉为“淮东第一观”。金献民在《重修司徒庙记》中载，“去岁，予奉敕之江西，道便扬皇华亭，山西泽州李君藁商于扬，而翁谪，予相与素善。藁，故人子也，因迓饮于城西之平山堂。”

席间，李藁讲到，平山堂后有一庙祠，为扬州一座最著名的庙宇。祀神五位，姓氏分别为茅、许、祝、蒋、昊。这 5 人以义相尚，结为兄弟，奋不顾身，拯救危难，多建异绩，均被授予司徒之职。扬州人在此建庙，已有数百年了。

于是，大家起身赴庙观瞻。却见庙宇因年久失修，多有毁坏。于是大家朝李藁说，你在此经营盐业多年，“挟赀巨万”，常常在此宴游，能看着此庙损毁而无动于衷？金献民也随声附和。李藁说我也正有此打算。于是

《显庆寺藏经记》碑阴“十方施主芳名”中所记李藁一家

独立承担，捐资修建，使扬州司徒庙焕然一新。第二年工竣之后，李藁请金献民记其事，写下《重修司徒庙记》一文。

在晋城本地渠头李氏家族亦多善举。现存泽州县金村镇金村村显庆寺，明嘉靖十五年（1536）《显庆寺藏经记》碑刻的背面“十方施主芳名”中，排在最前面的就是李藁一家：“堰头兵马李诜，男李薇、李芝、李藁、李芹。”其中的李诜，即为李藁的亲生父亲，官居五城兵马司指挥使。李薇、李芝、李芹，均为李藁的亲兄弟。

与李藁同一时期在扬州经营盐业的泽州商人有一个叫白达的，是一个孝子。他感念父母生成养育之恩，无以为报，于是遍游伏牛山、武当山、泰山、少林寺、灵岩寺等佛道名山圣地，散财施舍，以积功德。明正德元年（1506），茅山道士唐思义欲造积金山玉皇阁，资金不足，来到扬州募捐。白达忻然捐银800两，其他扬州商人在他带动下也跟进捐助。于是，在积金山增建了玉皇阁、三官殿、真武殿、山门，以及东西两廊房屋各十间。工程始建于正德五年（1510）三月，落成于正德九年（1514）七月。时任南京礼部尚书、山西太原人乔宇撰写《积金峰玉皇阁记》碑文，记下了白达的善行。乔宇在碑文中称：“万物本乎天，人本乎父母。世之为商贾者，乘时射利，苟有所得，则侈服用、私妻子，往往皆是。能知报本者诚寡矣。达之志不亦可嘉矣乎？”赞赏白达能够将孝顺父母之心推而广之，化私为公，成此义举。

二、河南道口王海行义 安徽芜湖王玺用智

王海（1459—1523），字大量，明代阳城县上佛里人。年少时就随其父王璘经商河南，入籍河南永城县，居住在夏邑县韩道口镇。韩道口镇地处豫东边陲，豫、皖两省，永城、夏邑、砀山三县交界处，距夏邑县城东北 23 公里，因其特殊的区位优势，成为开封府和归德府通往徐州的重要贸易市镇。王海一家在这里打拼多年，积蓄下丰厚的家资。王海因多行义举而闻名。《山西通志》对其义举进行了概括："水旱人饥则赈之；岁终亲旧不给则赈之；贫不能婚者婚之；病不能医者医之；死不能棺及葬者棺之葬之，爰立义冢焉；士学而无资者资之；乡邻子弟宜学而未能者，为延师教之，爰立义学焉；避兵而来依者，一士一民皆养之；思归而不能归者归之；有称贷而不能偿者，则焚其券；河堤之决也，则出财补之。"

在河南永城县和夏邑县还传颂着王海临危不惧守土保民的义举。明正德五年（1510）十月，刘六、刘七在河北霸州发动起义。次年，农民军攻掠河南，郡邑多陷落，道口人闻风欲逃。王海召集众人商议对策。大家说："连那些构筑坚固的城池都守不住，道口这样的小镇怎么能守得住？还是往他处避一避吧！"王海却说："不用担心！我们预先修筑望楼，挖好战壕，在道口设置栅栏，每个人都配备兵械，完全可以守得住！"众人又说："可是，没有资金怎么办？"王海一力承担说："不用大伙费心，我来筹办。"于是，王海筹集资金，召集工匠民夫，修筑望楼 15 座，环镇挖出深深的壕沟，在道路上设置了相互钩连的栅栏。他还给镇里的百姓，按人计口发给粮食。于是，大伙都安下心来，不再有逃亡的想法。此时，农民军东破萧县，西破夏邑，北破砀山，南破永城，一路所向披靡，来至道口。农民军面对交错的栅栏、深深的壕沟，无能为力，久攻不下。保护了道口的安全，朝廷赏给王海白银 20 两，他推辞不过，送给夏邑县修了学宫。

正德十六年（1521），砀山县群盗邵和等人抢劫永城县库，当地巡检司长期未能捕获。最后，由王海出资请人暗地查访，从而捕获盗贼，永城县官民都十分感激他，拿钱物酬谢，被他婉言拒绝。永城知县张渝、开封府捕盗通判赖聪，赞其“恩著一方，官民仰戴，磊落胸中十万兵”。

王海的事迹奏闻朝廷后，敕建牌坊，赐额曰“好义坊”，以彰其功德。明代著名学者、光禄寺卿马理撰写有《义士阳城王海表闾记》，将之比作郑之弦高、鲁之曹刿。明代著名的“皇甫四杰”中，即有皇甫冲、皇甫涍兄弟二人，分别为王海作传、赋诗。皇甫冲在《王义士传》中生动详细地记述了王海的军事才能与事迹。皇甫涍作《王义士诗》，不仅赞赏其壮举，而且称颂其高洁的品格。

当时，许多的官员、文人题诗颂扬王海的事迹。按察使司佥事乔岱《赠义士王海破贼》诗云：“剑拂秋霜气吐虹，安危只在笑谈中。沧波自息鲸鲵舞，野燐都消鬼魅踪。万古山河还带砺，百年草泽见英雄。回头却笑揄关将，辛苦空争尺寸功。”称赞王海在笑谈之中轻松应对危机。都御史胡缵宗诗云：“狂虏胡为来，此地有王翦。拔剑破渠魁，义声动轩冕。”把王海比作“战国四大名将”之一的王翦。布政使顾应祥诗云：“古来用兵不贵多，贵在气壮与人和。干城有人尽如此，廉颇李牧当如何！”把王海与廉颇、李牧相提并论。所有这些诗词还被刻成《好义集》一册，印行于世。

欽定四庫全書　皇甫少玄外集 卷三　二

王義士詩

義士事余兄傳之悉矣余復嘉之而爲之詩

綠林昔振蕩河岱妖氛結虎旅窮塞垣牙璋自天闕鯨吞指洛陽豕突踰聯攝王生一何壯揮金萬夫悅三軍屬光鳴七萃覰奇捷魚麗晝若空鼉鼓夜不發草芳湘集雲旗偃碭山月破敵陋韜鈐忠信代連鉞長揖帳門外通侯豈吾節旋爲擊壤民荷鋤耦沮桀恥學蹈海翁昂藏事高潔

皇甫涍《王义士诗》

王海的儿子王鲸，孙子王相、王臣，也都多行义举。据《永城县志》记载，王鲸建义塾，施义冢。嘉靖四年（1525），永城县发生饥荒，王鲸输粟300石赈灾。王相则施予棺木与药物，置办义船。王臣也曾招募工人助力治河工程。当时，朝中大臣与地方官合起来为其家题赠匾额，上书“世义”二字。

明崇祯年间，沁水县商人王玺，在安徽芜湖又有智退乱军的义举。明末清初史学家谈迁所写《芜阴贾人传》，生动地记下这个故事。芜湖是一个“五方杂处”的都会，客籍商人来自四面八方。王玺就是从山西沁水来此经商者。崇祯十五年（1642），平贼将军左良玉与李自成会战于朱仙镇，左良玉大败，退至襄阳。开封再战，左良玉不敢迎战。李自成遂攻打襄阳，左良玉撤兵至武昌，左良玉向楚王要兵员、要粮饷，均没得到补给，遂掠夺武昌，包括漕粮盐舶。明崇祯十六年（1643）二月，左良玉避开楚地农民军不战，而以勤王的名义，一路下九江、安庆，至于池州。左良玉手下裨将王允成以4000人攻破建德，掠夺池州。江东人士大为震惊。大家私下里认为左良玉欲图谋不轨，伺机窃取留都南京。一时之间，人心惶惶。南京兵部尚书熊明遇急忙征兵沿长江布防。西来之大军暂时阻隔于芜湖县西之石硊河，芜湖县令夏继虞带领当地少量兵卒防守河上，扼守渡口。沁水人王玺也率领300多名商人，带着弓箭大刀，来到渡口，夏县令将其作为倚仗。但当情势危急，大多数的商人都悄悄地开溜了，只有王玺等少数人护着夏县令往来巡视。三日后，西来大军人数日众。王玺感到情况十分紧迫，向对岸喊话：“你们果真是左将军的部下吗？”答曰：“是。”随即问王玺，“听你的话，像是山西人”。王玺回答：“是呀，我是山西人。”

对方即招手要王玺过去。王玺大着胆子，就要乘小船过去交涉。夏县令劝他也不听。到了对岸，原来招手的是山西阳城县人，姓杨。邻县之人，战时异地相见，彼此自是十分亲近。杨某少年时被农民军劫掠，后来成为左良玉的部下。于是，王玺遂说服杨某，让其退兵，否则将成为历史的罪人。杨某听了王玺的一番说辞，觉得有理，于是不再渡河。随即，左良玉军令至，大军西还，芜湖得以保全。谈迁将王玺比作春秋时期假装犒师智退秦军的郑国商人弦高，赞其“功收弦高”。

三、李思孝海会寺建塔　王重新郭峪村筑堡

阳城海会寺位于北留镇与润城镇的交界处，是晋城市最著名的古代寺院之一。唐乾宁年间，昭宗皇帝赐额“龙泉禅院”。北宋时期，宋太宗赵光义又赐额“海会寺”。寺内有一舍利塔，约建于建寺之初。明嘉靖年间，该塔年久失修，势将倾塌。寺内僧人欲修无力。这时，润城镇白巷里铁商李思孝站出来说：“此事应由我来办！”

李思孝（1488—?），字云楼。兄弟三人，排行第二。元明时期，李家就开始做铁的生意。思孝继承祖业，继续经销铁货。在河南的周口、开封，安徽的亳州、泗城、颍州、寿州和山东曹州等地均有经销铁货的货庄，家累巨万，成为远近闻名的富户。李思孝乐善好施，每遇荒年就出钱赈灾，亲朋借钱因家贫无法偿还者就毁券不计，桥梁有损就出资维修。

修复舍利塔工程不大，这座六角型砖塔，共 10 级 20 余米高，很快就完工了，为了巩固已经倾斜的舍利塔地基，李思孝又在北面的空地上，建起一座更为奇伟壮观的佛塔。该塔形制为 8 角 13 级，高 50 余米，下三层围筑八角城墙。塔门朝南，设有门亭。塔心中空，可盘旋登高。塔身主体用砖石叠砌，塔檐皆为砖雕仿木结构，琉璃施檐，飞角上悬以铜铃。塔身各面又仿宋塔建了许多佛龛，局部施用琉璃装饰，使古塔更加华丽辉煌，流光溢彩，故名“琉璃塔”。其所用琉璃制品皆为著名的琉璃世家阳城乔氏所造。这座琉璃塔，被建筑专家赞誉为“国之珍宝”“上党明塔之冠”。此塔始建于明嘉靖四十四年（1565），工竣于隆庆二年（1568），共耗银

海会寺双塔

4000 两，全部由李思孝所捐。

海会寺双塔的修建，是李思孝当时最感满意的手笔，因此他自号为“双塔主人”。

同时，李思孝又在海会寺修建功德院，创佛殿 20 间，共花费 2000 多两银子。在诸佛殿皆塑以金身，并印佛教经典近万卷。当人们夸他轻财仗义时，李思孝说：“我是商人，施出不长时间，就会有加倍的回报。”时任户部右侍郎的阳城白巷里人王国光在《龙泉寺重修宝塔佛殿记》一文中，记下了李思孝的功德，使其 400 多年来，不至泯灭。

李思孝又在海会寺创办书院，为李家子弟及周边乡亲创造了良好的学习条件。明代吏部尚书王国光、南京吏部尚书张慎言、清代刑部尚书白胤谦等入仕前均曾在此读书。海会书院与白岩书院成为当时阳城最著名的书院。

明代阳城县与李思孝同样以尚义好善出名的，无过于郭峪村人王重新。

王重新（1593—1656），字焕宇，号碧山，出身于商人家庭。其父王海，号宏川，曾贸易于河南、河北各地，好善乐施。王重新7岁时，父亲不幸去世。年幼的他不得不担起生活的重担。14岁时即继承父业，行盐于长芦、天津之间。同行、同乡甚至同族人视其弱小可欺，总是想着法子侵吞王家的财产。王重新沉着应对，屡出奇谋，不仅在商界站稳了脚跟，而且生意越做越大。王重新注重总结商业经营的成败得失，撰写《货殖则训》，用于指导其商业经营活动。不数年间，成为远近闻名的富商巨贾。可惜这一经商文献早已失传。今有清代泽州商人手抄本《经商秘籍》传世，乃经营杂货之指南。

王重新富甲一方，生活却很俭朴。腿有残疾，行走不便，却从不坐轿。然而，对于扶危济困和公益事业从来毫不吝惜。平时乡里“死不能棺者，病不能医者，嫁娶不能具礼，赋税不能如期者”，都会热心资助。

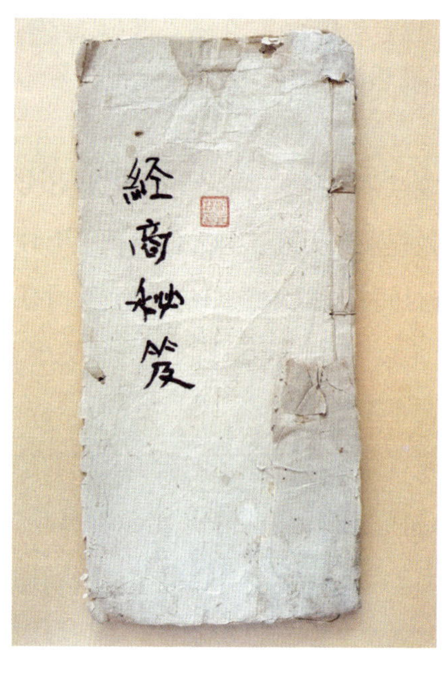

泽州商人手抄本《经商秘笈》

从郭峪村到阳城县城，经过沁河需要靠木船摆渡，但一到雨季，河水暴涨，渡船就要停摆；冬季河水结冰，也不能摆渡。王重新出银3800两，在附近修建了一座石桥，从而大大方便了行旅。郭峪村东的于家山宝泉寺，是王重新的父亲出钱兴建的，王重新又用2100两银子进行重修。郭峪村及其附近许多公共设施都是王重新捐资或带头捐资修建的。有文字可考者，王重新为当地公益事业捐出的银两达38000

两之多。

明崇祯四年（1631），陕西农民军进入山西，来到泽州。郭峪为明清阳城商业重镇，由此也成为农民军抢掠的重点对象。郭峪一位家居的乡宦被农民军所执，王重新拿出 15000 两银子将其赎回。从崇祯五年（1632）七月到次年四月，短短 9 个月时间里，农民军先后 5 次攻打郭峪，使乡民损失惨重。数千人家受害，被杀伤、烧死、缢梁、投井、饿死者计有千余人。在曾任顺天巡抚的张鹏云的建议下，郭峪村开始修建城墙。王重新一次出资 7000 两白银，并亲自组织施工。从崇祯八年（1635）正月开工，到同年十月竣工，不到一年时间，郭峪城拔地而起。新筑的城墙平均高度为 12 米，周长 1400 米，城堞 450 个，城楼 13 座。全城共开有 3 个城门，2 个水门。城墙上建有 6 个角楼，用于防御。从此，郭峪村在乱世之下有了坚城固堡作保障。

崇祯十二年（1639），阳城县突发旱蝗灾害，谷子、大豆等农作物被食殆尽。第二年春天又发生霜冻，菜苗皆被冻死。米价贵至三千五百文一

郭峪堡

石。榆皮、桑叶皆被刮食，人相食的情况亦有耳闻，其灾害之沉重为千百年来所未有。在此情况下，王重新不仅煮粥施予贫民，救活众多百姓，而且又于崇祯十三年（1640）正月十五日，出资在村中修建“豫楼”，取“豫则安，不豫则殆”之意，以雇工的方式，使数百饥民得以存活。所建豫楼楼长 15 米、宽 7.5 米、高 30 米，共 7 层。第一层为暗层，内置有石碾、石磨、水井等，另有暗道可通城外。登上楼顶，方圆数里一目在望。豫楼与郭峪城互相配合，相互呼应，不仅进一步强化了郭峪堡的防御功能，而且成为郭峪的标志性建筑。

清初刑部尚书白胤谦称赞王重新为“布衣之望”，大学士陈廷敬称之为“布衣鼎富”。

四、陈昌期泽州焚券　卫其杰沧州助赈

每逢大的自然灾害，晋城商人总是竭尽全力，赈济救灾。无论是在本土，还是在他乡。

“古道何能遘，高风尚在今。痌瘝原素念，桑柞况关心。尽饱仁人粟，争传义士吟。贞珉书不朽，遍满太行阴。”清刑部尚书魏象枢所写的《陈太翁出家谷赈饥乡里德之赋呈说岩先生》这首诗，就是赞扬清文渊阁大学士、吏部尚书陈廷敬的父亲陈昌期，拿出自家谷子救济灾民之善行。

陈昌期（1608—1692），字大来，晚号鱼山老人，明末清初阳城县人。有心计，善经营，累资巨万。钱粮借贷等生意遍布泽州城乡。他富而仁义，广布善德，凡是当地人因贫困不能完婚、不能殓葬，或因受灾、得病，或需钱种地、修房盖屋，或打官司，或拖欠钱粮，无不向陈府借贷钱粮，以解燃眉之急。陈昌期不论能还与否，全部借给。有的延至数十年，并不进行讨要。时间长了，就积累了许多的债券。尤其是清康熙

二十七年（1688），泽州遭受灾荒，许多困难家庭在陈家借得钱粮，得以度过灾年，活人无算。第二年，粮食丰收，各家各户都拉着车、挑着担来还粮，陈昌期却不收，并将历年来乡亲们借贷之债券，不问时间长短，不论数量多寡，尽数焚毁，不再要求偿还。这些债券涉及成百上千个家庭，折合数十万两银子。乡人赵嗣彦撰写《皇清诰封吏部尚书陈太翁焚卷蠲逋广施仁德碑记》记下了此善行。清康熙《泽州志》亦载："焚券负钜万无算。"某人一家父子兄弟七人，皆因陈家施予的粮食得以存活，因心存感激，在家中为陈昌期设立长生牌位，天天烧香磕头，为恩人祈求福寿双全。

乡人欲将陈昌期的功德上报朝廷，陈昌期急忙止之。但众意不可挽回，山西巡抚咨文上达礼部。昌期忙派人昼夜驰往京师，命陈廷敬速阻止此事。陈廷敬遵父命具牒于礼部，方停止上奏。京城官员知此事者纷纷吟诗作文。比如，姜宸英撰《陈太公赠荒焚券记》、杨名时撰《陈太公蠲逋乡人记》、徐元文撰《泽州陈太公捐逋惠民记》、徐乾学撰《陈太公蠲逋惠民记》、赵士麟撰《封吏部尚书陈太翁捐赈序》、王熙撰《泽州陈太公蠲逋惠民碑》。

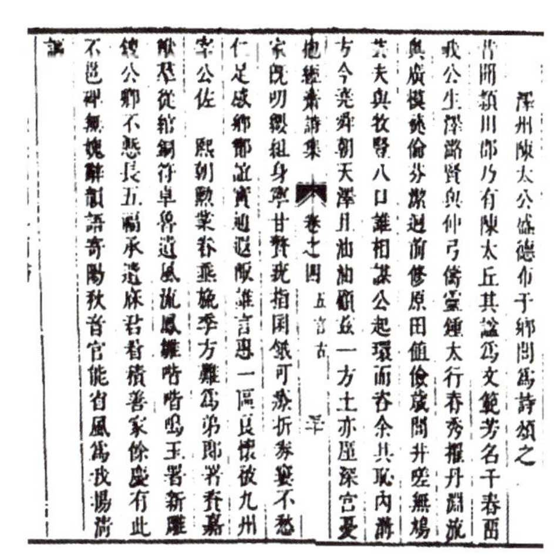
澤州陳太公盛德布于鄉閭爲詩頌之
昔聞潁川郡乃有陳太丘其謚爲文範芳名千春畱
我公生澤潞賢與仲弓儔靈鍾太行秀擢丹[illegible]流
[illegible]原田値儉歲閭井嗟無[illegible]
[illegible]夫與牧豎八口難相謀公起環而咨余其恥內溝
方今堯舜朝天澤且油油顧茲一方土亦廑深宮憂
抱經齋詩集　卷之四　五言古
家既叨纓組身寧甘贅疣指困餓可蘇折券[illegible]不愁
仁足感鄉郡[illegible]一區良懷被九州
[illegible]公佐　熙朝勳業[illegible]
[illegible]
[illegible]公卿不[illegible]長五[illegible]承遺[illegible]積善家餘慶有此
[illegible]

徐嘉炎诗《泽州陈太公盛德布于乡闾为诗颂之》

时任日讲起居注官的浙江秀水（今嘉兴）人徐嘉炎作诗《泽州陈太公盛德布于乡闾为诗颂之》云："昔闻颍川郡，乃有陈太丘。其谥为文范，芳名千春留。我公生泽潞，贤与仲弓俦。"将陈昌期比作东汉名臣陈寔。诗中又云："顾兹一方土，亦廑深宫忧。家既叨缨组，身宁甘赘疣。指困饿可疗，折券窭不愁。仁足感乡鄰，谊实通遐陬。谁言惠一区，良怀被九州。”认为陈昌期的善行不仅惠及一方，而且影响到全国。

翰林院庶吉士、编修尤珍撰《陈氏世德歌》云：“君不见，泽州城中十万户，输粟如云入官府。无何复过尚书里，牛车担负塞门庑。云是昔季值大无，寸田尺地尽荒土。啼饥号寒不自保，虽欲称贷莫为主。一朝太翁指囷藏，闾里欢呼竞携取。饥者得食寒者衣，辟若婴孩获哺乳。幸免无季今有季，我黍我稷聊偿补。太翁一笑麾之去，父老何为自烦苦。当日绝无望报心，区区小惠曷足数。急归尔担返尔车，券若存邪畀一炬。众人环视拜且泣，感德衔恩沁肺腑。不辞奔走吁上官，将疏舆情达当宁。维时先生位冢卿，久为苍生布云雨。太翁遗书令谕止，力寝封章遂中阻。白头老叟叹且言，陈氏世德我亲睹。胜国兵荒被寇日，团结乡勇筑城坞。渠魁诱胁誓不降，保聚千人悉安堵。今兹发粟活万人，救灾恤患德施普……”诗中不仅生动、详尽记述了陈昌期发粟活人的善行，而且一并讲述了另外两件义举。一是在明末陕西农民军攻掠阳城，乡民惊慌无措。明崇祯五年（1632），陈昌期与兄陈昌言等罄家所有，修筑了高达30多米，共七层的河山楼，农民军至此久攻不下，不仅陈家自身得以保全，而且保护了村邻约千人的性命。陈昌言和陈昌期分别在《斗筑居记》和《槐云世荫记》中均有记述。二是清顺治五年（1648），大同总兵官姜瓖起兵反清。第二年，其党羽占据了泽州城，以书召陈昌期前去为官。陈昌期不答应，断然撕毁来书。对方即调动兵马，以云梯、大炮攻河山楼，甚至将楼一角炸毁。幸得朝廷大军及时赶来，才得以解围。

后来，这些诗文被辑为一卷，名曰《捐粟惠民录》。

如果说陈昌期焚券之事还是发生在本乡本土的话，卫其杰施粥义举则是在千余里之外的异地他乡。

卫其杰，字卓万，清代泽州大箕人。其父卫正身，字肖菴，因长期在长芦做盐业生意而寄居沧州。清朝建立初期，朝廷命大臣来沧州安抚，有传言说要对沧州进行屠城，州人纷纷逃匿。卫正身不避斧钺，挺身谒见朝廷使者，证实所传为谣言，回头又多方劝谕百姓，使全境迅速恢复了正常的生产生活秩序。康熙十三年（1674），吴三桂叛清，山东提督周卜世奉命平叛，大兵来至河南卫辉，因粮饷不继，驻足不前。卫正身正好路过此地，急忙拿出数千两白银充作军饷，大兵遂欢呼南征。卫其杰跟随父亲经商沧州，也与其父一样，扶危济困，乐于助人。

康熙二十八年（1689），沧州一带大旱，到秋冬时爆发了大饥荒。正在沧州行商的卫其杰，捐出 1 万两银子助赈。邻县的饥民听说此事，也都蜂拥而来。卫其杰在沧州遍设粥棚也顾不过来，又按人头每人给粟一斗让其各自熬粥。并多置棉衣，以救济道途间的寒冻者。因饿死者甚多，大多暴尸野外，卫其杰又置买了许多棺木，安葬死者。这件事惊动了直隶巡抚于成龙。一位外来的商人，当异乡百姓遇到危难时刻能够捐出巨资，慷慨救助，使于成龙大受感动，奏闻朝廷，授卫其杰为光禄大夫。

沧州百姓没有忘记卫其杰的恩德，将其入祀沧州忠义祠，世世代代祭祀，事载天津、沧州、泽州、凤台等府县志。

卫其杰的 3 个儿子卫璪、卫璠、卫瑛，均厕身政界，帮危困，济贫民，政绩颇丰。

却说大箕卫氏，除了卫正身、卫其杰一支寄居沧州外，还有卫正礼一支长期活动于四川，卫正心一支留守在原籍泽州，都是当时有名的商人。

卫正心，字翼中，清初，授陕西中军守备。时间不长，辞官返乡，不复仕进。他设置义仓，救济贫困，修建庙宇、寨堡，做了许多的善事。而最为突出是修桥梁、建书院两件善举。

大箕处于晋豫古道上，是万里茶路所经之地。但由于大箕河所阻，行旅每多不便。卫正心投入巨资，在大箕河上新建一座石桥。清康熙十一年（1672）九月开工，次年六月告竣，取名迎旭桥。为单跨 19.5 米圆弧实腹式石拱桥，高 9.5 米，桥面宽 4.9 米，桥面用整齐的青石铺砌。迎旭桥成

大箕迎旭桥

为连接上党盆地和豫北平原的重要桥梁。从创建至今有 300 多年，虽经风雨，桥的主体完好，仍安然屹立于大箕河上。

为培养造就本乡人才，卫正心投入巨资，于大箕村东修建文华书院，成为清代泽州最著名的民办书院之一，为当地培养了大批人才。乾隆年间，凤台县诗人李锡麟曾于此设教，后考中举人。大箕江匠人王士桓，曾在此就读，考中进士。多年后，王士桓还不能忘怀文华书院对自己的培养，作诗《忆文华书院》："……烟火茂密近千家，中有巨族夙蜚声。好行其德及闾里，桥梁道路烦经营。遗意亦即本乡校，规模宏整费非轻。不惜己赀相倡导，与人为善有同情。曾延耆宿主讲席，曾邀贤牧同欢赓。一时人文遂奋兴，斯乡科第颇峥嵘。惜余小子生也晚，未获追随徒心倾。两番肄业将三载，良师益友共迈征。春弦夏诵勤讲习，芜材亦得心开明……"诗中对卫正心创建文华书院、修建桥梁道路的善行，给予了高度赞扬，并且回顾了自己在书院学习的美好时光。

卫正心的儿子卫汉超，字定远。康熙九年（1670）武进士。卫正心、卫汉超父子二子酷爱山水，曾建友山园一区，四围皆山，引水凿石，名花奇树与岩廊幽径，相为掩映，四方来游者众多。泽州知州陶自悦作诗《题卫君定远友山园》，卫其杰仲子卫璠有诗《友山园》，河南柘城朱阳书院创立者窦克勤有诗《游友山园作》，泽州知府朱樟有诗《友山园玉兰盛开同年卫恕堂索咏因赋长句》。

卫正心之孙卫枢、卫楷，均秉承乃祖好义乐善家风。卫枢，任江南和州（治所在今安徽省和县）知州。居官以善政闻，一生仁而好施，乡人多被周恤过。卫楷，字鲁林。康熙三十八年己卯科（1699）副榜，候补主事，居乡多义行。康熙六十年（1721），山陕大饥，流民遍野。卫楷出资 3000 两佐赈恤。雍正元年（1723），泽州遭遇大灾，粮价飞涨，民多乏食。卫楷从河南源源不断运来粮食，在本地平粜，自四月至七月，往来流转，救济贫民，赖以全活者无算。

晋城商人赈灾济民的类似事例可以举出很多。比如晋城商人蔡玉珍蒙城设厂施粥的事迹，就曾载入史册。

蔡玉珍（1886—1967），字荆山，山西凤台县人。年纪轻轻就出外谋生，来到安徽蒙城做生意。经商日久，积有余资。他发现这里的造酒业几乎是一个空白，于是在清宣统元年（1909），在县城西门里开设了勇源公糟坊，雇工 10 名，年产大曲酒约 20000 斤。是蒙城县开设较早、规模较大的酒厂之一。淮河流域的人喜欢饮酒，尤其喜欢这种用高粱酿制的白酒，酒劲大。蔡玉珍生产的大曲酒很受欢迎，远销合肥、芜湖、南京各地。

蒙城县为安徽省级历史文化名城。传说为战国时期著名思想家、道家思想的创始人之一庄周的故里。涡河从县域中部斜贯而过，水资源丰富，但也常带来水患。清光绪三十二年（1906）夏，大水，淹没庄稼。第二年，蒙城歉收，百姓生活困难，蔡玉珍带头设立粥厂，救济灾民。

宣统二年（1910）元月二十七至二十九日，昼夜大风雨不止，蒙城平地水深数尺，深者丈余。环城廓庐舍牲畜漂没，麦禾皆无，人民逃亡无数。蔡玉珍再次设立粥厂，施粥救民。

1913 年，水灾、旱灾、蝗灾并行。红芋叶、榆树皮食尽，成批灾民沿街倒卧。蔡玉珍见此惨景，倾其所有设大锅数口，煮粥散发，每日两次。同时，每逢初一、十五发给灾民铜钱。许多乡绅富商见他如此慷慨济民，也都纷纷捐钱办赈，救济饥民。城内有火警，蔡玉珍必亲往救之，并雇人担水扑火，不受人谢。事迹入载《蒙城名人史迹》《蒙城民政志（1912—1985）》《蒙城县志》（1994 年）。

五、高应斗施茶珏山顶　王在只修筑太行道

陵川县虽偏僻山区，但古来经商者并不少见。早在唐代，有一个叫张觉（669—748）的人，字德行。他的祖上原是河南南阳郡西崿县人，因其高祖任盖州（今陵川）司马，而定居陵川。张觉不愿为官，学陶朱公经商致富，名声传遍天下。

陵川县商人也多义举。泽州道教名山珏山，丹水环绕。每年三月初三玄帝圣诞，前来朝拜的香客不绝于途。而此时已是春日将尽，暑夏来临，天气渐热，长途跋涉的男女老少，多么盼望着能有一杯茶解渴解乏啊！陵川县商人、珏山信士高应斗、高三乐想到这一层，立刻见诸行动。二人在珏山创建茶厦五间，凿石井一眼，并招慕热心者五人，开始施茶济渴。清顺治十三年（1656）《广结万人缘》碑刻记载了这件善事。这是珏山现存历代碑刻中记载的最早的施茶善行。

从此之后，历代在珏山施茶者不乏其人。记载于碑刻的有清康熙元年（1662）的《煮茶供饮碑记》，清康熙三十四年（1695）《施茶摩崖碑》，乾隆十六年（1751）《捐金修葺茶房碑》，乾隆五十七年《天门神路修造茶楼

珏山双峰

茶棚记》，道光元年（1821）《重修茶亭记》，等等。真可谓：一人行善百人随，一善引出百善来。

康熙三十年（1691），泽州地区遇到历史罕见的特大蝗灾。康熙《泽州志》载："（康熙）二十九年，黑虫食苗，结如茧状，异形不一。""三十年六月，飞蝗蔽日，禾立尽。七月，蝝生。人民死徙，奉诏免租，发粟赈济。""三十一年元日，大风，疫作，死者甚众。"王泰来家族当时的掌舵人王璇，字在只，当铺天盖地的蝗虫飞来，他立即作出决定，由自己出钱，广泛募集人夫捕捉蝗虫，按捕捉的数量付给工钱，用于赈灾。陈廷敬撰《封户部河南司郎中在只王公墓志铭》记载："方是时晋郡县大祲，蝗蝝遍郊野。公归，则出钱数十万缗，募人捕瘗。我先公分口食食饿者，公亦捐糈周给，州人以故不流离。"王泰来家族、陈廷敬家族都主动作为，积极配合官方抗击蝗旱灾害，作出了积极贡献。

为此，陈廷敬感慨万千："呜呼！《周礼》相赒相恤之法行，则天不为灾，而民不困于岁。后世人各自私，于是比闾州党有无死亡，相视如秦越人，莫之省顾。一遇年凶荒，则必仰于官之蠲赈。幸遇长吏贤，不壅于上闻，又幸有仁主在上，除租赋，出金钱，发粟设糜，惟恐不及。而吏之奉行之者，犹有能有不能，民之待泽者，犹有及有不及。则朝廷大恩，其得被于穷檐蔀屋嗷嗷就毙之民者，亦已鲜矣。安得乡有君子，好行其德，如公之自保其乡，庶几犹有《周礼》之遗法乎！”

千百年来，泽州为太行山所阻，沟壑纵横，山大涧深，出行甚难。尤其是与河南省相接的羊肠坂路段，万分凶险，毁辕折马，不绝于途。三国时期，曹操曾发出：“北上太行山，艰哉何巍巍。羊肠坂诘屈，车轮为之摧”的感叹。明代理学家兼道学家文翔凤亦曾感慨：“盐井解州大利权，阻修只恨太行山。”

康熙年间，王璇继承父业，经营食盐，经常往返于京津冀豫，深感太行古道之险，行旅之难，决定竭尽家财，修好太行道。他说：“特无平之者耳，何愁行路难哉？”于是，募集了浩浩荡荡的筑路队伍，修筑太行山道。民间传说，当时参加筑路的有“斗谷人马”，每顿饭要吃掉“石二胡椒”。王璇首先修通了从河南省沁阳市常平乡至山西省泽州县拦车镇这一段，长 40 余里，这是太行古道最为凶险的一段，其中就包括蜿蜒曲折、形似羊肠的“羊肠坂”道。王璇不惜工本，捐金钜万，开凿补砌，使太行道交通得到极大改善，时人赞美“陟羊肠若坦途”。时任高平县令、代理泽州知州的梅建，对王璇极为赞赏，称他为“三晋之望，秦楚齐鲁诸国，首屈一指之伟人也！”。王璇 70 岁时，康熙皇帝还为其赐匾“古稀人瑞”，高度赞扬了这位德高望重、急公好义的长者。

乾隆年间，湖南湘潭诗人、举人张九钺（1721—1803）游太行。在其《下羊肠坂》诗中写道：“羊肠何诘曲，南下亦艰哉。身骇风冲堕，梯悉雪滑催。迅鹰收翼失，啸马惜蹄哀。谁凿千年险，吾思光禄才。”诗中的“光禄”，就是被朝廷封光禄大夫的王璇。

太行古道

王璇又考虑到从泽州城东到高平界牌岭一段，为红胶泥路，狭窄不平，一遇雨雪，泥泞不堪，寸步难行。他想重修，但年事已高，力有不足，于是嘱托长子王廷抡接续完成。康熙四十七年（1708），王璇病逝。王廷抡安葬了父亲王璇，刚准备召集人马动工，完成父亲的遗愿，却不幸染病，不久也病逝。为了完成父兄的夙愿，王廷抡的弟弟王廷扬又挺身而出，他不仅组织人手将险处夷平，窄处拓宽，还花高价买下道路所过之田地，将弯道取直，使这段70余里的险道变为康庄坦途。工程完成之后，有人提出刻碑记下这一不朽功德，却被为人低调、不事张扬的王廷扬制止了。泽州知州佟国珑，从行旅口中得知此事，写下了《秋木王氏城东修路记》一文，文中对此次大规模修路之举作了详细记录。

对于王家修筑太行道一事，清乾隆间高平县令黄有恒所撰《新修石路记》亦有记载："凤邑有王姓者，居太行之巅，富而好义，悯行路之艰，捐金巨万，凿险为夷，自清化以达于高平之界牌岭，石砌鳞次，称康庄

焉。”（乾隆《高平县志·艺文志》）

六、王廷扬急公报国　王公衡治理西湖

王泰来家族富闻海内、义行天下，是泽州或者说晋城商人的典型代表，对于这个家族的善举，有必要用较多的篇幅进行介绍。

这个家族身在商海，未忘忧国。每当国家有需要时，总是积极响应，出资出力。

清朝平定准噶尔之战，是维护国家统一，反对民族分裂，巩固西北边疆的一场大规模战争。从康熙二十七年（1688）正式打响，直到乾隆二十三年（1758）宣告结束，时间长达近 70 年，财力物力消耗之巨，旷古未有。在这场战争中，王泰来家族或捐银助战，或运送粮草。尤其第三代掌门人王廷扬，急国家之急，急朝廷之需，先后两次捐银，达 30 万两之钜。

第一次是在康熙五十八年（1719），王廷扬捐银 20 万两，并亲自带着驮队运粮运草，千里迢迢，历尽艰苦，送至西北前线甘肃。《泽州府志·王廷扬传》记载：“己亥往效西陲，忠义夙成，绝忘劳苦，兼程转饷，协助储胥。”雍正《山西通志·王廷扬传》记载了具体捐运粮草的数量：“运豆三千五百石，草三十万。”清代《永宪录》亦记载，王廷扬“曾助饷二十万，自运军前”。

第二次是雍正元年（1723），雍正《山西通志·王廷扬传》记载：“廷扬在长芦捐银十万两，佽佐军需。”《永宪录》亦记载：“长芦盐商王太来捐银十万两。”这里的王太来，就是王廷扬。

清乾隆年间，平定四川大小金川叛乱，是维护西南边疆稳定的两次大规模战役。两场战役历时七年，朝廷共投入近 60 万兵马，花费白银 7000

平定伊犁回部战图

万两，消耗巨大。乾隆十三年（1748），王泰来家族第四代经营者王镗、王镠兄弟二人，响应朝廷号召，同出家财，鼎力助战。其中，王镗捐银15万两，王镠捐银10万两。

因前线军粮保障无序，朝廷急令王镗，与介休范家之范清注，分别承运。王镗认运党坝军营（今四川省阿坝藏族羌族自治州马尔康市党坝乡），范清注认运卡撒军营（今四川省阿坝藏族羌族自治州金川县卡撒乡）。二人各认运75000石。此时，王镗突然接到了母亲逝世的噩耗，不得不返程奔丧，但他以国家民族大义为重，匆匆回家，“一恸而去”，快马加鞭赶赴前线。

两场战争，三次捐资。王泰来家族总计捐出白银55万两。而且两次直接运粮运草至前线。清政府对此给予了很高的赞扬和嘉勉。

雍正初年，风光绮丽的杭州西湖一度淤泥遍地，满目荒草，河道堵塞，孤舟难行。雍正皇帝“特命开浚”，工程概算共需用银42740余两。这时王廷扬的侄子王钧（字公衡，号雪峰）刚好前来浙江任盐驿水利道，一心想着报效朝廷，立即表示情愿照预算所估之数，捐银完成清浚西湖工程。他说：“本道世受国恩，忝登仕籍，高天厚地未能矢报涓埃。今情愿照所估之数，勉捐己资，以竣公务。仰副圣主眷念浙土利便民生至意。”

王钧作为总指挥，亲自主持和领导了西湖治理工程。他将西湖开浚工程通盘考虑，制订了一份详细的《开浚西湖事宜条约》。这份条约考虑十分周详，并且公开颁布，严格督察，从而保证了整个西湖治理工程的顺利实施。

这次疏浚是整个清代对西湖最大规模的一次治理。疏浚工程经历了2年时间，耗费银子37600多两，组织万余人，挖淤浅滩3100多亩，将外湖、里湖的淤浅、葑滩之处，全部挖深、开浚，湖深至少挖到三四尺，一般达到了五六尺。疏浚面积达西湖总面积的36%，使西湖面积扩大了许多。

西湖夜色

经过艰苦的治理，淤泥清除了，河道疏通了，周围荒芜的土地又变成了良田，西湖重新焕发出自己美丽无比的容颜。使舟楫复行、水利复兴。“湖面澄泓，练如镜如，群峰鳞鳞，倒影在下，渔舠蓴艇，纵恣所如。郡人来游者，咸快旧观之顿还，旱干之有赖。”雍正五年，王钧撰《开浚西湖碑记》，立石于西湖湖心亭。

由于王钧等人的精心筹划、精打细算，治理西湖所用资金比原估算“节省银五千一百一十三两零”，“实用过银三万七千六百二十九两零”。但是，开浚工程虽完，而淤泥葑草时常生长在所不免。于是王钧又用剩余的资金，“置买田亩交地方官，将每年所收花息，为不时疏浚岁修之费。”共买田产两处，价银四千九百九十九两九钱八分五厘四毫。

王钧作为浙江盐驿道，在清浚西湖工程上既出钱又出力，殚心竭虑进行疏浚，工程完成得十分圆满。浙江总督李卫称赞王钧“详于治事”“其人可书”“其事可书”。乾隆年间官至吏部尚书的汪由敦，曾写诗赞曰：“使君胜迹满明湖，疑是前身玉局苏。”将王钧比作曾任杭州知府，浚西湖、筑苏堤的苏东坡。翰林院编修钱陈群诗赞：“即今保障安澜日，父老江头说水犀。”又将王钧与五代时吴越王钱镠治杭州时的盛况比美。

但在当初还曾发生了一件乌龙事件。当王钧提出由自己独资清浚西湖时，雍正皇帝误把他当成了王钧的前任马钟华，下旨说：“着他捐，将旨意发与他。他就不捐，朕亦不肯轻放过他。”“因他做官无甚狼藉处，所以容留他，教他替国家出些力消灾好了。”后来，当雍正皇帝明白错怪人时，再次下旨：“岂有此理，朕大错了！忽略之极。王钧做官声名好得很。”“做得铮铮有名。”“朕只当马钟华。忘记、错认名字。大笑话。”“朕不惜过，但恐过而不能改也。可愧，可愧。此捐之项，再再不必提起。几乎成个大笑话。”当吏部提出应给王钧记功“准加二级”时，雍正皇帝特旨：“王钧着加四级”。

雍正皇帝十分重视农业生产，畿辅营田是其一项重要决策。为了实施水利营田，雍正还选拔了一批负责水利营田的官员，建立了一套水利营田的机构，实行了严格的奖惩制度。雍正九年（1731）三月，王钧奉旨，从浙江盐驿道任，“着调来京，以三品京堂管理水利钱粮。”当年九月，又“奉旨兼营田观察使副使”。“命于丰润、霸州等处营田一百顷，为民倡率。”

王钧没有辜负雍正皇帝的期望，他于雍正十年（1732）、雍正十一年两年时间内，即完成营田 100 顷的任务。

王钧先在河北丰润县完成营治稻田五十顷，其地在王兰庄、菱角泊、三家淀等处。《畿辅通志》载：“丰润县：雍正十年，县治正南王兰庄、车道铺、望林泊、老潭等处营治稻田共一百一十九顷七十八亩。又王兰庄、菱角泊、三家淀等处，营田副使光禄寺卿王钧，建闸筑围营治稻田共五十顷。”《丰润县志》亦载：“王兰庄有营田两处，南围菱角泊水田共地捌顷伍拾壹亩壹，布种稻谷，北围三角淀旱田共地叁拾玖顷肆拾玖亩，布种杂粮。此项营田系工部侍郎王钧捐置。”

接着王钧又在河北霸州完成营治稻田 50 顷，其地在十间房、平口等村。《畿辅通志》载：“霸州：雍正十一年，州治东南台山村小圈内，营治稻田十顷。又十间房、平口等村，营田观察副使光禄寺卿王钧，建闸筑围营治稻田共五十顷。”

乾隆元年（1736），王钧将其在霸州、丰润二处营田充公，并指明粮租收入或用于书院士子膏火之资，或充作普济堂、育婴堂等用。王钧所请得到乾隆皇帝的批准，从中可见王钧对社会弱势群体的深切关怀。

王钧还引种了一种优良稻种，因米粒呈椭圆形，粉红色，米粒顺纹带有紫红色的米线，故称胭脂稻，稻米为胭脂米。1988 年，天津科学技术出版社出版的《唐山市科学技术志》记载，唐山境内的胭脂稻，就是由王钧引入王兰庄种植的。胭脂米曾被曹雪芹写入《红楼梦》中，称为“御田胭脂米”。

七、董继先重修亳州山陕会馆　薛鸣皋新建北京泽郡试馆

清代泽州泊村董氏为当地巨族，族人董继先贸易安徽亳州，富而乐施，被称为清代“亳州晋商八大家”之一。

2013年9月22日，中国亳州网发表王新民文章《亳州的晋商八大家》。文章中说：“清初、清中期来亳州经商的山西人——晋商八大家，即：王、郑、陈、董，汪、范、苏、熊。”并说，“晋人董继先的药材生意字号‘全兴号’”。

该文中所说的董继先，即为泽州高都镇泊村人，字绍宗，号敬亭主人。能文善诗，擅长书法，是一位儒商。他父亲名叫董全兴，以姓名作商业字号，即为“全兴号”。现存于泊村关帝庙的一块大清乾隆二年（1737）五月十三日所立《捐资姓氏碑》中，即明确记有“亳州：义顺店、万发店、全兴新店、广盛店、全兴老店，以上五店银壹百三两七钱”。从中可见，乾隆初年，全兴号已发展为全兴老店、全兴新店。

亳州是汉代著名医学家华佗的故乡，中药材的发展和经营历史悠久，有“芍药之乡”“中华药都”之称，是闻名全国的中药材集散地。明末战乱之后，随着清王朝政权和社会的稳定，大批山西商人络绎而来亳州经营药材，董氏家族就是其中之一。

董继先的父祖们在亳州开创了一番事业，站稳了脚跟。而董继先则后来居上，成为泊村来亳经商的商人中最有代表性的一个。董继先是如何经营的，限于资料，并不清楚，但他在亳州建立了两座丰碑，奠定了其商界地位。

一是捐资修建亳州白衣律院。白衣律院又名白衣庵，因供奉白衣大士观世音而得名，为中国四大律院之一。据亳州相关文史资料记载，白衣庵

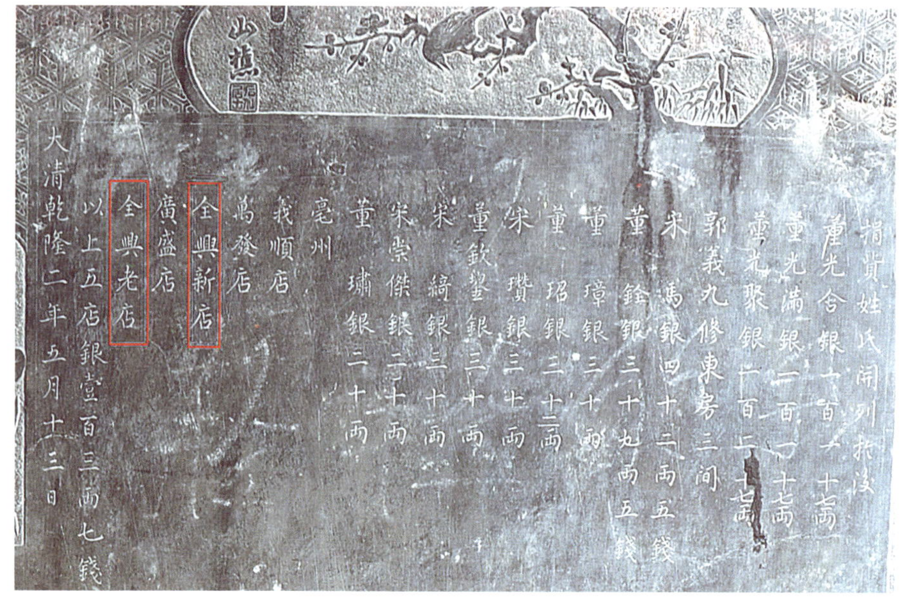

泊村关帝庙捐资碑记载的“全兴新店”与“全兴老店”

始建于顺治年间，最初仅有一间茅草庵。康熙年间，华山僧人秒湛创建了大雄宝殿。乾隆初期，盲僧德升朝拜五台山时，云游到亳州，立志创建江北特大寺院，经数十年的化缘，购置建庙所需的大量物料。正在准备开工之时，德升和尚却涅槃了。乾隆二十五年（1760），在亳州做药材生意的董继先，偶游白衣庵，见殿堂菩萨以及堆积如山的建筑材料，似曾相识，恍然大彻大悟，悟出自己是德升和尚转世，不禁悲从中来，伏地痛哭。回家询问父母，果然应验了自己出生时就会说话，能述说前因。于是，“独捐千金，建成环殿经阁、藏经楼、厢房一百余间，山门内还修了四大金刚，院中建了太湖石，置假山，种花木，广植牡丹数十种，寺院内外松篁交翠，掩映红墙绿瓦，晨钟暮鼓，令人有出世之感。”（任晓民著《亳州：名城名胜》）

至此，白衣律院才形成规模宏大的佛教寺院。为了纪念盲僧德升和药商董继先，白衣律院所修山门一反常规，面向西北，对着山西方向。清末进士郭则沄所著《洞灵小志》，专记各类奇闻异事，其中有《白衣庵僧》一则，所述即为董继先与白衣庵的故事。

二是捐资重修亳州大关帝庙，即山陕会馆。亳州为古代名城，有“中州门户，徐兖咽喉”之称。明清时期，商贾云集，经济繁荣，被称为“小南京”。曾建有30余座商业会馆，其中山陕会馆是其中最巍峨宏敞的一座，并以其中“花戏楼”的壮观辉煌而受人注目。

据清乾隆三十八年（1773）《重修大关帝庙》碑记：“亳州北城之大关帝庙建于国朝顺治十三年（1656），首事为王璧、朱孔领，两人皆系籍西陲而行贾于亳，连袂偕来，指不胜屈，亟谋设会馆以为盍簪之地，仰承高义，俎豆荐馨，爰创斯举。嗣后一修于康熙二年（1663），则郭九皋、张玉起、王桂也。再修于康熙三十三年（1694），则梁臣，张玉鼎、陆德凤也。又修于康熙五十二年（1713），则李天福、梁尔禄、余文祯也。荏苒以来四十余载，木朽砖颓，渐就剥落。乾隆十九年（1754），曾有梁季贤、刘汉裔等劝募兴修，规模粗就，因资粮不及半途中止。迨至乾隆三十一年（1766），善士郭秉纶明经倡首劝募，得全兴号董君继先独力捐资，重建大殿，并塑金容。僧寮客座，次第增设。左侧以财神殿附焉，约糜金钱千有余两。壮丽恢宏，美哉轮奂矣。”

从碑文可以看出，亳州山陕会馆始建于清顺治十三年（1656），此后又数次重修。乾隆三十一年（1766），董继先独力捐资“千有余两”，不仅重建了关帝庙大殿，重塑金身，而且增修了僧舍、客房，财神殿等，使山陕会馆“壮丽恢宏，美哉轮奂”。

董继先后捐资独立修建白衣律院和重修山陕会馆，显示了泽州商人的担当和作为，董继先和他的全兴号成为山西药材商帮的一面旗帜。

董继先在家乡泽州也多善举。珏山是中国北方赏月名山，“珏山吐月”为“泽州古八景”之一。青莲寺曾为著名的隋唐佛都，现为全国重点文物保护单位，还被命名为“古建艺术博物馆”。两处古迹胜地，隔丹河相依相望。董继先家族在此结下了不解之缘，多次捐资修复古迹。

乾隆二十年，董继先曾为珏山过月亭榜书题匾“双峰捧月”。在珏山留有董继先等 18 人题可遇亭诗作，董继先诗云：

直作凌云载酒过，春山红树费吟哦。
峥嵘绝壁开新路，滑笏水声澄白波。
麈尾横斜寻法侣，茶杯香暖遇天和。
山花山鸟皆亲熟，添个茅庵不厌多。

诗中的“添个茅庵不厌多”，即表明董继先有在此胜境捐资助修之意。

乾隆十九年（1754），董继先捐银 500 两，补修珏山西顶，使之规模一新。

乾隆二十二年（1757），董继先捐银 50 两，重修珏山双峰之间的步月亭。他在《重修步月亭碑记》中写道：“尝闻，太行奇观多在名寺，刹林胜迹首数青莲。而青莲之秀耸奇拔，莫过于步月亭。”

青莲寺休心堂为一处幽静胜地，慈氏阁为一处尊严胜境，但均因历年既久，风雨倾圮。董继先各捐银 100 两和 200 两，赞襄修葺事宜。

这四处古迹的修建，董继先共计捐资 850 两。除了珏山、青莲寺，董继先在泽州其他地方也多施予。比如，乾隆二十一年（1756），巴公镇西四义村普觉寺补修中央大殿，入寺瞻谒的董继先即施银 40 两助缘。

董继先书“双峰捧月”

董继先去世后，其后辈子孙不仅继承了他的商业事业，同时也承袭了他好善的品德。

乾隆四十一年（1776）初冬，董继先长孙董健亨（健亨为其字）来到青莲寺，问及方丈珏山殿宇情况，长老告之：玄帝殿与灵官殿，以及香亭等都因风雨飘摇，鸟鼠穿毁。董健亨不禁感叹，仅仅20余年时间，自己祖父修建之功竟毁至此。于是他捐银300两，以继祖父之功德。

乾隆四十八年（1783），董健亨又施银150两，重修青莲寺大雄宝殿，使之焕然可观。

道光四年（1824），董继先之裔孙董延庆，继承祖志，又捐银200两，重修珏山西峰元帝及诸神祠。

从乾隆十九年（1754）到道光四年，70年间，董继先祖孙数代，先后捐资修建珏山与青莲寺，有碑记可查的捐资达1500两之多，可谓功德无量。因此，泽州曾有"珏山苍苍，丹水泱泱，董公之德，山高水长"之颂。

薛鸣皋（1804—1859），字鹤亭，号桂洲，陵川县人。清道光十二年（1832）进士。历任吏部文选司主事、福建道监察御史。薛鸣皋从小过继于本族中一个富有的商人家庭。继祖父薛克勤凭借家中优越条件，读书中过秀才。继父薛清卫在乡中多行善举，被推举为乡饮介宾。薛鸣皋继承了父辈乐善好义的品行。在京为官时，看到各地在京城大都建有会馆，而泽州府却没有，心中感到十分遗憾。于是，捐资2000两，修建泽郡会馆。《陵川县志》记载："（薛鸣皋）捐二千金置泽郡会馆于京师，返里修广惠仓，利赖甚众。"

薛鸣皋捐建的泽郡会馆，又称泽州郡馆、泽州会馆，或泽郡试馆，地址在北京崇文门外四条胡同。住会馆不花房钱，为来京考试的学子，或来京泽州官员、商人提供了极大便利。清末，晋城文化名人郭象升在北京当七品京官时，就曾住在泽州会馆。他在《高平祁氏先世遗迹及见录》序文中言及:“宣统庚戌辛亥间，余为学部小京官，衣言候补天津盐大使，同寓京师泽郡试馆。”其中提到的“衣言”，名祁绍曾，是高平孝义村人、两广总督祁埙之玄孙。

1937 年，晋城早期共产党员孔祥祯到北平后，一度因没有找到党组织，生活没有着落，也是落脚于泽州会馆。

八、刘志詹创办慈善医院　陈荣毅破家救回村人

清末民初泽州城内上元巷的刘氏家族，在晋城现代医疗和慈善事业发展上留下了浓墨重彩的一笔。

刘志詹(1878—1925)，字苏佛，一字筱言，号慎旃。光绪四年(1878)出生于杭州。20 岁时选拔贡生。光绪二十九年（1903)，留学于日本东京法政大学。回国后历任山西谘议局筹办处课长、全省自治研究所教务长、山西省教育总会会长。1909 年当选为山西谘议局议员，1913 年选为国会众议院议员。

刘志詹的父亲刘引之，号翌亭，别号浮生子，咸丰元年(1851）举人。出仕前曾主讲于泽州明道书院、高平宗程书院、阳城仰山书院，后任浙江天台、诸暨等县令，政声极佳，祀为名宦。光绪十年（1884）解职归田，重操旧业，主讲于晋城书院，任凤台县高等学校堂长，所授弟子前后千余人。著有《若寄书屋存稿两卷》《国朝诗人征略》《四书正解》等。刘引之有二子刘志汉和刘志詹。刘志汉经营盐业等实业，刘志詹则进入政界。

刘志詹抱着科学救国的热忱，以利济民生为己任。深为当时医疗落后、人民看病难而着急。我国传统的中医传授，向来以家传或医师带徒弟的方式传授，极其落后。清代晚期始引入西医教育模式。光绪七年(1881)，李鸿章模仿西医教育模式，在天津开办医学馆，后改称北洋医学

堂，是中国第一所官办的西医学校。光绪二十九年（1903），京师大学堂增设医学实业馆，后改为京师专门医学堂，中西医兼习。光绪三十二年（1906），山西巡抚衙门仿照京师设立山西医学堂，开设中、西医两科。但总体上西医教育发展仍极其缓慢。

有感于此，刘志詹将科学救国的着力点放在医学教育上。1916 年，刘志詹首倡集资，在晋城县城关上元巷创办晋城历史上第一所私立专科医学校。学校沿用“医学馆”这一名称，称为“晋城医学馆”。刘志詹任馆长，北京医学专科学校毕业的王佑民任副馆长。这是一家现代意义的医学专业技术学校，学制为 3 年。第一期开设有脉诀、药性、汤头、杂病、英文等课程。1919 年夏，第二期开学后，增设西医课程。聘请军医李持久先生讲授。李持久，大同人，天津新医学校毕业，精通西医，是晋城地区第一个传授现代医学知识的人。开设课程有人体解剖、生理、病理、生化、药理、物理诊断等，使学员们耳目一新。医学馆积极引进西药和现代医用器械，馆内还设有病房和观察处置室。现代医学的引进，极大地提高了疾病的诊治效果，成为晋城医药史上一个划时代的进步。（李方华《上元巷刘氏家族的实业与其对社会的回报》）

医学馆还在省内率先引进并推行新法接产术。当时因晋城没有女性产科大夫，专门礼聘英国修女撒尔慈作为助产师。新法接产避免了产后风、四六风等后遗症，逐渐为更多的人所接受，极大地降低了产妇和新生儿的死亡率。

据梁希鸿、李方华撰《晋城医学馆》一文，医学馆先后举办两期，每期三四十人，培养了晋城首批拥有现代医学知识和技能的中西医医生。其中许多人在医疗卫生领域多有成就。比如第一期：宋慈亭，晋城县西上庄乡部匠人，曾任山西川至医专讲师，冯玉祥部少校军医；司可桢，为焦作煤矿医院知名大夫；樊向卿，为某兵团后方医院中校军医主任。第二期：李文风，晋城县刘家川人，解放前历任晋绥军 416 团、66 师中校军医主任，解放后为晋城县医院防疫股长；张士俊，某部队医官；赵禄章，阳城人，少校军医；李步九，晋城县周村人，继任慈善医院院长、晋城医院院长；梁希鸿，考入山西川至医专，抗战中任第二战区兵站总监处少将军医监，解放后任北京丰台县医院院长，东直门医院内科专家。

1922 年夏季，刘志詹将医学馆改为慈善医院。首任院长刘志詹，后由李步九继任。医院采取以中为主，以西为辅，中西结合方针。设有国医科、西医科、产科、针灸科、药供科，聚集着晋城当时最有名的医生。慈善医院本着慈善公益性质，有效地改善了当地人民特别是贫困群体的医疗卫生条件，为晋城当地广大贫困患者提供了优惠或免费医疗服务。

1925 年，刘志詹逝世，医院由其子刘汉民继续开办。

1938 年，日军侵占晋城，慈善医院被迫关闭。

清末民初，晋城山耳乐村陈氏家族显赫一时，人称出北门第一家。先后经营有染房、盐店等生意。

清宣统元年（1909），族中俊秀陈荣毅考中拔贡，录为京官。民国初年选为山西省参议员。

在清末义和团运动中，山耳东村 30 余位青年参加义和团涉案下狱，为了救回这些青年人，陈荣毅毅然决定将陈家“增盛祥”号资金抽空，以损失数千两白银的代价，救回村里数十个乡亲的性命，而陈家却从此家道中落。

第十章

追慕风雅：显然儒商气象

晋城商人在追逐和积累财富的过程中，也在不断地追慕风雅，充实自身和家族的文化底蕴，孕育了众多文化名人和文化大族。他们有的饱读诗书，胸有丘壑；有的藏书刻书，品位高雅；有的寄情山水，精于吟咏；有的喜好书画，长于翰墨。痴迷收藏，耽于金石古玩者有之；热爱戏曲，办班兴社者有之；雅好园林，兴筑置买者不乏其人。他们作为泽州儒商的代表，对地方的文化繁荣，社会的文明进步，作出了可贵的贡献。

一、高平张承纶藏书枕烟楼

毕竟书痴不是痴，从容捆载独归迟。

风尘何处无知己，请看横刀一笑时。

这首由现当代著名文献学家吴则虞所撰的藏书纪事诗，是对以张承纶为代表的山西藏书家的高度赞赏。

泽州商人中喜欢读书、藏书者众多，如凤台县的王泰来家族、郭象升家族，高平县的祁堉家族等，其中以清代高平县人张承纶最为著名。张承纶，字锡三，又字幼文，号西轩，又号雪北山樵，约生活于清乾隆、嘉庆时期，是清代山西著名的藏书家。他深研经史百家，尤工诗文，藏书极富。家有“枕烟楼”，藏书20余万册。“这在山西历代藏书家中是首屈一指的。”（王开学、李红著《山西藏书史话》）

张家世居高平赤土坡，后迁居永宁寨。永宁寨位于高平市河西镇东南部，东邻陵川县，北、西、南均处在泽州境域包围之中，是高平的一块“飞地”。

张承纶的曾祖张锦（字还之）、祖父张宗尧（字君阳）都从事商业经营，据说生意遍豫皖鲁鄂苏浙等地，积累了大量财富，因此张家有“张百万”之称。张承纶的伯父张敬生（字振南），父亲张瑞生（字靖南），兄弟二人均在乾隆大小金川之战时捐资助饷，被朝廷议叙官职。

到了张承纶这一代，先人的生意仍然在持续。堂兄张承文（1714—1788），字化远，继父志，善于经商理财。

张承纶的父亲张瑞生虽是武生，却喜藏书读书，架上积有数万卷。张承纶更是嗜书如命，父亲的藏书不能满足他的猎奇心和求知欲，丰厚的家资支持了他的购书所需。对于前代有著录而没有见过的书，他要么去询问世家旧族，要么到书坊中去寻找，对于前代版本的书更是特别喜爱和重视。至于本朝下令修订的书籍，更是样样齐全。凡是近来新刻的善本书，只要见到，没有不收藏的。一时之间，附近的书商都知道他有买书的爱好，竞相到各地寻书，以谋求高价卖给他。“于是张氏载籍之富，遂为郡邑之冠。”（司昌龄《枕烟楼藏书记》）

为了妥善保存这些藏书，张承纶专门修建了枕烟楼作为其藏书之所，此外还修有花薰阁也是其藏书之地。

高平文化名人司昌龄一辈子没有其他爱好，独喜读书，但却无钱购书，所以经常来张家看书。他在《枕烟楼藏书记》一文中详细讲述了张承纶藏书之事：“巨细均收，新旧毕采。先之以经，次之以史，又次之以子、以集，随其部分，秩然有条，方取多而未止。其庋阁者，约以二十余万卷，而复出与抄本不在列。”

枕烟楼藏书中有许多的珍稀善本，其中之一即为乾隆御制《三希堂法帖》。清乾隆初年，高宗弘历搜集到王羲之《快雪时晴帖》、王献之《中秋帖》和王珣《伯远帖》三件书法珍品，甚喜之，自谓“三希”，藏于故宫养心殿西暖阁，题室名为“三希堂”。清乾隆十二年（1747），乾隆皇帝以内府所藏魏晋至明历代名人真迹，择其精要，镌刻而成《御制三希堂石渠宝笈法帖》，后简称《三希堂法帖》。共收录魏、晋、隋、唐、五代、宋、金、元、明 135 位书法家的 340 件作品。这部《三希

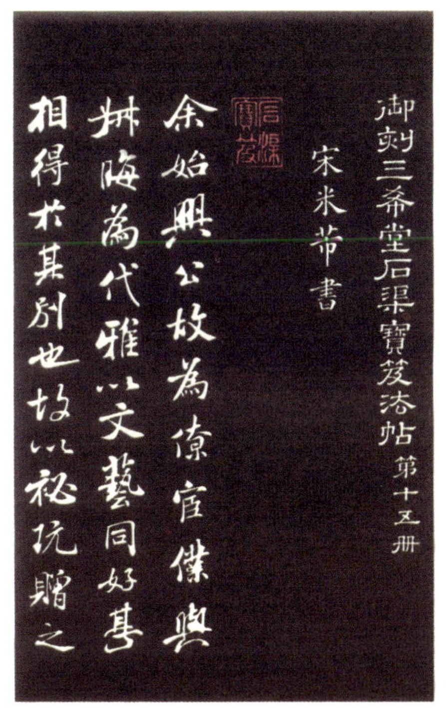

《御制三希堂石渠宝笈法帖》局部

堂法帖》1套32册，用桃花纸、御制墨，墨黑如漆，光亮可鉴，制作极其精良。制成后，仅拓裱赐予朝中大臣，流传极少。张承纶所收藏者，盖有张承纶的三方收藏印，分别是："高平张氏""承纶字幼文号西轩别号雪北山樵之印""枕烟楼书画印"。后来这套珍贵的古籍辗转为山西祁县渠氏所得，盖有"若虚斋藏""昭余渠氏珍藏"印记。

张家衰落后，所藏书籍流散于全国各地，甚至流失国外。明代文学家沈士龙、胡震亨所辑巨著《秘册汇函》现藏日本。明崇祯间毛晋汲古阁《津逮秘书》刻本，欧阳修撰《六一题跋》，藏首都图书馆，钤有"幼文别字西轩""张承纶印""高平张氏承纶家藏善本"印。天津图书馆藏有盖有"高平张氏承纶家藏善本""雪北山樵"印章的《柳河东诗集》《韦苏州诗集》《王右丞诗集》等。

除了藏书，张承纶还抄书、印书。他曾说："古椠不易购，近时诸集，又或仅有抄本，人不及见，吾将择其尤者刊而布之，以久其传。"比如，乾隆二十九年（1764），张承纶曾校订、刻印清代诗人赵执信所撰《声调谱》，并为该书撰序。张承纶于清乾隆三十二年（1767）所抄，顾炎武撰《诗本音》10卷，今藏南京图书馆。张承纶还抄有高平人司昌龄所纂《泫氏拾遗》，北京图书馆和高平图书馆均存抄本。

在藏书的基础上，张承纶潜心研究，纂辑《花熏阁诗述》10卷，嘉庆二十二年（1817）以雪北山樵之名刊印。北京大学、中国人民大学、清华大学、复旦大学、中山大学、吉林大学等均藏有该书刻本。该书属于诗话丛书一类，专收论述诗体、声调、韵律方面的著作，计有王士慎的《律诗定体》《渔洋答问》，赵执信的《声调谱》《谈龙录》，钱良择的《唐音审体》，冯班的《钝吟杂录乐府论》，郭茂倩的《乐府集》，顾炎武的《古音表》《韵补正》，马檠什的《等音》等8人11种。各卷之前，张承纶写有简短的识语，介绍该篇简况和采编目的。历代对该书评价甚高。乾隆四十年（1775）进士、翰林院庶吉士、浙中诗派领袖吴锡麟为该书作序称："近见《花薰阁诗述》一编，设为问答，委曲详明，深得诗中三昧。自来诗学韵学之传，论者众矣，未有若《诗述》之明且尽者。”中华书局出版的蒋寅教授所著《清诗话考》，则称其为“盖古近体诗韵律学之全书也”。刘德重、张寅彭著《诗话概说》称：“该书在专类性质的诗话丛书中属于较有质量的一种。”近代藏书家丁福保辑《清诗话》多采自本书。国家图书馆出版社出版《清代诗话珍本丛刊：第一辑》，将《花薰阁诗述》定名为《乐府诗集叙论》影印出版。

张承纶纂辑《花薰阁诗述》刻本扉页

枕烟楼和花薰阁，除了是张承纶藏书之所，还是其与文友会聚之地。泽州府当时的许多文化人，如陵川的薛鸣皋，高平的司昌龄，凤台县苗令琮、李锡麟，范振新、范鼎父子，以及张承纶的兄弟子侄等等都经常在这里读书吟诗、饮酒论道。张承纶《花薰阁》诗云：“春意满吾庐，倦游欣有托。香散一帘花，落日沉高阁。”

张承纶还在此组织了高平史籍记载的唯一的诗社——蒲溪诗社。张承纶与凤台诗人苗令琮和堂兄张又华为诗社的核心成员，三人合著有《蒲溪吟社三家诗抄》，清代著名诗人、诗歌批评家沈德潜对三人之诗大加赞赏：“苗君五言古清旷绝尘，七言长短句纵横变灭，风雨分飞，鱼龙出没，神似太白。今体并佳，而七言峥嵘磊落，追逐盛唐，山右一诗人也。二张君古体明隽，七言近体登临怀古之什，不落大历以后。”

在这样一个浓厚文化氛围的熏陶下，张家成为一个文化大族、诗书世家。张承纶除纂辑有《花薰阁诗述》外，还著有《西轩遗诗前后集》《苏门集》。堂兄张又华，字雅庵，又字灿如，号双溪，著有《双溪诗集》《双溪诗续》。侄子张立本著有《爱日堂初稿》《听松草》《续听松草》《趋庭诗稿》《陟岵楼诗稿》《新息旅草》诗集 10 卷，存诗 700 余首，钞本藏于国家图书馆，并收入国家图书馆出版社出版的《清代诗文集珍本丛刊》（第 344 册）影印出版。张承纶长子张兰征，著有《庾山小草》；次子张熊征著有《花南吟稿》。

二、高都梁登庸痴迷篆刻

清代雍正乾隆年间，泽州府凤台县（今泽州县）大东沟镇岭头村人曹炳，经商于山东濮州（今河南省濮阳市范县濮城镇），这里商贾云集，十分繁华，汇聚了山西、陕西、河南、浙江等各地商人。山西与陕西商人共同商议出资在此建立山陕会馆。曹炳也决定为会馆的建设出一份力。他自幼热爱诗词、书法与绘画，有着极高的修养。于是，决定为会馆献上自己特别的礼物。

他的礼物是以“龙虎福寿”为主题的四块石碑。每块高 170 厘米，宽 85 厘米。每块碑的下部，分别以拳书写刻有龙、虎、福、寿四个大字，4 字古朴遒劲，是字又是画，“龙”如蛟龙出海，“虎”似猛虎雄踞，“福”像龙凤同翔，“寿”若寿星仙姿，极尽象形之妙。每个大字的上方，各依字意，赋诗一首。俱用指书写成草书小字。

“龙”字上方题诗：“海门初出浪如山，霹雳横空顷刻间。怒目一声鳞甲动，半天烟雨电光寒。”

“虎”字上方题诗：“雾隐南山草木寒，忽闻老去尽成斑。未易林下安生息，好与君土镇九关。”

“福”字上方题诗：“福字虔诚献，惟公始克当。云仍千古庶，爵禄万年长。豪侠三结义，功名百战场。早知累代后，日月与争光。”

“寿”字上方题诗：“寿字虔诚献，惟公称此言。禴祠彰大节，遗像肃忠魂。歌舞晨昏接，燕尝远近繁。也知千载后，生气凛然存。”

诗中充满对关公豪气凛然、威震华夏的英雄气概的赞颂和敬仰。

这四块石碑，分别署有“山右凤台曹炳指书”，或“弟子曹炳”，还盖有作者自已姓名字号印章，使人们得以知道他是山西凤台人，字炎烈，一字燠远。

曹炳的“龙虎福寿”碑，以高超奇妙的书法艺术，震动了当时的濮州，文人墨客尽为叹服。也被后世之人称誉为墨海瑰宝、翰墨奇品，摹拓传赏不已。

令人遗撼的是，“文化大革命”初期石碑遭到劫难，面目全非。令人欣喜的是，2015 年，濮城镇依照原有拓片重刻此碑，使其获得新生。2016 年，中国大众文化学会还在河北省霸州市举行“龙虎福寿”碑·燕赵文化名碑论坛。由此也可见曹炳“龙虎福寿”碑影响之深远。岭头村人

泽州县岭头村重刻“龙虎福寿”碑

亦将此四块石碑重刻，以纪念先贤曹炳。

与曹炳生活于同时代的泽州高都商人梁登庸，则以篆刻闻名于世。

梁登庸，字惕庵，因居所邻近历史上著名的垂棘山，取堂号为垂棘山房。梁登庸虽是一介商人，却癖好篆刻，经商之余研习治印，每致废寝忘食。他曾感慨自己："经史未种前世之缘，而金石实成此生之癖。"其篆刻法古不泥，多所出新，受到时人推重。泽州诗人、书法家任晖诗赞："近追雪老共三桥，技法分明姓字高。豁眼晶莹镌百美，章章骨格走青蛟。"《凤台县续志》为其立传："梁登庸，善铁笔，篆法刀法无不佳妙。著有《垂棘山房印谱》，内有《篆法十二体》《镌书八要》，所刻《百美诗》及《百二甲子》等图章，存印于卷，赏鉴家珍之。"所著《垂棘山房印存六种》现藏中国国家图书馆，《高都梁识学篆》现藏于美国普林斯顿大学东亚图书馆，《图章备考》藏美国国会图书馆。

梁登庸初学篆刻，以明代著名篆刻家"三桥派"的创始人文彭（字寿承，号三桥）和"雪渔派"的创始人何震（字主臣，号雪渔）为偶像，欲步其后尘，学其丰韵。因无人指引，学不得法，屡学屡废。

泽州大阳镇有篆刻家魏介庵，人称"何文"（何震、文彭并称何文）之后第一腕，梁登庸久慕其名。雍正十年（1732），受业门下，虚心请教，悉心揣度，毫不苟且，终于学有所得。随后20多年的时间里，虽然常年经商于河南开封、周口等地，仍坚持在商务之余，潜心研究，切磋同道，腕力益坚，悟道更彻。

梁登庸在开封做生意时，与江苏常州武进人张有澜交好。张有澜，字西清，平素爱好篆刻，收藏特别丰富，时常拿出其中精奇美妙者，二人一起欣赏。每取观一印，二人即讨论渊源，摹拟比画，日夕不休。其中最为珍贵秘不示人者，则属"雪渔派"创始人何震镌刻的《九畴》印谱，其骨格丰韵与清以来篆刻者大不相同，张有澜爱若拱璧。梁登庸反复观摩之后，留下深刻的印象，即有意模仿。因取《诗经·小雅·天保》中带"如"

字的词句“如山如阜”“如冈如陵”等，共是“九如”，摹仿何雪渔笔意，反复镌刻，不满意者即废掉重刻，直到满意为止。

《九如》之印，采用不同形状的印章，不同的刀法，不同的字体，呈现出异彩缤纷的效果。其中，“如山”，用料如一块不规则的假山石，字体用草篆，刀法用切刀法完成；“如阜”，用一枚圆形章，如一轮满月，字体用满白文，刀法用双入正刀法；“如冈”，用一块长方形印章，字体用钟鼎文，刀法采取留刀法。“如陵”，用一高略大于宽的长方印，字体用汉文，用切刀法刻就。九枚印章，或清雅，或凝重，或轻秀，或浑厚，或天真，或奇崛，种种不一，俱得情趣。江西进士周方燧观后不禁赞叹：“《天保》则岳色江声，虬姿苍髯，沐日浴月相吞吐也。其谱占群芳，则杨柳风前，桃花扇里，画图省识春风面也。相其神韵，都关理趣，由斯风雅，宜造古人!”

乾隆十八年（1753），梁登庸经商于河南淇县，这里是商朝古都朝歌所在，闲暇时寄兴于篆刻，又有《百美诗》印谱之作。所谓《百美诗》印，乃是选取历史上 100 位美人，每人用一句五言诗，分别镌刻于图章。每枚图章少者一人，多则数人。如一方图章上刻着：“身价昆明纸，恩波太液泉。绿珠空坠纷，紫玉已成烟。”就是将描写上官婉儿、杨玉环、绿珠、紫玉四人的诗句集于一印。“蛾眉偏淡扫，懒髓喜新煎。”两句合在一方印章，诗中所咏为虢国夫人与邓夫人。梁登庸还按照诗的内容不同，采用不同形状的章形来表现，比如，咏关盼盼的“楼中十二年”，以九曲篆为之，形同层层高楼。咏寿阳公主的“斗丽妆梅额”，则将章面制成梅树桩形，饰以数枝红梅。咏苏小小诗“松柏同心结”，则在章面刻松树和柏树纹样。共刻成 51 枚图章。字体、刀法也同样变化多端，各有风韵。《百美诗》印谱再次赢得众人赞赏。苏州人夏补写诗赞曰：“就句裁移作妙形，切磋心手两通灵。诗镌从此添佳话，印得红颜萃一铭。”山西清源县（今清徐县）人黄榜亦题诗曰：“先生贤达士，性定不趋时。肝胆向谁是，经纶莫我

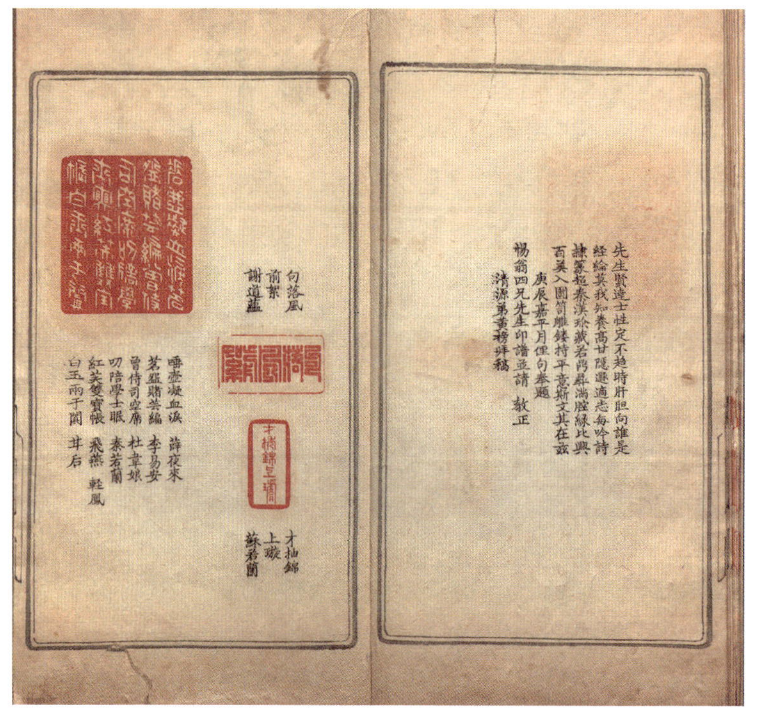

梁登庸《百美诗印》

知。养高甘隐遁，适志每吟诗。隶篆超秦汉，珍藏若鼎彝。满腔缘比兴，百美入图笥。雕镂持平意，斯文其在兹。”

乾隆十九年（1754）秋，梁登庸到苏州游玩，与友人饮宴，昼夜作乐，晚上留宿丛桂书屋，只见案头置有一印册，仅钤小印一方，其余全部为题诗题跋，当时即觉很有新意，只因酒醉欲眠，来不及详细观看。第二天起床展卷细阅，知是出自黎阳（今河南省浚县）女篆刻家郭梦岩之手。在仅仅一寸见方的印石上，镌刻了《陋室铭》全文81个字。其章法刀法井井有条，诚为名手所作。倦游回家之后，回想梦岩女士所刻图章之精妙，欲步其后尘，亦刻制一方。精心选石雕刻，用了10多天的时间方才完成，其风貌神韵与原作相仿，刻毕细心收藏起来。但时隔不久，这方印竟然翻箱倒柜找不到了。他想，难道是梦岩女士有灵，两方相同的图章不可并存于世？或者有人顺手牵羊而去亦未可知。这时欲再刻一方，又不愿照搬原样，于是将《陋室铭》中每一句，分别刻成一方印，每方印用不同的款式和字体，共得 18 方，较前所镌刻又有异曲同工之妙。《陋室铭》图章，不仅在印章的形状上，有圆、方、长方等各种变化；文字上有草篆、笔隶、玉箸、烂铜、小篆、钟鼎、细文、汉文、细红、写意、坟书、摹汉、垂露、急就等文字变化；而且在刀法上，采用了切刀法、舞刀法、留刀法、冲刀法、单入正刀法、双入正刀法、冲埋二刀法、冲切二刀法、抢沏二刀法，极尽变化之能，展示了在篆刻方面的全能型功夫。泽州人段大生观后欣然提笔赞道："银钩铁画，圣矣！孰与夫日月星辰之各肖其形。追风逐电，神矣！孰与夫麟凤龟蛇之悉呈其象。"

梁登庸一度经商于河南平舆县。这里处河南、安徽两省交界之地，得以与安徽宛陵（今宣城）人赵兰雪相识。赵兰雪其人学艺甚博，书画铁笔事事精巧，风雅潇洒，才华横溢。一次，二人焚香煮茗纵谈往事，感叹人生之年有限，能够经久不衰者，只有金石文章。赵兰雪说道，甲子以六十为一周，而古代辞书《尔雅》中又别有一种干支之名。"十干"分别为：阏逢、旃蒙、柔兆、强圉、著雍、屠维、上章、重光、玄黓、昭阳。"十二支"分别为：困顿、赤奋若、摄提格、单阏、执徐、大荒落、敦牂、协洽、涒滩、作噩、阉茂、大渊献。如果把二者结合起来，不就成了一百二十甲子了吗？梁登庸听后甚喜，感觉很有新意，又有了自己新的创作目标。于是精心选石，刻一方"甲子"，对应刻一方"阏逢困敦"；刻一方"乙丑"，对应刻一方"旃蒙赤奋若"；刻一方"丙寅"，对应刻一方"柔兆摄提格"……以此类推，印成《百二甲子印谱》。巴公西浩村人李东旭看后，欣然题词："请以此谱藏名山，甲子无穷谱亦尔。"

梁登庸一生系于篆刻，寝食坐卧念念不忘。20 余年浸淫其间，无一日中断。以至于儿子和女儿耳濡目染，也都学会了刻印制篆。为了提高儿女篆刻素养，掌握各种字体的篆法，避免体法不辨，失去庐山面目，他选

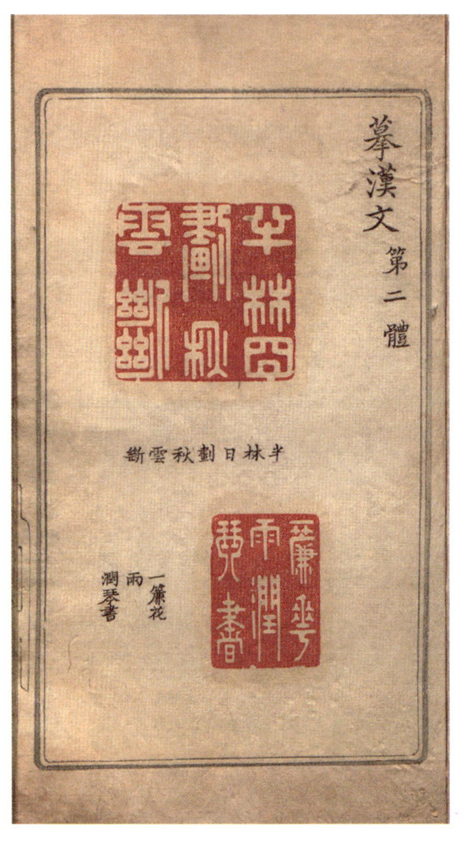

梁登庸《十二体摹印》

择了12种常用的篆刻字体，有龙鸟文、摹汉文、急就文、柳叶文、笔隶文、钟鼎文、飞白文、坟书文、写意文、铁线文、满白文、烂铜文等，每体都给以篆章示例，多则三方，少则一方，共21枚图章，汇印成册，即为《十二体摹印》。作为标准和法则，为后人所遵循。

梁登庸精研篆刻技艺，先后篆成《天保九如》《百美诗》《陋室铭》《百二甲子》《十二体摹印》等印谱，终为艺苑推重，蜚声篆坛。郑州知州何源洙评价其篆刻："法律谨严，精神古雅。藏妍倩于朴茂，寄权巧于端庄。""考诸阳冰所谓曰神曰奇曰工曰巧者，无一不备于所矣。"沈丘县知事、进士牛联奎也赞道："所镌《九如》《百美》《陋室》《甲子》诸篆，皆隐隐有奇峰瀑布、云崩雨洒之奇；竹萝青翠、曲溪小桥之逸。""真有鬼怪仙奇，而不可测。"

梁登庸还总结多年的篆刻经验，从辨体、配篆、选石、制刃、刀法、调涂、钤印、避忌等8个方面，一一抽丝剥茧，撰成《镌书八要》，将篆刻实践上升到理论高度，对后世学篆之人，有着重要的参考价值。

曾有人问梁登庸，你辛辛苦苦刻这些图章有什么用啊？他回答说："屈原作《离骚》，司马迁作《史记》，虞卿著《春秋》，唐陆宣公贽集《验方》，他们都是为了什么？大凡士君子值落寞悲凉之际，其郁勃无聊之怀必有所托，以寄其兴罢了！”

三、祁汝奘的特殊收藏

泽州商人中的许多人都有收藏古玩的嗜好。有的喜欢字画，有的喜藏玉石；有的喜好陶瓷，有的喜购古籍。这不仅是一般的附庸风雅，也是浓重的文化情结。

比如，泽州王泰来家族的王镗尤其喜欢收藏各色玉器，藏品之多，令人赞叹。据《乾隆二十六年陕西巡抚钟音呈原任延榆绥道王镗任所物件等项清单》所载，王镗所藏玉器有：玉带钩6枝、玉双鱼1件、小玉杯1对、玉盒1个、玛瑙小盛3个、玉佩4件、小拱璧1个、玉带钩1副、玉炉1座带紫檀盖座、玉洗1个加紫檀盖座、玉带环4块、小提梁卣1个、玛瑙花插1件、青玉小卮1对、玉图书1对、玛瑙花插1件带紫檀座、小玉瓮1个、小璧二个1匣、玉绳结1个、玉狮水盛1个、玉如意1小枝、玉联环鱼珮1个、玉方水盛1个、玉招文带1块、方小玉盘1个带紫檀座、玉螃蟹1个、玉扇牌1件、小玉鱼珮1件、玉蝉1只、水晶蝉1只、小玛瑙扇器1件、铜鼎1座随镶玉盖座、菜玉带环1副、玉带环2对、玛瑙带环1对、玛瑙水盛1个带木座、玉带束1对、玉斋戒牌1个、玉结2小块、玉扇器6个、玉扳指1个、白玉耍孩儿1件、玛瑙带环1对、玉牙签筒3个、金镶玉吊挂1副、菜玉小拱璧1个、玉朝珠1盘、玉带1根、杂石戒指1个、青金石帽1顶等等。还有零星碎玉76块。

王镗喜欢藏玉，并非叶公好龙，他自己也养成一种宁为玉碎、不为瓦全的品格。他在给伙商张有澜的一首诗中写道：“借箸筹边赴玉门，敷陈宏议笔头髡。刚方屡折戎儿暴，忠荩惟期国体尊。绩著岩疆销燧火，望推廊庙重彝樽。惭予无贶酬高义，廿载交情奕世论。”把与准噶尔商人的贸易，提高到维护国家尊严、为国尽忠这样的高度。张有澜和诗云：“龙荒设险玉为门，款塞频来辩士髡。君任安边甘产破，我扬休命凛威尊。当年御寇城三筑，此日和戎酒一樽。天鉴共邀多默佑，微躯聊幸免评论。”称赞王镗在与准噶尔部的互市贸易中，顾全大局，为完成和戎使命，不惜亏本破产。

与王镗等人的收藏不同，高平商人祁汝焚花费极大代价，收藏了另外一种特别的藏品——由苏轼草书的欧阳修撰《醉翁亭记》石刻。

北宋庆历五年（1045），欧阳修被贬滁州。第二年，写下千古名篇《醉翁亭记》。随后被人刻石立于醉翁亭中。因前来拓印之人过多，石刻磨损严重。宋哲宗元祐六年（1091），滁州太守王诏，委托苏轼的挚友刘季孙，请苏轼书丹重刻《醉翁亭记》。苏轼先后书写了草书和楷书两个版体，于是“欧文苏体，珠联璧合”的千古名碑就此问世。

人们尤其喜欢草书版本的《醉翁亭记》，有人拓片之后，元代著名书法家赵孟頫，明代书坛“四宋”之一的宋广，明宪宗成化八年（1472）状元、书法家吴宽，吴门画派的创始人、“明四家”之一的沈周先后为它题跋。其后，明隆庆内阁首辅高拱得到此拓，如获至宝，题跋之后，请著名篆刻家文彭重新刻石，文彭与主持刻石的刘巡（高拱妹夫）也分别加以题跋。

明万历十四年（1586），泽州人裴宷在河南任南阳府同知，得到《醉翁亭记》重刻后的拓片，以之为宝，命人重刻，他在石刻最后题写了这样一段话：

> 东坡先生以前代英杰，嘉言懿行，具载方册，为后人所景仰。其手书翰墨，传布今昔，虽片纸只字，皆人所珍爱。然惜不多见。兹卷据诸公识题，咸谓为先生真笔。其间或草或真，若小若大，纵横流动，变化不拘。有飞鸿戏海、舞鹤游天之状。展而阅之，真可谓欧苏二妙矣。余爱而宝之，虑其传之不广也，因命工重携之石。万历丙

戌，晋城裴宷识。

清乾隆年间，祁墳的父亲祁汝獒以“二万钱”购得此石刻。共为石刻11方，每一方均为同样的长方体，石长1尺5寸，高1尺1寸8分，厚4寸5分，两面刻文字。其中，苏轼所书欧阳修《醉翁亭记》正文8方16面，后人题识3方6面。不仅欧苏正文极其珍贵，就是后人的题识也十分难得。祁汝獒宝而贵之，将其珍藏于祁氏宗祠，为其家藏珍品之一。阳城县举人郭兆麒曾为祁氏家庭教师，见到过该石刻，为祁汝獒撰有《苏子瞻书醉翁亭记刻石为祁晖吉》一文，晖吉乃祁汝獒的字。多年之后，祁氏宗祠被毁，石刻被村里他人收得。民国十四年（1925），祁汝獒玄孙祁耀曾回里省墓，访得此石刻，遂与高平知县商议，将石刻赠送本里社庙保存。祁耀曾专门撰写有《世藏醉翁亭记石刻送交社庙保存记》一文。民国二十年（1931）腊月，驻高平孙殿英五路军刘月亭师部盗劫祁氏坟茔，并将该石刻劫走，从此下落不明。（许永忠、程广瑞主编《高平祁氏六世书画雕磁篆刻集》）

收藏之外，祁汝獒寄情山水，做生意走到哪里，就到周边游览山水古迹，把枯燥无味的商贾生涯变成一种诗意的生活。

比如赴解州经营盐业，一路即写下《度空仓岭》《榼山天外楼》《翼城道中》《曲沃早行》《读司马温公碑》等诗歌。运城盐池北隅专门建有奉祀盐池神灵的池神庙，庙内的海光楼是一处专门用来登高望远、饱览山水的观景楼，祁汝獒在此写下了《登海光楼》一诗：

> 百二鹾池不计年，高楼凝眺思悠然。
> 风回罫地成银海，日暖畦人种玉田。
> 此日阜财归帝力，同心对酒话中天。
> 条山瑞霭斜阳外，时觉泠泠抚七弦。

在解州关帝庙，他写下了《谒关帝祠》一诗：“使君承正统，夫子帝千秋。为问奸雄辈，今朝若个留。”由此处过虞乡，游永济万固寺；宿潼关，谒西岳庙，登五凤楼；登华山，游王猛台，望希夷峡、老君犁沟等，每到一处，均有诗作。时间一长，赋诗达数百首，结集为《带经山房诗草》。

祁汝煐的后代子孙多喜诗词及书画篆刻艺术。光绪年间，祁氏后人曾将祁汝煐诗集《带经山房诗草》、祁埙诗集《求放心斋诗稿》、祁之鏶诗文《荃提室诗文》和词集《过庭词》，合并校刊为《高平祁氏三氏遗稿》。

祁汝煐之孙祁之镠和祁之鏶，书画造诣均颇高。祁之镠，喜读书，工绘事，篆隶行草无所不精，有《抚膝肄书图》和《竹石》扇面等作品传世。祁之鏶，于金石篆籀分隶研究最深，尤喜画梅，传世作品有《梅花》立轴等。两人皆被收入《清画家诗史》一书。

祁汝煐曾孙祁恩元喜临摹书画，善于刻瓷。卸职后侨寓湖南常德府，更是专心于雕瓷书画。每由景德镇制运各种磁器到湖南，空闲之时则据案雕琢，或仿钟鼎彝匜款式，或为山水人物花鸟。积久成数十百件，拓印成册，人们争相收藏。

祁汝煐玄孙祁福曾，从小得其父祁恩元真传，书画篆刻皆精。祁福曾之子祁印令，精于篆隶，擅长魏碑。家道衰落后，与友人在平遥县城合开刻字社，以篆刻为生。

四、镌刻于石的沁水柳氏家训

官商一体的沁水柳氏，商业繁荣是其建造庞大家居建筑群的重要经济基础，而附着在这些建筑中的丰富多样的传统文化，尤其是家训文化独具特色和魅力。

据《柳氏族谱》记载："柳氏出鲁，居河东，世代同居。……唐末始祖遵训自河东迁沁历。……永乐，居沁文兴。"也就是说，沁水县西文兴村柳氏，出于河东柳氏，明代永乐年间始定居于西文兴村。明嘉靖年间，六世祖柳逢春有经纬之才、平治之术、豪杰之风，在其精心经营下，柳氏资产日益充足，形成了庞大的产业。清乾隆年间，柳春芳（1739—1806），在河南、山东经营盐业和典当业，获利颇丰，资雄一邑。其子柳茂中受父之托，总理内外事务，家业更旺。清道光年间，柳茂源重修关王庙，施财商号有：鹿邑当行、柘城当行、商丘启泰典行、湘湖商行、虞城元吉典、苏州丝绸行、奉天商行、鹿邑盐店、亿顺盐店、洪兴铁号、济泰铁号、乾元号、居忍茶店、义成典、丰裕典、魁聚典、惕成衣典、兴泰德典、义成矿号、同心畅典、兴和典、恒昌典、广盛典、广泰号、卢州典、恒源典、润泰油行、遂源衣店、天锡衣店、同义号、聚液号、聚义驿站、兴盛号、交泰号、永盛油行、裕成米行、泰成号、黄甲庄、阳城万丰典、瑞瑢隆

柳氏民居“行邀天宠”匾额及门头木雕

典、触泰典、公慎典、天福盐店、恒源盐店、达盛方炉等共45家。（沁水文史资料《柳氏民居专辑（上）》）这些商号或者是柳氏自己经营的商号，或者是与柳氏有业务往来的商号，可见其当年商贸兴隆之情形。

在商业发达的同时，柳氏家族逐步构建起集南北建筑风格和艺术精华于一身的明清民居建筑群。从院宅、祠堂、庙宇、楼台到木石砖雕，无不蕴含着精湛的建筑艺术和深邃的文化内涵，堪称中华古民居建筑艺术之精品。尤其是数块家训碑和箴言碑，更能体现出沁水柳氏家训文化的底蕴和精髓。

勒石于明万历八年（1580）十月柳逢春所撰的《河东柳府训道碑》，是柳氏第一块家训碑，也是内容最为丰富而具体的家训碑。其内容大致有以下几个方面：

一是苦口婆心，一再叮咛，家产、生意不可分割，视之为保持家族事业兴旺、持续发展的基石。如："予族世代子孙，耕读发达，为士大夫身，田邑广阔，典当驿号，阖族世产，永勿分割。""先人创业之艰难，子孙承之更不易，族业之产，永勿分割。""其内外事务，仍照旧规办理，生意、房产不许瓜分也。""观山右富室，惟太平尉家最为绵邈，详究其故，并无他术，不分财也。""总之，家道之败，败于分产。"

二是告诫族人，务要节俭。如："族人衣食、子孙游庠、贤士归祠祭祀、游刃权利生意、封赠仪式，律以拨支，须等克勤克俭。""吾族贤士处士逢授拜、除命简，或起点、拔萃、俸满、开缺、迁复、守制、起复、开复者，身赴任所及徙邸者，勿宿异姓驿，节俭支银。""家道兴衰须守道之而勿违也，资产充足，产业阔大，须克俭之而勿贪也。"

三是劝谕族人，宽恕待人，勿欺善良。如："族人守业，与民同渡，奴仆宽恕待之，以守族训。切勿倚权势而欺善良、以富豪而欺穷困。"

四是对家族生意进行安排，避免纷争。如"家中财产，以长幼次第经营生意，管理账簿，依次管理，有违者罚。"

五是要求子弟读书上进，因材使用。如“有长于此而短于彼者，随材也。至幼年子孙，无论智愚贤否，惟以读书为主，欲求上进。”“如读书十分无望者，或挪管庄田，或佐理账总，勿使游手好闲，然后不至荡检逾闲。设检逾闲不可收拾，则照规削黜，决不姑宽矣！”

碑文中还强调：“吾族训道，世代恪守，切勿违之，违之者罚，抗之者除。”

另一块刻于嘉庆年间的《河东柳氏传家遗训碑》，则记述了柳春芳生前的遗言和教诲。碑文言：“吾今六十八岁矣，辛苦一生，始有微货，可谓艰难之至，尔等自当克勤克俭，以守基业。乃有不肖子弟，非嫖即赌；或各图自便，争分遗业。此等无耻之人，荡产破家，其祸犹小；败坏家声，其患甚大，当驱逐之毋贷。若弃髦家法，混搅不去，无论为长为幼，务要鸣官究治，不必溺爱。然子侄也，非仇雠也，给地二十亩，房一所，令其夫妇别居自渡，候其悔过迁善，仍招之，待以常礼。”要求族人对不肖子弟严加管理。

第三块为柳茂中之弟柳茂源讲述，道光四年（1824）所立的《柳氏家训碑》。此时，柳家家大业大，管理不便；开支日增，生意赔累。柳茂源不得不放弃“产业不可分割”的祖训，对生意股份，按兄弟 13 人进行分拨。同时，规定了股金管理、粮食支给、日用等费分摊办法。因时制宜，采取了相应的改革措施。

应当说，这些雕刻上石的家训家规，对维系柳氏从明至清数百年的辉煌起到了重要的不可替代的作用。

除了这些家训碑，柳遇春一生喜欢收藏古书及名人字画，柳家将其中的一些著名书法家书写的名家箴言刻石上墙，对子弟进行为人处世方面的教育和艺术的熏陶。比如，柳氏民居牌坊街永庆门旁两侧墙壁上镶嵌宋代理学家朱熹所书“忠”“孝”两个榜书大字。“中宪第”后门左右两侧刻有明代书法家方元焕所书，明代翰林院文学博士、思想家方孝孺撰写的《四箴》，即父子箴、夫妇箴、兄弟箴、朋友箴。教育后人在父子之间、夫妻之间、兄弟之间、朋友之间如何相处。由明代书画家文徵明书写，明代著名思想家王阳明撰写的《谕俗四条》也制成碑刻，教育柳氏后人为善、忍让。“积善之家必有余庆，积不善之家必有余殃。”不要因一言之忿、铢两之利，轻易构讼，贻害子孙。

柳氏民居之永庆门及其石刻

柳家还请清代沁水县书法家郑观洛书写《文昌帝君阴骘文》，并制成石刻，劝人“欲广福田，须凭心地。行时时之方便，作种种之阴功”。列举了许多“利物利人，修善修福”的途径：“矜孤恤寡，敬老怜贫。措衣食，周道路之饥寒；施棺椁，免尸骸之暴露。家富，提携亲戚；岁饥，赈济邻朋。斗秤须要公平，不可轻出重入。奴婢待之宽恕，岂宜备责苛求。印造经文，创修庙院。舍药材以拯疾苦，施茶水以解渴烦。或买物而放生，或持斋而戒杀。举步常看虫蚁，禁火莫烧山林。点夜灯以照人行，造河船以济人渡。”告诫世人：“勿登山而网禽鸟，勿临水而毒鱼虾。勿宰耕牛，勿弃字纸。勿谋人之财产，勿妒人之技能。勿淫人之妻女，勿唆人之争讼。勿坏人之名利，勿破人之婚姻。勿因私仇，使人兄弟不和。勿因小利，使人父子不睦。勿倚权势而辱善良，勿恃富豪而欺穷困。”以通俗的形式劝人广行善举，多积阴德。

受这些传统文化影响，历代柳氏族人多行善举。明嘉靖年间，柳大夏、柳遇春、柳芳春兄弟新建西文兴关帝庙。清嘉庆六年（1801），甘肃东部一带军务紧急，柳春芳向朝廷捐输大量军饷。清嘉庆九年（1804）至嘉庆十一年（1806），沁水县一带大旱无收，柳春芳慷慨乐施，拿出粮食赈济附近七村之灾民，沾惠者达400余家。嘉庆十六年（1811），柳茂中独资重修文昌阁，等等。

此外，柳氏还刻有王阳明书法的《孟子》语录：“居天下之广居，立天下之正位，行天下之大道。得志，与民由之；不得志，独行其道。富贵不能淫，贫贱不能移，威武不能屈，此之谓大丈夫。”刻有阳城人王国光的诗词碑刻若干通，画圣吴道子《圣人十哲图》《天王送子图》画碑，以及荆浩绘画碑。

从柳氏民居这些镶嵌在院落墙壁上，随处可见的名家训谕、绘画、诗刻，足见柳氏先人对后辈的谆谆教诲。举手投足间，都能感受到一种优雅从容大气的儒商风范。

泽州县南岭镇陟椒村刘家也是晋城著名的商家。陟椒刘家至迟在明代中期已经开始经商。明嘉靖年间，刘仁、刘浩父子经商于河南卫辉府；明末，刘鸿义经商于河北长芦；清康熙年间，刘锡元经商于河南洛阳。此后，也有经商于安徽亳州者。现存刘家十八院是其曾经辉煌的见证。而院中的多副对联，既有对自然风光的赞美，如德厚斋院大门联：“王屋峰高，水色山光开画本；蓬庐春秀，鸟啼花笑尽文章。”更有对后人种德行善、勤俭持家的谆谆告诫，比如，如其守乾畅院照壁联：“心田种德心长泰；福地安居福自多。”刘家大院主院对联：“处世戒繁华，人尚浮，我尚朴，营此茅屋数椽，出作入息，只觉吾庐可爱；持家宜勤俭，准乎古，酌乎今，更以祖训为式，上行下效，总期旧德毋湮。”

五、秋木山庄的园林胜景

晋城的商人们在致富之后，许多人追求兴建商宅大院或私家园林，成为当地人文景观的重要组成部分。其中，泽州王泰来家族兴建的秋木山庄，将北方庭院与南方园林和谐融合，成为独树一帜的文化风景线。

秋木山庄依泽州祖山晋普山而建，由楸木洼村不断南扩，发展至南沟村，成为一处一庄兼两村的园林式山庄。

河南焦作人、清乾隆十年（1745）进士范泰恒，曾游历泽州，在其游记中对秋木山庄作了较为详尽的描绘：“东南一支，拖而复起，中为秋木洼，人家聚处如蜂房。由下视之，蔽亏不可见。东支坦而长，尽处起山堡，远近可望。堡下作园林，回环匝三面，楼台参差高下。中度山泉自西来，承以石槽，穿堡入园，汇方池下成溪，以绕园外。”范泰恒笔下的秋木山庄，城堡、楼台、园林、山泉，就如一幅生动的写意山水画，使人如临其境。

清代名相陈廷敬曾亲临山庄，他笔下的秋木山庄如诗如画：“泽州之南，曰楸木洼者。自太行而北，有山涧，涧水北流可数十里。”“涧之西，土田高起，草木修茂。上有流泉，可溉花竹。”代理泽州知州梅建曾赞云：“太行之阳，昔推盘谷。泉甘土肥，今见楸木。”

秋木山庄景观的具体情形如何，我们可以从陈豫朋在其《濂村诗集》中所咏秋木山庄的诗歌和清嘉庆间泽州举人李锡麟的《秋木山庄八咏》中一窥其面目。

秋木山庄俯视

陈豫朋的诗所咏为康熙、雍正、乾隆前期秋木山庄景致，诗中所涉大致有如下胜景：

其一，东园。陈豫朋诗中多处咏到秋木山庄之东园。《东园雨集三首》之一："花影濛濛竹影低，回廊踏遍不沾泥。胜游宛在闽南屿，烟雨园亭甏榼携。（昔游闽中梅屿之烟雨园与此园无异）"之二："罨画风光雨倍加，林深嶂复湿周遮。曲池凝翠泉鸣玉，一叶舟曾系水涯。"诗注云："池昔有舟。"之三："晚雨初停沆瀣清，绕檐灯映绿阴明。舒怀自诧今宵异，把盏微酣入二更。"诗注云："余久不夜坐，亦不夜饮。"另一首《秋木山庄东园柬王岳望》："意外盘桓巨麓村，蓬萍谁道两无根。敝庐归扫池桥径，注俟斑骓一系门。"诗中提到东园内的"池桥"，或者就是现在人们所说的"冰凌池"和"斜纹桥"吧？如果是的话，东园的位置即可大致确定。

其二，亦圃。为秋木山庄另一处著名的园林胜境。陈豫朋诗《午日王公衡饯别亦圃》："名园值佳节，祖席集群贤。夏木飞莺乱，新榴映酒妍。风台宜度曲，水阁宛乘船。北去离悰结，愁添艾草边。"另一首《宿秋木山庄游亦圃》："历尽崎途日未沉，名园佳胜豁尘襟。池塘引水源头远，竹木连丛岁序深。遍赏新斋通短彴，重登杰阁眺遥岑。迥殊前度探幽境，惝恍疑从幻梦寻。"诗注："园为王筠斋改葺。"说明亦圃后来又经王镗之手进行了改造。

陈豫朋诗《东园雨集三首》

其三，牡丹栏。在东园。陈豫朋诗《柬装简王公衡》云："计日东园来话别，牡丹栏畔暂勾留。"

其四，百梅亭。亭在亦圃之内，圃植蜡梅百株。陈豫朋诗《闻王筠斋于亦圃植梅花百本寄柬四首》其二："太行霜雪遍峰峦，蜜色黄梅独耐寒。顿有幽姿香浩荡，冰肤玉质绕回栏。"其三："修篁茂樾荫疏棂，添得孤标入坐馨。好倩右军椽笔健，榜檐题作百梅亭。"

其五，寄亭。为东园内一处亭台，曾有匾额题"寄亭"二字，表达了"人生如寄"的思想。陈豫朋诗《九日雨中王松坪留集寄亭》云："一天风雨失秋曛，投辖东园宴水滨。"另一首《秋杪王公衡少司农葺北轩落成颜曰亦寄因乡园有寄亭也，招集赋诗六首》其中之一："太行穹谷茂林陬，两纪星霜记漫游。何意九衢三市境，新轩景似旧亭幽。"又云："随遇优优结胜因，卿班自有达观人。高怀悟彻生如寄，忘却岩廊现在身。"可知王钧在京宅邸亦建有"亦寄轩"。

其六，槐亭。这不是一座普通的亭子，而是一处带有亭子的幽静的小院，曾是王璇读书、休息和待客的地方。陈豫朋诗《夜次秋木山庄王松坪留宿槐亭》。

其七，南亭。陈豫朋诗《秋木山庄同王公衡话别十六首》之一：“曲榭疏棂水石涯，名园合并辋川夸。南亭棐几槐亭榻，俗论何容置齿牙。”南亭中摆放着精美的几案，槐亭中铺着舒适的榻席，一切都是那么的雅致和讲究，以致像陈豫朋这样见多识广的人也都对此念念不忘。

其八，迟云阁。陈豫朋诗《行近晋普山怀外孙卫掌文》：“岜崿峰限是汝家，感存悲逝意如麻。不知此夕迟云阁，能否来停白鼻騧。”诗注云：“迟云阁在秋木山庄。”说得明白无误。

其九，数峰阁。陈豫朋诗《数峰阁北眺悼郑壻会一用前韵》：“鉴湖人住太行村，泛梗终难附异根。黯惨遥峦崇阁外，寒云遮断墓阡门。”诗题的“数峰阁”即为秋木山庄一景。

其十，荷轩与竹阁。陈豫朋诗《出广宁门送王公衡少司农归樑并序》：“荷轩竹阁槐亭院，清暑消寒投辖讌。太行深处松萝岑，雪月风花游迹遍。”荷轩和竹阁这两处地方，与槐亭院一样是夏季消暑的好地方。

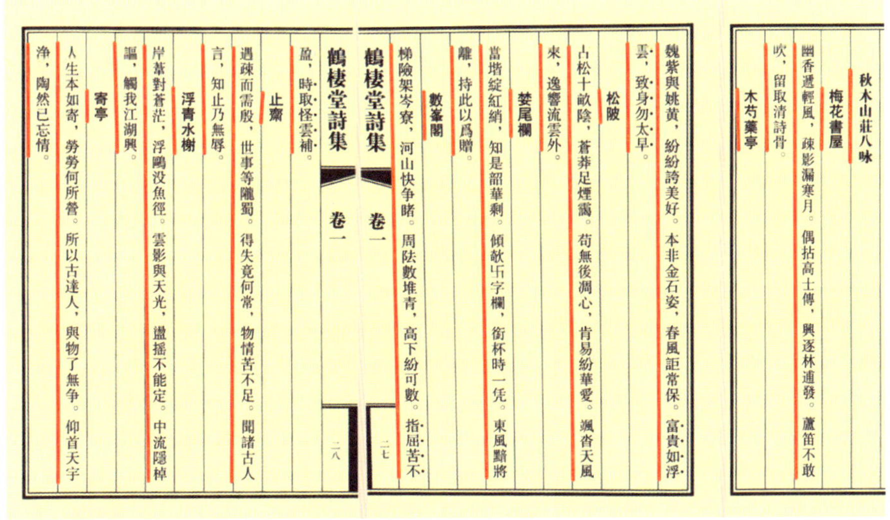
秋木山莊八咏
梅花書屋
幽香遞輕風，疎影漏寒月。偶拈高士傳，興逐林逋發。蘆笛不敢
吹，留取清詩骨。
木芍藥亭

魏紫與姚黄，紛紛詩美好。本非金石姿，春風詎常保。富貴如浮
雲，致身勿太早。
松陂
凸松十畝陰，蒼莽足煙靄。苟無後凋心，肯易紛華愛。颯沓天風
來，逸響流雲外。
婪尾欄
嵩堦綻紅綃，知是韶華剩。傾敧卐字欄，銜杯時一凭。東風黯將
離，持此以爲贈。
數峯閣
梯險架岑寮，河山快争睹。周陸數堆青，高下紛可數。指屈苦不
鶴棲堂詩集　卷一　二七

盈，時取怪雲補。
止齋
遇疎而需殷，世事等隴蜀。得失竟何常，物情苦不足。聞諸古人
言，知止乃無辱。
浮青水榭
岸蕫對蒼茫，浮鷗没魚徑。雲影與天光，盪摇不能定。中流隱棹
謳，觸我江湖興。
寄亭
人生本如寄，勞勞何所營。所以古達人，與物了無争。仰首天宇
淨，陶然已忘情。
鶴棲堂詩集　卷一　二八

李锡麟《秋木山庄八咏》

至清嘉庆年间，秋木山庄虽然已经衰落，但从李锡麟的《秋木山庄八咏》诗中仍可见当年园林之胜。

其一为《梅花书屋》："幽香递轻风，疏影漏寒月。偶拈高士传，兴逐林逋发。芦笛不敢吹，留取清诗骨。"由此，我们可以知道，秋木山庄有一座书屋。书屋的周围种满了梅花。蒋士铨就是在此读遍王家万卷藏书。

其二为《木芍药亭》："魏紫与姚黄，纷纷夸美好。本非金石姿，春风讵常保。富贵如浮云，致身勿太早。"由题可知，秋木山庄有亭，名曰"木芍药亭"。木芍药是牡丹花的别称。亭是建在牡丹花圃内的，圃内种植有"魏紫""姚黄"等各种名贵的牡丹花品种。

其三为《松陂》："古松十亩阴，苍莽足烟霭。苟无后凋心，肯易纷华爱。飒沓天风来，逸响流云外。"松坡所在处，作者虽未明言，臆测当在松林寺的方向。数十亩古松，如烟似霭，足言苍莽壮观。

其四为《婪尾栏》："当阶绽红绡，知是韶华剩。倾欹卍字栏，衔杯时一凭。东风黯将离，持此以为赠。"诗题中的"婪尾"指的芍药花。

其五为《数峰阁》："梯险架岑寮，河山快争睹。周陆数堆青，高下纷可数。指屈苦不盈，时取怪云补。"可见秋木山庄在高险之处建有一阁，命名为"数峰阁"，阁需攀梯而上，阁有小窗，可睹周围山川胜景，了了于目。陈豫朋诗中已咏及此阁。

其六为《止斋》："遇疏而需殷，世事等陇蜀。得失竟何常，物情苦不足。闻诸古人言，知止乃无辱。"诗题告诉我们，秋木山庄有一处名叫"止斋"的居所，它的规模不一定宏大，但告诫人们凡事要知止，而诫不知足。

其七为《浮青水榭》："岸苇对苍茫，浮鸥没鱼径。云影与天光，荡摇不能定。中流隐棹讴，触我江湖兴。"这是秋木山庄一所供人休息、玩赏的临水亭台式园林建筑。水面上漂浮着芦苇等绿色植物。有鸟类有鱼类，还有摇桨行船的歌者。

其八为《寄亭》："人生本如寄，劳劳何所营。所以古达人，与物了无争。仰首天宇净，陶然已忘情。"这是秋木山庄另一座亭式建筑。看来，庄内或周围有不止一座亭子，并赋予了不同的形式和内容。

李锡麟将秋木山庄景观归纳为具体明确的八景，使这处园林的画面更加充实、更加清晰起来。

除了秋木山庄，王泰来家族之王廷扬又在泽州南村镇区修建府第，人称司空府。同时建有一处著名的园林"衡园"。陈豫朋诗《南村夜宿王松坪佥宪衡园即席赋柬令侄筠斋》云："纡径蹑幽壑，南寻柱史园。寒光侵水石，瞑色閟林轩。雪后雉鱼美，灯前丝竹繁。旧游题句处，萝薜满苔垣。"诗中描绘了衡园秋冬之美景美食及晚上观赏演出的情景。另一首《送王惕夫归南村》："夙爱衡园胜，常陪故旧筵。暑忘歌扇底，寒释酒罍边。水石纡篱径，松篁绕屋椽。送君何限感，怆遡硕人贤。"诗注："衡园为尊甫松坪少司空游息之地，予昔在里门频同讌集。"陈豫朋直截了当地咏出，自己当初十分喜爱衡园之胜境。

"衡园"内有"蕉雨楼"，为王家会友待客之所。陈豫朋在《晤王涵紫知久自南村回郡中旧宅用前韵》一诗中云："相逢南堡话南村，出岫云仍返故根。蕉雨楼头觞咏歇，几时重过薜萝门。"并加诗注："余归里从未入郡，其蕉雨楼在南村，余昔下榻之地也。"陈豫朋每次回故里，路过南村王府，都要在此停留，并住在蕉雨楼。另一首《南村衡园距鹤圃六十里与崇俭再别次南坨送崇俭北行韵》："蕉雨楼头凄雾屯，征骖侵晓嘶篱门。游子乖暌已信宿，太行深处停征辕。"陈豫朋的儿子崇俭、师俭、名俭也都是这里的常客。

王廷扬的儿子王镠与泽州知府朱樟交好。朱樟曾多次到王家在南村的府第做客，并留下《南村王涵紫员外招游亭林赏海棠》《文官果试花予目所未睹也南村王园见之赋三绝句寄涵紫员外》等诗作。

除了自己动手兴建园林之外，商人们还置买他人名园，为己所用。比

西池古树紫藤

如，阳城西池，原为金末元初忠昌军节度使、阳城县屯城人郑皋创建。明万历十三年（1585），太子太保、吏部尚书王国光买下进行了扩建。清咸丰九年（1859），阳城化源里商人王裕买下西池，重新改建，成为王氏园林。

再如，清代文华殿大学士田从典之子、有“白面包公”之称的吏部侍郎田懋，罢职归乡后，曾在阳城县鸣凤村构建“依园”。田懋去世后，家道中落。阳城盐商白陵，字析山，因喜爱依园胜景，向田氏后裔高价买下依园，斥巨资翻修，成为白氏园林。白陵之子白少山在此以文会友，饮酒赋诗，该园林被时人称为“仙之真境”。

六、阳城潘家大院的匾额文化

南安阳潘氏是阳城县最具代表性的商业家族。该家族经商崛起之后，修建了豪华气派、规模恢宏的明清大院群。尤其是包括晋贤院、西厅院、账房院、铺院、老院、中院、后院、东花园、中花园、西花园等在内的13个院落，人称潘家十三院，其规制之宏大，雕刻之精细，令人十分震撼。然而，最能代表和体现潘家文化追求和信仰的莫过于这些建筑上一块块长方形匾额。这些匾额上的文字或行或楷，或篆或草，以不同的艺术形

潘家花园

态，显现在族人眼前，抬头即见，低头而思，可视作修身之箴言，家教之范本。

这里多达30多块的匾额，除了个别的，如祈福纳祥的“福禄臻祥”，表示环境优美的“南山拱翠”，表明身份的“四世大夫”等匾额之外，大多数匾额的内容都出自古代典籍，寓意深远，具有积极的教化意义。这些匾额大致可以分为八类：

一是有关修身养性的。比如，南安阳东大门匾额“心远地偏”，即出自陶渊明的《饮酒》诗第五首：“结庐在人境，而无车马喧。问君何能尔？心远地自偏。采菊东篱下，悠然见南山。山气日夕佳，飞鸟相与还。”意思是说只要你的心远离了对世俗的追求，那么即便生活在闹市中，也如同居住在偏远的地方，听不到车马的喧嚣，心境平和宁静，则会减少生活中的矛盾和烦恼。再如，下院门额：“在山水间”，出自宋欧阳修《醉翁亭记》：“醉翁之意不在酒，在乎山水之间也。”倡导一种不以名利为心、热爱大自然的淡泊心胸。

二是劝人勤奋进取的。老院南大门匾额“所其无逸”，出自《尚书·周书·无逸》：“周公曰：呜呼！君子所其无逸。”意思是周公告诫成王说，君子为人从无闲逸之时，为王者更当勤奋自勉。通过这块匾额，告诫潘氏族人或后代要勤勉自励，绝不可贪图安逸、不思进取。账房院内匾额“职思其居”，出自《诗经·唐风·蟋蟀》，原文为“蟋蟀在堂，岁聿其莫。今我不乐，日月其除。无已大康，职思其居。好乐无荒，良士瞿瞿。”意思是蟋蟀已进到堂屋里，一年又将到年底。今日不及时行乐，时光就将要远离。但不可过分追求安乐，要常常想到自己所处的位置及应承担的职责。娱乐应有度，事业不可荒废，君子要时刻加以警惕。

三是教人起居俭朴的。如账房院大门匾额“容身居”，出自《汉书·艺文志·文子》。原文为：“量腹而食，制形而衣，容身而居，适情而行。”意思是食不可过饱，衣不必夸张，住无须豪华，做任何事情都要适可而

匾额“职思其居”

止，体现了潘氏本分做人、不贪为宝的思想。上院西北小院内门额“容膝易安”，中院南大门匾额“静庐得居”，也都是同样的意思。核桃树底院三门额“惟吾德馨”，出自唐刘禹锡《陋室铭》：“斯是陋室，惟吾德馨。”意思是虽居于简陋的小屋之中，但只要有高尚的品德就可以了。教育人们不要谋求生活的奢华，而要追求道德的高尚。

四是教人保持自律的。比如，加工院匾额“保泰持盈”：出自《明史·孝宗纪赞》：“孝宗儿能恭俭有制，勤政爱民，兢兢于保泰持盈之道，用使朝序清宁，民物康阜。”匾额意在告诫潘家子孙在富贵之时要小心谨慎，避免灾祸，以保持安定兴盛的局面。再如，工底管家院匾额“竹林别室”，源自《北齐书·杨愔传》，原文为：“汝辈但如遵彦谨慎，自得竹林别室，铜盘重肉之食。”其中的典故是，北齐时期，有个名叫杨愔的人，字遵彦，小时候特别懂事，私塾旁有一株果树，别的孩子争相去偷采水果，只有他不去。父亲夸赞他有自己家风，在庭院中竹林边为其修造一间房子让他住，用铜盘装丰盛的食物给他吃，并告诫其他孩子要向他学习。潘家以此故事教育后人严于律己。

五是提醒重视道德修养的。比如，新院四门匾额“俭以养德”，源自诸葛亮《诫子书》：“夫君子之行，静以修身，俭以养德。”意思是“宁静有利于提高自身的修养，节俭有助于养成良好的德操”。再如，下院二门额“积德培远”，意思是积德行善之家，才可泽及子孙，得到长久的发展。又如，书房院东门匾额“惟怀永图”，出自《尚书·商书·太甲上》：“慎乃俭德，惟怀永图。”匾额提示学子要谨遵勤俭的美德，以图长远的事业。主院南大门匾额“居廉让间”，出自《南史·胡谐之传》：“帝言次及广州贪泉，因问柏年：‘卿州复有此水不?’答曰：‘梁州唯有文川、武乡、廉泉、让水。’又问：‘卿宅在何处?’曰：‘臣所居廉让之间。’帝嗟其善答。”匾额意在倡导潘家成为有清廉逊让淳美风俗之地。

六是提醒重视读书的。比如，中花院南门匾额：“诗书继世”，出自古

匾额“居廉让间”

联：“忠厚传家远，诗书继世长。”匾额的意思是说勤读诗书，才可以使家族长久地发展下去。东花园大门匾额“耕读传家”，表示同样的思想。明末清初理学家张履祥《训子语》云：“读而废耕，饥寒交至；耕而废读，礼仪遂亡。”因此，“耕读传家”成为中国社会长期坚持的传家理念，同样也成为潘家的家训之一。

七是教人待人接物、为人处世的。比如，棋盘院大门匾额“和气致祥”，语出《汉书·刘向传》：“和气致祥，乖气致异。”意思是和睦的氛围会带来吉祥，不和谐的氛围则招致灾祸。新院二门额“顺理则裕”，源自《程子四箴·动箴》，原文为：“顺理则裕，从欲惟危。”意思是说，顺着社会的伦理道德去做事情，就一定会发达起来；如果根据自己的私欲随意行事，一定会有危险降临。工邸院大门匾额“敦诗说礼”，出自《左传·僖公二十七年》：“说礼乐而敦诗书。”意思是要按照温柔敦厚的精神和古礼的规定办事。书房院西大门匾额“处善循理”，出自汉代大儒董仲舒《天人三策》："明于天性知自贵于物，然后知仁谊；知仁谊，然后重礼节；重礼节，然后安处善；安处善，然后乐循理；乐循理，然后谓之君子。"后世就把处善循理作为一种处世原则。

八是劝人积德为善的。花园大门匾额"为善最乐"，出自《后汉书·东平宪王苍传》："日者问东平王，处家何等最乐，王言为善最乐。"意思是做善事是最快乐的事情。潘家新院也有一方匾额"种德锄经"。"种德"，意思是施恩德于人。出自《书经·大禹谟》："皋陶迈种德，德乃降，黎民怀之。""锄经"源自《汉书·倪宽传》，讲汉朝时的倪宽下地干活时总要带着经书，休息时便抓紧学习。潘为杰与弟潘为镒慷慨捐银800两，重修阳城县仰山书院；潘蔚宗、潘功宗放粮赈饥、支锅施粥；潘景宗捐输数十万，救人万余口。这些都是潘家"为善最乐"的有力证明。

安阳潘氏通过一块块小小的匾额，使中华优秀传统文化和家风家教，潜移默化，深深植根于人心。

七、泽州商人与上党梆子

"戏比天大"，这是过去晋城人常常在挂在嘴边的一句话，表明了晋城人对戏曲的钟爱之情。晋城商人也不例外，他们不仅雅好戏曲，还出钱兴办戏班。清末民国时期，晋城县（今凤台县）上党梆子上五班，全都是由商人兴办的。所谓上五班，就是指实力雄厚、演技超群，进过县文庙演出的戏班。具体是指东四义鸣凤班、南沟积盛班、北尹寨公顺班、周村三乐班、大阳三义班。

排在上五班首位的鸣凤班，就是由东四义村著名的商业家族史氏家族所办。史氏家族聚居于巴公镇东四义村东"太和寨"。清乾隆年间，史家出了一个名叫史宗经的人，字六如，号柯亭，官户部河南司员外郎。但人们不知道的是，史宗经还是一名盐商。他作为商人，曾承办山西河东盐务，商名史嘉会，销盐引地为河南灵宝县和山西芮城县。其中灵宝正引 5623 引，余引 2160 引；芮城正引 2204 引，代销 51 引。靠着盐业经营，史家富甲一方。史宗经娶的是本村王氏，其岳父王铨（1738—1786），字澄清，也是一位商人，年仅 18 岁即外出经理其父在安徽宿州的生意。经营 20 余年后，才回到泽州。

史宗经约于清乾隆五十年（1785）前后创办了鸣凤戏班。也有传说，史宗经娶阳城县鸣凤村白氏为妾，白氏把一个戏班子带到了东四义，即后来的鸣凤班。现存泽州青莲寺道光九年（1829）《重修青莲寺玄帝殿碑记》云："有鸣凤班者，行戏四十余年矣。"据此推算，鸣凤班的设立时间当在乾隆五十年左右。史宗经创办鸣凤班之后，投入了大量的人力、物力，使鸣凤班很快就成了当地最著名的上党梆子戏班。

史宗经之子史溥（1787—1851），字涧东，官至福建福宁府知府。据《凤台县续志》载：史溥"性情豪迈，好义乐施，园亭举觞，坐客常满"。"所蓄梨园为一郡冠。"史博在住宅旁专门修有排戏用的大厅，名叫"方三丈"。每排演一出新戏，便在"方三丈"周围摆设酒宴，邀请府县官员、文人学士对新排剧目进行修改审定，改编了许多新节目。

晋城各地的舞台留有许多鸣凤班演出的题壁，时间先后有嘉庆八年、道光十一年、道光十四年、道光十九年、道光二十一年、道光壬寅年、道光三十年、咸丰五年、同治十年、光绪六年、民国四年、民国十六年、民国十七年、民国二十八年等。鸣凤班演出过的剧目有，上党梆子《雁门关》《乾坤带》《夺秋魁》《彩仙桥》《金玉佩》等；上党皮黄《苦肉计》《清河桥》《挂龙灯》等；上党昆曲《长生殿》《赤壁游》《别母乱箭》《祭旗大战》等；上党罗戏《打面缸》《打铁》和上党卷戏《卖荷包》《窦老争亲》等，五种声腔俱全。

1946 年，鸣凤班被政府接管，改名为"民风剧团"。鸣凤班能够前后存续160年之久，稳居魁首，称雄一时，除了人们常说的，鸣凤班有个好东家、好掌班，治戏有方之外，有一个靠盐业经营建立的雄厚经济后盾是不容忽视的坚强有力的因素。

东四义乐舞楼

南沟积盛班为大箕镇南沟村吴氏家族所创办，俗称“南沟戏”。吴家是一个商业家族，堂名“积玉堂”，兄弟三人，老大吴学曾，老二吴学孔，老三吴学孟。吴家创办积盛班的年代不详，约在清中后期。老二吴学孔的夫人孔文秀（1857—1943）热爱戏曲，曾任戏班班主。咸同年间（1851—1874），吴家因凿井采煤，耗资巨大，把积盛班行头卖给了下犁川同兴典。孔文秀的次子吴万德（1887—1959），受母亲影响，对戏曲有特殊感情。母子二人常有恢复戏班的想法。1924年，又购置行头，成立了复盛班，寓复兴积盛班之意。演出剧目有《飞虎剑》《玉龙尺》《飞龙盏》《龙虎会》等连本大戏。泽州县山河镇西尧村舞台、下村镇史村河村舞台分别有光绪八年（1882）二月二十日、光绪十四年（1888）七月十五日南沟村积盛班、南沟吴宅戏演出题记。复盛班一直延续到1946年，被收归村农会。（李近义编著《泽州戏曲史稿》）

南沟村与秋木洼村是王泰来家族故里“秋木山庄”所在。乾隆初年，王家就养有戏班。蒋士铨在为王镗撰写的墓志铭中曾写道：“然意致豪举，樽罍丝竹，辄以自随，有王、谢风流雅尚云。”从中可知，王镗不仅好朋友，常招友饮宴，而且养有戏班，随时随地为其演出，还将戏班带到京城随时演唱。蒋士铨诗《筠斋再招同人宴集倒和前韵奉答》有“衰丝豪竹夜筵张，跌宕仍同太行右”之句。由此分析，积盛班可能是王泰来家戏班的承继或遗续，亦未可知。

周村三乐班为周村郭氏家族郭象震所办。郭家在大阳开有煤窑，在周村开有“福盛和”烟坊。郭象震（1877—1922）在兄弟辈中排行老七，为人豪放，好交朋友。办起三乐班后，不惜财力为演员置办行头，再加上自己兄弟郭象升等人的社会影响力，形成了三乐班的黄金时代。郭象震死后，由老九郭象谦管理戏班。1929 年，掌班陈发囤接受鸣凤班之聘，带徒弟加入鸣凤班，三乐班被迫停办。

大阳三义班为东大阳商人张得诚等人所办。张得诚的父亲张光明在山东济南经商，张得诚在大阳开有煤窑。1908 年，张德诚和大阳社首张仲、万聚永商号东家武某三人合伙办起了戏班，取刘、关、张桃园结义之意，取名“三义班”。张德诚开窑行炉，实力雄厚，舍得花钱，戏班行头都用苏杭上等货，戏班演员多选名角。首演即赢得好评，不到一年，三义班即成为泽州出名的戏班，常被县府聘去演出。演出剧目有《行乐图》《彩仙桥》《夺秋魁》《伐子都》《回龙传》《甘泉宫》《徐公案》《打金枝》等 20 余本。张德诚死后，儿子张恭发重新整顿戏班，安抚演员，添置行头，重做戏箱。所到之处，仍唱得红红火火。

北尹寨公顺班为北义城镇北尹寨村祁氏家族所办。祁家的商号“祁公兴”为清中后期泽州著名商号。祁家在清末经营有戏班“公顺班”，班名中的“公”字即来自“祁公兴”商号名。泽州县李寨乡大井村舞台有道光十五年（1835）公顺班演出题记。清光绪年间，祁氏家族的祁海世，因喜爱戏剧，耗费巨资购买行头，聘请名伶，使公顺班名声为之大振，后来分为公顺头班和公顺二班。泽州县高都镇黄山河村舞台有光绪十年（1884）北尹寨公顺班演出题记。约在民国初年，祁海世病死于经商地湖北省老河口。

此后，公顺班转让于晋城南关西巷商人张登瀛。张登瀛（1849—1928），河南孟县桑坡人，从他父亲张占明开始迁来晋城，在南关开设有皮坊。沁水县嘉峰镇郭壁村南头大庙民国七年舞台题记称：“晋邑尹寨南关西巷公顺老班”，说明此时公顺班已经易手。

张登瀛是晋城著名乡绅马骏的舅父。马骏其人亦商亦宦，对戏曲情有独钟。

1934 年，由时任山西省禁毒委员会委员长的马骏发起，联络时任晋绥“绥靖”公署秘书长的沁水人贾景德、时任山西省教育学院院长的晋城人郭象升等人，组织原泽州府五县的上党梆子著名艺人首次赴省城太原公演。由郭象升将泽州大戏命名为“上党宫调”。将演出团体定名为“上党宫调泽州艺员赴并公演团”。首先在承庆园演出，轰动一时。1935 年，以公顺班为基础，泽州艺员二次赴并，在太原鸣盛楼公演，深得省城观众赞许。

马骏认为：“戏剧虽小道，然摹仿古今来忠奸贤佞，离合悲欢，无不曲折尽致，惟妙惟肖，故其感人也深，洵堪为文化教育之一助，非徒悦耳目已也。”只是旧剧本大多荒诞无稽，不是来自小说，就是出自杜撰，缺少认真考证历史、发人深省之作。马骏于是有改进戏剧的想法，与郭象升、文炽昌等人，在太原组织了一个历史文化戏剧社，他亲自动手，编写了关于中国历史的名剧 30 余出。并将其中的《平蚩尤》《夏庭忠谏》《西周记》《功臣泪》《窃符救赵》《鹦鹉洲》《五将山》《明皇梦》《李龟年》等 10 出戏，汇编为《知非斋剧本》（第 1 集），经郭象升评点，由历史文化戏剧研究社于 1934 年 7 月出版。马骏还将其剧本交给皮黄名须生马最良和名伶李洪春等，将其中的《五将山》《宋太宗外传》《功臣泪》《碎玉全金》《西周记》《太真入梦》等六剧排演纯熟，在省城最著名的戏园承庆园登台表演。1935 年《人道》月刊第 2 期，以《回教先进马君图手编历史名剧在承庆园表演》进行了报道。

可以说，上党梆子的形成与发展，与泽州商人有密不可分的关系。不仅晋城的上五班为商人所兴，而且阳城贤易班、高平三乐班、陵川庆云班等，都是“富人成班穷人唱”（原双喜著《上党戏剧史摭谈》）。一般穷人置不起戏箱，也办不起行头，偶尔有几个名艺人合伙唱戏，也难持久。一定程度上，没有当地商人对梆子的喜爱支持，就没有上党梆子的繁荣发展。

参考文献

（明）傅淑训重修，（明）郑际明续修：《泽州志》，北岳文艺出版社 2009 年版。

（清）窦汉辅：《（沁水窦庄）窦氏家谱》（东支），抄本。

（清）窦遵等修：《（沁水窦庄）窦氏家谱》（西支），抄本。

（清）觉罗石麟等修：《敕修河东盐法志》，三晋出版社 2018 年版。

（清）莽鹄立修：《新修长芦盐法志》，清雍正刻本。

（清）张传煇：《（沁水窦庄）张氏合族世谱》，清雍正抄本。

（清）张桂先主编：《阳城润城张氏家谱》，清嘉庆抄本。

（清）朱樟修：《泽州府志》，三晋出版社 2016 年版。

（民国）徐志学等续：《（泽州东沟）徐氏家谱》，民国抄本。

［德］费迪南德·冯·李希霍芬著，李岩等译：《李希霍芬中国旅行日记》，商务印书馆 2016 年版。

常书铭主编：《三晋石刻大全　晋城市高平市卷》，三晋出版社 2011 年版。

常建国主编：《沁水文史资料　柳氏民居专辑》（上），香港世界华人艺术出版社 2000 年版。

车国梁主编：《三晋石刻大全　晋城市沁水县卷》，三晋出版社 2012 年版。

陈兴富主编：《午亭陈氏族谱》，午亭陈氏族谱编纂委员会 2021 年版。

樊秋宝主编：《泽州碑刻大全》，中华书局 2013 年版。

河南省正阳县政协文史资料委员会编：《正阳文史资料》（第 1 辑），1988 年。

廖沁平主编：《高平晋商史料》，《高平文史资料》第 8 辑，政协山西省高平市文史资料委员会 2007 年版。

李成华：《马骏家国旧事》，晋城市文化局 2016 版。

李德禔等主编：《山西阳城小庄村李氏家谱》，晋城市太行乡土文化研究会

2013 年版。

李近义编著:《泽州戏曲史稿》，山西人民出版社 1989 年版。

刘国亮编著:《泽州巨商王泰来》，三晋出版社 2019 年版。

刘秋海主编:《晋城市城区工商史话》，政协晋城市城区文史资料委员会 2012 年版。

马甫平主编，潘满库总纂:《安阳潘氏宗谱》，山西人民出版社 2019 年版。

乔欣主编:《历史名人与泽州　英才・商贾・义士・释道卷》，山西人民出版社 2009 年版。

乔欣主编:《天长久商业信函集》，山西人民出版社 2014 年版。

山西省政协《晋商史料全览》编辑委员会等编:《晋商史料全览・晋城卷》，山西人民出版社 2006 年版。

山西省政协文史和学习委员会编:《明清山西商人会馆史料》，中国文史出版社 2017 年版。

山西省晋商文化基金会编:《办布规程》，中华书局 2019 年版。

史若民等编著:《平、祁、太经济社会史料与研究》，山西古籍出版社 2002 年版。

王丽主编:《三晋石刻大全　晋城市泽州县卷》，三晋出版社 2012 年版。

卫伟林主编:《三晋石刻大全　晋城市阳城县卷》，三晋出版社 2012 年版。

王立新主编:《三晋石刻大全　晋城市陵川县卷》，三晋出版社 2012 年版。

许永忠等主编:《高平祁氏六世书画雕磁篆刻集》，山西人民出版社 2010 年版。

张桂春主编:《沁水商贾史料》，北岳文艺出版社 2013 年版。

张星社主编:《阳城商贾史料》，政协阳城县委员会 2014 年版。

赵中亚:《弘道遗爱：来华英国女传教士艾伟德传》，山西人民出版社 2016 年版。

后 记

政协晋城市委员会组织编写一套《文史丛书》，文化文史和学习委员会主任王晓光、副主任武晓芳征求意见，让我编著其中的《商贾晋城》一书。

文史本非我所学专业，大学期间，我学的是农作物的耕作、栽培和育种。但我一生喜欢读书，喜欢探索，喜欢在文字资料里寻寻觅觅，希望了解当地历史上曾经发生的种种事情。一个偶然的机会，无意间竟然误打误撞闯进了对晋城商人研究的天地里。

我对晋城商人的研究，是从当地一个代表性商业家族王泰来家族开始的。2010 年，我开始收集王泰来家族的相关资料。2019 年，在山西省晋商文化基金会的支持下，由三晋出版社出版了《泽州巨商王泰来》（家族史料集）一书。2020 年，我申报的《泽州巨商王泰来研究》入选山西省晋商文化研究专项课题，在课题研究过程中，收集整理了大量晋城商人的资料。与此同时，山西省晋商文化基金会启动编辑《长治晋城商业人物》《长治晋城商业家族》两本晋商史料，我应编辑老师所请，协助收集和整理了晋城明清和民国时期的商贾资料。其后，晋城市文联在其公众号开设《泽商故事》栏目，在全市征稿，我又为该栏目写下一系列稿件。

正因为有了这样一个基础，所以才敢勉力承担起《商贾晋城》这本书的编著任务。但在具体写作时，并不是一帆风顺的。怎样从众多的庞杂的商贾资料中提炼出晋城商贾发展的脉络，怎样才能既全面又突出地反映出晋城商人的特点和精神面貌？在思路形成、整体布局、结构安排、资料选择上进行了反复考虑和推敲，直至交稿之前仍在对文稿不断地进行修改。

此外，本书在素材和内容的安排和选择上，除了注意所选商人及其事例是否具有代表性之外，还注意到晋城市辖区范围内各县市之间的兼顾和平衡，顾及各县市自身商贾文化的特点。

本书写作过程中，浙江省舟山市文化学者胡瑞琪先生提供了部分资料，晋城地方文化学者乔欣先生给予指导，提出了许多重要的意见和建议；晋城市委宣传部郭丽娜女士及各县相关文史专家也都提出了修改意见。晋城《文化旅游研究》执行主编张会芳女士帮助进行了全面校对，在此一并致意。

由于本人水平有限，不免有错误和疏漏之处，还望读者诸君，尤其是专家、学者不吝批评指正。

刘国亮

2025 年 3 月 4 日于晋城

编　委　会

主　任：孟贵芳

副主任：焦新文　阴建正　郭向阳　王学琦　程春明

常先勤　贾龙斌　聂永平　郭明太　李红梅

编　写　组

主　编：孟贵芳

副主编：王晓光　武晓芳

撰稿人：马甫平　李泽军　张广善　刘国亮　安建峰

晋城历史文化研究

工匠晋城

JINCHENG
LISHI WENHUA YANJIU

《晋城历史文化研究》编写组　编著

人民出版社

序　言

晋城，这座镶嵌在太行山南麓的千年古城，是山西东南部的文化重镇，也是连接中原与西北的咽喉要冲。她以山川为骨，以历史为魂，在漫长的文明演进中，既见证了金戈铁马的烽烟，也孕育了精耕细作的农耕文明；既锻造了巧夺天工的匠作精神，也涵养了崇文重教的理学传统；既催生了纵横四海的商贾智慧，更沉淀出多元交融的人文气象。为庆祝晋城建市 40 周年，充分展示晋城悠久历史和优秀文化，市政协组织地方专家学者，以《文脉晋城》《神农晋城》《工匠晋城》《商贾晋城》《兵家晋城》五册书为题，编写了一套《晋城历史文化研究》丛书，试图通过这套丛书梳理这座城市的文明基因和地域密码，这不仅是对地方历史的致敬，更是为中华文化的多样性提供一份鲜活注脚。

《文脉晋城》：理学渊薮，泽州学风

晋城古称泽州，北宋以降，这里成为程朱理学的重要发祥地。程颢任晋城令时，兴办乡学、整顿礼俗，以“民胞物与”之心教化一方，终使“泽州学者如牛毛”（《泽州府志》）。这片土地上的文脉，既有书院朗朗书声的浸润，也有民间耕读传家的坚守。金元时期，郝经、李俊民等大儒辈出；明清两代，陈廷敬家族“德积一门九进士”，更将儒家文化的根脉深植于太行深处。《文脉晋城》追溯的正是这种“士尚气节、民重诗书”的精神传统——它不仅是科举功名的辉煌，更是晋城人对天道人伦的朴素践行，

对家国情怀的无声传承。

《神农晋城》：农耕肇始，炎帝遗风

高平羊头山下，炎帝陵庙巍然矗立，诉说着华夏农耕文明的源头。晋城作为炎帝活动核心区，留存着密集的祭祀遗址、传说与民俗。炎帝在此“斫木为耜，揉木为耒”，教民播种五谷，开创医药之先（《淮南子·修务训》）。至今，当地仍保留着“鞭春牛”“祭谷神”等古俗，民间药膳、农耕工具中亦可见上古智慧的孑遗。《神农晋城》不仅是一部地方史考，更试图揭示：为何这片土地能成为中华农业文明的“试验田”？答案或许藏在这独特的山川格局——太行屏障与两河（沁河、丹河）沃土的结合，既提供了避乱之所，又孕育出最早的农耕实践，最终塑造了晋城人“厚土重农、敬畏自然”的集体性格。

《工匠晋城》：铁火流光，技艺千秋

“九州针都”大阳古镇的钢针，“平遥的漆器，泽州的铁”的民谚，无不彰显晋城工匠的赫赫声名。春秋战国时，这里已是冶铁中心；明清时期，阳城犁镜、泽州铁壶行销欧亚。煤炭与铁矿的丰富资源，催生了“一斗铁砂半斗金”的产业传奇，更锤炼出“百炼精钢”的匠人精神：从战国箭镞的精密铸造，到明清古堡的砖石工艺，无不体现“工必为之纯，器必求其利”的执着。《工匠晋城》记录的不仅是技术史，更是一种文化哲学——煤铁之乡的百姓，始终相信“器以载道”，他们将生命的韧性锻入铁器，将秩序的追求砌进城墙，最终让物质创造升华为文明符号。

《商贾晋城》：行商万里，义利兼济

泽州商人虽不及晋中票号声名显赫，却以“行商如行军”的魄力独树一帜。明清时期，他们依托煤铁、丝绸、硫磺等特产，南涉闽粤，北走塞

外，甚至远赴俄蒙。其商业网络既是物资流通的血脉，也是文化传播的纽带：关帝庙遍布商路，既是对“忠义仁勇”的信仰，亦是对契约精神的恪守；而程朱理学“格物致知”的思想，更赋予泽商“以义制利”的伦理底色。《商贾晋城》试图还原这一群体如何将地域资源转化为商业资本，又如何以文化认同凝聚商帮力量——他们的故事，恰是明清中国商品经济与精神传统共生共荣的缩影。

《兵家晋城》：锁钥三晋，雄镇太行

“河东屏翰”“中原咽喉”的军事地位，使晋城自古为兵家必争。长平之战，白起坑赵卒四十万于高平；巴公原之战不仅巩固了后周的政权还为赵匡胤北宋王朝的建立奠定了基础；北宋抗辽，孟良寨、焦赞城遗迹犹存。这片土地上，战争与和平的交替催生了独特的防御文化：砥洎城的“蜂窝型城墙”、皇城相府的“防御型碉楼”，既是冷兵器时代的智慧结晶，也隐喻着晋城人“居安思危”的生存哲学。《兵家晋城》透过烽火记忆，揭示的正是地理如何塑造命运——当山河成为屏障，战乱反哺坚韧，最终凝练出“崇文尚武、守正出新”的地域品格。

《晋城历史文化研究》丛书的五册，恰如五色丝线，共同编织出这座城市的文明图谱：神农的耒耜、程朱的典籍、工匠的铁锤、商队的驼铃、将士的弓刀，在历史时空中交响共鸣。而贯穿始终的，是晋城人对天地的敬畏、对技艺的追求、对文化的坚守。这套丛书不仅为地方立传，更试图回答一个根本命题：在新全球化浪潮中，我们如何从地域文化的多样性中汲取智慧？晋城的启示或许在于——唯有深植传统的土壤，方能绽放时代的新枝。

《晋城历史文化研究》丛书的出版，是庆祝晋城建市 40 周年的重要文化工程，愿读者借此书穿越时空，触摸晋城的山河脉动，为晋城高质量发展注入文化动力。

晋城

目 录

前　言

纵观整个人类发展史，工具的使用与制造无疑起着十分重要的推进作用，它启发了人类应对大自然的思考，促进了人类大脑的进一步发育，把人类自身送进了发展的快车道。

人类生活需要工具，工具制造技能的提高可以改善人们的生活品质，促进人类社会的进步与发展，这就使人们更加意识到工具制造的重要性，进而形成了工具制造业的优胜劣汰，于是优秀的工具制造者开始被人类社会所重视。一批优秀的工具制造者成为原始人群中第一批专业的工匠，他们凭着自己在工具制造领域的聪明才智走上了专业的制造领域，从而实现了人类社会的第一次分工，至此，一个专业制造工具的工匠群体出现了。

随着人类社会的进一步发展，家庭、私有制与国家的出现，私有财产、部落财产、国家利益都成了人类需要保护的对象。这时生产、生活的矛盾已转变为社会的次要矛盾，而保护私有财产，巩固政权就成了更为重要的社会问题，作战用的兵器，运输用的车马器，变成了工具制造中的重头戏，这时的工具制造就更倾向于国家与政权的需要了。

同时，随着生产方式的进步、社会生活水平的提高，工具的应用范围也越来越广。生产工具、生活用具、作战兵器……社会分工越来越细，工具的种类越来越多，工具的制造也越来越复杂，越来越专业，因而工匠的专业性也越来越强，成为人类社会不可或缺的一个群体。当工具不仅仅局限于生产生活时，当工具的制造技艺成为一个政权争夺地盘与人口的要素时，工匠就成了一个国家实力的具体体现。为了维持一个强大的工匠队伍，保证工匠队伍的稳定性与创造性，封建政权的掌控者，便义无反顾地掌控了工匠队伍，并制定出一整套有效的管理制度来。中国古代的匠户制度就是在这样的社会条件下应运而生的，这一制度一直延续了2000多年，直到明中后期“一条鞭法”实施之后，这一制度才逐渐松弛起来。

明代匠户制度的改革，使封建的中国社会露出了一丝光亮，具有一技之长的匠户们解放了手脚，使长期禁锢的生产力得到了极大解放。匠户们带给社会的是极具竞争力的各种手工产品，众多产品进入市场，有效地促进了商品社会的成长，中国资本主义萌芽就是在这样的环境中开始出现。生产关系的变化，促进了生产力的发展，伴随着匠户制度改革，明中后期的晋城利用自己资源丰富、技术领先的比较优势展示出了前所未有活力，晋城工匠在太行山的南端展示出了其多彩风貌。

晋城工匠在自给自足的农耕社会，体现在人们生产生活的方方面面。小到一根针、一缕线、一把镰刀，大到一片住宅、一辆马车、一套水磨，应该说一个家庭的吃喝用度，除了家庭成员能够承担和完成的家务活之外，几乎全都需要那些手工工匠去具体完成。这样的供需关系，既不需要到遥远的地方求购材料，也不需要远走他乡进行产品推销，几乎所有的产销都在一个不太大的圈子里进行。买家与卖家都在相邻的几个村镇中，东家酿醋，西家榨油，张家铸锅，李家制碗，有套犁的，有打耧的，有修房的，有盖屋的，就靠这样的生产模式，一家一户的手工工场，我缺你有的经济互补，支撑起了太行山南部这一方土地的繁荣与发展。

而享誉四方的犁铧犁镜、铁锅蒸笼、钢针铁钉，都是使用者感受到产品的优质与好用之后，才来求购的。需求决定产量，消费拉动市场，是口口相传的影响，百闻不如一见的真实，不断增强着产品的声誉，不断地扩张着的消费市场，促进了当地的经济社会发展，支撑起中华传统文化的一片天地，晋城工匠由此名震太行、享誉华夏。

晋城

第一章

制造工具，揖别古猿

一、人类走上进化的快车道

说起工匠晋城，追根溯源无疑是要做的第一步工作。因此，我们的目光就必须投向远古的晋城。应该说，我们的祖先是智慧勤劳的，为了寻找一条更为便捷的生存之道，从而走向更为灿烂的明天，他们曾有过长期探索与努力，创造了许多鲜为人知的劳动成果和不畏艰苦、精益求精的工匠精神，并为后人留下了一笔丰厚的文化遗存。这些闪耀着文明之光的文化遗产，印证了晋城工匠曾经的辉煌。

二、考古学，揭开人类历史的途径

考古学是揭开人类历史的重要途径。通过对历史遗存的深入调查，有序发掘，并根据遗址遗存和出土的实物资料展开深入细致的研究，我们就会对史前时代不同历史时期人们的生产生活状况，有一个局部的了解。用考古资料完善历史文献中的缺失，让我们的历史越来越清晰，这就是现代考古学存在的重要意义。

对于人类的起源和发展，在文字出现之前的史前时代，研究工作的唯一途径就是分析考古资料，探讨这些资料产生的自然环境以及对当时人类生产生活的影响，从而做出最接近历史真相的判断。

在人类进化的历史长河中，从猿到人是一个漫长的过程，在思维与语言尚未成熟的时期，人类的一切行为只能被抛弃在大自然中，任其自生自灭。即使思维与语言逐渐成熟但没有文字的时代，人们依然没有办法把自己的经历和创造记录下来，他们只能靠口口相传，爷爷给孙子讲故事，孙子再把自己从爷爷那里听来的故事讲给自己的孙子。口口相传的结果，就是一些真相被传丢了，有一些不相关的东西被加了进来，即便能够传下来的，也只能是一个故事的梗概了，于是故事与真相的距离只能越来越远。因此，历史的真相只能被不断地湮没在历史的长河中，埋藏在厚厚的土壤中。这个时间大约经历了几百万年，从旧石器时代，到新石器时代，再到青铜时代，直到人类创造了文字，一切才变得好了起来。

中国的文字创造于何时，可以说不会有一个具体的年代，它应该从最早的刻画符号开始，然后到通用的符号，再从通用的符号到可以说明一件事的符号。然后在有心人的整理和权威人士的规范下从而形成一个较大的影响范围。

甲骨文是我们目前发现最早的，也是较为成熟的文字，它最早发现于河南安阳，是一些镌刻在龟甲和骨片上的象形符号。这些符号已发展得比较成熟，且使用范围较大，并具有记录和说明一件事情的功能了。甲骨文最早出现在河南安阳的小屯村，当时人们是把这些甲骨当作药材"龙骨"来采集的。清光绪二十五年（1899），国子监祭酒王懿荣在吃药时，发现了这些镌刻在"龙骨"上的象形符号，因王懿荣精通金石学，所以他判定这是一种古文字。于是他开始了对这种甲骨的收购与辨识，从而认定这是出现在殷商时期的文字，至此甲骨文便出现在中国考古学的范畴中。随着带有文字的龟甲和卜骨不断出现，甲骨学开始出现，通过深入辨识和研读，记载着许多重大历史事件的卜辞被研究释读出来，于是这些甲骨就成了这些历史事件的原始记录，甲骨文就成了中国至今已发现的最早的文字。最初的文字书写还不规范，各地有各地的写法，秦始皇统一六国后，进而统一文字、统一度量衡，"书同文，车同轨"，秦始皇的"统一行动"为中华文明兴盛奠定了坚实的基础。

文字的出现给人类提供了记载历史的工具，随后才有了《三坟》《五典》《左传》《春秋》以及四书五经和诸子百家著作等各种记载历史事件的典籍。目前我们了解的人类发展史、中国史前史，许多内容都是从那些已发现的

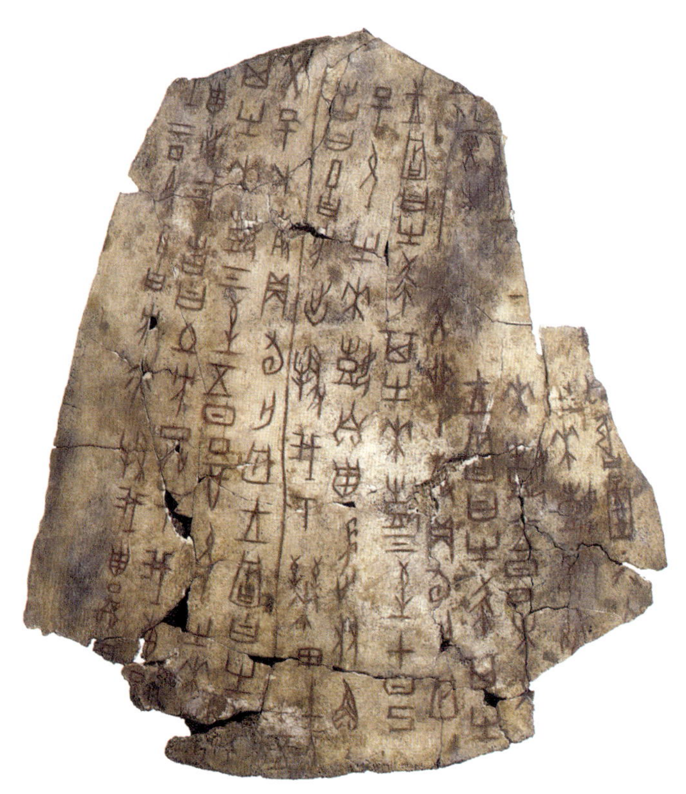

带文字的甲骨片

文化遗存中推断出来的。

中国现代考古事业肇始于 1921 年，地点是河南省三门峡市渑池县仰韶村，当时主持发掘的主要是瑞典地质学家安特生和中国年轻的学者袁复礼。在这里诞生了中国现代考古学历史上的第一个考古学文化——仰韶文化。仰韶文化是黄河中游地区的一种彩陶文化，是新石器时代众多文化中的一个重要文化类型。

周口店遗址也是安特生和奥地利古生物学家师丹斯基等在当地群众的

仰韶文化遗址

引导下于1921年发现的，周口店遗址的正式发掘则是在1927年。主持发掘的主要有瑞典古脊椎动物学家B.步林和中国地质学家李捷等，中国考古学家裴文中先生也参加了这次发掘。1929年12月2日下午，裴文中先生在自己独自主持的发掘中首次发现了“北京人”头盖骨。“北京人”头盖骨的发现震动了世界学术界，特别是随后又发现了石器和用火的遗迹，长期无法定论的“直立人”至此才得到了最终的确定，同时也基本上明确了人类进化的序列，为“从猿到人”的伟大学说提供了有力的证据。

1949年中华人民共和国成立，新中国的考古事业得以在独立自主的环境中全面开展。新中国的考古事业是以马克思主义辩证唯物主义与历史唯物主义为基础建立起来的。

我们在前面已经说过，工具的使用与制造是人类进步与发展的重要环节，现代考古学也有着同样的观点。中国考古学对中国考古时代的划分就是根据生产工具质地的变革而划分的。因而将人类社会分别划分为石器时代、青铜时代和铁器时代的。与这三个时代相对应的三种社会形态则分别为原始社会、奴隶社会和封建社会。石器时代又因文化特征的差异被分为旧石器时代与新石器时代。

从这三个时代所使用的工具来分析，石器时代生产力水平最差，因而人类社会的发展进程也最慢，所以这一时代延续的时间最长，尤其是旧石器时代。根据新中国考古发现，目前考古界对中国旧石器时代所划定的时间范围大约是 300 万年至 1 万年前。而新石器时代，由于新的技术产生，新的工具出现，生产力与社会生产方式的改变，因而人类社会的发展进入了一个新的较快的阶段。新石器时代的时间段仅仅只有 5000 年至 7000 年。中国的青铜时代起源于黄河流域，时间大约在公元前 2100 年到公元前 500 年，整个时间段在 1500 年左右。铁器出现得最晚，但铁器带来的生产力最为强大，铁器时代几乎涵盖了整个封建社会，足足影响了中国 2500 多年的时间。

考古发现中国最早的铁器出现在商代中期，《中国通史·上古时代（上）》第 3 卷“手工业、商业和货币篇”记载说：“河北藁城商代中期铁刃铜钺的出土，是近年来考古发掘和冶金史的重大发现。”虽经鉴定这个铁刃是用含镍较多的天然陨铁经过加热锻打成型后，嵌在陶范内，和铜钺本体在浇铸时铸接在一起的。但这一发现足以证明早在商代中期，我们的祖先就已经对铁这种物质有了足够的认识，他们知道铁的硬度超过青铜，用铁制作的兵刃比青铜器更锋利。因此他们在制作兵器的时候，在兵刃的刃部果断地使用了天然铁。尽管 2009 年考古工作者在甘肃临潭磨沟寺洼文化墓葬中发现了距今 3500 多年的人工冶炼铁，但史学界目前的共识还是把公元前 8 世纪确定为

铁刃铜钺

中国正式进入了铁器时代开端。这也进一步说明史学界对历史真相判定态度是十分严谨的。关于铁器时代的终结，许多学者认为应该确定在清朝晚期的洋务运动，洋务运动以后，中国开始由农业社会逐渐向工业社会转变。

三、从下川文化寻晋城工匠

说到工匠晋城，笔者会不由得想到旧石器时代出现在晋城的下川文化，下川文化的细小石器正是远古时期我们祖先工匠精神的最早体现。翻阅《考古学报》1978 年第三期，山西省文物工作委员会王建、王向前、陈哲英所撰《下川文化——山西下川遗址调查报告》（以下简称《报告》）里有这样一段话让笔者印象颇深。《报告》说：“石器的精细与粗糙，原料固然起一定作用，但真正的决定因素，是制作的方法与技巧。例如下川细石器中有用脉石英和石英岩制成石镞和短身圆头刮削器，亦达到了相当精美的程度。这就是说，石料虽欠佳，而有先进技术，也可能制造出精美的石器。”通过考古专家的描述，我们可以断定在本书中，下川旧石器时代的那些细石器打制者，无疑是工匠晋城的第一人。

下川遗址，位于沁水县城西 70 公里的中村镇下川村，是一处旧石器时代晚期的文化遗址。1970 年夏，垣曲县文化馆的吕辑书先生，到历山采集植物标本时，在一个名叫大腰的山坡上发现了几片经过人工打击的燧石片。当他在返回县城路过下川村的时候，发现这里有更多用燧石打制的石器与石片，于是他刻意采集了一些。1972 年 10 月，得到这个消息的山西省文物管理委员会就派出了专门的考古工作者进行了现场踏勘，至此，下川旧石器时代文化遗址被最终确定下来。下川遗址的发掘可分为两个阶段，第一阶段是 20 世纪 70 年代，第一次发掘是 1973 年的 9—10 月，第二次发掘是 1974 年的秋天，这一阶段的工作主要是由中国社会科学院考古研究所和山西省文物工作委员会来做的，主要参与者有王建先生、王向前先生和陈哲英先生等。在两次发掘之间，他们还针对下川文化的分布做了一次区域性调查，从而确定了西起垣曲县的流水腰，东至阳城县的索泉岭，北迄沁水县的南渠村，南至阳城县的口河、松甲村一线，纵横大约在二三十公里的范围之内。

下川遗址照片

下川遗址的发掘地点选在下川村的富益河圪梁和水井背，《报告》说："在灰褐色亚黏土层中，除见到木炭碎屑和兽骨残片外，获得了大量的石器材料。当发掘工作行将结束，在富益河圪梁采集岩石标本时，发现微红色亚黏土层中还有一种用砂岩打制的粗大石器。"下川遗址的发掘，为确定遗址的性质提供了证据，由于该遗址的文化特点是打制精细的细小石器，属于旧石器时代晚期，紧邻新石器时代的文化类型，而且堆积丰富，特色显著，故而将其确定为旧石器时代晚期一个特有的文化类型——下川文化。

下川遗址出土的石制品很多，但多为断块和断片，无法作为下川文化的佐证物。通过《报告》我们得到的信息是：在第一阶段发掘中，真正可以列入观察分析范围的石器、石片、石核等一共有1800件。在这1800件器物中，除了85件为粗大石器外，其余全部为细小石器。其中包括石器1010件，石片490件，石核300件。

下川遗址发掘的第二阶段是2014年至2017年，至于为什么要对下川遗址进行再次发掘，主持这次发掘的北京师范大学杜水生教授指出，首先是随着科学进步，一些之前得出的考古结论现在需要拿出来重新审视；其次是以前的考古技术、发掘手段与现在相比明显落后，新课题催生了遗址的再度发掘。他认为“与过去单个器物‘挖土豆’似的发掘方式不同，此次采用的是水平层逐层揭露法，就是不提取出来，整体呈现平面揭露的方式”。他介绍说，这样更有利于全面揭示和整体复原古人的生活面貌、行动路径与行为方式。

第二阶段的发掘地点选择在下川的小白桦圪梁，时间为2015年。此次发掘共选择了三个地点，分别为QX2015T2、QX2015T3、QX2015T6，目前发掘报告已经在《考古学报》正式刊发，名字为《山西沁水下川遗址小白桦圪梁地点2015年发掘报告》。第二阶段发掘共出土石制品2776件，其中断片、断块为1875件，可作为观察对象的有901件。在这901件中，有石核106件，石片558件，石器185件。

下川文化的具体年代，经碳—14测定应该在距今2.6万年到1.6万年之间。

下川遗址，笔者曾到过多次，这里的石片之多，可以说比比皆是。站在早春的麦田里，随便地望上一眼，你一定会发现许多黑色的燧石片，如果仔细找一找，或许你还会发现一个棱角分明、条理清晰的柱状石核。这里的石器、石片很多，但动物的骨骸却很少，以至于20世纪70年代进行考古发掘时考古队都没有找到一个合适的动物化石来进行碳—14的测定。通过这一现象，我们或许可以判定这里真的就是一个特定的石器打制工场。

考古学家在《报告》中详细分析了1800件石制品的具体情况，他们认为在这1800件的石制品中，绝大部分为细石器，这些石制品又可以细分为53个类别，其中细石器分了41个，它们分别为7种形态的石核，3种形态的石片，5种形态的琢背小刀，3种形态的雕刻器，6种形态的尖状器，2种形态的石镞，6种形态的刮削器，6种形态的石核形石器，另外还有锥钻、尖状器与圆头刮削器的组合以及石锯等。

《报告》对各类石器的打制方式也做了具体的分析，他们认为粗大石器的制作方式基本继承了早期石器的制作方法，大多是采用直接打击法制成的。而细石器则是采用间接打击法制成形，然后再用压制法对石器的局部进行更进一步的修整，从而实现最初的设计理念。

关于石器的制作技艺，一些资料认为：石器的制作是一种有计划、有目的的行为，生产生活中需要什么样的器物，石器的打制者，就要根据手中的石料进行有计划的规划，并根据自己的规划进行打制。制作石器的程序，一般是从石料上打下自己规划中的石片，然后再对手中的石片进行进一步的加工，从而使之成为一件自己所需要的石器。在打制石器的过程中，被打击而产生石片的那块石料，被考古界称为石核。石核可以不断地被打击，打击出一块块的石片。刃口锋利的石片可以直接使用，如果有特殊需求时，就需要进一步加工，使之成为生产和生活所需要的石器。

研究者认为，在旧石器时代人们都是采用直接打击法制作石器的。具体的打制方法大概可以分为锤击法、砸击法、锐棱砸击法、碰砧法、投击法等。

所谓锤击法是用椭圆形砾石作石锤，直接敲击石核边缘产生石片的方法。砸击法和锐棱砸击法都是先在地上放一块扁平的砾石为砧，再将石核置于石砧上用手握住，另一只手则握着一块作为砸击锤的石块，直接砸击石砧上石核的上端，从而得到需要的石片。而锐棱砸击法则是将石核稍稍倾斜地与石砧接触，然后用石锤较扁的一侧砸击石核的另一端，从而得到所需要的石片。

用上述方法打击出石片，经过进一步的加工，就成了可以使用的石器。

加工修理工作，用的也是锤击法，具体方法有两种：一种是用石锤直接敲击石片和石核的边缘使之形成刃口；另一种是将需要修理的石片或石核放在手上，用拇指垫在需要加工部位的背面，然后用石锤轻轻敲击另一面，从而得到所需要的刃口。用后一种方法修理，能使石器的器形变得比较规整，刃口更为匀称。

原始人所用的工具，多为尖状器、刮削器、砍砸器、石球等。尖状器的作用，主要用来挖掘植物的根块和鼠类等小动物的巢穴；刮削器的用途则是切割肉类、剥去兽皮或刮削兽骨和木质用具等；而砍砸器的作用就更为广泛了，如砍劈木材、敲砸骨髓、打制石器等，也能用于捕猎和挖掘等；而石球的用途则主要是用来提高远距离投掷的准确性，从而提高捕猎的效益。关于石器的打制方法，也有一个经验的积累阶段，越到后期制作经验越是丰富。大约在 30 万到 10 万年前，原始人群打制石器的经验就已经很丰富了。

古人类打制石器的原料，一般都是在河滩中拣选的。因为地壳变动所形成的裂石，许多都会滚落到山沟中，然后被洪水冲入到河沟里，长期的冲刷，不断地滚动，即使再坚硬的顽石也会被滚成鹅卵状。这样的石材在打制石器时，首先要解决的问题就是做出一个比较平整的台面来，有了这样的台面才好选择打制石片的打击点，从而打制出制造石器所需的石片来。而为鹅卵石制作台面，最好的办法就是采用砸击法，把鹅卵石摔成两段，使之各自形成一个台面，然后再采用锤击法锤击台面上的合适部位，从而获得打制石器所需要的石片。

到了下川遗址那个时代，人类已经进入旧石器时代晚期，根据下川遗址两个阶段的考古发现，尤其是2015年的发掘与禾类种子的发现，我们甚至可以推断，这个阶段的古人类已经处于新石器时代的萌动阶段，采食禾类植物种子，或者有意识地保存和培育这些植物种子都成为可能。应该说下川时期的古人类，生产力水平已经有了较大的提高，人类已经有条件考虑改善生活质量、增添文化生活的问题。从与下川文化处于同一阶段的山顶洞人遗址出土的文化遗存来看，这里已经有了用以缝纫的骨针、用以装饰可以佩戴的石珠和钻了孔的兽牙等。结合下川出土的石器中含有一定比例的雕刻器，我们可以推断，这一时期骨角类的生活用具和用于佩戴的装饰物，同样也会出现在这些生活在下川的古人类的生活中。

下川出土的石器主要为细石器，生活在这一时间段的下川古人类，已经处在旧石器时代晚期。经过百万年的积累，人们打制石器的经验已经十分丰富，尤其是在下川的石器工场里，一定隐藏着一些对石器制作有着深刻情怀和创新理念的高级技师。他们熟悉各种石料的性质，熟悉石器的制作方法，熟悉生产生活中需要哪些类型的工具，因此他们才会打制出那许多适应制作复合工具的细石叶和适宜雕刻用的鸟喙形雕刻器以及小型的锥钻等，打制出一批适合弓箭用的石镞、适合标枪用的尖状器。

在打制石器的工匠眼里，他们对选择石料有着自己独特的眼光，考古学家发现，所有石器选用的原料硬度值都在7°以上，在下川遗址中出土的石制品中，最主要石料就是黑燧石，还有一些其他颜色的燧石，如灰色、紫色、白色、绿色等。除此之外发现的石器还有水晶料、石英岩料、脉石英料和石英砂岩料等。最差的就是砂岩料了，但这些砂岩料主要用来打制的基本都是粗大石器。

从下川遗址出土的石制品来看，就有许多制作精细的石器和剥取石片后留下的石核。那些石核的精美程度完全可以拿在手中把玩或钻上孔戴起来。

下川细石器的类型较多，其中许多器型在其他的细石器遗址都有发现，但也有几种比较新颖的类型则是下川遗址所独有的。如琢背小刀。琢背小刀的特点是将薄石片的一边轻敲细琢，去掉刃口后使之形成一个钝化的厚边，即修琢后的刀背，薄石片的另一边，依旧保留着原有的锋利，这就是下川特有的琢背小刀。下川的琢背小刀，琢背石片类型较多，制作也很精细。特别是有肩斜刃琢背小刀和三角形琢背小刀，更是不可多得的器物。

下川文化细小石器

石核式石器也是下川细石器中所独有的器型。石核式石器，亦被称为石核式刮削器，其实这种刮削器也不是用石核改制的，而是用较厚石片制成的。因其刃部加工剥落碎屑的痕迹与细石核上的石片的疤痕极为相似，所以考古工作者将其称作为“石核式石器”或“石核式刮削器”。石核式刮削器是一种具有特殊功能的工具，主要用于刮削和切割。石核式石器的种类也很多，有平刃、斜刃、圆刃、两面刃和尖刃等。由于其刀背厚实，所以石核式刮削器使用起来可以注入更多的力道，因而更为得心应手。

三棱小尖状器和扁底三棱尖状器也是下川细石器遗址所独有的器物。三棱小尖状器在下川遗址的尖状器中数量最多，器身两侧的修理一般都很陡，横截面呈正三角形，以厚石片或板状燧石为坯，器型短小，且不十分规整。以石片为坯者占绝大多数，有破裂面向背面打击加工成截面呈三角形的、两边对称的三棱形端尖。以燧石板为坯者，两侧通身修理，尖端呈三棱形，中后部截面呈梯形。在下川还有一些微型尖状器，这种微型尖状器加工十分精细，尖端很是锋利，它们一般以石叶或细石叶为坯，边缘和尖端略有加工，有的加工痕迹在放大镜下才能看清楚。

扁底三棱尖状器和两面加工的尖状器。这种尖状器器型都比较大，且底部明显减薄，考古专家们推测，这种类型的尖状器，应该是为了装置在木柄上，用来做长矛或标枪的。

斜刃雕刻器

斜刃雕刻器。关于雕刻器，在我国许多旧石器遗址中都有发现，但像下川这样器型固定、制作精美的雕刻器还是十分少见的。下川的雕刻器可分为纵刃、斜刃、横刃、交叉刃和两端刃五大类，但占主体的还是斜刃雕刻器。这些雕刻器在坯材选择、器身整形和刃口打制三个阶段，都有自己的特点，从而体现出下川雕刻器已有比较固定的打制程序。

四、八里坪的陶器与磨制石器

八里坪，位于沁水县郑庄镇八里村与庙坡村之间的向阳坡上，这里是一处依山傍水的缓坡地带，山西省第二大河流沁河便从它的山脚下流过。千百年来，八里长的土坪在勤劳智慧的农民手中，被经营得丰腴富饶，使之成为周边村庄中最好的土地。1982 年，在进行第二次全国文物普查时，普查队员在八里坪的麦田里发现了暴露在地表的灰色陶片和磨光的石器，于是这里被确定为八里坪新石器遗址。

1994 年，山西省考古研究所对该遗址进行了核查，并确定了遗址的具体面积。该遗址由西北向东南倾斜，呈阶梯状。东接自然荒沟，西至沁端公路，北靠圪聚沟，南邻沁河河谷。遗址长约 1300 米，南北宽约 1200 米，总面积大约有 15.6 万平方米，文化层的厚度在 1.5—2 米间。从暴露于地面的灰层、灰坑、石灰面、墓葬等迹象可以推测，该遗址的文化内涵比较丰富。

八里坪遗址，靠山近水，顶部平坦，是一个适宜古人类生产生活的地方，因而延续时间较长。在遗址内发现了三处较为规整的灰土堆积，东南一处长达 20 余米。在灰层中发现的石器有石核、杏叶状石箭头和磨光石斧、石铲、双孔石镰等；陶器则有袋足鬲、小口罐、平口缸、深腹罐、豆、碗等器型。陶的种类有泥质灰陶、夹砂灰陶和红陶等。器型表面的装饰纹有绳纹、篮纹、方格纹、附加堆纹等，时代约为庙底沟二期至龙山时期。

新石器时代，是人类社会进入文明时代的前夜，经过几百万年艰苦卓绝的奋斗，人类终于看到了黎明前的第一缕曙光。这一时段大约发生在距今 10000 年到 5000 年或更晚一些。

在这一阶段，由于原始农业、原始养殖业的出现，于是采集与狩猎已逐渐退位为获取生活资料的第二途径，为了获得更多的耕地，人类必须走出大山进入比邻大山的河谷台地，开垦土地，进行禾类植物的培育与种植。

生产方式与生活方式的改变、禾类植物的煮制与食用，迫使人们必须制造出一批新的工具来对应新的生活，如取水、储水与蒸煮食物的器皿；如松土、播种、收割的趁手工具；如守在耕地周围的固定居所。这些需求给我们的祖先提出了一系列需要面对的问题，于是一个创造新工具、走向新时代的大革命开始了。

与狩猎不同的是从事农业生产的工具要耐久，要更为趁手。狩猎工具，讲究的是锋利与便携，一击就能给猎物造成巨大的创伤，或足以毙命。这种工具每次使用的时间都比较短，所以只要锋利即可。而用于农业生产的工具，则需要长时间的反复使用，要与土壤长时间接触，因此工具的光洁度、耐久性、使用的舒适性都很重要，所以人们便把那些常用的、重要的工具做得更加精致了，如石镰、石斧、石锛、石锄和加工粮食的石磨盘。这些工具都选用了硬度较高的石料，并且磨制得十分光滑与精细，并配有木制的手柄。

在新石器时代，打制石器依然在使用，不过主要使用在传统的生产过程中了，如狩猎、剥取兽皮、切割肉类等。

陶器也是新石器时代的标志性工具。远在旧石器时代，考古工作者就发现了原始人利用自然火烧烤肉食的情形，到了周口店“北京人”时期，人们已经学会了保存火种、长期使用火的技术。火的应用，熟食进入人们的生活后，极大地促进了人类大脑的发育，从而促进了人类进化的步履。因此，当人类生产与生活由渔猎采集改变为种植与养殖，以禾类种子为主食，再辅以猪羊牛肉时，人们就必须改变原有的用火方式，把曾经以烧烤为主的用火方式改变为以炖煮为主，兼用烧烤的用火方式。

小颗粒禾类种子无法烧烤，而炖煮就必须解决水的问题，如水的搬运、水的储存、煮制食物的器皿等。需求促进了生产，于是陶器便应运而生了。

陶器，是泥土与火的衍生物。当古人类在湿润的泥土地上生火后，泥土地上就会出现一片烧结土，这样的烧结土不溶于水，还有一定的耐火性。而泥土在加入一定的水后就会变成泥巴，泥巴有可塑性，可以捏制成各种形状。这就给古人类提供了极大的想象空间，把泥巴的可塑性与火烧泥巴后形成的结块联系起来，无疑就会产生出新的器具来。应该说创作的过程是复杂的，最后的结果是成功的，于是人类进入了一个新的时代，即一个拥有陶器的新石器时代。

八里坪遗址的发掘工作开始于2021年，具体位置在八里村东北的土门上，发掘总面积99平方米。关于八里坪遗址发掘的目的，山西省考古研究院院长王晓毅先生是这样说的：是围绕“考古中国・中原地区文明化进程研究”重大课题而开展的。“沁水八里坪遗址，是晋东南地区与陶寺文化年代相当的一处大型聚落，是沁河流域的区域中心。”在遗址发掘中所“发现的环壕、夯土、墓葬、陶窑以及发现陶寺文化早期的夯土建筑基础等遗迹”，可以“确认八里坪遗址是一处具有浓郁陶寺文化因素的区域核心聚落”。

八里坪遗址的发掘工作目前仍在进行之中，因此还没有具体的发掘报告，但遗址中现已发现的建筑遗存、工具、器物和动物骨骸等，已经透露出许多信息，足以丰富沁河流域新石器时代晋城古人类在发展生产、制造工具、营造生活环境等方面所作出的杰出贡献，它们都是工匠晋城在新石器时代的具体体现。

八里坪新石器遗址发掘现场

陶器是新石器时代出现的代表性生活用具，因此我们就从八里坪遗址出土的陶器说起。八里坪遗址出土的陶器主要有：陶灶、陶釜灶、陶釜、陶鬲、陶斝、陶甑、陶豆、陶杯、陶碗、陶盘、陶罐、陶盆、陶瓮、陶瓮棺等。器物的颜色大多为灰黑色。

陶器的制作首先要从陶土的选择开始，有关专家针对陶器的制作，专门进行过相关的实验，他们认为黄河流域的黄土黏性不够，可塑性较差，更适合制作陶器的土壤应该是红黏土，或更为细腻的沉积土。这样的问题同样也是当年八里坪居住者需要面对的问题，因此选择、失败，再选择、再失败……经过很多次尝试之后，他们终于把制陶用的泥土确定在红壤土上，而沉积土也必须是红壤土，这种土在沁河里是找不到的，只能在红壤土较为集中的沟壑低洼处才能碰到。

制陶的第二步是把泥做细，一般来说沉积土是比较细腻的，但这样的沉积土可遇而不可求。如何解决沉积土问题，对于专业的制陶匠来说，这是他们首要的工作。好在自然的沉积土给他们做出了相关的示范，雨水冲刷红土地，把土壤带入沟壑洼地，然后在洼地里沉淀下来，干燥之后，最上面的土，就是最细腻的土，最上面的泥，就是最细腻的脂泥。通过反复观察，认真总结，这些制陶匠们最终掌握了沉积土的制作方法。他们采掘好干净的红黏土，用水把它们搅拌成泥汤，然后用荆条编成筐子把泥汤中的礓石等滤掉，然后再倒入预先挖好的土坑内，经过沉淀、渗水和蒸发，就会获得细泥或者沉积土。于是制陶用的细泥就被制陶匠用聪明与才智制作出来了。

制陶工作的第三步是解决陶器的干裂问题。细泥虽然方便捏制、盘筑，但细泥也容易干裂，水分的快速丢失会让泥制品形成大量的裂缝，即使放在温度较低的阴凉处，干裂也会出现。因此防干裂就成了制陶工艺的又一道难题。我们都知道现代工程学解决干裂问题，有很多办法，一种是增大粘结材料的间隙，降低干燥的速度；一种是在粘结材料中添加拉接物，如麦秸、麦糠、麻刀、棉花、头发等，通过这些拉接物，使这些粘结材料在干燥失水的过程中能基本保持在一个相对稳定的状态。当年的八里坪人也一样经历了这个过程，先是用纯细泥制作陶器，器型不能太大，还需要不停地修补裂缝，直到完全干燥之后修补才能停止。之后就是在总结经验的基础上，不断改进陶坯的制作方法，例如在不影响陶坯制作的情况下，往细泥中添加颗粒适当的沙粒，增加细泥的间隙，从而解决陶坯的干裂问题。

历史的进程往往十分相似，经验的总结似乎都比较简洁明确，但事情的过程却十分艰难，出现的问题扑朔迷离，解决的答案却毫无指向，唯一的途径就是在失败中不断地探索，让实践检验耐心，用观察探寻出路。制陶的过程也是如此，为了捏塑，千方百计寻找细泥；提升成品质量，费尽心思掺入沙粒；尽管路途坎坷，勤奋坚韧的工匠们总能走出一条坦途。

如何捏制生活中所需要的陶制器物，古人类大致找到这样几个途径：第一种办法是用手捏，也叫捏制法。用手捏制的陶器，器型不会很大，形状也不大规整，例如小的舀水器、小碗等。第二种办法是模制法。用一段木头稍作加工，然后把泥巴贴上去，如尖底瓶。再如袋状鬲的袋足、鬶足等。第三种办法是泥条盘筑法。这种办法是陶器制作最常用的办法。具体做法就是把制作陶器用的熟泥压成薄片，然后再把薄片环切成条状，再把这些泥条搓细、搓长并连接起来，最后根据设计好的器型，把泥条粘贴在已制好的器物底部。在确定好位置之后，再把泥条沿着第一层泥条的轨迹一层一层地往上盘，该往外撇的时候往外撇，这样就可以做出一个鼓出来的肚子，该回收的时候往回收，这样就可以做出一个敛口来。基本成型之后，再把泥条之间凹凸痕迹抹平，于是一个较大的器型就基本完成了。可以这样说，泥条盘筑法是制作大型陶器最智慧、最成熟的方法，它是轮制技术出现之前最先进的制陶技术之一。把泥条盘筑法和模制法结合起来，再辅以手工捏制法，几乎所有的陶器都可以制造出来。

就拿八里坪遗址发掘出来的袋足鬲来说，就是几种工艺结合的产物。这个鬲的高度大约 40 厘米，是一个典型的陶制炊具。为了增加炊具足部的受热面，制作者把足部做成了口袋状，这三个袋状器就是通过模具制作出来的，它们的高低、粗细、基本相同，应该说只有依靠模制，才能做得如此准确。而袋状足部以上的部分却是用泥条盘筑法制作出来的，这样做出来的器物形制比较规整，但要把三个足与腰部口沿连接起来，唯一的办法就是用手工捏制，三种工艺缺一不可。

用泥做好的器具还不能叫陶器，只能叫陶坯。陶坯制作好之后，还要有一个干燥修整的过程。为了器物的外观美丽，工匠们会利用修整时间对一些器物进行压磨，让其表面产生光泽，或者为陶坯外表加上装饰纹。修

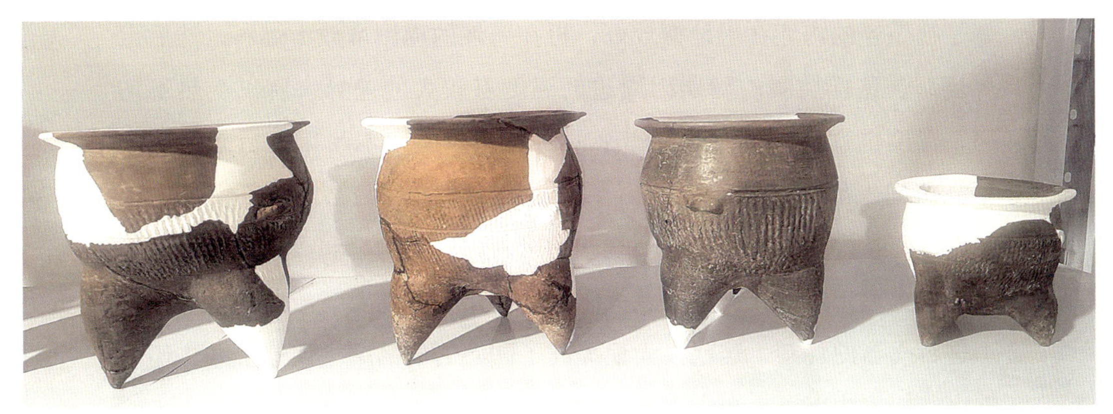

八里坪出土的三足鬲

坯的工具主要有两种，一种是陶托，一种是陶拍，陶托用在器物的内部，陶拍则用在器物的外部。修坯人在修坯时一定是双手并用，一只手放在器物的内部，用微凸的陶托托住器物的内壁，另一只手握住陶拍，在器物的外部进行均匀地拍打。这样做的效果一是拍实干燥过程中泥土之间形成的空隙，一是拍去器物表面因干燥形成的裂缝，使器物变得更坚硬，同时也可以把需要添加上的纹饰拍在器物的表层。再则，我们制作的陶器大多数是圆形的，因此修整器物时总想把它们修成正圆形。起初人们只能转着圈修整器物，这样工作起来又累，效果又不好。于是制陶匠们就发明了转轮修整法，这样修整人只要坐在一个地方，把放置器物的托盘放在转盘上，就可以进行正圆的修整了。转轮，出现的时间很早，我们在八里坪出土的陶器中就发现了慢轮修整的痕迹。可见八里坪的制陶工匠们已掌握了轮盘的制作与应用技术，并把这一技术用在了制陶的过程中。不过这时得轮盘应用也仅限于慢轮修整这一范畴，还没有发现轮盘制陶的迹象。

陶器制作的最后一道程序是烧制。关于陶器的烧制，考古学家根据实物的烧制形态判断，最早的陶器烧制采用的平地堆烧法，这种烧制法就是把做好的陶坯在平地摆放好，再在陶坯的周围堆放上燃料，然后点火烧制。这样烧制的陶器因周边的温度有较大的差异，所以受热不均匀，温度也达不到，因此烧出来的陶器质量差，不耐用。后来人们利用火苗向上燃烧的规律研制出了专门的陶窑，在陶窑的上部窑室内放置陶坯，在陶窑的下部挖一个袋状的火塘，再在陶窑和火塘之间挖一个互通的火道，然后在火塘内点火添柴，利用火苗随着气流向上运动的原理进行陶器的烧制，这就极大地提高了陶器的成品率。但这个办法还不够完善，因为仅有一个主火道，陶窑内的温度还是不够均匀，烧出来的陶器依然有缺陷，火候不到的地方防水性差，宜损毁。为了解决这个问题，古人们又研究发明了多火道的陶窑，只要有火道与地面接通，那么火苗就会沿着火道燃烧，这样就可以实现窑温均匀，就能烧制出受热均匀的陶器来。

在八里坪遗址的发掘地点，也挖掘出一个当年的陶窑遗址，遗憾的是窑址只留下最下面的火塘部分，无法探明当年八里坪是如何烧制陶器的。好在山西考古研究院 2011 年在泽州和村遗址发掘时，发现了一座西周时期的完整陶窑，这是一座使用了许久的陶窑，出土时保存完好。陶窑平面略呈圆形，由窑门、火塘、窑室三部分组成，窑址的前面还有一个宽敞的工作面。窑门呈拱形，火塘平面呈长方形，位置低于窑室，火塘上方有一个垂直的火道，火道的上方靠后挖出一个圆锥形窑室，圆锥形顶部大约三分之二处挖开成一天窗。窑室的圆形地面挖有“田”字形火道，窑室的后部有一个垂直向上的烟道。火塘和窑室内壁保存有坚硬的烧结面，这些都证明了这一陶窑曾被长期使用过。这个陶窑虽然距八里坪遗址有 30 多公里，时间也要靠后一些，但它足以佐证当年在沁河流域，人们烧制陶器的技术是成熟的，人们对陶窑的研制也是成熟的。同时八里坪遗址出土的陶制品也告诉我们这里的烧陶技艺是十分成熟的。

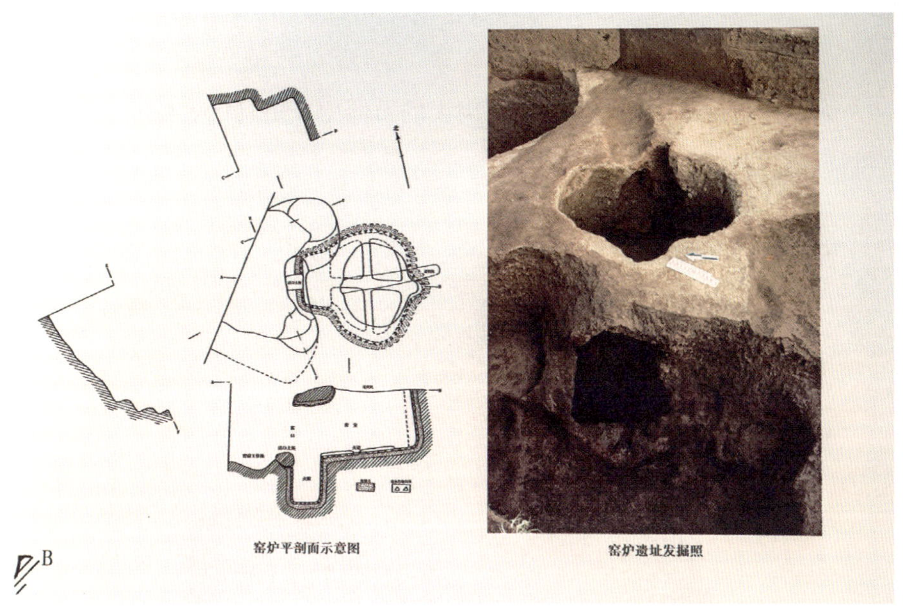

和村遗址发现的陶窑

从八里坪遗址出土的陶器来看，这里的器具种类齐全，大小皆有，炊具、餐具、饮具、储水器、存储器，包括瓮棺都有。八里坪出土的陶器，器型优美适用，造型淳朴大方，制作工艺精细，每一件作品都很精致。由此可以推断，在沁河流域，在以八里坪为核心的区域内有一个很好的陶器制作坊，还有一批对制陶工艺有着先进理念的上等工匠。他们不但制作工艺熟练，设计思路清晰，而且有着自己的工艺特色。同时，他们也在学习周边地区先进的制陶工艺，而且在学习吸取外来工艺时，不断强化着自己的理念特色，从而让自己的作品变得更为完善、更为靓丽与更为适用。

在八里坪遗址出土的文化遗存中，打制石器依然存在，它们主要为石镞、石矛等，这些器物应该是用来围猎或用作防御的。通过对这些出土的器物观察，我们可以得知，这时石器的制作工艺更为精细了，一个箭镞可能会经过几十次的压制修饰，一个矛头则会发现数百个压制修饰点，此时的箭镞、矛头不只是锋利适用，而且看起来也更为精致，非常像一个艺术品了。

除了打制石器，在八里坪遗址出土的石器中，更具代表性的工具则是磨制石器了。

精致的磨制石器

磨制石器和陶器一样，都是新石器时代的标志性工具。在这些磨制石器中最具代表性的是一件黑燧石磨制的箭镞，和一件石英岩磨制的“L”形石刀，它们的精致程度即使放在当今社会也是十分惹眼的。黑色的箭镞长约 10 厘米，箭尖部分断面呈三角形，越往前越尖，直至端点汇集成一个圆点——箭锋。箭镞的中部为圆柱形，直径略逊于箭脊。箭镞的尾部是一个圆的锥形体，它同箭镞中部的圆柱为一个同心圆，只是直径要小一些，由前到后逐渐收缩，最后形成一个锥形尖，这个尖的作用应该是与箭杆结合的。这个箭镞最吸引人的是它的磨制工艺，箭镞十分精致，整个器物的表面十分光滑，无论是三棱形箭尖，还是圆柱形箭体、还是圆锥形箭尾，整体始终保持在一个圆心上，不偏不倚，制作工艺着实令人惊叹。另外就是那件“L”形的石刀了，这把石刀最大的特点是它的造型，刀身部分是“L”形的那一横，刀背的厚度在 1 厘米左右，从刀背到刀刃的高度不足 10 厘米，刀刃的长度不足 20 厘米。与众不同的则是它的刀柄，刀柄在刀身的左上方，与刀身成一个“L”形组合，只不过这个角不是直角，而是一个大约 70° 的夹角。这样的角度我们不知道设计者是如何确定的，但用起来却十分方便，只要你手握刀柄，就会感觉到整个刀刃都在自己的掌控之中，非常趁手，特别好用。这把刀的刃口也开得非常好，从刀背到刃口断面呈楔形，使用时阻力面很小，修理时也很方便。

除了这两件极具代表性的磨制石器外，还有一些其他的磨制石器，如石斧、石锛、石刀、石凿、石钺等，其中石锛、石凿都应该是耕作用的农具。另外还有一个双面对钻的石纺轮，则是用来纺毛或纺线的，遗憾的是匠人在进行双面对钻时，没有确定好位置，结果造成了两面的孔无法对接，最后只好放弃了。

八里坪是新石器时代人类的一个聚落遗址，在这里留下了许多值得研究的文化现象，例如人工挖掘的流水沟，集水池、半地穴式的圆形屋基、环壕、夯土、窑址、墓葬等，这些都是研究新石器时代人类生活状况的真实资料，十分珍贵。但更珍贵的是那些漂亮的陶器、难得一见磨制石器，它们真实的体现了早在新石器时代，我们勤劳祖先智慧的思想理念和精益求精的工匠精神，他们总会把自己的聪明才智发挥到极限，制造出那些令人叹为观止精美工具，从而更好地改善自己的生活环境，让自己生活得更惬意一些。

五、制耒耜，勤稼穑，开辟农耕新时代

无论旧石器时代的下川文化，还是新石器时代的八里坪遗址，这些先

进的工匠技艺都是通过遗址中的文化遗存来表述的。它们用自身的存在向人们呈现出精湛的技艺与勤奋的工匠精神，是看得到摸得着的文化遗存。其实，与它们同时存在的还有一条看不见的脉络，它们在人们的记忆中口口相传，直到文字处出现，才被记录在典籍中，这就是我们通常说的上古神话与传说。

晋城是一个上古神话传说的集中发生地。女娲补天、精卫填海、后羿射日、神农尝百草……许多神话都在晋城这块土地上留下了痕迹，成为晋城历史上经久不息的话题，炎帝就是晋城人一个难以跨越的心结。

炎帝，既是一个神话传说中的人物，也是一个先秦典籍记载的人物，不但《史记·五帝本纪》载入了他的事迹，还在晋城留下了一个醒目的墓地。

司马迁在《史记》中对炎帝的记载十分简短，几乎全是贬义，似乎表述炎帝的目的就是为了衬托黄帝的大义与神勇。记载说："轩辕之时，神农氏世衰。诸侯相侵伐，暴虐百姓，而神农氏弗能征。于是轩辕乃习用干戈，以征不享，诸侯咸来宾从。而蚩尤最为暴，莫能伐。炎帝欲侵陵诸侯，诸侯咸归轩辕。轩辕乃修德振兵，治五气，蓺五种，抚万民，度四方，教熊罴貔貅驱虎，以与炎帝战于阪泉之野。三战然后得其志。蚩尤作乱，不用帝命。于是，黄帝乃征师诸侯，与蚩尤战于逐鹿之野，遂禽杀蚩尤。而诸侯咸尊轩辕为天子，代神农氏，是为黄帝。"这就是《史记·五帝本纪》对炎帝的全部记载，这段话的意思就是黄帝兴起时，炎帝已经衰落，根本管不了胡作非为的部下，尤其是残暴的蚩尤。于是炎帝的部下纷纷归顺了黄帝，最后黄帝与炎帝在阪泉进行了决战，共打了三仗，炎帝都打败了，于是炎帝归顺了黄帝。蚩尤不服，于是黄帝在逐鹿大战蚩尤，擒获蚩尤并杀了蚩尤，至此黄帝取代了炎帝。

其实炎帝在他所处的那个时代，做了许多有利于民众的事情，如寻找适宜种植与高产的种子，给当时的民众示范庄稼的种植、农具的制作与使用。为了给百姓治病，他亲自上山采集药材，亲自品尝药材的功用与辨别药材的毒性；为了教化百姓，他还研制出古琴，用以平抚百姓的暴躁心理。总之在百姓心中，炎帝是一个功勋累累的大英雄。

一个为人民作出巨大贡献的人，是不会被历史忘却的，所以在司马迁之前，司马迁之后，有许多的典籍都记载了炎帝的功绩。如《逸周书汇校集注》中就有记载："神农时，天雨粟，神农耕而种之。作陶冶斤斧，破木为耜，鉏耨以垦草莽，然后五谷兴，以助果蓏之实。"《周易·系辞传下》则说："包牺氏没，神农氏作，斫木为耜，揉木为耒，耒耨之利，以教天下，盖取诸益。日中为市，致天下之民，聚天下之货，交易而退，各得其所，盖取诸噬嗑。"《管子》记载："神农教耕生谷，以致民利。""神农作，树五谷淇山之阳，九州之民，乃知谷食，而天下化之。"《吕氏春秋》则记载了炎帝夫妇亲身耕织、正己率属的故事："神农之教曰：士有当年而不耕者，则天下或受其饥矣；女有当年而不绩者，则天下或受其寒矣。故身亲耕，妻亲织，所以见致民利也。"

记载炎帝事迹最多的则是西汉时期的《淮南子》，《淮南子·主述训》说："昔者神农之治天下也，神不驰于胸中，智不出于四域，怀其仁诚之心。甘雨时降，五谷蕃植……"书中讲述了炎帝以仁诚之心治理国家，养民以公，所以风调雨顺，国泰民安，虽然国土面积很大，但大家都和睦相处，听从政令，因而出现了"法宽刑缓，囹圄空虚，天下一俗，莫怀奸心"的社会环境。在《淮南子·修务训》中记述说："古者民茹草饮水，采树木之实，食蠃蚌之肉，时多疾病毒伤之害。于是神农乃始教民播种五谷，相土地宜燥湿肥墝高下，尝百草之滋味，水泉之甘苦，令民知所辟就。当此之时，一日遇七十毒。盖闻传书曰：神农憔悴，尧瘦臞，舜黴黑，禹胼胝。由此观之，则圣人之忧劳百姓甚矣。"由此可知，炎帝除了教民稼穑之外，还亲尝百草，最多的时候，一日遇七十毒。最后还专门强调了古代的圣人们都很辛劳，他们受的苦比普通老百姓要多很多。

上文引用了一些关于炎帝神农的记载，主要是因为在《史记·五帝本纪》中，司马迁并没有正面阐述炎帝神农氏，而我们中华民族自称“炎黄子孙”的原因在哪里？为什么还习惯地把炎帝放在了黄帝的前面？看了这些记载，大家自然就会有答案，那就是在整个中华民族的发展史上，炎帝所做的贡献是不可磨灭的，尽管后来黄帝打败了炎帝，夺取了天下的统领权，但炎帝为人民所做的贡献却深深地耕植在人民的心中，成了人民崇拜的英雄，永久祭祀的对象。

炎帝部落由黄帝部落替代这是历史的必然，但炎帝在中国历史上的地位无人可替代，炎帝为社会所做的贡献无人可替代。

晋城有许多炎帝庙，晋城人祭祀炎帝的时间已有1500多年了。在晋城关于炎帝的记载最早可追溯到南北朝时期，目前在羊头山神农庙内保存了一块北齐天保二年（551）镌刻的残碑，名字叫《羊头山五佛碑》。这块碑发现于2003年，发现的地点在高平县羊头山神农城下五谷畦旁护林队所住的院子里。因为碑头上两面皆刻有佛龛和五尊雕像，因此被称为“五佛碑”。该碑高143厘米，宽86厘米，厚22厘米，圆首，石灰岩质。碑阴佛龛的上方还镌刻有篆书的八个大字“羊头山清□寺□□”。由于年代久远，且已残为三块，还有缺失的地方，因此碑的内容已无法完整地抄录下来，所好的是碑文中的一些重要内容还依然可辨。如碑首右侧的一块就完整地记载了镌刻的时间，碑文开篇第一句就是“□齐天保二年岁次”，而在碑文左侧的那一块中则保留了“经营戎略总率徒□□□□……神农，圣灵所托，远嘱太行”，还保存了刻石的缘由，“依稀鹫岳，精舍立趾，伽蓝有处，遂发有王之情”“凭林构宇，因岩考室，招集名僧，妙聪永恃”“……消弭，干戈永戢。亿兆苍生，咸蒙福庆。”碑文得最后是160字的4字偈言。有专家考证，这是国内目前已发现最早与神农炎帝相关的碑刻。从碑文中我们可以知道早在1500多年前的北齐时代，在高平的羊头周围就有崇祀炎帝、祭拜神农的传统。

五佛碑

北齐天保二年（551）以后，关于羊头山神农炎帝的记载就不断出现，如唐天授二年（691）的《泽州高平县羊头山清化寺碑记》。这是一块2001年出土于羊头山古清化寺遗址中的碑刻，碑高205厘米，宽87厘米，厚26厘米。碑首雕刻有高浮雕的垂首六螭图，图中下部有一佛龛，内刻一佛二弟子图案。碑文剥蚀严重，但关于炎帝的内容却比较完整。如“此山炎帝之所居也，惜者摄提纪岁之后，燧人化火之前，穴处巢居，茹毛饮血。爰逮炎皇御宇，道济含灵，念搏杀之亏仁，嗟屠戮之残德。寻求旨味，以替膻腥，遍陟群山，备尝庶草，届斯一所，获五谷焉。记此灵奇，显其神异，石类羊首，遂立为名。于是创制耒耜，始兴稼穑；调药石之温毒，除瘵延龄；取黍稷之甘馨，充虚济众。人钦圣德。号曰神农。历代崇恩，峰亭享庙。其山也，左连修岭，横巨嶂而峙沧波，右接遐峰，列长关而过绛阙。烈山风穴，泛祥气而氤氲，石鼓玉泉，泄云雷而隐轸。芬敷花药，春夏抽丹，蓊郁松萝，秋冬耸翠。人天交集，仙圣游居。譬鹫岭之灵宫，犹鹿苑之佳地。播生嘉谷，柱出兹山矣。”

这段话既讲述了炎帝时期人们的生活环境，也赞赏了炎帝尝百草，获五谷，创耒耜，兴稼穑，调药石，除病瘵的丰功伟绩，因而“人钦圣德，

泽州高平县羊头山清化寺碑

号曰神农，历代崇恩，峰亭享庙”的事迹。同时还介绍了羊头山的来历——“石类羊首，遂立为名”。遗憾的是碑文中关于寺庙的相关文字，却多数无法识别，只能通过只言片语获得一点信息，如北魏时建寺等。

至于之后的记载，就有点繁杂了。如唐天祐七年(910）的《唐故毕府君夫人赵氏墓志铭并序》就讲到了墓主人祖茔在神农乡神农里团池店南。另一为五代后晋天福二年（937）《唐故浩府君墓志铭并序》，铭文说：浩氏“户寄高平，乡神农团池人也”。还有宋元符二年（1099）《宋故郭府君墓志铭》也提到了家居“泽州高平县神农乡团池村”。林林总总虽然都是墓志类的东西，但它们都提到了神农乡这个名字，可见唐宋以来这里的人们都是十分崇敬神农炎帝的，始终把这块土地命名为神农。

至于金元以降，在羊头山周围，尤其是在高平市范围之内，祭祀炎帝的庙宇就比比皆是了。据《高平金石志》记载，到2004年时，高平尚有祭祀炎帝的庙祠40余处，其中不乏金元之物。如神头岭炎帝庙金代残碑，镌刻时间为金大定二十四年（1184），碑高150厘米，宽68厘米，厚19厘米。碑残为三块，现存神头村。碑文叙述了金代神头、贾村、高良等村维修炎帝庙之事。再如第六批全国重点文物保护单位——炎帝中庙，同治《高平县志》记载：“神农庙四，一在羊头山为高庙，昔神农尝五谷处；一在换马岭为上庙，神农虚冢存焉；一下太村为中庙；一东关为下庙。”我们所说的炎帝中庙，就是下台村（原名下太村）的这座庙。由于该庙正门西侧的旧拱券门上留有明天启年间镌刻的“炎帝中庙”石匾额，与同治《高平县志》所记载的内容一致，因而就被称为“炎帝中庙”。

炎帝中庙创建时间不详，可作为参考的时间有后大殿基座上留下的题记，时间为“至正四年岁次甲申后二月二十五日记”，由此可见现存的殿宇应该是创建于元至四年（1344）。同时可以参考的还有正殿前面献厅内壁镶嵌的《创建神农太子祠并子孙殿志》碑刻，碑文说：“里人王德诚于至正乙未岁僦工兴役，乃构两室于正殿西偏之隙地，像设于中，从俗尚也。”至正乙未乃至正十五年（1355），当时王德诚能在正殿西边的空地上兴建太子祠、子孙殿，应该是对新建庙宇的进一步完善。再加上现存的献厅（无梁殿）木结构亦为元代遗构，由此可以推断，现存的炎帝中庙就是元至正年间（1341—1368）建起来的。

炎帝中庙无梁殿

至于明清时期所建的炎帝庙，那就非常多了。如炎帝行宫、五谷庙、炎帝寝宫、炎帝庙、炎帝老庙等。人们之所以创建如此多的炎帝庙宇，其目的就是要把远古时期的炎帝与后世的华夏子孙紧密地联系起来，永远记住炎帝为百姓创造的丰功伟绩。炎帝中庙的大殿里有一块康熙时期的碑刻，碑文就真实地表达出人们意愿。碑文说："稽古圣人继天立极，各有造于世。而丰功伟绩，利赖无穷，莫有逾炎帝之农事开先者矣。《语》云：'食者民之天。'盖民非食无以生，食非谷无以藉。当帝之时，茹毛饮血，黍稷稻粱之属，虽天植之以颐养斯人，而隐而弗辨。孰知有稼穑之维宝哉。帝亲尝百草，乃得其味于天造晦冥之初。是帝之德在养生立命。而帝之初，在亿万斯年也。其神要矣，其祀正矣。"

炎帝之所以录入本书，其着眼点是"创制耒耜，始兴稼穑"上。关于耒耜的创制，山西人民出版社 2016 年出版的《高平史话》一书中记载了这样一个传说："有一天，部落里的人发现山上来了一头野猪，于是炎帝召集大家一起去围猎。在一片林地里，凶猛的野猪正在拱土，长长的嘴巴伸进泥土，一撅一撅地把土往上拱。一路下来，被它拱过的地方留下了一片被翻过的松土。野猪拱土的情形，给炎帝留下了很深的印象，能不能依照这个方法来松土呢？经过反复琢磨，先将打猎时使用的尖木棒下部横着绑上一段短木，将尖木棒插在地上，再用脚踩横木加力，让木尖插入泥土，然后将木柄往身后扳，尖木随之将土块撬起，这样连续操作，便耕翻出一片松地。后来又在多次劳动过程中进行改进，发明出了'耒耜'。"

耒耜究竟由何人发明，从人类社会发展的轨迹来分析，应该不是一个人的功绩，既然历史已经将此功绩记载到炎帝的身上，人们都认为是炎帝的发明，那说明这样的工具最早应该是在炎帝的部落里被发明出来的。由于这样的工具易制作，好使用，效益好，因此耒耜便在炎帝的部落得到了推广，从而被广泛地应用。好的生产工具，必然会促进生产力的较大发展，于是炎帝所在部落的生产效益一下子就超过了周边的其他部落。获得丰收，古人自然会欢聚庆贺，于是炎帝部落丰产的原因，效率高的耒耜就传播得更为广泛了。一传十，十传百，耒耜这样的工具就在炎帝部落周边的许多部落中传播和应用起来，直至传遍了炎帝的整个部落联盟。刚开始传播时人们或许还能说清楚是哪个部落、哪个人发明出了耒耜。到了后来，随着传播面积的扩大，传播人更替的变换，人们逐渐弱化了耒耜的发明人，而突出了其所在的部落，或许开始时人们还会说是炎帝部落，到后来就简略到只说“炎帝”这两个字了，于是“炎帝发明了耒耜”就成了最终的定论。

关于耒耜，《辞海》上是这样解释的：“上古时的翻土农具，耜以起土，耒为其柄。原始时用木，后世改用铁。《礼记·月令》季冬之月：‘修耒耜。’疏：‘耒者以木为之，长六尺六寸，底长尺有一寸，中央直者三尺三寸，勾者二尺有二寸。底为耒下向前曲接耜者。头而著耜，耜金铁为之。’参阅《农政全书·农具》。”

关于耒耜的制作，早期有关炎帝的著述中都有着简单的介绍。如《周易·系辞传下》就说到“斫木为耜，揉木为耒”至于如何斫木才能成耜，如何揉木才能成耒。那就不是很清楚了。好在我们祖先还给我们留下了许多可以佐证的东西。如汉代的画像石中就有双手持耒的神农像，甲骨文中也可以看到耒与耜的大致形状。更能说明问题的是新中国成立之前，在我国边远山区的民族地区，还有使用这种简陋农具从事农业生产的少数民族。可见这些农具的发明与使用是多么广泛，其生命力又是多么顽强。

关于耒耜，笔者以为耒似乎应该出现得更早一些，耜则是在耒的基础上产生的。它们是不同的两种农具。耒，最初的形状就同上文高平传说中的那个样子，一根尖尖的木棒，下部有一段横着绑上的短木。之所以要绑上这根横着的短木，其目的就是为了让脚能够在松土中发挥作用。具体的操作方法就是：用手紧握木棒，先用臂膀之力把尖木棒插入土中，然后再用脚猛蹬横绑在木棒上的短横木，从而让尖木棒能更深地插入土壤中，这样就可以更大面积地翻松土壤。由此可知，耒在农业生产中的作用，就是用来翻松土壤的。随着使用者的不断感悟与改造，后来的耒有了较大的变化，因为一个尖毕竟与土壤的接触面太小，能够松动的土壤十分有限，于是人们就把带尖的木棒改成了两个，使之成了两个尖的臿。一根木棒两个尖的材料，其实自然界很好找，改革开放之前，农民夏收打麦子时用的三股桑叉，都是利用桑树的柔韧性，在其生长阶段通过对其塑形固定后自然长成的。《周易》所说的“揉木为耒”，或许就有通过选择，然后塑形、固定，从而获取所需要的两齿木臿。两齿木臿虽然有肩但肩部太小，无法落脚，因此横绑短木棒的办法依然还需使用。至于为何要将木耒的长柄揉为向前弯曲的状态，笔者认为真实的原因就是为了让木耒使用起来更为有力。凡是经历过 20 世纪 70 年代“农业学大寨”的人，都应该知道伟人毛泽东当年的一句话，“南方深耕七八寸，北方深翻一尺多”。这个深翻就是使用钢锹翻地，这种深翻，共翻两锹之深，深翻土地一般从地边开始，每人掌控两锹宽的责任，第一个人将翻起来土堆放在地堰边，以防止雨水的流失，第二个人在翻出的壕沟里再翻一锹，将土放在原地。这样翻动的土壤就达到了一尺多。下一组人，将翻起来的熟土放在已经翻过的壕沟内，留出壕沟让下一个人原地翻动，依次类推，这块土地的深翻尺寸就够一尺多了。只要参加过深翻土地的人都知道，翻地时，锹柄朝前一些，翻土更省力，只要将锹柄向后一扳，土就被翻起来了。或许这就是木耒要将木柄揉弯的原因了。

关于耜，笔者认为则是在耒的启发下产生的。耜在甲骨文中是由两个部分组成的，左边是耒，右边是目，还有一种写法是上面是耒，下面是目。这样的组合究竟是什么意思，笔者没有做过更深的了解，但耜从属于耒，似乎是合理的。那么耜究竟是个什么东西呢?《周易·系辞传下》是有记载的，那就是“斫木为耜”。斫木，本意就是砍削木头，斫木为耜的斫如果在这里表达的仅仅是砍削木头的话，那么制耒也同样需要把木棒的一端砍削为尖形，如果是同一个意思的话，就完全可以将这两句话合并为一句，即“斫木为耒耜”。文中之所以要用两个不同的字来表达，就说明描述人是想表达制作过程中的两个不同的重点。这两种工具在制作过程中最大的不同点就是斫与揉，制耒必须要“揉木”，让它的木柄弯起来，而制耜，重点就是斫，要把木棒的一端砍削出一个平面来。从这两个不同的字我们就可以推断这是两个不同的工具。而甲骨文中的那个目字，就是耜与耒的不同之处，那就是在耒的下部多了一个板状物。

要把木棒的一端砍削成扁平的形状，使其类似一个锹头。这样的工作放在现在似乎并不复杂，但在远古时代，就完全不一样了。那时的人们，手中最锋利的工具就是石器，比较大的刮削器。如果将一根较粗的木料先砍削出一个扁平状的器型，那么再把这根较粗的木棒砍削成一个较细的、可以用手握住的木棒，就会形成很多的工作量。如果把一块扁平状木料和一根方便手握的木棒连接起来，那么工作量无疑会减少很多，但如何把两者合理地组合起来，这也是很难的。因为受力处在木柄上，着力点在木板上，而这个连接点正是力的传导核心处，因此二者之间的连接就十分重要，这才是制耜的关键问题。可见那个时代做一把耜是有很多困难的。因而人们在制作耜的时候，总在思考更好的办法，并寻找更容易获得且比较耐用的材料。所幸我们的先人在捆绑技术上有着极丰富经验，把石箭镞绑在木箭杆上，把石矛头绑在木柄上，把石斧绑在木柄上，这个经验在旧石器晚期就开始积累了。因此在制作耜的过程中并不会因耜头与木柄的结合而出现困扰。

正是由于耜多为组合式农具，人们在制耜时总想选择一些坚硬的物质做耜头，因此耜头才被大量地遗留在古遗址中，因而它才会被考古工作者从古遗址发掘出来。在我国，有许多的新石器遗址都发现过石质或骨质的耜头，其中最著名的就是河姆渡遗址出土的骨耜，报道说骨耜出土于河姆渡第二文化层，为绑柄骨耜，长 18 厘米，刃口宽 9.8 厘米，骨耜木柄处有 16 圈藤条捆绑。这一发现足可以证明骨耜应用的范围极广，同时也证明耜和耒是两种不同的农作工具。可以证明耒与耜不是同一种工具的还有一些考古实例，如在新石器时期遗址的工程遗迹中就有用耒挖土时留下的痕迹。因为制耒所用的材料主要是木质的，所以埋在土中很难保存下来，因此考古工作者就无法发现耒的遗存了。

耒耜由炎帝神农氏发明与创制，是口传历史中农耕文化起始的标志，也是工匠晋城的重要体现。其实在农耕文明的起始时期，更早的工具还有石斧、石锛、石铲、石锄、石刀、石镰、骨镰、骨刀、蚌刀等各种农作工具。不过这些工具并不是专门用于农耕的，而且制作起来比较麻烦，因此始终没有成为农耕文化的代表工具。而耒耜则是炎帝为了稼穑耕种而专门创制的工具，而且无论使用还是制作都比较便捷，因此就成了农耕文化的标志。以至于后来许多与农耕相关的工具与劳作行为都使用了耒字作为偏旁部首。

耒耜在原始农业生产中使用了很长的时间，跨越了半个青铜时代，足以与铁器时代媲美。更为重要的是耒耜不仅仅用于农业，而是广泛地应用于各种生产。在山东省嘉祥县东汉晚期的武氏家族墓地有一个武梁祠，祠内有一组画像石，其中的一块画像石上有一行帝王画像，神农与夏禹都在其中。由于每幅画像旁边都有一行对应的题词，所以画像中的每一个人的身份都十分明确。神农氏的题词为“神农氏：因宜教田，辟土种谷，以振万民”，夏禹的题词是“夏禹：长于地理，脉泉知阴，随时设防，退为肉刑”。图中神农氏手持曲柄双齿耒，似在农田劳作。而夏禹则是头戴斗笠，左手持耒，右手侧伸，似在指挥治水。他们二人都以木耒为工具，但所做的工作却完全不同，一个是稼穑劳作，一个是挖土凿渠，导引洪水，由此可见这时的耒，根本就不是单一作用的农具，同时也是挖土筑渠等多种劳作的主要工具。不过从画面来看，二人所使用的耒也不尽相同，神农氏用的耒手柄有一个向后的弯曲，似乎可以推着前进，有点像后世的犁柄。而夏禹手持的耒在二齿与手柄的连接处似乎有一个仄，这或许就是前面所讲的手柄向前，更利于提高挖土时的工作效率。

山东梁武祠石刻神农与大禹

由于武梁祠的画像石镌刻于东汉晚期，那时候铁器已广泛使用，耕犁已使用了数百年，所以当时的作画人或许已经搞不清耒的本来面目和具体的使用方法，因而把当时耕地所使用的耕犁和耒进行了联系，因而才画出了神农手中的耒。

耒耜是中国原始农业的重要工具，一直在农业生产中发挥着重要的作用，因而我国后期农具的发展也一直延续着这样的传统。根据新石器时代考古发现，耒耜的角色似乎在后来的发展中发生了一些变化，过去用来翻松土壤的耒，后来发展成了挖土、铲土的专用工具，而原来用来铲土的耜却演变成了后来松土的犁。郑州大学历史系王星光先生专门对我国的耕犁进行了研究，他认为在炎帝发明了耒耜之后的不久，也就是在新石器时代中期，我们的先民就把耜改成了犁，其实笔者感觉尖头的耒更容易改为犁，如果武梁祠汉画像石中神农氏使用的耒前面不是两个齿，而是一个尖的话，那么这样的耒更方便人们拉着前进。所以揉木成耒，这个把原木通过火烤使之变得柔软，在外力的作用下使其变成制作工具所需要的形状，然后固定等待其干燥，是制作耕犁最便捷的方法。应该这样讲，原始农业的发展历程，就耕作松土来说，经历了用耒站立松土到推耜行进松土，再到前拉后扶的犁耕式松土。松土的工具大致都一样，那就是不同形态的耒耜。直到后来人们已经能够完全驾驭了牛马这样的大型牲畜后，真正的比较笨重的耕犁才登上历史的舞台。

第 二 章

利用工具，改造自然

一、太行人留下的英雄史迹

晋城位于太行山南端，山高林密，沟壑纵横，唯沁、丹二河穿行其间，留下了些许河谷盆地。生存在这里的人们，只能靠山吃山，靠水吃水。天然的地理环境，造就了晋城人大山一样的性格品行，吃苦耐劳，坚韧不屈，胸怀广阔，无怨无悔，勤奋好学，聪颖智慧。正是靠着这样的性格品行，晋城人才在亘古不变的大山里创造出了许许多多的奇迹，不断地充盈着中华民族的文明。

晋城虽然隐藏于太行山中，但他从来没有辜负历史赋予自己的使命，他用自己强硬的肩膀扛住了一切的险阻艰难，迈着坚定的步伐，从远古一直走向未来。从旧石器时代的下川文化，到新石器时代的农耕文明；从商汤祷雨，到战国七雄，无论是北魏南迁，还是五代争雄；那沁河悬岸栈道，那曲折太行石陉；那巍峨秀丽的寺庙，那鳞次栉比的民居；煤铁硫黄，商贸盐粮，古堡兵寨，茶道万里。尽管太行之高与天同党，但挡不住晋城前进的步履，默默无闻的晋城总会在不经意间给中国历史的进程添上一抹惊奇。

二、认识自然，大山深处的生存之道

人类最早就生活在大山之中，只是随着社会生产的发展而逐渐远离了大山。农耕文明的发展，让土地成了人类赖以生存的第一生产资源，从而把人们紧紧地束缚在土地上。当人类进入阶级社会之后，阶级矛盾就会不断激化，剧烈的阶级斗争，长期的奴役与战争，把那些处于劣势状态的人们再次赶回了大山。为了获得生活资源，并在大山里长久地生活下去，那

太行山王莽岭

些重入大山的人们，必须重新认识大山，找到生存之路，努力让自己活下来。

应该说敢于改变自己生活环境的人，都是社会的精英阶层，不是有着超人的智慧，就是掌握了极高的生产技能。重新走入大山的人们，已不再是蒙昧时代的原始人群，他们有着新的思维，新的视野，掌握了新的生产技能，或许还带来了一些先进的生产工具，他们有能力快速地认识新环境，并创建出一个适宜人类生存的基础环境。但实现这一切，首先需要的就是把自己再变回工匠，通过工匠式的劳作，营造出一个生存需要的环境来。

衣食住行，是人类生活的四大要素。当人类进入阶级社会之后，这些必要的生活物资，大都需要从土地中获取。当人们摆脱土地，去追求更多的自由时，也意味着他们同时失去了获取这些生活资源的基本途径。要想在新的环境中生存下去，唯一的途径就是在新的环境中寻找到可以保障自己活下去的生活替代品。而这一切，只能从身边的大山里获取。

吃，是人类生活的第一要素。民以食为天，吃饭第一。人是铁，饭是钢，一顿不吃饿得慌，这都说明吃饭的重要性。人类的耐饿极限，虽说因人而异，但三天不吃饭基本就失去了劳动的能力。因此进入大山，第一个要解决的就是吃饭问题。山里的食物，除了野果就是野菜，然后就是人类有能力捕获的野兽，除此之外就是随身携带的干粮或粮食。然而这些食物都是不靠谱的，要想获得稳定的食物来源，还是需要想办法种地。种地，那就需要找到土地，现成的土地在哪里？在河湾处，在山坳里，在向阳坡？哪里都有，但哪里都需要改造与整理。

住，是人类生活的另一个必需的要素。暴风骤雨，严寒酷暑，大自然迫使所有的动物都需要为自己找到一个能够遮风避雨的栖息地。原始人曾经生活在大山里，那时他们的能力只能解决吃的问题，住的问题就只能依靠大自然的恩赐，那就是天然形成的洞穴，或者背风向阳岩棚。例如北京的山顶洞人和晋城的塔水河岩棚。而重返大山的人们已经完全进化为现代人，他们已经具有了成熟的思维，掌握了许多先进的制造技艺，完全有了为自己制造居舍的能力，现在需要的就是寻找合适的材料，选择一块背风向阳、有水源、通行方便的建房地址了。

行，也是人们生活中非常重要的环节，因为人是社会型的动物，人需要社会交往，因此他们需要有一条或几条通往外界的道路。这就迫使他们为自己找到一处合适的居所，那就是既有隐蔽性，又具有获取生活资料的便利条件，同时还能顺畅地与外界联系。所有这些都提示了重归大山的人们，解决生活的需求就是他们重新认识大山的第一步。

认识大山，应该说晋城人交出了合格的答卷。陵川、沁水，一半以上的土地属于大山区，泽州、阳城，也有三分之一的区域属于山区。这里的人们早已习惯了大山，他们与大山朝夕相处，已经摸透了大山的脾性，并成了大山的朋友。他们世世代代居住在大山里，大山养育了他们，他们重塑了大山，他们用自己勤劳的双手，用自己的聪明才智创造出许多奇迹，让大山成了人类不舍的家园，并为太行山的建设作出了不朽贡献。

三、适应自然，太行人家的智慧人生

锡崖沟，是一个典型的太行山村，最初到达这里的居民无疑是为了远离政治纷争，避开纷杂喧嚣社会，才做出的最终选择。抛去不利的交通条件，初到这里的你，一定会被周边雄浑高耸的大山，朝阳避风的居舍，潺潺流淌的溪水，郁郁葱葱的梯田所吸引。同时你也会被村前的峭壁悬崖，深不见底的沟壑所震撼。这就是重入大山的人们对大山的再认识，为自己选择的新居所。尽管这里位居晋豫两省交界的半山之间，山上的人下不来，山下的人上不去，不熟悉的人，根本找不到通往这里的道路。但生活在这里的人们却感到十分惬意，这里似乎什么都有，有砌墙的石料，有盖屋的木材，还有可以替代瓦片的薄石板，就近采掘，从容使用，丝毫不输于瓦片，因此建房子的问题就解决了。吃的问题也很好解决，山坳里有土，有土就能种田。所不同的就是需要平整土地，再造田地，不过出力造田，只需要与大自然打交道，远比你死我活的斗争要简单得多。于是他们通过一代又一代的努力，终于把产量不高的坡地改造成了梯田，让粮食产量慢慢地提高起来。另外就是生活用水了，锡崖沟本来就有源源不断的泉水，将水引入村庄就能使用，筑起塘坝就能蓄水，只要有一双勤劳的手，就会有取之不尽用之不竭的生活资源。更为难得的是这个地方十分安全，不但别人无法到达，就连野兽都来不到这里。据说这里的家禽、家畜、耕牛都是在很小的时候被人们从山上背下来的，所以这里的人们生活得非常自在。

早年的锡崖沟，最大的困难就是对外的交通。不过在自给自足的农耕

锡崖沟全景照

社会，需要走出大山的百姓并不是很多，只要他们有一条自己能走出去的通道就可以了。

新中国成立以后，锡崖沟人感受到了外界的安定与进步，为了跟上社会的发展步伐，锡崖沟人在党的领导下，自力更生，发愤图强，发挥自己的智慧与才能，经历了探索、失败、再探索、再努力，用时 30 年，最终在悬崖峭壁上建造出南太行第一条挂壁公路，再次创造了人间奇迹。

类似锡崖沟这样的山村，在晋城的大山里有很多，像陵川县的抱犊沟、昆山、马圪当、夺火、马武寨；泽州县的柳口、铺头、大箕、晋庙铺、衙道、南岭、土河；阳城的三窑、桑林、杨柏、横河、李疙塔；沁水的下川等，在这些区域内有很多这样村落，或三两户，或七八家。他们才是大山的主人，他们熟悉大山就像熟悉自己的身体一样。他们知道哪里有水，哪里有洞，哪里有棵黑椋子，哪里有棵核桃树。跟着他们在大山里游荡，你一定会不愁吃，不愁住，不愁会迷路。在晋城，许多古道都是通过他们探寻才找到的，并且由他们一点一点地走出来。太行八陉，无论是轵关陉还是太行陉、白陉，都是这些山里人的杰作。他们身手敏捷、勇敢顽强，为了找到一条捷径，一次次攀崖、越沟。他们吃苦耐劳，为了走通一条道路，他们会一遍遍凿岩砌石，斫木架桥。正是他们的辛劳与勇敢，才走出来了后来的太行八陉。

除了这些因走的人多了才形成的小道、商道，兵道，既而被官家重视而反复修建的官道外，晋城的大山里还有许多民间行走的商道。如清化二大道的大、小碛盘旋道，阳城南山的莲花口、白云隘、孤山道，陵川路工道等。

小碛的盘旋道就是泽州山河镇通往河南紫陵镇的一条重要的商道，这应该是一条由百姓自己寻找、修缮、整理出来的另一条出入太行的主要通道。几年前，笔者因探寻万里茶道，曾在当地百姓的指引下走过一趟。通道从碾槽洼开始进入太行山中，由于通道沿线的几个村落已无人居住，故已被荆棘荒草彻底淹没。但道路的基础因人工垒砌得较为坚固，因而大部分道路都可以辨别。

在池根村南边的道路旁，我们遇到了一个牧羊人，他正在给羊群饮水，他告诉我们这里有个水池，还有一块石碑，我们仔细查看了石碑，石碑的名字与碑面的文字多有剥泐，因此石碑的名字不甚清晰，碑面的文字也读不通。不过从拍下的照片中，依然可看到这样的记录：“晋豫衡衢”“两岸砌槛以防倾陷”“上下二十余里无泉可汲”“水池一丈一尺方广……由此贮水以济行人”等。通过这些语言，我们可以推断这应该是一个修路、砌筑水池的碑记。再结合旁边那个饮羊用的水池，可以判定这个石碑当年就是立在这个水池旁边，以资纪念的功德碑。从碑文中男女妇孺捐资捐粮的情况来看，碑中所记载砌槛墙、修水池的行为都是沿路山民对行商、路人出于爱心所为。石碑的立石时间是乾隆四十年岁次乙未阳月，石工为凤台县杏林村人。由于石碑的一部分还埋在土里，当时又没带挖土工具，村子里早已无人居住，因此我们没能看到石工的姓名。但他们一定就是那些修路砌池的具体执行人了。

道路起初是沿着太行山的山腰向前延伸，在距仙神河口大约还有 5 公里时开始向河谷方向盘旋。整个地理环境极似陵川县磙底村的七十二拐，也是沿着一个因坍塌而形成的坡状豁口成“之”字形盘旋下行，其间有一个较大的回转，在路边山坳的崖壁下目前还保存着一个全石质的小庙。庙里有两块石碑，镌刻的时间为清乾隆十五年（1750），其中一块是记事碑，记的就是当年修缮这条道路、创建这座小庙的情况，另一块是功德碑，记的是捐款人姓名及捐款数额。

从这块碑的表述来看，这个地方叫大、小磙，大磙在上，小磙在下，修路款由两省百姓集资捐助。从集资的情况来看，主要由山西泽州凤台县与河南沁阳紫陵镇等几个大户牵头，共集资白银 40 两。修缮工程的领工石匠是泽州府凤台县星轺里的闫福才，具体的修缮方法是“窄之开之，凸者除之，攲侧倾险者，凿削而平治之”。当然还包括凿石砌垒等工艺。虽然如今已无法看到当时工匠具体的施工痕迹，但从工匠不但主持修缮，而且还为修路专门捐银五两的奉献精神来看，就足以体现出晋城工匠的精神境界之高尚了。

除此之外，那座至今还伫立于太行山间的石质小庙也建造得十分精致，它不但记录着晋豫商帮的辛劳，记录着太行人家的善良，同时也述说着晋城工匠的聪明与才智。小庙依山而建，整个庙宇全部由身边的石灰岩构成，当时笔者粗略地审视了一下，还照了几张照片，从而帮笔者清晰了当年的记忆。

小庙自然体量不大，但设计者却认真地考虑了建筑的功能与服务的人群，同时因考虑了建筑所处的位置，因此将建筑设计成了 3 间的面阔，而且还增加了一个宽大的前廊。由于庙宇修建于野外山间，交通极为不便，建筑材料难以运入，维护起来也很不便，因此设计者就把所有的建筑材料都确定为山间的石灰岩。由于石灰岩要凿成木梁的形状，既费工又不够坚固，因此设计者将室内空间设计成两种拱券的组合。墙后的神龛设计为圆顶拱券，神台前面的公共空间设计成 3 个并列的穹庐式屋顶，从而圆满地解决了室内屋顶的问题。由于这样的屋顶只要灌满了灰浆，根本就不畏雨水的侵蚀，如果屋面再盖上坡度适宜，重量可观的石板屋面，那就可以长期使用了。

大硖石庙

建筑的山墙全部用巨大的石板与料石砌成，墙体稳重厚实，足以承载屋面拱券所传递的撑力。小庙前墙的门窗皆为石质，屋门居中，除了门洞，连上下门槛与门颊亦为石质。两次间各有石质窗户一合，虽为石质，但绝不小气，和普通民居的窗户几乎一致。所不同的是窗棂不是方格形，而是圆形的月亮窗，中间的菱格同普通的窗棂基本相同，也有明显的回缩，窗棂的造型为金钱与柿蒂纹的组合，既大方好看，又坚固适用，时至今日依然保存完好。

建筑的前廊也做得十分精致。由于山墙过厚，因此把墙的顶端分成两个功能区，外部用作墀头，内部充作梁头。明间用两柱，方形兀凳式柱础，柱头施普柏枋、立秩与搭牵，屋顶部分用石板铺盖。建筑的屋面也做得非常漂亮，檐口部分用了五块下部凿有飞椽，上部凿有猫头、滴水的石板搭接而成，视觉效果甚好。至于屋面的后部用的是什么材料，不得而知，笔者当时所看到的只有荆棘与荒草。估计当年也应该用了石板遮盖，只因年代久远，上部山石滚落或其他原因，故而形成了如今的状况。但是建筑整体还比较完整，基本达到了设计者没有维护也能维持数百年不垮不塌的目标。

这样的设计，这样的质量，真正体现出晋城工匠的智慧与匠心，是太行山民认识大山、利用大山的真实例证。

晋城工匠的精神还表现在他们对大山的深刻了解与解读上。例如在道路的选择上，他们选择了两种类型，一种是纯粹的人行道路，一种是驮队行走的道路。纯粹的人行道路，那就是以便捷为主，这样的道路逼仄危险，需要攀爬，就像当年锡崖沟的出山道，即便通过新中国成立后的修整，也只能通过攀爬才能前行。另一种就是驮道，这样的道路必须可以通过驮着货物的骡马，许多地方还要宽到两支驮队可以相向而行。这样的道路就需要认真选择了。

在太行山这样的悬崖峭壁上，要找到上下通行的道路，需要做的第一件事，就是真正了解这座大山。抗战时期朱德总司令在途经晋城时曾写过一首《出太行》的诗，诗的第一句就是“群峰壁立太行头”，应该说转战太行多年的总司令，对太行山的认识是准确的。绵延千里的太行山，在晋城东南端突然收住了前进脚步，在大山与平原的接合部，几乎所有的山都是壁立于平原的。只有最早的太行陉，在进入大山时才遇到了一座坡度稍微缓和的过渡性山脉，从而缓慢地爬上了太行山。除此之外，几乎所有的通道全都要经过一个垂直上下的断面。如白陉有磢底村的七十二拐，柳树口有坂头村的十八盘，清化二大道有大、小磢村的盘旋道，路工口有一段崖壁道。

如何在壁立千仞的太行山找到一个可以让驮队顺利上下的通道，就需要摸清楚这些崖壁的脾性。其实在太行山形成之时，就为人类留下了许多可以利用的地方，它隐藏在大山的深处，考验着人们眼光与智慧，关键就看你是否能慧眼识珠找到它。所幸的是我们的祖先十分聪慧，他们行走在高山峡谷中，很早就发现了山体上那些因垮塌而造成的豁口。这些豁口中堆积着许多塌陷物，从而形成一个大的陡坡，这样的陡坡，长满荆棘，不要说走牲口，就是空着手攀爬也很难上去。但是聪明的工匠却从中看到了希望，尽管这些塌陷物中不乏巨大的石块，但是它们总的来说是可以移动的，这就给了工匠们发挥才能、创造奇迹的可能。

他们先是抓着灌木向上攀爬，直着向上走不通，那就斜着向上爬。这个攀缘过程对我们祖先来说最大的启发就是可以斜着走，虽然斜着走路程较多，但比垂直向上省力得多。这个启发，作用很大，后劲十足，于是一个“之”字形的道路设计方案，就在工匠们的思索中逐渐形成了。鲁迅先生在《故乡》一文中曾经说过这样一句话，“其实地上本没有路。走的人多了，也便成了路”。就这样，在智慧工匠的思想影响下，人们最终在大豁口中走出了一条“之”字形的爬山路。于是山壑间的“之”字形攀缘道，就成了人们走通太行山一种方式。

攀越太行，上下崖壁固然十分重要，但它毕竟只是全部道路的一个环节，更重要的是如何找到这个崖壁的豁口。笔者在探寻万里茶道越太行的过程中，曾连续行走与攀越过将近 10 个不同的太行通道，总的感觉就是入山道路比较平坦，进入山区就需要攀爬。一般来说，单为人行而选择的道路比较危险，有的地方很窄小，甚至要垂直攀爬。但作为商道就不一样了，它们先是盘山而行，然后利用一个自然的豁口进入断崖的中部，然后再沿着断崖中部的窄小平台继续前行，直到那个有着“之”字形道路的豁口位置，然后沿着“之”字形坡道下行，最后到达沟底，再顺着沟底的道

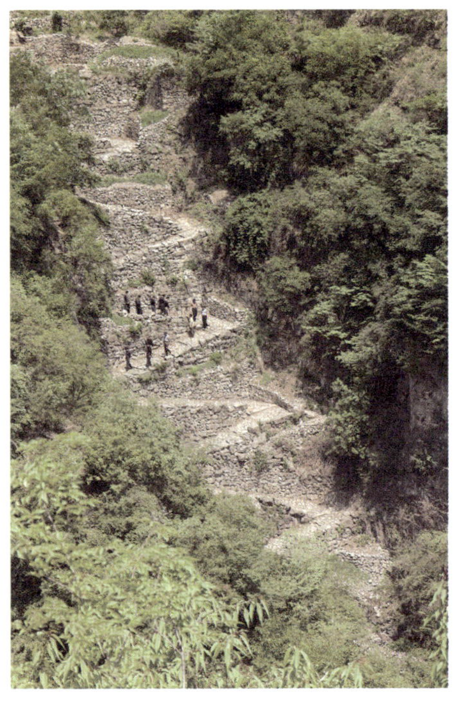
陵川白陉七十二拐

路走出大山。

线路规划是晋城工匠认识太行、思考太行的具体结果，而道路修筑就更是晋城工匠精神与智慧的真实体现了。在现存的太行古道上，可见的形式有，七十二拐的“之”字形爬山道，有曲折向前盘山道，有凿石成路悬崖道，有遇涧架桥的桥梁道，有烧火泼水的劈山道，还有沁河沿岸的古栈道。总之在太行古道的修建上，晋城的工匠们花费了很多的心思，贡献出极大的智慧，创造出许多奇迹。

关于白陉古道七十二拐的修筑情况，笔者在《陵川史话》太行古道中发现有这样一段记载：“路面全用石头铺筑，属天然石的地方，全用锤錾凿平。往前，走几十步之遥，便有竖石横栽，稍高出路面。正常判断，一可使道路坚固，二可用来排泄洪水。道路随着悬崖的弯度，随势赋形，蜿蜒向前，外侧全用石头坚固砌设。有几处崖坎塌陷之处，在下面横楔了铁桩，再用竖石砌起，以续为路。由悬崖下到武家弯大峡谷，须通过‘七十二拐’。所谓‘七十二拐’是在悬崖一竖槽之间折返 72 次的‘之’字形步道，下至峡谷底部，长 3 华里，宽 2 米，路面也用青石块铺砌，并设有挡护墙。”这一段描述的就是作者在观察七十二拐及崖壁上道路的基本情况。通过描述我们可以发现，这段道路在修筑过程中，工匠们是采取了一些与众不同的特色做法，一个是在道路的边缘竖起一组组稀疏的路沿石，既可提醒行人注意，也可排泄与分散路面的积水，还能加固路面。另外一个特点就是在塌陷的豁口处，采用铁桩揳入山体，实现基础的稳固，然后砌石做出基础。这些方法都是行之有效的，因为这些做法至今都还发挥着作用。

在陵川还有一条特殊的太行通道，那就是位于夺火乡勤泉村南面一条通往河南修武县瓦房沟的路工口通道。据了解这里原本没有路，只是山里人为了便捷而寻找的一条可以攀缘上下的险道。道路悬挂在悬崖峭壁之上，只有熟悉情况的人才能找到具体的落脚之处，只有胆子大的人，才能在熟悉道路的人带领下走通这条道路。这个险峻通道也是一条危险的通道，在漫长的岁月里，不知有多少行路人，因为这样或那样的原因，失手跌落崖下。为了打通这条通道，当地的工匠们在此花费了不少心思，他们想了许多办法，尽可能地排除通道上的危险因素，剔除那些不稳固的手攀石和脚踏石，并凿出更多的落脚点，期望增加道路的安全性。经年累月，久久为功，终于在元末明初，这里有了一个道路的雏形。

清康熙十三年，官府对这条道路进行了全面修缮，记载说户部曾拨银 2 万两，将路面拓宽到两至三米，并在路的边缘修了挡墙。这条道路是晋城范围内，唯一一条用“路工”这个工匠名称来命名的太行古道，也是晋城工匠付出最多的道路。正是在众多工匠的努力下，人们终于将一条无法通行的崖壁凿成了坦途。于是这条位陵川东南部的险道，成了清代一条穿越太行的重要商道。

在晋城的大山里还有一条特别的太行通道，那就是沁河栈道。这是一条位于泽、阳两县之间沿沁河东岸而建起的古道。在泽州县拴驴泉水电站西侧的崖壁上留有一方摩崖题刻，时间是三国曹魏第三位皇帝曹芳的正始五年（244）。题刻高 48.5 厘米，宽 42 厘米，共 9 行 95 字。题刻曰：“正始五年十月廿五日，督治道郎中上党司徒悌，监作吏司徒从掾位下曲阳吴放，督将师、匠、兵、徒千余人，通治步道，作遍桥阁，凿开石门一所，

沁河古栈道摩崖石刻

高一丈八尺，广九尺，长二丈。督匠木工司马陈留成有，当部匠军司马河东魏通，开石门师河内司马羌。”

从题刻可知，这条古道建成于公元 244 年，由督治道郎中上党司徒悌主持，监作吏司徒从掾吴放，督率着师、匠、兵、徒等千余匠师与兵丁具体完成这项工程的。工程的内容包括桥梁、栈道和一扇高 1.8 丈，宽 0.9 丈、长 2 丈的石门 。这是一个项目繁多、工程浩大的太行通道，涉及木工、石工、守卫的士兵和做苦力的徒役。木工的主要工作是确定线路，选伐木材，修整木料，搭设桥梁与建设栈道，石工则负责在崖壁上开凿插入木料的石孔，支撑栈道的立木支撑点，凿除崖壁上那些影响通行突出来的石头。当然还有一件事，那就是开凿石门，镌刻修路铭记与保护铭记的仿木雨棚。从目前现场的文化遗存来看，位于拴驴泉水电站左侧的这个崖壁题刻就是当年那个著名的石门了，这个石门基本保存完好，只是与记载中的数据略有不同，现存的石门长 2.6 米，宽 1.8 米，高将近 5 米，其中除长度与原来的记载相差两米多外，其他都和记载中的数字相近。或许撰文者当时也是为了取个整数，方便描述。至于铭文所记载的桥阁，由于全为木材制作，所以早朽损得不见踪影了，留下来的只剩那些由石匠们凿出来的石孔。在通道北端的外侧还保存有两个人工开凿的石孔，孔高 25 厘米，宽 28 厘米。在水电站南面，与石门同一侧的沿河崖壁上，目前还保存有一长溜人工开凿的石孔，这些石孔边长都在一尺左右，间距大约在 2.5—3.3 米之间，这些石孔有 1—3 层，连贯不断的一行石孔应该是插木梁的，木梁的上方应该是置放楞木的，楞木的上面才是铺放木板或木条的。而下部的石孔则是用来置放支撑斜木的孔洞，它们的作用就是立木斜置用以支撑上部木梁的外端，从而巩固路基，增强道路的承载力。有人曾做过考察，认为沁河栈道总长大约在 50 公里，仅拴驴泉这一段栈道的石孔，就绵延长达 1000 米左右。

在晋城古代著名建筑工程中，沁河古栈道是一处明确留有工匠姓名的

沁河古栈道遗痕

工程。题刻的最后落款十分清晰，都匠木工司马陈留成有，当部匠军司马河东魏通，开石门师河内司马羌，这应该是这项工程中的几个主要负责人，一个是木工管理者成有，一个是工程兵管理者魏通，还有一个虽不是管理者，但自身却有着高超的技术能力，就是那个排位最后的开石门师。这个叫司马羌的人，只是一个普通的匠师，但他却最终解决了这个石门的开凿问题，因此也被镌刻在这块仅有 95 个字的刻石之上。由此可以推断：当年开凿石门，对一个石匠来说是一个艰巨的工程，一般只会用锤錾的石匠是无法完成这项工程的。而司马羌不仅会用锤錾，而且懂得热胀冷缩裂石的原理，于是他指挥匠人们在确定开凿石门的位置，采用热胀冷缩的办法炸裂石头，从而较快地凿开了石门。具体的做法就是，在石崖的周边堆放木柴，然后点火燃烧，当把石头烧得滚烫之时，再浇以凉水，从而炸裂岩石，然后再把炸裂的岩石清理掉。就这样周而复始地重复，石门的轮廓就出现了，然后再用锤錾整理表面，于是这个石门最终就彻底凿通了。据说当年李冰父子在都江堰工程中，就是使用这种办法凿开宝瓶口石门的。但是在信息闭塞的秦汉时期，一个普通的匠师是很难在 500 年后获取这些信息和技术的，因此开凿石门这样的特殊工程，就成了司马羌掌握的独门绝技了。

可以这样说，拴驴泉这块摩崖题刻之所以被镌刻，之所以镌刻在古石门处的崖壁上，其主要目的就是为了彰显开凿石门这件奇功伟绩的。其他工程在他们看来都不足为奇，在刻石中只用了“遍作桥阁”4 个字加以表述，而对石门则详细做了描述，用了整整 17 个字。并且在落款处还专门留下了“开石门师河内司马羌”这样的字样，从而再次强调“开石门师”这个职务和具体的执行人“司马羌”。这无疑是对一个普通匠师的肯定与表彰。

四、利用自然，造屋采撷的简朴生活

走入大山的人们，面临很多困难，但任何困难都无法动摇这群意志坚强的人们。栖身之所，是走入大山的人们需要解决的第一个问题，面对这样的问题，最简单的解决方案就是找一个自然的洞穴或崖棚。但再好的洞穴和崖棚都无法替代人们习惯居住的房屋，因此造屋就成了进入大山的人们必须面对的一个问题。

如何造屋，首先要解决的就是建筑材料，在深山大壑之中，砖瓦之类的建筑材料自然无法制造，即便有钱购买，困难的交通条件也无法将那些建筑材料运到自己所选择的地方，因此最简单的办法就是就地取材，把所有问题就地解决。就地取材，其实对山里人来说也不是什么困难，第一，人们在选择居住点的时候，就特别地关注了周边的环境，例如朝阳，有水源，有土地，有林木；第二，在太行山上除了黄色的土壤较难寻找之外，至于石头那就是太行山的标配，所以就地取材，对聪明的山里人来说根本不是问题。

获取石材的途径比较多，一种是捡，捡那些因山体崩塌而滚落下来的石头，但是用捡来的石头盖房子问题很多。首先是数量有限，太行山的隆起年代大约在 240 万年前，经年累月的暴雨山洪，小的石块早已在洪水的冲刷与滚动中变成了砾石和沙子，而新近垮塌的崖壁数量甚少，无法凑够建房所需；其次就是运输困难，专门修建运输通道，不值得，不建通道又运不出来，因此靠捡石头建房子基本没有可能性。其实在山区取石头建房子，最好的办法就是找一片岩层分明，地理位置较好，修路方便的岩石区进行人工开采。这样的地方采石比较容易，采出来的石料光滑整齐，厚薄差不多，砌起墙来整齐好看。从运输的角度来说，集中采石，场地集中，只要建一条运输通道即可，采石的成本自然就会被摊薄。

采石的过程是艰苦的，守先要清除岩层表面已经风化的松散碎石，找到质地稳固的岩层，然后砸出石面，这时就可以用钎子切割石体了。切割石体的办法就是在切割线上打入一排钎子，然后挨着个的给这些钎子加力，当这些钎子揳入石体，同时在一条线上用力时，岩石就会沿着规划化中的线条裂开，于是一个条状的长石就形成了。然后再将这种条状的长石，按照人们力所能及的重量再一段段分开，这样一块块用于建屋的石料就诞生了。

太行山里的石头房之一

建房子的另一种材料就是黏合剂，通俗地说就是石灰。石灰是用青石烧的，青石就是石灰岩。烧制石灰，首先要备好石料，那些采石时剩下的边角料即可使用。具体做法就是刨挖一个直径 3 米左右的碗状坑，并在坑旁刨出通风道。然后在坑的底部放上木柴引火，在木材上面铺设炭块作燃料，接着就可以摆放石灰岩与燃料了，一层燃料一层石灰岩，依次类推，直到把坑穴的上方堆成一个凸起的馒头状，最后要在石灰岩的外部抹上一层厚厚的煤泥，至此一座煅烧石灰的石灰窑就完成了。因为装窑的时间很快，一晌即可完成，所以石灰窑一般都是装窑前就点燃了底火，装窑后火焰就能烧上来。一周左右，石灰窑就烧透了，这时石灰也就烧好了。用柴火煅烧也可以，只要柴火装足，温度足够高，自然能把青石烧成石灰的。不过柴火初燃时火焰较高，不能预先点燃，需要装好窑后再点火。

烧出来的石灰呈块状，冷却后运到施工现场，然后用水浇泼，块状石灰遇水后就会将水分吸入体内，然后发热膨胀开裂呈粉状，这样的粉状石灰叫泼灰。用这样的泼灰加上黄土或红土，和出来的泥叫泼灰泥，泼灰泥也是一种通用的黏合剂。石灰粉的进一步加工就是淋制石灰膏，具体的做法就是在土层较厚的地上挖一个方形的土坑，将泼发好的石灰粉放在一个大的容器或池子里，然后加水将其搅拌成浓稠的石灰浆，在搅拌的同时将石灰浆倒入土坑中，就这样持续不断地工作，直到将土坑填满。石灰浆进入土坑后，多余的水分会浸入土坑周边的土壤中，或在空气中挥发掉，最后只留下就是石灰膏。石灰膏由于在水中经过充分的浸泡，因此不会存在生石灰颗粒，不会吸收空气中的水分再次炸裂，因此石灰膏是腻抹墙面、砌垒砖墙的首选。在大山里用石料修建房屋，无论是石灰膏还是泼灰泥都是很好的黏合剂，是建筑房屋必不可少的建筑材料。

在修建房屋所必需的材料中，还有一个重要的内容，那就是屋面上的覆盖物。在山外的河谷平川地区，人们无疑会选择瓦片。这种瓦片状覆盖物早在新石器时代晚期就出现了，人们是在烧造陶器的过程中得到启发，从而制作出瓦片的，它比砖的大量使用要早许多年。因为用砖砌墙，砖的块头就需要大一些，除了长宽之外，最大的问题就是它的厚度，而这个厚度在以柴火为燃料的时代，是比较难解决的，砖坯厚了不容易烧透，烧不透的砖，雨水一浇就会从里面膨胀撑破砖块，因而它就被搁置了。战国时期出现了空心砖，空心砖内外皆可烧到，多用于墓葬的建设。至于人们常说的秦砖汉瓦，使用者只能是天子与王侯了。据考察，秦始皇时代，做砖的程序很复杂，既要淘土、做泥，还要制坯烧造，做一块砖的价值，远比到山中采石的成本要高出许多，所以普通人家是根本用不起的。直到汉代的中后期，人们才掌握了砖的烧制技术，至此砖的使用才在上层社会流行起来，成为有钱人砌筑坟墓的首选之物。而砖真正走入民间，成为百姓建房材料，已经是明代了。

制砖需要大量的黄土，而黄土在大山之中是比较稀缺的，而瓦就不一样了，因为瓦的需求量少，只在屋顶铺一层，因此所需的黄土也不多，加之瓦片比较薄，烧起来也容易。所以在大山之中建房子，许多建筑都选择了用瓦片来覆盖屋面。不过有薄石片的地方就不一样了，例如锡崖沟，因为这里有层次分明的沉积性砂岩，因此在修通公路之前，锡崖沟的房子全都是青石墙体，红砂岩屋面。

但是在缺少页岩的地方，建造房子就比较麻烦了。例如在柳口镇的坂头村，我们就见到过全部用石头盖起来的房子，这些房子的墙是石灰岩砌筑的，房顶也是用石板覆盖的，不过这里的石板不是自然形成的，而是人工制作的。从现场的情况来看，这些石板似乎也是从采石场的崖壁上剥离下来的，并经过了仔细的加工，而且石板的边缘和露明面都加工得整整齐齐，至于石板之间的缝隙如何解决，按照早期的做法估计只能使用毛灰或者沙灰来堵塞了。

沙灰是粗砂与石灰的混合物。粗砂就是指河沟里留存下来的沙子。使用前先要把沙子过一遍筛子，通过筛子先把沙子中较大的石块滤出去，然后再在沙子中加入石灰粉，搅拌均匀之后加水调和，之后再将它们堆在一起闷起来。过个十多天，再将它们刨开调和一遍，如此这般地翻腾个四五遍，里面的石灰抓吸力就会变得孱弱许多。这时再将沙灰填充到屋面石头的缝隙中，由于沙灰的抓吸力极小，又能保持自身的粘结力，因此用它们来填补石头缝隙就非常合适，既有黏合力，又不会开裂，寿命还挺长，可以和石头长期共存。使用沙灰需要注意两点，一是避开太阳的暴晒，让它们在阴凉的环境中慢慢地干燥；二是不断地砸磨，让沙灰的表面出浆，把那些因失水而形成的细微裂缝用力砸实，再用浆水抹住。用这样的做法泥抹屋面，基本可以达到现在用水泥沙灰抹面再加刷浆的效果。

至于毛灰，那就更简单了，就是在石灰膏内加上毛发或麻刀等，增加石灰膏的拉拽功能，从而减少石灰膏在干燥时所产生的裂缝。如果工匠们在施工后期严格注意干燥方式并加强养护，同样可以产生很好的阻漏效果。

在大山里建造房屋的房主们，似乎都很独立，他们不在意周边是否有邻居，而在意的是周边是否有水源，周边有多少可以开垦的耕地，周边是否适宜生存。因此大山里的村子，大都只有一座或几座比较小的石制建筑，人员结构基本是一家人，或一个家族的几代人。其它的设施也很简洁：水源、石碾、石磨、碓臼和一条便捷的小路。

关于大山里的民居的建筑，几乎每个村子都有一个变化的过程，那就是随着房子主人的变化而变化，有的家族越过越衰落，于是这个村子就会走向衰亡。有的家族越过越兴旺，那么村子也会因人口的增加而不断地增加建筑，于是村子就会越变越大。人口多了自然会有姻亲，一些姻亲会因各种原因入住村中，这样村子里就有了外姓家族，村子因此逐渐变成了多姓氏村落，于是一个大型村落的雏形就这样诞生了。

关于山村的建筑，应该说建筑的整体形制与山外平原及河谷地区的基本是一致的。因为躲入大山的人群，只是整个社会极小的一部分，尽管他们聪明智慧，有志向有抱负，不甘受辱，勇于反抗，但他们毕竟只是社会的极少数。他们的离去并没有影响整个社会的发展进程，反而他们还将被山外的社会所影响。因为随着时间流逝，他们的对手会逐渐消失，那些缉捕他们的官员会调动，曾经激发的矛盾会淡忘，而那些躲在大山里的人们也会尝试着再次走出大山。因为山里尽管能够生活，但生活资料必定有限，专业工匠极为缺乏，他们的许多生活用品还是需要到山外的集市中购买。因此他们自然就会接触山外的文化，并被这些文化所影响。可以这样说，山里与山外，人们之间最大区别只存在于生活的环境与可利用的资源等方面。而整个文化大环境是相同的，语言文字、生产生活、建筑形式都是近似或一样的。

山里的建筑，基本形式与山外相同。分别为单层的抬梁式建筑，双层的楼阁式建筑，窑洞，还有一些囤顶式建筑。建筑的发展轨迹应该是由简单到复杂，由单体到院落，再到群落。建筑的规模也是由小到大，由简到奢。进入大山的初期，人们只能利用山洞或岩棚栖身，然后就是搭建简易的屋棚，安下身来才能考虑更好的居住条件。进入大山的人群，往往都是比较匆忙的，即便有准备，也不可能带那么多的工具，所以起初的建设只能是简单的，石头只能是捡来的，木料只能是细小的。随着生活的逐步稳定，人们才能更深入地了解周边的环境，找到更合适的定居点，找到解决问题的具体办法，例如工具问题、食物来源等。在铁器时代，铁制工具无疑是最先进的工具，斧子、凿子、锤子、撬棍都是山里人建房子的必用工具，而搞到这些工具就需要一个较长的准备过程，只要有了趁手的工具，计划才能进入实施阶段。建造一座房子，准备工作需要漫长的时间，首先要解决的是劳动力问题。劳动力多，时间就会短一些，劳动力少，时间就需要长一些，如果只有一两个人，那时间就更漫长了，甚至会长达数年。

盖房子的过程大致分这样几个阶段：一、备料阶段。这个阶段比较漫长，但可以利用零星的时间，逐步地完成。如伐木，包括大梁、平梁、檩条、川子、荆条，做门窗的材料。如采石，包括基石、墙石、台阶石、盖顶石。如烧制石灰，准备黄黏土等。二、挖基坑，砌基墙。这是建筑的关键步骤，这个活看起来比较粗，但却有一定的技术含量。首先要选择一个负阴抱阳的好地方，然后要画出一个房基来。然后就是挖基础，砌基墙了，挖基坑要观察地下的情况，土壤的密实度是否一致，然后就是夯实基础。处理完基础就可以砌筑基墙了，基墙一般要宽于房墙，这样的基础才更具荷载力。三、找平盘角。当基础砌完之后，下一个关键就是找平。找平，顾名思义就是找出建筑的平面来。四、砌墙、安装门窗外框。找平盘角之后就可以砌墙了，由于基础之上只需要砌一层较薄的石头就需要安置门框了，因此固定门框就是砌筑前墙首先要考虑的问题。具体做法为，确定位置，置放好门墩石，固定好门框。确定了门框，即可砌筑边墙。当墙的高度达到窗户时，就需要再次找平，砌筑窗台石，固定窗框，然后继续向上砌墙，当高度达到门框顶部和窗框顶部时，就需要置放门顶石和窗顶石，也可使用过木。当墙壁达到使用的高度后，还需要再一次找平，然后才可放置梁架。放置梁架前要在梁架下方预先铺放较大面积的料石或垫木，这样可以分散梁架对墙壁的压力，对于片石垒砌的墙壁这一点尤其重要。

石头建成的囤顶式建筑

关于囤顶式建筑，过去笔者在晋城境内没有见到过，2015 年在探寻万里茶道越太行时，在柳口镇的坂头村偶然看到了这种全石质建筑。通过这些修筑在大山里的建筑，笔者感觉这应该是山里人根据当地的建筑环境所创造出来的建筑形式。厚重的石板势必会增加梁架的荷载，而传统的抬梁式构架屋架过高，坡面较大。如果在这样的屋面上铺石头，第一，屋架过高，厚一点的石板不容易放稳；第二，坡面过大，要放的石头就会多许多；这样的话，一来屋面荷载会更大，二来开采的料石会增多。因此工匠们才研究出这样的囤形屋顶，盖囤顶只要选择好承载力足够的大梁，再做几个能够支撑屋面檩条或椤木的垫墩就可以了。这样的屋顶形式是非常适合大山中修建石屋的。

至于窑洞，那是古人类最早使用的建筑形式，从天然石洞，到人工挖掘的土窑洞，再到石窑洞、砖窑洞，人们有着足够的经验。而山里的石窑洞则是这一形式的复活或在新环境中的再创造。具体的创新就是用石头来碹窑洞，不过用石头碹窑洞所用的石料是需要精心修整之后才能使用的。这些石头全都要根据它在拱券中所处的安置来进行加工，一般来说都是一面要厚一些，一面要薄一些。然后将它们通过纵联或者横联的方式组合在一起，从而形成拱券状。所谓纵联就是砌好后的石头，纵向看是一条直线，我们现在用砖碹窑洞几乎全都是纵联。所谓横联就是砌好后的石头横向看是一条线，纵向互不相关。这样的做法一般只用于石碹窑洞或石碹桥洞，因为石头本身很重，施工前必须在拱券的下方预先搭一个足够坚固的拱形台面，然后从两侧向中间排放那些预制好石块，排放时缝隙要密实挤紧，最后在顶部嵌入一块合适的券顶石，在券顶石的挤压下，整排石头都会互为依靠形成一个整体，这样拱券就会把荷载的重力传导至两旁的扶壁墙上，这时的拱券荷载力极大，一般不会垮塌的。至于纵向是否有联系已经不是很重要了，因此横联才会出现在石碹窑洞中。如果纵联的话那，那就需要在加工石料时将每一排石头都加工成一样的厚度，否则就有可能挤不紧实，或形成内拱面曲线的变形。总之，纵联的技术要求应该更高一些。

综上所述，可以得出这样一个结论，在大山里建房子对工匠的要求会更高，他们不但要掌握建房的技艺，还要应对各种不同的自然环境，并根据环境条件做出不同的设计，准备不同的建筑材料。更重要的是，他们还需要坚忍不拔的毅力和超出常人的力气，只有这样的工匠才能在大山里生存，并应对随时可能出现的问题。

在晋城的大山里除了一般百姓居住的建筑，还有一些特殊的建筑存在，那就是石头砌筑的堡寨和石块垒砌的长城，它们同样也是古代工匠所作出的贡献。

百里石长城：在晋城市的北部边界，有一条石头堆成的长龙，西起沁水的马壁村，东至陵川的关岭山、马鞍壑。20 世纪，山西省长城考察队曾对这一文化遗存进行过全面考察，认定这是一段古长城，“古长城西起安泽县的马壁，经沁水县东峪乡、高平丹朱岭，向东至陵川县以北与壶关县交界处的马鞍壑村，全长一百二十公里”。由于这段长城全部用石头砌筑而成，故被称为百里石长城。关于这段长城，明万历四十年（1612）《潞安府志》记载说：“潞泽之交，横亘一山，起丹朱岭，至马鞍壑，有古长城一道，岁久倾颓，然遗迹尚在。”

百里石长城

国内研究长城的专家认为，这应该是战国时期赵国在南边修筑的一段长城，是赵国为防御东南部的齐、魏和西南部的韩、秦而修筑的。

关于这段长城，笔者曾做过一个简单的计算，假如城宽3米，城高4.5米，那么每1米的长度就需要12立方米的石料，120千米就需要144万立方米的石料。144万立方米的石料，无论开采还是砌筑，都是一项十分浩大的工程，这些工作都需要专业的工匠来完成，由此可见当时在这条长城线上会有多少从事采石、砌石、烧制石灰的专业工匠。

晋庙铺北齐长城：在晋城市的南面还有另一条长城。《北齐书》记载："清河二年（563）三月乙丑，诏司空斛律光督五营军士，筑戍于轵关……""清河二年四月，（斛律）光率步骑二万，筑勋掌城于轵关西，乃筑长城二百里，置十三戍。"今《济源县志》记载："长城：在轵关南，秦岭横亘，俯涧摩苍，颇称天险。诚因山作壁，补其罅漏，联属而南，直抵黄河，约长百里。有人考证过这条长城的轨迹，其中惟有晋城境内的这段长城保存得最好。"《泽州文史资料第三辑——天井关》记载：北齐长城位于大口村东北，大致走向为"西南—东北"，主要为不规则砂岩灌以灰浆，至今仍坚固无比，现存高度约0.8米至2.5米不等，其宽度，窄处2—3米，宽处达5—6米，长度近千米，由大口村东北绵延入河南境。

另外在碗子城西还有一条盘石长城，《凤台县志》记载："盘石长城，县南八十里，南至大口一里，至碗子城五里。明嘉靖二十二年秋，巡抚河南御史秦中李宗枢建此界。因流贼横逆，河南借地修城，以控扼要冲。"这段长城基宽4米，顶宽2米，残高约3米。

这些长城虽为皇家所为，由军队组织修建，但整个长城全部为就地取材，块石垒筑，无疑是晋城工匠用自己的勤劳与智慧创造出的丰功伟绩，它们定将随着这些耸立于崇山峻岭上长城那样长久地存在并彪炳于中华民族的史册中。

在晋城的大山里还有一种建筑，那就是位于群山之中、山巅之上的石寨子，例如碗子城、岳将军寨等。光绪《沁水县志》记载：“忠义社寨子，凡七处，宋绍兴间，金人犯宋，土人筑寨拒之，且以待岳飞之兵，故又称岳将军寨。一即丹坪寨，在白华村东，四围壁之，绝顶平也。一在南阳村，一在汉封村北，一在板桥村西南，一在尖山峰下，一在端氏东北，一在县治西，其遗址犹存者。”

泽州县晋庙铺镇黑石岭村的岳将军寨就是一个保存较为完好范例，《泽州文史资料第三辑——天井关》记载：岳将军寨，位于黑石岭村西 1 公里处的关帝岭上。岳将军寨呈圆形，周长 134.5 米，高 6 米，墙厚 1.8 米，北侧设楼梯，宽 2.1 米，长 9.7 米。寨中兵洞密布，兵洞呈三角形，由入口至洞内，宽度 1—3 米不等。岳将军寨面积约 300 平方米，全由青石条砌筑，寨门居西北角，门外建有瓮城。寨四面临崖，仅寨门外向西一条山路可通外界。寨内，沿寨墙一周建营房数十间，中央有三间大的指挥部，现房屋根基尚存。营房外通道上遗留有石臼等生活用品和磨制的石箭头。这无疑是一座为了坚持抗战，太行忠义社的兵民们通过自己的努力而建造起来的营垒。

至于碗子城，那则是政府修建的关隘型建筑了。雍正十三年《泽州府志·关隘》篇记载：“碗子城，县南九十里，太行绝顶。群山回匝，道路险仄，中间小城若铁瓮，唐初筑此以控怀、泽之冲，其城甚小，故名。又以其山险峻，形如碗，然云。”记载还说：“碗子城山，羊肠所经，百折中有平地，仅亩许。”碗子城距大口村 2.5 公里，现保存完好，小城平面呈圆形，城内径 19 米，城墙高 4.8 米，城墙厚 4.8 米。设东、西二门，东门高 3.56 米，宽 3.1 米，进深 6.27 米；西门高 3.56 米，宽 3.07 米，进深 5.96 米。古道穿城而过，小城扼道而据，占有绝对的管控优势。自然的天险，在战争中的作用依然是十分重要的。据 1999 年新编《晋城县志》记载，它在抗战期间曾有过不俗的表现。

长城，古寨，关隘，这些屹立在太行山上的古老建筑，都曾肩负着不同的历史使命，演绎过宏伟的历史画卷，书写过许多惊世骇俗的故事。而这些建筑的创造者正是那些世世代代生活在大山里的山村工匠们，他们用自己勤劳的双手和千百年来积累起来的聪明与智慧创造了这个历史大舞台，留下了千古流芳建筑奇迹。

五、改造自然，沟里坡上的造地农耕

再次走入大山的人们，需要解决的问题很多，衣食住行一切都要从头开始，真可谓困难重重。在这众多的困难之中最为重要的问题就是解决吃饭问题，只有这个问题解决了，那才算是真正解决了他们是否可以生存下去最终问题。纵观人类历史的发展进程，从旧石器时代到新石器时代，足足走过了 300 万年的时间，在这漫长的日子里，人类最大的进步就是发明了农耕文明，至此人类的历史进入了发展的快车道。而支撑农耕文明的核心资产就是土地，只要有了土地，那一双双勤劳的巧手，就可以创造出一切的人间奇迹。

大山里有没有土地，答案是未知的。虽然大山里有茂密的森林，大山里有郁郁葱葱的灌木，但为这些植物提供生长条件的土壤却不一定多。因为植物的种子对土壤的要求十分简单，只要有一点土壤即可，即使在石头的缝隙里，飘落到那里的种子也会伺机发芽。只要有雨水滋润，它们很快就会发芽，生根，并倔强地生长。而农耕则需要较大面积的土地，需要比较肥沃的土壤。因为人类耕作土地，种植农作物的目的不仅仅是让农作物活着，而是要让这些农作物生产出数量足够多的种子，然后用这些种子来填饱自己的肚子，这无疑是一个苛刻的要求。所以大山里可以生长树木的地方，可以生长灌木的地方，并不全都适宜农田的开垦。

在山里要寻找到一块可开垦的土地，是一项繁重的技术活。首先要找到一块坡度较平缓的地方，平缓的地方水土流失较轻，适宜土壤的涵养；其次地表植被要好，地表植被好，说明这里的土壤构成好，地表土有一定的厚度，土壤内的杂物较少。这里的杂物，主要是指山体的变化中那些垮塌下来的石头。山里土壤的构成，除了被亿万年大风吹来的黄土积累之外，就是在亿万年沧海桑田变化中逐步积累的风化物，再就是那些后来产生的动植物腐朽遗存。还有一些土壤是在太行山体在隆起前形成的河谷冲击物，例如淤泥、沙滩等。这些遗存所在的位置，地理环境一般都较为平坦。当造山运动结束后，流水还会在新的环境中再次寻找出路，曾经的河谷大多还是低地，还会成为行洪和新的河道。因此在河沟谷地寻找土地，也是一个不错的办法。河谷里的土地一般都在河沟中的二级阶地上，所谓二级阶地，就是河床上部的那个阶地。二级阶地的形成，全都缘于由河流的常年冲刷，在河道水流的冲刷中，河床会不断下沉，于是曾经较宽的河道就有一部分留在原有的河床上，这就是二级阶地。河谷里的土地一般都比较肥沃，而且面积也比较大一些，只要造山运动中随便隆起一个山嘴，河流就会在那里转个弯，而这个山嘴的后面就可能出现几亩、几十亩甚至几百亩的土地。这些土地更方便开垦，稍加改造，很快就可以用来耕种。

在大山里找地很难，需要发挥自己的经验与智慧，需要付出数倍的勤奋与辛劳。相对于找地难，其实在大山里造地会更难，因为大山里的几乎没有现成的可以耕种的土地，几乎每一块土地都需要改造，需要优化，需要付出更多的劳动。在大山里造地，就是把土壤较多的、土层较厚的区域整理改造成全部为土壤的，较为平整的，有利于蓄肥、蓄水的可耕地，这无疑是一项浩大的工程。土壤较为肥沃的地方，植被一定会很好，要想将其变成耕地，首先就需要清理上面的植被，砍伐树木，清理灌木，并刨除它们庞大的根系；其次就是清理土壤中的石头，将耕种层中的石块全部捡出来；最后就是将土地整平。整平土地的办法很简单，一般就是取高填低，让它们的高差变小甚至变平。但是在山区，这个问题就不好解决了，一切都取决于地理环境和高差的大小。土层较厚，高差较小的地方可以取高填低，如果高差很大，土壤又很薄，那就只能在等高线的位置垒砌石塄了。

石塄是山区百姓造地的最多选择。在晋城各县的山区都可以看到层层叠起的梯田，它们几乎全都选择了小片石垒起的石塄，它们云集于太行山区，与云南的哈尼梯田相比毫不逊色，笔者曾经思考过这些垒砌石塄的片石来自何处，直到着手书写本书时，笔者才突然想明白，它们就来自身后那些被它们保护的土地中。在造地之初，山民们为了清理土地，首先会把那些混杂在土壤中的石头捡出来，这些石头块头大的可能会被山民们背回去建墙盖房子了，而块头小的就只能堆在地里占地方了。一条两米高的石塄，所垮塌下来的石头块足可占居 1.5 米宽，等长的地表面面积。如果不对它们加以利用，这些石块就成了纯粹的石害。直到这时山民们才认识到必须合理地使用它们，用它们垒砌石塄，既可以减轻石害，还可以解决土地平整时形成的高度差。这样就可以变废为宝。

垒石塄，是个技术活吗？回答是肯定的。20 世纪 70 年代，笔者在农业社干过几年活，那时的垒塄就属于技术活。记得刚开始干这个活的时候，老队长就告诉过笔者几句口诀："垒塄垒塄，圪鬃脸朝上，陷要填实，石要放稳。"这里的圪鬃脸就是指石头上尖的、有棱角的、突出的部分。其实垒塄用的石头都不是很大，大的大约 20 斤，小的也就拳头大小。垒塄基本不选石头，拿过来往上放即可。垒塄的石头也不需要取平，一层挨着一层垒即可，但必须是垒完一层，再垒下一层，不能乱垒。新垒石塄时的基本步骤：首先就是挖根基，这个根基不必太深，一般在地平之下 20—30 厘米即可；然后就是垒根基内的第一排根基石，垒根基用的石头一般都会选用一堆石头中最大块的；垒好之后第三步就是填陷，所谓填陷，就是把石头后面的空虚之处用潮湿的土壤填起来，然后再用镢头捣实。这个填土的面积要大一些，如果后面的表层土留有旧茬子，那就要刨一刨，刨掉旧茬子，让它变成新茬子，然后再用比较潮湿土填进去，让填进去的这些土能和原来的土结合起来，形成一个整体。填好陷，就可以垒第二层了。每一层都要选最大的石头，这样一层层地垒上去，就会形成一个下层大、上层小的规律排列。就这种用小片石类的塄，完全可以高达 2.5 米或更高。石塄垒完之后还要在石塄的顶部堆上 30—40 厘米的土壤，这些土壤既是为了植物的生长，也是为了保护石塄的。因为石塄顶部的石头只有拳头大小，如果没有这层厚厚土壤做保护，它们随时都有被挪动的可能。脚踩重了它们会滚下石塄，犁地、除草时不小心撞到了它们，它们也会离开岗位，所以这层堆土虽然浪费了一些土地，但它们却长期地维护着石塄的安全。至于这种石塄的坚固程度怎么样，笔者真的回答不上来，但笔者可以肯定地告诉你，太行山里的石头塄，大多都经历了数百年的历史，只要没有大的外力侵入，它们就会处于一个稳定的状态，维护着太行梯田的威严。

太行山梯田

这些石堺之所以能够持久稳定，笔者曾对其做过专门的研究，最后的结论就是石堺内部土壤与石堺有着互相维护、互为依存的关系，因而可以实现长时间的稳定。从外表看，石堺挡住了土壤垂直表面被雨水冲刷的危险，从而维持了梯田的稳定性；而稳定的土壤又支撑着石堺，进而保持了梯田外立面石堺安全。它们之间的紧密联系、互为依存的秘密就是垒砌石堺时所填的陷土。我们在前面已经讲过，填陷时之所以要除去土壤表层的旧茬，就是想让原有的土壤与新填入的土壤能够与石堺三者之间紧密地结合起来。这种结合就是土壤与石堺依赖关系建立的基础，当石堺垒起来之后，土壤和石堺完全融为一体，并保持着长期的稳定。只要没有外力的破坏，这种稳定关系就会一直维持下去。而破坏这种稳定关系的唯一外力就是雨水，由于中国北方长久以来一直处于一个降雨量较少的地带，因此石堺上那些高出去大约 30—40 厘米的堆土就足以吸纳每次降雨所降落的水分。只有遇到长时间的连阴雨或者突然降落的大暴雨，才可能因水分饱和而撑塌或冲塌这些石堺。所以这些石堺的寿命都很长，即使有一些垮塌，也只是部分地段，而这些垮塌又有效地释放了土壤中的蕴藏的能量，从而起到保护其他石堺的作用。

利用石堺造地，是一个很好的办法，笔者做了一个大致的估算，当山坡坡度超过 40° 的时候，石堺与造地的比例就会小于 1∶1，即使坡度超过了 45°，依然可以产生三分之一或更多的土地。正是石堺的产生，才为山区人民造地指出了一个明确的方向，给太行山带来了气壮山河的独特景观。一代接着一代干，一山接着一山的石堺，极好地阐释了太行山民热爱生命、巧干苦干、坚韧不屈的意志。

有人说石堺只是一些农业遗产，属于农民的创造。但笔者不这么认为，笔者觉得它们都属于早期晋城工匠留下的重要文化遗存。否则，怎么会有这么多的小片石夹杂在山坡上的土壤中。或许这些片石就是当年造长城取石材时留下的，大的片石被取走，兴建了石长城。剩下的小片石只能留在原地任其滚落流散并逐步混入杂土中。正是它们的存在，才为后来石堺的出现提供了物质基础。另外就是这些石堺的出现也绝非偶然，一定是那些有着工匠意识的人群创造出来的。他们面对这些占着土地又用处不大的石块，一定花费了不少精力，最终才尝试着垒起了石堺。石堺的垒造过程可能会有一些反复，但是每次的垒造都给了他们更多的信心，直到这些石堺最终形成并长期的留存了下来。

太行山石堺

大山深处的一条条石堺，一片片石堺，一山接着一山的石堺，无疑都是晋城工匠智慧的体现，它们体现了太行山民热爱生活、不屈不挠、坚忍不拔的奋斗精神。

有了土地，山区的百姓就找到了生活的希望，有了土地他们就可以创造出一切。种麻、种棉、栽桑养蚕，可以解决自己的穿衣问题，种粮养殖可以解决他们的口粮问题，山核桃、黑椋子可以解决他们的吃油问题，有了土地他们就有了生活的依靠，只有那些在土地无法生产的稀缺物资，才需要到山外的集市上去解决。

解决稀缺物资，途径只有两个，一个是拿钱买，一个是以物换。不过这些问题远比找地、造地要容易得多，因为大山里有的是山外人需要的东西，那就是药材与山珍。太行山里有哪些药材笔者不清楚，但《泽州府志》却有具体的记载。《泽州府志·方舆志（物产）》记录：南太行生产“苍术、黄芩、远志、升麻、猪苓、地黄、半夏、连翘、黄精、麝香、天门冬、五灵脂、款冬花、马兜铃、五味子、益母草、酸枣仁、天仙子”等60多种药材，其中人参最为珍贵。关于人参，《泽州府志》记载：“人参，唐常贡。高平岁贡人参三十斤，味性与潞产同。按《蜀本草》云：‘人参，太行山出，谓之紫团参。’”中药材千百年来一直维系着华夏民族的健康与安宁，是华夏民族赖以生存的重要资源，是远古中国最重要的发明之一，中国人民一直将这个发明记录在自己的祖宗炎帝的身上，中华文明之所以赓续绵延经久不衰，中医药的贡献是极其重要的。因此药材一直都被人们所重视，而药材大都在深山里，所以山里人只要勤快一些，是很容易找到可以换钱的物资的。

另外，就是大山里隐藏的山珍了。什么是山珍呢？世上少有，山里独藏的可口之物，都可以称之为山珍。例如猴头、木耳、松蘑、金针菇，还有茖葱、香椿、地皮菜等，这些物品在古代都隐藏在大山之中，由于那时没有现代的科技与现代的养殖技术，因此山外都很难找到，所以它们都可以拿到山外的集市上，用来换取山里急需的物资，如铁器、食盐等。当这些问题都解决了，山里人的生活环境就和山外人的生活环境没有什么大的区别了。他们就可以和山外人共同进步了。

六、顺应自然，锡铅煤铁硫黄任采撷

大山里的资源十分丰富，并非只有山珍和草药，清雍正《泽州府志·物产》记载："丝、麻、绸、帕、铁、铅、蜜、硫黄、黑矾、锡、桑皮纸、石灰、石炭"，皆为晋城的主要物产，这其中铁、铅、硫黄、锡、石炭都属于矿产，是埋在大山深处的自然资源。如何利用这些资源，关键在于对这些资源的认识，只有认识它们，开采它们，它们才能为民谋利，成为人们拥有的财富。

锡与铅的认识与开采。说起锡与铅，现代晋城人大概都觉得比较陌生，因为在煤铁称雄的现代晋城，人们更熟悉的是煤和铁。如果从历史的观点看问题，那么晋城人最早认识的矿产资源不应该是煤和铁，而应该是锡和铅。因为青铜才是人类走出石器时代，最早使用的金属，而青铜的主要成分除了铜，最重要的成分就是锡和铅了。青铜是人类最早创造出来的合成金属，而这种金属被发现，客观地讲也应该是在人们的生产过程中，其中最合理的推断就可能发生在陶器的烧制过程中。

制陶使用的材料主要是黏土，由于制陶工匠使用了不同类型的土壤，这才引发了一场认识上的革命。烧制陶器一般都需要把炉窑的温度烧高至700—800℃，只有在这样的温度中陶器才能烧制成功。如果使用了含锡量较高的土壤，当陶窑的温度达到232℃时，其中的锡就会变成锡水流出，陶器就会被烧坏，同时陶窑里也会留下一些与之相关的杂质。假如使用了含铅量过多的土壤，当陶窑的温度达到327℃时，土壤中的铅同样会变成铅水流出，于是陶器同样也会被烧坏，而陶窑里同样会出现一些与之相关的杂质。这些被莫名其妙烧坏的陶器，一定会引起烧陶人的注意，当工匠们研究陶器被烧坏的原因时，一定会发现锡和铅，一定会发现问题出在陶土上。是什么样的土壤在温度尚未达到烧制陶器所需的温度时就被烧流了呢？在他们研究那些导致陶器烧流的土壤时，就会发现那些不能做陶器的土壤，却可以炼制出另一种物质时，他们就会发现锡和铅。这是一种新的物质，它们不但有同样的可塑性，在冷却后比陶器更具韧性，更为耐用。因此，锡和铅这些温度在250—350℃时即可还原的金属，就这样就被烧制陶器的工匠们给发现了。

这就是一个推理，至于晋城的锡和铅是何时发现的，是不是因为烧制陶器而被制陶工匠所发现，在青铜器已经盛行的青铜时代，已经不重要了。因为随着社会的发展，人们的社会交往会越来越频繁，所传递的信息量也会越来越大，即便锡和铅的发现是从别的地方传过来，都完全可能。我们之所以在《工匠晋城》中提到这两种金属，其目的是告诉大家，在晋城这个地方，历史上曾经有过这两种产业，它们的兴起与发展是晋城工匠们的功绩，是晋城工匠的努力才使它们的名字被载入史籍的。《泽州府志·物产》中有铅和锡的记载，就足以说明这个问题了，更何况同治《阳城县志》还重复了相关的事情。书中说“至黑铅白铅，山南原有矿穴，利微工倍，遂无采者”。文字虽然简练，寥寥数语，但已说得明明白白，当年阳城是生产铅的，只是因为成本高利润低，因此才结束了这样的生产。关于锡的问题《泽州府志·土贡》讲得更为详细，记载说：“府属每年办锡一千八十九斤七两二钱九厘一毫二丝五忽。雍正十一年，奉户部文一件，奏明停解改解事”，后文还把凤台、高平、阳城、陵川、沁水五县的改解任务全都列出，可见之前各县都具有产锡的能力。

关于铅锡的冶炼，改解之后已无记载，雍正以后也没有了铅锡的生产，所以在这里笔者只能用《天工开物》中的相关内容来做一个填补。《天工开物》记载有锡的冶炼之法，书中说：“凡炼煎亦用烘炉，入砂数百斤，丛架木炭亦数百斤，鼓鞲熔化。火力已到，砂不即熔，用铅少许勾引，方始沛然流注。或有用人家炒锡剩灰勾引者。其炉底炭末、瓷灰铺作平池，旁安铁管小槽道，熔时流出炉外低池。其质初出洁白，然过刚，承锤即折裂。入铅至柔，方充造器用。售者杂铅太多，欲取净则熔化，入醋淬八九度，铅尽化灰而去，出锡惟此道。”这段文字没有什么生僻的字词，比较容易理解，这里的鞲就是指送风的设备，可以把它理解为风箱，另外就是炉底的铺设，这里的炉底就是指烘炉的炉底，炭末、瓷灰就是耐火材料，例如矸土、铝土之类的材料。锡在人们生活中用途是很多的，由于锡本身无毒，且又不易氧化，因此在我们的生活中许多地方都会用到锡做的物件，例如家中使用锡制的酒具，例如阳城润城上佛村汤帝庙保存的广锡銮驾件等，都是用锡制造而成的古代传承之物。现代锡的用途更为广泛，例如加工食品时用的锡纸就是锡制品。

阳城博物馆藏广锡銮驾

铅的冶炼也比较简单，《天工开物》记载说：“凡产铅山穴，繁于铜、锡。其质三种，一出银矿中，包孕白银，初炼和银成团，再炼脱银沉底，曰银矿铅，此铅云南为盛。一出铜矿中，入烘炉炼化，铅先出，铜后随，曰铜山铅，此铅贵州为盛。一出单生铅，取者穴山石，挟油灯寻脉，曲折如采银铆，取出淘洗煎炼，名曰草节铅，此铅蜀中嘉、利等州为盛。其余雅州出钓脚铅、形如皂荚子，又如蝌蚪子生山涧沙中。广信郡上饶、饶郡乐平出杂铜铅，剑州出阴平铅，难以枚举。凡银铆中铅，炼铅沉底，炼底复成铅。草节铅单入洪炉煎炼，炉旁通管注入长条土槽内，俗名扁担铅，亦曰出山铅，所以别于凡银炉内频经煎炼者。凡铅物值虽贱，变化殊奇，白粉、黄丹，皆其显象。操银底于精纯，勾锡成其柔软，皆铅之力也。”这段话分为两层意思，前面是讲铅的大类别，分别是与银矿共生的银矿铅，与铜矿共生的铜矿铅，还有就是单生的草节铅，除此之外还有各种类型的铅，总之很多，难以枚举。第二层意思则是铅的炼取与功用，这里主要讲了银矿铅和草节铅的炼取方法。银矿铅的炼取，先炼取白银，再把炉底剩下的东西冶炼，即可炼出铅。至于草节铅则需专门的烘炉煎炼，铅矿还原后就会流出铅水，将铅水注入土槽中即会形成扁担铅。铅虽然不值钱，但是它的作用很多，白粉、黄丹都是铅做的，另外它可以让白银变得精纯，可以让锡变得柔软，这些都是铅的功劳。

古代炼制铅，普通百姓几乎用不着，所有炼制的铅，官家都会收走，用于铜钱的制作。除了铸钱，其次用得最多的就是官粉了，擦胭脂抹官粉是女子打扮的另一种说法，可知官粉曾属于化妆品的一个主要内容。

晋城古代对铅与锡的开采虽然与青铜的冶炼关系不大，与百姓的生活也没有太多的关系，但是这种金属官府需要，对社会的发展有利，也能产生一定的经济价值，可以用来换取钱财，改善生活环境，因此挖掘矿产、冶炼产品就成了百姓赖以生存的生活手段。

铁矿的开采。生铁冶炼是晋城的传统产业，铁矿石的供应多为自采自冶，自给自足的生产形态。也就是说各个冶炼方炉都有自己的矿坑，自己的采矿工人。每张方炉的生产周期都会根据自己的采矿能力来确定，每天能采多少矿石，几天可以装一次炉，全凭采矿数量来确定。这种经营模式非常适合鸡窝矿这种矿产资源的开采与利用，晋城的铁矿资源多为鸡窝矿，或许正是这种特殊矿产资源限制了冶铁作坊的规模，因此才涵养了晋城这种坩埚、方炉炼铁的生产方式。

晋城地区的采铁矿坑分立井与斜井两种，立井就是矿坑的主井系垂直上下，无论采矿工匠还是所采矿石全都需要通过主井的辘轳才能出入矿坑。而斜井则不同，斜井可以步行出入，采矿工匠可以通过斜井进入矿坑，所采的矿石也需要通过斜井向外运输。采矿是技术活，同时也是一种艰苦且危险的工作，“四块石头夹一块肉”，就是形容采矿工作危险环境的。古代采矿的工具主要有钢钎、铁锤、小镢、油灯、荆条筐子、扁担等。在掌子面里作业，主要的工作就是扶钎、打锤、刨矿，其目的就是把铁矿石刨下来，然后用荆条筐子装好，用扁担挑出去。在矿坑里干活每刨一锹土，都需要给这些土找到堆放的地方，否则就需要把这些土运到外面去。因此矿工们在地下工作时，只会挖掘工作面，挖掘的尺寸也是以能展开工作为标准，绝不会做过多的无用功。所以古代采矿的巷道都非常窄小，高度也十分有限，仅容一个人弯着腰通过。在这样的环境中挑着扁担运矿石，是需要十分用心的，再则从矿坑内往外担矿石，是从低处向高处爬行，也是格外耗费体力的工作。如果采矿的矿坑为立井，地下的巷道或许会有较大的改善，巷道也会随着铁矿的采掘，多余空间的出现而被逐渐加宽，这时的运输就会使用矿车。矿车为小铁轮车，长 60—70 厘米，宽 40 厘米左右，木架上置放两个荆条筐子，一车可拉矿石 100 多斤。矿石运到立井井口处，再由井上的工人用辘轳把筐子连矿石一块绞上地面。井口处一般会做一些简单的建设，例如甃一下井口。架一副辘轳，搭一个防雨棚，平一块堆矿场地等，或许还会建一座小房子。斜井的出入口，也会有一些简单整理，例如为出入口建一个门，防止别人进入矿坑偷采矿物；平一块场地，可临时堆放一些铁矿石等。总之，建设都比较简单。矿坑里面一般都不会做支护，因为铁矿的采掘面积都不大，小的鸡窝矿仅 10 多平方米，也就是 3.2 米 ×3.2 米的尺度，如果厚度只有 2 米的话，可产铁矿石 100 吨左右。大的鸡窝矿有 30 余平方米，也就是 6 米 ×5 米的尺度，如果厚度也是2米的话，即可产铁矿300余吨，这样的尺度如果矿坑的老天没有问题，完全可以不予支护。因为矿坑的老天一般都是一块完整的大石板，挖一个5—6米的小坑根本不会产生什么影响。这样假设一下，如果每张方炉每次装炉需要铁矿1800斤的话，300吨铁矿石足足可以装炉330次。如果隔天开炉，那么一个大的鸡窝矿足够一张方炉使用两年的时间了，这样的铁矿产量对于生产能力有限的方炉来说，已经很具规模了。

晋城的铁矿开采与生铁冶炼，的确为晋城的百姓带来了不少的利益，使土瘠民贫的太行山区得到了意外的经济补偿，给太行山区带来了无限生机。

煤炭的开采。煤铁号称是晋城经济的两根支柱。铁，主要说的是冶炼，很少有人关注铁矿的开采。而煤则完全不同，因为煤采出来就可以换钱，煤采出来就是商品，就可以使用。所以煤矿产业，强调的就是采掘能力。

晋城的煤炭开采始于何时，几乎找不到具体的起始依据，目前所能知道的就是成书于2500年前的《山海经》里就有与煤炭相关的记载。《山海经》云:“孟门之山，其上多苍玉，多金，其下多黄玉，多涅石。贲门之山，其上多苍玉，其下多黄垩，多涅石。”这里的涅石就是古代对煤炭的称呼。在辽宁沈阳新乐新石器遗址中，考古工作者就发现了用煤精制作的艺术品，时间大约在7000年前。这些都证明了我们的祖先很早就对煤有了一定的认识。《北史·王劭传》记载，王劭在做晋阳令时，曾说“今温酒及炙肉用石炭火”，可见早在1500年前北朝时期，晋阳已经把煤炭当作燃料了。由此推断，北朝时期山西各地的采煤业已经比较普遍了，因此晋城的采煤业以此为起始，也应该说得过去了。

用煤炭替代木柴，虽然有个过程，但是时间不会太久，与之相应的是制陶、冶铁等用煤大户也都进入了适应期。煤炭的广泛应用，极大地促进了人类社会的进步，与燃料相关的行业都获得了大解放，因此，煤炭行业很快就进入了兴盛期。到了宋代，皇家将京城设在了比邻晋城的汴梁，京城是用煤大户，晋城的无烟煤，十分适宜室内取暖，于是晋城自然成了京城煤炭的供给地，因此晋城的煤炭的开采业在宋代又一次获得了发展的契机。到了明清时期，晋城各地的采煤业已经十分普及，产煤区的小煤窑到处都有。

《中国乡土建筑——郭峪村》附录中有一块关于煤窑的残碑，碑文说："郭峪镇堡城西门外，胡家堆有卫姓未行井窑一座，离堡城十步。往西北有卫姓旧窑口一座，离城堡二十步。卫姓新窑口在旧窑口西北，离堡城三十步。张姓，紫薇岭南窑一座，与卫姓新窑口南北两山相离十余步，中隔山水小河一道，离堡城三十步。"这段碑文用字不足一百，就记载了距离郭峪堡三十步之遥的四座小煤矿，可想当年整个晋城产煤区会有多少类似的小煤窑。煤窑多，用户少，小煤窑经营虽不会太景气，但用小煤窑的收入补贴家用应该是绰绰有余的。

煤的开采方式与铁矿石的开采方式大体相同，也有竖井和斜井之分，目的同样也是把开采物运出矿坑以供使用。所不同的就是开采物构成形式不同，铁矿呈鸡窝型构成，一窝挖完之后就需要重新找矿，再辟巷道。但煤矿则不需要，只要找到煤炭的结构层，就可以沿着这个结构层一直挖下去，几百米、几千米都有可能。可以这样说，过去所有被荒废的老窑口，都不是因资源枯竭而荒废，荒废的原因只有两个，一个是因煤质不好被废弃；一个是因经营不善而倒闭。

晋城的煤炭资源十分丰厚，1999 年出版的《晋城县志》记载："全县地下煤田面积约 1000 多平方公里，为全县总面积的 50%以上，煤层厚度达 7 米，总储藏量为 47 亿吨。"咱们别的不说，单说这厚度 7 米的煤层，就可以推断明清时期的老窑无论如何都不会被挖透的。如果一个掌子面按宽 20 米，长 100 米计算，那就是 2000 平方米，如果把 7 米的煤层全挖透，那就是 14000 立方米。如果取一个中间数字，每立方米按 1.5 吨的比值计算，就是 31500 吨。这是一个惊人的数字，是任何一个小煤窑都不可企及的数字。

对于老煤窑的生产能力，20 世纪 60 年代笔者曾有机会进入过一个生产煤的老窑口，现在想来，那应该是一个偷开偷采的违法窑口。这个老窑开在一个背阴的山坡上，窑口前有一个放煤的小广场，窑口高 5 尺左右，窑口宽不足 3 尺，进出窑口全都需要趴着，否则一定会碰到脑袋。进入煤窑首先是要带的是电石灯，电石灯由上下两个马口铁做的小罐组成，下面的小罐一般都使用的是胶水盒，上面的小罐是用胶水盒上盖做底，然后焊成一个小水罐，这样小水罐就可以严丝合缝地安在下面的小罐上了。小水罐正中上下对穿，用来插控制水滴的小木棍，另外上面还有个透气的小孔，方便空气进入。下面的小罐用来放电石，电石罐的一边，焊有一个子弹头，弹头顶上锉一个小孔，用来出气。与子弹头成 90° 的位置各焊一个小环用来绑绳子固定挂钩。使用时在下面的小罐里放电石，然后将上面的水罐灌满水，当水罐紧密地安装在电石罐上时，水罐里的水会顺着小木棍往下滴，电石遇到水就会产生乙炔气，乙炔气无处可跑只能顺着子弹头冒出来，这时用火一点子弹头，电石灯就会亮起来。乙炔气的亮光远胜于油灯，因此近代地下采矿就用电石灯替代了古代的菜油灯。进入巷道的人要么弯腰，要么爬着，一个挨着一个地往前走，巷道的长短要根据采煤的掌子面来决定，一般只有几十米，然后就到了掌子面，掌子面的大小是根据采掘时间来确定的，采煤时间长的，掌子面自然大一些。

古代工匠采煤，没办法进行地质勘探，全靠经验来选择开掘的井口，一般的经验是地表露头处为砂岩，那么地下的煤炭含硫量低，挖到的煤炭多为香煤。如果地表露头的为石灰岩，那么地下的煤炭含硫量高，挖到的煤炭多为臭煤。至于地下有没有煤，还要看地表是不是有明显的煤线，如果没有明显的煤线，那么地下就不一定会有煤，即使有也需要挖很深的巷道。总之，经验很重要，有经验的人，都是有心的人，善于总结的人，他们会通过观察现象，总结规律，做出判断。有了经验，事情就成功了一半。

硫黄矿的采掘与冶炼。硫黄是另一种矿物产品，关于硫黄的记载，早在东汉时期成书的《神农本草经》就记载了硫黄，书中把硫黄列为中品玉石类，认为硫黄既可以入药，也可以滋补身体。遗憾的是我们无法知道记载中的硫黄，是天然的，还是人工开采冶炼的。所幸无论它是天然的，还是人工开采的，人们都对硫黄有了一定的认识是明确的。

硫黄是晋城的特产之一，晋城工匠对于硫黄的采掘与利用大概在南北朝时期就已经开始了。1994 年出版的《阳城县志》记载说："境内硫黄冶炼，唐代即有名气。王屋山为炼丹名址。李白在《王屋山与孟大融》诗中写道'所期就金液，飞步登云车'，这里的金液就是指硫黄。明洪武四年（1371）县署内设有磺库。原用'阳城瓮'（也叫串口）烧炼，提磺率仅 3%—5%。清中叶，泽州府在境内东冶设府同知署，在白桑设汛，以督其事。"总之，在阳城，硫黄的生产千百年来一直延续不断，且有发展壮大之势。20 世纪 50 年代，阳城全县硫黄生产达到了一个新高点，1959 年硫黄产量为 18328 吨，为历史最高水平。

关于硫黄矿采掘与冶炼，清同治《阳城县志·物产》中有介绍："硫黄产于白桑诸山，昔多私采，嗣以为军中火攻要需，归于官办，凡各直省需买着，文咨本省巡抚，由司檄府饬县开采。掘洞极深，出矿状如生铜，融黄之瓮，高二尺，径一尺，以一瓮埋土中，以一瓮实矿块其中，反覆其上，围石炭煅之，一昼夜融液乃成。佳者，着耳瑟瑟有声，事讫即行封禁，不许私采。"从记载可知，当时硫黄的生产规模甚小，生产工艺也很一般。1994 年版的《阳城县志》记录了新中国成立前后阳城硫黄的生产情况，县志说："1928 年（民国十七年），县内设硝磺局，准许安阳、下白桑、洪上等地建窑冶炼。用'一炉三罐法'，提磺率 5%—6%。"直到新中国成立之后，硫黄的生产才有了一个质的飞跃，"1950 年，硝磺局技术员杨顺将串口炼磺改为淋炉炼磺，增加了升华室和冷却缸，提磺率达9%”。“1954年苏联专家安德诺夫抵阳考察硫黄生产，到了通义等4个磺厂，提出了‘提高炉温，扩大冷却室’的建议。又经北香台磺业社技工靳揪住等实验，摸索出‘上渣皮、压边火’的新方法，建成中型炼磺炉，即‘中苏友好炉’，提磺率达20%。1957年，通义磺厂技术员姬兴盛等创建土大炉成功，每炉可装混合矿石30—100吨，提磺率达26%。创造了全国同行业提磺率最高纪录。同年7月，国务院农村工作部副部长顾大川莅阳视察，后向全国推广阳城土大炉经验。”“土大炉定型为底2米、腰3米，高5米，装矿20—30吨。”

我们村里曾经有一个大队办的硫黄厂，生产情况也比较好，曾经是我们村里的支柱型产业。对硫黄厂当时的生产情况笔者还有个印象，在这里笔者将尽可能描述出来，方便有心的关注者了解情况。

硫黄矿的采获。在阳城区域内，笔者认为硫黄矿与煤矿有着共生的性质，而煤矿采掘要比硫黄矿采掘容易一些，因此采掘硫黄矿多从煤层处入手。这样做的好处是巷道掘进比较容易，同时采掘出的煤炭可以用来冶炼硫黄，有了巷道就离硫黄矿很近了，这时在巷道里再打竖井，就很容易采掘到硫黄矿了。明清时期采掘硫黄矿，主要使用的工具是油灯、小镬、撬棍、钎子、铁锹等，运输工具就是小轮车和扁担。民国以后略有好转，但真正的好转是在新中国成立之后。先是用了锅驼机，然后有了电力，有了矿灯，有了风钻，有了爆破，有了提升机；运输方面有了平车，有了轨道，有了矿车，整个采运设备都有了很大的进步。坑下的生产环境也有了很大的变化，巷道变得宽阔了，工人们完全可以直起腰来了，安全措施也跟上了，有了坑木，有了石支柱。20世纪70年代，下井拉过几次煤，那时的矿井已经可以拉着平车跑了，尽管有些地方还比较低，平车还不能装得太高，通过时还需要弯腰弓背俯身通过，但是整个环境比起原来的小巷道要舒服很多了。

硫黄矿在当地被叫作“峒”，这或许与含磺量很高的原矿有关，含磺量很高的原矿闪烁黄铜般的光亮，所以人们就把硫黄的原矿叫成了“峒”。硫黄原矿整体呈亮灰色，需要将其粉碎成鸡蛋大小的碎块，最初由人工砸碎，后来由粉碎机粉碎。硫黄厂主要的工作是冶炼硫黄，所以硫黄厂的主体设备还是冶炼硫黄的冶炼炉。

硫黄的冶炼炉都是依山而建的，上下高差都在五米开外，这就是那个土大炉的标准高度。冶炼炉外面用大石头砌筑，一张炉分两个炉室，一个用来装填矿石的升华炉，炉膛需用耐火材料砌筑，炉子的顶部有一个通往冷却室的风道，风道的方向是向下斜栽的。一个是用作接收硫黄的冷却室，两个炉子的炉室都要封闭严密，因为硫黄的收取就是一种气体的收集，一旦漏气，硫黄就会跑掉。矿石的装填也有具体的要求，首先要在升华炉的下面填装引火炭和木柴，上面再依次填装燃煤、矿石等，一层一层直到那个通风管道的下方为止。在炉窑的顶部还要有一些陶制的管道，用来观察升华炉升腾情况。装好炉后就要封闭好炉膛和冷却室，然后点火开始冶炼，整个冶炼的过程就是把矿石里的硫黄通过高温冶炼蒸腾，使之变成气体，然后让气体进入冷却室，再通过冷却使气体还原凝结为纯净的固态硫黄。当升华炉中的矿石再无产气功能时，这些矿石就变成了矿渣，这时只要打开炉盖，上下通风，很快这些炉渣就会冷却，然后就可以清除炉渣了。在清除炉渣的同时也要打开冷却室，把固态的硫黄运送到精炼车间，然后对它们加热，使之变成液态，然后再将这些液态的硫黄浇铸成整齐的硫黄块，这就是成品硫黄了。这时的硫黄不仅外观整齐，而且密实度一致，直接就可以打包装车了。

硫黄的气味十分呛人，一口即可要人性命。在硫黄的生产厂区，只要处在下风区，周边 500 米的范围内几乎寸草不生，所以硫黄的生产对环境的影响十分严重。近年来，在晋城各地已经没有硫黄的生产了。

煤、铁、锡、铅和硫黄，都是埋藏在深山的宝藏，它们的发现、采掘与利用全要归功于古代工匠的智慧与勤奋，是晋城的工匠们发现了它们，掌握了它们所具有的使用价值，并将它们从深埋的地下采掘出来，让它们得以展现出自身的价值，进而促进了社会的进步与发展，为我们的世界增添了无限的风采，也为百姓的生活提供了资助与活力。

第 三 章

晋城制铁，历史悠久遗迹遗存享誉中华

晋城制铁无疑是工匠晋城中最具代表性的行业了。晋城制铁的历史开始于何年？目前尚无籍可考的，只能从一些古史典籍的记载或考古发现中寻得一些蛛丝马迹。但优越的地理环境，丰富的矿产资源，充足的煤炭燃料为晋城的制铁工业提供了极好的生产条件，因此勤劳智慧的晋城人很早就看到了这些优势，把晋城的制铁业搞得轰轰烈烈。晋城步入铁器时代的步伐，一点也不比别的地区慢，而且还越走越快捷，越走越坚实。

一、唐代以前晋城的冶铁业

《左传·昭公二十九年》载："晋赵鞅、荀寅帅师城汝滨，遂赋一鼓铁，以铸刑鼎。"鼓，计量单位，古代以三十斤为一钧，四钧为一石，四石为一鼓。这里的一鼓铁，应该是四百八十斤。如果这个记载是真实的，那么可以说在春秋之际中原各国就已经普遍使用起铁器了。1955 年长治分水岭发现的战国墓，就有很多铁器出土，其中 12 号墓中有铁凿、铁锥各 1 件，铁镬 4 件，斧 5 件；14 号墓中有铁铲 3 件，铁凿 1 件，铁镬、铁斧类 5 件。这些器物的出现正好印证了春秋战国时期铁器的广泛应用。

至于战国时期，关于铁的记载就更多了，《山海经·五藏山经》所载产铁的山共有 37 处，其中"西山经"中有 8 处，地址多在陕西。《北山经》中有 6 处。1. 虢（号）山"其阴多铁"；2. 潘侯之山"其阴多铁"；3. 白马之山"其阴多铁"，在今山西盂县东北；4. 维龙之山"其阴有铁"，在白马之山南三百里；5. 柘山"其阴有铁"；6. 乾山"其阴有铁"。《中山经》中有 23 处，地址多在河南、湖北、陕西。1. 涹山"其阴多铁"，在今山西蒲县南；2. 泰威之山有枭谷，"其中多铁"；3. 密山"其阴多铁"，在今河南新安县……

这里需要关注的就是白马之山，在今山西阳泉的盂县，而维龙之山，在白马之山南三百里，这个地方无疑应该在山西境内，或许就在晋城、长治范围之内。另外就是涹山，在今山西蒲县南。

关于战国时的兵器，《战国策·韩策一》记载了苏秦在说服韩王合纵时的情形，苏秦的表达十分清晰，他说："天下之强弓劲弩，皆自韩出。……韩卒之剑戟，皆出于冥山、棠溪、墨阳、合伯、邓师、宛冯、龙渊、大阿，皆陆断马牛，水击鹄雁，当敌即斩坚。甲、盾、鞮、鍪、铁幕、革抉、㕹芮，无不毕具。以韩卒之勇，被坚甲，跖劲弩，带利剑，一人当百，不足言也。"其中龙渊、太阿皆为传说中的名剑，"陆断牛马，水击鹄雁，当敌即斩坚”就是描述这些兵器之锋利的，而这样的锋利之器非钢铁所铸皆不可为。

晋城当时属于韩国的势力范围。根据三家分晋后的势态和战国后期各国的得失，笔者认为长平之战前夕秦国已经占领了沁河以西魏国的国土，秦国已经可以直接发兵到达沁河流域。而沁河以东的阳城、泽州、高平这些区域还属于韩国。而赵国的上党则在“百里石长城”以北的长治市范围内。长平之战前，秦拔野王，断韩上党道，因此韩上党守冯亭率上党十七城归赵，指的就应该是这一区域。至于毕振姬在《四州文献》中谈到的“陆断牛马，水截鸿鹄”的阳阿之剑，由于《四州文献》为手抄本，至今谁也没有见到过，所以我们无法读到原著，因此无法了解毕老先生是在什么样的情况下谈起了阳阿之剑，也就无法把阳阿之剑与晋城战国时期的制铁业联系起来。不过晋城在长平之战前夕依然是韩国之地，属于冶炼制铁的核心区域，因此把晋城的制铁历史前推至战国时期应该不属于牵强之举。

关于晋城冶铁制铁的历史，最早的记载出现在《隋书·百官志》中，《隋书·百官志》追述了北朝时期各个政权的官僚制度，在说到北齐时是这样记载的：“后齐制官，多循后魏……诸冶东道又别领滏口、武安、白涧三局丞。诸冶西道，又别领晋阳冶、泉部、大鄂、原仇四局丞。甄官署，又别领石窟丞。”其中的重点在“诸冶东道又别领滏口、武安、白涧三局丞”这句话上，20 世纪 70 年代山西大学乔志强先生做过考证，滏口在河南临漳县西；武安在沁水县东 135 里，也就是现在的嘉峰镇武安村；白涧在现在的山西省阳城县。也就是说北齐时所设的诸冶东道三局，其中晋城就囊括了两个，一个是沁水的武安村，一个是阳城的白涧村。这个记载虽然晚了一些，但武安与白涧两地相隔也就百余华里，可见北齐时晋城的冶铁业有多么繁荣。北齐是一个短命的政权，存世时间仅 27 年，在这样短的时间内，要想把冶铁业搞起来，他们只能选那些冶铁业最兴旺、冶铁历史最长久的地方去发展冶铁业，因此只能在相邻的两个地方，连着设置两个冶铁局了。

隋唐两代虽然我们晋城缺少冶铁方面的资料记载，但整个社会都进入了铁器时代，而且晋城在冶铁、制铁这方面有着承上启下的记载，因此这一时期晋城的冶铁业发展一定也处在正常的发展进程中，并为日后进入更为辉煌的时刻积蓄着力量。

唐开元十九年（731）在山西南部的蒲津渡，发生了一个与铁生产有着直接关系的大事，那就是蒲津渡建了一座用铁堆砌起来的黄河大桥。《读史方舆纪要·山西》记录："唐开元十九年，于蒲津两岸开东西门，各造铁牛四，以维浮梁。《志》云：唐初横为列舰以渡河，为断舰破。开元中改作蒲津桥，铸铁牛八，牛有一人策之，其下熔铁为山，又为铁柱灌之，分列两岸，以维浮桥。今东岸有四，西岸有三，其一沉于河。"1989 年蒲津渡的黄河大铁牛已经发掘出土，几年前笔者曾专程前往参观，铁牛、铁人、铁柱、铁山皆可看到。那巨大的铁山、铁牛无疑是唐代制铁能力的具体体现。看过黄河大铁牛之后，笔者总感觉在这些大铁牛中间一定有晋城制铁的贡献，这些大铁牛身上一定凝聚有我们晋城工匠的智慧。

黄河大铁牛

二、宋代的大广冶与元代的益国冶

到了宋代，生铁的生产量继续攀升，皇祐五年（1053）前后，宋朝每年的产铁量已经达到了724.1万斤，成为世界上产铁最多的国家。当时为了掌控全国的冶铁业，政府在全国的主要产铁区设立了12个铁冶坊，晋城的大广冶就是其中之一。

当时晋城属河东路管辖，距京都汴梁很近，是京城经济的重要助力。晋城生产的铁质量很高，为了助力京城的发展，解决铜钱发行量的不足，泽州的大广冶成了国家指定的铁钱铸制点。《宋史·食货志》载："及奎（张奎）徙河东，又铸大钱于晋、泽二州，亦以一当十助关中军费。未几，三司奏罢河东铸大铁钱。"罢过不久，由于货币不足，又在河东路铸起钱来。同书记载：于是奎复奏晋、泽、石三州及威胜军日铸小铁钱，独留用河东。就这样河东路开始流行起铁钱来。河东制铁本就繁荣，加之铁钱流行，于是很多铸铁炉也就偷偷地铸起铁钱来，因此私钱也混迹其中，成了真正的获利者。记载说，河东铁钱既行，盗铸获利什六。三司奏罢河东铸大铁钱的结果是不但没有罢绝，反而由晋、泽两家铸钱增加成了晋、泽、石及威胜军四家铸钱，而且成了每日不间断地铸钱。而且山西还要负责补偿其他地方铸铁钱用铁不足的亏空，记载说：宋神宗熙宁年初"同、华二州积小铁钱凡四十万缗，诏赐河东，以铁偿之"。

宋代官家控铁，除了铸钱之外，更多的还是用在了军事与国防方面，例如制造兵器、铠甲等方面，遗憾的是我们没有注重这方面的研究，因此目前还没有相关的数据可以说明问题。

另外，宋代为了促进农业与经济的发展，促进铁器的广泛使用，对民间冶铁业并没有实行严格的管控，《宋史·食货志》记载："铁利尽榷于官，然农具器用从民铸造，卒如旧法。"因此宋代民间的冶铁、制铁业依然有

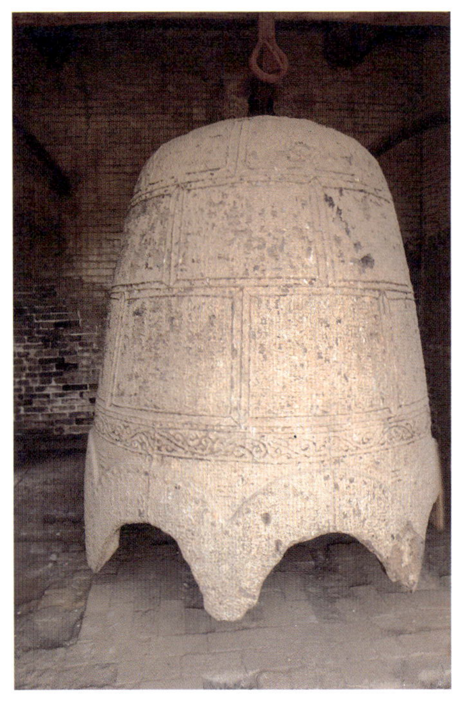

陵川崇安寺钟楼的大铁钟

着很好的发展，这也促进了宋代民间商业贸易的大发展，使得宋代的经济文化发展成了历朝历代经济文化发展的典范。陵川县崇安寺钟楼里有一口铸造于宋崇宁元年（1102）的万斤大钟，这口大钟不但体现了佛光普照、惠泽万众，同时也是宋代冶铁业兴旺发达的具体体现。

关于宋代的大广冶在泽州的什么地方，这是一个悬疑很久的问题，好在这个问题目前已经基本搞清楚了，那就是今日阳城县的东冶村。2012 年，阳城一中退休教师、阳城县历史文化学者王小圣先生在普查阳城全县汤帝庙时，在阳城县东冶镇东冶村的汤帝庙中发现了一块镌刻于金大定二十三年（1183）的《汤王庙记》，此碑镌刻的时间距北宋灭亡的靖康二年（1127）仅 56 年，因此碑文所记述的事情无疑是准确的。碑文的第一句话就讲明了大广冶的具体位置，“邑之东南三十里大广冶村也”。这个时候东冶村，还没有自己的正式的村名，使用的依然是宋代冶铁官炉赋予的名称“大广冶”。至于当时的村民是否为原住民，现已无考。碑刻中共出现了 15 个人物，其中程姓 6 人，林姓 3 人，马姓 2 人，刘姓 2 人，张姓 1 人，另有 1 人名字为上茂，应该姓上。这些姓氏与现在村民姓氏源流考的情况来看，不大相符，现在东冶村的大姓分别为：马姓 448 人，宋姓 167 人，王姓 291 人，陈姓 194 人，张姓 157 人，原姓 329 人，李姓 124 人。这些姓氏进入东冶的时间都在明清两代，就连号称东冶村最早的居民马姓，村里的考证也说是清雍正年间始祖入住东冶。不过这个考证未必准确，因为金大定二十三年大广冶村中就有马福、马全二人被录入碑中，可见马姓最早就住在村中的说法是可靠的。遗憾的是当年碑中录入的程卞、程荣、程懋、程宪、程愿、程方，这一程氏大姓如今却不知所终。因为碑上记录了村中推举公勤有干才者为建庙掌其事者共 5 人，另加捐地者林氏 3 人，而列首位者则是马福，可见马氏在村中的地位很高。这也佐证了马氏是村子的主人。碑文的第二句介绍了村子的环境和经济条件，“村有鼓铸之利，材木之饶，土地宽旷，故居民恒足于衣食。”村子里不但有鼓铸之利，而且材木丰饶，土地宽广，有资源、有粮食，而且有赚钱的办法，是一个衣食不愁的小康村，这就是村民有能力且愿意建庙的重要依据。

金代晋城冶铁业的发展状况，官方没有具体的记载，但整体发展状况应该还是不错的。我们从大广冶村创建汤王庙的碑记内容来看，金代大广冶村似乎还在从事着冶铸业，因为碑文说了“村有鼓铸之利”，可见当年大广冶的冶铸行业还能为村民们谋利益。但没有官方订单的大广冶能坚持 56 年，已经很不错了，大概也是靠周边百姓生产、生活的需要来维持生计的。也就是这小小需求和宋末金初战乱才维持了大广冶的平静，使得原来大广冶的管理人员与匠人在这里待了这么久的时间。但后来的日子里大广冶就不那么好过了，因为一直靠订单生产的大广冶，实在缺乏跑市场的积极性，因此在整个金代，大广冶很可能停止了冶铁业的生产。所以我们今天就无法找到当年碑刻上记载的程姓、林姓、刘姓那些人了。

金代的大广冶不一定从事冶铁业了，但不等于晋城其他地方的冶铁业也停顿了，晋城那些祖祖辈辈从事冶铁、制铁的老匠人仍然在从事着自己的老本行，因为他们既有长期的顾客，又有畅通的销路，他们的生产是不会停顿的。关于晋城金代冶铁业的生产状况，我们不得而知，但新中国成立后晋城青莲寺的钟楼里尚保存着金大定八年铸成的一口大钟。这也是金代晋城地区冶铁业持续发展的具体体现。

元朝是一个由马背上的民族创建起来的政权，由于这个民族缺少手工业，因此他们格外注重手工业生产者。虽然他们杀戮成性，但是对待身怀一技之长的工匠还是能做到网开一面的。元代无论是皇家，还是贵族，凡是有封地的家族都有自己的工匠队伍。因此元代对手工业与手工工匠的管理都比较严格。元代对铁器和铁业生产主要采取政府管理，集中手工业匠人进行冶炼制造。元代在河东路设有河东都提举司掌管河东全路的铁冶业，当时河东路有八个铁冶坊，分别是大通、兴国、惠民、利国、益国、闰富和两个丰宁冶坊。其中益国冶就在晋城的高平。益国冶遗迹较大，《高平史话》“益国铁冶”专门讲述了这一遗址。文章说：“益国冶铁当时在全国十分有名，如今在王降村，依然保留有古代炼铁遗址。王降村的正南方叫‘炉上’，至今铁矿渣堆积如山、冶铁坩锅横竖遍地，铁渣上‘杂草不生、种田难活’。炉上朝廷炼铁的事，在王降村一辈传一辈，具体哪朝哪代，距今几百年，老百姓也说不清楚。1958 年大炼钢铁时，整座的硫铁和铁渣山被挖去了一大半，炼了钢。至今这里的铁渣还剩多少，无法计算。从残留的遗迹看王降冶铁应该十分古老。”

其实“益国冶”明代也有所继承，《明太祖实录》载：“明洪武七年(1374)四月，命置铁冶所官，凡十一所，各所岁炼铁额：潞州闰国冶、泽州益国冶岁各一十万斤。”清雍正《泽州府志・古迹》记载：“益国铁冶，北十里王降村，元大德间，置铁都提举司益国冶，至正中废。洪武初，徙冶县北二十里，永乐中奏工部勘合，罢炉冶事。”为了找到这个地址，笔者打开高平市地图仔细作了察看，这一查找，笔者感觉神农镇李家庄炉窑沟那个铁渣山的问题，应该解决了。2022 年 4、5 月间，李俊杰先生在高平市神农镇李家庄村的炉窑沟发现了一处冶铁遗址，遗址长约 2000 米，宽约 300 米，文化层厚达 5 米左右。由于在遗址附近发现了战国时期的文化遗存，于是他就把这把这个遗址称作战国、西汉时期的冶铁遗址。当时笔者也曾应邀前往踏勘，感觉技术上过于成熟，生产量又十分巨大，不应该是那个时期的文化遗存。而且笔者还在文化层的下方土壤中只发现了一小片元代的瓷片，因此对这处战国、西汉的冶铁遗址表示存疑。今天再次查阅《泽州府志·古迹篇》，认为这个遗址很符合“洪武初，徙冶县北二十里”那个新的益国铁冶的位置。第一，神农镇李家庄在县城北二十里左右的位置；第二，这些铁渣堆积程度符合一个国家级铁冶工场生产产量的基本规模。对此笔者做了一个粗略的估算，从明洪武七年（1374）至永乐十二年（1414），也就是永乐中，时间正好 40 年。如果按当年皇家为益国冶确定的产量额度“岁一十万斤”计算，40 年应该生产了不少于 400 万斤的铁，400 万斤的铁，大约就要有生产出这样规模的铁渣山来。

高平李家庄冶铁遗址

三、明代的匠户制度和润城砥洎城

其实晋城的冶铁业真正登上历史舞台的时间是明清时期。明代的官办手工业，基本继承了元代的匠户制度。明代的匠户分住坐匠与轮班匠，住坐匠住在京城，初为南京，后为北京，轮班匠住在自己家乡。明洪武十九年（1386）法令：工匠以三年为班，轮流到京师服役三个月，如期交班，名曰轮班。二十六年改定为：一年至五年，五种轮班法。景泰五年（1454）实行全国轮班，统一为四年一班。服役地点，洪武年间，集中在南京，永乐迁都后以北京为重点。轮班匠工部主管，为工部所属的作坊和临时工程供役。轮班匠除赴京轮班外，也有因特殊制作的需要而存留与本地府衙，执役于织染局和御器厂等处，称存留。轮班、住坐、存留都是一种劳役形式，所提供的劳动都是无偿劳动。工匠每应一班，虽名为三个月，实际连同路程往返，往往需六七个月时间，此外还受到官吏与作头的勒索。工匠为服役，常常要借钱物绢帛，甚至典卖田地子女，故消极怠工，粗制滥造或浪费原料，乃至逃亡时有发生，明政府屡禁而不能止。明代中期，随着商品生产的发展，货币经济的上升，政府对轮班制度进行了改革。《明会典·工匠二》成化二十一年（1485）奏准，轮班工匠有愿出银者可以银代役。凡愿出银者，每月每名南匠出银九钱，北匠出银六钱，不愿者仍旧当班。弘治十八年（1505）规定：每班征银一两八钱，遇闰征银二两四钱。嘉靖四年（1525）补充规定，工匠无力者，亦只令上班，不许一概追价类解。嘉靖十二年（1533）后令，南直隶等处，远者纳价，北直隶等处，近者当班，各从民便。嘉靖四十一年（1562）规定，班匠通行征价类解，不许私行赴部投当。当时各省工匠共十四万二千余人，每年征银六万四千一百多两。皇家官府中只留了手工业工匠一万二千余名。

明代匠户制度的改革极大地解放了生产力，工匠不再需要为皇家官府轮班服役，只要缴纳匠班税，就可以自由生产、自由经营。这些工匠一旦进入生产环节，就会极大地促进社会生产，使得商品供需发生巨大的变化。丰富的商品在生产地价格较为便宜，价格差必然会促进贸易发展，把便宜的商品运到急需的地方去，商品价格就会轻易地翻倍。贸易活动会让整个社会的经济变得更加活跃，也会让生产地的经济发展走上快车道，让整个社会很快地富裕起来。富裕的社会环境必然会促进当地社会文化的飞速发展，于是经济促进文化发展的效应很快体现出来，于是经济发展好的地方，很快就会涌现出一批达官贵人，让这个地方显赫起来。晋城的沁河流域就是这样一个典型范例。

润城是阳城东乡的一个大镇，镇子的经济就是在明代匠户制度改革的影响下发展起来的。润城村大土地少，要想在这里生存下去，掌握一技之长是十分重要的。由于这里交通方便，煤铁资源丰富，商业贸易发达，因此长期以来，一直聚集着一批拥有一技之长的能工巧匠。他们居住在这里，靠着一技之长，生产商品就地交易，以维持生计。明代匠户制度的改革，使他们长期以来集聚的能量一下子迸发出来，于是他们把自己掌握的铸铁技能充分地展示出来了。

可以这样推断，刚开始他们自己炼一些生铁，铸造一些煮饭锅、开水壶等生活用品，主要供给当地人使用。当匠户制度改革之后，他们就扩大了生产规模，自然商品就变得便宜起来。于是南来北往的商客们，就会把这里便宜的商品带到需要的地方去。最初可能只带一两件给自己用，接着就会有人利用两地的差价进行长途贩运，商品外销的理念一旦产生，就会有专门的营销商出现。他们会根据自己的运销情况主动订购货物，这就会有合同订单出现，同时给生产工场注入扩大生产的理念。销售渠道畅通，自然会促进生产工场的繁荣与发展，于是一个又一个的手工工场，就会因市场需求而诞生，于是一个成规模的生产基地就自然地形成了。在润城至今依然可以看到很多创建于明清时期坩埚房子，它们以铸造废弃的坩埚为建筑材料，以坩埚上漂浮的铁渣石灰为黏合剂，在工匠们的巧手下变成了一道道高墙，形成了沁河流域独特的民居建筑。进而成为沁河流域一道奇特的风景线，它们的代表性作品就是明崇祯年间建起来的砥洎城。

砥洎城即润城堡，润城周边的村民都叫它小城“寨上”。砥洎城的创建者为润城村的杨赍闻，参考杨载简刻制于明崇祯十一年的《山城一览》

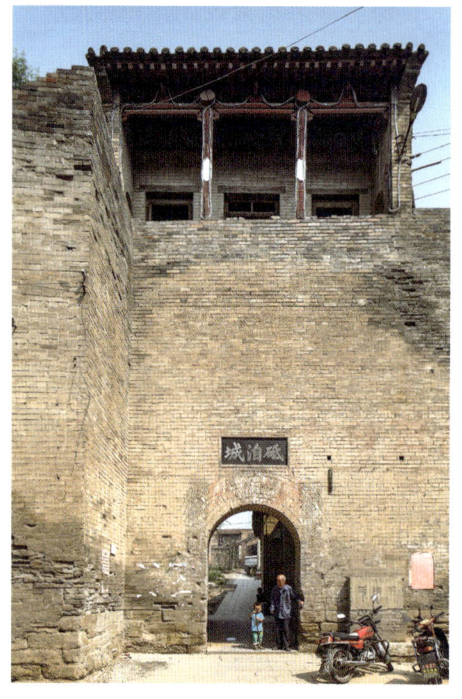

润城砥洎城

图，即可推算出该城的建造年代应在崇祯六年至崇祯十一年之间。据张慎言所撰《明故承德郎大兴知县贲闻杨公及原配赠安人王氏合葬墓志》记述，“壬申（崇祯五年）、癸酉（1633），经流寇之变，杀掠殊惨。里西北偏高阜，三面临河，公相度高下，量方广得若干亩，计亩敛直费数十金，筑砥洎城，依然金汤，此不朽之功也”。从铭文中可以得知，现存的砥洎城，从建城的动议到城址的选择，从规划到建设，皆杨贲闻所为。

今日的砥洎城所处的位置正如上文所述，坐落在润城村西北部的沁河之滨，是一个三面临水的沁河半岛，古城取洎水中流砥柱之意，故以“砥洎”命名。

砥洎城平面为椭圆形，由于城堡所处的地理环境较为特殊，所以整座城堡仅设有南北二门。南门为正门，门前有一块面积不大的小广场，广场的东南有一条直通镇中街巷的道路，当地人将其称之为寨圪洞。在城的东北部地势较低的地方建有一座瓮城，瓮城东高西低，最低处要比主城低15米左右，瓮城平面呈牛角形，东宽西窄，宽处建有连接上下的专门通道，在牛角的角尖部另辟有一向西的门洞，门洞上书“山泽通气”四个大字，由于该门位于城堡之北，门外正对着滔滔的沁河之水，故人们又将北门称为水门。水门是砥洎城内最高的建筑，上下高达五层，在门洞之上还建有四层高的楼阁，上祀“祖师”。祖师阁四面开窗，楼廊悬挑，登阁远眺，远山巍峨，近水滔滔，数百米河川尽收眼底，顿觉心旷神怡。砥洎城关帝庙有一块《瓮城及水门楼》的碑刻，碑文记载水门创建于清顺治十年。碑文载："顺治十年（1637）正月二十一日开工，本年十一月止，创修后瓮城并水门。所用银两，依照地亩公派，每地乙分派银六两"。

砥洎城的城墙总长 700 余米，全城的面积约 20000 平方米。砥洎城建造的目的是十分明确的，就是为了防备明末的战乱，所以砥洎城内最多的建筑，便是那些用来抵抗入侵的防御性建筑。

砥洎城三面环水，由于所处的位置极为特殊，所以城堡的防御性建筑大都建造在位于城南的陆桥部分。主要特征表现在城门的内缩，有炮台、有马面墙、有城门楼等系列建筑上。

南门附近的城墙高约 12 米，为了方便战时对城门的控制，建造者让由西而来的城垣，在这里做了一个北折的改变，砥洎城的城门就建造在折过又东延的城墙上。这小小的一折，为守城人创造了一个极为有利的防御条件，使进攻者在到达城门之时，必须经过这段凌空而设的城墙，与窦庄堡的北门顺墙而开，有异曲同工之妙。南门高达三层，下层为门洞，二层为武库，三层为城门楼，尽管门楼不算威武，但也足以证明它的重要性。

除了南面的陆桥之外，砥洎城三面环水，环水处的城墙就不止 12 米高了，其高度多在 20 余米，许多地方甚至高达 30 米，在只有刀枪剑戟的冷兵器时代，20 余米的高度再加周边河水的阻隔，无疑成了一道不可逾越的屏障。所以在这些地方，防御的设施就相对简单了一些，只有为数不多的几个炮台。但环城的马道是通畅的，堞墙是完备的，随时可以增加防御的力量。

砥洎城的防御功能除了作战外，性能更为周全的是城内的保障系统。城内空间充裕，可以储备较多的食物；城内水源充足，东、西城各打有水井一口，为了饮用水的安全，建造者甚至专门为水井建了一座小小的瓮城，随时准备消灭入侵者。

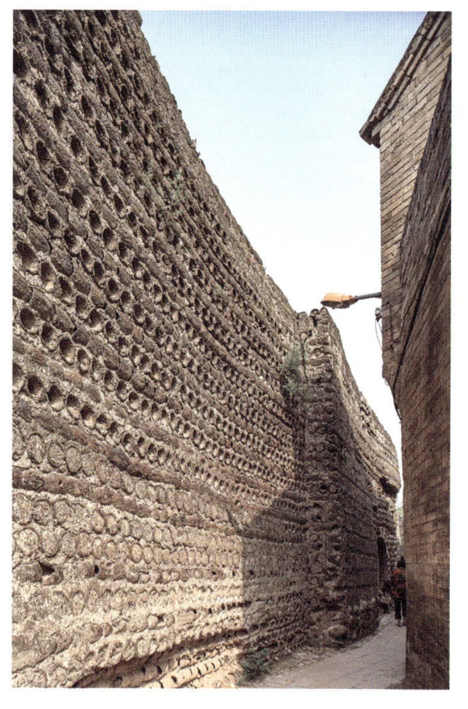
砥洎城的坩埚城墙

在沁河流域的诸多堡寨中，砥洎城是极具个性的，其中最突出的就是城堡的建筑材料比较特殊。砥洎城的外墙，下部多用石条和河卵石砌造，使用青砖的地方并不是很多。而在砥洎城的内部就更为不同了，在砥洎城的内城墙上，使用最多的建筑材料是熔铁用的坩埚，这在沁河流域的诸多堡寨建筑中，是罕见的，或许是唯一的。

坩埚是一种冶炼、熔铁的器具。在晋城市范围内，坩埚炼铁有着悠久的历史，坩埚是用一种耐火矸泥做成的大小一致的桶状物，是坩埚炼铁、熔铁的基础工具。当地的坩埚有两种，一种是炼铁坩埚，一种是熔铁坩埚。炼铁坩埚体型较大，由于铁水熔化后沉淀在坩埚的底部，上面覆盖着矿渣，因此只有将坩埚打碎才能取出铁块，所以真正的产铁地，如东沟、大阳一带并没有使用坩埚造房子的情况。

而铸铁就不一样了，铸铁时只需将原料铁熔化成铁水，然后注入预先制作完成的模范中即可。铸铁坩埚之所以小于炼铁坩埚，是因为铁水很重，铁水熔化后需要匠人用长柄钳将坩埚从熔炉中端出并将铁水注入模范中的，所以坩埚的大小必须以人的能力为标准制作，因而就小了许多。同时熔铁坩埚必须完整，否则铁水熔化后就会流掉，因此只有以铸造为主业的地方，才会有大批量的完整坩埚聚集。这也从另一个角度证明润城明清之际是一个铸造基地。

坩埚是一种生产废料，繁荣的铸造业自然会产生许多废弃的坩埚，这些废料大小相似，数量众多，很占地方。为了有效地利用这些废料，润城周边的建筑工匠们，在工作实践中逐渐摸索出一套使用坩埚建造房屋的技术。因此这些坩埚就替代了盖房用的砖，坩埚砌墙、券窑、垒城墙，坩埚成为润城及其周边百姓修建房屋的重要建材。明代润城冶铸业的发展，使得润城的经济空前发展，因此明末清初，润城及其周边保存下来一大批以坩埚为材料的建筑——窑洞、房屋、墙壁，种类甚多。

砥洎城建造于明末，这一时期正是润城铸造业极为兴盛之时，这里既有大量的坩埚，又有着成熟的使用技术，所以杨家在筑堡时同样也选用了坩埚。用坩埚砌筑堡墙，材料易得，工艺熟练，坚固耐久，造价低廉，更重要的是能够处理一大批工业废料，应该说有百利而无一害。即使在今天来说，也是一项既环保又节约的典型工程。砥洎城的存在，也证明了明代中后期沁河流域冶铸业的发达，是晋城制铁业在明代发展状况的真实写照。

其实明代晋城的制铁业不仅仅在沁河流域，在丹河流域、在长河流域，都有长足的发展。如阳城的犁炉犁镜的生产，犁川犁铧的生产，高平铁钉的生产，东沟、川底、南村的冶铁与制铁，大阳的冶铁与制针都曾享誉一方。

四、清代晋城的制铁业

清代晋城的冶铁制铁业比明代还要发达，清雍正十三年《泽州府志·物产》记载："其输市中州者惟煤与铁，日不绝于途。"清同治九年德国著名地质学家李希霍芬从广州前往北京，路过河南清化镇时，发现这里有大量的铁货交易，当他知道这些铁货全都来自山西泽州时，就决定到山西泽州去看一看。4月8日，他离开河南踏上了山西的土地。李希霍芬在日记中这样写道：“道路路况非常好，全部铺着大石条，并且维护得很好。大概5米宽，来来往往的很是繁忙。我粗略计算了一下，在中午时分，20分钟内有102辆骡车，108个背负的苦力经过。每辆骡车能装载266磅，每个苦力挑1公担（译者注：在德国1公担为50公斤），合计在这么短时间内就有25吨或2000磅（译者注：原文数字如此），形象点儿说5节火车车皮的货物经过。我估计，这一天我在路上遇到的货物总量可以达到150吨。大多是些铁制品，比如铁丝、钉子、铁锅、铁犁、车轮子和各种工具的配件。这些铁制品大概占到3/5，大块儿的无烟煤占30%，剩下的10%包括内蒙古的骆驼毛、高粱酒、一种非常结实的陶罐、一些中草药和其他东西。清化产的面粉和粮食，汉江下游天门产的棉织品、竹编筐子和很多其他东西都被运往北方。”李希霍芬所记录的状况，就是《泽州府志》所记载的“惟煤与铁，日不绝于途”的具体表述。按李希霍芬估计，他当天在路上遇到的货物有150吨，其中的3/5是铁货，那就是100吨，每天100吨，一年365天，就按300天算，每年就要有3万吨的铁货从这里流往清化。可见清代晋城产铁的数量之大。

清光绪三、四年间山西遭受大的灾荒，人口骤减，到光绪十一年山西人口由1640万减至1070万。《凤台县续志》记载：“岁既不收，铁货尤滞，穷民失业，饿莩益多。”大量人口流散死亡，使山西的炼铁炉和铁货炉只剩下原来的一半。据丁格兰所著《中国铁矿志》记载，当时山西全省每年的产铁量只剩下50248吨。这中间就包括晋城生产的19748吨，其中泽州年产13333吨，高平年产4000吨，阳城年产2000吨，沁水年产415吨。

山西大学乔志强先生在《山西制铁史》中是这样介绍晋城制铁业的：“以晋城、高平、长治、阳城等地为主，炼制生、熟铁，并将生、熟铁又制成各种器具。”他在书中说：“晋城铁业当时最为发达，炼铁炉分三种，方炉，炼生铁，将矿石装在坩埚中冶炼，每炉出生铁约五百斤。炒炉是炼熟铁，在地下挖成炉体，将生铁烧红熔去所含渣滓，每炉装三千五百余斤生铁，可炼出熟铁二千余斤。条炉是把熟铁烧红后捶打成一尺多长，二寸多宽的铁条，每一千斤炒铁可制成七百五十斤条铁。炼成生、熟铁后，锅货炉、铧炉、碎货炉再打制成铁器。据有关方面向当地经营铁业的老者调查，说是在一九一六年至一九一七年间晋城有方炉四百七十座，有炒炉六十二座，条炉二百四十八座，锅货炉一百五十座，铧炉十三座，碎货炉一千五百余座。……约计每年产生铁货二千八百万斤（旧秤，下同），熟铁二千九百余万斤，共约合三万四千吨左右，其中熟铁有三百余万斤打制成熟铁货。”“此外，高平在一九一五年有炼铁炉六十二座……一九一九年前产量至少约计在一万五千吨以上”。陵川“在一九一八年前有铁厂十二家，各有生铁炉二座，只炼生铁，年产约五百余吨”。至于阳城没有具体的数字，但阳城主要以货炉和犁炉为主，冶铁炉肯定也有一些，但产量有限，很可能连自己深加工的原料都不够。

民国年间的晋城冶铁与生熟铁加工依然比较发达，尽管清代后期的洋务运动为华夏带来了近现代的冶铁业与金属加工手段。特别是辛亥革命之后，建立了民国，许多地方生产条件与牛产环境都有了一些改变，变化最大的是东南沿海的大城市。而绝大部分的内陆地区，国民还处在传统的农耕时代，自给自足仍是当时的主要社会形态，至于说身居太行山深处的晋城，基本还和清代后期一样。1948 年 10 月太岳行政公署油印本《太岳区各种工业材料汇集》中保存有 1930 年晋城、阳城、高平、沁水几县生、熟铁及各种铁货产量的统计情况，基本情况仍和清末差不多。

晋城：

方炉 470 座，产生铁 4230 万斤

炒炉 63 座，产熟铁 3150 万斤

老条炉 20 座，产小板铁 126 万斤

老锅炉 49 座，产货 55 万斤

百货炉 49 座，产货 1700 万斤

钉炉 40 座，产钉 6 万斤

碎货炉 1300 座，产货 520 万斤

阳城：

方炉 51 座，产生铁 561 万斤

炒炉 1 座，产熟铁 47 万斤

百货炉 166 座，产货 1499 万斤

犁面炉 80 座，产货 600 万斤

高平：

方炉 500 座，产生铁 3500 万斤

炒炉 36 座，产熟铁 1440 万斤

老条炉 118 座，产小板铁 118 万斤

百货炉 60 座，产货 450 万斤

钉炉 400 座，产钉 288 万斤

沁水：

方炉 84 座，产生铁 756 万斤

炒炉 7 座，产熟铁 144 万斤

百货炉 24 座，产货 172 万斤

四县总计：

方炉 1105 座，产生铁 9047 万斤

炒炉 107 座，产熟铁 4866 万斤

老条炉 138 座，产小板铁 138 万斤

老锅炉 49 座，产货 55 万斤

百货炉 351 座，产货 3452 万斤

钉炉 440 座，产钉 294 万斤

犁面炉 80 座，产货 600 万斤

碎货炉 1300 座，产货 520 万斤

这样的生产情况应该一直延续到 1937 年日寇全面侵华，全民族抗战开始。

五、古法炼铁技艺——方炉炼铁及其他

方炉炼铁，其实就是坩埚炼铁。至于这种炼铁方式起源于何时，目前还没有一个准确的判定，笔者赞同从坩埚炼铜借鉴的说法。关于坩埚炼铁源于何时，在晋城目前可以找到最早的坩埚炼铁遗址应该是高平寺庄镇王降村的益国冶铁遗址了，时间是元至大元年（1308）。由于当时的生产状况已十分稳定，因此推断这一技术的形成时间应该更早，至少可推至元代初年或宋金时期。

坩埚炼铁，是符合农耕社会一家一户小农经济生产形式的。在这样的环境中，一家几个劳动力，可分步作业，逐步准备。例如采运矿石、采运燃料、制作坩埚，装填坩埚，维修方炉等，当一切准备停当后，再集中时间装炉，引火，然后利用一晚上时间就可以炼出铁水来。开炉时也比较简单，只需要一两个劳力把方炉里的那些坩埚拖出来即可，因为只要停止送风，炉温下降，铁水就会凝结在坩埚的底部，到时候打破坩埚即可收获生铁。

关于坩埚炼铁，2018 年笔者在大阳古镇筹备古法制铁体验馆时，曾采访过几个从事过方炉炼铁的老先生，他们是 91 岁的贾志义，83 岁的周全定，81 岁的王安贵，80 岁的董苟红。他们的年龄决定了他们是大阳古镇古法制铁的最后经历者，在他们的指导下，最终找回了古法制铁的相关技艺，从而获得了一个较为完整的古法制铁工艺。

古法冶铁所需的各种矿物原料。

古法炼铁所需要的基础材料，主要有铁矿、块煤、引煤、黑土、矸土、木柴等，其中矸土 1200 斤，铁矿 1800—2000 斤，块煤 2000 斤，黑土 900 斤，引煤 150 斤，木柴 50 斤。其中：矸土是用来做坩埚的，块煤是用来做炼铁燃料的，木柴是用来引火的，铁矿、黑土、引煤是炼铁原料，用来装坩埚的。这些矿物材料晋城周边各县广泛存在，很容易找到。

大风箱：大风箱高 1 米，长 2 米，宽 0.4 米，风箱用桐木制作，桐木木质轻软有弹性。风箱里面分为两个空间，上层占整体的 5/6，为生风空间，下层 1/6，为送风空间。生风空间有一块立着的隔板，拉动隔板即可生风。隔板一面装双头拉杆，一面装单头拉杆，风箱的两头上、下各有一个方孔，方孔上各有一个固定在风箱内部上方可开闭的木帘子，中间隔板的周边都粘着鸡毛，拉杆拉动时，隔板向拉动的方向移动，这时行动方向的两个小木门闭合，生风空间的空气就会沿着生风空间与送风空间隔板顶头的通风孔输入送风空间，然后再将风送入需要去的地方。反之，风箱头上的小木帘打开，空气进入，对面的气流同样被压入另外一端的通风孔，同时将送风空间的风送入需要去的地方。

坩埚：用矸土、矿渣、引煤为原料，依木托捏制，坩埚高 0.5 米左右，直径0.2米左右，烤干后使用。坩埚里装放的是冶铁所需要的矿物和燃料，成分为碎矿石、黑土、引煤等混合物，这些混合物需要用水拌湿，干湿度以混合物能捏成团为好，矿物装好后上面要堆成尖状形，然后再上盖坩埚碎片。

方炉的制作与应用

方炉：平地砌筑，长5米左右，宽2.6米左右，高1.2米左右，前敞口，后砌墙为风墙，风墙厚 0.5 米，留有风口。墙后置放大风箱。装炉前先要布置风道，网状风道呈坡状，风道里要均匀分布引火木柴，布风道时要用矸土堵塞缝隙。风道上置放透气通风有一定密度的铁板。然后在铁板上布放脚碳，然后就是装炉了。

装炉就是把装好矿物质的坩埚摆放在炉中，摆放的方法，每排摆放10个坩埚，坩埚与坩埚之间还要装填块煤以保证燃烧，共15排，可以放150个左右的坩埚，坩埚放好后，外面用石头或炼铁用过的废坩埚砌堵。然后在第一层坩埚的上面铺上块煤，铺好后还要在上面再安放一层150个坩埚，这样一炉总共要装300个坩埚。装炉结束后就要封堵风墙对面的敞口，然后再往坩埚上布放块煤。

炉场谚语：矸是包金纸，煤是穿山甲，黑土能生血，八卦炉中炼，石头变成铁。

方炉需要六个人操作，分别为：作头、二把式、小份、管炉、小管炉、社工。

装炉完成后，就可以点火了，风道里的木柴起着引火的作用，当整个炉中的火燃烧均匀后才可以送风。送风一开始就不可停顿，这时的送风非常重要，要一个劲地推拉风箱，保证送风持续不断，保证所有的角落都有风送到，一直坚持到坩埚里传来铁水滴落的声音，然后还要再持续送风一段时间，直到铁水全部从矿石中渗出并流到坩埚的底部，这时炉中的块煤也燃烧殆尽了。停风之后炉温下降，很快铁水就凝固在坩埚底部，这时就可以开炉了。开炉，即是打开敞口处的封堵，然后把炉中的坩埚用大铁钳拖出来，并敲碎坩埚。冷却后捡出铁块。至此一次炼铁过程结束。每张方炉每次可炼铁约450—500斤。

炒炉的制作与应用

炒炉，平地上的圆形炉。炉径约1米，炉深约1米。后有迎墙、炉炕，迎墙后的炉炕上放风箱，风从斜风道由上而下送入炉中，俗称“煽天风”。

炒炉是用来提纯和精炼铁的，坩埚生产的坨铁纯度不一，也不能锻打，因此需要通过炒炉回火使之发生化学反应，降低含碳量。炒炉要用硬质木柴作燃料，这样可以不产生新的矿渣。当坨铁熔化至黏稠状态时，工人会把黏稠铁液搅拌成一个个 10 斤左右的铁团，然后放到铁砧上锻打。这样可以去掉铁中渣滓，也可以让生铁中的碳元素在炒炼搅拌的过程中变成二氧化碳而挥发掉，去除铁渣和碳元素的团铁经过锻打，生铁的脆性与硬度会降低，从而变得柔软起来。从生铁到熟铁就是一个去碳过程，当这个去碳过程达到一半的阶段，此时的铁叫半熟铁，这种铁既有延展性，又有一定的硬度，其实就是钢了，因此炒炉也有炒钢之说。

炒炉有大、小作之分，大作 13 人，小作 9 人。具体分工：整份 1 人、半份 1 人、大锤 4 人、扎铁 1 人、劈柴 1 人、扇火 4 人、炉头 1 人。

大作炒炉每次要装 35000 余斤生铁，可炼出 2000 余斤半熟铁。另外就是一些带有矿渣的圪渣铁，这种圪渣铁只能用于铸造生铁产品了。

条炉的制作与应用

条炉是生产小板铁的专业制铁炉，炉高 1.5 米，宽 2 米，炉上有杠和护火。条炉的炉膛大于一般的铁匠炉，要放 6 根炉条。条炉的功能就是把半熟的铁团烧软，通过两到三次的锻打，使之进一步脱碳，从而更为熟化，成为锻制铁器的基础原料——小板铁。

小板铁生产一般需要 6 个人左右，他们分别为炉头 1 人，打锤 3 人，扇风 2 人。打锤分头锤、二锤、三锤，具体分工为头锤扎眼、二锤补窟窿、三锤钳口。一班可加工原料铁 450 公斤，出成品铁 360 公斤。

由团铁到小板铁，损耗率大约为 20%，1000 公斤团铁可生产小板铁 800 公斤。小板铁长约 0.33 米，宽约 0.06 米，厚约 0.02 米，重约 2.6 公斤。

生铁的铸造

方炉冶炼出来的坨铁，当地称之为生铁。由于生铁性脆不可锻造，因此用生铁制造器具唯一的办法，就是将坨铁熔化成铁水，然后浇注到特制的模具中，使之成为人们需要的器物。如当年用的铁锅、茶壶，牛耕用的犁铧、犁镜等。由于生铁的铸造模具需要较好的透气性，因此多用沙子制模，所以当地多把生铁铸造称之为翻砂。同样是因为用沙子制模，所以用生铁铸造出来的产品都比较粗糙。

熟铁的锻造

生铁经过炒炉、条炉熟化之后，就成了熟铁，熟铁就可以进行锻打成型了。我们生活中更多的铁制用品都是通过锻打而成的，如门环、铁链、铁勺、铁锹、锄头、铁箍、菜刀、剃头刀、门锁、钉子等。

在铁的锻造中，钢的应用是至关重要的。钢是一种介于生铁与熟铁之间的可锻制物，既柔韧又坚硬，因此成为制造兵器、刀具不可或缺的重要材料。好钢用在刀刃上，就是熟铁与钢的最佳组合。

关于钢的炼制

晋城古代钢的炼制大概有两种办法，一种就是我们前面讲到的炒钢法，在炒炉炒制熟铁的过程中，当把铁中的含碳量降到一定程度时，就成了钢。如何确定钢的性质，只能靠打铁人的经验与感知来确定，那就是这个铁虽然还很硬，但已经可以用锤子锻打，使之延展与变形，那么这块铁就具备钢的性质了。

另一种办法就是百炼钢，具体做法就是把生铁薄片用熟铁片包起来，然后上火烧，烧红烧软后再把包起来的两种铁放在铁砧上用锤子锻打，不断地烧，不断地打，直到生铁中的碳元素均匀地融入熟铁中，两种铁完全结合时，它们的结合体就成了钢。

六、小城的茶壶刘善的鏊蒿峪的蒸锅皆名品

晋城持续2000多年的制铁业，依赖的全是智慧勤劳的晋城工匠，正是这些匠人凭着自己的聪明与智慧才把晋城的制铁业不断地推进与发展，使传统的制铁业越来越贴近百姓，成为晋城百姓生活中的重要元素。其中生活用具主要有：铁锅、茶壶、铁盆，蒸笼、菜刀、门锁，钢针、剪刀、针锥、针钳等，几乎所有的生活领域都有铁器的存在。在工农业生产领域，铁制工具也很多，主要有：犁铧、犁镜、锄头、钢锹、铁车轮、铡刀、铁锤、斧头、锯子、瓦刀、钉子等，只要有需求，就会有产品；在宗教祭祀方面也有许多铁制用品，如铁铸佛像、观音菩萨等，铁铸香炉、云板、铁铸大钟等，还有殉葬用的铁牛、铁猪等。

将新的材料用于生产、将新的技术用于生活，历来都是晋城工匠追求的目标。在追求精品的道路上不懈努力，做什么都要做到极致，做什么都要做出品牌。润城的茶壶，刘善（在阳城县润城镇）的鏊，蒿峪（在阳城县町店镇）蒸笼有名声，泰山义的剪刀，大阳的针，阳城的犁镜扬美名。这些都是晋城铁器中响当当的晋城品牌。

润城的茶壶有这样几个特点：一是造型端庄，下大上小，形似坐钟；再就是壶流，熟铁打制，挺拔俊俏，出水畅快；三是提梁，熟铁打成，弓如满月，手感圆润；四则壶身，皮薄匀称，受热均匀，开水极快。之外，还有一个独具的特色，那就是润城的茶壶会唱歌。只要装上凉水放到火边，茶壶立刻就会发出一种延绵不断低鸣声，嘶——嘶——嘶，这个声音一直会响到壶中的水煮沸才会停止，非常奇妙。

润城的茶壶之所以具有如此多的特性，全是依赖制壶匠人的奇思妙想与制壶匠人的精湛技艺，是工匠精益求精、追求更好意愿的凝练。在润城有这样一个古老的传说，说是一个制壶匠人要外出干活，家中老娘孤苦一

人，无人做伴，无人说话，于是匠人就想做一个会响的茶壶，用茶壶发出的声音为老娘解闷。他利用铁器之间密实度不同会产生微弱声音的原理，加上水在加热时所形成上下循环从而产生的共振的原理，来实现自己的理想，最终制作出了会唱歌的茶壶。不过制会唱歌的茶壶，制作工艺也需要改变，于是他们改革了铸造铁茶壶的制作工艺，使润城茶壶的制作流程完全不同于其他地方茶壶的制作流程。

针对这个问题，笔者采访了润城传统铸造技艺传承人石阳生先生，石阳生先生告诉笔者："小城茶壶的铸造方法和其他地方不一样，它不是通常的那种从底部浇注，而是从进水口(茶壶口）的边缘向模具内浇注铁水。由于制作方法不一样，所以润城的茶壶底部十分平整，因此当它放在火上热水时，热度首先传到了壶底，水的性质是冷水下沉，热水上浮，随着水的流动就会产生共振，共振引起了共鸣，因此小城的茶壶就唱起了歌。为什么会鸣响呢？是因为制模匠在模具中预先放入了三小块铁片，虽然它们

小城的茶壶

也是铁的，浇铸时也与新浇铸的铁水结合在了一起，但终究不是一体，很难彻底融合。就是这一点差异，在壶水加热时就会与新浇注的壶体发生摩擦，从而产生微弱的声音，就是这个声音在冷热水上下流动时与壶水形成共振，被扩大后的声音就传了出来，这就是小城茶壶会唱歌的原因。”应该说这是一个了不起的发明，工匠们为了把会唱歌的茶壶做得更好，让自己的茶壶把歌唱得更优雅、更动人，他们细心地改变了惯用的浇铸方式，把茶壶的浇注口改到了茶壶的注水口上。改变工艺的原因就是要去掉茶壶底部的浇注疤，因为浇注口在底部，势必会留下一个浇注疤，而人力敲除疤块，自然很难把握，疤痕有大有小，有厚有薄，会直接影响声音的发出与声效的质量。为了保证声音的一致，工匠们必须解决这个问题。于是他们毅然地抛弃了底部浇铸法。这就是匠心独具，一切为了更加完美地具体体现。

关于刘善的鏊，石阳生先生也给笔者做了具体的介绍，他说：“刘善的鏊主要销往河南沁阳、济源或者更远的地方，因为那里没有煤炭，主要靠秸秆烧火，因此他们所用的铁器就需要薄一些，而刘善的鏊正好就具备了这样的特点。刘善的鏊，除了三只脚之外，外形就是一个微凸的鏊面，它甚至都没有设计那个专门的挡油边线。”他给笔者讲了刘善的鏊之所以受到河南人的喜欢，就是因为它的底部特别薄，只要一把麦秸就可烙成一张饼子，而其他地方的鏊子即使三把麦秸也不一定能烙成一张饼子，因此刘善的鏊就成了河南人交口称赞的名牌产品了。

关于刘善鏊的制作工艺，石阳生先生也给笔者讲出了其中的奥秘，那就是浇铸之后再踏一脚。据石阳生先生讲，他妈的姥姥家在刘善村，他老舅就在刘善的炉场干活，这个炉场就生产烙饼的大鏊。他小时侯到姥舅家走亲戚，经常去老舅干活的炉场看老舅开炉铸鏊。他说：“老舅他们开炉铸鏊的基本流程是：前面一组人往模范里浇注铁水，紧跟着后面就有三个人同时用脚猛踩鏊范，当时不知是是么意思，现在想来则是：趁铁水注入范中尚未凝固，通过三个人同时一脚踩踏鏊范，目的是利用人的外力将鏊范里的铁水挤出去一部分，这样就可以降低鏊面的厚度，使鏊面变得更为轻薄。从而实现使用很少的燃料，即可制作出人们所需要的面食来。”应该说，这又是匠人们利用制造技艺在制作领域创造出来的一个罕见的绝招，这样做，经验是十分重要的，用力过猛很可能将鏊范踩坏，用力太小又很难实现将铁水挤出去的目的，因此只有经验老到的工匠才能实施这一步骤，实现最终的目标。这种特有的制作手段，特别符合封建社会家传技艺的技术特点，在外人看来制作方式家家都一样，根本没有什么与众不同之处，实际技巧却发生在不经意间。外人可能看不出门道，以为技巧在开模，实际技巧就在这一脚，这一脚看起来十分简单，做起来却非常困难，没有指标尺度，全靠言传身教，在家族企业中应属于不传之秘。

蒿峪的铸铁蒸笼。铸铁给人们的印象就是笨拙和厚重，但是蒿峪的蒸笼却打破了这个固有的印象，明清时期，蒿峪的工匠们利用自己精湛的铸造技艺，把那沉重的铸铁变成了轻巧的蒸笼，他们用自己灵巧的双手和细致的工艺，把一套蒸锅的部件全都做得精致轻薄，既减轻了蒸锅的重量，还增加了蒸锅的密闭性，十分好用。据说，蒿峪的蒸锅无论是底锅还是笼盖，无论是笼箅还是笼圈，都做得壁薄口严，轻巧耐用。只要是同尺寸的蒸锅，它们的部件全都通用，而且组合起来都会严丝合缝。因此蒿峪的蒸锅以聚气好用，蒸食快还不走形被广为赞誉，成了吃馒头地区的抢手货。很快就在晋南、晋中、河南、山东打出了名声，于是蒿峪的名声也随着蒿峪的蒸锅而传遍了蒸锅使用频繁的区域，成了晋城铁器中一个著名的区域品牌。

蒿峪的蒸锅同样也有自己的不传之秘，如何做得轻巧，如何做得严丝合缝也有自己的诀窍，所以当地有这样一种民谣：“蒿峪的铁，蒿峪的炭，离了蒿峪人不能干。”为什么了“离了蒿峪人不能干”呢？这里就蕴藏着一个不传的秘密，那就是蒸笼制作的秘诀，不过我们不知道而已。

嵩峪的蒸锅种类齐全，其中有高盖、低盖两种类型，而且大小尺寸齐全。嵩峪的蒸锅是按底锅的口径来确定大小的。最小的是 1 尺 2 寸，最大的 1 尺 8 寸，中间还有 1 尺四 4 寸、1 尺 5 寸、1 尺 6 寸等。嵩峪蒸锅外销鼎盛时，全村开有 26 张货炉，年产蒸锅 400 余吨。

七、锻铁名品泰山义剪刀

泰山义剪刀，是晋城又一个制铁业品牌。“泰山义”是晋城一个老字号，该字号创建于清乾隆二十四年（1759），是一个专业锻造剪刀的制铁作坊。民国四年（1915）泰山义的剪刀在上海参加“巴拿马太平洋万国博览会”展品选拔并获奖，因此一下子在国内打出了名声，从而成为与北京的“王麻子”、杭州的“张小泉”齐名的剪刀名品，同时也成了晋城最晚的一个以锻造制铁为主的铁器品牌。

泰山义的创始人叫靳小二，长治县西火人，乾隆年间学艺于晋中太谷，学艺 8 年，专攻剪刀。学成后在晋城落脚，乾隆二十四年在晋城开炉打制剪刀，最初只有一张烘炉，每天可以打制 6 把大剪，8 把小剪。虽然产量不高但是十分注重质量，注重信誉，在泰山义的招牌上“言不二价，包管来回，童叟无欺”是必有的承诺，因此泰山义的剪刀一直保持着极高的信誉，生意越做越好。随着顾客的增多，自己带的徒弟出师，作坊里的烘炉也在增加，产品也在不断地增长。泰山义的剪刀“打得轻便，钢火好，剪东西利落，经久耐用，因此受到顾客的交口称赞，行销很广。外地到晋城来的人们往往要买把‘泰山义’的剪刀，晋城到外面去的也会拿它送朋友”。

泰山义的剪刀民国年间获奖后，一下子销路大开，供不应求。1999 年山西古籍出版社出版的《晋城县志》记载：“因此销量大增，远销河北、河南、山东、陕西、甘肃等省及内蒙古草原地区”。随着顾客的增多，泰山义剪刀铺也在不断地扩大再生产，五年之内烘炉增加到 14 座，工人增加到 50 多人。1920 年以后，泰山义的情况开始走下坡路，1938 年日寇侵占晋城，泰山义更为没落。1943 年，泰山义剪刀铺彻底倒闭，泰山义的第三代传人靳小八一家人也漂泊流浪在外饿死。

1945 年，抗战胜利后，在政府的扶持下，原泰山义剪刀铺的老工人牛保家、卫全贵重新恢复了泰山义品牌的生产。1952 年剪刀铺成立了剪刀合作社，剪刀生产也获得了空前的大发展，年产量达到了 21300 把。1958 年剪刀生产合作社并入晋城合作五金厂，当年的剪刀产量就达到了 25400 把。20 世纪 70 年代，晋城“五小工业”快速发展，吸引了全国各地的学习参观者。这一时期，泰山义剪刀还被作为礼品对外赠送，获赠泰山义剪刀的国际友人有美国、新西兰、越南等国的朋友。

据 1999 年山西古籍出版社出版的《晋城县志》记载，泰山义剪刀的最终落幕是 1980 年，当时全国的剪刀市场日趋饱和，而晋城的泰山义剪刀却一直没有找到自己发展的方向，于是泰山义剪刀逐渐走出了人们的视线。

八、国家级非遗项目——阳城犁镜

犁镜是农耕时代田间耕作必不可少的农具，它一般用在农田休耕之际，目的是把地下深处的土壤翻起来晾在土地的上层。这样可以把土地表层的草籽翻到地底下，使之无法获得足够氧气而沤朽，成为田地里的有机肥料。同时又会把蛰伏于土壤深处准备过冬的害虫与虫卵翻到地面，让其在严冬低温中冻死。犁镜在农耕时代用处极大，使用区域十分广泛，需求量也很大。

犁镜正名犁壁，由于犁壁平面内凹，多用白铁制成，使用时被土壤磨得明光锃亮，貌似镜子，因此才有了犁镜的美称。考古发现，犁镜的使用历史已经有2000多年了，早在西汉晚期，犁铧已有翻土的犁壁装置。山东安丘，河南鹤壁，渑池、陕西西安等地都有汉代犁壁的出土，犁壁有菱形犁壁、板瓦犁壁、马鞍型犁壁等多种类型。至于阳城犁壁（犁镜）源于何时，目前尚无据可考，但它无疑是汉代犁壁的继承与改良。犁壁与犁铧不同，犁铧直接冲击土壤，因此与土壤的摩擦力极大，因此犁铧上不容易粘结泥土，犁壁则不同，它负责将土壤推向耕作者确定的方向，因此很容易沾泥、积土，这就为犁壁的铸造者提出了一个特殊的命题，解决犁壁沾土的问题。历史最终选择了阳城犁壁，阳城犁壁的特点就是光滑耐磨，翻地不沾泥，既省畜力又省人工。由于阳城犁壁使用时可以磨得光亮如明镜，因此就获得了“阳城犁镜”的雅称。许多农人宁可远涉万里，也要获得一块阳城的犁镜。

第一，阳城制铁，历史悠久，北齐时有白涧冶铁局，宋代有大广冶，明代有润城铸造中心，厚重的制铁文化孕育了阳城的制铁基因，为阳城成为犁镜铸造基地储备了优秀的人才。第二，阳城具有得天独厚自然环境。阳城的南山，铸造材料齐全，铁矿、菀荆木燃料、矸土、一切具备。第三，阳城工匠好学。据说犁镜技术源于济源，阳城工匠通过“走出去，请进来”诸多办法，最终学到了这门技术，使之变成了阳城犁镜。

根据太岳行政公署《太岳区各种工业材料汇集》1948年10月油印本统计，1930年阳城犁镜的生产状况：阳城有犁面炉80张，每年可生产犁镜600万斤。阳城犁镜的品种多达400余种，其中最重的达9.5斤，最轻也有2斤左右。如果每片犁镜按平均4斤计算，那么600万斤就应该有150万片犁镜，可见当时阳城犁镜的生产能力有多么强。由此推断，阳城生产犁镜的历史最晚也应该在清代中期，或者还会更早。清光绪《阳城乡土志》记载：“犁面则远商驻买于本境，每年二十万有奇。”

1994年海潮出版社出版的《阳城县志》记载："1954年，产31万片。型号500多种，行销全国20余省，还远销日本、朝鲜、越南、尼泊尔、不丹等国。1963年，产41万片，由国家分配供应。当年，山西省机械工程学会与太原市机械工程学会考察组到阳城和济源县实地调查，跟班作业，用现代测试手段分析用料成分与生产工艺，为各地仿制找到了途径。后产量减少。""1984年，南关农修厂与农机专家合作研制成用感应电炉代替犁炉的新工艺，可以不用木炭。"

2006年5月阳城的犁炉炼铁、犁镜的铁范铸造与阳城的坩埚炼铁以"阳城生铁铸造技艺"的名称被国务院批准列入第一批国家级非物质文化遗产名录。关于阳城的犁炉炼铁与铁范铸造犁镜工艺，随着专家学者对非物质文化遗产研究的逐渐深入，也有了具体的研究成果，具体可归纳为：就地采矿—地坑焙烧—破碎矿石—硬木烧炭—铸制铁范—制作宝石—修建炉体—竖炉炼铁—铁范铸镜等。

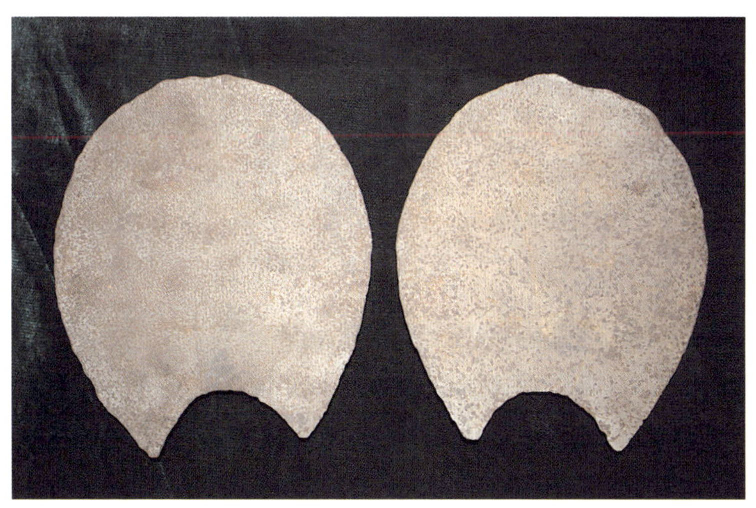

阳城犁镜

就地采矿。阳城铁矿资源丰富，桑林乡还有露头的铁矿脉矿。阳城桑林的铁矿石含铁量高达56.69%，就地采矿十分便捷。

地坑焙烧。矿石入炉前需要焙烧30小时，焙烧的目的是除去矿石中的水分子并蒸发掉矿石中所含的矿物质硫。矿石的焙烧是在地坑中进行，地坑直径3米左右，深约0.5米。焙烧方式：在地坑底铺一层木材，地坑中心放引火柴草，柴草周边放木炭，木炭的周边用较大的矿石支成通风孔道，连接木柴。然后将矿石堆放在木柴上，厚度约1米。堆放好后点燃中心的引火柴，然后让木柴缓慢燃烧，焙烧时要不断地拍打矿石堆。

破碎矿石。经过焙烧的矿石，还要经过人工用手锤破碎，块度大约在3—15毫米，然后过筛，细碎的矿石容易烧透，颗粒状的矿石通气性好，有利于生铁的冶炼。

木炭的烧制。犁炉炼铁必须使用阳城南山的硬木木炭，其中荆木木炭最佳。荆木木炭是指用荆木的根块烧制的木炭。烧制要求，“三茬七炭”，即七成炭，三成仍可看到木茬。这样的木炭既可产生高热量，还有一定的强度，可起到支撑通风的作用。

铸制铁范。阳城犁镜铸造用的是铁范，铁范流行于秦汉，后逐渐淘汰。阳城犁镜的铁范铸造可谓硕果仅存。铁范俗称“盒子”，由阳城上芹的李氏供应。犁镜的铁范由上下两片组成，外模与内模基本一致，穿绳的镜鼻孔多用泥芯制成，临时置放。犁镜的下范为镜背，镜鼻都在镜背处。犁镜的上范为镜面，这一面要做得整洁光滑，这样才不易沾泥。一个盒子可以使用十多年，浇注3万次以上。

制造宝石。所谓宝石就是耐火材料砌块，用上好的石英砂制成，这种石英砂耐火度高，在高温条件下稳定性强，是垒筑炼铁炉炉底、铺垫炉衬的重要材料。阳城南山里就有这样的石英砂。在准备石英砂的同时还要准备矸土（铝土），矸土的主要作用则是制作风管，打制炉缸。石英砂与矸土同时使用，以保证犁炉铁水的安全储存与铸造顺利。

犁炉的构成。犁炉是犁镜生产的关键性设备，是一种小型的高炉，也被称为竖炉。阳城犁炉的特点就是集冶铁与铸造于一体，所有工作一次完成。犁炉的构成主要由金盆、炉腹、上节等几部分组成。金盆呈锅状，下由三脚架支撑，是整个犁炉的基础，也是整个犁炉的出口，包括出渣、出铁等，所以是关键部位。金盆的底部为炉缸，作用是积存铁水，炉渣则漂浮在铁水的上面。炉缸的正前方为出铁口，称作前脑，正后方稍上安置风管，是整个犁炉的进风口，风口的上方称作后脑。风管插在风口内，可以前后拉动，从而控制火的位置与大小。这里的火焰最猛，因此要用宝石砌筑。后脑的上方为炉腹，铁矿石在这里还原，铁水下落进入炉缸，矿渣也从这里下落，漂在铁水之上。炉腹的上部是炉腹与上节的接口部位，这里空间最为狭小，属于咽喉部位。从上口填入的燃料和矿石将随着炉腹内矿石冶炼的程度而逐步下移进入炉腹。上节的作用第一是上料，即添加燃料和矿石；第二是预热，让燃料和矿石利用炉腹中的余热预热，以便原料进入炉腹后迅速升温而实现快速还原。

犁炉的核心是炉腹，这个位置如果设计合理，风量到位，自然就会燃烧充分，还原迅速、充分。

犁炉的关键是风管，因为整个炉体全靠这一风管送风，送风到位，自然燃烧充分，水渣易分，温度适宜，铸造顺利。风口在后脑的下方略高于前脑，风管从风口伸入，一支风管风分三路，一路向上助炉腹内木炭的燃烧，保证铁矿石的还原；一路则对着前脑的出铁口，助炉缸内木炭的燃烧，提高铁水的温度，一路冲向前脑上壁，遇阻反射回后形成环流上升进入炉腹，促进炉腹中的气流循环，增加燃烧值。所以风管伸入炉中位置十分重要，只有处在最恰当的位置，才能实现以上的三种效应，达到最佳效果。

犁炉的修造。第一步是制作金盆，也就是做一个锅壁较厚的大铁锅，铁锅的直径一般为 1 米左右。然后在锅里用石英砂和矸土夯筑成炉缸并留出前脑出铁口和风口。第二步制作后脑与炉腹，先用干草扎成草芯模具，然后在草芯上抹上200毫米的麦糠泥，然后砌筑后脑和炉腹，当炉体自然干燥后，再点燃干草芯，烧掉干草。这样做的目的，一来可以进一步干燥炉腹，同时也可腾出草芯所占的空间，露出后脑与炉腹的雏形。然后还要对后脑与炉腹做进一步的加工，具体的做法就是用石英砂和矸土和成的耐火泥贴抹炉壁，给炉壁增加一件厚达50毫米的外衣，最后再在炉壁上刷上一层木炭粉。全部完成之后，就要用木炭将炉腹填满，然后再在炉腹的上方修筑犁炉的上节。犁炉上节的内部空间呈下小上大的漏斗形，完成后也要填满木炭。金盆、炉腹、上节的外部都要加纵筋横箍，从而实现炉身的上下连接与炉体的坚固，另外在炉身的中部还要设中轴、撬杠，以便倾斜炉身，外倾铁水。

犁炉的应用与犁镜的铸造。由于犁炉在制造时就已填满了木炭，所以开炉时只需要点火就可以了。犁炉的点火处在风口，首先用干柴将木炭引着，等木炭燃烧均匀后再将风管插入风口进行密封，然后就可以接通风箱送风了。点火燃烧3—4个小时，炉温即可升至800—1000℃，随着炉腹内木炭的燃烧，上节的木炭大部补入炉腹，这时空出来的上节就可以上料了。刚装料时，矿石与木炭的比例是1∶3，然后逐渐增加矿石，最后达到1∶1，装料的次序是：先矿石后木炭，装料间隔的时间约为15分钟。犁炉的前几次出铁数量较少，当冶炼正常后，大约1小时出一次铁，每次出铁量大约10—15公斤。

犁炉使用中，如果风管熔断，则需要将风管往里推，如果风管报废，则需要更换新的风管。阳城的这种犁炉正常情况下可以连续生产30天，如果使用得好，甚至可以使用3个月。

犁炉的掌控主要靠“两看一调”。两看即“看火色”与“看水色”；一调即调风管。看，通过出铁口来观察。看火色，即看出铁口冒出的火苗，如果火苗明亮发白，则燃烧正常；如果火苗为黄红色，则炉温偏低。看水色，通过出铁口观察炉缸内的铁水，硬水，明亮发白，穰水，红里透灰。

当炉温偏低，出现穰水时，就需要调整风管，重新安排风吹的位置，尽快提高炉温，保证铁水达到适宜浇注的温度。

出铁时的铁水用手包承接，所谓手包即铸造坩埚，由于犁镜铸造一般为一包铸造一个，因而手包的大小就需要根据犁镜的大小与重量来确定，一般要略大于犁镜的重量。

手包接到铁水后，要在铁水的表面撒上黄白草灰，预防铁水氧化，并尽快将铁水浇注入模，浇注过程先快后慢，以保证铁水充盈。整个过程要在 10 秒之内完成。

浇注前铁范要刷荆木粉调制的涂料，并预热温度到 40℃—50℃。铁范在浇注时与地面成 30° 角，并由工匠踩住铁范以防跑火，另一个工人手端铁水浇注包进行浇注。一包铁水只浇注一个犁镜，剩余的铁水倒回铁槽回炉再烧。

浇注结束，脚踩铁模的工匠要先将浇口内尚未凝固铁水倒出，然后迅速打开铁范，倒出通体透红的犁镜，等其自然冷却后，还需要打掉浇口，打掉飞边和毛刺，并通过断口观察断面颜色，如断口颜色白亮，有冰花纹，然后进行物理测试，用碎犁镜片划不出痕迹，敲起来声音清脆者即为合格的犁镜。

有专业人员对阳城犁镜进行过专门测试，测试结果得知：阳城犁镜含碳、磷量很高，含硫、硅、锰很低。分析原因是：炼铁使用的矿石含硫量很低，炼铁用的燃料木炭的含硫量也很低，因此整个铸造犁镜的铁水中整体含硫量就低。而含碳量高的原因是炼铁时炉温较低，碳分子挥发不够。另外就是所有的犁镜表面都有一层更为细小的共晶体和渗碳组织，这层组织生成的原因是由于犁镜铸造使用了铁范，犁镜的表面受到了激冷而形成的。阳城犁镜之所以“利土不沾泥，犁地不费力”的主要原因就是这些特点赋予的。

九、供应半个中国的大阳钢针

钢针，是人们生活中必不可少的细小工具，它诞生的年代极早，早在新石器时代山顶洞人生活的环境中就有骨针的发现。人类社会发展了上万年，人们缝纫的工具却没有多少变化，仍然是一根细小的针，唯一不同的就是制针的原料换成了铁。大阳钢针则是众多钢针中出类拔萃的那一根。

19 世纪 70 年代（清同治九年），德国地质学家李希霍芬来到晋城，他在日记中写道：“大阳（晋城泽州大阳镇）的钢针供应这个大国每一个家庭，并且远销中亚一带。”这是一个外国人用国际视野看待大阳钢针并评价大阳钢针的。

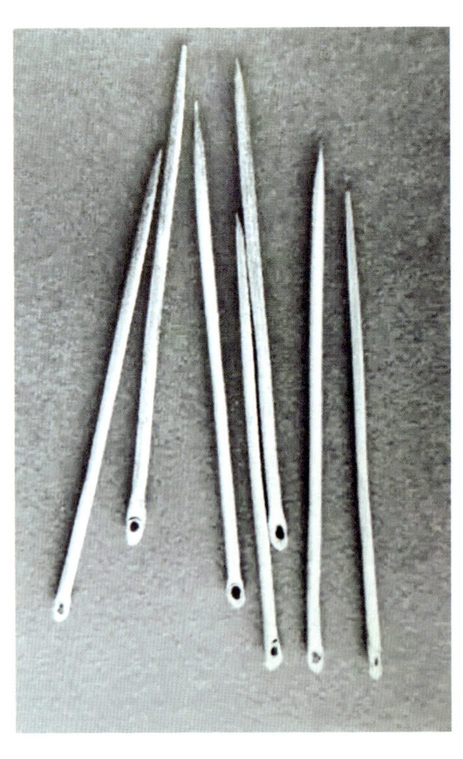
大阳钢针

钢针是一种十分微小的手工产品，它的生产需要经过千家万户许多双手，如何保证钢针的质量无疑是十分困难的，但是大阳钢针不但质量好，而且销路广，可见大阳钢针无论生产还是管理都有着特别的地方，并获得了用户的广泛认可。

关于大阳钢针的生产历史，1999 年山西古籍出版社出版的《晋城县志》是这样记载的：“土法制针在晋城已有 500 余年的历史，明嘉靖年间（1522—1566），大阳裴骞在山东做提刑按察司副使时，其弟从山东学来制针技术，开始制针生产。后来在大阳一带迅速普及，几乎户户制针，盛极一时，成为农家的主要副业之一，产品远销京津、武汉、开封、郑州、西安等地。并在大阳修起了针翁庙。明万历年间曾任安徽宿州知府的王秋水撰写的《针翁庙记》，即叙述他在童年时，大阳就有制针业，到明崇祯年间（1628—1644），针业大兴，此后逐渐发展到史村、上村、中村、下村等地。鸦片战争以后，因洋针占领了市场，土针生产日渐萧条，大阳一带的制针业也随之消失。”从这段记录可以得知大阳制针业源于山东，兴于明嘉靖年间，盛于明崇祯年间与整个清代，鸦片战争之后转为萧条，直至消失。

大阳钢针的制作，说到底是大阳古镇周边百姓的集体贡献，这里面更重要的是制作的组织与最后的渗碳工序。2017 年，笔者在大阳古镇见到了一张碑刻拓片的照片，照片没有碑名，也没有落款，从碑文的内容分析，应该是出自大阳，时间应该在清雍、乾之时。碑文说：“窃思针，微物也，业针，末艺也。经切磋琢磨数十余工，烦事也。终日劳瘁，所获仅数钱，小利也，谚喻徒劳之举，曰针没削铁，非目见身亲者焉能为？是言乎？然而凤邑西北，分技逞长，攻此者，数一二老弱，殆亦唐风克勤之遗俗也，欤。迨至前任余老爷有少增针税之议，经前任刘大老爷急谕中止。谓，圣天子仁爱黎庶，贫者居先。本土业针自古有年，原因手艺琐屑，所获无几，故无征商之例。虽条例载有铁线一则，而来自广东，落地征税是铁线，已有正供。业针者，又于每月另有微奉，尤属野外，复强佣力人加徵矣，未能为。国家增沧海之一粟，先使一方老稚妻孥饥饿流离，职司抚育者讵忍出此。因之既标明示，复令勒石永寝斯议。兹详□产而连累及此者，益缘置产而复回赎与。沐恩而复追思，事虽不侔，而要皆业针者之宜永垂不朽也。后之□仁明，宰治斯土，岂不效刘公祖之体恤穷寒，岂不法父师之轸念工匠，凡我戚友悉宜预谅，勿蹈前辙，以免参商是所祷求也。”

仔细阅读碑文，核心就是一个，制针纳税问题。但是围绕着纳税问题，却说了许多制针的细节，可以说是一块谈及制针技艺最多的碑刻。碑文开门见山：针，很小的物件。制针，一种末流的技艺，切、琢、磨，数十道工艺，很烦琐。终日劳瘁，仅得几个小钱，小利也。接着说了凤台县西北，有着传统的制针技艺，做针的人皆为老弱之人继承旧俗，他们分工合作，发挥所长，挣一点小钱。前任余老爷曾有过增加针税的想法，后来被刘大老爷下文给制止了。这里的余老爷笔者估计就是凤台县的知县了，而刘大老爷笔者估计就是泽州府的知府了。知府刘大老爷制止的理由是："圣天子仁爱黎庶，贫者居先。本土业针自古有年，原因手艺琐屑，所获无几，故无征商之例。虽条例载有铁线一则，而来自广东，落地征税是铁线，已有正供。业针者，又于每月另有微奉，尤属野外，复强佣力人加徵矣，未能为。国家增沧海之一粟，先使一方老稚妻孥饥饿流离，职司抚育者讵忍出此。"这段话冠冕堂皇，先是说天子仁爱百姓，贫者居先；接着说晋城制针古来有之，手艺烦琐，所获无几，故无征税之例。条例中有铁线征税的要求，但铁线来自广东，落地时，已征过铁线税了，属于国税。而从事针业贸易的商家，每月也有交税，属地方税。所以没有必要再对制针的这些老稚妻孥征税了。这一点钱对国家来说不过是沧海一粟，但对穷苦百姓来说就可救命，我们这些父母官怎能从这里下手呢？"不再征收制针之税"确定之后，官府还专门立了一快块石碑，明确以后不会再议制针纳税之事。碑文的后面还专门有"法父师轸念工匠"的字样，希望官员们要像父师那样体恤制针工匠的不易与艰辛！

从这块碑中可以了解到这样几个问题，一、做针有切、琢、磨等数十道工序；二、做针烦琐，仅得几个小钱，小利也；三、针业有两种税，铁线税和营业税；四、做针的铁线来自广东；五、做针的工匠辛苦悲催；六、做针者多为老稚妻孥，凤邑西北做针户很多，多以此养家。总之大阳钢针，光鲜名誉背后有许多故事，有地方官吏的维护，有针户艰苦辛勤的劳作，有工匠技艺的支撑，有管理者付出的智慧，这些或许就是坚持了几百年的工匠精神。

关于大阳的制针技艺，由于沉殁于20世纪之初，距今已越百年，加之其中隐藏着的不传之术，因此目前已经无人能把整个制针过程讲述出来。笔者经过资料查阅，工艺对照，管理分析，目前已经有了一个比较科学的过程推理，希望把这一技艺保存下来。

钢针的制作流程

第一步，选上好的熟铁在铁匠炉上碾成细细的铁条。

第二步，将铁条烧红碾尖，然后将碾尖的铁条穿过特制的圆眼铁模，将铁条拉成制针所需的铁线。钢针有粗有细，因此拉制铁线的铁模也各不相同。

第三步，将不同型号的铁线，按照所做钢针的长短截成不同长短的针坯。然后将针坯发给前来领取针坯的制针户。

第四步，制针户领到针坯，带回到家中，然后磨出针尖，砸出针鼻，钻出针眼，磨去毛刺，即成为半成品的铁针。

第五步，制针户将加工好的铁针交回到针坯发放处，然后由制针总管对铁针进行进一步的加工：炒针。

炒针是制针行业中最大机密，用现代冶铸业的语言表述就是对已做好的铁针进行渗碳、淬火，使之成为钢针。

这里需要说明的是：渗碳之前的铁线针坯，非常纤弱，极易变形，虽容易加工，但也极易变形。所以在加工时必须严加保护，防止变形。因为变形后的铁针即使捋直，使用时也会有阻滞感，应视为不合格产品。

铁针经渗碳后，就变成了钢针，由原来的纤弱变得坚硬起来，成为真正的钢针。

第六步，渗碳之后的钢针还需要进一步抛光，然后按一定的数量进行包装。包装之后就成为商品，进入市场了。

大阳钢针的生产流程

根据前面碑刻资料的记载，大阳钢针的铁线来源，应该是广东佛山。由于晋城长河流域的东沟等地也生产过铁线，因此晋城东沟或许也曾是大阳钢针的原料提供地。

大阳钢针的生产形式，最初是怎样的，由于缺乏记载，我们不得而知。但是针翁庙的创建，则证明了大阳曾经出现过制针会这样的组织，制针会负责大阳钢针制作的全过程。包括材料的采购，针坯的制作，半成品的收购，炒针（铁针的渗碳），抛光，成品包装，成品的销售等。

大阳钢针的加工是由各个制针户具体完成的。制针户先要到针翁庙制针会领取截好的针坯，然后回到家里完成针尖、针鼻、针眼、磨光等工作，然后将半成品交回制针会，并在制针会领取相应的加工费。

制针会会将收回的半成品针集中起来，统一炒制渗碳、抛光，然后分类包装。

明清时期，东西大阳各有一个针翁庙，制针会主持针翁庙的庙务，针翁庙以自己独特的地位与专有的场地负责制针原料——铁线的采买、针坯的制作与发放，同时也负责半成品铁针的回收与加工费的发放。最重要的是，针翁庙还是炒针的重要场所，在这里，那些来自千家万户的半成品铁针，通过统一的渗碳炒制，从而卸去了来自不同制针户的散乱无序，从而形成了质量品相统一的大阳品牌钢针。

应该说这是晋城工匠用自己的辛勤与智慧成功地解决了千家万户密集型生产的有效组织与统一的技术把控，实现了质量统一的大品牌效应，并成为“供应这个大国每一个家庭”的针的供应者，成就了晋城制铁史上一个著名的铁器品牌——大阳钢针。

晋城

第四章

巧夺天工：木构建筑雕刻绘画的传世经典

建筑，是一部凝结着世代工匠技艺的历史巨著，它紧紧追随着人类文明的步伐，记录下不同时代人们对文化的理解与追求，并通过工匠的技艺将这些理解与追求镌刻在各个不同时代的建筑中，使之形成一部凝固的艺术，具象的历史。

晋城的古建筑数量众多，持续的年代也甚为久远，因此这部著作的内涵也格外丰富。解读晋城古代建筑，无疑就成了解读晋城建筑领域各类工匠追求极致、精益求精、累累硕果辉煌千年的重要途径。

一、古建筑——众多工艺的集大成者

之所以说古建筑是一部凝结着历代工匠技艺的历史巨著，是因为每一座建筑都镌刻着不同时代的文化印迹，每一座建筑都凝聚了多种工匠的智慧和奉献。如制作砖瓦需要砖瓦匠；开山取石，加工石料需要石匠；制作梁架斗拱、门窗花卉需要木匠；制作门饰、铁钉需要铁匠；保护木料、装饰彩绘需要油漆匠；施工搭架时用绳子，需要打绳匠。如果建造神庙，还需要烧制琉璃的琉璃匠、塑造神像的彩塑匠、绘制壁画的画匠等。总之，一座建筑集合了众多工匠的各种技艺，不同时代建筑就是不同时代各种工匠技艺的集大成者，极为难得。

陵川崇安寺建筑群一角

虽然古代建筑是各个时代各种技艺的集大成者，但每座建筑建造时的执行人也只能是一个，而执行者往往就是一个德高望重、技能高超的木匠。因为中国传统建筑多为土木结构，这样的建筑其核心部分就是大木结构，一座传统的木结构古建筑，大木架竖起来，就标志着工程量完成了 80%，剩下的就是砌筑遮挡风雨的围墙和瓦顶了，年代越早，泥水活越少。

造屋之法，是一个伴随着人类历史发展进程的特殊技艺，它随着人类社会的发展而不断更新，旧石器时代，并无造屋之说，人们生活在大自然的怀抱里，住山洞、宿岩棚，到了农耕时代，当人们走出大山之后，才出现了居住问题，造屋才成了人类必须考虑的问题。最初造屋，并无一定之规，只要能遮风避雨即可，据考古发现，那时的建筑就是简陋的半地穴式窝棚。为了议事的方便，人们设计出了大房子，这样的房子就需要专业的设计，专门的工匠来完成了。

随着生产力的发展，劳动效率的提高，剩余价值开始出现了，于是就有了财富的积累。为了保护自己所拥有的财富，并把财富传给与自己有血缘关系的人，人类社会出现了稳定的婚姻制度和具有血缘关系的家庭，出现了财富多寡的阶层。共同的利益形成了不同的阶级和不同的利益，于是保护利益的纷争开始出现，利用财富的剥削与压迫开始出现。家庭、私有制要求人们修建自己的居舍，富裕阶层要求建造符合自己身份的高级居舍，于是造屋之制也就应运而生。

在中国数千年的封建社会中，造屋之制可见于各个朝代留存的典章制度中，不过典章制度只规定了规模的大小，但相关的营建之法却鲜有留存，至于营造技艺就更难见到了。目前能见到的相关文献，早期的有春秋战国时期的《考工记·工匠》，宋代的《营造法式》，明代的《鲁班经》《园冶》，清代的《工程做法》等，这些典籍记载了不同时代的建筑施工技艺及相关制度，是后世研究中国传统建筑营造制度与工程做法的重要文献。其中宋《营造法式》的记录最为详细，是今天研究宋代建筑的重要依据，通过宋《营造法式》与晋城现存的宋代建筑对照，可知在建筑用材与制作工艺方面文本与实际操作之间是有一些差别的，可见地方工匠的制作工艺与做法习惯对地方建筑影响还是比较严重的。但是从整体来看《营造法式》的指导意义还是十分巨大的。因此，研究一个地方的古代建筑，了解古代工匠在建筑领域的创新与发展，还是要从了解那个地方不同时代的传统建筑着手。可以这样说，探寻古代营造技艺唯一的途径就是研究古代传统建筑，通过观察古建筑实例中的营造技艺，解读不同时期、不同工匠的营造技艺与思想理念，通过建筑手法与营造技艺来认识古代工匠在建筑营造领域的继承、发展与创新。

二、晋城古建筑实例简述

晋城保存了许多不同时代的古建筑，其中宋金时期的木结构建筑，几乎占到我国同时期古建筑的三分之一。它们诞生于800多年前的宋金时期，有着铭记历史、传承技艺之功能。从建筑的布局到结构的设计，每一个构件都凝聚着工匠们的智慧，承载着工匠们的技艺。至于元、明、清等较晚时期的古建筑，更是比比皆是，为笔者认识历史与探究工艺提供了极大的方便。

晋城早期的建筑遗构，除了前面讲到的长城、古道之外，居住类建筑几乎看不到任何踪迹，目前所能找到的与建筑有关的历史遗迹与遗物大概有这样一些：八里坪新石器遗址中的夯土痕迹、长治市分水岭出土铜匜上的建筑图案、沁水郑庄王必村秦代的王离城遗址、晋城博物馆收藏的汉代陶井、高平羊头山上的北魏造像碑、泽州郜村崇寿寺的北魏造像碑、晋城青莲寺大隋远法师遗迹记、青莲寺唐慧丰大师塔、沁水玉溪村的唐塔等。

宋代的晋城，位处京畿之地，经济、文化都比较发达，体现在建筑中的就是宗教类建筑数量激增，这些建筑全部出自底层百姓之手，虽然它们规模不是很大，但更为自由奔放，可充分体现出民间工匠的聪明才智与超凡脱俗建造技艺，因而更能体现晋城工匠的精神世界。

奇异的平台与超长的华拱。在晋城，保存完好的宋代建筑有十余座，其中创建于宋开宝年间（968—975）的崇明寺中殿，创建于宋淳化年间（990—994）的游仙寺前殿，创建于宋元祐年间（1086—1093）的青莲寺中殿与罗汉堂，创建于宋大观年间（1107—1110）的小南村二仙庙后殿，创建于宋大观四年（1110）的开化寺中殿，创建于宋大观四年（1110）的北义城玉皇庙大殿，创建于宋宣和元年（1119）的崇寿寺释迦殿，创建于宋天圣年间（1023—1031）的南吉祥寺中殿等 8 座建筑，不但保存完好，且有着明确的纪年。还有一些建筑，尽管没有时间纪年，但它们的做法与那些纪年明确的宋代建筑一样，无疑也是宋代遗构，如高平大周的资圣寺等。

在这些宋代建筑中，有一个共同的特征，那就是斗的造型比较奇特。宋代《营造法式》把斗分解为耳、平、欹三部分，晋城宋代建筑的斗拱，怪异主要体现在斗的欹与底上。第一，在斗欹的部位有一个超乎寻常的斗幽，其弧度之深似乎可以放下一个鸡蛋；第二，在深深斗幽下，作出了一个造型非常明显的小平台。中国早期建筑所用的斗拱，尽管斗幽较深，但无论唐代南禅寺、佛光寺，还是五代的镇国寺、龙门寺，都没有达到这样的深度。抛开斗幽不谈，单看斗下的小平台，就有许多值得探讨的东西。就其功能来说，这是一个既没有力学作用、美学作用也不是十分明显的添足之物，但是制作起来却很麻烦。但为什么要采用这种做法呢？思之再三，想到了一个不算准确的理由，或许这是一种古老工艺的继承。在汉魏六朝时期的中国古建筑遗存中，凡使用斗拱的地方，一般都要在斗的下面加一块与斗底面积基本相同的垫板，这块垫板的名字叫“皿板”。保留在晋城宋代建筑斗底的那个小小平台，或许正是记载中皿斗（亦称皿板）做法遗痕。可以这样推想：在宋代，工匠们见到的古建筑，大多用的都是这样的斗拱。在不了解其功能的情况下，为了继承这种传统，匠人们用加深斗幽，留出边楞的办法，保留下这一传统外形。到了金代，随着早期建筑的湮没，匠人没有了与之相关的认识，于是就舍弃了这一工序，从而形成了又一个时代的建筑特征。

在晋城的宋代建筑中，还保存了一种古老的工艺，那就是长拱的使用。在高平崇明寺中佛殿，就使用了一种比较特殊的补间铺作。其特点在于：一、不设栌斗；二、没有出跳。这样的补间铺作，没有栌斗，亦没有第一跳华拱和泥道拱，只是在第一层柱头枋上直接伸出第一跳华拱，华拱上用散斗，斗上施一足材长枋，枋长几近耍头，枋头做成蚂蚱头，枋上用交互斗、令拱，直接托起耍头与撩檐槫。

柱头无普柏枋，补间不设栌斗，这样的做法在五台山佛光寺的东大殿和平遥镇国寺的万佛殿可以见到，但用足材长枋托举撩檐槫的做法却找不到相似的古建筑实例，国内堪称孤例。

如果说这曾是一种广为流传的做法，那么它们流传的时代应该在汉魏六朝时期。后来笔者还是找到了相关的证据，那是一张来自冥器——陶屋的素描，冥器出土于河南，时间为北朝，素描中的陶屋，就是用这样的做法托举出檐的。可见崇明寺补间铺作的长拱出挑技法，也是一种早期营造技术的继承。

睿智的设计，超凡的梁架。崇明寺中佛殿，既是一座传统营造技术的继承者，又是一座创新设计的体现者。

该殿面阔三间，进深六椽，单檐九脊顶。屋面举折平缓，出檐深远，是一座极具个性的建筑。殿内无立柱，前后通檐所用三柱，只体现在东西两面的山墙上。檐柱之间用阑额，无普柏枋，柱头施七铺作斗拱，双杪双下昂，偷心造。做法与佛光寺唐代所建东大殿相同，但斗幽则深过佛光寺东大殿许多。

崇明寺中佛殿

崇明寺中佛殿最大的建筑特点是它的梁架结构，三间建筑用了两根断梁，两根断梁支撑了一座千年的建筑，这无疑是一个建筑界的奇迹。

崇明寺中佛殿的梁架设计非常巧妙，六椽栿用材极小，高不足两材，还分为两截，正中接缝处的上方有一半被开成榫口，山面的爬梁，前后转角铺作上的大角梁，都在此相交，并放在断口之上。乍一看，好像整个屋面的重量都压在了这里，仔细再看，又觉得没有什么大碍，一千多年了，梁栿基本看不到变形。六椽栿下还有一根材质完整的随梁枋，枋的正中央不知何时放了一个垫墩，为上面的四椽栿做了一个象征性的支顶。六椽栿上用蜀柱、大斗，支撑起平梁，平梁上用蜀柱、丁华抹额拱与大叉手。平梁两头有托脚。下平槫用驼峰托起。

梁，是中国古建筑中支撑屋面的重要部件。断梁是如何支撑起一座建筑的呢？这里体现的就是建造者的智慧与创新精神了。

在中国古代建筑中，斗拱是柱头之上托举梁架的重要承载部件，与梁架有着密切的关系。崇明寺的建造者深谙其中道理的，于是他在斗拱的使用上动了很多心思，一座面阔三间，进深六椽的小殿，竟然用了与五台山佛光寺东大殿一样的七铺作斗拱。就是这个斗拱上展现出来的大手笔，支持了当年那个工匠的断梁设计，从容地保证了该建筑的千年挺立。

在宋代以前的木结构古建筑中，斗拱的铺作就意味着托举的延伸。铺作越多，斗拱的前后伸展就越长，斗拱的伸展越长，它悬挑托举的距离就越远，斗拱悬挑的距离越长，连接前后檐柱之间的空间就越短，于是在崇明寺的建筑构架中，梁就成了一个可有可无的一般性构件，它的支撑作用也就体现在梁架搭建时的临时作用了。

在早期的木结构建筑中，斗拱除了悬挑功能之外，还有分解屋面压力的作用。斗拱中所使用的下昂就是一个以柱子为支点的杠杆，利用屋面的压力完成昂头对出檐的悬挑，反之，利用出檐的压力托举起昂尾所承担的荷载，从而减轻屋面对梁栿的压力。崇明寺中佛殿所用的双杪双下昂七铺作斗拱，深远的出檐，大大提高了昂尾的荷载能力，致使整个屋面的压力大部被分解到檐柱上，从而最大限度地减少了屋面对梁栿的压力，梁在这里已不太重要，甚至是可有可无了。

还有一点也很重要，那就是梁架中所使用的托脚和大叉手。在宋代以前的建筑中，尽管多数建筑为抬梁式结构，但屋面对梁栿的作用力并不全都是垂直向下的，其中相当一部分的作用力通过叉手、托脚等相关部件被传导到两头的柱子上了，其原理同近代建房所用的“人”字梁，它们有着异曲同工之妙，这就大大减轻了梁栿的直接荷载。

所以，在崇明寺中佛殿我们看到的那两根由两截材料组成的六椽栿，严格地说已经没有什么荷载了。它的本身以及与其交会的爬梁、大角梁，都只是一个连接关系，看起来岌岌可危，其实安然无恙。之所以用榫卯、扒钉把它们连接在一起，主要是为了平衡、稳定与之相连的每一个部件，并使之形成一个稳固的整体。如果说屋面尚有压力需要分担的话，那么设在梁下的那根承托着断梁的立枋，就会将其分解，并将压力传送到柱头斗拱的尾部，以实现屋面受力的均衡。崇明寺中佛殿，无疑是一座充满智慧的科学之作。

崇明寺的断梁结构，用现在的观点来看并不是建筑结构的刚性需求，而是营建匠人的刻意所为，这一构架的出现反映出宋代早期建筑设计者的自主性与创新精神，由此可以推断宋代建筑业的空前繁荣与建筑结构形式的多样化，宋代晋城建筑师所拥有的高超技艺，这些都与宋代的生产力发展水平和较为宽松的社会环境分不开的。

斜拱所体现的智慧。关于斜拱的应用，在郭黛姮先生主编的《中国古代建筑史》第三卷是这样叙述的："最早者为北宋皇祐六年（1054）的摩尼殿，以后直至金天会年间（1123—1134）的善化寺三圣殿为最后一例，主要分布在山西、河北地区。"其实在我们晋城还有比摩尼殿使用斜拱更早的建筑实例，那就是陵川的南吉祥寺中殿。

南吉祥寺位于陵川县西17公里礼义镇的平川村中，据寺内所存《吉祥院碑文并序》碑记载，南吉祥寺原名吉祥院，唐贞观年间奉敕修建。吉祥院最初建在平川村东南的宋家川，宋淳化三年（992）十月三日敕赐院额，宋天圣八年（1030）迁至今址。为了有别于礼义镇内的另一个吉祥寺，故被称为南吉祥寺。

南吉祥寺坐落在平川村西北，坐北朝南，由前后两进院组成，中轴线上的建筑有山门、中殿、后殿等。

南吉祥寺中殿，是一座创建于宋天圣年间（1023—1031）的建筑，大殿面阔、进深皆为三间，单檐九脊顶，柱头用阑额、普柏枋，柱头施五铺作斗拱，单杪单下昂，偷心造，耍头为昂形。该建筑补间所用的斜拱，可以说是一个划时代的创举，从时间上来说，它比目前建筑界公认最早的河北正定隆兴寺摩尼殿斜拱还要早20年，即便把小木作实例，大同薄迦教藏殿内的天宫壁藏也算在内，它的使用时间也要早上近10年。

南吉祥寺大殿与补间斗拱

南吉祥寺中殿的斜拱共有两种，明间和次间各不相同，这或许正是工匠们在创造之时的智慧所使。

斜拱之一，明间斜拱。南吉祥寺中殿明间斜拱，与后来常见的斜拱基本相同，也是从栌斗起，在华拱与泥道拱之间的 45° 处出斜拱，所出跳数相同，斜拱的令拱与华拱的令拱相连形成一个整体，并隐刻成鸳鸯交首拱的形状。

斜拱之二，次间斜拱。南吉祥寺中殿次间斜拱则比较罕见，两个斜拱分别从泥道拱上的小斗上成 45° 伸出，然后与第二跳华拱相交于第一跳华拱之上的交互斗上，上面的做法基本与明间的做法相同。但由于斜拱的出跳减少，所以托举撩檐榑的组合式令拱就比明间的短了许多，这就解决了次间小于明间，如果使用同样大的补间铺作就会显得臃肿。应该说这是建造师利用设计技巧，完美地实现了建筑的空间协调，充分显示了晋城工匠的睿智与灵活。

金，女真族，源于黑龙江，是与南宋同时共存的一个北方少数民族政权。首领完颜阿骨打，宋政和四年（1114）起兵反辽时仅有兵马2500余人，宋政和五年（1115）建国，经十年征战，于1125年灭辽。次年南下进攻宋都，是年闰十一月靖难之役，东京城破，至此中国南北分治，山西就归属于金政权统治了。因此晋城也留存有许多金代建筑，其数量比宋代建筑还要多一些，比较典型的有陵川西溪的二仙庙正殿、东梳妆楼、高都东岳庙正殿、冶底岱庙正殿、阳城开福寺后殿、高平二郎庙舞台等。金代古建筑继承了宋代古建筑的许多做法，但是做法又简洁许多，例如没有了斗下的小平台，斗幽也没有那么深了，用材似乎也要小一些，斜拱的使用也比较多了，其中最大的一个进步就是减柱造应用更广泛了。

下面介绍几组建筑，一些建筑历经修缮，保存和继承了一些早期的构件与做法，一些是代表着金代特征的建筑，它们都是晋城古代建筑遗存中的佼佼者。

北吉祥寺，清雍正十三年编修的《泽州府志·营建·寺观》记载，“北吉祥寺，县西三十里，唐大历年（766—779）建，内有铁佛像”，可见这是一座创建于唐大历年间的古寺院。北吉祥寺现存建筑，仅有前后两进式院落，以及中轴线上的三座大殿。从建筑遗存的原有构件来看，中殿的历史最为久远，其次为前面的天王殿，后大殿年代最晚，创建年代在明中后期或清前期。

中大殿面阔三间，进深六椽，单檐五脊顶。前檐柱头施五铺作双下昂斗拱，室内构架为四椽栿后压乳栿，乳栿比四椽栿低一足材，故后檐用四铺作单杪斗拱。中大殿的前檐明间檐柱和内柱都用的是两头内收的梭柱，这在晋东南山区来说是比较罕见的，笔者认为这些柱子中应该有一部分是从唐代建筑中遗存下来的，后人在修缮时为了利用旧物，又协调统一仿制了部分柱子，而中殿前檐的角柱就有所不同，成为方形的石柱了。从前檐

北吉祥寺中殿梭柱

所用的柱础也可以看到一些痕迹，角柱柱础的宝装莲瓣就和明间所用梭柱的柱础不同，角柱柱础的莲瓣比梭柱柱础的莲瓣高了许多。

天王殿基本上找不到太早的痕迹，只有两根内柱的柱础有唐、宋遗风，莲瓣的做法同中殿前檐明间所用梭柱的柱础相近，将其确定为金代建筑较为合理。天王殿平面呈长方形，面阔三间，进深三间，单檐九脊顶，侧脚升起明显。柱头用阑额、普柏枋，施五铺作单杪单下昂斗拱，耍头为昂形，计心造，无补间铺作。室内为偷心造，在第一跳华拱上加异形拱、在第二跳华拱上设绰幕枋，以此来承托梁栿。

天王殿的构架为抬梁式，四椽栿后压乳栿，两栿相交于内柱之上。内柱为圆形木柱，收分明显，柱头有卷刹，柱础为伏莲。柱头用四铺作斗拱，华拱前出一跳，交互斗承托着由乳栿后尾做成的绰幕枋，华拱的后尾直接做成绰幕枋，承托着乳栿，完全符合《营造法式》所讲的单斗只替之做法。在泥道拱位置，向山墙的方向也为单斗只替，承托着伸向山面的丁栿，而向明间方向，则连出两跳，上设攀间枋。梁栿之上蜀柱、合沓、驼峰、大叉手、托脚都有使用，沿用了许多宋代建筑的做法。但由于该建筑没有明确的纪年，斗拱的做法也与当地宋代的做法有明显的不同，更近似金代做法，故将其定为金代遗构。

由宋到金的冶底岱庙

在晋城，宋金时期古建筑的辉煌，不仅仅表现在佛教寺院这样一个范围之内，在中国传统宗教的建筑中，也同样有着许多杰出的建筑可以展现出晋城宋金时期建筑的辉煌，泽州县冶底岱庙就是这样一座建筑。

冶底岱庙现存最早的建筑遗迹，目前能看到的就只有宋代的了，包括大殿下用宋砖砌筑的基墙、四根石质方形抹角的檐柱与雕刻为宝装莲瓣的石灰岩柱础。这些遗迹的存在表明，岱庙的大殿早在宋代就已经存在了，形制规模并不小于现存的大殿。

岱庙现存的大殿，除了宋代遗留下来的柱础石柱外，其余部分基本保存的是金代的建筑风格，大殿面阔三间，进深三间，单檐九脊顶，用琉璃剪边。大殿的建筑构架为抬梁式六架椽屋，前后通檐用三柱，四椽栿前压乳栿，由前槽内柱支撑。前檐出廊两架椽，宽敞而实用，平梁上用大叉手，平梁下有托角，做法规整古朴。前檐四柱为宋代遗物，每根柱子上都有宋元丰三年（1080）二月施柱者名字的题记，从题记的内容来看该殿在创建时的名字应该为五岳殿。柱头施阑额普柏枋，用五铺作双下昂斗拱，柱头铺作为平插昂上压乳栿，补间铺作与转角铺作用真昂，明间用两朵，次间用一朵。补间铺作后尾出三跳加鞾楔，耍头后部居其上，并斜插至下平槫，昂尾上部用同一方向的异形拱托举起替木，承托着下平槫。

内槽明柱之间为殿门，立颊、门额、门槛皆为石灰岩制成，两门颊用“减地平剔”之法，满刻着缠枝牡丹、莲花、化生童子、二龙戏珠、麒

冶底岱庙金代石门框线刻花卉

麟望月、狮子绣球等图案，构图严谨，工法纯熟。一对门砧石亦为石灰岩制作，上用“剔地起突”的手法雕刻出卧狮一只，左雄右雌，形象生动。在门额的底部雕刻有施门题记：“阳城县石源社郭润 / 门工施钱贰拾贯 / 旹大定岁次丁未乙 / 巳月癸未日 / 本镇石匠司贵、同第、豆小二”。

这道保存在门框上的题记可以说明两个问题：首先，说明冶底岱庙的影响范围甚广，不但晋城，在阳城东乡也有着较大的影响；其次，为大殿现存建筑的修建年代确定了范围，不会早于金大定五年（1165）。这应该是一座从宋到金包含了两个时代建筑特点的古建筑，是一个有创建有继承，一代更比一代强的宋金建筑代表作。

阳城的开福寺

在阳城县城内有一座古老的建筑群，它位于南大街路东，坐北朝南，气势恢宏。据清同治十三年《阳城县志》记载，这是一座创建于北齐天保四年的古佛寺，最初叫“文殊寺”，金大定时改名为“福严寺”，明洪武初始称今名，叫“开福寺”。开福寺现存建筑仅有中轴线上的三座，分别为山门、献殿、大殿。

大殿，面阔五间，进深六椽，不厦两头造（悬山顶），黄绿琉璃剪边。

阳城开福寺后大殿

抬梁式屋架，四椽栿后槽对乳栿，减柱造。五间屋身仅在后槽明间用两根金柱，金柱用材硕大，柱头卷刹明显，柱础为素覆盆式。柱头施四铺作斗拱，华拱上用足材绰幕枋，并施瓜子拱与替木承托梁栿，四椽栿与乳栿在此相交。两金柱间用丁头拱、月梁、阑额，金柱至两山柱用大额枋与绰幕枋，大额枋上置四铺作斗拱，两次间的梁栿相交于此。四椽栿上用蜀柱、平梁，平梁上用蜀柱、丁华抹额拱、大叉手、攀间枋等。

大殿前檐用木质檐柱六根，有侧角、升起，檐柱收分、卷刹也很明显。柱头用阑额、普柏枋，施五铺作斗拱，单杪单下昂，琴面假昂，计心造。整个前檐仅明间用补间斗拱一朵，外檐双杪计心造无下昂，室内为偷心造，在第二跳之后，从斗心向上支出一单材斜插，形似挑斡，且两材叠用，由于前无昂嘴，所以笔者以为将之称为上昂，似乎更有道理。昂头向上至下平槫，上置异形拱托举着下平槫。上昂的使用在晋城十分罕见，尤其使用在补间铺作中，如果不是后来修缮时对原有旧昂尾的重新利用，那么这就是一种早期做法的继承，值得认真研究。

从开福寺后大殿现存建筑来看，这的确是一座有着悠久历史的古建筑，现存建筑大架中有许多构件可能早于金，但重建的时间似乎要晚一些，很有可能在金元之际，或许更晚。从斗拱来看，前檐明间的栌斗与金柱上的栌斗相同，同为圆形八瓣，其他则为方形。从斗拱的做法来看，外檐计心造，室内偷心造，有许多金代的痕迹，但从短而粗的昂嘴来看又与我们通常见到的金代做法有一定的差异。尤其是仅在明间使用的这朵补间斗拱，笔者感觉有许多问题隐于其间，或许它和明间柱头的那些斗拱同是金代的遗物，而其他的构件则是重建时仿制的。

开福寺献殿，建筑在一个较高的台基上，平面呈方形，面阔三间，进深三间，单檐九脊顶，琉璃剪边。抬梁式屋架，四椽栿后压乳栿，山面用丁栿、爬梁，丁栿上用驼峰、爬梁上用蜀柱承托起承椽栿。四椽栿上用蜀柱合沓、置平梁，平梁上用蜀柱、丁华抹额拱、大叉手承托脊槫，平梁头承放上平槫，四椽栿与乳栿上加搭牵承托下平槫。开福寺献殿周圈用柱皆为石质，柱础石不出地平，皆为一米见方的柱基石，前后檐外露明柱全为石灰岩，山墙内暗柱皆为砂岩，有升起、侧角，且收分明显。柱头用阑额、普柏枋，施五铺作斗拱，单杪单下昂，真昂计心造。每间各施补间斗拱一朵，除个别情况外，多为真昂计心造。在室内观察，柱头铺作，前后檐的昂尾直接承托着支撑搭牵的蜀柱，与平梁上的大叉手、平梁下的托角组成一个撑托系统，分减着梁栿的荷载。两山的昂尾皆压在梁栿下，保证了撩檐槫的荷载。补间铺作，由于部位不同而各有所异，前后檐明间的昂尾，上挑至下平槫，上加异形拱承托着下平槫。次间的昂尾，则托举着抹角梁，抹角梁上放置着大角梁。山面明间的昂尾，托举的则是承椽枋。

开福寺献殿的分槽金柱在后檐，四椽栿、乳栿、丁栿相交于此。柱础为素覆盆式，金柱粗壮硕大，柱头有卷刹，两金柱间设阑额、普柏枋，柱头置大斗，大斗之大十分罕见，边长超过四椽栿的直径。大斗前向，斗口

阳城开福寺献殿

出一跳华拱，华拱上托举着形似绰幕枋的乳栿后尾，上边压着四椽栿；大斗的后向，斗口直接放置着一个足材的蝉肚形绰幕枋，枋上承托着乳栿；大斗的外向，斗口出两跳华拱，拱上托举着顺栿串与丁栿；大斗的内向，则是两跳华拱与数层攀间枋。

关于开福寺献殿的建造年代，据在此从事修缮施工的山西古建工程公司技术负责人王文祥先生介绍，他们在该殿东北角的柏木大角梁上发现了题记，时间是元大德元年（1297）。这一个重要发现，不但为献殿建造的年代确定了时间，也为开福寺的其他建筑提供了对照参考的标本。

开福寺献殿虽然是元代建筑，但是它的做法基本继承了宋《营造法式》的规定，并有一些科学合理的新创举，可以说是上党地区元代建筑的上乘佳作。

宋金时期晋城古建筑的辉煌，除了木结构古建筑之外，砖石建筑在晋城也有过极其辉煌的一页，其中陵川县积善村昭庆院的三圣瑞现塔、市区

陵川三圣瑞现塔

老西关的景德桥就是这一辉煌时期的见证。它们都是金代建筑的佼佼者，都在中国古代建筑史上占据着重要位置，是晋城工匠的重要代表作。

昭庆院，位于陵川县西南 32 公里西河底镇的积善村，据记载昭庆院初创于隋，原名古禅寺，金代重修，金大定四年被赐名“昭庆院”并延续至今。

昭庆院最为重要的建筑是三圣瑞现塔，该塔平面呈正方形，每边长 6 米，共有 14 层。最下一层建塔室，塔门南开，门框用石灰岩制成，上面刻有龙牙蕙草，室内有佛龛一座，门框亦为石灰岩所制，上有金大定七年（1167）题记。据塔上所嵌碑石记载，该塔创建于金大定六年（1166），大定九年（1169）完工，工期三年。塔室外墙上部，有用砖砌出的普柏枋，普柏枋上的斗拱亦为砖刻，形制同汉魏时期石窟寺上所刻斗拱相似，栌斗上横出一拱，拱上置三个小斗，与《清工程则例》所讲的一斗三升相同，每面四朵。斗拱上有两层菱角牙子，菱角牙子之上为迭涩式出檐。从二层起塔身回收，层高骤减，遂成迭涩密檐式。在塔的二层、五层也做有砖雕斗拱，为把头交项造，每面亦为四朵。

景德桥俗称西大桥，位于晋城市老城区西关的西沙河上。现存于桥东碑亭内镌刻于清乾隆五年（1740）的《重修沁阳桥堤碑》记载：泽之城西石桥所费钜万，始兴于大定己酉（1189）春，告成于明昌辛亥（1191）冬。”

在古桥下的拱券上方，如今仍能找到当年的题记。

景德桥是一座敞肩式单孔弧形石拱桥，全部用石灰岩也就是人们常说的青石筑成。该桥桥面长 21.62 米，桥面宽 4.80 米，桥面坡度约为 4°。主拱券由 15 道等截面独立圆弧拱石砌成，拱石高约 0.77 米，成纵向错缝并列，可以有效地抵抗洪水的冲击。券体宽 5.65 米，上下各拱石的衔接处和相邻拱圈的接面处都使用了银锭卯腰铁进行联结，从而增强了各拱石及所有 15 道拱圈间的横向与纵向的联系，保证了石桥在受到水流冲击时的整体性。在主拱券的上部还加盖着一层厚约 0.27 米的护拱伏石，护拱伏石超出主拱券 0.25 米，形成一个弧度漂亮的拱眉，护拱伏石上是找坡砌石，然后再铺上桥面石板。通过这样纵横交错的构件联结与层层石板的受力传递，使桥面的荷载力得以均匀分散，大大增加了石桥的荷载力。在景德桥主拱券的两肩部，建筑者又加设了一个泄洪小券，小券跨度 3 米有余，券脚一端登在主拱券的背上，一端登在桥堍上，也是用 15 道拱石券

晋城景德桥

成。但做法则与主券不相同，小券用的是镶边纵联错缝法砌筑，不知是匠师有意为之，还是无意所成，但结果是它让我们在一座桥上得以见到两种桥梁拱圈的做法，这无疑增加了景德桥的建筑价值。泄洪小券的拱石高度为 0.59 米，拱上不设护拱的伏石。拱外圈面石厚 0.24 米，起混线，无雕饰。主拱肩部的泄洪小券不但增强了桥梁的泄洪能力，减轻了洪水对桥体的冲击力，而且可以减轻桥身的自重，减少了建筑材料的使用。景德桥在中国古代桥梁史上有着十分重要的地位，其历史地位与价值仅次于河北的赵州桥。

元代在晋城算是一个特殊的历史时期，按历史学统计，元代共享国祚 97 年，也就是从蒙古国改国号为大元的那一年（1271）算起，而实际上晋城被蒙古族政权统治的时间应该从公元 1217 年蒙古政权正式占领算起，时间长达 150 年。由于当时在晋城真正执掌政权的人是主动投靠元政权的乡绅段直，因此这一阶段晋城的整体环境还是比较稳定的。所以在整个元代晋城的社会生产环境还是属于稳定上升的状态，因此就出现了许多新建或重修且具有明显元代特征的古建筑。

明三暗七的大阳汤帝庙大殿。汤帝庙位于晋城市区西北 32 公里的大阳古镇。坐北朝南，为一两进式院落，整个建筑群由南向北沿中轴线分别布置有舞台、山门、仪门、月台、大殿等。从庙内现存的石刻碑记可以得知，庙内现存大殿创建于元至正四年（1344），现存建筑风格与记载年代基本相符，是一座货真价实的元代建筑。

汤帝庙大殿为不厦两头造，悬山式，屋面举折平缓，瓦顶琉璃剪边。该建筑面阔为明三暗七，进深八椽，是一座前廊阔绰、厅廊大于殿堂的特殊建筑，也是一座形制罕见、减柱特点明显的元代建筑。

汤帝庙大殿为抬梁式构架，四椽栿后压乳栿，乳栿的另一头则放在一根蜀柱上。该蜀柱矗立在一根粗大的内额上，向上托举着四椽栿下的乳栿，同时向后又接出一根乳栿，从而加大了建筑的进深，拓展了庙堂内的进

大阳汤帝庙正殿

深，美中不足的是建筑的高度，庙堂内的建筑高度明显降低了许多，显得低矮局促。而庙堂外的情况则截然不同，四椽栿下高大宽敞，面阔整整七间的地方，全部被安排为祭献使用的场地。而被祭献的神灵，却分别被安排在一个通过续接才达到四椽进深，且被分隔为三室的狭小空间内。

该建筑的所有特点都体现在大殿的厅廊部分，远远望去汤帝殿面阔仅为三间，但粗壮的檐柱、倾斜的侧角、巨大的额枋增加了建筑的庄严与神秘感。建筑的前檐仅用柱四根，山墙两柱为暗，包在墙内，唯正中两柱裸露在外。明柱为木质，柱础为方形，与地平齐无起突。柱头置蝉肚形绰幕枋与大额枋。大额枋由三截组成，对接于柱头之上。其中，中间的一根直径最大，呈自然弯曲状。额枋上设五铺作斗拱，琴面双下昂，补间用真昂。内柱亦为四根，上置大额枋，但不用斗拱，而是直接增加了柱子的高度，用柱高找平了前檐斗拱所增加的高度。大额枋上均匀地置放着六根四椽栿，把室内的空间分成了七间。在四椽栿与乳栿相接处加设了一整排格子门，门内为殿堂，七间殿堂共分为三室，正中一室为三间，两侧各两间。室内分别安置着汤帝、老君与佛祖等神灵。

汤帝庙大殿是一座前后檐不等的建筑，前檐仅三椽，后檐就多达五椽，后檐做法十分罕见，建造者在本应是后墙的位置换成大额枋，并从大额枋上向后又续出一架乳栿。这样的做法虽然不符合常规，但却是一种创举，那就是在不改动建筑的大架结构的同时有效地增加了房间的进深，还减少了室内的柱子。小材大用，应该说是一个很好的创意，可以说是减柱造在应用中的发扬与光大，尽管不能说可圈可点，但也可谓匠心独具。

汤帝庙大殿做法简洁，除前檐设斗拱外，后檐、室内皆不用斗拱。这样的设计与应用，充分体现了元代斗拱的作用在晋城的木结构建筑中已被弱化的现状，同时也反映了斗拱所起到的装饰作用，斗拱已从应用走向装饰，这里就是一个过渡时期的做法。

府君庙的元代舞乐楼。崔府君庙，位于沁水县东北50余公里的嘉丰

郭壁崔府君庙舞乐楼

镇郭南村，现存建筑由前后两进院组成，舞乐楼居后院南端。

崔府君庙舞乐楼平面呈正方形，四柱单间，单檐九脊顶，山面朝前，为南北向。该舞乐楼，柱、额用材硕大，斗拱用材较小，四角立柱侧脚、收分皆有，柱头卷刹明显，柱头用蝉肚形绰幕枋、施大额枋，大额枋上另加一层普柏枋。建筑所用斗拱为四铺作，下昂为琴面真昂，除柱头的转角铺作外，每面各设补间斗拱三朵，仅正中一朵出45°斜拱。在舞乐楼的构架中不设抹角梁，屋面的腰槫、承椽栿皆由昂尾撑托。最为奇妙的是制作者利用斗拱与垂莲柱做支撑，将枋木斗拱等构件，纵横交错、平连斜插，层层叠叠地制造出一个造型奇特的斗八藻井。抬头仰望，大小两个四角星、上下三层八卦圈，玲珑剔透、神形皆备，可谓巧构奇筑、匠心良苦。

崔府君庙舞台创建年代已无据可考，但它的建筑风格无疑保存了早期特色，从立柱、额枋来看金元两代皆有可能，但斗拱的用材与做法又不具备金代的特征，于是我们将其定位于元代是比较恰当的，而建筑本身也具备元代建筑的基本特征。崔府君庙最大的疑点是它的四个柱础，因为四个鼓形柱础所表达的只有来自明代的信息。不过这个问题，我们从庙内留存的一块石碑上找到了答案。

其一，明万历四年（1576）《重修府君庙记》。碑文说："镇之南旧有神祠一所，创于宋，重修于金、元，而恢宏与□□正德，上下盖五百有余岁矣。祠正宇祀府君神，……中为拜堂、次乐舞楼，"以上记载可知崔府君庙创建于宋，金元有过重修，在明嘉靖、万历重修时就有了舞乐楼存在。

其二，康熙五年（1666）《郭壁镇补修府君庙记》、康熙八年（1669）《郭壁镇改建大庙记》都记载说，明天启年间（1621—1627）由于沁河涨水，"河伯为殃，噬吃过半，神灵弗安，士女咸嗟。镇人时议改建……，周行相度，定基于渭沟址。……庙旧制颇称善，只议改仪门为关帝殿……"，记载告诉我们，天启时人们对庙宇做了搬迁，将创于宋代的府君庙整体搬迁至渭沟之北。这个记载足以解释府君庙舞乐楼的柱础的问题，它是明代搬迁时加上去的。

郭南村府君庙舞乐楼，是晋城市现存舞乐楼中较早的建筑实例之一，并且是一座货真价实的元代建筑，它的存在使晋城古代戏曲演出场所形成了一个完整的序列，对我们的建筑研究、历史研究尤其是戏曲史研究具有不可替代的重要价值。

宝应寺位于陵川县西北约 20 公里的秦岭山南麓。创建年代不详，在寺院的后山上有两个石窟，从石窟中的造像来看，凿窟时间不应晚于唐代。东侧的石窟中镶嵌着一块《大元国癸巳灵泉山宝应寺重修石洞记》，碑文也记载说洞为唐代所凿，可见唐代这里已经有了佛事活动。

宝应寺内现有建筑中，仅中轴线上那个两进式院落中的后大殿还比较完整。宝应寺后大殿，面阔五间，进深七椽，不厦两头造。整个建筑从外檐看去，就是一座地地道道的清代建筑。不过进入大殿后，你就会发现一

陵川宝应寺正殿梁架

个意想不到的秘密，殿里殿外完全不同，仿佛穿越了时光隧道，一下从明清时代进入了金元时期。

宝应寺大殿的构架为抬梁式，内柱前有廊柱，上用额枋、由额、四铺作斗拱、用搭牵与内柱相连，支撑起前檐，似《营造法式》所讲之副阶。而屋架则由内柱、分槽柱、后檐柱支撑。梁架结构为四椽栿后压乳栿，分槽柱在平梁后侧的蜀柱下。四椽栿前大后小，前槽四椽栿与平梁间不使搭牵，只在四椽栿上设驼峰用以承托下平槫。五间大殿，仅用两根分槽内柱，为典型减柱造，但内柱又不在明间的梁栿之下，而是各向外移出了一米左右，从而形成了一个明显的移柱造。分槽柱上，用蝉肚形绰幕枋承托着大额枋，大额枋上均匀地分布着四组斗拱，用于四椽栿与乳栿的对接。这些斗拱的大斗为圆形八瓣，前后各出一跳，分别托举着乳栿与四椽栿，左右各出两跳，用以托举攀间枋。

宝应寺大殿内的柱网分布科学合理，既保证了建筑的稳固，又有效地解决了空间的使用问题，是一座具有典型意义的金元建筑。在一座建筑内，同时使用减柱造与移柱造两种做法，可见主持大殿建造匠人阅历的丰富和功力的扎实。

万寿宫的两座元代建筑。在高平市西南约 16 公里原村乡上董峰村有一座创建于元代的庙宇，俗称“圣姑庙”，后易名为“万寿宫”，是一座元代官方承认的地方神祠。

万寿宫现存建筑为一个两进式院落，坐北朝南，沿中轴线由南向北分布着山门、三圣殿、倒座戏楼、玉宇、献亭、圣姑祠等。

其中最早的就是当年所建的仙姑祠和三圣殿，尽管几经修缮，但原有风格基本没变，只是换了些覆瓦与檩椽，加了个插廊与舞台。

圣姑殿，悬山五脊顶，面阔三间，进深六椽，四椽栿前压乳栿，乳栿部分为出廊。为了增加明间的广度，前檐使用了移柱造，明间两柱有明显的外移。角柱与平柱间用绰幕枋贯穿，明间的出头部分被刻成蝉肚形，柱

高平圣姑庙圣姑殿

头施大额枋，额枋上用五铺作双下昂计心造斗拱，无补间铺作，斗拱承托着梁栿。殿门设置在四椽栿与乳栿衔接的槽柱间，当心间置板门，两次间为槛墙、直棂窗，槛墙的压沿石上雕刻有双凤翔云图案。殿堂内进深四椽，用驼峰、搭牵、平梁、托脚、丁华抹额拱、大叉手等做法。是一座纪年准确、保存较为完好的先元建筑。

三圣殿创建于 1247 年，仅比圣姑殿晚七年，也是一座先元建筑。比忽必烈建制元朝早了近二十年。

三圣殿，面阔三间，进深三间六椽，单檐九脊顶，梁架结构为四椽栿后对乳栿，用三柱。柱头用阑额、普柏枋，上施五铺作计心造斗拱。斗拱为单杪单下昂，耍头为昂形，柱头斗拱用假昂，补间斗拱用真昂。斗拱里跳为偷心造，昂和耍头的后尾皆上挑至下平槫。

三圣殿前檐当心间的补间斗拱，在万寿宫诸建筑中是一个值得注意的建筑构件，所以在这里要专门讨论一下。该斗拱是三圣殿唯一出 45° 斜拱的补间斗拱，耍头的做法很有特色。外檐耍头斜拱上为一单材直枋，无造型，直接将斜枋裁成一个平面，极为简练，也极为少见，而华拱上的耍头则正好相反，出人意料地雕刻成了一个龙头形状。应该说这是一个特例，在晋城现存的古建筑中，将耍头刻成龙形或其他形状，一般都在明代后期或清代，当它出现在一个元代早期的建筑上，就值得认真研究了。如果说不是后来修缮时改变的，那么它可以说是一个创举了。完全可以这样说，这是斗拱功能从量变到质变的瞬间体现，因为它反映了人们对斗拱功能在认识上的变化。

同样也是在这朵斗拱上，里跳也有一些与众不同的地方，首先斜拱的耍头不再是一个简单的平面，有了正常的弧形斜面，同时耍头的内侧又增加了浮雕的五幅祥云纹，正中的华拱耍头仍然为龙头；其次，在斗拱所托举的罗汉枋上方，建造者增加了一个向上支撑的单材斜撑，并将枋头刻成了昂嘴的形状。如果单从构件的形式与做法来说，这应该是一个极少见的上昂，但仔细观察它的作用后，又觉得有点画蛇添足，其装饰作用远大于实际功用，只能算是一个作用不是很大的挑斡。

三圣殿两侧的歇山出檐各为一架椽，靠山柱上的爬梁和转角铺作上的龙头形昂尾、垂柱来悬挑。梁架上的其他构件如驼峰、大叉手、托脚，以及多处蝉肚形绰幕枋的使用，都显示着该建筑的时代特征。

周村东岳庙内的两座殿宇。周村地属泽州，位于阳城与晋城之间，是晋、豫商道上的第一重镇。东岳庙是周村镇内最早的一座建筑。关于东岳庙的创建年代，庙内已无确凿记载。明嘉靖时，梁宲曾在《泽州周村镇重修庙祀记》中讲到，“经始莫考，重修于宋元丰五年（1082）。靖康丙午，地陷于金，贞祐金亡，庙经兵燹。迄元大德、至正间(1297—1350）再修。我朝洪武、宣德、正德初增修，历五十余年，镇人张仲让、司蛟等昌众以新。工始于嘉靖丁未夏六月，落成于壬子秋九月……”这一记载，基本明确了现存东岳庙的建筑年代，后院一字排开的三座建筑，早者应是元代之

周村岱庙一排三座大殿

物，晚者则为明清所建了。至于建筑中是否保存有宋代遗构，那就需要仔细分辨了。

周村东岳庙大殿不仅排列奇特，建筑的形制也有与众不同之处。正殿面阔三间，进深三间六椽，抬梁式结构，四椽栿前对乳栿，单檐九脊顶，用四铺作单下昂斗拱，耍头为昂形。应该说正殿的建筑还是比较规整的，但正殿东西两侧的大殿则出现了明显的变异，应该说是一种变异了的悬山式屋顶。两座大殿的变异是一致的，主要体现在大殿的前檐上，本来是悬山式屋顶的建筑，在前檐增加了两架椽的山面出檐，从而形成了一个假的歇山。

这一做法，既增加了建筑的美感，又省下了建筑材料，还减少了建筑施工的难度。是一种具有创造性的建筑工艺，很有可能是晋城地区明代工匠们的一种特殊做法。

明代在中国古代建筑史中是一个极为重要的时代，由于砖的应用解决了墙面怕雨的问题，于是建筑的屋身就开始变得高大起来，四面滴水的建筑大批量的减少，从而形成明清建筑的一个最大的特点。

阳城文庙大成殿。阳城位于晋城市西，距晋城不足40公里。阳城文庙既是阳城博物馆的所在地，也是晋城范围内现存规模最大的文庙。据记载，阳城文庙初创于宋，重建于明洪武四年（1371），清康熙二十八年（1689）大成殿灾毁，又修。道光十九年（1839）大成殿扩建为五间。

阳城文庙大成殿，面阔五间，进深五间八椽，重檐歇山顶，抬梁式结构。内槽梁架为三间四椽，不过建造者根据实际需要，对山面的梁架进行了特殊的处理，在这里我们姑且将其称为“移梁造”。建造中为了妥善解决上檐角梁后尾的安放问题，建造师把整垛梁架移离了柱顶，将其向内移动了约40厘米。这样做的好处是：既减少了爬梁，又取消了踩步金，还能巧妙地把上檐角梁的梁尾置放在五架梁上，把上檐山面的椽尾放在了三架梁上。这一做法很有创意，极具特色，应该说是阳城文庙大成殿的点睛之笔。

阳城文庙大成殿

建筑的下层围廊皆为两架椽，用双步梁、单步梁，单步梁上还加附了半个大叉手，颇有个性。下层山面虽然分为五间，实际仅用双步梁两架，其余一律省略。双步梁上面承托着下檐山面的踩步金与角梁尾，下檐续角梁的梁尾则搭放在踩步金上。

文庙大成殿的做法与文字记载的时间相同，是在明代三间殿的基础上改造成五间、重檐歇山式的。从前檐所用的柱子上就可以看到明显的痕迹，在中间四根柱子的柱头上可以看到明显的砍杀，这应该是明代留下来的，而两角柱上则没有，它们应是扩建时新增加的构件。

大成殿所用的斗拱。下檐为五踩，柱头用双翘，云形耍头，补间出45°斜拱，斜拱的耍头部分为云形如意头，云头成下弯形，补间斗拱仅正中明间用龙形耍头，其余皆为云形。上檐用三踩单翘斗拱，补间与柱头科相同。

在大殿的脊檩下，保存有道光十九年郭扬、王业重建的题记。

阳城水草庙舞台

阳城水草庙位于阳城县城东北山头村北的一个小河沟里，坐北朝南依山而起，庙宇虽然不算太大，但却整齐精致。据记载，该庙创建于宋、元联合灭金后的1235年，元太宗敕修广禅侯大殿，并钦名“水草庙”。

现存的水草庙为一个单进式院落，有山门、舞乐楼、献厅、廊庑等建筑。建筑基本为清代之物。其中最具特色的就应该是山门之上的舞乐楼了。水草庙的舞乐楼坐南向北为倒座式，从外部观看，上下一体，院内则分为上下两层。下层三间为门厅，为了突出山门，建造者在山门的门洞外修建了一座两柱单间的抱厦，高高的建筑，精美的装饰，凸显了山门的地位，增加了山门的威仪。

门庭上的舞乐楼为抬梁式结构，面阔三间，进深六椽，前后通檐用两柱，七架梁上直接做平梁，平梁两头接单步梁。舞乐楼屋面的前后檐各不相同，后檐为悬山，前檐为歇山，很有特色。建造者为了提高建筑的等级，增加建筑的观感与吸引力，特意对前檐进行了改造。首先，向两边移动了前檐明间的檐柱，增加了舞乐楼台口的宽度。其次，在平梁下蜀柱的位置加设了丁字梁、承椽檩，增设了角梁与山面的出檐，形成了一个两椽深的歇山式挑角。

这样的建筑形式，在周村的东岳庙已经出现过，在晋城的明清建筑中偶尔也有发现，至于它们之间是否有传承关系，就很难讲清楚了。应用这样的建筑手法可以达到三个目的，一是可以增加建筑的气势与美感；二是可以节约建造歇山所使用的材料；三是可以兼顾建筑两侧耳殿的位置问题。

三、感悟晋城工匠的继承与坚持

上面介绍并分析了晋城保存的一些不同时代的古建筑，尽管它们只是晋城现存古建筑中的一部分，但它们在营造技艺上都体现出鲜明的个性特点。尤其是在构架设计、大木作营造技艺上透露出来的信息都很丰富，或属于古老技艺的传承，或属于建造匠师的创新，或属于历史朝代的表征，或属于建筑理念的坚守，它们不但是当年营造技艺的具体表现，其间还浸透着匠师们的营造理念和创新思维，无论出于何种理念，都非常值得关注，只有通过它们，才有可能领悟到中国古代建筑所蕴藏的深厚文化底蕴。

感悟之一：在太行山南端的晋东南地区，唐宋以来一直活跃着一群经验丰富、技艺超群的建筑工匠。晋城乃至整个晋东南，至今仍保存着将近全国一半的宋（金）木结构古建筑，这应该不是偶然。虽然这里的建筑规模不是很大，但从营造技艺来看，同那些重量级的全国知名的古建筑实例相比，质量上并没有太大的差距。而且许多的营造技艺都是超前的。

从晋城所保存的宋代建筑的斗拱来看，斗幽之深超过了五台山唐代的南禅寺与佛光寺，而斗幽下的小平台或许还隐藏着一种更为古老的营造技艺。尤其是崇明寺中佛殿的梁架结构，更是体现了营造匠人对建筑结构的深刻理解与丰富经验的智慧应用。尽管我们现在无法知道当年还出现过哪些巧构奇筑，但崇明寺的建筑结构和营造技艺无疑是杰出的。另外，在南吉祥寺中殿斗拱中所使用的斜拱也是出人意料的巧妙，根据空间大小设计制作斜拱，位置不同，形式不一，但却做到了协调一致，这一定是理念的创新与经验积累的结果，绝不是普通匠人能做到的。

唐宋以后，这些杰出的匠人及其传承者一直活跃在太行山的南端，他们在后世的金元，乃至明清时期都留下了许多优秀的建筑作品。

感悟之二：金元时期，虽然晋城是在少数民族政权统治之下，但是晋城经济文化并没有因此受到严重影响，当地经济繁荣，交流广泛，许多工匠都掌握了当时最先进的建筑工艺，如减柱造与移柱造工艺。例如，创建时间同样是金代的开福寺后大殿、开化寺后殿东翼楼，就使用了减柱造与移柱造。在金亡后的第六年，在高平圣姑祠依旧采用了减柱造这样的营造技艺。随之而建的宝应寺后大殿、大阳汤帝庙大殿等建筑，或采用移柱造、或采用减柱造，或二者并用于一座建筑的实例在晋城都可以看到。由此可知，当时晋城的匠人们已经熟练地掌握了相关的技艺，并将其妥当地应用到相关的建筑实践之中。从晋城现存的建筑实例来看，工匠们在应用的同时还加入了自己的理解，他们选择了应力足够的建筑材料，保证了建筑的稳固，所以在晋城现有的元代建筑实例中，没有发现一例因应力不够而发生变形的减柱造建筑。

元代的晋城是比较安定的。从史料记载来看，金末晋城有一个叫段直的人，他组织民间武装，响应朝廷的号令，很早就被任命为泽州长官，自治安邦，保得一方平安。因此这里摆脱战争最早，经济繁荣，对外交流广泛，自然有条件掌握许多先进的生产技艺。

感悟之三：明清时期晋城的工匠们依旧在沿袭一些好的营造技艺。晋城明清时期的建筑也非常具有地方特点，具体表现在这样几个方面：第一，继承和保留了许多有益的营造技艺。比如说高平崇明寺的后殿，尽管建造时期已经是明代后期，但依旧使用了金元时期惯用的减柱造法。如果不是两根砂岩内柱上有着明确的捐赠题记，很多人都会被建筑的外形与结构所迷惑。

第二，坚持了山地人朴素大方的理念。在晋城，斗拱的用材，元代应该是一个大的分界线。从具有力学作用的真昂在建筑结构中消失以后，工匠们一直坚持这一用材的原则，那就是大方端庄的视觉效果。即便在清代，斗拱只是为了装饰存在，但工匠们也一直在坚持着这样的理念。所以，清代的官式做法，始终没能在晋城流行起来。即便在做过工部尚书的陈廷敬府邸，也很难找到这样的建筑形式。明清时期，晋城经济、文化都处在一个巅峰阶段，做官的、经商的，南北文化交流极其广泛，但晋城的工匠与百姓，就是不接受外来不良的建筑文化，他们始终坚守着自己所认同的建筑理念与习俗文化。

感悟之四：工匠们对传统营造技艺的继承，是动态的。这一过程大致可以分为：继承、改进、接受、创新等几个阶段。从晋城最早的建筑崇明寺中佛殿来看，首先它继承了唐代乃至更早的建筑营造技艺，同时它又突破了一般的建筑模式，在构架设计上做了较大改进。如果从晋城所有的宋代建筑来看，在深深的斗幽与小小的平台上，起初是不加选择地继承和坚持，而在金代之后，这种情况有了改善。由于深深的斗幽和小小的平台，制作起来非常麻烦，而产生的作用又很不明显，于是在金代就被摒弃了。再比如减柱造和移柱造，虽属舶来的营造技艺，但可取之处甚多，所以很快被接受，而且一直应用到清代的中后期。在应用中，营造师们还针对性地进行了改进与创新。改建于道光十九年的阳城文庙大成殿，就是一个典型的建筑实例。承担这一工程的建造师，根据建筑的需要把移柱变换为移梁，从而简化了结构，减少了用材，并且创造了一个全新的构架模式。还有那些半歇山式的建筑，也应该是经过实践，通过改进而形成的产物。歇山式建筑在建筑类别中是高于悬山式建筑的，宋时一直位于寺庙的主要位置，但歇山式建筑山面的滴水较低，主殿两侧的耳殿屋脊较高，所以无法紧靠主殿建造。因此宋金之后，一般寺庙的后大殿都会建成悬山顶，以解决院落的密闭与围合，而把中殿建成歇山式。为了妥善解决山地土地珍贵、民间建造经费不足与庙宇的威严和档次等矛盾，从事营造的工匠们创造了半歇山式建筑。把悬山式建筑的前坡改造成歇山式，营造技艺的灵活应用，一两架椽的小小改造，就彻底解决这一矛盾，因而形成了又一个技术上创新。

在继承中改变，在改变中创新，或许这便是太行山南端建筑工匠们对于传统营造技艺的继承方式，正是因为有了这样一批代代相传的能工巧匠，才得以造就今日晋城在中国古代木结构建筑领域的特殊地位。

四、晋城古建筑的特征与选择

诞生于黄土高原上的晋城古建筑，同样是从新石器时代走来，因此毫无例外地继承了土木结构的基本风格。晋城的古建筑由于形成于我国北方，因而又具备了我国北方古建筑的所有特色。同时，晋城古建筑由于诞生、成长于太行山中，因此它还有着浓厚的太行山风格。在阶级社会中产生的晋城古建筑，同样经历了阶级社会的洗礼，因而就留下了等级规制等阶级社会深刻烙印。总之，晋城古建筑蕴含了中国古建筑的所有风格，同时还具太行山的挺拔与淳朴，太行石的坚硬与厚重。

土木结构是中国古建筑的灵魂。由于走出大山的人类最早接触的就是土壤与树木，因此他们就把土壤与树木视为构筑栖身之所最便捷获取的建筑材料，于是土壤与木料就成了人们最早的研究对象。

在古人类的眼中，木材和石材应该说都是很好的建筑材料，但是如何把让它们有效地组合在一起，却是一个十分困难的问题，如果说组合木材

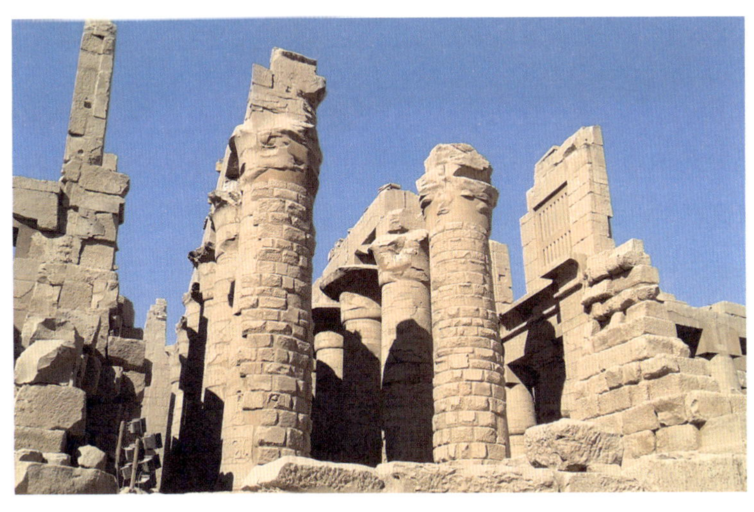

古埃及的巨石建筑

很难，那么组合石材更难。所好的是石材有着足够重的质量，因此在使用石材建造房子时，只要把石材选对、把石材加工的足够平整，同时把置放石材的位置选好并放恰当，就可以一劳永逸了。因为一般的外力如风雨等，是无法撼动那些石材的。因此古埃及的工匠们在缺乏木料的情况下，首先选用了石材，他们用巨大的石头建房子、造宫殿，留下了许多宏伟高大的建筑群。这些诞生于公元前 4000 至公元前 3000 年古建筑尽管经历了 5000—6000 年的岁月，但都保存的比较完好，这些全都归功于当年建造时所选用的巨大的石材。

木材相对于石材来说，就轻便多了。木材比石材轻便，木材的韧性远高于石材，而且木材易于采伐，易于搬运，在交通运输极不发达的石器时代，木材的利用价值应该更高一些。但木材的缺陷也是十分明显的，它与石材相比，质量要轻了许多，单根木材是很难安稳地放置在建筑上的。要想把木材稳定地放在一个固定的位置上，有两个途径，一是把木材与其他的建筑材料固定在一起，二是将一组木材牢固地连接在一起，形成一个自主的稳定构架，通过构架整体的力量，才可以支撑起一座大体量建筑。因此如何将一根根独立的木材连接组合起来，就成了利用木料建筑屋架的关键技术。

我国所处的地理位置在地球的北半部，大部分地区属于北温带，还有一小部分陆地属于亚热带，气候环境非常适宜植物的生长。境内山川纵横，河流密织，无论是山区还是平原，到处都是茂密的森林，因此，木材的获取就变得十分便宜。虽然我国的石材资源也很丰富，但石材大都集中在山地，而在新石器晚期当人类进入平原地区发展农耕生产时，已经远远离开了石材的生产地，因此石材的获取就变得相对困难一些了。而平原地区，土地广袤，土壤肥沃，在农耕文化占主导地位的历史阶段，平原无疑是最适合人类居住的理想区域，这里有一望无际的土地，便利的交通，唯一的缺陷就是矿产资源缺乏，建筑石材稀缺。因此在运输水平较差的远古时代，修建居所，建筑宫殿，最好的解决方案就是就地取材，以土为基墙，以木制骨架，于是土木结构就成了我们民族传统建筑的最佳选择。

关于中国黄土。相关研究单位的记录是这样的：黄土是最新的地质时期（距今约200万年的第四纪时期）形成的土状堆积物，所以其性质比较疏松、特殊。典型的黄土由黄灰色或棕黄色的尘土和粉沙细粒组成，质地均一，以手搓之易成粉末，含多量钙质或黄土结核，多孔隙，有显著的垂直节理，无层理，在干燥时较坚硬，一被流水浸湿，通常容易剥落和遭受侵蚀，甚至发生塌陷。古代工匠所遇到的问题，完全证明了黄土的这一习性。黄土的细腻、质地均一，为古人类制作陶器提供了很好的原料，也为新石器以来人们建造居舍提供了制作砖瓦的上好材料。黄土质地比较疏松，多孔隙，也为农业生产提供了极佳的土壤，使华北平原、中原大地成了中国各个历史时期的大粮仓。但它那干燥时较坚硬，被水侵蚀后就会变得松软甚至塌陷的性质，也给人们带来许多危害，无论是大面积的水土流失，还是建筑领域的基础下沉，其危害都是巨大的。

选择土木结构的建筑形式，工匠们首先面对的问题就是研究黄土与木材的性质与使用方法。从最初的挖地穴、立木柱、绑人字架、搭茅草顶、再到创建部落大房子所需要的直立柱、人字梁、木骨泥墙等，应该说远古时代的建筑工匠们一直都在尝试着把木材与黄土的价值应用到极致。当然他们所有的尝试都湮没于无数次的实践中，为了让一根木柱能够站立不倒，他们先是采取了挖坑、填土、捣实的方式，以此稳固木柱。这样的方法，虽然稳固了木柱，但黄土遇水就会变软，形成下沉的问题却无法有效解决。于是他们又在木柱的下方垫上了坚硬的石头，这就形成了最初的柱础。但是石质的柱础也无法抵抗柱子顶部不断增加的荷载，柱子依旧会在沉重的荷载下不断下沉。这就迫使工匠们想出了加密地基的方法，用增强黄土的荷载能力来抵抗柱子下沉的各种办法，诸如挖基坑、夯基础、砌基石、垒磉墩、置柱础等一系列方法，经过无数次的实践，工匠们终于总结

半坡遗址半地穴式建筑

出了一套解决木柱立足的有效之法。

木构建筑的另一个关键问题是木材之间的组合与连接，这个技术也是中国古代工匠独有的杰出发明。在青铜器、铁器出现之前，如何把木材稳固、紧密地结合在一起，是木材是否可以成为主流建筑材料的关键问题，新石器早期，人们连接木材的办法是绑扎。考古工作者分析，半坡遗址那些半地穴式的建筑，其木质构架都是依靠藤条来绑扎的。但是在浙江余姚的河姆渡遗址，考古工作者则发现了榫卯的大量使用，榫卯结构无疑是一种极佳的合木之法，可以说它的出现彻底解决了木材的连接与组合问题，这才使木材最终走入建筑领域，支撑起中国传统土木建筑的大半个天。

中国传统建筑之所以大量使用木材，关键的问题就是中国工匠很早就发明了榫卯，在没有棉麻的远古时代，人们无法造出绳子；在没有金属的时代，人们无法造出铁丝、钉子。应该说当我们的祖先将树干、木材选为当时最主要的建筑材料时，同时也就把合木之法当作最重要的研究对象。虽然说木材比起石材来说要容易采集一些，但在只有石器可以使用的年代，人们要砍伐一棵 30 厘米粗细的树木也是需要不少时间的，因此，我们的先人也一定为了木材的应用付出了无数的努力与艰辛。除了合木之法，诸如伐木之法、裂木之法、平木之法等，应该说一切与木材使用有关的木工工艺都成了先祖们研究的对象。

河姆渡文化掀开了中国古人类使用木材构筑房屋的历史新篇章。1973年夏，浙江余姚县河姆渡公社社员在修建排水工程时，发现了一处重要的新石器文化遗址，这个遗址的文化内涵十分丰富，上下叠加了四个时期的文化层，时间长达1500年。据放射性碳素断代并经校正，最远的年代大约为公元前5500年。从考古学的角度看，在所有的文化层里，埋深在最底下的那一层，年代最为久远，而离地表最近的那一层年代最晚。河姆渡文化最上面的文化层，时间大约距今5500—5000年，再下一层的文化层，时间大约在6000—5500年前，第三层的文化层，时间大约在6500—6000年前，最下面的文化层，时间大约在7500—6500年前。

河姆渡遗址第四文化层保存的十分完整，发现有大片干栏式木构建筑遗迹和五个灰坑。多数探坑发现稻谷堆积层，总厚度达100厘米以上，还有成堆成坑的麻栎果、橡子、酸枣、菱角等植物果实，以及随处可见的各种动物骨骸。在该文化层出土器物有石器、骨器、木器和陶器。石器多为小型石斧、石锛；骨器以骨耜、骨哨为典型；木器主要是纺织机构件和木桨；陶器；陶器以夹炭黑陶为主，夹砂灰陶次之，典型器为带肩脊敛口釜和敞口釜、双耳罐、唇沿起棱的浅腹盘、弧敛口钵和单把钵、尊形器、方柱状釜支架等。河姆渡遗址总面积达4万平方米，堆积的文化层厚达4米左右。其中，第四文化层的时代，是中国已发现的最早的新石器时代地层之一。第四文化层保存了大量的木构建筑遗迹和构件，从这些构件中可以了解到，河姆渡人在新石器时代早期，就已经掌握并开始使用榫卯这种十分先进的木构件连接技术，在建造自己的居所了。河姆渡人所使用的榫卯连接木构件技术，无疑比半坡人所使用的捆绑连接木构件技术要先进许多。不过河姆渡人也没有完全抛弃用藤类植物捆扎木架这种原始的方法，

河姆渡遗址榫卯结构木架

因为考古工作者在河姆渡文化遗址的建筑构件中也曾发现在一些建筑构件的节点处，保存着砍凿出来的凹槽，这无疑是为了固定绑扎藤条而留下来的痕迹。

考古工作者通过对河姆渡遗址的考察，认为河姆渡人所居住的房子应该是干栏式的，究其原因，是因为河姆渡人生活在沿海的水网地带，在潮湿多雨的沿海地带，古人类是很难找到一块干燥地方居住的。为了生存，他们选择了使用树干搭建成高架式的窝棚，这样才能有一个较为干燥的居住环境。可以设想，最初河姆渡人采用的办法也应该是将粗大的树干绑扎起来搭成架子，但粗大的树干很难绑扎牢固，且绑扎用的藤条毕竟比树干要细很多，因此在使用过程中，藤条或许会先于树干断掉。藤条一断，屋架即垮，窝棚自然也就会损毁。因此，反反复复地搭建窝棚就成了古代河姆渡人经常要从事的工作，为了寻求解决问题的办法，他们在不断总结前人经验的基础上逐渐找到了在木头上开洞，把对应的木材削细、砍窄，然后将砍窄、削细的木头插入相应的木洞中，这样捆绑后的木架会牢固许多。就是这样的方法，启迪了河姆渡人的心灵，因此他们最先创造出了新的合木之法——榫卯结构。考古工作者对河姆渡第四文化层的建筑遗构进行了仔细统计，发现这里的合木方法有柱头榫、梁头榫，有带销钉孔的榫，有透榫，还有用于木板连接的企口榫。其中有平柱连接榫卯，也有转角连接榫卯，应该说在河姆渡建筑文化遗址中，榫卯的使用已经比较成熟了。在河姆渡文化遗址同时出土的工具中，就可以看出有许多工具都是用来加工木材的，如石凿、骨凿、角凿，还有砍伐木材用的石斧、平木用的石扁铲等。

榫卯结构的发明过程，可能是从一点一点地积累、一步一步地总结而逐步完成的。也可能是灵机一动，一次就大彻大悟，彻底完成了这一发明过程。无论过程如何，事实就摆在那里，即早在6、7000年前的河姆渡文化遗址，考古工作者实实在在地发现了我们的先祖在新石器时代早期，就已经在自己的居住河网地带，使用榫卯结构建造起最早的干栏式居所。

榫卯结构是木材组合的最佳选择，好的技术自然传播起来极快，因此凡是把木材作为主要建筑材料的地方，这一技术很快就被传播与接受。随着榫卯技术的广泛应用，榫卯结构最终成了中国工匠在木作领域的一项创新性新技术，成为中国古代木作技艺中最重要的一项发明。榫卯结构的出现，有效地解决了木材与木材之间的结合问题，使木材的使用得到了充分发挥，从而促使中国古代建筑正式走上了以木结构为主体构架的土木建筑之道路。

其实在古埃及，那里的工匠们也找到了关于木料的衔接办法，例如在古埃及新王朝时期的第十八王朝，考古学家就在图坦卡蒙法老（前1334—前1323）的墓中发现了许多木制家具，这些家具就使用了榫卯这种有效的木材衔接技术。遗憾的是，这一技术在埃及、西方并没有得到有效的传承，究其原因应该是埃及这个地方缺少树木，所以他们从未想过用木料来建造房子。后来随着异族的入侵，古埃及文化的灭绝，因此这一重要发明没能从埃及传播出去。

五、传统建筑其他技术问题的解决

古建筑的建造除了合木之法，还有许多问题需要解决，例如伐木、解木、平木等。伐木之法千百年来也没有发生过什么大的改变，一直都是使用斧子来砍伐的。所不同的就是斧子的质地随着社会的进步而发生着变化，新石器时代用的是石斧，青铜器时代用的是青铜斧，铁器时代用的是铁质钢刃的铁斧。不同的是伐木工所使用的斧子，不但个头大而且刃口也大，两面都开有刃口。之所以这样做，原因是伐木时需要在树木的砍伐处留下较大的开口，树木越粗开口越大，只有保持较大的开口，才有利于斧刃深入树身，这样砍伐起来才会快一些。而现代人想象的大锯伐木，其实出现的很迟，因为大的伐木锯需要优质的铁和优质的钢，优质的铁才具有较好的延展性，才能把锯条做够长，而优质的钢，才能让长长的锯条有韧性，锯齿更坚硬，使用起来更有耐久性。至于早在石器时代就出现的石锯、骨锯、角锯，在青铜器时代、铁器时代出现的金属锯子，都因尺度太小，无法做成大锯，因此一直停留在手锯阶段，只作为木匠们加工木材的辅助工具，而无法发挥出它应有的作用。

伐木是木工工匠获取木材的第一步，接着需要进行的下一步工作则是将木料制作成木材，这就需要将原木分解为不同尺寸的备用木材，如做梁用的梁材、做装饰用的板材、做枋用的枋木、方木等。在古代的木工行里将这一行为称作解木。解木工作在隋唐之前，由于制铁技术的限制，尚没有大的框锯出现，因此，要把直径较大原木制成建筑所用材料或其他用材时，大都采用的是楔裂法。做法和古代采石场采石料的方法几乎相同，即在原木上按所需尺寸打线，然后按线条的走向打入一列楔子，接着向楔子上加力，使楔子深入木质，从而将原木按预计的位置憋裂，最终将原木分解成合适的可用之材。砍伐大树费力，将大树分解成所需之材，也很费力，因此古代木工们在设计建筑时都会因需选材，根据实际需求去砍伐树木，需要多大的木材就砍伐多粗的大树，从而尽可能减少伐大树、解大木这样的程序。这样砍伐出来的树木就会减少相应的解木程序，只需对原木略加锛砍，去掉不需要的部分就可以直接使用了。用这样的方法建造房子，自然会更快一些。

完成了解木，原木基本就成了可用之材。但要把这些备用之材真正用到建筑上，还需要对木材做进一步的加工，那就是平木。所谓平木，现代的做法就是用刨子将木头的表面刨平，使所需的建筑构件都能以平整完美的形象呈现在建筑之中。不过现代的刨子，真正出现的时间好像比框锯还要晚一些，或许在隋唐时期出现，或许在更晚的宋代出现。因为古籍记载中的刨子，和现在使用的刨子很可能不是一个东西，只是后来出现的刨子因功能与古代所使用的刮削器相同，因而才继承了刨子这个名字。在刨子出现之前，木匠们平木使用的工具主要是锛、斤、鐁、削、刮等砍削、刮削木材的工具。具体做法就是：先用斤斧把那些解木时留下来的裂纹废料，砍掉锛去，找出一个接近成品的大面来，然后通过削、刮、鐁这些更为精细的刮削工具，将木材的表面做的更为光滑平整，让建筑构件的成品看起来更优美一些。

建筑构件是一座建筑的一个组成部分，只有将所有的建筑构件组合起来，形成一个完整的建筑构架，这个建筑的大木作部分才算完成。因此完成了所有单体构件后，还有一个更为重要的步骤，那就是把这些单一的构件组合起来，使之成为一个完整的建筑构架，利用建筑构架整体的力量把这个建筑支撑起来，使之形成一个体形优美、气势恢宏的巨大建筑。这种组合既是一个设计思想的体现过程，也是一个木工技艺的展示过程。组合工作的执行人，不但要有建筑的整体概念，还要有处理各种问题的特殊技艺，因为所有的组合都需要根据构件所处的位置、角度、作用力的方向、构件安装的先后顺序来具体处置。至于需要在什么地方留肩，在什么地方削坡，在什么位置开凿卯口，在什么地方制作榫头，都必须有一个合理与准确的定位。同时还需要考虑卯口开成什么样式，榫头要连接几个部件，各个位置都需要做成什么样的形状，榫卯拼合后如何锁闭等，这些都是需要精心设计妥善处置的。

关于木构件连接部位的制作工艺，所要使用的工具也是比较复杂的，其中首要的工具是凿子，它是用来开凿卯口的；其次就是锯子，它是用来切割榫头的。锯子作为木工不可或缺的工具，应该说出现的时间是很早的，早在旧石器时代就有锯齿器，以后则随着时代的发展在不断地变化着，青铜器时代有青铜锯、铁器时代有铁锯，遗憾的是锯子长期都处于锯条较短的手锯状态，因而没能真正发挥出它应有的全部功能来。不过手锯虽短，但是用来开榫还是可以的，因此手锯很早就承担起了开凿榫卯、组合木构件的重任了。

当一个个木构件组合连接起来时，一座中国传统建筑的雏形就算完成了，大架竖起，剩下的工作主要就是泥水活了。在大架上覆以椽瓦，在柱子之间筑起围墙，一座建筑就彻底完成了。

其实完成一座建筑不仅仅是把木构件组合起来，还有一个更为重要的事情，那就是为建筑营造一个坚实可靠的基础环境，基础不牢，地动山摇，说的就是基础的重要性。营造一个好的建筑基础，同样需要一些木工工具的帮助，这些工具全都是木工匠人必须装备的基础性工具，例如水平、准绳、规矩、墨斗等。关于这些东西，笔者在很小的时候，就有所接触，虽然那时还不清楚它们的用处，但是留在笔者脑海中的记忆却是难以忘怀的。首先说说“拾平”之事，所谓拾平，就是找到水平面。在盖房子挖基坑、做根基时，一般只是根据感觉找出一个大致的平面即可，而砌墙时就需要一个准确的平面了，这时就需要拾平了。笔者见到最简单的办法就是端一盆水，然后在水中漂放一块修整的十分整齐的木条，当水盆里完全平静后，木工师傅就会趴在水盆边上沿着木条的边楞瞄向预先固定好的木棍，然后再把找到的位置画下来。三点确定一个平面，确定好三个点，再用白线一拉，一座建筑的水平位置就确定好了。然后木工师傅就会按确定好的位置砌出一个基础平面来，这个平面就是拾平面。后来笔者接触了水准仪之后，这才意识到笔者所见到水盆加漂木的拾平过程，就是最原始的找水平。第二步就是择角（或为则角），一座建筑物它的每个转角都是需要规范的，因为建筑物的转角点决定着这座建筑的墙是否能砌的平直，因此择角很重要。择角前木匠师傅先要拿一根吊着重物的线绳进行吊线，从而保证角与角之间的墙线是平直的。这个吊着重物的线绳就是准绳。择角一般要砌七层砖，七层之后要砌一层纵向摆放的丁砖，这层丁砖起着拉结墙体的作用。这种组合在当地被称作“七砖一丁”，因此一丁，就成了明清以来砌墙的一个基本单位。至于如何保证每个墙角都是标准的90°直角，靠的则是木匠师傅手中另一件工具——拐尺，也就是矩尺。择角之时，木匠师傅将拐尺往墙角一放，拿起准绳一瞄，就可以确定放砖的位置了。两点确定一条直线，三点确定一个平面，木匠师傅的拐尺正好有三个端点，因此，一座建筑的位置就这样给准确地确定下来了。

关于“规矩”二物出现于何时，现在还没有一个肯定的说法，笔者在甲骨文中查找了一番，但是没有找到这两个字，但是钟鼎文中可以找到这两个字。甲骨文中没有这两个字，并不等于商代没有“规矩”出现，因为商代有许多圆形和矩形的青铜器皿，它们在铸造之前都是需要进行设计的。如人面大禾方鼎、后母戊大方鼎都是长方形的，而西父癸簋、妇好墓出土的分体好字青铜甗、亚弜青铜鼎都是圆形的。这些器物的制作都会与“规矩”密切关联的。由于“规矩”这两种工具有着特殊的不可逾越的限定，因此人类很早就意识到规矩的准则性，于是人们就把“规矩”二字组合在一起，用来表达一种标准，从而限定人类的行为举止。关于这两个字《汉语词汇》是这样解释的：规矩，汉语词语，意思是规和矩，也指一定的标准法度、成规、礼法。《列子·汤问》：“夫班输之云梯，墨翟之飞鸢，自谓能之极也。弟子东门贾、禽滑釐闻偃师之巧以告二子，二子终身不敢语艺，而时执规矩。”《荀子·礼论》曰：“其理诚高矣，暴慢恣睢轻俗，以为高之属入焉而队。故绳墨诚陈矣，则不可欺以曲直；衡诚县矣，则不可欺以轻重；规矩诚设矣，则不可欺以方圆；君子审于礼，则不可欺以诈伪。

故绳者直之至，衡者平之至。规矩者方圆之至，礼者人道之极也。”这段话的意思是说，礼的内涵是很高的，那些把粗暴傲慢恣肆放荡轻视习俗作为行为标准的人，一旦和礼相遇，自然不堪一击。当木工的墨线弹在那里了，就不可能再用曲直来搞欺骗；当衡量轻重的秤悬挂起来了，就不可能再用轻重来搞欺骗；当圆规与角尺摆放在那里了，就不可能再用方圆来搞欺骗；君子对礼了解的明白清楚时，就不可能再用诡诈来欺骗他。所以墨线这种东西是直的极点；秤这种东西，是公平的极点；规矩这种东西，是方与圆的极点；礼这种东西，是社会道德规范的极点。在这段话里，荀子用了三个规范性的东西来比喻礼，其中一个是墨绳，即木工用墨斗的线绳弹出的墨线，一个是称东西用的衡器——秤，另一个是木工用的规矩，即圆规和拐尺，其中两件都是木工师傅使用的标准器具。由此我们可以得知，规、矩、墨斗早在春秋战国之时就已经被人们所熟知，可见这些东西早就成了人们耳熟能详的常见之物了。因此我们可以推断规、矩、墨斗应该在商周时期已经出现，到了春秋战国之时，这些象征着不可逾越的标准性工具，才可能被文人学者引申为法度、成规的代名词。

木工工匠最后发明的工具是平推刨，时间大约在宋末元初，平推刨的出现彻底解决了精细平木的问题，从此以后许多古老的木作工具，尤其是那繁多的平木工具几乎全部被淘汰。到了明代中期，木工工匠们所使用的工具，已经同近代木工工匠们所使用的工具基本相同了。木工们在营建土木建筑时已是驾轻就熟、如鱼得水了。

六、晋城传统建筑的组合与类别

关于中国古建筑构成。中国古建筑主要由台基、柱础、立柱、围墙、门窗、平坐、斗拱、梁架、木基层、屋面等组成。一座处于核心地位的主体建筑，如果再增建一些装饰性的抱厦、副阶及高层上的缠腰等建筑，即可形成一个颇具规模的聚合式建筑，这种建筑往往会成为一个城镇的代表性建筑；同样一座位居核心位置的主体建筑，再辅以耳室、配房、过厅、倒座、大门等，亦可以组成一个或一串院落，从而构成一个古建筑群落。但是无论是聚合式建筑还是古建筑群落，它的每一座建筑的构成都离不开前面所说的那些建筑元素。因此一组建筑，尽管看起来变化颇多，组合方式不同，但它们的基础结构依旧是不变的。

在我们晋城，传统建筑似乎很多，但认真地总结起来，也不会超出这几种类别。一是宗教类建筑，如庙宇、寺院、宫观、教堂、石窟寺等；二是公共类建筑，如桥梁、村阁、井屋、商铺、会馆等；三是民居类建筑，如堡寨、四合院、三合院、棋盘院、八卦院、宫上院等；四是工匠作坊，如等炉场、银楼、铁匠铺、染坊、油坊、豆腐坊等。在这些建筑中，等级最高的就是宗教类建筑了，因为宗教类建筑中有许多被祭祀的人物，都被历朝皇帝封王、封帝，因此祭祀他们的地方自然要予以特别的重视。如玉皇庙、关帝庙、孔圣庙、汤帝庙等；另外一些人物，虽然地位不是很高，但是他们所管的事情很重要，因此老百姓也不敢等闲视之，例如管生育的女娲娘娘、贞泽二仙、管钱的财神、管雨的龙王、管驱病的六瘟神、药王等，总之他们和百姓的生活息息相关，因此人们不得不加以重视。还有就是佛家的寺院、道教的宫观，由于有皇家的支持，弟子的募化，信徒的捐助，所以每一座建筑都建的富丽堂皇。总的来讲，在晋城只要建筑与宗教沾上了边，那么这些建筑一般都会建的有模有样，颇具规模。

在晋城现存的古建筑中，首先档次最高的建筑是端氏的汤王庙，那是一座庑殿顶的大殿，曾经属端氏粮站管理，由于新中国成立后，国民经济遇到了暂时的困难，所以一度被改成了存放粮食的库房，因而被忽略，目前已被列入晋城市文物保护单位，沁水县人民政府和晋城市文物局正在研究这座建筑保护问题。其次就是宋金以来的歇山式建筑了，如青莲寺中殿、西溪二仙庙正殿、岱庙正殿、崇明寺中殿、开化寺中殿、小南村二仙庙正殿、南吉祥寺中殿、北吉祥寺前殿、府君庙山门等，在晋城市这类建筑起码有 30 座以上。这类建筑从形式上来讲档次要低于庑殿顶，但它们的建筑年代都很早，距今都超过了 700 岁，都属于国家公布的全国重点文物保护单位。再次就是金元时期的悬山顶建筑了。悬山顶建筑自然要次于歇山顶建筑，但是它们同样有着将近 700 岁的高龄，依然属于全国重点文物保护单位。如阳城的开福寺正殿、北吉祥寺中殿、玉皇庙汤帝殿、大阳汤帝庙正殿等，这类型建筑在晋城市也有 10 余座。最后就是明清时期的古建筑了。明清时期晋城的各类古建筑甚多，根据第三次全国文物普查数据统计，晋城市共登记各类古建筑达 5490 余处，近 20000 座。其中建筑比较漂亮的、文物保护价值较高的有陵川崇安寺的古陵楼、阳城县的文庙大成殿、润城东岳庙、阳城海会寺、高平仙翁庙、泽州关帝庙等。

晋城的公共建筑类型很多，这里重点介绍一下村阁与会馆。村阁是晋城村落建筑的一大特色，它们全都坐落在村子出入口的大道上。村阁一般

端氏汤王庙大殿

是由一个大的券洞与厚重的扶壁墙组成，券洞横跨在村口的大道上，厚重的扶壁墙则根据特定的地理环境向左右延展，直到可以实现管控道路的目的为止。这种由券洞与扶壁墙组成的建筑就是村阁的台基与基础，台基有大有小，小的上面只建一座建筑，形似一座城门楼，大的上面则可以建一座小型的庙宇，庙内有正殿、耳殿、配殿山门等，殿宇内分别用于祭祀可以佑护村民的相关神灵。有的地方也会根据村阁的方位来供奉神灵，如坐南朝北的村阁就供奉着南海观音。有的地方则供奉着勇毅担当的关帝。

路阁兴起于何时，目前尚无考证，从笔者所了解的情况来看，至今还没有发现过早于明代的同类建筑，所以暂时可以把明中后期作为路阁出现的时期。从村阁所处的位置推断，这类建筑应该是一种保境安民建筑，这些建筑或许与明末的战乱有关。之所以这样判断，首先是缘于它的位置，村阁一般都建在村头的路口，且骑路而建，可见这样的建筑，主要是为了控制进村之道路。居阁守护，既可登高望远，又有地理优势，很方便掌控一个村落的出入孔道。其次，是缘于它的建筑形式，高大的墙垣，厚重的墙体，启闭门洞，即可控制道路；占据其上，既可以观察入村行人，亦可依靠建筑的高度拒敌攀登，抗击入侵。所以从建筑的功能上也可以看出它是防乱自保的建筑。最后，结合当地的习俗，可以构成一种有效的防御体系。晋城民宅一般建为两层，并且不向院外开窗，这样的路阁如果院子与院子相连，就能筑成一种类似城堡的防御体系，这样的城堡体系，尽管不够坚固，不能阻挡官军发起的进攻，但是对付散兵游勇，还是能起很大作用的。

除此之外，也不可排除村阁在堪舆学中所拥有的地位，它们应该还有着调整风水的作用。尤其是在清代，长久的平安使人们几乎忘记了战争与动乱，人们不再把防兵乱作为生活内容，所以在清代，有许多路阁在建造时根本没有考虑防御功能，从而使路阁彻底成为调整风水的建筑了。

总之，人们之所以建造村阁，无论是阻兵匪，还是调风水，其目的都

高平市伞盖村春秋阁

是一样的，那就是保境安民。

晋城的村阁数量很多，建筑特色也各有千秋，如高平企甲院的村阁，朝着村子的是一座庙宇，朝着村外的是一条围廊；再如伯方村的北阁，阁下的通道呈“丁”字形，一个阁控制着两条通道，一个朝北，一个朝东，既保证了通行的方便，也实现了有效管控。再如阳城上庄村的村阁，村阁跨河而建，阁下是一条控制河身高度的河闸，为了保证洪水期水流的顺畅通过，券洞跨度长达 7.6 米，因此村阁成了一个大跨度的伟岸建筑，村阁的上方还建有五间阁楼，楼内供奉着关帝和观音。最简单如高平中庄村的东阁，仅为一道较厚的墙，墙上可行人，朝外建有垛墙，虽然简陋，但也可起到保境安民之效果。再如高平伞盖村的春秋阁、陵川平城村东的三皇阁，阁高三层，远远望去，十分壮观。

晋城的会馆，数量不是很多，目前已知的有 4 座，其中 2 座在晋城市区，另外 2 座在陵川，一座在陵川的礼义镇，一座在陵川的附城镇。会馆

晋城市城区覃怀会馆正殿及献厅

的数量虽然少，但会馆的质量还是比较高的，究其原因，大约有二，一是会馆内供奉多为关帝，关帝的地位摆在那里，只要有能力都会建的好一些；二是会馆都是同行业的商人或手工业从业者建造的，这些都属于有钱人，所以无论为了面子，还是为了舒适，建造者都会把会馆的标准定的高一些，因此现存的几座会馆都被建的很风光。

不过晋城却有一个不是商人建造的会馆，它们是由唱戏的艺人出资建造的，具体的名字叫五聚堂。晋城博物馆收藏了一块《五聚堂纪德碑》，碑文一开头就记载了这样一段话："五聚堂者何？梨园寓所也。梨园何以有寓？为支差而设也。堂何以五聚名？五属梨园皆得寓于斯也。"三问三答，用这样开门见山直奔主题的问答形式撰写碑文，可以说完全打破了传统碑文的刻板叙述，既令人耳目一新，又直白了问题。《五聚堂纪德碑》不仅撰文极具个性，而且内容也与众不同，它不仅回答了五聚堂的由来，更是一块梨园行的纪德碑，碑文不但记载了道光三十年九个戏班班主向泽州府具状，请求裁减官戏的内容，同时还记载了泽州府、凤台县两级衙门对具状的批复，批复共核减了官戏 29 台，并答应按人头发给饭食钱的具体情况。这样的纪德碑，名义上是记载官府的功德，实际上还可以起到提示官府的作用。碑文共分 3 个部分，一为序文，一为具状，一为批文，批文包括道光三十年六月初七日泽州府的批文和九月十七日凤台县的批文，《五聚堂纪德碑》无疑是一组研究上党戏曲的重要资料，同时也给我们提供了一份功能殊异的建筑信息。

关于五聚堂，碑刻的序文中有明确的记载，这是泽州五县的梨园戏班为到府署支差而建的一座寓所，“五属梨园皆得寓于斯也”。但它又不是一个简单的寓所，而是一个具有行业性质的会馆，记载中说：“中奉开元皇帝，梨园所自始也；左祀三官，祈赐福也；右配财神，祝多富也；曲辨铿锵，人苦跋涉，是以大王、咽喉、山神附焉。”可见梨园行也有自己专属的祖师爷——唐明皇，同时还有一些需要时刻供奉各路神灵。据记载，五聚堂内还雇用了专门的班头，一来为了接应官府，同时也可方便行内事务，五聚堂的兴建还可以证明一个问题，那就是清代晋城的戏曲行业十分兴盛。

五聚堂原址在晋城市老城区的周元巷，据李近义先生编著的《泽州戏曲史稿》记载，建筑为一两进式院落，前后院之间有过庭相隔，后院祀神，前院则是梨园行的寓所食宿之地。老城改造之前笔者还到访过这个院落，院内还保留了一座当年留下的老建筑，只是不知老城改造之后，这里的情况有何变化了。

七、沁河流域的堡寨建筑

晋城的民居很有特色，尤其是沁河流域的堡寨建筑，它们为晋城的民居文化涂上了浓墨重彩，形成了晋城独有的特色民居。

沁河，古称少水，是山西省东南部的一条重要河流。沁河，发源于山西省沁源县，蜿转于太岳、太行的群山之中，唯独在晋城市境内的沁水、阳城接壤处，留下了一片沃土，造就了一方富庶。沁河流域的堡寨建筑，就分布在这一地区。据统计，在不足 30 公里的沁河两岸，可以数上名字的堡寨就有 25 座之多，而《明史》中的记载多达 54 座。

堡寨建筑形成的原因：如此众多的堡寨，集中出现于一个地区，战争是其形成的主要原因，但不是唯一的原因。更重要的是这里的经济与人文环境。首先，丰腴的土地形成了充裕的农耕经济。沁河进入沁水的端氏后，地势逐渐平缓，于是在这里形成了大片的河谷台地。肥沃的土地，温暖的气候，再加上充足的水源，促成了这一地区农耕经济的相对发达，为古代人类提供了良好的生存环境，使这里聚集了比较多的人口。以润城村为例，清光绪年间，村里人口一度高达 8000 余口；其次，繁荣的工商业造就了一方富庶。除了充裕的农耕经济，沁河流域还有着众多类型的手工业和繁荣的商业经济。沁河流域矿产资源丰富，历史悠久的冶炼业和煤炭采掘业，丰富着当地人的经济生活。在沁河流域的阳城境内，沿河两岸遍存明清时期遗留下来的“铁山”（炼铁后的矿渣）。在润城村，现存的明清建筑中，将近四分之一的墙体是用炼铁后遗弃的坩埚砌筑的。采煤业也是沁河流域的古老产业。沁河流域的无烟煤，以质地坚硬著称，是当地人做饭取暖用的主要燃料，并可直接用于炼铁，煤炭业支持了冶铸业，冶铸业又促进了采煤业。有着发达的农业，繁荣的手工业和众多的人口，自然就会产生繁荣的商业。产品的销售，人群的消费，都离不开集市与商贩，于是沁河流域便出现了几个大的集镇。比较著名的有润城镇、郭峪镇、窦庄镇、端氏镇等，其中最著名的是润城镇。丰腴的土地，众多的手工业，繁荣的商业贸易，造就了一大批手握重金的财主、商贾，如郭峪的王重新、下庄的李思孝等，都是商行千里、富甲一方的巨富；最后，众多官僚集聚了天下财富，左右着一方的政治。充裕的粮食，富庶的经济，创造了优越的生活条件，于是读书入仕便成为可能。在沁、阳接壤的沁河流域，仅明清两代就有进士数十人，其中著名的有王国光、刘东星、张五典、张铨、张慎言、张鹏云、孙居相、孙鼎相、张春、陈廷敬等人。他们个个高官厚禄，建造了深宅大院，书房花园，收罗了天下众多的财富，成了显赫一方的名门贵族。他们有着相当的号召力，影响着一方政治、经济与文化。

以上诸多条件，恰遇明末的农民起义，于是在官僚绅士的号令下，在富商大贾的支持下，在殷实之家的配合下，在流浪饥民的劳作中，沁河流域就十分自然地出现了这许许多多的堡寨建筑。它们既是战争的记录，也是经济繁荣、社会发达的表象。

堡寨建筑形成的时间：沁河流域的堡寨建筑，建成的时间前后不一，但多在明代中后期，以天启、崇祯年间为最多。有据可查的有王村堡、窦庄堡、上佛堡、润城堡、黄城堡、郭峪堡等。

王村堡：又名“宁远寨”，寨内有一汤帝庙。据考证，创建时间在明万历三十三年（1605）之前，是沁河流域创建较早的堡寨之一。

窦庄堡：又名“夫人城”。雍正十三年《泽州府志》记曰：窦庄堡，“县（沁水县）东一百里，榼山下，堡东滨沁河，明天启时邑人大司马张五典筑寨。”明崇祯五年七月，农民军首次进入沁河流域，前按辽经略、忠烈公张铨夫人霍氏躬率僮仆坚守城堡，并获得了成功。窦庄堡守城御敌的成功，为沁河流域的官僚绅士们作出了榜样，因而掀起了修堡筑寨的高潮。

上佛堡：创建时间不详，崇祯十三年郭峪乡绅王重新所撰《焕宇变中自记》记载说，崇祯五年七月，义军横扫沁河流域，“独周村保全一城，上佛保全一寨，吾乡保全陈宅一楼。”由此可见上佛堡的创建时间要早于崇祯五年。

润城堡：又名“砥洎城”。无创建记载，通过对城内文昌阁上所保存的《山城一览》图的刊刻年代分析，城堡的创建年代应该在崇祯五年之后，崇祯十一年之前。

黄城堡：原名“斗筑居”。创建于明崇祯六年，创建人陈昌言撰有《斗筑居记》，该文记述了斗筑居创建的时间、过程与城堡的概况。从记载可知工程始于崇祯六年七月，成于崇祯七年（1634）二月，七个月建成了一座长百丈，高三丈，垛口二百的城堡，实属中国建城史之奇迹。

郭峪堡：又名“景阳城”，创建于明崇祯八年，一年之内完成。崇祯十一年邑人张鹏云所撰《郭峪修城碑记》记录了修城的经过。

堡寨的建筑类型：沁河流域的堡寨建筑，所有的功能都是为了保护财产与人身安全的。但由于其大小不一、投资不一、产权不一，所以又各具特点。归结起来可分为三种类型，第一种为集体筹资，建筑在公有地域内，为公产。第二种为村民集资，用墙垣将村子包围起来，堡内的房产产权不变，仍归自己所有。第三种为家庭自筹资金，购买土地，围城筑堡，供自己家用，战时也可容纳避难之亲朋，为私有财产。

（一）公有的堡寨。这类堡寨面积不大，大多在原有的社产——庙宇四周围以墙垣，一旦遭遇战乱，全村人皆可携家带口入住其中，御敌自保。

这类堡寨，多建于相对贫困或无领袖人物主持的村落，面积窄小、建筑简陋、功能欠缺。无水井，存粮，可躲一时兵乱，但不可久居。一旦警报解除，村民便各自回家。这类堡寨，在沁河流域有刘善堡、王村堡、上佛堡等。

（二）围村而筑的堡寨。这类堡寨多以城相称，面积较大，有常住人口，生活设施齐全，以保全房屋财产，抗御外侵之敌为目标。

这类堡寨的修筑必须有官绅富贾为领袖，具备村镇富庶、百姓充裕、市井繁荣等条件才可建成。建筑这样的堡寨工程浩大，必须有专门的规划与经营管理人员筹材集资，才能保证工程的顺利完成。

郭峪堡：又名“景阳城”。由社内首富王重新“以金 7000”带头筹资，共筹白银数万两，于崇祯八年（1635）正月十七日至十一月十五日一年之间建成。其中民居、宗祠、书院、庙宇、戏台、店铺、水井一应俱全，俨然是一个完善的小城市。

窦庄堡：又名“夫人城”。明天启年间，由前兵部尚书张五典主持兴建，该堡建于战乱之前，城内规划整齐，街市、庙宇、书房、讲堂一应俱全。城堡平面呈正方形，城墙总长约 770 米，总面积约 33420 平方米，城墙高约 10 米，厚约 1.6 米，东西南北各建大小城门两个。

屯城堡：也是由杂姓村落围建的城堡，领衔者为明吏部尚书张慎言。据调查，屯城堡整体呈长方形，围村而建，设四门，城内街市庙宇俱全，城北另有一小堡，额名“古寨”。目前屯城堡已毁，无迹可考。

（三）家庭建的堡寨。这类堡寨由单独家庭兴建，自筹资金，自购土地，雇工修筑。堡寨的大小因家庭大小而异，堡以原有宅院为主，根据规划，购地补齐，然后筑墙垣围之。

堡寨之内生活设施俱全，并有庙宇神灵保佑，但没有街市，遇到战乱则关门守之，可保家财，保性命，御来敌。沁河流域这类堡寨最具代表性的是黄城堡、花沟寨。

黄城堡：原名“斗筑居”。为清文渊阁大学士陈廷敬旧居。由陈廷敬伯父陈昌言主持修建。工程始于明崇祯六年七月廿一，成于崇祯七年二月廿一，用时七个月，“费千金有余”，“堡既成，可以容人，可以畜物，五谷六畜俱不受灾”。

花沟寨：额名“长兴庄”，现隶属于端氏镇坪上村。虽创建人不详，但从其额名及其规模来看，应是一家族堡寨，该寨南北长约 160 米，东西宽不足 60 米，设东、南两门，南门为正门，东门为便门，院内有十余座院落，保存基本完好。

堡寨建筑的构成特征：沁河流域的堡寨建筑，由于其固有的功能和不同的经济条件，因而这些建筑既有相同的共性，也有不同的个性。

（一）沁河流域堡寨建筑的共性特征。堡寨建筑的功能是保护自己，抵御敌人，因此沁河流域堡寨建筑的共性都建立在这样一个基础之上。

其一，所有的堡寨都是为了防御而建，所以都建有城墙、城门、望楼、炮台、垛口等防御性建筑所必须有的建筑内容。

其二，所有的堡寨都充分利用了地理上的优势。如建于三面环水半岛之上的砥洎城，如建在孤山顶上的刘善堡，建在崖壁之上的坪上寨、花沟寨、上佛堡等。即便是围村而建的城堡，围庙而建的小寨，也都充分研究了可以利用的地形地貌。如郭峪堡，东临樊溪，地形有较大落差；如王村寨选择了离村较近、地势较高的汤帝庙。有利的地形增加了堡寨的防御能力，增大了敌手的攻击难度。

其三，所有较大的堡寨，都必备可靠的水源。水是人们生活的必需品，是衡量一个城堡防御能力的重要因素，在沁河流域比较大的堡寨中都有可长期保障的水源。如砥洎城有小井两口，斗筑居有泉一眼，井一口，郭峪堡有井四口，坪上寨有井一口，窦庄堡有井三口。

其四，所有的堡寨建筑都充分利用了内部的面积。堡寨建筑是战乱中的避难之所，所以人口变化甚大，为了最大限度地发掘可用资源，在建造过程中人们都注意到了这一问题，如利用城墙筑起数层窑洞，增加建筑高度等，有“蜂窝城”之说的郭峪堡以及黄城堡、砥洎城、湘峪城等，都建有数量众多的城窑，许多院子里的房屋都高达三层。

其五，大多数堡寨内都有神祠、庙宇。神灵是人类的保护者，在封建社会，这是一个恒久的观念，因此在沁河流域的堡寨中，神祠、庙宇是不可缺少的建筑，大到郭峪堡，小到屯城寨，尽管神灵名字不同，但其无处不在。

郭峪堡，内有汤帝庙，祀汤帝、关帝等。

斗筑居，城上有关帝阁、文昌阁。

砥洎城，内有关帝庙、土地庙、文昌阁等。

窦庄堡，内有古佛堂、大庙等。

屯城堡，内有三官庙等。

而王村堡、刘善堡、上佛堡、屯城寨等，本身就是围庙而筑的城堡。

（二）沁河流域堡寨建筑的个性特征。沁河流域堡寨建筑的不同是由于经济状况的不同、社会地位的不同、建筑的归属不同而造成的。主要体现在以下几个方面。

其一，建筑材料使用上的不同。建筑材料是由经济地位决定的，在沁河流域，经济实力较强的地方，其堡寨建筑大都用石材与青砖修建。基本形式为，基础及基础之上两三米部分用大块石条砌筑，然后再用青砖砌筑城墙、垛口、城楼等城垣上建筑。这类建筑多在经济比较发达的润城周围，如砥洎城、郭峪堡、黄城堡、刘善堡、王村堡等。经济实力较差的地方就有所不同了，如花沟寨、坪上寨、下佛寨、望川寨、郭南寨等，这些堡寨多用夯土筑墙，在堡门处用少量青砖砌筑堡门、门楼等建筑。

其二，城墙厚度与城上建筑的不同。在砖石堡寨中，润城周围商业经济较为发达的地区，所筑城墙高大厚实，宽度一般都在两米以上，城墙上可以通行。在这样的城墙上，相应的辅助性建筑也较多，既有用于防御的设施，还有一些亭台楼阁，可供平时休闲娱乐，如斗筑居上有关帝阁、文昌阁、望河亭，郭峪堡上有六角亭式的魁星楼、菩萨阁，砥洎城上有黑龙庙、忘暑亭、祖师阁等。而在经济欠发达的地区，则只能以御敌为主。如屯城堡、窦庄堡等，城墙宽约在 1.6 米以下，城上宽度就十分有限了，在前筑垛口后筑短墙后，中间的地方就仅能容一人通过了。

其三，防御等级不同。沁河流域的堡寨建筑，由于经济地位与政治地位的不同，所以防御能力也各有特色。一般的堡寨一旦攻破之后，防御功能尽失，没有第二层防御体系。但具有经济实力和较高政治地位，官绅们集聚的堡寨中，则准备了第二层防御体系，那就是巷坊、宅院、地道和碉楼。如斗筑居中有“河山楼”、地道，郭峪堡中有“豫楼”、地道，屯城堡中有“同阁”等。

河山楼：位于斗筑居中，陈昌言所撰《斗筑居记》称，“楼之坚足档一面，楼之宽可容千口”，下有水井、地道等。

豫楼：位于郭峪堡之中，王弘所撰《焕宇重修豫楼记》中讲，豫楼“纵二丈三尺许，横五间四丈五尺，其深而坚也，层而上之为七，若飘浮之腾”，下有地道，内有井磨碾等设施。

同阁：位于屯城堡内，郭新所撰《虎谷先生至德碑》说：“阁制高五丈，方十三丈有奇，其横左右翼，又各十有二尺而附益之一。”“一闻警，远近走集，丁壮尽距其巅，分甲署长，置游徼，悬机设炮静以待之。”

以上建筑都具有完整的防御系统，并有一定的生活储备，是乡绅官吏们用以护财保命的私有设施和更进一步的安全保障。

八、晋城的古民居

晋城位于黄河之北，太行山的南端，从地理环境来说属于华北，因此晋城的民居就被打上了北方的烙印。北方寒冷的冬天，造就了北方民居的特色。厚厚的墙皮、厚重的屋顶是晋城古民居的最大特点。

资源环境也是影响民居建设的重要因素，晋城位于太行山上，煤铁资源极为丰富，木材、石材也不缺乏，因此晋城民居的另一个特点就是石基、砖墙、抬梁式构架。

除了自然环境之外，经济环境也是影响民居建设的重要问题，会做生意的泽（晋城古称泽州）商，曾经为晋城带来巨额的财富，因此晋城的古民居中也保存了一大批商贾巨宅。

官宅也是晋城民居精品之一，明清两代在贯通晋城的沁、丹两河流域，由于社会经济比较发达，所以出现了一批达官贵人，也留下了一批文化含量较高的民居建筑。

做官、经商，光宗耀祖，由于当地传统文化的影响，人们多把赚来的银子投入宅院府第的建设中，所以在晋城出现了许多成规模的民居建筑。在晋城市所辖的8400余个村庄里，几乎每一个村庄都能找到它们的踪迹，总量能超过10000座。

晋城虽然位居太行之巅，群峰耸立，沟壑纵横，但纵贯南北的沁、丹两河却给了人们良好的居住环境，其中尤以丹河为最。尽管丹河只是沁河的一条支流，流量小于沁河许多，但是丹河流域却拥有着更多的土地，在以农耕文化为主的社会里，丹河流域就成了晋城人口最为集中的地方。在丹河流域历史上曾出现过泫氏、高都、高平、阳阿、盖州、泽州等许多区域性的政治中心，因此在丹河两岸，分布着许多历史久远的古老村庄，如长平、王报、神农、义庄、弃甲院、王降、米山、高平关、大周纂、大阳、巴公、郜村、义城、霍秀、天井关等。而在沁河流域也分布着诸如大

晋城古民居群落大阳古镇

将、王壁、郑庄、端氏、窦庄、郭壁、武安、屯城、郑村、上佛、下佛、小城、刘善等一批古老城镇与村庄。这些城镇和村庄，或为州郡县治、或为关隘要塞、或为豪强大户集聚之地、或为商业贸易流通之所，这里的居民基本代表着封建社会的上层阶级。

而在那些远离河流台地的山地或山脚下，则分布着一些较小的村庄，在这里居住的是一些社会地位较低的普通民众，他们或以家族为核心，或以亲属为纽带，组合成大小不同的村落。这里的人们，一面忙于生计，应付赋税，一面养育后代，追求美好未来，同时还要为族长或社首服务，他们承担着当时社会的众多责任，是当时社会的基石。

晋城古民居的形制与特点：晋城现存的古民居，主要以明、清两代居多，但在第二次全国文物普查中笔者有幸发现了中国第一座元代民居，创建年代为元至元三十一年（1294），以此为标准，目前已发现相似的建筑有三四处。尽管元代民居数量很少，横向研究无法取得什么结论，但从纵向来看，还是具有重要参考价值的。我们不妨这样说，从现存最早的元代民居到清末民初的民居，基本都遵循着一个传统的历史轨迹。它们的共性是：

1. 几乎所有的建筑都采用了抬梁式构架。

2. 一般的建筑都以三间为一个基本单位。

3. 建筑的墙体都是由硬质可防水材料筑成，为了保暖，墙体较厚，有冬暖夏凉的特点。

4. 所有的建筑都是以院落为核心进行组合的。

5. 几乎所有建筑的窗户都开在朝向院子一面。

6. 每一个院落都有一座处于核心地位的主体建筑。

7. 大部分民居都是两层楼房的形式。

而它们的个性，则主要体现在建筑所处的自然环境，同时也紧扣着与之相关的经济水平与社会环境。

高平元代民居

晋城民居的差别可以从这样几个方面来区别：

1.建筑的形制

在晋城地区明清时期的民居，楼房是其主要的建筑形式，但不同区域的楼房，其形式也不尽相同，据了解大致有这样几种形式：

①闷户楼，一种室外无楼梯的楼房。这种楼房的楼梯一般安放在室内，由于室外看不到楼门和楼梯，所以被称为闷户楼，闷户楼一般上下只能供一个家庭使用。

②带廊楼，一种前檐带走廊的楼房，这种楼房楼上楼下门窗的形制基本一样，都有独立的门户，上下可以各住一个家庭，应该属于人口稠密地区的一种建筑形式。带廊楼也分两种形式，一种是前檐通廊式；另一种则只在前檐正中开门处加廊。

③无廊楼，一种将楼门开在山墙之上的楼房。这种楼的梯道一般都用砖石砌筑，楼门与楼梯直接对接。这样的楼房，从形制上看虽然不如带廊

楼那样大方，但因地而宜，适用方便，也可楼上、楼下分开使用。

④一层半，这是一种具有功能区分的楼房。下层用来住人，高度与一般楼房的下层相同，上层只有一般楼房的一半高，不宜住人，主要用于放置粮食与物品，这样的楼房大多为闷户楼。

⑤暗楼，一种比一层半还要矮的楼。这种楼外观上没有楼房的感觉，只是利用房梁与墙壁的高差加设了一个暗层，楼上空间甚小，没有自然光，主要用来藏匿物品，是一种防范性建筑。

⑥多层楼，两层以上的楼房。多层楼大多为民居中的堡垒型建筑，一般都在五层以上，下三层无窗户，大多为闷户楼。但在晋城民居中，三层带出廊的楼房还是有一些的，这种带出廊的楼房大多建筑在堡寨之中，其目的主要是为了充分利用土地，增加居住面积，每层都带出廊的目的，就是为了分户居住的方便。

2. 院落的布局

晋城的民居由于经济条件的不同，家族的大小不同，地理环境的不同，民俗、民风的不同，所以在建筑布局上也不尽相同。

首先是朝向问题。由于采光的原因，晋城地区的民居也是以坐北朝南为最佳选择，在晋城有一句俗语叫“有钱住堂房（北房），冬暖夏天凉”。不过老百姓盖房子一般不采用正南、正北的朝向，而是要稍偏几度，他们认为正南、正北的房子只有神才可以住。但在一个村落，在一个大的家族里，不可能所有的院落都以北为主。村落是以道路为轴线的，有北就有南，尽管位于路南的建筑也可以设计成以北为主的院落，但这样的院落，必须增建一条南北走向的通道，势必会形成一种土地资源的浪费。

在晋城还有这样一个风俗，一般的宅院，都把对着大门的位置作为主房的位置，所以位于路南边的院子只要门朝北开，都会把南房作为主房，这就出现了坐南朝北的民居建筑。好的是在阴阳五行中，在风水先生的勘域理论中，我们的人群中还有一部分人是可以住南房的，所以这就解决了

沁水西文兴古村落远眺

坐南朝北的朝向问题，解决了这些房子的使用问题。

其次是院落的形式：晋城民居的院落一般为长方形，有单进院也有两进院，还有两进两跨院和多院组合式的。一般多为四面合围的院落，也有两个三面相对合围的院落，不同的形式、不同的组合都有不同的叫法。

四大八小式。这样的院落一般东西南北四面各有一座三间两层的主建筑，分别为正房、厢房、南房等，这四面房子就是四大八小中的“四大”。在四大八小式院子里，四面的主房之间并不衔接，而要在衔接处留一个适当的空间，这必然会形成一个相对独立的空间，于是人们在这个空间里，依主建筑的山墙而起，又加建起两面建筑，如同主建筑的耳房。由于一般正房和南房的进深较大，所以它们的耳房空间也比较大，可以住人，而两厢的房屋由于进深较小，所以它们的耳房也就相对较浅，一般都用来做厢房与耳房的楼梯或楼道。这样就在院子的四个角上又形成了各有两面房子的四个小院落，增添了八座小的房屋。这就是名称中所谓的“八小”。四大八小式院落的大门，根据周边的情况开辟，一般都在南房的两个角落。具体位置，多由风水先生根据房主人的命相及出入通行的方便来确定。

四大四小式（或八卦式）。关于八卦式院落，在晋城还是有几个可以叫上名字的，比如在陵川的礼义镇就有一个当地闻名的八卦院，但细究其因，就连当地的人甚至院子里的人，也不能给出一个明白的说法。对此笔者思之再三，忽然有了一个答案，笔者觉得所谓的八卦院就应该是四大四小式院落，这虽然只是一个推测，但理由还是比较充分的。

在中国传统文化中，所谓的“八卦”，其实就是八个方位，即东、南、西、北、东北、东南、西北、西南，而四大四小式院落的布局基本与此相同。在四大四小式的院子里，除了四面的四个主房外，在正房和南房的两侧还各有两个耳房，这四个耳房正好补齐了东北、东南、西北、西南四个方位，这样的布局基本与传统的八卦相符，所以老百姓将这样布局的院落称为八卦院是比较确切的。笔者的分析只能算是一家之言，还需进一步查证，也希望从事相关研究的同行给予指导。

四合式。这是一种布局比较简单的院落，属于一般老百姓居住的院子。晋城的四合式院落与北京的四合院不同，但也有上下房之分，这样的院落四面建筑合围，角落上基本不留空间。建筑大都采用明暗结合的方式，或上下房各五间，三间明两头暗，两厢三间皆为明间的布局；或三间明一头暗，暗室插入角落，明间依墙而起，一面压一面的布局；也有上下房各五间，在厢房山墙上留楼梯，利用楼梯斜面采光的四合式院落。这样的四合院是所有院落中布局最灵活的一种，在处理角落暗间的方式上，房主人可以说各显其能，其布局可以说种类繁多，不尽相同。但有一个原则是不变的，那就是明间用以住人，暗间用以储物。这样的四合院，院门一般不开在角落上，而是开在一面房子的次间位置，通常要占一间屋子的地方。

状元插花式。这是一种以状元插花帽为比喻的院落布局，在这样的院落中，主房面的形式为中间低两头高，主房如果是三间两层的话，那么耳

阳城南安阳潘家大院古民居

房则多为两间三层或五层，其高度要远远超过正房。整个建筑给人的感觉，就像一顶帽子在两个鬓角处各插了一枝高高的花。这样的帽子在传统戏曲中往往用来表现新考中的状元，所以在晋城把这样布局的院落称作状元插花式。在晋城的民居中，像这样布局的民居，有一面插花的，也有两面插花的，它的特点除了角楼高出正房外，其他的布局基本和四大四小式布局一样。状元插花式院落，是一种具有防御功能的建筑，这些高出正房的角楼主要的功能就是登高瞭望，可以起到御敌防盗，储物藏人，保民平安的作用。

两进或多进式。对于小家小户来说，独立的院落就足以解决居住问题，但对于商家大贾、官员绅士来说独立的小院远远满足不了他们排场的需要，于是大规模的建筑群就必然会出现，最起码也要有几进的院落，两进院就是其中最简单的形式。

两进式院落基本和四大四小式院落布局相同，只是在第一进院落正房的位置，要建造一座高大的厅房，一般厅房只有一层，但厅房的基础比院子内所有的建筑的基础都要高出许多，所以厅房尽管只有一层，但它的总高却要超过院内两厢的楼房，厅房就是这个院子的主房，厅房主要是用来待人接客的，它既体现着主人的身份，也表达了对客人的尊敬。厅房一般是前后相通的，如果来客是内眷女客，就可以直接通过屏风后的后门进入内宅。在厅房一边的耳房位置往往还有一道大门，它是连接前后院的通道，供家人平常使用。

棋盘式。这是一种组合型院落，一般由四个近似的院落呈“田”字形组合而成。组合的方式有多种，一种为通道组合式，即在四个院子之间建一条通道，四个院子分列两边，所有的院门都开在通道里；一种是院落组合式，办法是将两个两进式院落组合在一起，正中开一个大门，进门后左右分别各进一个院子，穿过前面的院子，然后再进入后面的院子。棋盘院一般都是一个家族的共同财产，兄弟、父子、祖孙等共同居住。

簸箕式。一种三合式院落，是四大四小式院落的变种。这种院子一般只有正房、耳房、厢房，没有下房，而是在下房的位置建一座造型较为简单门楼。这样的院落在采光上更有优势，同时对于财力相对紧张的户主来说又是一种情理中的解脱。这种三面有建筑的院落，由于与当地民间使用的簸箕极其相似，所以又被称为簸箕院。

三合对围式。这也是一种具有晋城地方风格的特色布局。总体布局为在一个院子里面对面地建造两个院落，且都为三合对围式，院门开在其中一个院子的角落里，从大门进入后，先到达第一个院落，然后通过两个院子之间的门楼进入另一个院子。之所以形成这样的布局，根据笔者的观察与分析，其主要原因大概与建筑的用地有关。将民居建为三间，这是历代皇家的规定，不可更变，为了解决实际生活中出现的情况，必须有所变通，如果建房者拥有六间厢房的土地，那么采用这样的布局就非常实用了，除两头的主房外，东西两厢还可以各建两座三间的厢房，这样，用一个院子的地方，建成了两个相对独立的院子，起码可以安排两个家庭共同来使用。

三合对围式院落，在当地也有人将其称为棋盘院，他们的理由是：两个院落之间的门楼即为楚河汉界，两头的院落就是双方对应的棋盘了。这应该是一个不错的解释，具有一定的道理。不过笔者更倾向于“田”字形组合的说法，这样的建筑应该说更有棋盘的风格，而当地民间也多持这种观点。他们把“田”字形布局的民居做为棋盘院介绍给笔者，从而加深了笔者的印象。笔者也在人云亦云的基础上作了些比较，从而形成了自己的观点，这或许是一家之言，是否正确还有待持不同意见者予以指教。不过把上述两种布局的院落都叫作棋盘院，笔者感觉也是可以的，一种可称作“对围式棋盘院”，另一种可称作“‘田’字形棋盘院”。

3. 晋城的窑洞

窑洞是一种古老的建筑形式，是人类早期发明的一种居住形式，形成

高平老南院古民居

于新石器时期，是一种制造工艺简单且非常实用的民居建筑。晋城尽管石厚土薄，但人们对窑洞的感情却十分深厚，所以在晋城的各个县区都保存有不同类型的窑洞。

晋城窑洞类型，以建筑材料来分有土窑洞、砖碹窑洞、坩筒窑洞、石碹窑洞等；从建筑形式上来说有顺窑、横窑、窑上楼、窑上窑等；从建造工艺上来说，又可分为支模造与插茬造等不同的建造工艺。

土窑洞。就是在黄土层较厚的地方，利用山地的落差，挖掘成的窑洞。这样的窑洞在挖成后，还要在窑洞口砌墙、安装门窗，然后才能供人们居住。这种类型的窑洞在晋城并不普遍，一般为贫困家庭所使用，现在的保有量很少。晋城土窑洞较少的原因，其一，山区土地较少，挖窑洞需要占一定规模的土地；其二，晋城属太行山区，石厚土薄，可供挖掘窑洞的地方不多；其三，晋城不缺燃料，不缺石场，烧砖、采石都很容易，建房比挖窑洞或许更容易。

砖碹窑洞。砖碹窑洞在晋城有着一定的数量，由于晋城煤炭资源丰富且使用时间较早，所以烧砖较为容易。元代以后，随着近山木料的砍伐，建筑木材日渐缺乏，所以很多人家在建筑住房时都选择了使用木料较少的砖碹窑洞。砖碹窑洞不受地理条件的限制，因此，在晋城的许多地方都有这样的窑洞存在。由于砖碹窑洞需要较厚的抗墙（扶壁墙），单建窑洞浪费土地，所以一般都是几孔窑连在一起修建的。晋城现存最多的是明代的城窑。

坩筒窑。这是晋城特有的一种窑洞式建筑，坩筒窑所用的建筑材料是古代生铁铸造时熔化铁水后遗弃的坩埚，由于当地人将其称为坩筒，所以用这种材料建筑的窑洞叫坩筒窑。坩筒窑一般为并列式筒拱，将坩筒口底套接形成拱形，一层层并联从而形成一个完整的窑洞，坩筒窑只有在古代铸造业发达的地区才有保存，由于这种材料具有较高的抗侵蚀能力，自然对其的损害甚小，所以只要保存下来，就有着较长的历史。

石碹窑洞。这种窑洞主要保存在石料比较容易采集的地方，石碹窑洞外墙、拱洞皆由石料筑成，外观精美，坚固耐用。晋城的石碹窑洞多分布在晋城东南部的山区，城镇及平原、丘陵地区多用石头拱券建造桥梁。

顺窑。一种将门窗开在窑口前面的窑洞。由于门窗是顺着拱洞方向开的所以叫顺窑。

横窑。一种在抗墙（扶壁墙）上开门窗的窑洞，这样的窑洞由于窑口不朝向院子，门窗又横开在扶壁墙上，给人们的整体感觉是一个横在院子里的建筑，所以当地人将之称作横窑。

窑上楼。一种在窑洞上盖楼房的建筑形式，这样的建筑由于楼下是窑洞，荷载能力明显高于一般的楼房，所以多作为大家族的库房使用，当然住人就更不是问题了。

窑上窑。顾名思义，在窑洞的上面再加上一层窑洞，这样的建筑在民居中存在，但更多的是保存在沁河流域的堡寨中。一层之上再加一层，城墙有多高，窑洞就可以起多高，最多可达四五层。这样的做法，既增加了城墙的高度，又增加了城内的居住面积，平时可以存物，乱时可以住难民、兵丁，用层层叠加的窑洞来建筑城墙，应该说是古代建筑领域的一大创举，是一种既合理又适用的建筑形式。

晋城民居的构造：从宏观上讲属于中国传统建筑的构造类型，但不同的地理环境，不同的经济环境也造就了其特有的构造形式。

1. 建筑材料

晋城民居所使用的建筑材料，是因地而宜就地取材的，所以有着明显的地域特点。

在地理环境比较平坦土厚石深的丘陵地区，民居所使用的墙体材料，大部分是经过烧制的青砖。经济条件稍差一些的家庭则使用土坯建造墙体，墙体砌成之后，在土坯墙上加抹一层护墙的白灰，可有效地保护土坯墙。

在河谷山地，建筑的墙体用材有近百分之五十是河谷中的卵石，而建造在山区里的房子，则较多地使用了当地易于开采的片石。

在铸造业比较发达的地区，许多建筑都使用铸造后废弃了的坩埚建造，这或许是晋城地区独有的现象。在沁河流域保存了许多这样的民居建筑，所以铸造工坊熔铁后留下的废弃物——坩埚，就成了晋城地区一种特殊的建筑材料。

2. 抬梁式民居的构造

抬梁式结构的两层楼房是晋城古民居的主要建筑形式。它的建筑结构可分为上、下两个部分，下层的高度一般在 3 米左右，门窗通常开在房屋朝向院子的一面。三间一座的民居，房门一般开在明间的正中，窗户则开在两次间的正中，屋身较高的民居通常还在房门的上方加一个顶窗。房屋下层的房梁放置在门窗之间的夹墙上，下层的房梁主要用来承放上层建筑的楼板地砖，所以要求必须粗壮平直。下层的房梁上横向置放着棚檩，当地人将其称为“算”。棚檩与房梁呈“丁”字状排列，棚檩与棚檩之间的距离大约在 35 厘米，棚檩的作用同平綦方，尽管它们外表呈圆形，但上边必须加工出一个平面，整体排列也必须成一个平面，因为棚檩的上面是用来放置楼板的。为了保证楼上居住者的活动不会给楼下带来影响，建造者还要在楼板与楼板衔接处的下方加一个条状的隐缝板，其作用是防止楼板缝隙间的尘土下落。为了保护楼板，减少楼上活动给楼下带来的噪音，建造者还要在楼板上抹一层护板灰，并在楼板上铺墁上地砖。楼上门窗的布局与楼下大同小异，如果加楼廊则同楼下相同，如果房门开在山墙，就在楼下开门的位置加开一个窗户。闷户楼的门是开在楼板上的，一般开在墙角处，占用一根棚檩的位置，宽度在 70—80 厘米之间。闷户楼的楼门叫吊盖，不打开时与楼板相似，只有上楼时才会开启，开启时向上推动，推起后将门环挂在楼墙上一个相应的挂钩上，即可上下通达。

楼上的梁架几乎全部为抬梁式结构，一般为五架梁屋，部分官宦巨贾之家在带廊楼的建筑中，也有用五架梁屋前带插廊的情况。

陵川黄庄石牌坊

晋城民居的其他特色：四梁八柱与实榻门。在晋城民居中，四梁八柱是人们常常提到的建造规则，其实这已经是一种过去式了。在晋城，元明两代的民居建筑中，四梁八柱应该说还是一种通用的建造方式，三间房子四架梁，八根立柱顶起来，这无疑是一种延续了数千年的做法，但这种做法在明代后期被逐渐淘汰了。分析其原因，第一，随着人口的增多，山林被不断砍伐，木料日渐缺乏；第二，煤炭的广泛使用，使青砖替代土坯从理想变成现实，青砖的防水与坚硬解决了土坯墙体的弱点，不用木柱也可以保证房屋构架稳固与持久，于是人们就不在梁架下支柱子了，所以四梁八柱就成了后来人对早期民居的描述了。从清代开始，在晋城，直接在青砖墙上放梁架的民居已比比皆是了。

晋城民居中的门也非常有个性，除了官宦巨贾宅院中的隔扇门之外，几乎所有民居的门都是实榻门。究其原因，大概有两个方面，一是为了坚固，二是制作工艺简单，这应该是山区百姓纯朴生活的直接写照。

砖包墙与石根基。这也是晋城老百姓建房的基本要求，明清时期，晋城的手工业十分发达，煤炭的使用已十分广泛，在晋城用煤炭烧砖是一种既经济又实用的事情，所以在交通发达的区域，明清两代遗留下来的民居，大部分是漂亮的砖木结构的宅院，只有在交通欠发达地区才能看到土坯建造的民宅。这些民宅有一个共同之处，那就是建筑的根基，甚至下半截墙体都会使用整齐的石条砌筑，这样的建筑基础稳固，墙面整齐，即使有一点破损也只是房檐上的问题，稍作修补即可继续使用，这也是晋城明清民居数量众多，保存较好的原因。

苫砖与苫板。在中国的许多地区，人们在盖房子时，上梁钉椽之后，紧接着的下一道工序是钉苫板，但在晋城则有所不同，在这里很可能是铺苫砖。苫砖是一种边长 20 厘米左右的小型方砖，厚度只有一般砌墙砖一半，苫砖或许是明清时期当地生产的一种新型的建筑材料，其目的主要是为了解决木材短缺的问题。

中国古代建筑，使用最多的材料是木料，经过漫长历史年月的消耗，到明清时期，即使在太行山上，木料也开始紧张起来，于是许多木材的替代品应运而生，苫砖或许就是一种代替苫板的新型建筑材料。这种材料虽然增加了房顶的重量，但毕竟用来做椽的小圆木易得，而用来加工木板的大木料难求，用苫砖即可解决这一问题，同时苫砖的使用，还可以增加房屋的耐损程度与保温效果，所以苫砖就成了明清时期晋城殷实之家建房的重要材料。而一般平民与穷苦人家建房时，所用的只能是荆条或其他灌木枝条编制的苫片（当地将之称作“荆笆”）。

另外，苫砖也是当地人们建楼时，楼上铺墁地面的首选材料，薄薄的苫砖既防火又耐磨，重量还轻，所以成了楼房墁地的专用材料。晋城民居中楼房很多，几乎所有楼房的地面铺墁的都是这样的苫砖。

3. 窑洞式民居的构造

晋城的窑洞从外形上看可能和全国各地的窑洞大致相同，但在建造工艺上却有着自己的特点，那就是插茬造与双曲拱的使用。晋城造窑洞的办法一般分为两种：支模造与插茬造。支模造在晋城一般只用于通道式券洞，巨石券砌的窑洞、拱券式桥梁等，而在砖碹窑洞的建造中，几乎所有的窑洞都采用的是插茬造工艺。

插茬造是一种窑洞的建造工艺，用这种工艺建造窑洞是不需要支造拱模的，碹筑窑洞的工匠们只是利用砖与砖之间的错缝，一块一块地将砖插接起来，最后形成一座纵联式窑洞。

具体做法：建造窑洞时，先划定地盘，然后垒起窑洞两侧的抗墙（扶壁墙）与前后的窑口的挡墙，当墙面高至起券时，则停止两面侧墙与前面窑口墙的砌筑，只增加后面窑口内墙的高度和周圈外墙相应的高度，后面窑口内墙所砌的形状要根据设计中窑洞的筒拱形砌筑，这个筒拱形的窑口墙是一个下方上圆的形状，所以当地匠人将之称作“和尚头”。“和尚头”是插茬造工艺的关键部位，这个“和尚头”的弧长需经过计算，其长度必须恰好能安排下筒拱所需的券拱砖，这就是所谓的“派茬”。派茬和插茬所用的砖，必须是质地上好的砖。派茬时工匠们在砌筑好的“和尚头”上用整块和半块的砖间隔砌筑，从而形成一个长短相间、错缝均匀的筒拱形砌口，这个砌口就叫作“茬”，砌口做完后就可以开始插茬了。

所谓插茬，就是在已形成的错缝缺口中插入新的筒拱砖，从而制造出另一组新的茬口，然后在新的茬口中再插入下一组筒拱砖，循环往复，依次推进，最终一座窑洞的筒拱就建成了。只有在筒拱完成后才可以补砌前窑口的砖墙，最后完成整个工程。

利用插茬的方式建造窑洞，有几个非常值得关注的工艺特点：

①插茬时所有的插茬砖都是不用黏合剂的，但在拱券的外部必须揳入

薄薄石片，将每一块砖嵌紧；

②筒拱每延伸 1 米左右，就必须在碹好的筒拱两侧均匀地压上一排石头，以抗衡筒拱的推力，这排石头在当地被称为压帮石；

③插茬所形成的筒拱，不是平直的，而是先向上微仰，超过中部后又逐渐回落，最后的高度与开始时的高度基本相同，然后完成整个筒拱的建造。这种做法就是我们现代建筑业中常说的双曲拱做法；

④筒拱建造完成后，要用石灰浆灌满筒拱上部所有的缝隙，并用石灰膏刮补筒拱内的所有砖缝，从而形成一个干净、整洁的屋面；

⑤窑洞全部建成后，还必须把窑洞上的碹槽用土填平、压实，并做好防水与排水设施。

在晋城，窑洞是可以登大雅之堂的，在许多院子里都把窑洞作为主房，安排在重要的位置上。

与民居有关的是民俗，由于本书的主题是工匠，所以我们就把民俗部分省略不谈了。不过需要强调的是在晋城木匠就是泥瓦匠，从古至今晋城的房子全是由木匠负责建造的，在晋城是没有泥瓦匠这个行当的。

九、晋城古建筑中的彩塑艺术

晋城工匠不但为晋城留下许多宏伟壮丽、构思奇巧的古代建筑，和这些古建筑一起留存下来的还有许多精美的艺术作品，它们包括寺庙中的彩塑、壁画、彩绘，也包括民居中的砖雕、石雕、木雕，还有一些特立独行的石窟寺艺术，这些文化遗产也都出自那些能工巧匠的智慧之手。据统计，在晋城现存彩塑 493 尊，悬塑 40.5 平方米，壁画 7804 平方米，彩绘 9735 平方米，石窟 23 个、摩崖造像 24 处，至于砖雕、石雕、木雕，其数量数不胜数，几乎村村都有，几乎所有的收藏爱好者都有收藏。在中国古代社会，无论官府还是史者，都不关注手艺人，因此这些精美艺术的创造者几乎无缘青史，从而成为中国传统艺术领域的无名英雄，他们为晋城文化留下了许多传世佳作，形成了一部精彩的晋城民间艺术史。

彩塑，就是用黄泥塑出形象，再加以彩绘，最终形成栩栩如生、传世千年的艺术之作，所以号称从黄土中走出来的艺术。虽然制作彩塑用的是最普通的黄土，但要把黄土塑造成艺术品，最需要的就是制作工匠那非凡的艺术思想与娴熟的制作技艺，二者缺一不可。

笔者有一个彩塑艺术界的朋友，因此，有机会接触了彩绘制作，所以对彩塑艺术及制作工艺有了一个大概的了解。

彩塑制作大约需要这样几个步骤：

第一步是设计。根据实际需求和具体位置进行彩塑的形象设计。

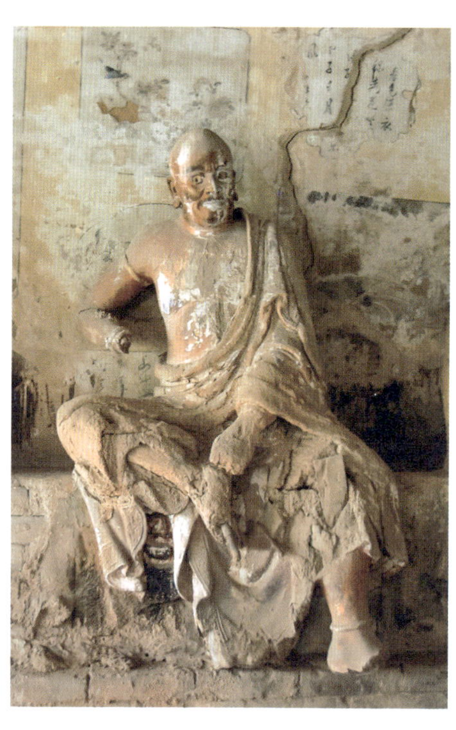
晋城青莲寺宋代彩塑罗汉像

第二步则是备料。这一步要做的工作较多，其一是选土。做彩塑的土要细腻、有黏性。用这样的泥土来做彩塑，既方便揉捏，又有可塑型，还坚固耐久，可长期保存。选土的同时还要准备一些石灰膏。其二是准备足够的麻刀和棉花。由于大型彩塑需要较多的黄泥，黄泥一旦脱水就会开裂，因此在表层用泥时，要掺入较强劲的拉结物如麻刀等，而棉花泥细腻连接性好，可以更好地表现彩塑的细微情节。其三是准备绑扎骨架的材料。古代制作彩塑绑扎骨架主要靠的是木料和谷草，只有在细节之处才需要铁匠帮忙用熟铁打制成铁件，如手势、云朵、枝条等。其四是准备足够的原麻、麻绳和谷草，因为彩塑的大部分是靠谷草来填充的，谷草就像一个人的肌肉，必须紧紧地与骨架结合在一起，而最好的结合之法，就是用绳子把谷草绑上去。其五是准备骨胶和所需要的颜料。

第三步是绑扎骨架。骨架是彩塑的骨骼，一尊彩塑的构架如何，骨架是起决定作用的。绑扎骨架是一个技术含量很高的工作，它决定着这尊彩塑势态与最终的成功，一般来讲，一尊彩塑的气势在绑扎骨架时就应该给绑扎出来，静有静的稳重，动有动的势态，只有将塑像的势态绑扎出来，才能为下一步的绑草打好基础。

第四步是绑草。绑草是彩塑制作的又一个关键，骨架做好了就要看肌肉长得如何，一个大的塑像主体都是用谷草撑起来的，所以绑草就等于做彩塑，只有把谷草绑密实，绑到位，后面塑型时才能保证泥与谷草之间的结合，防止泥面的坠落，实现彩塑的长久稳固。

第五步就是上泥。彩塑的上泥是分层次一道一道上的。骨架做好后首先要上一层草泥，在晋城就是上麦糠泥，这层泥主要目的是为了补齐绑草时无法解决的空隙与不足，为了保证泥与草的紧密结合，还需要辅以麻批，具体的做法就是一边上泥，一边用麻批对草泥进行缠绕固定。行内称“披筋”或“披泥”。每次上泥都不可太厚，一般在 6—7 毫米之间，最厚不超过 1 厘米，上的太厚一来不利于泥的附着，二来会延长泥的干燥时间，由于泥层不能上的太厚，因此不足之处还需要二次上泥。上完草泥之后，塑像的整体轮廓就出来了。

草泥干了之后要上麦糠泥，上麦糠泥时就要进行具体的塑型了，五官、手势、帽饰、服饰、衣纹、璎珞，一切需要表现出来的东西都要在上麦糠泥的时候具体地、详细地表达出来。上完麦糠泥之后的塑像虽然看起来还比较粗糙，但整个形象就应该表达完整了。麦糠泥上完之后，还要进行不断的压实工作，具体的做法就是用不同的泥塑刀具对泥塑的表层进行不断地按压，从而使泥土变得越来越紧实，最终形成一个密实的泥壳。

麦糠泥层干透之后，就需要上棉花泥了。棉花泥是彩塑的最后一层泥，彩塑工匠所有的塑型技能都会在上这遍泥时表现出来。眼神、情感、一切可以表达内心活动的器官都会通过艺术家的手，在塑像的面部表情和行为动作中显示出来。因此说彩塑是一种形象思维的具象表现，高级彩塑工匠就是一个成熟的心理学家，一个高超的形象艺术家。

晋城的古代艺术精品究竟有多少，我们已无法搞清楚，近百年的动荡与洗礼，大部分民众已荡涤了曾经的迷信思想，许多神像都被请出了庙宇，取而代之的是学校、课堂、工厂和粮仓，因此我们能看到的彩塑已经十分有限了，只能根据现存的彩塑，进行具体的分析和评价。

晋城现存的 493 尊彩塑主要分布于泽州县的青莲寺、玉皇庙、小南村二仙庙、高都东岳庙和高平的铁佛寺等文物保护单位，这些留存下来的彩塑都是经过文物专家筛选的艺术精品，堪称海内孤品。例如青莲下寺正殿的唐代彩塑，不但是国内仅存的三处寺院唐代彩塑之一，而且被专家认为“是隋末或唐初的作品，堪称山西现存寺观彩塑中最古之物”。是三处寺院彩塑中最为精美的上乘之作。

关于青莲下寺的唐代彩塑，柴泽俊、柴玉梅主编的《山西古代彩塑》是这样描述的：“后殿为寺院正殿，因供奉弥勒佛而称弥勒殿，面宽三间，进深四椽，单檐歇山顶。殿内设宽大佛坛，从其规模、雕饰来看，与五台山南禅寺大殿佛坛近似。佛坛上有唐代彩塑六尊，原布局应为一佛、二弟子、二菩萨、二供养菩萨的一铺七尊形制，现缺一尊供养菩萨。与敦煌、五台山唐代彩塑形制相同，是典型的唐代布局形制。”“弥勒佛身躯伟岸，着右袒式袈裟，袈裟半挂右肩，露出右手臂与胸部，左手放于膝盖，右手侧上微举，作说法印，面相方圆，螺发，髻中无宝珠，弯眉大耳，鼻高颐丰，颈部开阔，三道环绕。袈裟衣纹密布而有序，多从左肩向右下延伸，

晋城古青莲寺唐代彩塑

线条流畅，紧贴身体，身体在衣纹下轮廓分明，如刚出水一般，有‘曹衣出水’的风格。此尊弥勒佛与佛光寺东大殿弥勒佛相比，除了双足垂坐等诸多相同特征外，亦存在许多细微差别，如头部略长，肉髻略高，螺发更为粗犷，眉毛弯幅更大，眼睛俯视微睁，鼻梁高挺，鼻头较窄，颈部更为开阔自然，右手向侧上方微举，自然大方，衣纹更为细密贴身，质感更强。这些特征，较为接近前期的犍陀罗风格，颇有其余韵。”阿难、迦叶分立于弥勒佛两侧，“阿难身穿僧袍，外披袈裟，双手紧握抱于腹前，面相饱满，头部白粉重绘，致左侧眉毛不全，双目微视，头微偏，作沉思状，神态虔诚自然。迦叶穿着与阿难同，双手作拱于胸前，头部骨骼突出，嘴唇紧闭略向右翘，表情恬淡宁静，稳重沧桑之感油然而生”。文殊、普贤菩萨“位于佛坛东西两侧，均为单足垂坐，脚踩莲花，文殊垂左足，普贤垂右足，左右对称。二菩萨着装相近，为通肩式法衣，内衣自左肩斜下，腰带结于腹前，衣纹流畅，质地柔软，垂于莲座，肢体轮廓分明，亦有‘曹衣出水’之风格。体态丰腴，肌肤白皙，袒胸，配以璎珞，腕带金钏，头部方圆，发髻高耸，面相饱满圆润，弯眉细唇，鼻梁直挺，大耳垂肩，神态端详宁静。文殊菩萨双手微举于胸前，普贤菩萨左手置于膝盖，右手微举，法器皆失。二菩萨坐束腰莲座，底边为八边形，束腰处各伸出一青狮，一白象，为二菩萨标志性坐骑，白象长鼻抚地，青狮张牙舞爪，极其生动”。“此二菩萨与南禅寺、佛光寺文殊、普贤相比，亦存在诸多细微差别，如面部施以白粉，未贴金，面部略长，头无花冠，眼神下视，可与膜拜者对视，不显高傲，平易近人，鼻梁更为直挺，嘴唇略薄，服饰更为简洁素雅，衣纹更加细密贴身，无披帛，更显端庄大方。”

关于青莲寺唐代彩塑，柴泽俊先生的评价为：“既有‘曹衣出水’的风格，又有中晚唐丰肥柔丽的‘周家样’风格，技法高超，比例适度，服饰雅致大方且质感极强，形体舒展自然，与同时代的南禅寺、佛光寺彩塑相比，更显古朴，是我国唐代彩塑中的精品。寺中弥勒佛与佛光寺东大殿弥勒佛，是隋唐弥勒造像在寺庙中的代表，且弥勒净土信仰较弥陀净土信仰而言，更为少见，弥足珍贵。”

郑州大学美术学院魏小杰教授在《山西晋城古青莲寺唐代彩塑考析》一文中，不但对唐代彩塑给予了极高的评价，而且还对彩塑匠人作了具体的分析，并对这组彩塑技艺所产生的影响作出了非常积极的评价。他认为主像“衣纹紧贴身体，身体在衣纹下若隐若现，衣纹的变化既体现衣服的质地，又表现出躯体的变化，这种有规律的笈多马图拉样式的密褶衣纹，给人以衣薄透体之感，若‘曹衣出水’，受‘曹家样’样式居多”。曹是指曹仲达，张彦远在《历代名画记》中说：“曹仲达，本曹国人，北齐最称工，能画梵像。”魏小杰先生同时认为“此殿的弟子、菩萨像，整体比例适度，形体优美动人，面部虔诚可亲，衣纹简洁洒脱，风格上更接近‘吴家样’”。“吴家样”也就是吴道子画派的风格。他认为塑像“尤其注重各种人物的内心及性格的刻画，注重精神气质的追求，因此塑造的形象更大气、更感人，与南禅寺与佛光寺相比较更具大唐盛世之气度。”他认为“从某种程度来讲，此处的菩萨造型兼有周昉‘周家样’的影子。周昉是中唐时期的画家，贵公子出身，擅长于贵族仕女题材画与肖像画，画风喜丰肥柔丽，当时的雕塑也效仿他的画风，被称之为‘周家样’”。“总之此殿的二位菩萨姿态均为半结跏趺，外表柔美慈祥，曲眉丰颊，形体丰美，手足柔软，衣饰雅致，若宫廷贵妇模样，让观者见之心生欢喜，属于典型的唐风作品。”随之魏先生情不自禁地发问：“为什么在这远离都城之地，看似偏远的寺庙会有如此高水平的彩塑呢？”他认为这是因为古青莲寺在隋唐两代影响力太大了，古寺的创立者是高僧慧远，后来还有神墨禅师、智通禅师、慧幢禅师等高僧在这里住持，自然能引来技能高超的彩塑艺术家。他的结论是：“虽然我们目前还无相关材料支撑肯定塑工一定是当地的巧匠，但以常理分析此处非京师、非要地，那么本地杰出塑工塑造的可能性极大，并且其古青莲寺的唐代塑像与青莲寺的宋代塑像之风格明显有受其影响之痕迹。因而，古青莲寺的唐塑成为晋南唐宋元寺观彩塑样式之源头与杰出代表则是当之无愧的。”

魏小杰先生从一个文艺者的角度分析古青莲寺的唐代塑像，从而得出这组彩塑不但代表了中国现存唐代彩塑的最高水平，而且还是晋南唐宋元寺观彩塑样式之源头，可见这组彩塑在晋城地区的影响力之深远。我们可以这样推断，在宋元时期晋城的彩塑工匠一定会把这组彩塑当作自己的研究对象与最终目标，无论是学徒期间还是接受新的彩塑任务之后，他们都会到古青莲寺来研究这组彩塑，因此宋元时期的晋城同样也留下了一批水平高超的彩塑作品。例如，古青莲寺南殿的一佛、二弟子、二菩萨，玉皇庙正殿的宋代侍女像，小南村二仙庙的二仙及侍女像、高都东岳庙的金代的东岳大帝及侍从像，晋城玉皇庙的二十八宿与十二辰彩塑等都很好地继承了古青莲寺唐代彩塑的优秀风格，成为山西乃至全国范围内的彩塑佳品。

接着我们说说古青莲寺南殿的彩塑。

晋城青莲寺宋代彩塑

对于这组彩塑，有人认为他们才是真正的唐代彩塑，但更多的则认为他们完成于宋，由于这些作品较多地继承了正殿唐代彩塑的风格，因此才会形成这样的误解。20 世纪 80 年代后期，钱绍武先生曾带领团队到青莲寺参观过这些彩塑，钱先生认为这些作品许多地方继承了唐代彩塑的做法，如蜂腰肥臀、丰腴的面容等都是证明。而晋城玉皇庙的宋代侍女像则较多地继承了内心性格的刻画与精神气质的追求，由于每尊塑像都能读出其不同的内心世界，因而让彩塑变得精彩起来。

玉皇庙正殿为昊天玉帝殿，殿内彩塑除了玉皇大帝之外其余都是他的扈从与侍女了。现殿内保存有彩塑 51 尊，其中玉帝像，珠冕法服、气宇轩昂，宰臣像，华衣丽裳、恭谨虔诚，侍卫像，甲带战靴、冷漠凝神，侍女像，长裙高髻、俊美端庄。这组塑像，从神态、服饰、所持物件来看，具有浓厚的生活气息，基本搬用了朝臣侍从对皇帝日常觐见时的神态与规制。《中国美术全集》认为这组塑像“塑艺相当成熟，为国内北宋道教塑像中不可多睹的佳作”。对于玉皇庙的侍女像，艺术界评价颇高，有专家认为彩塑十分完美，和享誉天下的晋祠侍女像相比较，可以说毫不逊色。笔者虽然缺乏艺术细胞，也没有什么鉴赏能力，但也仔细认真地观察过这些侍女像，最终的感觉就是：尽管这些侍女像，每个都表现得持重平和，但她们的面容和目光还是有很大区别的，有的目光平视，似乎在注视着前方，其实目光涣散，什么也没有看入眼中；有的则眼睑下垂，似乎在思索着什么；有的则注视手中的物品，似乎随时准备上前服务；还有的目光微扬，侧目傲视，显现出心理的强势。有的慈眉善目，有的冷峻严肃，有的黛眉微蹙，有的抿唇微笑，有的则声色全无，人生百态，通过它们的面容眼神，似乎尽可详之。可以这样评价，宋代晋城的彩塑工匠在人物塑造的细节之处做足了功课，他们熟悉生活，注重观察，并且有着高超的塑造技能与成熟的表现手法，所以他们在晋城的彩塑界创造了许多奇迹。例如在青莲寺的罗汉楼，塑造出了神态各异的十六罗汉；在青莲寺的地藏楼，塑造出了表情不同的十殿阎君；在小南村二仙庙塑造了善良的贞、泽二仙和她们美丽的侍从。他们用成功的作品，给人们带来了一次次的惊喜。而在晋城玉皇庙的昊天玉帝殿，他们再一次创造了奇迹，工匠们通过自己灵巧的双手和智慧的心灵，赋黄土以灵性，用普通的黄土塑造出一批有血有肉有灵魂的彩塑，让今天的我们通过这些彩塑找到了与宋人沟通的渠道，通过他们的眼神了解了他们曾经的世界。

金代晋城的彩塑工匠依然传承了唐代彩塑艺术家的技艺，尽管我们现在找不到更多金代的彩塑作品，但是通过高都东岳庙正殿所保存下来的那些出自金代工匠之手的彩塑作品，依然可以看出他们精湛的彩塑工艺。高都东岳庙现存彩塑 19 尊，据庙内碑刻记载，塑造时间为金大定二十九年（1189）。塑像共分为 3 个单元。殿宇正中为东岳大帝及侍从，共 5 尊；西

晋城玉皇庙正殿宋代侍女像

侧为大帝夫人及侍女，共 7 尊；东侧是大帝的儿子，共 7 尊。这些彩塑有男有女，有成年人亦有儿童，尊者为帝、为后、为太子，卑者为宦、为侍、为童，塑造工匠利用服饰身形，利用面部表情，把每个人的身份地位都确定了下来。尊者如东岳大帝，旒冕王冠，衮衣龙袍；如帝后，凤冠霞帔，端庄安详；如太子，锦衣玉带，相貌堂堂。侍从如官吏，谨小慎微，恭谦有加；如侍女，手捧妆盒，毕恭毕敬；如书童，着装规整，面带稚气。虽然不如十六罗汉那般神态，却也面容各异，气质不同。

至于玉皇庙的元代彩塑二十八宿，那就更是彩塑界的天花板了。在《中国美术全集 · 雕塑编》中，杨伯达先生是这样表述的："元代道教造像中最为生动的是晋城玉皇庙的二十八宿泥塑像，它是全国元代泥塑之冠。"二十八宿原本是用来测量天体的 28 个星座，分布在日月运行的轨道上，最初每个星座只有一个字的名字，分别为角、亢、氐、房、心、尾、箕、斗、牛、女、虚、危、室、壁、奎、娄、胃、昴、毕、觜、参、井、鬼、柳、星、张、翼、轸等。唐代的阴阳五行家袁天罡在原有名字的基础上，将二十八种动物与金、木、水、火、土、日、月七纬进行了组合，从而形成了后来所沿用的 3 个字的名字，如角木蛟、亢金龙、氐土貉、房日兔、心月狐、尾火虎、箕水豹等，这就为玉皇庙的彩塑提供了造型的依据。

这是一组人与动物的组合彩塑，匠人们巧妙地将 28 个人物与 28 种动物进行了有机组合，从而形象生动地反映出作者想要表达的内容与思想，这无疑是一个成功的范例。二十八宿彩塑取男、女、善、恶等形象，用年龄、表情、面容、姿态等各不相同的表达方式来表达自己的意愿，有和蔼可亲、鹤发童颜的老者，有峨冠博带、谋略在胸的官吏，有气宇轩昂、帷帽长袍的文人，有身着甲胄、威武勇猛的武夫，有怒发冲冠、袒胸裸背的恶神，有珠冠霞帔、冰肌玉肤的美妇。每一个人物都有着不同的神态，或蕴藉含蓄，或谈笑风生，或沉思寡言，或怒目裂眦，可谓性格鲜明、生动逼真。每一个人物都呈现出不同的姿态，动中有静、静中寓动。在细节的处理上，也有着不尽相同的手法，如动物的形态，如人物的发须，绝无相同之处。应该说二十八宿彩塑是彩塑匠人们观察生活、体会生活的真实表现，虽然现实给予他们表现自己的舞台十分有限，但是他们却对自己的工作做得十分认真，他们对每一个星宿及相应的动物都做了十分周密的设计，并将时间凝固在了最好的那一刹那，从而真正做到了瞬间千年，用他们灵巧的双手创造出了一组最美丽的彩塑作品。

与二十八宿同出一辙的是十二元辰。十二元辰殿在二十八宿殿的上手，是一组以人物形象来体现十二动物脾性特征的彩塑群，这本身就是一种挑战。但当年的那些彩塑匠人们还真是依靠自己的神奇的双手实现了这一目标。其中最能显现动物特征的塑像是虎辰和羊辰。虎辰，面上胡须刚直后撇，双眼圆睁，虎虎生威，一目了然。羊辰，面容清瘦，山羊胡下垂，目光哀怜，山羊的气息跃然目中。为了表明每一尊彩塑的具体身份，匠人们还专门在塑像的冠冕上做了相关的标注，其实没有标注，你也会通过这些彩塑的神态表情找到应有的答案。

赵雪梅先生在她的专著《唐风宋雨》中是这样表述的："这些美丽动人的塑像虽然是雕塑师模仿生活常态的瞬间，塑造的却是人思想的深刻之处。是愉悦时的伤感，是优雅时的质朴，是调侃时的坦诚，是愤怒时的怜惜，更是那一唱三叹的上党腔酸甜苦辣平常日的高度提炼。"而故去的中国文物学会会长、国家文物局专家组组长、首席专家罗哲文先生对晋城玉皇庙二十八宿彩塑的评价则是"其艺术品位之高，可以说是世界绝版，海内孤本"。

到了明代，又出现了另一种风格彩塑，它们就是高平铁佛寺的二十四诸天。铁佛寺位于高平市米山镇米西村。2017 年在正殿维修时，人们在大殿东侧的内柱上发现了一条题记，内容为："大明国山西泽州高平县十三都米山西里奉佛信男善人涉须，室人李氏、长男涉存惟谨发诚心，喜舍资财，许塑彩妆当阳佛并二大菩萨，全管金装，永远记尔。"这条题记虽然与彩塑有关，但也只讲了涉存一家捐资塑装正殿中央的一佛、二菩萨，而没有讲到二十四诸天的塑造情况。不过有了正殿，有了殿主一佛、二菩萨，那么主像两侧的二十四诸天塑造的时间自然也不会太晚，因此把这一堂彩塑定性为明塑也不会有大的出入。

这堂彩塑与前几代彩塑最大的不同点是人物情感表现手法上的差异，以往的彩塑匠人们虽然在形式上强调了宗教本身的特点，所塑的人物非佛祖即菩萨，非玉帝即星宿，即便塑的侍从、官吏、侍女，匠人们都会把自己所接触的人物环境、举止行为，想方设法地融入所塑造的人物中，从而让自己所塑造的人物灵动起来。因此才有了"吴家样""曹家样""周家样"，才有了生动的人物形象。但铁佛寺的二十四诸天就不一样了，在这组塑像的身上，我们可以看到匠人们精湛工艺，可以说细致入微，面面俱到，每一片铠甲，每一缕发丝，每一朵云霞都做得很到位。为了表现天神们的神威，天界的神秘，匠师们用尽了表现手法，一切都显得奔放与张扬，高大俯瞰的躯体，给人以无形的压力，厚重的铠甲，宽大的袍裾，扭动的丝

高平铁佛寺二十四诸天彩塑

带，或怒目圆睁，或虎目微启，或笑面狰狞，过于夸张的表现，让行为掩盖了情感，在彩塑的身上人们能感受到的只有神的威严，恐武与暴力带来的恐惧。说一句不算内行的话，那就是塑造铁佛寺二十四诸天的匠师们太急于求成了，他们把精湛的工艺过多地放在了形式的表现上，而疏忽了情感的表达，因此彩塑就显得匠心不足，匠意太浓了。所以这组彩塑与青莲寺、玉皇庙、高都东岳庙的彩塑相比，只能排在第二梯队了。

十、晋城古建筑中的壁画艺术

晋城市古代壁画的保有量比较高，但绘制水平却参差不齐，其中最负盛名的是高平开化寺的宋代壁画，高平万寿宫的元代壁画也很好，高平仙翁庙的明代壁画也不错，但水平比起前两处就有较大的差距了。其他各县区保存的壁画也不少，其中也有一些质量比较高的壁画，只不过笔者没有做过专门的研究，因而只能向知情者抱拳，恳请原谅了。

开化寺位于高平市东北 17.5 公里的舍利山腰，周围青山环绕，寺院楼阁耸峙，是一个环境幽静、景色清雅的礼佛修行之地。据记载寺院创建于北齐武平二年(571)，唐昭宗龙纪、大顺时逐渐兴盛，宋熙宁间(1102—1106）曾有过大的重建，现存最早的建筑——大雄宝殿便是当年的遗物。

高平开化寺大雄宝殿

这是一座原汁原味的宋代建筑，不但建筑古老，而且还保存了当年的梁架彩画，最令人惊奇的是在这座大殿里还留存着历经千年风霜的佛寺壁画。

2001 年 9 月中国文物学会传统建筑园林委员会第十四届学术研讨会在晋城召开，笔者陪同与会专家们到这里考察时，专家们都被这精美的壁画艺术震惊了，中国艺术研究院的专家肖默先生在考察后公开发表谈话，认为开化寺的“壁画比建筑还要好”，并肯定地说：“高平开化寺的宋代壁画的确比敦煌的好。”

这无疑是一个权威的评价、重要的评价。

开化寺大雄宝殿的壁画是在建筑完工后开始绘制的，现存壁画（包括大小拱眼壁）共有 88.68 平方米。殿内现存题记两处，分别为北壁西侧土墙和壁内石柱上的题记，北壁西侧土墙题记为：“丙子六月十五日粉此西壁画匠郭发记”，壁内石柱上的题记为：“丙子十月十五日下手稿縠立至十一月初六日描讫待来春上彩画匠郭发记并照壁。”郭发是谁，由于没有其他的佐证材料，所以我们无法判定他的身份与经历，唯一可以找到的依据就是开化寺大雄宝殿内保留在墙面上的壁画，根据壁画的水平，我们可以推断，郭发是一个文化修养很深，生活经历丰富，创意能力极强，绘画技艺甚高的壁画大师。

从郭发的题壁和我们所看到的壁画，可以推断壁画的创作方法大约需要这样几个步骤：第一，确定壁画的具体内容，如佛经传故事。然后向画师提供故事的文字资料，或向画师讲述故事的具体内容，同时强调绘制壁画具体目的；第二，画师亲临现场，了解所绘壁画的具体位置及墙面的高宽度；第三，画师根据自己的理解与现场的位置设计壁画的布局与详细绘画内容；第四，和雇主统一意见后，将修改后的画稿粗线条地布局在特定的墙壁上；第五，将最后确定的壁画手稿详细地描绘在墙壁上；第六，为绘制好的线描图按设计的内容沥粉填彩；第七，在绘制好的壁画上完成最后的贴金；第八，在预留于壁画上方的白色方框内填写壁画的内容与说明。填写完壁画说明，一堂的壁画就算全部完成了。上面开化寺郭发留下的第二条题记所表述的就是描绘完手稿与次年春天上彩之事。

从郭发的题记我们可以得知，西壁及北壁西侧的壁画是完稿于宋绍圣三年（1096）十一月初六日，第二年，也就是绍圣四年春天上的彩，画匠的名字叫郭发。而东壁及北壁东侧的壁画由于画风不一，推断应该出自另一位画匠之手，不过东西两侧的壁画应该是同一时期的作品。

高平开化寺壁画

关于壁画的内容，寺内现存宋大观四年（1110）《泽州舍利山开化寺功德记》中有所叙述，“其东序曰华严，扆壁曰尚生；其西序曰报恩，□壁曰观音。”现存的壁画内容与此基本相同，目前可以分辨的画面，东壁：南起第一幅为兜率天宫会，第二幅为普光法堂会，第三幅为重会普光法堂，第四幅为三重会普光法堂。西壁：南起为须阇提太子本生经变，中间有三个内容，其一为忍辱太子本生，其二为花色比丘尼经变，其三为转轮王舍身供佛本生。北部为善事太子本生与光明王舍头本生。北壁东侧为观世音菩萨法会，西侧为鹿女本生与均提童子得道经变。

关于开化寺壁画的艺术特色《山西古代壁画珍品典藏》一书是这样表述的：“壁画布局，采用的是左中右，或左右式。左右部分又以连环画式，表现故事画面内容。在图与图的分界上，或图案走边，或树木分片，或流云分景。看上去满目珠玑，密而不乱，繁而不叠，错落有致。其场面宏阔，构图严谨，线条流畅而遒劲，线条以中锋用笔，勾勒沉着有力，转笔圆润流畅，起收顿挫有致，遒劲而工致，凝练而庄重。线描与重彩的融合，相得益彰，形成构图美。楼台界画与人物并重，人物面部传神，界画清晰工整。色彩以大红大绿为主。尤其是画中用了沥粉贴金的特殊工艺，更显得金碧辉煌。画中对女性的描绘，精妙入微，妩媚秀丽，所绘人物冠带服饰都极为精美，是典型的宋代画风。”书中共收录了非常有特色的画面共 19 幅，每幅画面都表现出不同的社会风情，具有极高的收藏价值。

观鱼图：壁画描绘太子巡游时，看到几个渔民裸露着身体正在捕鱼，他们有的张网，有的捉鱼，还有一个扛着网鱼的网兜，他们分工明确，辛苦劳作，由此可知捕鱼人生活的艰辛。

观耕图：壁画描绘的是农民劳作时的辛苦。一头黑牛、一头黄牛共同拉着一张铁犁，一个壮汉一手执鞭，一手扶犁正在犁田。地边放着圆头铁锹、斧子、勾担和水罐，一个老者扛着锄头看向来人，一个后生双手拱于

高平开化寺壁画之观鱼图

胸前，正在与来人打招呼。

屠沽图：太子一众站在一个肉铺前，门脸上挂着几坨肉，室内长条桌前围坐着四个食客，门外仰躺着一头四蹄紧绑的已经宰杀了的牛，牛脖子下还放着一个接血的陶盆，门前的柱子上还拴着另一头待宰的牛。肉铺的主人站在肉案前正在与太子一众对话，肉案上还放着砍肉墩与分割刀。

入海求珠图：入海求珠是有关善事太子的故事。善事太子是一个为一切众生谋求福泽的人，因此他向父王乞求出海去寻求摩尼宝珠。当他获得宝珠时，却被他居心叵测的弟弟夺走，而且还被弟弟刺瞎了双眼。因此善事太子只能流落在异国他乡，抚琴时善事太子遇到了师利跋王的公主，得到公主的爱慕，并与公主结婚。后遇神牛舔眼得以复明，最终回到了故国。入海求珠图的下部是太子辞别乡亲准备登船的画面，图的正中是一艘系泊在岸边的大木船，船上有仓房，有风帆，有瞭望者，有擂鼓手，有掌舵人，有撑篙人，有摇橹的水手，还有一位穿红衣的官人。

太子荣归图：图中表现的是太子荣归，国王夫妇关怀问候，仪卫手持仪仗站立阶下，侍女捧着食物侍候两旁，屋外群臣手持笏板站在阶下仰望恭贺。

开化寺壁画无论形象塑造、构图布局、用笔着彩，都具有明显的宋代特征，如太子荣归图中的侍女服饰，就和晋祠侍女像中所穿的衣服是一样的风格。因此专家们认为开化寺的壁画是宋代寺观壁画的精品佳作，可以说是代表了这一时期壁画画师的最高水平。画中所表现的经变故事，虽然是依照佛经经文所作，但画师反映的却是宋代社会的真实景象。因此，宋代的宫廷、市井、官员、士民，形形色色的人物，各种各样的生活，跃然壁上，其中耕织、渔猎、屠沽、宴饮、庐居、舟船、追捕、行刑，一切社会活动都十分形象生动。画面中所表现的内容，大到房舍、舟船、耕牛、织机，小到乐器、书籍、油灯、刑具，无不精细至极。1000 多年前的宋代社会景象，被画师用画笔记录留存，使我们在 21 世纪的今天也可穿越时光隧道，到达宋代社会。

万寿宫元代壁画。万寿宫俗称“圣姑庙”，后经官赐，易名为“万寿宫”，是一座元代官方承认的地方神祠。

据元至元二十一年（1284）《仙姑祠堂记》和元至治二年（1322）的《重修万寿宫碑记》所述，仙姑本姓马，乃河北永年县人氏，丙申之岁（1236）云游并驻足于此，不久仙逝。马仙姑在世时曾与泽州长官夫人李氏有过交往，李氏深受感染。故在仙姑去世后积极筹措仙姑祠堂的建设，庚子之岁（1240），“就建北堂及玉仙、太白之祠”。祠堂建成后，香火不断，每逢大旱，乡民都向仙姑求雨，且有求必应。于是人们对仙姑更为敬畏，在仙姑去世 11 年后（1247），又在她的祠堂前增建了仙姑崇敬的三圣殿及其他建筑，至此仙姑祠已颇具规模。

万寿宫三圣殿创建于蒙古统治时期，距今已经 777 年。元代壁画就藏匿在万寿宫的三圣殿内。由于年代久远，殿内墙皮剥落严重，当年所绘的壁画能留下来的已经十分有限。后来在大殿修缮时，工匠们采取了原位保护的办法，即剥落部分恢复白墙，剩余壁画原位保护，目前所能看到的壁画已经无法连片，只能看到保留下来的壁画局部，高平市做过统计，整个保留面积大约在 5 平方米。

在过去的照片里，找到了四张三圣殿壁画的照片，虽然质量较差，但还能看清楚壁画的画面，壁画的内容无疑是道教性质的，以人物为主。第一张，画面上有三个完整的人物形象，前面是一个身穿绿袍手持仪扇的小童，小童的身后一左一右紧随着两个举着旗纛、盖伞的将军，右侧将军回头望向左侧将军，左侧将军则毫无回应，两目圆睁直视前方。小童前面或许还有一个人物，可惜已随着脱落的墙皮离开了这支队伍。第二张，看画面应该与前一张是一个组合，画面共有 3 位仙人。前方官员身着红裙蓝袍，头戴通天冠，右方官员同样身着红裙，不过外面穿的却是一件黄色官袍，头上同样也戴着通天冠，他们二人手中都持着笏板，应该是这支队伍

高平万寿宫壁画

中的核心人物。在二人的左边，是一个手持仪扇的小童，这个小童与前一张照片中的小童一左一右正好完美这支队伍。在这些人物的脚下分布着朵朵祥云，一看就是正在行进中的仙人。第三张，画面上共有 5 位仙人，其中 4 个基本可以看清楚，他们个个都显帝王之尊，虽然着装同第二张照片上的两个官员基本一致，但官袍的颜色却各不相同，分别为红、白、绿、蓝、黄 5 种颜色，同时他们头上戴的珠冕也显示出他们的身份要更高一些。不过他们似乎也在赶路，手持笏板准备朝觐。第四张，画面上共有 6 位仙人呈四行排列，前面一位红裙蓝袍，头戴硬脚璞头，慈眉善目，笏板前指，扭头似与身边人攀谈，第二排两人，左侧之人红裙粉袍，头戴软脚璞头，豹头圆眼，双手抱握笏板，一身豪气。右侧之人红衣黄袍，白色裹腰，一手持笏，一手持壶意气盎然。第三排亦为二人，似为前者随从，左侧之人，身着绿袍，头戴黑色冲天璞头，短须长发，双目圆睁，右臂下夹文卷，左手做护持状。右侧之人，身着红色战袍，白色披巾，白色裹腰，左肩扛着一把长柄板斧，面部侧扭，右手做着手势，似乎正在做着什么交流。最后一排是一个身着绿袍的仙童，双手捧着一个瓶子，步子迈的很大，似乎正在疾驰，由于头部已毁，所以不知面容如何，仙童的右侧应该是一只瑞兽，龙唇鹰爪似在嘶吼。整个画面给出的感觉就是一行六人，行色匆匆，正在赶往前方的目的地。

高平万寿宫壁画

万寿宫三圣殿的元代壁画虽然所剩无几，但是通过画面人物的表现，我们似乎可以感觉到当年画师的自信与风采，他确实通过自己的手笔准确地表述出了每个人物的个性与特点。整个画面线条流畅洗练，着色严谨自然，人物的表情与动作协调一致，真可谓栩栩如生，且动感十足。由于画中每个人物所穿的衣物都比较多的原因，因此画面少了“曹衣出水”的感觉，但是“吴带当风”却被表现得淋漓尽致，所有动感全都来自舞动的飘带。万寿宫三圣殿建成之时正是泽州长官段直统管泽州声望最高之时，因此小李夫人想在泽州找到最好的画匠应该说是轻而易举之事，所以笔者以为画制万寿宫三圣殿壁画的画匠应该是泽州当时水平最高的。从现存壁画所表现的情况来看也确实如此，虽然画面表现在墙上，但是将画中的任何一个人物单独拿出来，都会是一幅形神俱佳的人物画，这就是画匠的功力所在。

至于明代晋城壁画制作水平，目前还没有找到上好的作品，目前知道的可能就是高平伯方仙翁庙正殿的壁画了。仙翁庙位于高平市西北，距高平市区不足 10 公里。仙翁庙创建年代不详，现存建筑为明代，庙内现存最早的碑刻为明成化七年的《重修总圣仙翁庙记》。仙翁庙正殿，面阔五间内供张果老张仙翁。我们所说的仙翁庙明代壁画就是指这座大殿内的壁画，文物部门的统计说：“三墙壁总面积 130.46 平方米，计 125 个人物。”壁画内容主要为道家的诸仙朝元图，另外还画了张果老的神奇与洒脱。在画面布局上，画师是动了脑子的，他们把庙宇的正神张果老张仙翁安排在了东西两壁上部的角落部分，似乎是通过张仙翁的讲述，把道教中发生的重大事件告诉了民众，从而巧妙地把画面最重要的位置安排给了道教中的几个主要神祇。虽然画面上没有标注出这个重大事件是什么，也没有标注出每个神仙的名号，但是通过人物的衣冠、仪仗、侍从等，我们还是能够分辨出这些人物的身份来。如地位突出、体形较大、头顶上罩有华盖的人物，无疑就是画面中的主要人物。道教有八大主神，他们分别为：东极青华太乙救苦天尊、南极长生大帝、中天紫微北极大帝、太真金母元君、昊天金阙至尊玉皇大帝、东华上相木公青童道君、勾陈上宫天皇大帝、后土皇地祇等。这些主要人物就应该是这些主神中的某一位。

仙翁庙的壁画，虽然规模与水平无法与永乐宫无极殿的《朝元图》比美，但是整个画面还是非常有气势的。豪华的仪仗、众多的人物、俊俏的侍女、整齐的随从，文官肃整、武官威严。可以这样表述，比例协调，线条流畅，色彩丰富，神态逼真，虽然人物表情比起万寿宫三圣殿有一些差距，但画面的整体感觉却要好过三圣殿了。可以说是晋城现存明代壁画中的上乘之作了。

高平伯方仙翁庙正殿壁画

晋城寺观壁画还有许多，不但数量可观，而且不乏上乘之作，笔者在工作中也曾遇到过许多好的作品，只是记忆力较差，且才疏学浅，无法给它们以正确的评价。不过需要强调的是，在晋城历史上的的确确出现过一批好的画师、画匠，他们凭借着自己的聪明与智慧，用自己勤劳灵巧的双手，为晋城留下了浓墨重彩的一笔，这是我们值得骄傲的。

十一、晋城古建筑中的彩绘艺术

彩绘，是古建筑装饰艺术，几乎与古建筑有着同样长的历史。在建筑木构件上涂油绘彩，既可以防止风雨侵蚀，又可以增加古建筑的尊严，还可以美化古建筑的形象，因此这种复合式功能很早就被固定下来，并随着社会形态的发展在不断地变化着。颜料也从最初的红土、黄土、白土、黑土等向矿物、植物等颜料发展，最晚在春秋战国时期就已经相当成熟了。汉魏以降，彩绘的用色使图案都有了极大的进步。

晋城的彩塑壁画精美绝伦，堪称国之瑰宝，其实晋城的古建筑彩绘艺术也是无可比拟的，晋城市文物局有过统计，目前在晋城市范围内尚保存有宋代以降，各个时期的彩绘将近 1 万平方米，其中最早的就是高平开化寺大雄宝殿内的宋代彩绘。

高平开化寺梁架上的宋代彩绘

宋代彩绘的方式有了更大的发展，这时的彩绘较前更为规格化，而且增加了叠晕之法。宋代彩绘的特点是：以线条轮廓及图案造型为主，以退晕技法为辅，大色青绿辅以红黄陪衬，给人们以亮丽清雅之感。体现在梁栿上就是通体横列，无枋心、藻头之分。

宋代彩绘《营造法式》中就有五彩遍装、碾玉装、青绿叠晕棱间装、解绿结华装、丹粉刷饰等介绍。

五彩遍装。以青、绿、朱三色为主要色调，其他如槐黄、靛青、藤黄等植物颜料为陪衬。外缘一般以青、绿、朱三色叠晕，心内饰五彩花纹，红地者，青绿花；青地者，红绿花；绿地者，青红花。

花类有海石榴（石榴）、宝相花（芍药）、太平花（菊花）、宝牙花（西番莲）、莲花。

锦纹有锁子纹（连环锁）、簟纹（银铤纹、方环纹）、罗地龟纹、四出纹、剑环纹、曲水纹等。

也有飞禽走兽等花纹。

开化寺大殿内木构件上的彩绘应该和木构件是同一时期的作品，而且保存状况基本完整，这些彩绘主要保存在平梁以下各个部件上，应该说每一个部分都很珍贵，其中斗拱与拱眼壁上的彩绘尤为罕见，因此显得更为珍贵。殿内梁栿枋木上所绘的龙牙蕙草、绣球纹（金钱纹）、海石榴图案等，以蓝、绿、黄、赭诸色为主，构图整齐，着色均匀，虽然经历了近千年的风霜，但依然画面清晰，色泽鲜艳。同时，这些图案与宋《营造法式》中所表述的图案内容也基本吻合。由此可以得知，这些图案模式，在宋代是被普遍认可的，即使在偏僻的太行山中，工匠们也十分了解这些情况。与开化寺同时期的彩绘是泽州县小南村二仙庙的彩绘。丹粉刷饰是一种层次较低的彩绘形式，具体做法就是以土朱为主，间装白、黄二色，梁枋两端绘如意头。或通刷土朱 这种做法就叫丹粉刷饰。小南村二仙庙大殿的彩绘就属于这种类型。

至于金代的彩绘，目前还找不到一座时代十分准确的古建筑彩绘作品。不过，1989 年在高平的汤王头村发现的一座金代的枋木结构墓穴，为我们提供了一个参考性依据。汤王头金墓墓穴中完整地保存了枋木结构部分的彩绘。由于墓穴不存在后世修缮重绘的问题，因此这里的彩绘就应该完全属于金代的风格，具有一定的参考价值。以此为依据，我们就有可

泽州小南村二仙庙外檐斗拱彩绘

能成功找到金代彩绘的遗迹，例如陵川西溪二仙庙后殿，就颇具金代彩绘的特点了。

元代彩绘在宋代彩绘的基础上进行了较大的改革和演变，并创造了梁枋彩绘上的箍头、盒子、藻头及枋心等基本格式。彩绘方式大概为三种：一为五彩装，烟琢墨作龙草包袱海漫画；一为碾玉装，烟琢墨作，锦枋心旋子彩画；一为青绿相间装，以青绿相间为主色，以黑白二色作为图案的分界轮廓线。元代彩绘在用色上的特点，梁枋藻头地色多用朱色，表层图案青花绿叶很有特色。斗拱彩画以青绿为主，以旋子花、如意头、莲花、牡丹花等为重要题材。青地绿花、绿地青花，交错使用。

关于元代的彩绘，晋城应该有较多的保存，其中最有代表性的就是高平铁炉村的清梦观了。清梦观创建于元中统二年（1261），是在高平籍道士姬志真的支持下由在籍的姬志玄等舍宅为观而创修的。从时间上来说，是一座地道的元代建筑，从地位上来说，有着深厚的人物背景。姬志真为

高平清梦观正殿梁架彩绘

金元时期颇具影响的著名道人，记载说："姬志真（1192—1267），号知常子，泽州高平人。原姓雍，避世宗讳改；原名翼，字辅之，入道后易。年十三能诗，甫弱冠，通天文地理，阴阳律历之学。兴定五年，蒙古军攻河江南路，徙寓冀州南宫。天兴三年，从王志谨为全真道士。蒙古宪宗二年，讲学于燕京长春宫。四年，嗣志谨主汴梁朝元宫事。元至元五年卒，年七十六。有《云山集》八卷。"

由于姬志真曾主持过汴梁城的朝元宫，是一位有地位的饱学之士，因此铁炉村的清梦观地位就显得有些不同了，首先清梦观里的壁画颇有地位，壁画的内容为"太上老君八十一化历世图"，虽然画工比不上万寿宫壁画工匠的水平，但是壁画的稿本却大有来头，应该来自正宗的道教典籍。所以在清梦观的简介中，我们可以看到这样的介绍："据统计，全国保存完好的太上老君八十一化图不超过五处。该处和道教圣地崆峒山绝顶老君楼中的八十一化图极为相似，可谓一脉相承。"

清梦观的梁栿彩画的确很具特色，一改金代的赭黄色调，而换成了以青绿为主的色调，彩绘的形式为锦枋心旋子彩画，锦枋心内填的是赭红勾边、金色的云龙和彩凤，梁栿的下部绘的是铤锁纹。彩画色泽艳丽，龙飞凤舞很有气势。清梦观的简介说：这种彩绘“在当时被称为官式彩绘”，这种说法似乎有一定的道理，因为道观的主导者姬志真具有较高的社会地位，是具备引进官家文化条件的。

至于明代的建筑彩绘，现存的实例应该比较多，它们基本分为两类，一类是龙类包袱彩画，一类是旋子彩画。

龙类包袱彩画就是以龙为主体，龙的种类可以分为云龙和龙草，云龙包袱彩画也叫金龙包袱彩画，整个画面无论是藻头、盒子都会做成沥粉金龙，龙的周围满布云朵。龙草包袱彩画就是在画面的藻头、盒子部位不画金龙而画为卷草。至于包袱内的图案一般都画云龙。画面以青绿两大色为基调，以朱、丹、黄暖色为小色。高平伯方仙翁庙正殿的彩画就有点类

高平伯方仙翁庙正殿外檐斗拱彩绘

似于云龙包袱彩画，不过它的包袱内不完全是龙云纹，还有其他的几何图纹。

至于旋子彩画则主要是以如意纹及旋子花变形图案为主要内容而形成的彩画，明代的旋子彩画布局也是按三部分布局的，分别为包袱和两头两个藻头。具体的组合形式要根据画面的长短来进行组合，有一整两破、喜相逢、勾丝咬、金道冠、两整两破等。旋子彩画一般分为四类，即金线大金点、墨线大金点、墨线小金点、雅伍墨等。其中金线大金点、墨线大金点为上等，墨线小金点为中等、雅伍墨为下等。

清代的彩画比明代还要复杂，总体来说可分为三大类，即旋子彩画、和玺彩画、苏式彩画。

关于明清两代的建筑彩画，晋城范围内保留了很多，由于时代较晚，而且许多地方还在建造仿古建筑或彩绘古建筑，因此多有使用，所以大家可以看到具体的操作，因此就不再一一赘述了。

十二、晋城古建筑中的“三雕”艺术

在众多的晋城古代建筑中，还有一些内容是不容忽视的，那就是古建筑装饰中的木雕、石雕和砖雕，它们被统称为“三雕”艺术。这些艺术作品都是晋城工匠用情感与心神，智慧与技艺制作出来的。它们以朴素的内容，深刻的内涵，生动的形态，华丽的面容，充实着人们的思想，点缀着人们的生活，成为明清以来晋城古建筑装饰艺术中的主流，占据着晋城古建筑装饰艺术的舞台，让人们难以忘怀。

在“三雕”艺术中，木雕占据了最重要的位置。木雕，顾名思义，就是用木头雕刻出来的装饰物。在宋金以前的古建筑中，用木雕来做装饰是十分罕见的，最多就是在门窗的棂格部分做一些线条类的装饰。元代以后，较为复杂的装饰出现了，例如高平中庄村的元代民居，它在门窗的位置就做了较多的装饰。元代民居，又称姬氏老宅，老宅的房门为实榻门，背面用五道楅，正面相应的为五路门钉，每路六枚。门槛、门颊、门额皆为木质，门颊、门额的外部另加有边框，与门颊、门额呈“T”字形组合，直角处饰有 45° 斜面花边，花边以双层叠加的五齿弧形花瓣为底，上饰镂雕缠枝牡丹图案。窗框的装饰与门框基本形同，只是将镂雕改成了实心的竹节形木条。还有一处古建筑也做了木雕，它就是万寿宫三圣殿明间的补间斗拱，匠师们把斗拱的耍头雕刻成了一个龙头的形状。就笔者所知这应该是一个划时代做法，要知道这座三圣殿创建于金元之间的蒙古国时期，这样的早期建筑就出现了木雕的龙头，不知道是否可以将之称作首创。

明代在中国古代建筑史上是一个发生大变革的时期，笔者觉得发生变革的主要原因有这样几个：一是砖的大量使用。中国古代建筑在明代之前大多用土坯砌墙，这就出现一个必须考虑的问题，保护墙壁不受到雨水的侵蚀，所以元代之前的建筑都比较低矮，而且有着长长出檐与悬山。厦两头造，除了大气，另一个目的就是庇护建筑两头的山墙，“厦两头”名字就表明了它的含义；二是木工工具的完善，这时钢铁冶炼技术逐渐成熟，人们已经能够熟练地掌握炼钢技术，解木框锯、弯锯、平推刨，各种类型的刻刀、凿子都可以生产。好的生产工具自然促进了生产力的发展，工作进度加快，匠师们自然就有了精细雕刻的时间了；三是山上的林木极度减少，再想建造那些耗材巨大的木结构建筑已经没有可能了。因此人们只能改变建造思路，删去那些为增长出檐而层层叠加的斗拱，利用木雕工艺把屋面装饰得漂亮一些，让建筑像有斗拱时一样尊重大气、富丽堂皇。

至于石雕和砖雕，它们的使用目的其实是一致的，都是为了让建筑看起来更为豪华与美丽。“三雕”艺术的相同之处就制作者都需要一定艺术修养，都需要有对自然界美的感知，都需要有较好的抽象思维，都需要练

阳城上庄村樊圃大门楼木雕

就一手高超的雕刻技艺。它们之间唯一的不同，就是所使用的材料质地不同，硬的很硬，软的太软，想要掌控它们，就必须熟知各自材料的习性，只有知己知彼才能完成自己的制作。由于“三雕”艺术的使用目的相同，所以它们之间有许多内容是相似相通的，例如花式图案、寓意内容、表现方式等。晋城常见的雕刻主要有平安如意、事事如意、福寿平安、五福捧寿、多福多寿、福到眼前、福寿如意、福禄寿喜、益寿延年、四季平安、连升三级、三元及第、万字不到头等。但这些内容的表现方法，多以日常用品和瑞兽珍禽为对象，如凤依牡丹、富贵白头、鸳鸯戏莲、万象更新、狮子绣球、连年有余、三阳开泰、马上封侯、安居乐业、六合同春、太平有象、室上大吉、官上加官、辈辈封侯、松鹤延年、吉庆有余、鲤鱼跃龙门、喜上眉梢、鼠鼠葡萄、路路清廉、青牛望月等。也有用草木花卉作为表现方式的，主要有松竹延年、松菊延年、竹报平安、本固枝荣、岁寒三友、富贵牡丹、四季平安、幽谷佳人、榴开百子、四君子、石榴葡萄等。

除此之外，以花卉为主的纹饰也很多，如缠枝牡丹、卷草纹、忍冬纹、宝相花、团花等。还有历史故事，如封神榜、三国演义、郭子仪庆寿、八仙过海、麻姑献寿、刘海戏金蟾、二十四孝、牛郎织女、刘海砍樵等。另外龙凤麒麟，也是经常出现的图案，它们出现的地方多数是在庙宇等地，出现的形式多为二龙戏珠、龙凤呈祥、凤依牡丹等。而在民居中使用的图案多为锦鸡牡丹、麒麟望月、麒麟送子等，还有一些以类龙的纹饰，如龙草、夔龙、拐子龙等纹饰也在民居中使用。

晋城古建筑中的木雕作品一般都用于古建筑的前檐装饰，主要部位为雀替、小额枋、大额枋、大小额枋之间的垫墩以及垫墩两侧的卡子上，在许多清代的庙宇中，甚至会把斗拱内外出跳连接成一个整体，外跳雕刻成龙头，里跳雕刻成龙尾使之成为一条完整的龙的形象。至于雕刻所用的木材，大部分都是当地生长的小叶杨，这种木材木纹细致，木质白净，雕刻出来的作品立体感强，且不易开裂掉瓣，非常适宜装饰使用。木雕的工艺大约有浅浮雕、深浮雕、镂空雕、圆雕几种。浅浮雕主要用于表层装饰，由于用于雕刻的材料本身就比较薄，所以一般只能用浅浮雕，如楼廊下用于遮挡椤木的滴珠板。深浮雕是晋城古建筑装饰木雕中最常见的雕刻形式，利用深浮雕的手法雕刻出来的装饰品立体感强，看起来更为生动，这种木雕一般都用在雀替、大小额枋、垫墩、卡子等地方，如果工艺好，可以给人们留下非常深刻的印象。镂空雕也叫透雕，这种雕刻在许多地方会将木料彻底挖空，形成空洞或两面透光，这样雕刻出来的作品会更为生动。真正可以四面观看的作品是圆雕。圆雕，顾名思义就是根据作品的内容，将作品所有的面都要无死角地雕刻出来，这种木雕在晋城古建筑中出现的较少。

晋城古建筑中用木雕进行前檐装饰建筑很多，其中以民居为主，可以这样说晋城所有的历史文化名镇、名村都能看到栩栩如生的木雕作品。例如，阳城的潘家大院、上庄的天官王府、皇城相府、泽州的西黄石、高平的苏庄等。许多庙宇也有做的非常漂亮的，如晋城城区的河南会馆、泽州的陟椒三教堂、陵川附城的会馆等，其中陟椒三教堂最为典型。

陟椒三教堂位于晋城西南 30 公里李寨西南山谷间的陟椒村。三教堂是一座建筑装饰艺术的集大成者，建筑好，石刻美，琉璃好，木雕美，这组建筑虽然是一座面积不算大、年代不算久的小庙宇，但各个建筑所应用的装饰手段却非同一般，在晋城各县区明清建筑中，起着代表性的作用，体现了这一时期建筑装饰的最高水平。

三教堂，顾名思义是三教合一的代表建筑，这样形式的建筑只可能出现在明代的中后期。从汉唐时期中国的儒、道、佛三教并立，到宋代集三教之精华，程朱理学的形成，再到明中期的三教合一，这是一个中华文化对外来文化由对峙到吸纳、改造、融合的历史过程，是一个思想与理论的建设过程。有一副对联是这样评述的："才分天地人，总属一理；教有儒释道，终归一途"，言简意赅，说明了三教合一的必然之道，而这一过程，正是在明代最终完成的。所以，只有明代以后，才会有三教堂这一类的建筑出现。陟椒三教堂的创建年代为明嘉靖十五年（1536），正好可以证明这一过程的完成与被社会的认可。

三教堂位于陟椒村北的土岗上，建筑坐北朝南，为一单进式院落，在中轴线上坐落的建筑有舞乐楼、献厅、大殿等 3 座建筑，大殿两侧有东西耳殿，东西两厢有配殿、看楼等建筑，庙门开在建筑的东南角，门朝东开。门外有一片人工开挖的开阔地，形成了一个小小的门前广场，门的对面是一个面积颇大的照壁，门前、院内皆用青石铺墁，显得整洁漂亮。

据碑石记载，三教堂在清代有过三次修缮，最后一次完成于道光十二年（1832），从三教堂现存建筑的主体结构来看，皆为清代之物，基本与记载一致。

三教堂大殿，面阔三间，进深四椽，单檐悬山顶，方形组合式柱础，圆形木柱，柱头使额枋、阑额，用五踩双翘斗拱，平身科出 45° 斜拱。

建筑构架为抬梁式，前后通檐用两柱，五架梁屋带前插廊，插廊和献厅共用一柱，前檐每间装六抹头格扇四扇，中间两扇装有雕花门罩，室内饰有天花板。建筑的雀替部分，用木刻浮雕花卉装饰。

献厅位于大殿之前，由于后檐与大殿共用一柱，所以显得有点拥挤，但献厅的制作工艺却极为精细，是三教堂木刻艺术的精华所在。献厅面阔三间，进深四椽，单檐歇山顶，上饰黄绿琉璃瓦脊。建筑构架为抬梁式，前后通檐用两柱，前檐用杌凳形组合式柱础，凹角方形石柱，柱头使额枋、阑额，前檐额枋为方形，两侧与后檐为扁圆形。柱头使五踩斗拱，但斗拱的出踩形式各不相同，外檐两山正中为三幅云象鼻形双下昂，两侧为双翘斜出无下昂。正面皆为单翘单下昂，但柱头科与平身科也不相同，柱头科单翘在下，昂头在上，为三幅云象鼻形，平身科昂头在下，刻成龙尾形，单翘在上，刻成龙身形，耍头则雕作龙首，上、中、下三层组成了一条完整的龙的造型，真可谓独具匠心。

泽州陟椒三教堂献厅木雕

建筑周围所用斗拱的平身科斜出部分，皆雕成昂扬向上的花瓣形。献厅的前面，额枋、阑额、雀替部分全部装饰以镂空雕琢的花卉与动物图案内容，有祥云仙鹤、行空天马、凤凰牡丹、狮子绣球、缠枝莲花等，所有作品皆可用造型生动、制作精细、栩栩如生来形容。

献厅的内檐也构思精巧，颇具匠心。建筑两山各出檐一椽，角部使抹角梁，大角梁放置在抹角梁上，踩步金的两头分别放置在两个大角梁的尾部。为了加强内檐的装饰效果，建造者还在梁架的空间上做了一些文章，首先是在明间的脊檩正中加设了垂柱与华盖，并将华盖做成八角形，加画了八卦图案，同时还把垂柱的柱头通过镂空雕刻做成一个奇妙而精美的造型；其次，在次间的腰檩与踩步金的连接点处同样也加上了垂柱和八角形华盖，并把角科以及与角科相近的两个平身科斗拱的后部做成龙尾的形状，使三条龙尾相交于垂柱上；最后，在明间的腰檩中央、山面踩步金的中央也各加一根垂柱，并将与垂柱所对应斗拱的龙形后尾插入垂柱之中，明间与山面不同的是在它们的垂柱上，也有一个造型相同的华盖。用垂柱连接斗拱的后尾，是明清古建筑常见的一种做法，它的结构作用是保证斗拱前后受力的均衡，并使之作用于屋面，分散屋面的压力。在这里建筑师巧妙地应用了这一做法，使建筑的屋顶空间得到了必要的装饰，可谓巧夺天工。三教堂的舞乐楼也很别致，整个建筑为悬山式屋顶，仅前檐部分做成了歇山，增加了建筑的观赏性。

关于三教堂的山门。三教堂的山门，本应与其他庙宇一样开在舞乐楼之下，既坐北又朝南，但现实却与之相左，三教堂山门开在了舞乐楼的东侧，本应用作山门的舞乐楼之下，现今依然空空无物，没有具体的功用，显得有点多余或不被重用。对于这一现象，在陟椒有一个尽人皆知的故事，那就是本村刘姓富商，由于庙门正对宅门，因风水问题，提出了重修庙宇，改造山门的故事，这是一个既合情又合理的故事，很有可信度。陟椒三教堂地处偏远，却做得如此漂亮精致，这应该与刘姓富商欲达目的，

泽州陟椒三教堂山门门楼木雕

不惜重金维修庙宇是相符的。

三教堂的山门虽然不大，但新开大门所动的土石方，所花的钱财银两却不同寻常，正是这些钱财的作用，才使我们今天得以见到一座精巧别致的清代门楼。三教堂的山门仅仅一间，但对它的投入却极为可观，山门前的广场是新挖的，山门对面建有一个镶嵌着二龙戏珠的琉璃影壁，门前置放了一对精雕细刻的石头狮子，抛开狮子不说，就两个石座就雕出了四个故事：“金牛望月”“麒麟衔日”“狮子绣球”“事事如意”等。

门头的木雕可谓层层叠叠，门框上有四个门簪，门头悬挂着“香霭云飘”的匾额，在匾额的前面，门洞两侧的依墙处另加了两根八瓣瓜棱形石柱，柱头的上面雀替、阑额、额枋、荷叶墩四重构件满作了镂雕，雀替、阑额为四龙嬉戏，额枋上为莲花水草，荷叶墩上是荷叶莲蓬。

石柱前又做出一层垂花门楼，门楼上的雕刻也是重重叠叠，最上层是九踩异型装饰性花瓣斗拱，檐檩上悬挂着两根莲头镂空的垂柱，额枋上满是镂空雕成的婴戏莲花图案，阑额与雀替上则是醉八仙与童子图，花卉人物刻画生动，舞者广袖舒展，醉者竖卧横躺，思者抱膝托腮，戏者跷腿仰首，尤其是那个跷着二郎腿的小男孩，扎着羊角辫的小女孩，无论是托腮沉思，还是倚栏养神，其造型、其神态，都十分令人喜爱。

三教堂山门的雕刻，尽管显得繁缛了一些，但每一件作品都有它的特别之处，仔细端详，趣味无穷。

在晋城还有一处古建筑，它的木雕装饰艺术也堪称一流，它的名字叫河南会馆。河南会馆位于晋城老城外的东南角。据会馆献厅花梁上乾隆五十八年（1793）题记推测，这应该是一座创建于清中期的建筑群。目前晋城百姓普遍的叫法是“怀覃会馆”。古代河南怀庆府一带有“覃怀”之称，但是为什么要把覃怀称作怀覃呢？对于这一问题笔者一直找不到准确的答案。几年前，笔者在会馆内读碑时突然有了一个感悟，那就是古代书写与现代读法上的不同所形成的误会。古代文字书写都是从右到左、从上到下的竖书，如果仅有两个字，需要并排书写，那么竖书时也应该是从右到左的写。例如“覃怀”二字，如果竖书横排，那么一定会把“覃”字写在右边，“怀”字写在左边，而现代人读横排的文字时往往都是从左向右读，因此“覃怀”二字就被读成了“怀覃”。河南会馆为河南人创建，有许多覃怀之地的捐款人，一般碑文记录捐款人时都会在名字的上方写上捐款人的籍贯，因此“覃怀”二字就被横排在了名字的上方，当现代人读这些竖书横排的文字时，很可能习惯性地就把它们读成了“怀覃”。

现存的河南会馆为一个单进式院落，保存的古建筑有大殿、东西耳殿、东西配殿、东西廊庑、献厅、西跨小院等。

会馆的大殿，悬山式屋顶，孔雀蓝琉璃剪边，面阔三间，进深六椽，抬梁式结构，前后通檐用两柱，七架梁、五架梁、平梁层层叠加。前檐檐柱为木质圆形，机凳形组合式柱础，上层为圆鼓形，柱头使大额枋，不用斗拱，檐檩直接放在七架梁的梁头上，补间用雕花荷叶墩。

河南会馆献厅木雕

献厅，歇山式屋顶，孔雀蓝琉璃剪边，面阔三间，进深六椽，抬梁式结构，同大殿一样，也是三层梁叠加，整座建筑所用的柱子全部为方形石质，柱础亦为机凳形组合式，只不过上层已不再是圆鼓形，而成了方墩形。柱头用大额枋，五踩雕花斗拱，与众不同的是下翘为象鼻形昂头，上翘则直接翘起托举耍头，耍头为龙形，补间出 45° 斜拱。山面用四柱，抹角梁上放大角梁,献厅的做工十分讲究，斗拱雕琢精美，雀替更为精细，云龙花卉栩栩如生，尤其值得关注的是厅内的梁架，不但许多地方做了木刻雕饰，而且在七架梁的两侧还分别堆塑了游龙戏珠，五架梁上堆塑了狮子，所有的作品都精美异常，堪称上品。

石雕在晋城的应用也比较广泛，由于晋城地处太行山腹地，境内石材十分丰富，因此石料的使用历史也十分悠久。从目前所遗存的古建筑来看，有北魏时期羊头山上的石刻造像，有羊头山石窟，有建宁北魏千佛造像碑，有部村崇寿寺、大周资圣寺的北朝石刻造像碑，有玉溪、青莲寺的唐代石塔、石狮子等。尤其是宋代以后，石柱子在古建筑中广泛使用，使之成为晋城古建筑的一个特有的现象。像冶底岱庙正殿宋元丰三年(1080)的石柱子，金代大定丁未年（1187）的石质刻花门框、石质须弥座、门砧石，元代的镇角狮子，明清两代的雕花台阶石、雕花窗台石、须弥座、石柱础、石柱子、石牌坊、石碑亭等。应该说只要裸露于空间的建筑构件，几乎都被石雕艺术品给占据了。

石雕不同于木雕，对雕刻匠人来讲，他们不但要具备美术基本功，同时还必须具备识别各种石材的基本知识，如熟悉各种石材的习性，如何才能有效地应对，合理地取舍？采用什么样的表现手法才能让作品在自己的手中变得更有生机、更有活力。如果你是一个开凿石窟的石匠，那么你还需要具备一定的建筑知识，这样才有利于石窟与木结构建筑的结合，从而形成石窟寺。如果你是石雕构件的制作者，那么你需要具备石料的开采经验，这样才能根据自己的需求，采到合适的石料。

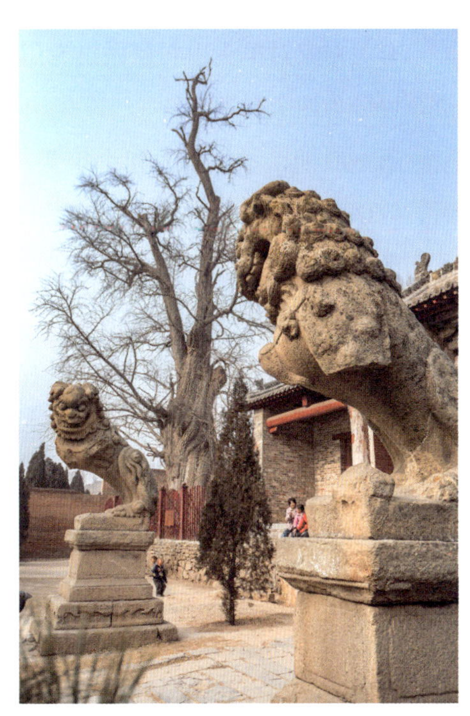

冶底岱庙门前的石狮子

石窟寺，本属于建筑领域，之所以把它放到石雕部分来讲，主要是因为石窟寺的开凿者以石匠为主。开凿石窟寺，不但要对整片石头进行规划，而且要把石头凿空，更重要的是还要在石窟内雕刻造像。好的石窟寺艺术，全靠好的工匠来完成。所以才把石窟寺放在石雕这一范畴之内了。

晋城市范围内究竟有多少处石窟寺，笔者也搞不清楚，但笔者知道高平有4处，分别为羊头山、高庙山、鹿宿石堂沟、石堂会。其中羊头山石窟最具代表性。

羊头山石窟位于高平市城东北17公里的羊头山南麓。羊头山石窟，目前已经发现凿有窟、龛的巨石为10块，由上而下可以分为10个区域。其中有石窟9个，较大的佛龛10余个，小型佛龛80多个。山上还有石塔7座，除山顶上的北魏造像塔外，其余皆为唐代之作，石塔的高度4—6米不等，平面有方圆两种，高者7层，密檐式，低者两层，楼阁式，形制古朴，手法简洁，为他处所少见。另外，在清化寺遗址上还保存有唐代的巨型石雕佛像3尊，北魏时期的千佛造像碑一块，也十分珍贵。因篇幅问题，在这里只能做一个简单的介绍。

有关专家对羊头山石窟做过专门研究，认为羊头山石窟从开凿时间来讲，可分为四个时期：

第一时期，孝文帝太和十年至二十年（486—496）。从所存窟、龛来看，应该说仅有编号为龛1、龛2和龛4的石刻造像符合这一时期的特点。本期的特点是：均为摩崖龛像，成圆拱敞口式，一般不雕饰龛柱和龛楣。除龛4主尊为释迦多宝对坐像外，均为结跏坐佛，佛两侧各有一胁侍菩萨。佛像一般内着僧祇支，外着袒右式袈裟，衣纹极少。这一时期，佛菩萨和飞天造型古拙。佛像宽肩细腰，身体硕壮，身着袒右式袈裟，有偏衫衣角，衣边有折带纹。这种服饰为北魏孝文帝改革服制前的旧样式，是云冈石窟第一、二期常见的佛像样式。

第二时期为北魏晚期（约516—534）。羊头山现存九窟，除第3窟外，其余均为本期开凿。这一时期的洞窟形制为平面横长方形或方形，四角攒尖顶，有一例为覆斗顶。四壁微内倾，壁前设低坛基。窟门一般作重形窟门，外门圆拱龛形，尖拱门楣，楣面多雕三叶一组的单列忍冬纹，门梁尾雕凤鸟或龙首。窟门外两侧各雕一力士。第 8 窟则为二立佛。窟内一般三壁正中各开一大龛，或仅凿千佛窟（第 4 窟）。龛形仅圆拱尖楣龛一种，方形龛柱，柱头有莲台，龛梁尾一般饰凤鸟和忍冬纹。

造像样式，佛作馒头状高肉髻，面相长圆清瘦，身体修长。内着僧祇支，外着褒衣博带式袈裟，腹部系带，衣裙下摆长覆于座，呈八字形展开。菩萨颈饰桃尖形项圈，上身斜披僧祇支，腹系带，下身着裙，披巾宽博，从双肩搭下后，于膝部交叉，再上搭手臂。披巾下摆斜向一侧，有随风飘动之感。菩萨身体清秀，双手合十或手持净瓶。力士像菩萨装，颈饰桃尖形项圈，双肩敷搭披巾，一手握拳，一手持金刚杵，伸出一足，踏于蹲狮上，姿态优美，但缺少威武之感。

第三时期的开凿年代大约在北齐到隋这一时期（550—618）。这一时期的作品仅见于第六区崖面补凿的部分小龛，第 6 窟右上方有一圆拱尖楣龛，有束莲柱及忍冬纹龛梁尾。龛内一佛二菩萨像。佛像肉髻低平，面相浑圆，身着双领下垂式袈裟，左右菩萨头戴冠，上身袒露，下身着裙。第三期造像具有明显的北齐、隋时期的特点。如佛像肉髻低平，面相浑圆，身着双领下垂式袈裟，这与天龙山石窟第 1、第 8 窟相似。

第四时期为唐中期。主要作品为第三区、第九区和第十区。另外，在第六区也有一些补凿的小龛。现存仅有一窟，即第 3 窟，且为小窟，平面方形，覆斗顶，三壁三龛式。其他多为圆拱小龛，唯第十区为圆拱敞口式大龛。这一时期的造像组合有三世佛，一佛二菩萨，一佛二弟子二菩萨二天王七身组合等。造像样式，佛像为水波纹发髻，面相丰圆，宽肩、身着双领下垂式袈裟，衣裙缠足。左手施降魔印，右手施说法印。菩萨像按其身姿分为两种样式。一种头戴花冠，双肩宽窄适中，上身袒露，披巾垂于腹膝两道，下身着裙，身体直立；另一种头束高髻，宽肩细腰，身体扭动显著，呈“S”形，天王像则身着甲胄，宽肩细腰，作半跏趺坐式，身下有两小鬼，姿态较为罕见。

高平羊头山石窟第 10 窟窟内造像

羊头山石窟洞窟规模均不大，应出自当地僧徒和世俗善信之手，属古清化寺范畴。羊头山石窟所体现的技艺水平，总体来说还是较高的，可见北魏时期在羊头山周边长时间活动着一批石雕技艺十分出色的工匠，因此才能开凿出如此水平的石窟来。

在晋城使用石雕做装饰，主要分布在露天处院子中。如石台阶，窗台石、门砧石、石狮子，影壁下方的须弥座，旗杆下部的夹杆石，以及墓地里的碑、亭、供桌、香炉、石像生等，还有一些则是用在庙宇中。在晋城石雕使用比较典型的村落有高平的良户村，比较典型的庙宇有泽州县的府城关帝庙，比较典型的墓葬有高平的祁贡墓。

良户村位于高平市西南约 17 公里的老马岭东麓，属高平市原村乡管辖。良户村是一个文化氛围十分浓郁的地方，这里不但有精美的木雕、砖雕，更是一个石雕作品极为广泛的村落，几乎每个院子都有不同类型的石雕作品。其中双进院就是一个十分典型的院子，这里不但大门口有石质的门狮，窗户下有雕花的窗台石，门槛下有雕花的石槛，而且院子周边的台阶石上都雕刻着精美的图案，狮子绣球、祥云奔马等。

高平良户村双进士院雕花石台阶

最有特色是复始第，复始第又名李家院，坐落于良户村西街的老唐槐东侧，是一个规模不大，勉强凑成的小四合院。现存建筑坐北朝南，仅为一进院落。院门共有两道，均在院子西南角部，第一道门临街而建，单间两椽，额书“复始第”三字。进入之后有一个过渡空间，是一个不规则的小院子，向东北前行，才是院子的第二道门。复始第在良户村是一座具有代表性的民居建筑，首先，它的创建年代清楚；其次，它的建造工艺考究，且保存基本完好；最后，建筑装修在许多地方体现了浓厚的中国传统文化，具有典型意义。

复始第的考究，除了建筑材料，制作工艺也十分到位，更具特色的是它的艺术含量，从大木作到小木作，从石雕到砖雕，内容考究，造型美观，手法娴熟，非常具有艺术价值。

复始第的讲究是从第二道门开始的，第二道门在院子的西南角，占用了西厢房底层最南边的一间。门的外侧建有一个单间挂壁式垂花门楼，尽管门楼进深不足一椽，并悬挂在西厢房的后墙上，但设计合理，造型别致，做工精细，没有丝毫简陋之感。穿插枋、垂莲柱、普柏枋、抱头梁，横穿顺搭，巧构奇筑，虽经历了数百年的风侵雨蚀，却依然稳固如初，华版、雀替上雕刻的奇花异兽，至今还保留着当年的风采。

复始第的建筑主要有正房、东西耳房、东西厢房等，所有建筑皆为上下两层，南面西侧因为辟为院子的出入通道，因此不便建屋，而改为厦堂，厦堂亦为两层，只不过二层的高度因其所处的位置在最下方，因而降低了许多。

正房，面阔三间，进深四椽，单檐悬山顶，抬梁式屋架前带插廊，建筑高度为全院之首。正房最吸引眼球的是前檐所用的四根砂岩石柱，石柱截面为方形抹角，明间两根由三截组成，总高 5 米有余，贯通上下，显得十分霸气。石柱的中棚位置通过榫卯布置有下层建筑的雀替、额枋等，额枋上为二层楼廊，楼廊前设棂条式花格楼栏。柱头用普柏枋，雕花垫墩，上置抱头梁。两柱之间设荷叶墩，上雕荷叶莲蓬荷花，极富个性。正房的檐下装修全部为木作工艺，底层整体被分割为上下、纵横两个部分，下部纵向设计为六抹头隔扇门，每间四扇，以方便通行采光，上部横向设计，置三枋两隔板，上雕奇花异兽，用以避风挡雨。楼上装修相对简洁，每间用四块六抹头隔扇为门窗，用以遮风挡雨，区别室内外空间，此外别无他饰。这种用通柱、出楼廊的做法，在明中期是晋城地方民居的一种常见做法。好像是为了印证我们判断的正确性，在正房楼上脊檩下的随檩枋上我们惊喜地发现了这座建筑的相关题记，时间为“明万历三十一年”，清晰地记载，不但证明了这座建筑的诞生年代，同时也给我们提供了明代民居的又一范例，可谓弥足珍贵。

正房的两侧各有耳房两间，虽然位居角落，空间狭窄，但因紧依正房所以地位较高，也做了较高等级的装饰，在入口处建有小门，门上装饰着砖雕枋木斗拱等。

院子的东西厢房为两层闷户楼，面阔三间，进深四椽，简洁大方，墙面没有特别的装饰，唯一的装饰就是下层的窗台石，在石灰岩的台面外侧分别雕刻着凤依牡丹、菊花锦鸡、莲花鹭鸶、梅花喜鹊，等象征着富贵吉祥、前程锦绣、廉洁清白、喜庆芬芳等美好的追求。最为特别的是在每个窗台石的两端都刻有一个体现儒家文化、做人标准的关键字，分别为“孝、弟，忠、信，礼、义，廉、耻”等。

高平良户村复始第雕花刻字的窗台石

这些装饰看起来简单，寓意却很深，既装饰着环境，又表达着愿望，还强调了信念，无疑是良户古民居装修中的上乘之作。

院落的南面是一个楼阁式厦堂，也用了与对面正房一样上下贯通的石柱，厦堂的下层与其他房间的高度基本相同，正面和两侧无任何建筑与遮挡。在厦堂明间的后墙上建造者还做了一个通间面宽、顶天立地的砖雕大影壁，影壁下部做成须弥座样式，同影壁周圈一样亦装饰着砖雕吉祥花卉，影壁的顶部饰以砖雕斗拱，壁心部分用异形砖拼砌成龟背锦花纹，壁心的正中装饰着一个方形的高浮雕图案，背景为树木人物，中间有三元坊、石拱桥等建筑，还有三个骑马过桥的核心人物，研究者认为图案寓意乡试、会试、殿试，连中三元，状元及第的美好憧憬，寄托的是耕读之家最高的期盼。厦堂的上层相对底层则低矮许多，周边装饰有木制的栏杆栏板，雕花的额枋和雀替，其装饰效果要远高于它的实用性。推测建设者当年的心理，一是为了出入方便，不影响主要建筑的使用，二是为了院落的整齐与对称。

府城关帝庙，位于晋城东北约 10 公里丹河西岸府城村东的小岗上，前后有四进院落，占地近 8000 平方米。庙宇坐北朝南，依山而起，沿中轴线分布着舞乐楼、仪门、山门、关帝殿、三义殿等建筑。整组建筑殿宇巍峨，气势恢宏，起伏跌宕，蔚为壮观。从现存建筑的时代特征来看，应该是一座明清时期的古建筑群。

三义殿位于中轴线最北端，抬梁式结构，面阔三间，进深七椽，前后通檐用三柱，七架梁前带插廊，悬山顶，黄绿琉璃剪边。檐柱柱础皆由石灰岩雕琢而成，柱头用木雕阑额、额枋，使五踩琴面双下昂如意头斗拱。明间、次间各设补间斗拱一攒，皆出 45° 斜拱。三义殿的两侧各有耳殿三间，三义殿的雕刻工艺是杰出精湛的，无论是石雕的柱础、柱子，还是木雕的阑额、雀替，都反映出匠人成熟与达练。

三义殿的柱础为三层组合式，底层为伏盆磉墩，但创作者却将其设计成一座八角形殿宇的造型，或垂带踏跺，或蟠龙花卉。第二层八面形石墩，制作者将其安排成一个八角式亭形建筑，每一面都有相应的人物故事。第三层为石鼓，石鼓的周匝也雕刻着云龙花卉。

柱础上立着的是圆形人物石雕柱子，柱子的下部刻有三层仰莲莲台，莲台上才是内容不同的人物故事。明间两柱，东柱以八仙庆寿为主要内容，西柱以封神故事占据画面，在两侧的山柱上，东柱安排了国戚郭子仪寿诞之喜，西柱安排了望族张公艺同堂之乐。每根柱子尽管画面内容不同，但布局合理，主次分明，内容突出，人物生动。官员的雍容华贵，下人的殷勤满足，老者的长髯善目，儿童的顽皮淘气，文人温文尔雅，武士怒目圆睁，士农工商，渔猎耕读，亭台楼阁，市井百态，尽显其上。四根柱子通过几个不同的故事，反映出一派盛世风光，充分体现出明清古建筑石雕艺术的成熟和社会文化的取向。

泽州府城关帝庙三义殿雕花石柱子

三义殿的木雕也非常华丽，内容以行龙牡丹为主。牡丹怒放，枝繁叶茂，蛟龙昂首，起伏上下，一块木板，一把刻刀，生动了一个世界，一座建筑，一种信仰，传承了数百年文明，三义殿是一座艺术之殿。

三义殿的前面坐落着关帝殿，这里才是整个关帝庙的核心建筑。关帝殿的威仪，主要体现在前檐的四根龙柱上，四根龙柱的应用，一下就凸显出这座庙宇的帝王之霸气。关帝殿，面阔三间，进深八椽，前后通檐用三柱，七架梁前带插廊，抬梁式结构。殿宇前檐的柱础，分别为一个昂首负重的石狮子，尽管狮子背负着石柱与房檐，但每一只狮子的形态仍然是轻松欢乐的。狮子背负的石柱，每一根都盘旋着上下两条巨龙，龙首相会于柱子的中部，每一条龙的背上都站立着数个降龙的驭手，把龙的张扬与顺从全都表现出来了。龙就是一种充满威仪的守护神，只有位及天子，掌控天下的王者，才能享有龙的护卫，所以龙就成了皇家帝王的象征。

关帝庙的山门也值得一叙，应该说也是一个有趣的组合。山门建筑在一个突然升起的高台上，由一座三间的门厅、两道掖门、东西两座亭台组成。正中三间门厅，进深五椽，五架梁前带插廊。门厅两端分别建有一座两层的楼阁式建筑，皆为单檐歇山顶，极似寺院中的钟鼓楼，但用途则不同，这里的东厅名“赏月楼”，西厅名“迎仙楼”倒也迎合了道家的修行之法，也还得体。东西楼阁与门厅之间分别还夹着一道掖门，掖门前雕刻精美的抱框石和门柱上的木雕龙、凤、麒麟，也是关帝庙内的一道景致，非常值得观赏。

祁贡坟：祁贡（1777—1844），字竹轩，泽州高平孝义村人，出生于仕宦之家，20 岁中进士，初授刑部主事，道光四年（1824）从河南粮盐道擢浙江按察使，继而升贵州布政使、刑部侍郎、广西巡抚、广东巡抚、刑部尚书。1841 年因鸦片战争战败、《穿鼻草约》的签订，两广总督琦善被革职，祁贡临危受命，出任两广总督。在任期间，助奕山袭英军、训义勇组团防、筑炮台防袭扰、造海田制屯守，颇有建树，呕心沥血，积劳成疾，道光二十四年五月病逝于广州。道光二十六年灵柩从广州返回故乡，安葬于祖籍高平孝义村西的土岗上。

祁贡墓，坐东朝西，占地约十亩。1931 年蒋、冯、阎中原大战，在阎锡山败退下野之后，墓冢就被退驻晋城的东陵大盗孙殿英部洗劫一空，目前墓地仅留存了一些石刻碑亭。然而，就是这些石刻碑亭，仍以其精湛的工艺，优美的造型，占据了晋城明清古建筑的一席地位，尤其是在石刻建筑中位置甚高，可谓首屈一指。

祁贡墓现存的石刻建筑及其他艺术品有十余件，有石雕狮子、石雕旗杆、石碑、石刻碑亭等，其中石刻碑亭最为出色，堪为楷模。

碑亭共有四座，位于墓冢之前，四座碑亭一字排开，全部用石雕制件组合而成。碑亭的平面为正方形，四柱单间，柱头用额枋、阑额，上置三踩斗拱，每面各有补间斗拱两攒。碑亭的顶部由一块整石制成，上面加装了琉璃瓦饰，四角攒尖顶。最为奇特的是碑亭上的石雕，堪称晋城之最。

碑亭的柱础平淡无奇，石灰岩的方石上加了一个矮矮的伏莲瓣，但整体呈圆形的砂岩石柱却格外出众，两条腾龙盘旋上下，鳞甲鬣鬃迎风飘逸，就连中间的火珠也是烈焰腾腾，火苗闪动，一根沉甸甸石柱，被一幅二龙戏珠的浮雕图案赋予了灵性，使碑亭增加了活力与光彩。

说到砖雕，这门艺术应该和砖的广泛应用密切相连。砖的应用历史悠久，至于晋城何时开始使用砖来建造房屋，目前尚无一个定论。但在宋代之前就有砖的使用，这是毋庸置疑的，因为在青莲寺、在冶底岱庙我们都发现了宋代遗留下来的砖墙。而冶底岱庙金代重建的五岳殿神台就保留了一批造型十分精美的金代砖雕艺术品，由此可知早在宋金时期，晋城的砖雕艺术就已经十分成熟了。砖雕的制作工艺和木雕、石雕都不一样，因为砖本身不是天然的，而是通过人类的经验与智慧创造出来一种新的物质，因此砖雕的制作工艺就有了一定的可变性。通过对现存的古代砖雕藏品进行观察与研究，笔者认为，古代的砖雕大约有这样几种形式：一种是在制砖的过程中先行雕塑，当雕塑成型的砖坯干燥后再装入炉窑进行烧制。具体的做法就是先做成砖坯，当砖坯干到一定程度时再在泥制的砖坯上进行雕刻。这时的雕刻，虽然同样需要深厚的艺术修养和雕刻技艺，具有一定的难度，但相对于木雕和石雕会容易许多。同时在土坯上雕刻不怕雕错、刻坏，因为土坯是可以重制或修补的，设计的内容不满意可以修改，雕刻出现了失误可以用泥巴涂掉，等干燥后重新雕刻。再一种方法就是模制法，具体的做法就是将设计好的图案做成模型，再翻成模具，然后将做好的黄泥装入模具，这样就可以做出一批形制统一的雕花砖坯，等砖坯干燥之后，就可以装入炉窑烧制了。还有一种办法，就是选烧制完成的青砖用刻制刀具进行雕刻，这种雕刻工艺就等同于木雕和石雕之类的雕刻工艺了。而且烧制好的青砖柔韧度不如木材，坚硬度不如石材，因此雕刻起来要小心翼翼，否则就会前功尽弃。

前面我们提到了冶底岱庙的五岳殿神台，那么我们就来说说这座神台。冶底岱庙位于泽州县南村镇，距晋城市区大约有15公里，是一个古老的冶铁集镇，由于位于环秀山与晋普山脚下，因此名曰“冶底”。冶底岱庙创建年代不详，宋元丰三年更修，现存建筑木结构为金代遗存，殿内神台也应为金代之物。神台全部由青砖砌筑，高83厘米，总长近11米，整体成须弥座式，须弥座的外沿几乎每层砖都做了雕刻。须弥座的圭角部分共两层，下层砖为素面，上层砖雕刻成斜角如意头。圭角之上是下枋，下枋两层皆为素面，下枋之上为下枭，下枭砖面全部雕刻为伏莲莲瓣，莲瓣共分两层，外面一层由左右两瓣组成，两个莲瓣之间露出下层莲瓣，下层莲瓣仅可看到一个瓣尖。下枭之上为混砖、舌子，混砖整体雕刻为卷草纹，花纹线条流畅，连接自然无瑕，舌子素面外突，整体形成一突出的线条。舌子之上是束腰，束腰砖每块长约40厘米，宽约30厘米，是这座须弥座中最亮丽的砖雕作品，雕刻内容主要为龙凤、瑞兽、花鸟等，整条束腰共由27块束腰花砖组成，雕刻采用了减地平及的工艺，每块砖雕都设

泽州岱庙正殿砖雕神台

计的很合理，图面丰满，线条流畅，动感十足，栩栩如生，最为奇特的是在诸多图案中还专门设计了一幅“银杏雀鸟图”，前来参观者都认为这是作者专门为冶底岱庙设计的，因为冶底岱庙有一棵古老的银杏树，存在的历史远比岱庙早得多，所以砖雕设计者对其印象很深，因此专门设计了此图。“银杏雀鸟图”画面虽然突出的是雀鸟，但雀鸟落脚的地方却是银杏枝头，尤其是那扇形且带有波纹的银杏叶外缘表现的格外清晰，这不能不说是一种人性的体现。束腰之上与束腰之下几近相同，亦为舌子、混砖、上枭、上枋等内容，只不过砖面的雕花各不相同了，混砖共有两层，下层的混砖雕刻的花卉是缠枝牡丹，上面的混砖雕刻的是缠枝莲花，上枭位置雕刻的是仰莲莲瓣，不过上枭的莲瓣就不如下枭的莲瓣刻的那么精致了，上枭之上的上枋也为素面，上面就成了神台的台面了。

砖雕作品应运于民间的范例那就实在太多了，笔者用良户和苏庄来做个代表。良户村砖雕的使用比石雕更为普遍，只要是老房子，几乎每个院子都有使用砖雕的情况，其中最豪华的应该是侍郎寨侍郎府的迎门影壁（跨山影壁）。这个影壁借用了东厢房的南山墙，由于东厢房是一座两层的楼房，因而山墙十分高大，正好可以对应高大的侍郎府宅门。影壁除了石质的须弥式基座外，整个壁面全部由精美砖雕艺术品组成。影壁主体由 35 块雕成不同图案的砖雕拼砌成，其中边框每边 6 块，左右 6 块为立式花砖，每边上下各有一块刻着人物，中间 4 块刻着盆花，从上到下分别为牡丹、如意、莲花，上下 6 块为卧式，上边 6 块为飞禽，分别为枝头雀、水面雀、云中鹤两副、房上雀等，下边 6 块为走兽，分别为逐云马、三羊泰、云中马、饮水羊、林中鹿、山坡牛。壁心由 11 块方砖组成，方砖布局为上下各 4 块，中间为 3 块，如此布局的原因是避免对缝，组合更稳当。图案的内容为麒麟望月，除了中间巨大的麒麟之外，下部分布着海水、山石、宝珠、银锭、珊瑚、玉璧等奇珍异宝，麒麟的前后还有如意等奇花异草，麒麟的上方是凤鸟和祥云簇红日。整个画面繁缛拥挤，但是寓意清晰，那就是高官厚禄、吉祥如意。壁面的上方有两道象征着板枋的砖雕，中间是一组卡子与垫墩的组合式砖雕，两头的卡子由花卉组合。正中的垫墩雕刻着青牛望月，两边分别为羊与日，鹿与梅，再往上就是砖雕斗拱了，斗拱为三踩琴面单下昂，共四朵，斗拱之间的拱眼壁处为环状装饰，雕刻内容分别为鹦鹉家犬、孔雀锦鸡。斗拱上面就是砖雕的方椽、连檐勾头与滴水了。

在良户，还有一个院子的砖雕也很有特色，在书房院临街的拱券门内侧，这是一组很有特色的砖雕。砖雕为上下组合，应该是一个门头的装饰，笔者看到时组合的下部已残损，仅留了上部一些内容。砖雕系仿木结构的垂花门，平板枋下两头作垂柱，垂柱外雕刻卷草花卉，垂柱内为挂落，挂落等分为 5 个单元，单元之间以背驮绣球的垂狮做间柱，很有创意。各个单元皆为横向长方形，上面全部雕刻着鹿的形态，但鹿的形态各不相同，分别为下山状、挠头状、食草状、休卧状、张望状，生动可爱，栩栩如生。挂落的上部为小额枋，小额枋两头雕花卉图案。平板枋上方置斗拱四朵，斗拱三踩亦为砖雕，斗拱的大斗与正心瓜栱皆有雕刻，尤其是正心瓜栱，直接雕琢成卷草形如意头，在斗拱之间的拱眼壁处，装饰了三块方形砖雕，分别为凤鸟与麒麟。

在良户侍郎府东侧的通道边，有一座用碎砖拼砌的破影壁，估计修建时业主捡了几块雕花的装饰砖，于是就把这些砖做了影壁的花边，笔者参观时偶尔碰到，仔细一看竟然十分精致。这些砖雕一共 11 块，图案有横有竖，内容各不相同：上边一行共 4 块，第一块壮志凌云，一只翻滚的鹞子扭头向上，鹰嘴微钩，向后的爪子正抓着一条弯曲的鱼，头上还飘着几朵云彩，画面动感十足。第二块母慈子孝，一只锦鸡扇动着翅膀，正在喂食小鸡，头前有三只雏鸡，尾部有一只小鸡，锦鸡的右爪还在抚动着一只小鸡。第三块竖图横放，内容为福禄连连，头上一只向下的蝙蝠，下面一头仰望的小鹿，蝙蝠与小鹿之间有三枝莲花。第四块鲤跃龙门，一条大鱼

高平良户村书房院门顶砖雕艺术

上坐一书生，鱼头向上似有上跃之势。右侧 3 块竖向图案，上一块相依相爱，两只背立的锦鸡扭头对望，上部有两枝盛开的花卉。中一块一路清廉，一只鹭鸶扭头上望，上面是荷花莲叶。下一块锦上添花，山石上站立着一只锦鸡，锦鸡的上方是两枝花卉。下面一行亦为 4 块，第一块为福禄富贵，图案为花卉丛中一只小鹿正在扭头挠痒。第二块兔衔林芝，图案中一只跑动的兔子扭头回望，口中衔着一枝林芝。兔子是多子的象征，林芝是吉祥如意的代表，寓意多子多福。第三块是凤瑞吉祥，一只凤凰翱翔云天。第四块是喜上枝头，两只喜鹊站立在花枝上。11 块雕花的装饰砖，临时拼凑在一起，看起来很不起眼。但其中却包含着人们热爱生活，追求幸福的信念与理想，十分可贵。

在民间，房檐下的墀头部位也是置放砖雕，表达百姓情感的区域，这样的装饰在殷实之家都会出现，不过高平苏庄村油坊院的砖雕装饰最有个性。它的与众不同主要体现在体积超常，砖雕砌块与陶塑悬挂组合为一体，各个部位均有装饰。盘头的下部为砖雕砌块组合图案，起弧部分为陶塑人物悬挂图案、弧顶还装饰着两层云头花卉砖雕，图案内容除了民间常用的吉祥纹饰之外，其余人物坐骑皆来自封神故事，花卉逼真人物生动，无疑为砖雕之精品。

第五章

潞绸泽绸：精养细织慧心巧手绘绚丽华章

蚕桑丝绸是晋城古代手工业发展的另一个亮点，也是汉唐时期中国丝绸之路的重要支撑点。探寻晋城植桑养蚕之渊源，无疑是研究北方丝绸文化的重要途径。

一、发现桑蚕之乡

晋城究竟何时有了桑蚕养植产业这无疑也是一个难解之谜，但是考古工作却可以解决许多未解之谜。1926年考古工作者在夏县西阴村就发掘到半个蚕茧，据记载，当时参加发掘的人不但有考古学家李济，同时还有一位昆虫学家刘崇乐，看到茧壳后，刘崇乐先生当时就判定这是一个桑蚕茧。茧壳长约1.36厘米，幅宽约1.04厘米，从茧壳的断面可以看出茧壳是由利刃削开的，有关研究人员分析说，这很可能是人们为了吃蚕蛹而削开了茧壳。记载说西阴村遗址属于仰韶文化早期，距今大约在5600—6000年期间。无独有偶，1960年中国社会科学院考古研究所在芮城西王村仰韶文化晚期遗址进行考古发掘时，又出土了一个陶制蚕蛹形装饰，这个蚕蛹长约1.5厘米，幅宽约0.6厘米，共有6个体节，距今大约5000年。2022年6月，山西省考古研究所在闻喜县上郭遗址再次发现了一枚石雕蚕蛹，石雕蚕蛹长约2.8厘米，最大腹径约1.2厘米，出土于一座半地穴式房屋中。考古专家根据出土的陶片推测，这座房屋属于仰韶文化晚期偏早阶段，距今约5200年。在上郭遗址之前，考古工作者还在夏县师村遗址出土石雕蚕蛹6枚、石制蚕茧2枚，为山西南部古代桑蚕养植与利用再添新的实物资料。无论夏县、闻喜，还是芮城，都与晋城比邻，如此密集的考古发现，无疑证实了山西南部早在新石器时代就已有了桑蚕养植的活动。晋城位于山西南部，与上述的几个县相邻，那么晋城地区的桑蚕养植也不会晚于这个时期。

天赋桑林，商汤祷雨圣迹百世流芳。阳城位于晋城市区西部，距晋城市区不足50公里。在阳城有一个叫桑林的地方，《吕氏春秋·季秋纪·顺民篇》记载说："昔者商汤克夏而正天下，天大旱，五年不收。汤乃以身祷于桑林曰：'余一人有罪，无及万夫；万夫有罪，在余一人。无以一人之不敏，使上帝鬼神伤民之命。'于是剪其发，磨其手，以身为牺牲，用祈福于上帝。民乃甚说，雨乃大至。"商汤以自身做牺牲，在桑林祭天祈福，可见桑林一定为祥瑞之地。千百年来晋城周边的许多地方都把商汤祭天之地确定在阳城的桑林村与圣王坪，原因有二，一是《竹书纪年》的记载，商汤祷雨成功后第二年，"作《大濩》乐"，而阳城旧称即为濩泽。《竹书纪年》："梁惠王十九年晋取泫氏、濩泽"，这里的泫氏和濩泽就是现在的高平与阳城，都在晋城市的范围之内。而"濩泽"二字，简单地理解就是获得了雨露的滋润。二是阳城不但有桑林，而且还有圣王坪和汤帝庙。圣王坪一直以来都被尊为历代圣王与上天沟通的地方，是伏羲推演八卦之地，也是商汤祷雨之所，千百年来周边各县都把圣王坪的汤帝庙确定为汤王祖庙。凡此种种要说明的就是一件事，在商汤时期晋城就有了万众瞩目的桑林，而桑林最大的作用就是可以养蚕。

阳城圣王坪汤帝庙、娘娘池

嫘祖之邻，养蚕制丝支撑丝绸之路。嫘祖，《史记》记载为黄帝的妻子，是传说中的先蚕之神。《隋书·礼仪志》记载，北周尊嫘祖“先蚕”。《通鉴外纪》说：“西陵氏之女嫘祖为帝之妃，始教民育蚕，治丝茧以供衣服。”由此可知，嫘祖是在北朝时被北周尊为先蚕之神的，主要原因是嫘祖曾帮助黄帝治理天下，并在和黄帝巡视天下时，病逝于途中，因此黄帝谥嫘祖为“祖神”，因此嫘祖才有了“先蚕”的尊称。其实中华民族植桑养蚕的历史早在先秦时期就已形成，而且还形成了一套严格的礼仪。周代，就有天子祭祀时所穿祭服必须由王后制作的相关规定。《周礼·天官·内宰》与《礼记》都记载了每年春天亲蚕的礼仪，“中春，诏后帅内外命妇始蚕于北郊，以为祭服”，“王后蚕于北郊，以共纯服”，由此可知，在商周时期的礼蚕仪式，出席亲蚕礼的人员除了王后之外，还有天子的嫔妃及朝臣妻子。北周时期只是具化了祭祀的对象，将黄帝的妻子嫘祖确定为最早养蚕、缫丝、制衣的崇拜对象。

传说夏县为嫘祖故里，又在新石器遗址中发现了茧壳与蚕蛹，这些都证明了在那个历史阶段，夏县一带桑蚕文化的兴旺发达。作为同纬度的近邻，晋城养蚕植桑的历史也同样源远流长，而且这个生产习俗一直连绵不断延续至今。尤其是在先秦两汉，南方的丝绸尚未抵达关中长安之时，黄河两岸、华北平原都是丝绸的生产基地，是北方的桑蚕丝织支撑和繁荣了当时的丝绸之路。

二、潞州与潞绸

古代上党包括辽、潞、沁、泽四个府州，在山西来说也是一个地理人文比较特殊的区域。是太行山的作用，将这里的经济与文化归拢在了一起，于是长治与晋城就有了更为亲近的感觉。历史上潞绸的发展与继承就充分体现了两地之间非同一般的经济与文化认同感。山西南部的蚕桑养植有史以来就非常发达，因此这里的人们就有了织丝的传统，长期的积累使这里的人们有了丰富的织丝经验，于是丝织品就变得越来越好，《隋书》记载："长平、上党人多重农桑。"就是很好的证明。上党盆地是上党地区地理环境最好的区域，因此这里就有了上党地区最好的城市潞州，潞绸就是以潞州这个地方为标志而命名的。

关于潞绸的命名，《高平史话》说："公元723年，唐明皇巡幸路过高平时，当地百姓向他敬献丝绸，李隆基非常高兴并赐名潞绸。"另一种说法是：明初，明太祖朱元璋第21子沈王朱模就藩于潞州，并在山西设立织染局，为皇家派造上党地区的丝绸，使潞州丝绸的生产规模扩大，并成为进贡皇家的主要产品。为了方便产品的介绍，于是沈王朱模就将潞州丝绸简称为"潞绸"了。这个说法是否准确，值得商榷。因为在元末明初的戏曲家贾仲明撰写的《李素兰风月玉壶春》的杂剧中已经有了"我装三十车羊绒潞绸，来着嘉兴府做些买卖"的表述，可见早在元末明初，"潞绸"一词就已在民间通用了。再说元代晋宁路也有织染局，也是要向皇家供奉丝绸制品的，也需要一个统一的名字。由此可以推断，"潞绸"这个名字就是上党地区所产丝绸的统称，是一个区域丝绸的统一名称。因为潞绸生产从来没有一个固定的厂家，是市场的需求让众多的织户有了相应的标准，进而趋向统一，这才有了贡皇家，"衣天下"的美誉。

潞绸在明代发展达到了顶峰，也成为一个全国性的品牌，和杭缎、蜀锦齐名。在沈琨、田秋千所著《潞绸史话》中，曾对潞绸的生产及向皇室纳贡的情况做了统计，统计说万历三年（1575）坐派山西潞绸2840匹，用银19334两；万历十年（1582）坐派山西潞绸4730匹，用银24670两；万历十八年（1590）坐派山西潞绸5000匹，用银28060两。文章认为在明万历年间（1573—1619）潞绸的生产达到了顶峰，时有织机13000余张，潞绸产量达到了10万匹，甚至出现了"潞绸遍宇内"的盛况。潞绸当时可谓名满天下，享有“南淞江，北潞州，衣天下”的美誉。顺治版《潞安府志》记载：“绸，在昔殷盛时，其登机鸣杼者，奚啻数千家。”乾隆版《潞安府志》说部分农户“专事机杼，不问耕耘”。当时在山西做按察使的郭子章亲身体验了潞绸生产环境，并做了“潞城机杼斗巧，织作纯丽，衣天下”的相关记录。由于丝织产业发达，当地的蚕丝供应不足，于是贩丝贸易业发达起来，在朱新予主编的《中国丝绸史（通论）》中就有“山西潞州生产的潞绸，则多用四川的阆茧”的表述。

事物的发展必然会物极必反，当潞绸的发展抵达顶峰之后，机户们终于不堪来自各方的重压最终垮了下来。明万历年间在山西做巡抚的吕坤曾向万历帝上疏《停止砂锅潞绸疏》，疏中说：“卷查万历三年坐派山西黄稠二千八百四十匹，用银一万九千三百三十四两；十年坐派黄稠四千七百三十匹，用银二万四千六百七十余两；十五年坐派黄稠二千四百三十匹，用银一万二千余两；十八年坐派黄稠五千匹，用银二万八千六十余两……夫潞州之有绸也，非一年矣。祖宗时未尝坐派，陛下即位以来坐派四次计工费银八万三千有奇矣。”坐派就是在皇家每年规定的织造任务之外另外奉旨增加的任务，但是给皇家织造的丝绸却收不到应得的银两，当年潞绸一匹市场价二两五钱，官家只付给织户银子八钱，根本无法维持生计。因此坐派越多，织户越穷，直至发展到织户毁机外逃的境地。乾隆《长治县志》卷七载：“制造者，一岁之中，殆无处日，虽各请发价，而催绸有费，纳绸有费，所得些须，尽如狡役、积书之腹，化为乌有矣！机户终岁勤苦，夜以继日，妇子供坐，俱置勿论，若线若色，尽取囊中，日赔月累，其何能继？”加之明末清初战乱不已，“机张烧毁，工匠杀掳，所余无几”，潞绸必然会走向衰落。清《高平县志》记载了潞绸从明末开始逐渐衰落的情况，“明季……十年一派，造绸四千九百七十匹，分为三运，九年解完……以十分为率，长治分造六分二厘，高平分造三分八厘，……国朝自顺治四年为始，每岁派造三千匹，……九年三月，具题部议，减造一千五百二十匹零四丈八尺，每岁止造一千四百七十九匹零二丈。十五年八月，每岁止造三百匹以本年为始，本县每岁该分造一百一十四匹。……至康熙年间，奉户部采买大小杂色潞绸一千余匹。康熙六年四月内，造大潞绸两百匹，小潞绸四百匹。……今本邑每年进贡大绸三十八匹，小潞绸一百一十四匹。……嘉庆十五年，高平始减贡大绸十一匹，小绸二十匹。"清光绪八年(1882）山西巡抚张之洞上疏请停潞绸，云："潞绸并不处于潞安，潞民但能养蚕不习机杼，向在泽州织办或雇泽匠到潞织办，或寄丝至豫省织办。大祲以后桑植不蕃，机匠寥落，如泽州机户前约千有余家，五年前三十余家，今存米山镇刘氏一家。"由明至清，潞绸的岁贡逐渐减少，直到光绪初年岁贡减至大绸、小绸各四匹，对皇家来说这只能算是聊胜于无而已。张之洞的上疏讲明了实际情况，从此潞绸停止了岁贡，渐无声息。

高平伯方的机神庙

什么是潞绸

什么是绸，笔者专门在网上做了查寻，得知绸的概念有两种，一种是所有丝织品的统称，如丝绸、丝绸之路。另一种是专指，即丝织物的一种类型。其特点是 质地细密的平纹织物或平纹作地的提花织物。有了这个定义我们也就明白了潞绸的特色，那就是产生于泽潞两地并充满泽潞文化的平纹丝织物或平纹提花丝织物。

首先，构成潞绸的蚕丝来自泽潞两地。明代泽潞两地都盛产桑蚕丝，明成化年间《山西通志·田赋》载：“泽州并所属县洪武二十四年，桑一十三万五千九百八株，丝八百七十二斤三两五钱；永乐十年，桑二十一万一百六十六株，丝一千五百三十九斤一十二两二钱；成化八年，桑二十八万七千三百一十三株，丝一千八百一十四斤十二两六钱。”在相同时间段内，明弘治年间《潞州志·田赋》载：“本州并属县洪武二十四年，桑八万四千五百一十四株，丝三百三十斤三两五分；弘治五年，桑九万四百一十五株，各征不等，共征丝三百六十二斤一十两九钱五分，折绢二百八十七匹。”两个不同的记录，表达却十分明确，那就是泽州和潞州都是桑蚕丝的生产地，这就为潞绸的生产解决了桑蚕丝的来源问题。其次，泽潞两地都有相应的织丝基础。通过上面的引文我们可以看到泽州的桑蚕养植条件要好过潞州，泽州的桑蚕丝产量高过潞州，由此推断泽州的机户与织丝工匠也不会弱于潞州。泽州与潞州的最大差异主要是在城市的环境条件与社会影响力上，由于这个差异无法弥补，因此相近的产品只能选择有较大影响的做名字了。再次，泽潞两地的文化传承基本相同。如潞绸在装饰图案的选择上基本保持了有图必有意，有意必吉祥的共同理念。如福禄寿喜万字纹的选择；如喜鹊梅花、凤依牡丹、连年有余、葫芦灯笼、缠枝牡丹、石榴玉莲等都是两地人们喜爱的内容。最后，对色彩的理解也是一样的。无论是潞州还是泽州，人们对色彩的认知都是相通的。传统的黑白既有肃穆之意，又显尊重大方。红的喜庆热烈，黄绿蓝的奔放热情。应该说共同的资源与共同的文化促生了共同的潞绸，因此中国人都喜欢的潞绸一举占据了南北中国、皇家百姓、全体民众的心。

三、潞绸的制造工艺

潞绸制造的基本特点是：经线、纬线不同色，经线为地，纬线显色。潞绸的图案是通过纹样、刺绣、手绘 3 种手法予以展示的。潞绸制造工艺现为国家级非物质文化遗产，从公布的资料来看潞绸的制造需要经过这样一些工序：第一步是原料选取。主要就是晋城生产的桑蚕茧。第二步是缫丝。缫丝其实就进入了织丝的准备阶段，因为《天工开物·乃服第二》中专门讲了这个问题，“丝粗细视投茧多寡，……凡丝绫罗，一起投茧二十枚，包头丝只投十余枚。”第三步是络丝。络丝就是把丝缠绕到小的四柱转轮（籰）上，这一步很重要，因为无论是整经还是并丝都需要通过籰子。第四步是整经。也就是整理经线，一是要确定经线的长度，够几匹的数量；二是将经线穿入筘内，确定织物幅宽；三是要将经线分为上下两层并用木棍分开，使之具备上杠的条件。第五步是卷纬。卷纬在《天工开物》中叫“纬络”，具体的做法是“凡丝既籰之后，以就经纬。经质用少，而纬质用多，每丝十两，经四纬六，此大略也”。潞绸的卷纬比较麻烦，资料记载在卷纬之前，还需要做的工作有并丝、扬返、染色等步骤。由于潞绸的纬线粗过经线，因此第一步要做的就是并丝，即把两根经线并成一根纬线；扬返，就是为并到一起的丝线加点力，使之能更好地结合，最终成为绞丝；染色，因为潞绸的制作工艺中有经纬线不同色，经线为地，纬线显色，因此纬线必定会有一个染色的过程。纬线染色之后就可以卷纬了，所谓卷纬，就是把纬线缠绕到梭心上，以供织丝时使用。在做这些具体工作的同时，另一部分人要进行花色图案的设计，并把图案打在纸板上，这也是一个十分精细的工作，每个花瓣、每个图案，都要落实到一根根丝线上。传统的潞绸大绸长 80 尺，宽 2 尺 4 寸，仅经线就需要 5000—6000 根，每厘米需要纬线 40 根，每 2.4 平方尺需要纬线 3160 根。因为所有的图案都要通过这些纵横交织的丝线来表现，因此每一根丝线所承担的职责都需要安排的清清楚楚，何时该起，何时该落，必须井然有序。而这些工作都要在经线上机前完成。设计完成之后就是经线上机的时间了，经线要根据设计通过专门设定的综环（综在丝织机上的作用主要是控制经线的上下，然后形成梭口，待梭子穿过之后再次变换，从而形成新的梭口），然后穿过筘齿，最后被卷在卷轴上。这一切完成之后，织匠们就可以上机织丝了。在织丝的过程中，织匠要手脚并用，下面两只脚分别踩动不同的踏板，让经线变动位置，从而形成梭口，上面的两只手，一只手穿梭，另一只手打纬，就这样通过循环往复的动作，把织品一点点地织出来。

潞绸所用的织机，随着时代的变迁也在不断地变化着，我们在开化寺壁画中看到的织机，就应该是高平宋代使用的织丝机。朱新予主编的《中国丝绸史》具体解析了开化寺壁画中的织机，“山西开化寺北宋壁画上有十分详细的描绘，机架基本直立，上端顶部置经轴，经丝自上至下展开，通过分经木将经丝分成两组，旁边有形似‘马头’的吊综杆，由吊综绳连接于综框，再由下综绳连于长短踏板。织工脚踏两根踏板，牵动马头作上下摆动，交换经丝，用梭引进纬线，然后用筘打纬。”

这种织机在元代薛景石的《梓人遗制》也有记载，属于占地少，制作容易，好操作的织机。也曾经是我们晋城流行的织机。至于明代制造潞绸的织机是什么，笔者在芦苇、杨晓明《明清泽潞地区的丝织技术与社会》一文中看到了相关的记载。文章认为当时泽潞地区使用的主要有两种机型，一种是单综单蹑的卧机，一种是双综双蹑的平机，还有一种是多综多蹑的花机。单综单蹑的踏板机，也叫卧机，具有“制作简单，容易操作

高平开化寺宋代壁画织丝图

等优点，为民间丝织业的发展提供了技术基础。卧机当地也称为小机、腰机、与明代的腰机在形制上有所区别，但打纬、提综、开口等原理相似。卧机长 1.6 米，高 1.7 米，宽 0.75 米，为提压式踏板织机。机身由立身子和卧身子两部分组成，前后四根脚柱，直立机身上是一对鸦儿木。鸦儿木前端连着综片，末端连着脚踏板，脚踏板与鸦儿木相连的中间是压经杆。马头位于机身后端，筘由两根竹竿用绳子挂起来。两根竹竿分别紧靠立身子上端固定，借助弯竹竿的弹力打纬。系于腰间的腰带与卷布轴相连，通过织工的腰部来调节经线的张力”。这种腰机笔者小时候见过，好像就在我本家叔叔家里，这种织机占地面积很小，连一张床的位置都不需要，即使是贫困家庭，房间很小，也可放置。第二种是双综双蹑的踏板机。这种织机机身是平的，相对于小机来说就是大机了，因此也叫平机或大机。“大机由机身和机架两部分组成，机身长 2.1 米，宽 1 米，高 2.3 米。筘的两端分别悬挂在立机身顶端的两根杠杆上，两个综框挂在机身中部的杠杆上，两根脚踏板分别与两片综框下端相连。当踩下一个踏板时与之相连综框下降，另一个综框上升，形成梭口”，然后就是穿梭、打纬，一组动作完成，接着继续重复以上动作，持续往复，完成织造。这种织丝的平机，笔者小时候也曾见到过，笔者姥姥家就有一张，放在他们家院子的东屋，当时主要是用来织棉布的。文章中还介绍了一种多综多蹑织机，明清时期在泽潞地区主要用来生产水纱，因此又叫水纱机。这种机器“由水平机架和立机身两大部分组成，机身总长 2.5 米，宽 1 米，高 2.33 米。水平机架包括机柱、杠杆、鸦儿、综片踏板、横悠等组成。依照水纱的组织结构，将脚踏板、综片、横悠按一定的顺序排列。立机身上端有五个鸦儿，其中一端分别吊挂五片综，一端吊挂横悠，当踩踏脚踏板时，与之相应的横悠下降，综片上升，形成开口。水纱机除了用来生产水纱，还可以生产乌绫。乌绫是明清直到民国时期重要的丝织品，销往全国各地”。文章的最后还提到了提花机，文章说：“泽潞地区是明代重要的丝织中心，传统提花技术也得到了发展与推广。提花机机身长 2 米，宽 1.8 米，高 3 米，最好的织品是销往河北的头帕，当地称为五角绫、八角缎，重半斤，代表了潞绸发展的另一个阶段，即双丝泽绸。提花技术的发展，带来了经济的快速发展和繁荣，也是当地传统丝织技术发展的顶峰。”

四、双丝泽绸在新疆贸易中的地位

潞绸虽然走到了尽头，但栽桑养蚕的人还在，利用桑蚕养植仍是人们生活的希望，于是泽绸开始崭露头角了。

清雍正版《泽州府志·物产》记载：“绸，有双线、单线，凤台、高平胥产。”这里所说的双线绸，就应该是我们所说的双丝泽绸了。潞绸没落了，双丝泽绸替代了曾经的潞绸，并展现出绚丽余晖。

清乾隆二十四年(1759）清军平定准噶尔战争结束，清政府指定伊犁、塔城、科布多、乌鲁木齐等地作为哈萨克族进行贸易的地方。乾隆二十八年（1763）上谕：“嗣后办理运送乌鲁木齐等处绸缎，俱俟该督奏闻后，将各项数目及色样清单交与该织造等，即行如数照式预备制造。俾办理各项绸缎，不致有多寡参差之虑。”乾隆年间，新疆各贸易点的内地丝绸都是遵照此谕办理的。

《查覆军机处山西采办新疆所需泽紬起自乾隆三十年冬，今将乾隆三十年采办起颜色数目开单呈阅》。文件详细记录了乾隆三十年、三十三年、三十七年、三十八年、三十九年、四十年、四十一年、四十二年、四十三年、四十四年泽绸交付的具体情况。文件内容如下：

“清单　户部山西司为查覆事准军机处传交户部，据覆新疆需用缎片单内泽紬一项，历年并未办过古同颜色，应办泽紬只一百匹，今开古同十匹，系何项颜色？内少办十匹，再古同色与项例所办颜色价值是否分别贵贱？亦即查明覆知等因。查山西采办泽紬起自乾隆三十年，今将乾隆三十年采办起颜色数目详细开单呈阅。

乾隆三十年凤台、高平二县织办泽紬三百匹，内大红六十匹，宝蓝六十匹，酱色六十匹，驼绒六十匹，元青六十匹。

乾隆三十一、二两年未据请办。

乾隆三十三年请织办泽紬二百匹，内大红三十四匹，宝蓝三十四匹，驼色六十六匹，酱色六十六匹。

乾隆三十四、五、六等年未据请办。

乾隆三十七年办解泽紬二百匹，内宝蓝三十匹，元青二十匹，天青二十匹，库灰三十匹，驼色六十匹，酱色四十匹。

乾隆三十八年办解泽紬二百匹，内天青三十匹，驼绒七十匹，宝蓝四十匹，棕色三十匹，墨色三十匹。

乾隆三十九年办解泽紬二百匹，内驼色七十匹，库灰三十匹，天青二十匹，宝蓝四十匹，墨色四十匹。

乾隆四十年办解泽紬一百匹，内石青二十匹，墨色二十匹，酱色二十匹，宝蓝三十匹，元青十匹。

乾隆四十一年办解泽紬二百匹，内宝蓝五十匹，元青三十匹，天青五十匹，驼色五十匹，京酱二十匹。

乾隆四十二年办解泽紬二百匹，内宝蓝四十匹，驼色五十匹，酱色二十匹，天青三十匹，元青三十匹，墨色三十匹。

乾隆四十三年办解泽紬一百匹，内石青二十匹，酱色十匹，驼色二十匹，宝蓝十五匹，库灰十五匹，元青二十匹。

乾隆四十四年办解泽紬三百匹，内宝蓝四十五匹，石青五十匹，灰色四十匹，库灰二十五匹，大红三十匹，酱色四十五匹，驼色五十匹，元青十五匹。

又办泽紬二百匹，内宝蓝五十匹，驼色五十匹，墨色三十匹，元青三十匹，天青四十匹。

以上各色泽紬每匹长二丈一尺，宽二尺，重十八两不等，惟大红色染工每匹多用银一两零，其余价值相符。古同颜色历年并未办解过。合并声明。”

从以上文档中我们可以获得这样一些内容：第一，泽绸是乾隆三十年正式进入交易名单的；第二，开始几年贸易情况并不稳定，其中一次间隔两年，一次间隔三年，直到乾隆三十七年之后新疆的贸易才趋向于稳定；第三，泽绸正处于上升阶段，无论颜色还是品种都在逐步提升。最初只有大红、宝蓝、酱色、驼色、元青等五种颜色，乾隆四十四年时全部颜色已经增加至十一种，增加了石青、天青、灰色、库灰、棕色、墨色六种颜色。而我们所看到的清单，也是因为新增加了古同颜色而引起的。估计古同颜色和大红颜色一样需要增加较高的费用，因此军机处才会同户部山西司开始寻查依据，这才追溯出山西前十次办解泽绸的全部情况。

遗憾的是，这里并没有讲到泽绸具体内容，但是从泽绸的需求情况来看，泽绸的质量还是比较过关的。《山西大学学报》1987 年第一期刊登了林永匡、王熹《清代山西与新疆的丝绸贸易》的文章，文章提到了双丝泽绸，但没有双丝泽绸的相关介绍。文章提到了山西、山东、陕西三省办解新疆丝绸的情况，由此可知当时山西泽州依然是北方重要的丝绸生产地。文章还介绍了乾隆四十五年到嘉庆五年部分泽绸的办解情况，从介绍中我们发现了泽绸又有新的花色出现，如红青色、玫瑰紫色、天蓝色、黑酱色、米唐姜色、黄色、泥金色等。文章说：档案资料“对这些双丝泽绸的匹数、工价费用、宽度、长度重量等的记载，以及这些绸匹运至新疆后，深受哈萨克等兄弟民族的喜爱和欢迎的情况便可以证明山西解运新疆的绸匹织工精细，质量上乘”。

文章还讲到了泽绸的具体用途，“乾隆五十九年（1784），据山西巡抚蒋兆奎载题奏中称，山西泽州府凤台、高平等县，为该年新疆塔尔巴哈台等城丝绸贸易备办泽䌷二百匹。除此之外新疆喀喇沙尔大臣奉命要山西备办泽䌷三十匹，内京酱色八匹、宝蓝五匹、红青五匹、元青四匹、玫瑰紫色一匹、驼色二匹、墨色五匹，以奖赏土尔扈特等处台吉官员。”还有就是“购买哈萨克牲畜需用”，换取马、牛等耕畜，供清政府在新疆的军屯之用。从把泽绸拿出来专门用以赏赐官员和贸易军垦物资这一点来看，泽绸无疑是众多丝织物中地位比较特殊的产品了。

五、双丝泽绸就是潞绸的一个别名

双丝泽绸是潞绸的另一个名字。关于这个名字，笔者第一次听到大概是 20 年前，至于为什么叫双丝泽绸，20 年来笔者一直在苦苦追寻，一直企图把它搞清楚，但是直到今天笔者还是没有搞清楚。不过在研究潞绸的过程中笔者似乎有了一点启示，于是就在这里写出来，仅供大家参考。

个人以为泽绸之所以冠以双丝之名，那“双丝”一定是织造工艺与众不同的原因。在丝织工艺中，无论何方神圣，都无法摆脱经、纬二线或经纬双丝，所以经纬是大家都会使用的基本织造条件，因此经纬不能叫双丝。至于提花、织锦等工艺，那更不是泽绸的专利，因此也不能叫双丝。而在潞绸织造中，唯一与众不同的工艺就是卷纬前“并丝”这道工艺了，尽管其他织造工艺中纬线也会比经线粗一些，但这个粗在缫丝时就做了相应的处理，那就是经四纬六的法则了。然而并丝却不然，它是把两根经丝并在一起，而且为了让并起来的丝能够结合的更好一些，潞绸织造工艺中还增加了“扬返”这道工序。如果说泽绸继承了潞绸的传统工艺，那么卷纬之前先要双丝合并的这一特殊工艺就是潞绸织造的核心技艺。大家可以想一想，双丝作纬织出来的丝织物，自然要厚过其他形式织出来的丝织物，因此，泽绸带给人们的触摸感一定会好过其他丝织物，无论是厚重感，还是下垂感，都会给人以全新的感受，所以泽绸自然会被人们所看重，从而获得比较特殊的地位。

双丝泽绸被皇家看中，应该在乾隆年间，这时潞绸依旧作为贡品向皇家奉送，为了摆脱潞绸的尴尬地位，人们只能将生产于泽州的丝绸赋予一个新的名字，思来想去，自然是突出双丝作纬这个特色了，于是“双丝泽绸”就成了泽州丝绸的新名字了。也是因为有了“双丝泽绸”的名头，泽绸才摆脱了潞绸的噩梦，走出了一条属于自己的新路子。

如果把乾隆三十年（1765）作为双丝泽绸的开端之年，那么从 1765 年到 1911 年，双丝泽绸还是有了将近 150 年的风光之时。在潞绸衰落的这段时间内，泽州传承了潞绸出众的织造技能，并以双丝泽绸这一新的品牌，为晋城、为中国北方的桑蚕织造业创造了新的辉煌，成为中国北方传统丝绸织造的一抹绚丽余晖。

第六章

炉火炫彩：泥塑技巧烧造艺术的完美结晶

自从人类学会了用火，火已经陪伴着人类走过了无数个日日夜夜，火不但给人类带来了温暖，带来了光明，带来了熟食，带来了脑容量，还给人类带来了色彩斑斓的世界，带来了陶瓷、金属、琉璃等无数的惊喜。正是在火的助力下，人类社会才出现了天翻地覆的变化，人们的生活才出现了长足的进步、快速的发展。

琉璃、法华、澄泥砚全缘于炉火，它们是中国古代传统艺术中的一枝枝奇葩，同其他传统艺术一样，用它的绚丽与神秘装点着中华古老的文明。既是美的体现，也是美的象征。

一、琉璃与法华

关于琉璃的出现的准确时间，已无从考证，但从文献记载与考古发掘现场出土的琉璃制品来看，早在春秋战国时期，我国就应该出现了琉璃制品。《孝经援神契》说：神灵滋液则琉璃镜。《盐铁论·力耕》说：……璧玉、珊瑚、琉璃、咸为国之宝。《汉书·地理志》记载："武帝使人入海市琉璃。"《汉乐府·焦仲卿妻》有："移我琉璃榻，出置前窗下。"1976年《文物》第四期《陕西省宝鸡市茹家庄西周墓发掘简报》报告说：墓中发现了琉璃珠和琉璃管；1977年《文物》第三期《湖南省韶山灌区湘乡东周墓清理简报》报告说：墓中发现了五件琉璃璧，四颗琉璃珠及琉璃管，琉璃剑首、剑珥、珠饰等；1979年《考古学报·北齐库狄回洛墓》第三期报告说该墓：出土了樽、盘、碗、杯、盒等琉璃明器30余件。以上文字告诉我们琉璃制作技艺的出现不会晚于春秋战国时期。

而将琉璃作为建筑装饰，大约是在北魏时期。《魏书·西域传》记载说："世祖时，其国人商贩至京师，自云能铸石为五色琉璃，于是采矿山中，于京师铸之。既成，光泽乃美于西方来者。乃诏为行殿，容百余人，光色映彻，观者见之莫不惊骇，以为神明所作。"本条记载出于正史，由皇帝下诏，使用于行殿，记载说：观者惊骇。既然惊骇，就是不曾见过，因此，将之称作琉璃使用于建筑之初始，是可以的。

北魏南迁是中国历史上一个重大的历史事件，从平城前往洛阳，晋城是官员们往返的必经之地，因此无论是平城还是洛阳，只要是体现皇家意志的文化，都会在沿途的文化重镇中出现，故都平城把琉璃置于屋面，以体现佛祖神灵佛光的事情自然会影响到新都洛阳。晋城位居平城与洛阳之间，紧邻洛阳，既然北魏时期羊头山能出现石窟寺，那么作为佛寺装饰的琉璃自然也会在晋城出现。

越过唐宋，在晋城目前所能看到最早的建筑琉璃，只有金代的遗物了。它就是高平定林寺雷音殿上的脊刹，脊刹平面呈扁六角形，下为须弥座，上为宝珠顶，须弥座正反各有一个平面，束腰处饰黄色花卉，平面两头各成一个尖角，每个斜面都有一个弓腰力撑的力士。在须弥座上枭斜角力士头部的内凹处，制作者留下一个时间纪年，内容为“泰和四年十一月”。查对历史纪念表，应该是公元 1204 年，这无疑是一个纪年确切的金代琉璃制品了。

晋城玉皇庙昊天玉帝殿金代琉璃脊饰

比定林寺稍晚一些的是晋城玉皇庙正殿的二十八宿琉璃正脊了，在玉皇庙现存的金泰和七年《玉皇庙重修碑》的碑阴处留有“琉璃匠元庆社李道真”的字样，由此可知玉皇庙正殿的琉璃脊应该是金代的。

法华——元代琉璃制作的新工艺

元代的晋城，由于泽州长官段直的有效管理，社会环境基本处于稳定的状态，生产生活都相对较好，因此琉璃制作工艺，在元代不仅没有失传，而且还有所发展，典型代表即享誉一方的法华工艺。《古玩指南》记载说："法华者，带釉之陶器也。其釉与瓷器之釉同。其胎则有瓦沙、缸质之不同。按：斯物肇始之年代，已无法考证。但由于质釉情形，与元代之器相近，故多定为始自元代。……法华一物凡分五种：一系蒲州一带所烧者，一系潞安泽州一带所烧者，一系平阳霍州一带所烧者，一系陕西各地所烧者，一系江西九江所烧者。"法华器物常见的作品有花瓶、香炉、动物等，以寺庙供器较多。法华器上常见的纹饰有花鸟、云龙、人物等，色彩浓艳，纹饰具有立体感。

关于法华的创造者和创造时间，由于它来自民间，发生在琉璃的生产过程中，因此官家不会关注，文人也不会青睐，自然就不会有相关的记载。而且一种产品的发现，还会有一个从发现到总结，再到提高直至产品完全成熟的过程，只有当产品被社会承认并获得广泛的好评后，才会因人们热捧和争相效仿，进而获得社会的关注。而这个关注也只是使用人的喜爱，而它们要进入收藏家的眼中，需要时间将会更久，或许需要几十年甚至上百年，而且关注产品的人，未必会关注发明人和发明时间。只有后人喜欢并收藏它时，才会有人研究这种产品，才会去了解它们的具体身世，这时才会想到它的发明人和制造者，而这个时间或许已经是几百年以后的事了，真相早已被历史所掩盖，最后只能依靠生产区域和产品流行的时间来表述了，这大概就是我们目前对法华的一个普遍认知。

关于法华，通常的说法是最开始出现于元代，明代时形成了一个繁盛的应用时期，最开始出现的地区是在晋东南的泽州一带，由于被大家喜爱，因此泽州周边的潞州、蒲州、平阳、霍州等地纷纷效仿。最为兴盛之时，陕西的琉璃匠也在烧制，甚至江西景德镇的瓷窑也在模仿烧制，可见当时法华被关注的程度有多么高。法华是一种釉色，法华彩较之琉璃色彩要丰富许多，除了传统琉璃所有的黄、绿、褐之外，还有白、蓝、紫、黑等，特别是茄皮紫、葡萄紫等，最为关键的是烧制温度虽然提高了 100℃，但是法华彩的颜色更为透明，更为漂亮。同时法华也是一种工艺，因为法华作品一般都采用沥粉工艺来体现法华色彩的亮丽。所谓沥粉，就是在陶胎上用特制的带不同口径管嘴的泥浆袋，按预先设计好的图案塑造出凸起的轮廓线，待素胎烧成后，再分别以色料填出底子和花纹色彩，再次入窑烧成。由于这一工序使得法华作品更富立体感，因而变得生动起来。法华器的另一个特点是釉面开片很小，故有芝麻纹之说。隔釉见胎也是法华彩的特色，因为法华釉清澈透亮通过表面的釉色可以看到釉下胎体的颜色。再有就是法华会隐现蛤蜊光，即所谓的宝光，因而更为人们喜爱。

明代法华彩琉璃脊饰

法华与琉璃一样，也是属于低温釉系列，所不同的是二者使用的助溶剂不一样。琉璃的釉料是用铅来做助溶剂的，而法华所用的助溶剂则是牙硝。

明代继承了元代的技法，于是在明代出现了法华彩，所谓的法华彩就是用牙硝做助溶剂烧制出来的建筑用琉璃。用牙硝做助溶剂所生产的器物不会泛铅，因此法华彩琉璃，会显得更透亮、更清澈，因此才有了翠兰、翠绿的叫法。法华彩应用于建筑琉璃，使明清时期晋城地区的建筑琉璃更加绚丽多彩了。因而就有了晋地琉璃遍天下的说法。

琉璃的制造技艺。琉璃的发明，应该与古代陶器烧制的过程有关。古人在制陶取土的过程中，很可能混入其他的矿物质，当陶坯中包含了其他矿物质，在烧制过程中就会随着温度逐步升高被熔化，被析出。从而产生出不同形态与色泽的物质来，或许琉璃就是这样被发现的。当那些不同于陶器，且有着华丽外表的物质出现时，一定会被烧陶人所重视。追根溯源，他们会找出产生这些变化的物质来，从而找到产生琉璃的物质与原料，在总结出烧造琉璃所需要的火候与温度时，一个制造美丽的技艺便诞生了。琉璃的出现，带给人们一个绚丽多彩的世界，也为人类指出一条创造新生活的途径。

现代人研究琉璃，对早期琉璃制品进行了取样化验，化验得知所谓的五石石汁乃石英，而众药，则是指以氧化铅为主的各种金属氧化物。根据李全庆、刘建业编著《中国古建筑琉璃技术》中的化验数据我们可以得知：陕西茹家庄出土西周琉璃管状串珠琉璃釉的组成状况为：二氧化硅20%，三氧化二铝 10%，氧化镁 3%，氧化铁 5%，氧化锰 0.3%；西汉茂陵陪葬冢出土琉璃璧的釉料中以二氧化硅和氧化铅为主，二者含量都在 10%以上。其他主要成分：氧化钠 2%左右，氧化钡 2%左右，氧化镁 1%以上，氧化钙 1%以上，另外还有氧化钾、三氧化二铝、氧化铜、氧化锰、三氧化二铁等成分。汉代北方绿釉陶器：氧化铅 45%—65%，二氧化硅 2.991%，氧化铁 0.81%，氧化铜 2.6%，氧化钙 0.94%。洛阳唐三彩：主要成分也是二氧化硅和氧化铝，其他成分如三氧化二铝、三氧化二铁、氧化钙、氧化镁、氧化钾、氧化钠都与汉墓中的琉璃相同，只是唐三彩中多出了氧化钛、氧化锑和氧化钴等成分，标志着唐代琉璃釉比汉代有了发展。柴泽俊先生编著的《山西琉璃》对唐三彩黄釉做了化验，化验数据为：二氧化硅 25.07%，三氧化二铝 8.22%，三氧化二铁 4.71%，氧化铅 41.6%。这些化验充分证实了琉璃的釉色的确是不同的矿物质在高温下所呈现出来的色彩。

宋《营造法式》是第一本以官方身份记载琉璃制作工艺的专门著作。《营造法式》第十五卷有“窑作制度”一篇，里面两次提及琉璃工艺。其中专门有一节叫“琉璃瓦等炒造黄丹（氧化铅）附”，文中说：“凡造琉璃瓦等，之制药，以黄丹、洛河石和铜末用水调匀，冬月以汤。……凡合琉璃药所用黄丹阙，炒造之制，以黑锡、盆硝等入镬，煎一日为粗＊（尸下加幼字），出侯冷，㨿（作为提手旁）罗作末。次日再炒，砖盖掩，第三日炒成。”这里所述之釉药，只是一种绿琉璃釉药的配制方法。

明万历时，也有一种官方文献《工部厂库须知》，记录了各色琉璃的成分和配比。《工部厂库须知》各色琉璃配药表：黄色一料，黄丹 306 斤，马牙石 120 斤，黛赭石 8 斤；青色一料，硝 10 斤，马牙石 10 斤，铅末 10 斤，苏嘛尼青 8 两，紫石英 6 两；绿色一料，铅末 306 斤，马牙石 102 斤，铜末 15 斤 8 两；蓝色一料，紫英石 6 两，铜末 10 两，马牙石 10 斤，铅末 1 斤 4 两；黑色一料，铅末 306 斤，马牙石 102 斤，铜末 22 斤，无名异 108 斤；白色一料，黄丹 50 斤，马牙石 15 斤。这里所说的黄丹，即氧化铅，有天然矿，也可人工合成。而马牙石，则是一种含二氧化硅极多的石英质石料。黛赭石，是一种铁的氧化物。无名异，又称土子，是一种氧化锰的结晶，含锰极多，也含有少量的铁。

古代建筑琉璃的使用，除了皇家贵胄之外，主要就是宗教建筑了。这些大规模的建筑群体，往往要建造十几年、几十年甚至上百年。由于建筑用琉璃，特别是屋面脊部的装饰琉璃，块头大，重量大，搬运起来十分不便，于是琉璃匠人们很多都会就近选址，烧造琉璃，因此垒窑便成了琉璃制造的基本程序。

阳城后则腰琉璃窑

琉璃制造的基本流程，大致可分为四个步骤：

琉璃烧窑的垒造——胚胎的制作——釉料的配制——琉璃的烧制。

1. 琉璃烧窑的垒造

《营造法式》把烧制琉璃的窑称作曝窑，原因是它不像普通砖窑需要湮水渗炭，因此它的窑顶不留口子，所以做成了穹庐型，其他方面则基本相同。

琉璃烧窑的构造与普通砖窑的构造原理一样，都是采用倒焰式的燃烧方法进行胚胎烧制的。基本原理是：在窑门内的炉膛内燃烧火焰，当火焰上升到拱形的窑顶时，会被安置在窑膛下部与烟囱相连的吸火孔吸引，于是火焰会穿过胚胎间隙返回下部，这样便实现了火焰的扩流，从而达到炉内的火力均匀，胚胎的受热一致，熟化程度均等的效果。

2. 胚胎的制作

胚胎制作的第一步就是选料。上党地区琉璃的胚胎大都使用矸土料，具体流程就是采回矸土，碾压粉碎，如果需要用粗泥，那就过筛后湮水；如果需要用细泥，那就把备好的精料进行打浆沉淀。

制作的第二步是做泥。闷好的粗泥要反复的捣腾使之熟化，然后才可以使用。沉淀的细泥，则需要脱水熟化。

制作的第三步是塑型。也就是把泥做成自己需要的形状，并塑造出表面的花卉、龙凤等形象来。有研究者认为琉璃的塑型是一门精美的雕塑艺术，从历史的角度看，它已远远超过了人们所崇拜的瓷器。

3. 塑型完成后

就可以烧胎了。胚胎烧制好后，胚胎的制作过程就完成了。

釉料的配制。釉料的配制是琉璃匠师们严守的秘密，从大的方面来讲，可能各个匠师使用的材料都基本相同，但细微之处还是要有一些不同的，这就是我们无法知道的了。

釉料配制好之后，下一步就是给肧胎上釉了。上釉的方法有浇、蘸、抹等几种，具体实施就要看产品的需要了。

4. 琉璃的烧制

关于琉璃的烧制，宋《营造法式》在“烧窑次序”一节中，是这样说的“琉璃窑，前一日装窑，次日下火烧变，三日开窑，火候冷至第五日出窑”。目前我们所了解的琉璃烧制方法是这样的，烧制需要分两次进行，第一次烧胎，行内称之为“素烧”。烧胎的炉温要高于“釉烧”，一般炉温在 900℃—1100℃之间，高温才能保证胚胎的强度。烧釉时，炉温只需800℃—880℃就可以了。

釉色烧制是琉璃制作的关键环节，有经验的匠师烧制出来的琉璃一定是流光溢彩的。

二、澄泥砚

《古玩指南》认为“砚者，研也”。“石墨需研，而研石墨者，无论为何器物，即可谓之砚。”“砚之种类，当以瓦（陶）、石为两大类，瓦砚则以其制作之不同而有澄泥及故名砖瓦两种。”

“澄泥砚，澄结细泥烧炼所成之砚也。”在石砚未出现之前，全国各地都生产陶质砚台，故无特别出产之地，亦无特殊之名窑。“为山西绛县所制者，最为著名。其必系缝绢袋，至于汾水之底，逾年则泥已实囊，取出晒干，切成各式砚形，入药烧之即成。或以夹布囊盛墐泥，水中摆之，得细者澄去清水，令微干；入黄丹团搜，如面入模中，压令至坚，以竹刀刻作砚状，微荫干，利刀削成；曝干后以稻糠并黄牛粪和入窑中陶之。一复时，然后入墨蜡贮米醋蒸之五七度，不亚于石，水不涸也。唐人砚品以虢州为第一，虢州即绛县也。”唐代之后端砚、歙砚等大肆流行，但瓦砚依旧占有一席之地。尤其是宋代，晋城出现了一位制砚高手——吕道人，从此以后泽州就占据了澄泥砚的高地了。在《晋城历史文化丛书·方物大观》一书中有这样的记述：“到了宋代，泽州吕道人所制澄泥砚名声鹊起，泽州澄泥砚排在降州之前，正如乾隆皇帝所言：‘澄泥砚唐时以降州为最，宋时泽州吕公尤擅长’。”

关于吕砚的记载，最早见于宋人米芾的《砚史》一书，书中说：“泽州有吕道人砚，以别色泥于其首纯作‘吕’字，内外透，后人效之，有缝不透也。其理坚重，与凡石等，以历青火油之坚响，渗入三分许，磨墨不乏，其理与方城石等。”关于吕道人制砚一事，宋人何薳所著《春渚纪闻》一书中有一些记载，记载说：“高平吕老造墨常山，遇异人传烧金诀，煅出视之，瓦砾也。有教之为砚者，砚成，坚润宜墨，光溢如漆。”如果记载属实，那么吕道人所制砚台就是采用了特殊配方的陶土，因此才出现了特殊的效果。不过这里还有个破绽，那就是砚首的吕字是如何做上去的？因为同一本书上也记载了“每砚首必有一白书‘吕’字为志。”难道这个“吕”字是通过雕刻嵌入后，再二次烧制才成的吗？值得存疑。不过泽州吕道人的身份和名字，在这里是得到了再次证实。

吕道人的砚，在宋代就十分有名，为许多文人所青睐，宋代词人苏东坡好砚，他本人就收藏过一方吕砚，并记录在他的《东坡文集》中，文章说：“元丰五年（1082）三月七日，偶至沙湖黄家，见一枚，黄氏初不贵，乃取而有之。”宋代著名诗人、书法家黄庭坚曾得到舅舅赠予的一方泽州澄泥砚，就是著名的吕砚。他在诗中赞曰：“湔拂垢面生寒光，汉隶书吕规其阳。吕翁之治与天通，不但澄埿烧铅黄。初疑蛮溪水中骨，不见鸲鹆目突兀。但见受墨无声松花发，颇似龙尾琢紫烟。不见罗縠纹粼粼，但见含墨不泄如寒渊。”清代乾隆皇帝也十分喜欢吕砚，但穷其一生也没有得到一方吕砚，投其所好的大臣们曾为他收集到两方宋代的澄泥砚，一方为“直方砚”，一方为蟠夔石渠砚，乾隆皇帝尽管知道不是真的吕砚，但他依旧认真地收藏起来，并为它们撰写了题铭，直方砚的题铭为：“正紫色而坚凝，如端石出于旧坑，叩以铿锵为金玉声，虽无吕字，可定其为泽州吕老之所手成迩。”蟠夔石渠砚题铭为：“吕叟应曾煅制来，夔为蟠以玉为胎，石渠天禄人争羡，谁果不孤视草台。”从乾隆皇帝的铭文诗句中我们就可以看到其对吕砚的喜爱程度，吕老、吕叟都是乾隆帝对吕道人的尊称。为了再造澄泥砚的辉煌，乾隆帝还动用了皇家之力在山西降县寻找旧制澄泥砚，乾隆四十年谕文曰：“朕阅四库全书馆所进之书内，《贾氏谭录》载云绛县人善制澄泥砚，缝绢囊置汾水中，踰年而后取沙泥之细者已实囊矣，陶为砚，水不涸焉等语。澄泥制法昔人既笔之于书，其说自不妄。绛县系山西所属，其法至今是否流传土人，尚能得其遗制否？著传谕巴延三留心寻访。如尚有旧制之砚，则随便陪取数方呈进。若已无世业之家，即觅妥人依谭录所载做法试仿为之，一年之后能否成材再行据寔覆奏。将此遇奏事之便传谕知之，钦此。”乾隆四十一年（1776）八月二十六日谕旨，提及上一年着令巴延三所办之事：“上年夏间朕批阅四库全书……现在于各处寻访一得其人，能否如法仿制未据奏及。如果试有成效，即将制就之澄泥呈进数块以备砚材之用。将此遇便传谕巴延三知之，钦此。”同一年，在进献新制菱镜砚上题：“四十年（1775）因谕山西巡抚巴延三，试仿为之，一年以后，巴延三以所造砚材进，视其中有可作菱镜砚者，乃出旧藏砚式，命匠制此砚。”台北故宫博物院珍藏乾隆四十八年(1783)《农起奏折》进呈澄泥砚材：“……得净细砚材二十七块，敬谨装匣进呈。仍令该州县等多备绢囊照旧安放汾河如法浸取……”据《乾隆朝宫中档》记载，山西自巴延三及以后历届巡抚，每年进贡澄泥砚材长达十年之久。故宫库房内至今保存200多块完整汾河澄泥泥料。可见为了澄泥砚，乾隆皇帝还真是费了不少辛劳。

关于澄泥砚的做法，宋代的《贾氏谈录》和《文房四谱》中对澄泥砚的制作方法均有记载，古法大致是：取河床下的泥，淘洗后，用绢袋盛之，口系绳再抛入河中，继续受水冲洗，如此二三年之后，绢袋中的泥越来越细，以过滤的细泥为材料，然后“令其干，人黄丹团和搜如面，作二模如造茶者，以物击之，令其坚。以竹刀刻作砚之状，大小随意。微阴干，然后以利刀刻削如法，曝过，间空垛于地，厚以稻糠并黄牛粪搅之，而烧一伏时”，再用黑蜡、米醋相参蒸多次。如此繁复的工序，使砚台坚如铁石。

现今亦有仿制者，但影响不大，市场规模一般。

三、生铁铸造技艺

铸造是铁器最原始的加工方式，当矿石在高温下变为液态时，金属与矿渣开始分离，比重较大的金属下沉，比重较小的矿渣上浮，这时的金属液态性极好，堪比橙红的汤汁，此时无论是出铁、出铜，还是完成浇注都非常容易，工匠们正是掌握了金属的这个习性，因此最先选择了铸造，把铸造当作最为方便的器具加工法。

铁器铸造应该是建立在青铜铸造基础之上的，不过铁的脾性似乎不如青铜那么温顺，由于铁的熔点高达 1538℃，比青铜的熔点 800℃高了将近一倍，所以浇注青铜器的模范就无法用来浇注铁器。那些不能及时排出的热空气不是撑爆了铸器用的模范，就是聚集在铁范中形成气洞，使铸件成为残品，因此铸铁用的模范一定要透气性好、散热快。工匠们通过认真的探索，最终选择了细质河沙来做模范，这才解决了铸铁范具的制作问题。制作铸铁模范所用的河沙不是河滩上的飞沙，而是沉积在河床之下带有一些泥质的河沙，这样的河沙不但透气性好，而且具有一定的黏度，用这样的河沙做模范易成型，稳定性好，成品率极高，因此它们就成了翻砂匠人的首选之物。

翻砂制范所需的工具包括“轮”、托盘、模具、刮刀、砂料、清水、毛刷、皮老虎、猪毛泥、细麻绳等。范具的制作过程，我们将以圆器制作的“轮”为例进行讲述。古代手工业匠人在制作圆形器物时，都要使用一种叫“轮”的工具，这个工具就是由生铁铸的。在农耕时代，“轮”可算作传统的工作母机，有较高的精度要求，因此掌控“轮”的制作匠人，都有一些不传之秘不可外泄。据石阳生先生讲，润城有一个铸铁老工匠，叫秦甲友，小时候在东沟的一家炉场学手艺，但教他的师傅却不教给他做“轮”的手艺，师傅每次做“轮”都会把时间安排在晚上无人的时候。做“轮”时师傅会用苇席把自己圈起来，一个人坐在苇席中间悄悄地干活。为了学手艺，秦甲友每次都要光着脚偷偷地跑去看，这样才学到了做“轮”的手艺，从而成了润城村 20 世纪 50 年代仅有的三个做“轮”工匠。他们三个的名字分别叫石明伦、张五、秦甲友，个个都是润城村有名的能工巧匠。

为了方便表述，后边我们将把“轮”统一称作“转轮”。其实转轮并不是什么高精尖的产品，只是产品需要圆心精准，轮壁厚薄均匀，这样才会转心平稳，转盘灵活，一次给力即可长时间地转动，只有转动的时间够长，工匠们才有足够的时间拉制坯件，修整器物。晋城地区明清时期生产的转轮，虽然无法和现代的快轮相比，但在那样的社会环境中，就已经算是快轮了，完全可以用来拉坯制作器物。因此，在20世纪五六十年代，购买一盘好的转轮，大约需要一个工人三四个月的工资。

一盘转轮由上下两个构件组成，核心部位就是一个子弹头样式的转轴和一个相应的轴窝，转轴的下部和轴窝的上部分别为敞口外撇的底座和托盘。这个东西虽然看起来简单，但用途却十分广泛，无论是制作圆形铁器，还是制作圆形陶器、瓷器都离不开它。据石阳生先生讲，转轮的制作大约分这样几步：第一步，制轴。这个轴虽然简单，但是它的顶端一定要端正，因为整个转轮就这一个支点，只有轴心端正才能保证支点的面积最小，摩擦阻力最小，转轮转起来才会流畅。所以做转轴时一定要留有充分的选择余地，每一个都要认真做，做完后或许五选一都不一定能满意。第二步，做砂模。砂模要上下两部分分开做，砂模的外形做起来比较简单，但也需要分两步进行，第一步做内模，具体的做法就是把准备好的沙子放到模具中用力捣实，然后挖去中心部分多余的沙子，然后将砂模翻转过来倒扣在托盘上并取掉模具；第二步就是旋转转轮，用刮刀刮掉砂模最表层的沙子，刮沙砂的厚度就是铸件需要的厚度，如果是铁锅就要薄一些，这样煮饭就会快一些；如果是转轮就可以厚一些，这样就会耐用一些。做完内模还需要做外模，做外模的时候就不是往模具里填沙子了，而是往模具外贴沙子，沙子的厚度大约在5厘米，贴好拍实开好铁水浇注口，然后就可以取出模具了。砂模定型后工匠们会在砂模的表层刷一层薄薄的面浆，这层面浆能起到稳固和保护砂模的作用。做转轮砂模最关键的部分是确定圆心，这个圆心上下两个部分缺一不可，下部分是为了开轴窝，上部分是为了装转轴，两个圆心必须位置契合，这样做出来的转轮才能上下契合灵活好用。现如今确定圆心应该比较简单，但当年工匠们是如何确定圆心的，笔者还真是不知道。内外模全部做好之后，最后一步就是合模了。工匠们会把外模准确地扣在内模上，并用猪毛泥把砂模表面封好然后再送入炕屋内将砂模烤干，等候浇铸。

明清时期的铸铁都是用坩埚来完成的，每次开炉的时间大约会间隔一周或10天，这样的安排主要是为了砂模的制作与干燥，当砂模完全做好后，炉主才会确定装炉熔铁的时间并完成铸造的。在明清时期，铸造和冶铁虽然都使用的是方炉和坩埚，但坩埚的大小却不一样。冶铁的坩埚既高又粗，它的内部放的是燃料和矿石，冶炼完成之后，铁渣在上，铁块在下，因此必须打破坩埚才能取出铁块。而铸造所用的坩埚却很小，因为坩埚内放的全是铁块，十分沉重，而且铁水熔化后还要用铁钳夹起来往砂模中浇注。铁水熔化后温度会很高，因此浇注时所用的钳子就需要较长的钳把，熔铁的坩埚虽然很小，但是用长把钳夹起时却很重，坩埚的大小是工匠们经验的选择，因此坩埚只能小一些。

浇注是转轮制作的关键一步，但不是最后一步，因为转轮的关键是能够流畅地旋转，而浇注完的转轮还不能实现这一目标，下一步需要做的工作是构件的配对。因为转轮的上下部分是分开制作的，制作完成后首先要把其中最好的部件拣选出来进行试配，试配完成后还需要进行研磨。通过研磨后，转轮的结合部才能光滑，才能旋转起来。研磨的办法比较简单，首先要埋置一根木桩，然后将配置好的转轮下部成水平状固定到木桩顶部，接着将转轮的上部装好并平绑一根结实的木杠，并在转轮的托盘上配装一定的重物，一切准备好之后，就可以对转轮展开研磨了。研磨的方法十分简单，那就是推着平绑的木杠不停地转圈，将转轴与轴窝之间的一切毛刺与可能形成的阻挡物磨平，这种研磨没有时间限制，直到制轮工匠认可为止。这道工序完成之后，整个转轮的制作工艺才算完成，完成后的转轮，只要在轴窝里倒上点蓖麻油，用手轻轻一拨，转轮就会轻快地旋转起来。做铸铁砂模，做陶瓷水缸，做瓦片砂锅都离不开“转轮”这个东西。

在砂模制作领域，还有一种特别的铸件值得专门做一个表述，那就是铁匠打铁时所用的铁砧。铁砧也可以算作工作母机，因为它也是铁匠锻制铁器时的基础工具。翻砂铁砧也需要制作模具，不过这个模具的制作过程就不同于一般的砂模了。因为铁砧个头不大，但是重量却很重，而且铁砧还要在重锤的锤击下不会碎裂，这些指标与要求都使铁砧的制作变得复杂起来。针对这个问题笔者请教了石阳生先生，石阳生先生说制作铁砧的模具用的不是砂模，而是土模。土模的土需要用红黏土和黄沙土混合而成，模范做好后，要在砧面的部位贴上一层无烟煤煤粉，合模后还要用麻绳将模范缠绑好。其中最大的不同是浇注后，要对铸件适当的保温，使之慢慢地冷却。这样做出来的铁砧，才能实现表面光滑、更坚硬，且比普通的白口铁有韧性，经得起重锤的不断锤击。至于为什么铁砧的铸造制作模范时要贴一层无烟煤面？为什么浇注后要采用慢冷却的做法？笔者想到了当年参观阳城玛钢厂的生产情况，玛钢就是通过对白口铁铸件再加温从而改变了白口铁的性质，那么铸造铁砧所采取的特别技艺，笔者觉得这与铸件表面碳含量的变化和铁元素的变化有关，因为玛钢就是改变了性质的白口铁，玛钢又叫可锻铸铁，它比白口铁更硬、更有韧性。

晋城地区的铁匠一般使用的铁砧都是瓦面砧，这种铁砧平面呈方形，砧的正面中间微微凸起，像一块板瓦，故叫瓦面砧。瓦面砧的周边还有几个作用不同的特殊装置，一个是瓦口处的喇叭尖，这是用来卷曲铁件的；一个是瓦面的两侧不同形式的梯形平台，一面与瓦面同长，一面中间断开三分之一，这些平台的主要作用有二,一是为铁器折角，一是锻制器物的平面；砧面的一个角上，还有一个圆孔，这个圆孔是用来加装工具的，例如錾子，可以斩断铁器上多余的部分，或者印章，把铁匠的姓氏，或其他标识打印在铁器上，总之铁砧上的所有部件都是非常实用的。至于普通铁匠为什么会选用瓦面砧，那是因为瓦面砧更为实用，因为锤子与铁件的接触面越小，锤子对铁件的作用力就越大，为了让烧红的铁件快速地达到预设的目标，铁匠们往往会把锤子的面积做的小小的，瓦面砧同样也会减少铁砧与铁件的接触面，这样上下夹击铁件就更容易实现铁匠师预设的目标。因此瓦面砧就成了晋城铁匠首选的利器了。

四、熟铁锻打技艺

锻打是古代制铁的又一种手段，而且是应用更为广泛的制铁手段。在晋城古老的制铁领域中，锻打工艺几乎是和生铁冶铸同时出现的。因为晋城工匠从来不服输，当他们看到铁水凝固之后就脆到无法加工时，就把目光流转至铁水尚未凝固的那个时刻，从而解决了从生铁到熟铁的问题。当第一块熟铁出现后，锻打工艺就正式成为晋城制铁的一个组成部分。

明清时期晋城的熟铁锻打已经极具规模，1999 年山西古籍出版社出版的《晋城县志》记载了民国年间泽州县的铁业生产情况：“手工业冶炼遍及全县，大阳、冶底、南村、辛壁、大箕、西峪、马匠、柳树底、来村尤为集中。……年向外销生熟铁货 2、3 万吨，外销铁货的主要品种有各种型号的老铁锅、改装锅、对口、八印、铁钉、以及小板铁、炉条、火口、鞋钉、镰刀、铡刀、犁镜、犁铧、四锤红钉等……经营铁货的行货栈，民国初年仅南村一地即有大小 8 家，每年营业总额约为银币 85.7 万元，外销铁货 1428 万斤。”笔者手里有一本晋城县志编纂委员会编辑 1962 年印制的《晋城县志（初稿）》书稿，在解放前的手工业部分记载：“当时城关和南村一带，打制剪刀、镰刀、铁勺、铁锁、厨刀和小农具的碎货炉共有 1500 多盘。当你走进城关的黄花街，就会听到叮叮当当一街两行的打铁声。”从这些记载中，我们可以想象当年晋城黄花街的熟铁锻打行业是多么兴旺发达。

熟铁锻打在晋城当地都被称为打铁，锻打的作坊都被叫作铁匠铺。由于锻打行业承接的任务并不固定，因此在制铁这个行业中也被称作碎货炉。当然也有一些追求稳定、技术比较单一的铁匠铺，专门为固定的行业货栈加工普通店铺中常备的民众都会使用的铁制产品。例如铁钉、菜刀、火柱、铁勺以及镰刀、斧头之类的东西。而技术比较全面的锻打工匠，则会凭借自己的名气与影响进行生产，那些要求颇高的客户自会上门付款下单，定制自己需要的锻制产品。

锻打铁器，所需要的生产设备比较简单，一间不大的小屋，一个中号风箱，一个淬火用的半截水缸，一截置放铁砧的木桩。锻打所用的工具主要有铁砧，长短不一的铁钳，几把形状不同、重量各异的铁锤以及分割铁快的大小錾子。锻打铁器的消耗品主要有锻打铁器用的小板铁，器物刃口中需要添加的钢材、烧铁用的炭块等。锻打用的炉子一般都是铁匠自己盘制的，由于锻制铁件的大小不一，因此铁匠盘制的炉面都比较大，长在1.2米左右，宽约0.8米，高约0.9米，铁匠炉为了操作方便一般呈倒梯形，这样的形状有利于贴近炉台作业。炉子的后边有一道挡火墙，挡火墙的后面置放着为炉子送风的风箱。锻打用的炉子叫烘炉，烘炉没有炉膛，只有一个浅浅的小坑，小坑的下部有一排炉条，炉条的下部是一个储存煤渣的渣坑，渣坑朝向炉前的方向有一个向下的渣道。炉条用泥巴固定，起着过滤煤渣、承托燃料的作用，炉条上面是一个直径20厘米左右，深不足10厘米的小火塘，火塘距挡火墙的距离大约30厘米，火塘后面有风道与风箱相连。点火时只需在炉条上放上引火柴，然后点燃并把砸好的小块炭堆放到柴火上即可，这时只要拉动风箱，风道里的风就会协助木柴引燃炭块，很快火就燃烧起来。当火着旺时，就可以在火上烘烤熟铁块了。

熟铁锻打的第一步是把熟铁块烧软，烘烤铁块时要在铁块的上面盖上盖瓦，盖瓦是用耐火材料做成的，可以防止铁件上部温度的散失，有助于铁块的快速升温。当铁块烘烤成金黄色时，就开始变软了，这时候夹出来锻打最容易使铁块改变形状。一个铁匠铺一般需要三个人，一个师傅两个徒弟，师傅负责夹铁器，打点锤，大徒弟负责抡大锤，小徒弟负责煽风箱，看火，打大件时也会抡大锤参与锻打。熟铁器物的锻打，所有的程序都在铁匠师傅的心中，抡大锤的徒弟只需跟着师傅的点锤走就可以了，师傅的锤子落在哪里，徒弟的大锤就跟到哪里。刚开始铁块红的时候，师傅的锤子会与徒弟的锤子一递一下的击打，这样击打的目的，一是为徒弟引路，同时也可以纠正徒弟落锤后形成的偏差。当铁块逐渐冷却下来后，师傅就会将锤子点打在铁砧边上的砧翅上，一方面掌握节奏，一方面表示意愿，例如接着打还是立刻停。铁件锻打的物件有大有小，大的有上百斤器物，如牛车的轮子，一根铁轴再加两边两个轮子，重量在百斤左右，再有就是犁地用的犁辕，虽然不算太大，但也有近 20 斤的重量，主要是它的长度和合适的弯曲度，都是比较难以掌握的，因此也算是大件了。

难度较大的锻打工艺，就是加钢的器件了，例如厨刀，因为厨刀用的钢片一是要薄，二是要到位，三是要结合好，四是要淬好火，四个问题哪一个环节出了问题，都算是残次品。钢片要薄，因为厨刀要的就是锋利，如果钢片过厚，不但难以启口，而且磨起来也比较慢。放置要到位，好钢用在刀刃上，就是要把钢的位置放对，放在刀的刃部位，要夹在铁的正中间，否则刀就会偏刃、磨起来，用起来都不舒服。结合好，是指锻打刀刃时，要把外面裹的铁与中间夹的钢真正地结合在一起，不能在用的时候两者之间产生分裂，因为钢硬铁软，如果结合不好，用的时候铁就会卷起来，形成两重皮，这时刀就不能用了。另外，加钢的器具都有个淬火的问题，淬火不到位，钢的硬度就达不到所需的硬度，这样锻打出来的刀具就不够锋利，用起来不趁手，一般人就不再认可你这个牌子了。因此刀具完成后，最后的淬火非常关键，既需要师傅指点，更需要自己的经验积累，真正属于不传之秘。

锻打器件中笔者见过最小的用品就是钉马掌用的马掌钉子了，马掌钉子整体呈楔形，长约 4 厘米或更长一点，钉子的顶部为长方形，长约 1.2 厘米，宽约 0.4 厘米，钉帽高约 1 厘米，是由专门钉马掌的铁匠铺锻打的。这样的铁匠铺好像有一个专用的名字，叫作蹄炉，蹄炉的名字笔者感觉应该来自军队，因为在封建社会里，军队是马匹使用最集中的地方，因此在军队里一定会有许多专门锻打马掌，为马匹修蹄钉掌的工匠，笔者之所以见过锻打马掌铁，给骡马修蹄钉掌的事情，是因为我们村当年有几辆用四匹骡马牵引的大马车，因此村子里有一个专门为骡马锻打铁掌的铁匠铺。这个铁匠铺不但锻打铁马掌，也锻打牛蹄专用的铁牛掌。铁马掌呈“U”字形，一面有三四个长方形钉孔，唯有 U 形顶的顶部没有钉孔，而牛铁掌则为两个弧形，每个弧形上也为三四个钉孔。钉掌前先要为大牲口修整蹄掌，去掉旧的磨损严重的铁掌，然后切削掌部角质物，修整完成后才换钉新的铁掌，钉铁掌的钉孔一般会左右轮换着用，如果上次用的是三个钉子，那么这次就会换成四个孔的铁掌，这样就会避免钉孔重叠，影响到马掌的稳固，钉马掌时马掌钉尖要稍往外撇一点，这样马掌钉在钉入马蹄 2 厘米以后就会外撇露出钉尖来，这时钉掌人就会用一个铁铤将钉尖顶弯并钉入角质物中，这样铁马掌就不容易掉下来了。还有一点也需要说明一下，马掌钉由于钉头较长，钉完马掌后马掌的上面还会露出一点来，对于这一小截的用处笔者现在才搞明白，原来它是可以防滑的。

由于熟铁的可锻打性，人类社会对铁的使用就变得更为便利了，这样一来，凡是形状无法统一的铁质构件，人们就不再考虑铸造了，只要进行锻打就可以制造出来，因此人类社会这才出现了一个以锻打的铁质构件为主体的铁器时代。这一时代的出现，为近现代的钢铁冶炼业铺平了道路，促成了工业革命，造就了现代化的今天。

五、拉铁丝技艺

拉铁丝既不属于铸造，也不同于锻造，完全是一个全新的制铁工艺，因而在此设置了一个专门的章节。关于拉铁丝这个行业什么时候出现在晋城这块冶铁热土之上的？笔者不太清楚，不过李希霍芬当年却在太行古道上看到了铁丝这种产品。

晋城历史上用铁丝作原料的手工业生产十分发达，一个有资源来源，有资源利用，恰恰缺少一个材料加工环节，笔者觉得这不应该，因此还是要说一说。晋城的铁丝应用，主要体现在晋城的制针业与铁丝编造业，而且在这些领域所形成的影响也十分巨大。据 1999 年山西古籍出版社出版的《晋城县志》记载："晋城的铁丝编造业和制针业一样有着悠久的历史，东沟、贾泉等地编制的灯笼、笊篱、铁筛等产品，远销甘肃、内蒙古、河南及本省运城、临汾等地。"而且当年李希霍芬的日记中也记载了有铁丝外运的情况："我估计，这一天我在路上遇到的货物总量可以达到 150 吨。大多是些铁制品，比如铁丝、钉子、铁锅、铁犁、车轮子……"由此可知明清时期晋城地区的铁丝生产和需求都是很可观的。

晋城不但是华夏的产铁大户，也是铁制产品的出口大户，具有超强的生产能力，同时晋城还是铁丝深加工的重要生产区。一个生、熟铁资源丰富，铁丝产品发达的区域，怎么会缺少铁丝生产这样一个环节呢？根据这个推断，我专门查阅了《泽州碑刻大全》一书，果然在大东沟镇的贾泉、马村等地找到了相关的碑刻记载。碑刻共有三块，分别为清道光二十一年贾泉村老君殿保存的《造条税则与行规碑记》，清同治十一年《油丝伙会公议规则罚则碑》和保存在马村玉皇庙清咸丰二年的《马村新建太上元君会碑文》。三块碑刻都与铁丝制造密切相关，分别涉及到行业纳税问题、行业规范问题、行业标准问题。碑文虽然没有谈到铁丝生产的工艺流程，但是保存了一些相关的专业名词，如“造条”“改油丝”“大条”“白线”“车户”等。这些专业名词都与制造铁丝密切相关，造条就是制造拉铁丝的坯件，大条就是粗铁丝，白线就是细铁丝，改油丝就是拉铁丝的过程中要在铁丝的表面涂抹油脂。车户就是拉制铁丝专业工坊、专业户。

关于铁丝的制造，我在杨宽先生所著《中国古代冶铁技术发展史》中读到这样一段话：“1973 年江西出土明代嘉靖三十二年（公元 1553 年）的细铁丝，经金相检验，证明系冷拔钢丝。冷拔钢丝的优点是强度高，韧性好，不易折。《物理小识》卷 7《冶铸》条有方中德注说：‘青州出铁，而颜神镇穿珠灯，必资山西铁丝。’可知明代山西生产的铁丝最佳。”为此我专门查证了《物理小识》这本书，原来是《物理小识》是明末思想家方以智的作品。注释者方中德是方以智的长子，父亲著书儿子注释，这样的注释应该是比较可靠的。由此可知明代山西是生产铁丝的，这个山西很可能就是山西的泽州，最起码应该包括山西的泽州，如今的晋城。

关于铁丝的生产，由于没有找到具体的生产记录和民间记忆，因此只能根据碑刻资料、沈括《梦溪笔谈》的记载和现代铁丝生产的情况做一个揣测了。《梦溪笔谈》没有专门的章节讲铁丝的拉制过程，只是在《中篇 · 锤锻第十》关于做针的记载中附带的讲到了铁线的制作，文章是这样表述的：“凡针，先锤铁为细条。用铁尺一根锥成线眼，抽过条铁为线，逐寸剪断为针。”从这里我们可以得知铁丝不是锻打出来的，而是利用熟铁的柔韧性拉制出来的。怎么拉制的，文中没有加热烘烤的记载，既然不需加热，那么这个过程就应属于冷拔这个系列。

至于铁丝是什么时期出现的，目前无法给出一个具体的时间，贾泉村的碑刻记载说“吾村白线条手艺由来古矣”，“吾村所出油丝条之土产由来久已”，马村村的碑刻记载说“吾里素以改条为业”。可见这些行业在晋城早已形成，即便是当时的人们也无法确定具体的形成时间。不过可以肯定的是明代铁丝已经被社会广泛使用，而且产生了“必资山西”的区域名品，这是无可争议的。

用晋城生产的小板铁将其锻打成条状物并加以利用，应该在很早之前就被不断的使用。例如高平二郎庙金代舞台的木柱就有墩接打箍的现象，许多寺庙彩塑做的飘带等物都会用到比较细的条带状铁件。这些条带状铁件虽然制作工艺不同，不一定叫铁丝，但是在锻打这些条状铁件时铁匠们会总结出一些经验来，那就是铁件越是捶打就越是柔软，越是捶打脱皮就会越来越少，这是因为熟铁中碳元素在煅烧和捶打的过程中会不断并被氧化成二氧化碳而挥发掉，因此而含碳量越来越少，最后即可精纯到可以直接拉铁丝的状态。

用熟铁拉铁丝，具体的制作工艺目前没有找到相关的记载，只能根据贾泉、马村碑刻中所保存的专用名词来推理了。第一步造条。应该是将熟铁进一步锻打精炼并锻打成 2 厘米粗细的棍状圆条；第二步是改油丝，用坚硬的金属材料制作成不同尺度丝孔，如用生铁铸成 1.5 厘米、1 厘米、0.5 厘米及所需要的各种尺度丝孔控制器。然后将准备好的型材捶打捻细，直到可以通过相应的丝孔控制器；第三步是上车拉丝，即将成大条与拉丝的机床连接起来，然后给机床以动力，让机床转起来。这个动力可以是畜力，如两头骡子拉动的轮盘，也可以是水力或风力，总之能让机床转起来即可。当拉丝的机床在外力的作用下转起来之后，准备好的大条就会在动力的牵引下通过丝孔控制器从而变细，拉丝的过程一定是从粗变细，从 2 厘米到 1.5 厘米，再到 1 厘米，再到 0.5 厘米，直到实现用户所需要的尺寸为止。拉制好的铁丝，是白亮的，因此拉制好的铁丝叫白线。由于拉制好的铁丝非常细，容易变形并氧化生锈，因此成型后的铁丝必须在表层涂抹上一层油脂并尽快的卷到一个柱形器上，因而车户们便把拉制铁丝的过程叫作改油丝。

总之，铁丝的冷拔是一个技术活，只有经验丰富的工匠才能做好这个工作。

柳氏民居院内用的铁丝防护网

六、酒坛的制作工艺

酒坛，一种以缸胎为坯体的陶瓷器皿，其用途就是制酒作坊用来置放新酿酒品的，应该说是一种比较奢侈的生活用具。追求美好生活是人类的共同理想，饮酒，享受生活，远到商纣王，近至我们每一个人，似乎都喜欢这一口。因此与酒有关的器具在历史上轮番出现，在明代我们晋城就出现过许多白底黑花的酒坛子，在晋城的收藏界，几乎每一个收藏者手里都会有几个或十几个这样的酒坛子。

至于这些酒坛子为什么会出现在晋城，无非就是这几种理由：一是这里有许多酿酒作坊，需要酒坛子储酒熟化；二是酿酒作坊需要较小的酒坛子进行酒类分装与外运；三是这里的人喜欢喝酒，会把成坛的酒买回来存着自己喝；四是酒坛子可以装储粮食，是防潮、防虫、储粮的好器具。上述情况在晋城都可能有，晋城虽然不是产粮区，不可能有大的酿酒作坊，但晋城的消费能力尚可，小的酒坊还是会有的，因此准备几百上千个酒坛子是可能的。其次，晋城手工业生产十分发达，社会消费水平较高，储酒、喝酒应是日常行为。至于那些饭店、酒肆就更会储存酒了。有需求就有生产，因此晋城本地生产酒坛子就成了必然。

《明会典·工部十四》卷一九四记载："宣德间题准，光禄寺每年缸、坛、瓶、共该五万一千八百五十只个，分派河南布政司、钧瓷二州，酒坛二百三十三只，十瓶坛八千五百二十六个，七瓶坛一万一千六百个，五瓶坛一万一千六百六十个，酒瓶二千六十六个。"从这个记载我们可以得知，酒坛子不但民间需要，皇家与官府也同样需要，晋城这里很可能就是酒坛子的生产地。虽然《明会典》中没有把山西作为酒坛子的生产地，但是具有生产能力，又有产品需求的陶瓷作坊不可能没有类似的产品。从目前收集到的资料来看，在众多的酒坛资料中，就有落款为"山西潞安府壶关县程村匠人马做造大样酒坛，丙子年造"的酒坛子。明成化十一年《山西通志·土产》篇就记载了：瓷器平定、霍、吉、蒲、朔、浑源、潞、泽诸州……武乡、长子、壶关、阳城俱有窑。

从目前我们所掌握的情况来分析，这些白瓷黑字的酒坛子大致可以分为两种类型，一种是折肩直径小口类型，一种是溜肩短径大口类型，两种酒坛子的高度都在 60—70 厘米之间，从这两种器物的口部设计来看，前者应该是用来储存液态物质的，后者则可能是用来储存粮食的。由此可以推断，当这些器物在晋城本地批量生产时，工匠们已经对它们做了适应性改变，想让它们更好地服务地方生产。

《文物与鉴赏》杂志 2018 年 12 期刊登了《馆藏白釉黑彩瓷坛之思考》，文章里的馆就是晋城博物馆，思考的对象就是这里所说的酒坛子，文章之所以把这些酒坛子称作瓷坛，笔者估计就是因为这些瓷坛的用途并不都是

晋城白釉黑花粗瓷酒坛

盛酒的。文章对瓷坛的用途做了分析，认为一部分是盛酒，一部分是盛醋，一部分是盛粮食。关于盛醋的问题，文章是这样说的，“瓷坛上的文字直接挑明其另一大主要功用是盛醋”，可见文章的作者田纪明肯定是看到了有关盛醋的文字。笔者本人完全同意作者的分析，例如那种溜肩短径大口的坛子，本身就不是为装液体设计的，所以谁也不会用它来装酒盛醋，买它就是为了装粮食的。

酒坛子在家用陶瓷中属于大件，和家用水缸等属于同类产品，在陶瓷领域属于粗瓷类型。据阳城政协白继军先生主编的《村里那些事儿·环县城》记载，陶器生产分为粗陶和细陶，“粗陶如缸、水管（俗称圪通），硫黄川，肉罐，升药罐等；细陶如碗，盆，炉奎，盐盆，蒜罐，拔火罐等”。粗陶的生产工艺与流程主要有采料，碾土，泡泥，制泥，成型上釉，煅烧，开窑等。“采料，粗陶用料首选天然有可塑性的黏矸土，原料由矸洞工人从地表下数十米深的洞内挖出，堆积露天场地，经风吹日晒沉腐；碾土，将矸土运回碾土场，均匀摊在粉碾场地，晒干后用驴或黄牛拉碌碡滚碾压数十遍，直至成粉状为止；泡泥，碾制好的矸土运至作坊，铺至一尺多厚，加水浸泡，翻动沉腐；制泥，制泥也叫板泥，由人工将泡好的大堆泥分为日用量的小堆，用泥铲多次轮番摔板，得到软硬适中符合匠人要求为止；成型上釉，揉泥工将板好的泥揉制成团状或条状，由匠人将泥团放至轮盘，制成不同形状的产品坯型，大件泥坯两人抬，小件泥坯一人端的形式放至晒场，靠太阳自然晒硬，整形上釉。搬至过程中，小心翼翼，稍有不慎，前功尽弃；煅烧，工匠把上釉后的坯体经检验后装入煅烧窑内，先点火用低温熏干水分，再升高温烧至1200余摄氏度后停火；开窑，烧制好的成品经数天冷却后，打开窑门取出产品，经匠人观色、听音、去脚垫三步检验后，按等级分别入库。”这里的表述基本正确，但是有几个地方表述的不够清楚，一是碾土之后应该过一次细筛，这样的矸土才能泡泥。二是板泥介绍的不够清楚，板泥是当地的口语，意思就是把泥铲起来再用力摔下去，这样有利于泥的熟化。三是成型，大缸成型要分三次进行，第一次下半截，第二次上半截，第三次做口沿。泥坯晒干以后才能上釉。

做粗陶坯需要的工具有：“里抽、外挂、平杖、圪坨杖、板杖、麻刷、旋刀、小铁轮、轮盘、轮线、搅轮杆、抬担、跳单、火锨、火杆、煅烧窑炉等。”一个匠人从学徒到师傅需要三四年的时间，学徒一般从学搅轮开始，头一年主要工作就是搅轮，搅轮是为制作轮盘提供动力的。搅轮本身就是一个磨盘，磨盘靠边处有一个圆坑，上面插一个长的木棍，木棍的顶端有一个固定的圆孔，搅轮的下面也是一个轮盘，笔者猜测就是工具中的小铁轮，搅轮时只要摇动这根木棍，磨盘就会随着下面的小铁轮转起来。磨盘的外沿绕着一根轮绳，这根轮绳的另一端连着制作轮盘的外沿，搅动搅轮就会带动制作轮盘转动，从而完成陶坯的制作。第二年徒工转作制泥，做泥先从泡泥做起，然后是熟泥、团泥、制作泥条、最后才能试着拉坯，一个学徒能坐下来拉坯，那么就离出师不远了。

大件粗瓷大多是成套制作的，因为这样有利于装窑和烧制。例如，大缸系列就有七石、五石、三石、八斗、小甏缸等；白盆系列有五件套，红盆系列有四件套，炉盔有两件套等。至于酒坛子，由于它的口比较小，无法套装，因此只能单个做，单个烧。它的制作流程与做缸也有少许的不同，在制作酒坛之时，先要拉坯，制作口沿，等坯件干燥后，不是上釉而是先上一层化妆土，等化妆土干燥之后还要在化妆土的表层加画花纹，题写文字使其具有一定的文化信息，最后才会上一层薄薄的透明釉，然后进入烧制阶段。这样的做法后来多流行于粗瓷碗的制作中。

七、砂锅的制作工艺

砂锅，也属于陶器系列，不过它的制作工艺与烧制流程与陶瓷有所不同，因此它呈现给人们的就成了另一种形态。市场上的砂锅可分为两大类，一类是传统意义上的砂锅，表面颜色呈灰褐色或豆绿色，另一类为现代砂锅，就是各种类型的陶锅或釉陶锅，严格地说这类锅和传统的砂锅是有很大差别的。

晋城市做砂锅的地方很多，阳城县凤城镇南安阳村的砂锅烧制技艺现为山西省非物质文化遗产，所以在这里就专门介绍一下这个产品。南安阳村生产砂锅历史十分悠久，据村中老人讲，早在明清时期这里就有砂锅的生产。民国年间，南安阳村就有砂锅作坊五个，分别为后庙堂砂锅厂、小庙上砂锅厂、烂庙砂锅厂、后疙瘩砂锅厂、焦家圐圙砂锅厂。南安阳的砂锅名气很大，在阳城县周边有着“安阳的砂锅赛铁锅”的说法。南安阳的砂锅曾经是当地百姓非常喜欢的烹饪器具，它轻巧方便，不费火，不走味，炖肉煮粥，味香可口，具有很高的适用价值。20 世纪六七十年代，笔者家就有好几个砂锅，最大的用来做软米甜饭，中等的用来熬小米稀饭，最小的用来煎中药，物美价廉，各有用途。据记载，鼎盛时期，南安阳的砂锅生产量可达 75000 余套。南安阳的砂锅有蒸锅、小斗锅、套半锅、三套锅、五套锅、药锅、汤锅、火锅、炖肉锅、发芽锅等 10 余种，这些锅又可分为平底、圆脚、扁脚等 7 种类型。不同类型的砂锅又分为几种不同的尺寸，大至 2 尺，小到 4 寸，大小相套，既方便烧制，又方便运输。南安阳砂锅的主要原料为黑矸，辅料为白土，而南安阳村背靠大红沟山，山间储藏着大量黑矸和白土，这就为砂锅的烧制创造了得天独厚的自然条件。黑矸，在当地俗称“拌”，白土，在当地俗称“药土”，用它们配料即可生产砂锅。

砂锅的生产不需要太大的场地，也不需要很多的人，生产周期也比较短，很适合小作坊的生产。

生产场地主要有：

生产工棚、工房、仓库、碾料场、揉泥台、上釉缸等。

生产工具主要有：

备料用的：绳索、炮杆、碌碡、铁柱、锹耙、漏水锅等。

匠人用的：勾担、木桶、漏铲、泥砖、泥棒槌、压锅棒、打锅板、锅楦、捋锅轮、捋锅刀、整沿器、蘸水刷等。

烧锅用的：老火枪、二火枪、煅烧炉、坩笼锅、风箱等。

生产过程：

1. 焖料。将原料按比例配好，加水焖三天。

2. 碎料。将焖好的料碾碎过筛。

3. 制泥。将准备好的料矸加水，经过焖制、摔打、脚踩，再用漏铲反复翻搅，堆制成合适的泥堆。

4. 成型。按标准切割成大小不同的泥块，先进行揉制，上轮盘打制、切削，成型后取下轮盘自然晾干。

5. 上釉。釉色即为白土泥浆，干燥后为坯件上釉。

6. 烧制。上釉后即可烧制，烧制时间 30—40 分钟。

7. 冷却。将烧好的砂锅趁红挑出，然后置放在柏树叶子做成的引子上，可以使砂锅表面发出亮光。

8. 整理入库。冷却后的砂锅经过检验，就可入库等待进入市场了。

传统的砂锅为暗豆绿色并泛有银光。虽然颜色不是很鲜亮，但使用起来却十分方便，尤其熬小米稀饭，做软米甜饭都是极好的用具，几乎是每家必备的烹调用具。

八、煨肉罐的制作工艺

煨肉罐是阳城生产的无釉小罐，属于阳城罐的一种。所谓阳城罐，就是阳城生产的一种缸胎类器皿，它包括淋药罐、炖肉罐和阳城瓮(俗名“串口”）等系列产品。阳城罐之所以出名，主要是因为中药的一些古老验方需要用阳城罐进行炮制。南宋窦材著的《扁鹊心书》，明代李时珍著的《本草纲目》以及《苏沈良方》等医药类书籍，都讲到了炮制药物时要使用阳城罐。《扁鹊心书》就有这样的记载：“舶上硫黄十斤，用铜锅熬化，麻布滤净，倾入水中，再熬再倾，如此七次，研细，入阳城罐内，盖顶铁丝扎定，外以盐泥封固八分浓阴干。”这些典籍的记载，一下子就把阳城罐的历史推到了宋代或更早的时间，因此阳城古代制瓷史，无疑也就向前延伸了。

1994 年出版的《阳城县志》记载：阳城罐即“淋药罐，又名灵药罐，是升药炼丹的工具，在我国医药化工史上有一定的地位。升药时，将配制的原料放在下面的罐子里，将另一罐倒盖在上面，结合处密封好，再用炭火在周围煅烧，至药物升入上罐即成。现在这种淋药罐仍被川、广、云、贵等药厂订购，港澳同胞及海外华侨也有函购”。

与阳城罐同类型的产品还有煨肉罐和阳城瓮，煨肉罐又叫炖肉罐，纯粹是为了口腹之利。关于炖肉罐书中记载说：“炖肉罐，是用慢火熬生肉使之熟烂易食的灶具。炖成的肉软绵可口，可在炉边煨制，随吃随取。”

阳城瓮和煨肉罐工艺相同，也是用粗矸料制作，内外皆不施釉，它的主要作用就是服务硫黄生产，是古代硫黄冶炼的专用器皿。1994 年出版

《阳城县志》记载："境内硫黄冶炼，唐代既有名气。王屋山为炼丹名址，李白在《王屋山与孟大融》诗中写道'所期就金液，飞步登云车'。明洪武四年（1371），县署内设有磺库。原用'阳城瓮'（也叫串口）烧炼，提磺率仅3%—5%。"虽然阳城瓮的提磺率很低，但是从唐天宝年间到清末的1000多年里，人们一直乐此不疲地把它当作最佳的硫黄提取工具。清雍正十二年（1734）《泽州府志》记载："土人谓瓮曰串口，形可二尺，径一尺，唯阳城造者土坚，它瓮则纹裂。在凤台，土河、沁河、追山等村亦产磺，与豫之济源接壤，深山大泽，犯者时有，必得阳城串口乃可烧煅。"可见阳城瓮在硫黄冶炼业中所处的地位，一直是无可替代的。凡此种种，虽然东西看起来很不起眼，但它不可替代的地位决定了它的命运，这都源于工匠持久坚持的意志，使之获得了长久不衰的历史。

第七章

市井妙手：民间里巷日常应用的精美技艺

随着社会的进步，人类的分工越来越细，人们对工匠的依赖更为严重。于是，晋城的百姓在晋城工匠的伴随下亦步亦趋地走向更为进步的时代。在人们的日常生活中，出现了更多的行业，它们环绕在人们的身边，似乎时时处处都需要它们的帮助，只有在它们的帮助下人们才能生活的更为舒畅。

一、套犁工艺

在农耕时代，农耕是第一要务。《管子》曰："士农工商四民者，国之四民也。"《春秋穀梁传·成公元年》载："古者有四民：有士民，有商民，有农民，有工民。"这里的"士"是指"兵士"，我们可以这样设想，当年管仲在列举"士农工商"四民时，或许并没有考虑他们各自的社会地位，只是把他们随意地并列在一起了。但随着社会的发展，阶级的分化，"士农工商"意味就全变了，这时候的"士"就变成了官宦阶层的代名词了，而农、工、商也成了不同社会阶层的代名词了。在中国封建社会里，虽然工匠的地位也很低，但在重农抑商的旗帜下，他们的地位还是排在了商人的前面。可以这样讲，在"万般皆下品，惟有读书高"的封建时代，农耕始终是封建统治者认定的国之根本，从来都没有被统治者放松过。

犁，是我国农耕文化的代表性工具，也是由工匠制作出来专门用于农耕的专业性工具，因此我们把套犁这一工艺放在了本章本节的首位。

套犁这项工作，严格地说是划归在木匠这个行当里的，但是它的特殊属性又确定了它的与众不同，同样都是木工活，但套犁讲究的是好用而不是好看，因此它就成了许多木匠都干不了的技术活。

犁，最早出现在秦汉时期，在中国有着2000多年的历史，在一代又一代农耕文化的影响下，人们对犁的认识越来越清晰。同样是一张犁，有的木匠套出来就非常好用，既吃土，又不钻地，犁起地来十分轻松。而有的木匠套出来的犁就不能使用，要不就是不下地，犁地时，即使用手按住犁辕，犁铧也会随着牲口的拉力而浮上地面。要不就是猛钻地，只要犁铧一入土，就会随着牲口的拉力往地里钻，即使后面的扶犁人再努力，也很难控制好犁的入土深度，犁出来的地，深的太深，浅的太浅，人累，牲口更累。因此在农耕时代的农村中，几乎每个村子都需要一个会套犁的好木匠。

犁地本身就是一个合力的作用，前面牲口的拉力作用在犁具上，后面的扶犁人同样需要将力作用在犁具上，而犁具上的犁底就是承力点，这时的关键就是犁铧的入土角度了，入土角度合适了，牲口拉着轻快，扶犁人扶着轻松，整个过程运行起来舒服流畅。如果入土角度偏上，那么犁就会不吃土，牲口可能轻松一些，但扶犁的人特别费力，他需要不时地下按犁辕才能保证翻土的深度。如果入土角度偏下，犁会猛地钻地，牲口吃力，扶犁的人也很费劲。说起来可能就是几斧子的事情，只要犁底套入犁铧的角度砍对了即可实现，但就这么一个小小的问题，就需要世世代代的套犁木匠去继承、去学习，因为有经验的匠人终究会离开这个世界，而新接班的匠人还有一个熟悉工艺的过程。

不过这个问题如今已经好解决了，只要做个计算，画出相应的入土角，交给木匠就可以了。

晋城传统木犁

二、箍桶工艺

箍桶，在农耕时代也是一个特殊的技术活。在我国，人们很早就可以制造陶器，用以置放和搬运液态的东西。20 世纪农业学大寨，笔者在大寨参观时，看到大寨人用木架子加砂锅挑大粪的情景时，还有点纳闷，为什么不是木桶呢？在笔者的印象中，无论是家中挑水，还是往地里挑茅粪，都是要用木桶的，所不同的就是木桶用的桶箍。

木桶是家中重要的生活工具，也是重要的农具之一，在农耕时代几乎家家必备。箍木桶首先要做的就是选木材，在我们那里，箍木桶一般都选的是柏木，因为柏木木质细腻，含油量高，坚固奈沤，不易吸水。箍木桶所需的木材不需要很大，但需要纹理通顺，没有死结，用这样的木材箍桶，耐用。箍木桶的第二步是扯桶板，扯在这里就是锯开的意思。桶板所用木材高度在 35—40 厘米之间，高的主要用作耳板，木材的厚度有 6—7 厘米即可，桶板不是平的，所以扯的时候要略带一些弧度，每块桶板的厚度最多不超过 1.5 厘米，因为桶板厚了桶皮就重了。桶板扯完后还要简单的规划一下，给每一块桶板确定一个具体的位置，然后就可以箍桶了。一般家中用的水桶，三道箍都是铁的，因为这样的水桶更耐用。而挑粪用的粪桶，一般只用一道铁的底箍，腰箍和顶箍大多使用竹篾编的竹箍。铁箍的尺寸应该都有个定数，例如 100 斤的大桶 9 寸，80 斤的中桶 8 寸，60 斤的小桶 7 寸。确定了桶的尺寸，就可以编制竹桶箍了。竹桶箍编好之后还需留着竹篾头，以便调整竹箍，等木桶箍好最后定型了，才会斩掉篾头。木桶下部较小，上部略大，三道箍都确定了就可以插木桶板了，插板的顺序是：先确定两块最长的耳板，并对耳板进行刮削和合缝处理，确定了耳板的位置并加以固定后，就可以加工其他的桶板了。加工桶板的刨子底部也是微凸的，这样才方便加工凹形的桶板。由于木桶形状是上部略粗于下部，因此每块桶板也同样要加工成上部略宽于下部的形状。木桶的桶板一般都是对称着上的，两块之间会用一根木棍支顶，最后上的那块桶板特别重要，一般都不是一次完成，要根据桶板的干湿程度慢慢地往里打，有的甚至需要几周的时间来完成。当最后一块桶板打到位后，就可以截断竹篾头了。

箍木桶的最后一步是安桶底，由于木桶下小上大，所以桶底就只能从上往下安，一只木桶只要做得好，内径一定是圆的，因此木桶的底木无论怎样转都可以安上去，安上以后只要在周边的缝隙里塞一些锯末就可以了。新箍的木桶基本都是干的，使用时用水泡一泡，木桶稍微一涨就一点都不漏了。一只好木桶，寿命绝对超过普通的白铁桶，遗憾的就是木桶的桶皮有点重，尤其是柏木桶皮，其重量几乎要占到桶容重的 20%。

晋城传统木桶

三、打船工艺

木作，宋《营造法式》把它分为两类，一种是大木作，一种是小木作。因为《营造法式》讲的是造房子，所以他说的大木作就是做梁架、柱子、斗拱等较大类型的木作工艺，小木作就是做窗棂、隔扇、佛道帐等工艺了。其实木匠、铁匠就是封建社会中老百姓最亲近、最可依靠的人，应该说人们生活所需的大部分用具，他们都能做。可以这样讲，木作就是木匠要做的所有活。

关于木作工艺，我们在前面已经陆续介绍过很多种了，例如盖房子、做榫卯、做木雕，包括刚刚讲过的套犁、箍桶等，都属于木作工艺。如果还有没讲到，那就只能是家具和窗棂工艺了。但是这些工艺，当今社会仍在广泛使用中，它们只会在应运中发扬光大，而不会消亡，所以我们就将其省略掉了。不过在我们村，还有一种比较特殊的木作工艺值得讲一讲，那就是打船。

笔者的故乡在阳城的润城村，沁河从村子的西南流过，清代著名的阳城八景就有沁渡扁舟。沁渡是阳城的交通要塞，官府在此设渡口，置官船，既可控制要塞，又可方便行人，可谓一举多得。清雍正《泽州府志·津梁》记载："润城津，县东二十二里。沁渡津，县东二十里……皆沁河渡头，津各有官渡船只，冬春成梁。"这些渡口的船只，只负责行人的摆渡，别的事情基本不管。在笔者的记忆中，沁河的摆渡船前后有过较大的变化。"文革"之前，河上的木船主要是靠撑篙和扳棹来摆渡的，一般需要两个以上的人操作，两人撑篙，一个人扳棹，摆渡时船工既紧张又费力，水大时一不留神船就会顺水漂走。那时候，过河是要凑人的，不说等一船人，最起码要有半船以上的人才会开船。后来有了钢丝绳，一条固定在沁河两岸的钢丝绳，限定了船的活动范围，过河时只要有个人拉动钢丝绳，船就会向相反的方向移动，这样船就过到河对岸了。人民公社时期，实行大集体生产，由于我们村有许多土地在沁河的对岸，因此渡河就成了农业生产的刚需，而官渡没有保障生产这个职责，于是大队只能自己打造生产用的摆渡船了。

打船即打造船的简称，这绝对是一个十分生僻的木匠活，因为船的寿命很长，用船的地方很少，即便是生活在沁河边上木匠师傅，一辈子也未必能碰上一次。所以这样的活，对任何一个木匠师傅来说，都是一种考验，是一种能力与智慧的综合考验。所幸我们润城是一个大村，这里的能工巧匠众多，众人拾柴火焰高，什么问题也难不倒，据了解当年是砥洎城里的张洪亮师傅挑起了这副担子。

打船，首先要确定船的尺寸，然后就是寻找合适的木材。不过也有这样的可能，那就是根据木材的情况，来确定船的尺寸。计划经济时代，木材十分缺乏，村里打船肯定不在计划之内，因此打船的材料只能自己解决。在笔者的印象中，我们村的打船就是从砍树开始的。那是一棵非常粗大的老槐树，位置就在邻近沁河的东河口上。这棵树很粗很大，因此砍树方法也与平常不同，木匠师傅们所做的第一步，就是卸掉庞大的树冠，然后直接在大树上下线，把大树分成一块块的宽大木板，然后再用大框锯子将木板一块一块地锯下来。打船所需要的材料，除了木材就是铁钉，而且主要是扒钉。不过对润城来说，这些东西都不是问题，因为润城也不缺少铁匠，只要动员一下，村里的工匠很快就可以做出所需的铁钉来。

沁河上的摆渡船都是平底船，所有渡口的船基本都是一个样子，那就是船的两头略微上翘，船的上部分成 3 个部分，两头都铺有甲板，这样方便船工在船头上操作与走动。船头有绑缆绳的木桩，船到岸时一般都会先抛出缆绳，撑船人会随着缆绳跳上岸去，然后拉缆绳控船、拴船。船的尾部不像船头，而是减少了上翘的部分，在上翘部分的中部开一道垂直榫槽，然后嵌入船的封头板，在剩下的那段空间里，会横加一根原木，这根原木的正中会装入一根铁柱，船棹就固定在这根铁柱上。这样船工在控船时就能有一个较好的视角。早期，人们还会在船尾的两侧各立一道三角形尾翼，尾翼高约两米，顶部用圆木连接，尾翼的主要作用：一是防止掌棹人落水，二是依靠撑船用的撑杆。船的中部为船舱，可看到一条条裸露的龙骨，龙骨是整个船板的支撑物，因此做得十分坚固，横木、立柱相互咬合，作用像建筑的梁架，形式像一条条木凳。正常情况下，人们都会在龙骨上铺一层木板，这样整个船面就平整了。如果不铺木板，乘船的人或畜就只能站在船舱里面了。

打船的复杂，主要就复杂在材料的规划上，只要把料下好了，大家就可以照图施工了，具体做法依旧是合缝开榫，连接套装。所不同的是船一直在水中接受不同水流的冲击，需要更为坚固。船与人的生命息息相关，因此需要格外用心，需要建立起一个双层的保障体系，从而保证船体的坚固性。具体的做法就是在榫卯结构的基础上，再用扒钉固定一遍，于是一条新船即可以看到累累的扒钉。当地有这样一种比喻，即“破船还有三千钉”，以此来证明某种物体的价值。

至于渡船的尺寸，由于当时年纪太小，无法用身体做比例，只能凭着感觉来推断，那就是船很大。现在想来摆渡船的长度应该在 5—6 米之间，宽度也应在 2.5—3 米之间。这样的规模对于一个木匠师傅来说无疑是庞然大物了，而且用的木料又都是质地坚硬的国槐，因此做好龙骨后合成船体就是一项巨大的工程，既需要搭架、吊运，还需要吊装、组合，只有大家共同努力，才能完成打船的工作。村里的打船工作最终顺利完成，这条船一直陪了我们很多年，直到农业学大寨，劈山改河，沁河改了道之后，它才完成了自己的历史使命。后来，笔者上学离开家乡，对于船的下落，就一无所知了。

四、皮金工艺

皮金是晋城清代著名的特色产品，曾经誉满华夏。《晋城历史文化丛书·方物大观》说：“晋城开始有正金和皮金的工艺生产，是在清康熙年间，距今已有300多年的历史。康熙四年（1665）有山东捶金匠5人、陕西切割金匠20余人来到晋城，集资组织了一座皮金铺，起名义和永，成为晋城最早的一家金铺。康熙六十年（1721），陕西的三家商贾筹集资金，在晋城高薪招聘了16名技术工人，开设了三义功(三义公的前身)皮金铺。清雍正二年（1724）珏山碑载：‘重修东顶金殿一座，继则金妆，乃南关金行商贾秦晋人等各发善念，捐金督理。’珏山金殿是一项耗资巨大的工程，由金行捐资重修，可知雍正时金行的实力已经很强。乾隆年间，光隆魁等3家皮金铺挂牌开张。嘉庆年间，太吉祥等4家皮金铺隆重开业……到20世纪30年代，晋城的皮金生产达到鼎盛时期，有27家皮金铺。”

皮金的主要用途就是服饰装饰，例如皇帝龙袍上的金龙就是绣女们用绣针将皮金绣上去的，所以才能金光灿灿永不变色。其实除了皇帝，皇亲贵胄，达官贵人们都会使用皮金制作衣服。即使到了民国，没了皇帝，但是人们使用黄金做装饰的习俗并没有改变，人们依旧喜爱皮金。后来最喜欢皮金的人就成了制作戏剧服装的店铺老板们了。上党梆子是我们晋城土生土长的家乡戏，据山西人民出版社出版的《晋城市非物质文化遗产保护丛书——上党梆子》记载：“上党梆子讲究的是‘金色头盔黑乌纱’，所以头盔全是金黄色，显得富丽堂皇，这样的头盔，在外地采购不到，全靠本地工匠自制。泽州县牛匠村孙晓广与其兄小保，均系制作上党戏曲头盔的技术人才。”

《晋城历史文化丛书·方物大观》记载说：“皮金铺集中在黄花街。……

皮金兴盛期，每年可销各种皮金 720 万张，各种正金 4200 万张，主要销往广州、苏杭、成都、呼和浩特及武汉、河南等地。”

皮金，依据原料的使用情况定名。如果是纯金制成，那么可分为两种，一种叫净黄，一种叫条金；如果是用纯金和纯银两种贵金属制成，则叫双黄金；如果用纯银制成，也会分为两种，一种叫银皮金，一种叫擦黄皮金。

《晋城历史文化丛书·方物大观》说：“皮金的品种根据各地的需求来制作。广州一带畅销的皮金叫大黄金，是金银混合而成。这种皮金长约 7 寸，宽约 2.5 寸，每万张约需金子 5 两半，银子 7 两半，需要上等绵羊皮 650 张……苏州是我国刺绣之乡，但当地金铺不会做皮金，还需要晋城供货。净黄皮金金子所占比重较大，纯金占 85%，银子占 15%。”皮金铺也生产正金，正金就是金箔，或者是金箔类的产品。

关于皮金的制作，《晋城历史文化丛书·方物大观》是这样说的：“皮金的制作过程，主要有六道工序，即铸条、开叶、捶金、割切、贴金和压金。”在这些工艺中前四项和南京的金箔制作工艺基本相同，铸条，就是将需求的金属按比例配好，然后铸成金条；开叶，就是把金条捶成金叶，然后按规定的尺寸分开，这时的金叶已经很薄了，一两黄金要捶出两寸见方的金叶 104 片；捶金，把两寸见方的金叶再切成 16 块，然后放入乌金纸里再放到特制的大石头上继续捶。据说捶金还分推捶工和货捶工，一般是一个推捶工配两个货捶工；割切，就是把捶好的金箔按要求的尺寸切开。这里的不同主要体现在皮金的制作上，具体就是贴金和压金了。《晋城历史文化丛书·方物大观》说：“贴金和压金是皮金特有的工序。贴金是将装在纸里的金箔贴在绵羊皮的表面上，这时的皮金还不够光亮，只有经过压金才能变为商品。压金是对皮金的修饰，是将贴好的皮金，用玛瑙石挨次紧压一遍，皮金立时光亮夺目。”

皮金的制作与前面的木工制作有着明显的差别，那就是一个用于生产，是人类生活的必须劳动，一个纯粹是为了享受生活，无论是美化服饰，还是戏剧演出，都属于休闲娱乐，都属于享乐类型。但对于工匠们来说，他们都付出了劳动，都创造了价值，繁荣了人类的社会生活。

五、打油工艺

食用油是人类生存的必需之物。食用油可以为人体适时补充能量和必需的脂肪酸。

我国使用食用油的历史十分悠久，早在商周时期就有相关记载。《周礼·天官·庖人》就记载了周天子在不同的季节中所享用的不同食物，如春天，用牛油煎羊羔、乳猪；夏天，用狗油煎野鸡肉干、鱼干；秋天，用猪油煎牛犊和鹿崽；冬天，用羊油煎鲜鱼和大雁。不过使用植物油的记载则要晚一些，时间大概在三国时期。《三国志·魏志》说：“孙权至合肥新城，满宠驰往，赴募壮士数十人，折松为炬，灌以麻油，从上风放火烧贼攻具。”这里的麻油一定是植物油，至于是芝麻，还是胡麻，我们就无法深究了。

至于如何提取植物油，最早的记载就是北魏时期贾思勰的《齐民要术》了，不过明代宋应星在《天工开物》中介绍的榨油方法，则更接近我们晋城地区明清时期所使用的传统榨油法。

20 世纪 60 年代，笔者在家乡曾认真地观看过传统的榨油过程，具体程序大概有这样几个内容，第一步炒熟油料；第二步碾碎油料；第三步蒸腾油料；第四步打包油料；第五步置放榨槽；第六步打楔挤油；第七步取油卸饼。

计划经济时代，我们村是一个种棉大村，每年都会生产很多的棉籽，而棉籽又是很好的油料，因此我们大队每年都会生产棉籽油分给社员们食用。大队的油坊设在玉皇庙边上的白龙宫正殿及南北两侧的耳殿里。主要空间分为四个部分，一个油料炒制室，一个油料碾压室，一个油料蒸房，一个地槽打油室。

油料炒制室，主要设备就是一口硕大的炒锅，炒锅呈 60° 斜置在一盘大火上，锅的上方是一个被吊起来的月牙形锅铲，炒锅的一侧堆着新运来的生油料，另一侧则堆着炒好的熟油料。由于炒料铲是吊在房顶上的，因此炒料工人只需将月牙铲推上去即可，推上去的油料会顺着锅的倾斜角自然地翻落下来，就这样推上去，落下来，直到炒锅中的油料达到需要的火候时，就可以出锅了。炒好的油料会被送到碾坊去碾压，最初的几年，是靠蒙着双眼的骡子拉着沉重的石碾子进行碾压，后来就改成了电碾子，两个石碌碡碾压的效率要比一头骡子的效率高许多。碾压好的油料，先要上蒸笼蒸腾，当油料在蒸锅里吸饱了蒸汽之后，就会被装入由铁环箍起来的麻皮中，经压实减箍后，这些料包会被一个个地摞起来，然后放入平置的打油槽中。打油槽的下部，有一条集油槽通往后面的油缸中。

打油，其实就是用硬木墩子挤压料包里的油料，通过不断增加的外力把油料里面的油脂挤压出来。具体的做法，就是将平置于油槽上依次排列的油料包底部和周边围固好，并在油料包的顶部装上顶木墩，然后在顶木的外部再加垫硬木枋子，最外侧的硬木枋子上留有预先开好的楔口。打油时，打油工人会用大铁锤将硕大硬木楔子砸入枋子上留出的楔口中，木楔挤压木枋，木枋挤压顶木墩，顶木墩挤压饼包，打一轮木楔，垫一层木枋，一次次击打，一层层加垫，随着顶木的挤压，油脂会沿着饼包边缘的缝隙中流入集油槽，然后集入油缸中。直至饼包内的油料被挤压干净，油尽渣结，整个打油过程才算完成。笔者小时候经常会听到的“呼—嗨—咚，呼—嗨—咚”的打油声在深夜响起，这一连串的声音，反映的正是打油工匠挥动大铁锤砸向木楔子的全过程。其中呼—嗨，是打油工人喊的号子，呼是吸气声，嗨是出气声，咚是大锤落下的声音，这种呼啸声，笔者至今记忆犹深。应该这样说：油是香的，油炸的食品是非常可口的，但打油工匠的汗水是咸的，打油工匠付出的劳动是艰辛的。

六、酿酒工艺

如果说油是人类生活的必需品，那么酒就不能算是人类生活的必需品了，但是酒却伴随着人类走过了人类历史的全过程。酒是自然界的产物，直到被人类发现的那一天，由此开始，酒便陪伴着人类从远古时代一直走到了今天。

古人关于酒的记载，应该很早就有了，考古学认为酒是大自然的馈赠。天然的浆果，在成熟之后会自然掉落，当它们堆积在一起时，果糖就会集聚增多，岁岁年年，总会遇到适合酒酵产生与发育的环境。于是在堆放浆果的地方，果糖就会转变为酒精，就这样天然的露酒就产生了。当智慧的古人类被酒香吸引后，一定会情不自禁痛饮一番。于是人类对酒就有了比较深刻的印象。适合产生酒的地理环境，应该是相对稳定的，于是古人类会反复地到这个地方去索取这种美味。大自然生产的美酒，会给古人类以一定的启发，于是在生产条件成熟时，人类就开始摸索着制造美酒了，而第一个制造出酒的人，自然就是酒的发明者了。

《吕氏春秋》说："仪狄作酒"，汉代刘向所著《战国策》记载："昔者，帝女令仪狄作酒而美，进之禹，禹饮而甘之，曰：后世必有饮酒而之国者。遂疏仪狄而绝旨酒。"更早的说法是酿酒始于黄帝，汉代成书的《黄帝内经》就有黄帝与岐伯讨论酿酒的情景。至于最早的造酒者，则应该在新石器时代，当人们有了良好的居住条件，有了浆果的储存能力，有了储存液态物质的条件之后，才会去产生饮用酒的。至于我们现在所了解的酿酒法，那已经属于元代以后的蒸馏酒了。

晋城古代酿酒，由于没有具体的记载，所以只能靠推测来判定了。根据晋城明清经济发展的繁荣状况分析，沁、丹二河流域商贾成群，饮酒也一定成风，繁荣的市场必然会催生出一批小的酿酒作坊，否则明代沁水的散曲家常仑也不会因醉酒而丧命了。不过晋城成规模生产酒的地方也是有的，例如陵川县的平城镇，在清代就盛产美酒。

2016年山西人民出版社出版的《陵川史话》就有一个专篇："古镇桃花酒，香飘千万里"。文章一开头就说："平城，一座建立在浓郁酒香之上的古镇，从历史深处的'桃花庄'走来，在名噪一时的'桃花酒'中，走过了一千多年的历史。"文章说："平城早先叫桃花庄……随着酿酒业的兴起，被人们称为'桃花酒'的酒香，吸引了各地商人，从四面八方汇集到这里做酒生意。久而久之，桃花庄因酒而盛，形成镇制，并逐渐发展到东南方向来，变成了后来的平城镇。到民国时，平城镇以槽坊闻名遐迩。槽坊就是酿酒的作坊。1937年，镇上共有协兴坊、广兴坊、辅益和、同义坊、同和裕、里恒盛、外恒盛、三合泉、西门口9家槽坊。这9家槽坊每天转化粮食100多担，合两万斤之多。光酒糟养的生猪存栏数约1000头。"

平城生产的酒属于潞酒系列，在这里"潞"是指以潞州为中心的一片区域，酒是指这一区域内生产的酒。潞酒知名度很高，《山西通志》说："酒之美者，汾潞之火酒盛行于世。"这里的"汾"是指杏花村的汾酒，而"潞"则指的就是潞酒。山西东南部古称上党，北周时改为潞州，明代置潞安府，简称潞。晋东南地区所生产的酒统称潞酒。多少年来潞酒一直是一个区域的品牌，而不是一个酒坊的品牌。在陵川与河南交界的地方有一座叫"小南天"的山，宋代潞酒行销河南、河北、山东等地，于是就有了"潞酒一过小南天，香飘万里醉半山"的美誉。

真正把潞酒整合成一个公司的时间是在1936年，《长治市潞酒厂厂史》记载："民国二十五年（1936）由二十五座潞酒烧酒坊形成了现在的潞酒厂的前身。"抗战胜利后，长治市成了晋冀鲁豫解放区的第一座城市，新政府对潞酒厂进行了重组再建。《长治市潞酒有限公司酒厂历史》说："1945年，地方政府集长治市、长治县、陵川县、平顺县、壶关县、潞城县、屯留县和长子县等8县市20余个小酒坊的技师，成立了'长治市潞酒厂'继续酿制烧酒。"这就与《陵川史话》中，"潞酒的上品，就是陵川出的纯粮酒"对上号了。据《陵川史话》记载："1946年，平城、平川、附城、玉泉、南马等地重建槽坊8座，并全部改为大作，日产量最高达1040斤，年产量达25万斤以上。"可见当年的陵川各地白酒产业的兴旺景象。

陵川平城镇三皇阁

白酒的酿造：需要经过这样几个步骤：1.选料；2.制曲；3.发酵；4.蒸馏；5.陈酿；6.勾兑；7.灌装。

酿酒的原理：利用微生物发酵，使液体中生产一定的酒精浓度。具体做法：

选料：做酒主要靠粮食，高粱、玉米、小麦、豆类都可作为原料。要求也很简单，颗粒均匀饱满、新鲜、无虫蛀、无异味、无杂物即可。

制曲：制曲是酿酒的重要环节，做酒需要大量的酒曲，因此酒曲都需要酒坊自己做。制曲的时间要选在夏天，制曲所用的原料以大麦为主。制曲前先要把麦粒带皮磨碎，然后加水搅拌，搅拌好后用构叶包起来，每块碗口大小即可。包好的曲块要用草帘子盖起来，等候曲块生出黄毛，然后再放到通风的地方晾干。

发酵：就是把煮熟的粮食加拌酒曲让这些粮食中的糖分转化成酒精的过程。发酵的第一步是粉碎原料；第二步是润料，即浸泡原料，夏天需要3—4天，冬天需要4—5天，中间要换水一次；第三步是蒸煮，用大锅或蒸笼将原料蒸熟；第四步是摊凉，将蒸煮熟的原料摊开晾凉；第五步是翻料加曲。当原料凉透后就要往原料中加酒曲了，总加曲量要占到原料的15%—17%，第一次加曲要达到6%—7%。加曲后就要将原料放置到密封的空间里等候其发酵，发酵期间温度要严格控制，不能超过30℃，所以每隔两天就需要翻动一次，使原料中有足够多的空气，促进菌类繁殖。发酵时间大约需要15天到20天（夏天15—16天，冬天20天左右）。

蒸馏：原料发酵完之后就需要蒸馏了，蒸馏就是利用酒精与水的沸点差来提取发酵后原料中的有效成分。在正常的大气压下，水的沸点是100℃，酒精的沸点是78.3℃，当将原料温度增加到80℃以上时，蒸锅内就会产生大量含有酒精的蒸汽，这种蒸汽进入冷凝区就会凝结成液体，然后流出来，这就是原始的蒸馏酒了。

第一次蒸馏之后原料中的糖分还有许多没有得到充分的发酵，因此还需要继续摊凉、拌曲，进行第二次发酵，这次拌曲量和第一次相同，发酵20天左右后，进行第二次蒸馏。第二次蒸馏之后，还要进行第三次摊凉、拌曲，第三次拌曲使用的曲量要少于前两次，大约5%即可。发酵后再进行第三次蒸馏。经过蒸馏操作后，得到的原酒度数一般比较高，不同批次的原酒其质量、风格都不相同，需要分批存放。

陈酿：也叫老熟。经过蒸馏的原酒，只能算半成品，这时的酒辛辣而不醇和，所以需要在特定环境中贮存一段时间使其自然老熟，这样才能使酒体绵软适口，醇厚香浓。古代贮酒一般都放在老陶坛中，自然老熟的酒口感更好。

勾兑：是将不同轮次和不同等级的酒及各种调味酒进行勾调，使之保持一种相同的品味，从而实现一种品牌的统一性。

灌装：那就是将检验合格的酒，装入不同的器皿中，然后投入市场与消费者见面。

七、制糖工艺

制糖做酱。糖和酱都是人们生活的必需品，正是工匠们孜孜不倦的努力，才得以维持人们简单的生活需求，让人们在简朴与满足中走了过来。

糖是人们生活中不可或缺的基础物质，但太行山中却缺少制糖的原料，为了解决这个问题，人们只能在自己的身边寻找出路，最终把高粱、玉米选作原料并制出了高粱饴、玉米饴糖。种子在孕育新生命时最富活力，此时的种子会激发出机体最大的潜力，制造出更多的糖分来孕育新一代，人们正是利用了种子的这一特点，做出了自己所需要的饴糖。玉米饴糖就是晋城明清时期习惯生产的生活用糖。

玉米饴糖的做法如下：第一步泡芽。做 85 斤的玉米饴糖需要先拿出 25 斤的玉米浸泡发芽，当种子发芽时，种子体内的产糖因子会被激发，从而产生更多的糖分供给种子使用，因此此时的种子会变得甜起来。当玉米芽长到一定的长度时，即可将带芽玉米上碾碾碎；第二步碎料。就是将剩余的 60 斤玉米碾碎；第三步煮料加芽。首先将碎玉米装入大锅并加水用快火煮烂，然后将备好的碎玉米芽添入锅中，用慢火浸煮 3 个小时左右；第四步过滤。过滤需要一口底部钻有小孔的大缸，具体的做法是在大缸内放一个荆条编的筐子，然后把煮好的玉米料汤缓缓地倒入荆条框内，这样汤内的玉米碎渣会被荆条阻隔留在筐内，流入缸内的汤汁会进一步沉淀，然后顺着缸下的小孔流入最下面的容器内。在这个容器内接到的汤汁就是含糖量很高的糖水了；第五步熬糖。把糖水放到大锅里上火加热煮沸，并持续熬煮，在这个过程中会有大量的水分挥发，当汤的浓度达到75℃时，锅里剩下的就是糖稀了。这时做糖的工匠就需要用大木铲不停地搅动糖稀，清理锅底，防止糖稀粘锅。水分继续挥发，锅里的糖稀就会变得黏稠起来，直到人力无法搅动时，玉米饴糖就算制成了。做成的饴糖就可以作为商品出售了。这种饴糖的销售对象主要是食品作坊，例如打月饼、拌馅料等。饴糖的另一种形态就是零散卖的食用糖了，例如棍棍糖、芝麻糖等，还有一种特殊形态就是祭灶时用的糖瓜。

做商品糖既是力气活，也是技术活，是每个糖坊工匠必须掌握的基本技巧。做糖也叫拉糖，整个过程很像做拉面，具体的操作方法如下：第一步是加热。这个加热包括两个内容，一个是提升作坊内的温度，让温度保持在35℃左右，另一个是给饴糖加热，使之变软能够拉得动。第二步是拉糖。切一块重量适当的饴糖，搓成条状，然后双手将其拉开，亦可两人操作。经过反复拉合之后，饴糖内会充满空气，形成空洞，这时把饴糖拉细至2厘米左右即可。第三步是切割并滚黏芝麻。将拉细的饴糖趁热切割，然后滚动让芝麻黏满饴糖，变成芝麻糖。糖瓜的做法与芝麻糖相似，只不过最后的饴糖要保留的粗一些，大约在5厘米，然后另一个人用细丝线将它们一个一个地拉断、分开，用丝线拉切时，饴糖自然会形成扁圆状，这就是祭灶用的糖瓜了。至于棍棍糖那就更好做了，棍棍糖不需要反复拉制，因为棍棍糖是实心的，只需一次拉成即可。饴糖只能在冬季制作，夏季天气太热，饴糖是无法形成固态的。

八、做酱工艺

柴米油盐酱醋茶，这是人们生活的必备之物，因此才有了开门七件事的说法。酱分黑酱、黄酱、豆瓣酱，黑酱和黄酱的用料不一样，但是黄酱和豆瓣酱的做法却是相同的，它们用的主原料都是黄豆。大部分家庭使用的酱料都是从商店买来的，但是也有一些家庭会自己做，一则因为酱是家中的主要调味品，使用量较大，自己做成本低一些；二则家里会这个手艺；三则自己做的吃起来更香、更放心。

笔者的祖父解放前曾在开封的老宝泰当掌柜，老宝泰是一个专门做酱菜老字号，笔者爷爷是从学徒开始做起的，因此他掌握了许多做酱菜技术，因此20世纪60年代笔者在家乡曾多次见到过爷爷做豆瓣酱、做黄酱。

做豆瓣酱首先需要准备黄豆，这些黄豆既要颗粒饱满，还要干净、无杂质。同时需要的就是包扎黄豆的材料，调制豆瓣酱的作料，置放豆瓣酱的器皿。做酱的时间一般都在农历的六月初，这时天气炎热，庄稼生长旺盛，所有材料都已具备。做豆瓣酱的第一步是泡豆。用凉水把黄豆泡好；第二步是煮豆。将泡好的黄豆置入大铁锅中上火煮熟；第三步是拌面。把煮好的黄豆晾凉，然后拌上面粉，干湿度适中即可，豆粒粘满面粉但不能结成团，然后用苘麻叶将豆料包起来；第四步是培菌。将豆料包堆放在一起盖好，让豆料出毛；第五步是添加作料。当豆料全部长毛后，即可将豆料从苘麻包中取出放入晒缸中，然后用备好的五香作料熬汤，加盐，然后倒入晒缸中搅匀；第六步是晒酱。将拌好的酱料置入晒场进行暴晒，暴晒时每天还要搅一搅，让它们晒透、晒好，时间大约需要 1 个月。经过 1 个月的暴晒之后，豆瓣酱就可以食用了。如果做的是黄酱的话，那么还需要上磨将豆瓣磨成末，磨成末的豆瓣酱就是黄酱了。

做黑酱的方法与做豆瓣酱的方法基本形同，所不同的就是使用的材料不同，做黑酱要用白面熟食作为原料，例如白面馒头、白面烙饼，用这些熟食做原料进行培菌，然后加入五香作料水搅拌，再进行晒制。

黑酱是农耕时代重要的生活用品，在贫困的物质社会中，酱油可谓奢侈品。而黑酱就是百姓炒菜时最佳的替代物，第一可增加菜肴的色泽，第二可增加菜肴的香味。而黄酱和豆瓣酱的地位就比黑酱要高一些了，它们可以佐餐，可以做调味品，这种调味品，并不是家家都能备得起的。不过既然有追求，就说明市场有需求，所以做酱就成了工匠们的工作目标。

九、种蓝打蓝技艺

美是从颜色开始的，最初人们从矿物中寻找颜色，从而创建了中国画颜料体系。在发现与利用矿物颜料的同时，人们还发现植物作为颜料其用途更为广泛。因为植物颜料可以晕染我们的服装，使人类的服饰美丽漂亮，使人类的生活更为美好。因此人们对植物颜料有了更为广泛与深入的研究，从而创建了一个植物染料的谱系。

常用的植物染料：

红色：茜草、红花、苏木

绿色：冻绿（又名黑狗丹）

蓝色：木蓝、马蓝、蓼蓝

黄色：栀子、槐米、姜黄

黑色：乌桕、五倍子、栗壳

紫色：紫草、青龙木、落葵

棕色：红茶叶、薯莨、山竹壳

为了保证染料的供应，人们很早就开始了相关植物的培植，以便解决人们日常生活里对这些染料的需求，明清时期我们晋城就长期种植蓼蓝这种植物，主要目的就是生产蓝靛。蓼蓝是一种一年生草本，东北、华北都有这种植物。蓼蓝茎圆柱形，高 50—80 厘米，淡紫红色，下部节出生须根。单叶互生。花序穗状，顶生或腋生，花淡红色，密集；花被 5，深裂。瘦果卵形，俱三棱，黑褐色，含种子 1 枚，抱于宿存的花被内。一年可采集两次，5—6 月采集第一次，8—9 月采集第二次。

阳城县润城镇后滩村曾经是华北地区主要的蓼蓝种植与蓝靛制作基地，一直延续到清末民初。曾经的后滩村拥有着沁河流域最肥沃的土地，在那些平坦的土地上，几乎每一家都会打一口用于灌溉的水井，那里全是水浇地。而且每一家的水井旁都会有两三个用铁渣筑起来的水池。当年笔者在科技队干活时，曾经问起过这些水池的用途，老人们会随口回答笔者，那是泡蓝池。泡蓝、打靛正是当年种蓼蓝的历史痕迹。“惊蛰养苗春分栽，不到清明秧起来”正是当年种蓼蓝时的农谚。从农谚中我们可以了解到当时种蓼蓝是赶着时节种植的，否则就不会那么早的去育苗。阳城政协白继军主编的《村里那些事儿（五）》中记载了后滩村种蓼蓝的事情，文章指出：“蓼蓝，在惊蛰养苗，春分栽培，栽植行距尺五，株距尺二。蓼蓝喜欢大肥大水，形如灌木，枝叶茂盛，开紫红色花朵，幽香醉人。五月收割，连根拔起，敲净泥土，全棵入水淘洗干净，放进池内添满清水浸泡，几天后水会呈现绿色，经验告诉人们可以捞出来了。说捞就捞，上下不得耽搁一顿饭功夫。这个过程就是‘沤蓝’。接着往池中绿色水里兑上适量的石灰汁，用长方形木块做成十字架形，拴上麻绳由二人提起来，猛地放下。如此反反复复，类同打夯，加速了蓝的生成，这便是‘打蓝’。两个时辰后，池内汁液由绿色变成深蓝色，待蓝色下沉，池水表面浮出一层清水。把清水慢慢舀出来，沉淀下来的浆叫‘蓝浆’。然后在地里挖出个尺余深的土坑，垫上草，铺上布单，把池内的蓝浆舀出来倒在布单内，让其自然渗水，水分渗出呈稠糊状时，分装在大小不等木桶内，表面撒上一层过了箩的石灰粉，封存起来。这就成为‘蓝靛’了。蓝靛是染布的主要原料，价格相当可观。当年，各地前来购买蓝靛的马帮、骆驼队车水马龙，生意十分火爆。”

在 20 世纪 60 年代国民经济困难时期，农村有多地区仍维持着自给自足的生活状态，家中自己纺花织布，染布制衣的习俗一直延续了很长时间，煮黑、煮青、煮蓝都是家中必备的染料。这样的经济状态很好地补充了社会生产的不足，维持了社会的稳定，保障了社会进一步发展的基础环境。

十、焙面娃娃制作技艺

焙面娃娃，是晋城市国家级非物质文化遗产项目。非遗传承人璩繁星说：焙面娃娃这种生产工艺早在明朝就已存在。焙面娃娃是流行于阳城县城周边的一种面食制作技艺。尽管传承文档记载，制作焙面娃娃所用的面粉是“上好的麦面”，但是笔者根据自己的生活经历及当地的社会习俗分析，这个说法未必成立，笔者以为制作焙面娃娃的面粉应该是择过白面后剩下的麸面。因为当地有利用麸面打制花托的习俗，用焙面工艺制作食品并在食品表面抹上糖色，这本身就有掩饰食品材料的意味。其实这是一种粗粮细做，利用制作工艺改变食品口感的善意的谎言。这与今天的保护非物质文化遗产行动并无冲突，因为保护的是制作工艺而不是制作材料。

文档记载：焙面面塑具有鲜明的地方特色，它以上好的麦面为主料，而以杏仁水、糖稀搭色水，黑豆和花椒籽等为辅料，经捏塑后焙烤出的面花“形状美、闻着香、吃着脆”，是阳城具有特色的面食。焙面娃娃的制作内容有许多，可以是传说故事，也可以是戏曲人物，还可以把飞禽走兽、花鸟虫鱼等都选为制作对象。

焙面娃娃的制作需要准备的材料和工具：上等小麦面粉、杏仁水、红糖水、黑豆、花椒籽、大料、缝衣针、剪刀、梳子、擀面杖、炉火和套锅等。

制作流程：

和面。杏仁去皮，焙干后研磨成粉末状，然后搅入水中用以和面，面要和的硬一些。杏仁水和面，一是面有光泽，二是面不皴裂，三是吃起来更脆。

阳城焙面娃娃

捏制。先取一块大小适中的面团，用手搓成一个圆柱，然后分出头部与四肢，做出形状后再捏五官，眉毛用缝衣针轻划一道，眼睛用花椒籽或黑豆安上即可，鼻子先用针鼻子点出，然后用手捏出，最后捏出耳朵和嘴巴。身体要用擀面杖擀薄成片，然后用剪刀剪出四肢和衣服，手脚需要另捏和安装，衣服用大料直接压出花纹即可，如果需要另加腰带、花篮等，都要专门捏制并蘸水粘到合适的位置。至于娃娃的大小，要根据烤焙套锅的尺寸来确定，做大了就无法进行下一步的烤焙。

上色。捏好的娃娃要上糖色，红糖水要预先加水熬制，熬到黏稠状即可。上色时只上衣物部分，脸部和手脚都不需要上色，这叫留白。上色后的娃娃既看起来好看，吃的时候也会有不同的口感。

烤焙。上好色，制作完成的娃娃需要上火烤焙才能做熟。烤焙需要用阳城的砂土套锅。砂土套锅由两口平底锅和一张鏊子组成，套锅内圈抹有砂土泥浆，烤焙时先要把一口平底锅倒扣到火上预热，再在另一口锅上放置鏊子，做好的娃娃就放在鏊子上，烤焙前先要将娃娃身上的留白处用菜叶子遮住，这样留白才不会考黄。放好娃娃后，要把预热的套锅扣在鏊子上，同时把置放鏊子的平底锅移放到火上，这时娃娃上下受热，全身皆在烤焙中，过一会儿还需要置换套锅的位置，使套锅能够始终保持较高的温度，对于娃娃胸腹部等挺起的部位，要在娃娃的下部用杏仁壳顶起来，从而保证娃娃的全熟。

至于为什么要制作烤焙娃娃？一是当地有农历七月十五祀地官的习俗，七月十五当地百姓都要蒸老娃和蒸面羊来祭献地官神；同时当地还流传着这样一个传说，说是光绪三年北方大旱，灾情报至光绪皇帝，说："天下大旱，赤地千里，百姓饥饿，甚至闹到了人吃人的地步。"年幼的光绪皇帝不谙世事，张口便说："只要朝廷有粮吃，民间人吃人怕甚。"慈禧听后不悦，于是传旨"让民间捏面娃娃食用，再不可人吃人造孽"。这道圣旨传到阳城，正值中元节，此时灾荒已过，人间十室九空，为了不忘灾荒悲剧，人们就做起了焙面娃娃，以示纪念。笔者感觉这个传说未必可信，但是蒸老娃、蒸面羊却是古传习俗，蒸烤皆为熟食，只不过是换了一种形式，都是祭祀地官习俗的传承而已。同是收完夏粮后农民的享乐与庆贺，一种变相的打牙祭。

十一、麦芽枣糕制作技艺

麦芽枣糕是阳城润城、北留及周边一些区域百姓在过农历新年时为了祭祀神灵而专门蒸的一种馍馍，是当地百姓热爱生活的具体体现，是人们追求精致生活的具体行动，同时也是智慧与勤奋的结晶。

麦芽枣糕的整个制作过程就是一场精妙的设计与体验。这个设计开始于麦收之际，当新麦入仓之时，种粮人就开始了过年时的计划，他们要选出一些上好的麦子，用来淘白麦，这个白麦就是过年时蒸枣糕用的专用麦。白麦淘洗干净之后的第一件事，就是用厚被单盖起来，其目的就是让麦子发芽。种子发芽，就意味着一个新的生长周期来临，此时的种子会调动一切机能为新的生命提供养料，于是种子里的糖分就会骤然增长。聪明的润城人就是利用了种子的这一机能，让麦子里的糖分多了起来，然后再把刚刚冒出芽来的麦子迅速晒干，使麦子的造糖机能及时地固化在这一时刻。晒干的麦子有一小部分会被磨成面，用于农历六月六的祭祀，其余的会全部被留到过年时蒸枣糕。磨白麦也是有讲究的，麦子要干湿适度，过于干的白麦磨不出一等一的白面来，蒸枣糕的白麦面，只要磨麦子的头遍、二遍面，三遍以后的麦面就会发黑了。

蒸枣糕在我们当地叫敦蒸锅，是腊月里最重要的工作之一。敦蒸锅需要做一些必要的准备，第一先扫家，第二拉香碳，第三被劳力。敦蒸锅前需要准备的工作有接酵、备大案、备新席、砸碳、热蒸锅、温醒馍盒。制作枣糕前要准备红枣、小擀杖、压芽刀、剪刀、做花工具等。

接酵就是把头年敦蒸锅时的旧酵罐刮一刮，用酵罐里的旧面渣或者用头年留下的酵母泡水，把酵醒过来，然后再把醒过来的酵水倒入酵罐中，同时在水里加点白麦面，让酵糊多起来。酵糊发酵后，再加水、加面，直到酵罐接满，然后再根据蒸馍面的多少继续分罐接酵，直到酵糊足够和面为止。

和面。蒸枣糕和面同样有讲究，一是面要和硬，二是面要和够。因为枣糕面是用酵糊和，枣糕做好之后才被放入醒馍盒中发酵，用硬面做成的枣糕才经得起随后的发酵和蒸腾，才能保持原状而不变形。和够，是因为枣糕需要统一放入醒馍盒内一起醒，面不够，就不能一次放入醒馍盒中，分批次放入的枣糕，蒸出来会有不同的形状。

枣糕的制作。大案上一般需要四个人，两个人揉面两个人做，地下还需要一个人，这个人负责和面、看锅、添火和看醒。和好面后，案上师傅首先会派剂，就是把每一个枣糕要用的面一份一份地分好，然后再由揉面人揉面，制作人制作。做枣糕的步骤：第一，把揉好的面搓成条，然后压扁；第二，用小擀杖在面条中间纵向压一个槽；第三，用压芽刀沿着面条的两边压芽，间隔距离 1 厘米左右；第四，将面条翻转，拿两个红枣，分置于面条两边，然后用面条把红枣卷起来；第五，将面尾压在下方的一边，然后挤压枣糕的两边，让枣糕形成一个凸起的半圆形。至此一个完整的枣糕做成。

枣糕的蒸制。当蒸锅煮沸，醒馍盒温热，屋里的温度升起时，第一笼的枣糕也基本做好，这时就需要看看醒馍盒的温度怎样了，醒馍盒一般放在蒸锅的顶上，如果已经温热起来了，那么就可以往醒馍盒里放枣糕了，醒馍盒里放的枣糕数量必须也能放到蒸锅里，宁可少绝不能多。第一盒枣糕只能让蒸锅空着等，等醒馍盒中的枣糕醒好后，才能放入蒸锅去蒸。这里说的醒，其实就是发酵，当地的土语为“泛”。以后的情况就顺利了，把醒好的枣糕放入蒸锅，再把案板上的枣糕放入醒馍盒，当醒馍盒的枣糕醒好了，那么蒸锅里的枣糕也就蒸好了。如此类推直到蒸完最后一锅。

凉枣糕。蒸好的枣糕要放在地下铺好的苇席上凉透，把枣糕中的水汽散发完，这样处理过的枣糕才能放的持久。

收装枣糕。枣糕凉透之后就要及时地收起来，装到备好的大缸里，大缸要放在阴凉又不会上冻的房间里，条件上好的储存方式，可以让鲜枣糕保存一个月。

封装好的枣糕要一直存放到除夕夜才会拿出来敬神，除夕摆供安神，大年初一五更敬神，敬神结束之后，人们才可以尝一尝枣糕的味道。

润城的枣糕味道极好，甜甜的口感，浓浓的麦香，既没有酸味，亦没有碱味，只有醇醇的香甜。

如今社会丰衣足食，润城的枣糕已成为大众餐桌上普通食品，充裕的面粉供给，工厂化的大生产，使润城枣糕摘去了曾经的面纱，享受生活已经成了人们生活的日常，把祖先留给我们的优秀文化遗产继承和发扬光大，无疑是我们追求美好生活的重要保障，我们有责任做好。

第八章

星光辉耀：能工巧匠九行八作的杰出代表

世间一切技艺的创造者是人，继承和发扬技艺的也是人，有一技之长并以此为业，靠技艺吃饭，靠技艺养家的人，皆可称之为工匠。世上的工匠千千万，能够留下名字的工匠却寥寥无几，关键的问题就在于工匠创造了世界，但工匠的社会地位却很低，因此为工匠立传成了社会主义社会急需解决的问题。为了记录能工巧匠、九行八作的杰出代表，笔者翻阅了晋城市各县区的地方志，只有 1994 年版的《阳城县志》为生产能手、劳动模范写了小传，如果照录，这一章就全成了阳城人，为此我只好暂时舍弃，仅记录了 2 个人，2 个家族，权当补缺罢了。

一、郭发——彩绘人生，宋代壁画数第一

郭发是谁？郭发是开化寺壁画的创作者。关于郭发我们所掌握的情况主要就是来自开化寺壁画上的两处题记。第一，“丙子六月十五日粉此西壁，画匠郭发记”；第二，“丙子十月十五日下手稿彀立至十一月初六日描讫，待来春上彩。画匠郭发记并照壁”。从字迹来看，楷书，可谓娟秀。从内容来看，这两句话基本表明了宋哲宗绍圣三年（1096）也就是丙子之年，高平开化寺做了哪些事。总结起来大约有这么几件，第一，开化寺寺僧请了画匠郭发，为开化寺大雄宝殿画壁画；第二，郭发于是年六月十五日开始了大雄宝殿的壁画制作；第三，郭发所做的第一件事就是粉大殿西壁的墙壁；第四，郭发所做的第二件事就是绘制画稿；第五，画稿完成后，郭发于十月十五日开始将手稿内容描绘在大殿西墙壁上；第六，十一

开化寺壁画

月初六画稿描绘完成，由于天气变冷，无法用彩，所以决定第二年春暖花开时，再来完成壁画。

这两条提壁虽然内容不多，但是留给我们的信息还是蛮充分的，最起码我们知道了郭发是开化寺大雄宝殿壁画的创作人之一，同时也告诉我们郭发是一个具有自主知识产权的人，他用了足足4个月的时间来为开化寺大雄宝殿创作壁画，同时我们还可以得知郭发是一个实事求是的人，天冷了不可用彩，那么我就停工，剩下的事情等到合适的时间再来完成。至于郭发的才能、品行以及郭发的社会认识与对佛教的理解，我们唯一的途径就是通过对壁画的解读来分析了。至于开化寺壁画究竟是何时完成的，由于缺乏相关的记载，我们无法给出一个正确的判断。但是从壁画完成的情况来看，我们似乎可以得出这样一个结论，那就是工程完成的很匆忙，因为壁画似乎并没有最后完成。从壁画上我们可以清晰地看到，至今仍留有许多作为说明的方框没得到填写。由此可以推断，郭发应该走的很匆忙，而且这个走，似乎是永久性的，否则他完全可以抽空回来填一填。从保存至今的开化寺壁画来看，郭发是一个思想成熟、社会阅历丰富的人，同时郭发还是一个绘画造诣很深、表现能力出众的高级画匠，最为难能可贵的则是郭发有着一个极好的创作思维，他把自己所获得的知识与丰富的社会经历通过系统地整理有了一个崭新的理念，那就是把西来的佛教教义与传统的中国文化作了有机地结合，从而创作出一个崭新绘本，用人人都能看明白的故事给流畅地展示了出来，为佛教教义的普及开辟了一条新的路径。在整个画面布局上，郭发无疑费了不少心思，第一，核心功能要突出；第二，故事表达要突出；第三，画面内容要突出。可以说这三个方面都实现了，所以整个西壁的壁画就成了开化寺壁画的上上品。佛教寺院，首先要突出的就是佛，因此郭发在壁画的布局上将整个画面分成了三部分，每一部分的正中央都画的是佛祖讲经之事，注重佛祖尊严，周边的弟子虔诚，花团锦簇十分显眼。佛祖讲了些什么呢？具体内容就在中央讲经图的周边，郭发采用了连环画的形式，把它们一幅一幅形象地表现了出来，而且每幅画都作了精心地设计，使读画人很容易就能看明白作者想表达的意图，因为画面中所有的人物、建筑、工具、所从事的事情，全都是人们所熟悉的，很容易理解。郭发的才能不仅表现在壁画的整体设计上，关键是郭发还是一个真正的绘画艺术家，他的绘画艺术是十分高超的。在壁画的整个画面中出现了许多人物，他们身份不同，地位不同，从事的工作不同，因此每个个体都需要不同的面部表情。对此郭发很好地做了处理，如果说整个画面没有一点匠气，没有一点雷同，那不科学，但是他很注重画面的整体性，其实只要将画面的关键问题处理好了，整体的画面效果就出来了。例如佛祖讲经图，在这里只要把佛祖与弟子之间的关系处理好了，把众心向佛的大趋势表达出来，整个画面的意境就达成了，整个画面就和谐了。再如华色比丘尼的故事中只要把强盗和比丘尼分开来，它们的面部表情就显得不那么重要了，因为故事情节占据了主要位置，人们就忽视了细节和面部表情。除此之外，郭发在线条的应用上也可谓得心应手，可做到行笔流畅，勾勒沉着有力，转笔圆润，起收顿挫有致，这就足以表现出作者的意图，再加上大红大绿的用彩和重点部分的沥粉贴金就更可突出重点画面了。应该说郭发是一个非常具有绘画技能的晋城画匠，虽然他留给我们的作品不是很多，但是仅这一处壁画，就足以说明整个宋代晋城地区民间艺术水平的高超程度了。至于郭发是不是本地人，笔者认为是本地的，因为在整个作画过程中，郭发留给人们的印象就是不急不躁，一个设计用了 4 个月，天气冷了，即刻停工。并且果断地把活留到了来年，可见他住得不会太远，因此他没有远程奔波负担，也没有赶工意向，这些都可以说明他是本地人。

二、萧照——激情匠师，孤山斗酒画四壁

萧照，字东生，泽州阳城人，主要活动年代北宋末年和南宋初年。读书时代的萧照极喜欢绘画，对当时著名画家李唐崇尚至极。然而生不逢时，他踏入社会的时间正是金兵南下战乱纷离之际，出于民族利益，年轻的萧照参加了太行义军，加入了抗金的队伍中。一天，他们出击金兵，抓到了一个过路的外乡老翁，搜查时，萧照发现老翁带的全是画具与颜料，于是有心的萧照便将老翁带回营中。回营后，萧照对老翁进行了仔细地询问，原来这位老翁正是萧照梦寐以求的大画家李唐。此时李唐已年近八旬，但仍旧怀一腔报国热情，正准备前往临安投奔南宋朝廷。于是萧照当即拜师，然后辞别众人，服侍着李唐一路奔向临安。

在临安，萧照刻苦钻研，潜心学画，深得李唐喜爱，于是“尽以所能授之”。绍兴中（1131—1162），以画名补为迪功郎，任画院侍诏。萧照作画擅长山水、人物、松石，笔力雄健，墨汁凝重，有郁茂苍劲之气势。据《四朝见闻录》记载，宋高宗见到萧照在西湖孤山凉堂所画的壁画后，大为赞叹，并赐金帛以鼓励。对于萧的绘画，该书是这样品论的：“萧照画无他长，唯能使玩者精神如在名山胜水间，不知其为画尔。”尽管言语不多，却道出了萧照作品的传神功力。

据说萧照喜欢饮酒，更爱饮酒作画，饮酒越多，作画越好。记载中有这样一个故事：西湖孤山凉堂完工，宋高宗准备带领众美姬前来观赏。头天，有位太监前来察看，发现建筑虽好，但凉堂的四壁空墙颇煞风景，便要求连夜作画装饰凉堂。这一下可难坏了凉堂总管，他思之再三，认为只有萧照才能担此重任，于是前往萧府相请。萧欣然应之，提出的唯一要求便是备足四斗好酒。是夜，萧照举杯饮酒，燃灯作画，天明五鼓酒干画成。第二天皇帝驾到，一路观赏，一路赞扬，对孤山凉堂极为满意，对凉

堂壁画更是赞不绝口，并赏赐了萧照。以上故事虽非史典，但萧的高超技艺、非凡的气度可见一斑。

萧照的作品传世者不多，现知道的主要有《中兴瑞应图》《山腰楼观图》等。《中兴瑞应图》是他的工笔人物画。画的内容为康王赵构、资政殿学士王云，受钦宗之命前往金国求和，中途所遇到的种种波折及人民极力阻挠。因此，王云被乱棍打死，康王则化险为夷，南渡黄河并创建了南宋帝业的故事。该画笔法细腻，反映故事形象生动，一目了然。画中所绘建筑类型众多，堪称宋代建筑图案之大成，所绘人物或工或农，或官或民，是宋史研究中不可多得的形象史料。此画为绢本设色，部分藏于天津艺术博物馆。

萧照画作《中兴瑞应图》

《山腰楼观图》是现存萧照山水画之代表作。从其风格来看，既继承了李唐之师风，又融入作者之个性。从画面来看，既融入北方山水之浑厚，又写进南国水乡之清雅，反映出作者由北至南的非凡经历；从构图设计来看，左为雄峰右为环水，不乏磅礴之气势，可以看出作者的人物个性；从表现手法来看，近山写以实，远树赋以虚，给人以无限空间之感觉，反映出作者之意境。图中巨石高崖、曲径盘旋、树木葱郁、瀑布飞悬、山顶楼阁隐隐可见，石上游人沉醉山河，江岸小舟轻挽，远树岚气隐现，画家以淡墨浓笔将自己对大自然的留恋尽现于画中，不能不说是一幅好画。该画为水墨绢本，现藏于台湾故宫博物院。

三、栗景诚——金火大鑑，栗氏铸造续春秋

在陕西省咸阳市渭城区北杜镇福昌寺，耸立着一座高高的千佛塔，该塔基座由青砖砌筑，高达3.1米，塔身外表用生铁铸成，八角九级，楼阁式造型，塔基正南面有拱券式塔门，塔门上有一铁质的匾额，边上横书“千佛塔”三字，匾额两侧另有小字，分别为“牧差镇守湖广等处司礼监管南书房行走太监杜茂”“大明万历三十八年岁次庚戌吉日立”。门内有梯道可登上塔基，塔基上的铁塔还有一另层须弥式基座，铁塔就坐落在须弥座上，铁塔通高达21.5米，底层东、西、南三面分别辟有券门，门有槛框、门楣等。塔底层每边边长2.42米，塔内北侧有梯道可登上二层。塔内由青砖砌筑塔身，梯道可逐层攀登至塔顶。铁塔一二层最高，三层以上逐渐减低。一层塔身除东西南北之外，其余四面皆铸有大型天王像。二层以上塔身处全铸有小型佛像，故名千佛塔。在塔身的第一层和第三层分别铸有铁塔铸造人姓名，第一层位置在西南面北侧的抱框内，内容为：“山西平阳府襄陵县河东辛店镇金火匠栗汝桧、栗汝柏男栗朗春、栗朝春、栗迎春”。第三层位置在西北面，内容为：“山西泽州阳城县小城镇金火大鑑栗景诚奉工部堪合十二代玄孙寄籍平阳府襄陵县河东辛店镇栗朝春、栗郎春同造”。两处题记内容一致，都是山西平阳府襄陵县河东辛店镇金火匠人，一层以栗汝桧、栗汝柏为主，栗朗春、栗朝春随之，三层以栗朗春、栗朝春为主，但是栗朗春、栗朝春始终都在，可见他们是这次铸塔的主力军。最为关键的是第三层的题记真正道出了他们的来历，他们是山西泽州

阳城县小城镇栗氏的后人，他们是寄籍于襄陵县的，他们的祖上有一个工部堪合的金火大监栗景诚。

工部堪合始于明洪武十九年（1386），白寿彝主编的《中国通史》第九卷在“工匠管理制度概述”中载：“洪武十九年，在工部的建议下，实行了议而未行的工匠轮班制，将各地工匠按照其丁力和路途远近，定以三年一班，轮流赴京服役，时间为三个月，役满更替。”“政府发给轮班匠堪合，届时赍堪合赴京听工部分拨，这是明政府第一次发给工匠堪合。”洪武十九年是公元1386年，距万历庚戌年也就是公元1610年是224年，如果18年算一代人，那么224年正好是12代多8年，这也与题记中所说的栗景诚十二代玄孙基本相符，可见题记的真实性无可置疑。

栗景诚在洪武年间被堪合为金火大鑑，无疑是栗氏家族中颇具成就的铸匠，但栗景诚绝不是栗氏家族的第一代铸匠，他的成功一定是家族世代努力的结果。由此可知栗氏家族世袭铸造一定渊源深远，最晚不会低于宋元或者更早。由此向上推演，可知阳城县小城镇的铸造业在宋代或更早就已非常成熟了。而到了明初栗氏铸造已远近闻名，所以大明开国不到20年，栗景诚就有了金火大鑑的名头。

堪合制度是明代工部管理工匠的一种方法，在明洪武二十六年再一次公布了更为详细的管理办法，具体规定如下：“五年一班：木匠、裁缝匠。四年一班：锯匠、瓦匠、油漆匠、竹匠、五墨匠、妆銮匠、铁匠、双线匠。三年一班：土工匠、熟铜匠、穿甲匠、搭材匠、笔匠、织匠、络丝匠、挽花匠、染匠。二年一班：石匠、艌匠、船木匠、箬蓬匠、橹匠、芦蓬匠、戗金匠、绦匠、刊字匠、熟皮匠、扇匠、魫灯匠、毡匠、毯匠、卷胎匠、鼓匠、削藤匠、木桶匠、鞍匠、银匠、销金匠、索匠、穿珠匠。一年一班：表背匠、黑窑匠、铸匠、秀匠、蒸笼匠、箭匠、银朱匠、刀匠、琉璃匠、锉磨匠、弩匠、黄丹匠、藤枕匠、刷印匠、弓匠、旋匠、缸窑匠、洗白匠、罗帛花匠。合计各种工匠六十一种。”“五种班次的工匠分别给与堪合……这是明政府第二次发放堪合，此次堪合的工匠共有二十三万二千零八十九人。”通过以上分类，我们可以看出栗景诚属于一年一班的铸匠系列，一年一班说明这项工作很重要，一年一班也说明从事这个专业的工匠人员少，栗景诚能在这个行业中被堪合为金火大鑑，表明这个人在铸匠中是一个重量级人物。这里所说的“堪合”，是一种公文的形式，“工部堪合”说明这道公文是由中央六部之一的工部印发的。堪合的内容包括工匠的姓名，所担任的工作类型，应该何时到何地轮充“正工”，服役的时间为多久，下一次服役的时间是何年、何月等内容，并明确了到工日期、工满日期、满放日期等。公文下留的时间是堪合发放的时间，公文堪合人离世后，公文要交回发放单位。这道公文在发放单位留有存根，存根和公文上既有发文单位的完整印章，也有两枚骑缝的半个印章，所以这个公文又有“半印堪合”的叫法。工部堪合文本既是工匠的身份证明，亦是工匠的就役执照，还是服役时的出行证明，服役时只要携带堪合文本，沿途有司即可检验放行；同时还是免除其他差役的依据，可谓作用甚大。在明代，工匠会因所居住省份而出现不同的管理单位，例如浙江、河南、山东、山西、陕西五省和应天等 26 府的轮班匠归北京的工部管理。而江西、湖广、福建的班匠则归南京工部管理。再如轮班匠归工部管理，而“住坐者隶内府内官监”。尽管明代的工匠管理各不相同，但是栗景诚金火大鑑的身份确是由工部赋予的，而且是写入堪合文本中的，同时在工部留有底档，这就是最高官府对栗景诚铸造技艺的终极认定，也是栗氏后辈们引以为傲的最好资本。前文所述陕西咸阳千佛塔上留下的题记就是最好的证明，尽管后辈已经是十二代玄孙，且寄籍平阳府襄陵县，但是他们仍没有忘记自己祖宗栗景诚曾经的荣耀，仍没有忘记自己在泽州阳城小城镇的栗氏的根脉，他们仍旧把自己创造的辉煌——铁铸千佛塔与自己的祖宗联系到了一起。

其实栗氏铸造的辉煌远不止这些，他们依旧一代一代地努力着，在解州关帝庙有润城栗氏第九代栗志义，第十代栗从慧，第十一代栗从慧的两个徒弟李成、杨正，第十二代栗二羊传人于明嘉靖三十八年（1559）三月铸造的铁人；还有栗氏第十代传人栗从慧、栗从高于明嘉靖四十三年（1564）三月二十二日铸造的铁狮子；在洛阳关林仪门前有润城栗氏传人第十二代栗大仓携其子栗继耕，在明万历二十五年(1597）铸造的铁狮子。在屯城东岳庙有润城栗氏第十二代传人栗大凰及儿子栗继宠、栗大蛟及儿子栗继科在明万历二十三年（1595）铸造的大钟；在望川村有润城栗氏第十二代传人栗大凰及子栗继宠、侄栗继科于明万历四十三年（1615）铸造的大钟；在泽州县大阳镇天柱塔顶上有润城栗氏于明隆庆五年（1571）铸造的铁质塔刹。在山西博物馆有襄陵县辛店镇栗氏传人栗如松及次子栗过春、栗接春铸造的真武大帝造像；在湖北的武当山有襄陵县栗氏传人栗复共于明万历四十八年（1620）铸造的真武造像；在荷兰的收藏家手里有栗氏第九代传人李志春铸造的两尊佛像。

栗氏家族的铸造技艺一直在历史的长河中不断地传承与发展着，直到今天。如今阳城县润城村的石阳生先生就是栗氏家族的直接传承人。据石阳生先生回忆他的父亲石明伦先生就是从栗天成那里学的艺，栗天成就是栗氏的直系传人。石阳生先生回忆说他们这一代包括已去世的铸造艺人有石永锡、刘有胜、原圪都、栗兴林、赵海余、王斗应、郭白羊、石阳生。他们的上一代有栗圪创、栗培元、栗培厚、栗金苟、栗大顺、栗节顺、栗兴礼、刘文忠、原水水、栗炳彰、石明伦、石小兴。上溯第二代有栗孝先、栗承先、栗天成、栗锦先、栗慎先、栗敦先、栗守先。上溯第三代有栗和尚。上溯第四代有李瑞屏。上溯第五代有栗鹏九。

石阳生先生是目前唯一一个仍在从事着生铁铸造业的继承人。石阳生 16 岁随父学艺，是目前同时掌握栗氏铸造技艺、坩埚炼铁、犁镜铁范制作技艺的唯一健在的金火匠人。他曾参加 2020“中国公益慈善项目大赛·第二届非遗文创专题评选”，作品被选入 500 强，荣获“优秀作品奖”，他本人获得特别奖——“文化传承奖”。

石阳生1952年生，他的外公、舅舅和父亲家族世代从事冶铸，他从记事起就与冶铸结下了缘，据石阳生回忆，他小时候每天都要到父亲上班的炉场给父亲送饭，因此在很小的时候，父亲就会教他几招，还会让他上手操作一下。16岁，他就跟着父亲在炉场学艺，由于他爱琢磨，所以在父亲及其他亲人的教导下很快就学到了一套好手艺，成了炉场中的生力军。遗憾的是，随着改革开放的步伐，铸造这个畅行了数千年的产业在新的工业革命的浪潮中很快就被淹没了，铝制品、不锈钢很快就取代了传统的铸造业，因此他们就只能转业了。当历史再次轮回到铁壶煮茶的时代时，石阳生再次看到了机遇，他决心把曾经的名壶——小城茶壶再找回来，于是他干起了自己的小作坊。石阳生不但制作出了传统风格的小城茶壶，而且还创新出了现代人喜爱的新风格茶壶，是他的产品成了全国客户的心爱之物，订单甚至排到了三年以后。除了做茶壶，他还做鏊炉，他的许多产品都成了市场上的抢手货，希望石阳生开辟的铸造之路能为润城栗氏铸造技艺的传承开辟出一条新的道路来，让传统的非物质文化遗产焕发出新的生机。

四、乔氏——阳城琉璃，宫观殿宇巧装饰

琉璃宝塔创阳陵，天赐乔公来赞成。
白手涂形由性慧，红炉点色拟天成。
神谋不爽愧三晋，巧制无双冠析城。
巨业落成垂千古，君名高于碧云邻。

这是一首雕刻在阳城县寿圣寺琉璃塔上的赞美诗，诗的名字是《赠东岗乔契友》，诗的作者系明万历年间的阳城生员李少白，东岗乔契友指的

就是阳城东关的乔永丰。乔永丰，明隆庆、万历年间（1567—1620）阳城东关著名的琉璃匠。寿圣寺琉璃塔就是乔永丰携带他的两个儿子乔常飞、乔常远共同完成的，可谓乔永丰父子琉璃生涯中的代表作品。

寿圣寺位于阳城县西北芹池镇的阳陵村，是全国重点文物保护单位。寿圣寺创建于后唐，原名福庆院，宋代改为泗州院。宋天禧年间（1017—1021）僧人法澄等重建，宋治平四年（1067）皇帝赐额“寿圣禅院”。寺院坐北朝南成两进院布局，沿中轴线由北向南坐落着后殿、琉璃宝塔、中殿及一座后来建的大门等。东西两侧分别建有耳殿、配楼、东夹室、西小院、东配殿等，南面建筑无存，现仅存新中国成立后修建的一道墙和一个风格迥异的大门。寿圣寺琉璃塔是寺中历史价值最高的建筑。

寿圣寺琉璃塔位于中殿与后殿之间，宝塔建筑在一个高约 1 米台阶上，塔基砂岩筑就为八角形须弥座，八个角楞皆雕成威武的金刚力士，孔武有力，形象逼真，束腰处雕云龙、麒麟等花卉图案，刀工娴熟，栩栩如生。从塔中题记可知，琉璃塔创建于明万历三十七年到四十四年（1609—1616）之间，由僧人慧海等僧众募缘修建，因此塔身遍布捐赠者姓名。宝塔八角十级为楼阁式砖砌琉璃塔，塔高 27.8 米，塔身各层立柱斗拱，脊饰瓦件全由琉璃仿制，富丽堂皇，蔚为壮观。有心人曾做过统计，全塔共有琉璃浮雕 177 块，各种琉璃雕像 480 余尊，佛祖、菩萨、诸天、罗汉，文者衣衫飘逸，武者甲胄威严，或端坐莲台，或脚踏祥云，每尊造像做工都很认真，每个人物都做了标注，可谓神情各异，各有千秋。塔身第一层为实心，正、侧三面象征性地留着三个门洞，似为三门，门洞两侧皆嵌琉璃一块，分别雕塑着护法天王，其余四面分别雕塑着十八位护教伽蓝，即伽蓝圣众菩萨等。塔身二层的正北辟有一门可进入塔中，门洞左侧嵌有琉璃碑碣一方，上刻造塔题记，铭文为：“大明万历三十七年五月二十二日，阳城琉璃匠人乔永丰男乔常飞、乔常远。”这一题记正好契合了四层窗洞里的题诗，说明造塔的乔氏父子正是李少白诗中的东岗乔契友。进入门洞，向上眺望，可一眼看到塔顶穹庐，虽塔的内壁也有阶梯，但是要想攀爬上却有一定的困难，需要好的身手和胆量。年轻的时候笔者曾爬过，但也仅仅到达了那个留有题诗的窗口。由于题诗的时间是万历丙辰年（1616），所以也有人认为该塔最后完成的时间应该是万历四十四年。

阳城寿圣寺乔永峰制作琉璃塔

寿圣寺琉璃塔所用琉璃色泽纯正，胎地坚硬，工艺精湛，釉彩繁多，以绿釉为主色，兼有孔雀蓝、黄、褐、紫、黑、白等各色，且釉色保存至今依然附着紧密，几乎没有脱落，可见技术之过硬。所以我们把寿圣寺琉璃塔当作乔永丰父子的代表作是很有道理的。应该说寿圣寺琉璃塔，无论塑型，还是着色，无论颜色的搭配与使用，还是胚胎的烧制与釉色都达到了前所未有的水平。目前我们所看到的琉璃，色泽沉暗与缺少光泽，都与后来大气层中的酸浓度有关，但愿它们能重焕溢彩。

乔永丰出生于阳城东关的琉璃世家乔家，据阳城政协白继军主编的《村里那些事儿》第六册记载："乔氏琉璃最早是自宋代从高平迁至东关窑畔沟（即甘泉巷），且在东关经营历史最长，达五六百年之久，创造了明代至清康熙年间近四百年的最辉煌时期。至清雍正二年（1724）才迁往后则腰。""乔氏琉璃品种繁多，造型生动，色彩绚丽，制作精良。至明代，乔氏琉璃进入鼎盛期，其烧造规模之大，制品之精湛，技艺之高超，在当时冠绝三晋。阳城周边庙宇皆定做乔氏琉璃。北京故宫的琉璃狮子、殿脊，北京十三陵殿堂顶都有乔氏琉璃的标记”。

书中还说：“据有关资料，有明确记载在东关数百年历史中制作的乔氏琉璃建筑产品有：明成化十七年（1481）匠人乔赟与其子乔凤、乔彬等为县城汤帝庙献亭烧制戗脊鸱吻。明嘉靖元年（1522）制作高平铁佛寺正殿琉璃制品。明嘉靖四十年（1561）匠人乔继宗为海会寺琉璃宝塔烧制系列佛教故事琉璃、第十层外圈平台上的各种琉璃构件（全国重点文物保护单位）。明隆庆元年（1567）匠人乔世富与其侄乔永丰等为润城东岳庙（全国重点文物保护单位）制作琉璃构件。隆庆四年（1570）乔继宗同侄乔世贵等制作晋城弥陀院蹲狮（藏于故宫博物院）。明万历三年（1575）匠人乔永光、乔永堂、男乔良制作泽州县普觉寺正殿琉璃脊刹等。万历六年（1578）匠人乔世虎为东关关帝庙烧制二龙戏珠照壁，惜‘文革’后被完全毁掉。万历三十六年（1608）乔永丰及其长子乔常正、乔常远建造阳城寿圣寺琉璃塔(全国重点文物保护单位)。明崇祯元年(1628）匠人乔长兴、男喜善、喜福为沁水县府君庙制作琉璃制件。东关匠人乔桧和乔植、乔桂为沁水县南阳村玉皇庙制作琉璃照壁（乔氏琉璃匠人世系未见过这三人，根据庙宇建造时间推测为明中期或早期）。清康熙年间，为重修东关关帝庙制作各种琉璃构件。康熙五十七年（1718）乔鸷和乔彦云、乔祥等（标记为阳城县青阳里琉璃匠）为临汾市大云寺建造金顶琉璃宝塔（全国重点文物保护单位）。”以上记录详细罗列了从明成化十七年（1481）到清康熙五十七年（1718）阳城东关（东岗）乔氏琉璃匠人为周边各大庙宇制作琉璃的具体情况，虽然不能把各代人物准确排列，但也基本排列出了乔氏琉璃的传世情况，可谓 237 年传承有序，连绵不断。

对于阳城乔氏琉璃匠人的传承与制作技艺，柴泽俊先生在《山西琉璃》一书中是这样说的：“阳城东关乔氏，自介休广济寺发现明正统十三年（1448）题记以来，传承关系明确，班辈系列明晰，尤以嘉靖到万历期间（1522—1619）匠师众多，明末崇祯时期（1628—1643）‘常’字辈为盛，有乔常大、乔常兴、乔常远、乔常正及晚辈乔喜善、乔喜福等。清代留题之风大减，道光之后留题匠师更为稀有，然而现有题记中，顺治六年（1649）有乔常圆领作，康熙年间（1662—1722）有乔鸷、乔彦军、乔祥等匠师留题，乾隆年间（1736—1795）有乔真及门侄乔乐善为匠首，嘉庆年间（1796—1820）还有乔常泰、乔和泰等的题记，其间传承关系长达370余年。”

阳城乔氏制造的琉璃不但装点着庙宇寺观，同时还有许多神像和装饰狮子等，上文所说故宫博物院收藏的隆庆四年乔继宗制作的琉璃蹲狮，就是乔氏琉璃的代表作。另外海外也有一些相关收藏，如美国大都会艺术博物馆就收藏有乔鸷父子于明成化十七年（1481）制作的道教神仙像；美国普林斯顿大学美术馆收藏有明弘治十三年（1500）乔彬制作的三彩釉观音像；大英博物馆收藏有乔永先、乔永丰等于明万历元年（1573）制作的莲池会观音造像，这些都是乔氏琉璃中的精品佳作。

乔氏琉璃的传承一直延续到全国解放，乔承先就是他们现代的传承人。他从小随父学艺，学会了琉璃烧制、绘画雕塑等各种技艺，14岁即可独立领工在沁水张马修庙。20世纪50年代，他和儿子受邀到西安承担西安大厦的琉璃制作工作，并载誉而归。后任阳城县国营陶瓷厂技师，1960年赴太原制作人民大会堂山西厅所需塑像，为新中国的社会主义建设作出了自己的贡献。2008年阳城琉璃被列入第二批国家级非物质文化遗产名录，它的代表性传承人是乔月亮和崔书林，使乔氏琉璃又有新的传人，在国家对非物质文化实施特殊保护政策的支持下，笔者相信琉璃制作这一古老工艺一定会得到更好的传承。

参考文献

壁画艺术博物馆编、刘国华主编:《山西古代壁画珍品典藏》，山西经济出版社 1996 年版。

白继军主编:《村里那些事儿》，2022 年版政协阳城县委员会。

白寿彝总主编:《中国通史》，上海人民出版社 1999 年版。

陈明达:《中国古代木结构建筑技术（战国—北宋)》，文物出版社 1990 年版。

陈奇猷校释:《吕氏春秋》，学林出版社 1984 年版。

柴泽俊编著:《山西琉璃》，文物出版社 1991 年版。

樊秋宝主编:《泽州碑刻大全》，中华书局 2013 年版。

方韬译注:《山海经》，中华书局 2011 年版。

（汉）司马迁:《史记》，中华书局 1982 年版。

晋城市地方志编纂委员会:《晋城市志》，中华书局 1999 年版。

（晋）陈寿:《三国志》，中华书局 1982 年版。

晋城县志编纂委员会编:《晋城县志》，山西古籍出版社 1999 年版。

李浈:《中国传统建筑木工工具》，同济大学出版社 2015 年版。

（明）方以智录:《物理小识》，商务印书馆 1936 年发行。

（明）李侃、胡谧纂修:《山西通志》，民国二十二年影钞明成化十一年刻本。

（明）宋应星:《天工开物》，中国画报出版社 2013 年版。

牛晓明主编:《高平史话》，山西人民出版社 2016 年版。

（清）顾祖禹:《读史方舆纪要》，中华书局 2005 年版。

（清）乾隆四十九年林荔纂修:《凤台县志》，1983 年晋城县人民政府翻印。

（清）同治十三年总修赖昌期:《阳城县志》，2016 年政协阳城县委员会。

乔欣、刘国亮:《晋城历史文化丛书 · 方物大观》，中华书局 2010 年版。

[清] 雍正十三年朱樟纂修:《泽州府志》，山西古籍出版社 2001 年版。

乔志强:《山西制铁史》，山西人民出版社 1978 年版。

[清] 张廷玉等:《明史》，中华书局 1987 年版。

商浩辉主编:《阳城史话》，山西人民出版社 2016 年版。

(宋) 李诫:《营造法式》，中国书店出版社 1989 年版。

(唐) 李百药:《北齐书》，中华书局 1987 年版。

(唐) 李延寿:《北史》，中华书局 1987 年版。

(唐) 魏征、令狐德棻:《隋书》，中华书局 1987 年版。

王立新主编:《陵川史话》，山西人民出版社 2016 年版。

王丽主编:《泽州史话》，山西人民出版社 2016 年版。

吴永生:《寻芳》，中国文联出版社 2015 年版。

(西汉) 刘向集录:《战国策》，上海古籍出版社 1978 年版。

阳城县志编纂委员会:《阳城县志》，海潮出版社 1994 年版。

杨宽:《中国古代冶铁技术发展史》，上海人民出版社 2004 年版。

主编孙淑云、副主编李延祥:《中国古代冶金技术专论》，中国科学文化出版社 2003 年版。

祝重寿:《中国壁画史纲》，文物出版社 1995 年版。

中国硅酸盐学会编:《中国陶瓷史》，文物出版社 1982 年版。

中国科学院自然科学史研究所主编:《中国古代建筑技术史》，科学出版社 1990 年版。

中国历史博物馆编:《简明中国历史图册》，天津人民美术出版社 1978 年版。

张广善著:《晋城古代建筑》，文物出版社 2011 年版。

赵汝珍编述、石山人标点:《古玩指南全编》，北京出版社 1992 年版。

赵雪梅著:《唐风宋雨》，商务印书馆 2011 年版。

朱新予主编:《中国丝绸史（通论）》，纺织工业出版社 1992 年版。

朱新予主编:《中国丝绸史（专论）》，中国纺织出版社 1997 年版。

张志仁主编:《晋城史话》，山西人民出版社 2016 年版。

陈建立、毛瑞林、王辉等:《甘肃临潭磨沟寺洼文化墓葬出土铁器与中国冶铁技术起源》，《文物》2012 年第 8 期。

陈瑞青、郭树行：《磁州窑酒坛铭文研究》，《文物春秋》2006 年第 5 期。

芦苇、杨小明：《明清泽潞地区的丝织技术与社会》，《科学技术哲学研究》2011 年第 3 期。

芦苇、杨小明：《潞绸的艺术风格及其技术美特征》，《丝绸》2011 年第 4 期。

林永匡、王熹：《清代山西与新疆的丝绸贸易》，《山西大学学报》1987 年第 1 期。

山西省考古研究院、晋城市文物保护研究中心：《山西沁水八里坪遗址新石器时代与东周墓葬发掘简报》，《文物》2022 年第 11 期。

申艳茹：《山西下川遗址流水腰地点的细石叶工业》，《第四纪研究》2020 年第 1 期。

王建、王向前、陈哲英：《下川文化——山西下川遗址调查报告》，《考古学报》1978 年第 3 期。

王建、王益仁：《下川细石核形制研究》，《人类学学报》1991 年第 1 期。

王益仁：《关于下川文化的几个问题》，《中国史前考古学研究》1994—2019年。

朱红琳：《明清潞绸兴衰始末及其原因分析》，《丝绸》2014 年第 7 期。

张广善：《高平县元代居民——姬宅》，《文物季刊》1993 年地期。

张广善：《沁河流域的堡寨建筑》，《文物世界》2005 年第 1 期。

张广善：《晋城民居中的文化资本探源》，《中国名城》2010 年第 8 期。

张兆祥：《明磁州窑系瓷酒坛考》，《文物世界》2003 年第 6 期。

编　委　会

主　任：孟贵芳

副主任：焦新文　阴建正　郭向阳　王学琦　程春明

　　　　常先勤　贾龙斌　聂永平　郭明太　李红梅

编　写　组

主　编：孟贵芳

副主编：王晓光　武晓芳

撰稿人：马甫平　李泽军　张广善　刘国亮　安建峰

晋城历史文化研究

兵家晋城

JINCHENG
LISHI WENHUA YANJIU

《晋城历史文化研究》编写组　编著

人民出版社

序　言

晋城，这座镶嵌在太行山南麓的千年古城，是山西东南部的文化重镇，也是连接中原与西北的咽喉要冲。她以山川为骨，以历史为魂，在漫长的文明演进中，既见证了金戈铁马的烽烟，也孕育了精耕细作的农耕文明；既锻造了巧夺天工的匠作精神，也涵养了崇文重教的理学传统；既催生了纵横四海的商贾智慧，更沉淀出多元交融的人文气象。为庆祝晋城建市40周年，充分展示晋城悠久历史和优秀文化，市政协组织地方专家学者，以《文脉晋城》《神农晋城》《工匠晋城》《商贾晋城》《兵家晋城》五册书为题，编写了一套《晋城历史文化研究》丛书，试图通过这套丛书梳理这座城市的文明基因和地域密码，这不仅是对地方历史的致敬，更是为中华文化的多样性提供一份鲜活注脚。

《文脉晋城》：理学渊薮，泽州学风

晋城古称泽州，北宋以降，这里成为程朱理学的重要发祥地。程颢任晋城令时，兴办乡学、整顿礼俗，以“民胞物与”之心教化一方，终使“泽州学者如牛毛”（《泽州府志》）。这片土地上的文脉，既有书院朗朗书声的浸润，也有民间耕读传家的坚守。金元时期，郝经、李俊民等大儒辈出；明清两代，陈廷敬家族“德积一门九进士”，更将儒家文化的根脉深植于太行深处。《文脉晋城》追溯的正是这种“士尚气节、民重诗书”的精神传统——它不仅是科举功名的辉煌，更是晋城人对天道人伦的朴素践行，

对家国情怀的无声传承。

《神农晋城》：农耕肇始，炎帝遗风

高平羊头山下，炎帝陵庙巍然矗立，诉说着华夏农耕文明的源头。晋城作为炎帝活动核心区，留存着密集的祭祀遗址、传说与民俗。炎帝在此“斫木为耜，揉木为耒”，教民播种五谷，开创医药之先（《淮南子·修务训》）。至今，当地仍保留着“鞭春牛”“祭谷神”等古俗，民间药膳、农耕工具中亦可见上古智慧的孑遗。《神农晋城》不仅是一部地方史考，更试图揭示：为何这片土地能成为中华农业文明的“试验田”？答案或许藏在这独特的山川格局——太行屏障与两河（沁河、丹河）沃土的结合，既提供了避乱之所，又孕育出最早的农耕实践，最终塑造了晋城人“厚土重农、敬畏自然”的集体性格。

《工匠晋城》：铁火流光，技艺千秋

“九州针都”大阳古镇的钢针，“平遥的漆器，泽州的铁”的民谚，无不彰显晋城工匠的赫赫声名。春秋战国时，这里已是冶铁中心；明清时期，阳城犁镜、泽州铁壶行销欧亚。煤炭与铁矿的丰富资源，催生了“一斗铁砂半斗金”的产业传奇，更锤炼出“百炼精钢”的匠人精神：从战国箭镞的精密铸造，到明清古堡的砖石工艺，无不体现“工必为之纯，器必求其利”的执着。《工匠晋城》记录的不仅是技术史，更是一种文化哲学——煤铁之乡的百姓，始终相信“器以载道”，他们将生命的韧性锻入铁器，将秩序的追求砌进城墙，最终让物质创造升华为文明符号。

《商贾晋城》：行商万里，义利兼济

泽州商人虽不及晋中票号声名显赫，却以“行商如行军”的魄力独树一帜。明清时期，他们依托煤铁、丝绸、硫磺等特产，南涉闽粤，北走塞

外，甚至远赴俄蒙。其商业网络既是物资流通的血脉，也是文化传播的纽带：关帝庙遍布商路，既是对“忠义仁勇”的信仰，亦是对契约精神的恪守；而程朱理学“格物致知”的思想，更赋予泽商“以义制利”的伦理底色。《商贾晋城》试图还原这一群体如何将地域资源转化为商业资本，又如何以文化认同凝聚商帮力量——他们的故事，恰是明清中国商品经济与精神传统共生共荣的缩影。

《兵家晋城》：锁钥三晋，雄镇太行

“河东屏翰”“中原咽喉”的军事地位，使晋城自古为兵家必争。长平之战，白起坑赵卒四十万于高平；巴公原之战不仅巩固了后周的政权还为赵匡胤北宋王朝的建立奠定了基础；北宋抗辽，孟良寨、焦赞城遗迹犹存。这片土地上，战争与和平的交替催生了独特的防御文化：砥洎城的“蜂窝型城墙”、皇城相府的“防御型碉楼”，既是冷兵器时代的智慧结晶，也隐喻着晋城人“居安思危”的生存哲学。《兵家晋城》透过烽火记忆，揭示的正是地理如何塑造命运——当山河成为屏障，战乱反哺坚韧，最终凝练出“崇文尚武、守正出新”的地域品格。

《晋城历史文化研究》丛书的五册，恰如五色丝线，共同编织出这座城市的文明图谱：神农的耒耜、程朱的典籍、工匠的铁锤、商队的驼铃、将士的弓刀，在历史时空中交响共鸣。而贯穿始终的，是晋城人对天地的敬畏、对技艺的追求、对文化的坚守。这套丛书不仅为地方立传，更试图回答一个根本命题：在新全球化浪潮中，我们如何从地域文化的多样性中汲取智慧？晋城的启示或许在于——唯有深植传统的土壤，方能绽放时代的新枝。

《晋城历史文化研究》丛书的出版，是庆祝晋城建市 40 周年的重要文化工程，愿读者借此书穿越时空，触摸晋城的山河脉动，为晋城高质量发展注入文化动力。

目　录

前 言

晋城，古称泽州，坐落于山西省东南部，依傍太行山脉南段，是华北平原与黄土高原的自然交汇点。这座城市不仅深蕴着厚重的历史文化底蕴，更因其得天独厚的地理位置，使得其自然而然成为贯通南北、连接东西的关键所在，掌控晋城，即意味着在战略层面把握了主动权。所以，《兵家晋城》卷主要围绕这一独特的地理区位展开。

从兵家的角度来看，晋城四周环山，地势险峻，堪称天然的战略堡垒。东西两侧分别有丹河、沁河和众多的峡谷守护，这些河流和峡谷又成了必要的通行孔道，并在这些峡谷横向的低矮处修建了石砌的长城，在险要处设立了大大小小的关隘，构成屏障锁钥，确保牢不可破，高枕无忧。

晋城的经济资源也为其军事地位增添了重要的砝码。地下丰富的煤铁资源，同时又是较早掌握坩埚炼铁的地区之一，为战时提供了必要的兵器和后勤保障。虽然地处丘陵也受干旱少雨的影响，但正常的年份农业生产也能自给自足。因此，最迟在秦汉时期这里就建制了县，修建了行政意义上的城，用以捍卫一方之民。不晚于隋唐时期，在关隘向内延伸的峡谷至高处又建起了山寨，用于军队驻防和百姓避兵。到了明中后期，凭借资源富足的优势，商品经济迅速崛起，沿丹沁流域造就了一批豪族大户，他们的子弟又通过科举登上了朝堂。所以，明末农民起义的时刻，他们又依托所居地修建了村寨堡，用来保卫当地的安宁。

这样一片地形独特、资源富足的土地也孕育了不少的仁人志士，其中不乏经天纬地的治国文臣，更是拥有定国安邦的武将，比如汉代的度辽将军陈龟，宋代的张廷翰，元代的世侯等等。

时至今日，战火的硝烟已然消散，但晋城依旧承载着丰富的兵家文化遗产，默默地诉说着这片土地往昔的荣光与历史的变迁。面向未来，我们更应倍加珍视并保护这些不可复制的历史瑰宝，在永续传承与弘扬中为晋城的高质量发展作出贡献。

本书由安建峰总体统稿，其中马艳芳负责了第三章、第四章、第五章及第六章的编撰。同时还得到泽州一中张建军老师，李峰、李泽军、孔伟伟、付永佳等同仁的帮助，谨在此一并表示诚挚的感谢。

晋城

第一章

山河形胜：武备卫戍彰显攻守相得

孙子云：“夫地形者，兵之助也，料敌制胜，计险厄远近，上将之道也，知此而用战者必胜，不知此而用战者必败。”

谈及晋城的兵家之事，必须先从“表里山河”的山西说起，由于山川河流的原因，这样在地理上从北到南就把山西分成雁北、晋中、上党、河东 4 个区域。其中，上党就是晋城所处的区域。依据山川形势，历朝历代在这里建立了军事设施，并驻扎军队，保卫一方平安。

一、地理环境的优势

（一）全国视野下的山西地理形势

清代顾祖禹《读史方舆纪要》云："山西之形势，最为完固。关中而外，吾必首及夫山西。盖语其东，则太行为之屏障；其西，则大河为之襟带；于北，则大漠、阴山为之外蔽，而勾注、雁门为之内险；于南，则首阳、底柱、析城、王屋诸山滨河而错峙；又南则孟津、潼关皆吾门户也。汾、浍萦流于右，漳、沁包络于左，则原隰可以灌注，漕粟可以转输矣。且夫越临晋、泊龙门，则泾渭之间可折棰而下也；出天井、下壶关，邯郸、井陉而东，不可以惟吾所向乎？是故天下之形势，必有取于山西也。"

山西高原，犹如一枚巨大的楔子，巧妙地嵌入关中和河北之间，直面辽阔的中原。对于任何志在统一北方、进而问鼎天下的势力来说，夺取山西的控制权都是必经之路。这是因为山西的地理位置具有无可替代的战略价值，失去了对这片土地的控制，任何统一大业的蓝图都将难以展开。

控制山西高原的山地险要，对于任何一方都至关重要。掌握了山西，就意味着在进攻时能够迅速舒展侧翼，对中原地区形成有力的包抄之势；而在防守时，则能够确保侧翼的安全，为接下来的军事行动提供坚不可摧的屏障。因此，山西的控制权成了古代北方统一进程中的核心争夺点，各方势力都将不遗余力地争夺这一战略要地。

山西的地形有着得天独厚的优势，这就造就了山西在战乱时代的特殊地位。中国封建社会历史上的政治经济中心——都城，随着历史的演进在不断变换着地方，就目前的中国版图而言，从关中（西安），到中原（洛阳、开封），到苏杭（南京、杭州），再到北京。除了苏杭和山西没有直接的关系外，其他都直接与山西有重要的关联。

（二）上党地区的地理形势

上党，泽潞的古称，俗称晋东南，对应现今的晋城和长治地区。此地以其典型的高原丘陵地形为特征，同时也孕育了若干适宜人居的盆地。这些盆地是由高原内部的河流经过长期冲刷而形成，它们被称为上党盆地。从地理位置来看，上党高地的北界是太行山与太岳山的交错地带，东界毗邻太行山的南段，西界则以太岳山为界，而南界则延伸至“太行山—王屋山”，这一系列山脉构成了一个相对封闭的地理单元。

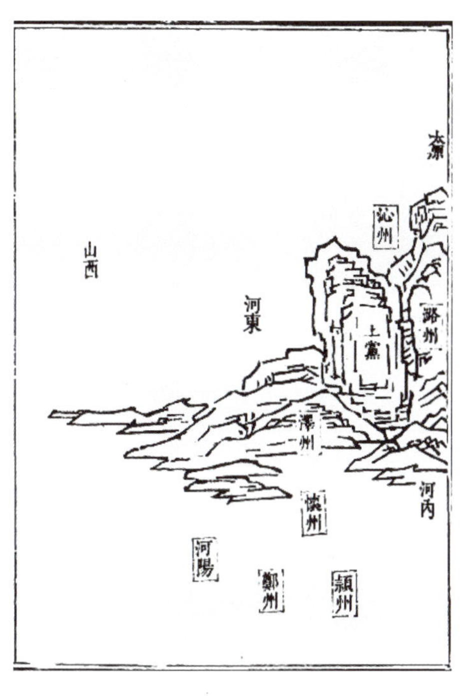

上党图（一）

进一步细分，上党高地内部的中部地区，以“宇峻山—羊头山—抱犊山”一线为界，南北分别划分为长治地区和晋城地区。长治部分主要由漳河冲刷而逐渐形成的长治盆地构成，而晋城部分则因山脉的阻隔，被进一步细分为几个区域：包括沁水流域的阳城山间宽谷地、丹水上下游的高平盆地以及晋城城区盆地。

上党盆地因其相对封闭的地形和较周边地区更高的地势，形成了一个易守难攻的战略要地。其内部道路主要以沿河为主，主要城市泽州与潞州之间的交通尤为顺畅。特别是潞州，凭借其居高临下的地理位置，成为自古以来攻守兼备的重镇。由于盆地内的河流多流向东或南，上党

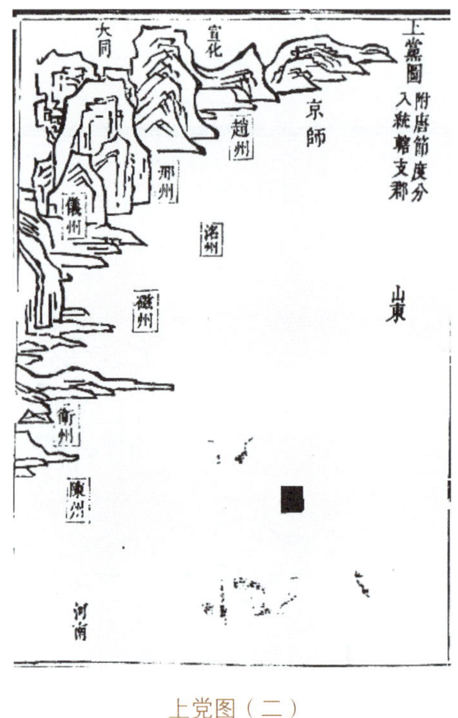

上党图（二）

地区因此占据了对河内及河北等太行山东麓地区的制高点，对中古时期的重要城市如洛阳、邺城等具有显著的军事意义。具体而言，潞州在战略上更侧重于对河北地区的控制，而泽州则更多地配合河内地区，共同保卫洛阳、开封。正如郑亚在《太尉卫公会昌一品制集序》中所言：“上党居天下之脊，当河朔之喉。”杜牧在《贺中书门下平泽路启》中也提到：“上党之地，肘京洛而履蒲津，倚太原而跨河朔，战国时，张仪以为天下之脊。”这些描述都充分彰显了上党地区在军事战略上的重要地位。

（三）古代泽州的地理形势

泽州，这个名称自隋代以来便是晋城的古称，如今已演变为晋城市下辖的一个县，这种变迁无疑展示了历史的独特魅力。现在的晋城市下辖 1 个市辖区（即晋城市城区）、1 个县级市（高平市）以及 4 个县（包括泽州县、阳城县、陵川县和沁水县）。古泽州作为一个行政区划，是历史演进的产物。尽管其下辖的县置历经变革，但就该区域内的山川地貌和地质构造而言，它始终是一个具有天然内在联系的地理板块。

这个地理板块周边被太岳山、中条山和太行山三座大山从西、南、东三面环绕，宛如一个温暖的拥抱。其中，与西面的太岳山主要相联系的是

泽州古城图（一）

泽州古城图（二）

沁水县和阳城县。太岳山东部与沁潞高原相接，西部则通过霍山大断裂与汾河地堑相连。其北起介休的绵山，向南则经由沁源、霍县、安泽、沁水，直至绛县的横岭关与中条山相连。在沁水县境内，属于太岳山山脉的山体包括东西向和南北向两个走向的山脉。

晋城境内重要的山川河流概述如下：

太行山

明唐枢《太行山记》载：

> 山自北纪云中发宗，行平定州至上党。连沁潞泽，衍亘多起彰卫怀三府，南受藩桓中原。自是西奔为中条，至雷首，东发为燕山，至碣石。左右行皆其托祖，故曰太行，又以介省，故名省曰山之东、山之西。

太行山被誉为中原大地的正脉，其两侧支脉如同华盖般展开，以此庇

太行山图

护着广袤的中原，并赋予其厚重的力量。太行山的这种张开的双翼形态，并未使其自身变得封闭或凝结，反而更加凸显出它所覆盖的中原地区的重要地位。太行山脉的走势与布局宏大壮观，唯有“太行”之名方能配得上其雄伟。而其终止之地，也正是其力量展现的舞台。这里所表达的，不仅仅是对太行山的赞美，更是对其所象征的坚韧不拔、庇护四方精神的颂扬。

石人山，泽州县东南 88 里，太行绝顶，两峰对峙，离立如人。

《晋书地道记》载：“县有太行关，丹溪为关之东谷。途自此去，不复由关矣。又迳二石人北面各在一山，角倚相望，南为河内，北曰上党，二郡以之分境。”

天池岭，泽州县东 37 里，高岩壁立如城，南北二石门，中可容千人，昔尝为避兵地。

莒山，泽州县东北50里，有蔺相如庙。

金玉岭，泽州县东北45里莒山左，相传蔺相如令舍人持璧从间道归赵经此。

晋普山，泽州县西南35里，上有李卫公庙。

桃固岭，泽州县西20里，一名寨子岭，上有山寨。

米山，高平市东南10里，战国赵将廉颇积粮于此。

羊头山，高平市北40里，与长子接界，上有神农庙。

丹朱岭，高平市北45里，以尧封长子丹朱得名。

头颅山，高平市西南5里，秦白起坑赵降卒处，唐玄宗收头颅并葬此后建庙，有司春秋祀之。

空仓岭，高平市西南45里，秦白起诡运米置仓于此。

韩王山，高平市北15里，其山特起，上有平地数亩，相传秦围韩王于此。

金门山，高平市北5里，土赤色，耀日如金山，赵军垒门。

析城山，阳城县西南70里。《禹贡》所谓“砥柱、析城至于王屋也”。山甚高峻，上平坦，下有二泉，东岩有龙洞、龙池、龙云，自窦中滴水，降太乙池。

砥柱山，阳城县东南50里。山有三峰，中峰特高秀，其下皆土，起峰处则石，若石柱然。

嶕峣山，阳城县西30里，下有濩泽县故址。

盘亭山，阳城县西南80里，群峰卓立，环障青苍。

铁盆嶂，在盘亭山左，极高峻。

麻楼山，阳城县南40里，险峻可守，避兵者多筑寨其上。

小寨山，阳城县东南50里，避兵者多居之，有玄武庙。

孤山，阳城县东南80里。环万山中，孤峰突，旁有聚落，为皂军口要冲。

白岩山，阳城县北 30 里，壁立数十仞，中空可以避兵。

箕子山，陵川县东 20 里，西南山麓石上有巨人足迹，传云箕子避祸来山中。武王访以治道，于此纳履焉。

熊耳山，陵川县东北 40 里。两峰峭立，状如熊耳。

马武山，陵川县东 50 里，四山峭壁，有汉马武寨，俗称马武京寨。

王莽岭，陵川县东 120 里，与河南辉县分界。

石楼山，沁水县南 2 里，山半旧有石楼，后废，因建石楼寺。

鹿台山，沁水县南 25 里。《水经注》载："阳泉水出鹿台山，山上有水，渊而不流，其水东迳阳陵城南。山有文石岗、双蟾岭，巅上时闻仙乐声。东接夫妻岭，东北连石楼山，皆约二十里许。"

马邑山，沁水县东 20 里。《通考》载："沁水有鹿台山马邑城，今名马圈沟，相传白起牧马处。"

仙翁山，沁水县东 60 里，为阳城、沁水交界处。

老马岭，沁水县东 150 里，连高平界，上设防兵。

雕黄岭，沁水县东 160 里，接长子界。

烽燧岭，沁水县西 20 里，明初驻师于此。

天子岭，沁水县西 30 里保义村东南，相传汉光武讨铜马贼经此，一名汉岭。

历山，沁水县西 50 里，传为舜耕处。

丹坪山，沁水县西 65 里，山下为丹壑。岳将军飞七寨之一，忠义社寨子凡七处。

东乌岭，沁水县西北 40 里，与西乌岭两山对峙。

宇峻山，沁水县东北 100 里，接长子界。

沁河，晋城境内最大的河流，源出沁源县绵山，经岳阳县东大匠村入沁水县界，西南流经紫金、车辋山 50 余里，至郑庄村合梅河，又东南 50 里至端氏镇，又南流 30 余里至武安镇，入阳城界，有曲堤渡、郑庄渡、

沁河图

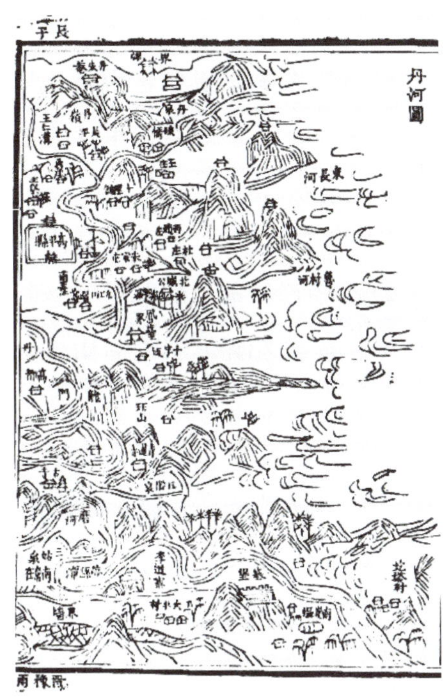

丹河图

武安渡。入阳城县东北屯城里，经润城、沁渡迤逦而南，泽水入焉。西汇芦河、泽河、桑林河，又东汇长河，东南流经午壁亭，至公娥涧出山口，即枋口也。建瓴下注，至覃怀，汇丹水入黄河。

丹河，晋城境内第二大河流，源出高平丹朱岭，东南流注泽州县之丹谷，后入河南境内。

白水，源出五龙山之龙池，东入丹水。《水经注》曰：“丹水又南，白水注之。水出高都县故城西，所谓长平白水也。东南流，历天井关。”《明一统志》载：“白水在城南二里，源出湖泓水，东南流合丹水。”

沙河，在城西关，发源伊侯山，至城东南汇白水，双流抱城，近在里许。

源泽水，泽州县东北 30 里。源出东可寒山，去巴公镇 8 里。泉在山背，东流入丹水。

长河，发源泽州县下村镇，经县境入沁河。

濩泽，阳城县西北10里。东南流至平头庄入沁。旧志谓：“出嶕峣山，下潴水一泓，澄莹不竭”，县名濩泽，州名泽，以此。《水经注》曰：“沁水又南与濩泽水合。水出泽城西白涧岭下，东经濩泽。”《省志》云：“西白涧岭下有濩泽泉，东北流合沁河。泉西有濩泽灵源祠。”

芦河，源出沁水县鹿台山楼子坡，经县西北芹池、刘村、蒿谷、美泉、孔寨，下入于沁。《水经注》曰：“阳泉水出鹿台山，上有水，渊而不流，其水东迳阳陵城南，历嶕晓山东，下与黑岭水合，出西北黑岭下，即开隥也。其水东南流，迳北卿亭下，又东南迳阳陵城东，南注阳泉水。又南注漫泽水，盖芦河即古之阳泉水也。”

淅水，陵川县东北40里，东流经壶关县界，又东南入县境，又东入河南林县。

蒲水，陵川县北20里。发源圣宫山，西流南下入长平丹河，东接壶关马鞍山。

梅河，沁水县西北35里，源出东乌岭东涧，东流30里与梅谷沟水合，名梅水。又东流至县东南合杏水，至河头50里入沁河。

杏河，沁水县西30里。源出东乌岭南涧，南流20余里与杏谷沟水合，名杏水。东流接南沟、常峪诸沟水，折而东十余里与梅水合。

二、古代晋城的卫戍武备

唐代之前的驻防情况由于历史久远不是很明确，散见于各种文献和碑刻资料中，很难形成一个完整的体系。但从唐代以后就逐渐清晰起来。

（一）唐代的折冲府

府兵制，是我国古代一种重要的军事制度，该制度最重要的特点就是兵农合一。府兵平时为耕种土地的农民，农隙训练，战时从军打仗。府兵制最早出现于西魏，后来经过北周、隋唐的改造和推广，到唐太宗时期达到了鼎盛，直到唐玄宗后期才被废除，历时约 200 年。唐朝建立之初，还未统一群雄。为了解决兵源和粮草问题，又逐步建立了府兵制。唐初将关中分为 12 道，设置军府，是唐朝府兵制的开端。636 年，唐太宗改军府为折冲府，在全国设折冲府 634 个，军队多达 70 多万，其中关中设置 261 府，军队达 26 万，形成了居重驭轻，举关中之兵以临四方的局面。

《新唐书・兵志》记载，唐 200 余年来，兵之大势有三大变化：“其始盛时有府兵，府兵后废而为矿骑，矿骑又废，而方镇之兵盛矣。及其末

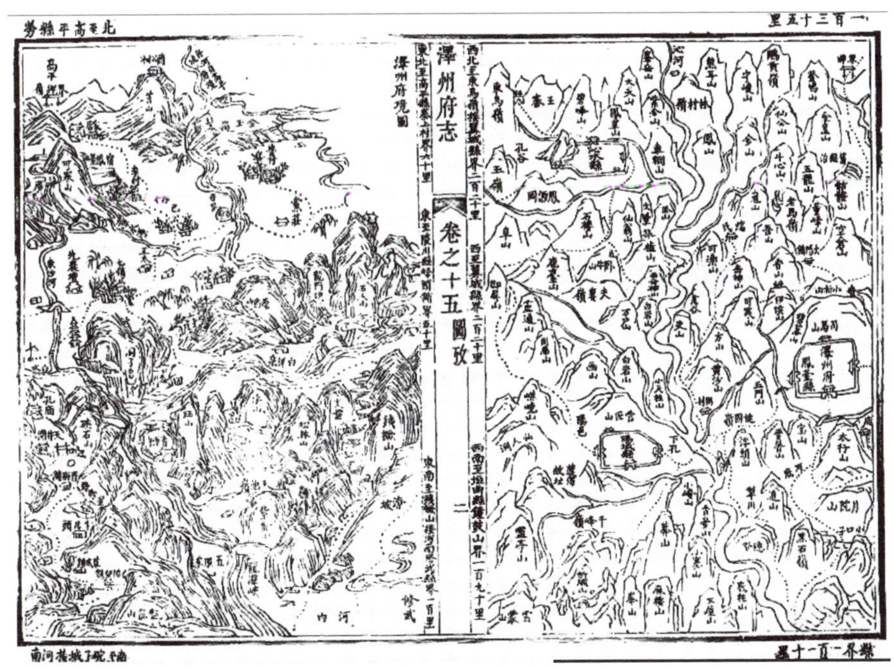

泽州府图

也，强臣悍将兵布天下，而天子亦自置兵于京师，曰禁军。其后天子弱，方镇强，而唐遂以亡灭者，措置之势使然也。”

《新唐书 · 地理志》：县六。有府五，曰：丹川、永固、安平、沁水、白涧。罗氏增高平府，是泽州有六府。

丹川府：晋城县本丹川县，唐武德元年置建州。武德三年析丹川置晋城。武德六年州废，隶盖州。武德九年省丹川入晋城。贞观元年，州废来属。据《唐邢政墓志》载，邢政以功授右威卫丹川府校尉，加上柱国。丹川府因丹川县得名，丹川县治所在今山西晋城县东北高都。

永固府：《唐六典》第 24 章载，左右骁卫长史掌判永固等四十九府之事。张贲然《唐忠武将军茹公碑》载：父简，皇泽州永固府左果毅都尉。《唐舒州长史房众墓志》载：君起授高平郡固府左果毅，这里“固”前疑脱“永”字。具体位置不详。

安平府：《新唐书 · 宰相世系表二上》记载，赵郡李氏东祖房李锜，泽州安平府别将。《唐史怀俊墓志》：迁高平郡安平府折冲，加上柱国。《唐朱府君夫人雷定真墓志》题署“唐故左武卫泽州安平府折冲都尉吴郡朱府君夫人”。具体位置不可考。

沁水府：崔祐甫《上宰相笺》中记录，谨因洪州奏事官、沁水府果毅徐冕奉笺。《唐都督杨公纪德颂》：高平郡沁水府果毅。又《董虔运墓志》：解褐授泽州沁水府左果毅。《唐齐子墓志》：次子景之，任右骁卫高平郡沁水府别将、右龙武军宿卫。《唐韩孝纯墓志》：长子右骁卫沁水府兵曹参军休征。具体位置不详。

白涧府：《郑仁颖墓志》：解褐授左金吾长上，转白涧府别将，加上柱国。《太平寰宇记》：马邑城置在山上，沁水县东 20 里，白起与赵括相战于长平时置。此城养马，其处险峻，南临小涧，北拒大川，白涧疑即其处。

高平府：《唐李经墓志》：祖讳仁，游击将军、右骁卫泽州高平府折冲都尉，赏紫金鱼袋。《唐阴处士公修功德记》：皇祖讳庭，唐朝右骁卫守高平府左果毅都尉。《唐梁朝墓志》：公因广德元年山陵行从及册立承忧，起家授泽州高平府别将。沛按：高平府得名于高平县，唐高平县即今山西高平县，高平府疑在其地。此府《新唐书·地理志》失载，为罗氏所增，可以补史。

（二）唐五代的昭义军节度使

昭义镇坐落于今山西省东南，其管辖范围历经多次变动，但始终以山西东南为主要辖区，也曾经包括太行山东部河北的一些地区。镇治设于潞州，即现在的长治市。据《新唐书》记载，昭义镇自唐肃宗至德元年（756）设立，一直延续至北宋太宗太平兴国年间（976—983），历时200余年。昭义镇地处山东的要冲，与魏博、恒、幽等藩镇相互交织，朝廷依赖其来制衡这些地区。其地理位置的重要性，加之便捷的交通，使得昭义镇成了军事和政治上的关键点。

在古代，潞州被称为上党，其地势之高，仿佛与天相接，故得名。顾祖禹在《国策地名考》中提到，上党地势险要，自古以来便是军事要地。上党地区因其地理位置的战略性，经常成为争夺的焦点。在唐末五代的藩镇割据时期，上党地区的优越地理位置使其成为各方势力争夺的焦点，昭义镇因此在那个动荡的时代留下了深刻的烙印。

天宝十四年（755）安史之乱爆发，几月之内，洛阳、潼关相继失守，玄宗出逃蜀地。为了快速平叛内乱，最大限度地牵制叛军势力，唐王朝分命节帅以扼要冲，“初立节度，剪除逆孽，因势权宜”。昭义镇就是在这样的背景下设立的。

《资治通鉴》记载：“肃宗至德元载置上党节度使，领上党等三郡；领潞州上党郡，泽州长平郡，沁州阳城郡。”从上一节内容可以看出，从秦设郡至现在中央对此地有丰富的治理经验，泽、潞、沁三州也是最常辖的三地，朝廷以这三州设节镇也是基于这种考虑，此外必然也综合了一定的地理及军事条件。

安史之乱叛军势如破竹，洛阳、长安岌岌可危。泽潞镇辖区内的壶关道可以沟通河北，控制此道，可以防御叛军进扰并且也利于自身进行防御；潞州南下可达泽州，“高平形胜，太行重阻，地迩王畿”，泽州向西通过乌岭道可进攻长安，或是南下可进取洛阳，“自晋阳而争怀、孟，由河东而取汴、洛，未有不以州为孔道者”。“唐之中叶，泽潞一镇藉以禁制山东。州据太行之雄固，实东洛之藩垣”；沁州“北接太原，南走泽、潞，居心膂之地，当四达之冲，山川环抱，形要之地也”。此三地皆是战略要地。此时设置可沟通河北、河东、洛阳、长安等重地的泽潞镇非常之必要。

泽潞镇位于河朔藩镇与唐中央政府之间的一个中间地带，此时战时职能结束但却又有了新的职能：防御安史降将所建立的河朔藩镇。广德元年（763），“相州伪节度薛嵩以相、卫、洺、邢、赵降于李抱玉、高辅成、尚文悊”。仆固怀恩平定河朔后，便奏请让薛嵩等降将分理河北道，于是肃宗封薛嵩为相州刺史，充相、卫、邢、洺等州节度观察使，治相（今河南安阳）、卫、贝、邢、洺。永泰元年（765），薛嵩上表请求分出相州的滏阳，洺州的邯郸、武安设置磁州。大历元年（766），中央将相卫节度使改为昭义军节度使。大历十年（775），昭义兵马使裴志清反叛，驱逐昭义留后薛萼，之后归降魏博节度使田承嗣，田承嗣趁机占领了相、卫、贝、洺四州，昭义辖区仅剩邢、磁二州。大历十一年（776），朝廷命泽潞行军司马李抱真兼任邢、磁两州留后，之后德宗即位，建中元年（780）又命李抱真兼任昭义节度使，徙昭义节度使于潞州，至此，泽潞镇与昭义镇合并，领泽、潞、邢、洺、磁五州，之后很长时间辖区范围变动都不大。唐僖宗中和二年（882），孟方立迁治所于邢州，之后与李克用争昭义镇，李克用占领了泽、潞二州，于是昭义镇一分为二，一治邢州，一治潞州。昭宗天复元年（901），昭义镇重新合并。后梁开平二年（908），朱温以邢州置保义军节度使，洺、惠隶属。龙德二年（922），昭义节度使李嗣昭卒，其子李继韬为节度使，为避其父讳，请求晋王李存勖改昭义为安义。龙德三年（923），李继韬降后梁，后梁末帝又将安义改为匡义。这一年后唐灭后梁，又重新命为安义，明宗长兴初（930）复称昭义。

（三）宋代的厢军

宋朝兵制大概可分为禁军、厢军、乡兵三种。禁军为“天子之卫兵，以守京师，备征戍”；厢军，“诸州之镇兵，以分给役使”，“无戍更，然罕教阅”；乡兵，“选于户籍或应募，使之团结训练，以为在所防守”。（《宋史》卷一八七、一八九）其中，禁军是直辖于中央的正规武装力量，并由国家进行组织；北宋厢兵由于缺乏训练，因此较少作为预备队，更少参与作战，一般负责后勤、建设等。北宋禁兵编制分都、营（指挥）、军、厢、衙五级。都级编制常员 100 人，营 / 指挥 500 人，军 2500 人，厢 25000 人，其中基本作战单位是“指挥”。

据史料记载，泽州驻有厢军，但具体数量不明。

（四）明代的宁山卫

明代军兵制度主要由明代前期的卫所制和明代中后期的省镇营兵制组成。明代前期实行卫所军制，明代中后期省镇营兵制地位上升。明代中后期，由于边防军事形势的需要，以卫所制为基础的省镇营兵制应运而生，并得以发展壮大。然而在此期间，卫所制并未从封建政权的制度中消除，而是继续作为明代的军事制度，发挥着一定的作用。明代中后期的军兵制度，是省镇营兵制与卫所制交错并行。

明代宁山卫其官廨设于山西泽州，但屯田则在今河南境内。宁山卫隶属关系也较为复杂，明洪武四年，初置泽州守御千户所，属潞州卫。洪武十一年（1378），初设宁山卫，属河南都司。永乐七年（1409），改隶直隶后军都督府。

泽州盆地东、南依太行、王屋二山与豫北平原交界，北部有丹朱岭、羊头山等山脉与沁潞高原（长治）比邻，西临中条山，与运城、临汾盆地相接。因其“山谷高深，道路险窄”且四通八达的地形和地理位置，历来为兵家必争之地。

然而，在明代前中期，由于明成祖朱棣迁都北京，原本被视为依仗太行天险，立足中原藩障的泽州地区却并未体现出军事价值，这一点从泽州的军事区划中便可以看出：明代泽州的政治区划属于山西布政使司，却与一般属州不同，为山西直隶州，《明史·职官志》较为详细描述了直隶州同属州地位上的不同：“知州掌一州之政。凡州二，有属州，有直隶州。属州视县，直隶州视府，而品秩则同。”也就是说，尽管二州官员品秩上没有区别，但是其所领州的级别隶属关系上，直隶州实际上是同一般州隶属的府一样归山西布政使司直辖。即区别于一般“司—府—属县 / 州”的层级关系，直隶州为“司—州—县”这样的隶属层级。而其军事上却并未属于山西管辖——因地邻河南，泽州一地的卫所曾有军事区划上的变更，在泽州一地，设有宁山卫一处，虽然其治所在今晋城东北，但此宁山卫却实际上屯田驻扎于今新乡县、辉县、获嘉县、滑县、凌县五地。据顾祖禹《读史方舆纪要》记载，宁山卫“（洪武）四年置所，十一年改卫，隶河南都司，寻改后军都督府”。也就是说，宁山卫虽在最初属于河南都司所辖，却在不久之后归于统领后军都督府直辖。

可见，明初泽州所属的宁山卫在建置之时主要的目的在于为调度兵粮以及提供班兵之地。但是为何泽州所属卫所同山西其他地区区别开来？这则需要从晋东南独特的地理优势来分析：与晋西及晋北不同，晋东南虽然有着太行天险作为自然屏障，但首先其并非边境，随后国都北迁，泽州显然无法发挥其地理形胜上的战略优势；而同坐落于谷地平原且土地肥沃平坦的晋中及晋南地区相比，晋东南多山地、丘陵的地形，也并不适宜作为屯田要地——其唯一卫所宁山卫所屯田之地实际仍坐落于州治以外的河南布政使司辖地即为一明证。

然而，晋东南地区由于其山川环抱的地理优势，使得其在历史上四方战乱之时，仍能保证持续的人口增长，因此在明初，晋东南地区成为人口密度相对较高的地区之一。同时，峰峦叠障、河泽广布的自然恩泽，也为泽州一地构造了独特的自然气候，自然条件下气候与地质的结合，为晋东南提供了丰富的自然及矿产资源。据《大明一统志》记载，泽州在当时即盛产铁、锡、石炭等矿产。尤其是铁矿，在当时更是被视为专营的重要资产。明初，明政府在设置冶铁所 13 处，其中山西即占 5 处，泽州及同位于晋东南的潞州则为山西产铁的集中地。冶铁所之所以集中于晋东南有两个原因，一方面因为铁矿及人口提供了原材料及生产能力作为其基础，另一方面主要是北部为战事频发之地，为了防止边境敌人掠夺、军镇将领拥兵自重私自扩大军备等一系列原因，铁器实际多从南方内地各个冶所供应，而区域上位置较近又有着足够生产能力的晋东南，无疑是直接供给晋冀边防军镇武器的最佳处所。而也正是因为这样一个原因，泽州一地才能被纳入北边防御重中之重的后都督府，成为其坚实的物资供应地而发挥着其作用。

卫所建筑位于泽州城内东北隅怀仁坊，原为泽州千户所。洪武十四年扩建。包括经历司、镇抚司、左右中前后五所、中千户所，隶后军都督府。

（五）清代泽州营汛台铺

清代泽州境内设二营，一为泽州营，一为东乌岭营。

泽州营驻防泽州府。雍正五年，额设守备 1 员，把总 1 员，马步战守兵 120 名。六年，拨添把总一员，步战兵 26 名，守兵 69 名。十年，守备改为都司签书 1 员，拨添步战兵 10 名，实在经制官 3 员，马战兵 10 名，内外委千总 1 员。步战兵 56 名，守兵 159 名，共 225 名。外征兵 4 名。

境内分汛设防，各县属共 25 处，驻兵情况如下表所示：

清代泽州营汛地驻兵情况

州县	汛地	驻兵	武官
凤台县东北路	七岭店	3 名	千总 1 员，同城驻扎
	王太铺	3 名	
	巴公镇	3 名	
	官西铺	3 名	
凤台县西路	二十里铺	3 名	
	周村镇	3 名	
凤台县南路	茶元店	3 名	
	河底镇	3 名	
	天井关	3 名	
	拦车镇	20 名	把总 1 员，驻扎拦车镇
	油房头	3 名	
	小口村	3 名	
	横望镇	5 名	
高平县	本城	10 名	外委千总 1 员，驻扎本城
高平县南路	南关厢	3 名	
	南城铺	3 名	
	乔村驿	3 名	
高平县北路	寺庄镇	3 名	
	长平驿	3 名	

续表

州县	汛地	驻兵	武官
高平县北路	鸦儿沟	3 名	
阳城县	本城	10 名	外委把总 1 员，驻扎本城
阳城县	沁渡	3 名	
	芹池	3 名	
	大峪沟	3 名	
陵川县	本城	10 名	外委千总 1 员，驻扎本城

东乌岭营驻扎沁水县王寨镇。额设经制把总 1 员。康熙五十七年（1718），增设外委把总 1 员。雍正九年，到汛分防，驻扎沁水县城内。马战兵 4 名，步战兵 10 名，守兵 74 名，共 88 名。雍正六年（1728）正月，遵旨添设官兵事，又抽调泽州营守兵 10 名。

都司签书 1 员，驻扎郡城，专辖凤、高、阳、陵四县，地方存兵 110 名，随营差操。

东乌岭营把总驻扎王寨镇，专管沁水县地方汛地 6 处。东乌岭守兵 11 名。中村镇、夫妻岭、林村岭、端氏镇、玉溪村兵各 3 名。存兵 52 名，随营差操。本县存兵 10 名防守。

泽州境内的台铺墩台共 31 座。

泽州境内台铺墩台设置情况

序号	名称	地点	有无营房
1	望火台	府治东门 3 里	有铺司
2	七岭店	凤台县东 10 里	有营房
3	王太铺	县东 20 里	有营房
4	巴公镇	距王太铺 10 里	有营房

续表

序号	名称	地点	有无营房
5	李村堡	距巴公镇 10 里	有营房
6	郜村东里	距李村堡 5 里	三家店镇有铺司，至界牌岭接高平县乔村驿
7	乔村驿	距郜村东里 5 里	有营房，接高平县界
8	南陈铺	至高平县南关 20 里	有营房
9	高平县南关		有营房
10	西洋铺	距高平县南关 20 里	有营房
11	范店铺	距西洋铺 20 里	有营房，北即长平驿
12	鸦儿铺	距范店铺 10 里，距潞安府长子县界牌岭 3 里	有营房
13	二十里铺，地名寨子岭	凤台县附郭西路至二十里铺	有营房
14	周村镇	距二十里铺 30 里	
15	沁渡铺	阳城县东北，距周村镇 20 里	有营房
16	阳城县东门		有营房
17	芹池铺	阳城县西 40 里	有营房
18	大峪沟	距芹池铺 20 里，接沁水县界	有营房
19	夫妻岭	沁水县东 15 里，距大峪沟 20 里	有营房
20	东乌岭	沁水县西北 40 里	有营房
21	中村镇	沁水县西 70 里	有营房
22	林村岭	沁水县东 10 里	有营房
23	端氏镇	距林村岭 25 里	有营房
24	玉溪村	距端氏镇 40 里	有营房
25	茶店镇	凤台县南 10 里	有营房

续表

序号	名称	地点	有无营房
26	南河底	距茶店镇 20 里	有营房
27	天井关	南河底至关 10 里	有营房
28	拦车镇	距天井关 20 里	有营房
29	油房头	距拦车镇 20 里	有营房
30	大口村	距油房头 20 里	有营房
31	小口村	大口村偏西，距拦车镇 10 里	有营房

第二章

古道春秋：经纬交织承载古往今来

太行山地处华北平原、内蒙古高原与黄土高原的结合地带，具有天然的交通枢纽属性。山河相间的地形特点使其主干通道多辟于山脊断口或横谷之间。泽州古道驿站深受自然条件的影响：南太行山区重峰叠嶂、水弯峡绕的地理环境决定其沿“多南北横亘”的沟谷、河流这种天然通道铺设，形成了“南北为主、东西为辅”的路网格局；万山交错、丹（河）沁（水）潆洄的地貌特征，造就了其错综分歧的道径。

《孙子兵法·地形》篇中提到：“夫地形者，兵之助也。料敌制胜，计险厄远近，上将之道也。地形有通者，有挂者，有支者，有隘者，有险者，有远者。凡此六者，地之道也。”严耕望先生在《唐代交通图考中》说：“交通为空间发展与首要条件，盖无论政令推行，政情沟通，军事进退，经济开发，物资流通，与夫文化宗教之传播，民族感情之融合，国际关系之亲睦，皆受交通畅阻之影响，故交通发展为一切政治经济文化发展之基础。”历朝历代重视道路交通，与道路交通在军事上的意义密不可分。晋城自古便有“河东屏翰、中原咽喉、三晋门户”之美誉。

一、丹沁古道

连绵的群山之间沟壑纵横，河流众多，两条主要河道乃是沁河与丹河。沁河为山西为境内第二大的常流河，发源于沁源北部，经沁源、安泽、沁水、阳城等地，纵穿太行山进入河南省，最后注入黄河，在山西省内流长360公里，境内长168公里，流域面积4606平方公里；丹河为境内最大的季节性河流，发源于高平市北部丹朱岭下，经高平、泽州等地，在河南省沁阳汇入沁河，在山西省内流长120公里，流域面积2965平方公里。随着两条大河亿万年的冲刷，为晋城打通两条主要交通路线，南出太行的丹沁河谷就成了最早和中原交流的通道。

（一）丹河古道

丹水弯弯，随物赋形，随着古代丹河对河床的不断冲刷，在太行山中，冲出一个丹河大峡谷，古人依着河道，或涉滩而上，或顺水而下，往来于豫晋，这便是“古丹道”。

直至今日，沿着丹河岸边的峡谷一路南行，那条崎岖起伏的古道依旧清晰可见，常年累月人踩马踏使得沿岸的石板路被磨得溜光锃亮，千百年来无数商旅，沿着这条羊肠小道，从三晋大地进入中原地区，早在南北朝时期，北魏将都城从平城（今山西大同）迁到河南洛阳，无疑古丹道和太行陉必成为其往来的重要通道。

古丹道的形成时间无据可考，古丹道上北魏时期的摩崖题记记载：“猥蒙所遣，通治丹道卅二难，从南至此造作垂讫……其道以大魏永平元年冬十有一月建功，至二年春二月成讫。”说明北魏政权对古丹道非常重视，花费3个月时间修整，使古丹道像太行八陉一样，成为一条重要的官道。经过修整的古丹道不仅是一条重要的商路，更是一条重要的军事要道，在这里也发生了一系列重大历史事件。

北魏武泰元年（528），塞上北秀荣川契胡族首领尔朱荣，利用北魏政权内部胡太后与孝明帝之间的矛盾，挟持他在晋阳（今太原）所立的孝庄帝入京（洛阳），发动河阴之变，控制北魏朝政。永安三年（530）九月，孝庄帝设计于明光殿杀死尔朱荣。《魏书·孝庄帝本纪》有载："是夜，左仆射尔朱世隆、荣妻乡郡长公主率荣部曲自西阳门出，屯河阴。"十月尔朱世隆经古丹道进入山西境。

《魏书》记载："丙辰，诏大都督兼尚书仆射、行台源子恭率步骑一万出自西道，行台杨昱领都督李侃希等部募勇士八千往从东路，防讨之。子恭仍镇太行丹谷。世隆至建州……"这里说明了尔朱世隆逃到建州（今晋城）后，孝庄帝安排源子恭镇守古丹道的布局，其中也与《凤台县志》中"诏行台源子恭镇太行丹谷筑垒，以防尔朱世隆"互相印证。《魏书》又载："十有二月壬寅朔，尔朱兆寇丹谷，都督崔伯凤战殁，都督羊文义、史五龙降兆，大都督源子恭奔退。甲辰，尔朱兆、尔朱度律自富平津上，率骑涉渡，以袭京城。"

尔朱兆攻打古丹道，源子恭败退，尔朱兆渡过黄河再次奔袭洛阳。从这里可以看出古丹道在古代军事中的重大意义，古丹道已经成为一条关系北魏政权存亡的重要通道。

（二）沁河古栈道

沁河从晋城泽州和阳城两县交汇入济源，栈道遗迹长达50公里，是由河南洛阳通向山西上党的军用粮道中工程最艰巨、规模最浩大的一段。三国曹魏时期修筑。

三国时期，曹操建立魏国后，为结束三国分立局面，统一全国，乃在北方扩充军备，积储军粮。齐王曹芳正始元年（240），魏太尉司马懿命军队重新开凿汉代以来湮塞已久的黄河漕运栈道，以广积军粮屯兵东南，征

沁河栈道遗址

伐吴国。正始二年（241），司马懿下令督治道郎中司徒悌与监作吏吴放统领师匠、兵徒1000余人，在太行山沁河谷东岸凿孔插木、通治步道、凿建石门，最终于正始五年（244）凿通一条洛京至上党长约100余华里的栈道。

如今古栈道遗迹在晋城境内有3处。

司马懿藏兵洞，位于山里泉水电站附近。现存邸洞一座，为天然溶洞。该洞坐东向西，位于现今沁河河面之上约180米。洞口高80米、宽95米。主洞深500米，隧洞向东北曲拐而入，深不可测。高度由外向里渐行渐低，由数十米降至一米。洞壁上遍布钟乳石，偶有岩石剥落，石壁上四季滋生苔藻等草本植物。地下泥沙淤积，有清泉向东潜流。该洞尚无史料可查，当地相传为司马懿藏兵洞，推测为沁河古栈道上行军寄宿与炊食的邸洞。

一号石门，位于山里泉水电站南侧的沁河黑水潭北30米高的石崖上，石门山又称驸马山，海拔588米，属于晋豫两省的界山，山东麓险峻陡峭，几近垂直。为了打通沁河谷栈道，当时在两峰间开凿了一条隧道，即一号石门通道，并刊刻《石门铭》。

石门通道平面略呈东西向长方形，高于两端古栈道壁孔。石门宽 1.75 米，南壁残高 3.1 米、长 5.1 米，北壁高 4.7 米、长 4.8 米。石门内壁岩石裸露，直壁如削，已无钎凿痕迹。南壁西端距踏道底部 4.7 米处，有高 26 厘米、宽 27 厘米、深 24 厘米的壁孔。北壁西端距石门底部 4.3 米处有大型壁孔，高 31 厘米、宽 46 厘米、深 24 厘米，内有粗钎痕迹。大型壁孔内可以插入横梁承托顶棚，防止碎石伤及行人。

《石门铭》凿刻于北壁上，距石门通道地面 3.8 米。铭文区略呈方形，高 47.5 厘米、宽 42 厘米，铭文为隶书体 9 行，每行 11 字，计 95 字，每字高 3 厘米、宽 3.8 厘米。碑铭记载着三国时期曹魏齐王芳正始五年(244)十月十五日，动用师匠、兵徒 1000 余人通治步道，作遍桥阁，开凿石门等栈道的情况。铭文内容翔实，笔法雄健遒美，为研究古代军事、地理和书法艺术提供了宝贵的实物资料。

沁河古道石门

《石门铭》内容如下：

“正始五年十一月二十五日，督治道郎中、上党司徒梯监作吏司徒从采位下曲阳吴放督将师匠徒千余人，通治步道，作遍桥阁，凿开石门一所，高一丈八尺，广九尺，长二丈，都匠木工司马陈留成有当部匠军司马和东魏通开石门，师河内司马羌。”

二号石门，位于山西省阳城县西南沙腰河处的石门山头。石门虽已不存，所幸尚遗存栈道壁孔 36 眼。山西阳城老龟胡同遗存的栈道壁孔，因侯月铁路修建而炸毁殆尽。

沁河古栈道的开凿，是 1700 多年前古代劳动人民利用集体智慧改造自然的历史见证，为研究三国时期的政治、经济、文化、军事、交通提供了珍贵的实物资料。

同时，还有一条重要的古道，就是乌岭道。乌岭道，位于中条山与太岳山之间，长平之战时秦军向长平地区集结，北线就是取道今翼城和沁水之间的乌岭道，东经沁水县通往高平，也是早期非常重要的一条通道。

二、太行八陉

太行山是纵贯我国中部的一条重要的地理分界线，西是黄土高原，东边是广袤的华北平原，山西因其群山环绕称为“表里山河”，人们生活在一个又一个的盆地之间，山民们将经常往来的羊肠小道不断拓展，到战国时期已经形成了 8 条重要的交通要道，这 8 条要道连接山西高原和华北平原，这就是著名的太行八陉。

太行八陉由南至北依次为，第一轵关陉、第二太行陉、第三白陉、第四滏口陉、第五井陉、第六飞狐陉、第七蒲阴陉、第八军都陉，延绵千里，千峰耸立，百岭互通。从太行八陉排序中不难看出中华文明自黄河流域，发展延伸至华北平原的历史脉络。王屋、太行和中条三座大山将山西与河洛地区分隔开来，自山西南下中原，陉道就成了重要的交通要道，太行八陉并不是传统意义上的一条路，而应该理解为一条“河道”，八陉为主路，无数小路都可以通向八陉。

（一）太行陉

太行八陉中唯一一个以太行命名的通道，是八陉之中的代表。太行陉从春秋战国开始，就是秦、晋、赵、魏、韩等国的战争要道，据《元和志》记载：太行陉在怀州北，阔三步，长四十里，羊肠所经。《括地志》记载：河内北有羊肠坂，盖即太行陉也，瀑布悬流，实为险隘。据《战国策·秦策》记载，“北斩太行之道，则上党之兵不下”是当时最重要的谋略，意思就是把住太行陉就可以阻断山上山下联系。严耕望在《唐代交通图考》中说，太行陉“乃晋豫交通之巨险，亦为自古南北交通要道，南北用兵，

太行陉

必争取此山道之控制权。其重要性盖居太行八陉之首。诚以南瞰大河，凌逼洛京，故为兵家所必争也”。

要理解太行陉离不开对“上党高地”这个词的理解。上党位于山西高原东南，西侧以太岳山为界，向南则止步于王屋山。就体量而言，如果这片被太岳、王屋和太行包夹的地区是盆地的话，其地缘价值绝对在山西五大盆地（大同盆地，忻定盆地，太原盆地，临汾盆地，运城盆地）之上，但由于纵横交错的山脉使得该地区的农业价值极低，上党高地内适合人类聚居的地区可划分为三处：长治、晋城和阳城，滋润三地的水系则分别是漳水、丹水和沁水。太行陉古道全长100多公里，崇山峻岭间，孔道如丝，蜿蜒盘绕，“北达京师，南通河洛”，山路盘绕似羊肠，关隘林立若星辰，由此陉南下可直抵虎牢关，是通往中原最重要的陉道之一，地理位置十分重要。关于太行陉一带的关隘要塞各种资料相互抵牾，正是太行陉孔道如丝、毛细交通发达的体现，应该理解为不同地域、不同时代山民们对于太行陉开发利用的佐证。

太行陉石板路

太行陉的主道从河南省沁阳市山王庄红土胡同北上，经马鞍桥山坡、关爷庙、张老湾村、常平村、羊肠坂道、碗子城、封门、横望隘、磨盘寨、星轺驿、天井关、河底村到达泽州；西边从河南省沁阳市邗邰村北上，过校尉营、封门、窑头、关爷岭、天井、前湾、斑鸠岭、后湾、焦赞营、小口、黑石岭、草底铺、星轺驿至天井关；东边则与古丹道重合。虽然古丹道是太行陉上最早的道路，但自从太行陉西移至山王庄一线后，古丹道因其过于险要渐渐荒芜，太行陉也被称为丹道，也表明了太行陉发展的过程。

太行陉南端起点至泽州之间有 3 条通道，分别是窑头线、常平线和丹河线，具体走向为：

窑头线：校尉营、窑头、风口、关爷岭、天井、斑鸠岭、小口、草底铺、星轺驿、晋庙铺、天井关、河底、泽州。

常平线：山王庄红土胡同、马鞍桥、张老湾村、常平村、羊肠坂、碗子城、封门、横望隘、草底铺、星轺驿、晋庙铺、天井关、河底、泽州。

丹河线：丹河口、山路平、四渡、大华寺、九渡（九渡西上可达大口

羊肠坂

横望隘）、青天河、丹河、天井关、泽州；或丹河口、山路平、四渡、大华寺、九渡、杨庄河、黄掌村、石盆河、清风寨、大寨坝、韩家庄、晋庙铺、天井关。

3 条线路中窑头线距离最近，窑头关帝庙以南地势陡峭；常平线相对易于通行，仅有常平村至碗子城之间的羊肠坂崎岖难行，据传曹操北征叛将高干走的便是这条线；丹河线距离最远，环境恶劣，受河水影响最为难行，但却最为隐蔽。

《怀庆府志》记载："太行山顶，其路羊肠，百折中有一城，地仅一亩，唐初筑城，置此以控环、泽。甚小，故名。"这就是太行陉上的重要关隘碗子城。虽然碗子城很小，但在其东西门洞上均有石刻，东刻"北达京师"，西刻"南通河洛"这表明了直至明清时期，碗子城乃至太行陉依然还是连接南北的重要通道。

（二）白陉

白陉，也称孟门陉。白陉在春秋战国时期便已存在，迄今已有 2550 年的历史。它东起河南辉县市薄壁镇，西临晋城市的高平市与陵川县。在漫长历史中，孟门陉一直是贯通晋豫及江南诸省的一条咽喉要道。在三家分晋之初，轵关陉和太行陉在韩国的垄断之下，国土遭到分割的魏国看似只能通过"换地"的方式来确保己方的通行权。事实上魏国境内并非完全没有一条通道可以连接其位于山西高原与河北平原的领土，这便是太行八陉之第三陉——白陉。与轵关陉和太行陉相比，很难在现有的地图上找到白陉的位置。因为这条路现在并没有成为沟通上党地区与华北平原的主要通道，也恰恰是这个原因使得白陉成了现今太行八陉中保存最长、最完整的一段古道。

白陉的基本路线是沿着一条叫"磨河"的河水前行的，在沿磨河峡谷北向穿越太行山后，在到达晋城盆地东北部的陵川县后，再西向进入晋城

白陉古道

盆地。《左传》中记载的“齐侯伐晋，入孟门，登太行”，指的就是这里。白陉古道位置非常重要，南可渡黄河，攻汴、郑，东可至山东菏泽、大名府，北窥安阳、邯郸，进可攻、退可守。

三、其他古道

晋城地区的古道在明清时期有了极大的发展，后来的地方志中关于道路的记载众多，隘口众多，由东向西分别有黄庄口、双庙口、老营口、三姑泉口、南山豁口、史君岭口、大口、小口、九里口、仙人口、愁儿沟口、白涧口、白磙口等等，其中最为著名的便是清化一大道和清化二大道。

因其大口、小口一线道路相对宽阔，使用的人较多，称为清化一大道，而西凰头、衙道、仙人口一线路面差一些，使用的人较少，故名清化

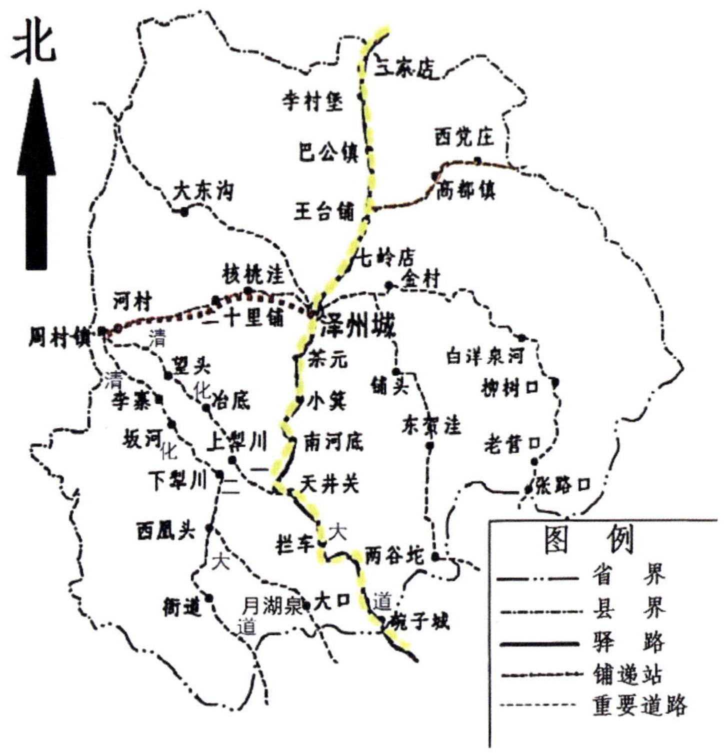

二大道。白涧口一线因为路面条件较好，现已被开辟为国道；天井关、拦车、大口一线已经被开辟为省道；小口古道、盘亭河古道一线则是开发为县乡道路；仙人口古道、三姑泉古道、黄庄口古道等，在大山之中已鲜少使用，这些也反映出道路发展历史。

（一）清化一大道

《晋城市交通志》记载，自泽州周村起，经岸村、南上坡、望头、南岭上、冶底、上犁川、东岭口、新房洼、天水岭、天井关、沙石堡、石槽、晋庙铺、水奎、拦车、岔道口、草底铺、山尖、油坊、化布施、大口、口南湾，从碗子城出境，入河南清化镇（今博爱县）常平。其实就是

南村冶底清化大道

太行陉最主要的一条通道。

（二）清化二大道

清化二大道于明代发展成熟，《晋城市交通志》记载，自周村出发东南行，经范塸、班塸、下河、吉村，到达李寨村，由此继续东南行，经坂河、西沟，至下犁川村，由此转向正南行，经孟窑、西凰头、花口、东庄、蓄粮掌，至衙道村，再南经碾槽尘、前洪水、后洪水、泊盘，在今池根村出境，抵今河南沁阳市的紫陵镇，然后转向东行，最后达清化镇。

（三）铺头古道

明清及民国时期在太行驿道的东侧存在一条同样可以南行入河南境内的交通线。自泽州城出发东行，经西谢匠、东谢匠、侯匠、龙化、东蜀、上辛安、下辛安、铺头、田庄、石家街、东贺洼、打街场、城群、马迪、草谷堆、小草峪、两谷坨，然后从大平村出境，入河南省博爱县后寨村。由后寨村东南行，可达寨豁村，与泽州城经柳树口入河南省路相会，以达清化镇。

可见，这是泽州城与清化镇相交流的另一条交通线。与“泽州城经柳树口入河南省路”相似的是，这条道路的大部路段同样穿行于崎岖陡峭的山区。

（四）夺火古道

在陵川赴附城铺递路的东侧，存在着一条南穿太行山入河南境的重要交通线，程德炯绘制的“正南偏东隘口图”就描绘了此条道路。路线经由为：自县城出发南行，经张家庄、新庄上、石景山、行脚上、岭北、槐树岭、老黑沟、佛水村、和尚返、凤凰窑、夺火乡、军寨村、望洛村、四里口村，然后入河南省境。这乃是明清及民国时期经夺火镇的大道所经。

（五）索泉岭古道

阳城县的西南部与垣曲县毗邻，这里中条山、王屋山滨河而错峙，大山横亘、崖陡涧深，来往极为不便，历史上长期作为河东地区与泽潞地区的地理分界，不过，顽强的古代先民们仍旧在两县之间开拓出一条沟通你我的交通道路。自阳城县起，向西经上芹、栅村、演礼、次营、董封、索泉岭、李圪塔、十里坡，从西哄哄村出境，入垣曲县。西哄哄山坡陡立、石径盘旋，四周皆是森林悬崖，通道长 1000 余米，宽仅一米，同治年间地方不靖，官府曾在此置汛防守。民国三年（1914）的一通碑刻对西哄哄一带陡绝难行的路况有十分精详的描述，其言：西哄哄在县西南，距城百十里，南入垣曲，当冲要。惟二里坡峙于前，五里坡耸其后，傍垦有穿窟窿而凿石成径，伛偻通行，仅容一人。而昔日时设汛以防警耗，而在平时交游不易。故计通年人不少两千余，脚不下数千头，而负贩上山，肩不得息，剩骝涉骏气喘如雷。难同蜀道，良可慨也；险即井陉，能逾是乎！

（六）孤山古道

从阳城县城起，向东南经窑头、下岳庄、刘庄、下白桑、张庄、上白桑、东樊、涧坪、东冶、江河、三窑（即窑头）、孤山，从大岭堂白云隘入河南省济源市脚底村。道路沿太行山山势修建，由于地势险峻，修建困难，道路略显窄狭，宽处 2 米，窄处 1 米，车辆不能通行，仅可步行，往昔为重要的出境道路。相传在战国时期即是“韩魏之要衢”，虽然此说已无从考实，但至少说明这条晋豫之间的交通道路有着悠久的历史，有着重要的战略价值和经济价值。

孤山大岭堂古道

四、驿站

（一）星轺驿，位于今晋城市南45公里处，今晋庙铺镇拦车村。村北现存楼阁一座，总高9米，进深6.7米，门洞高3米，宽3.1米，门洞上方嵌石匾一块，上书“河东屏翰”，西墙嵌石匾一块，上书“拦车镇”，为清光绪十九年（1893）郡庠生识荆书。

据《泽州府志》记载，星轺驿原额所夫87名，岁支工食银六百三十四两六钱三分零。雍正三年，裁夫37名。雍正十年，裁夫35名，所裁工食银两悉解冀宁道交纳。原额马30匹，马夫15名，岁支工料银810两。旧日拨协济马5匹，夫2名半，工料银135两，解冀宁道。雍正七年，拨往大同协济马14匹，马夫7名，工料银378两，解冀宁道。又雍正十年，拨往杀虎口蒙古站马2匹，夫1名，工料银54两，解冀宁道。

（二）太行驿，《寰宇通志》记载：“太行驿，在州治南。”《清一统志》记载：“太行驿，在凤台城东南。旧有驿丞，今裁。”据《泽州府志》记载，太行驿原额所夫128名，岁支工食银九百四十五两四钱四分零。雍正三年，裁夫68名，并裁接递皂隶16名，所裁工食银两并解冀宁道交纳，原额马40匹，马夫20名，共支工料银1800两。雍正五年裁马15匹、夫七名半，裁银悉解冀宁道。雍正六年，奉文改州为府，始归县辖。又雍正七年，太行驿驿丞裁汰，归并凤台县专管。雍正十年，又裁去所夫25名，存留马25匹，马夫12名半，共工料银675两。旧日拨协济马1匹，夫半名，工料银27两，解冀宁道。雍正七年，拨往大同协济马13匹，夫六名半，工料银351两，凤台县人喂养。又雍正十年，拨往杀虎口蒙古战马1匹，夫半名，工料银27两，解冀宁道。

现在驿应差马10匹，夫5名，工料银270两，按季支发。实在驿应差所夫 35 名，岁支工食银二百五十八两五钱一分九厘九丝三忽五微六纤一沙三尘二渺四埃。

据《泽州府志》记载，长平驿原额所夫 78 名，岁支工食银五百五十四两四钱七分零。雍正三年，裁夫 18 名，并裁接递皂隶 16 名，岁减工食银 96 两。又旧案裁老马岭防夫 8 名，工食银五十七两六钱。俱解冀宁道。雍正十年，又裁所夫 25 名，共减工食银一百七十七两七钱一分零，解冀宁道。原额马 38 匹，马夫 19 名，岁支工料银 1026 两。雍正五年，裁马 13 匹，夫六名半，共减工料银 351 两。旧有差拨协济马 6 匹，夫 3 名，工料银 162 两。雍正七年，差拨韩家楼协济马 12 匹，夫 6 名，工料银 324 两。以上俱解冀宁道。

（四）乔村驿，位于山西省高平市河西镇乔村，据《清一统志·泽州府》记载，乔村驿在高平县南 30 里，旧有驿丞。清乾隆七年裁撤。

据《泽州府志》记载，乔村驿原额马 38 匹，夫 19 名，共工料银 1026 两。雍正五年，裁马 13 匹，夫六名半，共减工料银 351 两。又旧有差拨协济马 6 匹，夫 3 名，工料银 262 两。雍正七年，差拨协济李家沟马 10 匹，夫 5 名，楼马 2 匹，夫 1 名，工料银共 324 两。以上俱解冀宁道。本驿不设所夫，以长平驿所夫向例驻扎高平县南关。凡应付差使，南接凤台县 90 里，北送长子县 90 里。

五、桥梁渡口

古代先锋部队，一般是要逢山开路，遇水搭桥。所以众多古道上的桥梁也是不可分割的交通要素。

晋城地区现存古代桥梁渡口

序号	名称	时代	简介
1	景德桥	金大定二十九年（1189）	景德桥位于城区西街街道办事处景德桥社区西沙河上，原名沁阳桥。据桥上存碑记载，创建于金大定二十九年（1189），明昌二年（1191）建成，清乾隆四十八年（1783）改今名。为单孔敞肩石拱桥，东西走向，全长 21.6 米，宽 5.33 米。主券由 25 道单体石条并列砌筑，净跨 16 米，拱高 4 米，两端负券各一，负券宽 3.05 米，现高 1.6 米。高拱券面石上压地隐起雕刻有鲤鱼、童子、蛟龙、水波、花卉等图案，锁口石上雕镇水兽面，桥面两端施石栏板、望柱。桥下河道淤积严重。1965 年 5 月被山西省人民政府公布为省级文物保护单位
2	景忠桥	明代	景忠桥位于城区北街街道办事处下东关社区东沙河上，为单孔敞肩石拱桥，又名永济桥、东大桥。据清乾隆四十八年（1783）《凤台县志》记载，创建于元至元年间（1264—1294），当时为木构梁桥，明弘治年间（1488—1505）仿西关景德桥而改建为石桥，清乾隆四十八年（1783）重修，现存为明代风格。另据桥《景忠桥修缮记》记载，1996 年曾修葺，现存为明代风格。桥全长 16.8 米，宽 6.15 米，主券净跨 10.80 米，拱高 3.1 米，主券由 22 道石圈采用并列错砌法砌成，主券两端各设一长条石，外端刻作龙头。桥面已改为沥青铺筑，栏板线刻卷草纹。1986 年 8 月被山西省人民政府公布为省级文物保护单位
3	夏匠永固桥	明代	夏匠永固桥位于城区西上庄办事处夏匠村北约 100 米，为砂石砌单孔石拱桥，创建年代不详，据桥上所立碑文记载，明万历四十一年（1613）及清雍正五年（1727）重修，现存为明代风格。桥全长 19.6 米，宽 6.3 米，高 3 米。主券由单体石条并列砌筑，净跨 4.1 米，龙口石上雕有兽面图案
4	南畔石桥	明嘉靖十年（1531）	南畔石桥位于城区西上庄街道办事处南畔村南，据券顶题记记载，创建于明嘉靖十年（1531），为青石砌单孔石拱桥，东西走向，全长 10 米，宽 6.3 米，主券由单体石条并列砌筑，龙口石上雕兽面图

续表

序号	名称	时代	简介
5	东谢匠宁静桥	清康熙五十七年（1718）	东谢匠宁静桥位于城区钟家庄街道办事处东谢匠社区东部，为东西走向，横跨于村中东河之上，据桥上石匾记载，创建于清康熙五十七年（1718），为单孔青石砌拱桥，总长约60米，总高5.2米，桥面宽6米，主券跨度8.4米，拱高2.4米。拱券北侧上方石匾上书“宁静桥”，龙口石上雕有兽面图案
6	东掩迎脉桥	清代	东掩迎脉桥位于城区西上庄街道办事处东掩村村东北彤青河上，创建年代不详，清代风格，为南北走向砖砌单孔拱桥。桥全长6.6米，宽3.4米，主券净跨5米，拱高2.7米。主券西侧上方石匾上书“迎脉桥”，东侧石匾上书“彤青河”
7	水北永固桥	清代	水北永固桥位于泽州县金村镇水北村西，东西走向，全长12.2米，宽5.4米，高9米，跨度7.2米，占地面积65.88平方米。创建年代不详，碑文记载清乾隆二十四年（1759）重修，清代风格。桥身青石砌，两侧设青石栏板
8	漳东利济桥	清代	漳东利济桥位于泽州县高都镇漳东村南。东西走向，全长12.2米，宽5.4米，高9米，跨度7.2米。创建年代不详，碑文记载清乾隆二十四年（1759）重修，清代风格。桥身青石砌，两侧设青石栏板
9	贺坡桥	清代	贺坡桥位于泽州县大东沟镇贺坡村北，南北走向，创建年代不详，清代风格。单孔石拱桥，整体为青石质条石垒而成，桥面东西两侧设砂石栏板，桥拱由17道青石石箍垒砌而成。山体形成自然桥基，高3米。石拱跨度11.4米，宽4.6米，拱高9.5米
10	中村西桥	清代	中村西桥位于泽州县下村镇中村西，东西走向，单孔石拱桥，东西长11.81米，南北宽4.16米。创建年代不详，据桥旁碑文记载，清乾隆四十一年（1776）重修，清代风格。桥身砂石垒砌
11	保伏万年桥	清代	保伏万年桥位于泽州县高都镇保伏村南，南北走向。凌架于源泽河之上，离桥15米处建有碑亭，廊内碑文记载创建于乾隆五十年（1785），同治六年（1867）、宣统三年（1911）有重修，为三孔石拱桥

续表

序号	名称	时代	简介
12	下川移风桥	清代	下川移风桥位于泽州县柳树口镇下川村南，南北走向，单孔石拱桥，南北长 14.1 米，东西宽 4.58 米。桥身青石垒砌，桥面石板铺墁，两侧设青石拦板。拱洞额部嵌有青石匾额，东立面上书“移风”，西立面上书“聚英”
13	东头万年桥	清代	东头万年桥位于泽州县巴公镇东头村西，东西走向，南北宽 4.5 米，东西长 22.01 米。创建年代不详，现为清代风格。砖砌拱桥洞额有清乾隆戊申年（1788）题记，桥基青石砌，桥体砖砌，单拱
14	大箕迎旭桥	清代	大箕迎旭桥位于泽州县大箕镇大箕村东，南北走向，南北长 34.3 米，东西宽 6.89 米。桥身青石砌，桥墩青石块垒砌，桥东西里面额部镶嵌有龙头雕刻，为清代风格，桥上设砖砌围栏
15	苇元东桥	清代	苇元东桥位于泽州县大箕镇苇元村东，南北走向，单孔石拱桥。南北长 6.6 米，东西宽 3.3 米。创建年代不详，清代风格。青石砌，券洞上半部最外侧有砂石砌，于石两端开槽口，生铁铸砌，相互锁套，洞额两侧雕有狮子头、乳雕，桥面青石板铺墁，两侧设砖砌围栏，条石砌边
16	上庄桥	清代	上庄桥位于泽州县犁川镇上庄村中，东西走向，桥面长 9.9 米，宽 2.3 米。创建年代不详，现存清代风格。桥为青石砌，单孔拱洞。桥面弧形，铺青石板，两边砖砌围栏，村内修建道路时将桥面用水泥覆盖，桥下为季节性河流
17	铁南东宁远桥	清代	铁南东宁远桥位于泽州县犁川镇铁南东村东，南北走向，创建年代不详，现存清代风格。桥面长 12 米，宽 2 米。单孔石拱桥，整体为青石质条石垒成，桥面东西两侧设砂石栏板，桥拱由 17 道青石石箍垒砌而成，山体形成自然桥基
18	祁街永安桥	清代	祁街永安桥位于泽州县山河镇祁街村东南约 1 公里处，南北走向，砂石垒砌，单孔拱桥，桥面东西宽 2.3 米，南北长 11.5 米。碑文记载清乾隆三年（1738）重修，桥基建于自然山体之上

续表

序号	名称	时代	简介
19	李沟西桥	清代	李沟西桥位于泽州县南岭乡李沟村西，南北走向，桥面被水泥铺面，东西宽 2.96 米，南北长 4.2 米。创建年代不详，现存清代风格。青石券洞，券高 2.8 米，宽 3.30 米，长 3.70 米，桥面两侧设砖砌栏板
20	李沟东桥	清代	李沟东桥位于泽州县南岭乡李沟村西，南北走向，南北长 4 米，东西宽 3.3 米。创建年代不详，现存清代风格。青石券洞，券高 2.8 米，宽 3.30 米，长 3.70 米
21	周村长桥	清代	周村长桥位于泽州县周村镇周村东，东西走向，南北宽 4.16 米，东西长 10.26 米，面积为 62.68 平方米。创建年代不详，现存清代风格。根据村内老人回忆，桥为三孔拱桥，青石砌，桥面铺青石板，两侧设青石栏板，桥于 1983 年村内建设时被表砌，现仅见桥面
22	下川石桥	清代	下川石桥位于泽州县柳树口镇下川村北，南北走向，单孔石拱桥，东西宽 4.1 米，南北长 10 米。创建年代不详，现存清代风格。桥身青石垒砌，桥面青石铺墁，两侧设青石拦板
23	董山石拱桥	清乾隆十七年（1752）	董山石拱桥位于泽州县川底乡董山村中。由三座单孔石拱桥组成。据南沟桥上镶碣记载，创建于清乾隆十七年（1752），现存建筑为清代风格。从北向南依次为小桥、东桥、南沟桥。小桥宽 3.4 米，长 5 米；东桥宽 3.7 米，长 10.6 米；南沟桥宽 4.8 米，长 6.9 米。桥全部由方形青石砌成
24	都家山通天桥	清乾隆二十七年（1762）	都家山通天桥位于临汾市大阳镇都家山村东，据碑文记载，创建于清乾隆二十七年（1762）。桥为单孔石拱桥，南北走向，桥洞为东西走向，由 13 道青石质条石砌成，全长 4 米，跨度 2 米。桥基高 1.5 米，桥洞高 2.75 米
25	香山桥	清代	香山桥位于泽州县大阳镇香山村西，东西走向，南北宽 4.5 米，东西长 19.01 米。创建年代不详，现存清代风格。桥面砂石板铺墁，两侧设砂石栏板，栏板上雕有花鸟草丛等浮雕，桥洞砂石条石券，洞额部雕有龙头图案

续表

序号	名称	时代	简介
26	上马游迎仙桥	明万历四十五年（1617）	上马游迎仙桥位于原村乡上马游村西。半圆拱单孔石桥。据桥东碑文记载，该桥创建于明万历四十五年（1617），清康熙三十五年（1696）、乾隆三十七年（1772）、嘉庆十八年（1813）屡有修葺。1961 年村人又予重修。东西走向，全长 28 米，宽约 4.2 米，高 13 米，拱净跨 3.5 米。该桥现已荒废，仅为乡间小路。桥东存有清代维修碑 3 通
27	梨园崇正桥	明万历四十七年（1619）	梨园崇正桥位于南城街道办事处梨园村东约 300 米，据桥旁碑文记载，创建于明万历四十七年（1619）。桥为石质结构，单孔拱形，东西长约 26.6 米，宽约 8.2 米，净跨 5.4 米，桥面原为青石路面，现已被土漫，栏杆与栏板为砂石质，上雕花纹并刻有布施人姓名等，风化严重。桥西侧不远处残存有明代创修崇正桥碑
28	大周百子桥	清代	大周百子桥位于马村镇大周村东，创建年代不详，现存为清代风格。单孔石桥，东西走向，长约 24 米，宽约 5.4 米，净跨约 3 米，南侧券拱上方雕有虎头，栏杆不存。该桥现仍为连接大周村和西周村交通要道
29	石沙拱桥	清代	石沙拱桥位于神农镇石沙村东南出口处，据村民反映此桥创建于清代。桥为石质结构，单孔拱形，东西长约 18 米，宽约 5.3 米，桥面厚 1.5 米，拱高 5.8 米，净跨 3.3 米，桥面原为青石路面，现为水泥质
30	东崛山拱桥	清代	东崛山拱桥位于马村镇东崛山村中，据村民反映此桥创建于清代。桥为石质结构，单孔拱形，东西长约 17 米，宽约 5 米，拱高 4 米，净跨 2.7 米，桥面面积约 85 平方米
31	通驿桥遗址	明至清	通驿桥遗址位于阳城县凤城镇下孔村东。东西长约 12 米，南北宽约 5.7 米，占地面积约 68 平方米。通驿桥是古代由阳城县城通往润城的古道上的一座石桥，其始建年代不详，据《下孔村志》记载，该桥在明代已有之，清雍正四年（1726）、光绪年间两度重修。其初建时为简易桥梁，雍正时改为单孔石拱桥，拱阔 4.5 米，桥宽 4 米。光绪时于两侧加置了青石桥栏。桥下原为一深壑，20 世纪 70 年代村人填沟造地时被填平，古桥同时被埋没。现遗址尚存有桥面北侧石栏板三块及望柱，正中间的一块栏板内侧雕刻有“通驿桥”三字，已断裂

续表

序号	名称	时代	简介
32	下伏重修义桥碑	明万历三十三年（1605）	下伏重修义桥碑位于阳城县润城镇下伏村中央大街东口。坐东朝西，占地面积0.12平方米。据碑文记载，立于明万历三十三年（1605）三月。碑为青石质，圆首，通高1.6米，宽0.6米，嵌于墙内，厚度不详。碑额书："义桥碑"，周饰线刻龙纹。碑文5行，楷体，首题："上佛重修义桥碑记"，碑文记述下伏村临近沁河，原有义桥，万历三十二年（1604）四月初一被暴雨洪水冲垮，村民重修事略。碑南侧现存残石狮1尊
33	刘东桥	明代	刘东桥位于阳城县芹池镇刘东村中。石拱桥，东西走向，占地面积56平方米。创建年代不详，现存建筑为明代风格。单孔，敞肩，桥面长14米，宽4米，桥拱跨径12米，高6米。桥礅由砂石块砌筑，桥拱为砂石条纵向券建，侧面券石间由腰铁固定。桥面铺砂石条，原有栏杆、栏板损毁，现用缸砖砌筑矮墙用作护栏
34	南峪桥	明代	南峪桥位于阳城县驾岭乡南峪村东北。石桥，东西走向，占地面积68平方米。创建年代不详，据碑记记载，明万历四十一年（1613）重修，现存为明代建筑。南峪桥为青石结构，桥面原为青石，现铺设水泥路面，桥长8.8米，宽7.7米，高6.5米。圆拱券高5米，跨径6米。桥东端立1通明万历重修碑
35	上白桑福惠桥	清代	上白桑福惠桥位于阳城县蟒河镇上白桑村西北。为南北走向单孔青石砌拱桥，创建年代不详，现存为清代风格。桥总长20米，总宽2.5米，总高3.3米，券高2.1米，宽3米。券洞东侧上方石匾上书"福惠"
36	台头拱桥	清代	台头拱桥位于阳城县蟒河镇台头村南。为南北走向单孔青石砌拱桥，横跨于前河之上。创建年代不详，现存为清代风格。桥总长14.3米，总宽4.8米，总高7.4米，券高6.2米，宽11米，两侧龙口石上刻兽面图案，桥面两端施青石栏板、望柱

续表

序号	名称	时代	简介
37	西封桥	清代	西封桥位于阳城县北留镇西封村东北。石桥，为东西走向，占地面积35平方米。据村中观音阁现存清乾隆十四年（1749）《本村村民捐资施工抬石修路碑》记载，创建于清乾隆年间，现存建筑为清代风格。单孔石拱桥，桥长8.2米，宽4.2米。桥底部为砂石结构，桥面现改用水泥铺墁，原有石质栏板破碎，被弃于桥旁，改设铁质栏杆，拱形桥洞已被废弃物掩埋
38	土桥遗址	清代	土桥遗址位于阳城县寺头乡霍家村土桥上庄东。为东西走向，长9米、宽3米，占地面积27平方米。其始创年代不详，据现存乾隆四十五年（1780）《创修善桥》碑记载，“此处旧有土桥，历年久矣，又被山水冲坏，往来举步甚为不便”，故而重修。遗址处现被改造为农田，仅可见桥拱南口上部，可见券口为砖砌，桥体已不存，形制、规模等皆不详。乾隆四十五年所立《创修善桥》石碑嵌于土桥遗址西侧约5米处土崖上
39	上节桥	清代	上节桥位于阳城县东冶镇上节村东。石桥，呈东西走向，长9.9米，宽3.8米，占地面积37.62平方米。创建年代不详，现存建筑为清代风格。桥通体由青石构建，单拱，现高7.5米，跨径8米。桥上设青石栏板、栏杆，部分栏杆望柱上雕刻石兽。北侧栏杆中央望柱上有“卅一年十月十三开”题记，但据实物情况看，并非建桥题记，而是建桥时所移用的旧石件上原有的题记
40	屯城娘娘沟桥	清代	屯城娘娘沟桥位于阳城县润城镇屯城村东约550米。石桥，呈南北走向，占地面积23平方米。创建年代不详，现存建筑为清代风格。桥为砂石砌筑，长8.5米，宽2.7米，高6米，为单拱石桥，桥拱略偏南，拱跨径3米，高5.3米
41	鲁山村水利桥	清康熙五年（1666）	鲁山村水利桥位于陵川县秦家庄乡鲁山村东，东西横跨神东河。桥长25.5米，宽7.9米，桥面面积201平方米。据桥房存碑记载，水利桥创修于清康熙五年（1666），光绪八年（1882）重修，现存为清代风格。桥身全部用方形青石砌成，单孔拱券桥洞，桥额石碣上书“水利桥”。水利桥距今虽有近300年的历史，但现在仍是村中的交通要道

续表

序号	名称	时代	简介
42	三道河村六合桥	清康熙五十年（1711）	三道河村六合桥位于陵川县秦家庄乡三道河村西，横跨在桥河上，东西走向。桥长42米，宽5.8米，桥面面积为243.6平方米。据桥房存碑记载，六合桥创修于清康熙五十年（1711），乾隆三十二年（1767）、民国二十四年（1935）均进行重修。桥身全部用方形青石砌成，单孔拱券桥洞。六合桥虽经历了近300年的历史，但现在仍是村中的交通要道
43	秦家庄村石拱桥	清乾隆五十年（1785）	秦家庄村石拱桥位于陵川县秦家庄乡秦家庄村中，东西横跨在里桥河上。桥长16米，宽4.2米。据桥上镶碣记载，桥创修于清乾隆五十年（1785），至今仍是村中主要通道。桥全部用青石砌成，单孔，由于里桥河现已经干枯，村民便在桥两侧倾倒垃圾，导致桥洞被封堵，部分桥体被掩埋
44	三泉村创修脉汇碑	清嘉庆九年（1804）	三泉村创修脉汇碑位于陵川县西河底镇三泉村北，坐西朝东。脉汇碑长方形，青石质，宽1.4米，高0.8米，正文楷书6行约180字，主要记述了创建脉汇桥的原因、过程和捐资人姓名
45	井郊村石拱桥	清嘉庆十九年（1814）	井郊村石拱桥位于陵川县崇文镇井郊村东南，东西向横跨在村东河上。桥面宽4.4米，长53米。据关帝庙内东山墙镶碣记载，修建于清嘉庆十九年（1814），至今仍在使用。桥体青石砌，单孔，北侧桥额题“西旺衡宇”，南侧桥额题“东接岭脉”
46	东掌村桥河桥	清道光四年（1824）	东掌村桥河桥位于陵川县杨村镇东掌村东，横跨在桥河上，东西走向。桥长22.9米，宽3.9米，桥面面积为89平方米。据桥额石碣记载，桥河桥创修于清道光四年（1824）。桥身全部用方形青石砌成，单孔拱券桥洞，桥上两侧原有砖砌护栏，现已损毁。桥河桥虽经历了100多年的历史，但现在仍是村中的交通要道

续表

序号	名称	时代	简介
47	郭南渡口遗址	明代	郭南渡口遗址位于沁水县嘉峰镇郭南村东沁河岸边。据清代《沁水县志》记载，渡口设于明代，现仅存遗迹。1976年郭南村委在原渡口架起钢丝桥，从此渡船的历史废止。1999年3月又建成郭南沁河大桥
48	石井沟桥	清代	石井沟桥位于沁水县中村镇南河村石井沟自然庄西南。为拱券式石孔桥，呈南北走向。据碑文记载，始建于清咸丰年间。桥拱跨度3米，宽4米，桥面长约30米，占地面积120平方米。桥头北面山坡上有《石井沟桥碑记》碑1通
49	郭庄拱桥	清代	郭庄拱桥位于沁水县郑村镇郭庄村北1500米，东西走向，占地面积为50平方米。根据石桥建筑形制判断，时代为清代。桥为单孔实腹式石孔桥，长10米，宽5米，高4.5米，桥身用石块砌成，是通往万善寺的必经之路
50	刘庄修桥碑	清乾隆三十五年（1770）	刘庄修桥碑位于沁水县嘉峰镇刘庄村中。坐西朝东，占地面积2平方米。碑立于清乾隆三十五年（1770）。碑为青石质，圆形碑首，碑文楷书，共计7行，记载了刘庄百姓“广募良缘，共襄善誉”，众志成城修桥之事，由刘兆捷撰文。碑下有砂石质须弥碑座。外建砖构碑亭
51	聚瑞桥	清乾隆四十二年（1777）	聚瑞桥位于沁水县土沃乡上沃泉村南沃泉自然村东北。为东西走向单拱石拱桥，砖砌桥栏。长38.5米，宽4.6米，高15米，占地面积177平方米。据桥东侧碑亭内碑文记载，创建于清乾隆四十二年（1777）
52	创建迎瑞桥暨输桥基道路与重修石塔碑	清乾隆四十五年（1780）	创建迎瑞桥暨输桥基道路与重修石塔碑位于沁水县土沃乡台亭村中。立于清乾隆四十五年（1780），建有砖雕碑亭。碑为青石质，通高1.58米，宽0.55米，碑身高1.08米，碑首高0.5米。碑文楷体，竖书，共17行，行50字，记述了该村集资修桥修塔之始末

续表

序号	名称	时代	简介
53	交龙桥	清嘉庆十五年(1810)	交龙桥位于沁水县土沃乡交口村北，浦泓河与西阳山河交汇的交口河上。为南北走向，是晋豫古道上现保存最为完好的1座石拱桥。原名永固桥，继名交龙桥，又名福星桥。始建年代不详，据存碑记载，明万历三十九年(1611)复修。清嘉庆十五年（1810）由恩赐九品阴阳术士杨日照择此址重修，于正月二十一日兴工，同年三月十九日告竣。交龙桥为单跨圆弧实腹式石拱桥。桥长12.6米，高9.0米，桥面宽5.3米，占地面积67平方米。主拱圈由纵肋并列砌筑而成，外侧拱石间设有腰铁，拱圈之上有伏石挑出，墙式护栏完好，拱圈砌置在两岸的天然岩石上，无桥台。2013年1月被晋城市人民政府公布为市级文物保护单位
54	刘庄太平桥	清道光三十年(1850)	刘庄太平桥位于沁水县嘉峰镇刘庄村北，南北向，占地面积30平方米。据《沁水县历代文存·创修太平桥碑记》记载，创建于清道光三十年（1850）。该桥为单孔石拱桥，通体青石块砌筑，桥长6米，宽5米，该桥原为沁河流域南北交通要道，现已失去其地位和作用

第 三 章

长城关隘：扼险守要护卫一方平安

长城关隘在我国历史长河中不仅扮演着军事要塞的角色，更是守护了无数生灵的安全与和平。这些古老的关隘，作为军事防御的坚固堡垒，曾经无数次抵御外来侵略，保卫了家园的安宁。而它们不仅仅是战争与防御的象征，更是文化交融的生动写照。

在长城的沿线，不同的文化、不同的民族因为这些关隘而相遇、相识。它们成为农耕文明与游牧文明交流的桥梁，两种截然不同的生活方式在这里碰撞、交融，共同谱写了中华民族多元一体的文化篇章。这种文化的交流与融合，不仅丰富了人们的精神世界，更在一定程度上缓解了文明间的冲突，为和平共处奠定了基石。

时光荏苒，虽然冷兵器时代已成为历史，但长城关隘所蕴含的守护和平的精神依然熠熠生辉。如今，这些古老的关隘已经转变为热门的旅游景点，吸引着四面八方的游客。他们来到这里，不仅是为了欣赏古代军事建筑的雄伟与巧妙，更是为了感受那份沉甸甸的历史与文化，体会那份难得的和平与宁静。

长城关隘，不仅是历史的烙印，更是文化的瑰宝，它们见证了中华民族的坚韧与不屈，也昭示着我们对和平与安宁的永恒追求。

一、我国长城概述

谈及长城，首先映入脑海的无疑是北京的八达岭，那句脍炙人口的“不到长城非好汉”激励着无数世人慕名而来，踏上长城之巅，一展豪情壮志。长城，已然成为中华民族的骄傲与象征，更被誉为世界七大奇迹之一。

然而，正如罗马城非一日建成，长城的建造同样经历了一个漫长而艰辛的过程，几乎贯穿了整个中国历史的脉络。作为中国古代一项独特的军事防御工程，长城的修筑始于春秋战国，历经秦、汉、隋、唐、宋、元、明、清等多个朝代的扩建与修缮，最终形成了如今我们所见的壮丽景象。

长城的建造不仅体现了古代中国人民的智慧和勇气，更凝聚了无数工匠的心血与汗水。在漫长的岁月里，长城见证了中华民族的兴衰荣辱，成为中华民族坚韧不拔、自强不息的精神象征。从丰富的历史文献记载中，我们可以追溯长城的最初修建时间至公元前 7 世纪的春秋中早期。而根据目前考古发现的实物证据，长城的存在至少可以追溯到公元前 5 世纪的春秋末期或战国初期。这些时间节点与历史发展的规律高度吻合，即从春秋时代开始，各国之间的战争逐渐转向了对地盘和资源的激烈争夺，被后人形容为“春秋无义战”。进入战国时代后，这种竞争更是达到了白热化的程度。

在这一背景下，各诸侯国为了争夺霸权、保护国土，纷纷在边界地带修建烽燧和城池以增强防御。随着时间的推移，人们开始将烽燧和城池之间用墙体连接，逐渐形成了我国古代最早的长城。这一伟大的工程不仅体现了古人的智慧和勇气，也见证了历史的沧桑变迁。

自此以后，秦、汉、隋、宋、明等中原王朝以及北魏、北齐等少数民族政权都曾在各自的统治区域内修筑长城。这些长城或延续前代或重新规划，构成了中国历史上庞大的长城体系。它们不仅是中国古代军事防御建筑的杰出代表，也是中华民族坚韧不拔、自强不息精神的象征。

我国历代所修建的长城因其独特的历史价值、艺术魅力和科学意义，于 1987 年被联合国教科文组织整体列入世界遗产名录。这一殊荣不仅是对长城本身的肯定，也是对中国古代文明和智慧的赞誉。

2012 年国家文物局公布的长城资源调查成果显示，我国现存历代长城遗迹总长达到了惊人的 21196.18 千米，其中包含了 2.9 万余座单体建筑设施。这些珍贵的遗迹不仅为我们研究古代军事防御建筑提供了宝贵的实物资料，也为我们传承和弘扬中华民族优秀传统文化提供了重要的载体。

二、晋城现存长城保存状况

上党盆地的地形呈现显著的封闭性，四周环绕的高山如同天然的屏障，守护着这片土地。而高山间的峡谷，经过古人的巧妙利用，成为往来通行的通道，其中最为著名的便是前文提及的太行八陉。在山峰之间的平缓地带，战时往往成为潜在的突破点，为了加强防御，一种因地制宜的防御工事应运而生——这就是用当地石块垒砌而成的墙。起初，这种防御工事可能并不被称为“长城”，而是随着历史的演进和军事需求的发展，逐渐演化和完善，最终形成了我们所熟知的长城。

2014 年，山西省文物局对省内长城的分布及保存现状进行了详尽的调查。结果显示，山西境内不仅拥有战国、东魏、北齐、五代、宋等各时期的早期长城，还有明、清时期的长城。其中，晋城市的长城遗址尤为丰富。

在晋城市境内，现存有 12 段长城遗址，这些遗址跨越了战国、北齐、五代三个重要历史时期，分布于 4 个县境内。这些长城均采用了就地取材的毛石砌筑方式，总长度达到 34.181 公里。

具体来说，战国长城在晋城市内现存有 7 段线性遗迹。其中，高平市拥有 4 段，分别位于建宁乡苟家村、陈区镇关家村、神农镇东沙院村和寺庄镇后山村；陵川县则有 3 段，分别位于杨村镇的闫家沟村、北山村和泉头村。这些战国长城的总长度约为 22.782 公里，占晋城市长城总长的 66.65%。

北齐长城在晋城市内现存有两段线性遗迹，均位于泽州县的晋庙铺镇境内。这两段长城的登记名称分别为晋庙铺镇大口村长城和晋庙铺镇斑鸠岭村长城，总长度约为 3.277 公里，占晋城市长城总长的 9.59%。

五代长城在晋城市内现存有 3 段线性遗迹，均位于沁水县的十里乡境内。这些长城的登记名称分别为十里乡井沟村长城 1 段、十里乡井沟村长城 2 段和十里乡孝良村长城，总长度约为 8.122 公里，占晋城市长城总长的 23.76%。

这些长城遗址不仅是研究中国古代军事防御体系的重要物证，也见证了山西乃至中华民族悠久的历史与文化。

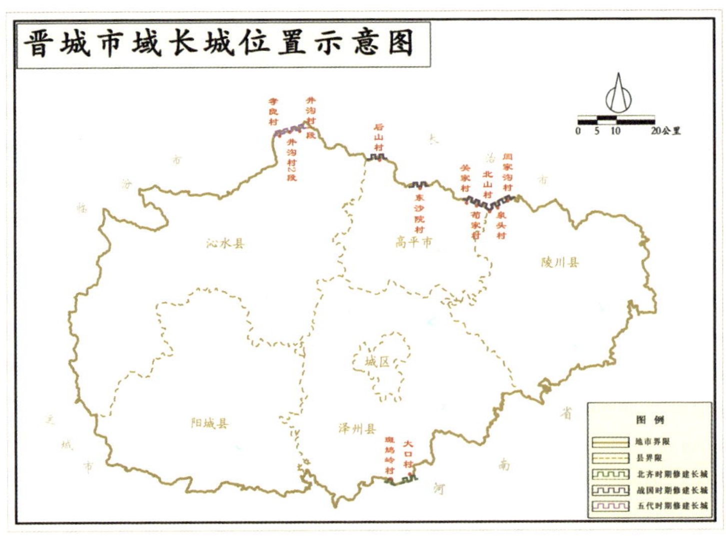

晋城市境内战国至五代长城统计表

名称	县区	时代
建宁乡苟家村长城	高平市	战国
陈区镇关家村长城	高平市	战国
神农镇东沙院村长城	高平市	战国
寺庄镇后山村长城	高平市	战国
杨村镇闫家沟村长城	陵川县	战国
杨村镇泉头村长城	陵川县	战国
杨村镇北山村长城	陵川县	战国
晋庙铺镇大口村长城	泽州县	北齐
晋庙铺镇斑鸠岭村长城	泽州县	北齐
十里乡井沟村长城 1 段	沁水县	五代
十里乡井沟村长城 2 段	沁水县	五代
十里乡孝良村长城	沁水县	五代

从晋城地区现存长城遗迹看，基本修建在险峻的高山山脊之上，符合长城“因地形，用制险塞”的修建原则。

（一）战国长城——长平之战的历史遗迹

顾炎武说：“春秋之世，田有封洫，故随地可以设关。而阡陌之间，一纵一横，亦非戎车之利也。观国佐之封晋人则可知矣。至于战国，井田始废，而车变为骑，于是寇钞易而防守难，不得已而有长城之筑。”

在探讨长城的兴起与演变时，顾炎武的见解为我们提供了一个独特的视角。他认为，长城的兴起与井田制的瓦解以及作战方式由车战向骑兵作战的转变紧密相连。这一观点为我们理解长城在平原地区的出现提供了宝贵的线索。

然而，当我们深入考察当前发现的早期长城遗迹时，一个显著的现象引起了我们的注意：这些长城并非主要矗立在平原之上，而是选择了山岭之巅作为其主要防线。这一选址并非随意，而是经过深思熟虑的战略考量。

以晋城地区为例，这一地区的长城选址充分体现了与地形特点的紧密结合。即使不修筑长城，这里的通道也因山岭的险峻而使得骑兵难以轻易穿越。长城的修建者显然意识到了这一点，因此他们选择了在山岭之上修筑长城，以充分利用地形的优势，增强防御的稳固性。

这一选址策略不仅体现了长城修建者的战略眼光，也彰显了他们对战争需求的精准把握。通过在山岭之上修筑长城，他们不仅构筑了一道坚固的防线，还使得敌人难以从侧翼或后方发动攻击。这种布局不仅增强了长城的防御能力，也提高了整个战略体系的稳固性。

晋城现存战国时期的长城共 7 段，均集中于北部地区。这些长城的建造时间大致可追溯到长平之战时期或前后，当时赵国为了抵御秦国的侵略而修筑。按照现今的行政区划，这 7 段长城中，高平市境内有 4 段，陵川县境内有 3 段。这些长城不仅体现了古人的战略眼光，也见证了那个时代的烽火硝烟。

建宁乡苟家村长城

位于高平市建宁乡与长治县西火镇交界的金泉山之巅，建宁乡苟家村长城傲然挺立，作为战国时期的辉煌遗产，它见证了那个时代的烽火岁月。这段长城，东南至西北蜿蜒伸展，总长 3480 米，以其独特的地理位置，为古代晋城提供了坚实的防御屏障。

长城的起点位于建宁乡苟家村东北的山顶东坡，这里是高平、陵川、长治三县的交汇点，地理位置十分关键。从这里开始，长城沿山脊向西北延伸，直至金泉山的顶峰，再顺着山脊继续向西北方向延伸，最终在曹家沟村北终止。这段长城不仅是历史的见证者，也是自然与人工完美结合的杰作。

建宁乡苟家村长城

墙体主要由黄砂石块垒砌而成，尽管岁月无情，但长城的威严与坚韧依旧可见。尽管大部分墙体已经坍塌，原始风貌难以完整保留，但低矮的黄砂石块与土壤混合的垄状堆积，仍然透露出其昔日的雄伟与坚固。在保存较好的地段，原始的垒砌壁面依旧清晰可见，底部宽度在 4—5 米之间，顶部宽度在 1—1.5 米之间，高度则在 0.5—2 米之间。长城的剖面呈梯形，壁面收分不大，展现了古代工匠精湛的技艺和卓越的智慧。

这段长城在战略位置上具有重要意义，它连接了陵川县杨村镇泉头村长城和陈区镇关家村长城，形成了一道坚固的防御线。尽管历经沧桑，但它仍是研究战国时期军事防御工程和历史文化的重要物证。

陈区镇关家村长城

陈区镇关家村长城，坐落在高平市建宁乡与长治县西火镇交界的崇山峻岭之上，是战国时期长城的珍贵遗存。这段长城总长 3635 米，东南至西北蜿蜒伸展，以自然山体为依托，展现了古人精湛的防御工事建筑艺术。

陈区镇关家村长城

长城的东南起点位于建宁乡曹家沟村北 1.5 公里处，具体坐标为东经 113° 06′ 23.0″，北纬 35° 53′ 10.4″，高程 1163 米。从这里开始，长城沿着山脊一路向西延伸，直至陈区镇关家村西北 1.6 公里处的山脊上结束，坐标为东经 113° 04′ 24.0″，北纬 35° 53′ 31.3″，高程 1194 米。这一选址不仅充分利用了地形的险峻，更展示了古人对战争防御的深刻理解。

墙体主要由黄砂石块垒砌而成，虽然历经岁月的洗礼，但长城的雄伟与坚固依旧可见。然而，由于自然和人为因素的影响，长城的总体保存状况较差，坍塌严重。现存部分多为黄砂石块与土壤混合的垄状堆积，但在少数地段，还能见到部分墙体残存。这些墙体底部残宽 3—5 米，顶部宽 1.5—2 米，残高 0.5—2 米，墙体剖面呈梯形，两边石块垒砌，中间填以杂石块和杂土，显示了古人高超的建筑技艺。

神农镇东沙院村长城

神农镇东沙院村长城，静谧地蜿蜒于高平市神农镇与长子县色头镇交界的羊头山至南宫山的崇山峻岭之上，是战国时期辉煌历史的见证者。这段长城总长 4702 米，东西走向，墙体坚实如磐，以自然山体为基石，巧妙地顺山势水平垒砌石块，构筑出一道坚不可摧的防御屏障。

长城的起点，雄踞于神农镇东沙院村东北 2.3 公里的山巅之上，其地理坐标为东经 112° 57′ 44.3″，北纬 35° 55′ 37.7″，高程达 1322 米。自此，长城便如巨龙般沿着山脊一路向西腾飞，直至神农镇许家村西北 0.9 公里处的南宫山东坡山顶，其终点坐标为东经 112° 55′ 2.3″，北纬 35° 55′ 28.4″，高程为 1200 米。

在羊头山石窟景区山顶一线，长城墙体虽历经风雨侵蚀，保存状况不佳，大部分已隐入历史的尘埃之中，仅留下些许斑驳的痕迹供人探寻。然而，向西至西沙院林场，却因林场防火需求而开辟的隔离带，使得这片区

神农镇东沙院村长城

域的长城墙体得以重见天日。密集的灌木被砍伐，地表上长城墙体的遗存得以显露，它们多以土石垄状堆积的形式存在，而隔离带的界限也恰好与这些墙体相吻合。

这些墙体主要由黄砂石块精心垒砌而成，但受岁月侵蚀，总体保存状况不是很好。多数地段已塌毁严重，地表上的遗存显得并不明显。然而，在极少数保存相对较好的地段，我们依然能够窥见那原始的垒砌壁面，它们仿佛时光的印记，既展现了古人精湛的建筑技艺，也见证了历史的沧桑变迁。

寺庄镇后山村长城

深藏于高平市寺庄镇与长子县交界处的丹朱岭、琉璃山及以西的连绵山梁上，寺庄镇后山村长城静静伫立，它是战国时期那段烽火岁月的珍贵遗存。这段长城总长 4494 米，自东南向西北蜿蜒延伸，墙体以自然山体

寺庄镇后山村长城

为基石，经过略微的平整处理，石块被巧妙地垒砌，形成了坚固的石墙。

长城的起点位于寺庄镇后山村东北0.9千米处，具体坐标为东经112°51′52.2″，北纬35°58′27.8″，高程达到1117米。从这里开始，长城沿丹朱岭山坡而上，翻越琉璃山，再向西下山，攀登至另一个山头。然而，随着历史的变迁和自然的侵蚀，长城的大部分已消失在岁月的长河中。

在长城的西北端，它止于寺庄镇后沟村东北1.75千米处的山顶，具体坐标为东经112°49′41.2″，北纬35°59′08.1″，高程为1151米。在这里，仅有一段长约23米的墙体遗存，它如同历史的碎片，静静诉说着过往的辉煌。

此段长城的总体保存状况较差，其中长达3468米的墙体已不复存在，仅存的残存部分在地表上也只能看到石块和土混杂的垄状堆积。

杨村镇闫家沟村长城

杨村镇闫家沟村长城，矗立于陵川县与长治县交界的壮丽山脊之上，具体位于天子岭西坡至小朵山一线，是战国时期重要的长城遗存。这段长城自东向西延伸，起始于杨村镇闫家沟村北0.62千米处，地理坐标为东经113°11′40.8″，北纬35°53′42.9″，高程达到1345米。它一路蜿蜒，直至杨村镇北山村北0.32千米的半山坡处终止，地理坐标为东经113°10′53.4″，北纬35°53′35.1″，高程为1247米，总长1380米。

杨村镇闫家沟村长城

墙体以自然山体为依托，巧

妙地利用黄砂石块、石片进行垒砌，体现了古代工匠的精湛技艺。然而，由于历史变迁和自然侵蚀，长城的整体保存状况并不理想。其中，有 70 余米的墙体已完全消失，地表上不见任何遗存，仿佛被时间抹去。其余地段的墙体大多已坍塌为土石垄状堆积，原始风貌难觅踪影。

杨村镇闫家沟村长城不仅是一段军事防御工事，更是一段承载着战国时期历史文化的重要遗迹。它向西与杨村镇北山村长城隔沟相望，共同构成了这一地区独特的历史景观。站在长城之上，仿佛能听到古人的战鼓声和呐喊声，感受到那段历史的波澜壮阔。

杨村镇北山村长城

杨村镇北山村长城，位于陵川县与长治县交界的巍巍山脊之上，跨越小伙山与东关岭一线，是战国时期一段重要的长城遗存。这段长城以东北—西南走向贯穿整个山脊，东北端起始于杨村镇北山村西北 0.32 千米

杨村镇北山村长城

的浅山坡处，具体坐标为东经 113° 10′ 41.4″，北纬 35° 53′ 27.6″，高程 1208 米。随后，它一路向南延伸，直至西南端止于杨村镇泉头村北 0.5 千米的半山坡处，坐标为东经 113° 9′ 38.5″，北纬 35° 53′ 0.4″，高程 1217 米。全段长城总长 2166 米，其中因历史原因消失的部分共计 4 处，长达 660 余米，整体呈现断续相连的状态。

长城墙体采用黄砂石块，在自然山体上巧妙垒砌而成，既展示了古代工匠的精湛技艺，也体现了战国时期防御工程的雄伟与坚固。然而，由于岁月的侵蚀和历史的变迁，长城的整体损毁程度较重。现存的墙体大多已坍塌为土石垄状堆积，只有极少数地段尚存残存的墙体，这些墙体由石块垒砌而成，壁面中间填杂着土石，形成梯形剖面，上下收分并不明显。

杨村镇北山村长城不仅是一段历史的见证，更是一道独特的风景线。它与东侧的杨村镇闫家沟村长城隔沟相望，西南侧则与杨村镇泉头村长城相互呼应，共同构成了这一地区丰富的历史文化遗产。

杨村镇泉头村长城

位于陵川县与长治县分界山脊之上的杨村镇泉头村长城，是战国时期一段珍贵的长城遗存。这段长城以东北—西南走向贯穿山脊，东北端起始于杨村镇泉头村西北 0.38 千米的半山坡处，其坐标为东经 113° 9′ 29.6″，北纬 35° 52′ 52.0″，高程达 1227 米。随后，它一路蜿蜒向南，直至西南端终止于礼义镇东沟村北山上宝龙寺西北 0.3 千米的山顶上，坐标为东经 113° 8′ 18.1″，北纬 35° 52′ 8.3″，高程则升至 1341 米。全长 2925 米，虽历经风雨，但依旧断续相连，诉说着历史的沧桑。

墙体采用黄砂石块精心垒砌，展示了古代工匠的高超技艺和匠心独运。然而，受历史变迁和自然侵蚀的影响，长城的整体保存状况较差。其中，有两段共计 695 米的地表已无任何遗存，墙体已消失无踪。而剩余的 2230 米墙体也多数坍塌为土石垄状堆积，仅有个别地段尚存残存的墙体，

杨村镇泉头村长城

这些墙体虽已残破，但依旧屹立不倒，成为历史的见证。

杨村镇泉头村长城不仅是一段历史的记忆，更是一道独特的风景线。其东北端隔沟与杨村镇北山村长城相望，仿佛历史的回响在两座长城之间传递。而西向则与高平市建宁乡荀家村长城相接，形成了更加完整的长城防御体系。

泉头村长城的特别之处是还保留了两处烽燧。

泉头村 1 号烽燧

泉头村 1 号烽燧位于陵川县杨村镇北山村长城止点处（东经：113°9′38.50″，北纬：35°53′0.40″，高程：1217 米），地处半山坡，是战国时期的遗存。烽燧已坍塌，顶部轮廓似呈“L”形，推测原先顶部应为矩形，底部东边和南边各长约 5 米，残高 4.5 米。坍塌的坡面上散落有许多石块和黄沙土。泉头村 1 号烽燧向西与杨村镇泉头村长城以及泉头村

杨村镇泉头村长城烽燧

2 号烽燧隔沟相望。

泉头村 2 号烽燧

泉头村 2 号烽燧位于陵川县杨村镇泉头村长城起点处（东经：113° 9′ 27.60″ ，北纬：35° 52′ 51.00″ ，高程：1252 米），地处半山坡，是战国时期的遗存。烽燧已坍塌，呈土丘状，底部近圆形，直径 16 米，残高 6 米。西壁下方有垒砌的黄砂石块，残高 0.5—1 米。与泉头村 1 号烽燧隔沟相望。

（二）北齐长城——北朝时期的对峙与争夺

北魏，一个曾经结束了中国北方长期割据和混战局面的封建王朝，其辉煌却如流星般短暂。在不到半个世纪的时间里，北魏分裂为东魏和西魏，随后又被北齐和北周所取代，这段历史被后世称为北朝。

从东魏、西魏开始，晋城地区便成为双方对峙的前沿阵地。在这片土地上，边界战事频发，双方军队频繁交锋，争夺着每一寸土地。到了北齐北周时期，为了巩固晋阳和邺城这两个重要城市的守卫，北齐决定在泽州县的天井关沿线修建长城。

天井关，地势险要，是连接晋城与外界的重要通道。北齐在这里修建长城，不仅是为了阻挡北周的进攻，更是为了保障自己的国土安全。这段长城的修建，充分展示了北齐在战略防御上的远见和决心。

北齐长城的修建，对当时的军事格局产生了深远的影响。它有效地阻挡了北周的进攻，保障了北齐的国土安全。同时，长城的修建也促进了当地的经济和文化交流，使得晋城地区成为一个重要的军事和文化中心。

如今，虽然北齐长城已经历了上千年的风雨洗礼，但它依然屹立在泽州县的天井关沿线，成为历史的见证。每当人们站在长城之上，俯瞰着下

晋庙铺北齐长城

方的山川大地，仿佛能够感受到那个时代的硝烟与战火，也能够感受到历史的厚重与深沉。

晋庙铺镇斑鸠岭村长城

晋庙铺镇斑鸠岭村长城，这段历史的遗迹，起始于村庄南关帝庙东侧，仅距 0.015 千米之遥（具体坐标为东经 112° 52′ 47.7″ ，北纬 35° 14′ 24.6″ ，海拔 773 米）。它向西延伸，直至关帝庙西 0.2 千米处（东经 112° 52′ 39.7″ ，北纬 35° 14′ 24.1″ ，海拔 767 米）终止，全程长达 238 米。这段长城，是北齐时期的重要军事遗存，历经岁月洗礼，仍矗立在历史的长河中。

长城的早期墙体基础部分虽经风雨侵蚀，但保存完好。现存的部分墙体壁面，垒砌得整齐有序，显然是后人对其进行了精心的修缮与保护。在墙体的中部，有一处关口，从现存的遗迹中，我们可以推断出这应是一个拱门洞的设计，其结构精巧，体现了古代工匠的匠心独运。

晋庙铺镇斑鸠岭村长城

长城的壁面保存状况相对较好，多数高度在 2 米以上，显示了其坚固与稳固。这里，曾是古道必经之地，历代均有修缮与加固，使其成为连接南北、贯通东西的交通要道。

在抗日战争时期，这段长城更是发挥了其独特的防御作用。墙体上方，用锐利的石块垒砌起了高达 1 米的掩体墙，形式与古代的女墙相似。这堵掩体墙上，还留有方形的射击孔，便于士兵进行防御和反击。石块的棱角尖锐，石缝间还抹有白灰，显示出了当时修筑的精细与用心。

整个长城修建在山坡上，两侧均为陡峭的绝壁，形成了天然的防御屏障。墙体东西走向，面南而立，宛如一位忠诚的卫士，守护着这片土地的安全。它不仅仅是一段历史的遗迹，更是一段关于勇气、坚韧与智慧的传奇。

晋庙铺镇大口村长城

晋庙铺镇大口村的长城，作为北齐时期的重要军事防御工事，其起点位于村庄东北 2 千米处，具体坐标为东经 112° 55′ 27.9″，北纬 35° 16′ 32.00″，海拔 739 米。长城蜿蜒向南，直至镇西南 0.079 千米处结束，坐标为东经 112° 54′ 6.4″，北纬 35° 16′ 17.7″，海拔则升高至 854 米，整体长度达到了 3039 米。

根据《北齐书·斛律光传》和乾隆年间编纂的《凤台县志》等历史文献记载，这段长城是北齐河清二年（563）由名将斛律光主持修建的轵关长城的一部分。它不仅是北齐时期军事防御体系的重要组成部分，也是研究当时历史、军事和文化的重要物证。

然而，由于岁月的侵蚀和历史的变迁，长城的墙体整体保存状况较差。地面上的遗存呈现断续相连的状态，其中有 3 处共计 1509 米的部分已经完全消失。剩余的段落则多有坍塌现象，仅有个别段落保存相对较好。这些保存较好的段落，其剖面呈现梯形，用大小不一的石块精心垒砌成壁面，石块之间的缝隙则用白灰浆进行填充。壁面斜直，收分不大，中

大口村长城

间则填满了碎石和杂土，以增加其稳定性和耐久性。

这段长城的地理位置险要，地形复杂，是古代军事防御的天然屏障。它见证了北齐时期的辉煌与沧桑，也承载着无数历史故事和传说。如今，虽然它已不再是军事防御的实用工具，但它仍然以其独特的历史价值和文化魅力吸引着众多游客前来探寻和品味。

（三）五代长城——晋城地区长城的落幕

五代时期，泽潞地区（古称上党）的争夺确实尤为频繁和重要，这主要源于安史之乱后该地区的特殊地位。

泽潞地区位于山西东南部，地处太行山脉之巅，素有"居太行之巅，地形最高，与天为党"之称。这一地区因其独特的地理位置，成为兵家必争之地。安史之乱后，中原多事，河阳三城成为洛京的屏障，并兼制北道，具有极其重要的战略价值。泽潞地区作为河阳三城的一部分，其战略地位也随之提升。此外，泽潞地区还有沟通河北的要道——壶关道，以及与洛阳紧密相连的地理位置，进一步增加了其在五代时期的重要性。

五代时期，泽潞地区成为晋、梁两国争夺的焦点。晋王李克用与梁王朱温结仇，双方围绕泽潞地区展开了旷日持久的激烈争夺。其中，晋、梁潞州之战是这一时期的关键战役之一。在这场战役中，双方军队在潞州相持一年有余，均未能取得大的战果。然而，这场战役却充分展示了泽潞地区在五代时期的重要性以及双方对其争夺之激烈。

五代时期泽潞地区的争夺尤为频繁和重要，主要源于其独特的地理位置和战略价值，所以，这一时期，长城也屡有修建。

十里乡井沟村长城 1 段

在沁水县与长子县交界的巍峨山梁上，坐落着一段五代时期的长城遗存——沁水县十里乡井沟村长城 1 段。这段长城位于沁水县十里乡的北部，见证了历史的沧桑与变迁。

长城墙体总长 2835 米，蜿蜒曲折地穿越在山峦之间，大体呈东北—西南走向。墙体以自然山体为基础，经过略微的平整后，顺山势垒砌石块，形成坚固的防御工事。

这段长城的起点位于井沟村东北 3.2 千米处的山体北坡，海拔高达 1534 米。从这里开始，长城沿着西南方向的山脊延伸，直至宇峻山北梁，那里的山顶标高达到 1596 米。随后，长城折向西北方向，经过一段距离的延续后，再次转向西南，最终止于井沟村北 1.45 千米处标高为 1465.79 米的山顶。

墙体所在的山梁，大部分被密集的灌木覆盖，阴坡上则是郁郁葱葱的松树林。这些植被不仅为长城增添了一抹自然的绿色，也在一定程度上保护了长城的墙体。

然而，由于岁月的侵蚀和自然环境的影响，这段长城的墙体整体保存

十里乡井沟村长城 1 段

状况较差。现存的大部分墙体为坍塌的土石垄状堆积，且较为低矮。尽管如此，长城的总体连贯性仍然得以保持，极个别段落还残存明显的片石垒砌墙壁和原始墙体边缘垒石痕迹，这些都是历史的见证。

井沟村长城 1 段的西南端与井沟村长城 2 段相接，两者共同构成了这一地区的重要防御体系。这段长城不仅是五代时期军事防御的珍贵遗迹，也是研究当时的历史、文化和军事战略的重要物证。

十里乡井沟村长城 2 段

在沁水县与长子县交界的巍峨山梁上，矗立着一段五代时期的长城遗存——沁水县十里乡井沟村长城 2 段。它位于十里乡北部，是历史与自然的交汇点。

长城墙体总长 2024 米，大致呈东北—西南走向，充分展现了其依地势而建的巧妙设计。墙体以自然山体为基础，经过轻微的平整后，顺着山势垒砌石块，形成了坚固的石墙。

十里乡井沟村长城 2 段

长城的起点位于十里乡井沟村北 1.45 千米处海拔高达 1465.79 米的山头上，与井沟村长城 1 段紧密相连。这里，长城沿着山脊蜿蜒，植被相对较少，山体阴坡长满了灌木，而山脊上则覆盖着杂草。西南端，长城止于东安庄北部山上，一条通往长子的盘山土路打断了墙体（当地俗称“兔窝疙道”），与十里乡孝良村的长城相接。

尽管历史的长河已经淘尽了岁月的痕迹，但长城的整体结构依然清晰可见。然而，由于自然和人为的因素，长城的保存状况并不理想。大部分墙体已坍塌，形成了土石垄状堆积，且高度较低。但远观之下，其走向依然明显，除了两处保存不佳的段落消失外，其余部分基本连贯。在局部小段，还可以看到残存的较高的片石垒砌墙壁，它们如同历史的守望者，默默诉说着过往的故事。

这段长城不仅是五代时期军事防御的重要遗迹，也是研究当时历史、文化和军事战略的重要物证。它东北接井沟村长城1段，西接孝良村长城，共同构成了这一地区的坚固防线。

十里乡孝良村长城

位于十里乡的北部，沁水县与长子县交界的山梁上，不仅是一段重要的军事防御工事，也是研究古代历史文化的宝贵遗产。

孝良村长城墙体总长3263米，主要沿东西方向延伸，与自然山体紧密相依。墙体由片石垒砌而成，显示出当时工匠们的精湛技艺和辛勤付出。长城的起点位于东安庄北部山上，一条通往长子的盘山土路打断了墙体（当地俗称“兔窝疙道”），这里正是与井沟村长城2段的连接处。而长城的西端则止于孝良村西北的关爷岭上，关爷庙所在的山头东坡中部，标志着这段长城的终点。

经历了数百年的风雨侵蚀和人为破坏，孝良村长城的整体保存状况较

十里乡孝良村长城

差。绝大部分墙体已经坍塌为土石垄状堆积，虽然较为低矮，但仍能清晰地看出其原本的走向。在局部小段，我们甚至可以看到较高的片石垒砌墙壁或原始墙体边缘的垒石痕迹，这些都是历史的见证，诉说着长城曾经的辉煌与沧桑。

孝良村长城不仅具有重要的历史价值，也是研究古代军事防御工事的珍贵资料。它见证了五代时期的战乱与和平，承载着无数先人的智慧和汗水。如今，它依然屹立在这片土地上，成为我们探寻历史、了解文化的重要窗口。

三、晋城境内的关隘

晋城境内关隘众多，这些关隘在古代军事防御中扮演着重要角色。晋城境内有史记载的关隘共 29 处，其中晋庙铺镇独占 13 处，是我国古代关隘最多的乡镇之一。这些关隘分布于古泽州的各个垭口和要冲，连接晋豫边界，是山西通向中州大地的要冲。

其中天井关（又名太行关、雄定关）是山西东南部第一大关，也是山西省文献记载的 173 处关隘中的六大名关之一。其他关隘还包括马牢关、武靳关、羊肠坂、星轺驿、盘石长城、磨盘砦、将军砦、壶壁（又名台壁）、刘家坪、青莲寺山寨、碗子城、横望隘、柳树隘、小口、大口、九里口、仙人口、白涧口、猴儿愁口（又名猴儿沟口、愁儿沟口）、营房口、白爽口、史君岭口、南山墓口、三股泉口、老营口、双庙口、通风口、黄庄口等。

这些关隘在历史上的重要性不言而喻，它们不仅是军事防御的重要节点，也是连接中原与山西的重要通道。晋城市地处晋豫交界的太行之巅，地势险峻，因此这些关隘在军事上具有“一夫当关，万夫莫开”的战略地

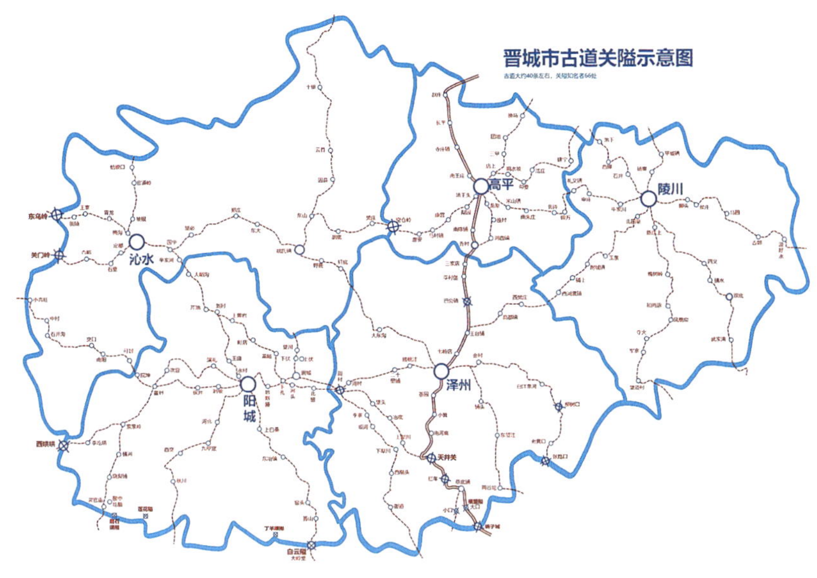

晋城市古道关隘示意图

位。由于历史久远和自然因素的侵蚀，部分关隘的保存状况较差，但仍有部分关隘保存较为完好或留有遗迹。

天井关，古称太行关、雄定关、横望隘，它巍峨耸立于太行山的巅峰之上，距离晋城市正南 45 里。自古以来，这里便是军事要地与交通枢纽的代名词。

《太平寰宇记》关于“天井关”又有两处记载，一处于卷四四之《河东道五 · 泽州晋城县》下称：“天井关，一名太行关，在县南太行山上。”一处在卷四五之《河东道六 · 泽路州 · 襄垣县》下称：“天井关在县东南四十里，置在天井谷内，深邃似井，因以为名。魏武初迁邺，于此置关。周建德六年废。”光绪《山西通志》云：《旧志》称：天井谷在县西南 45 里，今不详其地。

历史的长河中，天井关见证了无数次的战火纷飞。建武二年，司空王梁奉命驻守天井关，与赤眉军展开了激烈的战斗；冯异亦在此地攻破了天

天井关

井关，夺取了上党的两座城池。然而，当节镇刘稹叛乱时，尽管河阳节度使王茂元派遣将领镇守天井关，却终究不敌刘稹的将领薛茂卿，关隘失守，四将被俘，17 处营栅化为灰烬。天井关，这座历经沧桑的古关隘，在历史的洪流中多次易主，成为各方势力争夺的焦点。

杜牧在《上李司徒泽潞用兵书》中曾这样描述："河阳西北，距天井关百里之遥。此地关隘重重，山势险峻，井泉难觅。"如今的天井关，关南仅余一处深邃莫测的智井，虽无水可汲，却仍承载着历史的厚重。倒是天井溪北流汇入白水，形成了北流泉，然而这并非古人所言的井泉。所谓"井不可凿"，确实如此。至于《通典》中提及的"关前有天井泉三所"，其具体位置与现状已无从考证。

羊肠坂，在泽州县天井关南，盘曲如羊肠，塞太行之道，壮关门之险。与天井关并连一道，互为依存。所经之处，瀑布悬流，峭壁鸿沟，峻险异常，为古泽州（今晋城市）通往河南省的交通要道和上党要塞。春秋时，魏伐赵，就曾断羊肠坂道以攻天井关。韩非也曾对秦王说过，应当西

三晋雄关

攻南阳的修武，然后，逾羊肠，就能取上党。

大口，在今泽州县晋庙铺镇东南，又名横望岭，唐狄仁杰由汴州参军调任并州法曹，途经此岭，见白云孤飞，瞻望久之，故名。明置巡检司。三面环山，南临平原，东为天池岭，东南为名堆山，西有孟良寨，相传北宋杨彦昭麾下猛将孟良、杨排风御辽时曾守此口。附近均系深沟绝壁，地势险要，为山西省东部之门户，也是晋城通往豫北的咽喉。今有太（原）大（口）公路通过。

清咸丰初（1851），知县李芗为防堵“匪”，沿山筑石。清同治年间（1862—1874），知县阮莱筑墙 20 余丈，垮路修门。

小口隘，静谧地坐落于碗子城的西侧，一条蜿蜒曲折的西梁小径从这里延伸，深入苍翠的山峦之中。沿着小径前行，直至星轺驿以南 13 里处，小径与一条宽阔的大道交会，形成了一处重要的交通枢纽。光绪《山西通志》载：“小口，在碗子城西。由西梁别径上山，至星轺驿南十三里，会大道。”

羊肠坂

碗子城

隋大业三年，隋炀帝在完成榆林郡的巡幸后，归途中抵达太原。他向往太行山的壮丽景色，决定造访御史大夫张衡的宅邸。为了满足这一愿望，隋炀帝下令修建了一条长达 90 里的直道，直通河内，最终通往张衡的宅邸。这条道路，便是今日所称的小口隘。隋炀帝抵达小口隘时，被那里的山泉景致深深吸引。清澈的泉水在山间流淌，发出悦耳的声音，仿佛是大自然的乐章。他陶醉于这山水之美，留驻三日，尽享宴乐之欢。

柳树隘，位于城东南 80 里之外，自古便是交通要冲，连接着河内县的清化镇。明朝时，此地设立巡检司，以维护地方安宁与秩序。从铁镢山西侧的十八盘蜿蜒而下，便可抵达繁华的柳树店，再由此向东北行进，便可直达陵川的夺火店。

马牢关，位于泽州县城以南 20 里之地，紧邻马牢川。昔日，梁朝派遣李说进攻位于泽州的李罕之，而晋国迅速反应，派出李存孝率领五千骑兵驰援。在这场激战中，梁朝勇将邓季筠虽意图力挽狂澜，但李存孝技高一筹，最终生擒邓季筠。李说见大势已去，无奈败逃。李存孝乘胜追击，直至马牢关，之后更是直攻潞州，展现了其非凡的军事才能与高超的战斗力。

刘家坪北口，南边的猴儿愁，位于河南济源地区，距离县城 80 里之遥。此地地形险峻，山路狭窄，仅容人步行通过，穿行其间如同猴儿攀缘般艰难，这或许便是“猴儿愁”之名的由来。然而，尽管艰险，由于其战略位置的重要性，这里历来都是兵家必争之地。

武靳关，这座古老的关隘，坐落于现今泽州县的西北部，其历史悠久，可追溯至北魏时期。据《魏书 · 地形志》中关于高都郡的记载，“阳阿县内，设有武靳关”。此外，《清一统志》也明确指出：武靳关，位于凤台县的西北方向。这些古籍的记载，为我们揭示了武靳关重要的历史地位和精确的地理位置。

长平关，唐代《地理志》中，对长平关的记载尤为详细：“天下共分十道，设有关隘一百四十三处，而长平关便是其中之一。”这简短的文字，透露出长平关在当时的重要地位。作为连接南北、沟通东西的交通要道，长平关见证了无数商旅的往来，也承载了无数历史的沧桑。

石壁关，位于今天高平市东北 12.5 公里，靠近魏庄西侧的大石坡。始建于明代，这里地势险要，石壁陡峭，因此得名“石壁关”。雍正年间的《山西通志》有详细记载：“石壁关，位于（高平县）东二十里处的魏庄西大石坡。”可以想象，在古代，这座关隘必定是防御外敌入侵的重要屏障，其坚固的石壁和险峻的地形，为守军提供了天然的防御优势。

故关，《魏史》记载，这里原名“谷关”，位于高平县城东北 25 里的地方。曾经，这里也是一座重要的关隘，但由于历史的变迁和战火的摧残，故关最终废弃。然而，尽管时光流转，岁月更迭，但“故关”这个名字却一直被当地人们传诵至今。每当人们提起这个名字，都会想起那段充满战火与荣耀的历史岁月。

大桥隘，位于今天高平市北大桥村北 1 公里处，与长治县的太义村交界。这里三面被山脉包围，东西两侧各有一个出入口，高平至太义的主要公路就从这里通过，形成了天然的关隘。

烧石岭隘，则是高平另一处战略要地，它位于今天高平城东 12 公里的烧石岭山口，是扼守高平城通往东部乡镇的交通要道。这里群山环绕，地势陡峭，视野开阔，形势极为险要。

白云隘，位于阳城县东南 80 里处，是一座孤山中的要冲之地。其四周被群山环绕，中间一座孤峰高耸，与周围地形形成了鲜明的对比。这座孤峰的旁边还有村落，使得白云隘成为连接河内济源与阳城的重要通道。出口直接通往济源，位于太行山中的盘谷地带，地理位置极为重要。

白云隘内部有一条长约 5 里的栈道，道路左侧是陡峭的绝壁，右侧则是深不见底的壑谷。这样的地形使得猿猴都难以攀越，行人经过时更是心惊胆战。加之林菁茂密，更增添了几分神秘与险峻。青萝河从皂军垛西侧流过，最终汇入济源，为这一地区增添了几分生机。

历史上，白云隘因其独特的地理位置而备受关注。《北史》记载，北周建德四年七月，为了东攻北齐的河阴，周朝派遣梁国公侯莫陈芮率领 1 万大军驻守太行道，其中就包括了对白云隘的防守。这一历史事件充分说明了白云隘在军事战略中的重要地位。

同治年间，为了应对捻军的威胁，当地政府对白云隘进行了加固和防御。在吊驴桥处，由于两崖夹峙、窄径中通的地形特点，清军将径石掘深，设置了险峻的防御工事，以防止敌军利用这一地形优势发动进攻。同时，为了防止士兵在山坳中露宿受冻，清军还在桥西创建了石城，并在石城前后安装了铁门。这样一来，军队不仅可以更好地防御敌军的进攻，还可以在必要时发动伏击，给敌军造成致命的打击。

此外，清军还在山上建有石窑卡房，这些卡房既可以作为军队的屯聚之地，又可以作为策应之所，进一步增强了军队的战斗力。通过这些防御措施的实施，白云隘成了一个坚固的军事堡垒，有效地阻止了敌军的进攻，为当地的安宁和稳定作出了重要贡献。

火石梯位于阳城县东南 120 里处，它坐落在荆子隘东盘谷的西北方向，是一处峰峦高耸、道路险僻的山地。由于火石梯地理位置的特殊性，它成了军事防御的重要据点。

当需要在白云隘的要路上进行警戒时，火石梯的半山峰转处是理想的设防地点。这里道路狭窄，地势险要，使得敌人难以通过，同时也为守方防守提供了天然的优势。此外，火石梯的石壁还可以为士兵提供遮蔽，避免风雨的侵袭。

火石梯的山镇可以作为军队的屯聚之地，为士兵提供休息和补给。同时，由于它位于战略要地，一旦有战事发生，可以迅速调动兵力进行支援，为周围的防御阵地提供声援。

在火石梯的山阴处，有一条河流流入沁水。由于河流的存在，也需要防范敌人通过水路进行偷袭。此外，火石梯还与济源相连，因此在防御时也需要考虑与济源的协同作战。

咸丰三年（1853），当起义军攻围怀庆时，邑人王适昭侍御奉旨组织军队进行防御。他与晋豫中丞会奏，提出了在火石梯的准阳城进行防守的策略。这一策略充分利用了火石梯的地理优势，通过在山镇的屯聚和山阴河流的防御，确保了怀庆的安全。

综上所述，火石梯的战略位置使其成为军事防御的重要据点。通过合理的防御策略和充分利用其地理优势，可以确保该地区的安全和稳定。

荆子隘，位于阳城县东南110里处，紧邻白云隘，是一条供樵夫、牧人和商贩通行的捷径。由于其特殊的地理位置和便捷的通行条件，荆子隘在历史上一直是军事防御的重要地点。

同治六年（1867），为了应对当时的军事威胁，当地政府在荆子隘进行了防御建设。他们筑起了石壁，这些石壁高大坚厚，能够有效地阻挡行人和敌军的通行。通过这样的建设，荆子隘成为一个坚固的防御堡垒，为当地的军事安全提供了有力的保障。

然而，尽管有了这些防御措施，但荆子隘仍然面临着一定的安全威胁。据记载，有时会有行人试图通过荆子隘越境，甚至有人使用石头等物品进行攻击。为了应对这些威胁，当地政府采取了进一步的措施。在发现有行人或敌军试图通过时，他们会用石头加高石壁，以增加防御的坚固性。同时，他们也会加强巡逻和警戒，确保荆子隘的安全。

荆子隘的防御建设不仅体现了当时政府对军事安全的重视，也展示了他们对地形和战略位置的深刻认识。通过合理的防御布局和有效的防御措施，荆子隘成为一个坚固的军事堡垒，为当地的安宁和稳定作出了重要贡献。

天尺岭，位于阳城县东南 90 里处，白云隘的西侧。尽管这条路径较为狭窄，但却是商贩们经常往来的重要通道。由于地理位置的特殊性，天尺岭在历史上一直是军事防御的重要地点。

当有军事威胁时，当局会在岭腰的人行路径上用石头将岭路截断，同时设置监视哨所。这样的安排不仅能够有效阻止敌人的进攻，还能在敌人试图清除石头时给予有力的反击，从而轻松地将敌人击退。

在天尺岭东侧，还有刘刀缝和组背路等通道。其中，铜刀钟路尤为险峻，甚至可以说是“丸泥可封”，即只需少量的泥土或石头就能封住路口，显示其险要。组背路岭头也有一条通往羊阳的小径，虽然易于防守，但也需要有相应的防御措施才能确保安全。

同治六年（1867），为了应对捻军的威胁，当地政府在岭头进行了防御建设，筑有守卡。这些守卡不仅为军队提供了安全的据点，也为当地居民提供了保障。通过这些防御措施的实施，天尺岭成为一个坚固的军事堡垒，有效地阻止了敌人的进攻，为当地的安宁和稳定作出了重要贡献。

丁羊顺，位于阳城县东南 80 里处，其地形独特，从黄瓜掌石策中盘屈而下，形成了一条深沟窄壑的通道。这条通道极为险峻，仅有一线天光透入，给人一种压抑而神秘的感觉。

沿着这条通道行走约二里许，便来到了一处名为山嘴仄径的地方。这里两崖深沟，形势极为险要，仿佛被大自然用刀剑切割出来一般。其中，一座名为仙人桥的桥梁横跨在沟壑之上，成为连接两侧山岭的唯一通道。

清同治元年（1862），为了加强这一地区的防御，当局在桥东建设了石卡边墙。这座边墙居高临下，俯瞰着下方的茅草坡。由于地势险要，易于防守，即使敌人逼近茅草坡，也难以轻易通过仙人桥发起进攻。因为一旦桥梁被破坏，敌人将难以飞越这深沟窄壑的障碍。

黄瓜掌作为这一沟壑的峻岭，虽然也可以进行设防，但因其地势较为散漫，不如仙人桥处扼要。因此，当局选择在桥西建设了卡房，以加强此地的防御力量。这些卡房不仅为军队提供了驻守的据点，也为军事行动提供了便利。

总的来说，丁羊顺地区的战略防御布局体现了当局对地形和战略位置的深刻认识。通过合理利用自然地形和构建坚固的防御设施，这一地区得以有效地保障当地的安全和稳定。

窟窿隘口，位于阳城县东南 80 里处，紧邻莽河，其地理位置极为重要。这里山势险峻，崖壁陡峭，水从石缝中流出，形成了一道独特的景观，被称为“剑口”。山径狭窄，仅能容纳一骑通行，因此得名“窟窿山”。

由于窟窿隘口的地势险要，一旦发生紧急情况，此地极易进行堵塞。这种地形特点使得窟窿隘口成为一个天然的防御屏障。在防御时，可以采取多种策略。例如，在西谷的红水村，虽然周围环绕着万山，但地势相对平坦，无险可守。因此，在遭遇敌军进攻时，可以将兵力驻守在此地，作为探听敌情和退守的据点。同时，可以利用地势的优势，使用木石等障碍物堵塞道路，以阻止敌军的进攻。

另外，在望莽孤峰处，可以设立观察哨所，并准备檑石等武器。一旦敌军试图通过窟窿隘口进攻，可以俯击敌军，打断其进攻节奏，甚至迫使其撤退。这种防御策略能够有效地利用地形优势，提高防御的效率和效果。

综上所述，窟窿隘口因其独特的地理位置和地形特点，成为一个重要的战略防御要点。通过合理的防御策略和部署，可以充分发挥其地理优势，确保当地的安全和稳定。

羊圈崖狐盘岭，羊圈崖狐盘岭位于阳城县南 90 里处，向南 500 里是小圈坪。这片地区地势开敞，但在战略上，雪渡坳是一个关键的扼守点。可以辐射该地区外围许多聚落，但临事时需要根据实际情况进行设防，以确保雪渡坳的安全。

雪渡坳的地理位置使其成为战略要地。为了加强此地的防御，需要密切关注周围的情况，并根据需要调整防御策略。一旦有紧急情况发生，应迅速采取行动，确保雪渡坳的扼守。

此外，东部的狐盘岭也是济源市的一个重要通道。狐盘岭至水红池的地段属于济源，这一地带的防御同样重要。在遭遇紧急情况时，将水红池东侧的篱笆或栏杆拆除，可以作为一种有效的防御措施，有助于阻止敌人的进攻，为整体防御提供助力。

综上所述，羊圈崖狐盘岭及其周边地区在战略上具有重要意义。通过加强雪渡坳和狐盘岭的防御，并根据实际情况灵活调整防御策略，可以确保这一地区的安全和稳定。

莲花隘，位于阳城县西南 110 里处，坐落于析城南门河畔，南通济源，西连继背山，地理位置极其重要。在战略防御上，该区域以三尺腰为设防起点，构建起坚固的防线。其中，内隘处的南门吃雨与南门头因其险峻的地势，成为扼守要冲的关键节点，对于抵御外敌入侵具有举足轻重的意义。

坪上汤庙祈雨区域，因其地势平坦且位置优越，成为屯聚兵力、策应全局的理想之地。在紧急情况下，可以迅速集结兵力，提供有效的支援与响应。

大乐岭，位于析城的东南方向，虽然地势险峻，马匹难以通行，却是商贩们往来的快捷通道。尽管这一地形条件增加了通行的难度，但也为防御提供了天然的屏障。然而，大乐岭地区缺乏聚落，这无疑增加了防御的难度。因此，在岭上设置防线，加强巡逻与监视，显得尤为关键。

岭东的双河寨官地坪，因行人络绎不绝，成为防御的重点区域。此处防察需严密，确保无懈可击。同时，沐沐坪作为大乐岭官地坪通往县城的要路，其战略地位同样不容忽视。为了确保县城的安全，必须在沐沐坪设立防线，并与其他防御点形成紧密的策应关系。

综上所述，莲花隘(大乐岭驻) 地区因其独特的地理位置和地形条件，成为战略防御的要点。通过加强兵力部署、建立临时聚落、加强情报收集与训练演习等措施，可以确保该地区的安全与稳定，为整个区域的安宁与发展提供坚实的保障。

磨扇渠（青龙口），位于阳城县西南 110 里处，道路通往盘亭，其南部与济渠相连。这一地区北岭极高峻，地势险要，一旦遭遇紧急情况，岭巅便成为设防的重中之重。为此，当地已在此处建立卡房，配备枪炮，并准备投掷石块等防御手段，以确保能够扼守这一战略要地。

卡房以北的聚落为赵沟，清同治六年(1867) 已在此地实施团防措施，进一步增强了该地区的防御能力。此外，从沟北山麓还建有边墙守所，不仅增强了防御设施的完整性，也为附近地区提供了强大的声援。

磨扇渠（青龙口）作为邵原关的重要门户，历史上曾是明末流寇频繁出入的通道，因此防御工作需格外谨慎。尽管青龙口距离此地仅 30 余里，但由于其地势特殊，两山夹河，尚属易守难攻之地。然而，考虑到此处地理位置的特殊性，其周边小径众多，给防御工作带来了不小的挑战。

因此，在加强磨扇渠（青龙口）地区的防御布局时，应充分考虑其地形特点和历史经验，采取多种手段进行设防，确保该地区的安全与稳定。同时，还应加强与周边地区的联动和配合，共同构建坚固的防御体系。

西哄哄（五虎口），位于阳城县西南 100 里处，南接垣曲，地理位置十分重要，道路在此交会，成为冲要之地。清同治三年（1864），此地已设立防御工事。如遇紧急情况，沉考窟窿山成为首要堵塞点。沁、济两河虽可旁通，但深沟险峻，仅适宜进行侦察。因此，防御重心应放在北岭，此处地势险要，是扼守的要冲。

五虎口距离此地 30 里，作为内部隘口，两崖夹峙，中通河路不广，便于建设石寨，并留洞门通河，这样的地形使得防御工作相对容易。县南隘口众多，不仅限于前志所提的两处，咸丰辛酉岁奉旨团防，经过核查的 18 处隘口均与豫地毗邻，构成了全县东南的门户。为了加强防守，这些隘口都应在险要处创建石堡，仿照白云隘的周密坚固，确保民勇（指民兵或义勇）有坚固的防御工事可依。

民勇深知，有了坚固的石堡，他们将无所畏惧，坚守阵地，不逃避。当民勇都怀有坚定的不逃避之心时，匪徒自然无法肆虐。在紧急情况下，允许隘口外的居民将粮食和其他物资运入隘口，增加守军力量，减少敌人转道的机会。这样，众志成城，既有了可依靠的防御区域，又无懈可击，是万全之策。

此外，各隘口作为晋南一县之屏障，坚固一省之藩篱，其自卫如同保卫腹地。然而，这些隘口周边如仙公山、紫沙地、大哈沟、望川周村等地，地势平坦，无险可守。历史上，明末九条龙、老回回等寇贼曾从这些方向长驱直入，焚掠各村，给当地带来深重灾难。

因此，对于可能发生的变乱，民众应提前做好准备，进城自保或加固隘口防御。特别是距离隘口和城池较远的地区，更应未雨绸缪，提前修理旧堡，增筑新寨，开放警报，将牲畜和粮食等物资聚集运入寨中，坚守阵地。这样，敌人将无法在野外掠夺到物资，自然会不战而退。这就是所谓的“坚壁清野”之法。

然而，遗憾的是，民众往往缺乏远见，对于修筑防御工事往往只看重短期完成，而忽视了长期维护。这导致在紧急情况下，人们往往仓皇失措，东奔西走，既带着年幼的子女增加了自身的负担，又带着财物成了丧命的根源。因此，筹防者必须高度重视这些问题，加强宣传教育，提高民众的防御意识和自救能力。

白涧岭，位于今阳城县西北方向，距离县城约 8 公里。《读史方舆纪要》中明确记载：阳城县的白涧岭，位于县城西北十六里处。在北魏泰常初年，丁零族的翟猛省曾驱赶掠夺官吏与民众逃入白涧山为乱，朝廷派遣将军张蒲等人前往征讨，最终成功平定此次叛乱。这段历史不仅彰显了白涧岭的地理位置重要性，也记录了其深厚的历史底蕴。

永和隘，陵川县南60里。路通修武县。明初设巡检司，后裁。调宁山卫兵守之，后复罢。

秦岭，（陵川）县西北30里。北10里接宝应山，连长治县西火镇。明流贼过陵川首掠西火。秦岭，时筑寨地，长平之役秦人遮绝赵救刍饷而筑也。省志载："计石城百里，非岁月不易成。盖常循沁河之滨当绝险之境有城二，北曰武安，南曰屯城，皆白起屯兵之所。左山右水进退有据，其去长平尚百里余。顿大兵于此，越数险，而擒薙勍敌俾无噍类。夫以四十万众既当其锋，又绝其后，且宿重兵于别所，布置得宜，阴阳互用。吾观武安之行营部置，而信能成功于顷刻也。即秦王不亲至河内，发民十五以上赴长平，武安亦足自办矣。"

路工口，在今陵川县夺火乡狗腰村东南2.5公里处，南为长斜岭，北为夺火山，西为丘陵地。陵（川）修（武）公路由此通过。

五度关，故址在今陵川县南40公里城儿沟村，路通河南辉县。明置关，于道中建关城，横截南北通路，故又名城门、城沟，旧称"五度之险，一夫可守"。今关城已拆，有陵（川）修（武）公路通过。

明正德初（1506），张茂等聚众千人反，大掠壶关，复自五度关之南十八盘山口出，破武安县临洺镇诸处。

明崇祯三年（1630），老回回由汾州、平阳进犯至夺火镇，冀宁道王肇生平之。清雍正十二年（1734），朱樟伐山开道，自五度关经瘦驴岭至双头河，凡二十八盘，以通潞安、高平。商贩往来，恐有奸徒私贩硝磺，立塘汛于夺火镇之南军寨口。

龙口隘，在今陵川县城东南35公里双底村西300米处黑毛沟东口，地形险要，两岸悬崖绝壁，中通一道直达河南辉县。今有陵（川）马（圪当）公路沿十里河谷出关。

嘴上，在今陵川县城东六泉乡，地处陵川县与河南辉县交界，为香磨河谷，两岸山岭矗立，河谷窄狭，陵辉公路从此通过，是山西通往河南的门户。

甘河圪洞，在今陵川县东南 40 余公里处的东、西甘河村之间，两山夹一沟，中间有武家湾河流过，是河南辉县进入山西的一条要道。今有陵（川）马（圪当）公路通往河南辉县平甸。

东乌岭，坐落于今沁水县城西北方向，距离县城约 45 里之遥，与远方的西乌岭遥遥相望，形成了一种独特的地理对称。而西乌岭，则静卧在平阳翼城县境内，距离该县城 70 里。这两座岭山之间，形成了一条东西走向的天然通道，因其山体呈现出深邃的黑色，故得“乌岭”之名，简称“乌”，以避开宇文氏的忌讳。东乌岭与西乌岭的地理管辖范围跨越了沁水和翼城两个县域，成为连接沁水与翼城的重要关隘。

回溯到明朝宣德四年（1492），官方已经认识到了这片区域的重要性，于是在此设立了巡检司，以维护当地的治安与秩序。历史的车轮滚滚向前，到了清朝时期，这里又设立了东乌岭营，归潞安府管辖；而对应的西乌岭营则隶属于平阳府。时光荏苒，至雍正七年，东乌岭巡检司的驻地迁移到了端氏镇，而东乌岭营的职责则由定期派遣的头目和防兵来承担。现今，东乌岭营的防务重心已移至王寨镇。从王寨镇出发，向西行 15 里便至东乌岭，向东南行进 45 里可达夫妻岭，再从夫妻岭前行 55 里便是林村岭，从林村到端氏镇有 20 里之遥，而端氏至玉溪汛则相距 40 里。

在历史的长河中，东乌岭与西乌岭的战略地位始终举足轻重。尤其值得一提的是，唐会昌三年九月，石雄作为晋绛行营节度使，临危受命代替李彦佐。当时，王宰大军屯驻万善，刘稹的军队则把守在石会关。面对这样的局势，石雄果断行动，他的军队迅速翻越乌岭，一鼓作气攻破了五寨，这一战役充分彰显了乌岭地区在战略上的重要价值。唐会昌三年（843）九月，石雄代李彦佐为晋绛行营节度使，引兵逾乌岭，破王宰之兵，杀获千计。后周广顺元年（951）十月，北汉主攻晋州，别遣陈思让、康延沼自乌岭出晋州，与都部署王俊会。

老马岭，位于今沁水县城东方150里处的空仓岭之北。这里是众多商旅的必经之路，因其山崖陡峭、地势偏远，为保障过往行人的安全，特设有防兵常年驻守。与老马岭相邻的，是位于县城东方160里高平界内的秋峪岭，它紧邻老马岭的北部。连接老马岭与秋峪岭的道路，是通往这两地的咽喉要道。此外，县城西方30里处的固镇，也是这一带不可忽视的军事与经济重镇。

老马岭的险峻、秋峪岭的偏远，再加上固镇的重要战略位置，这三者共同构筑了一个坚实的防御体系，对于维护商旅的安全与地区的稳定起着举足轻重的作用。

第四章

烽烟云起：中原咽喉历来兵家必争

《泽州府志》记载：“泽之山区，用武之地也。拜戎之后，流为战国，地无不战，而两上党之拔，子遗悉死秦之孤入。后朝梁暮晋，伪窃之侵轶，节镇之僭逾，又复苦之，其间大小战，至不能诘其数。悲夫！残民遗黎编户，及今非旧。版志武事，拊其痛深，悬其炯鉴也。祥异附焉。”因晋城地区特殊的地理位置，自古为兵家必争之地。

一、晋城地区早期的军事活动

先秦时期是我国历史上一个重要历史时期，涵盖了从远古到秦朝建立之前的漫长岁月。时间跨度大致为旧石器时期至公元前 221 年秦朝建立。

远古文化时期，包括有巢氏、燧人氏、伏羲氏、神农氏（炎帝）、轩辕氏（黄帝）、尧、舜、禹等时代。

夏、商、西周，这是中国历史上的 3 个重要朝代，其中商代青铜器工艺非常发达，甲骨文文字也十分成熟。

春秋战国，春秋时期出现了春秋五霸，战国时期则形成了战国七雄的格局。这是一个诸侯争霸、思想活跃、文化繁荣的时期。这一阶段发生了许多重要历史事件，如周公辅政与礼乐制度的创建；春秋五霸的崛起；战国七雄的争霸与秦国的崛起；孔子提出儒家思想，对中国历史产生深远影响；商鞅变法，为秦统一六国打下基础。

先秦时期是中国历史的开端，奠定了中国封建社会的基础。这一时期的思想、文化、军事、科技等成果对后世产生了深远的影响。

秦朝确立了军权高度集中、军队高度统一的军事领导体制，通过《军法》《军律》等军事法规确保军队纪律严明。在战略策略上，秦朝采用了“远交近攻”的策略，在统一六国的战争中逐步扩大了势力范围。

先秦时期的军事思想和战争策略注重实用性和战斗效果，人们利用自然规律发明了许多军事科技，如飞石等，增强了军队的战斗力。这一时期的军事在制度、装备、战术、领导体制、战略策略以及军事思想等方面都有着显著的特点和成就，共同构成了先秦时期丰富的军事文化。

先秦时期的战争呈现出多样化和复杂化的特点，首先是战争种类多样。这一时期的战争种类相当齐全，包括新旧王朝更替战争、统一战争、平叛巩固统治秩序的战争、华夏诸侯与周边少数部族的战争、诸侯争霸与大国兼并的战争，以及下层民众反抗暴政的武装斗争等。其次战争性质复杂。这些战争不仅涉及领土争夺、政治权力更迭，还反映了社会变革和民族融合的历史进程。

随着历史的发展，先秦时期的战争规模逐渐扩大。春秋时期的大战，如晋楚城濮之战，双方出战兵车已达一二千乘，士卒一二十万。而到了战国时期，如秦赵长平之战，双方动员的直接参战兵力以百万计，交战往往相斗数月乃至数年。战争促进了社会的变革和进步。通过战争，旧有的社会秩序被打破，新的政治力量和社会制度得以建立和发展。战争也促进了各民族之间的融合与交流。在战争中，不同民族的文化、技术和思想得以相互借鉴和融合，推动了中华民族的形成和发展。

先秦时期的晋城地区在历史、地理和军事方面都具有重要地位。晋城地区有着悠久的历史。两万年前，塔水河、下川、高都等地便留下了人类活动的遗址。在春秋时期，晋城地处晋国与成周边境，战略位置十分重要。到了战国时期，随着韩、赵、魏三家分晋，晋城地区又处于韩国与魏国的边境，成为各方争夺的焦点。

晋城位于山西省东南部，处在秦晋豫三角区，与河南省相邻，地理位置十分重要。晋城地势险要，东枕太行山，西望黄河，是山西通往中原的重要门户。这种特殊的地理位置使得晋城在先秦时期就成为兵家必争之地。

（一）周穆王西巡——探寻早期神话中的征伐之旅

《穆天子传》这部神秘且引人入胜的著作，详细记录了周穆王西巡的史诗般事迹。尽管其作者身份至今仍是迷雾重重，但据推测，该书大约成书于战国时期。令人惊奇的是，在西晋初年，一部手抄本在河南汲县的一座战国时期魏国墓葬中重见天日。全书共分为 6 卷，前 5 卷精彩地描绘了周穆王在位期间南征北战的宏伟场面。

书中不仅叙述了周穆王如何获得赤骥等 8 匹神骏，更有御者造父与向导伯天相伴，开启了一场历时数年、行程数万里的西征昆仑山之旅。他们的足迹遍布漳水、流沙，远至蒙古高原、塔里木盆地、葱岭等广袤地域，其间更有幸与神秘的西王母会面。

与《左传》等历史传记不同，《穆天子传》以时间为轴，将周穆王的每一次行动与决策都进行了详尽的记录。这种以编年体为基础的实录性散文，其结构体例与后世的起居注有着异曲同工之妙。

在《穆天子传》中，我们可以读到：癸未，天子抵达野王之地；甲申日，他向北登上了大北的镫山。又载：乙酉日，天子西越钘镫，然后继续向西南行进。据考证，野王即今河南沁阳，而钘镫则是今天的沁水乌岭。书中还提到：天子在滱泽休息了四日，其间他狩猎鸟兽，享受自然的恩赐。更有记载显示，周穆王曾在滱泽停留，观察桑农的劳作，并在桑林中饮酒作乐。《泽州志》也为我们提供了宝贵的线索，证实钘镫山即为沁水的乌岭山。

巡狩这一制度，其实源于上古军事民主制时期。当时，部落联盟的首领会定期对各地进行武装巡视，这既是展示权威、加强联盟凝聚力的方式，也是对潜在威胁的一种震慑。到了先秦时期，这一制度逐渐演变为帝王对部落、方国以及诸侯封国的政治军事巡察与征伐活动。通过这种方式，帝王能够更有效地掌控天下局势，进一步巩固王权。

（二）晋侯大蒐——春秋时期争霸战争中的武力演习

据《左传·文公十七年》记载：晋侯在黄父进行了大蒐，之后在扈地会合诸侯，以平定宋国的局势。这一历史事件揭示了春秋时期大蒐礼的重要性及其在政治和军事方面的作用。

军礼，作为《周礼》五礼之一，其核心功能是“和外宁内，保大定功”。在《周礼·大宗伯》中，军礼被细分为“大师之礼”“大田之礼”“大役之礼”“大封之礼”和“大均之礼”，其中大田之礼即是我们所说的大蒐礼。

大蒐礼的起源可追溯到远古时期。在原始社会，人们群居狩猎以维持生计，战时则将这些狩猎工具和技巧转化为战争手段。随着部落男性成员逐渐成为战士，战争前的检阅和演习变得至关重要，这些演习常借用田猎进行，从而形成了蒐礼的雏形。

进入商代，大蒐礼与战争的联系更加紧密，包括了训练部队、检阅部队等元素。到了以礼制为核心的周代，大蒐礼得到了更系统的发展。在商代的基础上，周代根据四季划分了“春蒐、夏苗、秋狝、冬狩”，并在田猎过程中组织步兵和车兵协同进行军事演习，同时在阵前颁布法律性质的禁令。演习结束后，还有一系列凯旋、献禽、庆赏和处罚的仪式。

到了春秋时期，随着礼崩乐坏，天子的权威逐渐减弱，而诸侯的势力则不断上升。这一时期，“礼乐征伐自天子出”逐渐被“礼乐征伐自诸侯出”所取代，大蒐礼也从周天子的专属仪式演变为各诸侯国的重要活动。正如李亚农先生在《“大蒐”解》中所言：“春秋以后，蒐或大蒐一类的礼，在现实生活中已不多见，逐渐成为历史的记忆。”

在战争频发的春秋时期，大蒐礼对于晋国等诸侯国而言，不仅是军事上的重要演习，更承载着变更军制、选任将佐、选拔人才、制定法令以及示威争霸等多重功能。同时，它也是当时政治、经济和社会生活的一个缩影。

（三）晋灭赤狄——晋国东征之路

春秋初期的晋国，疆域主要集中在翼城、曲沃一带，面积狭小，且多受来自周边戎狄部落的威胁，尤其是赤狄一族。自献公始，晋国连年对外扩张，威胁到了赤狄的地盘，赤狄一族便经常侵扰晋国。赤狄共有 4 个大部落，分别是潞氏、甲氏、留吁和铎辰，其中潞氏最大，主要活动在太行以西晋东南地区的潞城。为了保存实力，晋国隐忍了数年。晋成公甚至将自己的女儿（晋景公的姐姐）嫁给了潞氏的酋长婴儿。后被潞氏大臣酆舒杀害，同时酆舒还刺伤了潞子。这一事件激怒了晋景公，成为晋国讨伐潞氏的导火索。公元前 594 年，晋大夫荀林在曲梁（今长治市潞城区）打败并一举歼灭赤狄潞氏，扩大了领土范围。公元前 588 年，晋景公“讨赤狄之余焉”，至此，晋国占领了晋东南地区。

这场战役历史上称为“曲梁之战”，虽然不是直接发生在晋城地域，但与之密不可分。晋国军队出兵至潞城，晋城境内的乌岭道是其必走的通道。乌岭道西向连接翼城、临汾，东向过沁水可达高平、长治、阳城等地。春秋时期，乌岭道是晋国军队东向出兵作战的重要通道。

（四）齐袭晋国

《左传 · 襄公二十年》记载：“齐侯遂伐晋，取朝歌，为二队，入孟门，登大行，张武军于荧庭。”

齐袭晋之战发生于公元前 550 年。此役的引发原因，其一为齐国欲对先前的平阴之战予以报复，其二是栾盈被驱逐，企图借此报个人仇恨。其间或许还牵涉到楚康王的阴谋，旨在让晋齐两国产生内讧，从而造成中原的混乱局面。

齐庄公的作战策略，是以暗中遣送栾盈回晋引发晋国内乱作为主要谋略，而后派出精选的快速奇袭部队进行迅猛袭击。鉴于齐晋两国相隔甚远，且晋国又有太行、王屋等山脉作为屏障，如果不采取这种谋略与疾袭相互配合的作战方式，实在难以达成其报复的意图。

在周灵王二十一年（即晋平公七年、齐庄公三年、楚康王九年、吴王诸樊十年，公元前 551 年），这一年的秋季，栾盈从楚国前往齐国。栾盈此行，应是楚齐两国与栾盈共同谋划的举动。齐庄公接纳栾盈后，认为可以利用他来谋取晋国，借此报复平阴战败的耻辱。然而，其大夫晏婴（平仲）与崔杼都进谏劝阻，庄公却未予采纳。

次年春季，晋平公嫁妹于吴国，齐庄公于是派遣析归父作为陪嫁人员，同时另用有篷盖的车辆秘密装载栾盈及其武士，让他们潜入栾氏过去的封邑曲沃以发动变乱。庄公则秘密起兵跟随其后。

当时晋室的诸位卿大夫，赵武、韩起（韩厥之子）、荀吴（荀偃之子）与范氏士匄、士鞅等人都相处和睦且厌恶栾盈。唯有栾盈曾辅佐魏绛的下军，因而与魏绛之子魏舒有交情。栾盈来到魏舒的封邑，期望与他联合发动事变。

这一年的三月，栾盈秘密回到曲沃，四月便率领其勇士督戎等人在魏舒的引导下进袭晋宫。但此事已被当政的士匄及其子士鞅所知晓；魏舒先入宫，遇到士鞅，士鞅告知魏舒晋军已有防备，随即进击栾氏，魏舒于是中途变卦而归附范氏。于是栾盈势力孤单，只得率领其族人栾鲂等败退至曲沃，紧闭城门坚守，以等待齐兵前来支援。

公元前550年，齐庄公突袭晋国，率先夺取了晋东方的军事基地朝歌（今河南淇县），然后将部队分为两队，一队进入孟门（今河南辉县白陉——进入太行山的隘口），登上太行，大概经过晋城地区的高平、沁水县，直趋晋之绛都。另一队沿着太行南麓，经过今河南省沁阳、济源市，越过今王屋山东脉的要隘，在绛会师。大概南路部队攻取郫邵（今河南省济源市西120里），并留下一部分兵力驻守。主力则由此向北进军，与北路部队在荧庭（今山西翼城东南）会合。齐军在此地遭遇晋军的反击，故而在此地修筑堡垒，与晋军展开激烈战斗。

此次战斗，由于齐军精锐，杀伤晋军士卒众多，因此齐侯下令收集堆积晋军的尸体在少水（即当今的浍水）筑成京观，然后耀武扬威地返回。然而此次齐军的孤军深入，未能与困守于曲沃的栾盈取得联系。故而在这一年的冬季，曲沃最终被晋军攻破，栾氏的族党全部被歼灭。齐伐晋之战，至此宣告结束。

二、长平之战

长平之战，乃是战国时期秦赵之间的一场恢弘战役，其规模之巨，在中国古代战争史乃至全球古代战争史上均堪称前列。参战双方兵力总和逾百万之众，战死及被坑杀者亦众，其深远影响远超战役本身的胜负，对中华民族的历史走向产生了直接而重大的影响。此役发生于公元前 262 年至公元前 260 年间，战区广阔，涵盖今晋城地区的五个县市以及长治市南部，主战场设在长平（今高平西北）。靳生禾、谢鸿喜所著:《长平之战——中国古代最大战役研究》一书，对这场战役作了深度解析。

长平之地，军事地理条件得天独厚，它扼守着赵都邯郸西、南两方的交通要冲，实为战略要津。其地域广阔，长约 41 千米，宽约 37 千米，略

长平之战古战场

呈矩形，总面积达946平方千米。地势三面环山，形如簸箕，由西北向东南渐低，丹河与地势相伴，穿流而过。此地高低落差约300米，山脉蜿蜒，河流交错，地貌多样。长平以丘陵为主，山地为辅，平原再次之。主要河流为丹河，辅以五大支流——许河、东仓河、小东仓河、东大河、永禄河，如网般遍布全境，且地下水储量丰富。此种地理环境于战争极为有利：山地可为屏障，丘陵便于隐蔽机动，而河谷平原则适宜大部队集结调度与物资运输，无须担忧大军给养，实为理想的战场选择。赵军选择长平作为拱卫都城的前沿阵地，显然是深思熟虑之举。而秦军选择此地作为攻取上党、进逼邯郸的主战场，亦是势在必行。

（一）战国七雄与战前的秦、赵、韩

战国七雄，即秦、齐、燕、楚、韩、赵、魏，这七个国家在公元前403年至公元前221年间，共同演绎了一段波澜壮阔的历史。在这180余年的时光里，七雄并起，互相争锋，但随着社会的进步与经济的繁荣，各国的政治体制与发展道路开始产生分歧，实力对比也逐渐发生了变化。历史的走向，似乎早已注定。

战国后期，位于关中的秦国在商鞅的引领下实施了深刻的变法。商鞅的变法从经济基础到上层建筑，都进行了全面而深入的改革，极大地推动了秦国经济的发展。尽管商鞅后来因守旧势力的反对而遭遇不幸，但他的改革措施却得以延续，为秦国的强盛奠定了坚实基础。此后，秦国兵强马壮，国力日盛，对其他六国形成了巨大的威胁。秦国又采纳了魏国人范雎的“远交近攻”策略，将战争的矛头直接指向了邻近的三晋之地。

与此同时，山东的赵国也在赵武灵王的领导下进行了军事改革。他推行“胡服骑射”，即改穿胡人的服饰，大力发展骑兵，并训练马上作战的技术，以此提升军事实力。这一改革使赵军的战斗力大增，成为山东六国中唯一能与秦国抗衡的国家。然而，随着秦国“远交近攻”战略的实施，

秦赵之间的战争终究不可避免。

相比之下，韩国在战国七雄中的实力最为薄弱。尽管韩国也曾尝试过改革，如申不害的改革，但成效并不显著。韩国地处魏、赵、齐、楚、秦等大国之间，其领土被周边强国所环绕，发展空间极为有限。同时，韩国的疆域也是七国中最小的。由于韩秦两国的地形交错相邻，且韩国国力最弱，因此在秦国实施“远交近攻”战略后，韩国首当其冲成为秦国的攻击目标。

（二）长平之战导火索——冯亭献地

自公元前 265 年至公元前 262 年，秦国对韩国展开了持续四年的猛烈攻势，陆续占领了韩国的少曲、高平、南阳、野王等地。公元前 262 年，秦军再度攻打韩国，攻占野王，从而彻底割断了韩上党郡与韩国本土的联系。秦国的意图显而易见，旨在抢占大行山以西的军事要地，以便对赵魏两国形成居高临下之势，为接下来的军事行动铺平道路。由此，上党郡陷入孤立无援的境地。

面对秦军的凌厉攻势，韩桓惠王感到束手无策，惊恐万分。他深知上党郡已难以保全，因此打算将上党郡献给秦国以求和自保。然而，《史记》记载，上党太守冯亭却与民众商议道：“如今韩国的道路已被断绝，秦军日日逼近，而韩国无法提供支援。与其如此，不如将上党归附赵国。赵国若接受我们，秦国必定会攻打他们；赵国遭受秦军攻击时，必定会亲近韩国。这样，韩国和赵国团结一致，就有可能抵挡秦国的侵略。”于是，冯亭毅然拒绝执行韩王的命令，将上党 17 座城池献给了赵国。

上党郡位于战国时期的晋东南地区，地势险要，历来是兵家必争之地。其地理位置特殊，属于太行山脉的一部分，因此有“得上党可望得中原”之说。在三家分晋后，韩、赵、魏三国各自瓜分了一部分土地，其中赵韩两国都设立了上党郡。经过多次的瓜分、交换和争夺，上党地区的战略地位日益凸显。对于当时的秦国而言，若要大规模进军中原，上党是必须攻占的要地。

冯亭的献地之举无疑给赵国带来了一个难题。作为邯郸的天然屏障，如果任由秦国占据上党，那么邯郸将直接暴露在秦国的威胁之下。秦军占领上党后，便可从北、南、西三面夹击邯郸。因此，从战略角度来看，赵孝成王接受上党郡是符合赵国根本利益的必然选择。赵王遂封冯亭为华阳君，命其继续驻守上党。

然而，赵国接受上党的行为激怒了秦王。再加上上党郡重要的战略地位，秦国决定采取行动。秦派左庶长王龁率领大军直逼上党，上党居民纷纷逃往赵国寻求庇护。为了保卫上党的民众和防止秦军的进一步东进，赵孝成王派遣廉颇率军进驻长平。原本秦军攻占上党只是时间问题，但冯亭和赵王的举动无疑加速了这一进程。至此，秦赵之间的战争已如箭在弦上，一触即发。

（三）秦赵兵力对比

从整体军事实力上看，据《战国策》记载，秦国有虎贲之士百万、车千乘、骑万匹。秦军在战国后期已发展成为军事实力最强大的国家，其军队作战勇猛，被称为虎狼之师。而在山东六国中，赵国的军事实力最为强大，尤其是在齐国衰落之后。赵国军队以弩弓骑兵为主要优势，但步兵实力相较秦国略显不足。据记载，赵国有带甲之士六十万、车千乘、骑万匹。

从长平之战兵力投入上看，据《史记·白起王翦列传》记载，长平之战中，秦国前后投入的兵力约为 60 万，而赵国参战人数约为 45 万人。这一数据反映了当时两国在具体战役中的兵力投入情况。

所以虽然赵国在山东六国中军事实力强大，但与秦国相比仍存在一定的差距。在长平之战中，秦国的兵力投入也明显多于赵国。

（四）赵国的行军路线与防线

赵军由邯郸进军长平的具体路线可以归纳为以下几个步骤：

出发与穿越太行八陉：赵军从都城邯郸（今河北邯郸西南）出发，向西行进。穿过太行八陉中的第四陉——滏口陉（今河北磁县西北）。这一步是进入上党地区的关键通道。

进入上党腹地：通过壶口关（今山西黎城东阳关）后，赵军正式进入上党腹地。随后折向西南进军，沿着八谏水（今淘清河）行进，这条路线是通往长平战区的必经之路。

深入长平战区：赵军经过八义村（今长治县西南），继续前行。过故关（位于今高平东北），正式进入长平战区。随后循着小东仓河河谷前进，经过金门镇（今高平东北店上村）。

到达泫氏并布防：赵军最终到达泫氏（今高平市），此地位于丹河河床中央，海拔 834 米，地势相对较低且湿润，但地形开阔平坦。在泫氏，廉颇进行了分兵布防，利用周边的丘陵和河流设置了防线。

防线设置：廉颇在空仓岭、丹河、百里石长城一带依次设置了三道防线（营垒），以应对可能的敌军进攻。

赵军由邯郸进军长平的路线是经过精心选择的，充分利用了地理条件，确保了行军的顺利进行，并在关键地点进行了有效的布防。

空仓岭防线：空仓岭防线是赵军在长平之战中的关键战略布局，它充分利用了地形的优势，形成了一道难以逾越的障碍。该防线以空仓岭（又称老马岭或乏马岭）为战略支点，这条防线北起今长子县西的发鸠山，南至高平、沁水、晋城交界的武神山一带，整体绵延约 40 千米，横跨多个关键地理节点。空仓岭位于高平西南 22.5 千米处，矗立在高平市与沁水县交界处。石质山体，呈南北走向，高耸陡峭，自然形成了一道东西向的天然防线。这种地形特点使得空仓岭成为一个极佳的防御阵地。在空仓岭

空仓岭

的中央，有一个被称为“高平关”的巨大陉口。这个关口的特殊地形——左侧峭壁、右侧陡涧，中间仅有一条通道连接东西——使其成为一个易守难攻的军事要塞。陉口东西长 350 米，南北宽 1000 米，这种狭窄的通道使得防守方能够集中力量对抗进攻方。

此外，关东和关西都有河谷通往山下，这些河谷不仅为军队提供了便捷的交通路线，同时也可能成为潜在的攻击或撤退路线。关西的端氏河支流玉溪河向西流淌，而关东的丹河支流许河则有两个源头：马村河和原村河，它们向东流淌。这些河谷地形为军事行动提供了多种可能性。

总的来说，空仓岭防线凭借其天险和精心设计的防御布局，在长平之战中发挥了至关重要的作用。它不仅是一道难以攻破的防线，更是赵军战略布局中的关键一环，充分体现了古代战争中对地形的巧妙利用和战略智慧。迄今，沁（水）辉（县）干线公路大体上沿着这一古老防线修筑，依然是晋东南与晋南之间的重要通道和军事要隘。

廉颇在空仓岭设防后，并不满足于单一的防线，因此他决定在高平关内浩山的南麓和北麓分别建立二障城。这一战略举措显著提高了防线的稳固性和深度。

二障城，被现代学者认为是古寨和秦城二村的前身，这两处位置关键，它们不仅距离高平关近，便于快速支援，而且与高平城也保持了一定的距离，这样可以在战争爆发时，作为后援及时响应。更重要的是，这两座城池都背靠大山，前有河流作为天然屏障，形成了易守难攻的地理优势。

空仓岭本身已经是赵军在上党地区的重要防线，但廉颇通过增设二障城，使得整个防御体系更加完备。这种多重防线的设置，确保了即使空仓岭受到攻击，二障城也能提供及时的支援，反之亦然。

这一系列精心的战略布局，展现了廉颇对地形和战略的深刻理解。他充分利用了当地的自然条件，为赵军构建了一个既坚固又灵活的防御网络。这不仅体现出廉颇的军事才能，也为后来的战事奠定了坚实的基础。

丹河防线：丹河防线是长平之战中赵军精心构筑的重要战略防线。丹河，这条发源于高平与长子界山丹朱岭的河流，向东南蜿蜒流淌，穿过高平全境，流经晋城，最终汇入黄河。丹河河谷深邃，水量充沛，且沿岸地形开阔，为大部队的运动和布防提供了得天独厚的条件。

廉颇巧妙利用这一自然地理优势，沿丹河东岸布局了第二道防线。这条防线从泫氏（今天的高平）一直延伸到高平与晋城交界处的上、下城公村，途经赵庄、大粮山等关键地点。同时，从泫氏向西北，布防点依次包括店上、企甲院、围城、石门、箭头、三军、韩王山、永禄、长平、掘山、绝水、丹朱岭等地。

丹河防线的战略意义非同小可。它不仅利用天然屏障加大了敌军的进攻难度，还为赵军构建了一个稳固的依托点。在长平之战中，该防线对秦

大粮山廉颇庙

军的猛烈攻势形成了有效的阻挡，为赵军赢得了宝贵的时间和战略空间。这一防线的存在，充分展示了廉颇卓越的军事才能和对地形的深刻理解。

百里石长城，这道防线在长平之战中扮演了举足轻重的角色，为赵军提供了一道坚实的屏障。防线整体走向为西北至东南，与丹河防线形成鲜明对比，主要体现在其主导方向为南北，而非东西。起始于丹朱岭（亦称长平关），它蜿蜒向东，穿越南公山、羊头山，再延伸至金泉山，终点为陵川与壶关交界处的马鞍壑（或称作马鞍豁）。防线得名于其沿山岭构建的长达百里的简易石质长城。

在地理特征上，该防线北部归入漳河流域，而南部则属于丹河流域。地形的特点是从北向南逐渐降低，途经的山脉南坡陡峭且深邃，北坡则相对平缓，为赵军提供了从北向南的战略高地优势。

在战略定位上，若将空仓岭视为赵军的前线哨所，丹河防线作为主战场，那么百里石长城则充当了赵军的后备防线。它位于廉颇布防的最东北端，深入赵军后方，对上党地区乃至首都邯郸的安全起到了至关重要的作用。简而言之，这是捍卫赵国安全的最后一道防线。

时至今日，百里石长城的遗迹仍依稀可辨，特别是在羊头山以东地区，保存状况相对较好。石长城的基底宽约 4 米，最高处约 1 米。这些石块是当年军队急速就地取材所建，虽垒砌不甚整齐，但它们却成为那段动荡历史的无声见证者。

（五）秦国的行军路线与防线

对于秦国的行军路线与防线，可以归纳为以下几点：

行军路线：秦主将王龁带领的秦军最可能的行军路线是由都城咸阳出发，选择水路顺渭河东下，然后沿黄河、汾河行进，最终抵达新田，并继续东行进入上党地区。这条路线，即“河东道”，是秦军进攻赵国的重要战略通道。具体来说，就是从咸阳出发，由水路到达新田后，秦军转为陆路行军，穿越黄父（乌岭关），深入上党腹地，经过马邑，最终抵达沁河西岸。这条路线不仅便于秦军大规模行军，还能有效利用水路进行物资运输。秦国的行军路线体现了其深远的战略意图和灵活的战术选择，为后续的战争布局奠定了基础。

王龁在进入上党地区后，采取了积极的突击策略，并在关键位置设立了三道防线来加强秦军的战略地位并预防赵军的反击。

沁河防线：作为第一道防线，以端氏城为核心，利用了沁河的地理优势和资源，为秦军提供了一个既便于机动又能确保水源供应的战略要地。端氏城的重要性在于其作为沁河的重要渡口，使得秦军能够快速调动兵力，并对赵军的空仓岭防线形成有效的应对。

空仓岭防线：原本是赵军的防线，但被秦军攻占后，转变为了秦军的重要防线。这一变化不仅显示了战场的动态性，也反映了秦军的攻势之猛烈和战术之灵活。

丹河防线：是在秦军攻破空仓岭防线后进一步推进所形成的。秦军和赵军在丹河两岸形成了对峙局面，这条防线原本是赵军的主防线，现在却成为双方争夺的焦点。

整体来看，王龁通过这三道防线的设置，不仅加强了秦军的防御能力，还为后续的军事行动提供了有力的支撑。这些防线的布局展现了秦军在战略规划和战术执行上的高超水平。同时，这些防线也成为长平之战重要的历史遗迹，见证了那一时期战争的激烈和复杂。

（六）战争第一阶段——赵军破防

公元前 262 年春夏之交，长平之战的第一阶段拉开了序幕。在这一阶段，赵军与秦军的前哨部队在空仓岭一线首次遭遇，从而引发了激烈的战斗。

起初，廉颇精心在空仓岭布置了防线，意图以此阻挡秦军的进攻。然而，王龁率领的秦军并不示弱，他们在沁河沿线做好了突击准备。当赵军出关巡哨时，意外地与秦军相遇，双方随即展开激战。在这场遭遇战中，赵军不幸落败，赵军裨将赵茄阵亡。

秦军趁势大举进攻，连续夺取了赵军的二障四尉，进一步削弱了赵军的防线。到了七月，赵军试图通过修筑垒壁来加强防守，但遗憾的是，这些防御设施很快就被秦军攻破。

在这一系列的战斗中，秦军成功突破了赵军的空仓岭防线（西垒壁）及其防卫集群。更为严重的是，秦军还攻占了赵军的重要接应和补给基地——光狼城。这个位于四山环卫、三水汇流之地的要塞，原本是赵军的重要支撑点，但此刻却落入了秦军之手。

随着秦军的不断推进，他们最终东进至丹河，与赵军形成了隔河对峙的态势。至此，战争的第一阶段以赵军防线的全面崩溃而告终。

这一阶段的战斗充分展示了秦军的迅猛攻势和灵活战术，而赵军则在防守中显得力不从心。这一阶段的失利也为后续的战争发展埋下了伏笔。

（七）战争第二阶段——秦赵三年对峙

在长平之战的第二阶段，秦赵双方进入了长达三年的激烈对峙。初期，由于赵军总体实力不敌秦军，经历了多次挫败后，廉颇审时度势，选择了退守丹河东岸，并在此建立了坚固的防线。他明白，与秦军正面交锋并非明智之举，因此决定保存实力，寻找更佳的战机。

在丹河东岸，廉颇巧妙地利用了地形优势，以丹河为天然屏障，全力加固防线。他坚守不战，任凭秦军主将王龁多次挑战，始终闭门不出。这种策略使得战局陷入了长达 3 年的僵持状态，秦军在此期间未能取得任何进展。

然而，秦国并不满足于这种僵持状态，开始寻求改变。他们意识到，由于秦军远道而来，粮草补给困难，且在上党地区缺乏民众支持，因此速战速决对他们更为有利。而赵军则拥有地利人和的优势，更适合打持久战。如果战局继续僵持下去，对赵军将越来越有利。

为了打破这种僵持状态，秦国采用了范雎的计策，派人到赵国行使反间计。他们通过重金贿赂赵王的亲信，散布关于赵括的流言，称他是赵国不可或缺的将领。年少轻躁的赵孝成王听信了这些流言，决定任用赵括代替廉颇出任主将。

赵括的母亲曾试图劝阻赵王，但赵王求胜心切，未听其劝。与此同时，秦国得知赵国换将的消息后，秘密起用了武安君白起为主将，王龁为副将，并严令军中不得泄露这一消息。

这一系列的变动打破了秦赵之间的僵持状态。此后，战局开始发生巨变，逐渐向着有利于秦国的方向发展。赵括的任命成为战局转变的关键节点，也为后续的战争发展埋下了伏笔。

（八）战争第三阶段——秦赵决战

公元前 260 年，随着赵括接任主将，长平之战进入了最后的决战阶段。赵括一上任就全盘推翻了廉颇的防御战略，急切地命令赵军全线出击，试图迅速击败秦军。然而，他的这种冒进策略正中了秦军主将白起的下怀。

白起利用赵括的急躁，采取诱敌深入的战术，假装不敌，引诱赵军深入包围圈。当赵军攻打至秦军阵地时，由于秦军防守严密，赵军无法取得任何进展。此时，白起展开了他的包围战术，派遣两支奇兵切断了赵军的后路和粮草供应线。

其中一支 2.5 万人的秦军，巧妙地利用地形，绕到赵军后方，与另一支五千人的骑兵部队会合，从而将赵军分割成两部分，并断绝了他们的粮草供应和与主力的联系。赵军由此陷入了绝境。

秦昭襄王为了加强包围，还亲自到河内地区征召壮丁组成援军，进一步封锁了赵军可能的后援。

在秦军的严密包围下，赵军坚持了 46 天，但由于粮草断绝，士兵们甚至开始自相残杀以充饥。赵括多次组织突围均告失败，最后在亲自带队突围时被秦军射杀。

随着赵括的死亡，赵军彻底失去了抵抗的意志，40 万大军向白起投降。然而，白起为了防止赵军俘虏反抗，仅释放了少量年幼俘虏，其余全部被残忍杀害。这场残酷的战争最终以秦军的胜利告终。

1995 年，在高平发现了被白起杀害的赵军战俘的遗骸，这一发现为历史研究提供了重要的实物证据。紧接着，将军岭一号尸骨坑的发掘进一步印证了长平之战中秦军屠杀赵军战俘的历史事实。这个长 11 米、宽 5 米的尸骨坑中，层层叠叠的白骨显露出战争的残酷。

尽管许多史籍在记载长平之战时都提到了“挟诈而尽阬杀之”，似乎表明赵军战俘是被活埋的。然而，通过对考古发掘的尸骨进行仔细观察，我们发现许多尸骨上有明显的砍、射痕迹，有些尸骨仅有躯干而无头颅，还有射进人的胯骨中的短箭头等。这些证据明确表明，这些赵国士兵并不都是在被活埋后死亡的。

因此，尽管史书中有“活埋”的描述，但根据考古发掘的证据，我们可以推断这些赵军战俘并非全部被活埋，而是在战斗中或投降后被杀害的。这一发现对了解长平之战的真实情况具有重要意义，也让我们更加深入地认识到战争的残酷性。

（九）长平之战的影响

长平之战是春秋战国时代一次持续最久、规模最大、最为惨烈的战争，所谓“晋阳之围，悬釜而炊；长平之战，血流漂卤”。这场战争使得赵国实力锐减，极大地改变了秦赵两国的力量对比，秦国成为战国七雄中最强大的存在，为其后续统一六国奠定了坚实的基础。

同时，这场战役也反映出战争的残酷性和巨大破坏力。公元前 221 年秦国统一六国后，建立了中央集权的封建国家，对我国历史的发展产生了极为重要的影响，开启了新的历史阶段。

秦灭六国时间表

国别	灭亡年代	国别	灭亡年代
韩	公元前 230 年	楚	公元前 223 年
赵	公元前 228 年	燕	公元前 222 年
魏	公元前 225 年	齐	公元前 221 年

三、长平之战相关遗存

宁寿令戟：1986年出土于永录乡铺上村，现藏于高平市博物馆。戟为戈、矛分铸，戈内一面刻有铭文十七字。戈长援上翘，中部凸起，上下皆有刃，剖面呈菱形，近阑处有长方形穿三个。内平直，端有刃，有梯形穿一。戈援刃及内刃均十分锋利。

戈援长17.5厘米，胡长9.5厘米，阑高14厘米，内长11厘米。戈内一面刻铭文17字，镂刻刀痕极为清晰，释文为：

“十六年宁寿令余，上库币卓进、工固执齐。”

矛身横断面呈菱形，一锋二刃，脊部起凸棱，形成矛身的血槽。骨交做直筒状，末端略粗，口呈椭圆形，矛全长为15.2厘米。

长平之战尸骨坑：长平之战遗址内已知的尸骨坑有18个。1995年10月下旬至12月下旬，山西省考古研究所、晋城市文化局、高平市博物馆联合对永录1号尸骨坑进行抢救性发掘，已发掘部分（尚有三分之一未作发掘），以头骨为统计对象，出土60个个体；出土铜镞2件、铜带钩1件、铁带钩1件、铁簪1件、陶盆口沿残片1件。另外还收集回出土于此坑的17枚刀币和1枚铜镞。长平古战场尸骨坑的发掘，为研究长平之战提供了重要的实物资料。

长平之战相关地名

省冤谷，亦即长平坑，乃是昔日白起埋葬赵军之地。其位置在今长平驿之南，“王报”“义庄”皆为昔日战场遗址。此地旧时被称作杀谷，后在唐明皇巡幸潞州之时更名为省冤谷。金皇统元年，邑令王庭直曾作《省冤谷掩记》以志其事。

白起台，位于髅山城西3公里处。《水经注》有载：“秦军坑杀赵卒之后，收集其头颅，于营垒之中筑起高台，依山而建，巍峨耸立，至今仍被称作白起台。”

长平亭，《后汉志》记载：“法氏之地，有亭名长平。”据《史记》所述，秦曾遣左庶长王龁攻韩，夺取上党，上党之民逃往赵国。赵军屯驻长平，初以廉颇为将，后改由马服君之子赵括接任。秦则密令武安君白起偷袭，赵括所率40万众终降于白起，悉数被坑杀于此。

企甲院，坐落于县城之北，原称弃甲院。相传长平之战时，赵括在秦军重围中下令突围，苦战40日，六次突围均告失败，粮尽援绝。突围过程中，赵括不幸中箭身亡。部分赵军侥幸冲出重围，却不敢走正面的大路，只能顺着西南沟的斜坡逃窜。由于长达40余日的饥饿，士兵们已无力负担沉重的铠甲，于是刚跑下斜坡，便纷纷丢弃盔甲。当时，那斜坡上仅有一家孤独的院落，人们因此称之为弃甲院。后因“企”与“弃”谐音，逐渐演变为现今的企甲院。

徘徊村，坐落于市区东北部，距离市中心约6.5千米。据传，在长平之战时期，廉颇坚守防御策略，而赵括则主张积极进攻，二人在战略上产生严重分歧。当廉颇以《守势图》相劝时，赵括却不以为意，态度冷淡，这使得廉颇深感不安与愤怒。他深知赵括自负且缺乏实战经验，若按其冒进策略行事，恐怕会葬送40万赵军性命，进而影响赵国的命运。当时，赵国的将士与民众也纷纷恳请廉颇留下，他们对赵括的纸上谈兵表示担忧。在这种情境下，廉颇在现今徘徊村的村边踌躇不决，反复踱步，故名徘徊村，此名一直沿用至今。

围城村，位于市区北部，原名吴程村，因村中居民以吴、程两姓为主而得名。据传，在长平大战期间，赵括率领的中军大营被敌军围困于此处低洼地带。赵括固执地引用“置之死地而后生”的策略，命令士兵在此扎营筑城，坚守阵地，然而秦军却以重兵将其团团围住。这段历史后来使得村庄得名围城，村名也因此更改为围城村。

大粮山，乃是昔日廉颇屯军之所，位于其东10里有营防岭，距离山

大粮山

岭百步之遥便存留有古战场的遗迹。

换马村，名字背后蕴藏着一个战国时期的传说。当时，赵孝成王误中秦国的反间计，选择了仅有纸上谈兵之能的赵括作为主帅，以替代经验丰富的廉颇。在离任前，廉颇曾郑重告诫赵括："秦军不远千里来袭，其优势在于速战速决，我们应以防守为主。"同时，他将一份精心绘制的《守势图》交到赵括手中。然而，赵括傲慢无礼，对此忠告不以为意。愤怒之下，廉颇交出帅印，连衣甲都未及换下，便急忙骑马赶往赵都邯郸。途经一村时，受到百姓的跪拜，这时廉颇才察觉自己仍头戴帅盔、身披铠甲、脚穿战靴，于是他便将这些铠甲一一脱下。后来，这个村庄便被称作三甲村。脱去"三甲"后，廉颇继续他的行程，但沿途仍有许多百姓试图挽留他。原来，人们都能从他那白发、白须以及胯下那匹浑身雪白的玉兔赛风驹认出他来。为了摆脱百姓的挽留，廉颇忍痛换掉了骑乘多年的白马。因此，后人将廉颇换马的地方命名为换马村。

空仓岭，原名老马岭，据说在长平之战时，秦国曾在此屯兵以准备进攻赵国。为了安抚军心并迷惑敌军，秦军副帅王龁命令士兵用芦席在老马岭上搭建起一个个看似装满粮食的空粮仓。然而，天公不作美，一场大风将这些空仓吹得凌乱不堪。自那以后，人们便将老马岭改称为空仓岭。

光狼城，位于邑西 20 里之处。《史记》中曾有记载：“白起攻赵，拔光狼城。”如今，这个地方已经演变为强营村，而那座古老的关卡仍然矗立在那里。

箭头村，当地农民在田间耕作时，经常捡到长平之战时遗落的箭头，久而久之箭头就成了村名。

三军村，为赵军指挥部驻地。

米山镇，为赵军屯粮之地。

石门村，为赵军筑垒抗秦之地。

店上村，为秦军指挥部驻地，今下马游寨上。

牧沟，为秦兵牧马之地。

马游，为秦兵牧马游战之处。

马村，为秦兵饮马之处。

谷口骷髅庙，位于高平市南城街道办事处谷口村中。坐北朝南，占地面积 657 平方米。创建年代不详，据庙内碑文记载，明万历三十七年（1609）、清光绪十年（1884）重修，2004 年维修，现存建筑为清代风格。一进院落，中轴线上建有山门（戏台）、正殿，两侧为耳殿、厢房、耳房。正殿面宽三间，进深五椽，六檩前廊式构架，单檐悬山顶。庙内塑赵括夫妇像，现存明清重修碑碣各 1 通(方)，清代记事碑 1 通，清代功德碑 3 通，清顺治年间（1644—1661）于连真吊古长平碣 3 方。

相传长平大战时，秦将白起在此坑杀了 40 万赵将卒，因此得名杀谷。唐玄宗李隆基巡幸泽、潞两郡时，路过高平见白骨遍野，触目伤心，于是命令当地官员修盖庙宇以祭祀战争的亡灵，并把杀谷更名为省冤谷，把村

谷口骷髅庙

南之山改名为头颅山。庙建成后，“择其枯骨中巨者，立像封骷髅大王”，庙亦名“骷髅王庙”。

骷髅庙是我国唯一的一座祭祀战争的庙，骷髅庙的存在反映了古代战争的残酷和人们对战争亡灵的纪念，具有一定的历史和文化价值。同时，它也是长平之战的重要遗址之一，对于研究中国古代战争史和历史文化具有重要意义。

长平之战相关民俗

“烧白起”，用豆腐做成，是高平市的一种特色传统名吃，至今已有2000多年的历史。它的特点是皮黄肉嫩、松软劲道、辛辣味香，别具风味，深受广大人民喜爱。

高平烧豆腐的制作方法是将豆腐切成厚3厘米、长6厘米的长方形块，用旺火烤至淡黄色，然后加入玉米面和油炒香备用。食用时，将豆腐煮熟，蘸上由姜、蒜捣成泥，加豆腐渣、炒玉米面和盐制成的“蘸头”，趁热吃味道最佳。

关于高平烧豆腐的由来，有一个传说。相传公元前260年，长平之战中，赵括被秦将白起击败，40万赵军降卒被坑杀。白起的残暴激起了后世的愤怒，当地百姓为了祭奠被俄降遭坑杀的亡灵，就用菽饭作供菜，把豆腐当成肉，用炉火烧烤，用豆腐渣和蒜泥生姜调和成“蘸头”，表示把白起的脑浆捣成泥，与豆腐一起食用，曰“白起肉”。后来这道菜逐渐流传开来，成为高平烧豆腐。

高平烧豆腐不仅是一道美食，也是高平地区历史文化的一部分。它反映了古代战争的残酷和人们对战争亡灵的纪念，同时也展示了高平地区人民的智慧和创造力。如今，高平烧豆腐已经成为高平地区的一张名片，吸引着众多游客前来品尝。

四、北朝争夺战

在魏晋南北朝的动荡岁月中，中原地区经历了长期的分裂与战乱。直到公元439年，北魏太武帝拓跋焘统一北方，才结束了长达百年的混乱局面，开启了近一个世纪的相对和平。公元493年，孝文帝拓跋宏迁都洛阳，推动北魏进入新的发展阶段。然而，北魏在经历改革与动乱后，最终分裂为东魏和西魏。

晋城地区在这一时期隶属于东魏，继承了北魏的行政体系，设立建州，下辖高都、长平、安平、泰宁四郡，治所位于高都城（今山西晋城市城区）。东魏与西魏为争夺北方统治权，长期交战，双方互有胜负，局势僵持不下。

阳城县次营镇周壁村北的摩崖造像记录了东魏与西魏在建州境内的两次边境战争。作为边境地区，周壁村见证了双方的激烈冲突。这些造像不

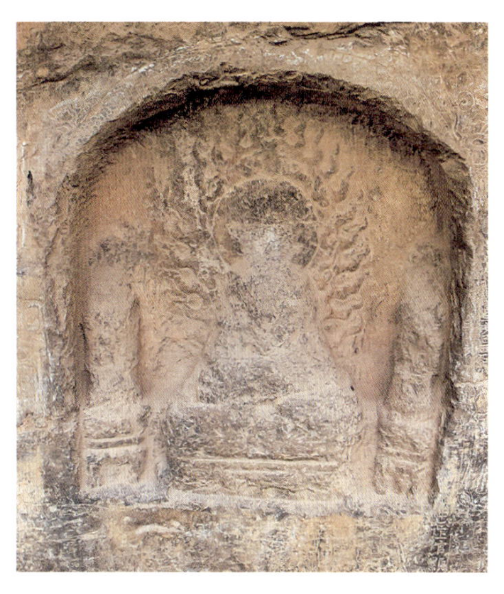

周壁村摩崖造像

仅具有极高的艺术价值，更是研究当时历史、政治和军事的重要资料。

周壁摩崖造像位于阳城县次营镇周壁村东南约 800 米获泽河北岸，坐北朝南，立面面积约 1.2 平方米。始造于北齐天保六年（555），明万历四十二年（1614）重造。造像现存两龛，相距约 250 米。较小一龛（1 号龛）为长方形龛，青石质，长 0.7 米，高 0.3 米，立面面积 0.21 平方米，龛内雕一佛二弟子像，无题记。较大一龛（2 号龛）为主龛，青石质，圆拱形龛，宽 0.43 米，高 0.5 米，立面面积 0.215 平方米，龛内雕一佛二弟子像，佛结跏趺而坐，圆形头光，火焰形背光，龛周线刻上官显愿等供养人礼佛图和题记。龛下存题记两则，一为北齐题记，二为明代题记。北齐题记记载了东魏北齐与西魏北周之间的两次冲突。1982 年周壁摩崖造像被阳城县人民政府公布为县级文物保护单位。

北齐题记：共 16 列，满列 27 字，字间以阴线间隔。

题记内容：

大道空洞，法身元导，既悕理原，像亦寂绝。心言微人，应超前代，功成后际，自致作佛。十号具□，王宫兴念，踰城出家，始坐道□，降魔御敌，先之鹿苑，拘隣若悟，末在拘尸，须拔得度，十力雄猛，娑婆度化，三乘等教，有心同济，度缘既周，双林永寂。自尔以来，唯经像训世，是故末法之中有正信。佛弟子上官显願、上官达合邑五十人等，生遭浊难，长瞩乱离，二国纷竞，住居缘边。顷以元象年中，西贼未宁，稍来侵割。遣运将杨檦，危号建州刺史，领将士众师师我邦。魏主知闻，委令镇捍。至齐天保六（元）年十月中，复以践乱檦时统兵马步一万，扫盗西境，便即破县并及郭县、马舍戍、泽辟、胡公鼻五戍之民，虏掠旧户一百卅家入西。践乱檦手持复诏，以願为安平太守。願忠节介然，拒而不许，即以此敕奉告我君。君建州刺史元仪同云祺率集营筑此戍，因名州辟，历代居住。上官显願、上官达并为此辟戍主、西道大都督。願等忠若申明，武同韩白，以德苞仁，率乡归仰。左清津惜，右肃君境，不胜二允之诚。遂发弘願，仰为皇帝陛下、昆季诸王、中宫后妃、臣僚百官及韩史君仪同公，敬造释迦石像一区，并阿难迦叶及二菩萨。镌镂既就，形彩伭功，略刊铭文注之云尔。

大齐天保六年岁次乙亥九月戊寅朔廿日丁酉建。

这则题记是发愿文，其中记录了东、西魏在周壁发生的两次战争。刘勇在《周壁摩崖造像题记考——东魏北齐与西魏北周河东争夺战的实证》一文中对该题记内容做了详细解读。

第一次冲突发生于东魏元象年间（538—539），西魏派危（伪）号建州刺史的大将杨檦率军东伐建州，东魏军民奋起抵抗，西魏无功而返。《周书》卷34《杨檦传》载：“杨檦字显达。正平高凉人也。……太祖以檦有谋略，堪委边任，乃表行建州事。……朝廷嘉其权以全军，即授建州刺史。”建州为东魏属地，西魏授予杨檦的建州刺史属于虚职遥领而非实控。遥领就是以不属于本国的州郡设置刺史太守。东魏、西魏政权官职中多有遥领，将己方官员名义上任命为对方属地内的职官，以示己方为北魏正统的延续，拥有控制对方领土的合法性。

第二次冲突发生在北齐天保元年（550），即西魏大统十六年。高洋废魏建齐之后，西魏宇文泰以魏氏正统为名，兴师讨伐北齐，兵至建州。杨檦率师出征。攻破包括县城在内的五处据点（县城、郭县、马舍戍、泽辟、胡公鼻)，并掳掠了130余家居民边境。他还试图任命上官显愿为安平太守，但被拒绝并上报北齐政府。北齐随后派建州刺史元云琪率兵反击，并在州辟(今周壁)建筑军事据点，任命上官显愿和上官达为戍主、西道大都督。

杨檦此次东伐，虽率军一万，但孤军深入，最终在败退前仍四处掳掠。《周书》记载，他在撤退前伪造假诏书，声称援军已至，以稳定军心。此次攻陷的“县”指濩泽县，属于安平郡。

五、唐五代时期的重要战争

唐朝是公认的中国最强盛的朝代之一，在政治、经济、文化、军事等方面都取得了显著的成就。唐朝中晚期，在政治腐败、军事冲突、经济衰退以及外患等因素的共同作用下，逐渐走向衰落。

唐朝中晚期，是一个充满挑战和变革的时期。内乱频发，如安史之乱等，对唐朝的稳定造成了巨大冲击。这些内乱不仅导致了大量的人员伤亡和财产损失，还严重破坏了社会经济秩序。随着时间的推移，唐朝的各地藩镇开始逐渐割据，形成了一些独立的势力范围，这种现象在唐朝中晚期愈发严重，削弱了中央政府的控制力。

由于长期战乱和内部动荡，唐朝中晚期的军队实力大幅下降。这不仅影响了国家的防御能力，也使得唐朝在对外关系上处于不利地位。使其面临着外族的侵略威胁，例如，吐蕃等民族曾入侵唐朝领土，给朝廷带来了巨大的压力。由于战乱和动荡的影响，唐朝的经济也出现了明显衰退。农业生产和商业贸易都受到了严重影响，导致国家财政状况面临着严重的困难。

总之，唐朝中晚期政治局势的不稳定、军事状况的恶化、经济的衰退以及社会文化的动荡都反映了这一时期的复杂性。晋城地区在唐朝中晚期作为河东道的一部分，中原通往北方的交通要道，受到了整体政治动荡的影响。

（一）泽州城之战

泽州城之战是唐代平息安史之乱过程中的一次战斗。唐宝应元年(762)，史朝义在弑父自立后，率兵围攻泽州，意图扩张势力。代国公郭子仪迅速反应，派遣精锐军队前往驰援，并与泽潞节度使王思礼紧密协作，最终在泽州城下给予史朝义重创，成功击退其围攻。早在此前，河东节度副使程千里就曾积极响应朝廷号召，招募士兵翻越太行山，经由泽州征讨安禄山，并多次取得胜利。程千里因此被委以重任，驻守上党，并被任命为泽潞沁节度使。然而，在唐乾元元年(758)，安禄山军队猛攻潞州，程千里虽奋勇抵抗，却不幸被俘。次年，王思礼联手李光弼和郭子仪，共同讨伐安禄山之子安庆绪，成功将其围困在邺城（今河南安阳）。两年后，即 760 年，王思礼在直千岭再次展现出色的指挥能力，大败史思明军队。又过了两年，史朝义卷土重来围攻泽州，但最终还是以失败收场。763 年，史朝义因部将田承嗣等人的叛变，陷入四面楚歌的境地，最终自杀。

（二）梁晋之战

梁晋之战，是唐朝末年至五代初期，以李克用、李存勖父子为首的河东势力（晋）与以朱温、朱友贞父子为首的中原势力（梁）之间长达数十年的争霸战争。

唐朝末期，朝廷陷入混乱，黄巢起义后，唐朝无法有效对抗起义军，各路藩镇力量开始崛起。李克用与朱温分别代表了河东和中原的两大势力，开始了长达数十年的争霸战争。

在潞州夹寨之战中，河东晋军大败梁军，为后续的战争奠定了基础。

晋军在夹寨之战后乘胜进兵攻取泽州，梁泽州刺史王班因平素失人心，其部下纵火以迎晋军，而王班则选择闭城自守。恰逢梁龙虎统军牛存节自洛阳领兵前来接应夹寨的溃兵，当行至泽州天井关时，得知泽州危急，于是迅速率军赶至泽州。牛存节到达泽州后，迅速平息了内乱，并力拒晋军的围攻。同时，梁将刘知俊从晋州（今山西临汾）引兵前来援救，形成对晋军的夹击之势。面对梁军的坚守与援军的到来，晋军选择撤退至高平。

梁军虽然在潞州的夹寨之战中失利，但仍成功保有了泽州和晋州两地。牛存节的及时救援与刘知俊的增援使得梁军能够在泽州稳住阵脚并击退晋军的进攻。

李克用、李存勖父子代表的河东势力，在梁晋之战中发挥了关键作用。他们的战略决策和军事才能使得河东势力在战争中逐渐壮大。最终李存勖灭后梁，统一中原大部分地区，称帝后沿用大唐国号，史称“后唐”。

（三）高平之战

高平之战，是五代时期后周与北汉、辽国联军之间的一场关键性战役。

后周显德元年（954）正月，后周太祖郭威驾崩，养子柴荣（周世宗）即位。北汉主刘崇（刘旻）欲趁此机会一举灭周，并联合辽国出兵。北汉与辽国联军南下，屯兵梁侯驿，后周初战不利。柴荣决定亲征，力排众议，率领大军由开封经怀州北上迎击北汉军。

三月十八日，柴荣率军进抵泽州，在泽州东北扎营。北汉军过潞州不攻，挥军南进，在高平以南扎营。十九日，双方先锋部队在高平南之巴公原遭遇并激战，北汉军初战失利后退至巴公原列阵备战。柴荣命大军急速前进与北汉军对峙，并遣将率军直趋江猪岭断北汉军退路。北汉主刘崇轻敌，不顾辽将杨兖的劝告执意决战，令左军张元徽率骑兵向后周军右翼猛攻。接战未几，后周部分将领逃遁，步卒千余人投降。柴荣见势危急亲自带兵督战。

宿卫将赵匡胤与张永德各率两千骑从左右翼奋击北汉军形成夹击之势。张元徽再战被杀，北汉军大败，伤亡甚重，遗弃大量辎重和器械，刘崇逃回晋阳。此战巩固了柴荣的皇位及政权，为后周的发展奠定了基础。

高平之战是一场以少胜多的经典战役，充分展示了柴荣的军事才能和勇气。这场战役也是五代十国时期最为重要的决战之一，对后来的历史产生了深远的影响。它不仅巩固了后周的政权，还为赵匡胤北宋王朝的建立奠定了基础。

六、宋金元战争

宋朝存在于960—1279年，是中国历史上承五代十国下启元朝的朝代。960年，后周诸将发动陈桥兵变，拥立宋州归德军节度使赵匡胤为帝，从而建立了宋朝。宋朝时期是中国历史上经济大繁荣、文化大繁荣的时代。宋朝采取“以儒治国、以武备敌”的政策，对外注重外交，对内提升文治实力，使得国家在各方面都取得了较大的成就。

（一）李筠叛乱，宋太祖亲征

宋建隆元年（960）正月，赵匡胤精心策划陈桥兵变，而后黄袍加身，登上皇帝之位，取代后周建立宋朝，称为宋太祖。

北宋建国之初，政权尚不稳定，面临着多方面的不稳定因素和挑战。除了新生的宋朝外，还存在后蜀、南汉、南唐、北汉等割据势力，其次还面临着多方叛乱问题，这些割据势力和叛乱势力对宋朝的统治构成严重威胁，需要采取措施进行平定。其中昭义军节度使李筠的叛乱是北宋初年的一起重大事件。

赵匡胤登基之后，实施了一系列笼络人心、巩固政权的举措，对于那些推戴他有功或者顺水推舟承认既成事实事实的人，都给予了爵位和赏赐。尽管多数后周旧臣归顺了新朝，但仍有少数人，尤其是那些原本地位高于赵匡胤的节度使心怀不满，企图反叛。昭义军节度使李筠便是其中之一。当时远在泽州的后周节度使、太原人李筠，由于未参与拥戴赵匡胤，故而受到赵匡胤的冷落。三月，北汉引诱代北诸部侵扰河西，紧接着，契丹又侵犯棣州（今山东省惠民东南）。赵匡胤为安抚边镇，才于四月派遣使者至潞州宣布加封李筠为同平章事。

李筠本欲抗拒皇命，但左右极力劝谏，李筠这才置办酒席、奏响音乐宴请使者，然而在宴席间却将周太祖郭威的画像悬挂出来，并且痛哭流涕。众宾客及僚佐惊慌失措，向使者声明，这是李筠酒醉失常，千万不要怪罪。

北汉主刘承钧听闻此消息后，认为这是扩大势力的契机，便用蜡书（以蜜蜡密封的信件，以示绝密）联结李筠，提出与他共同举兵反宋。李筠的长子李守节哭着劝谏李筠，李筠不听。赵匡胤得知此情况后，也给李筠写了一封亲笔诏书进行抚慰，并召李守节入京担任皇城使，这既是拉拢，也是将其作为人质。李筠顺势派遣李守节入京窥探动静。但当赵匡胤接见李守节时，却称李守节为“太子”。李守节一见这情形，便知晓事情严重了。于是向赵匡胤磕头，以头撞地说道：“陛下这般说法，定然是有人在陛下面前进谗言离间我父子。”赵匡胤道：“我听闻你规谏你的父亲，他不听，所以他才将你送到我这里，借我的手杀了你。你回去告诉你父亲，我未做天子之时，他想干什么随他的便，如今我已然成为天子，难道他就不能做我的臣下吗?”李守节旋即快马加鞭赶回潞州，将此事告知李筠。

李筠知晓赵匡胤已看穿自己的计谋，立即下令起草声讨赵匡胤的檄文，同时逮捕监军周光逊等，派遣牙将刘继忠等押往北汉作为进见礼。

李筠的从事闾丘仲卿看到事情已发展至此，便向李筠献策道：“孤军举事，极为危险，虽可倚靠北汉援助，但也未必能获得其全力支持。赵匡胤的汴梁，兵甲精锐，难以取胜。不如向西下太行，占据怀、孟、洛阳，以虎牢（在河南省荥阳市西北汜水镇）为要塞，而后向东争夺天下，此乃上策。”李筠根本不听，说道：“我是周朝的资深将领，与世宗情同兄弟，禁卫军中有许多是我的旧相识，听闻我前来，必然倒戈归附于我。何况我还有儋珪枪、拨汗马，难道还担心天下不归我吗？”儋珪是李筠的爱将，有勇力，善于用枪；拨汗马是李筠的骏马，一日能跑350里，所以李筠如此自夸。又派人杀了泽州刺史张福，占据其城。

李筠反叛的消息传至汴梁，枢密使吴延祚向赵匡胤建议说，潞州四周地形险要，如果李筠坚守，就很难迅速攻破。但李筠向来骄傲轻率且无谋略，应迅速派兵前往剿灭。这个策略甚是高明，赵匡胤当即采纳，于第三天，即派遣石守信、高怀德为前锋进兵征讨。赵匡胤特别命令石守信等不要让李筠下太行，应迅速占领太行山要隘，如此则击破李筠必成定局。又命三司使张美调度运输给养。五月初二，又命殿前都点检、镇宁节度使慕容延钊，彰德留后王全斌率兵由东路与石、高会师。初三日，命州团练使郭进为本州防御使兼西山巡检，以防备北汉。

北汉主刘承钧以诏书、金帛、良马赐予李筠，李筠又遣刘继忠赴晋阳请求北汉主举军南下，自己愿为前导。刘承钧遣使向契丹请求援兵。刘继忠向北汉主说明李筠之意：无须契丹出兵。刘承钧当天就亲自率领倾国之兵出团柏谷（又称团柏镇，在祁县东南30里，东接太谷，南接武乡），群臣在汾水之上为其饯行。左仆射赵华进谏道，李筠举事轻率，事情必然不会成功，倾尽北汉兵力全境出击，此举不妥。刘承钧不听。

北汉兵行至潞州西北40里的太平驿，李筠率官属以臣子之礼迎接拜见。李筠看到刘承钧兵卫力量薄弱，十分懊悔，但已无法改变。刘承钧封李筠为西平王，赐马300匹。在召见时，李筠说自己受周太祖大恩，不敢有负。但这些表白让刘承钧听了很不高兴，因为北汉与后周是世仇。当李筠返回潞州时，刘承钧又派宣徽使卢赞为李筠监军，李筠内心更加不平，与卢赞颇为不和，刘承钧又派平章事卫融进行调解。李筠留其长子李守节守上党，自己率领 3 万军队向南进发。五月初五日，石守信与监军李崇矩在长平（今高平市西北）击破李筠军队，斩首三千级，接着又攻克大会寨。初六日，赵匡胤下诏剥夺李筠的一切官爵。

赵匡胤看到宋军未能迅速平定李筠，北汉主刘承钧亲自率兵为李筠撑腰，契丹也有出兵的可能，为迅速剿灭李筠，于五月十九日下诏征伐李筠。五月二十一日从汴梁出发，采纳赵普速战速决、攻其不备的策略，兼程赶路。赵匡胤在途经太行山时，山路险峻多石难以行走，他便率先在马上驮几块石头，群臣六军也效仿背石，当日便开辟出大道，加快了进军速度。六月初一日，赵匡胤抵达泽州，设立栅栏包围，督军攻城，但猛攻 10 多天都未能攻克。在此期间，李筠的龙捷使王廷鲁，吐浑留后、汾州团练使王全德率所属部队从昭义投降宋朝，李筠更加失去了后援。

赵匡胤下令全面攻城，控鹤左厢都指挥使马全义率领敢死队冒死登上城头，乱箭射穿了马全义的胳膊，血流满身。马全义忍住剧痛，依然奋勇当先，终于打开了城门的缺口。宋军随即涌入城内，与李筠的军队展开了激烈的巷战。李筠虽然勇猛，但在宋军的围攻下，逐渐力不从心。

与此同时，赵匡胤派遣使者前往北汉，以离间其君臣，削弱其对李筠的支持。北汉主刘承钧在得知泽州被围后，感到事态严重，但由于国内政局不稳，加之契丹并未如期出兵相助，他最终决定撤回对李筠的支持。

在城内外的双重压力下，李筠的军队逐渐崩溃。经过几天的激战，宋军终于完全控制了泽州城。李筠在战斗中负伤被俘，随后被赵匡胤下令处死。

此次亲征的成功，不仅巩固了赵匡胤的皇位，也向天下展示了新朝的威严和实力。此后，宋朝的政权逐渐稳固，为后来统一中国打下了坚实的基础。

李筠的叛乱虽然被平定，但这一事件也给赵匡胤敲响了警钟。他意识到，要想真正稳固政权，必须加强对地方节度使的控制，防止类似的叛乱再次发生。于是，他开始着手进行一系列的政治和军事改革，以加强中央集权。这些改革措施对于宋朝的发展产生了深远的影响。

（二）金兵入侵泽州

靖康元年（1126）五月，金兵大举入侵。姚古领兵驰援威胜，然闻金将粘罕将至，其部下惊恐而散，震动河东。同时，河北河东路制置副使种师中与金兵激战于榆次，终战死沙场。此后数月，宋军多处败北，民众纷纷南渡黄河以避难。至十月，金兵攻陷泽州，泽州守将高世由降金。

郭忠孝逃至关陕，集结精兵 3 万，遣军驰援泽潞，受宣抚司节制。金兵再次犯京时，永兴帅范致虚领各路军马经淆渑来援。郭忠孝提议分兵走太行，断金兵归路，范致虚采纳此策，并会同其他将领出兵河东，以牵制金兵。

建炎元年九月，王彦与金兵交锋失利，退至太行山重整旗鼓。其部将岳飞领兵多次出击，大败金兵于新乡、太行等地，战绩卓著。随着岳飞名声日隆，太行山忠义社等民间力量亦纷纷来投。岳飞在郾城大破金将兀朮，连战皆捷，震动中原。他又遣部将招抚两河英豪，众多地方武装归附其麾下。

然而金兵攻势未减。金天会四年二月，虽曾归还滑、浚二州于宋，但旋即重启战端，攻占隆德府、泽州等地。十一月甲子日，宗翰自太原向汴京进军；丙寅日，宗望亦从真定发兵指向汴京。金军已从多方围攻北宋都城。戊辰日，宗翰攻陷威胜军；癸酉日，撒剌荅破天井关；乙亥日，宗翰再下隆德府，活女渡过盟津。其间西京、永安军、郑州等地均降金。庚辰日，宗翰攻克泽州；同时宗望率军渡河，连下临河县、大名县、德清军、开德府等地。丙戌日，金军又取怀州；同日宗望兵临汴京城下。至闰月壬辰日，宋军出击金军为宗望等所败；癸巳日，宗翰亦至汴京。丙辰日，金军终破汴京城；庚申日，金朝遣高随为高丽生日使；辛酉日，宋钦宗被迫出居青城。

这段历史反映了金军对北宋的猛烈攻势和北宋的无力抵抗。金军在短时间内连续攻克多个重要城市，最终占领了北宋都城汴京，迫使宋朝皇帝出逃。这是北宋历史上的一个重要转折点，标志着北宋的衰落和金朝的崛起。

（三）金末战争

金朝末年，涌现出大量忠义之士，金末忠义之士载于各种文献，以《金史》及金代文献所载为多。多数死于抗蒙作战以及军变，汉族殉节者多于其他民族，有明确记载出身者，以义军为最多。他们的主观动机主要有传统忠义观的报恩、为亲人报仇、保卫家园，誓死一搏等。其中，张开在陵川马武山坚持抗蒙，一直为人瞩目，元人曾称，与其他八公相比："独上党不首鼠谋去就，提孤军辟府马武，根窟潞、泽、沁、辉、怀、孟、卫七州，之心终始，北捍者十二年，最名纯臣。"其下属禹显"将军三百人，守襄垣，八年不迁"，"正大六年（1229）冬十二月，军内变，城破被擒"。时间亦很接近金朝灭亡。

（四）元末战争

至正十七年（1357），红巾军龙凤政权以"虎贲三千，直抵幽燕之地；龙飞九五，重开大宋之天"为口号，开始了声势浩大的北伐。北伐军分为三路，东路由毛贵率领，经山东、河北进攻元大都；中路由关先生、破头潘率领，攻向山西、河北一带，经大同直捣元上都；西路由大刀敖、白不信、李喜喜率领，直趋关中。同时，刘福通率部攻克汴梁（今河南开封），随之定为龙凤政权都城。一时间，红巾军的势力已"东逾齐鲁，西出函秦，南过闽广，北抵幽燕”，达到了极盛，从而都有了“官府四散躲”“红军府上坐”的民谣。

大厦将倾之时，察罕帖木儿担起了拯救危亡的重担，自率精骑急赴河北，以阻挡中路红巾军。他在太行山南山关隘设下伏兵重创红巾军，然后分兵屯泽州（今晋城）、碗子城（今晋城南）、上党、冀宁等地，截断了太行山通道，致使中路红巾军在山西无法活动，遂离开山西北上，攻打上都后进入辽东，再无法与其他红巾军联系。

七、明清战争

洪武元年（1368）八月，朱元璋昭告天下，以汴梁为北京，金陵为南京。汴梁既成为都城，平定山西就成为紧迫的任务。

同月，朱元璋诏令出征山西。其时，出征江西张士诚和浙东方国珍的汤和、杨璟两位征南将军亦班师回朝。史载：

> 上复命和、璟为偏将军统兵，同大将军征山西。又调右副将军冯胜率师由河南进征山西，渡河，克武陟、下怀庆，元平章白锁住弃城遁。兵至太行山碗子城，破其关，元守军奔溃。进取泽州，元平章何宗哲弃城遁。破磨盘寨，获伪参政喻仁，戮之，进克潞州。

此外，《杨璟传》也有类似记载。从上面所载看，北征山西是在明军攻陷大都，朱元璋建都汴梁后的行动。这次出兵调集了由南征而北上的汤和和杨璟，也调集了西征关中、又出关东的冯胜大军，两路大军组成的北征军，其总指挥是徐达。其进军路线是由武陟、怀庆，过太行山，破碗子城，进取泽州，走的是太行山上的天井关。从部队的组成和指挥看，明朝对这次北征异常重视，然从战争进程看，北征军的进展要比意料中顺利得多，沿途并未遇到强劲的抵抗。然而，北征军顺利突破天井关，为其后占领山西全境奠定了坚实的基础。明军虽顺利突破天井关并取得泽州，但从以后的进程看，元、明于泽州的争夺并未结束。汤和取得泽州后，当时扩廓帖木儿正在太原，汤和十月破泽州，而扩廓在十一月就派将反攻泽州。

明朝中晚期，政治逐渐走向衰败，皇帝懒政怠政，宦官当权，官员贪赃枉法，各项苛捐杂税等致使社会矛盾加剧。至英宗时期，爆发了刘通、李原领导的荆襄流民起义，刘宠、刘宸、杨虎等人领导的河北农民起义，叶宗留、邓茂七领导的闽浙农民起义。

地主阶级的残酷剥削，使广大劳动人民生活在水深火热之中，促使他们不断反抗，频繁发动斗争，主要有反对矿监税使的民变兵变、底层士兵发动的兵变、普通群众发动的起义及某些宗教组织发动的起义，范围广，次数多，虽然最后均被镇压，但从一定程度上也动摇了明王朝的统治。万历四十六年(1618）四月，后金努尔哈赤发兵攻明，明王朝陷入内忧外患。至明熹宗时期，宦官魏忠贤把持朝政，为所欲为，政治上极其混乱黑暗，社会矛盾进一步发展，各种形式的武装斗争此起彼伏，一直延续到明末农民大起义爆发。后继者崇祯皇帝虽励精图治，勤奋从政，但在当时极其复杂的局势下，面对千疮百孔、病入膏肓的明王朝，也是无力回天。

明末农民起义最早爆发于陕西，至崇祯二年正月，陕西巡抚胡廷宴、延绥巡抚岳和声奏：“洛川、淳化、三水、略阳、清水、成县、韩城、宜君、中部、石泉、宜川、绥德、葭州、耀、静宁、潼关、阳平关、金锁关诸处，流贼恣掠。”

崇祯三年（1630)，陕西的各路起义军在明官军残酷镇压下，遭到严重打击，有的甚至被剿灭，为了保存实力，开始大规模向山西转移。这年四月，老回回马守应、八金刚、王自用、上天猴等部，自神木造舟渡过黄河入晋，攻克蒲县。继而攻克赵城、洪洞、汾州、霍州、石楼、永和、吉州、隰县。七月，攻克潞安。十月，在陕西被洪承畴围剿的王嘉胤部被迫撤出府谷，转至山西河曲。“乱民王可贵引贼入，城遂陷，时十月二十八日也”，这是顺治七年《河曲县志》中的记载，由于城内有人接应，农民军未遭到激烈抵抗顺利进入河曲城，这也从侧面反映出百姓对于农民军的期待。

“秦、晋葛疆相连，地之瘠落，民之贫苦，不甚相远。”山西与陕西接壤，自然条件有许多相似之处，连年天灾，出现大批饥民，加之政府剥削重于他省，穷则思乱，他们早于其他地方举旗起义也不足为奇。崇祯四年（1631），在陕西受挫的起义军开始战略转移，至崇祯六年（1633），山西成为起义军的主战场。平阳（今晋南临汾一带）、泽潞（今晋东南晋城、长治一带）、汾、太、辽（今晋中地区）是他们的主要活动地区。

崇祯四年四月，明军攻破河曲，王嘉胤在部下的保护下突围脱险，于五月二十四日带领起义军从岳阳进入屯留、长子境内。二十七日，又从今高平市寺庄镇的长平经老马岭到达位于沁河流域的沁水坪上村，从榼山西南入阳城。所经之处，杀掠抢夺一空。

明崇祯五年（1632），农民军袭扰郭峪、周村、大阳、马村等地。“贼乃复往大阳、马村，所过乡庄，尽被抢掠，裹去男妇无数。人马甚多，夜占四五十村。烟雾蔽日，火光冲天，左右被害无穷”，“独周村保全一城，上佛保全一寨，吾乡保全陈氏(黄城）一楼，余皆破损。”崇祯六年(1633)，农民军又两次攻打郭峪，郭峪遭受严重损失。

崇祯四年（1631）至六年（1633），起义军在山西的这三年，属于农民起义军大发展时期，在此期间包括以后很长一段时间内，由于农民军与明军双方实力悬殊，无法建立根据地，基本以流动作战为主。即使暂时攻下哪座城池，也是以抢夺钱财物资为主，不能久据，以防被明军一举围歼。崇祯五年(1632）秋冬，起义军向东发展，转战于沁水、阳城、高平、陵川、潞安、长子等地，他们流而不居，令追剿的明军疲惫不堪。一方面起义军对明军的严厉镇压进行了顽强的抵抗，另一方面为了解决战时给养，他们途经之处，烧杀抢掠，破坏极大，故所有史料记载均称其为“贼”或“寇”。

与晋城地区有关的历代战争统计表

序号	朝代	时间		大事件	交战双方		文献出处
		年号纪年	公元纪年		A 方	B 方	
1	春秋	周灵王二十二年	前 550 年	齐庄公袭晋	齐庄公	晋国	《左传·襄公二十三年》
2	战国	周赧王五十二年	前 263 年	白起伐韩攻绝太行道	秦国白起	韩国	《史记》《资治通鉴》
3	战国	周赧王五十三年	前 262 年	长平之战	秦国白起	赵国	《史记》《资治通鉴》
4	战国	秦庄襄王元年	前 249 年	蒙骜伐魏取高都	秦国蒙骜、范雎	魏国	《史记》《资治通鉴》
5	东汉	光武帝建武元年	25 年	冯异北攻天井关	东汉冯异	更始帝将领朱鲔	《汉书》《资治通鉴》
6	东汉	光武帝建武元年	25 年 12 月	宗正刘延攻天井关	东汉宗正刘延	更始帝将领田邑	《汉书》《资治通鉴》
7	东汉	光武帝建武二年	26 年	司空王梁守天井关	东汉司空王梁	赤眉别校	《汉书》《资治通鉴》
8	西晋	永嘉二年	308 年	刘聪据太行	刘聪		《晋史》《资治通鉴》
9	十六国	东晋孝武帝太元十五年	390 年	朱序破慕容永于太行	晋征虏将军朱序	南燕慕容永	《资治通鉴》
10	十六国	太元十九年	394 年	壶壁之战	后燕主慕容垂	南燕慕容永	《资治通鉴》
11	南北朝	北魏明帝泰常七年	422 年	北魏明帝幸高都	北魏明帝拓跋嗣	南朝宋军	《资治通鉴》
12	南北朝	孝庄帝永安三年	530 年	尔朱世隆居高都	尔朱世隆	北魏	《资治通鉴》
13	南北朝	孝庄帝永安三年	530 年	尔朱兆寇丹谷	尔朱兆	都督崔伯凤等	《资治通鉴》
14	南北朝	孝武帝太昌元年	532 年	讨伐尔朱兆	北魏高隆之、高欢	尔朱兆	《资治通鉴》

续表

序号	朝代	时间		大事件	交战双方		文献出处
		年号纪年	公元纪年		A 方	B 方	
15	南北朝	西魏文帝大统十六年	550 年	宇文泰伐齐	魏太师宇文泰	北齐主高洋	《资治通鉴》
16	唐朝	唐初		唐太宗讨伐王世充	唐太宗	窦建德、王世充	《旧唐书》《新唐书》《资治通鉴》
17		唐武宗会昌三年	843 年	泽潞节镇刘稹叛唐	李德裕	泽潞节镇刘稹	《旧唐书》《新唐书》《资治通鉴》
18		唐武宗会昌四年	843 年 4 月	王宰逾河攻泽州	王宰	薛茂卿	《旧唐书》《新唐书》《资治通鉴》
19		唐僖宗中和元年	881 年	黄巢起义军进天井关	昭义军	黄巢起义军	《旧唐书》《新唐书》《资治通鉴》
20	五代	唐僖宗中和四年	884 年	李克用	李克用	诸葛爽	《旧五代史》《新五代史》《资治通鉴》
21		唐昭宗光化二年	899 年	后梁攻泽潞	李克用部将李嗣昭	朱全忠部将刘坦	《旧五代史》《新五代史》《资治通鉴》
22		唐昭宗天复元年	901 年	后梁陷泽州	朱全忠大将氏叔琮		《旧五代史》《新五代史》《资治通鉴》
23	北宋	宋建隆元年	960 年	宋太祖平李筠	宋太祖	后周昭义军节度使李筠	《宋史》
24		宋钦宗靖康元年	1126 年	靖康之变	金国完颜宗翰	宋知州高世由	《宋史》

续表

序号	朝代	时间		大事件	交战双方		文献出处
		年号纪年	公元纪年		A 方	B 方	
25	金朝	金宣宗兴定五年	1221 年	蒙古兵攻天井关	蒙古	金朝	《金史》
26		金哀宗天兴三年	1234 年	恒山公武仙死于天井关	天井关戍兵	金恒山公武仙	《金史》
27	蒙元	蒙古世祖中统二年	1261 年	选拔熟悉武事者修立堡寨守御			《元史》
28		元顺帝至正十七年	1357 年	曹州义军入太行	察罕帖木儿	曹州义军	《元史》
29		元顺帝至正十九年	1359 年	察罕帖木儿发晋兵出太行	察罕帖木儿		《元史》
30	明朝	洪武元年	1368 年	冯胜、汤和平定泽州	明朝冯胜、汤和	元朝	《明史》
31		明末		乐伶贼袭扰太行道		乐伶贼	《明史》
32		崇祯六年	1633 年	明末起义军攻泽州	明总兵曹文诏	红巾军王嘉胤、紫金梁、老回回等	《明史》
33	清朝	咸丰二年	1852 年	太平军进逼太行	泽州知州陈兰第、凤台知县李芗	太平军	《清史稿》《清实录》
34		咸丰十一年	1861 年	凤台知县阮芬重修碗子城	凤台知县阮芬	捻军李占标	《清史稿》《清实录》

第五章

城池堡寨：金汤固若涵养官宦市井

族群冲突、社会动荡是孕育堡寨聚落产生的主要土壤，晋城地区堡寨聚落根据目前考古资料，最早发轫于新石器时代，如在居住区四周挖掘既深又宽的壕沟用以抵御野兽侵袭和其他族群攻击的具有防御性质的八里坪遗址。此后，官方与民间的堡寨修建都有族群冲突、社会动荡、兵燹频仍的历史背景。晋城聚落堡寨化发展于诸侯争霸、群雄逐鹿的春秋战国时期，这一时期晋城不少聚落夯土筑墙以御外乱。魏晋南北朝至宋金时期，晋城处在各方政权对抗的前沿，在土地及附属其上资源的争夺以及游牧文明与农耕文明冲突的大背景下，当地官方、民众纷纷修寨以抗。尔后，王朝易代，地方武装叛乱，灾害年荒等共同使得明清时期晋城地区出现大量乡村堡寨聚落。

一、晋城地区古代城池

这里所说的城池，是指国家政权覆盖范围内所设立的地方统治政权所建。西周之前，晋城地域少见史籍，直到春秋时期，晋国加强了对这一带的控制后，才出现了有关记载。晋城当时为赤狄的主要活动范围。经晋献公、晋文公、晋灵公等几代国君励精图治，大刀阔斧地开疆拓土，至晋景公十二年（前 588）“讨赤狄之余焉”。至此，整个晋东南地区完全被纳入晋国版籍。各戎狄部族与晋地华夏民族融为一体，为晋文化的繁荣发展作出了重要贡献。为了更好地统治这些被征服地区，晋国设置了郡县，可看作是我国古代郡县制的雏形。至春秋末期三家分晋之时，晋城境内已有多个城邑，史料中明确记载的有端氏、高都、泫氏、濩泽等。秦统一后全国推行郡县制，晋城属于上党郡管辖，从此，代表统治政权的城池就在这块土地上设置并延续下来。

端氏故城，位于今沁水县郑庄镇的西城村，原称端氏聚，是沁水历史上第一个政治文化中心。战国时，沁水先后归韩国及赵国，秦灭赵后，归秦国河东郡，均设治于此。西汉时设端氏县于西城，属河东郡。汉武帝时，刘忠封到端氏聚，建立端氏侯国，历经西汉二百年；光武帝刘秀推翻王莽新朝，封端氏为族兄弟成孝侯刘顺之子刘遵的食邑，端氏侯国得以延续。后历魏晋、北朝至隋代，沁水、端氏二县并置，沁水县治移至今日之县城，端氏县治由端氏聚移至今日之端氏，原端氏聚改称西城。

关于古端氏的记载多来源于文献，目前尚未有考古发掘资料来对比佐证。1958 年调查时，在位于沁水县郑庄镇河头村西城自然村北发现一处东西长约 300 米，南北宽约 300 米，分布面积约 9 万平方米的东周时期文化遗存。文化层厚约 1 米。地面可见瓦砾、陶片，遗址周围有汉墓，出土

端氏聚遗址

有汉五铢钱、陶罐等。2008 年全国第三次文物普查时，工作人员在遗址上采集的有泥质灰陶陶片，纹饰有绳纹、素面。可辨器型有泥质灰陶盆、泥质灰陶敞口圆唇罐等。1981 年端氏聚遗址被沁水县人民政府公布为第一批县级文物保护单位。

泫氏故城，《竹书纪年》曰："晋烈公元年，赵献子城泫氏。"《泽州府志》载，泫氏故县邑西 20 里，即今王报村，至今人称为旧县。《水经注》载："泫水导县西北元谷，东流经一故城南，俗谓之都乡城，又东南经泫氏故城南。世祖建武六年封万普为侯国。"后魏析置高平。现王报村北的阁上嵌明万历年间"古泫氏"石刻一块。

阳阿县故城，阳阿县故城遗址位于阳城县阳陵村北约 400 米。平面呈长方形，南北长约 300 米，东西宽约 150 米，分布面积约 4.5 万平方米，地表墙体无存。文化层厚约 2—3 米，采集有泥质灰陶方唇平折沿抹断绳纹罐、泥质灰陶方唇侈口直腹罐、绳纹板瓦、筒瓦等残片。北魏时期移置今泽州县大阳镇，后废。

濩泽县故城，位于阳城县固隆乡泽城村东北约200米，城址平面呈不规则椭圆形，南北长约800米，东西宽约500米，总分布面积约40万平方米。东城墙保存较为完好，北城墙、南城墙残存数段，西城墙损毁严重。现存城墙上宽约3米，下宽约7米，残存高度平均5米。城墙由夯土筑构而成，夯层厚约0.15—0.2米。采集有绳纹板瓦、筒瓦、陶罐等残片。据《阳城县志》记载："县境以濩泽命名，可见于《穆天子传》、《墨子》等古籍。汉置濩泽县，属河东郡，治所在今县城西15公里的泽城村。东汉立濩泽侯国。北魏兴安二年（453），县治由泽城移至今县城。孝昌元年（525），在泽城另置西濩泽县，属建州泰宁郡，北齐天保七年（556），泰宁郡与西濩泽县并废。"1982年濩泽县故城被阳城县人民政府公布为县级文物保护单位。

泽州故城，唐贞观初筑，后为泽州府城、凤台县城。明代之前修建情况不明。明洪武间，千户吴材修。洪武十四年（1381），张规砖甃。弘治、正德间，知州吴必显、赵锦相继修葺。周9里30步，高3丈5尺，池深2丈，东、西、南三门。隆庆四年，知州顾显仁增筑敌台二十三，创敌楼二十三，北城楼一座，重修角楼四，东、西、南城楼各二。上列女墙，复砌砖。万历三十三年（1605），知州贺盛瑞重修。崇祯十二年（1639），知州张天维复修。清康熙年间，知州景文魁修。乙亥地震，楼堞圮毁。康熙四十四年（1705），知州陶自悦重修，补筑城上女墙。康

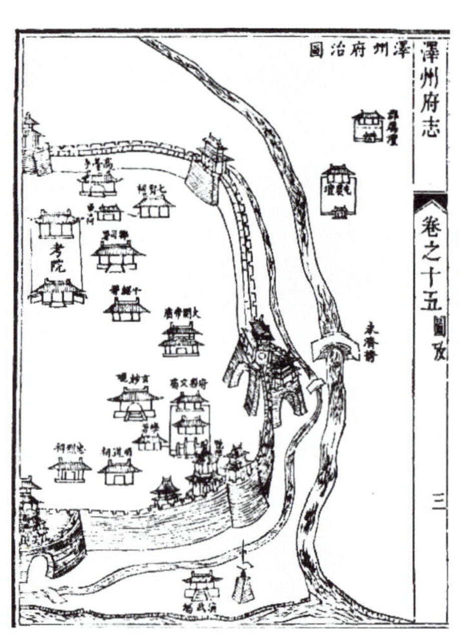

泽州府治图1

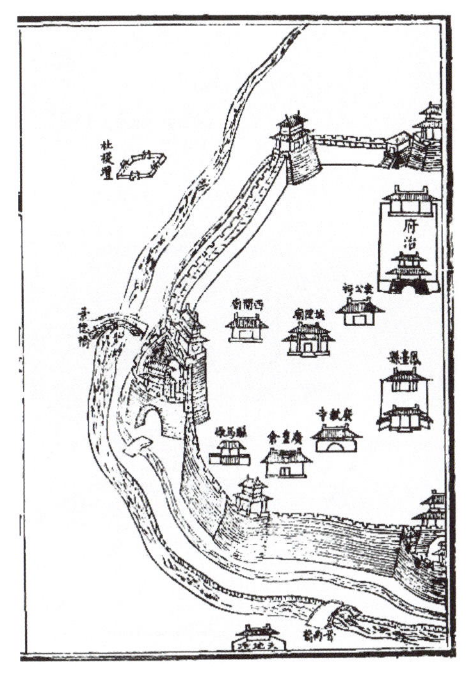

泽州府治图 2

熙五十八年（1719），知州佟国珑倡捐，加修正楼七、角楼四、奎楼一、敌楼二十三，月城三面马道，三条女墙拦马，周城9里30步，并疏浚城壕，甃城中石街东西300丈，南北300丈。乾隆十六年（1751），详定章程，统归民户修补。乾隆二十三年（1758），各里承修，分认工段，刊石为记。

经明清加固增筑，至乾隆年间凤台县城的规制：城墙砖石营造，周长约5200米，高约11.6米，上建有女儿墙，城外护城河深约6.6米，是县城一道防御设施，东、西、南有城门三座。设敌台23座，敌楼23座，角楼四座，北城楼一座，东、西、南各两座，共有城楼七座，奎楼一座，瓮城内有三处马道。以上要素构成凤台县城寨外防御体系。城内军事防御设施主要包括演武场，主要用于古代军队演习武艺、操练。

高平故城，高平城始筑于北宋开宝六年（973），初为土筑城墙，明代砖甃。金天眷间扩建，周四里，高二丈五尺，池深一丈，有东、西、南三门。明弘治七年时补修，嘉靖十九年增筑敌楼、敌台，后于隆庆、万历、崇祯年间先后增筑角楼、敌楼、敌台、门楼、垛口、瓮城、吊桥等，清代顺治、康熙、雍正、乾隆、咸丰、同治年间均有修葺。至同治年间高平县城的规制：城墙砖石营造，周长约2304米，高约11.6米，上建有女儿墙，女墙高十尺一，阔一丈二尺，袤一千三百又三丈，城外护城河深约3.3米，东、西、南有城门三座，吊桥三个。设敌台40座，敌楼4座，角楼4座，

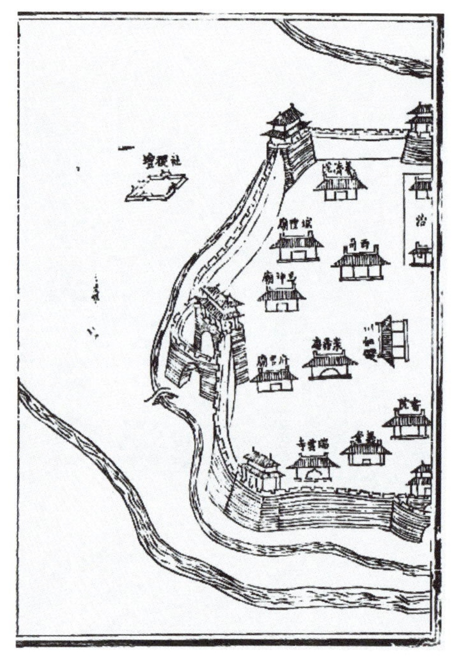

高平县治图 1

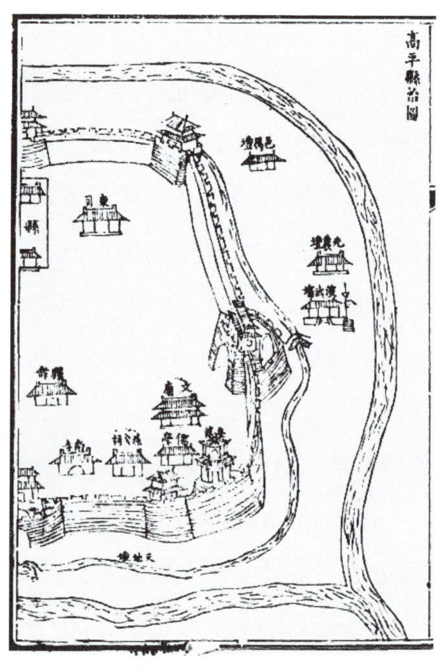

高平县志图 2

城楼 4 座，垛口 1809 个，瓮城 3 座，并筑有关城。以上要素构成高平县城寨防御体系。城内防御设施有演武场，《高平县志》记载：高平县演武场在县城东南南庄中里。

另外，县志中所提到的关城，是在城内面积不够用的情况下，城寨的东西南北四个城门之外另建的小城，我们现在所说的东关、西关、南关、北关，指的就是关城。建设关城主要有两个作用，一是扩大了城寨的总面积，二是为了适应军事防卫的要求而建，主要防备主城门被敌人轻易攻破。敌人要攻城之时首先攻击关城城门，这样对保卫主城有很大的意义。关城同样有城墙、城门，面积比主城小，其他都一样，起保卫和防御的作用。据调查，晋城地区五县均有东、西、南、北关的叫法，但仅在《高平县志》中有记载。

阳城县城，北魏时期已沿河修筑城寨。明景泰年间于东西门增筑门

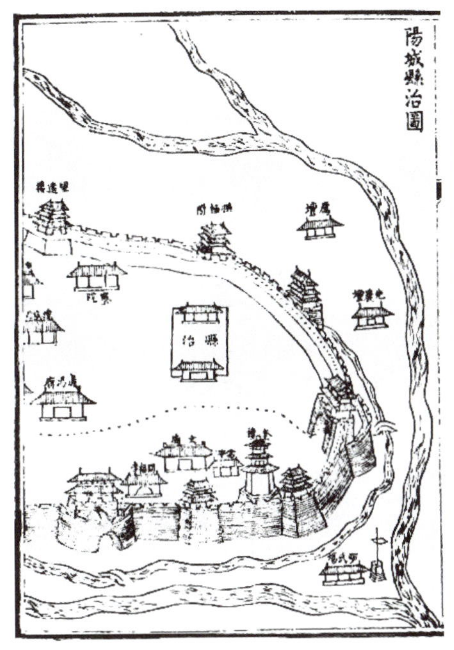

阳城县治图 1

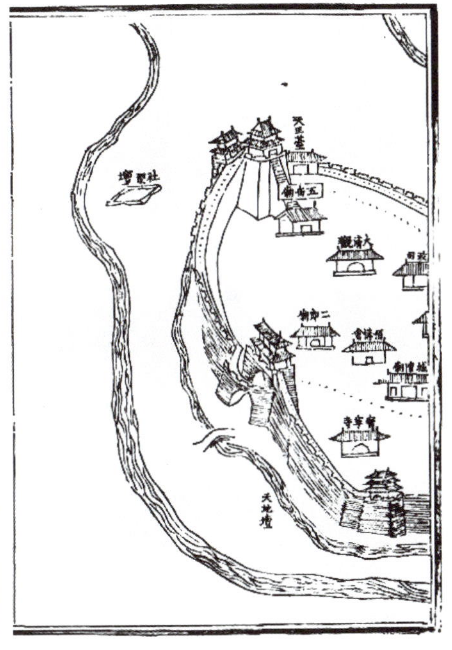

阳城县治图 2

楼，并在城南建房，增筑敌台、加深护城河，城墙加筑砖堞。万历年间进一步扩大城寨规模，加高加厚城墙，增筑敌楼、城楼。崇祯年又增筑城楼、瓮城。清顺治、雍正年间均有重修。至同治年间阳城县城的规制：城墙砖石营造，高约 11.6 米，厚 5.8 米，袤五百五十又九丈，城外护城河深约 9.9 米，东、西、南有城门 3 座。设敌台 9 座，敌楼 10 座，城楼 8 座，垛楼 8 座，瓮城 2 座。以上要素构成阳城县城寨防御体系。现仅东、南、北三面残存数段，西城墙毁坏殆尽。现存城墙断断续续分布于县城东部，总长约 1600 米，高度 1—10 米不等，厚度不详，其上女墙堞垛荡然无存，主体墙面内倾坡度 60°—85°，部分墙体曾经维修。

陵川故城，隋大业年间初建，明嘉靖年间砖甃并加高城墙，增筑城楼。隆庆、万历年间加固、重修，清康熙、雍正、乾隆三朝均有修葺。至乾隆五年（1740）陵川县城的规制：城墙砖石营造，周长约 1559 米，高

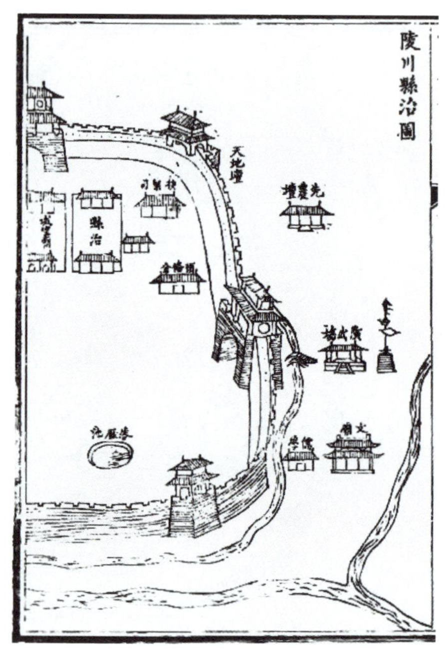

陵川县治图 1

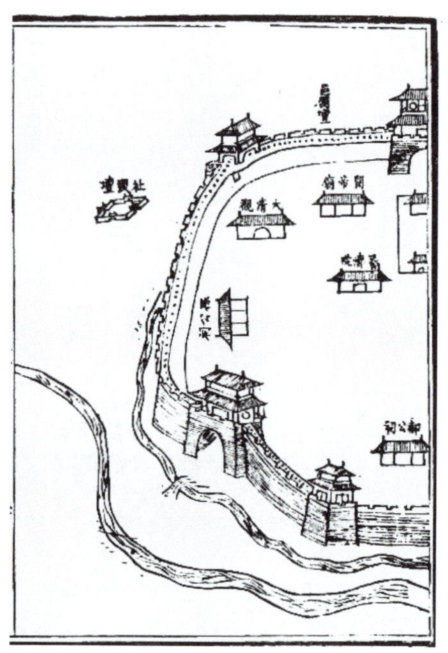
陵川县治图 2

约 11.6 米，城外护城河深约 1.6 米，东、西、南有城门 3 座，城楼 3 座。以上要素构成陵川县城寨防御体系。城内防御设施有演武场，在东川城东 2 里，为明嘉靖二十八年（1549）知县张琛购买民田 18 亩创建。

沁水故城，隋开皇间筑，周二里一百步，高二丈二尺，池深一丈。东、西、北三门，门各有楼。其匾额东曰“迎晖”，西曰“纳爽”，北曰“拱宸”。明洪武间县丞陈德，正统中邑令贾茂，景泰中邑令张昇，正德中邑令王溱，嘉靖中邑令张爵，万历中邑令扈文魁相继修筑。崇祯间，“流贼”攻毁。署事州同张大为重修并浚壕。清代顺治中，邑令刘昌重修。乙亥地震，城倾毁，赵凤诏重修。雍正四年县令钱元台，雍正十年（1732）邑令田欣，皆补修城西北角。至光绪年间沁水县城的规制：城墙砖石营造，周长约 1348 米，高约 7.24 米，城外护城河深约 3.3 米，东、西、北有城门 3 座，城楼 3 座。

以上要素构成沁水县城寨防御体系。

由下表可知，明代泽州各县开始重修、加固、增筑城防工事。尤其明代中晚期，此类记录更加频繁。

年号	洪武	建文	永乐	洪熙	宣德	正统	景泰	天顺	成化	弘治	正德	嘉靖	隆庆	万历	泰昌	天启	崇祯	总计
凤台县	1									1	1		1	1			1	6
高平县										1		1	2	1			1	6
阳城县							1					1		1			2	5
陵川县												2	1	4				7
沁水县	1					1	1				1	1		1			1	7

资料涞源：李书吉、王维平：《明代晋城史略》，三晋出版社 2018 年版。

二、晋城地区古代堡寨

早在诸侯争霸、战乱纷争的春秋战国时期，堡已经比较常见，当时堡多被写作“保”，“保”有时指小城，如《庄子·盗跖》篇中“所过之邑，大国守城，小国守保”的记载。

堡寨是具有防御功能和设施的聚落。堡的前身是上古时期修筑有防御性围墙的聚落，具有居住和防御双重功用。

寨，有时写作“砦”，为防卫用的栅栏或营壁。寨较于保（堡）在文献中出现晚。北朝、五代、宋金时期，晋城山区聚落产生了不少规模小、设施简陋的防御型山寨。

与通常聚落不同，堡寨聚落建有城墙、城门等防御设施。堡寨聚落的产生具有明确的指示性。堡寨聚落集中产生之时，便是地方社会进入动荡离乱之际。堡寨聚落是乡村聚落应对兵燹盗乱等社会危机在聚落形态上的自觉改造，在后期发展中，堡寨区分没有那么严格。

八里坪遗址，位于晋城市沁水县郑庄镇八里村与庙坡村之间，西距沁水县城约 25 公里，是晋城地区目前考古发现的最早也是唯一一处大型环壕聚落。

八里坪遗址（壕沟）

遗址地处沁河东岸台地上，西、南为沁河环绕，东北部至庙坡村西，东南以沁河支流水泉沟为界，分布面积约 100 万平方米。1982 年第二次全国文物普查时发现，因其遗存较多，内涵丰富，1986 年被山西省人民政府公布为省级文物保护单位。2020 年至 2023 年，山西省考古研究院、山东大学文化文化遗产研究院、晋城市文物保护研究中心组成联合考古队，对“考古中国——中原地区文明化进程研究”项目依托的沁水八里坪遗址开展了连续的调查、勘探及发掘工作。通过钻探、清理断面、局部解剖，确定遗址有内外三重环壕。

通过《山西沁水八里坪遗址环壕聚落》可知，2020 年，在勘察遗址西北部断面时发现沟状遗迹的剖面，南北纵向“井”字形钻探过程中发现疑似壕沟遗迹，2021 年大规模分区勘探过程中确定了壕沟的走向和范围。经解剖确认遗址第一期即有内外三重环壕。内壕沟内面积约 1 万平方米，口部宽约 4—6 米，地表距沟底深度约 1.1—2.5 米。平面呈半圆角长方形，两侧沟壁斜收，内侧沟壁坡度较陡峭，外侧沟壁坡度稍缓，底部较平，出土器物丰富，主要有陶器、玉石器、骨器，分为生产生活用具和装饰品两大类，并发现一组大型夯土建筑基址。中壕沟内面积 5.5 万平方米，口部宽约 13—19 米，地表距沟底深度约 1.6—3.8 米。平面呈长方形，两侧沟壁斜收，外侧沟壁坡度较陡峭，内侧沟壁坡底稍缓，底部凹凸不平，出土器物有陶器、石器，基本为生产生活用具。外壕沟内面积（不包括环壕）约 46 万平方米，口部宽 10—18 米，地表距沟底深度约 1.7—3.8 米。平面呈圆用长方形，两侧沟壁斜收，外侧沟壁坡度较陡峭，内侧沟壁坡度稍缓，底部凹凸不平，出土器物丰富，主要有陶器、玉石器、骨器，分为生产生活用具和装饰品两大类。

八里坪遗址环壕主要为人工挖成，局部区域利用自然冲沟，围合成环壕聚落，显示出很强的规划性和严整的秩序性。考古发掘工作明晰了三重环壕的形制结构及其文化堆积，基本明确了其使用和废弃年代，确定了聚落形态演变过程。内壕、中壕的建造年代应不晚于庙二晚期。外壕的建造年代同样不晚于庙二晚期，使用年代为庙二晚期、龙山时期，至龙山晚期彻底废弃淤平。

八里坪遗址环壕呈现三个特点：1. 环壕将聚落分为内、外不同部分，聚落内形成了不同的功能分区。遗址内重要的建筑基址圈围在内壕沟内，周围发现其他遗存极少，与其他功能区明显分割开来，显示出其核心地位。2. 壕沟呈贯通状态，两侧沟壁斜收，外侧沟壁坡度较陡峭，内侧沟壁坡度稍缓，具有明显的防御功能，三重环壕将聚落防御功能进一步提高，也是防御意识增强的表现。3. 八里坪遗址虽然选择在台地上，依然无法避免洪水的威胁，挖掘壕沟可以削弱洪水的破坏力，有效降低自然灾害带来的损失，保护先民的生命和财产安全。

王离城，相传为秦将王离所筑，城险阻临崖，四面悬绝。位于沁水县郑庄镇王必村北的登王岭，东临沁河，西为龙渠河。分布面积约20万平方米，文化层厚约3米。1986年，曾在该地发现在大型地下引水工程，引水管道顺山势水平构筑，由北而南直达王离城，全长4公里。全部为陶质水管，圆筒状，每节长59厘米，直径25厘米，管厚1.5厘米，管面绳纹，有单筒、双筒管两类。半瓦当、圆瓦当等建筑构件随手可捡，出土砖面为模印方格形花纹，还出土有铜箭头等。地表暴露夯土墙1段，残长约20米，基宽约1.5米，残高5—6米。1997年，王离城遗址被晋城市人民政府公布为第一批市级文物保护单位。

长畛堡，位于沁水县长畛村东南约20米的沁河东岸台地上，仅剩一段夯土墙，为南北走向，平面呈弧形，残存长约40米，高约5米，夯层清晰，每层0.1米，夯窝分布均匀，直径约0.15米，侧断面呈梯形，底部

王离城遗址

河头夯土墙（局部）

宽约 2.5 米，顶部宽约 1 米。在夯土墙附近散落大量战国时期的板瓦、筒瓦等残片。

河头堡，位于阳城县河头村西北约 100 米沁河南岸台地上，仅剩一段夯土墙，为东西走向，残存长约 100 米，高约 3 米，夯层清晰，每层 0.12 米，夯窝分布均匀，直径约 0.06 米，侧断面呈梯形，底部宽约 2 米，顶部宽约 0.6 米。在夯土墙所在台地的断崖上发现有汉代瓦片堆积，并在附近采集鞋底样石磨盘残件 1 个、燧石质细石器 6 枚。

此段夯土墙所在台地地势较高，北、东、西均临河、沟。台地东西长约 100 米，南北宽约 80 米，在此台地南端也残存一段夯土墙，坍塌严重，现场勘查，此台地原似为一方形古堡，用途不详，年代约为战国、汉代时期。

郭南堡，位于沁水县郭南村西南，仅剩两段夯土墙，均为南北走向，平面呈弧形，残存长约 60 米，高约 6 米，夯层清晰，每层 0.1 米，侧断面呈梯形，底部宽约 4.2 米，顶部宽约 2 米。在夯土墙附近散落大量战国时期的板瓦、筒瓦等残片。

长平堡，位于高平市寺庄镇长平村北，呈东西走向，分布面积约 35 平方米。现仅存夯土墙，高约 3.5 米，长约 6.4 米。

丹坪寨，位于沁水县中村镇涧河村西南，丹坪山之巅。东西宽约 150 米，南北长约 400 米，分布面积约 60000 平方米。山峰四围壁立，绝顶平坦。相传此处为仙人炼丹之地，故名丹坪。南宋抗金组织太行忠义军在沁水境内筑寨 7 处，丹坪寨为其中之一。又称岳将军寨。今北寨门犹存，残存有房址、古井。1981 年被沁水县人民政府公布为第一批县级文物保护单位。

岳城寨，位于沁水县郑村镇北落村岳城山顶部。据清代《沁水县志》记载，筑于金代。寨堡城墙用石块垒砌，南北长约 200 米，东西宽约 100 米，分布面积约 2 万平方米。寨内设有南门和西门，为岳飞抗金所筑。寨堡构筑雄伟，易守难攻。

岳将军寨，位于泽州县黑石岭村西部 1 公里处关帝岭上。寨呈圆形，占地面积 1108 平方米。下临深壑，现存遗址基本完好，周长 134.5 米，高 6 米，墙厚 1.8 米。北侧设楼梯，宽 2.1 米，梯升坡长 9.7 米。寨中兵

岳城寨遗址（局部）

黑石岭村岳将军寨

洞密布，形迹完整。洞呈三角形，沿墙敷设。由入口至洞内，宽度1—2.7米不等。2007年1月，晋城市人民政府公布其为第二批市级重点文物保护单位。

南阳寨，位于位于沁水县南阳村。岳将军寨之一。宋绍兴十年秋，岳飞使梁兴会两河忠义败金人于沁水，即此处。

焦赞城，位于泽州县晋庙铺镇小口村的前湾自然村北10公里处、小口道前湾村背后一条山脊上。分布面积720平方米。东面悬崖峭壁，西面沟深不见底，后有高山护城，前面路窄天险。行人只有从城中通过，才能北上或南下。相传宋大将军焦赞曾把守小口并在此修城，故名焦赞城。

高会寨，位于泽州县李寨乡高会村南500米。梁兴为抗金名将，金人占领平阳后，梁兴以太行山为根据地，组织农民建立抗金武装“忠义社”，不断打击金兵，后投奔岳飞。寨址坐南朝北，东西最宽23米，南北最长40.2米，分布面积924平方米。寨为梁兴抗金时所建。寨墙用方形青石砌成，最高5米。

焦赞城遗址

下孔寨俗称东寨上，位于阳城县凤城镇下孔村村东约 1800 米，平面略呈长方形，东西长约 60 米，南北宽约 40 米，总占地面积约 2400 平方米。创建年代不详，现存为清代建筑风格。古寨建在天然岩石上，依山势而建，以青石块杂砌寨墙，墙厚约 3 米，寨墙现仅存南面约 60 米，东面约 8 米，残高约 2.5 米。相传此寨系宋、金时期梁兴领导的太行忠义社为抗击金兵而建。

青莲寺山寨，位于晋城城东 25 里之处。在金贞祐年间，当地居民利用地形的险要，筑起栅栏以自卫。当时朝廷曾考虑将州的防守移至此处，但必兰阿鲁带上奏提出异议，他认为青莲山寨距离州城较远且地形狭隘，不利于大规模的防御。他建议直接在州城内屯军，以占据太行山的险要地势。朝廷最终采纳了他的建议，并下诏以泽州为昭义军的治所。这一决策不仅体现了当政者的智慧，也彰显了青莲寺山寨在历史上的重

高会梁兴兵寨遗址

要地位。

核桃洼寨，位于晋城市市区以西约2公里处的核桃洼村，紧邻城西环城高速公路。自古以来是西达阳城，东连晋城的重要交通点，地理位置优越。村落东西两侧群峰绵延，南北两侧为相对开阔的平地。

该村东南寨山顶部现存堡寨遗址1座。寨址总长约80米，总宽约25米，面积约2000平方米。推测在宋时已有基础，明代时重修。据当地村民介绍，该寨已有几百年历史，抗战时曾被日军占领，现已废弃不用，不再发挥保境安民之军事功能。目前仅存宽1.5米、高约3米的青石砌筑围墙。寨内外满目荒凉，杂草丛生，破败不堪。

南沟寨，位于晋城市区西南12公里，东邻207国道，西、北、南三面为丘陵坡地，地势北高南低，道路呈树枝状分布。街道由北向南蜿蜒。

寨址平面呈方形，坐北朝南，负阴抱阳，南北长约134米，东西宽约93米，分布面积12462平方米。寨墙砂石垒砌，厚2米，为加固寨墙，墙外加设墙垛。现仅存外围建筑，寨内原建筑已全部坍塌，四周已成村民耕地。

仙台寨，位于晋城市区南部约5公里，西临白水河，东、北、南三面为丘陵坡地。据第二次文物普查登记资料，东贤子村白水河畔一山峰上有寨址，名为东贤子寨，寨门上有“仙台”石碣，故亦称仙台寨。此寨同岳将军寨一样，抗金时期已存在。明末农民起义军由晋南入晋城，附近村民为避兵祸而重建，约于崇祯十六年（1643）完工。现存堡寨为明崇祯年间建筑，建于山巅，四周砌石，地形险峻，四周寨墙基本完好。寨东、西壁尤为陡峭；北部最高，但山势较缓；南部为登寨通道，地势亦坦缓。进寨拱形门上有石碣，题刻“仙台”二大字。右上角直书“大明崇祯十六年岁次癸未正月”题记，左下角题碣人姓名已被人为凿去。寨门上为敌楼，有雉堞存。敌楼左右与南墙、西墙相接，有双壁相夹的运兵甬道可通四周。入寨门为百余平方米空地，地面铺石板。两北角有一水井，四季不涸。寨之最高处有一庙堂，为寨中求神佑之所，现仅剩遗址。

河上寨，位于今晋城市区西南部约8公里，东邻207国道，西、北、南三面为丘陵坡地。寨址平面近似长方形，四角为圆角，东西长约200米，南北宽约80米，面积约1.6万平方米。南、北及西端寨墙保存较好，为青石砌筑，高约6米。寨上南北两端中部均残留一段东西走向夯土墙，南端已坍塌。北端保存较好，长约10米，高4米，夯层清晰，每层0.07米，夯窝分布均匀，直径约0.04米。侧断面呈梯形，底部宽约1.2米，顶部宽约0.5米。寨内现为耕地，地面散落大量砖瓦。据现存夯土寨墙和青石寨墙判断，此寨应建于明清以前。

东谷坨寨，位于晋城市区西南部约31公里，东与东庄接壤，南与蓄粮掌、官家庄相望，西与东贝村、东土河村相连，北与王庄村相伴，东、西、北三面群山环抱，土地辽阔，地面宽广。

寨址平面呈椭圆形，南北长约 73 米，东西宽约 37 米，占地面积 2700 余平方米，寨墙由青石垒砌而成，厚约 2 米。寨墙北侧辟寨门，周边寨墙上留有瞭望孔。寨址具体创建年代已无可稽考，结合大的历史环境并根据其形制和建筑用材判断，应为明清兵匪横行时期，乡民为自保聚寨修建。

岭堂寨，位于晋城市区西南部约 24 公里，西望沁河，东、南、北三面为太行群山环抱。寨址平面呈圆形，坐北朝南，占地面积 990.8 平方米。寨墙由青石垒砌，厚约 1.5 米，正南辟寨门，周边寨墙上设有城垛、瞭望孔等，有军事防御的功能。

老关寨，位于晋城市区西南部约 26 公里，东、西、南、北四面为太行群山环抱。村民称之为“老关寨”。寨址位于老寨山之巅，平面呈长方形。南北长 65.65 米，东西宽 36.26 米，分布面积约 2380 平方米。寨墙墙体多处坍塌，墙厚约 2 米，寨墙上分布有城垛、寨门等遗迹。观其形制，应建于明清时期。

栖龙寨，位于晋城市区西南约 30 公里，北临沁河，东、西、南三面为太行群山环抱。村民称之为“栖龙堡”，创建年代不详。据村中老人回忆，为清朝时期村民为自保而修建的军事防御建筑，也称为“村堡”。寨址平面呈长方形，寨址北面以山体为自然依托，其他三面下临悬崖，防御性极强。寨址用自然石材和条石砌筑，长 7.9 米，宽 5.9 米，占地面积约 47 平方米。现存寨墙高约 5 米，厚 0.8 米，寨门开于南侧。

冶底寨，位于晋城市区西南约 15 公里冶底村东北。寨址坐北朝南，平面呈长方形，东西宽 40 米，南北长 30 米，占地面积 1200 平方米。寨墙砖石混砌，厚 2.3 米，高 2 至 4 米。寨门位于南端，门上嵌石碣一方，书“祉园”。从大的地形地貌看冶底寨址东临晋普山，南望佛头山，西为横岭山，北靠土地岭，极具军事防御价值。

永安寨，位于晋城市区西南16公里，距南村镇约10公里，四面群峰环抱，南望西河，北靠后沟。平面不规则，四周为青石砌寨墙，高5米，东西最宽47米，南北最长56米，占地面积约2632平方米。寨址上存关帝殿一座，该寨应为明末农民起义军由晋南入晋城时，附近村民为避兵祸而建，清代沿用。目前寨址只剩轮廓和墙体，其余大部分被毁。

西村寨，位于晋城市区西南部约11公里处，西南望晋普山，周边地形多为浅山丘陵。寨址坐北朝南，平面呈长方形，东西宽27.7米，南北长30.5米，占地面积约845平方米。寨墙下为条石，上为青砖，最上方有垛墙，高约7米，厚1米。寨门上书“恒益”二字，寓意“恒久持续”。寨内建有关帝庙。从建筑形制上看，冶底寨寨址、环秀村永安寨寨址、西村寨寨址，三寨由于村落距离较近，可能在修建之初就相互参照，故而较为相似。从规模上看，西村寨寨址的规模最小，环秀永安寨的规模最大。创建年代也接近，均创建于明末，沿用至清。

永宁寨，位于高平市河西镇原牛庄乡南部边缘，处于高平、泽州交界地带，距河西镇约9公里，地势北高南低，南靠南山，西依布谷山，四周多高山深谷，地形相对复杂，在古代多为盗贼出没之地。

寨墙东西长约1000米，南北宽约400米，东、西、南、北各设门楼1座，上下两层，下为拱券通道，上为房屋，面宽三间，曾设有吊桥与外界相通。现寨墙原貌已毁，仅东门楼保存完整，其余为断壁残垣。西侧残存砖墙长约10米，高6米，墙上存有3个洞。寨内据说还设有地道，平时存放粮食物资，战时作为避难之所。

保宁寨，位于阳城县驾岭乡西南约10公里处，中华山顶，坐北朝南，东西长12米，南北宽10米，占地面积120平方米。据寨门门匾题款记载，创建于清康熙十四年（1675）。寨址平面呈椭圆形状，青石修砌，现存墙体高3米，宽2米，石拱券门，门额自右向左楷书：“康熙岁次乙卯仲春吉旦、保宁寨、合村立石”。年久失修，已自然塌毁。

牛头寨，位于阳城县北留镇石苑村西约2500米牛头山西麓，下临沁河。寨顺山势而建，总体平面呈梯形，东西长约1500米，南北宽约1200米，占地面积约180万平方米。据寨门门匾题款记载，该寨创建于明崇祯五年（1632）。寨墙多临崖而建，全部由青石块砌筑，厚度1至3米不等。寨墙外东北、东南各斜向砌筑御墙两段，谓之“牛角”。寨门为拱券式，青石所砌，居寨之东南角，朝东开设，门匾题：“一方保障”，前有崇祯五年题款。寨之西南角朝西设有水门1座，水门之下百米余便为沁河。寨内现存有石臼、石屋、蓄水池等遗址、遗迹。该寨系明末为避“流寇”之乱，由周边几个村子的民众合力而建，规模宏大，设计合理，防御性强，具有一定的军事、历史、文化价值。

扞乐寨，位于阳城县县城东北部，距县城约10公里，地势西高东低。东、北临沁河，西靠柏坡山，南望南山。坐南朝北，寨呈不规则椭圆形，东西长约200米，南北宽约100米，占地面积约2万平方米。据寨门门匾题款记载，创建于明崇祯五年。寨建于天然土丘上，寨墙为夯土墙，现存高度约8米，厚1.5米，寨门为砖构，拱形门，门匾题刻：“扞乐寨”，前款为：“大明崇祯五年十二月初六日”，后款为：“本邑庠生刘天章、马良知创立”。寨内现无任何建筑物，正中存水井1口，已废弃。

王村寨，位于今阳城县县城东北部，距县城约8公里。该村位于丘陵，地势东高西低。东、南临沁河，西靠二龙沟，北为老圪堆。坐北朝南，平面呈不规则椭圆形，南北长约80米，东西宽约50米，占地面积约4000平方米。创建年代不详，现存为明代风格，寨墙主要由砂石、河卵石砌筑，残高约9米，厚度平均1.5米，寨门（已改修）为砖结构，拱形门，宽4米。寨内北侧建有成汤庙，西北角现存藏兵洞5孔，为砖券窑洞，外墙有瞭望口。

坪上寨，位于距今沁水县端氏镇3里处，地处太岳、中条低山丘陵地带。现存南北堡门、街巷、住宅、庙宇、戏台、牌坊等历史建筑。堡墙土筑而成，高4米，现毁损严重。北寨门位于寨上，坐南朝北，占地面积35平方米，创建年代不详，现存建筑为明代风格。寨门高4层，石砌基础，面宽三间，进深四椽，单檐悬山顶。一层正中设砖券门洞，二层外墙封闭，三层东西山墙各开拱形小门，四层明次间各开方窗，山面开拱形窗。门楼西侧存土垣少许。南寨门坐北朝南，占地面积22.7平方米，创建年代不详，现存建筑为明代风格。寨门高两层，石砌基础，一层正中开设砖券拱形门洞，南面券口上匾额书“西曲”；二层面宽三间，进深二椽，单檐悬山顶，南面明次间各开方窗，东山墙开设板门。

王街寨，位于沁水、阳城、泽州三县交界处，坐东朝西，地势北高南低，北侧为农田，东侧、南侧是为民房。平面略呈长方形，南北长约150米，东西宽约120米，占地面积约1.8万平方米。创建年代不详，现存建筑为清代风格。堡设三门：北门、东门、西门。堡墙厚10米，高约12米。西墙和南墙用砖石砌筑，顶部设有女儿墙。堡内北侧建有庙宇，东侧建民房，构成完整的防御体系。西侧城墙保存完整，南侧城墙局部塌毁。

三、晋城地区明清村堡

明清时期晋城城寨的修建主要集中于明嘉靖、隆庆时期，产生背景是境内陈卿起义的袭扰和外边蒙古军队的入侵。总体而言，陈卿起义持续时间短，影响范围有限，晋城各县城寨的修建主要是为防御蒙古军队的可能侵入带来的人员、财产损失。明初以降，北方草原的蒙古部落一直是明朝的重要边患。但在正统之前，双方军事冲突一直维持在长城沿线一带，偏安南地的晋城并无蒙古军队侵扰之虞。但土木堡之变以后，双方军事对比态势发生转变，蒙古铁骑越过长城屏障，深入内地屡屡入侵，肆意掠夺财产、人口，尤以嘉靖、隆庆时期最为激烈。嘉靖一朝，明朝政权错误地与蒙古人实行“绝贡罢市”政策，阻断蒙古人经由通贡互市换取生活物资的途径。蒙古部落首领便通过频频侵犯内地，滋扰包括山西在内之数省来逼迫固守己见的嘉靖皇帝废除这一错误政策，晋城地区为免于蒙古军队可能侵扰之惨烈，各县纷纷修缮城寨。为有效应对明清易代之际当地的持续动荡，泽州各地乡村才纷纷开始修堡筑寨，一些之前没有修筑堡寨的乡村开始修筑堡寨，一些之前没有修完堡寨的继续修缮，这些集中修筑的堡寨主要分布于沁水流域中游、丹河流域中游，这与陕西农民军长期活动、反复争夺地带基本相吻。

万历之后，朱明王朝江河日下，国内矛盾激化，兵燹连连，晋东南亦盗匪四起。崇祯时期，陕北农民起义军拉开推翻明王朝序幕，因地理毗邻，加之晋城拥有富裕的农耕经济、发达的工商业和庞大稳定的官商集团，以及南下中原、北上太原、东指京师的咽喉要道，成为农民起义军长期争夺的重点区域。明清易代之际，陕西农民军大举入泽。有清一代，地方武装、盗匪、太平军、捻军、义和团等屡扰此地，在明末崇祯三年至清亡 282 年间共发生动乱 25 次（见下表），足见动乱之繁。加之泽州矿产丰富，明末以来随着工商业发展，贫富分化扩大，促发盗乱盛行。“邑山高壑深，惧为逋逃之薮”，逃逸、聚集在深山中的盗民，“行劫乡村，戕杀多命，淫掳妇女，邀夺牲畜”。政府虽试图消除控制，但盗乱从未停止。官兵不仅未能除乱，有时甚至劫掠乡民，加重地方负担，“况将骄兵横，至则只办索饷钞掠，村市为之一空。贼与兵又何分之有?”民众不得已展开自救，“为避兵计而筑寨”。泽州乡村聚落大规模修筑堡寨便是当地村民为有效应对兵燹匪乱的时代产物，折射了社会大环境对境内乡村聚落规划设计等方面的深远影响。

明末至清泽州动乱情况

时间	事件	出处
崇祯三年	回贼肆虐	乾隆《陵川县志》卷二七《艺文三》
崇祯四年	河曲流贼王家胤转掠至阳城、沁水	雍正《泽州府志》卷四九《艺文志》
崇祯五年	流贼掠大阳镇，犯州西	雍正《泽州府志》卷四九《艺文志》
崇祯六年	贼从河内上太行，犯州西秋泉、李寨村；刘寇作乱；土贼二郎神等盘踞十字河	雍正《泽州府志》卷四九《艺文志》；阳城县北留镇南庄村崇祯十五年（1642）《众议立碑记名》；民国《阳城县乡土志·兵事录》
崇祯十年	贼势猖獗如前……犹有贼遗余党未得过河者数百人，占住阳城县南山	阳城县北留镇郭峪村崇祯十三年（1640）《焕宇变中自记》
崇祯十三年	贼首紫金梁、老回回、八金刚以三万众围窦庄；县大祲，饥民啸聚山谷，盗复大起	雍正《泽州府志》卷四九《艺文志》；民国《阳城县乡土志·兵事录》
崇祯十五年（顺治元年）	叛将任国琦自松山从河南林县逾太行，夜袭北董镇（闯贼李自成伪将刘芳亮据泽州……九月贼刘忠破苇町堡，贼陈杜、张斗先据州）	雍正《泽州府志》卷四九《艺文志》
顺治四年	邪教高飞、王希尧众千人，据腰盆照壁龛	民国《阳城县乡土志·兵事录》
顺治六年	姜瓖煽动，三晋兵起，泽、潞城陷，贼党擅据，互相侵掠；寇兵蜂起晋豫间，亡命蚁聚于此	雍正《泽州府志》卷四九《艺文志》；顺治十五年（1658）《高禖神祠碑记》
嘉庆八年	土涧村柴法长率众倡乱	民国《阳城县乡土志·兵事录》
嘉庆十八年	教匪据滑县，泽郡戒严	光绪《凤台县续志》卷四《纪事》
道光十五年	曹顺倡乱	民国《阳城县乡土志·兵事录》
道光二十六、二十七年	强横聚诸境	沁水县中村镇中村清《中村庙荒政碑记》

续表

时间	事件	出处
咸丰初年	逆匪（太平军）由垣曲以入平、潞，往返扰乱绛州、曲沃，人民杀伤无数，逃兵趋避此方	沁水县中村镇中村清《中村庙荒政碑记》
咸丰三年	粤匪逼太行	光绪《凤台县续志》卷四《纪事》
咸丰五年	侯井民变	民国《阳城县乡土志·兵事录》
同治六年	捻匪由吉州渡河入晋	民国《阳城县乡土志·兵事录》
光绪三年	修武县匪徒孟昭列等纠众千余窜入	光绪《凤台县续志》卷四《纪事》
光绪二十六年	拳匪蜂起	民国《阳城县乡土志·兵事录》

资料来源：李峰、尹振兴：《炎帝民间武神形象特征与历史成因——基于山西泽州清代炎帝造像的考察［J］，装饰，2021（9）

泽州乡村聚落在刀锋战火中为了自保，纷纷修筑坚固的堡寨，数量很大。现将能确定是泽州明末清初修筑的堡寨，根据清代地方志和现代地名志找到其依托聚落制成下表。

县	堡寨	依托聚落	堡寨	依托聚落
高平	米山堡	米山镇	马村堡	马村镇
高平	周纂堡、高阳堡、巩固堡、朱家寨	周纂镇	寺庄堡	寺庄镇
高平	换马堡	换马镇	野川堡	野川镇
高平	丁壁堡	丁壁村	玉井堡	玉井村
高平	赵庄堡	赵庄村	蟠龙寨	良户村
高平	伯方堡	伯方村	新庄堡	新庄村
高平	安贞堡	寨上村	杜寨	杜寨村
陵川	平城堡	平城镇	杨村堡	杨村镇
陵川	南马堡	南马镇	马武寨	马武村

续表

县	堡寨	依托聚落	堡寨	依托聚落
陵川	礼义寨	礼义镇	蔡家平寨	蔡家平村
	积善寨	积善村		
沁水	郭壁大寨、郭南寨、郭北寨	郭壁村	湘峪寨	湘峪村
	窦庄堡	窦庄村	端氏寨	端氏镇
	武安堡	武安村	坪上寨	坪上村
	花沟寨	花沟村	北城寨	县城西北隅
	曲堤寨（大小两个）	曲堤村	金峰寨	金峰村
	马邑寨	马邑村	郑庄寨	郑庄村
	贾村寨	贾村		
阳城	王村堡	王村	下孔堡	下孔村
	屯城堡、屯城寨	屯城村	北留堡	北留镇
	沁渡堡	沁渡村	上佛堡	上佛村
	润城堡	润城镇	刘善堡	刘善村
	王曲堡	王曲村	美泉堡	美泉村
	北安阳堡	北安阳村	下佛堡	下佛村
	忘川堡	忘川村	盘石寨	中庄村
	郭峪堡、东坡寨	郭峪村	南庄堡	南庄村
	洸壁堡	李家村	宁远寨	王村
凤台	仙台寨	马苇村	周村堡	周村镇
	金汤寨、岳峙寨、安庆寨、清宁寨	大阳镇		

资料来源：郝文军：《明清时期晋东南堡寨聚落地理研究》，《陕西师范大学博士论文》，2015年博士学位论文。

根据顺治《高平县志》记载，明末清初高平县修筑了 17 座堡寨，并依据其记载堡寨之归属村镇、地理方位，我们能初步了解这些堡寨的空间分布大貌，如下表。

明末清初高平县堡寨依托聚落及其方位一览表

堡寨	村镇	方位	堡寨	村镇	方位
马村堡	马村镇	县西南 30 里	高阳堡、巩固堡、朱家寨	周纂镇	县西南 35 里
蟠龙寨	梁扈村	县西南 35 里	寺庄堡	寺庄镇	县西北 20 里
野川堡	野川镇	县西北 20 里	伯方堡	伯方村	县西北 20 里
米山堡	米山镇	县东南 10 里	丁壁堡	丁壁镇	县东南 30 里
赵庄堡	赵庄村	县东 3 里	玉井堡	玉井村	县南 10 里
换马堡	换马镇	县北 40 里	新庄堡	新庄村	
杜寨	杜寨村		安贞堡	寨上村	

资料来源：顺治《高平县志》卷二《建置志 · 里甲》。

从上表可知，明末清初高平县修筑的堡寨所依托聚落在地理方位分布上并未呈现集中态势，较为均匀分布于县域各个方位。但将这些修筑堡寨

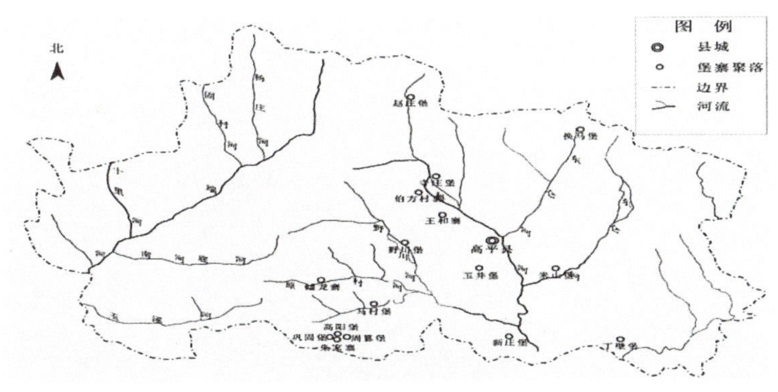

图 1　明末清初高平县堡寨聚落空间分布图

聚落标注到现代地形图上，我们发现赵庄、寺庄位于丹河东侧，换马位于丹河支流东仑河东侧，伯方、王和位于丹河西侧，米山位于丹河支流东仑河西侧，野川、蟠龙分别位于野川河东侧、原村河北侧，马村位于丹河一不知名支流北侧，玉井位于县城南侧平缓川地，两边距丹河及其支流野川河都不远；丁壁位于不知名河流西侧。这些堡寨主要修建于境内海拔较低，地势和缓而且濒临河流的谷地和台前阶地上（见图 1）。

将堡寨修筑于河流两侧河谷阶地这一规律普遍存在于晋城乃至晋东南地区聚落之中。我们试以阳城为例再证，依据康熙《阳城县志》、雍正《泽州府志》记载及近年文物普查和实地调查发现，阳城县能确定修筑于明末清初的堡寨有 21 座，它们依托村落分别为：王村、下孔村、北留镇、屯城村、河头村、上佛村、润城镇、刘善村、王曲村、美泉村、北安阳村、中庄、洸壁村、王村、郭峪村、皇城村、屯城村、下伏村、望川村、南庄村。对照现代地形图我们可发现阳城县堡寨空间分布呈现区域高度集中性，20 座堡寨坐落于沁水河及其支流芦苇河、护泽河两岸河谷阶地（见图 2）。

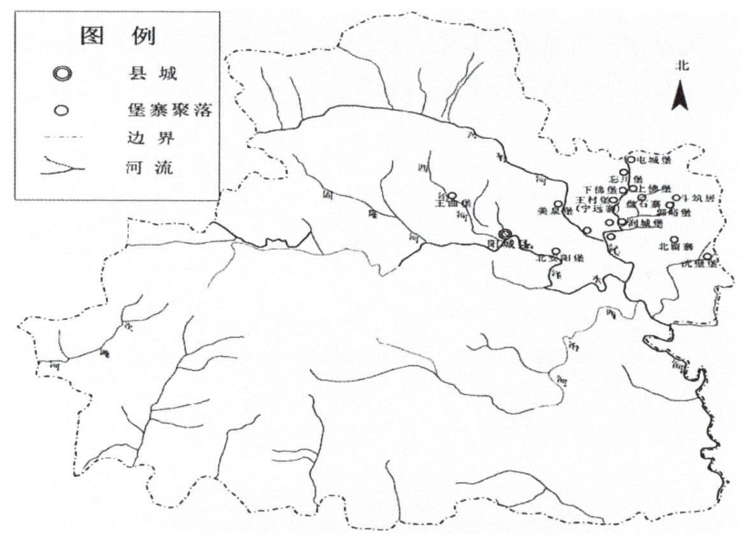

图 2　明末清初阳城县堡寨聚落空间分布图

结合文献记载和实地调查发现陵川县、沁水县、凤台县堡寨及其依托聚落地理区位，对照现代地形图，除陵川县多数堡寨修建在河流冲击的平川外，沁水县、凤台县多数堡寨仍遵循了濒河临水而建原则。总体而言，明末清初晋城堡寨分布主要集中于沁水流域、丹河流域，这一分布特点正与明末农民起义军在晋城往来最频繁、破坏最严重之区域高度吻合。晋城地区环山而立，气候干旱，河流两侧谷地土质肥沃、水源充足、地势平坦，农耕生产基础较好，这类地区往往也是经济发达、文化昌盛、规模较大村落聚集区，区内民众为防止盗匪抢夺虐杀，保护人身安全和家族、村落财产，纷纷捐钱输力，鸠工庀材修建堡寨。另外，笔者实地考察晋城现存堡寨遗址时发现，当地民众修建堡寨充分结合既有地势地貌基础，遵循因地制宜，顺形而筑原则，既降低修筑成本、难度，亦提升了防卫效率。譬如，择占村中东北高地隆起山丘修建的高平县良户蟠龙寨；临河修建城墙的湘峪堡；利用西北侧一块凸起巨石，三面环水之有利地形修筑而成的砥泊城等。

有清一代，晋城诸多在明末清初修筑的堡寨经过维修扩建继续发挥着保境安民、护佑一方的职责。这些堡寨帮助泽州民众有效抵抗了地方武装、盗匪、太平军、捻军、义和团等侵扰，在修缮—避难（避难—修缮）的循环往复中稳定地传承着。因此，晋城清代堡寨聚落与明末清初堡寨聚落存在大部叠合。为使读者对晋城堡寨聚落有全面深入了解，以下就各典型堡寨聚落作一详细钩沉。

窦庄堡，又名“夫人城”。北宋元祐八年（1093），左屯卫大将军窦璘为了躲避战乱携家族从陕西扶风迁徙到泽州端氏县中沁乡西山下择地兴建窦府，繁衍生息，逐步形成村落，故名窦庄。明中后期，窦氏家族没落，而为其守墓的张姓家族金榜题名者绵延不绝，辉煌数代。其中最著名的当数张五典、张铨父子。

张五典，窦庄由村为堡的推动者。明万历二十年（1592）进士，天

窦庄堡南门

启元年（1621）官至太仆寺少卿，次年调任南京大理寺正卿。天启三年（1623）告老还乡。在河南、山东任职其间，各地不断发生民变，再加上深知当时官场腐败、社会黑暗，预感明王朝的天下即将大乱。“度海内将乱，筑所居窦庄为堡”，回乡后，组织族人开始修筑窦庄堡。开工三年后，张五典因病去世，后由张铨之妻霍氏主持营建，又历时九年时间，于崇祯二年（1629）建成。

窦庄是农民军进入沁河流域第一个袭扰之地。崇祯四年（1631）七月，赵胜（号点灯子）领导的农民军第一次围攻窦庄，当时张五典之子张铨殉国，其子道济、道泽均在京为官，城内只有夫人霍氏留守。族人劝其弃堡避难，霍夫人对众人说：“避贼而出，家不保；出而遇贼，身更不保。等死耳，死于家不愈死于野乎？且守坚，贼必不得志。”霍夫人率领城内百姓，英勇抗敌，坚守四天四夜，加之霍夫人的小儿子张道浚率兵外围突袭，终保窦庄不破且“贼伤甚众”。为表彰窦庄霍氏的壮举，明兵备道王肇生上疏，褒扬“窦庄城”为“夫人城”，崇祯皇帝亲赐御笔“燕桂传芳”。

崇祯五年（1632），农民军又曾两次攻打窦庄而未克。《明史》记载，最多一次以三万之众围之不破，并“掘地深余，楼不毁，贼怒，誓必拔”。之后窦庄闻名遐迩。崇祯六年（1633），在张道浚的倡议下，沁河中游方圆不过四五十里的范围内，相继建起 54 座自卫堡寨以抵御“流寇”。

窦庄之所以能够以少胜多打退农民军进攻，一方面与双方军事实力有关。起义初期，农民军的主力多为流民，组织松散，缺乏军事素养及实战经验，战斗能力有限，这一点和窦庄张氏家族训练有素的护庄兵丁是不能相比的。另外一方面应该得益于窦庄古堡的创建者和设计者张五典。完善的防御体系，使窦庄成为唯一一处经三次攻打而未被农民军攻破的古堡。

窦庄原城墙高 3 丈，墙厚 5 尺，周长 1680 米。墙头筑有城垛、炮台、瞭望口等。四角高筑五层硐楼，八面设窗，使楼外山水尽收眼底。如有来犯之敌，数十里外无所遁形。城墙下为条石，上为青砖，内添砖土。部分城段修有暗道与城内建筑及城外建筑相连通，便于防守出入。城外绕墙设置藏兵洞，每洞可容 5 人藏身。东、西、南、北四个城门，高而狭窄，宽不容车。四门之外，各设瓮城一道，高大雄伟，森严睨傲。城内四门之间，互不串通，各成一区，自我封闭，以防战时一门失守，殃及其他。城内民宅二层设置过街楼，明隔暗通，互相串连，一旦有急，便于逃生。

郭峪堡，坐落于阳城县东部约 11 公里处，明代为里。据张鹏云于崇祯十一年（1638）所撰《郭谷镇重修碑记》记载：“吾乡郭谷，夙称巨镇。聚庐而处者千余家。”至明朝末年，该地已成为远近闻名的富庶集镇。以张鹏云和陈昌言两大家族最为显赫，世代为官；而以王重新为代表的富商巨贾，则财力雄厚。如此富庶之地，自然成为当时物资匮乏的农民军觊觎的目标。

根据民国二十三年（1934）编撰的《山西省阳城县乡土志》记载：“崇祯四年，流贼王嘉印（胤），即九条龙，转掠至阳城，总兵曹文诏击斩之。其党王自用，号紫金梁，与老回回往来阳城间，民被其害。”“五六年间，邑民涂炭，润城都、郭谷里诸乡之杀掠尤多。”为应对农民军的侵扰，樊溪河谷分散居住的小户人家纷纷迁往大村周边，通过集中居住增强防御能力，由此促成了郭峪这个规模较大的多姓氏聚居村落的形成。

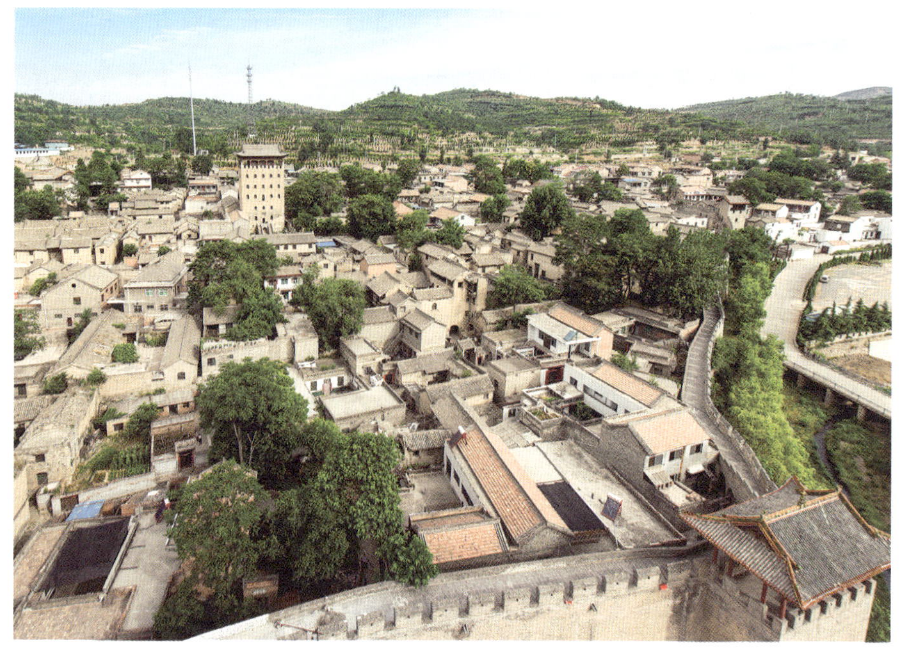

郭峪堡

在崇祯四年（1631）至崇祯六年（1633）期间，郭峪村连续遭遇农民军四次大规模洗劫。经历第四次劫掠后，当地村民陷入极度恐慌状态，“无地可避，每日惊慌，昼不敢入户造饭，腰悬米食；夜不敢解衣歇卧，头枕干粮。观山望火，无一刻安然。”家境优渥者纷纷逃往县城或其他安全村落避难，而贫苦农户因耕作所累，只能露宿山野，稍有风吹草动便仓皇逃窜。昔日繁荣的郭峪村顿时呈现出一派萧条景象。曾任蓟北巡抚的张鹏云“极力倡议输财，以奠磐石之安”，并“劝谕有财者输财，有力者出力”。劫后幸存的村民积极响应号召，于崇祯八年（1635）正月十七日正式动工修筑城墙，社首富商王重新负责资金筹措与工程监督。他率先捐出白银七千两，带动乡绅踊跃集资逾万两，无力出资者则以劳役抵偿。短短十个月内，郭峪城便宣告竣工。从此，村民得以安居城内，不再担惊受怕。

郭峪城采用砖石结构构筑，防御性能极为突出。城墙高度达 12 米，厚度超过 5 米，整体周长约 1400 米，城内区域面积近 18 万平方米。城堞 450 个，东西北三向各开城门，另配有东水门一座。防御设施包括 10 座敌楼、18 处窝铺及转角木亭。为增强防御能力，城墙内侧增建多层窑洞，兼具居住与军事用途。窑洞三层，总计 628 孔，故得名蜂窝城。城防系统还配备数十门铁炮，火力配置完善。

五年后，上党地区遭遇罕见旱情，百姓流离失所。明崇祯十三年（1640）正月，王重新召集村首共议对策，“矢力缮修，克成前志”，并请风水先生“考极相方，爰宅厥中”，在村中高地仿照皇城河山楼样式修筑七层防御性建筑。竣工后，援引《礼记·中庸》“预则立，不预则废”的典故，将此楼命名为”豫楼”。楼长 15 米，宽 7.5 米，高 30 米，七层建筑。采用逐层收分结构，底层墙体厚达 2 米，至顶层仅余 0.8 米。底层设计为隐蔽空间，采用单拱砖窑结构，配备粮食加工用的石碾、石磨，生活所需的水井，以及两条砖砌暗道，均设有石门控制，可秘密通往城外。二层由五孔砖窑构成，东向正门上方镶嵌泽州庠生王珩所题“豫楼”二字，并设有四个防御性射击孔。三层以上均为木构架承重体系。顶层四周砌筑垛墙，上覆屋檐形成封闭空间。楼内不仅配备完善的防御器械，更设有完整的生活保障系统，包括粮食加工设施、水源及逃生通道。豫楼位于村之中央，可谓堡中堡。

皇城堡，位于阳城、沁水、泽州三县之交的北留镇北部，北依樊山，西临樊溪，明清时期隶属郭峪村。皇城村堡墙威武雄壮，是一处集明清两代特点的城堡式官宦住宅建筑群。分为内堡和外堡，内堡名“斗筑居”，取“小小斗筑，足以容膝”之意，包括河山楼、世德居、树德居等建筑，为明崇祯五年至六年修建，外堡则是清康熙三十八年（1699）到康熙四十二年（1703）陈廷敬主持修建。之所以将河山楼单独列出，只因在崇祯五年农民军进犯郭峪，村民惨遭杀掠时，河山楼保全了郭峪陈姓族人的

皇城相府（局部）

生命财产安全，郭峪村豫楼即是仿照河山楼修建。

陕西农民军进入山西后，与王重新同村的陈昌言意识到危险即将到来，开始筹划筑堡御敌。陈昌言《河山楼记》中记载：“余乡僻处隅曲，户不满百，离城稍远，无险可恃，无人足守，日夜焦心，谋所以避之。”明崇祯五年（1632）正月开始动工，至七月十五日尚未完工之际，李自成部农民军已攻至郭峪。《河山楼记》中载：“十五日忽报贼近矣。楼仅有门户，尚无棚板，仓惶备矢石，运粮米、煤炭少许，一切囊物俱不及收拾，遂于是晚闭门以守，楼中所避大小男妇，约有八百余人。次日寅时立木……届辰时，贼果自大窑谷堆道上来，初犹零星数人，须臾间，赤衣遍野，计郭峪一镇，辄有万贼。到时节劈门而入，掠抢金帛。因不能得志于楼，遂举火焚屋……寇仍日夜盘踞以扰，至二十日午后方去……逡巡至八月间，无枝可栖，余奉老母暨家属，始移入濩城。期弟以再生之身，独不入城，谆谆以竟楼工为事。至冬月而楼乃渐就绪，且置弓箭、枪、铳，备火药，积矢石。十月内贼连犯四次，将薪木陆续尽毁，期弟率人护守，毙贼于矢石下者多人。数次所全活者不啻万计。”郭峪村陈氏族人依靠河山楼的庇佑，躲过了农民军的数次进犯。

河山楼取名源于“河山为固”，是一座高达 23 米的 7 层碉楼，平面呈长方形，长 15 米，宽 10 米，南面开辟拱门。楼内备有水井、石碾、石磨等生活设施。为防火攻里面还设有两道楼门，外面为石门，门后用杠栓防护，三层以上才设有窗户。进入堡垒的石门高悬于二层之上，通过长长的吊桥与地面相通。楼顶设有垛口与堞楼，用作瞭望观望敌情，也可作为作战时抛掷、放箭时的窗口。底层辟有秘密地道，便于转移逃生。楼层之间还构筑了棚板来囤积物资，以应付可能出现的长期围困。河山楼设计十分科学周密，内部结构安排得当，功能齐全。可以说是当时防御性军事堡垒的典范。

河山楼

河山楼竣工的第二年，陈廷敬伯父陈昌言开始筹资修建内城“斗筑居”，将河山楼，世德居、树德居等建筑囊括其中。斗筑居坐东朝西，为不规则长方形，东西相距 71.5 米，南北相距 161.75 米，设五门。城墙仅用七个月全部完工，城头遍设垛口，东南、东北二角制高点建文昌、春秋二阁，以求神灵护佑。城墙内四周设藏兵洞，为战时驻藏家丁或垛夫藏身休憩之处，共计五层 107

《斗筑居记》碑刻

间，地势较高，十分壮观。藏兵洞大多为窑洞式建筑，之间或通或不通，或三五间相连。层间有暗道相通，可直达城头。最高一层筑于城墙之内，并设有炮眼对着城外，既可发射火器，又可观察敌情。

大阳堡，位于晋城市区西北约 22 公里处的吴神山东麓香山脚下，东邻巴公镇，西接下村镇，北通马村镇，地势西北高东南低，南部及西北、东北群山环绕，中间为开阔平原，交通便利，经济富足，有着 2600 多年历史。在北宋时期，大阳镇已具有相当经济规模，并一直发展繁荣至明清时期。“东西两大阳，南北四寨上，沿河十八庄，七十二条巷，九十三个阁，九市八圪垱，上下两书院，老街五里长。”这首民谚记述了昔日“三晋第一镇”的气魄和规模。

民谚中所提的四个寨，分别为金汤寨，位于古镇西北，由霸州知州王国干在万历庚戌年（1610）乡居后创建。解放后寨门、寨墙被拆，寨内建筑尚存；安庆寨，位于镇之西南，由唐国公后裔鸿胪寺署丞段廷创建，时

大阳古镇

间不详；清宁寨位于镇东南，又名南寨，明天启年间由光禄寺承关天钦出资修建。解放后寨门、寨墙拆毁，寨内建筑尚存；岳峙寨位于镇东北，又名北寨，于明崇祯六年（1633）由明天启年间进士、新城令裴平淮，儒林郎张廷和山阴学官李善徵修建。寨门、寨墙拆毁，其余尚存。四寨围绕古镇分别分布在西北、西南、东北、东南宽阔的高地之上，寨内有敌楼、垛口，寨外四面环沟，易守难攻，寨内水源、石碾、石磨、粮食等生活设施齐全。布局合理，在遭到进攻时，彼此之间既可以相互协调，又能自成一体。

湘峪堡，坐落于沁水县城东南方向约 58 公里处，北依岗峦，南临峪河，是明代万历时期著名政治军事人物孙居相、孙可相、孙鼎相的家乡。这座古堡始建于天启三年（1623），历时十一年至崇祯七年（1634）方才完工，由孙氏兄弟孙居相与孙鼎相共同督建。其中孙鼎相在家族兄弟中行三，官至都察院右副都御史，其宅邸得名”三都堂”，故湘峪古城亦有”

湘峪堡

三都古城”之称。城内独具特色的军事设施包括依城墙而建的藏兵洞、融合中西建筑风格的状元楼与探花楼，以及完备的城防体系，被专家称为“中国北方明代第一古城堡”。

湘峪堡呈南北走向，长约 300 米，东西宽度超过 100 米，占地面积约 3 万平米。城墙依山势而筑，借助天然石壁与陡坡，高度介于 10 至 20 余米之间。原有三座城门中，西门已损毁，现仅存东门与南门。

古堡内部的巷道系统呈现”五纵三横”的棋盘状布局。村中既有宽阔的主干道，也分布着众多丁字形支路，绝大多数道路都顺应地势自然弯曲。这种精心设计的曲折路线，充分体现了建造者在规划时首要考虑的是军事防御功能。当入侵者闯入堡内时，这些迂回复杂的巷道能有效阻滞其进攻。

砥洎城，坐落于山西省阳城县润城镇西北，距离县城约 13 公里，民间称之为”寨上”。2006 年被国务院公布为全国重点文物保护单位。砥洎城南接村落，北濒沁河，三面环水的独特地形使其形成半岛状格局。从远处眺望，整座城池犹如中流砥柱般巍然屹立，”砥洎”之名由此而来。

该城防御工事极具特色，反映了明清时期当地冶铁业的繁荣景象。当时众多富商利用冶铁积累的财富兴建城堡，并创新性地将废弃的冶铁坩埚作为主要建材。这种特殊工艺不仅保证了城墙的坚固性，还显著降低了建造成本。城墙外立面采用传统青砖砌筑，而内侧则呈现出独特的结构——坩埚与条石交错垒砌，排列规整的坩埚群构成了罕见的”蜂巢式”防御体系，成为中国古代城墙建筑中的独特范例。

砥洎城的确切建造时间已无从考证，但根据明崇祯十一年（1638）所立”山城一览”碑文记载，其始建年代至少可追溯至明末之前。该城整体呈椭圆形态，采用砖石结构修筑，总占地面积约 6 万平方米，其中城内区域占地约 2.3 万平方米。南侧设有主城门，城墙自地面起建，高度约达十米。临河段城墙自河岸拔地而起，高度超过二十米，原设有防御性的城垛和炮台等军事设施，可惜现已损毁无存。主城门上方镌刻”砥洎城”三字，是居民日常进出的主要通道；城北沿城墙修建石阶，顺阶而下可达水门，便于舟楫往来。城内道路布局规整，除环城道路外，其余皆为居住区

砥洎城

巷道，各类生活设施一应俱全。在古代战乱时期，只需关闭城门，便形成易守难攻的独立防御体系。

城内设有深井和石碾，既满足日常用水和粮食加工需求，又能有效防范敌军火攻。街巷布局采用迂回曲折的设计，形成错综复杂的防御网络。巷道中特别设置了多重街门和过街楼，由专人值守，构建起严密的防御体系。城内建有“关帝庙”、“黑龙庙”、“三官庙”、“三圣殿”、“土地庙”、“文公祠”、“丰都殿”、“雷神殿”、“黄禄殿”、“文昌阁”、“祖师阁”、“白衣洞”等庙宇。

周村堡，位于晋城市区以西约 18 公里，北望晋阳高速，南邻省道陵沁线，东与川底乡毗连，南与李寨乡相接，西与阳城县北留镇接壤，北邻沁水县，素有“行山重镇”“丹水名区”和“泽州西大门”之誉。

该镇位于“鸡鸣一声惊三县”的华阳山脚下，古称“长桥镇”。它南

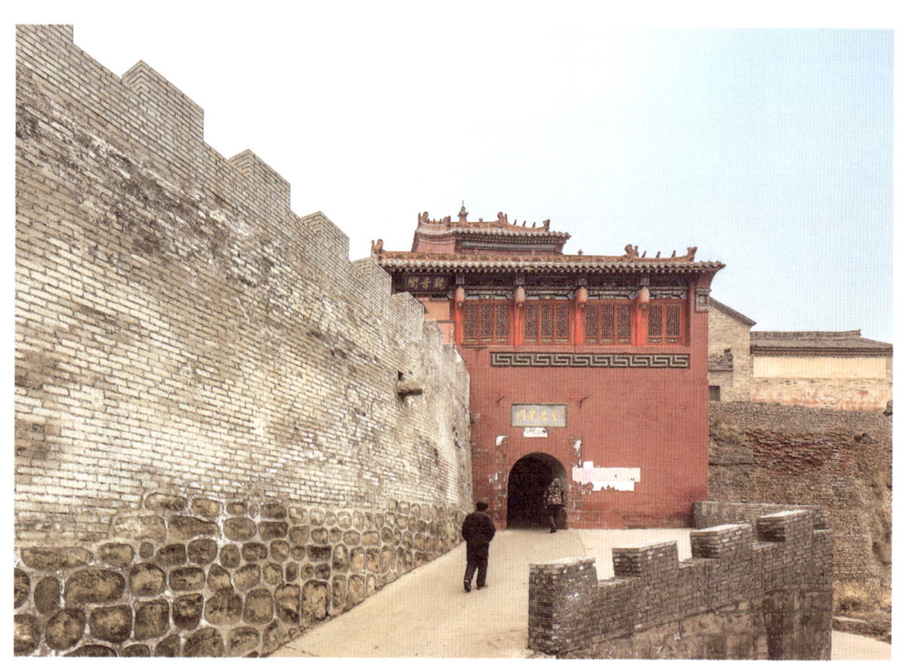

周村镇城墙

邻长河，东、西、北三面为地势起伏相对舒缓的丘陵坡地。

明隆庆四年（1570）《泽州周村镇重修庙祀记》载："泽据太行之险，扼燕云，俯瞰中原。镇居郡西，黄沙耸峙，太行、王屋、析城诸山献嶂列□，乃巨镇也。"咸丰八年（1858）贾瑞清所撰的《补修周村堡垣记》记载："周村为长桥镇。南带行山，西襟沁水，民居星聚，商贾云连，凤邑一大都会也。旧有城，创始莫稽。而周村、川河两里资其捍卫。明甲申（1644）之变，流匪王嘉胤、紫金梁等三十余头目经过此地，邻近村庄无不被其蹂躏，毁民居、劫民财，流离失所者指不胜屈。而此村独以有城幸获无害。则城之所以戒不虞，备防守，其关系诚非渺小也。乾隆五年（1740），曾经范公慎公重为补修。迄今百有余年，风雨剥蚀，鸟鼠窜伏，墙垣坍塌，雉堞倾欹，半为荒榛蔓草矣。不为补葺，将何以卫生民、御暴客乎？但工费浩繁，众情难协，董理不得其人，恐劳民招谤，旷日持久，而卒底无成，不几贻筑室道旁之诮乎！近因外省不靖，邑尊刘明府钦奉上谕，饬令民间各修堡寨，以为防御之计。惟念周村为秦豫通衢，行旅往来络绎不绝，防御尤关紧要。于是择绅士之公而无私名望素著者，官为遴举郭如兰、张鹤年、司玉琛、郭建章四人为首事，复举郭俊卿等三十余人督理其事。工始于丁巳（1857）夏四月，告竣于戊午（1858）秋九月。旧者新之；缺者补之；砖石之破坏，基址之倾颓者，咸更好而深筑之。城楼改观，护城池内外各五尺，气象一新，视昔有加。是役也，刘明府经其始，升任后，孙明府委员岳少尉查办催督益勤，卒成乡隅防盗之良策，以仰副皇上保民之至意，民之踊跃趋工，二明府之慎重民事之所致也。今叙巅末，并将施财姓氏勒之贞珉以传永久。爰为颂曰：淬剑思利，筑城思坚。今兹后起，不愧前贤。高墉隼集，短堞蝉联。言言仡仡，巍然焕然。工无妄费，时无耽延。不畏强御，永固人烟。安堵无恙，于万斯年。"为保境安民，周村镇城墙明清两代均有修葺。然周村镇城垣规模若何？时过境迁，难窥究竟。据清同治元年（1862）张士达所撰的《补修东南城隅碑记》记载："本镇居凤邑要冲，旧有城，形似虎踞，俗名曰虎城。周三里一百九十五步，墉高四丈，睥睨六尺四正。各辟门，而水门介南城之西偏。峰峦层抱，河水周环，仡仡乎一方保障也。"综上所述，周村镇全盛时期建有5座城门，即东、西、南、北四座城门和城西南一座水门。现仅存南门、小南门及其西北两侧部分残存城墙，已无当年的雄伟气象。

第六章

文韬武略：修齐治平尽显家国情怀

晋城，自古便是军事要地，培育出了众多卓越非凡的军事人才。这些将领凭借其超凡的军事才能与凛凛威风，于历史的滔滔洪流之中留下了极为浓重的一笔。在古代，晋城地域由于其地理位置的关键特性，往往成为战争的前沿所在。恰是在如此的情境之下，晋城的军事人才得以快速成长并展露锋芒。他们自幼便深深受到军事文化的浸染，潜移默化地接触到了战争的残酷以及军事策略的精妙绝伦。

其中，并不缺乏智勇皆备的将领，他们对兵法了如指掌，擅长运用地形与兵力的优势，谋划出能够出奇制胜的战略。这些将领在战场上沉稳指挥，深谋远虑，能够迅速作出决策，并且能够率先垂范，身先士卒，激励着士兵们奋勇拼搏、杀敌制胜。

晋城古代军事人才的辉煌荣光，不仅仅体现在战场胜利之上，更在于他们对军事理论的贡献。这些将领在漫长的军事生涯之中，积聚了极为丰富的实战经验，并将其归结为珍贵的军事理论。他们的兵法、战术以及战略思想，不但为当时的战争给予了指引，也为后世的军事家们提供了极为可贵的借鉴与学习素材。

一、东汉时期代表性人物

陈龟，字叔珍，上党泫氏（今山西高平）人，是东汉时期一位杰出的军事家和政治家。他的家族世代为边将，因此陈龟从小便熟悉军事和边疆事务，闻名于当地。

陈龟年少时便展现出远大的志向和才能，在汉顺帝永建年间被推举为孝廉，开始了他的仕途生涯。经过 5 次升迁，他最终官至五原郡太守。在任期间，他凭借出色的治理能力和对边疆事务的深入了解，赢得了百姓的尊重和信任。

永和五年（140），陈龟被任命为护匈奴中郎将，负责监护和管理归附东汉政府的南匈奴。当时，南匈奴内部存在严重的内乱，左部不服管制，经常寻衅滋事，导致民不聊生。陈龟认为这是由于南匈奴单于的无能引起的，因此他果断采取行动，在未征得东汉统治者同意的情况下越权处置了匈奴单于，命其自裁，从而平定了内乱。然而，这一行为也使他获罪下狱。

出狱后，陈龟被任命为京兆尹，成为三辅长官之一，主管京师长安一带。他继续展现出卓越的治理能力，严厉打击地方豪强大族的恶行，为百姓平冤理直，赢得了京畿地区百姓的大力拥戴。

东汉时期，羌乱是边疆的一大隐患。汉桓帝即位时，正值羌人侵扰严重、边境危急之时。陈龟因熟知边境民情，被桓帝拜为度辽将军，并兼任并、凉州太守。他临行前上疏朝廷，慷慨陈词，分析边关时局，并提出了一系列建议来稳定边疆局势。桓帝采纳了他的建议，更换了边地长官及多数边郡太守、都尉以下的官吏，整顿了吏治，并免除了并州、凉州百姓一年的赋税。这些措施对稳定边疆起到了积极作用。

陈龟在度辽将军任上，不仅威震边郡，使羌人不敢冒犯，而且通过省息经用，每年为朝廷节省了大量经费。然而，他因与外戚权臣梁冀素有隙，受到梁冀的诋毁和排挤。最终，陈龟失望之下请求归田，后又被桓帝任命为尚书。然而，面对梁冀的专权行为，陈龟再次上疏请求桓帝治其罪。但桓帝并未醒悟，陈龟自知必将遭梁冀所害，于是绝食七日而亡。

陈龟的忠诚和勇气为后世所敬仰，他为国家作出的贡献也被载入史册。他的一生充满了对东汉政权的忠诚和对边疆事务的深入了解与治理，是东汉时期一位不可或缺的重要人物。

陈龟的军事思想：陈龟的军事思想主要体现在他对边疆治理和军事防御的深刻理解与实践上。他主张整顿吏治、精简文武官员、减免赋税等政策措施来稳定边疆局势；同时，他重视军事建设，具有“守中有攻”的战略思想，确保东汉政权的安全与稳定。陈龟的军事思想和实践对东汉时期的边疆治理和军事防御产生了深远的影响。

边疆治理

整顿吏治：陈龟认为，边疆的安宁与否，与边郡官吏的治理密切相关。他主张提拔有德有才的官员担任要职，同时惩治奸残之官，以改善边郡的治理状况。这种整顿吏治的措施，有助于提高官员的素质，确保边疆地区的稳定与发展。

精简文武官员：陈龟建议更换匈奴、乌桓、羌中郎将、校尉等人选，精简文武官员。他认为，通过选拔合适的人才担任关键职位，可以确保这些职位上的人员能够胜任其职责，为边疆的稳定作出贡献。

减免赋税：为了减轻百姓的经济负担，提高百姓的生产积极性，陈龟提议免除并、凉二州一年的赋税。这一措施有助于缓解社会矛盾，为边疆的稳定创造有利的社会环境。

军事防御

重视军事建设：作为度辽将军，陈龟深知军事防御的重要性。他威震边郡，使羌人不敢冒犯，确保了边疆地区的和平与安宁。同时，他每年为国家节省大量经费，通过省息经用，为国家的财政稳定作出了贡献。

“守中有攻”的战略思想：尽管陈龟的军事思想在《守城录》等兵书中没有直接记载，但从他的边疆治理和军事防御实践中可以看出，他具有“守中有攻”的战略思想。在保卫边疆的同时，他也注重主动出击，打击侵扰边疆的敌人，确保国家的安全。

二、北朝时期代表性人物

上官显愿，据《泽州府志》记载，上官显愿为山西阳城人，具体生卒年不详。他出身贫寒家庭，但少年聪颖，喜好兵法。18 岁时身材魁梧，力举千斤，文武双全，能征善战。

据记载，上官显愿作为北齐时期的辅国将军，展现出了卓越的军事才能和忠诚于北齐政权的坚定立场。

北齐天保二年（551），他率兵北上太行山，在晋阳一带开辟战场，首次出征便取得了胜利。这一胜利不仅巩固了北齐在晋阳地区的控制，而且为北齐疆域的进一步开拓作出了重大贡献。在接下来的时间里，上官显愿继续东征西战，屡次打败柔然、突厥、契丹等外族势力，以及出击萧齐，征伐四方，威震戎夏。他的军事才能和勇敢无畏的精神，为北齐的稳定和扩张立下了赫赫战功。

上官显愿的这些军事行动，不仅体现了他个人的英勇和智谋，也展现了他对北齐政权的忠诚和奉献。他通过自己的努力，为北齐的疆域开拓和国防安全作出了巨大贡献，成为北齐历史上的一位杰出军事人物。

位于阳城县次营镇周壁村的摩崖造像，是北齐天保元年（550）的历史见证。这些造像不仅具有较高的艺术价值，更是历史的记录者，详细描绘了东、西魏在周壁发生的两次战争，并线刻了上官显愿等 50 余供养人像。

北齐天保元年（550），西魏为了扩大势力范围，派出了大将杨檦率军东伐北齐。杨檦的军队一路东进，兵至建州，并成功攻下了濩泽县。在占领濩泽县后，西魏试图通过政治手段进一步巩固其战果，于是任命上官显愿为安平太守。然而，上官显愿是一位忠诚于北齐政权的将领，他断然拒绝了西魏的任命，并将这份诏书上报给了北齐朝廷。

北齐朝廷在得知此事后，高度重视上官显愿的忠诚与决心，并决定采取军事行动来反击西魏的侵略。为此，北齐政府派出了建州刺史元云祺率兵反击，并在周壁村建立了军事据点。这个据点不仅用于军事防御，同时也供上官家族居住和守卫。为了表彰上官显愿的忠诚与贡献，北齐统治者任命他和上官达为戍主、西道大都督，负责该地区的军事防御和管理工作。

如今，周壁村依然保存着这些历史的痕迹。摩崖造像不仅让后人能够直观地了解到当时的战争与和平，更让人们铭记住像上官显愿这样的忠诚将领。他们的英勇事迹和坚定信念，成为了激励后人的宝贵财富。

三、隋唐时期代表性人物

杜牧（803—852），字牧之，号樊川，京兆万年（今陕西西安市）人，唐文宗大和二年（828）进士，曾任弘文馆校书郎、监察御史，黄、池、睦、湖等州刺史，中书舍人等职。杜牧受祖父、《通典》编撰者杜佑影响，关心国事，很有政治抱负。杜牧作为晚唐大家，诗文造诣极高。对于山西民众来说，最为熟知的还是他那一句：“借问酒家何处有，牧童遥指杏花村”，山西的汾阳因杏花村而兴，杏花村的汾酒因杜牧的一指而传承千年，享誉海内外。

杜牧对兵法的也有很深入的研究，《孙子》之注是除了曹操注之外流传最广，也最为人认可的。杜牧虽然没有亲自率兵作战，但他的军事思想无论在军事理论，还是在战略战术方面，都无愧于军事家的称号，然而，人们很少注意到这一点。

唐武宗会昌三年（843），昭义节度使刘从谏死，其侄刘稹秘不发丧，又逼监军崔士康请命他为留后。有诏刘稹护丧还东都，稹不奉诏，朝廷征河中、河阳、太原等道兵讨刘稹，次年八月，刘稹被大将郭谊所杀，传首京师。

朝廷决定发兵讨伐昭义镇叛将刘稹之后，杜牧上书给当时将领李德裕，分析泽潞地区形势并提出了用兵策略，这正是《樊川文集》中的《上李司徒相公论用兵书》一文。

杜牧在上书中用淮西叛将董重质在淮西与上党泽潞地区做对比指出：泽潞与淮西不同有二：一是淮西摆脱朝廷控制50余年，当地百姓对朝廷毫无感知可言，习惯了当下的状况，也不愿归附。而泽潞则不同，泽潞之人一直忠于朝廷，在最困难的安史之乱时都是坚强的支持者，文中列举了大量史实，分析泽潞百姓的心理，认为百姓并不会响应刘稹，所以民心这块占了绝对地位。二是淮西叛军经过多年苦心经营，势力根深蒂固，朝廷一时难以击破。相反刘稹在泽潞根基不深，反叛只是个人一时的私欲膨胀，在军队中并没有站稳根基。因此，杜牧认为刘稹的败亡是必然的。同时提出这场战争必须速战速决，他在上书的末尾说："以某愚见，不言刘稹终不能取，贵欲速擒，免生他患。昨者北虏才毕，复生上党，赖相公庙算深远，北虏即日败亡。倘使北虏至今尚存，沿边犹须转战，回顾上党，岂能计除。天下虽言无事，若上党久不能解，别生患难，此亦非难。"

迅速平叛的意义大于平叛本身，不能给其他藩镇或者外族留下可乘之机，使朝廷陷入多线作战的窘境，这样才能确保政局稳定。这一长远战略目光正是杜牧作为一位军事家才能的集中体现。

杜牧同时还提出了用兵策略。首先，派重兵封锁位于今天晋城市泽州县晋庙铺镇的天井关，这是为了阻断叛军南下，威胁都城。其次以精兵突击上党（泽潞节度使居此，包括今天的晋城市、长治市），则必可讨平叛军，但没有具体提出行军路线。在平叛过程中，李德裕使成德、魏博两军攻取山东（太行山以东）之州，然后王宰从河阳北上，石雄由翼城东进，最终郭谊斩刘稹而降。《资治通鉴》载“时德裕制置泽潞，亦颇采牧言”。对这场战争而言，杜牧给出的是战略上的诤言，而具体实施的李德裕则是应用了正确的战术，最终迅速平叛成功。

上书后，杜牧并没有脱离对这个事件的关注。同年年底，任黄州刺史的杜牧创作了《东兵长句十韵》：

> 上党争为天下脊，邯郸四十万秦坑。狂童何者欲专地，圣主无私岂玩兵。玄象森罗摇北落，诗人章句咏东征。雄如马武皆弹剑，少似终军亦请缨。屈指庙堂无失策，垂衣尧舜待升平。羽林东下雷霆怒，楚甲南来组练明。即墨龙文光照曜，常山蛇阵势纵横。落雕都尉万人敌，黑槊将军一鸟轻。渐见长围云欲合，可怜穷垒带犹萦。凯歌应是新年唱，便逐春风浩浩声。

诗中也不乏作者借评论时事来抒发自己怀才不遇的苦闷，但是杜牧作为传承了经世致用家学的知识分子，并不仅仅只会哀叹抱怨，他愿意抓住一切机会为国效力，为决策者提出用兵方略。在诗中杜牧凭借想象歌颂了士兵的训练有素以及将领的勇猛善战，最后志得意满地预测在来年新春便能高奏凯歌，再一次表明了他认定平叛必胜的决心和信心。虽然不能上阵杀敌，总算为国家平定藩镇叛乱出了一份自己的力量。

会昌四年（844），平叛成功，用时不足一年，这令杜牧十分振奋。他给李德裕上《贺中书门下平泽潞启》，热情地歌颂了这场战争的胜利，给予李德裕高度评价：“伏惟相公上符神断，潜运庙谟，仗宗社威灵，驱风云雷电。掌上必取，彀中难逃，才逾周星，果枭逆首。周公东征之役，捷至三年；宪皇淮夷之师，克闻四岁。校虏寇之强弱，曾不等伦；考攻取之败亡，何至容易。若非睿算英略，借箸深谋，比之前修，一何远出！自此鞭笞反侧，洒扫河湟，大开明堂，再振儒校。”

在文中甚至将李德裕与周公相比，赞扬李德裕的同时也希望他能够再接再厉，收复河湟失地，最终修明政治，振兴国家。

自此，杜牧所关注的泽潞平叛也落下了帷幕，虽然他作为文吏，从未上战场指挥战斗，但他博览群书，精研兵法，所提出的战略战术多被证明是合理的。通过注《孙子》我们可以看出他战略上重视庙算的作用，战术上长于出奇制胜以及重视人才作用的军事思想。从他对国家军政大事的关注，凡遇到朝廷有战事之时，他总能挺身而出，献计献策，可以看到作为一位知识分子的经世致用之心和救民于水火之情。

四、宋金时期代表性人物

（一）王献可

王献可，字补之，曾任泸州太守（英州刺史、知泸州），与著名文学家黄庭坚交往甚厚。因擅自统兵追击西夏人勒停，起为英州刺史。元符初迁左骐骥使，管勾泸南沿边安抚使公事。

（二）王忠值

万历《泽州志》记载，王忠值是宋朝绍兴年间的一位义士，他因在战争中取石、代等十一郡而立下赫赫战功，被朝廷授予华州观察使的职位，并统领河东军马，兼任代州的知州。以其勇猛和忠诚闻名于世。

后来，金军围攻庆阳，情势危急。宣抚使胡世将急令王忠值率领所部前往救援。然而，在行军至延安途中，王忠值不幸被叛将擒获并押送至金军大营。金军企图利用他来劝降庆阳城内的守军，将他押至城下，逼迫他向胡世将喊话投降。

面对金军的威逼，王忠值大义凛然，他高声呼喊："我是太行山的忠义之士，现在虽被敌人俘虏，但绝不会背叛朝廷。我希望城内的将士们能够坚守城池，不负朝廷重托！"他的呼声充满了坚定和决心。

金军将领对王忠值的坚定立场感到愤怒，他们质问他为何不肯屈服。王忠值坦然敞开衣襟，毫无畏惧地说："要杀就杀，我绝不会因为威胁而屈服于你们！"最终，他因坚守忠义而惨遭金军杀害。

事后，胡世将将王忠值的英勇事迹上报朝廷。为了表彰他的忠义和牺牲精神，朝廷追赠他为奉国军节度使，并赐予他的家人官职。王忠值的故事在民间广为流传，他的忠义精神成为后世的楷模。

（三）何汉荣

原仕于北汉，后归顺宋朝。淳化二年（991），他被任命为泽州太行路的巡检，以三班奉直的身份开始他的新职责。何汉荣为人谦逊，与下属交往时，常常让人感觉不到他有官威。他对自己不识文字深感遗憾，因此常在马背上研读《孝经》，以此自我提升。

在处理公务文件时，如果遇到有矛盾或不合逻辑的地方，他会即刻进行修改。同时，他博闻强记，能够历数过去的种种事件。何汉荣善于混迹于队伍中，有时甚至会微服出访，暗中侦查奸邪之徒，探查强暴之事，使得罪犯无所遁形，因此被民众视若神明。

后来，他被泽州牧王萝提升为三班殿直，并跟随李继隆部署在怀庆地区。第二年，他又回到了原来的岗位。太行山地形险峻，常常有凶徒藏匿其中，在何汉荣的治理下，这些罪犯都纷纷逃窜。

咸平年间，契丹侵犯河北地区，何汉荣作为先锋，多次与之交战，并成功击败他们。因为卓越战功，他被加封为检校祭酒兼中丞。当时，侍卫王超镇守定州，但因其势力过大，有些难以控制。何汉荣与杨延钊共同谋划，在高阳关成功遏制了王超的势力。乾兴元年（1022），他被任命为山东、山西都巡检。天圣年间，他再次升迁，成为如京使、安抚都监。在他的治理下，那些依靠山川艰险藏匿的罪犯都被诱导归顺。何汉荣的职业生涯最终达到了如京使、兵马都监的高位。离任后，最终在覃怀的邸舍中去世，享年 72 岁。明道二年（1033），他的骨灰被安葬在阳城的西北方。

他的长子何怀德继承了他的事业，成为右侍禁、泽州管界的巡检。虽然他们原本并非阳城人，但或许因为何汉荣的功绩和影响力，他们被当地人所接纳，被视为当地的流寓人士。何汉荣的墓碑虽然有些残缺，但他的事迹仍然可以被考察和追溯。

（四）张廷翰

《宋史》记载，张廷翰，陵川人，原是后汉高祖刘知远的亲校，当刘知远进入汴梁并建立后汉时，张廷翰被任命为内殿直，随后升任东西班军使。后周初年，他改任护圣指挥使。后周显德三年（956），跟随周世宗柴荣攻打南唐占据的淮南地区，成功收复淮南，因功绩显著被升迁为铁骑右厢第二军都虞候。显德末年（959），他再次被调任为殿前散都头都虞候。

北宋建立后，张廷翰继续受到重用，升任铁骑左厢第二军都指挥使，并领开州刺史。随后，他跟随赵匡胤平定扬州李重进叛乱，因功进一步被升迁为控鹤左厢都指挥使，并兼任果州团练使。不久后，他转任龙捷左厢都指挥使，并兼任春州团练使。

乾德二年（964），在北宋兴师讨伐后蜀的战争中，张廷翰被任命为归州路行营马军都指挥使，他跟随刘廷让从归州路进军。当军队驻扎在夔州时，刘廷让在白帝庙西屯兵，突然夔州监军武守谦率领部队前来抵抗，张廷翰率兵迎战，在猪头铺击败武守谦的部队，并乘胜占领了夔州城。后蜀被平定后，张廷翰被授予侍卫马步军都虞候，并兼任彰国军节度。

开宝二年（969），张廷翰患病，宋太祖赵匡胤亲自前往探望。不久之后，张廷翰去世，享年 53 岁。朝廷为表彰他的贡献，追赠他为侍中。

张廷翰的一生跨越了后汉、后周和北宋三个朝代，他在军事上屡建奇功，对北宋的统一战争作出了重要贡献，是一位跨越多个历史时期的杰出军事将领。

（五）梁兴

太行地区抗金义军的领袖，他活跃在北宋末年、南宋初年，是河北河东地区的著名抗金将领。在南宋绍兴年间，梁兴与岳飞紧密合作，岳飞在部署诸路军事行动后，派遣梁兴联络两河地区的忠义社成员，共同抗击金军。梁兴联合太行忠义社及两河的豪杰，如赵云、李进、董荣、牛显、张峪等，在垣曲大破金军，之后又在沁水取得胜利，并追击金军至孟州的邵原。在战斗中，金军的张太保、成太保等将领率部投降，梁兴的军队又在济源击败了金太尉的军队。随后，梁兴收复了卫州，并大败金军，切断了山东、河北金帛马纲的运输路线。

梁兴作为太行忠义社的将领，在抗金战争中发挥了重要作用。他不仅率众归附岳飞，共同抗击金军，还积极参与招募豪杰、收集情报等工作，为宋朝的抗金事业作出了积极贡献。

（六）张奕

张奕，字彦征，因先辈的功勋得以补官，在伪齐国做官，任归德府通判。齐国废除后，他侦察得知郡中有 2 万士兵，其中狡猾的人将作乱，约定半夜举火为号。张奕于是预先挑选市丁校兵，在重要的巷口结阵，打开小南门给他们指示一条生路，使叛乱的士兵无法起事。天亮后，叛乱的士兵几乎都逃走藏匿了，张奕擒获了首恶并诛杀了他。适逢都统完颜鲁来捕叛兵，想要根除余党，张奕以全家担保他们，完颜鲁才停止行动。后来，张奕被承制任命为同知归德尹事。

天眷元年（1138），因河南归宋，他被改为同知沂州防御使。三年后，金朝复取河南，他再次被任命为汴京副留守，同知太原尹。晋宁军报称夏人侵犯边界，皇帝下诏让他前往征讨，他到达边境后，按照户籍将各自侵占的土地归还，然后回朝。他上奏说："折氏世代镇守麟府，以抵抗夏人。本朝占有其地后，就把它给了夏国，夏人平了折氏的坟墓，戮其尸。折氏怨恨入骨髓，但不能报仇。现在再次让他们镇守晋宁，所以激怒夏人，让他们像老鼠一样不断侵扰，然后列举其罪行，想挑起边界争端以报私仇罢了。现在可以将折氏调到其他郡，那么夏人自然会安定下来。"朝廷采纳了他的意见。

正隆年间，他任同知西京留守。大定三年（1163），被征召为户部尚书。然而，他刚上任就得病去世了。他生前很看重军人，他的儿子张军，做官做到临潢路同知转运使，他忠诚守信，敦厚诚实，很有做官的才能。张奕的孙子张赵楠，字廷干，考中进士。天兴元年（1232），任刑部郎中。

（七）王晦

字子明，高平人，金朝一位杰出将领。根据历史记载，他年少时就表现出自负和自我期许的性格，并且非常仰慕前人的风范。他在明昌二年（1191）考中进士，之后历任多个职位，包括长葛主簿和户部郎中，表现出相当的才干。

贞祐初年（1213），中都（今北京）受到威胁时，他被推荐并赋予招募和统领敢死之士的任务，成功地为中都解围，并因此受到朝廷的嘉奖，升任翰林学士。然而，在后续的战事中，他被俘并因拒绝投降而被处死，表现出坚定的忠诚和气节。

王晦的军事才能和思想：一是具有强大的组织能力。在贞祐初年（1213），中都戒严之际，王晦能够在短时间内招募到1万余名死士，并有效地组织起这支队伍。这显示了他在军事组织方面的非凡才能，能够快速集结并管理大规模的军队。二是在战术与战略运用方面，能够灵活多变，通州被围时，王晦选择了攻打牛栏山以解围，这一战术选择不仅体现了他的智慧，也显示了他对战场的深刻理解。通过攻击敌军的薄弱环节，他成功地为通州解围，这充分体现了他在战术运用上的灵活性和实效性。三是具有战略远见。王晦的军事行动不仅局限于当前的战斗，更着眼于整个战局的发展。他在送通州粟入中都的行动中，不仅解决了中都的粮食问题，更稳定了军心，为后续的战斗打下了坚实的基础。

五、元代代表性人物

（一）段直

字正卿，泽州晋城人。元至元十二年（1275），河北、河东、山东等地兵乱频繁，段直倡导义举，团结民众保卫地方。当时，守城的士兵行为横暴，对民众造成了很多伤害，段直请求撤去这些士兵。他愿意自行组织民众团结保卫州内，于是被任命为潞州元帅府右监军。之后朝廷论功行赏，分封土地世袭守卫，任命段直为本州的长官。

段直招集流离失所的俘虏，收养孤儿和病患，民众因此得以安宁。他又创建学校，购买书籍，购置田地，以供给学生，并从河南迎来李俊民作为老师。不到五六年，通过经书考试被选拔的士人就有 122 人。这件事情被朝廷知道后，特别命令段直提举学校。段直去世后，他的儿子段绍隆继承了他的职位。

段直宅院，位于泽州县大阳镇西街村中，为元代泽州长官段直及其后代居住生活的场所。由大院、祖师庙、南书院和附属建筑组成，占地面积 14400 平方米。

段直宅院厅房

大院坐北朝南，三进院落布局，占地面积 1452 平方米。创建年代不详，现存建筑为明清风格。中轴线上为倒座、厅房、正房，两侧为廊房、厢房、耳房。大门开于院落东南角。厅房面宽三间，进深五椽，前有出廊，单檐悬山顶，举折平缓，前檐施圆形木柱，下设覆盆柱础。当心间辟隔扇，次间为套方花窗，内外枋间施木雕花鸟，两壁看面墙施砖雕金钱图案。两侧廊房各 3 间，前出廊构架，次间窗台石上均有线刻诗词及花卉图案。

祖师庙坐西朝东，一进院落，占地面积 88 平方米。创建年代不详，现存建筑为清代风格。中轴线上为山门、正殿，两侧为厢房。正殿石砌台基，面宽三间，进深五椽，单檐悬山顶。

（二）张宝

高平建北村人，元中统年间（1260—1263）担任永兴路百户。江上发生寇乱时，他被命令督兵抵御。接到命令后，他迅速整装出发，尽管当时正值元旦。他成功地擒获了敌军的首领，并押送到朝廷，因此被迁升为都指挥佥事。张宝不仅在军事上有所成就，还以孝顺父母和友爱兄弟著称，并对当地的教育事业作出了贡献。他修复了建宁明道先生乡校文馆（后称建宁文庙），这个文馆曾一度废弃。修复文馆后，他在圣人殿专门从事教书育人工作，为当地教育作出了贡献。

（三）郑鼎

阳城人，郑皋之子。他幼年丧父，但能够自立，读书并通晓大义。长大后，勇猛有力，擅长骑马射箭。最初，他担任泽潞辽沁千户，并跟随塔海绀布屡立战功。后来驻守在秦中地区。当宋余侍郎烧毁栈道时，是郑鼎将其修复。

之后，郑鼎被调任为阳城县军民长官，并跟随军队征战大理国，翻越六盘山，抵达雪山。无论骑马还是徒步，他都曾背负着忽必烈前行。他奋勇战斗，皇帝对他非常赏识。当入朝并被询问时务时，他的回答详细明了，于是皇帝赐给他名字“也可拔都”。

他跟随世祖南征，在攻打大胜关时，攻破了台山寨。在胜利之下，他独自进军，但不慎陷入泥淖，此时遭遇埋伏在芦苇丛中的敌军。郑鼎勇敢地击杀了三人，其余的敌军逃走。然而，世祖急忙召回他，并告诫说：“作为将领，你应当慎重，不能依赖勇猛而轻率进攻。”于是，世祖分给他三百名卫士，并告诫他们说：“从今以后，没有奉我的命令，不得轻易与敌人交战。”

秋天，他们到达江边准备南渡，郑鼎首先攻占南岸，全军渡江后，包围了鄂州。中统元年（1260），郑鼎因战功被升为平阳万户。至元三年（1266），他再次被提升为平阳路总管。由于平阳地区土地狭窄，人口众多而食物匮乏，郑鼎引导汾水来灌溉农田，共灌溉了一千多顷。他又开通了潞河黄岭的道路，以便从上党运送粮食过来。此外，他还修建学校，改善了当地的风俗，深受民众的感激。

至元七年（1270），郑鼎巡视西川时，与蜀军交战于江中，并成功俘获了他们的所有战船。之后，改任军前行尚书省事。至元十三年（1276），他跟随军队进攻宋朝，后来移镇鄂州。五月，蕲州和黄州发生叛乱，郑鼎前往征讨，在樊口战斗中，船翻溺水身亡，享年 63 岁。为了表彰郑鼎的忠诚和勇气，皇帝追赠他为中书左丞，谥号“忠毅”，并追封他为潞国公。

郑鼎的军事贡献：第一，征讨四川。在元太宗六年（1234），郑鼎跟随塔海绀布征伐四川，他在攻打二里关及散关的战斗中屡立战功。之后，在宋将余玠围攻兴元（今陕西汉中）时，郑鼎又率众修复栈道，并大败宋军，成功解除了兴元之围。第二，平定大理。在元宪宗三年（1253），郑鼎随忽必烈征伐大理。在行军过程中，他遇到了崎岖阻塞的山路，但仍能背负忽必烈以行，展现出了惊人的勇气和力量。在遭遇敌军时，他力战败之，得到了忽必烈的赞赏。第三，进攻鄂州。在元宪宗九年（1259），郑鼎随忽必烈围攻鄂州（今湖北武昌）。他攻破了大胜关、台山寨，并擒获了其守将胡知县。在战斗中，他即使陷入泥潭也能勇猛击杀伏兵三人，并继续乘胜追击。此外，在围攻鄂州的另一场战斗中，他还独力攻破了兴国军，生擒其将桑太尉。第四，镇守与平叛。元世祖中统元年（1260），郑鼎因功迁为平阳（今山西临汾）、太原两路万户。在中统二年（1261），他统领征西等军，戍守雁门关，并迁为河东南、北两路宣抚使。这期间，他还参与了平定阿蓝答儿、浑都海的叛乱。

（四）郑制宜

郑鼎之子，小字纳怀，他性格敏锐、有远见，并且精通蒙古语。在至元十四年（1277），他继承了父亲的职位，继续镇守鄂州。他不仅在军事上有着出色的表现，民政方面也展现了卓越的才能和深厚的同情心。

至元十九年（1282），元朝征讨日本，需要建造楼船。由于州地狭窄，有人提议迁徙民居以腾出空间，但郑制宜坚决反对，他选择改授宽地，这一举措深得居民们的感激。在城中多次发生火灾时，他拒绝滥捕无辜，而是通过加强守备和严密的调查，成功捕获了真正的罪犯，维护了社会的安定。

在军事方面，郑制宜也展现了出色的才能和勇气。在东征时，他主动请战，尽管皇帝因他父亲为国捐躯而对他有特殊照顾，不希望他冒险，但他坚决请求上阵杀敌。最终，他因战功被授予怀远大将军的职位。

在官职迁升方面，郑制宜的才华和正直也得到了皇帝的赏识。他曾任内台御史，其间成功解决了安西牧地冒夺民田的长期诉讼问题，为民众主持了公道。在处理地方治安问题上，他严厉打击了茶乡谭计龙的恶行，将其斩首示众，从而恢复了当地的治安。

郑制宜在民政方面的贡献也尤为突出。在大德八年（1304）晋地大震后，他负责赈灾工作。他昼夜兼程，亲自抚慰受灾群众，分发粮食和布帛，为灾区的重建和民众的生活提供了巨大的帮助。他的忠诚、勤奋和正直赢得了皇帝和民众的广泛赞誉。

然而，可惜的是，在大德十年(1306)，郑制宜因病去世，享年47岁。他的离世对于元廷和民众来说无疑是一个巨大的损失。为了表彰他的卓越贡献，皇帝追赠他为银青荣禄大夫，并追封为泽国公，谥号“忠宣”。他的职位由其子阿儿思兰继承，以延续他的事业。

（五）郑昂霄

郑昂霄，字显卿，郑鼎弟高平郡公郑甫（字庭瑞）之子，承袭其父万户之位。历任广西连江道宣慰使、都元帅，最终官至湖广行省参政。大德四年（1300），参加征讨八百媳妇国的军事行动。参与了镇压宋隆济和水

西土官蛇节的反抗行动，并因战功从明威将军（正四品）升为怀远大将军（从三品）

郑昂霄不仅在军事上有显著成就，他还参与了家乡的文化和宗教建设，如捐资修建神庙等。他是一位杰出的军事将领和文化贡献者，他的事迹在润城地区乃至更广泛的地域内都有着深远的影响。

郑昂霄的军事才能：其一，出色的抚恤能力。在远征八百媳妇国的七年间，郑昂霄发现士兵的营房简陋且潮湿，饮食也不合脾胃，导致许多士兵不战而死。他果断地拿出自己的俸禄，改善士兵的驻地条件和饮食，有效地减少了士兵的死亡。这显示出他对士兵的关心以及出色的抚恤能力。其二，卓越的组织和教育能力。为了在漫长的镇守期间维持军纪和士气，郑昂霄在驻地建起了学校，聘请老师教授军中子弟。这不仅提高了军队的整体素质，还有助于维持军营的秩序。他的这一举措显示了他卓越的组织和教育能力。其三，杰出的军事指挥能力。在平定八番顺元东土官宋隆济和水西土官蛇节的反抗中，郑昂霄参与了军事行动，并最终讨平了叛乱。

郑昂霄的军事思想：其一，以人为本。郑昂霄的军事思想中，以人为本是核心。他深知士兵是战斗力的基础，因此他致力于改善士兵的生活条件，提高他们的士气。通过建立学校和改善生活设施，他创造了一个更加有利于士兵成长和战斗的环境。其二，重视教育和纪律。郑昂霄在军营中建立学校，不仅教授知识，还灌输纪律观念。他明白一个有纪律、有知识的军队将更具战斗力。这种对教育和纪律的重视反映在他的军事思想中。其三，实战经验与智慧并重。郑昂霄在平定叛乱的过程中显示了他的实战经验和智慧。他能够根据实际情况制定有效的战术，并成功指挥军队取得胜利。这表明他的军事思想既注重实战经验的积累，也强调智慧的运用。

（六）郝经

郝经（1223—1275），字伯常，原籍潞州，后迁居泽州陵川。郝经乃宋末元初的一代鸿儒，亦是元朝初年声名卓著的政治家、思想家与学者文人。他出生于金末的动荡之世，自幼便聪慧好学，曾跟随父母在河南、河北等地避难。即便处于艰难困苦的环境中，他依然执着地坚持学习，广泛阅览经史子集，对儒家经典进行了深入探究。郝经曾师从赵复，专心研习程朱之学。他极力反对“华夷之辨”，大力推崇“四海一家”的理念，坚定主张实现天下一统。

元宪宗三年（1253），郝经应忽必烈之召，畅谈治国安民的方略，深得忽必烈的赏识，从而留在王府。他多次向忽必烈进言献策，提议推行德政，对百姓施以恩泽，广纳贤才，以此来达成国家的长久安定。中统元年（1260），郝经以翰林侍读学士的身份出任国信使，奉诏出使南宋，却被奸相贾似道拘禁于真州长达 16 年之久。在此期间，他多次上书给南宋皇帝，详细陈述战与和的利弊得失，并请求面见皇帝，然而这些书信皆被扣留。郝经在被扣留的这段时间里，潜心进行著述，先后完成了《续后汉书》《易春秋外传》等作品，数量多达数百卷。他的思想和学说对元朝的政治、文化以及学术发展产生了至关重要的影响，也为后世留存了珍贵的文化遗产。至元十一年（1274），蒙古将领伯颜统领大军征伐南宋，郝经这才得以被释放。回归途中，郝经罹患疾病，抵达大都后不久去世。

郝经虽身为儒臣，却极具军事谋略，从公元 1259 年郝经随忽必烈南征所上的两道奏章《东师议》《班师议》可见一斑。《东师议》是一篇重要的军事策论，主要针对当时的战争形势和策略进行了深入的分析和建议。文章首先分析了元军与宋军的对峙形势，指出了元军在长期战争中未能取得决定性胜利的原因。他强调了战争给双方带来的巨大损耗，特别是百姓的苦难。郝经提出了“图之以术则不可急”的策略，主张避免无谓的牺牲，寻求更为稳妥和高效的战术。他建议忽必烈改变战略方向，以智取胜，而非仅仅依靠武力。

郝经从国家大局出发，不仅考虑军事胜利，还关注民生和战争的正义性。文章中流露出郝经对战争的深刻反思和对百姓苦难的同情。《东师议》对元朝初期的战争策略产生了深远影响。它不仅体现了郝经的军事才能和战略眼光，也展示了他作为一位儒家学者的仁爱之心和对国家社稷的深切关怀。这篇文章在历史上具有重要的地位，为我们理解元朝初期的军事和政治形势提供了宝贵的资料。《中华统一战略》一书中，精选了“历史著名统一战略对策 25 篇”，其中就有郝经的《东师议》。而郝经在忽必烈继续攻打南宋鄂州，还是回蒙古争夺帝位举棋不定时上的《班师议》，审时度势，力谏忽必烈“断然班师，亟定大计”，夺取汗位，稳定社稷，帮助忽必烈登上汗位。

《中国通史》郝经略传的作者胡多佳在《郝经三题》一文中分析：“《东师议》《班师议》是郝经在 1259 年随忽必烈南征所上的两道奏章。随后的历史进程证实，郝经善于在形势尚不明朗的情况下审时度势，把握潮流，具有高屋建瓴，洞察全局的战略眼光。他对形势的准确预测，不是游方术士故作玄虚的神机妙算，而是建立在对客观实际的周密观察和精辟分析的基础上的。郝经身为儒臣，但在军事方略上所显示的智谋和见识，毫不亚于一个深谙韬略的三军统帅。”

六、明代代表性人物

明清时期，晋城地区经济繁盛，特别是以采煤、制铁为主的产业，推动了当地商品经济的蓬勃发展。这些产业的兴盛不仅促进了当地经济的繁荣，还使得晋城成为重要的商贸中心。随着经济的繁荣，晋城地区的文化教育也得到了极大的发展，涌现出了一大批杰出的文臣，如王国光、孙居相、张五典、张慎言、陈廷敬等。他们在政治上有着显著的贡献，名垂千古。同时，也出现了众多武将，如张光奎父子、张铨夫妇以及张大经等。他们在战场上英勇善战，精忠报国，为国家立下了赫赫战功，流芳百世。这些杰出的人才在政治、文化、军事等领域都作出了重要的贡献，共同推动了晋城地区的繁荣发展。

（一）张昺

张昺，生于元至正十八年（1358），山西泽州府（今山西晋城）人。张昺自幼好学不倦，对于经世治国有着独到的见解。他广泛涉猎诸子百家，对四书五经烂熟于心。洪武中，因才能被举荐，初授礼部主事，洪武二十六年（1393）后被任命为礼部右侍郎，洪武二十八年（1395）升为礼

岭上张公祠

部左侍郎。

建文元年（1399），由于诸藩国相继发生变故，朝廷建议更换守臣，并选择素孚重望者担任。张昺被任命为北平左布政使，负责练兵，并被赋予先发后闻的权力。在此期间，他与都指挥使谢贵一起负责伺察燕王朱棣（即后来的明成祖）的动静。他们预感到朱棣会起兵，因此暗中做准备。然而，由于掾吏李友直的背叛，张昺的计划泄露，导致他和谢贵被朱棣所擒。他们坚决不屈，最终以身殉职。展现了高尚的气节。

张昺因忠诚和刚烈而广受赞誉，其事迹被《明史》所记载。明仁宗朱高炽后为其平反，且数次敕封，表彰其忠贞不渝的精神。为了纪念忠臣张昺，泽州知州王朝雍于府治北建张忠公祠一座，每年祭祀，这也是后人对他的敬仰和缅怀之情的体现。

岭上张公祠位于泽州县高都镇岭上村中，坐北朝南，一进院落。南北长 47.63 米，东西宽 16.58 米，占地面积 789.71 平方米。创建年代不详，现存建筑为清代风格。中轴线上由南至北依次有照壁、山门（舞楼）、正殿，两侧依次有妆楼、看楼、厢房、耳殿。正殿面宽三间，进深五椽，单檐悬山顶。

张昺的军事思想：其一，防御为先。张昺在北平任职期间，曾部署九门驻守，这显示出他重视防御工事和地域安全的军事思想。他通过加强城防，以确保在面临突发情况时能够迅速应对。其二，情报收集与分析。张昺被任命为北平布政使后，非常重视情报的收集与分析，以便及时察觉和应对可能的威胁。其三，忠诚与牺牲精神。在“靖难之役”中，张昺坚决不投降朱棣，即使面临生死抉择也坚守忠诚，这种精神是他军事思想中不可或缺的一部分。他以身殉职，展现了极高的气节和牺牲精神。

（二）侯琎

侯琎，字廷玉，山西泽州（今山西晋城）人，为人慷慨，胸怀大志。

在永乐二十一年（1423）的乡试中，侯琎取得了第一名的优异成绩，并在宣德二年（1427）成功中进士。此后，他开始了自己的仕宦生涯。

侯琎以善辞令、刚果能断而闻名，他在处理四川、云南、广西等地土官的争地纠纷中，展现了出色的调解能力和决断力，使得多年不决的争端得以圆满解决，赢得了朝廷的赞誉。

在军事方面，侯琎也表现出色。他随军征讨过阿台朵儿只伯的侵边行为，并在麓川平叛中立下赫赫战功。他在战场上英勇善战，智勇双全，为国家的安定和边疆的安全作出了重要贡献。

此外，侯琎在镇守云南期间，积极筑造腾冲城，加强边疆防御，并进行了有效的灾荒救济工作，深受当地百姓的爱戴和感激。他还总督过贵州军务，成功平定了贵州的苗叛，为当地的稳定和发展作出了重要贡献。

侯琎一生清廉正直，无私奉献，他在处理争端、征战沙场、救济灾民等方面都表现出了非凡的能力和魄力。

侯琎的军事思想：其一，战略重视与决断力。侯琎以多谋善断闻名，这在他的军事生涯中起到了关键作用。无论是在处理土地争端还是军事征战中，他都能迅速作出决策，并有效地实施战略。其二，以民为本。侯琎在镇守云南期间，不仅加强了边疆防御，还积极进行了灾荒救济工作。他开仓放粮，劝谕富民出谷救灾，救活了很多人，这体现了他以民为本的思想。其三，英勇善战。侯琎在战场上表现出色，他率领的军队在麓川平叛等战役中取得了重大胜利。他敢于面对强敌，善于抓住战机，以智勇双全著称。其四，筑城安民。在腾冲，侯琎不仅率领将士筑城安民，还建坝屯田，为一方百姓创造了不朽的业绩。这体现了他的军事思想中不仅有战争的策略，还有对民生的深切关怀。其五，忠诚与奉献。侯琎一生清廉正直，无私奉献，他在处理争端、征战沙场、救济灾民等方面都表现出了非凡的能力和魄力。他的军事思想中透露出对国家和人民的深深忠诚。

据记载，侯琎墓在泽州城西，王直撰碑。已不存。

（三）段豸

段豸，字世高，泽州人，隶属于锦衣卫。他学识渊博，考中进士。正德年间，段豸从河南节度使推官历任至台谏，但因受到权宦刘瑾的牵连，被降职为枣强县的县令。

枣强县位于盗贼活动的要冲地带，当时“流寇”横行，连京城的官军都无法有效地控制这一地区。段豸上任后，立即着手修缮城墙并加强防御设施。然而，就在防御设施刚刚建设完毕之时，臭名昭著的盗贼刘六、刘七等人率领两千兵马渡过黄河，聚集在枣强县城下。

面对强敌，段豸亲自督战，他奋勇冲锋，率领军队贯穿敌阵。一天之内三次击退敌军，俘获 200 多名敌军，并斩杀一名敌军首领。然而，盗贼们被激怒后，对枣强县的攻击变得更加猛烈。此时，另一位将领宋振却拥兵不救，没有给予段豸任何支援。三天后，枣强县城被攻陷。

在激烈的战斗中，段豸身中四箭，其中一箭更是穿透了他的侧肋。尽管身受重伤，他仍然坚持战斗，最后在闭目呼喊“杀贼”中壮烈牺牲。随后，盗贼们对枣强县城进行了屠城。

为了表彰段豸的英勇事迹，朝廷下诏追赠他为太仆卿，并赐予祭祀的荣誉。同时，按照制度给予他的子孙荫庇，并为他建立祠堂以资纪念。

段豸的军事思想：第一，积极防御与备战。段豸在任枣强县令时，面对盗贼活动的威胁，他立即着手修缮城墙并加强防御设施。这体现了他重视防御工事的建设，以及通过加强城防来提升城池的抵御能力。第二，身先士卒，英勇奋战。在面对刘六、刘七等盗贼的进攻时，段豸亲自督战，奋勇冲锋，率领军队贯穿敌阵。他一天三次击退敌军，展现了出色的指挥能力和英勇的战斗精神。这种身先士卒的做法极大地鼓舞了士气，提高了军队的战斗力。第三，以少胜多，智勇双全。尽管面对的是数量上占优势的敌军，段豸仍能够取得俘获 200 多名敌军，并斩杀一名敌军首领的战绩。这表明他不仅在勇猛上出类拔萃，还善于运用智谋来克敌制胜。第四，忠诚与牺牲精神。在激烈的战斗中，段豸身受重伤仍坚持战斗，最后在闭目呼喊“杀贼”中壮烈牺牲。他的忠诚和牺牲精神是其军事思想中不可或缺的一部分。

（四）张光奎

张光奎，字聚辰，名臣张养蒙之子。因能力出众，五次升迁后镇守辰州，最终官至山东右参政。最初，他被提拔为山东盐运使，因廉洁敏锐而受到称赞，被加封为参政后，仍然负责管理盐务。后来遭到嫉妒者的中伤，依据考功法被罢免回家。

明崇祯五年（1632），“流贼”再次侵犯泽州，数千人的叛军压境大阳镇。当时张光奎正在家乡居住，他与兄长守备张光玺、千总刘自安等人率

大阳张氏老宅

大阳张氏家庙

大阳张氏宅院

领义子门徒，拿出家财倡导义举抵抗敌人。他们坚守了5天，其间有所斩获。然而，随后叛军人数增多，四面环营，将他们围困了8天，但援兵却迟迟未至。最终城池陷落，张光奎身受重伤并英勇牺牲。他的儿子张茂贞、张茂恂也随他一同赴死。这一事件震动整个山西，事情传开后，皇帝追赠他为光禄卿，对张光玺等人也分别给予了赠恤。同时，他的两个儿子被授予顺天教授的官职。而他的小儿子张茂和，因父亲的荫庇获得官职，历任工部员外郎。

（五）张光缙

张光缙，字璇源，明万历辛丑年进士。其弟张光前，在铨曹（主管选拔官吏的机构）任职10年，没有利用职权为自己谋取私利或提拔亲信，而是平稳晋升，最终官至陕西右布政使，当时人们都称赞他们兄弟俩的贤能。

张光缙曾负责监督崇文门和荆关的税收，他因体恤商人而声名远扬。在担任庐州知州期间，他命令奸诈的民众穿着赭色的囚衣在市集上行走示众，这一举措对许多人起到了威慑作用，使他们改过自新。

后来，他经历了父母丧事，按制守孝期满后，被调任到松江府。因秉公执法、大公无私获得世人称赞。张光缙在霸州备兵期间，推荐了许多边境地区的军事人才。后来他被改派到遵化，在那里他斥责了借贷给军队的债主，并驱逐了与权臣崔呈秀有私人关系的将领。然而，这些行为使他遭到了宦官的中伤，最终被罢免。

崇祯皇帝即位后，张光缙被重新起用到磁州任职，随后又被提升为布政使。然而，由于党派之争，他被人以莫须有的罪名攻击，好在有言官为他辩解，才使事情得以澄清。

之后，他被调任至会嘉，又调到商雒地区。当他被提升为山东右布政使但还未上任时，遭遇寇贼压境，他坚决防守。不久，又被加封为陕西布政使，但由于下属的疏忽，他受到了责任追究，最终辞官回乡。在乡间，他仍然秉持正义，热心公益。明朝灭亡（甲申之变）后，他闭门不出，最终在家中去世。

张光缙的军事思想：他的军事思想主要体现在非常重视人才的选拔和培养，认为人才是提升军事力量的关键。所以在霸州备兵期间，他才能够积极推荐有能力的军事人才。

（六）王采

王采，字拱垣，泽州人，出身于一个显赫的家族，其父被誉为“忠显”。考中进士后，与他的侄子绪宏一起继承和发扬家族传统，致力于古代学问，因此当时被人们称为“王五经”。王采最初在蠡县任职，他整顿防守设施，挖掘护城河并修筑城墙以防备边疆的威胁。

不久，数万边疆士兵逼近城郊关卡，王采冷静地规划防守策略，坚守阵地，造成敌军大量伤亡。然而敌军人数越来越多，从四面发动了围攻。戊寅年十一月十日，守城的力量耗尽，城池最终被攻破，王采身上受伤 10 多处，被敌军俘虏。他坚决反抗：“城在我在，城亡我亡。要杀就杀，无需多言。”敌军乱刃交加，王采当场死亡。王采一家 20 多口人与他一同殉国。按察使刘呈瑞将此事上奏朝廷，王采的侄子绪宏也跪在皇宫门前请求抚恤，于是皇帝下令追赠王采为监司。后来，绪宏也在甲申年为国捐躯。

王采的军事思想：第一，积极防御与备战。在王采任职蠡县期间，他积极整顿军备，加强防御设施的建设。体现了他对于军事防御的重视，以及通过强化城池防御来应对可能的边疆威胁的战略思想。第二，坚守阵地与杀伤敌军。在面对数万边疆士兵的逼近时，王采选择了坚守阵地，并通过有效的战术布置给敌军造成了大量伤亡。这表明他注重利用地形和城池优势，采取坚守策略来消耗和击败敌军。第三，忠诚与牺牲精神。王采在城破被俘后，拒绝投降，选择了英勇就义。这种忠诚和坚守信仰的精神，也反映在他的军事思想中，即军人应该具备坚定的忠诚和牺牲精神。第四，国家利益至上。王采一家 20 多口人与他一同殉国，这体现了在他的军事思想中，国家利益是至高无上的。他认为，个人的生死与国家的命运紧密相连，因此在关键时刻选择了与家族成员共同捍卫国家利益。

（七）丁泰运

丁泰运（？—1644 年），字孟尚，泽州人，明朝末年河内知县，以廉洁正直著称。他的主要事迹和成就集中在抗击“流贼”和坚守城池方面。崇祯十七年（1644），丁泰运在坚守南城的过程中，与“流贼”进行了激烈的巷战。尽管形势极为不利，他仍坚守阵地，誓死抵抗。

面对强大的敌人，丁泰运并没有选择逃避或投降，而是选择坚守城池，与城共存亡。他日夜修战备，为保卫城池做了充分的准备。在城陷被俘的情况下，丁泰运面对敌人毫不畏惧，抗声诟詈，即使遭受酷刑也不屈服。他用自己的行动证明了忠诚和勇敢的品质。最终因不屈服于敌人而惨遭杀害。

（八）王绪宏

王绪宏，字思永，进士出身。颇有才华，曾被任命为真定县令，但尚未上任。返乡时正值明末农民起义爆发势头正盛之时。王绪宏见局势已难以挽回，遂选择入山避难。李自成部曾迫使其出山任职，被他严词拒绝，并剃发明志：“此发可断，此头宁不可断乎？”崇祯十七年（1644），王绪宏与同乡朱廷堉等人密谋推翻大顺军对泽州城的统治。他们带领义士和门生驻扎在东狐岭村。但因叛徒张元锡等人突然叛变而失败，王绪宏坚决不屈，最终和朱廷堉等人一同被杀。同时遇难的还有原沭阳知县程接孟等共计 18 人。

（九）贾五舍（贾五会）

元代名臣贾鲁之子。贾鲁以治理黄河之功而著称，并因此被封为左丞。关于贾五舍（或贾五会）的具体名字，历史记载中存在争议。在明朝靖难之役期间，集结乡兵抗拒明军南下。由于这一行动，他及其全家遭到了明军的屠杀。

（十）张铨

张铨，字宇衡，号见平，是明代一位杰出官员、军事家和学者。他生于万历三年（1575），去世于天启元年（1621），沁水窦庄人，出身于窦庄古堡的创建者张五典之家。万历三十二年(1604）中进士，历任保定推官、浙江道御史等职，他精通军事，对兵法有深入研究。

万历三十二年（1604），张铨中进士，被任命为保定推官，负责审理案件。他秉公执法，赢得了百姓的赞誉。后来，他升任浙江道御史，负责巡视和监察工作。在任期间，他深入基层，了解民情，积极为民请命，赢得了广泛的好评。

在军事方面，张铨也展现出了卓越的才能。他熟读兵书，精通军事，曾多次参与明朝的军事行动。万历四十六年（1618），后金侵犯辽东，明朝提出“四路出师”方案进行反击，但张铨对此表示担忧，并提出了更为稳妥的策略。然而，他的建议并未被采纳，明军在萨尔浒之战中惨败。这次失败让张铨深感痛心，也更加坚定了他对军事战略的深入研究和对国家安全的关注。

天启元年（1621），后金军攻陷沈阳，明朝的形势急剧恶化。张铨请求朝廷速令巡抚薛国用率河西军进驻海州，蓟辽总督文球统山海关军驻扎广宁，以形成掎角之势，随时准备增援。然而，奏疏刚上，后金军就包围了辽阳。张铨与经略袁应泰被困城中，面对敌军围攻，他决心以死报国。

最终，他整冠净衣后自杀身亡，年仅46岁。他的尽忠之举深深感动了朝廷和百姓，被追赠为大理卿和兵部尚书，并被赐予“忠烈”的谥号。

张铨不仅在军事上有着出色的表现，他还是一位勤奋的学者。尽管军务繁忙，他仍潜心治学，笔耕不辍，留下了丰富的著述，包括《春秋补传》《国史纪闻》《鉴古录》《南燕录》等。

张铨的军事思想：第一，知己知彼，百战不殆。张铨强调对敌情的深入了解是制定有效战略的前提。在万历四十六年（1618）后金侵犯辽东的事件中，他反对明朝的“四路出师”方案，他认为对后金所据疆土的山川险峻了解不足，孤军深入存在极大风险。这体现了他“知己知彼”的军事思想。第二，以长击短。张铨认为，明军不应轻率地与后金军在骑兵野战中交锋，因为这是后金军的长处而是明军的短处。他主张发挥明军的优势，避免在敌方擅长的领域作战，这体现了他“以长击短”的军事策略。第三，防御为主，稳固边防。张铨主张就近招募兵丁，整训后屯驻于险要关隘，以防卫边境。他强调防御的重要性，以及利用地理优势来加强边防安全。第四，运用间谍与情报。他提议多派间谍以了解敌情，这显示了他对情报战的重视，以及通过间谍活动来获取敌方信息和瓦解敌方势力的策略。第五，厚抚北部边关诸将。张铨建议以重金厚抚北关诸将，以此来遏制后金的侵扰。这既是一种政治手段，也是一种军事策略，旨在通过内部瓦解和牵制敌方力量。

张铨之妻霍氏是一位了不起的巾帼英雄，作为家族支柱，天启元年（1621）张铨在辽阳为国捐躯后，窦庄张氏家族的操持全靠霍氏。她不仅在家族中扮演了重要角色，还在张五典去世后，主持了窦庄堡的营建工作。

当农民起义军来犯时，霍氏率领族人进行了英勇的抵抗。她坚守城堡并成功战胜了“流寇”。据《泽州府志》记载，崇祯四年（1631）七月，起义军进攻窦庄。当时张五典已去世，张铨的儿子道济、道泽都在京师为官，只有霍氏坚守家中。在众人建议放弃堡垒逃离的时候，霍氏却决定坚守，并亲自率领仆人进行防守。在起义军环攻窦庄的战斗中，霍氏指挥若定，堡中箭矢和石块齐发，导致起义军伤亡惨重。最终，在霍氏的坚守下，起义军在4天后撤退。而那些躲避到山谷中的人则多数被起义军杀害，只有张氏宗族在霍氏的保护下得以保全。

由于霍氏的英勇行为和坚守窦庄古堡的功绩，她受到了官府的表彰。兵备道王肇生更是将窦庄古堡誉为“夫人城”，以表彰霍氏的杰出贡献。

（十一）韩巍

根据《山西通志》记载，韩巍是隰川王府的仪宾，居住在太康县的杨家集。当时，师尚诏叛乱，攻陷了归德，准备前往太康。路过杨家集时，许多来不及逃避的百姓被叛军掠去。韩巍独自据守一座高楼抵抗叛军，箭石如雨，他杀伤了不少叛军。双方相持了3天，叛军纵火焚烧高楼，韩巍坠楼后被叛军生擒。叛军胁迫他与他们一起共事，韩巍大骂不屈，最终被叛军残忍杀害。韩巍的英勇行为得到了当地百姓的敬仰和纪念，人们为他立庙祭祀，岁岁不绝。

（十二）张纶

张纶，阳城人，明成化七年（1471）举人，曾任陕西甘泉县的知县。据《陕西通志》记载，他在任期间，遭遇了“流寇”的骚扰。面对这一危机，张纶采取了积极的防御措施，他命令自己的儿子率领民兵进行昼夜不停的防御。为了确保县城的安全，他不仅依靠本地的民兵力量，还向外请求援兵支援。

通过坚定的防御，张纶成功地保卫了甘泉县，使得“流寇”无法攻克县城，最终一无所获地逃走。在张纶的果断和有效的领导下，甘泉县的民众得以安居乐业，免受“流寇”的侵扰。

（十三）王玹

王玹，阳城人，弘治朝乙未年进士，性格刚毅果断且才华横溢，个人品德也非常高尚。他最初被任命为刑部主事，之后调任户部督仓差，在职期间因为表现出廉洁公正的品质，赢得了尚书韩忠定的赞赏。

在晋升为刑部郎中后，王玹依旧保持自己的原则。当时，他的同僚们普遍采用严酷的手段执法，但他却独树一帜，坚持平和审慎的处理方式。这引来了权臣刘瑾的不满，尽管刘瑾曾试图陷害他，但始终未能找到他的任何过失。

随后，王玹被调任至陕西担任佥事。由于他声名远播，督府洪听闻他的贤能，便资助他并赞赏他的行政谋划。在刘瑾被诛之后，他再次被调任至河南汝宁。在汝宁任上，他发誓要守护城池，抵御大盗刘六的侵袭。当成功抵御贼寇后，他拒绝上报战功，因为他认为盗贼的首领还未被彻底歼灭，战斗并未真正结束。在此期间，他还特赦了盗贼同党赵秀的母亲，这一举动深深感动了赵秀，赵秀因此向他提供了关键情报，协助他成功捕获了盗贼的首领。

王玹的仕途还包括在兵备蓟州和山东参政等职位上的任职，无论在哪里，他都取得了令人瞩目的政绩。王玹曾奉命调查开原执贡使被诬陷的事件，由于他不阿谀奉承，公正处理，引来了一些人的嫉恨。最终，他选择解甲归田，在家中安度晚年，直至去世。

王玹的军事才能和思想：第一，战略远见与坚守原则。在面对大盗刘六的威胁时，王玹坚决守护城池，表现出极高的战略远见和责任心。他不仅成功抵御了贼寇的进攻，而且在战后拒绝虚报战功，坚持认为只有彻底歼灭盗贼首领才是真正的胜利。这种对战略目标的清晰认识和坚守原则的态度，体现了他的军事智慧和坚定信念。第二，智勇双全与人性化治理。王玹在军事行动中不仅表现出勇猛，更兼具智慧。例如，他通过特赦盗贼同党赵秀的母亲，赢得了赵秀的感激并获取了关键情报，最终成功捕获盗贼首领。这种人性化的治理方式，不仅体现了他的智谋，也展示了他对人性的深刻理解和运用。第三，公正廉洁与不屈不挠。在整个军事生涯中，王玹始终保持公正廉洁的品行。他不受贿赂，即使在面对纪功官的索贿时也坚决拒绝。同时，他在面对权臣的陷害和嫉恨时，始终坚守原则，不屈不挠。这种正直和坚韧的品质，为他在军事领域中赢得了较高的声誉和尊重。

七、清代代表性人物

（一）苗胙土

苗胙土（1589—1646），字叔康，号晋侯，泽州人，朝议大夫苗焕之子，明末清初政治人物，天启二年（1622）进士。最初在农曹任职，负责处理 37 万薪饷的事务，使人民的生活得到了改善。由于政绩卓越，升任陕西关南道布政司参议，后升任湖广荆南道按察司副使。

在任期间，他面临巨大的挑战。当时有数十万“流寇”从山西、河南涌入湖北，百姓的生活陷入水深火热之中，苗胙土对“流寇”采取且战且守的策略，同时积极修筑城防和堡寨，为抵御“流寇”作出了重要贡献。

后来，苗胙土被提拔为佥都御史，负责抚郧阳（今湖北郧阳）的事务。当时，朝廷正忙于应对“流寇”的威胁，并将这一重任交给了苗胙土。然而，突然之间，朝廷改变了策略，从剿灭“流寇”转为招抚。苗胙土奉诏对“流寇”进行招抚，但由于郡吏轻冒，导致言官以剿匪失策弹劾他，最终被落职。

明亡后，苗胙土归顺清朝，再任南赣（今江西赣州）巡抚。当他抵达南昌时，因病重不治去世。

苗胙土著有《解鞍录》《抚郧杂编》《文钞》《疏稿》等集，这些著作对于研究当时的历史和社会具有重要的参考价值。

（二）张大经

《清史稿》记载，张大经，泽州人。

乾隆十六年（1751），张大经获取一甲一名武状元，为一等侍卫。历任武昌城守营参将、济南城守营参将、文登营副将，陕西兴汉镇等处挂印总兵官。乾隆帝南巡德州，张大经任清河一带安全护卫，并负责管理沿途马棚。因表现出类拔萃，深得乾隆帝信任。乾隆南巡后，特予一等侍卫加一级的褒奖，并封为资政大夫，赐以貂缎和“奉天诰命”予以褒奖。还封其前妻傅氏和续妻金氏皆为诰命夫人。

后张大经升任陕西兴汉镇等处挂印总兵，正逢清政府征剿金川。乾隆三十六年（1771），张大经率兵征讨金川。在这次战役中，大经表现出了卓越的军事才能和英勇的战斗精神。当军队围攻资哩时，他担任中路指挥官，进攻兜乌。他率兵1000人驻扎在阿喀木雅，随后又转移到木阑坝鄂克什旧寨，并参与了攻打明郭宗的战斗，成功攻克该地。之后，他又随军进攻底木达，俘虏了泽旺。

乾隆三十八年（1773），温福进驻木果木，张大经率领500人分驻在簇拉角克。由于该地区位于功噶尔拉袪口之北，地势险要，乾隆皇帝特别下令增加兵力以协助防守。同年四月，张大经与乌什哈达等人一同攻打达扎克角山，成功击败了埋伏在草丛中的敌人，并沿山而下攻占了得斯东寨，敌人弃寨而逃。

然而，在随后的战斗中，木果木大营遭到了敌人的猛烈攻击而溃败。参赞大臣海兰察发出命令，要求张大经撤军。在撤退途中，张大经遭遇到了敌人的伏击。由于地形险峻，道路崎岖，士兵们无法骑马作战，他便率领士兵徒步与敌人激战。最终，在激烈的战斗中，张大经不幸牺牲。为了表彰张大经的英勇和忠诚，乾隆皇帝赐予他骑都尉的世袭官职。

在大阳，武状元张大经是传奇人物，关于他的故事当地人津津乐道，还增添了许多神话色彩。说他是“白虎下界”，在土地庙读书夜归时总有神灯护路；说他力大无穷，能挑飞石磨盘。时至今日，在大阳还有流传的歇后语：状元府圪洞的旗杆——气壮山河。与其相关的历史遗迹有张大经捐资修缮通济桥和西针翁庙及其子张无咎重修资圣寺残碑。

（三）段藻

段藻，字黼平，进士出身。在任期间，他曾知晋宁并代理惠来事务。康熙十三年（1674）潮州镇总兵刘进忠依附耿精忠举兵反清，两次攻打晋宁，危急之时，段藻秘请平南王尚可喜支援保全了晋宁县。因守城有功得到升迁，代理归善县，驻守惠州。康熙十五年（1676），刘进忠又派兵攻打惠州，在尚可喜之子尚之信的配合下惠州失陷，段藻被俘，双方议和后又被释放。因反清势力被清朝廷平定，刘进忠降清，再次任潮州镇总兵之职。三藩之乱平定后，段藻被授予岭东参议，后因病辞官，于家中去世。

（四）陈昌期

陈昌期（1608—1692），字大来，贡生，其兄陈昌言在朝为官。皇城相府标志性建筑河山楼，即是明崇祯五年（1632），为抵御“流寇”侵扰，由陈昌言、陈昌期、陈昌齐兄弟合力建造。据记载，工程尚未完工，“流寇”已至，陈氏家族及附近村民800余人入楼避难。“流寇”久攻不下，扬言要日夜封锁并采取火攻，楼内村民将井水从楼顶泼下，以显示准备充分，不惧围困，“流寇”知难而退，撤兵离去。此后10个月里，“流寇”又先后三次进犯，依靠河山楼的庇佑而逃过兵灾的村民多达数千人次。顺治六年（1649），大同总兵姜瓖发动兵变，烽烟燃遍三晋，其部将张光斗书信招降陈昌期，陈昌期登上城楼，严词拒绝。守城的那一年，为了供应军民粮食，陈昌期甚至打开了自家的粮仓，并且烧毁了价值万金的借据。他的这些行为赢得了乡亲们的深深敬仰，甚至想要为他立碑颂德，并向官府报告他的事迹，请求为他颁发旌旗以表彰他的贡献。但陈昌期阻止了这些行为。其长子陈廷敬后来成为大学士，子孙也都以科举功名和爵位显赫一时。

陈昌期墓，位于沁水县郑村镇王街村樊山自然村北侧台地上。坐南朝北，神道前建有石牌坊，两侧分别有石马、石羊、石人，墓冢前建有碑亭，两侧各立碑 4 通。2007 年被晋城市人民政府公布为第二批市级文物保护单位。

（五）窦明运

窦明运，字亨吾，又字更生，沁水窦庄人，与明朝忠烈张忠铨同出一乡。他自幼性格洒脱不羁，胸怀大志。清朝初期，他仗剑拜访亲王，凭借其出众的才能赢得了安徽中丞的赏识，进而成为其麾下的一员。

两年之后，中丞李来益更加赏识窦明运的才干，派遣他前往渑池捉拿赵正。窦明运的威名远播，贼人闻讯后纷纷四散。随后，李来益调任广东巡抚，对窦明运的才能给予高度认可，提拔他为抚标中军游击，并兼管左营。

当时，广东虽已初步平定，但红旗贼梁标相等人仍四处抄掠，东山、白水等地仍有贼人盘踞。窦明运率领五百精兵，成功擒获东山的伪总兵周琼飞、张权玺，并斩杀了西山的伪总兵张易能、林志昂等人。经过两年的艰苦战斗，各地的贼人逐渐被平定。

不久之后，窦明运被调至肇庆协助防守。他刚进城，便遭到贼兵的四面围攻。然而，窦明运却毫不畏惧，笑言：“以为我远道疲惫乎？”随即打开城门，率军迎击，大败贼军。

之后，窦明运又被调往罗定剿灭贼人。他奋力战斗，连续攻破了 20 个贼寨，贼将罗成基惊恐之下溃逃。然而，不久后贼人再次进犯罗定，窦明运虽然屡战屡胜，但贼人却驱使数万大军逼近城下。面对强敌，窦明运冷静分析形势，认为白天容易被贼人乘虚而入，于是决定夜袭。他率领士兵夜晚出击，奋力高呼，士兵们都殊死战斗。尽管贼人几度散开又聚集，但最终都被窦明运击败。

在战斗过程中，窦明运的军队被逼至深沟，无法继续战斗。他向北叩拜，感叹自己已经尽力，而后对家丁说：“告吾弟，速归侍奉老母。”说完，他毅然拔剑自刎，以身殉国。在战斗期间，贼人都称他为“绿旗窦将军”，对他的英勇表示敬佩。尽管粮草和援军都没有及时到达，窦明运仍然坚持战斗了多日。

窦明运的事迹传开后，皇帝下诏追赠他为英烈将军，并赐予他祭祀和葬礼。他的儿子窦应寿，因父亲的英勇而得到荫庇，被任命为守备，后来又迁任广东龙门都司。窦明运殉难时，窦应寿年仅 6 岁。

窦明运故居“五魁院”，位于沁水窦庄，保存完整。

明清武科统计表

明代武进士

<table>
<tr><th>序号</th><th>科年</th><th>姓名</th><th>籍贯</th><th>甲次</th><th>官至</th><th>备注</th></tr>
<tr><td>1</td><td>永乐年间</td><td>王鹏远</td><td>高平</td><td></td><td>锦衣卫指挥同知</td><td></td></tr>
<tr><td>2</td><td>宣德年间</td><td>王宴</td><td>高平</td><td></td><td></td><td></td></tr>
<tr><td>3</td><td rowspan="2">嘉靖年间</td><td>杨秉鈐</td><td>宁山卫籍</td><td>三科冠带武举</td><td></td><td></td></tr>
<tr><td>4</td><td>杨淳</td><td>宁山卫籍</td><td></td><td></td><td></td></tr>
<tr><td>5</td><td>嘉靖四十一年壬戌科</td><td>裴本立</td><td>泽州大阳</td><td></td><td>历任涉县守备、河南河北道守备</td><td></td></tr>
<tr><td>6</td><td>崇祯十六年癸未科</td><td>王开泰</td><td>高平</td><td>宣府武乡试第八十名，明崇祯十六年癸未科武会试第一百一十九名</td><td>清顺治六年，任陕西泾州营游击</td><td></td></tr>
</table>

清代武进士

序号	科年	姓名	籍贯	甲次	官至	备注
1	康熙九年庚戌科	卫汉超	泽州大箕	康熙八年己酉科山西武乡试第十七名。康熙九年庚戌科武会试第六十七名，武殿试第二甲八名	沅州游击	
2		王业伟	泽州南河底	康熙八年己酉科山西武乡试第八十六名。康熙九年庚戌科武会试第一百六十四名，武殿试第三甲一百三十一名		
3		王廷璜	泽州人，平顺籍	康熙八年己酉科山西武乡试第四十九名。康熙九年庚戌科武会试第四十七名，武殿试第三甲一百五十四名		
4		殷化行	陕西咸阳籍，山西沁水人	康熙五年，年二十二，中丙午科陕西武乡试举人。康熙九年庚戌科武进士	康熙二十六年，任台湾总兵官。康熙三十二年，任宁夏总兵。康熙三十七年，任广西提督	
5	康熙十二年癸丑科	卫若青	泽州大箕	康熙八年己酉科山西武乡试第八名。康熙十二年癸丑科武会试第六十名，武殿试第三甲一名	康熙十九年，任汉南镇标右营都司守备、四川抚标中军守备	
6		牛青云	泽州大阳	康熙十一年壬子科，山西武乡试第四十七名。康熙十二年癸丑科武会试第二十九名，武殿试第三甲十二名	历任福建邵武守备、建宁守备、浙江协标中军守备	

续表

序号	科年	姓名	籍贯	甲次	官至	备注
7	康熙十五年丙辰科	朱三英	泽州	康熙十四年乙卯科山西武乡试举人。康熙十五年丙辰科武会试第一名	康熙二十二年，任庆阳中军都司守备。康熙三十八年，任虎门协左营都司守备	
8		闫守	泽州	康熙十四年乙卯科山西武乡试举人。康熙十五年丙辰科武进士	长淮卫守备	
9		宋琚	泽州大阳	康熙十一年壬子科顺天武乡试举人。康熙十五年丙辰科武进士	郧阳协守备	
10		王珦	陵川	康熙十一年壬子科武举人。康熙十五年丙辰科武进士	康熙四十一年，任广西柳州后营守备	
11	康熙二十一年壬戌科	琚秀玺	阳城町店	康熙八年己酉科山西武乡试举人。康熙二十一年壬戌科武进士	浙江绍协中军守备	
12	康熙二十七年戊辰科	郑之宾	高平	康熙二十年辛酉科武举人。康熙二十七年戊辰科武进士		
13	康熙三十年辛未科	朱之鹏	泽州	康熙二十九年庚午科山西武乡试举人。康熙三十年辛未科武进士	康熙四十三年，任莱州营守备	
14		陈王辅	泽州	康熙二十六年丁卯科山西武乡试第一名武解元。康熙三十年辛未科武进士	康熙三十九年，任江西婺源贴防右军守备。康熙五十五年，任四川梁万营守府。康熙五十九年，升建昌镇标营右营游击、徽州守备，升河西务参将。雍正三年五月，任武清营参将	

续表

序号	科年	姓名	籍贯	甲次	官至	备注
15	康熙三十六年丁丑科	张巽乾	高平	康熙十六年戊午科武举人。康熙三十六年丁丑科武进士	江南泗州卫守备	
16	康熙四十五年丙戌科	孔毓润	泽州	康熙四十一年壬午科山西武乡试第三十七名。康熙四十五年丙戌科武会试第十五名，武殿试第三甲六十四名	雍正二年，任宁波守备。乾隆三年，任福建延平府游击	
17	康熙五十四年乙未科	琚瑭	阳城町店	康熙三十五年丙子科武举人。康熙五十四年乙未科武进士	雍正二年，任常德协都司提标左营守备	
18	雍正十一年癸丑科	卫克壮	阳城章训	雍正十年壬子科武举人。雍正十一年癸丑科武进士		
19	乾隆十六年辛未科	张大经	泽州大阳	乾隆十二年丁卯科山西武乡试第二名。乾隆十六年辛未科武会试第二十六名，武殿试第一名状元	授头等侍卫。乾隆二十年，任湖北武昌城守营参将。乾隆二十四年，任济南城守营参将。乾隆二十八年，升山东文登营副将。乾隆三十四年，升陕西兴汉镇总兵。乾隆三十八年，赠骑都尉，入祀昭忠祠。子张无咎，世袭骑都尉，历任天津镇蒲河营都司、福建提标后营游击、台湾营参将；张无衍，世袭骑都尉，靖边营都司，嘉庆十三年，充戊辰恩科山西武乡试管理中箭报鼓官	

续表

序号	科年	姓名	籍贯	甲次	官至	备注
20	乾隆十九年甲戌科	朱崙	泽州	隆十八年癸酉科山西武乡试举人。乾隆十九年甲戌科武进士	乾隆三十年，任广东督标中军副将兼管中管事。乾隆三十一年，任云南永北镇中营游击	
21	同治十年辛未科	李夺锦	泽州柏杨坪	同治元年壬戌科武举人。同治十年辛未科武进士	同治十二年，管理山西全省驻京塘务	

明代武举人

序号	科年	姓名	籍贯	甲次	官至	备注
1	永乐年间	王鹏远	高平			登武进士
2	宣德年间	王宴	高平			登武进士
3	嘉靖年间	裴本立	泽州大阳			登武进士
4		杨秉鈐	宁山卫籍			登武进士
5		杨淳	宁山卫籍			登武进士
6	万历二十五年丁酉科	郭嗣炳	高平建宁			
7	万历四十年壬子科	李名世	高平			
8	崇祯年间	王开泰	高平人，龙门卫官籍	宣府武乡试第八十名		登武进士

清代武举人

序号	科年	姓名	籍贯	甲次	官至	备注
1	顺治五年戊子科	苗士容	泽州			苗胙土子
2	顺治十四年丁酉科	吴兴周	高平			
3	康熙二年癸卯科	赵克绩	泽州			
4		武崇文	高平大周			云南武定参将武超之父
5	康熙五年丙午科	王斌	泽州大阳		兴武卫千总	
6		李瑶	泽州大阳			
7		袁绕龙	高平			
8		石子固	阳城化源里		康熙二十八年，任定海中营游击。康熙三十二年，任北楼营参将	进士石凤台子
9		殷化行	陕西咸阳籍，沁水人			陕西武乡试，登武进士
10	康熙八年己酉科	孙绍武	阳城	第一名，武解元		
11		卫若青	泽州	第八名		登武进士
12		卫汉超	泽州	第十七名		登武进士
13		王廷璜	泽州人，平顺籍	第四十九名		登武进士
14		王业伟	泽州南河底	第八十六名		登武进士
15		卫圣图	泽州			

续表

序号	科年	姓名	籍贯	甲次	官至	备注
16	康熙八年己酉科	陈威凤	泽州		浙西督运官。康熙四十四年，任湖州所领运千总，充乙酉科浙江武乡试巡绰官	举人陈攀龙子
17		段君章	泽州			
18		王宪沆	泽州大箕		乾隆二十二年，任澄海守御千总	王允成侄
19		庞之蛟	泽州			
20		张昱	泽州			
21		崔旦	陵川		山东满家碱守备，湖广襄阳中营都司	
22		陈毓秀	高平		康熙二十六年，任龙门城守守备。康熙三十九年，任江西永镇营守备	
23		李渊资	高平			
24		武征	高平大周			
25		琚秀玺	阳城			登武进士
26	康熙十一年壬子科	牛青云	泽州大阳	第四十七名		登武进士
27		温文龙	泽州			
28		范允芳	泽州			
29		左一达	阳城			
30		张恩	陵川			

续表

序号	科年	姓名	籍贯	甲次	官至	备注
31	康熙十一年壬子科	冯震	陵川			
32		李汝凭	陵川			登武进士
33		宋琚	泽州大阳			顺天武乡试，登武进士
34		王世奇	泽州			
35	康熙十四年乙卯科	朱三英	泽州			登武进士
36		司道生	泽州			
37		闫守	泽州			登武进士
38		朱之麟	泽州			
39		卫夺	泽州			
40		王业隆	泽州南河底			
41		范莛	泽州			
42		王世美	泽州大阳			王国士孙
43		张琨	泽州			
44		都广畴	泽州大阳			
45		靳青兆	高平			
46		王珣	泽州			登武进士
47		都泽远	陵川		潞安府城守营专城千总	
48	康熙十六年戊午科	宋珽	泽州大阳			
49		张捷武	泽州西部			

续表

序号	科年	姓名	籍贯	甲次	官至	备注
50	康熙十六年戊午科	牛秉钧	泽州			
51		徐大章	泽州			
52		范之章	泽州			
53		程昌	高平			
54		张巽乾	高平			登武进士
55	康熙二十年辛酉科	钟世茂	泽州			
56		焦涛	泽州			
57		葛世钟	泽州			
58		孔弘锜	泽州			
59		孔铨	泽州			
60		李唐弼	泽州			
61		李援	泽州			
62		郭允恭	高平			
63		武仪典	高平			
64		郑之宾	高平			登武进士
65		刘烈	阳城下伏			
66		窦荣仁	沁水窦庄		卫千总	
67	康熙二十三年甲子科	宋瓔	高平			
68		贾松年	高平北苏庄			
69		杨大田	阳城下庄			
70		曹汴	阳城			

续表

序号	科年	姓名	籍贯	甲次	官至	备注
71	康熙二十六年丁卯科	陈王辅	泽州	第一名，武解元		登武进士
72		张征典	泽州			
73		张恪	高平			
74		李应煊	高平			
75		李孝德	阳城中庄			
76		王永彰	阳城上庄			
77		王勇略	沁水			
78	康熙二十九年庚午科	秦达	泽州			
79		朱之鹏	泽州			登武进士
80	康熙三十二年癸酉科	侯殿英	泽州大阳			
81		段绪笏	泽州大阳			
82		关迪	泽州大阳			
83		右文甫	阳城			
84	康熙三十五年丙子科	段克勤	泽州东四义			
85		李英	泽州			
86		王延中	泽州			
87		琚瑭	阳城			登武进士
88		王在齐	陵川			
89	康熙三十八年己卯科	李芃	泽州	第一名		州学武生
90		丁锦	泽州	第二十四名		州学武生

续表

序号	科年	姓名	籍贯	甲次	官至	备注
91	康熙四十一年壬午科	张翻	泽州			
92		丁伟	泽州			
93		赵培基	泽州			
94		孔毓润	泽州	第三十七名		登武进士
95		原维华	阳城			雍正二年，任广东前卫守备
96	康熙四十四年乙酉科	孔兴钧	泽州	第一名，武解元		
97		焦慕密	泽州			
98		陈世楫	泽州			
99		裴让	泽州			
100		秦世璋	阳城			
101	康熙四十七年戊子科	郑国栋	泽州	第二十一名		州学武生
102		张则明	泽州	第二十二名		州学武生
103		曹云龙	陵川	第三十三名		州学武生
104	康熙五十年辛卯科	郭安逸	泽州大阳	第一名，武解元		
105		泽州	泽州			
106	康熙五十二年癸巳科	牛金宿	泽州大阳			
107		申奇英	泽州			
108		武安远	高平			
109		霍得威	沁水			

续表

序号	科年	姓名	籍贯	甲次	官至	备注
110	康熙五十三年甲午科	刘有渐	泽州大阳			
111		范时敬	泽州周村			
112		袁绕龙	高平			
113	康熙五十六年丁酉科	范鹤龄	泽州			
114	康熙五十九年庚子科	葛芮	泽州			
115		王谟	泽州			
116		刘尧兴	陵川			
117	雍正元年癸卯科	王振杰	泽州			
118	雍正二年甲辰科	酒万选	阳城			
119	雍正七年己酉科	朱绂	高平			
120	雍正十年壬子科	卫克壮	阳城章训			登武进士
121	雍正十三年乙卯科	刘朝宸	泽州			
122	乾隆三年戊午科	朱联珠	高平			
123	乾隆六年辛酉科	庞德钦	高平	第三十七名		县学武生
124	乾隆九年甲子科	郑遇时	泽州			

续表

序号	科年	姓名	籍贯	甲次	官至	备注
125	乾隆十二年丁卯科	张大经	泽州大阳	第二名		登武进士
126	乾隆十七年壬申恩科	吕德昌	泽州			
127		王沛霖	沁水郭壁			
128		张大武	高平永宁寨		兵部候选营千总	
129	乾隆十八年癸酉科	朱嵩	泽州			登武进士
130		常佖	泽州下村			
131	乾隆二十一年丙子科	董启先	泽州	第三十四名		县学武生
132	乾隆二十七年壬午科	尚钦	高平	第三十一名	侯补推卫千总	县学武生
133	乾隆三十三年戊子科	成万里	泽州			
134	乾隆三十六年辛卯科	尹元弼	泽州上城公			
135	乾隆三十九年甲午科	常大宁	高平			
136	乾隆四十二年丁酉科	侯万程	高平			

续表

序号	科年	姓名	籍贯	甲次	官至	备注
137	乾隆四十四年己亥科	张鋕	阳城化源里		甘肃宁夏花马池参将	举人张锦兄
138		杨国威	高平			
139	乾隆五十一年丙午科	杜绍预	泽州西黄石			候选守府
140	乾隆五十四年己酉恩科	张维翰	高平永宁寨		候补守备	武举张大武子
141	嘉庆五年庚申科	韩觐朝	泽州			
142	道光二十年庚子科	黄其正	高平	第二十五名		县学武生，第二十五名
143	道光二十三年癸卯科	苗得恭	泽州			
144	道光二十六年丙午科	黄其举	高平			
145	道光二十九年己酉科	毛鸿飞	泽州			
146		黄德	泽州			
147	咸丰二年壬子科	郭万年	泽州			
148	同治元年壬戌科	王树本	泽州			

续表

序号	科年	姓名	籍贯	甲次	官至	备注
149	同治元年壬戌科	郭再汾	泽州双庙（今属河南焦作）			
150		李夺锦	泽州柏杨坪			登武进士
151	同治六年丁卯科	吉崇德	阳城			
152	同治十二年癸酉科	王树声	泽州			
153	光绪二年丙子科	刘广魁	泽州			
154		宋明谟	阳城			
155	光绪八年壬午科	李凤藻	泽州柏杨坪	第二十八名		
156		赵谦益	泽州	第四十五名		
157		郭毅	泽州	第四十八名		
158	光绪十五年己丑科	阎九如	高平	第三名		
159		李作桢	高平	第三十二名		
160		董占鳌	泽州冶底	第五十一名		
161	光绪十七年辛卯科	高善民	泽州	第四名		
162	光绪十九年癸巳恩科	原廷俊	阳城	第四十四名		县学武生
163	光绪二十年甲午科	吉士俊	阳城	第四十二名		泽州府学武生

续表

序号	科年	姓名	籍贯	甲次	官至	备注
164	科年不详	柴望	高平			乾隆元年，任商水县驻防把总
165	光绪年间	张德诚	泽州大阳			
166	科年不详	王义	陵川			
167	科年不详	李杰科	泽州			光绪间，任昔阳县外委把总

资料来源：孔伟伟：《明清泽州科举研究》，《花木兰文化》，2022 年第 9 期。

第 七 章

知古鉴今：古代兵家思想的演变与启示

在历史的长河中，战争与和平的交替演绎着国家兴衰。古代兵制作为维护国家政权安全与主权的重要基石，其发展与演变不仅深刻反映了社会政治结构与经济基础的变迁，更是军事技术革新与战略思想演进的直接体现。从夏商周到秦汉，再到魏晋南北朝、隋唐，直至宋元明清，每一个历史阶段的兵制都承载着独特的时代印记，对后世产生了深远的影响。

兵家思想，作为中国古代哲学的重要组成部分，其智慧的光芒穿透千年，照亮了军事战略与治国理政的道路。自《孙子兵法》以降，无数兵书战策相继问世，它们不仅指导着战争的进行，更在政治、经济、文化等多个领域发挥着重要作用。兵家思想的核心——“以智取胜，以德服人”，成为影响中国古代社会的重要文化基因。

地方文化的形成与发展，往往与古代兵制和兵家思想息息相关。军事制度的实施与兵家思想的传播，不仅塑造了地方的军事传统，也深刻影响了地方社会的价值观与行为模式。

一、古代兵制的演变

古代兵制作为封建国家政权的重要组成部分，其发展与演变不仅映射出社会政治与经济的深刻变迁，更是军事技术进步与战略思想演进的直接体现。从夏商周到秦汉，继而经历魏晋南北朝、隋唐，直至宋元明清，每一个历史阶段的兵制均根植于其特定的社会背景与历史条件之中，并对后世产生了不可磨灭的影响。

（一）先秦兵制

据传说与考古发现，夏代已见军队组织的雏形，而商代则留下了实用战车的印记。这一时期的军队建制包括旅、师等单位。西周时期，王室军队的最大编制单位为“师”，分为西六师、殷八师、成周八师，总兵力可能在 35000—55000 人之间。春秋时期，军事编制进一步扩展，出现了“军”的建制。各侯国普遍实行三军制，每军约 1 万人，总计 3 万兵力。战争形式以车战为主，车兵与步兵的协同作战成为常态。战国时期，为应对频繁而激烈的兼并战争，各国建立了常备兵制度。这些常备兵经过严格的选拔与训练，专职于战争。秦国的常备兵“锐士”以赏罚严明著称。

先秦时期的兵种主要包括车兵、徒兵（步兵）、骑兵和舟师。车兵在春秋时期达到鼎盛，徒兵在战国时期成为独立兵种，骑兵可能在春秋战国之交出现并与车兵混编，而舟师则主要负责水路运兵。当时的军事训练主要通过四季田猎来进行，春季的“蒐”、夏季的“苗”、秋季的“狝”、冬季的“狩”，均在农闲时期举行。先秦时期普遍实行征兵制，士兵主要来源于统治族姓的族众，年龄范围大约在 20 至 60 岁之间。

（二）秦汉至宋的兵制

秦汉时期的兵制标志着从先秦向更为成熟和统一的军事制度的过渡。秦朝统一六国后，建立了全国规模的征兵制度，以郡县为单位进行征兵，农民成为兵员的主要来源。秦代军队编制严格，步兵、骑兵和车兵均有明确的组织结构和指挥体系。汉代则进一步巩固中央集权，建立了全国统一的军队，置于皇帝的严格控制之下。

魏晋南北朝时期，国家分裂，政权更迭频繁，兵制变化反映了社会政治结构的动荡和军事需求的发展。南朝主要实行募兵制，而北朝则从部族兵制逐步过渡到封建化的府兵制。

隋文帝杨坚改革府兵制，将府兵制与均田制结合，形成了较为稳定的民兵基础。但这一制度也为府兵制未来的衰败埋下伏笔。唐朝初期，李世民利用府兵制巩固了皇权，但随着战事减少和社会奢靡，府兵制逐渐衰败，最终在唐玄宗时期被募兵制取代。至北宋，乡兵正式成为国家武装力量的一部分，形成了中央军、地方军和乡兵三位一体的军事体制，这一体制大体为后代所沿袭。

中央军，包括禁军，具有禁卫和征讨的双重职能，是封建王朝立国的军事支柱。地方军，如州郡兵和厢军，主要负责维持治安，战时配合中央军出征。乡兵则属于预备役性质的民兵武装，平时自卫乡里，必要时也被征调出战。

（三）元明清兵制

元、明、清三代，由于蒙古和满族的入主，社会经济政治一度发生逆转，世兵制一度恢复，但募佣兵制仍居重要地位。这一时期，世兵制与募佣兵制兼行，募佣兵制逐渐占据主导地位。鸦片战争后，随着湘军、淮军以及新军的兴起，世兵制最终退出历史舞台，被募佣兵制所替代。

（四）兵役制度的演变

兵役制度的演变与军事体制的变化紧密相关。战国以前，由于生产力水平较低，实行的是亦耕亦兵的民军制度。战国至秦汉时期，随着生产力的发展和氏族制度的解体，征兵制得以实行，辅以募兵制。魏晋南北朝时期，商品生产衰落，自然经济强化，士族制度的形成和农民依附关系的加强，导致征兵制被世兵制取代。

隋唐时期，府兵制的实行，寓兵于农，是北朝鲜卑族部落制与世兵制结合的产物，可视为由世兵制向募佣兵制过渡的形态。唐代中期以后，社会经济的高度发展和土地兼并的加剧，导致府兵制瓦解，募佣兵制迅速发展，成为主导的集兵方式。

综上所述，中国古代兵役制度从商周的民军制度，到府兵制的过渡形态，再到征兵制、世兵制和募佣兵制的并行发展，展现了中国古代社会发展的阶段性。这与西欧中世纪兵役制度的演变过程相似，但中国古代兵役制度具有宗法色彩，而西欧则具有等级特征。

二、古代兵家思想的演变

先秦时期，被誉为中国古代兵家及其思想发展的第一个高峰。首先是萌芽与初步发展期，这一时期见证了甲骨文、金文以及《尚书》《诗经》《周易》等典籍中兵学思想的孕育。其中，“古司马兵法”作为该阶段的代表作，深刻体现了“军礼”之精神，倡导以礼仪为固，以仁爱为胜的军事理念。它提出“九伐之法”“不鼓不成列”“不杀黄口，不获二毛”等原则，强调在追逐逃敌时不应超过百步，释放敌军时不应超过三舍，以及在战斗中不应追击至敌军彻底屈服。紧随其后的春秋后期，标志着兵家思想的一次重要变革，以《孙子兵法》的问世为显著标志。在这一时期，战争的形态与性质发生了根本性的转变。战争不再仅仅是诸侯间的争霸，而是转向了更为残酷的兼并战争，孟子所言的“争地以战，杀人盈野；争城以战，杀人盈城”，已成为这一时期的常态。军队的组成也发生了显著变化，从受过良好礼乐教育的贵族转变为普通百姓，他们对于传统的“军礼”并无太多认同。更为关键的是，武器装备的革新，如弩机的出现，极大地提高了战斗的准确率与射程，进而推动了作战方式、军队编制、军事观念及理论的全面变革。《孙子兵法》的诞生，不仅是兵家发展史上的一次根本性变革，更是一次思想的飞跃。后人对此评价道：“孙武之书十三篇，众家之说备矣。”其深邃微妙的军事策略，变化无穷，为后世兵家所推崇。

从春秋后期一直到战国后期，兵书如雨后春笋般涌现，其中《尉缭子》《吴子兵法》《孙膑兵法》以及今本《司马法》等，均成为这一时期的代表性著作。这些兵书不仅立足于战国时期的军事实践，更在《孙子兵法》的基础上进一步深化了对军事活动的规律性认识，从而将战争指导原则与作战指挥艺术的理解与运用提升到了一个新的高度。《六韬》虽托名姜太公，但其成书时间可能晚至战国后期，甚至秦汉时期。该书篇幅宏大，内容丰富，不仅涵盖了军事问题，还包括了先秦诸子的政治理念，成为兵家的集大成者，体现了当时社会思想的综合与整饬趋势。

秦汉到隋唐，中国古代兵家及其思想步入了过渡与延续期。这一时期的兵学主题发生了显著转换，由先秦时期的夺天下、取天下问题，转向了安天下、治天下的问题。《黄石公三略》的出现，标志着大一统兵学的确立，其内容更多关注于如何治理军队，如何处理好君主与将帅的关系，从而在兵家之学与政治学之间架起了桥梁。此外，魏晋南北朝至隋唐时期的丰富战争实践，为兵家思想的发展提供了丰富的实证基础，如《唐太宗李卫公问对》便是将《孙子兵法》中的原则与具体战例相结合的典范。

宋元时期，兵家思想再次迎来了发展的高潮。宋代兵学的形成，标志着中国传统兵学的一个高峰。宋代武学的兴起，系统规范地培养了专业的军事人才，而《武经七书》的颁定，更是成为武学的官方教科书。宋代兵书的分门别类与专业化，如《历代兵制》《守城录》《武经总要》《百战奇法》《何博士备论》等，均体现了宋代兵学理论的繁荣。然而，在崇文抑武的治国方略下，兵家的儒家化倾向严重，创新性不足，兵学在文献繁荣的表象之下，已经蕴含着衰落的危机。

明清时期，中国兵家及其思想发展进入了守成期，同时也是迈向新生的转折点。明代兵书的数量众多，如《阵纪》《白毫子兵垒》《投笔肤谈》等，其中不乏重视军队战术要领总结的建树，如戚继光的《纪效新书》和《练兵实纪》。明代还面临了海防的新问题，催生了专门讨论海防的兵书，如郑若曾的《筹海图编》。西洋火器的引进，也催生了孙承宗的《车营扣答合编》，其对新型战法的讨论，虽受到传统兵学的深刻影响，但也试图结合装备发展情况对车战的战法进行探讨，以求更好地发挥火器的威力。然而，封建王朝的更替打断了这一转型历程。明清兵家及其思想虽有创新，但并未实现重大突破，标志着中国古代兵家及其理论的终点。

19 世纪 60 年代以后，随着西方军事理论的引入，我国传统兵学逐步让位于近代军事学，迎来了重大的变革。

三、古代兵家的核心思想表现

战争观念。兵家思想的战争观念是其理论体系的基石。古代兵家认为战争是国家大事，关乎生死存亡，必须谨慎对待。《孙子兵法》中提到“兵者，国之大事，死生之地，存亡之道，不可不察也”，强调了对战争的深刻理解和准备的重要性。

治军原则。兵家强调治军的严格性和纪律性。《六韬》中指出“将者，国之辅”，明确了将领在军队中的核心作用，以及选拔将领的标准。同时，兵家还提出了将领与士兵同甘共苦的观念，如《黄石公三略》所述“将帅者，必与士卒同滋味而共安危”。

战略原理。兵家的战略原理包含了丰富的内容，如“知己知彼，百战不殆”，强调了对敌我双方情况的深入了解是取胜的关键。另外，“兵不厌诈”则体现了兵家对战争诡谲性的认识，认为在战争中应善于运用各种策略和手段。

作战指导。兵家的作战指导思想体现在对战争各个阶段的精准把握。《吴子》中提到“以治为胜”，强调了军队治理的重要性。同时，兵家还注重灵活用兵，如“良将用兵，若良医疗病。病万变，药亦万变”，说明了根据战场形势的变化灵活调整战术的必要性。

四、古代文化思想对兵家的影响及地方表现

（一）古代文化的影响

在古代中国，宗教与哲学思想对军事战略产生了深远的影响。老子，作为道家的创始人，其在《道德经》中提出的“以正治国，以奇用兵”的理念，不仅被视为道家的核心教义，更被后世兵家奉为兵法的精髓。老子所强调的“奇正”思想，特别是其对战争变幻莫测本质的阐释，对后来的《孙子兵法》产生了不可忽视的影响。孙子在此基础上进一步发展，将“奇正”思想巧妙地应用于战争实践中，展现了其战术运用的高超智慧。佛教自印度传入中国后，其倡导的好生恶杀与神武不杀的战争观，为中国军事思想注入了新的活力。佛教的和平理念在一定程度上影响了当时的政治军事决策。

然而，宗教在战争中的应用并不总是带来积极的结果。在社会动荡时

期，民间宗教常被用来动员暴动，虽然在战争初期可能有效，但在战争的持续管理上却显得幼稚，超出了宗教能力的范围。

孔子对周礼的改造，形成了体现人文关怀的宗法制度，这一制度成为维护古代统治和社会秩序的基石。祖先崇拜的宗教观念，成为各民族在宗法等级社会基础上团结和凝聚的重要力量。这种文化的力量不断向周边辐射，吸引着更多、更远的民族向中原汇聚。每一个进入中原的少数民族政权，都会采用认同“三皇五帝”血统的立场，为文化认同提供心理上的依据。尽管不同民族王朝在礼仪、习俗方面可能各有特点，但礼乐文化的精神实质却始终未变，这也是战乱之后，中国能快速回归统一并向前发展的主要动力，也正是中华文化源远流长、博大精深的体现。

（二）地方文化的显现

古代中国的城市守护神信仰与城市的起源和发展过程紧密相关。城市的早期形式起源于仰韶文化的晚期阶段，并在龙山文化的早期进一步发展。夏商时期的城市发展为城市的形态奠定了基础。随着秦汉至魏晋时期的连续发展，城市在唐宋时期迎来了空前的繁荣景象。这一发展不仅促进了城市结构的成熟，也催生了一个日益增长和强大的市民阶层，这为城市守护神的崇拜提供了深厚的信仰土壤。

需要指出的是，城市守护神的信仰并非与城市的起源同时发生。城隍神，作为中国本土信仰的代表，最初是作为水墉神的化身而受到尊崇，这大约始于春秋战国时期。与此同时，另一位城市守护神——毗沙门天王，其起源有着印度的背景，并在后来传入了西域。直到南北朝时期，毗沙门天王作为佛教的神祇被引入中国。在唐宋时期之前，这两位神祇在中国已经获得了显著的地位。城隍神以其在保护城市和居民方面的神奇力量，赢得了人们的极大尊敬。在佛教影响日益扩大的背景下，毗沙门天王也吸引了众多信徒的崇拜。在中国的古代城市中，这两位神祇共同承担着守护者的角色，与城市的成长和发展形成了不可分割的联系。

最早的城池守卫者——城隍

根据《说文解字》的解释，“城”是用来控制和保护人民的设施，而“隍”则是指围绕城市的防御性沟渠，其中如果蓄水则称为“池”，无水则称为“隍”。这表明“城”和“隍”在古代具有不同的功能和意义，前者是人们居住的地区，后者是城市的外围防御。将这两个词结合使用，形成了“城隍”这一概念，它在历史上扮演着守护城市和居民安全的重要角色。

考古证据表明，许多古代大型聚落周围都环绕着用于防御的沟渠，这些沟渠即是所谓的“隍”。随着生产力的提升，这些聚落逐步发展成为城市，居民们也对这些防御设施进行了升级，将原本的沟渠拓宽成为环绕城市的护城河，并将简单的篱笆加固为坚固的城墙。在战争频发的背景下，城墙和护城河在保卫城市方面扮演了关键角色，这些防御工事被赋予了神圣的意义，城隍的信仰也由此诞生。由此可以看出，城隍作为中国古代城市保护神之一，最初的起源可能与古代的水墉神的崇拜有关，其主要职责是保护城市及其居民的生命财产安全。随着时间的推移，城隍神的崇拜逐渐从自然神向社会神演变，特别是在汉代，城隍神信仰得到了一定程度的发展，开始与一些历史人物相联系，这些人物往往具有正直、忠诚或对民众有重大影响的特质。

到了唐宋时期，城隍神信仰进一步发展和普及，其职能也发生了扩大化。城隍神不仅被视为城市的守护者，还开始承担起更多的社会和宗教职能，如掌管人间生死、求子祈福、除兽降贼、驱妖等。城隍神的信仰在民间广泛流传，不仅普通民众，甚至官员和士大夫也参与了城隍神祭祀活动。

唐宋时期的城市保护神信仰，特别是城隍神的盛行，对当时的城市经济、城市文化以及民众的日常生活产生了深远的影响。城市保护神的祭祀场所成为商业和娱乐活动的中心，促进了城市经济的繁荣和市民文化的兴盛。同时，城市保护神信仰的普遍化也反映了当时社会对宗教和迷信的依赖，这种依赖在一定程度上影响了城市的正常发展和民众的探索精神。

外来的城池守卫者——毗沙门天王

位于泽州城南部的古神锐营三忠庙前，矗立着一块建于宋元祐七年（1092）七月的《天王堂》石碑。该碑文由进士马泰撰写，韩秀指挥负责建立。碑的背面详细记载了众多军事官职，如神锐营第二十指挥使、副指挥使，以及450名士兵，还有军中的左右十将、都头和副都头等职位。

在宋代的军事体系中，每个兵营都配备了一名主指挥和一名副手，他们负责领导500名士兵。所谓的“第二十指挥”并非单一的单位，而是泽州宣毅、神锐、威果等多营的联合指挥，包括了永霸、招收、保节、劲男、宣勇等独立营。每个军营内部，安排了三名军使（步兵称为都头）和两名副军使（步兵中为副都头）。除此之外，还有“十将”体系，包括左将、右将，以及承局、虞候、押官各两名。军中还设有特殊的级阵头教头职位，他们负责每十天组织士兵进行一次训练。这些兵营在各自所属的州内，由都巡检司统一协调管理。碑刻中记载的这种军事组织反映了军队中对天王的深厚信仰。

那么，天王是谁呢？它就是起源于印度的毗沙门天王，是佛教中的北方守护神，随着佛教的传播，于南北朝时期传入中国。在唐宋时期，毗沙门天王逐渐与中国本土文化结合，开始出现中国化的特征。这一时期，毗沙门天王不仅在佛教中作为护法神存在，就是我们所熟知的四大天王之一。同时其职能也从最初的护法、护国神灵，逐渐扩展到城市保护神。

有文献记载，唐太宗在起兵建国时，据说得到了毗沙门天王的帮助，这使得毗沙门天王与战争胜利的联系更加深入人心。此后，唐太宗曾下诏令全国各州郡建立毗沙门天王祠，以示对其的尊崇。唐代西北边疆的战事频繁，在民间，有许多关于毗沙门天王助战的神话故事。

毗沙门天王的助战形象不仅在宗教和神话传说中占有重要地位，而且对当时的社会文化产生了深远的影响。不仅是佛教中的神灵，更成为民间广泛信仰的战神和保护神，其助战的形象深入人心，并成为城市保护神，是为民众在面对战争和动荡时寻求精神慰藉和力量的象征。

毗沙门天王在中国的传播过程中，其形象和职能逐渐人格化和世俗化，出现了诸如家庭、子嗣等人性化特征。其形象在演变过程中，逐渐由恐怖狰狞的面貌转变为更加温和的形象。其帮助国家战胜敌军的功能又与成就超越唐代杰出军事家李靖相混合，成为后世神话小说中的托塔李天王。

李靖（571—649），唐代名将。其胸怀韬略，兵法娴熟，步战、骑战、水战皆通，在唐初的统一战争和抗击突厥、开拓西域的过程中立下赫赫战功，“临戎出师，凛然威断”。南平萧铣，东破辅公祏，北拒突厥，“以骑三千，喋血虏庭”。不仅以军事上之卓越才能及对唐朝前期统一全境之重要贡献而为同时代人引为奇士，而且，身后被不断神化并附会各种异说，最终将其抬上了天神的宝座，成为神魔小说中赫赫有名的托塔李天王。

由于历史的演变，天王堂的影子不复存在，改成了三忠庙，祀汉诸葛亮、唐李靖和宋文天祥，可见李靖战神的影子还在。

唐末五代兴起的地方佑战神——二仙

在晋东南地区，包括晋城与长治，流传着一种独特的地方性神灵信仰——“二仙”，即乐氏二姐妹。这一信仰起源于动荡的唐末时期，并在北宋时期获得了朝廷的正式认可，特别是受到宋徽宗的敕封，从而在后世得以持续传承。其信仰的地理起源可追溯至壶关和陵川的紫团山区，并逐渐扩展至高平、泽州、长子等地。

目前所知关于“二仙”最早的文献记载，是唐乾宁元年（894）所立的《乐氏二女父母墓碑》。该碑文不仅详细记述了二仙父母的生平，还记载了二仙显现的神迹，并将唐末战乱的平息归功于她们的神力。这清晰地反映了当时普通民众对现实战乱的不满与无助，以及他们对超自然力量的渴望和依赖。这一点在陵川县平城镇苏家湾村所保存的《乐氏二仙圣德之碑》中得到了进一步的印证。该碑立于后周显德三年（956），碑文用大量篇幅记载了当时乱世中的争夺与二仙的感应故事。

进入宋金时期，二仙的佑战故事再次在碑刻中显现。现存于陵川西溪二仙庙的金大定五年（1165）所立的《重修真泽二仙庙碑》，不仅完整记录了二仙的传说，还记载了北宋徽宗崇宁年间（1102—1106）的一次战争中，宋军在粮草断绝之际，得到两位神秘女子的救助，她们用一个小饭瓮供应了无尽的食物。经过朝廷的调查确认，这两位女子实为二仙的化身。因此，宋徽宗将她们加封为“冲惠”与“冲淑”仙人，并赐予“真泽”的庙号。自此，二仙信仰的影响范围进一步扩大，直到明代与瓦剌的战争中，二仙显圣助战的故事还再次重现。

五代乱世中的忠烈典范——旌忠庙

旌忠庙牒碑，现矗立于晋城市第一中学校园内，其碑文共48列，每列字数介于7至9字之间，采用行书体书写，整体保存完好，未有一字缺失。该碑牒文撰写于北宋徽宗宣和四年（1122）三月，后于金章宗明昌五年（1194）秋七月十二日，由时任泽州太守许安仁负责摹刊并亲笔落款，同时由威仪师道士郭景昭立石。

旌忠庙碑分为2块，其内容可概括为四大部分：首先，碑文首部分为立碑缘由的牒文，即本文所指的牒碑；其次，金代许安仁在牒文之后所附的落款及其刊刻理由；再次，第二块碑被称为“祭文碑”，记录了宣和六年（1124）旌忠庙落成之际，当时的泽州知州陈仲孙撰写的祭文；最后，祭文完成后，许安仁所作的《过旌忠庙》诗及跋文。

碑刻记载的主人公就是裴约。裴约，字元俭，五代时期后唐将领，以其忠烈事迹载入史册。据《新五代史·死节传第二十》及《资治通鉴》记载，裴约曾担任昭义军节度使李嗣昭的副将，镇守泽州。在龙德二年（922），李嗣昭在镇州战死，其子李继韬却背离父志，欲降后梁。裴约坚守忠节，拒绝归降，其言“余事故使逾二纪，见其分财享士，志灭仇雠。不幸捐馆，柩犹未葬，而郎君遽背君亲，吾宁死不能从也”，表明了其不屈不挠的忠义精神。然而，关于裴约战死的具体时间，《旧五代史》与《新五代史》存在差异，前者记载为六月，后者为八月。考虑到当时战事频繁，消息传递可能受阻，导致记载出现分歧。

裴约之所以能享此殊荣，不仅因其个人忠烈，更与当时政治背景密切相关。据《宋会要辑稿·礼二〇》记载，北宋徽宗宣和年间，王孝迪上书请奉裴约为忠义之劝，意在强化忠义观念，稳定统治。此举反映了当时社会对忠烈精神的推崇和需要。

在动荡不安的五代时期，裴约的忠烈事迹成为后人传颂的典范，朝廷通过对他的敕封来号召保家卫国的将士，其精神激励着一代又一代的忠臣良将。

长平之战的缅怀——骷髅王

长平之战，这一古代战争的悲剧，其深远的影响和后世的缅怀，在历史的长河中留下了不可磨灭的印记。宋代《太平寰宇记》中记载了一段令人动容的历史：省冤谷，四周各六十步，位于县西北二十五里，紧邻秦军营垒之西百步。这里便是赵括遇害，四十万赵军投降白起后遭到坑杀之地。白起出于对赵军变节的恐惧，将他们全部杀害，尸体暴露长达千步，鲜血积深三尺，此地因而被称为杀谷。唐开元十年（722）正月，玄宗皇帝巡幸至此，亲自祭奠，将地名改为省冤谷，以此表达对历史的深刻反思与哀悼。

进入金代，高平知县王庭直撰写了《省冤谷记》，《泽州府志》亦有记载。王庭直自幼饱读诗书，对长平之战的历史记忆深刻。他询问当地父老，得知城西北 15 里处有杀谷，即秦将白起坑杀赵军降卒之地。至唐代，地名已改为省冤，长平之战的故事流传已久。某年清明，王庭直带领当地士人前往祭奠。旧时宋运判马城经过此地，也曾下令收殓遗骸，并在掩埋之地建立祭坛，以示后人勿忘历史。然而，随着时间的流逝，这些祭坛被不法之徒侵占，仅余数尺。王庭直遂劝告邻近农民，在被侵占的坟地之外，各扩八步，建立供堂，种植树木，以永久纪念这段历史。

在高平市谷口村北，有一座高台，其上建有骷髅庙，供奉着长平之战中战死及被俘坑杀的40余万赵军将士的亡灵，主祀骷髅王赵括。现存的建筑为清代重修的遗构。由于地形限制，骷髅庙占地不大，是一座精致的一进小院。正殿三间供奉赵括，殿内保存有明代赵括夫妇塑像。殿外东西槛墙上各嵌有题记，东面为泽守于达真所题《骷髅王庙》，西面为清顺治年间高平西河举人郭元佐所记《吊古长平》。东西耳殿各两间，因东边山体滑坡，重修时东厢房内移，导致东西厢房无法对称。西厢房北墙存有清光绪十年（1884）《重修骷髅庙碑记》，碑文追溯了骷髅庙的创建年代，称其为唐明皇所建。然而，史料中的此类附会，往往难以令人完全信服。唐明皇幸潞州，途经高平祭奠亡灵，确有其事，新旧唐书均有记载。《新唐书·地理志》记载："泽州高平，有泫水，一曰丹水，有省冤谷，本杀谷，玄宗幸潞州，过之，因更名。"这表明当时的祭祀地点在杀谷，祭奠后，玄宗将杀谷更名为"省冤谷"。

谷口村的烧豆腐，作为高平的地方名吃，又名"烧白起"。相传，白起的残忍激发了民众的怨气，民众以豆腐象征白起，通过切割、烧烤、剖开、夹入豆腐渣蒜泥的方式，隐喻对白起的仇恨与惩罚。这种独特的食物，2000多年来，成为战争创伤的一种象征，提醒着人们不忘历史。

五、对后世的影响和借鉴

在人类文明的长河中，战争与和平始终是影响社会发展的两大主题。古代兵家，作为研究战争规律和指导战争实践的先哲，其深邃的思想和智慧至今仍对后世产生着不可估量的影响。古代兵家思想，以《孙子兵法》为代表，不仅在中国乃至世界军事史上占有举足轻重的地位，更以其独特的战略思维和哲学内涵，对政治、经济、文化等多个领域产生了深远的影响。兵家思想的精髓，如“知己知彼，百战不殆”“上兵伐谋，其次伐交”等，不仅是军事指挥的黄金法则，也是处理复杂问题的智慧源泉。

现代军事的应用

在军事指挥上，体现在对战争节奏的把控和对敌情的精准预判上。如《吴子兵法》中提到的“兵贵神速”，强调了迅速行动在战争中的重要性。这一点在历史上的许多战役中都有所体现，如成吉思汗的蒙古骑兵，以其快速机动的战术，横扫欧亚大陆，创造了战争史上的奇迹。如《孙子兵法》的“知己知彼，百战不殆”，不仅适用于古代战场，同样适用于现代军事战略的制定。现代军事指挥官利用高科技手段进行情报收集和分析，以实现对敌情的深入了解，这与古代兵家对情报的重视一脉相承。

在治军方面，兵家思想同样强调了纪律和训练的重要性。《司马法》中提到的“令行禁止”，体现了军队中严明的纪律对提高战斗力的重要性。这种思想在历代军队建设中都有所体现，如戚继光的“戚家军”，以其严格的训练和纪律，成为明朝抗倭的主力军。兵家思想在治军中的应用，还体现在对士兵的培养和激励上。《吴子兵法》中强调“以治为胜”，意味着军队的治理和训练是取得胜利的关键。这种思想在现代军队中依然具有重要的指导意义，如强调军人的纪律性和团队精神，以及通过严格的训练提高战斗力。

在军事教育方面，兵家思想中的许多原则，如《孙子兵法》中的“兵者，国之大事，死生之地，存亡之道，不可不察也”，强调了对战争的深刻理解和准备的重要性。这些原则在现代军事教育中仍然具有重要的指导意义，被用来培养军事人才的战略思维和决策能力。

附　录

1. 修桥筑路类

沁河栈道曹魏碑

正始五年十月廿五日，督治道郎中上党司徒悌、监作吏司徒从、掾位下曲阳吴放，督将师匠兵徒千余人，通治步道，作遍桥阁，凿开石门一所，高一丈八尺，广九尺，长二丈。都匠木工司马陈留成有，当部匠司马河东魏通，开石门师河内司马羌。

碗子城石刻

□□□二，河门若梯；踏□大行，无路□□。石车轮摧，高岗□马，□□佥创，石坡□长。过客心潜，忒□□亦感伤。遵奉□□。佰泽民德，有□□□县三邑宰公议，□□□□□设，□仕李董□、□□□官王、□□张山□、王贾德、捕□□□、石匠一十四、木匠二名，戮力□事。砻石铭之。

时大元至元二十一年季秋

东□人役，北至金鼎关，□至本府大□里，重修大造□路记

至元二十一年十月终

重修道路碑记

［明］王鼎新　陵川人

夙闻蔡兴宗作万安之桥，颜师鲁治犨南之道，及其后之子孙，或膺

忠定之封，或享介休之福。故知修理桥梁明征丕著如是者。乃若陵川县东，离城七十里，如三里磢，七里辿，以及仙人桥。东至孤围，西距洪水虎头山，相去廿余里。自嘉靖三年，道始开焉。迩来日久，塌累不堪。其地多险阻，其境极崎岖。人不得方轨，骑不能成列，行路之人罔不寒心。兹有辉县早生等乡范济仁、王好仁、汤继皋、宿树德本，偕古泫处士武陈策、武献策、武三策、武论策兄弟，因三里磢河东西碾漕河小庄接境，素相交善，恐有九仞之功，亏于一篑。谋议，众善喜施资财一百余金。自二月鸠工趋事，将磢之巍峨曲折者，斩木以通顺之，将辿之窄狭巉岩者，凿石而宽广之。以迄仙人桥之高下险阻修葺荡平焉。而行客无忧矣。然论功若德，即不敢与蔡兴宗、颜师鲁比隆。策其心苦缔造，不遑暇食，以冀成功，而终始勿间，洵贤乎哉！洵贤乎哉！今值中秋，功将千城，早生等村耆老谒予请记，予不能文，特纪功立石，永垂不朽。姑以是为记。

创修孙公峪新路碑记

[清] 陈廷敬　泽州人

泽郡环山而立，居太行绝□，据中州上游，山险而峻，水瀑而陡。居民往来，商旅辐辏，每当险阻阽危，惊心骇目，则绝山通道为最急云。属邑若陵，尤在万山深处，东邻共城，南接宁邑，道路险峨，几于悬度之厄。遗山先生所谓“太行顶上，俯视中州，九千四百八十仞”，即指此也。乃上党以南，与中州山左商旅往来必由于此。归有小径，岁久为山水所噬，逼窄难行，且多河患，土人病之。时欲改修，而力维艰，故举辄辍。琅琊孙公，来令兹邑，废举利兴，色指事集。闻鸟道之崩颓，即切己溺之思，亲履山谷，劝率鼓舞。于是远近欢赴，大有子来之意。以康熙八年四月，孱工于山，至再岁七月，顿成康庄。始于陵之冶头，至辉之平罗。断者续之，高者下之，阻塞者凿通之，蜿蜒百余里。凡土石傭力之资，费金三百余两。山中村落，如孙公峪、莲花村，自兵燹之后，久无人烟。公设法招徕，劝给籽种，开田若干顷。昔也为荆棘之林，而今且禾黍油油，云畴片片矣，昔也为虎豹之窟，而今且居民丛集，竟成乐土矣；昔也望岩而思阻，今且舆马奔驰，山无畏涂矣。公之嘉惠陵民与邻封之民，不仅一世而已也。异日奏荡平之绩，广梯航之化，公之于陵已见一斑。工既告竣，出其途者，食公之惠，而不能名公之德，便欲寿之贞石，以传公之利赖，不可以无言。余郡人也，与公为同门友，今且沾公之余润，谨述其年月起讫以记之。是役也，宜系公官，比太史湖；宜志公姓，比白公渠；且颂公德，如吕公堤；宜代民言，非余之私。公讳必振，山东诸城人，戊戌己亥进士，卧云其别号也。若左右厥事，勤劳最著者，如乡民李绅等。并书于后，亦《春秋》不没人美之意云。

卫公创建迎旭桥记

尝考王政，修理桥梁道路所以通往来，利行人也，而大箕迎旭桥之营则异是。箕之水口有天然石桥，去石桥东数十武即今迎旭桥建处也。桥高二丈八尺，阔一丈六尺，长则以六丈计。其上环砌石栏，虽不可云啜竦插天，鲸鲵跨海，而迤焉屹焉，则固非濩泽是处之桥梁所得而媲其美焉。家于箕者，功名富厚，踵常相接，堪舆家犹谓水自石桥而东一往无所收束，灵气涣而弗聚，乃作桥之议于是乎起。但工费浩繁，尚□如其有待也。余友卫公翼中，以福建汀州镇标旗鼓守备，荣膺覃恩，晋阶明威将军。公平日肝胆遍海内，义气薄云天，解衣推食，不欲天壤间稍有缺陷者，矧宗党戚属萃处于斯，而顾而不急为之所耶？迨解组旋里后，于村之西则葺汤王庙矣；于村之东若南则建两浮屠矣；于村之西北，通郡城往来径，则修崎岖以便行旅矣；于村之四围则筑墙以防盗及虎患矣。且也，村之极东旧有土台，所谓内龙沙者，于其上创立文华书院，其工程始末详载普宁令段子兰公撰记碑中。书院之役甫毕，而造桥之工旋兴，凡鸠工庀材，亲为身任其事，工役之费计一千二百金有奇。于壬子之秋九月经其始，于癸丑之夏六月观厥成。向之涣而弗聚者，宁尚虞其一往无所收束哉？独是“旭”为日出之义，取以名桥何居？盖日之方旦，阳德之亨也。故《天保》之致祝曰：“如日之升”。而此桥有以迎迓之。君子将以卜箕之亨也，岂仅通往来，利行人，如寻常所谓桥梁道路云者。

癸丑维夏，余膺承之建宁之命，缘赴任之便，取道经泽，适迎旭桥落成日也。箕之亲友数辈嘉翼中公之德，多翼中公之功，以德与功不在一二人而在千万人，不在一二世而在千万世，恐心旌铭之不能昭兹来许也，属余为文，勒石寿世。嘻！余何能文，以素与翼中公友善，故不惮乐记其事云。

皇清康熙十二载岁次癸丑六月廿六日建，中宪大夫、福建建宁府知府孔斯和撰文。

涧坪桥东坡修路碑记

太行一山尽羊肠，而连塞不知其几千里也，吾阳邑亦居其首。东西北三境犹车马坦途，维南所属最寥阔而险。有析城，有底柱，有望蟒，有云天，层峦重岭，眺若并列。或山川流漳开平陆于两岩间，亦非什一可数。邑民附山隅而处有过半，盖欲为康衢之，此实难矣。故遵路者非窈窕而寻壑，即崎岖而经丘。且南下与中洲接壤，往来行人不绝。剩马以前驱尚多，按徐行之熊担登徒步侣，何如难苦。一遭风雨，足即趔趄，甚至泥滑颠礩。□眉浩叹，愿生不服此士，虽曰地道，岂人力无如之何哉！原君讳尚和，辄遇征人而愀然，必期履道坦坦而后快。所志早作夜思，常若有不克负荷之惧。聚马公讳信，王公讳乾珍二十人而言曰：“大峪原公，王公葺路于云天山，前后七十里之遥，奋厥始而成厥终，见仁人利溥，吾侪何为不然？”诸君闻而是之，议以克协，同心戳力，共襄乃事。南至大广坪，北至邑郊，原从五十里。而修路始夷出已资不足，不得不向远迩募化，慨施者众，曾无一怨言。几经霜日，而工始告竣。夫一人而善在一时，犹籍人口。而原君举一善俾善成于诸君，并善成于数百人众。睹荡平者，怀远绩效奔走者乐，周待至奕世未已，岂浅鲜也哉？神化慈航以普渡悯恤颠连，王政徒杠与梁仁非屯膏。得此意者不惮劳邀誉，而人实受其益。故乐道赞襄之力，而尤颂原君之德于不衷也，是为记耳。

邑庠生潘合撰，邑庠生李香书

康熙六十一年八月二十四日

庄上村修前后河路记

乾隆乙丑，庄上村张公隆德之母之八十，族党咸欲制锦以贺，而君亦储其洗腆之余，将会四方之宾以为母庆，其母止之曰：汝室不容宴豆而辱宾之觊吾，其亵越是惧，且夫修桥梁治道路，吾村之所急也，仁者不私其有，而务以便民，何必称觞为光荣乎！君悚息奉命曰：惟母有训，小子其敢不听。盖庄上村之民依山为居，前后皆有河，前河自东注于村之西，居民所取饮也。旧有井，芜塞不治，汲水浣衣，男女趾相错，雨潦大至，尤淖烂难行。君叠石为途，堰石为梁，凿其西为新井，井之北甃石为池，俾汲浣勿相乱。村北距青杨庄有大涧，所谓后河也。巉岈荦确，仅通人行，君买田为路，芟险就平，立桥于中河以通暴涨之流，长里许，高数丈，阔八九尺，向之人行以为难者，今车马过之若康庄矣。始事于乙丑之秋，讫功于丙寅之春。凡费工若干，縻金若干，君与其弟正和，躬执馈食，风雨晦明不少休，呜呼！君于此可为勤而不吝也。已古者司空视涂，而司险合方，匠人之属皆掌国中之道路，故九月除道，十月成梁，盖先王平天下之政不遗小物如此。爰及后世，徒以文具视之，而长山荒谷冠，盖商贾所不至者，有司益不复注意而生其土，一二有力之家又每惮于劳人费财，而相顾不敢动，然则天下事其废坠于庸，众人之因循者，固大抵皆然欤。如张君者独能本其母氏之意，创为非常之举，俾处其地者，无崎岖蹈溺之虞，过其里者，有履道坦坦之乐。人皆知张君之仁，而不知张君之仁实张君之所以为孝也。工既竣，里人咸欲著其绩于石，君不能禁而谋之于余，余以为是役也，其便不独在一家，而且及一乡，其风不独感一时，而目被于后世矣，是诚不可以无传，遂怂恿其事而为之记云。

赵珠崖修路碑记（之一）

尝读《继善篇》曰："善者天降之以福，恶者天报之以祸。"又曰："积善之家必有余庆，积恶之家必有余殃。"是以之善之所当为，而恶之当戒者也。况修桥补路乃善之大焉也，岂也以淹没无闻也哉？

阳邑之南面有崖曰赵珠崖。山高岭峻，形险势巍。崖之侧有古路一条，高低不一，岗瓦相连。往来行人者实艰难。幸有道人安从云、赵洪成等意欲凿高砌低，去岗加凹。奈功费浩大，微力难成。因而募化四方善士，各捐己资，以助不及。今路当告讫，凡有输财之众与助劳之家书于左，使其永久不忘也。用援笔而为之志云。

乾隆十六年二月

赵珠崖修路碑记（之二）

析城之东三十余里有山，曰赵珠崖岭。其地千峰环拱，百丈丹崖。登斯路也，鸟道羊肠盘旋而上，犬牙皂角蜒蛇而下。来者无不苦艰，往者莫不叹其险。幸有王君讳天禄者九人等，共发善念，四方募化，收攒钱粮，兴工修振。于曲者而直之，狭者而宽之，高者而下之，低者而增之，而今后荡平平。庶民虑道路之艰险矣，是洵为予瞻之所快欢者也。工起于丙申仲冬之初，告竣于酉孟春之末。求予为文以记，予不能文，谨即诸公之德足服人，善能动众，并施财劳力之人悉载于碑，以异后之再修者。

邑庠生原玠撰

大清乾隆四十二年春

补修东南路碑记

陈封舜

夏令曰：九月除道，十月成梁，王政之行，每操之自上。现奉各宪饬修道路，意甚盛也。然大德不独举，大功不独盛，好善乐施，生人所同。四流、五衍、六度、八政，以及九功、三德，各殊其途，归于一善。陵邑在万山深处，遗山先生所云"太行绝顶，俯视中州，九千四百八十仞"者，是也。而怀在其南，卫在其东，彰在其东北。居人往来，商贩辐辏，莫不经石脊绝巘、猿投峻壑之区，所恃一线羊肠，惊心怵目，以达之耳。尤冲要者，自邑之八渎岭，至辉之箔壁镇，或通获嘉、修武，或达淇、卫、汴梁，或历彰德州通山左。凡潞泽两郡，自西北而来者，熙熙攘攘，莫不由之，岂可令人叹悬度之厄乎。前任孙公，曾经修理，利于跋涉。岁久倾圮，重宜整顿，适有好义如徐本端、张臣等议修险阻，持簿捐金，诚善与人同。民之秉彝，当思乐助。使山峻者，凿之；水溢者，填之；陡绝者，纡徐之；盘磴者，坦平之。大�小磜，俱成康庄。数百里之内，利有攸往，货殖通矣，食物平矣。居者乐业，行者如归，亦君子平其政一端也。余忝不能独任，而九功三德，善人义士何难各分之而载半去与！用作弁言。是役也，增修大王庙一座，石桥五座，七里口边墙二千五百步，碑亭三间。经始于乾隆十九年五月十二日，告竣于廿一年十月初十日。功大时久，与其事也，例应载名。

创修南大路碑记

去秋（指乾隆三十六年）水潦大降，冲塌益成险□，总社闫君玉成、闫君自立、张君修不得已出募疏以化及邻村。未几，邑侯宋明府以公事肩舆其地，遂遮道请曰："是路险隘，不利于行，恳输涓埃，以成善果。"慨然许之，即输十金，以□其事。由是沿村之□□输辐辏，约得百余金。鸠工□石，不日而厥工告竣。信乎，众擎之易举也！第见向之视焉畏途者，今则欣履康庄焉；向之苦陟嗽之艰者，□□□之易矣。

创建万年桥碑记

原嘉定知县、山东巨野姚学甲撰

癸卯朱明之节，余承修凤台邑乘，访丹河源流。自二仙掌、白杨坪以下，细水涓涓，时伏时现。迳巴公会双泉，至高都遂成巨流。其地为周、秦、汉故城。北魏置高都，别在郡治。唐武德初移丹川于源泽水北，即此地也。烟井辐辏，当陵高往来冲途，轮蹄络绎。旧有小桥，久经沦没。每当伏雨暴涨，洪波建瓴，大惧灭顶濡轨。居民于此鼎建石梁，连虹跨云，颜其名曰“万年”。问诸司事者，则马集英、门世儒、马会英、马际伯、原通枢、李悦恭等实分任其责云。

余徘徊桥下，访蒙骜战垒与司马遗封。南望垂棘，众言玉洞已闭。东北眺景德寺，闻有宋时牒敕尚存石刻。流连久之。司事者请记于余，时心诺焉，而未之遑也。阅数月，先后浼孝廉苗令琮，诸生李廷光，复以为请。余乃记之曰：“《周礼》：合方氏掌达天下之道路，俾其津梁相凑，罔有陷绝。子舆氏亦云：十一月徒杠成，十二月与梁成，岁一举行。盖王政之大体然也。”丹河岸高水迅，堆草架木，不克当其冲激。而司事诸人独以凿石鸠工，苞固浑坚，经数年之久，结千人之缘，为一劳永逸之计，而巨工卒赖以竣。《隋唐风俗志》称，泽民性质朴而尚义气，不其然乎！金时，泽人王子荣、刘成之建利涉桥于河上，李庄靖俊民以诗美之，且为文以记。今其桥其河，地皆不著，而子荣、成之之名，独借鹤鸣老人之集而传，司事者或亦有见于此也。独以余之文不逮庄靖，而司事者之殷殷向义，共襄盛举，与子荣、成之辈可以同此不朽。且适当邑乘脱稿之时，列其事于志，可以为将来劝，余所以乐为之记也。故因苗、李二君先后之请，为书其大概如此。

大清乾隆五十岁乙巳菊月下浣之吉。

修路碑记

高都南桥南，故通衢也，地势沮洳，每夏秋淫潦，行人苦之。里有善人马子灿然，目睹心恻，欲毯以石，独力难支，不克如愿。兹缘桥工告竣，余金并碑亭房租九十有奇，商于原子君庆，欣然首肯，曰：“美哉，善事也!”遂合诸君子劝捐修治，一时人心踊跃，量力输货。于是鸠工任劳，不数月而成坦途矣。马子又于岔路口树槐一株，以为往来暂憩之所。善心善事倡始与赞襄者皆不可泯也，因识其颠末，并捐费姓氏例得附书于后云。

凤台县儒学生员西浩张壮图雄飞氏撰并书

乾隆五十九年岁次甲寅孟秋之吉立

修东坡路行山防堵修文昌祠西坡庙布施碑记

尝闻事属公举而人乃乐善，社有余资则功可告成。吾乡自咸丰二年公起积庆粮食会，迄今会已完。在会维首有存有不存，而藉会之赢余以成功者，要在在可纪焉。起会者何？盖为修路也。修路者何？村桥东里余皆泥涂，天雨下降，泥泞不便行走，以故不得不修也。修路时乡人有善士常姓洪、时兄弟者，慨然将己地一隅施入社中，社得其地因旧桥而增修之，所以桥路两成，而泥泞之苦不患焉。其增修桥路也，自二年冬开工，迄三年春而工告竣。维时逐步砌石，费用若干，皆会之力。是年五月，粤匪犯怀庆，乡人以托太行之险，其时费用亦皆仰给于会。嗣后七年，重修文昌祠，用会钱二百八十余千。同治四年，重修西坡庙用会钱一百四十千。四次共用钱六百千有零，则藉会之赢余以成功者彰彰矣。而吾乡二三同志之人所以起会之美意者，又岂可湮没而不传也哉？故直叙原委，勒诸石以垂不朽！

南村乔万顺施钱六千二百文，聚兴复施钱二千四百文；冶底天福成施钱五千文，庆余堂施钱五千文；维首常金润施钱三千文，常洪谦施钱十九千二百文，常永来施钱五千文，闫克明施钱五千五百文，常洪铎施钱十四千九百文，常金毓施钱五千文，闫正隆施钱五千文，闫春林施钱二千文，住持静悦师施钱十千文（后略）

大清同治五年岁次丙寅小阳月縠旦立

玉工王熙综、王印

2. 筑城类

泽州始修北城楼记

孟雷　陕西佥事

予阅边陲郡城，尝羡其壮矣。归视泽城，殆弗如也。矧天骄内侵，离石残破，可寒心焉。私议于缙绅，间语于民牧，空谈耳。惟武进体庵顾先生，早擢科甲，出刺泽郡。受上官明命，以修泽城。费不出于公储，役不及于细户。多方措处，以佐财用。新修故台、敌楼四十六座，重修城楼东西南六座，其北城独无楼焉，以矮房代之，蒲伏不称。体庵先生喟然叹曰：北方，元首也；其它，股肱也。元首卑于股肱，可乎？遂创制画规，度基物土，始修北城楼一座，以为一郡主焉。登斯楼也，盍观其架构乎，井干雉楼，襟带左右，层峦游极，揖拱后前，或缥缈而仰戴元昊，或敦庞而俯映隍池，材美而工巧，外华而内坚，其架构亦美矣夫。盍观其形胜乎，背负铜鞮，面迎王屋，其里兮据太行之险，其表兮限沁河之流。两淮咽喉，三晋门户，其形胜亦伟矣夫。盍观其保障乎，九轨蜿蜒，百室鳞次，近而三关倚雉堞为窠窟，远而四境望樵丽以依归，衹役于斯，避寇于斯，其保障亦赖矣夫。盍观其景物乎，四山曲抱，屹屹翩翩，三水圜环，溶溶涤涤。云生碧落之岩，月吐青莲之岫。络绛烟霞，刻划峭崒，其景物亦奇矣夫。如斯已乎？曰：未既。是城也，有备焉，则坚如铁瓮，无备焉，则轻如雪山。当省云鸟之图，选熊罴之士，恩泽以结其心，粮赏以充其腹，如尹驿之所宽，知孟氏之所重，庶克守斯城，不负建置者之意矣。是役也，民牧多不暇焉，体庵先生独暇乎？盖其德洪而志远，才敏而行方，守三尺而不挠，临庶务而立办，广仓储之积，饥岁可防；较弓矢之能，重赏不惜。庭有久悬之鱼，野无夜吠之犬。故有余力而暇为之也。泽署教张君元善，分教李君应期、黄君榜、陈君邦期、暨庠生史天寿、梁采、李时荐、阎期素揖予纪其事。予山林衰叟，愧乏才华，恐不足以鸣体庵先生之绩之盛，勉修荒词如命，或曰：泽近乏科甲，今岁登第者二人，即增高元武、雄峙一方之验。不知识者以为何如？

高平县砖甃城垣记

邑人郭东　太常寺卿

高平古隶上党，界乎泽潞之间，《舆图》称其第与天为党。又云：地形高而且平，因以名其郡邑。在唐虞为畿服地。在国朝为股肱右辅。控河朔襟喉，燕韩屏蔽。昔李抱真以精兵讨田悦，石守信下李筠定宋室，则斯地之险要可征哉。旧土城，每岁有风凌雨剥之损，民庶箕畚版筑之劳无已时也。抚台魏公、按台涂公，共图为地方百世计议，砖石包砌城垣，檄前任巡道杨公，择委通判黄公，与县尹马公，估计钱粮料物自均徭，夫役匠工取诸顾觅。议定具由回道以闻宣大总督王公、盐台吴公，俱报可。魏涂二公会题得旨。守道刘公经营，董督指授方略。有司任事服劳，拮据缮造。无何，按台报满，赵公来代。马公行取，王公受事。乃程土物，虑材用，计徒庸，量事期。仰宪陬，俯治高下，乐事劝功，奖勤警惰，作者鼛鼓弗胜矣，工以次第报完。两台复行河东巡道岳公，暨潞守焦公，泽守冯公查阅工程，不但事无延缓，且极巩固；稽察钱粮，不但毫无虚冒，且多节省，两台以事告成，上多其绩。乘此闲暇之时，早图绸缪之计，仰藉群公谟，使民万载依庇，仅及两期，高平有成城矣。共计一千二百余丈一尺，墙高二丈五尺，女墙高三尺五寸，更铺五十二间、城楼四座，城门三座、城瓮三座，上盖敌楼一座，城门一座。基石约用万丈，砖用一千一百二十五万奇，夫共六万六千余，银用九千四百九十七两一钱，创于万历二十六年秋，至二十八年冬竣役。夫城，盛也，为收敛防护重地，相缓急攻守机宜，内以卫神人，外以御强暴，登埤奏威远之功，背城期万全之捷，此尹铎保障晋阳，南仲于襄城朔于今为烈也。坚城一座可抵胜兵十万，圣明在有，边鄙不耸，而荩臣忧国，不厌先事豫防，不惜暂劳小费。矧高平南直太行，北控上党，金汤锁钥，堂奥晏然，关系固非渺小也。是役，抚按两院俱承钦白金，守巡州县纪录优叙。若散委官县丞王日旭、主簿王懋照、典史张登云、祭□毕应科、医官张仕兴，皆奉委宣力效劳，均蒙奖赏者也。县令豫凡王公猥以记载之役见属，记其岁月始末如此云。

阳城县新砖城记

历城于达真　知州

《汉书》河东郡有濩泽县，今为阳城。城围五里，高三丈五尺云，盖严邑也。沁水出其腹，济源襟其前，视郡城为右屏焉。城东南面故甃以瓢，而南若北竟以先劳中废，犹覆土尔。夫城，盛也。一隅之隙，全邑任之，何彼此也？邑故擅斧铁之利，而太行山洞间往出矿锡，河北诸郡一不逞子弟阴窥其利，时有惨不畏明之心。在昔镖山之役，动勤王师，绎骚两邑，今安可谓前世已往后可无虑，而羊肠九折阪为盗之所必不窥也？邑人大冢宰王公盖尝忧之，谓今令咸阳张君曰：此何不延石而堞之，即二面，虽金汤无益也，是在邑令此一役尔。不然者岁复一篑焉，安能使无暴风雨潦以攻？吾一篑之费，甄城非不倍于委土，而十年为计，覆土之费立尽，是使吾邑父老终岁率子弟而城无休已也。张君属张君，而檄不佞达真从旁以赞其事。自三月至十月，张君并前东西二面一撤而新之，等官钱才五千余缗，而城高三丈五尺，方广五百五十九丈，有奇敌楼凡十有三，堞凡若干，所为雉若干，而升高视之，若自地出矣。达真曰：为邑非不获上，而能使其上即安之为获也；为邑非不用民，而能不轻用其民之为用也。城覆土而土焉，覆瓶而瓴焉。地者筑之，旧者新之。即父老终岁率子弟而城，犹曰以佚道使之，不贤于饬厨传、盛供具称过使客意者乎？而吾偷得不劳民伤财之名，父老子弟督过之，则曰：我非不欲，而诸长吏者从中制我也。此逆旅舍视其官，旦夕视其民，而何废之能兴，何务之能举哉？大冢宰以即安用其邑令，张君又能善用其民，中丞、御史台、建藩陈臬举是役而畀之，邑之所以有成城也。张君名应诏，丞衡允中，簿刘甲，尉孙仪，法得书云。记曰：人亦有言：淬剑思利，筑城思坚。有俶其城，肇自冢宰，择令孔贤。令用其民，登之席矢，□解倒悬。既兴百堵，因灰于石，因石于山。荷铺如云，挥汗如雨，迄无退言。役不后时，成不愆期，厥谋万全。卓彼严邑，高墉崇雉，层台指天，王公设险，无疆维休，于万斯年。

阳城初甃砖城记

夫诗咏城方营谢，传善豫备不虞。记载城郭为固，是设险守国，王公甚重也。惟棘材谫识，安燕雀堂忽桑土，计以集大□兴大役为不易，率以无戎而城籍口，迨烽烟映堠，金革屯郊，欲据以为守，负以为战，嗟何及矣？阳城即《禹贡》濩泽县，唐初自县西泽城里徙治于兹。水北山南，虽若巘邑而城垣未筑。正统己巳之变，邑宰黄冈刘公以文特因丘陵为之，尚未砖甃。二百余年，乡冢宰王公卓识渊猷，复隍廑虑，独知京兆大尹张公德裕价人才优盛，受以甃城绩□之，□遂总督是任，兴发博济，受赈者子来趋□□周垣悉磐甓固甃，楼橹雉堞鼎建维新，日偕二尹衡公允中三尹刘公□莲幕孙公仪分省其事，□丞高公、□台贺公、郡伯于公深加奖劝，时均犒赉，民忘其劳，半载金汤就绩□巽维先师庙奠焉，尤极慎重，俾堡官杨鸾□继祖于庙前拓筑丈余，树琉璃壁一座，左右建蛟腾凤起二坊，东南□□巍峰象应文笔，由是礼殿深邃，义路荡平，山环河绕，宏敞高明，成城哲夫，隆盛有征。学博王先生□□□杨元祥、张书绅等遹观厥成，颂声有作，以化源子王谠记诸石。谠以昔论践华称方汉诩形胜，尔张公将有进于□□□兴庠序，贤哲期弦诵，此城发仓廪，黎庶不委去；此城除戎器，暴客罔窥窬；□城节□□□之储蓄实□□字，城之生聚蕃。辨鼠雀以□城狐，问豺狼以驱城虎，经营规画，咸保障讦谋维城至计，冀任专城则内地重寄干□则□郡□翊□□王城则朝廷重，万国荷，安堵之休四夷敉封疆之守□垣王□长城寰□，当有文□重□□者记传为百城□率，谠也山□管见，特引其端公名应诏号征吾，奕世科□接□专城，闻乃考河间府君曾□□县□□□□□铭金石俎□□梓公事业，盖有所本，敢并记之以昭咸阳世家□□。

万历七年二月□日儒学教谕□□训导赵玠

空仓岭城堡记

贺盛瑞

盖闻去莠所以治稼，去盗所以安民。盗之残民也，甚于豺狼。盖豺狼之搏噬可避，而盗贼之出没无时也。是故设之关防，严之重法，诚畏之矣！先王异服有讥，异言有禁，其惓惓念民如此。夫城市之中尚严儆戒，况空山僻野之地，其害可胜言哉！是故盗弗去则民弗安，官弗则盗不去。高平、沁水之界有岭空仓，势迫两山之间，中通一线之路，盗贼之渊薮，行旅之陷阱也。取货如寄、积骨如丘，咫尺之地，不复有王法。谁司之牧，令民困虐至此，能逃其罪耶！余乃会两县，相地度形，请之当道，议设城堡，为安旅之计。夫身不亲涉，则有过情之疑；事出创始，则有经营之费。向非深恤民疾，亦焉能使余请之必得也。乃巡道陈公一闻余言，即叹息立行，申请两院，空仓之役，遂以就绩。自此以往，盗之息皆公之力也，民之宁皆公之赐也。公之惠于是为大，而民且食之不穷。余尝叹民之乞灵于上也，每有生死之急；而上之欲于民也，特一反手之劳。盖权足以自便，力足以使民，士之得时行志，亦一快也。乃每有惮反手之劳，亡生死之急，彼民竭舆马之献，土地之毛，不知何爱而供一人之恣雎也、忍心甚矣！又焉望消意外之虞，筹难言之隐，而为斯民之父母乎？苏子曰："民有冤而欲诉之如诉之于天；有不得已而谒其所欲，如谒之于神。"嗟夫！民之苦于上下之间也，岂朝夕之故哉！余故于空仓之事，而重念夫公之仁宏且远也。推公此心、其造福于冀南者当不知其几。而民之默受公德者，又当不知其几。诗云"凡民有丧，匍匐救之"，其公之谓乎！余辱在属吏，喜诵明德，虽辞不能文，而念不可已。敢勒之石，以垂公之德于不朽。公讳廉，由癸未科进士，直隶元城人。

增修太行碗子城记

慷慨赴义之士，其忠愤足以震荡乎庸愚，义足以感发乎人心，举一隅之众以与天下抗，智略偶有所蔽，或弃险而不守，其失也疏。鸷悍桀黠之徒，睥睨世变，凭陵窃据，深明乎形势，守檄乘塞，无不善画者，而德义不足以结众志，虽据险而不能守，其失也盭，疏与盭有别，其不能以自保则同。而山川之形胜亦遂若于人无与。余读《宋史》，见李筠之起义泽潞，宋祖之击之也，惟恐弗胜，卷甲倍道趋之。于马上亲负石，以平太行之险，乃败筠于泽州南。未尝不叹筠诚义士，而天子至躬负石以通道，山之险亦甚矣！筠不于此坚壁以逸待劳，乃开门入之，与战于城下，以取败亡。当时参佐如闾丘仲卿者，亦计不及此，毋乃为向拱、吴廷祚所笑耶！抑兴废有定，固无与于人耶！何其谋之疏也。及□□来泽，由河内北上太行，始缘坡沱，愈进益高。岏巑崔巍之峰以数十当人面起。阴森蔽亏，几疑无路。呀然忽开石栈一线，附山之趾以缘于腹，若螺之旋，若惊蛇之出没。有城若瓮，闯然出于天半，以截路之穷。三休至其处，下舆藉草，俯瞰河阳千里，显若几案，右负层崖千仞，左裂巨壑，其深不可测。路抱城而转，以达于山背。始叹太行之险为极，世间瑰玮超旷之观，足以动宦游羁旅憔悴无聊之思，而发嵬才杰士傲睨纵揽不羁之慨。不谓读书慨想之地。今亲历之，窃意所谓马上负石当即此地。问其名，为碗子城。或者有鉴于老雄之斫而为之者耶！顾城已倾圮，榛棘塞之。时方有战，乃无智略志义之士议修复之，以备不虞，是又可惜也。既而与其贤士大夫游，则怀宁阮侯篑山适宰是邑。从借观图志乃知碗子城果负石处。自喜心所揣不谬，其路亦即所谓羊肠坂。或曰非也，羊肠在碗子城西，殆所谓小口者也。夫泽潞兵雄天下旧矣，益以天险若是，宜足以助虓虎喑呜之雄，进则凌厉中原，退亦屏蔽全晋。乃元末贺宗哲守之，明汤和、冯胜攻破之，而宗哲遁。岂果险不足恃！若李筠者，未为疏于计耶？将毋宗哲盩天无以坚众志，若传所云“委面去之”者也。辛酉之夏，奸民李占标起获嘉，澶魏之贼响应西来，河北云扰，泽州大震。大府以兵数百防太行。方忧委靡单弱而转饷已苦不继。阮侯乃属其绅耆而诏之，团四乡之卒万人，拔其尤五百亲统之，以碗子城太行大道，险第一，因旧城完之，穿路于城，置炮台以塞城，外之路高与城齐，筑牛马墙十余丈，属于台以护城。城之中为兵房者六，风雨寒雪，更卒得有所庇息。以锐精而持锋，又以小口与城东西并，寇自小口入，则城为徒守。亦筑墙以捍小口，垒土为台，门于台下，房于墙内，规制略如碗子而杀之，费钱二千余缗，役两月而罢，悉资于民，民皆踊跃以赴。于是守备大固，人心悉定。山下烽火照关门，卒无有一人一骑抄山而近其址者。明年贼退，乃飨士释兵而请记于余。余惟城与小口太行门户，全晋安危所系。所谓“一夫当之，千夫莫逾”者也。乃李筠不知守，而贺宗哲不能守，惟元察罕帖木儿用李惟馨策，扼以众兵，曹濮贼数十万莫能过。逾年遂下太行，旌旗相望千里，以复山东，事与今类。其勋业可谓壮哉！为能坚众以守险矣，殆忠义而兼智略者也。今阮侯以县令当焦烂疲瘵之际，□于位之卑，苦于志不得，乃能望于五百年之后，勤大众，兴大役，事集而帑不糜，民劳而志不怨，于以屏蔽全晋，所为尤有难焉者。非具智略而德义足以动人，不及此。勋业之广，狭位为之也。山东贼犹未平，朝廷方不次用人，有能以泽潞兵下太行，从事东方者乎？若阮侯者，已足愧夫弃险而不能守者矣！阮侯名棻，丙午科举人，其治凤台县，多善政，不及备书，重城役也，若夫碗子城之路即古羊肠坂，余并为考而论之，以告夫疑太行第一之险而故古无述者，庶知设险之守，今昔无一致云。

3. 修堡类

河山楼记

余家本泽州天户里人，自上世祖徙于析城东乡，寄居中道庄。山水形势颇属可佳，遗传于余七世矣。余借陵皋之气，赖祖宗之庇，以崇祯甲戌科成进士，其乡举则崇祯三年庚午科也。是年秦寇入晋已四年有奇。所在焚杀掳掠，惨不堪闻。每一听之，殊为胆寒。余乡僻处隅曲，户不满百，离城稍远，无险可恃，无人足守，日夜焦心，谋所以避之。爰遵老母命，与二三弟昌期、昌齐缔造一楼，其始经在壬申春三月，乃崇祯五年也。掘地为井，筑石为基，阔三丈四尺，厚二丈四尺，三间七节，高有十丈。石用三千，砖用三十万，为费颇奢。非先大人三十载心计节俭，稍有积资，曷敢创是举？至工匠饮馔之需，老母亲勤于内，期弟拮据于外，数月无有宁晷。兴第儿以是年四月念七日降生，高堂虽辛勤劳瘁，而色喜倍常。至七月砖工仅毕，卜十之六日立木，而十五日忽报贼近矣。楼仅有门户，尚无棚板，仓惶备矢石，运粮米、煤炭少许，一切囊物俱不及收拾。遂于是晚闭门以守。楼中所避大小男妇，约有八百余人。次日寅时立木，无一物可祭，只焚香拜祝而已。拜甫毕，界辰时，贼果自大窑谷堆道上来。初犹零星数人，须臾间，赤衣遍野，计郭峪一镇，辄有万贼。到时节劈门而入，掠抢金帛。因不能得志于楼，遂举火焚屋。余率壮丁百人镇静坚守。日夕站立雨中，所需饮食，俱余家供给。即幼男弱妇辈，每日亦各给以数米充饥。凡此皆出高堂老母亲为料理。期弟昼夜巡视，以严投垛口。齐弟昼夜宿门，以谨锁钥。贼虽凶恶异常，仅远远围望，终不敢近楼前。至十七日，期弟见其久围，恐有不虞，谋出楼往州求援。乘夜缘绳以下，忽腕力不胜从而坠地。余仰天泣曰："以十丈坠地，万无得生之理。"伊时心胆俱裂，悔恨无及。急命壮丁李忠，缘绳下去，赏银五两，将期弟用竹篓提上，问之尚能语。余抱首而哭，又不敢闻之老母，虑其惊慌不安。余昼夜上下楼中，一以御寇，一以视弟。过一二日渐省人事，四肢了无恙，面上微拭有血痕。余徼天之幸，曲保手足之全，此心稍稍方定。寇仍日夜盘据以扰，至二十日午后方去。一时危险之状，焚劫之景，从古罕有。郭峪数千家，无不遭其毒手。余幸仗此一楼，完聚母子兄弟之伦，且全活数百人性命，家虽破而心可慰也。逡巡至八月间，无枝可栖，余奉老母暨家属，始移入濩城。期弟以再生之身，独不入城。谆谆以竟楼工为事。至冬月，而楼乃渐就绪，且置弓箭、枪、铳、备火药，积矢石。十月内贼连犯四次，将薪木陆续尽毁。期弟率人护守，毙贼于矢石下者多人。数次所全活者不啻万计。余复仰天叹曰："期弟所以获免于堕地者，殆彼苍阴佑之，以全活兹多人也耶！"余因上公交车复奉老母暨家属如楼居。远游之子庶可恃以无恐。即余今日甲第，想得力于此楼者实多，章句之文，夫何足云也？楼既成，余思所以名，而不得其字。图维久之，于癸酉中秋朔夜，梦会仙于楼上，因恳为题。仙环绕周视题曰："河山为囿"。余再叩以"囿"字之解，复曰："登斯楼而望河山，不宛宛二大苑囿乎？"余觉而异之，暨旦登楼四望，果与所题之景肖而像，遂名为"河山楼"而并记之。

崇祯七年甲戌中秋后一日，修于石门旅次。时赴东溟，适馆于此。赐同进士出身，文林郎知乐亭县事，道庄主人陈昌言记。

斗筑居记

崇祯五年七月十六日，流寇自长河入余乡，一日间遍塞十数村，焚杀掳掠所在皆然，而郭峪镇独惨。余家徼天之幸，得以楼免。寇连犯五次，终不能得志。族戚乡邻，所全活者约有万人。楼之坚足当一面，楼之宽可容千口。然而糗粮、包裹不能多藏。至于牛马诸畜，无可躲遁，每遭杀掠。余日夜图维，思保障于万全。以为筑楼既有成效，则筑堡之效较然可知。且余庄坐落不甚阔，其庄人具属同宗，无难家自为守。于是聚族长而谋之，再四申说，晓以同舟之谊，期共筑一堡以图永利。无奈人藏其胸，心心有主，且多贵金钱而贱性命，竟成筑舍，良可太息！余计无复之，莫能相强，不得不就余所居址处自为修葺，然东、西两面地基系族人业，数传以来，若不肯相成。余恳亲友力求，破金多许，复兑以业，始克迁就。种种变态，思之可叹！然余止计成事，不便惜费也。爰于六年癸酉初秋廿一日，举其工经营。量度周围约有百丈，高三丈，垛口二百，开西北两门，用铁包裹，门上各有楼。铁门之外，设有粗大木栅栏。每日拨后，看守无事，便于启闭。一切闲人往来，俱在栅栏外，不得擅入，以杜奸伪，即遇警亦便于疾闭，然后掩门可防不测。且可防寇之隐匿门阙下，难以攻打最为紧关。南虽设有门，而实填不开，以便后日修屋运木石料也。堡之东山最高，敌人据其上，我不利于守。乃于东墙上，覆以椽瓦，使敌人矢石不得从空坠落，而垛夫可恃以安守无恐，最为要着。东北墙上祀关圣帝君，东南角筑墩台一，祀文昌帝君。经纬佑护，繄维神是藉云。计此工可费千金有余，搜囊括藏不遗余力。一钱一粒，皆出先大人所遗。余上公交车日，工仅有半，其后，期弟督匠办理，不惜劳瘁拮据。至甲戌春，稍稍就绪，余进士报至矣。时盖二月廿七日也。一时景况，颇有足佳，虽不敢谓地灵人杰，而残破荒庄庶几有起色乎！堡之西南有一泉，清冽可食，每涌丈余，从渠道流出，彻岁不舍，名曰“温泉”。可汲以井养而不穷。其利赖于堡者实多。且长堡既成，可以容人，可以畜物，五谷六畜俱不受灾。从此而谨门钥，练垛夫，设器械，备火药，畜粮糗，积煤炭，以戒不虞，或亦保身保家之长计也。因题曰“斗筑可居”而作《斗筑居记》。

甲戌中秋十之七日，赵东溟任，因谒雨苍先生，驰驱夜半，抵遵化，阴雨零零，河水潺潺。信仆马所之，茫不识深浅，客子黯然不乐，因叹风尘危险，不如斗筑安平也。感怀作记，俾我后人知余缔造之维艰，并知余作吏之不易云。

道庄主人陈昌言识

斗筑居铭垂训后人

斗筑拮据，二十余年。创之不易，守须万全。阴雨叵测，侮予耽耽，牖户绸缪，日夕谨焉。徙薪曲突，明烛几先，勿谓一星，势成燎原。疏渠补漏，夏秋更专，勿谓一隙，蚁穴滔天。曝晒蔬果，登屋相沿，最损瓦舍，切戒勿然。僻兹一隅，水绕山环。鷦鷯一枝，茅屋数椽。风雨可恃，俯仰托全。修齐敦睦，追本溯源。和气致祥，家室绵延。世守而勿替，惟我子孙之贤。

余家自明宣德四年移往中道庄，盖二百一十五年。赖上世先人多贤而显达，故能绵长至此。余作《斗筑居铭》，凡百有三十一字，虽简朴不文，实保家至理。启佑我后人，深思远虑，触目警心，庶几与中道之河山并永云。

时顺治十有二年乙未季夏穀旦斗筑居主人陈昌言识

重修城垣碑记

盖闻千家同井臼，十里作金汤，古之人出入相友，守望相助之意也。泽州府凤台县治西五十里许，永城里下掌村，旧有城楼一座，考其碑记，实肇之崇祯八年，所有城垣基址，积年以来未获完备。里人目击遗址，群然奋起曰：“城郭不完，何以务非常。”于是昼夜经营，开工于雍正二年，捐砖运石，告成于雍正七年。踵事增华而峰环雉堞，岂非里人不惜囊金之所至与？自兹以往，歌斯饮斯，庶几缓急之有备；或作或息，不患出入之无防。首事者之殷勤，与众姓者之替勷，恐日久湮没，因勒于石，以示后日之不朽云尔。是为叙。

长桥镇司怀璇撰书

（修葺捐银物投工等款项数略）

管理碑瓦木植：冯廷佐、冯裕良、王定国、冯廷正

管理抬石头列印：王福林、李廷栋、冯锡章

管理收青石烧灰：李素、冯印、冯居相、冯金虎

催工人：冯廷琦

修城总理社首：张英琦、冯润昌、冯□、冯云□、张英桂、王璨、李廷栋、冯瑞、冯廷、冯金良、李铎、冯居鼎、冯朝、冯彦良、郭相臣、冯印、冯□、李凤

玉工：冯金

恐日后城垣如有风雨损坏者，本年社首即补，如若不补完，新头不许接事。

时大清雍正八年岁次庚戌六月十三日吉旦

总理修城阖镇感德碑

大清乾隆五年岁次庚申十一月吉旦

例授武德将军甲午科举人慎公范公总理修城，阖镇感德碑。

阖镇仝立

补修城垣碑记

周村为长桥镇。南带行山，西襟沁水，民居星聚，商贾云连，凤邑一大都会也。旧有城，创始莫稽，而周村、川河两里资其捍卫。明甲申之变，流匪王嘉印胤、紫金梁等三十余头目，经过此地，邻近村庄，无不被其蹂躏，毁民居，劫民财，流离失所者指不胜屈。而此村独以有城幸获无害，则城之所以戒不虞，备防守，其关系诚非渺小也。乾隆五年，曾经范

公慎公重为补修。迄今百有余年，风雨剥蚀，鸟鼠窜伏，墙垣坍塌，雉堞倾欹，半为荒榛蔓草矣。不为补葺，将何以卫生民、御暴客乎？但工费浩繁，众情难协，董理不得其人，恐劳民招谤，旷日持久，而卒底无成，不几贻筑室道旁之诮耶！近因外省不靖，邑尊刘明府钦奉上谕，饬令民间各修堡寨，以为防御之计。惟念周村为秦豫通衢，行旅往来络绎不绝，防御尤关紧要。于是择绅士之公而无私名望素著者，官为遴举郭楚芬如兰、张琴一鹤年、司晓峰玉琛、郭午村建章四公为首事，复与郭章甫俊卿诸公三十余人督理其事。工始于丁巳夏四月，告竣于戊午秋九月。旧者新之；缺者补之；砖石之破坏、基址之倾颓者，咸更换而深筑之。城楼改观，护城地内外各五尺，气象一新，视昔有加。是役也，刘明府经其始，升任后，孙明府委员岳少尉查办催督益勤，卒成乡隅防盗之良谋，以仰副皇上保民之至意，民之踊跃趋工，皆二明府之慎重民事之所致也。今叙巅末，并将施财姓氏勒之贞珉以传永久。爰为颂曰：

淬剑思利，筑城思坚。今兹后起，不愧前贤。

高墉隼集，短堞蝉联。言言仡仡，巍然焕然。

工无妄费，时无耽延。不畏强御，永固人烟。

安堵无恙，于万斯年。

壬午科举人吏部截取知县贾瑞清谨撰

己酉科拔贡辛亥科解元张士达敬书

补修东南城隅碑记

碑阳

且予观于《易》，而得防患之道焉。“泰”之上曰：“城复于隍，贞吝否之。”“五”曰：“其亡其亡，系于苞桑。”而设险守国，则象取诸“坎”；重门待暴，则义取诸“豫”。盖作《易》者之有忧患，而其为天下后世虑至深且悉也。本镇居凤邑要冲，旧有城，形似虎踞，俗名曰虎城。周三里一百九十五步，墉高四丈，睥睨六尺。四正各辟门，而水门介南城之西偏，峰峦层抱，河水周环，仡仡乎一方保障也。明季流寇之乱，屡攻未陷，全活人命者约十余万。惜其创始碑碣经兵燹之后毁裂无稽。迄于今，惟慎公范君之重修石巍然独存，乃乾隆五年十一月立也，里之人览其遗迹犹往往坠泪云：第百余年来颓垣残堞日就荒芜。咸丰丁巳夏，先君子与司晓峰、玉琛诸公，感粤匪前窜垣曲，邻壤平潞各属蹂躏几遍，爰按籍捐资，决志更筑，经营备至，寝食非遑。乃工甫遇半，先君子忽病作，虽抱痼垂床，每以缮修未竟为憾。维时，诸公督理益勤，孳孳无少懈。越来岁季秋，土功以竣，而先君子亦寻病终矣。然而补葺之余，旧基易坏，窊下之地，众流毕归。去秋阴雨连旬，其东南城隅被流潦浸灌，忽坍塌二十余丈。而又东城垣之近河者，亦形崩裂。晓峰先生患之，邀予与范亩桥、成蕙诸公计曰："城颓矣！可若何？"予曰："今兵戈扰攘，乱方未厌，城之不完，民将安附？子舆子有云：'掘井九仞而不及泉，犹为弃井也。'诸公勉乎哉！"然比岁凶荒，民多菜色，今日之城视畴昔倍艰；非闻之县令，恐众志未协，虽任劳任怨，无益也。爰乃度地势之广狭，计工费之多寡，按其情形，联名具禀。我阮县慈亦以邻省未靖，随示钧谕，饬各努力捐输，以资捍患。于是择居民中少有力者，次其甲乙，捐钱二百余贯；又分别商贾大小捐钱一百八十余贯，统计钱三百九十贯有奇。选吉今岁六月十六日工始。人情踊跃，鼛鼓弗胜浃辰者四，而城遂焕然改观焉。夫有备无患，古之善教也。诸公目击时艰，独能体设险之义，严待暴之防，戒隍复以保泰，固苍桑以倾否，有举莫废，慎终如始，治而不忘乱也，安而不忘危也。所谓哲夫成城者，其殆庶几欤！予少不更事，忝邀乡选，适丁多故之秋，愧乏筹边之策，已自分闲散矣。然桑梓必恭，未免有情。兹幸诸公思患预防，为一方祈命，俾安堵无恙者，咸歌于斯、哭于斯、聚族于斯，而予也勉侧其役，亦得藉垣墉之勒以稍慰先君子之夙志也！故记之。

己酉科拔贡辛亥科解元张士达撰文

泽州府凤台县儒学廪生萧斯馨书丹

董事　李应奎　庠生司玉琛　庠生范成蕙　奎文典籍郭如兰　司可钦　解元张士达　候选同知郭建章　监生范立朝　范魁贤　李希全　耆宾张秉巽　司在智　董作舟　萧天成　廪生萧鸣冈　卫玉都　从九侯合　耆宾宋景福　司允猷　庠生范惟一　范育东　从九侯鼎　庠生侯恒灵　范锡诰　范启元　监生李芳瑛　郭敬修　侯肇勋　从九司玉琮　萧斯馨　范立恒　司允新　司士珍　张凌汉　司青山　司启泰

碑阴

捐资芳名列后

关帝会客商钱一百六十五千文

(捐资略)

总共使钱三百八十一千八百八十□文

下余钱二十六千七百三十九文以备公用

大清同治元年岁次壬戌季秋吉日

公议城垣条规

每年社首验城交社，如有塌坏并缺砖之处，修补齐楚方许交接。城垣内外五尺皆系古迹公地。若接连官路社地者，以尽处为限，来往道路皆照古迹。凡系公地，一概不许侵占。条规列后：

——城门起更后即行封锁，不许私行开启；

——骆驼由北门外行走，不许入城；

——城垣内外公地，不许堆积灰渣粪土；

——城垣之上不许往城下倒解灰渣；

——城垣内外公地，不许取土寄柩；

——城垣内外公地，不许栽树挖池；

——城垣内外公地，不许牧放牛羊；

——内外城垣，不许攀取砖石；

——临城地亩五尺以外方许耕地；

——城垣内外公地，秋夏曝晒粮食，不许棍棒捶扑，致坏砖石。

以上诸条，违者议罚。

大清同治元年季秋吉日阖社仝立

4. 人物类

拜度辽将军临行上疏

臣龟蒙恩累世，驰骋边陲，虽展鹰犬之用，顿毙边塞之庭，魂骸不返，荐享狐狸，犹无以塞厚责答万分也。至臣顽驽器，无铅刀一割之用，过受国恩，荣秩兼优，生年死日，永惧不报。臣闻三辰不轨，擢士为相；蛮夷不恭，拔卒为将。臣无文武之才，而忝鹰扬之任，上惭圣明，下惧素餐，虽殁躯体，无所云补。今西州边鄙，土地瘠埆，鞍马为居，射猎为业，男寡耕稼之利，女乏机杼之饶，守塞候望，悬命锋镝，闻急长驱，去不图返。自顷年以来，匈奴数攻营郡，残杀长吏，侮略良细。战夫身膏沙漠，居人首系马鞍。或举国掩户，尽种灰灭，孤儿寡妇，号哭空城，野无青草，室如悬磬，虽含生气，实同枯朽。往岁并州水雨灾螟互生，稼穑荒耗，租更空阙，老者虑不终年，少壮惧于困厄。陛下以百姓为子，品庶以陛下为父。父焉可不日昃劳神，垂抚循之恩哉唐尧亲舍其子以禅虞舜者，是欲民遭圣君，不令遇恶主也。故古公杖策，其民五倍，文王西伯，天下归之，岂复舆金辇宝以为民惠乎！近孝文皇帝感一女子之言除肉刑之法，体德行仁，为汉贤主。陛下继中兴之统，承光武之业，临朝听政而未留圣意。且牧守不良，或出中宫，惧逆上旨，取过目前，呼嗟之声，招致灾害。边鲁凶悍，因衰缘隙，而令仓库单于豺狼之口，功业无铢两之效，皆由将帅不忠，聚奸所致。前凉州刺史祝良，初除到州，多所纠罚，太守令长，贬黜将半，政未逾时，功效卓然。实应赏异以劝功能，改任牧守，去斥奸残。又宜更选匈奴、乌桓、护羌中郎将校尉，简练文武，授之法令，除并、凉二州今年租。更宽赦罪隶埽除更始，则善吏知奉公之祐，恶者觉营私之祸，边马不可窥长城，塞下无候望之患矣。

帝觉悟，乃更选幽、并刺史，自营郡太守、都尉以下，多所革易。下诏为陈将军除并州、凉州一年租赋，以赐吏民。

封牒文碑

牒奉敕：

朕惟率世厉俗之制，为政所先，仗节死义之臣，于时罕见。昔右其士，今而进封，庶几恩荣，鼓舞幽显。惟尔生于五季，仕专一心，崛然扰攘之间，奋以精忠之节，视彦章而克壮，配仁赡而用光。有司遗文，久稽祀典，锡之侯爵，贲以嘉名，岂惟慰一郡之心，实以垂千古之训。尚其不昧，彰此殊休，宜特封忠烈侯。牒至准敕。故牒。

宣和四年五月日牒

太中大夫守右臣李押

太中大夫守左臣王押

少傅太宰押

宣和间进士浩天泽得前件黄牒，以主其祠。天泽传其子进义温，温传其甥张淳，盖大定初也。至二十八年，淳传其道士郭景昭，应众人之请也。景昭病，其已久湮灭，后人不知始封之由，求余书斯文于石。或曰："书敕牒，笔吏之事也。"应之曰："使裴君尚在，虽执鞭亦愿为之，矧能少发其辉光，奈何辞焉！"礼部近奉条理典故，许引用宋事。夫褒崇忠义，不朝之急务也。士大夫以伪命换官者，不可胜计。岂知它日因此史侯之增封者耶！明昌五年秋七月十有二日，朝列大夫泽州刺史许安仁书，冲素大德前管内威仪道士郭景昭立石，宋德刻。

祭文碑及诗文碑《过旌忠庙》

维宣和六年岁次甲辰十月甲辰朔二十一日甲子，朝散大夫、知泽州军州、管勾神霄玉清万寿宫、赐紫金鱼袋陈仲孙，谨以清酌素羞之奠，敢昭告于忠烈侯：唯公忠义许国，仁爱庇民。当五代离荡之际，四方扰攘之日，偷生苟免，见利忘义，滔滔皆是。如公之节义者，几何人哉？公当是时，抚有此土，干戈攻战，险阻艰难，乃能以义自处，奋不顾身。风声气焰与烈日秋霜争严。视生如鸿毛，重义如泰山，名垂史册，炳若丹青。逮我皇宋艺祖、文宗，混一区宇，天下太平之日久矣。此邦之人思公之功德，谓："公之生也，保卫吾民，其精爽在于冥冥之中，岂易其志。"士民父老相与共语，靡不感泣，思欲褒显成绩，得以血祀不泯，而永庇生灵。时具以事闻于前太守王公孝迪，因民所请，力言之朝廷。仰干天听，俯畀俞音。赐之侯爵，旌以忠烈，给钱公府，建立祠宇，显扬前勋，庸劝来者。后之视事，因循岁月。凡历二年，迄未有成。仲孙被命于朝，方且待次，梦寐之间，若与神接，见诿以事，初未之省。及至下车，披按公牒，仰观敕旨，乃知神异有如此者。遂鸠工择材，塑绘庙貌。工精其巧，民献其力，不日而成。经始于季春，而告成于首冬。谨以二十有一日诹辰之吉，以礼奉神而安之。呜呼！国家之于公也，若是其厚；人民之思公也，如是之深。黄河之流与公之功共注，太行之山与公之名不朽。公之英灵节概，复如何哉？盖将佐佑国家，保安人民，与天地无穷，日月同辉。兹足以答扬休命，公之风仪如存，庶几明听是言。尚飨。

国家昏乱识忠良，叹息君侯事晚唐。

誓报旧恩死守泽，肯从逆子叛降梁。

冰霜气逼刘仁赡，鸿雁行随王彦章。

五代三人全死节，一篇华衮赖欧阳。

郭师求书陈君祭文于石，因取近所作《过旌忠庙诗》并书于后，以遗邦人，岁时歌以祀侯，庶几见烈丈夫之仿佛也。

明昌五年九月卅日，河间许安仁题

郭景昭立石，宋德刊

泽州长官段公墓碑铭

承德郎、右赞善大夫刘因撰并书

翰林侍读学士、朝请大夫、知制诰同修，国史李谦篆额

公讳直，字正卿，姓段氏，世为泽州晋城人。少英伟，有识虑。甲戌之秋，南北分裂，河北、河东、山东郡县尽废，兵凶相仍，寇贼充斥。公乃奋然兴起，率乡党族属，为约束，相聚以自守。及天子命太师以王爵领诸将兵来略地，豪杰并应，公遂以众归之。事定，论功行赏，分土传世，一如古封建法。公起泽，应得泽，遂佩黄金符，为州长官凡廿余年。方天下初集，国家以泽冲隘，别置守兵。主将不善制御，恣其侵暴。久之，山民不胜其横，往往自弃为群盗。公上言，愿罢守兵，请身任诸隘，保其无虞。朝廷从之，群盗遂息。公见泽民避兵者多未复，乃籍其舍业于其亲戚邻人户，未约曰："俟主还，与之户如故，分出赋如业。"是以民多还集，且户额少而丁业优，故赋轻而易足。兵后屡饥，其还民无产者复不能自生，公为出粟食之，不使流散。时新法藏亡甚严，乡民不一一晓知泽当诸军往来之冲，病俘多亡留民家者，若以藏论，籍没从坐，保伍为空。公乃豫为符券，为官使收养，以俟诸军物色者，后凡留俘家皆得以不藏释。州民被俘他郡者，公多为购得之。兵死暴露者，公必为妆瘗之。当大变之余，兵气未已，生意未复，而泽风翕然，以为乐土矣。公又大修庙学，堂筵、斋庑、庖厨惟备。仍割负郭良田千亩，购书万卷以给之。州人李俊民，在金时以明经为举首，后国朝亦被累征，赐号庄靖先生，盖有道之士也，是时方避地河南，隐约自处，公迎而归之。凡泽之名士散在四方者，亦必百方招延，必至而后已。故不五六年，州之学徒通经预选者百廿有二人。时，今上在潜邸，有以公兴学礼士闻者嘉之，特命提举本州岛学学校事，未拜而公卒，年六十五。子绍隆嗣。后三十三年，绍隆遣其子倪、从事李营，持公行状及庄靖所作《州学记》造某所。普赞倪，代绍隆拜曰："请先生铭先公。"子校传记，初泽俗淳朴，民不知学，至宋治平中，明

道程先生为令晋城，三年，诸乡皆立校。暇时亲至，为正儿童所读书句读。择其秀异者，为置学舍粮具，而亲教之。去邑经十余年，服儒者已数百人。由是尽宋与金，泽恒号称多士。故公虽不学起行间，然其生长见闻必有起其趋向者，故当用武之际，独能以立学为先，敦劝修举，使前贤数百年之遗风不遂废坠。谓倪："乃祖用是，当铭。"倪应曰："诺！谨拜铭之赐。"公考讳顺，赵氏。夫人卫氏，勤俭有礼，公既一意公事，凡其所以成家教子者，咸内助之力也。张氏、马氏、李氏亦皆贤淑。子男四：绍隆，今以迁转法行，加武略将军，移知葭州。国初，凡守亲王分地者，一子当备宿卫，绍先宿卫王府。绍相早卒。绍宗未仕。女一：适裴氏。孙男六：倪、仪、信、乐、佐、仁。女四：长早卒，次适何氏、郭氏、李氏。卒于甲寅三月，六月而葬，葬建兴乡沙城里先茔。公平生朝京师一，朝王二。王宠赐甚渥。初太师承制封拜时，授潞州元师府右监军云。铭曰：

天荒泽方，庸试程氏。邦家几时，春风百世。生为后民，为幸已多。知嗣守土，公如幸何！以富以教循序兼尽。公焉取斯，承此余润。公生闵劳，谓乐斯骄。阅其堂中，皤然盖公。公生用武，谓如绕虎。迹其嬉游，泮水优柔。鲁城弦歌，不以兵坏。既安既宁，宜尔多赖。不远公阡，大刻铭诗。于戏泽人，勿替尔思。

追封郑鼎制

圣祖应千龄之运，兹垂裕于无疆；人臣宣百战之劳，岂加封之未至？旌其既往，沛以殊荣。故赠银青荣禄大夫中书右丞、谥忠毅公郑鼎：伟略雄才，清流宿望。书通六籍，惟不肆以不矜；剑学万人，亦能仁而能勇。庆延其阀阅，义著于乡闾。怀昔贤经济之谋，当群寇扰攘之际。兵符早握，驱雷电以荡余氛；潜邸从游，廓风云而遇真主。始自西羌之役，建兴南诏之命。志在摧坚，涉艰危而不变；算无遗策，决胜负于必然。视长江若一苇可航，归正统而万邦顺轨。招降抚定，所去见思；赈乏苏枯，其勤匪懈。蕞尔小孽，辄畜艰图。夫何螳臂之微，失我鹰扬之辅。恤章显谥，虽已极于褒崇；大国征畲，盍特昭于眷渥。矧其胤续，有若忠宣。丕昭再世之光，俯迪嗣孙之请。於戏！贤者识其大者，生死之节靡舒；有之是以似之，炽昌之来未艾。英灵可作，殊报是承。可赠宣忠保节功臣、金紫光禄大夫、平章政事、柱国，追封潞国公，谥忠肃。

重修忠烈侯庙碑铭

前湖广辛酉科同考官直隶保安州儒学致仕训导濩泽白璟撰

阴阳学典术张善书丹题额

生受爵赏之荣，卒享褒崇之祀，此人臣忠孝之功效，乃有国者报功庆赏之大典也。盖生受爵赏者处常道而不失其正者也，卒享褒崇者处变道而不失其常者也，处常而不失其正者易，处变而不失其常者难，故观臣子之道不于其易而当观其难，夫难处者变也，处父子之变而得其父子之常，处君臣之变而不失其君臣之常，以至于遇国难则必捐躯以赴之，蹈危险而不避，冒锋刃而弗顾，凛然若秋霜之争厉，屹然如砥柱之中流，忠孝之节既如此，圣人之心岂容已乎！於是铭之鼎彝以传不朽，纪之太常以垂无穷，享之于祖庙，祭之于太烝，以劳定国致身勤事者，皆载于祀典，以时而湮祀之。吾郡忠烈侯是其然也，候乃五代后唐泽州守将，裴姓约名也。当大唐之季，国祚衰微，奸邪并起，乱臣贼子接踵而行，弃节义而弗顾，贪禄利而无耻，背主忘恩，据城降敌以臣事朱梁者，比比皆然。即其至近而言，晋李继韬以潞州叛降梁，侯以守将之职据城固守，以死自誓，城存则存，城降陷则死，故彼视吾之军忝尔之众，弹丸之城，引军一至辟如千钧之重以压鸡卵，有不足虑也，吾视彼之行，忘君亲之恩，臣事仇敌，苟饕富贵，不顾廉耻，狗彘之行，吾肯为乎！忠肝义胆昭然与烈日争光，志节坚贞凛然与秋霜竞厉，保孤城坚守而不下，自春而逾夏及秋，力穷而粮绝，城陷死贼手而不悔，唐主甚加惜之，似此忠贞祀典之所不废，有国者不可以不封，以励臣节以厚风俗以劝后世。是故崇德隆兴治教休明，由是封为忠烈侯，立庙以祀之。肇自封建以迄于今，数百余载，其间重修者考之碑记而知有人焉，於戏！以忠孝之道感忠孝之心，宜乎！重修再修以至于悠久而不朽也。故我郡守贤侯以南巢儒门之裔，忠孝文章之士来守是邦，职司牧民以典神祭，或因祭祀之期，或因接送官员之日，登斯庙而睹侯之神像，被九章之服以享南面之祭，惕然感起其忠孝之心，观庙宇之陈腐，被风雨之侵凌，见神道之蔽塞，无戟门之出入，特命东关厢老人浩景嵩首倡，率领重修，以开神路，景嵩以茂族之家豪杰之士率德改行，惟命是遵，捐己财以陶砖瓦，舍钱帛以办木料，不日而庙宇两庑焕然一新，神道戟门敞然通达，今既落成，征余文铭刻于石，以竖立于戟门之左，志以悠久焉。铭曰：侯门蔽塞，忠孝不通，贤人隐逸，奸邪争雄，既开神路，忠孝昭著，过往观瞻，孰不仰慕，尽忠尽孝，虽殁犹存，庙貌巍巍，以祀以禋，孰开神路，贤守之命，景嵩举行。

大明正统十一年岁次丙寅仲夏下旬吉日书立

税课局大使蒲城段贞

奉训大夫泽州知州南巢侯恕

秦州知州晋城吕亨　太行递运所大使永嘉韩子文

承务郎泽州同知白坛李政　前光禄寺署丞南关任绶　太行驿驿丞定海周旺

从仕郎泽州判官庵之刘清　广丰仓大使□山张頔　副使金台邸贵

将仕佐郎泽州吏目陇右赵福　医学典科濩泽张斌

儒学学正绍兴吴驷阴阳学典术濩泽张善

训导枣强郑谳　东关耆老浩景嵩　本厢郭钦刊字

明故昭□□□宁山卫指挥使王公太淑人陈氏合 墓志铭

壬午科举人王儒撰

壬午科解元杨□书

赐进士第直隶宜兴县知县□□谨篆

弘治癸丑六月初五日，昭□将军□□□□□王公卒，年三十有九。葬郡城东南原考茔次。其配陈氏故指挥使□□□女，封太淑人。后公三十四年，嘉靖丁亥六月十八日卒于屯营。获嘉□□□七□□。又二年己丑，长子指挥使臣卒于卫，享年五十一。臣配袁氏，隰川王府仪宾通之女，封太淑人，先臣二十三年卒。今指挥使琮，公之孙、臣之子也，奉祖妣陈氏柩，自屯还泽，启公藏而合葬焉。又奉考臣之柩，启妣袁氏迁附公兆之次，亦合葬焉。实臣卒之年，二月十八日也。郡庠生崔氏钰状公志行，请铭于儒。

按状，公讳爵，姓王氏，其先直隶凤阳府颍州人。高祖讳佐，曾祖讳佑，祖讳贵，考讳雄。初，佐学武，国初从我太祖高皇帝兵，除元乱，授和阳卫百户。时佑自整兵械，战每克捷。佐卒，袭职。以功升副千户。太宗文皇帝举师靖难，贵多奇勋，历升西安卫指挥使，阶昭□将军。宣德六年，钦调直隶宁山卫守御泽州。盖泽州，三晋咽喉要地也。公莅之，克称职。行政尚严，存心则恕。严故人畏，盗贼息；恕故人爱，军士安。尝统戍卒之清水才武，为宪台。重命督诸卫兵，时有声行伍。暨还师归泽抚部，政绩益思树立。弟曰禄、曰福，谋析爨。公泣下，举完带示之曰：“惟此为吾有，余吾不敢□，当尽升于弟。”允如其言。犹子天彝，性敏好学，公甚爱之。臣、琮多以军政资焉。太淑人陈氏，孝慈顺惠，闺门则之。凡与公谋者，无不入。

子二，长即臣，陈氏出也。正德间，领兵北畿，选文武场搜检官。袁氏内相，有先太淑人风。惜不永年耳。次良，侧室徐氏出也。娶毛氏千户昆之妹。女四，各适名家。孙男二，长即琮，果敢□焉，人敬惮之，克举大事。合葬祖父母、父母，悉以朱子家礼从事。泽人曰“□□”。□李氏，宣宁王府仪宾时芬女。次珠，娶马氏，指挥佥事质之女。孙女二，一适慎抚周东，一适千户张昺。曾孙男二，俱童幼。□功积于前，庆延于后。盛哉！

铭曰：

公祖佐佑，创建军功。延及于贵，爵位于降。

调卫宁山，世□共□。公思光裕，操持廉公。

吏□军□，□□攸□。□□寿夭，公□□终。

□□之从，兆此城东。惟太淑人，合葬幽宫。

铭□于远，以附公衷。

5. 记事及其他类

阳城周壁北齐题刻

大道空洞，法身元导，既悕理原，像亦寂绝。心言微人，应超前代，功成后际，自致作佛。十号具□，王宫兴念，踰城出家，始坐道□，降魔御敌，先之鹿苑，拘邻若悟，末在拘尸，须拔得度，十力雄猛，娑婆度化，三乘等教，有心同济，度缘既周，双林永寂。自尔以来，唯经像训世，是故末法之中有正信。佛弟子上官显愿、上官达合邑五十人等，生遭浊难，长瞩乱离，二国纷竞，住居缘边。顷以元象年中，西贼未宁，稍来侵割。遣边将杨檦，危号建州刺史，领将士众师师我邦。魏主知闻，委令镇捍。至齐天保六（元）年十月中，复以践乱檦时统兵马步一万，扫盗西境，便即破县并及郭县、马舍戍、泽辟、胡公鼻五戍之民，虏掠旧户一百卅家入西。践乱檦手持复诏，以愿为安平太守。愿忠节介然，拒而不许，即以此敕奉告我君。君建州刺史元仪同云祺率集营筑此戍，因名州辟，历代居住。上官显愿、上官达并为此辟戍主、西道大都督。愿等忠若申明，武同韩白，以德苞仁，率乡归仰。左清津惜，右肃君境，不胜二允之诚。遂发弘愿，仰为皇帝陛下、昆季诸王、中宫后妃、臣僚百官及韩史君仪同公，敬造释迦石像一区，并阿难迦叶及二菩萨。镌镂既就，彤彩伾功，略刊铭文注之云尔。

大齐天保六年岁次乙亥九月戊寅朔廿日丁酉建。

上李司徒相公论用兵书

伏睹明诏诛山东不受命者，庙堂之上，事在相公。虽樽俎之谋，算画已定，而贱末之士，刍荛敢陈。伏希舍其狂愚，一赐听览。

某大和二年为校书郎，曾诣淮西将军董重质，诘其以三州之众，四岁不破之由。重质自夸勇敢多算之外，复言其不破之由，是征兵太杂耳。遍征诸道兵士，上不过五千人，下不至千人，既不能自成一军，事须帖附地主，名为客军。每有战阵，客军居前，主人在后，势羸力弱，心志不一，既居前列，多致败亡。如战似胜，则主人引救，以为己功，小不胜，主人先退，至有歼焉。初战二年已来，战则必胜，是多杀客军，及二年已后，客军殚少，止与陈许、河阳全军相搏。纵使唐州军不能因雪取城，蔡州兵力亦不支矣，其时朝廷若使鄂州、寿州、唐州只令保境，不用进战，但用陈许、郑滑两道全军，帖以宣、润弩手，令其守隘，即不出一岁，无蔡州矣。

今者上党之叛，复与淮西不同。淮西为寇仅五十岁，破汴州、襄州、襄城，尽得其财货，输之悬瓠，复败韩全义于溵上，多杀官军，四万余人输辇财谷，数月不尽。是以其人味为寇之腴，见为寇之利，风俗益固，气焰已成，自以为天下之兵莫我与敌。父子相勉，仅于两世，根深源阔，取之固难。夫上党则不然，自安、史南下，不甚附隶，建中之后，每奋忠义，是以郧公抱真能窘田悦，走朱滔，常以孤穷寒苦之军，横折河朔强梁之众。贞元中，节度使李长策卒，中使提诏授与本军大将，但军士附者即授之。其时大将来希皓为众所服，中使将以手诏付之，希皓言于众曰："此军取人，合是希皓，但作节度使不得，若朝廷以一束草来，希皓亦必敬事。"中使言："面奉进旨，只令此军取大将授与节钺，朝廷不别除人。"希皓固辞。押衙卢从史其位居四，因潜与监军相结，超出伍曰："若来大夫不肯受诏，某请且勾当此军。"监军曰："卢中丞若肯如此，此亦固合圣旨。"中使因探怀取诏以授之，从史捧诏，再拜舞蹈。希皓回挥同列，使北面称贺，军士毕集，更无一言。从史尔后渐畜奸谋，养义儿三千人，日夕煦沫。及父虔死，军士留之，表请起复，亦只义儿与之唱和，其馀大将王翼元、乌重胤、第五钊等，及长行兵士，并不同心。及至被擒，乌重胤坐于军门，喻以祸福，义儿三千，一取约束。及河阳取孟元阳为之统帅，一军无主，仅一月日，曾无犬吠，况于他谋。以此证验，人心忠赤，习尚书一，可以尽见。

及元和十五年，授与刘悟，时当幽镇入觐，天下无事，柄庙算者议必销兵。雄健敢勇之士，百战千攻之劳，坐食租赋，其来已久，一旦黜去，使同编户，纷纷诸镇，停解至多，是以天下兵士闻之，无不忿恨。

至长庆元年七月，幽镇乘此首唱为乱。昭义一军，初亦郁咈，及诏下诛叛，使温起居造宣慰泽潞，便令发兵。其时九月，天已寒，四方全师未颁冬衣服，聚之授诏，或伍或离，垂手强项，往往谇语。及温起居立于重榻，大布恩旨，并疏昭义一军自七十余年忠义战伐之功劳，安、史已还叛逆灭亡之明效，辞语既毕，无不欢呼。人衣短褐，争出效命。其时用兵处处败北，唯昭义一军于临城县北同果堡下大战，杀贼五千余人，所杀皆楼下步射搏天飞者，贼之精勇无不歼焉，贼中大震。更一月日，田布不死，贼亦自溃。

后一月，其军大乱，杀大将磁州刺史张汶，因劫监军刘承阶，尽杀其下小使，此实承阶侮媟一军，侵取不已。张汶随王承元出于镇州，久与昭义相攻，军人恶之。汶既因依承阶，谋欲杀悟自取，军人忌怒，遂至大乱，非悟独能使其如此。刘悟卒，从谏求继，与扶同者只郓州随来中军二千耳。其副倅贾直言入责从谏曰：“尔父提十二州地归之朝廷，其功非细，只以张汶之故，自谓不洁淋头，竟至羞死。尔一孺子，安敢如此？”从谏恐悚，不敢出言。一军闻之，皆阴然直言之说。值宝历多故，因以授之，今才二十余岁，风俗未改，故老尚存，虽欲劫之，必不用命。伏以河阳西北，去天井关强一百里，（关属泽州）关隘多山，井泉可凿，虽有兵力，必恐无功。若以万人为垒，下窒其口，高壁深堑，勿与之战。忽有败负，势惊洛师。盖河阳军士，素非精勇，战则不足，守则有余。成德一军，自六十年来，世与昭义为敌，访闻无事之日，村落邻里，不相往来。今王司徒代居反侧，思一自雪，况联姻戚，愿奋可知。六十年相仇之兵仗，朝廷委任之重，必宜尽节，以答殊私。魏博承风，亦当效顺。然亦止于围一城，攻一堡，刊木堙井，系累稚老而已，必不能背二十城，长驱上山，径捣上党。

其用武之地，必取之策，在于西面。今者严紫塞之守备，谨白马之堤防，只以忠武、武宁两军，以青州五千精甲，〈三齐兵，青州最劲。〉宣、润二千弩手，由绛州路直东径入，不过数日，必覆其巢。何者？昭义军粮尽在山东，泽、潞两州全居山内，土瘠地狭，积谷全无。是以节度使多在邢州，名为就粮，山东粮谷既不可输，山西兵士亦必单鲜，捣虚之地，正在于此。后周武帝大举伐齐，路由河阳，吏部宇文曰：“夫河阳要冲，精兵所聚，尽力攻围，恐难得志。如臣所见，彼汾之曲，戍小山平，用武之地，莫过于此。”帝不纳，无功而还。后复大举，竟用计，遂以灭齐。前秦苻坚遣将王猛伐后燕慕容玮，大破玮将幕容评于潞州，因遂灭之，路亦由此。北齐高欢再攻后周，路亦由此而西。后周名将韦孝宽、齐王攸常镇勋州玉璧城（今绛州稷山县）。故东西相伐，每由此路，以古为证，得之者多。

以某愚见，不言刘稹终不能取，贵欲速擒，免生他患。昨者北虏才毕，复生上党，赖相公庙算深远，北虏即日败亡。傥使北虏至今尚存，沿边犹须转战，回顾上党，岂能计除。天下虽言无事，若上党久不能解，别生患难，此亦非难。自古皆因攻伐未解，旁有他变，故孙子曰：“兵闻拙速，未睹巧之久也。”伏闻圣主全以兵事付于相公，某受恩最深，窃敢干冒威严，远陈愚见，无任战汗。某顿首再拜。

乐氏二仙圣德之碑

大周潞州大都督府泽州陵川县龙川、普安、鸡鸣等三乡共造二圣神碑并序。顷者为虫蝗越境，挂在文中，又为□□大驾，亲领全师煞戎丑而土崩瓦解，咫尺不入县界，有愿又彭城患士感雨三神庙，本邦晋阳里。祥夫圆天西侧，日月运而西行，方地东倾，江河转而东注。起自无为之道，穷源兮未夙，力辨洪荒业教，和杨箅来兮，初分清浊，三才从兹立像，遂植变而地厚天高，日就日将此时刻，而□□□□夜□□□□□，住流转不定之源，盈缩短长，旷代难寻，其体假生假灭回形质而左辚。皇都时去时来，未现灵纵而匡扶社稷，六国从而润泽，九土因此兴隆，福及士民，恩沾草木。乐氏二圣，玉皇孕质，帝释呈姿，生自梵阁天中。长于率陁国内，朝游西土，与王母讲论清虚，暮履东州，共五岳封谈荣辱，举足而龙天八部引雨招云，动念者鹤驾鸾骖，雷兴电起，挂霓裳七丈之服，璨斓霞舒，戴芙蓉百宝之冠，祥光赫奕。是日权离紫府，暂别桂宫，表万岁之呈祥，赴千年之应瑞，无限庆云俱集，异草齐芳，多般喜气来臻，灵花遍出，垂阴德赞兴唐祚整。王道再起，尧风极安和，并重新扵舜日，圣贤□治，降阴骘以相扶，隐俗凡间，托化高都之地，寄阎浮十载，比太上之半年。显圣留踪，得道升天于上党。是时，彩云降下，白日升霄，无限天人驾龙车而捧拥，麻姑、婺女随旌升而迎空；洛浦仙娥从幡花而云外，前双凤舞振玉铎而和鸣，后对鸾歌，击金钟而韵响圣迹，因而不泯，宛似平生，灵踪自此而存，俨然长在岩边仙洞，真似昔日桃源涧下，澄泉不异武陵□畔，千年桂树，方岁贞松，异兽灵禽，时来时往，自后名传远近奏上。帝京立庙图形，施雨露而遍沾法界，刹那变于祸福，须臾化作吉凶，济国利民皆赖神仙之德。爰有彭城患士，沂州本贯，骤入高都，虽不务于耕业，值纯阳而久亏甘雨，时当春尽夏首，未立田畴，泥牛不顺于阴阳，石莺有违于天道，至得千家失业，万户愁生，遂弃父母，发雷仙宫，祈雨不觉，神情似醉，魂识如痴，托景缘生，许愿碑于本宅，遂拖牌于郡邑，遍化于城隍。召名工，选择良材，喻为山，而初兴一篑，三乡道首靳审等，心怀岳渎，量此江□，□□而志并松坚。敬明神而意同金石。甲寅岁长平陷虏，积尸遍地如山，不异牧野交锋，白刃辉而血流漂杵，生擒十万，活捉五千，煞气飞而星宿混，泣噉声动而山崩地裂，迄今鬼哭□□□□酸，当县咫尺烽烟，户人略无惊恐，例得安家乐业，苏舒全赖于圣慈，夙夜专精，一心虔祷。幸遇我皇高道，垂衣而治八方，帝业中兴，悬德音而来朝万国，西戎招收六郡、南蛮降伏七州。陛下亲统全师人马，踊而冲山倒海，兆庶咸歌于七圣八方，赞咏于九皇野老，□□□□王化，路歧坦荡，人物骈阗，喜逢君圣臣明，启愿而报于眷德。壬寅年重修新□，严装粉壁雕墙，后殿前宫，想凡情之莫辨，尽帐毳摩之宝，错落星辰，锦幈斗琥珀之□□□昏，日月其岁，虫蝗作沴，诸道而背惣殇残，仰告神仙，飞蝗而当时越境，不日招于郢匠，本殿以立丰碑，蛟龙吞五色之珠，赑屃吐千斤之字，后值戈铤交集，烽燧相连，土圹人稀，野火□□□□并遭煨烬，再去本庄建立施力，不让于前功，圆满今辰，显名张于万劫。其地也，幈风匼匝，画帐周回盘龙山，而郁茂崔巍，伏虎岗而氛氲峭峻，东连巨海，烟峰而秀气重，西接流沙，岚岫而□□□垒，前盟津向临，朱雀淼济平田，后玄武而背枕清凉，勾铺金地，南瞻大阜嵳峩，穿日月之傍，北望壶关森耸，透星河之侧，洞里见长生之境，巘边游不夜之乡，绿云盈聚于长空，□气停于岭岫，睹斯景象，圣事无边，具载风仪，后赞：帝王之德，伏惟当今皇帝，七星坠彩、九曜流辉，布道德而处乾坤，施法教而和万物，感神龟送吉，三边祥和而永去锋鋋，龙马来祥，四塞宁而罢张弧矢，朝野有十乱，进荣以九筹，安社稷以智德昭明统山河而贤才，以圣□□比府，大王开基拨乱，定难安危，曾张下楚之权，每展陷燕之略，双轮千阵，只战百场，立勇义以佐皇都，施猛列而安国业，遏戎丑，土崩瓦解，灭胡虏，丧胆亡魂，安民非两郡钦风，和众感四方慕化□□，□州太保，辅国重臣，匡君上将，久蕴武侯之略，震怒而鬼怕神惊，恒韬孙王之权，愤气而龙飞虎走，布惠爱重新，五袴举法则再政六条，郡内不住于谣歌，乡党绝闻于凋瘵。当县待御，簪缨绣户，钟鼎朱门，官资已茂于三槐，爵秩早荣于五栌，琴悬壁上，公清羡咏于弦歌，安镜匣中，明道善张于风化，茜袍不久，续迁于政事，堂中银印看看濯拜于莲花幕下。

镇仆射功劳累效，佐主三朝，施弓怯雁叫猿号，舞釰惧星移斗转，狂徒屏迹，恶党销除，煞气飞而魑魅潜藏，怒色起而邦魔奔走。

县判官卯岁盈书三箧，龆年文烂八千，辞林比五岳巉岩，才辨并三江深邃，一入文阵如平地而攀花，再战礼帏，若眼前之折桂，暂趋百里，乡川普遍于晦膏，权助琴堂百姓，利皆肥润。

维那道首靳审等，并是三秦英彦，六郡豪公，敦信义而和众安人，重礼乐而发家为国，举纪纲，怜孤恤寡，立法则，爱老矜贫，东邻道合于惟黎，西舍背明于让弃，遏长从短能举直而错诸，抚弱凌强，公道绝闻于同党，遂乃各收爱物，共结良因，再起丰碑，同酬圣事。丙辰之岁，显德三年，无射下旬，刊摽备矣，伏愿上安宗社长荣，玉叶金枝，下保黔黎四人，兴而永固。明代永清于八极，狼烟恒静于三边，坼旗幡为庶品之衣，毁剑戟铸农田之器，尊卑仰重，少长归依，不逢盗馑之年，长过丰登之岁，狂简之文繁乱斐然，造次而成，不避刍尧，后留言而再讼，一曰天中之天，日月迎长，象外之象，别是仙乡，无为大道，圣力难量，定洪荒朴略，开天地阴阳，与其造化，运变五常，不助无德之主，偏佐有道君王，二曰睹斯二圣，无穷变现，万里神通，潜形隐于下界，赞佐明代皇风，不尔化身天路，灵异遍满虚空，紫团圣地，隐迹留踪，无限祥云瑞气，因依建造灵宫，后乃有求皆应，所申愿者依从，三曰乾坤运动，变化非难，神通万里，感应千般，翻昼作夜，日月轮还，栉风沐雨，吐雾收烟，本居长生国内，暂时托化凡间，暂居尘世间代圣贤，不日上升霄汉，五云捧拥归天，自后扬名世代，恩流遍满乡川。

儒林郎行陵川县主簿王守进

宣德郎守陵川县令刘承辉

随押衙充陵川镇银青光禄大夫检校太子宾客兼殿中侍御史云骑尉续令翥

随使牵拢官充陵川镇副兵马使李进

随使厅头充陵川镇判官兼知税焦斌

随使厅头充陵川镇都虞候秦思万

录事史李益王旻张福王美和嗣贴司苏弁赵偘郭显王习李宾

县押司都袭差科司郭澄王琼赵郅赵显赵珎赵谊崔裕礼生秦贞

押司秦怀硅佐史秦密李赟赵谦里正秦裕赵贵司贞私备孙共

录事史尧荣赵环赵密秦岳都斌秦澄崔超

厅子张仫巡和满儿申括儿靳明儿申李儿团头赵行周杂职赵瑾杨谊李超秦文绪

镇押司秦武所申赵斌子巡王再遇李璝杂职赵琛

税务押司张登护国军右弟四指挥第十四都副兵马使雍福

龙川乡批书申环录事聂迁乡神官赵进

普安乡批书靳审录事赵威前摄泽州司户参军苏璘

鸡鸣乡批书申安录事韩宝

前绛州神山县主簿秦彦塀前泽州衙讨击使银青光禄大夫检校国子祭酒上柱国赵琛

前高平陵川两县巡部使赵韬前泽州长史武罕能

乡贡三礼靳禹将仕郎前试秘书省校书郎靳仁侃

前陵川县兵马使银青光禄大夫检检国子祭酒王审

前摄光禄寺主簿赵近审

乡贡三礼王隐

乡贡三礼赵守一　乡贡三传张珪

前泽州衙推李元进

乡贡三传冯璨前泽州司马赵赞

前泽州司马唐俨

前摄泽州司马据丰

地赵情愿施神地赵臻四至南至道三至分水为界

此后任自修盖不生留难，一家长幼内外宗枝富贵高迁，世代子孙荣盛。上至天地日月，下至神道百灵。一切空虚圣贤共为保证。

同施地男赵稠次男重昌侄男琼侄男智恒侄男智全孙男□□王四黑次小哥小先小牛后成伏愿明神长垂何护

匠人崔珣

匠人赵瞻

都科

撰文并书赵弘道

省冤谷掩骼记

少读扬雄书，有载长平之战，四十万人死，原野厌人之肉，川谷流人之血，蚩尤之惨，莫过于此，余三读其辞而悲之。后令高平，问其自，乃古长平也。询其故迹，父老曰："城西北十五里，有地曰杀谷，乃秦将白起坑赵降卒四十万之所。当时头颅似山，骸骨成丘，何晏亦尝哀悼。至唐易名省冤，则长平故事其来久矣。"辛酉清明日，庭直率本土士众，携酒肴，奉香火，张声乐，具服祝，谨诣其谷，吊以祭之。其日阴风袭人，寒烟蔽空，必有冤魂来享其祭。旧宋运判马城，经过此地，移檄县僚，收拾遗骸，于谷口凿坑深阔，以左右前后沟壑数十里暴露之骼，毕集而藏掩。仍于所掩之地启而祭之，使后人不践履尔。今观其坟，已为奸农所侵，仅存数尺而已。乃劝邻农，于所占坟地外更四面各广八步，起供堂一所，于其上植美木成围，俾永久知所悼惜。继有长平乡老农王姓者告，诣去谷十里余，为雨水所崩，岸崖颓裂，露骨数车，愿收而掩之。爰即具礼，尽载于坟园，如法安葬。细视其迹，于长胫骨间存铜漆矢一，入骨寸余，因出矢而掩之。人骨之坚如此，而骨中铜矢尚存，慨然发叹。四十万人于当时解甲归戈，赤身受乱兵杀戮而苦死，其冤亦深矣。然其骨其矢，安得尚存而不朽？即是其冤抑之气凝结而不散，以至于此也。嗟乎！白起凶狠，恃秦军之强，歼无心之降卒，其势亦易矣。起直为此凶狠也，当年后世又安得而不痛恨哉！向使赵卒未降，甲戈在体，虽在危阵中，乃死战之军，力战未必无生路，即或败亡，未必悉遭此屠也。譬犹执羊就机，持刀自恃，以谓能杀，何以异是？呜呼！今而后，其坟并供堂告成一所，见有暴露之骨即掩其中，余不能无望于后之君子。

皇统改元，六月十三日，县令寿春王庭直记。

重修真泽二仙庙碑

中散大夫前南京路兵马都总管判官上骑都尉天水县开国子食邑五百户赐紫鱼袋赵安时撰

中靖大夫潞城县上骑都尉太原县开国子食色五百户赐紫金鱼袋王良翰书

凤山居士程良佐篆额

窃闻一气既判，三境攸分：上曰玉清圣境，下通无色；次曰上清真境，下通色界；三曰泰清仙境，下通欲界。泰清神宝仙君说洞玄十二部经教。泰清十二仙天，接引通方，随在显化，则仙圣之道其来尚矣。厥后，天帝之女西王金母与九天玄女、上元夫人，传玉笈金书凡十二事，有云：阿环受书以来，凡传六十八女子，则女仙之流亦已久矣。皆因宿植德本，久种善根，世积良缘，行满功成，方能飞升金阙，游宴玉京矣。

真泽二仙显圣迹于上党郡之东南，陵川县之界北，地号赤壤，山名紫团，洞出紫气团团如盖，故谓之紫团。所居任村，俗姓乐氏，父讳山宝，母亲杨氏，诞降二女。大娘同释迦下降月日，二娘诞太子游门时数。生俱颖异，不类凡庶，静默不言，七岁方语，出言有章，动合规矩，方寸明了，触事警悟。有识知其仙流道侣。继母李氏，酷虐害妒，单衣跣足，冬使采茹，泣血浸土，化生苦苣，共得一筐，母犹发怒。热令拾麦，外氏弗与，遗穗无得，畏母捶楚，踏地凌兢，仰天号诉。忽感黄云，二娘腾举，次降黄龙，大娘乘去。俱换仙服，绛衣金镂，绘以鸾凤，宝冠绣履。又闻仙乐响空，天香馥路，超凌三界，直朝帝所。大娘仙时年方笄副，二娘同升，少三岁许。贞元元年六月十五，田野见之，惊叹瞻顾，远近闻之，骇异歆慕，声播三京，名传九府。岂比夫为云巫山，凌波洛浦。两妃企舜于湘川，二女解佩于交甫。虽姮娥月奔，弄玉凤翥，皆不足以俪遐踪而蹑高步也。遂于南山，共建庙宁。迄今洞口留其手痕，村傍老其镰树，琵琶泓之圣字，了了可睹。自后赫灵显圣，兴云致雨，凡有感求，应而不拒。亢旱者祈之，遥见山顶云起，甘霖必霆。疾病者祷之，立睹纸上药零，沉疴必愈。求男者生智慧之男；求女者得端正之女。苟至诚以恳祝，必随心而畀予。至宋崇宁年间，曾显灵于边戍。西夏弗靖，久屯军旅，阙于粮食，转输艰阻，忽二女人鬻饭救度。钱无多寡，皆令餍饫，饭瓮虽小，不竭所取，军将欣跃。二仙遭遇，验实帅司，经略奏举，于时取旨，丝纶褒誉，遂加封冲惠、冲淑真人，庙号贞泽。岁时官为奉祀，勒功丰碑，至今犹存，正所谓载在祀典，有功于国与民者也。先是百年前，陵川县岭西庄张志母亲秦氏，因浣衣于东南涧，见二女人服纯红衣，凤冠俨然，至涧南弗见。夜见梦曰："汝前所睹红衣者，乃我姊妹二仙也。汝家立庙于化现处，令汝子孙蕃富。"秦氏因与子志，创建庙于涧南，春秋享祀不怠。自尔家道自兴，良田至数十顷，积谷至数千斛，聚钱至数百万，子孙眷属至百余口，则神之报应信不诬矣。逮至本朝皇统二年夏四月，因县境亢旱，官民躬诣本庙迎神，来邑中祈雨。未及浃旬，甘雨滂霈，百谷复生，及送神登途，大风飘幡，屡进不前，莫有喻其意者。乃记女巫而言曰："我本庙因红巾践毁，人烟萧条，荒荒不堪。今观县岭西灵山之阴，郁秀幽寂，乃福地也，邑众可广我旧庙而居之。"灵山东北高，自龙门尖西南，横抵栖凤掌，岗峦坡陀，小顿大起，屈曲奔腾，有龙蟠凤翥之势。因栽松数百株，今迸小松百千株矣，其庙之东南溪石壁，有甘泉飞流，漱玉溅珠，琅琅然若鸣琴环佩之声。宋秘书学士张文潜曾作文以记之，名曰“响泉”。其山灵水秀，草木蓊葧，真神仙所居之胜境也。张志子权与子侄举、愿等，敬奉神意，又不忘祖父之肯基，乃率谕乡县，增修涧南之庙。未及成，而权化，权之子举与侄愿等，从而肯构之。先舍资财，次率化于乡村及邻邑。于时神赫厥灵，处处明语，近者施其材木，远者施其金帛。有愿施粮食者，有愿施功力者，无有远近咸云奔而雾集。不数年，而庙大成：重建正大殿三间，挟殿六间，前大殿三间，两重檐梳洗楼一坐，三滴水三门九间，五道安乐殿各一坐，行廊前后共三十余间。举之堂兄闇，独办后殿塑像，堂弟椿等，重翻瓦前殿，其诸廊庑，各有塑画像。其楼殿峥嵘，丹青晃日。远近来观者咸叹其雄壮伟丽，左右神庙，无有出其右者。其檀越增修之意犹未已。将见庙宇增加，永千祀弗坠矣。举等屡求作文以纪其实，仆以奔走仕途，不暇搜访遗迹。至天德四年，因任太常职事，于寺扃检讨旧书，偶见二仙墨碑，乃唐干宁年进士张瑜所撰。其略云：罗神之曲，红裳绣履，系是本身。方信昔年张权祖母所见服纯红衣者，乃真容也。其碑文又云：岁俭求之即丰，时旱祷之即雨。违之者灾祸交至，顺之者恩福俱兴。益知神之灵应，福善祸淫昭然有验矣。其末又载：既仙之后，葬父母之五端，惜乎先传道史，遗逸而不载，本庙古碑文又多散亡。其本因略见于唐之墨碑，故并序于后。

神地而东至修填到南北天河东棱至张颢西至填址外张众并出入道北至大河南至高崖内载到诸杂树木系神所管施主张通

金大定五年九月二十有八日鸡鸣乡鲁山村南庄里重修真泽庙都维那张举同化缘人赵达立石

从仕郎主簿兼县尉高德裔

忠武校尉县令云骑尉李彦说

东师议

右臣经自乙卯十一月被旨北上，丙辰正月见于沙沱，不以鄙末，问以时事，且令便宜条奏。于是奏立国规模、治安急务各数十条。佩笔束载，从扞牧圉，遂筦军国机务，同诸执政奏事。凡出师利害，未尝不反复备言。及令论定植斋奏议，乃为《七道议》七八千言，愚瞽知识，亦已罄竭。近奉命宣抚江淮，以先启行，又令有军旅利害，具文字遣使来上。窃惟大军已出，不能中止，向所论奏，皆为无用。从驿骑而逾远，望君门而日切。汲黯不难于淮阳，而眷眷于李息，盖激于中而有不能已焉者，彼有重于此也。故国家此举所系重甚，存亡安危于是乎在。既不能善其始，必当为全其终。故不敢谨默，复为《东师议》一篇，俾权府官武济乘驿上进，俾诸执政番译闻。奏议曰：

经闻图天下之事于未然则易，救天下之事于已然则难。已然之中复有未然者，使往者不失而来者得遂，是尤难也。国家以一旅之众，奋起朔漠，斡斗极以图天下，马首所向，无不摧破。灭金源，并西夏，蹂荆、襄，克成都，平大理，躏跞诸夷，奄征四海，有天下十八，尽元魏、金源故地而加多，廓然莫与侔大也。惟宋不下，未能混一，连兵构祸逾二十年。何曩时掇取之易，而今日图惟之难也？

夫取天下，有可以力并，有可以术图。并之以力则不可久，久则顿弊而不振；图之以术则不可急，急则侥幸而难成。故自汉、唐以来，树立攻取，或五六年，未有逾十年者，是以其力不弊，而卒能保大定功。晋之取吴，隋之取陈，皆经营比次十有余年，是以其术得成，而卒能混一。或久或近，要之成功，各当其可，不妄为而已。

国家建极开统，垂五十年，而一之以兵，遗黎残姓，游气惊魂，虔刘劘荡，殆欲歼尽。自古用兵未有如是之久且多也，其力安得不弊乎？且括兵率赋，朝下令而夕出师，躬擐甲胄，跋履山川，阖国大举，以之伐宋而图混一。以志则锐，以力则强，以土则大，而其术则未尽也。苟欲诸国既平之后，息师抚民，致治成化，创法立制，敷布条纲，上下井井，不挠不紊，任老成为辅相，起英特为将帅，选贤能为任使，鸠智计为机衡，平赋以足用，屯农以足食。内治既举，外御亦备。如其不服，姑以文诰，拒而不从，而后伺隙观衅，以正天伐。自东海至于襄、邓，重兵数道，联帜接武，以为正兵。自汉中至于大理，轻兵捷出，批亢抵胁，以为奇兵。帅臣得人，师出以律，高拱九重之内，而海外有截矣。是而不为，乃于间岁，遽为大举，上下震动，兵连祸结，底安于危，是已然而莫可止者也。东师未出，大王仁明，则犹有未然者，可不议乎？

国家用兵，一以国俗为制，而不师古。不计师之众寡，地之险易，敌之强弱，必合围把稍，猎取之若禽兽。然聚如邱山，散如风雨，迅如雷电，捷如鹰鹘，鞭弭所属，指期约日，万里不忒，得兵家之诡道，而长于用奇。自浍河之战，乘胜下燕、云，遂遗兵而去，似无意于取者。既破回鹘，灭西夏，乃下兵关、陕，以欺金师，然后知所以深取之，是长于用奇也。既而为斡腹之举，由金、房绕出潼关之背，以攻汴为捣虚之计；自西和径入石泉、威、茂，以取蜀为示远之谋；自临洮、吐番穿彻西南，以平大理，皆用奇也。夫攻其无备，出其不意，而后可以用奇。岂有连百万之众，首尾万余里，六飞雷动，乘舆亲出，竭天下，倒四海，腾掷宇宙，轩豁天地，大极于遐徼之土，细穷于委巷之民，撞其钟而掩其耳，嚼其脐而蔽其目，如是用奇乎？是执千金之璧而投瓦石也。

其初以奇胜也，关陇、江淮之北，平原旷野之多，而吾长于骑，故所向不能御。兵锋新锐，民物稠夥，拥而挤之，郡邑自溃，而吾长于攻，故所击无不破。是以用其奇而骤胜。今限以大山深谷，厄以重险荐阻，迂以危途缭径，我之乘险以用奇则难，彼之因险以制奇则易。况于客主势悬，蕴蓄情露，无虏掠以为资，无俘获以备役，以有限之力，冒无限之险，虽有奇谋秘略，无所用之。力无所用与无力同，勇无所施与不勇同，计不能行与无计同。泰山压卵之势，河海濯爇之举，拥遏顿滞，盘桓而不得进，所谓“强弩之末不能射鲁缟”者也。

为今之计，则宜救已然之失，防未然之变而已。两师既构，猝不可解，如两虎相斗，猝入于岩阻，见之者辟易不暇，又焉能以理相喻，使之逡巡自退！彼知其危，竭国以并命，我必其取无由以自悔，兵连祸结，何时而已？

殿下宜遣人禀命于行在所，大军压境，遣使喻宋，示以大信令降，名进币、割地、纳质。彼必受命，姑为之和，偃兵息民，以全吾力，而图后举，天地人神之福也。禀命不从，殿下之义尽，而后进吾师，重慎详审，不为躁轻飘忽，为前定之谋，而一之以正大，假西师以为奇，而用吾正。比师南辕，先示恩信，申其文移，喻以祸福，使知殿下仁而不杀，非好攻战辟土地，不得已而用兵之意。诚意昭著，恩信流行。然后阅实精勇，别为一军，为帐下之卒。举老成知兵者，俾为将帅，更直宿卫，以备不虞。其余师众，各畀侯伯。使吾府大官、元臣分师总统，为战攻之卒。其新入部曲，瞢不知兵，虽名为兵，其实役徒者，使沿边进筑，与敌郡邑犬牙相制，为屯戍之卒。推择单弱，究竟逃匿，编葺部伍，使闻望重臣为之抚育，总押近里故屯，为镇守之卒。使掣肘之计不行，妄意之徒屏息，内外备御，无有缺绽，则制节以进。既入其境，敦陈固列，缓为之行。彼善于守而吾不攻，彼恃城壁以不战老吾，吾合长围以不攻困彼，吾用吾之所长，彼不能用其长。选出入便利之地，为久驻之基，示必取之势。毋焚庐舍，毋伤人民，开其生路，以携其心；亟肄以疲，多方以误，以弊其力。

兵势既振，蕴蓄既见，则以轻兵掠两淮，杜其樵采而遏其粮路，使血脉断绝，各守孤城，示不足取。即进大兵，直抵于江，沿江上下，列屯万灶，号令明肃，部曲严整，首尾缔构，各具舟楫，声言径渡。彼必震叠，自起变故。盖彼之精锐尽在两淮，江面阔越，恃其岩阻，兵皆柔脆，用兵以来未尝一战，焉能当我百战之锐！一处崩坏，则望风皆溃，肱髀不续，外内限绝，勇者不能用，而怯者不能敌，背者不能返，而面者不能御，水陆相挤，必为我乘。是兵家所谓“避坚攻瑕，避实击虚”者也。

如欲存养兵力，渐次以进，以图万全，则先荆后淮，先淮后江。彼之素论，谓“有荆襄则可以保淮甸，有淮甸则可以保江南”。先是，我尝有荆襄，有淮甸，有上流，皆自失之。今当从彼所保，以为吾攻，命一军出襄、邓，直渡汉水，造舟为梁，水陆济师。以轻兵掇襄阳，绝其粮路，重兵皆趋汉阳，出其不意，以伺江隙。不然，则重兵临襄阳，轻兵捷出，穿徇均、房，远叩归、峡，以应西师。如交、广、施、黔，选锋透出，夔门不守，大势顺流，即并兵大出，摧拉荆、郢，横溃湘、潭，以成犄角。一军出寿春，乘其锐气，并取荆山，驾淮为梁，以通南北。轻兵抄寿春，而重兵支布于钟离、合淝之间，掇拾湖泺，夺取关隘，据濡须，塞皖口，南入舒、和，西及于蕲、黄，徜徉恣肆，以觇江口。乌江、采石广布戍逻，侦江渡之险易，测备御之疏密，徐为之谋，而后进师。所谓“溃两淮之腹心，抉长江之襟要”也。一军出维扬，连楚蟠亘，蹈跨长淮，邻我强对。通、泰、海门，扬子江面，密彼京畿，必皆备御坚厚，若遽攻击，则必老师费财。当以重兵临淮扬，合为长围，示以必取。而以轻兵出通、泰，直塞海门、瓜步、金山、柴墟河口，游骑上下，吞江吸海，并著威信，迟以月时，以观其变。是所谓“图缓持久之势”也。三道并出，东西连衡，殿下或处一军，为之节制，使我兵力常有余裕。如是，则未来之变或可弭，已然之失一日或可救也。

议者必曰：“三道并进，则兵分势弱，不若并力一向，则莫我当也。”曾不知取国之术与争地之术异。并力一向，争地之术也；诸道并进，取国之术也。昔之混一者，皆若是矣。晋取吴，则六道进；隋取陈，则九道进；宋之于南唐，则三面皆进。未闻以一旅之众，而能克国者，或者有之，侥幸之举也。岂有堂堂大国、师徒百万而为侥幸之举乎？况彼渡江立国，百有余年，纪纲修明，风俗完厚，君臣辑睦，内无祸衅，东西南北输广万里，亦未可小。自败盟以来，无日不讨军实而申警之，彷徨百折，当我强对，未尝大败，不可谓弱。岂可蔑视，谓秦无人，直欲一军幸而取胜乎？秦王问王翦以伐荆，翦曰：“非六十万不可。”秦王曰：“将军老矣！”命李信将二十万往，不克，卒畀翦以兵六十万而后举楚。盖众有所必用，事势有不可悬料而幸取者。故王者之举必万全，其幸取者，崛起无赖之人也。

呜呼！西师之出已及瓜戍，而犹未即功。国家全盛之力在于东左，若亦直前，振迅锐而图功，一举而下金陵、举临安则可也。如兵力耗弊，役戍迁延，进退不可，反为敌人所乘，悔可及乎！固宜重慎详审，图之以术。若前所陈，以全吾力，是所谓“坐胜”也。虽然，犹有可忧者。国家掇取诸国，飘忽凌厉，本以力胜。今乃无故而为大举，若又措置失宜，无以挫英雄之气，服天下之心，则稔恶怀奸之流，得以窥其隙而投其间，国内空虚，易为摇荡。臣愚所以谆谆于东师，反复致论，谓不在于已然，而在于未然者，此也。

《易》曰：“丰其屋，蔀其家，窥其户，阒其无人。”方今之势也，挽回元气，收其放心，守约实内，以建皇极，实惟殿下之事。区区瞽言，妄为干冒，无任战惧之至。

谨议。

班师议

右臣经奉命与诸执政，会议听书记帐中，所有陈说，已令身毒和者斯译奏。退而复恐未尽，欲更陈说。疫疠大作，不能登山，以为今日速当退师，归定大事。故作《班师议》，以觏缕前后陈说。

议曰：《易・文言传》谓：“亢之为言也，知进而不知退，知存而不知亡，知得而不知丧。知进退存亡，而不失其正者，其惟圣人乎？”盖乾之龙德，体天行健，“六位时成，时乘六龙以御天。”时者何？当其可之谓也。故可以潜则潜，可以见则见，可以惕则惕，可以跃则跃，可以飞则飞。五位者皆当其可，圣王之德也。至于上九，则惟知进与存，不知退与亡，不当其可，而违其时，是以至此极而有悔。弗逮乎五位者，而犹谓之亢龙，德于是乎衰，不足以为圣王矣。

故古之圣王，莫不以时进退，握乾知几。舜自耕稼陶渔，以至为帝，知进也；以天下与人，不私其子而以与禹，知退也。文王三分天下有其二，以服事殷，知退也；武王遂伐殷而有天下，知进也。汉高帝不与项羽校，蠖屈汉中，知退也；还定三秦以讨羽，知进也。光武为更始杀其兄齐武王而不校，展转河朔，知退也；一旦自立，中兴汉室，知进也。

故上世称圣王者，以舜为首，其次则称文、武；后世之称圣王者，以高帝为首，其次则称光武。皆知进退存亡之理，时乘御天，卒以龙德，而位天位者也。至于魏孝文，虽不逮于文、武、高、光，迁都洛阳，总乾问罪，辞顺而返；齐人侵轶，报之以兵，闻丧而还；进退以礼，不陨师徒，卒全龙德，为用夏变夷之贤主，亦其次也。彼凭威恃力，以逞无疆之欲，皆亢龙之师也。秦苻坚、金海陵，亢而不悔者也。汉武帝、唐太宗，亢而有悔者也。虽皆亢龙，悔而知退，又其次也。

大舜不可及已，文、武、高、光、魏孝文、汉武帝、唐太宗，后王进退有余师矣。共惟大王殿下，聪明睿知，足以有临；发强刚毅，足以有断。“进退存亡之正”，知之久矣。向在沙陀，命经曰：“时未可也。”又曰：“时之一字，最当整理。”又曰：“可行之时，尔自知之。”大哉王言，“时乘六龙之道”，知之久矣。自出师以来，进而不退，经有所未解者，故言于真定，于曹、濮，于唐、邓。亟言不已，未赐开允。乃今事急，故复进狂言。

国家自平金以来，皆亢龙之师也。惟务进取，不遵养时晦，老师费财，卒无成功，三十年矣。蒙哥罕立，政当安静，以图宁谧，忽无故大举，进而不退，畀王东师，则不当亦进也而遽进。以为有命，不敢自逸，至于汝南。既闻凶讣，即当遣使遍告诸师，各以次还，修好于宋，归定大事，不当复进也而遽进。以有师期，会于江滨，遣使喻宋，息兵安民，振旅而归，不当复进也而又进。既不宜渡淮，又岂宜渡江？既不宜妄进，又岂宜攻城？若以几不可失，敌不可纵，亦既渡江，不能中止，便当乘虚取鄂，分兵四出，直造临安，疾雷不及掩耳，则宋亦可图。如其不可，知难而退，不失为金兀朮也。师不当进而进，江不当渡而渡，城不当攻而攻，当速退而不退，当速进而不进。役成迁延，盘桓江渚，情见势屈，举天下兵力不能取一城，则我竭彼盈，又何俟乎！且诸军疾疫，已十四五，又延引日月，冬春之交，疫必大作，恐欲迁不能。

彼既上流无虞，吕文德已并兵拒守，知我国疵，斗气自倍。两淮之兵尽集白露，江西之兵尽集龙兴，岭广之兵尽集长沙，闽越沿海，巨舶大舰，比次而至，伺隙而进。如遏截于江黄津渡，邀遮于大城关口，塞汉东之石门，限郢、复之湖泺，则我将安归？无已则突入江、浙，捣其心腹。闻临安海门，已具龙舟，则亦徒往，还抵金山，并命求出，岂无韩世忠之俦乎？且鄂与汉阳分据大别，中挟巨浸，号为活城，肉薄骨并而拔之，则彼委破壁空城而去。泝流而上，则入洞庭，保荆襄，顺流而下，精兵健橹，突过浒黄，未易遏也。则亦徒费人命，我安所得哉！区区一城，胜之不武，不胜则大损威望，复何俟乎！

虽然，以王本心，不欲渡江，既渡不欲攻城，既攻城不欲并命，不焚庐舍，不伤人民，不易其衣冠，不毁其坟墓，三百里外不使侵掠。或劝径趣临安曰："其民人稠夥，若往，虽不杀戮，亦被践蹂，吾所不忍。若天与我，不必杀人；若天弗与，杀人何益？"而竟不往。诸将归罪士人，谓不可用，以不杀人故不得城。曰："彼守城者只一士人贾制置，汝十万众不能胜，杀人数月不能拔，汝辈之罪也"。岂士人之罪乎！益禁杀人，肖然一仁，上通于天。久有归志，不能遂行尔。然今日事急，不可不断也。

宋人方惧大敌，自救之师虽则毕集，未暇谋我。第吾国内空虚，塔察国王与李行省，肱髀相依，在于背胁；西域诸胡，窥觇关陇，隔绝旭列大王；病民诸奸，各持两端，观望所立，莫不觊觎神器，染指垂涎。一有狡焉，或启戎心，先人举事，腹背受敌，大事去矣。且阿里不哥已行赦令，令脱里赤为断事官、行尚书省，据燕都，按图籍号令诸道，行皇帝事矣。虽大王素有人望，且握重兵，独不见金世宗海陵之事乎！若彼果决，称受遗诏，便正位号，下诏中原，行赦江上，欲归得乎？昨奉命与张仲一观新月城，自西南隅抵东北隅，万人敌上，可并行大车，排槎吊楼，缔构重复，必不可攻，只有许和而归尔，复何俟乎！

愿大王殿下以祖宗为念，以社稷为念，以天下生灵为念，奋发乾刚，不为需下，断然班师，亟定大计，销祸于未然。先命劲兵把截江面，与宋议和，许割淮南、汉上、梓夔两路，定疆界、岁币。置辎重，以轻骑归渡淮，乘驿直造都，则从天而下，彼之奸谋僭志，冰释瓦解。遣一军逆蒙哥罕灵舁，收皇帝玺。遣使召旭烈、阿里不哥、摩哥及诸王驸马，会丧和林。差官于汴京、京兆、成都、西凉、东平、西京、北京，抚慰安辑。召真金太子镇燕都，示以形势。则大宝有归而社稷安，失之东隅，收之桑榆，以退为进，以亡为存，“飞龙在天，利见大人”，无亢龙之悔矣。

十一月二日臣经昧死上进。

关隘辨

关，以守要害也，而蹊径可入；隘，以防旁曲也，而峰岭可踦。《易》曰：王公设险，以守其国。重门控扼，圣人不废。险之时义大矣哉。凤台居万山之中，为全晋门户。其东北之白虎废驿，西北之武靳旧关，为腹里之地，皆坡陀平衍，固不足论矣。若太行属东南半壁，外与豫邻，横望隘、天井关其最冲也。西为小口，隋炀帝所开直道，东为柳树隘，北魏时，源子恭筑垒丹谷以防尔朱世隆，今则肩摩趾错，险道而成通衢。小口，距县西南九十里，西为二台山，外为九里碳，再西岭东口外为石门硖（硖当作泷），山水所由，地多猿猱、豺狼，人迹亦至，趋河内间道也。再西由济源东北三十里姚家村，与凤台西南五十里曲良掌联界，中隔大涧，峭壁千丈，名猴儿沟。转为愁儿沟，中分鸟道，亦为风门口，为元家湖，为西瓦河，为仰天池，为黄华山，为万干山。再西则荆霜岭，为阳城界矣。柳树隘，距县东南六十里。外为石虎井，为大泽底，中间相距四十里，犹凤台境也。距河南东北八十里，与修武犬牙相错，悬崖断涧，石栈盘云。微西为史君岭，岭外为河南方山村，再西为南山壑，壑外为河南山王庄，走险斗捷，胥问道于此，至柳树隘。以东则疲驴岭，为陵川界矣。此数隘口外，近西小口者，更有土河村，皂君垛、窑儿岭口，近柳树隘者，更有石砰河，五里栈，皆人迹仅通，盐枭出没，磺匪窜伏之所，更属紧要所在。由晋南指，以是数地为建瓴之势，由豫北向，以是数地为锁钥之关。守土者时加讥察，于捷径曲道，或累石以断其踪，或分汛以严其守，庶有合于古者设险之义，而弭盗禁匪之法，于是乎在是所望于司牧之君子。

吊头颅庙文

管律 高平知县

嘉靖纪元，岁舍戊子时维十月，农事方已。芸庄子管律访古遗踪，出城西隅，睹野烟之漠漠，履原草之萋萋，风乌乌兮如怨如怒雨，萧萧兮如泣如啼，此白起坑赵卒之地，胡能不恸夫后人之悲！于是洒酒陈牲，吊之以文曰：杀一不辜，奄有天下，圣人弗为，况四十万乎？然迎战长平，谋困力竭，解甲伏降，遽令赵灭，固其子也！当夫戍守雁门鼓技奋痛，虏慑烽销，曾使赵重，非其子耶？秦暴起惨，赵暗括嚣，子生不辰，乃遭其屯，秋千亿载，为汝含冤。秦也起也，畴与之怜？迨夫咸阳三月之火，骊山一炬之烟，出尔反尔，天道好还，子又恶足憾耶？顾夫列星瑞凤，殆子所化，师帅王公，殆子迭生。又岂有终负屈于此之理耶？文不足发，子其享之。

义士阳城王海表闾记

韦令之治阳城也，溪田马氏问曰：“令得人焉尔乎？”曰：“有王海者，义士也。其为人事亲孝，恭而俭，积而能散，好义而闻于上，获表厥里焉，夫亦匪夷所及矣夫！”曰：“其详何如？”曰：“父在不敢自专，事母闻义禀命而行；丧葬不以货财，不作佛事，哀毁而已；然三年不入其室，非孝而何？有攸往，目不邪视，举足安重；衣不重帛，食不重肉，积其财将有为也，非恭俭而何？其积也，水旱人饥则赈之；岁终亲旧不给则赈之；贫不能婚者婚之；病不能医者医之；死不能棺及葬者棺之葬之，爰立义冢焉；士学而无资者资之；乡邻子弟宜学而未能者，为延师教之，爰立义学焉；避兵而来依者，一士一民皆养之；思归而不能归者归之；有称贷而不能偿者，则焚其券；河堤之决也，则出财补之；非能散而何？盗之起也，有柳庄屯贼劫库而杀人，则会兵平之。有王德周兄弟聚啸而劫掠，则会众擒之；张士儿之乱也，则佐以粮刍及壮士剿之；汤家集屯贼之乱也，则从薛御史凤鸣兵讨之。大盗刘六、刘七之反逆也，白诸官，请给帖文行事；察镇无储者，散麦五百余石，豆二百余石，仍出资挈人筑城、凿池，建门及楼，造诸兵器、火器御贼。贼至，东破萧县，南破永城，西破夏邑，北破砀山。乃攻海所居镇，守且战。战攻不利，且索财讲和，不许。贼退，俘获马骡三百，一毛不取，白巡抚邓公璋，给义勇士焉。邓赏功，给银二十两，受之，送夏邑县修学。时总治彭公泽札付海，会淮安朱指挥兵、归德万指挥兵截杀流贼，二兵不至。海捷后白彭、参二将，咸抵罪焉。彭兵五千过镇，饷以熟饭千桶，兵食之不尽。徐州将陈经领兵至镇，不理兵事，惟征钱挟妓夜饮。海曰：‘此亦贼也！’令义勇夜执而晨纵之，陈愧而遁。王堂反，何都御史天衢征剿，令家人从征，饷白金百两。事平奏闻，蒙敕赐表闾曰‘好义坊’。夫是之谓义士。然圣天子既表其侨居所矣，阳城其本邑也，令乃不能奉行德意，昭其行以劝善，安在其为令也！兹欲竖石东廊，勒其行，何如？”溪田马氏曰：“昔布衣之士，郑有弦高，鲁有曹刿，《春秋》书之；战国有鲁仲连，汉有杜子春，《史》《汉》书之。论其功，肉食者未能先也。今义士犒师，则弦高之俦；其御寇而保众，则曹刿与其伦；使其遇变而当途用事，安知其不与仲连、子春同其烈也！彰其义以劝善，此诚令之政也，令其行之哉!”令曰：“诺。”义士字大量，阳城上佛里人，弱冠从父为贾韩家道口镇。

韦令，名英，字本和，泾阳人，嘉靖壬寅岁，令阳城云。

焕宇变中自记

颂帝力，歌大有，盛世之民然也。否泰之故倚伏无常，而变难之仍，亦岂斯人所能免？夫人即不能弭之未然之前，而或可保之方然之候，则顺之有道，御之有方，不可不先为图也。粤考庆历前，耕食凿饮，嬉游有年。不期崇祯间，而事境一变，更已流难沓作，凶荒匝至，是前人所不仅见，而余之身亲当之也。夫且如之何哉？窃以身亲之，若不闻于人，则后之罹于难，亦私幸耳。然恐知之而或未备，备之而未善，非余之所为心也。方变中，复不置此怀想。兹因豫楼之成，谨叙如左，以为观者目焉。

崇祯四年四月间，陕西反贼王加胤，在平阳府作乱。总兵牛世威、副将曹文诏领兵剿杀，自霍州山追赶贼至窦庄、坪上。经过窦庄，有城幸免，贼患坪上，无备被抢。官兵继后追至阳城县圣王坪花儿沟绝路，胤侄将加胤捆至军前，请罪投降。牛总兵即将胤斩首，余党男妇七百余名，情愿招降，免罪，随营听用。官兵用省报捷，路由润城、史山，本处乡民疑兵为贼，飞砖乱石拦截阻挡。官兵畏法，不敢相敌。又因顺天等府巡抚张，系本镇乡宦，前为兵科都给事，于崇祯三年内御虏有功，奉旨查奖，曾荐曹文诏、牛世威。诏等感荷前恩，路过本处，闻知张乡宦宅第，谕令军士速行，庶兵民相安无事。后牛总兵行文，止提拦截官兵之为首者，亦从宽发落。加胤侄随曹文诏作军前守备，文诏因剿加胤升陕西挂印总兵。此乱之始也。

故计十一月间，天雪大降，深有丈余，野兽山禽死其大半，檐前冰锤垂地，黄河冰冻最坚。陕西延安府连七年荒旱，聚积反贼数千。贼首名紫金梁、老回回、八大王等，领马步贼三千余人，乘冻渡河。先至平阳府、霍州、隰州作乱，半载有余，相随穷人者数万。亦尝闻贼分三十六盘，人马十万。山西不遭兵火，不知利害，人人以十万之言为谬。及至本年七月十五日，贼分两路而来。午刻，哨马数匹到史山岭塔堆地哨探，乡民赶杀而去。夜宿于于家山、长河、苇町、湘峪、樊山、郭庄等处。十六日卯时，贼仍由两路而合为一处，先至吾村东坡。东坡初间据敌甚勇，渐渐贼来众多，东坡事败。杀人放火西崖，犹无退怯之志。以吾村坚锐拒敌，而人心似为可恃也。不意午后云雾迷漫，大雨淋漓，神枪火炮置之无用，人在房上站立不定，虽有智勇无所施矣。贼乘雨一拥前来，四面围绕。一村人民欲逃无门，以十分计之，逃出者仅仅一二分。余有逃至山沟野地者，又被搂山贼搜出。幸值秋谷茂盛，夜间逃出者，谷林内藏避一二。贼于十六日至十七日夜间，将人百法苦拷，刀砍斧劈，损人耳目，断人手足，烧人皮肤，弓弦夹腿，火池油烹，残刻不可胜言也。尔时天雨五日，惨害不堪，男妇老幼，叫哭连天。二十日稍晴，贼方起营。合村之人，寻父叫母，唤子呼孙，嚎啕动地，悲声彻天。且尸骸满地，绝死数家，即有苟存性命者，半多残躯。经查，杀伤、烧死、缢梁、投井、饿死小□计有千余，并伤他村逃难之人不知名姓者亦无数也。金银珠玉、骡马服饰，罄抢一空；猪羊牛只，蚕食已尽；家家户户无一物所存，无一物不毁。及二十日起营，行至润城，沁河发长，复经本处东向，迳功周村。大雨淋淋，马不能前，周村得以保安，而吾乡不免丧败。噫！在雨均耳，得失攸异，抑何造化之不侔也！贼乃复往大阳、马村。所过乡庄，尽被抢掠，裹去男妇无数。人马甚多，夜占四五十村。烟雾蔽日，火光冲天，左右被害无穷。独周村保全一城，上佛保全一寨，吾乡保全陈宅一楼，余皆破损。八月十五日，贼自白云寺、郭壁、窦庄至下佛、王村，因沁河水发，河边南崖各村受害不堪，吾村幸免。九月十七日，贼自端氏而来。冀南道王爷讳肇生，山东掖县人，以乡科擢用，清廉义勇，天下无双。为养兵恤民之计，设处捐饷，开厂造钱。于泽州演武场设坛，拜请吴开先为将，招募义勇、新兵一千五百名，外有报父兄仇者数百人，北留墩前与贼对敌。贼众兵寡，四面围合。初用火炮打伤贼数十人，贼势渐多，寡难敌众，吴兵大败，全军被戮。至如杀死尸骸，王道爷暂着掩埋，以听人领取。逃出带伤者仅数十余人。王道爷备衣衾棺木，亲殓吴将尸骸，致祭于泽州南关，甚且附棺痛哭，军民无不流啼。可怜忠义一将死于贼手，呜呼！运会之穷，一至此哉！既而史山炭窑三眼，各处避难之人，不论男妇俱藏窑内，被贼薰死大小计有千口，绝灭者数十家。于是声震天听，敕谕阳和军门张讳文衡，临清人，领红衣兵三千剿贼。贼探知官兵将至，急往河南，至红花口，杀怀兵五百，迳攻清花镇。二十一日，清花攻破，杀人遍地，烧毁房屋，抢去财物骡马，裹去男妇无数。贼于是向北而攻修武县矣。及城破官伤，贼政娱乐间，阳和兵至，贼措手不及。大杀一阵，斩贼首三千余级，活捉贼百名，救回难妇数百人。近者各归本家；远者王道爷给与路费，差人送还故乡；有陕西不愿还乡者，许人愿领为妻。如此团聚人之夫妇，恩被遗子；掩埋人之尸骨，泽及亡孤，真天地父母之心也！至于军令法度，以礼行罚，谁敢不遵？万民沾恩，设立香案神位，朝夕焚香酬答。此当世所罕见，而迄今犹耿耿在心。贼于十月初一日往柳树口，复回山西。王道爷同沁水县窦庄村锦衣卫张讳道浚，领新招怀庆盐兵一千，往陵川夺河山要路堵截。不期贼众兵弱，王道爷被困于九仙台山，无兵救援，势在危急。幸阳和兵从修武得胜而回，又值按院李讳嵩政考察泽州间，见报，亲出催兵，连夜赴九仙台解围。兵至贼逃，官兵赶至桑则镇，杀贼千余。有初八日贼自大阳、马村由长河而来。吾村知贼将至，往炭窑躲避。见贼到岭上，男妇一拥入窑。窑口窄小，踏死九十三口，上佛井则沟窑内亦如此，踏伤男妇五百余口。吁嗟！人民幸不死于贼手，而复死于逃贼之日，不亦深可悼哉！贼闻兵近，径去下佛，拆毁桥梁，住宿到沁水地界，方敢歇马。阳和兵愤怒而追至毛连沟，赶杀贼首二千余级。阳城验功赏军。夫神威得此一振，而冤死贼手者或可以九泉吐气也。于十一月初九日，贼自长河而来，前哨至周村，偶遇官兵数人，杀贼头一名。贼闻军信，不知虚实，传令起营，不敢停住，止进吾村五七十人，迳过庄中住宿。十二月十一日，贼自西来，路过樊山，哨马到刘家墓坡回去，在郭庄、寺河住宿。以贼气丧胆裂，而目中犹右有官兵矣。不意榆林李总兵讳璧，与贼见阵，斩贼数十人，贼众兵寡，反被四面围住。幸李总兵父子七人，骁勇绝世，杀出重围。周村点查官兵，计伤七十余名。贼由端氏老马岭一路径往辽沁地方，猖獗如故，于崇祯六年正月初一日攻破辽州。昌平副总兵左良玉追贼至辽州，贼往五台山，左总兵回怀庆府镇守。贼见山西有兵，数月在真定、彰德、卫辉、怀庆等府所属太行、条山间出没隐见，不时作乱。此贼虽远遁，而吾村系伤弓鸟，闻贼知惧，无处躲避，各家攒钱造地洞数眼，皆由井口出入，观者以为极妙。贼于四月十六日，复至吾村。初不知人之去向，以为奇异。及搜见一二人，百般拷打，一一引至洞口。贼尚不敢擅入，先用布裹干草，内加硫磺，人言藏火于内，用绳悬在井口中。毒气薰入洞内，人以中毒，不觉昏迷气绝。余家人数人，幸在地洞风眼处，得透风气，免害。北门外井洞计伤八十余口，馆后井洞计伤数十人，崖上井洞计伤数十人，并吾村藏于炭窑、矿洞者共伤三百余人，苦绝者数家。贼觉人死，入洞细搜，一物不留。幸总兵曹讳文诏同太府孙，领剿贼官兵七千,二十日三鼓，周村发兵，分三路贼。黎明时分，官兵骤至，曹总兵奋勇当先，将贼赶杀散，官兵大获一阵，斩真正流贼首级千余。但兵马太众，玉石难分，误伤良民亦多，夺贼骡马妇女无数，贼往西逃。王道爷与奉旨监纪潞安府军厅焦讳浴，陕西宁远中卫人，选贡出身，同在周村赏犒三军。此时贼在吾村住宿，四日中杀死、薰死尸骸满地，天气炎热，臭气难堪。即有一二未受害者，天降瘟症，不拘男女大小，十伤八九。夫罹贼难者如许，而遭瘟死者复如许，则天心生杀之权是又所不可解也。吾村经此一番，无地可避，每日惊慌，昼不敢入户造饭，腰悬米食；夜不敢解衣歇卧，头枕干粮。观山望火，无一刻安然。稍便者，避州城、县城、周村、苇町；贫寒者，为农事所羁，宿山卧岭，闻风惊走。吾乡不得已，设处钱粮，东坡修寨。寨工虽完，无险可恃，人心终于不安。五月十三日晚间，马贼百人，前至润城，称复前月之仇，杀伤数人，烧毁房屋大半，自石道口径往北去。贼因前月曹兵杀败，丧胆亡魂，只在怀庆、河北三府条山为乱。又被左总兵追杀数阵。彼时贼名众多，曹总兵镇守山西，河南有左总兵截杀，前后受敌，不能猖獗，且染瘟病。有贼首紫金梁，于辉县铅子打伤，贼中无主，若贼之横行肆志，自以为长此安穷也。至此，而或以病死，或以兵伤，盖凶残终不足恃，而苟偷全活者所争在迟速间耳。贼于十二月初六日，自济源地方马蹄窝渡口，乘冻过河，即破新安、渑池二县。曹文诏、左良玉即随过河征杀。于崇祯十年间，贼势猖獗如前，围困文诏数日，救应不及，兵马力竭，文诏不得已而自刎。灵柩由泽州一路回原籍大同府去。当日人所见者，无不流泪，人所闻者，无不寒心。犹有贼遗余党未得过河者数百人，占住阳城县南山，在西乌岭口碗子城。阳、沁、济源地方，人皆不得安业。已过河者，大势贼众，尚在河南、湖广、陕西等处作乱。

吾村乡官现在顺天等府巡抚，驻扎遵化县，念恤本乡被贼残破，荒凉难居，极力倡义输财，以奠磐石之安。劝谕有财者输财，有力者出力。崇祯八年正月十七日开工修城，不十月间而城工告成。斯时也，目击四方之乱，吾村可以高枕无忧，抑谁之力也？实张乡绅倡义成功赐福多矣。近自修城之后，士民安睹者几几如故，虽累年凶旱，未至大荒，衣食犹可粗足。至崇祯十二年六月间，飞蝗灾起，自东南而来，遮云蔽日，食害田苗者几半。蝗飞北去，未几而蝻虫复作，阴黑匝地者尺许。穷山延谷，以至家室房闱间，无所不到。谷豆禾黍等食无遗草。秋至明年三月尽，雨雪全无，怪风时作，桑蕊、菜苗皆以霜毙。且虫有如人形者，头尾有丝，结于树枝；虫有如跳蚤者，嚼食菜根。米价至三千五百仅获一石。以故民有饥色，野有饿殍，夫弃其妻，母遗其子，榆皮桑叶等类皆刮而食之，如人相食者，间亦有焉。贼盗蜂起，未知所止。似此兵荒频至，种种灾异，千百年所未有者，而积见之于今。语云："大军之后，必有凶年"，亶其然乎！虽曰天运之穷哉，抑亦人事之咎耳！予因于崇祯十三年润正月十五日起修豫楼，即以佣工养育饥民数百，为一方保安固存之计。姑手录之，以垂于石，俾后之人，勤工作，惜物力，一切存心行事，克当天理而勿违。则人心和，天意顺，而太平无事之福，庶几乎万世绵绵也。谨志。

崇祯十三年闰正月十五日立

薛庄里修新桥铺房记

《风台志》志驿铺三十八所，每铺各有守兵。《志·田赋》载："铺司兵七十名，岁给银四佰三十六两六钱，则每名又各有工食。兵以守之，食以给之。年老疾病，伤令乡地更报壮民以充之。"新旧更换，转送公文，事至便也，何弊之有？弊之生也，由更换之际，兵或假托年老疾病，串通乡地，该差不报壮民而报殷实，需索盈□，而后以壮民报之，否则仍以前之年老疾病者应之。□门滋扰，俾民不得安居而乐业也。职之由，守令忧之，曲加抚绥，凡去大路近者，易觉察□，谕令报铺司以转公文；去大路远者，以隐□□修铺房以蔽风雨。新桥铺司，去王台里近，理宜开报铺司者也；离薛庄里远，理宜修理铺房者也。乃乾隆五十年，王台乡约司联举妄执意欲薛庄里并报铺司，不特一里之中无既修铺房再报铺司之理；而去大路甚远，公文倘误，所系不更大耶？二月二十三日，薛庄里车岭村乡约车宜善当堂反辨，面析其非，邑父母妥公讯明，断令：王台里仍报铺司，薛庄里仍修铺房，斟酌合宜，远近两便。用是，两里乡约具遵结守旧规，以至于今不易，盖仁慈所及远矣！里人恐其习而忘也，为勒石通衢，以存永久。

时嘉庆元年七月甲寅科举人巴原师周官记并书

薛庄里乡约车宜善、薛洪、车克建，同里人公勒石

巴公镇南北合社重修普照寺碑记

普照寺介南北两巴公之交，起宋乾德丁卯，逮今嘉庆辛未，

八百四十五年。创建一敕赐牒额，一奉诏重修，再增建补葺，金妆至再、至三、至四、至五六。率起于兵燹倥偬之岁，而承平无事，虽殿宇倾，钟鼓歇，而誓愿者阙如。按《五代史》，后周显德甲寅高原之战，宋太祖率张永德乘高西出以败北汉，巴地人烟断绝，而鬼磷闪烁者，十余年不息。乾德五年，逃民复归。即太祖西出之处，延僧超度，建刹镇之高原旧地，改称乾德，而鬼磷以灭。此寺之初称“乾德”也。后百九十五年，金源大定辛巳，兵兴岁欠，诏僧道女冠纳钱二十万者，准赐紫衣、师号、寺观名额。癸未，寺僧诣部请牒，给紫衣，号惠寿，额赐普照。召礼部尚书、翰林承旨王无竞书牒以赐，归镌于石，此乾德之改称“普照”也。后二百八十九年，明正统己巳北征也先，陕西吕尼叩马谏死。天顺丁丑复辟，命顺天府敕建保明寺，祀尼肉身，于中额曰“皇姑寺”，乃诏直省重修寺院。成化时，封西僧札巴坚参为智慧佛，领占竹，为慈悲佛。札实巴札、失藏卜札、失坚参锁、南坚参乳、奴班丹法领占为法王，端竹也失班卓儿藏卜为国师，其他授西天佛子、大国师、国师、禅师不可胜计。而诸寺法王至禅师四百三十七人，剌麻诸僧七百八十九人。华人为禅师及善世、觉义百二十人。后僧继晓乞赐度牒亦五百人。又诏直省重修寺院。时北巴员外郎周升，南巴上海县丞、乡进士李辂率众奉诏，先后兴工。至弘治乙卯蝗，戊午水，己未旱，庚申始告竣。其正位大殿牟尼三身，次中央毗卢，次须弥四五、忉利三十三天，次解脱，三门、东向。而大殿左翼经楼，右翼律堂，中央须弥，左右翼侧门及户牖、阶祀、堂涂如之。其左侍伽蓝诸天，次左静室，次外左客堂，次外钟楼。南面西上，其右侍幽冥教主，次右静室，次外右客堂，次外鼓楼。北面西上而户牖、阶祀亦如之。自正统己巳至此五十二年，行满、果圆皆由奉诏重修者。后四十三年，嘉靖壬寅，因前抚龙大有启觉瓦剌俺答不孩入寇太、汾、沁、潞，近逼泽境，巡抚陈讲、巡按陈豪奏请各里筑堡，两巴城合为一。而西城无门，普照路阻，人迹罕至，盖衰零从兹始矣。后四十七年，万历戊子地震。己丑铸大钟。丙申改三门为药师殿，以殿北偏为三门。甲寅地震，丙辰重建大殿。崇祯壬申，贼紫金梁、老回子等聚寺，将掠巴镇，而韦驮顶起雷火，震贼头目十余，贼溃民安。金妆须弥四天。己卯，药师殿始竣。是年，诏核僧田充军饷，而寺益困。国朝顺治甲申，贼刘芳亮据泽。己丑，贼陈壮、张斗光又据泽。贼平，辛卯金妆大殿。康熙丁未，直省各抚册报天下敕建大寺庙六千七十有三，小寺庙六千四百有九。礼部奏请着民取便，各行修补，而普照不果。丙辰风，戊辰水，辛未口免租，癸酉此院建万寿亭。乙亥地震，议葺伽蓝殿，己丑始竣，庚寅金妆。辛卯，北院增建观音、文殊、普贤三殿。自万历戊子至此百二十年，时兴时止，皆弥缝补葺，无从起衰兴废。为任者患至则忧深切肤，事过则役成迁延，人情类然，无足怪者。然而普照香烟自是冷落九十年间。僧寿烟霞，佛跌风雨，大雄氏之教其衰更甚吾党矣。嘉庆庚申，崔博士鹿门倡其议，绅耆韪之，两社合之，先严附之，除按户捐资、计亩醵钱外，又为疏谒名公，驿传都会。而十二年来玉镇门而金布地者，士大夫争先赴之为快也。于斯前院大殿、经楼、伽蓝□主，左右静室，北院观音、文殊、普贤诸殿，栋梁椽柱朽矣，狮驼吞脊吻兽滚矣，瓦石、勒金、铁锈其易而重理之。中央四天塌矣，药师灾其毁而重建之。前院律堂、左右客堂、北院□亭废为平原矣，寻基址而重建之。左钟右鼓翼附四天，钟楼旧地改营武庙，鼓楼旧地改建三门。位置聿定，敕额重书。两巴之交至是隆隆有起色。

余谓成败废兴有天有人。有迫于天变而始备人事者，有预备人事以迓天庥者。普照前工多迫于天而备人事以回之，非不足以回天也，而已后矣。今天下时和年丰，民安物阜，称累洽矣。而今年又三月朔日，圣驾犹亲陟五台为民祈福。盖祈福于承平无事，而诸福咸应，诚为预修人事以迓天庥。《易》九五大人所谓先天而天弗违者也。遵是道也，修德者获福，作善者降祥。而作事属无所为而为，而福与祥应有旋至而立效者。绅耆社首勤勤弗懈，而远近善信输金、输粟、输材、输工而不少吝惜也。倘有会于此旨欤，视前人之誓愿于兵燹倥偬者，相去未可以道里数也已。用记其起衰兴废，并监督捐输诸公姓名列左。

时嘉庆辛未四月八日也

例授文林郎、原任太原府岚县儒学正、堂前吏部拣选知县、甲寅科举人、东门师周官熏沐撰书

例封文林郎、泽州府儒学生员、鹿门崔甡辑录捐输衔名(捐资姓氏略)

补葺卫公庙舞楼碑记

唐卫公李药师于文皇贞观年间以大兵征突厥，路出斯土，曾访高僧慧观于松岭山之灵岩寺。既去，僧为建祠于寺内，□为立庙于山巅。又《酉阳杂俎》载，公少宿龙宫，曾代行雨，以故，附山之东而居者奉公祀维谨，即贤守宰亦往，遇旱干而吁祷辄应焉。迤山东北约三十里许有聚曰北大社，庙祀卫公久矣。其创始不可藉，而踵事者则咸有碣可考。嘉庆丁丑，余馆其乡间，随喜庙中，见其丹青之剥蚀也，垣墉之倾圮也，□□有人焉，从而补葺之者。又见其舞楼之狭隘与夫观剧者站立之地欹侧而缺略也，意必有人而重修而恢廓之者。庚辰，公车北征，失志南宫。及旋馆，则向之剥蚀者、倾圮者、以及狭隘而缺略者皆焕然异然，顿改其旧矣，心窃善之。会首者将树石，以纪其□因，以序属余，余不容以不文辞，遂撮其大略，以见公之血食于斯者之良非无故，而后之继之者之信不容以或已也。凡督理、鸠工、捐资成美者，例得备书于左云。

嘉庆乙卯科解元王士桓公端甫撰

嘉庆丙子科举人秦景宇伯□甫书

住持道会司杨春聚

大清道光元年岁次辛巳四月上浣之吉公立

记将台地碑

庄东南高地，旧契丹政事令杨滚铁骑兵驻扎处也。后周显德元年甲寅，世宗即位。东汉刘旻欲乘丧南侵，乞师契丹。契丹遣杨滚以铁马万骑

及奚诸部兵五六万助之。及战，旻不听滚，滚得全师而归。今道光乙酉，距显德八百七十二年矣，后人犹称驻扎处所曰将台地，以存古迹。

本里举人师周官记

岁进士贾祥麟书

石工董篁镌

参考文献

柏桦:《中国官制史下》，万卷出版公司 2020 年版。

常生荣主编:《烽火狼烟：中国长城新考》，中国友谊出版社 2013 年版。

（清）戴笠、吴乔:《流寇长编：明末农民战争史料》，书目文献出版社 1991 年版。

丁守和等主编:《中国历代奏议大典》，哈尔滨出版社 1994 年版。

董耀会、贾辉铭主编:《中国长城志：总述・大事记》，江苏凤凰科学技术出版社 2016 年版。

董耀会:《长城：追问与共鸣》，燕山大学出版社 2020 年版。

（明）黄汴:《天下水陆路程》，杨正泰校注，山西人民出版社 1992 年版。

顾诚:《明末农民战争史》，北京日报出版社 2022 年版。

黄朴民:《先秦两汉兵学文化研究》，中国人民大学出版社 2010 年版。

何平立:《中国历代军事文化论要》，军事科学出版社 2010 年版。

姬积亮、文战胜主编:《高平市地名志》，2013 年版。

（日）箭内亘著，陈捷、陈清泉译:《辽金乣军及金代兵制考》，山西人民出版社 2015 年版。

孔伟伟:《明清泽州科举研究》，花木兰文化 2002 年版。

（唐）李延寿:《北史》。

刘文戈:《范仲淹戍边》，三秦出版社 2009 年版。

刘金锋主编，晋城市旅游文物局编:《晋城文物通览碑刻卷》上，2011 年。

李尚师:《晋国通史》，山西人民出版社 2014 年版。

雷海宗:《中国文化与中国的兵》，商务印书馆 2014 年版。

李嘎:《古道悠悠：明清民国时期的晋城交通与沿线聚落》，山西人民出版社

2016 年版。

刘映海、李金龙、杜杰：《沁河流域武备探寻》，山西人民出版社 2016 年版。

陆双宁：《东山兵变与明代的营兵制研究》，《黑龙江工业学院学报（综合版）》，2018 年第 18 期。

李书吉、王维平：《明代晋城史略》，三晋出版社 2018 年版。

刘庆主编：《中国长城志・军事》，江苏凤凰科学技术出版社 2016 年版。

梅毅：《元——铁血、杀戮与融合》，天地出版社 2018 年版。

饶胜文：《布局天下——中国图带军事地理大事》，解放军出版社 2006 年版。

宋杰：《先秦战略地理研究》，首都师范大学出版社 1999 年版。

宋杰：《两魏周齐战争中的河东》，中国社会科学出版社 2006 年版。

宋杰：《中国古代战争的地理枢纽》，中国社会科学出版社 2009 年版。

山西省史志研究院整理：雍正《山西通志》，中华书局 2005 年版。

唐晓峰：《华夏文明地理新谈》，北京人民出版社 2019 年版。

王国亮、郝茂林主编：《晋城市郊区城区交通志》，人民交通出版社 2000 年版。

王彦军：《明代中后期省镇营兵制与卫所制关系初探》，天津师范大学 2016 年版。

吴良宝：《战国时期上党郡新考》，《中国史研究》2008 年第 1 期。

许嘉璐主编，周国林分史主编：《二十四史全译・北史》第 3 册，汉语大词典出版社 2004 年第 1 期。

许嘉璐主编，孙雍长分史主编，（唐）令狐德棻等撰：《二十四史全译・周书》，上海：汉语大词典出版社 2004 年第 1 期。

［日］西嶋定生著：《中国古代帝国的形成和构造》，武尚清译，中华中局 2004 年版。

谢思洋：《明代卫所制与唐代府兵制比较分析》，《新西部》（理论版）2014 年第 4 期。

徐永清：《长城简史》，商务印书馆 2021 年版。

许倩雅、王尚义：《文献视野下长平之战的区域地理分析》，《山西大同大学学报（社会科学版）》2021 年第 5 期。

原野：《中国北方的那些战争》，内蒙古文化出版社 2010 年版。

杨宽：《杨宽著作集 · 战国史》，2016 年版。

岳鹏：《唐代河东道军政关联问题研究》，线装书局 2022 年版。

周一士：《中国公路史》，文海出版社 1957 年版。

中国公路交通史编审委员会编：《中国古代道路交通史》，人民交通出版社 1994 年版。

郑跃峰主编：《晋城市交通志》，人民交通出版社 1999 年版。

赵魁元主编：《晋城百科全书》，山西人民出版社 2006 年版。

张驭寰：《中国城池史》，中国友谊出版公司 2009 年版。

郑晓文：《明代河南省镇营兵制指挥系统设置考述》，《 河南大学学报》（社会科学版），2015 年第 55 期。

张玉坤主编：《中国长城志：边镇 · 堡寨 · 关隘》，江苏凤凰科学技术出版社 2016 年版。

赵辉、杨严严、张清洋：《山西沁水八里坪遗址环壕聚落》，《文物季刊》2023 年第 3 期。

（清）朱樟纂修：《泽州府志》，山西古籍出版社 2001 年版。

庄适选注，王文晖校订：《后汉书》，崇文书局(原湖北辞书出版社)2014年版。

郝平、张玮：《明清井陉道的交通建设及其影响》，《中国历史地理论丛》，2024 年第 1 期。

李广洁：《山河形胜：山西历史军事地理》，山西人民出版社 2022 版。

李广洁：《史中山河——大视角下的山西地理与历史》，山西教育出版社 2024 年版。

（美）龙沛著，康海源译：《重归一统——宋初的战与和》，九州出版社 2021 年版。

申和金主编：《太行雄关——天井关》，山西省新闻出版局内部图书准印证：(05）字第 241 号。

靳生禾、谢鸿喜：《长平之战：中国古代最大战役研究》，山西人民出版社

1998年版。

郭一峰、张广善:《高平县出土“宁寿令戟”考》,《文物季刊》,1992年第1期。

李浩楠:《金末义军与晚金军事研究》,《河北大学博士论文》，河北师范大学2013年博士学位论文。

齐勇锋:《关于中国古代军制史研究的几个问题》,《山东社会科学》，1988年第10期。

寇占民、万宏亮:《春秋时期晋国“大蒐礼”试析》,《中原文化研究》，2014年第2期。

陈阳:《昭义镇演变研究（756—960)》,《云南大学硕士论文》，云南大学2018年硕士学位论文。

李秋香:《晋南乡村防御建筑——郭峪村的城墙和御楼》,《中国建筑史论汇刊》，2012年第4期。

晋城市旅游发展委员会:《太行古堡》，晋城市内部资料准印证:（2018）字第12号。

晋城市旅游文物局著；董小清主编:《古堡中的中国》，新华出版社2014年版。

刘菲菲:《山、陕明末农民起义初期（1627—1636）研究》《山西师范大学硕士论文》，山西大学2018年硕士学位论文。

李峰、尹振兴:《炎帝民间武神形象特征与历史成因——基于山西泽州清代炎帝造像的考察》,《装饰》，2021年第9期。

郝文军:《明清时期晋东南堡寨聚落地理研究》,《陕西师范大学博士论文》,陕西师范大学2015年博士学位论文。

程立胜、王云波:《晋东南遗族世居 书香门第和坚城古堡》,《城市地理》,2018年第12期。

黄为隽、王绚、侯鑫:《古寨亦卓荦——山西传统聚落“砥洎城”防御性规划探析》,《城市规划》，2002年第10期。

王绚:《传统堡寨聚落研究》,《天津大学博士论文》，天津大学2004年博士学位论文。

王绚、侯鑫:《晋东南城镇传统堡寨聚落研究及城市特色开发》,《国际住房与规划联合会（IFHP）第 46 届世界大会中方论文集》2002 年第 9 期。

程勇：《晋城市境内战国至五代长城保存现状与病害分析》，文物世界，2016 年第 1 期。

刘勇：《周壁摩崖造像题记考——东魏北齐与西魏北周河东争夺战的实证》，《许昌学院学报》，2022 年第 4 期。

黄朴民、郭相宜：《中国古代兵家思想的演变轨迹及其研究进路》，《齐鲁学刊》，2023 年第 3 期。

张践：《原始宗教的一致性：中华民族凝聚的心理基础》，《中国民族报》，2009 年第 4 期。

伍德林：《宗教对中国古代战争的影响》，《上海师范大学博士论文》，上海师范大学 2016 年博士学位论文。

马征：《杜牧军事题材作品研究》，《厦门大学硕士论文》，厦门大学 2018 年硕士学位论文。

编　委　会

编　写　组

主　编： 孟贵芳

副主编： 王晓光　武晓芳

撰稿人： 马甫平　李泽军　张广善　刘国亮　安建峰

晋城历史文化研究

神农晋城

JINCHENG
LISHI WENHUA YANJIU

《晋城历史文化研究》编写组　编著

人民出版社

序　言

晋城，这座镶嵌在太行山南麓的千年古城，是山西东南部的文化重镇，也是连接中原与西北的咽喉要冲。她以山川为骨，以历史为魂，在漫长的文明演进中，既见证了金戈铁马的烽烟，也孕育了精耕细作的农耕文明；既锻造了巧夺天工的匠作精神，也涵养了崇文重教的理学传统；既催生了纵横四海的商贾智慧，更沉淀出多元交融的人文气象。为庆祝晋城建市40周年，充分展示晋城悠久历史和优秀文化，市政协组织地方专家学者，以《文脉晋城》《神农晋城》《工匠晋城》《商贾晋城》《兵家晋城》五册书为题，编写了一套《晋城历史文化研究》丛书，试图通过这套丛书梳理这座城市的文明基因和地域密码，这不仅是对地方历史的致敬，更是为中华文化的多样性提供一份鲜活注脚。

《文脉晋城》：理学渊薮，泽州学风

晋城古称泽州，北宋以降，这里成为程朱理学的重要发祥地。程颢任晋城令时，兴办乡学、整顿礼俗，以“民胞物与”之心教化一方，终使“泽州学者如牛毛”（《泽州府志》）。这片土地上的文脉，既有书院朗朗书声的浸润，也有民间耕读传家的坚守。金元时期，郝经、李俊民等大儒辈出；明清两代，陈廷敬家族“德积一门九进士”，更将儒家文化的根脉深植于太行深处。《文脉晋城》追溯的正是这种“士尚气节、民重诗书”的精神传统——它不仅是科举功名的辉煌，更是晋城人对天道人伦的朴素践行，

对家国情怀的无声传承。

《神农晋城》：农耕肇始，炎帝遗风

高平羊头山下，炎帝陵庙巍然矗立，诉说着华夏农耕文明的源头。晋城作为炎帝活动核心区，留存着密集的祭祀遗址、传说与民俗。炎帝在此“斫木为耜，揉木为耒”，教民播种五谷，开创医药之先（《淮南子·修务训》）。至今，当地仍保留着“鞭春牛”“祭谷神”等古俗，民间药膳、农耕工具中亦可见上古智慧的孑遗。《神农晋城》不仅是一部地方史考，更试图揭示：为何这片土地能成为中华农业文明的“试验田”？答案或许藏在这独特的山川格局——太行屏障与两河（沁河、丹河）沃土的结合，既提供了避乱之所，又孕育出最早的农耕实践，最终塑造了晋城人“厚土重农、敬畏自然”的集体性格。

《工匠晋城》：铁火流光，技艺千秋

“九州针都”大阳古镇的钢针，“平遥的漆器，泽州的铁”的民谚，无不彰显晋城工匠的赫赫声名。春秋战国时，这里已是冶铁中心；明清时期，阳城犁镜、泽州铁壶行销欧亚。煤炭与铁矿的丰富资源，催生了“一斗铁砂半斗金”的产业传奇，更锤炼出“百炼精钢”的匠人精神：从战国箭镞的精密铸造，到明清古堡的砖石工艺，无不体现“工必为之纯，器必求其利”的执着。《工匠晋城》记录的不仅是技术史，更是一种文化哲学——煤铁之乡的百姓，始终相信“器以载道”，他们将生命的韧性锻入铁器，将秩序的追求砌进城墙，最终让物质创造升华为文明符号。

《商贾晋城》：行商万里，义利兼济

泽州商人虽不及晋中票号声名显赫，却以“行商如行军”的魄力独树一帜。明清时期，他们依托煤铁、丝绸、硫磺等特产，南涉闽粤，北走塞

外，甚至远赴俄蒙。其商业网络既是物资流通的血脉，也是文化传播的纽带：关帝庙遍布商路，既是对“忠义仁勇”的信仰，亦是对契约精神的恪守；而程朱理学“格物致知”的思想，更赋予泽商“以义制利”的伦理底色。《商贾晋城》试图还原这一群体如何将地域资源转化为商业资本，又如何以文化认同凝聚商帮力量——他们的故事，恰是明清中国商品经济与精神传统共生共荣的缩影。

《兵家晋城》：锁钥三晋，雄镇太行

“河东屏翰”“中原咽喉”的军事地位，使晋城自古为兵家必争。长平之战，白起坑赵卒四十万于高平；巴公原之战不仅巩固了后周的政权还为赵匡胤北宋王朝的建立奠定了基础；北宋抗辽，孟良寨、焦赞城遗迹犹存。这片土地上，战争与和平的交替催生了独特的防御文化：砥洎城的“蜂窝型城墙”、皇城相府的“防御型碉楼”，既是冷兵器时代的智慧结晶，也隐喻着晋城人“居安思危”的生存哲学。《兵家晋城》透过烽火记忆，揭示的正是地理如何塑造命运——当山河成为屏障，战乱反哺坚韧，最终凝练出“崇文尚武、守正出新”的地域品格。

《晋城历史文化研究》丛书的五册，恰如五色丝线，共同编织出这座城市的文明图谱：神农的耒耜、程朱的典籍、工匠的铁锤、商队的驼铃、将士的弓刀，在历史时空中交响共鸣。而贯穿始终的，是晋城人对天地的敬畏、对技艺的追求、对文化的坚守。这套丛书不仅为地方立传，更试图回答一个根本命题：在新全球化浪潮中，我们如何从地域文化的多样性中汲取智慧？晋城的启示或许在于——唯有深植传统的土壤，方能绽放时代的新枝。

《晋城历史文化研究》丛书的出版，是庆祝晋城建市 40 周年的重要文化工程，愿读者借此书穿越时空，触摸晋城的山河脉动，为晋城高质量发展注入文化动力。

晋城

目 录

前言

晋城市位于山西省东南部，晋豫两省接壤处，地处华夏文明的核心区域。自古以来，生活在这片土地上的人民勤劳、智慧，掌握了先进的农业技术，创造了灿烂的农耕文化，并过着相对富足的生活。

远在史前时期，晋城地区已是最适宜人类生活的区域之一。最迟在2万年前，这里已经有古人类生活、居住。沁水县下川遗址是中国粟作文化的先声。陵川县塔水河遗址是古人类选择居住的标本。像这样的古人类遗址，在这片土地上大大小小还有几十处。在华夏文明初始阶段，炎帝神农氏曾经生活在这片土地上。在羊头山一带，伟大的炎帝带领着他的部族创制耒耜、播种五谷、亲尝百草……从而成为中华农耕文明的奠基者。

在中华民族五千年历史进程中，晋城地区始终沐浴着文明的荣光。尧都平阳（今临汾）、舜都蒲坂（今永济），夏商时都城偃师、商丘、安阳，春秋战国时都城翼城、邯郸，以及十三朝古都洛阳、八朝古都开封等，都距离晋城不远。由此，先进的农耕工具、农耕技术等在创造伊始，便很快传播到这里。如：公元前513年晋国发明了“鼓风冶铸法”。这项技术与本地优质且易于开采的铁矿资源相结合，使得晋城地区迅速发展为古代中国重要的冶铁中心之一。在两千余年漫长历史中，晋城地区出产的铁制农具，如“阳城犁镜”“西沟犁铧”等曾经畅销全国，为中华农耕文明的发展贡献了重要力量。

除此外，晋城地区的麻织业、蚕桑业、中草药业等也非常兴盛。汉唐时期，晋城地区已是中国主要的线麻产地之一，同时还享有“北方蚕桑之乡”的美誉。尤其是蚕桑业，1000 余年来一直是晋城地区主要产业之一，历经汉、唐、宋、元、明、清，延续至今繁荣不衰，形成了悠久厚重的蚕桑文化。复杂的地形、温暖的气候孕育出丰富的动植物资源，使晋城地区很早便成为华北地区著名的中草药出产地。仅陵川县出产的野生中草药便多达 400 余种，享有“太行药乡”的美誉。

……

当我们试图从“农耕”的角度审视晋城文化时，可谈论的话题实在是太多太多。无论是炎帝文化、铁器文化、蚕桑文化、中草药文化，还是农耕技术、农作物品类、水利灌溉、农时农事，还是祈雨、禳灾、饮食、节庆等习俗，每一项说开来都会给人一种悠久厚重、辉煌灿烂甚至光怪陆离的感觉。我们试图站在中华农耕文明的高度，去描述晋城在中国农业史上的贡献，试图描述独具地域特色的晋城农耕文化。这样做无疑非常有意义。但我们更想从“人”的角度，去描述传统农耕时代的晋城人怎样生活——他们怎样干农活？怎样吃饭？怎样穿衣？怎样过节？怎样无助而又勇敢地面对自然灾害？又怎样生生不息地繁衍至今，并创造出辉煌灿烂的文化？这才是我们想要的，也是我们想做的。

第一章

炎帝兴农

在晋城这片土地上，蕴藏有许多中华文明的密码。比如：要研究中华农耕文明的起源，高平羊头山、沁水历山以及下川遗址等，都是必不可少的考察对象。尤其是高平羊头山，保存有炎帝陵、神农城、炎帝庙等丰富的炎帝文化遗存，在全国都极为罕见。炎帝神农氏作为中华农耕文明的奠基者，其功绩永载史册，也是晋城人民永远的骄傲！

一、赫赫神农氏

炎帝神农氏，是中华农耕文明的奠基者。他创制耒耜、播种五谷、亲尝百草……功勋赫赫。早在先秦时期，各类典籍便称颂炎帝神农氏的功绩，并将他与伏羲氏、女娲氏共尊为“三皇”，认定为中华文明的开创者。古往今来，海内外亿万中华儿女皆自称是“炎黄子孙”。在中国人心目中，炎帝神农氏一直享有崇高的地位。

与伏羲氏、女娲氏一样，由于年代久远、文字资料不足以及被神话笼罩等原因，炎帝神农氏的真实面貌始终模糊不清。但学者们普遍相信炎帝神农氏真实存在，其生活的年代大约处于新石器时代晚期母系氏族社会向父系氏族社会过渡的阶段。炎帝神农氏作为一个部族，大约生活在距今 5000 年至 4500 年前，共传承九世，神农生帝魁，帝魁生帝承，帝承生帝明，帝明生帝直，帝直生帝氂，帝氂生帝哀，帝哀生帝克，帝克生帝榆罔，延续了大约 500 余年。当然，这仅是众多说法中的一种，真实性有待继续考证，其价值在于从时间上为我们大体勾勒了炎帝时代的轮廓。

考古资料证实，在旧石器时代末期和新石器时代初期，即 1 万年前左右，我国已经出现了原始农业的萌芽。比如：山西怀仁鹅毛口遗址、沁水下川遗址等处出土有石斧、石锄、石刀、锛形器、研磨盘等原始农具，河北磁山遗址、浙江河姆渡遗址等处出土有粟米、稻谷等谷物遗存。但此时的农业尚处于原始初生状态，只在少数地区有所发现，零星的农业种植无法满足人类的食物需求，更不足以支撑文明蓬勃发展。人类的生产方式仍主要以狩猎、捕鱼和采集为主，时刻面临着食物短缺的威胁。此时的中华文明尚处于前农耕时代，虽然已经初露曙光，却仍需时间积累才能散发出奕奕光辉。

经历大约 5000 余年尝试与积累，至新石器时代晚期时，我国的原始农业终于迎来了大发展的机遇。炎帝部族站在时代发展的风口浪尖上，以一种大无畏的精神担负起历史的使命，将原始农业逐步推向成熟，发展为中国这片土地上人类的主要生产方式，从而开创出中华农耕文明最初的状态。人们将这一时期炎帝部族所有的发明创造及事迹，都记在“炎帝神农氏”一人身上，将所有的荣光归功于他，并尊称他为中华文明的始祖。

神农氏播种五谷

炎帝最伟大的功绩是播种五谷。据古人类学家推测，旧石器时代末期地球上的人口总数不足 300 万，至新石器时代时已经达到 5000 万左右。人口的成倍增长，需要更充足稳定的食物来支撑，而狩猎、捕鱼、采集等生产方式获得的食物根本已经无法满足人类的需求。在这种背景下，炎帝部族在播种五谷方面取得了长足的发展，并促使农耕的收成超越渔猎，成为中国这片土地上人类生存发展最主要的生产方式。

关于炎帝如何播种五谷，在汉代之前的古籍中已有许多记载。《逸周

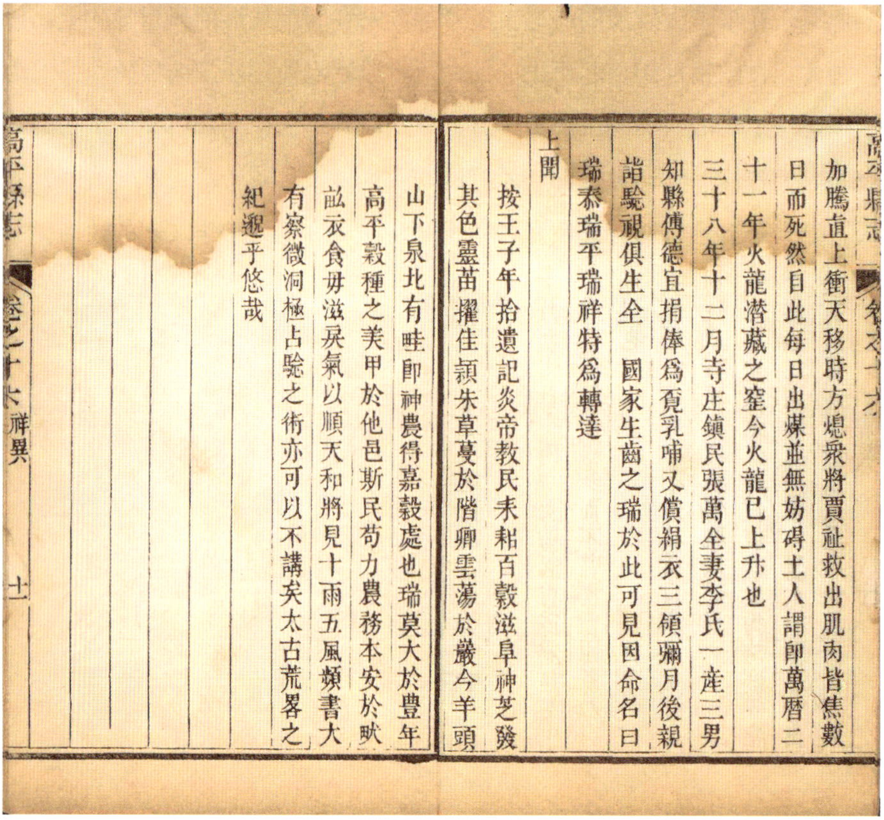

高平縣志 卷之十六

加騰直上衝天移時方熄衆將賈祉救出肌肉皆焦數日而死然自此每日出煤並無妨碍土人謂即萬曆二十一年火龍潛藏之窰今火龍已上升也

三十八年十二月寺庄镇民張萬全妻李氏一產三男知縣傅德宜捐俸爲覔乳哺又償絹衣三領彌月後親詣驗視俱生全　國家生齒之瑞於此可見因命名曰瑞泰瑞平瑞祥特爲轉達

上聞

按王子年拾遺記炎帝教民耒耜百穀滋阜神芝發其色靈苗擢佳頴朱草蔓於階卿雲蕩於巖今羊頭山下泉北有畦即神農得嘉穀處也瑞莫大於豊年高平穀種之美甲於他邑斯民苟力農務本安於畎畝衣食毋滋戾氣以順天和將見十雨五風頻書大有察微洞極占驗之術亦可以不講矣太古荒畧之紀遐乎悠哉

高平縣志 卷之十六 祥異 十一

古籍中关于炎帝的记载

书》云：“神农之时，天雨粟，神农耕而种之。”《管子·形势篇》云：“神农教耕生谷，以致民利。”《管子·轻重戊》云：“神农作，树五谷淇山之阳，九州之民，乃知谷食，而天下化之。”《拾遗记》云：“时有丹雀衔九穗禾，其坠地者，帝乃拾之，以植于田，食者老而不死。”《淮南子·修务训》云：“神农乃始教民播种五谷，相土地宜燥湿、肥硗、高下，尝百草之甘苦，令民知所辟就”……这些记载虽然带有一些传说色彩，但在史料上仍显得难能可贵。要知道，在全世界各大文明中，也只有中华典籍对于新石器时代的历史有记载。

我们坚信炎帝播种五谷是确信不疑的事实，这一点不仅源于记载和传说，也有考古发现以作支撑。从各地考古遗址来看，炎帝时代黄河流域主要的农作物有黍和粟，其次还有菽（豆类）、稻、蔬果等，而江南地区则出土有稻、粟、菽等谷物遗存。在遗址中，考古学家发现许多没有吃完的谷物，显然粮食已经成为当时人类主要的生活资源，除供给食用外，还有一定的储藏。除此外，同时期遗址中还出土有牛、羊、猪、狗、鸡等圈养牲畜的骨骸，学者们由此认为当时驯化圈养的牲畜已经非常丰富，并且存在使用剩余谷物饲养牲畜的现象。在文明衍进中，剩余粮食的出现非常重要，它可以使人类有更充足的精力从事其他事情，从而推动文明形态向前更进一步。

在农耕方面，炎帝还有许多伟大的发明创造。如：《逸周书》云："神农作瓦器。""作陶冶、斤斧，破木为耜、锄、耨，以垦草莽，然后五谷兴，以助果蓏之实。"《周易》云："包牺氏没，神农氏作，斫木为耜，揉木为耒，耒耨之利以教天下，盖取诸益。"《论衡》云："神农之揉木为耒，教民耕耨，民始食谷，谷始播种。耕土以为田，凿地以为井。井出水以救渴，田出谷以拯饥。"炎帝不但发明了耒、耜等农具，还发明了井，并将井水用于灌溉。同时，炎帝时代的制陶业也取得长足发展，同时期出土文物如鼎、釜、鬲、甑等炊器，碗、盆、盘、杯等食器，瓮、罐、尖底瓶等水器，可谓琳琅满目。这些陶器不但可用于熬煮食物、储存粮食，还可用于取水灌溉，从而进一步推动农业取得更好的收成。

"男耕女织"是农耕时代中国人最基本的生活形态，对于这种生活形态的起源，古人也归功于炎帝。《商君书·画策》云："神农之世，男耕而食，妇织而衣。"由此，人们将这种生活形态称为"神农之教""神农之法"。如《吕氏春秋》云："神农之教曰，士有当年而不耕者，则天下或受其饥矣；女有当年而不绩者，则天下或受其寒矣。"

北齐刘登《刘子·贵农》云："神农之法云，丈夫丁壮而不耕，天下有受饥者；妇人当年而不织，天下有受其寒者。"而在同时期文化遗址中也出土有许多纺织的遗存，如陶器上的布痕、纺轮等。可见炎帝时期的先

剪纸作品——神农尝百草

民已经初步掌握了纺线织布的技术，将衣物从树叶、兽皮等天然物推进到麻布等手工制品，从而为解决穿衣问题开创新的局面。

要论炎帝的功绩，最令人津津乐道的还是“神农尝百草”。传说，炎帝神农氏为解救生病的百姓，跋山涉水，遍尝百草，分辨哪些植物可以食用，哪些有毒不可食用，哪些具有药性可以治疗疾病。《淮南子》云：“炎帝之时，民食蓏粟，服木石之实。炎帝欲观百草之性以救民疾苦，乃身试百草之味，日遇七十二毒。”他以一种无所畏惧的奉献精神，为中华医药学奠定了基础，却终因误尝断肠草而殒命。于是，当汉朝时期中国最早的中药学著作编订成集时，人们出于对炎帝神农氏的崇敬与感恩，理所当然地将其命名为《神农本草经》。“神农”两字赋予这本巨著的，不仅仅有各种草药知识，还有炎帝怜悯世人、救治世人的精神。这种精神也是炎帝神农氏给予中华民族最宝贵的财富之一。

生产技术的发展必然带来文明形态的变化。这一点在关于炎帝神农氏的记载中展现得淋漓尽致。《周易》云：“（炎帝时）日中为市，致天下之民，聚天下之货，交易而退，各得其所。”人们将富余的谷物、麻布、陶器以及渔猎所得进行交易，由此出现了最早的商业与市场。东汉桓谭《新论》云：“琴，神农造也。”“昔神农氏继宓羲（即伏羲）而王天下，上观法于天，下取法于地，于是始削桐为琴，练丝为弦，以通神明之德，合天地之和焉。”炎帝发明了琴，人们开始享受到音乐。唐朝张怀瓘《书断》云：“上党羊头山嘉禾八穗，炎帝乃作穗书，用分时令。”南宋胡宏《皇王大记》云：“有献羊头山嘉禾八穗者，乃作穗书，以颁时令。”在炎帝时代，似乎又出现了文字与历法……

就这样，炎帝神农氏开创出了中华农耕文明最初的样貌：人们日出而作日没而息，人人致力于生产。男人手持耒、耜等农具播种黍、粟、菽等谷物，在部落中挖掘水井，用陶器从溪流、水井中取水灌溉。女人手持纺轮纺线织布，制作用于遮体的麻布衣衫。秋日里，他们将收获的谷物储存在陶瓮、土窖中，或者拿到市场上去交易。冬日里，他们待在半地穴式的房屋里，品尝陶鬲瓦罐中熬煮的粥饭。当他们生病时，部落中有巫师使用草药救治；当他们高兴时，便围着火堆击鼓抚琴，载歌载舞……就这样，炎帝神农氏为中华文明发展开创了一个全新的局面，使我们的文明迅速从渔猎等原始生产方式中挣脱出来，以农耕为基础创造出后世五千年灿烂辉煌的文明。

今天，当我们深处后农耕时代，享受着工业文明、信息文明飞速发展的成果，通过史料与考古遗址追溯炎帝神农氏的功绩，又怎能不心怀崇敬与感激！赫赫炎帝，无愧为中华农耕文明的奠基者！

二、巍巍羊头山

羊头山位于山西省晋城市高平北部的小山，海拔 1297 米，山体东西横亘约 2.5 千米，南北长约 1.5 千米，在峰峦叠起、危峰插云的太行山中，实属平常。但在中国文化版图中，羊头山却鼎鼎有名。炎帝神农氏在这里播种五谷、繁衍生息，并遗留下大量文化遗存，从而使羊头山成为中华农耕文明的圣地。

羊头山

羊头山，因炎帝而得名。顺治《高平县志》记载："羊头山在县北四十里，上有石状如羊头，神农尝五谷于此，秀拔危峰势凌霄。"传说，数千年前以"羊"为图腾的炎帝神农氏部族就生活在羊头山一带。炎帝率领部族在山边田地里播种五谷，其耕作之地后人称之为"五谷畦"；凿井引泉以资灌溉和饮用，其开凿的水井、山泉后人称之为"神农井""神农泉"；又修筑城池以作居住，其修筑的城池后人则称之为"神农城"……而当他身中断肠草剧毒去世后，部族将他安葬在羊头山东部不远处，其陵寝之地后人则称之为"炎帝陵"。数千年来，人们世世代代立庙祭祀，供奉炎帝的庙宇遍布羊头山周边各村落，庙内保存有北齐、隋、唐历代碑刻，无不彰显出世人对炎帝的崇敬。

时至今日，在晋城、长治两地以羊头山为中心，仍保存有丰富的炎帝文化遗存，是我国现存炎帝文化遗存最丰富的区域，其文化价值为学界所公认。而羊头山文化遗址群，最引人注目。如：神农城、神农泉、神农井、五谷畦、祭天台等，不但遗址遗迹尚存，而且在典籍方志中也有详细的记载。

“神农井”“神农泉”遗址

神农城，又名五谷城，其遗址位于羊头山西面山巅，原建筑始建年代不详，现存有石柱、石阶、石质井架等遗存。神农城下约 30 米处有神农泉，分左、右二泉，左泉俗称白龙池，右泉俗称青龙池，两泉南流 10 米左右合为一道溪流。泉侧有井，即神农井。神农井旁有一片农田可作耕种，即五谷畦，当地人又称之为井子坪。在羊头峰巅与秦高岭之间山凹处有祭天台，为炎帝祭天所在。这些遗址，相传皆为炎帝神农氏当年所遗留，并且早在两晋南北朝时期已见于史志记载。如：晋代程玑《上党记》云：“神农庙西五十步，有石泉二所，一清，二白，味甘美，呼为神农井。”北魏《风土记》云：“神农城在羊头山，其下有神农井，皆指其地也。地名井子坪，有田可种，相传神农氏得嘉谷于此，始教播种，谓之五谷畦。”《魏书·地形志》云：“羊头山下神农泉，北有谷关，即神农得嘉谷处。”两晋南北朝时见于记载，可见羊头山的炎帝文化遗存至迟在汉代时已经存在，其由来历史久远。

自两晋以降，历代文献都对羊头山帝文化遗存有记载，由此形成一条传承有序的文献资料链。如：北宋《元丰九域志》记载：“神农庙有神农井，神农得嘉谷之所，见《地形志》。”北宋《太平寰宇记》记载：“神农尝五谷之所，上有神农城，下有神农泉。（羊头）山东南相传为炎帝陵，石甃尚存。”明万历《泽州志》记载：“神农井在羊头山，相传神农所凿。”明代学者朱载堉曾多次登临羊头山，对神农城等炎帝文化遗存进行考察，在《羊头山新记》中有详细记载：“（羊头山）上有古城遗址，谓之神农城。城内旧有庙，今废。城下六十步有二泉，相去十余步。左泉白，右泉清。

泉侧有井，所谓神农井也。”文中所述与羊头山现存遗址在方位、距离上皆可一一对应。

进入清代后，地方史志对于羊头山炎帝文化遗存的记载更加详细。顺治《高平县志》记载：“神农庙，一在羊头山，曰上庙，为神农尝五谷之处，上有五谷畦遗迹。”“神农井，去县北四十里，羊头山神农尝五谷于此，□人凿而饮之。”雍正《泽州府志》记载：“神农城，城北四十里羊头山。”“神农井，古城下六十步有二泉，左泉白，右泉清。泉侧有井，所谓神农井也。”“五谷畦，神农泉下，地名井子坪，有田可种。相传神农得嘉谷于此，始教播种，谓之五谷畦焉。羊头山黍出此。”在康熙《泽州志》、乾隆《高平县志》、同治《高平县志》等方志中，也有类似的记述。

羊头山炎帝文化遗存与中华早期文化典籍可相互印证，并在历代皆有记载，在国内实属罕见。更为难得的是，考古研究所对羊头山及其周边村落进行过多次考古勘探，发现多处旧石器时期、新石器时期文化遗址，如：李家庄遗址、羊头山遗址、故关遗址、大西河遗址、中村遗址、下台遗址、小西沟遗址等，更是从考古学的角度为羊头山炎帝文化遗存提供了实物佐证与科学论断。

李家庄遗址位于羊头山脚下神农镇李家庄村附近，为旧石器时代晚期遗址，距今约 2.6 万至 1.4 万年之间，20 世纪 50 年代发掘。遗址面积大约 3000 平方米，出土石制品以细小石器为主，原料多燧石，类型有锥状、半锥状、楔状和柱状等细石核、石片，器型有刮削器、尖状器、雕刻器等，文化面貌与下川遗址群出土石器类型极为相似。

这一发现表明，羊头山一带早在旧石器时期已经有古人类生活居住，其生产方式仍以狩猎采集为主，开始较普遍地使用复合工具，从而为早期农业的出现提供了条件。

更引人注目的是，近年来山西省考古研究所先后两次对羊头山遗址进行了勘探，为晋东南炎帝文化研究带来重大发现。首先是 2015 年 11 月对羊头山顶进行了部分试掘，发现一处新石器时代仰韶文化时期的遗址，遗址内存在一道东西走向的人工石砌围墙，并出土了一些仰韶时期的夹砂红陶片。另外又在西面山垣上发现一处北朝至唐代的建筑基址，与炎帝高庙关系密切。2016 年 4 月至 6 月，山西省考古研究所再次对羊头山遗址进行重点勘探，发掘中心区域位于羊头山山顶，海拔 1260 米，东边 500 米处即国家重点文物保护单位羊头山石窟。此次发掘面积 1000 平方米，发掘出小型院落建筑遗址一座，包括 10 道墙基和 2 处建筑台基，呈完全封闭形状，由不规则砂石垒砌而成，初步判断至少有 5 间房屋的布局。该建筑遗址内出土有红陶碗、灰陶盆、灰陶罐、素面布纹里板瓦、素面布纹里筒瓦、铁铲等遗物。除此外，还出土一些仰韶时期的泥质红陶钵残片、夹砂红陶罐残片及北朝时期的陶碗及陶罐口沿等。这些发现表明，羊头山在新石器时代仰韶文化时期，即炎帝神农氏生活的年代，已有人类在此生活居住，并且从南北朝至隋唐时期人们在遗址上建有许多建筑。考古发现与文献记载、民间传说可相互印证，使得羊头山炎帝文化遗存的内涵更加丰富，也更为世人所认同。

羊头山，是中华农耕文明的圣地。因此早在南北朝之前，人们便已在山巅、山腰等处建庙祭祀炎帝，使得羊头山成为炎帝祭祀的中心区域之一。

羊头山山顶现存有炎帝高庙遗址，位于神农城东面不远处，始建年代不详，现仅存基址。从遗址可知，炎帝高庙坐北朝南，共上下两进院落。上院正殿五间，为炎帝供奉之所。下院有水井一眼，石质井架尚存。高庙内保存有大殿残柱、柱础、台基等物，具有唐宋风格，表明此庙至迟在唐代时已经存在。高庙遗址出土有元朝延祐元年（1314）《乃赓后歌碑》，由“潞州上党县八谏乡”信众题刻古诗一首：“神农遗迹在羊山，祠宇重修构此间。经始灵台花灿烂，仍妆塑像锦斓编，东南高压仙人洞，西北相连圣水湾。缘事况今功力了，一章诗律记乡关。”传说，炎帝高庙坐落在羊头山正岭上，此岭为长子、高平的分界岭，当地留传有“前檐滴高平，后檐滴长子”的说法。过去每年的农历七月三十至八月初一，羊头山周边

《羊头山五佛碑》

居民都要在此举行庙会，祭祀炎帝，晋城、长治两地很多信众都要参加。

羊头山山腰现存有神农庙，又名六名寺，始建年代不详，至迟在唐代时已经存在，为羊头山祭祀炎帝的重要场所。神农庙坐北朝南，共上下两进院落，包括正殿、南殿、山门、厢房、洗药池、莲花池等建筑。庙内现存有北齐天保二年（551）的《羊头山五佛碑》、唐武则天天授二年（691）《羊头山清化寺碑》、唐天祐七年（910）《唐故毕府君夫人赵氏墓志铭并序》、五代后晋天福二年（937）《唐故浩府君墓志铭并序》、北宋元符二年（1099）《郭用墓志铭》等碑刻，皆为研究羊头山炎帝文化的重要资料。

其中，《羊头山五佛碑》是我国现存最早的记载炎帝神农氏遗迹的碑刻。碑文有“齐天保二年”“神农圣灵所托，远瞩太行”“地称唐公，山号羊头”等文字，说明羊头山至迟在北齐时期已是纪念炎帝的圣地。《羊头山清化寺碑》则详细记载了炎帝神农种五谷、制医药的事迹：“此山炎帝之所居也。昔者摄提纪岁之后，燧人化火之前，穴处巢居，茹毛饮血。爰逮炎皇御宇，道济含灵，念搏杀之亏仁，嗟屠戮之残德。寻求旨味，以替膻腥，遍陟群山，备尝庶草。届斯一所，获五谷焉。记此灵奇，显其神异，石类羊首，遂立为名。于是创制耒耜，始兴稼穑；药石之温毒，除瘵延龄；取黍稷之甘馨，充虚济众。人钦圣德，号曰神农。历代崇恩，峰亭享庙。”《唐故浩府君墓志铭并序》又名《毕刚墓志》，碑文有“祖茔先在神农乡神农里团池店南”字样，说明“神农乡”至迟在唐代时已有建制。

总之，羊头山保存有丰富的炎帝文化遗存，蕴藏着中华农耕文明开创时期的密码，承载着中华儿女对炎帝神农氏的崇敬，从而成为中国文化版图中的圣山。

三、皇皇炎帝陵

中华民族是一个崇敬“人”的民族。在我们的信仰中，端坐在神坛上接受万民膜拜的，大多是在民族发展历程中作出过杰出贡献的“人”。炎

炎帝陵

帝神农氏就是这样！他虽有着近乎神祇一般通天彻地的本领，却终究要以凡人之躯面对死亡。当他去世后，魂归年轻时播种过五谷的土地，起陵建庙，被万民抬上神坛接受万世的敬仰与崇奉，便成为我们民族的“神”。

晋城高平市神农镇庄里村炎帝陵，是炎帝神农氏魂归之处，也是中华文明版图中一处重要的坐标。传说，炎帝神农氏在生命最后的日子里，仍致力于尝百草、辨药物，不幸身中断肠草剧毒，无药可解，濒临死亡。人们含悲将他扶上马背，驮着往部落的方向走，途经北营村时病势转重，不断呼叫却已经不能答应，后来便将此地称为“叫不应”（后取谐音更名为北营）；到达换马村时，他已经不能骑马，只能换成人抬着走，于是便将此地称为“换马”；行至庄里村时，他气绝身亡，于是人们就地装殓，便将此地称为“装殓村”（后取谐音更名为庄里）。炎帝神农氏被隆重安葬在庄里村附近，堆土起陵，即“炎帝陵”。后来，人们又在陵墓后不远处建庙祭祀，因他始播五谷为万世敬仰，便取名为“五谷庙”。就这样，炎帝神农氏魂归黄土，长眠在羊头山下神农镇庄里村。

圣人之死，总会令草木含悲。传说，炎帝神农氏去世后，他生前骑的马日夜悲鸣，后来挣脱缰绳朝着羊头山飞奔，竟消失在一片原野中，于是人们便将这片原野取名为“跑马岭”。这种以圣人事迹为山川取名的方法，也是中华民族历来的传统。人们为了纪念炎帝，凡是他生前活动过的地方，皆一一以其名义来取名。由此，在庄里村附近出现了一系列与炎帝相关的地名。比如：炎帝陵周边有一处园圃，相传为炎帝树艺五谷之所，取名为“五谷山”“艺谷圃”；有一处平地，相传是炎帝打谷晾晒粮食的地方，取名为“晒场”；有一处山沟，相传为炎帝休息的地方，取名为“卧龙湾”；庄里村西南边长畛村，相传是炎帝妻子的娘家。而炎帝陵、羊头山所在的乡镇，则取名为“神农乡”或“神农镇”。此外，又有地名为“香油河”“米山”“面山”等，皆因炎帝得名。

青山有幸埋忠骨，更何况是一位圣人！当庄里村的黄土将炎帝的身躯掩埋时，便使得这片土地打上了炎帝的印记，使得这片土地上的人民与炎帝有了千丝万缕的联系，而变得不再平凡。数千年来，这里的百姓守护着炎帝神农氏的陵寝，四时祭祀，香烟不断，也使得炎帝的精神与信仰扎根在这里，永世长存。

关于炎帝神农氏的祭祀活动起源很早，大约在其去世后不久便已形成。宋罗泌《路史》记载："神农氏七十世有天下，轩辕氏兴，受炎帝参卢禅，封参卢于潞。守其先茔，以奉神农之祀。""潞"，在古上党地区潞城一带。据说，炎帝神农氏与黄帝轩辕氏在阪泉大战后，两大部族组成了炎黄部落联盟，奉黄帝为天下共主。黄帝封最后一代炎帝参卢于"潞"，命他守护并祭祀先祖神农氏的陵寝。文中所谓"先茔"，即高平庄里村炎帝陵。宋《太平寰宇记》记载："神农尝五谷之所，上有神农城，下有神农泉。（羊头山）山东南相传为炎帝陵，石甃尚存。"所谓"石甃"，是炎帝陵地面建筑设施。《太平寰宇记》编撰于宋太宗太平兴国年间（976—983）。由此推断，北宋初年炎帝陵残存的"石甃"，可能是唐朝或五代时期修筑的陵寝设施。

万历"炎帝陵"碑刻

明万历《泽州志》记载："炎帝陵在换马岭。"与之相对应的是，明朝万历年间著名律学家朱载堉曾三次至高平考察炎帝遗迹，在《羊头山新记》中对于炎帝陵也有详细记述："（羊头山）山之东南曰故关村，村之东二里换马镇，镇东南一里许有古冢，垣址东西广六十步，南北袤百步，松柏茂密，相传为炎帝陵，有石栏石柱存焉，盖金之物也。”“步”是古代长度计量单位，明代时一步等于五尺，一尺大约 31 厘米，一步大约为 150 厘米。由朱载堉记述来看，明朝时庄里村炎帝陵陵园东西长约 90 米，南北长约 150 米，面积约 13500 平方米，且地面保存有金代修筑的石栏、石柱等陵寝设施。

高平炎帝陵现存有明朝万历年间“炎帝陵”碑刻，是目前全国范围内最早记载“炎帝陵”的一块墓碑。此碑刻为石灰岩质地，高 95 厘米，宽 66 厘米，下侧为长方形底座，座高 30 厘米，宽 90 厘米，通高 125 厘米。碑身正中镌刻“炎帝陵”三个楷书大字，右侧刻有“万历三十九年（1611）孟夏吉旦”，左下方刻有“生员申道统立”字样，距今已有 400 多年的历史了。此碑镶嵌于炎帝陵后五谷庙厢房内后墙上。民间传说，“炎帝陵”石碑后面有通道与墓室相连，陵墓内设有一盏万年灯，常年不熄。过去，每年四月初八祭祀时，官员要由此通道进入地宫，为万年灯添加灯油。

炎帝陵后侧有五谷庙，是祭祀炎帝的重要场所。顺治《高平县志》记

庄里村五谷庙

载："炎帝陵，在县北四十里换马镇，世传炎帝尝五谷处。陵后有庙，春秋有司供祀。"五谷庙创建年代不详，由碑刻及庙内现存周长 6.2 米的古柏树根来看，推测已有 1000 余年历史。五谷庙坐北面南，共二进院落，建有舞台、献台、山门、正殿、东西耳殿等建筑。正殿矗立于石砌台基上，面阔五间，进深六椽，前出廊，悬山式屋顶，上施琉璃脊饰，屋顶正中脊刹上正面刻有"炎帝神农殿"，背面刻有"大明嘉靖六年"（1752）的题记。殿内神台高约 1 米，雕刻有龙、麒麟、鹿、花卉等浮雕图案，雕刻非常精美。神台上原设置有暖阁，塑有炎帝、后妃神像。五谷庙现存碑刻八通。其中，明嘉靖五年（1536）《续修炎帝后妃像增制煖宫记》记载："炎帝神农氏陵庙，历代相传，载在祀典，其形势嵯峨，林木深阻久矣，吾邑封内之胜迹。"碑文所谓炎帝陵祭祀"载在祀典"与方志描述一致。如顺治《高平县志》记载："炎帝陵，在县北四十里换马镇，世传炎帝尝五谷处。陵后有庙，春秋有司供祀。""神农庙，一在换马镇东南，曰中庙，有神农遗冢，有司春秋至祭。"

依陵建庙、祭祀存享，是中华民族历来的传统。据明代《山西通志》记载，宋金以前祭祀炎帝的中心在羊头山，在元代时迁移至炎帝陵五谷庙。由此，庄里村炎帝陵也成为上党地区祭祀炎帝的中心。

明清时期，每年四月初八，庄里村炎帝陵都要举行祭祀活动，并形成庙会。庙会时间定在农历四月初八，与民间关于炎帝的信仰息息相关。高平当地流传有民谚"四月八，神农活，炎帝子孙都记得，祖先种地都靠他"。人们认为，这一天是炎帝的生辰，因此以其生日为祭祀时间。据说，炎帝陵庙会由周边庄里、换马、故关、长畛、口则、岭东、许家七村共同筹备，当地官府也要委派官员参加，极为隆重。尤其是当日担任祭祀主持的"社首"，可谓一呼百应，非常有脸面，因此当地民谚云："走扬州，下汉口，不如五谷庙里当社首。"

炎帝陵庙会持续时间长达一个多月，号称"进半个月，出半个月"。四月初八前半个月就要开始筹备，由社首统筹各村为祭祀敬献米、面，制作贡品，联系戏班子，安排各村准备要故事等活动，并在五谷庙院内搭设公祭用的祭棚，此为“进半个月”。祭祀当日，要举行上祭摆供、迎太子、拜寿、游神、祭典等仪式。在社首引领下，人们手持仪仗，敲锣打鼓，抬着炎帝塑像在周围村庄巡游，祈求风调雨顺。神像巡游一周后，在仪仗护拥下返回五谷庙，再由社首率众焚香叩头。庙会期间要连唱 3 天大戏，还要举行踩高跷、跑旱船、扛桩、二鬼摔跤等各种要乐活动。周边村庄的百姓云集炎帝陵，人数多达上万人，小商贩们挑着农具、农副产品、小吃食等各色物品在此交易，非常热闹。祭祀结束后，社首还要做各项善后事宜，分发供品，支付戏班等各色开销，收拾祭器、祭品，并公示祭祀开销，堪堪又是半个月，此为“出半个月”。

《左传》有云：“国之大事，在祀与戎。”隆重的祭祀活动，具有凝聚人心的作用，因此在古人心中，祭祀是远比战争更重要的事。中华文明能够传承至今，祭祀或许便是其中重要的密码。炎帝，作为中华农耕文明的奠基人、中华文明始祖，历代受到各族人民的爱戴，公祭炎帝也成为表达对中华文明认同的重要举动。比如：碑刻记载，元朝大德九年（1305），元成宗孛儿只斤·铁穆耳曾派遣官员至庄里村炎帝陵祭祀，并禁止樵采。元成宗是元朝第二位皇帝，作为一位蒙古族帝王，遣使祭祀炎帝，表达的便是对中华民族文明的认同。他这一举动，对于安抚汉族百姓人心、稳定元朝社会，无疑具有积极意义。

在世界民族之林中，中华民族能够屹立 5000 余年存续至今，很大一个原因便在于：我们是一个依存于文化认同的民族，而不是一个纠结于血统的民族。祭祀炎帝神农氏，无疑是我们表达文化认同的最重要的方式之一。多年来，海峡两岸人民齐聚高平炎帝陵，公祭炎帝神农氏，表达的便是两岸人民对于国家统一、民族复兴的企盼与期待！

皇皇炎帝陵，不但是炎帝神农氏魂归之处，更是中华民族人心汇聚之所。

四、炎帝庙祀遍高平

站在历史的星空下，当我们怀揣崇敬之心，试图从祖国大好山川中寻访先祖炎帝神农氏的遗迹时，上党地区便显得极为引人注目。以羊头山为中心，在晋城、长治两地保存有丰富的炎帝文化遗存。尤其是在高平市境内，除羊头山、炎帝陵等遗迹外，还分布有数十座炎帝庙，真可谓“炎

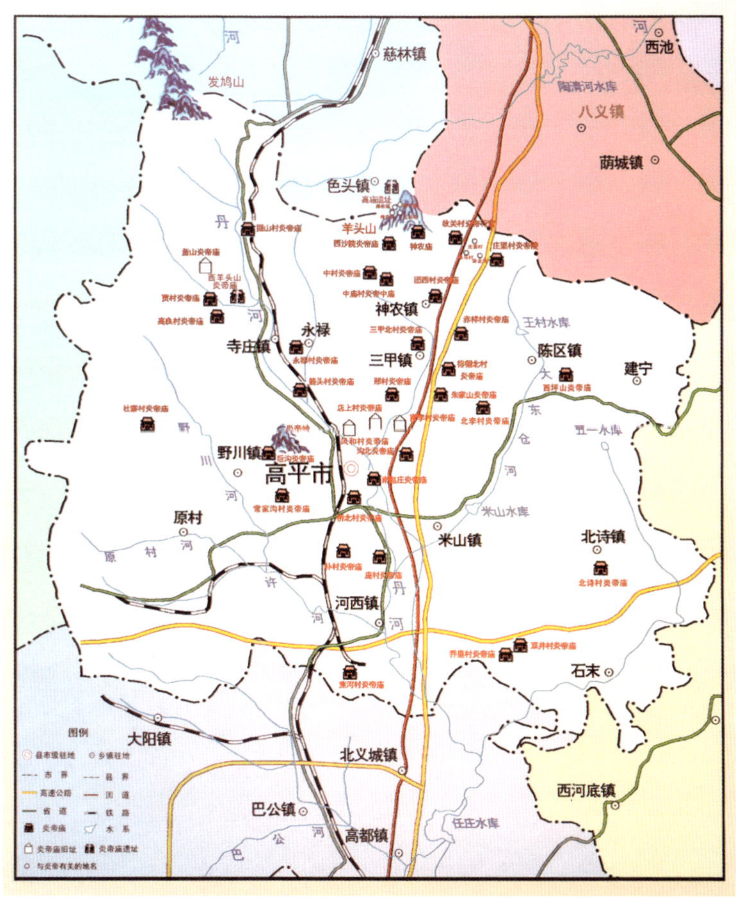

高平市炎帝文化遗存分布图

帝庙祀遍高平”。1000余年来，炎帝庙香烟不绝，形成了厚重的炎帝文化信仰。

据初步统计，在晋城、长治两地现存有炎帝相关庙宇60余处，主要分布高平、长子、上党区（原长治县）、屯留、黎城、潞城、泽州、陵川等县区。高平市境内炎帝庙数量最多，共计36处，其中：神农镇9处、三甲镇6处、寺庄镇5处、野川镇3处、河西镇3处、南街办事处5处、东城办事处2处、永录乡1处、陈区镇1处、北诗镇1处。这些炎帝庙主要以羊头山为中心向周边辐射，整体上沿丹河与小东仓河河流走向由北向南分布。进入泽州、陵川境内后，炎帝庙数量锐减，仅在陵川礼义镇、潞城镇及泽州巴公镇各有一处。

高平市境内的炎帝庙名称各异，有“炎帝庙”“炎帝行宫”“神农庙”“五谷庙”等多种称呼。其中“炎帝庙”名称最为常见，共计28处。除此外，高平自古流传有炎帝4庙“高上中下”的说法。据说，古时高平境内村村

高平市航拍图（局部）

都有炎帝庙，其中四座为官方建造，规模最大，分别是炎帝高庙、上庙、中庙和下庙。高庙位于羊头山山顶，相传为神农尝五谷之地；上庙位于换马岭，为炎帝陵所在；中庙，位于神农镇下台村，为皇帝敕建；下庙位于高平县城东关。这种说法由来久远，在碑刻中也有相关印证。如：古中庙山门镶嵌有一方石匾，楷书题刻“炎帝中庙”，落款为“大明天启二年岁壬戌春仲月吉日立”。清康熙九年（1670）《重修炎帝中庙并各祠殿碑记》记载：“吾泫有上、中、下三庙。在换马者为上，在县治东关者为下，而余乡则其中也。”

在众多炎帝庙中，炎帝中庙最引人注目。炎帝中庙，俗称“古中庙”，位于神农镇中庙村，是全国重点文物保护单位。中庙村原名下台村，相传为炎帝神农氏耕作地，后因村中炎帝中庙极为知名而更名。古中庙始建年代不详，相传为皇帝敕建。明万历十二年（1584）《打造石桌记》记载：“维大明国山西泽州高平县丰溢乡下太村(即下台村)，古有敕封神农炎帝庙。”清康熙九年《重修炎帝中庙并各祠殿碑记》记载：“奉敕建立，其来远矣，而创兴之始，杳不可考。重修则于至元之年，及余之身三百余载。”

古中庙坐北朝南，现存上下两进院落，中轴线上建有山门、中殿、正殿，东西两侧分布有配殿、耳殿、厢房等。正殿面阔三间，供奉炎帝神农氏。中殿俗称无梁殿，供奉炎帝太子，为古中庙文物价值最高的建筑。无梁殿矗立在1.5米高的台基上，面阔一间，平面呈正方形，单檐歇山顶样式，屋顶不设梁架，采用藻井支撑屋面，风格别树一帜。殿内东墙上现存有元至正二十一年（1361）《创建神农太子祠并子孙殿记》，碑文记载了元至正十五年（1355）村民王德诚等创建太子祠并子孙殿事迹，为考证古中庙无梁殿始建年代提供了重要依据。

除古中庙之外，高平市现存炎帝庙大部分为明清风格建筑。空间分布上大多采用院落组合方式，一般为上下两进院，也有一些为一进院或三进院。建筑布局与晋城常见的寺庙一样，遵循中轴线对称原则，中轴线上建有山门、正殿等主体建筑，两侧分布有配殿、厢房、耳房等附属建筑。正殿供奉炎帝神农氏，建筑等级最高，大多采用歇山顶或悬山顶建筑样式，修筑于1米左右的台基上，前出廊，琉璃覆顶，显得高大辉煌。耳殿等建筑一般供奉炎帝正妃、太子等配祀神祇，建筑等级相对较低，一般采用悬山顶或硬山顶。如：故关炎帝行宫、团西炎帝庙、焦河炎帝庙等，都非常有特点。

故关炎帝行宫，又名黄花观，位于炎帝陵西北三里故关村，始建年代不详。整体建筑坐北面南，一进院落，主要建筑有正殿、东西耳殿、舞楼、耳房、圣贤殿等。庙中现存明清碑刻8通，为研究炎帝陵提供了重要资料。如明成化十一年（1475）《重修炎帝行宫碑》记载："神农炎帝行宫，磐居在故关里村前，肇基太古，无文考验。祠在换马村东南，现存坟冢，木栏绕护，然祠与宫其相去几七百余步矣。"明崇祯十六年（1643）《重建炎帝行宫碑记》记载："余村炎帝行宫由来久矣。考其古迹，余村东南三里之遥有帝陵焉，陵之上即艺谷圃也。"除此外，故关炎帝行宫与庄里村炎帝陵庙会之间的关系密切。据说，故关炎帝行宫供奉的是炎帝三太子。过去，每年四月初八炎帝陵祭祀，都要抬着三太子神像前往庄里村五谷庙为炎帝拜寿，有"太子不到场，戏不能开演"的说法。

团西炎帝庙，位于神农镇团西村，坐北朝南，共三进院落，占地面积大约3000平方米，为高平炎帝庙中规模较大的一处庙宇。整体建筑采用中轴线对称布局，中轴线上依次为山门、戏台、正殿与寝宫，东西两侧分布有耳殿、配殿、厢房、廊屋、厨舍、库房等，布局严谨。正殿面阔三间，进深八椽，悬山式屋顶，矗立于石砌台基上，威严肃穆。台基须弥座、柱础、石柱等皆为金元遗物，由此可见此殿早在金元时期已有，明清两代曾多次重修。团西炎帝庙前有炎帝正殿，后有炎帝寝宫，这种"前堂后寝"式建筑格局在晋东南地区现存炎帝庙中仅此一家。

焦河炎帝庙，位于河西镇焦河村，始建于金明昌元年（1190）。庙内现存明嘉靖四年（1525）《迁修炎帝神农庙碑记》，碑刻记载："高平县南去三十里有奇，村名焦家河。村西北高岗有古建神农庙。按其识，盖创于金明昌元年也。"元至正年间曾经重修，至明朝嘉靖四年（1525），因"庙之故址高峻崎岖，人皆苦其升降"，村民"遂卜于村北古道之次"，迁址重建。现存一进院落，分布有山门、献殿、正殿、配殿、厢房等建筑，皆为明清风格。庙内现存碑刻三通，其中清道光九年(1829)《炎帝庙重修碑记》记载："余惟国家之制祀典，凡古帝王陵寝所在，各有司祠。邑之羊头山，帝陵在焉。东关下庙，岁时常祭，邑令职之，典至钜也。乡里佃民，庙帝之貌而祀之。"由此可见，高平炎帝祭祀活动曾载在祀典，流传至今经久不衰。

……

如此多的炎帝庙，集中出现在高平这一县级市区域内，在全国范围内都实属罕见。

高平炎帝庙不但数量多，庙内还保存有大量与炎帝文化相关的碑刻，共计 84 通，为我们研究炎帝信仰提供了丰富的史料。由碑刻记载来看，从唐宋至金元，再到明清，高平炎帝庙在数量和修建频次上，都呈现出递增的趋势。尤其是在明清时期，羊头山周边村落几乎村村都有炎帝庙，民间参与修建炎帝庙的积极性非常高。炎帝信仰在经历数千年发展演变后，由中华文明始祖逐渐向世俗神灵转变，并成为高平人祈福禳灾的重要对象。

在高平人心中，炎帝神农氏不但是中华文明始祖，更是他们的保护神。凡日常生活所需，老百姓都会虔诚地向炎帝祈祷，如同祈求观世音菩萨一样，祈求炎帝赐予他们福祉，并为他们禳除灾祸。

炎帝神农氏是祖先神。与其他地方不同，高平人认为他们与炎帝的关系更为亲密，因为他们便是炎帝的后裔。炎帝部族世代生活在这片土地上，从羊头山到发鸠山再到炎帝陵，都是他们先祖当年活动的地方。他们尊崇炎帝，也尊崇炎帝家族的所有成员。如：庄里村五谷庙、贾村炎帝庙等，不但供奉炎帝神像，还陪祀炎帝夫人、太子等。又如故关炎帝行宫，便是他们专门为炎帝三太子设立的庙宇。对于先祖炎帝家族的功绩，他们总是津津乐道。如：炎帝夫人培育了“潞麻”；炎帝长子“柱”发明了点种器；四子松圪枝为炎帝试药，变成了丑八怪；炎帝三位太子发现了麦、豆等谷物；炎帝的岳母为五谷排除了毒性……高平人一一铭记他们的贡献，并将他们摆上神坛。

炎帝神农氏是农业神。凡是与农业生产相关的祭祀，人们都会在炎帝庙举行。每年春秋两季，村社例行要举行春祈秋报，祈求炎帝保佑这一年风调雨顺、五谷丰登。明成化十一年（1475）《重修神农炎帝行宫碑》云：“凡一乡春祈秋报者在此”，反映的几乎是所有炎帝庙的祭祀状态。

除此外，与阳城地区的成汤庙一样，炎帝庙还承担着祈雨的重任。炎帝庙祈雨主要有两种方式。一种在本村炎帝庙举行，如：清康熙九年（1670），下台村六七月间滴雨未下，村民便商议在本村炎帝中庙祈雨，结果祈祷3次都非常灵验。《重修炎帝中庙并各祠殿碑记》记载：“不崇朝而滂沱沾足。越旬日，复祷复应。又越旬日亦然。自夏徂秋，祷者三而应者三。”第二种是大张旗鼓前往羊头山求雨。团池炎帝庙《待朴村祈雨人等饭食碑记》记载：“高邑风俗，天旱祷雨名曰旱雨，又名官水。旱水者，因旱祷雨；官水者，奉官祷雨也。邑内旱水有五，朴村其一。大旱之岁，遵邑令文票，往羊头山祷雨。”乾隆五十六年（1791）高平大旱，朴村百姓组成祈雨队伍前往羊头山祈雨，“七月初十日夜宿三角村，十一日早晨到团池炎帝庙”，并由团池村款待饭食，随后便启程往羊头山。羊头山祈雨地点在六名寺，即山腰处神农庙。据同治《高平县志·风土》记载，前往羊头山六名寺祈雨的仪式非常郑重：“择童男，朝夕朝者三，始二十四拜，已而增，久则无宁时。拜久，则瓶水生，曰圣水，探之以一滴为止，多则凶，复拜而消去之。拜水者曰水官，主祀者曰神官，探水者曰探水官。水官有拜仆至死者。”

炎帝神农氏还是医药神。古时高平人久病不愈，也常到炎帝庙祈祷。如明宣德元年（1426）邢村炎帝庙《郭钦碑》记载：“高平县邢村居人郭钦，伊父景昭，遘疾日沉，朝不保夕，钦思罔极之恩，何以补报，仰天叩地，无所控告。于炎帝神农之祠，焚香祷祝，愿父病瘥，于自建太子祠□座。既而神昭灵贶，如祷病痊。父寿七十馀岁而天年考终，皆神之保佑之惠也。今建祠既完，恭酬前愿。如此则神有所栖，人有所瞻也。”村民郭钦因父亲重病，前往炎帝庙祈祷，痊愈后为了报答神灵，出资修缮太子祠。

总之，高平市境内不但炎帝庙多，古代碑刻文物存量亦可观，民间炎帝信仰的内容也非常丰富，在全国范围都可谓独树一帜。炎帝庙祀遍高平，已成为晋城农耕文化中令人瞩目的一页。

五、羊头秬黍奏新声

在中华文明史上，羊头秬黍赫赫有名。

所谓羊头秬黍，即羊头山及周边区域出产的黑黍。《说文解字》注解曰：“秬，黑黍也。”“黍，禾属而黏者也。以大暑而种，故谓之黍。”通俗地说，秬黍便是一种黑色的黏小米。上党地区出产五色黍，其黑黍中有“软黍堪酿酒者名秬”，即为秬黍。因羊头山为神农播种五谷之地，羊头秬黍由此知名。羊头秬黍又名羊头山黍、羊头黍、北方秬黍。朱载堉《秬黍说》记载：“所谓羊头山，非指山巅也。山巅岂

高平秬黍

种田处？盖指山麓云耳。本山磅礴数十村，围绕三大县，东北属长治，西北属长子，正南属高平。三县所黍，皆名羊头山黍。”

传说，羊头秬黍是炎帝神农氏播种的谷物。《拾遗记》记载：“时有丹雀衔九穗禾，其坠地者，帝乃拾之，以植于田，食者老而不死。”据说，“九穗禾”便是羊头秬黍，因为成熟后有九条穗子而得名。也有人认为，“九”为数之极，此处指穗子多而已。总之，黍是一种耐旱的优良作物，非常适宜在北方干旱地区种植。炎帝神农氏在羊头山五谷畦驯化播种黍，大获成功，由此推动中华文明进入了农耕时代。

考古证实，作为五谷之一的黍出现得非常早。夏商周时期，黄河中下游地区最主要的粮食便是黍。一直持续到战国至南北朝时期，黍的地位才逐渐被粟所取代。而“南稻北麦”的粮食格局，直到宋元时期才逐渐形成。

黍，作为上古先民的主食，对中华文明的影响极为深远。在《尚书》《诗经》等经典文献中，随处可见“黍”的身影。《诗经》三百首中26次描写到“黍”，如：“芃芃黍苗，阴雨膏之”“硕鼠硕鼠，无食我黍”“昔我往矣，黍稷方华”等诗句，都脍炙人口。除用于食用外，古人还用黍来酿酒。尤其是用秬黍和郁金香草酿制的酒，称之为“秬鬯”，极为香醇，周王室常用来祭祀祖先、赏赐公卿等。在《尚书》及青铜器铭文中常常出现关于“秬鬯”的描述，如：《毛公鼎》有“赐汝秬鬯一卣”，周宣王赏赐毛公一壶“秬鬯”酒，勉励他勤于政事。《尚书·文王之命》有“用赉尔秬鬯一卣”，周平王赏赐晋文侯一壶“秬鬯”酒，用于感激他辅佐自己东迁洛邑。臣子们接到赏赐后，常郑重地记录在青铜铭文中。由此可见，这种秬黍酿造的酒极为贵重。

我们无法确定，周王室酿造“秬鬯”酒的秬黍出产自哪里。但可以肯定的是，至迟到秦汉时期，羊头秬黍已经极为有名。据说，秦始皇统一中国后，诏令“一法度衡石丈尺，车同轨，书同文字”（《史记·秦始皇本纪》），并由中央朝廷采用“累黍法”制作统一的标准量器。当时选取了全国各地的“黍”上贡到咸阳，经过筛选后认为羊头秬黍最佳，便正式确定以羊头秬黍“累黍定律”。这种说法见于科学出版社《中国古算解趣》等书，传说色彩比较浓厚。实际上，直到汉代时“累黍定律”才详见于史书。《汉书·律历志》详细记载了通过“累黍”“排黍”测定数、声、度、量、衡五律基准的方法，并明确说：“以上党羊头山黍度为尺，以定黄钟。”

所谓“累黍定律”，又名“排黍成尺”，是汉代出现的一种计量方法，主要通过排列黍粒来确定音律及长度、容积、重量等度量衡。具体做法是：选取大小适宜的羊头秬黍横排 90 粒，长度为 9 寸，其长度与黄钟律管的长度相等。在黄钟律管中装入 1200 粒黍，其容积为 1 龠，即半合，其重量为 12 铢，即半两。以此为基准，便可确定数、声、度、量、衡五律基准。据记载，这种方法由西汉经学家刘向所创造，见于其著作《说苑》。后来，刘向之子大儒刘歆对“累黍定律”特别推崇，并成功排黍成尺、累黍成量、成衡，制作完成度量衡标准器“律龠”，藏于鸿胪寺，以为天下准则。由此，“累黍定律”为历代朝廷所效法，羊头秬黍也成为两千多年来中华民族规范音律与度量衡的标准核定物。

在二十五史中，关于“累黍定律”的记载非常多。如：北魏孝文帝太和十九年（495）、宣武帝永平年间（508—512）、后周武帝保定元年（559）、隋开皇九年（589）及唐宋元明清各个朝代，都曾排黍、累黍制定乐律与度量衡。出于对上党羊头山乃“神农得嘉禾处”的崇拜，历代朝廷“累黍定律”使用的黍大多出自羊头山，史称“羊头秬黍”“羊头山黍”“北方秬黍”。对此，历代史志也有明确记载。如：北魏《风土记》记载：“井子坪有田可耕，相传神农得嘉谷于此，始教播种，谓之五谷畦。羊头山秬黍出此。”《魏书》记载：“太常卿刘芳受诏修乐，以秬黍中者一黍之广即为一分……”《隋书》记载：“窃惟权衡度量，经邦懋轨，诚须详求故实，考校得衷……今以上党羊头山黍，依《汉书·律历志》度之。”又云：“上党之黍有异他乡，其色至乌，其形圆重，用之为量，定不徒然。”《旧唐书》记载：“凡积秬

朱载堉画像

黍为度量权衡，调钟律，测晷景，合汤药，及冠冕之制用之。”因为用处多，以至唐代户部下属“金部”在仓库内大量储存羊头秬黍，用于制定度量衡时选用。《宋史》记载：“宋初承五代之季，王朴制律历、作律准，以宣其声，太祖以雅乐声高，诏有司考正。和岘等以影表铜臬暨羊头秬黍累尺制律，而度量权衡因以取正。”《宋史》又引程迥所著《三器图议》曰：“体有长短，所以起度也；受有多寡，所以生量也；物有轻重，所以用权也。是器也，皆准之上党羊头山之秬黍焉。”类似的记载，在古代典籍中可谓史不绝书。由此可见，羊头秬黍在中华文明史上对于规范音律和度量衡的重要意义。

有趣的是，因为黍粒的大小不规范，历代律学家在“累黍定律”时常常会得出不同的结论。如：北魏时太乐祭酒公孙崇、太常卿刘芳、中尉元匡三家“累黍定律”数值不一，争辩 30 余年，未有定论。又如：《隋书·律历志》列举前朝 12 种尺量度的黄钟管容黍数量，数字也各有不同。这一现象在明代时引起律学家朱载堉的高度重视，于是在隆庆、万历年间，他三次深入高平羊头山实地考察，最终成功地解决了这一难题。

朱载堉（1536—1611），字伯勤，号句曲山人、九峰山人，是明代著名的律学家、历学家和音乐家。他一生致力于音律、历法、数学等研究，取得了极高的成就，著有《乐律全书》《律吕正论》《律吕质疑辨惑》《嘉量算经》《律吕精义》《律历融通》《算学新说》《瑟谱》等，在国际上享有盛誉。英国著名学者李约瑟称朱载堉为“世界上第一个平均律数字的创建人”“中国文艺复兴式的圣人”。而朱载堉发现的“新法密率”（即“十二平均律”），便与“累黍定律”有密切的关系。

朱载堉在研究“新法密率”时发现，如果没有明确的尺寸关系或因此改变了传统的起始音（C 音）标准音高，那么他所确定的调律方式和音高标准便立不住脚。于是，他遵循历代传统，以羊头秬黍为标准核定物，开展了“累黍定律”研究。为了寻找标准的黍粒，朱载堉于 1567 年至 1593 年间，先后 3 次来到高平羊头山进行实地考察。他从羊头山带回秬黍种子，在九峰山丹河岸边试种，亲自培育标准黍粒。朱载堉将选好的黍粒按一定方式依次排列在涂有糨糊的纸上，确定了三种排列方式：纵排黍粒 81 粒为 1 尺，横排黍粒 100 粒为 1 尺，斜排黍粒 90 粒为 1 尺。在此基础上，朱载堉又在黄钟宫音的律管内开展累黍实验，最终制定了度量衡标准器“黄钟律龠”。经过一系列实验后，朱载堉撰写完成《律吕精义》，创造性地提出了“新法密率”（即“十二平均律”)。“新法密率”是人类文化史上最早出现的“十二平均律”理论，对于确定国际通行的标准音调起到决定性作用，在中国音乐史上具有划时代的意义。而羊头秬黍，对于发现“十二平均律”可谓贡献良多。

朱载堉在高平羊头山实地考察时，先后撰写有《羊头山新记》《秬黍说》等考察记录。《羊头山新记》对于炎帝陵、神农城、神农泉、神农井、五谷畦等炎帝文化遗存都有详细记录，并全文收录有唐代牛元敬《清化寺碑》碑文，是炎帝文化研究的重要文献。《秬黍说》全文描述了如何在高平地区考察羊头秬黍，并以羊头秬黍开展“累黍定律”研究的经过，是一篇重要的科学研究文献。

从炎帝神农氏播种九穗禾，到周王室酿造“秬鬯”酒，再到汉代大儒刘向、刘歆提出“累黍定律”，再到朱载堉发明“新法密率”，羊头秬黍在其间都发挥了重要作用。小小一粒黑黍，不但拉开了中华农耕文明的序幕，更在两千余年中成为测定数、声、度、量、衡五律基准的主要比照物。在中华民族文明史上，羊头秬黍可谓叠奏新声，留下了不朽的传奇。

六、大舜耕耘地

晋城地区，自古有“大舜耕耘地”的美誉。

这一美誉由来久远，至迟在宋金时已详见于记载。北宋元祐三年（1088），苏轼好友、名臣张商英官任提点河东刑狱，由翼城经沁水去往晋城，途经桃固岭时，写诗称赞晋城地区为“大舜耕耘地”。金元时期，文豪李俊民撰写《泽州图志》，开篇首句道：“夫晋者，尧所居之墟，舜所耕耘之地，二帝遗风至今犹存。”随即又引用张商英诗句为晋城风俗作注脚。此后，历代史志描述晋城风俗，大多沿用这种说法。如：万历《泽州志·风俗》曰：“民被唐风，故多俭朴；地接舜畔，故多务农。”

称晋城地区为“大舜耕耘地”，主要源于“舜耕历山”的典故。晋城市沁水、阳城与运城市垣县、临汾市翼城接壤处，有山峰名曰历山。历山是中条山主峰，海拔 2358 米，山顶有舜王坪，相传为上古时期舜帝耕耘处，即典故“舜耕历山”所在。“舜耕历山”的典故，由来久远。《史记·五帝本纪》记载：“舜，冀州之人也。舜耕历山，渔雷泽，陶河滨……舜耕历山，历山之人皆让畔。渔雷泽，雷泽上人皆让居。陶河滨，河滨器皆不苦窳。”在《墨子·尚贤下》《管子·版法解》《吕氏春秋·慎人篇》《韩非子·难一》及上博竹简《容成氏》等先秦典籍中，也有类似记载。

在中国，名为“历山”的地名有多处，如山西沁水、永济，山东济南、菏泽，浙江余姚、永康，湖南桑植县等地，都自称是《史记》“舜耕历山”

历 山

真正所在。两千余年来众说纷纭，争论不休，虽硕儒大家难辨真伪。《庄子》云："各是其所是，各非其所非"。在充足的史料出土前，争论或许永远不会有答案。这样的争论，在炎帝、黄帝、尧、舜等文化研究中，都非常普遍。"三皇五帝"文化遗存遍布全国，可能与上古时期华夏民族文化融合、秦汉时期大一统国家有意识地建立文化认同等缘由，息息相关。某种程度上看，各地的争论表达的其实都是对"炎黄子孙"的身份认同及对中华民族的文化认同。

撇开乡土之情，仅从历史考证等角度分析，我们仍然坚信沁水历山为"大舜耕耘地"。或者使用更准确的表述，沁水历山是中国舜帝文化重要区域。其理由主要如下：

一是沁水历山舜帝文化遗存非常丰富。历山位于沁水、阳城、垣曲、翼城四县交界处，总面积2.48万公顷，为历山国家级自然保护区所在地。主峰舜王坪，是山西南部第一高峰，因舜帝而得名。历山境内

历山舜王庙

与舜帝相关的文化遗存主要有：舜王坪、舜田、可陶溪、陶窰、舜王庙、妫汭二泉、大洪池、小洪池等。嘉庆《沁水县志》记载：“历山，县西九十里，即舜耕处。上有舜庙，庙旁有妫汭二泉。其北有大洪池、小洪池。”“可陶溪，历山西北，传为舜作陶器处。”“舜田，在历山。俗传即舜耕历山地也。又有陶窰，在历山之西北，即舜陶于河滨处也。”在万历《泽州志》、雍正《泽州府志》、同治《阳城县志》等方志中也有相关记载。

除此外，历山周边地区还散落有许多与舜帝相关的文化遗存。如：古濩泽，又名雷泽，位于阳城县境内，相传即舜帝打鱼处。万历《泽州志》记载：“濩泽，（阳城）邑北十里，在礁峣山下，潴水一泓，深润仅丈余，澄清不竭。县名濩泽以此。或云《庄子》谓‘舜渔于雷泽’，即此。”古濩泽，原为上古时期沁河流域的大湖泊，水域面积大约 40—60 平方千米。东汉以后，由于气候变化、围湖造田等原因，水域逐渐缩小，至宋金时期干涸。又如:《史记・五帝本纪》记载:“尧知子丹朱之不肖,不足授天下,于是乃权授舜。”高平市境内有丹朱岭,相传即因尧帝之子丹朱封地所在。又如:《史记・五帝本纪》记载:“(舜)崩于苍梧之野”。钱穆先生考证认为,中条山即“苍梧之野”所在。

二是晋城地区保存有大量舜的传说,流传历史久远。舜的传说,主要流传在历山周边沁水县、阳城县境内,主要内容包括舜耕历山、舜的生活与婚姻、舜与地名等几种类型,如《三道犁沟》《斩龙台》《继母投镯一害舜》《火烧麦秸二害舜》《尧王选贤》《大舜娶妻》《女英娥皇争偏正》《娥皇造药》《大尖头小石泉》等故事,大约有100多个。详细内容见一丁著《历山与舜的传说》、田同旭著《舜帝德风与历山文化》等书籍。2011年5月,“舜的传说”经国务院批准已列入第三批国家级非物质文化遗产名录,认定保护单位为沁水县文化馆。

三是历山周边现存有大量舜帝庙,为舜帝信仰核心区域。据初步统计,仅沁水县境内便有舜帝庙22处,主要集中分布在中村、土沃、龙港3个乡镇,其中沁水中村镇9处、土沃乡12处、龙港镇1处。现存资料记载中,年代最古老的舜帝庙位于历山与析城山之间山峰绝顶处,名为二圣行宫,供奉舜帝与汤帝,始建年代至迟为金朝,现已不存。现存22处舜帝庙中,年代最早的为中村镇上阁村舜帝庙,始建年代不详,现存正殿为金代风格。沁水22处舜帝庙保存有历代碑刻42通,为研究舜帝信仰重要文献。

四是沁水历山位于尧舜都城附近,地理位置上更加合理。《汉书・帝王本纪》记载:“尧都平阳,舜都蒲坂,禹都安邑。”平阳在今临汾市尧都区,蒲坂在今运城市永济,安邑在今运城市夏县一带。晋城市位于山西省东南部,与运城市、临汾市毗邻,距离文献记载中的尧舜都城都非常近。从考古遗存来看,一般认为陶寺遗址为帝尧都城所在。陶寺遗址位于山西省襄汾县陶寺村南,与沁水历山直线距离仅100多千米。在上古时期,特别是大洪水泛滥的尧舜时期，交通往来不便，舜帝早期的活动区域，位于尧舜都城周边相对更加合理。

五是沁水历山的环境地貌与尧舜时期相吻合。20 世纪 70 年代，在历山东麓发现有下川文化遗址，距今约 2.5 万—1 万年，为旧石器晚期的细石器文化典型代表。从遗址出土的细石器和古脊椎动物化石分析，在此时期历山周围地区覆盖有茂密的原始森林，生活有大象、犀牛、羚羊、斑鹿、野驴、野马等野生动物。河湾浅水区生活着螺和河蚌，深水中活跃着各种鱼类。至尧舜时期，历山周边气候温暖，适宜渔猎和原始农耕。现在，沁水历山的生态环境虽然与上古时期相比，已经发生了翻天覆地的变化，但仍保存有华北面积最大、保存最完整的原始森林，动植物极为丰富，有“华北动植物资源基因库”的美誉。

古帝躬耕处，千秋迹已迷。
举头高山近，极目乱峰低。
花开闻幽径，泉水过远溪。
黄河遥入望，天际一虹霓。

正如清代诗人张尔墉《游历山》一诗所言，在中华文明走过五千年悠久岁月后，当我们重新追寻文明初创时期舜帝这样“三皇五帝”的遗迹时，或许就只能是“千秋迹已迷”吧。但我们仍打心底感激他们！正是因为得益于他们的开创，我们才能站在中华文明的高峰上，极目骋怀，审视世界历史上大大小小的文明，享受“举头高山近，极目乱峰低”的感觉。中华文明史如滚滚黄河，遥遥入望，其前景也必然如天际虹霓一般，辉煌灿烂。

或许，这便是晋城百姓口口传说着舜帝的故事，顶礼膜拜着舜帝的神像，自豪地说“地接舜畔，故多务农”，并称这片土地为“大舜耕耘地”的原因吧。

七、下川等古人类遗址

当我们谈论农耕文化时，有一个话题无法回避：那便是中国农业何时起源？起源于哪里？是否有科学论据？100多年来，围绕这一话题中外学者开展了大量的考古研究，始终未有定论。许多研究者将目光投向黄土高原和太行山，试图在这里找到答案。随着下川遗址等古人类遗址的发掘，晋城这片土地为研究中国农业起源提供了实物资料。

晋城市境内共有多少古人类遗址呢？当下并无准确的数字。因为考古研究在持续开展，许多遗址还蒙在历史的尘埃中。2007—2012年，在第三次全国文物普查中，文物工作者对晋城市境内的古人类遗址曾进行过一次调查：共发现旧石器时代遗址33处，新石器时代遗址55处，合计88处。这一数字表明，在旧石器至新石器时代，晋城市境内已经有许多古人类生存于此。至于他们的生存状态是什么样貌？是否已经开展农耕？又是何时掌握了农耕技术？这一切还有待考古学家深入研究。

虽然我们无法详细了解晋城区域内古人类的生活状态，但从已经公开的考古报告和公告中，却可窥见一斑。目前，晋城市境内已经得到科学发掘的古人类遗址主要有沁水县下川遗址、八里坪遗址、陵川县塔水河遗址、西瑶泉遗址、泽州和村遗址、下町遗址等。这些遗址的时间跨度非常大，从2万多年前延续到几千年前，出土了大量的打制石器、磨制石器、陶器、骨器等。那么，就让我们大体按时间顺序先对这些遗址做一个简单的介绍吧。

塔水河遗址：位于陵川县夺火乡塔水河村，距今约2.6万年，属于旧石器时代晚期文化遗址，为第六批全国重点文物保护单位。1985年至1988年，山西省考古研究所在进行试掘，在一处岩棚下发现11米厚的文化堆积层，出土1个人类头盖骨化石及大量动物化石，以及各种石制品、烧骨等2000多件。此阶段发掘仅为小面积试掘，从现存堆积层剖面看，塔水河文化遗存埋藏厚度大，无疑是旧石器时代晚期一处非常重要的人类活动场所。

下川遗址：位于沁水县中村镇下川村，距今约2.4万—1.6万年，是旧石器时代晚期文化遗址。下川遗址主要分布在以下川为核心、纵横二三十公里的山岳地带，面积4.8万公顷。1972—1975年，山西省文物工作委员会第一次进行调查发掘，确定遗址类型，并为遗址命名。1976年夏至1979年秋，中国社会科学院考古研究所、山西省文物工作委员会组成下川考古队，对富益河圪梁、牛路圪梁、小白桦圪梁、棠梨树圪梁以及山迪岩的两处洞穴遗址进行发掘，清理了舜王坪文化堆积20余平方米，获得遗物一万余件。2014年以来，北京师范大学和山西省考古研究所合作，继续对下川遗址进行发掘。

西瑶泉遗址：位于陵川县西瑶泉后河自然村的河西岩崖上，初步查明有10个洞穴，为旧石器时代晚期文化遗址。1994年，山西省考古研究所在后河洞采集到化石和有人工痕迹的黑燧石制品50件。2012年，山西省考古研究所对西瑶泉遗址复查，并在后河洞和麻吉洞进行小面积试掘。在后河洞采集到1500余件石制品和365件动物化石，清理出用火遗迹1处。在麻吉洞采集到石制品和化石以及烧骨等1500余件，其中石制品929件。

八里坪遗址：位于沁水县郑庄镇八里村与庙坡村之间、沁河东岸台地上，分布面积约100万平方米。该遗址于1982年发现，1994年山西省考古研究所进行过复查。2020年，八里坪遗址被列入“考古中国·中原地区文明化进程研究”项目，山西省考古研究院等单位开始对遗址进行系统调查、钻探，共发现墓葬6座，并对其中4座进行了抢救性发掘。墓葬位于遗址东北部，分布较为分散，年代分别属于新石器时代和东周时期。

和村遗址：位于泽州县川底乡和村东南方的长河西岸台地上，包括仰韶中期、二里头时期及两周等多个时代的堆积，其中两周时期的堆积最为

和村遗址

丰富，是晋城地区首次系统发掘的先秦时期居住遗址。2011 年底至 2012 年初，山西省考古研究所对其进行了考古发掘，发掘面积近 1000 平方米，清理了 96 个灰坑、1 座窑炉、2 个瓮棺葬和 1 座墓葬，200 多编织袋的碎陶片，并出土了磨制石器、精美骨器、蚌器等 80 多件完整标本。

下町遗址：位于泽州县周村镇下町村西南、长河西岸一处台地上，距今约 3900 年，为龙山晚期文化遗存。2021 年 5 月至 2021 年 11 月，山西省考古研究院对该遗址进行了抢救性发掘，发掘面积共 2000 平方米，清理房址 1 座、竖穴土坑墓 8 座、瓮罐葬 1 座、陶窑 2 座、灰坑 150 个，时代涵盖仰韶晚期、庙二、龙山、二里头、东周等多个时期，其中主体遗存为龙山时期。

……

在上述古人类遗址中，研究农业起源的学者对下川遗址最为关注。下川遗址出土文物以细石器为主，类型有 40 余种，除此外还出土了研磨盘、研磨棒、锛形器等与农业生产有关的工具，由此引发学界热烈讨论。

在关于中国农业起源的讨论中，最受关注的是研磨盘。下川遗址共出土三件研磨盘，均为粗砂岩质，已残，约为原器的四分之一。原器约为圆盘状，底面为自然平面，周围边缘打制修整。器边厚 3.8 厘米，中间由于多次旋转式研磨而下凹成圆坑，厚 2.5 厘米。在《下川文化——山西下川遗址调查报告》中，山西省文物工作委员会王建等先生，未对研磨盘对农业起源的意义展开论述，只是详细介绍了文物特征，并说："这种器物与新石器时代的磨制谷物的磨盘不同。磨制谷物的磨盘一般体积较大，由于磨棒直来直往的摩擦，久用之后，呈磨刀石状或马鞍形。"

1979 年，黄崇岳先生在《中国农业科学》第 2 期发表《从出土文物看我国的原始农业》，论及下川遗址。黄崇岳认为：下川遗址研磨盘的发现"是旧石器时代晚期采集天然谷物加工成粮食的信息，使我们看到由原始采集经济向原始农业经济过渡的先兆"。1984 年夏，《农业考古》杂志主编陈文华先生在文化部文物局郑州培训中心作了题为《简论农业考古》的讲演，在论述原始采集经济向原始农业经济过渡的时候谈及下川遗址。陈文华认为：下川遗址出土的石磨盘"中间由于多次研磨而下凹，显然是加工谷物的痕迹"。平陆县博物馆卫斯参与了下川遗址的发掘，他认为黄崇岳、陈文华两位先生的观点有些保守。在文章《我对下川遗址出土石磨盘的看法——兼与黄崇岳、陈文华二先生商榷》中，卫斯反问："尼罗河流域的考古发现有 18000 年的农业文化，下川遗址出土的石磨盘为什么就不敢代表 16000 年前黄河流域的农业文化呢？"认为"石磨盘在下川文化中的出现，代表了我国黄河流域粟作文化的先声"。1994 年，卫斯在《古今农业》发表论文《试论中国粟的起源、驯化与传播》，进一步认为"中国先民驯化狗尾草的起始时代，当定在旧石器时代晚期下川文化时期"。

2000 年，陕西省考古研究所研究员石兴邦在《考古与中国》发表《下川文化的生态特点与粟作农业的起源》一文，对下川文化的生态特点与农业文化的联系等问题进行了详细探讨。他将下川遗址研磨盘与仰韶文化等类似器物进行了对比，认为：“仰韶和前仰韶时代的农业文化是从下川文化晚期的高级采集文化发展而来的。”石兴邦认为：“下川遗址出土的锛形器，是我国新石器时代主要农业生产工具石铲的先祖，以农业生产工具为代表的新石器时代的磨制石器，则可以在下川文化中见到雏形。”“下川文化遗址是至今发现的从采猎文化到高级采集文化以至向采集农业过渡时期最完整和持续发展的文化遗存，为前农业族群文化的研究提供了系统的有价值的资料。”

2002 年，郑州大学历史系教授王星光、李秋芳在《中国农业》发表《太行山地区与粟作农业的起源》一文，也对下川遗址进行了着重论述。论文认为：“下川文化遗址出土有 3 件研磨盘，表明当时下川文化的先民们已知道加工谷物。”通过对遗址孢粉的分析，认为下川文化时期的气候要比现在寒冷，草本植物发达，浆果类植物减少，人们为了维持生存，把它们作为采集食用对象，并开始进行驯化工作。在结论中，两位先生认为：“太行山地区粟类作物的驯化工作大体开始于下川文化时期，真正的栽培可能始于全新世之初，即距今一万多年前。粟作农业一经产生，立刻就显示出其强大的生命力。”

晋城本地学者对下川遗址与中国农业起源的探讨持续关注，并发表有一些观点。《晋城史话》收录有《下川遗址：黄河流域黍作文化的先声》一文，认为：石磨盘、石磨棒“在下川文化中的出现，代表着黄河流域黍作文化的先声，是我国饮食文化的前奏”。在《沁水史话辩证》中，田同旭、王扎根著有《下川考古与谷物发明》，认为：“下川遗址考古发现之价值，不仅仅说明晚至 16000 年之前，历山舜王坪之下已有人类活动，它对于我们考证中国古代农业文化的起源发展、对于我们考证中国古代粟类谷物可能最早是在中国黄河流域发现驯化培育而成，提供了有力的实物证据。”

……

总之，学界对下川遗址与中国农业起源的讨论非常多。学者们的结论并不一致，但都对下川遗址对于中国农业起源研究的意义进行了高度的肯定。对于中国农业起源的研究，是中华文化研究中的重大课题，下川遗址必将受到持续关注。随着晋城市境内古人类遗址的进一步发掘，炎帝神农氏曾经生活过的这片土地，必将为研究中国农业起源研究提供更多的实物资料。

第二章

传统农具

中国农业走过了漫长的发展历史，从“刀耕火种”“石器锄耕”到“铁犁牛耕”再到“机械化耕种”，大致经历了原始农业、传统农业、现代农业三个重要阶段。春秋战国时期，“铁犁牛耕”开始出现并得到推广，其后历经 2000 余年，一直是传统农业的主要耕作方式。在传统农业 2000 余年历史中，劳动人民创造了各种类型的传统农具，将播种、除草、收获等各个农业生产环节打理得井井有条。一方面，这些农具很早便传入晋城地区，在农业生产中得到普遍使用，推动了晋城农业的发展；另一方面，晋城人民凭借着冶铁基地等优势，参与了传统农具的生产、改进与销售，诸如“阳城犁镜”“西沟犁铧”等铁制农具曾畅销海内外，在中国农业发展史上写下了辉煌的一笔。

一、铁制农具看晋城

1870年4月，一名叫费迪南·冯·李希霍芬（Ferdinand von Richthofen，1833—1905）的德国地质学家，对晋城冶铁业进行了一次详细考察。后来，在《中国》一书中，他感慨道："在欧洲的进口货尚未侵入以前，足有几亿人从凤台县取得铁的供应。"晋城出产的铁货，诸如犁铧、犁镜、铁锹、铁锄、镰刀等铁制农具，给李希霍芬留下了深刻的印象。当时，如果请李希霍芬对中国传统农具发表评论，他大概会盛赞一句："铁制农具看晋城！"

铁制农具看晋城，一看起源时间"早"。纵观中国农业发展史，铁制农具的发明与使用无疑具有划时代的意义。而晋城地区，则是中国最早生产和使用铁制农具的地区之一。公元前513年晋国发明了"鼓风冶铸法"，这项技术很快便传入晋城地区，并与本地优质且易于开采的铁矿相结合，推动了晋城冶铁业的发展。晋城迅速发展为当时中国重要的冶铁中心之一。人们在木制、石制农具的基础上，利用铁这种新型材料来制作农具，并开始驾牛拉动铁犁进行耕作。近些年来，在泽州、高平等地先后出土了大量春秋至汉朝时期的铁器，如铁铧冠、铁犁、铁锸、铁镢、铁铲、铁斧、铁锛等，为考察晋城早期铁制农具发展提供了实物。高平冶铸历史展馆珍藏着一件战国时期铁铧冠，是一种只使用少量铁制作、套在木制犁头上的早期犁铧。当时，铁仍然比较珍贵，并且受限于脱碳技术，坚硬程度不够，遇到沙石容易断裂，所以非常采用了这种可替换的样式。而泽州出土的汉代犁铧，体量则要宽大许多，并且相较于铁铧冠，不但能破土划沟，还初步具备了翻土起垄的作用。在晋城临近的河南辉县出土过一件战国时期魏国的铁铧冠，其形制、做工与高平铁铧冠基本一致，为"当时冶铁中心上党的产品"（李三谋《古代三晋铁犁铧》)。由此推测，当时晋城出产的铁制农具，除满足当地需求外，已经开始外销。

铁制农具看晋城，二看持续历史“长”。从春秋战国时期开始，晋城一直是中国古代重要的冶铁铸造中心之一，铁制农具的生产与销售持续时间长达2000余年。西汉时，官府开始在上党设置铁官，监督铁器生产与流通。北齐时，全国设七大冶铁局，晋城有“武安”“白涧”两局。唐代时，晋城出产的铁货种类非常繁多，尤其是锅鼎刀剪等已经成为外销的大宗产品。北宋时，官府在阳城东冶镇设有“大广冶”，出产的铁制工具“输市中州……不绝于途”，每年冶铁课税多达三十万两。元朝时，全国设立八大冶铁所，高平县王降村设有“益国冶”。明朝之后，朝廷开始鼓励民间冶铁，晋城铁制农具的生产越发蓬勃发展起来。一直持续到20世纪80年代，晋城出产的铁制农具仍在全国农具市场中占有一席之地。其后，随着农业现代化发展，传统铁制农具才退出历史舞台。

铁制农具看晋城，三看生产规模“大”。明清至民国时期，晋城冶铁业进入蓬勃发展期，至清朝道光年间达到鼎盛。当时，从事农具生产的铁炉，包括方炉、货炉、碎货炉、炒炉、条炉、小板炉、犁炉、蹄炉等，遍及境内各县乡镇。生产的铁制农具包括犁铧、犁镜、耧铧、耙齿、铁锨、铁锄、铁镢、铁铲、铁镐、铁钗、镰刀、铡刀、斧头等，有上百个品种，很多都形成了规模化生产。比如：“阳城犁镜”作为名优产品，顶峰时期年产量达70余万件。铁货冶铸产生大量的矿渣，堵塞河道的记载在地方碑刻中屡见不鲜。堆积如山的炉渣不但给清末入晋调查的外国人，如德国地质学家李希霍芬、瑞典地质学家丁格兰等留下了深刻的印象，很多冶铸遗址保存至今，其炉渣仍蔚为可观。朱绍侯先生在《中国古代史》评价说“明中叶后，全国产铁区共有一百多处，其中以广东佛山、山西阳城、福建龙溪规模最大”。1936年《中国实业志》记载：“前清道光年间，其业甚为发达，全县（凤台县）炉数计千余座之多。”

《中国分省图志》记载：1917年“（凤台县境内）共计炉房三十家，炼铁炉二百九十二座”“泽州地区铁的年产量，其准确数字无从了解，从炼铁炉座数估算，约为二万一千吨左右”。清末民国时期，由于战乱、洋货冲击等原因，晋城铁货包括铁制农具的生产遭受重创，但规模仍非常可观。

坩埚炼铁

铁制农具看晋城，四看生产技术“精”。晋城地区从事铁货生产长达2000余年，在漫长的积累中形成了精湛的生产技艺。李希霍芬在考察晋城冶铸后，描述道：“在制造各种物品时，使用不同的混合比例和工作方法，这都是各个工厂的世代相传的秘密”“各厂都有专利性质的制造对象”。显然，晋城传统冶铸业掌握着一套相当于专利性质的核心技术。这些技术有些随时代发展相更迭，如春秋时期“鼓风冶铸法”，有些则一直在晋城地区长时间沿用，并成为非物质文化遗产。在晋城非遗项目中，与铁货生产相关的共有11项目，包括“阳城犁镜冶铸技艺”“泽州铁货制作技艺”“泥

（干）型铸造铁锅技艺”“坩埚炼铁技艺”“白煤炼铁技艺”等，都是晋城传统铁制农具生产的核心技术。20世纪，当推土机面临粘泥难题时，外国科学家通过研究阳城犁镜的制作工艺，这才得到破解。这一案例表明，晋城传统铁制农具生产技艺，在当下经济发展中仍有宝贵价值。

泰山义剪刀

铁制农具看晋城，五看名优产品“多”。晋城铁制农具生产历史悠久，随时代发展名优产品层出不穷，著名的有：“西沟犁铧”“阳城犁镜”“南村锅鼎”“大阳钢针”“南寨刀具”“泰山义剪刀”“东沟笊篱”“周村蹄铁”“高平镰刀”“陵川原庄锄头”“陵川横胜山犁镜”“陵川侍郎岗耧铧”等。这些名优产品大多都拥有独特的生产工艺，呈现出规模化生产的趋向，并且在当时市场上形成了品牌化影响。比如：“阳城犁镜”是晋城铁制农具的代表性产品，有“金不换”“翻地虎”等美誉，产品型号多达400余种，行销全国各地及朝鲜、日本、印度、菲律宾等国。又如：“南寨刀具”，兴盛时期在城区南寨街从事刀具生产的炉子有600多家，产品包括镰刀、铡刀、菜刀、剪刀等，一应俱全。南寨“光玉炉”号刀具，在买卖时往往揪一根头发来验证质量，吹毛可断，令人赞不绝口。

“天开太行，铁铸晋城。”晋城铁制农具出产长达2000余年，拥有“坩埚炼铁”等一系列生产技艺，诞生过“阳城犁镜”等一系列名优产品。铁犁耕出的土地充满勃勃生机，镰刀收割的麦穗颗颗饱满。铁制农具看晋城，看的是丰收与汗水，看到是历史与未来。

二、犁川的馈赠——西沟犁铧

在太行山中有一处名叫犁川的小镇，小镇上有一条名叫犁川河的小河。小河缓缓流淌，穿过小镇，流过一座名叫西沟的小山村，将苦涩的河水带到这里。在历史长河中的某一天，有一位冶铸匠人途经这里，赫然发现苦涩的河水竟是铸造犁铧的上等材料。于是，一座座犁炉拔地而起，红火的铁水将天空照亮，浇铸成一件件犁铧。就这样，犁川河将农具“西沟犁铧”馈赠给了这片土地。

犁川镇老街

犁川镇位于泽州县西南部，因盛产铁犁而得名。“犁川”的“犁”字指的便是耕地用的铁犁，“川”字则是指穿镇而过的河流犁川河。犁川河为沁河支系，发源于晋普山，其水流经上犁川、中庄、下犁川、西沟等村落，水质因地而各有不同。下游西沟一带的水质苦涩，被称为“矾水”，是一种铸犁的好材料。犁川出产的犁铧出炉后必须经过“矾水”淬火，只有这样才能坚硬耐用、不沾泥土，品质优良。因此，千百年来，人们便一直沿着犁川河开办犁炉，使用“矾水”来铸犁。除“矾水”外，犁川一带还有拥有丰富的铁矿、煤炭、木柴等资源，这些都为犁川镇形成兴旺的铸犁产业群提供了便利的条件。

犁川镇铸犁的历史非常悠久，是晋城最早冶铸犁铧的地区之一。晋城冶铁始于春秋战国时期，汉代时已经开始大量生产犁铧等农具。近年来，在晋城西上庄等地出土有战国及汉代的犁铧，其铸造工艺已经非常成熟。关于犁川镇铸犁的起始时间，有汉朝与西晋两种说法，由于年代久远，仍需进一步考证。在犁川镇西沟、铁南、上犁川、下犁川等村，保存有大片的古代炉渣，如西沟村“义和公”犁炉等炉窑遗迹也保存有多处。由冶铸遗址结合晋城冶炼史推断，至迟到隋唐时期，犁川人已掌握了先进的铸犁技术，并开始批量生产。明清至民国，犁川铸犁业进入兴旺时期，所产犁铧与犁镜极为畅销，并形成了“西沟犁铧”这一历史品牌。

犁川铸造的铁犁以“西沟犁铧”最为闻名。西沟村原只是犁川镇西部的一条大沟，因出产的“矾水”是优质的铸犁辅料，成为犁炉聚集地，后由炉工定居逐渐形成村落。据《晋城史话》描述，清朝道光年间西沟村共有炉号 36 家，铸犁产生大量的炉渣，一度堵塞河道造成洪水泛滥。德顺新、福顺喜、昌盛堂、兴和德、义和公、义和隆等，都是享誉一时的犁炉，一直从清代延续到民国时期。抗日战争前，西沟全村年产犁铧多达 25 万个左右。

西沟犁铧铸造工艺精湛，大致包括 12 个环节，具体为：泼沙搅拌、湿沙入箱、拍平拍实、铧坯成盘、沙模烘干、沙模整修、沙模上灰、铧芯入模、合缝浆泥、铁水备浇、压芯浇注、开模成型。犁川人世代铸犁，掌握着一手独到的生产技艺。比如说“焖火”，是西沟犁铧锋利、耐用的一

西沟犁铧铸造工艺流程图

项关键技术。据说，很多外乡人深入犁川学习，虽知晓装炉后要慢慢“焖火”，不能一下点大火，但回到家乡依法铸造时仍难以掌握其中的精妙。犁川出产的犁铧品质优良，湿地不沾土，硬地不打铧，锋利耐用，被誉为“小钢铧”。由此，西沟犁铧成为晋城铁制农具的代表产品之一。

西沟犁铧的成功，得益于犁川人精湛的铸造技艺，更得益于古代泽州成熟的冶铁业态。明清时期，围绕冶炼铸造，泽州地区形成了一整套产业链。犁川人在西沟一带开办犁炉，冶铸所需的生铁、熟铁主要从南村等地购入，称为“砣铁”；所需煤炭、木柴、坩土、沙土、模箱等材料也主要来自周边村落；所需风箱则出自茶元村。茶元村位于犁川镇北 10 千米处，是晋城地区古代风箱的著名产地。铸犁所需的风箱非常特别，俗称“大风箱”，长 4.5 尺，宽 1.4 尺，高 2.2 尺，共需六七十个部件，由 300 多个木楔组合而成。这种风箱采用活塞式鼓风技术，可持续不断地为犁炉提供风力，保证有足够的温度，从而提高了铸犁的质量。

除铸造犁铧外，犁川人铸造的犁镜也极为有名。据《阳城犁镜冶铸工艺的调查研究》等文章讲述，明代时犁川铸造犁镜技术传至河南洛阳、济源等地，后又由河南传入阳城，成为阳城犁镜的技术源头。铸造犁镜需要大量的木柴。因为世代铸犁，到了宋元之后，犁川镇周边的木柴已经被砍伐一空，难以为继。传说，铸造犁镜的技术由张姓家族世代相传，从未外泄。后来，犁川镇木炭匮乏，加上战乱频繁，张姓三兄弟举家外迁至济源等地，分散居住，铸造犁镜的技术这才由犁川镇传播出去。

在犁川镇流传有“错贩犁铧饿死人”的民谚，从一定角度上折射出犁川成熟的贩犁业态。犁川镇出产的犁铧，不但质量好，而且品类齐全。品种有铲头铧、大三角、上铡板、大流扇、通昌铧、小三角、小牛铧、大牛铧、大扇铧等几十种。据张泰山老人介绍，他家祖上五代都以铸犁贩犁为

犁川桥 1914 年弗雷德里克·加德纳·克拉普摄

生，贩运犁铧必须根据不同的地域、不同的土壤、不同的气候来生产不同型号的犁铧。外地客商来犁川订货，柜上一定先要问清土壤、气候等特征，这才能为其选购品种。山西等地多为山区，主要贩运铲头铧、上铡板等；河南等地多为平原，主要贩运大流扇、大牛铧等；新疆等地多为沙质土壤，主要贩运大扇铧等。“看地下犁”使得犁川出产的犁铧大受欢迎，产品远销河南、山东、甘肃、湖北、陕西、新疆、江南等地，深受老百姓喜爱。《凤台县续志》记载：“铁冶遍于西南，岁入白金数十万”，其中西沟犁铧便是泽州西南部铁冶贸易中重要的一项。

西沟犁铧的畅销，还受益于便利的交通。犁川镇位于清化古道上，明清至民国时期，清化一大道、二大道从镇内过境。走清化古道，很快便能接上“万里茶道”。西沟犁铧无论北运太原、蒙古，南下河南、湖北，还是西去陕西、甘肃，都非常便捷。1914 年，美国人弗雷德里克·加德纳·克拉普（Frederick Gardner Klapp）来山西考察，便沿犁川、冶底、周村方向行进。在他拍摄的照片中，可以清楚看到人们挑着担，赶着毛驴、骡马贩货的场景。据镇上老人回忆，过去犁川镇家家户户养骡养驴，常常起早贪黑往河南清化镇贩运犁铧等货物。

依托交通优势以及犁铧等特色产品，犁川镇形成了繁荣的商贸经济。据碑刻记载，清代中后期仅犁川镇所在的上犁川村便有商号 100 多家。村中形成了东街、后河、南头三片商业区。各商业区因地理位置不同各有特色，商铺货店、骡马驿站，大小行当分布有致。东街和后河商贸区顺着清化一大道走向连成一片，沿街分布有玉合上、玉合中、玉合东、隆顺祥、东大店等大商号，还有骡马大店七八处、起火小店 10 余处，税局、银楼、盐店、铁货铺、磁器铺、药铺、当铺、麻铺、靴铺、染坊、肉铺……各色商铺鳞次栉比。今天走在犁川老街上，听着老人们的讲述，依然能感受到这个因犁而兴的小镇曾经的繁荣。

犁川河静静地流淌着，流过犁川镇，流过西沟村。炉工们将刚铸好的犁铧浸入水中淬火，顿时浓雾腾空而起，紫烟缭绕。“日出布谷鸣，田家拥锄犁”，当古代中国千千万万的农夫日出而耕时，有多少人手里握着的便是犁川镇出产的“西沟犁铧”。犁川河将“西沟犁铧”馈赠给这片土地，用火与水将“犁川”两个字每一笔都淬炼得明净、坚韧。

三、阳城犁镜金不换

话说，清朝光绪年间，江苏淮安有个老农得了个宝贝名叫“金不换”。老农用油布里三层外三层包裹好，珍而藏之，却被一个没见识的蟊贼听说后，入室窃走。蟊贼见包裹沉甸甸的很压手，心里大喜，跑出2里地打开一瞧，却见严严实实包裹着的竟是一件铁铸的犁具。这件被称为“金不换”的铁铸犁具，便是赫赫有名的阳城犁镜。

阳城犁镜是中国传统农具中的名品，自古便有“金不换”的美称。所谓犁镜，又名犁壁、犁面，是一种安装在犁铧上部用来扩大犁铧翻土效果的农具。阳城出产的犁壁很好地解决了耕作中粘土的难题，长时间使用后会变得光滑如镜，故而得名为犁镜。阳城犁镜制作精良，不但碎土、覆土效果好，而且使用起来非常省力，据说“每天用它能多耕三分地”，故而又被誉作“翻地虎”。过去，阳城犁镜长时间行销海内外，深受老百姓喜爱。据记载，明清之际阳城犁镜的生产达到鼎盛，全县共有犁炉近百座，年产70余万件，型号多达400余种，产品除行销全国20多个省份外，还一度销往朝鲜、日本、印度、菲律宾等地。

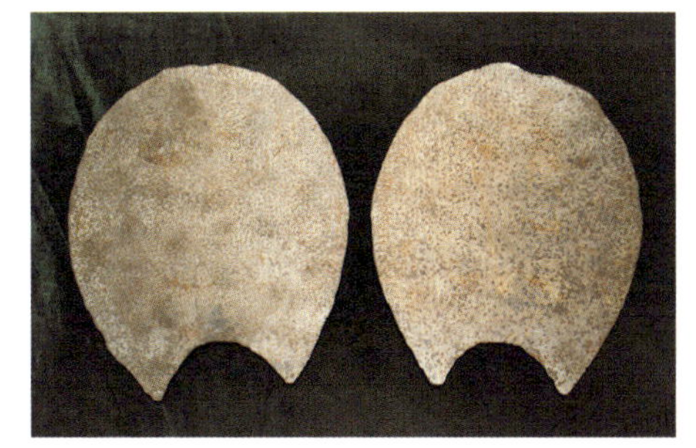

阳城犁镜

阳城犁镜“金不换”的美名漂洋过海，享誉天下。

阳城犁镜之所以被誉为“金不换”，与其精湛的冶铸工艺、严格的质检标准以及物美价廉的性价比优势等息息相关。

阳城犁镜拥有精湛的冶铸工艺。一件犁镜要铸造出来，需要经过铸范、熔铁、浇铸、修整等基本流程。最初，阳城犁镜沿用铸造犁铧采用的沙模铸造法，不但费料费工，效率还很低。清代末期时，上芹村李氏发明了铁范铸造法，工艺得到极大的改进。

李生才（1890—1961），出生于上芹村李氏这一铸范家世，其家族四代从事犁镜模型的铸造。李生才自幼跟随父亲学艺，对刻模、劫铁、铸造等工序烂熟于心，铸造的铁范不但精巧、美观，而且质量高、韧性大，可连续浇铸犁镜 3 万余次。桑林村张锁明（清末民国时人）是一名优秀的铸犁匠人。他年轻时便在犁炉上帮工，起初主要做上料、拉风箱等简单活儿，因为聪明好学，几年后他便掌握了铸造犁镜的全部工艺。一座传统犁炉高约两到三米，两旁设有一人来高的加料台，炉后连接大风箱，炉前为铸造犁镜的工作场地。犁炉出铁后，其铁水可直接用于犁镜浇铸。工人们用铁水包来承接铁水，然后端到炉前就着铁范浇铸。浇铸完毕后，由浇口倒出未凝固的铁水，迅速打开铁范。此时的犁镜通体火红，等自然冷却后，对浇口、飞边和毛刺进行一番修整，便是一件成型的犁镜。

阳城犁镜冶铸工艺有许多精妙之处。比如：通过看火色、辨铁水等手段熟练掌握炉温等情况，及时调整铁水的温度和成色；比如：犁炉出铁时要迅速撒上一层黄贝草灰，预防铁水遭到空气氧化；比如：浇铸用的铁范必须预热，可用铁水先浇铸两三件废品，使铁范温度保持在 50 摄氏度左右；再比如：铁范上要刷一层荆木粉调制的涂料，可以保证顺利脱范……过去，这些秘诀主要由张锁明等世代从事铸犁的匠人掌握。父亲带儿子，师傅带徒弟，阳城人在不断冶铸中，熟练掌握了犁镜铸造的各项工艺。2006 年，阳城犁镜铸造技艺入选首批国家级非物质文化遗产名录，成为晋城传统农具的优秀代表。

阳城犁镜被誉为“金不换”，还源于其拥有严格的质检标准。据《阳城县志》等记载，民国时期阳城县曾在横河设立过犁镜局，专门主持犁镜的生产和管理。犁镜出炉后，匠人须对其进行初检，通过“看”“划”“敲”等步骤来分辨产品是否合格。初检合格的犁镜，要求断口有冰花纹，表面用铁片划不出痕迹，并且轻敲时能发出清脆的响声。除此外，外运的犁镜还必须严格遵循“十不收”的原则：1. 黑筋不收；2. 麻面不收；3. 豁鼻不收；4. 冷炸不收；5. 热炸不收；6. 边不圆不收；7. 口不齐不收；8. 声不脆不收；9. 浇不足不收；10. 有孔洞不收。每一项都有严格的检验标准，比如：浇铸的铁水含硅、含碳量高时，会产生石墨漂浮，行话称为“黑筋”，这种犁镜在使用时会粘连土壤“不利土”；又比如：犁镜背面的穿孔不完整，行话称为“豁鼻”，会导致犁镜安装后不牢固……总之，只要犁镜存在些许瑕疵，阳城人都会将其回炉再炼，严禁不合格产品流入市场。正是因为有着严格的检验标准，阳城犁镜的质量得到了充分的保证，也为其畅销奠定了坚实基础。清朝光绪《阳城乡土志》记载：“以昔日较之，铁货仅及其七之三”“犁面则远商驻买于本境，每年二十余万有奇。”经历“丁戊奇荒”后，晋城铁货行业遭受重创，但阳城犁镜作为优质产品，当时仍能行销20余万件。来自济源等地的“远商”长期住在阳城县，

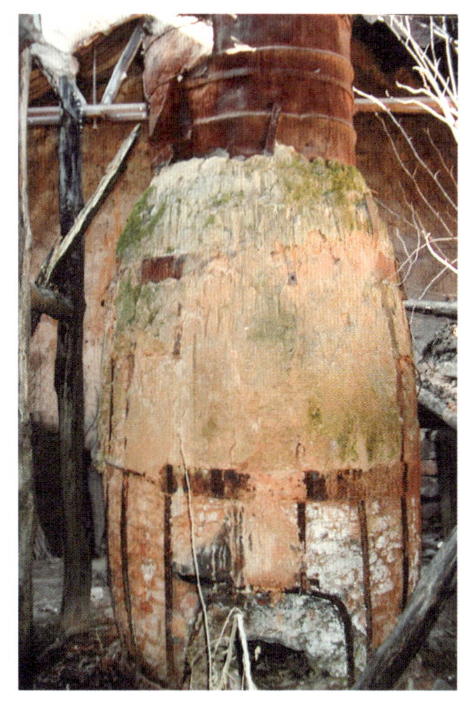

犁炉或犁炉遗址

从事犁镜收购贩运，他们对阳城犁镜的质量表现出了充分的信任。

除质量外，阳城犁镜的生产还具有一定的性价比优势。逯峡林是“恒升公”犁炉的东家，自清朝嘉庆年间其家族便从事犁镜生产与销售，在横河建龙宫、东西炉坡、关爷庙等地开办犁炉，一直持续到民国时期。逯峡林祖上主要从事山货买卖，之所以进入犁镜行业，正是因为特别看好阳城县在犁镜生产方面拥有着得天独厚的优势。犁炉生产号称“吃山虎”，需要消耗大量的木炭。阳城南部山区森林覆盖茂密，出产的橿木是一种廉价的硬木，烧出的木炭品质优良，号称“三寸茬、七寸炭”，是一种冶铸犁镜的上好原料。阳城南部东冶、西冶等地盛产铁矿石，其矿石质软纯洁，含磷高、含硫低，也是一种冶铸犁镜的好原料。除此外，阳城县还拥有成熟的犁镜产销链条，比如：上芹村李氏铸造的铁范价廉质优；济源等地来的“远商”长期在本地开展收购，销路畅通；精通犁镜冶铸的工匠云集，技术成熟……这些条件，在一定程度上使得阳城出产的犁镜在保证质量的前提下降低了成本，拥有了行销天下的性价比优势。据记载，民国初期一件阳城犁镜贩运至安徽、江苏等地销售，价值四块银元，可购买大米五斗，是当时晋城农具销售中的紧俏货。

阳城犁镜行销天下长达数百年，早已成为晋城铁制农具中最具有代表性的产品。考察其历史，早在春秋战国时期，阳城境内的冶铸业已经非常成熟，并开始生产犁铧等铁制农具。北齐时期，全国设有七大冶铁局，其中白涧局位于阳城县固隆乡白涧村。宋朝时，阳城县东冶镇设有大广冶，是当时国家级的重要冶炼区。阳城县开始成规模铸造犁镜，大约始于明代。据《阳城犁镜冶铸工艺的调查研究》等文章论述，明朝时犁川铸造犁镜的技术传至河南洛阳、济源等地后，又由河南传入阳城，成为阳城犁镜的技术源头。明清之际，阳城南部山区凭借其原料优势发展成为著名的犁镜生产区，犁炉遍及横河、东冶、三窑、桑林、西交等地，年产犁镜 70 余万件。犁炉生产，消耗大量的木炭，导致阳城南部的森林被大规模砍伐。据同治四年（1865）《邑侯征大老爷禁止烧木打窑碑记》等记载，清朝末年时阳城犁镜的生产曾遭到地方乡绅的抵制。但从实际情况来看，阳城犁镜的生产一直非常红火。即便是抗战时期，民族手工业遭受重创，阳城犁镜仍在持续生产。1949 年，阳城县犁镜生产得到恢复，全县成立 8 家犁炉生产合作社，拥有犁炉 72 座，年产 26 万余件。其后一直延续到 20 世纪 70 年代，阳城犁镜才在农业现代化浪潮中逐步退出历史舞台。

俗话说："横河的炭，上芹的范，阳城的犁镜'金不换'。"阳城犁镜凭借着精湛的冶铸工艺、严格的质检标准、超高的性价比，畅销天下，赢得了"金不换"的美名，在中国农具发展史上写下了浓墨重彩的一笔。

四、跃然"壁"上的宋代农具

北宋绍圣三年（1096）十月十五日，画师郭发伫立在开化寺大雄宝殿西壁前，手执画笔勾勾画画，不多时一幅农耕图便描绘出来。像开化寺壁画这样，描绘北宋时期农耕景象的晋城文物还有多件，比如冶底岱庙天齐殿壁画、沁水孔壁宋墓砖雕等。得益于这些文物的存在，北宋时期晋城人曾使用过的农具也跃然"壁"上，清晰可辨。

高平开化寺壁画是北宋寺观壁画中的杰作，素有"壁上的清明上河图"的美誉。壁画总面积达 88.2 平方米，遍布大雄宝殿西、北、东三壁，规模宏大。其中描述农耕景象的主要为西壁"善友太子本生"，出自佛教经典《大方便佛报恩·恶友品》，讲述善友太子出海求宝的故事。出海前，太子曾深入民间体会百姓疾苦。在佛教故事的框架下，画师郭发使用写实手法细腻地描绘了北宋时期农耕、纺织、打鱼、屠宰等景象。画面中出现的农具主要有犁、锄、斧、锨、鞭子、扁担、柳罐等 10 余种，为我们考察北宋时期的农具提供了图像依据。

开化寺壁画《观耕图》

开化寺壁画中最引人注目的农具是犁。在《观耕图》中，3 名身着短褐的农夫正在耕田，善友太子在扈从引领下突然驾临，一人抱拳恭敬地行礼，一人肩扛锄头转身顾盼，远处的老农左手持鞭右手扶犁，正在专心耕田，3 人动作各异，仪态各有不同，非常生动。其牛耕采用的是两牛驾犁的模式，画面虽略有漫漶，但仍能清楚分辨出驾犁的牛共有两头，一为黄牛，一为黑牛。使用的犁是曲辕犁，犁辕弯曲，犁梢挺直，犁铲深入土壤。这种曲辕犁出现于唐代，北宋时期已经非常流行。在《三晋农耕文化》中收录有一种沁水铁辕犁，适用于两牛驾犁，与画面描述较为相似。元代王祯《农书》曰："中原地皆平旷，旱田陆地一犁必用两牛三牛或四牛，以一人执之，量牛强弱耕地多少。"两牛驾犁一般需要两名农夫共同协作，从画面来看，抱拳行礼者应该便是牵牛人，因为太子突然驾到，这才闪到一旁行礼。两牛驾犁虽然费牛费人成本很高，但是动力足、马力大，可以更快更好地开垦更多土地，一般适用于平旷的大田，与高平地区地势平

冶底岱庙壁画

坦，拥有晋城地区较为少见的大田，与这种农耕方式相匹配。

冶底岱庙壁画也描绘有牛耕景象，与开化寺壁画相得益彰。冶底岱庙天齐殿始建于北宋元丰三年（1080），在南墙内壁斗拱间保存有三幅拱眼壁画，主要表现的是“渔樵耕读”主题，为宋代原作。其中《耕读图》整体呈长方形，中间以树石来分隔画面，左图中一名年轻男子正倚着锄头读书，右图中一名老者头戴斗笠，右手持鞭，左手扶犁，正在耕地。其牛耕采用一牛驾犁的模式，犁辕弯曲，犁梢挺直，用的也是曲辕犁。在《三晋农耕文化》中收录有一种陵川铁辕犁，适用于一牛驾犁，与壁画描述相似。冶底岱庙位于泽州县西南山区，地势起伏，农田多为小块梯田。一牛驾犁不但省牛省人经济划算，而且配上曲辕犁回旋更加轻便，适用于岱庙周边的土地耕作。

除犁外，开化寺壁画还描绘了锄、斧、锨、鞭子、扁担、柳罐等农具，其中锄与柳罐也很有宋代特色。开化寺壁画中的锄，与冶底岱庙壁画、沁水孔壁宋墓砖雕中描绘的锄，板型基本一致，都是宋代流行的“耰锄”。这种锄的锄面较短，使用轻便，在松土之余还可以碎土，兼具“耰”的功能，因此而得名。“耰锄”在《宋史》《全宋诗》等宋代经典中常有出现，比如《全宋诗》有“白发茅茨下，耰锄力未衰”“知今无问阴雨晴，扎扎听尔耰锄鸣”等诗句，可见宋人常使用这种锄。《观耕图》中，放置在扁担旁边的器物并非木桶。北宋时期，使用木板箍桶的技术已经成熟，比如《清明上河图》便绘有木桶，呈圆柱状，条纹清晰。而《观耕图》中的物品并不具有桶的特征，而更像是提梁罐或柳罐。提梁罐是一种沙器，由砂锅和提梁组成，一般用于盛放饭和水。《诗经・七月》曰：“同我妇子，馌彼南亩，田畯至喜”，描绘的是妇儿送饭的景象。从《观耕图》的场景来看，提梁罐中盛放的应该是农人的饭食。图中物品呈圆斗形，也有可能是柳罐。柳罐，又名柳棬、柳斗、笆斗，是一种使用柳条编制的汲水农具。柳罐装水后，柳条经过浸泡会膨胀，封闭柳条间的缝隙，因此并不会漏水。这种器物出现很早，因为制作简单，使用轻便，经济实用，在宋代也非常流行。如宋代著名诗人范成大，便写有“柳棬凉罐汲泉遥”的诗句。

孔壁宋墓砖雕现存于沁水县博物馆，共 15 块，每块大小一致，皆为边长 31 厘米的方形砖，正面阴刻浮雕画像。其中涉及农具的主要有《牧牛图》《磨房图》《汲水图》等。《牧牛图》中，一名头戴乌巾的男子，右手扶着扛在肩膀上的“耰锄”，左手持鞭，正驱赶两头耕牛前行。《磨房图》中，一名身着短袍的男子，手持短鞭赶驴推磨，边上放着簸箕、笤帚和箩筐。《汲水图》中，一名身着罗裙的妇人，正手持辘轳在井边汲水。三幅图描绘了锄、鞭、磨、簸箕、笤帚、箩筐、辘轳七种农具，其中最具有讨论价值的是辘轳。

《汲水图》中出现的辘轳为“单曲柄辘轳”，是一种宋代刚出现的汲水农具。我国古人汲水使用的辘轳主要有两种，一为后世常见的“单曲柄辘轳”，一为更为古老的“定滑轮辘轳”。在高平市博物馆保存有两架汉代陶井模型，其上架设的辘轳便是“定滑轮辘轳”，这种辘轳出现很早，汉代之前便已经得到普遍运用。“定滑轮辘轳”的主体构件是一只固定在水井上端的轮子，轮子呈腰鼓形，拴有水桶的一端绕过轮子垂入井中，由人牵引绳子另一端来提水。“定滑轮辘轳”主要利用了定滑轮原理，改变了提水的用力方向，用力的大小并没有得到改变，因此使用起来比较费力。“单曲柄辘轳”的主体构件是带有手摇式曲柄的滚轮，拴有水桶的绳子固定在滚轮上，通过摇动滚轮缠绕绳子来提水。“单曲柄辘轳”主要利用的是轮轴原理，不但改变了用力方向，也改变了用力的大小，使用起来比较省力。据史晓雷论文《我国单曲柄辘轳普遍应用的年代考》，“单曲柄辘轳”大约出现于北宋时期，在《清明上河图》以及长治市故漳村宋墓壁画等文物中已有出现。沁水孔壁宋墓砖雕与《清明上河图》、故漳村宋墓壁画大约为同一时期的文物，是记录“单曲柄辘轳”最早的物证，由此推测这种新型的农具可能最早便诞生于长治、晋城、开封一带。

时间荏苒而逝，唯有这些壁画与砖雕永远将宋代的农耕景象定格在墙壁上。透过高平开化寺壁画、冶底岱庙天齐殿壁画、沁水孔壁宋墓砖雕等文物，我们似乎看到了宋朝时期晋城人从事农耕的生活场景。这些宋代农具跃然“壁”上，栩栩动人。

五、一身诗画的晋城瓷罈

在晋城博物馆三楼展厅内，错落有致地陈列着 18 口白釉黑彩大瓷罈。它们通体施以白釉，点缀着花鸟和诗文，好像十八学士一般，极尽风雅。让人难以置信的是，这些大瓷罈竟是一种传统农具！老晋城人常将它们放置在屋内的墙角旮旯，或用于盛酒，或用于酿醋，或用于储粮，或用于腌

晋城博物馆白釉黑彩大瓷罈

菜。它们面子上一身诗画，肚子里却最懂晋城人的生活。

传统晋城人喜品酒，爱吃醋，好存粮，善腌菜。白釉黑彩瓷罈体型硕大，主要有长颈细口和短颈广口两种类型。长颈细口瓷罈一般可用于存酒、酿醋，短颈广口的则一般用来储存粮食、腌制酸菜。

白釉黑彩瓷罈天生便是存酒的好器皿，或者说瓷器匠人们在生产之初便是将它们作为酒坛来烧制的。在瓷罈表面纹饰中，赞酒的广告词最为常见，如“美酒”“玉液”，又如“闻香须下马，开罈十里香”“三杯醉笔仙”“三盏醉岳阳”等，让人忍不住猜想当年罈中盛放的到底是何等的好酒。过去，上党地区所产美酒皆冠名为“潞酒”，如陵川县平城一带生产的白酒乃是“潞酒”中的上品，成色高，品质好，存放在瓷罈中历久弥香，大概也当得起“三盏醉”吧！

三个晋城人，大概有一个爱喝酒；十个晋城人，大概便有九个爱吃醋。与存酒相比，晋城人更喜欢用这瓷罈来酿醋。过去，晋城人食用的醋，主要有坊酿与家酿两种来源。如：陵川玉泉醋、泽州官庄醋、泊村醋等，都是作坊酿造，使用的器皿比较大。而长颈细口的白釉黑彩瓷罈，则非常适用于家庭酿醋。谷物丰收时节，晋城人喜用小米来酿醋。先将褪壳儿的黄小米用滚水烫热后焖置，然后装入大瓷罈内，加入麦曲搅转后密封，过一段时间便能酿成浅黄色的米醋。使用长颈细口瓷罈来酿醋，一般常用瓷碗来密封罈口，隔三岔五便掀开碗，用一根花椒棍搅一搅。据说不但可以预防变馊，酿出的米醋还会散发出一股花椒的香气。白釉黑彩瓷罈静置在堂屋条几下，条几前摆放着八仙桌。当来客坐在八仙桌前用饭时，主人便来到瓷罈前，掀开罈盖取醋，一时间米醋的香味弥散在屋子里，让来客忍不住赞一声“好香!”

短颈广口的瓷罈，则是一件日常储粮的好器皿。晋城位于太行山区，出产的杂粮自古便很有名气，如小米、绿豆、黄豆、豇豆、赤小豆、大青豆、红芸豆等，种类繁多，品质优良。过去，晋城人在家存粮一般使用大水缸，一缸可存粮数百斤，使用木制或石制的缸盖来密封，不轻易开启。日常所食小米、杂粮则大多存放在小型瓷罈、瓷罐中。白釉黑彩瓷罈不但花纹美观，而且存粮适量，够三口之家一月所用。平时瓷罈的罈口用瓷盆来覆盖，罈口的卷唇与瓷盆能很好地进行咬合，预防虫蚁进入。做饭时只需揭开瓷盆，用碗探入罈中舀取便可，随用随取，非常方便。晋城人喜食小米，民国以前小康之家，早晨常吃小米稀饭，中午吃小米焖饭，晚上必不可缺的是米汤。因此，这广口瓷罈十之六七最常用来盛放小米。

除储粮外，短颈广口瓷罈还常用来腌菜。陵川附城镇造“康熙八年”瓷罈清晰地写有瓷罈的功用，为“放酒酒好，成（盛）醋醋酸。放水不漏，淹（腌）菜菜咸”。这些瓷罈可以用来腌咸菜，但老晋城人更喜欢拿它来腌酸菜。每年秋后，将洗净、切好的萝卜丝拌上萝卜缨倒进瓷罈，拿捣菜圪垛一层一层捣实，撒上适量的花椒，压上一块大石头，不久便能腌出酸脆可口的“老缸菜”。掀开罈盖，挑“一骨朵”酸菜，配上杂粮、白面，做一碗酸菜黑圪条、酸菜撅片儿、酸菜饸饹、酸菜疙瘩汤，那浓浓的酸菜味儿让人垂涎欲滴。

罈、罐、缸、壶等陶瓷器，是晋城传统农具中一个大类，不但百姓日常生活不可或缺，就是农业生产中也常使用。储粮、酱醋、腌菜所用的瓷罈大多为酱色，胎体厚重，色彩单调，如城区尧圣头村、阳城东关村等地的古代瓷窑都有生产，产量也很大。像白釉黑彩瓷罈这样全身施釉，绘有花鸟诗文图案的，则并不多见。因此，在岁月流逝瓷罈脱离实用价值之后，白釉瓷罈仍以厚重的历史文化价值为世人所看重。

晋城博物馆馆藏的白釉黑彩大瓷罈一共 18 口，其中长颈细口瓷罈 12 口，短颈广口瓷罈六口。瓷罈均采用白釉釉下彩工艺，二次烧造完成。具体烧制过程为：先在成型的瓷胎上施一层白色的化妆土，再用毛笔蘸取黑色或褐色颜料描绘图案和文字，最后施一层玻璃釉入窑二次烧造。瓷罈肩部保存有烧制时留下的支钉痕。这些瓷罈体型硕大，除底部外通体施釉，外部为白釉黑彩，内部均为褐釉，釉质细腻，工艺精美。

晋城博物馆馆藏白釉黑彩瓷罈一身诗画，极为雅致。瓷罈装饰采用磁州窑系白底黑花风格，黑白相映，非常有视觉冲击力。器表绘制花鸟及诗词等纹饰，平添许多文化气息。18 口瓷罈装饰手法基本一致，先用弦纹、水波纹平行分隔区间，再在每个分区内绘制图案和文字。腹部以花鸟纹为主，图案充满抽象意味，如燕尾纹、游鱼纹、荷花纹等，或灵动，或朴拙，独居上党地域特色。诗词等文字大多集中在肩部，书写潦草质朴，错字别字迭出，偶有涂抹痕迹，充满了生活气息。文字以诗词、谚语、警句、广告词及题款等最为常见，如：“康熙二年”瓷罈不但在肩部题写有“胜日寻芳泗水滨，无边光景一时新。等闲识得东风面，万紫千红总是春”等名人诗句，还清楚地题写

陵川附城镇造“康熙八年”瓷罈

了制造时间为“康熙二年四月初一日”，售卖价格为“银□价□钱伍分”。

最令人惊奇的一口晋城瓷罈，现保存在邯郸市博物馆。这口白釉黑彩瓷罈为短颈广口造型，高 64 厘米，口径 30.5 厘米，肩部共题写铭文 112 个字：“康熙八年，造下此坛。出自山西，郡名陵川。附城镇上，西南子山。放酒酒好，成（盛）醋醋酸。放水不漏，淹（腌）菜菜咸。诸般都放，放密（蜜）更甜。买上一个，君常喜欢。人人爱买，不论价钱。使了想使，胜活十年。请君先看，许多诗言。我要讨价，细细五钱。可好可好，直（值）钱直（值）钱。休走休走，快还快还。真正白货，去而何南（难）。”铭文每四字一句，内容包括生产说明、产品功能、销售推广等，语句脍炙人口，深受观赏者瞩目。2023 年，央视新闻联合全国博物馆推出的文博科普产品《文博日历》，对此曾进行过报道。

过去，学界普遍认为此类白釉黑彩瓷罈是长治市壶关窑的作品，生产时间主要集中于明朝嘉靖至清朝雍正时期。由邯郸市博物馆“康熙八年”瓷罈的铭文来看，这类瓷罈在晋城地区也曾有生产。“康熙八年，造下此坛。出自山西，郡名陵川。附城镇上，西南子山”六句铭文清晰地说明，陵川县附城镇在康熙八年（1669）时曾有瓷窑生产过此类瓷罈。古时，晋城地区陶瓷业非常兴旺，陵川县后山、陈丈沟、沙上头等地生产的瓷器极为著名。据记载，清朝光绪年间仅后山村瓷窑便有瓷工 100 多名，年产缸 5000 余只、碗 4 万余个。而陵川县出产的“潞酒”品质优良、外售兴旺，也有制作酒罈的需求。由此推测，明清时期晋城地区如陵川县附城镇等地的瓷窑，因为与长治交往频繁，吸收了壶关窑的做法，生产过此类白釉黑彩瓷罈。过去，晋城很多家户大量使用此类瓷罈存酒、酿醋、储粮、腌菜，其来源一方面来自与长治的商业贸易，更多应出自本地瓷窑的出产。

晋城白釉黑彩大瓷罈，一身诗画，楚楚动人。它从明朝款款走来，盛过嘉靖、万历朝的酒，酿过康熙、雍正朝的醋，储存过金灿灿的小米，腌制过酸溜溜的“老缸菜”。晋城白釉黑彩大瓷罈，不但面子上一身诗画，肚子里也最懂晋城人的生活。

六、指尖上的手编农具

阳光下，纤细的荆条在指尖上舞动着，一个喂牲口用的草篓慢慢成型。李老汉叉腿坐在台阶上，将编成的草篓扔在院子一角，顺手抄起酸枣条，又编起箩头来。院子中堆满了各种手编农具，有箩头、草篓、果篓、篮子，还要簸箕、草帽、笊篱、筛子、笼嘴以及扫帚、笤帚……它们看起来虽然略显粗糙，却都是传统农业生产中不可或缺的工具。

俗话说“靠山吃山”。显然，这些手编农具都是太行山的馈赠。无论是柳条、荆条、酸枣条、黄花条，还是高粱秆、麦秸秆、玉茭皮，还是扫帚苗、黍子秆，在晋城人的巧手中都能把它编成各式各样的农具。更令人称道的是，晋城人依托冶铁基地的优势形成了成熟的铁丝编产业，出产的农具如笊篱、筛子、笼嘴等在清代及民国时期畅销河南等地市场。

大概所有使用枝条进行的编织，都可以称为“条编”。柳条、荆条、酸枣条、黄花条，似乎只要这枝条具有韧性能够弯曲，晋城人都能把它编成各式各样的器具。粗的藤条、荆条可以编成“耢”，这是一种用来平整土地的农具，汉朝时期便已经在使用，也可以编成硕大的“不篮”，安装在晋城特有的铁轮车上，用来装货物。黄花条是连翘的枝条，韧性很好，常用来打笆、编筐。细的荆条俗称为“不梢”，配合酸枣条扎的骨架，可以编成箩头、草篓、棉花篓、“荆不篱”。所谓“荆不篱”，有名荆条箅子，是一种圆形扁平的晾晒工具，晒上柿子、红薯干儿、干馍馍以及黄芩等中草药，是晋城农家小院中再常见不过的景象。最巧妙的材料还是柳条。使用柳条做手编称之为“柳编”，编成的器物称之为“柳货”。“柳货”制作精巧，

“荆不篱”

纹路细密，品种也极为丰富，常见的农具包括簸箕、笆斗、面篮、点粪筐、铲斗等。陵川“寺湖柳货”远近闻名，据说起源于唐宋时期，使用当地特产的红皮柳进行抽条，需要在地窖中进行编制，俗称“下窨”，制作工艺极为讲究。

使用农作物秸秆进行编织，称为“草编”。与“条编”相比，“草编”的农具在韧性上要差许多。高粱秆是一种小指头粗细的长条状秸秆，晋城方言称之为“圪档”。整根的“圪档”韧性很差，一般晾干后直接裁剪为适当长度，用麻绳穿起来，可以编成“不篱”。“不篱”与“荆不篱”作用相似，也是一种晾晒工具，除晾晒外还常用来做水缸等器物的盖子。将“圪档”的皮削下来，裁为片状，韧性会增加许多，可以用来打席子。除高粱秆外，麦秸秆最为常见，这是一种编草帽的上佳材料。农民的手从没有空闲的时候，如果稍有空闲，也会捏起备好的麦秸秆，编一编草帽辫。将麦秸秆打成长长的草帽辫，俗称“切条子”，再用线一圈圈地缝起来，便是一顶上好的草帽。农民常年在地里劳作，草帽可以遮阳挡雨，早已成为他身体的一部分。甚至连地里的稻草人也必须戴一顶草帽，要不连偷吃谷子的小鸟也会怀疑这稻草人不是个正经的庄稼汉。

晋城正经的庄稼汉，几乎都是“缚笤帚”“缚扫帚”的好手。晋城人管笤帚叫“笤帚骨朵”，一般用黍米秆来制作，管扫帚叫“扫帚骨朵”，一般用扫帚苗来缚制。在农作物种植之外，农民还常在山坡堎头上随手栽种扫帚苗。嫩嫩的扫帚苗，又称“缚帚菜”，焯水后拌上盐油酱醋，非常可口。长老的扫帚苗呈红褐色，用桑条进行简单的缠绕、压制，便是一件称手的扫地工具。“缚笤帚”需要的技巧则相对比较精细，需要对柔软的黍米秆进行细致排列，再用麻绳仔细束缚。在清扫场地、晾晒谷物等作业中，扫帚、笤帚都是不可或缺的农具。

在所有手编业中，“铁丝编”最有技术含量。“铁丝编”是晋城冶铁业分工细化后的产物，大约在清代就已经非常成熟，产品极为丰富，农具类主要有笊篱、筛子、牲口笼嘴等。做“铁丝编”最重要的一道工序为“造条”，由“条房”经营运作。泽州县贾泉村现存有两方清代石碑，分别为《造条税则与行规碑记》《油丝伙会公议规则罚则碑》，是关于“铁丝编”重要的史料。从碑刻可知，当时主要有两种抽制铁丝的工艺，一为“油丝”，一为“白线”。贾泉村不但掌握了两种工艺，还建有“油丝伙”等组织，生产的铁丝销往附近各村制作“铁丝编”。至民国时期，大东沟镇的“铁丝编”行业已经颇具规模。据记载，峪南人独霸开封，西洼、西岭头人独霸许昌，庾能、贾泉、岭南人独霸周口，北村、西王庄人独霸洛阳，各色产品远销河南、陕西、宁夏各地，为大东沟镇赢得了“手艺窝”的美名。

过去，农闲时的晋城人可谓人人精通手编技艺。这些手编农具不但补贴家用，还为他们带来许多趣味。每当大人们做手编时，小孩子们总会蹲在边儿上围观。长辈用手中的边角料编一些小漏勺、蝈蝈笼来哄孩子。大一点的女孩儿们跟着长辈学习编草帽辫，男孩儿们则跟着学习编草篓，在不知不觉中各种传统手编技艺便一代代地传承下来，并使他们的手与脑变得灵活。

阳光下，纤细的荆条舞动在指尖上，曾经是晋城农村中最美的一道风景。

七、晋城传统农具图说

古语道："工欲善其事，必先利其器。"传统农业生产离不来各种农具。一名晋城老农日常使用的农具类型非常丰富，根据用途大致可分为耕作类、灌溉类、运输类、收获类、加工类、量器类几种类型，数量多达上百种。这些农具用途各异，每一种都需要农民熟练操作。晋城老农对农具极为珍视，不但会经常整修，而且农闲时还会坐在农具棚里反复擦拭。他会哼起童谣"杈耙扫帚扬场锨，担杖缰绳使牛鞭。犁耧耢耙镰铲磙，粪叉茅桶锄和镰……"，教孩子一件件去识别，还会早早地将孩子带到农田里一件件亲身示范怎么使用。走进一座农具棚，你会有一种走进博物馆的感觉，又仿佛是翻开了武侠小说中百晓生的兵器谱，琳琅满目的农具飞入眼帘，令人目不暇接。

（一）耕作类农具

耕作类农具通常用于土地翻耕、平整、碎土、下种等作业，主要包括犁、耧、锄、镢、镐、耙（pá）、耱（bà）、耙、耢、砘等。

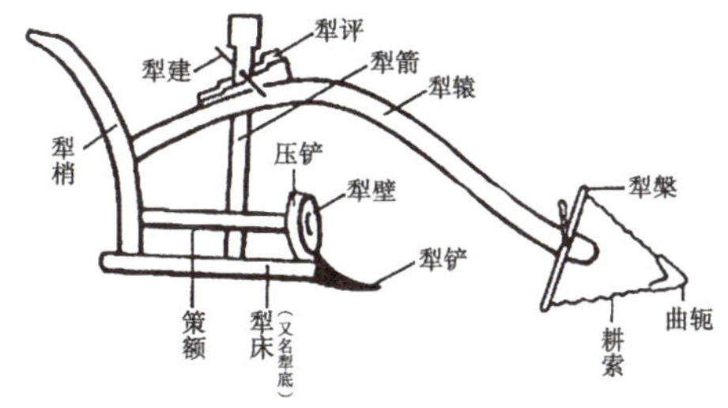

【犁】是农田作业中最重要的耕田农具，主要利用牲畜尤其是牛来牵引。现代农业史认为，中国的犁是由耒耜发展演变而来。

犁在新石器时代主要使用石头、木头制作，商周时期演变为铜犁，战国至汉代以后逐步为铁犁取代。晋城地区出土过汉代的铁犁，可知在此以前犁已经在本地农耕中得到普遍运用。犁的形态多样，有直辕犁、曲辕犁等多种。西汉出现的直辕犁，只有犁头和扶手，耕地时回转困难，比较费力。进入隋唐时期，犁的构造有较大的改进，出现了曲辕犁，除犁头和扶手外，还加装有犁壁、犁箭、犁评等，使用比较方便。其后历代农学家对犁都有改进，根据土地、种植品种等不同，犁的形态在细节上也有所不同。晋城地区是铁制犁铧、犁镜的重要产地，如阳城犁镜、西沟犁铧等在中国农业史上享有盛誉。

【耧】又名耧车，是一种使用畜力牵引的播种农具。早在先秦时期便已出现，经过西汉农学家赵过改造，逐步发展成熟，并由汉武帝下诏在全国推广。耧又分为“独腿耧”“两腿耧”和“三腿耧”等多种，其中以“三腿耧”最为常见。“三腿耧”因有三条耧腿而得名，主要由耧杆、扶手、耧腿、耧斗、线锤、漏管、耧脚和耧铧组成。播种时，后面一人扶耧，前面使用一头牲畜拽耧，耧铧入地将土地翻开。种子放在耧斗里，经过“扶耧人”晃动，会通过耧斗背后的小孔向下漏。小孔外面挂一线锤，左右摆动，使种子均匀下泻，分散进入漏管，又经过中空的耧腿，最后撒落在耧铧犁开的土沟内。耧是一种极为巧妙的播种工具，可同时完成开沟、播种、覆土、镇压等多重工序，常用于播种小麦、谷子、大豆、高粱、芝麻、油菜等，非常便捷高效。

【锄】又名锄头，是一种除草、翻土农具。早在新石器时代，便出现了锄头的雏形“石锄”，进入商周时期后又出现了套刃青铜锄。至秦汉时期，随着冶铁技术提高，铁制锄发展成熟，很快便成为农耕中的主要工具，使用时用双手握柄，做回转冲击运动，可用于中耕、翻土、除草、作垄、培土、碎土、挖穴、调泥、出粪等多种用途。在晋城地区常用的主要有板锄、漏锄、鹤颈锄等多种。板锄、漏锄整体皆为“L”形，包括铁质锄刃和木柄两部分，木柄大小样式相同，刃部则因功能而形状各异。板锄，即板式锄，晋城人俗称为“坢锄”，刃部呈长方形板状，最为常用。漏锄的刃部中空，分量较轻，翻土时土块从中空部自然通过，减少了挥锄碎土的工序，使用较为轻便。鹤颈锄，俗称“手锄”“小锄”，由锄板、鹤颈和木柄 3 部分组成，锄板、鹤颈为铁制，木柄长约一尺，主要用在蹲着身子除草、松土等作业中。

【镢】又名镢头，是一种挖土工具。在原始社会时期已经出现，主要是将石制镢头捆绑在木柄上使用。商周时期出现了青铜镢，多为直銎套刃式结构，柄部与刃部呈一条直线，刃部的顶端做出套口，用于安装木柄。到秦汉时代，青铜镢逐渐被铁制镢取代，形制也演变为板形横銎式，并一直沿用到现在。镢的形状与锄头相似，木柄稍短，刃部的略窄、略厚，在劳动中能承受更大的冲击力，能刨更硬的土地，也能刨得更深。除此外，镢还有二齿镢、五齿镢等不同形制。二齿镢，又名兜镢，刃部呈二齿钩子状，可钩取稀泥中混合的杂草，常用于调泥、耙勾麦秸豆秸以及牲口圈出粪之用。五齿镢的齿数不同，功能与二齿镢类似。

【镐】又名洋镐，是一种近代自西方传入的钢铁工具，镐头与木柄呈丁字形，一头为窄齿，一头为钉齿。镐主要在采石、铺路等工程中使用，也偶尔用于农业挖土、松地，其挖掘功能优于镢。

【耙】读作 pá，又名耙子，出现于汉代并沿用至今，主要用于平地碎土、耙土、堆肥、耙草、平整菜园等。耙由木柄和耙头两部分组成，耙头装有铁齿，铁齿呈锥状，非常锋利。根据齿的不同，耙又分为粗齿耙和细齿耙两种，粗齿耙一般齿距较大，多为5齿或7齿，细齿耙的齿距较密，多为9齿或11齿。每年春季下种之前，要用耙子仔细耙一遍，以清除垃圾、瓦砾、茬子及杂草，特别是播种谷子、小麦等作物时，尤为重要。除铁耙外，在晋城地区还常使用到木耙。木耙，又名谷耙，耙头用木板做出锯齿形，主要用于场圃上摊晒谷物之用。

【櫌】读作 yōu，形似榔头，是一种用来打碎田间土块的农具。晋城方言称土块为“圪拉”，故而俗称“打圪拉骨朵”。櫌在商周时期便已出现，在《夏小正》有“二月往櫌黍禅”的记载。櫌，又有木制与铁制两种之分。木制櫌在全国各地分布比较普遍，一般在木柄的一段安装一块半尺多长的木槌儿构成，有时也选用天然成型的木棍充当。晋城地区古代冶铁业发达，“打圪拉骨朵”的头部多用铁制，形如小孩儿拳头大小的圆形铁锤儿，中间有孔可镶嵌木柄。每年春耕下种前，常用“打圪拉骨朵”打碎田间的土块，或在下种后有些种子没有被土覆盖严，用櫌推一下土壤盖严种子，具有平整土地、平田保墒的效果。（注：图为金代壁画中的“铁骨朵”，与晋城农具“打圪拉

骨朵”相似）

【耙】读作 bà，是一种使用畜力牵拉，用来粉碎土块、清除杂草、平整田地的农具。耙，大约出现于汉代，一直沿用至今，整体呈方框形，长约 1.8 米，宽约 0.5 米，在前后横梁上装有铁齿或木齿。每年春耕前需要平整土地，晋城人俗称为“耙地”。“耙地”时，用麻绳将牲口与耙框架上的铁环相连，人叉开双脚站在耙上，手提着拖耙绳，右手举鞭赶牛，耙齿像梳子一样划过土地，可将农田耙平。也可在耙上置放重物而不站人，以减少重量，减轻牲口的劳动强度，同样可以将田地耙平。晋城地区流传有“三犁九耙，十二（遍）锄田”“犁起生土、耙绵优土、多上粪土”“犁七耙八锄九遍，打下谷来不用碾”等农谚。

【耢】读作 lào，是一种整体为长方形，用藤条或荆条编成，用来平整土地的农具。耢，大约出现于汉代，在北魏贾思勰《齐民要术》中写作“劳”。元代王祯《农书》对耢的结构与功能有详细描述：“劳，无齿耙也，但耙梃之间以条木编之，以摩田也。”明清以后，耢多用荆条在三根耙梃上编制而成，长度大小与“耙”相当。耢的功能与耙相似，使用方法也大体相似。在晋城地区，每年春秋两季耕地下种前要使用耢，一般先“犁”再“耙”后“耢”，要求根据地的干湿，随耕随耢，具有平田、保墒、覆土等功能。

【砘】读作 dùn，又名砘车、石砘，是一种播种覆土后用来压垄沟的农具。砘出现时间较早，元代王祯《农书》已有记载：“砘车，石砣也，

以木轴架砣为轮，故名砘车。凿石为圆，径可尺许，窍其中受机栝，畜力挽之，随穀种所过沟垅碾之。”后世基本沿用了元代的形制，具体为：在木制框架上穿上两颗或三颗间隔开的石制砣轮，石轮形似算盘子，直径约1尺，可由牲畜或人力牵拉。砘的作用是“使种土相著，易为生发”，即在谷子、小麦、豆类、黍子等作物播种之后，用石砘压实松土，使种子和土结合密实，以墒保墒，促进种子发芽生长。

（二）灌溉类农具

灌溉类农具通常用于给庄稼浇水、施肥，主要包括桶、大粪桶、粪勺、辘轳、水车、桔槔、戽斗、铁锚等。

【桶】是一种盛水、盛物工具，有水桶和茅桶之分。水桶用于挑水，茅桶俗名茅罐，用于担粪，两者形制相同，只是因用途差异而分别命名。传统的桶主要使用薄木板拼合，外侧使用铁箍固定。制作木材主要为楸木等，材料要求具有不开裂、耐腐蚀、比重小等特点，这样箍出的桶才能轻便耐用。木桶制作历史悠久，直至20世纪70年代才逐渐被白皮铁桶、塑料桶替代。

【大粪桶】俗称“圪桶”“不咚”，是运输人粪尿的粪车上安装的一种巨型木桶。大粪桶多为椭圆体，桶帮用厚约2厘米、宽约12厘米、长约1.4米的数

十块木板箍成，表面上下共用三道铁箍，上下里口衬两道铁箍。有底有盖，盖上留一孔，用于灌装茅粪，下边设有出粪孔。大粪桶一般需配合牲口车使用，通常固定在车厢部位，专门用于淘粪使用，称之为粪车，是过去农业生产中施肥必不可少的工具。

【粪勺】俗称为“量”，是一种淘粪工具。主要有两种形制：一种呈勺状，在一人长的木柄前端固定一个木制瓢；一种形似吊桶，在木柄前端固定一只小木桶，可前后摆动。粪勺通常要配合茅桶、大粪桶使用，双手持粪勺从粪坑中舀出粪水，先倒入茅桶，桶满后在装入大粪桶来运输。

【辘轳】是一种利用轮轴原理制成的提水工具，大约出现于春秋时期，唐代时已经使用广泛。明《广博物志》将辘轳的发明归功于西周名臣史佚，认为“史佚始作辘轳”。辘轳主要由井架、绞轮、井绳、水桶等组成，通常安置在井台上。井架一般使用条石、木头制作，固定在井口一端，横向安装圆桶形带有摇把儿的绞轮，绞轮上缠绕绳索，绳索的一头系着水桶。使用时，绞动摇把儿，将水桶垂入井中装水，再反方向绞动，便可提水出井。在晋城地区辘轳极为常见，通常有水井处便有辘轳。除用于提水外，古代晋城人开办矿井也常使用辘轳。

【水车】是一种以流水为动力的大型灌溉农具，大约出现于东汉时期，在唐代得以完善，并出现各种形态。水车的样式较多，常见的外形像一个巨大的车轮，全部使用木头制作，木轮外径上设有一圈临时装水的水槽，木轮在水力

驱动下自然旋转，可将水槽装入的水提到高处，再经水渠导入农田。除此外，还有龙骨车，又名翻车，形如脱骨蛇，因此得名。龙骨车根据动力装置不同，又分为水力龙骨车、蓄力龙骨车、人力龙骨车 3 种。水车在晋城地区较为少见，民国及新中国成立初期政府曾引进使用。

【桔槔】是一种利用杠杆原理的提水工具，大约出现于春秋时期，在《墨子》《庄子》等古籍中都有记载。明代《广博物志》将桔槔的发明归功于商朝名臣伊尹，认为“伊尹始作桔槔”。桔槔主要由立杆、活杆、水桶等组成，立杆为主要支架，将活杆拴在立杆上，末端悬挂重物，前端悬挂水桶。使用时，活杆系空桶的一端较轻，需要人拉系桶的绳子将水桶沉入水中装水，灌满水后的水桶与活杆另一端的重物重量差不多，只要稍稍用力上提，便可将水桶提上来。过去，桔槔是一种重要的取水工具，在晋城地区较为常见，如王炳照《樊川竹枝词》中有“两岸青山十里溪，桔槔向背涧东西”，记载的便是乾隆年间阳城县樊溪一带使用桔槔的情况。

【戽斗】是一种小型人力排灌农具，大约出现于春秋战国时期。元代王祯《农书》记载：“戽斗，提水器也……凡水岸稍下，不容置车，当旱之际，乃用戽斗。”戽斗的形状近似于斗，一般使用柳条编成笆斗，或用浅口木桶充当，两边系有绳索。使用时，两人相对站立，双手牵拉绳索，使之上下有节奏地舀水上岸，用于农田灌溉。

【铁锚】是一种铁制的打捞工具，常用来打捞掉进水井里的物体。形如船锚，一端系有绳索，一般为三爪，三爪的钩子皆向外，便于钩取物体。使用时，手拿拴了绳索的铁锚，将绳索预先盘出一定的长度，铁爪向下连同绳索一同掷入井中，通过晃动来勾住物体，最后拽绳出井。过去用水井取水时，水桶经常会脱落掉进井里，这时便要使用铁锚打捞。

（三）收获类农具

收获类农具通常用于农作物的收打、清选、晾晒等收获作业，主要包括镰、铲、锨、木杴、木叉、磙、连枷、风扇车、簸箕、笤帚、扫帚、谷筛、推板、铲斗等。

【镰】又名镰刀，是一种常用的收割农具，主要用于收割谷子、小麦等，使用时手握镰柄，刀刃勾住禾秆儿向内拉。镰，整体呈“7”字形，一般在长约一尺的细木柄上，安装月牙状的铁制刀片，薄而锋利。早在新石器时期已经出现了无柄的原始石镰，只用作收取禾穗，而不收秸秆。其后随着社会的发展，人们懂得了秸秆用作盖房子、饲养牲畜，于是出现了带柄的镰刀。商周时期出现了铜制镰，秦汉时期又逐渐被铁制镰取代，并沿用至今。晋城地区是古时著名的铁制农具产地，其中镰刀是重要的产品，尤其是“高平镰刀”更是历史名产，造型美观、锋利耐，因为享誉一方。晋城地区的镰刀有光刃镰、齿镰、铲镰等多种。其中铲镰样式比较特别，镰头外沿呈弧形且开有利刃，内沿平直，兼具有铲的功能和镰的形态，常用于割

除杂草等。

【铲】俗称“铲铲”，是一种个头较小的铲土农具。一般整体为铁制品，一头为圆管式握柄，一头为扁平的铲刃，常用于蹲着身子修整菜地等小型农田作业。

【锨】晋城方言读作 qiān，又名铁锨、铁杴或铁锹，是一种常用的铲土农具。大约出现于汉代，形制为在一人长的木柄上安装铁制锨头，一直沿用至今。常用的铁锨分圆头、方头两种，圆头尖锐便于挖土，方头平整便于铲土。铁锨也是晋城铁制农具的主要产品，泽州县山河镇的万杴村，相传便是因为生产铁锨而得名。

【木杴】又名木锨，是一种全木制的晾晒粮食的农具，常用于扬谷清选。木杴与铁锨形状大体相似，杴头整体为平展稍曲的方形木板。谷子收获后，禾穗在场圃上蹂打之后，糠秕相杂，此时要用木杴铲取后向风扬起，可借助风力使秕糠与谷粒分离。

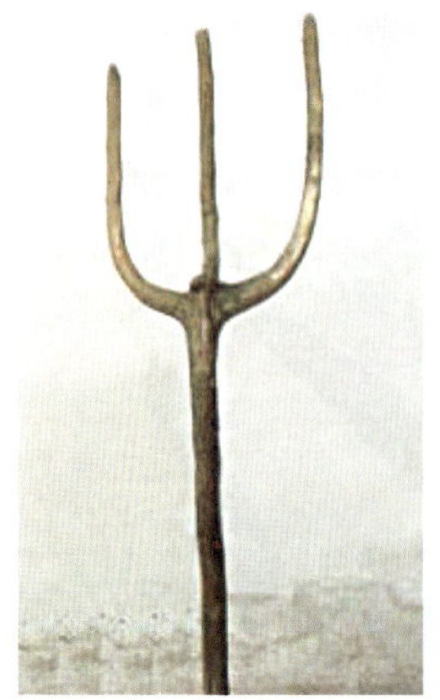

【木叉】是打谷场上常用的一种翻挑禾穗的农具，主要有人工制作与自然长成的两种。人工制作的木叉包括叉柄和叉头两部分，一般在木柄前端镶嵌一截长约 1 尺、厚约 2 寸的方木条，木条上开凿 5—7 个卯眼，用于固定木制的叉齿。自然长成的木叉，多利用杉树制作。一般在杉树的幼株生长到一定高度时截去树顶，有计划地在截口处接入接穗，经过几年的培育整形，枝条就能长成木叉的模样，达到 3 厘米粗细时，将枝条多余部分截去，可修整为一把坚硬的木叉。杉树木质细密坚硬，制作的木叉一般都比较大，不弯不折且具有弹性，常用于场上作业时对秸秆儿的攒堆打垛。

【磙】又名石磙、碌碡，是一种石制的碾场工具。磙，始见于汉代，大约在两晋南北朝时期得以推广，并沿用至今。磙，通常包括磙轮与木框两部分，磙轮通常使用砂石制作，整体呈圆柱形，长约 1 米，直径约半米，两端开有穴洞，用来与木框衔接。使用时，在木框系上绳索，套上牲口牵拉。磙的用途很多，常在秋收前用于对打谷场的压场平整，在禾苗入场后用来脱粒，也用于碎土、镇压、平地等。

【连枷】是一种用于脱粒的农具。早在周朝已经出现，在《国语》中有“耒、枷以待时耕”的记载，其中的“枷”即指连枷。连枷，主要由木柄和枷头组成，木柄前端绑缚枷头，枷头通常用长约 80 厘米、宽约 10 厘米的条状硬木板或竹片制作，也可用手指粗细的藤条编制。使用时，抡起木柄打向谷穗或豆秸，由于枷头是能够旋转的活体，在击打谷物时受力面积较大。与木棍相比，使用连枷击打谷物效果更好，而且作业时人可以直接站立操作，更加节省体力。

【风扇车】又名风谷车，是一种木制的大型清选农具。一般体型较大，高可达 2 米，长约 2.5 米，宽约 60 厘米。风扇车的结构较为复杂，通常由机体、风箱、叶轮、手柄、曲轴、进料口、出料口等组成，有的还带有容纳清选后谷物和糠秕的容器。使用时，摇动手柄可带动曲轴和叶轮，叶

轮旋转在风箱内产生风力。谷物通过进料口进入风扇车，借助风箱内的风力将糠秕扬去，清选后的谷物则从出料口流出。在风扇车出现之前，人们主要借助自然风来扬去秕糠。至秦、汉时期，风扇车被创造出来并逐渐发展成型，使得清选作业摆脱了对天气的依赖，是一种极为先进的传统农具。

【簸箕】晋城方言读作 bòqī，是一种常用的小型清选农具，一般使用藤条或柳条编制而成，敞口边嵌入了一块薄木板，用作撮取或扬簸谷物的进出口。使用时，将带有壳皮、小石子的谷子或小麦装入簸箕，双手持簸箕上下簸动，可借助风力扬去壳皮，左右摇动可将石子与谷子分开，再人工拾取。簸箕用途较多，除用于清选外，还常用于铲装粮食或临时晾晒少量粮食。在商周时期，簸箕便已经出现，称之为“畚”，其后发展成型并一直沿用至今。沁水县嘉峰镇尉迟村，又名簸箕村，相传隋朝末年大将尉迟恭在此避难，曾传授给村民编簸箕的手艺。

【笤帚】晋城方言读作 tiáozhū，俗称“笤帚骨朵”，是一种常用的清扫工具。一般使用黍米的秸秆等材料制作，有大、小两种造型，大的长约一米，呈扇面状，小的长约一尺，整体呈厨刀的形状。在农业活动中常使用小笤帚，单手持握，常配合簸箕用于清扫谷子等。

【扫帚】晋城方言读作 shàozhū，俗称“扫帚骨朵”，是一种常用的清扫工具。扫帚的个头比笤帚要大，常使用扫帚苗发制，根据扫帚苗的长成后的自然形态进行制作。在晾晒谷物等作业中，扫帚一般用于清扫场地等。

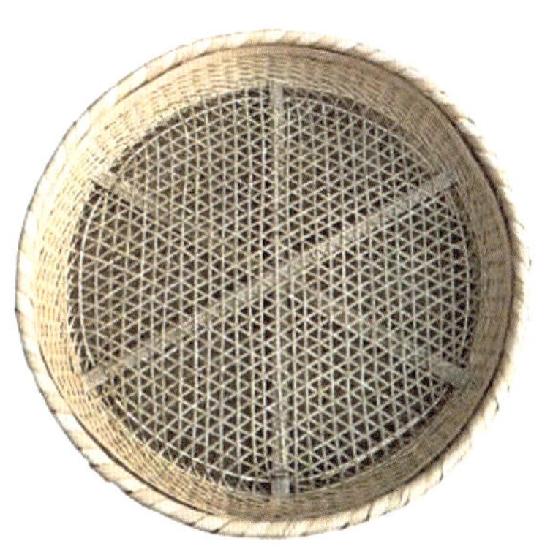

【谷筛】是一种清选农具，常见的有木筛与竹筛两种。木筛整体呈长方形，长约一米，宽约半米，高约半尺，使用四块条形木板榫卯拼合而成，底部安装筛网。竹筛则多为圆形，使用竹篾条编制而成，有大小多种，大的直径一米有余，小的直径半米。谷筛根据筛网的网眼大小不同，又可分为粗谷筛与细谷筛两种。每年秋季谷子收获后，一般先将谷穗碾压后挑去谷穰，再将谷粒扫成一堆，使用粗谷筛去除谷穗中的穰梗等杂物。扬过的谷粒则用细谷筛进行再次筛选，充分去除谷子中的秕糠等杂物。

【推板】是一种打谷场上常见的晾晒农具，多为木制，分单人用推板和多人用推板两种。单人用推板结构简单，一般在一人来长的木柄上，安装一块两尺多长、半尺多宽的木板。多人用推板相对较大，一般在一块长约 4 尺、宽约半尺的木板上，安装两根一米多长的推杆，并加装横木组合成把手。每逢小麦或谷子等作物收获后，在粮食收打和晾晒时都要使用到推板，主要用于粮食攒堆儿或将攒堆儿的粮食铺开。单人用推板比较轻便，单人便可使用。多人用推板结构稳固，使用时还可拴上绳索，多人前拉后推，效率比较高。

【铲斗】是一种专门用来装粮入袋的农具，主要有木制和条编两种。木制铲斗，像一个木头抽屉匣子，整体由 4 块大小不等的木板榫卯组合而成，长约2尺，宽1尺，高约半尺，顶部无盖安装有丁字提梁。条编铲斗常使用柳条、藤条等编制，形似簸箕，在铲口安设薄木片作为口沿，与簸箕的区别是宽度较小、边沿较深。铲斗是打谷场上或粮仓里用于装粮入袋的专用工具。铲斗的口沿一般小于粮袋的口径。使用时，手执铲斗的提梁或手握铲斗的边沿，将粮食装入粮袋。

（四）加工类农具

加工类农具通常用于粮食清洗、粉碎等加工作业，主要包括碾、磨、碓臼、水碓、水磨、箩等。

【碾】又名石碾，是一种用于谷物加工的农具。据《后汉书·崔亮传》记载，崔亮在雍州为官时曾“教民为碾”，由此可知碾在汉代已经使用。元代王祯《农器图谱》记载了两种石碾：一种为砣碾，用畜力拉动石砣，沿着碾盘上的槽转动；另一种是磙碾，碾盘上不开槽，直接用畜力拉动石磙转动。这两种碾在晋城地区都有使用。其中磙碾最为常见，其石磙样式与打谷场用的磙相近。而砣碾则又称为槽碾，相对较为少见。除此外还有一种大碾，形制与磙碾相似，只是石磙与碾盘要大很多，一般不设碾台，而是就地铺设碾盘，使用时需要两头以上牲畜才能拉得动。碾，常用来碾米、碾玉米圪糁、碾玉米面、豆面、榆皮面等，一般需要配合簸箕、笤帚等一起使用。

【磨】又名石磨，是一种用于粮食加工的农具。始见于春秋战国时期，称之为“硙”，到了汉代才改名为“磨”。

石磨通常使用砂石制作，由上下两层圆盘组成，圆盘呈扁平的圆柱形。下层为固定的磨盘，中间设一根铁轴，上层有相应的空套，套上后可绕轴转动。两层接合处刻有纹理，粮食从上层的料孔进入“磨膛”，沿着纹理向外运移，在滚动中被磨碎，从而形成粉末。石磨主要有大小两种：大的直径约 1 米，一般套上牲口推动，是大型粮食磨粉工具；小的直径约一尺或半尺，俗称为“小磨”，一人单手便可使用，常用于临时制作小米粉浆、研磨花椒面儿等。

【碓臼】又名“石碓”“石臼”或“杵臼”，是一种用于粮食加工的农具，常用来舂数量不多的糙米、杂粮、米粉和面粉等，有时也用来做韭花儿。《易·系辞》记载“神农氏……断木为杵，掘地为臼”，结合考古资料可知，早在商周时期之前便已经出现碓臼。碓臼一般由碓窝和碓锥两部分组成。碓窝，单独存在时称为“臼”，是在一块方形的大青石中间凿出一个汤锅大小的圆窝，上粗下细，非常光滑，用于盛放被捣的谷物。碓锥的样式和发力形式息息相关。碓臼根据碓锥发力形式的不同，又可分为杵臼、踏碓等。杵臼的碓锥比较简单，在木制短棍前端镶一颗石球，做成石杵样式，

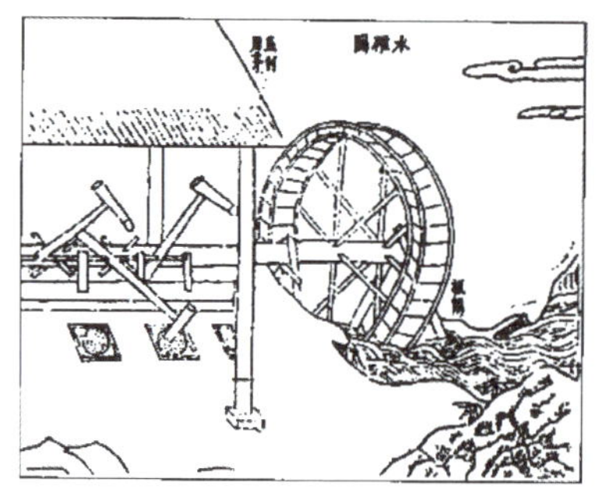

双手持握石杵在碓窝里舂捣。踏碓则利用杠杆原理制作，其碓锥整体上形似一架跷跷板，在一根横木前端镶一石杵，人用脚踏横木另一端发力，一起一落间石杵落入石臼舂捣，相对比较省力。

【水碓】以流水为动力，驱动碓臼来舂捣粮食，是东汉时期创造的一种农具。水碓一般设置在河流两旁贴近河岸处，河水被导引进入水碓的动力装置，驱动水轮转动，由水轮带动碓锥发力。水碓的开启和关闭由水闸来控制，开启水闸后，水碓可日夜不间断地连续工作，非常省力。《泽州府志·方舆志》记载“磨河迅湍，居人作水碓香磨为资生”。《凤台县志·山水·丹水》记载“水碓烟际，有江乡风味”“土人激行水碓，东西两岸草屋映带”，由此可见古时在晋城地区丹河等河流两岸曾分布有水碓。

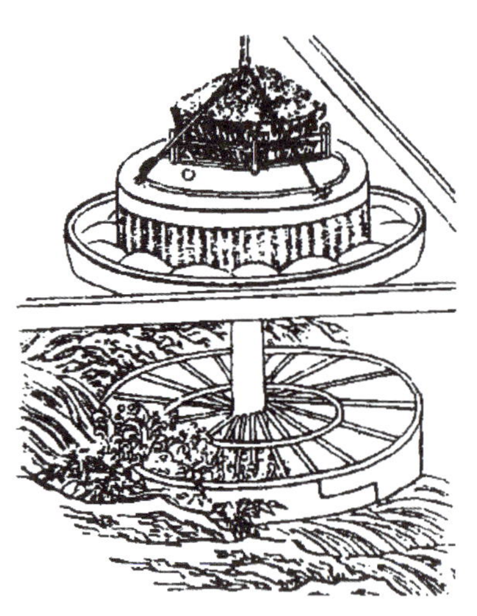

【水磨】是一种以流水为动力的石磨，大约创造于晋代。其谷物加工部分与普通石磨基本相同，只是动力部分改为由水轮带动。常见的水磨的动力部分使用一个卧式水轮，在水轮的主轴上安装石磨的上扇，流水冲动水轮旋转，然后驱动石磨转动，称为“卧轮磨”。除此外，还有一种“水转连机磨”，结构比较复杂，一个水轮能同时带动几个石磨转动。这两种水磨，在元代王祯《农书》中都有记载，并沿用到清末民国以后。过去，在沁河、丹河两岸分布有许多水磨，比如陵川县武家湾、锡崖沟等，阳城县义城村、水村等，泽州县水磨头村、泊村等。

【箩】又名面箩，是一种粮食加工工具。形如筛子，整体呈圆饼状，高约15厘米，直径约30—50厘米不等。箩主要由箩帮和筛网两部分组成。箩帮一般使用薄薄的柳木板制作，揉制成圆圈，底部安装筛网，用竹篾撑压绷紧，再用竹钉固定。旧时，筛网一般使用马尾巴毛制作，横纬竖经编制，有粗网、细网之分。使用时，用面瓢将磨好的面粉少量倒入箩中，双手持箩，左右摆动，细面粉通过筛网的网眼漏下，将箩中剩余面渣倒掉，再如此反复操作。筛面的过程，俗称“箩面”或“渡面”。如果面粉量比较多，还常配合箩床一起使用。箩床，使用木头制作，将两根方形木条平行安在两块木板之上，用以承托面箩左右运动。

（五）运输类农具

传统运输类农具分人力和畜力两种类型。人力运输工具主要是扁担、箩头、独轮车等。畜力运输工具主要是骡、马、驴搭配两轮农用车使用，而晋城最有特色的两轮农用车是铁轮车。除此外，马槽等牲畜饲养中常用的工具，大体也可归入运输类农具。

【担杖】是一种传统运输工具，常用于挑水、挑粮等，一般配合水桶、箩头等使用。晋城地区的担杖主要有3种类型：水担、扁担和尖担。水担最为常见，多用于挑水，因此得名。水担主要由木杆和铁钩两部分组成，木杆长度与成年人身高相当，使用桑木、槐木等制作，

为扁平状，两端安装带链子的铁钩，可悬挂水桶等。晋城人所谓的“扁担”，和南方的竹扁担样子有些相似，多使用桑木做成，两头不挂钩子，分别打两个孔，插上小指粗的小木柱，用来挂绳子，常用于挑礼匣等物。尖担的两头也不挂钩子，而是镶套两个铁尖儿，常用于挑秸秆。粮食收获后，小麦、谷子等在场上脱粒，剩下的秸秆打捆或装入草篓，常使用尖担挑运。

【箩头】又名箩筐，是一种传统运输工具。箩头一般使用荆条等编制，主要由筐体和提把儿两部分组成。筐体呈圆形，直径与成人胳膊的长度相当，提把儿俗称“箩头胳把”，呈十字交叉样。箩头常配合担杖使用，一条担杖前后配两个箩头，可用于挑粮食、麦秸、灰土等。

【独轮车】又名小车、小推车，是一种木制的手推单轮小车。早在商周之前便已经出现，并一直沿用至今。其构造和制作比较简单，两根木辕中间夹挂一个木车轮，除手推的木辕把子和落地的两根支杆外，车身的前半部分略呈“十”字形，车轮的上面设有棚架，两边可各装一只长方形箩筐。

【铁轮车】是一种晋城地区特有的牲口用车。传统的车主要使用牲口牵引，因牲口不同而分别命名为马车、牛车或骡车。车辆构造大体相似，主要由车轮、车轴、车辕、车厢等组成。一般的车轮多为木制，而铁轮车则使用铸铁车轮，或在木车轮外包括铁皮。车厢处一般安装荆条编制的大筐，俗称为“不篮”，每次可装货 150—200 千克。20 世纪 50 年代后，铁轮车逐渐为更为轻便的胶轮车所取代。

【驮架等马具】在传统驮运中，使用到的马具非常多，主要有：缰绳、扎脖、马鞍、马蹄铁、牛轭、笼头、笼嘴、粪兜儿、马鞭、驮架等。其中驮架又名驮货架子，是一种牲口驮货用的配具，整体呈拱桥状，又像一个大板凳，通体用木头制作。使用时，将驮架卡在牲口背上，再在驮架两边安装折起来的加架，形如“W”形，再将货物固定在驮架的两边。笼嘴，是一种用竹篾或铁丝等编制小器物，呈半球形状，戴在牲口嘴上，使其不能吃东西。

【马槽】又名牲口槽，是一种盛饲料喂牲口的农具，主要有石制和木制两种样式。木制马槽使用木板拼合成长方形的槽盆，槽盆口大底小，下面安装四条“八”字形的木腿支撑。石制马槽，又名石槽，多使用一整块长方形的砂石掏空形成槽盆，再固定在半人高的砖台上使用。马槽的宽度一般皆为半米左右，长度随同槽牲口的数量不同而不同，一般长度为2米左右，可同时喂两头牲口。晋城地区位于太行山区，石料丰富，故而马槽多为石头制作，至今在农村地区仍保存完好。

【铡刀】是一种用来铡草的农具。主要由刀座和刀身两部分组成，刀座为木制，中间刻有刀槽，刀身的一端固定在刀座上，另一端连接刀把，可以上下提压。使用时一般需要两个人配合，一人手执刀柄向下用力压刀，铡切放在刀座上的秸秆，一人坐在铡刀的左侧，双手抱禾草，有节奏地向刀下递送。铡刀切碎的秸秆可用来饲养牲畜，又常用来沤肥。

（六）量器类农具

量器类农具通常用于测量粮食的体积、重量或土地的面积，主要有斗、升、合、秤、步弓等。

【斗、升、合】是过去农业生产中常用的容积量器。中国使用量器的历史非常悠久，夏商周时期已经广泛运用于农业生产，见于记载的名称非常繁多。自秦始皇统一度量衡开始，历代中央朝廷对量器都非常重视，一般都有明确规定，并以法令的形式在天下推行使用。《泽州府志·贡赋志》记载，雍正八年（1730）“泽州府五县田赋总数……共征夏秋粮一十三万二百三十九石三斗八升三合七勺六抄五撮七圭九粟”，其中“石、斗、升、合、勺、抄、撮、圭、粟”皆为称量粮食的计量单位。清代及民国时期，民间经常使用的容积单位主要为石、斗、升、合，通常 1 石等于 10 斗，1 斗等于 10 升，1 升等于 10 合。斗、升、合，作为容积量器，一般都使用木头制作，有圆筒形、方台形等样式。1985 年 9 月，随着《中华人民共和国计量法》公布，斗、升、合等古量器彻底退出历史舞台。

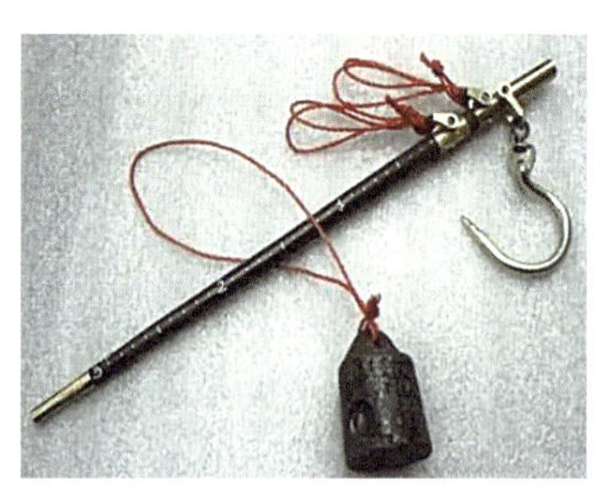

【秤】是过去农业生产中常用的一种重量量器。在西周青铜器铭文里，已经有“金十寽”“丝三寽”“金十勻”等记载，说明当时已经有比较成熟的重量量器。后世常用的杆秤，大约出现于汉代，是一种利用杠杆原理制作的量器。杆秤主要由秤杆、秤锤、提纽、秤钩组成，秤杆古称“衡”，使用硬木制作，上面标有刻度，一般为镶嵌在秤杆表面的铜制小圆点，称为秤星。秤锤古称“权”，一般使用铁来铸造。使用时，将被称量的物体挂在秤钩上，手抓提纽悬起，在秤杆尾部挂上秤锤，拨动秤锤使秤杆平衡，读出刻度表示的重量即可。

【步弓】俗称“丈杆”，是一种丈量土地面积的量器。一般使用木条制成，共有两条木腿儿，形状如同“八”字，又好像岔开腿儿的圆规。使用时，左手执弓把，右手推摆弓体，使弓脚交替旋转前行，量出长度。弓脚两端之间的间距为一步，为人平常迈步的两跨，因此得名。步弓大约出现于秦、汉时期，其后历代沿用。《汉书·食货志》记载：“六尺为步，步百为亩”，也就是说一步等于六尺，边长一百步的方田是一亩。清代以后，一尺约为32厘米，五尺为一步，又称一弓，三百六十弓为一里，二百四十方弓为一亩。《泽州府志·贡赋志》记载，雍正八年（1730）“泽州府五县田赋总数……实在旧额民田熟地共二万六千五百九顷二十七亩六分四厘三毫七丝”，当时征税的土地定额大约为26509顷27亩6分。

晋城

第三章

精耕细作

春秋战国时期，铁制农具的出现与推广使我国的文明形态产生了质的飞跃。从此之后，中国人通过“精耕细作”的农耕生产方式，实现了中华文明延续2000余年的繁荣与发展。在漫长的历史长河中，晋城人在开荒拓地、水利建设、历法研究、蓄力使用、农时利用以及耕作方式改进等方面，作出了一系列努力。这些努力使沁河与丹河滋润的这片土地，变得更加肥沃富饶。

一、自然环境——北纬 35° 线的馈赠

北纬 35° 线大概是地球上“最慷慨”的纬线，它将最好的地质、山川、气候、阳光、土壤……一一进行馈赠。处于这条线上的区域，都非常适合开展农业生产。如尼罗河、幼发拉底河、底格里斯河以及黄河，恰似心电图一样在这条线上律动，分别诞生了古埃及文明、古巴比伦文明以及辉煌的中华文明。晋城市便坐落在黄河北岸，是中华文明核心区域内的一小部分，也是北纬 35° 线上闪闪发亮的一颗小珍珠。

打开中国地图，顺着北纬 35° 线移动你的手指，一片紫薇树叶形状的城市映入眼帘——这便是晋城市。准确地说，晋城市的地理坐标为北纬 35° 11′ —36° 04′ ，东经 111° 55—113° 37′ 。市域东西宽 160 千米，南北长 100 千米，总面积 9490 平方千米。这里位于山西省东南部、黄土高原东南缘，处于我国地形中第二阶梯向第三阶梯过渡的地带。剧烈的地形变化，使晋城市在地形地貌上呈现出别样的精彩。

黄河呈“几”字形沿着山西省西侧的省界线流动，快到晋城市时，因为受到山脉的阻隔，只能拐道流向河南省。太行山、太岳山、中条山、王屋山四座大山，像四条巨大的臂膀，将晋城市高高托起，捧在手心上，使之成为黄河北岸的一处高地。古人称太行山为“天下之脊”，将晋城与北侧的长治合成为“上党”，故而这处高地便被命名为上党高地。上党高地，又名晋东南高原，以丹朱岭和羊头山为界，分为南北两个区域，北边是长治盆地，南边为晋城盆地。晋城市的地势北部高、中部和南部低，像一个硕大的簸箕。最高处海拔 2358 米，最低处海拔不足 300 米，大部分地区海拔在 800 米以上。细看晋城盆地，更像一处堆叠在瓷盆里的立体青绿山水。峰峦起伏，沟谷纵横，山地、丘陵、盆地交错分布，地形复杂多变。其中山地和丘陵为主要地貌，分别占总面积的 58.6% 和 28.5%。中部和东

都散落着几个串珠样的小盆地，以城区所在的区域面积最大，盆地及山间宽谷约占总面积的 12.9%。明代陆深描述说“太行山川有极佳者，大率万山中寻一平旷有水处便立州县”。泽州、高平、阳城、陵川、沁水的县城所在处，皆遵循这一法则，地势平旷，人口密集，农业生产也比较发达。

晋城有两条母亲河，一条叫沁河，一条叫丹河。两河呈“Y”字形由北向南穿境而过，丹河先汇入沁河，沁河再汇入黄河。沁河发源于太岳山东麓二郎神沟，流经晋城市沁水、阳城、泽州三县，晋城境内段全长约 160 千米，流域面积 4606 平方千米。两岸河谷密布，分布有丹河、县河、梅河、杏河、端氏河、濩泽河、龙渠河、长河等数十条支流。其中，丹河是晋城市境内的第二大河，发源于丹朱岭，流经高平、泽州、城区和陵川，全长 121.5 千米，流域面积 2949 平方千米。白水河、永禄河、许河、廖东河、原平河、塔水河等支流汇入其中。除此外，陵川县境内武家湾河、横水河、北召河、香磨河、锡崖沟河等则属于卫河支流。晋城市水资源总量为 21.49 亿立方米，占全省水资源总量的 15.1%，人均和亩均水资源占有量分别高出山西全省平均数的 1—2 倍。《泽州府志》曰：“丹沁二水为此郡血脉”“为渠为浸，灌输民田”。沁河、丹河以及众多的支流小河，浩浩荡荡流淌了数千年，浸润着这片土地，带给这片土地无限生机。

北纬 35° 线馈赠给晋城良好的气候条件。这里属于暖温带大陆性季风气候，四季分明：春季干旱多风、夏季炎热多雨、秋季秋高气爽、冬季寒冷干燥。全年平均气温 11.5° C，年平均降水量 550—750 毫米，平均日照时数 2563 小时。惊蛰过后，雨水应时而降，暖风吹过田野，农作物怦然萌动，刚钻出土壤，便能享受到全年 200 余天的阳光。晋城市全年晴天数大约 274 天（按低运量计算），无霜期平均为 197 天，非常适合农作物的生长。春季将谷子播种下去，秋季便能收获一地金黄；秋季将麦子播种下去，夏季又是一地金黄……

所有的收获都是土壤的馈赠。晋城市在地理位置上处于沿海湿润区向内陆干旱区的过渡地带，其发育的土壤属于两者之间的过渡类型。据山西省第二次土壤普查，晋城市境内土壤可分为 8 个土类、13 个亚类、30 个土属、93 个土种，具有丰富的土壤类型。8 个土类分别为：山地、草甸土、棕壤、褐土、新积土、红黏土、粗骨土、石质土。其中普遍分布的地带性土壤为褐土，总面积 1155 万亩，约占全市土地总面积的 83.3%，在全市各县、区均有分布。

从神农炎帝举起耒耜开始，境内的土壤便不断被开辟出来，成为可以栽种粮食、蔬菜的农田。据统计，2022 年晋城市共有农田 271.2 万亩，生长着各种农作物。它们像一个巨大的“阳光加工厂”一样，将太阳恩赐的能量转化为食物，养育着这方土地上的人民。

“芃芃黍苗，阴雨膏之”。太行山拱起脊背，迎接着东南风送来的湿气，雨水适时降落。黄土包裹着的种子欣然萌动，照耀着阳光，正畅享着秋日的馨香。一切收获都是大自然的馈赠！纬度、地质、山川、气候、阳光、土壤，每一项都对农业产生着巨大影响，使这片土地上的耕作与众不同、充满生机。

二、耕地——向苍天再借半亩田

走晋济高速，由河南济源进入山西晋城市，眼前的景象忽然一变。一望无际的平原消失了，取而代之的是高耸如云的太行山。车子在隧洞中快速穿梭，透过窗户慢慢看到了村庄，一垄一垄的梯田将村子包围起来，房前屋后种满了庄稼。路边随意摆放着几只水桶、瓷盆、泡沫箱，里面装满土，种着少许蔬菜。车上的人呵呵笑起来，“晋城人真有意思，好像要向苍天再借半亩田……”

是啊！晋城人就是要向苍天再借半亩田！

梯　田

虽然北纬 35° 线馈赠给晋城良好的山川、气候、阳光，但是并没有赐给晋城广袤的农田。自古以来，晋城人便一直面临着“人多地少”的困境。在《泽州府志》中，“万山”一词一共出现了 28 次，贫瘠的“瘠”字则出现了 29 次。什么“土瘠民贫”“田亩硗瘠”“土瘠地狭”……多处可见。明代兵部尚书周盘描述家乡时说“民淳地瘠，唐虞遗风”。清代名相陈廷敬则说：“我州居太行之巅，地多硗瘠。”乾隆年间，陈廷敬的孙子陈名俭在外地做官，行船途中管着孩子读书，恼火地说：“况是归耕田绝少，要凭笔砚寄耘苗”，意思是“孩子呀，你要是不好好学习，就是回家种地也没有几亩农田！”在古代晋城人头脑中，对土地贫瘠、耕地匮乏的状态认识非常深刻。

晋城市总面积 9490 平方千米，其中 87.1% 都是山地和丘陵，平川面积不足 13%，缺少开垦大块农田的条件。秦汉时期出现了造梯田的技术，极大地扭转了山区农田开垦严重不足的困境。数千年来，晋城人不断地挥动锄头、镰刀，向着山坡、沟壑要地，开垦出的农田大部分都分布在沟上、坡上、岭上、梁上。阳春四月，行走在晋城的田野中，你会发现一垄垄的梯田，连绵起伏，蔚为壮观。据万历《泽州志》记载，明朝万历九年（1581）“经丈过官民夏秋平坡地共三万一千四十一顷八十一亩”，大约310万亩。至1958年，晋城市耕地面积达到最高，共计311.72万亩，约占全市土地面积的20.53%。撇开市域面积变动等因素，可以说到明代中后期，晋城大部分可以开垦的土地都已经得到了开发。

客观上讲，晋城市的耕地条件并不太好，不但缺少平整的大农田，而且大部分耕地都是旱地，肥沃的水浇地占比非常少。古人将农田分为上、中、下三等，其中“上地”最为肥沃，官府每亩征粮七升，“中地”稍佳，每亩征粮四升六合，“下地”较为贫瘠，每亩征粮二升。除此外，晋城还有大量“下下地”，极为贫瘠，每亩仅征粮一升。在古泽州府五县中，高平县地势相对平坦，农田条件也较好。据《泽州府志》记载，康熙四十四年（1705），高平县有“上地”129183亩，“中地”558834亩，“下地”389975亩，“下下地”8042亩，其占比大约为12∶51∶36∶1，其中12%为“上地”，88%都是并不太肥沃的“中地”“下地”和“下下地”。现代，一般简单将农田分为水地和旱地。据统计，1985年晋城全市耕地面积为292.23万亩，其中水地35.66万亩，占耕地面积的12.2%，旱地为256.57万亩，占耕地面积的87.8%。上述统计虽然来自古今不同时代、不同的两级行政区划，但占比却惊人地相似。简单来说，在晋城市的耕地中大约12%是上等的水地，剩余的88%都是并不太肥沃的旱地，古今大体如是。

农田是一种极为脆弱的物资，但凡三五年不修理，良田便会长满乱草蓬蒿，变成无法耕种的荒地。从史志记载来看，使农田“撂荒”的原因非常多，在古代主要是战争。经过明末数十年动荡，晋城的农田大面积减少。《泽州府志》记载，至雍正八年（1730），泽州府五县“实在旧额民田熟地共二万六千五百九顷二十七亩六分”，大约为265万亩，与明代相比减少了大约 45 万亩。这种变化在县志记载中数字更明确，如：阳城县在明朝万历九年（1581）共有耕地 550199 亩，至清顺治十五年（1658）仅剩 345762 亩，锐减了 204437 亩。经过 100 余年休养生息，至乾隆二十四年（1759），阳城县的耕地才恢复至 407682 亩，与万历九年相比仍少 142517 亩。清末民国时期的战乱，尤其是抗日战争对农田的破坏尤其巨大。据统计，抗战期间晋城市共损失农田 218701 亩。战乱导致人口大量伤亡、外逃，耕地大面积地撂荒，如高平县 1936 年耕地面积为 336306 亩，至 1943 年只剩 252027 亩，减少 84279 亩，其中仅日军修筑碉堡就占用耕地 2650 亩（《抗日战争时期山西人口伤亡和财产损失课题调研成果 · 晋城卷》）。

自然灾害是耕地锐减的第二原因。在传统农业社会中，人类抗击自然灾害的能力很差，旱灾、洪灾、蝗灾、山体滑坡以及瘟疫不但会导致粮食减产、人口减少，还会导致耕地流失。近 150 年中，最严重的一次自然灾害发生于清光绪三年（1877），导致泽州府人口死亡十之六七，土地大量撂荒，耕种面积不及灾前的十分之三。灾后，时任凤台县令杨恩溥下令统计田亩，胥吏走遍乡间，到处是荒地，无人认领，不由感慨“灾浸既过，村里几空，蓬蒿满田，膏腴无主，履亩问税，整拾殊难”。据《凤台县续志 · 田赋》记载，凤台县灾前纳税的田亩共计 917922 亩，灾后剩余 827049 亩，直接损失了 90872 亩。剩余农田出现严重的撂荒情况，官府被迫将田地分为“老荒地”“有主荒地”“无主荒地”三等，上报朝廷请求蠲免赋税。高平、沁水、阳城、陵川四县情况与凤台县相似，史志记载同样是“荒芜遍野”“室宇多空”。

灾难一次次降临在这片土地上，但这片土地上的人民却从未屈服。每次灾后，撂荒的土地很快便重新得到开垦。据统计，民国三十二年(1943)时，高平县耕地仅剩 252027 亩，至 1949 年已恢复至 584210 亩；民国二十二年（1933）阳城县耕地 415836 亩，至 1949 年已恢复至 628857

亩……战乱结束后，晋城市各县的耕地基本都恢复到了历史正常水平。1949 年时全市共有耕地 302.88 万亩。每一次战乱、每一次灾害都像一次轮回，似乎只要人们还要吃饭、农民还举得起锄头，农田便永远不会撂荒。是啊！这里的人民不但不会坐视农田撂荒，而且还要向苍天再借半亩田。

行走在晋城的农田中，你会发现大部分的耕地都是硬生生从山坡上、沟壑中“借”出来的。一片片并不太大的农田，像一缕缕绘满花纹的飘带一样挂在山塄上。一块块或拳头大小，或脑袋大小的石块垒成一条条石塄，首尾相连，一望无边。如果说万里长城万里长，那守护着晋城 300 万亩耕地的山塄、土塄则无人知道它的长度，也无法轻易丈量。这些山塄、土塄就是晋城人向苍天再借半亩田的证据。它们很多都历史久远，边边角角上甚至残存着石器时代的灰陶、两汉时期的瓦块。而在碑刻、地契记载中，零散的相关记载也比比皆是。

我国传统社会有“劝农”的传统，晋城历史上的职官也常以鼓励垦荒为德政。如：北宋开宝年间高平县令杨咸弼“讲求屯田法，力行开垦，公私咸赖”。明嘉靖年间，陵川县连续三任县令实行垦荒辟田政策。袁淮“甫莅任，劝辟田，教勤耕，示之本”，主要从思想上入手；孙绍先“垦荒芜以赡困茕”，用垦荒所得实行救济；马宗孝“垦田乏力者给耕牛，丈地均粮”，主要从耕牛、口粮等生产资料进行扶助。尤其是孙绍先，其任官陵川期间政绩卓著，离任 20 余年后仍为人追念并立碑纪念。而晋城外出为官的士人更是致力于劝农垦荒，如：明代陕西副使赵九思“力垦荒田，蠲给牛种”，山东招远县令申良“开垦荒田数百亩”，陕西副使钟鉴“开垦芜田三万余顷”，陕西巡抚张琏“招徕开垦荒地九千余顷”等，都在垦荒方面取得了卓越的政绩。

除官府劝农垦荒外，民间垦荒的规模也非常可观。清雍正年间，朝廷推广“摊丁入亩”政策，开始清查历年开垦的荒地。据《泽州府志·田赋》记载，仅雍正六年（1728）便清查出“开垦隐种民田荒地八百八十八顷六十九亩九分”。而这些“民田荒地”从一定程度上反映出民间垦荒的成果。在碑刻中，还保存一些零散的垦荒记录。比如：金村镇《增修浮山娲皇庙记略》记载，明朝万历年间，道士王玄明等闲暇时在浮山“开垦荒地若干亩”。古代民间的垦荒，大多如王道士这样，开垦的荒地一分半亩比较零碎，但就是这些零碎的垦荒，积少成多，极大地拓展了晋城人的农耕空间。

向天再借半亩田，并不是一件容易的事。但凡没有成为良田的荒地，总是存在着这样那样的难题，开垦起来极为困难。在阳城海会寺南边曾有一块百余亩的荒地，临近樊溪，本可以成为一块上好的水浇地。但因为每年夏秋汛期樊溪泛滥，常常被洪水淹没，所以无人耕种，只能被“荒沙蔓草、断溪乱石”包围。明朝末年，太子太保张慎言便曾想规划开垦，最终因为时局动荡，未能如愿。清康熙年间，由宰相陈廷敬捐资，计划先筑堰防水，再垫土成田，最后引渠灌溉，将其改造为一方“金田”。筑堰工程完毕后，在堤坝旁遍植杨柳，杨柳已经长得亭亭如盖，垫田工程却仍未结束。而后樊溪泛滥，将完工的堤堰冲毁十之六七，此工程竟毁于一旦。可以相信的是，晋城一垄垄的耕地，很多都曾经历过这样艰难的开垦过程，得来何其不易！

晋城历史上大规模的农田建设发生在新中国成立后。从 1956 年至 1978 年，整个晋城市长时间投入农田建设的劳动力多达百万计。他们采用深翻深刨、里切外垫、修边垒堰等多种手段，对晋城市几乎所有的农田进行了一次规模浩大的改造。据《晋城市志》（2019 年版）统计：“1956—1959 年，平田整地 18 万亩，修边垒堰 22 万亩，发展水浇地 6 万亩。”“进入 60 年代……平田整地面积达到 26 万亩，修边垒堰面积 34 万亩，深翻深刨面积 12 万亩，水浇地面积扩大到 26 万亩。”“1970—1978 年，平田整地面积达 80 万亩，深翻深刨面积 60 万亩，机械深耕面积 20 万亩，修边垒堰90万亩，修防渗渠道9万米，发展水浇地22万亩，新造滩地18万亩。”浩大的农田建设工程，为晋城人民筑起了一道牢固的耕地生命线。

农田建设是一场历时数千年的浩大工程，更是一场事关生死存亡的保卫战。将一亩荒地改造为良田，需要几年时间持续不断的努力；而数千亩良田沦为荒地，却往往只需要很短的时间。1980年6月19日高平县突降暴雨，北诗午村近千亩梯田被暴雨冲毁。这近千亩梯田历时十余年才辛苦建成，耗费了十多万个劳动工时，但是溃败却发生在一夜之间。晋城市现有耕地271.2万亩（2022年），每一寸都得来不易。守牢耕地红线，需要我们付出更多努力！

三、水利——问“渠”哪得清如许

清同治三年（1864），湖南攸县举人龙汝霖就任为高平县令。这一年夏季，阳城、沁水发生严重的水灾，沁河泛滥，将沿岸许多村落淹没。第二年秋季，泽州府连降40余天大雨，庄稼再次遭灾。龙汝霖所在的高平县，虽然没有发生水灾，但在他就任前两年，发生了严重的蝗旱灾害，农田大面积歉收。

面对时旱时涝的天灾，龙汝霖萌生了兴修水利的想法：“思淤者浚之，圮者新之，潴蓄有资，启闭以法，庶夏旱秋涝不能为病。”他设想疏浚淤塞的河渠，修缮倾圮的堤坝，开挖蓄水池，并制定合理的灌溉方案，这样即使再面对旱涝也不至于酿成灾害。但是残酷的现实并不容他有所作为。清王朝早已风雨飘摇，“军兴弥年，民穷财匮”，县里薄弱的财政根本无法支撑水利建设。龙汝霖在田埂里来回踱步，心情沉闷。在后来编纂的《高平县志》中，他历数县内的水利工程，高呼“昔贤争言水利”“安得……藉资修筑，而兴利除害也乎！”

透过县令龙汝霖的视角，我们发现：在晋城历史上，曾有许多先贤兴建过水利设施。比如：唐宋时期的贞元渠堰、高平城堤、金元时期的屯城堤、郭公堤、嘉峰渠以及明清时期的唐安镇石堤、李桢引水渠、野老亭水渠等。虽然工程规模并不大，但仍然对晋城农业发展产生了深远的影响。

晋城市境内最早的水利建设大概可以追溯到战国时期。长平之战时，秦军在阳城县屯城村驻扎，为了满足士兵和马匹饮水需求，曾开凿水渠，以资军用。东汉元初（115）二年，汉安帝诏令上党等地“修理旧渠，通利水道，以溉公私田畴”。这条“旧渠”可能经过修缮沿用了下来。屯城村位于沁河东岸，村北有侯郑河、湘谷河两条河流，由西向东汇入沁河。

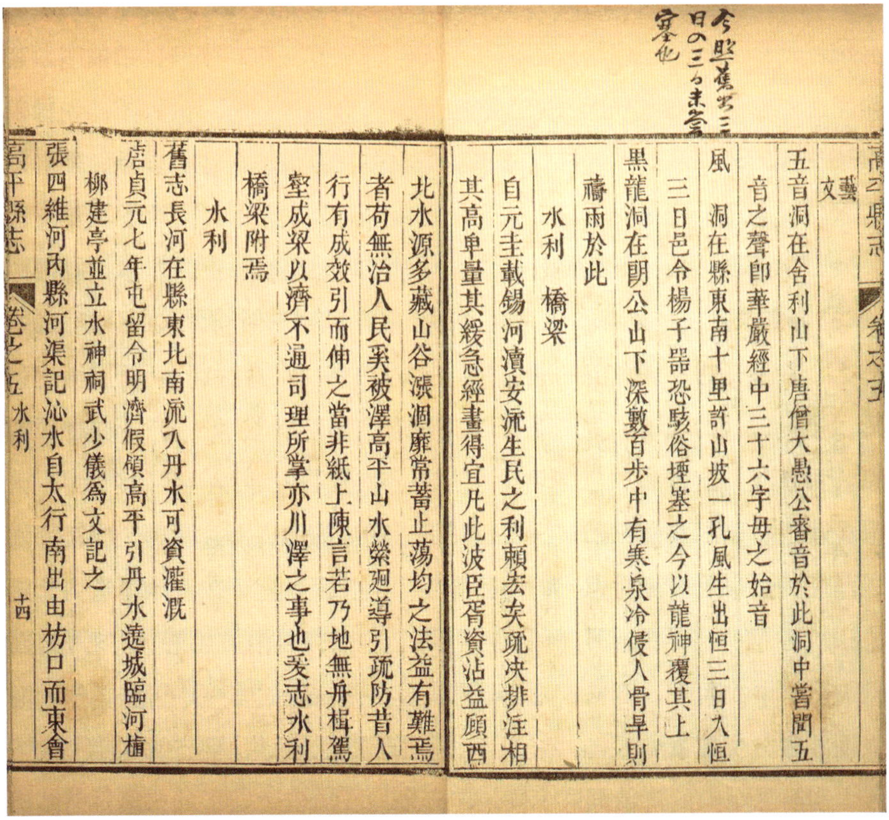

高平縣志　卷之五

五音洞在舍利山下唐僧大愚公審音於此洞中嘗聞五
音之聲即華嚴經中三十六字母之始音
藝文
風　洞在縣東南十里許山坡一孔風生出恒三日入恒
三日邑令楊子器恐駭俗堙塞之今以龍神覆其上
黑龍洞在郎公山下深數百步中有寒泉冷侵人骨旱則
禱雨於此

水利　橋梁
自元圭載錫河瀆安流生民之利賴宏矣疏決排注相
其高卑量其緩急經畫得宜凡此波臣胥資沾溉顧西
北水源多藏山谷漲涸靡常蓄止蕩均之法益有難焉
者苟無治人民奚被澤高平山水縈廻導引疏防昔人
行有成效引而伸之當非紙上陳言若乃地無舟楫駕
壑成梁以濟不通司理所掌亦川澤之事也爰志水利
橋梁附焉

水利
舊志長河在縣東北南流入丹水可資灌溉
唐貞元七年屯留令明濟假領高平引丹水遶城臨河植
柳建亭並立水神祠武少儀爲文記之
張四維河內縣河渠記沁水自太行南出由枋口而東會

高平縣志　卷之五　水利　十四

同治《高平县志》水利志

金朝末年，屯城人郑皋“睹侯郑、湘谷二流，可溉屯城之田，请于郡守霍公，用民力疏决之”，重修了屯城渠。据说，屯城渠被修复后，村民受益良多，郑家的农田因为靠近卧虎山地势较高，反而受益较少。到了明代中期，屯城渠年久失修，已经不能使用。嘉靖四十三年（1564），屯城人张升赋闲里居，再次修缮屯城渠。此次修缮历时四十天，在“元郑忠毅公引水故道”基础上“随山凿石”，“起侯河口，直抵村之南北”，全长大约三里。屯城渠采用“计亩计日，公启公闭”的方式运作，可灌溉农田近千亩。

屯城渠是一条历史记载相对清晰有序的水利设施。其修缮记录详见于元至元四年（1267）《忠昌军节度使郑皋神道碑》、嘉靖四十三年（1564）《屯城里新修水渠记》以及府志县志等。这条水渠得以修缮主要依靠的是地方乡绅。郑皋（1193—1228）字鹤鸣，官至忠昌节度使。张升，字伯东，官至河南左参政。屯城郑氏、张氏都是阳城历史上赫赫有名的大家族。像屯城渠这样，依靠地方乡绅修筑的水利工程在晋城市境内还有多条，知名的有阳城野老亭渠、南安阳堰、唐安镇石堤等。

野老亭渠位于阳城县南坪头村，由白胤谦修筑。白胤谦（1605—1673），字子益，号东谷，累官至刑部尚书，是明末清初著名的儒学大家、诗人。在坪头村，白家有一处茔园，园内建有“宗舍数间”。白胤谦退休后，喜爱此处的清静，命人略加修整，取名为“野老亭”。园内有梯田数亩，种植桃、李等果树以及禾、菽、黍等农作物。康熙九年（1570），天旱少雨，庄稼尽数枯死。在仆人建议下，白胤谦命人开浚了野老亭渠。水源是院内的一处“敝井”，使用辘轳人工提水后，倾注在石砌渠道内，沿梯田顺势而下，有如悬瀑。在《老亭后记》中，白胤谦描述道：“中田数亩，凡五区，层次而降，若梯级之相承然。使井遂告复，从区中各修渠道，时汲而注之，犹建瓴矣。”

与野老亭渠的诗情画意不同，南安阳堰、唐安镇石堤的修筑则有些凄然。道光二十六年（1846），阳城县大旱，“人有菜色”。百姓卖儿鬻女以求活命，幼女每人价值 1 斗米。秋季时，沁河暴涨，沿岸房屋又漫水三尺。南安阳潘氏以经商发家，是当地少有的大家族。家主潘功宗官至三品中议大夫，慨然道：“予先人有赈济之事，予虽不克继前勋，而救灾之心未尝少去于怀”，于是采用“以工代赈”的方式，“修堰以防河患，济人兼以护村”。修堤一立方尺给玉米两合，乡民云集响应，不久便修成一条长达数百米的河堤。南安村的水患不但一举解除，乡民也得到了有效的赈济。

唐安镇（今唐安村）位于高平县西部空仓山脚下，马村河从村南过境。每年汛期，山洪暴发，“随其所向，田庐人畜，顷刻化为乌有。”明嘉靖年间，“义民陈骞创为石堤”，长约四十丈。万历十八年（1590），乡绅冯春在陈骞旧堤基础上，再次扩建河堤，长度达到八十余丈，“高阔咸倍于昔，坚固有加焉。”两次筑堤，对于预防水患大有裨益。《泽州府志·祥异》记载：万历二十二年（1594）“秋，高平唐安镇暴雨，水溢，坏民居”，万历三十二年（1604）“秋七月，高平唐安里河溢”。如果没有早已修筑的唐安镇石堤，后果恐怕更加不堪设想。

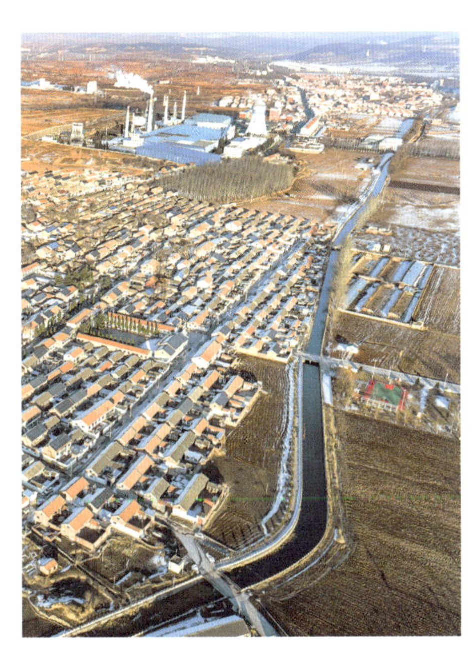

高平县唐安村—唐安镇石堤

开渠、筑堤、垒堰，在古时都属于大型水利建设。一方面需要耗费大量的人力、物力、财力，另一方面又需要对整个工程进行很好的规划、调度。因此，古代的水利建设，主要还是由官府来主持。贞元渠堰始建于唐贞元七年（791），由时任高平县令明济主持开凿，是晋城市境内有据可考最早、规模最大的一处水利设施。

贞元渠堰的开凿与高平县城的迁移息息相关。唐朝武德年间，曾在高平县米山镇修筑盖州古城，一直沿用至天宝年间，后毁于安史之乱。其后，高平县城便迁移至现址重建，具体重建年代无考。据唐武少仪《移丹河记》记载，重建后的高平县城面临缺水的困境。一则距离河道较远，二则城内外“千家之中数井而已”，水井也严重不足。在居民吃水苦难外，农业灌溉、牲畜饲养也严重用水不足，“牛马俟乎满腹，必遵乎千里之河，而瓜蔬期乎给口，常望一旬之雨”。贞元七年（791），高平县令明济在昭义军节度使李抱真的支持下，动用大量人力引丹河入高平县城，开凿了贞元渠堰。贞元渠堰又名“甘泉”。《新唐书》卷三九记载：“高平……有泫水，一曰丹水，唐贞元元年（应为七年），令明济引入城，号甘泉。”

唐武少仪《移丹河记》记载：“始潴流而为潭，因疏渠以绕郭，筑防以补其陷隙，刳木以道其险阻。脉分枝散，贯邑周闾。”由此可知，贞元渠堰主要由“潭”“渠”“防”等组成。先在城东北丹河地势较高处挖开缺口，引丹河水向西建成蓄水的“潭”，再在水潭较低处开挖水渠，引丹河进入高平县城，最后通过“筑防”“刳木”即修筑堤坝、开凿壕沟等方式，形成环绕高平城的护城河与“贯邑周闾”的水渠。“沵沵苔草之间，阴阴

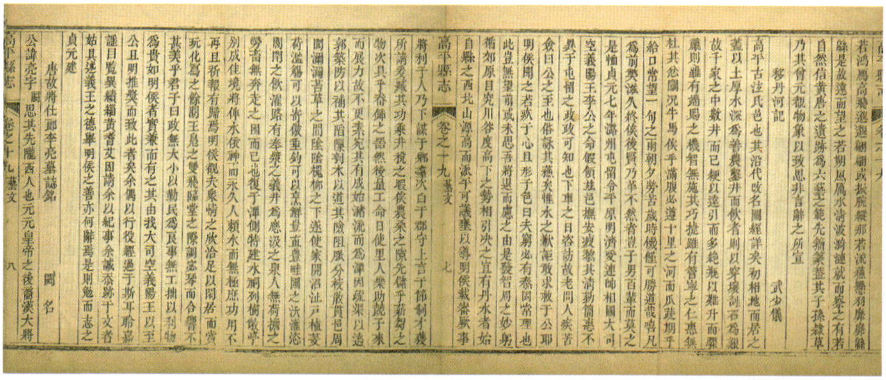

《移丹河记》

槐柳之下，使家开沼沚，户植芰荷，滥觞可以寄傲，垂钓可以烹鲜”“复于潭侧特建水祠，列树敞亭，别成佳境。”贞元渠堰的开凿不但有效解决了百姓吃水、灌溉的问题，还在高平城内外营造出一派江南水乡景象。

自高平县令明济开凿贞元渠堰之后，历代高平县令都极为热衷兴建水利工程，前后相继且有明确记载的大约有 10 人。他们兴修的水利工程主要为解决高平城的洪涝问题。北宋开宝六年（973），县令杨咸弼重建高平县城，位于金峰山与七佛山之间，东临丹河，呈“金龟饮水形”，给县城留下了很大的洪水隐患。第一道水患位于城东，“适当丹水西折而东之冲”，每逢丹河暴涨，都有毁堤淹城的风险。比如：康熙元年（1662），兵部右侍郎李棠馥曾亲眼目睹丹河泛滥，“河水夜发，澎湃高数十丈，直灌濠冲城，城门扁锁以折，关落民房冲毁，死者数百”。因此，北宋开宝六年（973）、金泰和（1201—1208）、明弘治（1488—1505）、清顺治十一年（1654）、康熙六年（1667）、雍正元年（1723），县令杨咸弼、郭质、柳豸、范绳祖、侯模、甘士瑛等先后多次修筑堤坝，防御丹河洪水。第二道水患位于城西，由西山暴发的山洪极为凶猛，“居民苦之”。因此，在明朝嘉靖年间，县令刘大实采用修筑堤坝的方式进行防御，但很快便被冲毁。万历元年（1573），县令李桢改堵为疏，“凿濠引水，由南之东，抵龙曲村（今龙渠村）会丹河”，通过引水渠的方式将高平城西的洪水引导至龙渠村汇入丹河，较好地解决了西山洪水问题。其后至道光年间，县令李贞木又开凿了一条相似走向的水渠。由此，高平县城形成了两堤夹城的格局。“城制如龟，夹两堤，堤如蛇”，高平县城也因此得名为“玄武城”。

沁水县城位于梅河、沁河交汇处，每逢暴雨也常面临水患威胁。比如康熙三十三年（1694）六月，“山水乘霪雨而发，冲堤激石”，几乎冲入城中。因此，沁水县城周边的河堤也曾多次由官府主持重修。见于记载的有：嘉靖三十二年（1553）县令张爵、崇祯年间（1628—1644）州同知张大为、康熙三十三年（1694）县令赵凤诏、雍正十二年（1734）县令何陈宫等人。

值得注意的是县令赵凤诏采用了“杀水之势”的策略，“凿土为河，导水绕流山麓，约三百余步始与旧河相接”，将山洪引流至碧峰山下，使之远离县城，既解决了山洪淹城的问题，又有助于碧峰山周边的农田灌溉。

除县城堤渠外，嘉峰渠是沁水县历史上又一处著名的水利工程。嘉峰渠位于沁水县嘉峰村，开凿于元朝。据元代碑刻记载，嘉峰渠第一次修筑始于元朝泰定四年（1327），历经三年完工，“施到人工七百五十工有余，又开黄沙石渠一百八十步”，可惜不久便被暴涨的沁河冲毁。于是，在至顺三年（1332）由村民何佺等人带头捐资，又重修嘉峰渠，“上至商庄沁河作倾口，下至村□闫家沟退水”。元至正九年（1349）四月，在沁水县令常允主持下，嘉峰渠第三次重修，“仍旧于殷溪（商庄段水渠）之上达于沁为倾口，阎溪（闫家沟段水渠）之下复于沁为退渠”。嘉峰渠引沁河水灌溉农田，制定有明确的灌溉章程。依照至元三年（1337）《修渠灌溉规条碑》规定，使用嘉峰渠灌溉农田，“照依各人工力”，详细列有修渠人员名单和地亩大小。如果有人偷水灌溉，“罚烧银一十两”；如果有人卖人情给别人灌溉，“罚烧银五两”。至正九年（1349）重修时，县令常允对人力进行了合理调配，“灌溉三甲之地，不必为限约”“所从民便”。嘉峰渠得到了更好的使用。

沁水汤汤，丹河泱泱，滋润着晋城这方土地，也时常给两岸居民带来水患威胁。因此自战国以来，围绕沁河、丹河及众多支流，晋城人民不断地开渠、筑堤、垒堰，努力变水害为水利。然而，受限于生产力等因素，古代晋城市境内兴建的水利工程数量并不多、规模也普遍较小。据地方志统计，1949 年晋城县仅有水渠 3 条，合计 0.9 千米，配合水井等设施，可浇地 640 亩；1919 年，阳城县仅有水渠 5 条，总长 4.5 千米，可浇地 680 亩……高平、沁水、陵川等地可用于灌溉的水渠，也大体相当。1949 年，晋城全市共有耕地 302 万亩，百分之八九十都得不到合理的灌溉。新中国成立后，人民政府大力发展农田水利架设，不但很好地解决了防洪和吃水问题，而且农田也得到了合理的灌溉。据统计，截至 2008 年，全市共有水库 106 座、塘坝 53 座、自流渠道设施 817 处，有效灌溉面积达 66 万亩，其中节水灌溉面积 49 万亩。

“问渠哪得清如许，为有源头活水来。”水利建设是农业生产的重要保障。正是因为有无数先贤前后相继开渠筑堰，晋城这方土地才得以免遭洪水的侵害，得到较好的灌溉。人们对土地的热恋、对于农业的重视，才是兴修水利工程源源不断的“源头活水”！

四、刘羲叟与贾鲁

在宋元时期，晋城地区诞生了两位伟大的人物。一位是天文历法学家刘羲叟，他制定的“羲叟历法”，长期运用于农耕生产指导中，代表着宋代历法的最高成就。另一位是水利学家贾鲁，他主持治理黄河，使千里黄泛区重新变为良田。无疑，刘羲叟与贾鲁对于中国农业的发展都作出卓越的贡献。

刘羲叟（1018—1060），字仲庚，泽州县高都镇东刘庄村人。他学识渊博，多才多能，中进士后长期居乡间，研习天文历法。庆历四年(1044)八月，大文豪欧阳修出任河北都转运按察使，在泽州一处陋巷中发现了他。一番交谈后发现“其学通天人祸福之际，可与汉之向、歆、张衡、郎𫖮之徒为比”，于是欧阳修两次上书朝廷极力推荐。入朝后，刘羲叟先后担任试大理评事、权赵州审事判官、秘书省著作佐郎、崇文院检讨等官职，创作有《刘氏辑历》《十三代史志》《春秋灾异》等著作。皇祐元年(1049 年)，刘羲叟担任《新唐书》编修官，历时 11 年，完成《历法》6 卷、《天文志》3 卷、《五行志》3 卷，共 30 余万字。刘羲叟在天文学、历法学、史学等方面都取得很高的成就，被司马光赞誉为“三晋奇才”。

历法具有指导农业生产的作用。在传统农业社会中，老百姓依据历法中“二十四节气”来安排春耕、夏耘、秋收、冬藏。而生活中婚丧嫁娶、祭祀、出行等活动，每一项也都与历法息息相关。刘羲叟师从易学大家李之才，精通天文历法，是北宋时期的历法泰斗。他推步自汉初至后周以来历法，创作了《刘氏辑历》，被誉为“羲叟历法”。当时，司马光主持编撰《资治通鉴》，采用的便是《刘氏辑历》。司马光委托刘羲叟逐年考订节气、朔闰、星象等，按年、月、日编成《长历》，再以《长历》为时间经纬，编撰了1362年的历史。“羲叟历法”对后世产生极大的影响，是历代进行历法研究的范本。清代詹大昕编撰《宋辽金元四史朔闰考》便以此为依据，被评论为“盖以续羲叟长术也”。著名史学家汪日桢更是历时30年考订研究刘羲叟残作，这才写成鸿篇巨制《二十四史日月考》。《清史稿》说：“刘羲叟撰《刘氏辑术》，迄于五季，书久佚，仅存通鉴目录。自宋迨明，六百余年，未有续为之者。”

刘羲叟的历法成就在当时以及后世都受到好评。欧阳修对刘羲叟大加赞赏，称其“好学知书史，尤长于星历”。曾巩作《刘羲叟传》，称赞说：“羲叟通经史百家之学，国朝典故、财赋刑名、兵械钟律，皆所究知，星历、数术尤得其要。”《宋史·刘羲叟传》赞誉说：“‘羲叟历法’远出古今上，有杨雄、张衡所未喻者。”

与刘羲叟一样，贾鲁也是一位不世出的人才。

贾鲁(1297—1353)，字友恒，高平市野川镇杨村人。《元史·贾鲁传》称他“幼负志节，既长，谋略过人”。他年轻时两次以明经领乡贡，其后历任儒学教授、户部主事、中书省检校、监督御史、工部郎中等官职，最后因黄河决堤登上历史舞台，主持元朝黄河治理工程，成为我国历史上著名的水利学家。

元至正四年（1344）五月，大雨连降20余天，黄河在白茅堤决口，平地水深两丈有余。六月，黄河又向北冲决金堤，酿成严重的水患，河南、山东、安徽、江苏等地成为一片泽国。其后数年中，黄河又多次决堤泛滥，历时七年未能平复，两岸农田悉数被淹没，颗粒无收，民不聊生。元惠宗下诏“访求治河方略”，贾鲁被任命为行都水监。对于黄河是否需要治理、应该怎样治理，元朝政府游移不定。

值此危亡时刻，贾鲁挺身而出，上书称“河必当治”。他亲自“循行河道，考察地形”，往来数千里，将沿河要害一一绘制成图册，提出治理黄河的详细策略。

元至正十一年（1351）四月，在丞相脱脱的支持下，贾鲁被任命为工部尚书、总治河防使，奉命治理黄河。工程共动用民工 15 万人、军队 2 万人，耗资 1845636 银锭，疏浚河道 140 千米，修筑大堤 127 千米，堵塞决口 170 余处。工程进展很快，从四月二十日兴工至十一月竣工，历时 190 天。《元史·贾鲁传》记载：“七月凿河成，八月决水故河，九月舟楫通，十一月诸埽诸堤成，水土工毕，河复故道。”工程取得圆满成功，元顺帝加封贾鲁为荣禄大夫、集贤大学士，命翰林学士欧阳玄撰写《至正河防记》，并树立《河平碑》详细记载了贾鲁治河的功绩。贾鲁治河是我国古代历史上的大事件，在水利史上具有里程碑的意义。这次治黄成效显著，有效地改变了千里泽国的局面，使黄河下游相对稳定了几十年。

贾鲁不避艰险、勇于任事。他采用疏、浚、塞并举的策略，疏河之南，塞河之北，浚河之漕，努力引导黄河回归故道。更值得关注的是，在治河过程中，贾鲁汲取了历代治河的经验，因势利导，因地制宜，创造了石船堤、刺水堤、护岸堤、决口堤、截河堤等许多行之有效的方法，为后世治理黄河提供了典范。比如：在堵塞山东曹县黄陵岗段决口时，时值秋汛，水势凶猛，难以堵截。贾鲁创造性地使用了“石船堤”的方法，将 27 艘大船逆流并排，用粗麻索、竹缆等捆绑连接为一个船体方阵，然后装入石头依次下沉，从而筑起一道石船大堤。《元史·河渠志》记载，石船下沉堵塞决口时，水势“喧豗猛疾，势撼扫基”，围观者浑身颤抖，认为难以合龙，而贾鲁“神色不动，机解捷出”，从容指挥，最终才得以顺利完工。

贾鲁治河的成就，受到当时和后人高度评价。《河平碑》赞扬贾鲁：“能竭其心思智计之巧，乘其精神胆气之壮，不惜劬瘁，不畏讥评。”“习知河事，故其功之所就如此。”明代水利家潘季驯评价贾鲁“修复故道，黄河自此不复北徙”“盖天假此人，为我国家开创运道”。清代学者徐乾学称赞说“古之善言河者，莫如汉之贾让，元之贾鲁”。后来，人们为了纪念他治河的功绩，便把山东、河南的两条河流命名为“贾鲁河”。

五、畜力使用与广禅侯

在传统农业生产中，畜力发挥着至关重要的作用。牛、马、骡、驴等大牲畜是农民最亲密的伙伴，无论是耕地、播种、拉磨、拉车，还是碾场、耙地、耢地等都要借助它们来牵引。因此自春秋战国以来，晋城人就极为重视大牲畜养殖，不但形成了蹄铁、笼嘴、笊篱等配套服务产业，还诞生了广禅侯常顺这样杰出的兽医。

晋城人在农耕中开始大规模使用蓄力，始于春秋战国。在春秋早期，晋城地区主要生活着“赤狄”部落，他们非常擅长饲养牲畜。春秋中晚期，“赤狄”部落被晋国兼并，融入了晋国。据《国语》《韩非子》等记载，当时晋国已经在农耕中普遍使用蓄力，比如：晋国有个大力士叫牛子耕，晋国祭祀宗庙的牺牲可用作“畎亩之勤”。汉朝时，朝廷开始大规模推广犁、耧、磨等先进的农业生产工具，很快便在晋城地区得到普及，由此农耕中的蓄力使用得到有效的提升。

自古以来，蓄力在晋城的农业生产中运用非常普遍。比如：在春耕作业中，要使用牛等大牲畜进行耕地、耙地、耢地、播种。耕地有一牛驾犁、二牛驾犁等多种方式，在宋代开化寺壁画、冶底岱庙壁画中都有生动的描绘。耙地、耢地时，人站在农具耙或耢上指挥，由牲口牵引，用于碎土和平整土地。耧是一种精巧的播种工具，拴上牲口，其播种的速度要远比人力牵引更有效率。而在收打作业中，蓄力使用也非常重要。除拉车、拉磨外，还常给牲口拴上石磙，用于压场、打场。如果不使用蓄力牵引，打谷场无法尽快平整出来，谷子也没法尽快脱粒，会严重影响谷物入仓储藏。总之，蓄力不但能有效解放人力，更有助于提高农业生产的效率。

正是因为认识到了蓄力的重要性，晋城人极为重视大牲畜养殖。据《晋城县志》统计，1936 年晋城县共有大牲畜 4.5 万头，其中牛 3 万头，马 0.35 万头，骡 0.8 万头，驴 0.35 万头；1955 年晋城县大牲畜存栏 61000 头，其中牛 41075 头，马 8142 头，驴 8142 头，骡 4282 头。在晋城人养殖的大牲畜中，以牛最多。据民国《中国分省全志·山西卷》记载，“南部地方即沁水下游沁水地区，因农业发达，役用牛多，故马较少”。当时山西省养牛最多的地区共有 3 处，除漳河上游一带和潞安附近外，便是

唐宋至金元时期的“铁牛俑”

“山西南部的泽州附近”。“山西南部牛的主要产地是泽州拦车镇附近，所产的牛多运销河南等地。”可见，晋城产的牛不但能充分满足本地农耕需求，还大量外销。

晋城养牛多在文物上也有所折射。比如：在晋城传统铁器中保存有许多唐宋至金元时期的“铁牛俑”，多为圈足铸铁器，牛的形象各异，大小相近，大多长 40 厘米，高 20 厘米。据说，这些“铁牛俑”是一种丧葬品，墓主人以之下葬，似乎在祈求进入冥间后也有牛能为其耕作。在壁画中牛的形象也比较多，如开化寺壁画《善友太子本生图》便绘有耕牛，共计 7 头。在晋城各地还保存有许多牛王庙、牛王殿。据山西大学延保全考证，牛王是一位保佑耕牛的神，在宋元时期其信仰在山西南部盛行。晋城各地的牛王庙、牛王殿最初应该便源于这种信仰。

除养殖外，晋城人还非常重视大牲畜配套服务，形成了蹄铁、笼嘴、笊篱等许多配套服务业。在大牲畜养殖与使用中，用到的配套器具非常多，主要有：食槽、缰绳、扎脖、马鞍、牛轭、蹄铁、笼嘴、笼嘴、笊篱、粪兜儿、鞭子、驮架、铡刀等。这些器具在晋城本地都有生产，尤其是蹄铁、笼嘴、笊篱等铁制品更是极具规模。如：泽州县周村、范焉、上掌、下掌等村落，清代至民国时期曾活跃着许多专门从事钉马掌生意的“蹄炉匠”。一名“蹄炉匠”每天可打掌三四百副，钉掌 40 多副。他们挑着担子走街串户，将生意做到了晋北、晋中、晋南和豫北等地。晋城生产的笼嘴和笊篱，一般使用铁丝编制，既精巧又耐用，在河南省洛阳、开封、周口等地非常受欢迎。当地农户喂牲口不用谷草，饲料主要为麦秸和麦糠。喂养时使用一种特制的笊篱，俗称为“捞草扒”的工具来淘洗净灰尘。每户的“捞草扒”需要准备一大一小两个，大的用来淘洗，小的用于盛喂，都是必不可少的农具。

在牲畜养殖配套服务中，防治疫病至关重要。历史上，由于饲养方式落后等原因，晋城曾多次暴发牛疫、炭疽病等流行性疫病，造成牲畜大量死亡。如：清同治十二年（1873）、同治十三年（1874）暴发的牛疫，使当地养殖的牛死亡十之七八，对农业产生了严重危害。出于现实需求，晋城很早便出现了兽医。他们使用中医技术为牲畜诊治疾病，常常背着银针包等工具走乡串户，提供兽医服务。据统计，新中国成立初期，晋城市五县共有兽医 280 余名，其中阳城县最多，共计 121 名。阳城县演礼镇栅村是远近闻名的兽医村，为牲畜养殖防治疫病作出了卓越贡献。

最令人惊奇的是，在晋城历史上曾诞生过一位伟大的兽医，他因功被册封为广禅侯。《三晋农耕文化》指出，广禅侯的出现反映出宋元时期山西畜牧业的繁荣，并称“广禅侯是中国历史上唯一的兽医侯”。

据阳城县水草庙碑刻记载，广禅侯名叫常顺，是北宋时期阳城县常半村（今山头村）人。宋政和四年（1114），宋朝军队中暴发了名叫“族蠡”的疫病，导致三分之一的战马病损。危急时刻，兽医常顺使用药浴的方法为马匹医治，在战争中立下大功。宋宣和二年（1120），宋徽宗钦封常顺为广禅侯，赐给蟒袍、玉带以示嘉奖。元太宗窝阔台时期，朝廷又册封常顺为“水草神”，并立庙祭祀。

广禅侯信仰在山西南部、东南部形成了广泛影响。如：阳城县山头村、壶关县内王村、临汾市魏村等地，都保存有祭祀广禅侯的庙宇。阳城县山头村水草庙，始建于元代，原存“圣旨钦封泽州府常半村常顺广禅侯”古代匾额，现存明清残碑 15 通，记载了广禅侯常顺的事迹。临汾市魏村牛王庙因保存有元代戏台而闻名，正殿供奉牛王尊神，匾额书“广禅侯殿”。壶关县内王村广禅侯庙，现存元统元年（1333）碑刻“维大元国晋宁路潞州壶关县三老乡内王村新修广禅侯庙记”。更引人注目的是，广禅侯传说得到了学术界、畜牧行业的普遍关注。1987 年、1994 年、2011 年先后召开 3 次全国性的广禅侯学术研讨会，发表有论文多篇。2014 年 11 月，广禅侯的故事被文化部确定为第四批国家级非物质文化遗产代表性项目名录。

广禅侯的故事虽然在历史上存在一些争议，但学术界仍普遍认为：广

阳城山头村广禅侯庙

禅侯传说的出现与宋元时期山西东南部畜牧业繁荣息息相关。常顺为马匹治病的方法，折射出晋城地区古代兽医高超的医疗水平。据碑刻记载，常顺将中草药洒在水中，“先驱无病马浴饮之，后驱病马浴饮之”。这显然是一种典型的药浴。而在《司牧安骥集》等宋元以前的兽医学专著中，均无兽医药浴的记载。由此可见，“广禅侯实乃祖国兽医学药浴之先驱。”除此外，“病则需治，无病则防”，也反映出晋城兽医注重预防为主、防重于治的先进观念。

六、黑矾，一种误认的杀虫剂

在传统农业生产中，杀虫是一个难题。面对虫害，老百姓除了去虫王庙进香求神外，还想出了各种方法杀灭害虫。比如使用大黄、杨圪桃叶等熬制杀虫药水，使用烟草薰烟，使用石灰水扑杀等。在众多方法中，黑矾最为特别，是一种流传广泛且极具地方特色的传统“杀虫剂”。

据《泽州府志》《凤台县志》等记载，晋城地区在清中期之前便已经出产黑矾。长期以来，老百姓把它当作“杀虫剂”，撒在田地里，声称既可以杀死害虫，还可以肥地增产。一亩谷子地，大约要洒黑矾 8 斤至 15 斤。新中国成立后，昆虫学家研究发现，黑矾不但没有肥田的作用，连杀虫的功效也不具备。从现代科学来看，黑矾是一种名为硫酸亚铁的黑色结晶物，本质是其实一种微量元素肥。只是因为可以防治农作物缺少铁元素而导致的“黄化”病，这才被老百姓误认为是杀虫剂。

黑矾窑遗址

过去，华北、西北等地的农民普遍使用黑矾，但山西省出产最为丰盛，晋城地区则是主要生产地之一。制作黑矾的原料主要为硫铁矿，是一种臭煤中裹挟的黄铜色炭块，俗称“铜核”或“铜灰”。晋城地区煤储量丰富、埋藏浅，并且开采历史悠久，因此很早之前便出现了专业生产的

“黑矾窑”。一座“黑矾窑”大约设置“黑矾池”若干，每一池需用料 400 多斤，经过烧结、浇淋、分解、挂晶等多道工序后，每四天时间便可生产一池。

烧制的方法是，先将原料“铜核”在炉火中加热，达到一定温度后，将烧料倒入黑矾池中，加水反复浇淋，然后将分解出的液体过滤后，盛入大缸中等待挂晶。几天后，结晶体会挂满缸的内壁，这时倒掉剩余液体，便可以取出黑矾。因为挂晶时间较长，后来有些地方为了提高生产效率，也使用铁锅蒸煮的方法提取黑矾。据说，烧制黑矾最关键的是掌握烧结火候和分解时的料水配兑，一般都由老师傅亲自掌工。

民国时期，晋城地区建有许多黑矾窑，比如：下村、辛壁、河底、赵庄、冶头等。据《晋商史料全览》记载，下村一村曾有 16 户开办黑矾窑，共有黑矾池 32 个。新中国成立后，黑矾窑仍延续很长时期，其后随着现代农业技术发展，才逐渐退出历史舞台。

七、农时与农事——数着节气种庄稼

春雨惊春清谷天，夏满芒夏暑相连。
秋处露秋寒霜降，冬雪雪冬小大寒。

在传统农历中，二十四节气最为奇妙。它像一张无形的大手，调配着几乎所有的农事活动。从秦汉时期以来，晋城各地便出现了许多与节气相关的农谚，老百姓口口相传，也养成了数着节气种庄稼的习惯。

立春

俗话说：“春打五九尾，粮米成了堆”“春打六九头，米面不用愁”。当墙上的《九九消寒图》刚刚涂红第五朵梅花，春天便来了。按照《九九歌》“五九六九沿河看柳”，似乎河边的杨柳树都已经发芽、抽条。然而现实是，太行山上的春天来得略微有些晚，莫说杨柳便是河水也未全部消融。只是太阳越来越暖和儿，晒得农田里的冬小麦都希冀着伸个懒腰。

因为还在年里，还没有看过正月十五的花灯，所以即便已经立春，大家仍然懒洋洋的。只有官府和勤快的老农才会有些劳碌。各县县衙忙着准备“耕籍礼”。立春这一天，县衙要抬着泥塑的春牛到先农坛迎春，县令执鞭打上三下，次日还要在他那一亩三分地里扶着犁转上三圈。晋城人管立春叫“打春”，这被“打”的“春”便是那泥塑的春牛。勤快的老农已经在拾掇农具，什么犁、耧都得拿出来检修检修，锄、镬等也得上砂石磨一磨。如果有了损坏，还须到农市上买一些。在立春这一节气里，泽州城周边共有两处热闹的农市，一处在西关，称为“西摊会①”，一处在东关，称为“东摊会”。各地生产的农具以及大牲口齐会于此，让这春天变得无比的热闹。

雨水

俗话说：“春过雨水到，早起晚睡觉”“一场春雨一场暖”。进入雨水后，天上开始淅淅沥沥飘起牛毛细雨，不知不觉间草木萌芽，透出些许新绿。农民们开始忙着备耕，早起晚归，拉着大粪桶、挑着担子往农田里送粪。“庄稼一枝花，全靠粪当家”，在春耕之前给农田送粪追肥，能够有效提高土地肥力。这些粪大多是去年冬季积攒的牲畜肥，与垃圾调和浇上茅粪，经春雨一滋润，更是给土地增加无数生机与活力。

惊蛰

陵川有一首民谣：“二月二，不吃窝，去到地，打了锅；二月二，不喝茶，去到地，打了铧。”过了二月二，便进入惊蛰，天空中开始孕育着雷声。傍晚时分，东方青龙的角宿慢慢升上天空，民间俗称“龙抬头”。天气变得越来越暖和，雷声一响，冬季蛰伏的昆虫便苏醒过来，蠕动着肢体

① 摊会，又名庙会，因小商人聚在一起摆摊儿卖东西而得名。

爬出地面，开始活动。

俗语说“惊蛰闻雷吼，粮食堆满楼”“过了惊蛰节，耕地不能歇”。地里的庄稼活儿越来越多，一些向阳的农田早早地便开始了春耕。农民们将老黄牛喂得饱饱的，架上犁铧、装上犁镜，甩着鞭子开始耕地。沉睡了一个冬季的土壤，在犁铧、犁镜的“按摩”下，硬邦邦的肌肉变得松松软软。睡了一个冬季的小麦渐渐返青，透露着些许迫不及待。晋城的春天风很大。农民们担心小麦被风带走水分，便又架起牲口拖着耙和耢，进行镇压保墒。农民们稍有闲暇，还会在院子里种些大蒜，只需要小小一块地，便能保证一年的饭菜都飘着大蒜的清香。

春分

俗语道“春分秋分，昼夜平分”。到了春分，这春天便也过去了一半，向阳坡上的迎春花开得星星点点，在风中摇曳生姿，最是好看。陵川县的官吏们又一次走进了先农坛，奉上牛羊等牺牲，向农神“祈谷”。泽州巴公镇甘润村的乡绅也忙碌起来，走进甘霖寺举行“拜水”仪式，祈求这一年雨顺风调。

大地已经完全变得松融，土壤被犁铧耕得松松软软，水分一部分下渗，一部分蒸发，在农田里留下许多筛子一样的窟窿眼儿。“春雨贵如油”，进入春分后，人们便越来越企盼下雨。《说文解字》中说龙“春分而登天，秋分而潜渊”。春分里的雨伴着响雷，最是动听。然而，太行山上的风仍然在刮个不停，雨水未能及时而至。农民们担心出现“春旱”，叹一口气，念叨一句“春分不耙地，好比蒸馍走了气”，继续拖着耙耢，镇压保墒。冬小麦已经全部返青，准备拔节起身。“春分麦起身，肥水要紧跟。”刚刚放了几天的大粪桶和茅桶又被拎了出来，老汉们弓着腰，拿着粪勺一勺一勺给麦苗补充肥水。

清明

“清明时节雨纷纷，路上行人欲断魂。”清明还未到，空气中便已经孕育着雨的气息，晋城人纷纷携着纸帛，上坟烧纸。俗语道："二月清明一片青，三月清明草不生。"人们总是盼望着清明节能够早一些。因为"清明断雪，谷雨断霜"，清明来得早，那霜和雪便走得早，天气和暖，万物萌发，一片生机。俗语又说："清明要晴，谷雨要淋。"清明节的雨似乎并不太欢迎，上坟那两天飘了一小阵，便及时收止。太阳露出来，春光明媚，景色清明。农田里的春耕已经基本结束，该整修的梯田也已经基本修整，万事俱备，似乎只等着春风再吹一阵便及时下种。

老农们总是闲不住，忙着"三墒整地"：浅耕蓄墒，镇压提墒，耙耕保墒。虽然天气越来越暖和，但晋城的春天却像少女一样，总是会闹一阵儿小情绪。小麦刚刚起身，正准备拔节，和它一起向上长的还有地里的杂草。耙耕之外，老农们忙着给麦子除草。突然而来的"倒春寒"，让农民有些措手不及。老农们只能趁着太阳未下山，在田间地头堆起秸秆、柴草，点着了沤起浓烟，让这烟雾轻轻覆盖在农田上，为小麦遮一遮风寒。暮色中薄烟飘飘荡荡，整个空气中都充斥着秸秆燃烧后淡淡的香气。

谷雨

谷雨是一个专为谷子而设的节日。"雨生百谷"，似乎在这个节气里，所有的谷物只要落地着土，便能生根发芽，结个大大的穗子。俗语道："谷雨不冻，抓住就种。"进入谷雨后，天气已经完全"断雪""断霜"，正是播种百谷的大好时节。

老汉们、小伙儿们、妇女们、孩子们都忙碌起来。老汉牵着牲口指导愣头小伙儿摇耧播种谷子。摇耧是个技术活儿，胸要挺，臂要收，沟要直，种要匀，歪了要会纠偏，种密了要会调籽眼，断垄了要会通耧腿儿，开始要"紧三摇"，结尾要"慢三摇"。小伙儿摇了两行，不是种密了，就是种歪了，只能摇着头，将耧交给牵牲口的老汉。老汉接过手，扶起耧，继续摇摇摆摆往前走。

刚种完谷子，又得忙着掩玉茭。小伙儿们只能不耐烦地跟着他父亲，锄地、点粪、下籽。“谷雨前后，种瓜点豆。”半大的孩子也早早地跟着他母亲学做农活。母亲手持锄头在前面挖坑儿，孩子们便扤着篮子端着碗，数着豆子在后面下种。娘俩在散碎的农田里挖坑点豆，又在边边塄塄上随手撒些南瓜、夏瓜、咕噜瓜的种子。种子像雨点一样落在土壤里，在纷纷扬扬的雨水中萌芽，抽出嫩嫩的芽叶，看得小伙儿们、孩子们呵呵直笑。

立夏

晋城的春天比较短，孩子们刚刚脱去棉袄，春装还没有穿上几天，夏天便急匆匆地来到了。

俗话说:“清明早，立夏迟，谷雨前后正当时。”“立夏不种夏，抢种十来下。”春种仍然在继续，没有及时播种谷子、玉茭、高粱、豆子的农户，急匆匆地赶着农时下种。小麦最后一片叶子已经完全舒展开来，正准备着孕穗、抽穗。向阳暖和的农田里，有些小麦已经在偷偷地开花。小小的麦子花，只有米粒一般大小，从麦穗两侧的缝隙中钻出来，像粘在上面的小虫子。谷子经过七八天的孕育，浅绿的嫩芽从土层里拱出来。老农们隔三岔五在地里转转，发现有缺苗断垄，赶紧及时补种。

“立夏不下，犁耙高挂。”古人认为立夏宜雨。如果立夏这一天没有下雨，便预兆着这一年会大旱，没有好的收成。在农民的企盼中，雨水应时而下。人们却又担心起雨后土壤板结，刚刚播种的玉茭娇嫩嫩地没有力气拱出来。“七谷八茭籽，九天玉茭籽”，玉茭从下种到出苗需要 9 天时间。老农们赶紧拿着叉子，敲碎板结的地皮，帮助玉茭抽苗。

小满

人生称意是小满！小满是一个充满中国哲学意味的节气。天气越发暖和，柳条的叶子也逐渐脱去了嫩生生的淡黄，变得有些坚挺。

小满好似麦子的狂欢节，麦花早已悄然凋落，麦穗开始灌浆，包裹着的子粒变得越发丰满，露在外侧的麦芒渐渐由青转黄，有些已经迫不及待地“锋芒毕露”。谷子已经长得有一两寸高，浓密密的，让人担心多余的谷苗侵占水分和养料。妇女们便顶上草帽、头巾，蹲在地里给谷子“间苗”。但见她们小心翼翼地甄别着每一株谷苗的去留存亡，手掐住幼苗的根部将多余的“坏分子”连根拔起，整齐地码放在农田的垄背上。

和谷子相比，玉茭长得有些着急，已经有四五寸来高。天上的太阳越发火红，中午已经有几分毒辣辣，将玉茭地的土壤晒得有些板结。老农们只得弓起腰再次挥动锄头，将板结的地皮小心地耪碎。俗话说：“锄头底下三分水。”经过一次浅耪一次中耪后，玉茭的幼苗卓然向上，长得更加起劲。

芒种

时值端午前后，太阳越发火辣，轻轻一动便是一身臭汗，但农民们却没有一点嫌弃，反而充满了喜悦。晋城各地的麦子，渐次进入丰收时节。放眼望去，沟沟垄垄间到处是麦子的金黄色。

“农家少闲月，五月人倍忙。”割麦子是一件非常看重农时的事情，急不得也慢不得。在等待麦子成熟的最后几天里，刮风、下雨都是极为要命的事。俗语道“麦收两怕，风刮雨下”“麦黄不要风，久风无收成”。比风和雨更可怕的是冰雹，只要一小阵儿就可能让一年的辛苦白白浪费。因此割麦子又叫作“抢夏”，就是要从炎炎夏日蕴藏的暴风雨中，将劳动的果实抢回去，保证颗粒归仓。“有钱难买五月旱”，老是盼着下雨的农民也少有地盼起了干旱。他们手搭凉棚，时不时观测一下天上的云彩，选择最恰当的时机，开始抢收麦子。全家老少全部上阵，挥动镰刀，将麦子“沙拉”“沙拉”地割下来，归成一堆，再用牲口拉到麦场上去脱粒。麦田里、麦场上，还有麦田通往麦场的道路上，到处时一片热火朝天的情形。房前屋后开始堆放晾晒的麦子。每天天一亮，人们便急匆匆地占好地方，将麦子摊开来享受“日光浴”。孩子们被支使在场上，扇着扇子看麦子，但凡天上的云稍稍有些异常，便赶紧呼唤大人收麦子。

芒种里，谷子和玉茭争相拔节，作物们都在疯长。没有扎牢根怎么能结好果？农民们在麦收之余，只能再次挥动锄头进行中耕和镇压，努力减少地里的水分挥发，促使幼苗使劲儿地扎根，帮助它们长得更加健壮。

夏至

白天越来越长，夜晚越来越短，太阳悬在空中却总是不下山。等到地上的影子变得最短，白天变得最长时，夏至便应时而到。俗语“夏至不见麦”。晋城五县虽然大致处在同一纬度上，但因为山势起伏不同，气温也有很大的差异。不同县甚至不同的村庄，麦子成熟的时间会相差好几天。但至迟在夏至来临时，各地的麦子便已经全部收割完毕。麦田里齐刷刷留着一层麦秸茬子，等着农民翻耕。

谷子和玉茭早已拔节，和它们一起拔节的还有地里的杂草。什么灰灰菜、苦苦菜、刺蓟菜，最让人讨厌的狗尾巴草，早都悄悄地长了出来，和谷子、玉茭比赛谁长得更快更高。“锄禾日当午，汗滴禾下土。”要将连野火都难以烧尽的杂草从农田里清除，在没有农药的年代里，似乎只能借助火红的太阳。看天吃饭的农民们最不怕辛苦。他们吃过午饭，顶着火辣辣的太阳，一锄一锄地给谷子、玉米除草。连根拔起的杂草被搂在一块，堆在田边塄头爆晒，很快便失去生机。

“吃了夏至面，一天短一线。”但在夏至里的人们，却无法感知到白天在渐渐变短。农民们仍然十分忙碌，只有傍晚时分，扛着锄头走在回家的小路上，才能稍有闲暇，欣赏一下美丽的晚霞。

小暑

“小暑大暑，上蒸下煮。”进入小暑后，天气越发炎热，但手里的农活儿却一点也停不下来。小暑里的天气变幻莫测，从朗朗晴日到倾盆大雨往往只在半盏茶之间，常常将农田里劳作的人们浇个透心凉。

冬有三九，夏有三伏。进入小暑后，没几日便是初伏。入伏前，晋城的孩子要剃头；入伏后，晋城的大人要犁地。闲了许久的犁又被拖出来拴上牛，在插满麦茬儿的农田里犁“老麦地”。老农们好容易犁完地，又得扛起锄头搂谷子、搂玉茭。谷苗已经长到一尺多高，玉茭则早已窜到半人高，杂草也再次无声无息地冒出来。俗话说："伏天草，拨拉倒""有草没草，地皮走到"。老农们闲不住也不敢闲，趁着大暑未到，赶紧扛起锄头锄一锄。

大暑

一年最热是大暑。午后，树上的蝉"吱吱吱"叫个不停；傍晚，池塘里的蛤蟆"呱呱呱"吵个不休。已经是中伏天，天气火辣辣的让人难以忍受，忙了半年的农民却终于可以喘口气，歇个晌午，睡了懒觉。田边塄头的瓜秧拖得老长，南瓜、夏瓜、咕噜瓜的花开得此起彼伏。每开一朵花便结一个瓜，没几天便长成了棒槌大小。玉茭秆儿也已经长得老高，豆角秧缠绕在它身上，开着淡淡的小紫花、小白花，"悄圪默默"地结出"一不连连"[①] 豆角。农民们时不时去趟地，检查一下谷子、玉茭的长势，顺道摘个瓜、摘个豆角、掰根黄瓜。

立秋

秋天"悄圪默默"地来了，正如夏天"悄圪默默"地走了。秋天逮住了中伏的尾巴，又霸占了整个末伏。天气仍然非常炎热，午后的天空中突起雷暴，大雨哗然而至。"一场秋雨一场凉"，雨连降一两天后确实有了一些清爽的感觉，但太阳出来一晒，又是热腾腾得让人冒汗。

俗话说："头伏萝卜末伏菜。"头伏种下的萝卜已经长得水灵灵，也该到了种白菜的时间。晋城人从不在大田里种菜，而是巧妙地利用房前屋后以及院子里的零碎地块，种些萝卜、白菜。白菜籽儿撒在坑里，没几天便长出了脆生生的菜苗。谷子正在孕穗，招来许多鸟雀。老农们便赶紧扎个草人，给它戴一顶草帽，拴一根布条。风一吹，布条甩出啪啪的声音，顿时吓得麻雀上下纷飞。

---

① "悄圪默默"，即悄悄地。"一不连连"，即一串串。此为晋城方言。

处暑

三伏将尽，暑气渐消，早晨起床竟然有了一丝丝凉意。“处暑满地黄”，谷穗沉甸甸地坠在秸秆上，已经变得有些金黄。玉茭也抽出了饱满的穗子，包裹着一层一层的绿皮，好像一个个襁褓里的婴儿。俗话说：“处暑不出头，割倒喂了牛。”立秋后农作物生长变慢，如果此时谷子、玉茭仍未结穗，那还真的就只能割下来喂牲口了。地里的黄瓜渐渐长老，豆角却长得非常繁茂，如果不及时采摘，饱满的豆粒便要涨得爆出来。

最令人兴奋的还是掰嫩玉茭。玉茭刚刚结出的籽粒，嫩嫩的，白中透着黄、黄里透着白。掰嫩玉茭也是个技术活儿，要轻轻地撕开一点点玉茭皮，用指甲去掐玉茭籽，如果冒出奶白色的汁液，便是最可口的嫩玉茭。人在玉茭地里穿梭，胳膊和脸被叶子刺得生疼，却一点也不耽搁掰嫩玉茭的兴致。

白露

“青青园中葵，朝露待日晞。”进入白露后，夜凉如水。清晨，农作物上结出一层薄薄的露水，轻轻一碰，便如珍珠一样滚落下来。太阳一出来，露水顿时消散。

农谚道：“白露前后一半籽”，说的即是谷子吧。谷子早已结穗，经过露水洗礼，逐渐褪下青涩的面孔，焕发出成熟的金黄色。泽州、阳城等地，已经开始忙着收谷子，而高平、陵川还需要等上一些时日。

黍子也已经成熟，沉甸甸地坠在秸秆上，将秸秆压得弯下了腰。老农们也不着急割黍子，而是先挑选一些成熟且齐整的，将穗头掐下来，带回来放在搓衣板上搓揉。黍子穰是一种制作笤帚的上好材料，每年白露晋城人都要先挑好齐整的备用，最后才收割黍子。白露时节最重要的农事是整修麦田。晋城的麦田大多是丘陵旱地，讲究“三耕”：割麦后深耕晒垡，熟化土壤；伏天里耕后粗耙，接雨纳墒；白露里随犁随耙，施入底肥。经过三次修整，麦田已经做好的准备，只等时节一到，便迎接种子入住。

秋分

过了中秋节，没几天便是秋分。太阳逐渐南归，昼夜再次平分。傍晚时，苍龙七宿完全沉入地面，白虎七宿慢慢地出现在西方的天空中。《说文解字》说龙“春分而登天，秋分而潜渊”，雷声戛然而止。秋高气爽，正是农忙的好时节。

俗话说：“立上秋，把晌丢”“夏忙半个月，秋忙四十天”。进入秋分后，谷子、玉茭等大秋作物渐次成熟，冬小麦也到了播种的时节，到处都是一片忙碌的景象，哪里还顾得上歇晌午。学校里放起来“秋假”，孩子们也争相帮着父母“收秋”。“收秋”是个细致活儿，讲究的是“抢种不抢收”。经过一年的辛苦好容易有了收成，必须保证颗粒归仓。

进入白露后，晋城开始割谷子，一直持续到秋分。割谷前要先“扦谷”，将籽粒饱满的谷穗扦下来，留作来年的种子。然后开始正式作业，用镰刀将谷穗连同秸秆割下来，拉到打谷场上，堆成高高的谷堆。妇女们坐在谷堆旁，抓一把谷穗，将穗头整齐地切下来，拿到场上去晾晒。晒干的谷穗经过碾压，借助风力扬去灰尘与糠秕，留下黄澄澄的小米。“白露早寒露迟，秋分种麦最适时。”刚刚收完谷子，便又得忙着种麦子。人们将麦种均匀撒在田地上，然后用犁或者耙子轻轻覆土。麦种躺在土壤，好像回到了母亲的怀抱，孕育着准备出苗。

寒露

时值深秋，菊花穿上了黄金甲，枫叶罩上了红披风，“露水先白而后寒”，瑟瑟地缩成了小珍珠。谷子、高粱、豆子都已收割完毕，玉茭和红薯也迎来了丰收的时节。一根根玉米棒子嵌在秸秆上，顶着一丛暗黄的小胡子，露出半边小脸偷偷地笑。掰玉茭是个有趣的农活。孩子们跟在大人身后，将玉茭连皮带穗掰下来，扔在近处的麻袋里。掰下来的玉茭仍然穿着完整的穗皮，将穗皮剥开，一对一对系在一起，挂在屋檐下的铁丝上，将房屋打扮得煞是好看。

收红薯更是充满惊喜。红薯埋藏在土壤里，好像藏在盲盒里的礼物。父母用锄头小心地刨开地面，孩子们便迫不及待地抓住红薯秧，将红薯从土里拽出来。晋城产的红薯远近闻名，红皮白瓤，甘甜可口。干活儿累了，家长便让孩子坐在田埂上，用河水将刚刨出来的红薯洗一洗，切开来给他吃。生红薯嚼在嘴里，别有一番鲜脆的味道。

霜降

“蒹葭苍苍，白露为霜。”时间已是深秋，晋城的山山坳坳都有了几分肃杀之气。中午时气温还比较温和，早晨和晚上却冷得厉害。草木渐次凋零，杨树、柳树、梧桐树的叶子都随风而落。“一场秋雨一场寒”，霜降里的雨已经冷得出奇，打在人脸上竟几分刀割的感觉。

“收秋”从白露开始持续了 40 多天，已经基本结束。地里已经没有更多的粮食，但农民们仍努力寻找着一切可以吃的食物，储藏起来准备越冬。在数千年历史中，寒冷而漫长的冬季总是最难过。而霜降则是储藏食物最重要的时节。太行山上的柿子非常甘甜，是一种优质的越冬“储备粮”。俗话说：“霜降摘柿子，立冬打软枣。”田边地头随处可见柿子树，挂满了金灿灿的柿子。“霜降不摘柿，硬柿变软柿。”晋城人管软柿子叫“空柿儿”，虽然非常甘甜，但并不适宜储藏，所以需要在还硬实时便采摘。青涩的硬柿子经过温水浸泡，变得甘甜。霜降里，人们打柿子、漤柿子、旋柿饼、晒柿圪连，也是不亦乐乎。

立冬

寒冷的冬季终于来到。万木凋零，百虫息声。北风从原野上呼呼地刮过，将树枝上残存的几片枯叶吹落。圪针丛里悬着几颗干瘪的酸枣，软枣树上挂着几颗摘剩下的黑软枣。地里的冬小麦已经长得有一拃来高，绿油油的，成为这冬季中唯一的亮色。晋城的冬季寒冷多风，小麦要安全越冬仍要经过一番准备。有条件的地方开始给小麦浇入冬水，没条件的地方适时镇压，保墒提温。

小雪

俗话说："时到小雪，打井修渠莫歇。"过了小雪，便进入冬季"农闲"时节，农民们却根本闲不下来。趁着土地没有完全上冻，大规模的农田水利建设展开了。人们平田整地，里砌外垫，修堰垒坝，修渠打井，似乎比"收秋抢夏"还更加忙碌。

大雪

从遥远的西伯利亚来的冷空气，已经将晋城的天与地完全封锁。北风呼呼地刮着，雪花如柳絮一般在空中飞舞个不停。"今冬麦盖三场被，来年枕着油馍睡。"人们企盼雪花给小麦带来更多的水分，帮助它安然越过冬天。

冬至

进入冬至后，农民们便开始念叨"数九"。"一九二九，闭门袖手。三九四九，冻死猪狗。"似乎连太阳都无法忍受北风的呼啸，刚刚在天上挂了一会儿，便急匆匆地躲到山后面去睡囫囵觉。冬至是传统社会中重要的节日。除了画《九九消寒图》，老晋城人还要祭祖先、"摔老瓜"、赠鞋子、吃饺子、吃面条。俗话说："吃了冬至面，一天长一线。"过了冬至，寒冬便过去了一半，白天渐渐变长，"一阳来复"，大地深处已经孕育着春的气息。

小寒

数九严寒，滴水成冰，河面已经完全上冻。人们只能躲在屋子里，做些闲散的活计。老汉们凑着一起抽着旱烟，闲聊着一年的收获。妇女们盘着腿闲话着家长里短，剪个鞋样、纳个鞋底。这是一年中少有的"农闲"时间。

大寒

俗语说："受了一年，就盼过年。"进入大寒，虽然气温更冷，但人们脸上却都洋溢着过年的喜气。大寒是一年中最后一个节气，也是除旧布新的好日子。从腊月二十三开始，一直到来年正月十六，晋城人都异常忙碌。祭灶王、扫房子、蒸馒头、换桃符、请门神、架正火、祭祖先、走亲戚、看花灯，一件接着一件，忙得不可开交。这种忙碌虽然辛苦，却充满了收获之后的闲散与喜悦。

大寒一过，冬去春来。二十节气周而复始，轮转了2000余年。在春日的阳光里，晋城人又开始“数着节气种庄稼”。

第四章

祈雨禳灾

在中华文明史上，祈雨禳灾伴随农耕生产的兴起而出现，延续时间长达数千年。早在商代甲骨文中，已有祈雨禳灾的明确记载。进入周代以后，华北等主要农耕区已广泛形成“雩祭”等各种祈雨禳灾习俗。其后 2000 余年中，祈雨禳灾长盛不衰，对中华文明产生了巨大的影响。晋城市地处黄土高原，传统农业生产时刻面临着旱灾、虫灾、雹灾等自然灾害的威胁，由此产生龙王祈雨、汤帝祈雨、“倒水”、铁牌祈雨及祈晴、弭雹、蜡祭等各种形式的祈雨禳灾现象，并遗留下大量的庙宇、碑刻、传说及民俗活动。如：阳城县有据可考的汤帝庙和祀有汤帝的庙宇便多达 373 座，皆为历史上村社祈雨的主要场所，在全国范围内都极具地域特色。

一、晋城第一大灾——旱灾

康熙十八年（1679），晋城无事。

至少对于撰写地方志的官宦来说，这一年确实没有特别值得记载的事情。除几项简单的人事变动外，连时常记录的水旱灾害也没有写一个字。

但对于大阳镇的老百姓来说，这一年却极为难熬。自开春以来，雨水便非常稀少，旱情导致米价一涨再涨。没钱买米的百姓为了活下去，只能相聚为盗。乡绅们忧心忡忡，生怕酿成大祸，只得聚集族人、招募乡勇、修缮堡寨，派人日夜巡逻。秋季时粮食小有收获，人心才稍定，但仍不敢放松警惕。一直过了除夕，在提心吊胆中康熙十八年才终于结束。

很难想象，古时晋城老百姓对于旱灾有着怎样的恐惧！农户们普遍缺少丰厚的存粮，贫瘠的土地没有适宜的灌溉措施，市场上粮价飞涨，官府救济不得力，税收追缴猛如虎，所以即便是平常的旱情，也会导致百姓生活拮据，乃至破产。如果旱情持续时间稍长，涉及区域稍大，导致农业严重减产，便会酿成灾荒，出现饿殍遍野、百姓流散、盗贼蜂起的景象。

毫无疑问，对于传统农业时代的晋城来说，旱灾是第一大灾。在这片水利设施严重不足的土地上，隔三岔五便会出现旱情。老百姓们常说“十年九旱”，大致如此。关键在于旱情会持续多长时间，涉及多大区域，影响是大是小而已。在《泽州府志》《凤台县志》等古代地方志中，官方记载的晋城旱灾一共是 87 次，其中明代以前 14 次，明代 14 次，清代 59 次。以清代为例，平均每四到五年便会发生一次较有影响的旱灾。显然，史志记载存在严重的数据缺失。即便是记载最详细的清代，对于康熙十八年大阳镇这种规模的旱情，也采取了忽略不计的写法。而只有那些导致粮食严重减产、影响十数万乃至几十万人口生存的大旱灾才会被史志编辑者郑重记载下来，但白纸黑字写在纸上的也不过寥寥几个字。我们实在难以想象，史志中的“旱”“大旱”“民饥”“人相食”的背后，是怎么的惨况！

旱灾的可怕，根本原因在于它对粮食安全的严重威胁。晋城史志记载中的 87 次旱灾，其中 23 次出现了“饥”“大饥”“饥馑相望”的描述，显然这是在涉及十数万乃至几十万人生存危机后才使用的字眼。而很多描述都令人惨不忍睹，如：万历十四年（1586）大旱，“老稚剥树皮以食”“死者枕相藉”；康熙三十年（1691）大旱，“蝗蔓生入人家，与民争熟食，人民死徙者半”；嘉庆九年（1884）大旱，“高平东社庙有鬻人市”。而在晋城史志记载中，“人相食”的情况除战乱外，多半也与旱灾相关。如：汉安帝永初三年（109）、崇祯七年（1634）、崇祯十三年（1640）、乾隆五十七年（1792）、光绪三年（1877）等几次大旱，都有“人相食”的描述。

旱灾的可怕，还在于其连续性的影响。因为雨水稀少，导致粮食短缺，进而粮价飞涨，进而人民流离失所，进而盗贼蜂起，进而社会动荡，进而爆发战争，最后朝代更迭。这还仅局限在社会层面。从生态方面来看，旱灾往往还伴随着水源枯竭、植被树木凋零以及蝗灾、狼灾和瘟疫。食物短缺是全方位的，不但人类难以生存，动物也会出现生存危机。饲养的牲畜被宰杀一空，肉眼可见的鸟类、鱼类被捕杀一空，以致狼群、豹子等无处觅食，只能白天进入村庄、城镇，吃人的现象不计其数。如：康熙三十年（1691），蝗虫飞入人家与百姓争夺食物的现象，更是令人惊诧。而人口的大量死亡，又往往引发大规模的瘟疫，进而导致更多的人口死亡。这种一环牵一环的现象，在史志描述中比比皆是。似乎每一次旱灾都可能导致潘多拉魔盒被打开，引发一连串的灾难。

与其巨大危害相比，旱灾似乎又不是那么太迅猛，它的发生在进程上是渐近式而非突发性的。这一点在记载中表现得非常明显，如：唐肃宗乾元二年（759）泽州大旱，持续了三个月，“自六月至九月无雨”，导致“禾黍一空”。像这种持续几个月甚至几年的旱情，非常典型。很多记载中虽然仅仅记载了“旱”“大旱”几个字，但旱情仍然是在持续中发生的。因为只有在持续一段时间后，旱情才会对农作物产生影响，而影响的大小又与农作物生长的时间息息相关。

根据季节，我们可将晋城历史上的旱灾大致分为“春旱”“夏旱”和“秋旱”。冬季少雪或无雪便会出现旱情，到了春季仍然少雨或不雨，便会导致春播作物播种、出苗困难，严重影响小麦的生长，形成“春旱”。农历4月至6月降水不足，会导致谷子、玉米等大秋作物受到“卡脖旱”的威胁，形成“夏旱”。夏季雨水不足，进入秋季后仍然少雨或不雨，谷子、玉米等大秋作物便会抽穗、结籽困难，形成“秋旱”。由史志记载来看，晋城历史上明确记载有发生时间的旱灾一共是55次，其中“春旱”共6次、“夏旱”共37次，“秋旱”12共次。“夏旱”发生频次最多，对本地域的影响也最大。这种划分虽然非常粗略，但仍能大致反映出晋城旱情的基本情况。

晋城旱情频发，显然与本地域的气候密切相关。晋城地区属于暖温带大陆性季风气候。冬季时，受蒙古高压控制的干冷气团南下，形成西北季风，逼迫暖湿气团南移；夏季时，受西太平洋副热带高压影响的暖湿气团向北上，形成东南季风，迫使干冷气团北缩。降水的多少和时机，取决于冷、暖两种气团的较量。一旦干冷气团长时间取得优势，便会导致降水严重减少，出现旱情。再加上周围太行山、太岳山等山脉对暖湿气团的阻碍，以及境内复杂的地理格局，似乎旱灾频发已经不可避免。

但当我们站在当下的视角来看时，旱灾似乎又对我们影响很小。事情的关键在于，当旱灾发生时，人在其中能够发挥多大的作用。如果能保证有足够的食物，支撑到雨水到来、农作物丰收，旱灾便会安然度过；如果无法支撑，便会酿成大的灾祸。在历史上，晋城人曾数次安然度过旱灾，便得益于当时社会良好的组织运作。但更多的时候，受限于低下的生产力，晋城人面对旱灾无可奈何，只能寄托于神灵，由此产生出各种祈雨禳灾的文化与习俗。

附：晋城市历代旱灾记载

合计：87 次，明代以前 14 次，明代 14 次，清代 59 次

商成汤二十四年（前 1594），大旱，王祷于桑林。

周威烈王三年（423），晋大旱，地生盐。

汉安帝永初三年（109），大饥，人相食。

晋怀帝永嘉二年（308）夏，大旱。

晋孝武帝太元元年（376）秋九月，旱，饥，井涸。

前秦苻坚建元二十年（384）九月大旱，井涸，大饥。

东魏静帝天平四年（537）四月，齐王高欢以建州等郡霜旱，人饥流散，请所在开仓赈给。

唐玄宗开元十二年（724）泽潞大旱。帝设坛宫中亲祷，暴立三日，雨即降。

唐肃宗乾元二年（759）秋，泽州大旱，自六月至九月无雨，禾黍一空。

宋太祖建隆三年（962），泽州春夏大旱。

宋太祖开宝三年（970）夏，泽州大旱。

宋大中祥符元年（1008）五龙跃于丹水。时方大旱，民多饥，祷雨不应。至是五龙见，雨泽即降，岁大稔，斗米数十钱。

元世祖中统元年（1260）八月癸亥，泽州旱，民饥，敕赈之。

元顺帝至正二十二年（1285）夏，高平大旱，历三月无云，盗贼蜂起。

明代

永乐十二年（1414）夏，泽州大旱。

成化九年（1473），泽州大旱。

成化十二年（1476），高平夏旱，秋复涝。

弘治十二年（1499），高平夏旱，秋复涝。

嘉靖七年（1528）七月，泽州、阳城旱、蝗、饥。

嘉靖十一年（1532）夏，阳城大旱，七月乃雨，岁大饥。

隆庆二年（1568）夏，阳城旱，秋淫雨，五谷不登，民大饥。

万历十四年（1586），泽之州县春不雨，夏六月大旱，民间老稚剥树皮以食，疾疠大兴，死者枕相藉，阅三月诏发帑赈之。

万历三十七年(1609）秋，大旱，泽州、阳城、陵川禾焦死，民大饥。

万历四十五年（1617）夏，阳城旱，飞蝗蔽天。六月终，始雨。

万历十五年（1587），泽州复大旱，民大饥，疫疠，死亡如故。

崇祯七年（1634），泽州大旱，饥，人相食。

崇祯十二年（1639）夏，沁水旱。蝗冬生，累累然蔓延附地如鳞，民大困。

崇祯十三年（1640），泽州旱，蝗，大饥，人相食。

清代

顺治四年（1647），沁水大旱，六月始雨。

顺治九年（1652），沁水大旱。

顺治十年（1653）六月，陵川旱，岁歉收。

顺治十一年（1654）夏，陵川旱。秋七月，人民饥。

顺治十二年（1655）夏，陵川大旱，岁大饥，斗米钱千五百。

顺治十三年（1656），高平、沁水大旱，无麦，人民饥。

顺治十四年（1657）夏，沁水旱。

康熙三十年（1691）夏五月，泽州大旱，无麦。六月，蝗食苗。七月蝗蔓生入人家，与民争熟食。人民死徙者半，奉诏免租发粟赈济。

康熙四十七年（1708），泽州旱。

康熙六十年（1721）六月，沁水旱，至九月始雨，秋禾不登。

乾隆二年（1737）秋，沁水旱。

乾隆十七年（1752），沁水大旱。

乾隆十八年（1753），高平自七月不雨至于十月。

乾隆二十四年（1759）春，沁水、高平旱。

乾隆三十三年（1768），沁水旱。

乾隆四十三年（1778），沁水大旱。

乾隆五十七年（1792），沁水大旱，饥馑相望，民卖子女而食。

嘉庆七年（1802）秋七月，高平旱。

嘉庆八年（1803），高平旱如故。

嘉庆九年（1804），沁水、高平、阳城大旱，岁大饥。斗米元银一两二钱，高平东社庙有鬻人市。

嘉庆十年（1805）夏，高平旱，斗米千钱。

嘉庆十五年（1810）春，沁水、阳城旱，斗米钱一千五百。六月初得雨始下种，九月刈杀，十月种麦。

嘉庆十七年（1812）秋，不雨至于来年六月，高平大旱。

嘉庆二十二年（1817），沁水、阳城夏秋旱，岁大歉，仲冬始得雨。

嘉庆二十五年（1820）夏，沁水、阳城、凤台大旱。七月始得雨，阳城北河水涨淹民房，通济桥圮。

道光五年（1825）春，阳城大雪，树冻死而复苏，夏旱。

道光七年（1827）夏，沁水、阳城旱，秋歉。

道光八年（1828）夏四月，高平地震，五月不雨，至于六月始播种，八月霜损稼。

道光十四年（1834），高平八月不雨，至于来年六月，大饥，斗米钱八百。

道光十五年（1835）春，沁水、阳城、凤台旱，夏无麦，六月得雨始下种，秋旱霜杀谷，民大饥。

道光十六年（1836），阳城旱。

道光十七年（1837），阳城旱，蝗，多狼患。

道光二十一年（1841），阳城旱。

道光二十五年（1845），高平旱。

道光二十六年（1846），高平、沁水、阳城旱，秋未种麦。

道光二十七年(1847）夏，泽州大旱，自五月不雨至于七月，旱无麦，秋霖伤稼，岁大饥，民多逃亡。

道光二十八年（1848），高平旱。

咸丰元年（1851）夏，阳城、沁水旱。

咸丰六年（1856）夏，沁水、阳城旱，秋蝗害稼。

咸丰八年（1858）夏，高平旱，至于九年五月始雨，秋八月陨霜。

咸丰九年（1859）夏，凤台雨雹，秋旱，岁大饥。

同治六年（1867）春，凤台、高平旱，无麦。

同治八年（1869）秋，沁水、阳城旱。

同治十二年（1873）夏，沁水、阳城大风，秋旱，冬大雪，柿树多冻死者。

同治十三年（1874）夏，阳城无麦，桑被客冬冻损。芒种始雨，民方布谷。

光绪二年（1876），泽州夏秋大旱。

光绪三年（1877），泽州大旱，野无青草，人食树皮、草根，牛、马、鸡、犬皆尽，继食人肉。斗米值钱两千五百文，斤面值钱一百四十文。室家流离，饿殍盈野，有全室俱毙者，有阖村同尽者。

光绪四年（1878），泽州岁大祲，人民死亡过半。

光绪五年（1879），仅得微雨，旱象依然严重。

光绪六年（1880），沁水旱。

光绪七年（1881），沁水大旱。

光绪八年（1882），阳城大旱。

光绪九年（1883），阳城大旱。

光绪十七年（1891），阳城大旱。

光绪十八年（1892），阳城大旱。

光绪二十四年（1898），沁水夏旱。

光绪二十五年（1899），沁水夏秋大旱。

光绪二十六年（1900），沁水、高平自上年八月至六月无雨，大饥。

光绪三十三年（1907），阳城大旱。

二、“丁戊奇荒”中的晋城

这是一场惨绝人寰的大旱灾！

因为主要发生在光绪丁丑年（1877）、戊寅年（1878），因此史称为“丁戊奇荒”。这场灾难波及山西、河南、陕西、山东、直隶等省份，造成1000余万人饿死、2000余万人逃亡，是中国近四百年来最严重的一次旱灾。处在暴风眼中的晋城，被灾难席卷着拖入一个近乎毁灭的旋涡，不但农业生产毁于一旦，而且人口锐减、百业凋敝，数十年未能恢复。

当灾难快要来临时，人们并没有太在意。因为处在晚清时期的晋城，天灾不断，旱灾更是隔三岔五便会发生。从光绪三年（1877）往前数，20年中共有14个年份发生了天灾，其中8个年头都有旱灾。所以当光绪二年（1876）整整一个冬季没有下雪时，人们仍以为这不过又是一场普通的旱情，来年时雨一降便能缓解。除了例行祈雨禳灾之外，大多数地方都没有备灾准备。

当事后追溯这场大旱灾时，人们都说光绪三年的“立春”非常诡异。这一天许多村社在行春祈礼时，突然刮起了狂风、下起了暴雨，似乎预兆着某种不祥。随后，大旱灾便降临了！从光绪三年（1877）持续至光绪四年（1878），晋城大部分地区都没有下过几滴雨。种下去的庄稼“苗而不秀，秀而不实”，不但没有多少收成，而且大多数难以成活。光绪三年旱灾刚开始时，有些地方夏麦还能收一半斗，秋粮干脆颗粒无收。光绪四年大饥荒已经形成，即便有庄稼抽了苗，也未等半熟便被一扫而空充了饥。

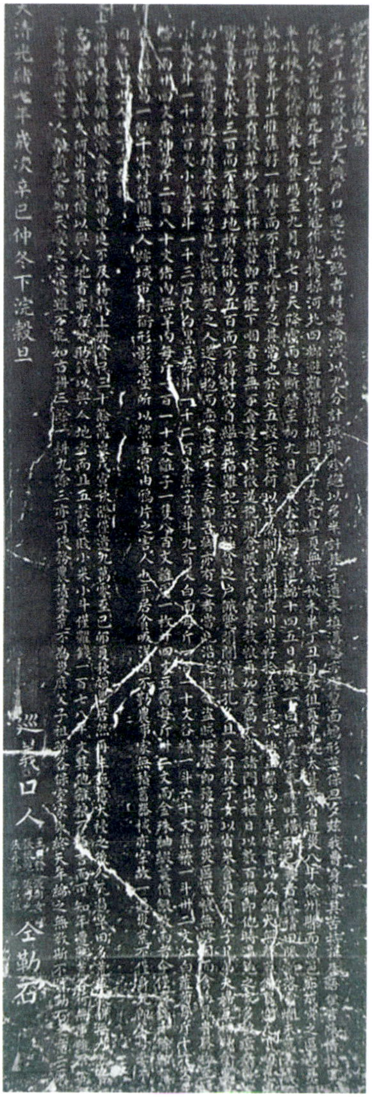

旱灾首先引发粮价飞涨。《蔡河村绝荒觉世警后迩言碑》记载：“小米每斗一千六百文，小麦每斗一千三百文，白黑豆每斗一千二百文，蕉子每斗九百文，白面每斤一百一十文，谷糠一斗六十文，蕉糠一斗卅二文，红白萝葡每斤十六文，生姜一两廿四文，香油每斤二百八十文，猪肉无，羊肉每斤一百一十文，鸡子一只八百文，鸡蛋一枚廿四文，豆腐每斤卅二文。”康雍乾时期每石不过十几文、几十文的小米、小麦和白面，灾后价格却飞上了天。甚至连喂猪喂鸡用的谷糠、蕉糠，也是一天一个价格。蔡河村碑记中的谷糠每斗为六十文，蕉糠每斗三十二文。

《蔡河村绝荒觉世警后迩言碑》

粮价日涨，进而引发了典卖潮。有钱的典卖金银、房产和农田，没钱的只能卖儿卖女。更糟糕的是，整个华北地区都在遭灾，尤其是河南省向来为中国粮仓，也遭遇了严重的旱灾。晋豫两省间流民无数、盗贼蜂起，已经“运粮无路”。人们即便变卖房产、农田、儿女，也买不到多少粮食。粮价飞涨，物价却在暴跌。《凤台县续志》记载：“他物称是房地、衣物，俱无售主。良田一亩，易钱数百文或数十文，无贫无富，一概啼饥。”蔡河碑记载“金珠细缎囊价银数两者今仅卖钱千余。即有锦衣美器难易一饭。千家村落间无人迹，城市街衢形影悉空”。一亩良田，竟然只能买一斗甚至半斗谷糠。从前千金难买的古董，而今更是连一碗饭都换不回来。“纵典妻卖女只求三百而不能，典地拆房欲易五百而不得，计穷自缢，屈指难计。”

饥饿驱使人们吃掉一切可以果腹的东西。首先是庄稼，仅存的一些谷子、豆子、蔬菜等作物，没有等到成熟收获，便被连根带叶煮熟而尽。然后是一切可食的植物、动物，人们“剥树皮、刈草籽、拾桑叶、搂瓜秧”，“捋荆子以疗饥，剥榆皮而充腹，桑柿待食尽尽”，又将骡马牛驴以及鸡鸭等牲畜宰杀一空。很多无法食用的物品也被拿来充饥，有的将榨油剩下残渣抢食一空，有的将小石子磨成粉混在谷糠里充饥，甚至有的炒食谷草、蒸煮秸秆。“凡下咽充肠者无不食”“即不能下咽者，亦无不食”。饥饿如幽灵一般飘过晋城，竟使得禾黍一空、田园荒废、野无青草、巷无鸡鸣，似乎所有有生机能充作食物的东西都被人吃了下去。

大饥荒终于引爆了人间惨剧！《凤台县续志》记载：“野无青草，人食树皮、草根，牛、马、鸡、犬皆尽，继食人肉。”《阳城乡土志》记载：“光绪三年（1877），斗米售钱三千五百，人相食。”《时街村光绪三年灾荒碑》记载：“妇女卖于他乡，老弱死于非命”“横尸遍野，枯骨未埋，人食人肉，实难防范。”《高平河西镇纪荒觉世警后迩言碑》记载：“至于极贫之户，饿殍阛阓，席卷孔多。且又有杀子女以省米食，更有父食子，兄食弟，夫食妻，妇食夫，婴儿幼女抛弃道傍，遍野填巷，惨不忍见。饥饿频死之人，遂窃抱而煮食，诚不乏矣。”《白桑乡记荒三年接替碑记》记载：“或有痛亲老而难行，弃之城郭；亦有恨稚子之带累，委诸道路”“大人饿死者转于村西，小儿者悉抛于井泉”。《渠头村三官庙纪荒警示碑》记载：“人食人肉，闻之胆寒。是以民命难全，有死于沟壑者，有死于道路者，有乞食他乡者，有死于室家而无人埋葬者。人死过半，枯骨遍野；百里之遥，罕见耕牛良马；四境之内，不闻鸡鸣犬吠；从古以来，闻人之所未闻，见人之所未见。”这样惨痛的描述，在晋城现存关于“丁戊奇荒”的史料中还有记载。

显然，清廷对于这场大饥荒负有较大的责任。但要说清朝官方毫无作为，似乎又与史志记载不符。在《凤台县续志·蠲赈》等记载中，可以看出无论是清廷，还是时任山西巡抚曾国荃、泽州府各级官员及乡绅等，都做了许多工作进行救灾。朝廷能够豁免的税收已经全部豁免，常平仓、河南清化镇局籼米、东阳关局籼米等能够调配的粮食已经全部调配，城乡各处也开设了许多赈厂进行救济，曾国荃又借拨白银 2 万两资助铁炉、炭窑以工代赈，乡绅们也在不断地救助，但是这些工作在大饥荒面前仍显得杯水车薪。

大饥荒使得整个晋城社会都处在动荡中。旱灾刚开始时，人们还自持有礼地相互借贷，继而富户也畏惧起来不肯借食，走投无路的人们便开始抢掠。有能力逃荒的全部踏上了逃荒之路。又有大量流民沦为土匪。河南修武爆发了朱登鳌起义，义军从姑姑泉攻入陵川县赤土坡，又有孟昭列等聚集流民上千人，窜入凤台县东南境，在桃园等村焚毁民舍 20 余处、杀伤居民 10 余口。人吃人的事件时有发生。初始时还是偷坟掘墓，盗取金银买粮度荒，继而偷食刚刚掩埋的死人，进而又坐等人死毙命后分而食之。“如米山镇查收人骨满缸，生人餐死人之肉。如宰里村查收尼姑人血两盆，生人剥生人之皮。”（《高平河西镇纪荒觉世警后迩言碑》）这样惨烈的悲剧，似乎在整个华北都已较为常见。

大饥荒导致晋城人口锐减。据《晋城人口志》统计，咸丰元年（1851）

时，整个泽州府人丁大约156万，至光绪九年（1683）仅剩661535人，人口锐减了一半以上。其中，凤台县原有人口大约39万人，灾后仅剩188362人；高平县原有人口大约26万人，灾后仅剩182195人；陵川县原有人口大约24万人，灾后仅剩109044人……《凤台县续志》载："室家流离，饿殍盈野，有全室俱毙者，有阖村同尽者，统计西南乡户口约损十之八，东北乡户口约损十之七。"各县情况大体如是。冰冷的数字后面，是惨绝人寰的悲剧。如高平河西镇坡村，"千家村落，间无人迹，城市街衢，形影悉空"。又如阳城白桑乡通义村，"在前三百余家，现留三十余家，人口一千八百有余，现存大小一百二十余口"。又如凤台县冶底村董继周家族，原先"人丁繁盛，近支族三十余口"，灾后"仅遗余与海润二人"（《冶底董氏家谱》）。

大饥荒使得百业凋敝，尤其是农业更是遭受了毁灭性的重创。虽然从光绪五年（1879）开始，旱情渐渐得到缓解。但由于人口锐减，劳动力严重不足，导致大量土地被撂荒。据《凤台县续志·田赋》记载"灾浸既过，村里几空，蓬蒿满田，膏腴无主"，几乎所有的农田都沦为荒地，差别只在于有的是"老荒地"，有的是"无主新荒地"，有的是"有主新荒地"而已。灾荒中，农民们不但被迫吃掉了农用牲畜，而且连平日倍加珍惜的种粮也全部拿来果腹，即便是想重新开展劳作也是无粮可种、无畜可用。所以，虽然旱情虽然在减弱，但饥荒仍在持续。何况光绪五年（1879）、六年（1880）、七年（1881）、八年（1882）、九年（1883）……泽州府各县仍不断有旱灾在发生。

总之，"丁戊奇荒"虽然已经过去了差不多一个半世纪，但当我们回首看这场旱灾时，仍会感到触目惊心。这样的旱灾，在历史长河中发生了不止一次，不但给晋城人民带来深重的苦难，也在文化上留下了深深的烙印。

三、成汤信仰与换水习俗

传说，成汤建立商朝后，连续 7 年大旱。商汤王命巫师占卜，得到天命必须用人牲祭祀祈祷。商汤王怜悯百姓，说："祭祀本为救助百姓，又怎能如此？"于是商汤王登上析城山，在桑林中虔诚祈祷。他命人架起柴薪，剪去头发、指甲，沐浴更衣后亲自躺在柴堆上，自焚祭天。火焰熊熊燃起，大雨竟沛然而降。百姓们无不欢欣雀跃。

这则故事，记载在《尸子》《竹书纪年》《吕氏春秋》《淮南子》《太平寰宇记》等古籍中，一直流传到现在，至少已有 2500 余年历史。出于对商汤王心怀百姓、自我牺牲精神的敬仰，不知从何时起析城山被尊称为"圣王坪"，并发展为后世祈雨的圣地。而在晋城众多祈雨祭祀中，成汤信仰的影响无疑最为深远。走在晋城乡间，随处可见汤帝庙，许多都有

析城山

1000余年历史。尤其是在阳城县，以析城山圣王坪为中心，成汤信仰极为兴盛。据统计，仅阳城县有据可考的汤帝庙便有373座，现存较好的仍有百余座。

析城山汤帝庙为祖庙，最为神圣。据中国最古老的典籍《尚书·禹贡》记载，当年大禹治水时曾途经析城山。析城山因山峰四面如城而得名，很早便已是中华历史文化名山。山顶植被茂密，有着山西省少有的亚高山草甸。成汤祖庙便位于草甸北部娘娘池附近。传说，当年商汤王自焚时，王后泪如泉涌，她的泪水汇成了这片水池。娘娘池又名显化池、嘉润池，据说池底有两股泉眼，与济水相连，所以永不干涸。据史志记载，北宋熙宁九年（1076）河东路大旱，通判王伓在此祷雨获应，朝廷敕封析城山神为“诚应侯”。政和六年（1116）三月二十九日，宋徽宗再次下诏进封“诚应侯”为“嘉润公”，并赐庙额为“广渊之庙”。宣和七年（1125）宋廷重修汤帝庙，共有大小殿宇二百余楹。金代时汤帝庙毁，元代再次复修，延至

河底汤帝庙

民国时期，一直是成汤信仰的中心地。

析城山汤帝庙虽然仅存遗址，但从晋城现存的众多汤帝庙中，我们仍能窥见它在宋元时期的风采。在晋城市72处全国重点文物保护单位中，共有4座汤帝庙。其中，河底汤帝庙重建于北宋大观元年（1107），坪上汤帝庙始建于金大定二十四年（1184），下交汤帝庙始建于金大安二年（1210），大阳汤帝庙重建于元朝至正四年（1344）。这些全国重点文物保护单位很好地将宋、金、元时期的木构建筑保存了下来，古韵盎然，令人赞叹。比如：河底成汤庙便以“二分唐风，五分宋韵”闻名。整座庙宇坐落在高耸的石台上，临崖壁立，巍然壮观，台基具有明显的唐代风格。正殿又名成汤殿，面阔三间，进深六椽，为北宋大观二年（1108）遗构，弥足珍贵。而正殿石门框、石柱上仍完好保存着重建时的题记，一为“大观二年（1108）九月一日施门框人顾应”，一为“龙泉东社李权抄施石柱一条，董神东、成世恩施石柱一条，大观二年九月一日”，与宋构、宋碑相映成趣。

由国保建筑以及众多碑刻来看，成汤信仰至迟在宋金时期在晋城地区已经非常兴盛。进入元代后，出于旱灾祈雨的强烈需求，成汤信仰得到了一次更大规模的普及。《泽州府志》记载：“元皇庆年间（1312—1313）大旱，诏天下立成汤庙，随时祈祷。”由此，晋城地区的汤帝庙数量大增。而经过宋元几代帝王敕封提倡，商汤王也理所当然地成为人们心中最崇敬的“雨神”。与之相应，祭祀成汤进行祈雨的仪轨也逐渐发展成熟，并在官方提倡下向民间村社进行了普及。到明清时期，祭祀成汤祈雨已成为晋城乡间最隆重的民俗活动之一。

析城山汤帝庙作为成汤信仰的核心地，其祈雨仪式最为瞩目。据老人追忆，每年农历五月十二、七月十五，汤帝庙要举行春祈庙会和秋报庙会。其中春祈庙会最为隆重，参与者多达上万人。庙会由圣王坪汤帝庙住庙道士主持，周边10余个村社参与。祭祀仪轨包括请神、献供、取水、演戏、送神等环节。传说，河北镇南峪村是汤王的娘家，村中供奉的木雕“汤王走像”最为灵验。每年农历五月十二，人们旗鼓开道，抬着神轿将“走像”迎往圣王坪，更换蟒袍后开始献供、诵经。献供环节中最重要的一项是“拜斩”，由专供牺牲的12个羊场各牵1只羊送至马刨泉庙，捆住四蹄放上供桌，由山神选择最佳的牺牲。在道士诵经声中，哪只羊不挣扎，便说明山神愿意受领，宰杀后送到圣王坪汤庙供奉。供奉期间，汤帝庙连演数天大戏，灯火昼夜通明。各村社自行到娘娘池进行“取水”，用净瓶装满神水，插上龙须草迎回本村供奉。庙会结束后，再将“汤王走像”隆重地送回南峪村。农历七月十五举行秋报，各社再次在旗鼓导引下登坪，在汤帝庙献供、烧香还愿，又是另一番热闹。

在成汤祭祀中，最核心的一个环节为“取水”，从宋元时期开始便已成为晋城地区重要的民俗活动。每年徒步前往析城山“取水”的村社络绎不绝。“取水”又称“换水”“倒水”“起水”。一般在春夏之交，各村社敲锣打鼓将供奉在社庙中的神水迎往析城山汤王庙，倾倒在娘娘池中，然后换上新的神水，再迎回大庙供奉。据乾隆五十三年（1788）《冶底岱庙妆修东庭记》记载，“（冶底村）旧与环秀、犁川、常村诸社轮流周转，每年取水于王屋山圣王坪，名曰‘倒水’”。冶底村位于泽州城西南，距离析城山大约140里，由此可见古人祈雨祭祀的虔诚。

或许是因为徒步前往析城山过于遥远，发展至元代时，很多村落便将“取水”活动改为就近举行。如：古泽州城及周边乡镇便主要在小析山进行“取水”。泽州城北白马寺山后有三眼泉水，其格局与析城山汤帝庙近似，于是人们便在此兴建汤帝庙，并将白马寺山尊称为小析山。《泽州府志》记载：“春前，乡镇悉于小析山汤王馆前池中取水，合乡旗导，瓶贮捧归。旧取水仍倾池，名曰‘换水’，祈一年嘉润也。”据史志记载，小析山祈雨非常灵验。元朝至正二十一年（1361）泽州大旱，监州忽都帖木儿曾往小析山祈雨。他徒步叩头而来，求得神水后，捧往城南五龙宫举行

仪式，结果刚离开小析山不久，就下起了雨。（《监州忽都帖木儿祷雨获应记》）

在古人想象中，小析山是“析城之支派”，也是商汤王“德泽所遗”。加之位于晋城行政中心附近，占有区位优势，小析山顺理成章发展成为析城山之外“取水”祈雨的又一处圣地。康熙十九年（1680）《大阳小析山取水记》记载：“晋豫人多取水于此，历世以来，嗣为故典。”可见，小析山“取水”竟在河南一带也颇有影响。清代时，小析山“取水”已形成复杂的仪规，主要包括诣庙、祝祷、换水、供水、开瓶、封瓶等。仪式由一乡最有声望的乡绅主持，在旗鼓导引下，徒步来到小析山汤帝庙“诣庙”；众人先在正殿伏阶祭祀，再来到嘉润池，将金纸投入池中“祝祷”；去年的旧水倾倒入池中，再换取新水，取水共四瓶，各有名目，一曰“水官”，二曰“顺序”，三曰“润泽”，四曰“甘霖”；取水结束后，在旗鼓导引下

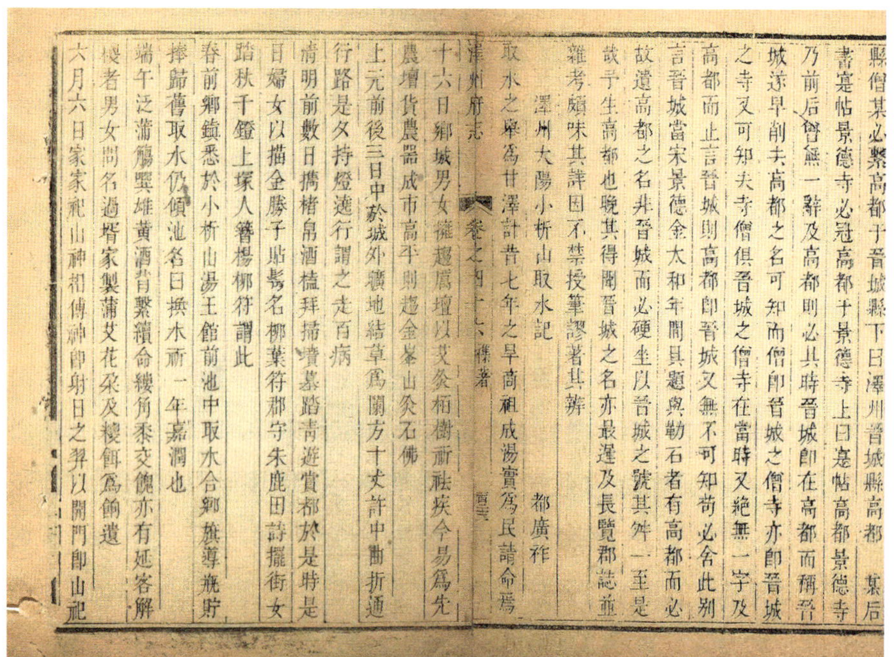
縣僧某必繫高都于晉城縣下曰澤州晉城縣高都 某后
書寔帖景德寺必冠高都于景德寺上曰寔帖高都景德寺
乃前后僧無一辭及高都則必具時晉城即在高都而稱晉
城遂早削夫高都之名可知而僧即晉城之僧寺亦即晉城
之寺又可知夫寺僧俱晉城之僧寺在當時又絶無一字及
高都而止言晉城則高都即晉城又無不可知苟必舍此別
言晉城當宋景德金太和年間具題與勒石者有高都而必
故遺高都之名并晉城而必硬坐以晉城之號其舛一至是
哉予生高都也晚其得閱晉城之名亦最遲及長覽郡誌並
雜考頗味其諱因不禁援筆謬著其辨
澤州大陽小析山取水記 都廣祚
取水之舉爲甘澤計昔七年之旱高祖成湯實爲民請命焉
澤州府志 卷之四十六 雜著
十六日鄉城男女攤趨廣壇以艾灸栢樹而祛疾今易爲先
農壇貨農器成市高平則趨金峯山灸石佛
上元前後三日中於城外曠地結草爲關方十丈許中曲折通
行路是夕持燈遶行謂之走百病
清明前數日携楮帛酒榼拜掃墳墓踏青遊賞都於是時是
日婦女以描金勝子貼鬢名柳葉符郡守朱鹿田詩擺街女
踏秋千鐙上塚人簪楊柳符謂此
春前鄉鎮悉於小析山湯王館前池中取水合鄉旗導瓶貯
捧歸舊取水仍傾池名曰換水而一年嘉潤也
端午泛蒲觴羋雄黃酒背繫續命縷角黍交餽亦有延客解
棧者男女問名過壻家製蒲艾花朵及糉餌爲餉遺
六月六日家家祀山神相傳神即射日之羿以開門即山祀

康熙十九年（1680）《大阳小析山取水记》

回到本镇汤帝庙供奉，要连续祭祀三天。每年仲春举行“开瓶”仪式，上告汤帝“顺其长养”；每年孟冬举行“封瓶”仪式，上告汤帝“法其收藏”。

“取水”习俗广泛流行于晋城地区，因时因地不同，仪轨各有差异。如：阳城蟒河镇石臼、盘龙、西峪三村，每三年一轮经摩天岭到神泉山“换水”。“换水”仪式包括上水、换水、下水、接水等环节，要连续举办四天。据说仅旗鼓队就包括头列、中列、尾列，由 307 人扮演 90 余种角色，打有蓝旗、清香、大伞、小伞、宫灯、围帐、腰旗、顶神（四尊神像）、鼓楼、神牌、提炉、老香等什物。而泽州南岭镇赵良村的“起水”仪式，则由“请水”“迎水”“送水”组成，每次历时 3 天，也极为隆重。

总之，从北宋至民国时期，出于农业祈雨禳灾的需求，成汤信仰兴盛了长达 1000 余年，对晋城地域文化产生了深远影响。不但在晋城留下了数百座汤帝庙，还形成了“取水”“换水”“倒水”“起水”等各种仪式。更值得注意的是，祈雨仪式对于晋城曲艺发展有着很大影响。如：上党梆子、上党八音会、耍故事、小箕对鼓等非物质文化遗产，都与祈雨有着密切联系。析山苍苍，灵泉汤汤，成汤信仰已经与这片土地紧密相连，并散发着独特的文化魅力。

四、龙王祈雨

在农业禳灾祭祀中，龙王大概是最忙碌的神祇。祈雨要找他，祈晴要找他，就连刮大风、下冰雹也要找他。老龙王高高在上，不太管人间的事情，于是民间便“创造”出许多小龙王来，常驻乡村，贴心服务。尤其是在晋城这种十年九旱的地方，但凡有一处幽深神秘的水潭、洞穴、古井或泉眼，老百姓便认为其中居住有龙王。由此，龙王庙遍布晋城地区各处村镇，仅第三次文物普查便多达 96 处。龙王祈雨竟有些“内卷”起来。

城区五龙河西村的五龙宫，是古代泽州城官方祈雨的主要场所。从唐朝初年至民国时期，历代泽州刺史、知州、知府、凤台县令都在这里祈雨。相传，宫内的“古龙潭”中栖息有五条神龙，曾多次显化。尤其是北宋大中祥符五年（1012）、金皇统三年（1143），五龙两次在丹河现身，都带来了丰收。人们将其现身处的峡谷更名为龙潭峡，并在附近为五龙再建行宫。与五龙宫形成激烈竞争的，是泽州城北牛山村的黑龙潭。相传，潭内的黑龙王娶了本村的姑娘，所以当地百姓在此祈雨龙王爷必须给三分面子。文人士大夫也非常喜欢到此游玩，题写有“古龙泉”“龙潭骤雨”“神龙致雨”等题记。由此，牛山村的黑龙潭以“龙潭夜雨”为名列入古泽州八景，并被誉为“八景第一灵迹”。

栖龙潭

比“龙潭夜雨”风景更优美的，是古阳城八景之一的“九女仙台”。这里位于长河与沁河的交汇处，湖波荡漾中孤峰高撑，四周山色苍茫。在九女湖附近有一处深不见底的水潭，名叫栖龙潭。相传，潭中栖息的黑龙原住在长河中游的辛壁村，娶了村中的“秃闺女”，后来因为栖息地水源被牛羊污染，老两口才迁往这里居住。古代时，每逢干旱附近村民常在此祈雨，仪式中最重要的一项名叫“砸汪”。人们认为久旱不雨是因为黑龙沉睡未醒，便叫龙王媳妇的娘家人往潭里扔石头，叫黑龙赶紧醒过来行云布雨。文人士大夫则将栖龙潭视为“归墟之壑”，如阳城县令俞时等曾在此游览，并留有多篇诗文。

与栖龙潭相似，沁水县云首村的白龙潭也栖息着一条爱睡觉的神龙。于是每逢旱灾，村民便往潭中扔石头，叫龙王“起床上班”。投石祈雨的仪式，俗称为“打潭”，是泽州县下村镇上寺头村的一项非物质文化遗产。据资料记载，清光绪十四年（1888）、二十三年（1897）、二十六年（1900）、三十年（1904）、民国五年（1916）、三十三年（1944），上寺头村村民曾多次前往云首村白龙潭“打潭”祈雨。“打潭”有着复杂的仪轨。据老人回忆，1944 年最后一次举行时，共有 48 个村社参与，声势非常浩大。出发前，由发起村向 48 社发出鸡毛信，一村读完即刻“转单”至下一村，“转单”途中鸡毛信不得落地。第二天，祈雨队伍中人人头戴柳条帽，敲锣打鼓，抬着龙王神驾由中村出发，途经下寺头、上寺头、塔里、庵头、玉溪、蒲池、固县等村，抵达云首村。人们将龙王神像请进云首龙王庙，焚香祷告后宣读祭文，再将一块石头扔进潭中“打潭”。完毕后，祈雨队伍放铳起驾，途经西湾、尧坡、小南山、贾寨、车山、王坡、万里、上村等村返回中村。祈雨仪式共历时 4 天，据说返回后不久大雨便沛然而下。

“打潭”虽然很有特色，但云首村白龙潭却并不是沁水县祈雨最知名的地方。据《沁水县志》记载，碧峰山五龙庙的“灵泉”、玉岭山的“龙池”以及县西 40 里龙王祠的“海龙池”，祈雨则更加灵验。尤其是碧峰山，是沁水县城附近著名的游览胜地。山顶有碧峰寺、千佛阁、五龙庙、舍利塔、万松庵，山脚有东岳庙。这里高峰耸立，翠柏苍松，蓊郁森秀，楼

陵川菊巘山公园

阁掩映，曾吸引许多文人墨客至此游览。比如：沁水县令邱璐游览时作有《登碧峰山即事》，在诗文后面他特意加注说“山上有泉，旱涝常盈，祷雨立应”。因为在碧峰山的“灵泉”祷雨立应，碧峰寺又得名为灵泉寺。

像碧峰山这样，区位好、景色美、祷雨灵验的还有陵川菊巘山。菊巘山位于陵川县城东 5 里处，因为盛产菊花而得名。这座山虽然不高，景色却极为优美。清代时山上种有松树千余株，郁郁葱葱。山顶有白龙王庙，山前有文峰塔，塔与庙争相辉映。白龙王庙是古代陵川县祈雨的主要场所之一。每逢干旱，官府常带领百姓头戴柳条帽，由 12 名生肖属龙的孩童手捧水瓶，抬着龙王神驾，敲锣打鼓到此祈雨。白龙王庙名气很大，由此菊巘山又得名位龙王山。而每年农历六月初一和七月十五的龙王山庙会，更是陵川县城少有的盛会。据说，六月初一的龙王山庙会要连续唱四台 12 天好戏，周边 10 余个村落都要到此上香，还要举行焰火活动，参会的群众曾多达 5 万余人。

比菊巘山更煊赫的，还有阳城县北崦山。北崦山位于阳城县城北部 15 千米处町店镇，是一座历史文化名山。此山山势高耸，松柏成林，景色优美。古时文人士大夫都爱到此游览，明朝四大清官之一的杨继宗曾在此读书，宰相王国光、名士白所学等都在游览后留有诗赋。在《濩泽赋》中，名士白象颢更将北崦山与析城山相提并论，称阳城的风水格局为“崦山俯瞰于后，析城拱揖于前”。而北崦山最知名的则是白龙王庙，此庙的龙王曾三次受到朝廷敕封。据金泰和《双溪遗老韩士倩碑》记载：白龙王庙始建于武则天长寿元年（692），距今已有 1300 余年历史。神龙元年（705）因为祈雨灵验，唐中宗“遣中使焚香，赐以服舄”，并敕封白龙王为“灵显侯”。光化元年（898），唐昭宗再次加封为“灵显侯”。五代时，白龙王庙的祭祀更加隆重。北宋太平兴国三年(978)，宋太宗又加封为“显圣王”。除此外，北崦山的白龙王还有三处行宫，行宫所在分别称为南崦

阳城北崦山白龙王庙

山、西崦山和小崦山，都是阳城县知名的祈雨地。

像城区五龙宫、牛山村黑龙潭、九女湖栖龙潭、云首村白龙潭、碧峰山灵泉寺、菊巘山龙王祠、北崦山白龙王庙这样，以崇祀龙王进行祈雨的场所在晋城还有很多。晋城地区旱灾多发，使得老百姓对于祈雨有着十分强烈的需求。但凡在旱灾时未曾干涸的水源地，老百姓都认为其中必有龙王栖息。所以龙王祭祀非常繁盛，城郊乡村流传着各种龙神显灵的故事，甚至存在一村同时建有白龙王庙、黑龙王庙等多所龙王庙的现象。至于带“龙”的地名更是不可胜数，如：泽州县龙王山、蟠龙山、龙潭峡、白龙顶、黄龙洞；高平县五龙山、黑龙洞、金龙池；沁水县龙山、蟠龙岭、海龙池；阳城县栖龙潭、白龙山、黄龙岭、青龙口；陵川县龙王山、龙门山、卧龙岗等。这些地方或多或少都曾与祈雨祭祀有些关联。

出于祈雨禳灾的现实需求，晋城古代劳动人民竟将龙王祭祀做得无比内卷。不但创造了许多带“龙”字的地名，兴建了数量繁多的龙王庙、龙神祠，还形成了各种各样、繁复冗杂的祭祀仪轨。由此，龙王祭祀也成为晋城地域文化中别有特色的一道风景。

五、五龙宫铁牌祈雨

在泽州城南 3 里、白水河西岸，有一处古代庙宇五龙宫。庙内保存有一眼“古龙潭”，相传潭内栖息有 5 条神龙。从唐朝初年至民国 1200 余年，这里一直是历史上古泽州官方祈雨最重要的场所之一，尤其以“铁牌祈雨”闻名于世。

五龙宫大约始建唐朝初年。据北宋天圣九年（1032）碑刻《泽州龙堂记》记载，唐高宗年间，宰相文彦博的小儿子温璠在泽州任刺史。当时泽

五龙宫古龙潭

州大旱，温璠在白水河畔的“古龙潭”斋戒祈雨，结果“甘雨立沛”。于是，温璠命人开凿疏浚了“古龙潭”，并在旁边建祠祭祀。唐宣宗大中年间（847—860），五龙宫举行了隆重的祈雨仪式，并竖有石碑《祷雨记》。此石碑在清顺治年间仍保存完好，后不知所踪。

北宋大中祥符五年（1012）、金皇统三年（1143），丹河发生了两次灵异事件，“五龙见于丹水”。当时人认为，五龙宫的“古龙潭”是白水与丹河的源头，因此灵异事件的发生使五龙宫祈雨达到鼎盛。在现存记载中，北宋至元朝期间，由官方主持的祈雨活动共有五次，分别发生于北宋天圣九年（1032）、金皇统二年（1142）、元至正二十一年（1361）、至正二十二年（1362）、至正二十三年（1363），主持人分别为北宋泽州知州王世昌、金朝奉国上将军南泽州刺史左泌、元朝泽州监州忽都帖木儿、泽州知州杜九思以及知州朱文明。

进入明清之后，五龙宫祈雨已发展成为泽州知州、知府例行祭祀的常典。每年农历“二月二”，由泽州最高长官率领官吏、乡绅一同祭祀。清代时，常规祭典受到官府财政支持，每年固定拨银 18 两。除常祭外，每逢旱涝灾害，官府还会不定时进行祭祀，仪式则更加隆重、虔诚。在明清历次祭祀中，以泽州知府王廷煐、彭玉龙最为知名。王廷煐多次祷雨都有“神应”，人送外号“活龙王”，老百姓为他在五龙宫立长生牌位，随龙王一同祭祀。嘉庆二十四年（1819）、二十五年（1820）天灾频发，知府彭玉龙先后在五龙宫举行过五次祈雨、祈晴仪式，都有应验，于是欣然赋诗《咏龙泉》。

从历代碑刻记载来看，五龙宫祈雨的方式比较多样，其中以铁牌祈雨最有代表性。关于铁牌祈雨始于哪朝哪代，说法不一。一般认为，唐宋时期五龙宫便已经开始铁牌祈雨。《泽州府志》记载：“古龙潭水极清冽，中沉铁牌，勒记年月，多唐宋时年号，得雨后祷投以酬神者。”在知府彭玉龙《咏龙泉》诗中，也有“旱潦致祷典仪备，祠祭酹庥铸铁牌，苔衣浸蚀前朝字”的描述。关于铁牌祈雨的仪轨，现存最早的记录则见于清顺治十七年《重建五龙宫碑记》：“遇旱淘取神水，甘霖随降，应后铸铁牌一面，备书年月，投之池中，以答神贶。”可见，仪规中最主要的两件事，一是取水祈雨，二是铸牌答神。

另据五龙河西村年长老者回忆，五龙宫铁牌祈雨的仪轨比较复杂，主要由暴坛、游街、取水、祭牌、还愿5部分组成。首先，将龙王神像从正殿请出，置于院内曝晒并祭祀祈愿，称之为“暴坛”；然后人们头戴柳条帽，手执柳枝，在鼓乐伴奏下开始游街，大致路线为从五龙宫出发，由南城门入城，途经南大街、东大街，由东城门出城；随后，在鼓乐伴奏中，龙王神驾被抬行前往白马寺山后的小析山，在汤王馆嘉润池进行“取水”；神水被装入拴有红布的长颈瓷瓶里，与神驾一起返回五龙宫，然后从古龙潭中捞出铁牌，随龙王一起祭祀，称为“祭牌”；应验下雨后，重新铸造铁牌一面，写明时间与应验字样，随旧牌一同投入龙潭，然后唱戏“还愿”。整个仪式由专门机构“水官会”主持，泽州知府、凤台知县等定时参加祭祀。

“龙泉”碑

民国二十年（1931），军阀孙殿英驻防晋城时曾举行过祈雨仪式。当时为了调查“客军入晋”的情况，《大公报》记者亲眼目睹了这场闹剧。报道称：“晋城苦旱久矣……孙殿英氏大发慈悲，于八月一日率八大处职员头戴柳丝帽，手执柳枝，环街而游，游毕谒庙焚香，祷告于天，甘霖竟沛然而降……孙继续祈祷，商羊复为之起舞，又下半日……三日又祷之……当日夜间如注如倾，全境普及矣……于是城乡村镇，均演戏而酬神焉。”由报道中“头戴柳丝帽，手执柳枝，环街而游，游毕谒庙焚香”记录来看，孙殿英此次祈雨的地点应该便是在五龙宫，其仪轨与长者回忆具有一定相似性。

铁牌祈雨是一种独特的祈雨方式，在全国都非常罕见。除晋城五龙宫外，邯郸圣井岗龙神庙也盛行铁牌祈雨。两地的铁牌祈雨各有特点，具有比较研究的意义。邯郸圣井岗的铁牌祈雨，现存最早的记录为明嘉靖十八年（1539），主要为邯郸周边百姓所崇信。清同治六年（1867）京城大旱，在恭亲王的建议下，由皇帝下诏迎请邯郸铁牌入京供奉，祈雨应验。其后，清廷先后九次委派大臣迎请铁牌入京祈雨，由此邯郸圣井岗的铁牌祈雨名闻天下。与之相比，晋城市城区五龙宫的铁牌祈雨大约起源于唐宋时期，虽然延续了1000余年，历史更加久远，但直至民国时期仍主要为古泽州城附近官府百姓所崇信，影响力比较有限。

至于晋城与邯郸两地的铁牌祈雨，到底存在什么内在联系，仍需要进一步深入研究。但有一点可以肯定，两地的铁牌祈雨虽然极有特点，但祈雨仪式中最重要的仪轨仍然是围绕“龙”和“井”发生的。邯郸圣井岗龙神庙的祈雨核心是一口常年不干涸也不外溢的“圣井”，晋城五龙宫的祈雨核心则是历经1200余年未曾干涸的“古龙潭”。两地百姓都认为其中居住有神龙，因此才会借五行“金生水”的理论，铸造铁牌答谢龙神。

关于五龙宫的“古龙潭”，现存最早的记载见于北宋天圣九年（1032）《龙堂记》，碑文称“古龙潭”早在唐朝之前便已小有影响，当地百姓称之为“龙泉”，后经唐刺史温璠开凿后，至北宋时“其广百尺，怪树丰草，阴森蔽之，近而可畏”。可见，唐宋时期的“古龙潭”与现在济南城内的趵突泉有些相似，实为天然泉眼形成的一方深水泉池。到了金代，“古龙潭”的水量明显减少，以致崇庆元年（1212）泽州通判宋雄飞“悯其泉源欲涸”，命人再次进行了疏浚。清朝初年，水量则进一步减少，以致顺治十七年（1660）重修五龙宫时又一次进行疏浚，将“古龙潭”外围的池裙由圆形改为方形。

纵览史志与碑刻，从唐朝初年至清朝末年，五龙宫的“古龙潭”还是古泽州城外一方名胜。五龙宫经过多次重建后，至清代共有各式殿宇40余间。除此外，“古龙潭”周围还分布有古树、柳溪以及唐大中《重建碑》、宋《龙堂记碑》、宋三宝和尚经幢、金崇庆《龙泉碑》等许多古代石刻。《泽州府志》称：“古龙潭水极清冽”“外有水曰柳溪，亦资灌溉”。嘉庆二十五年（1820）彭玉龙《咏龙泉》诗称：“阴森怪树虬枝护，一泓澄碧寒泉翻。”《凤台县志》称：“古潭深数丈，水不外溢。”可见在整个清代，五龙宫的“古龙潭”水量仍较为充沛，且周围环境古朴、优美，是一处访古、休闲的好去处。

六、五花八门的祈雨方式

说祈雨方式“五花八门”，也许并不恰当。因为五种花色、八种门类根本无法囊括。当旱灾来临时，人们笼罩在死亡的阴影中，为了活下去，会竭尽所能地想出各种方式进行祈雨。如果恰巧下了雨，便会兴庙建祠，将这种方式传承下来。可以说，晋城乡间几乎所有的社庙或多或少都具有祈雨的功能。在庙祭之外，民间还曾流行过许多稀奇古怪的方式，在今人看来可能会觉得莫名其妙。

除成汤与龙王外，古人祈雨的对象还包括女娲、炎帝、玉皇、东岳、关帝、老君、如来、观音、城隍、山神、二仙、李卫公等数十种神灵。虽然这些大神可能并不司掌降雨，但从人情世故的角度考虑，古人想当然地认为只要虔诚地讨好，或许这些神灵会在雨神面前说上两句好话。万一下

府城玉皇庙

雨了呢?! 正是出于这种心理，各种神祇都具有了降雨的功能，甚至降雨竟成为祭祀的主要目的。比如：府城玉皇庙始建于北宋熙宁九年（1076）。据熙宁九年《玉皇庙碑文》、金泰和七年（1207）《重修玉皇庙记》记载，府城玉皇庙的兴建“始为岁旱”。当时村民“遍于群神祈祷”都没有结果，有“土人李宗、秦恕躬诣延川下壁玉帝庙请雨”，结果“甘泽沾足”。于是当年便开工创建了玉皇庙。像这样的例子，在晋城寺观建筑中可以说比比皆是。

值得注意的是，二仙与李卫公作为晋东南地区特有的信仰，也与祈雨密不可分。

西溪二仙庙始建于宋代，是古时陵川县祈雨的重要场所。据金代《重修真泽二仙祠记》记载，皇统二年（1142）四月陵川大旱，“官民躬诣本庙迎神来邑中祈雨，未及浃洵，甘雨霶霈，百谷复生”。在送神归庙时突然刮起了狂风，在女巫指点下，人们在县城西南5里的“响泉”旁边重建

西溪二仙庙

二仙庙。由此可知，这座国保建筑与府城玉皇庙相似，其重建也始于祈雨。至此之后，西溪二仙庙的祈雨便传承下来，并逐渐发展为更加盛大的“春祈”仪式。明清时期，每年上元节前两日，陵川县要将二仙庙的神像迎入城中太清观行宫供奉。迎神途中，由鼓乐开道，沿途村民在门前设香案祈祷。驻庙后，人们“顶礼炷香”长达一两个时辰。其间妇女可将准备好的花朵簪在神像鬓间，再取下簪在自己头上，名为“邀福”。“春祈”共历时 7 天，城内外社火喧阗，极为热闹，直到二十日才将二仙送归西溪。

李卫公信仰大概也源于祈雨。在泽州县，以晋普山为中心，周围村落中分布有大量李卫公庙，如：江匠村、北社村、西浪井村、西峪村、杨洼村等。《泽州府志》概括说：“李卫公庙，晋普山上及城内外胥建，春秋祀享。”人们认为，隋朝末年李靖征战时曾在晋普山附近驻扎，由此兴庙祭祀。晋普山位于太行陉古道附近，隋唐时为并洛大道必经之地，北上太

晋普山李卫公庙

原、南下洛阳都要过此。李靖为李唐征战南北，由此途经不足为怪。但兴建如此多的庙宇祭祀，仍是祈雨背景下的产物。据唐朝李复言《续玄怪录》记载：李靖年轻时曾夜宿龙神家，恰逢龙神外出。玉帝降旨命令行雨，龙神的母亲便请李靖代劳。他骑着青骢马，将神瓶中的水滴在马鬃上，每滴可降雨三尺。李靖弄巧成拙，连下十余滴，结果酿成了水灾。《凤台县续志》说："泽土多旱，社人亦有为而为之。"大旱年月祭祀李靖祈雨，大概属于病急乱投医。谁知竟十分灵验！于是李卫公便成为泽州城南重要的祈雨对象，"凡疫灾旱患，祷之辄应"。

在祭祀众神之外，晋城古代还曾流行过许多稀奇古怪的祈雨方式。比如："捉旱水""大驾会""柳将军""拜瓶""晒城隍""寡妇浇碾""偷尿锅""打龙妃""下嚼子""浇旱婆"等。

据《凤台县志》记载，泽州曾流行有"浇旱婆"的恶习。每逢旱灾，常有人将刚生下死胎或残疾婴儿的产妇指认作"旱婆"。闹事者率领无知群众一哄而上，将产妇抬至空旷处，强行脱去衣服，一边用冷水浇灌，一边追问几时下雨，直至产妇致残、致死。明万历年间，山西按察使李维桢写下《旱魃解》，引经据典妄图纠正这种恶习，但却无济于事。清康熙四十三年（1704），泽州知州陶自悦上书山西巡抚请求永禁"浇旱婆"，并按律严惩聚众闹事者，最高刑罚至"杖流""绞监候"。在官府严厉禁止下，"浇旱婆"恶习虽然一度终止，但很快便死灰复燃。《泽州府志》记载，雍正十年（1734）六月十二日，秋泉里宋二、海山等人纠集村民1000余人，手持枪铳狂呼乱叫，围困黄河村，指认茹聚珍的妻子卫氏为"旱婆"。卫氏家人抱出孩子请众人检验，刚生下的婴儿并无残疾。但众人仍强行给卫氏穿上孝服，抬至河边泼浇冷水，并将其房屋拆毁。《府志》评论说"聚众横行，愚民恶俗，殊骇听闻"。

与泽州相似，高平、陵川等地流行的某些祈雨仪式也令人毛骨悚然。比如：陵川某地方祈雨时有"打龙妃"的习俗。将十个大碗放在木桩上，请选出的龙妃蒙眼来摸。如果碗里有水，表示很快便会下雨；如果没水，就将龙妃痛打一顿，要挟龙王下雨。又如：高平县店上等村曾流行“大驾会”。无赖地痞纠集无知村民，用巨木抬着神驾横冲直撞，沿途遇见穿白衣的、戴草帽的动手就打，遇见鸡、犬、妇女更是鞭打直至出血。更有甚者，看谁不顺眼，便以火铳开道，抬着神驾冲入其家中捣乱，又或抬着神驾冲入县衙，要挟官府演戏酬神。如此种种，令人惊诧。高平县令龙汝霖等明智之士，都对此深恶痛绝。然而在祈雨的号召下，这些陋习却屡禁不止。

今天，当我们站在工业文明的高台上，去俯瞰那些传统农业时代曾盛行的种种祈雨仪式时，很多都会觉得惊诧。笼罩在死亡阴影中的芸芸众生，在祈雨的号召下，狂热而无知，疯癫而愚昧，既可怜又可笑。“往者不可谏，来者犹可追。”牢记教训才勇往直前，才成为我们现在这般衣食无忧幸福的模样。

七、扫晴妇祈晴

元宪宗某年五月，麦子渐熟，临近夏收，泽州多地却连日阴雨绵绵。鹤鸣老人李俊民有些忧心忡忡，担心阴雨再持续下去，便要耽误麦收，酿成灾荒。他虽精通周易阴阳，却也不能呼风唤雨。李俊民背着手站在屋檐下，透过细细的雨幕，巷子里随风摇摆的“扫晴妇”映入眼帘，引起他的注意。那是一种闺阁女子用剪纸与笤帚苗做成的纸人儿，用线悬挂在屋檐下，用于祈晴禳灾。

屋檐下挂着的纸人儿只有巴掌大小，扎着冲天小辫儿，穿一身宽袖大袍，双手持握笤帚苗扎成的小扫把。随风摇曳间，纸人儿手里的扫把扫向天空，好像要将满天的乌云都扫净一般。李俊民正看着发愣，却见夫人与儿媳也正将刚剪好的“扫晴妇”挂在屋檐下。两人面朝纸人，念念有词：“扫天媳妇真不瓤，手拿笤帚忙又忙。黑云疙瘩都扫去，今儿就要出太阳。”

李俊民听着有些好笑，却也没有笑出声来。他踱步走进屋子，摊开纸，想着给泽州长官段直写个救灾的条陈。条陈未全部写完，却见细雨骤停，满天的乌云渐渐散去。阳光洒下来，映在屋檐下的“扫晴妇”上，显得极为诡异。李俊民拊掌而笑，将条陈推在一边，重新摊开纸，提笔写道：

世俗为扫晴妇者，盖假燮理之手，导阴阳之和，使民间免干溢之患也。感其事而赋之。

卷袖搴裳手持帚，挂向阴空便摇手。
前推后却不辞劳，欲动不动谁掣肘。
偶人相对木与土，神女但夸朝复暮。
龙公不作本分事，中间多少闲云雨。
见说周人忧旱母，宁知东海无冤妇？
殷勤更倩封家姨，一时断送龙回首。

扫晴妇，又名扫晴娘、扫天媳妇、扫天娘娘，是一种借助偶人进行禳灾的民间习俗。明代《帝京景物略》记载：“雨久，以白纸作妇人首，剪红绿纸衣之，以笤帚苗缚小帚，令携之，竿悬檐际，曰扫晴娘。”清代《燕京岁时记》记载：“凡遇连阴不止者，则闺中儿女剪纸为人，悬于门左，谓之扫晴娘。”从现存记载来看，这种习俗大约盛行于金元至民国时期，在山西、陕西、河南、河北、北京、山东、江苏、浙江等地都有流行。后漂洋过海流传至日本，演变为“晴天娃娃”“照照坊主”等日本民俗。

李俊民《扫晴妇》诗序曰：“世俗为扫晴妇者，盖假燮理之手，导阴阳之和，使民间免干溢之患也。”可见，在金元时期，扫晴妇便已经兼具祈晴、祈雨两种禳灾功能。这种习俗可能源于远古时期女巫用扫帚祈求晴

一旦反目恩爲讎君不見唐家拔宅雞犬上昇去彼鼠
獨墮天不收
仙傳唐公昉師李八百得其神母遂舉家昇天雞
犬皆去唯鼠空中自墮腸出一月三易其腸今山
下有拖腸鼠東廣微所謂唐鼠

掃晴婦

世俗爲掃晴婦者蓋假變理之手導陰陽之
和使民間免乾溢之患也感其事而賦之
卷袖褰裳手持帚挂向陰空便搖手前推後却不辭勞
欲動不動誰掣肘偶人相對木與土神女但誇朝復暮
龍公不作本分事中間多少閒雲雨見說周人憂旱母
寧知東海無冤婦慇懃更倩封家姨一時斷送龍回首

雨雹

庚子年四月二十八日壬戌大雨雹五月七
日八日又雹按左傳昭公四年魯大夫申豐
曰聖人在上無雹雖有不爲災以古者藏氷

李俊民《庄靖集》之《扫晴妇》诗文

雨的巫术仪式，因此通常都由妇女来操作。偶人有多种制作方法，一些地方用高粱等农作物茎秆扎制，更多的地方则用彩纸裁剪制作。祈晴时，将偶人正立悬挂在屋檐下；祈雨时，则需将偶人倒立悬挂。禳灾需要念诵相应的咒语来配合，多为民间通俗歌谣，如：“扫晴娘，扫晴娘，三天扫晴啦，给你穿花衣裳。三天扫不晴，扎你的光脊梁。”

李俊民所作《扫晴妇》一诗，收录在元代文献《庄靖集》中。由《庄靖集》内容排列顺序来推测，此诗大约作于元宪宗庚子年（1240）前后，是我国现存关于“扫晴妇”习俗最早的记载。李俊民（1176—1260），字用章，号鹤鸣老人，世称庄靖先生，是金元时期泽州著名的文学家、教育家。显然，这首诗描述的是金元时期晋城地区流行的扫晴妇祈晴民俗。

扫晴妇祈晴习俗的出现，反映出古代劳动人民对农业生产中及时掌控天气阴晴的企盼。农业生产自古便是一项“看天吃饭”的活动，除旱灾、冰雹等灾害外，长时期的阴雨也会导致庄稼严重减产。尤其是在小麦、谷子等成熟时节，阴雨会使得作物无法充分吸收阳光，导致灌浆不足、发生霉变、无法及时收割等问题。在《泽州府志》等记载中，晋城历史上曾多次出现因阴雨导致的灾荒。现存最早的记录见于晋武帝太康二年（281），连日的阴雨造成桑麦减产。而明清时期雨灾的相关记录则更多，如：明崇祯五年（1414）秋，阳城大雨连下两个月，清嘉庆十八年（1813）秋，阳城、沁水阴雨连绵月余不止，都造成严重的歉收。

扫晴妇祈晴，是晋城传统祈晴禳灾民俗中的一种。这种民俗活动与剪纸、民谣等紧密联系，充满趣味，是一种传统的民俗活动。

八、雹灾与弭雹祭祀

对于小孩子来说，下冰雹大概是一件趣事，但对农民来说，下冰雹则极为恐怖。尤其是在古代，一场冰雹往往令庄稼颗粒无收，造成粮食短缺，从而引发灾害。自古以来，中国人便极为重视雹灾，不但各种史志记载翔实，而且在民间还形成了各种名为“弭雹”的祭祀习俗。

晋城人管冰雹叫“冷蛋”，管下冰雹叫“下冷蛋”。这是一种由于温度急剧下降，水蒸气骤然凝聚成冰团的降水现象。但古人无法理解冰雹的科学成因，而是想当然地认为这是老天爷对人类的一种警告与惩罚。因此，各种史志往往将下冰雹造成的灾害作为“灾祥”进行记录。根据《泽州志》《泽州府志》等地方志进行统计，晋城历史上有记录的雹灾共计有 49 次，其中明代以前 5 次、明代 12 次，清代 32 次。相对来说，明清时期的雹灾记载最为详细。以清代为例，晋城地区几乎每 8 年便会发生一次雹灾。

晋城史志中明确记载有月份的雹灾一共是 34 次，其中三月 4 次，四月 6 次，五月 8 次，六月 6 次，七月 6 次，八月 3 次，九月无，十月 1 次。

由此来看，晋城的雹灾主要集中发生在农历四月至七月夏秋时节。此时正值二十四节气的小满至处暑，农作物如小麦、谷子等正处于抽穗、成熟时节，冰雹对其伤害极大。急速下坠的冰雹，不但会砸伤、砸落、砸死农作物，还会带来骤然下降的低温，使农作物被冻伤。比如：正德四年（1509）四月阳城发生的雹灾，冰雹大如拳头，不但砸毁庄稼、树木，而且积在地里“累日不消”，使庄稼尽数被冻死，从而造成了严重的饥荒。

雹灾根据危害程度可分为轻度、中度、重度三个等级。晋城史志记载中的雹灾，属于轻度雹灾的大约有 20 次，一般仅记载“雨雹”；属于中度雹灾大约有 7 次，一般记载有“伤桑麦”“伤禾稼”“损稼”等情况；重度雹灾大约有 18 次，不但造成庄稼减产，还常常损害树木、房屋，酿成灾荒，其记载也最为详细。值得注意的是，古泽州五县中高平县的雹灾记载最多，合计共 29 次，占所有记录的一半多。有些记载非常不可思议，比如关于冰雹的大小，一般记载为“如卵”“如拳”，而在《高平县志》中却出现了“大如杵”“大如盂”“大如镰”的情况。除此外，还记载有冰雹平地积累达“三尺许”的情况，令人莫名惊诧。

雹灾一旦发生，便会造成难以预料的庄稼减产，因此老百姓对其非常恐惧。古人对于消除雹灾几乎没有一点办法，只能寄托于神灵，于是在晋城各地形成了多种弭雹祭祀的习俗。老百姓朴素地认为，司掌雨水的神灵也司掌冰雹，因此大多数村落一般都在龙王庙、汤王庙等场所进行弭雹祭祀。比如：元朝至正二十二年（1362）五月二十六日、十月十二日，泽州知州杜九思曾在五龙宫进行过两次弭雹祭祀，其仪轨大致为斋戒后用酒肴、香烛等物进行诚心祈祷。

大约从宋代开始，晋城地区出现了专门司掌冰雹的神灵，他便是著名的射箭能手后羿。《泽州府志》记载：“护国灵贶王庙，（在）鸦儿沟，世传祀后羿神，司冰雹，多灵应。”《凤台县志》记载：“三嵕为夏时侯国，助桀为虐而汤伐之……俗言其能兴雹伤稼，土人祀汤以祷雨，泽以三嵕

三嵕庙

能为雹冰，亦祀之，以弭雹灾。”供奉后羿的庙宇为三嵕庙，又名三宗庙，因宋徽宗曾册封后羿为护国灵贶王，也称护国灵贶王庙。古代晋城人认为后羿能“兴雹伤稼”，因此建三嵕庙祭祀他，祈求消除雹灾。

至于为何会认定后羿司掌冰雹，原因不得而知。可能与冰雹降落时有如万箭齐发有些关系吧，也可能源于古代晋城人对后羿的深厚情感。《淮南子》记载：“尧使羿射九乌于三嵕之山。”晋城市区东北部有三嵕山，后更名为盘龙山、兴隆山。泽州民谣说：“四元庆两泊南，中间有座三嵕山。”《凤台县志》记载：“兴隆山，俗呼三嵕岭，东距县三十里。”三嵕山上有三嵕庙，始建于后周广顺年间（951—953），金天眷元年（1138）曾经重修，树立有《三嵕庙记》，被《山西通志》《山右石刻丛编》所收录，是研究三嵕信仰的重要文献。《三嵕庙记》在谈论立庙缘由时称“能御大灾，能捍大患，则祀之”，又说“雹冻不为灾……讵非神德之所庇覆乎！”由此来看，晋城百姓通过祭祀后羿来弭雹，大概是寄希望这位曾射落九日的家乡英雄能在雹灾降临时拯救自己吧。

除祭后羿、祭龙王等方式外，晋城各地还流行有一种十分有趣的弭雹民俗。在麦收等重要时节，每逢下冰雹，老百姓便会急匆匆摘下挂在墙上的扁担，扔在院子里。晋城人称扁担为“担杖”，认为这种挑水、挑物的农具可以担走冰雹。如果扔了扁担，冰雹仍下了不停，那么人们便会再将火柱（过去生火的用具）、菜刀等依次扔出来。这种弭雹方式因为操作简便，一直到现在仍非常流行。

附：晋城市历代雹灾记载

汉灵帝建宁四年（171）夏五月，河东地裂，雨雹，山水暴出。

晋武帝泰始四年（268），河东雨雹，地裂。

晋武帝太康元年（280）春三月，河东霜雹伤桑麦。“桑方吐叶，麦正扬幡，农民相与庆于野，以为有年之兆。未几，霜陨雨雹交作，桑麦为之尽枯。”

太康二年（281），雨雹伤桑麦。

晋惠帝永宁元年（301）冬十月乙亥，端氏风雹，折木。雹大如鸡卵，自昼至夜，平地几三尺，树木尽折。

明弘治元年（1488），州、阳城大风折木，高平雨雹伤禾稼。

正德四年（1509）夏四月，阳城雨雹如拳，累日不消，禾木尽毁，人民饥。

正德五年（1510），阳城雨雹。

嘉靖十一年（1532）春，泽州、高平雨雹，阳城大旱，七月乃雨，岁饥。

嘉靖十二年（1533）春三月癸丑，高平雨雹，大如辘。

嘉靖十五年（1536）夏，阳城雨雹盈尺，麦尽伤，民饥。

万历十三年（1585）春三月，高平自午至夜，地大震者三。夏五月，高平雨雹，大如杵，禾黍尽坏。

万历十五年（1587）春三月丙辰，夜雨雹。夏五月，高平雨雹，坏民庐舍。

万历二十六年(1598）秋七月，高平、陵川雨雹，坏屋伤禾，岁大饥。

万历二十七年（1599）秋七月壬辰，高平雨雹。八月庚戌陨霜，岁大饥。

万历二十八年（1600）夏六月，高平雨雹，大如拳，积盈尺不消，麦熟尽坏。

万历四十八年（1620）夏五月，高平雨雹，大如杵，屋瓦尽碎。

清朝顺治七年（1650）七月二十七日，陵川大雨雹，如鸡卵，伤人害稼，岁大祲。

康熙十二年（1673）夏六月十六日，陵川雨雹。

康熙十九年（1680）秋八月，高平雨雹损稼。

康熙三十八年（1699）闰七月，高平大风、雹。

雍正七年（1729）夏五月，高平雷雹，岁仍稔。

雍正八年（1730），陵川东北乡雨雹三次，民多流离，平城镇有糠市。

乾隆二年（1737）秋七月，高平雨雹，九月地震。

乾隆五年（1740）闰六月，高平雨雹。

乾隆七年（1742）秋八月，高平雨雹。

乾隆九年（1744）夏六月，高平雨雹。

乾隆十年（1745）秋七月，高平雨雹。

乾隆十二年（1747）夏六月，高平雨雹。

乾隆十五年（1750），沁水大雨雹。

乾隆十八年（1753），沁水雨雹。

乾隆二十年（1755）五月，高平大风，雨雹击人。

乾隆二十三年（1758），沁水雨雹。

乾隆六十年（1795），沁水大雨雹。

嘉庆九年(1804）夏五月，高平雨雹大如卵，六月不雨至于八月，旱，饥，斗米元银一两二钱。东社庙有鬻人市。

道光九年（1829）夏四月，高平雨雹，大如盂。

道光十一年（1831）夏四月，高平雨雹。

道光十八年（1838）夏，凤台、沁水、阳城雨雹，损禾。

道光二十一年（1841），凤台鼠害禾，夏雨雹伤麦，地大震。

道光二十六年（1846）夏，雨雹伤麦禾。

咸丰元年（1851）夏四月，高平雨雹三尺许；六月大雨，河水溢。

咸丰二年（1852）夏四月，高平雨雹，深一尺。

咸丰六年（1856）夏六月，高平雨雹。

咸丰九年（1859）夏，凤台雨雹，秋旱，岁大饥。

同治元年（1862）六月，高平蝗，闰八月雨雹，河水溢。

同治三年（1864）五月，高平雨雹。

同治四年（1865）夏四月，高平雨雹，秋禾头生耳。

同治九年（1870）秋，沁水、阳城雨雹，大如卵，累日不消。

光绪六年（1880），凤台鼠害稼，黑虫食禾及诸树叶，夏雨雹。

九、蝗灾、捕蝗与蜡祭

康熙三十年（1691），晋城地区暴发了一场特大蝗灾。

当时，翰林编修张道湜休假在家，住在沁水窦庄村。据他记述，这场蝗灾首先萌发于河南省，不久便波及山西。初始时，蝗虫还不会飞，虫卵孵出大量幼虫，将沁水以东的庄稼啃食殆尽。七月份开始向西迁徙，兵临窦庄城下。张道湜率领家仆十余人进行扑杀，“被扑杀者不可以亿计”。如此相持一阵，蝗虫突然生出两翼，腾空而起，翳云蔽日，一发不可收。“数日夜，禾茎靡遗。妇子号野声，惨不忍闻。”

关于这场蝗灾，在地方史志中记载非常多。准确地说，这场灾害在康熙二十九年（1690）已经初见端倪。当时泽州、沁水两县发生了“黑虫”灾，“黑虫”啃食禾苗后开始结茧，茧大小不同、形状各异。等翻过年来，整个晋城地区大旱，小麦未曾收获，出现了粮荒。在此背景下，终于暴发蝗灾。《沁水县志》记载：“五月旱，无麦，蝗食苗，人民死徙殆半。”《凤台县志》记载：“六月蝗食苗，七月蝝生。岁大饥，民多流亡。”《高平县志》记载：“夏六月旱、蝗。”蝗灾波及晋城大部分地区，尤其是泽州、沁水更是重灾区，有一大半人口死亡、外逃。一直到康熙三十一年（1692），灾害才略有缓解，但旱灾与瘟疫仍在持续，带给晋城人民极大的苦难。

这场蝗灾暴发于“康熙盛世”，是传统农业时代“盛世”背景下的一场自然灾害。从记载来看，当时的官员、士绅都相对积极地参与了救灾。首先是蝗灾刚萌发时，乡绅率领百姓进行了扑杀。除张道湜外，知名的还有大箕王璇，他捐钱数十万募集百姓捕杀蝗虫，按数量多少给钱。等灾害酿成后，大箕王氏、窦庄张氏、皇城陈氏、宋盛、宋兴德等乡绅都“市粟散赈”，尽可能避免百姓流亡。于继善、赵凤诏、张道湜等官吏又上书朝廷，请求蠲免赋税。康熙三十一年（1692）朝廷发布上谕，命户部免除山西平阳府、泽州、沁州等地赋税并进行赈济。然而这些措施显然有些杯水车薪，既未能避免蝗灾发生，也未能避免百姓流亡。

在生产力较低的传统农业时代，人们面对自然灾害时总有些力不从心。如康熙朝这场蝗灾，便给窦庄张道湜留下了强烈的心灵冲击。蝗灾初起时，他亲自率人扑杀，干劲十足；等到飞蝗“翳云蔽日”时，虽有些失望却仍积极放粥施米救济；然而一直到康熙三十一年（1692）旱灾再次发生“麦田立槁”时，他已经极度失望。救济共消耗粮食6000余斤，但对鸠形鹄面的百姓来说却杯水车薪；天灾仍在持续，不知道何时是个尽头。

张道湜只能悲呼：我竟然想以一己之力抗击天灾，“与造化争衡”，实在是好笑。于是，悲观失望的张道湜便只能寄情于文章，在《捕蝗赈饥偶记》《飞蝗叹》《补修县城来脉记》等诗文中，反复描述这场蝗灾。在晋城地方史志中，像张道湜这样描述蝗灾的文章还有多篇。如：张铨《飞蝗叹》、牛兆捷《祭蝗文》、孙因《谕蝗文》等。由此，我们可以看出当时士绅阶层面对蝗灾时复杂的情感。

在晋城历史上，像康熙三十年这样的蝗灾并不罕见。据《泽州府志》等古代地方志统计，从晋愍帝建兴四年（316）至清光绪六年（1880），晋城地区有记载的虫灾共发生 26 次，其中明代以前 5 次，明代 11 次，清代 10 次。记载中的虫灾主要为蝗灾，除此外还偶尔提及“黑虫”“螟”等灾害。由明清两代的记载来看，在王朝前期实力强盛、社会相对稳定时，虫灾发生都较少，而在王朝后期则比较频发。如：明隆庆五年（1571）至崇祯十三年（1640），69 年间共发生虫灾 7 次，大约每 10 年一次；清道光十七年（1837）至光绪六年（1880），43 年间共发生虫灾 7 次，大约每 6 年一次。

蝗虫是一种繁殖能力超强的昆虫，每年秋季时雌蝗在向阳的沙土地里产卵，每只雌蝗一次可产卵 60—100 粒，大约 20 天便能孵化。古人称蝗虫的幼虫为“蝝”或“蝻”。在虫卵至幼虫期，如果组织有力、扑杀及时，便能有效地减轻灾害，甚至避免虫灾发生。在清代蝗灾记载中，顺治五年（1648）、同治二年（1863）虽然都出现了虫灾险情，但由于天气等原因，幼虫很快便被杀死，并未形成灾害。另据《崇安寺舍利记》记载，金泰和八年（1208）泽州判官崔莆曾随县官防备虫蝻，止宿在崇安寺。而泰和八年并未出现虫灾，可见其防治起了一定作用。清朝乾隆年间，泽州人王熙载在直隶新城任知县，“以捕蝗多寡量给钱米”，扑杀也卓有成效。更常见的扑杀则出现在蝗灾发生的初期，往往都像张道湜一样，扑杀着扑杀着便形成了灾害。而每当王朝末期时，官府往往无心也无力组织捕蝗，便常酿成大灾。如：崇祯十一年（1638）、十二年（1639）、十三年（1640）连续

虫王庙

三年都发生了蝗灾。

面对蝗虫，似乎大多数古人也没有多少防治的意识。人们对于蝗虫的情感极为复杂，既痛恨，又恐惧，还讨好。农民以及很多士大夫将蝗灾视为上天对人间罪恶的惩罚，尊称蝗虫为“蝗虫老爷”，总是战战兢兢、恭恭敬敬地祭祀，祈求它不要为灾。禳除虫灾的祭祀，通称为“蜡祭”，一般在八蜡庙由官府组织举行。明清时期，晋城五县县城附近皆有八蜡庙，每年春秋两次于仲月上巳日进行祭祀，载于祀典。除八蜡庙外，晋城各地还常在虫王庙进行禳灾祭祀。虫王庙又名蚆蚄庙、蜡帝宫，主要供奉唐太宗，有的也配祀刘猛将军。在《新唐书》等记载中，唐太宗曾怒吞蝗虫，并祈愿：“百姓有过，在予一人，尔其有灵，当蚀我心，无害百姓。”因此唐太宗被尊为“虫王”，受到历代的崇奉。在泽州、高平、陵川等处，都流传有太宗在当地吞食蝗虫的传说。在恐惧之外，人们似乎更期待能及时出现一位像唐太宗怜恤百姓的君主，救助自己脱离苦难。

显然，与唐太宗相比，张道湜的能力并不出众，也不是期待中的救世主。但是从治蝗记载来看，窦庄张氏仍令人十分敬仰。张铨、张道湜叔侄皆作有长诗《飞蝗叹》，其中对百姓的怜恤之心与唐太宗一般无二。张铨说："自惭肉食皆民脂，民间愁苦须相惜。吾将图绘叩天阍，为请蠲诏施宽恩。"张道湜说："目睹仳离满道侧，中夜吁天长太息。但求黍苗稔作桑榆收，子遗莫遣填沟洫。"面对天灾，即便是再无助，仍应心怀悲天悯人之心。只有常怀悲天悯人之心，勇于作为，人类才能一次次从灾难中走出，奔向光明的未来。

附：晋城市历代虫灾记载

晋愍帝建兴四年（316），大蝗，民流殍者半。

北齐文宣帝天保八年（557），蝗。

唐德宗兴元元年（784）冬十月，潞泽河东节度螟蝗为害，烝民饥馑，每节度诏赐米五万石。

唐文宗开成二年（837），泽潞等州并奏蝗害稼。

元世祖至元二十七年（1290），泽州蝗。

弘治八年（1495），高平蝗。

正德八年（1513）夏六月，泽州、阳城蝗。

嘉靖七年（1528）七月，泽州、阳城旱蝗，饥。

嘉靖十六年（1537），泽州蝗。

隆庆五年（1571）八月，阳城有螟。

万历五年（1577）八月，阳城螟。

万历八年（1580）九月，阳城螟，伤禾及麦。

万历四十五年（1617）夏，阳城旱、蝗，蝗头翅尽赤，翳日蔽天。六月终，始雨。

崇祯十一年（1638），沁水秋蝗大至，食禾几尽。

崇祯十二年（1639）夏，沁水旱、蝗。冬，蝝生累累然，蔓延出地，如鳞。米价腾贵，税粮四岁并征，民大困。

崇祯十三年（1640），高平旱、蝗，大饥，人相食。

顺治四年（1647），陵川蝗飞蔽天，食苗几尽，民多流亡。诏赈济。

顺治五年（1648）春，阳城蝝生不害稼。

康熙二十九年（1690），泽州、沁水有黑虫，食禾。结茧，茧大小各异形。

康熙三十年（1691）夏五月，泽州、沁水、高平旱，无麦。六月，蝗食苗。七月蝗蔓生，入人家，与民争熟食，人民死徙者半。奉诏免租发粟赈济。

道光十七年（1837），阳城旱、蝗，多狼患。

咸丰元年（1851），夏，沁水、阳城旱，秋多蝗，害稼。

咸丰六年（1856）夏，沁水、阳城旱，秋多蝗，害稼。

咸丰七年（1857）秋，陵川蝗。

同治元年（1862），凤台、沁水、阳城、陵川、高平飞蝗蔽天，害稼。官绅督民力捕，计斤给赏。

同治二年（1863）春三月，雪，蝗蝻冻死。

同治四年（1865），沁水秋螟伤稼。

光绪六年（1880），凤台黑虫食禾及诸树叶，鼠害稼，夏雨雹。

民国三十一年（1942），晋城、高平、沁水发生特大蝗灾。

第五章
五谷丰登

一分耕耘一分收获。晋城人民在经历播种、施肥、除草等各种繁重的农业劳作后，终于迎来了粮食丰收。农田里麦浪翻滚，谷穗低垂，南瓜滚了一地，豆角挂了一架，呈现出五谷丰登的喜人景象。无疑，粮食丰收是文明发展的支撑和动力，更是人民幸福生活的物质基础。而黍、稷、麦、稻、菽等谷物的种植，以及玉米、土豆、红薯、西红柿、辣椒、花生等农作物的引进，都极大地改变了人们生活。麦花香里说丰年，说的不仅仅是丰年，还要说一说晋城人民的饮食生活。从一日二餐到七碗八碟，生活在这片土地上的人民，不但饮食结构发生了巨大变化，还创造了丰富多彩且极具地域特色的饮食文化。

一、麦花香里说丰年

当五月的阳光洒满田野时，小小的麦子花正静悄悄地开放。青涩的麦穗中抽出数十枚淡黄色的小花，虽然是那么不起眼，却孕育着丰收与希望。如果说在江南鱼米之乡，五谷丰登藏在稻花中，那么太行山上便是“麦花香里说丰年”。

小麦迎风傲雪，经历了一个冬天的严寒，终于绽放出小小的麦花。恰如太行山的农民，日复一日地劳作，汗流浃背，也终于迎来丰收的希望。“柳花风定麦花开，春泉且喜入池来。”（陈廷敬诗）对于传统农业时代的人们来说，最大的企盼是丰收，最大的幸福也是丰收。世界上最美的舞蹈，莫过于麦浪起伏；最美的颜色，莫过于谷穗金黄；最动听的声音，莫过于割断秸秆的咔嚓声；最畅快淋漓的事情，莫过于扬起镰刀割麦子、割谷子，挽起袖子掰玉茭、摘豆角，挥动锄头挖红薯、挖土豆。当一年的辛苦劳累迎来累累收获时，再怎么辛苦劳累也都是值得的。

古人将丰收称为“有秋”“大熟”“大稔”“有年”“大有年”。“有秋”指秋天有所收获。“稔”字有“熟”和“年”两个意思，所谓“大稔”与“大熟”“大有年”意思相同，都指获得了大丰收。而在甲骨文中，“年”字好似谷子成熟的样子，那一撇便是沉甸甸垂下来的谷穗。据《泽州府志》等地方史志记载，晋城有史可查的大丰收合计共 38 次。最早的一次见于汉宣帝五凤三年（前 55）。而清代 276 年间，有记载的大丰收共计 22 次，平均 12 年一次。

透过斑驳的文字，我们仍能感受到古人丰收时的喜悦。比如：清雍正四年至雍正十三年，连续九年泽州都获得了大丰收。从乡间到泽州府衙再到山西省署和中央朝廷，上上下下都无比欢欣。《凤台县志》

《陵川县志》《高平县志》《泽州府志》《山西省志》等，都记载“岁大稔”“大有年”“连岁丰登”。雍正七年（1729）连续三年获得大丰收后，皇帝特下诏免去次年（1730）山西省“通省地丁银四十万”。落实到泽州府，五县合计共免除赋税白银“二万七千六十八两六钱”。这一年，朝廷向西北用兵，老百姓踊跃急公，没等召集便积极筹办好了骆驼鞍屉等用具。雍正皇帝再次下诏免除山西省下下年（1731）赋税“地丁银二十四万。”连年丰收使朝廷财税充盈，老百姓免除了赋税，减轻了生活负担。丰收还使粮价更加平易近人。如：宋真宗大中祥符元年（1008），泽州大丰收后，“斗米仅数十钱。”明隆庆二年（1568），高平大丰收后，“斗米钱三十。”相对于灾荒年月“斗米钱一千五百”，老百姓生活变得更加宽裕。

在古人的眼中，丰收还是一种极大的祥瑞。每逢丰收之年，地方官员常常选出“嘉禾”等瑞物，向皇帝报喜。这种传统始于周朝初年。据《史记·周本纪》记载，唐叔虞刚分封到晋国时，农业获得了大丰收，于是向周成王进献“嘉谷”。晋城作为晋文化区域，历史上也屡有进献“嘉禾”的记载。“嘉禾”有多种类型：有的“一茎两三穗”；有的“麦秀两支”；还有的“异亩同颖”，两株不同的禾苗共同长出一个穗子；更奇葩的是“一禾隔五垅同颖”。在《泽州府志》等史志中，关于“嘉禾”的记载共计11条，如：至元二十九年（1292）、洪武四年（1371），泽州官员便分别向元世祖、明太祖进献过“嘉禾”。每逢此时，皇室、官员、百姓上下同庆，常常载歌载舞，山呼万岁。

丰年的喜悦洋溢在歌舞中。皇室会演奏起《庆丰年》等雅乐，歌唱“赖皇天，赐丰年，勤禹稼，力舜田，喜慰三农愿。嘉禾秀，瑞麦鲜，赋九州，贡八埏，神仓御廪咸充满，养民以养贤”。而老百姓何须那么文绉绉，只有扯着喉咙喊两句晋城民谣，才能充分表达他们的喜悦。谷子堆在打谷场上，汉子们会忍不住唱起《打场谣》：“太阳，太阳我打场，风呀，风呀快帮忙，谷子，谷子是庄稼人的汗呀，晒干吹净了金圪郎朗。”妇女们则忍不住哼起《十二月小唱》：“九月里来天气凉，打下粮食要入仓，雨水均匀麦种好呀，新谷吃着甜又香。”

在丰收的年份里，似乎呼吸之间都洋溢着喜悦。“麦花香里说丰年”，且听歌声一片……

附：晋城市历代丰收记载

汉宣帝五凤三年（前 55），上党大熟。

唐代宗大历五年（770），泽州嘉禾生，大有年。

大中祥符元年（1008），五龙跃于丹水。时方大旱，民多饥，祷雨不应。至是，五龙见，雨泽即降。泽州、高平岁大稔，斗米数十钱。

宋神宗元丰八年（1085）秋，泽州嘉禾合穗，异亩同颖。

宋徽宗宣和二年（1120）秋九月，大阳成汤庙芝生于梁，六茎并秀，是后岁屡稔。

金熙宗皇统三年（1143）春三月戊子，五龙复见于丹水。八月，高平嘉禾生。

金正隆间（1156—1161），陵川嘉禾生，明年一禾隔五垅同颖。

元世祖至元二十九年（1292）二月壬申，泽州献嘉禾。

大明洪武（1369）二年大旱，里人祷于崔府君庙。翌日，澍雨霑足，岁大熟。

洪武四年（1371），泽州麦秀两支，知州李祥以献。

洪武二十年（1388），陵川嘉禾一茎两三穗。

明洪武二十五年（1392），泽州嘉禾，异亩同颖。

隆庆二年（1568），高平大有年，斗米钱三十。

弘治五年（1492），沁水有秋。

顺治二年（1645），沁水大有年。

顺治十三年（1656），陵川嘉禾生。

顺治十四年（1657），陵川嘉禾生，有三穗四穗者。

顺治十五年（1658），沁水大有年。

康熙二十五年（1686）夏六月六日戊午，泽州大阳镇天鼓鸣，有大星陨，明烛数里。占者谓天堡星也，光照处主大丰。是年秋果大稔。

康熙四十四年（1705），泽州大稔。

康熙六十年（1721），历春，徂夏亢旱，至六月始雨。农夫力耕，秋收大有年。

雍正四年（1726），泽州大有年。

雍正五年（1727）八月，泽州大有年。

雍正七年（1729），岁大稔。是年八月，以连岁丰登，特诏免庚戌年（1730）通省地丁银四十万以示劝励。冬十有一月，又以民人踊跃急公，办骆驼鞍屉，不劳而集，诏免通省辛亥年（1931）地丁银二十四万。

雍正八年（1730），岁大稔。

雍正九年（1731）、十年（1732）、十一年（1731）泽州麦有秋。夏六月，雨泽稍未敷，巡抚石率属虔祷，九府十州皆获沾足，秋禾大丰，瑞谷盈野。

雍正十二年（1734），泽州岁复大稔。

雍正十三年（1735），泽州大熟。

乾隆十八年（1753），泽州大有年。

乾隆四十年（1775），泽州有秋。

嘉庆十一年（1806），泽州大有年。

道光二十八年（1848），阳城多鼠，秋大熟，禾一茎生三穗。

咸丰七年（1857），泽州大有年。

光绪八年（1882），泽州岁稔。

二、大仓满小仓流

如果说要为“五谷丰登”做一个注脚，最恰当的大概便是“大仓满小仓流”吧。每年刚开春儿，还未曾播种，人们便这样虔诚地企盼着，这一年国家的“大仓”丰盈，自己家的“小仓”也能收得满满登登。“二月二，龙抬头，大仓满，小仓流”，一句俗语流传了上千年，也道尽了老百姓对丰收的企盼。

“大仓满”是一个国家富足的基础。

古时，晋城历代官府在府署周边都设置有粮仓，仅明清两代见于史志记载的便有广丰仓、常平仓、预备仓、丰积仓、陈因仓、养廉仓、储备仓等，通常由仓老人、仓大使等官吏进行管理。明清时期，官府每年于夏秋两季征收赋税。夏税时间为农历二月至五月，又名“上忙钱粮”；秋税时间为农历八月至十一月，又名“下忙钱粮”。除白银外，征收的粮食便主要贮藏在常平仓等官方粮仓中。据《泽州府志·田赋》记载，清雍正八年（1730），泽州府五县“共征夏秋粮一十三万二百三十九石三斗八升三合七勺六抄五撮七圭九粟”。这些粮食主要用于官府开销、平抑粮价、救济灾荒等。

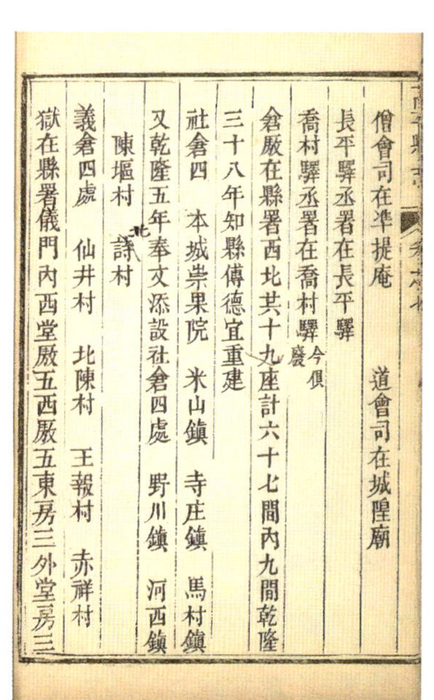

僧會司在準提庵　道會司在城隍廟
長平驛丞署在長平驛
喬村驛丞署在喬村驛今俱廢
倉廒在縣署西北共十九座計六十七間內九間乾隆
三十八年知縣傅德宜重建
社倉四　本城崇果院　米山鎮　寺庄鎮　馬村鎮
又乾隆五年奉文添設社倉四處　野川鎮　河西鎮
陳堰村　詩村
義倉四處　仙井村　北陳村　王報村　赤祥村
獄在縣署儀門內西堂廒五西廒五東房三外堂房三

《高平县志》仓储记载

晋城最重要的一处官仓位于泽州城西南角、今西安街南侧，是明代泽州州署、清代泽州府衙的粮仓。明朝万历至清朝雍正年间，叫作广丰仓，后更名为常平仓。除府衙外，高平、沁水、阳城、陵川等县还设有预备仓等官仓。据万历《泽州志》记载："高平的预备仓在高平城北部城隍庙附近；沁水的预备仓在沁水城西南角；阳城的预备仓共有两处，一在化源坊，一在怀古坊；陵川的预备仓在陵川城东北隅。"所谓预备仓，是一种为储藏赈济粮所设的粮仓，初设于明洪武三年（1370），永乐年间下诏移往城内，清代时继续沿用。

这些官仓一般都建有独立的院舍，采用围院形式修筑仓房。仓房大小不等，小一点的只有两三间，大一些的有六七间。建筑样式与普通明清民居大体相似，为抬梁式建筑，一般为悬山顶或硬山顶。不同的是，仓房皆为一层平房建筑，且特别重视防潮、通风、防虫和防鼠。粮仓院落内设有较好的排水系统，仓房墙体厚实，顶部留有一些通风窗或通风孔。

从现存资料来看，晋城各县官府都非常重视仓房建设。如陵川县的预备仓，在清朝康熙年间共有仓房 5 座 17 间，平均每座 3 至 4 间。从雍正二年（1724）至乾隆五年（1740），陵川县衙先后四次增修仓房，共增设 5 座 21 间，合计共有仓房 10 座 38 间。原先的院落空间不足，只得在旧院旁边另起一院。这种状态在乾隆四十四年（1779）《陵川县衙署图》中清晰可见。新修缮的仓房空间很大，如雍正十三年（1735），知县林学普捐赠的一座便有六间大小。仓房的增加，显然与这一时期粮食大丰收息息相关。据史志记载雍正四年（1726）、五年（1727）、

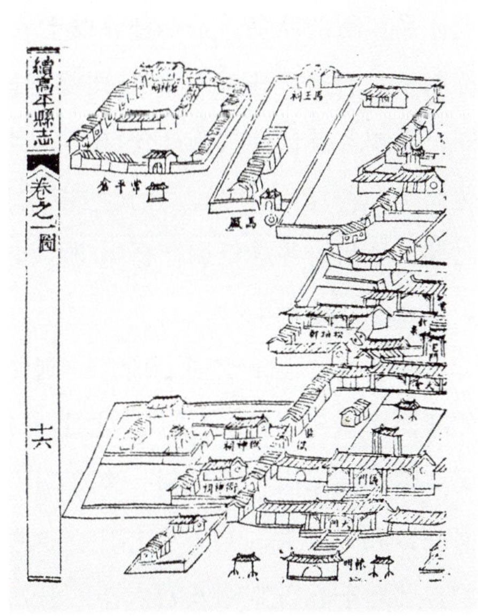

《续高平县志》仓房

七年（1729）、八年（1730）、九年（1731）、十年（1732）、十一年（1731）、十二年（1734）、十三年（1735），连续九年泽州府各县都获得了大丰收。粮食的增加，使得增修仓房成为题中应有之义。

与陵川县相比，高平县的常平仓规模更大。明朝弘治年间知县柳豸建立预备仓，发展至万历年间共有仓房40余间。其后经过多次增建，至清同治年间共有仓房19座67间。据同治《高平县志》记载："道光二十六年（1846），储谷一万六千石。""同治六年（1867），存谷一万五千一百八十四石一斗一升有奇。"拓建后的高平"常平仓"共内外两进院落，内小院位于外大院的西北角，北部正堂为仓神祠。仓神又名廒神、仓官老爷，据说供奉的是汉朝开国功臣韩信。过去无论官仓、私仓都供奉仓神，每年正月初九、正月二十五隆重祭祀。不同的是，官仓设有专门的祠堂，塑有仓神塑像，私仓只是用黄表纸贴一块牌位，两侧贴对联写上"月月用有余，年年取不尽"。

除常平仓、预备仓等官仓外，明清时期泽州五县还建有较为完善的社仓体系。所谓社仓，是一种分设于乡间的救济粮粮仓，主要用于备荒和平抑粮价。社仓一般由仓长或社首管理，具有一定的自主权。明朝万历年间，泽州各县合计共有社仓66所，其中泽州20所、高平20所、阳城6所、陵川16所、沁水4所。经过明末战乱破坏后社仓严重减少，至清朝雍正时期，泽州府各县仅剩社仓40所，其中凤台7所、高平10所、阳城4所、陵川4所、沁水15所。

社仓通常设于交通要地，一则便于征集谷物，二则便于赈济。比如：乾隆四十八年（1783），凤台县共有社仓12处，分布在泽城内、高都镇、渠头镇、三家店、西部村、东大阳、西大阳、苇町镇、周村镇、犁川镇、河底镇和天井关。与官仓相比，这些社仓规模普遍较小。12所社仓合计贮谷"七千九百三十八石六斗二升八合一勺"，存谷量仅为高平县常平仓的一半。而每处社仓，多则存谷2000余石，少则存谷仅几百石。因为规模小，社仓一般都不建立独立的仓院，主要利用村中寺庙院落内的空地建立仓房。仓房多为圆形样式，形似碉堡，利用砖石泥坯构筑墙体，上面覆盖攒尖顶。仓房虽小，仍极为重视防潮、通风、防虫和防鼠，并有专人定期检查粮食保存情况。

在众多社仓中，泽州渠头村的社仓管理相对较好。渠头村现存有《嘉庆二十四年免出借仓谷碑》《道光六年三官庙仓谷碑》《道光六年正北社刘爷会分贮仓谷记》等碑记，是研究当时社仓运营的重要资料。由记载来看，渠头的社仓由四大社八小社组成，皆设于村中庙宇祠堂内，比如：正北社在关帝庙，正西社在三官庙，马社、将社在大王庙，刘爷会在白衣阁。社仓由社首轮流经管，具体运营筹集谷本、谷物回收、存贮晾晒、仓房维修等事务。渠头社仓从明代中期一直运营至清朝末年。乾隆时期共贮谷 960 石 3 斗 4 升。规模虽然不大，但在平稳粮价、维持贫困村民农业生产、救济灾荒等方面仍发挥了重要作用。

“小仓流”是一个家庭幸福的基石。

与官方储粮相比，民间储存粮食的方法更加多样。大门大户以及做粮食买卖的商人往往设有专门的粮库，中小户家庭则常常利用住房的二楼，或者更加安全的暗楼、暗房、地窖进行储粮。

与其他地区相比，晋城人大都喜欢用住房的二楼进行存粮。从现存古代民居来看，在明、清两代大部分时间内，晋城老百姓的生活过得相对比较富足。晋城古民居大多为两层青砖结构的建筑，房屋的二层通常不住人，主要用作储存粮食和存放杂物。与一楼相比，二楼的空间相对比较低矮，使用楼板和一楼分隔，地面铺设有青砖。屋顶采用悬山顶或硬山顶样式，在梁架上方铺设笆条、木板或苫砖，其上再覆盖板瓦或筒瓦。屋面大多朝南开窗，窗户通常采用板窗样式，关闭后外面还常使用草帘进行遮蔽。这样的结构便于通风和防潮，加之晋城地区气候比较干燥，非常有利于粮食的存放。

古时晋城地区战乱频仍，因此储粮的仓库除重视防潮、防虫之外，还非常重视防盗。许多富户喜欢构筑暗楼、暗房、地窖进行储粮。设有暗楼的房屋一般都非常高大，在一楼与二楼之间架设两层楼板，分割出一个隐秘的空间。空间不设门窗，入口多设在二楼地板上，使用杂物进行遮蔽。暗房与暗楼相似，在房屋内横向隔出一个隐秘的空间，不设门窗，入口处使用大立柜进行遮蔽或直接在大立柜中开门。地窖则常常设于房屋内地面的下方，类似于地下室，内部采用砖石垒砌墙面，入口处理方式与暗楼相似。这些暗楼、暗房和地窖，在晋城各地的古村落中常有发现，非常有特点。

除储粮空间多样外，民间存储粮食的方式也比较多样，有粮池子、大瓷缸、木箱子、席圪卷等多种做法。在很多民居的二楼，常挨着墙角修建粮池子。粮池子高 1 米多，三面靠墙，用青砖分割成大小适宜的空间。存储时，将晒干的粮食直接倾倒在池子里，上面覆盖席子或木盖子进行防鼠、防尘。这种方式比较适合存放较多的粮食，如果粮食较少时，则使用大瓷缸、木箱子等进行存放。过去，晋城地区开办有许多缸窑，生产的瓷缸直径约 80—90 厘米，高约 1.5 米，除用作水缸外，主要使用于储粮。比如：谷子在收割后，连壳带粒存放在瓷缸内，上面覆盖木盖子，可以保存两到三年。而木箱子则是一种相对讲究的存粮方式。如高平博物馆馆藏的明代陶仓，便是一种箱体式储粮器。箱体呈长方形，可根据存粮多少向上进行叠加，一般多达五六层，使用木栓进行固定。

古语云：“仓廪实而知礼节，衣食足而知荣辱。”粮食储存实在是一件关系国家安全、百姓幸福的大事。追忆古时中国最富足的时代，所谓大唐盛世不正是建立在“稻米流脂粟米白，公私仓廪俱丰实”基础上吗？对于老百姓来说，一年到头辛苦劳作，却从不言苦，盼的就是一个“大仓满小仓流”。

三、太行山的小米最养人

小米，是一种写入晋城人基因的食物。晋城人对于小米有一种近乎偏执的喜好，越是年纪大越难以割舍。和一个晋城老人讨论食物的优劣，无论你说得多么天花乱坠，他必定是半眯着眼睛、近乎轻蔑地总结："还是太行山的小米最养人！"

谷子成熟

太行山的小米确实养人。在传统观念中，人们认为太行山将天地之灵气凝聚在了小米中，每一粒都蕴含着一分生命力。与大米等相比，小米的生长环境更加苛刻，其蕴含的能量更加精纯，生命力也更加强劲。中医则认为，单位体积中种子的数量越多能量就越大，滋补力就越强，故而小米为五谷之首，具有补虚、益气、润肺、健脾、和胃、安眠的作用。营养学家经过科学分析，发现小米不但含有丰富的碳水化合物、蛋白质、膳食纤维，还富含 B1、B2 等维生素以及钙、铁、钾、镁等矿物质，对于提高免疫力、预防疾病都具有良好的作用。

晋城市是中国粟作农业最早的发源地之一，这里产的小米品质上佳，远近闻名。高平小米又名"白露糙"，相传是炎帝神农氏在羊头山五谷畦试种成功的良种。沁水县与古沁州同属于沁河流域，出产的小米品质优良，以"沁州黄"品牌享誉天下。陵川出产的小米以"西河底小米"最为出名，曾被侨胞带到海外，赞不绝口。阳城小米有品种为"红苗谷"，因植株基部呈红色而得名，被誉为"小米营养皇冠上的明珠"。泽州小米俗称"泽州黄"，相传宰相陈廷敬曾将它进贡给康熙皇帝，又被赐名为"泽州香”。这些小米虽然名号不同，口味上略有差异，却都具有色泽金黄、颗粒饱满、营养丰富、味道可口等优点，深受人们的喜爱。

在历史长河中，太行山的小米曾写下许多传奇。无论是炎帝始耕羊头山还是舜耕历山，握在他们手中的都有小米。长平之战时，秦将王龁与赵将廉颇互相斗法，廉颇用黄沙冒充小米，王龁便建立一座座空粮仓，双双留下了“大粮山”“空仓岭”的故事。《宋史·程颢传》记载，北宋时晋城人要缴纳小米作赋税并运往边关充当军粮，老百姓深受其苦。程颢“择富而可任者，预使贮粟于所”，通过“商业运输＋预备储存”的方式减轻了百姓的负担。明代政治家吕坤详细考察山西农业后，在《实政录》中说：“沁水农政，令人起舞。大端多粪少苗，熟锄多耕，壅本有法，去冗无差而已。其粟穗长可尺半，四五穗便可盈升……粪多力勤，八口饶养。”可见，明代时沁水农民在谷物种植方面已经掌握了一套成熟方法，其出产的小米穗大粒满，产量可喜。抗日战争时期，八路军更是以“小米加步枪”打败了日本侵略者。太行山的小米为中国革命胜利作出了重大的贡献。

1958 年 7 月 12 日，全国粮食促进现场会议在高平县召开，人民作家赵树理看到丹河两岸的谷子长势旺盛，深情地写下了高平鼓书《谷子好》。“谷子好，谷子好，吃得香，费得少；你要能吃一斤面，半斤小米管你饱；爱稀你就熬稀粥，爱干就把捞饭捞；磨成糊糊摊煎饼，满身窟窿赛面包……”在赵树理的心中，太行山的小米无疑是最好的一种粮食。他激情澎湃地历数小米做成的饭食，似乎只有这样才能表达他对小米的热爱。

在传统农业时代，小米一直是晋城人民最主要的口粮之一。《凤台县志》记载晋城有四大出产，分别为“铁、炭、丝、粟”，小米位列第四。《山西乡土志》记载“（山西省）西南以麦为主，东南以米为主，省北以麦为主，米次之”，晋东南的老百姓主要吃小米。《中国分省全志·山西志》记载，1914 年山西全省小米产量为 13004774 石，其中品质最优的小米为“沁水流域出产的‘沁州小米’”。高平红粟、黄粟、白米等品质也都很优良。

《民国山西实业志》记载，1932 年山西省 105 个县都出产小米，其中晋城县栽培面积 593700 亩，高平 123109 亩，阳城 277500 亩，陵川 136395 亩，沁水 172210 亩，除满足本地食用外，主要销往山西翼城、河南辉县、博爱、济源等地。

谷子虽然产量不高，却具有耐旱、适宜保存等优点。因此，在历史上山西省官方储粮的主要品种便是谷子。由此，小米成为一种硬通货，常常作为工资、奖品进行使用。古时官府给衙役等开工资或者给秀才们支福利，便主要使用小米。民国时期，各大商行仍奉行此种规例。比如：当时晋城最大的货栈“鲁豫通货栈”，每次出工前都要给雇员每人支小米一斗用于安家，如果一路平安，返回时除结算工钱外另奖小米一斗。1943 年晋城大灾荒，上党梆子名角小黑旦远赴陵川教戏，深受东家尊崇，享有“日得小米一升”的待遇。1946 年，上党梆子“复盛班”剧团解散，人们将箱份变卖为小米 32 石，散伙均分。很多时候，似乎小米比白银、铜钱更受人们的青睐。

在中国人心目中，小米本就具有神圣的意义。仓颉造字“天雨粟，鬼夜哭”，汉代人祭祀天地使用谷纹玉璧，便是这种信仰的滥觞。晋城人更是对小米爱得深沉。祭神时，小米或米制品为主要的供品之一。一个人刚出生后，要用一尺蓝布装上小米做成枕头，人们寄希望小米的精气能够充盈在婴儿体内；一个人去世后，要在尸体的口中、手中放一些小米，寄希望来生能够衣食无忧。

人们认为小米是最好的滋补品。无论是病人还是产妇都要多喝小米粥。即便是物产丰富的今天，晋城很多产妇仍喝不惯乌鸡汤、猪蹄汤、鲫鱼汤，反而对小米粥情有独钟。小米还是亲友间馈赠的好礼品。1931 年冬，在国民党中央五中全会上李生达当选为中央候补执委，离晋时携带的礼品主要为汾酒和小米，其中“沁州黄”小米共带了 5 石，分送给国民党要员和蒋介石的左右。这种习俗一直延续到现在，逢年过节晋城人还是喜欢赠送些小米。

许多外地访客对于晋城人对小米的偏好难以理解。比如：1870 年德国地质学家李希霍芬入晋考察，在其出版的《李希霍芬中国旅行日记》中他便抱怨：“当地的饭食很糟糕，没什么营养，每顿就吃点谷子，也不怎么加盐。”晚清时中国经济濒临破产，晋城人的食物确实不丰富，但也远没有他说得那么糟糕。晋城以小米为原料的食物花样繁多，比如米汤、稀饭、捞饭、米汤揪片儿、米淇儿、摊馍、米羹、炒米面叶、“捣一谷朵”等，至今仍深受晋城人喜爱。除此外，晋城人还常用小米来酿酒、酿醋、做饧，出产的米酒、米醋、饧也非常美味。

小米，无疑是晋城市最有地域特色的农产品。它从历史深处走来，一度因口味单调被人轻视，但很快便又唤醒人们基因内保留的眷恋。

2009 年 12 月 27 日，央视 10 套《走近科学》栏目来到泽州县北义城镇探寻双胞胎的秘密，经过一番统计全镇 28000 人口中竟有双胞胎 180 多

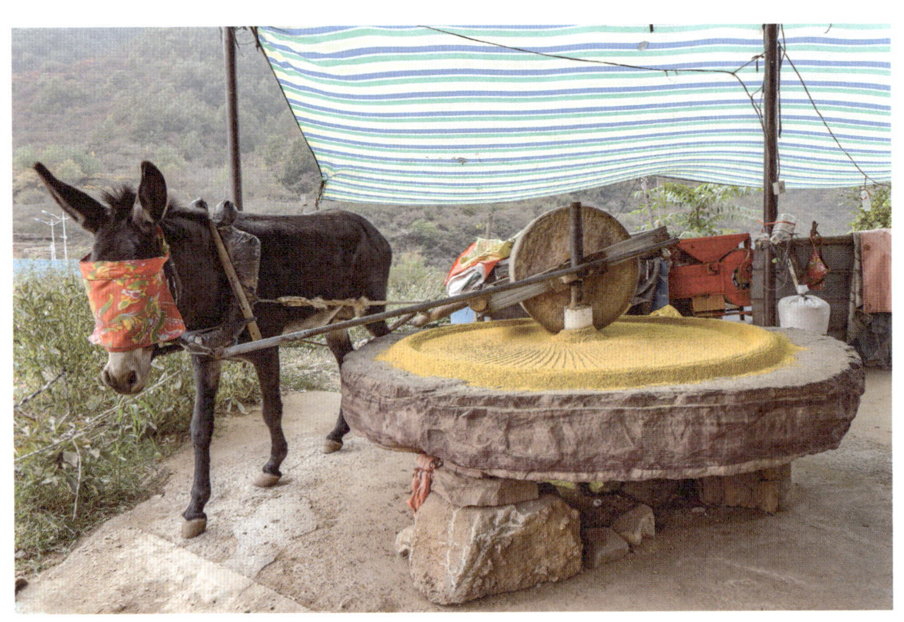

石碾拐小米

对。经检验，人们认为这里出产的小米富含叶酸，其叶酸含量为普通小米的6倍，有利于提高双胞胎生育的概率。2016年10月26日，央视2套《生财有道》栏目再次对此做了深度报道，使得“鲁村小米”名扬全国。21世纪到来后，太行山传统农产品小米重新受到人们的关注，诸如“鲁村小米”“大兴小米”“西河底小米”“析城山小米”“红苗谷”等名优产品纷纷登上超市的柜台，再次成为人们餐桌上的宠儿。

在物质日益丰富的今天，人们逐渐回归传统。“远离繁华三千，终归诗酒田园。”“还是太行山的小米最养人!”

四、掰着手指辨五谷

中国人以五谷为主食，对于五谷做成的美食心心念念、难舍难离。所谓五谷，通常指黍、稷、麦、稻、菽，种植历史久远，文化积淀深厚。《论语》云:“四体不勤，五谷不分”，国人常用这句话责备那些脱离劳动、缺乏常识的人。谁曾想，当代人沐浴在工业文明的荣光中，一大半人鲜少碰过锄头，竟都成了不分五谷的人。麦与稻还好说，这黍、稷、菽真有些难为人。今日且纸上谈兵，掰着手指说说五谷，说说这滋养了晋城人几千年的主要食粮。

黍，又名黍谷、糜子、黄米、黄粱，是一种历史悠久的农作物。传说丹雀衔来九穗禾，神农氏捡起脱落的种子，在羊头山种出了黍。据《汉书》《隋书》等记载，古人以羊头山的黑黍作为修订度量衡、音律的参照物。在传统祭祀中，黍也是最重要的祭祀用品。过去，每年春秋仲月的上戊日，官府都要用青铜器簠单独盛放一簠上好的黍，用来祭祀社稷神。由此，人们认为黍是一种可以通神的农作物，内含神奇的力量。元朝至元年间，陵川孝子李义为了救治继母庞氏的疾病，曾偷偷将大腿肉割下来和在黍米饭中充作“神药”，结果竟药到病除。这种行为虽然愚昧，却反映出古人对黍的崇奉。

“芃芃黍苗，阴雨膏之。”在历史上，晋城地区曾广泛种植黍。明朝嘉靖年间，泽州知州王大学到青莲寺游览，农田里一垄一垄成熟的黍苗令他由衷欣喜，信笔写下“禾黍垂垂遍大畴，斜阳牧笛何悠悠”的诗句（《青莲寺漫游》）。清朝康熙年间，阳城诗人陈咸受与兄长一大早去往樊山，被路旁的黍苗吸引，写道“风前藤葛乱，雨后黍禾香”（《樊山道中和薇村兄韵》）。康熙八年（1670），陵川知县孙必振开辟孙公峪、莲花村的道路，将路旁荒地开垦为农田，便命人种植黍子。乾隆年间，陵川诗人秦懋效、傅弼等人都曾写诗咏赞当地的黍子，“禾黍动秋声”“白黍黄粱山麦香”也格外吸引人。据《民国山西实业志》记载，民国时期晋城县、高平县、阳城县都种植黍。晋城县最多，常年栽培面积60000亩，年产量50400担。高平、阳城两县合计栽培面积470亩，总产量560担。

晋城出产的黍品种很多，有黄黍、白黍、黑黍、青黍、粘黍、小黎黍等。在《冬秀亭集》中，泽州知府朱樟曾写诗道“重见疏苗扶白婢，莫因止酒废蓝舆”，并在诗下注释“白婢、赤婢皆晚黍名”。可见，古时晋城人种植的黍还有许多不常见的小品种。黍米可以直接用来焖饭，也可以磨成面粉吃，是一种较为高档的食材。晋城人爱吃黍，尤其是在节庆中每每要用黍米做些美食。晋城人特别喜欢吃黍米做成的油糕、油糊角、圪背、黄蒸、马蹄糕等。而这些美食背后往往还伴随有动人的故事，比如油糊角。传说唐朝时一位将军远征归来，身怀六甲的妻子用黍米面炸成油糊角犒劳他，将军吃后赞不绝口。不久其妻生下一对龙凤胎，将军便用油糊角来犒赏三军。由此，晋城地区形成了怀孕后吃油糊角的习俗，包上红豆砂表示生男孩，包上胡萝卜馅表示生女孩。

稷，又名高粱、蜀秫，俗称茭巧，也是一种历史久远的谷物。高粱对土地要求不高且比较耐旱，因此在过去晋城曾大量种植。据《民国山西实业志》记载，晋城市各县皆种高粱，总种植面积385706亩，总产量699571担。其中晋城县、高平县最多，两县合计种植面积378400亩，总产量686720担，约占全市的98%。晋城出产的高粱有红高粱、黄高粱、白高粱等品种。由《泽州府志》记载来看，清代官方颇为重视种高粱，曾依据《齐民要术》等农书记载的“种蓟秫法”指导百姓种植。他们认为高粱不但不择地、省时省工，而且浑身是宝，“其子作米可食”“其茎可作洗帚”“秸杆可织箔、编席、夹篱、供爨”，是济世救荒的好粮食、农家不可或缺的好资材。

晋城人非常喜欢食用高粱。一般将高粱磨成面粉，称为“茭巧面”，和上白面、豆面来做面条，俗称为“黑圪条”。用酸菜做卤子拌出来的“黑圪条”，是晋城人最爱吃的美食之一，俗称为“酸菜黑圪条”。将和好的白面包裹住“茭巧面”来擀面条，俗称为“包皮黑圪条”。品尝时一定要放上一些芝麻盐，那味道酸香可口，极为开胃。将脱过皮的高粱与玉米、各种豆子放在一起熬粥，称为“茭巧糜”，也颇受晋城人喜爱。除做面条、熬粥外，晋城人还常用高粱酿酒、酿醋、做粉条。晋东南地区出产的白酒通称为“潞酒”，其原料便主要是高粱。据《陵川县志》记载，民国十五年（1926）前后，陵川全县共有酒坊17家，年产“潞酒”55万公斤。

麦，主要有大麦与小麦两种，在晋城都有种植。

大麦又名草麦、拐麦，主要分有皮麦和裸麦两种。据《民国山西实业志》记载，民国时期山西全省共有49个县种植大麦，晋城县栽种面积位列全省第二，共计85900亩，产量则位列全省第一，共计111670担。除晋城县外，陵川县也少量种植大麦，种植面积125亩，年产63担。当时，高平芒大麦是少有的大麦良种。民国四年（1915），山西省农桑总局曾遴选多种大麦进行试验，高平芒大麦收获量最多，每亩产量237.5斤，比日本金瓜大麦、美国芒大麦、俄国天鹅大麦等舶来品表现还要优异。现在，晋城市已经很少种植大麦，但从记载来开晋城地区种植大麦的历史则比较久远。元代泽州名儒张翥有诗《拾麦吟》:“大麦黄，将上场，田家钹麦村村忙。丈人荷担来何乡，儿牵妪衣妇挈囊……”，描写了大麦收割时农人打场的情形，表达了对贫民的同情。毕振姬《夏游西山》诗曰:“野老逢人出远田，新煎大麦捧茶烟”，描写的则是康熙年间在高平县西山喝大麦茶的情形。

小麦，是山西粮作物中当之无愧的王者。山西人爱吃面，普天之下人人皆知。晋城人对于面食，当时也是情之所钟一往而深。举凡扯面、擀面、饸饹、卤面、刀削面、撅片儿、饺子、馒头、火烧等面食，真是三天不吃浑身就抓心挠肝得难受。如此喜欢吃面，晋城又怎能不种小麦？据《晋城市志》统计，小麦是如今晋城市境内第一大粮食作物。1996 年全市播种面积 120.59 万亩，总产量 251566 吨，其后种植面积虽有所下降，总产量却相对仍有提升。全市 219 万人口，小麦人均 200 多斤，基本可以满足食用需求。

麦 田

然而在传统农业时代，晋城人对于吃面却只能忍着口水垂涎欲滴。贫苦人家平常很少能吃到纯正的白面，一般主要以小米、高粱、豆类等杂粮为主，吃面也要在白面中大量混合玉米面、荍巧面、豆面等。《民国山西实业志》记载："东南太行山脉一带高原，因气候寒冷，小麦种植面积较少，甚至有不能种植者。"如陵川县在这一时期便鲜少种植小麦。民国时期，晋城县小麦常年栽培面积 398100 亩，总产量 477720 担；高平县栽培面积 126600 亩，总产量 75960 担；阳城县栽培面积 65394 亩，总产量 54931 担；沁水县栽培面积 58265 亩，总产量 37872 担。晋城全市小麦栽培面积合计 648359 亩，总产量 646483 担，合计大约 77577.96 吨。1927 年至 1930 年间，晋城市总人口大约 103 万，小麦人均大约 75 斤。除产量低之外，当时贫富差距悬殊，贫苦百姓根本舍不得食用小麦。《民国山西实业志》记载，当时小麦的价格比其他粮食要贵许多，所以中农和贫民往往抛售小麦，以致"小麦乃成一商品化之农产品"。

在古典文献中，晋城人对小麦多有颂赞。金代时，庄靖先生李俊民写有"薰风原上麦，连云箫鼓家""青青原上麦，忍放征马食"等句。高平诗人赵述赞颂说"太平有象麦连云"。元代时，陵川大儒郝经不但作有《瑞麦颂》，还写有"桑连平野麦连村"等佳句。在清代名相陈廷敬《午亭文编》中，描写小麦的诗句更多，如："麦黄风翻涛""瑞麦已芃芃""宿麦在陇色自好""秋草寒云垄麦迟""平垄眠云麦半黄""翠低陇麦映波流"等。在诗人笔下，麦子便是最美的风景。文人们将颗粒饱满的小麦称为"瑞麦"，恰如村民将麦子磨成的白面称为"好面"一样，都寄托了晋城人对小麦的喜爱。

稻，有硬稻与软稻之分，硬稻的籽实俗称大米，软稻的籽实俗称江米。稻为水性植物，性喜湿润，在山西省鲜少种植，因此在古代山西人的食谱只有少数富裕人才能食稻。据《中国省别全志·山西卷》记载，晚清民国时期山西省只有汾河流域、卫河流域、滹沱河流域少数县产稻，晋城不在此列。过去，晋城人只在少数年节或祭祀中用稻，主要走太行道拿铁器、杂粮与河南人少量交换。另据《凤台县志·山川》记载，清朝乾隆年间丹河流域曾少量种稻，“（巴公河）东北流两岸稻田畦分，蔬圃秤列，浣衣树阴，水碓烟际，有江乡风味”。在丹河支流巴公河两岸，人们不但种植水稻，还设有水碓，倒有几分湿地公园的感觉。美则美矣，但却无异于解决晋城少稻的困境。晋城人的餐桌上真正吃上水稻，还得等到改革开放后商品经济兴起。在南方人“换大米”的叫卖声中，晋城人才慢慢吃上最喜欢的过油肉大米。

菽，就是豆。在晋城，豆类种植品种极为丰富。古人云“菽分五色”，有白豆、黑豆、绿豆、青豆、黄豆、红豆，按大小分又有大豆、小豆，除此外还有豇豆、豌豆、蚕豆、扁豆、蛮豆等。在山西省，豆类是传统粮食中重要的一类。《民国山西实业志·农林畜牧》单为“豆”列了一个章节，共记述了八种豆，分别为：黄豆、黑豆、小豆、豌豆、蚕豆、豇豆、扁豆和菉豆。这些豆在晋城市都有种植，其中产量较大的主要是黄豆、黑豆、小豆和菉豆。

黄豆，现在常称为大豆。但在过去，山西省主要称蚕豆为大豆。黄豆按成熟的早晚分为大小两种，大黄豆早种迟收，小黄豆迟种早收。民国时，晋城县、高平县种植黄豆较多。晋城县常年栽培面积 149000 亩，年产量 193700 担；高平县栽培面积 195 亩，年产量 496 担。黑豆性质形状与黄豆相似，只是皮为黑色，分大黑豆、小黑豆两种。民国时，晋城、阳城、陵川、沁水四县都产黑豆，合计栽培面积 145954 亩，合计年产量 174561 担。小豆，包括白小豆、红小豆、绿小豆等多种，因为比黄豆小而得名。晋城县盛产小豆，民国时栽培面积 13500 亩，年产量 11340 担。菉豆即绿豆，根据颗粒大小分为大菉豆、小菉豆两种。民国时，晋城县、阳城县产菉豆。晋城县常年栽培面积 73900 亩，年产量 72422 担；阳城县栽培面积 260 亩，年产量 182 担。由《民国山西实业志》统计数据来看，晋城县在历史上极为盛产豆类，仅黄豆、黑豆、小豆、菉豆四种栽培面积便多达 332400 亩，年产量 411862 担。豆类种植竟与小麦大体相当，是当时人们的主要口粮之一。

晋城人吃豆的花样很多。一是上石磨磨成豆面，配上白面、茭巧面、玉米面搭配着做面条，也常上火炒制成“茶面”，熬成油茶喝；二是一种或几种豆上火熬煮，做成豆汤或五豆粥，也可以搭配黍米、稻米、红枣、柿饼等做成八宝粥或软米饭；三是和小米、蔬菜、面条混在一起煮，做成米淇儿或调和饭；四是泡发成豆芽，或者做成豆腐、豆腐脑、豆浆等豆制品；五是豆角半熟时充作蔬菜，或者煮熟做成毛豆角当零嘴吃。除此外，豆类还可以用于榨油、做酱，用途极为丰富。

在晋城历史上，曾出过许多偏好豆饭的“爱豆”。最著名的有明代太子少保刘东星、清代大学士陈廷敬。刘东星是沁水县端氏人，虽然身居高官要职，生活却极为简朴。居家期间，常常穿一身布衣、一双草鞋，和农民蹲在地头吃“羹豆饭”。康熙年间，有一次陈廷敬离家上任，傍晚时住在巴公镇三家店温生家中，温生请他吃豆羹饭、喝柿子酒。陈廷敬想到马上就要离家千里，不知何时才能回来，忍住感慨：“豆羹肥胜肉，柿酒白如银。邂逅临歧路，情同故旧亲。”

五、餐桌上的“外来客”

如果古人与我们一起吃饭，或者一起逛菜市场、超市，他一定会对当代中国的饮食极为诧异。即便如韩王李元嘉这样的唐朝皇室贵胄，如王国光、陈廷敬这样的明清宰辅，坐在晋城普通人家的客厅里，也会张大嘴巴惊呼：“餐桌上怎么这么多‘外来客’?!”

诸如玉米、土豆、红薯、西红柿、辣椒、洋葱，乃至花生、燕麦、黑米等，都是晋城餐桌上的“外来客”。它们有的漂洋过海来自异域，扎根晋城也不过一二百年；有的虽然是中国土生土长，却更晚才端上我们的餐桌。莫说榴莲、火龙果这些热带水果，便是日常三餐不可或缺的玉米、土豆也会令他们惊讶。外来食物尤其粮食和蔬菜，已经极大地改变我们的生活面貌。

玉米、土豆、红薯对于中国历史变革，尤其是人口变化，产生了极大的作用。已经有无数学者研究它们传入中国的轨迹，但几时传入晋城地区仍是未解之谜。《山西通志·农业志》认为：玉米原产拉丁美洲，明嘉靖十年（1531）传入中国，大约万历年间（1573—1618）传入山西；土豆原产南美洲，大约在 17 世纪前传入中国，清道光十八年（1848）引入山西；红薯原产拉丁美洲，明朝万历年间传入中国，清乾隆二十一年（1756）由河南传入山西。如此看来，晋城人吃上玉米最多也不过四百年历史，而吃上土豆和红薯也不过一两百年的历史。而从本地史志来看，似乎大多数晋

玉米丰收景象

城人都吃上这3样东西还要更晚一些。比如：《晋城县志》《阳城县志》等记载，直到民国时期晋城县、阳城县才引进种植红薯。《南岭乡志》记载，直到20世纪50年代末泽州县原南岭乡（今南岭镇）才引进种植土豆、红薯。这些记载都极大地颠覆了我们想象，令我们也感到诧异。

玉米，俗称玉茭或玉蕉子、蕉子，又名番麦、玉麦、玉谷、玉高粱、苞米、苞谷、舜王谷、玉蜀黍。因为易种植、产量高、用途广，早已成为晋城市最主要的农作物。《晋城市志》记载：玉米是晋城市三大粮食作物之一。1949年，播种面积63.32万亩，总产量54280吨。1985年到现在，播种面积一直稳定在七八十万亩之间。1980年，总产量317415吨，创历史最高水平。《民国山西实业志》称玉米为玉蜀黍，有黄、白、红、黑、紫等多个品种。民国时，晋高阳陵沁五县常年栽培面积合计共511692亩，年总产量727789担。

在清代中期以前的地方史志中，晋城几乎没有关于玉米的记载。如雍正《泽州府志》、乾隆《凤台县志》等在记载物产时，仍只说黍稷粟等传统谷物。至清朝中后期，关于玉米的记载才逐渐增多。如：同治版《阳城县志》："御麦，种自西番来，花开于顶，实结于节，穗包如拳，而长领吐红，绒粒如英实、以曾经进御，故名。俗玉蕉籽。山产者肥大。"清道光五年（1825），高平河西新庄村重修佛堂，百姓捐资中出现有"蕉籽"，碑刻记载"收蕉籽壹百零柒石柒斗，作钱五百捌拾伍仟六百四十一文"，当时玉米价格每斗大约543文，要比小米、小麦便宜许多。在光绪"丁戊奇荒"中，玉米已经成为救荒粮之一，价格也随之暴涨。《阳城白桑乡记荒三年接替碑记》记载"蕉子一斗大钱二千文"，《中村庙荒政碑记》记载"玉麦每市斗价钱二千八百文"。由此推测，玉米虽然早在明朝万历年间已传入山西，但直到清代中后期玉米才真正在晋城得到普及。

晋城人爱吃玉米，尤其是贫苦人家更将其作为过日子的主粮。玉米上石磨后可磨成玉米面，制作玉米糊糊、窝窝头、玉米饼，还可以和柿子一直制作玉米疙瘩，甜丝丝的极为可口。晋城人称去皮后的玉米叫“秃玉米”，“秃玉米”和红豆等混合在一起熬粥，非常好吃。将玉米脱皮磨碎成小米一样的碎粒称为玉米圪糁，既可以熬汤，也可以做稠饭。玉米还是过去人们最喜爱吃的零食。孩子们常常趁玉米半熟时，偷偷掰几棒架起柴火烤着吃，家长则喜欢掰些嫩玉米煮着吃。除此外，“崩玉茭花儿”更是所有孩子最期待的零食。

与玉米相比，在古代史志中关于土豆与红薯的记载则更加稀少。由玉米传播时间来看，土豆与红薯在晋城得到普及显然要更晚一些。土豆，俗称山药蛋，又名马铃薯、洋芋、土卵、荷兰薯、爪哇薯。据《民国山西实业志》记载，民国时期山西省共有 68 个县栽种马铃薯。晋城县常年栽培面积 1600 亩，年产量 16000 担；陵川县栽培面积 12092 亩，年产量 48368 担；沁水县栽培面积 80 亩，年产量 416 担。红薯，又名番薯、朱薯、玉枕薯、红山药。在《民国山西实业志》中没有专门进行记载，可见当时红薯种植还不太引人注目。而从其他记载来看，在 1945 年土豆和红薯才逐渐普及起来。赵树理用笔做扁担将“山药蛋”抬进了文学的殿堂，使沁水山药蛋名扬四海。而农家小院中处处可见的红薯窖，则成为晋城红薯的伴生物，承载起一个的时代的记忆。

传统农业总是在静悄悄中得到发展。如西红柿、辣椒等“外来客”，不知几时悄无声息就端上了晋城人的餐桌。很多老年人回忆，年轻时莫说吃便是见也很少见过西红柿和辣椒。农业史学家认为，西红柿和辣椒原产美洲，到明朝中后期随中西交流传入中国。而在地方史志中却几乎没有关于它们的记载。在传统农业时代，晋城人的餐桌要单调许多，普通老百姓常吃的蔬菜主要是地里产的瓜、豆角和萝卜。一直到新中国成立后，白菜、黄瓜、茄子等才在晋城推广种植。许多老年人都不能吃辣，正因为他们年轻时家乡几乎不种辣椒。而大多数人要吃到最喜爱的西红柿炒鸡蛋，还得等到改革开放的春风吹遍太行山。

与辣椒等“外来客”相比，花生传入晋城的记载显然要更加明确。花生，又名落花生、番豆、地豆、长生果，原产南美洲，明朝万历年间传入中国，清代中期传入山西。在沁水县博物馆保存有一通《教种花生赵公讳家常乡里感德碑》，记载了花生传入沁水县的历史。清道光三年（1823），郑庄镇东大村赵家常在河南宁陵县做生意。有一天，他在郊外见到有人种花生，于是暗自仿效，将花生带回家乡种植。赵家常向邻里进行推广，认为“花生之利较种五谷加倍”，大家对其并不相信。直到道光二十年（1840），人们见他种花生获利丰厚，才争相效仿。发展到咸丰二年（1852），沁水县的花生产业已颇见效益，“每岁利获千金，由是致小康者数十家”。赵家常引进种植花生非常成功，在其带动下花生种植逐渐推广至沁河沿岸许多村庄，遍及郑庄、端氏、嘉峰及阳城润城等乡镇，打出了“沁水花生”的名号。而据《晋城大事记》记载，高平县引进种植花生还要等到民国十九年（1930）。可见，在传统农业时代，人们对于新鲜事物的接受过程要比现在缓慢许多，尤其是关乎生存的农业，更是如此。

六、萝卜豆角一箩筐

1870 年 3 月，德国地质学家李希霍芬途经晋城考察，在路边小餐馆吃了十几天杂粮饭，忍不住抱怨：“饭食很糟糕，没什么营养。”清朝末年自然灾害频发，又值春季，地里没什么出产，也难怪他会抱怨。如果李希霍芬在夏秋时节入晋，又值丰年，他大概会在《中国旅行日记中》写道：“当地饭食不大合口味。蔬菜很多，‘萝卜豆角一箩筐’，营养还算丰富。”

古人的饮食随季节不同变化很大，尤其是蔬菜，在冬季和春季品种极少。在没有温室大棚的年代，人们能吃到什么蔬菜，主要看老天爷馈赠。太行山区石厚土薄，耕地主要用于种粮食，老百姓大多利用闲置散地种植蔬菜，或者在庄稼间隙里套种豆角等菜品。除此外，太行山还馈赠给人们许多野菜，极大地补充了蔬菜的不足。

与当代富足的生活相比，古人的食谱显然要窄许多。但从史志记载来看，清代时晋城人食用的蔬菜还比较丰富。《泽州府志·物产》记载，雍正年间晋城人常吃的蔬菜大约有 30 余种，主要为：葱、韭、芥、芹、蔓菁、胡荽、茼蒿、茄、芦菔、蕨、蒜、王瓜、冬瓜、南瓜、丝瓜、菜瓜、甜瓜、西瓜、北瓜、莴苣、莙荙、苋、薯蓣、蘑菇、葫芦、瓠、豆角、菠菜、白菜、木耳、地莪等。显然从这些蔬菜中随便挑七八种，做一顿营养丰富的美食，还是绰绰有余。

从《泽州府志·物产》来看，现代晋城人食用的蔬菜名称变更很大，品类更是发生了天翻地覆的变化。所谓“芦菔”，是萝卜的古称；“王瓜”即黄瓜；“胡荽”又名芫荽；“薯蓣”指山药；“瓠”为西葫芦。这些菜品至今仍是晋城人食谱中的常客。有趣的是“西瓜”与“北瓜”，让人很是诧异。在古人的食谱中，“西瓜”竟然是一种蔬菜?！而“北瓜”竟真的存在。《民国山西实业志》记载，“南瓜在晋省又称北瓜，亦名窝瓜，为瓜类中最有用之一种”。既然已叫作“南瓜”，又称呼为“北瓜”，真是咄咄怪事。更诧异的是，我们的先人竟然也食用蔓菁、茼蒿、莙荙、苋这些只有南方人才吃的菜，而现在大多数晋城人已经鲜少吃它们。

晋城人的食谱发生了天翻地覆的变化！今天，我们一日三餐最常吃的西红柿、土豆、茴子白、蒜薹、洋葱、青椒、生菜、西蓝花等，在一两百年前我们先人的食谱中竟然杳无身影。而许多我们以为他们吃不到的蔬菜，却曾经极为盛行，比如“笋”。《山西风土志》记载，清代时泽州和蒲州产“笋”，在山西比较知名。在史志中，泽州“笋”的记载确实很多。清朝时，山西学政于汉翔巡视晋城地区时，曾在阳城县吃笋。面对白云远山，他边吃边赋诗道："宛是江南四月天，朱樱紫笋佐宾筵。"清代文学家朱彝尊入晋时也吃到了"笋"，并赋诗："味合添雏笋，羹宜配冻醪。"就连官府祭孔大典中，也有一道名曰"笋菹"的祭品。我们很难确定古人说的"笋"是否是鲜嫩的竹笋。因为人们将莴笋、地笋、芦笋、川笋等都称为"笋"。但确定无疑的是，古时的晋城曾经产竹子。《水经注》记载，在长河与沁河交汇处"小竹细笋，被于山渚"。而在明清时期，陵川崇福寺、阳城海会寺、泽州岱庙等地方都产竹，类似"当窗竹笋侵阶出"等石刻记载，累累可见。

《民国山西实业志》有专门的章节写"蔬菜"，从中我们可以看到当时晋城蔬菜种植的大致情况。第 4 编第 14 章讲述了 11 种主要蔬菜，其中涉及晋城地区主要有：（一）萝葡。晋高阳陵沁五县常年种植面积 4090 亩，年产量 4108180 担。（二）韭菜。晋阳沁三县常年种植面积 360 亩，年产量 214950 担。（三）白菜。晋高阳沁四县常年种植面积 1910 亩，年产量共 5331000 担。（四）茄。晋城县常年种植面积 440 亩，年产量 316600 担；沁水县常年种植面积 70 亩，总产量 266000 担。（五）南瓜。晋陵沁三县常年种植面积 2810 亩，总产量 2547200 担。（六）葱。阳陵沁三县常年种植面积 660 亩，年产量 32800 担。（七）蒜。阳陵沁三县常年种植面积 810 亩，年产量 676000 担。除此外，晋城地区还盛产芥菜、玉蔓菁、西葫芦和菜荳（即豆角）。从统计数据来看，民国时期晋城地区的蔬菜种植颇具规模，很多县区都有自己独特的栽种品种，如：陵川县的萝卜约占整个地区总产量的一半，沁水和阳城的白菜约占整个地区总产量的 89%。

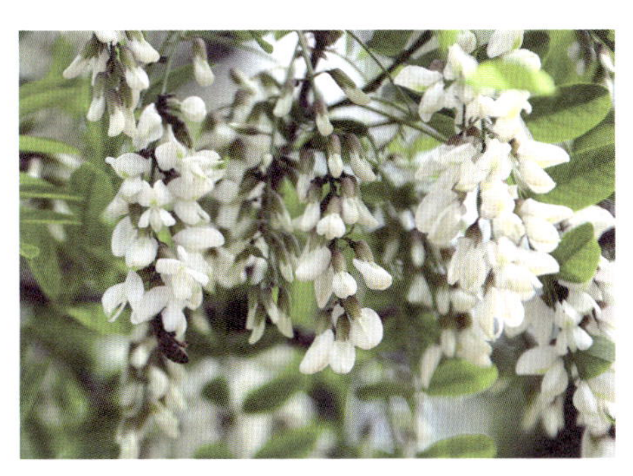

槐　花

在太平年月里，晋城古人大

体上可以吃到丰富的蔬菜。尤其是夏秋两季，萝卜、白菜、豆角、南瓜、韭菜等次第成熟，将晋城人的餐桌点缀得非常丰盛。除主要菜品外，晋城人还偏爱吃野菜。香椿、槐花、榆钱、木兰芽等最是可人，一则产量大，二则味道佳，可以做各种菜品。地圪峦又名地皮菜，长得虽然难看，味道却极好，与鸡蛋一起翻炒，常常让舌头惊艳。小蒜更是鲜美。俗语说“三月小蒜，香死老汉”。这种写进唐诗，被古人称为“薤白”的野菜，至今仍令晋城人十分钟情。靠近大山的人更有口服，可以吃到野生的木耳、猴头和松蘑菇。而茴茴菜、猪鬃菜、白蒿、蓟苗菜、刺蓟菜、小杨叶、大杨叶、榆叶、槐叶、柿叶等野菜，虽然味道欠佳，却是人们度过灾荒的最后寄托。

冬季和春季可吃的菜品实在有限。因此每年临近冬季时，人们格外重视蔬菜的储存。萝卜、白菜、土豆、瓜是越冬的最好菜品，可以窖藏，也可以用箩筐堆放在屋子里的犄角旮旯。晾晒“干菜”也是一种非常好的储存方法，比如干豆角就极得晋城人的芳心。进入秋季后，玉米地、高粱地套种的豆角会一茬一茬地丰收，直到完全长老。吃不完的豆角，人们便将它用开水煮熟，放在太阳底下暴晒。豆角缩水后呈紫黄色，用开水泡发，是一种既有嚼头，又带着些阳光味道的菜品。

除窖藏、晒干之外，腌制是蔬菜储存最常见的方式。过去，食盐比较金贵，只有少数富户舍得用盐腌制咸菜。老百姓更钟情于腌酸菜。腌酸菜成本低廉，味道也远比咸菜更加可口。每年秋后，晋城家家户户都要备好腌菜的大缸，有两担缸、四担缸等类型，一腌便是一大缸，足够全家人几个月食用。腌酸菜的原料主要为萝卜和萝卜缨（萝卜叶）。人们互相协作，先将萝卜刮洗干净用刨床擦丝，再把萝卜缨切碎与萝卜丝均匀搅拌，最后倒入缸中用“捣菜圪垛”一层一层捣实。捣制中可以在每层上撒一些花椒，这样腌制的酸菜别有风味。除萝卜外，晋城人还常用蔓菁、刺蓟菜、苦苣菜等腌制酸菜，味道也非常独特。

最令人心酸的是贫民的饭食。在民国以前，晋城许多贫苦百姓缺粮少菜，常年只能依靠“浆水菜”或“黑菜”度日。“浆水菜”与酸菜类似，但用料远没有酸菜好。一般在炕头围着火放一口小缸，将萝卜叶、小白菜等碎菜叶不断加入，汤汤水水并没有多少菜。“黑菜”做法与酸菜也相似，用料主要为大豆的叶子，其口味可想而知。民国二十年(1931）九月，《大公报》记者入晋调查，刊发了一篇《乡老谈民生》，记录了当时晋城县贫民的生活。河底村某村长痛诉：“你看现在人们都欢欢喜喜地吃小米饭，这正是用力气的时候，不吃不行。这回简直是过年咧！秋后你再看吃甚吧。你出去看看，山上的黑豆叶，那都是我们的存粮。割下来以后，把叶子打掉，用锅蒸熟，拿刀切成了丝，腌在大缸里，七天就变成了酸菜。村民要够一冬吃的。怎么个吃法呢？什么高粱糠、谷子糠、麻子糠、黑豆皮、绿豆皮、棒子皮，有嘛算嘛吧。一锅豆叶酸菜，抓上几捧糠皮，煮一个开，就吃这家伙。”（《大公报》民国二十年九月二十一日原文）90 年后再读此篇报道，仍令人无比心酸。

从某种意义上看，饮食变化最能反映一个国家的变革。自清末以来一个多世纪，中国社会发生了翻天覆地的变化。折射到晋城人的餐桌上，便发现：古人常吃的蔬菜早已退出当地人的食谱，而我们的菜篮子变得越来越丰富，已经由传统富足人家的“萝卜豆角一箩筐”变成了“鱼虾生菜一冰箱”。

七、油香飘在太行人家

晋城婚俗，迎亲时男女双方要互赠礼匣，在女方回赠的礼匣中，摆上两只瓷碗，一只装蜂蜜，一只装香油。人们对于美好生活的企盼，概括成一个词，便是“蜜里调油”。走在晋城的闹市上，随处可见香圪喷喷的油糕、油糊角、油圪麻，以及拌着葱花烙出来的油馍，还有加入芝麻、花生碎的油茶。晋城人离不开油！油香飘在太行人家，将晋城人的生活滋润得油腻腻、香喷喷、美滋滋。

晋城人餐桌上的食用油花样繁多。动物类油脂因为提炼工艺简单，最先走上餐桌，主要有猪油、羊油、牛油、鸡油、驴油等。然后粉墨登场的是植物类油脂，其提炼工艺较为复杂，但胜在量大、物美、价廉，深受人们的喜爱，主要有芝麻油、豆油、花生油、菜籽油、葵花油、蓖麻油、胡麻油、小麻籽油、椒籽油、核桃油、紫苏籽油、花椒籽油、杏仁油、桃仁油、棉籽油、芥末油等。在历史上，因为榨油工艺、油料种植等变化，这些油类都曾渐次登上餐桌，主导晋城人的生活。

早在原始社会，人们便发现在烤制肉类时，肥腻的脂肪会析出大量油汁，由此诞生了猪油、羊油、牛油、鸡油、驴油等。在传统晋城美食中，人们喜爱用驴油来制作月饼，用猪油调制“木耳圪背”，用牛油或羊油炸制正宗的陵川肉丸。在植物油出现后，动物类油脂在晋城人生活中更多是充当点缀的角色。如果要选出最常用的一样，大概是猪油。据郭峪村《县主衷老爷体恤里民行户永免一应杂派德政碑》记载，清康熙三十五年（1696）阳城县开办有“猪油行”。这是一家专卖猪油的店铺。晋城人口味清淡，饮食以谷类为主，动物油脂大多是宰杀牲畜时少量制作，并不特别偏好。

真正得晋城人欢心的是植物油。汉代时，张骞通西域带回了芝麻，又称为“脂麻”“油麻”，并在加工食用中掌握了榨油技术。晋城人尤其喜欢芝麻油，俗称为“香油”“小磨香油”。直到现在，二圣头等村落生产的小磨香油仍然是晋城当地知名的土特产。之所以在“香油”前冠以“小磨”之名，是因为在工艺流程中要使用到小型石磨。小磨香油采用传统“水代法”手工制作，包括筛选、淘洗、烘炒、晾筛、磨碾、搅油、墩油、过滤等多道工序。炒熟的芝麻用小型石磨磨成芝磨酱，放入铁锅内加热水搅

泊南小磨香油作坊

拌，便可析出香油。俗话说："一斤芝麻十二两[①]油。"芝麻油不但制作简便，出油率也很高。用传统工艺制作的小磨香油晶莹剔透，色、香、味历久弥新，营养价值也很丰富，不但是一种优质的食材，还可以入药。过去，晋城各地曾广泛种植芝麻，除榨油外，人们还将它作为一种重要的谷物来食用。晋城民谣唱道："扒住茅墙撇杏花，坐上小锅崩芝麻。"可见人们对芝麻的喜爱。

大约在宋代时，食用油得到了普及，并诞生了用油炒菜的方式。晋城人的餐桌变得丰盛起来，对于食用油的需求量也明显增加。芝麻虽香但产量不高，于是人们开始尝试使用各种作物种子来榨油。常用的油料主要有小麻籽、胡麻籽、葵花籽、油菜籽和豆类。而像花生、核桃、紫苏、杏仁、桃仁等油料，其产量也不比芝麻高多少，只能作为散碎油料来使用。

① 古制，一斤等于十六两。如《隋书·律历志》记载："十六两为一斤。"

晋城人称榨油的工序称为“打油”或“压油”，榨油作坊则称为“油坊”。在史志记载中，可以看到许多油坊的记载。陵川县城有油坊圪洞、油坊院，巴公镇渠头村有油坊巷，显然过去都是开办油坊的地方。清朝至民国时期知名的油坊很多，如：周村镇“永泰油坊”、大阳镇“太盛东”油坊、巴公镇“义和厚”油坊等。抗战时期，阳城县开办有油坊 47 座、陵川县有 30 座。一次，日军抢劫了陵川县北街村郭荀油坊，抢走麻油 12 大缸，每缸 150 斤，合计 1800 斤。由此可见当时油坊的兴盛。

民国十六年（1927），晋城县有一家油坊打出了“麻买河南三千里，油卖山西百万家”的对联。据《泽州百年》记述，此一时期的晋城县是山西省最大的豆油生产地，年产豆油 325 担，占全省产量的三分之二。晋城县城内外从事制油、卖油生意的店铺很多，有“同义永”“德盛成”“茂盛祥”“同盛公”“义顺元”“仁茂祥”等 10 余家。追溯晋城县榨油历史，大约在清代晚期时已经非常兴盛。据怀覃会馆《补修会馆碑记》记载，清光

怀覃会馆

绪三十四年（1908）泽州城成立有专门的油坊行会组织——“南关油行”，从“南关面行”手中接收了怀覃会馆，并耗费巨资进行了修缮。

油坊的兴盛得益于榨油工艺的提高。传统手工榨油采用“石臼捣油料，上火熬出油”的方法，后来升级为“油槽打油”法。“打油”的师傅称之为“老匠”。一名“老匠”配上一名伙计、一头牲口，便可组建成一个小型油坊。设备主要有炒锅、石碾、油箍、熘锅、油槽、打油锤、油篓儿、油缸等。将买入的油料进行翻炒，上石碾磨细，用油箍垫上玉米皮一层层“装垛”，经过加热便可放入打油槽，开始“打油”。但见“老匠”赤着半个身子，手持20多斤重的打油锤猛烈地敲打，清凌凌的油汁便在挤压下，由油垛上的小孔中流出来，滴入油篓儿里。显然，“打油”是一件力气活儿。晋城民谣唱道：“你爹打油是好汉，出力又流汗，一顿能吃十八碗”，生动地描述了油坊作业的艰辛。除辛苦劳累外，“打油”还会产生极大的噪声，常常会被邻居投诉。在高平市石末乡保存有一块《永禁事碑》，民国元年（1912）晁山村某人开办了一家“打砸油坊”，遭到了村民投诉，高平知事只得下公文责令搬迁。

在传统农业时代，要想顿顿吃上油并非易事。便是地主家也没有多少余粮，也没有顿顿吃油的资本。平日里，人们生火做饭只敢小小地在锅里淋点油。有钱的人家在油坊里买油，更多农户则采用“浸油”的方法自产自用。在房前屋后撒上半把麻籽，便够自家一年的开销。用油前只需将麻籽炒熟，用石碾上碾细，倒在锅里用水煮开，便能撇出小小一碗麻油。日常饮食中，人们常将小米、面条和蔬菜、豆类放在水里煮，临出锅时才用勺子“烘”点油淋在锅里，“嚓”的一声顿时香气四溢。也有家户在院子附近种点蓖麻，做饭时捡几粒蓖麻籽，用盐罐碾碎了放火上一“烘”，用蓖麻籽溢出来的一点油，给饭菜添点香气。这便是太行山上贫苦人家的生活。

今天，晋城闹市中随处可见的油糕、油糊角、油圪麻、油馍、油茶，对于过去的人们来说多少有些稀罕与奢侈。这些香喷喷的吃食，是传统晋城民俗中的主角。除夕要吃“翻鏊”，用铁鏊烙一张大大的油馍，当着所有家人翻个面儿，象征着来年“翻身”得幸福。初一清晨“献老爷”，馓花、蚕酥、麻叶、麻花等油食更是必不可少。“二月二”要喝油茶，在炒面里加油，放入姜片、芝麻、花生碎、豆腐条、煎饼块，别提有多好吃。农历四月初八是佛诞节，这一天晋城人要敬献姒奶奶。俗话说：“四月八，油圪擦。”据说姒奶奶喜吃油食，因此家家户户要做油糊角。婚礼要送“蜜里调油”；生了小孩儿做满月，娘家人要送上一瓶香油。

在传统农业时代，人们的生活都过得非常艰辛。对于太行山上普普通通的人家来说，生活中能吃上一点油，实在是莫大的幸福。在某种意义上，油糕、油糊角、油圪麻、油馍、油茶等油食散发出的香气，代表着他们对未来美好生活所有的企盼。正是基于他们一代一代的努力，我们今天的生活才能变得如此美好，变得如此油腻腻、香喷喷、美滋滋。

八、从一日三餐到七碗八碟

晋城人的饮食充满了太行山乡土风情。一日三餐简单实在，节日宴席七碗八碟非常丰盛，用料以本地所产谷物和菜品为主，烹饪方式偏好汤汤水水，极具地域特色。

早饭一般以稠饭为主。稠饭又名小米稀饭、稀煮，将小米熬成稠稠的浓粥即可。食用时搭配萝卜条或土豆丝，直接盖在稠饭上面，全家人端着碗，围坐在院子里吃。有时也在稠饭里加些白面，或者加南瓜、红薯，有时则用玉米圪糁熬制稠饭。加南瓜的稠饭又名“瓜不糊”，既有小米的清香，又有南瓜的甘甜，配上萝卜丝的酸脆，很让人受用。除稠饭外，早餐有时也吃米汤撅片儿或者米羹。改革开放后，人们生活水平日益提高，早饭品种也更加多样，有油茶、豆浆、豆腐脑儿、牛奶、方便面、肉丸汤、油条、馒头、包子等各种选择。

午餐以面条为主，有擀面、扯面、饸饹、卤面等各种做法。卤面一般用豆角或萝卜做菜，先将菜炒到半熟再放上细面条浇卤水焖熟。擀面、扯面、饸饹的做法大体相似，都是先将面条煮熟捞出后再浇菜。饸饹最得晋城人的芳心，有酸菜饸饹、花菜饸饹、金瓜饸饹等多种类型。在过去，晋城人的午餐以小米焖饭为主，俗称捞饭。捞饭的花样也很多，加入红豆称为豆焖饭，加入酸菜称为酸菜焖饭，加入豆角称为豆角焖饭。加菜后再加一些盐和油，则称为“油灌”焖饭。焖熟的捞饭金黄软糯、颗粒分明，用鸡蛋来炒称为鸡蛋炒捞饭，味道更加香美。改革开放后，大米炒菜成为午饭的主要品种，尤其是大米过油肉很有晋城特色。晋城人吃午饭，常常掇条板凳和邻居围坐在胡同里吃，边吃饭边闲聊家常，很有人情味道。

晚饭以汤饭为主，有米汤、圪糁汤、不烂汤、米淇儿、撅片儿、煮疙瘩等许多类型。米汤是晚饭的主角儿，将小米熬成稀粥，清爽可人。不烂汤是将面糊糊倒入开水中组成的疙瘩汤，放些酸菜或者老南瓜更加可口。撅片儿有米汤撅片儿、酸菜撅片儿、疙瘩瓜撅片儿、蘸蒜撅片儿等许多种，配上油馍或馒头，非常解馋。煮疙瘩是用玉米面做成的扁扁的小圆饼，里面加酸菜或红糖做馅儿，放在清米汤水中煮，有稠儿有汤，很合晋城人的口味。除此外，贫苦人家还常吃瓜角圪糁饭、苦菜饭、浆水菜饭、豆叶菜饭、萝卜菜饭等汤饭。过去晋城人吃晚饭，习惯坐在炕头围着炉火吃，火光忽明忽灭，将每个人的脸庞都映得红腾腾。

米淇儿又名调和饭，大概是最有太行山风情的饭食。太行山所有的出产，如小米、玉茭、南瓜、豆角、酸菜、萝卜、青菜、土豆、面条儿等都可以入饭，并在此得到调和。每一样菜品都各有特点，豆子硬，萝卜软，南瓜烂糊糊，要想使煮出来都恰到好处，极为考验做饭人的技巧。放早了会煮烂煮散，放晚了煮不熟、出不来味道，放多了会喧宾夺主，煮稠了又焦煳失去了味道。做调和饭一定要熟悉菜品的习性，娴熟掌握火候和时机也必不可少。中国古人讲究中庸之道，所谓“致中和”便是要将复杂的人和事调和得无比和谐。小到一家，大到一国，要做到如调和饭一般融融洽洽，又谈何容易！

晋城人喜爱吃米淇儿。如康熙朝宰辅陈廷敬，便是一位米淇儿的忠实拥趸。陈廷敬称米淇儿为“合和羹”，并将其推荐给自己的同僚。有一次，他与同僚张南溟、李湘北在紫禁城左阙门值夜，三个人便一人一碗合和羹，不但吃得开心，还互相写诗唱和。“衢歌含哺敢忘情，华省翻成麦饭名。不笑唐风多俭陋，茅茨曾啖小人羹。”“盐豉休烹娄护鲭，山蔬点就瓦盆盛。交情淡久真如水，肉食何人忆大羹。”陈廷敬写下了这两首《合和羹》，并在序文中说：“合和羹，杂菽麦野菜为之……南方闻者每窃笑焉……（南溟、湘北）二公皆南人，而独喜食此……物之幸而见知于世有如此也。”陈廷敬因朋友和自己一样喜爱吃米淇儿而感到无比高兴，并以此引为知己。

与一日三餐相比，节庆宴席显然要更加丰盛。晋城人办宴席讲究七碗八碟，一般按碗的数量称呼宴席名称，有“六六宴”“八八宴”“八六宴”“十大碗”“三滴水”等各种做法。“六六宴”因热菜为六大碗六小碗而得名。十二道热菜讲究成双成对，如：清炖鸡和清蒸鱼、糖醋丸和水氽丸，寓意好事成双。“八八宴”又名八卦宴，因热菜为八大碗八小碗而得名，更为丰盛。民国时期，高平侯庄富商侯大昇家里办喜事，用海产做成“海味八卦筵”，据说一餐便要上 108 道菜品。“三滴水”指一桌菜分三巡上：第一巡上凉菜 4 盘，名曰一滴水；第二巡上正菜 4 大碗，名曰二滴水；第三巡上正菜 4 小碗，名曰三滴水。

在晋城宴席中，最流行的是“十大碗”。因县区不同各有名称，如高平十大碗、阳城十大碗、周村十大碗、高都十大碗等，除此外还有素斋十大碗、全鸡十大碗、清真十大碗、轿夫十大碗等。“十大碗”讲究汤汤水水，因此又被称为“水席”。如高平十大碗，共有菜品十道：水白肉、核桃肉、碗子肉、川汤肉、甜饭、天和蛋、扁豆汤、素丸子汤、粉皮芥末汤、肠子汤。十道菜各有特色，肉食肥而不腻，甜饭软糯香甜，汤水清爽可口，令人回味无穷。轿夫十大碗据说是过去婚庆中招待轿夫的饭食，讲究量大、肉多。使用大号的海碗盛放，包括小格、红白肘、元宝肉、黄焖肉、过油肉、里脊肉、烩小丸、生丸、胡白肉、八宝饭十道，除八宝饭外全为肉食，深得轿夫们的喜爱。青莲寺等佛堂则以素斋十大碗招待访客，形似肉食，全然是豆腐、面粉，别有一番风味。

晋城宴席典故极多。传说，高平水席源于长平之战，战后人们设供品祭奠，忽降大雨，将菜品冲得汤汤水水，由此演变而来。又相传“八八宴”原是隋唐皇家菜品，唐代时韩王李元嘉等宗室在泽州做刺史，将其传入了晋城。晋商巨富王泰来以“八八宴”招待宾客，因宾客人数过多出了意外，又演变出了“八六宴”。相传，“胡白肉”源于安史之乱，寄托了人们对胡人安禄山扰乱大唐的痛恨；“虎皮鸡”源于太行忠义社，是一道纪念抗金英雄梁兴的美食。各种传说真真假假难以分辨，却使这饭菜吃得更有韵味。

俗话说：“一方水土养一方人。”太行山与沁河水养育了晋城人。无论是一日三餐萝卜青菜，还是“八八”“六六”水席盛宴，都是太行山、沁河水对晋城人的馈赠。太行山上的晋城人日出而作日入而息，清茶淡饭，勤劳朴实，对这方土地以及这方土地上的美食充满了眷恋。

晋城

第六章

蚕桑兴旺

男耕女织，是传统农耕时代中国人的基本生活形态。而吃饱穿暖则是数千年来无数人为之奋斗的基本目标。晋城劳动人民不但在“耕”的方面卓有建树，在“织”的方面也创造出了灿烂的文化。远在汉唐时期，晋城地区的麻织业、蚕桑业已经极为兴盛，不但是中国主要的线麻产地之一，还享有“北方蚕桑之乡”的美誉。尤其是蚕桑业，千余年来一直是本地的主要产业之一。从唐代“丝帛自古走波斯”，到今天吉利尔丝绸的畅销，晋城蚕桑业呈现出蚕桑兴旺的发展态势，并在经济、社会、民俗等各个方面对晋城文化产生了巨大的影响。

一、“北方蚕桑之乡”

在晋城博物馆三楼展厅中，静静地陈列着一只六足青铜蚕。这只铜蚕出土于晋城市农业银行工地上一处唐代墓葬，通体长 4.7 厘米，形态近似真蚕，惟妙惟肖。同样，在陕西历史博物馆也珍藏有一件青铜蚕，出土于汉代墓葬，通体长 5.6 厘米，被评价为“古丝绸之路的见证者”。与陕博铜蚕相比，晋城博物馆的青铜蚕虽然默默无闻，却也可谓是晋城历史上蚕桑经济繁荣的见证者。

晋城博物馆藏六足青铜蚕

晋城地区养蚕缫丝的历史极为悠久，是中国蚕桑业发祥地之一，有“北方蚕桑之乡”的美誉。据《中国丝绸史》记载：“西汉以来，山西夏县以及潞、泽一带（指今长治、高平、沁水、晋城、阳城）农户中栽桑、养蚕、缫丝、织帛已很普遍。隋唐时期，蚕桑业已成为泽州百姓的主要产业之一。当地还流传着‘丝帛自古走波斯’的民谣和‘户户都养蚕，强过米粮川’的歌谣。”晋城地区的蚕桑业历经汉唐、宋元、明清，延续至今繁荣不衰，形成了悠久厚重的蚕桑文化。

远在汉唐时期，晋城地区的蚕桑业已经极为繁荣。西汉时，晋城农户普遍缫丝织帛，并通过丝绸之路将成品远销西域。南北朝时期，晋城出产的丝织品品质非常好，向朝廷缴纳的调绢“幅广二尺二寸，长四十尺为一匹”，当地官员仍有意增加尺寸。《隋书》记载“长平、上党人多重农桑”，可见当时晋城蚕桑业已受到朝廷的高度重视。唐代时，泽潞地区是全国重要的蚕桑丝织基地，种桑、养蚕、缫丝、织帛已成为晋城百姓的主要产业之一。开元十一年（723），唐玄宗北巡时途经晋城，曾短暂停留“敦俗劝耕桑”。据说，唐玄宗年轻时在潞州做官，便极为喜爱上党地区出产的丝绸。此次途经高平时，当地百姓以丝绸进献，他非常高兴，欣然赐名为“潞绸”。唐朝元和年间（806—820），诗人李贺曾在上党地区寓居三年，亲眼目睹了泽潞丝织的生产过程，写下名诗《染丝上春机》：“玉罂泣水桐花井，蒨丝沉水如云影。美人懒态燕脂愁，春梭抛掷鸣高楼。彩线结茸背复叠，白袷玉郎寄桃叶。为君挑鸾作腰绶，愿君处处宜春酒。”诗人形象地描绘了潞绸纺织从浸丝、染丝、上机到绣花的全过程。晋城博物馆珍藏的青铜蚕大约便出土于这一时期，与此诗可谓相映成趣。同时出土的还有一件唐代三彩骆驼俑，以实物的形式证明《中国丝绸史》提到的晋城民谚“丝帛自古走波斯”并非虚言。

北宋时期，晋城蚕桑业进一步繁荣。养蚕和织帛开始出现分工，养蚕缫丝的农户会将蚕丝卖给专门的“织帛之家”，即机户。分工有利于提高生产效率，进一步推动了晋城蚕桑业发展。与此同时，晋城地区丝织机械

高平开化寺壁画《观织图》

技术也有了很大提升。在高平开化寺壁画《善友太子本生图》中，描绘有一幅民间妇女使用织机从事纺织的场景图，图中出现的织机为单综双蹑立式织机，与元代木制机具专著《梓人遗制》描述一致。开化寺壁画绘制于北宋绍圣三年（1096），由此可见当时晋城地区的织机已经非常先进。与此同时，晋城地区出品的丝织品“泽州油衣”风靡汴京，受到宰相章淳等人的赞誉，成为畅销品。熙宁五年（1072），日本僧人成寻在皇帝支持下走太行道去往五台山礼佛，途经晋城地区时高平、泽州地方官员先后馈赠了本地出产的丝织品“羊叠”和“紫绢羊叠”，并被其带往日本。

金元时期，由于战乱等原因，北方蚕桑业日趋萧条。晋城蚕桑业仍相对较为稳定。元代朝廷推行“匠户制”，在晋城地区设立有“泽州局”专管织染事宜，为明清时期晋城蚕桑业的繁荣奠定了基础。

明朝时期，泽潞地区发展成为北方最重要的蚕桑生产中心，以“潞绸”享誉天下。当时，社会上出现了“潞绸遍宇内”“南淞江，北潞安，衣天下”的赞誉。乾隆版《高平县志》记载：“明季，高平、长治、潞州衙三处共有绸机一万三千余台”。据估算，明代时潞绸的年产量在 100 万匹以上。潞绸成为当时最流行的衣料，深受百姓与贵族的喜爱。在《玉壶春》《醒世恒言》《金瓶梅》等明代话本中，随处可见官员、小吏、市民乃至妓女穿着潞绸的描述。比如，“明朝四大奇书”之一的《金瓶梅》，创作于明朝万历年间，其中便有 17 处提到潞绸。在明十三陵定陵考古中，完整出土有一匹“红色竹梅纹潞绸”，为孝靖皇后王氏的心爱之物。

需要注意的是，在历史上泽、潞地区出品的丝绸皆通称为“潞绸”，其品牌共用达千余年。明朝时期，潞绸生产已经出现“泽强潞弱”的情况。洪武二十四年（1391），泽州栽桑 135908 株，年贡生丝 872 斤，潞州栽桑 84514 株，年贡生丝 330 斤。潞州桑树栽种数为同时期泽州的 62%，年贡生丝为同时期泽州的 38%。其后，泽州蚕桑业发展迅猛，成化八年（1472）栽种桑树已达 287313 株，年贡生丝 1815 斤，而潞州至弘治五年

（1492）栽桑 90415 株，年贡生丝 362 斤。潞州桑树栽种数仅为同时期泽州的 31%，年贡生丝仅为同时期泽州的 20%，与洪武年相比两地比例下降了大约一半。进入清朝后，这种局面愈演愈烈，并一直延续到清朝末年。清光绪八年（1882），山西巡抚张之洞在奏折中描述说："潞绸并不出于潞安，潞民但能养蚕不习机杼，向在泽州，织办或雇泽匠到潞织办，或寄丝至豫省织办。"可见，潞绸这一品牌虽然一直沿用到现在，但生产中心在明清时便已经向晋城地区转移。

清朝时期，晋城地区出现了"泽绸"品牌，出产的"潞绸""泽绸"产品也更加多样。据《泽州府志》记载，雍正年间泽州府每年须上解蚕丝 480 斤（闰年加 18 斤），上解绫绢 240 匹（闰年加 9 匹）。除贡丝、贡绢外，晋城地区还出产王府绸、小绸、皂绢绸、罗底绸、乌绸、绉纱等、花绫绸、八角绸、六角绸、五角绸等。这些丝织品沿着新兴起的"万里茶路"远销各地，进一步促进了晋城蚕桑业的发展。雍正年间，钱塘名士朱樟曾描述说"泽州蚕丝之利甲于他郡"，可见当时晋城蚕桑业的繁荣。光绪同治年间，日本东亚同文会在山西开展蚕桑业调查，称高平、沁水为"养蚕业最发达的两县"。据记载，清朝末年阳城县每年仅外销蚕丝便多达 2 万余斤，销售缫丝下脚料六七千斤，是北方响当当的蚕桑大县。

民国以后，随着近现代蚕桑技术的引进，晋城地区蚕桑业呈现出不同以往的局面。据《民国山西实业志》记载，民国前期晋城地区的丝织业、丝线业颇有一定的规模，各县有不少商号从事生丝收购和丝织品买卖，产品主要有乌绫、汗巾、手帕、腿带、绉纱等。高平县栽种桑树 30 余万株，有织机 300 余台。阳城县 1936 年年产蚕茧达 90 余万斤。晋城各地成立了蚕桑传习所等蚕桑教育机构培养人才，并逐步引进现代化机械与技术从事蚕桑生产。

新中国成立后，晋城蚕桑业迎来前所未有的发展。1949 年，晋城地区蚕茧总产量恢复到 60.3 万千克，1957 年稳步提升到 116.2 万千克，1985 年迅速增长到 205.73 万千克，1995 年突破到 316 万千克，2004 年达到350万千克。在现代化技术的引领下，涌现出了山西吉利尔丝绸股份有限公司等多家现代化蚕桑企业。晋城蚕桑业迎来新的繁荣。

追溯晋城蚕桑业发展历史，有一个问题久久萦绕心头：为什么晋城地区能发展成为北方重要的蚕桑生产中心，并历经千余年的而不衰？

深沉原因极为复杂，简而言之：（一）晋城地区的气候适宜种桑、养蚕。比如：清末，日本东亚同文会在晋城调查时便曾感慨，本地种桑、养蚕技术与同时期的日本相比如此疏漏，蚕却极少生病，认为是气候使然。（二）晋城地区人多地少，在古代蚕桑业是除煤铁业之外百姓重要的收入来源。所谓“茧丝之利十倍杂粮”，大量百姓从事蚕桑生产，并以此为生。如：《阳城县乡土志》记载“春蚕则无家不饲”；清代时高平县70%的农户都在养蚕。（三）百姓世代种桑养蚕，蚕桑技术在晋城传承不息。比如：陵川县郝氏在金元时期便实行“量子弟之材器……畀汝桑，汝率诸妇蚕之”的家规，家族内有子弟专门从事养蚕。（四）丝绢是晋城古代重要的贡赋，朝廷在此设有官办机构主持生产。如：元代设有“泽州局”、明清时有“织造局”。（五）晋城蚕桑业实现了产业分工，拥有大量织机和产业工人。比如：从事蚕桑业的有“蚕户”“丝户”“机户”之分，还有各种商号从事收茧、缫丝、织绸、外销等业务。（六）晋城蚕桑业历代名优产品不断，“潞绸”“泽绸”品牌享誉华夏。比如：宋代有泽州油衣、紫绢羊叠，明代有王府绸、小绸、皂绢绸，清代有乌绫、汗巾、手帕等。总之，晋城被誉为“北方蚕桑之乡”缘由深厚，可谓实至名归。

站在晋城博物馆展厅中，当你与六足青铜蚕微微扬起的头部对视时，让你的目光穿越千年。青铜蚕吐出或黄或白的茧丝，在诗人李贺的目光中，由绣娘亲手挂在开化寺壁画中的织机上，织成“泽州油衣”“紫绢羊叠”“红色竹梅纹潞绸”，被宰相章淳披在肩上、孝靖皇后捧在手中，打包后装在唐三彩骆驼背上，通过丝绸之路远销波斯，并随着高僧成寻的海船东渡扶桑。你久久驻足、会心一笑……

二、晋城种桑历史略说

晋城地区流传有“家有三株桑，种地不纳粮”“一亩百株桑，种地不纳粮”等民谚。自古以来，人们便将桑树视为一种重要的财产，极为重视栽种桑树。

远在商周时期，晋城境内已经出现了大片的桑林。《竹书纪年》记载：“商汤二十四年，大旱，王祷于桑林，雨。”《穆天子传》记载：“天子四月休于濩泽，以观桑者，乃饮于桑林。”所谓“濩泽”，是阳城县的古地名，“桑林”则位于今阳城县蟒河镇，因栽种有大片桑树而得名。《泽州府志》记载：“桑林河……源出麻娄诸山……地多桑，名桑林。相传成汤祷雨于桑林，即此。”又云“桑林，（阳城）邑西南五十里，近析城”。除阳城县外，泽州县伊侯山附近也有“桑林”，传说商代名相伊尹曾在此居住。北宋《程明道遗书》记载“泽州北望有桑林”，可见伊侯山“桑林”的说法也由来久远。显然，“桑林”与桑树栽种息息相关，由此可见晋城地区桑树栽种的历史大约可追溯至商周时期。

汉唐以降，出于经济发展需要，历代官府都极力推行“劝课农桑”政策，使得本地桑树种植更加普遍，并形成了“重农桑”的习俗。《汉书·地理志》记载：“（上党）民重农桑”；《南史》记载“人重农桑”；《隋书》记载：“长平、上党人多重农桑”。开元十一年（723），唐玄宗北巡途经晋城，短暂停留期间曾鼓励当地百姓多种桑树，并在《早登太行山中言志》一诗中写道：“宣风问耆艾，敦俗劝耕桑。”宋金时期，晋城地区桑树栽种早已蔚然成风。明代时，朝廷规定凡有田地在 5 亩至 10 亩之间的，必须栽桑、麻或木棉各半亩，田地达到 10 亩以上的应加倍种植，不种桑树的家户罚出绢一匹，并派官员予以监督。这种积极且严厉的农桑政策，使得晋城桑树栽种更加普遍。

晋城当地官员在桑树种植中也发挥了积极的作用。历代有所作为的知府、知州、知县大多将“劝课农桑”作为主要施政策略来实施。如：五代时泽州太守李常侍、元朝泽州达鲁花赤普颜贴木耳、清朝泽州知府朱樟、高平知县龙汝霖等。朱樟为浙江钱塘人，任职期间不但积极巡视各县考察农桑，还将“吴中苏杭”等地桑树栽种技术引进了泽州。他旁征博引《农政全书》《齐民要术》《农桑要旨》《士农必用》《务本新书》等农业专著，“编集种桑之法以示邦人”，内容包括“栽桑之法”“接桑之法”“采桑法”等。龙汝霖在高平县推行“十劝二十戒”，不但“劝农桑”“禁桑羊”，还积极翻印了元朝官方编撰综合性农业科学著作《农桑政要》，分发给老百姓指导农业生产。《农桑政要》又名《农桑辑要》，共 7 卷，其中第 3 卷便主要讲述怎样栽种桑树。这些政策对于晋城地区桑树栽种技术的提升都发挥了积极作用。

明万历《泽州志·物产》共记载本地主要树木 15 种，其中位列第一的便是桑树。这一时期，泽州五县几乎家家栽桑，桑树分布极为广泛。据史料记载，明洪武二十四年（1391），泽州五县共栽种桑树 135908 株，永乐十年（1412）增加至 210166 株，成化八年（1472）又增加 287313 株。而弘治五年（1492）潞州栽种桑树仅有 90415 株，泽州桑树栽种的数量几乎是同时期潞州的 3 倍多。泽州大地出现了“桑树遍野成行成塄”的喜人景象。

在明清诗词中，也可以感受到泽州大地遍布桑树的景象。明代兵部尚书郑洛（1530—1600）途经陵川县，见到山岭高处种有桑树，写道：“云裹孤城藏市井，雨中绝岭见耕桑”。明代大理评事常伦途经沁水县，看到官道两旁田野中遍布新桑，村妇正挎着篮子采桑，写道：“处处人家蚕丝忙，盈盈秦女把新桑。”清代江南名儒洪嘉植由吕梁交城县南下，经太行道进入晋城，时值三月杨花纷飞，见道旁蚕女正在采桑，欣然写道：“杨花吹麦经冬雪，蚕女条桑弹晓烟”。在名相陈廷敬笔下，写桑树的诗词更多。某一年初春，傍晚时分他路宿南溪一户农家，见道旁桑条刚刚抽芽，写道“春阴柔桑枝，映此溪沙绿”；又一年暮春，他路宿七家岭驿馆，见翠绿的桑叶间红花掩映，写道“桑柘青阴花药红，尽在寒镫古驿中”；又一年深秋，他由南村去往九仙台，见路旁枯黄的桑叶纷飞，写道“桑柘半凋柳黄落，三里五里村村同”。像这样的诗句，在晋城古典文献还有很多。诗人们之所以爱写桑，正是因为晋城这片土地上遍布桑树，蚕桑兴旺。

民国时期，阎锡山政府在全省大力推行“六政三事”，其中蚕桑便是六政之一。在近现代技术的引领下，晋城地区成立了蚕桑局及女子蚕桑传习所等专业机构，不但积极培养蚕桑人才，还引进新型桑种、普及桑树栽种技术。《蚕桑局章程》规定：蚕桑局须“随时派人从江浙各省采购桑树”“本局所栽培的桑树可向民间分发，如按规定栽培，则不收取费用”“奖励人民栽植桑树，有故意损坏桑树者，由地方警察处罚之”。女子蚕桑传习所开设有“桑树栽培学”课程，两学年合计 220 个课时。这些政策的实施，使得晋城桑树栽培得到了有效的提高。据统计，在抗日战争之前仅高平县便栽种有桑树 30 多万株。

与历史记载相映生辉的是，在沁水、阳城、高平等地至今仍保存有许多古桑遗存。《山西通志・农业志》记载：“据实地调查，中阳、石楼、交口、临县、离石、柳林、阳城、沁水、晋城、高平、陵川等县，仍存有百年以上的古老桑树近 20 万株。垣曲、阳城交界的原始森林里，也存有几百年甚至千年以上的山桑、野桑。”阳城县寺头乡、河北镇、沁水县南阳村等地，分布有丰富的桑树品种资源，许多桑树树龄在一二百年以上，有的达五六百年。如阳城县寺头乡张家庄村、沁水县南阳村生长的古桑树，枝干粗壮遒劲，树皮沧桑斑驳，仍极具生命力。

除此外，晋城地区还有留存有许多带“桑”字的地名，这些地区在历史上大多都是重要的桑树栽培区。据统计，山西省以桑命名的地名共计 85 个，其中仅阳城县便有 36 个。如：白桑乡、桑林乡（2000 年与台头乡合并为蟒河镇）、桑林村、下桑林村、范桑沟村、白桑村、上白桑村、桑园河村、桑树湾、桑园沟、桑凹村等。阳城县河北镇九甲、赵沟、六甲一带共有 24 个村庄，历史上曾遍植桑树，盛产桑葚，因此被统称为“桑葚区”。沁水县桑叶沟、桑树圪坨、桑院、陵川县桑树坪、桑家坪、桑树圪荡、泽州县桑庄等，其命名由来久远，历史上都曾是重要的产桑区。

晋城地区盛产桑树，与气候等因素息息相关。晋城市地处太行山南麓、黄土高原东南部，属暖温带大陆性季风气候，四季分明，冬无严寒，夏无酷暑。全年平均气温为 10°C，全年无霜期大约 180—190 天，年平均日照时数位 2561.4 小时。尤其是唐宋等时期，晋城地区的气候要远比现在更加温暖，非常有利于桑树栽培。历史上，本地栽种的桑树主要是在原有野生桑的基础上改良培育而成，树干部分粗壮的可生长至直径 50—60 厘米左右，一般从 2 米至 3 米处抽出枝条，新枝条长达 1 米多长，枝繁叶茂，叶肥肉厚，品质优良。这些桑树零星地分散在山间田旁地埂，只需要每年秋季施少量堆肥，便能得到很好的生长。清代民国之后，晋城开始大量引进种植外来桑树品种，主要品种有浙江的湖桑、山东的鲁桑等。20 世纪 80 年代初，山西省农业厅曾开展过一次桑树品种资源普查，晋城市共征集到优良桑树地方品种和优良单株 88 份，其中包含白桑种 33 份，鲁桑种 12 份，山桑种 23 份，华桑种 9 份，蒙桑种 9 份，蒙桑变种鬼桑 2 份。如格鲁桑、摘桑、黄鲁头、黄克桑、摘桑等都是晋城传统桑种栽种品种，历史上为晋城地区蚕桑产业的发展作出了突出的贡献。

与南方平原地区采用大田栽种桑树不同，晋城地区山多地少，主要采用地埂桑栽种方式。所谓地埂桑，即利用山间梯田闲置的地埂堰边栽种桑树。这种栽种方式好处极多，一则不会与粮食栽种争夺耕地，二则可以充分利用闲置的小碎地块，三则还有利于防治水土流失。历史上晋城地区栽种的桑树大多为地埂桑。新中国成立以后，地埂桑受到国家高度重视。1965 年 6 月，农业部在沁水县召开北方 8 省（市）参观学习端氏公社地埂桑树化现场会议，将地埂桑栽种方式作为样板在全国进行推广。20 世

孙文龙纪念馆

纪 60 年代末至 70 年代初，阳城县在孙文龙同志带领下大力发展地埂桑，使得阳城县成为华北地区重要的蚕桑栽种地。高峰时期，晋城地区共栽培地埂桑近 5000 万株。地埂桑作为一种极具晋城地方特点的桑树栽植方式，对于我国蚕桑产业发展作出了卓越的贡献。

新时代，新气象。改革开放后，在政府的积极推动下，晋城地区桑树栽种更是得到了质的提升。到 2012 年，全市桑园面积达 15.6 万亩，地埂桑稳定在 1500 万株左右，其总量约占全省的 80%，约占华北地区的近 80%。晋城市是华北地区最重要的桑树栽种区。

三、跟着蚕姑学养蚕

北魏孝文帝太和十年（486）四月，建兴郡濩泽县（今阳城县）居民贾自成的家中发生了一件奇事。他的妻子在养蚕时，蚕结出一张丝网，形如幕布，中间挂着一件长四尺、广三寸形似绢带的“卷物”，又得到两枚形似草鞋的黄茧。并州治中张万寿听闻此事后欣然上报，结果被史官记载在了二十四史之一的《魏书》中。

如果说黄帝的妻子嫘祖是中国最早的蚕姑，教会了中国人怎样养蚕，那么毫无疑问晋城养蚕的历史能够延续几千年，正是得益于如贾自成妻子这样无名无姓、辛勤劳作的蚕姑们默默地传承。“男耕女织”是中国传统农业时代最基本的经济形态，晋城的妇女们大多精通养蚕，一度支撑起晋城经济的“半边天”。那么，便让我们从蚕姑的视角出发，看看古代晋城人是怎样养蚕的吧。

可以说晋城每一位优秀的蚕姑都出自“养蚕世家”，个顶个堪称非物质文化遗产传承人。从刚记事的年纪开始，她们便跟随在母亲和祖母身边参加养蚕劳作，耳濡目染之下顺理成章地学会了养蚕技艺。在十二三岁以前，小蚕姑们主要做一些简单的蚕事工作，如摘桑叶、切桑叶、洒桑叶等。大约到了十四五岁，便可以在母亲指导下学习布置蚕室、孵小蚕、搭蚕蔟等。十六七岁议亲出嫁后，她便须迅速成长为一位老练的蚕姑，独立承担起家庭养蚕的重任，举凡养蚕的各个环节皆须亲力亲为。

养蚕作为一种传统技艺，在过去主要采用这种家庭学习模式，学习内容包括养蚕技术、各种蚕俗、祭祀、禁忌等。和现代化养蚕不同，古代人在养蚕所有的环节中都伴随着各种祭祀和禁忌。一位成熟的蚕姑不但要精通养蚕技术，还得对这些风俗、禁忌熟练掌握。蚕姑的学习过程很多都是在风俗活动中完成的。比如：在沁水、阳城一带过去盛行有“送蚕添种”“望夏看蚕”“看蚕结茧”等婚俗。新婚的第一年，娘家人要在养蚕前一两天给闺女送“蚕种”、五谷、蚕鞋、包茧的被单、防蝇的竹帘等；当新媳妇养的蚕老熟上蔟结茧时，婆家人、娘家人要一起邀请“老蚕娘”评点新媳妇的养蚕情况；端午节蚕老麦黄时，公婆要跟随新媳妇回访亲家，共祝双方蚕茧丰收。这些风俗恰似现代教育中的公开教学或家长进校园等活动。在母亲、婆婆、“老蚕娘”等人的指导下，新媳妇很快便能成长为一位合格的蚕姑。

每年春节一过祭祀完蚕神嫘祖，蚕姑们便可以开始张罗养蚕事宜。布置蚕室是一件精细的活计，必须确保蚕室干燥、宽阔、保温、通风、透光。但凡有一项没有做好，便会严重危及蚕种存活或结茧产量。晋城地区气候干燥，住宅多为两层砖砌楼房，墙壁厚达半米有余，南面开窗，保温、通风、透光效果都相对较好。养蚕的家户大多有固定的蚕室，只需稍加清扫便能使用。最需注意的是防范老鼠，稍有疏忽便可能导致一夜之间蒙受重大损失。蚕室清扫完毕后，先熏烟驱赶老鼠，再细细查找鼠洞一一堵塞，其手法与《诗经·豳风·七月》“穹窒熏鼠”大体类似。蚕室内往往存放有许多大缸小瓮，蚕箔放置在高高的缸瓮上，也具有避鼠的效用。养蚕前，蚕姑还需在蚕室内供奉瓷制的蚕猫，或者在墙壁上粘贴五色蚕猫画像，以此镇鼠、驱鼠。养蚕期间蚕房需要处于封闭状态，因此蚕姑在布置蚕室时还会在门帘上缝一块红布，警告来人及时止步。

像贴红布这类禁忌，在蚕室内还有很多。诸如：蚕房内严禁脱衣服，预防蚕不结茧；忌戴草帽，预防蚕脱皮到头部脱不下来；禁止敲击门窗、蚕箔，预防蚕受惊乱跑；禁止哭泣、叫唤、争吵、骂人，预防惊动眠蚕；忌说“四”“死”“姜”“僵”，预防蚕死蚕僵；忌说“葱”“走”，预防冲撞蚕神、带“走”减产；看到蛇莫惊慌禁驱赶，因为蛇能驱鼠，乃是吉兆……蚕姑在很小的年纪便被祖母和母亲反复警告，早已耳熟能详。

蚕室布置完毕后，蚕姑便开始准备各种蚕具。常用的蚕具主要有蚕箔、蚕匙、蚕筷、叶筛、蚕蔟等。蚕箔是蚕宝宝生活的“住所”，有大有小，多为篾制的圆形扁盘。晋城许多蚕户还使用席子代替蚕箔。蚕匙、蚕筷主要用于小蚕期除沙分箔。叶筛是一种有孔的竹篾筛子，用于给小蚕均匀地布叶。蚕蔟一般用松枝、柏枝或谷草把制作，用于供蚕上蔟之用……

形形色色的蚕具还有许多。对于世代养蚕的家户来说，蚕具和农具一样，都是吃饭的家伙，家家户户都有准备，只需在养蚕前做一些修整、补充、清洗、晾晒即可。

时值清明，天气渐渐转暖，桑树已经发芽开叶，又到了孵蚕的好时节。孵蚕前一天，蚕姑须祭祀蚕神，献贡烧香，作揖叩头，虔诚祈祷蚕宝宝顺利孵化、健康成长。第二日一早，蚕姑将早已备好的蚕种取出，开始准备孵化。蚕种准备是一件历时数月烦琐的工作，但很有地方特色。晋城地区由于气候原因，每年仅在春夏两季养一次蚕，家户养夏蚕、秋蚕的比较少。每年夏季，雌雄蚕蛾自由交配后将卵产在蚕帘上，第二春季才要孵化使用，因此需要采取一定的措施确保蚕卵处于滞育状态、顺利地越过寒冬。晋城蚕姑的做法是：夏季时，先将沾满蚕卵的蚕帘纸贴附在水缸的外壁上，几天后再挂到房梁上，以防受热。立冬时，在冷水中浸泡后取出晾干，再贴到水缸外壁或吊到水井深处冷藏。借助水温的辅助，蚕卵顺利地迎来了春天。此时的蚕卵仍然处于滞育状态，个头仅有小米粒大小，呈暗黑色。孵蚕又名催青或暖种。蚕姑将蚕帘纸取出，包好后挂在室内温暖处。随着温度升高，蚕卵的颜色开始变青，渐渐孵化，成为蚁蚕。蚁蚕形似蚂蚁，一般长约 2 毫米，宽约 0.5 毫米，身体呈褐色或赤褐色。

晋城传统养蚕一般为“三眠”。《泽州府志·物产》记载：“蚕养法与南省同，惟初曰毛眠，中曰停眠，终曰大眠，语稍异耳。”蚕卵孵化后，蚕姑会用鸡毛将蚁蚕轻轻扫落，移到桑皮纸上饲养。蚁蚕出生后很快便有了食欲，由于它的身体非常娇嫩，须用叶筛将切碎的嫩桑叶均匀投喂。吃一段时间桑叶后，蚁蚕的身体慢慢变为白色，不吃也不动，开始第一次休眠。第一休眠通称“头眠”，晋城古称为“毛眠”。“毛眠”大约持续一昼夜。蚕醒来后继续吃桑叶，经过几天时间，便开始第二次休眠，晋城古称“停眠”。“停眠”结束后，蚕姑须将其移到蚕箔上饲养，此时的蚕宝宝身体越发粗壮，食量也越来越大。经过一段时间，蚕进入第三次休眠，晋城古称

“大眠”。“大眠”大约持续一到两天。在此期间，蚕姑开始准备祭祀用品，将白面发酵后做成茧状食品“茧窝”。蚕从“大眠”中醒来，第一次投喂桑叶前要举行“投蚕”仪式，用“茧窝”祭祀蚕神。三眠后的蚕宝宝食量大增，日夜不停地进食桑叶。蚕姑变得越发忙碌，夜里须多次起身投喂。连吃七八天后，蚕体变得晶莹剔透，开始不食也不眠。蚕姑将早已准备好的蚕蔟取出，预备熟蚕上蔟。

将熟蚕移到蚕蔟上，让其吐丝结茧的过程，即为上蔟。蚕在蚕蔟上大约 10 天，吐出或黄或白的丝线将自己包裹住，变成蚕茧。上蔟期间，蚕姑须再次祭祀蚕神，感谢蚕神的保佑并祈祷蚕茧丰收。过去，晋城地区养蚕主要用的是本地的土蚕种，结出的蚕茧形状并不固定，大多呈椭圆形，圆形的也有不少。蚕茧主要有黄色和白色两种，黄色品种又有浅黄和深黄的分别，三种都是平均每斤大约 320 个。茧肉很薄，与现代化养蚕相比，抽丝量并不多。

缫　丝

蚕结茧后即告丰收。此时摆在蚕姑面前的共有三种选择，一是直接出售蚕茧，二是自行缫丝出售生丝，三是缫丝后自行将生丝织成绸缎。明清时期，泽路地区作为北方唯一的织造中心，其生产已形成细致分工。每逢蚕茧收获时节，都有专业商贩上门收购蚕茧。因此蚕户大多直接将蚕茧直接出售获利，也有少数户口自行缫丝出售生丝。出售蚕茧也有一些讲究，在过秤时蚕姑总是念念有词，“大蚕姑、二蚕姑、三蚕姑快来拽秤啊”，边念边将一块红布盖在茧上面，并压两小块炭、放几片桑叶，据说寓意蚕老叶不尽，来年大丰收。民国六年（1917），日本东亚同文会曾对晋城地区养蚕进行过一次详细调查。《中国省别全志·山西卷》记载：“对养蚕业最发达的沁水及高平两县养蚕户所作的调查表明，每户副业养蚕，产茧五六十斤至二百斤左右。”当时，上等蚕茧每斤售价大约 320 文。若以此价售茧，蚕户售茧每年大约可获利 16000 文至 64000 文。

明清时期，泽州蚕丝极为知名，有“茧丝之利十倍杂粮”的说法。因此在蚕茧收获后，许多蚕姑会不辞辛苦自行缫丝出售生丝，这样的获利更加丰厚。传统手工缫丝通常先将蚕茧浸泡在热水中，等蚕茧软化再手工抽丝，卷绕到丝筐上。晋城地区古代缫丝有专门的讲究：一般用青石凿成特制的容器，以确保水温持久均匀。使用无烟木炭或石炭加热山泉水，以确保茧丝不被烟熏。据记载，1927 年阳城县出售黄丝 44635 斤，价值 130937 元，每斤价值 2.9 元。

《阳城县乡土志》记载“春蚕则无家不饲”，反映了明清至民国时期晋城地区“家家养蚕，户户缫丝”的情景。蚕姑辛苦劳作养蚕售茧、缫丝卖丝，其收入与耕作一般，也不过大体可贴补家用。北宋时，诗人张俞感慨：“遍身罗绮者，不是养蚕人。”古代时又有几个养蚕人能穿得起罗绮?!清朝顺治年间，高平名士赵介曾写有《感蚕》一诗，怜悯蚕户养蚕之不易。诗曰：“未茧先蚕供三眠，未锦先丝机杼艰。既成罗绮官责贡，用之或即等蒯菅。吁嗟蒯菅之罗绮，丝丝抽自百沸镬汤里，再欲抽时蚕已死。”

跟着蚕姑学养蚕，看的是晋城古代养蚕技艺和文化，更应见养蚕人之不易！

四、朱樟《论蚕桑事》与《论养蚕法》

谈到晋城古代蚕桑生产，有一个人物不可不提，他便是清代泽州知府朱樟。朱樟于雍正十二年（1734）至乾隆六年（1741）任泽州知府，劝课农桑颇有政绩，编撰有《论蚕桑事》与《论养蚕法》。这两篇文章是晋城古代历史上少有的蚕桑类专著，对于研究清代时期晋城地区蚕桑生产技术具有一定的价值。

朱樟，字亦纯，又字鹿田，号慕巢，浙江钱塘（今杭州）人。他年少时师从文学家毛奇龄，颇擅诗文，是清代中期小有名气的诗人。雍正十二年春，朱樟以工部屯田司员外郎命赴泽州上任，次年主持纂修完成《泽州府志》。在泽州期间，朱樟时常下乡考察，与士大夫谈论农桑，对本地风土人情、农业生产等知之甚详。可能因为故乡钱塘是清代中国蚕桑业最发达的地区，也可能因为刚刚卸任屯田司员外郎，朱樟对于泽州蚕桑生产非常关注。泽州风俗，元旦节家家户户要早起闹正火，焚烧桑柴。朱樟叹息说“桑为饲蚕之树，取而薪之，旦旦而伐，其何以继乎”，认为举行“焚桑”仪式不利于蚕桑生产，是一种“敝俗”。他写诗感慨“……维桑合恭敬，楼叶青如槃。懿筐主蚕职，岂忍戕斧残。此乡尚茧丝，能毋发永叹！俗薄宜改而，喜气生门阑”，并将诗文公示在衙门口，希望能够劝喻百姓、移风易俗。其行为虽有些书生意气、一厢情愿，从中却可见朱樟的一片拳拳之情。

正是因为对泽州蚕桑业发展寄托有很大的期望，朱樟撰写完成了《论蚕桑事》与《论养蚕法》两篇文章。文章最早见于《泽州府志·艺文志·杂志》，标注出处为《冬秀亭杂记》。据《四库全书总目提要》记载，朱樟著有《冬秀亭集》四卷，为“官泽州时作也”，《冬秀亭杂记》即出于此书。之所以用“冬秀亭”命名，与泽州关系紧密。《泽州府志》记载，朱樟任官期间，非常喜爱泽州府衙旁的3棵松树，因此在松树间兴建冬秀亭。《冬秀亭集》主要收录朱樟任泽州知府期间创作的诗文，《论蚕桑事》与《论养蚕法》即其中非常有价值的两篇。

两文合计共2600余字，较为系统地介绍了种桑、养蚕的各种技术，对于当时泽州蚕桑生产颇有裨益。文章共引述蚕桑类典籍10余种，包括《齐民要术》《农政全书》《农桑要旨》《士农必用》《务本新书》《士农必用》《博闻录》《芳谱》《杂五行书》《农桑通诀》《农桑辑要》《韩氏直说》《蚕经》《王祯农书》等，内容看似驳杂，却自有体例。朱樟引述经典并非无的放矢、罗列一气，而是每篇文章皆有一个明确的中心，主要围绕泽州种桑、养蚕存在的不足，重点介绍江南先进的技术，以作补救。在《论蚕桑事》一文结尾，朱樟说：“泽州蚕丝之利甲于他郡，因编集种桑之法以示邦人。”可见朱樟撰文的初衷，旨在引进推广江南先进的蚕桑技术，进一步增益“泽州蚕丝之利”。

《论蚕桑事》全文共1200余字，是朱樟与阳城士绅田嘉谷围绕种桑这一话题，交流后撰写而成。田嘉谷，字树滋，康熙五十一年（1712）进士，曾官任翰林院编修、云南道监察御史，著有《易说》《春秋说》等。朱樟主持纂修《泽州府志》，曾聘请田嘉谷担任“补辑”，因此两人有充足的时间谈论怎样种桑。

《论蚕桑事》全文围绕“怎样培养桑本”这一中心展开。在文章开篇，朱樟首先对苏杭茧丝与泽州茧丝的品质进行了比较。苏杭茧丝品质优良，“头蚕丝坚韧，中纱罗，用二蚕丝，光采夺目，织绫尤宜。”泽州茧丝品质稍逊，“茧丝过粗，上机组纴，每多纰纇”。朱樟认为，泽州茧丝比苏杭茧丝品质差，根本原因在于“不讲培养桑本之故也”。于是，他详细比较了苏杭与泽州在栽种桑树时做法的差异：吴中苏杭等郡栽种桑树时极为重视桑种培养，嫁接技术非常成熟；而“泽郡桑多不接，生崖磡路傍，不加灌溉，土不肥润，任其荒燥，每见叶多筋丝”。

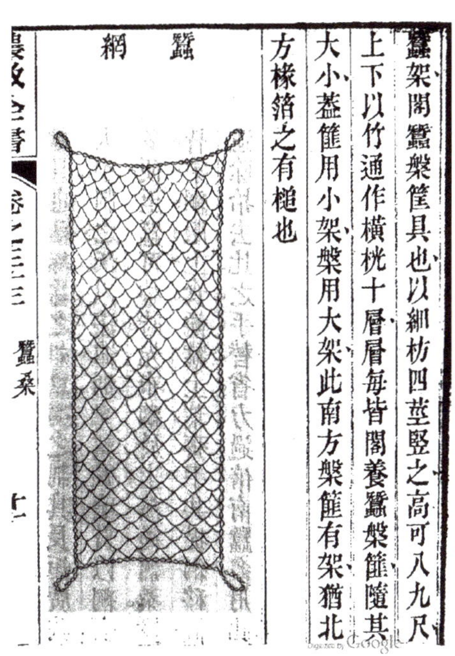
蠶網

蠶架閣蠶槃筐具也以細枋四莖豎之高可八九尺上下以竹通作橫桄十層層每皆閣養蠶槃筐隨其大小蓋筐用小架槃用大架此南方槃筐有架猶北方椽箔之有槌也

《博闻录》养蚕记载

找到原因后，朱樟这才引经据典谈论怎样“培养桑本”，用以补救泽州蚕桑技术的不足，内容涉及：鲁桑、荆桑等桑种介绍；什么土壤适宜种什么桑；怎么料理桑田；培桑、种桑的时序要求；都有哪些桑树嫁接技术；什么是“压条法”；怎样修剪桑树等。朱樟对种桑技术的介绍极有条理，可谓不厌其烦、面面俱到，并且非常符合泽州地区的实情。比如：文章最后引用《博闻录》《芳谱》重点介绍了怎样用柘叶养蚕缫丝和“采桑法”。之所以这样介绍，是因为当时在泽州地区柘树非常多，但百姓并不怎么重视用柘叶养蚕缫丝，而采集桑叶时又极为随意，常常伤害到桑树的生长。可见，朱樟行文乃是有的放矢，针对性非常强。

《论养蚕法》全文 1400 字左右，是朱樟与泽州乡绅孔兴钧围绕养蚕这一话题，交流后撰写而成。孔兴钧，字协中，为康熙四十四年（1705）武解元，为人坦直，遇事敢任，有干济才，并且颇为擅长文章。朱樟主持纂修《泽州府志》时，孔兴钧多有参与，曾“使人广为采访，助成其书”。因此这才有了两人在“志局”谈论养蚕这件事。

《论养蚕法》内容虽然涉及养蚕的各个方面，重点则围绕怎样解决“蚕室不密，蚕受风伤”这一中心展开。朱樟注意到，泽州养蚕常常发生“吐丝不成，临熟每多僵殒”这一现象。他认为，这是因为泽州地区气候偏冷，蚕室又密封不严，导致蚕受了“风伤”，而“蚕不宜风”。找到原因后，朱樟开始引经据典介绍怎样布置蚕室、防御蚕生病。蚕室密闭、保温的方法包括：1. 每年二月，用泥巴密封蚕室四角的缝隙；2. 蚕室开窗处糊纸密封，纸要糊厚；3. 在蚕室四角生火，保持冷热均匀；4. 蚕室生火取暖不能有烟，宜用牛粪，要“约量顿火”；5. 可根据体感温度，适时添火、去火；6. 蚕将上蔟时可先在地上生火去除地面湿气，再除扫灰净布置蚕蔟；7. 天气炎热时，在门口放置水瓮降温等。预防蚕生病的事项也很多，包括：1. 蚕小时不能吃冷桑叶，要将桑叶变暖然后切喂；2. 蚕起眠时不可食用湿桑叶，应早备好桑叶，预防霖雨失饥；3. 可根据蚕沙状况判断蚕的健康；4. 要及时清理蚕沙，避免堆积等。除此外，《论养蚕法》还详细介绍了蚕的习性、蚕生长各个阶段的注意事项以及各种禁忌等。

《论蚕桑事》与《论养蚕法》文章虽然不长，内容却极为详细，涉及种桑、养蚕的方方面面。更难能可贵的是，朱樟根据泽州种桑养蚕存在的问题对症下药，介绍的技术极有实用价值。此文章在雍正十三年（1735）被编入《泽州府志》，在晋城流传广为流传，已有200余年，对于推动晋城地区蚕桑业发展有一定的贡献。

附：朱樟《论蚕桑事》

往与阳城田侍御树滋论蚕桑事，谈及吴中苏杭等郡倚蚕为春收，栽桑之法与山右不同。南桑先下子压条，少长接枝，其叶厚而大。其不接者名野桑，饲蚕不宜。或值叶多蚕少之年，其头叶须尽将去，令长二叶以饲。原蚕（即二蚕，一名秋蚕。）不食头叶，是以蚕家科桑，不令头叶长过夏秋也。头蚕丝坚韧，中纱罗，用二蚕丝，光采夺目，织绫尤宜。泽郡桑多不接，生崖磡路傍，不加灌溉，土不肥润，任其荒燥，每见叶多筋丝。茧丝过粗，上机组纴，每多纰纇，皆不讲培养桑本之故也。

考《农政全书》云:“桑种甚多。唯鲁桑少椹，叶圆厚而多津。其边有瓣者，荆桑也，当以鲁桑条接之。”《齐民要术》云:“凡耕桑田，不用近树。其犁不著处，斸断令起，斫去浮根，以蚕矢粪之，王桢曰剶(音川，去木枝也)桑。十二月为上时，正月次之，二月为下。盖桑多宜苦斫，桑少宜省剶。”《农桑要旨》云:“平原土肥，荆桑、鲁桑种种俱可。若山陵土脉赤硬，止宜荆桑。”《士农必用》云:“培桑最宜春分前后十日，及十月并为上时，宜栽培以养元气。”钟化民曰:“种桑（用鲁桑子下种。）在正二月，至八月亦可种，根要埋直，泥要挨紧，以水粪浇灌，方有生意。”黄省曾曰:“凡桑本绉皮者，叶小而薄，白皮而节疏。芽大者为柿叶桑，叶大而厚，茧坚而多丝。高而皮白者宜山冈之地，墙隅篱畔，迩于灶屋尤宜。”又曰:“艺桑之园不可艺杨，多杨甲之虫，宜勤捕之。接桑之法有插接、有劈接、有压接、有搭接、有换接。”《务本新书》曰:“桑闻铁腥则枝干愈旺。迤南地分十月埋栽，河朔地寒故宜秋栽，以霖雨为上时。”又曰:“压条法，寒食之后将二年之上桑，全树以兜橛袪定，掘地成渠，条上已成小枝者出露土上，其余条树以土全覆之。树根周围拨作土盆，旱宜浇灌。如无元树，止就桑下脚窠依土掘渠埋压，六月不宜全压。”《士农必用》云:“桑可科去者有四：一沥水条，（向下垂者。）一刺身条，（向里生者。）一骈指条，（相并生者，先去其一。）一冗脞条。（虽顺生却繁。）斫树以腊月为上，正月次之。接换之妙在时之融和，手之审密，封系之固，拥包之厚，使不至疏浅而寒凝也。”元扈先生曰:“接桑必待月暗，自下弦至上弦皆可，晦日尤妙。自上弦至下弦皆忌，望日尤险。接须老树肌肉与接头肌肉相对著，用新牛粪和土成泥封泥，其接头周围用桑皮缚缠牢固，又用牛粪土泥封所缚桑皮，然后用湿土封堆接头上，可厚五寸，周围荆棘遮护。接大桑宜劈接、插接，小桑宜搭接、压接。”《博闻录》云:“柘叶丛生，干直叶厚，春蚕食之，其丝以冷水缫，谓之冷水丝。柘蚕先出、先起、先茧。柘叶隔年不采者，春再生，必毒蚕。如不采，夏月必要打落，方无毒。知此则桑必去隔年叶，即其义也。”《芳谱》“采桑法：高树用梯摘，不伤枝。远出强枝，当用斧，转腕回刃，向上斫之。枝查既顺，津脉不出，叶必复茂。谚曰：‘斧头自有一倍叶’，此善用斧之效也。柔桑不用梯，须制桑几如高凳，下列二桄登陟，斯易便摘叶而不伤树。又粪桑宜蚕矢根下埋，龟甲则不灶，不生黄衣。”泽州蚕丝之利甲于他郡，因编集种桑之法以示邦人。他日桑田春茂，行南陌者幸毋忘使君也！（《冬秀亭杂记》）

附：朱樟《论养蚕法》

往在志局，与孔孝廉协中论养蚕法：吴中于清明后浴纸饲蚕。西北高寒，每在谷雨后。蚕不宜风，北地山高，其饲蚕法虽与南大同小异，唯蚕室不密，蚕受风伤，吐丝不成，临熟每多僵殒者。

按《杂五行书》云：“二月上壬，取土泥屋四角，宜蚕。”《齐民要术》云：“屋欲四面开窗，纸糊厚为篱。屋内四角著火，火若在一处则冷热不均。调火令冷势得所，热则焦燥，冷则长迟。蚕小时采桑著怀中，令暖然后切喂，以得人体则众恶除。每饲蚕则卷窗帏，饲讫即下，蚕见明则食也。老时值雨则坏茧，宜于屋内安簇，（簇，蚕具。吴中谓之上山。）薄布薪于箔上。散蚕讫，又薄以薪覆之，一槌得安十箔。薪下微生炭火，得暖则作速，伤寒则作迟，薪用蓬蒿，取其凉，无郁浥之忧；死蚕旋堕，无污茧之患；沙熇不住，无瘢痕之疵。郁浥则难练茧，污则丝散，瘢痕则无用。其外簇者，晚遇天寒，则全不作茧。用火易练而丝明，日曝死者虽白而漕脆。”《农桑通诀》曰：“蚕起眠时，叶不可带雨露，为风日所干及浥臭者，令蚕生病。常收叶以备，霖雨则不食湿叶，亦不失饥。蚕忌冷，蚕母着衣，自觉身寒则蚕必寒，便添火；自觉身热蚕亦必热，约量去火。天气晴明，暂揭帘荐以通风口。南风则卷北窗，北风则卷南窗，则不伤蚕。大眠起后，剪开纸窗透风日。天气炎热，门口置瓮添新水以生凉气；如遇风雨夜凉，帘荐放下。蚕沙失分则稠叠，失抬则蒸湿，柔软之物易于损伤生疾也。南蚕皆四眠，北蚕多三眠。候十蚕九老，方可上蔟。北方蚕多露簇，多压损壅闷，唯宜内置蚕蔟，用以木架，平铺蒿梢，布蚕于上，席箔围护为良。”元孟祺《农桑辑要》谓：“蚕性在连（在纸上。）则宜极寒，成蚁则宜极暖，停眠起宜温，大眠后宜凉，临老宜渐暖，入簇宜极暖。”黄省曾曰：“蚕性喜静恶喧，喜暖恶湿。室静可避人声喧闹，室密可避南风袭吹，室板可避地气蒸郁。”《务本新书》云：“冬日宜收牛粪堆聚，春暖踏成墼子晒干苫起，烟时其气宜蚕。”《齐民要术》云：“蚕室四面开窗，纸糊为篱，收拾火气。蚕小时以牛粪烧，令无烟，约量顿火。(近二眠而止。）若寒热不均，则眠起不齐。若烧柴薪，则烟气薰蒸太甚。”《务本新书》云：“蚕必昼夜饲，顿数多者蚕必速老，少者迟老。二十五日老一箔，可得丝二十五两。二十八日老，得丝二十两。若月余四十日老一箔，止得丝十余两。”又云：“抬蚕要疾，沙宜频除，久而发热，热气薰蒸后多白僵。如遇贼风后多红僵。”黄省曾云：“蚕不可受油镬气，不可受煤气，不可焚香，不可佩香，犯则焦黄而死。不可入生人，犯则游走而不安箔。蚕室不可食姜及蚕豆。蚕妇之手不可撷苦荬，犯之蚕必青烂。食苦荬者不可入蚕室。”

《韩氏直说》：“蚕有八宜：方眠宜暗，眠起后宜明，蚕小向眠时宜暖宜暗，蚕大并起时宜明宜凉，向食时宜有风，（避近风，窗开，下风窗。）宜加叶紧饲，新起时怕风宜薄叶慢饲，蚕之所宜不可不知。”《务本新书》：“蚕忌：忌食湿叶，忌食热叶，蚕之初生忌屋内扫尘，忌煎煿鱼肉，忌烟火纸房内吹灭，忌侧近舂捣，忌敲击门窗、灶箔有声之物，忌哭泣叫唤，忌秽语淫辞，忌灯火光夜照窗孔，忌未满月产母，蚕母忌换颜色衣服，洗手洁净，忌带酒入饲蚕抬解，忌烟薰，忌放刀灶上箔上，忌热汤泼灰，忌衣孝人入家，忌烧皮毛乱发，忌酒醋五辛麝香等，忌当日迎风窗，忌西照日，忌热著猛风暴寒，忌正寒陡令过热，忌不洁净人，忌蚕室近粪秽。蚕欲老可蔟，地盘烧令极干，除扫灰净，于上置簇。此北方之法，因与孝廉闲话，拯取各条，备书如左。”

五、桑树浑身都是宝

在晋城某闹市广场，说书艺人左手持云板右手击鼓，正在说唱阳城鼓书《包公夸桑》。但见他开口唱道：“你只知金花银花用处大，听我把桑花夸一夸。桑皮造纸文官用，桑木屈弓武将拉，桑葚造酒甜如蜜，蚕吃桑叶吐黄纱……包大人一旁刚说罢，在一旁喜坏了帝王家。”艺人唱罢一段，围观听众忍不住鼓掌叫好。

话说艺人说唱的这首《包公夸桑》，在晋城地区已经流传了几百年，除阳城鼓书外，还见于沁水鼓书等曲艺。各地唱词上虽略有不同，大体都是借包公之口夸赞桑树的好处，鼓励百姓多种桑。

桑树浑身都是宝，并非虚夸！

便说桑叶，除主要用于养蚕外，还是一种上好的食品、饮品和药品。桑叶用于烹饪，既可以凉拌、煮汤、煮粥、做饺子，还可以油炸。

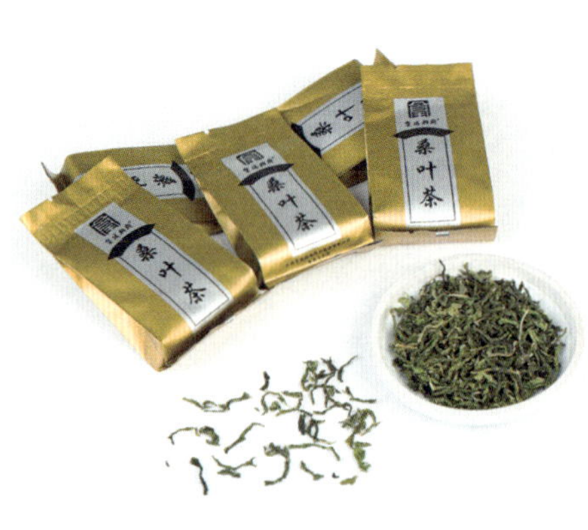

桑叶茶

将面粉、玉米淀粉、鸡蛋加上五香粉调和成面糊，在桑叶两面均匀地刷上一层，放入油锅去炸，便能做成美食桑叶脆片酥。桑叶脆片酥又名桑叶脆或桑叶酥，是许多高档宾馆的特色菜品。桑叶经过油炸后，变得酥脆可口，又给人一种清新、健康的感觉，极受食客欢迎。桑叶用于饮用，最著名的莫过于桑叶茶。桑叶茶经开水一泡，清澈明亮、清香爽口，据说还有养生保健、延年益寿的功效。至于入药，桑叶更是上品。在《本草纲目》等医药典籍中，关于桑叶的药用记载很多。比如：用桑叶煎饮代茶，可“除水肿，利大小肠”；将桑叶碾成末儿，用纸卷好熏烟，可以治疗“赤目涩疼”；将桑叶、木瓜、大枣熬煮，可以治疗“脐下绞痛”；将桑叶、槐叶、炙甘草水煎，则可治疗“霍乱烦闷”……真是一叶百用，妙处无穷！

但若论入药，桑叶却不及桑根。桑树的根部出产一种重要的中草药，即桑白皮。桑白皮，又名桑根白皮、桑根皮、白桑皮，具有泻肺平喘、利水消肿的功效。《本草纲目》记载：“桑白皮，泻肺，利大小肠，降气散血。”又云：“桑白皮长于利小水，乃实则泻其子也，故肺中有水气及肺火有余者宜之。”用桑白皮可以制作许多中成药剂，常见的有泻白散、二母宁嗽丸、川贝止咳露、小儿百部止咳糖浆、枇杷止咳软胶囊等。值得注意的是，桑树根并不能直接入药，还须经过拣选、剥皮、晒干等多种程序才能炮制成桑白皮。过去，晋城地区有许多贫苦百姓大量挖掘桑根炮制桑白皮，由此威胁到蚕桑生产，曾遭到官府和村社禁止。如：清道光二十四年（1844）高平常乐村《永禁桑羊碑》等社规，便明令禁止挖掘桑根。

与桑根相比，桑木的用处更加广泛。桑树的木材细密，具有强度高、弹性好、光泽强、可塑性大、无异味等优点，常用于制作犁、耧、杈、升、斗、合、扁担等农具。在晋城方言中，“桑”与“生”发音相近，有萌发生长的寓意。人们认为，桑木制作的犁，可以犁得更深，有利于庄稼生长；桑木制作的耧，播下的种子发芽率高、生长更快；桑木制作的木杈，有助于谷物丰收，挑起来更加轻便、省心；桑木制作的斗、升、合等量器，盛放的粮食更多、更饱满。至于制作扁担，要求木质必须弹性好，更是偏好桑木，有“柳木案板柏木椽，桑木扁担用万年”的说法。

桑木的木质弹性好，还常用于制作弓箭。在中国古代兵器史上，桑木弓赫赫有名。据《史记·周本纪》记载，西周末年流传有“月将升，日将没，檿弧箕服，实亡周国”的儿歌，预兆着西周王朝将要灭亡。所谓“檿弧箕服”，指的便是用山桑木制成的弓（檿弧）和箕木制成的箭袋（箕服）。《说文解字》注解：“檿，山桑有點文者。”《周礼·考工记》记载：“弓人取榦之道，柘为上，檿桑次之。”由此可见，早在西周之前，人们已经广泛使用桑木制做弓箭。这种工艺一直流传下来，在后世有广泛的使用。比如：明代著名的筋角木复合弓，先使用桑木制作弓胎，再配以牛筋、盘羊角等制作而成。在《天工开物·佳兵·弧矢》中，便多次谈到桑木制弓的妙用。

除农具和弓箭外，桑木还可用于制作棋盘。在高平市北有一座山脉名叫丹朱岭，明万历《泽州志》认为“以尧封长子丹朱得名”。传说，尧的长子丹朱生性顽劣，自幼不务正业，专好游玩。尧为了教育他，发明了围棋，便使用文桑木制作棋盘。这一传说在丹水流域流传很广，追溯起源大约在先秦时期已经出现。先秦古籍《世本》记载：“尧造围棋，丹朱善之。”晋朝《博物志》曰：“尧造围棋，以教子丹朱。”做棋盘为什么要使用文桑木呢？大概和使用桑木制作家具原因相类吧？桑木木质细密、强度高、光泽强，打制好的家具不但非常耐用，抛光后有美丽的光泽，还宜于雕刻花纹。所谓“文桑木”，即有花纹的桑木。据说尧发明的围棋不但使用文桑木做棋盘，还有用犀牛角和象牙制作的棋子。知子莫若父，尧帝深知丹朱的本性，如此做法正是寓教于乐、循循善诱。

可惜的是，晋城人并不爱使用桑木制作家具。不但不爱，还极其厌恶。晋城人认为“桑”与“丧”谐音，寓意着不吉祥。因此，不但不使用桑木制作家具、修建房屋，而且连在门前、坟墓等处也不能栽种桑树。既然桑木晦气，那么便把它一把火焚烧了吧！由此，晋城地区演变出了“焚桑”的习俗。《泽州府志》记载：“元旦，长幼夙兴焚桑，名曰‘正火’。设牲醴粄祀神、祭先、拜尊长，戚里相福，饮食宴会，数日始定。”过年“焚桑”是一种极为隆重、很有年味儿的庆祝仪式，在晋城各地都非常盛行。比如在阳城一带，称“焚桑”为“烧桑柴”。在大年三十前，人们便需早早地将桑树的枯枝干木收集回来，称为“打年柴”；三十下午将桑木堆在院子中架成一座小山，称为“架年柴”。大年初一五更时分，随着新年的鞭炮声响起，将年柴点燃，正火熊熊燃烧，寓意着新的一年消灾解难、除旧布新、日子越过越红火。

当然，民间习俗总是充满了矛盾！因为正月“焚桑”寓意着吉庆，人们又想当然地认为桑木具有辟邪的效用。在传统仪式中，桑木弓、桑木剑都是厉害的法器，不但能辟邪，还可驱鬼、化煞。关于桑木弓，晋城地区还广泛流传有“桑木弓斩杀九头雉鸡精”的故事。传说，商纣王的宠妃苏妲己是一只九尾狐狸精，平生最惧怕桃木剑，而妲己的妹妹是一只九头雉鸡精，则死于桑木弓下。除此外，扫帚也是一件极厉害的法器。过去，晋城地区盛行“缚扫帚”，野外山坡闲地种植有许多扫帚苗。要将长成的扫帚苗缚好，柔韧的桑条便是必不可少的器具。在实用价值之外，用桑条缚好的扫帚自然而然带有桑木辟邪除祟的效力，其法力似乎得到了一种上乘加持。

说罢桑木，下面再说一说桑皮。桑皮是一种优质的纤维材料，过去常用于制作桑皮纸。桑皮纸，俗称绵纸，具有柔软、防虫、拉力强、不褪色、吸水力强等优点，常用于毛笔书写、书画装裱、糊窗户、制伞、制鞭炮等。唐宋时期，桑皮纸已经广泛用于书画用纸。唐代韩滉的《五牛图》是我国现存最早的纸上绘画作品，据说其纸张便是由五块桑皮纸粘连而成。1908 年英国人斯坦因还曾在唐代寺庙中发现过桑皮纸制作的账本。故宫博物院收藏的苏轼《三马图赞》，也是用桑皮纸绘制而成。这些作品历千年而风采依然，可见桑皮纸在毛笔书画方面的好处。

过去，晋城各地皆出产桑皮纸，历史非常久远。《泽州府志·物产》《凤台县志·物产》都记载：“货之属”有“桑皮纸”。清代时，泽州城西北部伊侯山附近曾是晋城地区著名的桑皮纸生产区。《凤台县志》记载：

“（白水）源出县西北二十里伊侯山下……南下迤东南流，俗呼曰桑皮河。两岸村人，造纸为主，用沤桑苧，以此得名。”大约在明清时期，白水河上游西上庄一带的居民已夹河建厂，生产桑皮纸。伊侯山下原有“桑林”古迹，所谓“明道遗书云‘泽州北望有桑林’”即此。据说，因为桑皮纸生产，“桑林”古迹内生存了上千年的老桑树被砍伐一空，白水河也遭到了严重污染。

除桑皮河外，泽州县犁川镇、阳城县下孔村、高平县永录村、陵川县吕家河、寺河、吴水等地都曾是晋城地区重要的桑皮纸生产区。《民国山西实业志》记载：“阳城、晋城、陵川、高平等四县，县境毗连，居晋省之东南陲，与河南省接壤，为晋省出产桑皮纸之区域。现时漕户集中地点，阳城县在二区之下孔村，计八十余家，工人二百六十名，晋城县在第三区之犁川镇、造纸寨、第一区之西上庄等处，计十三家，工人六十名，陵川县在第二区之吕家河村，计十一家，工人五十五名，高平县在永录村，计五家，工人十七名。”几处生产桑皮纸的村落合计共有造纸作坊 110 余家，工人 392 名。当时，阳城县年产桑皮纸 126000 刀，总产值 18900 元，陵川县年产 21600 刀，总产值 2432 元，高平县年产 2500 刀，总产值 450 元。可见，民国时期尽管时局动荡、手工造纸受到机器造纸的

高平县“永录纸”生产流程图

严重冲击，晋城地区的桑皮纸手工生产仍颇具规模。

在桑树材料利用中，桑皮纸是除养蚕织稠外最有影响的一项。主要原因在于，桑皮纸生产在古代属于深加工，其工艺流程具有一定的技术性，附加产值也更可观。以高平县“永录纸”为例，其生产工序多达 70 多道，主要包括：剥皮、出青、晒干、水蒸、踏皮、抖壳、浆漂、洗晒、煮皮、洗清、初选、过滤、水漂、挤压、中选、打皮、精选、袋料、揉料、入笪下槽、划槽、加汁、搅拌、抄纸、榨干、烤晒、切纸、打包等。造纸材料只使用桑树躯干中部的皮，以每年惊蛰后清明前采剥最佳。明清至民国时期，永录河沿岸村落大多从事桑皮纸生产。据说，“参加造纸的全、半、辅助劳动力占到这些村的总劳力的三分之一”“造纸收入占工农业总产值的 30%”。工人们每天早晨沿墙贴晒桑皮纸，劳动非常繁重。故而，当地流传有“有女不嫁永录村，每日起来站墙根”的谚语。

对于小孩子来说，桑树这一身“宝”中最诱人的莫过于桑葚了。每年刚入夏，桑树上繁星点点，开始结出或青、或黄、或红、或紫的桑葚果实来。桑树挂果期长达 1 个多月，从四月到六月人们可以美美地享用甘甜的桑葚。过去，晋城本地传统水果主要有柿子、山楂、红果、酸枣、软枣等，桑葚作为少有的浆果，甘甜可口，尤其受孩子们喜爱。《本草纲目》记载：“桑葚又名文武实，单食，止消渴。利五脏关节，通血气。久服不饥，安魂镇神，令人聪明，变白不老。多收曝干为末，蜜丸日服。捣汁饮，解中酒毒。酿酒服，利水气消肿。”因为具有广泛的药用价值，成年人也非常钟情桑葚。尤其是桑葚酒，酿造历史久远，至今仍是晋城地区重要的土特产。

正如鼓书《包公夸桑》所述，桑叶、桑根、桑木、桑皮、桑葚皆有说不尽的价值。桑树浑身都是宝！你若不信，尝一尝晋城产的桑葚酒，嚼一嚼酥脆可口的桑叶脆，参加一场“焚桑”正火秀，再买一床华贵的吉利尔潞绸婚被……

六、“儿归”声中话绩麻

每年暮春三月，当儿归鸟掠过天空，发出“儿归”“儿归”的啼叫声时，晋城老农便开始种麻。

但见开好垄沟的老农，左手端着麻籽，右手不停地抓取，手腕轻摇间麻籽均匀地撒在垄沟中。据说，每平方尺的土地以撒 30 粒左右的麻籽为最佳，撒少了将导致减产，多了又会给间苗带来麻烦，是否恰到好处全在老农手指头抖动的瞬间。显然，经过千百年传承，晋城老农熟练地掌握了种麻的技艺，不一会儿便全部完成播种。老农挥动锄头回土覆盖，垄沟变为垄背，经过一番压耱又具有了保墒提温的作用。老农扶着锄头立在田边，似乎已经看到麻籽破土而出的景象。

儿归鸟振翅而起，将我们的视野带向更广袤的麻田，在那里人们使用更先进的方式进行种麻。比如 1958 年中华人民共和国农业部组织编著的《农具图谱》便记载了多种陵川人种麻的工具。如“陵川高边种大麻器”，在一根木棍的一头安装一个小种子箱，箱内设置种子量调节板，箱下安装圆锥形开沟器，便能轻松地在山区梯田或复杂的多边形地块播种大麻。又如“陵川单脚种麻楼”，在“高边种大麻器”基础上加设一个手柄，便能一个人独立操作，在山区小块田地中完成种麻作业。又如“陵川二脚耧”只需在三脚耧基础上做些改造，将中间的耧脚锯掉，便能适应种麻中的宽行作业。陵川人根据不同的播种环境创造了各种不同的播种工具，表明当地种麻产业已经具备专业化种植的趋向。

儿归鸟飞倦了，落在塄边的树枝上，仍在声声啼叫。它的叫声婉转动人，充满了故事。传说，有一位后母想要陷害前妻之子，命两个儿子前去种麻，相约出苗后才得归家。亲生子误拿了炒熟的麻籽，饿死地中，其母悲愤而死，化为儿归鸟。远在北宋时期，苏轼的好友孔武仲（1042—

1097）便写到这种鸟。其诗《儿归行》序言道："泽州山中暮春之月有鸟啼曰'儿归'者，其声甚哀……今乡人以为种麻之时候。"又云："年年三月种麻时，此声烦且悲。"金代状元李俊民的《儿来》诗则借咏赞儿归鸟抒发对战乱的悲悯之情。明代吏部左侍郎田懋也写有《咏儿归鸟》，诗曰："熟种何由种得成，儿归空自了残生。只今也悔当年错，肠断西风夜半鸣。"晋城人又将儿归鸟叫作错错鸟、错多鸟，有儿歌道："错多错多，我儿错多。娘炒麻籽谁见来?!"

儿归鸟的故事历经宋金明清流传不息，折射的是晋城悠久的种麻、绩麻历史。晋城地区种麻大约始于神农时期。传说，神农炎帝遍尝百草，终于选出麻、黍、稷、麦、菽作为"五谷"供人耕种。北宋诗人范成大《夏日田园杂兴》曰："昼出耘田夜绩麻。""耘田"即耕地，通过播种黍、稷、麦、菽解决吃饭问题；"绩麻"则是通过纺麻织布解决穿衣问题。麻，与丝绸、棉花一样，是一种重要的纺织原料。自上古以来，中国人的衣服材料便主要以丝和麻为主，富人着丝，贫民穿麻。宋元之后，棉花种植得到推广，用棉纺线织布才逐渐取代麻。

麻，品种繁多，适用于纺线织布的主要有大麻、苎麻、葛麻、黄麻和苘麻。晋城地区主要种植大麻。大麻又名火麻、疏麻、白麻，晋城人则通称为线麻。这是一种一年生草本植物，雌雄异株，雄株古称为"枲"，雌株为"苴"，种植历史极为久远。大麻富含植物纤维，韧性好、产量高，刈割后经过沤制，可用于纺线织布。

远在秦汉时期，上党地区便已经盛行种麻、绩麻，出产的麻布有"国纺源头，万年衣祖"之称。西晋时期，上党出产的麻色白、质软、皮薄、条长，因品质优良成为贡品，按律每年需进贡"上麻二十二斤，下麻三十六斤"。唐代时，上党地区种麻面积进一步扩大，是我国主要线麻产地之一，被称为"麻乡"，所产的麻统称为"潞麻"，行销四海。《唐六典》记载，当时全国生产赀布（麻织品）的重点产地二十八州，泽州为其中之一。开元二十五年（737），朝廷下诏从十八州征调麻布，其中便有泽州。宋金元时期，晋城地区仍然是麻布的主要产区之一。宋末元初政治家郝经在《罪言书》中记载“地宜麻，专纺绩织布”，当时晋城出产的麻布有大布、卷布、板布等，除自穿自用外，还用于贸易和官赋。明清时期，麻布产业虽然式微，晋城的麻绳业却非常兴旺，尤其是陵川县更是盛极一时。

“陵川麻绳”是晋城麻织业中的代表性产品，早在清代之前便已经极为有名。雍正十二年（1734），泽州知府朱樟曾专门莅临陵川县考察种麻、绩麻产业。在访问崇安寺时，听说石勒冢附近曾为“沤麻池”，悠然写下《题石勒冢》“沤麻池外人应笑，地下人曾厌老拳”诗句，并亲自作注“陵川民以种麻为业”。朱樟又与时任陵川知县林学普专题讨论了陵川绩麻产业，两人一致认为：“（陵川）其地宜麻……南麻外韧内脆，唯产陵川者中外坚韧，绚制椸索，外虽磨铬而内不绝股，故舟人利之。”在《泽州府志》《陵川县志》等记载中，对陵川麻绳也是高度肯定，认为：“麻，出陵川者佳，用作船缆，以其从外圬也。”船缆作为船舶上拉纤、挂帆、拴锚的重要物件，关系行船安全，对于韧性要求极高。陵川所产船缆韧性强结实耐用，长时间使用后即便外面磨损出现断股现象，里面一时半会仍能维系不断，因此在船舶航行中极受欢迎。

民国时期，陵川全县常年种麻面积3940亩，年产量1970担，所产麻皮大多用于制作麻绳。抗日战争前，全县从事纺绳的工人大约有2000余人，年产麻绳100余吨，除供应本地使用外，主要销往河南辉县、获嘉、林县、修武等地。陵川麻绳有黑绳、白绳之分，白绳质量高，黑绳次之。产品种类繁多，有椸索、窑绳、套绳、担担绳、刹绳、小揍绳、打包绳、绳络、挽绳等20多个品种。在陵川县城关、附城、潞城、平城等集镇，陵川人开设有麻绳铺数十家，以经营麻皮、纺绳为主。除此外，在晋城各县及外省如安徽、山东、江苏、浙江等地也有陵川人开设的麻绳铺。抗战中，陵川麻绳业遭受重创，全县从事纺绳业的仅剩 20 户，麻绳年产量不足 7 吨。新中国成立后，先后成立了麻绳业生产合作社、纺绳业合作社等机构，麻绳产业逐步恢复。其后，随着新兴纤维的出现，陵川麻绳业才逐渐衰落退出历史舞台。

明清至民国时期，除陵川县麻绳产业兴旺外，晋城、高平、沁水等地也都种麻、绩麻。如：《高平县志 · 物产》记载“麻有四”。《石门杂著》记载：“（高都）镇多刘姓，以绩麻为业，自言系仲更后裔。”北宋历法学家刘羲叟的后人世居高都镇，便主要从事绩麻产业。《泽州府志》记载，雍正年间官府专门向牙行征收赋税，其中便有“麻行”。晋城城关附近从事“麻行”的店铺众多，如和志祥麻铺、大德源麻行等，除打麻绳外，有的还生产麻布、麻纸。按制，清代时泽州府五县的贡品中皆有“呈文纸”，五县每年合计进贡 10020 张。这种“呈文纸”便是一种档次很高的麻纸。因为色泽洁白光亮，质地均匀细密，吸水性好渗墨自然，适宜长时间保存，被指定为皇家贡纸。一直到民国时期，许多报纸如《抗战日报》《翻身小报》等，仍主要使用本地出产的麻纸印刷。

“昼出耘田夜绩麻，村庄儿女各当家。”在传统农业时代，又有哪一户人家能够离得开麻、不使用麻？即便棉花种植得到了大规模推广，晋城人的生活中仍然处处要使用到麻。装粮食的口袋是麻袋，打水的井绳是麻绳，写字的纸张是麻纸，穿的鞋、戴的帽子也必定要用麻线来缝制。过去，晋城人家家户户都备有小型的纺车儿和拨吊，闲暇时节妇女们总是盘着腿坐在炕头，一边聊天，一边拨动拨吊、纺车儿将麻皮纺成麻线、麻绳，又或是手捏钢针拽着麻线不停地绱着鞋底。

阳光透过窗户照进去，将妇女们绩麻的样子投射在墙壁上。儿归鸟从窗前掠过，发出“儿归”“儿归”的啼叫声，哀婉动人，提醒着人们又是一年种麻时。

七、棉花开时天下暖

清朝马苏臣《偶景斋诗钞》云："五月棉花秀，八月棉花干。花开天下暖，花落天下寒。"棉花种植关系着天下百姓的寒与暖，其重要性不言而喻。但是在漫长历史中，大规模种棉、纺棉却是宋元之后的事。一直到明清时期，晋城人虽然已经普遍穿棉袄、着棉裤、盖棉被，但当地产棉却并不多，"棉花开时天下暖"仍是贫苦百姓遥远的梦想。

棉花，原产印度、阿拉伯等地，大约在南北朝时期传入中国，多在边疆种植，到宋末元初时才大量传入内地。棉花种植对于土壤、光照、气候等要求比较高，喜土壤肥沃的砂壤土，喜光照，忌浸水，适宜干燥温暖的气候。晋城地区的气候虽然适宜种植棉花，但缺少肥沃的土地，历史上棉花种植面积并不多。据《民国山西实业志》记载：晋城、阳城、沁水三县皆产棉。其中，晋城县常年栽培面积 11000 亩，年产量 2970 担；阳城县常年栽培面积 3100 亩，年产量 620 担；沁水县常年栽培面积 1530 亩，年产量 168 担。相对于棉花需求，晋城棉花种植面积与产量都严重不足。

从历史记载来看，明清时期晋城人已经普遍使用棉花。据《泽州府志》记载，雍正元年(1723）朝廷对 70 岁以上的老人给予补贴，除米、肉、绢之外，每人给"棉一斤，折银八分",90 岁以上加倍。《陵川县志》记载，乾隆时期棉袄、棉裤还是狱囚的生活必需品，按制"每岁十月内，每名给棉袄一件，价银五钱，棉裤一条，价银三钱"。而在救灾中棉花也是必需品，如：康熙二十八年（1689）泽州大灾，乡绅卫其杰便"多置棉衣棺槽以济道间寒冻及饥死者"；光绪三年（1877）泽州大灾，太史吴大澄筹措救灾物资"发来棉衣八百件"。连狱囚和灾民过冬都是必需品，可见小康之家日常生活更是离不开棉花。

古时，人们对棉花的需求主要用于冬季御寒和织布。除纺线织布外，冬季御寒三件套棉袄、棉裤、棉被使用棉花量最多。通常制作一条单人棉被需要棉花大约 4 到 5 斤，一件棉袄大约用棉 5 至 6 两，一件棉裤大约用棉 1 斤，合计一个人过冬仅御寒三件套大约便需要用棉 6 斤。清光绪十二年（1886），泽州府总人口 686228 人（《晋城历代人口志》）。如果给每个人做一件棉袄、棉裤、棉被，按 6 斤用棉标准，合计共需用棉大约 4117 吨。民国时期晋城地区年产棉花大约 400 吨，清代时更少，本地产棉根本无法满足需求。虽然古时棉袄、棉裤、棉被大多常年使用，更换并不频繁，但仍能看出晋城本地棉花缺口非常大。

过去，晋城人民所用棉花及棉织品主要通过贸易弥补缺口。《阳城县乡土志》记载："棉花来自外境。"1997 年版《陵川县志》记载："本县人民所需棉布多靠外地输入。"明清至民国时期，河南省已经是全国重要的棉花生产地。晋城毗邻河南省，商业往来频繁，又是处于河南省北入山西的门户，由此河南棉花得以大量输入。除此外，棉织品土布也是晋城与河南交易的重要商品。东亚同文会《山西省志》记载："南部泽州、潞安二府所需用的土布则大部分为河南禹州和汝州所产。"当时，晋城人走太行古道至河南贸易，卖出铁器、杂粮等土特产，贩回的商品中棉花和土布便是其中重要的产品。这种贸易形态维持了数百年，一直到新中国成立后才发生变化。

新中国成立后，晋城地区棉花种植业飞速发展，尤其是阳城县更成为享誉一方的种棉大县。晋城市棉花种植主要分布在阳城、沁水、泽州三县，其中以阳城县面积最大，占全市面积的一半左右。重点乡镇有阳城县的演礼、次营、芹池、西河、寺头，沁水县的郑庄、郑村、端氏、嘉峰，泽州县的周村、李寨、川底等 12 个乡镇。据《晋城市志》统计：经过多年努力发展至改革开放前夕，晋城地区棉花种植面积已达 15 万亩以上。1980 年，种植面积 18.29 万亩，为历史最高年。1983 年，种植面积 15.95 万亩，总产量 5665 吨，亩产 35.5 公斤。其后，由于种棉效益低、种植结构调整等原因，棉花生产出现了滑坡。1985年，种植面积6.8万亩，总产量1019吨，亩产15公斤。1995年，种植面积9.25万亩，总产量2647吨，亩产29公斤。2008年，种植面积6.75万亩，总产量4060吨，亩产60.1公斤。

晋城棉花增产得益于政府的大力推广。早在抗战时期，中国共产党主导的抗日政府便将棉花种植作为大生产运动的主要项目。新中国成立后，政府更是从棉种改良、种植技术提升等方面做了大量工作。晋城原有棉种主要为白籽棉、黑籽棉、绿籽棉等。20世纪50年代，开始引进“斯字棉”“金字棉”等新型棉种，其后又引进推广“岱字棉”16号、美国“千斤棉”等几十个品种。在种棉技术方面，各县都进行了大量的改良。如：晋城县曾在棉花生产上大面积推广劳模王继成等开创的“犁开沟，人点籽，犁复土，早间苗，适时定苗，合理密植，及时整枝，推株并垄，促进早熟，适时收获”等一系列高产植棉经验，使得棉花得到显著提高。

在明清至民国数百年时间内，棉袄、棉裤、棉被作为御寒三件套曾是每个家庭重要的财产之一。贫苦家庭大多在新婚时置办，尤其是棉被一做数条，一用便是一辈子。这种习俗在晋城婚俗中至今仍有保留。回望历史，随着中国人民彻底解决穿衣问题，“棉花开时天下暖”早已成为过去遥远的回响。

晋城

第七章

药材道地

在我国地理版图中，上党高地是一处独特的存在。这里地势高耸，“与天为党”，曾经遍布有茂密的原始森林，得天地之精华，集日月之灵气，孕育出各种中草药材。神农氏曾在这里亲尝百草，开启中华医药文明的大门；这里出产的上党真人参等珍稀药材，更是在中华药典史册中受到极大的追捧。数千年时光过去，这片土地至今仍保存有良好的生态环境，尤其是陵川王莽岭、阳城析城山、沁水历山等地，出产的药材品种多达数百种，并且具有良好的药效，由此为晋城赢得“中草药宝库”的美誉。

一、晋城，一座中草药宝库

巍巍太行山绵延八百里，在晋城市境内与太岳山、中条山相遇，群峰耸立，壁立千仞，沟谷纵横，形成了极为复杂的地形。这里四季分明，气候温暖，季风依时而至带来充足的水气，雨水沛然降临，为植被的生长提供了适宜的条件。这里位于中国地理版图中第二阶梯与第三阶梯的交界处、黄土高原与华北平原的过渡地带，复杂的地形、温暖的气候孕育出丰富的动植物资源。由此，晋城市成为华北地区著名的中草药出产地，有“中草药宝库”的美誉。

羊头山位于高平市北部神农镇，是远古时期炎帝神农氏生活的地方。作为中华医药学的开创者，神农氏曾在这里亲尝百草，教育百姓分辨草药。羊头山巍然耸立，海拔高达 2000 米。在高平市，像羊头山一样海拔超过 1000 米的山脉共有 38 座。如发鸠山、丹朱岭等，在远古时期都曾是先民采集草药的地方。据 2009 年版《高平市志》记载，高平市境内野生与人工栽培中草药众多，主要有“大黄、牛膝、白头翁、白芍、元胡、大青叶、地榆、广豆根、黄芪、苦参、远志、泽泻、白芷、甘草、川芎、防风、柴胡、秦艽、北沙参、白术、苍术、半夏、贝母、玉竹、麦冬、知母、山药、白茅根、芦根、寄生、木香、天花、韭白、牡丹皮、杜仲、黄柏、五加皮、地骨皮、椿根皮、侧柏叶、冬桑叶、槐米、夏枯草、金银花、冬花、旋复花、菊花、红花、洋金花、马兜铃、地肤子、破故纸、王不留行、莱菔子、木瓜、牵牛子、山楂、苦杏仁、桃仁、郁李仁、酸枣仁、柏子仁、黑芝麻、小茴香、连翘、菟丝子、枸杞子、瓜蒌、牛蒡子、苍耳子、薏米、枳壳、白蒺藜、茺蔚子、牙皂、鱼腥草、麻黄、萹蓄、地丁、荆芥、紫苏子、益母草、薄荷、车前子、败酱子、蒲公英、茵陈、猪苓、党参等”。

历山，位于沁水、阳城、垣曲、翼城四县交界处，海拔高达2358米，是山西省南部最高的山脉。这里保存有华北地区面积最大、最完整的原始森林，动植物资源极为丰富，被誉为“华北动植物资源基因库”。远古时期，舜帝生活在这里，“陶于河滨，渔于雷泽”，并接受神农氏的教导，其部落能熟练地使用草药。历山脚下的沁水县，也是一处盛产中草药的地方。据《沁水县志（1986—2003）》记载，沁水县共有“药用野生植物200余种，比较有名和产量较高的有：九节菖蒲、山茱萸、黄芩、猪苓、灵芝、志远、防风、秦艽、青翘、连翘、羌活、五味子、苍术、柴胡、党参、元参、丹参、山楂、桔梗、地芋、马兜苓、毛知母、山桃仁、菟丝子、野菊花、益母草、酸枣仁、东前籽、何首乌、蒲公英、五加皮、金银花、赤芍、白芍、荆芥、木通、冬花、茵陈、艾、麦冬、二花、节节草、地肤子等”。

析城山，位于阳城县西南部，是中华历史名山。据《禹贡》等古籍记载，大禹治理洪水曾途经析城山，商朝开国君主成汤也曾在这里祈雨。析城山海拔1889米，地表为罕见的亚高山草甸，地下分布有数量众多的溶洞和地下河，是华北地区保存最好的封闭式岩溶洼地。这里幽谷怀抱、林木茂密，拥有丰富的动植物资源，其中仅木本植物便多达350余种。像析城山这样的植物宝库，在阳城县还有多处，如云蒙山、小尖山、指柱山、蟒河等，为中草药生长提供了良好的环境。据1990年版《阳城县志》记载，阳城县中草药资源多达300多种，常见的有“党参、生地、玄参、白芍、丹皮、连壳、黄芩、柴胡、苍术、桔梗、苏叶、半夏、五味子、猪苓、荆芥、丹参、马兜铃、何首乌、百合、薄荷、益母、车前、山楂、款冬花、升麻、板蓝根等。”

伊侯山，位于泽州县西部，海拔1165米，相传曾是商代贤相伊尹生活的地方。由伊侯山绵延而南，山峦层层叠起，经晋普山、佛头山、朝凤山，顿时跌入峡谷，群峰壁立，直插天际，猿猱难至，又有沁河、丹河滚

滚流淌，峡谷两岸危岩耸翠，草木森然。这里是中原大地与山西高原的分界处，不但景色秀丽，更盛产中草药。据《晋城县志》记载，泽州县与城区境内中草药的主要品种有 122 种，出产最多的主要有“连壳、斗令、柴胡、远志、黄芩、苍术、枣仁、冬花、酸枣、白头翁、茵陈、车前子、商陆、防风、柿蒂、刘寄奴、漏芦、天南星、天冬、山白芷、蒺藜、狗脊草、墓头回、地骨皮、泽泻、麦冬、五味子、百部、狼巴草、党参、牛蒡子、槐花、紫苏、薄荷、槐米、荆芥、白附子、苍耳子、牵牛子、枣仁、地丁、青相子、瞿麦、白前、紫苏子、杜仲、枸杞子、破故纸、白芥子、胡桃、青壳、山细辛、霜桑叶、苏根、桔梗等八十余种”。

王莽岭，位于陵川县古郊乡境内，因“王莽赶刘秀”的传说而得名。这里是黄土高原与中州平原断裂地质带上最险要的地方，高低错落的山峰多达 50 余处，有的高入云表，海拔在 1700 米以上，有的跌入谷底，海拔仅有 300 米左右。山上山下温差起伏特别大，复杂的环境孕育出丰富的野

王莽岭

生动物和植物。其中仅野生植物便有100多个科850多种。像王莽岭这样山脉，陵川县境内还有多处，如棋子山、黄围山、卧云山等，都是出产中草药的佳地。陵川县有“太行药乡”的美誉，自唐代以来便是我国北方重要的中草药出产地。据1997年版《陵川县志》记载，陵川县野生中草药多达400余种，主要有“党参、青壳、银柴胡、灵仙、白头翁、大戟、苦参、山楂片、前胡、山细辛、桑寄生、桑螵蛸、连翘、连翘心、苍术、紫草、五加皮、黄芩、野地黄、马兜铃、防风、槐米、霜桑叶、粉葛根、狼毒、牛蒡子、升麻、大活、天花粉、商陆、山薄荷、桔梗、家桃仁、山桃仁、毛知母、侧柏叶、地丁、泽兰叶、山豆根、木通、山牛夕、松蘑菇、狗脊骨、瞿麦、沙参、小茴香、茜草、浮萍草、大蓟、暮回头、白前、草乌、柏子仁、青蒿、萆薢、夏枯草、郁李仁、王不留、天冬、山黄连、干瓜蒌、葶苈子、马卜、马兰花、半夏等”。

毫无疑问，太行山、太岳山、中条山三山环抱间的晋城市，是一座名副其实的“中草药宝库”。高平、沁水、阳城、泽州、陵川的山山水水间，生长着数量庞大的中草药。它们得天地之灵气、日月之精华，山川之孕育，自然成型，独具药性，又由神农炎帝、大舜、大禹、成汤、伊尹等古圣先贤发现，载于药典，药香散于人间。

二、年节风俗里的中草药

清雍正十二年（1734）腊月三十，泽州府衙内正在举行隆重的除岁仪式。皂吏们贴春联、请门神、燃爆竹，好不热闹。知府朱樟在官吏与士绅陪同下正饮酒夜宴。作为江浙人，第一次在太行山上过年，他对泽州府的年俗风情充满好奇。但见皂吏来报：“正火已经架好，请大人主持‘庭燎’仪式。”于是众人来到院中，仆人们捧过一盘黄澄澄的中草药。朱樟捏起一枚嗅了嗅，笑道：“这是苍术。”众人应和：“大人见多识广。”熊熊大火燃起，在士绅示范下，朱樟将手中的苍术撒在火焰中，顿时淡淡的辛香飘满了整个庭院。

在晋城传统年俗中，焚烧苍术是一件必不可少的活动。《泽州府志·风俗》记载：“除夕：更桃符，易门神，互相馈岁，设庭燎，焚苍术。”高平、沁水、阳城、陵川与泽州县传统风俗大同小异，明清时期的除夕节也都要举行“焚苍术”仪式。苍术，别名赤术、马蓟，是一种菊科多年生草本植物，在晋城市各地的山坡、灌木丛中都有生长。过去每年春秋两季，晋城的采药人都会翻山越岭采集苍术，将它疙疙瘩瘩的根从土里刨出来，晒到半干，再用棍棒敲打除去泥土，接着晾晒，直至完全干透，便可打包收藏。切片后的苍术断面呈黄白色，布满棕黄色的朱砂点，闻起来有淡淡的辛香味。

至于除夕为什么要“焚苍术”，则与辟瘟祛湿、祈求健康息息相关。乾隆五年《陵川县志》记载：“除夕……焚苍术，驱瘟辟邪。”苍术具有燥湿健脾、祛风散寒、明目等药效，焚烧起来会产生一股淡淡的辛香味，是一种传统熏香用料。古人又认为“术者山之精也，服之令人长生辟谷、致神仙”（《本草纲目》引用《异术》），因此苍术又有山精、仙术的名号。据说，从北宋时期，东京汴梁城内过除夕已极为盛行焚烧苍术，如《武林旧事》记载：“……（除夕）烧术等事，率多东都之遗风焉。”晋城与开封距离不远，北宋时两地间人员往来络绎不绝，此风俗大概便源于这一时期。

过完除夕，匆匆半个月便到元宵节。古人称元宵节为上元节，晋城人更是要红红火火过三天。如此隆重的节日，又怎能少了中草药这个角色?!《泽州府志·风俗》记载：“（正月）十六日，乡城男女拥趋厉坛，以艾灸柏树，祈祛疾。今易为先农坛，货农器成市。高平则趋金峰山灸石佛。”艾灸，作为中医最常见的一种手法，据说始于远古时代，至今已有几千年历史。但用艾去“灸柏树”“灸石佛”，真真是一种奇怪的风俗。

艾，是一种菊科蒿属多年生草本，在晋城各地都有分布，尤其是阳城云蒙山、析城山、陵川夺火、六泉、泽州晋庙铺、柳树口等地，更是随处可见。每年端午节前后，晋城家家户户都要在门前悬挂艾草，只要走出院落在房前屋后随手割一把即可。而采药人割艾草则讲究许多，一定要在开花前采集，以叶片大、色灰绿、质柔韧、有香气、身干纯净的为优。割下的艾草，用手将艾叶小心捋下来，晒干后碾成绒毛状，便可做成艾绒，用于针灸。艾，是一种使用广泛的中草药，既可用于内服也可用于外灸，内服主治虚寒性月经不调、腹痛、崩漏等症，外灸可祛寒、通络、止痛。早在《诗经》的时代，人们便已经争相采艾，如《诗经·采葛》“彼采艾兮！一日不见，如三岁兮！”《毛诗》注解曰：“艾，所以疗疾。”古时，晋城人在上元节用艾“灸柏树”“灸石佛”，风俗虽然比较奇怪，却可见人们对艾草神奇药效的信仰。

俗话说：“二月二，龙抬头。”晋城人又称“二月二”为青龙节。《泽州府志·风俗》对这一节日虽然没有描述，但晋城各地却盛行着喝油茶等习俗。油茶是一种常见的北方小吃，通常用白面、豆面炒制。泽州县喝油茶，除放豆腐块、花生仁之外，一定要放姜，有“喝茶不放姜，不如喝米汤”的说法。姜，除用于调味外，也是一种常用的中草药，有温中止呕、化痰止咳等多种功效。过去，婴儿出生后第三天举行“洗三”仪式，晋城人先用艾草、槐枝、花椒等中草药浸水给孩子清洗身体，洗完用红包擦干后，还要再用姜片、艾草团涂擦关节等地方。人们认为姜有生发的功效，可以祛除体内湿气、促进血液循环、改善肌肤再生，保佑婴儿身体健康、无病无灾。

与泽州县相比，陵川县“二月二”喝油茶则更讲究一些。陵川有“太行药乡”的美誉，优质中草药随处可见，人们世代与草药为伴，更加讲究养生。这不，就连“二月二”喝油茶也会放入中草药荆芥等。除喝油茶放荆芥之外，陵川人还常喝一种名叫“荆芥水”的药茶。如果哪个人生了肠胃肚胀等病症，家人便抓些荆芥和大曲一起炒煳，再放一些盐块熬水给他喝，据说有止肚疼、止腹泻的作用。晋城一些地方给孩子“洗三”，也常用荆芥这味药材，一般用荆芥、灰蒿、艾叶等中草药煎煮过滤，用温水给婴儿擦洗身体，据说可以杀菌消毒，防止长大后腋窝生狐臭。荆芥，又名假苏，是一种唇形科荆芥属多年生草本植物。《神农本草经》记载：“假苏（荆芥），味辛温，主治寒热鼠瘘瘰疬生疮、破结聚气、下瘀血、除湿痹。”在晋城各地向阳的山坡、荒地、路边，随处可见野生的荆芥。它的茎、叶和花穗都可以入药。每年夏季或秋季，采药人会趁着荆芥花穗正绿、枝叶茂盛时进行采收，只需割下来阴干即可。

时间一晃，便到端午。毫无疑问，端午节是一个被药香浸润的节日。《泽州府志·风俗》记载：“端午，泛蒲觞，噀雄黄酒，背系续命缕，角黍交馈。亦有延客解粽者。男女问名。过婿家，制蒲艾、花朵及粽饵为饷遗。”除馈赠粽子（角黍交馈）、系五色绳（系续命缕）等习俗外，明清时期的晋城人还要“泛蒲觞”，喝一种菖蒲泡的酒；“噀雄黄酒”，用嘴喷洒雄黄酒；“制蒲艾……为饷遗”，用菖蒲、艾草编成某种形状的物件儿互相馈赠。显然，在这个节日里，晋城人家家户户都得准备一些菖蒲、艾草和雄黄。真是无“药”不成节！

菖蒲，古称“荃”，是一种深受古人喜爱的中草药，有石菖蒲、水菖蒲、九节菖蒲等不同的品类。石菖蒲和水菖蒲同属天南星科菖蒲属，但在生长环境、性状上则有许多不同。石菖蒲喜爱生长在山坡等干燥的地方，叶子又短又硬，多为红色或紫色，散发有淡淡的香味。水菖蒲喜爱生长在水边或沼泽湿地里，叶子又长又软，多为绿色，没有香味。九节菖蒲则是一种毛茛科多年生草本植物，喜爱凉爽的环境，多生长在山地沟谷中。因为科属、性状不同，水菖蒲、石菖蒲与九节菖蒲的药效自然也不尽相同。石菖蒲理气活血、散风祛湿、提神醒脑，水菖蒲行气健胃、化痰开窍、杀虫止痒，九节菖蒲则具有开窍化痰，宁心安神、化湿和胃等功效。在晋城沁河、丹河等河流两岸生长有许多水菖蒲，每年秋季，采药人只需沿着河岸行走便可采集，连根挖出后去除茎叶，将根茎晒干即可。九节菖蒲则是一种名贵的中草药，需到沁水下川、阳城横河等地寻觅，每年从小满至芒种仅有 20 天左右的采集时间，采早了还没有完全长好，只有一层皮，采晚了则早已枯萎。采完后，取其根茎及时晾晒，晒一天即可备用。

九节菖蒲

古人称五月为“蒲月”，由此可见菖蒲与端午节的密切关系。临近端午，人们便早早准备好菖蒲用来泡酒。水菖蒲、石菖蒲、九节菖蒲虽然药性不同，却都能泡制菖蒲酒。《泽州府志》所谓“泛蒲觞”，用词大概脱胎于兰亭雅会中的“流水泛觞”，古人又特将端午饮用菖蒲酒称为“泛酒”。与菖蒲形影不离的还有艾草，人们在门前悬挂艾草，也悬挂菖蒲，互相赠送菖蒲，也赠送艾草，饮用菖蒲酒，自然也饮用艾酒。明代沁水诗人常伦在小曲《醉太平》中写道：“门悬着艾虎，酒泛着菖蒲，画堂歌舞又欢娱，便千杯不阻”，写尽端午节的风流。清朝初年，阳城诗人白胤谦在端午节去为朋友杨宫詹母亲祝寿，写道：“菖蒲艾叶随仙酒，彩胜金花错绮筵”（《端阳日为杨宫詹母寿》）；清代皇城村陈沛霖到姑母家过节，写道：“句题蒲叶灿丹黄，艾酒芳凝百和香。”（《午日恭步姑母原韵》）可见，古时晋城人过端午节，真是蒲觞艾酒不离口。

俗话说：“端午到，五毒出。”无论是悬挂菖蒲、艾草，还是饮用蒲觞、艾酒，都寄托有古人驱除毒虫的愿望。与菖蒲、艾草相比，显然雄黄这味药材在驱虫方面的药效更加霸道。于是，端午节便又与雄黄结下了不解之缘。雄黄，又名石黄、黄金石、鸡冠石，是一种矿物药材，古人常用作杀虫剂。端午前，将雄黄放在太阳下晒四五天，磨成粉末加入白酒中，便可以制成雄黄酒。“砷”是一种有毒元素，如砒霜的学名为三氧化二砷，便是古代赫赫有名的毒药。雄黄学名四硫化四砷，毒性自然不小。因此，端午节饮雄黄酒，不过取其杀虫驱邪之意，又哪敢贪杯！《泽州府志》所谓“噀雄黄酒”，便是将雄黄酒浅浅地饮一口，向着墙角旮旯喷洒而已。至于孩童，则更应该慎用，晋城人的做法是：手指淡淡地蘸一点儿，在孩子的口、鼻、耳、肚脐上抹一下即可。

花开花落，天气乍暖还寒，转眼便到重阳节。重阳节也是一个和中草药息息相关的节日。《泽州府志·风俗》记载：“重阳，饮菊酒，插茱萸，登高野宴。”其中菊花、茱萸都是常见的中草药。

农历九月初九已至深秋，百花凋零，唯有菊花迎寒开放。古人，尤其是古代文人雅客，对于菊花有一种深入骨髓的喜爱。重阳节登高赏菊，常常要品一些菊花酒。菊花，在晋城各地都有种植，以怀菊、亳菊居多。采药人多于霜降后采摘，将花朵晒干后便可入药，有散热除风、清肝明目等功效。与菖蒲酒、艾酒、雄黄酒不同，菊花酒入口清爽，还有一些淡淡的花香，尤其受人们喜爱。古人称菊花酒为“吉祥酒”“长寿酒”，认为有养肝、明目、健脑、延年益寿的功效。清乾隆四十八年

（1783），名士姚学甲随友人游览泽州名刹崇寿寺，便一起畅饮菊花酒，写诗道："坐斟黄菊酒，盘有水晶盐。"（《崇寿寺诗碑》）名相陈廷敬也非常喜爱饮菊花酒。某一年重阳，他孤身一人倍感寂寞，便借菊花酒一醉，写道："寂寞重阳倒浊卮，拒霜零落菊差池"（《午亭集·重阳》）；又一年，因为天气等缘由，菊花没能应时开放，他没能喝到菊花酒，便又写诗感慨："今日重阳日，黄花未放花……登高怀旧侣，蓬转在天涯。"（《午亭集·九日》）

与菊花不同，茱萸则相对比较少见。但无可置疑的是，重阳节"插茱萸"是古代山西最流行的节日风俗。这一风俗随着唐诗《九月九日忆山东兄弟》"遍插茱萸少一人"而名闻天下。作者王维是山西运城人，所谓"山东"在唐代时指华山以东，即王维的家乡。直至明清时期，晋城本地仍普遍流行在重阳节插茱萸，尤其是文人士大夫更是常常以此致敬王维。如：明正德十一年（1516），李瀚、孟春等人游览青莲寺，便随身佩戴茱萸，所谓"便佩茱萸醉浊酒，须知身世一蓬蒿"。（《青莲寺李瀚、孟春等重阳诗碑》）又如：清朝初年某个重阳节，阳城名士白胤谦到皇城村拜访，饮酒之余吟诗道："客里黄花对举觞，风尘天地一徬徨。穷愁不减茱萸兴，浪迹都忘傀儡场。"（《东谷集·陈道庄侍御宅》）

茱萸，有山茱萸与吴茱萸之分，山西境内常见的茱萸主要为山茱萸。山茱萸，是山茱萸科山茱萸属落叶乔木或灌木，在泽州、沁水、陵川、高平等地都有分布。尤其是阳城县蟒河一带盛产山茱萸，有"山萸之乡"的美誉。山茱萸的果实呈深红色，吃起来有点酸。每年霜降之后，采药人会将山茱萸的浆果采集下来，置于竹笼内用文火烘焙，挤出果核后，将果肉晾干。山茱萸具有补益肝肾、收敛固涩等功效。

古时晋城人过重阳节，除仿效唐诗插茱萸外，常常佩戴茱萸香囊、饮用茱萸酒。同治版《阳城县志·风俗》记载："（九月）九日，采茱萸作佩，携榼登高饮酒赋诗，士大夫相竞为乐，乡村无此风。"人们认为，茱萸具有驱邪护体的作用。至于茱萸酒，大概与菖蒲酒、菊花酒相似吧。乾隆版《陵川县志》记载：“九月九日，登高设宴，以茱萸泛酒饮之。”看来，古代的文人士大夫皆为玩主，每个节日都能整出些不同的小酒。

明朝时，陵川名士徐应奎在重阳节去爬锦屏山，写诗道：“一味疏狂学漫游，暂携萸酒谑深秋，唧触龙峡恣清傲，坐看岩前溪水流。”（《九日登锦屏山》）清朝中期，阳城诗人刘灏在重阳节送别表叔张存之远赴天津，临行前便劝他多饮茱萸酒，说道：“愿君更酌茱萸酒，还踏天门访旧津。”（《广月轩诗稿·九日登高送张存之表叔》）

过罢重阳节，天气渐渐转寒，眨眼间便又到年根儿底。晋城人又开始忙着准备过年。中国传统节日都非常有特色，祖先们在设定习俗时似乎给每个节都定了一种吃食：过年要吃饺子，元宵节要吃元宵和汤圆，端午节要吃粽子，中秋节要吃月饼，腊八节要吃腊八粥……种种吃食又蕴含着许多中医养生的道理。如：红枣、山楂、桂圆、枸杞、山药、百合、黑芝麻、蜂蜜等，都具有滋补的功效，又何尝不是一种中药材。

晋城人的年节风俗就是这样有趣。除夕焚烧苍术，上元节用艾草去灸柏树，“二月二”喝点放了荆芥的油茶，端午节喝菖蒲酒、艾酒、雄黄酒，重阳节又要喝菊花酒、茱萸酒……生在太行山这个中草药宝库里，人们似乎便想着将每个节日都浸上三分中草药的味道。

这便是晋城人的情怀，也是中国人深入骨髓的文化信仰。

三、诗词里的中草药

陵川县城南二十里，有锦屏山，因“山多芍药，翠嶂如屏”而得名。北宋元丰年间（1078—1085），名士都贶隐居于此，与吕由庚、谷汉臣、高子美等名流结“芍药会”，流连山中诗酒唱和，为晋城文化史上一盛事。

北宋之后，常有文人登临锦屏山咏赞芍药，如乾隆五年县令雷正等曾写道："琴歌风雅怀贞白，芍药名流课酒钱。"(《陵川古意》)锦屏山"列巘如屏，色具诸彩"，每日清晨朝阳缓缓升起映照在山上，顿时"霞飞天半"，为陵川八景之一"锦屏朝霞"。

除朝霞外，锦屏山以盛产芍药而闻名。乾隆版《陵川县志·古迹》记载："(锦屏山)岩洞多产芍药"，而《县志·物产》罗列陵川县境内的中草药，芍药则名列第二。芍药，又名别离草，为毛茛科芍药属多年生草本植物，它的根便是著名的中草药"白芍"。过去每年八到十月间，采药人便会登临锦屏山采挖白芍：选择四年左右的芍药，先将根挖出、洗净、切段，再投入沸水中煮至透心，再捞出过水、放凉、刮皮，最后反复晾晒直至干透。泡制后的白芍为圆柱形，断面呈白色或灰白色，可用于治疗肝气不和、胸腹疼痛、痛经、头痛眩晕等病症。

芍药是晋城传统花卉，在各地皆有种植，现在更是被广泛运用于园林

锦屏山

绿化。其花朵硕大、灿烂，与牡丹相比也不遑多让，有“花中宰相”之称，因此士大夫极爱吟咏。明朝崇祯年间，白胤谦曾多次到西溪赏花，有一年立夏芍药还未绽放，便“预约芍药发时频至”，过了一段时间欣然再来，写道：“西谿芍药丛，粉白颇蕃茂。”（《再至西谿看芍药》）明嘉靖年间，诗人李蓑在海会寺消夏，与寺中老僧边听琴边赏花，但见“空山芍药开，朵朵留春妍”（《夏日憩海会寺》），好不惬意。清朝顺治年间，沁水窦庄张五典路过宰相王国光家的别墅“与乐园”，见荒草间芍药、荼蘼灿然绽放，写道：“芍药栏西新曲涧，荼蘼亭北旧遥岑。徘徊独见雕梁燕，犹切当年故垒心。”（《重过与乐园》）

除芍药外，菊花、莲花、百合、玫瑰、月季、木槿、款冬、合欢等花卉都是传统中草药，在晋城也都有广泛分布。比如：莲花，又名荷花，其花、根、子皆可入药。花瓣阴干后，具有祛湿消风、活血止血、镇心安神等功效；根切片晒干后，药名藕节，主治咳血、尿血、崩漏等症；种子药名莲子，适用于心肾不交、久痢虚泻等症。合欢又名绒花树，在泽州县马头山、阳城县蟒河、横河、沁水县下川、陵川县马圪当、夺火等地皆有生长，花和皮也都是中草药。每年六月，将花瓣采下晒干，名为合欢米，主治虚烦不安、愤怒忧郁、失眠等症。春秋两季，采药人将树皮剥下晒干，名为合欢皮，可用于活血、消肿、止痛等症。

合欢花雌雄同株，开花时两朵花瓣恰好合拢，有夫妻和美恩爱的寓意，深受诗人的喜爱。比如：清朝康熙年间，有个姓韩的编修向陈廷敬请婚假，陈廷敬赠诗祝贺“芙蓉开作合欢花”。（《韩编修请假完婚》）在陈廷敬住所的庭院中便种植有合欢树，他不但赏花，还用花叶酿酒。其文集《午亭文编》中共收录合欢诗 6 首，除咏赞花卉外，还记录了陈廷敬与朋友徐杜遇学习酿合欢酒的事迹。司寇徐杜遇用合欢叶酿酒，曾赠予陈廷敬共饮，后见其喜爱，又赠送了酿酒方子。陈廷敬依法酿制，酒味醇厚，赞曰“香逾曲米春”。（《杜遇徐司寇以合欢花叶为酒，示余以方，酿成饮而陶然赋谢》）合欢酒作为一种药酒，似乎也具有解忧的药性，陈廷敬在《题庭前合欢花，怀杜遇徐往年曾赠花叶酿酒》一诗中便描述说：“本无蠲忿意，况有合欢花。”可见，他对合欢花的喜爱。

像合欢一样，萱草也因其寓意而深受诗人的青睐。在传统文化中，

人们常用椿树代指父亲，尊称为“椿庭”，用萱草代指母亲，尊称为“萱堂”，以“椿萱并茂”祝福父母健康长寿。如：明朝万历年间，兵部尚书张五典为其岳母祝寿，亲笔写了 83 首诗，中间便有“共羡萱花临晚茂，且看桂子待秋荣”之句（《寿窦岳母八十三首》）；清朝初年，白胤谦为朋友孔进士的母亲祝寿，也写有诗句“行山十月不知寒，春满萱庭锦色攒”。（《孔进士归祝太君》）

萱草，又名忘忧草、黄花菜，为百合科黄花菜属多年生草本植物。在泽州县晋庙铺、柳树口、陵川县柳泉、夺火、沁水县嘉峰、下川、阳城县横河等地，野生的萱草非常多，品质也非常优良。尤其是阳城横河镇盘亭山、沁水嘉峰镇出产的萱草极为有名，有“盘亭黄花菜”和“七须黄花菜”的美誉。萱草的花朵是上等的食材，脆嫩可口，深受人们喜爱。据说，阳城劝头村一年出产黄花菜万斤以上，远销海外；唐代时武则天曾封沁水潘河村的黄花菜为“御菜”，下诏进贡。而萱草的药用价值则主要集中在根部，药名为萱草根。每年秋季，采药人徒步进山采集野生萱草，将根部刨出后，去土晒干，便可入药。萱草根性甘，具有利尿消肿、通利胸膈、消食利湿等功效。

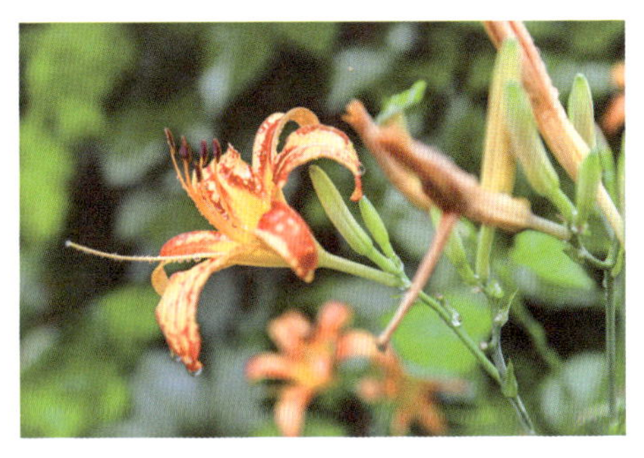

盘亭黄花菜

人生不满百，常怀千岁忧。无论是“合欢”般的夫妻欢愉，还是“萱草”般的怡然忘忧，都是如此短暂。反而如“浮萍”一般半世飘零，更

为世间常态。古人常以浮萍入诗，如：清朝嘉庆年间，泽州发生灾荒，“失业之氓卖子鬻妻，所在多有”。诗人李锡麟写下《觌面吟》一诗，感慨人生如“汎汎风中絮，悠悠水上萍”。清雍正年间，泗城府同知陈师俭（阳城皇城村人）送别朋友，感叹“不堪临逝水，聚散有浮萍”。（《送崔玉立赴沧州阻风暂泊次话别原韵》）在晋城各地的池塘、湖泊中，随处可见浮萍的身影。古人描述景色，也多写浮萍。如：龙潭峡，位于丹河下游青莲寺附近，《水经注》便描述说“萍藻冬芹，竟川含绿”，其中的“萍”便是浮萍。浮萍，别名紫背浮草，是一种天南星科属多年生漂浮植物。每年夏季，采药人只需在竹竿上捆一把笊篱，便能捞到许多，洗净晒干后即可入药。浮萍味辛寒，主治麻疹不透、风疹瘙痒、水肿尿少等症。

曹植有诗：“寄松为女萝，依水如浮萍。”（《杂诗七首》）女萝，又名松萝，为松萝科松萝属植物，也是一味重要的中草药。每年五月前后采摘，阴干后便可入药，有消炎解毒、清肝明目等功效。在晋城各地，松萝比较常见，诗人也爱以其入诗。如：明成化二十一年（1485），关钊等人游览陵川西溪二仙庙，描述景色说：“霁霭和烟远草树，松萝滴翠润莓苔。”（《西溪二仙庙明成化乙巳年诗碑》）万历时期，兵部尚书周盘（泽州县庾能村人）游青莲寺，描述说：“一川花鸟水云中，松萝翠拂重檐静”（《游青莲忆旧》），游五龙溪又描述说：“一脉寒泉石罅生，松萝夹岸醮云清。”（《游五龙溪》）清朝康熙年间，陈廷敬游老姥掌，则赋诗：“微闻松萝风，遥递石泉响。”（《老姥掌》）

在青莲寺、二仙庙这类名寺古刹中，最引人注目的植物还是松、柏等乔木。依附在松树身上的松萝是药，松树自身又何尝不是？松针味苦温，主治风湿痿痹、跌打损伤等症；枝干的结节，药名松节，主治风湿性关节疼痛、屈伸不利等症；将松树的油脂溶化、过滤、冷却，可制成松香，用于除伏热、解消渴、逐诸风。至于柏树，其树叶、球果、树脂等也均可入药。孔子曰："岁寒，然后知松柏之后凋也。"在晋城各地自古便广泛种植有松树、柏树，本地诗人更是争相吟咏，佳句不可胜数。

楝树，为楝科楝属落叶乔木，树高达 10 米以上，在晋城各地也有广泛分布。如松柏一样，其花、叶、果实、根皮均可入药。楝树的果实药名为苦楝子，成熟后摘下晒干，可用于治疗虫积腹痛、头癣、冻疮等症。每年春秋两季，采集树皮或树根洗净晒干，可做成中草药苦楝皮，也具有治疗疥癣瘙痒、蛔虫病、蛲虫病的效用。楝树的花简称楝花，呈淡紫色，具有芳香气味，是古时节令用语"二十四番风信花"的最后一种。每年谷雨将尽，楝花绽放，不久便迎来立夏。因为含有春去夏来的寓意，诗人们极爱吟咏。明朝崇祯年间，诗人于汉翔在泽州漫游，曾题诗说："石上围棋松子落，窗前酾酒楝花飞。"（《于汉翔仲夏来濩泽诗碑》）清朝康熙年间，沁水县令赵风诏则留有"桐花开后楝花开，可怜容易点莓苔"（《橙花》）的诗句。值得注意的是，苦楝子、苦楝皮一定的毒性，需要慎用。

在大文豪笔下，平实的词语常能写出惊艳的诗句。中医也是如此。很多赫赫有名的中草药，都出自再平常不过的植物。比如：青蒿、白茅根、葛根等，在晋城各地山野间随处可见，却都是极好的药材。

青蒿，俗称灰蒿，为菊科蒿属一年生草本植物。早在《神农本草经》中，已有关于青蒿的记载。2015 年 10 月，屠呦呦因发现青蒿素而荣获诺贝尔生理学或医学奖，更使得这味中草药名噪天下。每年六七月间，采药人割取青蒿地上的茎叶，去除杂质晒干后入药。青蒿味苦寒，是一种祛暑圣药，主治阴寒发热、疟疾等症。在古代，诗人常用"蒿"描述荒凉破败的景象。唐代时，李贺独自行走在长平古战场的原野上，曾在驿站附近的蒿草丛中捡到一枚青铜箭头，凄然写下名诗《长平箭头歌》。清光绪五年（1879），晋城发生罕见的大旱灾，人口死亡过半。《凤台县续志》描述说："灾浸既过，村里几空，蓬蒿满田，膏腴无主。"

白茅根，为禾本科植物白茅的根茎，具有凉血止血、清热生津、利尿通淋等功效。每年春季出苗前或秋季枯萎时采集，刨出根部，去土晒干后便能入药。白茅，俗称茅草，丛生于荒野，生命力极强，古时穷苦人家多用来搭建房屋。开元十一年（723）春，唐玄宗李隆基巡视太原时途经晋城，曾亲眼见到“野老茅为屋，樵人薜作裳”。（《早登太行山中言志》）至于白胤谦“隙地开荒秽，白茅覆数椽”（《念园诗四首》）之类的诗句，在明清文献中更是寻常。

葛根，为豆科植物野葛的根，具有解肌退热、生津止渴、痘疹透发等功效。每年霜降至次年谷雨前采挖，刨出根部刮去外皮晒干后入药。野葛又名葛藤、葛条，其皮可用于织布。清朝雍正年间，知府朱樟巡视时发现晋城乡野间长满野葛，百姓却不懂织布之法，曾亲笔撰文教导百姓织葛布。顺治年间，阳城名士白方鸿去香台山游览，挽着葛藤才攀爬到荒废的唐太宗庙，题诗说：“挽葛盘旋上碧岑，荒台古庙柏森森。”（《香台山唐太宗庙》）在横河游览铁盆嶂时，他又看到“村西排杵臼，滤粉澄野葛”（《铁盆嶂》）。

在晋城这片神农氏生活过的土地上，遍布有各种各样的中草药。如芍药、莲花、合欢、萱草、松萝、浮萍、松柏、苦楝、青蒿、白茅、野葛等，不但是上好的草药，在诗人笔下更是写出了上好的诗句。名士李瑞出游时被药香沾染了衣袂（《游山洞》“药香沾客袂”），何乔新在崇福寺闻到“山房昼暖药生香”（《崇福寺》），陈宏度游析城山满眼是“药苗希采采”（《游析城山》），陈豫朋在老姥掌看到“石边蒨蒨药苗稠”（《老姥掌同孔云岫》），武二酉与友人曾“晒药松荫背”（程康庄《长平八子诗》），张文炳曾独自一人“晒药扫残雪”……

晋城的诗人们生活在太行山这个药草宝库里，似乎也沾染了药草的灵气。他们用诗句为晋城中草药代言，使药香中散发出阵阵诗词的馨香。

四、药乡皇冠上的明珠——“陵五味”

晋城市陵川县素有“太行药乡”的美誉。这里年平均气温 7.9 摄氏度，昼夜温差大，非常适宜中药材的生长。全县中药材分布面积 126 万亩以上，种类多达 521 种。其中连翘、潞党参、黄芩、蝉蜕、火麻仁五味中药材，因为产量大、品质好，被中医药界并称为“陵五味”，享誉天下。

每年四五月间，连翘花迎风盛开，但见陵川县的山山岭岭、沟沟壑壑都被装点成了金黄色。许多游客乘车行进在山间，常常会停车远观，惊呼“迎春花”，并感慨一声“长恨春归无觅处，不知转入此中来”。连翘花与迎春花十分相像，却是两种截然不同的植物。连翘，又名连壳、黄花瓣、黄花条、黄链条花，是一种木樨科连翘属落叶灌木。茎丛生，高有丈余，老枝呈褐色，新枝呈淡黄色。连翘先开花后长叶，金灿灿的花朵无遮无挡

连　翘

地缀在枝条上，极为好看。

连翘的药用部分主要为果实，因采摘时间不同，有青翘与老翘之分。每年立秋前后，连翘结出青嫩的长卵状果实，此时采下后经蒸煮、晒干，即为青翘。青翘外表呈青绿色，果实不开裂，内含种子，质坚体重。等到过了寒露，连翘的果实已经完全长老，外皮呈黄褐色，并且裂开成两瓣，质脆体轻，采回后筛出种子、簸净枝叶，即为老翘。老翘，又名黄翘，与青翘药性相近，都具有清热解毒、消肿止痛、解热退烧等功效。但两者在药性上又有所不同：青翘的药性偏寒，适用于风热感冒、疮疖肿毒、痢疾等症状；老翘的药性偏凉，适用于热病、口渴、便秘等症状。

连翘喜温，主要生长在海拔600米至800米暖温带气候的山区和丘陵，在晋城市陵川、泽州、沁水、阳城都有广泛分布。陵川县更是我国中草药连翘的主要生产基地之一，业界有“全国连翘看山西，山西连翘看陵川”的说法。截至2023年，陵川县连翘分布面积高达117万亩，年产量超过1万吨，占全省的二分之一、全国的四分之一。“陵川连翘”，更是于2019年12月成功注册为国家地理标志商标。除采摘果实制作中药材青翘与老翘之外，陵川县还采摘连翘叶入茶。连翘茶口感清新，入口醇厚，也已成为陵川“太行药乡”的品牌产品。

在晋城传统中草药中，党参名气最大。党参，又名潞党参，是一种桔梗科党参属多年生草本植物。根独条直立生长，茎蔓生或攀爬在其他植物上生长，长3到5尺，含有白色乳汁且纤细柔软。每年七到八月间开花，花冠一般为浅黄色，形似小铃铛，八到九月间结果，为倒圆锥形蒴果，内含许多细小的种子。党参喜温耐寒，在陵川、沁水、阳城、泽州海拔1000米至2000米的山地灌木丛间常有分布。每年白露前后，采药人将党参的根部挖出后，去净泥土晒至半干，再经反复揉搓、晾晒，便可入药。野生党参呈圆柱形独条，长约2尺，细如手指，粗似小黄瓜，味道香甜，具有补中益气、脾虚泄泻、补气通剂等功效。

“陵川潞党参”是国家地理标志产品，在陵川县六泉、古郊、冶头、夺火、马圪当等地的山区有广泛的分布。据1997年版《陵川县志》记载：1961年，陵川县政府曾在冶头召开全县党参基地会议，确定冶头、六泉、古郊3个公社为党参生产基地，当年全县党参种植面积已达8800亩。当时，陵川老百姓经常背着党参下河南换取生活物资。有一年腊月，一个叫郎万林的农民用一把党参为村里换回30斤煤油，途经“蚂蚁梯”险道时，因山高路险不慎坠崖身亡。到1997年，古郊乡年产党参15万公斤，冶头乡党参种植面积3000亩，年产30万公斤。而陵川县六泉、古郊等地出产的五花党参更是驰名全国。

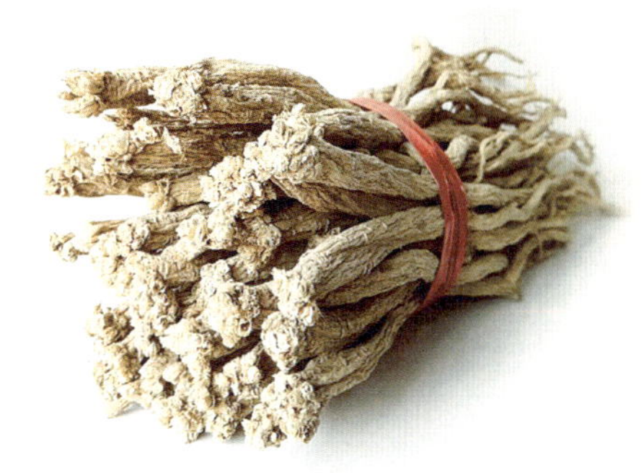

陵川潞党参

五花党参，又名五花芯党参，是“陵川潞党参”中的名优产品。

将其成品切开后，横断面的纹路像一朵盛开的五瓣花，色鲜味香，沁人心脾，因此得名。五花芯党参油性大，无渣滓，含糖量和药用价值比一般党参高出1—1.5倍。而六泉乡黄松背村一带出产的五花芯党参尤为知名，在业界享有“千斤参，万斤参，不如黄松背一棵参”的美誉。据说，黄松背一带出产的五花芯党参药效独特，“八百里太行独此一家”，曾有许多人试图移栽培植，却均告失败。专家研究认为，五花芯党参是当地“特定的生态地理环境、气候条件，特有的矿物质土壤”孕育的产物。而在当地老百姓口中，则流传有“一半阴一半阳，放罢炮挂铃铛，晚上握白天晾，一出世救苍生”的栽种秘诀。

与“陵川连翘”“陵川潞党参”两个国家地理标志品牌产品相比，“陵五味”中的黄芩、蝉蜕与火麻仁名气虽然稍逊，却也是全国知名的中药材。

黄芩，又名山茶根、土金茶根，是一种唇形科黄芩属多年生草本植物。根茎肥厚，体高 1 到 2 尺左右。每年七到八月开花，花呈蓝紫色，清淡优雅，十分好看；每年八到九月结果，果实近乎球形，一般包裹有 4 粒种子。黄芩的药用价值主要为根，采药人一般会在清明前或立秋后采挖，剪净芦头，晒至八成干，拍打撞去黑皮后晒干后即可入药。黄芩味苦、性寒，有清热燥湿、泻火解毒、止血、安胎等功效。晋城各县区均产黄芩，陵川县尤为知名。

蝉蜕，又名蝉退、蝉衣，为蝉科昆虫山蝉或黑蚱的虫羽化时脱落的皮壳。早在明朝万历时期，《泽州志》已将蝉列为晋城地区主要的昆虫类物产。过去每年进入暑季，农村的孩子们普遍有捕蝉、寻蝉蜕的习俗，这种习俗一直延续到 20 世纪 90 年代末。蝉蜕，与蝉形状相似，内部中空，薄薄一层半透明的皮壳，像一件黄色塑料制作的艺术品。它的两眼鼓起，三对足完好，背部有一道十字形纹裂。采集后，保持蝉蜕外形完整，洗净、晒干即可入药，具有宣散风热、透疹利咽、退翳明目、祛风止痉等功效。陵川出产的蝉蜕品质优良，深受中药市场的青睐。

火麻仁，又名麻籽，是桑科一年生草本植物大麻的种子，因大麻又名火麻而得名。作为一味中草药，火麻仁最早见于唐代医书《本草拾遗》的记载：“早春种为春麻子，小而有毒；晚春种为秋麻子，人药佳，谓火麻。”而早在唐代时，上党地区已是全国知名的麻产地。从那时起，陵川县便盛产大麻，并一直延续到现在，至今仍是全国火麻仁最大的主产区，也是目前全国保留下来的唯一一个大产区。每年秋季大麻成熟后，将果实连茎收割，晒干后打下果实，过筛捡簸再磨去外壳，便可得到火麻仁。火麻仁呈扁圆形，大小如同绿豆，炒熟后香甜可口，入药有阴血滋生、润肠通便等功效。

连翘、潞党参、黄芩、蝉蜕、火麻仁，是陵川县众多中药材中最知名的 5 种，产量大、药效好，从而成为“太行药乡”皇冠上五颗闪亮的明珠。正是：陵川中药名天下，连翘党参地标夸。黄芩蝉蜕火麻仁，产量丰富药效佳。

五、上党人参天下“绝”

在晋城这座“中草药宝库”中，曾经生长着一味极其珍贵的药材，它便是上党人参。从中国最早的药典《神农本草经》到明代《本草纲目》，上党人参一直是历代医家追捧的“神药”，长期被皇室列为贡品。可惜由于采伐过度，在明朝末年上党人参已经灭绝。而今谈起上党人参，似乎只有一个“绝”字，方能道出其中的荣耀、心酸与不甘。

上党人参，又名上党真人参，与党参“绝”非同一种药材。上党人参为五加科人参属草本植物，党参为桔梗科党参属草本植物；上党人参茎部直立，党参茎部蔓生缠绕；上党人参为掌状复叶，党参为卵形对生叶；上党人参开伞状花，党参开五裂片三角形花；上党人参根部肥大如同人形，末端有分支，党参根部又细又长呈圆柱形，顶端有狮子盘头……关于上党人参的生长习性、外部特征及药效，在历代药典中都有详细记载。两者无论科属还是外形上都有极大的不同。

上党人参具有“绝”佳的药性。远在秦汉时期，医药学家已经非常推崇上党人参。至南北朝时，陶弘景在《本草经集注》描述其药性说“味甘，微寒、微温，无毒。主补五脏，安精神，定魂魄。止惊悸，除邪气，明目。开心益智，治肠胃中冷，心腹鼓痛，胸胁逆满，霍乱吐逆，调中，止消渴，通血脉，破坚积，令人不

五加科人参

忘。久服轻身延年”。其后，历代医药著作都对上党人参的药性推崇备至，药方与医案记载也非常多。如：唐朝时，药王孙思邈在《千金方》记载了700多种人参药方，首推使用上党人参。宋代《本草图经》记载，两人比赛走路，一人口含上党人参走三五里仍气定神闲，另一人不含则喘息如牛。而在唐宋时期，上至帝王下至百姓都已将上党人参视为“神药”，进而幻想久服上党人参能够成仙。由此上党人参的别名也越来越多，有黄参、血参、神草、人衔、鬼盖、土精、玉精等多种叫法。

上党人参是人参中的“绝”品。在历代医书记载中，药名带“参”的中草药非常多，唯有五加科人参被医药学家视为真人参。由于五加科人参的生长环境极为苛刻，中国古代主要在太行山、长白山、燕山等少数地方采挖真人参，根据产地不同有上党人参、高丽参、百济参、新罗参、辽东人参等多种称呼。而上党人参则远比辽东人参等药性都要好。如：南北朝时《异苑》记载：“人参，生上党者佳。”宋朝《本草图经》记载：“人参，生上党山谷及辽东，今河东诸州及泰山皆有之。又有河北榷场及闽中来者，名新罗人参，然俱不及上党者佳。”历代医药学家都将上党人参视为“中草药之王”，一直到清代上党人参绝迹之后，辽东人参才跃升为排名第一的佳品。

上党人参产于“绝”佳之地。五加科人参为第三纪孑遗植物，对于生长环境有着极为苛刻的要求，只有茂密的原始森林中才有少量出产，并且对于地形、地貌、土壤、水分、温度、湿度、光照等都有严格的要求。唐宋以前的上党地区，气候更加温暖湿润，到处都是茂密的原始森林，高山峡谷间河水湍流不息，飞瀑流泉随处可见，还有许多温泉，乔木、灌木、花草互相掩映，土壤上覆盖有厚厚的腐殖质，为上党人参提供了一个绝佳的生长环境。《中国本草全书·人参谱》记述说：“居天下之脊，得日月雨露之气独全，故产人参为最良。”

上党人参产因受到大力追捧，而被逼入“绝”境。人参的生长周期漫长，三年方能开花，五年方能结果，一颗野生人参至少要生长五十年才能拥有极佳的品质。然而自秦汉以来，上党人参因受到皇室等大力追捧，每年都要求必须进贡若干不等，采挖者竭泽而渔，严重威胁到上党人参的生存。据《傅子》记载，西晋时期朝廷要求进贡“上党真人参，上者十斤，下者五十斤”，就连河内郡等邻近上党却不产人参的地区，也被要求进贡，老百姓只能涌入太行山盗掘人参。《通典》记载，唐代时朝廷出于保护等原因，相应减少了进贡数额，要求“上党郡，贡人参二百小两，今潞州。高平郡，贡人参三十两，今泽州……”然而到了宋代，朝廷出于追求长生等目的，再次加大了进贡数额，竭泽而渔。《元丰九域志》记载：“潞州，上党郡，土贡：人参十一斤。泽州，高平郡，土贡：人参十一斤……”与唐代相比，进贡数额暴增到六倍……从汉朝以来，历经 1000 余年不停歇地采掘，至明朝初年上党人参已经濒临灭绝。

上党人参在明朝末年，彻底“绝”迹。明朝初年时，上党人参已经极

太行山（局部）

为难求。当时，地方官府依照历代惯例仍向朝廷进贡人参，明太祖朱元璋下诏制止说："朕闻人参得之甚艰，岂不劳民，今后必不进。如用当遣人自取。"（《明实录·太祖实录》）然而朱元璋的善政并未能阻止上党人参归于灭绝。上至官府下至民间对上党人参需求量极大，仍继续采掘不止。明英宗天顺五年（1461），《大明一统志》记载："辽州，土产，人参。潞州，土产，人参。泽州，土产，人参。"明成化十一年（1475），《山西通志》记载："土产：人参，太原、平阳、潞、泽诸山谷出。"辽州的人参已经绝迹。至明神宗万历三十九年（1611），《泽州志》记载："人参，太行山出，仅之紫团山间有，泽绝种。"其后没多久，潞州紫团山与泽州一样也不再产人参。至此，被历代皇室追捧了1000余年的上党人参，在太行山彻底绝迹。

关于上党人参，至今话题众多、争论不绝。清代时，由于上党人参再难寻觅，皇室开始重用辽东人参。然而，上党人参沿用了数千年，史书医典一直推崇为极品，人们并不相信已经灭绝，涌入太行山寻找的人群仍是络绎不绝。其后，随着桔梗科党参被发现，许多人开始将党参与上党人参混为一谈，进而认定上党人参就是党参，质疑上党人参存在的真实性。这一话题喋喋不休争论了数百年，已经成为中医药界的一件公案。现在，仅在知网平台检索，关于上党人参的论文便有几十种。

上党人参文化已成为中草药文化中的"绝"响。在中国古代典籍中，上党人参一直是被重点记载的对象，除历代医书药典、史籍方志记载之外，还留下了大量的诗赋与传说故事。如：大文豪苏轼、王安石、杨万里等都有咏赞上党人参的诗篇。苏轼对上党人参更是情有独钟，在《小圃五咏·人参》称赞说："上党天下脊，辽东真井底。玄泉倾海腴，白露洒天醴。灵苗此孕毓，肩股或具体……开心定魂魄，忧恚何足洗。糜身辅吾生，既食首重稽。"而关于人参会跑、会啼哭、能起死回生、久服能成仙的故事，更是流传不绝。如《新白娘子传奇》中人参精"紫蕴龙王参"

这一角色，便是上党人参文化的滥觞。之所以定名为“紫蕴”，正是因为陶弘景《本草经集注》等药典记载上党人参的花色为“紫白色”，与普通人参不同。再如：晋东南地区的“二仙”信仰，也是在唐宋时期服食上党人参能够成仙的背景下产生的，并为晋城留下小南村二仙庙等多处国保建筑。

就这样，上党人参这味稀世“神药”，在历经1000余年的追捧与采挖之后，消失在了太行山中。与它一起消失的，还有太行山曾经人迹罕至、美如仙境的原始森林与飞瀑流泉。而今太行山生态环境在不断恢复，猕猴、华北豹等珍稀动物时有出没，希望某一天上党人参也能够在这里获得重生。

六、灵芝、五灵脂等奇药

太行山，又名五行山、王母山、女娲山，相传为远古时期女娲氏炼石补天、神农氏尝百草的地方。自春秋以来，常有修真之士栖居于此，采集灵芝、白石英、紫石英、钟乳石、硫黄等物炼丹制药。山中又出产五灵脂、天麻、石苇、冬虫夏草等诸般奇药，是采药人心中的圣地。

灵芝，别名灵芝草，为多孔菌科植物赤芝或紫芝的干燥子实体。在沁水、阳城、泽州、陵川、高平等地山区中均有出产。每年夏秋季节，采药人入山采集，晒干后即可入药，具有补气安神、止咳平喘、轻身延年等功效。在王莽岭等旅游景区，常有小贩沿路售卖，游客大多熟视无睹。而在古代，太行山灵芝却是稀世少有的奇药，每有发现则被视为祥瑞，地方官府常常呈报于皇帝。《艺文类聚·神芝赞》记载：“曹魏青龙元年（233）五月庚辰，神芝生于长平之昔阳。其色紫丹，其质光辉，高尺八寸五分，散为三十六茎。枝干连属，有似珊瑚之荣。”《宋史》记载：“真宗大中祥符五年（1012）冬十月，泽州厅事梁上生白茎紫盖芝二十四本。”“徽宗崇宁三年（1104）冬十月，泽州芝草生。”《泽州志》记载：“嘉靖三十七年（1558）夏四月，高平羊头山产灵芝，入贡。”《泽州府志》记载：“国朝顺治二年（1645），陵川新郑书院产紫芝二茎。”“康熙八年（1669），陵川凤山道院生紫芝。”在正史与方志中，这类记载还有许多。

灵芝在民间也备受推崇，人们往往将它的出现与人物品行挂钩，认定为吉祥的预兆。比如：北魏时期，高平名士蔡祐对父母双亲极为孝顺。他家房屋旁长出一株灵芝，人们便认定是“孝感所致”，后来他官至都督。明代时，高平人邵深的妻子璩氏守贞一生，死后墓地上长出两株紫芝，引得时任县令刘凤池写诗凭吊。明万历年间，阳城人白所知得罪了大学士张位，被罢官归乡。家居期间，室内地板砖突然鼓起，挖开一看竟然长着一株灵芝，“大如斗，金色炫烂”，令人无不差异。不久，白所知便被起复为太常少卿。此类事情颇多奇异之处，却也从另一个角度说明：古时，晋城各地常有野生灵芝生长。

除祥瑞之外，古人还将灵芝视为修真的神药，认为久服灵芝可以成仙。北宋时崔伯易作《感山赋并序》，文中有：“服皇娲之妙道，藏补天之神石。或饵术而采芝，或吞阳而嗽液”。所谓“采芝”，描述的便是当时修真的一种方式。据记载，林灵素、披云道人等都曾深入太行山“采芝”，不但修真之人钟情于此，文人士大夫对此也多有咏赞。比如：明朝初年，文学家高启途经晋城时，便对太行山的修仙传说充满羡慕，发出“百年奄忽尽，魂魄空来游。曷见采芝叟，冥栖无所求”的感慨。（《寓感六首之一》）就连一代名相陈廷敬也曾幻想“游戏采芝药，芳序忽已遒”（《秋日往石间》），向往余生可以归隐修仙。

太行山中神仙多，灵丹妙药更是不少。比如：白石英、紫石英、钟乳石、赤石脂、硫黄，可炼制为“五石散”，曾是炼丹之士苦苦寻觅的奇药。魏晋南北朝时，士大夫间盛行服食“五石散”，对中国历史与文化产生了极大影响。这五种矿物皆可入药，使用不当便是害人的“五石散”，使用对症则为救人的灵药。

白石英，为氧化物类矿物石英的矿石，具有温肺肾、安心神、利小便等功效。紫石英，为卤化物类矿物萤石的原矿石，具有散阴火、止消渴、暖胞宫等功效。这两种矿物在晋城各县皆有分布，早在三国时期已经非常知名。据东晋孙盛《魏氏春秋》记载，黄初元年（220）魏文帝曹丕曾在太行山中开采白石英、紫石英。到唐代时，石英已经正式列为晋城地区的“土贡”。当时晋城地区不但需每年上贡白石英50斤，还须上贡野鸡90只。（《新唐书》《元和郡县图志》记载）另据《本草纲目》记载，上贡的这种野鸡又名石鸡、英鸡，“出泽州有石英处，常食碎石英”，以至于古人认为食用后可以更好地吸收石英的药效。关于采挖地址，在方志与碑刻中也有相应记载。比如，《泽州府志》记载：“白石英，高平出。”《凤台县志》记载：“白石英、紫石英，出晋普山。”清道光《南巴北巴纪略》记载：“巴西开白石洞，泽郡出白石英似玉。”清道光十四年（1834）《黄头中社创建文昌阁记》记载，泽州县青山角、黑石岭、黄石村、白石洞、黄头村等地曾是古时采集石英等矿物的旧址。

钟乳石，又称石钟乳、石髓，为碳酸盐类矿物质，常见于石灰岩溶洞中。早在先秦时期，古人已经使用钟乳石入药。《神农本草经》记载：“石钟乳，味甘温，主治咳逆上气，明目益精，安五脏，通百节，利九窍，下乳汁。”太行山奇峰突兀、沟谷纵横，分布有许多溶洞，至今仍有多处保存完好。比如：阳城县董封乡境内有一处“仙人洞”，洞内钟乳石造型千奇百妙，状如石马、石羊、石床、石枕、石钟磬，曾为阳城八景之一“修真古洞”。明清时，文人墨客常到此游览，王国光等人都曾写诗留念。又如：泽州县山河镇境内有一处天然洞穴，相传为司马懿藏兵洞，洞内也有钟乳石分布。陵川县古郊乡昆山村有一处“仙洞”，上下三层，洞连洞，窟套窟，晶莹剔透的钟乳石随处可见。现代人游览溶洞时仍惊诧不已，在古人眼中溶洞更是仙人所居，钟乳石更为仙人所食。比如：东汉末年，王烈在太行山入一溶洞，取钟乳石服食，后成仙而去。此类故事在正史方志记载中还有许多，曾引得无数古人艳羡不已。

赤石脂，又名石脂，为硅酸盐类矿物多水高岭石为主的黏土矿物。《神农本草经》记载，石脂有青、赤、黄、白、黑五色之分，“五石脂各随五色补五脏”，久服具有补髓益气、轻身延年等功效。到晋代时随着修道之风盛行，当时人将赤石脂“轻身延年”的功效进一步夸大，比如张华《博物志》便说：“名山大川，孔穴相向，和气所出，则生石脂玉膏，食之不死。”北宋时，崔公度在《感山赋》中谈及太行山的出产，其中便有“石脂之硗”。《泽州府志》等方志则将赤石脂列为一味重要的中药，至今在陵川等地仍有出产。

硫黄，为天然矿物自然硫，系火山活动的产物或从含硫矿中提炼而成。《本草纲目》记载：“硫黄，秉纯阳之精，赋大热之性，能补命门真火不足，且其性虽热而疏利大肠，又与燥涩者不同，盖亦救危妙药也。”硫黄适量入药，可治疗疥癣、秃疮等症。道家方士则称硫黄为“金液”，并在炼丹过程中发明了火药。晋城各地都产硫黄，在古代是仅次于煤、铁的第三大矿产产品。而早在隋末唐初，晋城地区就已经有炼硫的作坊。雍正《山西通志》记载：“居人入山，取矿置砂罐中，以火炼之，融注瓷盆，一饼约重十斤。”其后生产技术随时代发展而改进，产量更是逐步提高。尤其是阳城县，在明清时期更是享誉全国的硫黄产区，有“三晋产磺第一县”之称。

五灵脂，别名寒号鸟屎，是鼯鼠科动物复齿鼯鼠的干燥粪便。复齿鼯鼠，俗称寒号鸟、寒号虫、寒达达。古时，由于复齿鼯鼠非常罕见，昼伏夜出难以捕捉，人们误将其认定为鸟类，又因为复齿鼯鼠生性畏寒，一到冬天就叫个不停，便取名为寒号鸟。《本草纲目》记载：每到夏季，寒号鸟长出漂亮的茸毛，于是“自鸣若曰‘凤凰不如我’”。到了冬季毛发脱落，于是又忍着寒风哀嚎“得过且过”。“其屎恒集一处，气甚臊恶，粒大如豆。”李时珍进一步解释说，五灵脂虽然是寒号鸟的粪便，但“禀受五行之灵气”，故而得名。五灵脂入药，可治疗心腹血气诸痛、妇女经闭、产后瘀血作痛等症。

陵川五灵脂山

晋城各县皆产五灵脂，以陵川县与阳城县最为常见。清乾隆年间，陵川人傅弼在《陵川赋》中描述“脂取五灵”，即五灵脂。而今，乘车从陵川丈河、九仙河去往泽州东下村，沿途可见东、西丹河两岸悬崖壁立，常常有一道道黑色结晶体从岩缝中流下，那便是五灵脂。在陵川六泉乡境内有一座五灵脂山，便因盛产五灵脂而得名。每年冬春两季，常有采药人攀附悬崖去掏五灵脂。《陵川民俗》记载：“掏五灵脂时至少需两个人。一人在上边用绳子将另一个人放下到半崖皮的窟窿里，将五灵脂掏出后，然后再把他继续放下到崖底的河沟，从河沟转出才能回到家里。”在阳城县杨柏乡、横河乡等地也盛产五灵脂，采集方法与陵川大体相似。一般三五个人为一组，将人用麻绳从悬崖顶端坠至半空中，找到悬崖上隐藏五灵脂的石龛，再借助手中的抓钩扑进石龛，用锤子锤打采集。如果运气好，一处石龛便可以采集到几十斤。五灵脂采集风险非常高，据说采药人常因绳索被鼯鼠咬断而丧命。因此，阳城的采药人会将绳索染成红色，以此威吓鼯鼠。五灵脂采集不易，故而非常珍贵。

除了灵芝、白石英、紫石英、赤石脂、钟乳石、硫黄、五灵脂之外，晋城地区出产的天麻、黄精、石苇等中药也极为珍贵。比如：冬虫夏草，近年来其宣传甚嚣尘上，俨然已经是保健品中的“神药”。冬虫夏草，为冬虫夏草菌寄生在蝙蝠蛾科昆虫幼虫上的子座与幼虫尸体的复合体，具有补肾益肺、止血化痰等功效。冬虫夏草的主产地是青藏高原，但在沁水历山、阳城横河一带也有少量分布，由此可见太行山区生态环境的奇妙。

七、药茶浸润了生活

说起晋城中草药，便不能不说近年来声名鹊起的药茶。如连翘茶、黄芩茶、桑叶茶、菊花茶等，茶汤清亮，入口香醇，令人回味无穷，便是与龙井、碧螺春等传统名茶相比，似乎也不遑多让。

药茶，是太行山对晋城人的馈赠。晋城人生活在太行山的怀抱中，自古便有饮用药茶的传统。传说，神农氏居羊头山，尝百草辨五谷，曾一日遇七十二毒，饮茶水而解毒。药茶，既是药，也是茶，既是养生的良方，也是休闲的佳品。晋城人在神农氏的教导下，采集中草药，并以之入茶，数千年来形成了悠久的药茶文化。

在传统农耕时代，晋城人日日饮用药茶，但并没有明确提出“药茶”的概念。人们只是笼统地将其称为“茶”“汤”或“水”。文人士大夫普遍偏好江南名茶，则将太行山出产的茶统称为“山茶”。而从现存文献来看，他们喝的许多“山茶”由中草药制成，如参茶、枳壳茶、银杏茶、大麦茶等，都是名副其实的药茶。

参茶，是一种用人参、党参或其他山参炮制而成的药茶。晋城古称上党，是名贵中草药上党人参、党参的主要产地。《新唐书》记载，早在唐代时上党人参已被列为晋城的主要贡品之一。北宋时，苏轼曾盛赞上党人参“灵苗此孕毓”“开心定魂魄”。除此外，南太行山还盛产党参及各种山参，如《阳城乡土志》记载当地出产的山参“力厚于党参”。在特定的时节，将人参、党参或山参采下后，经过清洗、晾晒、切片等多道工序，便可泡制成参茶。参茶具有补气安神、补脾益肺等多种功效，是一种上等的保健品。

清朝雍正年间，泽州知府朱樟曾在胜因寺饮用参茶，赞不绝口。据朱樟文集《冬秀亭集》记载，某一年秋天，他步行到泽州城南胜因寺闲游，但见“双藤架树缚为门”，院内树荫满地、燕子纷飞，极为清幽雅静。在禅房小憩时，忽听见门帘响动，小沙弥为他端来一盏药茶。朱樟饮用后顿觉满口生香，称赞说远比“春茶”要好，一询问方知是用五叶人参制成。朱樟想起苏轼的人参诗，欣然写道：“……寺外铃声白道斜，下帘频饷过春茶。谁偷上党灵苗孕，五叶人参已随花。”（《胜因寺僧房小憩》）

朱樟是浙江钱塘（今杭州）人，出生在江南著名的采茶区，对饮茶极为挑剔。在泽州期间，其友人曾多次为他寄茶，包括龙井茶、武夷茶、梅花片茶等。一方面，朱樟看不上本地茶，称“泽州无梅，茶亦不产”，另一方面晋城药茶又给他留下了深刻的印象。比如：某一年五月，朱樟由林邨去往窦庄、屯城，露宿于端氏聚一户农家。在窑洞里，他喝到一种枳壳茶，极为满意，写诗道：“枳壳香浓进客茶，玲珑陶穴露人家。短篱一带低黄蝶，五月山坳始菜花。”（《自林邨至端氏聚，入窦庄、屯城途中，得六绝句》）枳壳，为芸香科柑橘属植物，其果皮晒干后可以入药，具有理气宽中、行滞消胀等功效。在朱樟这样嘴刁的饮茶人口中，能得到“香浓”两字评语，可见这枳壳茶味道甚佳。

大麦茶，又名麦茶、麦汤，是一种至今仍广为流传的传统药茶，在宾馆、旅店等处极为常见。元代时，泽州诗人张翥写有《拾麦吟》，诗中有：“大麦黄，将上场，田家钹麦村村忙。”清光绪六年（1880）碑刻《纪异示儆约言》提到，光绪四年大旱影响了大麦的种植。可见，晋城地区自古便

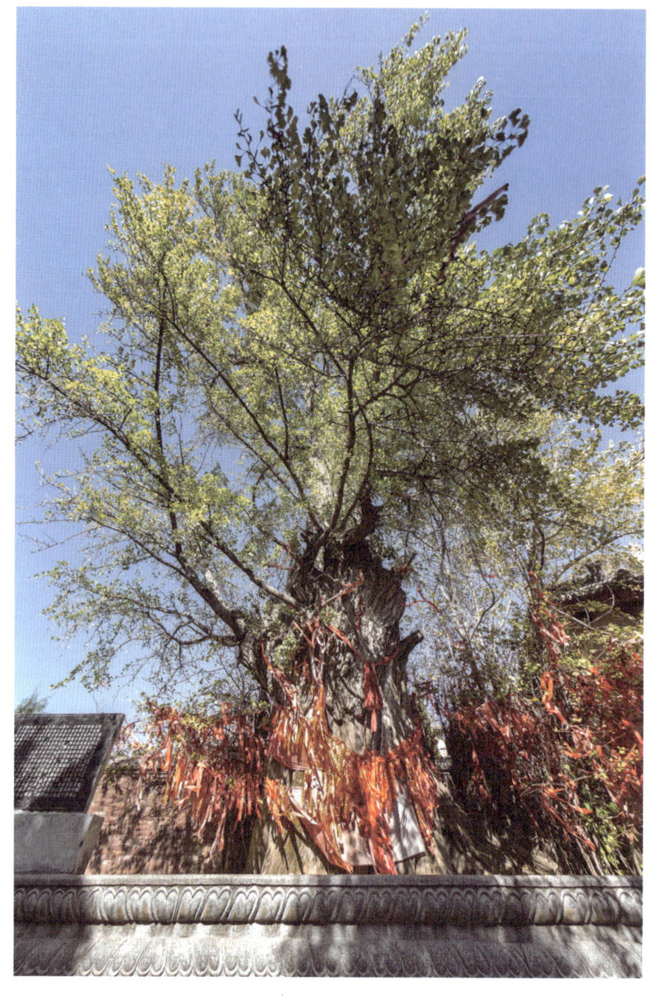

泽州岱庙的“银杏王”

有大麦种植。每年六月大麦收获后，将籽粒炒至焦黄，用沸水冲泡，便能制成大麦茶。大麦茶香味浓郁，具有开胃、助消化、减肥等功效。清朝顺治年间，广西按察使毕振姬里居在家，曾在高平西山附近一户农家喝到大麦茶。其诗《夏游西山》描述说：“钟声午树隐胡麻，十里山椒见一家。古庙毁垣苔半合，画龙提雨石坛霞。野老逢人出远田，新煎大麦捧茶烟。坐中指点神丛里，沙石牛耕四五年。”所谓“新煎大麦”，便是将刚收获的大麦炒黄后入茶。

银杏茶，是一种用银杏叶泡制而成的药茶。在晋城各地，生长有不少古银杏，如：泽州岱庙的“银杏王”，树高25.4米，树围10.21米，是山西省现存银杏树中最大的一棵，据说已有千年以上的树龄。陵川县礼义镇郝家村的古银杏，树高20米，胸径0.7米，枝繁叶茂，蔚为壮观。银杏的果实名叫白果，是一味重要的中草药，而银杏叶则具有活血化瘀、通络止痛、敛肺平喘、化浊降脂等功效。每年深秋，银杏叶被阳光浸润成金黄色，仿佛一树振翅欲飞的金蝴蝶，煞是好看。这时，便常有人捡拾银杏叶，冲洗、水蒸、晾晒后，用于泡茶。晋城人用银杏叶泡茶，自古有之。明嘉靖三十年（1551）十月，泽州知州边侁等人到高平金峰寺游览，僧人便以银杏茶招待，留下了“衲子煨银杏，卢儿竞粉妆”的诗句（《金峰寺五言诗记》）。需着重注意的是，银杏叶和白果都有一定的毒性，不宜多饮、多食。

可以说，古时晋城地区上至士绅下至农家，皆饮用药茶。尤其是名山古刹，因为平时参拜、留宿的客人非常多，许多都设有专门的茶室。如：清代时，珏山山顶建有多处茶厦、茶房，为游人免费提供茶饮，现存有《创建茶厦石井碑》《施茶摩崖碑》《恳祈捐金修葺茶房碑》等碑记。明代时，青莲寺设有东、西茶厅，专门招待客人饮茶。清康熙元年（1662）《煮茶供饮碑记》记载，青莲寺在香客资助下曾在“东廊下结庐安灶，躬为烹点。焙之以三昧火，煮之以方便铛，贮之以甘露盌，既效烹煎之制，兼陈果物之资，以供十方善士渴饮所需”。清康熙四十五年（1706）《重新西廊地藏殿碑》记载：“吾辈僧俗宽寅、郭之凤等，煎茶四十余年，剩下钱万有余贯。”可见，当时青莲寺的茶饮不但极具规模，还很有品位。

像珏山玄帝庙、青莲寺这样，以茶饮招揽香客的方式，在宋元至明清时期的晋城极为普遍，且招待用茶常常使用“山茶”。比如：清康熙五十六年（1717）《创修关帝庙碑记》记载，泽州大箕镇道口村关帝庙“古

连翘茶

有茶庵一所，采山茶，汲泉水，以济行人之渴”。《泽州府志》记载，王云凤游览本地一处寺庙时，“山僧闻客至，山下采山茶”。之所以用“山茶”待客，其好处主要有三：一是南方茶叶经万里茶道北运到晋城，由于路途遥远，往往价值不菲，而本地“山茶”则要便宜许多；二是“山茶”就近采集，更加新鲜可口，且兼具不错的药效；三是古代寺庙宫观中的僧道许多都精通医术，且有采药的风俗，寺庙内也往往形成有自己独特的茶饮。

从古典文献来看，文人士大夫极爱在寺观中饮茶。比如：《泽州府志》记载，金代时曾有一位李仙人，在月院山下大月寺饮茶，留下了“旋煮新茶汲冰水……诗情只在烟岚里”的诗句；金代时，诗人宗道在宝岩僧舍饮茶，写有“寂寂钟鱼柏满轩，午风轻扬煮茶烟”（《宝岩僧舍》）；元太宗十一年（1239）李俊民陪同友人在青莲寺饮茶，写有：“茶烟榻畔坐忘身，与师贪论安心法”（《福严禅院》）；明朝万历年间，王国光在灵泉寺饮茶，写有：“酷暑潜消七月风，茶楼高卧午窗红”（《灵泉寺阁中》）……此类诗文记载很多。而他们的诗文虽然没有明确写到饮的是哪种茶，但其中必然有许多是本地产的药茶。

晋城药茶品类极为丰富，常见的有连翘茶、黄芩茶、桑叶茶、酸枣叶茶、山楂叶茶、红枣叶茶、金银花茶、蒲公英茶、菊花茶、玫瑰花茶等，其中又以连翘茶与黄芩茶最为著名。连翘与黄芩是晋城地区主产的中草药，又是“陵五味”中重要的两种，其产量在各县区都非常大。作为传统中草药，连翘主要利用果实，黄芩主要利用根茎，而它们的叶子则可以入茶。每年春季，当连翘、黄芩刚吐露嫩叶后采下，经过清洗、晒晾、炒制、揉捻、整形、烘焙等多道工序，便可泡制成茶。连翘茶有清热解暑、生津止渴、利咽润喉等功效，黄芩茶则有解毒止血、清热燥湿、降脂、降压等功效。两种茶口感清新，入口醇厚，深受人们喜爱，已成为市场上茶饮中的新宠。

对于当代人来说，饮茶是一种休闲；对于古代劳苦大众来说，饮茶何尝不是劳动之余的一种休憩与享受。古时，除了白酒、果酒外，并没有什么可口的饮品，晋城人便“靠山吃山”，以药入茶，享受药茶的香醇与健康。除上述几种药茶外，据年老长者回忆，过去日常饮用的“汤”“水”还有山楂片水、黄梨水、甘草水、烹盐水、葱胡子水等。其中，山楂片水、黄梨水至今仍深受人们喜爱，而甘草水、烹盐水、葱胡子水等已经极为少见。

据《陵川民俗》记述，过去陵川老百姓常喝饮甘草水与烹盐水。每年夏季，在药铺买入甘草、灯芯、竹叶等药材，经过熬煮便可制成甘草水，据说有止渴、下火、消暑等功效。而烹盐水常用于治疗肚疼、腹泻等肠胃疾病，做法是“将荆芥、大曲炒糊，加入七个生盐斗（大盐块），再加入水熬至盐味浓烈”，即可。泽州县等地的百姓，则常喝一种葱胡子水。将葱胡子（即葱须）取下、洗净，加入两三片姜、少许红糖熬煮，具有驱寒、治疗感冒等功效。总之，在缺医少药、没有饮料的年代里，人们遵循中医的教导，以药入茶，又以茶代药，将药茶喝出了许多花样。

在晋城，常常见到这样的场景：几个人坐在一起闲聊，人手一个保温杯，杯中泡着连翘、黄芩、菊花、山楂、枸杞等各种药草。杯盖掀开的一瞬间，雾气蒸腾。大家时不时呲溜一口，兴致勃勃地说起各自的养生经，轰然一笑间，将生活的乐趣融入茶水里。

药茶，就这样流入了晋城人的血脉，给人们的生活带来许多健康与安逸。晋城人的生活离不开药茶，药茶也浸润了晋城人的生活。

八、晋城古代名医及医学著作

俗话说："一方水土养一方人，一地草药育一地医。"晋城市作为华北地区著名的中草药出产地，历史上又怎会缺少著名的中医?!

检索史书方志，有记载的晋城古代名医大约有36位。明朝之前5位，分别是：王叔和（晋朝）、冯文智（宋朝）、都向（宋朝）、王翼（金朝）、郭显道（金元）；明朝7位，分别是：程应宠、祁芳、白胤昌、窦养相、冯琛、都文俊、张云路；清朝24位，分别是苏荣生、罗人文、李福荣妻、苏寰、祁尔诚、杨凤鸣、祁惠之、牛彬、石中玉、赵溥、张昌、司九仪、王好生、王泰二、张玉鉴、傅怀西、傅弼、王维本、田珽、牛克明、张熹、乘继枚、乘永玺、乘永璧。除此外，另有10余位虽然主要以文章道德名显于世，却也精通岐黄之术。

上述50余位医士，根据特点主要可以分为四种类型：一是"晋城古代五大名医"；二是著作等身型；三是医官群体；四是名士型。

（一）"晋城古代五大名医"

王叔和、冯文智、都向、王翼、程应宠可以并称为"晋城古代五大名医"。其传记皆见于《古今图书集成》卷五百四《医部全录·医术名流列传》。《医术名流列传》是清朝雍正年间翰林院编修陈梦雷等编著的一部医史类中医著作，在中医界影响很大。

毫无疑问，王叔和是中国医学史上划时代的人物。他著述《脉经》，整理《伤寒论》，对于中医学发展作出了杰出的贡献。然而由于史志记载不详，对于其籍贯存有争议。明万历《泽州志》将其记载为高平县人，并为之立传，其后雍正《泽州府志》、顺治《高平县志》、同治《高平县志》等都沿用这种说法。《泽州府志》介绍其生平曰："（晋）王叔和，高平人，为太医令。博通经史，洞识修养之道。精诊切，纂岐伯、华佗等书，撰《脉经》，辨晰最详。张仲景作《伤寒论》，文字错简，未易序次，求得叔和汇撰，始成全书。见唐甘伯宗《名医传考》。占籍邑之王寺村，今药碾犹存。”

冯文智（952—1012），北宋名医。家族世代以行医为业，他自幼学习医术。太平兴国年间（976—984）赴东京汴梁（今开封）参加医学考试，被录用为医官。后升任乐源县主簿、少府监主簿，不久后仍转任为医官，并加封少府监丞。淳化五年（994），府州折御卿病重，经冯文智诊治后痊愈，朝廷予以“赐绯，加光禄寺丞”嘉奖。咸平三年（1000），明德太后生病，由冯文智侍医后痊愈，再次“加尚药奉御，赐金紫”。其后，历任直翰林医官院、医官副使、检校主客员外郎等职。大中祥符五年（1012）去世，年 60 岁。《宋史》为之立传。

都向，陵川人。出生官宦世家，其弟都贶为宋哲宗、徽宗时期名士，兄弟二人皆考中进士，在宋廷任官。都向，博学通医，政和年间（1111—1118）官居宣议郎，掌太医院事。他医术高超，史书记载“远近求诊，应手辄愈，能以其术鸣焉”。

王翼（？—1232），字辅之，泽州星轺镇[①]（今泽州县拦车村）人，金代医学家。他自幼博闻强识，精通经史百家之说，金贞祐二年（1214）曾官任巡检，后隐居月院山。王翼精通医术，讲究难素、本草、物性、药证、病源，在晋豫两省间行医救人，医德高尚，闻名于世。他治病经常不收钱，因此受到许多医生责难。王翼说：“予所重者人命，以利为？利心一萌，何异紾臂夺食乎！”河内一崔姓男子，年 30 余岁，病重不愈，正准备后事。王翼诊断后，认为可以扎针救治，三针后恢复体温，第二天再次

① 注：《泽州志》《泽州府志》《阳城县志》皆载《王翼传》，记为“阳城人”。李俊民《故王公辅之墓志铭》记载：“祖明，避靖康之乱，徙居濩泽晋城之王城里（今望城头村一带），父德迁于星轺镇”。

扎针即可睁眼，七日后病愈。其行医案例大抵如此。王翼著述颇多，医学著作有《素问注疑难》20 卷、《本草》《仿寒歌括》各一卷。1232 年正月，蒙古军围攻汴京，金哀宗出逃，王翼逃入山中避难，不幸死于战乱。李俊民为其撰写墓志，称赞他“德如叔微，药如宋清”。

程应宠，泽州人，明朝中期名医，曾官任太医院吏目。他年少时便很聪颖，刻苦专研医术，对于历代医书无不浏览。程应宠擅长切脉，片刻间便能判断出病情，并且十分精准。一次，某人得了怪病，一直无法确诊，经程应宠诊治后不久便病愈。他医德高尚，看病不分穷富一视同仁，即使是乞丐也不嫌弃。著有《手录医案》。

（二）著作等身型

晋城古代名医在医学上有所著述的共计 10 位，分别是：王叔和、王翼、程应宠、白胤昌、罗人文、苏荣生、杨凤鸣、石中玉、赵溥、祁尔诚。他们共创作医学著作 27 种。具体情况见下表：

序	姓名	朝代	籍贯	著作
1	王叔和	晋	高平	《金匮玉函》8 卷、《脉经》10 卷、《脉诀》4 卷、《脉赋》3 卷、《孩子脉论》3 卷、《脉诀几要》3 卷、《张仲景药方》15 卷、《伤寒病论》10 卷、《金要略略方》3 卷
2	王翼	金	泽州	《素问注疑难》20 卷，《本草》《仿寒歌括》各 1 卷
3	程应宠	明	泽州	《手录医案》
4	白胤昌	明	阳城	《医砥》《医约》《医源》《医汇》各 10 卷
5	罗人文	清	沁水	《医案》10 卷
6	苏荣生	清	泽州	《病镜》
7	石中玉	清	高平	《伤寒尊是》《血症琐言》《本草谈真》《杂症琐言》
8	赵溥	清	高平	《穆三堂医学集解》《穆三堂诗草》
9	杨凤鸣	清	泽州	《验方奇闻》
10	祁尔诚	清	泽州	重刻《傅青主女科》，并手加评注

除王叔和、王翼、程应宠3位名医外，其余7人在医学上也卓有成就。其小传详见《泽州志》《泽州府志》等记载。具体如下：

白胤昌，字季文，阳城名士白所学之子。明泰昌元年（1620）恩贡，廷对第一。他不屑于做官，乐于专研古文与医学，并且精通医术。筑“容安斋”，著书其中，除《医砥》《医约》《医源》《医汇》等医学著作外，另著有《苏谭》《容安斋诗文集》《蓼解丛编》。

罗人文，明末清初沁水人。初举乡荐，明朝灭亡后，隐居乡里，以行医为生，精通医术，著有《医案》10卷。

苏荣生，清代泽州人，以友善闻名。他精通医术，行医济世，救人甚众，著有《病镜》。

石中玉，字米袖，清中期高平人。师从名士杨彤揆，在诗赋、古文上很有造诣。他不屑于科举、做官，毕生酷爱读书，精通医术，以行医济世，救人无数，被誉为“华董”。除医学著作《伤寒尊是》《血症琐言》、《本草谈真》《杂症琐言》四集外，另著有《句典摘萃》。

赵溥，字化光，清中期高平人，廪生。他生性磊落，精通医术，闲暇时则喜作诗歌，所作《雁字诗三十首》曾受到纪晓岚赞赏。著有《穆三堂医学集解》《穆三堂诗草》。

杨凤鸣，号应阶，清末泽州人，精通医术，官任太医院吏目。他经常随军效力，颇受军中将领器重。著有《验方奇闻》。

祁尔诚，字竹岩，清末泽州人（今泽州县北尹寨村），进士。他自幼博览群书，对于堪舆、医学都非常精通。任官兴国州知州时，时逢饥荒，怜惜百姓家贫，

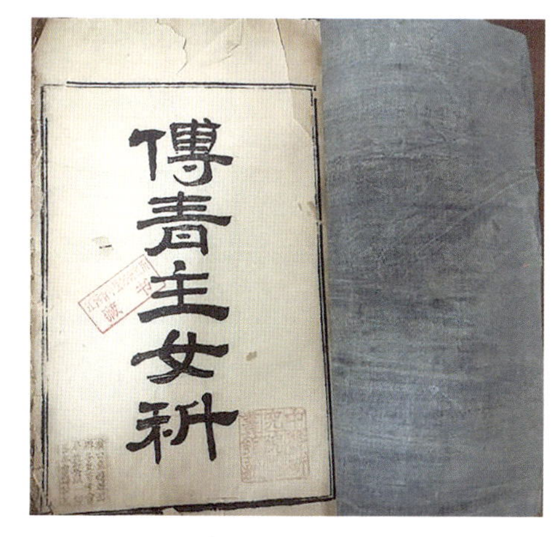

祁尔诚《傅青主女科》

曾自出己资代民完税，受到百姓赞誉。祁尔诚热爱医学，对于明末清初医学家傅山极为崇拜，重刻《傅青主女科》并亲自校订、批注。道光十一年（1831），《傅青主女科》正式出版并广泛传播，对后世影响很大。祁尔诚的批注，发挥书中未尽精义，补充用药经验体会，强调精心辨证论治，讲究药物真伪代用，注重治疗禁忌调摄，说明不同版本差异，在学术上价值很大。

（三）医官群体

在晋城古代名医中，有任职医官经历的大约有20余人。其中，曾在内廷供职的共计8人，分别是：王叔和、冯文智、都向、程应宠、窦养相、窦绶、王宽、杨凤鸣。具体情况见下表：

序号	朝代	姓名	籍贯	医官职务
1	晋	王叔和	高平	太医令
2	宋	冯文智	泽州	尚药奉御、直翰林医官院、医官副使
3		都向	陵川	掌太医院事
4	明	程应宠	泽州	太医院吏目
5		窦养相	沁水	太医院吏目，升御医
6		窦绶	沁水	赠太医院御医
7		王宽	陵川	劄授太医院吏目
8	清	杨凤鸣	泽州	太医院吏目

需要注意的是，由于历代官制不同，在内廷任医官，名号也有很大差异。所谓“太医院”，名称始于金代，元明清三朝沿用。明清时期，太医院设院使（正五品）、院判（正六品）、御医（正八品）、吏目（从九品）等职。如：程应宠、杨凤鸣任太医院吏目，实为太医院低级医官；王宽，因明隆庆二年（1568）捐资助军饷，朝廷“劄授太医院吏目”，实为虚职；窦养相任御医，官阶更高且拥有处方权；窦绶是窦养相的父亲，依据明代

诰锡制度“赠太医院御医”，也是虚职。而王叔和、冯文智、都向 3 人，其官职则更高，为当时宫廷医疗主要负责人。

明清时期，在地方府县还设有“医学”。据《泽州府志》等地方志记载：泽州府医学在南关；凤台县医学在察院东南；高平县医学在县治前；阳城县医学在阴阳学东；陵川县医学在南门内；沁水县医学在西关。按制，府医学设“正科”官职，每府一人；县医学设“训科”官职，每县一人。明朝医学训科“设官不给禄”，清雍正时“由部给札”，乾隆时“更颁给钤记”。关于晋城府县医学正科、训科的人选，现仅存有零星的记载。同治版《高平县志》共记录清雍正至同治时期高平县医学训科八人，分别为张启贤、梁润、祁芳、杨承德、石圣望、邢泽俊、赵文忠、赵百福。乾隆版《陵川县志》共记录陵川县医学训科 7 人，其中明代有冯琛、都文俊、张云路，清代有张熹、乘继枚、乘永玺、乘永壁，另有牛克明曾任泽州府医学正科。

（四）名士型

范仲淹有云：“不为良相，便为良医。”受此观念影响，古代文人士大夫对于学医十分偏好。尤其是在明清两代，许多文人厌弃八股取士，醉心医学，寄情诗文，成为知医晓药的名士。辑录史志，这样的人物共计 12 位，其中高平人便有 7 位。具体情况如下：

序	姓名	朝代	籍贯	医术	序	姓名	朝代	籍贯	医术
1	郭显道	金元	泽州	以医名一时	7	李志峦	清	高平	生父客病而归……志峦遂研穷医理，亲制药饵
2	姬显廷	明	高平	卖药终其身；隐于医	8	韩玚	清	沁水	善医

续表

序	姓名	朝代	籍贯	医术	序	姓名	朝代	籍贯	医术
3	李玘	明	高平	少以医著	9	卫永耀	清	泽州	凡医卜、占候、形家言……食谱酒经无不通晓
4	延人秀	明	阳城	邑诸生，贫而业医，且好学	10	祁斯清	清	高平	通医，蓄药济人。常教其子曰：医理尤当知也
5	崔子明	清	高平	父堂患痹，以子明累年视药裹，竟忘其病	11	王国宾	清	沁水	于书画、风鉴、医卜、骑射，无不精妙
6	崔光嵩	清	高平	归而读《易》卖药	12	韩仰斗	清	沁水	医卜、天文、地理，靡不究其妙

郭显道，金元时期泽州人，与文豪李俊民往来亲密。李俊民曾四次题诗相赠，诗题为《郭显道美人图》《赠郭显道医》《赠医郭显道》《游石堂山》。在《赠郭显道医》一诗中，李俊民称赞郭显道医术“入其手者命可活”“大胜扁鹊能起虢”。《凤台县志》赞其“以医名一时”。

姬显廷，明代高平人，举乡荐，性情淡泊，不乐仕进，卖药为生。《高平县志》称其“隐于医”。其子姬鼎燕举人出身，工诗，著有《苦吟集》。

李玘，明代高平人。年少时便以医术著称，后修习图纬、炼形、服气，晚年“汇释老而一之”，精通儒道释学说。

延人秀，明代阳城人，秀才。家贫，以行医为生，非常好学。明末动乱中，被农民军老回回部抓获，命其下跪，威武不能屈，被杀。

崔子明，字见心，清代高平人，进士。父亲崔堂患痹病，他常年侍奉医药，竟使其父恍然若“忘其病”。后官居叶县知县等职，著有《读书声》《经国大业》《丹头地》等集。

崔光嵩，崔子明从弟，顺治五年副榜岁贡，任溧阳知县，后归家读

《易》卖药，与毕振姬相友善。

李志峦，清代高平人。因父亲病重，矢志学习医术，亲制药饵，希望能有所救治。擅长作文，毕振姬称“志峦为文，长于用意，赵介亦避其锋锐”。

韩玚，清代沁水人。奉母至孝，刚勇有胆略，明末动乱中曾受张督师邀请入营谈论军事。大饥荒中爆发农民起义，县府决定围剿，曾单骑入营招降。《沁水县志》称其“善医，旁及青乌术，精书法”。

卫永耀，字径千，清代泽州人。性慧巧，善音律，工书画，对医卜、占候、击剑、打拳、篆印、刺绣、食谱、写诗等无不通晓。著有《石坪印谱》《得树楼诗稿》。

祁斯清，清代高平人，武秀才出身。性情亢直，轻财好施，乐于助人，常助修道路、救济乡里。《高平县志》称其“通医，蓄药济人”。他常常教导孩子：“人不可不谈书[①]，经史之外，医理尤当知也。”

王国宾，清代沁水人，武秀才出身。生平仗义疏财，对于书画、风鉴、医卜、骑射，无不精通。著有《阴阳地理要诀》《绘事谱》《仙机棋谱》。

韩仰斗，字仲济，清代沁水人，名士韩范次子。他秀才出身，为人正直，博览群书，对于医卜、天文、地理等都非常精通。

上述名士虽然精通医药，大多仅将医术作为一种爱好，平日并不坐诊治病。方志所谓“善医”，或许仅为纸上谈兵之论。

总之，晋城市作为“太行药乡”，不但盛产良药，也盛产良医。许多人行医济世一生，史志却未曾留下只言片语，又有留下只言片语者，却不知其人生详细经历。如：李福荣妻“颇通女科，医救多人”，是晋城历史上少有的女医生。若非她守节 33 年，又怎有《凤台县志》21 个字的记载。如此不平凡的女性，却连姓氏都未曾留下，不由令人长叹！

① “谈书”为古籍原文，即读书。

第八章

节庆笙歌

中华农耕文明如同一株灿烂的花树。如果说农业生产是这株花树的根脉，各种农耕技术是花树赖以生存的养料，那么品类繁多的节庆习俗、民歌曲艺，便是这株花树上盛开的姹紫嫣红的花朵。晋城人民在传统农耕生产活动中，创造出了丰富多彩的非物质文化遗产。从立春到冬至，每一个节令都有着精彩纷呈的庆祝方式；从民谣、秧歌到梆子、八音会、四弦书，每一种曲艺都是农民喜怒哀乐生活的载体。历经 1000 余年，这些节庆习俗、民歌曲艺早已与这片土地上的人紧紧黏合在了一起，成为他们精神世界中绚烂的色彩。

一、鞭春礼与藉耕礼

在传统农业时代，每年的农耕都是在隆重的祭祀典礼中开始的。

立春时节，上至朝廷下至府县都要举行鞭春礼。鞭春又名迎春，民间则称为“打春”或“打春牛”。在立春前一天，人们将预先造好的春牛与芒神迎到祭祀处，次日由官员手持“春杖”（即鞭子）击打春牛，并祭祀芒神，以象征春耕开始、丰收在望。这种农耕祭祀活动大约发源于先秦时代，到唐宋时期已经极为盛行，并载入官方祀典，一直延续到清朝末年。

在历史上，无疑皇室举办的鞭春礼最为隆重。明清时期，每年六月份顺天府便要移文钦天监，请求精确推算立春的时间，并根据推算绘制春图。冬至后第一个辰日，由顺天府大兴县、宛平县使用专门的水土预期塑造春牛和芒神。皇室所需的春牛和芒神安放在特制的“春座”上，“春座”使用大量的珍珠、金牌和银叶子装饰，非常奢华，并且便于移动。立春前一日，由顺天府在京城内扎设彩棚，迎接春牛与芒神入住。次日，由礼部率领百官举行隆重的典礼，祭祀芒神，击打春牛，并依次“进皇上春”“进圣母皇太后春”“进中宫皇子春”。整个鞭春礼中每个细节在礼制上都有详细规定，典礼结束后还要举行宴会。当日，京城内观者如堵，非常热闹。

每年立春，各府各县也要举行鞭春礼。明代时，泽州的鞭春礼由知州主持、州衙门承办。临近日期，州衙预先指定工匠制作春牛和芒神。万历《泽州志》记载：“立春土牛、芒神工料银四两五钱。”州县鞭春礼的仪轨在《大明会典》中也有明确规定，依制：立春前一天，由知州率领同知、州判等僚属身着常服在州衙前迎接春牛与芒神。春牛在西侧，面南摆放，芒神在东侧，面西摆放。第二天清晨，陈设香烛酒果后，知州等官吏身着朝服面对芒神行礼。在赞礼官引导下，全体官员四鞠躬，然后知州向前一步跪拜，三次奠酒后行叩首礼，然后复位，全体再次四鞠躬。祭拜完芒神，在知州率领下，全体官员手执“春杖”在春牛两旁排列。由知州击鼓三声后，绕春牛三匝，击打土牛，官员再依次行鞭春礼。

清雍正六年（1728），泽州升州为府并附郭设凤台县，泽州府的鞭春礼便改由泽州知府主持、凤台县承办。《泽州府志》记载：“迎春神牛银一两一钱二分五厘。雍正六年，详请改州为郡等事，案内改归凤台县。”与明代相比，清代制作春牛与芒神的工料银缩减了许多，并且在乾隆、光绪时还将“迎春神牛银”更名为“迎春神牛酒席银”。显然，“一两一钱二分五厘”银子根本无法囊括典礼的所有花销。比如：在典礼期间要唱戏，其花销便主要由戏班义务摊派。除此外，凤台县还要承担泽州府“春秋祭价银一百二十九两”（《泽州府志》），其中便包含鞭春礼中的其他祭祀费用。

在朱樟《冬秀亭集》中，保存有两首描述泽州府鞭春礼的诗，为我们提供了一个从知府角度观礼的视角。第一首《雪中迎春》写于雍正十三年（1735）立春前一日，诗曰：

迎春次东郊，牙旗导参佐。填街午市喧，升斗集甲货。

三白记年丰，先喜炊饼大。土膏未动初，八栏一牛卧。

往事百戏陈，笙簧兼侑坐。忙如蜂钻窗，走若蚁旋磨。

风轮不暂停，四序瞥眼过。愧此白雪高，何劳叹寡和。

为了举行迎春礼，泽州知府朱樟早早便来到了东郊，在牙旗仪仗引导下，随行的还有府衙的参佐官。沿途街道上挤满了人，市场上非常喧闹，升斗小民挑着上等的货物在摆摊售卖。去年冬季下了几场大雪，人们都在说“今冬麦盖三层被，来年枕着馒头睡”。农田里肥沃的土壤还没有犁开，耕牛还悠闲地卧在牛圈里。舞台上梆子戏表演着各种历史故事，八音伴奏下人们推杯换盏正在喝酒。有的人忙碌着张罗，好像一头马蜂在乱撞，又好似一只蚂蚁在推磨。风车不停地旋转，转眼间一年又过去了。这迎春民俗虽然没有阳春白雪高雅，却非常热闹，深受老百姓喜爱。

第二首《次日鞭春》写于雍正十三年（1735）立春，诗曰：

西顾日在酉，测影春何迟。开门磔泥牛，三匝如奔追。

引犊食细草，寝讹山之涯。万户各望岁，三农宜及时。

耨锄戒德□，官瘠民乃肥。先事击鼛鼓，□牟独何悲。

司职主堆陇，鞭笞焉敢辞。有田行且归，岂恕筋力衰。

立春当日，由朱樟亲自主持鞭春礼。根据阴阳官测算，今年立春的时间为酉时（十七点至十九点）。大家早早便已经列队等候，都忍不住抱怨春天为什么来得这么迟。衙役打开府衙大门，官员们依次绕土牛 3 匝、击牛 3 次，大家你追我赶好像在赛跑一样。老牛引着小牛在吃草，卧倒休息时好像一座山。百姓们都在企盼丰收，而农事最好要依时而行。今年朝廷已经下诏免除了耨锄箕帚等杂税，只有让利于民，老百姓才能过上好日

打春牛

子。按例，朱樟率先击鼓3次，在鼓声中土牛被衙役击碎，好像发出了哞哞的悲鸣声。朱樟虽然有些不忍，但他作为知府担负有劝农的职责，这鞭春礼又怎敢推迟。如果可以的话，他也想归乡去种田，哪怕自己已经年老体衰。

高平、陵川、沁水、阳城四县的鞭春礼，由各县衙门自行举办。比如陵川县的典礼便极为隆重。乾隆《陵川县志》记载："立春先一日官僚迎春于东郊，闾里老幼出集通衢观春。至期，祭芒神，啖春饼、生芋、饮酒，巫祝绕芃莀，谓之鸣春。"立春前一天，由2名手艺人着冠服装扮为"春官"与"春吏"，沿街高喊"春来了"，向城内报春。知县率领所有僚属身穿官服，在鼓乐仪仗导引下，前往东郊先农坛迎接预先做好的春牛与芒神，并行叩首礼祭拜。次日清晨正式举行鞭春礼。在赞礼官引导下，知县、典史等官僚先祭拜芒神，然后手执彩鞭依次绕春牛3匝，击打春牛3下，最后由衙役击碎春牛。其他几县的鞭春礼也大体如此。

同治版《阳城县志》中也有关于鞭春礼的记载："前一日，官僚迎芒神于东郊，巫鼓导前，杂随戏队，殿以土牛，观者填市。次日，鞭土牛以宣春气。"乾隆年间，阳城县上庄村诗人樊大基目睹鞭春礼后，写下一首《迎春日即事成竹枝》，又为我们提供了一个从百姓角度观礼的视角。其诗曰：

箫鼓声声夹道欢，纸花乌帽簇春官。
土牛臃肿芒神丑，赚得香闺掩笑看。
绢播竹马闹村娃，社火抬妆半侩牙。
迎上长街转曲巷，灯船花鼓入官衙。

立春前一日，整个阳城县就已经非常热闹。在箫鼓声中，人们夹道欢庆，只见头戴纸花乌帽的春官在众人簇拥下走来。其后紧跟而来的是春牛和芒神的神驾，土塑的春牛非常臃肿，芒神也很丑，惹得观看的妇女都掩嘴而笑。接下来的是热闹的社火表演，孩子们骑在竹马上举着绢制的幡儿。演员们你唱我跳，不一会儿队伍便由大街转进了小巷。在灯船花鼓簇拥中，迎春的队伍很快便来到官衙。整首诗虽然仅仅描述了立春前一天游街的情景，喧闹的鞭春礼已经跃然纸上。

府县举办的鞭春礼不但有隆重的游街仪式，还要唱大戏，称为“演春”，还要办酒宴，称为“春宴”。男女老幼沿街观礼，称为“观春”。当日家家户户还要吃萝卜片、吃春饼，称为“咬春”。除萝卜、春饼外，很多地方还要吃生芋、吃梨片、饮酒。当日，女孩子们更是打扮得花枝招展，有的剪彩为鸡，称为“春鸡”，有的贴羽为蛾，称为“春蛾”，将这些事物都戴在发髻上，争奇斗艳。鞭春礼结束后，农民们会哄抢砸碎的春牛碎片，调成泥涂抹在耕牛角上，或洒在农田里。没有抢到的便用小布袋装些五谷杂粮，挂在耕牛角上，用以祈求六畜兴旺、五谷丰登、四季平安。

整个鞭春礼中，最重要的道具便是春牛和芒神。芒神又名春神，是主管农事的上古神祇句芒，为七八岁孩子形象，作神像装束。芒神身高3尺6寸5分，代表一年365天；神像手持的柳鞭长2尺4寸，代表二十四节气。春牛又名土牛，在先秦时期已经出现。《周礼·月令》记载：“出土牛以送寒气。”《事物纪原》记载：“周公始制立春土牛，盖出土牛以示农耕早晚。”春牛身高4尺，代表四季；身长8尺，代表八节；尾巴长1尺2寸，代表一年十二个月。明清时期鞭春礼中的春牛和芒神，皆使用桑柘木做骨架，再用泥土塑造形象，全身装饰有彩绘。身体各个部位的颜色与花纹都不一样，须根据当年立春时间的干支来制定。除此外，据说还要在春牛的肚子里填放五谷和各种干果。典礼结束后，春牛被击碎，红枣、核桃、黍米等食物洒落一地，人们一哄而上，欢呼抢食，场面极为火爆。

需要注意的是，在举行鞭春礼当天，典礼的场所并不在先农坛，知府、知县也不会亲自扶犁耕地三圈。在先农坛扶犁亲耕，古称藉耕，通常只有皇帝和公卿才能举行。清朝中期，雍正皇帝极为重视农耕，为了劝农，在雍正四年（1726）八月下诏：“令地方守土之官俱行耕藉之礼。照九卿所耕耤田四亩九分，设立先农坛，于雍正五年为始，每岁仲春亥日举行九推祭礼。”（《清实录·雍正皇帝实录》）于是在雍正四年（1726）至七年（1729）间，泽州府各县才纷纷建立先农坛。

据《泽州府志·营建志》记载：凤台县的先农坛在泽州城南，雍正五年由知府刘毓岩建造，至雍正十年（1732）才由知府许日炽移往城东；高平县的先农坛在县东关外，雍正四年由知县甘士瑛建造；阳城县的先农坛在县南一里，雍正六年由知县吴绍祚建造；陵川县的先农坛在城外东郭，雍正七年由知县高永滋建造；沁水县的先农坛在县东关，雍正五年由知县钱元台建造。各县先农坛的规制大体一致，都是耕耤田四亩九分，坛内设正殿三楹，东西房各三椽，耳房各二椽。

从雍正五年（1727）开始，每年农历二月的亥日，各县才依制在先农坛举行耤耕礼。地方性的耤耕礼依照九卿的标准，要求九推九返，因此也称为九推祭礼。泽州府的耤耕礼由泽州知府主持，凤台县承办。典礼当日，泽州府、凤台县的官吏齐集城东先农坛，依班次列队，然后向先农神献祭牲帛，三献叩首。献祭结束后，官员在耤田前列队，由知府秉耒，同知、典史等佐贰官执青箱，凤台县知县负责播种。整个典礼需有耆老与农夫参加，一名耆老负责牵牛，两名农夫负责扶犁。在他们的辅助下，知府九推九返，然后返回典礼台就座，最后由农夫将剩余的田地犁完。高平、阳城、沁水、陵川四县的耤耕礼，其仪式也大体如此。

在耤耕礼中为官员们牵牛、扶犁的“耆老”和“农夫”，又会是哪些人呢？《泽州府志》关于“老农”的记载，给我们留下了一些线索。

在鞭春礼、耤耕礼之外，清朝雍正年间还实行过“岁举老农”政策。“岁举老农”政策又名老农顶戴制度，后来一度传至欧洲，并产生影响。雍正皇帝为了鼓励农耕，于雍正二年特令地方授予一些模范农民“老农”的称号，并给予八品顶戴。被推举出来的“老农”又称“老农总吏”，都是各县最杰出的模范农民。从雍正二年至雍正六年，各地举老农若干人，雍正七年后改为三年一举。《泽州府志·贡赋志》记载有详细名录，包括：

凤台县张经文、卢文魁、毋成玉、时大受、宋佾、任永贤、田承纶；高平县李中和、张耿、史鉴、李平、牛锐、郜文会、邢瑗、邢锐；阳城县阎晋贤、宋继志、刘琔、成实、宋景亨、靳宏成、张承宠；陵川县武倬、刘英、王承祥、刘含春、傅银、马杰、张昌祚；沁水县王树濮、任三裕、谭廷抡、李完正、李珍如、贾毓周等。

这些农民能在史志上正式留下名字，殊为不易。从孔子“吾不如老农”开始，又有几个农民能留名史册？可惜，关于他们的具体事迹却鲜有记录。检索资料，我们仅知道卢文魁是今泽州县北义镇人，王承祥是今陵川县西河底镇西河底村人，马杰是今陵川县潞城镇岭南村人。显然，雍正年间这些被推举出来的老农，很多都应该参与过地方的藉耕礼。

当然，无论是鞭春礼还是藉耕礼，都是古时官府为鼓励农耕实行的官方祭祀礼仪。这两项典礼，尤其是鞭春礼，对晋城民俗文化产生了深远的影响。如“打春”“春饼”等说法，至今仍还保存在我们的语言中。

二、节庆，黄土地开出的花朵

当我们审视中国传统节庆时，便会发现：形式多样的节庆习俗中包裹着农业的气息。无疑，中国节庆是传统农耕经济的产物，其习俗都是农民生活的折射。晋城传统节庆更是如此。它散发着浓烈的农耕气息，是太行山黄土地开出的花朵。

俗话说：“春打六九头。”每年“数九”中五九结束、六九开始，往往便是节气立春。晋城人俗称立春为“打春”，源于鞭春礼。这既是官方礼仪，更是民间一大节庆。泽州知府朱樟有诗曰：“春店人簪花满头，彩鞭三匝礫青牛。首行我亦催租吏，涓黍汾麻一例秋。”人们之所以重视这个节日，要“簪花满头”，不过是企盼芒神保佑秋季能有一个大丰收。

立春后没几天，便是“年”。中国人的“年”特别漫长，从腊月初八一直持续到正月十六，足足有一个月。作为传统民俗中最大的节日，“年”与农业更是息息相关。在甲骨文中，“年”写作谷物成熟的样子，而简体字“年”中那一撇便是垂下的大大的谷穗。《说文解字》曰：“年，谷熟也。”中国古人更是将丰收称为“有年”，将大丰收称为“大有年”。由此可见，“年”作为节庆本身便是在庆祝农业丰收。

放鞭炮、贴对联、请门神、走亲戚……除了这些习俗，传统年俗中最正式的一项活动是“谢老爷”。经过一年劳作，人们喜获丰收，自然要拿出最丰盛的食物来感谢神灵。《泽州府志》曰：“设牲、醴、粔粄祀神”，即此。所谓“牲”指用于祭祀的牛、羊、猪“大三牲”或猪、鱼、鸡“小三牲”；“醴”指甜酒；“粔粄”则是一种用蜜和油制作的祭祀食品。这些都是官方或大户敬神用的祭品。对于农民来说，凡地里出产都是最好的祭品。除夕一早，他们便开始着手准备供品。晋城人称准备贡品为“笼供”。其中以初一清晨敬天的一桌供品最为丰盛，包括：枣山馍一个、扎献三个、点心五个、油食四碗、菜品四碗、刀首一碗。所谓“刀首”，指用开水焯过的整块猪肉。油食四碗包括馓花、蚕酥、麻叶、麻花。《府志》所谓“粔粄”，是先秦时期便流行的一种油食，晋城人俗称“馓子”。菜品四碗包括粉条、豆腐、海带、豆角等，只需切好后用水一焯，摆成盘即可。由于时有灾荒、食物短缺，贫苦农民常常难以凑齐丰盛的贡品。农民们“谢老爷”讲究的是心诚，他们倾其所有笼贡，唯一的心愿便是祈求神灵，保佑来年风调雨顺、五谷丰收。

风调雨顺、五谷丰收，几乎是所有节庆祈福的主题。比如：晋城民俗中，古人将正月初一到初十每一天都单独设立为一个节日，有“一鸡、二狗、三猪、四羊、五牛、六马、七人、八谷、九果、十菜”的说法。前六天分别是鸡日、狗日、猪日、羊日、牛日、马日，祈求六畜兴旺。初八

“谷日”，祈求五谷丰登。因为晋城人过去的主要食物是米、黍、豆等谷物，这天的祭祀便格外诚敬。初八一早，人们会登高观察天气，认为“谷日晴，五谷收。谷日阴，五谷歉”。他们会将一年的希望寄托在这天的天气上，通过玄妙的占测来抒发对丰收的渴望与焦虑。

初九果日，初十菜日，祈求果实累累、蔬菜满园。这两日，人们也会通过看天气来预测来年瓜果、蔬菜的长势。除此外，晋城人又称初十为“地日”，认为是石头的生日。晋城人生活在太行山上，他们用石头搭建房屋，用石头铺设道路，用石头垒堤筑坝，用石头制作石碾、石磨、石臼，对于石头自然打心底表示感恩。这一天，凡是石碾、石磨、石臼等石制工具都不能动，人们希望这些劳累了一年的“老伙计”也能休息休息。

正月十五古称“上元”，是中国人的狂欢节。从唐宋到现在，这一天曾发生过无数故事，也留下了数不尽的诗篇。《泽州府志》记载：“上元，设脯穀果醴，悬灯于门外，列炉焰，名曰人火。有范土象人物者，中空吐

“耍故事”表演

焰，光彩腾灼，鼓吹喧阗，士女踏灯嬉游丙夜，即曲坊隘巷，亦暖如春融。溶铁汁高洒，散星点成虹，迸落空中，火树银花，炫照都市。自十四日起，曰试灯，至十六日止。”从正月十四到正月十六，泽州、高平、阳城、沁水、陵川各县无不是万人空巷。大家涌上街头，白天看各种“耍故事”表演，晚上赏灯、看打铁花，好不热闹。

过了正月十六，没几天便是填仓节。俗话说：“圪圪遛遛过了十六，圪圪晃晃过了添仓。”在晋城民俗中有两个填仓节。通常，正月二十为“小填仓”，正月二十五为“大填仓”。“小填仓”祭仓神用以保佑夏粮丰收，“大填仓”祭仓神用以保佑秋粮丰收。有的地方不分大小，只在正月二十三日过填仓节。无论日期在哪天，郑重其事祭祀仓神都必不可少。仓神，俗称仓官老爷，相传为西汉开国功臣韩信。祭祀时，晋城各地的做法也不尽相同。有的用玉米面蒸窝窝头，称为“仓窝窝”；有的用软米饭、玉茭面疙瘩；还有的会摆上五碗小米饭，中间插上一双筷子，筷子上缠绕熟面条，用于祭祀。

填仓节的习俗繁多，有填仓、打仓、画仓、压仓、点灯等各种讲究。之所以将祭祀仓神的节日称为“填仓”，这个“填”字是关键。这一日，人们会拿各种东西往仓库里“填”。有的会将祭祀用的仓窝窝塞进粮仓、柜子、罐子里；有的用黍米面蒸个团儿，塞在粮仓、米缸里；有的会在所有能存物的地方都洒些小米、豆子；有的专门在这一天大量买入粮油米面，堆满仓库；还有的不但要往粮仓里添粮，还要往水缸里添水，煤圪坨里添煤。总之，这一天“喜进厌出”，讲究能加不减，能买不卖。粮食店会专挑这一天加价收粮，认为这样做来年便生意兴隆；老百姓则忌讳在这一天卖粮，认为这样做来年会缺衣少食。

许多百姓会专挑这一天“打仓”，或开挖地窖，或收拾粮仓。打好仓后，还会用草木灰在地面上画一层一层的圆圈，或在墙壁上画些耙子、扫帚、扇车，称为“画仓”。有的则会在粮仓里、米缸里添些粮食，再压上一块石头，称为“压仓”。除此外，过去流传有“点遍灯、烧遍香，家家粮食填满仓”的说法。在填仓节的晚上，人们会在所有与饮食相关的地方点灯，据说这也是一种讨仓神喜欢的做法。关于填仓节，过去还流传有一首民谣：“过了年，二十三，填仓米面作灯盏。拿箕帚，扫东墙，拾到昆虫验丰年。”所谓“拾到昆虫验丰年”，也是一种原始的占测方法。与“谷日”“果日”不同，填仓节占测讲究下雪，人们认为这一天下雪代表丰收，雪下得越多来年越会丰收。真是“雪花如银落满地，预兆来年五谷丰”。

“二月二，龙抬头。”农历二月初二，是祭祀龙王的节日，又称青龙节或春龙节。晋城地处南太行山区，对农业影响最大的灾害是旱灾，因此老百姓格外重视“二月二”。这一天，许多地方都要隆重祭祀龙王，比如：城区五龙宫，其祭典从唐代延续至今已有 1300 余年。除此外，很多村如泽州县辛壁村、南村、陵川县池下村、凤凰村、张仰村等都有庙会。此时已经开春，正是准备春耕的时节，许多农民都会在庙会上选购农具。这一天，晋城流行喝油茶，喝油茶时要配上豆腐或填仓节留下来的仓窝窝，有“二月二，不吃窝，去到地，打了锅；二月二，不喝茶，去到地，打了铧”的说法。有些地方则要吃枣山，枣山是过年留下来的敬神馍馍。农历二月初二，傍晚时分苍龙七宿角宿与亢宿逐渐露出地面，春回大地，万物复苏。人们吃着枣山、仓窝窝，喝着油茶，企盼新的一年风调雨顺，自个儿也能像苍龙一样挺直腰板儿、仰着头过活。

寒食与清明，是二三月间重要的节日。远在汉魏时期，上党地区曾格外重视寒食节，“冬至后百五日皆绝火寒食”（曹操《阴罚令》）长时间吃冷食不利于农业生产，因此曹操下令废止。后来，寒食节便挪到了清明节前一两天，并逐渐与清明节混为一谈。寒食节要“改火”。人们认为火燃烧了一整年，也该休息休息，因此要停火三天，吃一些冷食，然后再重新燃起新火。早期，改火时要举行隆重的祭祀，将谷神的象征物来焚烧。而清明节则是上坟烧纸、缅怀先人的重要节日。《岁时百问》说：“此时万物生长皆清洁而明净，故谓之清明。”而晋城地区每逢清明节，常常阴雨蒙蒙。唐诗曰：“清明时节雨纷纷”。从唐朝到现在，山西的清明节似乎年年如此。

中国民俗格外重视重叠的日期，如“二月二”“三月三”“五月五”“六月六”“七月七”“九月九”“十月十”，都是重要的节庆。

过完“二月二”，转眼便到“三月三”。三月三是上巳节，这一天晋城十里八乡都要去珏山朝顶敬香。除此外，妇女们还会结伴到野外挖野菜，制作各种吃食，称为“斩百病”。此时已近晚春，陈粮已经吃完，新种的庄稼还未成熟，正是青黄不接。小蒜、蕨菜、马齿苋、蒲公英苗、木兰芽、香椿等野菜，为贫苦农民提供了丰富的食物。这一天，很多地方还流行吃豆捞饭，将小米、黄豆下到锅里煮，有的还会加入党参、半夏等中药，认为可以预防疾病。

“四月八，油圪擦。”对于现代人来说，四月初八实在不是什么节日，但在古人心中“四月八”却格外重要。这一天，是佛教中最大的节日佛诞节，寺庙都要庆祝，非常热闹。而晋城民间则流行祭祀奶奶奶奶，祈求多子多福、子孙平安。据说奶奶奶奶喜吃油食，因此家家户户要做油糊角。油糊角有红豆馅儿和豆腐粉条馅儿两种，用黍米面粉包了馅儿下到油锅里炸，酥酥脆脆，软软糯糯，十分好吃。过去，炸油糊角时为了省事、省油，常常用煎盘简单地煎一下两面，因此留下了“油圪擦”的说法。除祭祀佛祖、奶奶奶奶外，很多地方还要祭祀关公、土地神和圈神。土地神保佑五谷丰登，圈神主管人间六畜，保佑六畜兴旺。像城区七岭店、泽州县麻峪、七干、环秀、陵川县义汉、东岸上等村，在这一天还有庙会。

“五月五，是端阳，插艾叶，戴香囊，吃粽子，撒白糖。”端午节是夏季最重要的节日，全国各地都流行有吃粽子、插艾叶、带五色绳等习俗。《泽州府志》记载：“端午，泛蒲觞，巽雄黄酒，背系续命缕，角黍交馈，亦有延客解粽者。男女问名过婿家，制蒲艾、花朵及粽铒为饷遗。”这里说的“角黍”，便是粽子。晋城人吃的粽子有江米粽和软米粽两种，通常使用芦苇叶来包缚。端午节前后正值夏锄大忙，火辣辣的太阳晒得人难受。忙碌半天后，从凉水中捞一只粽子，撒上白糖搅和搅和，吃起来格外舒坦。据说，粽子不但可以解渴、充饥，还具有温中、健脾、养胃、清心火、养肺阴等功效，实为防暑佳品。

除吃粽子外，避虫也是端午节千年不变的主题，尤其是下田耕作的农民，在炎炎夏日里饱受蛇虫蚊蚁的困扰。古人没有蚊虫水，也没有风油精，于是雄黄、艾草、菖蒲等中草药便成为端午节的宠儿。《泽州府志》所谓“续命缕”便是五色绳，晋城人俗称为“百索”，也是古人想出来的一种避虫手法。这种习俗起源于厌胜法。人们认为在孩子脖子、手腕、脚腕处带上五色绳索，不但蛇虫蚊蚁不敢靠近，便是鬼怪妖物也要退避三舍。从五月五到六月六，“百索”要整整戴一个月，然后剪下来埋在车辙下、挂在树枝上。据说，古代成年人也戴“百索”。陈廷敬曾写诗道“彩丝漫与缠衰臂，昌歌偏能泥苦心”（《端午气寒有节物之感》），没想到老宰相干瘦的胳膊上竟然也戴着“百索”。

五月十三，晋城人称之为“关公磨刀日”。传说，关公成神后每年都会在这一天磨刀。老百姓口口相传，五月十三前后必定打雷下雨，雷声是关公磨刀的声音，雨水是青龙偃月上洒落的磨刀水。晋城有民谚“大旱不过五月十三”，从史志记录来看好像还真的如此。比如：元朝海迷失后称制元年（1249）五月十三日天降大雨，郝经欣然写下名篇《怒雨赋》；康熙九年（1670），刑部尚书白胤谦在阳城自家园子里种谷物，因为久旱不雨一直推延，到五月十三日大雨后，方才“种禾及菽黍”（《桑榆集·老亭后记》）。晋城境内的关帝庙，也大多在这一天举办庙会，演戏酬神，祈求风调雨顺、五谷丰登。许多村社还会选择在这一天，当着关老爷的面商定村庄大事。比如：沁水县郑村镇半峪村保存有一块《急公向上碑》，记载了清嘉庆四年（1799）五月十三日，全村公议负担粮仓杂费的事。

“六月六，蒸猪羊。”在晋城习俗中，六月六也是一个重要节日。《泽州府志·风土》记载：“六月六日，家家祀山神。相传神即射日之羿，以开门即山，祀以辟虎狼。”泽州县高都镇境内有三峻山，传说六月六日后羿诞生于此，因此晋城人又称后羿为“三峻爷”，并建庙祭祀。三峻爷法力高强，为虎狼所惧怕，太行山中放羊的家户尤为敬奉。过去，晋城地区养羊大户，不但会在这一天祭祀三峻，还要做一些好的吃食犒劳放羊的长工。

除此外，据说三峻爷还掌管雷霆与冰雹。农历六月六前后，谷物渐渐成熟，这时最惧怕冰雹。因此，晋城人要“蒸猪羊”隆重祭祀山神，祈求无雷无雹、顺利夏收。有些村会蒸一种名叫“麦墼”的面食来敬神，还有些地方则选择吃饸饹或黑圪条。夏收时节，除冰雹会导致减产外，还有蝗虫也令人十分恐惧。因此在六月初六，一些村社也会祭祀虫王。晋城地区建有许多虫王庙，供奉的对象是唐太宗。史书记载，唐太宗为了救灾，曾怒吞蝗虫，故而百姓尊太宗为“虫王”。除祭祀外，六月初六过去还盛行做曲，据说用这一天做的曲来酿醋，味道格外香醇。

对于农民来说，“七月七”可不是只有爱情。在他们眼中，牛郎与织女都是极有本领的大神，能够赐予他们耕地、织布的秘诀。因此，古人称七月七为“乞巧节”而不是“情人节”。这一天，大姑娘小媳妇会在井台上或院子里摆上瓜果，朝着牛郎星、织女星的方向郑重祈祷，然后拿出七根绣花针，就着朦胧的月光，用彩色线来穿针孔。据说，七夕多阴雨，常有姑娘连穿三年不能成功。一旦成功，则表示织女已将她的本领慷慨传授。除姑娘外，小伙子也要“乞巧”，祈求牛郎传授他耕田的本领。这一天，人们还会用新收的麦子磨面粉，和上油、饴糖、蜂蜜做成各种形状的糖果，取名为“巧食”，给小孩子吃。据说，吃了“巧食”的孩子也会变得心灵手巧。

中秋节是秋季最隆重的节日。赏月、吃月饼、喝桂花酒，是中华民族

皆有的习俗。同治《阳城县志》记载："咸备月饼瓜果祀月，即以是交馈。夕陈酒肴，延客拇战纵饮，欢呼达旦。"过去，晋城人吃的月饼都是手工制作，俗称"打月饼"，用面粉、食用油、芝麻、饴糖和面，然后包上各种干果馅儿料，用木头模子塑形。成品称作"笨月饼"，可用于"祀月"，还可互相馈赠。文人士大夫在此日有雅集的习俗，与友人或饮酒，或联诗，或赏月。农户们祭拜完月亮，喜欢掇把小板凳围坐在院子里，一起品尝新收的瓜、果、毛豆角、嫩玉茭。对于他们来说，品尝劳动果实才是人生中最美的事。

"九月九，家家有。"重阳节登高、赏菊、插茱萸，那是士大夫的事，在广大乡村并不流行。如同治《阳城县志》便明言"乡村无此风"。对于农民来说，重阳节是一个庆祝丰收的节日。时间已至寒露，秋收也基本结束。谷子已经入仓，玉茭悬挂在屋檐底下金灿灿的，窗台上堆满了各种瓜果。农民喜获丰收，在这天自然要做些好吃的犒劳自己。有的家户会做

"打月饼"

“重阳糕”，配上酸辣汤吃；有的家户用小磨拐一些小米，再用“摊馍鏊”烙成摊馍，全家一起享用。古人还流行通过重阳节的阴晴来占测冬季的天气，有“重阳无雨一冬晴”“九月九晴一冬温，九月九阴一冬冰”的说法。

“十月十，吃扁食。”扁食是饺子的俗称。这一天，家家户户都要吃扁食。晋城人吃的扁食有肉、素两种：肉馅儿放猪肉或羊肉、萝卜、生姜等，捏成耳朵形；素馅儿放红白萝卜、粉条、豆腐等，捏成麦穗儿形。老人们都说，十月十吃了扁食不会冻耳朵。除了吃扁食，有些地方要吃稷米蒸食或油糊角。乾隆《陵川县志》记载：“十月十日，以稷米为蒸食祀福神。”此时秋收已完全结束，一些家户会选择在这一天修补或兴建房屋，要用油糊角来“谢土”。出嫁的闺女也会拿上油糊角等吃食，回娘家探望父母。

俗话说：“冬至大如年”。很长一段时间，古人都将冬至视为一年的结束，便是现在也仍然称冬至为小年。乾隆《陵川县志》记载：“冬至，各家具香楮供馔祀先祖。”同治《阳城县志》记载：“冬至，各塾虔备脯醴祀先师，焚冥鏹于先茔。生徒诣馆师叩贺，作酒馔邀宴。”晋城各地的习俗大致如此，在冬至节都要祭拜祖先，叩谢先生。富裕人家或商户老板在这一天要为佣人、伙计结算工钱，有的还会设宴款待。人们忙碌了一年，领了工钱便准备回家。俗话说：“吃了冬至面，一天长一线。”吃冬至面和做寿吃面一样，也有福寿绵长的寓意。

就这样，从立春到冬至一年又结束了，最隆重的节日“年”又悄然来到。腊月初五是“五豆节”，要吃五豆粥；腊月初八是“腊八节”，要吃腊八粥……从腊八开始，晋城的大街小巷里便洋溢起“年”的气息，孩子们拥在巷子里跳皮筋、跳拐拐，边跳边唱：“小孩小孩你别馋，过了腊八就是年。腊八粥，喝几天，哩哩啦啦二十三。二十三，糖瓜粘。二十四，扫房子。二十五，磨豆腐。二十六，割点肉。二十七，宰公鸡。二十八，把面发。二十九，蒸馒头。三十晚上熬一宿，初一初二满街走。”在儿歌声中，人们忙着祭灶，请门神，贴对联，放鞭炮。一晃便过了除夕，迎来了立春。

新的一年如春风一样，又来到了。

三、晋城民歌，农业生产的伴奏曲

农业生产是人与自然亲密合作的伟大事业。数千年来，我们的祖先在这片土地上辛勤劳作，开荒、耕种、施肥、除草、打场，陪伴他们的除了烈日与风雨，还有曲调婉转的民歌。

开荒歌是农耕民歌中的一种，在全国各地都有广泛流传。农业生产中最重要的资源是土地。晋城地处南太行山区，长期以来耕地一直严重不足，开荒便成为本地域延续了数千年的传统。尤其是在抗战时期，面对物资严重不足的困局，在中国共产党领导下，晋东南根据地开展了一系列开荒作业，同时也留下了许多关于开荒的民歌。比如：在高平寺庄镇一带流传有一首《太行山上闹嚷嚷》的民歌，便诞生于这一时期："太行山上闹嚷嚷，军民生产忙。扛起锄头背起枪，上山去开荒。山上锄头叮当响，土地变了样。汗水落在山头上，生活有指望。东山玉茭长得好，棒子尺把长。西岭谷穗沉甸甸，米粒赛金黄。自己流血又流汗，吃着甜又香。边区军民是一家，团结把日抗。"这首民歌曲调欢快，充满了希望与喜悦。可以想象，当时大家一起扛着锄头去开荒，沿途唱起这首歌，是一种怎样欢快热闹的场景。

与军民一起开荒的热闹相比，春耕的场景则要冷清许多。一人、一牛、一犁，缓缓行进在山间梯田上，细雨蒙蒙，凉风习习。汗流浃背间，便是最能忍耐的农民也常常生出几分伤感。比如：在晋城市东南部山区流传着一首名叫《一张木犁俩牲口》的民歌，便借犁地一事抒发农民的辛苦。这首歌共6节，以“山连山，沟套沟，一张木犁俩牲口”起兴，前四节反复吟咏“农人苦”“农人伤”“农人累”“农人脏”。第五节唱“犁出五谷香喷喷，塞满世人张张口”，变哀怨为振奋。第六节唱“世世代代传呀传，农人犁地不到头”，又变振奋为伤感。这首民歌颇有《诗经》“兴”“观”“群”“怨”的风范，反复吟咏间情感起伏变化，令人动容。

其歌词曰：“山连山，沟套沟，一张木犁俩牲口。世人都说农人苦，寻食拱在土里头。山连山，沟套沟，一张木犁俩牲口。世人都说农人伤，风吹雨淋汗水流。山连山，沟套沟，一张木犁俩牲口。世人都说农人累，五更动弹到出星宿。山连山，沟套沟，一张木犁俩牲口。世人都说农人脏，满身黄土黄黝黝。山连山，沟套沟，一张木犁俩牲口。犁出五谷香喷喷，塞满世人张张口。山连山，沟套沟，一张木犁俩牲口。世世代代传呀传，农人犁地不到头。”

在春耕环节中，摇耧播种是一件技术活儿。晋城民谣《十二月小唱》中有“摇耧下种是关键，不能大意”的说法。之所以唱“不能大意”，是因为在传统农具中耧车是一种较为精细的农具，使用前不但要通过调节“耧舌”来控制种子的流量，使用时还要特别注意摇动的节奏、速度等。摇耧动作极有技术性，讲究：胸要挺，臂要收，沟要直，种要匀，歪了要纠偏，种密了要调籽眼，断垄了要通耧腿儿，开始要“紧三摇”，结尾要“慢三摇”。过去，春耕中一般都由资深的老农来掌耧，年轻人只能跟在旁边见习。年轻人学掌耧前，老农常常会先教他一首《掌耧谣》：“两手端平耧，扎地摇三摇。垄背要把直，籽眼要定好，腋窝夹鸡蛋，出力在手腕。注意小手摆，两眼紧看耧。”这首民歌曾在晋城地区广泛流传，是当时学习耧耧的技术性口诀。

在中田管护环节中，施肥与除草是主要事项，晋城地区也流传有相应的民歌。

过去，施肥是件脏活儿累活儿，要用担杖箩头挑着人畜粪便一趟一趟往地里送，其间的辛苦可想而知。在阳城河北镇一带流传有一首民谣《运肥料》，包括上下两节。第一节曲调哀苦：“昨天运肥料，蚂蚁衔食料，脊梁淌眼泪，肩膀哀哀叫。日出又日落，不知挑多少，问问土地爷。土地爷说：‘打起灯笼找不到！’”第二节曲调则转为欢喜：“今天运肥料，大山拉着跑，口中山歌唱，心中花儿笑，日落又日出，不知拉多少，问问土地爷，土地爷说：‘我被肥料压扁了！’”从昨日“脊梁淌眼泪，肩膀哀哀叫”到今日“口中山歌唱，心中花儿笑”，不仅是曲调在转变，农民在唱歌的过程中不知不觉也完成了情绪转变。显然，唱民歌在这里起到缓解了劳动辛苦的作用。

在泽州县与阳城一带流传有一首《手拿着锄头锄野草》的歌谣，歌唱的则是中田管护中的除草作业：“手拿着锄头锄野草呀！锄去了野草好长苗呀！五千年古国要出头呀！锄头锄头快奋斗呀！咦呀咳！呀呼咳！锄去了野草好长苗呀！咦呀咳！呀呼咳！锄头锄头快奋斗呀！呀呼咳！呀呼咳！”这首民歌的歌词虽然十分简单，唱起来却极为带劲儿。“呀呼咳！呀呼咳！”的唱法，如同劳动号子，充满协作劳动的趣味。

毫无疑问，歌唱丰收的民歌最喜悦，也最动听。在泽州县金村镇、柳树口镇一带，过去便流传有一首这样的歌谣，歌名叫《太阳太阳我打场》：“太阳太阳我打场，风呀风呀快帮忙。一木锨扬上献天爷，一木锨落下土地尝。太阳太阳我打场，风呀风呀快帮忙。红豆红是庄稼人心呀，晒干吹净红杠杠。太阳太阳我打场，风呀风呀快帮忙。黄谷黄是庄稼人汗呀，晒干吹净金黄黄。太阳太阳我打场，风呀风呀快帮忙。芝麻杂粮扬一天呀，加金添银落满场。太阳太阳我打场，风呀风呀快帮忙。打得仓满席囤流呀，献猪献羊烧高香。”

这首“打场歌”又是一首极有《诗经》风韵的民歌。歌词共分 5 个小节，以“太阳太阳我打场，风呀风呀快帮忙”起兴，反复吟咏间不但描述了整个打场过程，还充分抒发了丰收的喜悦。在歌词描述中，打场的过程充满了仪式感。首节“一木锨扬上献天爷，一木锨落下土地尝”，这是在敬天礼地；尾节“打得仓满席囤流呀，献猪献羊烧高香”，这是在祭祀丰收。而中间三个小节对“红豆红”“黄谷黄”“芝麻杂粮”的歌唱，也充满了趣味。整首歌在曲调十分明朗，很难想象当年农民边打场边唱歌是一幅怎样欢欣雀跃的场景。

除专门歌唱开荒、耕种、施肥、除草、打场之外，晋城地区还流行一种“十二月小唱”形式的民歌，按月份依次吟唱农事活动。比如在陵川县礼仪镇一带流传着一首《正月里来是新年》，便是一首典型的咏歌农业生产的“十二月小唱”。其歌词曰：“正月里来是新年，生产节约少花钱。槽上牛马要喂饱，拉土送粪不停闲。二月里来是清明，赶快上地去春耕。掘边垒塄要做好，抓紧锄麦莫放松。三月里来天渐长，准备下种农事忙，种秋棉花要种早，精耕细作多打粮。四月里来下种完，小苗出好就锄田。麦前要把苗留好，地里草多受麻烦。五月里来麦穗黄，男女老少割麦忙。又割又运又打场，磨下白面吃新粮。六月里来天正热，麦地回茬按时节。秋田要锄两三遍，犁开麦茬莫等闲。七月里来是秋天，大家合伙把地翻。眼看秋禾快成熟，农夫人人喜心间。八月里来是中秋，高粱谷黍往回收。大麦小麦急速种，忙摘棉花莫停留。九月里来天气凉，打下粮食要入仓。雨水均匀麦种好，新谷吃着甜又香。十月里来要牢记，千万莫放秋耕地。保存水分吸阳光，杀虫锄草也容易。十一月里来天气短，早些起来搞生产，担煤拾粪磨豆腐，跑脚运输把钱挣。十二月来天气寒，吃喝花费不熬煎，纺花织布做新衣，欢欢喜喜过新年。”

这首《正月里来是新年》，依月份共分 12 个小节，每小节咏唱一个月份的农事活动：正月，拉土送粪；二月，垒塄锄麦；三月，准备下种、种秋棉花；四月，下种、锄田；五月，割麦打场；六月，锄秋田、犁麦茬；七月，翻地；八月，收高粱谷黍、种大麦小麦、摘棉花；九月，打粮入仓、种秋麦；十月，秋耕；十一月，搞副业生产；十二月，做新衣裳，准备过年。12 个小节使用同样的旋律反复咏唱，不但充满趣味，而且在不知不觉中便让人熟练地记清了一年的农事活动。在中国传统教育中，很多学习都习惯使用歌谣来记诵。这首《正月里来是新年》，便如《节气歌》一样，也是一首农事教育歌。

类似的“十二月小唱”在晋城民歌中还有多种，题材五花八门，很多唱段也涉及农业生产。比如：在泽州县金村镇、柳树口镇一带流传有一首《正月里好时光》的小唱。第一节唱“正月里好时光，手拿镢头去开荒”。第三节唱“三月里三月三，妇女儿童把蝗虫赶”。在阳城屯城、上伏一带流传由一首《正月里元宵节》的小唱。第三节唱“三月里天气暖，春耕播种大家干。不论女不论男，还有儿童与老汉，抢墒下种干得欢”。这两首小唱都是抗战歌曲，在表现抗战主题时，为了贴近农民的生活，咏唱了大量农业生产的场景。

在高平米山村一带，流传有一首名叫《泪点儿滴在案板上》的“十二月小唱”。这首歌包括 13 个小节，以媳妇的口气控诉婆婆不让自己回娘家，唱词非常哀婉。前 12 个小节在表现主题时，依月份描述妇女的劳动：正月待客忙，二月洗衣裳忙，三月犁地忙，四月种谷忙，五月割麦子忙，六月锄苗儿忙，七月收黍忙，八月割谷忙，九月按菜忙，十月缝袄儿忙，十一月来磨面忙，腊月敬神忙。一年十二月中，从三月到八月媳妇要参加主要的农业生产，其余几个月也要做缝衣做饭等家务。难怪这位媳妇会忙得回不了娘家，想娘想得眼泪落在了案板上、石头上、犁把儿上、耧斗儿上、麦穗儿上、锄头儿上、黍叶上、谷穗上、缸沿儿上、线头儿上、磨盘儿上、香炉儿上。整首小唱，在唱词行进间每句都使用了顶针手法，唱词虽然朴素，却很有章法。而今虽然过去了上百年，从中仍能感受到这位女性在忙碌的劳作中的凄苦之情。

在晋城现存民歌中，还有一些土改时期以控诉为主题的歌曲，也涉及农业生产。比如：在高平野川镇一带流传有一首名叫《光棍苦》的“十二月小唱”，唱词中有“二月里来龙抬头，光棍发了愁；人家耕地有耕牛，光棍没有牛”“九月里，九月九，家家户户同收秋，人家收秋有人收，光棍发了愁。”在阳城芹池镇一带流传有一首《受苦农民好凄凉》，唱词中有“种地早晚不见粮，打粮食吃不上”“粮食打了好几缸，被人家剥的尽打光”，与唐诗“遍身罗绮者，不是养蚕人”的思想可谓一脉相承。

在传统农业社会中，人们的日常生活都建立农耕这一经济基础上。民歌中无论是情歌、仪式歌还是儿歌，多多少少也都涉及农业生产。比如：在阳城芦苇河一带流传有一首情歌，名叫《下下捶在石板上》：“郎在苗圃插白杨，妹在芦河洗衣裳。郎插五根瞧着妹，妹捶三下瞅着郎。郎望妹，妹看郎，下下捶在石板上。”歌词虽然非常简单，仅仅描述了河边种树哥与洗衣妹看对眼的一个小细节，却展现了人物细腻的心理活动，极有艺术魅力。还有一首《种棉花》民歌，描述种棉、采棉过程中一对情人相依相靠的爱恋，也极为感人。歌词曰：“春暖花开双燕飞，哥妹二人种棉来，幸福的种籽土中埋，妹唱山歌哥来猜。夏季到来鲜花开，花红叶绿人人爱，哥妹锄草在田间，但愿花开永不败。秋季里银花遍地开，哥妹双双把棉采，雪白的棉絮堆成山，齐唱丰收乐心怀。冬季里来雪茫茫，我和哥哥送棉忙，千家万户添新衣，一年更比一年强。”

仪式歌如果过于规范，便会陷入死板。晋城过去的仪式歌，因为是农民在吟唱，吟唱的又是农民自己的生活，反而充满了生活趣味。过去，在晋城地区流传的儿歌也咏唱农耕生活，且充满了乡土气息。比如流传于阳城芹池镇一带的儿歌《捣米谣》，选用了碓臼捣米的场景：“一个大嫂来捣米，将谷倒在碓臼里，咚，捣一下。一个小鸡来吃米，两只眼，两道眉，两个爪爪在肚底，两个翅膀圪架起，一个尾巴圪翘起嘣，啄一下，扑噜噜飞到屋檐底。”还有儿歌《小圪垃》选用的是犁地耙地的场景：“小圪垃，担犁耙，担到地，老爷下，担回来，媳妇骂，闩住门，打一架，开开门，就说话。”无疑，这些儿歌都出自农民之口，唱的是农业生活，聆听的对象也是农民的孩子。

最令人叫绝的是一首名叫《娃娃睡》的儿歌。这首儿歌过去流行于阳城润城镇、北留镇一带，歌词为：“嗷……嗷……娃睡睡，羊捣碓。妈去地，掐谷穗。掐得谷穗多多的。碾成米，黄黄的。做成饭，粘粘的。娃娃吃得饱饱的。屙一堆，圪尖尖的。妈妈过来踩一脚，扁扁的。大大（即爸爸）过来一锨撂得远远的。”儿歌描述到捣碓、掐谷穗、拾粪等场景。现在，这些场景虽然已经离我们渐远，这首儿歌听起来仍令人忍不住想笑。虽然有些俗气，却非常有趣，充满乡土气息。

可以说，延续了数千年的传统农耕时代已经落幕，消亡在了历史的长河中。但那些吟唱传统农耕生活的歌谣，却流传了下来。晋城民歌是农业生产的伴奏曲，承载着我们祖辈父辈的智慧，也承载着他们的欢乐与悲伤。

四、晋城曲艺，谷秸深处扬田歌

清朝康熙年间一个秋天，安徽诗人许七云途经上党地区时，被农田里的一幕所吸引。但见庄稼喜获丰收，农民们围坐在谷秸里欣赏表演。几个妇女用青帕裹头，边唱边跳，歌声回荡在田野上，动人心弦。许七云深受感动，信笔写道：“秋风未许带霜过，庄家今年觉较多。青帕裹头香鬓湿，谷秸深处扬田歌。”（《上党竹枝词二十一首·第八》）

许七云诗“谷秸深处扬田歌”，可谓一下子便抓住了上党曲艺的精髓。检视晋城地区流行的各种曲艺，如秧歌、梆子、八音会、四弦书、鼓书、钢板书等，追根溯源本质上都是谷秸深处扬出的“田歌”。它们脱胎于农村，为农民服务，讴歌农业生活，充满农耕趣味。尤其是秧歌，一个“秧”字更是道尽了这种曲艺与农耕的关系。

秧歌，大概是最受农民欢迎的一种曲艺。晋城民谣有“遍地秧歌遍地戏，人人都会哼几句，黑来（即晚上）唱上台，白儿圪（即白天）唱到地”的说法。之所以“黑来唱上台，白儿圪唱到地”，因为秧歌的创作者、演唱者都是农民，晚上上台表演，白天干农活时也爱哼两句。而“遍地秧歌遍地戏”，则高度概括了秧歌在晋城地区分布的普遍性。晋城市境内的秧歌，大约起源于清朝乾隆时期，流行于当时泽州府所辖凤台（今泽州县与城区）、高平、陵川、沁水、阳城各县，因此得名为“泽州秧歌”。据统计，20 世纪 50 年代前后，仅今泽州县境内便有秧歌剧团 200 多个。其他各县与泽州县的情况也大体相似。

秧歌与农民紧密相连，是一种扎根于农耕文化的曲艺形式。这一点首先体现在它的创作者与演唱者身上。早期，秧歌的创作者与演唱者主要都是农民。他们平时务农，需要表演时只要扔下锄头，穿上衣裳，稍一打扮，便能开唱。即便是成型的秧歌剧团，演员平时也主要务农，只在农闲时走村窜县唱秧歌。后来，虽然有许多文化人加入了秧歌创作，但大多也保持着农民的做派。如：人民作家赵树理、剧作家张泽生等，都长期生活在农村，熟悉农村生活，其创作更是与农民心贴着心。

秧歌与农耕的关系，还体现在剧种与剧团的命名上。除“泽州秧歌”这一统一名称外，晋城地区还流传有高平秧歌、沁水秧歌、阳城秧歌、陵川秧歌以及中庄秧歌、裴洼秧歌、大树秧歌等各种地域性名称。最有特点的是，晋城市城区流行的秧歌俗称“菜园秧歌”。据说，“菜园秧歌”的表演者和乐器伴奏者都是过去泽州城周边种菜的菜农。他们不但常年为泽州城供应蔬菜，还在城市和周边村落庙会、社火等活动中提供唱秧歌服务。在秧歌剧团命名上，农耕特点更加明显。比如：清朝光绪时期，凤台县黄麓坡村的秧歌剧团取名为“耕乐会”；民国至新中国成立初期，各村的秧歌剧团皆称“×× 农民剧团”。

泽州秧歌现存剧目有 400 多种，除历史传奇外，大多都是农民喜闻乐见的家庭矛盾、婚姻纠葛等农村故事。在现存剧目中，有许多故事更是围绕某项农耕活动展开，比如：《张三割黍》《偷瓜》《卡把摘瓜》《摘豆角》《打酸枣》《雇驴》《采桑》《节约一把米》《开渠》《兄妹开荒》等。

《张三割黍》创作于第三次国内革命战争初期，围绕“割黍”这一农耕活动展开，是一出反映老区人民欢乐心情的小剧。剧本描述秋收时张三夫妇下地割黍，一路上互相谈论蒋介石破坏和平打内战，表达了只有共产党才能救中国的主题。

《打酸枣》围绕“打酸枣”这一农耕活动展开，是一出传统小喜剧。早期剧情为：姑嫂二人下地打酸枣，遇见割草的海保拦住纠缠。姑嫂二人伪作应承，乘机逃走。新中国成立后，经过几次改编，剧情变为：小巧与玉姣姑嫂二人上山打酸枣，玉姣不慎跌落山崖，被青年农民小毛救起。小巧见俩人有爱恋之情，从中撮合，最后有情人终成眷属。

《开渠》是1956年赵树理创作的一出泽州秧歌现代戏，1963年曾在《人民文学》发表。剧本围绕“开渠”这一农耕活动展开：

农民韩金山家住在上韩村，大河在村边绕了个弯儿，年年冲刷岸上的土地。韩金山仅有的四亩农田被河水冲走了一半。他想开条水渠将河道截弯取直，既能保住岸边农田，还能淤出十顷良田。因为上韩、下韩两村人心不齐，地主王柏年又从中作梗，一直无法实现。韩金山丧失土地后，只好租下王柏年的荒山沟进山开荒。农业合作化后，上、下韩村组成一个高级社，决定开渠改河道淤土地。支书潘永年邀请韩金山下山开渠，韩金山多年愿望得以实现。

《兄妹开荒》原名《王二小开荒》，是1943年鲁迅艺术学院王大化、李波创作的一出秧歌剧，曾在解放区广泛流行。剧本围绕“开荒”这一农耕活动展开，描述哥哥去开荒，妹妹去送饭。《兄妹开荒》剧情十分简单，仅有270多个字，摒弃了旧秧歌中常见的丑角以及男女调情的成分，代之以新型的农民形象和欢乐的劳动场面，给人以焕然一新的强烈印象，深受晋城老百姓喜爱。

在泽州秧歌中，歌唱农耕生活的唱段更是随处可见。比如：《打酸枣》中海保的唱段："我的名字海保，人送外号'烧干毛'。正月里来闹元宵，锣鼓喧天多热闹。二月里来地开了，塄边撒麻把茅粪掏。三月里来清明到，家家上坟把纸烧。四月五月麦黄了，六月七月秋来到。我也有心把黍找，还得到荒郊以外瞧一瞧。"这里不但描述了"撒麻""掏茅粪""收麦""找黍"等农事活动，而且在用词上也富有农耕气息。比如台词"我也有心把黍找"中的"找"字，指的是晋城地区割黍子特有的一种收割手法。黍子的秸秆不能喂牲畜，不需要全部收割，只需要在秸秆半腰上割断，靠穗子处留下一胳膊长，保证能用来缚笤帚即可，所以需要"找"。

在泽州秧歌中，还处处体现农民的价值观。比如：《节约一把米》讲到节约粮食。又如：秧歌《闹赌场》白小罗的唱段："你四人，上前来，听我训教；为人要，务正业，大理一条。男勤耕，女勤织，要学正道；和夫妻，教儿孙，快乐逍遥；不务正，搞那些，歪门邪道；既害人，又害己，越过越糟。"认为赌博害人害己，只有勤耕勤织才是正道。陵川汤庄秧歌《黄义休妻》唱："耕田园，乐情趣，清平乐义""现要学，那农夫，耕田孝养；守田园，落清平，侍俸高堂。"流露出对农耕生活的热爱。这些淳朴的价值观，都深受农民认同。又如：《打油堂断》中李翠兰热恋段二蛮，爱的是"庄稼活儿他都能干，忠厚勤劳好儿男"，爱的是"种地卖力气""忠厚不欺瞒"。李翠兰唱"你给咱勤劳种田地，我给咱纺织做茶饭。你恩我爱无人管，白头到老抚儿男"，描述出一幅男耕女织的生活情景，也是农民最向往的甜美婚姻生活。

和秧歌一样，梆子戏、八音会、鼓书、四弦书、钢板书等晋城曲艺，在过去也都扎根农村，主要由农民来表演，并表演给农民看。虽然比不上秧歌与农耕的紧密关系，但在其剧目与唱词中也是处处洋溢着农村气息，展示着农耕生活，表达着农民的思想与情感。

上党八音会

比如：上党戏曲剧目有《劝农》《拔荞麦》《拉黍行船》《采桑》《梨花沟》等。上党八音会曲目有《哭麦》《推小车》《闹果园》《山坡羊》等。泽州四弦书曲目有《檀香哭瓜》《打春牛》《比庄稼》《两个老汉比退耕》等。陵川钢板书剧目有《王金豆借粮》《李三娘打水》《偷石榴》《秋耕好》《赵俊山护林》《雪夜打井》等；陵川其他形式的曲艺中还有《喜唱丰收》《买驴》《卖驴》《栽瓜曲》《推广单把犁》《比贡献》《抗旱保全苗》《老两口抗旱比着干》《歌唱小麦大丰产》等剧目；高平鼓书剧目有《谷子好》等。在这些剧目与曲目中，或多或少都涉及农耕，也展示出丰富多彩的农村生活。

《劝农》，为上党昆曲传统剧目。此剧脱胎于汤显祖《牡丹亭》，主要描述杜丽娘的父亲南安太守杜宝下乡劝农的场景。唱词《孝顺歌·泥滑喇》："夜雨撒菰麻，天晴出粪渣，香风腌鲊，是说那粪臭。父老啊，他却不知这粪是香的。有诗为证：'焚香列鼎奉君王，馔玉炊金饱即妨。直到饥时闻饭过，龙涎不及粪渣香。'"借农夫之口夸赞"龙涎不及粪渣香"，表现对农耕生活的崇尚与热爱。

《采桑》又名《桑园会》《秋胡戏妻》，是上党皮黄传统剧目。剧本描述：战国时期，鲁国人秋胡出外求官，20多年后才归乡。行到村外时，恰逢其妻罗氏在桑园采桑。秋胡出言调戏，惹得罗氏愤然逃走。到家见面后，罗氏怒其无礼，将上吊明志。经过婆母一番劝解，秋胡又向罗氏赔礼，俩人才重归于好。

上党梆子剧目《梨花沟》创作于1984年，是一出新编现代戏。剧本描述：梨花沟养蜂专业户李春阳家出了一桩烦心事。二儿子小林与田秀青梅竹马，想要入赘田家。李春阳嫌田家贫穷，反对这门亲事。大儿媳梨花作为共产党员，决心帮助田家摆脱贫困，并促成小林的婚姻。于是她急人之难，为田家筹措了20箱蜂，并和大伙一起办起了养蜂厂。由此，梨花沟走上了共同致富之路，李春阳也逐渐转变思想，同意了小林与田秀的婚事。

《抗旱保全苗》创作于1974年，是陵川曲艺中的一出现代短剧。剧本描述：大旱之年，某村青年为保全秋苗夺取丰收，掀起了一场轰轰烈烈的抗旱保卫战。通过八名农村姑娘手持瓷盆作道具，边唱边舞，及多种形式变化的运水、浇灌等场面动作，表现了农村青年战天斗地的英雄气概。《老两口抗旱比着干》创作于1972年，与《抗旱保全苗》主题相近，同样描述的是：为了抗旱保苗，一对老年夫妇双双上阵，担水浇苗。通过老两口幽默风趣的对唱和极富生活化的滑稽表演，表现了农民群众人定胜天的顽强意志。

《比贡献》创作于1950年，是陵川鼓乐坐唱短篇现代曲目。剧本描述：抗美援朝时期，张、王、丁、赵、杨五户农民积极响应党中央关于“捐献飞机大炮”的号召。他们各显其能，分别采取喂猪、磨豆腐、养鸡、种庄稼、担挑运输等农副业生产方式，挣钱支援抗美援朝战争，表达了农民群众高昂的爱国主义热情。

《歌唱小麦大丰产》创作于 1959 年，为陵川曲艺“十不闲”剧目。剧本取材于陵川县平城一带的农业生活，描述当地农民在共产党领导下，在贫瘠的山地上扩大小麦播种面积，实行科学管理，最后喜获丰收的故事。通过一对老伴的对唱、对话和女青年的伴唱、帮腔及伴舞，表达了只有科学种田，生活才能得到改善的主题。

除剧目外，四弦书、钢板书、鼓书等晋城曲艺，其语言也极有乡土气息和艺术魅力。比如：

泽州四弦书《大年初一去赶集》，是一出非常诙谐幽默的小唱段。其唱词采用晋城民歌常见的“十二月小唱”编排方式，逐月描述农耕活动，在时序上却又错乱颠倒，听起来既荒诞又好笑，展现出民间曲艺极高的艺术魅力。

《谷子好》是 1958 年赵树理创作的一首快板诗，后来经过鼓书艺人申富才改编搬上舞台，并成为高平鼓书的精品剧目。赵树理原词为：“谷子

《谷子好》剧照

好，谷子好，吃得香，费得少，你要能吃一斤面，半斤小米管你饱；爱稀你就熬稀粥，爱干就把捞饭捞；磨成糊糊摊煎饼，满身窟窿赛面包。谷子好，谷子好，又有糠，又有草，喂猪喂驴喂骡马，好多社里离不了。谷子好，谷子好，抗旱抗风又抗雹，有时旱得焦了梢，一场透雨又活了；狂风暴雨满地倒，太阳一晒起来了；冰雹打得披了毛，秀出穗来还不小。谷子好，谷子好，可惜近来种得少，不说咱们不重视，还说谷子产量小；想想近来好几年，咱对玉茭怎关照？深翻地，勤锄草，密植保苗追肥料。天天钻在玉茭地，常把谷子忘记了；谷子好像前房子，玉茭好像亲宝宝。亲生儿子应亲看，前房儿子怎丢掉？”在曲词中，赵树理仿佛一个蹲在地头上的老农民，不厌其烦地向观众介绍“谷子”的种种好处，表达出对黄土地、对农耕、对粮食深入骨髓的热爱。

“谷秸深处扬田歌。”从某种意义上讲，所有的晋城曲艺都自带有黄土地的气息。它们就像赵树理的《谷子好》一样，都脱胎于农村，为农民服务，讴歌农业生活，充满农耕趣味，值得所有人喜爱。

五、晋城农谚知多少

如果举办一场竞赛，挑选最有经验的老农，大概可以设置两场赛事：一场“武比”，比试操作农具，看谁更熟练；一场“文比”，比试说农谚，根据不同的场景，看谁说得更多、更实用。无疑，对于老农来说，农谚具有非常实用的价值。每一条农谚都是一种农耕经验或技术的总结，蕴藏着关于选种、耕种、灌溉、施肥、气象、农时等各种农业知识。几千年来，老百姓珍而重之、口口相传，由此成为中华农耕文化的瑰宝。

追根溯源，大概在神农氏肇启农耕时，便已经出现农谚吧？只是那时没有文字，未能记录下来。在甲骨卜辞中，出现许多关于农耕的记载，有些用语已经颇似农谚的味道。而在先秦典籍中，农谚大量出现并非常成熟。如《诗经·豳风·七月》“七月流火，九月授衣”“九月筑场圃，十月纳禾稼”等，与现代农谚已经没有多少差别。从那时起，各种典籍尤其是农业典籍，如北魏贾思勰《齐民要术》等，开始大量记载农谚，并将它们传播开来，成为指导农耕生产的技术指南。现在，人们大多将这些流传了几千年的农谚视为民间文学来看，并进行了各种收集与整理。如：费洁心编《中国农谚》共收录农谚 5953 条，吕平编《中国农谚》共收录农谚 31400 余条。而蕴藏在乡村未被著录的农谚更多，简直不可胜数。

过去多年，晋城地区的农谚得到了较好的收集与整理。如：1989 年，李世钧等编著《晋城市民间谚语集成》，共收录谚语近两万条，其中“自然类”“生产类”两章收录的便主要是农谚。“自然类”包括观日月星、观风、观云、观雨雪雹、观雷电、观虹霞、观雾露霜等，可以说农业气象的方方面面都有涉及。“生产类”按种子、肥料、水、耕作、种植、轮作、管理、收割等生产环节编排，同时专门设立“林谚”“牧谚”等项目，用以收录林业、牧业生产的谚语，内容更加丰富。郑夫川编著的《晋城方言民俗集》、王桂平编著的《陵川乡谚俚语》等，也都是专门记录晋城方言谚语的专著，其中收录的农谚非常丰富。除此外，各地在编撰方志时大多设有谚语章节。如：《陵川民俗》第九章“方言俗语”、《南岭乡志》第六编第四章“方言谚语”、《金渠头》第十章“方言俗语”等。其收录的农谚虽然不多，却非常有特色。就这样，晋城各地的农谚被收集整理起来，得到了较好的保存。

“一方水土养一方人，一方山水有一方情”。与其他省市一样，晋城农谚诞生于这方土地，自然也饱含这方土地浓浓的乡土情。如“瑞雪兆丰年”“春雨贵如油”之类文雅的农谚，在全国各地广为流传，反而失于平淡。如“庄稼佬你别犟，粪盘盘放着样”“蚂蚁搬家蛇过道，老牛大叫雨来到”之类“土得掉渣”的农谚，反而更具乡土特色，更显文化魅力。中国文化自古有“阳春白雪”与“下里巴人”的争论，两者各具特色，并无高下之分。农谚作为一种从泥土里生长出来的语言艺术，显然更贴近农村、更贴近农民，更有生命力。晋城农谚许多虽然听起来“土得掉渣”，但却完美地将农耕经验与乡土气息融为一体，更具文化价值。

以大东沟镇《辛壁村志》为例，第10章第3节收录“生产经验类”农谚19条、“气象预测类”农谚17条，合计共36条。这些农谚都非常有乡土特色。如：农民通过观察星、月、云、雾、动物等自然现象来预测天气，总结出来的谚语便非常有趣。“月亮带风圈，接连刮三天。”所谓“风圈”，是一种带有豁口的月相。人们认为，特定时段去观察月相，如果有豁口就会刮风。“母鸡愁满天流，公鸡愁晒破头。”如果半夜母鸡叫个不停，那么次日便会大雨淋漓；如果公鸡叫个不停，就会是大晴天。“茅溅不过三天。”如果观察到化粪池中粪水不停地翻滚，那么不出三天必定下雨。“寺山戴了帽，赶快往回跑。”所谓“寺山”指村西的可寒山，因山顶有古刹乾明寺而得名。一旦乌云盖住可寒山，就预示着暴雨将到，田地里劳作的农民自然是“赶快往回跑”。

这些农谚，有的语言粗俗，有的无法理解形似黑话，有的只适用于某个区域，有的没有多少科学道理。但无可置疑的是，它们流传了几百上千年，并对当地的农业生产产生了深刻的影响。在农谚中，如“粪盘盘”“惜扯蛋”“饿死狗”之类的方言词非常多，虽然粗俗却不失生动。无疑，这些农谚使用的都是农民的语言，总结的都是农民的经验。虽然与“阳春白雪”沾不上半点关系，但这些农谚活泼泼的，充满了乡土魅力。

参考文献

古籍类

（先秦）《四书五经》，中华书局2009年版。

《神农本草经》，民主与建设出版社2021年版。

（东汉）许慎：《说文解字》，中华书局2011年版。

（南北朝）陶弘景：《本草经集注》，凤凰出版社2023年版。

（北魏）贾思勰：《齐民要术》，中华书局2015年版。

（北魏）郦道元：《水经注》，中华书局2016年版。

（唐）陈藏器：《本草拾遗》，安徽科学技术出版社2002年版。

（北宋）王存：《元丰九域志》，中华书局2004年版。

（北宋）乐史：《太平寰宇记》，中华书局2007年版。

（北宋）罗泌：《路史》，中华书局2023年版。

（金元）李俊民：《庄靖集》，山西古籍出版社2006年版。

（元）郝经：《郝文忠公陵川文集》，山西古籍出版社2006年版。

（元）王祯：《农书》，科学出版社2022年版。

（明）李时珍：《本草纲目》，中华书局2001年版。

（明）宋应星：《天工开物》，人民出版社2021年版。

（明）常伦：《常评事集·常评事写情集》，上海古籍出版社2016年版。

（明）《大明一统志》，三秦出版社1990年版。

（明）《明实录》，北京大学图书馆藏本。

（清）《清实录》，北京大学图书馆藏本。

（清）朱樟：《冬秀亭集》，清刻本。

（清）陈廷敬：《午亭文编》，人民出版社 2018 年版。

（清）王炳照：《介雅堂诗钞》，清刻本。

（清）白胤谦：《桑榆集》，清刻本。

（清）白胤谦：《东谷集》，清刻本。

（清）刘灏：《广月轩诗稿》，清刻本。

《清皇城陈氏诗人遗集》，皇城相府管理处 1998 年版。

（清）《冶底董氏家谱》，清至民国手写版。

方志资料类

（明）万历《泽州志》，明万历刻本。

（明）成化《山西通志》，清刻本。

（清）雍正《泽州府志》，山西古籍出版社 2001 年版。

（清）乾隆《凤台县志》，清刻本。

（清）光绪《凤台县续志》，清刻本。

（清）同治《阳城县志》，政协阳城县委员会 2016 年版。

（清）光绪《阳城乡土志》，清刻本。

（清）康熙《沁水县志》，清刻本。

（清）光绪《沁水县志》，清刻本。

（清）嘉庆《沁水县志》，清刻本。

（清）乾隆《陵川县志》，清刻本。

（清）顺治《高平县志》，清刻本。

（清）同治《高平县志》，山西人民出版社 2010 年版。

（民国）《中国省别全志·山西卷》，中华书局 2005 年版。

（民国）《山西风土志》，中华书局 2005 年版。

（民国）《山西乡土志》，中华书局 2005 年版。

《晋城县志》，山西古籍出版社 1999 年版。

《晋城市志》（1985—2008），中华书局 2011 年版。

《晋城市志》，中华书局 2019 年版。

《高平市志》，中华书局 2018 年版。

《阳城县志》，中华书局 1990 年版。

《陵川县志》，中华书局 1997 年版。

《陵川县志》（1997—2007），中华书局 2007 年版。

《沁水县志》（1986—2003），方志出版社 2006 年版。

《抗日战争时期山西人口伤亡和财产损失课题调研成果·晋城卷》，山西人民出版社 2010 年版。

《晋城历代人口》，中国翰林出版公司 2003 年版。

《南岭乡志》，山西人民出版社 2005 年版。

碑刻类

樊秋宝主编：《泽州碑刻大全》，中华书局 2013 年版。

《三晋石刻大全·城区卷》，三晋出版社 2012 年版。

《三晋石刻大全·阳城卷》，三晋出版社 2012 年版。

《三晋石刻大全·高平卷》，三晋出版社 2012 年版。

《三晋石刻大全·沁水卷》，三晋出版社 2012 年版。

《三晋石刻大全·陵川卷》，三晋出版社 2012 年版。

栗守田编注：《皇城石刻文编》，晋新出版字（1998）第 054 号。

《海会寺碑碣诗文选》，山西人民出版社 2002 年版。

《炎帝古庙》，文物出版社 2011 年版。

《高平金石志》，中华书局 2004 年版。

现代著作类

吴存浩编著：《中国农业史》，警官教育出版社 1996 年版。

张力军、胡泽学编著：《图说中国传统农具》，学苑出版社 2009 年版。

《宋代农业地理》，山西古籍出版社 1993 年版。

《民国山西实业志》，山西人民出版社 2012 年版。

《山西通志·农业志》，中华书局 1994 年版。

《山西通志・粮食志》，中华书局 1994 年版。

胡泽学编著：《三晋农耕文化》，中国农业出版社 2008 年版。

马四清编著：《上党农耕文化》，北岳文艺出版社 2014 年版。

《晋城史话》，山西人民出版社 2016 年版。

《城区史话》，山西人民出版社 2017 年版。

《泽州史话》，山西人民出版社 2016 年版。

《陵川史话》，山西人民出版社 2016 年版。

《阳城史话》，山西人民出版社 2016 年版。

牛晓明主编：《高平史话》，山西人民出版社 2016 年版。

张保福、冯金堆编著：《高平史话》，中国文化出版社 2007 年版。

《方物大观》，晋城文化丛书，中华书局 2010 年版。

《山河锦绣》，晋城文化丛书，中华书局 2010 年版。

《泽州百年》樊秋宝主编，中华书局 2016 年版。

《晋商资料全览・晋城卷》，阎爱英主编，山西人民出版社 2006 年版。

《晋城市城区工商史话》刘秋海主编，政协晋城市城区文史资料委员会 2012 年版。

《晋城大事记》，中国城市出版社 1993 年版。

《晋城方言民俗集》，三晋出版社 2014 年版。

《陵川民俗》，三晋出版社 2013 年版。

《泽州戏曲史稿》，山西人民出版社 1989 年版。

《晋城市民间歌谣集成》，晋城市民间文学集成委员会 1989 年版。

《晋城民歌集》，栗守田主编，晋城市上党戏曲研究院 2012 年版。

《泽州秧歌》，栗守田主编，三晋出版社 2011 年版。

《晋城传说》，靳虎松编著，三晋出版社 2010 年版。

《陵川曲艺志》，赵喜胜编，陵川县文化体育局 2005 年版。

《泽州四弦书》，张鲜红主编，山西人民出版社 2017 年版。

《沁河流域的成汤信仰》，沁河风韵系列丛书，山西人民出版社 2016 年版。

《沁河瓷韵》，沁河风韵系列丛书，山西人民出版社 2016 年版。

《古道悠悠·晋城交通与沿线聚落》，沁河风韵系列丛书，山西人民出版社2016年版。

《沁河蚕事》，沁河风韵系列丛书，山西人民出版社2016年版。

《晋城蚕桑产业发展研究》，崔满善、王学琦主编，山西经济出版社2014年版。

《炎帝故里》，山西人民出版社2014年版。

《太行本草》，郭三旦编，泽州县中药材协会2011年版。

《李希霍芬中国旅行日记》，[德] 费迪南德·冯·李希霍芬著，商务印书馆2019年版。

《中国丝绸史》，朱新予主编，中国纺织出版社1996年版。

《赵树理文集》，中国工人出版社2000年版。

论文类

靳艳芳：《晋东南炎帝文化遗存初步研究》，山西大学2017年届硕士学位论文。

王星光、李秋芳：《太行山地区与粟作农业的起源》，《中国农史》2002年第21卷第1期。

任海云：《太行山旧石器遗址综合研究》，山西大学2017年博士学位论文。

张雪霏：《晋东南地区二里头时期考古遗存研究》，辽宁师范大学2018年硕士学位论文。

刘岩、张光辉、程勇、安建峰：《山西泽州和村遗址发掘简报》，《考古学研究》2014年第5期。

王建、王向前、陈哲英：《下川文化——山西下川遗址调查报告》，《考古学报》1978年第3期。

石兴邦：《下川文化的生态特点与粟作农业的起源》，《考古与文物》2000年第4期。

黄崇岳：《从出土文物看我国的原始农业》，《中国农业科学》1979年2月。

李达：《阳城犁镜冶铸工艺的调查研究》，《文物保护与考古科学》第15卷第

4 期。

张晓东：《阳城犁镜——传统铁范铸造的活化石》，山西大学 2009 年硕士学位论文。

宋一清：《山西壁画中的传统农具》，哈尔滨师范大学 2016 年硕士学位论文。

冯宵慧：《山西地区宋元时期白地黑花瓷器初步研究》，山西大学 2017 年硕士学位论文。

纪田明：《馆藏白釉黑彩瓷罈之思考》，《文物博论》2018 年第 6 期。

张景莉：《浅议磁州窑系之“潞安府酒坛”》，《长治学院学报》第 25 卷第 3 期。

呼啸：《新见山西壶关窑大罐及相关问题》，陕西历史博物馆，710061。

郭永平：《从沁河流域水草神信仰看传说、历史与民众心理的关联》，《中原文化研究（四）》。

延保全：《广禅侯与元代山西之牛王崇拜》，《山西师大学报（社会科学版）》第 30 卷第 4 期。

刘国信：《广禅侯——历史上惟一被钦封的兽医侯》，《中国畜牧业》。

刘伯伦：《广禅侯来历的真相》，《中国兽医杂志》1995 年第 3 期第 21 卷。

姚春敏：《从泽州民间文本看清代华北乡村的跨村社祈雨》，《满族研究》2012 年第 4 期。

李茂松：《晋东南地区干旱特点及其防御对策》，《中国农业气象》1991 年第 12 卷第 1 期。

王庆伟：《明代晋东南和晋南地区的自然灾害比较》，东北师范大学亚洲文明研究院。

石国伟：《明清山西旱灾危机与农事雩祭传统研究》，《农业考古》2022 年第 6 期。

蔡敏：《太行成汤信仰与民间赛社演剧研究》，山西师范大学，研究生 2016 年博士学位论文。

王佳、韩军青：《山西明清时期旱灾统计及区域特征分析》，《干旱区资源与环境》2015 年第 29 卷第 3 期。

杨金茹：《山西高平羊头山炎帝农耕文化》，陕西师范大学历史文化学院。

岳秀芝:《清代晋东南社仓研究》，广西师范大学 2012 年硕士学位论文。

王金艳:《康熙朝地方仓储研究——以常平仓、社仓、义仓为主》，曲阜师范大学硕士学位论文。

胡筱瑜:《古泽州养蚕习俗与蚕俗信仰调查——以阳城、沁水两县部分村落为例》，山西大学 2011 年硕士学位论文。

艾显慧:《历史时期上党人参的使用与灭绝》，郑州大学 2019 年硕士学位论文。

孙凤萍:《山西太行山区人参兴灭与生态环境变化》，《山西林业》2013 年第 5 期。

郝国玲:《陵川县连翘产业发展现状及趋势分析》，《山西农经》2021 年第 20 期。

石鹏:《明代祈谷礼考述》，《宁波大学学报（人文科学版）》2023 年第 36 卷第 5 期。

殷晶波:《清明节——中国古代的一个大型春祈仪式》，《高等函授学报（哲学社会科学版）》2011 年第 24 卷第 6 期。

编 委 会

编 写 组

主　编：孟贵芳

副主编：王晓光　武晓芳

撰稿人：马甫平　李泽军　张广善　刘国亮　安建峰

晋城历史文化研究

文脉晋城

JINCHENG
LISHI WENHUA YANJIU

《晋城历史文化研究》编写组　编著

序 言

晋城，这座镶嵌在太行山南麓的千年古城，是山西东南部的文化重镇，也是连接中原与西北的咽喉要冲。她以山川为骨，以历史为魂，在漫长的文明演进中，既见证了金戈铁马的烽烟，也孕育了精耕细作的农耕文明；既锻造了巧夺天工的匠作精神，也涵养了崇文重教的理学传统；既催生了纵横四海的商贾智慧，更沉淀出多元交融的人文气象。为庆祝晋城建市 40 周年，充分展示晋城悠久历史和优秀文化，市政协组织地方专家学者，以《文脉晋城》《神农晋城》《工匠晋城》《商贾晋城》《兵家晋城》五册书为题，编写了一套《晋城历史文化研究》丛书，试图通过这套丛书梳理这座城市的文明基因和地域密码，这不仅是对地方历史的致敬，更是为中华文化的多样性提供一份鲜活注脚。

《文脉晋城》：理学渊薮，泽州学风

晋城古称泽州，北宋以降，这里成为程朱理学的重要发祥地。程颢任晋城令时，兴办乡学、整顿礼俗，以“民胞物与”之心教化一方，终使“泽州学者如牛毛”（《泽州府志》）。这片土地上的文脉，既有书院朗朗书声的浸润，也有民间耕读传家的坚守。金元时期，郝经、李俊民等大儒辈出；明清两代，陈廷敬家族“德积一门九进士”，更将儒家文化的根脉深植于太行深处。《文脉晋城》追溯的正是这种“士尚气节、民重诗书”的精神传统——它不仅是科举功名的辉煌，更是晋城人对天道人伦的朴素践行，

对家国情怀的无声传承。

《神农晋城》：农耕肇始，炎帝遗风

高平羊头山下，炎帝陵庙巍然矗立，诉说着华夏农耕文明的源头。晋城作为炎帝活动核心区，留存着密集的祭祀遗址、传说与民俗。炎帝在此“斫木为耜，揉木为耒”，教民播种五谷，开创医药之先（《淮南子·修务训》）。至今，当地仍保留着“鞭春牛”“祭谷神”等古俗，民间药膳、农耕工具中亦可见上古智慧的孑遗。《神农晋城》不仅是一部地方史考，更试图揭示：为何这片土地能成为中华农业文明的“试验田”？答案或许藏在这独特的山川格局——太行屏障与两河（沁河、丹河）沃土的结合，既提供了避乱之所，又孕育出最早的农耕实践，最终塑造了晋城人“厚土重农、敬畏自然”的集体性格。

《工匠晋城》：铁火流光，技艺千秋

“九州针都”大阳古镇的钢针，“平遥的漆器，泽州的铁”的民谚，无不彰显晋城工匠的赫赫声名。春秋战国时，这里已是冶铁中心；明清时期，阳城犁镜、泽州铁壶行销欧亚。煤炭与铁矿的丰富资源，催生了“一斗铁砂半斗金”的产业传奇，更锤炼出“百炼精钢”的匠人精神：从战国箭镞的精密铸造，到明清古堡的砖石工艺，无不体现“工必为之纯，器必求其利”的执着。《工匠晋城》记录的不仅是技术史，更是一种文化哲学——煤铁之乡的百姓，始终相信“器以载道”，他们将生命的韧性锻入铁器，将秩序的追求砌进城墙，最终让物质创造升华为文明符号。

《商贾晋城》：行商万里，义利兼济

泽州商人虽不及晋中票号声名显赫，却以“行商如行军”的魄力独树一帜。明清时期，他们依托煤铁、丝绸、硫磺等特产，南涉闽粤，北走塞

外，甚至远赴俄蒙。其商业网络既是物资流通的血脉，也是文化传播的纽带：关帝庙遍布商路，既是对“忠义仁勇”的信仰，亦是对契约精神的恪守；而程朱理学“格物致知”的思想，更赋予泽商“以义制利”的伦理底色。《商贾晋城》试图还原这一群体如何将地域资源转化为商业资本，又如何以文化认同凝聚商帮力量——他们的故事，恰是明清中国商品经济与精神传统共生共荣的缩影。

《兵家晋城》：锁钥三晋，雄镇太行

“河东屏翰”“中原咽喉”的军事地位，使晋城自古为兵家必争。长平之战，白起坑赵卒四十万于高平；巴公原之战不仅巩固了后周的政权还为赵匡胤北宋王朝的建立奠定了基础；北宋抗辽，孟良寨、焦赞城遗迹犹存。这片土地上，战争与和平的交替催生了独特的防御文化：砥洎城的“蜂窝型城墙”、皇城相府的“防御型碉楼”，既是冷兵器时代的智慧结晶，也隐喻着晋城人“居安思危”的生存哲学。《兵家晋城》透过烽火记忆，揭示的正是地理如何塑造命运——当山河成为屏障，战乱反哺坚韧，最终凝练出“崇文尚武，守正出新”的地域品格。

《晋城历史文化研究》丛书的五册，恰如五色丝线，共同编织出这座城市的文明图谱：神农的耒耜、程朱的典籍、工匠的铁锤、商队的驼铃、将士的弓刀，在历史时空中交响共鸣。而贯穿始终的，是晋城人对天地的敬畏、对技艺的追求、对文化的坚守。这套丛书不仅为地方立传，更试图回答一个根本命题：在新全球化浪潮中，我们如何从地域文化的多样性中汲取智慧？晋城的启示或许在于——唯有深植传统的土壤，方能绽放时代的新枝。

《晋城历史文化研究》丛书的出版，是庆祝晋城建市40周年的重要文化工程，愿读者借此书穿越时空，触摸晋城的山河脉动，为晋城高质量发展注入文化动力。

晋城

目　录

前言

太行雄伟壮丽，析城清秀崎峭；沁河浪涛澎湃，丹河涟漪荡漾。这里的山川壮美丰神，钟灵毓秀；这里的人物品格高尚，才华卓异。宋代著名的政治家、史学家、文学家司马光曾有诗曰“太行横拥巨川回，三晋由来产异才”，极力称赞太行之山川文物之盛！

早在春秋时期，孔子周游列国，晋国执政大臣赵简子礼聘孔子前来辅佐。然而当孔子行至黄河南岸时，听说赵简子杀害了窦鸣犊和舜华两位贤臣。孔子望着波澜壮阔的黄河，不禁感叹道：“美哉水，洋洋乎！丘之不济此，命也夫！”孔子认为君子应当珍视贤才、尊重同道，因此他对赵简子的行为深感痛心与失望，于是他临河而返。播种文明的脚步未能踏上晋国的土地，给后世读书人留下了千秋遗憾和无穷的向往。虽然孔子没有来，但是程子来了。北宋治平年间，著名理学家程颢主政晋城。他减免赋税，救济贫弱，惩治奸恶，关怀百姓，兴办学校，敦厚风俗，传授孝悌忠信之道，教导修身齐家之法。其德政如春晖普照，深入人心；教化如春风化雨，影响深远。千百年来，造就了泽郡先人坚韧不拔的优秀品格，崇德敬贤的高尚情操，先忧后乐的家国情怀，开拓进取的辩证智慧。他们为华夏之繁荣、民族之昌盛，英勇拼搏，奋发图强，塑造壮丽人生，展现璀璨风采。这种永恒坚守之节操、世代传承之精神，正是我们要生生不息、永恒传承而发扬光大的文明血脉。

我受命撰写《文脉晋城》一书，深感才疏学浅，难当重任。经过一年多的努力，将内容分为八章，成稿廿余万字。第一章《学府春秋》，揭示立身行道的传统；第二章《科举丛谭》，记录人才选拔的故事；第三章《人文气象》，展现先忧后乐的境界；第四章《名宦流芳》，歌颂清官廉吏的事迹；第五章《乡贤遗范》，彰显望重乡梓的典范；第六章《儒林风华》，梳理硕学大儒的思想；第七章《文苑群星》，称述词林翰苑的风采；第八章《书香世家》，阐扬家风家学的传承。书稿虽已完成，但疏漏之处在所难免，恳请读者和专家批评指正！希望本书能让更多人了解晋城——这片美丽而神奇的土地！

第一章

学府春秋

薪火传承文明接力的神圣殿堂

古代学校，依托于文庙，郡县儒学，皆与文庙一体，从而体现尊圣敬贤的道德崇拜。庙学合一的教育规制，所谓学以尊庙，庙以表学，使士子沉浸于古圣先贤化育的氛围之中，培养士子先忧后乐的家国天下情怀。此乃中国古代教育与西方教育及现代教育本质的区别。宋代晋城县令程颢注重基础教育，提倡“乡必有校”，大办乡学。元明清三代，由官绅创办社学，作为社学补充的私塾，则为民间创办，星罗棋布，不可胜计。继而书院兴起，亦为官办。泽州先后有晋城书院、文昌书院、回辙书院、体仁书院。泽州府有体仁书院，后改明道书院。凤台县有怀仁书院，后改晋城书院。高平县明代有正蒙书院，后改晋城书院；清代有宗程书院、崇正书院。阳城县元代有泮宫书院，明代有映奎书院，清初改为聚奎书院；乾隆间建同文书院，后又建仰山书院。陵川县元代有棣华堂书院，清代建望洛书院。沁水县明代有凤原书院，清代建碧峰书院。

一、圣贤崇拜

文庙是供奉至圣先师孔子的祠庙，也称为孔庙。文庙的主要建筑有棂星门、泮池、大成门、大成殿、崇圣祠、名宦祠、乡贤祠、明伦堂、尊经阁、敬一亭等。文庙中供奉的先圣、先贤、先儒以及名宦、乡贤等人物都不是神，而是表达中华民族对于道德和人文精神的敬仰和崇拜。

棂星门

棂星门是学宫的外门，原名灵星门。灵星又称为天田星，主农事。汉高祖命祭天时先祀灵星。至宋仁宗天圣六年（1028），筑郊台外墙，设置灵星门，象征天之体；不久又移用于孔庙，大概是以尊崇天的规格尊崇圣人。后人又以门形如窗棂，遂改为棂星门。

泮池

泮池是位于棂星门之后的半月形水池，形状如半月，是官学的标志，所以学宫也称为泮宫。泮池上有石桥，称为泮桥，科举考试时，学生过桥去拜孔子，称为入泮。

大成门

泮池之后是大成门，因形似古代的兵器戟，故又称戟门。《孟子·万章下》曰："孔子之谓集大成。集大成也者，金声而玉振之也。金声也者，始条理也；玉振之也者，终条理也。"意思是说：孔子被称为是集大成的人。所谓集大成，就如同奏乐那样，先以金钟之声，后以玉磬之声。金声，是节奏旋律的开始；玉振，是节奏旋律的终结。"大成"是指孔子能集古今之大成，即将前人的主张、学说等经过归纳、整理，从而形成自己完整的思想体系。大成门和大成殿的命名本于此。

大成殿

大成殿，是文庙内奉祀孔子的主殿。大成殿的正位奉祀孔子，孔子称为至圣先师。从祀者分四个等级，第一等级称为“四配”或“四圣”，第二等级称为“十二哲”，第三等级称为“先贤”，第四等级称为“先儒”。古代的圣贤，具有完美人格的追求，具有家国天下的情怀，明道修德，传经授业，先天下之忧而忧，后天下之乐而乐，为往圣继绝学，为万世开太平，是道德的典范、世人的表率。

崇圣祠

崇圣祠，原称启圣祠，主祭孔子父亲叔梁纥，明嘉靖九年（1530）从祀于全国各地学校。清雍正元年（1723）追封孔子五代祖先为王爵，并予入祀，更名为崇圣祠。

名宦祠

名宦祠是奉祀地方官员的祠堂。在本地任职而勤政爱民、著有德业之官员，离任后由当地士民举荐，经本省总督、巡抚会同学政审核批准，将其牌位入祀于所在州县名宦祠，于春秋两季由该州县官员带领地方士绅祭祀。

乡贤祠

乡贤祠是奉祀本乡已故贤士的祠堂。明清时期，各府州县皆设有乡贤祠，凡本地德高望重之人，死后由大吏题请，祀于其乡，入乡贤祠，于春秋两季接受地方士绅祭祀。

明伦堂

文庙的明伦堂即讲经堂，如同今天的课堂。《孟子·滕文公上》曰：“夏曰校，殷曰序，周曰庠，学则三代共之，皆所以明人伦也。”意思是说：地方教育机构，夏朝称为“校”，商朝称为“序”，周朝称为“庠”；中央教育机构，三朝共称为“学”，都是用来讲明人与人之间伦理道德的。明伦堂的命名本于此。

敬一亭

敬一亭是嘉靖皇帝下诏令专建的，名称也是皇帝亲自命名的，内设嘉靖皇帝《御制敬一箴》和《御制五箴注》，州县俱同。五箴指程颐的视、听、言、动《四箴》和范浚的《心箴》。

尊经阁

为藏书之所，用以贮藏儒学经典及百家子史诸书，以供学宫生员博览经籍。尊经阁的藏书以“经史子集”分类，依次以经部、史部、子部、集部排列，经部位于所有书籍之首，价值至关重要，为学子的必读之书，而史部、子部、集部的书籍则在扩展阅读的范围。

经部：经书的书籍有《易经》《书经》《诗经》《周礼》《仪礼》《礼记》《左传》《公羊传》《榖梁传》《论语》《孟子》《孝经》《尔雅》等，称为十三经。后来，十三经又精简为四书五经，四书即《大学》《中庸》《论语》《孟子》，五经即《诗》《书》《礼》《易》《春秋》。学习经书必须掌握的训诂、文字、音韵等书籍也包括在经部。

史部：记载历史兴衰治乱和各种人物以及制度沿革等的历史书，包括正史类、编年类、纪事本末类、杂史类、别史类、诏令奏议类、传记类、史钞类、载记类、时令类、地理类、职官类、政书类、目录类、史评类等，《史记》《汉书》等二十五史称为正史，《资治通鉴》等属于编年史。

子部：收录诸子百家著作和类书，包括儒家类、兵家类、法家类、农家类、医家类、天文算法类、术数类、艺术类、谱录类、杂家类、类书类、小说家类、释家类、道家类等 14 大类。

集部：凡历代作家的散文、骈文、诗、词、曲等集子和文学评论著作，均归入此类。属于一人所有的称为别集，汇选若干人的作品称为总集。

释菜礼

释菜礼是古代祭祀先圣先师的一种典礼。凡学生始入学，须向先圣先师行释菜礼。每月初一早晨，师生须向先圣先师行释菜礼。“释菜”的意思是“舍菜”，是说古人拜师，都要以“舍菜”为敬。释菜礼是从周朝就兴起的尊师礼仪。民间举办释菜礼，最常用的祭品有枣、栗、菁菹、芹四样。四样祭品虽简，但蕴含了士子对先圣先师崇敬之心和学习圣贤的志向。

二、庙学合一

儒学，指旧时官办的学校，因为设在文庙之内，故称为庙学，也称为学宫。庙是指供奉至圣先师孔子的文庙，学是指官府设立供生员修业的学校。也就是说，古代的文庙既是供奉孔子的庙宇，也是对生员进行教育的学校，同时也是儒学教官的衙署。儒学教育的主要内容是四书五经，注重人生道德的养成，故而庙、学合一的规制，成为中国古代进行道德、文化、礼仪等教育的主要形态。古人曰："学以尊庙，庙以表学。"大意是说，学校的教育要尊崇效法文庙的圣贤，文庙的圣贤是学校学子的道德表率。庙学起源很早，在宋元明清达到了空前繁荣，京城和地方都普及了庙学。

泽州儒学

宋至和二年（1055），泽州知州吴中将儒学自城西南隅移建于东南。金贞祐四年（1216），泽州知州高少中重修，但元初又毁于兵，仅存大成殿，成为游离百姓存身之所。泽州长官段直，字正卿，重修孔子庙，置田千亩，购书万卷，迎请硕儒李俊民为师，以教乡人子弟。不足五六年，士子以通经被选举者一百二十二人。明洪武二年（1369），泽州知州李祥重建。十二年（1379），泽州知州王坚继修。成化十九年（1483），泽州知州钱塘人（今杭州市）陆伟修葺。正德十五年（1520），泽州知州马汝骥因泽州庙学狭隘，棂星门离城墙仅一丈左右，大成殿东西两庑檐阴堕地，正午时分也昏暗不明，决计扩大规模重修，筹银一千三百两，历时五个月而竣工。万历年间，知州朱舜民、韩容、萧籍维修。清顺治间知州孙丕承、傅继说，康熙间知州官于宣、佟国珑继修。

泽州府儒学

清雍正六年（1728），建立泽州府，原泽州之地建凤台县附郭。凤台县儒学于雍正七年（1729）新设，奉文议建，附入泽州府儒学内，凤台县儒学教谕代理府学教授。泽州知府刘毓岩重修明伦堂并西斋房及东拦墙六十三丈。乾隆四十三年（1778），凤台县知县钱汝霖重修。嘉庆间泽州知府王廷煐、凤台知县洪熙捐资补修，未峻其事，学官王汝汾复禀请泽州知府德音、凤台知县顾麟趾补修，内外殿宇焕然一新。咸丰元年（1851）凤台知县李芗，同治十二年（1873）凤台知县余绍昶相继重修。

泽州府学宫的主要建筑有先师殿，府县同；东西庑，祀奉先贤先儒；崇圣祠，在正殿东；名宦祠，戟门东；乡贤祠，戟门西；忠义孝弟祠，乡贤祠下，雍正十年（1732）知府许日炽建；节孝祠，旧址在怀仁坊大街，雍正十年（1732）知府许日炽移西门内；文昌祠，棂星门东，旧只正殿三楹，以地近水泓，基趾难扩，道光八年（1828）邑绅毛熙元等禀请知府王允楚，捐资修葺，填塞水泓，加修三代祠一院、香亭三楹、东西亭六楹、东西楼十楹、舞楼三楹、耳楼四楹、天下文枢壁一座，规模宠敞，庙貌聿新；戟门，东金声，西玉振；泮池，戟门外；棂星门，圣域坊，门东；贤关坊，门西；五魁楼，城上东南，明知州黄图昌建；太和元气壁；明伦堂，正殿后；东西斋房，各九间；神厨，堂东；神库，堂西；敬一亭，明伦堂后；尊经阁；东西书舍，各十五间；射圃，尊经阁东；周道，西庑后；更衣亭，棂星门内；省牲所，文昌祠后；府教授宅，周道西；县教谕宅，周道西；训导宅，尊经阁西。

高平县儒学

高平县儒学在县治东南，金时毁于兵。元至正八年（1348），高平知县刘好德重建。明正德九年（1514），高平知县龚进下车拜谒文庙，亟图修复，以旧址浅狭，购民地拓新，为大成正殿、明伦堂各五楹，增建廊庑五十楹，号舍四十楹。嘉靖二十七年（1548）高平知县傅思明、万历四年（1576）高平知县刘腾霄、十九年（1591）高平知县张居仁、三十年（1602）高平知县王省身、三十五年（1607）高平知县刘应召、洪声远、侯宏文、王汉、滕仁政、刘大祥、教谕王继祖相继增修。清高平知县刘广国、高平知县范绳祖重修，并重建启圣祠、育贤坊。又高平知县刘璟、白良玉、梅建、教谕刘佐世重修。康熙五十三年（1714）后，高平知县沈惟烈、高纯冶、阮永裕、黄永耀重修文庙。雍正六年（1728），绅士李耀傅重修文昌阁、奎星楼、程子祠。雍正十三年（1735），高平知县褚天纬重修。道光十八年（1838），高平知县李贞木、绅士陈彭龄重新缮修，凡用民财二万三千四百四十余缗，四年工始竣。盈钱三千五百缗，以一千缗助宗程书院费，一千五百缗助乡会试贡车马费，一千缗为文庙每年修缮费，均贷给当商，每岁以十一取息。

高平县学宫的主要建筑有先师正殿五楹，东西庑各十八楹；崇圣祠在正殿东北；名宦祠在戟门东，乡贤祠在戟门西；棂星门、泮池、东西石坊、文庙坊、大成坊、育贤坊；关壮缪侯三代祠，在儒学巷，雍正三年（1725）高平知县甘士瑛奉文建；忠义孝弟祠在学宫，节孝祠在高平县治西，雍正五年（1727）高平知县甘士瑛奉文建；文昌阁在文庙东南；魁星楼在城东南；明伦堂在文庙后；东西斋各七间；敬一亭在明伦堂后；尊经阁在敬一亭后；射圃在西南隅；元魁坊在教谕宅外；教谕宅在明伦堂西；训导宅在乡贤祠西。

阳城县儒学

宋元时期，阳城县庙学在城东南隅化源坊。元至正十二年（1352），燕都赵绳祖，字嗣宗，来任阳城知县，见庙学廊庑倾颓，荒芜不治，于是重新修葺，并新建讲堂一所，亲自篆额曰“正蒙”。接着又收书籍，制儒服，招收生徒，使庙学仑奂一新。明洪武四年（1371），朝廷诏告天下新建学宫，每学置训导四人。阳城庙学旧基狭隘，讲堂陋小。阳城知县李芾曰："教养之地愧德他县，是为弗职。"意思是说：培养人才的学校如果不如其他县，就是官员不称职。李芾以原学西废地构堂五楹，高明宏丽，额曰"明伦"，堂左右建斋十楹，堂东建庖厨三楹，又建棂星门于广衔，使规模大过前代。明成化十一年（1475）冬，阳城知县史书（字献忠），筹划重修庙学。于大成殿后，创起殿五楹六架，两庑各加五楹，通二十楹；复建戟门五楹，馔堂五楹，西号房十楹；殿之后建尊经阁，明伦堂由五楹增为七楹；又建退省堂三楹，厨库七楹，堂前左曰时习斋，右曰日新斋，各五楹；大门二所，内曰尊贤，外曰育才，门之左右列生舍十楹。工未就，史书因丁外艰离任。成化十五年（1479），陈宽（字裕夫）来任，先捐己俸，作为倡导，凡前任史书谋而未就、半而未全者，皆相继完成。嘉靖间，阳城知县邹颐贤增修。万历间，阳城知县张应诏重修。清顺治十五年（1658），署阳城知县泽州同知戴天德、阳城知县陈国珍加修。康熙八年（1669），阳城知县都甫增修。康熙二十一年（1682），明伦堂圮，邑人田六善重修。康熙二十七年（1688）冬，大成殿火灾，阳城知县项龙章首捐俸银，延请绅士，募金重建。道光年间，知县徐璥扩大旧规，重加修葺。

阳城县学宫的主要建筑有大成殿五楹，东西庑各七楹，戟门三重，泮池一泓；崇圣祠三楹，在明伦堂东北隅；名宦祠三楹，在戟门东；乡贤祠三楹，在戟门西；棂星门一座；尊经阁一座三楹；敬一亭三楹；明伦堂三楹；省牲亭一楹；东西斋房十间；东文昌宫一院，内文昌殿五楹；东北启圣祠三楹；魁星阁一座，东西闲房各三楹；西北平庭三楹，清同治十一年（1872）改建为三贤侯祠；关壮缪侯三代祠，在阳城县东关；雍正三年（1725），阳城知县彭景曾奉文建；忠义孝弟祠三楹、节烈祠三楹，雍正五年（1727）知县吴绍祚奉文建。

陵川县儒学

陵川县儒学旧在城东南隅。金天会间，陵川县令魏致隆、主簿赵大允迁城外东南隅，进士赵安时等十二人同修，尚书武明甫记。元大德间，陵川邑令安（失名）增修。明洪武初，县丞宋从善重修，路泰有记。明天顺三年（1459），陵川知县任通重修，大儒薛瑄记。明成化、嘉靖间，陵川知县李浒、赵孟乾相继重修。嘉靖四十四年（1565），陵川知县孙绍先以其湫隘且逼水，迁于东关，撤神祠更新之，后来知县马宗孝续成，顾显仁记。绅士都一宏、娄继禄等人捐地以恢广其制，使中间正殿、左启圣祠、右敬一亭、东西两庑皆高敞明亮。戟门外东名宦祠，西乡贤祠，棂星门外为泮池。万历二十九年（1601），陵川知县杨畏知于东南方创奎星楼一座。万历三十九年（1611），知县许自严、教谕张尧卿、训导李养荣置明伦堂五楹。在文庙东前有抱厦，左为正谊斋，右为明道斋。大门二门各三楹，堂后为尊经阁，庙后置教谕、训导宅。天启七年（1627），陵川知县杨如桂复迁庙学于城内东南，教谕张宏道、举人李萃秀、生员冯奇遇、曹民悦等总理其事。清顺治十三年（1656），陵川知县黄国灿、教谕巩璿图以明伦堂及斋房等在殿后，连年淫雨倾颓，率绅士各捐银百两重修，使祭祀有堂、讲习有室、休息有舍，提学钱受祺记。康熙十年（1671），陵川知县孙必振复迁庙学于城外东南旧址，自捐四百金，建成正殿一座，复捐二百金，置学舍一区。训导张奇蕴倡捐二百七十金，置学基地二十亩。县丞胡北奇、典史王杨共捐银八十两，创建名宦祠。通邑士民同建尊经阁、敬一亭、文昌祠、奎星楼、省牲所、书院讲堂五楹、东西书舍六楹、戟门、东西角门、棂星门、泮池、东西八字墙、东西玲珑墙、东西牌坊、儒学牌坊、书院牌坊等。康熙四十年（1701），陵川知县平鄗鼎重修。雍正十年（1732），署陵川知县曹茂先详请修学，陵川知县林学普莅任率士绅重修。雍正十二年（1734），阖邑士庶重修东庑九楹、西庑九楹、崇圣祠三楹、明伦堂一所、东正谊斋五楹、西明道斋五楹、明伦堂东西茶亭六楹、乡贤祠三楹。乾隆元年（1736），副榜姚璧等重修正谊、明道二斋。乾隆三年（1738），陵川知县雷正、训导杨书升重修明伦堂。庠生焦特命同子侄重修宫墙一百一十六丈，生员王二京、李天叙等同建。乾隆十六年（1751），陵川知县陈封舜重修奎楼。乾隆三十一年（1766），陵川知县施敬胜重修。乾隆三十八年（1773），陵川知县陈德炯新修文庙。嘉庆元年（1796），陵川知县高隼捐资重修。

陵川县学宫的主要建筑有先师殿五楹、东西庑各九楹；崇圣祠在正殿东北；名宦祠三楹，在崇圣祠前；乡贤祠在名宦祠前；关壮缪侯三代祠，在城内西街，雍正五年（1727）奉文建；忠义孝弟祠在文庙内，节孝祠在南关外，雍正五年（1727）署陵川知县钱元台奉文建；雍正九年（1731），训导高抡开造应入祠牌位并碑刻姓名；文昌祠在崇圣祠后；奎光楼在庙东南；明伦堂在大殿后；东西斋各五楹；敬一亭在明伦堂后；省牲所七楹在敬一亭后；尊经阁在敬一亭后；射圃在学宫左；戟门、棂星门、泮池。

沁水县儒学

沁水县儒学在城西门外，始建于宋代，其详不可考。金正隆二年（1157），沁水县令李抟重建。元至正年间，沁水县令常允修葺，元末兵毁。明洪武三年（1370），沁水县丞亳州陈德奉命重建，庙在学右，略备其制。永乐三年（1405），沁水知县章聪改建大成殿、两庑。正统四年（1439），沁水知县姚琏始迁学庙右，改旧学为师儒官署。景泰三年（1452），沁水知县张升继修。当时学宫破旧，张升顾盼多时，叹曰：“学校为设教之地，今剥坏如此，何以造士?”意思是说：“学校是教育人才的地方，如今破旧成这样，怎么能够培养人才呢?”于是重建明伦堂，增修南北号舍，便于教授士子，城池、公署、铺舍皆以次修建。弘治五年（1492）沁水知县王辅、弘治九年（1496）沁水知县杨范先后增修，庙学之制，焕然大备，杨一清记。嘉靖间沁水知县王进贤、郭廷相，万历间董之表相继修葺。清康熙年间，沁水知县赵凤诏重修。康熙五十七年（1718），沁水知县王梦熊、教谕赵挺元重修。雍正十二年（1734），沁水知县何陈宫重修。乾隆十三年（1748），沁水知县王綖先重修。嘉庆五年

(1800)，沁水知县徐品山重修。道光二十三年（1843)，沁水知县孙曰庠重修。道光二十九年（1849)，沁水知县朱煐重修。

沁水县学宫的主要建筑有先师殿五楹、东西庑各十楹、戟门、棂星门、泮池；崇圣祠三楹，在殿东；名宦祠在明伦堂东，乡贤祠在明伦堂西；忠义孝弟祠，在明伦堂西南，即广业斋旧址，雍正五年（1727）奉文建；节孝祠在城东门外“莲塘夜雨”处，康熙年间沁水知县李玜改名君子亭，嗣令赵凤诏改为遗爱祠，雍正五年（1727）奉文改建；明伦堂在殿西；尊经阁在崇圣祠前；关壮缪侯三代祠在东门外，旧为关侯祠，雍正三年（1725）奉文于后殿建三代祠；文昌阁在城东南；教谕宅在沁水县治东街北，训导宅在城内西北隅；射圃在沁水县儒学东南。

三、官师相兼

明洪武二年（1369)，诏令天下府州县都设立儒学。泽州儒学设学正一人，训导三人。各县儒学设教谕一人，训导二人。学正、教谕，掌管教诲所管辖的生员，训导辅佐。清代学校，沿用明制。泽州府设教授一人，各县设教谕一人，均设训导辅佐，训导名额时有裁并。学正、教谕、训导即为教官，也称为学官，既是管理教育的官员，又是传道授业的师儒。

明朝初年，优待礼遇老师，教官可以提拔为给事、御史，出身为诸生岁贡的教官尤其容易得到好的官位，但控制也很严。洪武年间，教官任职期满，同时要考核其岁贡生员的数目。洪武二十六年（1393)，制定教官考核办法，专以科举作为考课的优劣。教官九年任满，考核其学生中中式的举人，府学中式九人、州中式六人、县中式三人作为第一等；除此之外，教官还要考核解释经义，合格的教官便予以升迁。中式举人少的教官算平等，即使解释经义通过考核，也不予以升迁。中式举人最少以及完全没有的教官为最后一等，如若解释经义又不能通过考核，便贬黜不用。

明正统元年（1436），才特设提学官，专门管理督促学政，南北直隶由御史担任，其余各省由副使、佥事担任。景泰元年（1450）罢除提学官，天顺六年（1462）又重新设置。清代称为学使或学政，全称是“提督学政”，亦称“督学使者”，俗称“学台”。学使的职责包括掌全省学校政令和岁、科两试，按期巡视所属各府、厅、州，察看师儒优劣、生员勤惰。学使位在巡抚与布政使、按察使之间，按三品衙门规格行事。学使的办事衙门称“提督学院”。光绪三十二年（1906）改为提学使。

清代康熙年间，命令抚臣考试教官。教官经过吏部选取后，赴抚院考试。考试四等以上，给予文凭赴任；考试五等，学习三年再试；考试六等，直接革除职务。雍正初年规定，考试四、五等，全部解任学习。在任六年，考核政绩，如果尽心训导，学生无过犯者，由总督、巡抚、学政保题，擢用知县。学使考核教官，按其学问品行及训士勤惰，随时举荐或罢黜。

四、乡必有校

晋城古代的教育，是在北宋时期程朱理学的奠基人程颢在晋城大办乡学之后才迅速发展起来的。明清时期的地方学校，除了府、州、县的儒学之外，又有社学。明弘治十七年（1504），朝廷命令各府、州、县建立社学，选择明师，民间幼童十五岁以下的送入社学读书。清代每乡设置社学一区，择文行优秀者充社学蒙师，并且免除其差徭，适量发给津贴。凡乡间子弟十二岁以上皆令入学。义学是社学的补充，与社学有同样的功用，各府、州、县多有设立，经费主要来源于捐赠的土地收获的粮食和捐赠的钱财收获的利息，贫困孤寒的农家子弟皆可入学。

程颢乡校

程颢（1032—1085），字伯淳，世称“明道先生”，河南洛阳人。他曾在洛阳讲学十余年，享有极高的声誉。弟子们听他讲学有“如坐春风”的感觉。宋英宗治平元年（1064）至治平四年（1067），程颢任晋城县令，在任三年中，最突出的成绩是办乡学兴教育。他针对晋城教育落后的情况，提出了“乡必有校”的口号，在他的大力倡导下，全县建立乡校七十二所，社学数十所。他不辞劳苦，经常巡视于乡校之间，并亲自为学生正句读。他注重调查研究，注意做家长工作，慎重选择教师，发现不称职的就撤换。他还亲自选择优秀学生，集中起来进行重点教育。经过程颢不懈的努力，晋城乡学蓬勃发展起来，形成家家户户争相送子弟读书的风气。不仅使当地教育发生了巨大的变化，以至影响到周围各县乃至太原以及大半个山西。北宋著名诗人黄庭坚的叔父黄廉来到晋城一带，看到这里浓厚的读书风气和人才辈出的景象，有《题秦氏书斋》诗曰：

河东人物气劲豪，泽州学者如牛毛。
大家子弟弄文墨，其次亦复夸弓刀。
去年校射九百人，五十八人同赐袍。
今年两科取进士，落钓连引十三鳌。
迩来习俗益迁善，家家门户争相高。
驱儿市上买书读，宁使田间禾不薅。
我因行县饱闻见，访问终日忘勤劳。
太平父老知此否？语汝圣世今难遭。
欲令王民尽知教，先自乡里蒸群髦。
古云将相本无种，从今著意鞭儿曹。

大意是说：黄河之东的人物气劲雄豪，泽州求学的人多得像牛毛。巨室大户的子弟舞文弄墨，次一等人家的子弟也要夸耀弓刀。去年参加比赛射箭的有九百余人，其中五十八人同时被赐予锦袍。今年分甲乙两科考选进士，落下钓钩就一连引来十三鳌。近年来风气习俗变得更加美好，一家家门第等级争相试比高。驱赶儿子到市上购书苦读，宁愿使田间杂草不除禾苗不薅。我因在县内巡行广闻博见，终日里东访西问竟然忘记了勤劳。太平年间的父老能明白吗？告诉您如今的圣世难以遇到。要让天下臣民都知道接受教育，就应当先从乡间进呈众多的俊秀子弟。古语常说将相本来就无种，从今以后要注重鞭策督促儿辈读书。

现在晋城市区北的古书院村，就是程颢所建乡校的遗迹。所谓古书院，只是后代民间的说法，并非真正意义上的书院。清代朱三才有诗《书院村传为程子乡校旧迹》曰：

出门寻山水，放辔一驰马。
爱此书院村，伫策观其下。
名儒乡校传，春风流四野。
乡校七十余，至今存者寡。
惟此独擅名，遗踪诚非假。
白水相萦回，万斛明珠泻。
环山开鼓铸，洪炉映颜赭。
时闻弦诵声，士气犹潇洒。
至今八百年，口碑载民社。
我亦读书人，向慕心藏写。
俎豆尸而祝，吊古怀大雅。

大意是说：出门来寻访名山胜水，放开了缰绳扬鞭跃马。喜爱这古老的书院村，停鞭伫立细观于其下。大儒创立的乡校至今流传，和煦的春风荡漾四野。当时有乡校七十余所，至今留存者为数甚寡。只有此一处独享盛名，遗留踪迹诚然非虚假。白水河流过萦绕回环，如同万斛明珠顺势倾泻。四面环山到处鼓风冶炼铸造，洪炉映照颜面赤红如同赭色。时时能听到村中的弦诵之声，士气还如此风流潇洒。如今已过去八百余年，有口皆碑仍然记载在民心。我也是一个读圣贤书的人，仰慕向往的情感在心里暗自珍藏。具办祭品去表达崇高的敬意，凭吊怀念程子这位高尚的大儒。

凤台县社学

凤台县社学起于宋代，义学共有三处，皆清光绪五年（1879）新设。一在犁川镇，一在冶底村，乃河北道吴大澂所设，犁川置学田五十三亩。一在拦车镇，乃本镇厘局委员锡良所设，置学田三十五亩，凤台知县许涵度复给米三十石，又拨善后局钱一百缗，俱令作本生息。义学聘请师资训蒙，议定有妥善的章程，并勒石为记。

高平县社学

元仁宗延祐年间，高平县令郭质修举五十九里社学，元末毁于兵。明弘治八年（1495），高平知县杨子器恢复社学，在高平县城增设四处，在乡村设三十六处，所在地分别为徘徊、中太、魏庄、陈区、勾要、石村、建宁、王庄、王何、永禄、王报、义庄、釜山、得义、杨村、米山、朱庄、赵庄、冯庄、南庄、龙尾、沙壁、石末、野川、回山、冯村、古寨、东宅、宰李、河西、丛桂、仙井、李门、丁壁、董寨、孝义。后来久而渐废，万历三十六年（1608），高平知县杨应中又恢复。康熙年间，高平县社学在学宫并米山等地，共有七处，高平知县梅建建。乾隆年间，高平知县傅德宜在程子祠增设一处。

清同治四年（1865），高平义学仅存节义坊一处。高平知县龙汝霖驱逐淫僧，将寺庙移建义学共四处，即新庄、围城、小川、韩庄。同治六年（1867），又督诸社，复增立义学共一百一十七处（实际记载少一处）：其中双桂坊、米山西里、米山北里、朱庄里、诗村南里、诗村北里、韩村里、南庄中里、南庄西里、裴泉东里、沙壁里、董寨里、徘徊北里、长受里、团池北里、勾要西里、石村东里、勾要东里、魏庄西里、陈区南里、陈区北里、建宁前里、建宁后里、府下里、神山里、马村里、唐安里、东宅里、仙井里、河西东里、河西西里、仙井南里、丛桂里、刘庄里、龙渠南里、宰李里、城西北里、王何里、王降里、永禄里、西社里、草方里、寺庄东里、寺庄西里、王报北里、原村里、通义里各一处，共四十七处；赵庄西里（秦庄、东山村）、赵庄中里（南庄、张庄）、龙尾里（本村、侯庄村）、平头里（本村、寨平村）、双井里（本村、丁壁村）、孝义里（本村、石嘴头）、晁山里（本村）、城北里（本村、冯庄）、李村西里（南社、北社）、徘徊南里（南镇、北镇）、石村西里（东石村）、玉井里（唐庄、梨园村）、李门东里（义庄、东李门）、李门西里（朱家庄、牛庄）、北陈里（本村、朴村）、回山里（周纂村）、临丹南里（箭头、秋籽村）、临丹北里（石门、企甲院）、永禄北里（昔阳村、望云村）、杨村里（本村、南阳村）、野川西里（东沟村、皇王头）、冯村里（本村、上董峰）、璩庄里（西沟、韩庄）各二处，共四十六处；米山东里（本镇、下冯庄、上冯庄）、李村东里（北李村、南李村、响水坡）、高良东里（本村、李家河、釜山村）、团池南里（三角村）、石末里（本村、龙泉村）各三处，共十五处；郭村里（本村、董寨、祁寨、官庄村）、庞村里（本村、川起村、北苏庄、下韩庄）各四处，共八处。

清同治四年（1865），高平知县龙汝霖与诸社长订立《社约》，曰："师必岁首以众举，防徇私也。非举贡生童，及学行兼者不预，童必察曾三年与试者，防猥滥也。不取诸本村而邻村，防争竞也。穷民子弟、无智愚胥入学，不责其束修，防贫废也。蒙师学徒，无大故不得辄归，防旷功也。社事及里有讼狱，蒙师不得与闻，防亵乱也。束修或蠲亩收谷，或蠲钱取息，否则用节省社庙演剧之资，不再起摊，防苛派也。蒙师有不称，随时公议易之，束脯按月以给，防浮支也。殷实之户，另延师长，不得与贫民同馆，防偏向也。入蒙先诵《小学》，诵毕乃习他经，防中辍也。"大意是说：义学蒙师的师资，必须在年初由公众推举，以防徇私情。选拔师资，如果不是举人、贡生、生员、文童以及学业品行兼备者不得参与；若是文童必须经过考察，曾经连续三年参加考试者方可，以防滥竽充数。选拔师资，不在本村选取，要在邻村选取，以防引起争端。穷困农民的子弟无论是智是愚，都要进入义学，不求其交学费，以防因贫废学。蒙师和学徒，没有重大原因不得随意归家，以防荒废功课。社事和诉讼，蒙师不得参与干扰，以防轻率错乱。义学的经费，或者从捐赠的土地收取粮食，或者从捐赠的银钱获取利息，否则就用节省社庙演戏的资金，不再向百姓起摊，以防苛刻强派。蒙师有不称职者，随时由公众商议更换，薪金按月发给，以防浮支冒领。殷实的富户，另外聘请师长，不得与贫民子弟同馆教学，以防心存偏向。儿童开始学习，应先诵读朱子《小学》，诵读完毕，再学习其他经书，以防半途而废。

龙汝霖曰："所颁各里《小学》，蒙师手录而分授之，译以浅语，令诸童环侍以听。事亲行己之要，少而习焉，其有犯上作乱者鲜矣。是书内外仅二篇，不一二年可卒业。颖秀者量而资入太学，厄于贫者，农工商贾仍不害其谋生。蒙养既端，上以追古之儒者，下亦安耕凿，不入于奇袤，其效不当在十年后哉！"大意是说：所颁发至各里义学的朱子《小学》一书，启蒙老师应亲手抄录而分别授给学童，并翻译成浅近的语言，让诸学童站立在周围听讲。这样，事奉父母和立身行事的要点从小就学习了，犯上作乱的人就会很少了。这本书只有内、外二篇，用不了一二年就可以完成学业。聪明秀异的学生可以根据情况贡入太学学习，家境贫困的学生，无论从事农工商贾，仍然不影响其谋生。教养童蒙的路径既已端正，向上可以追求古代的大儒，向下也可以安稳地从事耕田凿井，不会变得诡诈邪伪，其成效不应当在十年之后吗！

同治六年（1867），山西学使林天龄写诗《使君行》，歌颂龙汝霖在高平大办义学的壮举。使君是对官员的尊称，指高平知县龙汝霖。其序曰："丁卯暮春，按试泽郡，道出高平，晤皞臣明府同年，述新增义塾百有十七区，嘉其政美，且俗易化也，因诗以纪之。语拙而事实，冀附使君以传尔。”意思是说：丁卯年三月，到泽州府巡视考试事宜，路经高平，与皞臣（龙汝霖之字）知县会面，叙述新建义学一百一十七处，我赞扬其政绩美善，并且风俗易化，所以作诗记录。语言虽然拙劣，但事迹却实在，希望凭借龙汝霖的政绩流传下来。其诗曰：

使君来，使君来何迟？
岂意使君作良吏，更得使君作良师。
肩舆入乡问风俗，分给《小学》课小儿。
晋城程夫子，设学教乡里。
七十二处乡校存，书院村前有遗址，七百年来复见此。
东村迎神，西村送神，撞钟击鼓神岂歆？
春秋报赛存其意，莫拜社公拜圣人。
祇园本清净，肉食充浮屠。
驱僧召学徒，实为象教除榛芜。
乡愚莫道读书苦，小儿读书须力努。
但为识字耕田夫，培持元气匪椎鲁。
秀才出门得修脯，散学归家养父母。
负耒横经且师古，莫负使君长育汝。
三家村童休废嬉，失学恐遭使君笞。
青衿济济方汝期，使君之教孺子知。
使君来，使君来何迟？

意思是说：使君来了，使君为何来得这样迟啊？只想到使君来了是要作优良的官吏，没想到使君来了还要作优良的教师。使君乘着肩舆来到乡间访问风俗，分给朱子的《小学》教育乡下的小儿。宋代晋城的县令程明道夫子，在乡间设立学校教育乡里的子弟。七十二处乡校世代留存，至今书院村前还有乡校的遗址，七百多年来又见到乡校在此地。东村的百姓在迎神，西村的乡民在送神，既撞钟又击鼓社神岂能真欢欣？春天祈祷秋天酬报的赛事仅存其意即可，从今之后不拜社神而要拜圣人。佛寺本来是清修净地，淫僧竟无视戒律胡作非为。使君驱逐淫僧召收学生，实际是为佛教清除杂草乱木。乡间的愚民不要说读书辛苦，小儿更须要努力读书。只要能成为识字的耕田夫，培持元气就不是痴钝愚鲁。秀才出门教学获得束修报酬，放学之后归家奉养父母。肩负农具效法古人横经读书，不要辜负使君长期对你的培育。偏僻山村的儿童不要荒废嬉戏，荒废学业恐怕要遭受使君的鞭笞。使君对众多学子期望殷切，使君的教勉深心孺子应当深知。使君来了，使君为何来得这样迟！

阳城县社学

阳城县社学在阳城县仓之西，清康熙四十八年(1709）知县朱绍濂建，后废。典史任廷飏借用立平坊乔宫詹的家祠，捐廉设立义学。户部郎中张茂生，回籍里居二十七年，建周程张朱五贤祠，以此崇尚正学，并且设立经学和蒙学，聘请老师，培育后进。

陵川县社学

陵川县社学在北关厢。义学于清顺治十三年（1656）陵川知县黄国璨建，并置义田百亩余，邑人徐昆又捐助义田六十二亩。乾隆四年（1739），陵川知县雷正复修葺县治东前明冀南道王公祠为义学，清出旧义田六十余亩，合前共一百六十八亩。

沁水县社学

沁水县社学在沁水县城北街。学田旧有三处，在沁水县西北十余里，共六百亩，元至正年间沁水知县密县人陈荣祖置，年久荒废。清嘉庆五年(1800)，沁水知县顺天宛平举人徐品山协同学官前往勘验，可耕者荒熟约计百亩。义学在沁水县城北街，有楼房一院，上下十七间，清康熙年间沁水知县四川渠县举人王用义建。

学塾

学塾也称书馆、学馆，主要有两种形式：一种是私塾，由童生、秀才、贡生自己举办，利用自己的房屋，或利用寺庙等场所，招收生童，收取学费，进行训蒙。未做官的举人、进士，也有设馆教学者。这一类型的私塾所在皆有，遍布城乡，难以数计。另一种是家塾，由富贵人家自己设立，聘请名士、名师到家塾中就教，教育自家或宗族中的子弟，也有不聘外师，自己进行教学的。这一类型的家塾也很普遍，富豪之家、官宦之家皆有。

金代晁会之孙晁国章，字公宪，李晏之外孙。隐居于家，教授生徒。经他指教传授的人，皆严谨恭敬，如同在官府一样，进退符合规矩礼节，大概是晁会传流下来的学术风格。清代高平司昌龄，字静山，岁贡生，硕学通儒，一代宗师，终生设馆授徒，讲诵不倦，著作等身，闻名遐迩，求教者不绝。凤台童生陈纶，字云章，布衣。因久困于童子试，屡次考试未能进学，在北城头设馆，靠训蒙生童维持生计。星轺驿巡检伍雪舟，经常到陈纶的书馆与他唱酬，称他为诗翁。清嘉庆九年（1804）春，凤台举人李锡麟（1749—1813）于晋普山古云龙祠即李卫公祠设馆。陵川杨豫成（1796—1863），字立之，号绎堂。博览经史，性喜吟咏，不以学问炫人，先后教馆三十年。清道光元年（1821）举于乡，著有《享帚集》。曾在宝应寺设馆六年，有诗《散学口占》曰："假馆丛林已六年，白云深处学逃禅。名山我是周旋惯，便是归家亦惘然。"又有《馆中即事》曰："几许经童小子侯，不才只合老林邱。静听流水鸣终日，高放青山出一头。矮几有书从客借，石田无雨替农愁。毛诗课罢雏孙读，笑瀹岩茶润渴喉。"

清初高平毕振姬设家塾两处，一是其宅院中有书房院，位于伯方祖祠正南；二是东德义祖祠内设有两间书房，家人子弟在此训蒙，训蒙师必在家人中选择老儒担任。皇城陈氏第七世陈经济始建家塾，聘请名师执教。清康熙间，沁水窦斯在，字在兹，号拙存，幼年聪慧，言谈举止如成人，读书刻苦，每日记诵数千言。成人后，进入县学，为廪饩生员。陈廷敬之弟陈廷统仰慕窦斯在的才学，聘请他为家塾教师，教授其子陈观颙，鼓励劝导，循循善诱，抚育培养，诚挚周到。后来，陈观颙考中举人，成为进士，出任河南浚县知县，皆是奉行窦斯在的教导。凤台名士范振新，字存旧，号春山，恩贡生，有诗名，乾隆间继苗令琮馆于高平永宁寨张氏。有《将馆高平留别同学诸子》诗曰："腐儒迫饥寒，废书志已决。有味胡弃捐？羁縻久未绝。十载课诵师，豪气半销灭。粗疏招物议，委顿颜如铁。如何计更张，复看长平月。长平古战场，英灵洒碧血。对之增意气，人生贵激烈。而我固书生，庑下徒屑屑。小人犹有母，岁荒甘旨缺。兹行糊其口，晨昏事转辍。茫茫百感生，愧积滋面热。寄语诸同人，碌碌何为别？"永宁寨张又华之子张立本，自八岁起即从范振新读书达十年之久，后范振新逝世，张立本有诗《哭春山夫子》："门墙曾记十年游，载酒侯芭夙志酬。邹鲁衣冠尊孔孟，瑚琏彝鼎重商周。书藏北墅儿能读，路过西州涕欲流。琴操移情今已矣，成连空望海东头。"《初冬访范匡来》又有句云："何须展拜松楸里，说着先师泪数行。"乾嘉年间，凤台县举人李锡麟受聘到高平县教馆，有《赴馆高平书怀》诗，称"腐儒逼饥寒，四方糊其口，有如负贩人，时价招奔走"，"朝辞太行云，暮踏长平雪。屡出只近郊，此行为远别"，"予弟始南归，而我复北往。服贾与傭书，依人故无两"。

富贵人家的家塾中，除使用通用的教材之外，还根据需要自编教材。陈廷敬依据朱子刊误删定的《古文孝经》，写成《孝经刊误述释》一书，作为家塾的教材。并于跋语中写道："廷敬幼而诵其言，长而习其行，即其书之所载，而其所不能尽者，亦已多矣。谨因朱子所更定者，推详其义，著为浅说，存之家塾云。"又为了教其子陈豫朋学诗，曰："儿子豫朋四五岁时诵杜诗，为说其义，辄能了了。"于是专门写《杜律诗话》二卷，既是他多年研究杜诗的结晶，又作为家塾的教材。高平永宁寨张氏皆长于诗，张承纶汇辑诸家诗论、诗话为《花薰阁诗述》，作为家塾课本，署名雪北山樵。雪北山樵即雪樵，乃张承纶别号。清嘉庆二十二年丁丑(1817)钱塘举人吴锡麒序云："近见《花薰阁诗述》一编，设为问答，委曲详明，深得诗中三昧。自来诗学韵学之传论者众矣，未有若《诗述》之明且尽者。有志之士，沉潜玩索，自得指归。”《花薰阁诗述》共十卷：卷一、王士禛《律诗定体》(包括《渔洋问答》)；卷二、赵执信《声调谱》；卷三、赵执信《谈龙录》（附吴龄修《与万季野书》）；卷四、钱良择《唐音审体》；卷五、冯班《钝吟杂录乐府论》；卷六、郭茂倩《乐府集》上；卷七、郭茂倩《乐府集》下；卷八、顾炎武《古音表》；卷九、顾炎武《韵补正》；卷十、马自援《等音》。

五、书院沿革

书院之设，辅学校所不及，是中国古代特有的教育组织，正式的教育制度由朱熹创立，发展于宋代。书院设山长，主管教学，兼管院务。书院有官办和私立之分，官办书院由地方官礼聘山长，私立书院须呈报官署备案。书院以自由研习为主，山长或名师集众讲授讲经史为辅。元朝书院制度更为兴盛，专讲程朱之学，并供祀两宋理学家。元代朝廷下令广设书院，并将书院视为官学，书院山长也定为学官。明朝书院发展迅速，但因私立书院自由讲学，批评时政，先后遭到明世宗、张居正、魏忠贤多次毁禁。清代，朝廷推行书院官学化，顺治年间于省会设立，颁给帑金，风励天下，各府、州、县相继创建。顺治九年（1652），明令禁止私创书院，私立书院或停办，或改建为社学。康熙、雍正年间，官立书院剧增。乾隆年间明诏奖劝，书院成为以考课为中心的科举预备学校，为培养士子、造就人才发挥了较大作用。光绪二十七年（1901），诏令书院改为学堂。

泽州：晋城书院

元至正年间，牛麟任晋城书院山长。牛麟于至正十二年(1352）撰《修天井关孔庙大成殿记》。

泽州：文昌书院　体仁书院

明万历末年，王所用，字宾吾，河内人，自福宁调任泽州知州。在任建文昌书院，位于府治北的张忠公祠（祀明忠臣张昺）左侧，故俗称张公书院。书院内建东西斋，集士子修业其中。又捐田二十四亩，作为办学经费。崇祯间，巡盐御史杨鹗到泽州，认为宋代程颢任晋城县令，多设乡校，择秀异之民，亲自为其正句读、析文义，教民知入德之方与孝悌、忠信、礼义、廉耻之道，至今德化之盛犹存，曰：“此先贤过化存神之地也。”“过化存神”是说，程颢所经过之处皆受到教化，所留存不灭的则是精神。杨鹗给泽州知州徐芳发文，命将文昌书院更名为体仁书院，并在书院中建七贤祠，专祀明道先生程颢，以程子伊川、张子横渠、邵子康节、朱子晦庵、吕氏进伯、吕氏东莱配享。同时捐学田三十三亩。

清康熙年间，体仁书院墙屋毁坏倒塌，荒废不治。三十一年（1692）冬，伦可大来任泽州知州。伦可大，字子受，滦州永平（在今河北省卢龙县一带）人，监生。到任之次年，伦可大景仰先贤遗烈，到体仁书院七贤祠祭祀，见状忾然兴叹，决计拓修作新。他自捐俸金，带头劝捐，旬月之间，将体仁书院翻修一新，胜于往昔。

泽州：回辙书院

在天井关孔庙内，约建于清康熙年间。康熙五十三年（1714），衍圣公孔衍珻因至圣回辙书院缺员专奉祀典，选得寄居泽州候补尼山书院学录孔兴鉴，谨慎端方，堪为主祀，咨明山西督抚，札委孔兴鉴专管回辙书院祀典。

泽州府：体仁书院　明道书院

雍正六年，建泽州府，设凤台县附郭，体仁书院隶属泽州府。乾隆二十年（1755），凤台、高平、阳城、陵川、沁水五县公捐银四千二百六十两，由各县自行交商生息，与每年帮捐银共八百四十两七钱二分，以备修脯、膏火、工食等项费用。乾隆四十八年（1783），山东钜野人泽州知府姚学瑛于体仁书院东偏置买废宅，添建堂五楹、厨房一所。后易名为明道书院。光绪初，凤台县同治六年（1867）丁卯科举人郭维垣任明道书院山长。

凤台县：怀仁书院　晋城书院

怀仁书院为凤台县设，在凤台县治东北关帝庙东。乾隆四十七年（1782），福建莆田举人凤台县知县林荔捐俸设修脯、膏火。光绪年间，怀仁书院久已倾圮，月课亦废。光绪七年（1881）夏，山东海丰县（今山东无棣县）人署理凤台知县张贻琯（字瑶卿）捐金二百，购买上元巷民房两院，作为课士所，改怀仁书院曰晋城书院。又以经费无出，禀请上宪，拨到盐商官本钱三千贯、窑炉商以工代赈钱三千贯作本息，为膏火之资，嘉惠士子，定章勒石。光绪初，凤台县同治十二年（1873）癸酉科举人、光绪庚辰（1880）大挑一等分发浙江试用知县杨毓俊任晋城书院山长。

凤台县：文华书院

卫正心，字翼中，泽州人。行侠好义，重然诺，所与交游的多是贤豪之人。清初，授官陕西中军守备。不久归乡，在大箕村引泉凿石，修建庄园，又设义塾及文华书院，并将肥沃田地用来供给生徒的学习费用。由于清代严禁私立书院，文华书院故改为社学，民间或称旧名。卫正心还在乡里建永安堡、筑迎旭桥，平治道路。每到岁暮之时，准备钱粮接济贫困乡民。乡人感戴他的恩德，死后为他立祠祭祀。

高平县：长平书院

元大德年间，高平县学教谕宋鳞为长平书院主人。宋鳞于元大德五年（1301）撰《渊灵庙祈雨记》。

高平县：正蒙书院

正蒙书院在高平县城西。明弘治八年（1495），浙江慈溪进士杨子器任高平知县，高平有新庙，为淫祠，杨子器将其改为学校，名曰正蒙社学，乡人也称为正蒙书院。

高平县：晋城书院

杨子器去任后四十年，书院逐渐倾圮。孙应奎，字文宿，进士，河南洛阳人，任户科左给事中，正直敢言，屡犯权贵，嘉靖十一年（1532）因直言降为高平县丞，高平士子多从其门。孙应奎于政教之暇，计划重修正蒙书院。嘉靖十四年（1535），孙应奎向上官请示说，书院久已荒废，淫祠反而增多，宜毁其宜毁，兴其宜兴。经批准，乃命主簿朱金和典史郑林负责重修书院。于是仍以正蒙书院旧址，重新规划，并拆毁淫祠，以废旧材料用于书院，又征集民夫投入工程。从五月二十四日开始，至十月六日落成，因仰慕程颢在晋城大办乡学之义，命名曰晋城书院。前堂五楹，题匾曰“春风”，后堂五楹，题匾曰“仰止”，奉祀明道先生；左右皆有小堂三楹，又有号舍二十余楹，作为诸生起居修学的处所，教学环境大为改观。孙应奎后历官至户部尚书。

高平县：烝阳书院

隆庆元年（1567）南京刑部主事郭东，以亲老，上疏请终养，居家十八年。在建宁镇北数里建烝阳书院，招集四方文士，讲学其中，号曰石堂会。

高平县：宗程书院　崇正书院

宗程书院在高平学宫西南，康熙四十七年（1708）高平知县梅建创修。梅建，字啖熊，贵州普定县举人。清康熙三十五年（1696）任高平知县。性清廉耿直，精于吏治，惩处奸猾强暴，不稍宽贷。梅建见高平学校废弛，遥想宋时程颢为晋城县令，建立乡校七十余所，手正儿童所习句读，其政教非俗吏所能为，即欲继承先贤程子的遗意，建造一书院培养士子，故名之曰“宗程”。但当时政务繁忙，未得闲暇，也无合适地址。他只好在县衙东侧的公馆，集中优异生徒，亲自讲授经义。后来又迁到文庙尊经阁的两廊。康熙四十六年（1707），梅建访到有破败房屋久未出售，便亲自前去察看，见其地东临文庙的棂星门，南临小巷，北倚学宫之书舍，西则为官地，寂静而无四邻，正适宜建造书院，便购买下来。官地之西为关帝庙，前面道路土石灰渣堆积如山丘，皆命移去。于是修葺旧房，建筑新舍，凡书院教学设施一应俱全，此为东院。北面为厅事，厅右为厢房，厢房南临街为大门，门左右为簃屏，是为中院。两院书舍共三十五间。中院之西种植松树二十余株，并筑有围墙。经始于四月六日，竣工于次年九月十日，由高平县丞李赤建（字霞城）、乔村驿丞高弘道经理。购买破败废址及土木营造之费，共约五百余金，皆为梅建捐赠俸禄。

宗程书院落成之日，梅建召集诸弟子，告之曰：“士习名风，相为表里。吾所以造此书院者，为诸弟子计，正为一邑之人心风俗计。书院以‘宗程’名，愿诸弟子凛凛焉，惟程是宗也。”意思是说：士子的习气，民众的风尚，是相辅相成互为表里的。我之所以建造这一座宗程书院，是为诸位弟子的学业着想，更是为高平一县的人心风俗着想。书院之所以名为“宗程”，是希望诸位弟子懂得敬畏、知道恐惧，惟以明道先生程子的思想和教诲为自己所尊崇所礼敬。梅建又曰：“明道先生教人治国平天下，自诚意始。学者实心为学，斯是真学问；实心立品，斯是真人品：是之谓诚。无论达而在上，功垂不朽，即伏处牖下，一言一动，群相则效。士习端则民俗醇，其所补者大矣。”意思是说：明道先生程子教导人治国平天下，是从诚意开始的。求学的人，以实心治理学问，才能成为真学问；以实心树立人品，才能成为真人品。这样才叫做诚。无论是亨通发达身居高位，建功立业名垂青史，还是隐伏于穷乡僻壤，身处下位，所说的一句话，所做的一个动作，都要使人们能够效法，成为榜样。士子的习气端正，则民众的风俗醇厚，士子的言行对世道人心的补益是很大的。梅建又勉励诸生曰：“诸弟子其勉之！反是，则不得为宗程书院之人，无入此门可也！诸弟子其戒之！”意思是说：诸位弟子要勉力做到！如果做不到，就不可以成为宗程书院的人，不必要进入宗程书院的大门了。诸位弟子，请戒慎努力啊！梅建的这一番话，正揭示了古代教育重在诚意正心、治学立品的宗旨。

乾隆初，高平邑绅陈润太等更建一区，居宗程书院南。陈封舜请巡抚，命名崇正书院，后称为南书院。乾隆三十七年（1772），开元举人傅德宜任高平知县，以崇正书院简陋，又修复宗程书院，易崇正书院额曰崇正南书院，由此两地俱存。乾隆四十九年（1784），涪州（今重庆市涪陵区）举人毛振翧任高平知县，改崇正书院为行台，南书院遂废。道光四年（1824），临川（今江西抚州市临川区）附贡高平知县李联蒙欲仍旧基重修宗程书院，在其西侧购民舍得三十八楹，斋室、讲舍、庖厨等设施毕具。南书院旧址，后来创建为节孝祠。同治五年（1866），高平知县龙汝霖在宗程书院授课之暇，见其破败荒芜，黯然心伤，与邑绅申国英、缑道渊、郭廷弼、吴清林谋划重修，计算经费，需青钱三百缗。龙汝霖遂捐纳俸禄，独自承担，命诸绅士经营，既不糜费民财，也不借助官工，历时两月而竣事。

宗程书院的经费，自乾隆时陈润太诸人输银三千二百五十两于当商，岁以一五取息，始定内课生童十人，月廪银九钱，外课十六人，月廪银四钱。道光时，文庙工竣，盈钱一千缗，复贷于当商，每年论息以一分，增内课生三人，月廪钱一千二百，内课童三人，月廪钱六百，外课童二人，月廪钱四百。同治四年（1865），高平知县龙汝霖捐俸银五百五十两，贷于当商，每年仍以一五为息，增生童内课五人，外课五人，月廪钱如前。每月初三日为官课，由知县主持，考试的生员给以酒食。十三日、二十三日为馆课，由书院山长主持，课试奖银共一两九钱，按成绩高低分发。月廪蔬菜银三两，点心银一两二钱。书院山长的薪金一百二十两，膳金六十两，门役、膳夫的薪金均在此支付。

阳城县：泮宫书院

泮宫书院也叫泮宫讲堂，元至正十二年（1352）阳城县尹赵绳祖主持创建，院址在阳城县治东南隅。赵绳祖亲为生员统制儒服，经常到书院视察教学情况，并登台讲学，勉励学子上进。

阳城县：映奎书院　聚奎书院

映奎书院在阳城县治东南化源里西，为明万历二十四年（1596）阳城知县王良臣主持创建。因与奎星楼相连，故命名为映奎书院。岁月既久，逐渐倾圮。清康熙年间，阳城县绅士卫贞元与知县都甫倡导重修。卫贞元，字伯符，清顺治三年（1646）进士，官河南商城知县，升工部主事，迁员外郎，改监察御史，巡按江南，弹劾方面大员。因海警失守牵连被逮，得释归家。都甫，字平倩，河南延津县人，清顺治十八年（1661）进士，康熙八年（1669）任阳城知县。志尚廉洁，政务宽平，历官十二年，视百姓如家人。后升为御史，官至通政司参议。绅士卫贞元与知县都甫联合邑绅士齐心合力，招集工匠，储备材料，名曰重修，实同创举。聚奎阁原为两层，起为三层，原为四面，拓为五面；堂原为五楹，左右各增三楹；又增修书舍数十楹。栋宇高敞，规模宏大，令人耳目一新。知县都甫易名为聚奎书院。康熙十五年（1676），改名三贤祠，后又改名为文昌庙。

阳城县：同文书院

清乾隆四年（1739），广西进士谢廷瑜以翰林院庶吉士出任阳城知县，在阳城县仓之西的察院创建同文书院。乾隆三十年（1765），湖南湘潭举人宋本敬任阳城知县，在任爱民养士，聘湘潭名儒石鸿翥主讲书院，重经术，一时文风昌盛。但因察院为御史驻节的衙署，每有御史按临至此，书院的师生就要迁移，教学甚为不便。

阳城县：仰山书院

镜山堂，在阳城县城西北隅，为清初户部侍郎田六善退居读书之所。其地势高爽，登望之倾，万山前集，析城、王屋、麻娄、底柱诸峰罗列几案，览诸山如览宝镜，因此取名曰镜山堂。伫立堂前，俯视人家簷宇，楼台掩映，宛若栏杆之下，眺赏快意，暑天雪月更宜，为邑人所游观处。

乾隆三十五年（1770），安徽庐江进士王正茂任阳城知县，自捐俸禄购买镜山堂，取《孔子世家》赞语“高山仰止”之意，易名镜山为仰山，设为书院，使学者仰止景行，有所向往。嘉庆二十五年（1820），仰山书院已历五十年，栋折榱崩，屋宇颓塌。贵州平越（今贵州福泉市）进士王嵊任阳城知县，见仰山书院风雨飘摇，甚为担忧，于是召集县内绅士燕山等十余人，说：为国家培养人才，是地方官员的责任。现在书院破败如此，而我本人生活贫困，所得俸禄常常入不敷出，怎么办呢？诸绅士听后，皆曰：“乐善者情同，成美者事易。今我侯雅意作人，留心学校，生长此土者，岂无勇跃争输共襄盛举者哉？”大意是说：乐于行善的人心情相同，成全美善的人做事容易。现在您有培植人才的雅意，留心于学校的建设，我们作为生长于此地的绅士，难道没有争先恐后捐款出资共图盛举的人吗？当书院修葺开工之后，安阳议叙县丞潘为杰（字汉三）与其弟贡生潘为镒（字衡玉）好义轻财，捐银八百两，重修前院讲堂五间，平台一座，门房三间，门楼一座，后院大庭东西房九间，东院正庭三间，东房十间，为生童肄业之所。

道光二年（1822），广东茂名进士梁昌和任阳城知县，捐俸银百两，并各款详书于碑碣，定奖赏之例，查核余银共一千两，俱月息一分五厘；制钱四百三十千，俱月息一分，存当生息，作为书院经费。

阳城县：白岩书院

乔映伍，字星文，号白山，阳城人。父母早逝，由祖母养育成人。童子时学制义文，语多创获。成为秀才后，读书十数日不出，事奉继母与叔母至孝。清顺治三年（1646）进士，选翰林院庶吉士，升检讨、纂修。顺治九年（1652）升左春坊左赞善，充会试同考官。顺治十年（1653），因继母年龄渐大，守节四十年，又无亲生儿子，故上疏皇帝请假终养。归家后克尽孝道，凡继母衣食必亲自检视，使继母欢喜才能安心。平时检点声名品行，体恤亲戚乡党。闲暇则翻阅书史，以诗文自娱，著有《白岩山房集》。在白岩山建白岩书院，为县内士子读书场所。有《课白岩书院》诗，曰："出郭寻秋色，至山反若春。节气讵有异，岩际霜露轻。栩黄映岩碧，皴披缛未匀。钟响忽幽动，客来僧辍耕。兹役为别筑，经始非谬营。敢曰志育材，即事效山灵。匠作不侈巧，乃肯称我贫。境偏亦易渝，慎考与居铭。"大意是说：离开城市到野外去寻访秋色，进入山间反而觉得温暖如春。难道城市的节气与山间不同？是因为岩际的霜露略较轻微。栎树黄叶映照着层岩的翠碧，皴批坼裂的斑痕繁密而未匀。忽然间一声钟响打破了幽静，田间的僧人迎接我停犁罢耕。此一次劳役是为了修建别院，开初就不敢差谬而用心经营。当然敢说我立志要培育人材，我所作之事可以验证于山灵。工匠不显扬自己的精巧技艺，竟然能愿意称说我家境清贫。境域静僻容易使人懈怠苟且，谨慎完成夙愿如同座右箴铭。由于清代严禁私立书院，故白岩书院不久即消亡。

陵川县：棣华堂书院

棣华堂书院在陵川县庙学西。元至正年间，达鲁花赤蒙完普化借郝氏棣华堂故基建书院，绘郝文忠公肖像于其内。

陵川县：望洛书院

清康熙十二年（1673），山东诸城进士、陵川知县孙必振创建书院于学宫西庑后，并未命名，有前讲堂五楹，后讲堂五楹。陈廷敬撰《琅琊孙公讲堂碑记》，称之为孙公讲堂。乾隆初范泰恒撰《创建望洛书院碑记》称："陵川僻处万山，旧无书院。"以望洛书院为陵川书院之始。

乾隆十四年（1749），镇南州（今云南省南华县）进士陈封舜任陵川知县，谋划创建书院，邑中绅士愿襄助盛举，各捐金钱，作为创办经费。庠生王慎修，字乾若，号松年，愿捐房屋一院，位于三元巷东北，作为书院之用。此院北楼七楹，楼凡三层，东西为楼六楹，南楼七楹，楼凡二层，共计楼房四十七间，高敞轩亮，栋宇华美。陵川知县陈封舜与诸绅士认为王慎修并非富有之家，虽乐善好施，但不可竭其力，决定议价付值，王慎修坚辞不受。陈封舜与诸绅士更加不安，坚持以半价付值，王慎修辞而不得，只好勉强接受。王慎修身为秀才，诗文俱好，事亲惟孝，友于兄弟，捐赠华屋，就于卑居，急公好义，一时为乡党称道。宋代明道先生程颢为晋城令，礼乐教化达于邻邑。山西巡抚因此将书院题名为“望洛”，所谓“望洛”，即仰慕向往二程洛学之义。

乾隆三十三年（1768），安徽全椒举人陵川知县王笃祜将望洛书院由城外迁建于陵川县署之东，捐官地三亩一分，创筑讲堂六间，其旁各有门墙通内外，又有左右生徒肄业舍共十六间，大门三间，门外余地六尺许。门内有守门人居住之所，东西各二。左右碑亭、榜亭各三楹，二门三间，左右角门各一。二门外肄业舍东西各三间，讲堂左右十六间，后左右各三间可储存杂物。

沁水县：凤原书院

凤原书院在沁水县城西关北巷，建于明万历年间，后因兵灾被毁。

沁水县：碧峰书院

碧峰书院院址在碧峰山东岳庙侧，计房大小三十六间。清乾隆二十七年（1762），江西丰城举人、沁水知县金世麟募建，吴伸续建。吴伸，汉军正黄旗举人，是年冬由福建盐大使任沁水知县。清廉正直，判事简明决断，特别注重培育人才。吴伸未到任时，在太原遇到沁水前任知县金世麟，急询沁水县政。金世麟告知：沁水虽有义学，但规模浅狭，低下阴湿，不便于生徒学习。自己已在城外东北碧峰山择地创建书院，自捐俸银三百两，又募捐五百两，命沁水县儒学中张宜锐等数人经理其事。但工程未及一半，而自己调任赵州知州。代理沁水知县曾某时日不长，恐怕不能就绪。于是他嘱托吴伸曰：“子今作宰，岂无意乎？必落成焉，其毋废！”意思是说：你今天来任知县，难道没有兴修书院的意向吗？一定要把书院修成，不要半途而废！吴伸连忙答应。到任之后，立即率绅士前往勘察，见碧峰山高峰陡峻，上插云霄，南有石楼，西有玉岭，三山鼎峙，实为邑中雄胜。督修诸绅士干练精勤，踊跃急公，可见前令金世麟用人得力。吴伸从乾隆二十八年（1763）春续修，八个月后工程告竣，工资建材共费银五百两。诸绅士请题匾，吴伸认为书院方位在东，受气最先，且雄跟本邑形势，有拔地倚天之象，故以“碧峰”为书院之名。吴伸又为讲堂题匾曰“沁邑考亭”，“考亭”在今福建建阳西南，为朱子晚年讲学之地，后人称为“南州阙里”，是将朱子比作孔子，如此题名即是窃比于朱子；又题匾曰“进步芸台”，“芸台”乃古代翰林院的藏书之所，即是勉励诸生含英咀华，进入诗书的殿堂。书院建成，吴伸考取生员文童，聘请名师授课。凡在公事之余，每亲临书院，口讲手画，数年间未曾中断。因公下乡，诸生接见，即为他们考证经书，讨论文艺，直至午夜不倦，一直被士大夫传为美谈。

嘉庆元年（1796）十月，浙江山阴（治在今浙江省绍兴市）举人徐品山（号三岛），任沁水知县。修复碧峰书院，自任书院山长，延请教师课读。道光年间，贵州贵筑（今贵州息烽县）进士孙谦豫任沁水知县，每到书院，喜欢与诸生讲论学问，直至夜半不倦，并且给予丰厚的膏火费用，作为对诸生的奖励，使沁水的文风为之大振。

霍润生（1828—1901），字雨霖，沁水人。清咸丰二年（1852）举人，咸丰十年(1860）进士。观政工部，后乞假养亲，主讲沁水碧峰书院八年。霍润生有诗《忆旧游六首》之一《碧峰书院》云：“碧峰开讲席，八载愧传薪。山水钟灵秀，科名有替人。”

晋城古代书院沿革概览

书院	隶属	概要
晋城书院	泽州	元至正年间建，牛麟任山长
文昌书院	泽州	明万历末年，知州王所用建，俗称张公书院
体仁书院	泽州	明崇祯年间，巡盐御史杨鹗命知州徐芳将文昌书院更名为体仁书院

续表

书院	隶属	概要
回辙书院	泽州	在天井关孔庙内，约建于清康熙年间。康熙五十三年（1714），衍圣公孔衍珻札委寄居泽州候补尼山书院学录孔兴鉴专管回辙书院祀典
体仁书院	泽州府	清雍正六年，废州建府，体仁书院隶属泽州府
明道书院	泽州府	约清乾隆末年，体仁书院更名为明道书院
怀仁书院	凤台县	凤台县设，在凤台县治东北关帝庙东
晋城书院	凤台县	清光绪七年（1881）夏，凤台署理知县张贻琯改怀仁书院曰晋城书院
文华书院	凤台县	清初陕西中军守备卫正心建，后改为社学
正蒙书院	高平县	在高平县城西，明弘治八年（1495）高平知县杨子器建
晋城书院	高平县	明嘉靖十四年（1535），高平知县孙应奎重建正蒙书院，改名曰晋城书院
丕阳书院	高平县	在高平县建宁镇北，南京刑部主事郭东建于隆庆年间
宗程书院	高平县	在高平学宫西南，清康熙四十七年（1708）高平知县梅建创修。同治五年（1866），高平知县龙汝霖捐俸重修
崇正书院	高平县	清乾隆初，高平邑绅陈润太等在宗程书院南建崇正书院，后改名崇正南书院。乾隆四十九年（1784），高平知县毛振翩改崇正书院为行台
泮宫书院	阳城县	在阳城县治东南隅，元至正十二年（1352）阳城县尹赵绳祖创建，也称泮宫讲堂
映奎书院	阳城县	在阳城县治东南化源里西，明万历二十四年（1596）阳城知县王良臣创建
聚奎书院	阳城县	清康熙年间，阳城县绅士卫贞元与阳城知县都甫重修映奎书院，改名为聚奎书院
同文书院	阳城县	清乾隆四年（1739），阳城知县谢廷瑜在阳城县仓之西的察院创建
仰山书院	阳城县	在阳城县城西北隅，乾隆三十五年（1770）阳城知县王正茂捐俸购镜山堂，设为书院。嘉庆二十五年（1820）阳城知县王嵊倡捐重修
白岩书院	阳城县	清顺治十年，乔映伍于白岩山创建，不久废

续表

书院	隶属	概要
棣华堂书院	陵川县	元至正年间，达鲁花赤蒙完普化借郝氏棣华堂故基建
望洛书院	陵川县	清康熙十二年（1673），陵川知县孙必振创建书院于学宫西庑后建孙公讲堂。乾隆十四年（1749），陵川知县陈封舜以庠生王慎修捐三元巷东北一院建，命名为望洛书院。乾隆三十三年（1768），陵川知县王笃祜将望洛书院由陵川城外迁建于县署之东
凤原书院	沁水县	在沁水县城西关北巷，明万历年间建，毁于兵
碧峰书院	沁水县	在沁水县碧峰山东岳庙侧，清乾隆二十七年（1762），江西丰城举人、沁水知县金世麟募建，吴伸续建。嘉庆元年（1796）十月，沁水知县徐品山修复，自任山长

清光绪二十七年（1901），朝廷诏令将书院改为学堂，泽州府的书院改为中学堂，各县的书院改为小学堂。

六、名师通儒

金代名师郝天挺

郝天挺（1160—1217），字晋卿，郝昪之子，陵川人。其先世自太原迁上党，宋末又自潞州迁陵川。世代业儒，但自高祖、曾祖以下皆不做官，以治经力行为本，为一郡望族。郝天挺的父亲郝昪治家有法度，使子孙世代遵守。叔父郝震，字子阳，号东轩先生，在乡里办学，跟从他学习的人非常多。他传授经书时详细讲析其中的道理，使学生能够正确掌握经典的要旨。

郝天挺年青时就与众不同，曾经两次参加廷试，以太学生交游于京城的士大夫之间。礼部向朝廷上书推荐他，但郝天挺因自己早衰多疾，又厌恶官场的种种恶劣风气，所以不就选，回到了家乡。他聚集乡里子弟，教授于县庠。由于他自小经受了父兄的教养和陶冶，熟知礼仪，又在京城与士大夫交往，见识较广，增加了社会阅历，故为人处世十分谨慎，形容举止落落大方，言论超凡，见解精辟，州县里的老成之人多自以为不如他。

金泰和二年（1202），忻州元好问十一岁，从其父亲元格（元格为元好问的叔父，后以元好问为嗣子）官于冀州，学士路宣叔欣赏他才气俊爽，教他学文。十四岁时，元格因调动官职要到京城去。为了给元好问找一个便于求学的好地方，便和亲友商量，都说："濩泽风土完厚，人质直而尚义。在宋有国时，俊造辈出，见于黄鲁直季父廉行县之诗。风俗既成，益久益盛。迄今带经而锄者，四野相望；虽闾巷细民，亦能道古今，晓文理。为子求师，莫此州为宜。"（元好问《郝先生墓铭》）于是元格选择了陵川县令。元好问随父到陵川，受业于郝天挺。

郝天挺首先要求学生必须要具备很好的品质，才能接受学问。他对元好问说："学者，贵有受学之器。器者何？慈与孝也。"他所说的"受学之器"，就是品质，具体包括两个方面，即"慈"与"孝"。于是他问元好问："今汝有志矣，器如之何？"可见郝天挺的教育思想是强调德育第一的。又说："今人学词赋，以速售为功。六经百家，分裂补缀外，或篇题句读之不知。幸而得之，且不免为庸人，况一败涂地者乎？"郝天挺强调循序渐进的教学原则，反对"以速售为功"的急功近利、急于求成的思想和做法；他注重学习知识的系统性，主张从"篇题句读"这些基础知识认真学起，反对"分裂补缀"的所谓捷径，认为那样即使考得功名，也只能是无所作为的"庸人"。他又说："读书不为文艺，选官不为利养，唯知义者能之。今世仕宦，多用贪墨败官，皆苦于饥冻，不能自坚者耳。丈夫子处世不能耐饥寒，虽一小事，亦不可立，况名节乎？汝试以吾言求之。"他认为读书的目的，不是为了作文赋诗，做官的目的也不是为了获利养家，只有懂得义的人才能做到这一点。他所说的"义"，当然是大义，是为国为民的大义。他指出，当时的官员，大多是"贪墨败官"，都是面对饥寒，不能自坚心志的人。他认为大丈夫处世，首要的是“名节”；要保持名节就必须要有吃苦耐劳的精神；否则，一事不可为。郝天挺工于诗，常命元好问和诗。有人说：县令的儿子读书求学是为了参加科举考试，写诗不是急事，你这样做不是白白地浪费时间和精力吗？郝天挺说：“君自不知，所以教之作诗，正欲渠不为举子耳。”他还说：“区区一第，不足道也。”由此可见，郝天挺认为读书求学的目的，并不仅是为了考取功名，“区区一第”很容易取得，不足道，重要的是要让学生学到经世致用的全面知识。元好问说：“盖先生惠后学者类如此，不特于我然也。”泰和六年（1206），元格罢陵川令，元好问仍留在陵川，从郝天挺读书。泰和八年（1208），元好问“肆意经传，贯穿百家，六年而业成。下太行，渡大河，为《箕山》、《琴台》等诗，赵礼部见之，以为少陵以来无此作也。以书招之，于是名震京师，目为元才子。”（郝经《遗山先生墓铭》）后来元好问成了大诗人和散文家，成为金、元之际的文坛领袖，这与他六年受业于郝天挺所奠定的坚实基础是分不开的。

金贞祐二年（1214），由于蒙古成吉思汗连年进攻，金宣宗弃燕云，河朔亦不能守，被迫迁都南京（今开封）。郝天挺也举家到河南避难，来往于淇、卫之间。此时百姓争相南下，但被黄河阻挡，上下千余里，积流民数百万之多，因为饥饿和瘟疫流行，死者十之七八。郝天挺说：“坐视天民之毙，仁者不为！”于是他写信给机察使范元直，说：“昔昭烈当阳之役，既窘甚，犹徐其行以俟荆襄遗民。曰：‘成大事者必资于众，人归而弃之，不祥。’君子谓汉统四百年，此一言可以续之。今国家比之昭烈，不至于窘；河朔之民，独非国家赤子乎？夫人心之去就，即天命之绝续也。乞诏沿河诸津聚公私船，宽其限约，昼夜放渡，以渡人多寡第其功过，以救遗民，结人心。天命中兴之期，庶几可望！”范元直上奏朝廷，当日中使便传出上谕，令即日放渡，河朔之民，全活甚多。

郝天挺为人有崖岸，耿耿自信，宁落魄困穷，终不一至富豪之门。兴定元年（1217），郝天挺病重，和儿子郝思温说："郝氏儒业，自吾叔父东轩老人始；我死葬其墓侧，庶得奉杖履于地下。"临终之前，他浩歌自得，不以生死为意。是年冬，终于舞阳客舍，归葬于陵川。

金代大儒李俊民

李俊民（1176—1260），字用章，别号鹤鸣老人，金代泽州晋城人，唐高祖李渊第二十二子韩王元嘉之后。年幼时，聪敏好学，勤于经史诸子百家，尤精二程理学。金章宗承安五年（1200），以经义举进士第一，应奉翰林文字。贞祐年间，任沁水县令、长平佥事，擢朝请大夫。因厌恶官场应酬，辞去官职，回到家乡晋城从事教育。由于他渊博的学问和状元的声望，不远千里而来投师者不绝于门。金源南迁，李俊民隐居河南嵩山，后徙居怀州。元至元十二年（1275），晋城段直率众保境安民，奉命为泽州长官。段直修复文庙，购书万卷，置学田千亩，到河南迎接李俊民，以之为儒学教师。不到五六年时间，精通经书被选拔的士子达到一百二十二人之多。

元泽州学正张缉

张缉，字士明，胶州（今山东省胶州市）人。性孝友，能诗文，元至正七年与兄张绅、弟张经同中举人。他被任命为泽州学正，教育学生做人要以德行为先，跟从他的士子都崇尚实学，不务虚文。后来他被聘为泰州幕府，便弃官归家奉养父母，移居于扬州。不久遭兵乱，盗贼进入卧室，欲刺杀他的母亲，他以身阻挡，中枪三日而死。

明沁水教谕张瓛

张瓛（huán），江苏扬州举人，明正统年间任沁水教谕。精通五经，尤长于《诗经》。教导子弟，尽日无疲倦之色。以丁忧守孝归去，除服后任河南镇平县，沁水士民上疏向朝廷力争，未能回任。

明阳城教谕刘一清

刘一清，陈州（今河南省淮阳县）人，明成化年间任阳城教谕。他用尽方法，劝导士子力学上进。有放荡不羁者，则按规矩严格要求。九年之间，讲授不倦，时人称道。升黎城知县。

明沁水教谕苏政

苏政，玉田（今河北省玉田县）举人，明成化年间任沁水教谕。赋性刚介方正，不苟言笑，但培养学生尽心竭力，唯恐有不到之处。凡经他加意指点的士子皆文采斐然，下笔成章。

明高平教谕张绍芳

张绍芳，鄠（hù）县（今陕西西安市鄠邑区）举人，明嘉靖年间任高平教谕。有经世济民之才，教学课行皆有规矩法度。在任四年，淡泊自安，绝不受人馈赠。被称为循吏，升任沁水县知县。

明阳城教谕王柱

王柱，汝宁（今河南省汝南县一带）人，明嘉靖年间任阳城教谕。性刚直严厉，勤于课艺，士子皆畏服。每月考试，细心校阅试卷，评卷高下次序无不恰当。生员皆刻苦自励，勤学向上。

明阳城训导李乐泰

李乐泰，安州（今湖北省安陆县一带）人，明嘉靖年间任阳城训导。谦恭祥和，有敦厚长者之风。从不因学费交纳不足而责备生员，对贫家子弟尤加以体贴照顾。

明阳城训导王谟

王谟，登州（今山东省蓬莱县一带）人，明嘉靖年间任阳城训导。有志操，曾捐俸周济家境贫寒的学生。卒于任上，学生争先恐后穿孝服哭送。

明泽州学正宗思

宗思，陕西泾阳人。明万历年间，以贡士授泽州学正。盐使者到来，拜谒孔庙。按礼仪应该先跪拜于堂下（大成殿外台阶之下），再跪拜于堂上（大成殿内）。但当时细雨沾衣，盐使者欲直接到堂上跪拜。宗思看到这种情景，不顾盐使者位高权重，大声喝道："拜下，礼也。"意思是说：拜于堂下，是礼制规定，不可因为下雨而更改。盐使者听到后，不禁肃然起敬，复到堂下跪拜。宗思又捐俸禄修学宫，教授生徒，勤恳而有法度。后升肃王府教授，肃王以老师之礼待他。

清阳城教谕郑天眷

郑天眷，山西省石楼县人，清顺治三年（1646）任阳城教谕。温文谦恭，笃实厚重，不苟言笑，举动皆符合礼法。衣食极简朴，深受士子爱慕。离任之日，士子设宴饯别，依依不舍。

清高平教谕刘佐世

刘佐世，山西省曲沃县举人。康熙四年（1665）任高平县教谕。课督严而不倦，经他培养者皆成大材。并修葺尊经阁、敬一亭、左右斋廊。后中康熙九年（1670）庚戌科进士，任霍邱县令。因病卒于家，高平士子思慕不忘，诸生六十余人亲赴曲沃哭奠，为他立碑于墓道，私谥曰文肃先生。

清泽州府教授孟自强

孟自强，山西省文水县进士，乾隆三十二年（1767）由南康知县改任泽州府教授。性格轩豁开朗，喜客好施，而对恶人坏事，极其厌恶，处理最为严厉。一吏员之子应童子试，拿数百金贿赂，孟自强拒不收纳，又托人宛转请求，终不答应。时届乡试，家境贫寒的学子赴省应考川资缺乏，孟自强拿出他的积存俸银五十余两，分给贫士，予以资助。像这样坦白无阿、急人所难的事情甚多，不胜枚举。

清阳城教谕徐昆

徐昆，字厚山，平阳府（今山西省临汾市）举人。才善学富，乾隆四十一年（1776）任阳城教谕。立学规八条镌壁，皆修身经世之学。讲授课文以六经为主旨，用心对诸生训导启迪。一时士风大变。教谕署内列彝鼎图书，与邑内名宿，诗歌唱和不绝。他的著作非常丰富，尚存有《柳崖外编》，多记阳城轶事。

清沁水教谕郑鸿任

郑鸿任，山西省文水县举人，清乾隆年间任沁水县教谕。他勤于训课，对贫穷的学生尤加意培养，教学之余，刻苦攻读，好学不倦，常夜半书声达户外。在任考中进士，历升至员外郎。

清沁水训导乔于泂

乔于泂（jiōng），猗氏县（今山西省临猗县境内）岁贡，清乾隆年间任沁水县训导。善于引导提携，为诸生所乐从。他学问渊博，才华敏捷，写诗作文，倚马可待，尤其擅长书法。尝放情诗酒间，一时有乔六才子之称，著有《思居集》行世。

清高平崇正书院掌教牛宗文

牛宗文，字吉人，清高平人。乾隆九年（1744）甲子科举人，乾隆十年（1745）乙丑科联捷进士。性格和乐平易，蔼然可亲，未尝与人不合。于书无所不读，但谦卑恬退，从不满足。历官山东临朐、堂邑、郯城三县知县，虽然没有显赫的名声，离职后却每每让人思念。因母亲年老，辞官告归，掌教于高平崇正书院，言传身教，以高尚的师道启迪学子。他常常说："我因为母亲年老，不能出仕以展示平生所学，但能以平生所学教育人材，也是作为儒者的分内之事。"

晚清爱国教师杨念先

十九世纪中叶，两次鸦片战争以后，中国一步步沦为半殖民地半封建社会。甲午战争及八国联军侵华后，帝国主义列强又进一步掀起了瓜分中国的狂潮。在国家遭难、民族矛盾激化之际，清政府中一些忧国忧民之士，为了进行爱国家、爱乡土的教育，在兴办新学的同时，主张加强对乡土志的编纂。光绪三十一年，清学部大臣张百熙奏令天下郡县各撰乡土志，以适应学堂教育的需要。阳城知县沈继焱（浙江会稽人）接奉令文之后，便邀请杨念先着手编写。

杨念先（1847—1919），字少梧，一字矩曾，号佩弦子，光绪乙酉（1885）拔贡生。他出生在阳城县白巷里的一个绵延八百余载的诗书世家，其先祖杨天衢，字行周，为金大定进士；其父杨伯朋（1823—1894），字正吾，号雪鸿、真悟子，同治三年(1864）甲子科举人，曾主讲河南洧川、滑台书院，著有《蛙天蠡海集》。杨念先家学渊源，负有盛名。科举制度废除后，任阳城高级小学堂教员兼师范传习所讲师，讲书深透明白，诲人不倦，学生无不钦佩。阳城知县沈继焱将他所编《阳城乡土志》呈进上峰，特蒙嘉许，县内各学堂亦争相传抄，定作课本。

作为学校教学课本的《阳城乡土志》，不仅仅通过记述阳城的一人一事、一山一水、一草一木，体现了强烈的爱国思想，使儿童自小就受到爱村、爱乡、爱家、爱国的教育，而且作者还别出心裁地采用了骈体韵语的形式，把枯燥的志书写得通俗生动、活泼多姿，便于记诵。如《政绩录》："元李裕课重农桑，遐迩实蒙其惠；路有让草生囹圄，贤愚并乐其宽。"意思是说：元代的阳城知县李裕，注重督促农桑生产，远近的百姓都得到了实惠；知县路有让行政，监狱中长满了草，百姓不论贤愚都喜欢他政治宽和。《宦业》："张尚书力支残局，竟见扼于勋臣；张给事远播直声，卒见诬于权阉。"意思是说：南明弘光朝吏部尚书张慎言，努力支撑国家残破的危局，竟然受功臣之后刘孔昭的阻挠；明末给事中张鹏云，正直的名声远播天下，终被权阉魏忠贤诬陷矫旨革职。"但饮卢龙一杯水，卫立鼎廉吏无俦；创修梓里五贤祠，张茂生树人有志。"意思是说：清代卫立鼎任卢龙知县，只饮卢龙县一杯水，作为清官廉吏天下无双；户部郎中张茂生退居后建周、程、张、朱五贤祠，设立学校，有志于培育人材。《义行》："上义里、上佛里，王海同名而乐施无异；陈三乐、陈经济，父子竟爽而见义勇为。"意思是说：上义里的王海和上佛里的王海，不仅名字相同，而且乐善好施好事迹也相同无异；陈三乐和陈经济父子二人，见义勇为的事迹，完全可以媲美争胜。《学问》："名噪一时，李毅著松溪之稿；书工四体，张域有香雪之吟。”意思是说：李毅，学使周石芳曾携至京师，诗名噪一时，著有《松溪诗稿》；张域，书法真草隶篆四体皆工，著有《香雪庵诗钞》。《物产》：“桑则叶饲蚕而皮作纸；麻则皮绩绳而籽榨油。”意思是说：桑树的树叶可以用来养蚕，而树皮则可以用来造纸；大麻的皮可以用来搓绳，而大麻的籽可以用来榨油。“本山参力厚于党参，坪贝母价重于川贝。”意思是说：本地所产的山参，药力大于上党所产的人参；坪上所产的贝母，价值重于四川所产的贝母。

这些骈文音韵铿锵，节奏天然，易读易诵，读者再参阅小字注释，便十分容易理解，很适合童蒙受业之用。阳城知县评价《阳城乡土志》曰：“词多骈偶，取其易吟诵也；字惟浅近，取其无留滞也；文戒冗长，取其便记忆也。”意思是说：遣词造句，多用对偶，取其容易诵读；文字浅显，容易辨，取其通畅无碍；行文简约，戒止冗长，取其便于记忆。《阳城乡土志》是一部佳作，明白如话，内容充实，极有利于开启儿童的知识和思想，在当时确实是对青少年进行乡土教育的好教材，在晚清出现的众多乡土志中，堪称别具一格的佼佼者。

第二章

科举丛谭

展示才华提升价值的陡峭阶梯

宋代明道程子在晋城大办乡学，教育事业长足进步，科举亦随之渐兴。金源明昌年间，高平陈载举经义进士第一；承安年间，晋城李俊民举经义进士第一：经术文章，俱在方册。陵川有七状元祠，一时谭资之盛，引人向慕。明清时期，科举尤隆，攀蟾折桂、探杏钓鳌者不可指数，达官巨卿辈出，忠臣烈士多有。甲申巨变，有清定鼎，前朝废官屡经荐起，前朝举人亦登进士。十凤齐鸣，九凤朝阳，德积一门九进士，恩荣三世六词林，皆为千秋佳话、百世美谈。科举之路，曲折而陡峭，狭窄而坎坷。有人少年得志，金榜题名，一登龙门，身价百倍；有人萤灯雪案，皓首穷经，屡考不售，终生向隅。

一、莘莘学子

复杂艰难的童子试

中国的科举制度，是封建社会教育制度和人事制度的重要组成部分，由一系列的考试组成。明清时期，科举制度已经发展得非常成熟。一个人从开始读书学习，直到考取举人、进士，授予官职，进入士大夫阶层，是一个非常艰难的过程。在这个过程中，大部分人都要被淘汰，能够攀登到顶点的人只是极少数。

古代的少年开始读书学习，第一个目标是要经过考试进入县学、州学或府学读书，这叫作进学。凡是读书学习的人，只要未进学，不管年龄大小，皆称为童生，也可称为学童、儒童、文童等。大多数童生终生进不了学，也就是终生考不上秀才。童生未进学之前的考试，叫童子试，亦称童试，分为“县试”、“府试”、“院试”三个阶段。

县试在各县进行，由知县主持。一般在二月举行，连考五场。县试的第一名，称为县案首。明代晋城称为泽州，泽州是直隶州，由省直属，其地位略相当于府。清代雍正六年（1728），设立泽州府，在原泽州属地设立凤台县。所以雍正六年之前，童生参加县试通过后，要参加州试；雍正六年之后，童生参加县试通过后，要参加府试。府试由知府主持，一般在四月举行，连考三场。府试的第一名，称为府案首。县试、府试通过的童生方有资格参加院试，决定其是否进学而成为秀才。院试的主考官为皇帝派遣的提学使，提学使的衙署叫学院，所以叫作院试。院试考取者称为生员，俗称秀才，第一名称为院案首。生员可以入县学、州学或府学读书。

县试、府试、院试的考试内容大同小异，清承明制，试题主要内容也大致不变。清代试题内容有四种：第一种试题是四书文。四书文也称时文、制艺，俗称八股文。其试题出自《大学》《中庸》《论语》《孟子》。第二种试题是五经文，即从《诗》《礼》《易》《书》《春秋》等古代经典著作中命题，答题仍用八股文形式。第三种试题是试帖诗，一种五言诗，限作八韵、十二韵不等，并限韵。第四种试题是默写《圣谕广训》。《圣谕广训》是雍正皇帝根据康熙皇帝制定的《圣谕十六条》编写的思想道德教育的教材。《圣谕十六条》的内容只有十六句话：

敦孝弟以重人伦　笃宗族以昭雍睦

和乡党以息争讼　重农桑以足衣食

尚节俭以惜财用　隆学校以端士习

黜异端以崇正学　讲法律以儆愚顽

明礼让以厚风俗　务本业以定民志

训子弟以禁非为　息诬告以全善良

诫匿逃以免株连　完钱粮以省催科

联保甲以弭盗贼　解仇忿以重身命

《圣谕广训》对《圣谕十六条》逐条详细解释，共有 1 万字。

沁水知县徐品山岁考文童

清代嘉庆年间沁水知县徐品山于嘉庆六年（1801）岁考文童，有《辛酉冬日岁考文童即事》四首，记载了当年文童的岁考情况。岁考，即每年举行的例行考试。

其一曰："喜得人文运复兴，春秋两榜有明徵。监司不用稽民数，但看童生岁岁增。"意思是说：欣喜人文气运重新兴盛起来，春天的进士考试和秋天为举人考试都有明显的徵验。这一年，春闱沁水窦心传考中进士，秋闱沁水张诗颂考中举人，这不是人文气运复兴的徵验吗！负责监察的官员没必要稽查百姓的人口数量，只看参加考试的学童年年在增加。嘉庆二年参加科考的文童 183 人，嘉庆四年参加岁考的文童 194 人，嘉庆五年参加科考的文童 201 人，嘉庆六年参加岁考的文童 214 人。

其二曰："扶雅扬风集众才，春蚕食叶马衔枚。莫嫌俗吏疏文墨，甫向抡材堂上来。”意思是说：扶植发扬文雅的社会风气，此处聚集了众多的人才。考场非常安静，只能听到考生书写的声音，如同春蚕食叶、战马衔枚。不要嫌我是一个庸俗的官吏，笔墨粗疏，现在已走上选拔人材的考场来。

其三曰：“皓首穷经等少年，尽教妳母比承天。青衿得失宁关命，才遇知音便断弦。”意思是说：年老而头发变白，仍在钻研经典，和少年人一样。妳母，即奶妈。南朝时期的何承天，任著作佐郎，已经年老，而其他著作佐郎都是出身名门的少年。荀伯子经常嘲笑何承天，呼为“妳母”。比喻年老的人，像老妈子。在此次参加岁考的文童中有一人叫何学遴，已经六十多岁，头发斑白，还与少年学子一起考试，恰好也姓何，就像南朝的何承天一样，故作者用了“妳母”的典故。知县徐品山批阅试卷，见何学遴的文章写得好，十分爱重，选拔其名列前茅，通知他参加复试。不料榜文未发，何学遴居然逝世。学子的得失成败难道真的和命运相关？为何刚刚遇到知音，琴弦就突然断了呢？

其四曰：“谁向词坛夺锦标，先声早震霍嫖姚。已看锥未囊中出，莫使琴材爨下焦。”意思是说：是哪一位向词坛夺得了锦缎标旗？领先震扬声势的是嫖姚校尉霍去病。文童霍梦姚，十五岁束发成童，就来参加考试，获第二名，不久守孝，积学三年，又来考试，无人能够超过。用霍嫖姚的典故，就是指霍梦姚夺得这次岁考的锦标。贤士在世上，就如同锥子在囊中，其锋芒必然从囊中显露出来。桐木为制琴良材，如果用来烧火，则是暴殄天物。像霍梦姚这样的人才，更须培养扶植。其锋芒尚未从囊中露出，不可使制琴的良材在爨下烧焦。

这四首诗基本反映了考试文童的情况，虽未获全豹，犹可见一斑。

陈廷敬童子试夺魁

陈廷敬十四岁时到潞州去应童子试，学使是山东莱芜的张四教。张四教看见陈廷敬年龄小，个子矮，很可爱，就把他留在自己坐的书案边，让他在堂上考试，考试的题目是写两篇文章。科举考试所要考的是八股文，和普通的文章不一样，是论述儒学经书中圣贤思想的论文，考八股文实际就是考经义，考童生对于儒学经典的理解程度。陈廷敬很快写成了考试要求的两篇文章，张四教看了，又给他出了三道题目，让他再写三篇文章。并且说："能尽为之，吾且置子第一。"意思是说：这三篇文章你如果都能写成，我就把你评为第一。到了中午，陈廷敬的五篇文章皆已写就。张四教大喜，叹奇才，果然置为第一，录取为秀才。然后说："子文虽老宿不及，可遂应省试。"意思是说：你写的文章，即使是老秀才也达不到这种程度，可以去参加乡试了。

第二年，张四教又来泽州考校秀才，又把陈廷敬留在堂上考试。陈廷敬的文章还没有写完，张四教就拿过来看，看后说："子文益奇进。"意思是说：你的文章有更大的进步。考试结束，张四教将陈廷敬排在第二名，曰："子家侍御与我有旧，故不首子，然此不足为重轻。"意思是说：你的伯父侍御公和我有交情，所以我不把你排在第一，但这也不能表明轻重。顺治十四年（1657），陈廷敬参加省试，考官是会稽人唐赓尧，唐赓尧得读陈廷敬之文，叹曰："此正学也。"所谓正学，就是符合圣贤正统思想、内容纯正的文章。

张泰交受知县令张都甫

张泰交（1651—1706），字公孚，清代阳城人，为明末名臣张慎言侄孙。所居地在沁水旁，沁水一名洎水，故又字洎谷。泰交生而秀硕，资质颖异，幼时即知问学。其父履祥为诸生，出游覃怀（在今河南省武陟县），未归家，不知所终。张泰交常思慕悲号，每诵读《孝经》至"显亲扬名"之句，即呜咽啼哭而不自止。十二岁时应试子试，阳城县令即赏识其才华。刚二十岁，祖父张慎思去世，家道中落，他多次想放弃学业去经商。恰好此时，河南祥符县人张都甫到阳城任知县，对县内童生进行考试，看到他的文章不凡，倍觉惊奇，一再劝勉，让他坚持完成学业，并授以《春秋胡氏传》。泰交不负所望，果然考中举人、进士，官至浙江巡抚，成为一代名臣。

司九经永葆儒生本色

司九经，字相臣，清代高平人，司昌龄之父。状貌魁梧，志向远大，少年时学习儒学经典，受业于陈廷敬之门，与陈廷敬的门人子弟相交游，举止大方，不同常人。司九经参加童子试，高平知县梅建见其文章不凡，甚为器重，得知司九经的祖先宋代司库官御史，便书写“西台遗范”四大字赐给他。后来，其父司长庆卒于海陵，他迎丧归葬，内外一切事情都要他办理，不能继续学习举业，便弃儒经商。

司九经虽然放弃习儒，却如终不忘儒生本色。乡人向他借贷，无力偿还的人很多。后来他家道中落，家用贫乏，其子司昌龄说：某人有能力偿还，为何不去讨还？司九经发怒说：人家真有能力偿还，还须你去讨要吗？我希望你读书成名，你的心思总在这些微小之事上，这并不是我对你的期望。于是他把所存债券全部销毁，一件不留。司九经安居之时，更加折节读古人书，把少年时未读之书皆一一细读，写字时甚为恭敬，即使记米盐账目，也是用工整的小楷书写。明道先生程颢曰：“吾作字甚敬，非是要字好，即此是学。”意思是说：我写字的时候，心中特别“敬”，目的并不是只为了把字写好，因为这“敬”本身即是圣贤学问。司九经就常常以程子“即此是学”的话教育其子。

张敦仁一再推让名次

张敦仁，字仲篙，号古愚，阳城人。张敦仁十四岁时应童子试，主考官为安徽庐江人王正茂，字竹崖，进士，乾隆三十三年任阳城知县，他在第九次复试时，阅张敦仁的文稿，曰：“可第一矣。”认为张敦仁的文章在这次考试中可排名为第一。张敦仁应曰：“友人冯某时文素胜余。”时文，即指八股文。张敦仁的意思是说：我的朋友冯某写的八股文平素都比我写得好。知县王正茂曰：“其第二乎？”意思是说：既然冯某的文章比你写得好，那么把你排在第二可以吧？张敦仁又应曰："友人成某亦胜余。"意思是说：我的朋友成某的文章也胜过我。知县王正茂曰："冯、成两生，年皆倍长于汝，何多让为？"意思是说：冯某和成某两个学生，年龄都比你大一倍，为什么你要这么反复推让啊？张敦仁应曰："文居其后，名占其先，不可！"意思是说：文章在他二人的后面，名次却在他二人的前面，是不可以的！知县王正茂曰："然则汝其第三矣。"意思是说：如果这样的话，你的名字只能排在第三了。张敦仁默然，不再说话了。后来出了榜，张敦仁的名次排列在冯某、成某之后，知县王正茂与教谕、训导二位学师曰："考试累十场，颇费苦心，前三名乃此小童生为定，岂非异事？"意思是说：考试累积了十场，我们也算费了很多苦心，前三名却是由这个小童生决定的，这难道不是很奇怪的事吗？教谕杨明伦(平陆举人)曰："小童生实意，老父台虚心。"老父台，是古代对父母官的尊称。于是，一时传为佳话。

二、游泮采芹

府州县学的生员

童生经过院试合格录取叫作生员，俗称为秀才。提学使将一部分生员留在县学，一部分生员拨入府学（州学）。生员入学，穿戴规定的统一服饰，齐聚学宫，拜谒孔庙。古代学宫之内有泮水，故称学宫为泮宫，生员初入学则称为游泮，或入泮。《诗经》的《泮水》之诗曰："思乐泮水，薄采其芹。"学子于此学习，可以采集泮水的芹菜，故又称入学为采芹。

生员分三等，一等为廪膳生员，二等为增广生员，三等为附学生员。廪膳生员、增广生员有定额，附学生员无定额。廪膳生员是经过岁试和科试成绩优异的生员，明代每人月给廪米六斗，清代每年发放廪饩银四两八钱。增广生员是根据增加的学额录取的生员，不食廪饩。附学生员不占学额，不食廪饩。三种生员都免除捐税徭役。生员的等级根据提学使主持的岁考、科考的成绩而升降。

岁考是专为生员等级升降而设的考试，考试成绩分为六等，文理平通为一等，文理亦通为二等，文理略通为三等，文理有疵为四等，文理荒谬为五等，文理不通为六等。成绩是四、五、六等的要受处罚。科考是参加乡试资格的预选考试，也有为生员分等的作用。考试成绩分为三等，一等、二等和三等前十名的生员准许参加乡试，一等遇廪膳生员有缺额时可以补廪。生员必须参加岁考，因事病缺考者要补考，缺考三次要除名。生员入学满 30 年，或年满 70 岁，准予穿戴生员服饰，免其岁试，但不得参加乡试。岁试科试考到一等的人数，大县十来名，中小县仅几名，可见其不易。

岁考、科考的主要内容：一、四书文。二、五经文。三、五言八韵试帖诗。四、默写《圣谕广训》。

提学使除了对生员的学习成绩进行考核外，还要对其遵法守纪情况进行考核。提学使到任，要拜谒文庙，身着朝服，在大成殿行三跪九叩礼。礼毕，到明伦堂。向所有生员宣读《卧碑文》和《圣谕广训》。《卧碑文》是顺治皇帝颁布的生员守则，碑立于明伦堂左。《圣谕广训》是雍正皇帝根据康熙皇帝制定的《圣谕十六条》编写的万言讲义，列于学宫之内，每月初一、十五宣读。提学使在任期间，要接纳民众对不法生员的申告，对违规生员分别给予处分，重者黜革治罪。

韩仰斗拒绝通学使

韩仰斗，字仲济，号澹庵，韩范之次子。少年即考中秀才，人称为翩翩佳公子。布衣蔬食，落落寡合，只与阳城杨时化、张慎言为文字交，村酒野菜，欢饮终日，二人称为长友。凡有馈赠，坚决推辞不受。韩仰斗的岳父孙居相为南京监察御史，让韩仰斗到他的任所读书。韩仰斗虽考中秀才，但不是廪膳生员。一日，孙居相委婉地告诉韩仰斗，要与提学使交通，让考试时录取韩仰斗为廪生。韩仰斗听到之后，认为这是一种耻辱，很生气，当即辞归，孙居相所赠金帛丝毫不受。后来参加乡试，仅中副榜，叹息说：我不能长期困扰于八股文之中。于是婉谢学使，不再参加科举考试。而后博览群书，肆力古学，医卜、天文、地理，无不深研。

坦翁陈烺写诗自嘲

陈烺，字坦翁，清乾嘉年间阳城人。他考中秀才以后久考不第，已经到了六十多岁，国家按规定仍然发给秀才的衣冠顶戴，不再进行每年例行的岁试。衣冠顶戴是读书人表示功名的标志，秀才在古代属于绅士，在社会上有一定声望，所以秀才对衣冠顶戴非常看重。恰好此时，提学使者来到泽州府，有人讹传，说凡是给衣冠顶戴的秀才，都要重新加以考试。许多老秀才都早已荒废文字，不再写八股文，一听说要重新考试，都慌了神，感到很窘迫。陈烺听说以后，便赋诗二首自嘲。

其一云："衣顶多年已给吾，漫劳岁试复来呼。七言诗句今犹咏，八股文章久不图。饥馑有愁忘者也，功名无分弃之乎。遗珠惟恐抛沧海，着意搜求考老儒。"大意是说：作为一名老秀才，多年来国家按例发给衣冠顶戴，为什么又徒然来呼叫去参加每年例行的考试呢？七言诗句我现在有兴致时还偶然吟咏，但那考试的八股文章却早已经不再写了。每天为了生计，常常因为年成不好而发愁，况且功名无分，屡次上秋闱也考不中举人，不再抱读书做官的希望了，因此那些写文章常用的"之乎者也"之类的虚字，早已抛到九霄云外了。总怕有遗失的珍珠抛入沧海，总怕有遗失的人才未被使用，因此还如此用心，搜寻我们这些老儒进行考试。

其二云："虚度韶光六十余，差徭破老亦应除。只缘手硬难成字，特为眸昏不读书。华发人怜年迈矣，文场孙代考何如？公堂私忿从无到，门外翻来长者车。”大意是说：我已经虚度年华过了60多岁，按国家规定进入老年，各种差使杂役都应该免除了，怎么还要让我们再参加考试呢？只由于手指僵硬难写成字，更因为眼睛昏花不再读书。满头白发之人都怜悯我老迈年高，试文的考场让孙子去代替怎么样啊？我从来没有因为私人怨恨上过公堂，大门外怎么突然来了官家豪华的高车？

当时到泽州府参加考校的秀才云集，陈烺的诗立即传开，见到的士子皆为之绝倒。

田秫对试张子特

田秫，字艺陶，清道光年间阳城人。从小家穷，喜爱读书，十岁时懂得讨论经书的主旨。受业于举人田駓坰和田霖普秀才，都公认为才子。提学使周系英（石芳）发现了曲沃名士张子特，常常夸奖他奇才无敌，但田秫不服。周系英听到田秫的话，命他和曲沃张子特到太原对试，他欣然同意。田秫和张子特各闭一室，提学使周系英出题，考试三场，经史诗文各种题目齐全，双方的功力匹敌，难分高低，由此名扬三晋。田秫与张子特对试，提学使周系英出题，田秫的对试作品今存者有七言古诗二首、五律四首、七律四首、七绝四首，皆为佳作。

田秫于清道光五年（1825）中举，道光十五年（1835）成进士，被选为朔平府（府治在今山西右玉县）教授。未上任，主讲本县仰山书院任。他文采富丽，风度潇洒，启悟很多后生。授任陕西长武知县，提倡教育，革除陋规，以廉洁公正著称。任期未满辞职返家，种菊吟诗。著《古伴柳亭集》。

陈廷敬致书提学力挽贪风

清康熙十八年（1679），陈廷敬因母亲逝世丁忧回籍，看到地方教育衰落，主要是提学使贪图钱财，学官从中交易，致使贿赂贪鄙之风盛行。恰好当年朝廷任命刘梅为山西提督学政。刘梅，字训夫，直隶故城人，清顺治十五年戊戌科进士，与陈廷敬同年。康熙八年（1669），陈廷敬升任国子监司业，刘梅也在国子监任职，二人互相推重，以名节相砥砺。多年同在朝堂，陈廷敬非常看重刘梅的品行。陈廷敬得知刘梅已至河东，便致书刘梅，希望这位老朋友能改变山西的教风学风。《与刘提学书》大意说：去年，我奔丧回籍，听到任命您为山西提督学政，私自庆幸国家为教育士子用人得当，近年学校的歪风邪气可以得到纠正和清除了。泽州位于山西南部边境，偏僻遥远。我居住在阳城山中，刘学使采用的措施不容易听到。刚听到学使已经莅临河东，即将莅临阳城，于是我冒昧地向您陈述我的想法，希望您能留意。在泽州兴盛之时，参加州试的童子有两千人之多，推荐学使院试的童子有一千余人。泽州所隶的阳城县，参试的童子有千人，再经过州试，推荐学使院试的童子有六七百人。其余的高平、陵川、沁水三县，也最为兴盛。现在，泽州参加童子试的不过二百人，阳城四十五人。阳城如此，其余三县可以知道了；一州如此，整个天下可以知道了。学校是聚集人才的地方，人才是支撑国家的柱石。学校和人才一旦衰落如此，实在可叹！现在天下的士子，都是聪明才智之人，如果让他们离去诗书，他们又无固定的产业，力量薄弱之人不免饥寒交迫流离失所，强盛之人不能保证其不变为顽固不化之徒。国家重视教化，屡次下诏，而人不知读书，自绝于教化，这是非常错误的。造成这种情况的原因，其一是进学的名额太少，其二是请托贿赂公行。现在进学的名额才几个人，都被富贵有力之家占去，贫寒之家的子弟被埋没压抑，只好改业，从事工商，苟且谋生，不再顾及礼义。这对于世道人心来说，难道是小事吗！难道这不是我们这些士大夫造成的吗！尤其令人可悲的，天下在学校的学生寥寥无几，和过去比起来减少了十分之七八。掌管文教的官员不以教育培养为己任，反而对士子进行摧折侮辱、盘剥榨取。他们所说的保等，就是让考生出钱贿赂，保证让考生的考试成绩不低于三等。还有更严重的，一开始判卷时，故意把考生的成绩判为劣等（低于三等），并扬言于外，然后由品行不好的学官从中请托说合，让考生花钱贿赂之后，再把考生的成绩改为三等，这叫作拔等。以前的提学使，都做过这样的事情。您素来清严公正，肯定没有这样的事情，但是要考虑有人意外地向您请托，或者指名招摇过市，如果不谨慎其开始，阻断其苗头，恐怕终究会连累您的清名盛德，无论是对于国家，还是对于学校，都是损失。这样的话，和我们以前磨砺德行、建树功名的意愿不是大相径庭吗？所以我衷心希望，您在驻节之后，要严厉地告诫下属官吏，凡有前面所说的积弊，一定要痛加扫除。至于立誓公正和谨慎，务必选拔真才实学之人，您自能审察辨识，无须我多打扰。自从我回籍为先母守制，结庐于墓地，家庭之事也隔绝而不问，总怕违背名教伦常，更不敢以一个字通往州府衙门，怕违反《礼经》不语的戒律。但只是想此一件事，不仅朝廷三令五申，大臣的建言献策也是连篇累牍，举人之人皆痛心疾首，而这种贪财昧利的歪风终究未曾衰止，每见到这种情况接连不断地发生，如何能忍受不把这种情况告诉您呢？所以忘记了自己的言语愚蠢狂悖，竟然到了这样的地步。我想到您大破情面，奋力革除这些丑陋的规矩惯例，心中就十分诚挚地祝愿！

陈廷敬致书提学使刘梅之后，又写《与守令学官绅士书》，大意说：关于考试这一件事，请托贿赂公行，其由来已久了。想挽回这种风气，但我人微言轻，不会引起当权之人的重视。今天我不揣冒昧，特地给提学使写了信函。预想凡是贤德的君子，其心必定是相同的。今天我把致刘学使的信函稿件附后呈上，用以表白我心中的想法，希望州、县的贤明长官以及地方绅士，或者以书信传达，或者以当面言说，共同表达这样的心情，主持公道，这是我十分盼望的。又听说在考试之中，投递书信、过手钱财进行贿赂的中间人，大半出于学正、教谕、训导这些学官。朝廷设置学官，是用来负责教育培养士子的，并不是用来为提学使充当牙侩(经纪人)的。今天的君子，必不会做这样的事情，假如出现的传闻，公众为愤慨决不容许侵犯。为此，我冒昧敬告！

同时，陈廷敬又写《与里中乡绅书》，大意说：我考虑提学使考试士子这件事，朝廷很清楚地知道问题的根源，制定了刑法，发布了禁令，士大夫人人都能说清，不仅能说清，而且明知其错误。但是，还要以身试法，明知其非而为之，贿赂公行，请托无忌，学校育人之地，公然变成了交易的场所。这是国家的法律不能宽恕的，有志之士对此愤怒已经很久了，事情发展到极点，已经到了彻底改变的时候了。我自知力量薄弱，言语轻微，但是我不逃避怨恨和侮辱，给提学使专门写了信函，已经派人送去了。又暗想州、县里的乡绅高贤与我有同样想法的人很多，所以准备以传贴的方式告知此事，让我们这些人先要立于无过之地，然后才能责备别人。同时也请乡绅高贤人人把这种情况向当权者反映，使他们知道真实情况，决定是否听从，使他们知道这并不是我一个人的毫无根据的说法。我远处荒山之中，恐不能普遍送到，谨以原书信并传贴呈送，或许还能再令人分头送呈。

陈廷敬作为朝廷高官，了解到历任提学使贿赂公行，州、县学官请托无忌的贪渎现象，尽管是在回籍居丧期间，他还是给现任提学使以及知州、知县、学官、乡绅写了信，严厉要求杜绝在童生、生员考试中的贿赂贪渎现象，彻底纠正不良的教学风气，体现了忧国忧民的责任心。

三、鱼跃龙门

科举时代，生员一般隶属于府（州）、县学，经过推荐府（州）、县学生员（秀才）中成绩或资格优异者，升入京师的国子监读书，称为贡生，意思是把人才贡献给国家。贡生离开地方儒学，升入国子监读书，谓之出贡。

贡生的种类

明代有岁贡、选贡、恩贡和纳贡四种；清代有恩贡、拔贡、副贡、岁贡、优贡和例贡六种。清代的贡生，又别称“明经”。其中明代的纳贡、清代的例贡，都是生员（秀才）通过捐纳钱财得到的贡生资格，而被视为杂流，不受人重视；其他诸种贡生，都是经过程度不同的考试选拔出来的，而被视为正途出身。清代的岁贡、恩贡、拔贡、优贡、副贡都经过考试选拔，俗称为“五贡”。

一、岁贡：府、县学生员中的廪膳生员学习十年以上，没有考取举人，即有了出贡的资格。府学每年贡一人，县学两年贡一人，各学按两倍名额送礼部考试，取中即入国子监读书，称为岁贡。后来取消了考试，改为选送年资长久的廪生入国子监读书，由于大都是挨次升贡，故有“挨贡”的俗语。

二、恩贡：明清两代，凡遇国家庆典，如皇帝登基、皇帝皇太后寿辰、皇帝大婚等事，除府、县学岁贡常例之外，加选一人作为恩贡，实际是双倍名额。清代恩赐先圣孔、颜、曾、孟的后裔入监读书，亦称为恩贡，以示尊孔崇儒。

三、拔贡：各省学政考选本省生员，择优报送中央参加朝考，合格者称为拔贡。起初，每六年选拔一次，后改为每十二年一次，逢酉年选拔。推选拔贡由提学使主持，程序非常严格，考试难度大，推选录取后，次年还要到京城参加廷试。廷试一般在六月举行，由礼部主持，取中者要到保和殿由皇帝命题复试。复试成绩一二等者，中年以下授予京官，中年以上授予地方官。

四、优贡：提学使三年任期满时，就本省生员经过考试，择优录取，报送国子监，称为优贡。优贡名额每省不过数名。

五、副贡：秀才参加乡试，正榜录取者为举人。正榜之后，将文理优长的取作副榜，以备正榜录取查出违纪取消资格之后作为替补。取作副榜之人，称为副贡，可送入国子监读书，参加朝考取中者可授以七品以下地方官。

国子监的监生

凡是在国子监读书的学生，都称为监生，可分为举监、贡监、荫监、例监四类。

一、举监：由举人进入国子监读书的监生，称为举监。

二、贡监：由贡生（五贡）进入国子监读书的监生，称为贡监，也叫作优监。

三、荫监：凭借父辈的官爵，不具备生员（秀才）的资格，直接进入国子监读书而成为监生，明代称为官生，清代称为荫监。清代，荫监又分为恩荫和难荫两种。凡文官在京四品以上、在外三品以上、武官二品以上的，准许送一子入监读书，或文武官员有功，或以庆典，皇帝特赐许入监读书的，都称为恩荫。凡文武官员为国殉难者，不限官品，准其一子入监读书，称为难荫。

四、例监：无生员（秀才）资格的童生，以捐纳钱粟成为监生的，称为例监。

监生在监，均属官费学生，按月有廪膳，岁时节令有布帛、衣帽、赏钱，妻子有给养，探亲有路费。

监生可以参加乡试考举人，也可毕业后考官。但因监生来源不一，所以考选的官职也有差别。举监、贡监可以选为府官的副职，如府丞、同知、通判等，也可选为州官、县官和府、州、县的学官；荫监可以选为部、院、府、寺、司等处的小京职。以上二者，皆为正途。例监只能选为州、县的副职和小京职，都属于异途。

“鱼跃龙门”说法的由来

贡生中的恩、拔、副、岁、优为贡生之主体，世俗以鱼、龙、龟、鳖、鳅比喻他们。清末，拔贡生不入监学习，于当地待考，次年入京朝考，上者可得七品小京官，中者可得知县，下者也可当教官。得小京官者，以后还可考军机章京，故有龙之称。优贡入监读书，但始终不能脱离学校，故比作泥鳅。其他恩、副、岁贡可以应乡试，也可任县学的训导，所以称作鱼、龟、鳖。五贡中拔贡最为尊贵，故将考取拔贡称为“鱼跃龙门”。

例贡、例监不为世所重

明清重视科举考试，例贡、例监因为是通过捐钱取得贡生和监生的资格，不属于正途，不仅选官受到限制，在社会上也会被歧视。传说有富豪父子皆捐银获得监生资格，自以为很有身份，高人一等，常在人前夸耀，引起贫穷书生不满，写对联贴于其门，以示讽刺，曰：“父监生子监生父子监生，七十两八十两七八十两。”

王炳照受知县令胡邦盛

王炳照（1743—1798），字青甫，号南村，清代阳城人。唐代诗人岑参曾在阳城青萝河畔结庐读书，炳照取其名迹，故又号青萝山人。他从小读书甚多，十三四岁时就能写诗。举行童子试时，阳城知县胡邦盛（浙江兰溪人）在他的卷纸上写道：“析城王屋之灵，其在兹乎！”意思是说：析城山、王屋山的灵秀之气，应当在这里吧！于是对他非常器重，将他留在县衙与其子一起读书，亲自教之作制举文，认为他必然能考中举人、进士。后来考取乾隆丁酉（1777）科拔贡，朝考二等，未就职而归。因始终没有考中举人、进士，所以他每对人泣曰：“不恨抱璞而刖，恨不副知己期望耳。”意思是说：我不怨恨像春秋时期的卞和一样抱着璞玉而被斩断双足，只怨恨辜负了知己对我的期望。

四、攀蟾折桂

乡试与举人

生员和监生参加全省统一组织的考试称为乡试，乡试录取者称为举人。明清时期，国家重视乡试，组织程序严格，考试纪律严肃，录取比例小，往往数十人或百人才能录取一人。考中举人，可以继续考进士，久考不中者也有机会授予官职。乡试每三年一次，逢子、午、卯、酉之年乡试，称为大比之年。乡试在八月举行，称为秋闱。因为八月为中秋时节，传说月宫中有蟾蜍、桂树，故后人以攀登蟾宫折取丹桂比喻科举登第。乡试第一名称为解元，第二名称为亚元，前五名因各为五经中的第一名，故称为经魁。乡试放榜之后，本省督抚官员与布政使要例行设宴招待新科举人和考官，此宴取《诗经》“呦呦鹿鸣”之意，称为鹿鸣宴。宴上，新科举人要拜见主考、房考，称为拜师。

乡试的主要内容是八股文，八股文的内容必须取自四书、五经及其注疏，其形式必须用八股，必须以先圣先贤的口吻阐述观点，即“代圣贤立言”。明朝时乡试三场，首场考四书文三道，每道二百字以上，五经文四道，每道三百字以上。二场考论、判、诏、诰、章、表等文体。三场考经史、时务策。三场首重头场，以阐述经义的四书文、五经文为主。清承明制，顺治二年（1645）颁科场条例，第一场考八股文七篇，三篇出自四书、四篇出自五经，（每经均考四篇，考生任选一经）。第二场考论、表、判，论题出自《孝经》。后因又增加《性理》、《太极图说》（周敦颐著）、《通书》（周敦颐著）、《西铭》（张载著）、《正蒙》（张载著）等书。第三场考奏疏。乾隆五十二年（1787），下令自次年乡试起废除只选一经的制度，改为五经皆考。同时规定第一场四书文三篇，五言八韵诗一首。第二场五经文五篇，以《易》《书》《诗》《春秋》《礼》为题。第三场策问五道。

乡试解元

乡试第一名称为解元，明代总计有解元十一人，清代有解元五人。

侯琎：泽州人，明永乐二十一年（1423）癸卯科解元，登宣德二年（1427）丁未科进士，官兵部尚书。

郭文：高平人，明正统十二年（1447）丁卯科解元，官监察御史、浙江按察司知事、武康知县。

王佐：高平人，明成化十三年（1477）丁酉科解元。

李瀚：沁水人，明成化十六年（1480）庚子科解元，登成化十七年（1481）辛丑科进士，官户部尚书。

常赐：沁水人，明弘治二年（1489）己酉科解元，登弘治六年（1493）癸丑科进士，官陕西副使。

杨谟：泽州人，明嘉靖元年（1522）壬午科解元，登嘉靖二十年（1541）辛丑科进士，官庆阳知府。

李芝：泽州人，明嘉靖二十二年（1543）癸卯科解元，历官知县，至绍兴府通判。

王忠显：泽州人，明万历四年（1576）丙子科解元，历五台教谕、清水知县、平凉知府、陕西按察司副使。

白所知：阳城人，明万历十年（1582）壬午科解元，登万历十一年（1583）癸未科进士，官工部尚书。

李异品：沁水人，明崇祯三年（1630）庚午科解元，官济南同知。

毕振姬：高平人，明崇祯十五年（1642）壬午科解元，登清顺治三年（1646）丙戌科进士，官湖广布政使。

樊初荀：沁水人，清雍正二年（1724）甲辰科解元，登雍正八年（1730）庚戌科进士，官甘肃宁远知县，改蒲州府教授。

张权：阳城人，清乾隆六年（1741）辛酉科解元，官宁武教谕。

王士恒：凤台人，清嘉庆二十四年（1819）己卯科解元，登道光六年（1826）丙戌科进士，官河南确山知县。

张士达：凤台人，清咸丰元年（1851）辛亥科解元。

都赋三：陵川人，清同治三年（1864）甲子科解元。

十凤齐鸣——顺治二年乙酉科乡试

清顺治二年(1645）乙酉科乡试，阳城共有杨荣胤、乔映伍、卫贞元、田六善、王兰彰、王润身、田绍前、李之馨、白方鸿、王道久十人中举，称为十凤齐鸣。

杨荣胤：顺治二年（1645）乙酉科举人，登顺治三年（1646）丙戌科进士，官庆阳知府。

乔映伍：顺治二年（1645）乙酉科举人，登顺治三年（1646）丙戌科进士，官左春坊左赞善。

卫贞元：顺治二年（1645）乙酉科举人，登顺治三年（1646）丙戌科进士，官江南巡抚。

田六善：顺治二年（1645）乙酉科举人，登顺治三年（1646）丙戌科进士，官户部侍郎。

王兰彰：顺治二年（1645）乙酉科举人，登顺治三年（1646）丙戌科进士，官阳谷知县。

王润身：顺治二年（1645）乙酉科举人，登顺治三年（1646）丙戌科进士，官户部主事。

田绍前：顺治二年（1645）乙酉科举人，官娄县知县。

李之馨：顺治二年（1645）乙酉科举人，官曲沃教谕、都昌知县。

白方鸿：白胤谦之子，顺治二年（1645）乙酉科举人，官故城知县，著《少谷集》。

王道久：顺治二年（1645）乙酉科举人，官应州学正、蒲圻知县。

同年，泽州考中举人六人，高平考中举人五人，沁水考中举人四人，陵川考中举人二人。泽州六人为梁肯堂、孔文明、张硕辅、翟凤梧、郭应昌、陈攀龙；高平五人为张汧、张流谦、赵介、田种玉、张彦珩；沁水四人为杨燧、郭葱然、韩璵、张启元；陵川二人为和元化、秦之铉。

十凤重鸣——顺治八年辛卯科乡试

顺治八年（1651）辛卯科乡试，阳城又有陈元、张于廷、成益昌、杨崇高、杨拱明、王曰翼、王步阶、上官準、卫振辉、贾益厚十人中举，称为十凤重鸣。

陈元：顺治八年（1651）辛卯科举人，登顺治十六年（1659）己亥科进士，选翰林院庶吉士。

张于廷：顺治八年（1651）辛卯科举人，登顺治十六年（1659）己亥科进士，官永从知县。

成益昌：顺治八年（1651）辛卯科举人。

杨崇高：顺治八年（1651）辛卯科举人，官垣曲教谕、平定州学正。

杨拱明：顺治八年（1651）辛卯科举人。

王曰翼：顺治八年（1651）辛卯科举人，官昌黎知县、顺德府同知、贵州威宁知府。

王步阶：顺治八年（1651）辛卯科举人，官灵丘教谕。

上官準：顺治八年（1651）辛卯科举人。

卫振辉：顺治八年（1651）辛卯科举人，官巨野知县，著《忍斋诗钞》。

贾益厚：顺治八年（1651）辛卯科举人。

同年，泽州考中举人五人，高平考中一人，沁水考中四人。泽州五人为段藻、赵世祯、王骏谟、马麟友、郭振修；高平一人为王琎；沁水四人为王纪、王益祚、赵育溥、樊琳。

皇城陈氏十举人

陈所知：陈天祐之曾孙，明万历三十三年（1605）乙巳科举人，官虞城知县。

陈廷翰：陈廷敬之弟，清康熙三十三年（1694）甲戌科举人，拣选知县未补。

陈贲懿：陈廷敬之侄，陈廷愫之子，清康熙五十年（1711）辛卯科举人，官宁晋知县。

陈寿岳：陈廷敬之孙，陈谦吉之子，清康熙五十年（1711）辛卯科举人，官四川通江知县。

陈寿华：陈廷敬之孙，陈谦吉之子，清雍正七年（1729）己酉科举人，官贵州清平知县。

陈传始：陈廷敬之孙，陈壮履之子，清雍正十年（1732）壬子科举人，官福建盐运使。

陈名俭：陈廷敬之孙，陈豫朋之子，清乾隆九年（1744）甲子科举人，官四川筠连、珙县知县。

陈崇俭：陈廷敬之孙，陈豫朋之子，清乾隆九年（1744）甲子科举人，拣选知县未补。

陈式玉：陈廷敬之侄孙，陈随贞之子，清雍正四年（1726）丙午科举人。

陈恂：陈廷敬族孙，清康熙五十九年（1720）庚子科举人。

常伦大闹鹿鸣宴

常伦，字明卿，号楼居子，沁水县人。其父常赐，弘治二年（1489）解元，弘治六年（1493）进士。知行唐县，擢御史，左迁天长县，移知邓州，终陕西副使。常伦出身于世宦家庭，从小就受到良好的文学陶，五六岁时就能诵书赋诗，常有奇语，咄咄惊人，见者无不叹赏。生性调皮，随父宦秦陇间，遇到好卷轴就信手挥洒，尽兴之后，掷笔嬉戏而去。父常赐特别溺爱他，对他过分宽容，经常说："此吾千里驹也，踶啮何妨！"意思是说：这是我家的千里马驹，踢咬又有何妨？常伦十五岁时作《笔山赋》，论者比之杜牧的《阿房宫赋》。其父时时取常伦所作诗文，请当时著名文学家李梦阳、何景明指点，颇受赏识，所以一时声名大噪，在士林间崭露头角。弱冠之年，读书更加勤奋，好治百家言，尤其精通黄老之学。

正德五年（1510），常伦十九岁，举乡试第二。常伦心中不服，在举行鹿鸣宴那天，他升阶而上，请求要与解元（第一名）当场比试。藩台、臬台等大员百般劝慰，曰："子固应元，为主司径黜耳！"意思是说：你本来就应该是解元，是被考官直接废弃了。这样常伦才勉强作罢。

陈廷敬十四岁参加乡试

清顺治八年（1651），陈廷敬才 14 岁，到太原参加乡试，有一位监临御史名叫刘达，看到陈廷敬年龄小，文章写得不凡，非常惊异。深夜，在陈廷敬交卷出场，刘达把他叫住了，让他坐下，出题考他对于经书的理解。陈廷敬章分句达，有条不紊，侃侃而谈。刘达更加惊异，曰：“子，佗日人师也，科第何足尽子！”意思是说：你将来一定是人师啊，中举人、中进士不足以发挥你的才华。陈廷敬出场的时候，由于试院的门槛高，陈廷敬年龄小，个子矮，跨越门槛很费劲。刘达就命人把他抱出门槛，三场考试都是这样。

王镠以大臣子弟钦赐举人

凤台王镠，字涵紫，王廷扬之子。王廷扬以贡生起家，官工部左侍郎。王镠参加雍正七年（1729）己酉科乡试，未考中，以大臣子弟加恩钦赐举人。授刑部山东司员外郎，擢湖广司郎中，加光禄少卿衔。王镠早晨即起，处理政事，夜晚秉烛斟酌判词，平反很多冤案，当时称赞为清明公正。闲暇之时，独居一室，披览图史，兼擅长绘画，或与亲戚朋友赋诗饮酒，陶冶性情。天性友爱，与其兄王镗同为京官，出入必相互随行。王镠居乡时多善行，境内遇灾年，粮食歉收，他将余粮平价卖出。邻村西峪遭水灾，他掩埋腐烂的尸体，煮粥给灾民供食。亲友有拖欠债务者，他代为偿还，数量多达数千金。

王梦熊年跻耄耋赏赐举人

凤台生员王梦熊，参加乾隆五十四年（1789）己酉科山西乡试，因年过七十，皇帝加恩，赏赐副榜。乾隆五十七年（1792）壬子科山西乡试，王梦熊虽未考中，皇帝又以年过八十，加恩赏赐举人，并准予参加会试。乾隆五十八年（1793）癸丑科会试，又未考中，皇帝以其年过八十，加恩赏翰林院检讨职衔，并加赏绸缎二匹。

老生马延年鸿恩三赐

陵川马延年老而好学，孜孜不倦，成为县学生员之后，多次到太原参加乡试，但终究未能考中举人。嘉庆十二年（1807）丁卯科山西乡试，马延年已经七十多岁，连考三场，均能完卷，虽未考中，皇帝因其年老，加恩赏赐副榜。嘉庆十三年（1808）戊辰恩科山西乡试，马延年又以年老，加恩赏赐举人，并准予参加会试。嘉庆十四年（1809）己巳科会试，马延年又以年老，加恩赏赐国子监学正职衔。乡里给他挂门匾，曰："鸿恩三赐"，一时传为佳话。

曹廷选贪心遭严谴

阳城生员曹廷选参加嘉庆十二年（1807）丁卯科山西乡试，未考中，但因其当时已七十一岁，皇帝加恩赏赐副榜。又参加嘉庆十五年（1810）庚午科山西乡试，仍未考中，因其年七十四岁，皇帝加恩赏赐举人。嘉庆十六年（1811），曹廷选赴京参加辛未科会试，虽未考中，但因其年已七十五岁，皇帝加恩赏赐国子监正衔。四月十五日，礼部官员带领受恩的年老生员在道旁向皇帝谢恩。曹廷选向皇帝呈谢恩表文，曰："臣现年七十五岁，丁卯科钦赐副贡，庚午科钦赐举人，今辛未科又钦赐国子监学正，寸衷感激，莫可名言。倘蒙赐一教职，使育斯文，庶几矢公矢慎，获报圣恩。"意思是说：我先后被皇帝赏赐副贡、举人、国子监学正衔，内心非常感激，无法用言语表达。如若能蒙皇帝开恩，赏赐我一个教官，使我教育儒士，我将立誓公正谨慎，报效皇帝的恩典。

嘉庆皇帝看了曹廷选的谢恩表文，大怒，严旨切责，曰："曹廷选以年老诸生，幸叨盛典，得与科名。朕嘉惠耆儒，有加无已，迭次恩施，俱属荣邀格外。该老生尚不知足，辄越分呈递表文，求赏官职，虽尚无违碍字句，殊属妄为。试思量能授职，分制綦严，即一命之荣，国家大柄所系，岂容妄生希冀，公然干请耶？"意思是说：曹廷选只不过是一个年老的秀才，有幸承受了国家重大的恩典，才能够赏赐科举功名。我施加恩惠于年老儒生，只有增加，没有穷尽，多次给以恩惠，这都属于格外的荣誉恩宠。但这个老生尚且不知足，则超出本分呈递表文，请求赏赐官职，虽然表文中没有违反法令妨碍礼教的字句，但这的确属于不守本分的狂妄行为。试想，根据才能授予官职，职分与体制十分严格，即使是最低级的官职的任命，也是关系到国家治理的根本，岂能容许产生非分的希图期望之心，无所顾忌地谋取请求呢！

又曰："此风断不可长。著革去国子监学正衔，并革去举人。姑念其老耄无知，仍格外施恩，留其副贡。即饬令回籍安居，勿再滋事。"意思是说：这种风气绝对不可助长。命令革去曹廷选的国子监学正的头衔，并且革去曹廷选举人的功名。姑且怜悯他年老无知，仍然对他格外开恩，保留副贡的功名。立刻命令他回本籍居住，不要再生事惹祸。

清廷对年事已高久考不中的老秀才给予恩典，乡试不中者赏赐副贡，再试不中赏赐举人，会试不中七十岁以上者赏赐国子监学正衔，八十岁以上赏赐翰林院检讨衔。前二者是属于功名，后二者是官职头衔，这些赏赐都是为照顾年老考生给予的荣誉，所谓"国子监学正""翰林院检讨"都是虚衔，并非实授官职。曹廷选以七十五岁高龄，屡受赏赐，然而贪心不足，进而要求实授教职，殊不知功名官职，皆国家名器，岂可妄求！结果竟遭皇帝严谴，可谓自取其辱。

五、探杏钓鳌

会试与殿试

明清时期，举人经过礼部主持的会试，合格者称为贡士，第一名称为会元。会试的内容基本和乡试相同。会试结束后即进行殿试，殿试由皇帝亲自主持。贡士全部参加殿试，并不进行淘汰，只根据成绩区分名次，且分为三甲：一甲三人，赐进士及第，第一名即状元，第二名为榜眼，第三名为探花；二甲赐进士出身，三甲赐同进士出身。

会试三年一次，逢丑、辰未、戌年举行，有时增加恩科。明代及清初，会试于二月举行，清雍正五年改为三月。一共考三场，三月初八至初十为第一场，十一日至十三日为第二场，十四日到十六日为第三场，四月十五日之前发榜。四月二十日，在太和殿举行传胪大典，用唱名法公布进士名次，皇帝亲自参加典礼，十分隆重。

明代由于举行会试的时间是二月。二月为杏月，会试所发榜名叫杏榜，皇帝赐新科进士的宴会叫杏园宴，新科进士称为杏园客，所以又把参加会试称为探杏。进士中状元后，立于陛阶中的浮雕巨鳌头上迎榜，故称状元为鳌头，参加殿试考试为钓鳌。

八股文

科举考试，从童生进学的童试到乡试会试，都要考八股文，所以八股文是取得科举成功的关键。八股文又称制义、制艺、时艺、时文、八比文等。八股文试题皆出自于四书、五经。出自四书的叫四书文，出自五经的叫五经文。

八股文命题，必须忠实于原著，可选取四书、五经的数章、一章、数节、一节、数句、一句或半句为一题。选几章几节几句乃至一句为一题者，都叫大题，不足一句为一题者为小题。大题包括连章题（选两章以上内容）、全章题（只选一章内容）、数节题、单节题、数句题、单句题。小题包括截上题（一句话去掉上半句）、截下题（一句话去掉下半句）、截上下题（一句话掐头去尾只留中间），还有承上题（题为上面意思的总结或延伸）、冒下题（题为下面意思的概括）等。除大小题之外，还有截搭题（两句话一句去头，一句去尾，连在一起）、割裂题（不论内容及词句，从书中择出几个字为题）等。

写作八股文，必须忠实于四书、五经及其权威注疏的原意，必须以圣贤的口气说话，即代圣贤立言，还要严格遵守八股文的写作格式。八股文基本由六部分构成：

第一部分：破题。破题，点破文题的要义，即说明题意。破题部分按规定用两句把试题讲述的道理引出来，文字可对偶，亦可散行。破题时不许直呼“圣贤”的名字，必须用代称，如用帝代尧舜，用圣人代孔子等。

第二部分：承题。承题是承接破题，要把破题中的最主要的意义承接下来，对题目所讲的内容作进一步引发。承题时“圣贤”诸人可直呼其名。但第一、二部分只用答题者的口气说话。

第三部分：起讲。起讲亦称小讲，要对试题进行总括性的讲解。起讲句数自三四句至十句上下不等。起讲要讲究起、承、转、合，可用排比句，也可用散文。起讲首字要用固定文字，如“意谓”、“若曰”、“以为”、“且夫”、“尝思”等。考生与同考官通关节往往事先约定好用哪两字起讲。为防止此种作弊，后来考试前临时统一规定必须用的字。从起讲开始用圣贤的口气讲话，所以起讲也叫入口气。

第四部分：入题。入题即进入正题之意，也称领上、领题、落题。入题用一二或三四散句过渡，把文章引入正题。

第五部分：分股。此为文章的中心部分，分为四比。第一为起比，也叫起股，分两股；第二为中比，也叫中股，分两股；第三为后比，也叫后股，分两股；第四为束比，也叫束股，分两股。总计四比八股。比者，对也，文字要求必须对偶，四比之中，句数多少，字数多少，声调缓急，都必须相互对应。起比之后有出题，中比、后比之间有过接。出题、过接可用散句。

第六部分：收结。收结，即用一两句话收束全文。收结多用散句，不用骈偶。

由破题到收结，语气必须连贯，意思必须明确，层次必须清楚，内容分配必须轻重缓急搭配合理。

田从典制义文结构分解

田从典的八股文（也称制义文）《富与贵一章》，选自清乾隆《钦定四书文》，题目出自《论语·里仁》，全章文字如下：子曰："富与贵，是人之所欲也。不以其道得之，不处也。贫与贱，是人之所恶也。不以其道得之，不去也。君子去仁，恶乎成名？君子无终食之间违仁，造次必于是，颠沛必于是。"《钦定四书文》选编者方苞评田从典此文曰："说理难得如此疏爽，其分贴上下语亦自确当。"

〖原文〗君子求仁之功，有由浅而深者焉。

以上是八股文章的开头，称为"破题"。"破题"要求点破文题的要义，即说明题意。

〖原文〗夫"不处""不去"，可以见君子之不去乎仁矣，然非极之存养之至，亦何以见其功之密也哉？

以上是"承题"，承题是承接破题的意思，根据破题义指明文章主旨。

〖原文〗且学者苟有志于仁，亦惟自治其心而已矣。吾隐微有倚伏之势，在制其人心之萌；吾旦暮有离合之形，在充其道心之极。始于至粗，终于至精。君子以为非一日之事，而终身之事矣。

以上是"起讲"，主要内容是进一步发挥题意。

〖原文〗今夫役役于富贵贫贱中者，小人之行也；皇皇于仁者，君子之行也。论君子而必测之于小人之途，斯亦浅之乎窥君子者矣。

以上是"入题"，即用过渡的话把文章引入正题。以下就进入文章的核心部分，根据题意加以具体发挥，用圣贤的口吻阐发经典的义理。

〖原文〗然而富贵贫贱者，仁不仁之分境；欲恶者，仁不仁之大闲也。

以上是"起比"，也称为"起二股"，内容以总论为主，文字要用排偶，宜短不宜长。以下"中比""后比""束比"的文字必须要用排偶。

〖原文〗君子于“处”与“去”之间，力求战胜，以自异于去仁者之所为，然后德成而名以立焉。顾谓此即可以尽求仁之功，则犹未也。何则？求仁而必先于富贵贫贱者，所以制其人心之萌；求仁而不止于富贵贫贱者，所以充其道心之极。且即以富贵贫贱之仁论，则古之至仁大圣亦有天下，而漠然不与，匹夫而若将终身者，要亦惟是安土敦仁，而岂徒不处不去之事乎？是故仁，体事而无不在者也，而君子之于仁，则求其全体而不息者也。

以上是“过接”，是“起比”与下面的“中比”之间的过渡部分，不必对偶，可用散句。

〖原文〗昊天明而及尔出王，昊天旦而及尔游衍。仁之不违乎人者，极之一时一事而皆然。敬天怒而无敢戏豫，敬天渝而无敢驰驱。君子之不违乎仁者，亦即极之一时一事而俱密。

以上是“中比”，也称为“中二股”。“中比”与下面的“后比”是阐发题意的主要部分。

〖原文〗语其常，则终食之间无违矣。夫终食岂足以尽仁？而君子以为不极之于至暂，仁之所为斯须而不去者，不能无间于偶然也。语其变，则造次颠沛之必于是矣。夫造次颠沛岂足以尽仁？而君子以为不极之于至变，仁之所为无入而不得者，不能不震于猝然也。盖君子求仁之功，其密如此。

以上是“后比”，也称为“后二股”。“后比”需要尽力发挥，拓宽题意，把题意说尽说透。

〖原文〗至此而试之以非道之富贵，其不处犹是也，而不处之心异矣；试之以非道之贫贱，其不去亦犹是也，而不去之心又异矣。岂非道心为主，而人心每退听者乎！

以上是“束比”，也称为“束二股”，总结全篇。

〖原文〗学者未能遽至于是也，尚先求所为“不处”“不去”者，而可哉！

以上是“收结”，收束全文，多用散句，不用排偶。

庶常吉士

庶吉士的名称出自《书经》上的典故。《书经·立政》曰：“庶常吉士。”“庶”是众多，“常吉”是祥善，“士”是指读书人。“庶常吉士”意思是众多祥善的读书人。明代时，因为这个典故，将翰林称为庶吉士，也称庶常。清代翰林院设庶常馆，让翰林在馆中继续深造学习，三年后举行考试，成绩优良者分别授以编修、检讨等职；其余则为给事中、御史，或出为州县官，谓之“散馆”。明代特别看重翰林。明代天顺年之后，一般不是翰林不能进入内阁，也就是不能当宰相，除非是能力超常、政绩卓著者，才可能有例外。所以，读书人只要考中翰林，就有了当宰相的希望。清朝沿袭了明朝的这种制度。

明代进士入选翰林名录

李镛：沁水人，正统十三年（1448）戊辰科进士，选翰林院庶吉士，散馆改授户部主事，官至河南汝宁知府。

郭鋆：高平人，嘉靖十四年（1535）乙未科进士，选翰林院庶吉士，散馆授检讨，官至南京工部右侍郎。

裴宇：泽州人，嘉靖二十年（1541）辛丑科进士，选翰林院庶吉士，散馆授检讨，官至南京礼部尚书。

刘东星：沁水人，隆庆二年（1568）戊辰科进士，选翰林院庶吉士，散馆改授兵科给事中，官至工部尚书。

刘虞夔：高平人，隆庆五年（1571）辛未科进士，选翰林院庶吉士，散馆授编修，官至詹事府詹事。

张养蒙：泽州人，万历五年（1577）丁丑科进士，选翰林院庶吉士，散馆改授礼科给事中，官至户部右侍郎。

王邦柱：高平人，崇祯元年（1628）戊辰科进士，选翰林院庶吉士，散馆改授浙江道监察御史，官至大理寺卿。

白胤谦：阳城人，崇祯十六年（1643）癸未科进士，选翰林院庶吉士，入清授内翰林秘书院检讨，官至刑部尚书。

清代进士入选翰林名录

张尔素：阳城人，顺治三年（1646）丙戌科进士，选翰林院庶吉士，授内翰林秘书院编修，官至刑部左侍郎。

乔映伍：阳城人，顺治三年（1646）丙戌科进士，选翰林院庶吉士，授内翰林弘文院检讨，官至左春坊左赞善。

张汧：高平人，顺治三年（1646）丙戌科进士，选翰林院庶吉士，改礼部主客司主事，官至湖广巡抚。

张道湜：沁水人，顺治六年（1649）己丑科进士，选翰林院汉书庶吉士，散馆授内翰林弘文院编修，官至山东按察司副使。

王纪：沁水人，顺治九年（1652）壬辰科进士，选翰林院清书庶吉士，散馆改礼科给事中，官至山东布政司左参政。

田逢吉：高平人，顺治十二年（1655）乙未科进士，选翰林院清书庶吉士，散馆授编修，官至户部侍郎、兵部侍郎、浙江巡抚。

陈廷敬：阳城人，顺治十五年（1658）戊戌科进士，选翰林院庶吉士，散馆授秘书院检讨，官至文渊阁大学士兼吏部尚书。

陈元：阳城人，顺治十六年（1659）己亥科进士，选翰林院清书庶吉士，未仕而卒。

杨仙枝：泽州人，康熙六年（1667）丁未科进士，选翰林院庶吉士，散馆授翰林院检讨。

陈豫朋：阳城人，康熙三十三年（1694）甲戌科进士，选翰林院清书庶吉士，散馆改用知县，官至礼部郎中。

陈壮履：阳城人，康熙三十六年（1697）丁丑科进士，选翰林院清书庶吉士，授翰林院编修。

卫昌绩：阳城人，康熙四十五年（1706）丙戌科进士，选翰林院清书庶吉士，散馆授编修，官至提督广西学政。

陈随贞：阳城人，康熙四十八年（1709）己丑科进士，选翰林院清书庶吉士，未仕。

田嘉穀：阳城人，康熙五十一年（1712）壬辰科进士，选翰林院清书庶吉士，散馆授翰林院编修，官至浙江道监察御史。

陈师俭：阳城人，雍正五年（1727）丁未科进士，选翰林院庶吉士，改广西泗城府同知。

王承尧：沁水人，雍正五年（1727）丁未科进士，选翰林院庶吉士，散馆授翰林院编修，官至兵部左侍郎。

秦百里：凤台人，乾隆十六年（1751）辛未科进士，选翰林院庶吉士，散馆授翰林院编修，官至安徽颍州知府。

田玉成：阳城人，乾隆二十二年（1757）丁丑科进士，选翰林院清书庶吉士，散馆授翰林院检讨。

吕元亮：凤台人，乾隆二十八年（1763）癸未科进士，选翰林院庶吉士，散馆改部属，官至刑部郎中。

王瑶台：阳城人，乾隆六十年（1795）乙卯科进士，选翰林院庶吉士，散馆授翰林院编修，官至湖广道监察御史。

窦心传：沁水人，嘉庆六年（1801）辛酉科进士，选翰林院庶吉士，散馆改知县。

常恒昌：凤台人，嘉庆十九年（1814）甲戌科进士，选翰林院庶吉士，散馆改户部主事，官至浙江布政使。

祁墡：高平人，嘉庆二十二年（1817）丁丑科进士，选翰林院庶吉士，散馆改用知县，官至广西全州知州。

王遹昭：阳城人，道光十六年（1836）丙申科进士，选翰林院庶吉士，散馆授翰林院检讨，官至监察御史。

窦奉家：沁水人，道光二十四年（1844）甲辰科进士，选翰林院庶吉士，散馆授编修，官至遵义知府。

明代举人登科清代进士名录

明清易代之际，明代举人登科清代进士的共十六人，其中泽州二人，高平六人，阳城四人，沁水四人。

李棠馥：高平人，明崇祯十二年（1639）举人，清顺治三年（1646）进士，官兵部右侍郎。

张尔素：阳城人，明崇祯九年（1636）举人，清顺治三年（1646）进士，官刑部左侍郎。

毛一豸：泽州人，明崇祯三年（1630）举人，清顺治三年（1646）进士，官陕西布政司参议。

赵嗣美：泽州人，明崇祯六年（1633）举人，清顺治三年（1646）进士，官福建按察司佥事。

王度：沁水人，明崇祯十二年（1639）举人，清顺治三年（1646）进士，官刑部郎中。

庞太朴：高平人，明崇祯十五年（1642）举人，清顺治三年（1646）进士，官华容知县。

赵汴：沁水人，明崇祯十五年（1642）举人，清顺治三年（1646）进士，官蓬莱知县。

王克生：阳城人，明崇祯十二年（1639）举人，清顺治三年（1646）进士，官寿光知县。

毕振姬：高平人，明崇祯十五年（1642）举人，清顺治三年（1646）进士，官湖广布政司布政使。

段上彩：阳城人，明崇祯十五年（1642）举人，清顺治三年（1646）进士，官沭阳知县。

赵士俊：阳城人，明崇祯三年（1630）举人，清顺治三年（1646）进士，官茌平知县。

张翮：高平人，明崇祯十五年（1642）举人，清顺治三年（1646）进士，官巡按两淮御史。

侯国泰：高平人，明崇祯六年（1633）举人，清顺治三年（1646）进士，官宁陵知县。

崔子明：高平人，明崇祯三年（1630）举人，清顺治三年（1646）进士，官户部主事。

王同春：沁水人，明天启七年（1627）举人，清顺治三年（1646）进士，官布政司参议。

韩张：沁水人，明崇祯十五年（1642）举人，清顺治十二年（1655）进士，官桃源知县。

高平状元陈载

陈载，高平人，力学安贫，日诵数千言，金章宗明昌二年（1191）登经义科进士第一，官应奉翰林文字。著有《陈载集》。泽郡同榜登进士者三人：高平李仲立，李曼之子，官河东盐判官；高平王晦，官翰林侍读学士，劝农使；陵川刘俞，官承发司管勾。

《金史》卷十一《章宗本纪三》："承安四年五月壬辰朔，以旱下诏责躬，求直言，避正殿，减膳，审理冤狱，命奏事于泰和殿。戊戌，命有司望祭岳渎祷雨。己亥，应奉翰林文字陈载言四事：其一，边民苦于寇掠；其二，农民困于军须；其三，审决冤滞，一切从宽，苟纵有罪；其四，行省官员例获厚赏，而沿边司县曾不霑及。此亦干和气，致旱灾之所由也。上是之。"

晋城状元李俊民

李俊民（1175—1260），字用章，号鹤鸣，泽州晋城人。金章宗承安五年（1200），登经义科进士第一。《元史》《新元史》俱有传。著有《庄靖集》10卷，选入《四库全书》。

金承安五年庚申四月十二日经义榜进士共三十三人，其中泽郡登进士者三人：李俊民，字用章，年二十五，泽州晋城人；赵楠，字庭干，年二十四，泽州高平人；赵宇，字八定，年二十八，泽州陵川人。

金亡之后，同榜进士三十三人，惟李俊民与高平赵楠二人仅存。一日，二人邂逅于乡邑，哽咽道旧。壬寅岁（1242）五月初吉，赵楠举家移居燕京。癸卯（1243）春，李俊民阅《承安庚申登科记》，感慨忍泪，作《题登科记后》寄赵楠，曰："试将小录问同年，风采依稀堕目前。三十一人今鬼录，与君虽在各华颠。"又曰："君还携幼去幽燕，我向荒山学种田。千里暮鸿行断处，碧云容易作愁天。"

陵川七状元祠

明嘉靖年间，陕西宜君县选贡杨时盛任陵川知县，在陵川县城外东川建七状元祠，祀宋崔有孚、金武明甫、武天佑、武天和、赵安时、赵安荣、李俊民七人，李俊民为泽州人。

> 按：崔有孚、武明甫、武天佑、武天和、赵安时、赵安荣六人之名，未见于《宋史》《金史》及其他典籍。崔有孚《登第》诗，当为明代状元章懋之作误载；光绪《陵川县志》卷三十《丛谭》载武天和七岁所赋《鸟影过寒塘》诗，当为秦略之诗误载；光绪《陵川县志》卷二十八《艺文四》载邑人赵安荣《赵洛道中》诗，亦为秦略之诗误载。

崔有孚：光绪《陵川县志》卷十九《选举》："崔有孚，解元，景祐中状元。"雍正《山西通志》卷六十五《科目》："崔有孚：旧志陵川人，解元，状元。按：《宋选举志》，状元无崔有孚名。"光绪《陵川县志》卷二十一《人物》："崔有孚：七状元之一，从祀乡贤。失传。按：旧志谓《宋史·选举志》无其人，疑其为武科或金元时人。细阅《宋史·选举志》所载科名，皆因条例有变而后载，金元亦然；非历科备载如《明史》某科某人榜也。则有无不足献疑。且邑志有其《登第》诗，非武科明矣。"光绪《陵川县志》卷二十八《艺文四》载邑人崔有孚《登第》诗曰："太平天子御金銮，奎宿光芒午夜寒。汉代文章推董贾，唐家科第属欧韩。龙门浪暖成头角，雁塔风高快羽翰。最是看花年正少，莫将温饱问儒冠。”

按：明代成化二年（1466）状元章懋（字德懋，浙江兰溪人）所著《枫山集》卷四载《登科》诗：“太平天子御金銮，奎宿光芒午夜寒。汉代文章推董贾，唐家科第属欧韩。龙门浪暖成头角，雁塔风高快羽翰。虽是看花年尚少，莫将温饱问儒冠。”章懋此诗与崔有孚之诗有两处不同：一、章诗题目为《登科》，崔诗题目为《登第》。二、章诗第七句的第一字为“虽”，第六字为“尚”；崔诗第七句的第一字为“最”，第六字为“正”。明代曹学佺编《石仓历代诗选》共五百零六卷，其四百零六卷为章懋专辑，选有此诗，与章懋《枫山集》所载字句无异。

武明甫（1131—1211）：字无疑，号太虚，金陵川人。金贞元二年（1154）词赋科状元及第。官至太子太保、户部尚书、太原郡侯，谥文端。

武天佑：字繁祉，号灵承，武明甫之侄。金承安五年（1200）词赋科状元及第。官朝议大夫、翰林院侍讲学士。

武天和：字繁禧，号犹龙，武明甫之侄，武天佑之弟。金泰和年间（1201—1208）状元及第。官朝议大夫，翰林学士。光绪《陵川县志》卷三十《丛谭》：“武学士天和甫七岁，赋《鸟影过寒塘》诗云：‘著眼分明莫作疑，从来形影本同归。不应水底青天上，更有飞禽仰面飞。’先达赵仁庵见而奇之，卜其远到，妻以女。后果庭试第一。”

按：金元好问《中州集》卷七载秦略诗十三首，其中有《鸟影过寒塘》诗曰：“著眼分明莫作疑，从来形影本同归。不应水底青天上，更有飞禽仰面飞。”清代康熙《御选宋金元明四朝诗》之《御选金诗》卷二十二选秦略诗七首，其中选有此诗。康熙《御订全金诗增补中州集》卷三十三载秦略诗十三首，其中亦有此诗。

赵安荣：赵安时之弟，金天眷中状元及第。官朝请大夫、永定军节度使。光绪《陵川县志》卷二十八《艺文四》载邑人赵安荣《赵洛道中》诗曰："柔青初散陇头桑，树落人家布谷忙。一段蓝菁浑着角，叶间犹有几花黄。"

按：金元好问《中州集》卷七载秦略诗十三首，其中有《赵洛道中》诗："柔青初散陇头桑，村落人家布谷忙。一段芜菁浑着角，叶间犹有几花黄。"秦略此诗与赵安荣之诗有两字不同：一、秦诗第二句的第一字为"村"，赵诗第二句的第一字为"树"；二、秦诗第三句的第三字为"芜"，赵诗第三句的第三字为"蓝"。清代康熙《御选宋金元明四朝诗》之《御选金诗》卷二十二选秦略诗七首，其中亦选有此诗。康熙《御订全金诗增补中州集》卷三十三载秦略诗十三首，其中有此诗。康熙《御定佩文斋广群芳谱》卷十一《桑麻谱》引用金秦略"柔青初散陇头桑"一句。

赵安时：字全老，号东冈，赵安荣之兄。金正隆五年（1160）状元及第。金天会中，邑令魏致隆、主簿赵大允迁陵川庙学于城外东南隅，进士赵安时等十二人同修，尚书武明甫有记。

李俊民：字用章，号鹤鸣老人，泽州人。金承安五年（1200）举进士第一。入祀陵川七状元祠，是由于李俊尝避兵陵川之嵩山。

按：元史卷一百五十八《李俊民传》："李俊民，字用章，泽州人。得河南程氏传受之学，金承安中举进士第一，应奉翰林文字。未几，弃官不仕，以所学教授乡里，从之者甚盛，至有不远千里而来者。金源南迁，隐于嵩山，后徙怀州，俄复隐于西山。既而变起仓猝，人服其先知。俊民在河南时，隐士荆先生者，授以邵雍皇极数。时之知数者，无出刘秉忠之右，亦自以为弗及也。世祖在潜藩，以安车召之，延访无虚日。遽乞还山，世祖重违其意，遣中贵人护送之。又尝令张仲一，问以祯祥，及即位，其言皆验。而俊民已死，赐谥庄静先生。"金源南迁之时，李俊民先隐于嵩山，又徙怀州，又隐于西山，都在河南境内。嵩山名为中岳，乃天下名山，非陵川之嵩山无疑。又《庄靖集》卷三《一字百题示商君祥》序曰："余年三十有九，遭甲戌（1214）之变，乙亥秋七月南迈时，侄谦甫主河南福昌簿，迎至西山，侨居厅事之东斋。"李俊民隐于河南，是因其侄李谦甫在河南做官。

雍正《山西通志》卷二十三《山川七·泽州府·陵川县》："状元峰：在东川。双峰峭峙，殊肖青萍。吉祥院碑：宋崔有孚，十五岁乡贡第一，二十五岁状元及第。苏村墓表：金武明甫，贞元中状元及第。明甫犹子武天佑，承安五年（1200）状元及第。天佑弟天和，泰和中状元及第。仕林庄墓表：赵安时，字全老，号东冈，正隆间状元及第，官至中顺大夫、南京路兵马都总管、上骑都尉、天水县开国子，食邑五百户，赐紫金鱼袋。安时弟安荣，状元及第。又，晋宁路李俊民，状元及第，尝避兵邑之嵩山，故建七状元祠于东川。"

雍正《山西通志》卷五十九《古迹三·泽州府·陵川县》："七状元祠：东川旁有山曰状元峰，祠建山下。按：吉祥院碑：宋崔有孚，十五岁乡贡第一，二十五岁状元及第。苏村墓表：金武明甫，贞元中状元及第。明甫犹子武天佑，承安五年（1200）状元及第。天佑弟天和，泰和中状元及第。仕林庄墓表：赵安时，字全老，号东冈。正隆间状元及第，官至中顺大夫、南京路兵马都总管、上骑都尉、天水县开国子，食邑五百户，赐紫金鱼袋。安时弟安荣，状元及第。又，晋宁路李俊民，状元及第，尝避兵邑之嵩山。故建七状元祠于东川。"

李培秀（明陵川人）《赵状元故居》诗曰："千秋闻说状元香，况是元方与季方。走马曾看花是锦，联奎争羡雁成行。青山不改当年色，红杏犹含旧日芳。圣世南宫虚第一，驽骀惭愧未鳌翔。"

姚德亮（清汉川人）《过七状元祠有感》诗曰："事过中原问去因，状元名号七前人。独夸虎榜先多士，并占鳌头利用宾。一邑金元乘际会，百年乡国叹殊伦。闲寻祠庙空山下，若个连茹接凤麟。"

严炳元（清归安人）《双状元峰》诗曰："七子金貂七叶荣，一家更占两魁名。兹峰留得芳馨在，山鸟喧传胪唱声。”

韩彬（清陵川人）《双状元峰》诗曰：“山城匼匝绕崇墉，双乳中撑剑气冲。七子钓鳌三岛外，至今争说状元峰。”

朱樟（清泽州知府）《谒陵川七状元祠》诗曰：“拾第犹堪仰止思，一行栗主奉春祠。儒门五世泽未斩，作者七人文在兹。朝日黄金还射榜，远山青黛已搴旗。何缘得趁扶摇便，翘首鲲鹏奋翅时。”

陵川武氏四凤

陵川金代的武明甫、武俊臣、武天佑、武天和叔侄三状元一进士，号为“四凤”，树“四凤坊”。

武明甫（1131—1211）：字无疑，号太虚，金陵川人。金贞元二年（1154）词赋科状元及第。官至太子太保、户部尚书、太原郡侯，谥文端。

武俊臣：字秉钧，武明甫之弟。金正隆五年（1160）进士，官至正议大夫、礼部侍郎、上轻车都尉。

武天佑：字繁祉，号灵承，武明甫之侄。金承安五年（1200）词赋科状元及第。官朝议大夫、翰林院侍讲学士。

武天和：字繁禧，号犹龙，武明甫之侄，武天佑之弟。金泰和年间（1201—1208）状元及第。官朝议大夫，翰林学士。

武明甫状元及第之时，梦家中梅花盛开，清香袭人。其侄武天佑状元及第之时，梦如前；武天和状元及第之时，梦又如前。捷报传来，武明甫喜而口号曰：“科第蝉联父子间，龙颔谁道取珠艰！年来频献梅花梦，最上一枝谁敢攀？”后来武氏将祠堂命名为梦梅堂。

路王道（明屯留人）《过三状元故里致望庠中诸友》诗曰：“扶舆淑气萃当年，三占鳌头万古传。此日方张罗俊网，应多麟凤继前贤。”

阳城原氏七桂

阳城县河北镇的原氏在明代正统中原杰之后科第相继，原瑢、原宗礼、原宗善、原应宿、原轩、原应卿七人先后中举、中进士，被人称为

“七桂”，树“七桂坊”，比拟燕山窦氏之五桂、河中李氏之四桂。

原杰：明正统六年（1441）辛酉科举人，正统十年（1445）乙丑科进士，官至南京兵部尚书，赠太子少保，谥襄敏。

原瑢：明正统六年（1441）辛酉科举人，官渭南知县。

原宗礼：明景泰七年（1456）丙子科举人，官汝阳知县。

原宗善：原瑢之子，明成化十三年（1477）丁酉科举人，官秦王府长史。

原应宿：原宗礼之子，明成化十九年（1483）癸卯科举人，官松江府通判。

原轩：明弘治十一年（1498）戊午科举人，弘治十五年（1502）壬戌科进士，官至浙江按察使。

原应卿：原宗礼之子，明正德八年（1513）癸酉科举人。

阳城十凤齐鸣——顺治三年丙戌科傅以渐榜

清政权初建，所辖地域不广，全国大多数地区还在坚持抗清斗争。顺治三年（1646），清政府为了笼络士大夫阶层，同时也需要大量的地方官员进入新占领地区，首次举行会试，参试的举人主要来源于满清占领的直隶（河北）、河南、山西、山东四省。山西共考中八十一人，晋城共考中二十九人。其中阳城县张尔素、田六善、杨荣胤、王润身、王兰彰、王克生、卫贞元、段上彩、赵士俊、乔映伍十人中进士，被誉为“十凤齐鸣”。

乔映伍：清顺治二年（1645）乙酉科举人，顺治三年（1646）丙戌科进士，选庶吉士，官左春坊左赞善。

王润身：清顺治二年（1645）乙酉科举人，顺治三年（1646）丙戌科进士，官户部主事。

王兰彰：清顺治二年（1645）乙酉科举人，顺治三年（1646）丙戌科进士，官阳谷知县。

赵士俊：明崇祯三年（1630）庚午科举人，顺治三年（1646）丙戌科进士，官茌平知县。

张尔素：明崇祯九年（1636）丙子科举人，清顺治三年（1646）丙戌科进士，官刑部右侍郎。

王克生：明崇祯十二年（1639）己卯科举人，清顺治三年（1646）丙戌科进士，官寿光知县。

卫贞元：顺治二年（1645）乙酉科举人（顺天中式），顺治三年（1646）丙戌科进士，官江南巡抚。

段上彩：明崇祯十五年（1642）壬午科举人，顺治三年（1646）丙戌科进士，官沭阳知县。

田六善：清顺治二年（1645）乙酉科举人，顺治三年（1646）丙戌科进士，官户部侍郎。

杨荣胤：清顺治二年（1645）乙酉科举人，顺治三年（1646）丙戌科进士，官庆阳知府。

同年，泽州考中进士四人，高平考中进士九人，沁水考中进士四人，陵川考中进士二人。

高平九凤朝阳——顺治三年丙戌科傅以渐榜

清顺治三年(1646）丙戌科，高平县李棠馥、毕振姬、张汧、侯国泰、张彦珩、庞太朴、张流谦、张翮、崔子明九人中进士，被誉为“九凤朝阳”。

李棠馥：明崇祯十二年（1639）己卯科举人，清顺治三年（1646）丙戌科进士，官兵部侍郎。

毕振姬：明崇祯十五年（1642）壬午科举人，清顺治三年（1646）丙戌科进士，官湖广布政使。

张汧：清顺治二年（1645）乙酉科举人，顺治三年（1646）丙戌科进士，官湖广巡抚。

侯国泰：明崇祯六年（1633）癸酉科举人，清顺治三年（1646）丙戌科进士，官宁陵知县。

张彦珩：洛阳籍，清顺治二年（1645）乙酉科举人，顺治三年（1646）丙戌科进士，官湖广布政使。

庞太朴：明崇祯十五年（1642）壬午科举人，清顺治三年（1646）丙戌科进士，官华容知县。

张流谦：清顺治二年（1645）乙酉科举人，顺治三年（1646）丙戌科进士，官衡阳知县。

张翮：明崇祯十五年（1642）壬午科举人，清顺治三年（1646）丙戌科进士，官巡按两淮御史。

崔子明：明崇祯三年（1630）庚午科举人，清顺治三年（1646）丙戌科进士，官户部主事。

皇城陈氏九进士六翰林

皇城陈氏，先后就有陈天祐、陈昌言、陈廷敬、陈元、陈豫朋、陈壮履、陈观颙、陈随贞、陈师俭 9 人中进士，陈廷敬、陈元、陈豫朋、陈壮履、陈随贞、陈师俭 6 人入翰林。清雍正朝文华殿大学士兼吏部尚书田从典曾为陈氏题写楹联：“德积一门九进士，恩荣三世六祠林。”

陈氏家族第五世陈天佑：陈廷敬的高伯祖。明嘉靖十三年（1534）举人，嘉靖二十三年（1544）进士。是陈氏家族的第一位进士，官至陕西按察副使。

陈氏家族第八世陈昌言：陈廷敬的伯父。明崇祯三年（1630）举人，崇祯七年（1634）进士。是陈氏家族的第二位进士，官至江南学政。

陈氏家族第九世陈廷敬：清顺治十四年（1657）举人，顺治十五年（1658）进士，选翰林院庶吉士。是陈氏家族的第三位进士、第一位翰林，官至文渊阁大学士兼吏部尚书。

陈氏家族第九世陈元：陈廷敬伯父陈昌言之子，陈廷敬之堂兄。清顺治八年（1651）举人，顺治十六年（1659）进士，选翰林院庶吉士。是陈氏家族的第四位进士、第二位翰林。

陈氏家族第十世陈豫朋：陈廷敬之次子。康熙二十九年（1690）乡试经魁，康熙三十三年（1694）会试会魁，选翰林院庶吉士。是陈氏家族的第五位进士、第三位翰林。

陈氏家族第十世陈壮履：陈廷敬之三子。康熙三十五年（1696）举人，康熙三十六年（1697）进士，选翰林院清书庶吉士。是陈氏家族的第六位进士、第四位翰林。

陈氏家族第十世陈观颙：陈廷敬六弟陈廷统之子。清康熙三十五年（1696）举人，康熙四十五年（1706）进士。是陈氏家族的第七位进士，官直隶浚县知县。

陈氏家族第十世陈随贞：陈廷敬七弟陈廷弼之子。清康熙三十五年（1696）举人，康熙四十八年（1709）进士，授翰林院清书庶吉士。是陈氏家族的第八位进士、第五位翰林。

陈氏家族第十一世陈师俭：陈廷敬之孙，陈豫朋之子。清雍正元年（1723）举人，雍正五年（1727）进士，选翰林院庶吉士。是陈氏家族的第九位进士、第六位翰林。

雍正五年（1727），文华殿大学士阳城人田从典，为陈氏家族题写楹联："德积一门九进士，恩荣三世六祠林。"

顺治皇帝为陈廷敬改名

陈廷敬在翰林院的庶常馆学习，学业成绩非常好。顺治皇帝经常去庶常馆视察，并且亲自出题考校翰林，陈廷敬因为考试成绩突出，常常受到皇帝的表扬。当时的刑部尚书阳城人白胤谦曰："检讨君弱冠，翱翔玉堂，所肄习之业，往往蒙上赏许。"检讨君是指陈廷敬，因为陈廷敬散馆之后所任官职是检讨。玉堂是指翰林院。上，即指皇上。这句话的意思是说：陈廷敬刚满二十岁，在翰林院学习，所攻读的课业，常常受到皇上的赏识赞许。

陈廷敬的名字本来并不叫陈廷敬，而是叫陈敬。他考秀才，考举人，中进士，以及在庶常馆学习的时候，用的都是陈敬这个名字。但在陈廷敬的同榜进士中另有一位陈敬，是通州人，与陈廷敬同名同姓，也被选入了翰林院，和陈廷敬同在庶常馆学习。为了区别，就把陈廷敬称作泽州陈敬，把另一位陈敬称作通州陈敬。此时，同在庶常馆学习的通州陈敬因满文成绩每每不合格，受到顺治皇帝的处罚。顺治十五年（1658）十二月，顺治皇帝明发上谕，通州陈敬等人被罚俸一年。

陈廷敬因为也叫陈敬，与通州陈敬同名，容易引起混淆，所以他特向皇帝上奏，请求改名。顺治十六年（1659）正月十三日，顺治皇帝发了为陈廷敬改名的上谕："允庶吉士陈敬奏请，更名廷敬，以与直隶通州陈敬同名故也。"（《世祖章皇帝实录》卷一百二十三）顺治皇帝特地在陈敬的名字中加了一个"廷"字，以与通州的陈敬相区别。到了顺治十六年（1659）的十月，通州陈敬、殷观光二人因学清书日久，文义荒疏，殊不称职，被顺治皇帝革退，永不叙用。顺治十八年五月，陈廷敬散馆，授翰林院检讨。

杨世英傲视功名

杨世英，字孟绍，有名诸生，明泽州人。为了让母亲高兴，把先世产业让给弟弟，自己却过着贫苦的生活，却能甘之如饴。泽州知州重其高义，赠以百金，坚辞不受。杨世英才华横溢，被提学使袁继咸（字季通，号临侯，江西宜春人）所器重。明崇祯六年（1633），同学王采和赵嗣美赴京参加甲戌科会试，他赠诗曰："谬得与君三屈指，公然先我两伸眉。"意思是说：我曾与二位并称，屈指可数为三才子，没有想到，你二人竟然两次先于我扬眉吐气。尽管这样，他仍然高傲自若，不屑于功名富贵。当有人劝告他顺应时运而获取荣誉时，曰："大丈夫宁为金玦，勿为瓦合。"意思是说：大丈夫宁愿做有缺口的黄金环，也不做完整的瓦器。他的气韵标格一向如此。

李锡麟厌倦科考

李锡麟为名诸生，屡考不第，直至清嘉庆六年（1801），才以经魁中举，当时他已经五十三岁了。嘉庆七年，赴京参加壬戌科会试，名落孙山而归。嘉庆十年（1805），又去参加乙丑科会试，写《出门》诗曰：“历尽艰辛又出门，素衣总望帝京尘。回头只见妻儿送，始觉功名是为人。”年近花甲的李锡麟，从启蒙读书开始，不知参加了多少次考试，好不容易考中了举人，还要继续奔波在赶考的路上，直可谓是“历尽艰辛”。这次又离乡背井，踏上通往帝京的道路，当他看到来送他登程的妻子儿女，看到妻子儿女眼中饱含着的殷切期望，他忽然觉得，自己已经年老，早已厌倦了这种无休止的考试。他之所以坚持不懈，仍然艰辛地博取功名，其实并不是为了自己，而是为了妻子儿女，为了对家人尽到责任。

杨豫成闱中赋诗

清代陵川杨豫成，道光元年（1821）中举，时二十六岁，也算科场顺利，但后来接连参加会试十次，始终不第。道光十八年（1838），杨豫成九上春闱，写《闱中即事》诗曰：“锣柝传更昼不休，廿年踪迹懒回头。墨磨一寸心俱尽，烛爇三条泪并流。中岁蛾眉羞作妇，几人燕颔定封侯？寄言衡鉴堂中客，司马文园已倦游。”在闱中考试，为了给考生报时，敲锣和打梆的声音，大白天也时时响起。自从嘉庆二十三年（1818）参加乡试以来，已经二十年了。这些年，不停地赴省、赴京参加考试的往事，使人不堪回首。在这里每磨去一寸墨，心血与墨水同时耗尽；每燃去三条蜡烛，眼泪与烛泪一起奔流。人到中年，就好像女子迟迟未嫁，已经羞于作妇；东汉的班超，相士说他“燕颔虎颈”，有封侯之相，后封为定远侯，可是有燕颔之相的人很多，有几个人能够一定封侯呢？文章得不到考官的赏识，功名自然无望。请告诉坐在衡鉴堂中的考官们，司马相如已经厌倦了跋涉奔波，不想再来求取功名了。司马相如是汉代著名的辞赋家，因官孝文园令，故后世称他为司马文园。

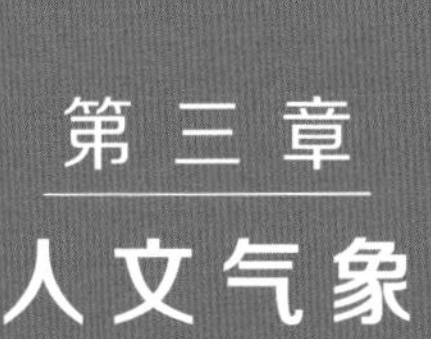

第三章 人文气象

先忧后乐兼济天下的道德坚持

先天下之忧，后天下之乐，家国情怀铸成圣贤气象；为天地立心，为生民立命，道德坚持造就人文精神。老成练达，金代有昭义军节度使李晏；劲节孤忠，元代有国信大使郝经。治河论功，集贤殿大学士贾鲁当推名臣；工部尚书刘东星并称能员。守土有责，明辽东巡按张铨壮怀激烈，清两广总督祁埙鞠躬尽瘁。户部尚书李瀚，有刚方正直之品；兵部尚书侯琎，著平定边陲之功。吏部尚书王国光，堪当改革贤才；佥都御史杨继宗，号称清官第一。户部侍郎张养蒙，敢于直谏君非；南京御史王允成，足见清流风采。户部尚书孙居相，孤胆直臣实可嘉；吏部尚书张慎言，荩臣末路犹堪叹。浙江巡抚张泰交，推诚遇人，公忠清勤；户部侍郎田六善，丹忱谋国，才识宏深。文渊阁大学士陈廷敬，文章宿老，辅弼良臣；文华殿大学士田从典，纯诚厚德，清白宰相。

一、老成谋国

金·昭义军节度使李晏：老成练达

李晏（1123—1197），字致美，高平人。金皇统六年（1146）经义科进士。历官礼部尚书兼翰林学士承旨、沁南军节度使、昭义军节度使。明昌六年（1195），老病回家，诏授他的儿子左司员外郎李仲略为泽州刺史，以便赡养其父。承安二年（1197）去世，年 75 岁，谥文简。

办事明敏　见知世宗

初授岳阳县丞，转任辽阳府推官，任中牟令。时逢海陵王营建汴京，从黄河运送木材，由李晏负责。因要经过三门峡天险，前后失败的人很多，李晏飞报行台，把木材分散投到水中，让工匠在下流取木，非常方便。

金世宗完颜雍原来了解李晏的才名，召为应奉翰林文字，升为翰林直学士，兼太常少卿。召李晏读新进士对策之文，读到“县令阙员，取之何道”，意思是说：县令缺员，用何种方法选取？世宗曰：“朕夙夜思此，未知所出。”意思是说：我早晚考虑这个问题，但还不知该怎么解决。李晏回答，其大意说：“国朝设科取士最初分南北两方选士，北选一百人，南选一百五十人，共计二百五十人。由词赋经义科入仕途的人既多，因此县令不曾缺员。后来改南北通选，只设词赋一科，每科限取六七十人。入仕的人少了，县令缺员就是为此。”世宗认为说得对，诏令以后取人不要限定人数。

提升李晏为吏部侍郎，兼任前职。皇帝下谕旨，其大意说：“你性格果敢，有激昂慷慨奋发之意，因此把这个职位授给你，应加倍审慎，不要做不合情理法度之事。”不久，李晏任中都路推排使，升翰林侍讲学士，兼御史中丞。

恰好有个朝士因病请假，世宗认为他有诈，对李晏曰："卿素刚正，今某诈病，以宰相亲故，畏而不纠欤？"意思是说：你素来刚正，现在某人诡称有病，因是宰相的亲戚，就畏惧不纠察吗？李晏跪下回答，其大意说："我虽年老，平生所依靠的就是诚实与正直。百官因病请假，监察应当审察。我是中丞，对官吏的奸恶隐私应当直言。因病而请假，这是小事，我可能不知道实情，并非惧怕宰相。"退出，世宗目送他，曰："晏年老，气犹未衰。"

体察民瘼　解救多人

当初，锦州龙宫寺，辽国君主拨赐民户让交税给寺庙，时间长了就都成为奴仆，有想申诉的人，被害死在岛中。李晏于是上奏，其大意说："僧人不可杀生，何况是人命！辽把良民作为二重税户，十分无道。现在幸遇圣朝，请求全部释放为良民。"世宗因此获免六百余人。已故同判大睦亲府事默音家，有百姓借债，累积利息不能偿还，于是百姓被沦为奴仆。百姓多次向官府上诉，不能申冤，又自己投书匭函（朝廷接受臣民投书的检举箱）陈述。李晏查证案状，获知实情，上奏免除百姓的债务。

条奏十事　皆关大政

金章宗即位，李晏条划十件事上奏：一是风俗奢侈，应当订立制度；二是禁止游手好闲；三是应当停止铸钱；四是免除上等户管库；五是太平时代应兴礼乐；六是酌量减轻租税；七是降低盐价；八是免除监官赔偿亏欠；九是衙门敷衍政务，请申明长久远图的施政方略；十是法律禁令太密，应当崇尚宽大。李晏的建议皆有关大政，被皇帝采纳。

清·户部左侍郎田六善：丹忱谋国

田六善（1621—1691），字兼三，阳城人。清顺治二年（1645）乙酉科举人，顺治三年（1646）丙戌科进士。由知县、户部主事历官至户部左侍郎。著有《幔坡集》《拾瑶录》。

贤能奉职　清廉劝吏

田六善初授河南太康（今属周口市）知县，当时太康县正当战乱之后，他招来安抚，令民休息。顺治九年（1652），巡抚吴景道推荐他才干与操守兼优，升为户部主事，出监临清关（今河南新乡市东北）税收，又出监凤阳（今属安徽省）仓和临淮关税收。他革除额外的征收和积存的钱财，商人和百姓都认为恰当。累迁至户部郎中。顺治十五年（1658），授江南道监察御史。兵部商议禁止百姓骑马，田六善上疏反对，下廷臣会议讨论，禁令被取消。顺治十六年（1659），田六善上疏，其大意说："要想安抚人民，在于劝勉鼓励官吏做清官。请命令各督抚举荐属下清官，吏部对于各督抚列奏荐举何人，能否监察官吏、安抚人民，作为对督抚考察的条件。有人认为举荐清官，无法处置没有列入清官的人，是其一难；恐怕督抚在举荐清官时依旧受贿徇私，是二难；在征粮、追缉、逃避处分时牵挂，是三难。但我认为，清官果真能得到举荐，作为清官的人见公道尚存，更加坚定自己的操守，是一便；众官未被举荐为清官，自以为惭愧，即努力做清官，是二便；某省有清官几人，以此验证某省的政治修废，是三便；天下官员都知道做官有能力必须先要有操守，政治风气随之大变，是四便；以前督抚都厌恶憎恨清官，认为清官对自己没有好处，现在必然对清官喜爱，是五便。如果能不迷惑于前所说的三难，又能努力造成现在说的五便，那么奉公守法的风气即将兴起，官场的政治风气就不会比前代古人差了。"奏疏下部议，同意施行。朝廷命田六善巡视长芦盐政。顺治十七年（1660），还朝掌江南道事。

留心庶政　关注圣学

康熙元年（1662），田六善请假归里。康熙三年（1664），补贵州道监察御史。清廷用兵频繁，军事开支不足。有人建议士子捐出百金，就可取得生员资格，如同捐国子监学生的先例。廷臣会议已经允许施行，独御史田六善上疏反对，力陈其弊，得到公论的赞许。康熙四年（1665），兵部议裁山西、陕西、河南等处兵额，三营裁一营。田六善上疏，其大意说："遭到裁减的士兵，都经过长期的训练，身负武艺。被裁减之后，没有固定职业，生活困难，无所归附，必然沦为贼盗。请求朝廷命令总督、提督诸臣，考察已经裁减的兵员，如弓马娴熟、膂力精强的，仍旧收归入伍。自此以后，老弱之兵必裁减，逃亡之兵不必补充。这样，渐渐减去的都是年老体弱兵员，不会为非作歹；所招回来的都是强劲士卒，可以发挥作用。"田六善的上疏下兵部会议讨论，命令各营汰去老弱，其年力精壮者仍留充伍。田六善又认为，吏部在往日曾经办理的事情，以后办事时都引以为例，只是根据自己的意图，想如此就引此例，想如彼就引彼例，这样所造成的弊病不可穷尽。所以他上疏，请求命令部以上所裁定及有旨著为例者，汇为一册，敬谨遵守，其余的仍循旧章。皇帝下旨，按田六善的意见办。康熙六年（1667），田六善上疏请求，推举卓异官员，必须以清廉为本。司、道等官，必须注明不派节礼、不索馈送；州、县等官，必注明不派杂差、不重火耗、不亏损行户、不强贷富民。以清廉官吏的有无判定督、抚是否贤明。康熙七年（1668），命田六善巡视京城、通州的仓储，回来后掌都察院山东道事。

康熙十一年（1672），授田六善刑科给事中，正四品。田六善里居待缺之时，读康熙皇帝的谕旨，得知满洲大臣苏克萨哈被鳌拜以仇陷害，杀其子孙，连坐族人白尔赫图，皇帝加恩，给予昭雪。于是田六善上疏说：法律是天下应该共同遵守的。满洲劳苦功高之人，因与执政诸臣意见相反，就接连兴起大狱，恐怕以后有人仿效，互相报复，借端杀人。周礼有八议之法，大罪可以减等，小罪可以赦免。因此，请求皇帝特制昭示，满洲功臣犯罪，只要不是有反叛实迹，一律按法律办理，不准妄议株连。皇帝首肯他的意见，下王公大臣会议，决定听从。田六善还建议皇帝学习，应该先读史，日讲官讲书应经史并进，借鉴古帝王之得失。他上疏，其大意说："史书是古代帝王成功与失败的纪录。君主宽和仁慈，贤明果断，崇尚节俭，采纳谏言，百姓必然安宁，事业必然治理，社会必然兴盛太平。君主苛刻烦琐，因循固执，厌恶闻过，喜欢纵欲，百姓必然得不到安宁，事业必然得不到治理，社会必然衰败混乱。”皇帝下旨听从他的意见。不久，田六善转户科掌印给事中，历光禄寺少卿、通政使司右参政，升迁至右佥都御史。

献策建言　竭智尽忠

康熙十三年（1674），吴三桂叛乱。田六善认为：吴三桂负恩叛逆，处于必然灭亡之势。国家绿营八旗每月军饷，步兵一两多，马兵二两多，甲胄不一定坚强，弓刀不一定精利，但登山涉水，要靠他们作为先驱。他于是上疏，其大意说：“绿营八旗力量虽薄弱，但妥善使用，则能将薄弱变为强大；军心虽然涣散，但妥善收拢，则能将涣散变为团聚。”他指出，军需供给应该充足，劳累闲逸应该均等。只要先登破阵，无分满、汉，奖赏应该公平。疏下部议，鼓励绿营八旗官兵奖赏标准。田六善迁顺天府（今北京市）尹，由于当时国家下发帑金买米，京师米价因此飞涨，人心惶惶。他上疏力请废止下发帑金，米价得到平抑。不久，田六善迁左副都御史。

在削平吴三桂等“三藩”叛乱的过程中，田六善竭智尽忠，屡次上疏，进献剿讨大计。在平叛取得初步胜利的形势下，他指出：督抚必须敦行节俭朴素的作风，谨慎持守端正廉洁的品格，才能肃清官吏的歪风邪气，才能实现人民的正常生活。于是他请求朝廷特颁严旨，令各督抚禁止向百姓摊派，同时复核军饷的数量。官员有剥削百姓情况，立行纠劾，以节省民力，安定众心。同时，他不同意对叛军采取斩尽杀绝的办法，主张擒贼先擒王，待其部属自行归降。他指出：吴三桂的狡猾计谋，想以他占领的一隅之地扼制天下全力，我们则要以天下全力扼制他的一隅之地。只要吴三桂投降或被杀，则四川、广西不必烦劳兵马而自定。田六善诸疏，并下王大臣会议，皆同意施行。

康熙十六年（1677），田六善擢工部右侍郎。十七年，田六善上疏，其大意说："今日的官员到了督抚的级别，权重势大，倘若不是大贤，很少有不骄纵恣肆的。道、府、州、县的官员，巧立名目搜刮勒索，所属百姓就如同卖给了这些地方官。顺治之时，山东巡按程衡弹劾巡抚耿焞，江南巡按秦世祯弹劾巡抚土国宝，皆置以重刑，天下肃然。现在巡按的制度已经停止很久了，建议朝廷不定期派出人员巡视各省，使天下奸恶的官吏不敢凭借督抚而肆无忌惮，即使有不正派的督抚，也不敢包庇贪官而残害百姓。

田六善调户部右侍郎。出视治河工程，转户部左侍郎。他一生许多建议都得到采纳，对清初的安定、统一和治理起到了一定的作用。田六善多次以老病乞罢，皇帝不许。康熙二十年（1681），命致仕。康熙三十年（1691）卒，年 71 岁。

清·文渊阁大学士陈廷敬：升平相国

陈廷敬（1638—1712），字子端，号说岩，晚号午亭，阳城人。清顺治十四年（1657）丁酉科举人，顺治十五年（1658）戊戌科进士。历翰林院掌院学士、经筵讲官、左都御史、吏户刑工四部尚书、文渊阁大学士。谥文贞。著有《午亭文编》《尊闻堂集》。

管理钱法　改革钱币

康熙二十三年（1684），陈廷敬任吏部侍郎，康熙皇帝特命陈廷敬兼管户部钱法。古代的货币主要是金银和制钱。制钱的面值很小，一枚制钱的面值是一文，一千文制钱是一串，也称为一吊，等于一两银子。在康熙前期，国家年年发行制钱，但市场上年年见不到制钱，没有这种小面值的制钱，商品流通就比较困难，因而引起了市场混乱，这种现象长期得不到解决。

陈廷敬管理户部钱法之后，首先进行了深入的调查研究，终于发现了问题症结所在。原来，顺治十年（1653）朝廷发行的制钱是一文重一钱二分五厘，顺治十七年（1660）发行的制钱一文重一钱四分，这样的制钱比较重，一两银子等于一千文制钱，一千文制钱共重八斤十二两。换句话说，就是一两银子等于八斤十二两铜，而在市场上用银子直接买铜，一两银子只可买铜七斤，相差一斤十二两左右。所以，不法之徒就将制钱销毁，变成铜来卖，从中获取高额利润。这样，国家无论发行多少制钱都不够这些奸人销毁，所以市场上见不到制钱，流通极其不便。

针对这种情况，陈廷敬主张把制钱改重为轻。制钱改重为轻之后，销毁制钱所得铜少了，没有了利润，自然就无人销毁制钱了。但是一些大臣不同意，认为只有废轻而改重，不能舍重而从轻。陈廷敬上疏康熙皇帝，曰："臣窃思国家之法，本以便民，苟有利于民，即于国无利，犹当行之，况行之利于国而亦利于民乎！"意思是说：我想国家的政策本来就是为了人民方便。如果对人民有利，即使对国家没利，这样的政策也应该施行。况现在改革钱币，既有利于国，又有利于民，何乐而不为呢?！陈廷敬还认为，产铜铅的地方，由于地方官收税，滋生出种种弊端，小民无利，不行开采，只有收税之名，而无开采之实。此后应停止收税，任民开采，则铜日益增多，而钱价自然得平。

经过九卿会议讨论，康熙皇帝采纳了陈廷敬提出的建议，将一文制钱改铸为一钱重，产铜地方停止收税，任民开采，钱价终于得到了平抑。

陈廷敬在康熙二十三年（1684）九月升任左都御史后，至康熙二十五年（1686）四月前，仍兼管钱法。他发现全国各地榷关（征收关税的机构）的包揽办铜人员，借口要给管理钱法的衙门送钱才能办事，向榷关的监督诱骗钱财。各关的监督只图办事顺利，不惜钱财供给包揽办铜人员。如此上下相蒙，牢不可破，其欺骗索取的实情难以究诘。因此陈廷敬撰写《钱法堂榷关监督札》（札即公文），下发全国所有榷关，声明：本院本部自受事之日，即与科院监督当堂言誓，绝不私取钱局关差铜钱一文、银一分。他要求，所有榷关如有派公差到京者，必须当日赴宝泉局衙门，逐一诘问有无包揽办铜人员骗索钱财的情弊；没有派公差回京者，本公文到达之日，各榷关必须具文申说有无包揽办铜人员骗索钱财的情弊，务必从实汇报。今后包揽办铜人员，仍不悔改，欺索关差，本院本部决不宽宥。陈廷敬在整顿钱法的过程中，弊绝风清，言行如一，不仅态度严谨、措施适当，而且以自己的廉洁作风影响了身边和下级的官员。

严格保举　整饬吏治

清康熙二十四年（1685），陈廷敬针对当时吏治日益腐败的情况，向皇帝上疏，提出整肃吏治。在地方官员中，知府、知州、知县管理民事，与人民直接打交道，叫作亲民之官。陈廷敬认为，亲民之官，其职责特别重要，对亲民之官的选用必须十分严格。

当时因国家财政拮据，朝廷无可奈何，实行了捐官制度，就是个人给国家财政捐钱，而由朝廷根据所捐钱数量分配官职，实际就是明码标价卖官。陈廷敬考虑这些捐来的官良莠不齐，有的甚至不识一字。他说，自古以来，以儒经作为吏治的根本，必须首先学习儒学经典，然后才能做官治民。自从实行了捐纳制度，无法再做这样的要求，但捐纳的官员，也必须大略通晓文义，才能委以亲民的重任。自古以来，未有不通晓文义而为民父母官的。现在捐纳的官员，未曾经过考试，吏部就直接委任为亲民之官，是否能通晓文义不得而知。因此，陈廷敬提出两条建议：其一，凡是捐纳的官员，必须经过考试，才可以选用；考试不合格，令其继续学习，听其再试。其二，考试之时，不必再考经义，因为非其素习。应该考有实用价值的时务策一道、判一道。时务策是指对当前时务提出看法和对策的文章，判是指处理某件事情所做出的决定。陈廷敬要求，考试时要严加防察，不得代请传递，徒应虚名。陈廷敬这一主张显然有利于清朝地方官吏制度的完善。康熙皇帝采纳了陈廷敬的建议，并且要求，凡是亲民之官，不分捐纳与不捐纳，有不识字义的，总督、巡抚都必须实心考察，令其休致。

陈廷敬又上《请严督抚之责成疏》，指出：总督、巡抚之职责在察吏安民。并且对督抚考察知府、知州、知县等亲民之官定了四条标准：第一，无加派，就是征收赋税时不另外加征。第二，无火耗，就是征收赋税时不征损耗。第三，无黩货于词讼，就是在审理案件时不贪赃。第四，无朘（juān）削富民，就是不剥削富裕的百姓。如果官吏的行为符合这四条标准，方可称为廉能之吏；如果做不到这四条，必然是贪官。

康熙皇帝崇尚德政，注重教化民俗，曾颁布《圣谕十六条》，分别为：敦孝悌、笃宗族、和乡党、重农桑、尚节俭、隆学校、黜异端、讲法律、明礼让、务本业、训子弟、息诬告、诫匿逃、完钱粮、联保甲、解仇忿。陈廷敬要求知府、知州、知县等亲民之官在一心养民的同时，还要一心教民，实行奉行上谕，每月聚众讲解乡规、乡约，使民迁善远过。

陈廷敬建议：考察总督、巡抚，以洁己教吏、一心养民教民为称职，否则罢黜治罪。总督、巡抚保举推荐府、州、县官，须加两个条件：其一，本官无加派，无火耗，无黩货，无朘削。其二，本官实行奉行上谕，每月聚众讲解乡规、乡约。如果保举推荐的情况不实，请将保举推荐的总督、巡抚、司道以及所保荐的官员严加处分。朝廷经吏部议复，完全采纳了陈廷敬的建议，并规定："嗣后督抚保举荐举府、州、县官员，将此二条添注册内，如保举不实，别经发觉者，督抚各降二级调用，申详之司道府等官各降三级调用。"

惩治贪污　倡导廉洁

康熙中期平定三藩之后，社会逐渐趋于稳定，经济也逐渐恢复。但政治腐败却显得相当突出，成为亟待解决的一个重要问题。陈廷敬对于这些政治弊端深恶痛绝，并为铲除这些弊端做了不懈的努力。

陈廷敬向康熙皇帝上《劝廉祛弊请敕详议定制疏》，强调指出："贪廉者，治理之大关；奢俭者，贪廉之根柢。欲教以廉，当先使俭。"意思是说，贪污还是廉洁，是治理国家的关键；奢侈还是俭朴，是决定贪廉的基础。要使官员廉洁，应当先让他们形成俭朴的作风。陈廷敬认为形成贪污风气的原因，首先是官员生活奢侈，互相攀比。因而他又批评一些官员，出门随从数十以至百人，衣服车马非常豪华，耀武扬威，震惊道路。这些官员在生活上挥金如土，把钱财当作泥沙，毫不珍惜，一开始是不节俭，接着便是不清廉，最容易形成贪得无厌的作风。他请求朝廷对官员的衣冠、车马、器用、婚丧之礼都要有严格的限制，不得过侈，逐渐养成节俭之风。康熙帝接到陈廷敬的奏疏，降旨："近见习俗奢靡，嗣后必须时加申斥，务期反朴还淳，恪循法制，以副朕敦本务实、崇尚节俭之意。"

陈廷敬分析官吏不廉洁的重要原因，不尽在于本人，而在于国家的高级官员。陈廷敬在《请严督抚之责成疏》中深刻指出："上官廉，则吏自不敢为贪；上官不廉，则吏虽欲为廉而不可得。"这里的上官，指的是总督、巡抚，即省级以上的高级官员。他认为总督、巡抚这些高官如果清廉，那么知府以下的这些亲民之官自然就不敢贪污；如果总督、巡抚这些高官不清廉，那么知府以下的亲民之官想清廉也不行。一语中的，揭示出政治腐败的根本所在。他还说，作为总督、巡抚，只有对利益不动心，保持一身正气，才能监督管理下级官吏。下级官吏只有不曲意逢迎上级官员，然后才能全心全意办理百姓的事。总督、巡抚在国家清廉政治的建设中，有着至关重要的作用。所以，当前最重要的事情，在于总督、巡抚得到合适的人选。

陈廷敬不仅极力提倡清廉政治，并且对惩治贪官污吏不遗余力。都察院是监察机关，掌管朝廷法纪，凡职官邪正、政事得失，均可弹劾、建言。都察院的最高长官是左都御史。陈廷敬任左都御史时，作风操守清正严肃，神色凛然不可侵犯。当时的人说，见到陈公笑，比见到黄河变清还难。

当时的云南巡抚王继文，字在燕，汉军镶黄旗人，是云南省的最高军政长官。在平定吴三桂叛乱的战争中，国家为了减轻百姓负担，发动官员和富户捐纳粮草，供给军队使用。战争结束以后，尚存米五十一万石有余，存草一千二百万束有余。军队凯旋，需要供应粮草，本来应该在存余的粮草中支放，但王继文不用现成的粮草，反而动用库银二万五六千两，买米一万石，每石用银二两二钱至二两八钱不等；又动用库银四十四万两，买草一千七百万束，每束用银三分。陈廷敬提出疑问：存有现成粮草，不用来供应军需，反而动用库银另行采买，是何道理？等到军队凯旋之后，王继文又用所存粮草支付本省官俸及驿递马匹，米一石只扣银一两二钱，草一束只扣银一分。陈廷敬又提出疑问：前此采买粮草，米一石用银二两二钱至二两八钱，草一束用银三分；今米一石只扣银一两二钱，草一束只扣银一分。价钱相差如同天壤，又是何道理？

陈廷敬以王继文前此采买粮草的价格计算，所存米五十一万石有余，值银一百二十九万两有余；所存草一千二百万束有余，值银三十四万两有余，共计一百六十万两有余。而王继文用所存粮草支付官俸和驿递马匹，所扣银共七十万两有余。两相比较，相差竟达九十余万两。

于是，陈廷敬上疏参劾云南巡抚王继文。他说，军队凯旋还京之日，若果真有现存粮草，断然不会另行采买。必定是先将捐纳粮草折银入己，无从供应军队，故采买粮草以应一时之急，其侵吞入己之弊显然可见。至于军队凯旋之后，捐纳所存粮草又无从销账，所以含糊支付本省官俸和驿递马匹。王继文为什么要这样做呢？是因为军队的供应紧急，而本省的开支可以迟缓；军队的供应不可假借，而本省的开支可以通融。就在军队供应和本省开支这一挪移之间，王继文就侵吞饷银达九十余万两。退一步说，即使王继文没有侵吞入己，但他身为封疆大吏，在国家兴兵之际，不思报国，反而亏损军饷近百万两，也应承担渎职不忠之罪。所以陈廷敬奏请皇帝下令户部，检查王继文前后报部文册和报销价值，迅速做出处分。

陈廷敬的奏疏上达之后，户部要求王继文将捐纳粮草仍照采买价格解送，否则从重严加议处。康熙皇帝曰："王继文既已欺诳，且不回奏，欲借此事蒙眬完结耳。前捐助人得便宜，今销算时图自己便宜，此岂封疆大吏所为？"结果王继文立刻被罢官候审。陈廷敬重拳出击惩治贪官，朝野震惊，大小贪官一时敛手，都怕自己的名字挂入陈廷敬的奏章之中。

关注民生　缓解民困

康熙二十四年（1685），陈廷敬发现当时地方遇到灾害，报灾、复核程序烦琐，往往一拖就是一年半载，百姓长时间得不到救济，不能及时解除困苦。因此，他上《请议水旱疏》，建议简化程序，加速赈灾进程。陈廷敬向康熙皇帝举了一个例子，山东省济宁、海丰、沾化三县遭受水灾，从上报朝廷到朝廷采取救济措施，中间需要经过三道程序。第一道程序，山东巡抚上报，户部答复，命令派人前去调查。第二道程序，山东把调查情况及应该蠲（juān）免钱粮造册再次上报，户部又答复，令分别说明地亩与受灾情况。第三道程序，山东巡抚再上报说明受灾情况真实，无虚报现象，然后由户部审核之后正式批准，减免钱粮。陈廷敬认为如此反复行文，费时八个月，较远的省份费时一年有余，对于灾民而言，嗷嗷待哺，远水不救近火。

但国家办事要遵循长期以来形成的旧例，康熙皇帝曰："国家诸务，特有成例。苟无成例，何所遵循！"可见康熙帝对循例办事的原则多么重视。陈廷敬为了让灾民尽快得到实惠，竟然上疏皇帝，强烈要求简化程序，并且提出了和康熙皇帝指示相反的说法："勿循旧例为便。"

陈廷敬直言破除旧例，需要有一定的政治勇气。他的建言最终被皇帝采纳，命令以后巡抚题报受灾情形，直接分析高下具题，户部复核无误，即准其蠲免。这样把以前申报灾情的三道程序变成了一道程序，大大提高了办事的效率。由此可见，陈廷敬在处理政事或向皇帝提建议的时候，常常把人民的利益放在第一位，把民生疾苦作为改革弊政的依据。

便民利民，是陈廷敬为政思想的基础，而康熙皇帝也是一位重视民生的皇帝。康熙二十六年（1687），陈廷敬出任户部尚书。因为黄河下游泥沙淤积，致黄河水泛滥，每年都要挑浚河道里的泥沙，使河水流入故道，方能解除水患。这就需要雇用民夫挑浚泥沙，但由于国库空虚，户部所拨的经费不足。朝廷于三月二十六日召开九卿会议商量对策，决定让总督、巡抚每年筹集银三十万两增添工价。筹集的办法，无非是向民间百姓加派，或向各地盐商派征。陈廷敬立即站出来，曰："用兵之时，皇上轸（zhěn）念小民，犹不加征。今议派民，实属不合。"意思是说，国家在用兵打仗的时候，需要大量的军费开支，皇上还怜悯忧念百姓，尚且不向百姓加派征收数额。现在讨论向民间加派，实在是于理不合。可见陈廷敬时时处处站在爱民利民的立场上说话。

康熙三十三年（1694）十二月，陈廷敬再次出任户部尚书后，积极配合康熙皇帝推行对百姓的蠲免赈济政策。康熙二十九年（1690）至三十六年（1697），因蒙古准噶尔部噶尔丹叛乱，清廷多次出兵对其讨伐并取得胜利。由于连年战争加重了人民负担，康熙皇帝于三十八年(1699）南巡，视察黄河灾情和百姓生活。在此期间，康熙皇帝多次下旨蠲免山东、河南、安徽、江苏、浙江各省许多地区的钱粮，赈济受灾百姓。作为户部尚书的陈廷敬，每接到康熙皇帝的上谕，都主动、切实地去落实。同时他还撰写了乐府体《南巡歌十二章》，对康熙皇帝这种爱民利民的精神进行了热情的称赞和颂扬。

陈廷敬在大臣中是一个正直敢言的官员，他的主张讲求实际，具体可行。李元度《国朝先正事略》曰："公所陈，切中时弊，棘棘不苟同。"意思是说：陈廷敬的政治主张，都能切中当时的弊政，他刚直不阿，不附和，不苟同，见解独到。陈廷敬的为政思想和主张，对于康熙皇帝整顿吏治等一系列大政方针的制定，都发挥了显著的作用。陈廷敬作为康熙皇帝的股肱大臣，备受康熙皇帝的信任和倚重，因而，陈廷敬以自己的全部精力，为康熙皇帝开创康乾盛世作出了巨大的贡献。

清·文华殿大学士田从典：清白宰相

田从典（1651—1728），字克五，号峣山，阳城人。清康熙二十三年（1684）甲子科亚元，康熙二十七年（1688）戊辰科进士。历官至文华殿大学士兼吏部尚书，谥文端。著有《峣山集》。

牛刀初试　惠民兴学

康熙三十四年（1695），田从典初授广东英德知县，一下车就写文章立誓："若为囊橐之计而倾一人之家，任喜怒之私而戕一人之命，则大庾岭上将同颓石齐倾，始兴江头直与流波俱逝。"意思是说：如果我因为聚敛钱财而倾轧一人之家庭，因为喜怒私意而残害一人之性命，那么我在大庾岭上，即将同崩颓的岩石一齐倾落；我在始兴江头，直接与奔流的水波一并消逝。

英德县土地贫瘠，连亘四五百里，赋簿混乱，不可稽考。有权有势之人托辞逃避赋税，但贫穷弱势之人无法逃避陋规，田赋在一两之上又加至八九钱，名谓"均平"。田从典亲自清理田亩，检核厘正赋税簿籍，去除额外增加的火耗，尽革诸多无名的苛捐杂税，澄清了农民的负担，使农民的困苦大为减轻。然后，他鼓励百姓交纳国家征收的赋税，百姓心有所感，皆自觉如数交纳，无须督促。田从典在任八年，判决案件明察敏捷，惩治故意挑动是非、挑唆兴讼的刀笔文人，至是小吏不敢为非作歹。

英德民风质朴，但教育偏于落后，读书人稀少。田从典勘察英德县的学宫，岁久倾塌，便自捐俸禄重新修建，又在明伦堂后度地规划，建启圣祠五楹。为了培育人才，他在明伦堂之西，筑书舍二十余间，命名为近圣书斋。田从典考虑书斋为造就士子之地，养廉无资，则难以长久，又用银一百二十九两买田五十余亩，又收废书院田一百六十余亩，作为供养近圣书斋的费用。他订立《近圣书斋学规八约》，聘请文行兼优的名师任教，英德民始知向学。田从典教育士子，以节行为先，以文艺为后，不单纯是为了求取科名。他在近圣书斋中建立祠堂，供奉宋代的唐介、郑侠、洪浩三贤。此三贤皆卓然立朝，又皆迁谪于英德，其忠义的节操可以作为后人学习的榜样，士子怀贤慕义，砥节励行，士风因此而大振。英德的士子，百余年来很少有人考取举人。自田从典兴学之后，连年竟考中举人八九人之多。

康熙四十二年（1703），田从典政绩卓著，经推荐保举调入京师任职。离任时，英德县民攀车挽留，依依不舍，追送直至越过大庾岭方止。入祀广州名宦祠。

上疏建言　革除弊政

康熙四十三年（1704），田从典升云南道监察御史。八月，上疏力陈地方官员频繁请调和抚督官员滥调的弊病，其大意说："总督巡抚不按照成例，请调州官、县官，有的是秉公办事而调动，也有的是曲从私情而调动。州官、县官请求调动，其弊有三：一是希图优美丰肥之职，二是回避要冲繁重之地，三是预设卓异举荐之地。总督巡抚滥调州、县官，其弊亦有三：一是曲从私相嘱托，二是得到丰厚贿赂，三是任用私交心腹之人。名义上说是为了整顿地方吏治，选拔有德行才能的人，实际是巧妙开辟徇私舞弊的捷径。此类事情屡经败露，有骇听闻。"他列举了已经败露的例子：原任安徽巡抚李鈵，请调知县钱启鳌一案，桐城县本属"繁"而指为"简"，休宁县本属"简"而指为"繁"；山西大宁知县许晋，先图谋调夏县，接着又图谋调介休，贿赂银竟至一万数千两之多；历城知县管承宠、南昌知县王廷对，由"简"调"繁"之后，皆因贪婪而造成库银亏空。像这种谋求调动而成功的官员，或者在前任时的钱粮没有完成，或者对上司酬谢的银两尚且不足。如此之人，虽然想不侵吞库银，想不剥削民财，又如何能做得到？因此，田从典请求皇帝下诏，以后除江南、浙江等七省中钱粮难征之一百一十余县，及边远烟瘴地，仍按照旧例调补以外，其他地方一概不准随意滥调。疏下部议，严定滥行奏调处分。

康熙四十四年（1705）十一月，田从典又上疏，其大意说："京官考选六科给事中与都察院十三道御史，令六部和都察院的堂官保送，但保送的标准并不统一，或者平日早有交结，或者临时为之营谋，恐怕都在所难免。这样，因为顾徇私情而包庇袒护，容易造成六部和都察院的弊端，没有言官能够出面揭发。”因此，田从典请求皇帝下诏告诫吏部，以后考选科道官员时，凡是从正途进入的部属，及自知县升任的中书、行人、评事、博士等官员，与翰林一体论俸开列名单，听候考选。疏下九卿议，京官考选照各项次序开列，废止了由六部和都察院的堂官保送的旧例。

十二月，田从典巡视西城，打击豪强，清除宿弊。视察通州仓储，租寺庙而居，庙祝不收钱，则不入内。其洁己奉公，为人所称赞。

廉洁奉公　实心尽职

康熙四十九年（1710）四月，授田从典通政使司右参议，五十年（1711）四月转左参议。十月，迁右通政。十二月，转左通政。五十一年（1712）三月，迁光禄寺卿。四月，迁都察院左副都御史兼管光禄寺。六月，田从典上疏言，光禄寺内有买办人营私舞弊，亏损户部经费四十一万余，奏请限年带销。并将自康熙四十四年以来扣交的寺臣，下都察院议处，分别给以降级和罚俸的处分。田从典在都察院任职期间，加意进行整顿，使都察院的风气严肃谨慎。他并且说，都察院的御史与其他部门的属员不同，务必心存大体，以振作言官的作风。

康熙五十二年（1713）五月，田从典擢兵部右侍郎，仍令兼管光禄寺。田从典管光禄寺前后共八年，他办事从容，不操之过急，但抑制奸吏，清除宿弊，一丝一毫不轻易放过，账目收支明晰，比对验算而毫无漏洞，清廉勤政克己奉公的声名一时鹊起。其时，兵部正议论武职官员罢任之后，即当回归原籍。田从典认为不可，说武官驻守时间不长的可以命其回归原籍；若驻守时间长久的，子孙在其地生长，老人在其地埋葬，婚姻在其地结亲，应该任由其加入本地户籍。田从典独持一议，但朝廷最后还是同意了他的意见。田从典在兵部七年，国防军政事务都一一得到恢复和完善。

康熙五十八年（1719），田从典晋升为左都御史，掌都察院事。时两江总督常鼐入奏：颍州知州王承勋首告安徽布政使年希尧、凤阳知府蒋国正贪污。康熙皇帝派遣田从典同副都御史屠沂奉旨查办。田从典经过认真调查，回都向皇帝奏明：凤阳知府蒋国正以自己应赔付的所属亏空解银三千七百余两，混入朝廷恩免民欠钱粮之内，应斩首；安徽布政使年希尧失察，应革职。结果蒋国正坐斩，年希尧夺官。自此，田从典清忠鲠亮、实心尽职的作风，朝野内外无人不知。

康熙五十九年（1720）十月，田从典继江苏武进赵申乔之后，任户部尚书。赵申乔清廉而严肃苛刻，田从典则济以宽平，而且政事有条不紊。他谨慎规划财政开支，严厉革除出纳的陋规，奉公洁己，一如既往。李绂评价田从典曰："清介而不为崭巖之行，耄而好学，不自满假，心休休有容，故能以功名终。"意思是说：田从典品德清白，方正耿直，但不作高峻严厉的行为，年老而好学，不自满自大，胸怀宽宏大量，所以能以功业名声终老。康熙六十年（1721），田从典充辛丑科会试正考官，识拔了不少人才，号称得人最盛。

清谨公方　老成练达

雍正元年（1723）九月，田从典调吏部尚书，仍兼管捐纳军需事。十一月，田从典充癸卯科武会试正考官。雍正二年（1724）二月，田从典充顺天乡试正考官。其《顺天乡试录序》曰："诸生非孔孟之言不肯习，非程朱之说不敢从。发为文章，应有司之程式，粹然皆正谊明道之论，信能不负所言，则忠孝大节皆在于斯。"六月，晋协理大学士。九月，雍正皇帝上谕嘉奖田从典与礼部尚书张伯行，两年以来，办理清正。下部议叙，各加二级。

雍正三年（1725）四月，授田从典文华殿大学士，兼吏部尚书。雍正皇帝赐田从典"清谨公方"四大字，并御制诗《赠大学士田从典》曰："百工允敕重朝端，职握枢机未易殚。出纳望同天北斗，清芬品拟省中兰。分曹政治调元气，补衮心悬效寸丹。日昃共期劳庶绩，履声长听下金銮。”雍正四年（1726）为首相。田从典辅佐皇帝远大的谋划，宣扬皇帝宏伟的政令，昼夜操劳公事，勤勉而不懈怠。凡是商议国家决策、规划和重大事务，他和悦而从容不迫，侃侃而谈，从未有所畏惧和忌讳，更没有包庇回护和委曲求全的言行。《清史稿》评价田从典：“以端谨奉职，古所谓大人长者，殆近之矣。”

雍正六年（1728）三月，田从典请求退休，雍正帝下旨称：“老成练达，端方公直，恪慎恭谨。”允其所请，加封太子太师，以原官致仕，赐宴于居第。田从典入辞，皇帝赐给御书匾联：“元衡介福”“德重纯诚，嘉猷资辅弼；礼崇惠养，眉寿备恩荣。”

田从典生平光明坦荡，无声援，无凭借，无崖岸，无城府，仅以朴诚处世，深受康熙、雍正二帝的知遇和群公大臣的敬信。田氏族子监察御史田嘉谷尝问田从典：“公荷圣主倚注，而同列胥敬信，奚道致之？”曰：“朴诚而已。”又问驾驭下属官吏。曰：“任之而尽其才，有小过则宽之，此励下之道也。”

田从典从政三十多年，性甘俭约，食不兼味，家无厚产，门无杂宾，号称清白宰相。归装无资，赖赐金优厚，始得成行。四月登程，行未一宿，到良乡驿馆，遽卒。年 78 岁。

二、匡政济时

元·集贤殿大学士贾鲁：治河名臣

贾鲁（1297—1353），字友恒，元高平人。年幼时有志向节操，长大后谋略过人。元延祐、至治年间，两度以明经考中乡贡，历官至集贤殿大学士。

上疏万言　针砭时弊

泰定初年，授贾鲁东平路儒学教授，改任潞城县尹，选为丞相东曹吏员，升太医院都事。恰逢下诏撰写辽、金、宋三史，召贾鲁任《宋史》局官。史书修成，选用贾鲁为燕南山东道奉使宣抚幕官，考核政绩第一，升任中书省检校官。上书奏曰："十八河仓近岁沦没官粮百三十万斛，其弊由富民兼并，贫民流亡。宜令先正经界，然事体重大，非处置尽善，不可轻发。"意思是说：十八所河仓，近年来损失官粮一百三十万斛，这一弊端是由于富民兼并土地，贫民流亡失所，应该首先勘定田亩的分界，然而此事情重大，如果没有规划完善，不能轻易进行。上疏长达数万言，切实指明此事的弊端。不久，任命贾鲁为监察御史，他首先上言，说御史奏事，应该直达皇帝，不应先由御史台长官决定可否然后才奏闻。贾鲁升任御史台都事，调任山北廉访副使，又召任工部郎中。

考察河患　制定方略

元至正四年（1344），黄河在白茅堤决口，又在金堤决口，沿河州县的百姓房屋被淹没，壮年都流徙他乡。元顺帝派遣使臣前往体察，并督责大臣访求治理黄河的方略，特地命令贾鲁代行都水监。贾鲁沿着黄河河道考察地形，往返数千里，掌握了黄河为患的关键所在，绘成地图并献上两种方案：其一，建议修筑黄河北岸堤防，以控制河水横向破堤而出，则所用工时较省；其二，建议疏浚和堵塞同时进行，引导河水向东而行，使之恢复故道，这样功效会增加几倍。贾鲁调任右司郎中，又调任都漕运使。后来，黄河水向北淹没安山，侵入运河，水势漫延到济南、河间，即将淹毁两漕运司盐场，确实妨碍国家的大计。

至正九年（1349），太傅、右丞相脱脱重新任丞相，讨论黄河决口，考虑如何挽救百姓的艰难，于是召集朝廷官员会议。贾鲁倡议，必须要治理黄河。再次将以前的两种方案提出，丞相采取后一方案，与贾鲁商议确定，并且将治河之事交付贾鲁。奏闻，很符合皇帝的心意。

治理黄河　大功告成

元至正十一年（1351）四月，皇帝下诏，任命贾鲁为工部尚书、总治河防使，官秩晋为二品，授予银印，掌管河南、河北各路军队百姓，征发汴梁、大名等十三路百姓十五万，驻守庐州等地十八翼军士二万，一切在职大小军民官员，全部遵从贾鲁节制，开工治理黄河。当月聚集河工，七月黄河故道凿成，八月将河水放入故道，九月舟船通航，十一月各堤坝筑成，水土工程完毕，黄河归复故道。元顺帝召贾鲁回京，贾鲁进献《河平图》。破格授予贾鲁荣禄大夫、集贤殿大学士，敕令翰林承旨欧阳玄撰写《河平碑》文，详载贾鲁治河的功绩。

贾鲁科学地总结了历代治河的丰富经验，创造了我国水利史上有名的“石船堤”。贾鲁治河取得的成就，受到当时和后世人们的高度评价。人们为了纪念他，山东、河南有两条河流均被命名为“贾鲁河”。

明·兵部尚书侯琎：功著边陲

侯琎（1398—1450），字廷玉，泽州人。少年时慷慨有志气。明永乐十二年（1414）甲午科举人，宣德二年（1427）丁未科进士，历官至兵部尚书。

调解疆界　不辱使命

侯琎初授行人。川、广、滇交界的少数民族土司，因争地盘相互残杀，朝廷诏令侯琎及同官章聪去开导劝解他们，结果划定了各自疆界，成功平息了争端。侯琎随兵部侍郎章敞出使交趾（今越南），关门低矮，前导人弯腰而入。侯琎叱责曰：“此狗窦耳，奈何辱天使！”意思是说：这是狗洞，为何要侮辱天朝派来的使者？交趾人为他们毁坏关门，方才进入，捍卫了朝廷尊严。等到回朝时，馈赠的物品侯琎一概不接受，升为兵部主事。

征讨云南　平定边陲

正统初年，侯琎跟从兵部尚书柴车等人出征铁门关，抵御阿台有功，晋升为郎中。正统三年（1438），云南麓川宣慰使思任发反叛，侯琎跟从兵部尚书王骥率军进剿麓川，到金齿。王骥自率大军攻击思任发，而派侯琎增援大侯州。敌众三万到来，侯琎督率都指挥马让、卢钺击退敌人。然后由高黎贡山兼程夜行，会合大军，捣毁其巢穴。麓川平定，授侯琎礼部右侍郎，参赞云南军务，诏令与杨宁二年替换一次。王骥第二次征讨麓川，侯琎因功升礼部左侍郎。正统九年（1444），侯琎与杨宁更替还京。服母丧，起复原官，不久调任兵部。十一年（1446），又代替杨宁镇守云南。叛军思机发流窜到孟养，王骥第三次南征。侯琎与都督张軏分兵进抵金沙江，在鬼哭山击破敌军。皇帝下诏书褒奖。

因劳致疾　死而后已

景泰元年（1450）初，贵州苗人韦同烈叛乱，围困新添、平越、清平、兴隆诸卫。皇帝诏令侯琎总督贵州军务，负责征讨。当时副总兵田礼已经解除新添、平越之围，侯琎于是派兵击败都卢、水西诸贼，贵州道路才被打通。侯琎又调云南兵，由乌撒会师，打通毕节诸路，传檄令普安土兵增援安南卫，而自己率军队攻打紫塘、弥勒等十几个敌军营寨。恰巧叛军再次围困平越，侯琎回军击退了他们。于是分别巡视七盘坡、羊肠河、杨老堡，解清平围，东至重安江，与王骥会师，兴隆至镇远的道路都被打通。捷报传到朝廷，晋升侯琎为兵部尚书。侯琎进军攻克赏改苗，擒获其首领王阿同等三十四人。另一支叛军首领阿赵伪称赵王，率众掠夺清平，侯琎又去征讨，并擒获阿赵。水西苗阿忽等六族都乞求归顺，诏令侯琎依情形处置。

八月，侯琎因劳累在普定去世，终年五十三。皇帝赐祭葬，荫其子侯爵为锦衣卫世袭千户。

明·吏部尚书王国光：改革贤才

王国光（1512—1594），字汝观，号疏庵，阳城人。明嘉靖二十二年（1543）癸卯科举人，嘉靖二十三年（1544）甲辰科进士。历官至吏部尚书，加太子太保。

整顿部务 查核边饷

王国光初授吴江、仪封知县，升为兵部主事。调吏部，历任文选郎中。积功升任户部右侍郎，总督仓场。因病辞归。隆庆四年（1570），起用为刑部左侍郎，拜为南京刑部尚书。尚未上任，调户部尚书，第二次总督仓场。万历皇帝即位，调回掌管部务。当时簿册公文繁杂，从州县到部，有抄写、输送、交纳各种程序，于公于私都不方便。王国光上奏建议裁减合并，去掉烦琐环节十分之三四，朝廷内外都称赞简单方便。户部十三司，从弘治以来，由于官署狭小，只有郎中一个人办事，员外郎、主事只是任命官职那天去一次就行了。郎中力量不够，就交托给胥吏，致使弊端日益增多。王国光命令部吏全部到官署办公，纪律得到整顿。边防经费匮乏，而各边疆防地每年的支出以及屯田、盐税的收入，都没法查核。王国光建议朝廷，命令各边防大臣自行核实，并且订出开支预算，报告朝廷。甘肃巡抚廖逢节等，各分条报上边饷的收支数目，浪费和贪污得到遏制，边饷耗费的开支明显减少。

改革财政 订立制度

万历元年（1573），王国光上奏曰："国初，天下州县存留夏税秋粮可一千二百万石。其时议主宽大，岁用外，计赢银百万有余。使有司岁征无缺，则州县积贮自丰，水旱盗贼不能为灾患。今一遘兵荒，辄留京储，发内帑。由有司视存留甚缓，苟事催科则谓扰民，弊遂至此。请行天下抚按官，督所司具报出入存留逋负之数，臣部得通融会计，以其余济边。有司催征不力者，悉以新令从事。"意思是说：建国初年，全国各州县存留的夏税秋粮大约一千二百万石。当时意见主张宽大，每年开支外，剩余银子一百万多两。如果官吏每年征收没有缺额，州县的积贮自然丰裕，水旱盗贼不能成为灾害。如今一遇上兵荒，就截留京城的储粮，发放内库的资财。由于官吏察看存留十分缓慢，假如催索赋税就认为扰乱百姓，弊病竟到了这种地步。建议传令国内抚按官，督促主管的官吏详细报告收支、存留、逃欠的数额，户部可以通盘进行财务合计，将那盈余的钱财济助边防。官吏催征赋税不尽力的，全部按新命令处置。皇帝批准了他的意见。

京城军队在通州支取粮食的，等候十分艰难。王国光建议派部郎一人主管这件事，称为坐粮厅。送进公文检验后就发放军粮，没有超过三天的，各军感到方便。国内钱财粮食分散隶属户部各司管理，王国光建议归并专责办理：京城附近府州县归福建司，南京附近府州县归四川司，盐课归山东司，关税归贵州司，淮、徐、临、德各仓归云南司，御马、象房以及二十四马房草料归广西司。由此成为固定的制度。

万历三年（1575），考察京官，王国光被南京给事、御史弹劾。他两次上疏乞求免职，皇帝特意挽留他。第二年又坚持请求，皇帝下诏，令乘坐驿车回乡。临行，将所辑条例名为《万历会计录》呈上。皇帝称赞他留心国家大计，命令户部订正。到书完成时，皇帝下诏褒奖。

多所建白　皆关国计

万历五年（1577）冬天，吏部尚书张瀚罢职，起用王国光代替张瀚。王国光上奏陈述“采实政”“禁投谒”“别繁简”“议调处”“恤卑官”“停加纳”“责有司”“禁捕官”等八条有关国家大计的建议，均被采纳。不久，根据考核成绩，加太子太保衔。万历八年（1580），正值考察地方官吏，建议不要限定日期。诏令许可，同时命令因案件牵连而受处罚的官员，听凭王国光辨正昭雪。

王国光富有才智。任户、吏二尚书时，正值内阁大学士张居正主持朝政的十年之间，成为张居正实行改革的得力助手，提出许多合理建议。同时，他也受到张居正的牵制。万历九年（1581），考核京城朝廷中的官吏，王国光屈从了张居正的意见，将吴中行等五人列入考察不合格的名册，使声名顿减。给事中商尚忠论列王国光选拔人才对亲近的人讲私情，而给事中张世则被外放为河南佥事，恨王国光，弹劾他卖官贪财。王国光两次上奏申辩，皇帝两次安慰挽留，责罚张世则怀私怨，贬谪为仪真县丞。张居正死去后，反对派御史杨寅秋弹劾王国光六条罪，皇帝于是发怒，削去王国光的官职。不久，皇帝想到他的功劳，命令恢复官职退休。

明·工部尚书刘东星：治河能臣

刘东星（1538—1601），字子明，号晋川，沁水人。明嘉靖四十年（1561）辛酉科乡试第三，隆庆二年（1568）戊辰科进士，选庶吉士，官至工部尚书。

得罪相国　贬谪左迁

隆庆四年（1570），授兵科给事中。转礼部左侍郎。当时新郑高拱为相国，小人依附，政多失平。刘东星将联络同官露章弹劾，有人泄露。高拱恐惧，因而奏请皇帝裁减言官，借机贬刘东星为蒲城(今属陕西渭南市)县丞。久之，升任卢氏（今属河南三门峡市）知县。

万历元年（1573），召刘东星为刑部主事，有死刑案件，不当其罪，刘东星力辩其冤，刑部尚书认为案件有证据。刘东星曰：“虽有左验，情实未明，亦何据而当之死？”刑部尚书竟判决将其凌迟。后来案情大白，尚书及其他审案的郎官皆遭皇帝问责而罢官，东星的名声亦因此鹊起。

请发漕米　赈济灾民

万历五年（1577）出为河南佥事，七年转陕西参议。历浙江提学副使、山东参政及按察使、湖广右布政使。二十年（1592），擢为右佥都御史，巡抚保定。当时日本侵略朝鲜，明朝出兵讨伐，集重兵于天津，而天津、静海、沧州、河间皆遭灾。东星外画东征军备，内理地方荒政，上奏章向皇帝陈述灾情，免除灾民的赋税差役，请发漕米十万石平粜，民乃得济。二十一年（1593），召为左副都御史，不久晋为吏部右侍郎。丁父忧，归籍守制。

治理黄河　事半功倍

万历二十六年（1598），黄河于单县（今属山东菏泽市）黄堌决口，运道阻塞，起刘东星为工部左侍郎兼右佥都御史，总理治河与漕运。起初，工部尚书潘季驯计划开通黄河上流，顺着商丘、虞城而下，经过丁家口，出徐州小浮桥，即是元代贾鲁疏浚的故道。朝廷认为耗资甚巨，未能施行。刘东星巡行河堤，实地考察，开浚由曲里铺至三仙台、抵小浮桥四十里的赵渠，又疏浚自徐州、邳县至宿州的漕渠，五个月即竣工，仅用银十万两。皇帝下诏嘉奖，晋刘东星为工部尚书兼右副都御史。

万历二十七年（1599），开通邵伯、界首二湖之渠。二十八年（1600），奉命开浚泇河。泇河接界滕峄之间，南面通淮河大海，开掘漕河很方便。先前总督翁大立首先建议开浚，后来尚书朱衡、都御史傅希挚又进言这件事。朝廷多次派遣官员进行视察，最终没有订出计划。河臣舒应龙曾经开凿韩庄，工程也中途停止了。刘东星坚持负起这项工程的责任。起初商议需费一百二十万两，由于刘东星精心计划，力任其役，等到开工，仅用七万两，即已成渠十分之三。工未成，刘东星积劳成疾，请求辞职，皇帝屡次下诏书安慰挽留。万历二十九年（1601）九月，刘东星卒于任所，享年六十四岁。刘东星生性俭朴节约，做官三十年，布衣粗食如一日。天启初年谥庄靖。

清·两广总督祁埙：鞠躬尽瘁

祁埙（1778—1844），字竹轩，一字寄庵，高平人。清乾隆六十年（1795）乙卯科举人，嘉庆元年（1796）丙辰科进士。由刑部主事历官至刑部尚书、两广总督。谥恭恪。

建功广西　疏陈六策

祁埙初授刑部主事，迁员外郎，提督广西学政，任满回京补原官。嘉庆十三年（1808）会审宗室敏学案查究不实，被革职。次年因嘉庆帝万寿加恩以七品仍留刑部。历主事、员外郎、郎中，参加纂修《刑部则例》。道光四年（1824），任河南粮盐道，升浙江按察使、贵州布政使。道光九年（1829），调刑部右侍郎，寻授广西巡抚。

道光十二年（1832），湖南、广东瑶民起事，祁埙遣兵防富川、恭城、贺县，追击瑶民，于芳林渡斩杀一千四百人，擒获八百余人，以功加太子少保。祁埙向朝廷疏陈善后六策：一是重官守以资治理，二是选瑶目以定赏罚，三是禁游棍以安生业，四是勤访察以知情伪，五是收火器以严禁令，六是兴义塾以化气质。他建议对瑶民采取安抚怀柔的方针，都被朝廷采纳。

巡抚广东　改铸炮台

道光十三年（1833），调广东巡抚。因为广东肇庆所属地方大水冲坏农田围基，奏请借用库银修筑。次年又因高要县之景福、丰乐、清远县之石角、三水县之榕塞、南海县之乌茶布等围，每遇西北两江盛涨溃决，不仅百姓田庐淹设，省城西关亦俱在浸漫之中，近海之地沙土浮松。上年虽筹钱补修，但非经久之计，必须将各围基础加砌条石，使之巩固。于是祁埙劝令地方绅商捐等经费，不足部分由藩库借给，都得到朝廷的许可。

道光十四年（1834）九月，祁埙以广东巡抚兼代理两广总督。祁埙认为虎门是军事管钥要地，奏请增改炮台，补铸大炮。大角、沙角的炮台在大海之中，东西对峙，中隔海面数千丈，炮火不能得力，只可作为信炮和望台。镇远炮台和横档炮台南北斜峙，南山炮台在镇远之东，三座炮台形如“品”字，中间水面仅三百余丈，射程交叉联络，威力甚大。大虎炮台海面虽然宽阔，但常有暗沙，提督关天培已在沙上立桩，并用旧船载石压沉，即使在水涨时，轮船也只能在桩外航行，完全在大虎炮台的控制之内。十一月，炮台改建大炮补铸竣工，各炮台完固坚整，控制远近，气象雄壮。此项工程中，东莞县知县李绳先，虽为代理，但承修有劳，请朝廷给予奖励。都司黄廷彪，不能督率经理，新铸炮位在验放时炸裂，请朝廷革去顶戴，并令赔造。

总督两广　积极备战

道光十八年（1838），朝廷授祁埙为刑部尚书，赐紫禁城骑马。道光二十年（1840）正月，皇帝谕曰：“祁埙执法精详，奉公敬慎，交部议叙。”

道光二十一年（1841），英军在广东虎门滋扰，靖逆将军奕山督师广东，命祁埙前往督办粮饷，旋授两广总督。因虎门一役，官兵临阵退避，导致提督关天培在镇远炮台阵亡，皇帝命严惩临阵退避将领。祁埙因查处不力，皇帝震怒，交部议处。部议祁埙革职，命从宽留任。

道光皇帝屡次下旨，命收复香港，不得任英军侵占。祁埙认为，欲收复香港，必先修筑虎门炮台。虎门内外原设各炮台均系依山临海。上横档之东西两面，原设横档、永安两座炮台；其东北对面，原设镇远、静远、威远三座炮台；其西对岸，原设巩固一座炮台；其后大虎山，原设大虎一座炮台；其东南逼近大海，原设大角、沙角两座炮台及新涌、蕉门两座炮台；下横档设泥土一座炮台。共计十二座炮台。其中新涌、蕉门两座炮台，地居小海口，在过去建筑之时，自属天然形胜。但于此时看来，地势较低，英船高过炮台，难以制胜，仅足以防海盗。况且炮台形如扉面，炮口多在正面，若英船从侧面攻击，则难以抵御。针对这些情况，祁埙认为，英人利在火器，御敌之法自当用其所长。于是改建炮台，或因旧基培加高厚，或增建以资策应，或合两台为一台，或地势未宜而移建。并绘制图形，上报朝廷。皇帝谕曰："所办尚属周密，惟防守兵弁无多。其傍山麓者设遇有警，如何为后路接应，以防抄袭；其孤悬海中之台，尤不可无策应之兵，倘遇有警，如何一呼即至，既可保护炮台，并可出奇制胜。当悉心妥议，为有备无患。"

屯田筹饷　创办团练

祁埙针对皇帝提出的要求上奏，其大意说："虎门炮台既经修复，增兵防守必须增饷，莫如仿古屯田之法，以本地之田养本地之民，即以耕屯之民为御侮之兵。"他上年会勘虎门，见虎门附近及大角、沙角等处多有淤沙，可就势围筑成田，令当地农民耕种。总计可以围筑沙田一百六十余顷，每个男丁授田六七亩，队长相对增加，可得屯兵两千人。并号召农民在虎门附近沙滩开垦种田，将田赋改为屯务杂费及屯兵器械等费用。这样一旦遇警，前路声援，后路策应，自可一呼即至。祁𡎴认为，严守关隘是进行防御的良策。

因英军的侵略，沿海各乡先后自行创建了升平社学、升平公所、东平社学、东平公所、石冈书院等，绅士黄培芳、余廷槐等合南海、番禺诸乡立七社，捐资组织团练，有事则听从官方调遣，万人一呼而集。祁𡎴看到民众的爱国热情，深信民心可用，编练水陆义勇三万六千余名，并各乡丁壮，分成团练。祁𡎴曰："粤东民俗虽悍，然谈及忠义，多知奋发。诚得官长倡率于上，绅士劝谕于下，则连乡皆指臂之形，野人获干城之选，民心坚定，国势自张。前三元里民合歼夷目一事，即其信而有征。"对三元里民众抗英斗争给予了高度肯定和赞扬。

祁𡎴在担任两广总督的三年期间，已经年逾花甲。道光二十三年（1843）冬天，祁𡎴患吐血之症，他向朝廷请求病休，准假两个月。道光二十四年（1844）二月，由于他的病情更加严重，朝廷允许他休致，但是未及返乡，于五月二十八日病逝于广州，年六十七。

三、公忠奉职

元·国信大使郝经：孤忠劲节

郝经（1223—1275），字伯常，陵川人。十二岁，金朝亡后，移居顺天。后以翰林侍读学士充任国信使，奉诏使宋，被奸相贾似道拘于真州达十六年。郝经为人崇尚气节，研究学问务求实用。著有《续后汉书》《陵川集》《春秋外传》《周易外传》《太极演》《原古录》《通鉴书法》《玉衡贞观》等。

进言劝主　修德布惠

宪宗二年（1252），忽必烈以皇弟身份在金莲川建立王府，招徕四方谋略之士，郝经分条上奏数十件事，忽必烈非常高兴，便把他留在王府。这时，蒙古军队正在与南宋交战，宪宗进入四川，命令忽必烈统率东路军，郝经跟随忽必烈到达濮州。此时恰巧有人获得宋朝的奏议，献给忽必烈，奏议中有谨慎边防、扼守要冲等七条建议。忽必烈于是将这份奏议下达给各位将领讨论。郝经曰："古之一天下者，以德不以力。彼今未有败亡之衅，我乃空国而出，诸侯窥伺于内，小民凋弊于外。经见其危，未见其利也。王不如修德布惠，敦族简贤，绥怀远人，控制诸道，结盟饬备，以待西师，上应天心，下系人望，顺时而动，宋不足图也。"意思是说：古代统一天下的人，依靠的是仁德，不是依靠武力。宋朝现在还没有败亡的迹象，我则倾国而出，诸侯在内部窥伺时机，老百姓在外面奔波劳苦。我看到了征讨宋朝的危险，没有看见这种举动的好处。大王不如修德政、布恩惠，督促、勉励族人，选拔贤能的人，安抚关怀远方的人，控制住各道，缔结盟约，整顿战备，以等待西路军。上符合天帝的意志，下顺应人民的心愿，待机而动，宋朝不难攻取。忽必烈任命杨惟中为江淮荆湖南北等路宣抚使，郝经为宣抚副使，率领归德地区的军队，先来到长江边，宣扬、传布朝廷的恩德和信誉，收留投降和归附的人。杨惟中想私自撤回汴梁，郝经曰："我与公同受命南征，不闻受命还汴也。"意思是说：我和您一起受命南征，没有听到返回汴梁的命令。"杨惟中很生气，不听郝经的话。郝经便率领部下，旌旗招展，向南挺进，杨惟中害怕，向郝经道歉，于是和郝经一起前进。

审时度势　建议班师

忽必烈会合各路军队渡江，围困鄂州，听闻宪宗皇帝死于合州的消息，便召集各位将领商议，郝经又进言，其大意说："我国内空虚，都在窥伺皇位，想借机染指。一旦有机会，就会挑起战端，先我而行动，腹背受敌，大事去矣。虽然大王深孚众望，并且手握重兵，难道不知道金世宗和海陵王的先例吗？如果他们果断，称已经接受了先皇帝的遗诏，确定了皇帝的名分，于中原发布号令，于长江发布赦旨，我军再想北回还能够吗?”于是郝经建议，其大意说:“断然回师，赶快决定大计，消除祸患于未萌。可先命令精锐部队把守长江，与宋朝议和，答应让他们割让淮南、汉上、梓夔两路，划定边界，以及每年进贡的钱币数量。权且放弃辎重，带领轻骑北上，渡过淮河，骑乘驿马，直奔燕都，好似从天而降，那些人的阴谋诡计和僭越之志就冰消瓦解了。派遣军队迎接蒙哥汗的灵车，收取皇帝的印玺。派遣使者召旭烈、阿里不哥、摩哥以及各位王公驸马，一同到和林办理丧事。选派官员到汴京、京兆、成都、西凉、东平、西京、北京，抚慰安辑，让真金太子镇守燕都，以表明权力地位。这样皇位有了归属，国家可安。”

这时正好南宋守将贾似道也派人来讲和，忽必烈便率领蒙古军北回了。

出使宋朝　羁困真州

第二年，世祖忽必烈继承皇位，任命郝经为翰林侍读学士，佩带金虎符，担任国信使出使宋朝，通告世祖继承皇位，并且与宋朝订立停战协议，仍然命令沿边驻守的诸位将领不得掠夺百姓。郝经入宫辞别皇帝，皇帝赏赐他葡萄酒，下诏曰:“朕初即位，庶事草创，卿当远行，凡可辅朕者亟以闻。”意思是说:“我刚刚即位，许多事情草创，卿将要远行，凡是可以辅助我的，尽快报告给我。”郝经上奏需酌情处理的十六件事，都是施政的大要。

当时，郝经名气很大，平章王文统忌恨他。郝经出发之后，王文统暗中指使李坛秘密出兵侵犯宋朝，想假手于宋，加害郝经。郝经到了济南，李坛写信给他，让他不要再前进。郝经将李坛的信报告朝廷之后继续前进。宋朝在淮安打败了李坛的军队。

郝经到达宿州，请示进入宋朝的日期，而宋朝宰相贾似道正以击退敌人为自己的功劳，怕郝经到达宋朝朝廷，其阴谋败露，竟安排郝经居住真州驿馆。郝经上表宋朝皇帝，其大意说:“我本来想以鲁仲连的道义，为宋排难解纷，岂知有唐俭之徒，缓兵误国。”又多次上书宋朝皇帝及宰相，极力陈述交战与讲和的利害关系，并且请求入见宋朝皇帝或回国，但都没有回音。

驿馆的守吏在驿馆周围筑起栅栏，锁上大门，日夜巡逻，想以此震动郝经，郝经不屈服。郝经待部下素来很严，又长时间被拘禁，部下很多人不满。郝经曰：“向受命不进，我之罪也。一入宋境，死生进退，听其在彼，我终不能屈身辱命。汝等不幸，宜忍以待之。我观宋祚，将不久矣。”意思是说：如果以前接到命令不南下，是我的过错。一旦进入宋境，死生去留，都掌握在别人手里，我无论如何，不能屈身辱命。你们遭受不幸，应该忍耐等待。我看宋朝的国运，将不会长久了。

郝经在真州居住十六年，元朝丞相伯颜奉皇帝之令讨伐宋朝，质问拘留元朝使者的罪过。宋朝只好以礼送郝经返回。贾似道的阴谋败露，被流放而死。郝经在返回的途中患病，皇帝命令枢密院的官员以及太医和贴身的侍从去迎接慰劳。第二年夏天，到达京城，皇帝赐宴迎接。七月，郝经去世，享年五十三岁，谥文忠。

郝经回国之年，汴梁有人在金明池射雁，获得雁脚系帛书，诗曰：“霜落风高恣所如，归期回首是春初。上林天子援弓缴，穷海累臣有帛书。”后面还写着：“至元五年九月一日放雁，获者勿杀，国信大使郝经书写于真州忠勇军营新馆。”可见其孤忠劲节。

明·佥都御史杨继宗：第一清官

杨继宗，字承芳，阳城人。明景泰元年（1450）庚午科举人，天顺元年（1457）丁丑科进士，官至佥都御史。弘治元年（1488）卒，谥贞肃。成化年初，宪宗皇帝刻天下清官之名于便殿柱上，杨继宗名列第一。时人有诗曰：“天下谁人能执中，三原王恕秉心公；浙江陈选堪连并，更有山西杨继宗。”意思是说：普天之下何人能够诚实地执守中道？是陕西三原王恕不偏不倚持心大公；浙江临海的陈选可以和他比肩并列，更加超凡卓异的是山西阳城杨继宗。

善理刑狱 优礼教官

杨继宗初官刑部主事，又善于辨明疑案。当时囚犯多发瘟疫而死，他每去视察监狱，都要求按时给囚犯供给饮食，命令三天梳洗一次，保全了很多囚犯的性命。河间擒获盗贼，派遣张文、郭礼送往京城，途中盗贼逃跑。张文谓郭礼曰："吾二人并当死。汝母老，鲜兄弟，以我代盗，庶全汝母子命。"意思是说：我俩都当判死刑。你母亲老了，又无兄弟，让我代替盗贼，但愿能保全你们母子的性命。"郭礼哭着道谢，听从了他的话。张文假扮犯人，被郭礼押到刑部。杨继宗看后，觉察他不是盗贼，最终分辨清楚，并救出了他们。

成化初年，杨继宗被提升为嘉兴（今浙江嘉兴市）知府。他只带一个仆人，官署冷清得如同旅舍。杨继宗性格刚毅，廉洁而又孤傲，没人敢侵犯他。而他常常召集父老询问疾苦，帮他们解决困难。大力兴办社学，聘请良师执教。规定满八岁的儿童不上学，处罚其父亲兄长。以宾客之礼对待教官，见面必茶话多时，曰："吾为郡之父母，诸君乃教吾子弟者，义同宾主，岂可与属吏班哉？"意思是说：我是一郡百姓的父母官，诸位是教我子弟的师长，和我就如宾客和主人的关系，怎么能与下属官吏等同呢？于是，学官师儒都互相勉励，嘉兴的文教得到全面振兴。

一身正气 凛然难犯

御史孔儒巡查军民情况，极为残暴，里长多被鞭笞致死。杨继宗贴出告示，曰："御史杖人至死者，诣府报名。"意思是说：御史如果打人导致死亡的，请到府衙报告姓名。孔儒发怒，杨继宗进去参见，曰："为治有体。公但剔奸弊，劝惩官吏。若比户稽核，则有司事，非宪体也。"意思是说：治理应当有体制。您只需剔除奸邪弊政，劝戒惩治官吏。若挨家挨户稽察核实，则是主管官吏的职责，并非御史的事务。孔儒无言对答，但怀恨在心，将要出发，突然闯入杨继宗官署，打开箱子检查，不过破衣几件而已，孔儒羞惭离去。

当时宦官多横行，太监秦品经过嘉兴府，杨继宗赠给他们菱藕、芡实、历书。秦品不接受，索要金银玉帛，杨继宗就发文取出府库里的金银，曰：“金具在，与我印券。”意思是说：府库的金银全部在此，请给我签字盖章吧。”秦品惊愕，不敢接受。

海水为患，为了加固堤坝，每年要花费三千金。杨继宗只用一千金，砌石贯铁，坚固经久而不坏。

土豪张绅父子劫夺桐乡（今浙江省桐乡市）解送绫绢，当判死罪。上官张敩受贿，想给张绅父子开脱，杨继宗不许。张敩诘问杨继宗，说此案既无失主，又无原告，如何定案？杨继宗曰：“朝廷乃是失主，知府便是原告。”张敩语塞，只好作罢。

杨继宗心地善良敦厚，极力推崇风范节操，约束自己，谨守礼义。担任知府，拜见上官必穿彩衣绣服，朝见君主、拜谒吏部也是如此。有人劝他，拜谒长官穿便服为好，他笑曰：“此朝廷法服也。此而不服，将安用之？”意思是说：这是朝廷法定的官员服饰，在此时如果不穿，将在什么时候才能用得着？杨继宗入朝觐见，大太监汪直想让杨继宗来拜见自己，杨继宗不同意。宪宗皇帝问汪直，来朝觐的官员中谁最廉洁，汪直答曰：“天下不爱钱者，惟杨继宗一人耳。”

不私一钱　天下闻名

杨继宗嘉兴知府九年期满，破格提升为浙江按察使。在浙江按察使期间，杨继宗多次与宦官张庆相违逆。张庆之兄张敏是司礼太监，在皇帝面前诋毁杨继宗。皇帝曰：“得非不私一钱之杨继宗乎？”张敏感到惊恐，赶忙写信给张庆，说皇上了解杨继宗，要张庆好好对待。

有仓官十多人，因库中粮食亏空而犯罪，以致卖子女来偿还。杨继宗想要宽恕他们，而没有理由。一天，仓官送来一月的禄米，杨继宗命令称量，则超过规定的数量。比较其他官员，也是这样。他知道库粮亏空，是长期以来官员多领了禄米，便要把实情上报朝廷。众官恐惧，向杨继宗请求，愿意捐献俸禄补偿粮库亏空。因此，仓官十多人免罪获释。

杨继宗曾监考乡试，得到两份试卷，他便穿上朝服拜两拜，说："此二人将夺魁于天下，我为朝廷得到人才而庆贺。"等到拆开试卷，是王华和李旻，后来二人果然相继考中状元。人们佩服他的鉴别能力。

洗刷官署　清除污秽

杨继宗得知母亲去世，马上出发，把官署中的器物一一交代给主管官吏，只带着一个仆从和几卷书离去。服丧期满，以右佥都御史身份巡抚顺天。京郊内很多有权有势人家的庄园，有侵夺百姓田产的，杨继宗就夺回来还给百姓。他巡察到边塞，军备得到整顿。杨继宗应诏陈述意见，他一一指出宦官和文武大臣贪婪残暴的情状，并且请求皇帝召回外出镇守的宦官。因此，杨继宗遭到权贵的嫉恨。有人借故攻击，权贵也趁机中伤，于是杨继宗被贬为云南副使。

明孝宗即位，杨继宗升为湖广按察使。到任以后，命令打水百余斛，洗刷官署的厅堂，然后就职办事，说是以此来除去官署厅堂的污秽。不久，又以佥都御史身份巡抚云南。云南都指挥司、布政司、按察司的官员多是原来的同事，相见甚欢。杨继宗离座行礼曰："明日有公事，诸君幸相谅。"意思是说：我明天要办理公事，请各位能够原谅。次日，杨继宗弹劾罢免不称职的官员八人。

明·辽东巡按张铨：壮怀激烈

张铨（1575—1621），字宇衡，沁水人。状貌魁梧，丰颐美髯，双目如电，喜好读书。明万历二十五年（1597）丁酉科举人，万历三十二年（1604）甲辰科进士。著有《张忠烈公文集》《皇明国史纪闻》《春秋补传》。

筹边远略　飞马进言

张铨初授官保定推官，提升为御史，巡视陕西茶马。因为服丧回家，后被起用巡按江西。当时辽东总兵官张承荫战败身亡，而经略杨镐正提议四路出兵。张铨身在江西，远离京师，得此消息，飞马上奏，其大意说："敌方山川的高险平易，我方不能全部了解，孤军深入，能保证不被抄后路而被截断吗？再说骑兵冲锋野战，是敌方所长、我方所短。以短击长，以疲劳赴安逸，以进攻的一方对抗守御的一方，并不是好的办法。先前胪朐河之战，五位将领不得生还，怎么能再轻易出关塞呢？今日之计，不必向四方征兵，只需要就近征调招募军队，屯集在要害地点，以加强边界的防守。应优抚北关的人民，让他们树敌于外，多派间谍离间敌人的党羽，然后窥伺时机采取行动。如果现在就增加赋税，选拔壮丁，骚扰天下，只恐怕有识之士的忧患不在辽东了而在内地了。"于是他请求发放国库的钱币，补任大官，原宥直言者，给太子讲经史，先加强自治的根本。他又建议，其大意说："李如柏、杜松和刘綎作为宿将，一同出兵，最好责成杨镐统领监督，以使行动统一协调。唐代九个节度使的相州之败，可以作前车之鉴。"他又进言，其大意说："朝廷官员商议要抚恤张承荫，而张承荫不知道敌人的诱兵之计，轻易冒进，自取失败，这是没有谋略；他的部队突然遭遇敌人，行列错乱，这是没有军法；他率领多达一万余人的部队，而不能死战，这是没有勇气。臣以为不宜抚恤他。"张铨又陈说杨镐不是大帅之才，而竭力推荐熊廷弼。可以看出，张铨非常有战略远见。

注重国本　力谏增赋

辽东战事起，军饷急剧上升，户部请求动用内廷积存，万历皇帝吝啬钱财，不同意。户部无法，只得建议增加老百姓的赋税，万历皇帝很快就批准了。万历四十八年（1620）夏，张铨上疏曰："自军兴以来，所司创议加赋，亩增银三厘，未几至七厘，又未几至九厘。辟之一身，辽东肩背也，天下腹心也。肩背有患，犹藉腹心之血脉滋灌；若腹心先溃，危亡可立待。竭天下以救辽，辽未必安，而天下已危。今宜联人心以固根本，岂可朘削无已，驱之使乱？且陛下内廷积金如山，以有用之物置无用之地，与瓦砾粪土何异？乃发帑之请，叫阍不应，加派之议，朝奏夕可。臣殊不得其解。”意思是说：自从辽东兴兵打仗以来，有关官员提议加重赋税，每亩增收三厘银子，不久增加到七厘，又不久增加到九厘。拿身体来作比喻，辽东是肩背，天下是腹部和心脏。肩背有了毛病，还要借腹部心脏的血脉来滋养。假使腹心先溃烂了，生命的危亡就在眼前。榨干了天下的钱财来救辽东，辽东未必安定，而天下已接近危亡。现在我们宜联结人心，从而加固根本，岂能剥削而不停止，驱赶天下人作乱呢？再说，陛下宫廷里积金如山，把有用的东西放在无所使用的地方，这些金玉与瓦砾粪土有什么区别？而开仓发钱的请求，叩叫宫门而不应，加收赋税的建议，早晨上奏而晚上批准。臣实在难以理解。张铨的奏疏正说中了问题的关键，但是不被朝廷采纳。张铨所说的道理，皆有关军国安危之大计，但万历皇帝与执掌大权的重臣始终不能明白。

巡按辽东　从容殉国

天启帝即位，张铨受命巡按辽东。有人认为此行危险，劝他请辞。张铨曰：“辽左失陷，朝野震惊，士大夫不能为君国分忧，而私留骏马，预遣妻孥先去，以为民望，何怪边关将士望风鼠窜哉？”意思是说：辽东地方被敌攻陷，朝野上下都非常震惊，作为士大夫，不能为君主国家分忧，反而私自留下骏马，时刻准备返乡，并预先安排妻子儿女先离开。若以此为民之榜样，就不必责怪边关的将士未遇敌人而闻风鼠窜了。张铨不听劝告，兼道奔向前线。天启元年（1621）三月，沈阳沦陷，张铨请求派辽东巡抚薛国用率领河西兵驻守海州，蓟辽总督文球率领山海关的军队驻扎广宁，以加强声势。可是他的奏疏刚送出去，辽阳已经被后金军包围，明军大溃败。经略袁应泰对张铨说：我身为经略，应当以身殉国。你是巡按，没有守城的责任，请迅速离去，退保河西，以图谋后举为善。张铨曰：“吾世受国恩，岂有城破身存之理？我一腔热血，欲洒此地久矣！”不从命，与袁应泰分城固守。张铨守西门，登城巡视三昼夜。薄暮时分，城被攻破，张铨身穿巡按的官服下城，随从簇拥至小南门，请他换上便服，他不同意。进入衙署，原明将李某已降后金，进来向张铨叩头，然后强令张铨上马前行，并劝张铨投降。张铨不愿听，自投身于地，头面受伤。张铨见后金的元帅站立于庭，左右兵丁按他下拜。张铨曰："我豸绣宪臣，岂肯屈膝？"意思是说：我是朝廷任命的巡按御史，身穿绣有獬豸图案的官服，是掌管法纪的大臣，岂肯随便屈膝下跪？并且戟指大骂。后金元帅大怒，把张铨摔出门外，又呼回，抚慰再三，张铨始终不屈。后金元帅用刀威胁，他伸着脖子向刀口上撞。后金元帅知道其志坚贞，不可强夺，令二人强扶上马，送还衙署中暂禁。进入署门，张铨整理衣冠，遥向京城宫阙八拜，又遥向家乡父母四拜，然后从容自缢，其时三月二十二日。

明廷追赠张铨大理卿，又赠兵部尚书，谥忠烈，都邑建祠，赐额"昭忠"。

明·吏部尚书张慎言：荩臣末路

张慎言（1577—1645），字金铭，号藐山，又号藐姑山人，阳城人。明万历三十四年（1606）丙午科举人，万历三十八年（1610）庚戌科进士。以知县历官至南明吏部尚书。

抗论三案　建言屯田

张慎言初授任寿张（今属山东阳谷）知县，有循良之声。调任政务繁剧的曹县，接连遭遇饥荒，出国库银两籴粮赈灾，人民赖此得到救济。泰昌年间，以治绩升陕西道监察御史。一月之后，熹宗即位。当时正集会讨论"梃击""红丸""移宫"三案，张慎言上言，其大意说："皇祖（指万历帝）召告百官，不追究张差的同党之人，是为了保全与太子的父子之情；然而必定要揭发奸谋，是为了表明君臣之义。到先皇（指泰昌帝）即位，蛊惑之计正在施行，药饵之奸旋即发生。太监崔文升投放凉药在重病之余，廷臣李可灼进献红丸在病危之际，按法应当一同斩首，皇恩反而赐予金币。是谁执掌国家政权，竟达到这样极端的地步！至于先帝驾崩，再遇国丧，宗庙的祭祀为重，则先帝的卑微旧臣为轻，即使是神庙（指万历帝）的郑妃尚且先迁徙以为观望，李选侍不立即移出乾清宫，将有何期待?”不久，贾继春因请求安置李选侍被谴责，张慎言抗疏直陈以救贾继春。皇帝发怒，夺俸二年。

天启初，张慎言出京监督畿辅屯田，上疏，其大意说:“天津、静海、兴济之间，肥沃土地万顷，可以开垦成良田。最近同知卢观象开垦良田三千多亩，其沟渠房屋的制度，种植庄稼、疏浚流水的方法明白完备，可以仿照施行。”因此罗列官种、佃种、民种、军种、屯种五大方法。又上言，其大意说:“广宁失守，辽人辗转迁徙入关的不下一百万。应该招集至津门，以无家可归之众，开垦未经耕种之田。”皇帝下诏，听从其请。

阉党反噬 忤旨落职

张慎言曾经上疏举荐赵南星，弹劾阉党冯铨，冯铨十分忌恨他。天启五年(1625）三月，张慎言请假归家。阉党冯铨趁机唆使曹钦程纠举弹劾，诬陷张慎言盗窃曹县库银三千，于是下发巡抚巡按征验赃物，张慎言被谪戍肃州酒泉（今甘肃酒泉市）。

崇祯皇帝即位，诛除阉党，张慎言被赦免。崇祯元年（1628），起用为原官。适逢考察京官，张慎言请求先惩治谄媚阉党依附叛逆之罪，其余者考核政绩，皇帝批复照准。不久，提升为太仆少卿，历任太常卿、刑部右侍郎。崇祯二年（1629），后金军自喜峰口入，掠扰京畿，京师戒严。山西巡抚耿如杞率总兵官张鸿功以劲卒五千人驰援北京，由于魏忠贤余党从中作梗，屡次变更其驻地，兵部令守通州，明日调昌平，又明日调良乡，军队三日不发军饷，致使士兵哗变。崇祯皇帝大怒，下诏逮捕耿如杞、张鸿功。张慎言判处耿如杞案件，不合皇帝意旨，与尚书韩继思一并下吏部狱，不久落职。家居八年后，召任工部右侍郎。国家财政不足，朝廷商议开采、鼓铸、屯田、盐法等事。张慎言多次上疏陈奏，都是有关国家根本的大计。大学士杨嗣昌建议改府州县之副职为练备、练总，张慎言认为改变体制是大事，历陈八议，但终究未能推行。张慎言由左侍郎调任南京户部尚书，七次上疏以病引退，朝廷不允许。改任南京吏部尚书，掌管右都御史事。

忠直情怀　凄凉日月

崇祯十七年(1644）三月，李自成攻陷京师。五月，福王即位于南京，命令张慎言管理吏部事。张慎言上呈《中兴十议》：节镇、亲藩、开屯、叛逆、伪命、褒恤、功赏、起废、惩贪、漕税，都被朝廷采纳。当时大量起用废官，张慎言举荐吴甡、郑三俊、刘宗周、黄道周、张国维、左懋第、姜曰广、陈子龙等素著清望者十七人。阉党群小失望，勋臣刘孔昭、赵之龙等退朝后，在朝廷群起诟骂，指责张慎言和吴甡为奸邪，叱骂之声响彻殿陛。给事中罗万象曰："慎言平生具在，甡素有清望，安得指为奸邪?"意思是说："张慎言平生的事绩具在，吴甡素有清明的声望，怎么能够指责为奸邪呢?"刘孔昭等人伏地痛哭，说张慎言举荐选用文臣，没有选用武臣，叫嚣争论不休。又上疏弹劾张慎言，竭力诋毁郑三俊。并且说："张慎言在迎立皇帝之时，阻拦非难，怀有二心。请求停止吴甡陛见之命，并且议处张慎言欺罔蒙蔽之罪。"张慎言上疏申辩，因而请求退休。罗万象又曰："首膺封爵者，四镇也，新改京营又加二镇衔，何尝不用武?年来封疆之法，先帝多宽武臣，武臣报先帝者安在？祖制以票拟归阁臣，参驳归言官，不闻委勋臣以纠劾也。使勋臣得兼纠劾，文臣可胜逐哉?"意思是说：首先接受封爵的是靖南侯黄得功、广昌伯刘良佐、兴平伯高杰以及东平伯刘泽清四镇。新改京营，又加二镇衔，哪里是不用武臣?近年来守卫边疆的办法，先帝常常宽容武臣，武臣报答先帝的功绩又在哪里？祖宗的制度是以票拟之权力归于阁臣，参驳之责任归于言官，没有听说委任勋臣是用来纠举弹劾。假使勋臣能够兼任纠举弹劾职责，那么文臣还能够禁得起勋臣驱逐吗！史可法上奏："慎言疏荐无不当，诸臣痛哭喧呼，灭绝法纪，恐骄弁悍卒益轻朝廷。”意思是说：张慎言上疏举荐无不恰当。诸臣痛哭喧闹呼叫，是灭绝法纪的行为，这样下去，恐怕骄横的军弁、强悍的士卒会更加轻视朝廷。御史王孙蕃上言：“用人，吏部职掌，奈何廷辱冢宰？”意思是说：用人是吏部的职责，为什么要当廷辱骂吏部尚书？大学士高弘图等人也以不能和睦文武，各自上疏请求退休。

张慎言请求退休得到批准，加封太子太保。张慎言无家可归，流落寓居于芜湖、宣城之间。南明灭亡后，疽发于背，戒勿药，不治而卒，年六十九岁。

清·浙江巡抚张泰交：公忠清勤

张泰交（1651—1706），字公孚，又字洎谷，阳城人。清康熙二十年（1681）辛酉科举人，康熙二十一年（1682）壬戌科进士。由知县历官至浙江巡抚。著有《受祜堂集》。

太和县令　政绩卓著

张泰交中进士后，谨慎自持，耻于干谒，在京城设馆授徒，读书人多游其门。七年之后，补任云南大理府太和县知县。太和县附郭，县民苦于各种摊派和供应，多数逃亡在外。营兵十分骄横，肆无忌惮，十之八九随意占领民房，还把县衙作为营房。前任县令不敢过问，只好租赁民房作为听讼视事之所。张泰交到任，下吏请他租赁民房。张泰交曰：“县令，命官也，宜有体，何用民屋为？”意思是说：县令是朝廷命官，应该有体制，为什么要租赁民房？遂径直驰入县衙。他正在庭中视事，营兵前来庭中比赛射箭技术。张泰交曰：“县令临民之地，非兵较射所。”意思是说：县衙是县令处理民事的地方，并非营兵练习射箭的场所。要营兵离开，营兵出言不逊，泰交即用皮鞭抽打，营兵于是才稍稍收敛。营兵与百姓混居，男女杂沓，民甚不便。泰交选择合适地方，为营兵构建房屋，使其不得与百姓杂处，民方安居。云南永昌道辖七府，大理府辖八州县，其中太和独为徭役所困。提学道要举行考试，提督、道、府的公署要修葺，各项所需物皆要累及太和县百姓。张泰交曰："民曷以堪耶！"意思是说：百姓何以能够忍受！张泰交请于上官：府公署修葺归五州县，道公署修葺归八州县，提学道归十三学使供应其费用；提督则自行修葺其公署。按旧例所供兵粮由县里收齐交到府里，再由府官负责交付。张泰交曰："有司责也。县收府放，徒烦转运，何如县收县放之为便！"意思是说："县衙收粮，府衙交粮，中间增加了运输转手的麻烦，不如县衙收粮之后直接交付更为方便！"上官允准，将各州县应交兵粮数下归各州县，由各州县自行办理。县内的民夫苦于无偿服役，张泰交力除之，虽大官都必须出钱才能募得民夫，不得无偿轻用民力。每年编审劳力、户口，按旧例县令可得千金之数的馈赠，张泰交于城隍庙神位之前发誓，立即将此陋例革除。至于学宫、城垣、义仓、义田诸废俱兴，皆不劳民力，县内于此大治。任职五年，擢升为广西道监察御史。

执法严明　建言得体

张泰交在监察御史任，上《山左饥民疏》，请示赈救山东饥民，得以全活的饥民达二十八万之多。又上《疏通选法》《顺天乡试冒籍》诸疏，皆深得帝意。张泰交巡视北城，见有旗人在路上殴打职官，询问其故，则因以前曾向旗人借贷，所偿还数已经超过两倍，但旗人尚不销券。张泰交则鞭打旗人之背，并索还借券销毁。虽然此事涉及权贵要人，张泰交毫不顾忌。有恶棍李三，外号"赛黄彪"，因私怨杀人，反而诬陷山东人张乙，已成定案。泰交审讯得实情，以法论处，终使冤案得白，张乙获释。

当时考选科道，说科道官亦可以举荐。张泰交曰："若科道出科道门，岂复能纠劾吾辈耶？"意思是说："如果科道官由科道官来推荐，怎么能再纠劾科道官呢？"左都御史张鹏翮十分赞同。康熙皇帝得知后，遂命张泰交巡视长芦盐政。

巡视长芦盐政之时，张泰交申明条约，革除陋规，人皆惮服。以御史旧例，每年二、八月内升、外转各一人，已经有差使者则不在此例。张泰交虽有盐政之差，但以皇帝特旨于康熙三十八年（1699），内升太仆寺少卿，提督江南学政。

谢绝请托　不厌清贫

张泰交到江南后，断绝交游，谢却私函，即使是家信，也必使他人先开封察看，若无请托之语，自己才看。惟待人宽厚，江南士子皆交口称颂。未及一年，晋为大理寺卿，数月迁都察院右副都御史，又迁刑部右侍郎。康熙四十一年（1702），任命巡抚浙江。自太仆寺少卿至巡抚，数次升迁，都在学政任中，可见康熙帝对张泰交了解之深和高度信任。

初到浙江，张泰交就大阅罗木营，毁玉环、东洛、南麂等地的山棚，断绝了盗贼的供应之路。又修筑江边的堤坝，把原来的土堤坝改为石堤坝，以预防水患，百姓赖之以安。康熙四十四年（1705），康熙皇帝南巡，至杭州，在行宫召见张泰交，温语延问浙江民情，赐“推诚遇人”匾额。张泰交多次请求辞官，康熙帝曰：“朕意在惩贪，汝不厌清贫，莫再辞！”回銮路上，康熙帝曾多次对阁臣曰：“张泰交居官甚优。”原先其母亲范氏病故时，泰交痛哭累日，目眦皆裂；少时痛父未归，每思念悲号，以致后来为巡抚时，不良于视，目力甚差。因此康熙皇帝凡召见他，每要亲切垂问其目疾。泰交在浙江通下情，持大体，不毛举细故，以清廉平直而使人折服，与后来成为文华殿大学士的田从典齐名，一时有“田张”之称。

张泰交因操劳过度，心力已殚，致成痼疾，上章请求归里医治；康熙帝特遣内阁中书噶尔泰驰驿前去探视，结果噶尔泰未及到达，张泰交的病情已加剧。前一日，尚在病榻上办理各种公务，聆听下属汇报情况，并一一口授处理办法，到傍晚便言不成语，拂晓而逝，年五十六岁。康熙帝闻之，深为悼惜，恤典特从优，超出常规。

四、正直刚方

明·南京户部尚书李瀚：刚正严明

李瀚（1453—1533），字淑渊，晚号石楼居士，沁水人。明成化十六年（1480）庚子科乡试第一，成化十七年（1481）辛丑科进士，历官至南京户部尚书。

清除惯奸　严明执法

李瀚初授乐亭（今属河北省）知县，乐亭当年遭灾，不少百姓逃往他乡。李瀚至，返乡者十之六七。贵戚豪横所侵占的民田，也都归还于民。成化二十三年（1487），李瀚任监察御史，巡按陕西茶马，凡弊政皆革除殆尽。丁忧除服，再次巡按陕西。弹劾赃官污吏，清除惯奸大猾，郡县官员皆望风慑服。有恶霸横行一方，众人皆考虑难以制服，李瀚设计擒捕，彻查其罪，皆服法。镇守地方的宦官残暴酷虐，包庇其私密亲厚之人，逮系平民百姓，暴露于闹市。李瀚见之，立即下令解其绳索，并逮捕诬告之人服法。

弘治十一年（1498），李瀚巡按河南，庄严率下，不法之徒互相警诫，不敢侵犯法律。弘治十二年（1499），还都察院，掌诸道奏疏。古北口守将吴昭，因为战事失利，贿赂权贵以求免罪，多次派员查办均无果。皇帝命李瀚前往按察，查明真相，吴昭依法斩首。李瀚升湖广副使，又以忧起河南副使。陈州卫都指挥之子，竟然格杀项城县典史，李瀚正好巡按至大梁，立即收捕，置之法律。

阻止勒索　官军称快

弘治十八年（1505），李瀚升湖广按察使，转河南布政使，迁顺天府尹，寻升右副都御史，监管漕政。他愤恨漕政长久废弛，锐意进行整顿。此时，宗室荣王从运河南下就封国，户部恐怕妨碍漕运，特地上奏，令漕运船只分流。但荣王的太监为了索取贿赂，动辄阻遏粮船，给漕运造成很大麻烦。李瀚正好乘船北上，在天津遇见荣王的船，李瀚即朝见荣王。司仪官按朝见皇帝的礼节赞礼，李瀚只按朝见亲王的礼节行礼，四拜而平身。李瀚向荣王启奏，要求他严饬侍从的太监，不得阻遏漕运粮船的正常运行。荣王听纳了李瀚的意见，从此粮运畅通，官军称快。

查办贪赃　惩治太监

正德四年（1509），李瀚为左副都御史。当时太监刘瑾专权，气焰熏天，朝中公卿皆十分忌惮。中官杨镇仗势贩卖私盐，运盐的车船连贯不绝。事发以后，朝廷命南都重臣查按，南都守备宦官刘瑯将查办财产全部据为己有。朝廷又命御史督查，发文令江南各省补偿银两。太监刘瑾责备都察院长官，都察院长官语塞，其他官员皆吓得双腿发抖，只有李瀚一人上前对答。刘瑾便命李瀚前往处理此案。李瀚到达南京，命宦官刘瑯交出所贪赃款，并弹劾刘瑯，使其被撤职。李瀚不畏权贵的作风，受到朝廷内外官员的敬佩赞叹。

正德五年（1510），李瀚升吏部右侍郎，寻转左。六年（1511），转南京户部尚书。李瀚上疏请裁减冗食、节省浮费，广备储蓄，多被朝廷采纳。当时国库所藏粮食匮乏，李瀚以帑金代替军饷，数月积米数十万石。江浙诸藩每年交纳布匹之事，原由宦官主持，常从中作弊。李瀚奏令以布匹折成银两交纳，既方便户部，又减少宦官贪污。守备的家人凭借职权，私自包揽赋税的征收，中饱私囊，地方官不敢禁止。李瀚将守备的家人绳之以法，赋税才得以正常征收。

明·户部侍郎张养蒙：直谏君非

张养蒙（？—1605），字泰亨，泽州人。明万历元年（1573）癸酉科举人，万历五年（1577）丁丑科进士，选庶吉士。历官至户部侍郎。

弹劾宦官　纠革弊政

万历十四年（1586），张养蒙官吏科左给事中。首辅申时行要为管事指挥罗秀谋取升任锦衣佥书，托兵部尚书王遴给予办理，王遴不同意。申时行不悦，于是就假托皇帝旨令，指责王遴擅自留住御批，对皇帝有失尊敬。御史便一起上奏章弹劾王遴，王遴被迫退休，由张佳胤接替。张养蒙认为不合理，因此上疏，其大意说："罗秀本来是太监滕祥的奴仆，由于贿赂而进入锦衣卫。往年钻营升锦衣佥书，尚书王遴坚持正道，结果被罗秀中伤而离去。没有多久罗秀就越级任用，人们议论沸腾。"于是，罗秀被贬黜，张佳胤也被罢职。后来，御史高维崧等因议论政事被贬谪，张养蒙和同僚为了救助，又特地上疏为高维崧伸冤。结果忤逆了皇帝，张养蒙被剥夺俸禄。

万历十五年（1587），张养蒙任工科都给事中，上疏进言，其大意说："二十年来，黄河多次报告水患。当决口时，即议论堵塞，当淤积时，即议论疏浚，工程完成了就评议功劳。凡是淤积决口，就推给天灾而不承担过失；疏通堵塞，就归功人事而皆承受赏赐。上报成功不久，恐怕又有后患，急忙要求卸任，而继任者又报告水患。其中的缘故都由于没有长久任职。官员不长久任职，弊端有三：前任与后任时间不同，别人与自己意见不同，功劳罪过难以确定。请仿效驻守边疆官员的常例，提高等级，长久任职，这样职责固定而可以求得成功。"皇帝非常赞成他的意见。

万历十七年（1599），皇帝诏令潞安进贡丝绸二千四百匹，不久又下令增加五千匹。张养蒙率领同官极力谏诤，并且说：祖宗规矩，传命进奉织造，题本上奏的是内臣，拟定圣旨的是阁臣，抄写发放的是科臣。今直接下达到部，不合祖宗定的制度。皇帝不听从，调张养蒙为河南右参政，经四次升迁至左副都御史。

三轻二重　直指皇帝

万历二十四年（1596），张养蒙极谏时政之阙，提出"三轻二重"之弊。其大意说："近来皇帝很少临朝，君臣上下无法交流。或者怀疑朝廷大臣不可完全信任，或者怀疑朝廷政事不可完全听从。君臣相互猜忌，政事累积废弛，致使市井奸诈之徒得以窥测皇上的意旨，左右之人得以操纵威势权力。唯利是图，祸害将要达到什么地步。谨将三轻二重之弊为陛下陈述。”

三轻之弊如下：一、部院的分量逐渐变轻。或者职位空缺而长期不补，或者使用其人而长期不予任命。工部尚书，副职代理，吏部尚书，数月虚位。听从小臣而不听从大臣，个人上疏下达而官署上疏不下达。议论大事则十次有九次不施行，朝臣推荐则十人有九人不任用。大臣是百官的表率，怎么能轻视到这种地步？二、科道的职位逐渐变轻。五科都给事中长久空缺而不补任，考察选拔言官，屡次奏请屡次搁置，守丧期满言官不予补任，这是堵塞言路的行为。如若政事没有失误，为何害怕有人进言。假使唯唯诺诺成风，正直敢言的想法断绝，国家大事将如何决定？三、抚按的责任逐渐减轻。抚按进言，遭到严词斥责，门卫、武官能够制约巡抚，法度不是倒置了吗？一个宦官得志，众多宦官效法，抚按束手无为，负有监察之责的抚按还有什么作用？从此陛下的百姓将没有人安抚了。

二重之弊如下：一、进献的途径逐渐加重。下级官吏捐献俸禄，读书人进献钱财，名义上是资助工程，实际上怀有希图侥幸之心。各部大臣纠正不听，言官纠正不听，已经明白显示皇上的好恶，大开接受进献之门。将会看到献媚小人竞相奋起，今天进献灵异祥瑞，明天贡献奇珍异宝，最终使丧失节操的文官、败坏军事的武将，凭借钱财，求取失去的官职爵禄，这样下去，不到嘉靖末年的混乱情况便不会停止。二、宦官的权势逐渐加重。宦官纷纷四处出行，乞请的奏章没有一天不上达，批答的圣旨没有一句不温和。皇帝左右的人凭借武官来谋取差事，武官依靠皇帝左右的人来获取利益，共同编造谎言，欺骗迷惑圣上。陛下正厌恶朝廷大臣阻挠，说要办理家事，必须依赖家奴，于是宦官有话无不立即听从。难道只有武官才忠于君主，而朝廷大臣都贻误国家吗？如今奸诈不法之徒大有人在。宦官采矿的矿监税使不停止，必定会发展为采集宝珠；为皇上搜罗财货的皇店不停止，逐渐发展为强占民田的皇庄。宦官接着谋求市舶之使，恢复镇守之职，内而谋坐营之位，外而谋监军之权。正德年间败坏的风气，其鉴戒不远。

所有这三轻二重之弊，势必相互关联，德行与钱财不能并立，宦官与朝廷不能两胜，希望陛下及早明察而尽快图谋。

张养蒙的进谏直指万历皇帝，句句诛心，但万历皇帝不理，未予答复。

再上谏章　格正君心

万历二十五年(1597）六月，皇极、中极、建极三殿及两宫相继失火，张养蒙借题发挥，再次上疏曰："罪己不如正己，格事不如格心。陛下平日成心有四：一曰好逸。朝享倦于躬临，章奏倦于省览。古帝王乾健不息，似不如此。一曰好疑。疑及近侍，则左右莫必其生；疑及外廷，则寮寀不安于位。究且谋以疑败，奸以疑容。古帝王至诚驭物，似不如此。一曰好胜。奋厉威严，以震群工，喜谄谀而恶鲠直，厌封驳而乐顺从。古帝王予违汝弼，似不如此。一曰好货。以聚敛为奉公，以投献为尽节。古帝王四海为家，似不如此。愿陛下戒此四者，亟图更张，庶天意可回，国祚可保。"意思是说：怪罪自己不如纠正自己，去除事端不如匡正心思。陛下平日形成的思想有四种：一是好逸，即贪图安逸。上朝祭祀懒得亲自前去，大臣奏章懒得批览审阅。古代的帝王刚健而自强不息，似乎不应该是这样。二是好疑，即喜欢猜疑。怀疑到近从侍卫，左右就不能保证自己的生命；怀疑到朝廷大臣，官员就不能安心自己的职位。谋划因为怀疑而失败，奸诈因为怀疑而存在。古代的帝王以至诚之心驾驭万物，似乎不应该是这样。三是好胜，即争胜要强。大发威严以震慑文武百官，喜好谄谀而厌恶刚直，讨厌廷臣对诏令的不同意见而喜好顺从。古代的帝王主张我有过错你来匡正，似乎不应该是这样。四是好货，即贪求财物。把搜刮钱财当作奉行公事，把进献财物当作尽忠守节。古代的帝王以四海为家，似乎不应该是这样。希望陛下戒除这四种思想，尽快图谋更新，或许天意可以回转，国运可以保全。但万历皇帝终不醒悟。

万历二十五年(1597）九月，张养蒙迁任户部右侍郎。当时用兵朝鲜，命令张养蒙监督粮饷。万历三十年（1602)，诏令张养蒙代理户部尚书，因病坚辞，免官回籍，三十三年（1605）卒。天启初，谥毅敏。

明·户部尚书孙居相：孤胆直臣

孙居相（1559—1634)，字拱阳，一字伯辅，沁水人。明万历十六年(1588）戊子科举人，万历二十年（1592）壬辰科进士。由知县、御史历官户部尚书总督仓场。著有《两台疏草》

纠参勋臣　弹劾权奸

孙居相初授官山东恩县知县，征召授任南京御史。他凭恃意气，敢于直言。曾上疏陈述时政，其大意说:“现在内自宰相，外至郡守县令，无一人能尽心职守。政事日益荒废，治国之道日益背离，天变人怨，终将土崩瓦解。纵使金玉珠宝遍天地，如何能救助危险动乱!”万历皇帝终不省悟。

诚意伯刘世延多次违犯重法，废为平民，朝廷限制他于原籍居住。但他不听诏令，长久居住南京，更加不遵守法令，妄自谈论星象变化，将要率兵到京城。孙居相上疏举发他的罪状，并涉及南京功臣子弟横行的情况。奉旨将刘世延交吏部处置，安远、东宁、忻城等侯伯子弟全被审讯追究，强暴得以收敛。税使杨荣激发云南变乱，守太和山的宦官黄勋唆使道士殴打侮辱知府，孙居相极力控告他们的罪行。

当时中央与地方多空缺官员，孙居相兼代理七个差使，代理各道的印信，政事都得到办理。大学士沈一贯遭受他人议论谴责，孙居相上疏弹劾他奸诈贪婪、培植党羽。结果沈一贯被去职，但孙居相也被夺去俸禄一年。

揭露舞弊　不畏强暴

孙居相父母接连逝世，服丧期满后巡视漕运，任满返还京城，揭发詹事府庶子汤宾尹科场作弊为韩敬谋取状元的事情。朝廷会议，应当夺去汤宾尹官职，其同党庇护营救，圣旨命令下交法律部门重新审讯。孙居相又揭发韩敬勾通贿赂的事，韩敬于是不被任用。

按惯例，御史按年例行转任外官，吏部、都察院协同讨论。王时熙、魏云中任外官，都御史孙玮没有参与会议。孙居相两次上疏弹劾尚书赵焕，赵焕引咎退职。郑继之取代赵焕任吏部尚书，又以私意让宋槃、潘之祥任外官，孙居相也依法力争。吏部侍郎方从哲由皇帝直接任命，中书张光房等五人因所持意见与当时权贵不合，被排斥不参与科道选拔，孙居相一并向皇帝上疏弹劾。

此时，朋党之势已形成，不正派的谏官大都依附吏部，以驱除异己，势焰更甚。孙居相挺身而出，与他们对抗，志气一点也不沮丧。于是过庭训、唐世济、李征仪、刘光复、赵兴邦、周永春、姚宗文、吴亮嗣、汪有功、王万祚等人群起发难。孙居相接连上疏抗争，众人终究不能加害。万历四十五年（1617），孙居相也按例出任江西参政，他称病不上任。

直言国事　谪戍边防

天启元年（1621），起用孙居相任光禄少卿。改任太仆，提升为右佥都御史，巡抚陕西。天启四年（1624）春，授官兵部右侍郎。是年冬，太监魏忠贤窃取政柄，孙居相称病辞职。不久，因孙居相出于赵南星的门下，又与杨涟交好，曾极力推荐李三才，远结史记事，被指为东林党，遂削夺官籍。

崇祯元年（1628），阉党垮台，起用孙居相任户部右侍郎，不久改任吏部，升任左侍郎，以户部尚书身份总督仓场。转运漕粮多雇用民船，人民都很疲惫，因孙居相的建议获得复苏。高平知县乔淳贪婪暴虐，贪赃二万有余，被给事中杨时化弹劾。乔淳家在京城，有宫内援助，乞求转移司法部门重审，并且诬陷杨时化请托不成，衔恨报复。杨时化当时正居家服丧，通信给孙居相，孙居相回信上有“国事日非，邪氛益恶”之语，被侦事者得到，上报朝廷。崇祯皇帝大怒，将孙居相下狱，贬谪戍守边防。崇祯七年（1634），逝于戍所，年七十六岁。

明·南京御史王允成：清流风采

王允成，字述文，泽州人。明万历二十八年（1600）庚子科举人，初授获鹿知县。因政绩优异，升南京御史。

弹劾宰辅　抨击奸邪

王允成体貌魁梧，才思敏捷奔放。当时社会首重甲科，进士身份显赫，举人的身份相对卑下。王允成以举人入仕，心常不甘，想超越进士而置身其上。

天启皇帝即位，大臣们正争论“梃击”“移宫”两案，皇帝连降两道圣旨，要治李选侍的罪，顺便说到迁宫后相安无事的情形。大学士方从哲不赞成皇帝的意见，封还了皇帝的圣旨。王允成就此上《陈保十事疏》进行抨击，其大意说：“张差闯宫，论说的人认为他是疯癫。太子东宫岂是发疯之地？庞保、刘成岂是并疯之人？言念及此，令人寒心！郑氏四十年的恩威犹存，羽翼心腹大有人在，请陛下应当考虑怎样提防他们。圣谕都是从宫中发出，如果圣谕恰当，就会被佞幸专权者拦截封还；圣谕不恰当，必然引起朝臣争议，结果收回成命。不如事无论大小，全归内阁办理。至于内阁首辅重臣方从哲，朝臣多次弹劾而不能去职。陛下在选侍移宫后，发布一道圣谕，不过像常人一样表明自己的态度而已，方从哲竟敢封还不发！而光宗皇帝封李选侍为皇后的圣旨，任宦官为都督的圣旨，贬谪周朝瑞的圣旨，为什么一道也没有封还呢？司马昭之心，路人皆知矣！”

姚宗文巡视辽东，与经略熊廷弼意见不合，辽东丧师失地，姚宗文与熊廷弼都应负责任。但是，姚宗文回朝以后，却推卸自己的责任，鼓动同僚攻击熊廷弼，致使熊廷弼受罚去职。更换守将后，辽东损失更惨重。王允成痛恨姚宗文的奸险，又上疏议论其罪。

陈说大政　违忤帝意

天启元年（1621），王允成上疏，请求追恤前朝正直之臣，列举杨天民等三十六人上奏，皇帝采纳了他的建议。不久，王允成又上疏陈说任辅弼、择经略、慎中枢、专大帅、更戎政、严赏罚等数事。奏书末尾，其大意说："当今最让人忧虑的，是陛下孤立于宫中。前朝凭借权势依仗宠幸的宦官，与今日陛下身边的亲信，互相忌恨猜妒，恐怕趁机发泄怨恨，互相攻击，贻害朝廷。防护宫庭禁地，责任在于内阁和司礼监，务必使他们的矛盾逐渐化解，使圣体与皇弟都能高枕无忧，这是最根本最重要的大计。"当时人们都赞他的观点。

王允成又弹劾刑部尚书黄克缵提倡保护李选侍，贻误贾继春，又曲意庇护盗窃宝物的内侍，至于辩驳御史焦源溥有关纲常的奏疏，悖谬特甚。然后，王允成又极力议论"内降"（不经内阁议定，而由内宫直接发出诏令）及"留中"（留置大臣奏章不作处理）的危害。最后又劝诫谏正阁部大臣。王允成的这些议论触犯了皇帝旨意，受到停发薪俸的处分。给事中毛士龙弹劾府丞邵辅忠，王允成也与同僚李希孔一起斥责邵辅忠。后来又极力议论纲纪荒废松弛，请求戒惩姑息纵容，破除怠惰因循，批评时政十分详尽。

直击权阉　不计身家

宦官刘朝、魏忠贤与乳姆客氏狼狈为奸，势力强大，甚为嚣张。王允成上疏直谏，一一列举他们的罪过，其大意说："魏忠贤等二太监行事毫无顾忌，大肆排除异己，使王心一、倪思辉、朱钦相等正直大臣被罢斥，工部长期无人主政，内宫直接下旨任用考官。这是把大臣的权力归于二太监。最近专权更加严重，驱逐大臣如振动落叶，满朝举荐的大臣王纪被削官为庶民。这是把驱逐大臣的权力归于二太监。六科给事中与都察院各道监察御史的升迁改任，自有制度，官员的准予休假及考察升补皆有成例，却因憎恶正直官员，忽然有不准推举任用的圣旨。这是把任用升迁百官的权力归于二太监。秦王以小宗继承大宗，诸子不能封郡王，祖宗的典制都很明确。而部科谏诤没有结果，相继离去。这是把进退诸藩王的权力归于二太监。玩弄权柄，收纳贿赂，作威作福，二太监弄权于宫外，客氏主谋于宫中。前朝王振、刘瑾的祸患将要重现于今日。”奏疏进入宫中，魏忠贤等切齿痛恨。王允成又特意上疏奏论秦府滥施恩惠的荒谬，可是天启皇帝始终没有省悟。

天启三年（1623）六月，王允成又弹劾魏忠贤，魏忠贤更加忌恨。第二年，赵南星执掌吏部，知道王允成贤明，便调他到北京。不久，赵南星被阉党赶出朝廷，御史张讷弹劾赵南星调王允成不合法，于是将王允成削籍除名。给事中陈维新又弹劾王允成贪婪险诈，下诏由抚按提审，定贪污营私罪。崇祯皇帝继位，因王允成曾经请求保护皇弟，记得他的名字，下诏恢复原官。不久，王允成去世。

天启初年，东林党气势正盛。意见与东林党相同的人，大都是言官。工允成虽为南京御史，与北京言官相互应和，当时权贵大多畏惧他的锋芒。他正直敢言，多次触犯阉党，其直言的风采很值得推重。

第四章

名宦流芳

为政以德视民如伤的甘棠遗爱

孔子曰:“为政以德，譬如北辰，居其所而众星共之。”西周时召公决狱政事于棠树之下，自侯伯至庶人各得其所。召公卒，民人思召公之政，怀棠树不敢伐，作《甘棠》之诗，称颂循吏的美政和遗爱。凡有德政爱民之官，民常思念景仰，为立去思碑、撰遗爱记，府、州、县皆建有名宦祠，世代祭祀。贪官酷吏，民深恶痛绝，如唐高宗时泽州刺史杨德干，严苛凶暴，有民谣曰:“宁食三斗蒜，不逢杨德干。”一提杨德干的名字，甚至吓得小儿不敢夜哭。宋太宗所颁《戒石铭》:“尔俸尔禄，民膏民脂。下民易虐，上天难欺。”后来成为历代官场箴规，载入史册，千秋永铭，为父母官者当深警之。

一、惠民遗爱

宋·晋城县令程颢：视民如伤

程颢，字伯淳，河南洛阳人。北宋著名理学家、教育家，理学的奠基者，“洛学”代表人物。宋治平元年（1064）为晋城县令。程颢曰：“县之政可达于天下。一邑者，天下之式也。”意思是说：通过一县的政事可以到达天下的政事。治理一个县，是治理天下的模式。他于座右书“视民如伤”四字，意思是要把百姓当作有伤病的人一样照顾。程颢尝曰：“某每日常有愧于此。”可见他每日念念不忘的是民间疾苦。

民有事到县衙，程颢必晓以孝悌忠信之理，劝谕人们入所以事父母、出所以事长上的道理。程颢离任十年，后任县令见百姓中有人口众多而未分家，问其原因，曰：“守程公之化也。”意思是说：遵守程颢孝悌忠信的教化，所以数代聚居而不析异。

程颢根据乡村间距离远近，建立伍保制度，使百姓有事时互相帮助，患难时互相体恤，从而使奸伪之人难以容身。凡是孤寡残废之人，令亲戚乡党负责资助，行旅在外之人，遇疾病皆有所养。

程颢重视教育，设乡校四十余所，使乡必有校。他还经常亲自前去，召父老谈话。儿童所读书，他亲自为正句读。教师不称职者，则予以更换。又选择优秀学生，集中起来培养。程颢离任之后，服儒服者达数百人之多。熙宁、元丰年间，登科者数十人，其影响“达乎邻邑高平，渐乎晋绛，被乎太原”。

程颢还为乡社制定科条，使乡民能分辨善恶廉耻。先时，百姓分担徭役，因为安排不公，互相仇诉。程颢则根据百姓的产业多少，排列顺序，按次序分配徭役，百始再无异辞。原先训练义勇，只是敷衍应付，虚应故事。程颢则乘农闲之时，集合青壮讲习武事，讲求实效，所练义勇可为精兵之用。县衙库内有杂纳钱数百吊，他便借给贫民以解艰难。为了便于处理民事，他命令争讼之民可以不持状，直接至衙门陈诉，他从容为之调解开释。县内征收的税粮，按常规就近移送边防，但载粮运输则道路遥远，到边地买粮则价格甚高，民深为所苦。程颢便选择可信任的富户，预先在边地储存粮食以备用，费用大省。

有富民张氏父死，一日有老叟找来对张子曰："我，汝父也。"意思是说：我是你的父亲。张子惊疑不能断定，与老叟到县衙。老叟诉曰："身为医，远出治疾，而妻生子，贫不能养，以与张。"意思是说：我为医生，远出行医治病，妻生子后贫困不能抚养，抱儿送给张三翁。程颢请老叟提供证据，老叟从怀中取出一书，其书曰："某年月日，抱儿与张三翁家。"程颢问曰："张是时才四十，安得有翁称？"意思是说：张当时才四十岁，怎么可以称翁呢？老叟显然是作假，被程颢揭穿，惊吓叩谢而去。

晋城人口有几万户，三年之间，无强盗无斗殴死者。程颢即将离任之时，吏夜叩门，报告有杀人案。程颢说：我县哪有杀人者？真要有，必是某村某人。他人惊异，程颢说：我曾怀疑此人恶少之性尚未改变，看来果真如此。可见程颢治县，对县内情况了如指掌。

治平四年（1067），程颢离任，百姓相送，哭声震野。

明·陵川知县孙磐：恩惠普施

孙磐，字伯坚，辽东（今辽宁省）进士。刚毅明敏，高亢正直。明弘治十年（1497）任陵川知县。在任平抑豪强，怜孤恤弱，使贫富大小各得其所。在此之前，城内人和衙役经常下乡拘捕搜刮，百姓深受其害。孙磐得知，下令严禁，百姓从此不被侵扰。县内有强盗，孙磐令于人烟密集之处设置钟楼，鸣钟为号，作为警报，强盗自此匿迹。孙磐根据县民的老幼壮弱，度量轻重派差，按年计算任务多寡，合理安排差役。各里的桑园时久荒废，他亲自下乡，督促农民种植桑树，不弃地利之宜，百姓感其恩惠。他又设法筹集杂粮十万石，以备赈济，使百姓无凶荒之忧。孙磐尤勤于培养人才，因学校缺乏师资，便亲自到学校授课。这一年，武思明、王道二人果然得中举人。又在乡间成立社学，童子入学者三千有余。他还亲自编撰《养正编》，与《小学》、四书、《养蒙大训》等书刊印，令学生诵习。孙磐见民俗好佛事，僧尼身穿异服，口说异言，蛊惑人心，于是刊行辨正之书，劝民众止息旧俗。历二年，因丁忧离职，百姓攀辕卧辙，挽留不得。举人王昺撰《孙公去思记》，因立去思碑颂其政绩。

明·阳城知县刘应奇：抚摩鞠育

刘应奇，字澹如，河南中牟县进士。明万历二十六年（1598）任阳城知县。

刘应奇刚下车，即向父老询问邑内各种利病，了解到详细情况，又亲自查验，果如所闻，便将所有积弊全部革除，民心大悦。原来，无赖子弟多窜入衙门当差，为害百姓，刘应奇说："此乃乱政之媒。"于是裁撤其多余人员，撤换其奸猾人员，有倚法索贿之人，立即革斥，永不再用，衙内畏之如神明，不敢为非作歹。

征收两税，豪绅狼狈为奸，把他们的赋税加在贫苦农户名下，使贫苦农民不堪承担，而豪绅反而脱免。刘应奇察访清楚，将其中一二主犯置以重刑，杜绝了此弊。并且规定，不准诡寄，不准包揽，不加羡耗，不许催逼。编审徭役，办事人员受富人贿赂，不以实报，欺上瞒下。刘应奇多方体察，使徭役分配不得弄虚作假，不得随意盈缩。阳城在万山之中，草寇盗贼出没，加上年成不好，抢劫公行，百姓甚苦，刘应奇重新整顿保甲，并下缉捕之令。凡人有公事到县衙，刘应奇即细心询问乡里人的善恶，惯于行窃抢劫之人皆登记在册，了如指掌。有犯案就按册查检，既无漏网，也无冤诬，盗窃抢劫的现象逐渐杜绝。县学缺乏良师，刘应奇政余之暇，即到学校讲学，士风随之大变，生员的膳食津贴皆按时供给，并从优厚。他清慎谦和，有冰檗之操、澹泊之味，一毫不苟取，即使是米盐薪柴之类，皆和百姓一样购之于市。有监矿征税的宦官巡行到县，耀武扬威，邻县的知县闻风倒屣相迎，弯腰匍匐，伺其颜色行事，而刘应奇却严肃庄重，不修饰驿舍，不置办酒宴，仅长揖一见而已。宦官大怒，详细审查刘应奇的治行，终究无法寻衅报复。

历七载，刘应奇因政绩佳、辛劳久，升吏部主事，离去之日，百姓千万人扶老携幼，攀留号泣而不舍。既去之后，百姓为立生祠、画肖像以志不忘，白所知为撰《邑令刘公生祠记》。

明·泽州知州王所用：宽和治民

王所用，字行素，号宾吾，河南河内县（今沁阳市）进士。万历末年，自福宁州（治所在今福建霞浦县）调泽州。

泽州山川险要而风气强悍，老实农民纤弱而耕种田地，奸猾之人则投机取巧、赌博游戏，甚至杀人劫物。封于泽州的宗室日益骄奢淫逸，横行妄为，常聚集党与，鱼肉富民，欺凌士人。当时认为泽州难治，应当用严猛之法，需有敢于搏击、能行严刑峻法之人，方可奏治办之效。王所用崇尚宽大温和，法令疏缓阔达。起初，郡中豪强皆轻视他，认为容易对付。王所用秉性谦逊沉静，外宽内理，似乎不知此等人为奸猾之人，无心与之争胜。时间久了，诸豪强见王所用不可迷惑，难以为非，心中方才折服。

有来诉讼之人，王所用先让其畅所欲言，然后才徐徐劝导，为他们开说利害，各自和解而去。处理讼案就如同乡间请三老议事一样，其爱民恻隐之心可掬。州内有疑难留滞案件，如张自安等二十人的冤案久拖不决，他明察秋毫，尽力为其昭雪，使真相大白，判决书详恻周至。宗室骄悍难以制约，宗室之富者囤积居奇，待宗室之贫者急需之时，则同样出钱，得物仅半数。官府每年春秋两季供给宗室钱粮，预先发给证券。宗室之贫者因向宗室之富者借贷，无力归还。富者便低价预收贫者的证券，到了领钱粮的时间，富者持券到官府，取白银如同取自己的存款一样，而贫者领不到钱，照样要借贷。如此富者日益骄横，而且雇用爪牙，不仅仅是役使贫民，富贵者也避之不及。王所用为了改变这种情况，统计应给钱粮的宗室，出榜于市，非本人持证券，不予支付，直接把钱粮交给宗室本人。宗室有贫穷至饥寒交迫三餐不继的境地，忽然得到钱粮，于是欢声雷动。王所用又对不法之徒绳之以法，剪除其爪牙，穷究其亲党，使强有力的人不能再牟取高额利润，横暴势力不禁而衰止。

王所用均平赋役，革除耗羡，禁止奢靡，督课农桑，厚积仓储，杜绝馈赠，善政一一兴举。又复修张公书院，集中一州四县书生受教其中，并经常到书院视察，勉励诸生。

王所用守泽州，居官如同在籍居乡，虽无显赫的名声，但百姓深受其惠。用他自己的话说："吾奉职不过循理而已！"后升任离职，民立生祠祭祀，阳城进士张慎言撰《泽太守宾吾王使君生祠记》。

明·高平知县任大僚：廉明仁恕

任大僚，字一敬，号竟一，陕西高陵县进士。明万历年间，由襄垣知县调任高平。

当时高平越级上诉的案件非常多，上级逮捕罪犯的文书不断到来，豪强猾吏凶恶贪婪，强梁盗贼放肆猖獗。任大僚决心拯救百姓疾苦，又思百姓不懂教令，傲慢愚顽，如果不加约束，将会更加凶猛。但使用严刑峻法加以制裁，自己又于心不忍。他选择情节严重的进行整治，对普通百姓则严加训示，使百姓从业有规范，行为有准则，游惰有禁令，穷独有供养。于是作奸犯科之人皆屏息而不敢再犯，境内盗贼竟然消失。县内原有家族之间的仇杀，株连滥及无辜，已经数十次审讯未结案。任大僚经过审讯，得知其中的诬陷情状，禀告按察使，案情顿时大白。其他县有疑案，皆愿就高平审理，只需半日公事，案情即可剖决。边疆战事紧急，征兵前去戍守，入募之兵不是胆怯，即是骄纵。任大僚优厚安置其家，对骄纵者严加约束，入募之兵皆感奋而愿赴戎机。邻县的征兵任务完不成，受到处分，并命任大僚到邻县代为征兵，邻县之民听到消息，说，任公来召我，还推辞什么，于是整装待发。百姓不相信自己的县令，而相信邻县的县令，可见这不是靠驱赶强迫所能办到的。任大僚非常注重振兴教育，学宫设施皆焕然一新，每月亲自到学校考试诸生，士风蔚起，视昔为盛。

任大僚为人廉明仁恕，识精才敏，严以统御下属，豪绅强吏无不畏惧，执法公正，不计德怨，人虽敬畏其不可侵犯，但也喜欢其容易事奉。忽然患病，不久而卒。灵柩归乡之日，乡间父老皆来扶送，悲号之声惨动四野。然后立祠，春秋祭祀。陈国柱撰《邑令任公兴学碑记》，阳城进士卫一凤撰《邑令任公祠记》。

清·陵川知县孙必振：深仁厚泽

孙必振，号卧云，山东诸城县人，清顺治十六年（1659）进士，康熙八年（1669）以怀庆推官裁补陵川知县。

陵川居太行之巅、万山深处，道路崎岖艰险，为上党、中州与山左商旅往来必经之地。旧有小径，岁久被山水冲毁，逼窄难行。乡人屡欲改修，但举措维艰，未敢轻动。孙必振到任，亲履山谷，劝勉乡民，于是远近欢欣，前来助力。新路起于陵川的冶头，止于辉县的平罗，蜿蜒百余里，沟壑之处填实，高陡之处铲平，阻塞之处疏通。自康熙八年（1669）四月始，至次年七月，土石佣工费银计三百余两。畏途巉岩顿时车马奔驰，成为康庄大道。山中的村落如孙公峪、莲花村，自从明末兵火过后，久无人烟。孙必振号召农民前来开垦荒地，给以谷种，使山中居民丛集，成为乐土。

陵川金代文风鼎盛，曾有六人廷试第一，后来文风渐衰，到康熙年初，竟达四十年无人科举得中。孙必振到任后，学宫受地域限制，狭隘而不宽敞，邑绅请求迁址扩建。孙必振捐俸银独修大成殿，其余明伦堂、尊经阁、名宦祠、乡贤祠等由僚属、教官、邑绅、义民或独建或合建；接着又在学宫右侧兴建书院，前讲堂、东西廊，孙必振捐俸独修，后讲堂、东西廊由众人合建。康熙十年（1671）开工，十二年（1673）完成。孙必振在行政之余，尤注重培育人才，启迪诸生，奖掖后进，学校教育渐有起色。

县内旧例解黄丝黄绢为累，孙必振设法革除，并且禁止火耗等另外加征的赋税，归利于民，使民困稍得舒解。奸猾豪吏，狼狈为奸，他严加惩处，诉讼顿减，民皆乐于生业。又续修县志，内容详明而精核。

在任六年，升御史，离任之日，民遮道数百里送行，建立生祠纪念。陵川贡生曹延庚撰《孙公祠碑记》。

清·泽州知州佟国珑：民怀父母

佟国珑，字信侯，奉天（今辽宁省）人，隶汉军旗，贡生。清康熙三十年（1691），任山东文登知县，政绩卓著。康熙五十一年（1712），擢升泽州知州。

当时恰遇大灾荒，佟国珑开放常平仓，将粮食借给平民，秋天丰收，到期归还。又减免附加赋税，革除陋规，减轻徭役，平抑物价，民情大悦。佟国珑到任刚一年，曾经因论事触犯太原知府某，某指使人诬陷佟国珑，他因此受处分，撤职去官。离任时，泽州百姓数千人攀辕卧辙挽留，并鸣钟击鼓罢市向上官请愿，准备赴京告御状，要求恢复佟国珑官职。案情得白，佟国珑留任泽州知州。

平阳发生民变，山西巡抚命令佟国珑带兵前往，佟国珑说："是速之乱也。"意思是说，带兵前往镇压，是加速暴乱的做法。于是佟国珑一人一骑驰赴平阳，乱民皆以手加额表示庆幸，曰："佟公至，吾属无虑矣！"意思是说，佟公来了，我们不用担忧了。因此，乱民皆安心地接受了抚慰。

康熙五十七年（1718），州城倾圮，需要修葺。佟图珑说："城不葺，无以守险；楼不立，无以壮观。"但他上不愿动用公款，下不愿劳累民力，于是捐俸银五百两为倡，交付主事者。士绅感动，共捐银三千四百两。用砖修内外城，经营三门、月城，新建北城楼，一年而功成。所余之资，又修建通城道路。

佟国珑之妻王氏，有应变之才。佟国珑到太原办公事，州内忽然发生民变，州衙内的官吏都畏缩怕事，不敢露面。王氏出坐前厅，抚慰百姓，侃侃数语，便使民变平息。

佟国珑在任共八年，康熙五十九年（1720），因病请求辞职，民攀辕号哭，声震郊野，立生祠纪念。后因其下属高平知县库金亏空，佟国珑因连带责任被逮捕，令他赔偿万余金。泽州民听到消息，感念佟国珑的恩德，悲愤哭泣，奔走相告，三日之内共捐银五千余两交入州库，佟国珑终被释放。

清·凤台知县赖昌期：救灾安民

赖昌期，字际云，湖南善化县（治所在今长沙市境内）人。清同治七年（1868）以军功任阳城知县。同治十年（1871）十月，捐钱二百串，以为诸社倡，创修濩泽试院，次年竣工。同治十三年（1874）修成《阳城县志》，于旧志多所纠谬。光绪二年（1876）调任凤台知县。恰遇光绪三年（1877）特大旱灾，朝廷多次下旨救灾，并发放救灾银和运送救灾粮。饥民嗷嗷待哺，急于水火。赖昌期上承下发，筹划周详，劝富户捐银数万助赈。又请求上宪发银二万两，散给铁炉煤窑，使民工皆能得食，恢复生业。凡乘机抢劫伤人，或侵吞贪污赈灾米粮者，立即正法示众。秋九月，河南修武县匪徒孟昭列等人，纠众千余，窜入县东南境内，在桃园等村焚毁民舍二十余处，杀伤居民十余口。武举郭再汾驰报于官，又自率家丁堵御。赖昌期率勇驰赴，巡抚曾国荃命周游击领马队三百，驻柳树口防堵，得以随时扑灭，被害各村抚恤给养有差。虽灾情严重，救灾粮银供不应求，但赖昌期苦心经营，甚为尽力，使百姓终于度过了荒年，逐渐摆脱了困境，恢复了各业生产。

二、清廉勤政

明·阳城知县李栋：治行第一

李栋，字尚隆，河南涉县（今属河北省）进士，明隆庆六年（1572）

四月任阳城知县。他施政以严，豪绅猾吏一时为之屏息，不敢胡作非为。至于问民疾苦，与邑内父老咨询政事得失，谋划兴利之举，则终日不知疲倦，因此百姓对他深深敬爱而又畏惧。

县内旧无铁税，有司每年横加征稽，百姓不堪忍受。李栋独与上官力争，方得蠲免。原来是按户口编力差，不问具体情况，有的无法支差，多逃走。李栋根据田产的好坏，平均田赋，收起来储藏于官仓，募丁之时，用来雇人支差，这样可公私两便。上级认为李栋的办法公平合理，便向山西全省推行，成为模式。乡间有锡矿，人争其利，几乎酿成变故。李栋追究领首之人，其余随从者皆不问，于是上下帖然无事。村民数十人聚众为盗，不听劝告，无法禁止。李栋经过调查，出榜劝导说，我不忍对你们加罪，只要你们尽快停止行动，我将赦免你们的罪行。村盗听从，迅速解散为良民。李栋裁减里甲，建立社仓，让百姓于平日有余粮时渐渐捐入，积储粮食万斛之多，以备灾荒年救助穷人。李栋为政抑强扶弱，不用鞭笞，不用刑罚，主张以德化民。听讼片言即得真情，庭内一空如洗。民有被仇家诬陷，按律应当论死罪，李栋察觉冤情，予以平反，民皆以为神明。上级派人下各郡县办事，其人倚仗权势，所过欺压践踏，搜刮钱财。李栋指斥其不法行为，并施以杖刑。上级愤怒至极，但不久就败事，未能对李栋报复。

李栋不以一钱入私囊，诸多善政，行之五年，县内大治，民安居乐业，政绩称天下第一。不久提升为御史，后升为大理寺卿。阳城百姓立祠纪念，王国光撰《阳城邑令李公生祠记》。

明·泽州知州王胤长：爱钱有方

王胤长，字庆我，北直隶吴桥县（今河北省吴桥县）进士。明崇祯四年（1631），以辽州知州迁泽州知州。廉介刚正，为政以平息争讼，发展农桑为先。当时正值陕西农民军来到泽州一带，接连攻陷多个城邑，大镇累遭屠掠，万家无烟火，独剩泽州孤城，援兵无望。王胤长率领宗绅士庶，招集健儿守城，精心规划，辛勤部署，积劳成病，亦不归州署，支床于城上，带病指挥，抵御农民军十七次进攻。农民军离去而官军来，宦官、总兵接踵而至，坐食城市，扰民更甚，索饷如虎，毒害如狼。王胤长多方应酬，以保护百姓。曾作《爱钱歌》，揭示于大街之上。

爱钱歌

非我不爱钱，我爱谁不爱！
敲骨吸人髓，天理良心坏。
逼人卖田产，把来我置盖。
逼人鬻妻孥，把来我养赖。
逼人借银钱，把来我放债。
人哭我欢喜，如何能痛快？
我见爱钱人，当身遭祸害。
又见爱钱人，子孙为乞丐。
空落爱钱名，唾骂千年在。
我有爱钱方，人己两无害。
少吃一只鸡，可买五日菜。
少穿一尺绸，举家有铺戴。
俭用胜贪图，吾鼎尤当爱。

王胤长先说：并不是我不爱钱。既然我爱钱，那谁不爱呢？大家都喜欢钱，但是敲骨吸髓，剥削别人，那就是丧失了天理，败坏了良心。敲骨吸髓，丧尽天良的做法主要有三种：一是逼迫别人卖房卖地，把钱拿来自己置地盖房；二是逼迫别人卖妻卖子，把钱拿来自己供养家小；三是逼迫别人借钱告贷，把钱拿来自己放债取利。这样做的结果，别人痛哭自己欢喜，如何能高兴畅快呢？

王胤长接着又说：我看到爱钱的人，他当身就遭到了祸害；又看到爱钱的人，他的子孙都沦落为乞丐。爱钱的人只是落下了爱钱的空名，受到的唾骂却千年不绝、永远存在。所以说爱钱并不会给自己带来任何好处，只有祸害。

王胤长进一步指出：这样爱钱，既害人又害己，绝不可取。他说：我有一个爱钱的秘方，与人与己，两相无害。王胤长爱钱的秘方是什么呢？无他，不过省吃俭用而已。他说："少吃一只鸡，可买五日菜；少穿一尺绸，举家有铺戴。"省吃俭用，可以说确实是爱钱的不易良方。最后，王胤长郑重地说："俭用胜贪图，吾鼎尤当爱。"鼎，在古代是指国之重器，象征国家的政权和帝位。那么，人的鼎是指什么，自然是人之重器。人最重要的就是人心，就是"天理良心"。"敲骨吸人髓，天理良心坏。"贪财害人，天理良心必然败坏。崇尚"俭用"，不事"贪图"，天理良心自可保全，所以说"吾鼎尤当爱"。

王胤长这首《爱钱歌》用俗语俚言写成，文词全不加修饰，但词义痛切，用意良深，为的是让老百姓家喻户晓，妇孺皆知。他不仅以此自警，同时也以此警示衙门中的贪鄙爱利之辈。他不仅是这样写，同时也是这样做，因此民夫民妇皆深为之感动。

崇祯八年（1635），王胤长以政绩升迁，后任河南省宪副，于崇祯十七年（1644）殉国。

清·高平知县白良玉：无玷无尘

白良玉，四川梓潼县人，举人。清康熙七年（1668）任高平知县。

白良玉为政清正廉洁，一家数口人，生活异常俭朴清苦，甚至因贫不能举火成炊，饮食断绝。但他爱民如子，不贪一钱，品格操行殊为高尚。白良玉说："吾人父生师训，学古入官，必期为循卓、为贤能，求无玷无尘焉！"意思是说，我受父母生养，师长教训，学习古代经典，进入官场从政，必须期望成为循良卓异、贤明多能之人，必求自己无有玷瑕、无有尘垢！

高平县内原来在征收田赋时，附加征收的部分逐渐达到正供田赋的一半。白良玉到任后，严禁横征暴敛，除正供田赋外，丝毫不多征收。机户织造官绸，征购时价钱被奸胥多方克扣，又须经潞安府查验上交，机户花费很大。白良玉核准正价，禁止克扣，并申请直接由县上交户部，机户大为方便，不再受盘剥之苦。驿站的驿马草料向来由牙行经手办理，牙行多从中压价掠取，白良玉命驿丞于秋冬时节平价向百姓采买，民不再受害。按旧俗百姓诉讼，被判负者要缴纳罚金，被判和者要缴纳粮食，白良玉尽皆废除。康熙十四年（1675），白良玉因政绩卓著，经过考核和上级长官推荐保举，吏部下令将他调入京都另用。临行时，官衙之物皆造册登记，移交后来者，不携一物。高平人集其治行二十则，名曰《治泫录》，刻石纪念。

白良玉到京后，不幸逝世。高平在朝中的官员，集资相助，方得稼殓。其子扶灵柩返归四川，路过高平，高平之民，不论远近前来拦道哭奠，累月不止，又赠资为其助丧。

清·泽州知州陶自悦：实政爱民

陶自悦，字心兑，号艾圃，常州武进（今江苏省常州市武进区）人。少从恽逊庵（恽日初之号）讲学于邑之南村，静坐读书，其精锐颖悟，为同学所称。清康熙二十七年（1688）考中进士，年已五十岁，为猗氏县令。康熙四十一年（1702）任泽州知州。工诗，能文章，到任便修纂州志，文简事丰，较旧志特详。岁歉收，民饥，调出长平仓米赈济饥民。州人风俗，人死之后，讲究厚葬，有因贫穷一时不能厚葬者，便暂时不葬，等待时日，逐渐形成了淹柩不葬的恶俗。陶自悦为了破除这一恶俗，勒令民间不必强求厚葬，不许淹留灵柩，力所能及，立即下葬。太行山十年九旱，旧时认为是旱魃（造成旱灾的鬼怪）作怪，因此每遇旱灾，便将新产妇人指为旱魃，用冷水浇泼，导致新产妇人损伤身命。陶自悦刻石立碑，严令永禁，使这一恶俗自此断绝。州里盐商作奸，百姓群起与奸商斗争，上官欲出兵镇压。陶自悦极力陈词，反对用兵镇压百姓，并多方调停，平息了事件，民感其德。

陶自悦因病告归，入名宦祠祭祀。著有《亦乐堂诗草》。徐世昌《晚晴簃诗汇诗话》云："艾圃工制艺，与韩慕庐（韩菼别号）齐名，闻于景陵（指康熙帝），召入都，以病乞归。《亦乐堂诗》寥寥二十余篇，音旨清越，多可取者。盖以逊庵父子为师友，诗格亦与南田（恽日初子恽寿平别号）为近。前人选辑，率未之及也。"

清·陵川知县陈封舜：勤劳民事

陈封舜，字宾侯，号龙川，镇南州（今云南省南华县）人，清乾隆二年（1737）进士，乾隆十三年（1748）任陵川知县。

陈封舜刚到任，即以振起士风、勤于民事为己任，办事不惜捐献俸禄。如果费用繁多，不能独自承担，就向县内绅士广为劝捐。在任期间，凡县内所未有者则创建，已有而废坠者则修复。陵川素无书院，士子仅就家塾，父以传子，兄以传弟，所见所闻不广。陈封舜首先捐资，募银二千余两，在县城东郊营建书院，讲堂、学舍规模宽敞，又延请名师，购买经史子集，使学生读书无须外求。陈封舜亲自到书院教课，朝夕不倦。

陵川县城地形西北高，东南低，每遇骤雨，山水暴涨，西北诸水绕城而东，流经通文桥下。通文桥淤塞，居民常遭水患。陈封舜疏浚淤泥，使水道畅通，虽遇暴雨而不为灾。西北诸水东行至菊巘山，山麓有水口；东郊之北，有东北诸山之水，自三元巷外南捣云谷图，与通文桥北汇合于菊巘山水口，进入黄河。陈封舜担心雨水分注，至此合流，奔腾汹涌，一旦溃败决裂，附近民田百顷，将被冲没。他观察地形，见上流有土峰宽数步，二涧回环，峭山峙中流，如同金锁。于是命人加固石堤，增加高度，上建有亭，名曰"束潆"。自此夏秋暴雨，水不为灾。

陵川处万山深处，怀庆府在南，卫辉府在东，彰德府在东北，商旅往来，只靠一线羊肠，道路艰险，惊心触目。从陵川八渎岭到辉县的薄壁镇一段尤其险要，前令孙必振曾经修整，但岁时既久，坍塌倾圮。陈封舜与邑绅徐本端、张臣等商议，募资重新整修。于乾隆十九年（1754）五月开工，二十一年(1756）十月告竣，增修石桥五座，七里辿边墙二千五百步，碑亭三间，使数百里之内皆成坦途。

陈封舜勤于奖励农桑，教养兼施，百姓皆欢欣鼓舞。在任九年，百姓丰衣足食，去任后立祠纪念，归安严炳元撰《三贤祠碑记》。

清·沁水知县徐品山：勤政慈和

徐品山，号三岛，浙江山阴（治在今浙江省绍兴市）人，顺天宛平县(治在今北京市）籍举人。嘉庆元年（1796）十月任沁水知县。

徐品山到任，拜谒文庙之礼毕，即循行殿庑，见风雨剥蚀，日就倾颓，便立志兴修恢复。一月之后，百废俱兴，重修养济院，收留鳏寡孤独无依无靠的贫民；修复碧峰书院，自任书院山长，延请教师课读；捐资首倡，择绅士张尔墉负责，重修文庙；康熙年间，知县赵凤诏编修《沁水县志》之后，已逾百年，延请多闻博学之士，设局重修，半年成书。

沁水县城北有梅河，南有杏河，二河汇流，水势狂奔，冲滩毁堤，威胁县城安全。如果修城筑坝，但财力不足，难以实现。徐品山无奈之下，采用了种树固堤的办法。正值春季，号召农民环城栽种杨柳树一千六百株。虽然新树低者才齐腰，高者仅及肩，但两三年后，均可长成大树，满城郁郁葱葱，不仅确保了县城安全，而且美化了环境。

徐品山还经常到边远山区巡视民情，在崎岖难行的鸟道上行走，在田间与农夫交谈，有时饿了分得乡民的午饭，山蔬野菜别有香味。他夜宿古堆山庄，老农崔丈家道盈实，田庐结构精致，子孙淳朴有礼。崔丈以饭菜相待，使他盛情难却，一饭难违父老情。他很欣慰，但想到更多的贫苦农民，不禁感叹：安得闾阎尽如此？徐品山爱民亲民，耕田的农民也放下手中的农活，围着他下拜，相得甚欢。临行时乡民依依不舍，竟挽着肩舆送出很远。由此可见，徐品山是一位勤政爱民、慈爱亲和的父母官。

清·阳城知县秦维峻：清名辉耀

秦维峻，甘肃皋兰人，举人。以大挑（朝廷规定，举人连续三科考不中进士，可由吏部据其形体相貌和应对能力挑选做官，称为大挑）选为知县，自清嘉庆十一年（1806）至二十年（1815）任阳城知县。在任期间，爱护百姓，礼贤下士，以清廉闻名。望莽河村旧时多兰草，先世之人曾将兰草进献县衙，不料始而自献，后来则定为差征，每年必须上贡，村民因此苦累不堪。嘉庆十五年（1810），望莽河村牌头（保甲制度的十户之长）据实呈禀，秦维峻以兰草根苗尽绝，从此免征。村民感戴，立《绝兰碑》纪恩。

秦维峻的兄长秦维岳以翰林出任监司（督察府、州、县的地方长官），为政清廉整肃，以千金寄秦维峻，勉励其清操，并寄联语云：

民非如子难言爱，

官不能贫漫说廉。

意思是说，对于百姓，如果不能当作儿子看待，就很难说爱民；自己做官，如果不能忍耐清贫生活，就不用谈廉洁。由此可以看出，兄弟两人的胸怀气慨。兄长所写的联语，秦维峻一直作为自己为官的座右铭。

秦维峻、秦维岳两兄弟的父亲年轻时为人谨慎严肃，被某巡抚器重，委以重任，积累资财颇丰。年至四十岁尚无子嗣，叹息说：藏此钱财给谁用呢？于是携带万金至京师，准备捐一个道员。忽然又想："官场如戏场，下台皆非我有。"因此将所带钱财全部买了书籍运载而归。回到家乡，先建立义学，让无钱上学的穷家子弟到义学读书。自己每日必到义学查看，尊敬师长，督导教学，奖励勤学的学生。后来生了秦维岳、秦维峻两兄弟，为官惠政极多，清名辉耀青史，其家风可以想见。

三、刚正明允

元·阳城县尹关世杰：安民息讼

关世杰，字英甫，晋宁（今云南省晋宁县）人，元至元四年（1338）

三月任阳城县尹。到官即广布恩信，推诚爱民，治以清静，教令不繁。

前任县尹，常到乡下督促农桑，巧索丰求，搜刮民财，给百姓带来很多负担和麻烦，名曰劝农，实则扰民。关世杰认为，农桑能使人丰衣足食，百姓哪里肯甘心游惰而去忍饥受寒呢？如果当官的骑着马带着随从，每家每户去督促，百姓置备饭菜迎接招待尚顾不过来，哪还有功夫去进行生产呢？这样，虽说是爱护他们，实际却害了他们。于是只在每年的农闲季节，召各社社长，了解情况，劝谕耕种，百姓感激，自然努力种田。

县内学校多废弛，关世杰延师设教，讲明正学，学子都闻风而起，一时教学蔼然可观。山野之民负豪侠之气，遇事争雄竞长，纠纷错综交织，时有聚讼。关世杰杜绝私谒，听从公议，循循善诱，片言之间，使争讼双方冰消雪释；有强悍暴戾之人，狂傲而不遵奉教诲，他委曲开导，必使之改过方才罢休。关世杰自奉极其简朴，清淡若茹素之人，喜读书，手不释卷，重义轻财，常周济人急难，对于文士尤其优厚。凡有赈济求助，则优先鳏寡孤独之人；征收赋税，则宽容贫穷困乏之人；老病残疾之人，则多方体恤，百计关怀。

二年之间，政通人和，教化大行。宪使金某巡查到县，大为矜赏，将阳城的政绩列为诸县之首。进士卫元凯撰《阳城县尹关公德政记》，称其“奸不遏而惩，廉不率而兴，教不令而行，政不严而成”。

明·泽州知州马汝骥：刚正无私

马汝骥，字仲房，绥德州（今陕西省绥德县）人。明正德十二年（1517）进士，官庶常。武宗南巡时，上疏极力谏阻，跪朝门五日，受到杖责，降为泽州知州。当时州内宗室横行暴虐，马汝骥屡次以法制裁。某宗室王写信来有事请托，他将书投放于柜中。等到事情了结之后，王遣人来谢，他于柜中取原信奉还，原来未曾启封。该王知他不受私情，从此再不复以私请托。陵川县令贪污，巡按御史多方庇护，马汝骥不听，以法处理，结果得罪了巡按御史，竟将马汝骥撤职。马汝骥离任时，州民攀辕，依依不舍，宗室亦设帐郊门外饯行。嘉靖初，朝廷召马汝骥还京，历编修、修撰、国子祭酒，擢礼部侍郎兼侍读学士。卒赠尚书，谥文简。马汝骥长于诗，著有《西玄集》八卷。王世贞《艺苑卮言》曰："马仲房诗如程卫尉屯西营，斥堠精严，甲仗雄整，而士乏乐用之气。"何良俊《四友斋丛说》曰："马西玄游西山古诗，清警藻绚。"陈田《明诗纪事》曰："侍郎诗镂金错采，颇极璀璨之观，惟少变化。"

明·陵川知县孙绍先：减赋禁匪

孙绍先，号碧泉，莱阳县（属山东省）人贡士。明嘉靖四十三年（1564）任陵川知县，才下车便深入民间，询问疾苦。原来县内一切费用全部让里甲办理，孙绍先将不合理的加征费用归纳为六项，向上级请示后全部裁除，不准盘剥民间脂膏，并且立碑刻石，以垂永久。百姓素被徭役所苦，凡有一役，中产之家尚且难以承担，贫民的境况可想而知。孙绍先得知，力为调停，具体规定了各种丁赋的标准，不得随意增加。少数百姓欠官租，年年习以为常，孙绍先下令限期交纳，不准鞭打催逼，百姓深感其德，皆尽力交纳。胥吏多贪婪不法，孙绍先严加制裁，不准狡猾作弊，中饱私囊，衙门内外皆兢兢业业，奉若神明。大小案件，孙绍先皆认真审理，即使是豪奸大猾，无不折服。孙绍先号召开垦荒芜之地，使穷困百姓得以赡养，招抚流亡之民，使外逃百姓恢复本业，并且敦行乡约，练习民兵，禁服匪盗，保护良民。又将庙学从东城外迁入城内，便于教学，士风得以改观。诸如此类，善政特多，声名传扬于三晋之间，成为楷模。在任二年，被人中伤而罢官，民攀辕号泣，洒泪而别，不久病逝。二十余年之后，陵川民尚思之不忘，祀名宦祠，立德政碑作纪念，泽州周盘撰《孙公遗爱碑记》。

明·高平知县王省身：摧强抑暴

王省身，字惟诚，河南西华县人，进士。明万历二十七年（1599），任高平知县。

王省身有才识，遇烦难事件，常常迎刃而解，气度又极宽厚和平。注重教化，务在与民休息，山野乡间百姓到来，待如家人父子，令其尽其言。又定时巡行四境，邀请三老，询问民间疾苦，以此予以解决。有市井无赖，依附宗室子弟，鱼肉百姓，无论平民富豪，皆望而生畏。王省身说："耨不亟则莠将害苗，亡宁以姑息故困吾赤子!"意思是说，锄地不及时，杂草将损害庄稼，难道可以姑息恶人而使我的百姓受困扰！于是他下令搜捕，得到作恶多端者十数人，置以重典，豪党自此屏息。

万历中，设矿监、税监，多任宦官为使者，所至肆虐，吸髓饮血，骚扰地方特甚，民不聊生。宦官往往以所得不满足罚及守令，各县令都惴惴不安。王省身说："长此安极？吾知勤所事、备上供足矣，诸寺人何有焉?"意思是说，这样长期下去，怎么能有穷尽？我知道勤于政事、上交赋税，就足够了，那些宦官有什么可怕？宦官南来，气势汹汹，王省身不为所动。王省身巡视庙学，将破敝之处修葺一新，按时课试诸生，评论甲乙。诸生入谒之时，无论高下，皆一视同仁，以礼相待。县内苦旱，既而更甚，王省身发粟赈贷，百姓人人果腹而后安。久旱之后，瘟疫又作，王省身出俸银购买药物，派人为百姓治病。

王省身治高平六年，政绩为各县之最，擢升刑部主事。临行之时，百姓数千人挡车涕泣，拥塞道路。王省身停车与百姓惜别，涕下沾衣。百姓思念不已，立生祠祭祀。高平进士冯养志撰《邑令豫凡王公志思碑记》。

明·阳城知县王雅量：除弊惠民

王雅量，字襟海，明代山东费县人，进士，万历三十三年（1605）知阳城县事。到任后，立志以关心人民疾苦，保护人民利益为己任，想方设法使黎民百姓得到实惠。当他发现阳城的税收中存在严重的舞弊行为时，便进行了一次大刀阔斧的整顿。

原来阳城夏秋两季的税收，常常拖欠，难以按时收齐。造成这种现象的主要原因，是一些狡黠诡诈的豪绅和县衙内奸猾的吏员，互相勾结，串通一气，把自己应交的赋税都分摊到穷苦农民的户下，这样便大大加重了广大农民的负担。催收赋税时，农民只好将一年辛劳所获，全部上交，结果赋税没有完成，自己的生活已经无法维持了。王雅量洞知后，决心根除宿弊，于是亲自动手稽查税籍，严禁劣绅猾吏再玩诡寄窜户的花招，有胆敢违犯者，便依法严厉惩处。经过他这样一番整顿，才使这一为害多年的奸弊得以杜绝，人民的困苦得到缓解。

万历三十七年（1609），夏秋之交，境内大旱，庄稼皆焦槁，颗粒未收，出现了罕见的大饥荒。王雅量一面向上官告急，呈请拨银赈灾，一面又拿出自己的俸银，以解燃眉之急。由于他的奔波努力，人民才能够保全性命，度过了荒年。

王雅量知阳城县事五年，政绩卓著，清名远扬。于万历三十八年（1610）擢升为御史，按陕西道。离任出阳城时，县民无论贵贱老幼，都在城外的大道旁迎送，如见慈母，牵衣惜别。当时因得罪权奸，罢官居家的白所知（后升工部尚书），撰写了《邑令王公德政碑记》，详叙其事迹，县人勒石立碑，以存纪念。二十多年之后，县人还常常思念这位爱民如子的父母官。王雅量得知，心情非常激动，写了一首七律，寄给县内父老。诗云：

回首行山梦一场，飞鸿几度意何长。
犹怜父老牵裾泪，更入公卿华衮章。
自愧劳心输卓茂，敢期遗爱系桐乡？
邑人若问吾何状，似旧愁眉鬓又霜。

诗中回忆了他在太行山为官期间，和阳城父老乡亲的深厚感情。虽然县人送别时牵衣洒泪的情景历历在目，白所知尚书也把他的事迹写入了德政碑，但他自愧多年劳心尚不及汉代的卓茂，更不敢期求像朱邑一样遗爱于桐乡。卓茂，字子康，汉代南阳宛人。为密县令时，奉公守法，故诗文中常作为能吏的典型。桐乡，地名，在今安徽省桐城县北。汉大司农朱邑曾任桐乡啬夫（官名），为民敬信，死后葬于此地。诗的最后两句，“邑人若问吾何状，似旧愁眉鬓又霜”，说自己还和在阳城任县令时一样，愁眉长不展，两鬓又添霜。这是一幅封建社会里忧国忧民的正直官员的自画像，和那些花天酒地、醉生梦死的贪官污吏正好形成了无比鲜明的对照。

清·泽州知州袁仲选：以身保民

袁仲选，辽东（在今辽宁省）人，贡士。清顺治六年（1649）任泽州知州。顺治五年（1648），明降将大同总兵姜瓖以恢复大明为旗号起兵反清，阳城人张斗光闻风响应，与潞安陈杜合兵，占据泽州城，攻取周围县城。顺治六年（1649）八月，姜瓖战败身亡，清军大兵南来，张斗光、陈杜兵力悬殊，寡不敌众，撤出泽州远走。袁仲选于此时单车上任，安抚泽州百姓，整顿秩序。清兵到来，要屠杀随从张斗光、陈杜反清的百姓。袁仲选见此情状，冒着刀剑白刃，向清兵主将苦苦哀求，愿以自己全家百口人的性命为无辜百姓担保，终于使清兵主将感动，答应了他的请求，并晓谕百姓说：我看在你们知州的面上，免除你们的死罪，你们要听从知州的教诲，不能忘记朝廷的恩德。百姓欢呼，感激涕零。因此，泽州百姓家家户户供奉袁仲选的牌位，早晚跪拜祝愿，又捐钱建报恩祠。不久，袁仲选升任潞安知府，士民攀辕号哭，不能挽留。男女百姓在报恩祠跪拜，五昼夜络绎不绝。又成立堆金会，捐积资金，作为每年五月在报恩祠祭祀和起赛的费用，庙祀历久而不衰。

清·阳城知县李继白：为民请命

李继白，字梦沙，河南临漳县（今属河北省）人，进士，清顺治十四年（1657）任阳城知县。李继白为官清廉慈祥，明敏干练。他禁绝行贿，理平讼狱，培养士子，督促农耕，许多善政，皆深入民心。阳城于明末经过战乱，清初顺治六年（1649）又经姜瓖的反清复明斗争，接着又有收元邪教的叛乱，人民流离失所，到处是寥落萧条的景象。明代盛时，全县人口达十余万之多，清初人口不过二万余人，凋敝之象不堪瞩目。县东诸镇人口稍较繁盛，西南一带整日不见村舍。有些地方全里不过百余男丁，还有一里一人供徭役数年无人更替。但是每年的赋税仍按全额征收，留存之人要包交原有已经逃亡之人的赋税。虽然每年尚有很多拖欠，但长此以往，必然造成官民俱困，使百姓生者亦死，土地熟者亦荒。李继白到任目睹这些现象，深知百姓困苦，于是详细上闻，为民请命。山西巡抚查核户口凋敝，救亡有据，立即上奏朝廷。皇帝准奏，下户部复核无异。于顺治十四年（1657）二月疏上，免去荒地五顷七十四亩，九月疏再上，又免九百零七顷四十七亩。前后共免荒地九百一十三顷，共免地亩加增银四千五百余两。民深感其德，树碑歌颂他的政绩。

四、贤能干练

宋·沁水知县杨仲元：实心惠民

杨仲元，字舜明，宋初由宛邱主簿升沁水知县。当时河西一带有战事，他运输军粮，夜晚住在洪谷口。杨仲元察看地形，认为这里是强盗出没的地方，赶忙命令离开。押送军粮的民夫因为困倦不愿离开，杨仲元坚决果断地带着民夫将军粮转移。结果夜晚强盗果然到来，其他地方押送的军粮皆被抢劫，唯沁水的军粮得免。起初，送军粮的日期较缓，而杨仲元催促甚急，到地方后，粮草不足的，就在当地市上贱价购买。后面到达的，粮草价格已涨数倍，购买困难，县民才知他催促急行的用意。二十年以后，他的儿子路过沁水，县人拜泣曰："河西之役，非公无今日矣！"原来州里每年收羊，借以搜刮民财，百姓深为所累。杨仲元到任后，让每户出一百钱，派人到外地买羊羔，第二年上供州里，不多征收一钱，减轻了百姓负担。他曾经告诫自己的儿子曰："吾入官五十年，未尝以私怒加人。虽杖刑之微，苟有两比，不敢与重法，以是为报国尔！"意思是说，他在五十年的为官生涯中，从来不把自己的怒气无故强加于别人。对于罪犯的惩罚，虽然是最轻的杖刑也不轻易使用。如果在用刑的范例中，有两个以上的范例，则挑刑罚较轻的用，不敢用重刑。以此爱民，实际也是报效国家。

明·高平知县杨子器：循良美政

杨子器，字明甫，慈溪（今属浙江省）进士。明弘治八年（1495）任高平知县。治县执法甚严，极有威望，制裁胥吏恶行，勘破书手奸事，一时皆收敛，不敢妄为。均平赋役，积粟备荒，每年下乡了解春耕秋收情状，有困乏者给予补给。朝廷下诏，迁徙民兵充实边疆，杨子器抗言此事与民不便，结果迁民之事因此作罢。杨子器又下令禁止僧道活动，拆毁供奉民间乱神的祠庙，取消不合礼制规定的祭祀，禁止丧葬大办佛事，以此节约民财，纠正风俗。有一骡夫在旅店中杀死商人，盗钱而去。商人之父不明真相，诬指店主。杨子器觉察到此中有冤情，遂明查暗访，终得实情。真凶同盟者十余家，历年杀商贾四十余人，取赃银数千两，皆被绳之以法。杨子器继承明道先生程颢之遗意，修葺县学，设乡校七十所，令士人习读其中，并经常为之讲解经书，申明道义，造就了许多人才。县内旧无县志，邑之掌故文献无可考据，他即广询博采，搜秘决疑，旁援直据，辅以己见，遵照《一统志》的体例，命司训李英执笔，不过一月编成《高平县志》一帙，著名哲学家、教育家王守仁为之作序。他的仆人曾收纳贿赂，被他发觉，严励惩处，不因自己已离任而稍加宽恕。离任十八年后，高平民申铎、姬增等数百人，请为之立祠于建宁镇先圣庙之东庑。庙为宋代哲学家程颢创建，杨子器曾经修葺翻新。杨子器累官至河南布政司，安阳崔铣撰《杨公去思碑记》。

明·陵川知县完东气：除弊兴学

完东气，字养直，号明宇，辽东（今辽宁省）籍，陕西咸阳恩贡。明万历十六年（1588）秋任陵川知县。

正遇上庄稼歉收，百姓多逃避赋税，完东气于是宽限时日，征收从缓，让百姓渡过难关。并且革除在正赋之外增收的附加额，禁止收粮时多收在升斗上面高出来的尖头，不准鞭打百姓，一切积弊尽去，百姓乐于输纳。在任用度俭约，对下属从严约束。断狱明辨是非曲直，使民无冤抑。定乡约，禁赌博、弭盗贼、劝农桑、招流民，善政颇多。振兴教育，培养人才。每年二八月，如同乡试会试，对诸生考试三场，分别高下，设宴奖赏。在里中遍立社学，选择教师教授学童，使民知学。棣华堂、落雁池，皆元代郝经遗留的古迹，日久毁坏，完东气修筑墙垣，建立门户，整饬旧堂，新建池亭，令人守护。城墙原为砖筑，因遇大雨，倾塌过半，于是准备砖石，重新修筑，使城防巩固。官道上的铺舍，年久失修，大多颓废，皆修建一新，使邮递和住宿大为方便。四年之间，礼乐与政刑同施，仁厚与严毅并用，以实心行实政，造福百姓多端。升河间府同知。邑贡生绛县教谕王敷典撰《完公遗爱碑记》。

明·阳城知县杨镇原：魂系桐乡

杨镇原，字仲岳，陈州（在今河南省淮阳一带）人，进士。明崇祯二年(1629）任阳城知县。杨镇原为人厚重少文，政以简静为本，与民休息。与县内士大夫及吏民相交，如同乡亲一般，与其在桑梓无异。吏民有犯，也未曾重刑鞭笞，禁奸惩恶，也不以严峻为名。

崇祯四年（1631）夏，陕西农民军自乌岭而西，进入阳城。杨镇原即晓谕百姓，收拾盖藏，日夜做准备。崇祯五年（1632）七月十六日，农民军数万人从高都方向来，进入县东白巷、郭峪一带，杀掠惨不可言。当时正值沁河暴涨，农民军不能渡河西向。杨镇原组织丁壮，悬以赏格，前往沁河东阻击农民军，斩杀农民军首领九条龙。又在沁河渡口，以舟子引诱农民军上船，至半渡沉船，淹没农民军多人。四日后，农民军方拔营东去。秋雨水大，阳城城墙坍塌三十丈，杨镇原措办砖石甃砌，三日三夜完工，高大坚固胜于昔时。十一月二十七日，农民军不沾泥率众越黄龙岭，火焚孙庄，直抵城南。杨镇原临城固守，令发飞炮，农民军应声而退。十二月初一，杨镇原配合尤世禄将军夜袭封头等地，斩首百余级。陕西农民军先后聚集不下百万人，往而复返大约七十次，焚杀抢掠计二年有余，四境之内蹂躏无处不到。其间官军来往，车马如织，将骄兵悍，索饷如虎。加之饥馑之余，瘟疫大作。兼此数者，皆杨镇原昼夜勤劳，一肩担承，辛苦万状，劳累不堪。他有抚养百姓的辛劳，更是百姓生命的依托。他视民如子，百姓也尊敬亲爱，视之如父母。

崇祯七年（1634）三月，杨镇原内召京职，后升户科给事中，迁河东道左参议。杨镇原在任不仅保全百姓，而且以清廉著称，止饮濩泽一杯水。临行之时，行装萧条，儿子女婿身穿粗衣，头戴毡笠，清风劲节，仪态安闲，百年来所未有。杨镇原走后，百姓思念，建生祠画像祭祀。进士张鹏云撰《杨邑侯去思碑记》，进士张慎言撰《邑令杨公生祠记》，陈宏度撰《聚魁堂三贤侯记》。

杨镇原临终时，命其子曰："阳城乃我桐乡，吾死后魂魄恋此，无舆榇还也。"汉代的朱邑少时为桐乡吏，廉平不苛，百姓爱敬。朱邑病且死，嘱其子必葬自己于桐乡。后来，"桐乡"就为官吏在任行惠政、有遗爱的典故。杨镇原的意思是说，阳城就是我的桐乡，我死后魂魄留恋此地，无需把灵柩运回老家陈州。杨镇原死后，遂葬于阳城县城南风雨坛之侧，民多哭于墓。

清·泽州知州官于宣：简静贤明

官于宣，字雪眉，闽县（治在今福建省闽侯县境内）人，进士，清康熙十二年（1673）任泽州知州。性廉洁俭朴，到任仅带一两个仆人。公事之余，只与仁人贤士交往，毫无官架子。但除了谈诗论文之外，他们想得到好处或稍以私心干预政事，绝对不可以。官于宣曾说："为政当察理验情，若参己意人言，便生障阂。"意思是说，处理政事，应当体察事理，验证情缘，如果参入自己的主观意志，或者轻信别人的言语意见，便会作出和实际情况不相符合的决断。所以官于宣听讼断狱，每以简静著称。原告被告前来就审，官于宣从不听信请托之言，下属官吏也不敢轻易接受一词。当时朝廷因战事，加收间架税（房产税），他安排恰当，不增加百姓负担。又创设提调，专管州城四门之事务。学正因守孝而离职，提学使命令官于宣兼管其事。官于宣于政务之余，考校诸生文童，讨论文章，又见文庙大殿两庑不蔽风雨，明伦堂亦破败，不便教学，便独任其事，聚集工匠，准备材料，六个月而庙貌一新。

后因巡抚和提督互相构怨倾轧，官于宣受其牵连而罢官。百姓无不惋惜，在州城郊南为他建立生祠，置办田产以供祭祀。

清·沁水知县赵凤诏：能官堕落

赵凤诏，江苏武进（今常州市武进区）人，户部尚书赵申乔之子、侍读学士赵熊诏之弟，清康熙二十七年（1688）进士。康熙三十三年（1694）至四十年（1701）任沁水知县。

赵凤诏初到任时，由于连年叠遭旱蝗瘟疫，人民逃散，土地荒芜。身历村镇，只见颓垣破舍，荡然无存，户口寥寥，家徒壁立。康熙三十年（1691）和三十一年（1692）积欠赋税银达二万五千两之多，无力补交。赵凤诏向巡抚上书《详请缓征旧赋》，称："茕茕孑遗，仅存皮骨，有疮须补，无肉可剜。"请求格外施仁，蠲免缓征田赋。

由于军队急需草束，大同饥馑，采办草束艰难，命山西南部的府县协办草束，飞运云中。沁水距大同一千五百里之遥，一年之中，派运草束一次两次犹可，竟派至四次五次之多。赵凤诏先后向巡抚上书《详免协济云中草束》《再详免减草束》，称沁水百姓"室如悬磬，野无青草。食不充口，衣不蔽身"。又说："小民膏血有限，何堪有此无已之求，劳民伤财莫此为甚！"请求上宪务予减免。

为了尽快恢复和发展生产，赵凤诏采访民间利病，发现逃亡户口甚重，有返回故乡的也不过十之二三，面黄肌瘦，目击神伤，啼饥号寒，耳闻心恻。于是他发出告示，号召流亡外地的沁水灾民回归故乡，某人前往某处佣工，某人今在某处求食，定要互通声息，务使远近传播。对于应召回乡的灾民，无法生活的，酌量情况发给耕牛、种子，让他们不违农时，正常耕作，使漂流异乡的灾民，皆能户户安居，家家乐业。

赵凤诏为减轻人民负担，革除了赋税正供之外的一切杂项摊派、火耗等陋规。又怕里长借端苛派勒索，故张贴布告，准许百姓随时赴县衙控告。同时向百姓保证，今后若本人征收赋税有分毫浮溢，准许百姓赴上司控告，本人静听题参。

康熙三十三年（1694）夏，沁水梅河暴涨，冲堤激石，泛滥成灾。赵凤诏骑驴巡视，见水溢堤坏，距城墙仅数步，岌岌可危。于是度其高下，相其便宜，均分丈尺，招募民夫，凿土为河，引水而东，绕流山麓三百余步，与旧河相接。又取其弃土，垒石为堤，冲决之处补筑，塌毁之处增修。五旬而河工告峻，永绝水患。

赵凤诏发现县内有不务正业、游手好闲之人，结党成群，引诱良家子弟，开场赌博。一入此局，聪明之人尽为懵懂，赢则贪心无厌，输则翻本不休，寝食俱忘，百事皆废，以致父诫嫌隙，妻谏反目。赵凤诏劝导嗜赌之人说：“尔等曾见有赌博而成家立业者乎？未也；见有赌博而不倾家荡产者乎？未也。”因此他出告示严禁，严求嗜赌之人务必改过自新，各安生业。若有不知悔改者，决不姑纵。凡赌博之人，枷号两个月，责四十板；开场之人，在家存留赌博之人，将自己银钱放头抽头之人，各枷号三个月，责四十板。于是赌博之风立止。

康熙三十六年（1697），赵凤诏在公事之余暇，在旧志的基础上进行增修，用时三月，编纂了《沁水县志》，自捐俸禄，雕版印刷。沁水历史上曾九次修志，前五次志书全已不传，赵凤诏所编印的康熙《沁水县志》成为沁水存世至今的第一部县志。

康熙四十年（1701），赵凤诏调任临汾知县，士民准备为他立德政碑，建生祠。赵凤诏闻知，出告示说：“本县闻之，颜赧心疚，不觉汗浃沾背。”“当此民穷财尽之时，以有用之财而置之无用之地，重滋本县罪愆也。”坚决反对为他树碑建祠。在离职时，百姓攀辕送别，立生祠纪念。

康熙四十一年（1702），赵凤诏升任太原知府，在任十三年。时任山西巡抚的满洲正红旗人栋鄂氏噶礼，当官勤敏能治事，但十分贪婪，纵吏虐民，山西民不能忍受。御史刘若鼐上疏论噶礼贪婪，得赃数十万两，太原知府赵凤诏为其心腹，专用酷刑以达到贪赃受贿的目的。康熙帝将刘若鼐的奏疏让噶礼复奏，噶礼巧言辩释，蒙混过关。

康熙四十九年（1710），康熙帝驾临龙泉关，赵凤诏前去迎驾。康熙帝因为他是赵申乔的儿子，十分优遇。康熙帝问，山西巡抚噶礼贤否？赵凤诏极力言噶礼清廉第一，康熙帝于是提拔噶礼出任江南江西总督。康熙帝谓赵凤诏曰：“汝父官声清廉，汝当效法。”赵凤诏对曰：“微臣所自信者，不受贿而已。居官受贿，无异闺女失节，臣实耻之。”康熙帝笑曰：“尔言虽鄙陋，然如此存心甚佳。”

后来噶礼因贪贿败事被查，康熙帝举赵凤诏问吏部尚书张鹏翮，张鹏翮上言其贪。康熙五十四年（1715），山西巡抚苏克济劾赵凤诏“巧立税规，贪墨不职”，受贿至三十余万两。康熙帝下令将赵凤诏革职查处。湖广总督额伦特奉诏前往审理得实，因赵凤诏为左都御史赵申乔之子，初拟监候斩，九卿议改斩立决，所贪赃银照数追缴。康熙五十七年（1718），赵凤诏伏诛。

赵凤诏初任沁水知县，清廉爱民，深得人心。又以父兄在朝，升迁迅捷，受到康熙帝优遇。可叹的是，赵凤诏逐渐蜕化变质，投靠巨贪噶礼，被引为心腹，专用酷刑以济贪壑，沦为贪官，终致伏法。

清·高平知县龙汝霖：造福多端

龙汝霖，字皞臣，湖南攸县槚山人，道光二十六年（1846）举人。同治三年（1864）至八年（1869）任高平知县。

高平俗尚厚葬，喜用僧道，又迷信堪舆（风水）之说，把灵柩淹留不葬。龙汝霖严令淹柩者限期归葬，要求“毋厚葬、毋拘阴阳”。百姓患病，多求神拜佛，常聚巫师祈祷于神，有到金峰山艾灸石佛，称治百病。又用五色丝织品编制百子桥求子，观看的民众很多，既荒废正业又耗费钱财。龙汝霖斥佛教“蛊惑愚民，蠹财滋惰”，明令禁止。

董峰有圣姑庙，供奉马仙姑，旧俗三月、七月，民众到董峰拜谒马仙姑，男女杂沓。常有男子假称马仙姑附身显圣，为人治病，男子叫作“马甲”。马甲为妇女治病，必在暗室之中，不许人入，恣意淫乱。同治五年（1866），龙汝霖为了禁止马甲作恶，抓住董峰马甲加以严惩，并且发文关闭圣姑庙，禁止百姓祈祷。同治六年（1867），龙汝霖又抓获王何村马甲，披枷戴锁，在大街示众，很久才释放。

岁旱祈雨，高平俗称为“捉旱水”。方法是在城西府君庙及伯方、店上、唐庄、朴村的村庙内各埋一古瓷瓶，取出后各放入唐安成汤庙、羊头山六名寺、吴庄五龙庙、董峰圣姑庙、伞盖山鸠山寺，选择童男每日朝拜三次，首次二十四拜，以后递增，拜得久了瓶内就会生出“圣水”。圣水以一滴为止，多了则为凶兆，仍要久拜使消去。如此跪拜，常有人因为时间过长体力不支而死亡。乾隆年间的知县梅建曾下令革除此陋俗，但日久死灰复燃。龙汝霖说：柱础湿润，就是即将下雨的征兆，乃是天地自然之理。天要下雨则瓷瓶湿润，瓷瓶湿润则瓶中水生，愚昧的人以为是跪拜而得到的，难道不荒谬吗？同治六年（1867），旱情严重，龙汝霖仍令百姓拜瓶求雨，结果没有求到雨，众人认为是神灵不高兴所致。又继续用俗法，近一个月仍未得雨。六月十五日，龙汝霖根据天气变化预测将要下雨，果然得二日甘霖。百姓方解开迷惑，求雨的陋俗也被破除。

旧俗崇拜多神，纠结青壮年抬负神舆，称为大驾会。抬负神舆用巨木，称为硬杠。十数人随从左右，火铳开道，手持柳枝，遇见穿白衣服和戴草帽的人就击打，看到妇女、鸡、狗，都要用鞭子打到见血乃止，甚至入人之室，肆意践踏。店上村最为横暴，甚至抬神舆闯入县衙，要求唱戏酬神，得到目的方才离去。龙渠村有所谓柳将军，用木棒打人，无人敢违抗。同治四年（1865），龙汝霖抓捕店上村领八人依法惩处。并且通告全县，禁崇拜多神，禁硬杠，禁大驾会，禁入人室，禁柳枝击打白衣者，禁城市火铳开道。如再有犯者，以纠集聚众之罪论处。

为了教化乡民，改变恶俗，龙汝霖颁布了“十劝”“二十戒”。十劝：劝孝父母；劝和睦；劝立品；劝读书，每里颁发朱子《小学》；劝农桑，每里颁发《农桑政要》书；劝畜种；劝贞顺；劝纺绩；劝息讼；劝兴义学，减演戏作为费用。二十戒：禁桑羊，恐羊食桑叶禾苗；禁讹诈；禁唆讼；禁斗殴；禁轻生，投厕尤为恶习；禁赌博；禁偷盗；禁嫁女求财；禁拐带逃亡；禁接脚，兄或弟死亡后以弟妇和嫂为妻；禁孤老，寡妇所私称为孤老；禁秧歌，影响农事；禁冥配；禁厚葬；禁浮厝，用砖石将棺木垫高，暂不入土归葬；禁躲魂斩殃；禁多收僧尼；禁捉旱水；禁马甲、香头、师婆等事神者；禁种罂粟，割而制作乌烟。

同治四年（1865），高平旧时的义学仅剩下节义坊一处，其余皆荒废。龙汝霖驱逐了淫僧，将寺院改为学校，建立了新庄、围城、小川、韩庄四所义学。同治六年（1867），龙汝霖在全县设立的义学已经达到一百一十七所。他与诸社长约定：贫民子弟皆可入学，不要求交学费，以防因贫废学；义学的经费来源，由富户捐地所种的粮食、富户捐钱所取的利息、社庙演剧节省的钱三部分构成，不向贫民分摊，以防苛派。龙汝霖向各里颁发朱子《小学》一书，作为教学之用。

同治五年（1866），高平宗程书院倾败荒芜。龙汝霖决定重新修缮，经过筹划，需钱三百余贯，遂捐出俸银独自承修建费用。龙汝霖命邑绅申国英等五人经理其事，不费民财，不用官工，两个月竣工，书院焕然一新。

高平西枕高山，夏秋雨涝，山洪暴涨，横流城郭，淹没房屋。龙汝霖见学宫内水深三尺，甚为危急。于是不辞劳苦，巡行山麓，见旧有濠堤皆已坍塌淤没，于是谋划浚濠筑堤。按往年旧例，需要濠堤两岸百姓效力、商家助资，但当时正值“农苦于旱，商耗于兵”，龙汝霖不忍再增加百姓负担，自己捐出俸银一千五百两，令邑绅申国英等人经理其事，疏浚修筑濠堤二千四百余丈，修复旧桥七座，新建一座，用时九十余日，费银共千两。龙汝霖担心日久不治，淤积如故，再造成水患，严禁居民向濠堤倾倒灰渣，又以濠堤工程剩余的五百两银和城防工程剩余的三百两银，以十分之一的利息贷给典当行，将所得利息作为濠堤的维护费用，每年农事结束，由邑绅经理修缮，使永无后患。

高平换马村有永惠桥，即将倒塌。龙汝霖捐俸银三千余两，嘱咐邑绅举人申国英等五人主持修缮。工程开始于同治八年（1869）春，一年后，龙汝霖因丁忧离任，临行时，因未看到永惠桥竣工而深感遗憾，嘱咐署任知县王家坊继续监督直至完工。数月之后，永惠桥竣工通行，贩者负者，如履平地，车马驱驰，顿为通途。龙汝霖有明干之才，废而谋兴，可谓“勇于为义”；王家坊与诸绅士经营赞襄，不负所托，可谓“乐于从善”。

龙汝霖官高平县时，布政使文某路过县境，他的仆从向龙汝霖索贿未遂，便取衙中器物而去。龙汝霖得知后，立即派遣差役追上，将仆从以绳捆绑，搜其行李，得到所失之物才放行。后来龙汝霖官江西铅山知县，巡抚沈葆桢向龙汝霖推荐一家奴。该奴素来抽鸦片烟，龙汝霖责备他，恰被沈葆桢等看见，龙汝霖直言说：“某用人有约，不博、不歌、不吸烟。此奴苟不吸烟，惟公所命。”沈葆桢惭愧而去。王闿运写诗称赞龙汝霖曰：“憨搜文布政，狂斗沈尚书。”

在高平任内，龙汝霖亲自纂辑《高平县志》八卷，三月而成。善作诗文，著有《坚白斋集》等。

清·阳城知县郭学谦：革故鼎新

郭学谦，字吉人，甘肃武威县人。清光绪三十四年（1908）任阳城知县。到任兴利除弊，重农桑、倡节俭，施仁政。旧例正月十五城隍庙会，县城厢坊八里置办祭品“满汉供”，花费较大，郭学谦立予革除，主张从俭办理。乡有停丧厚葬之俗，贫民无力厚葬，常有停柩于家数年甚至数十年者，郭学谦立命于三个月之内埋葬，不准借故推延。郭学谦振兴学校教育，组织人员下乡视察，奖勤惩惰，教育情况大为改观。郭学谦在视察时发现教员擅离职守，在禅房内与僧人闲谈，次日便下文将其撤职。文中写道：“国家之兴衰在于教育，教育之隆替在于教员。本县昨到该校，教员闲谈禅室，学生杂乱无序。坐定多时，才见该教员款步从容，俯首屈臂，姗姗然，款款然，一步一趋自禅室而来。深惜工农血汗之脂膏，供备若辈谈笑之资斧，义不容也。”郭学谦还在阳城创办女子学校，号召女子入学，阳城有女学自此始。宣统二年（1910），郭学谦离任，百姓挽留，脱靴以作留念。

第五章

乡贤遗范

以德化人以身正人的社会仪型

行山锺秀，功在家国；泽郡多贤，望重桑梓。王晦守土殉节，段直兴学抚民。耿直敢言，当赞武明甫；清廉爱民，须夸郑制宜。忠孝持正有杨砥，堪寄重任推原杰。孟阳重义，以身死谏；何麟多识，孤胆谏君。孟兆祥浩气凌云，一门忠烈；卫立鼎清操肃然，廉吏多能。张瑃为乱世能臣，段正乃一道福星。翟学程有远见卓识，张志芳称清官第一。兄弟直臣，张光缙峻节清标，张光前力抗权阉；叔侄尚书，白所知品行高洁，白胤谦正色立朝。李棠馥留心民瘼，毕振姬廉能有声。田逢吉积劳成疾，杨豫成济世功高。陈文贞之子陈豫朋，称为清官诗人；田文之子田懋，号曰“白面包公”。卫一凤清正廉能，朱三才救民水火。秦百里爱民如子，常恒昌为民除弊。封翁陈昌期，有惠民高义；耆宾田雨时，具隐德高风。张鹏云轻强权，抗论直言；薛鸣皋重气节，清操卓越。以德化人，民存向慕之心；以身正人，世有思齐之志。

一、清节高风

元·大都留守郑制宜：清廉爱民

郑制宜（1260—1306），天性聪慧敏捷，仪容庄重，有才识度量，通晓蒙古语。其父郑鼎为元初功臣，至元十四年（1277）战死，郑制宜承袭父亲官职为太原、平阳两路万户，仍旧防守鄂州。当时鄂州知州缺员，朝廷命郑制宜代理知州事务。至元十九年（1282），朝廷准备征讨日本，在何家洲建造楼船。何家洲地势狭窄，众人打算迁走附近的居民，郑制宜不同意，改在宽阔处建造楼船，当地居民非常感戴他的恩德。鄂州城中屡次发生火灾，有人认为是奸诈之徒乘机叛乱，应当捕捉那些有嫌疑的人，从重治罪。郑制宜曰："吾但严守而已，奈何滥及无辜！"意思是说，我只要严加防范就可以了，为什么要滥杀无辜百姓！他没有鞭打一人，火灾也没有再发生。有盗贼埋伏在鄂州城近郊，早晚抢劫，扬言将要进入鄂州城。不久有几名男子从城外来到，东张西望，行态异常，郑制宜命令小吏将他们捆绑入狱，审问得不到证据，行省官员怀疑他们不是盗贼，准备释放他们，郑制宜不同意。第二天，郑制宜再次出城到城东，遇到一人，骑白马，容貌服装与常人不同，郑制宜喝斥他下马，审讯他，正是与前几名男子一同为盗贼的人，于是将他们治罪，使鄂州平安无事。

至元二十四年（1287），郑制宜护卫元世祖东征，他请求奔赴战场效力。元世祖认为郑制宜的父亲为国事而死，只有郑制宜这么一个儿子，不让他上战场。郑制宜尽力请求，元世祖于是命令他另外率领一支军队，任命为怀远大将军、枢密院判官。至元二十八年（1291），郑制宜改任湖广行省参知政事，辞别元世祖时，元世祖说郑制宜父亲为国事而死，尚未赏赐。近日要束木被处死，已经没收了他的财产、人口、牲畜，让郑制宜选择其中好的取走。郑制宜回答曰："彼以赃败，臣复取之，宁无污乎！"意思是说，要束木是因贪赃而覆灭，臣又拿取赃物，难道不玷污自己吗！世祖赞赏郑制宜的操守，赐予白银五千两。不久，召他入朝任御史台侍御史。安西有牧场，掌管牧场的官员依仗权势，夺占民田十余万顷，百姓向官府申诉，多年不能审理。郑制宜奉诏前往安西，按照地图版籍来纠正疆界，诉讼因此而平息。

至元三十年（1293），郑制宜被任命为湖广行枢密副使。湖南辖地广阔，群寇依据险要出没其间，昭州、贺州以及庐陵境内百姓常常遭受侵害。郑制宜率领军队巡行二州，途经庐陵永新，抓获盗贼首领及其同党，全部处死。茶乡人谭计龙，聚集恶少，藏匿兵器，为非作歹，被捕获后，他家行贿来拖延审判，郑制宜将贿赂全部用来犒劳兵士，将谭计龙在街市上斩首，从此洞庭湖以南不再有盗贼。元贞元年（1295），入朝觐见，元成宗特地任命郑制宜为大都留守，管领少府监，兼武卫亲军都指挥使，知屯田事。

大德七年（1303），山西发生大地震，平阳路尤其严重，压死很多人，郑制宜秉承诏旨抚恤灾民，惧怕途中迟缓来不及，昼夜兼程赶赴平阳，到达后就亲自进入里巷，慰问伤残百姓，供给粮食布帛，幸存者赖此得以保全。元成宗素来闻知郑制宜的名声，对他宠遇格外优厚，郑制宜每逢侍奉宴会，都不敢饮酒，整日不露倦容。元成宗察觉他的忠诚勤恳，屡次赐予宫内佳酿，郑制宜则带回家去献给母亲，元成宗听说后，特地封他母亲苏氏为潞国太夫人。大德十年（1306），郑制宜因病去世，终年四十七岁。赠推忠赞治功臣、银青荣禄大夫、平章政事，追封泽国公，谥忠宣。

明·工部尚书白所知：品行高洁

白所知，字廷谟，号省庵，阳城人。幼时清瘦体弱，见识超人，目光如电，十岁时即能作文章。明万历十年（1582）壬午科乡试第一，万历十一年（1583）癸未科进士。

初任礼部主事，调往吏部，历任稽勋员外郎、验封郎中、文选郎中。

他办事公道，品行高洁，正直的名声传到了宫禁。每年例行公事，春秋两季要淘汰一两个谏官离京外任，以示优劣。给事中戴士衡，是宰相张位的同党，白所知厌恶他阴险奸佞，按年例让他出任地方官，张位因此怀恨在心。正好白所知奔丧归家，张位唆使戴士衡上奏诬陷他赃私，均无风影可捕捉，张位借圣旨罢其官。吏部尚书蔡国珍与张位本是儿女亲家，却为白所知辩诬，并以辞官力争，但万历皇帝不听。从此，白所知杜门谢客，优游林下二十年。

光宗即位，起用白所知为太常寺少卿，转光禄卿，晋南京户部左侍郎。白所知所到之处，清廉的名声特别响亮，而且处理公务非常熟练，办事符合民情。当时因为征收军粮解送不及时，军饷亏缺，兵士要在祭祀皇陵时暴乱闹事。白所知在户部衙门前贴出布告，预先发给他们一个月的粮饷，暂停供应其他不急之需，很快平息了事态。皇帝召他返回北京任工部左侍郎，修缮庆陵，工竣赐帑金，晋升工部尚书。朝廷有好多工程，开销以万计，国库匮乏，白所知调度缓急，皆无欠缺，人服其镇定。三殿修成，叙功加太子太保。

白所知多次上疏辞职，赐乘驿车归家。任吏部郎官时，因父病而告归，忧伤不欲生。父亲安慰他说：自古以来谁不死？儿自宽心，勉力报国，不必为老人忧虑。居丧期满后，因母老而不赴任补官。后奉母赴任，母以年老思家，请假送母归，仍不赴官。是时，吏部尚书孙丕扬雅相爱重，以部文促其就道。前后家居共四十年，饮食无膏粱厚味，衣服无绫罗绸缎，见到后生总要谆谆教诲，以孝悌谦谨为立身处世之大节。享年八十六岁。白所知究心理学，当时人称，冀之南自和顺王云凤之后，理学当推白所知。所著《惺心录》，与大儒安邑曹于汴、绛州辛全等所著书同载《三晋语录》中。

明·南兵部尚书卫一凤：清正廉能

卫一凤，字伯瑞，号桐阳，阳城人。明隆庆四年（1570）庚午科举人，万历八年(1580) 庚辰科进士。初任刑部主事，精通法律，亲手写判决书，大理寺挑不出任何差错，下属官吏也无法乘机作奸。历升为员外郎、郎中，清白而一尘不染，有国士之称。出任绍兴知府，丁母忧，起任山东青州知府，施政严明而又简易。因违忤了巡按御史，巡按御史想对他攻击陷害，巡抚孙矿曰："青州饮郡中一勺水耳，正如富郑公之守青州，安能浼耶?"意思是说，卫一凤做青州知府很清廉，只不过喝了青州一勺水罢了。他与被封为郑国公的北宋名臣富弼守青州可以媲美，怎么能够玷污他呢?孙矿还特意上疏向朝廷推荐卫一凤，卫一凤被提拔为巩昌（今属甘肃省）副使。

边界外族入侵，卫一凤出谋划策，抗击获胜，受到皇帝的奖赏。丁父忧离职，服满起任山东副使，备兵青州。因河防事务繁多，黄家口诸处决堤，工部尚书刘东星请旨令卫一凤改任济宁河道。卫一凤到任，筑陋室居于黄河岸边，因势利导，昼夜督修，堵塞诸缺口，三年功成。人称卫一凤治河如治兵。恰遇饥荒年，米价飞涨，民不聊生。卫一凤为了平抑米价，设法预支了河工的役米，故意把米价定得很高。粮商见有利可图，皆运米来，卫一凤又将米价突然降低，诸粮商无奈，只好将米贱卖。如此米价得到平抑，百姓方赖以生存。

卫一凤升为山东参政，移驻青州。后升为应天（今南京市）府丞，坐一小车到任，自奉寒素俭朴，钱粮出入，一览清白。邪教头目刘天绪叛乱，密以方略捕灭。又以右佥都御史的身份巡抚郧阳，秦地百姓聚众起事，卫一凤命偏将给百姓讲明祸福利害，百姓立即解散。离任时节省经费七千多贯，收入库中，一毫不取。卫一凤晋升为南京兵部右侍郎，又升南京刑部尚书，改任南京兵部尚书，参赞军机事务。平息叛乱，严肃军纪。晋资德大夫、正治上卿。

天启元年（1621)，权阉魏忠贤执政，卫一凤三次上疏辞职。返家后，正赶上阳城县建立魏忠贤生祠，知县邀请卫一凤署名，卫一凤拒绝曰：

“吾罢官正洁此身耳，可以此相污耶?”意思是说，我辞官正是为了洁身自好，怎么能够因此而污染呢？卫一凤乡居，声望益高，享年八十四岁。赠太子少保，朝廷遣官员祭葬。其子卫廷宪，字扶区，登进士，历任户部主事、升郎中，出任淮安知府，有才能，以清廉耿介受上官赏识，死于任所。

明·山东参议张志芳：清官第一

张志芳，字廷芝，阳城人。明万历十九年（1591）辛卯科举人。十五岁束发之时，恬静寡欲如同成人。父亲去世，守丧三年，过于悲痛而骨瘦如柴，居住于墓侧之庐，不入内室。母亲患病，尽心侍奉，一连七昼夜衣不解带。

初授山东阳信知县，正遇到大灾荒，多方设法赈济，并召集县内父老乡亲，流着泪劝告勉励大家，坚持度过灾年，所救活的人数以万计。上级将他救灾的政绩刊刻成书，名曰《救荒实政》，下发各县，成为救灾施政的榜样。张志芳因政绩优异被举荐，任命为安徽宿州知州。阳信县的父老乡亲奔赴京城，请求朝廷继续让张志芳在阳信任职，不批准，百姓号哭攀留，不忍分离，并为他建立生祠，树德政碑。天启年间，巡盐御史张泼为张志芳里第之门题匾曰“天下清廉第一”。

张志芳以母亲去世归里，服除补沧州知州，又改景州知州。沧州、景州白莲教信徒众多，活动频繁，经常发动变乱，愚民蠢动。张志芳单骑前往，以祸福解说劝导，使之全部回归田亩，境内赖以平安。又整顿驿传，申建保甲，革除羡耗。在官三年，独自居住，身边只有两三个仆人照顾起居。一日，张志芳等候漕运使到来，不小心失足落入水中，被人急救出水。换衣服时，他所穿衣服都是粗布，里外无一寸绸缎。漕运使叹曰：“真清正人也！”漕运使特地向皇帝上疏，表彰他的清廉政绩，提升张志芳户部员外郎，景州百姓又为他立祠纪念。

张志芳以户部员外郎奉命署理太仓，掌管国家的仓廪出纳。刚两个月时间，就节余米粮一千七百余石。奏闻皇帝，赐宴表彰，提升张志芳为郎中，督天津军饷。张志芳到任，亲自考察测定重量和容量的工具，避免舞弊盘剥，三军都感戴他的恩德，皇帝赐银奖励。张志芳晋升为山东布政使司佥事，仍在天津就职。他革除船运的陋规，体恤解运的官吏，对漕船兵丁之长尤加关怀。张志芳焦虑烦劳，殚精竭力，纠正剔除各种积弊。皇帝诏书表彰曰："守严一介，清畏四知。士马饱腾，飞挽时至。汉高用萧相于关中，光武委寇恂于河北。揆之今日，无多让矣。"意思是说，张志芳的操守严谨到一介细微之事，清廉到畏惧"天知、地知、你知、我知"四知之事。在张志芳的管理之下，士兵战马皆饱食而腾跃，运送粮草的车船飞速而至。就如同汉高祖刘邦任用萧何丞相治理关中，又如同汉光武帝刘秀委任寇恂将军经营河内。估量今天的情况，张志芳与萧何、寇恂相比，也无须过多谦让！张志芳加升一级，晋升山东布政使司右参议。积劳成疾，卒于官。军民闻讣，各以白布包裹头发，哀号数日，并为他建祠立碑。

清·湖广布政使毕振姬：廉能有声

毕振姬（1612—1681），字亮四，号王孙，又号颉云，高平人。明崇祯十五年（1642）解元，清顺治三年（1646）进士。授平阳府教授，入为国子监助教，累迁刑部员外郎。公余独坐陋室，布被瓦盆，读书不稍倦。

顺治十年（1653），出为山东济南道参议。时南方正用兵，山东连年荒旱，流民王显聚众踞山谷起义，势力甚大。毕振姬昼夜驰三百里抵任，用计擒杀其首领，余众皆就抚，全活七千余人。泰山香税每年羡余银（正赋以外多增加的附加费）七千两，按例充参议署公用，相沿已久，毕振姬全部革除，以充军饷。

顺治十四年（1657），调广东驿传道佥事。当时三籓使者往来络绎不绝，其商贩尽取给驿传，胥吏乘便私派折价，人民甚苦。毕振姬按法律制度统一标准管理，仅几个月，总计减少船数百只，减少费用七万多两。不久，毕振姬调浙江金（金华）衢（衢州）严（严州）道参政。顺治十六年（1659），升广西按察使，清理累积平反大案七十余件，所至以廉能闻名。

洪承畴在西南与明军作战，非常赞赏毕振姬的才干，推荐毕振姬任湖广布政使，使专门为大军进剿供给军需，毕振姬因病辞官，匹马而归。

康熙十七年（1678），诏举博学鸿儒，左都御史魏象枢、副都御史刘楗疏荐毕振姬，特征至京，以老病力辞。康熙十八年（1679），康熙皇帝命廷臣保举清廉官吏，魏象枢又上疏，其大意说："毕振姬清操绝世，才略过人。辞官十余年，亲身耕种百余亩田地，仍然读书不止。"刘楗亦上疏，其大意说："毕振姬居官不染一尘。辞官归家之日只有一个仆人一匹马，再无贵重之物。是真正的学行兼优之人。"下吏部议，因为年老未任用。二年后卒，门人私谥曰坚毅。

清·户部郎中卫立鼎：廉吏多能

卫立鼎（1623—1698），字慎之，阳城人。三岁丧父，由祖父养育。祖父任太原训导，夜则口授经书，一遍即能背诵。清康熙二年（1663）癸卯科举人，授直隶卢龙（今属河北省）知县。

卢龙县满汉杂处，多逃亡罪犯和盗贼，号为难治。自卫立鼎为县令，廉能的名声闻于四方，境内大治。卢龙地当交通要道，驿使差役纷繁，冠盖相望于途，送往迎来，昼夜不息，供应所需，全部由自己设法营办，丝毫不扰民。稍有空余，即到乡下田间，鼓励督促农桑生产。在此之前，县里征收粮食，其零数为勺、杪，因为这样小的量度单位，并无量器，只能用升、合来量，实际就等于勺、杪的数倍之多。征收草料时，先把草价折为银子收取，然后再压价于民间买草。卫立鼎令征粮时各户合交，化零为整，统归斛斗。征草料时，直接收草，不收银子。这样官吏不得在其中取利，于是民心大悦。卢龙旧俗不注重读书，卫立鼎兴行教化，奖拔文士，使学风大变，考得科名的文士甚多。卫立鼎清廉无欲，办事精敏强干，事无巨细，亲力亲为，游刃有余。

于成龙任直隶巡抚，称赞卫立鼎"廉吏多能"。康熙皇帝尝驾临霸州，于成龙奏举循良官吏，以卫立鼎、陆陇其并列。皇帝命刑部尚书魏象枢与吏部侍郎科尔坤巡视京畿，至卢龙县，已经准备了饭菜，魏象枢不肯食用，仅饮一杯茶。曰："令饮卢龙一杯水耳，吾亦饮令一杯水。"魏象枢以几件大案，向卫立鼎咨询，卫立鼎引用经典，依照法律，详细分析，魏象枢大加赞赏。卫立鼎于是言民无知，宜哀矜勿喜，魏象枢皆嘉许采纳。康熙二十三年（1684），直隶巡抚格尔古德以事至卢龙，见到卫立鼎曰："令之苦，无异秀才时。秀才徒自苦，今令苦而百姓乐，非苦中之乐乎？"于是上疏举荐卫立鼎治行第一，灵寿令陆陇其次之。卫立鼎内升户部郎中，在郎署中数年，老吏每称赞他无私，不为利诱，不为威怵。任满之后，授福建福州知府。在朝见皇帝时，皇帝悯其年老，特许以原官致仕。

卫立鼎未仕之前，曾为邑中师，致仕归，即教授乡里，以倡道论学为事，邑中学者皆尊重礼敬。年七十六卒。著有《约斋诗文集》《辇下偶吟》《漫堂和诗》。

清·礼部郎中陈豫朋：清官诗人

陈豫朋（1672—1751），字尧凯，号濂村，陈廷敬次子。康熙二十九年（1690），陈豫朋十九岁时参加乡试，高中经魁。康熙三十三年（1694），陈豫朋二十三岁参加会试，又高中会魁，被选为翰林院庶吉士。他是陈氏家族的第五位进士、第三位翰林。

陈豫朋散馆后授翰林院编修，后又改为四川筠连县知县。升陕西耀州知州，又迁甘肃巩昌府的岷洮抚民同知。陈豫朋在川陕关陇间做地方官达十四年之久，颇有政绩，清介自守，不名一钱。陈豫朋为官清廉，名声非常大，朝野到处传颂。他回京之日，其父陈廷敬高兴地写诗勉励道："敝裘羸马霜天路，赖汝清名到处传。"意思是说，陈豫朋穿着破旧的衣服，骑着瘦弱的马，行走在霜天迷漫的道路上；这是一个清贫官员的形象，清正的美名传遍了天下。

陈豫朋之子陈名俭（1714—1771），字以彰，号改庵，一号雅堂，清乾隆九年（1744）举人，著有《念修堂诗集》。他到四川省筠连县任知县，筠连县曾经是父亲陈豫朋做官的地方。陈豫朋做了七年筠连县知县，博得了很好的官声。筠连县原来的习俗，不懂得种植小麦和栽种桑树，陈豫朋任筠连县知县时，才亲自教百姓学会了这些技术。当时，筠连县的百姓仍然传颂着陈豫朋清廉爱民的事迹，陈名俭有感于此，写了《筠连署中即事，寄呈家大人》的诗：

夙缘未了又重临，捧檄谁知陟岵心。

两世褰帏成故事，七年遗爱入讴吟。

亲栽宿麦敷膏壤，劝树柔桑蓄茂林。

何必远稽循吏传，家藏治谱是官箴。

大意是说，前生的因缘未了，我又来到筠连出仕做官，谁能知我思念父亲之心。我们两世撩起帷幔视察民情成为故事，父亲七年留下遗爱，民间的传诵进入歌吟。亲自教百姓栽种小麦广布于肥沃的土地，勉励种植柔桑养育成茂密的树林。何必要去查考古代优秀官吏的传记，家中父祖留下理政的事迹就是做官的箴规。

陈名俭又到筠连县附近的珙县任知县，珙县的百姓尚在传颂陈豫朋在筠连县任知县时，珙县遭受水灾，陈豫朋曾捐出俸禄赈济的事迹。陈豫朋和乐平易的风范，珙县的百姓仍然记忆犹新，口碑不绝。陈名俭之弟陈崇俭写诗曰：

高堂曾此驻行旌，恺悌如今尚有名。

幸有口碑传父训，更无怀绢勖臣清。

陈豫朋内升礼部仪制司员外郎，后升为精膳司郎中。又提升为福建都转盐运使，兼延（延平府）建（建宁府）邵（邵武府）道。后又奉命监督青州驻防城工，事竣后授刑部陕西司郎中兼广东道监察御史。

陈豫朋八岁能诗，陈廷敬专门写了一部《杜律诗话》，为他讲解杜诗。山西著名的学问家范镐（hào）鼎在清康熙二十三年（1684）曾经到京师，与京华诸文人集会时，陈豫朋年方十一岁，便能写诗。范镐鼎后来在编《晋诗二集》时说："先生诗才天授，不独家学有自也。"康熙三十三年（1694），陈廷敬在家为父亲守孝，期满之后赴京，于高平赵店旅馆的墙壁上见到陈豫朋的题诗，次韵和诗云："云树东来客梦西，草堂深掩绿萝迷。三年才尽销魂路，羡汝诗多到处题。"意思是说，我在太行山上绕着云彩草树向东走来，但旅途的梦境仍然是西边家乡的情景：守孝的草堂被绿色的藤蔓深掩着，令人沉迷。三年的苦痛悲哀把我的才气消磨殆尽，真羡慕你才华洋溢，到处题诗。可见陈豫朋作诗之勤、诗作之多，令其父也叹羡不如。

康熙三十五年（1696），漠北噶尔丹叛乱，康熙皇帝御驾亲征，扫荡漠北，得胜而还。当时陈豫朋考中翰林不久，正是少年才俊，先后写了五言排律四十韵、律诗十六章歌颂康熙帝亲征胜利，在京城引起了轰动。大文学家姜宸英记载说："都下传诵，为之纸贵。"

陈豫朋诗宗法谢灵运、谢朓（tiǎo）和杜甫，得其神髓。姜宸英评其诗曰："典赡有风，则媲美燕许；诗格整丽，叙事详核，大历才子之遗调也。"姜宸英将他的诗比作燕许大手笔，又有大历十才子的遗韵。陈豫朋的诗与阳城人户部侍郎田懋齐名，号称"陈田"。陈豫朋辞官归家之后，便去拜访田懋，二人常有唱和。陈豫朋死后，田懋有挽诗云：

万首生平忆剑南，钓天有诏趣仙骖。
雅怀当代应无两，荒径从今欲堕三。
歌断停云心怆怆，奏残流水鬓鬖鬖。
蓬莱若遇青莲子，为道新诗未满函。

"万首生平忆剑南"，是说陈豫朋一生作诗甚多，有如南宋爱国诗人陆放翁。"剑南"指代陆放翁。"雅怀当代应无两"，是说陈豫朋儒雅的胸怀当世无双。对陈豫朋的人品和诗歌都给予了高度的评价。

陈豫朋生于清康熙十一年（1672）九月初五，卒于乾隆十六年（1751），享年八十岁。著有《濂村诗集》《幻因集》《樊南集》《且怡轩诗钞》《六友斋诗文集》《濂村经解》《濂村奏草》等。

清·监察御史薛鸣皋：清操卓越

薛鸣皋（1803—1867），字鹤亭，号桂洲，清代陵川人。天资聪颖，品端学粹，十四岁中秀才，不久补廪生。清道光元年(1821）辛巳科举人，道光十二年（1832）壬辰科进士。

薛鸣皋任吏部文选司主事。文选司分为数科，每科又分为数甲，每甲一人主管。文选司有一缺额，按例应当选某甲，但在画稿时，堂官以私心想选某乙，薛鸣皋认为不合例，力陈不可。堂官愤怒，薛鸣皋亦厉声说："如果必选某乙，则司官不主!"然后径自下堂而去。

道光十四年（1834），吏部考选军机，限定三刻写成论文，相国汤敦甫见到薛鸣皋的论文，称为奇古。道光二十年（1840），开馆修则例，相国卓秉恬命薛鸣皋为纂修，授予笔削之权。薛鸣皋博引旁征，悉心改定，不久完稿，卓秉恬倍加称赞。署名时，特书为总勘。

咸丰元年（1851），下诏让众臣举贤，部堂季芝昌举荐薛鸣皋，在奏疏中评价曰："悃愊无华，刻苦自励，清操卓越，人所共知。足以振式浮靡，风励廉隅。"意思是说，薛鸣皋至诚朴实而无华，操守清廉而出众。他的行为，足以振饬浮躁奢靡的习气，鼓励端方正直的作风。薛鸣皋补任为考功司主事，升稽勋司员外郎、文选司郎中。

咸丰四年（1854），授陕西道监察御史。见巡防处对形迹可疑之人，往往不加审讯，立即正法。薛鸣皋不同意这种草菅人命的做法，便奏请用刑从宽，被严斥。转福建道御史。巡视东城，前后数月，批断呈词皆公正慈祥，为同僚所推服。咸丰五年（1855）夏，薛鸣皋闻修圆明园，上疏谏阻，被降级留任。但自从薛鸣皋上奏以后，巡防处再无杀戮，修园之事亦中止，人皆归美于薛鸣皋。

薛鸣皋决意弃官，遂于给事中任内，借省墓告假还里。朝中公卿赠以诗文，薛鸣皋和诗留别，有"忧危讵谓臣心尽，仁敬惟祈主德增""只求心迹无相负，敢冀身名获并全”之句，可以见其心迹。薛鸣皋在吏部任职近三十年，熟悉例义，人均称之“薛吏部”。但他不接受馈赠，有“关节不到包老”之风。他自奉极俭，常是食无肉、衣无帛，生活十分朴素。曾曰：“吾先人儒素家风，不忍易也。”意思是说，我先辈留下来的儒雅质朴的家风，不忍心改变。

薛鸣皋在京任职时，曾于道光二十二年（1842）捐银二千两，在北京城外东偏修建泽郡试馆，作为泽州士子赴京应试的公共寓所。晚年告假归里后，又按社仓遗规，在村设置广惠仓，以赈荒歉。陵川知县延请他主讲望洛书院。薛鸣皋貌温厚而性严正，以实学勉励诸生。购书七百卷，每日手执一编。著有《谚语衍义》二卷，《连珠诗》六十首。

二、秉公持正

金·户部尚书武明甫：耿直敢言

武明甫（1131—1211），字无疑，号太复，金代陵川人。少时读书一目数行，金贞元二年（1154）考中词赋科状元，时年二十四岁。初授翰林应奉文字，不久即任秘书省校书郎，转任著作郎、大理正。正隆三年（1158），又转任祁部郎，执掌书命。正隆四年（1159），官拜谏议大夫、右正言之职，耿直敢言。

海陵王完颜亮杀金熙宗自立为帝，淫虐肆杀，迁都燕京，不迎养其母，武明甫上奏章深切进谏，海陵王不予理睬。正隆六年（1161），海陵王完颜亮意图统一华夏，发动倾国之兵南征宋室，武明甫又犯颜极谏。他说：“现在国家虽然兵强马壮，但新建都于燕京，应该首先实行安民政策，巩固国家根本。”海陵王不但没有采纳他的建议，反以“阻挠军机”为由对他治罪。经宰相李通设法营救，虽未遭杀身之祸，却难免革职处分。

海陵王完颜亮南下征宋之时，其从弟完颜雍乘国内空虚自称为帝，即位于东京辽阳，而海陵王被部将刺杀于江南前线。金国上下皆尊完颜雍为皇帝，是为金世宗。金世宗查阅以往进谏海陵王的本章，发现了武明甫的奏折，说："当初海陵王若听此忠告，何至遭失国杀身之祸啊！"于是下诏任武明甫为征仕郎，让他帮助宰相完颜思敬编修太祖、太宗、熙宗、海陵王实录。书成后，命他入直史馆，升任翰林修撰。世宗大定六年（1166），加任侍讲学士。大定八年（1168），出任安国军节度副使。当时安国军正遭严重饥荒，民不聊生。武明甫到任后，为了缓和社会矛盾，整乱政、除陈蠹、劝农桑、兴教化，深孚众望，一年之间使人民得以休养生息。

皇帝下诏，调武明甫回京师，复任翰林侍讲学士。世宗曾询问古今儒士之优劣，武明甫一一予以对答，并且评论恰如其分，很合世宗心意。世宗向他咨询治国之道，他说："恩赏分明，则贤人君子勉励努力；刑罚得当，则奸邪小人消声匿迹。皇帝若能如此，国家自可不劳而治。"武明甫是借助时事，启发皇帝之心。

大定十一年（1171），武明甫任兵部侍郎，不久改任户部侍郎。大定十三年（1173），出任应州彰国军节度使。这时宋金两国已经停战，时局暂时缓和，武明甫上疏世宗，说："现在天下虽然已告安定，但若失去警惕，忘掉备战，必有危险。"世宗下诏对他褒美嘉奖。大定十九年（1179），武明甫任西京路兵马都总管，兼留守司副使，旋又升任户部尚书。大定二十五年（1185），再三以年老请求致仕。起初，世宗一再挽留，后见其言辞恳切，便准令退休，同时还特地赐他黄金百两，白绢百匹。

武明甫还乡之后，在县城东北高阜之处修建别墅，题匾为"乐天园"，过着隐居的生活，饮酒赋诗，潇洒而无所牵累。大安三年（1211）卒，谥文端。子武天中，孙武桂、武槐，皆为官。

明·礼部侍郎杨砥：忠孝持正

杨砥，字大用，泽州人。明洪武二十六年（1393）癸酉科举人，洪武二十七年（1394）甲戌科进士，授官行人司右司副。洪武二十九年（1396）三月，上《从祀议》曰："汉扬雄仕莽为大夫，剧秦美新之论取讥万世。董仲舒三策及正谊明道之言，足以扶翼世教。今孔子庙从祀有雄而无仲舒。臣愚以为退雄进仲舒，庶合万世公论。"意思是说，扬雄在王莽篡位后做了大夫，所作《剧秦美新》之文千秋万代留下讥诮。董仲舒的《天人三策》以及"正其谊不谋其利，明其道不计其功"的言论，足以辅佐世风教化。现在孔庙从祀诸儒中有扬雄而没有董仲舒，应该斥退扬雄而进董仲舒。皇上嘉纳其言，罢扬雄从祀，增加董仲舒。程敏政《考正祀典疏》称杨砥此举："主张斯道以淑人心，可谓大矣！"

杨砥历官至湖广布政司参议。建文帝遣李景隆等攻围北平城，杨砥上言曰："臣闻帝尧之德，亲九族，和万邦。今当务惇睦，不宜加兵自翦其附枝，附枝尽而根本蹶矣。"意思是说，帝尧的德行始于亲睦九族，协和万邦。现在应当重视和睦各藩王，不应该加兵剪除自身的枝叶，枝叶尽而根本就要倒下了。皇帝未予答复。杨砥因父丧归乡。

明成祖登位，起用杨砥为鸿胪寺卿。杨砥因父丧未满，乞求终制。永乐二年（1404），丧满服除，提升为礼部左侍郎，因巡视河渠失误，降为工部主事，改任礼部。永乐十年（1412），命简阅北京郡县马政，升北京行在太仆寺卿，明年兼苑马寺卿。当时吴桥到天津的运河被大水冲垮堤岸，损害庄稼。杨砥请求开凿德州东南面的黄河旧河道以及土河以杀减水势。皇上命令工部侍郎蔺芳经营管理开河工程。当时，国家缺乏马匹，养马者少。杨砥定牧马之法，请求朝廷下令百姓每五口人养种马一匹，十匹马确立群头一人，五十匹马确立群长一人，养马的人家每年免除税粮的一半。而从蓟州以东地区到山海关各卫所，土地宽广，水草茂盛，在那里屯田的部队每人养种马一匹，田租也免除一半。皇上命令军队的租税全部减免，其他的都按照他的建议办理。于是国家的马匹很快得到繁衍。

杨砥刚强正直，有风骨，有操守，尤笃于孝。永乐十六年（1418），杨砥之母丧，皇帝赐钞千锭，命杨砥护丧归葬。杨砥哀毁致疾，未至家而卒。皇帝追悼惋惜，遣官赐祭。

明·布政使司小吏何麟：孤胆谏君

何麟，沁水人，明正德年间，在山西布政使司做小吏。正德十三年（1518）十二月，武宗皇帝便服出行，由大同抵达太原，城门关闭，不能入城，武宗发怒。武宗在太原共二十五日，于次年正月到宣府（治所在今张家口市宣化区），后由宣府回京。武宗回京后，追究前事，派宦官捕捉不开门的地方官，山西自巡抚以下的官员都大为恐惧。何麟说：皇帝还不知道主犯姓名。请对宦官厚加贿赂，何麟与他一同赴京。即使皇上盛怒不测，我一人独自承担。

何麟抵达京师，向皇帝上疏，其大意说："陛下巡幸晋阳，掌管城门的确实是臣一个人，与其他官员没有关系。臣没有开门迎接陛下，罪该万死。但陛下轻视宗庙社稷而专门进行巡游，且又换便服出行，不加声张，没有清理道路警戒护卫的命令，就如同白色的龙穿着鱼的衣服，臣下怎能分辨呢。"他进一步申说："昔日汉光武帝夜间出猎，行至上东门，守门官员郅恽拒之门外，不许他入城，光武帝反而因郅恽能严守法度而赏赐他。现在小臣我也想保持郅恽的节操，而陛下却以犯了大不敬的罪加以诛杀。臣恐怕天下后代的人，以为臣的不幸是不如郅恽，而陛下宽容仁慈的雅量，也远远比不上汉光武帝了。"奏疏递入，皇帝怒气稍得缓解，处以廷杖六十，释放回山西，其余人不再追究。当何麟回到山西，巡抚以下官员都到城郊迎接，对何麟十分礼敬。

何麟以一风尘小吏，敢于面对皇帝，据理直谏，体现了大智大勇的担当精神，与巡抚等方面大员相形见绌，实为难能。

明·陕西布政使张光缙：峻节清标

张光缙，字璇源，明万历二十八年（1600）庚子科举人，万历三十二年（1604）甲辰科进士。督崇文门关税，以体恤商贩知名。他的兄弟张光前在吏部，但张光缙十年无人引荐提拔，以次进升，官至陕西右布政。

张光缙知庐州府（今合肥市），令作奸犯科之人穿着囚犯衣服行市，使他们懂得羞耻。父亲去世，守孝服除之后，补松江（今上海市吴淞江以南地区）知府。有弟争朝廷的荫赏而排挤兄长，张光缙力拒，以直判决。董其昌写诗称赞，有“此判南山不可移，颂声宁独麦双歧”之句。张光缙以兵备道，驻守霸州（今河北省霸州市），推荐边防人才。后改驻守遵化（今河北省遵化市），斥责债帅（借行重贿而取得的将帅），驱逐攀附阉党权要崔呈秀的偏将。结果得罪了阉党，被中伤而罢官。

崇祯皇帝登基，魏忠贤伏诛，张光缙起磁州（今河北省磁县）兵备道，调商雒（今陕西省商雒市）兵备道，升山东右布政使。在商雒还未离任，陕西农民军压境。张光缙认为商雒乃是西安的门户，努力抵御。不久，改为陕西布政使。张光缙因下属不谨慎，他被连累罢官。居乡好义，明亡后杜门不出。

明·大理少卿张光前：力抗权阉

张光前，字尔荷，泽州人。明万历二十八年（1600）庚子科举人，万历三十八年（1610）庚戌科进士。授蒲圻知县，补任安肃。刚四个月，提升吏部验封司主事。历任文选司员外郎、稽勋司郎中。张光前操行清廉严谨，严厉拒绝请求谒见。知县石三畏受贿徇私声名狼藉，得到强有力援助，将被授予谏官之职。张光前任命石三畏出京到王府供职，其同党都侧目而视。

天启四年（1624），张光前在假。赵南星为吏部尚书，起用张光前任文选司郎中。太监魏忠贤想驱逐赵南星，借廷臣推举郎官之事，假传圣旨严厉斥责。张光前抗疏争论，其大意说：“赵南星人品事业昭著，在人耳目，忽然奉严旨以不公不忠相斥责，臣对此很疑惑。郎官是司官的表率，是尚书的助手。尚书赵南星审核官吏而决定进升黜退，臣实辅佐于他，功劳罪过都应与他共担，请对臣先赐罢免。”廷推之事，其实是夏嘉遇主持，并非张光前，于是夏嘉遇也遭到圣旨斥责。不久，又因推举乔允升等代替赵南星的尚书职务，违背了魏忠贤心意，削去侍郎陈于廷以及杨涟、左光斗的官职。张光前又抗疏，其大意说：“会同官员推选尚书，陈于廷主持会议，臣执笔主稿，谨等待处罚。”一时张光前被看作东林党人，被贬官三级，调往外地任职。

第二年，张光前的兄长右布政使张光缙在遵化治兵，受到阉党门克新的弹劾，被削去官职。兄弟二人皆因触犯阉党而离职，受到世人的称赞。崇祯元年（1628），起用张光前任光禄少卿，不赴任。崇祯三年（1630），起用任太常，又进升为大理少卿。累疏乞休，卒于家。

明·佥都御史张鹏云：抗论直言

张鹏云（1587—1645），字汉冲，阳城人。明万历三十七年（1609）己酉科举人，万历四十四年（1616）丙辰科进士。由商邱县令调为刑科给事中。梃击议起，疏劾刘廷元，正直的名声天下皆知。他在奏疏中说，张差持梃闯入东宫，正是东宫太子危急、万历皇帝震动之时，举朝都在为社稷忧虑。巡城御史刘廷元亲自审案，竟平平点缀，插入疯癫等语，轻描淡写结案，显然是为郑贵妃之弟郑国泰护法，为郑贵妃之太监庞保、刘成卸责。刘廷元设心良苦，其计谋难以掩盖。后来疯癫被识破，钦案迅速了结，但一时人才销磨殆尽，数载公论颠倒无余，皆是刘廷元为之。张鹏云的奏折经廷臣会议，吏部尚书张问达复奏，刘廷元罢官，张鹏云也出为四川参议。不久，被权阉假传圣旨削去官籍。

崇祯初，起用为礼科，历兵科都给事中。崇祯三年（1630）升太常少卿，晋右佥都御史，巡抚顺天。安抚百姓，控制勋戚，军民和睦，边境安宁。因病辞归，当权者诬陷他逃避罪责，被罢官。张鹏云性情刚介，不随流俗，不求虚誉。向朝廷进言持论公正，侃侃不屈，退朝辄焚其奏稿。里居凡七年，绝口不谈朝政。

清·刑部尚书白胤谦：正色立朝

白胤谦（1605—1673），字子益，号东谷，阳城人。后人因避雍正帝讳，改胤谦为允谦或孕谦。明天启七年（1627）举人，崇祯十六年（1643）进士，选翰林院庶吉士。入清后授内秘书院检讨，历侍读学士，以忠诚受知于顺治皇帝。清顺治十三年（1656）六月，擢升吏部侍郎，十二月转左。顺治十四年（1657）四月，升刑部尚书。

顺治皇帝亲政之后，为加强皇权，注重刑法，颁布《大清律》；但他惩奸除恶，惯用重典，常常不以法律而加重治罪。白胤谦独认为："开国规模，宜崇宏大，务以宽平佐圣治。"所以他凡事都小心谨慎，无论在公堂或是在私宅，律令之书未尝离手，大小案件都依法处置，不敢有丝毫失当。

白胤谦升任刑部尚书不久，南北科场案发。北闱顺天乡试同考官李振邺、张我朴因受贿将考生王树德、陆庆曾等录取，被判处死刑立斩，家产没收，父母兄弟流放尚阳堡。南闱江南乡试虽然舆论大哗，但未确指行贿受贿人具体姓名。白胤谦认为案情尚未查实，人命关天，恐怕冤枉了无辜，有待进一步认真推究，方可决断。这时江南举子编撰了杂剧《万金记传奇》，揭露正副主考方猷、钱开宗受贿丑闻。传入禁中，顺治帝大怒，未经过法律程序，便下旨将方、钱二人处斩，家产妻子入官；其他考官及监场官十八人，除一人病死狱中外，均处绞刑。白胤谦因未能及时结案，受到降一级处分。

顺治十六年（1659）九月，苏松巡按王秉衡因贪赃罪被判处死刑，顺治帝下旨将其妻子儿女入官为奴。白胤谦认为根据《大清律》，此罪不应涉及妻子儿女，于是同三法司官员共议，免除了其妻子儿女之罪。顺治皇帝召白胤谦等官员廷对，厉声诘问再三，白胤谦皆援引律例正色以对，只自引罪，但仍坚持要依法裁处。此时，天威严重，廷臣被皇帝诘问者皆惶恐失措，不知所云，而白胤谦则从容不迫，据理侃侃而言，终于使顺治帝不得不服从于法律。但顺治帝年轻气盛，心中不悦，下旨将白胤谦降三级调用，补太常少卿。

白胤谦认真考订祀典，议定雅乐，不以进退为意。不久升通政使，他又为冤民叩阍之事向皇帝力争，没有因为前事之故而少为退却。康熙皇帝登基之后，国家有许多大事要定夺，他多次犇颜抗议，必有利于国家人民而后已。康熙二年(1663)，染微疾，便遽求致仕。康熙十二年(1673）卒，享年六十九岁。

清·吏部侍郎田懋：白面包公

田懋（1690—1770)，字德符，号退斋，田从典之子。生性聪明，作风严正，喜欢吟诗写文章；得苏轼、韩愈的风骨。他恪守父亲的教导，严格要求自己，在乡党中有贤良孝友的名声。

清雍正十一年（1733)，田懋由荫生任刑部员外郎，雍正皇帝命改吏部，迁郎中，转贵州道监察御史。弹劾不避权贵，一时有“白面包公”之称。乾隆元年（1736)，田懋任礼部给事中。命田懋巡视南部漕运，他上疏，其大意说：“巡漕御史一向集中居住在通州、淮安，运军粮船从南面运往北面，经两千里，鞭长莫及。不如分住济宁、天津，可以接续稽核检查。”他的意见被皇帝采纳。田懋上疏弹劾河南省秋审过于宽纵，皇帝命河南巡抚尹会一、按察使隋人鹏下吏部议处。又弹劾工部尚书赵弘恩受贿，赵弘恩被革职充军。田懋升鸿胪寺少卿。乾隆皇帝夸奖田懋正直敢言，破格提拔为副都御史。田懋奉命到山东省，审查按察使白映棠在判案时颠倒是非和虐待勒索商民的罪状，经核实，白映棠受到国法制裁。相国之弟仗势欺人，十分嚣张，看到婚嫁迎娶，艳羡新娘的美色，就拦截回家。男方告到朝廷，派田懋前去察办。田懋带随从一人，避开地方官员迎接，住在旅店进行私访。案情查明后，一次审讯，立即予以正法。迁刑部侍部，改吏部左侍郎。

乾隆十一年（1746)，田懋因为弹劾过多，触犯了权贵，皇帝责备他奏事每漏言，且“嗜酒务博”，命解任归里读书。乾隆十四年（1749），田懋再起吏部左侍郎，因为他的仆从斗殴伤人，皇帝责备他旧习不改，仍命归里读书。乾隆二十六年（1761）春，乾隆皇帝西巡五台山，田懋到五台山迎驾，皇帝赐给他母亲锦缎四匹。田懋晚年修建别墅，取名“依园”，栽花种竹，奉侍母亲郭太夫人，力尽孝养之心。曾编修《阳城县志》。于乾隆三十五年（1770）去世。

田懋一生著作甚丰，有《易庸辨》《卦变》《春秋考实》《格物解》《古文》《依园诗》《耐忘集》《蒙求摘要》等。

三、怀德爱民

元·泽州长官段直：抚民兴学

段直，字正卿，泽州晋城人。少年英俊，颇有见识。至元十一年（1274），河北、河东、山东盗贼蜂起，段直聚集乡里亲族，修筑营垒保护家乡。元世祖忽必烈命大将攻取晋城，段直率领部众归顺，授段直潞州元帅府右监军。后来论功行赏，划分辖地世代承袭，命段直佩戴金符，任泽州长官。

元朝廷因为泽州地处冲要，别派主将镇守，主将不善制约，任凭军将侵暴百姓。平民无法忍受驻军横暴，往往弃家入盗，或者逃亡他乡。段直上疏，请求撤除镇守驻军，自己负责防守各关隘，确保无忧患。朝廷听从了他的建议，群盗才消失。段直见许多逃亡百姓尚未还乡，就命令将他们的田产房屋暂由亲戚邻居代为管理，并且约定：等到产业的主人回来，就分拨出来归还他们。逃亡的百姓听到这个消息，许多人回到故乡，于是百姓得以安居乐业。原来没有田产的人，发给粮食赈济他们；被其他州县俘虏的人，出钱将他们赎回；死于战乱而暴尸野外的，收取尸体埋葬。

没过多久，泽州就成为乐土。段直于是大修孔子庙，学堂、斋房、庖厨无不齐备，又划出良田千亩，购置书籍万卷。金代状元李俊民避兵于河南，段直迎请以为教师，招来各地学者就读。不足五六年，士子以通晓经书而被选举的一百二十二人。段直任职二十年，有许多爱民的政绩。朝廷特地授段直提举本州学校事，未受命而卒。

明·河南江西参政段正：一道福星

段正，字以中，号介庵，明泽州人。明成化元年（1465）乙酉科举人，翌年联捷进士。授以元城（今河北大名城区）县令。所有诉讼案件，段正无一遗漏，及时处理，从不拖延。元城遇大水，他及时组织疏通或堵塞，使百姓得以安宁。升为御史，巡按河南，贪官污吏闻风逃避。再巡按江西，遇灾年，邻近的福建地区灾民蜂起，影响到江西的社会安定，段正及时提出赈济、防御、约束等措施四十条，使江西境内安然无恙。朝廷特命再巡一年，然后调浙江按察司副使。遇大水灾，段正及时筹划，救治百姓，使百姓免予漂溺之灾。后因事牵累，谪柳州（今属广西）府同知，改汝宁府（治在今河南省汝南县）。汝宁的赋役过重，百姓难以忍受，段正向知府力争，减免十分之三四，民困得到缓解。提升段正为荆州知府、河南右参政、江西左参政等职。所至兴利除弊，造福百姓。副都御史三原王恕称他为“一道福星”。五十八岁卒，家贫不能治丧。著有《介庵集》《柏台公案》《诸程日记》《宦游记》等。

清·镇远知县朱三才：救民水火

朱三才，字与参，凤台县人。明末贡生，初授山西盂县教谕。代理盂县知县，审理冤案，救孟氏母子出狱，民感其德。与阳曲傅山友善，傅山曾赠书画、书画屏幅各十二页。

入清之后，朱三才任贵州镇远知县。镇远县经过明清战乱，百姓多逃亡。朱三才出告示劝民复业，并大力改革县政，苛捐杂税全部豁免，各种陋规尽行扫除，刻碑立石以示永远。镇远县在两山之间，江水从中流过，盛夏雨季，江水暴涨数十丈，官署民舍尽被漂没，人多淹死。朱三才怀揣官印，自驾小舟，沉浮于江滔之中，拯救难民二百余人。成群结队的灾民，颠扑在淤泥之中，饥寒交迫，嗷嗷待毙。朱三才在山寺之中觅得瓦砚败笔，写血书上呈，请求赈济。上官被朱三才的诚心所感动，很快拨下赈粮。朱三才统计人口数量，亲自发放救灾粮，灾民得以复苏。朱三才捐俸银四千余两，组织灾民重建庐舍，然后逐次修建公署、仓库、邮亭、学校及桥梁。上级委任朱三才署理思州知州。不久，朱三才父亲去世，回籍守制。除服之后，补任广东连山知县。连山县附近有瑶民时常出没，为害百姓，地方不安定。朱三才招募勇壮之士，配备武器，供给粮食，整饬训练，严加防范，境内得以安宁。上官看重朱三才的才干，拟以卓异推荐。因母丧丁忧，卒于家。

清·一品封翁陈昌期：惠民高义

陈昌期（1608—1692），字大来，号鱼山，陈廷敬之父，阳城人。陈昌期治家谨严，勤俭节用，和他的先辈一样，常以钱粮周济族人和乡亲。每逢饥年，必拿出家里的钱粮解救灾荒，乡人皆感其恩德。陈昌期积德行善，声名远播。刑部尚书魏象枢得知陈廷敬的父亲陈昌期的义行善举，于清康熙十五年（1676）写了一首五律，诗曰：

古道何能遘？高风尚在今。
痌瘝原素念，桑梓况关心。
尽饱仁人粟，争传义士吟。
贞珉书不朽，遍满太行阴。

意思是说，古代的道德如何能够遇到呢？高尚的风义就在今天出现了。乡亲的病痛是他平素的心念，乡亲的愁苦是他关切的事情。贫苦百姓都吃饱了仁者的粮食，争相传诵着感激义士的歌谣。这些感人的事迹要刻在碑石上让它永不磨灭，并且在太行山上到处流传。

康熙二十七年（1688），陈昌期将祖上几代人储积的粮食数十万石全部发放给乡人，因此而保全生命的饥民不可胜计。与此同时，他又把乡人历年向他家借钱借粮的债券全部当众烧毁，共计捐金钱数十万缗(mín)。

乡里的百姓得到好处，心怀感激，共同请求官府，希望地方官员逐级上报，奏请朝廷，对陈昌期的义行善举进行旌表。陈昌期知道了，他想，自己行善的目的是为什么，难道是为了获得朝廷表彰吗？所以他赶紧出来制止曰："何可乃尔？"意思是说，怎么可以这么办呢？可是大家不听，众意不可挽回，坚持要请求官府上报朝廷，并且山西巡抚已经把请求旌表的公文上达礼部。

陈昌期见制止不了，就派人骑快马用七昼夜的时间飞速驰往京师，命陈廷敬迅速出面阻止此事。当时陈廷敬已经是吏部尚书，他接到父亲的书信，按照父亲的意思立即具牒于礼部，要求礼部按下山西巡抚的公文，不要上奏朝廷。礼部尚书感到陈昌期是出于一片诚心，曰："成长者志。"意思是说，既然老人家坚持要这样，那就成全老人家的心愿吧！

这件事虽然没有上奏朝廷，却在京城不胫而走，到处传颂。京官中能写诗古文者，上至王公大臣，下至翰林学士，纷纷吟诗作文歌咏此事，以劝化风俗，激励世人。这些诗文后来集为一书，名曰《惠民录》。受到恩惠百姓的非常广泛，在交通大道上立碑纪念，达三十多处。

康熙三十一年（1692）七月十二日，是陈昌期的诞辰，他已经85岁高龄，风烛残年。他又拿出家中所有的钱，换米数百石，周济乡人。自康熙二十七年（1688）陈昌期赈济乡人之后，陈廷敬弟兄几人的家中已经很贫困，但陈昌期并不放在心上，此时又尽其所有周济乡人，实在是古今难能之举。乡里士民心里感激，要为他建生祠，纪念他的恩德，陈昌期不许。在最后一次周济乡人十三天之后，陈昌期卒。

陈昌期诰封正一品光禄大夫、经筵讲官、吏刑二部尚书、左都御史，封阶高贵至极，无比尊荣，但他善处乡邻，善待百姓，高风亮节，有口皆碑。

清·乡饮耆宾田雨时：隐德高风

田雨时，字霖商。父田三驱，以品行道义称颂于乡里。田雨时善事父母，孝养唯谨。生性豪迈，崇尚大节，为诸生，精通《易经》，曾经根据宋代邵雍皇极经世的要旨，举历代兴亡盛衰的史事，参验其中的否泰剥复气运。平时以理学自任，守道不屈。明末，陕西农民军进入阳城，势力很大。阳城有人主张开城欢迎农民军以免除灾祸，田雨时力斥不可，一城人得以保全。一日，田雨时外出躲避，携幼子田徽典和其兄之遗孤田慎典，将两子负背而行。农民军追来，其情势不能兼顾，田雨时抛弃幼子田徽典，只背负兄之孤子田慎典，仓皇逃至山谷间。后又去寻其幼子，恐怕已死，竟然无恙。但田雨时不自言，人也不知。待其孤侄田慎典长大，方言此事。当时人们皆惊叹田雨时高义，相与称道。田雨时曰："吾不得已如此，岂欲为邓伯道耶！"晋代的邓攸，字伯道，曾因逃难抛弃了自己的亲儿子，而只带走了自己弟弟儿子。田雨时的意思是说，我是万不得已，并不是故意学习古人，获取声誉。同里有一人被中伤，生死悬于一线，田雨时抗言力救才得获免，其人不知谁所为，久而始悟，曰："田公真长者！"田雨时好行其德，而从不对人言，皆如此类。田雨时曾被推举为乡饮耆宾，年八十二卒。

清·兵部侍郎李棠馥：留心民瘼

李棠馥，字子荼，号汉清，高平人。明崇祯十二年（1639）己卯科举人，清顺治三年（1646）丙戌科进士，初任刑部主事，历员外郎、郎中等职。他精研法律，认为制定法律的目的是惩恶扶善，因此执法者应以宽恕为本，当时的刑部尚书特别赞赏他的观点。顺治五年（1648），为顺天乡试同考官，所选拔者多名诸生。顺治六年（1649），出任湖南督学道，注重经术，博学多才，为湖南士子所叹服。后补任湖广荆西兵备道。当时湖广一带清政权尚未巩固，大将军率部经过，想入城驻扎，杂处于民间。李棠馥担心军士不易约束，生事害民，坚决不同意，与大将军反复争论，大将军只好将部队集中驻扎于郊外，百姓安然无扰。李棠馥留心百姓疾苦，凡地方利弊皆及时兴除，于是吏畏其威而民怀其德。顺治十一年（1654），调任陕西驿盐道，当时清军进攻关陇地区，驿站协济有名无实，邮递无资，难以运转。李棠馥上疏请求，各州县将协站银在应解藩司正项中扣留本驿，以供实用。他的建议经部议依议施行，则驿困立见起色。顺治十四年（1657），升任四川按察使，因政绩卓著，仅一年便升任兵部右侍郎。后以年老乞归。乡居期间，民间有因贫穷不能埋葬死者，长期淹留棺柩，李棠馥出钱劝葬，又开设药局，以拯救贫苦穷人。康熙十六年（1677），捐粮千石资助军粮。

清·河南学政秦百里：爱民如子

秦百里（？—1763），字宛来，凤台人。清乾隆十五年（1750）庚午科举人，乾隆十六年（1751）辛未科进士。选庶吉士，散馆授编修。

乾隆二十四年（1759），秦百里典贵州乡试，乾隆二十五年（1760）任会试同考官，所选拔多是才学之士。奉命提督河南学政。因泽州府与河南怀庆、卫辉两府接壤，民多姻亲联系，他为避嫌，不参与这一带的秀才录取考试。在任发誓谨慎奉公，拒受贿赂，谢绝请托，试卷必亲自批阅。一次，在许州（今河南省许昌市）主持考试完毕，道经尉氏县（今属河南省开封市），遇上黄河漫溢，漂没庐舍，灾民多栖居树杈，或男女相杂，聚居土山，啼饥号寒，苟延于旦夕之间。秦百里慨然说：读书人和老百姓是一样的。我身为主管学政之臣，职责是为国家选取人才，也应为国家爱护百姓。难道因为不在我的职责之内，就能眼看着这些溺水的灾民不管吗？于是秦百里率领尉氏县的官吏，购备船筏，乘月夜救助灾民入城。秦百里又捐出自己的俸金赈济灾民，得救者数以千百计。朝廷闻报，降诏表彰。尉氏县的老百姓捐资立碑，以作纪念。

乾隆二十七年（1762）十月，秦百里回京复命，皇帝向他咨询河南的民风士俗和官员的操守才能。他一一奏对，皇帝甚为满意，有“用心做官，自有大用”之语。不久，授颍州知府，面请圣训，恩赐紫貂等物。秦百里平素体弱多病，星夜奔驰赴任，劳累过度而死于道中。

秦百里一生谨慎勤勉，但弱不胜衣。好读书，不务寻章摘句之虚誉，留心经邦济世之实学，为刘统勋、孙嘉淦、窦光鼐等人所推崇。著有《和声集》诗文十余卷。

清·浙江布政使常恒昌：为民除弊

常恒昌，字修吉，号静轩、芸阁，凤台县人。清嘉庆九年（1804）甲子科举人，嘉庆十九年（1814）甲戌科进士，选翰林院庶吉士。道光七年（1827），任河南道监察御史，转户部给事中。

常恒昌累作言官，对时弊多所指陈。他曾经上奏，各省州、县官，处理凶杀案件时，为了减少上解案犯的赔累负担，往往设法消弭。当冤民上诉之时，各省大官又包庇州、县官，往往把案件发还原官复审，仍然维持原判。如此则“覆盆之冤，何由昭雪”？他又针对州、县官利用讼案贪赃勒索的情况上奏，其大意说：“近来州县之官，遇到善良殷实的富户被人指控时，往往视为有利可图的奇货，不肯迅速审理结案，而是节外生枝，巧立名目，寻找瑕疵，实则为达到贪得无厌之目的。奸猾胥吏，贪蠹衙役，百般勒索，甚至佐官教职也借机染指分肥。这样下去，力量弱小者倾家荡产，含冤怀愤者轻生殒命。害民之弊，莫大于此。”常恒昌这两道奏折，均被皇上允准采用。常恒昌又上奏，揭露山西省当局利用借易仓库粮食，坑害人民的罪行，尤为切中时弊。他认为，这种做法名为接济民食，实则剥削民财；名为出陈易新，实则挪新掩旧。常恒昌的奏章，多被朝廷允行，一时深得众望。

道光十一年（1831），常恒昌出任云南迤西兵备道，管理铜政，恰好遇到回汉两族争利械斗，双方聚众斗殴，互相杀伤。常恒昌立即前往调解，不用一兵一卒，而使罪魁服法就擒。道光十七年（1837），常恒昌升任福建按察使，道光二十年（1840）又做浙江布政使。正值英国侵略军攻陷定海、宁波等郡县，常恒昌朝夕组织防堵，总理军需供应。定海难民集聚省城杭州，常恒昌首倡捐俸，资助难民饮食。当时浙江省的粮米，一半以上来自湖广，中英开战之后，道路梗塞，百姓吃粮十分困难。常恒昌将预先储藏于军库中的十余万石粮食周济百姓，解了燃眉之急，救活很多百姓。

早在福建按察使任上，常恒昌因防御英军，积劳致疾，到浙江任布政使时，更是戎马交驰，精力益困。加之与上级和战意见不合，遂告老还乡，数年后卒。著有《静轩遗稿》。

四、济世报国

金·翰林侍读学士王晦：守土殉节

王晦，字子明，高平人。金明昌二年（1191），王晦考取进士，调任长葛县主簿，办事得力有声。通过考核，任为辽东路转运司都勾判官，提刑司推荐他有才干，改任北京转运户籍判官。迁任安阳县令，累升为签陕西西路按察司事，改任平凉治中。召入朝，任少府少监，升户部郎中。贞祐元年(1213）十月，蒙古军逼近金国都城中都(今北京西城至丰台一带)，紧急戒严，有人推荐王晦具备将帅才干，金朝廷就让他自行招募人马。王晦招得敢死勇士一万多人，亲自统率。他带领所辖兵马护送通州粮食入中都，有功，升霍王傅。后率本部兵马守顺州（今北京顺义）。

通州被蒙古军包围，形势紧急，王晦进攻牛栏山，通州之围得以解除。朝廷赏赐格外丰厚，王晦升任翰林侍读学士，加授劝农使。九月，顺州遭到蒙古兵进攻，王晦另有部队在沧州、景州，就派人突围前去调集，士兵们都很踊跃，但管事的人不肯发兵。王晦的老部下王臻，脱下头盔前来相见，并下拜说：“事情已很危险了，您何必跟自己过不去，假如能投降蒙古，照样可以不失富贵。”王晦责问他：“朝廷哪点对不起你，就要投降敌人呀?”王臻说：“我虽然辜负了国家，但我却不忍辜负您啊!”说着话眼泪就淌了下来。王晦呵斥他说：“我年已六十，官至三品，为国献身是分内的事，难道我能跟随你去投降吗?”说完就要用箭射他，王臻掩面哭泣着退去。不久，将士缒城出降，王晦被俘，不肯投降，于是被害。

先前，在王晦被俘的时候，他对自己的爱将牛斗说：“你能为国家死节吗?”牛斗回答说：“我承蒙你的赏识，怎忍心一人求生。”城破后他俩一起被杀。金廷下令赠王晦荣禄大夫、枢密副使，并令立碑记功，每年按时祭奠。又录用他的儿子王汝霖为笔砚承奉。

明·南京兵部尚书原杰：堪寄重任

原杰，字子英，阳城人。明正统六年（1441）辛酉科举人，正统十年（1445）乙丑科进士。两年后，授任南京御史，不久改任北京御史。巡按江西，捕获诛杀强悍的大盗，奸诈诡谲之人皆收敛。又巡按顺天等府。时遭大水灾，官马缺乏草料，许多官马因此饿死，主管官员责令养马官赔偿。原杰上疏请求赦免养马官，并用输送粮食换取食盐运销权的办法，发给盐引凭证输入米以赈济饥荒。奏疏上呈，被户部阻止，景帝最终听从了原杰的建议，并破格提升原杰为江西按察使。封国在江西的宁王朱奠培淫乱之事发，原杰革除了宁王的护卫。政绩上报于朝廷，朝廷赐诰命奖赏，提升原杰为山东左布政使。

成化二年（1466），就地任命原杰为都察院右副都御史，巡抚该地。当地遭灾荒，他设法救济，百姓无流离迁徙。朝廷召原杰任户部左侍郎。当时黄河到处改道决口，彼处冲塌，此处淤塞。军队百姓到淤塞之处开垦耕种，奸邪之徒指认为园场屯地，献给王府请赏，王府就占为己有。原杰向朝廷请求判罚进献的人，贬谪戍守边疆，同时处罚接受进献的王府。皇帝听从了他的意见。江西土匪泛滥，因原杰曾两次在江西任职，很得民心，于是皇帝下诏令原杰前往治理。他到任捕杀匪首六百多人，其余的全部解散。原杰返京，改任左副都御史，辅佐都察院事务。

荆州、襄阳地区流亡百姓有几十万，朝廷以此为忧患。祭酒周洪谟曾经作《流民图说》，认为应当在荆襄一带增设府县，将流民编入本地户籍，可以充实襄阳、邓州两地的户口，使之几百年无忧患。都御史李宾上报，皇帝称善。成化十二年（1476），皇帝命令原杰巡抚荆襄。原杰走遍山川溪谷，宣传朝廷仁德的意旨，众流民欣然愿意附入当地户籍。原杰于是联合湖广、河南、陕西的巡抚、巡按官登记流民户口，得住户十一万三千有余，人口四十三万八千有余。那些刚刚来的，没有田产以及平时不顺服的人，即驱逐返回家乡，附入本地户籍的就轻确定田赋，民心大悦。原杰察看地形，因襄阳所管辖的郧县，处在竹、房、上津、商、洛各县之中间，道路四面通达，距离襄阳五百多里，山林阻塞偏远，官吏很少抵达，突然出现盗贼，官府难以在远处控制。原杰于是拓展郧县城，设置郧阳府，管理周围诸县。并且设置湖广行都司，增加军队，设置守卫。又从竹山县分出设置竹溪县，从郧县分出设置郧西县，从汉中的洵阳县分出设置白河县，与竹山、上津、房县都归属郧阳府。又在西安增设山阳县，在南阳增设南召、桐柏二县，在汝州增设伊阳县，分别隶属于原所属府。原杰推荐邓州知州吴远为郧阳知府，又选择邻近地方的循良官吏担任新设县的知县。这样，流民得到了妥善安置，四方边境皆得安宁。原杰将要返京，因郧阳府辖地与湖广、河南、陕西三省交界，政事无纲纪条理，于是向朝廷推荐御史吴道宏代替自己。皇帝下诏，提升吴道宏为大理少卿，巡抚治理郧阳、襄阳、荆州、南阳、西安、汉中六府。郧阳的安抚治理，从此时开始。原杰以功进升为右都御史。

原杰多次显扬治绩都在外任，荆襄之事办完后返回朝廷，恰逢南京兵部尚书出缺，皇帝便任命原杰补任。原杰上疏请求辞职，皇帝不同意。卒于南阳，享年六十一岁。郧襄的百姓为他设立祠庙，皇帝下诏赠太子太保。

明·行人司行人孟阳：以身死谏

孟阳，字子乾，吏部侍郎孟春之子。明正德二年（1507）丁卯科举人，正德九年（1514）甲戌科进士。

孟阳初授官行人司行人，到宣镇犒赏慰劳军队，对宦官以礼抗拒，出使韩王府，拒绝馈赠的礼物，只接受送行的赠诗。连续四年没有提升，有人劝他去拜见掌权的显要。孟阳曰："此谒一入，终身可湔洗乎？"意思是说，此拜贴一进入权要之门，其污秽耻辱恐怕终身都难清洗干净了！

正德十二年（1517），武宗自称威武大将军，至宣化、大同，沿途骚扰百姓，甚至夜入民家索掠女子。次年还京，又复往，自称镇国公，所至抢掠民女淫乐，民怨沸腾。冬天，武宗在太原度岁。正德十四年（1519）还京，三月，又自称镇国公朱寿，准备南巡。翰林、科道、兵部、吏部、礼部、太医院等一百多名官员极力进谏，举朝汹汹。孟阳与同僚官员曰："此举系社稷安危，一命之士，皆应忧国，岂必言官，乃当效死。"意思是说，此举关系社稷安危，虽官微位卑，皆应忧虑国家，何必非得是言官才能进谏呢？此正是应当以死谏君之时。于是与同僚官员余廷瓒、李绍贤、詹轼、刘概、李惠等十九人，陈巡游十不可，直斥权奸误国。武宗震怒，悉下锦衣卫狱，杖四十，罚跪午门五日，加桎梏，如同重囚，道途观者无不泣下。阉党江彬又乘机激怒武宗，武宗又命加杖，让江彬监督，杖刑特别重。孟阳仰天叹曰："今日死得其所矣。"当场毙于杖下的共十一人，孟阳为其中之一。

嘉靖皇帝继位后，参与南巡之争的百余名官员均恢复原职或升迁，赠孟阳为御史，并恩荫一子。当时大儒陕西高陵吕柟给孟阳写墓志，其铭曰："爱身何薄！爱国何厚！于生无羞，于死无负。"孟春听到儿子以谏身死，哭之以诗曰："杖前奏牍已无生，万一丹衷感圣宸。主意不回魂不死，应知入梦谏南巡。"语极悲壮，人争传诵。

明·监察御史翟学程：远见卓识

翟学程，泽州人。其父翟从儒，性方正严谨，长至日出门，见有饿死者横于道路，就登记行乞之人，煮粥令食，到年底方止，每年习以为常。翟学程为明万历十九年（1591）辛卯科举人，万历四十一年（1613）授仪真县令，继任安岳县令。

天启三年（1623），考选官吏，东林领袖邹元标为左都御史，魏大中任吏科都给事中，因授翟学程为北台御史。当时魏忠贤与客氏方显乱政的苗头，翟学程已经觉察而为此局促不安。正直大臣叶向高、赵南星、左光斗皆上疏请求辞官，翟学程抗疏挽留。阉党的气焰方炽，杨涟首先上疏极力抨击，翟学程也上奏声援杨涟，弹劾阉党，朝野一时为之震恐。

人民生活日益交困，上下官员都是贪污黩货之辈。翟学程上《推源铨政札》，其大意说："选举制度败坏，官员廉耻丧尽。外臣升迁，必须车载珍宝而入朝行贿。官员补缺的姓名确定在前，选择分配程序施行于后。国家的官爵可以假借为敛财的工具，国家的根本也应该顾念怜悯。"一针见血地指出了宦官徇私舞弊的要害。他又说："现在朝廷上下对时局的忧虑，莫过于边防的事情。臣以为，东西边防的战事交相扰乱，其祸患明显；社会底层的百姓穷困潦倒，其祸患隐微。隐微的祸患突然爆发，如同大河决堤，难以收拾。何如早作计议，依靠贤明的守令，处理好百姓的事，防患于未然。"后来农民起义成为燎原之势，证明翟学程有先见之明，无奈朝廷权贵置若罔闻！

翟学程的高风亮节、远见卓识，一时无两。但是阉党对他愤恨已久，必欲和黄尊素、李应升等人同置死地而后快，于是翟学程被削籍夺俸。崇祯皇帝即位，铲除阉党，下诏起用，而翟学程已角巾野服归老于乡野。年七十卒，时崇祯八年（1635）秋。著有《西台奏议》三卷。

明·刑部侍郎孟兆祥：一门忠烈

孟兆祥，字允吉，号肖形，山西泽州人，直隶交河籍。明万历二十五年（1597）丁酉科举人。九次参加会试，天启二年（1622）壬戌科登第，授官大理寺左评事。

崇祯初年，升吏部稽勋司主事，曾任文选司员外郎。他的门生到吏部等候选派，向他请求分到好的地方，孟兆祥厉声呵斥，严肃拒绝，门生惶恐而退。孟兆祥晋升稽勋司郎中，调考功司郎中。因为上疏弹劾阉党，触犯了魏忠贤，贬为行人司副。崇祯初年，提升为光禄丞，晋升少卿，先后任左通政使、太仆卿，随即升通政使，晋刑部右侍郎。孟兆祥居官廉洁，每日与其子孟章明讲论濂洛关闽之学。

崇祯十七年（1644），李自成进逼都城，孟兆祥奉命防守正阳门。襄城伯李国祯统领京营军，扣留月饷不发，兵士毫无斗志。三月十九日，京城陷落。有人劝孟兆祥暂且回归官邸。孟兆祥曰："社稷已覆，吾将安之？"然后仰天号恸，冠带望宫阙下拜，曰："臣之力尽矣。"即从容自缢于正阳门下。

孟兆祥之长子孟章明，字纲宜，天启七年（1627）丁卯科举人，崇祯十六年（1643）癸未科进士，观政于吏部。生平以忠孝自许，人比其父子为苍松劲柏。

孟兆祥守正阳门，孟章明侍奉于父侧。孟兆祥临死前，对他挥手曰："我为大臣，义不苟活。汝未受职，可免也。"孟章明回答曰："人生大节，惟君与父。君父既死，何以生为？"于是收敛父尸，急忙回家中告诉母亲吕氏，吕氏遂自缢死。孟章明又别其妻王氏曰："吾不忍大人独死，吾往从大人。"妻王氏曰："尔死吾亦死！"孟章明以头撞地曰："谢夫人！然夫人须先死。"乃遣家人尽出，只留下一位婢女在侧。王氏梳洗，身穿绯服，然后自缢。孟章明见妻子已死，取笔作绝命诗，已而书大字于墙壁："有侮吾夫妇之尸者，吾必为厉鬼杀之！"然后取一门扉，置妻子于其上，又取一门扉，置于妻子左侧，正衣冠而后自缢。嘱咐婢女曰："吾死，亦置扉上。"遂死。

孟氏满门，同日殉国。南明弘光朝，赠孟兆祥官刑部尚书，谥忠贞；赠孟章明官河南道御史，谥节愍。清顺治九年（1652），赐孟兆祥谥忠靖，孟章明谥贞孝。

清·陕西巡抚张瑃：乱世能臣

张瑃，字伯珩，阳城人。明崇祯十五年（1642）壬午科举人，崇祯十六年（1643）癸未科进士。自幼颖异绝人，读书过目不忘，从童生至考中进士仅五年，皆一试即得，成进士年仅弱冠。

入清，授河南原武（今原阳县）知县。原武县经过多次兵乱，刚进入清朝版图。张瑃招抚流亡百姓，号召垦荒，缓征赋税，整顿保甲，兴办学校，缉捕盗贼，安定民心，裁减烦冗差役，民无追呼之扰。屡经推荐，以卓异的政绩提升为御史。离任时，百姓遮道挽留，立碑建生祠，入祀原武名宦。

顺治六年（1649），巡按四川。当时，四川全省只有保宁、顺庆二府为清朝所有，其余疆土还属南明统辖。张瑃鼓励将士继续扩展疆土，晓谕官吏洁己爱民，告诫将领约束军队遵守纪律。申请朝廷下拨牛种五万，散发给兵民。本年除供应各种军需之外，积储粮食六千八百石之多。

顺治八年（1651），张瑃巡按淮盐，革除积弊，严励禁绝请求谒见。盐贩夹带私盐，张瑃都要亲自盘查，抽查引盐总计十三万之多。完成税收正额之外，又收征逃税二十三万两。部院向朝廷交相举荐，张瑃晋升大理寺丞，又转顺天府丞，历大理寺少卿、工部右侍郎。皇帝特旨命张瑃以兵部右侍郎兼都察院右副都御史巡抚陕西。陕西正当战乱灾荒之后，又遇征战军需烦费之时。张瑃根据缓急综合协调，处理非常妥当。同时表率文武，正直廉明，整顿法纪，禁绝贿赂，官吏畏惧，望风退避，百姓爱戴如天地父母。顺治十八年（1661），调福建督粮道。离任之时，百姓顶香挥泪，送行至百里之远，入祀陕西名宦。

张瑃到达福建，开放商贾，禁止侵吞，堵塞政务漏洞，革除额外征收，粮食储蓄充足。张瑃辛苦操持两年，积劳成疾，卒于官，年仅四十二岁。康熙六年（1667），提学道根据当地公众舆论，追祀张瑃为福建名宦。

清·浙江巡抚田逢吉：积劳成疾

田逢吉，字凝只，号碧庵，高平人。清顺治十一年（1654）甲午科举人，顺治十二年（1655）乙未科进士，选翰林院庶吉士，授编修。累官内国史院学士，终浙江巡抚。

田逢吉五岁时，父田驭远被陕西农民军所捉，以刀威胁，田逢吉在父亲身旁号泣，好像请求代替父亲的样子。农民军受到感动，不曾加害其父。田逢吉在翰林院时，顺治十五年（1658）、康熙九年（1670）为会试同考官，所拔取士如熊赐履、李光地、张鹏翮、赵申乔、陆陇其等，后皆为名臣。任翰林学士时，有人议论把国家的仓储粮食借给农民，等秋收之后收其利息，为国家创收。田逢吉曰："此与青苗法何异？"意思是说，这种做法实际和王安石制定的青苗法没有两样，结果成了官府放高利贷、收取利息的苛政，受害的是农民。经田逢吉指出，这件事终于作罢。田逢吉奉使到淮阳赈灾，向朝廷上奏，请求放宽针对逃人的禁令，使流亡迁移者能够随地收养，这样救活的流民难以数计。康熙十年（1671），田逢吉充经筵讲官，升户部左侍郎，次年任浙江巡抚。

康熙十三年（1674）三月，镇守福建的靖南王耿精忠在福州起兵，响应吴三桂。浙江总督李之芳督师金衢，田逢吉留守杭州治军务，筹饷调兵，训练将士，严行保甲法，奸细盗贼绝迹。田逢吉早夜不得少休，积劳成疾，于十一月解任告归。康熙三十八年（1699）卒，享年七十一岁。

清·署理赣州知府杨豫成：济世功高

杨豫成（1796—1863），字立之，号绎堂，陵川人。博览经史，性喜吟咏，不以学问炫人，先后教馆三十年。清道光元年（1821）举于乡，十次参加会试不第。道光二十四年（1844），大挑一等，分发江西。

道光二十六年（1846），署理安义知县。是年灾荒歉收，杨豫成把官仓粮食平价卖出，缓征赋税，使百姓得到实惠，救活百姓无数。龙南县处江西边界，民风剽悍，械斗盗劫，纷乱难治。大吏知道杨豫成能干，题补为龙南知县。杨豫成到任，四乡巡查，数月不归衙署，设方略，悬赏格，捕获有名盗贼百余人，县内肃清。按例推荐，杨豫成得官为通判，分防观音阁。正值太平军五次袭扰边界，杨豫成奉命防御，战于横冈，获胜。以功升直隶州同知。咸丰三年（1853），太平军攻江西，围南昌。杨豫成已升宁都知州，特奉命督兵赴龙南，暂代观音阁通判，捕获太平军数十人。咸丰四年（1854），杨豫成赴宁都州任。

咸丰五年（1855）春，奉命署理赣州知府，太平军进入江西腹地。咸丰六年（1856），省城以外九郡相继失守，赣州孤立无援。杨豫成筹集军饷，招募守军，与家人诀别，用官印印贴身内衣，然后登城，驻西门城楼，督理军务，发誓死守。长达十个月，未曾返署安枕，经历大小三百余战。赣州围解，论功以知府补用，赏戴花翎；又以劝捐炮船出力，加道员衔。但上级两次上奏补赣州知府，皆因部议不允。杨豫成在赣州六年，为了筹备战事，修理西门炮城一座，劝捐仓谷六万余石，可谓竭尽心力。同治元年（1862），署理南安知府。南安曾被太平军攻陷，残破之余，百废具举，劝捐仓谷数千石。凡是民所欲得者，无不全力以赴；凡是力所能及者，无不尽力而为。杨豫成在南安仅一年时间，南安百姓感恩戴德，与赣州百姓无异。

积累前后功劳，以道员补用。但杨豫成退志久决，刚卸任即卒，享年六十八岁。著有《享帚集》十卷。

晋城

第六章

儒林风华

明善诚身通经博学的理想追求

宋代大儒刘羲叟，精通易理、天文、历算，识通今古，学贯天人，与康节先生邵雍比肩并驾，彪炳史册。元代大儒郝经，近绍洛闽，远接洙泗，通经致用，著作等身，以博学长才、凌霄峻节，播声芳于当世，传令名于永远。明代刘虞夔，才擅翰苑，名动经筵，高居庙堂，堪称醇儒；张五典政事循良，久著贤声，游宦四方，重在经世。清代白胤谦为理学先驱，直承河汾之学，被誉为“文清以后一人”“理学宗盟”；陈廷敬秉资纯粹，造诣渊深，理学重臣，久侍讲席，高帜独树，领袖群伦，堪为一代之宗师；田从典宰辅重臣，虚怀稚量，卓识请标；毕振姬号称廉能，弊绝风清，雅有儒风；司昌龄闲云野鹤，师表宿儒，文章宗匠；张敦仁政声远播，儒林翘楚，汉学精英。诸先生皆如众星拱辰，羽翼圣学。

一、传道醇儒

郝经：博学长才　凌霄峻节

郝经（1223—1275），字伯常，泽州陵川人。金末战乱，父郝思温辟地河南鲁山。金天兴元年（1232），郝氏举家迁居顺天（今保定）。家贫，郝经鸡鸣而起，营于家事，夜则读书不辍。后入学塾，衣不解带，废寝忘食，刻苦力学。读书专治六经，潜心洛闽程朱之学，涉猎诸史子集，以穷理尽性、修己治人为本，其余一切杂学皆悍然不屑一顾。五年之后，守帅张柔、贾辅聘郝经为家塾馆师，饱读两家藏书。元好问见郝经，奇之，遂与论作诗作文法，许以大器。江汉大儒赵复亦爱重郝经文笔雄健富丽，熟练通达性理之学。

郝经撰写了一些励志和修身的箴铭，贯穿了理学修己安人的思想。其《志箴》曰："不学无用学，不读非圣书；不为忧患移，不为利欲拘；不务边幅事，不作章句儒。达必先天下之忧，穷必全一己之愚。贤则颜孟，圣则周孔，臣则伊吕，君则唐虞。毙而后已，谁毁谁誉？讵如韦如脂，趑趄嗫嚅，为碌碌之徒欤？"意思是说，不学习没有实际用途的学问，不读与圣人思想不一致的书籍。不因为忧虑患难而改变自己的操守，不被财利和欲望所束缚。不专心致力于修饰自己的仪表，不做只知道咬文嚼字而不懂得义理的儒者。发达之时，必先担当天下的忧患；困厄之时，必须保全一己的品德。做贤人就要做颜渊、孟子那样的人，做圣人就要做周公、孔子那样的人，做臣子就要做伊尹、吕尚那样的臣子，做君主就要做尧、舜那样的君主。死而后已，不管他谁来诋毁谁来赞誉。岂能柔如皮条滑如油脂，想要前进又退缩，想要说话又咽回，做一个庸庸碌碌之徒呢？此是郝经励志的宣言，也是他一生的座右铭。

郝经根据《大学》正心章，撰《正心四箴》，有序曰："传曰：'心有所恐惧则不得其正，有所忧患则不得其正，有所忿懥则不得其正，有所好乐则不得其正。’四者皆本心之固有，得其理则虽有而无，非其理则不得其正，心亦因之以亡。故申而为《正心四箴》以自警云。”意思是说，《大学》说：心有恐惧，就不能端正；心有忧患，就不能端正；心有愤怒，就不能端正；心有喜好，就不能端正。这四种感情，是人心所固有的，如果符合正理，可以将这四种感情消解，使它变成无；如果不合正理，心就得不到端正，人的本心就随之消失了。所以引申其中的意思，写了《正心四箴》，用来自我警诫。郝经在此处所引《大学》正心章，语句顺序与原文有出入，应该是记忆误差所致。

其《恐惧箴》曰：“直大而方，本然之勇，莫我敢遏，何惧何恐！伪妄自私，内曲而老，股栗声澌，气竭身倒。”意思是说，做人做事若能正直、弘大、端方，自己本身就有勇气，没有人敢于阻挡我，还会有什么值得恐惧！如果本身虚伪狂妄，极端自私，内心长久扭曲，那么遇事就会极其恐惧，两腿颤抖，声音凄苦，气力竭尽而倒地。

其《忧患箴》曰：“知命乐天，忧患外来，在我者尽，无妄之灾。忧从己召，患亦自取，畏压岩墙，夫孰援汝?”意思是说，人要固守本分，顺应天地自然之理，乐观地安于处境。忧患是从外部而来，尽管自己极力尽到乐天知命的本分，仍会平白无故受到意外的灾祸。忧愁往往是自己所招，患难也常常是自己所取，当你被压在岩墙之下的时候，谁能够援救你?

其《忿懥箴》曰：“见理不明，咸其自恕，陨身及亲，忿然不顾。自反而缩，横逆我加，修己以道，戮人以瑕。”意思是说，对道理看得不明白，都是因为只知道宽恕自己，而不懂宽恕别人。当心中愤怒，伤害自身及亲人，都全然不顾。正确做法是，反省自己，觉得自己理直，即使强暴无理的举动加于我，我也只是以道修养自身，必须以身作则，才能教育惩戒别人。

其《好乐箴》曰：“善善恶恶，乃其良好，宜恶而好，好乐非道。礼义悦心，刍豢悦口，箪食瓢饮，乐哉孰有?”意思是说，好乐是指人的喜好。如果喜好的是善良，厌恶的是丑恶，那么这种喜好就是优良的喜好。如果以丑恶为宜，而去喜好丑恶，这样的喜好就不符合道义。礼法道义可以使身心愉悦，就好像牛羊猪狗的肉使口腹愉悦一样，一箪食一瓢饮的快乐，谁才能具有呢？这种快乐，只有喜好礼法道义的人才能具有！

《立箴》曰：“惟天行健，万化斯立。君子体之，自强不息。下学上达，与天为一。”开头六句，意思是说，天的运动刚强劲健，万事万物都在大自然中自立。世上的君子体察天的运行，像天一样，发愤图强，永不停息。他们下则学习人情事理，上则认识事物规律，如此达到与天地合而为一的境界。“彼昏不知，惑以溺志。从其所欲，蔽于血气。怠弛放诞，猖狂恣肆。自贼自戕，自暴自弃。自绝于天，卒偾而毙。”此十句意思是说，有一部分人昏昧而不明智，迷惑而使心志沉湎放纵。顺从自己的私欲，蒙蔽于血性气质。怠惰松懈，行为放纵，言语怪诞，狂妄放肆。这等于是自己残害杀伤自己，自己糟蹋抛弃自己。这是自行与天断绝，最终僵仆而死。“何不反己？何不自思？以敬为本，以谦为基。虑患也深，操心也危。所立卓尔，嶷嶷岐岐。”此八句意思是说，为什么不去反省自己？为什么不进行自我思考？把主敬作为自己持身的根本，把谦虚作为自己立身的根基。思虑未来的忧患要长远深刻，操持自己的心志要戒惧谨慎。使自己卓然独立，超群出众，高尚杰出，壮盛智慧。“可以尽性，可以知天。立事立功，立德立言。不朽不挠，于千万年。凡百君子，其惟勉旃！”此八句意思是说，人能够尽其心力发挥自己的性，就懂得性了。性是天所赋予人的理，能懂得性即是懂得天。如此就可以兴立事业，建立功勋，树立道德，创立言论，使之永不磨灭，永不弯曲，流传千百万年。天下的君子，请大家努力吧！这一篇《立箴》是告诉人们如何安身立命，发挥人生价值。

《思箴》曰：“粤惟心官，必思而得。既为心用，又为心迹。发我天机，生杀语默。”意思是说，心作为人身主宰的器官，必须经过“思”，才能得出自己的主张。“思”既是心的作用，又是心的形迹。天机，为天赋灵机，犹灵性。“思”能启发心的灵性，能决定人的动静语默，即人的言行。“劳焉则耗，佚焉则溺，放焉则侈，昧焉则窒。惟睿惟敬，乃正而实。”“思”若过于忧劳则损耗，过于安逸则沉沦，放纵则散漫而无统领，昏昧则窒塞而不通达。只有明智和诚敬，才能够达到正直和真实。“勿窃我以私，勿殉我以必，勿愚我以固，勿颠我以逆。于焉是去，圣神斯立。心也是司，操之其勿失。”“我”，指“思”。不要用私欲侵扰我，不要因坚执强迫我，不要以偏激愚弄我，不要因迎合颠倒我。在此处，把私（私欲）、必（坚执）、固（偏激）、逆（迎合）去掉，“思”的睿智神明才能建立。由心掌管“思”之事，如此操持，不得丢失。

《友箴》曰：“入门而父兄，出门而朋友。获于上，说于亲者无不在；辅其仁，成其德者无不有。弃挟论世，必召厥真；去益即损，必贻其咎。”意思是说，入门在家，要善事父兄；出门在外，要善处朋友。获得上位者信任的人，能够使父母愉悦的人全在里面；辅助朋友成仁的人，能够使自己成就道的人无不包括。去除倚仗，知人论世，才能招致真情；去除益友，接近损友，必然留下灾祸。“无比周以相阿，无面谀以背诟。无舍义而即利，无重新而轻旧。无轻怒以相绝，无私惠以相佑。”意思是说，不要和小人结党营私而互相迎合，不要当面阿谀奉承而背后责骂。不要舍弃道义而靠近利益，不要重视新友而轻视旧友。不要轻易发怒而与朋友绝交，不要以私自馈赠维护关系。“有胥忤者勿较，有忠告者必受。无以昵而相狎，是构离而结斗；无徇己而绝人，是起秽以自臭。”意思是说，有一时违背之事，不必去计较；有真诚劝告之言，必须接受。不要因为亲昵而不尊重对方，这样会造成分离而争斗；不要因为谋求己私而阻碍别人，这样就像捞起秽物，惹得自身发臭。“友兮友兮，以有德兮，以有志兮。无志而无德，又奚友之为？”意思是说，朋友啊，朋友啊，要交有德有志的朋友。无志又无德，为什么要交这样的朋友？

刘虞夔：谈经夺席　砥节澄波

刘虞夔（1552—1596），字直卿，号和宇，高平人。父崇文，明嘉靖二十二年（1543）癸卯科举人，嘉靖二十六年（1547）丁未科进士，官至淮安知府。刘虞夔自幼聪慧勃发，每日读书厚可积寸。治《尚书》《周易》《春秋》等书，自行点评探讨，不从师授。十六岁中隆庆元年（1567）丁酉科举人，隆庆五年（1571）辛未科进士，时年方弱冠，选为庶吉士，后授翰林院编修。万历二年（1574），奉使秦藩，纂修《大明会典》，教习内书馆。万历十年（1582）转侍读，分纂起居章奏，兼理诰敕，逾年充任经筵讲官。万历八年（1580）、十一年（1583）刘虞夔曾两次任会试房考官，号称得士，萧良有（字以占，号汉冲）、邹德溥（字汝光，号泗山）都是他选拔的优秀人才。万历十四年（1586），擢左春坊左谕德兼翰林院侍讲，掌坊事，简充日讲官，晋左庶子。万历十六年（1588），以太常寺少卿兼翰林院侍读学士掌院事。明年晋詹事府詹事，兼官经筵日讲。因母亲病逝，刘虞夔告归丁忧。服除后诏修国史，大学士王锡爵举为副总裁。因刘虞夔是王锡爵的门生，遭到兵科给事中逯中立的弹劾，刘虞夔亦上疏以父老衰病恳辞。不久，父亲去世，刘虞夔病不胜丧，悲痛而死，年仅四十五岁。著作多散佚，其子刘元徵辑为《刘宫詹文集》十六卷。

刘虞夔为人恭谨，虽少年得志，但尊老敬贤，每遇翰林先达，必弯腰曲背侍立，以弟子礼待之，牵其手臂乃肯向前。与人相揖，必弯腰至极；与人说话，木讷不出于口。退朝之后，坐于一室，桌子上摆满了书，认真攻读，至半夜始就寝。作文章时思虑精深，代皇帝拟作诏书，必考义选词，力求典雅工丽。即使应酬作品，也要反复修改润色，直至自己满意为止。司昌龄曰："余读《刘宫詹集》，温醇典藻，春容乎华国之文也。学广闻多，以之修史，岂曰非才？而台臣交谪，不竟其志以死，惜哉！"

刘虞夔乃一代博学通儒，充经筵讲官，经常为皇帝讲经，先后讲过四书与《易经》《诗经》《礼记》等。他讲经依据经书主旨，结合历史事例，务使皇帝能因此有所感悟。曾经讲说《诗经·夜如何章》，反复阐明帝王应当为国事而忧虑勤劳的意旨，万历皇帝深深为之感动而形于颜色，表扬刘虞夔讲经称职。可惜刘虞夔《诗经·夜如何章》的讲义未得保存。《刘宫詹集》中的《经筵讲章》，是刘虞夔为万历皇帝讲解经书的讲义，其中阐发儒理，透彻而详尽，揭示蕴奥，深刻而入微。

《易经·损卦》："象曰：山有下泽，损；君子以惩忿窒欲。"《讲章》："这是损卦象传，孔子示人修德的说话。惩是警戒的意思，窒是阻塞的意思。《象传》说，艮象为山，兑象为泽。此卦艮上兑下，是为山下有泽。泽气上通，以润乎山，有损下益上之义，故名为损。君子体此，以为吾身所当损的，莫如忿与欲二者。如遇可怒之事，孰能无忿？忿心一生，就如火之焚炽一般，不戢则烈石焚原，莫可扑灭。不但乖吾心泰和之度，而亡身及亲，皆由于此矣。故君子惕然深思，常常以为警戒。就是一时触犯，最难忍耐的，也要着实禁止，不使忿怒得逞，而失之于暴戾也。这叫做惩忿。遇可爱之事，孰能无欲？欲心一生，就如水之方决一般，不塞则沉陆滔天，莫可提防。不但淆吾心太虚之体，而丧生伐性，皆由于此矣。故君子奋然用力，每每为之防闲。就是百般玩好，最易引诱的，也须痛加遏绝，不使私欲横流，而遂至于纵肆也。这叫做窒欲。夫理欲不并行，损益正相反。惩忿则忿日消，而性气自然和平；窒欲则欲日寡，而本原自然澄澈：其于修德之功大有裨益矣。损故受之以益，其不信哉！臣观宋儒有言：'莫难平如怒心，莫难制如欲心。'可见圣贤之学全在治心，而至于人主尤为切要。"

《礼记·曲礼》："贤者狎而敬之，畏而爱之。爱而知其恶，憎而知其善。积而能散，安安而能迁。"《讲章》："狎是亲近的意思。畏是严惮。憎是恶。安安是安其所当安。记礼者说：常人之情多有偏而不正、执而不通者。若夫克己复礼，事事皆合于中，则惟贤者能之。常情于所亲狎的人，相与情熟，未必能敬，贤者则狎而敬之。蔼然相亲，未始不肃然相敬也。

常情于所尊畏的人，外貌至恭，未必能爱，贤者则畏而爱之。隆之以貌，未尝不联之以情也。人有善的，固尝爱之矣，而于爱之中有不可掩之恶，则又知其恶而恶之，何至于溺爱而不明乎！人有不善的，固尝憎之矣，而于憎之中有不可泯之善，则又知其善而爱之，何至于绝恶之太甚乎！君子用财有节，财固有时而积，然聚于己者亦可以散于人，不至私利以自殖也。君子经德不回，固止于其所当止，然守其常者亦可通于变，不至执一以害事也。贤者之所为，无往而不合乎中。如此何？莫非主敬中来耶？此可为修身之法矣。”

《礼记·曲礼》：“临财毋苟得，临难毋苟免。狠毋求胜，分毋求多。”《讲章》：“记礼者说，人情莫不趋利而避害、好胜而贪多，惟君子则善控其情而归之正。故临财苟得，是伤廉也，必以义止之。一介不取，万钟不加，纵有时而得，亦义所当得耳，非苟得也。临难苟免，是贪生也，必以义赴之。为臣死忠，为子死孝，纵有时而免，亦义之可免耳，非苟免也。忿怒不平的叫做狠。狠而求胜，则必以强暴取祸矣，当以义自惩。一朝之忿，亡身及亲，可弗忍欤！分与应得的叫做分。分而求多，则必以盈益致损矣，当以义自裁。本分之外，不加毫末，敢求多欤！夫临财可以观廉，临难可以观勇。不求胜，是惩忿之学；不求多，是窒欲之功。能是四者，则情得其正而行合于中，亦庶几乎贤者之可法矣。”

《礼记·礼运》：“故圣人耐以天下为一家、以中国为一人者，非意之也。必知其情，辟于其义，明于其利，达于其患，然后能为之。”《讲章》：“耐字读作能字。辟是开辟。此下详说圣人治世安民之道。普天之下万姓杂居，本非一家也，惟圣人能合异以成同，而使之为一家，如父子兄弟之相保焉。中国之内兆民并育，本非一人也，惟圣人能联属以成身，而使之为一人，如手足腹心之相用焉。这不是圣人以私意遥度而强为也。盖难一者众人之势，而可一者众人之情。众人知此情之在人，原于性生，迁于物感，故推情以治之而不一者，皆归于一矣。其治情之法，须要开辟其义理以教训之，使人知有所守；须要显明其利益以歆动之，使人知有所趋；须要宣达其患害以禁戒之，使人知有所避。如此则化条而备，防范周详，那百姓每赖有圣人在上，相与会归于皇极之中，自然道德一而风俗同，形骸泯而争夺息，然后能以天下为一家、中国为一人也。”

《礼记·礼运》：“何谓人情？喜、怒、哀、惧、爱、恶、欲七者，弗学而能。何谓人义？父慈、子孝、兄良、弟弟、夫义、妇听、长惠、幼顺、君仁、臣忠十者，谓之人义。讲信修睦，谓之人利。争夺相杀，谓之人患。”《讲章》：“上文所言，乃圣人治天下之大纲，此即其条目也。如何叫做人情？或为喜乐，或为忿怒，或为悲哀，或为恐惧，或为欣爱，或为羞恶，或为嗜欲，这七情皆因感而动人，人有不待习学而皆能者也。如何叫做人义？为父的当慈爱其子，为子的当孝敬其亲；为兄的当温以友其弟，为弟的当恺以恭其兄；为夫的当率妇以义，为妇的当听命于夫；为长的当施惠于幼，为幼的顺承其长；为君的当仁厚以待下，为臣的当忠诚以事上。这十件叫做人义，世间人所行合此，才为得宜也。至于人之相与，有以诚信之言互相要结的，则为讲信；有以和睦之事互相敦劝的，则为修睦。这两件叫做人利。盖和气所感，可以远怨，可以弭兵，彼此皆受其利益矣。或不能讲信修睦而至于愤争，愤争不已至于劫夺，劫夺不已至于互相戕杀。这三件叫做人患。盖乖气所感，小则倾家，大则伤命，彼此皆受其患害矣。若非圣人戒之以所患，歆之以所利，安能使人以义用情而同归于正哉！”

《刘宫詹集》中，尚有《与友人论学书》《心为严师解》《玉山讲义述》等，皆为详述儒理之文。

白胤谦：文清后继　理学宗盟

白胤谦（1605—1673），字子益，号东谷，阳城人。明天启七年（1627）举人，崇祯十六年（1643）进士，选翰林院庶吉士。入清后授内秘书院检讨，官至刑部尚书。阳城白氏以科第仕宦与理学闻名，且多著述。白胤谦的伯父白所知，官至太子太保、工部尚书，著有《惺心录》《语丛》。白所学，知唐县，著有《平水杂俎》。白所行，任肃宁、大宁知县。其父白所蕴，著有《闇修录》《北窗琐言》《履德遗稿》。从兄白胤昌，著有《苏谭》《容安斋诗文集》《蓼解丛编》等。

白胤谦继承家学，早年即以理学名世，为清初大儒。晚年杜门谢客，以“归庸”名斋，穷究理学，晚岁工夫愈深，涵养愈熟，深入性理奥秘之处，仍刻厉进修，不肯少懈。删朱子《近思录》和薛子《读书录》，教育子弟及其乡人。

白胤谦在京师期间，理学家魏象枢曾以师事之，持礼甚恭，过从甚密，白胤谦以学问正宗勉励。致仕之后，魏象枢亦家居，相隔两千余里，仍然书信往来不绝，魏象枢凡有所问，白胤谦手答不倦，仁人之言蔼如，训诲备至。

白胤谦答魏象枢曰：“承教论学书，谓学者下手功夫，要在寡欲二字上讨消息，此最真切简要道理。窃谓孟子‘寡欲’，寡字原是方便歆动人，使其由寡渐至于无。其实欲何能遽无？故学者下手功夫吃力全在此一寡字，不得轻易觑过。又欲不止房帏，但此处把持得定，其余自不难轮更破的。”又曰：“至于二氏之说，诚不足言，亦不当言。虽其说偶有一二合于儒处，要皆假窃儒书而为之，不足为异。吾儒立脚既定，断不可一毫沾傍于彼，所谓‘攻乎异端，斯害也矣’。能言距杨墨者，圣人之徒也。”又曰：“夫礼者，天理之节文，正所谓制欲者。先儒谓饮食男女之欲，人不甚相远，但中理与中节即为天理，无理与无节即为人欲。夫其所谓中理中节者，非礼而何？然此中间尚有一个主宰，则敬是也。先儒自二程子以后俱言敬，即台论中所引《中庸》‘戒慎恐惧’，此礼之本也。若求寡欲尽伦，而用此操持，似更简易有力。”又曰：“盖敬非枯敬，只随时随处体认天理。天理常做得主，人欲自不能夺，故不期寡而自寡矣。阳明虽从人欲倒说向天理，其实，天理不明，如何损得人欲动？似若小异，而亦大同，但程朱说较顺较近。”又曰：“台教自信寡欲，不自信尽伦。窃谓伦亦理也，惟为欲累，则或有不能尽；苟其欲去理存，而伦亦不难尽矣。”魏象枢著《儒言录》《嘉言录》，皆经白胤谦折衷疑似，手订笔削。

白胤谦的理学主张求仁复性、存诚主敬，其要旨在于躬行实践。曾曰：“每日随事求仁，则此心常在。少有断歇，即是自欺。但不敢自欺处，即敬，即诚，即仁，至于仁而事毕矣。”作《仁敬诚赞》：“三代以前，说中说极。至于孔门，仁字乃出。无私曰仁，无适曰敬；无妄曰诚，不离心性。程子教人，先须识仁。诚敬存之，一语最亲。蔡氏九峰，书传是集。谓仁敬诚，言殊理一。要而论之，诚始仁终。贯之惟一，主敬为功。圣贤之学，由博返约。念兹在兹，庶几合辙。”

又作《复性赞》：“理本于天，与心俱生。名之曰性，所以为人。人性俱善，罔有弗同。形气蔽之，因或失之。清浊既分，哲愚殊轨。徇理徇欲，毫厘千里。变化之方，乃在于学。穷理笃行，勿徒口说。至诚参天，其次致曲。虽及圣神，仅号能复。复非外来，返所自有。孰甘暴弃，而执其咎？至平至实，极中极正。吾道宗传，小子敬听。”

魏象枢曰：“二赞字字透骨抉髓。其实首一赞括尽。诚为体，敬为功夫，仁在其中矣。次赞‘穷理笃行’四字尤要。盖不穷理，则入于异端；不笃行，则流于色取：此又敬诚之切实下手处也。”又曰：“观先生之言，以考先生之生平，则皆不出乎此矣。”

魏象枢《庸言》曰：“白东谷先生赠联云：‘识得造物生时，窗草盆鱼皆是；寻得孔颜乐处，吟风弄乐何妨！’‘主静居敬存诚，总要观未发时气象；穷理致知格物，无非求放心的功夫。’‘执敬忘忧境遇，常教不足；存诚取闇功夫，切畏人知。’先生所赠，即自言所学也。”

白胤谦一生讲求“诚敬”二字，病危之时，召集子孙，问曰：“诚敬、无心，二者孰是？”稍过一会儿，又曰：“无心涉外道，当以诚敬为主。”然后闭目而逝。魏象枢曰：“盖先生一生得力，用行惟是，舍藏亦惟是，生顺惟是，殁宁亦惟是，如饥之食，如渴之饮，欲须臾离而不可得。于戏至矣！余故断谓先生文清（薛瑄）以后一人。而叙其立身行义之大，仍蔽以先生二言：曰诚曰敬。”可见白胤谦的理学绝不同于那些空谈仁义的伪道学，而是名副其实的躬行实践者。

吴伟业称赞白胤谦曰：“攻实学，修笃行，不役役于富贵，不陨获于流俗，冲乎其自下，确乎其自持，有先正之风焉。”意思是说，白胤谦专心研习切实有用的学问，学习培养纯正踏实的行为，不为富贵奔走钻营，不因流俗丧失志气，淡泊谦和而自甘人下，坚定执着而持守节操，具有历代先贤的风范。

陈廷敬《阳城故刑部尚书白公胤谦赞》曰：“公起词苑，无赫赫声。清忠端亮，式和且平。有文有质，是训是程。及蔚州公，理学宗盟。”可见白胤谦的理学成就及其在清初的宗师地位。

白胤谦著名的理学著作《学言》三卷，有曰：“无我之我，是谓真我；无知之知，是谓良知。”近人邓之诚曰：“《四库提要》讥其‘语涉惝恍’，而不知正其阅历有得，足以免于乱世矣。”顺治朝，满洲贵族入主中原，满汉畛域甚深，汉臣中追名逐利、钻营结党之流，皆不免被诛黜。白胤谦以“无我之我”的“真我”境界立身于朝，以“清忠端亮，式和且平”的风范见称于世，澹泊名利，不欺其志，能持禄保位，不牵涉党祸。

陈廷敬：秉资纯粹　造诣渊深

陈廷敬，字子端，号说岩，晚号午亭，阳城人。清顺治十四年（1657）丁酉科举人，十五年（1658）戊戌科进士。历官翰林院掌院学士、经筵讲官、左都御史、吏户刑工四部尚书、文渊阁大学士。卒谥文贞。著有《午亭文编》《尊闻堂集》。

陈廷敬是清康熙朝理学大家，曾自述其为学经历云：“吾学亦屡变矣。其始学诗，当其学诗，而见天下之学，无以加于诗矣；其继学文，当其学文，而见天下之学无以加于文矣；其继学道，及其学道，而见天下之学无以加于道矣。”指出自己求学的三个阶段：第一阶段是学诗，学诗时认为诗是天下最大的学问；第二阶段是学文，学文时又认为文是天下最大的学问；第三阶段是学道，道就是理学，学道时又认为理学是天下最大的学问。因此，他的学问最后归结为理学。唐鉴《国朝学案小识》曰：“先生童稚之年即知向慕正学，壮而愈笃，老而弥专。”又曰：“观先生之学，而有得可知矣。先生经学邃深，侍讲席最久，观经筵奏对诸录，日有敷陈，时申启沃，以喜起明良之遇，尽都俞吁咈之诚，尧廷舜陛，极一时赓飏之盛矣。先生精于韵语，雅颂风赋无体不备，而所著各体文亦逼韩、曾诸大家，言中有物，其有以欤。”

程朱理学在明代的代表人物是薛瑄。薛瑄字德温，号敬轩，谥文清，山西河津人，创建了河东学派。陈廷敬的理学直接师承河津薛瑄，故论学以薛子为大宗。尝语其徒曰：“正学之传，河东薛子。而后言学者，归姚江王氏，王氏兴而圣人之道几乎息矣。”林佶（字吉人）曰：“先生平生学术师法河津，河津之学以复性为宗，而文与诗皆雅健绝伦，渊源最正，为紫阳以后一人。先生少刻苦，以正学自命，一以河津为的。其立朝公忠之大节，行己廉慎之清修，言必称先，词自己出，所谓贯文与道而一之者，无愧于河津矣。”《圣清渊源录》将陈廷敬列为清代北学的代表人物，《国朝学案小识》则视之为守道名儒，肯定了陈廷敬在清代理学史上的地位。

宋代以来，理学家都十分注重讲学，每天和门徒在一起讲论理学的思想，而薛瑄则认为重在躬行，无烦著作。陈廷敬继承了薛瑄这一思想，曰：“古人读书，直是要将圣贤说话实体于身心。”“与其言而不行，宁行而不言。”“君子以身言，小人以舌言。故欲知其人，观其行而已，言未可信也。”陈廷敬认为，躬行的真正含义，就是按理学的要求，规范自己的行为。

康熙皇帝十分注重程朱理学，而且重用理学大臣，但他反对日常行事不合乎伦理道德的假理学。陈廷敬言语不多，不尚空谈，注重躬行、表里如一。李光地曾对陈廷敬的行事表示叹服，曰：“泽州之慎守无过，后辈亦难到。”

陈廷敬在京城无意听到一位老妪曰：“某不爱钱，岂杨继宗耶?”杨继宗是明代著名清官，但已故去二百多年，这位老妪竟能知道杨继宗的事情，令陈廷敬十分震惊。可见杨继宗的影响多么深远，可谓家喻户晓，妇孺皆知。于是陈廷敬感慨曰：“吾阳城杨公继宗，天下称清白吏所首指名者也。盖当时名闻天下，后世妇人女子，犹皆习闻其名而尊美焉。凡为士者，可不向慕乎哉！予感妪言，而心识之。”他想到在阳城附近二三十里的行山溪谷之间，名人辈出，如杨继宗、原杰、王国光、孙居相、张铨、张慎言等人，有的节操清亮，有的功业显著，有的正直敢言，有的以忠死事，都是天下闻名的人。他就决心要向这些先贤学习，来修养自己锤炼自己。他与山西籍的几位德高望重的先辈交游，学习到很多优秀品德。因而曰：“夫天下清白吏不易得，而为世所指名者，乃独多在于晋，可谓盛矣。”又说：“吾乡国多贤人君子，其以清德为世所称。”他举出了六位最敬仰的人物，分别是曲沃县保和殿大学士卫周祚、阳城县刑部尚书白胤谦、蔚州刑部尚书魏象枢、永宁州两江总督于成龙、阳城县陕西巡抚张椿、高平县湖广布政使毕振姬。这六位都是山西人，都可称为天下之士。他写了《六公赞》来歌颂他们的品德，并用以勉励自己。

康熙皇帝为了从儒家经典中吸取营养，获得治国的理论和方略，对于经筵日讲极为重视。陈廷敬既是经筵讲官，又是南书房大臣，每天为康熙皇帝讲解经书，与康熙皇帝探求学问。他侍从勤劳，精益求精，在进讲奏对之时，引经据典，敢于直言，反映出他渊博的学识和正直的人品。康熙十六年（1677）三月，康熙皇帝在陈廷敬等讲经结束后，谕曰：“览尔所进讲章甚为精详，实于学问政事大有裨益。”意思是说：看到你所呈进的讲稿非常精详，对于学问和处理政务，都有很大的好处。陈廷敬对皇帝的言行提出了要求，曰：“帝王以天下为家，一言之微，有前后左右之窃听；

一行之细，为子孙臣庶之隐忧。是以圣帝明王必慎乎此。”意思是说：帝王要把天下作为自己的家。一言一行虽然微不足道，但是有前后左右的人在听着，有子孙臣民在看着，所以圣帝明王对自己的言行必须十分谨慎。要求康熙皇帝严于律己，慎言慎行。

陈廷敬认为，帝王应该有“天覆地载之量，无一毫计功谋利之私”。人主“以至诚恻怛之心，为爱养斯民之政，初不计民之为我用也”。“所以得民心之道，唯在圣君贤臣朝夕讲求以实心行实政。”“谏行言听，膏泽下民”。意思是说，作为帝王，应该具有宏大的器量，像天一样，能够无所不覆盖；像地一样，能够无所不承载。要有为天下民众谋利的公心，无一毫为自己计功谋利的私心。要有真诚的同情怜悯之心，实行爱养百姓的政治，不去计较百姓是不是为自己所用。能够得到民心的方法，只有君臣从早到晚以真心实意去探讨、实行讲求实际的政治。听从实行谏言，滋润下层的百姓。陈廷敬借助进讲经书，向康熙皇帝灌输儒家的根本思想，对康熙皇帝逐渐成长为一位仁君起到了一定的作用。

康熙十七年（1678）九月初五，陈廷敬进讲《尚书》“启乃心，沃朕心”一节，康熙皇帝曰：“为上者实心听纳，以收明目达聪之益；为臣者实心献替，以尽责难陈善之忠。然后主德进于光大，化理跻于隆平。”意思是说，作为君主，实心听从采纳大臣的意见，就能够收到耳目聪明、闻见博广、了解民情的效益；作为大臣，应该实心进献正确意见，更正君主错误，以尽督责君主、陈说善道的忠心。这样，君主的德行可以进一步光大，国家的教化和治理就可以达到昌盛太平。

陈廷敬针对清廷内部权力纷争，利用讲筵奏对之机，提醒康熙帝注意小人问题。曰：“从来上之德意不能下究，民之疾苦不能上闻者，皆小人为之壅蔽于其间也。故贵解而去之。”意思是说：自古以来，皇上的政策不能下达，百姓的疾苦不能上传，都是因为有小人在中间作怪。所以重要的是除去小人。又曰：“小人所以贪位固宠者，无所不至。又能形人之短，见己之长，能使人主信任而不疑，故得专权而肆其恶。”意思是说：小人为了巩固自己的地位，什么办法都能想出来，什么事情都能做出来。又善于用别人的短处来衬托自己的长处，能使皇帝对其信任不疑，所以能够专权，而为所欲为，随意做坏事。又曰：“小人谗害君子，不在大庭广众之际，而在于筵闲私语之时。使人主听受其言而不觉，故圣人比之为莫夜之戎。唯圣明之主严约其端，则可以无此患也。”意思是说：小人说坏话来陷害君子，不是在大庭广众之间，而是私下闲谈之时，使皇帝听从了他的话，却毫无知觉，所以圣人把小人比作夜间突然偷袭的军队。只有圣明的君主严加约束，才能避免其祸。康熙帝曰：“从来君子得志，犹能容小人；小人得志，必不肯容君子。”陈廷敬在讲筵上对康熙帝谈君子小人问题，是指当时权焰最炽的大学士明珠及其党羽。陈廷敬故借讲学之机，建议康熙帝当机立断，剪除权臣势力。

陈廷敬进讲治国之道，对康熙皇帝的思想及施政产生了重大影响。概而言之，一是对其行为起了一定的制约作用，二是为其巩固统治提供了丰富的历史经验，三是为其制定政策提供了理论依据。所有这些，对于将康熙皇帝造就成为一个成熟的政治家，对于清朝统治的巩固和康乾盛世的到来都发挥了重要的作用。

陈廷敬后来升任文渊阁大学士，根据惯例，大臣一旦升任宰相，就不再担任经筵讲官。但是康熙皇帝特别喜欢陈廷敬的讲解，所以破例让他继续兼任经筵讲官，这是特殊的恩遇。陈廷敬本人对这件事也很感荣幸和自豪，他拜相之后，又一次给皇帝讲解经书。进讲之后，陈廷敬作《经筵纪事诗》，写道：“牙签一卷几回开，近日新纶忝窃陪。好与词林传故事，白头丹地讲书来。”

《困学绪言》是陈廷敬的语录体著作，篇中所记多为其读书求理的心得体会和人生修养的哲思妙悟。其序曰：“韩退之谓：‘古之学者必有师。’又曰：‘世无孔子，不当在弟子之列。’自孔子以来，世无孔子矣。既不当在弟子之列，而学者又不可无师，则是虽不必孔子焉可也。孔子之言曰：‘三人行，必有我师焉。’”陈氏引用韩愈之意，说明学者不可无师，故应向胜于己者学习。“予生也，其地则唐虞夏之故都，而近圣人之居者也。由汉唐及宋明，名世代兴，贤人君子未易悉数。其有能明孔子之道，如龙门、河汾、涑水三数公者，尤彰彰显著焉。河津薛子，起而振理学之传，继河汾之业，庶几乎可进于孔子者也。”陈氏所生之地，为尧舜禹之故都，贤人君子代不乏人。龙门司马迁、河汾王通、涑水司马光，都是彰彰显著的人物。明代薛子，继承河汾学统，振兴理学，由此可以进于孔子之学。“予童稚之年，即知向慕。今老矣，言行之尤悔丛生，动与时违，心焉乖忤，殆所谓困而不学者与？窃不度其愚陋，仿《中说》《读书录》之义，记数则以寄其志之所存，非敢以为学也，然曰《困学绪言》者，犹将引而伸之，以毕其志焉。惜乎，其老也！”陈氏早岁向慕正学，而今年老，困犹未解，仍要学习，虽记数则语录，只是寄托自己的志向。此乃陈氏作《困学绪言》的初衷。

《困学绪言》曰：“徇欲最苦，循理最乐。舍乐就苦，是诚何心？”顺从自己的私欲，忙忙碌碌追逐利益，奔波在追名逐利的道路上，必然最苦；遵循事物的道理，顺着中正之道前行，必然会通畅无阻，可谓最乐。世人往往不愿循理，热衷徇欲，舍弃最乐，就近最苦，实为识理不明之故。

《困学绪言》曰：“君子之言动，以天而不以人；小人之言动，以人而不以天。以天者顺而祥，以人者逆而祸。顺而祥，易简之道也；逆而祸，险艰之为也。弃易简而乐险艰，岂人情哉！亦弗思之甚而已矣。”君子的言行举止，遵循天理，而不服从人的私欲；小人的言行举止，顺从私欲，而不服从天的正理。遵循天理的自然顺利而吉祥，顺从人欲的必然曲折而凶险。顺利而吉祥，是简单易行的道路；曲折而凶险，是艰难危险的行为。以天而不以人，正是循理最乐之意；以人而不以天，正是徇欲最苦之意。世人往往舍乐就苦，放弃简单易行之路，选择艰难危险的行为，这难道是符合人情的做法吗？还须三思，不可等闲视之。

《困学绪言》曰："程子拈出'敬'之一字示人，即《中庸》'戒慎恐惧'四字也。'戒慎乎其所不覩，恐惧乎其所不闻。'此二句，括尽古今圣学大源头。入德之门，体道之极功，悉在是矣。"程子提出了主敬思想，朱子认为，程子有功于后学者，最是"敬"之一字有力。究竟何为敬？程子曰："所谓'敬'者，主一之谓敬。所谓'一'者，无适之谓一。"朱子又合而言之曰："主一无适之谓敬。"至于如何施为？朱子曰："敬只是收敛畏惧不纵放。"又曰："尝谓'敬'字，恰与'畏'字相似。"意思是说，敬是要时刻保持小心谨慎的敬畏心理。而陈氏则曰："敬即戒慎恐惧，而'戒慎恐惧'四字更痛切。"用"戒慎恐惧"四字说敬，似乎更直接，更痛切，更透彻。时时保持戒慎恐惧的心理状态，就是主敬。修身体道，皆从此始。

二、守正鸿儒

张五典：循良政事　高尚儒风

张五典（1555—1626），字和衷，号海虹，沁水人。明万历二十年（1592）壬辰科进士。官至南京大理寺卿，以子张铨殉国加封兵部尚书，卒赠太子太保。著有《海虹集》，其中第十卷有《质言》一篇、《经史绪言》一篇。"质言"，是指质朴的言语。

《质言》曰："求已放之心，不若防未萌之欲；追既往之愆，不若慎将来之动。"《孟子·告子上》："仁，人心也。"又曰："学问之道无他，求其放心而已矣。"仁乃心之全德，仁是人之本心。本心存在，仁就在；本心放逸，仁就丧失。放心，就是仁心丧失。所以说，求放心，就是求仁，就是把丧失的仁心找回来。《孟子·尽心下》:“养心莫善于寡欲。”修养心性最好的办法,莫过于减少欲望。求放心,说得抽象,寡欲则具体。所以说:求已经放逸的心,不如在欲望未萌生之时,就提前防止其萌生。“既往”,是指以往、已经发生。“愆”,是指错误、过失。已经发生的过错,不能再挽回。孔子曰:“成事不说,遂事不谏,既往不咎。”已经完成的事不须辩说,已经结束的事不须谏诤,已经发生的事无须追究。追究过去的过错并不是目的,目的是要防止将来再不发生这样的过错。所以说:追究以往的错误过失,不如谨慎地进行将来的行动。

《质言》曰:“养稂莠而妨嘉禾,非良农;惠奸慝而戕善人,非良吏。”“稂莠”,指稂和莠这两种形状像禾苗的杂草,但会妨碍禾苗的生长。“嘉禾”,泛指生长茁壮的禾苗。“奸慝”,指奸恶的人。“戕”,摧残。这两句是说:养育稂莠这样的杂草,实际上妨碍了庄稼的生长,则不是好农夫;对奸恶之人加恩惠,实际上摧残了善人,则不是好官吏。

《质言》曰:“君子见人之善,则羡之称之,喜其与己同也;小人见人之善,则忌之毁之,恶与己异也。是以君子之善日增,小人之恶日积。”意思是说:君子见到别人的善言善行,就羡慕他称赞他,喜欢他的品行与自己相同。小人见到别人的善言善行,就忌恨他诋毁他,厌恶他的品行与自己不同。所以君子的善言善行每天在增加,而小人的恶言恶行也每天在积累。

《质言》曰:“忿易逞,欲易纵,中人之学当以惩忿窒欲为第一义。”“忿”,指愤怒、怨恨。“逞”,肆意。“欲”,指不正当的私欲。“中人”,指中等资质的人。“惩”,克制。“窒”,阻塞。这一句意思是说:愤怒容易肆无忌惮地发泄,私欲容易不择手段地追求,所以中等资质之人修身养性,应当以克制愤怒、阻止私欲为第一要义。

《质言》曰:“视听言动,有多少难禁的情欲?子臣弟友,有多少难尽的道理?圣贤只就这里用功夫,便是下学上达。”颜渊问怎样才能做到仁。

孔子说：克制自己的私欲，使言行合于礼，就做到仁了。颜渊又问实践仁的要领。孔子说：不合于礼的事不看，不合于礼的事不听，不合于礼的事不说，不合于礼的事不做。即“非礼勿视，非礼勿听，非礼勿言，非礼勿动”。视、听、言、动，都要合于礼，就要约束控制自己的情感和欲望。但是在视、听、言、动之中，有太多的难以控制的情感和欲望，这就需要下功夫。一个人作为子要尽孝，作为臣要尽忠，作为弟要尽悌，作为友要尽信。孝、忠、悌、信之中，有太多的难以彻底做到的道理，这也需要下功夫。圣贤之所以能成为圣贤，就是在这里用工夫。这就叫下学人事而上达天理。

《经史绪言》曰：“王阳明性极灵，才极高，识见机权，俱非人所能及。蚤年豪放不羁，既而以名节功业自见矣，犹以为不足超世也，乃欲以道统自任。”意思是说：王阳明天资极高，性、才、识见、机权，皆不同凡响，远胜于常人。年青之时即豪迈放达，无拘无束，后来名节、功业都自然彰显出来，人生价值得到了体现。但是王阳明仍然不满足，以为不足以超出世人，欲以道统自任，要与尧、舜、禹、汤、文、武、周公、孔、孟、程、朱等古圣先贤并列。

又曰：“拈出‘良知’两字，自以为独得之见，而学者翕然从之，以为超程、朱而上之矣。岂知‘良知’‘良能’孟子所已言，二者不容偏废！而致知之学，又从古圣贤道之，岂必以此自异也？”意思是说：王阳明为了以道统自任，与古圣先贤并列，于古经中拈出“良知”二字，自以为是独得之见，使学者一致地跟从随行，认为他的学说已经超出程子、朱子之上了。哪里知道，“良知”二字出自孟子，并非阳明独创。孟子曰：“人之所不学而能者，其良能也；所不虑而知者，其良知也。”孟子认为，良能、良知是人之天性所固有，是人之本然之能、本然之知，不烦学习而自能，不假思索而自知。良能、良知，是天性之良者，二者相辅相成，不容偏废，岂可独重“良知”而废弃“良能”？“致知”二字，出自《大学》，也是古圣贤的学说。王阳明将“良知”与“致知”结合为“致良知”，以达到标新立异之目的。割裂经典，拼凑新词，以求自异，何必如此呢?

又曰:“至云‘无善无恶性之体，有善有恶意之用’，分明是告子之说。”告子曰:“性无善无不善也。”告子鼓吹性无善无恶，不合“圣经”意旨。孟子提倡性善，阐述四端之说，是非早已分明，无待缀言。“无善无恶性之体，有善有恶意之用”二句，是阳明四句教的雏形。其实此二句也非阳明独创，宋王安石已有是说。

又曰:“阳明若当春秋之世，能为管、晏，不能为孔、颜;当战国，能为苏、张、孙、吴，不能为孟子。阳明之于孔孟，其于‘五伯’之‘三王’乎?”意思是说:假设王阳明处于春秋之时，当如管仲、晏婴，可以为霸者之相，称雄于诸侯，但不可能成为孔子、颜子那样的人。王阳明处于战国之时，当如苏秦、张仪合纵联横，如孙膑、吴起攻城略地，但不可能成为孟子那样的人。孔、颜、孟子，以仁义为心，以天下苍生为己任。王阳明与孔、颜、孟子相比，就如以武力称雄天下的春秋五霸和以仁义治理天下的三王禹、汤、文武一样。张五典于阳明学盛行之际，有此识见，真可谓诛心之论!

毕振姬:廉能官守　精一心传

毕振姬（1613—1681），字亮四，号王孙，又号颉云，高平人。明崇祯十五年（1642）解元，清顺治三年（1646）进士。官至广西按察使。清洪承畴荐为湖广布政使，不赴而归。著述有《尚书注》《西河遗教》《四州文献》《三川别志》。为文镕集六经百史、史汉庄骚，杂及稗官野乘，坚苍奥古沉郁，尝自负为司马子长。文集为门人牛兆捷所裒集，计十二卷，读者骤不能句读，经傅山点定，署曰《西北文集》。

傅山叙其文曰:“西北之文者，毕解元振姬之文也。解元资才十百倍过常人，诵经史子集大部，至杂家者流，成诵足数百万言，取精多而用物弘。其文沉郁，不肤脆悦口耳，读者率佶倔之，以为非文。解元卒，门人牛兆捷子澍，谓太原傅山者或能通之，无虑数十百余篇，属句读于山，山因得而序论之，标之曰：西北之文。云西北之者，以东南之人谓之西北之文也。东南之文，概主欧曾，西北之文不欧曾。夫不欧曾者，非过欧曾之言，盖不及欧曾之言也。”又曰：“解元既为当世贵人，而但解元之者，山之知解元，知其为壬午之解元已也。”

《四库全书总目提要》曰：“其文颇纵横，有奇气，然剑拔弩张之状亦觉太甚。”《皇朝文献通考》曰：“振姬集纵横疏宕，颇有奇气，然浑厚则不足。”陈廷敬曾拜访毕振姬交谈，毕振姬议论风生，口若悬河，滔滔不绝。陈廷敬形容毕振姬的谈话：“如瀛海汗澜，浩乎无垠；如蛟龙奋翔，鳞爪开张。”陈廷敬极称羡其人，作《高平故布政使毕公振姬赞》云：“公文奇字，公行奇节。振玉摐金，饮冰嚼铁。拂衣耕野，耰而不辍。高风谁嗣？生刍凄咽。”

毕振姬《心学危微精一》，是论说《尚书·大禹谟》尧舜十六字心传的文章。《尚书·大禹谟》曰：“人心惟危，道心惟微。惟精惟一，允执厥中。”此是千古圣贤养心要诀。“允执厥中”四个字，是治理天下的根本大法，是说处理大小事情要诚实地执守中道。所谓中道，是指最恰当、最正确的处理办法，不偏不倚，无过不及。毕氏首先指出：“君心惟在所养，养之以善则心智，养之以恶则心愚。”意思是说：智、愚的不同全在于养心，以善养之则智，以恶养之则愚。所以，君之所以养心，就是要常守中道，不可不中。毕氏曰：“心非公无以绝天下之私，非正无以息天下之邪，非善无以化天下之恶。公且正而至善焉，是心之中也。”意思是说：公、正、善，皆谓心之中。如若心不智，就无以察其公私之异，识其邪正之归，辨其善恶之分。毕氏曰：“人心之危，罔念克念，引而之于善也难，引而之于恶也易。”人的意念若只从自己的形气所发，必然流于自私，所以叫做“人心”；人心如果不以义理去节制，便会流于邪恶，故而危殆不安。圣人不念于善就会变成愚狂的人，愚狂的人能够念于善也会变成圣人。故“罔念克念”，于人心之于善恶至关重要。毕氏曰：“道心之微，无声无臭，引而之于智也难，引而之于愚也易。”人的意念如果由公正的义理所发，必然合于道义，所以叫做“道心”；道心虽然纯善无恶，但容易被私意所蒙蔽，故而微妙难见。道心无声无臭，最难把握，引之于善则为智，引之于恶则为愚，是智是愚，全在于自己。毕氏曰：“毫厘之差，以为是也而非也，非则去而千里矣。”又曰：“择之精，斯不差。”“惟精”即是详察人心，控制私意出现，不夹杂私心杂念。如果选择“精”，则不会出现差错。毕氏曰：“须臾之离，以为有而无也，无则悔以终身矣。”又曰：“守之一，斯不离。”“惟一”即是坚守道心，不使偏离义理，常保持大公至正。如果坚守“一”，则不会出现偏离。若能择精守一，则不难收效于中。

毕氏曰：“人止一心，心止一道。知觉为耳目所引，即为人心，人心有动于欲，动而引则心愚；知觉为义理所生，即为道心，道心未动于欲，动而生则心智。”人之心何尝有智和愚的区别，只是动而生，必须动而养，择之精，守之一，便是动而养。尧舜十六字心传，反复叮咛，只是养心而已。又曰：“虽圣人不能无人心，饥食渴饮是也。圣人不饮盗泉，不食嗟来，道心有以胜乎人。虽中人不能无道心，恻隐羞恶是也。中人隐匍匐不隐残杀，恶嘑蹴不恶利达，人心有以胜乎道。”凡人皆有人心，凡人皆有道心，关键在于是人心胜于道心，还是道心胜于人心。若道心胜于人心，则是圣人；人心胜于道心，则是中人。要使道心胜于人心，全在于收放心。故毕氏曰：“自人心而收之即是道心，自道心而放之即是人心。”人心之危，道心之微，取决于公私、正邪、善恶。不公则私，私者危而公者微；不正则邪，邪者危而正者微；不善则恶，恶者危而善者微。故毕氏曰：“形拘气囿，道心为人心所隔，时在存亡断续之间，故微者不著；神开虑发，人心为道心所御，自有忠奸淑慝之辩，故危者可安。”

毕氏曰：“心之发不及觉，在乎择之，择之精则人、道界限真。《书》

曰：‘顾諟天之明命。’明斯精矣。心之觉不及持，在乎守之，守之一则道心之营垒固。《诗》曰：‘文王之德之纯。’纯斯一矣。”又曰：“《大学》之格致曰精，诚正曰一；《中庸》之择善曰精，固执曰一。”商之太甲因有悔心，悔悟纵欲，而使危殆之人心安定，乃能处于仁迁于义以养心，此是由精而至于一。周之成王因有敬心，敬而有威仪，而使微弱之道心显著，乃能不陷于非礼以养心，此是由一以至于精。毕氏曰：“义理之学有以克其私心，刚大之气有以消其邪心，正直之论有去其恶心；扩其公而使之日益明，扶其正而使之日益强，安其善而使之日益新。”心之择精，如同易之复卦，是变恶为中的开端，天地以七为复，阴消于上，阳生于下。心之守一，如同易之节卦，是裁截过中的时节，天地以六为节，不使太过，不使不及。

毕氏的论述重点在于危、微、精、一，其要旨大致如此。

田从典：虚怀雅量　卓识清标

田从典（1651—1728），字克五，号峣山，阳城人。官至文华殿大学士兼吏部尚书。《清史稿》曰：“从典笃学，以宋五子为宗。”张廷玉曰：“其学以经传为本，儒书为宗，发之于文，原原本本，植躬诚悫，不逾矩矱，识者早觇公辅器也。”李绂曰：“公学本于诚，深经术，尊信宋儒。”

康熙五十二年（1713）五月，田从典升任兵部右侍郎，满尚书为殷特布（号开翁），与田从典共事四年。田从典作《砭愚说赠开翁殷大司马》。

《砭愚说》曰：“昔横渠先生作《砭愚》，程子虑起争端，遂令易名。今为《砭愚说》以赠先生，其意何居？盖自名。或以起争，而以某赠先生，所以息争，非以息他人之争，所以息某与先生朝夕共事之争，抑或虽争而人不之觉，则受教多矣。何言之？某与先生同官治事，枢密之地，案牍如山，情伪不可究诘，有时往复辩难，人或疑以为争。某解之曰：‘是和也，非争也。’”意思是说：北宋横渠先生张载曾作《砭愚》，伊川程子考虑到这样容易起争端，于是令将《砭愚》改名为《东铭》。那么我今天写作《砭愚说》，并以赠尚书开翁先生，其究竟是何意呢？不过是我自己为此文命名而已。也许有人认为这样会引起争端，其实我以此文赠开翁先生的目的，是用来止息争端的。不是用来止息他人的争端，而是用来止息我与开翁先生朝夕共事之间的争端。也许这是争端，而人并没有觉察，但在此争的过程中，无意中自己却受到很多教诲。为何这样说呢？我与尚书先生一同做事，因兵部是国家枢密之地，公事文书堆积如山，其中真假、虚实、利弊都难以深究追问，有时要反复辩驳问难。如果真有人认为这种辩驳问难就是争端的话，我会明确地解释说：这是和，并非是争。

“夫四气顺而后大化成，专于一气，非和也；五味调而后和羹平，偏于一味，非和也。况群议所集，不直则道不见，此亦一是非，彼亦一是非，意识所拘，长短互较，似乎争矣。而取其大同，宁嫌小异？取其终同，宁嫌始异？如风之触物而鸣，过而不留，则鸣于何有？如水之击石而声，顺乎其道，则声亦不闻。”意思是说：寒热温凉四气和顺，而后化育万物，此时专于一气，似乎是和，而其实非和。酸苦甘辛咸五味调和，而后制成羹汤，此时偏于一味，似乎是和，而其实非和。大家在一起各抒己见，各据其理，知无不言，言无不尽，看来似乎是争，其实言语不直则难以见道，言语直则道自显现。虽有小异，却致大同；虽始有异，却致终同。表面似乎是争，实质却是和。这种争，正是争的最高境界。就好像风吹物体而鸣响，当风一吹过，鸣响便已消失；流水冲击石头而发声，当水顺流时，水声便已不闻。

“虽然，有道焉，有气焉：誾誾侃侃，各中其节，道也；径情而直行之，虽自信其中之无他，气而已矣，蹈道则未也。此非变化其气质不能，非日与贤公卿居，亦无由以自进也。”意思是说：虽然是这样，却还是有道和气的区别：侃侃而谈，所谈皆能合乎礼义法度，才能称作道。只是顺着感情用事，虽然其中并无私意，也只是气，不能称作道。要想做到不以情用事，言谈举止各中其节，非变化自己的气质不可。能够每日与贤公卿相处，耳濡目染，也是学习提高、成长进步的重要途径。

“一日，与先生论事，相辩甚久。既而先生曰：‘予性躁词多，真古之愚人也。吾将以“古愚”名吾斋焉。’夫古之愚，直疾也。先生，邦之司直，岂特古之愚？直而已。顾辞直而居愚，某将何以自处乎？然则某滋愧矣。某于直，诚不知其何如，而其为愚亦已甚矣。某尝以古之遗直自励，初不自知其愚，乃今于先生知之，则先生之风，真足砭我之愚也哉！”意思是说：有一天，田从典与尚书殷特布讨论政事，互相辩驳很长时间。结束之后，殷特布说：我性情急躁，话又太多，真是古来所说的愚人啊，我将用“古愚”二字作为我的斋名。所谓“古之愚”，是因“直”所致的病。尚书先生是国家大臣，岂是古愚，而是“直”罢了。考虑到说话直、行为愚，我将如何看待自己呢？这使我更加惭愧了。我对于直来说，真不知是怎么样，但我的愚却是很严重的。我曾经以古人遗留下来的直勉励自己，并不知道我自己的愚，现在从尚书先生这里知道了我的愚，先生的作风，真正足以针砭我的愚啊！

“司马温公居政府时，苏子瞻论事，争持不决，公正色待之，子瞻益不屈，公改容而谢。”意思是说：司马光执政时，欲废除免役法，实行差役法，苏轼认为二者各有利弊，司马光不以为然。苏轼又在政事堂陈述他的看法，司马光愤然。苏轼说：从前韩魏公要给陕西义勇刺字，你做谏官，争执甚力，韩魏公不乐，你也不顾。我曾经听你说其详情。难道你今天做宰相，不许我畅所欲言吗？司马光笑而致歉。不久，苏轼被任为翰林学士。

“某什佰不逮子瞻，而先生乃以司马公之量优容之，此愚直者之大幸也。继自今，或时时采其所长，恕其所短，勉其学之不及，化其质之所偏，使愚不终愚，因得附先生之直，以传于世，是又在先生之终始相砭也。”意思是说：我与苏轼相差十倍百倍，而先生能以司马温公的度量宽容我，这是愚直之人的大幸运。从今以后，我要时时采人之长、恕人之短，努力弥补学问之不足，变化气质的偏差。使原有之愚不再愚，并得以依附先生的直，将此美德传于世，这又在于先生对我始终针砭。

“因念横渠《东铭》有箴过意，但昔之所箴，谓其遂过而成愚，今则因愚而致过，过不同而愚同，故取其意为《砭愚说》以赠。”意思是说：于是想到横渠先生张载作《东铭》有针砭过错之意，但《东铭》所针砭的是已有过而成愚，今天所针砭的则是因愚而致过，过虽不同，而愚则相同，所以取其意而作《砭愚说》以赠先生。

三、博学通儒

刘羲叟：识通今古　学贯天人

刘羲叟（1017—1060），字仲更，北宋泽州晋城人。曾祖仁裕。祖廷珏，赠大理寺丞。父浩，国子博士；母张氏。刘羲叟曾举进士，廷试不第。大儒李之才约于庆历元年（1041）任泽州签署判官，刘羲叟从受历法，世称羲叟历法。李之才师从河南穆修，穆修之学受之种放，种放受之陈抟，源流最远。李之才传易学于邵雍，传历法于刘羲叟。邵雍和刘羲叟都成为李之才门下的儒学大师，各有所长而学术相通。

庆历四年（1044）五月，欧阳修奉使河东，并出任河北转运按察使，过泽州，访刘羲叟于陋巷之中。欧阳修上《举刘羲叟札子》曰：“臣昨奉敕差往河东，伏见泽州进士刘羲叟，有纯朴之行，为乡里所称；博涉经史，明于治乱，其学通天人祸福之际，可与汉之向、歆、张衡、郎顗之徒为比。致之朝廷，可备顾问。伏乞特赐召试，或不如所举，臣甘当朝典。今取进止。”

庆历五年（1045）闰五月，欧阳修上《缴进刘羲叟春秋灾异奏状》曰：

“臣近曾荐举泽州进士刘羲叟，学通天人祸福之际，如汉向、歆、张衡、郎顗之比，乞赐召试，升之朝廷，可备顾问。臣今有收得刘羲叟所撰《春秋灾异集》一册，其辞章精博，学识赅明，论议有出于古人，文字可行于当世。然止是羲叟所学之一端；其学业通博，诘之不可穷屈。其文字一册，臣今谨具进呈。伏望圣慈下两制看详，如有可采，乞早赐召试。谨具状奏闻。”

庆历五年（1045）六月，以泽州进士刘羲叟精算术，兼通《大衍》诸历，尝注司马迁《天官书》，及著《洪范灾异论》，召试学士院，命为试大理评事。不久，又改赵州军事判官，又任为唐史编修官，晋升为著作佐郎，参加编修《新唐书》，专修律历、天文、五行诸志。

嘉祐二年（1057），刘羲叟以母丧去职，诏令家居编修。离开京城时，司马光送别，有诗《送仲更归泽州》：

太行横拥巨川回，三晋由来产异才。
展墓乘春走乡陌，负书拂晓下兰台。
河阳路侧花应合，天井关头雪未开。
会使乡人惊六印，莫羞今日敝裘来。

嘉祐四年（1059）十一月，刘羲叟释服还职。次年六月，《新唐书》修成，共用了十七年时间。欧阳修曰：“范镇、王畴、吕夏卿、刘羲叟并从初置局，便编纂故事，分成卷草，用功最多。”八月，刘羲叟由著作佐郎升为崇文院检讨，未入谢，疽发背卒。两月之间，书局中梅圣俞、刘羲叟先后谢世，宋祁在长恸之后，写下了《书局梅圣俞、刘仲更二学士讣问继至，潸然有感》：

二子继沦罔，惜哉难具论。
麈毛如昨语，墨藁未干痕。
翣雾迷归柩，旒风惨葬原。
风流尽逝水，日月促陈根。

从古死皆有，由来命罕言。

病夫长恸罢，翻幸岿然存。

刘羲叟娶史氏。子二人：长早亡，幼曰敦祖。女四人：长早亡，次适试将作监主簿孙宿，余皆幼。刘羲叟未病时，语人曰："吾及秋必死。"又自择葬地，曰："吾死葬此。"故夫人遂以葬。史学家范镇撰《宋崇文院检讨刘羲叟先生墓志铭》。

刘羲叟强记博闻，精算术，尤长于天文历法。欧阳修编写《新唐书》时，刘羲叟撰写其中的《历志》六卷、《天文志》三卷和《五行志》三卷。后欧阳修编写《新五代史》（原称《五代史记》）时，《司天考》也由刘羲叟执笔。《司天考》二卷，一卷为历法，一卷为天文。刘羲叟毕生献身于天文事业，曾系统地整理和研究中国古代的天文历法文献，写下了《十三代史志》《刘氏辑术》《春秋灾异》等书。这些著作虽然都已散佚，但留给后人的影响却很深。《刘氏辑术》因被司马光的《资治通鉴目录》所引用而部分地保存了下来，使我们得以推知其概要。

刘羲叟的学术成就在当时就受到司马光、孙思恭等人的推崇，欧阳修则称"其历法为宋代第一"。南宋李焘曰："羲叟历学为宋第一，欧阳修、司马光辈皆遵用之。"阮元《畴人传》评论曰："史家编年之体以日系月，然不知其朔，则甲子为可删。杜征南解《春秋》，所以有长术之作也。羲叟遍通前代步法，上起汉元，下迄五代，为长术，于是气朔及闰，一一可考。其有功于史学甚巨也。"刘羲叟作历代长术，首开其端，后为钱大昕和汪日桢、陈垣等人所效法，写成《宋辽金元四史朔闰考》《历代长术辑要》《中西回史日历》等，成为史学研究中一部十分有效的工具书。刘羲叟所编撰《新唐书》的《历志》《天文志》和《新五代史》的《司天考》等，也都为天文历法作出了重要贡献。

刘羲叟《崇天历不可轻议改动奏》："古圣人历象之意，止于敬授人时，虽则预考交会，不必脗合辰刻，故有修德救食之理。天道神变，理非可尽。设谓必可尽耶，则先儒不容自为疏阔。又《大衍》等七历所差不多，法数大同而小异，亦是递相因籍乘除积累，渐失毫厘。且辰刻更筹惟据刻漏，或微有迟速，未必独是历差。按《隋历志》：‘日月食既有起讫早晚，亦或变常进退，于正见前后十三刻半内候之。’今止差三刻，或是天道变常，未为乖谬。又一行于开元中治历，以《大衍》及李淳风《麟德》刘焯《皇极》三历校日食三十七事，《大衍》课第一，所中才二十三，《麟德》、得五，《皇极》得十。如一行聪明博达，时谓圣人，宣考古今，尚未能尽，如淳风辈益以疏远。况圣朝《崇天历法》颁用逾三十年，诞布海内，熟民耳目，方将施之无穷。兼所差无几，不可偶缘天变轻议改移。诘其本原，盖亦出于《大衍》。其《景福历》行于唐季，非治世之法，不可循用。”

黄庭坚《跋王子予外祖刘仲更墨迹》：“某十五六时，游学淮南间，晋城刘仲更以多闻强识得近世不传之学，为大儒欧阳文忠公、宋景文公所称赏。《唐书》天文、地理、律历、五行志皆仲更所定，诸公但仰成而已。仲更位卑年不寿，不及翱翔于中朝，贱生不及承颜接辞，尝以为恨。顷岁，蒙恩入秘书省，秘书省官皆天下选求，如仲更之学术深密者盖鲜。今观遗草，为之賈涕。建中靖国元年五月癸未，故太史氏黄某书。”

司昌龄：师表宿儒　文章宗匠

司昌龄，字静山，号紫峰，岁贡生，高平人。其父司九经，少业儒，受业于陈廷敬门下，与其门人公子相交游。后弃儒从商，乐善好施，被同行侵夺数千金，不与其计较。写字甚为恭敬，虽然是账簿，亦用正楷书写。又用程子“即此是学”的话教育子弟。闻丹阳名士丁尌，字恒苍，教学于扬州，即命司昌龄前去就学。司昌龄终成通儒，著有《泫文备征》《泫志拾遗》《泫志补缺》《紫峰文集》《古文精华》《十一史精华》等。

司昌龄喜欢藏书，束脩所入，全部用来买书。遇古籍而无处购买者，必借读手抄。曾经赴省城参加乡试，见旅馆主人有傅山（字青主）未刊文集，意欲购买，主人不愿出售。司昌龄手中的钱也不富足，又时间紧迫，便决定放弃乡试，不入考场，抄写了傅山文集，然后归来。其爱书之深的事例，皆是如此。

司昌龄性情高洁，刻苦好学，手不释卷，于书无不研究。雍正末年，朝廷欲开博学鸿儒科，命内外臣工各举荐所知上报。高平训导大同人何朝珅（字佩箴）推荐司昌龄准备上报，司昌龄写了《辞何佩箴学师荐举书》千余言力辞。何朝珅得知其诚心，便不再上报。从此之后，司昌龄干脆不再参加乡试，全心全意设馆授徒讲学，同时进行著述。司昌龄居于一阁之中，拥书万卷，口诵手抄，至老不倦，二十余年足迹不入城市。其淡于名利，安于退让，一至于此。司昌龄的学问日益增加，四方求学者也日益增多，经其指授皆有成就。司昌龄曾赋诗《幽居感兴》云："幽居屏人事，齐彼得丧端。息机观群动，劳劳足悯叹。坐卧万卷中，千古共盘桓。寂静起道心，花鸟助文澜。虽无荣贵乐，而觉梦魂安。不剖亦不刖，吾璞可自完。胡为逐名利？时与忧患干。"可见其境界志趣之一斑。

司昌龄工古文。归安人沈树德（号畏堂）曾为《紫峰文集》作序，认为司昌龄居于西北之地，而能追踪当世古文名家，得《左传》《史记》以及唐宋八大家之正宗，而不为西北之文。所谓"西北之文"，是太原傅山为毕振姬文集所题。毕振姬之文佶屈聱牙，难以读懂，而司昌龄之文章一改其风格，文从字顺，为人所叹服。所写碑志文章尤为人所爱重，但求他文章的人如果人品恶劣、行为不端，虽出千金之资，他也不予写作。

司昌龄曾论博学宏词，曰："博学者，言其学之博也。十三经、性理诸书，学之所以明其体也；廿二史、《纲目》、《文献》诸书，学之所以考其用也；凡天地、古今、礼乐、律历、兵刑、钱谷之类，莫不详究而能通其原，参伍而能尽其变：非是，毋言博学矣。"他指出，所谓博学，首先要明其体，学问的体是十三经和性理诸书。十三经是儒家的原典，性理诸书是宋程朱理学的主要著作，这是学问的根本，是本体。其次要考其用，学问的用是指廿二史以及朱子的《资治通鉴纲目》以及《文献通考》等史书。这是学问的运用。然后凡是关于自然、社会以及治国理政的学问，都要考究其本原，掌握其变化的规律。如果不是这样，则不可称之为博学。又曰："宏词者，言其词之宏也。体既殊轨，用亦多方，务须义本经术，情入风骚，诗追李杜，赋似班扬，论驾韩苏，策方贾董：非是，毋言宏词矣。"指出，宏词是意义宏大的文词。宏词的体裁不一，其作用也很多，必须把经术作为根本，才能将情感寄托于诗文表现出来。作诗要追求李白、杜甫，作赋要学习班固、扬雄，议论要与韩愈、苏轼并驾，策对要与贾谊、董仲舒齐驱。如果不是这样，则不可称之为宏词。总之，无论是治理学问，还是写作文词，皆是以儒学经典、性理诸书作为根本，舍此则不可言博学，不可言宏词。

司昌龄的友人赵知岑(名蔚，字知岑）购地建斋，作为习静读书之所，司昌龄为其作《知岑新斋记》。司昌龄叙述赵知岑之为人，曰："安雅沉密，志端而行方。""中年弃举业，博览载籍，历朝成败兴废之端，皆能提其纲，尤潜心于性理之学，《近思》《读书》《传习》诸录，皆手抄而丹铅之。"赵知岑的性格安定儒雅，沉静细密，志向端直，行为方正。放弃举业之后，博览群书，研究历朝成败兴亡的缘由，皆能提纲挈领。尤其是对性理之学异常用功，对朱子《近思录》、薛子《读书录》、阳明《传习录》，皆亲自手抄，校勘圈点。

司昌龄又叙赵知岑建斋之用途，曰："自建是斋也，集图史诸卷，充牣其中。门无杂宾，掩关独坐，研究圣贤之奥。昔人所谓'经其户寂若无人，披其帷其人斯在'。"赵知岑建斋，集经史于其中，闭门静读，深入研究圣贤学说的奥妙。司昌龄又叙赵知岑的言谈，曰："知岑性不饮酒，又复寡言，然每发一语，必中肯綮。盖于经传之旨要、儒先之异同、古今事变、人情物理无不谈，而总归于身心之实、道义之正。若夫声色货利之事、荒唐谑浪之词，则自少至今，未尝挂齿颊也。"赵知岑不饮酒，又寡言少语，但每出一言，必能说到关键要害之处。他或谈经典的要旨，或谈先儒的相同和不同，无论古今历史的变化，人情物理的细微，无所不谈，但总要归结于修身养心的实用和道德义理的正论。至于个人欲望的追求，如淫声美色、货物财利、嬉戏娱乐之事，从不挂齿。

司昌龄所写的赵知岑，所学者乃正学，所言者乃正言，所行者乃正行，是一位人格完美的儒者形象。但他并不是虚构的人物，而是一个有血有肉完美而真实的人。他和司昌龄同居一村，比司昌龄长两岁，少年时曾经要以司昌龄为师，司昌龄不敢答应。他与司昌龄为友，一起学习，一起长大。司昌龄与赵知岑生性近似，迂远疏阔，难与人相合，纷乱喧哗之地不愿意立足，与追逐名利之人相交谈，则徘徊而不能安坐。唯独与赵知岑，如果旬日不相见，则往来于怀，花晨月夕偶一过访，则流连不能离去。司昌龄与赵知岑心志相通，志趣相投，都是精研经学、修身致用的宿儒，司昌龄写赵知岑，又何尝不是在写自己？

司昌龄文中多儒者警策之语，皆可资世用。《答石米袖书》曰："丈夫作事难谐俗，高士评文不避嫌。"《与韩相书》曰："义理之微必研诸经，古今之变必考诸史。""言理而证之以事，论事而断之以理。"《辞何佩箴学师荐举书》曰："人所群好者名也，而易败者亦惟名。""进则有所设施，不辱庙堂之眷；退则有所著述，以俟来世之知。"又论文之语，亦皆精当。《答石米袖书》曰："夫学者之于六经，犹商贾之游山海，骨角毛羽，金玉珠贝，随其所取而足其用。惟其求之义理者有浅深，故其发之辞章者有纯杂。由百世之后，等百世之文，未有易此焉者也。"《又与石米袖书》曰："夫文章之事，未学在于能取，既学在于能弃。""词藻典故不能割舍，必欲铺陈以为快，不顾其语意之不伦、体裁之失当，是不能弃也。不能弃，虽欲不杂，岂可得乎？"

司昌龄师表宿儒，名重乡邦，深受世人与后辈景仰。沁水贡生窦汉辅《赠司静山》云：

巃嵸韩山入紫冥，烟霞深处有伊人。
交情风雨馀三载，别怨星霜历五春。
独识刚肠仍是铁，相看斑鬓总如银。
千秋大业今藏否？时仰玄亭拟卜邻。

凤台举人苗令琮馆于高平永宁寨张氏，于司昌龄执弟子礼，司昌龄逝世后，有《怀司静山前辈》云：

石末宜孙里，蒲溪几曲深。
先生白云侣，小隐紫峰阴。
松老著书日，草知观化心。
侯芭好奇字，载酒欲追寻。

张又华之子张立本行辈晚，未曾得见司昌龄，仅闻其名，有《望紫峰吊司静山先生》二首，其一云：

惜我生来晚，门墙未拜君。
风吹黄叶雨，人望紫峰云。
草色含烟淡，松声隔涧闻。
高山空仰止，清泪落纷纷。

其二云：

吾邑推文献，于今怅寂寥。
款门无俗客，编史到深宵。
名自垂千古，贫甘饮一瓢。
临风歌楚些，拟欲把魂招。

道光年间，陵川举人杨豫成有《石末吊司静山先生》云：

乐道非耽隐，能诗不近名。
献文征此地，典则在先生。
山仰紫峰峻，风流丹水清。
敬恭桑梓切，心折若为情。

张敦仁：汉学精英　儒林翘楚

张敦仁（1754—1834），著名数学家。字仲篙，号古愚，亦号胡臾，学界称古余先生。幼天资聪颖，博览群书。清乾隆三十九年（1774）甲午科举人。试官曹学使赞曰：“子温文尔雅，腾达在即，非久于青衿者也。”次年会试中式，丁忧归。乾隆四十三年（1778）补戊戌科进士。

乾隆五十二年（1787），张敦仁初任江西高安（今高安市）知县，调庐陵（今吉安市）知县。精于吏治，在积久玩忽之地，行严峻精强之政，积弊断绝，风气清明。迁铜鼓营同知，署理九江、抚州、南安、饶州诸府事。嘉庆初，先后署理松江、苏州等府，调任江宁（今南京市）知府，署理江南十府粮道，有奉公守法的名声。张敦仁在苏州任职时，正逢旱灾歉收，农民无以活命，只好卖掉耕牛维持生计。他捐钱收买耕牛，待来年春天降雨，又让卖牛者以原价赎回，民心大悦。嘉庆六年（1801），张敦仁改任江西吉安知府。吉安发生叛乱，巡抚命令张敦仁用武力镇压，张敦仁请求单人独马前去说服，经调查才知是民间因私仇相斗，抵抗官方弹压而造成叛乱，故予以从轻处理，百姓感戴。署理南昌知府，不久实授。所属武宁县有一民妇，与两个人有私情，谋杀亲夫。前任知府以夫死途中，以非奸情定案。张敦仁到任复审，供词无异，只见其幼子但哭不语，引起怀疑。张敦仁请求留前任知府同审，才得到奸夫奸妇谋杀移尸的真相。江西有龙泉天地会结社为匪，巡抚发兵前往，擒拿二百余人，发至首府审办。张敦仁只惩办首领二人，余皆释放。会匪肆意抢劫，富户为了保全自家，常常假意依附土匪，实际并未参与劫掠，但事发株连，监狱人满为患。张敦仁察知冤情，全部予以释放。道光二年（1822），吏部根据张敦仁的政绩，选任他为云南清军盐法道。到任革除弊端，清除奸吏，使盐政肃清。晚年寄寓江宁，年八十二卒。

张敦仁一生好学，研究范围极广，居官四十年期间手不释卷，经常不惜高价购买书籍，藏书最富。任扬州知府时，在府廨东偏建六堂，奉欧阳公像，储书其中，设小吏掌之。彭兆荪（字湘涵，江苏太仓人）《扬州郡斋杂诗》曰：“维扬剧郡雄财赋，太守清寒似我曹。绝学九章都探遍，只输能吏算钱刀。”“牙签压架万琳琅，官阁新开六一堂。我有贪心同脉望，神仙三字要分尝。”后叶昌炽（字兰裳，江苏长洲人）《藏书纪事诗》曰：“乞得神仙三字灵，上清丹灶共延龄。文章太守清寒甚，那有三间柏木厅。”张敦仁任江宁知府时，又建与古楼，藏图书金石之类，且于其中研究经史百家之学。何绍基（字子贞，湖南道州人）曰：“每到张家，书声盈耳。”其《金陵杂述》诗有云：“古余张子旧庭阶，瑜珥瑶环韵自佳。插架遗书多易米，芬留翠墨在吾斋。”张敦仁的书斋名省训堂、艺学轩等。

张敦仁也是一位极有名的校勘家、刻书家，《清儒学案》称：“（张敦仁）勤于吏事，暇即研究群籍，访求善本，校刊《仪礼》《礼记》《盐铁论》诸书，并为学者所重”。《清史稿》称：“敦仁博学，精考订，公暇即事著述，所刻书多称善本。”近人罗尔纲曾经得到张敦仁所藏《金石萃编》一书，原书上卷首盖有“阳城张氏省训堂经籍记”图章，张氏的批校写于原书字旁，补阙或评论写于书眉，朱笔行书，字体雄遒。罗尔纲将其批校文字逐条著录，编辑成卷，命名为《金石萃编校补》。罗氏称：“张氏以校勘专家而从事《金石萃编》的校补，所以精密过人。”可惜张氏批校之书多散佚，十分难得。张敦仁晚年延聘著名校勘学家顾广圻（字千里，号思适居士，苏州人）校书，刊刻《仪礼注疏》。张敦仁刻印的书籍有《盐铁论》《宋抚州本礼记注》等。

张敦仁学识渊博，在文、史、数学等许多领域造诣极深，尤以数学成就为最大。张敦仁一生著作甚丰，经学著作主要有《礼记补注考异》《尚书补注考异》《尔雅图考》；史学著作主要有《资治通鉴补正略》《资治通鉴刊本识误》《盐铁论考证》。数学著作主要有《辑古算经细草》三卷，《求一算术》三卷，《开方补记》八卷，附《通论》一卷。南宋秦九韶的“求一术”和元代李治的“天元术”等重要数学成果，具有当时世界先进水平，但未被同时人所理解，明中叶后几至失传。直到清代，张敦仁于嘉庆八年（1803）以“天元术”解唐王孝通《缉古算经》问题，写成《缉古算经细草》三卷，完全不以王孝通的自注，而是直接将元代李冶的“天元术”发掘出来，利用“天元术”的方法，解释数学高次方程和解直角三角形的容圆问题，阐述得相当独到。《求一算术》是为阐明秦九韶的“大衍求一术”而作，是在总结“求一术”的基础上，更加详细地阐明了整数论中的一次同余式解法，使这个成就得以发扬光大。张敦仁任扬州知府，数学家李锐（字尚之，号四香，江苏元和人）为其幕宾。罗士琳续补阮元《畴人传》曰：“先生读《缉古算经》，凡高台、羡道、筑堤、穿河等二十术，皆以从立方开之，苦其有术无草，且词隐理奥，无能通之者。其第十六术以下，原本注文术文烂脱甚多，乃与李秀才(尚之）商榷，各以天元入之，共著《细草》，并将其烂脱字据术补足，使商功之平地役功广袤之术，较若列眉，手写定本刊刻，名曰《缉古算经细草》。”又曰：“读秦氏《数书九章》，知大衍求一之术与立天元一术，皆为历算家至精之诣。天元一术幸得宣城梅氏辨明，又有求一术尤鲜知者，其法以各数及不满各数之残，求未以各数除去之数，必先求以各数去之余一之数，而后诸数可求，故曰求一。先生推演其术，为三卷，上以究其原，中下以明其法，中为杂法，下为演纪，名曰《求一术》。”又曰：“又读《测圆海镜》，有注云‘翻法在记’，疑李氏别有开方记佚而不传。取秦书所载正负开方法，自平方迄三乘方，凡六十四问，负商二十三问，无数五问，代开十二问，尽变二十二问，通论十二问，而以释例二十一条冠其首，名曰《开方补记》。”

张敦仁善诗文，工书法，著有《艺学轩诗集》。顾广圻曾为张敦仁写《与古楼记》，又为其校勘《礼记注疏》，张敦仁写七律二首致谢。其一曰：“文章体格自先民，遂绝元明宋代人。考证万端归至是，辞华一字必精纯。楼题与古曾求记，礼校全经读未亲。何日金陵重聚首？余光时得问迷津。”其二曰：“善本书多借校刊，殷勤寄我当加餐。潆洄带水通音易，贫病衰年会面难。独学远追三惠业，精心近比二王看。孤高自有千秋计，一笑何妨骨相寒。”

第七章

文苑群星

陶冶性情抒发胸臆的雅韵华章

诗文创作勃兴于金元，高平、陵川尤得风气之先。李晏、赵可、郝天挺、刘昂霄、秦略诸家相继称雄。晋城李俊民则横空出世，震耀金源，虽博大不及元好问，大概亦仅居其亚。元初之郝经，俨然大家巨擘，其文雅健雄深，诗亦神思深秀，足可与其师元好问比肩雁行。

有明一代，名家辈出。沁水常伦诗如汗血名驹，骄嘶自赏，散曲有名当世。高平刘虞夔文思泉溢坌涌，诗文力追古作，两擅其长。阳城王国光、张慎言两尚书皆工诗，非专门名家，难与之抗行。沁水张五典、张铨、张道睿祖孙三人之诗文，亦足传世。

清代诗文作者众多，不可一一指数。白胤谦直抒胸臆，不失雅正，海内文人，仰若北斗。陈廷敬文章宿老，人望所归，燕许大手，海内无异词。诗与王士禛媲美，文与汪琬争锋，与二人蹊径虽殊而分途并骛，实为一代宗工、文坛泰斗。凤台苗令琮古风神似太白，近体追逐盛唐；范振新诗学元、白，而无轻俗之病；李锡麟于诗萃毕生精力，虽不与古似，则抱残守缺，成自家面目。阳城张晋工于言情，长于论古，隽爽超逸，雄视三晋，驰名天下；延君寿以学力为诗，风格肖宋，论诗尤精辟，一时大江南北群推张、延。高平张又华、张承纶俱盛唐风格，不落大历以后，张立本主张写真性情，兄弟叔侄三人，成张氏一家之学。祁汝焚、祁埙、祁之鏁祖孙三代，诗律传家，吟咏不辍，尤以祁之鏁造诣较高。陵川杨豫成、沁水霍润生，皆亲民之官，政声卓著，诗作繁富，饶有意味，非俗吏可同日语。

一、台阁高歌

李晏：胸襟疏远　吟咏深沉

李晏，字致美，高平人。父森，字彦实，工于诗，有诗云："少年日日醉花边，短白长红一一怜。自笑老来心尚在，恶风常废五更眠。"又《赋梅》云："冰骨有香魂乍返，玉颜无晕酒全消。"人多传诵之。李晏为金皇统二年(1142）经义进士，官至礼部尚书、沁南军节度使、昭毅军节度使。著有《游仙野人集》。

李晏诗《白云亭》曰："白云亭上白云秋，桂棹兰桡记昔游。往事已随流水去，青山空对夕阳愁。兴亡翻手成舒卷，今古无心自去留。独倚西风一惆怅，数声柔橹下汀洲。"往事、昔游皆成故事，一去不复返。兴亡成败，如同翻手；古今去留，直似无心。诗人面对白云秋色、空山夕阳，心中顿生惆怅，涌出无尽哀愁，感叹时光流逝，年华老去。此诗为悲秋之作，直抒胸臆，读来明白如话，全不着力。

《题武元直赤壁图》："鼎足分来汉祚移，阿瞒曾困火船归。一时豪杰成何事？千里江山半落晖。云破小蝉分树暗，夜深孤鹤掠舟飞。梦寻仙老经行处，只有当年旧钓矶。"名为题画，实则咏史。当年叱咤风云的英雄豪杰，如今皆销声匿迹，千里江山依旧，沉浸在残阳落晖之中。小蝉栖于树荫，孤鹤掠于舟侧，增添了赤壁的冷寂荒凉之感。结尾一句，更加将这种冷寂荒凉渲染到极致，揭示了诗人看淡世事、看淡人生为旷达情怀。

郝经：丰蔚豪宕　雅健雄深

郝经（1223—1275)，字伯常，陵川人。十二岁金朝灭亡，移居河北。元宪宗时入忽必烈王府，进经国安民之策。中统元年（1260)，以翰林侍读学士使宋，被贾似道扣留于真州，十六年方得北还。曾于雁足系帛书，写诗云："霜落风高恣所如，归期回首是春初。上林天子援弓缴，穷海孤臣有帛书。”元人高其节，比之苏武。北还之年病卒。著有《陵川集》三十九卷，其中诗赋十五卷，文二十四卷。

金元时代文学家元好问受业于郝经的祖父郝天挺，郝经又是元好问的学生，深受元好问的影响，是元好问文学的重要继承者，元好问称其“才气非常”。明陈凤梧评郝经之文曰：“汪洋滂沛，如大河东注，一泻千里；抑扬起伏，如太行诸峰，层见叠出。”清陶自悦评郝经曰：“理性得之江汉赵复，法度得之遗山元好问，而独申己见，左右逢源。固自有其文，以之骖騑前哲何愧！”顾嗣立评曰：“真州诸作，尤极凄婉。”陶玉禾评曰：“郝伯常骨力苍奇，颇多俚句。”《四库全书总目提要》曰：“其文雅健雄深，无宋末肤廓之习；其诗亦神思深秀，天骨秀拔。与其师元好问可以雁行。”对郝经的诗文创作在元初文坛上取得的成就，作出了高度的评价。

郝经为元初著名文论家，论诗主张“有所感而必有所作”，“至简而至精粹”，“平帖精当，切至清新，理不晦而语不滞”。论文主张“事虚文而弃实用，弊已久矣”，“道非文不著，文非道不生”，强调以道论文，文为道用。

郝经的长篇歌行，承宋金诗风，以笔力气格见长。其代表有《青城行》：“坏山压城杀气黑，一夜京城忽流血。弓刀合沓满掖庭，妃主喧呼总狼藉。驱出宫门不敢哭，血泪满面无人色。戴楼门外是青城，匍匐赴死谁敢停！百年涵育尽涂地，死雾不散昏青冥。英府亲贤端可怜，白首随例亦就刑。最苦爱王家两族，二十余年不曾出。朝朝点数到堂前，每向官司求米肉。男哥女妹自夫妇，腼面相看冤更酷。一旦开门见天日，推入行间便诛戮。当时筑城为郊祀，却与皇家作东市。天兴初年靖康末，国破家亡酷相似。君取他人既如此，今朝亦是寻常事。君不见，二百万家族尽赤，八十里城皆瓦砾；白骨更比青城多，遗民独向王孙泣。祸本骨肉相残贼，大臣蔽君尤壅塞。至今行人不叹承天门，行人但嗟濠利宅。城荒国灭犹有十仞墙，墙头密匝生铁棘。”此诗写金亡之痛，汴京城破，朝廷一片末日来临的恐怖，皇家亲族被赶到汴京城的青城。青城本来是皇帝祭祀天地前后斋戒歇息之宫，现在都成了皇族断头的刑场。诗人从蒙古灭金的残忍与哀痛，联想到靖康年间金人灭宋的情景，同样的国破家亡，同样的悲惨残酷，将人比己，皆是寻常事。更为可悲的是，“二百万家族尽赤，八十里城皆瓦砾”，尸横遍野，血流成河，苦难最为深重的还是无辜百姓。此诗冷峭悲凄，体现了作者无尽而深沉的历史感慨。

郝经被羁留真州的漫长岁月中，精神上遭受百般折磨，其诗呈现出沉郁苍凉之感。其七律代表作《落花》曰：“彩云红雨暗长门，翡翠枝余萼绿痕。桃李东风蝴蝶梦，关山明月杜鹃魂。玉阑烟冷空千树，金谷香销漫一尊。狼藉满庭君莫扫，且留春色到黄昏。”此诗首联先以“彩云”作比，在诗人心上唤回了一个花色璀璨、明丽照眼的春日世界，紧接着“红雨”，又将这春日笼盖在了飘洒不尽的落花之中。那绿如“翡翠”的花树枝头，而今只留剩一片空萼，再无如火如锦的繁花了！颔联，诗人伫立在这片翠绿的花树下，透过缤纷的落花遐想。东风骀荡，桃李绽放的嫣然笑容，翩翩起舞，编织春梦的彩蝶倩影，都随着落花如烟飘散了。诗人迢递千里，使宋通好，却被拘止淹留在此孤清的异乡。巍巍耸峙的北方“关山”，澄辉千里的故国“明月”，绿树影里的杜鹃啼鸣，以此清阔之境，展示了诗人对家国的依恋和思归之情。颈联，千里莺啼，繁花照眼，春色辉映的楼台玉栏，如今已花空千树，只剩下冷烟凝止的孤清一碧；繁华一时的西晋石崇金谷园，大抵也曲终人散，玉殒香消，唯余虚筵空樽。此二句从眼前实景转向思致绵邈的虚境，展出了一个花歇春去的寥落世界。尾联结句，是出人意表的奇想，狼藉满地的落花，请君莫扫，且把这春色留到黄昏。斑斓的落花很美，倘若这样急着扫去，那斑斓的余彩将从此隐没，还有什么可以慰藉诗人身处异国的孤寂黄昏？全诗所抒写的惜花留春之意，交织着诗人身拘异乡的故国之思，境界更为悠远，意蕴也愈加凄惋动人。

郝经的散文，以六经义理为宗旨，以中唐北宋诸家为楷模，风格近似于欧苏。他的各种文体，如论、说、传、记，无论章法和内容，都力求变化多样。总的来说，丰蔚豪宕，雅健雄深，是其特点。郝经散文以议论胜，其《东师议》《班师议》等文，深受宋代策论的影响，见解透彻，论说雄辩，层层逼进，气势夺人，辞采丰润，跌宕起伏。《横翠楼记》写得轻快优美，清气袭人，大气磅礴，有波浪翻涌之势。《临漪亭记》从大处落笔，写景错落有致，寓议论于写景记事之中，浑然一体。《许郑总管赵侯述先碑铭》，写得开合变化，有声有色，赵氏三代之精神性情，跃然纸上。《遗山先生墓铭》，是郝氏为其师志墓，感情贯注，寥寥千字，要言不烦，就使人对元好问其人，既有概括认识，又有具体了解，临文而起敬意。

郝经终生致力于儒家经典，绝不涉及其余，他强调“道贵乎用，非用无以见道”，反对浮艳华丽的文风，与他为人尚气节的精神是一致的。

王国光：湖海襟怀　夔龙事业

王国光（1512—1594），字汝观，号疏庵，阳城人。明嘉靖二十三年（1544）进士，官至吏部尚书。著有《疏庵率意稿》，王象蒙（字养吾，山东新城人）、赵尔守（字本斋，陕西盩厔人）为之作序。

王象蒙称：“（王国光）物感于外，情动于衷，摛藻下笔，篇什立就。非夫镜澄灵府、神朗玄机、悬河注水、酌而不竭者，其孰能不缘耳目，独臻妙际如斯乎！”赵尔守评曰：“顾其言温厚和平，溶畅尔雅，深而不僻，浅而不肤，华而不艳，淡而不枯。赋其人如肖其貌，寓其景如在山川云雾中。此其胸臆独得五行造化之妙，而非刻意造奇悬情蹈古者所可企也。”清代延君寿曰：“阳城诗人，前明以王（国光）疏庵先生为之冠。”又曰：“前代之王（国光）疏庵、张（慎言）藐山，非专门难与抗行。”

王国光身居高位，是张居正锐意改革的得力助手，受到了保守势力诽谤乃至陷害。但他对国家尽忠，为百姓谋福，抱赤输诚，不改初衷。万历十年（1582）十月，王国光被诬陷而罢官，受到朝廷“冠带闲住”的处分，离京回籍。他写了七律《卫源道中》，曰：“官居端不负初心，四十年来鹤与琴。乱语曾投慈母杼，疑心难辨直公金。路歧才信杨朱泣，蜀险堪怜李白吟。终赖圣明宽斧钺，碧山芝叟白云深。”此诗首联写作者一生居官四十年，不负初心，始终如一，琴鹤相随，清正廉洁。颔联上句用曾子母亲受惑于谣言，终疑曾子杀人，投杼逾墙而逃的典故，写政敌的造谣诽谤；下句用直不疑被人怀疑但不争辩的典故，而自明心迹。颈联上句用杨朱因道路多歧而痛哭之典，下句用李白因蜀道艰险而吟诗之事，说明宦途险恶，人言可畏。尾联上句写自己感激皇帝对自己的宽容；下句暗引晚唐诗人韩偓隐居泉州时的诗句“石崖觅芝叟，乡俗采茶歌”，表达自己将远离政治，以高山白云为伴的旷达情怀。

刘虞夔：莹蹄骏立　文角麟游

刘虞夔（1552—1596），字直卿，号和宇，明高平人。官詹事府詹事，兼经筵日讲。著作多散佚，其子刘元徵辑为《刘宫詹文集》十六卷。刘虞夔的诗歌，古体、近体、歌行、词曲无体不工，文章则议、论、说、辩、解、述、表笺、奏疏、序、记、传、赞、箴、铭、墓志、碑铭、墓表、行状各体皆擅。王家屏（字忠伯，号对南，大同山阴人）评价他“发为文章，泉溢坌涌，而弥好深湛之思”，“必考义选词，字雕句琢，无片语不工丽乃已”，“诗若文力追古作，两擅其长”，皆非虚语。

刘虞夔《题画马》是一首七言歌行，曰：“古来画马数韩幹，声名藉藉千载贯。只今绘图者谁子？笔势纵横深得旨。毛骨丰神迥逼真，逸态却走画中纸。韦讽昔日好图画，好马看来今谁是？手持一道匹练开，长楸萧萧寒色来。骘騧骓駓杂青紫，延首高骧相顾回。由来驺种产渥洼，伯乐谁人识龙媒？忆昔黄金求骏骨，骅骝一日满燕台。君不见，穆王巡幸驱八骏，转眼灭没风雷迅。明皇有日加御鞭，躞蹀万里谁能信！”

此诗先从声名藉藉的唐代画马高手韩幹说起，引出今天的画马人，笔势纵横，深得画马的要旨。画家笔下的骏马，毛骨丰神，意态逼真，飘逸奔腾如在纸上行走。唐代韦讽喜欢马画，看看今日马画如何？只见画家展开匹练，画中高大的楸树，风声萧萧，草木摇落，自有一股寒冷的秋气迎面而来。各种颜色的骏马，昂首腾跃，顾盼旋回，何处有伯乐，能在这奔腾的马群中识得千里龙媒？诗人引用黄金台的典故，以骅骝满燕台，说明当时朝廷人才济济，同时又以“君不见”三字振起全诗，表达自己将如八骏马一样，“转眼灭没”，“蹀躞万里”，奋发为国家奔走驰驱。

张五典：士仰端严　品成雅粹

张五典（1555—1626），字和衷，号海虹，沁水人。明万历二十年（1592）壬辰科进士。官至南京大理寺卿，以子张铨殉国加封兵部尚书，卒赠太子太保。著有《海虹集》，收诗一卷，文十四卷，有门人徐光启序。徐光启极称道其为人，于其文则曰：“大都本原六经，探子史诸儒之精而用之，而根极要渺之处，能卓然而独见其大。”又曰：“先生之文，非不能绣其鞶帨，而意自夷然不屑。”

张五典在其子张铨殉国之后，有《哭儿铨辽阳殉节二首》，其一曰：

闻道辽阳失守时，男儿死节实堪悲。
昭昭白日丹心炯，漠漠黄沙碧血漓。
躯壳一身捐似叶，纲常两字视如饴。
只知忠烈酬明主，不念高堂眼泪垂。

作者在无限悲痛之中，夸赞其子的爱国丹心如同“昭昭白日”，不惜将一腔碧血抛洒于“漠漠黄沙”；儿子能把身躯看得如同树叶一样轻微，是因为他把纲常伦理看得如同饴糖一样甘甜。

其二曰：

煌煌绣斧向燕然，壮志曾期勒石还。
岂料庸臣能败国，更多叛将敢违天。
重城犹恃连云堞，危阁遥惊蔽日烟。
到此英雄徒束手，肯将七尺染腥膻。

张铨夙有勒铭燕然的壮志，谁料庸臣无能，屡屡误国，叛将贪生，无耻投敌，虽重城可恃，但狼烟蔽日，敌我众寡悬殊，英雄束手无策，既不能回天，即捐躯报国。作者将近古稀，忍受着常人难以忍受的失子之痛，但他的着笔之处并不在于渲染自己的心情，而在于纲常大义、爱国热情和对庸臣叛将的谴责。

张五典的散文，当首推《大云寺三松说》，作者将榼山大云寺三松与泰山之秦封五大夫、密县之“天下第一松”相比较：泰山之松枯朽藐小，密县之松仅此一株。而大云寺三松“玉骨凌霄，琼枝插汉”，却不被世人所知。究其原因，乃其托根岩寺，人迹罕到。作者由此而有感于山林高隐之士，“闳才硕抱”，却不为世人所知，不被社会重用，以致“老死而无闻”。此文明写大云寺三松，实则写天下之人才，篇幅不长而意蕴深远。

张五典的诗文，正如徐光启序中所言，“能卓然而独见其大”，非徒以文采炫耀者可比。

张慎言：灵心独照　妙趣天成

张慎言（1577—1645），字金铭，号藐山，又号藐姑山人，阳城人，官至南明吏部尚书。张慎言为诸生时，遍游吴越名胜。与钱谦益、钟惺为同为万历三十八年（1610）进士，均以文章名世，常以诗歌相酬唱。钱谦益（1582—1664），字受之，号牧斋，学者称虞山先生，苏州常熟人，官至南明礼部尚书。擅诗文，尤以诗名，与吴伟业、龚鼎孳合称为“江左三大家”。钱谦益评张慎言曰：“虽牵丝入仕，神明寄托，恒在山水间。孤情迥照，翩翩然如野鹤之立鸡群也。”又曰：“金铭为人有别趣，诗亦有别调。怀负志节，敦笃友谊。”钟惺（1574—1624），字伯敬，号退谷，竟陵（今湖北天门市）人，官至福建提学佥事。与同里谭元春名扬一时，形成“竟陵诗派”，世称“钟谭”。近人郭象升评张慎言曰：“藐山与钟伯敬同年，诗染竟陵之习，故清初读艺者不道。藐山以方恶钟派也，然伯敬公何可厚非？况藐山沉思孤迥，妙造自然，又非竟陵所能囿也。”

张慎言著有《泊水斋集》，陈廷敬为之作序曰：“以公立朝之风概、晚节之昭明，不愧于向所称数公德行、政事、言语者，而断以文学，举其盛也。”《山右丛书初编书目提要》曰：“诗沿钟、谭一派，灵心独照，妙趣天成。”又曰：“虽昔时所疑为别调，而今日则赏为奇文矣。”清延君寿最欣赏张慎言的五律，认为其余各体皆瘦削可爱，光彩的烁。赞之以诗曰：“五律居然境可仙，其馀瘦削亦相怜。”“的烁珠光夺蚌开，自弹孤调自生哀。”又曰：“然能凿天池，自磨秋水剑。至今发寒匣，其光犹闪闪。”认为张慎言之诗虽染钟谭之习，然不肯与钟谭为伍，远出于钟谭之上。

明崇祯四年（1631），农民军转战阳城，张慎言落职家居，写了纪实长诗《点灯行》，揭露了明末官军的暴行，指出“兵之害更惨于贼”：“贼乃诡曰兵，伪建大将旄。兵又诡曰贼，民敢犯秋毫！贼尚且狼顾，恐兵尾其尻。兵则何所忌，歌舞侑酕醄。”贼假称为官军，打着大将的旗号。官军又假扮为贼，百姓不敢有丝毫冒犯。贼尚且有所顾忌，恐怕官军尾追而来。官军则肆无忌惮，歌舞助兴，酕醄大醉。在兵贼交相抢掠蹂躏的情势下，百姓无所适从。“我民耳目乱，呼天但号咷。炮矢不敢发，牛酒不敢要。”百姓分不清来者究竟是官军还是贼，既不敢使用石炮弓箭抵抗，又不敢拒绝勒索牛肉酒饭，呼天不应，痛苦不堪。张慎言身罹其难，对百姓的苦难有着铭心刻骨的理解，于是他“哭诉中丞公，赤子真嗷嗷”，对官兵将帅的胡作非为强烈地谴责，为嗷嗷哀鸣的无辜赤子请命，并且发出了“宁可死贼手，无烦方与召”的愤懑呼声。

张慎言论诗曰：“如元次山（元结）之径直、孟东野（孟郊）之寒峭，余最不能同众好；甚至如元（元稹）、白（白居易）之浅率，深厌其薄；填词之滥觞，最恶其淫。乃皆传之至今，何也？则以浅而淫皆真，则皆传也，若假则决不能传矣。”张慎言主张写真性情，一面强调“深厌其薄”，“最恶其淫”，一面又认为“浅而淫皆真，则皆传也”，显然失之偏颇，自相矛盾。张慎言的观点，当然与明代晚期王学盛行，放纵个性和满足人欲的思潮不无关系。

白胤谦：俯仰河山　流连今古

白胤谦（1605—1673），字子益，号东谷，阳城人。官至刑部尚书，清初著名文学家。十四岁便开始作诗，少时所作不下数千百首，长益精进。一生好学不倦，以著书立言为千古事，方拱乾在《归庸斋诗文叙》中称白胤谦“海内之文人后学，莫不以北斗仰之”。

白胤谦的诗文著作有《澹宕斋集》《雪帆草》《青缕草》《隐谷草》《五芝草》《山藏余帙》等，后精选诗文，辑为《东谷集》三十四卷；致仕后乡居诗文辑为《归庸斋集》四卷、《桑榆集》三卷。白胤谦与当时大诗人吴伟业、王铎、宋琬等人相交游，继承发扬了杜甫、白居易诗歌现实主义的创作风格，能够深刻地反映社会现实，以质朴无华著称。如《湖南纪行五百字》，写出了湖南经兵燹之后，到处可见“村屋尽毁余，蒿莱殖禽兽”的穷荒景象，表现了他对百姓困苦生活的同情和对太平美好生活的希冀。《役夫谣》写京畿一带人民的生活：“休言民力壮，民实备苦辛。有田被圈界，租税犹在身。荷锄入圈庄，佣作办岁缗。见充河堤卒，舍命赴洪津。”深刻揭露了清初满洲贵族圈地给老百姓带来的种种灾难，令人不忍卒读。他最后写道：“老壮同可哀，愿君广皇仁。”希望当权者能够广施仁德。在满洲贵族对汉民族疯狂镇压和蛮横圈地的顺治初期，白胤谦作为汉臣，敢于站出来写诗为民请命，其正义感和勇气不能不让人钦佩有加。《述乱》《渔阳估客行》《俸米叹》《冰车行》等纪实的诗篇，字里行间都可以看到当时民间的疾苦。虽然从整体来看，他的作品于时政颂扬多而揭露少，但质干精神，不失自然之态，与那些只讲究辞藻华美而空洞无物的庸俗文章自有天壤之别。

吴伟业称赞其：“俯仰河山，流连今古，取其高深跂蔚，尽发之于诗文，上以垂竹素、润金石，次亦散华落藻，沾丐远近。”《四库全书总目提要》说：“胤谦刻意讲学，故所作直抒胸臆，不以文字求工也。”近人邓之诚谓其文“不失雅正。明季乱历，清初掌故，皆资探讨，是亦足以传矣”。

白胤谦论诗，主张“神韵为上而格调次之”。在康熙年间王士禛“神韵说”理论还没有形成之前，他就强调“神韵为上”的观点，于清初诗歌理论的探索，有开先河之功。白胤谦反对模仿，提倡创新，曾曰：“大凡文章之道，一落途径精神，便不可问。”明代文学家李梦阳，写诗学杜甫，被人讥为“杜家奴”。白胤谦曰：“杜家奴尚不可为，况其余耶?”白胤谦认为，入仕志在行道，不只是有利于自身，而作为诗歌，应该“自写其艰难子惠之情、求瘼去害之志、奉职忘功之义，孳孳然以行道为乐”，他的诗歌也正是这种创作思想的实践。

陈廷敬：房姚雅韵　李杜诗豪

陈廷敬（1638—1712），字子端，号说岩，晚号午亭，阳城人。清顺治十五年（1658）进士，官至文渊阁大学士兼吏部尚书。陈廷敬自幼善作诗文，九岁时作《赋牡丹》诗，有“要使物皆春”之句，闻者惊其度量。他一生创作诗歌近三千首，各种体裁的文章一百五十余篇，主要结集有《尊闻堂集钞》八十卷、《午亭文编》五十卷。

陈廷敬的诗文作品特色鲜明，独树一帜，是清代文学史上与王士禛（字贻上，号阮亭，山东新城人）、汪琬（字苕文，号钝庵，江苏长洲人）鼎足而三的泰斗。王士禛和汪琬都比陈廷敬年龄大，进入文坛比较早，王士禛以诗著名，汪琬以文著名，陈廷敬曾向康熙皇帝推荐王士禛和汪琬。清道光间文学家张维屏（字子树，号南山）《国朝诗人征略》曰：“（王士禛、汪琬）一为诗伯，一为文宗，而吹嘘上送，名达天衢，实由先生（陈廷敬）一言推毂，诚得以人事君之道矣。”

《四库全书总目提要》曰：“廷敬论诗宗杜甫，不为流连光景之词，颇不与王士禛相合，而士禛甚奇其诗。所为古文，虽汪琬性好排诋，论文少所许可，亦甚重之。生平回翔馆阁，遭际昌期，出入禁闼几四十年。值文运昌隆之际，从容载笔，典司文章。虽不似王士禛笼罩群才，广于结纳，而文章宿老，人望所归，燕许大手，海内无异词焉。”又曰：“（陈廷敬）

与汪、王不苟雷同，然蹊径虽殊而分途并骛，实能各自成家。其不肯步趋二人者，乃所以能方驾二人欤！此固非依谤门户、假借声誉者所知也。”

清文学家李祖陶《国朝文录》曰：“阮亭（王士禛号阮亭）诗胜而文未为大家，尧峰（汪琬号尧峰）文雄而诗尚觉小样。”李祖陶接着把陈廷敬与王、汪二位比较，说：“今观其诗，才调之胜固逊阮亭，而气格之高，则阮亭实出其下；文唯碑志法度未及尧峰之严谨，若他文之磊砢雄奇、磅礴遒厚、郁而能畅、幽而愈光，则往往压尧峰而居其上。”魏宪《百名家诗选》曰：“余读学士陈说岩先生诗，有情矣而词敷焉，有力矣而神存焉。以学士之才之情，与二公（白胤谦、程康庄）赓和一堂，取中原作者角技量力，吾恐此一鹿也不死于二公，而死于学士矣。搴六朝之旗，树三唐之帜，何多让焉。”延君寿《老生常谈》曰：“午亭全是一团学力抱真气，而能独往独来者也。余谓其深造之能，直驾新城（王士禛）、竹垞（朱彝尊）而上之。”

近代著名学者邓之诚曰：“廷敬与王士禛、汪琬为友，而诗文各不相袭。诗名不及士禛，而功力深厚似过之。文摹欧曾，一变其乡傅山、毕振姬西北之习，同时达官无能及之者。”清诗研究专家袁行云曰：“（《午亭文编》）《四库总目》别集类著录，于王士禛、汪琬、朱彝尊、陈维崧、宋荦置于同等，是以大家相许也。”

王士禛曰：“自昔称诗者，尚雄浑则鲜风调，擅神韵则乏豪健。二者交讥。唯今太宰说岩先生之诗，能去其二短，而兼其两长。”王士禛跋陈廷敬的自书诗卷曰：“盖渐老渐熟之候，而书法圆美苍劲，姿态横生，适与其诗相称，真两绝也。”

查为仁《莲坡诗话》曰：“泽州陈说岩相国廷敬，诗情超越，笔无纤尘。”杨际昌《国朝诗话》曰：“泽州陈相国廷敬风致洒然，绝不装点台阁气象。”王士禛《渔洋诗话》曰：“陈说岩相国少与余论诗，独宗少陵。”陈廷敬宗杜，一是仰慕杜甫的政治品格，忧国忧民的儒家立场；二是倡导杜诗的弘声大音，深厚雄壮为风格。其代表作《晋国》：

晋国强天下，秦关限域中。

兵车千乘合，血气万方同。

紫塞连天险，黄河划地雄。

虎狼休纵逸，父老愿从戎。

诗激情澎湃，沉雄浑厚，充满了盛世故乡山西岳强地险的自豪感。

《桑林午食二首》其一曰：

底柱山前乱石村，十家今有一家存。

千岩万壑人踪在，正是皇朝赐复恩。

其二曰：

石田漠漠草菲菲，破屋炊烟四处飞。

行到前村还怅望，五年不见一人归。

写清初兵乱凋丧之后，百姓家破人亡，故里空村荒寂的社会景象，萧条满目，宛然如见，最得诗人感时伤世之遗意。

《赐石榴子恭纪》：

仙禁云深簇仗低，午朝帘下报班齐。

侍臣叨列名王右，使者曾过大夏西。

安石种栽红豆蔻，火珠光迸赤玻璃。

风霜历后含苞实，只有丹心老不迷。

康熙十二年（1673），外藩郡王京师进贡，谒见皇帝，康熙皇帝设宴，把宴席上的石榴子赐给侍臣，陈廷敬写下此诗。当康熙皇帝看到此诗，情不自禁，朗诵出声。最后两句，“风霜历后含苞实，只有丹心老不迷”，反复诵读多次，“玉音琅然”，清脆有声。康熙皇帝所赞赏的，正是陈廷敬饱经风霜、不迷丹心的精神。

陈廷敬忠君爱国，忧虑民间疾苦，关心国家的前途命运、社稷的安危存亡，对康熙皇帝平定三藩、亲征噶尔丹，以及南巡、治河等壮举给予高度重视与热情讴歌。如《岁暮杂感二首》《平滇雅三首》《北征大捷功成振旅凯歌二十首》《南巡歌十二章》等都是体现时代精神的力作，激情昂扬，壮怀激烈，充满家国天下的情怀。

当三藩叛乱事起，吴三桂反叛的信息传至京师，诗人立即以对国家安危关注和忧虑之情，写出《岁暮杂感二首》，其一曰：

云山万里一雕鞍，急羽应须起谢安。
岭海梅花旌节远，江城金鼓戍楼寒。
苦吟独客身将老，小酌幽襟醉后宽。
旅兴易伤西望眼，数峰深翠路漫漫。

其二曰：

紫极青霄怅远天，桂阳险绝羽书悬。
题诗万马中宵动，草檄孤城百道连。
直北风云凭障塞，征南笳鼓在楼船。
将军前部何时到？雾散龙沙夜月圆。

诗人明白无误地提出，当此时刻，应起用像谢安一样的有文武韬略之能臣，率军前往平叛，并热切期望征讨大军马到成功，雾散龙沙，使动荡之时局获得安定。

噶尔丹叛乱，康熙皇帝御驾亲征，陈廷敬请求扈从，皇帝因其年老体衰不允。功成之日，陈廷敬写成《北征大捷功成振旅凯歌二十首》，诗人以饱满的激情，绘声绘色地讴歌了这场捍卫国家统一与完整、意义重大的亲征。人们读其诗，可以领略“萧萧龙笛出关声”，雄师出征之壮观场面，“回军吹角罢连营”，战罢收军之恢宏气势。“剑花弓月指云还，归路边庭障塞闲”，以浩瀚无边的广角、高瞻远瞩的视点，喜看征师浩荡凯旋，广袤大漠随之安定静谧，堪称史诗般的乐章。

康熙年间，中国社会又一次由动乱走向安定，由凋敝走向繁荣，面对朝气蓬勃、风雷激荡的时代，陈廷敬以积极的态度，满腔的热忱，直面现实，形诸歌吟，艺术地再现了时代的风貌，唱出了时代的最强音。他的诗作中，对当时社会状况的深沉关注及对民间疾苦的由衷同情，反映了一个正直诗人心系国事民生的高尚情操。在他的笔下，纪行状景之诗尤具特色，将祖国的大好河山写得勃勃有生气，令人无限神往。陈廷敬的散文恪守儒家“文以载道”的理念，叙事则要言不烦，不蔓不枝，声情并茂，精彩淋漓；议论则酌古御今，无诡无偏，褒善贬恶，持论公允；抒情则温柔敦厚，清正典丽，行云流水，情真意切。不愧燕许大手笔，俨然醇儒名臣风范。

康熙皇帝曾赠诗给陈廷敬，其序曰：“览《皇清文颖》内大学士陈廷敬作各体诗，清雅醇厚，非集字累句之初学所能窥也。故作五言近体一律，以表风度。”诗曰：

横经召视草，记事翼鸿毛。
礼义传家训，清新授紫毫。
房姚比就韵，李杜并诗豪。
何似升平相，开怀宫锦袍。

康熙皇帝这首诗不仅表彰了陈廷敬的诗文和学术，同时也表彰了陈廷敬的为人和政绩。陈廷敬也确实是一位辅佐康熙皇帝开创康乾盛世的升平宰相。

田从典：丰标岳峙　器识渊涵

田从典（1651—1728），字克五，号峣山，阳城人。清康熙二十七年（1688）戊辰科进士。历官至文华殿大学士兼吏部尚书，谥文端。著有《峣山集》。

康熙二十年（1681）十月，官军收复滇南，扫平三藩叛乱，朝廷颁诏中外，示天下荡平。当时田从典为太学生，因仿唐代七德九功之舞，作《拟七德九功舞歌效乐天体》以为庆贺，全诗共八十句，五百五十八字。沈德潜曰：“中间三蘖之畔，三蘖之平，一一可考，当以史诗目之。诗之曲折顿挫，迤逦往复，得昌黎《平淮西碑》之体，不专学白乐天也。”

《拟七德九功舞歌效乐天体》云：“七德舞，九功舞，武纬文经耀千古。朝廷干羽在两阶，天下车书尽九土。”总括平定三藩战争的伟大胜利。“我皇御极垂衣裳，四方万国来享王。自朝乃至日中昃，尧兢舜业不敢康。”写康熙皇帝谨慎戒惧，励精图治，不敢追求享受。“为念斯民亦劳止，丹诏夕封驰万里。咨尔强藩且载戈，释甲归来见天子。”康熙皇帝作出英明决定，下诏撤藩。

“苞有三蘖方凭陵，一朝敢弄潢池兵。荡摇滇黔连楚蜀，虔刘闽粤驱鲵鲸。”一棵树干旁生三枝嫩芽，横行猖獗，正如三藩，竟然发动战争，在滇、黔、楚、蜀、闽、粤等地扫荡杀掠。“驿闻天子赫斯怒，皇言一宣天日午。誓将灭此后朝食，取彼凶残畀豺虎。”驿马飞报朝廷，天子勃然大怒，派出军队，灭此朝食！

“临轩命将亲推毂，中有天潢建牙纛。日射春旗万马鸣，云开晓帐千军肃。”天子命将出征，亲自推车前进，旌旗招展，千军整肃。“一从荆鄂向三湘，一自江州下豫章。西指秦川临剑阁，南经吴越渡钱塘。”平叛的王师分路进军，奔赴前线。“王师所至如风电，合围掩群开一面。狼奔鼠窜皆倒戈，市肆不惊芸不变。”王师风驰电掣，所向披靡。“王师所至多谣颂，行者愿赍居者送。天语殷勤再四宣，毋令南亩妨春种。”王师所至，受到百姓拥护。天子下令，不能影响百姓春耕。

“一年转战雍梁间，二年克敌威荆蛮。三年扫清瓯与越，一鼓遂进仙霞关。”三年转战，克敌荆蛮，扫清瓯越，形势逆转。“四年官军收闽地，逆臣稽首归藩位。五年贼渠死岳阳，六年百粤置胥吏。”王师四年收复福建，五年贼首吴三桂死，六年接管百粤之地，平叛胜利在望。“七年一举入成都，夹击东西疾渡泸。八年荡扫昆明穴，普天率土归皇图。”收复成都，扫清昆明，长达八年的叛乱一举荡平。

“羽骑宵驰传露布，从此江山复如故。侍臣拜手贺升平，武士鸣铙歌

《大濩》。”胜利捷传遍四面八方，举国上下庆贺升平。“我皇恭己开明堂，木凤衔书下八方。嘉与吾民共休息，欲偕斯世为陶唐。”皇帝下诏，与民休息，效法尧舜，创建陶唐盛世。“思齐太任及太姒，翼子贻孙既受祉。恭上徽音万国欢，再沛恩纶与更始。”皇帝颁诏，恭上太皇太后、皇太后徽号。太皇太后、皇太后，思齐贤后周文王之母太任、周文王之妻太姒的功德，辅助子孙，为子孙谋划。“昔时民间苦被兵，鸟乌声乐多荒城。今日言旋复邦族，闾里不闻愁叹声。”昔日人民饱受战乱之苦，今日民间再无愁叹之声。“昔时民间苦征役，男子辍耕妇休织。今日公家免践更，鼓腹行歌仍作息。”昔日民间苦于征役，男子停止耕种，女子停止纺织，今日朝廷免去徭役，百姓可以鼓腹行歌、按时作息。

“欃枪灭迹三阶平，我皇宵旰犹未宁。手披目览厘庶绩，早朝晏罢勤苍生。”叛乱灭迹，天下太平，皇帝仍然废寝忘食勤于政事。“天纵聪明兼圣学，研精书史穷邱索。著述开天冠百王，四海文明生礼乐。”皇帝天资聪明，精研书史，穷究《索》《邱》，著述冠于百代，礼乐行于四海。“舞七德，舞九功，虞廷之琴歌《南风》。愿令世世陈王业，王业艰难万古同。”弹唱虞舜的《南风》歌，愿创业的艰难世代相传。

作者用他的如椽大笔，勾勒了康熙平定三藩之乱波澜壮阔的浩大场面，写出了他对太平盛世的无限期盼和向往，体现了他关注国运盛衰、关心苍生疾苦的仁者胸怀。全诗语言生动简洁，流畅通达，有如行云流水，一气呵成，展示了作者深厚的文学功力。

祁埙：松风飘拂　云絮游纡

祁埙（1777—1844），字竹轩，一字寄庵，高平人，祁汝炎之子。清乾隆六十年（1795）乙卯科举人，嘉庆元年（1796）丙辰科进士。官至刑部尚书、两广总督，谥恭恪。著有《求放心斋诗稿》。

《孝感道中》：“楚山重叠路纵横，彳亍肩舆镇日行。数亩野塘秋水碧，一川霜叶夕阳明。茅蒲袯襫新登谷，区脱韇韫旧治兵。闻道编氓彫敝甚，有司何以助升平？”作者奉钦命视学广西，途经孝感，楚山重叠，道路纵横，乘坐肩舆，整日前行。沿途所见，野塘数亩，秋水澄碧；霜叶一川，夕阳晴明；农夫斗笠蓑衣，新谷已经成熟；路边岗哨战具，治兵已成旧迹，正是一片承平景象。但作者忽然听说，此地的百姓生活衰败困苦，已经被苛捐杂税压榨得精疲力尽，难以生存。作者惊异之余，继而愤慨，不仅对这些贪婪的地方官发出严厉的质问：你们如此对待百姓，何以辅助朝廷的升平盛世？

《重谒伏波祠》：“将军威望震乌蛮，祠宇苍凉水石闲。瘴满南交牙节去，春回浪泊凯歌还。功名赫赫留钟鼎，身世茫茫付谤讪。为吊遗踪转惆怅，断碑烟锁藓花斑。”作者十分敬重东汉伏波将军马援，曾有诗《书马伏波传后》，又有《题伏波神祠》，此诗是作者再次拜谒伏波祠时所写。伏波将军身先士卒，躬冒锋镝，出生入死，风吼剑鸣，将生命置之度外，忠于国家，一片赤诚，立下赫赫战功。然而伏波将军马援身后，却蒙受谗言诽谤，“身世茫茫付谤讪”，不能不使英雄志士为之扼腕。面对着祠宇苍凉、水石荒芜的景况，作者不禁由凭吊转为惆怅。断碑烟锁，苔藓斑驳，以无限崇敬起兴，以诸多感慨作结，内蕴含蓄绵长，命意悲壮深沉。

二、宦途清唱

赵可：胸藏秀色　文吐奇珍

赵可，字献之，高平人。金贞元二年（1154）进士，官至翰林直学士。他学识渊博，才气高华，出众超凡，豪放不羁。一时诏书诰命多出其手，人皆佩服他文辞典雅，诗乐府尤其高妙，著有《玉峰散人集》。其诗《谒先主庙》云：

天下英雄操与君，老奸岂是一流人？

乘时不作池中物，得士能令鼎足均。

故里柔桑曾羽葆，荒祠古木尚龙鳞。

天教典午亡吴魏，雅志呜呼竟不伸。

先主庙是指三国时代蜀汉皇帝刘备的祠庙。作者拜谒先主庙，首先采用烘云托月的手法称赞刘备。曹操曾从容对刘备曰："今天下英雄，惟使君与操耳!"但作者以曹操的口吻写了"天下英雄操与君"之后，直指曹操为"老奸"，说"老奸岂是一流人"，认为曹操之人品无法与刘备相提并论、同日而语，间接肯定刘备匡扶汉室的志向和功绩。"乘时不作池中物，得士能令鼎足均"，是说刘备原本是英雄，不是无所作为的庸碌之辈，他凭借时势，依靠人才，建立蜀汉，与魏、吴势均力敌，形成鼎足之势。"池中物"指蛰居于池中的鱼鳖，暗用周瑜评价刘备"恐蛟龙得云雨，终非池中物"的典故。"故里柔桑曾羽葆"：柔桑，指柔嫩的桑树叶。羽葆，指帝王仪仗中以鸟羽联缀为饰的华盖。刘备幼年丧父，和母亲靠卖草鞋织席为生。他住所东南角有桑树高五丈余，远远望去枝叶繁茂像小车盖一样。刘备小时候，和同族的孩子们在树下玩耍，常说：我将来一定要乘坐这样的羽葆盖车。可见他从小便有大志。"荒祠古木尚龙鳞"：是说英雄远去了，只留下了荒芜的祠庙，但庙内古木参天，铁干鳞皴，虬枝勃发，仍然龙骧麟振，肃穆壮观。"天教典午亡吴魏，雅志呜呼竟不伸"：典午，是"司马"二字的隐语。典，司也；午，马也。晋朝皇帝姓司马氏，后因以"典午"指晋朝。雅志，平素的意愿。这两句说，上天让司马氏灭了吴和魏，使刘备匡扶汉室的意愿不得伸张。表现了作者对刘备壮志未酬的英雄末路极大的同情和遗憾。此诗虽用典较多，但读来爽快酣畅，清丽疏朗，反映了赵可诗歌风格之一斑。

赵可之子赵述，字勉叔，金承安二年（1197）登科。《赋雪》云："奇货可居天种玉，太平有象麦连云。"金李之纯《屏山故人外传》曰："勉叔诗章字画，皆有父风。"

张铨：鸿裁玉润　雅抱金铿

张铨（1575—1621），字宇衡，号见平，沁水人，张五典之子。万历三十二年（1604）进士。天启帝即位，受命巡按辽东，辽阳城陷殉国。著有《张忠烈公存集》三十五卷，今存二十九卷，集中诗仅存绝句三卷。其子张道浚《辑先忠烈公文集后序》曰："先公少壮登朝，性喜著述。即持斧辽左，军旅馀暇，犹拟觚翰从事。"惜所著书散佚者多。

张铨素有报国之志，始终关注辽东战事，其《闻辽东三路军败，感愤成绝句十首》有云：

三月辽阳大出师，登坛号令变旌旗。

中丞自有平胡策，不道将军尽数奇。

明军出征的场面声势浩大，登坛誓师，旌旗飘扬，经略辽东战事的中丞自以为胸有良策，但将军们在战场上攻杀不利，皆以失败告终。

猎猎英风杀气多，前军夜半度浑河。

角声一起重围合，战士如云尽倒戈。

明军的战旗在风中猎猎飘扬，先锋部队在半夜渡过浑河，没想到一声号角响起，竟然被敌人重重包围，众多战士无心再战，纷纷倒戈投降。

日落辕门促进兵，自言十万可横行。

至今阴雨沙场夜，犹有将军叱咤声。

傍晚时分，明军准备出兵作战，将军信心百倍，战士奋勇争先，自以为战可必胜，不料雨夜遇敌，竟至全军覆没，空山野岭，至今还能听到将军奋战的喊杀声。

谁遣轻探虎穴中？五千深入气如虹。

若非矢尽援兵绝，破虏应居第一功。

一支只有五千人的明军，斗志昂扬，气贯长虹，孤军深入虎穴，直插敌人心脏，如果不是弓矢用尽，孤军无援，奋勇杀敌的第一大功应该属于他们。

漠漠黄沙掩戍台，磷磷白骨委蒿莱。

深闺只是空相忆，那得游魂梦里回。

迷蒙的黄沙掩盖着烽火台，重叠的白骨堆积在杂草中，深闺中的少妇空自思念远征的丈夫，丈夫的游魂怎么可能在梦中回来？

裹革曾闻马伏波，从来烈气不消磨。

匈奴运数终须尽，莫唱辽东浪死歌！

明军捍卫疆土的战争失败了，但诗人胸中的英雄烈气并未消磨，他自幼崇拜立志马革裹尸的伏波将军马援，他没有悲观，没有气馁，他义愤填膺，豪气干云，他相信侵略者的运数终究会消散殆尽，不须再唱到辽东徒然送死的悲歌！

延君寿：瘦硬苍奇　刚健婀娜

延君寿（1763—1827），初名寿，字子格，号荔浦，清嘉道间阳城人。太学生，屡赴北闱不中，遂入赀试用主簿，历官山东莱阳、浙江长兴、安徽五河知县，为官清正，持政有声。知莱阳县时，剔奸弊，清积牍，有高、全、刘三姓争堤起讼，三十年未结，延君寿一讯即明，人颂其神。起初，人多因他是入赀出仕而轻视，及观其政事文章，又敢抗拒钦差勒索，无不心悦诚服。从政之余，与当地文人学士诗酒唱和，有白香山风旨。

延君寿生性钝实，少时不聪敏，读书似懂非懂，如堕烟雾之中。十五岁时，其父延青云任福建泉州蚶江通判，他随父去福建。至汉阳，登黄鹤楼，望长江波涛四起，舟小江大，流波激浪一鼓荡，心窍便翕然一开朗，顿觉心花怒放，欢喜之至。归舟中取所读书，忽知句读，兼晓行文用笔之大概。此后每日勤学苦吟，觉稍有进境，将所作诗寄给乡里友人，大为陈法于（字金门）所笑。数年归来，陈法于约他和张晋、张为基在秀野山房刻烛联句。至三十余韵，君寿犹见功力，三人非常惊喜，与他订交，结樊南诗社，一时有“骚坛四逸”之称。延君寿虽才气稍逊，但读书勤奋，家中藏书甚多，皆手自点定，古今各体诗均自选本，知识渊博，全以学力为诗，与邑人张晋齐名，“一时大江南北称诗人者，群推阳城张、延焉”。

延君寿有心于地方文献，搜集自明中叶至清乾嘉间阳城诗人五十余家的遗诗，编成《樊南诗钞》。同时为他的诗友王炳照、张晋、陈炳焯、陈法于等编刻遗集，后起之秀李毅、王豫泰、李焕章等多受他提携奖进，显名于当时。

延君寿平生藏有六美砚，因自号六砚草堂居士，著有《六砚草堂集》。存诗千余首，各体皆工。诗近宋人，多瘦硬苍奇、刚健婀娜之音。当时著名诗人长洲吴云（字玉松）赞誉他的诗可追傅山之《霜红龛集》。

延君寿的五言律如《宴潘少府署中醉后作》：“强项洛阳令，今人无此风。才疏前事验，政拙两人同。鲁酒消孤愤，寒花艳晚丛。陆离腰下剑，横掣气如虹。”七言律如《立秋后一日南岚道中作》：“残暑欺人尚不支，野桥山店索茶宜。飞云送客如张盖，晴雨随风等散丝。中岁迹同浮梗泛，感秋诗诉暮蝉知。乡书昨报樊南屋，栽菊丛丛欲满篱。”古体如《今日行》：“今日亦已来，昨日不再至。如何扪此胸，尚留昨日事。昨日所读书，不能忆一字。想复到明日，不与今日异。读书须是住深山，今日昨日门常关。山中猿鸟遥相念，知否先生何日还？”可见其诗歌风调之一斑。

《老生常谈》是一部为人称道的诗话，论诗颇多独到之处，被收入《山右丛书初编》《清诗话续编》。其论诗名句曰：“我尝劝人不要作诗。其人之骨格俗，肠脾秽，性情卑下，举趾庸劣，学亦不得好；及至导之肯读书，寝食魂梦以之，骨格雅矣，肠脾洁矣，性情开朗、举趾俊秀矣。”又曰：“人生作诗当学李杜，作人当学程朱，二者又断难相兼，但能时时留心，其过差少。”又曰：“近时海内名下士有作诗要新、作字要旧之说。我想字要旧，是不写馆阁体之谓，然名士之字长一片，短一片，亦有旧的太可笑者；诗要新，新字要认得真切，有从字面新进去者劣，有从意思新出来者优，不可不辨。”又曰：“少年子弟有一种，忝不知耻，逢人献其诗文，疥人墙壁，高谈阔论，自负为名下士。即是稍稍能读数行书，其外面如此轻肆，亦断断使不得，况举趾高，心必不固邪！”又曰：“今人作诗，多字字睡在纸上，便能令读者亦沈沈睡去矣。”又曰：“近人刻自家诗稿，序文至于一而再，再而三，题词诗句连篇累牍，未免过于标榜好名。其实诗之能传与否，则不在是，徒灾梨枣耳。有豪杰之士，定能力矫此弊。”

祁汝荧：心同岁月　貌带风霜

祁汝荧（1762—1815），字晖吉，号巃山，高平人。清嘉庆五年（1800）庚申科举人，官通政司知事、都察院经历。秉性慈和，而持躬端正，治家整齐严肃，处世不激不随，轻财重义，乐善好施。生性好学，闲暇时则杯酒论文，拈韵赋诗，积久成帙，著有《带经山房诗草》。

祁汝荧喜游览，其《登太行山》云：“我家太行山，不知太行高。今兹试遨游，顿觉眼界超。东望青濛指碣石，迤逦西发为中条。直北峰峦难缕数，攒簇拱列等儿曹。笱舆望南行，伊轧摩云霄。石磴千百重，彳亍首频搔。豁然山开平野出，青畴万里河周遭。天下之脊非虚语，俯视中原何迢迢！始叹夙昔真井处，结伴登临神采豪。誓着屐齿遍名山，终日攀跻不辞劳。”全诗二十句，每四句一层意思。“我家”四句，写虽然家在太行山，但不知其高。“东望”四句，从向东、向西、向北三方向写太行山的磅礴壮观。“笱舆”四句，写南见太行山云峰之高、石磴之险。“豁然”四句，写俯视中原，青畴万里，以衬托太行为天下之脊。最后四句，叹昔日井处，誓遍游名山。整体脉络贯通，层次分明，平缓舒畅，节奏天然，艺术表现力较强。其《旋里答家人》云：“辞家远自东峰回，清夜欢开酒百杯。若问归装何所市？胸中带得华山来。”此诗与同邑同时代张立本《游山回戏答妻孥》一诗，立意造语极为近似，正有异曲同工之妙，难分轩轾。

祁汝荧咏史之作《书伍子胥传后》云：“不义加已甚，天道有穷极。子胥功名岂不伟？千古忍人终祸隙。属镂剑，鸱夷革，非关夫差信嚭言，故主何忍鞭三百！”《左传》有“多行不义必自毙”之语，《孟子》有“仲尼不为已甚”之说。诗人认为，伍子胥于吴国功业甚伟，但最终死于“属镂剑，鸱夷革”，并非是因为吴王夫差轻信伯嚭的谗言，而是因为伍子胥对故主楚平王鞭尸三百，太过残忍，称得上“千古忍人”。“不义”加“已甚”，必然引起祸端。在众多关于伍子胥的咏史作品中，可谓独出心裁，别具一格。

王士桓：候虫时鸣　难秘其响

王士桓（1777—1847？），字公瑞，号毅庵，凤台人。十七岁学诗于凤台李锡麟，粗得作诗途径，后专攻举业，未曾深入，但结习时时未忘，每境有所触，情有所感，则形为吟咏，不计工拙。清道光六年（1826）中进士，出汤金钊（字敦甫，浙江萧山人）之门，官河南确山知县。“簿书之馀，时亲翰墨，肩舆排闷，偶事推敲”，“雪泥爪迹，未忍割舍”，每年所得，集为《朗陵诗集》，计各体诗一千四百首。确山县古称朗陵，故诗以朗陵名集。

祁埙评《朗陵诗集》曰：“捧读大集，见其居官行政一本至诚。仁义之人，其言蔼如，正不徒以词藻见长也。”贾臻（号退崖，直隶故城人）评其诗曰：“不空讲格调，不雕琢语言，驰骋而不失蹶张，和易而不流于肤浅。”认为王士桓之诗有白香山（居易）、元次山（结）风格。今人袁行云评其诗，亦云：“意格俱浅，人尽可诵。”

道光二十一年（1841）黄河大水，王士桓以竹枝词纪灾，有诗百首，其《黄河围汴城竹枝词》曰：“三朝三夜尽情流，入户穿房不少休。渐次城中成泽国，家家只少钓鱼舟。”《防城竹枝词》曰：“黄河围城四月馀，城门关闭暂安居。若教应变多良策，底事公家耗积储？”《河工竹枝词》曰：“今年河工异往年，章程虽定尚迁延。运来料物都观望，耽搁迟开数十天。”《散赈竹枝词》曰：“一自黄流灌入城，大僚首倡恤灾氓。东西分局司颁赈，幸免人呼庚癸声。”皆写实之作。

杨豫成：朗如秋月 蔼若春风

杨豫成（1796—1863），字立之，号绎堂，陵川人。博览经史，性喜吟咏，不以学问炫人，先后教馆三十年。清道光元年（1821）举于乡，十次参加会试不第。道光二十四年（1844）大挑，分发江西，署安义县，补龙南县，升宁都州，署赣州府。因太平军进入赣州腹地，坚守六年，历大小三百余战。赣州围解，保奏以知府补用，后加道员衔，署南安府，卸任后卒。著有《享帚集》四卷，卷一有《忘馀草》《舟中草》《南游草》，卷二有《归舟草》《循陔草》《集蓼草》《燕游草》，卷三有《卧云草》，卷四有《豫章草》《馀生草》，共十辑。何廷谦（字棣珊，安徽定远人，进士，官内阁学士、工部左侍郎，有《退思堂集》）序曰："其才情格调，雅与唐之温、李，宋之杨、范，国朝之沈、宋为近。至于忧时感事、劝戒百姓等篇，悼世俗之梦梦，写我思之悠悠，则又直入少陵、剑南之室，而得其阃奥。呜呼，可以传矣！"其诗各体皆工，非吟风弄月、寻章摘句者可比拟。

杨豫成的七律《闱中即事》曰：

> 锣柝传更昼不休，廿年踪迹懒回头。
> 墨磨一寸心俱尽，烛爇三条泪并流。
> 中岁娥眉羞作妇，几人燕颔定封侯？
> 寄言衡鉴堂中客，司马文园已倦游。

作者因数次参加会试不中，故于考场写此诗抒发情感。首联写春闱之中锣柝报更的声音按时响起，昼夜不休。二十年来，作者数次进京赶考，屡屡落败的往事，无心再回首。颔联写闱中磨墨，心随墨而尽；夜间燃烛，泪并烛而流。多年失败和挫折，使作者痛彻肺腑。颈联写中年的美貌女子羞于再作新妇，形象威武的丈夫也未必能够封侯。功名难取，作者已经不再抱有幻想。尾联写寄语堂上评估鉴定文章的大佬们，司马相如已经厌倦，不再求取功名，不再求官了。

杨豫成十上春闱不中，直至四十九岁，才由大挑一等获得做知县的资格，到江西补官，他写了七律《连日谒见大宪口号自嘲》，曰：

脚靴手板镇忽忽，铃阁森严鹄立中。
序爵刚逢婪尾酒，服官先作叩头虫。
场登傀儡真如戏，语学娵隅愧未工。
湿透重衣流满面，汗淋何必羡诸公。

作者每日穿着靴，拿着拜帖，行色匆匆地谒见高官，在森严的衙门前引领直立。自己官位最低，次序排在最后，对排在前面的官员都要像叩头虫一样参拜。每次登场要像傀儡一样逢场做戏，还要学习官话，与官场上下虚与委蛇。官场应酬，常使人汗流满面，湿透衣衫，真是苦不堪言。作者深感于此，写诗自嘲。

祁之鐈：因浓悟淡　由密得疏

祁之鐈（1817—1870），字季闻，又字子键，号壶庄，又号壶公，高平人，祁埙第五子。道光二十三年（1843）癸卯科举人，屡上春闱不第，选知县，捐升知州，历署通州知州，乐亭、枣强知县，补滦州知州。祁之鐈自幼随父宦游南北，周览名山大川。罢官闲居，肆力于古诗画篆隶，外无他嗜好。所作诗文宏博古茂，与湖南道州何绍基（字子贞）、浙江会稽赵之谦（字撝叔）、山西平定张穆（字石舟）、宗室盛昱（字伯熙）诸名士友善，时相过从，结为文字交。著有《荃提室诗文草》《过庭词》。祁之鐈善画，犹喜画梅，与其兄祁之镠一同被收入李浚之的《清画家诗史》。

祁之鐈的《汤阴谒岳忠武王庙》是一首长篇歌行，共二十四句，分为六段："替戾摇摇向官道，双轮碾梦雷声小。梦回初日照征袍，道左巍然忠武庙。"诗的第一段，写诗人拂晓坐车前行，车轮的响声碾碎了自己的梦境，朝阳初上，路边出现了巍峨的岳忠武王庙。"停车拾级拜两楹，古槐飒飒风摇旌。撼军不比撼山易，伤哉功败当垂成。"第二段，岳飞是作者崇拜的英雄，作者停下车来，顺阶而上，瞻拜于两楹之间。风吹古槐，飒飒作响，旌旗随风飘扬。岳飞的军队英勇善战，有"撼山易，撼岳家军难”的民谣流传至今，但功败垂成，令人感伤。“三字狱成莫须有，六陵既毁谁之咎？我谓天教宋祚衰，藏弓遂假权奸手。”第三段，“莫须有”的罪名，令英雄壮志未酬，死于风波亭。南宋灭亡之后，高宗、孝宗、光宗、宁宗、理宗、度宗的陵墓被毁，究竟是谁之罪？作者认为，此乃天灭宋祚，假借权奸，自毁干城。“呜呼！黄龙痛饮愿未偿，千秋俎豆留馨香。殿左丰碑泐王句，长歌不觉声琅琅。”第四段，岳飞志在收复河山，痛饮黄龙府，夙愿未偿，含恨而死，但人民没有忘记他，千秋祭祀，天地留香。殿侧的丰碑雕刻着岳飞的诗句，作者诵读长歌不禁琅琅出声。“斜阳已照荒城麓，题壁诗篇难尽读。登车令我感百端，行行更向城中宿。”第五段，作者早晨入庙瞻拜，阅读古今题咏诗篇，直至斜阳落照，难以尽读。登车上路，准备到汤阴城中住宿，心中依然浮想联翩，感慨万端。“饭馀欹枕息劳薪，电掣雷轰惊梦魂。疑是鄂王神驭返，二更卤簿下汤阴。”末段，饭后熄火，倚枕歇息，作者仍然沉浸在对岳忠武王的无限崇敬与感慨之中。二更时分，一阵电闪雷鸣，作者从睡梦中惊醒，此时情境，仿佛岳忠武王仪仗森严，叱驭归来。全诗排荡激越，一气贯注，回环往复，流转自如。每四句换一韵，平仄交错，读来笔墨洒脱，节奏天然，有较强的艺术感染力。

霍润生：宦味如云　诗情似水

霍润生（1828—1901），字雨霖，沁水人。清咸丰十年（1860）进士，官四川长寿、通川知县。著有《藤荫轩诗草》《娱我园诗草》。

霍润生任长寿知县达十三年之久，调任通川知县后，长寿县民为之建生祠。霍润生非常感动，作诗《闻长寿绅民以平地楼台作生祠，诗以志愧》：“官久无遗爱，翻劳去后思。濒行情恋恋，惜别意迟迟。归隐输彭泽，图形愧浚仪。楼台平地起，竟作霍公祠。”诗人说自己在长寿县做了十三年知县，并未留下惊人的政绩，反而让士民在自己离去之后仍然思念不已。想起在临行之时，士民相送，恋恋难舍，依依惜别，迟迟不忍离开。但自己与不为五斗米折腰而归隐的彭泽县令陶潜相比，甘拜下风；与士民绘画肖像而祭祀的浚仪县令陆云相比，自愧不如。而百姓却将县城的平地楼台，改建为纪念自己的霍公祠。霍润生感念百姓对自己的厚爱，感佩至深。

诗人在任通江知县期间，闻知长寿瘟疫流行，作《闻枳县亦染瘟疫，忧而成诗》："旧治邻南鄙，传闻疫亦行。证奇寒暑辨，病急死生争。束手医无术，何心鬼敢横？向来关痛痒，何以活编氓？"诗人原来任职的长寿县，古称枳县，听说瘟疫也在流行。瘟疫的症状奇特，寒热难以分辨；疾病的情况危急，生死悬于一线。医者束手，回春无术；瘟神何心？竟敢肆虐！诗人向来以民间疾苦为心，当此之时，如何才能解救百姓的生命，正是诗人日夜担忧的事情。

三、林泉风雅

郝天挺：香飘芹馆　教沛杏坛

郝天挺（1160—1217），字晋卿，陵川人。金元文学家元好问之师，元翰林学士郝经之祖。

郝天挺的《送门生赴省闱》曰：

> 青出于蓝青愈青，小年场屋便驰声。
> 未饶徐淑早求举，却笑陆机迟得名。
> 嗟我再衰空眊矂，喜君初筮已峥嵘。
> 此行占取鳌头稳，平地烟霄属后生。

诗人送门生去参加尚书省礼部主持的进士考试，写诗勉励他。虽然说青出于蓝，但学生更胜于师，年纪轻轻，在考场上已有声名。早年求举，不必让东汉的徐淑；迟暮得名，却要笑西晋的陆机。诗人早年曾两次参加廷试未中，所以他说：叹息我已衰老空自烦恼粗心，欣喜你初参试便已不同凡响。这一次你定能稳取功名，平地腾升是属于年轻有为的后生。全诗感情真切，字里行间充满了对年轻门生的厚望。

七绝《题宣圣庙》云：

金碧煌煌梵刹雄，玄元楼观五云中。

如何万代纲常祖，释奠今无数亩宫？

诗人见孔圣庙狭隘卑陋，难与梵刹和道观相比，不禁发出疑问，为什么万代纲常之祖，竟然没有数亩之地作为释奠礼敬之所？如此发问，正体现了一位真正读书人应有的情怀。此诗一说为元郝天挺（字继先，号新斋，出于都尔本族，居安肃州。官至御史中丞、河南行省平章政事）所作。

刘昂霄：耸壑昂霄　泻江倾河

刘昂霄（1186—1223），字景玄，陵川人。其父名俞，字彬叔，金明昌二年（1191）进士，任承发司主管。刘昂霄身材细瘦，弱不胜衣，喜好正坐读书，摇头诵诗，博闻强记，过目不忘。他不仅聪敏绝人，而且勤奋好学，于书无所不读，精通经史百家之学，于世谱、官制及兵家成败无不通晓。常常幅巾奋袖，谈辞如云，使四座耸听，静声无语。遇其饮酒眼花耳热之时，谈锋愈不可当。当时有人评论说：王中立评论人物，李之纯谈论玄学，号称独步，而刘昂霄则能兼众人之所长。刘昂霄曾因家门资历任为庆阳军器库使，未就职。后又荐试博学宏词，竟病逝，年三十八岁。临终有《梦赋山泉》诗云：“带云萦远涧，和月到疏林。”又云：“万里冯唐老，中年贾傅归。”明宋濂《哀志士辞》赞云：“独立千古，上溯寥绝，尔身虽穷，尔名岂灭！”

刘昂霄诗《中秋日同辛敬之、魏邦彦、马伯善、麻信之、元裕之燕集三乡光武庙，诸君有诗，昂霄亦继作》云：“积甲原头汉閟宫，登临还喜故人同。迢迢万里乾坤眼，凛凛千年草木风。岁月消磨诗句里，河山浮动酒杯中。极知胜日须轰醉，直待银盘上海东。”此诗写于东汉光武庙，积甲原头是光武帝受降的典故，诗人与元好问等好友在这里宴集，各自都写了诗。诗人在酒酣耳热之际，放眼乾坤，无比浩大，迢迢万里；纵观今古，异常久远，凛凛千年。但千年岁月，都被诗句消磨；万里河山都在酒杯浮动。如此美好的时光，诗人认为应该狂饮大醉，直到海上升起皓月。诗人才华洋溢，功名无分，联想光武帝的功业，难免产生诗酒自娱、消极用世的思想。

秦略：老笔纷披　生机勃发

秦略，字简夫，金末陵川人。父名事轲，有诗名，工于作大字。秦略少时，考进士不第，即放弃科举，不再求仕，以诗为业，有名于河汾之间，自号西溪老人。

他的诗尚雕刻，而不让人看到斧凿的痕迹，颇有自得之趣。妻子去世之后，秦略外出归来，赋《悼亡》诗曰：

自古生离足感伤，争教死别便相忘。
荒陂何处坟三尺，老眼他乡泪数行。
多事春风吹梦散，无情寒月照更长。
还家恰是新寒节，忍见堂空纸挂墙？

生离死别，自古以来是人生最为感伤、最为动情的事情，怎么能轻易忘怀呢？秦略外出，妻子逝世，噩耗传来，痛苦不堪。老而丧妻，不禁行吟悲歌。何处的荒坡上有你的坟墓三尺？他乡的道路旁有我的老泪几行。梦中相见，却被多事的春风吹散；更深难眠，又被无情的寒月长照。远行还家，正好又是一年寒衣节，堂上空无人，纸衣还挂墙，坎坷一生的秦略，怎忍心看到如此景象呢？元好问评此诗曰："高出时辈，殆荆公所谓'看似寻常最奇崛，成如容易却艰难'者耶！"

金朝末年，战事频仍，急征军粮，给百姓带来深重的苦难。秦略作为平民诗人，深受其苦。他在上党公张开的府中作了《谷靡靡》一诗，深刻揭露了当时的社会现实。

"谷靡靡，青割将来强半秕。"谷苗纷乱不齐，还是青苗，尚未成熟，但官家征收军粮太急，农民就把青苗收割了，大半谷穗都是空瘪的秕谷，没有饱满成米。“急忙舂米送官仓，只恐秋风马尘起。”青苗割回来，赶忙去捣米，送交官仓。只恐怕秋天一到，蒙古的军队就来攻打，战马扬尘，战事又起。“官仓远在荞麦山，南梯直上青云间。梯危一上八九里，之字百折萦回环。”舂好了米，还不算完事，还要担着米送交官家的仓库。官仓遥远，远在荞麦山，担着米向南行进，还要顺着山石梯，爬到青云之间的山顶。山石梯高，一上就是八九里，之字形的山路，百折千回，身挑重担，在山间盘旋，其艰难困苦，不难想见。但这不必说，还有更难的。监督收米的官吏，还要克扣百姓，收米的时候，斗斛上的尖头，还要堆得高高的，超额多收，中饱私囊。“凭谁说向监仓使，斛面莫教高一指。”依靠谁去向监仓的官吏求求情，斗斛里的米不要高出那么多，哪怕少高出一指也可以呀！农民无奈，谁会为农民去求情呢？“请君沿路看担夫，汗颗多于所担米。”请君沿路看看吧，担米的农夫是多么辛苦，流下的汗珠多过所担的米！

秦略的《谷靡靡》，写出了战争年代金国统治下贫苦农民的心声。他在金国名将上党公张开的府中写下这一首诗，当然是想唤起张开对农民的同情，从而减轻农民的负担。可是，农民的艰难困苦，在这些作威作福的高官显贵眼中，又算得了什么？

秦略年六十七岁卒，临终留诗云：“躯壳羁栖宅，儿孙邂逅恩。云山最佳处，随意着诗魂。”在他看来，身体只不过是淹留人世的住所，儿孙只不过是偶然相遇的恩情。在云烟山水最美丽的地方，随心适意安放自己的诗魂，就心满意足了，反映了他旷达乐观的人生态度。

李俊民：冲澹和平　寄怀深远

李俊民（1176—1260），字用章，别号鹤鸣老人，泽州晋城人。金章宗承安五年（1200），以经义举进士第一，应奉翰林文字。贞祐年间，任沁水县令，擢朝请大夫。因厌恶官场应酬，辞去官职，教授乡里。金亡后，忽必烈招徕四方贤才，刘秉忠盛赞李俊民“易理易数，两造精微”。忽必烈以安车召，延访无虚日，曰：“朕求贤三十年，惟得窦汉卿及李俊民二人。”欲授以高官，但李俊民不肯入仕，请求还山，忽必烈赐号庄靖先生。

李俊民在金末元初文坛的名望仅次于元好问，著有《庄靖集》。《四库全书总目提要》曰：“所作诗多幽忧激烈之音，系念宗邦，寄怀深远，不徒以清新奇崛为工。文格冲澹和平，具有高致，亦复似其为人。虽博大不及元好问，抑亦其亚矣。”元长平李仲绅序其集曰：“其作为文章，句句有根源，字字有来历，格老而意新，辞经而旨远，不涸不竭，其汪洋之学海欤！”

李俊民的七言古体诗《闻蔡州破》曰：“不周力摧天柱折，阴山怨彻青冢骨。方将一掷赌乾坤，谁谓四面无日月？石马汗滴昭陵血，铜人泪泣秋风客。君不见，周家美化八百年，遗恨《黍离》诗一篇！”

这是一首为金朝灭亡而唱的哀歌。金天兴二年（1233）六月，在蒙古大军的压迫下，金哀宗仓皇出奔蔡州（今河南汝南县），进行最后的抵抗。同年八月，蒙古与南宋联军攻蔡，金军抵抗三月，次年正月城破，哀宗自缢而死，金朝自此灭亡。诗人此时隐居于河南嵩山，听到蔡州城破的消息，无比悲伤叹惋，写下了这首催人泪下的诗歌。

诗的起句，“不周力摧天柱折”，用共工与颛顼争帝的典故，意在说明蒙古大军攻金，使金王朝迅速土崩瓦解，其气势正同共工怒触不周山一样凶悍，并暗喻蒙古统治者企图称霸天下的野心。第二句“阴山怨彻青冢骨”，用王昭君和番的典故，实际上是借忍辱负重含冤而逝的公主形象，表达了金朝人民共同的怨愤之情。金宣宗贞祐二年（1214）三月，当蒙军围困中都之时，宣宗曾将岐国公主献给成吉思汗，从而换得金、蒙讲和。然而，用公主和亲只能换取暂时的安定，并不能从根本上解决民族争端。尽管公主们的尸骨已抛荒异域，但金、蒙间的战事仍然不断，以至于金朝覆亡。“怨彻”二字集中概括了亡国后人民的悲愤心情。

三、四两句，“方将一掷赌乾坤，谁谓四面无日月”，写金哀宗从汴京仓皇出奔蔡州的狼狈处境。哀宗出奔，决心孤注一掷，寻机与蒙军决战。到蔡州后，即派使赴宋借粮，希望与南宋联合抗蒙。但宋理宗与蒙古达成联合灭金的协议。天兴二年八月，蒙、宋联军攻蔡，蔡州城被围如铁桶，围城中的金哀宗就如日暮途穷的西楚霸王项羽一样，陷入四面楚歌的窘况之中。

五、六句，“石马汗滴昭陵血，铜人泪泣秋风客”，亦是借汉、唐典故写蔡州城破时的惨状。蔡州粮尽时，金哀宗下令杀厩马、官马二百匹给将士食用。金廷的军马，像唐太宗的“六骏”一样，为金廷洒尽了热血。蒙军入主，将金朝宫室掳掠一空，并强令宫人播迁，这情景如同“铜人辞汉”一般，令人悲伤欲绝。将士们的血，宫人们的泪，和历史上已经覆亡的王朝一样，既悲壮慷慨，又哀苦凄切。

结句“君不见，周家美化八百年，遗恨《黍离》诗一篇”，是作者对金朝灭亡发出的叹惜和哀惋。昔者周王朝推行仁义教化，轰轰烈烈八百年，[illegible]朝覆亡，只有一篇《黍离》诗为其哀叹不已；如今金王朝惨淡经营了一百二十年，却不幸沦亡。作为金朝遗民的诗人，也只有像周朝亡国的大夫一样，为逝去的王朝唱起一曲无尽的挽歌。

此诗全篇运用典故，来叙写当今的现实，显得更加深沉而厚重。

常伦：豪放恣肆　率直自然

常伦（1492—1525），字明卿，号楼居子，沁水县人。其父常赐，弘治二年（1489）解元，弘治六年（1493）进士。知行唐县，擢御史，左迁天长县，移知邓州，终陕西副使。常伦出身于世宦家庭，从小就受到良好的文学熏陶，五六岁时就能诵书赋诗，常有奇语，见者无不叹赏。生性调皮，随父宦游秦陇间，遇到好卷轴就信手挥洒，尽兴之后，掷笔嬉戏而去。父常赐特别溺爱他，对他过分宽容，经常说：“此吾千里驹也，踶啮何妨!”十五岁时作《笔山赋》，论者比之杜牧的《阿房宫赋》。其父时时取常伦所作诗文，请当时著名文学家李梦阳、何景明指点，颇受赏识，所以一时声名大噪，在士林间崭露头角。弱冠之年，读书更加勤奋，好治百家言，尤其精通黄老之学。

正德五年（1510），常伦十九岁，举乡试第二。常伦不甘心，在举行鹿鸣宴那天，他升阶而上，请与解元（第一名）复试；藩、臬诸大员百般劝慰，说：“子固应元，为主司径黜耳!”才勉强作罢。第二年登进士，授大理寺右评事。由于他性情豪放，不受拘束，不加检点，又自负才高，常常凌驾于同僚之上。一日宴集，乘酒酣之时，对朝中人物时事大加议论，招致当权者忌恨。他常在娼家过夜，每到日高之时才缓缓起床。有时因朝会迟到，长官呵斥，他还傲慢地说：“故贱时过从胡姬饮，不欲居薄耳。”于是被人上奏中伤，在考核成绩时被贬谪外放，补寿州判官。

在寿州任时，适山东盗起，流窜劫掠于江淮之间。常伦招募勇士，谋划方略，尽力抵御，盗贼不敢冒犯。后来，皇帝派直指使者巡视江淮，抵寿州，与常伦相遇。直指使者与常伦本是京华故人，本该以朋友之礼相待，但直指使者竟摆起了官架子，只按下级小官对待他。常伦不堪忍受，语气中不免稍涉讥讽，结果大被折辱。常伦一气之下，便弃官还乡。不久，又转授宁羌知州，然常伦早已无心再做官，不去上任。

常伦隐居后，常以李白、王安石自比，放情山水，流连声妓。善饮酒，一饮则数斗；有时累日不醉，醉则索笔疾书，诗、词、歌、赋一挥而就，妙趣横生。他常于酒宴间自度新声，悲壮艳丽，歌女优伶皆手弹口唱，说：“常评事词也。”他曾经说：“岂有旋翻故纸而后为文章者乎?”有贵人求他为先人肖像写赞语，他便在画轴上大书恶语，左右观看的人皆惊愕，然后他才徐徐续成。他经常有这类旷达戏谑之事，所以人们都视他为狂士。他玩世不恭，但所交游者皆海内知名士。有权势者，他视之如无物，从来不正眼相看。

常伦好彭老房中之术，喜谈老子“谷神不死”，以为神仙可以立致，因自号楼居子。他多力气，好游侠，善骑射，谈兵击剑。为人狂放不羁，经常醉穿红衣，舞刀跃马，驰骋平林，与官家子弟、游侠少年较射，颇多北方健儿气概。嘉靖四年（1525），常伦入京，途经潞安时，与外舅滕洗马饮酒大醉。早晨起来，身穿紫红袍，挥舞双刀，驱马渡河，马看见水中影，惊蹶，刀刃入腹中，肠溃出，堕水而死。卒年仅三十四岁，闻见者无不悼异。著有《常评事集》四卷，《常评事写情集》二卷。

常伦多才多艺，诗文书画皆有名于时，明末名臣张铨称其“文学司马子长；诗宗李杜，上窥魏晋，多自得语；书法遒劲似颜鲁公，而潇洒有晋人意，画不学而精妙”。

常伦有《吊淮阴侯》诗曰：“汉代称灵武，将军第一人。祸奇缘蹑足，功大不谋身。带砺山河在，丹青祠庙新。长陵一抔土，寂寞亦三秦。”在当时海内文人中广为传诵，明代著名文学家王世贞认为此诗“至今为中原豪侠之冠”。王世贞曰：“常评事伦诗如汗血名驹，骄嘶自赏；虽步骤未合，而毛骨非凡，见者知其千里。”陈子龙评其诗曰：“气骨高朗，颇能自运。”陈田《明诗纪事》曰：“明卿豪纵，诗颇效太白，窘于边幅，不称其为人。”评价都很高。

常伦的散曲造诣尤深，与王九思、康海、刘效祖、薛论道、冯惟敏、赵南星等齐名，是当时北方独树一帜的散曲家，在文学史上有较大影响。他的作品有北人粗犷之气，关（汉卿）马（致远）豪放之风。在语言的运用上，有鲜明的通俗性和口语化的特征；在风格方面，有着爽朗的胸襟，泼辣的精神，自然的韵味，诙谐的情趣。他虽然也有寄情诗酒、啸傲风月的退隐思想，也写攀花折柳、偎红倚绿的放荡生活，但却是在豪放的气势和雄浑的语言中表现出来的。他能以豪放恣肆的风格抒写胸臆，率直自然，辞情并茂。如他的散曲《〖中吕〗朝天子》：“爱闲的没权，揽权的不闲，两件儿曾经惯。烟波名利大家难，更险似连云栈。洒泪江州，行吟泽畔，笑黄犬东门叹。总不如挂冠住山，到大来无祸患。”作品一开始便把“爱闲的”和“揽权的”进行对比，然后通过白居易、屈原和李斯的典故，说明官场“更险似连云栈”，从而肯定“挂冠住山”那种“无祸患”的生活。这虽是前人写作的传统主题，但它的对比鲜明，用事恰切，词语俊朗，具有很强的艺术感染力。

《双调·沉醉东风》：“但得个欢娱纵酒，又何须谈笑封侯。拙生涯，乐眼前；虚名誉，抛身后。两眉尖不挂闲愁，一日深浮三百瓯，亦可度天长地久。”此曲写他淡泊功名，厌恶官场，纵情诗酒的生活，实际上正是他愤世嫉俗思想的体现。字里行间，看似旷达，实则愤激，展示了他粗豪奔放的狂士性格，因而感人至深。

他在《双调·折桂令》中写道：“平生好肥马轻裘，老也疏狂，死也风流。不离金樽，常携红袖。”所抒发出的思想感情，正好说明他追求的是美酒美人和自由自在的生活。他这种在奔放与豪迈的风格中，流露出不满现实的感喟，绝非一般消极避世者所能同日而语。

张道濬：娥眉别貌　芳草异时

张道濬（1595—1645），字深之，一字子玄，张五典之孙，张铨之子。以其父张铨殉国，官锦衣都指挥佥事，因误入歧途，同阉党交好，诗集中有与马士英、阮大铖唱和之作。后因罪谪戍雁门，又戍海宁卫，力求洗除前罪。友人泽州苗胙土称：“及被废数年，海滨任放，赋诗填词，把杯属客，以自浇块垒。”著有《泽畔行吟》。

张道濬以其父张铨在辽东殉国，慨然有请缨之志。谈迁称其“放浪山水，所好稗说小令，兴至濡笔，而请缨之志不少挫”。张道濬的七律《塞下二首》其一曰：

天开落日照危旌，胡骑蒙茸猎火明。
铁岭风尘埋战骨，浑河鼓角动边城。

霜凝兔魄花生剑，烟湿龙旗柳拂营。

安得中山刘刺史？登楼清啸塞垣平。

落日的余晖照射着高扬的旌旗，胡人的骑兵围绕着明亮的战火。铁岭的风沙尘土埋葬了多少战士的尸骨，浑河的战鼓号角震撼着边地的城池。宝剑在寒冷的月光下凝结了霜花，寒烟打湿龙旗，风吹柳枝拂扰着军营。连年征战，怎么能有像晋代刘琨那样有勇有谋的人，轻而易举就平息边塞的战事呢？西晋刘琨，中山郡人。西晋时期大臣、政治家，官并州刺史。晋阳城曾被胡人的骑兵重重包围，城中形势窘迫，无计可施，刘琨就乘着月色登楼长啸，胡人听了都凄然长叹。半夜时分，刘琨命人奏起胡笳，胡人又流泪唏嘘，产生了对故土的强烈思念。接近拂晓时，刘琨又命人吹奏，胡人思乡心切，全都放弃包围回乡。

其二曰：

阵馀落日报回军，鼓角风多处处闻。

鹿塞春星高太白，龙庭战血溅黄云。

惊沙乱飐旌旗色，大海遥明组练文。

莫问歌中横吹曲，十年烽火尚纷纷。

落日时分，战斗结束，报道军队凯旋；战鼓雷鸣，号角嘹亮，声震四面八方。边塞春夜，高悬太白；战场碧血，飞溅黄云。尘沙飞扬，乱吹着旌旗；海水蔚蓝，映照着铠甲。不要问军中的乐曲，十年征战仍然未休歇。

此二首诗，写诗人面对边疆烽烟不断，国事日益促迫的形势，内心深处激起沉郁已久的满怀忧愤，抒发了诗人关心国家社稷安危的情怀。明末辽东烽火不断，屡遭侵扰，且多被动挨打，故诗中情调低回婉转，有诗人殷切的期望，期望能有刘琨那样智勇兼备的统帅；又有诗人无奈的感叹，感叹十年征战无休无止。诗人空有雄心，请缨之志不少挫，终究有心杀敌，无力回天。

李锡麟：孤鹤掠空　哀湍咽石

李锡麟（1749—1813），字徵生，号铁船，亦号牧坪，凤台县人。早年肄业于晋阳书院，与静乐李鸾宣、临县李东木齐名，三人皆同宗，切磋学问，一时有“三李”之称。李锡麟卓荦不随俗，憔悴专一，肆力于诗、古文词，不屑作制举文字。乾隆三十七年（1772），上海曹锡宝（字鸿书，号容圃）视学山右，以古学相知赏。李锡麟以所作诗进呈，曹锡宝为之击节，并且批其诗册曰：“路途正，取法上，不懈益进，所就殆未可量。”乾隆四十五年（1780），李锡麟北上，期求有所际遇，但困于旅食，徒步出京师。嘉庆二年（1797）冬至太原，与阳曲王桂岩、临县李东木辑《山右诗存》三十二卷，凡作者近六百人，得诗四千余篇。嘉庆六年（1801），李锡麟以经魁中举。

李锡麟所作《鹤栖堂诗集》收诗六百余首，不与古似，故当世士大夫或讥嘲或深赞，褒贬不一。嘉庆十六年（1811），静乐李鸾宣官部曹，巡漕畿甸。李锡麟寄诗集请李鸾宣审阅，李鸾宣评赞后于嘉庆十七年(1813)腊月作序寄还，李锡麟已病风不起。嘉庆二十四年（1819）春，受业门人王士桓携李锡麟诗集，求序于学使贺长龄（字耦庚，号西涯），贺长龄特为诗集作序。道光二十六年（1846），王士桓任河南确山知县，刊行《鹤栖堂诗集》，并附李鸾宣评语于各诗后，圈点皆存。

李鸾宣评其诗曰：“诗则舍筏登岸，得古人不言之意，自然近陶，巉削近左司(韦应物)、东野(孟郊)，寥寥然如孤鹤之掠空而哀湍之咽石也。”又曰：“君抱残守缺，萃毕生精力成一家之言，其传不传未可知，而光气要不可以磨灭，则不得于今人，安知不得于古人？又安知不得于今后之人也？”贺长龄评其诗曰：“今观李君徵生之诗，若操笔直吐者，而沉郁悱恻乃几几与杜陵肖，岂真句摹而字拟之欤？盖其性情肫挚，既有以为诗之本而艰难困苦之摧折于外者，又有以激发其志气而益进于深醇，故其见之于诗，皆至性至情之不容已而非作而致也。”

李锡麟早年的诗，皆慷慨有奇气，雄浑高古，绝似唐音。如《古从军行》：

志士存君国，干戈不顾身。

功成返田野，何用画麒麟！

李锡麟足迹所到，多记游怀古之作。其《长平》诗曰：

秦赵相持处，劫灰尽此中。

寒原秋战雨，白昼鬼号风。

山积骷髅白，河流颈血红。

咄嗟锐头子，未足语英雄。

此诗咏怀古迹，感叹史事，二三两联悲凉慷慨，气韵沉雄，绝似少陵风致。尾联谴责锐头将军白起，残暴杀降，并非英雄所为。

诗人一生家境贫寒，艰于生计，极善写贫，如《家君有河南之行，送至坡头有作》：

有子皆无状，艰难累老亲。

风霜皆道远，奔走为家贫。

望望慵回首，依依逐去尘。

叮咛无别语，归计定先春。

其父年老，仍然外出奔波，诗人既羞又惭，自觉无状，远望着父亲远去的身影，追逐着父亲脚下的征尘，凄凉无语的惜别，依依不舍的情怀，语意真挚，孝思缠绵。

贫贱夫妻百事哀，诗人所作《语内》诗曰：

荼苦荠甘尽室同，满前子侄乐融融。

今宵预算来晨米，不断炊烟未是穷。

荼、荠皆是菜名，荼味苦，荠味甘，全家都吃这样的菜饭，虽生活清贫，然子侄满前，绕膝嬉戏，其乐融融。诗人告诉妻子，只要今天晚上能预算明早有米下锅，炊烟不断，这就不能算是贫穷。妻子去世，诗人赋

《悼亡》，其一曰：

生平曾不事铅华，新妇三朝便作家。

三十年来劳井臼，临终犹自问禾麻。

妻子生平从未浓妆淡抹，不事铅华，新婚三天便操持家务，三十年含辛茹苦，井中汲水，臼内舂米，临终之时还询问地里的庄稼怎样。

其二曰：

小楼相伴一灯黄，押线听吟五夜长。

每恨无才能佐读，买书任典嫁衣裳。

诗人与妻子灯下相伴，诗人诵诗书，妻子押针钱。妻子只恨无才帮助丈夫读书，但丈夫买书无钱，妻子取出嫁衣任凭典当。内助之贤，恩爱之深，不愧闺中良友。

诗人一生孜孜求取功名，但命运多舛，五十三岁才中举，几上春闱，终难得一第，便咏物以自喻。其《欹松》诗曰：

憔悴由来久，欹斜自率真。

良因材郁律，屡致匠逡巡。

斤斧知将免，烟霞固所亲。

茯苓如斗大，谁来献丹宸？

欹松是指弯曲歪斜的松树。诗中说欹松枯槁瘦病由来已久，虽然欹斜，却自然率真，无矫揉造作之象。只因为欹松长得屈曲夭矫，别具一格，每每使匠工无法使用，徘徊而退。它知道自己一生将无所用处，匠工的斧头不会相加，可以在山野岩石之间自由生长，与烟露风露长期作伴。但欹松根部的茯苓长得如斗之大，又有谁能把它贡献给朝廷呢？

李锡麟之诗，五言固胜于七言，然七言也不乏妙句，如“梯田层累牛升屋，石经弯回马踏弓”，善于描绘山中景色；“情迷故国家千里，车载新愁梦一箱”，亦造境佳妙；“车真似蛣和丸转，人直如蜗戴屋行”，新奇未经人道；写老桧“体直何妨依附少，材疏不畏斧斯侵”，则寄托襟抱；写干谒“每欲谒人羞托足，才将下拜污沾衣”，则自见品节；“庭鸦枝许全株借，砌草寒馀未死心”，乃闲适时妙语；“薪水艰难儿赴学，生涯潦倒弟驱犁”，即苦境中佳句。

王炳照：妩媚有致 婉约多讽

王炳照（1743—1798），字青甫，号南村，阳城人。他从小读书甚多，十三四岁时就能写诗。举行童子试时，阳城知县、浙江兰溪人胡邦盛在他的卷纸上写道：“析城王屋之灵，其在兹乎！”对他非常器重，将他留在县衙与其子一起读书，亲自教之作制举文，许以必售。既而补博士弟子员，乾隆四十二年（1777）丁酉科拔贡，朝考二等，未就职而归。因始终不得一第，每对人泣曰：“不恨抱璞而刖，恨不副知己期望耳。”从此便放弃功名，益究心于诗学，终日一编在手，勤学苦读。临摹古人法帖，无不神似。学文徵明书画，直可乱真。写诗近千首，名篇绮语迭出不穷。当时的诗人如毕沅、袁枚，驰名海内，趋之者不绝于途。人皆谓以王炳照之才而谒其门，必当有遇，而他终不往。他幼时家贫，后益困穷，对权贵多傲睨不屑，反与平民百姓、田夫佣保为友，意气相投，饮酒谈笑。他愤世嫉俗，傲岸终身，五十六岁贫病交加而死。

王炳照的诗，时而风高霜洁，苍凉悲壮，有慷慨激昂之气；时而莺啼燕啭，流水芳陂，富萧疏闲远之思。五言如“湿云低贴水，平野远粘山”“饥鸦啼委巷，晴雪吟高楼”“绿萝云外径，黄叶雨中扉”“塔喧风外铎，人叩竹间门”“关山怜病马，雨雪感哀鸿”，七言如“荷抟晓露擎珠出，山压晴云拥絮眠”“春水每于花外合，寺门多在竹边扃”“地拔千峰蟠紫塞，天开一线走黄河”“百里烟云飞剑锷，一天风月老芙蓉”，反映了他的诗歌风格。

王炳照家贫如洗，而诗中不喜言贫，更多的是表现旷达，如“诗罢从儿写，杯干与妇谋”“夕阳明更好，不醉愿无归”“竹风清道骨，花雨濯尘颜”。但这里的旷达，却是从尘世的悲愁中引出，是悲愁中一种无可奈何的自我解脱，比起直抒悲愁来，更加含蓄深沉。即使在《拜母墓》一诗中，面对亲人的亡灵，悲痛难禁之时，他所吟出的也是“一贫今彻骨，九死不灰心”这样奋发昂扬的诗句，可以由此看出他积极的人生态度。

王炳照的诗譬喻新鲜，设想奇特，善于以绮语丽句寄托自己愤世嫉俗、孤标傲岸的思想感情。如《晓发》：

敝裘羸马五更风，过尽山重复水重。
远树淡于昏壁画，晓星稀似故人踪。
玉箫何处歌初歇，锦帐谁家酒正浓？
云叶萍花十年事，悔将征役负三农。

诗中写“敝裘羸马”的诗人拂晓便踏上征程，长途跋涉，过尽了千山万水。“远树”“晓星”一联生动形象的描写了诗人眼前所见之景，同时又以“淡于昏壁画”“稀似故人踪”含蓄地表现了诗人前途渺茫，旅程孤独，反映了他内心深处的苦闷和迷惘。特别是以故人喻晓星，不仅想象新奇，而且巧妙地揭示了诗人怀才不遇、世无知音、孤寂无依的内心世界，可以称得上是千古名句。而下一联“玉箫”“锦帐”便进一步指出了诗人胸中的块垒所在，揭露了贵族统治集团纸醉金迷、花天酒地的腐朽堕落生活。诗人以忧郁感伤的情调，感叹个人的沦落和世事的不平，而他笔下所创造的意象却绮丽优美，具有较高的思想价值和艺术水平。妩媚有致，婉约多讽，也正是王炳照诗歌的艺术特色。

王炳照的诗歌，为邑内文人所倾心折服。清初著名政治家、文学家陈廷敬的曾孙陈法于曾就学于他，张晋、延君寿的诗文都得到过他的指点。一日，张晋与延君寿各袖诗到王炳照家请教，王炳照看后高兴地抚摸着两人的肩膀说：“吾乡后起之彦也。”又对陈法于说：“张子才气疏朗，延生似少钝，然能以学力胜，必传之技也。”后来张、延都成了有名的诗人。

苗令琮：峥嵘磊落　清旷绝尘

苗令琮，字季黄，号雪岩，清凤台县人。乾隆三十六年（1771）辛卯科举人，官宁乡教谕。著有《瓮天集》《一瓢山房集》《津门集》等。

苗令琮早岁孤寒，矢力风雅，与范振新、赵绍武登临唱和，殆无虚日。人笑其狂，遂自号狂三。曾受知于长洲沈德潜（字碻士，号归愚）和顾诒禄（字禄百，号花桥）。沈德潜曰："苗君五言古清旷绝尘，七言长短句纵横变灭，风雨分飞，鱼龙出没，神似太白；近体并佳，而七言峥嵘磊落，追逐盛唐。山右一诗人。"顾诒禄曰："苗季黄先生以所作相示，读之雄壮浑厚，中自具抑扬顿挫之致。"又蒋仕铨（字心馀，号清容）题《一瓢山房诗草》云："霜红龛后数莲洋，冯雁门家勍敌当。太息国初遗老尽，唐风将熄午亭香。""乡人前辈例能诗，摩诘香山孰抗之？不道泽州苗季子，手提牙纛出偏师。""北学呕吟拗字多，名家声律侭传讹。凭君洗净筝笆耳，谱出云韶唱太和。""冰雪聪明月露才，七襄云锦会亲裁。怜渠心似光明藏，碧海青天眼界开。"

苗令琮的七言古诗，当推《中秋无酒对月长歌》："有酒千钟，浇不退万斛之闲愁；有水千江，洗不出万里之清秋。高秋月上清如许，何须呼酒相劝酬。正恐醇酒醉人终不醒，纷纷朝市多烦忧。明月笑人，悲欢无由；愁人徂谢，明月常留。看彼才圆又缺，数万载姮娥未闻牛白头。青天为慕地为席，不负清光惟李白。太白死后将千年，月到人间总萧索。我今搔首西风哀，乱云历落排山来。歌罢风止天宇净，当阶涌出金银台。云表沆瀣饮一杯，飘然骨节珊珊开，秦皇汉武俱成灰。直拟遥飞广寒去，苍烟九点看尘埃。尘扬东海污仙阙，争似清宵对明月。"此诗纵横开阖，用笔轻灵，写出了中秋之夜无酒对月，作者乐观旷达的无限感慨，直是太白口吻。

五言古诗如《张东峰招集书斋看菊》："不待东风吹，寒花亦自发。如彼固穷人，荒芜自振拔。嵚崎古情性，孤高绝俦匹。翻思桃李荣，胡为久萧索？岂伊怯严霜，渠自爱早达？共钟天地秀，致身迟速别。留此晚节香，造物讵能夺！"此诗写菊花在寒冷秋季，不待东风而自发，如同安于穷困的人，身居荒芜之地而自求振拔。由于品格卓异的性情，使它孤高而绝俦匹。春季盛开的桃李，为何长久萧索？是它畏惧严霜，还是它自爱早达？同样是汇聚了天地之秀，为什么出仕有迟有速？作者久困场屋，屡试不售，他人少年登科，自己终其身仅得一举人。如此发问，正是出自诗人内心深处的感慨。“留此晚节香，造物讵能夺！”道出了诗人如同秋菊一般的孤高情怀。

四、田园吟咏

张文炳：松菊柴门　云山佳句

张文炳，字子潜，阳城县人。他家境贫寒，靠卖豆腐为生，从未上过学。但酷爱诗歌，靠自己刻苦学成，著有《麋田小草》。其诗句“被单寒彻骨，雪积冷侵床”“衣敝羞蓝缕，交疏忘简篇”“贫以诗遣日，老以醉为乡”“好书难释手，幽意久关心”“兴来欲挥毫，写我胸中意”，就是他一生贫困落拓、诗酒自娱生活的真实写照。

张文炳的诗淡中见雅，妙语惊人，但身为布衣，故鲜为人知。他游览了阳城县城西七十里处的仙人洞之后，写诗曰：

洞里仙人何所住？丹炉空霭薜萝烟。

巉岩枯木双栖鹤，峭壁青松半插天。

窗外风云龙虎穴，门前芝草鹿麋田。

苔封今为芒鞵破，无处寻真学叩元。

白胤谦看后，对“门前芝草鹿麋田”一句极为欣赏，于是和他交为朋友，给他取了“麋田”的雅号。

后来，陈廷敬请假回籍，读了他的诗稿，其中有一首《春日山居》曰：

土屋藤穿户，松风香拂衣。

地幽人罕到，村静鸟忘归。

晒药扫残雪，投竿向钓矶。

闲云时往复，不敢掩柴扉。

陈廷敬称赞“晒药扫残雪”这一句，叹其“风趣孤迥，非余子可及”，还为他的诗集写了序言。张文炳高兴得把自己的诗集命名为《喜见吟》。

陈廷敬将他的诗向朝中诸臣广为推荐，使他一时诗名噪京华。著名诗人长州韩慕庐、新城王士禛、仁和汤右曾、昆山徐秉义等人都赠诗给他。王士禛在赠诗中对他有“抗怀寄云壑，高歌动林蔽”的赞誉。陈廷敬与张文炳成为终生好友，常有诗唱和，后代诗人延君寿曾写诗称颂其友谊，曰：“宰相友布衣，合之成两贤。不然乡井中，谁识张麋田？”

浙东绍兴诗人钱为鼐到阳城来访张文炳，二人流连诗酒，徜徉山水，情趣极其相合。钱为鼐因赠张文炳七律二首，其一曰：

貌古眉庞意豁然，袖中佳句逼青莲。

贫能款客杯常满，穷自工诗老益妍。

但有清标师靖节，不妨小市隐麋田。

阳陵处处如图画，着一高人便可传。

其二曰：

休嫌屠钓老英雄，千古高人卖药翁。

吴市终留梅福隐，麋田不碍子潜穷。

养成松菊柴门里，拣尽云山佳句中。

莫怪先生甘遁世，绿蓑青笠是家风。

张文炳在劳作之余，写了许多山水诗。他没有到过更远的地方，出现在他诗中的都是故乡阳城的风景名胜，写景抒情，能做到造意清新，洗练自然。如《登王屋山绝顶望黄河》曰：

黄河一线界遥天，万里风沙九曲连。

水上鱼龙浮窟宅，岸边草树绕山川。

地分南北通车马，人逐东西泛浪船。

不得遥临空注目，百年心事望中悬。

诗人登上了阳城西南的王屋山最高峰，极目远望，九曲黄河，万里风沙，山川草树，车马帆船，尽收眼底。最后借景抒情，意在言外。写得浑成深厚，诗思高远。

如《石门》曰：

深潭百尺鱼龙伏，断岸千寻涧道回。

一水中流从地涌，两山相并接天开。

空蒙半锁巉岩石，缥缈斜封峭壁苔。

更有闲云关不住，无拘朝暮任飞来。

诗人雄奇强健的笔调，描绘了壁立千仞、潭深百尺，雾锁霞封、宏伟壮观的石门胜景。尾联语意双关，反映了诗人无拘无束、闲旷达观的隐逸心情。全诗浑然天成，极见功力，颇有盛唐风韵。

张又华：信步寻芳　倚栏待月

张又华，字灿如，号双溪，一号雅庵，高平人。附监生，著有《双溪诗集》。

张又华与从弟张承纶肆力于诗，二人曾结伴南游，以诗就质吴江顾诒禄（号花桥），后顾诒禄寄书，击节称赏，谓沈德潜见之，亦称二张君诗“具盛唐风格，不落大历以后”。

张又华足迹到处，或描摹风景，或咏怀古迹，或抒写怀抱，妙语连篇，佳句迭出。《言怀》：“诗书如洪炉，自能化愚鲁。”《荆襄怀古》云：“风流悲屈宋，割据忆孙刘。”《楚望》：“湖涨君山雨，江流汉水春。”《雪夜书事》云：“竹叶倾清夜，梅花伴苦吟。”《病起作》云：“不知馀雪里，春草已潜生。”《登太行》云：“峰分向背阴晴异，地锁燕云节镇孤。”“云开华岳三峰小，日照黄河九曲明。”《忆西湖旧游》云：“六桥风雨云中寺，十里烟波水上楼。”

凤台范振新（字存旧，号春山）就馆于高平永宁寨张氏，张又华与之友善，时相酬唱，有《送范春山之太原》：

晋阳曾忆昔年游，天外三关控冀州。
太岳日高唐叔庙，汾脽云散汉时秋。
城临绝塞山多险，路入盘陀水乱流。
君去便应桑落醉，萧骚莫更赋离忧。

此诗作者从“曾忆昔年游”起兴，然后突兀其来，横空一笔，仅用七个字，“天外三关控冀州”，就描绘出了山西表里山河、险要形胜的阔大壮美。太岳山，周成王曾经桐叶封弟，有唐叔虞庙；汾阴脽，汉武帝在此祭祀后土，有秋风楼。绝塞孤城，山多险要；盘陀小道，水亦乱流。作者的朋友范振新到太原去，正值秋日，大约是去参加乡试，考试辛苦，考中更不易。因此作者嘱咐友人，桑落酒虽好，不可多饮，更不可在秋风落叶之时，吟咏离别忧伤的诗。诗中可见，作者对友人的无限关切和深情。

张又华的七律《清明》曰：

小住吴阊已半年，可堪芳草又芊芊。
生憎绿柳几枝雨，知是清明三月天。
异地逢春多怅望，他乡何事久迁延？
白云目断亲灵杳，吞泣江干奠纸钱。

诗人作客吴门，已有半年时光，冬去春来，思家心切，看到碧绿茂盛的春草，心中自然难以忍受。更可恨的是，绿柳几枝，竟然伴随着绵绵春雨，时节已到了清明三月天。身在异乡，恰逢春天，常常忧伤地望着远方；远离故园，究竟是什么原因使自己久久拖延？举目远望，白云飘浮之处，父母的灵魂杳渺无踪，只能在江岸边吞声饮泣焚烧纸钱。诗人层层递进，将自己思念家乡、思念亲人的离愁表现得淋漓尽致。

张承纶：风催奇句　雨洗清诗

张承纶，高平人，字幼文，一字锡三。清乾隆年间副贡生，议叙主簿。精通经史百家之学，尝辑《乐府论》《唐音审体论》及《声调谱》《马氏等音》等书合刻，统名之《诗述》。著有《花薰阁诗集》《西轩遗诗》前后集。张氏富藏书，计二十余万卷，藏于“枕烟楼”“花熏阁”。

张承纶豪迈伉爽，爱客工诗，辞章敏捷，才气横溢，尤加意于诗歌。曾延聘凤台苗令琮（字季黄），后又延聘范振新（字春山）教其子，闲暇则登山临水，宴饮为乐。与苗令琮、从兄张又华共结“蒲溪诗社”。司昌龄称蒲溪吟社：“大抵以雪岩（苗令琮）为长，以西轩（张承纶）为主，而双溪则佐之者也。”张承纶与张又华曾结伴南游吴门，欲拜访大诗人礼部尚书沈德潜（字确士，号归愚），先求见顾诒禄，请他审阅诗稿，深得顾诒禄的赏识。顾诒禄字禄百，号花桥，又号瑗堂，为沈门高弟。顾诒禄将诗稿推荐给沈德潜，沈德潜看后大为称赞，评其诗“具盛唐风格，不落大历以后”，凡遇江南学者，必加以称道。

张承纶诗五言如：“触处多罗网，谁能任往还?”“垂岩嘘海雾，古木吼云涛。”“才拙身甘隐，心违气益雄。”七言如：“马头王屋如车盖，足底覃怀拱翠屏。”“危峰北走蟠燕赵，爽气西来压华嵩。”“参天拔地九千仞，历井扪参十八盘。”皆饶有意趣。

张承纶的七律《太行》曰：

万壑烟岚次第开，西风送客上高台。
孟门远拥黄河下，鸟道横盘紫塞回。
地蹙阴崖无晚照，云低绝涧有奔雷。
披襟睥睨清凉界，落木萧萧旅雁哀。

烟雾笼照着的千峰万壑像一幅画图次第展开，西风推着我缓缓登上高台。孟门拥抱黄河奔腾直下，鸟道盘旋紫塞曲折萦回。地势蹙迫，悬崖壁立，看不到傍晚的阳光；云朵低回，峻谷溪流，听得见汹涌的奔雷。敞开衣襟侧目观看深秋季节的清凉世界，秋风劲吹树叶纷纷落下，南飞的大雁不时发出声声哀鸣。全诗融情于景，景中见情，造成一种沉郁苍凉的基调。

咏怀古迹之作，如《包孝肃祠》曰：

绿树红亭孝肃祠，灵风尽日满牙旗。

迄今几度河清后，铁面何曾有笑时。

包孝肃祠是宋代清官包拯的祠庙，“孝肃”是包拯的谥号。包拯立朝刚毅，审案明察，执法严峻，不畏权贵，不徇私情，清正廉洁，令行禁止，有“包青天”及“包公”之名，贵戚宦官都不敢为非作歹，人以包拯笑比黄河清。诗的前两句写眼前所见之景，绿树、红亭、灵风、牙旗，渲染包孝肃祠的庄严肃穆。诗的后两句直奔主题，自宋至今，黄河几度变清，包拯铁面无私，何曾有笑时！

范振新：碎琴击筑　醉酒酣眠

范振新，字存旧，号春山，凤台县人，恩贡生。著有《织蓑亭集》。范振新学问渊博，才华洋溢。年青时与苗令琮（字季黄）、赵绍武（号铁崖）日相唱和，但面目风格各不相似。苗令琮忆范春山诗有句云：“倾倒诗篇古锦囊，乾坤何地著清狂？饥年遥负仲由米，玩世几登严武床。”说范春山恃才傲物，家境清贫而蔑视权贵。又云：“千日酣眠因醉酒，十年怀刺不干人。”说范春山醉酒酣眠，耻于干谒。由此可见范振新孤标独立的个性。

范振新的诗从元稹、白居易《长庆集》入手，但绝无元轻白俗之病，可以知其才学造诣之深。因双亲年老，无意功名仕进，居于乡里，以诗文风雅提携后生学子，口讲指画，孜孜不倦。晚年，跟从他游学的后生日益增多，凡经过他指导传授者，写诗作文多有法则，凤台文坛一时繁荣，称为极盛。

范振新曾有送人之句云：“禾黍秋风路，云山晚照身。”受到著名画家诗人童钰的赏识。童钰字璞岩，号二树，浙江山阴人。他客居中州，见到这两句诗，赞曰：“中唐名句也。”极其宝爱，于是持其诗稿而去。

范振新的好友赵绍武，号铁崖，外出游历，行踪不定，数年未归。范振新写诗《寄铁崖》曰：

曾见音书来楚越，忽传踪迹寄幽燕。
晨昏入梦三千里，风雨经心一二年。
作客如君真苦矣，怀人到此亦茫然。
倚门尚有高堂在，趁向春风稳着鞭。

作者曾见到好友从楚越之地寄来的书信，忽然又听闻踪迹在幽燕之地。每到晨昏，好友常来入梦，相隔三千里之遥；凡遇风雨，自己不觉留意，已经一二年之久。作者怀念好友，关心好友，但一无消息，踪影难觅。好友如此作客，真可谓备尝辛苦；自己这样怀人，也只是茫然无知。最后，作者向好友发出他心中的期盼：快回来吧！尚有高堂日日倚门盼望，乘着春风，稳步加鞭，快回来吧！全诗情深意切，抒发作者对友人的真挚的友谊。

张晋：工于言情　长于论古

张晋（1764—1822），字隽三，阳城人，诸生。工于诗而淡于名，游历大江南北二十余年，胸怀得以开拓，诗亦达到炉火纯青的境界。归来后与延君寿、陈法于、张为基等人徜徉诗酒，抒写性灵，被称为“骚坛四逸”。张晋言语妙天下，学识渊博过人，与其议论，上下古今无所不知，意气冲澹和平，神致萧散，无名士虚骄习气。

湖南湘潭人周系英，字石芳，以光禄寺卿、上书房师傅督学三晋，于嘉庆十六年（1811）按试泽州，于童子试中见李毅各体诗无不工妙，甚为惊异，询知其师为张晋，急欲一见。张晋携其所作《艳雪堂诗稿》进谒，周系英挑灯夜读，大加赞赏，评曰“工于言情，长于论古”，“其儁爽超逸，直欲自到古人”。又索近日所作，张晋出《续尤西堂拟明史乐府》百首，周见其“质而不俚，婉而多风，节奏天然，断制精确，不觉一读一击节”。于是为之序曰：“若隽三者，岂独雄视三晋，即以名天下可也。”“隽三可与午亭（陈廷敬）、莲洋（吴雯）鼎立，吾与跻隽三于莲洋上。”“至于乐府，以为实胜西堂（尤侗），直与西涯（李东阳）争席。”周系英以《论诗绝句》为题试平阳学士，竟无作者，后与张晋谈及，张晋欣然援笔，立成六十首，综论历代诗歌。沪城刘汲（字书樵）评曰：“挥毫缅縰，醉墨淋漓，摩遗山（元好问）之垒而拔渔洋（王禛）之帜。”

张晋与诗友延君寿友谊深笃，堪称文坛佳话。张晋家徒四壁，一贫如洗，延君寿倾囊相助。延任浙江长兴县令，张晋前去依附，二人联床斗韵，有昌黎、东野之遗风。张晋诗肖唐，延君寿似宋，一时大江南北，群推阳城张、延。

张晋的诗歌清新流畅，淡中见雅，韵味隽永。因为他处于社会下层，亲自耕田灌园，他继承了白居易感时伤事的精神，长于歌行乐府，诗中有很多描写民间疾苦的作品，如《渗菜词》。阳城风俗，每到秋天，摘豆叶，缕切贮瓮，以石压之，于九月间携向清溪淘净，名曰渗菜，以备冬食。《渗菜词》共二十句，其词曰：“秋溪泠泠秋山外，秋闺女儿渗秋菜。”秋溪水流，泠泠作响，一连四个秋字，烘托晚秋寒冷的气氛。“银刀缕切豆叶黄，阿娘看家阿嫂忙。”秋天是繁忙为季节，秋闺女儿也是忙着切菜渗菜。“初阳微红照溪口，水寒冰澈缝裳手。”红日初上，水寒彻骨，拈针缝裳的纤纤细手如何能够忍耐？“低鬟敛鬓畏见人，软沙冷石堆红裙。”身穿红裙的闺中少女，低鬟敛鬓，羞涩而怕见外人。以上八句，两句一换韵，以下十二句，四句一换韵，平仄交替，音乐感极强。“竹筛溜溪水纹细，浓汁搅波水光腻。须臾淘净置荆筐，以手作团等游戏。”少女把盛着豆叶的竹筛放在溪水里，淘净浓汁，然后把豆叶捏成圆团，放入荆筐之中，熟练得如同游戏一般。“大官庖厨罗珍馐，粱肉抛弃无人收。红炉暖阁袖手坐，可怜哪识穷檐愁。”诗人目睹贫家少女的辛苦劳作，义愤填膺，笔锋一转，直接官僚贵族。大官的庖厨之中堆满了珍羞美味，贵妇在红炉暖阁之中袖手闲坐，怎么能知道穷家百姓的愁苦呢？“我亦清寒叹终窭，枵腹谁能办鸡黍？从今任笑腐儒腐，咬断菜根不言苦。”诗人最后以自己的感慨作结。

诗人自己也是清寒贫苦之人，常常忍饥挨饿，但他始终不艳羡达官贵人奢侈豪华的生活，宁愿别人笑他是腐儒，也甘心情愿咬断菜根而不言苦。这是诗人同广大贫苦人民同呼吸共命运的自白，表现了他高尚的情操和富贵不淫的儒者精神。

张立本：不争唐宋　自写性情

张立本，字务滋，高平人。张又华之子，增贡生，著有《爱日堂初稿》《听松草》《续听松草》《趋庭诗稿》《陟岵楼诗稿》《新息旅草》，共存诗十卷。

张立本少年学诗于范春山，又得其父张又华教导，其《述怀》诗曰："忆昔严亲在，趋庭每课诗。豪情摹李白，画意学王维。句琢晨兴后，吟高夜坐时。凄凄风木感，血泪洒成丝。"可见其家学有自。张立本论诗崇尚袁枚性灵说，不追求肖唐似宋，提倡写真性情，曾有《说诗一律寄诸同门》曰：

木脱空山石气青，幽人不觉动吟声。
纷纷何必争唐宋，字字还须写性情。
白玉本来难论价，秋潭到底总能清。
回头笑语同门友，风雅场中过一生。

张立本赋《恨》诗云：

潇湘满目竹痕斑，惆怅山头复有山。
春草千年留汉冢，渭城三叠唱阳关。
美人迟暮嗟何及，壮士临戎去不还。
一片斜晖云树迥，惊心花落鸟绵蛮。

诗中铺陈故实，而句句饱含恨意，用典自然，无生涩之感，行文疏朗，语意含蓄，正是上乘佳作。

到山中游览，喜得手杖，赋《得杖》云：

得杖欣然笑，寻山胆气粗。
侍同奴仆惯，贤比子孙扶。

一路敲诗句，千峰看画图。

平生游不少，能似此回无？

次联比喻新奇，三联着笔轻灵，欣然欢快之情溢于言表。

在山中居住两日归来，赋《游山回戏答妻孥》云：

信宿山中意趣长，青松环绕水荡荡。

归来笑答妻孥问，收拾烟霞满锦囊。

生动而富有情趣，体现了诗人热爱自然、热爱生活的人生态度。

张立本落拓一生，功名未立，以一贡生终老，赋《悲歌》云："我本燕赵士，慷慨长悲歌。荆卿称知己，渐离频经过。兴酣耳热闻击筑，渐离起舞荆卿哭。世间谁是同调者，三人相对倾醽醁。夜深被酒临高台，举手同招海月来。海月明明照万古，古来英雄尽黄土。"慷慨悲歌，醉墨淋漓，写出了诗人怀才不遇、知音难觅的感伤慨叹，揭示了诗人壮志难酬、孤独寂寞的内心世界。

范鼎：穷愁踪迹　块磊声华

范鼎（？—1811），字耳黄，一字匡来，号梅坞，凤台人，为范振新（号春山）之子。郡学生，著《充诗偶存草》。

范鼎天资颖异，十岁便能写诗作文，出语不同常人。方成童便考入郡学，即以诗赋而获重名。因多病淡于功名，不求仕进，但好学成性，读书不倦，兴趣广博，喜好谈天谈兵，颇涉略训诂之学，诗古文词的写作渐趋上乘境界。

范鼎之父范振新曾馆于高平张氏达十余年之久，范鼎与张又华之子张立本同窗读书，感情甚笃。张立本《长歌寄范匡来》云："垂髫同砚席，痴长君数年。嬉戏不解事，怒欲加老拳。转瞬君龄十四五，才名一日动东府。笔墨高飞三峡波，笑谈清逐九秋雨。"长大之后，凤台长平相距百里，仍然时相过从，登临唱和。范鼎长于五言，张立本《忆范匡来》有句云："屈指同门友，如君最可思。陶然千日酒，清绝五言诗。"《题范匡来焦尾诗话》有句云："书成百里远惠我，灯前披读声激昂。遥传千载庶不愧，雅裁妙手追渔洋。"

阳城诗人张晋与范鼎互相知名二十年，未曾谋面，论诗意见不合，范鼎笑张晋之诗"太纵横"，张晋亦嗤范鼎之诗"不轩举"。张晋想去拜访范鼎，因道路阻隔未果。清嘉庆辛未（1811）春，张晋门人李毅邀约范鼎与张晋会集于凤台河村集真观，初次见面，坐久深谈，肝胆相投。张晋健谈，每到精妙之处，范鼎便兴高采烈，手舞足蹈。张晋后来写诗称赞范鼎"洒落真能辟万夫，飞扬直欲空千古"。天晚，明月照梁，二人仍然倚枕不眠，倾诉深情，直到晓雨敲窗。张晋写下了"联床听春雨，呼酒下寒更"的诗句。范鼎感慨生忧，言语转悲，称张晋为长兄，将其幼子的学业托付于张晋。次日分别时，仆人已喂饱驴，执鞭等待，范鼎还持杯叮咛，心折张晋的歌行长句，定要张晋长歌相赠。出门之后，依依难舍，范鼎又邀约张晋同游析城山。分别之后，将近两月，未见范鼎前来，张晋"待君君不至，心摇如悬旌。扫我蓬蒿径，珍此鸡黍盟"，谁知迎来的竟是范鼎的讣闻。范鼎未及五十而英年早逝，其幼子方总角之年，张晋怜其幼年丧父，虽自叹"久失学"，难为"小子程"，仍然铭记肺腑，不负嘱托。

范鼎是苦吟的诗人，张立本说他"苦吟呕尽数斗血"，张晋也说他"君诗太刻苦"，"以死博传世"，故多险峭之作。范鼎的《甘雨谣》，歌颂泽州知府周位庚(字介亭，桂林进士）在遭逢旱灾之时，自甘清苦，施行仁政，有如甘霖普降，造福人民，无须求神祷雨而度过灾情，写得明快自然。诗曰："我州土骨硬如铁，费尽秋霖与春雪。今年五月无片云，麦槁禾枯那忍说。淋漓天雨从何来，太守新自并州回。官庖食淡自言好，葱肆屠门待谁饱？只教雨滴青田田，不教父老名一钱。太守之雨下无已，米价连村贱如水。太守之雨流无涯，菜根出土甜如瓜。家家妇子团圞语，咚咚不用打瓦鼓。无烦太守频祷求，晴即成晴雨成雨。"

第八章

书香世家

清正传家诗书继世的研学群体

历数百年之世家，无非家风传承、世代积德与发愤读书。陵川武氏，至金源则大盛，叔侄三状元一进士，号称“四凤”；高平李氏，唐代宗室苗裔，宋、金而名人辈出，立朝皆有风范；陵川郝氏，世代业儒，以研学儒经、身体力行为立家之根本；泽州孟氏，七位进士，三位死节，或以死谏，或以殉国；泽州裴氏，五世簪缨，上至部臣，下至风尘吏，皆奉公守法，勤政爱民；高平郭氏，明清人文蔚起，一门显耀，叔侄同登，兄弟联科；沁水张氏，士林华族，实为冀南之冠；沁水韩氏，以孝友传家，代有闻人；皇城陈氏，翰林门第，泽郡望族，芝兰玉树，冠盖满堂；阳城田氏，宰相家风，光照史册，科第累叶，名臣迭起。

一、陵川世家

陵川武氏：状元联捷

陵川武氏大约自唐代迁入，至金源有武明甫（见第五章）、武俊臣、武天佑、武天和叔侄三状元一进士，时人号为“武氏四凤”，立朝皆有风范。明季又有进士武思明、举人武鍧等，代有闻人。

唐隐士、明经武少仪

武少仪，唐代陵川人。自幼聪明过人，每日读书，笔记数千言。长大成人，善于作文赋诗，可惜作品大多散佚。因他精通儒经，被举荐参加考试，获得了明经的资格，本来可以由此而入官，但是他不喜欢仕进，隐居于家乡，徜徉于苏村山水之间。

辽兴军节度使武白

武白，宋代陵川人，为宋朝国子博士，去相州任知州，到达通利军（治所黎阳，在今河南浚县东北），被辽国军队俘获。投降辽国后，被辽国皇帝任命为上京国子博士。后又改任临潢县令，升迁为广德军节度副使。

在此之前，有人控告辽国宰相刘慎行和儿媳姚氏私通，有关部门开脱了他的罪名。辽国圣宗皇帝命令武白去审讯此案，武白以法公断，作了处理。武白奉命出使高丽国，回来后代理中京留守。当时刘慎行的儿子都执掌着大权，借口武白判决平民分配家产事不公正，将他贬官。

不久，武白又升任尚书左丞，知枢密事，升任辽兴军节度使。退休后去世。《辽史》有传，称“不知何郡人”。

金礼部侍郎武俊臣

武俊臣，字秉钧，武明甫之弟，金代陵川人。海陵王正隆五年（1160）进士。才高学富，与其兄武明甫齐名。初任著作郎。世宗即位，武俊臣为章武军节度使的掌书记，以做事精密谨慎著称。升任户部度支司员外郎，管理国家财政出纳精细准确，以能干又升任枢密院都承旨，试用中京副留守。调任大理司少卿，管理国家司法。武俊臣精通法律，秉公执法，清理冤狱，平反昭雪的无辜平民甚多。后任西京副留守。当时金廷统治集团不重视文化教育事业，武俊臣上疏世宗，建议设立学校，培育人才，淳厚风俗。世宗因此命令全国各府、州、县均建立学校，培育士子。他在西京任上政宽刑简，与民休息，考核政绩为优等。升为三司副使，因与宰相张行简意见不合，出为永定军节度使。世宗知道他贤明，召他回朝任礼部侍郎。

大定二十七年（1187），武俊臣的屡次请求退休，世宗准其告老，照例赐予银帛夫役。还乡之后，与兄武明甫和赵仝老兄弟优游于乐天园，饮酒赋诗，以尽余年。子武天授、侄武天常皆为官。

金状元、翰林学士武天佑

武天佑，字繁祉，号灵承，武明甫之侄。四岁时，口授书即记忆不忘。稍长，精心研究程朱理学。十九岁时，赴京探望叔父武明甫，武明甫询问他所学知识，他从容应答，学术源流融会贯通。让他参加科举考试，考试结束，武明甫对他的应试文章非常赏识。及至揭晓，榜上竟然无名，武明甫为之不平。武天佑说：“侄迟一日功名，多一日学问，叔何憾焉？”于是辞别叔父，离京回家，与弟天和闭户读书。

章宗承安五年（1200），中词赋科状元，授翰林应奉文字。章宗请他讲解河图洛书，他举八卦九畴表里之义，详细明白阐述，章宗夸奖曰：“真翰林。”任经筵讲官，讲书常以“存天理，遏人欲，进君子，退小人”为主要内容。泰和八年（1208），皇帝命武天佑主持科举考试，执政者有私人委托作弊，武天佑坚决拒绝了，因此违背了执政者的意愿，多年得不到升迁。

当时蒙古的力量强大，对金国形成很大的威胁。金国的西京（今山西大同）留守忽沙虎，骄横跋扈，残暴不仁，致使兵士离心离德。武天佑深为忧虑，上安边三策疏。但适逢章宗逝世，他的建议被搁置。卫绍王即位，他又上疏说：“蒙古作乱的原因，是由于我国将骄兵惰不能作战之故。陛下刚即帝位，应当检查士卒，严谨边警，并任命有声望的大臣督促，只有如此，才可抵抗蒙古的进攻。否则，恐怕西京难保。”章上，未准行。大安三年（1211），蒙古攻西京，忽沙虎果然大败。竟纠集党羽，杀了卫绍王，立宣宗为帝。于是，武天佑上疏请求辞官，与弟武天和共同归隐。著有《经史撮要》《大学补》《言志集》等。

金状元、侍读学士武天和

武天和，字繁禧，号犹龙，武天佑之弟。天资聪敏异常，见书就如同读过一般。金章宗泰和五年（1205），中经义科状元。殿试公布名次时，章宗问他：“你是武明甫之侄、武天佑之弟吗？”他随口答道：“是。”章宗欢喜地说：“汝叔侄、兄弟连中三状元，虽尔一门之庆，亦邦家之光也！”遂御书“三状元第”四字，令悬于其门，以示荣耀。

武天和初任翰林应奉文字，补尚书省令史。这时，朝中权贵想拉拢他兄弟结党营私，被他坚决拒绝。章宗逝世，卫绍王即位，武天和上疏，大略说：“现在朝廷之上，君子说小人是小人，小人也说君子是小人。如果皇帝分辨不清忠奸，则小人结为朋党，必然败坏国事。况且动辄偏护小人，只想使满朝都成为小人，而使自己的奸恶之心得逞；又动辄借故陷害君子，只想使满朝都不做君子，而使自己的忌妒之心得逞。”由于他主持正义，得罪了朝中的权贵，被谪为利州观察判官。不久，又转任归州观察使司。

崇庆元年（1212），翰林应奉承旨李献能推荐，召入任翰林侍读，不久升任学士。这时，蒙古势力向南扩张，但金统治者仍然沉湎酒色，不以为意，他曾上疏详细陈述边情，想引起金廷的重视，但卫绍王始终不听劝谏。他便与其兄武天佑同时辞官归里，隐居于乐天园，闭门不谈时事。

武天和把诸葛亮的“静以修身，俭以养德”作为自己立身处世的座右铭，并以此教育子侄。著有《永言集典》内、外篇及《宁俭彦语》等书。

明金坛知县武思明

武思明，明弘治十一年（1498）戊午科举人，弘治十五年（1502）壬戌科进士。知江南金坛县（今江苏常州市金坛区）。武思明性情质朴，衣食供用朴素若寒士。处理政务廉明公正，礼贤下士，爱护百姓。到任未及一年，奸猾胥吏皆遁迹，百姓称为神明，崇祀金坛县名宦祠。居乡时有操守，向慕古贤，推诚待人，教导后学，一时士子多出其门。

明伊阳知县武鍧

武鍧，明嘉靖三十四年（1555）乙卯科举人。隆庆五年（1571）任伊阳县（今河南省汝阳县）知县。武鍧为官清正廉明，自奉极俭，在任期间，颇有政声，当地人民无不感戴。武鍧仿照宋代大儒程颢的遗意，修建学斋一百三十六间，大小器具齐全，招纳学生读书，并设置社学五座，刊印《养正编》教育学生，并购置义田二百余亩以供费用。他还疏通永昌渠六道，引水灌溉农田，建设仓库，贮存粮食一万石，以备灾荒，同时招抚流民七百余户。调任江宁（治所在今南京市区）知县，库银被盗，当事者疑为库吏所为，几乎铸成冤狱。武鍧设法查勘，才使案情大白，库吏获释。武鍧辞官之时，当地人民还特地为他建生祠，将他的功绩写成《德政录》以广流传。文翔凤记名宦祠的文中有“毁淫祠，为驿馆；捐赎锾，为讲舍。召杜之名不朽，父老之眉尚沍”之语。意思是说：武鍧在任时，毁掉了加重百姓负担的祠庙，改修成为供运输和旅途休息中转的驿站；捐钱修建讲舍，作为学生读书听讲的学堂。西汉的召信臣和东汉的杜诗，都曾任南阳太守，且皆有善政，使人民得以休养生息，安居乐业，故南阳人说：“前有召父，后有杜母。”武鍧的名声就如召父、杜母一样永远不朽。虽然他离开了，但当地父老乡亲仍然仰慕他的德政。

武鐈学问丰富，著述甚多，有《尚书各篇》《经书撮要》《四书小补》《西崖集》等。

清教谕武维藩

武维藩，字价堂，清乾隆间人。高才绝学，博古通今，性情豪爽，尤善交游。在京师逗留期间，和达官显宦、文人学士们往来甚密。参加乡试，主考官一阅试卷不禁击节叹赏，但因末场经义误印题纸，故临场被黜，未得中举。事奏于朝之后，朝廷为防止类似事件发生，便将科场条例作了补充。后来朝中选拔誊录，被选为武英殿校对，历任盂县、夏县教谕。在任期间，勤于培养人才。曾刊印吴信辰《四书题诗》，用以启示后学。告老还乡后，请示实行丁归地粮，以减轻人民的纳税负担。建立别墅，称为“小南庄”，每日在此教读子孙。工书法，尤以楷书驰名，四面八方求书者足迹盈门。著有《四书声韵详注》。

清塾师武培德

武培德，字树滋，清咸丰、同治年间陵川人。笃好经史，过目不忘。工于文章，初下笔则出言惊人。幼年读书于望洛书院，得到御史薛鸣皋的赏识。薛鸣皋品节高尚，对人很少称许，独对武培德另加青眼，称为忘年交。陵川的历任知县教官都对其刮目相看。执教讲学三十年，一时其门下皆是俊秀。七次赴乡试，于同治十二年（1873）中副榜，以直隶州州判注册铨选。他虽然屡试不第，但其文章日益精进，尤其精通《左氏春秋》，著有《十二公时势论》《搴芙山馆课艺》。沁水翰林院编修窦奉家曾赠以诗云：“他日立朝能镇静，薛夫子后独期君。”是说他不仅长于文辞，而且有干济之才，为薛鸣皋的后继。光绪六年（1880），李桢任陵川知县，延请县内博雅君子编修县志，草创奠基皆出武培德之手，可惜尚未竣事，患疾而卒。

陵川郝氏：儒经继世

郝氏始祖郝仪自太原迁潞州，郝祚又自潞州迁陵川。郝祚之子郝善，郝善之子郝从义，郝从义之子郝璋。郝璋有子七人，长子郝昺，季子郝震，郝震即东轩老人，郝氏家族以研学儒经、身体力行为立家之根本，自东轩老人郝震始。郝昺以嫡长子的身份管理家事，其子郝源又嫡长子的身份管理家事，周详而有法度。郝昺之次子郝天挺为一代儒学名师（见第一章），其孙即元代名臣、国信大使郝经（见第三章）。

东轩老人郝震

郝震，字子阳，郝祚之子，自号东轩老人。读书务求致知而践履实行，不迎合人情世俗，不以悦耳动听的话获取声誉，而是分析天理人欲之辨，以儒经的主要宗旨传授学者，不专以训诂字句、解释文义为重。兄弟七人，诸兄商议分割家产，各自分居，郝震闻知，涕泣三日，不思饮食，说："诸兄得欲而生，我将服义而死。"诸兄恐惧，打消了分家的想法，合家聚庐同食。终年四十九岁。

总理家事的郝源

郝源，字清卿，郝昺之子。郝氏全族长幼百余口人，郝源总理家事。于是召集族人，说："衣食充足，要懂得廉耻；仓库盈实，要知道礼节。作为士了，忘记道义，丧失操守，甚至败坏名节，多是被饥寒所逼，所以孟子把农桑作为王道仁政的根本。我既然总理家事，就得要求诸位宗亲子弟，使经营生计和读书求学二者同时并进。这样才能仰事父母、俯育子女，以至于实现立身行道的目标。如果进取获得成就，就各自发展其家，即使退而失利，也有所归宿，不至于穷困潦倒而无法生活，这样才能算一个优良的士大夫。虽然少有大志，但家人不从事生产，即使取得过人的成就，载入书传史册，也不是教育子弟的良好办法。"于是郝源根据子弟的才器不同作出安排，有的耕田，有的养蚕，有的求学。

郝源每日黎明即起，倚杖站立于庭院之中，诸房中子弟、媳妇皆梳洗穿戴整齐，依次到长辈房中请安，退而各从事自己的事业，有条不紊。郝源便在庭院监督，有迟延缓慢的，教训责备；有废弃礼节的，则呵斥鞭打。平时记录族人表现，等到再次会议，饮酒醉的、衣冠不整的、对师长不敬的、懒于学习的、挑拨离间的、喧哗吵闹的，都进行责罚。逢年过节，则全族老少宴集于棣华堂，上下肃然，其乐融融。

郝源有二子，长子郝舆，次子郝犛。郝舆博学能文，死于兵乱。

隐居儒士郝天佑

郝天佑，字贤卿，东轩老人郝震之子。当初读书学习时，即不愿作科举应试的文章。金大安末年，蒙古军队攻金，知有大变，更加遁志沉默。贞祐初，隐居河南鲁山。寄托情趣于书法，曾说："当以篆意为本。大字虽大而小，小字虽小而大。正书须有草意，草书须有正笔。"元好问等欲荐于朝，皆避去。壬辰（1232）死于兵乱，年四十九岁。子思直，亦死于兵乱。郝天祺，郝天佑之弟。治儒经，笃学而不仕。

静直处士郝思温

郝思温，郝天挺之子。秉性刚正孤洁，不流于俗。年二十，随父下太行，往来于卫地淇水之间。

贞祐二年（1214），由于蒙古的威胁，金宣宗南迁汴梁，郝氏族人皆南行。郝天挺身患重病，对郝思温说："郝氏世代皆以儒学为业，自吾叔父东轩老人始。把我安葬在叔父墓侧，让我在地下侍奉叔父。"

郝天挺逝世一周年，郝思温准备归葬陵川，长辈认为黄河以北地区兵乱危险，不许归葬。郝思温便于夜间开启棺材，背着父亲的尸骸悄悄离去。渡过黄河，到达长垣县，遇到强盗，郝思温的钱财被抢掠一空。郝思温无奈，只好与妻子许氏徒步而行。登上太行，又遇强盗，欲行抢劫。郝思温正患眼疾，盲不见物，许氏独站立不动。强盗说："你是何人？独不离去，看守的是何宝物？"许氏说："我陵川许氏，这是家翁的尸骸，准备归葬，不过是死而已，能够离去吗？"强盗为其孝心感动，赠银数两离去。当时正值隆冬，大雪茫茫，郝思温在风雪中前行，无法分辨道路，由许氏扶掖着前进。行至半途，天已入夜，直至黎明方出山。又行一日，方至陵川，终于完成了父亲的遗愿。

金元光间，郝思温又渡黄河，携子郝经北上保定，教授生徒十余年，丙辰（1256）夏得风疾，三年而后卒。临终之时，整理衣冠，勉强坐起，快速地说："发志气！"

郝思温平时教导人，必以朱子的《小学》为根基。他说："人之始生，其淳未离，其朴未散，其见解未出，其物欲未杂，先入为主，终身由之而不能去。"又说："能坚忍，决若长河而不回，屹若泰山而移，然后为大丈夫。"晚年尤深研性理之学，亲手抄写张子《西铭》给儿子郝经，说："这是进入品德的关键，掌握道理的阶梯。"门人荀宗道说："先生不苟且于利禄仕进，虽困穷而仍然不屈服，临终之时还以志气为言，这不是非常特出吗！"

郝思温未曾出仕，可称处士，门人私谥曰静直。郝经，郝思温长子。郝彝，郝思温次子。经明行修，学而不仕。

颍州知州郝庸

郝庸，郝思温三子。官颍州知州。郝经使宋之第二年，请求以使者的身份向宋朝问罪，元朝同意派遣他去，至宋朝边境，宋朝不接纳。第十年，又请求，元朝未准。第十一年仍请求，元朝又派遣他去，到达建康（今南京市）而返，所遇艰险，危及生命十数次。他的老师大儒刘因说："事情虽未成功，也可称作有所作为。"

二、高平世家

高平李氏：唐裔重光

高平李氏，为唐顺宗第十六子福王李绾之后裔。宋代有李大节，长于《春秋》《毛诗》，尤其精通天文地理之学，志趣崇尚高洁，耻于为一切取巧虚伪不实之事。里人公认他为德高望重之人。李大节之孙李异，向大愚和尚学习音韵学，著有《切韵门庭》。长子李林，宋崇宁二年(1103）进士，官莱州文学；次子李森，宋崇宁二年进士，与兄李林同榜。李曼，李森长子，金天德三年（1151）进士，官隰州军士判官。李晏，李森次子，皇统六年(1146）进士，官沁南军节度使、昭义军节度使(见第三章)。李仲立，李曼之子，金明昌二年（1191）进士，官河东盐铁判官。李仲略，李晏之子，金大定十九年（1179）进士，官山东西路按察使（见第五章)。

莱州文学李森

李森，李异次子，字彦实。年十八，中泽州解元，补莱州文学。

金天会年间，出现大饥荒，一斗米值一千文钱，道路上都是饿死的人。李森出粮食一千斛，赈济饥民，救活的人很多。有人说：“这么多粮食，可以换钱数千贯。”李森笑着说：“救活数千人，还不如换数千贯钱吗?”李森在路上遇到两个人，病得快要死亡，扶至家中，治好病然后送走。当时有强盗到来，李森和他们的头领说：“你们只可取财物，千万不要杀人。”强盗皆拜谢而去。

李森工于诗，曾有诗云：“少年日日醉花边，短白长红一一怜。自笑老来心尚在，恶风常废五更眠。”又赋梅花诗云：“冰骨有香魂乍返，玉颜无晕酒全消。”人多传诵之。

隰州军事判官李曼

李曼，李森长子，善诗能文，金天德三年进士。任隰州军事判官，为政崇尚平和简易，号称奉公守法。长子李伯畴，高才能文，善于骑马射箭。次子李中立，金明昌二年进士。为镇平（今属河南省)、化平（治所在今宁夏泾源县西北)、秀容（治所在今山西忻州西北）三县知县，考核政绩第一。官至河东盐铁判官。

山东西路按察使李仲略

李仲略，李晏之子，字简之。金大定十九年（1179）词赋科进士，由五台县主簿转韩州军事判官，升任泽州晋城令，补尚书省令史。授翰林修撰，兼任太常博士。改授左司都事。一日，奏事退下，皇上望着侍臣说："李仲略精神明敏康健，有如鹞鹰升空。"又说："李仲略是位强健官吏。"因父亲患病，特授泽州刺史以便奉养。后为户部郎中。

皇上命官员轮对，李仲略进言说："大凡救其末，不如正其本。所谓本是指淳厚风俗、废除冗食、积累财用而已。使风俗淳厚在于订立制度，禁止奢侈僭越；废除冗食在于表彰努力农作之人，抑制游手好闲之徒；积累财用在于增广储蓄，按时聚散。商人不贩运奇特之物，工匠不做不实用之器，在下之人就知道重本。"授翰林直学士，又命充考试经义科读卷官。皇上问道："有关衙门认为经义不如词赋，废除经义如何？"仲略奏告大意说："经是圣人之书，讲明经书是为了适用，词赋是不可以与经义比拟的。请求从今以后以经义进士为考试官，才可以发现博学的士人。"皇上皆赞赏采纳。改任吏部郎中，迁侍郎，兼翼王的师傅，不久又兼宛王的师傅。谥襄献。

北庄郭氏：一门显耀

高平北庄郭氏本为唐代汾阳郭子仪之后，始祖郭恩，字德光，宋代自太原徙居高平。第六世郭钦（1386—1460），字启恭，颖异好学，博通经史。自立义学，教授乡里子弟。生五子，三子郭文，四子郭质，相继中举，然后人文蔚起，一门显耀，祖孙媲美，叔侄同登，兄弟联科，明清两代，共有郭定、郭鋆、郭鎜、郭鉴、郭东、郭嗣焕六进士和郭质、郭文、郭宗、郭骞、郭淳、郭拱宸、郭坤、郭增、郭拱枢、郭长、郭銮、郭士基十二举人。郭氏家门楹联有"九朝天宠，十世人文"之语。

兄弟二举人郭文、郭质

郭文，字显章，号颐庵。明正统十二年（1447）丁卯科解元。任湖广道监察御史。天顺丁丑（1457）巡按畿内。

郭质，字彦彬。明正统九年（1444）甲子科举人。任永寿、定兴知县，有廉能的名声，宪宗皇帝表彰为清官。升光州知州，清廉操守更加坚定。定均赋为上中下三个等级，各郡遵为定式。卒于官，百姓痛切，如失考妣，立碑歌颂其德政，入祀名宦祠。郭文、郭质为郭氏的第七世。

第八世一进士四举人

郭宗，字继先，号云林山人，郭钦之侄孙。明景泰八年（1457）丙子科举人。授原武（治所在今河南省原阳县境）知县。

郭骞，字惟贤，郭文之子。明成化十五年（1479）庚子科举人。任真定府深州知州，历南阳府同知、扬州府同知、杭州府同知。

郭定，字静之，号铁松居士，郭质之子。明天顺六年（1462）壬午科举人，成化十一年(1475）乙未科进士。历知邳、郑、通三州。颖异好学，工于诗文翰墨，朝中执政大臣称赞其文才干才皆优。

郭拱宸，字敬之，郭质之子，郭定之弟。明弘治二年（1489）己酉科举人。任广平府鸡泽县（今属河北省）教谕。

郭拱枢，字惟中，郭宜之子。明正德八年（1513）癸酉科举人。任澄县知县。

能吏郭城与第九世四举人

郭城，郭定之子。捐钱得安州判官，暂代理知州。正好遇到大灾荒，他招集外出逃难的流民，减免一半税额，考核政绩时获得上上。此时刘七起事，攻破城池，郭城组织义勇抵抗，境内得以安宁。新城退休主簿刘廷芝，素受知府蒋某打击，正好有仇家以人命事诬诌，蒋知府欲判其死罪。经郭城审讯，得知真相，推翻原判。又派他人重新审理，仍然与郭城的结论相同。蒋知府恼羞成怒，于是构陷打击郭城，郭城即辞职归里。

郭淳，字时雍，郭坚之子，郭宗族侄。明成化十九年（1483）癸卯科举人。历任东安、南阳知县，升葭州知州、西安府同知，清廉谨慎，处事不苟。后以边事死难。

郭坤，字崇载，号复庵，郭定之子。明弘治二年（1489）己酉科举人。任陕西蓝田知县、直隶霸州知州。

郭增，字崇进，号天明，郭定之次子，郭坤之弟。明弘治十四年（1501）辛酉科举人。官济南府通判。

郭长，字孟长，郭质之孙，郭拱宸之子。明嘉靖七年（1528）戊子科举人。官陕西金州知州。

工部左侍郎郭鋆

郭鋆，字允重，号一泉，郭定之孙，郭坤之子。明正德十四年（1519）己卯科举人，嘉靖十一年（1532）壬辰科进士。授行人司行人。嘉靖十四年（1535），选工科给事中，历礼科、刑科左右给事中。嘉靖十八年（1539），任户科都给事中。工部尚书不称职，郭鋆抗疏弹劾，尚书落职，官员望而生畏。曾说："作为言官，贵在能识大体，弹劾官吏违法失职，应先其紧要之事。如果放纵自己的心意，琐碎列举细枝末节之事，变更扰乱现成的法度，以此而博取清高之名，这样的事我是不会做的。"嘉靖二十一年（1542），升为太常寺少卿，提督四夷馆，捐俸禄修缮馆舍，竖立题名碑。己酉（1549），升南京光禄寺卿，不久转顺天府尹。当时俺答入侵，宣府和京城都已戒严，郭鋆下令坚壁清野，小心防御，京城得以保全。庚戌（1550），任南京大理寺卿。嘉靖三十一年（1552），升工部右侍郎，总理卢沟桥、元雷殿、宝源局诸大工程。以三品考绩第一。嘉靖三十三年（1554），转工部左侍郎，督修京师外城。工竣，加食尚书俸禄。嘉靖三十五年（1556）致仕，协助知县傅思明续修《高平县志》。嘉靖四十二年（1563）卒。

郭鋆为文古雅简练，人以为得左氏之体，著有《一泉文集》。

河南按察司副使郭鉴

郭鉴，字允明，号丹泉，郭定之孙，郭坤次子，郭鋆胞弟。明嘉靖十三年（1534）甲午科举人，嘉靖十四年（1535）乙未科进士。授刑部主事，历官户部员外郎中，顺德、永平知府，河南按察司副使。公正廉明，从不徇私枉法。著作多佚。年四十五岁卒。

国子监祭酒郭鎜

郭鎜，字允新，号南泉，郭定之孙，郭城之子。明嘉靖十年（1531）辛卯科举人，嘉靖十四年乙未科进士，选庶吉士。嘉靖二十年（1541）为会试同考官，寻为检讨，升翰林院修撰，参修《大明会典》。嘉靖三十一年（1552），主持应天乡试，被称赞选取了人才。甲寅（1554），升司经局洗马。丙辰（1556），升国子监祭酒。正身以为榜样，谨慎以守章程，经术以为根本，作为教学的宗旨。六馆的士子多景仰崇拜而乐于相从。主持纂修《皇明太学志》十二卷。丁巳（1557），升南京工部右侍郎，次年卒于任。

郭鎜精通《春秋》，为人清平简重，内心修养深厚，约束自身严格，待人接物宽恕，不轻易褒贬人物，能够担当艰难重大之事，无所顾虑。诗文有章法，自成一家。著有《翰林诗稿》《国学文集》等。

郭鎜之胞兄郭鎣，字允和，号东泉，嘉靖十年辛卯科举人。历任武定州、宁州知州，升沈王府长史。

南京太常寺卿郭东

郭东，字仁府，号春吾，举人郭宗之曾孙，随父郭绍芳迁居邑东建宁。其父郭绍芳穷困失意，但极重义气。一日出行，看到一头驴在田里吃庄稼，便到田中控驴。驴身驮有物，揣摩其物应为银两。天将暮，不见人来，于是到前面寻找，见一人醉卧道旁，详细察看，唤醒询问。原来此人名叫李五，为官家解送银子五百余两。郭绍芳即将驴和货物交付于李五。李五感激，愿以银百两酬谢，郭绍芳固辞不受。郭绍芳归来后告诉妻子，妻子说："君能如此存心，救助他人，吾家或许可以兴盛了。"郭东为明嘉靖二十五年（1546）丙午科举人，嘉靖三十五年（1556）丙辰科进士。时已四十九岁。授浙江嘉兴县知县，民为之立去思碑。嘉靖四十二年

（1563），任河南嵩县知县。次年升南京刑部主事。隆庆元年（1567），迎养父母到任所，父亲不愿去，母亲仅住三月而归。郭东即以亲老上疏请终养，未几父卒，至万历九年（1581）母卒，服阕后又补官为兵部主事，其间居家十八年。后升尚宝司丞，万历十六年（1588）任顺天府尹，升为南京太仆寺卿，转太常寺卿。年过七十致仕。

郭东善事二亲，好读书，为人恭敬谨慎，淡泊名利。居于建宁镇，有洨阳池，在中建高楼，四面环水，林木蓊郁，时登览吟啸，自得其乐。又于镇北数里建否阳书院，招集四方文士，讲学其中，号曰石堂会。年八十岁卒。郭东为文章典雅醇正，著有《鸣春集》《萌春集》《长春集》《类博录》。

郭东之子郭嗣焕，字叔奕，号宪吾。明万历十年（1582）壬午科举人，万历二十年（1592）壬辰科进士。历任蒲城、东明知县，官至苏州府同知。

抗捐斗争领袖郭士基

郭士基（1836—1902），字子卿，郭氏十九世裔孙。清同治三年（1864）甲子科举人。郭士基出任广灵县训导，吏部拣选知县。因不满清政府的腐朽统治，指责朝政，被革职遣回乡里。

光绪二十七年（1901），高平知县高凌霄在筹办“教案”赔款时，把绅商应交的捐税摊派在老百姓身上，百姓怨声载道。郭士基同牛文霄、李东海领导高平民众进行抗捐斗争，声势浩大，震惊山西。巡抚岑春煊急忙派兵镇压。因人告发，郭士基被捕，送潞安府监狱。在审讯中，郭士基义正词严。光绪二十八年（1902），郭士基在潞安府被杀，就义前写下一副对联：“什么天主教，敢称天父天母，背天理、灭天伦，把光天化日造成黑暗乾坤，终必被天诛天讨，天才有眼；那些地方官，都是地龟地鳖，剥地皮、掘地财，将圣地名区变为阴霾地狱，还要加地丁地税，地已无皮。”表现了他反帝反封建视死如归的铮铮铁骨。

三、泽州世家

泽州孟氏：忠节交辉

泽州孟氏聚居于泽州大阳镇，有明一代共有孟春、孟阳（见第五章）、孟颜、孟霦、孟雷、孟兆祥、孟章明七位进士，其中孟春、孟阳、孟颜为祖孙三代；孟霦、孟雷为兄弟；孟兆祥、孟章明为父子（见第五章），亦大阳孟氏，占籍交河（今属河北省沧州市）。七位进士，三位死节，孟阳死谏，孟兆祥、孟章明父子同日殉国。

明吏部侍郎孟春

孟春，字时元，明泽州东大阳人。弘治八年（1495）乙卯科举人，弘治九年（1496）丙辰科进士。初授刑部属官，以清廉勤慎著称。出为严州（治所在今杭州市境内）知州，有“清官第一”的美誉。升太仆寺卿，力拒阉宦及守珰勒贿。巡抚宣镇（治所在今张家口市），恩威并用，得到很好的治理效果。当时于经、钱宁、江彬等阉党的势力十分嚣张，派人来勒索粮价达数万缗之多，孟春坚持不与。大太监张永到边镇巡视，路过宣镇，群僚都匍匐于地跪迎，孟春则立而不跪，仅拱手长揖。因此受到一群势利小人忌恨，终被中伤而落职。

嘉靖初年，孟春被举荐，巡抚顺天。当时遭遇大旱，孟春借助天灾，向皇帝上奏，请允许申辩鸣冤，并乞斩贪污官吏和依附宁王朱宸濠叛乱的逆党，以此上应天心、下顺人意。他还筹划部署，设立预备仓，得粮二十万石，赈济百姓。于是皇帝下诏嘉奖，晋升吏部侍郎。他又向皇帝上疏，言大同为边陲要地，情况复杂，无大臣控制局面。因此，请求在宣化、大同及陕西三边添设总制大臣各一员。皇帝采纳了他的意见。孟春以吏部侍郎辅佐尚书管理吏部，嘉靖皇帝非常满意，认为孟春笃诚可嘉，赐“行不自欺”四字。不久，孟春又因为直言触怒宰相，与颜颐寿、马录等同时被削籍。

孟春病情危急之时，嘱咐后人以平民的服饰青袍、角带殓葬。死后，赠工部尚书。

陕西按察佥事孟雷

孟雷，字石盟，泽州人。明嘉靖四年（1525）乙酉科举人，嘉靖八年（1529）己丑科进士。官县令，处事和平宽仁，不为机谋算计之行，与民休息，境内安定太平。累仕至陕西按察佥事。生平之诗文、书法、篆隶，尤为时人所尊崇。著有《修趾》等数卷。

陕西督粮道孟霦

孟霦，字泉坡，孟瀚之子，泽州人。明嘉靖四年乙酉科举人，嘉靖八年己丑科进士。官南阳同知，后任陕西督粮道，聪明机敏，清廉耿介，刚柔兼济，督办有方。每有军队出征，粮饷供给充裕，兵民互相不相扰，官体庄严肃穆。退衙之后，优游于文辞翰墨之间，潇洒悠闲如同局外之人。其真、草书，皆为人所宝重。著有《诗纪集》。

四川布政司参议孟颜

孟颜，字学颜，号怀溪，孟春之孙，孟阳之子。嘉靖十六年（1537）丁酉科举人，嘉靖十七年（1538）戊戌科进士。授官常熟知县，以仁爱为政，做了很多惠泽于民的实事。内调为工部主事，升陕西按察使司佥事，分守关西道，累仕至四川布政参议。以母亲年老，路途遥远，不能迎养，于是辞去官职，瞻仰依恋于膝下，爱戴孝敬终生。所作诗，不拘格律，抒发胸中之真性情；写古文崇尚气势，下笔每千万言。有论文者认为其文结构安排处多，缺少章法。著《孟亭恒隐集》数卷。

大阳裴氏：五世簪缨

泽州裴氏，居泽州大阳，有裴椿为明成化年岁贡，官清丰县丞。裴椿之子裴黼、裴爵，裴爵为弘治十一年（1498）戊午科举人，官丰县、临漳、吴桥知县。裴黼之子裴骞，正德十六年（1521）辛巳科进士，官山东按察副使。裴爵之子裴宇、裴宷，裴宇，明嘉靖二十年（1541）辛丑科进士，官南京礼部尚书；裴宷，明嘉靖十六年（1537）丁酉科举人，官南阳府同知。裴宇之子裴本立，明嘉靖四十一年（1562）武进士，官河南河北道守备。裴本立之子裴述祖，荫生，官平凉知府。裴氏共出进士二人，武进士一人，举人二人。

清丰县丞裴椿

裴椿，裴宇之祖。少时丧父，事奉母亲特别孝顺。母亲去世，庐墓守孝三年。因母亲嗜好食用茄子，即种茄子于墓侧，茄子生出连理枝。明成化年间岁贡，官清丰（隶属河南）县丞。在任平灭强盗，修筑河堤，轻徭薄赋，重教兴学，入祀清丰名宦祠。辞官家居，修建宗祠，乡人以为榜样。

丰县知县裴爵

裴爵，裴宇之父。明弘治十一年（1498）戊午科举人。授丰县（隶属江苏）知县。丰县旧有土城，周九里，裴爵环城筑堤，以防水患。丰县儒学于宣德后历任知县相继修葺，旋因水圮，裴爵于正德十五年（1520）复建。闻父亲讣，星夜奔丧，表墓立祠，晨夕哭奠。服除之后，补临漳（隶属河北）知县。迎养母亲于官署。母亲殁后，哭奠如父礼。补任吴桥（隶属河北）知县。年老乞归，置祭田，建社学，修家规，里人称颂其厚德。因裴宇赠资政大夫、南京礼部尚书，死后朝廷谕祭。

山东按察副使裴骞

裴骞，明正德十一年（1516）丙子科举人，正德十六年（1521）辛巳科进士。嘉靖十七年（1538），任卫辉知府，历官至通政使司参议、蓟州兵备道、山东按察副使。裴骞学博才敏，著有《滁阳集》《蓟门集》。

南京礼部尚书裴宇

裴宇，字子大，泽州人。明嘉靖十三年（1534）甲午科举人，嘉靖二十年（1541）辛丑科进士，选翰林院庶吉士。嘉靖四十年（1561），以司经局洗马主顺天乡试。四十一年（1562），升南京国子监祭酒。四十二年（1563），升南京礼部右侍郎。隆庆元年（1567），转南京吏部右侍郎，旋升工部尚书。奉命清查利用洲田冒险投机取利的积弊，豪强大户俯首贴耳。隆庆二年（1568），任南京礼部尚书，三年（1569）丁忧。在此之前，南京振武营兵变，残杀朝廷重臣，骄纵不可制约。裴宇署理兵部尚书，传来兵变主谋者，谕以祸福，立刻折服了他。然后将他的军队分开，隶属于神策军三大营，使各不相顾，不能联合。一场兵变，旬日平息。裴宇在南京部院任职二十余年，淡泊名利，退让自安。明世宗崇尚道家之术，大臣们为了讨得皇帝喜欢，往往用道士的名义撰写上奏天庭的青词为能，而裴宇不以为意。裴宇多著述，隆庆年间纂修《泽州志》，有《内山集》，张养蒙以师事之。

南阳府同知裴寀

裴寀，嘉靖十六年（1537）丁酉科举人。官南阳府（今河南南阳市）同知，熟练通达，有治绩，筑堤坝，防河水，擒拿矿盗。离任时百姓为立去思碑。

四、沁水世家

窦庄张氏：士林华族

张氏先世为阳城人，元朝末年迁居沁水之窦庄。明以来为士林华族，实冠冀南，他族姓鲜可为比。自张五典由进士入仕，以下金字辈有进士张铨（见第三章）、张鋡，举人张鈴、张鋡；水字辈有进士张道湜、举人张道濂；木字辈有举人张德棠、张德臬、张德集；火字辈有进士张传焲，土字辈有进士张心至；诗字辈有举人张诗铭、张诗颂。七世共有六人中进士，八人中举人。

张五典之祖父张谦光、父张官皆为县学生员。张官妻、张五典之母霍氏，封一品夫人。她以正道教育后人，虽为慈母，足以代替严父。张五典以下数世显赫荣耀，实由其教育的恩泽所致。

明南京大理寺卿张五典

张五典（1555—1626），字和衷，号海虹。明万历七年（1579）己卯科举人，二十年（1592）壬辰科进士。

初授行人，升户部江西司主事。万历二十九年（1601）差管天津仓，三十年（1602）升员外郎，次年升郎中。这一年考察京官，执掌朝政的宰相沈一贯等人，凭借皇帝圣旨留用已经被罢免的官员。张五典上书极论其事，甚至用历史上的奸相卢杞、李林甫、秦桧、贾似道等作比。执政者衔恨极深，百般设计中伤，但终未得逞。

万历三十三年（1605），迁山东布政司参议，分巡济南道。万历四十年（1612），迁河南按察司副使兼参议，分守河南道。大盗张西岗聚集亡命之徒数百人，在南阳、裕州交界处作乱。张五典制定方案，发文各州县，将大盗一举擒灭。真阳县小吏潘大贤与其党羽，利用妖书迷惑数千人，欲进攻真阳县城。张五典获得情报，秘密派人捉拿首犯，将其余众人全部遣散。桐柏县有矿山，获利甚丰厚，嵩县的矿徒盘据于此，经常到周围的州县抢掠，州守县令都无法制服。张五典向乡民了解了情况，说："这事容易办。"然后出牌示三个，第一牌示说："有入山卖给强盗饮食者斩！"第二牌示说："一旦有强盗自此经过，立即为其准备饮食。"没有人再给强盗送饮食，强盗只好下山抢掠，看到给准备的饮食，说："你们怎么知道我来，准备了饮食款待我？"乡人即拿出第三牌示，上面写着令他们改邪归正，回归乡里，保护自己家室等言语。强盗看了，个个感动涕泣而去。

万历四十三年（1615），迁山东布政司参政。当时山东遭遇大灾荒，饥民聚众起事者很多。州县官皆要请兵清剿，张五典说："此是饥民闹事，并不是真正造反的人，逼急了他们聚众暴动，和缓地安抚，就自动解散了。”当时辽东的粮食价格甚低，但海禁严，不能在海上运输。张五典想解除海禁，守卫青州、登州的官员不敢主事。恰好安邱县的饥民暴动，攻破安邱县城，劫掠仓库，焚烧监狱，嘉庆皇帝震怒，山东布政使被革职。张五典暂时代理布政使，他便果断决定解除海禁，辽东的粮食大量运到山东，月余之后，饥民生活改善，全活的百姓至数百万之多，暴动皆自动平息了。

张五典性格严肃稳重，不结党。万历末年，官场门户倾轧不止，张五典始终保持中立，但见到不合道义之事，是非态度立即表现出来。为官三十余年，未曾曲意阿附权贵，所以终未得美官。举人徐光启出自张五典门下，海内称为得到了人才。大学士张位遣人向张五典表示，愿意将张五典收入门下，张五典始终不去拜见。在山东时救荒有功，吏部认为应当优叙，屡向人说："张大参功劳第一，应当升为京官。"意思要张五典去请求，张五典听而不闻，事情因此作罢。山东莒州的知州不称职，在考绩时张五典给他的评语为"不谨"，抚按想将其评为优等，让张五典改写评语，张五典坚持不改。这一年抚按举荐政绩卓异者六人，其中无张五典。吏部尚书赵南星说："张大参不举荐为卓异，这世上难道还有公道吗？"张五典任大仆寺少卿时，声望很高，正好推举陕西巡抚，考核政绩没有超过张五典的，但终究未被任命。

万历四十六年（1618），张五典迁河南按察使兼参议，历山东布政使、太仆寺少卿、南京大理寺正卿。天启三年（1623）致仕，皇帝下诏，加兵部尚书衔，如追赠张铨之官。天启六年（1626）卒，赠太子太保。

霍氏与夫人城

霍氏，张铨之妻，东曲村霍三元之女。颖悟端庄，五岁即能识字，七岁学女红，十七岁出嫁。当时张五典刚做官，张铨方以诸生攻读举业。张铨任御史，霍氏相从于官舍，粗食布衣，不改常态。张铨遇到疑难案件，常与霍氏探讨，霍氏发表议论，多有纠正平反。张铨叹曰：“夫人才，须眉男子弗若也。”

张铨之弟张铃早逝，霍氏遂以己子道济为嗣子交弟媳。堂弟夫妇早逝，遗一女才七岁，霍氏抚养孤女如同自己亲生。等到孤女出嫁时，所陪送嫁妆与自己亲生女无丝毫不同。

张铨在辽东殉职，讣告传来，霍氏涕泣，数日不饮食，发誓以身殉。后来想，死是非常容易的事，但堂上公婆皆以年迈，何况膝下几个孤儿皆未成人，抚孤养老之事与死相比实为艰难。自己避去艰难，选择容易，有何面目见丈夫于地下？于是她振奋精神，筹划家事，筑室治田，多所兴办。抚养诸子，爱而能劳，督促治学，不稍宽贷。

天启年间，张五典推测海内将发生战乱，将自己居住的窦庄筑成堡垒，非常坚固。明崇祯六年（1633），陕西农民军大肆剽掠，张五典已经过世，诸子皆在外，只有张铨的妻子霍氏在，大家都准备出去避难。霍氏紧急召集亲族，说：“先人修筑此堡，是欲何为？一遇到乌合之众，竟然不能守护，就这样轻易出逃他乡吗？出去避贼，家业保不住，是谓不智。出去遇到贼，生命更保不住，是谓无勇。同样是死，何不死在家里？”众人皆感动发愤，愿意死守。于是她亲自率领亲族童仆坚守。农民军围攻了四昼夜，不能攻下，只好撤走，躲避农民军的乡亲们多赖此堡垒而免受灾难。冀南兵备副使王肇生把这个城堡命名为“夫人城”。不久，沁水城被农民军攻破，难民载道。霍氏开仓发放粮食，又收养颠沛流离之人，等到战乱平息之后，才资助他们回到家中。

霍氏因张铨殉国封夫人，又以长子张道浚官晋封一品太夫人，入清之后又以少子张道澄官封太恭人，于是哭着和诸子说：“我茹苦含辛四十余年，以至于有今日。屡次享受殊荣，心中总觉惭愧。唯愿你等更加清廉勤政，恭敬谨慎供职，不负皇恩，你父得知也可以含笑九泉了。”诸子宦途所至，迎养霍氏，霍氏皆以体念国家、关心百姓的话谆谆告诫。少子张道澄要到广西赴任，因霍氏年已九旬，迟迟不愿离开。霍氏催促他说："我虽年老，尚且食欲好、饭量大。为国尽忠即是为亲尽孝，岂可因为边远之地而迟迟不赴，以伤我老人之心吗？"夜晚，霍氏偶得梦。早晨，告别子孙说："我将往矣！"然后沐浴衣冠，晏然而逝，享年九十二岁。

明秀才张鈐

张鈐，字宇奇，别字见虚，张五典第三子。兄弟几人皆读书，互相争胜。张鈐为秀才，有文名。张五典说："咱们家本来就贫困，自从我成为官吏，家业更加衰落。你们弟兄几人从事文墨，都不治理生计。现在家中人口众多，又频繁遭到兵乱饥荒，我非常担忧。能够寄托百口之家的衣食负担，以我观察，没有人比张鈐更为合适。"张鈐说："我谨遵父亲的命令。"张鈐从京城国子监学成归来，即开始管理家事，内外大小事务皆办得有条不紊，张五典无不满意，高兴地说："我本来就说张鈐能干，张鈐果然能够管理好家事。"

张五典的次子张铪为举人，早逝，其妻刘氏有一子也死去，张五典就命长子张铨的儿子张道济过继张铪为子。后来张道济已成人，张鈐怕刘氏孤单，就将自己的幼子张道湜送给刘氏，以安慰寡嫂之心。十五年后，不幸张鈐的长子去逝，刘氏让张道湜回归，张鈐不得已，嘱咐张道湜，不要辜负刘氏的养育之恩，张道湜始终事奉刘氏如同生母。

张五典辞官之时，长子张铨已经殉难，张鍂年十六岁，张鎗、张铦才五六岁，三人都是张鈐的异母弟。张鈐推饮食、解衣服，教养三十年，张鍂中进士，张鎗中举人，张铦为贡士，皆有树立，闻名于时。张鈐才坦然地说："我的事情做完了。"

张鈐的儿子张道湜考中进士，选入翰林，做了官，父以子贵，但张鈐更加退让谦和，自奉俭朴，粗茶淡饭，而年高德劭，望重乡里，人称为张太公。有一次，张鈐草帽布袍路过市区，一个人身负重物而力量不够，斜视着张鈐高喊："老人家，快来助我一臂之力！"张鈐连忙喊旁边的人共同来帮他。有人说："此乃是张太公！"负重者恐惧，赶忙认错，请求原谅，张鉁笑着让他离去。

明永州司理张鋡

张鋡（1561—1609），字念兹，别字见本，张五典第五子。十六岁考中秀才，享受膳食补贴。虽出身富贵之家，而无纨绔习气。古代典籍，无不阅览，写文章千言立就。万历十四年丙戌（1586），年二十六，中乡试亚魁。然后七次参加进士考试，皆未考中。万历三十年（1602）赴吏部应选，得官永州司理。

永州民风强悍，难以管理。张鋡明察决断，清廉公正，不阿谀豪门贵族，不勾结胥吏衙役，谨言慎行，当时有"吏行冰上"的歌谣。当时规定，司理分管办理朝廷下发的文书，诉讼繁多，案件堆积如山。张鋡听事断案敏捷神速，各种作奸舞弊全部断绝，一时昭雪冤狱、全活无辜之人甚众。万历三十一年（1603）湖南乡试，张鋡为房官，校阅试卷，选拔多人，尽是知名人士，一时有"桃李满门"之誉。

张鋡自奉极其俭约，衣不重帛，食不兼味。遇下属官吏，务必相待以礼，并以道义互相勉励，不收取礼物。对于自己的直辖上官，也仅以五匹绸缎相赠。下属有进献礼物者，他告诫说："你们这些礼物，是在家中取来的，还是剥削百姓的？这样互相转赠献媚，我怎么能够模仿效法呢？"上官对他的做法很不高兴，但看重他的才华，故隐忍而不发。

张鋡当初到永州赴任，因为路途遥远，单骑上道。到永州上任只一年，思念母亲心切，便迎养母亲到官署中，母子相聚一堂，和乐融泄。每当公事完毕，张鋡退回后衙，其母都要问："有何平反之事？"张鋡就把所办案件向母亲下跪报告，案件断得公正明白，其母便高兴，张鋡也高兴。但是张鋡常常被调出外地审案，一去则淹留数月，每年在官署中的时间只有十分之三。又因为刑事案件，受到各方面牵扯，张鋡一身调和其间，受尽劳苦，心力交瘁。其母担忧，遂患呕吐之症，时间一久，病情加剧。

张鋡正为此事仓皇失措，上官调取他去审案的公文又到了。其母勉强起床，催促他说："我的病本来并无大碍，况且自古尽忠尽孝不能两全，你岂能因为我的原因荒废朝廷之事呢？"张鋡无奈，只得急驰到达湘口（今属武汉市汉南区），将实情禀告上官，星夜驰归，未到达永州，其母已经辞世。张鋡悲痛欲绝，准备扶柩回乡归葬。离开永州，刚过洞庭湖，上官因为他来素来不取悦自己，借莫须有的罪名诬陷他，又扣留他一年有余。案情大白，直到万历三十七年（1609）才回到家乡，初冬时即病故，年仅四十九岁。

张鋡少年时志向不凡，胸怀疏放宽广，性格孤高傲岸。积学日久，温和有礼，谦恭仁厚，颇有儒雅风度。御史王昌胤敬服张鋡名高望重，延请于幕府之中，待之以国士。张鋡品评人物优劣，毫无私情假意。弟张铨早逝，以其兄张鎔之子为嗣，从童年抚养至于成人，其孝友的美德令人称赞。工于诗，著有《漫亭诗稿》，惜已亡佚。

清兵部录功张鎔

张鎔，字缄三，号见闇，张五典之第六子，张铨之幼弟。明崇祯九年（1636）丙子科举人，崇祯十六年（1643）癸未科进士。

初授封邱县令，以耳疾不便繁重，改补顺天府学教授。时逢明清易代，学田被豪强侵占，每月禄米俸薪仅足维持生计。但他耳提面命，教授生徒，所培养的人才多以科举或文学显名。一年之后，升国子监助教，比顺天府学更加清冷，好在他管理国子监的典籍，有幸博览群书。公事之余，著有《史臆》《晋南名贤录》。顺天乡试，张鎔为校阅《春秋》试卷的房官，取中十五人都是饱学之士，成绩最优的戴王纶在次年殿试时榜眼及第，人们皆信服他品鉴文章的能力。

清顺治七年（1650），升兵部职方，且代理郎中的职务。上任才十日，就复核处理积压的事务二百多件，因此被推举升为兵部录功。录功负责记录功绩，张鎔一切秉持公正，兵部堂官的指令涉及私情，张鎔拒不服从，因此与堂官意见相左，发生矛盾。是年三月，两广军官中应当升迁的官员，张鋡根据总督巡抚的文书开列名单，请堂官裁定。堂官认为不实，具本弹劾张鋡。有人建议张鋡低眉折腰，请求堂官回护，张鋡回答说：“我所持者乃公平正义，彼以仇怨对我妄加参劾，公道何在？此官我可以不做，但此膝决不可屈！”于是被罢官。

张鋡回乡后，躬耕教子，淡泊自安。乡里的读书人，有疑义前来请教，张鋡乐于教诲，常常讲解千百言而不知疲倦。遇到花朝月夕，必偕友人笑游山水，观览风景，吟咏酬唱为欢。平时坐卧于一楼，手不释卷，读书为乐，兴之所至，诗文一挥而就。家居五十余年，不迎合世俗，不谄媚官府，贵贱老幼皆钦敬仰慕。乡里之人做事若不合义理，唯恐被张鋡知道，由此可以想见其为人。享年九十三岁，临终之际，尚且向家笑索笔墨，疾书绝句二首而卒。

明都指挥佥事张道濬

张道濬（1595—1645），字深之，一字子玄，张五典之孙，张铨之子，以其父张铨殉国官锦衣指挥佥事。皇帝以其为忠臣之子而倍加重用，升指挥使，再升都督同知，赐蟒服，多次加官至都指挥佥事。但是他误入歧途，同阉党杨维垣等交好，而受王永光的指使，攻击钱龙锡、成基命等人，为公论所不容。不久因为受贿之事犯罪，被贬戍雁门。陕西农民军进入山西阳城、沁水等地后，山西巡抚宋统殷传檄召张道濬来前线谋划军事。他家丁众多，能抵御敌人。

崇祯五年（1632），四月，农民军进犯沁水，宁武守备猛忠战死。张道濬派遣游击张瓒飞马前去增援，才把农民军击退。八月，紫金梁、老回回、八金刚等农民军首领带领三万兵卒包围了窦庄，打算抓捕张道濬而要挟巡抚。张道濬屡次击败敌军，敌人于是想借张道濬寻求招抚。紫金梁求见，脱下甲胄上前说：“我就是王自用，误跟从王佳胤，落到这个地步。”又有一个人长跪致辞道：“我是宜川廪生韩廷宪，被王佳胤抓去，请让我誓死遵奉今天的规约。”张道濬犒劳遣送他们，而又悄悄派使者请韩廷宪吃饭，让他图谋农民军。农民军到了旧县，守约停止不动，韩廷宪天天劝说紫金梁归服朝廷，紫金梁还未决定。官军偷袭他们，农民军大怒，怪罪韩廷宪，于是背弃和约，向河南突袭济源，攻陷了温县。

九月，韩廷宪知道紫金梁不相信自己，想杀了他而归顺朝廷。他同张道濬约定，在沁河边埋伏等待。张道濬派遣部属刘伟辅助他。那天晚上，农民军攻打诸生盖汝璋的楼房，他们在楼下挖地一丈多深，楼也不倒毁。农民军愤怒了，立誓要毁掉它。到鸡鸣时也没有得到机会，韩廷宪知道事情将要泄露，带着刘伟仓皇逃奔。农民军追到河边，伏兵杀出，斩杀了追兵滚山虎等六人，他们都是农民军的重要人物。农民军在沁河边寻找韩廷宪。窦庄东面临河，张道濬悄悄从上游渡过河去，绕到农民军后大肆鼓噪，农民军惊骇逃遁。不久，官军在陵川阻扼农民军，被击溃，张道濬据守九仙台而幸免于难。十二月，韩廷宪得知紫金梁和乱世王之间有隔阂，就派出间谍写信去挑拨他们。乱世王果然怀疑紫金梁有他心，派遣自己的弟弟混世王到张道濬处请求投降。当时宋统殷由于与农民军作战失利被罢官，许鼎臣来代替了他，主张征讨农民军，不同意招抚。张道濬只好找个权变的借口为难他，说：“你把紫金梁的头提来，才能答应你的请求。”混世王怏怏不乐地走了，农民军因而分部打劫各个郡县。

次年三月，官军追踪农民军，从阳城向北运动。张道濬在三缠凹设置伏兵，擒获了农民军首领满天星等人，巡抚许鼎臣上奏张道濬功劳为第一。八月，农民军攻沁水。沁水位于要道上，农民军来去无定时。张道濬倡导乡民修筑了五十四个堡垒自守，农民军来进攻了五次，都被击退，到此时沦陷。张道濬带着三百个家丁飞驰追击敌人，农民军撤退十五里。张道濬收罗散逃士民，抓捕农民军残兵，拿出自家仓库的全部存粮供给他们饮食。副使王肇生上书罗列张道濬的功劳。张道濬原来得罪了社会舆论，想用军功洗除自己先前的罪过，谏官却揭发他擅离行伍虚报战功。巡按御史冯明玠也弹劾说，沁城既然已经失守，就不可以再言战功了，于是皇帝改罚他去戍守海宁卫，崇祯十五年（1642）冬放归田里。崇祯十七年（1644），大顺军兵败西撤，至沁水，将张道濬裹胁至陕西，授为延安守。顺治二年（1645）正月，清军入陕，张道濬被杀，年五十一岁。

清天津副使张道湜

张道湜，字子础，张五典之孙，张鈖之子。清顺治三年（1646）丙戌科举人，顺治六年（1649）己丑科进士。翰林院编修，改湖广守道，调商洛道，在任休息民力，培养士子。摄政潼关，出征云南的军队经过，张道湜调集安排得宜，毫不费力。转天津副使，剖析疑难案件，劝诫轻生百姓，掩埋无主尸骨，仁爱的名声非常显著。镇守主帅在背后诋毁他，他不予计较，并且以善相待。因父母年老，辞官归乡奉养，时年仅四十。平时体恤乡党邻里，周济贫苦百姓，焚烧债券，免除乡民债务。喜欢谈论地方利弊，常向官吏建言，很受乡里尊重。晚年吟咏自适，多著述，有《诗草录存》《挥暑清谈》《史鉴节录》等。

清保德州学正张道濂

张道濂（1656—1743），字静之，别字子廉，张五典之孙，张鋡之子。十七岁时，父张鋡卒，堂兄张道湜怜悯张道濂孤苦，为之尽心料理一切家务。并且告诫说："你只须认真读书，继承先代的书香家风，不要考虑家务生计之事。"于是张道濂得以专心攻读举业，考中秀才，进入县学，每试皆名列榜首，享受廪膳津贴。

康熙十七年（1678）参加乡试，接连两次皆不利。康熙二十六年（1687），张道濂又参加乡试，所作文章深为房考官欣赏，议论可置为乡试解元。但主考官认为不合己意，只同意取为经魁。随后，张道濂参加进士考试，又连续六次未捷。康熙三十九年（1700），张道濂的试卷分在翰林学士窦克勤房中，窦克勤向主考官推荐，以名已满未录取。窦克勤为河南柘城县人，其先出自沁水窦庄窦氏家族。等拆卷以后，得知张道濂也是窦庄人，深以为憾。张道濂高兴地说："能得大儒为知己，是多么幸运的事啊！至于得失，何必要放在心上呢？"

康熙五十年（1711），张道濂以举人任山西保德州学正。他每日尽职尽责，教导鼓励诸生，宣讲学规教条，阐发经书主旨，按月考核成绩，讲论批阅，无间晨夕。康熙五十二年（1713），果有生员阎文光乡试中举，诸生皆诚服张道濂训士有方。因为保德州近黄河，易起风沙，张道濂年近花甲，体衰力薄，难以御寒，故以老病辞官。在任期间，有诗曰："清风每日吹寒署，袖破如何带得来。"可见其清操之一斑。

张道濂归乡，躬耕田园，有余暇则手执一编，经书子史无所不读，论古赋诗，有高超卓越的见识，言简意赅，无枝词蔓语。尤工书法，行草自成一体。生平谦逊寡言，恪守规矩。对于不合道义之事，一点也不给予人，一点也不取于人。虽出身世族之家，布衣蔬食，简朴淡泊，绝不浪费。常曰："福须自惜，奢侈何为？"雍正年间的沁水县令钱元台、何陈宫，两次推举张道濂为乡饮正宾，使之为全县士民的表率典范。

清处士张德渠

张德渠，字季方，别字瓮泉，张道湜之子。生而颖异，十岁为文，即能自出心裁，吐词不俗。十四岁考中秀才，二十岁享受廪膳津贴，三次参加乡试未中。康熙三十五年（1696）乡试考卷甚佳，当时同乡前辈一见其文，都认为张德渠必中第一名，但在发榜时又无名，人多鄙视主考官的才识。后来在落榜的试卷中见到张德渠的文章，才知道是誊录官在抄写试卷时，把考题中的字抄错了，因此张德渠的试卷并未经过主考官的赏鉴。张德渠自此不再进入科场，以贡生终老。

张德渠博闻强记，一日向侄子借读宋代岳珂的《桯史》，次日即还。侄子惊异其敏捷，试以书中一则提问，张德渠即能朗诵，毫无遗漏。张德渠工于古文词赋，尤其长于诗词，中年以后造诣更深，冲口而出，大有杜少陵的风韵。他曾经说："我的诗赋文章皆得自性灵，自己也感觉与众不同。”他喜好山水，在村北面修建别墅，面临沁河筑一庐，额曰“抱瓮”，构一亭，额曰“洋洋”。闲暇之时，与友人和子侄辈在亭中极目远望，饮酒赋诗。每当夕阳西下，辄流连忘返。他与人相交，不设城府，坦诚相见，且能急人之所急。有因婚丧之事为难者，他虽然一时不便，也要想尽一切办法，周全接济他人。可惜年寿不永，仅五十四岁而卒。

清署理布政使张传焥

张传焥，字义昭，号菊磵，张五典玄孙。清雍正十年（1732）壬子科举人（顺天榜），雍正十一年（1733）癸丑科进士。官吏部主事，历员外郎中，分守江南常镇通道。当时京口（今镇江市京口区）兵民混杂相处，崇尚夸耀竞争的风气，张传焥抑制使之平静，清理革除长期形成的弊端，所部治理得秩序安定，风气良好。水利大臣监督疏通通州的河道，通州的知州不熟悉河道走向，误把河水引入支流。恰好当时大麦、小麦即将成熟，农民恐怕河水淹了麦子，但投诉无门，得不到解决，相继罢市。巡抚紧急调张传焥代理太通兵备道的职务，张传焥取道海上，冒着风浪危险，率领僚属勘察度量地势，处置得宜，很快引水入河，百姓方得安定，巡抚因此知道他能干。张传焥代理按察使之职，审理案件明白恰当，无冤狱。张传焥代理布政使之职，下属各地所报水灾情况翔实，奉旨赈济，发放救灾银五百万两，账目明确详细。又想到淮安、扬州两府的百姓十多万人，每天在大水之中，无法得到饮食，于是设法将食物送给他们，救活的人多得难以统计。张传焥素来患风痰之疾，但要到江宁（今南京市）的总督衙门办事，途中旧疾复发，遂卒，年仅四十三岁。

郭壁韩氏：孝友传家

沁水韩氏居于郭壁村。以孝友传家，代有闻人。始祖曰韩能，至五世韩君恩，明嘉靖三十五年(1556）丙辰科进士。六世韩可久，韩君恩之子，明隆庆四年（1570）庚午科举人。七世有韩范，万历十四年（1586）丙戌科进士；韩肫仁，万历四十一年（1613）癸丑科进士。八世韩玙，清顺治六年（1649）己丑科进士；韩张，清顺治十二年（1655）乙未科进士。韩张、韩玙兄弟二人，系韩肫仁犹子。九世韩麒趾，清康熙二十三年(1684)甲子科举人，为韩玙之子。十世韩性善，字直良。康熙三十五年（1696）丙子科举人，康熙四十八年（1709）己丑科进士。任太原府教授。六代共有六进士、二举人。

明温处兵备道韩君恩

韩君恩，字元宠。明嘉靖三十四年（1555）乙卯科举人，嘉靖三十五年（1556）丙辰科进士。

韩君恩孝亲敬兄，纯朴贤明。事奉伯父如事父亲，资助舅父，安葬姨母，不遗余力，宁愿自己忍受困苦。初授庐州府（今合肥市）推官，以清廉平正提升为御史。巡按甘肃，走遍全省乡村，抵御入侵之敌有方略。还京，命巡察兵营，上疏陈说京营虚报冒领军饷之弊，全是掌权宦官所为，虽然招忌，全然不顾。转任温（温州）处（处州）兵备道，以病告归，卒。韩君恩之子韩可久，明隆庆四年（1570）举人。

韩门贤母郭氏

郭氏，韩肫仁之母。通诗书，识大义。韩肫仁之父韩俊早逝，郭氏芳年守节。韩肫仁中进士捷报至，家人皆惊喜，韩母正在督促灌园，神色自若。韩肫仁任职大理寺，退食时，韩母必问平反案情。韩肫仁出为青州（治今山东青州市益都镇）知府，韩母也是如此过问，如政事有不合理者，韩母即拒绝饮食。故韩肫仁居官，所在政声卓异。后来韩母之事上报朝廷，建坊旌表。

明通政司通政韩范

韩范，字思兼，号振西。明万历十三年（1585）乙酉科举人，万历十四年（1586）丙戌科进士。授工部都水司主事，管理南旺泉闸，升营缮司员外郎。当时修建定陵、长公主建府、大石窝、马鞍山、紫石塘等大工程一齐兴举。众太监趁机假公济私、虚报冒账成风。韩范多方裁抑，随机应变，诸事得到办理，节省银十万余两，一时声誉很高。吏部尚书孙丕扬计划把韩范调吏部，因有人故意阻拦而未果。张养蒙为他鸣不平，韩范笑着说：“士何官不可做？只恐辜负了官职，不必要选择官职。”于是力求调补外官，结果提升为兵部武选司郎中。韩范严肃刚毅，凛然不可侵犯，罢黜宦官荫庇的千户所长官鲍拱。因此得罪了宦官，宦官怀恨在心。万历二十三年（1595）冬，兵部考察选用武官，皇帝说武官有副千户，不宜擅自任命四品官职，责备兵部大臣徇私，兵科给事中不纠弹揭发，贬谪韩范等十数人。一时严厉的圣旨频繁下达，举朝震惊畏惧。当时东厂太监张诚失去皇帝的宠信，张诚的家奴锦衣卫副千户霍文炳应该升指挥佥事，兵部大臣此前已经上奏，万历皇帝想寻找事端治言官的罪，遂以此为借口，迁怒两京科道官，一时贬官三十余人。

韩范被贬为陕西金县典史，即日出都，诸权奸沿途监视，竟未发现韩范的把柄。万历三十二年（1604），韩范父亲去世，因贫困几乎不能办丧事，得金县同官资助，才勉强成礼。韩范家居十七年，事奉继母如事奉生母。侄子告贫，韩范给予资助，并告诉侄子说：“我给你一个钱，要难于他人千百倍。”让侄子珍惜。

泰昌元年（1620），韩范被起用为南京武选司郎中。天启元年（1621），升为南京通政司右参议，明年升顺天府（今北京市）丞，晋通政司右通政。当时魏忠贤乱政，假借诏旨杖打屯田郎中万璟，伤重致死。韩范义愤填膺，上书宰相，引用万历名相王家屏因万历帝诏旨不合理，将诏旨封还之事，劝告宰相。朝野一致称颂，都知道韩通政的名声。韩范任通政使时间长了，有人在吏部尚书面前称赞他。吏部尚书说：“未曾识面，只知大多讥讽他不合时宜。”韩范听到后，只莞尔一笑。他写了《五官四体问答》，虽是游戏笔墨，但寓意深刻，士林传诵。当时考核官员，韩范以年老致仕。归乡后建佚我园，药栏松径，咏觞其间，悠然自得。其书房名为讱庵，藏书万卷，批点优劣，多会心独得之见。著述甚富，有《经世集要》

《佚我园稿》诸作。病中犹撰写《祠堂碑文》《本支世系图考》及《训家格言》，口授其子。一日徐起，正衣冠，嘱咐后事而卒，年六十九岁。

明青州知府韩肫仁

韩肫仁，字伯愉，别号经宇。明万历二十八年（1600）庚子科举人，万历四十一年（1613）癸丑科进士。

韩肫仁初授大理寺评事，每日审核案卷，常常到深夜，平反很多狱案。迁寺副，升寺正，共三年，升为青州（治今山东青州市益都镇）知府。韩肫仁在任兴办学校、清理积案、揭发奸吏、裁抑豪强、开垦水田、惩治邪道，政绩不可一一指数。白莲教聚集数千人起事，有人想借此事大开杀戒，作为自己为功劳。韩肫仁只逮捕其首恶，解散其民众不问。曾代理道台职务，多余的经费数百两，全部归库。管库者根据旧例请韩肫仁收下，韩肫仁挥手拒绝，说："你只知道取多余银是旧例，不知道不取多余银是我的例。"青州府官员乡绅多，韩肫仁设法抑制，使他们不得欺压剥削百姓，但各种却对他们以礼相待。历官期间，一切馈赠俱谢绝。

韩肫仁之父早逝，所以韩肫仁刚到青州时，就迎养母亲于任所。后来两个兄弟相继去世，韩肫仁悲痛欲绝，说："人之四体而丧失其二，怎么能行呢？"于是上书辞官归养，朝廷不允。韩肫仁便命其子韩琄护送母亲先归，然后自己辞官。朝廷准许他以副使职衔致仕家居，离去之日，青州之民不分老少牵衣不忍别。家居时，每日委曲安慰母亲，必得母亲满意。两个兄弟遗留的儿子慈爱抚育，胜过自己的亲生儿子。稍长，教育他们读书，不忍笞挞，常以笞挞自己的儿子示警。侄子们长大了，推送家产给他们，使之有家室。朝廷下诏，广求天下孝子，凡在籍终养父母的官员，加一级俸禄。有司上报了韩肫仁的事迹，奉旨旌表其门曰"节孝公"。

韩肫仁为人刚直，遇到他认为不正确之事，正义之气立刻在脸上表现出来，从来就不知道世界上有奸诈刁巧之人。淡于嗜好欲望，自奉极其简约，食不用美器，衣不穿重彩。宗族之中，男婚女嫁，生老病死，孤寡衣食，多半都得到韩肫仁的资助。别人有德于已，唯恐自己忘记；自己有德于人，唯恐别人不忘。韩肫仁性好简静，亲手编写《养中》《养才》二篇家训，教育儿子和族中诸子。明崇祯五年（1632），陕西农民进入沁水，韩肫仁奉母避居山寨，忽患中风病，昏厥不能言语。临终时仍然索纸笔写“母母母”三字，长泪而卒，年六十五岁。

明副贡韩仰斗

韩仰斗，字仲济，号澹庵，韩范之次子。少年即考中秀才，人称为翩翩佳公子。布衣蔬食，落落寡合，只与阳城杨时化、张慎言为文字交，村酒野菜，欢饮终日，二人称为长友。凡有馈赠，坚决推辞不受。

韩仰斗的岳父孙居相为南京监察御史，让韩仰斗到任所读书。一日，孙居相委婉告诉韩仰斗，要与学使沟通，让考试时录取韩仰斗为廪生。韩仰斗听到，当即辞归，所赠金帛丝毫不受。参加乡试，仅中副榜，叹息说：“我不能长期困扰于八股文之中。”于是婉谢学使，不再参加科举考试。而后博极群书，肆力古学，医卜、天文、地理无不深研。

韩仰斗五十岁丧偶，终身不娶，独居四十年。虽在暗室之中，同样宽衣博带，如对大宾。无论寒暑，从不见有倦怠之容。大顺军勒饷，韩仰斗一身独自担当，不肯连累兄弟。事后入深山隐居，对子孙说：“凡事不要让我知道。”每天手执一卷，随读随录。虽至亲近戚，很少见面。

兵乱之时，移家庙神主于所居正室，每晨祭拜，终身如一。年九十，不用杖，还能于灯下写小楷，一日谈笑而卒。之前，吩咐诸子曰：“我死之后，尔等勿制调缎衣，勿伤我朴素；丧间勿用佛事，勿坏我家法。”诸子遵其教诲，不敢违背。当时人曰：“澹庵先生真古君子也。”著有《澹庵集》《韩氏家谱》《言行录》。

明太学生韩瑁

韩肫仁之子韩瑁，太学生。能继承父志。为诸从弟建宅舍，供给钱财，使规模与自己的宅舍相同。明末，倡率修筑郭壁北寨。寨刚修成，陕西农民军到来，围困多日，全活数百家。清顺治七年（1650）大饥荒，出粮食三百石周济乡人，贫民皆靠此存活。

明处士韩玚

韩玚，韩亲仁之长子。事奉伯父韩肫仁如父，事奉母亲马氏和笃孝，教育督责两弟韩张与玙终成进士。韩玚精于医，善书法，性刚强，有胆略。明末陕西农民军进入沁水、阳城一带，张道浚回沁水抗击农民军，招韩玚至军中，分析军情多准确合宜。听说祖母病，立即驰归。遭遇灾年，饥民聚众起事，县衙商议剿灭。韩玚认为不可，单骑至饥民所据堡垒，反复解说，饥民终于解散。

清桃源知县韩张

韩张，字杰一，韩亲仁之子，韩肫仁犹子。明崇祯十五年（1642）壬午科举人。入清，任山西太谷县教谕。清顺治十二年（1655）乙未科进士。顺治十五年（1658），任桃源（今属湖南省）知县，作《官箴》。未几，以疾辞官，百姓泣留不得。有诗云："曩忧民病犹身病，今苦卢医不自医。"

清按察司佥事韩玙

韩玙，字六一，号五城，韩亲仁之子，韩肫仁犹子。清顺治二年（1645）乙酉科举人，顺治六年（1649）己丑科进士。任刑部观政。顺治九年（1652），授中书科中书，升刑部郎中，多平反冤狱。顺治十六年（1659）四月，升佥事，分巡易州（今河北省易县）道。出纳军饷三十万两，按旧例有盈余则留下，韩玙则一齐解送，扣除盈余的弊端于是断绝。监督修缮河堤，节约钱数万缗。补广西按察司佥事，分巡桂林道，有奸民与当地的瑶民、壮民互相为仇，高举火把，韩玙疏通调解，争斗遂停止。改福建按察司佥事，分巡督粮道。因母逝而归。

韩玙长子韩万选，字宜侯，岁贡生。任平阳府（今山西临汾市）学官，童生考试有年龄超过四十岁的，韩万选读了他的文章，向学使推荐，士林称赞他造就人才。

清知县韩麒趾

韩麒趾，字昌侯，韩玙第三子。清康熙二十三年（1684）甲子科举人。知浙江石门县（治今浙江桐乡市），革除赋税之外加征的耗羡，整顿漕粮，督促农桑，兴办学校，事事都振兴举办。韩麒趾精明强干，奸诈不法之徒一时敛迹。曾代理德清、平湖、秀水、桐乡、海盐五县知县，所在都有清廉的名声。上级以政绩突出、才干优异向朝廷举荐，皇帝赐以蟒袍。后以知州的职衔任归善（属今广东省惠州市）知县，因病告归。乡里遇到灾荒年，减除乡民债务，购买粮食赈济，乡民感激。

明庠生韩崇朴

韩崇朴，字佚园，庠生，韩范之曾孙。有才华，有声誉。五岁丧母，自己脱下五彩衣服，不吃肉食，以手捶胸，以足顿地，悲伤痛哭，如同成人。大顺军到山西，设立官吏，拷掠士大夫索取金帛。来到沁水，大肆索取通政使韩范的家，当时韩范已去世，韩崇朴刚二十岁，上前辩解。在大顺县令面前，抗拒不屈服，县令惊愕而说不出话。大顺军包围了韩氏居住的寨，韩崇朴的父亲先从地道逃出。韩崇朴不见父亲，出寨外寻找，被大顺军捉住，发给他一杆枪一个包，让他当兵。韩崇朴寻机逃出，到阳城白巷里寻父。其时天已晚，昏暗不明，找不到路，有一只白犬在前，随犬而行，方才到达。起初遇到大顺军时，身已受伤，因求父心切，竟不知疼痛。父亲看到他背上鲜血沾泥，才知道受伤，其诚孝如此。

清拔贡韩万户

韩万户，韩肫仁之孙。清顺治十一年（1654）甲午科拔贡。吏部下文催促赴吏部选官，其父正好患病，韩万户叹曰："微名鸡肋，如亲病何？"意思是说，小小的功名，如同鸡肋，和父亲的病相比，算得了什么？于是坚辞不赴。韩万户孝顺双亲，友爱兄弟，与乡邻和睦相处，胸无城府，不愧为长者。

五、阳城世家

皇城陈氏：翰林门第

皇城陈氏家族，从明嘉靖年间至清雍正年间，共出了陈天佑、陈昌言、陈廷敬（见第三章）、陈元、陈豫朋（见第五章）、陈壮履、陈观颙、陈随贞、陈师俭九位进士，其中陈廷敬、陈元与陈豫朋、陈壮履、陈随贞以及陈师俭三代共六位翰林。有诗作留存至今的诗人有三十三位之多，其中有两位女诗人。

陈氏家族以耕读传家。陈廷敬之父陈昌期（见第五章）说："明季吾兄宦游于外，余以耕读摄家政，铢积寸累，薄成基业。"（陈昌期：《槐云世荫记》）陈廷敬也说："吾家自上世以来虽业儒，然本农家，衣食仅自给。"（陈廷敬：《百鹤阡表》）陈廷敬在《谱牒后书》诗中有句曰："缅维卜东庄，始自宣德年。耕稼三百载，风义桑梓前。"明确指出陈氏有三百年的农耕历史。再看第三方的记载，清初白胤谦在《题泉山侍御止园》诗中说："此山富泉石，下有幽人宫。耕稼百余年，淳朴多古风。"也是说陈氏是以农耕为业。清《阳城县乡土志》记载："故当日者，陈氏马氏，粟积千钟；曰潘曰吴，财臻百万。"陈氏是指皇城陈氏，马氏是指下佛马氏，此二家"粟积千钟"，是农耕之家；潘氏是指安阳潘家，吴氏是指下孔吴氏，此二家"财臻百万"，是经商之家。

明宣德年迁居中道庄

皇城陈氏的始祖陈靠，是耕田牧羊的农夫，世居泽州天户里的半坡沟南。陈靠去世之后，他的两个儿子陈岩和陈林与他们寡居的母亲樊氏，于明宣德四年（1429）迁到郭峪村东北，在此建庄安居。因为新建的小庄上下皆村落，位于道路中间，故取名为中道庄。陈岩、陈林即为皇城陈氏的二世祖。陈林娶妻郭氏，生有两子，长子为陈秀，次子为陈武。

明西乡县典史陈秀

陈秀，字升之，是皇城陈氏家族的第三世。陈秀任陕西省西乡县典史，曾代理西乡县附近的城固县知县，受到当地老百姓的爱戴，当地的百姓为他立了生祠。

陈秀在任西乡县典史时寄给儿子三首律诗、三首词曲，这些诗词后来成为陈氏家族的家训。陈秀任职的陕西乡县距离家乡路途遥远，他常常想念儿子。“才忆儿时便起愁，愁儿不把放心收。”他所忧愁的是儿子不能收敛放纵之心，不能认真读书，更怕儿子不能树立远大志向，染上纨绔子弟的恶习，形成坏习惯。

他想让儿子到他的身边来读书，亲自教育儿子，但儿子不愿意来。“肯离家舍来官舍，料出歌楼入酒楼。”他知道儿子不肯离开家舍前来官舍，料想他们不是进出歌楼就是进出酒楼。于是他写家书告诫儿子：“诗书勤讲读，财利少贪求。浊酒休酣饮，闲街莫浪游。”要儿子勤读诗书，不贪财利，遇美酒莫要开怀痛饮，到大街不要四处闲游。他还要求儿子珍惜时光：“百岁光阴易掷梭，痴儿莫得等闲过。”告诉儿子人生短暂，不过百年，光阴消逝如同抛梭，痴儿莫要把时光等闲度过，尤其不可贪杯废读。他说：“少衔曲蘖，多读书诗。”“酒饮三杯须用止，书攻万卷未为多。”他还以自己的亲身体会现身说法，劝导儿子：“我今欲著灯窗力，鬓点秋霜奈老何？”我现在要想灯前窗下用心努力，可惜两鬓添霜，年老衰迈，又能如何？要儿子一定努力读书。

陈秀教育儿子勤俭持家、和睦处世的方法。他说：“起家绍业由勤俭，处事交人贵缓和。”继承祖宗的基业，要靠勤劳节俭，为人处世，结交朋友，贵在厚道平和。他要儿子“友于劣弟，孝事慈闱”，对兄弟要友爱，对老母要孝敬。“好好将舍宇修葺，谨谨把门户支持。”房屋宇舍要勤加检修，家中事务要谨慎操持。“交几个胜己友相近相亲”，交友要交品德超过自己的朋友，和他们亲近看齐；“觅几文本分钱休悭休侈”，挣钱要挣本分干净的钱，不要吝啬也不奢侈；“说几句说直言无诡无随”，说话要说正直公道的话，不说谎也不阿谀逢迎；“亲戚邻里人情来往休教废”，和亲戚邻里要友好往来，不能废弃。总之，陈秀要求儿子“学谦和，拘廉耻，心正身修家更齐”，要学习谦和的态度，要遵循廉耻的准则，诚意正心，修身齐家，这样“便是佳儿”。

陈秀给儿子树立了“修职业”和“不贪财”两个典范要儿子学习。他说：“修职业要如清献。”“清献”指北宋名臣赵抃（1008—1084），字阅道，号知非，衢州西安（今浙江省衢州市）人。在朝弹劾不避权势，时称“铁面御史”。卒谥清献。又说：“不贪财欲比元之。”“元之”指北宋诗人、散文家王禹偁（954—1001），字元之，济州巨野（今山东省巨野县）人。任知制诰时，奉旨起草《李继迁制》，李继迁送马五十匹为贿赂，禹偁坚拒不受，传为佳话。

陈秀为官清廉，他告诉儿子：“清勤爷自守，孝友在儿为。”意思是说，清廉勤政我自会遵守，孝顺友爱却要儿子你去做。他说：“爷事儿知：浊富非吾志，宁怀一念私！”意思是说，我的事情你应该知道，贪图钱财非我志向，岂能心存一念之私！他进一步告诫儿子：“享浊富徇利亡身，怀私心违天害理。”享受不义之财，只会因为利益丧失性命；心存私欲杂念，只能违背天意伤害天理。他吩咐儿子：“你想为人时，谨依；要成家时，努力！”意思是说，你要想做人，谨慎遵守道德规范；你要想成家，依靠自己不断努力。他说：“纵有金书，不把吾儿遗。”“若你指望爷钱，儿也，误了你！”意思是说，我即使有钱财，也不能留给儿子你。如果你指望老父的钱，儿呀，那可要耽误了你！

陈秀家书教子，为陈氏家族做了一个很好的榜样，为陈氏家族奠定了优良的家教家风，对陈氏家族的发展产生了深远的影响。

明陕西按察司副使陈天佑

陈秀有三子，长子叫陈珏，次子叫陈珦，三子叫陈珙，是陈氏家族的第四世。陈珏，字孟璧，任河南滑县典史。陈珏的儿子陈天佑，号容山，是陈氏的第五世。明嘉靖十三年（1534）甲午科举人，明嘉靖二十三年（1544）甲辰科进士。累官至陕西按察司副使，分守荆西道。著有《容山集》。

明处士陈三乐

陈三乐（1552—1613），字同伦，号育斋，为陈氏家族的第六世。他为人温和慈善，乐善好施，每遇到灾荒年，他自己常常节食减用，尽力接济饥民。人们遇到为难的事情，他会立即想法帮助解决，一定要让对方满意为止，其救人急难的事情多得举不胜举。陈三乐死后，老百姓都说："天不留公，吾侪如失慈父母！"后来陈廷敬的父亲陈昌期专门写了一篇文章《槐云世荫记》，歌颂陈三乐乐善好施的美德，并且表示要把这种风尚继承下来，世代相传。

明泽州庠生陈经济

陈经济（1576—1626），字伯常，号泰宇，州庠生，陈三乐之子。为陈氏家族的第七世。代父综理家政，能襄成大事。其父去世，他悲伤过度，毁损身体，非常瘦弱。先人所遗资产，全部平均分给诸弟，无一点私心。孝友传家，成为乡里效法的榜样。乡里人流传着这样一句话："宁为刑罚所加，不为陈君所短。"（陈廷敬：《陈氏家谱》）意思是说，有了错处，宁愿接受官府的刑罚，也不愿意让陈经济批评。陈经济有三子：长子陈昌言，次子陈昌期，三子陈昌齐。陈昌期就是陈廷敬的父亲。

清江南学政陈昌言

陈昌言（1598—1655），字禹前，号道庄，一号泉山，陈经济长子，陈廷敬伯父。为陈氏家族的第八世。明崇祯三年（1630）庚午科举人，崇祯七年（1634）甲戌科进士。官乐亭知县、监察御史。崇祯十七年（1644）明朝覆亡，陈昌言降清。顺治二年（1645），提督江南学政。著《斗筑居集》

清陈母张氏夫人

陈廷敬的母亲张氏（1620—1678），沁水县郭壁村人，出身于世宦之家，从小熟读圣贤之书，崇尚儒学，绝不相信神仙鬼怪之事，所以她的家中，历来禁止僧道尼巫等人出入。陈廷敬自幼聪颖，母亲张氏便亲自教陈廷敬读四书、《诗经》诸书，成了陈廷敬的第一个启蒙教师。陈廷敬父亲陈昌期了解了他为官的情况，说："汝清品正尔难得！"陈廷敬要辞家赴京，张氏对陈廷敬说："汝往哉！吾为汝娶妇嫁女，治装具，给资斧焉，慎毋爱官家一钱。"意思是说：你走吧！我为你的儿子娶媳妇，为你出嫁闺女，给你准备行装，供给路费，但你一定要谨慎，不要贪图国家的一文钱。父亲的话对陈廷敬来说是鼓励，母亲的话对陈廷敬来说是鞭策。自此，陈廷敬每想到父母的教诲，往往失声痛哭。到了晚年，他检点自己的一生，清廉自守，果然没有辜负父母的期望，于是他写诗道："不负当年过庭语，先公曾许是清官。"陈廷敬一生居官清廉勤慎，和父母对他的教诲是分不开的。

清翰林院庶吉士陈元

陈元（1632—1659），字长公，号澹庵，一号端坪，陈昌言之子，陈廷敬堂兄，为陈氏家族的第九世。顺治八年（1651）辛卯科举人，顺治十六年（1659）己亥科进士，选为翰林院清书庶吉士。为陈氏家族的第四位进士、第二位翰林。著有《澹庵诗集》。

清国子监学录陈廷继

陈廷继（1644—1689），字孝章，号绵斋，陈廷敬二弟，以叔父陈昌齐无子而继嗣。清康熙十一年（1672）拔贡，朝考三等，授永宁州（今山西省吕梁市离石区）学正，升国子监学录。著有《绵斋诗稿》《世德堂遗稿》。

清武安知县陈廷愫

陈廷愫（1648—1718），字素心，号梅庄，一号梅嵋，陈廷敬四弟。

清康熙年间恩贡。康熙三十七年（1698），陈廷愫授河南省武安县（今属河北）知县。有“耿青天后陈青天”的民谣。陈廷愫离任之后，老百姓建了生祠纪念他，名为“一钱亭”，入祀乡贤祠。著有《南游草》《归田诗录》《梅嵁遗稿》《梅庄唱和集》。

清罗定知州陈廷扆

陈廷扆（1650—1710），字六箴，号西墅，陈廷敬五弟。康熙年间岁贡生。陈廷扆初任太原府训导，继补平阳府训导，又调任广东钦州佥判。升湖广郧阳府（治所在今湖北省十堰市郧阳区）通判，代理郧阳知府，升广东罗定州知州，老百姓到处称颂他的恩德。著有《梅庵遗稿》《自怡草》《信口吟》《北上怡怡草》。

清湖广辰沅靖道陈廷统

陈廷统（1654—1717），字与可，号莘野，一号秋崖，陈廷敬六弟。清康熙年间岁贡。康熙二十一年（1682），授四川建昌监理通判，内转大理寺副，升刑部郎中。升任湖广辰沅靖道，改任福建延建邵道。离任时，老百姓攀着他的轿，流着眼泪不忍让他离开。著有《握兰草》《桑干集》《镇筸边防末议》等。

清广东粮驿巡道陈廷弼

陈廷弼（1658—1714），字荀少，号厚斋，陈廷敬七弟。以岁贡生授湖广临湘县知县，后升任澧州（直隶州）知州。内升兵部职方司员外郎，百姓攀援流涕送之。升任广东粮驿巡道，老百姓得到了实惠，非常感激他。著有《澧阳清田录》《王屋山庄诗钞》等。

清翰林院编修陈壮履

陈壮履，字幼安，一字礼叔，号南垞，陈廷敬第三子。康熙三十五年（1696）中举人，康熙三十六年（1697）中进士，选翰林院清书庶吉士，当时才十八岁，是陈氏家族的第六位进士、第四位翰林。散馆授检讨。陈壮履能够继承家学，文名满天下，人称潜斋学士。著有《潜斋诗集》《慕园诗草》《南垞集》《读〈书〉疏》等。

清直隶浚县知县陈观颙

陈观颙（1679—1723），后人为避清嘉庆帝颙琰讳，改名为观永，字安次，号蓉村，一号柑亭，陈廷统之子，陈廷敬之侄。清康熙三十五年（1696）举人，康熙四十五年（1706）进士，是陈氏家族的第七位进士。授直隶浚县知县。著有《恤纬集》。

清翰林院庶吉士陈随贞

陈随贞（1675—?），字孚嘉，号寄亭，晚号西山老人，陈廷敬的七弟陈廷弼之子。清康熙三十五年举人，康熙四十八年（1709）二甲第四名进士，选翰林院清书庶吉士。是陈氏家族的第八位进士、第五位翰林。著有《立诚堂集》《寄亭诗草》。

清杞县宁晋知县陈贲懿

陈贲懿（1693—1760），字庾亭，号白村，武安县令陈廷愫之子，陈廷敬之侄。清康熙五十年（1711）辛卯科举人，官杞县、宁晋知县。他为政之暇，喜吟咏，善书法，著有《问津诗集》。

清灵石教谕陈咸受

陈咸受，字若谷，号盟洲，陈廷继之子，陈廷敬之侄。贡生。廷试成绩为一等，授灵石县教谕。他在任兴废举坠，使文教大为振兴，学子都把他作为效法的楷模。著有《褊庐诗集》。

清泗城府同知陈师俭

陈师俭（1699—1728），字汝贤，号鹤皋，陈廷敬之孙，陈豫朋长子。他于清雍正元年（1723）考中举人，雍正五年（1727）考中进士，选翰林院庶吉士。他是陈氏家族的第九位进士、第六位翰林。任广西泗城府同知。著有《鹤皋诗集》。

清闺阁诗人陈静渊

陈静渊，陈廷敬的孙女，陈豫朋的长女。嫁给泽州大箕的卫璠之子卫封沛。陈静渊婚后生有一子，卫封沛忽患癫痫病而死。陈静渊寡居，生活非常凄苦，坐卧于一楼，多愁善病。陈静渊矢志守节，教子成人。她的诗写个人情怀，缠绵悱恻，几乎篇篇都说愁，体现了她凄苦孤寂的内心世界。清代诗人李锡麟（号牧坪）称赞她："以礼自持，以诗自适，清节高风，尤富贵家闺中所难，固巾帼高士也。"

化源田氏：宰相家风

阳城田氏，始祖田真，自元末由高平迁居阳城，世居城内化源里。

八世田立家，万历十三年（1585）乙酉科举人，万历十四年（1586）丙戌科进士，官河南布政使。

十世田弘祖，田立家之孙，顺治十四年（1657）丁酉科举人，康熙六年（1667）丁未科进士，官江南盱眙知县；田绍前，田立家之孙，顺治二年（1645）乙酉科举人，官江南娄县知县。田世福，字德阳，明崇祯十一年（1638）岁贡，田七善之父。田雨时，田从典之父，乡饮耆宾（见第五章）。

十一世田六善，顺治二年乙酉科举人，顺治三年（1646）丙戌科进士，官户部左侍郎（见第三章）；田七善，顺治十四年丁酉科举人，顺治十六年（1659）己亥科进士，官吏部员外郎；田从典，康熙二十三年（1684）甲子科举人，康熙二十七年（1688）戊辰科进士，官吏部尚书、文华殿大学士（见第三章）。

十二世田洞，田六善之子，康熙十七年（1678）戊午科举人；田沆，田六善之子，康熙二十三年（1684）甲子科举人，康熙三十三年（1694）甲戌科进士，官内阁中书舍人；田淮，康熙二十九年（1690）庚午科举人，官兵部职方司主事；田懋，吏部左侍郎（见第五章）。

十三世田晋楠，田六善之孙，雍正七年（1729）己酉科举人；田玉成，字伯庸，号植堂，田从典之孙，田懋之子，乾隆二十一年（1756）丙子科举人，二十二年（1757）丁丑科进士，官翰林院检讨；田玉麟，田从典之孙，田懋之子，嘉庆二十五年（1820）庚辰科钦赐举人，官灵邱训导。

十四世田耀，田六善之曾孙，乾隆二十四年（1759）己卯科举人；田体清，嘉庆十二年（1807）丁卯科举人，嘉庆十三年（1808）戊辰科进士，益阳知县。

十五世田駓坰，田七善之玄孙，乾隆五十七年（1792）壬子科举人；田熊兆，嘉庆六年（1801）辛酉科举人。

十六世田荊，道光十一年（1831）辛卯科举人，官安徽黟县知县。

田氏九世共有八进士、九举人，官吏部尚书、文华殿大学士一人，侍郎二人，布政使一人。

明河南按察使田立家

田立家，字正国。端庄凝重，高大魁梧，十八岁才克制自己努力读书。明万历十三年（1585）乙酉科举人，万历十四年（1586）丙戌科进士。初任凤翔府（治今宝鸡市凤翔区）推官。丁艰服除，补开封（今河南开封市）推官。理政严明恰当，多平反冤案。升户部主事，调兵部。主持陕西乡试。升郎中，掌武选，留心人才的进退，官吏的升降，政务一清。升河南参议，分巡汝州，历陕西副使，分巡商洛，所至都有声誉。晋按察使，三载考绩，加从二品服俸。因案件罣误去职，不久又起，巡视辽海。改河南右参议，积粟赈荒，百姓感戴其恩德。自以刚直迂腐，不合时宜，辞官归，年八十九卒。

明宜城训导田世福

田世福，字德阳。明崇祯十一年（1638）岁贡。任山西平陆训导，用心讲明正学。再任湖北宜城（今宜城市）训导，着意勉励士行。崇祯十五年（1642）冬，李自成长驱破襄阳，分兵进攻宜城，田世福随宜城知县杨美登城固守。抵抗八昼夜，城陷，田世福与知县杨美抗骂不屈，被磔死。

清吏部员外郎田七善

田七善，田世福之子。清顺治十四年（1657）丁酉科举人，顺治十六年（1659）己亥科进士。先任合江（属四川省）知县，后改狄道（今甘肃临洮县）知县。康熙年间，吴三桂反叛，川陇一带皆陷落，狄道不能守，田七善逃大将军靖逆侯张勇帐下。张勇向朝廷上奏叙述田七善不污于叛逆的情状，朝廷提拔田七善为吏部主事，升验封司员外郎。后因足疾辞官。

田门文学多才俊

田洞，字子远，田六善之子。清康熙十七年（1678）戊午科举人，未及考进士而卒。田洞读书与言行，皆以古人为法。田洞与弟田沆、田澻三人同以翰林院编修陈锡嘏为师，所为文当时竞相传写。

田懋之子田玉成，清乾隆九年（1744）甲子科举人，乾隆二十二年（1757）丁丑科进士，选翰林院庶吉士。有文名，工诗。乾隆年间平定回部，进呈《大阅》及《凯歌》诸诗。

田珩，字楚白，诸生。生员考试赋诗，出笔即工。后来出游燕赵之间，遍历名山大川。归来构筑别业，考古论文无虚日。吐词属句，清高而简约，独树一帜。著有《濩泽草堂诗集》

田瓒，字锡鬯，田从典之曾孙。为人笃实，好学不倦，廪生，不求仕进。工诗，好吟咏，对邑之先哲有节行者各配以诗。并对县志所遗者二十余人立传，汇集成册，以待续修时补充。著有《锡鬯诗存》。弟田斑，岁贡生，侄田学逊，皆能承继家学，斑尤精于医术。

田如锡，字慕直。增生。性恬淡，因兄弟不善理财，家道中落，毫无怨言，能以友爱全其孝。作诗有韦应物、孟浩然风格，写字仿赵孟頫、董其昌笔意，为清新俊逸之儒者。与从兄田铭相酬唱。田铭尤工诗，廪生，深受山西学政蔡赓飏（字金河，号云士）的赏识。

清益阳知县田体清

田体清，字鉴塘。性严肃正直，读书破万卷。清嘉庆十二年（1807）丁卯科举人，嘉庆十三年（1808）戊辰科进士。官湖南益阳知县，善于审案，裁断明敏，人不敢欺。刚到任，就有两姓争产构讼，各执有明万历年间的印契，真假难以辨别，经过几任知县未判决。田体清审查案卷之后说，乙某的印契“历”字缺笔，这是避乾隆皇帝的讳。明万历年间的印契避乾隆皇帝的讳，必是后期伪造。乙某屈服，益阳县的百姓歌颂他判案如神。田体清在任三年，案无留牍，吏治肃清。后去官归里，主讲仰山书院，讲学至老不衰。

参考文献

西汉·司马迁《史记》

东汉·班固《汉书》

南朝宋·范晔《后汉书》

西晋·陈寿《三国志》

唐·房玄龄等《晋书》

南朝梁·沈约《宋书》

南朝梁·萧子显《南齐书》

唐·姚思廉《梁书》

唐·姚思廉《陈书》

北齐·魏收《魏书》

唐·李百药《北齐书》

唐·令狐德棻等《周书》

唐·魏徵等《隋书》

唐·李延寿《南史》

唐·李延寿《北史》

后晋·刘昫等《旧唐书》

北宋·欧阳修、宋祁等《新唐书》

北宋·薛居正等《旧五代史》

北宋·欧阳修《新五代史》

元·脱脱等《宋史》

元·脱脱等《辽史》

元·脱脱等《金史》

明・宋濂等《元史》
清・张廷玉等《明史》
赵尔巽等《清史稿》
清・国史馆《清史列传》
清・国史馆《汉名臣传》
雍正《山西通志》
光诸《山西通志》
万历《泽州志》
康熙《泽州志》
雍正《泽州府志》
乾隆《凤台县志》
光绪《凤台县续志》
顺治《高平县志》
乾隆《高平县志》
同治《高平县志》
光绪《续高平县志》
康熙《阳城县志》
乾隆《阳城县志》
同治《阳城县志》
光绪《续阳城县志》
光绪《阳城县乡土志》
乾隆《陵川县志》
乾隆《陵川县志》
光绪《陵川县志》
民国《陵川县志》
康熙《沁水县志》
嘉庆《沁水县志》
光绪《沁水县志》
金・李俊民《庄靖集》

元・元好问《元遗山集》

元・元好问《中州集》

元・郝经《陵川集》

明・常伦《常评事集》

明・刘虞夔《刘宫詹文集》

明・王国光《疏庵集》

明・张慎言《泊水园集》

明・张五典《海虹集》

明・孙居相《两台奏草》

明・张铨《张忠烈公存集》

明・张铨《国史纪闻》

明・张道浚《张司隶初集》

明・张道浚《兵燹琐记》

清・郭元釪《全金诗增补中州集》

清・白胤谦《东谷集》

清・毕振姬《西北文集》

清・田六善《幔坡诗钞》

清・杨荣胤《半嵋诗草》

清・陈廷敬《午亭文编》

清・陈廷敬《午亭山人第二集》

清・陈廷敬《尊闻堂集钞》

清・张泰交《受祜堂集》

清・田从典《峣山集》

清・张敦仁《缉古算经细草》

清・张敦仁《盐铁论考证》

清・郭兆麒《梅崖文钞》

清・郭兆麒《梅崖诗话》

清・李锡麟《鹤栖堂诗集》

清・李锡麟《山右诗存》

清・王炳照《介雅堂诗钞》

清・张承纶《西轩诗钞》

清・张又华《双溪诗集》

清・苗令琮《雪岩诗钞》

清・张立本《张立本诗集》

清・张晋《艳雪堂诗集》

清・延君寿《六砚草堂诗集》

清・延君寿《老生常谈》

清・延君寿《樊南诗钞》

清・陈秉焯、沈默《潭西精舍纪年》

清・王士桓《朗陵诗集》

清・祁汝奘《带经堂山房诗草》

清・祁埙《求放心斋诗稿》

清・祁之鏁《荃提室诗文草》

清・祁之鏁《过庭词》

清・田秝《古伴柳亭稿》

清・杨豫成《享帚集》

清・霍润生《藤荫轩诗草》

清・霍润生《娱我园诗草》

清・张广基《沁川先生诗稿》

清・刘灏《广月轩诗稿》

清・李毅《松溪诗稿》

清・延彩《简斋小草》

清・延赏《树楷小屋诗钞》

清・刘堃《刘简田诗稿》

清・窦积之《有竹居诗存》

清・杨庆云《釜山诗草》

清・杨昱《双薜荔斋小草》

清・杨伯朋《蛙天蠡海诗草》

策划编辑：王世勇
责任编辑：赵圣涛
封面设计：胡欣欣

图书在版编目（CIP）数据

晋城历史文化研究　/《晋城历史文化研究》编写组编著. -- 北京　：人民出版社，2025. 9. -- ISBN 978－7－01－027273－3

Ⅰ. K292. 53

中国国家版本馆 CIP 数据核字第 2025P5A624 号

晋城历史文化研究

JINCHENG LISHI WENHUA YANJIU

《晋城历史文化研究》编写组　编著

人民出版社 出版发行
（100706　北京市东城区隆福寺街 99 号）

中煤（北京）印务有限公司印刷　新华书店经销

2025 年 9 月第 1 版　2025 年 9 月北京第 1 次印刷
开本：710 毫米 ×1000 毫米 1/16　印张：111
字数：1800 千字

ISBN 978－7－01－027273－3　定价：359.00 元（全 5 册）

邮购地址 100706　北京市东城区隆福寺街 99 号
人民东方图书销售中心　电话（010）65250042　65289539